百衲本

北史

唐・李延壽撰

1

國家圖書館出版社

圖書在版編目（CIP）數據

百衲本北史：全2册／（唐）李延壽撰．—北京：國家圖書館出版社，2014.9

ISBN 978－7－5013－5409－2

Ⅰ.①百…　Ⅱ.①李…　Ⅲ.①中國歷史—北朝時代—紀傳體

Ⅳ.①K239.204.2

中國版本圖書館CIP數據核字（2014）第148371號

書　　名　百衲本北史（全二册）
著　　者　［唐］李延壽撰
責任編輯　陳　卓
叢 書 名　百衲本二十四史

出　　版　國家圖書館出版社（100034 北京市西城區文津街7號）
（原書目文獻出版社　北京圖書館出版社）
發　　行　010—66114536　66126153　66151313　66175620
66121706（傳真），66126156（門市部）
E－mail　btsfxb@nlc.gov.cn（郵購）
Website　www.nlcpress.com→投稿中心
經　　銷　新華書店
印　　裝　河北三河弘翰印務有限公司
版　　次　2014年9月第1版　2014年9月第1次印刷

開　　本　710×1000毫米　1/16
印　　張　84
字　　數　1100千字

書　　號　ISBN 978－7－5013－5409－2
定　　價　260.00圓

百衲本二十四史影印出版説明

『二十四史』是中國古代各朝被政府納爲正統的二十四部史書的總稱，其上起《史記》，下迄《明史》，記載了從傳説中的五帝時代到清朝初年約四千餘年中政治、經濟、文化等諸多方面的歷史，是我國古代最權威、最詳細的史學著作。

清代最通行的『二十四史』，是乾隆年間刊行的『欽定武英殿本二十四史』，即『殿本』。殿本版式疏朗，刻印精良，但是校勘不夠審慎，存在誤字、衍字、缺字甚至整段文字脱失的情況。而且，由於殿本的編纂官皆屬御用史官，不得不爲帝王所左右，史實記録上存在竄改等原因造成的缺憾。晚清時，又出現了由各省官書局刊刻的局本，廣爲流傳，但仍以殿本爲依據，存在不少問題。

二十世紀二十年代起，張元濟先生耗費巨資搜訪宋元善本，通過採用當時最先進的攝影製版技術，歷經多年努力，至一九三六年，終於出齊了整套影印版的『二十四史』。因各書底本多殘缺不全，不得不通過許多版本相互參校、補綴而成，猶如僧侣之『百衲衣』，故名之曰『百衲本二十四史』。其中除《舊五代史》《元史》《明史》以明清時的版本作爲底本外，均以宋元版爲主要底本。百衲本對殿本、局本中的謬誤多有匡正，其對歷史研究的功績有目共睹，影響深巨，被史學界一致公認爲『中國最佳全本正史』，是中國史學史上的一座豐碑，具有極高的版本價值、研究價值和收藏價值。

百衲本二十四史自問世以來，曾數次被影印出版，其中的宣紙綫裝本，因價格不菲，不便學者購藏利用。而縮印本則多存在質量問題，其中質量較好的，當數二十世紀五十年代北京商務印書館的精裝二十四冊本。但年代既久，流傳亦少，已屬罕見。爲滿足文史工作者的研究需求，也讓更多的文史愛好者接觸到百衲本二十四史，我社決定將之再度影印出版。

本次影印，將每部正史單獨製作，採取每頁分上下雙欄的形式印製，並爲每部正史編製了分卷目録。需要説明的是，此次我社在編製目録時，爲更好地反映百衲本原貌，充分體現其與殿本、局本等其他系統傳本的差異，原則上均依原書卷端著録，部分保留了原書中使用的簡體字、俗體字及異體字等。對原書中有目無傳或有傳無目等情況，不予變動，僅對極個別處出現的明顯衍、漏、誤字等情況進行了修改。不當之處，請讀者批評指正。

國家圖書館出版社

二〇一四年七月

百衲本北史目録

北史目録

凡一百卷

本紀一十二卷

列傳八十八卷

弘德李夫人　後主皇后斛律氏
後主皇后胡氏　後主皇后穆氏
馮淑妃　周文皇后元氏
文宣皇后叱奴氏　孝閔皇后獨孤氏
明皇后獨孤氏　武皇后阿史那氏
武皇后李氏　宣皇后楊氏
宣皇后朱氏　宣皇后陳氏
宣皇后元氏　宣皇后尉遲氏
靜皇后司馬氏　隋文獻皇后獨孤氏
宣華夫人陳氏　容華夫人蔡氏
煬愍皇后蕭氏

列傳第三　北史十五
魏諸宗室
上谷公紇羅 建德公嬰文 眞定侯陸　武陵侯因 長樂王壽樂
望都公頽　曲陽侯素延 順陽公郁 宜都王目辰
六脩
吉陽男比干 江夏公呂 高涼王孤 西河公敦 司徒石
武衛將軍謂 淮陵侯大頭 河間公齊 扶風公處眞 文安公泥
寔君　秦王翰
常山王遵 五世孫可　陳留王虔 五世孫暉

毗陵王順　遼西公意烈
窟咄

列傳第四　北史十六
道武七王　明元六王
太武五王
列傳第五　北史十七
景穆十二王上
列傳第六　北史十八
景穆十二王下
列傳第七　北史十九
文成五王　獻文六王
孝文六王
列傳第八　北史二十
衛操　莫含
劉庫仁 弟子羅辰 羅辰曾孫仁之　尉古眞 從玄孫瑾
穆崇　奚斤
叔孫建　安同
庾業延　王建
羅結　婁伏連 曾孫寶
閭大肥　奚牧

和跋　莫題
賀狄干　李栗
奚眷
列傳第九　北史二十一
燕鳳　許謙
崔宏 子浩　張袞 弟恂
鄧彥海
列傳第十　北史二十二
長孫嵩 五世孫儉 儉子平
長孫道生 玄孫幼 兕 兕子熾 熾弟晟 從弟紹遠 紹遠子覽

長孫肥
列傳第十一　北史二十三
于栗磾 孫勁 六世孫謹 謹子寔 寔子顗 仲文 寔弟翼 翼子璽 翼弟義 義子宣道 宣敏
列傳第十二　北史二十四
崔逞 子頤 孫彧 玄孫剛 休 五世孫㥄 六世孫鑒 儦 逞兄遹
王憲 曾孫昕 晧 晞
封懿 族曾孫回 回子隆之 回弟肅 回族弟述
列傳第十三　北史二十五
古弼　張黎
劉潔　丘堆

娥清　伊馛
乙瓌　周幾
豆代田　車伊洛
王洛兒　車路頭
盧魯元　陳建
來大干　宿石
萬安國　周觀
尉撥　陸眞
呂洛拔　薛虎子 子聰
尉元　慕容白曜

和其奴　苟頹
宇文福
列傳第十四　北史二十六
宋隱 從子愔 弟子世良 五世孫惇 愔孫弁 世軌 弁孫欽道 翻弟世景 弁族弟翻
許彥　刁雍 子遵 曾孫沖
辛紹先　韋閬 從孫子粲
杜銓
列傳第十五　北史二十七
鄧淵　張蒲
谷渾 曾孫楷　公孫表

張濟　李先
賈彝　竇瑾
李訢　韓延之
袁式　毛脩之 嚴稜 朱脩之
唐和　寇讚 孫儁
酈範 子道元　韓秀
堯暄 孫雄　柳崇
列傳第十六　北史二十八
陸俟　源賀 曾孫彪 玄孫師 師從叔雄
劉尼　薛提

列傳第十七　北史二十九
司馬休之
司馬楚之 曾孫裔 司馬叔璠　司馬景之 司馬天助
劉昶　蕭寶夤 兄子贊
蕭正表　蕭祗
蕭退　蕭泰
蕭撝
蕭大圜　蕭圓肅
列傳第十八　北史三十
盧玄 玄孫思道 昌衡 元明 潛　盧柔 子愷

盧觀 弟仲宣 弟子文偉 叔彪
盧同 子斐 兄子景裕 景裕弟辯 光 光子賁 光從弟勇
盧誕
列傳第十九　北史三十一
高允 從祖弟祐 祐曾孫德正 祐從子乾 昂 季式
列傳第二十　北史三十二
崔鑒 兄孫伯謙　崔辯 孫士謙 士謙弟說 士謙子彭 說子弘度
崔挺 子孝芬 孫宣猷 曾孫仲方 仲方從叔昂 挺從子季舒 挺從孫儦
列傳第二十一　北史三十三
李靈 曾孫元忠 璨曾孫德饒 渾 弟子黎 公緒

李順 玄孫元操　李孝伯 兄孫謐 謐弟子士謙
李裔 子子雄　李義深 弟幼廉
列傳第二十二　北史三十四
游雅 從祖弟明根　高閭
趙逸 兄子琰　胡叟
胡方回　張湛
段承根 宗欽　闞駰
劉延明　趙柔
索敞　宋繇 曾孫游道
江式

列傳第二十三　北史三十五

王慧龍　玄孫松年　五世孫劭

鄭羲　孫述祖　從曾孫道邕　道邕子譯　譯叔孫儼　儼族孫偉

列傳第二十四　北史三十六

薛辯　五世孫端　端子冑　端從子濬　端從祖弟湖　湖子聰　聰子孝通　通子道衡　聰弟子善　善弟慎

薛寘　薛憕

列傳第二十五　北史三十七

韓茂　皮豹子

封敕文　呂羅漢

北史目录　九

孔伯恭　田益宗

孟表　奚康生

楊大眼　崔延伯

李叔仁

列傳第二十六　北史三十八

裴駿　從孫敬憲　莊伯　從弟安祖　裴延儁

裴佗　子讓之　孫矩　皇甫和　裴果

裴寬　裴俠　子祥　肅

裴文舉　裴仁基

列傳第二十七　北史三十九

薛安都　劉休賓

房法壽　曾孫豹　族子景伯　玄孫彥謙

畢衆敬　曾孫義雲　羊祉　子深　孫肅　弟子敦烈

列傳第二十八　北史四十

韓麒麟　程駿

李彪　孫昶　高道悅

甄琛　高聰

列傳第二十九　北史四十一

楊播　子侃　逸　謐　播弟椿　椿子昱　謐弟愔　椿弟津　椿子獻　津子遁　[illegible]廣

楊敷　子素　敷叔父寬　孫玄感　素弟約　寬子文思　約從叔異　紀

北史目录　十

王肅　劉芳　孫逖　芳從子懋

列傳第三十　北史四十二

常爽

列傳第三十一　北史四十三

郭祚　張彝　孫晏之　曾孫乾威

邢巒　弟子昕　邵　族孫臧　李崇　諧　從弟平　平子獎

列傳第三十二　北史四十四

崔光　子勍　弟子鴻　崔亮　從弟光韶　叔祖道固

列傳第三十三　北史四十五

裴叔業　夏侯道遷

李元護　席法友
王世弼　江悅之
淳于誕　沈文秀
張讜　李苗
劉藻　傅永
傅豎眼　張烈
李叔彪　路恃慶
房亮　曹世表
潘永基　朱元旭

列傳第三十四　北史四十六

孫紹　張普惠
成淹　范紹
劉桃符　鹿悆
張燿　劉道斌
董紹　馮元興

列傳第三十五　北史四十七

袁翻 弟躍 躍子聿脩
陽尼 從孫固 固子休之 固從兄藻 藻子斐 固從兄元景

列傳第三十六　北史四十八

賈思伯　祖瑩 子珽

尒朱榮 子文暢 從子兆 從弟彥伯 彥伯子敞 彥伯弟仲遠 世隆 世承 榮從父弟度律 榮從祖兄子天光

列傳第三十七　北史四十九

朱瑞　叱列延慶
斛斯椿 子徵 孫政　賈顯度 弟智
樊子鵠　侯深
賀拔允 弟勝 勝弟岳　侯莫陳悅
念賢　梁覽
雷紹　毛遐 弟鴻賓
乙弗朗

列傳第三十八　北史五十

辛雄 族祖琛 琛子術 族子德源　楊機
高道穆 兄謙之　綦儁
山偉　宇文忠之
費穆　孟威

列傳第三十九　北史五十一

齊宗室諸王上

趙郡王琛 子叡　清河王岳 子勱
廣平公盛　陽州公永樂
襄樂王顯國　上洛王思宗 子元海 弟思好

平秦王歸彥 兄子武興王普 長樂王靈山
神武諸子
列傳第四十 北史五十二
齊宗室諸王下
文襄諸子 文宣諸子
孝昭諸子 武成諸子
後主諸子
万俟普 子洛 可朱渾元
列傳第四十一 北史五十三
劉豐 破六韓常

北史目录 十三

金祚 劉貴
蔡儁 韓賢
尉長命 王懷
任祥 子胄 莫多婁貸文 子敬顯
厙狄迴洛 厙狄盛
張保洛 賀拔仁 趙珍 段琛 康德 韓建業 封輔相 尉摽 子相貴 范舍樂 牒舍樂
侯莫陳相 薛孤延
斛律羌舉 子孝卿 張瓊
宋顯 王則
慕容紹宗 叱列平

步大汗薩 薛脩義
慕容儼 厙狄伏連 潘樂
彭樂 暴顯
皮景和 綦連猛
元景安 獨孤永業
鮮于世榮 傅伏
列傳第四十二 北史五十四
孫騰 高隆之
司馬子如 子消難 兄子膺之 裴[illegible] 竇泰
尉景 婁昭 兄子叡

北史目录 十四

厙狄干 孫子文 韓軌
段榮 子韶 孝言 斛律金 子光 羨
列傳第四十三 北史五十五
孫搴 陳元康
杜弼 子臺卿 房謨 子恭懿
張纂 張亮 趙起 徐遠
張曜 王峻
王紘 敬顯儁
平鑒 唐邕
白建 元文遙

趙彥深　赫連子悅
馮子琮 子慈明　郎基 子茂
列傳第四十四　北史五十六
魏收　魏長賢
魏季景 子澹　魏蘭根 族子愷
列傳第四十五　北史五十七
周宗室
邵惠公顥 子什肥 導 子護 叱羅協 馮遷
杞簡公連　莒莊公洛生
虞國公仲　廣川公測 弟深 深子孝伯

東平公神舉 弟慶
列傳第四十六　北史五十八
周室諸王
文帝十王　孝閔帝一王
明帝三王　武帝六王
宣帝二王
列傳第四十七　北史五十九
寇洛　趙貴 從祖兄善
李賢 子詢 崇 孫敏 弟遠 穆 穆子渾　梁禦
列傳第四十八　北史六十

李弼 曾孫密　宇文貴 子忻 愷
侯莫陳崇 子穎 崇兄順　王雄 子謙
列傳第四十九　北史六十一
王盟 子勱 孫誼　獨孤信 子羅
竇熾 子榮定 兄子毅　賀蘭祥
叱列伏龜　閻慶 子毗
史寧 子雄 祥　權景宣
列傳第五十　北史六十二
王羆 孫長述　王思政
尉遲迥 弟綱 綱子運　王軌 樂運

列傳第五十一　北史六十三
周惠達　馮景
蘇綽 子威 從兄亮
列傳第五十二　北史六十四
韋孝寬 兄敻 敻子世康　韋瑱 子師
柳虯 弟檜 慶 慶子機 機子述 機弟弘 旦 肅 從子謇之
列傳第五十三　北史六十五
達奚武　若干惠
怡峯　劉亮
王德　赫連達

宗懍 劉璠子祥 兄子行本
柳遐子莊
列傳第五十九 北史七十一
隋宗室諸王
蔡景王整 滕穆王瓚
道宣王嵩 衛昭王爽
河間王弘 義城公處綱
離石太守子崇 文帝四王
煬帝三子
列傳第六十 北史七十二

高熲 牛弘
李德林
列傳第六十一 北史七十三
梁士彥 元諧
虞慶則 元胄
達奚長儒 賀婁子幹兄詮
史萬歲 劉方馮昱 陳永貴 王撝 房兆
杜彥 周搖
獨孤楷弟盛 乞伏慧
張威 和洪

陰壽子世師 骨儀 楊義臣
列傳第六十二 北史七十四
劉昉 柳裘
皇甫績 郭衍
張衡 楊汪
裴蘊 袁充
李雄
列傳第六十三 北史七十五
趙煚 趙芬
王韶 元巖

宇文㢸 伊婁謙
李圓通陳茂 郭榮
龐晃 李安
楊尚希 張煚
蘇孝慈 元壽
列傳第六十四 北史七十六
段文振 來護兒
樊子蓋 周羅睺
周法尚 衛玄
劉權 李景

北史目錄

信都芳　宋景業
許遵 趙紹　吴遵世
趙輔和　皇甫玉
解法選　魏寧
綦母懷文　張子信
陸法和　蔣昇
强練　庾季才 子質
盧太翼　耿詢
來和　蕭吉
楊伯醜　臨孝恭

劉祐　張胄玄

列傳第七十八 藝術下　北史九十

周澹　李脩
徐謇 從孫之才　王顯
馬嗣明　姚僧垣
褚該　許智藏
萬寶常　蔣少游
何稠

列傳第七十九 列女　北史九十一

魏崔覽妻封氏　封卓妻劉氏
魏溥妻房氏　胡長命妻張氏
平原女子孫氏　房愛親妻崔氏
涇州貞女兕氏　姚氏婦楊氏
張洪祁妻劉氏　董景起妻張氏
陽尼妻高氏　史映周妻耿氏
任城國太妃孟氏　苟金龍妻劉氏
貞孝女宗　河東姚氏女
刁思遵妻魯氏　西魏孫道溫妻趙氏
孫神妻陳氏　隋蘭陵公主
南陽公主　襄城王恪妃

華陽王楷妃　譙國夫人洗氏
鄭善果母崔氏　孝女王舜
韓覬妻于氏　陸讓母馮氏
劉昶女　鍾士雄母蔣氏
孝婦覃氏　元務光母盧氏
裴倫妻柳氏　趙元楷妻崔氏

列傳第八十 恩幸　北史九十二

王叡　王仲興 寇猛
趙脩　茹皓
趙邕　侯剛

列傳第八十六　　北史九十八

蠕蠕　　匈奴宇文莫槐

徒何段就六眷　　高車

列傳第八十七　　北史九十九

突厥　　鐵勒

序傳第八十八　　北史一百

序傳

北史目錄

周巳千孫粹然　校正

魏本紀第一　　北史一

魏之先出自黃帝軒轅氏黃帝子曰昌意昌意之少子受封北國有大鮮卑山因以爲號其後世爲君長統幽都之北廣漠之野畜牧遷徙射獵爲業淳樸爲俗簡易爲化不爲文字刻木結繩而已時事遠近人相傳授如史官之紀録焉黃帝以土德王北俗謂土爲托謂后爲跋故以爲氏其裔始均仕堯時逐女魃於弱水北人賴其勳舜命爲田祖歷三代至秦漢獯鬻獫狁山戎匈奴之屬累代作害中州而始均之裔不交南夏是以載籍無聞積六七十代至成皇帝諱毛立統國三十六大姓九十九威振北方成帝崩節皇帝貸立節帝崩莊皇帝觀立莊帝崩明皇帝樓立明帝崩安皇帝越立安帝崩宣皇帝推寅立宣帝南遷大澤方千餘里厥土昏冥沮洳謀更南徙未行而崩景皇帝利立景帝崩元皇帝俟立元帝崩和皇帝肆立和帝崩定皇帝機立定帝崩僖皇帝蓋立僖帝崩威皇帝儈立威帝崩獻皇帝鄰立時有神人言此土荒遐宜徙建都邑獻帝年老乃以位授子聖武皇帝命南移山谷高深九難八阻於是欲止有神獸似馬其聲類牛導引歷年乃出始居匈奴故地其遷徙策略多出宣獻二帝故時人並號曰推寅蓋俗云鑽研之義

聖武皇帝諱詰汾嘗田於山澤欻見輜軿自天而下既至見美婦人自稱天女受命相偶旦日請還期年周時復會于此言終而別及期帝至先田處果見天女以所生男授帝曰此君之子也當世為帝王語訖而去即始祖神元皇帝也故時人諺曰詰汾皇帝無婦家力微皇帝無舅家帝崩神元皇帝立

神元皇帝諱力微元年歲在庚子先是西部內侵依於沒鹿迴部大人竇賓神元有雄傑之度後與賓攻西部賓軍敗失馬步走神元使以所乘駿馬給之賓歸求馬主帝隱而不言賓後知大驚將分國之半奉帝帝不受乃進其愛

女賓猶思報恩乃從帝所欲徙所部北居長川積數年舊部人咸來歸附及賓臨終戒其二子使謹奉神元其子不從乃陰謀逆帝召殺之盡并其眾諸部大人悉服控弦之士二十餘萬三十九年遷於定襄之盛樂四月祭天諸部君長皆來助祭唯白部大人觀望不至徵而戮之遠近肅然帝乃告諸大人為與魏和親計四十二年遣子文帝如魏且觀風土是歲魏景元二年也文帝諱沙漠汗以國太子留洛陽後文帝以神元春秋已高求歸晉武帝具禮護送五十六年文帝復如晉其冬還國晉征北將軍衛瓘以文帝雄異恐為後患請留不遣復請以金錦賂國之大人令致間隙五十八年方遣帝神元使諸部大人詣陰館迎帝酒酣帝仰視飛鳥飛丸落之時國俗無彈眾大驚相謂曰太子被服同南夏兼奇術絕人若繼國統變易舊俗吾等必不得志乃謀危害帝並先馳還曰太子引空弓而落飛鳥似得晉人異法自帝在晉後諸子愛寵神元頗有所惑及聞諸大人請因曰當便除之於是諸大人馳詣塞南矯害帝其年神元不豫烏丸王庫賢親近任勢先受衛瓘之貨欲沮動諸部因於庭中礪鉞斧曰上恨汝曹讒殺太子欲盡收諸大人長子殺之大人皆信各各散走神元尋崩凡饗國五十八年年一百四歲道武即位尊為始祖子章皇帝悉鹿立時諸部離叛帝九年而崩弟平皇帝綽立

七年而崩文帝少子思皇帝立

思皇帝諱弗政崇寬簡百姓懷服一年而崩神元子昭帝祿官立帝九年分國為三部一居上谷北濡源西東接宇文部自統之一居代郡之參合陂北使文帝長子桓帝諱猗㐌統之一居定襄之盛樂故城使桓帝弟穆帝猗盧統之自神元以來與晉和好是歲穆帝始出并州遷雜胡北徙雲中五原朔方又西度河擊匈奴烏丸諸部自杏城以北八十里迄長城原夾道立碣與晉分界二年葬文帝及皇后封氏初思帝欲改葬未果而崩至是述成前意焉三

年桓帝度漠北巡因西略諸國凡積五歲諸部降附者三十餘國桓帝英傑魁岸馬不能勝常乘安車駕大牛牛角容一石帝曾中蠱嘔吐之地仍生榆麥合陂土無榆故時人異之十年匈奴別種劉元海反晉於離石自號漢王并州刺史司馬騰來乞師桓帝與帝大舉以助之大破元海衆於西河上黨桓帝與騰盟於汾東而還乃使輔相衛雄段繁於參合陂西累石爲亭樹碑以記行焉十一年晉假桓帝大單于金印紫綬是歲桓帝崩桓帝統部凡十一年後定襄侯衛操樹碑於大邦城以頌功德子普根代立十三年昭帝崩穆帝遂總攝三部爲一統帝天姿英峙勇略

過人元年劉元海僭帝號自稱大漢三年晉并州刺史劉琨遣子遵爲質乞師帝使弟子平文皇帝助琨破白部大人次攻鐵弗劉武晉懷帝進帝大單于封代公帝以封邑去國縣遠從琨求句注陘北地琨大喜乃徙馬邑陰館樓煩繁畤崞五縣人於陘南更立城邑盡獻其地東接代郡西連西河朔方數百里帝乃徙十萬家以充之六年城盛樂以爲北都脩故平城以爲南都帝登平城西山觀望地勢乃更南百里於灅水之陽黃瓜堆築新平城晉人謂之小平城使子六脩鎮之統領南部八年晉愍帝進帝爲代王置官屬食代常山二郡先是國俗寬簡至是明刑峻法

諸部人多以違命得罪凡後期者皆舉部戮之或有室家相攜悉赴死所人問何之曰當就誅其威嚴若此九年帝召六脩不至怒討之失利遂崩普根先守外境聞難來攻六脩滅之普根立月餘薨普根子始生桓帝后立之又薨思帝子平文皇帝立

平文皇帝諱鬱律姿質雄壯甚有威略元年歲在丁丑二年劉武據朔方來侵西部帝大破之西兼烏孫故地東吞勿吉以西控弦上馬將百萬是歲晉元帝即位於江南劉曜僭帝位帝聞晉愍帝爲曜所害顧謂大臣曰今中原無主天其資我乎曜遣使請和帝不納三年石勒自稱趙王

遣使乞和請爲兄弟帝斬其使以絶之五年晉元帝遣使韓暢加崇爵服帝絶之講武有平南夏志桓帝后以帝得衆心恐不利己子害帝遂崩大人死者數十人天興初追尊曰太祖

桓帝中子惠帝賀傉立以五年爲元年帝未親政事太后臨朝遣使與石勒通和時人謂之女國使四年帝始臨朝以諸部人情未悉款順乃築城於東木根山徙都之五年帝崩弟煬帝紇那立以五年爲元年三年石勒遣石季龍寇邊部帝禦之不利遷於大寧時平文帝長子烈帝居於舅賀蘭部帝遣使求之賀蘭部帥藹頭擁護不遣帝怒召

宇文部幷力擊藹頭宇文衆敗帝還大甯五年帝出居於
宇文部賀蘭及諸部大人共立烈帝
烈皇帝諱翳槐以五年爲元年石勒遣使求和帝遣弟昭
成帝如襄國從者五千餘家七年藹頭不脩臣職召而戮
之國人復貳於是煬帝自宇文部還入諸部大人復奉之
煬帝以烈帝七年爲後元年時烈帝出居於鄴三年石季
龍納烈帝於大甯國人六千餘家部落叛煬帝出居於慕
容部烈帝復立以煬帝三年爲後元年城盛樂城在故城
東南十里一年而崩弟昭成皇帝立
昭成皇帝諱什翼犍平文皇帝之次子也生而奇偉寬仁
大度身長八尺隆準龍顏立髮委地臥則乳垂至席烈帝
臨崩顧命迎帝曰立此人則社稷乃安故帝弟孤自詣鄴
奉迎與帝俱還建國元年十一月帝即位於繁時北時年
十九二年春始置百官分掌衆職東自濊貊西及破落那
莫不款附五月朝諸大人於參合陂議定都灅源川連日
不決乃從太后計而止娉慕容晃妹爲皇后三年春移都
雲中之盛樂宮四年築盛樂城於故城南八里皇后慕容
氏崩十月劉武寇西境帝遣軍大破之武死子務桓立始
來歸順帝以女妻之七年二月遣大人長孫秩迎后慕容
氏於和龍晃送女於境七月慕容晃遣使來聘求交婚帝

許之以烈帝女妻焉十四年帝以中州紛梗將親率六軍
秉石氏之亂廓定中原諸大人諫乃止十八年太后王氏
崩十九年正月劉務桓死其弟閼頭立潛謀反二十一年
閼頭部人多叛懼而東走度河半濟而冰陷後衆盡歸其
兄子悉勿祈初閼頭之叛悉勿祈兄弟十二人在帝左右
盡遣之歸欲其自相猜離至是悉勿祈奪其衆閼頭窮而
歸命帝待之如初二十二年春帝東巡桑乾川四月悉勿
祈死弟衛辰立二十三年六月皇后慕容氏崩七月衛辰
來會葬因求婚許之二十五年帝南巡君子津二十八年
正月衛辰謀反度河東帝討之衛辰懼遁走三十年十月
帝征衛辰時河冰未成帝乃以葦絙約澌俄然冰合乃散
葦於上冰草相結若浮橋衆軍利涉衛辰與宗族西走收
其部落而還三十四年春長孫斤謀反伏誅斤之反也拔
刃向御坐太子寔格之傷脅五月薨後追謚焉是爲獻明
皇帝七月皇孫珪生大赦三十九年苻堅遣其大司馬苻
洛帥衆二十萬及其將朱彤張蚝鄧羌等諸道來寇王師
不利帝時不豫乃率國人避於陰山之北高車雜種盡叛
四面寇抄不得芻牧復度漠南堅軍稍退乃還十二月至
雲中旬有二日皇子寔君作亂帝暴崩時年五十七道武
即位尊曰高祖帝性寬厚時國少繒帛代人許謙盜絹二

足守者以告帝匿之謂燕鳳曰吾不忍視謙之面卿勿洩之謙或慙而自殺爲財辱士非也帝嘗擊西部叛賊流矢中目賊破後諸大臣執射者各持錐刀欲屠割之帝曰各爲其主何罪也釋之其仁恕若此

太祖道武皇帝諱珪昭成皇帝之嫡孫獻明帝之子也母曰獻明賀皇后初因遷徙游於雲澤寢夢日出室內寤而見光自牖屬天欻然有感以建國三十四年七月七日生帝於參合陂北其夜復有光明昭成大悅羣臣稱慶大赦告于祖宗保者以帝體重倍於常兒竊獨奇怪明年有榆生於藏胞之坎後遂成林帝弱而能言目有光曜廣顙大

耳六歲而昭成崩苻堅遣將內侮將遷帝長安賴燕鳳乃免堅軍既還國衆離散堅使劉庫仁劉衛辰分攝國事南部大人長孫嵩及元他等盡將故人衆南依庫仁帝於是轉在獨孤部元年葬昭成皇帝於金陵營梓宮木材盡生成林帝雖沖幼而嶷然不群劉庫仁常謂其子曰帝有高天下之志必興復洪業七年十月晉敗苻堅于淮南慕容文等殺劉庫仁弟眷代攝國部八年慕容暐弟沖僭立姚萇自稱大單于萬年秦王慕容垂僭稱燕王九年劉庫仁子顯殺眷而代之乃將謀逆商人王霸知之矇帝足於衆中帝乃馳還是時故大人梁蓋子六眷爲顯謀主盡知其計密使部人穆崇馳告帝乃陰結舊臣長孫犍元他等因幸賀蘭部其日顯果使人殺帝不及語在獻明太后傳是歲乞伏國仁私署秦河二州牧大單于姚萇殺苻堅堅子丕僭即皇帝位於晉陽

登國元年春正月戊申帝即代王位郊天建元大會於牛川復以長孫嵩爲南部大人以叔孫普洛爲北部大人是月慕容垂僭即皇帝位于中山國號燕二月幸定襄之盛樂息衆課農慕容沖爲其部下所殺夏四月改稱魏王五月姚萇僭即皇帝位於長安國號大秦秋八月劉顯遣弟亢泥迎皇叔父窟咄于慕容永以兵隨之來逼南境帝左

右于桓等與諸部大人謀應之事洩誅造謀者五人餘悉不問帝慮內難乃北踰陰山幸賀蘭部阻山爲固遣行人安同長孫賀徵師于慕容垂垂令其子賀驎率師隨同等軍未至而寇逼於是北部大人叔孫普洛等十三人及諸烏丸亡奔衛辰帝自弩山幸牛川屯于延水南出代谷會賀驎於高柳大破窟咄悉收其衆冬十月苻丕爲晉將馮該所殺慕容永僭即皇帝位於長子十一月苻登僭即皇帝位於隴東十二月慕容垂遣使奉帝西單于印綬封上谷王帝不納

二年夏五月遣安同徵兵於慕容垂垂遣子賀驎率衆來

會六月帝親征劉顯顯奔慕容永盡收其部落冬十二月
巡松漠還幸牛川
三年夏五月癸亥北征庫莫奚大破之六月乞伏國仁死
其弟乾歸立私署河南王秋七月庫莫奚部帥鳩集遺散
夜犯行宮縱騎撲討盡滅之八月使九原公儀於慕容垂
冬十月垂遣使朝貢
四年春正月甲寅襲高車諸部落二月癸巳遂至女水討
叱突隣部並大破之是月呂光自稱三河王夏五月使陳
留公虔於慕容垂冬十月垂遣使朝貢
五年春三月甲申西征次鹿渾海襲高車袁紇部大破之

慕容垂遣子賀驎來會夏四月丙寅行幸意辛山與賀驎
討賀蘭紇奚諸部落大破之秋八月還幸牛川使秦王觚
於慕容垂九月壬申討叱奴部於囊曲水破之冬十月討高
車豆陳部於狼山破之十二月帝還次白漠
六年春正月辛丑埊川三月遣九原公儀陳留公虔等西
討黜弗部大破之夏四月祭天秋七月壬申講武于牛川
慕容垂止秦王觚而求名馬帝絕之乃遣使於慕容永
使其大鴻臚慕容鈞奉表勸進尊號九月帝襲五原屠之
收其積穀還紐垤川於棝陽塞北樹碑記功冬十月戊戌
北征蠕蠕追破之於大磧南商山下十一月戊辰還幸紐
垤川戊寅衛辰遣子直力鞮寇南部壬午帝大破之於鐵
岐山南衛辰父子奔遁十二月滅之衛辰少子屈丐亡奔
薛干部自河以南諸部悉平收衛辰子弟宗黨無少長五
千餘人盡殺之是歲起河南宮
七年春正月幸木根山遂次黑鹽池饗羣臣北之美水三
月還幸河南宮秋七月行幸漠南仍築巡臺冬十二月慕
容永遣使朝貢
八年春正月南巡二月幸羖羊原赴白樓夏六月北巡秋
七月臨幸新壇先是衛辰子屈丐奔薛干部徵之不送八
月帝南征薛干部屠其城九月還幸河南宮

九年春三月北巡使東平公元儀屯田於河北五原至於
棝陽塞外夏五月田於河東秋七月還幸河南宮冬十月
蠕蠕社崙等率部落西走是歲姚萇子興僭立殺苻登慕
容垂滅永
十年秋七月慕容垂遣其子寶來寇五原八月帝親兵於
河南冬十月辛未寶燒船夜遁己卯帝進軍濟河乙酉夕
至參合陂景戌大破之禽其王公以下文武將吏數千人
於俘虜中擢其才識者賈彝賈閏晁崇等參謀議憲章故
實十二月還幸雲中之盛樂
皇始元年春正月大蒐于定襄因東幸善無北陂三月慕

容垂寇桑乾川陳留公虔死之垂遂至平城西北聞帝將
至乃築城自守疾甚遂遁死於上谷子寶秘喪還至中山
乃僭立夏六月丁亥皇太后賀氏崩是月葬獻明太后呂
光僭稱天王國號涼秋七月左司馬許謙上書勸進尊號
於是改元始建天子旌旗出警入蹕八月己亥大舉討慕
容寶帝親勒六軍四十餘萬南出馬邑踰句注旌旗絡驛
二千餘里鼓行而前人屋皆震別詔將軍封眞等從東道
襲幽州圍薊九月戊午次陽曲乘西山臨觀晉陽寶并州
牧遼西王農棄城遁并州平初建臺省置百官封拜公侯
將軍刺史太守尚書郎以下悉用文人帝初拓中原留心

慰納諸士大夫詣軍門者無少長皆引入人得盡言苟有
微能咸蒙敘用己未詔輔國將軍奚牧略地晉川獲慕容
寶丹楊王買得等於平陶城九月晉孝武帝殂冬十一月
庚子朔帝至眞定自常山以東守宰或捐城奔竄或稽顙
軍門唯中山鄴信都三城不下別詔東平公儀攻鄴冠軍
將軍王建左軍將軍李栗等攻信都軍所行不得傷桑棗
戊午進軍中山己未圍之帝曰朕量寶不能出戰必憑城
自守急攻則傷士久守則費糧不如先平鄴信都然後還
取中山諸將稱善丁卯車駕幸魯口城
二年春正月壬戌帝引騎圍信都其夜寶冀州刺史宜都

王慕容鳳踰城奔中山癸亥寶輔國將軍張驤護軍將軍
徐超舉城降是月鮮卑禿髮烏孤私署大單于西平王二
月丁丑帝軍于鉅鹿之栢肆塢臨滹沱水其夜寶悉衆犯
營燎及行宮兵人駭散帝驚起不及衣冠跣出擊鼓俄而
左右及中軍將士稍集帝設奇陣列烽營外縱騎衝之寶
衆大敗走還中山獲其器械數十萬計寶尚書閔亮秘書
監崔逞等降者相屬賜拜職爵各有差三月己酉車駕次
盧奴寶求和請送秦王觚割常山以西奉魏乞守中山以
東帝許之已而寶背約辛亥車駕次中山命將圍之是夜
寶弟賀驎將妻子走西山寶恐賀驎先據和龍壬子夜北

遁城內共立慕容普驎爲主夏四月帝以軍糧不繼詔東
平公儀罷鄴圍徙屯鉅鹿五月庚子帝以中山城內爲普
驎所脅乃招喻之甲辰曜兵揚威以示城內命諸軍罷圍
南徙以待其變甲寅以東平公儀爲左丞相封衛王進襄
城公題爵爲王秋七月普驎遣烏丸張驤率五千餘人出
城求食寇靈壽賀驎自丁零中入驤軍因其衆復入中山
殺普驎而自立八月景寅朔帝進軍九門時大疫人馬牛
死者十五六中山猶拒守羣下咸思北還帝知之謂曰斯
固天命將若之何四海之人皆可與爲國在吾所以撫之
耳何恤乎無人羣臣乃不敢言九月賀驎飢窮率三萬餘

入寇新市甲子晦帝進軍討之太史令晁崇奏曰不吉帝曰何也對曰紂以甲子亡兵家忌之帝曰周武不以甲子勝乎崇無以對冬十月景寅帝進軍新市賀驎退阻泒水依漸洳澤以自固甲戌帝臨其營戰於義臺塢大破之賀驎單馬走鄴慕容德殺之甲申賀驎所署公卿尚書將吏士卒降者二萬餘人其將張驤李沈慕容文等先來降尋皆亡還是日復獲之皆赦而不問獲其所傳皇帝璽綬圖書府庫珍寶中山平乙酉襄城王題薨

天興元年春正月慕容德走保滑臺衛王儀剋鄴庚子行幸真定遂幸鄴百姓有老病不能自存者詔郡縣振卹之

信州路儒學刊造　四百三十三字　北史帝紀一　十四　炎

帝至鄴巡登臺榭徧覽宮城將有定都之志乃置行臺遂還中山所過存問百姓詔大軍所經州郡皆復貲租一年除山東人租賦之半車駕將北還發卒萬人通直道自望都鐵關鑿恒嶺至代五百餘里帝慮還後山東有變乃於中山置行臺詔衛王儀鎮之使略陽公遵鎮勃海之合口右軍將軍尹國先督租于冀州聞帝將還謀反欲襲信都安南將軍長孫嵩執送斬之辛酉車駕發中山至于望都堯山徙山東六州人吏及徒何高麗雜夷三十六萬百工伎巧十餘萬口以充京師車駕次于恒山之陽博陵勃海章武諸郡羣盜並起略陽公遵等討之是月慕容德自稱燕王據廣固二月車駕至自中山幸繁畤宮更選屯衛詔給內徙新戶耕牛計口受田三月徵左丞相衛王儀還京師詔略陽公遵代鎮中山夏四月壬戌以歷陽公穆崇為太尉鉅鹿公長孫嵩為司徒進封略陽公遵為常山王南安公順為毗陵王祭天於西郊旗幟有加焉廣平太守遼西公意烈謀反與郡人韓奇矯假讖圖將襲鄴城詔反者就郡賜死是月蘭汗殺慕容寶而自立為大單于昌黎王六月景子詔有司議定國號羣臣奏曰昔周秦以前帝王居所生之土及王天下即承為號今國家啓基雲代應以代為號詔曰昔朕遠祖總御幽都控制遐國雖踐王位未

信州路儒學刊　北史帝紀一　十五　慶

定九州逮于朕躬掃平中土凶逆蕩除遐邇率服宜仍先號為魏秋七月遷都平城始營宮室建宗廟立社稷慕容寶子盛殺蘭汗而自立為長樂王八月詔有司正封畿制郊甸端徑術標道里平五權較五量定五度遣使循行郡國舉奏守宰不法者親覽察黜陟之冬十月起天文殿十一月辛亥尚書吏部郎中鄧彥海典官制立爵品定律呂協音樂儀曹郎中董謐撰郊廟社稷朝覲饗宴之儀三公郎中王德定律令申科禁太史令晁崇造渾儀考天象吏部尚書崔宏總裁之閏月左丞相衛王儀及王公卿士詣闕上書曰臣等聞宸極居中則列宿齊其晷帝王順天則

羣后仰其度伏惟陛下德協二儀道隆三五仁風被于四海盛化塞于天區澤及昆蟲恩霑行葦謳歌所屬八表歸心而躬履謙虛退身後己宸儀未彰衮服未御非所以上允皇天之意下副樂推之心臣等謹昧死以聞帝三讓乃許之十二月己丑帝臨天文殿太尉司徒進璽綬百官咸稱萬歲大赦改元追尊成帝以下及后號謚樂用皇始之舞詔百司議定行次尚書崔宏等奏從土德服色尚黃數用五祖以未臘以辰犧牲用白五郊立氣宣贊時令敬授人時行夏之正徙六州二十二郡守宰豪傑吏人二千家于代都

二年春正月甲子初祀上帝于南郊以始祖神元皇帝配降壇視燎成禮而反乙丑赦京師始制三駕之法庚午北巡分命諸將大襲高車常山王遵三軍從東道出長川高涼王樂眞等七軍從西道出牛川車駕親勒六軍從中道自駮髯水西北出二月丁亥朔諸軍同會破高車雜種三十餘部衞王儀督三將別從西北絕漠千餘里破其遺迸七部還次牛川及薄山並刻石紀功以所獲高車衆起鹿苑於南臺陰北距長城東苞白登屬之西山廣輪數十里鑿渠引武川水注之苑中疏爲三溝分流宮城內外又穿鴻鴈池三月己未車駕至自北伐甲子初令五經羣書各置博士增國子太學生員三千人是月氐人李辯叛慕容德求援於鄴行臺尚書和跋以輕騎應之剋滑臺收德宮人府藏秋七月起天華殿辛酉大閱于鹿苑八月增啓京城十二門作西武庫除州郡人租賦之半辛亥詔禮官備撰衆儀著于新令范陽人盧溥聚衆海濱稱幽州刺史攻掠郡縣殺幽州刺史封沓干是月禿髮烏孤死其弟利鹿孤立遣使朝貢冬十月太廟成遷神元平文昭成獻明皇帝神主于太廟十二月天華殿成呂光立其子紹爲天王自稱太上皇及死庶子纂殺紹而僭立

三年春正月戊午材官將軍和突破盧溥於遼西獲之及其子焕傳送京師轘之癸亥祀北郊分命諸官循行州郡觀風俗察舉不法二月丁亥詔有司祀日于東郊始耕籍田壬寅皇子聰薨三月戊午立皇后慕容氏是月穿城南渠通於城內作東西魚池夏四月姚興遣使朝貢五月戊辰詔謁者僕射張濟使於興己巳東巡遂幸涿鹿遣使者以太牢祀帝堯帝舜廟西幸馬邑觀灅源六月庚辰朔日有蝕之秋七月乞伏乾歸大爲姚興所破壬子車駕還宮起中天殿及雲母堂金華室時太史屢奏天文錯亂帝親覽經占多云宜改王易政於是數革官號欲以防塞凶狡消弭災變已而慮臣下疑惑冬十二月景申下詔述成敗

之理鑒殷周之失革秦漢之弊以喻臣下是歲河右諸郡奉涼武昭王李玄盛爲秦涼二州牧涼公肇興霸業年號庚子

四年春二月丁亥命樂師入學習舞釋菜于先聖先師丁酉分命使者巡行州郡聽察辭訟糾劾不法是月呂光第子隆弒呂纂而自立三月帝親漁薦于寢廟夏四月辛卯罷鄴行臺詔有司明揚隱逸五月起紫極殿玄武樓涼風觀石池鹿苑臺六月盧水胡沮渠蒙遜私署涼州牧張掖公秋七月詔兗州刺史長孫肥南徇許昌彭城詔賜天下鎮戍將士布帛各有差八月段興殺慕容盛叔父熙盡誅

段氏僭即皇帝位冬十二月集博士儒生比衆經文字義類相從凡四萬餘字號曰衆文經是歲涼武昭王沮渠蒙遜並遣使朝貢

五年春正月帝聞姚興將寇邊庚寅大簡輿徒詔并州諸軍積穀于平陽乾壁三月禿髮利鹿孤死夏五月姚興遣其弟義陽王平來侵平陽攻陷乾壁秋七月戊辰朔車駕西討八月乙巳至乾壁平固守進軍圍之姚興悉舉其衆來救甲子帝度蒙坑逆擊興軍大破之冬十月平赴水而死俘其餘衆三萬餘人獲興尚書左僕射狄伯支以下四品將軍以上四十餘人獲前亡臣王次多靳勒並斬以徇興頻使請和帝不許群臣請進平蒲坂帝慮蠕蠕爲難戊申班師十一月車駕次晉陽徵相州刺史庾岳爲司空十二月辛亥至自西征越勤莫弗率其部萬餘家內屬

六年春正月辛未朔方尉遲部別帥率萬家內屬入居雲中夏四月癸巳朔日有蝕之五月大簡輿徒將略江淮秋七月鎮西大將軍司隸校尉毗陵王順有罪以王還第戊子北巡築離宮于犲山縱士校獵東北踰罽嶺出參合代谷九月行幸南平城規度灅南夏屋山背黃瓜堆將建新邑辛未車駕還宮冬十月起西昭陽殿乙卯立皇子嗣爲齊王加車騎大將軍位相國紹爲清河王加征南大將軍

熙爲陽平王曜爲河南王封故秦愍王子夔爲豫章王陳留桓王子悅爲朱提王丁巳晉人來聘十一月庚午將軍伊謂大破高車十二月晉桓玄廢其主司馬德宗爲平固王而自立僭號楚

天賜元年春二月晉劉裕起兵誅桓玄三月初限縣戶不滿百罷之夏五月置山東諸冶發州郡徒謫造兵甲秋九月帝臨昭陽殿分置衆職引朝臣文武親自簡擇量能敘用制爵四等曰王公侯子除伯男之號追錄舊臣加封爵各有差是秋江南大亂流人繈負奔淮北者行道相尋冬十月辛巳大赦改元築西宮十一月幸西宮大選臣寮令

各辨宗黨保舉才行諸部子孫失業賜爵者二千餘人
二年春正月晉主司馬德宗復位夏四月祀西郊車旗盡
黑冬十月慕容德死
三年春正月甲申北巡幸犲山宮校獵還至屋孤山二月
乙亥幸代園山建五石亭三月庚子車駕還宮夏四月庚
申復幸犲山宮占授著作郎王亘弟造兵法孤虛立成圖
三百六十時遂登定襄角史山又幸馬城甲戌車駕還宮
六月發八部五百里內男丁築漯南宮門闕高十餘丈引
溝穿池廣苑囿規立外城方二十里分置市里經途洞達
三十日罷秋七月太尉穆崇薨八月甲辰行幸犲山宮遂

至青牛山景辰西登武要北原觀九十九泉造石亭遂之
石漠九月甲戌朔幸漠南鹽池壬午至漠中觀天鹽池度
漠北之吐鹽池癸巳南還長川景申臨觀長陂冬十月庚
申車駕還宮
四年春二月封皇子脩為河間王處文為長樂王連為廣
平王黎為京兆王夏五月北巡自參合陂東過蟠羊山大
雨暴水流輜車數百乘殺百餘人遂東北踰石漠至長川
幸濡源常山王遵有罪賜死六月赫連屈丐自稱大單于
大夏天王秋七月西幸參合陂築北宮垣三旬而罷乃還
宮慕容寶養子高雲殺慕容熙而自立僭號天王八月誅

司空庾岳
五年春正月行幸犲山宮遂如參合陂觀漁于延水至寧
川三月姚興遣使朝貢秋七月戊戌朔日有蝕之冬十月
禿髮傉檀僭即涼王位
六年夏帝不豫初帝服寒食散自太醫令陰羌死後藥數
動發至此愈甚而災變屢見憂懣不安或數日不食或不
寢達旦歸咎羣下喜怒乖常謂百寮左右不可信慮如天
文之占或有肘腋之虞追思既往成敗得失終日竟夜獨
語不止若傍有鬼物對揚者朝臣至前追其舊惡便見殺
害其餘或以顏色變動或以喘息不調或以行步乖節或

以言辭失措帝以為懷惡在心變見於外乃手自毆擊死
者皆陳天安殿前於是朝野人情各懷危懼有司懈怠莫
相督攝百工偷劫盜賊公行巷里之間人為稀少帝亦聞
之曰朕故縱之使然幸過災年當更清整之耳秋七月慕
容氏支屬百餘家謀欲外奔發覺伏誅死者三百餘人八
月衛王儀謀叛賜死十月戊辰清河王紹作亂帝崩於天
安殿時年三十九永興二年九月甲寅上謚曰宣武皇帝
葬於盛樂金陵廟號太祖泰常五年改謚曰道武
太宗明元皇帝諱嗣道武皇帝之長子也母曰劉貴人登
國七年生於雲中宮道武晚有男聞而大悅乃大赦帝明

歔寬毅非禮不動天興六年封齊王拜相國初帝母既賜
死道武召帝告曰昔漢武將立其子而殺其母不令婦人
與國政汝當繼統故吾遠同漢武帝素純孝哀不自勝道
武怒帝還宮哀不自止道武知而又召帝帝欲入左右諫
請待和解而進帝從之及元紹之逆帝還而誅之
永興元年冬十月壬午皇帝即位大赦改元追尊皇妣爲
宣穆皇后公卿大臣先罷歸第者悉復登用之詔南平公
長孫嵩北新侯安同對理人訟簡賢任能是月馮跋弑其
主高雲僭號天王國號北燕閏十月丁亥朱提王悅謀反
賜死詔郡兵將軍山陽侯奚斤廵諸州問人疾苦十二月

戊戌封衞王儀子良爲南陽王進陰平公烈爵爲王改封
高涼王樂真爲平陽王己亥帝始居西宮御天文殿蠕蠕
犯塞是歲乞伏乾歸自稱秦王
二年春正月甲寅朔詔南平公長孫嵩等北征蠕蠕因留
屯漠南夏五月嵩等自大漠還蠕蠕追圍之於牛川壬申
帝北伐蠕蠕聞而遁走車駕還幸參合陂六月晉將劉裕
滅慕容超秋七月丁巳立射臺於陂西仍講武乙丑至自
北伐
三年春二月戊戌詔簡宮人非御及伎巧者悉以賜鰥人
己亥詔北新侯安同等持節廵行并定二州及諸山居雜

胡丁零問其疾苦察舉守宰不法者辛丑簡宮人工伎之
不急者出賜人不能自存者三月己未詔侍臣常佩劒夏
五月景寅復出宮人賜鰥人辛卯車駕謁金陵於盛樂己
巳昌黎王慕容伯兒謀反伏誅六月姚興遣使朝貢秋七
月戊申賜衞士酺三日冬十一月丁未大閱于東郊
四年春二月癸未登獸圈射猛獸夏四月乙未宴羣臣於
西宮使各獻直言勿有所諱六月乞伏乾歸爲兄子公府
所弑閏月景辰大閱于東郊秋七月己巳朔東廵置四廂
大將又放十二時置十二小將以山陽侯奚斤元城公屈
行左右丞相己卯大獮于石會山戊子臨去畿陂觀漁庚

寅至于濡源西廵幸北部諸落八月壬子幸西宮臨板殿
大饗羣臣命百姓大酺二日乙卯賜王公以下至宿衞將
士布各有差冬十一月己丑賜宗室近屬南陽王良以下
至於緦麻親布帛各有差是月沮渠蒙遜僭稱西河王十
二月丁巳北廵至長城而旋
五年春正月己巳大閱畿内男年十二以上悉集己卯幸
西宮頒賜大渠帥四十餘人詣闕奉貢賜以繒帛錦罽各
有差乙酉詔諸州六十户出戎馬一匹庚寅大閱于東郊
署將帥以山陽侯奚斤爲前軍衆三萬陽平王熈等十二
將各一萬騎帝臨白登躬自校覽二月庚戌幸高柳川癸

丑穿魚池於北苑庚午姚興遣使朝貢己卯詔使者巡行
天下招延儁彥搜揚隱逸夏四月乙卯西巡五月乙亥行
幸雲中舊宮之大室景子大赦六月西幸五原校獵于骨
羅山獲獸十萬秋七月己巳還幸薄山帝登觀宣武游幸
刻石頌德之處乃於其旁起石壇而薦饗焉賜從者大酺
於山下前軍奚斤等破越勤倍泥部落於跋那山西徙二
萬餘家而旋景戌車駕自大室西南巡諸部落遂南次定
襄大洛城東踰七嶺山田于善無川八月癸卯車駕還宮
癸丑奚斤等班師甲寅帝臨白登山觀降人數軍實置新
人於大寧給農器計口受田冬十一月癸酉大饗于西宮

姚興遣使朝貢請進女帝許之
神瑞元年春正月辛酉以禎瑞頻集大赦改元辛巳行幸
繁時賜王公以下至于士卒百工布帛各有差二月戊戌
車駕還宮乙卯起豐宮於平城東北夏六月乞伏熾盤滅
禿髮傉檀秋七月晉將朱齡石滅蜀八月戊子詔馬邑侯
元陋孫使於姚興姚興遣使朝貢九月丁巳朔日有蝕之
冬十一月壬午詔使者巡行諸州校閱守宰資財非自家
所齎悉簿為贓守宰不如法聽百姓詣闕告之十二月景
戌朔蠕蠕犯塞景申車駕北伐
二年春正月景辰車駕至自北伐二月丁亥大饗于西宮

甲辰立宣武廟于白登西三月丁丑詔以刺史守宰率多
逋慢令年貲調縣違者謫出家財以充不聽徵發於人夏
四月晉人來聘己卯北巡五月丁亥次於參合東幸大甯
丁未田于四岬山六月戊午臨去畿陂觀漁辛酉次于濡
源立蜂臺遂射白熊於頹牛山獲之丁卯幸赤城親見長
老問人疾苦復租一年南次石亭幸上谷問百年訪賢雋
復田租之半壬申幸涿鹿登嶠山觀溫泉使以太牢祠黃
帝廟堯廟癸酉幸廣甯事如上谷己卯登廣甯之歷山以
太牢祠舜廟帝親加禮焉庚辰幸代秋七月癸未車駕還
宮復所過田租之半八月庚辰晦日有蝕之九月京師人

飢聽就食山東冬十月壬子姚興使奉其西平公主至帝
以后禮納之辛酉行幸沮洳城癸亥車駕還宮景寅詔以
頻遇霜旱年穀不登命出布帛倉穀以振貧窮
泰常元年春二月丁未姚興死三月己丑長樂王處文薨
夏四月壬子大赦改元庚申河間王脩薨五月甲申彗星
二見六月丁巳北巡秋七月甲申大獮于牛川登釜山臨
殷繁水南觀于九十九泉戊戌車駕還宮辛亥晦日有蝕
之九月晉劉裕泝河伐姚泓遣部將王仲德從陸道至梁
城兗州刺史尉建畏懦弃守北渡仲德遂入滑臺詔將軍
叔孫建等度河曜威斬尉建於城下冬十一月戊寅起蓬

臺于北苑十二月南陽王良薨
二年春正月甲戌朔日有蝕之二月景午詔使者巡行天
下觀風俗問其所苦是月涼武昭王薨五月西巡至雲中
遂濟河田于大漠秋七月乙亥車駕還宮乙酉起白臺於
城南高二十丈是月晉劉裕滅姚泓冬十月癸丑豫章王
夔薨十二月己酉詔河東河內購泓子第播越人間者
三年春三月晉人來聘庚戌幸西宮以勃海范陽郡去年
水復其租稅夏四月己巳徙冀定幽三州徒何於京師五
月壬子東巡至濡源及甘松遣征東將軍長孫道生師師
襲馮跋遂至龍城徙其居人萬餘家而還秋七月戊午車

信州儒學刊　北史帝紀一　二十六　山

駕至京師八月鴈門河內大雨水復其租稅冬十月戊辰
築宮於西苑十一月赫連屈丐剋長安十二月晉安帝殂
四年春正月壬辰朔車駕臨河大蒐于犢渚癸卯還宮三
月赫連屈丐僭即皇帝位癸丑築宮於蓬臺北夏四月庚
辰享東廟遠蕃助祭者數百國辛巳南巡幸鴈門賜所過
無出今年租賦五月庚寅朔觀漁于灅水己亥車駕還宮
秋八月辛未東巡遣使祠恒岳甲申車駕還宮賜所過無
出今年田租九月甲寅築宮於白登山冬十一月丁亥朔
日有蝕之十二月癸亥西巡至雲中踰白道北獵野馬於
辱孤山至于黃河從君子津西度大狩於薛林山

五年春正月景戌朔自薛林東還至屋竇城饗勞將士大
酺二日班禽以賜之己亥車駕還宮二月景戌南陽王意
文薨夏四月景寅起灅南宮五月乙酉詔曰宣武皇帝體
得一之玄遠應自然之沖妙大行大名未盡盛美今啓緯
圖始覲尊號其更上尊謚曰道武皇帝以章靈命之先啓
聖德之玄同庚戌淮南侯司馬國璠池陽侯司馬道賜等
謀反伏誅六月景寅幸翳犢山是月晉恭帝禪位于宋秋
七月丁酉西至五原丁未幸雲中大室賜從者大酺八月
癸亥車駕還宮閏月甲午陰平王烈薨是歲西涼亡
六年春二月己亥詔天下戶二十輸戎馬一匹大牛一頭

北史帝紀一　二十七　林

三月甲子陽平王熙薨乙亥制六部人羊滿百口者調戎
馬一匹發京師六千餘人築苑起自舊苑東苞白登周回
四十餘里夏六月乙酉北巡至于蟠羊山秋七月乙卯車
駕還宮癸酉西巡獵于柞山親射猛獸獲之遂至于河八
月庚子大獮于犢渚九月庚戌車駕還宮壬申宋人來聘
冬十月己亥行幸代十二月景申西巡于雲中
七年春正月甲辰朔自雲中西幸屋竇城賜從者大酺三
日二月景戌車駕還宮三月乙丑河南王曜薨夏四月甲
戌封皇子燾為太平王拜相國加大將軍丕為樂平王加
車騎大將軍彌為安定王加衛大將軍範為樂安王加中

軍大將軍健爲求昌王加撫軍大將軍崇爲建寧王加輔
國大將軍俊爲新興王加鎮軍大將軍獻懷長公主子嵇
敬爲長樂王拜大司馬大將軍初帝服寒食散頻年發動
不堪萬機五月立太平王燾爲皇太子臨朝聽政是月宋
武帝殂秋九月詔司空奚斤等帥師伐宋乙巳幸灅南宮
遂如廣寧己酉詔皇太子率百國以法駕田于東苑車乘
服物皆以乘輿之副辛亥築平城外郭周回三十二里辛
酉幸橋山遣使者祠黃帝唐堯廟因東幸幽州見耆年問
其所苦賜以爵號分遣使者巡行州郡觀察風俗冬十月
甲戌車駕還宮復所過田租之半奚斤等濟河攻滑臺不

拔求濟師帝怒不許議親南征爲其聲援壬辰南巡出自
天門關踰恒嶺四方蕃附大人各帥所部從者五萬餘人
十一月皇太子親統六軍鎮塞上安定王彌與北新公安
同居守景午曲赦司州殊死以下景辰次於中山問人疾
苦十二月景戌行幸冀州存問人俗遣壽光侯叔孫建等
率衆自平原東度徇下青兗諸郡

八年春正月景辰行幸鄴存問人俗司空奚斤既平兗豫
還圍武牢宋守將毛德祖距守不下蠕蠕犯塞二月戊辰
築長城於長川之南起自赤城西至五原延袤二千餘里
備置戍衛三月乙卯濟自靈昌夏四月丁卯幸成皇觀武

牢而城內乏水縣綆汲河帝令連艦上施轒轀絕其汲路
又穿地道以奪其井丁丑幸洛陽觀石經閏月丁未還幸
河內北登太行幸高都己未武牢潰士衆大疫死者十二
三辛酉幸晉陽班賜王公以下至於廝役五月景寅還次
鴈門皇太子率留臺王公迎于句注之北庚寅車駕至自
南巡六月己亥太尉宜都公穆觀薨景辰北巡至參合陂
秋七月幸三會屋侯泉詔皇太子率百官以從八月幸馬
邑觀于灅源九月乙亥車駕還宮冬十月癸卯廣西宮起
外牆周回二十里是歲飢詔所在開倉振給十一月己巳
帝崩於西宮時年三十二遺詔以司空奚斤所獲軍實賜

大臣自司徒長孫嵩以下至于士卒各有差十二月庚子
上謚曰明元皇帝葬于雲中金陵廟稱太宗帝兼資文武
禮愛儒生好覽史傳以劉向所撰新序說苑於經典正義
多有所闕乃撰新集三十篇採諸經史該洽古義云

論曰自古帝王之興誠有天命亦賴累功積德方契靈心
有魏奮宅幽方代爲君長神元生自天女桓穆勤於晉室
寔符人事夫豈徒然昭成以雄傑之姿苞君人之量征伐
四剋威被遐荒乃改都立號恢隆大業終百六十載光宅
區中其原固有由矣道武顯晦安危之中屈申潛躍之際
驅率遺黎奮其靈武克翦方難遂啓中原垂拱人神顯登

皇極雖冠履不暇棲遑外土而制作經謨咸出長久所謂大人剎見百姓與能抑不世之神武也而屯厄有期禍生非慮將人事不足豈天實爲之乎明元承運之初屬廓定之始于時狼顧鴟跱猶有窺覦加以天賜之末內難尤甚帝孝心歛略權正兼運纂業固基內和外撫終能周鄭款服聲教南被祖功宗德其義良已遠矣

魏本紀第一　　北史一

方洽周益周　己千　孫粹然　校正

魏本紀第二　　北史二

世祖太武皇帝諱燾明元皇帝之長子也母曰杜貴嬪天賜五年生於東宮體貌瓌異道武奇之曰成吾業者必此兒也泰常七年四月封太平王五月立爲皇太子及明元帝疾命帝總攝百揆帝聰明大度意豁如也八年十一月己巳明元帝崩壬申太子即皇帝位大赦天下十二月追尊皇妣爲密皇太后進司徒長孫嵩爵爲北平王司空奚斤爲宜城王藍田公長孫翰爲平陽王其餘普增爵位各有差於是除禁錮釋嫌疑開倉庫振窮乏河南流人相率內屬者甚衆

始光元年春正月景寅安定王彌薨夏四月甲辰東巡幸大寧六月宋徐羡之弒其主義符秋七月車駕還宮八月蠕蠕六萬騎入雲中殺略人吏攻陷盛樂帝帥輕騎討之虜乃退走九月大簡輿徒於東郊將北討冬十二月遣平陽王長孫翰等討蠕蠕車騎次祚山蠕蠕北遁諸軍追之大獲而還

二年春正月己卯車駕至自北伐二月景辰尊保母竇氏曰保太后丁巳以北平王長孫嵩爲太尉平陽王長孫翰爲司徒宜城王奚斤爲司空庚申營故東宮爲萬壽宮起永安安樂二殿臨望觀九華堂初造新字千餘夏四月詔

龍驤將軍步堆使宋五月詔天下十家發大牛一頭運粟塞上秋八月赫連屈丐死九月永安安樂二殿成丁卯大饗以落之冬十月癸卯車駕北伐東西五道並出平陽王長孫翰等絶漠追寇蠕蠕北走

三年春正月壬申車駕至自北伐乞伏熾盤遣使朝貢請討赫連昌二月起太學於城東祀孔子以顏回配夏五月辛卯進中山公纂爵爲王復南安公素先爵常山王六月幸雲中舊宮謁陵廟西至五原田於陰山東至和兜山秋七月築馬射臺于長川帝親登臺走馬王公諸國君長馳射中者賜金錦繒絮各有差八月車駕還宮宋人來聘帝

以赫連屈丐死諸子相攻冬十月丁巳車駕西伐幸雲中臨君子津會天暴寒數日冰合十一月戊寅率輕騎襲赫連昌壬午徙萬餘家而還至祚山班虜獲以賜將士各有差十二月詔奚斤西據長安秦隴氐羌皆叛昌詣斤降武都王楊玄及沮渠蒙遜等使使內附

四年春正月乙酉車駕至自西伐賜留臺文武各有差從人在道多死到者裁十六七乙亥行幸幽州赫連昌遣其弟定向長安帝聞之遣就陰山伐木造攻具二月車駕還宮三月景午詔執金吾桓貸造橋於君子津丁丑廣平王連薨夏四月丁未詔員外散騎常侍步堆使於宋五月車駕西討赫連昌次拔鄰山築城舍輜重以輕騎三萬先行戊戌至黑水帝親祈天告祖宗之靈而誓衆六月癸卯朔日有蝕之甲辰大破赫連昌昌奔上邽乙巳車駕入城虜昌群弟及其母妹妻妾宮人萬數府庫珍寶車旗器物不可勝計辛酉班師留常山王素執金吾桓貸鎭統萬秋七月己卯築壇於祚嶺戲馬馳射賜中者金帛繒絮各有差蠕蠕寇雲中聞破赫連昌懼而逃八月壬子車駕至自西伐飲至策勳告宗廟班軍實以賜留臺百寮各有差冬十一月以氐王楊玄爲假征南大將軍都督梁州刺史南秦王十二月行幸中山守宰貪汙免者十數人癸卯車駕還

宮復所過田租之半

神䴥元年春正月以天下守令多非法精選忠良悉代之辛未京兆王黎薨二月改元司空奚斤進軍安定監軍侍御史安頡出戰禽昌其餘衆立昌弟定爲主走還平涼三月辛巳侍中古弼送赫連昌至于京師司空奚斤追赫連定於平涼馬髦嶺爲定所禽將軍丘惟先在安定聞斤敗東走長安帝大怒詔頡令斬之夏四月赫連定遣使朝貢壬子西巡戊午田于河西大赦南秦王楊玄遣使朝貢五月乞伏熾盤死秋八月東幸廣甯臨觀溫泉以太牢祭黃帝堯舜廟九月車駕還宮冬十一月乙未朔日有蝕之是

月行幸河西大校獵十二月甲申車駕還宮
二年夏四月宋人來聘庚寅車駕北伐五月丁未次于沙
漠舍輜重輕騎兼馬至栗水蠕蠕震怖焚廬舍絶跡西
走冬十月振旅凱旋于京師告于宗廟列置新人于漠南
東至濡源西暨五原陰山竟三千里十一月西巡田于河
西至祚山而還
三年春正月庚子車駕還宮壬寅大赦癸卯行幸廣甯臨
溫泉作溫泉歌二月丁卯司徒平陽王長孫翰薨戊辰車
駕還宮三月壬寅進會稽公赫連昌爲秦王夏四月甲子
行幸雲中敕勒萬餘落叛走詔尚書封鐵追滅之五月戊

午詔討敕勒功大明賞罰秋七月己亥詔諸征鎮將軍王
公杖節邊遠者聽開府辟召其次增置吏員庚子詔大鴻
臚卿杜超假節都督冀定相三州諸軍事行征南大將軍
太宰進爵爲王鎮鄴爲諸軍節度八月宋將到彥之自清
水入河泝流西行景寅彥之遣將度河攻冶坂冠軍將軍
安頡督諸軍擊破之九月癸卯立密皇太后廟于鄴甲辰
行幸統萬遂征平涼是月馮跋死冬十月乙卯冠軍將軍
安頡濟河攻洛陽景子拔之辛巳安頡平武牢十一月乙
酉車駕至平涼己亥行幸安定庚子帝自安西還臨平涼
遂掘塹圍守之行幸紐城安慰初附赦秦隴之人賜復七

年辛酉安頡帥諸軍攻滑臺沮渠蒙遜遣使朝貢壬寅封
壽光侯叔孫建爲丹楊王十二月丁卯赫連定弟社于度
洛孤面縛出降平涼收其珍寶定長安臨晉武功守將皆
奔走關中平壬申車駕還東留巴東公延普等鎮安定
四年春正月壬午車駕次木根山大饗羣臣景申宋將檀
道濟王仲德從清水救滑臺丹楊王叔孫建汝陰公長孫
道生拒之道濟等不敢進是月赫連定滅乞伏慕末二月
辛酉安頡司馬楚之平滑臺癸酉車駕還宮飮至策勳告
于宗廟賜留臺百官各有差戰士賜復十年定州人飢詔
開倉以振之宋將檀道濟王仲德東走三月庚戌冠軍將

軍安頡獻宋俘萬餘人甲兵三萬夏六月赫連定北襲沮
渠蒙遜爲吐谷渾慕璝所執閏月乙未蠕蠕國遣使朝貢
詔散騎侍郎周紹使于宋秋七月己酉行幸河西起承華
宮八月乙酉沮渠蒙遜遣子安周入侍吐谷渾慕璝遣使
奉表請送赫連定己丑以慕璝爲大將軍封西秦王九月
癸丑車駕還宮庚申加太尉長孫嵩柱國大將軍以左光
祿大夫崔浩爲司徒征西大將軍長孫道生爲司空癸亥
詔兼太常李順持節拜西河王沮渠蒙遜爲假節加侍中
都督涼州持節及西域羌戎諸軍事行征西大將軍太傅
涼州牧涼王壬申詔曰范陽盧玄博陵崔綽趙郡李靈河

閭邢穎勃海高允廣平游雅太原張偉等皆賢儁之胄冠
冕州邦有羽儀之用易曰我有好爵吾與爾縻之如玄之
比隱跡衡門不耀名譽者盡敕州郡以禮發遣遂徵玄等
州郡所遣至者數百人皆差次敘用冬十月戊寅詔司徒
崔浩改定律令行幸漠南十一月景辰北部敕勒莫弗庫
若于率其部數萬騎驅鹿獸數百萬詣行在所帝因而大
狩以賜從者勒石漠南以記功德宜城王奚斤坐事降爵
爲公十二月車駕還宮
延和元年春正月景午尊保太后爲皇太后立皇后赫連
氏以皇子晃爲皇太子謁于太廟大赦改元三月丁未追

贈夫人賀氏爲皇后壬申西秦王吐谷渾慕璝送赫連定
於京師夏五月宋人來聘六月庚寅車駕伐和龍詔尚書
左僕射安原等屯于漠南以備蠕蠕辛卯詔兼散騎常侍
鄧穎使於宋秋七月己巳車駕至和龍穿塹以守之是月
築東宮九月乙卯車駕西還徙營丘成周遼東樂浪帶方
玄菟六郡人三萬家于幽州開倉以振之冬十月吐谷渾
慕璝遣使朝貢十一月己巳車駕至自和龍十二月己丑
馮弘子長樂公崇及其母弟朗朗弟邈以遼西內屬先是
辟召賢良而州郡多逼遣之詔以禮申喻任其進退
二年春二月庚午詔兼鴻臚卿李繼持節假馮崇車騎大

將軍遼西王承制聽置尚書已下壬午詔兼散騎常侍宋
宣使於宋夏四月沮渠蒙遜死以其子牧犍爲車騎將軍
改封西河王六月遣永昌王健尚書左僕射安原督諸軍
討和龍辛巳詔樂安王範發秦雍兵一萬築小城於長安
城內秋八月遼西王馮崇上表求說降其父帝不聽九月
宋人來聘并獻馴象一戊午詔兼大鴻臚卿崔頤持節拜
征虜將軍楊難當爲征南大將軍儀同三司封南秦王冬
十二月己巳大赦天下辛未幸陰山北詔兼散騎常侍盧
玄使於宋
三年春正月乙未車駕次于女水大饗群臣戊戌爲引遣

使來和帝不許景辰南秦王楊難當克漢中送雍州流人
七千家于長安二月戊寅詔以頻年屢征有事西北運輸
之役百姓勤勞令郡縣括貧富以爲三級富者租賦如常
中者復二年下窮者復三年辛卯車駕還宮三月甲寅行
幸河西閏月甲戌秦王赫連昌叛走景子河西候將格殺
之驗其謀反群弟皆伏誅己卯車駕還宮進彭城公栗磾
爲王秋七月辛巳東宮成備置屯衞三分西宮之一壬午
行幸美稷遂至隰城命諸軍討山胡白龍于河西九月戊
子剋之斬白龍及其將帥屠其城冬十一月車駕還宮十
二月甲辰行幸雲中

太延元年春正月乙未朔日有蝕之壬午降死罪刑已下各一等癸未出道武明元宮人令得嫁甲申大赦改元二月庚子蠕蠕焉耆車師各遣使朝貢詔長安及平涼人徙在京師其孤老不能自存者聽還鄉里丁未車駕還宮夏五月庚申進宜都公穆壽爲宜都王汝陰公長孫道生爲上黨王宜城公奚斤爲恒農王廣陵公婁伏連爲廣陵王遣使者二十輩使西域甲戌行幸雲中六月甲午詔曰去春小旱東作不茂憂勤剋己祈請靈祇豈朕精誠有感何報應之速雲雨震灑流澤霑渥有鄙婦人持方寸玉印詣潞縣侯孫家既而亡去莫知所在印有三字爲龍鳥之形要妙奇巧不類人迹文曰旱疫平推尋其理蓋神靈之報應也比者以來禎瑞仍臻甘露流液降於殿內嘉瓜合蔕生于中山野木連理殖於魏郡在先后載誕之鄉白鷰集于盛樂舊都玄鳥隨之蓋有千數嘉禾頻歲合秀於恒農白兔並見於勃海白雉三隻又集於平陽太祖之廟天降嘉貺將何德以酬之其令天下大酺五日禮報百神守宰祭界內名山大川上答天意景午高麗鄯善國並遣使朝貢秋七月田於棝陽己卯樂平王丕等五將東伐至和龍徙男女六千口而還八月景戌行幸河西粟特國遣使朝貢九月車駕還宮冬十月癸卯尚書左僕射安原謀反伏

誅甲辰行幸定州次于新城宮十一月己巳校獵于廣州景子行幸鄴祀密太后廟諸所過親問高年褒禮賢俊十二月癸卯遣使者以太牢祀北岳

二年春正月甲寅車駕還宮二月戊子馮弘遣使朝貢求送侍子帝不許壬辰遣使者十餘輩詣高麗東夷諸國詔喻之三月景辰宋人來聘辛未遣平東將軍娥清安西將軍古弼討馮弘弘求救於高麗高麗遣其大將葛蔓盧迎之夏四月甲寅皇子小兒苗兒並薨五月乙卯馮弘奔高麗戊午詔散騎常侍封撥使高麗徵送馮弘丁卯行幸河西赫連定之西也楊難當竊據上邽秋七月庚戌命樂平王丕等討之詔散騎常侍游雅使於宋八月丁亥遣使六輩使西域帝校獵于河西詔廣平公張黎發定州七郡一萬二千人通莎泉道甲辰高車國遣使朝貢九月庚戌樂平王丕等至略陽公難當奉詔攝上邽守高麗不送馮弘帝將伐之納樂平王丕計而止冬十一月己酉幸棝陽驅野馬於雲中置野馬苑閏月壬子車駕還宮乙丑改封潁川王提爲武昌王河西王沮渠牧犍遣使朝貢是歲吐谷渾慕璝死

三年春正月癸未中山王纂薨戊子太尉北平王長孫嵩薨乙巳丹楊王叔孫建薨二月乙卯行幸幽州存恤孤老

問人疾苦還幸上谷遂至代所過復田租之半三月己卯
車駕還宮丁酉宋人來聘夏五月己丑詔天下吏人得舉
告守令不如法者景申行幸雲中秋七月戊子使求昌王
徒上黨王長孫道生討山胡白龍餘黨於西河滅之八月
甲辰行幸河西九月甲申車駕還宮丁丑遣使者拜西秦
王慕璝弟慕利延爲鎮西大將軍儀同三司改封西平王
冬十月癸卯行幸雲中十一月壬申車駕還宮是歲河西
王沮渠牧犍世子封壇來朝高麗契丹龜茲悅般焉耆車
師粟特疏勒烏孫渴盤陁鄯善破洛者舌等國各遣使朝
貢

四年春三月庚辰鄯善王弟素延耆來朝癸未罷沙門年
五十以下江陽王根薨是月高麗殺馮弘夏五月戊寅大
赦秋七月壬申車駕北伐冬十一月丁卯朔日有蝕之十
二月車駕至自北伐上洛巴泉蕇等相帥內附詔兼散騎
常侍高雅使于宋
五年春正月庚寅行幸定州三月辛未車駕還宮庚寅以
故南秦王世子楊保宗爲征南大將軍秦州牧武都王鎮
上邽夏五月癸未遮逸國獻汗血馬六月甲辰車駕西討
沮渠牧犍侍中宜都王穆壽輔皇太子決留臺事大將軍
長樂王嵇敬輔國大將軍建寧王崇二萬人屯漠南以備

蠕蠕秋七月己巳車駕至上郡屬國城大饗羣臣講武馬
射壬午留輜重分部諸軍八月景申車駕至姑臧牧犍兄
子祖踰城來降乃分軍圍之九月景戌牧犍與左右文武
五千人面縛軍門帝解其縛待以藩臣之禮收其城內戶
口二十餘萬倉庫珍寶不可稱計進張掖公秃髮保周爵
爲王與龍驤將軍穆羆安遠將軍源賀分略諸郡牧犍弟
張掖太守宜得西奔酒泉太守無諱後奔晉昌樂都太守
安周南奔吐谷渾戊子蠕蠕犯塞遂至七介山京都大駭
皇太子命上黨王長孫道生等拒之冬十月辛酉車駕還
宮徙涼州人三萬餘家于京師留樂平王丕征西將軍賀

多羅鎮涼州癸亥遣張掖王秃髮保周喻諸部鮮卑保周
因率諸部叛於張掖十一月乙巳宋人來聘并獻馴象一
十二月壬午車駕至自西伐飲至策勳告于宗廟楊難當
寇上邽鎮將元勿頭討走之是歲鄯善龜茲疏勒焉耆高
麗粟特渴盤陁破洛那悉居半等國並遣使朝貢
太平真君元年春正月己酉沮渠無諱圍酒泉辛亥分遣
侍臣巡行州郡觀察風俗問人疾苦二月己巳詔假通直
常侍邢穎使於宋發長安人五千浚昆明池三月酒泉陷
夏四月戊午朔日有蝕之庚辰沮渠無諱寇張掖秃髮保
周屯刪丹六月丁丑皇孫濬生大赦改元秋七月行幸陰

山己丑永昌王建大破禿髮保周走之景申保太后竇氏
崩于行宮癸丑保周自殺傳首京師八月甲申沮渠無諱
降九月壬寅車駕還宮是歲州鎮十五飢詔開倉振恤之
以河南王曜子羯兒為河間王後改封略陽王
二年春正月癸卯拜沮渠無諱為征西大將軍涼州牧酒
泉王三月辛卯葬惠太后於崞山庚戌新興王俊略陽王
羯兒有罪黜為公辛亥封蠕蠕郁久閭乞歸為朔方王沮
渠萬年為張掖王夏四月丁巳宋人來聘秋八月辛亥詔
散騎侍郎張偉使于宋九月戊戌永昌王健薨冬十一月
庚子鎮南大將軍奚眷平酒泉十二月景子宋人來聘

三年春正月甲申帝至道壇親受符籙備法駕旗幟盡青
三月壬寅北平王長孫頹有罪削爵為侯夏四月酒泉王
沮渠無諱走渡流沙據鄯善涼武昭王孫李寶據敦煌遣
使內附五月行幸陰山北六月景戌楊難當朝於行宮先
是起殿於陰山北殿成而難當至因曰廣德焉秋八月甲
戌晦日有蝕之冬十月己卯封皇子伏羅為晉王翰為秦
王譚為燕王建為楚王余為吳王十二月辛巳太保襄城
公盧魯元薨丁酉車駕還宮李寶遣使朝貢以寶為鎮西
大將軍開府儀同三司沙州牧敦煌公
四年春正月庚午行幸中山二月景子次于恒山之陽詔

有司刊石勒銘是月剋仇池三月庚申車駕還宮夏四月
武都王楊保宗謀反諸將禽送京師氐羌復推保宗弟文
德為主圍仇池六月庚寅詔復人貲賦三年其田租歲輸
如常牧守不得妄有徵發癸巳大閱于西郊九月辛丑行
幸漠南甲辰捨輜重以輕騎襲蠕蠕分軍為四道冬十一
月甲子車駕還至朔方詔曰夫陰陽有往復四時有代謝
授子任賢蓋古今不易之令典也其令皇太子副理萬機
摠統百揆諸功臣勤勞日久皆當以爵歸第隨時朝請饗
宴朕前論道陳謨而已不宜復煩以劇職更舉賢俊以備
百官明為科制以稱朕心十二月辛卯車駕至自北伐

五年春正月壬寅皇太子始摠百揆侍中中書監宜都王
穆壽司徒東郡公崔浩侍中廣平公張黎侍中建興公古
弼輔太子以決庶政諸上書者皆稱臣上疏儀與表同戊
申詔自王公已下至於庶人私養沙門巫及金銀工巧之
人在其家者皆遣詣官曹限今年二月十五日過期不出
巫沙門身死主人門誅庚戌詔自三公已下至於卿士其
子息皆詣太學其百工伎巧騶卒子息當習其父兄所業
不聽私立學校違者師身死主人門誅二月辛未中山王
辰等八人以北伐後期斬于都南癸酉樂平王丕薨庚辰
行幸廬三月戊辰大會于鄉南遣使者四輩使西域甲辰

車駕還宮夏四月乙亥太宰陽平王杜超爲帳下所殺五月丁酉行幸陰山北六月西平王吐谷渾慕利延殺其兄子緯代立緯弟叱力延等來奔乞師以叱力延爲歸義王秋八月乙丑田于河西壬午詔員外散騎常侍高濟使於宋九月帝自河西至于馬邑觀于崞川己亥車騎還宮丁未行幸漠南冬十月癸未晉王伏羅大破慕利延慕利延走奔白蘭其部一萬三千內附十一月宋人來聘十二月景戌車駕還宮

六年春正月辛亥行幸定州引見長老存問之詔兼員外散騎常侍宋愔使于宋二月遂西幸上黨觀連理樹於玄

氏至吐京討徙叛胡出配郡縣三月庚申車駕還宮詔諸有疑獄皆付中書以經義量決夏六月戊子朔日有蝕之壬辰北巡秋八月壬辰散騎常侍成周公萬度歸以輕騎至鄯善執其王眞達與詣京師帝大悅厚待之車駕幸陰山北次于廣德宮詔發天下兵三取一各當戒嚴以須後命徙諸種雜人五千餘家於北邊令人北徙畜牧至廣漠以餌蠕蠕壬寅征西大將軍高涼王那等討吐谷渾慕利延軍到曼頭城慕利延驅其部落西度流沙那急追故西秦王慕璝世子被囊逆軍拒戰那擊破之中山公杜豐追度三危至雪山禽被囊及慕利延元子什歸熾盤子成龍

送于京師慕利延遂西入于闐國九月盧水胡蓋吳聚衆反於杏城冬十一月高涼王那振旅還京師庚申遼東王竇漏頭薨河東蜀薛永宗聚黨入汾曲西通蓋吳受其位號蓋吳自號天台王署百官辛未車駕還宮選六州兵勇猛者使永昌王仁高涼王那分領爲二道南略淮泗以北徙青徐之人以實河北癸未西巡

七年春正月戊辰車駕次東雍禽薛永宗斬之其男女無少長皆赴水死辛未南幸汾陰蓋吳退走北地二月景戌幸長安存問父老丁亥幸昆明池遂田于岐山之陽所過誅與蓋吳通謀反害守將者三月詔諸州坑沙門毀諸佛

像徙長安城內工巧二千家於京師夏四月甲申車駕至自長安戊子毀鄴城五層佛圖於泥像中得玉璽二其文皆曰受命於天既壽永昌其一刻其旁曰魏所受漢傳國璽五月蓋吳復聚杏城自號秦地王景戌發司幽定冀四州十萬人築畿上塞圍起上谷西至于河廣袤皆千里六月癸未朔日有蝕之秋八月蓋吳爲其下人所殺傳首京師復略陽公羯兒王爵

八年春正月癸未行幸中山三月河西王沮渠牧犍謀反伏誅夏五月車駕還宮六月西征諸將扶風公處眞等八將坐盜沒軍資所在虜掠贓各千萬計並斬之秋八月樂

安王範薨冬十一月侍中中書監宜都王穆壽薨十二月晉王伏羅薨

九年春正月宋人來聘二月癸卯行幸定州山東人飢詔開倉振之罷塞圍作遂西幸上黨詔於壺關東北大王山累石爲三封又斬其鳳皇山南足以斷之三月車駕還宮夏五月甲戌以交趾公韓拔爲假征西將軍領護西戎校尉鄯善王鎮鄯善賦役其人比之郡縣六月辛酉行幸廣德宮丁卯悅般國遣使求與王師俱討蠕蠕帝許之秋八月詔中外諸軍戒嚴九月乙酉練兵于西郊景戌幸陰山是月成周公萬度歸千里驛上大破焉耆國其王鳩尸卑

那奔龜茲冬十月辛丑恒農王奚斤薨癸卯以婚姻奢靡喪葬過度詔有司更爲科限癸亥大赦十二月詔成周公萬度歸自焉耆西討龜茲皇太子朝于行宮遂從北討至受降城不見蠕蠕因積糧城内留守而還北平王長孫敦坐事降爵爲公

十年春正月戊辰朔帝在漠南大饗百寮甲戌蠕蠕吐賀眞懼遠遁三月蒐于河西庚寅車駕還宮夏四月景申朔日有蝕之九月閱武於碻上遂北伐冬十月庚子皇太子及羣官奉迎於行宮十二月戊申車駕至自北伐己酉以平昌公託眞爲中山王

十一年春正月乙丑行幸洛陽所過郡國皆親對高年存恤孤寡二月甲午大蒐於梁川皇子眞薨是月大修宮室皇太子居于北宮車駕遂征懸瓠夏四月癸卯車駕還宮賜從者及留臺郎吏已上生口各有差六月己亥誅司徒崔浩辛丑北巡陰山秋七月宋將王玄謨攻滑臺八月辛亥田于河西癸未練兵於西郊九月辛卯車駕南伐癸巳皇太子北伐屯于漠南吳王余留守京都庚子曲赦定冀相三州死罪已下冬十月乙丑車駕濟河玄謨棄軍而走乃命諸將分道並進車駕自中道十一月辛卯至鄒山使使者以太牢祀孔子是月潁盾國獻師子一十二月丁卯

車駕至淮詔刈萑葦作筏數萬而濟淮南皆降癸未車駕臨江起行宮於瓜步山諸軍同日皆臨江所過城邑莫不望塵奔潰其降附者不可勝數甲申宋文帝使獻百牢貢其方物又請進女於皇孫以求和好帝以師婚非禮許和而不許婚使散騎侍郎夏侯野報之帝詔皇孫爲書致馬通問焉

正平元年春正月景戌朔大會羣臣於江上文武受爵者二百餘人丁亥車駕北旋二月癸未次于魯口皇太子朝於行宮三月己亥車駕至自南伐飲至策勳告於宗廟以降人五萬餘家分置近畿賜留臺文武所獲軍資生口各

有羌夏五月壬寅大赦六月壬戌改元車師國王遣子入侍詔以刑網太密犯者更衆命有司其案律令務求厥中自餘有不便於人者依比增損詔太子少傅游雅中書侍郎胡方回等改定律制略陽王羯兒高涼王那有罪賜死戊辰皇太子薨壬申葬景穆太子於金陵秋七月丁亥行幸陰山省諸曹吏員三分之一九月癸巳車駕還宮冬十月庚申行幸陰山宋人來聘詔殿中將軍郎法祐使於宋己巳司空上黨王長孫道生薨十二月丁丑車駕還宮封皇孫濬爲高陽王尋以皇孫世嫡不宜在藩乃止改封秦王翰爲東平王燕王譚爲臨淮王楚王建爲廣陽王吳王

余爲南安王

二年春正月庚辰朔南來降人五千餘家於中山謀叛州軍討平之冀州刺史張掖王沮渠萬年與降人通謀賜死三月甲寅中常侍宗愛構逆帝崩於永安宮時年四十五祕不發喪愛又矯皇后令殺東平王翰迎南安王余立大赦改元爲承平尊謚曰太武皇帝葬於雲中金陵廟號世祖帝生不逮密太后及有所識言則悲慟哀感傍人明元聞而嘉歎及明元不豫衣不釋帶性清儉率素服御飲膳取給而已不好珍麗食不二味所幸昭儀貴人衣無兼綵羣臣白帝更峻京邑城隍以從周易設險之義又陳蕭何壯麗之說帝曰古人有言在德不在險屈丐蒸土築城而朕滅之豈在城也今天下未平方須人力土功之事朕所未爲蕭何之對非雅言也每以財者軍國之本無所輕費至於賞賜皆是勳績之家親戚愛寵未嘗橫有所及臨敵常與士卒同在矢石閒左右死傷者相繼而帝神色自若是以人思效命所向無前命將出師指授節度從命者無不制勝違爽者率多敗失性又知人拔士於卒伍之中唯其才效所長不論本末兼甚嚴斷明於刑賞功者賞不遺賤罪者刑不避親雖寵愛之終不虧法常曰法者朕與天下共之何敢輕也故大臣犯法無所寬假雅長聽察瞬息

之閒下無以措其姦隱然果於誅戮後多悔之司徒崔浩死後帝北伐時宣城公李孝伯疾篤傳者以爲卒帝聞而悼之謂左右曰李宣城可惜又曰朕向失言崔司徒可惜李宣城可哀褒貶雅意皆此類也

景穆皇帝諱晃太武皇帝之長子也母曰賀夫人延和元年正月景午立爲皇太子時年五歲明慧強識聞則不忘及長好讀經史皆通大義太武甚奇之及西征涼州皇太子監國初太武之伐河西李順等咸言姑臧無水草不可行師太子有疑色及車駕至姑臧乃詔太子曰姑臧城東西門外涌泉合於城北其大如河澤草茂盛可供大軍數

年人之多言亦可惡也太子謂宮臣曰爲人臣不實若此豈是忠乎吾初聞有疑但帝決行耳幾誤人大事言者復何面目見帝也眞君四年從征蠕蠕至鹿渾谷與賊遇虜惶怖擾亂太子言於太武曰宜速進擊掩其不備中書令劉潔固諫以爲塵盛賊多須軍大集太子曰此由賊恒擾何有營上而有此塵太武疑之遂不急擊蠕蠕遠遁既而獲虜候騎乃云不覺官軍卒至上下惶懼北走經六七日知無追者乃徐行帝深恨之自是太子所言軍國大事多見納用遂知萬機及監國命有司使百姓有牛家以人牛相貿又禁飲酒雜戲棄本沽販者於是墾田大增正平元

年六月戊辰薨於東宮時年二十四庚午命持節兼太尉張黎兼司空竇瑾奉策即柩謚景穆太子文成即位追尊爲景穆皇帝廟號恭宗

高宗文成皇帝諱濬景穆皇帝之長子也母曰閭氏眞君元年六月生於東宮帝少聰達太武常置左右號世嫡皇孫年五歲太武北巡帝從在後逢虜帥桎一奴將加罰帝謂曰奴今遭我汝宜釋之帥奉命解縛太武聞之曰此兒雖小欲以天子自處意奇之及長風格異常每參決大政可否正平二年三月中常侍宗愛弒逆立南安王余十月景午朔又賊余於是殿中尚書長孫渴侯與尚書陸麗奉

迎世嫡皇孫

興安元年冬十月戊申皇帝即位於永安前殿大赦改元正平二年爲興安以驃騎大將軍元壽樂爲太宰都督中外諸軍錄尚書事以尚書長孫渴侯爲尚書令儀同三司十一月景子二人爭權並賜死癸未廣陽王建臨淮王譚薨甲申皇妣閭氏薨進平南將軍宋子侯周忸爵爲樂陵王南部尚書常安子陸麗爲平原王文武各加位一等壬寅追尊皇考景穆太子爲景穆皇帝妣閭氏爲恭皇后尊保母常氏爲保太后十二月戊申祔葬恭皇后於金陵乙卯初復佛法丁巳以樂陵王周忸爲太尉平原王陸麗爲

司徒鎮西將軍杜元寶爲司空保達沙獵等國各遣使朝貢戊寅進建業公陸俟爵爲東平王進廣平公杜遺爵爲王癸亥詔以營州蝗開倉振恤甲子太尉樂陵王周忸有罪賜死進濮陽公閭若文爵爲王

二年春正月辛巳進司空杜元寶爵爲京兆王廣平王杜遺薨進尚書僕射東安公劉尼爵爲王封建寧王崇子麗爲濟南王癸未詔與百姓雜調十五景戌進尚書西平公源賀爵爲王二月己未司空京兆王杜元寶謀反伏誅建寧王崇崇子濟南王麗爲元寶所引各賜死乙丑發京師五千人穿天泉池是月宋太子劭殺文帝三月尊保太后

爲皇太后進安豐公閭武皮爵爲河間王夏五月宋孝武帝殺太子劭而自立閏月乙亥太皇太后赫連氏崩秋七月辛亥行幸陰山濮陽王閭若文永昌王仁謀反乙卯仁賜死若文伏誅己巳車駕還宮是月築馬射臺於南郊八月戊戌詔曰朕即位以來風雨順序邊方無事衆瑞兼呈又於苑內獲方寸玉印其文曰子孫長壽羣公卿士咸曰休哉豈朕一人克臻斯應實由天地祖宗降祐之所致也思與兆庶共茲嘉慶其令百姓大酺三日降殊死已下囚九月壬子閱武於南郊冬十一月辛酉行幸信都中山觀察風俗十二月甲午車駕還宮復北平公長孫敦王爵是歲疎勒渴盤陁庫莫奚契丹罽賓等國各遣使朝貢

興光元年春正月乙丑以侍中河南公伊馛爲司空二月甲午帝至道壇登受圖籙禮畢曲赦京師夏六月行幸陰山秋七月景申朔日有蝕之庚子皇子弘生辛丑大赦改元八月甲戌趙王深薨乙亥車駕還宮乙丑皇叔武頭龍頭薨九月庫莫奚國獻名馬有一角狀如麟閶都門大索三日獲姦人亡命數百人冬十一月戊戌行幸中山遂幸信都十二月景子還幸靈丘至溫泉宮庚辰車駕還宮出于叱萬單等國各遣使朝貢

太安元年春正月辛酉奉太武景穆神主于太廟樂平王拔有罪賜死二月癸未武昌王提薨三月己亥以太武景穆神主入太廟改元曲赦京師死囚已下夏六月壬戌詔名皇子弘曲赦癸酉詔尚書穆真等三十人巡行州郡觀察風俗大明賞罰冬十月庚午以遼西公常英爲太宰進爵爲王是歲嚈噠波斯疎勒等國各遣使朝貢

二年春正月乙卯立皇后馮氏二月丁巳立皇子弘爲皇太子大赦夏六月羽林中郎于判元提等謀逆誅秋八月田於河西平西將軍漁陽公尉眷北擊伊吾剋其城大獲而還九月辛巳進河東公閭毗零陵公閭紇爵並爲王冬十月甲申車駕還宮甲午曲赦京師十一月改封西平王

源賀隴西王嚈噠普嵐等國各遣使朝貢

三年春正月徵漁陽公尉眷拜太尉進爵爲王録尚書事夏五月封皇弟新成爲陽平王六月癸卯行幸陰山秋八月田於陰山之北己亥還宮冬十月將東巡詔太宰常英起行宮於遼西黃山十二月州鎮五蝗百姓飢使開倉振給之是歲粟特于闐等五十餘國並遣使朝貢

四年春正月景午朔初設酒禁乙卯行幸廣甯溫泉宮遂東巡庚午至遼西黃山宮遊宴數日親對高年勞問疾苦二月景子登碣石山觀滄海大饗羣臣於山上班賞進爵各有差改碣石山爲樂遊山築壇記行於海濱戊寅南幸

信都田於廣川三月丁未觀馬射於中山所過郡國賜復
一年景辰車駕還宮起太華殿乙丑東平王陸俟薨夏五
月壬戌詔曰比年以來雜調減省而所在州郡咸有逋懸
非在職之官綏導失所貪穢過度誰使之然自今常調不
充人不安業宰人之徒加以死罪六月景申田於松山秋
七月庚午行幸河西九月丁巳還宮辛亥太華殿成景寅
饗群臣大赦冬十月甲戌北巡至陰山有故家毀廢詔曰
昔姬文葬枯骨天下歸仁自今有穿墳壠者斬之辛卯次
于車輪山累石記行十一月車駕渡漠蠕蠕絕迹遠遁十
二月中山王託真薨

五年春二月己酉司空河南公伊馛薨二月庚寅曲赦京
師死罪已下夏四月乙巳封皇弟子推為京兆王五月常
居國遣使朝貢六月戊申行幸陰山秋八月庚戌遂幸雲
中壬戌還宮九月戊辰儀同三司敦煌公李寶薨冬十二
月戊申詔以六鎮雲中高平二雍秦州徧遇災旱年穀不
收開倉廩振之有徙流者喻還桑梓
和平元年春正月甲子朔大赦改元庚午詔散騎侍郎馮
闡使於宋夏四月戊戌皇太后常氏崩於壽安宮五月癸
酉葬昭太后於廣寧鳴雞山六月甲午詔征西大將軍陽
平王新城等討吐谷渾什寅崔浩之誅也史官遂廢至是

復置秋七月西征諸軍至西平什寅走保南山九月庚申
朔日有蝕之是月諸軍濟河追什寅遇瘴氣多病疫乃引
還庚午車駕還宮冬十月居常王獻馴象三十一月詔
散騎侍郎盧度世使於宋
二年春正月乙酉詔曰刺史牧人為萬里之表自頃每因
發調逼人假貸大商富賈要射時利上下通同分以潤屋
為政之弊莫過於此其一切禁絕犯者十疋以上皆死布
告天下咸令知禁二月行幸中山遂幸信都三月宋人來
聘車駕所過皆親對高年問疾苦詔年八十一子不從役
靈丘南有山高四百餘丈乃詔群臣仰射山峯無能踰者

帝彎弧發矢出三十餘丈過山南二百二十步遂刊石勒
銘是月發并肆州五千餘人修河西獵道辛巳車駕還宮
夏四月乙未河東王閭毗薨五月癸未詔南部尚書黃盧
頭李敷業考課諸州秋七月戊寅封皇弟小新成為濟陰
王天賜為汝陰王萬壽為樂良王洛侯為廣平王八月波
斯國遣使朝貢冬十月詔假員外散騎常侍游明根使于
宋廣平王洛侯薨
三年春正月壬午以東郡公乙渾為太原王癸未樂良王
萬壽薨二月壬子朔日有蝕之癸酉田於崞山遂觀漁于
旋鴻池三月甲申宋人來聘高麗蓰王契嚙思厭於師踈

勤石那悉居半渴盤陁等國並遣使朝貢夏六月庚申行幸陰山秋七月壬寅幸河西九月壬辰常山王素薨冬十月詔員外散騎常侍游明根使于宋十一月壬寅車駕還宮十二月乙卯制戰陣之法十有餘條因大儺曜兵有飛龍騰蛇魚麗之變以示威武戊午零陵王閭拔薨

四年春三月乙未賜京師人年七十以上太官廚食以終其年皇子胡仁薨追封樂陵王夏四月癸亥上幸西苑親射猛獸三頭五月壬辰侍中漁陽王尉眷薨壬寅行幸陰山秋七月壬午詔曰朕每歲閑月命羣臣講武所幸之處必立宮壇糜費之功勞損非一宜仍舊貫何必改作也八

月景寅遂田于河西九月辛巳車駕還宮冬十月以定相二州霣霜傷稼免其田租詔員外散騎常侍游明根使於宋十二月辛丑詔以喪葬嫁娶大禮未備命有司爲之條格使貴賤有章上下咸序著之于令壬寅詔曰婚姻者人道之始比者以來貴族之門多不率法或貪利財賂或因緣私好在於苟合無所擇選塵穢清化虧損人倫將何以宣示典謨垂之來裔令制皇族師傅王公侯伯及士庶之家不得與百工伎巧卑姓爲婚犯者加罪

五年春正月丁亥封皇弟雲爲任城王二月詔以州鎮十四去歲蟲水開倉振恤夏四月癸卯進封頓丘公李峻爲王閏月戊子帝以旱故減膳責身是夜澍雨大降五月宋孝武帝殂六月丁亥行幸陰山秋七月壬寅行幸河西九月辛丑車駕還宮冬十月琅邪侯司馬楚之薨十二月南秦王楊難當薨吐呼羅國遣使朝貢

六年春正月景申大赦二月丁丑行幸樓煩宮高麗蓰王對曼等國各遣使朝貢三月戊戌相州刺史西平郡王吐谷渾權薨乙巳車駕還宮夏四月破洛那國獻汗血馬普嵐國獻寶劍五月癸卯帝崩于太華殿時年二十六六月景寅奉尊謚曰文成皇帝廟號高宗八月葬雲中之金陵

顯祖獻文皇帝諱弘文成皇帝之長子也母曰李貴人興光元年七月生於陰山之北太安二年二月立爲皇太子和平六年五月甲辰即皇帝位大赦尊皇后曰皇太后車騎大將軍乙渾矯詔殺尚書楊保年平陽公賈愛仁南陽公張天度于禁中戊申司徒公平原王陸麗自湯泉入朝又殺之己酉以渾爲太尉公以錄尚書事東安王劉尼爲司徒公以尚書左僕射和其奴爲司空公六月封繁陽侯李嶷爲丹楊王征東大將軍馮熙爲昌黎王秋七月癸巳以太尉乙渾爲丞相位居諸王上事無大小皆決焉九月庚子曲赦京師丙午詔曰先朝以州牧親人宜置良佐故敕有司班九條之制使前政選吏以待後人然牧司舉非

其人懋于典度今制刺史守宰到官之日仰自舉人望忠
信以爲選官不論前政共相平置若簡任失所以罔上論
是月宋義陽王劉昶自彭城來奔冬〻十月徵陽平王新成
京兆王子推濟陰王小新成汝陰王天賜任城王雲入朝
十一月宋湘東王彧殺其主子業而自立
天安元年春正月己丑朔大赦改元二月庚申丞相太原
王乙渾謀反伏誅乙亥以侍中元孔雀爲濮陽王侍中陸
定國爲東郡王三月庚子以隴西王源賀爲太尉公辛丑
高宗文成皇帝神主祔于太廟辛亥帝幸道壇親受符籙
曲赦京師秋九月己酉初立鄉學郡置博士二人助教二

人學生六十人冬〻十二月皇弟安平王薨是歲州鎮十一
旱人飢開倉振恤
皇興元年春正月癸巳鎮南大將軍尉元大破宋將張永
沈攸之於呂梁東宋人來聘庚子東平王道符謀反於長
安其司馬段太陽斬之傳首京師道符兄弟皆伏誅閏月
以頓丘王李峻爲太宰二月濟陰王小新成薨宋東平太
守申纂戍無鹽遏絕王使詔征南大將軍慕容白曜督諸
軍往討三月甲寅剋之秋八月丁酉幸武州山石窟寺戊
申皇子宏生大赦改元九月己巳進馮翊公李白爲梁郡
王冬〻十月己亥朔日有蝕之癸卯田於那男池濮陽王孔

雀坐怠慢降爲公
二年春二月癸未田于西山親射武豹三月慕容白曜進
圍東陽戊午宋人來聘夏四月景子朔日有蝕之辛丑進
南郡公李惠爵爲王五月乙卯田于崞山遂幸繁畤辛酉
車駕還宮六月庚辰以河南闢地曲赦京師殊死已下以
昌黎王馮熙爲太傅秋九月辛亥封皇叔禎爲南安王長
壽爲城陽王太洛爲章武王休爲安定王冬〻十月癸酉朔
日有蝕之辛丑田于冷泉十一月州鎮二十七水旱詔開
倉振恤十二月甲午詔曰頃張永敢拒王威暴骨原隰天
下之人一也其永軍殘廢之士聽還江南露骸草莽者敕

州縣收瘞之
三年春正月乙丑東陽潰虜沈文秀戊辰司空平昌公和
其奴薨二月己卯進上黨公慕容白曜爵爲濟南王夏四
月壬辰宋人來聘景申名皇子宏大赦丁酉田于崞山五
月徙青齊人於京師六月辛未立皇子宏爲皇太子冬〻十
月丁酉朔日有蝕之是月太宰頓丘王李峻薨十一月進
襄城公韓頹爵爲王
四年春正月州鎮大飢詔開倉振恤二月以東郡王陸定
國爲司空公詔征西大將軍上黨王長孫觀討吐谷渾什
寅廣陽王石侯薨三月景戌詔天下人病者所在官司遣

醫就家診視所須藥任醫所量給之夏四月辛丑大赦戊申長孫觀軍至曼頭山大破什寅五月封皇弟長樂爲建昌王六月宋人來聘秋八月蠕蠕犯塞九月景寅車駕北伐諸將俱會于女水大破虜軍司徒東安公劉尼坐事免壬申車駕至自北伐飲至策勳告于宗廟冬十月誅濟南王慕容白曜高平公李敷十一月詔弛山澤禁十二月甲辰幸鹿野苑石窟寺陽平王新成薨

五年春二月乙亥詔假員外散騎常侍邢祐使于宋夏四月北平王長孫敦薨六月丁未行幸河西秋七月景寅遂至陰山八月丁亥車駕還宮帝幼而神武聰叡機悟有濟

人之規仁孝純至禮敬師友及即位雅薄時務常有遺世之心欲禪位於叔父京兆王子推羣臣固請乃止景午使太保建安王陸馥太尉源賀奉皇帝璽綬冊命皇太子升帝位於是羣公奏上尊號太上皇帝己酉太上皇帝徙御崇光宮采椽不斲土階而已國之大事咸以聞承明元年文明太后有憾帝崩於永安殿年二十三上尊謚曰獻文皇帝廟號顯祖葬雲中金陵

論曰太武聰明雄斷威靈傑立藉二世之資奮征伐之氣遂戎軒四出周旋夷險平秦隴掃統萬翦遼海蕩河源南夷荷擔北蠕絕迹廓定四表混一華戎其爲武功也大矣遂使有魏之業光邁百王豈非神叡經綸事當命世至於初則東儲不終末乃釁成所忽固本貽防殆弗思乎景穆明德令聞夙世殂夭其戾園之悼歟文成屬太武之後內頗虛耗既而國釁時艱朝野楚楚帝與時消息靜以鎮之養威布德懷緝中外自非機悟深裕矜濟爲心亦何能若此可謂有君人之度矣獻文聰叡夙成兼資雄斷故能更清漠野大啓南服而早有厭世之心終致宮闈之變將天意也

魏本紀第二　北史二

周　己千　孫　粹然　校正

魏本紀第三　　北史三

高祖孝文皇帝諱宏獻文皇帝之太子也母曰李夫人皇
興元年八月戊申生於平城紫宮神光照室天地氛氲和
氣充塞帝潔白有異姿襁褓岐嶷長而弘裕仁孝綽然有
人君之表獻文尤愛異之三年六月辛未立為皇太子五
年受禪延興元年秋八月景午皇帝即位於太華前殿改
皇興五年為延興丁未宋人來聘九月壬戌詔在位及人
庶進直言壬午青州高陽人封辯聚黨自號齊王州軍討
平之冬十月丁亥沃野統萬二鎮敕勒叛詔太尉隴西王
源賀追擊至枹罕滅之徙其遺迸於冀定相三州為營戶

十二月乙酉封駙馬都尉穆亮為趙郡王壬辰詔求舜後
獲東萊人嬀苟之復其家畢世以彰盛德之不朽復前濮
陽王孔雀本封辛丑徙趙郡王穆亮為長樂王癸卯日有
蝕之

二年春正月大陽蠻酋桓誕率戶內屬拜征南將軍封襄
陽王曲赦京師及河西南至秦涇西至枹罕北至涼州及
諸鎮詔假員外散騎常侍邢祐使於宋二月丁巳詔曰頃
者淮徐未賓尼父廟隔非所致令祠典寢頓禮章殄滅遂
使女巫妖覡淫進非禮自今有祭孔廟制用酒脯而已不
聽婦女雜合以祈非望之福犯者以違制論其公家有事

自如常禮蠕蠕犯塞太上皇帝次於北郊詔諸將討之悉皆
遁走北部敕勒叛奔蠕蠕太上皇帝追至石磧不及而還
三月戊辰以散騎常侍駙馬都尉萬安國為大司馬大將
軍封安城王庚午親耕藉田連川敕勒謀叛徙配青徐齊
兗四州為戶夏四月庚子詔工商雜伎盡聽赴農諸州課
人益種菜果辛亥宋人來聘癸酉詔沙門不得去寺行者
以公文是月宋明帝殂五月丁巳詔軍警給璽印傳符次
給馬印六月安州遭水雹詔丐租振恤景申詔今年貢舉
尤為猥濫自今所遣皆可門盡州郡之高才極鄉閭之選
戊午行幸陰山秋七月壬寅詔州郡縣各遣二人才堪專

對者赴九月講武當親問風俗八月百濟遣使請兵伐高
麗九月辛巳車駕還宮戊申統萬鎮將河間王閭武皮坐
貪殘賜死己酉詔以州鎮十一水旱丐其田租開倉振恤
又詔流迸之人皆令還本違者徙邊冬十月蠕蠕犯塞及
五原十一月太上皇帝親討之將度漠蠕蠕聞之北走數
千里丁亥封皇叔略為廣川王壬辰分遣使者巡省風俗
問人疾苦帝每月一朝崇光宮十二月庚戌詔曰頃者以
來官以勞升未久而代牧守無恤人之心競為聚斂送故
迎新相屬於路非所以固人志隆政道也自今牧守溫良
仁儉克己奉公者可久於其任歲積有成遷位一級其貪

殘非道侵削黎庶者雖在官甫爾必加黜罰著之於令以
為彝準詔以代郡事同豐沛代人先配邊戍者免之是歲
高麗地豆干庫莫奚高昌等國並遣使朝貢
三年春正月庚辰詔員外散騎常侍崔演使於宋丁亥改
崇光宮為寧光宮二月戊午太上皇帝至自北討飲至策
勳告於宗廟甲戌詔縣令能靜一縣刧盜者兼理二縣即
食其祿能靜三縣者三年遷為郡守二千石能靜二郡上
至三郡亦如之三年遷為刺史三月壬午詔諸倉囤穀麥
充積者出賜貧人夏四月戊申詔假司空上黨王長孫觀
等討吐谷渾拾寅壬子詔以孔子二十八世孫魯郡孔乘

為崇聖大夫給十戶以供灑掃六月甲子詔曰往年縣召
秀才二人問守宰善惡而賞者未幾罪者衆多肆法傷生
情所未忍諸爲人所列者特原其罪盡可代之秋七月詔
河南六州人戶收絹一匹綿一斤租三十石乙亥行幸陰
山八月庚申帝從太上皇帝幸河西拾寅謝罪請降許之
九月辛巳車駕還宮乙亥宋人來聘己亥詔曰今京師及
天下囚未判在獄致死無近親者給衣衾棺櫝葬之不得
暴露辛丑詔遣十使循行州郡檢括戶口冬十月太上皇
帝將南巡詔州郡之人十丁取一充行戶租五十石以備
軍糧十一月戊寅詔以河南州郡牧守多不奉法致新邦

百姓莫能上達遣使者觀風察獄黜陟幽明搜揚振恤癸
巳太上皇帝南巡至懷州所過問人疾苦賜高年孝悌力
田布帛十二月癸卯朔日有蝕之庚戌詔關外苑囿聽人
樵採是歲高麗契丹庫莫奚悉萬斤等國並遣使朝貢州
鎮十一水旱丐人田租開倉振恤相州人餓死者二千八
百四十五人袄人劉舉自稱天子齊州刺史武昌王平原
捕斬之
四年春正月癸酉朔日有蝕之丁丑太尉隴西王源賀以
病辭位二月甲辰太上皇帝至自南巡辛未禁寒食三月
丁亥詔員外散騎常侍許赤武使於宋夏四月丁卯詔自

今非謀反大逆干紀外奔罪止其身而已秋七月己卯曲
赦仇池八月戊申大閱於北郊九月以宋亂故詔將軍元
蘭等伐蜀漢冬十月庚子宋人來聘十一月分遣侍臣循
河南七州觀察風俗撫慰初附是歲粟特敕勤吐谷渾高
麗曹利闍悉契丹庫莫奚地豆干等國並遣使朝貢州鎮
十三大飢丐人田租開倉振之
五年春二月癸丑詔定考課明黜陟夏四月詔禁畜鷹鷂
開相告之制五月景午詔員外散騎常侍許赤武使於宋
丁未幸武州山辛酉幸車輪山六月庚午禁殺牛馬壬申
曲赦京師死罪遣備蠕蠕秋九月癸卯洛州人賈伯奴稱

恒農王豫州人田智度稱上洛王郡討平之冬十月太上皇帝大閱於北郊十二月景寅改封建昌王長樂為安樂王己丑城陽王長壽薨庚寅宋人來聘是歲高麗吐谷渾龜茲契丹庫莫奚地豆干蠕蠕等國並遣使朝貢

承明元年春二月司空東郡王陸定國坐事免官爵為兵夏五月冀州人宋伏龍聚衆自稱南平王郡縣捕斬之六月甲子詔中外戒嚴分京師見兵為三等第一軍出遣第一兵二等亦如之辛未太上皇帝崩壬申大赦改元大司馬大將軍安城王萬安國坐法賜死戊寅以征西大將軍安樂王長樂為太尉尚書左僕射南平公目辰為司徒進封宜都王以南部尚書李訢為司空尊皇太后為太皇太后臨朝稱制秋七月甲辰追尊皇妣李貴人為思皇后濮陽王孔雀有罪賜死八月甲子詔羣公卿士有便人益國者具狀以聞甲戌以長安二蠶多死丐人歲賦之半九月丁亥曲赦京師冬十月丁巳起七寶永安行殿乙丑進假東陽王丕爵為王己未詔羣官卿士下及吏人各聽上書直言極諫勿有所隱諸有益政利人可以正風俗者有司以聞辛未幸建明佛寺大宥罪人進濟南公羅拔為王是歲蠕蠕高麗庫莫奚波斯契丹宕昌悉萬斤等國並遣使朝貢

太和元年春正月乙酉改元辛亥起太和安昌二殿己酉秦州略陽人王元壽聚衆自號衝天王雲中飢開倉振恤二月辛未秦益二州刺史武都公尉洛侯討破王元壽三月庚子以雍州刺史東陽王丕為司徒景午詔曰去年牛疫死傷太半今東作既興人須肆業其敕在所督課田農有牛者加勤於常歲無牛者倍庸於餘年一夫制田四十畝中男二十畝無令人有餘力地有遺利夏四月樂安王良薨詔復前東郡王陸定國官爵五月車駕祈雨於武州山俄而澍雨大洽秋七月壬辰京兆王子推薨庚子定三等死刑己酉起朱明思賢門是月宋人殺其主昱八月壬子大赦景子詔曰工商皁隸各有厥分而有司縱濫或染清流自今戶內有工役者唯止本部丞已下準次而授若階藉元勳以勞定國者不從此制戊寅宋人來聘九月乙酉詔羣臣定律令於太華殿庚子起永樂遊觀殿於北苑穿神泉池冬十月辛亥朔日有蝕之癸酉宴京邑耆老年七十已上於太華殿賜以衣服詔七十已上一子不從役宋葭蘆戍主楊文度遣弟鼠襲陷仇池十一月丁亥懷州人伊祁苟自稱堯後應王聚衆於重山洛州刺史馮熙討平之閏月庚午詔員外散騎常侍李長仁使於宋十二月壬寅征西將軍皮喜攻陷葭蘆斬楊文度傳首京師丁未

州郡八水旱蝗人飢詔開倉振恤是歲高麗契丹庫莫奚
蠕蠕車多羅西天竺舍衛疊伏羅粟揚婆貪闊等國並遣
使朝貢
二年春正月丁巳封昌黎王馮熙第二子始興為北平王
二月丁亥行幸代之湯泉所過問人疾苦以宮女賜貧人
無妻者癸卯車駕還宮乙酉晦日有蝕之三月景子以河
南公衆彌機為宕昌王夏四月己丑宋人來聘京師旱甲
辰祈天災於北苑親自禮焉減膳避正殿景午澍雨大洽
曲赦京師五月詔曰延者人漸奢尚婚葬越軌又皇族貴
戚及士庶之家不惟氏族高下與非類婚偶先帝親發明

詔為之科禁而百姓習常仍不肅改朕念憲章舊典永為
定準犯者以違制論六月庚子皇叔若薨秋八月分遣使
者考察守宰問人疾苦景戌詔罷諸州禽獸之貢九月乙
巳朔日有蝕之景辰曲赦京師冬十月壬辰詔員外散騎
常侍鄭羲使於宋十二月癸巳誅南郡王李惠是歲龜茲
國獻名駝龍馬珍寶甚衆吐谷渾蠕蠕勿吉等國並遣使
朝貢州鎮二十餘水旱人飢詔開倉振恤
三年春正月癸丑巛德六合殿成庚申詔罷行察官二月
辛巳帝太皇太后幸代郡湯泉問人疾苦鰥寡孤老者賜以
宮文己亥還宮三月癸卯朔日有蝕之甲辰曲赦京師夏

四月甲申宋人來聘癸未樂良王樂平薨甲午宋順帝禪
位于齊庚子進淮陽公尉元爵為王宜都王目辰有罪賜
死五月丁巳帝祈雨於北苑閉陽門是日澍雨大洽六月
辛未以雍州人飢開倉振恤起文石室靈泉殿於方山秋
七月壬寅詔免宮人年老及病者八月壬申詔羣臣進直
言乙亥幸方山起思遠佛寺丁丑還宮九月壬子以司徒
東陽王丕為太尉趙郡公陳建為司徒進爵魏郡王河南
公苟頹為司空進爵河東王進太原公王叡中山王隴東
公張祐新平王乙未定州刺史安樂王長樂有罪賜死庚
申隴西王源賀薨冬十月己巳朔大赦十一月癸卯賜京

師貧窮高年疾患不能自存衣服布帛各有差癸丑進假
梁郡公元嘉爵為假王督二將出淮陰隴西公元琛三將
出廣陵河東公薛豹子三將出廣固至壽春是歲吐谷渾
高麗蠕蠕地豆干契丹庫莫奚龜茲粟特州逸河龍雲伏
羅員闊悉萬斤等國各遣使朝貢
四年春正月癸卯乾象六合殿成乙卯廣川王略薨丁巳
罷畜雁鶩之所以其地為報德佛寺戊午襄城王韓頹有
罪削爵徙邊二月癸巳以旱故詔天下祀山川羣神及能
興雲雨者修飾祠堂薦以牲璧人有疾苦所在存問夏四
月乙卯幸廷尉籍坊二獄引見諸囚詔隨輕重決遣以赴

耕耘甲申賜天下貧人一户之内無雜財穀帛者粟一年
六月丁卯以澍雨大洽曲赦京師秋七月辛亥行幸太山
壬子詔會京師耆老賜錦綵衣服几杖稻米蜜麪復家人
不徭役閏月丁亥幸獸圈親録囚徒輕者皆免之壬辰頓
丘王李鍾葵有罪賜死八月乙酉詔諸州置冰室九月乙
亥思義殿成壬午東明觀成戊子詔曰隆寒雪降可遣侍
臣詣廷尉獄及囚所察飢寒者給以衣食桎梏者代以輕
鎖是歲郡鎮十八水旱人飢詔開倉振恤蠕蠕悉萬斤等
國並遣使朝貢
五年春正月己卯南巡丁亥至中山親見高年問人疾苦

二月辛卯朔大赦賜孝悌力田孤貧不能自存者穀帛各
有差免宮人之老者還其親丁酉至信都存問如中山癸
卯還中山己酉講武于唐水之陽庚戌車駕還宮沙門法
秀謀反伏誅假梁郡王嘉大破齊俘獲三萬餘口送京師
三月辛酉朔幸肆州癸亥講武于雲水之陽所經考察守
宰黜陟之己巳車駕還宮詔曰法秀妖詐亂常妄說符瑞
蘭臺御史張求等一百餘人招結奴隸謀為大逆有司科
以族誅誠合刑憲但矜愚重命猶所不忍其五族者降止
同祖三族止一門門誅止身夏四月己亥行幸方山建永
固石室於山立碑焉銘太皇太后終制于金冊又起鑒玄

殿甲寅以旱故詔所在掩骸骨祈禱神祇任城王雲薨五
月庚申以農月時要詔天下勿使有留獄六月甲辰中山
王叡薨戊午封皇叔簡為齊郡王猛為安豐王秋七月庚
申朔日有蝕之甲子齊人來聘九月庚午閱武於南郊大
饗群臣齊使車僧朗以班在宋使殷靈誕後辭不就席宋
降人解奉君刃僧朗於會中詔誅奉君等乙亥封昌黎王
馮熙世子誕為南平王冬十二月癸巳州鎮十二飢詔開
倉振恤是歲鄧至蠕蠕等國並遣使朝貢
六年春正月甲戌大赦二月辛卯詔以靈丘郡土既褊塉
又諸州路衝復其人租十五年癸巳白蘭王吐谷渾翼世

以誣罔伏誅乙未詔曰蕭道成逆亂江淮戎旗頻舉七州
之人既有征運之勞深乖輕徭之義其復常調三年癸丑
賜王公已下清勤著稱者穀帛有差三月庚辰幸獸圈詔
曰武狼猛暴食肉殘生從今勿復捕貢辛巳幸武州山石
窟寺賜貧老衣服是月齊高帝殂夏四月甲辰賜畿内鰥
寡孤獨不能自存者粟帛各有差秋七月發州郡五萬人
修靈丘道八月癸未朔分遣大使巡行天下遭水之處丐
其租賦貧儉不自存者賜以粟帛庚子罷山澤禁九月辛
酉以氐楊後起為武都王是歲地豆干吐谷渾等國並遣
使朝貢

七年春正月庚申詔曰朕每思知百姓疾苦以增脩寬政
故具問守宰苛虐之狀於州郡使者今秀孝計掾對多不
實甚乖朕虛求之意宜案以大辟明罔上必誅然情猶未
忍可恕罪聽歸申下天下使知後犯無恕丁卯詔青齊光
東徐四州戶運倉粟二十萬石送瑕丘琅邪復租筭一年
三月甲戌以冀定二州飢詔郡縣爲粥於路以食之又弛
關津之禁夏四月庚子幸嶂山賜所過鰥寡不能自存者
衣服粟帛壬寅車駕還宮閏月癸丑皇子生大赦六月定
州上言爲粥所活九十四萬七千餘口秋七月甲申詔假
員外散騎常侍李彪使於齊改封濟南王羅拔爲趙郡王

九月壬寅詔求讜言冀州上言爲粥所活七十五萬一千
七百餘口冬十月戊午皇信堂成十一月辛丑齊人來聘
十二月乙巳朔日有蝕之癸丑詔曰夏殷不嫌一族之婚
周世始絕同姓之娶斯皆教隨時設政因事改者也皇運
初基日不暇給古風遺樸未遑釐改自今悉禁絕之有犯
者以不道論庚午開林慮山禁與人共之州鎮十三飢詔
開倉振恤
八年春正月詔隴西公琛尚書陸叡爲東西二道大使褒
善罰惡夏五月己卯詔振賜河南七州戍兵甲申詔員外
散騎常侍李彪使於齊六月丁卯詔曰置官班祿行之尚

矣自中原喪亂茲制中絕先朝因循未遑釐改朕顧憲章
舊典始班俸祿罷諸商人以簡人事戶增調三匹穀二斛
九斗以爲官府之祿均預調爲二匹之賦即兼商用雖有
一時之煩終克永逸之益祿行之後贓滿一匹者死變法
改度宜爲更始其大赦天下與之惟新戊辰武州水壞人
居秋八月甲辰詔以班制俸祿更與刑書寬猛未允人或
異議制百辟卿士工商吏人各上便宜勿有所隱九月甲
午齊人來聘戊戌詔俸制十月爲首每季一請於是內外
百官受祿有差冬十一月乙未詔員外散騎常侍李彪使
于齊十二月州鎮十五水旱人飢詔使者開倉振恤是歲

蠕蠕高麗等國各遣使朝貢
九年春正月戊寅詔禁圖讖祕緯及名孔子閉房記留者
以大辟論又諸巫覡假稱神鬼妄說吉凶及委巷諸非墳
典所載者嚴加禁斷癸未大饗群臣于太華殿班賜皇誥
二月己亥制皇子封王者皇孫皇曾孫紹封者皇女封者
歲祿各有差封廣陽王建第二子嘉爲廣陽王乙巳詔百
辟卿士工商吏人各上書極諫靡有所隱三月景申封皇
弟禧爲咸陽王幹爲河南王羽爲廣陵王雍爲潁川王勰
爲始平王詳爲北海王夏五月齊人來聘秋七月景午朔
新作諸門癸未遣使拜宕昌王梁彌機兄子彌承爲宕昌

王八月庚申詔曰數州災水飢饉荐臻致有賣鬻男女者天譴在予一人百姓橫罹艱毒今自太和六年已來買定冀幽相四州飢人良口者盡還所親雖娉為妻妾遇之非理情不樂者亦離之冬十月丁未詔使者循行州郡與牧守均給天下之田還受以生死為斷勸課農桑興富人之本辛酉司徒魏郡王陳建薨詔員外散騎常侍李彪使於齊十二月乙卯以侍中淮南王他為司徒是歲京師及州鎮十三水旱傷稼宕昌高麗吐谷渾等國並遣使朝貢

十年春正月癸亥朔帝始服衮冕朝饗萬國二月甲戌初立黨里鄰三長定人戶籍三月庚戌齊人來聘夏四月辛

酉朔始制五等公服甲子帝初法服御輦祀西郊六月己卯名皇子曰恂大赦秋八月乙亥給尚書五等品爵已上朱衣玉珮大小組綬九月辛卯詔起明堂辟雍冬十月癸酉有司議依故事配始祖於南郊十一月議定州郡縣官依口給俸十二月乙酉汝南潁川飢詔丐人田租開倉振恤是歲蠕蠕高麗吐谷渾勿吉等國並遣使朝貢

十一年春正月丁亥朔詔定樂章非雅者除之二月甲子肆州之鴈門及代郡人飢詔開倉振恤夏五月癸巳南平王渾薨甲午詔復七廟子孫及外戚緦服已上賦役無所與六月辛巳秦州人飢詔開倉振恤秋七月己丑詔今年穀不登聽人出關就食遣使者造籍分遣去留所在開倉振恤八月壬申蠕蠕犯塞遣平原王陸叡討之庚辰大議北伐辛巳罷山北苑以其地賜貧人冬十月辛未詔罷起部無益之作出宮人不執機杼者甲戌詔曰鄉飲之禮廢則長幼之序亂孟冬十月人閑歲隙宜於此時導以德義可下諸州黨里之內推賢而長者教其里人父慈子孝兄友弟順夫和妻柔不率長教者具以名聞十一月丁未詔罷尚方錦繡綾羅之工百姓欲造任之無禁其御府衣服金銀珠玉綾紬錦太官雜器太僕乘具內庫弓矢出其太半班賚百官及京師人庶下至工商皁隸逮於六鎮戍士

各有差戊申詔今寒氣勁切杖笞難任自今月至來年孟夏不聽拷問罪人又歲飢輕囚宜速決了無令薄罪久留獄犴十二月詔祕書丞李彪著作郎崔光改析國記依紀傳體是歲大飢詔所在開倉振恤吐谷渾高麗悉萬斤等國並遣使朝貢

十二年春正月辛巳朔初建五牛旌旗乙未詔鎮戍流徙之人年滿七十孤單窮獨無成人子孫旁無朞親者具狀以聞二月辛亥朔日有蝕之三月丁亥中散梁衆保等謀反伏誅夏四月甲子大赦己巳齊將陳顯達攻陷醴陽長樂王穆亮率騎討之五月丁酉詔六鎮雲中河西及關內

郡各脩水田通渠漑灌壬寅增置彝器於太廟秋九月甲
午詔曰日蝕脩德月蝕脩刑迺者癸巳夜月蝕盡公卿已
下宜慎刑罰以荅天意丁酉起宣文堂經武殿癸卯淮南
王他薨冬閏十月甲子帝觀築圓丘于南郊十一月雍豫
二州人飢詔開倉振恤梁州刺史臨淮王提坐貪縱配北
鎮是歲高麗宕昌吐谷渾勿吉武興等國並遣使朝貢
十三年春正月辛亥祀圓丘初備大駕乙丑兗州人王伯
恭聚衆勞山自稱齊王東萊鎮將孔伯孫討斬之戊辰齊
人寇邊淮南太守王僧儁擊走之二月庚子引羣臣訪政
道得失損益之宜三月夏州刺史章武王彬以貪財削封

夏四月丁丑詔曰升樓散物以賚百姓至使人馬騰踐多
有毀傷今可斷之以本所費之物賜窮老貧獨者州鎮十
五大飢詔所在開倉振恤五月庚戌祀方澤六月汝陰王
天賜南安王楨並坐贓賄免爲庶人秋七月立孔子廟於
京師八月乙亥詔兼員外散騎常侍邢產使於齊九月出
宮人賜北鎮人貧鰥者冬十一月己未安豐王猛薨十二
月景子司空河東王苟頹薨甲午齊人來聘己亥以尚書
令尉元爲司徒左僕射穆亮爲司空是歲高麗吐谷渾陰
平中赤武興宕昌等國各遣使朝貢
十四年春正月己巳朔日有蝕之三月戊寅初詔定起居

注制詔遣侍臣巡行州郡問人疾苦夏四月地豆干頻犯
塞甲戌征西大將軍陽平王熙擊走之甲午詔兼員外散
騎常侍邢產使於齊五月己酉庫莫奚犯塞安州都將樓
龍兒擊走之沙門司馬惠御自言聖王謀破平原郡禽獲
伏誅秋七月甲辰詔罷都牧雜制八月詔議國之行次九
月癸丑太皇太后馮氏崩詔聽蕃鎮曾經內侍者前後奔
赴冬十月戊辰詔將親侍龍輿奉訣陵隧諸常從之具悉
可停之其武衛之官防侍如法癸酉葬文明太皇太后於
永固陵甲戌車駕謁永固陵羣臣固請公除帝不許己卯
車駕謁永固陵庚辰帝居廬引見羣寮於太和殿太尉東

陽王丕等據權制固請帝引古禮往復羣臣乃止京兆王
太興有罪免官削爵詔曰公卿屢依金冊遺旨中代權制
式請過葬即吉朕思遵遠祖終三年之制依禮旣虞卒哭
此月二十一日授服以葛易麻旣以衰服在上公卿不得
獨釋於下故於朕之授服變從練禮已下復爲節降斟酌
古今以制厥衷且取遺旨速除之一端粗申臣子罔極之
巨痛癸未詔曰朕遠遵古式欲終三年之禮百辟羣臣據
金冊顧命將奪朕心從先朝之制朕仰惟金冊俯自推省
取諸二衷不許衆議以衰服過期終四節之慕又奉遵聖
訓聿脩誥旨不敢暗默自居以曠機政庶不憾遺令之意

老衰哀慕之情並下州鎮長至三元絕告慶之禮甲申車
駕謁永固陵十一月甲寅詔內外職人先朝班次及諸方
雜客冬至之日盡聽入臨三品已下衰服者至夕復臨其
餘唯旦臨而已其拜哭之節一依別儀丁巳齊人來聘十
二月壬午詔依準丘井之式遣使與州郡宣行條制隱戶
漏丁即聽附實若朋附豪勢陵抑孤獨罪有常刑是歲吐
谷渾宕昌武興陰平高麗等國並遣使朝貢
十五年春正月丁巳帝始聽政於皇信東室初分置左右
史官癸亥晦日有蝕之二月己丑齊人來聘三月甲辰車
駕謁永固陵夏四月癸亥帝始進蔬食乙丑謁永固陵自

正月不雨至于癸酉有司奏祈百神詔曰何宜四氣未周
便行禮事唯當考躬責己以待天譴甲戌詔員外散騎常
侍李彪使於齊己卯經始明堂改營太廟五月己亥議改
律令於東明觀折疑獄乙卯枹罕鎮將長孫百年攻吐谷
渾所置洮陽泥和甲戌剋之俘獲三萬餘人詔悉免歸景
辰詔造五輅六月丁未濟陰王鬱以貪殘賜死秋七月乙
丑謁永固陵規建壽陵己卯詔議祖宗以道武皇帝為太
祖乙酉車駕巡省京邑聽訟而還八月壬辰議養老又議
肆類上帝禋于六宗禮帝親臨決詔郡國有時物可以薦
宗廟者貢之戊戌移道壇於桑乾之陰改曰崇虛寺己亥

詔諸州舉秀才先盡才學乙巳親定禘祫禮丁巳議律令
事仍省雜祀九月辛巳齊人來聘冬十月庚寅車駕謁永
固陵是月明堂太廟成十一月丁卯遷七廟神主於新廟
乙亥大定官品戊寅考諸牧守詔假通直散騎常侍李彪
聘於齊景戌初罷小歲賀丁亥詔二千石考上上者假四
品將軍賜乘黃馬一匹上中者五品將軍上下者衣一襲
十二月壬辰遷社於內城之西癸巳班賜刺史已下衣冠
以安定王休為太傅齊郡王簡為太保帝為高麗王璉舉
哀於城東行宮己酉車駕迎春於東郊辛卯詔簡選樂官
是歲吐谷渾悉萬斤高麗鄧至宕昌等國並遣使朝貢

十六年春正月戊午朔朝饗群臣於太華殿帝始為王公
興縣而不樂己未宗祀顯祖獻文皇帝於明堂以配上帝
遂升臺以觀雲物降居青陽左个布政事每朔依以為常
辛酉始以太祖配南郊壬戌詔定行次以水承金甲子詔
罷祖裸乙丑制諸遠屬非太祖子孫及異姓為王者皆降
為公公為侯侯為伯子男仍舊皆除將軍之號戊辰帝臨
思義殿策問秀孝景子始以孟月祭廟二月戊子帝移御
永樂宮庚寅壞太華殿經始太極殿辛卯罷寒食享壬辰
幸北部曹歷觀諸省巡省京邑聽理冤訟甲午車駕初朝
日于東郊遂以為常丁酉詔祀唐堯於平陽虞舜於廣寧

宴爲於安邑周文於洛陽丁未改謚宣尼曰文聖尼父告謚孔廟三月丁卯巡省京邑癸酉省西郊郊天雜事乙亥車駕初迎氣於南郊自此爲常辛巳以高麗王璉孫雲爲其國王齊人來聘夏四月丁亥班頒新律令大赦甲寅幸皇宗學親問博士經義五月癸未詔羣臣於皇信堂更定律條流徒限制帝親臨決之秋七月壬戌詔曰自今選舉每以季月本曹與吏部銓簡甲戌詔兼員外散騎常侍宋弁使於齊八月庚寅車駕初祀夕月於西郊遂以爲常乙未詔陽平王頤左僕射陸叡督十二將北討蠕蠕景午宕昌王梁彌承來朝司徒尉元以老遜位巳酉以尉元爲三

老游明根爲五更又養國老庶老將行大射之禮雨不克成癸丑詔曰國家雖崇文以懷九服修武以寧八荒然於習武之方猶爲未盡將於馬射之前先行講武之式可敕有司豫修場埒其列陣之儀五戎之數別俟後敕九月甲寅朔大亭昭穆於明堂祀文明太皇太后於玄堂辛未帝以文明太皇太后再周忌日哭於陵左絕膳三日哭不輟聲辛巳武興王楊集始來朝冬十月巳亥以太傅安定王休爲大司馬特進馮誕爲司徒甲辰詔以功臣配饗太廟庚戌太極殿成饗羣臣十一月乙卯依古六寢權制三室以安昌殿爲內寢皇信堂爲中寢四下爲外寢十二月賜

京邑老人鳩杖齊人來聘是歲高麗鄧至契丹蠕吐谷渾等國並遣使朝貢

十七年春正月壬子朔饗百寮於太極殿乙丑詔大賜諸蕃君長車旗衣馬錦綵繒纊多者一千少者三百各以命數爲差詔兼員外散騎常侍邢巒使於齊景子以吐谷渾伏連籌爲其國王庚辰[illegible]大司馬安定王休太保齊郡王簡朔望之朝二月乙酉詔賜議律令之官各有差巳酉車駕始藉田於都南三月戊辰改作後宮夏四月戊戌立皇后馮氏是月齊直閤將軍蠻酋田益宗率部落內屬五月壬戌宴四廟子孫於宣文堂帝親與之齒行家人禮甲子

帝臨朝堂引見公卿以下決疑政錄囚徒丁丑以旱撤膳襄陽蠻酋雷婆思等率其部內徙居於太和川六月庚辰朔日有蝕之景戌帝將南伐詔造河橋乙未講武乙巳詔曰比百秩雖陳事典未叙自八元樹位躬加省覽作職員令二十一卷事迫戎期未善周悉須待軍迴便論所闕權可付外施行立皇子恂爲皇太子秋七月癸丑以皇太子立詔賜人爲父後者爵一級爲公士曾爲吏屬者爵二級爲上造鰥寡孤獨不能自存者人粟五斛戊午中外戒嚴是月齊武帝殂八月乙酉三老山陽郡公尉元薨景戌車駕類於上帝遂臨尉元喪丁亥帝辭永固陵巳丑發京師

南伐步騎三十餘萬太尉丕奏請以宮人從詔以臨戎不
語內事不許壬寅車駕至肆州人年七十已上賜爵一級
路見眇跛停駕親問賜衣食復終身戊申幸并州親見高
年問疾苦九月壬子詔兼員外散騎常侍高聰聘於齊丁
巳詔車駕所經傷人秋稼者畝給穀五斛戊辰濟河詔洛
懷并肆所過四州賜高年爵恤鰥寡孤獨各有差孝悌廉
義文武應求者皆以名聞又詔斷養戶不得與庶士婚有
文武之才積勞應進者同庶族例聽之庚午幸洛陽周巡
故宮基跡帝顧謂侍臣曰晉德不修荒毀至此遂詠黍離
詩為之流涕壬申觀河橋幸太學觀石經景子六軍發軫

丁丑帝戎服執鞭御馬而出羣臣稽顙於馬前請停南伐
帝乃止仍議遷都計冬十月戊寅朔幸金墉城詔徵司空
穆亮與尚書李沖將作大匠董爵經始洛京己卯幸河南
城乙酉幸豫州癸巳次於石濟乙未解嚴設壇於滑臺宮
詔京師及諸州從戎者賜爵一級應募者加二級主將加
三級癸卯幸鄴城乙巳詔安定王休率從官迎家口於代
車駕送於漳水上初帝之南伐起宮殿於鄴西十一月癸
亥宮成徙御焉十二月戊寅巡省六軍乙未詔隱恤軍士
死亡疾病務令優給是歲勿吉吐谷渾宕昌陰平契丹庫
莫奚高麗鄧至等國並遣使朝貢

十八年春正月丁未朔朝羣臣於鄴宮澄鸞殿癸亥南巡
詔相兗豫三州賜高年爵恤鰥寡孤老各有差孝悌廉義
文武應求者皆以名聞戊辰經殷比干墓祭以太牢乙亥
幸洛陽西宮二月己丑行幸河陰規建方澤之所景申徙
封河南王幹為趙郡王潁川王雍為高陽王壬寅北巡癸
卯齊人來聘甲辰詔喻天下以遷都意閏月癸亥次句注
陘南皇太子朝于蒲地壬申至平城宮癸酉臨朝堂部分
遷留甲戌謁永固陵三月庚辰罷西郊祭天壬辰帝臨太
極殿喻在代羣臣遷移之略夏五月甲戌朔日有蝕之乙
亥詔罷五月五日七月七日饗六月己巳詔兼員外散騎

常侍盧昶使於齊秋七月乙亥以宋王劉昶為大將軍壬
辰北巡戊戌謁金陵辛丑幸朔州是月齊蕭鸞殺其主昭
業八月癸亥皇太子朝於行宮甲辰行幸陰山觀雲川丁
未幸閱武臺臨觀講武因幸懷朔武川撫冥柔玄等四鎮
乙丑南還所過皆親見高年問人疾苦貧窘孤老者賜以
粟帛景寅詔六鎮及禦夷城人年老孤貧廢疾者賜粟宥
罪各有差戊辰車駕次旋鴻池庚午謁永固陵辛未還平
城宮九月壬申朔詔曰三載考績自古通經三考黜陟以
彰能否朕今三載一考考即黜陟欲令愚滯無妨於賢者
才能不擁於下位各令當曹考其優劣為三等六品已下

尚書重問五品已上朕將親與公卿論其善惡上上者遷
之下下者黜之中中者守其本任壬午帝臨朝堂親加黜
陟壬辰陰平王陽昺來朝冬十月甲辰以太尉東陽王丕
爲大傅戊申親告太廟奉迎神主辛亥車駕發平城宮壬
戌次於中山之唐湖乙丑分遣侍臣巡問疾苦己巳幸信
都庚午詔曰比聞緣邊之蠻多有竊掠致有父子乖離室
家分絕可詔荆郢東荆三州勒諸蠻人勿有侵暴是月齊
蕭鸞殺其主昭文而自立十一月辛未朔詔冀定二州賜
高年爵恤鰥寡孤老各有差孝義廉貞文武應求者具以
名聞丁丑幸鄴甲申經比干墓親爲弔文樹碑刊之己丑

車駕至洛陽十二月辛丑朔分命諸將南征壬寅革衣服
之制癸卯詔中外戒嚴戊申復代遷戶租賦三歲己酉詔
王公伯子男開國食邑者王食半公三分食一侯伯四分
食一子男五分食一辛亥車駕南伐丁卯詔郢豫二州賜
高年爵恤孤寡鰥老各有差緣路之丁復田租一歲孝悌
廉貞文武應求者具以名聞戊辰車駕至懸瓠己巳詔壽
陽鍾離馬頭之師所獲男女口皆放還南是歲高麗國遣
使朝貢
十九年春正月辛未朔朝饗群臣於懸瓠癸酉詔禁淮北
人不得侵掠犯者以大辟論壬午講武於汝水西大賚六

軍平南將軍王肅左將軍元麗並大破齊軍己亥車駕濟
淮二月甲辰幸八公山路中雨甚詔去蓋見軍士病者親
隱恤之戊申車駕巡淮南東人皆安堵租運屬路景辰幸
鍾離戊午軍士禽齊人三千帝曰在君爲君其人何罪於
是免歸辛酉發鍾離將臨江水司徒馮誕薨壬戌詔班師
丁卯遣使臨江數齊主罪惡三月戊子太師馮熙薨夏四
月丁未曲赦徐豫二州其運轉之士復租三年辛亥詔賜
高年爵恤孤寡老疾各有差德著丘園者具以名聞齊人
降者給復十五年癸丑幸小沛使以太牢祭漢高祖廟己
未幸瑕丘使以太牢祠岱嶽詔宿衛武官增位一級庚申

幸魯城親祠孔子廟辛酉詔拜孔氏四人顏氏二人爲官
詔兗州刺史舉部內士人堪軍國及守宰政績者具以名
聞詔賜兗州人爵及粟帛如徐州又詔選諸孔宗子一人
封崇聖侯邑一百戶以奉孔子祀命兗州爲孔子起園栢
修飾墳壟更建碑銘褒揚聖德戊辰行幸碻磝太和廟成
五月己巳城陽王鸞赭陽失利降爲定襄縣王廣川王諧
薨庚午遷文成皇后馮氏神主於太和廟甲戌行幸滑臺
景子次于石濟庚辰皇太子朝於平桃城癸未車駕至自
南伐甲申減閑官祿以裨軍國之用乙酉行飲至禮班賜
各有差甲午皇太子冠於廟六月己亥詔不得以北俗之

語言於朝廷違者免所居官辛丑詔復軍士從駕渡淮者
租賦三年癸卯詔皇太子赴平城宮壬子詔濟州東郡滎
陽及河南諸縣車駕所經者賜高年爵恤孤寡老疾各有
差孝悌廉義文武應求者具以名聞癸丑求天下遺書祕
閣所無有裨時用者加以厚賞乙卯曲赦梁州復人田租
三歲景辰詔遷洛人死葬河南不得還北於是代人南遷
者悉為河南洛陽人戊午詔改長尺大斗依周禮制度班
之天下秋八月辛酉宮路見壞塚露棺駐輦埋之乙巳詔
選天下勇士十五萬人為羽林武賁以充宿衞丁巳詔諸
從兵從征被傷者皆聽還本金墉宮成甲子引群臣歷宴

殿堂九月六宮及文武盡遷洛陽景戌行幸鄴丁亥詔諸
墓舊銘記見存昭然為時人所知者三公及位從公者去
墓三十步尚書令僕九列十五步黃門五校十步各不聽
墾殖壬辰遣黃門郎以太牢祭比干墓乙未車駕還宮冬
十月甲辰曲赦相州賜高年爵恤孤老癃疾各有差景辰
車駕至自鄴辛酉詔州郡舉士壬戌詔諸州牧考屬官為
三等之科以聞將加親覽以定升降詔徐兗光南青荊洛
六州嚴纂戎備應須赴集十一月行幸委粟山議定圓丘
甲申祀圓丘景戌大赦十二月乙未朔引見群臣光極堂
宣下品令為大選之始辛酉以咸陽王禧為長兼太尉復

前安南王楨本爵甲子引見群臣光極堂班賜冠服是歲
高麗鄧至吐谷渾等國各遣使朝貢
二十年春正月丁卯詔改姓元氏壬辰封始平王勰為彭
城王復封定襄王鸞為城陽王二月辛丑幸華林聽訟於
都亭壬寅詔自非金華皆聽終三年喪景午詔畿內七十
已上暮春赴京師將行養老禮庚戌幸華林聽訟於都亭
癸丑詔介山之邑聽為寒食自餘禁斷三月景寅宴群臣
及國老庶老於華林園詔國老黃耇以上假中散大夫郡
守耆年以上假給事中縣令庶老直假郡縣各賜鳩杖衣
裳丁丑詔諸州中正各舉其鄉人望年五十已上守素衡

門者授以令長夏五月景子詔敦勸農功令畿內嚴加課
督墮業者申以楚撻力田者具以名聞景戌初營方澤於
河陰遣使以太牢祭漢光武及明章三帝陵又詔漢魏晉
諸帝陵各禁方百步不得樵蘇踐藉丁亥祀方澤秋七月
廢皇后馮氏戊寅帝以久旱咸秩群神自癸未不食至于
乙酉是夜澍雨大洽八月壬辰朔幸華林園親錄囚徒咸
降本罪二等決遣之丁巳南安王楨薨幸華林園聽訟九
月戊辰車駕閱武于小平津癸酉還宮丁亥將通洛水入
穀帝親臨觀庚寅晦日有蝕之冬十月戊戌以代遷之士
皆為羽林武賁司州之人十二夫調一吏為四年更卒歲

開番假以供公私力役己酉曲赦京師十一月乙酉復封前汝陰王天賜孫景和爲汝陰王前京兆王太興爲西河王十二月甲子以西北州郡旱儉遣侍臣巡察開倉振恤乙丑開鹽池禁景寅廢皇太子恂爲庶人戊辰置常平倉樂陵王思譽坐知恒州刺史穆泰謀反不告削爵爲庶人

二十一年春正月景申立皇子恪爲皇太子賜天下爲父後者爵一級己亥遣侍臣巡方省察問人疾苦黜陟守宰乙巳北巡二月壬戌次於太原親見高年問所不便乙丑詔并州士人年六十以上假以郡守先是定州人王金鈎訛言自稱應王景寅州郡捕斬之癸酉車駕至平城甲戌

謁永固陵乙未南巡甲寅詔汾州賜高年爵各有差景辰次平陽使以太牢祭唐堯夏四月庚申幸龍門使以太牢祭夏禹癸亥幸蒲坂使以太牢祭虞舜修堯舜夏禹廟辛未幸長安壬申武興王楊集始來朝乙亥親見高年問所疾苦景子遣侍臣分省縣邑振賜穀帛戊寅幸未央殿阿房宮遂幸昆明池癸未宋王劉昶薨景戌使以太牢祀漢帝諸陵五月丁亥朔衞大國遣使朝貢己丑車駕東旋汎渭入河庚寅詔雍州士人百年以上假華郡太守九十以上假荒郡八十以上假華縣七十以上假荒縣庶老以年各減一等七十已上賜爵三級其鰥夫賜爵一級孤寡鰥貧各賜穀帛其孝友德義文武才幹悉仰貢舉壬辰使以太牢祭周文王於酆祭周武王於鎬癸卯遣使祭華岳六月庚申車駕至自長安壬戌詔冀定瀛相濟五州發卒士二十萬將以南討癸亥司空穆亮遜位秋七月甲午立昭儀馮氏爲皇后甲寅帝親爲群臣講喪服於清徽堂八月景辰詔中外戒嚴壬戌立皇子愉爲京兆王懌爲清河王懷爲廣平王戊辰講武於華林園庚辰車駕南討九月景申詔司州洛陽人年七十以上無子孫六十以上無朞親貧不自存者給以衣食又不滿六十而有廢痼之疾無大功親窮困無以自療者皆於別坊遣醫救護給太醫師

四人豫請藥物療之辛丑帝留諸將攻赭陽引師南討丁未車駕發南陽留太尉咸陽王禧前將軍元英攻之己酉車駕至新野冬十月丁巳四面進攻不尅詔左右軍築長圍以守之乙亥追廢貞皇后林氏爲庶人十一月丁酉大破齊軍於沔北於是人皆復業九十以上假以郡守六十五以上假以縣令十二月丁卯詔流徙之囚皆勿決遣登城之際令其先鋒自効庚午車駕臨沔遂東還戊寅還新野己卯親行營壘恤六軍以齊郡王子琛紹河間王若後高昌國遣使朝貢

二十二年春正月癸未朔饗群臣於新野行宮丁亥拔新

野斬其太守刘忌於宛庚午至自新野辛未詔以穰人首
歸大順始終若一者給復三十年標其所居曰歸義鄉次
降者給復十五年三月壬午朔大破齊將崔慧景蕭衍軍
於鄧城庚寅行幸樊城觀兵襄沔耀武而還曲赦二荆魯
陽辛亥行幸懸瓠夏四月趙郡王幹薨秋七月壬午詔后
之私府損半六宮嬪御五服男女恒恤恒供亦令減半在
戎之親三分省一以供賞是月齊明帝殂八月辛亥皇太
子自京師來朝壬戌高麗國遣使朝貢九月己亥帝以礼
不伐喪詔反旆景午車駕發懸瓠冬十月己酉朔曲赦二
豫州殊死已下復人田租一歲十一月辛巳幸鄴

北史帝紀三　廿九

二十三年春正月戊寅朔朝饗群臣於鄴先是帝不豫至
是有瘳庚辰群臣上壽大饗於澄鸞殿壬午幸西門豹祠
遂歷漳水而還戊戌車駕至自鄴癸卯行飲至策勳之礼
甲辰大赦太保齊郡王簡薨二月辛亥以長兼太尉咸陽
王禧為太尉癸亥以中軍大將軍彭城王勰為司徒復樂
陵王思譽本封癸酉齊將陳顯達攻陷馬圈戍三月庚辰
車駕南伐癸未次梁城景戌帝不豫丁酉車駕至馬圈戊
戌頻戰破之己亥收其戎資億計諸將追奔漢水斬獲及
赴水死者十八九庚子帝疾甚車駕北次穀塘原甲辰詔
賜皇后馮氏死詔司徒勰徵太子於魯陽踐阼以北海王

詳為司空王肅為尚書令廣陽王嘉為左僕射尚書宋弁
為吏部尚書與太尉咸陽王禧右僕射任城王澄等六人
輔政夏四月景午朔帝崩于穀塘原之行宮時年三十三
秘諱至魯陽發喪還京師上謚曰孝文皇帝廟曰高祖五
月景申葬長陵帝幼有至性年四歲時獻文患癰帝親自
吮膿五歲受禪悲泣不自勝獻文問其故對曰代親之感
内切於心獻文甚歎異之文明太后以帝聰聖後或不利
馮氏將謀廢帝乃於寒月單衣閉室絕食三朝召咸陽王
禧將立之元丕穆泰李沖固諫乃止帝初不有憾唯深德
丕等撫念諸弟始終曾無纖介惇睦九族禮敬俱深雖於

北史帝紀三　三十

大臣持法不縱然性寬慈進食者曾以熱羹覆帝手又嘗
於食中得蟲穢物並笑而恕之宦者先有譖帝於太后太
后杖帝數十帝默受不自申明太后崩後亦不以介意聽
覽政事從善如流哀矜百姓恒思所以濟益天地五郊宗
廟二分之礼常必躬親不以寒暑為倦尚書奏案多自尋
省百官大小無不留心務於周洽每言凡為人君患於不
均不能推誠遇物苟能均誠胡越之人亦可親如兄弟常
從容謂史官曰直書時事無諱國惡人君威福自己史復
不書將何所懼南北征巡有司奏請修道帝曰粗修橋梁
通輿馬便止不須去草剗令平也凡所修造不得已而為

之不爲不急之事重損人力巡幸淮南如在內地軍事須
伐人樹者必留絹以酬其直人苗稼無所傷踐諸有禁忌
禳厭之方非典籍所載者一皆除罷雅好讀書手不釋卷
五經之義覽之便講學不師受探其精奧史傳百家無不
該涉善談莊老尤精釋義才藻富贍好爲文章詩賦銘頌
在興而作有大文筆馬上口授及其成也不改一字自太
和十年已後詔冊皆帝文也自餘文章百有餘篇愛奇好
士情如飢渴待納朝賢隨才輕重常寄以布素之意悠然
玄邁不以世務嬰心又少善射有膂力年十餘能以指彈
碎羊髆骨射禽獸莫不隨行所至而斃之至十五便不復

殺生射獵之事悉止性儉素常服澣濯之衣鞍勒鐵木而
已帝之雅志皆此類也

論曰有魏始基代朔廓平南夏闢土經世咸以威武爲業
文教之事所未遑也孝文纂承洪緒早著叡聖之風時以
文明攝事優游恭已玄覽獨得著自不言神契所擬固以
符於冥化及躬總大政一日萬機十許年間曾不暇給殊
塗同歸百慮一致夫生靈所難行人倫之高迹雖尊居黃
屋盡蹈之矣若乃欽明稽古協御天人帝王制作朝野軌
度斟酌用舍煥乎其有文章海內黔黎咸受耳目之賜加
以雄才大略愛奇好士視下如傷役已利物亦無得而稱

之其經緯天地豈虛謚也

魏本紀第三

方洽周益　周已千　孫粹然　校正

魏本紀第四　　北史四

世宗宣武皇帝諱恪孝文皇帝第二子也母曰高夫人初夢為日所逐避於牀下日化為龍繞已數匝寤而驚悸遂有娠太和七年閏四月生帝於平城宮二十一年正月景申立為皇太子二十三年四月景午孝文帝崩丁巳太子即皇帝位諒闇委政宰輔五月高麗國遣使朝貢六月乙卯分遣侍臣巡行州郡問人疾苦考察守令黜陟幽明褒禮名賢戊辰追尊皇妣曰文昭皇后秋八月戊申遵遺詔孝文皇帝三夫人已下悉免歸家癸丑增宮臣位一級冬十月癸未鄧至國王象舒彭來朝景戌謁長陵丁酉享太廟十一月幽州人王惠定聚衆反自稱明法皇帝刺史李肅捕斬之是歲州鎮十八水饑分遣使者開倉振恤

景明元年春正月辛丑朔日有蝕之壬寅謁長陵乙巳大赦改元丁未齊豫州刺史裴叔業以壽春內屬二月戊戌復以彭城王勰為司徒齊將胡松李居士軍屯宛陳伯之水軍逼壽春夏四月景申司徒彭城王勰車騎將軍王肅大破之巳亥皇弟恌薨五月甲寅北鎮饑遣兼侍中楊播巡撫振恤六月景子以司徒彭城王勰為大司馬秋七月巳亥朔日有蝕之齊將陳伯之寇淮南八月乙酉彭城王勰破伯之於肥口九月齊州人柳世明聚衆反冬十月丁卯朔謁長陵庚寅齊兗二州討世明平之丁亥改授彭城王勰司徒錄尚書事十一月丁巳陽平王頤薨是歲州鎮十七大饑分遣使者開倉振恤高麗吐谷渾等國並遣使朝貢

二年春正月景申朔謁長陵庚戌帝始親政遵遺詔聽司徒彭城王勰以老歸第進太尉咸陽王禧位太保以司空北海王詳為大將軍錄尚書事丁巳引見羣臣於太極前殿告以覽政之意壬戌以太保咸陽王禧領太尉以大將軍廣陵王羽為司空分遣大使黜陟幽明二月庚午進宿衛之官位一級甲戌大赦三月乙卯朔詔以比年連有軍

旅正調之外皆蠲罷壬戌青齊徐兗四州大饑人死者万餘口是月齊雍州刺史蕭衍奉其南康王寶融為主東赴建鄴夏五月壬子廣陵王羽薨壬戌太保咸陽王禧謀反賜死六月丁亥考諸州刺史加以黜陟秋七月癸巳朔日有蝕之乙巳蠕蠕犯塞辛酉大赦九月丁酉發畿內夫五万五千人築京師三百二十坊四旬罷巳亥立皇后于氏乙卯免壽春營戶並隸揚州冬十一月景申以驃騎大將軍穆亮為司空丁酉以大將軍北海王詳為太傅領司徒壬寅改築圜丘於伊水之陽乙卯仍有事焉十二月齊直後張齊殺其主蕭寶卷以降蕭衍是歲高麗吐谷渾等國

竝遣使朝貢
三年春二月戊寅以旱故詔州郡掩骸骨三月齊建安王
寳寅來奔夏四月詔撫軍將軍李崇討魯陽反蠻齊主蕭
寳融遜位於梁閏四月丁巳司空穆亮薨秋七月丁巳朔
日有蝕之八月丁卯以前太傅平陽公元丕爲三老九月
丁巳行幸鄴丁卯詔使者弔比干墓戊寅閱武於鄴南冬
十月庚子帝躬御弧矢射遠及一里五十步羣臣勒銘於
射所甲辰車駕還宮十二月壬寅以太極前殿初成饗羣
臣賜布帛有差是歲河州大饑死者二千餘口西域二十
七國竝遣使朝貢

四年春正月乙亥親耕籍田三月己巳皇后先蠶於北郊
四月癸未朔以蕭寳寅爲東揚州刺史封丹楊郡公齊王
庚寅南天竺國獻辟支佛牙戊戌爲旱故命鞫寃獄己亥
減膳徹懸辛丑澍雨大洽五月甲戌行梁州事楊椿大破
反氐六月壬午朔封皇弟悅爲汝南王秋七月乙卯以三老
平陽公元丕薨庚午詔復收鹽池利辛未以彭城王勰爲
太師八月勿吉國貢楛矢冬十一月己未封武興國世子
楊紹先爲武興王
正始元年春正月景寅大赦改元夏五月丁未朔太傅北
海王詳以罪廢爲庶人六月以旱故徹樂減膳癸巳詔有
司循案舊典祗行六事甲午帝以旱故親薦享於太廟戊
戌詔立周旦夷齊廟於首陽山庚子以旱故公卿以下引
咎責躬又録京師見囚殊死以下皆減一等鞭杖之坐悉
原之秋七月景子假鎭南將軍李崇大破諸蠻八月景子
假鎭南將軍元英破梁將馬仙琕於義陽詔洛陽令有大
事聽面敷奏乙酉元英攻拔義陽辛卯英又大破梁軍仍
清三關丁酉封英爲中山王九月詔諸州蠲停徭役不得
橫有徵發蠕蠕犯塞詔左僕射源懷討之冬十月乙未詔
斷羣臣白衣募吏十一月戊午詔有司依漢魏舊章營繕
國學十二月景子以苑牧公田分賜代遷戶己卯詔羣臣

議定律令閏月癸卯朔行梁州事夏侯道遷據漢中來降
乙丑以高陽王雍爲司空是歲高麗遣使來朝貢
二年春正月景子封宕昌世子梁彌博爲宕昌王二月梁
州氐蜀反絕漢中運路州刺史邢巒頻大破之夏四月己
未城陽王鸞薨乙丑詔曰中正所銓但爲門第吏部彝倫
仍不才舉八坐可審議往代擢賢之體必令才學竝申資
望兼致邢巒遣統軍王足西伐頻破梁諸軍遂入劒閣秋
七月戊子王足擊破梁軍因逼涪城八月壬寅詔中山王
英南討襄沔冬十一月戊辰朔武興王楊紹先叔父集起
謀反詔光祿大夫楊椿討之王足圍涪城益州諸郡戍降

者十二三送編籍者五萬餘户既而足引軍退是歲鄧至
國遣使朝貢
三年春正月丁卯朔皇子昌生大赦壬申梁秦二州刺史
邢巒連破氐賊剋武興秦州人王智等聚衆自號王公尋
推秦州主簿呂苟兒爲主年號建明己卯楊集起兄弟相
率降二月景辰詔求讜言戊午詔右衛將軍元麗等討呂
苟兒三月己巳以戎旅興詔停諸作己卯樂良王長命坐
殺人賜死庚寅平南將軍曲江縣公陳伯之自梁城南奔
夏四月丁未詔罷鹽池禁五月景寅詔以時澤未降春稼
已旱或有孤老餧疾無人贍救因以致死暴露溝壑者令

洛陽部尉依法棺埋秋七月庚辰元麗大破秦賊降呂苟
兒及其王公三十餘人秦涇二州平戊子中山王英大破
梁徐州刺史王伯敖於陰陵己丑詔發定冀瀛相并肆六
州卒十萬以濟南軍八月壬寅安東將軍邢巒破梁將桓
和於孤山諸將所在剋捷兖州平壬戌曲赦涇秦岐涼河
五州九月癸酉邢巒大破梁軍於淮南遂攻鍾離冬十一
月甲子帝爲京兆王愉清河王懌廣平王懷汝南王悅講
孝經於式乾殿是歲高麗蠕蠕國並遣使朝貢
四年夏四月戊戌鍾離大水中山王英敗績而還六月己
丑朔詔有司準前式置國子立太學樹小學於四門秋八

月己亥中山王英齊王蕭寶夤坐鍾離敗除名辛丑敦煌
人饑詔開倉振恤九月己未詔以從正宮極膺績未酬以
司空高陽王雍爲太尉尚書令廣陽王嘉爲司空百官悉
進位一級庚申夏州長史曹明謀反伏誅甲子開斜谷舊
道景戌司州人饑詔開倉振恤閏月甲午禁大司馬門不
得車馬出入冬十月丁卯皇后于氏崩自碣石至於劒閣
東西七千里置二十二郡尉是歲西域東夷四十餘國並
遣使朝貢
永平元年春二月戊子皇子昌薨景午以去年旱儉遣使
者所在振恤夏五月辛卯帝以旱故減膳徹懸六月壬申

建名

詔依洛陽舊圖脩聽訟觀秋七月甲午立夫人高氏爲皇
后八月壬子朔日有蝕之癸亥冀州刺史京兆王愉據州
反丁卯大赦改元九月景戌復前中山王英本封戊戌殺
太師彭城王勰癸卯假鎮北將軍李平剋信都冀州平冬
十月豫州彭城人白早生殺刺史司馬悅據城南叛十二
月己未尚書邢巒剋懸瓠斬早生禽梁將齊苟兒等是歲
北狄東夷西域十八國並遣使朝貢高昌國王麴嘉表求
內徙
二年春正月涇州沙門劉慧汪聚衆反詔華州刺史奚康
生討之夏四月己酉武川鎮饑詔開倉振恤甲子詔緣邊

州鎮自今一不聽寇盜境外犯者罪同境內五月辛丑帝
以旱故減膳徹懸禁斷屠殺甲辰幸華林都亭録囚徒死
罪以下降一等六月辛亥詔曰江海方同車書宜一諸州
軌轍南北不等今可申敕四方遠近無二秋八月景午朔
日有蝕之戊申以鄧至國世子像覽蹄爲其國王九月辛
巳封故北海王子顥爲北海王壬午詔定諸門闥名冬十
月癸丑以司空廣陽王嘉爲司徒庚午鄧州獻七寶牀詔
不納冬十月甲申詔禁屠殺含孕以爲永制己丑帝於式
乾殿爲諸僧朝臣講維摩詰經十二月詔五等諸侯其同
姓者出身公正六下侯從六上伯從六下子正七上男正

七下異族出身公從七上侯從七下伯正八上子正八下
男從八上清脩出身公從八下侯正九上伯正九下子從
九上男從九下是歲西域東夷二十四國竝遣使朝貢
三年春二月壬子秦州沙門劉光秀謀反州郡捕斬之癸
亥秦州隴西羌殺鎮將趙儁反州軍討平之三月景戌皇
子詡生大赦夏四月平陽郡之禽昌襄陵二縣大疫自正
月至此月死者二千七百三十人五月丁亥冀定二州旱
儉詔開倉振恤六月甲寅詔重求遺書於天下冬十月辛
卯中山王英薨景申詔太常立館使京畿內外疾病之徒
咸令居處嚴敕醫署分師救療考其能否而行賞罰又令

有司集諸醫工惟簡精要取三十卷以班九服十二月辛
巳江陽王繼坐事除名甲申詔於青州立孝文皇帝廟殿
中侍御史王敞謀反伏誅是歲西域東夷北狄十六國竝
遣使朝貢
四年春正月丁巳汾州劉龍駒聚衆反詔諫議大夫薛和
討之二月壬午青齊徐兗四州人饑甚遣使振恤三月壬
戌司徒廣陽王嘉薨夏四月梁遣其鎮北將軍張稷及馬
仙琕寇朐山詔徐州刺史盧昶率衆赴之五月己亥遷代
京銅龍置天泉池西景辰詔禁天文學冬十一月朐山城
陷盧昶大敗而還十二月壬戌朔日有蝕之是歲西域東

夷北狄二十九國竝遣使朝貢
延昌元年春正月乙巳以頻年水旱百姓饑弊分遣使者
開倉振恤景辰以尚書令高肇爲司徒清河王懌爲司空
三月甲午州郡十一大水詔開倉振恤以京師穀貴出倉
粟八十萬石以振恤貧者己未安樂王詮薨夏四月詔以
旱故斷食粟之畜丁卯詔曰遷京嵩縣年將二紀博士端
然虛祿靖言念之有兼愧慨可嚴敕有司國子學孟冬使
成太學四門明年暮春令就戊辰以旱故詔尚書與羣司
鞫理獄訟辛未詔饑人就穀六鎮丁丑帝以旱故減膳徹
懸癸未詔曰肆州地震陷裂死傷甚多亡者不可復追生

病宜加療救可遣太醫折傷醫并給所須藥就療乙酉大赦改元詔立理訴殿申訟車以盡冤窮之理五月景午詔天下有粟之家供年之外悉貸饑人自二月不雨至於是月己未晦日有蝕之六月壬申澍雨大洽戊寅通河南牝馬之禁庚辰詔出太倉粟五十萬石以振京師及州郡饑人冬十月乙亥立皇子詡為皇太子十一月景申詔以東宮建賜天下為父後者爵一級孝子順孫廉夫節婦旌表門閭量給粟帛十二月己巳詔守宰為御史彈赦免者及考在中第皆代之是歲西域東夷十國竝遣使朝貢

二年春正月戊戌帝御申訟車親理冤訟二月景辰朔振

恤京師貧人甲戌以六鎮大饑開倉振贍己卯進太尉高陽王雍位太保閏月辛丑以苑牧地賜代遷人無田者是春人饑死者數萬旱夏四月庚子以絹十五萬疋振河南郡人五月甲寅朔日有蝕之是月壽春大水遣平東將軍奚康生等步騎數千赴之六月乙酉青州人饑詔使者開倉振恤甲午曲赦揚州辛亥帝御申訟車親理冤訟是夏十三郡大水秋八月辛卯詔以水旱饑儉百姓多陷罪辜降死以下刑九月景辰以貴族豪門崇習奢侈詔尚書嚴立限級節其流宕冬十月詔以恒肆地震人多死傷重丐一年租賦十二月景戌丐洛陽河陰二縣租賦乙巳詔以恒肆地震人多離災其有課丁沒盡老幼單立家無受復者各賜廩粟以接來稔是歲東夷西域十餘國竝遣使朝貢

三年春二月乙未詔曰肆州秀容郡敷城縣鴈門郡原平縣竝自去年四月以來山鳴地震于今不已告譴彰咎朕甚懼焉可恤瘼寬刑以答災譴夏四月青州人饑辛巳開倉振恤乙巳上御申訟車親理冤訟秋八月甲申帝臨朝堂考百司而加黜陟冬十一月辛亥詔司徒高肇為大將軍平蜀大都督步騎十五萬西伐益州丁巳幽州沙門劉僧紹聚衆反自號淨居國明法王州郡捕斬之十二月庚

寅詔立明堂是歲東夷西域八國竝遣使朝貢

四年春正月甲寅帝不豫丁巳崩于式乾殿時年三十三二月甲戌朔上尊謚曰宣武皇帝廟號世宗甲午葬景陵

帝幼有大度喜怒不形於色雅性儉素初孝文欲觀諸子志尚大陳寶物任其所取京兆王愉等皆競取珍玩帝唯取骨如意而已孝文大奇之及庶人恂失德孝文謂彭城王勰曰吾固疑此兒有非常志相今果然矣乃見立為儲貳雅愛經史尤長釋氏之義每至講論連夜忘疲善風儀美容貌臨朝淵嘿端嚴若神有人君之量矣

肅宗孝明皇帝諱詡宣武皇帝之第二子也母曰胡充華

永平三年三月景戌生於宣光殿之東北有光照於庭中延昌元年十月乙亥立爲皇太子四年正月丁巳宣武帝崩是夜太子即皇帝位戊午大赦己未徵下西討東防諸軍庚申詔太保高陽王雍入居西柏堂決庶政以任城王澄爲尚書令百官摠己以聽二王二月庚辰尊皇后高氏爲皇太后辛巳司徒高肇至京師以罪賜死癸未進太保高陽王雍位太傅領太尉以司空清河王懌爲司徒以驃騎大將軍廣平王懷爲司空乙亥尊胡充華爲皇太妃三月甲辰朔皇太后出俗爲尼徙御金墉城景辰詔進宮臣位一級乙丑進文武羣官位一級夏六月沙門法慶聚衆反於冀州殺阜城令自稱大乘秋八月乙亥領軍于忠矯詔殺左僕射郭祚尚書裴植免太傅高陽王雍官以王還第景子尊皇太妃爲皇太后戊子帝朝太后於宣光殿大赦己丑進司徒清河王懌爲太傅領太尉以司空廣平王懷爲太保領司徒任城王澄爲司空庚寅以車騎大將軍于忠爲尚書令特進崔光爲車騎大將軍並儀同三司壬辰復江陽王繼本國復濟南王彧先封爲臨淮王羣臣奏請皇太后臨朝稱制九月乙巳皇太后親覽萬機甲寅征西大將軍元遙破斬法慶傳首京師安定王燮薨冬十二月辛丑以高陽王雍爲太師己酉鎮南將軍崔亮破梁將

趙祖悅軍遂圍硤石丁卯帝皇太后謁景陵是歲東夷西域北狄十八國並遣使朝貢

熙平元年春正月戊辰朔大赦改元荆沔都督元志大破梁軍以吏部尚書李平爲行臺節度討硤石諸軍二月乙巳鎮東將軍蕭寶夤大破梁將於淮北癸亥初聽秀才對策第中上已上敘之乙丑鎮南崔亮鎮軍李平等克破石斬趙祖悅傳首京師盡俘其衆三月戊辰朔日有蝕之夏四月戊戌以瀛州人饑開倉振恤五月丁卯朔以炎旱命釐察獄訟權停作役庚午詔放華林野獸於山澤秋七月庚午重申殺牛禁八月景午詔古帝諸陵四面各五十步勿聽耕稼九月丁丑淮堰破梁緣淮城戍村落十餘萬口皆漂入海是歲吐谷渾宕昌鄧至高昌陰平等國並遣使朝貢

二年春正月大乘餘賊復相聚攻瀛州刺史宇文福討平之甲戌大赦庚寅詔遣大使巡行四方問疾苦恤孤寡黜陟幽明二月丁未封御史中尉元匡爲東平王三月丁亥太保領司徒廣平王懷薨夏四月丁酉詔京尹所統年高者板賜郡各有差戊申以開府儀同三司胡國珍爲司徒乙卯皇太后幸伊闕石窟寺即日還宮改封安定王超爲北平王五月庚辰重申天文禁犯者以大辟論秋七月乙

亥儀同三司汝南王悅坐殺人免官以王還第己巳享太廟八月戊戌宴道武以來宗室年十五以上於顯陽殿申家人禮己亥詔庶族子弟年未十五不聽入仕庚子詔咸陽京兆二王子女還附屬籍丁未詔太師高陽王雍入居門下參決尚書奏事冬十月以幽冀滄瀛光五州饑遣使巡撫開倉振恤是歲東夷西域氐羌等十一國並遣使朝貢

神龜元年春正月甲子詔以氐酋楊定爲陰平王壬申詔給京畿及諸州老人板郡縣各有差及賜鰥寡孤獨粟帛庚辰詔以雜役戶或冒入清流所在職人皆令五人相保

無人任保者奪官還役乙酉秦州羌及幽州大飢死者三千七百九十人詔刺史開倉振恤二月己酉詔以神龜表瑞大赦改元東益州氐反三月南秦州氐反夏四月丁酉司徒胡國珍薨甲辰改封江陽王繼爲京兆王六月自正月不雨是月辛卯澍雨乃降秋七月河州人却鐵怱聚衆反自稱水池王閏月甲辰開恒州銀山禁八月癸丑朔詔京師見囚殊死以下悉減一等甲子却鐵怱詣行臺源子恭降九月戊申皇太后高氏崩于瑤光寺冬十月丁卯以尼禮葬高太后於芒山十二月辛未詔曰人生有終下歸兆域京邑隱振口盈億萬貴賤攸憑未有定所今制乾脯山以西擬爲九原是歲東夷西域北狄十一國並遣使朝貢

二年春正月辛巳朔日有蝕之丁亥詔曰皇太后攝臨自居稱號弗備宜遵舊典稱詔宇內以副黎蒸元之望是月改葬文昭皇太后高氏二月乙丑齊郡王祐薨庚午羽林千餘人焚征西將軍張彝第毆傷彝燒殺其子均乙亥大赦丁丑詔求直言壬寅詔以旱故命依舊雩祈察理寃獄掩胔埋骼振窮恤寡三月甲辰澍雨大洽夏五月戊戌以司空任城王澄爲司徒京兆王繼爲司空秋八月乙未御史中尉東平王匡坐事削除官爵九月庚寅皇太后幸

嵩高山癸巳還宮冬十二月癸丑司徒任城王澄薨庚申大赦詔除淫祀焚諸雜神是歲吐谷渾宕昌嚈噠等國並遣使朝貢

正光元年春正月乙亥朔日有蝕之夏四月景辰詔尚書長孫承業巡撫北蕃觀察風俗五月辛巳以炎旱故詔八坐鞫見囚申枉濫秋七月景子侍中元乂中常侍劉騰奉帝幸前殿矯皇太后詔歸政遜位乃幽皇太后北宮殺太傅清河王懌總勤禁旅決事殿中辛卯帝加元服大赦改元內外百官進位一等八月甲寅相州刺史中山王熙舉兵欲誅騰不果見殺九月壬辰蠕蠕主阿那瓌來奔戊戌

以太師高陽王雍爲丞相冬十月乙卯以儀同三司汝南王悅爲太尉十一月己亥封阿那瓌爲朔方郡公蠕蠕王十二月壬子詔送蠕蠕王阿那瓌歸北辛酉以司空京兆王繼爲司徒

二年春正月南秦州氐反二月車駕幸國子學講孝經三月庚午幸國子學祠孔子以顏回配甲午右衛將軍奚康生於禁中將殺元乂不果爲乂所害以儀同三司劉騰爲司空夏四月庚子進司徒京兆王繼位太保壬寅以儀同三司崔光爲司徒五月丁酉朔日有蝕之秋七月己丑以旱故詔有司脩案舊典祗行六事八月己巳蠕蠕後主郁

久閭俟匿伐來奔懷朔鎮十二月甲戌詔司徒崔光安豐王延明等議定服章庚辰以東益南秦州氐反詔河間王琛討之失利是歲嚈噠居密波斯高昌勿吉伏羅高車等國並遣使朝貢

三年春正月辛亥耕籍田夏四月庚辰以高車國主覆羅伊匐爲鎮西將軍西海郡公高車國王五月壬辰朔日有蝕之六月己巳以旱故詔分遣有司馳祈岳瀆及諸山川百神能興雲雨者命理冤獄止土功減膳徹懸禁止屠殺冬十一月己丑朔日有蝕之乙巳祀圜丘景午詔班曆大赦十二月癸酉以太保京兆王繼爲太傅司徒崔光爲太保是歲波斯不漢龜茲吐谷渾並遣使朝貢

四年春二月壬申追封故咸陽王禧爲敷城王京兆王愉爲臨洮王清河王懌爲范陽王以禮加葬丁丑河間王琛章武王融並以貪汙削爵除名己卯蠕蠕主阿那瓌率衆犯塞遣尚書左丞元孚爲北道行臺持節喻之蠕蠕後主郁久閭俟匿伐來朝司空劉騰薨夏四月阿那瓌執元孚北遁秋八月癸未追復故范陽王懌爲河間王九月丁酉詔太尉汝南王悅入居門下與丞相高陽王雍參決尚書奏事冬十一月癸未朔日有蝕之景申趙郡王謐薨丁酉太保崔光薨十二月以太尉汝南王悅爲太保徐州刺史

北海王顥坐貪汙削爵除官是歲宕昌庫莫奚國並遣使朝貢

五年春正月辛丑祀南郊三月沃野鎮人破六韓拔陵反聚衆殺鎮將號眞王元年夏四月高平酋長胡琛反自稱高平王攻鎮以應拔陵別將盧祖遷擊破之五月都督北征諸軍事臨淮王彧討敗于五原削除官爵壬申詔尚書李崇爲大都督率廣陽王深等北討六月秦州城人莫折大提據城反自稱秦王殺刺史李彥大提尋死子念生代立僭稱天子年號天建置立百官丁酉大赦秋七月戊午復河間王琛臨淮王彧本封是月涼州幢帥于菩提

呼延雄執刺史宋穎據州反念生遣其兄高陽王天生下隴東寇八月甲午雍州刺史元志西討大敗於隴東退守岐州景申詔諸州鎮軍元非犯配者悉免爲編户改鎮爲州依舊立稱九月壬申詔尚書左僕射齊王蕭寶夤爲西道行臺大都督復撫軍北海王顥官爵爲都督並率諸將西討乙亥帝幸明堂餞寶夤等吐谷渾主伏連籌遣兵討涼州于菩提走追斬之城人趙天安復推宋穎爲刺史冬十月營州城人劉安定就德興據城反執刺史李仲遵城人王惡兒斬安定以降德興東走自號燕王十二月詔太傅京兆王繼爲太師大將軍率諸將西討汾州正平平陽胡叛逆詔復征東將軍章武王融封爵爲大都督率衆討之莫折念生遣兵攻涼州城人趙天安復執刺史以應之是歲嚈噠契丹地豆于庫莫奚等國並遣使朝貢

孝昌元年春正月庚申徐州刺史元法僧據城反自稱宋王年號天啓遣其子景仲歸梁梁遣其將豫章王綜入守彭城法僧擁其僚屬南入詔臨淮王彧尚書李憲爲都督安豐王延明爲東道行臺俱討徐州癸亥蕭寶夤又征西將軍崔延伯大破賊於黑水天生退走入隴西岐及隴悉平以太師大將軍京兆王繼爲太尉二月詔追復故樂良王長命爵以其子忠紹之戊戌大赦三月甲戌詔五品以上各薦所知夏四月辛卯皇太后復臨朝攝政引羣臣面陳得失壬辰征西將軍都督崔延伯大敗於涇州戰歿六月癸未大赦改元蠕蠕主阿那瓌大破拔陵是月諸將逼彭城蕭綜夜潛出降梁諸將奔退衆軍追躡免者十一二秋八月癸酉詔斷遠近貢獻珍麗違者免官柔玄鎮人杜洛周反於上谷年號眞王九月乙卯詔減天下諸調之半壬戌詔五品以上各舉所知辛未曲赦南北秦州冬十月蠕蠕遣使朝貢十一月辛亥詔父母年八十以上者皆聽居官時四方多事諸蠻復反十二月山胡劉蠡升反自稱天子

二年春正月庚戌封廣平王懷長子誨爲范陽王壬子以太保汝南王悅領太尉是月五原鮮于脩禮反於定州年號魯興二月庚申帝及皇太后臨大夏門親覽冤訟三月庚子追復中山王熙本爵以其子叔仁紹之夏四月大赦戊申北討都督河間王琛長孫承業失利奔還詔並免官爵五月丁未車駕將北討內外戒嚴前給事黃門侍郎元略自梁還朝封義陽王以丞相高陽王雍爲大司馬六月巳巳曲赦齊州絳蜀陳雙熾聚衆反自號始建王曲赦平陽建興正平三郡詔假鎮西將軍都督長孫承業討雙熾平之景子改封義陽王略爲東平王戊寅詔復京兆王繼

本封江陽王戊子詔曰自運屬艱棘歷載于茲朕威德不
能遐被經略無以及遠何以肴安黃屋無愧黔黎今便避
居正殿蔬食素服當親自招募收集忠勇其有直言正諫
之士敢決徇義之夫二十五日悉集華林東門人別引見
共論得失秋八月景子進封廣川縣公元邵為常山王戊
子進武城縣公子攸為長樂王癸巳賊帥元洪業斬鮮于
脩禮請降為賊黨葛榮所殺九月辛亥葛榮敗都督廣陽
王深章武王融於博野白牛邏融歿於陣榮自稱天子國
號齊年稱廣安冬十一月戊戌杜洛周攻陷幽州執刺史
王延年及行臺常景景午稅京師田租畝五升借貸公田

者畝一斗閏月稅市人出入者各一錢店舍為五等梁將
元樹逼壽春楊州刺史李憲力屈而降初留州縣及長史
司馬戍主副質子於京師詔頃舊京淪覆中原喪亂宗室
子女屬籍在七廟內為雜戶濫門拘辱者悉聽離絕是歲
疊伏羅庫國並遣使朝貢
三年春正月甲戌以司空皇甫度為司徒儀同三司蕭寶
夤為司空辛巳葛榮陷殷州刺史崔楷固節死之甲申詔
峻鑄錢之制蕭寶夤大敗于涇州北海王顥等亦敗走曲
赦關西及正平平陽建興戊子以司徒皇甫度為太尉己
丑以四方未平詔內外戒嚴將親征二月丁酉詔開輸賞

格輸粟入瀛定岐雍四州者官斗二百斛賞一階入二華
州者五百石賞一階不限多少粟畢授官虜賊據潼關三
月甲子詔將西討中外戒嚴虜賊走復潼關秋七月相州
刺史安樂王鑒據州反己丑大赦八月都督源子邕李神
軌裴衍攻鄴丁未斬鑒相州平九月己未東豫州刺史元
慶和以城南叛秦州城人杜粲殺莫折念生自行州事冬
十月戊申曲赦恒農已西河北正平平陽邵郡及關西諸
州軍甲寅雍州刺史蕭寶夤據州反自號齊年稱隆緒十
一月己丑葛榮攻陷冀州執刺史元孚逐出居人凍死者
十六七十二月戊申都督源子邕裴衍與葛榮戰敗於陽平

東北並歿是月杜粲為駱超所殺超遣使歸罪是歲蠕蠕
遣使朝貢
武泰元年春正月乙丑生皇女祕言皇子景寅大赦改元
丁丑雍州人侯終德相率攻蕭寶夤寶夤奔走雍州平
二月癸丑帝崩於顯陽殿時年十九甲寅皇子即位大赦
皇太后詔曰皇家握曆受圖年將二百祖宗累聖社稷載
安高祖以文思先天世宗以下武繼世大行在御重以寬
仁奉養率由溫明恭順實望穹靈降祐麟趾眾繁自潘充
華有孕椒宮冀誕儲兩而熊羆無兆唯虺遂彰于時直以
國步未康假稱統胤欲以底定物情係仰宸極何圖一旦

子劒莫追皇曾孫故臨洮王寶暉世子釗體自高祖天表
卓異大行平日乘愛特深義齊若子事符當璧宜膺大寶
即日踐祚可班宣遠邇咸使知之乙卯幼主即位儀同三
司大都督尒朱榮抗表請入奔赴勒兵而南是月赴洛周
爲葛榮所并三月甲申上尊謚曰孝明皇帝乙酉葬於定
陵廟號肅宗四月戊戌爾朱榮濟河庚子皇太后幼主崩
論曰宣武承聖考德業天下想望風化垂拱無爲邊徼稽
服而寬以攝下從容不斷太和之風替矣比之漢世安順
宣武之後繼以元成孝明沖齡統業靈后婦人專制任用
非人賞罰乖舛於是釁起字內禍延邦畿卒於享國不長
抑亦淪胥之始也

魏本紀第四　北史四

方洽周益　周巳羊　孫粹然　校正

魏本紀第五　北史五

敬宗孝莊皇帝諱子攸彭城王勰之第三子也母曰李妃
明帝初以勰有魯陽翼衛之勳封帝武城縣公幼侍明帝
書於禁中及長風神秀慧姿貌甚美雅爲明帝親待孝昌
二年八月進封長樂王歷位侍中中軍將軍以兄彭城王
劭事轉爲衛將軍左光祿大夫中書監寔見出也武泰元
年二月明帝崩大都督尒朱榮謀廢立以帝家有忠勳且
兼人望陰與帝通率衆來赴帝與兄弟夜北度河會榮於
河陽

永安元年夏四月戊戌帝南濟河即皇帝位以皇兄彭城

王劭爲無上王皇弟霸城公子正爲始平王以尒朱榮爲
使持節侍中都督中外諸軍事大將軍尚書令領軍將軍
領左右封太原王己亥百僚相率有司奉璽綬備法駕奉
迎於河梁西至陶渚榮以兵權在己遂有異志乃害靈太
后及幼主次害無上王劭始平王子正又害丞相高陽王
雍已下王公卿士二千人列騎衛帝遷於便幕榮尋悔稽
顙謝罪辛丑車駕入宮御太極殿大赦改武泰爲建義元
年壬寅榮表請追謚無上王爲皇帝餘死河陰者諸王刺
史贈三司三品者令僕五品者刺史七品已下及庶人郡
鎮諸死者子孫聽立後授封爵詔從之癸卯以前太尉江

陽王繼爲太師以司州牧相州刺史北海王顥爲太傅開
府仍刺史封光祿大夫清泉縣侯李延實爲陽平王位太
保遷太傅以并州刺史元天穆爲太尉封上黨王以儀同
三司楊椿爲司徒以儀同三司頓丘郡公穆紹爲司空領
尚書令進爵爲王以雍州刺史長孫承業爲開府儀同三
司進封馮翊王以殿中尚書元諶爲尚書右僕射封魏郡
王以給事黃門侍郎元頊爲東海王甲辰以敷城王坦爲
咸陽王以諫議大夫元貴平爲東萊王以直閤將軍元肅
爲魯郡王以秘書郎中元曄爲長廣王以馮翊郡公源紹
景復先爵隴西王扶風郡公馮冏東郡公陸子彰北平公

長孫悅並復先王爵以北平王超還復爲安定王丁未詔
中外解嚴庚戌封大將軍尒朱榮次子义羅爲梁郡王詔
蠕蠕王阿那瓌讚拜不名上書不稱臣是月汝南王悅北
海王顥臨淮王彧前後奔梁五月丁巳朔以右僕射元羅
爲東道大使光祿勳元欣副之循方黜陟先行後聞辛酉
大將軍尒朱榮還晉陽帝餞於邙陰六月癸卯以高昌王
世子光爲平西將軍瓜州刺史襲爵泰臨縣伯高昌王帝
以寇難未夷避正殿責躬撤膳又班募格收集忠勇有直
言正諫之士者集華林園面論時事幽州平北府主簿河
間邢杲率河北流亻移人萬餘戶反於北海自署漢王年號

天統秋七月乙丑加大將軍尒朱榮柱國大將軍錄尚書
事壬子光州人劉舉聚衆反於濮陽自稱皇武大將是月
高平鎮人萬俟醜奴僭稱大位臨淮王彧自江南還朝八
月太山太守羊侃據郡反甲辰詔大都督宗正珍孫討劉
舉平之九月己巳以齊州刺史元欣爲沛郡王壬申柱國
大將軍尒朱榮率騎七千討葛榮於滏口破禽之冀定滄
瀛殷五州平乙亥以葛榮平大赦改元爲永安辛巳以尒
朱榮爲大丞相進榮子平昌郡公文殊昌樂郡公文暢爵
並爲王以司徒楊椿爲太保城陽王徽爲司徒冬十月丁
亥尒朱榮檻送葛榮於京師帝臨閶闔門榮稽顙謝罪斬

於都市戊戌江陽王繼薨癸丑復膠東縣侯李侃希祖爵
南郡王是月大都督費穆大破梁軍禽其將曹義宗檻送
京師梁以北海王顥爲魏主年號孝基入據南兗之銍城
十一月戊午以無上王世子韶爲彭城王陳留王子寬爲
陳留王寬弟剛爲浮陽王剛弟質爲林慮王癸亥行臺于
暉等大破羊侃於瑕丘侃奔梁戊寅封前軍元凝爲東安
王是歲葛榮餘黨韓樓復據幽州反
二年春二月甲午追尊皇考爲文穆皇帝廟號肅祖皇妣
爲文穆皇后夏四月癸未遷文穆皇帝及文穆皇后神主
于太廟降畿內死罪已下刑辛丑上黨王天穆大破邢杲

於濟南杲降送於京師斬於都市五月壬子朔元顥剋梁
國乙丑內外戒嚴癸酉元顥陷滎陽甲戌夜車駕北巡乙
亥幸河內景子元顥入洛丁丑進封城陽縣公元祉爲平
原王安昌縣公元鷙爲華山王戊寅太原王介朱榮會車
駕於長子即日反旆上黨王天穆北度會車駕於河內秋
七月戊辰都督介朱兆賀拔勝從硤石夜濟破顥子冠受
及安豐王延明軍元顥敗走庚午車駕入居華林園升大
夏門大赦壬申以柱國大將軍太原王介朱榮爲天柱大
將軍上黨王天穆爲太宰以司徒城陽王徽爲大司馬太尉

己卯以南青州刺史元旭爲襄城王南兗州刺史元暹爲
汝陽王閏月辛巳帝始居宮內辛卯以兼吏部尚書楊津
爲司空八月己未以太傅李延實爲司徒丁卯封瓜州刺
史元太宗爲東陽王九月大都督侯深破韓樓於薊斬之
幽州平冬十月乙酉朔日有蝕之丁丑以前司空丹楊王
蕭贊爲司徒十一月己卯就德興自榮州遣使請降景子
以大司馬太尉城陽王徽爲太保以司徒丹楊王蕭贊爲
太尉以雍州刺史長孫承業爲司徒
三年夏四月丁卯雍州刺史介朱天光討萬俟醜奴蕭寶
寅於安定破禽之四送京師甲戌以關中平大赦斬醜奴

於都市賜寶寅死六月戊午嚈噠國獻師子一是月白馬
龍涸胡王慶雲僭稱帝號於永洛城秋七月景子介朱天
光平永洛城禽慶雲九月辛卯天柱大將軍介朱榮上黨
王天穆自晉陽來朝戊戌帝殺榮天穆於明光殿及榮子
菩提乃升閶闔門大赦遣武衛將軍奚毅前燕州刺史侯
深率衆鎮北中是夜左僕射介朱世隆榮妻鄉郡長公主
率榮部曲自西陽門出屯河陰己亥攻河橋禽毅等害
之據北中城南逼京師冬十月癸卯朔封大鴻臚卿寶炬
爲南陽王汝南縣公脩爲平陽王新陽伯誕爲昌樂王琅
耶公昶爲太原王甲辰徙封魏郡王諶爲趙郡王諶弟子

趙郡王亶爲平昌王戊申皇子生大赦乙卯通直散騎常
侍李苗以火船焚河橋介朱世隆退走壬申世隆停建興
之高都介朱兆自晉陽來會之共推長廣王曄爲主大赦
所部年號建明徐州刺史介朱仲遠反率衆向京師十一
月乙亥以司徒長孫承業爲太尉以臨淮王彧爲司徒景
子進雍州刺史廣宗郡公介朱天光爵爲王十二月甲辰
介朱兆介朱度律自富平津上率騎涉度以襲京城事出
倉卒禁衛不守帝步出雲龍門兆逼帝幸永寧寺殺皇子
亂兵熱司徒臨淮王彧左僕射范陽王誨戊申介朱度律
自鎮京師甲寅介朱兆遷帝於晉陽甲子帝遇弒於城內

三級佛寺時年二十四并害陳留王寬中興二年廢帝秦
諡爲武懷皇帝及孝武立又以廟諱故改諡孝莊皇帝廟
號敬宗葬靜陵

節閔皇帝諱恭字脩業廣陵惠王羽之子也母曰王氏帝
少有志度事祖母嫡母以孝聞正始中襲爵位給事黃門
侍郎帝以元乂擅權託稱瘖病絕言垂一紀居於龍花佛
寺無所交通永安末有白莊帝言帝不語將有異圖人間
遊聲又云常有天子氣帝懼禍遂逃匿上洛尋見追躡送
京師拘禁多日以無狀獲免及莊帝崩尒朱世隆等以元
曄疎遠又非人望所推以帝有過人之量將謀廢立恐實
不語乃令帝所親申意兼迫脅帝曰天何言哉世隆等大
悅及元曄至邙南世隆等奉帝東郭外行禪讓禮太尉尒
朱度律奉路車進璽紱服袞冕百官侍衛入自建春雲龍
門

普泰元年春二月己巳皇帝即位於太極前殿羣臣拜賀大
禮畢遂登閶闔門大赦以魏爲大魏改建明二年爲普泰
元年罷稅市及稅鹽之官庚午詔曰自秦之末競爲皇帝
忘負乘之深殃垂貪鄙於萬葉予今稱帝已爲褒矣可普
告令知是月鎮遠將軍清河崔祖螭聚青州七郡之衆圍
東陽幽州刺史劉靈助起兵於薊河北大使高乾及其弟

昂夜襲冀州執刺史元嶷共推前河內太守封隆之行州
事三月癸酉封長廣王曄爲東海王以青州刺史魯郡王
肅爲太師沛郡王欣爲太傅司州牧改封淮陽王以徐州
刺史彭城王尒朱仲遠雍州刺史隴西王尒朱天光並爲
大將軍以柱國大將軍并州刺史潁川王尒朱兆爲天柱
大將軍封晉州刺史平陽郡公高歡爲勃海王以特進清
河王亶爲太傅以尚書令樂平王尒朱世隆爲太保以趙
郡王諶爲司空景申定州刺史侯深破劉靈助於安國城
斬之傳首京師夏四月壬子享太廟癸亥隴西王尒朱天
光破宿勤明達禽送京師斬之景寅以侍中尒朱彥伯爲
司徒詔有司不得複稱偽梁罷細作之條無禁隣國還往
五月景子尒朱仲遠使其都督魏僧勗等討崔祖螭於東
陽斬之六月己亥朔日有蝕之庚申勃海王高歡起兵信
都以誅尒朱氏爲名秋七月壬申尒朱世隆等害前太保
楊椿前司空楊津景戌司徒尒朱彥伯以旱遜位九月以
彭城王尒朱仲遠爲太宰庚辰以隴西王尒朱天光爲大
司馬癸巳追尊皇考爲先帝皇妣王氏爲先太妃封皇弟
永業爲高密王皇子恕爲勃海王冬十月壬寅高歡推
勃海太守元朗即皇帝位於信都
二年春閏二月高歡敗尒朱天光等於韓陵夏四月辛巳

高歡與廢帝至芒山使魏蘭根慰喻洛邑且觀帝之爲人
蘭根忌帝雅德還致毀謗竟從崔㥄議廢帝於崇訓佛寺
而立平陽王脩是爲孝武帝帝既失位乃賦詩曰朱門久
可患紫極非情歡顛覆立可待一年三易換時運正如此
唯有修眞觀五月景申帝遇弒殂於門下外省時年三十
五孝武帝詔百司赴會葬用王禮加九旒鑾輅黃屋左纛
班劍百二十人後西魏追諡節閔皇帝

廢帝諱朗字仲哲章武王融第三子也母曰程氏帝少稱
明悟元曄建明二年正月戊子爲勃海太守普泰元年十
月勃海王高歡奉帝以主號令

中興元年冬十月壬寅皇帝即位於信都西大赦改普泰
元年爲中興以勃海王高歡爲丞相都督中外諸軍事以
河北大使高乾爲司空辛亥高歡大破尒朱兆於廣阿十
一月梁將元樹入據譙城
二年春二月甲子以勃海王高歡爲大丞相柱國大將軍
太師及歡敗尒朱氏於韓陵四月辛巳帝於河陽遜位於
別邸五月孝武封帝爲安定郡王十一月殂於門下外省
時年二十永熙二年葬於鄴西南野馬崗

孝武皇帝諱脩字孝則廣平武穆王懷之第三子也母曰
李氏帝性沈厚學涉好武事遍體有鱗文年十八封汝陽
縣公夢人有從諱謂已曰汝當大貴得二十五年永安三
年封平陽王普泰中爲侍中尚書左僕射中興二年高歡
既敗尒朱氏廢帝自以踈遠請遜大位歡乃與百寮議以
孝文不可無後時召汝南王悅於梁至將立之宿昔而止
又諸王皆逃匿帝在田舍先是嵩山道士潘彌望見洛陽
城西有天子氣候之乃帝也於是造第密言之居五旬而
高歡使斛斯椿求帝椿從帝所親王思政見帝帝變色曰
非賣我耶椿遂以白歡歡遣四百騎奉迎帝入氈帳陳誠
泣下霑襟讓以寡德歡再拜帝亦拜歡出備服御進湯沐
達夜嚴警昧爽文武執鞭以朝使斛斯椿奉勸進表椿入

帷門磬折延首而不敢前帝令思政取表曰視便不得不
稱朕矣於是假廢帝安定王詔策而禪位焉即位于東郭
之外用代都舊制以黑氈蒙七人歡居其一帝於氈上西
向拜天訖自東陽雲龍門入
永熙元年夏四月戊子皇帝御太極前殿羣臣朝賀禮畢
升閶闔門大赦改中興二年爲太昌元年壬辰高歡還鄴
五月景申御閔帝殂以太傅淮陽王欣爲太師改封沛郡
王以司徒趙郡王諶爲太保以司空南陽王寶炬爲太尉
以太保長孫承業爲太傅辛丑復前司空高乾位己酉以
儀同三司清河王亶爲司徒乙卯內外解嚴六月癸亥朔

帝於華林園納訟丁卯南陽王寶炬坐事降爲驃騎大將
軍開府以王歸第己卯臨顯陽殿納訟景戌詔曰聞者凶
權誕恣法令變常遂立夷貊輕賦異收天下之意隨以箕
斂之重終納十倍之征掩目捕雀何能過此今歲租調且
兩收一丙明年復舊秋七月庚子以南陽王寶炬爲太尉
乙卯帝臨顯陽殿親理冤獄是月東南道大行臺樊子鵠
大破梁軍於譙城禽其將元樹八月丁卯封西中郎將元
寧爲高平王九月癸卯進燕郡公賀拔允爵爲王癸丑改
封沛郡王欣爲廣陵王節閔子勃海王子恕爲沛郡王冬
十月辛酉朔日有蝕之十一月丁酉祀圓丘甲辰殺安定

王朗及東海王曄己酉以汝南王悅爲侍中大司馬開府
葬太后胡氏十二月丁亥殺大司馬汝南王悅大赦改元
爲永興以同明元時年號尋改爲永熙是歲蠕蠕嚈噠高
麗契丹庫莫奚高昌等國並遣使朝貢
二年春正月庚寅朔朝饗羣臣于太極前殿丁酉勃海王
高歡大敗尒朱氏山東平罷諸行臺丁巳追尊皇考爲武
穆皇帝太妃馮氏爲武穆皇后皇妣李氏曰皇太妃二月
以咸陽王坦爲司空三月甲午太師魯郡王肅薨丁巳以
太保趙郡王諶爲太尉以太尉南陽王寶炬爲尚書令太
保開府是月阿至羅十萬戶內附詔復以勃海王高歡爲

大行臺隨機裁處夏四月己未朔日有蝕之秋七月壬辰
以太師廣陵王欣爲大司馬以太尉趙郡王諶爲太師並
開府庚戌以前司徒燕郡王賀拔允爲太尉冬十月癸未
以衞將軍瓜州刺史泰臨縣伯高昌王麴子堅爲儀同三
司進爵郡公十二月丁巳狩於嵩陽士卒寒苦己巳遂幸
溫湯丁丑還宮
三年春二月壬戌大赦壬午封左衞將軍元斌之爲潁川
王夏四月癸丑朔日有蝕之辛未高平王寧坐事降爵爲
公五月景戌置勳府庶子箱別六百人騎官箱別二百人
閤內部曲數千人帝內圖高歡乃以斛斯椿爲領軍使與

王思政等統之以爲心膂軍謀朝政咸決於椿分置督將
及河南關西諸刺史辛卯下詔戒嚴揚聲伐梁實謀北討
是夏契丹高麗吐谷渾並遣使朝貢秋七月己丑帝親摠
六軍十餘萬次河橋高歡引軍東度景午帝率南陽王寶
炬清河王亶廣陽王湛斛斯椿以五千騎宿於瀍西楊王
別舍沙門都維那惠臻負璽持千牛刀以從有牛百頭盡
殺以食軍士衆知帝將出其夜亡者過半清河廣陽二王
亦逃歸略陽公宇文泰遣都督駱超李賢和各領數百騎
赴駱超先至甲戌賢和會帝於崤中己酉高歡入洛遣婁
昭及河南尹元子思領左右侍官追帝請迴駕高昂舉勁

騎及帝於陝西帝鞭馬長騖至湖城飢渴甚有王思村人
以麥飯壺漿獻帝帝甘之復一村十年是歲二月熒惑入
南斗衆星北流羣鼠浮河向鄴梁武跣而下殿以禳星變
及聞帝之西慙曰虜亦應天乎帝至稠桑潼關大都督毛
洪賓迎獻食八月宇文泰遣大都督趙貴梁禦甲騎二千
來赴乃奉迎帝過河謂禦曰此水東流而朕西上若得重
謁洛陽廟是卿等功也帝及左右皆流涕宇文泰迎帝於
東陽帝勞之將士皆呼萬歲遂入長安以雍州公廨爲宮
大赦甲寅高歡推司徒清河王亶爲大司馬承制摠萬機
居尚書省歡追車駕至潼關九月己酉歡東還洛陽帝親

督衆攻潼關斬其行臺華長瑜又剋華州其冬十月高歡
推清河王亶子善見爲主徙都鄴是爲東魏魏於此始分
爲二帝之在洛也從妹不嫁者三一曰平原公主明月南
陽王同産也二曰安德公主清河王懌女也三曰蒺藜亦
封公主帝内宴令諸婦人詠詩或詠鮑照樂府曰朱門九
重門九閨願逐明月入君懷帝旣以明月入關蒺藜自縊
宇文泰使元氏諸王取明月殺之帝不悦或時彎弓或時
推案君臣由此不安平閏十二月癸巳潘彌奏言今日當
甚有急兵其夜帝在逍遥園宴阿至羅顧侍臣曰此處彷
彿華林園使人聊增悽怨命取所乘波斯騮馬使南陽王

躍之將攀鞍蹶而死帝惡之日晏還宮至後門馬驚不前
鞭打入謂潘彌曰今日幸無他不彌曰過夜半則大吉須
臾帝飲酒遇酖而崩時年二十五謚曰孝武殯於草堂佛
寺十餘年乃葬雲陵始宣武孝明間謡曰狐非狐貉非貉
焦梨狗子齧斷索識者以爲索謂本索髮焦梨狗子指宇
文泰俗謂之黑獺也

文皇帝諱寶炬孝文皇帝之孫京兆王愉之子也母曰楊
氏帝正始初坐父愉罪兄弟皆幽宗正寺及宣武崩乃得
雪正光中拜直閤將軍時胡太后多嬖寵帝與明帝謀誅
之事泄免官武泰中封邵縣侯永安三年進封南陽王孝

武即位拜太尉加侍中永熙二年進位太保開府尚書令
三年孝武與高歡搆難以帝爲中軍四面大都督及從入
關拜太宰録尚書事孝武崩丞相略陽公宇文泰率羣公
卿士奉表勸進三讓乃許焉

大統元年春正月戊申皇帝即位於城西大赦改元追尊
皇考爲文景皇帝皇妣楊氏爲皇后己酉進丞相略陽公
宇文泰都督中外諸軍録尚書事大行臺改封安定郡公
以尚書令斛斯椿爲太保廣平王贊爲司徒乙卯立妃乙
弗氏爲皇后立皇子欽爲皇太子甲子以廣陵王欣爲太傅
以儀同三司万俟壽樂干爲司空東魏將侯景攻陷荆州

二月前南青州刺史大野拔斬兗州刺史樊子鵠以州降
東魏夏五月降罪人加安定公宇文泰位柱國秋七月以
開府儀同三司念賢爲太尉以司空万俟壽樂干爲司徒
以開府儀同三司越勒肱爲司空梁州刺史元羅以州降
梁九月有司諂煎御香澤須錢萬貫帝以軍旅在外停之
冬十月太師上黨王長孫承業薨十二月以太尉念賢爲
太傅以河州刺史梁景叡爲太尉
二年春正月辛亥祀南郊改以神元皇帝配東魏攻陷夏
州二月儀同三司段敬討叛羌梁仚定平之三月以涼州
刺史李叔仁爲司徒以司徒万俟壽樂干爲太宰夏五月

司空越勒肱薨秦州刺史建中王万俟普撥及其子太宰
壽樂干率所部奔東魏秋九月以扶風王孚爲司空以太
保斛斯椿爲太傅冬十一月追改始祖神元皇帝爲太祖
道武皇帝爲烈祖是歲關中大飢人相食死者十七八
三年春二月槐里獲神璽大赦夏四月太傅斛斯椿薨五
月以廣陵王欣爲太宰賀拔勝爲太師六月以司空扶風
王孚爲太保以太尉梁景叡爲太傅以司徒廣平王贊爲
太尉以開府儀同三司王盟爲司空冬十月安定公宇文
泰大破東魏軍於沙苑拜泰柱國大將軍十二月司徒李
叔仁自梁州通使於東魏建昌太守賀蘭植攻斬之

四年春正月辛酉拜天於清暉室終帝世遂爲常二月東
魏攻陷南汾潁豫廣四州廢皇后乙氏三月立蠕蠕女郁
久閭氏爲皇后大赦以司空王盟爲司徒秋七月東魏將
侯景等圍洛陽帝與安定公宇文泰東伐九月車駕至自
東伐以撫軍將軍梁仚定爲南洮州刺史安西蕃
五年春二月赦京城內夏五月以開府儀同三司李弼爲
司空免妓樂雜役之徒皆從編戶秋七月詔自今恒以朔
望親閱京師見禁囚徒以司空扶風王孚爲太尉冬十月
於陽武門外縣鼓置紙筆以求得失
六年春正月庚戌朝羣臣自西遷至此禮樂始備太尉扶

風王孚薨二月鑄五銖錢降罪人冬十一月太師念賢薨
七年春二月幽州刺史順陽王仲景以罪賜死三月夏州
刺史劉平謀反大都督于謹討禽之秋九月詔班政事之
法六條冬十一月叛羌梁仚定徙黨逸於赤水城秦州刺
史獨孤信擊平之尚書奏班十二條制十二月御憑雲觀
引見諸王叙家人之禮手詔爲宗誡十條以賜之
八年春三月初置六軍夏四月鄯善王兄鄯朱那率衆內
附秋八月以太尉王盟爲太保冬十月詔皇太子鎮河東
十二月行幸華州起萬壽殿於沙苑北
九年春正月降罪人禁中外及從母兄弟姊妹爲婚閏月

車駕至自華州二月東魏北豫州刺史高仲密據武牢內附以仲密爲侍中司徒封勃海郡公秋七月大赦以太保王盟爲太傅以太尉廣平王贊爲司空冬十二月以司空李弼爲太尉

十年春正月甲子詔公卿已下每月上封事三條極言得失刺史二千石銅墨已上有讜言嘉謀勿有所諱夏五月太師賀拔勝薨秋七月更權衡度量

十一年夏五月太傅王盟薨詔諸鞫大辟獄皆命三公覆審然後加刑冬始築圜丘於城南封皇子儉

十二年春二月涼州刺史宇文仲和反秦州刺史獨孤信

討平之三月鑄五銖錢夏五月詔女年不滿十三以上勿得以嫁秋九月東魏勃海王高歡攻玉壁晉州刺史韋孝寬力戰禦之冬十二月歡燒營而退

十三年春正月開白渠以溉田二月詔自今應宮刑者直沒官勿刑亡奴婢應黥者止科亡罪以開府儀同三司若干惠爲司空東魏勃海王高歡薨其司徒侯景據潁川率河南六州內附授景太傅河南大行臺上谷郡公三月大赦夏五月以太傅侯景爲大將軍以開府儀同三司獨孤信爲大司馬晉王謹薨秋七月司空若干惠薨大將軍侯景據豫州叛封皇子寧爲趙王

十四年春正月赦潁豫廣北洛東荊襄等七州以開府儀同三司趙貴爲司空皇孫生大赦夏五月以安定公宇文泰爲太師廣陵王欣爲太傅太尉李弼爲大宗伯前太尉趙貴爲大司寇以司空于謹爲大司空

十五年已巳五月侯景殺梁武帝初詔諸代人太和中改姓者並令復舊六月東魏勃海王高澄攻陷潁川秋八月盜殺東魏勃海王高澄冬十二月封梁雍州刺史岳陽王蕭詧爲梁王

十六年夏四月封皇子儒爲燕王公爲吳王五月東魏靜帝遜位于齊秋七月安定公宇文泰東伐至恒農齊師不出乃還九月大赦

十七年春三月庚戌帝崩于乾安殿時年四十五夏四月庚辰葬於永陵上謚曰文皇帝帝性強果始爲太尉時侍中高隆之恃勃海王高歡之黨驕狎公卿因公會帝勸酒不飲怒而毆之罵曰鎮兵何敢介也孝武以歡故免帝太尉歸第命羽林守衛月餘復位及歡將改葬其父朝廷追贈太師百僚會弔者盡拜帝獨不屈曰安有生三公而拜贈太師耶及踐大位權歸周室嘗登逍遙觀望嵯峨山因謂左右曰望此令人有脫屣之意若使朕年五十便委政儲宮尋山餌藥不能一日萬機也既而大運未終竟保天

禄云

廢帝諱欽文皇帝之長子也母曰乙皇后大統元年正月乙卯立爲皇太子十七年三月即皇帝位是月梁邵陵王蕭綸侵安陸大將軍楊忠討禽之

元年冬十一月梁湘東王蕭繹討侯景禽之遣其舍人魏彦來告仍嗣位於江陵

二年秋八月大將軍尉遲迥剋成都劒南平冬十一月安定公宇文泰殺尚書元烈

三年春正月安定公宇文泰廢帝而立齊王廓帝自元烈之誅有怨言淮安王育廣平王贊等並垂泣諫帝不聽故及於辱

恭皇帝諱廓文皇帝之第四子也大統十四年封爲齊王廢帝三年正月即皇帝位改元

元年夏四月蠕蠕乙旃達官寇廣武五月柱國李弼追擊之斬首數千級收輜重而還冬十一月魏師滅梁殺梁元帝梁太尉王僧辯奉元帝子方智爲王承制居建業

二年秋七月梁太尉王僧辯納貞陽侯蕭明於齊奉以爲主梁王方智爲太子九月梁司空陳霸先殺僧辯廢蕭明復奉方智爲帝是歲梁廣州刺史王琳寇邊大將軍豆盧寧帥師討之

三年春正月丁丑初行周禮建六官以安定公宇文泰爲太師冢宰以柱國李弼爲大司徒趙貴爲太保大宗伯以尚書令獨孤信爲大司馬以于謹爲大司寇以侯莫陳崇爲大司空冬十月乙亥安定公宇文泰薨十二月庚子帝遜位於周

周閔帝元年正月封帝爲宋公尋殂

東魏孝靜皇帝諱善見清河文宣王亶之世子也母曰胡妃永熙三年八月拜開府儀同三司孝武帝既入關勃海王高歡乃與百僚會議推帝以奉明帝之後時年十一

天平元年冬十月景寅皇帝即位于城東北大赦改元庚午以太師趙郡王諶爲大司馬以司空咸陽王坦爲太尉以開府儀同三司高盛爲司徒以開府儀同三司高昂爲司空壬申享太廟景子車駕北遷于鄴詔勃海王高歡留後部分改司州爲洛州以尚書令元弼爲儀同三司洛州刺史鎮洛陽十一月兖州刺史樊子鵠南青州刺史大野拔據瑕丘反庚寅車駕至鄴居北城相州之廨改相州刺史爲司州牧魏郡太守爲魏尹徙鄴舊人西徑百里以居新遷人分鄴置臨漳縣以魏郡林慮廣平陽丘汲郡黎陽東濮陽清河廣宗等郡爲皇畿十二月丁卯燕郡王賀拔允薨庚午詔內外戒嚴百司悉依舊章從容雅服不得以

務祕從事景子進侍中封隆之等五人爲大使巡喻天下
丁丑敕畿內閏月梁以元慶和爲魏王入據平瀨鄉孝武
崩于長安初置四中郎將於礓石橋置東中蒲泉置西中
濟北置南中洛水置北中
二年春正月乙亥兼尚書右僕射東南道行臺元晏討元
慶和破走之二月壬午以太尉咸陽王坦爲太傅以司州
牧西河王悰爲太尉己丑前南青州刺史大野拔斬樊子
鵠以降兗州平戊戌梁司州刺史陳慶之寇豫州刺史堯
雄擊走之三月辛酉以司徒高盛爲太尉以司空高昂爲
司徒濟陰王暉業爲司空勃海王高歡討平山胡劉蠡升

辛未以旱故詔京邑及諸州郡縣收瘞骸骨是春高麗契
丹並遣使朝貢夏四月前青州刺史侯梁反攻掠青齊癸
未濟州刺史蔡儁討平之壬辰降京師見囚夏五月大旱
勒城門殿門及省府寺署坊門澆人不簡王公無限日得
雨乃止六月元慶和寇南頓豫州刺史堯雄大破之秋七
月甲戌封汝南王悅孫綽爲琅耶王八月辛卯司空濟陰
王暉業坐事免甲午發衆七萬六千人營新宮九月丁巳
以開府儀同三司襄城王旭爲司空冬十月丁未梁柳仲
禮寇荊州刺史王元軌破之癸丑祀圜丘甲寅閶闔門災
龍見并州人家井中十二月壬午車駕狩于鄴東甲午文

武百官量事各給祿是歲西魏文帝大統元年也
三年春正月癸卯朔饗羣臣於前殿戊申詔百官舉士舉
不稱才者兩免之二月丁未梁光州刺史郝樹以州內附
丁酉加勃海王世子澄爲尚書令大行臺大都督三月甲
寅以開府儀同三司華山王鷙爲大司馬丁卯陽夏太守
盧公纂據郡南叛大都督元整破之夏四月丁酉昌樂王
誕薨五月癸卯賜鰥寡孤獨貧窮者衣物各有差景辰以
錄尚書事西河王悰爲司州牧戊辰太尉高盛薨六月辛
巳趙郡王諶薨秋七月庚子大赦梁夏州刺史田獨鞞潁
川防城都督劉鸞爲慶並以州內附八月并肆汾建四州霜

霣大飢九月壬寅以定州刺史侯景兼尚書右僕射南道
行臺節度諸軍南討景辰平陽人路季礼聚衆反辛酉御
史中尉竇泰討平之冬十一月戊申詔遣使巡檢河北流
移飢人侯景攻剋梁楚州獲刺史桓和十二月以并州刺
史尉景爲太保辛未遣使者板假老人官百歲已下各有
差壬申大司馬清河王亶薨癸未以太傅咸陽王坦爲太
師是歲高麗勿吉並遣使朝貢
四年春正月以汝陽王暹爲錄尚書事夏四月辛未遷七
帝神主入新廟大赦內外百官普進一階先是滎陽人張
儉等聚衆反於大騩山通西魏壬辰武衛將軍高元盛討

破之六月己巳幸華林園理訟辛未詔尚書掩骼埋胔推
録囚徒壬午閶闔門災秋七月甲辰遣兼散騎常侍李楷
聘于梁八月西魏剋陝州刺史李徽伯死之九月侍中元
子思與其弟子華謀西入並賜死閏月乙丑衛將軍右光
祿大夫將天樂謀反伏誅禁京師酤酒冬十月以咸陽王
坦爲録尚書事壬辰勃海王高歡西討敗于沙苑己酉西
魏行臺宮景壽都督楊白駒寇洛州大都督韓賢大破之
西魏又遣其大行臺元季海大都督獨孤信逼洛州刺史
廣陽王湛棄城歸闕季海信遂據金墉十一月景子以驃
騎大將軍儀同三司万俟普爲太尉十二月甲寅梁人來

聘河間人邢磨納范陽人盧仲禮等各聚衆反是歲高麗
蠕蠕並遣使朝貢
元象元年春正月辛酉朔日有蝕之有巨象自至碭郡陂
中南兗州獲送于鄴丁卯大赦改元二月景辰遣兼散騎
常侍鄭伯猷聘于梁夏四月庚寅曲赦畿内開酒禁六月
壬辰帝幸華林都堂聽訟秋七月乙亥高麗遣使朝貢是
夏山東大水蝦蟇鳴于樹上秋八月辛卯大敗西魏于河
陰九月大都督賀拔仁擊邢磨納盧仲禮等破平之冬十
月梁人來聘十二月庚寅遣陸操聘于梁
興和元年春正月辛酉以尚書令孫騰爲司徒三月甲寅

朔封常山郡王劭第二子暉爲陳郡王五月甲戌立皇后
高氏乙亥大赦是月高麗遣使朝貢六月乙酉以尚書左
僕射司馬子如爲山東黜陟大使尋爲東北道行臺選
勇士庚寅前潁州刺史奚思業爲河南大使簡發勇士丁
酉梁人來聘戊申開府儀同三司汝陽王暹薨秋八月壬
辰遣兼散騎常侍王元景聘于梁九月甲子發畿内十萬
人城鄴四十日罷辛未曲赦畿内死罪已下各有差冬十
一月癸亥以新宮成大赦改元八十已上賜綾帽及杖七
十旁無朞親及有疾廢者各賜粟帛築城之夫給復一年
二年春正月壬申以太保尉景爲太傅以驃騎大將軍開

府儀同三司厙狄干爲太保丁丑徙御新宮大赦内外百
官普進一階營構主將别優一階三月乙卯梁人來聘夏
五月己酉西魏行臺宮延和陝州刺史宮元慶率户内屬
置之河北馬場振廩各有差壬子遣兼散騎常侍李象聘
于梁閏月丁丑朔日有蝕之己丑封皇兄景植爲宜陽王
皇弟威爲清河王謙爲潁川王六月壬子大司馬華山王
鷙薨冬十月丁未梁人來聘十二月乙卯遣兼散騎常侍
崔長謙聘於梁是歲高麗蠕蠕勿吉並遣使朝貢
三年春二月甲辰阿至羅出吐拔那渾大率部來降三月
乙酉梁州人公孫貴賓聚衆反自號天王陽夏鎮將討禽

之夏四月戊申阿至羅國主副伏羅越君子去賓來降封
爲高車王六月乙丑梁人來聘秋七月己卯宜陽王景植
薨八月甲子遣兼散騎常侍李騫聘於梁先是詔羣官於
麟趾閣議定新制冬十月甲寅班於天下己巳發夫五萬
人築漳濱堰三十五日罷癸亥車駕狩于西山十一月戊
寅還宫景戌以開府儀同三司彭城王韶爲太尉以度支
尚書胡僧敬爲司空是歲蠕蠕高麗勿吉國並遣使朝貢
四年春正月景辰梁人來聘夏四月景寅遣兼散騎常侍
李繪聘于梁乙酉以侍中廣陽王湛爲太尉以尚書右僕
射高隆之爲司徒以太尉彭城王韶爲録尚書事丁亥太

傅尉景坐事降爲驃騎大將軍開府儀同三司辛卯以太
保庫狄干爲太傅以領軍將軍婁昭爲大司馬封祖裔爲
尚書右僕射六月景申復前侍中樂良王忠爵丁酉復陳
留王景皓常山王紹宗高密王永業爵秋八月庚戌以開
府儀同三司吏部尚書侯景爲兼尚書僕射河南行臺隨
機討防冬十月甲寅梁人來聘十一月壬午驃騎大將軍
開府儀同三司青州刺史西河王悰薨十二月辛亥使兼
散騎常侍陽斐使于梁是歲蠕蠕高麗吐谷渾並遣使朝
貢

武定元年春正月壬戌朔大赦改元己巳車駕蒐于邯鄲

之西山癸酉還宫二月壬申北豫州刺史高仲密據武牢
西叛三月景午帝親納訟戊申勃海王高歡大敗西魏師
于邙山追奔至恒農而還豫洛二州平夏四月封彭城王
韶弟襲爲武安王五月壬辰以剋復武牢降天下死罪已
下囚乙未以吏部尚書侯景爲司空六月乙亥梁人來聘
戊寅封前員外散騎侍郎元長春爲南郡王八月乙丑以
汾州刺史斛律金爲大司馬壬午遣兼散騎常侍李渾聘
于梁冬十一月甲午車駕狩于西山乙巳還宫是歲吐谷
渾高麗蠕蠕並遣使朝貢

二年春二月丁卯徐州人劉烏黑聚衆反遣行臺慕容紹

宗討平之三月梁人來聘以旱故宥死罪已下囚景午以
開府儀同三司孫騰爲太保壬子以勃海王世子高澄爲
大將軍領中書監元弼爲録尚書事以尚書左僕射司馬
子如爲尚書令以太原公高洋爲左僕射夏五月甲午遣
散騎常侍魏季景聘于梁丁酉太尉廣陽王湛薨秋八月
癸酉尚書令司馬子如坐事免九月甲申以開府儀同三
司濟陰王暉業爲太尉太師咸陽王坦坐事免以王還第
冬十月丁巳太保孫騰大司馬高隆之各爲括户大使凡
獲逃户六十餘萬十一月西河地陷有火出甲申以司徒
高隆之爲尚書令以前大司馬婁昭爲司徒庚子祀圜丘

辛丑梁人來聘是歲吐谷渾地豆干室韋高麗蠕蠕勿吉等並遣使朝貢

三年春正月景申遣兼散騎常侍李緯聘于梁二月庚申吐谷渾國奉其從妹以備後庭納爲容華嬪夏五月甲辰大赦秋七月庚子梁人來聘冬十月遣中書舍人尉瑾聘于梁十二月以司空侯景爲司徒以中書令韓軌爲司空戊子以太保孫騰爲録尚書事是歲高麗吐谷渾蠕蠕並遣使朝貢

四年夏五月壬寅梁人來聘六月庚子以司徒侯景爲河南大行臺應機討防秋七月壬寅遣兼散騎常侍元廓聘

于梁八月移洛陽漢魏石經于鄴是歲室韋勿吉地豆干高麗蠕蠕並遣使朝貢

五年春正月己亥朔日有蝕之景午勃海王高歡薨辛亥司徒侯景降于西魏以求救西魏遣其將李弼王思政赴之思政等入據潁川景乃出走豫州乙丑梁人來聘二月侯景復背西魏歸梁夏四月壬申大將軍高澄來朝甲午遣兼散騎常侍李緯聘于梁五月丁酉朔大赦戊戌以尚書右僕射襄城王旭爲太尉甲辰以太原公高洋爲尚書令領中書監以青州刺史尉景爲大司馬以開府儀同三司庫狄干爲太師以録尚書事孫騰爲太傅以汾州刺史

賀拔仁爲太保以司空韓軌爲司徒以領軍將軍可朱渾道元爲司空以司徒高隆之録尚書事以徐州刺史慕容紹宗爲尚書左僕射高陽王斌爲右僕射戊午大司馬尉景薨六月乙酉帝爲勃海王舉哀於東堂服緦衰秋九月辛丑梁貞陽侯蕭明寇徐州堰泗水於寒山灌彭城以應侯景冬十一月乙酉以尚書左僕射慕容紹宗爲東南道行臺與大都督高岳潘相樂大破禽之及其二子瑀道十二月乙亥蕭明至帝御閶闔門讓而宥之岳等迴師討侯景是歲高麗勿吉並遣使朝貢

六年春正月己亥大都督高岳等於渦陽大破侯景俘斬

五萬餘人其餘溺死於渦水水爲不流景走淮南二月己卯梁遣使求和許之三月癸巳以太尉襄城王旭爲大司馬以開府儀同三司高岳爲太尉辛亥以冬春亢旱赦罪人各有差夏四月甲子吏部令史張永和青州人崔闊等僞假人官事覺糺檢首者六萬餘人甲戌太尉高岳司徒韓軌大都督劉豐等討王思政於潁川引洧水灌其城九月乙酉梁人來聘冬十月戊申侯景濟江推梁臨賀王正德爲王以攻建業是歲高麗室韋蠕蠕吐谷渾並遣使朝貢

七年春正月戊辰梁北徐州刺史中山侯蕭正表以鎮內

附封蘭陵郡公吴郡王三月丁卯侯景尅建業夏五月景辰侯景殺梁武帝戊寅勃海王高澄帥師赴潁川六月尅之獲西魏大將軍王思政等秋八月辛卯立皇子長仁爲太子盜殺勃海王高澄癸巳大赦内外百官並進二級甲午太原公高洋如晉陽冬十月癸未以開府儀同三司咸陽王坦爲太傅甲午以開府儀同三司潘相樂爲司空十二月甲辰吴郡王蕭正表薨己酉以并州刺史彭樂爲司徒是歲蠕蠕地豆干室韋高麗吐谷渾並遣使朝貢

八年春正月辛酉帝爲勃海王高澄舉哀於東堂戊辰詔太原公高洋嗣事從封齊郡王甲戌地豆干契丹並遣使

朝貢二月庚寅以尚書令高隆之爲太保三月庚申進齊郡王高洋爵爲齊王夏四月乙巳蠕蠕遣使朝貢五月甲寅詔齊王爲相國摠百揆備九錫之禮以齊國太妃爲王太后王妃爲王后景辰遜帝位於齊

天保元年己未封帝爲中山王邑一萬户上書不稱臣荅不稱詔載天子旌旗行魏正朔乘五時副車封王諸子爲縣公邑各一千户奉絹一萬疋錢一萬貫粟二萬石奴婢三百人水碾一具田百頃園一所於中山國立魏宗廟

二年十二月己酉中山王殂時年二十八

三年二月奉謚曰孝靜皇帝葬於鄴西漳北其後發之陵

崩死者六十人帝好文美容儀力能挾石師子以踰墻射無不中嘉辰宴會多命羣臣賦詩從容沉雅有孝文風勃海王高澄嗣事甚忌焉以大將軍中兵參軍崔季舒爲中書黄門侍郎令監察動靜小大皆令季舒知澄與季舒書曰癡人復何似癡勢小差未帝嘗與獵於鄴東馳逐如飛監衛都督烏那羅受工伐從後呼帝曰天子莫走馬大將軍怒澄嘗侍帝飲大舉觴曰臣澄勸陛下帝不悦曰自古無不亡之國朕亦何用此活澄怒曰朕朕狗脚朕澄使季舒毆帝三拳奮衣而出明日澄使季舒勞帝帝亦謝焉賜絹季舒未敢受以啓澄澄使取一段帝束百疋以與之曰

亦一段爾帝不堪憂辱詠謝靈運詩曰韓亡子房奮秦帝魯連恥本自江海人志義動君子常侍侍講荀濟知帝意乃與華山王大器元瑾密謀於宫中僞爲山而作地道向北城至千秋門門者覺地下響動以告澄澄勒兵入宫曰陛下何意反耶臣父子功存社稷何負陛下耶及將殺諸妃嬪帝正色曰王自欲反何關於我我尚不惜身何況妃嬪澄下牀叩頭大啼謝罪於是酣飲夜久乃出居三日幽帝於含章堂大器瑾等皆見烹於市及將禪位於文宣襄城王昶及司徒潘相樂侍中張亮黄門郎趙彦深等求入奏事帝在昭陽殿見之昶曰五行遞運有始有終齊王聖

德欽明萬姓歸仰臣等昧死聞奏願陛下則堯禪舜帝便斂容荅曰此事推挹已久謹當遜避又云若尒須作詔書侍郎崔劼裴讓之奏云詔已作訖即付楊愔進於帝凡十條書訖曰將安朕何所後若爲而去楊愔對曰在北城別有館宇還備法駕依常仗衛而去帝乃下御座步就東廊口詠范蔚宗後漢書贊云獻生不辰身播國屯終我四百永作虞賓所司奏請發帝曰古人念遺簪弊履欲與六宮別可乎高隆之曰今天下猶陛下之天下況在後宮乃與夫人嬪以下訣莫不歔欷掩涕嬪趙國李氏誦陳思王詩云王其愛玉體俱享黃髮期皇后已下皆哭直長趙德以

故犢車一乘候於東上閤帝上車德超上車持帝帝肘之曰朕畏天順人授位相國何物奴敢逼人趙德尚不下及出雲龍門王公百寮衣冠拜辭帝曰今日不減常道鄉公漢獻帝衆皆悲愴高隆之泣灑遂入北城下司馬子如南宅及文宣行幸常以帝自隨帝后封太原公主常爲帝嘗食以護視焉竟遇酖而崩

論曰莊帝運接交喪招納勤王雖時事孔棘而卒有四海猾逆前除權強擅命神慮獨斷芒刺未除而天未忘亂禍不旋踵自茲之後魏室土崩始則制蚩強胡終乃權歸霸政主祭祀者不殊於寄坐遇黜辱者有甚於弈棊雖以節閔之明孝武之長秪以速是奔波文帝以剛強之質終以守雌自寶靜恭遜終天祿高蹈唐虞各得其時也

魏本紀第五　北史五

方洽　周益　周己千　孫粹然　校正

齊高祖神武皇帝姓高氏諱歡字賀六渾勃海蓨人也六世祖隱晉玄菟太守隱生慶慶生泰泰生湖三世仕慕容氏及慕容寶敗國亂湖率衆歸魏爲右將軍湖生四子第三子謐仕魏位至侍御史坐法徙居懷朔鎮謐生皇考樹生性通率不事家業住居白道南數有赤光紫氣之異隣人以爲怪勸徙居以避之皇考曰安知非吉居之自若及神武生而皇妣韓氏殂養於同產姊壻鎮獄隊尉景家神武旣累世北邊故習其俗遂同鮮卑長而深沈有大度輕財重士爲豪俠所宗目有精光長頭高權齒白如玉少有

人傑表家貧及娉武明皇后始有馬得給鎮爲隊主鎮將遼西段長常奇神武貌謂曰君有康濟才終不徒然便以子孫爲託及貴追贈長司空擢其子寧而用之神武自隊主轉爲函使嘗乘驛過建興雲霧晝晦雷聲隨之半日乃絕若有神應者每行道路往來無風塵之色又嘗夢履衆星而行覺而內喜爲函使六年每至洛陽給令史麻祥使祥嘗以肉啗神武神武性不立食坐而進之祥以爲慢己笞神武四十及自洛陽還傾產以結客親故怪問之答曰吾至洛陽宿衛羽林相率焚領軍張彝宅朝廷懼其亂而不問爲政若此事可知也財物豈可常守邪自是乃有澄

清天下之志與懷朔省事雲中司馬子如及秀容人劉貴中山人賈顯智爲奔走之友懷朔户曹史孫騰外兵史侯景亦相友結劉貴嘗得一白鷹與神武及尉景蔡儁子如賈顯智等獵於沃野見一赤兔每搏輒逸遂至迥澤澤中有茅屋將奔入有狗自屋中出噬之鷹兔俱死神武怒以鳴鏑射之狗斃屋中乃有二人出持神武襟甚急其母兩目盲曳杖呵其二子曰何故觸大家出甕中酒烹羊以待客因自言善暗相徧捫諸人言皆貴而指麾俱由神武又曰子如歷位顯智不善終飲竟出行數里還更訪之則本無人居乃向非人也由是諸人益加敬異孝昌元年柔玄

鎮人杜洛周反於上谷神武乃與同志從之醜其行事私與尉景段榮蔡儁圖之不果而逃爲其騎所追文襄及魏永熙后皆幼武明后於牛上抱負之文襄屢落牛神武彎弓將射之以決去后呼榮求救賴榮透下取之以免遂奔葛榮又亡歸介朱榮於秀容先是劉貴事榮盛言神武美至是始得見以憔悴故未之奇也貴乃爲神武更衣復求見焉因隨榮之廄廄有惡馬榮命翦之神武乃不加羈絆而翦竟不蹄齧已而起曰御惡人亦如此馬矣榮遂坐神武於牀下屛左右而訪時事神武曰聞公有馬十二谷色別爲羣將此竟何用也榮曰但言介意神武曰方今天子

愚弱太后淫亂孽寵擅命朝政不行以明公雄武乘時奮發討鄭儼徐紇而清帝側霸業可舉鞭而成此賀六渾之意也榮大悅語自日中至夜半乃出自是每參軍謀後從榮徙據并州抵楊州邑人龐蒼鷹止團焦中每從外歸主人遙聞行響動地蒼鷹母數見團焦上赤氣赫然屬天又蒼鷹嘗夜欲入有青衣人拔刀叱曰何故觸王言訖不見始以爲異密覘之唯見赤蛇蟠牀上乃益驚異因殺牛分肉厚以相奉蒼鷹母求以神武爲義子及得志以其宅爲第號爲南宅雖門巷開廣堂宇崇麗其本所住團焦以石堊塗之留而不毁至文宣時遂爲宮既而榮以神武爲親

信都督于時魏明帝銜鄭儼徐紇逼靈太后未敢制私使榮舉兵內向榮以神武爲前鋒至上黨明帝又私詔停之及帝暴崩榮遂入洛因將篡位神武諫恐不聽請鑄像卜之鑄不成乃止孝莊帝立以定策勳封銅鞮伯及尒朱榮擊葛榮令神武喻下賊別稱王者七人後與行臺于暉破羊侃于太山尋與元天穆破邢杲于濟南累遷第三鎮人酋長嘗在榮帳內榮嘗問左右曰一日無我誰可主軍皆稱尒朱兆榮曰此正可統三千騎以還堪代我主衆者唯賀六渾耳因誡兆曰尒非其匹終當爲其穿鼻乃以神武爲晉州刺史於是大聚斂因劉貴貨榮下要人盡得其意

時州庫角無故自鳴神武異之無幾而孝莊誅榮及尒朱兆自晉陽將舉兵赴洛召神武神武使長史孫騰辭以絳蜀汾胡欲反不可委去兆恨焉騰復命神武曰兆舉兵犯上此大賊也吾不能久事之自是始有圖兆計及兆入洛執莊帝以北神武聞之大驚又使孫騰僞賀兆因密覘孝莊所在將劫以舉義不果乃以書喻之言不宜執天子以受惡名於海內兆不納殺帝而與尒朱世隆等立長廣王曄改元建明封神武爲平陽郡公及費也頭紇豆陵步藩入秀容逼晉陽兆徵神武神武將往賀拔焉過兒請緩行以獘之神武乃往逗留辭以河無橋不得渡步藩軍盛兆

敗走初孝莊之誅尒朱榮知其黨必有逆謀乃密勑步藩令襲其後步藩既敗兆等以兵勢日盛兆又請救於神武神武內圖兆復慮步藩後之難除乃與兆悉力破之藩死深德神武誓爲兄弟時世隆度律彥伯共執朝政天光據關右兆據并州仲遠據東郡各擁兵爲暴天下苦之葛榮衆流入并肆者二十餘萬爲契胡陵暴皆不聊生大小二十六反誅夷者半猶草竊不止兆患之問計於神武神武曰六鎮反殘不可盡殺宜選王素腹心者私使統焉若有犯者罪其帥則所罪者寡兆曰善誰可行也賀拔允時在坐請神武神武拳毆之折其一齒曰生平天柱時奴輩伏

處分如鷹犬今日天下安置在王而阿鞠泥敢誣下罔上
請殺之兆以神武爲誠遂以委焉神武以兆醉恐醒後或
致疑貳遂出宣言受委統州鎮兵可集汾東受令乃建牙
陽曲川陳部分有款軍門者絳巾袍自稱梗楊驛子願廁
左右訪之則以力聞甞於并州市搤殺人者乃署爲親信
兵士素惡兆而樂神武於是莫不皆至居無何又使劉貴
請兆以并肆頻歲霜旱降户掘黄鼠而食之皆面無穀色
徒汚人國土請令就食山東待溫飽而處分之兆從其議
其長史慕容紹宗諫曰不可今四方擾擾人懷異望況高
公雄略又握大兵將不可爲兆曰香火重誓何所慮邪紹

宗曰親兄弟尚難信何論香火時兆左右已受神武金因
譖紹宗與神武舊隙兆乃禁紹宗而催神武發神武乃自
晉陽出滏口路逢尒朱榮妻鄉郡長公主自洛陽來馬三
百匹盡奪易之兆聞乃釋紹宗而問焉紹宗曰猶掌握中
物也於是自追神武至襄垣會漳水暴長橋壞神武隔水
拜曰所以借公主馬非有他故備山東盜耳王受公主言
自來賜追今渡河而死不辭此衆便叛兆自陳無此意因
輕馬渡與神武坐幕下陳謝遂授刀引頭使神武斫己神
武大哭曰自天柱薨背賀六渾更何所仰願大家千萬歲
以申力用今旁人構間至此大家何忍復出此言兆投刀

於地遂刑白馬而盟誓爲兄弟留宿夜飲尉景伏壯士欲
執兆神武齧臂止之曰今殺之其黨必奔歸聚結兵飢馬
瘦不可相支若英雄屈起則爲害滋甚不如且置之兆雖
勁捷而凶狡無謀不足圖也旦日兆歸營又召神武神武
將上馬詣之孫騰牽衣乃止隔水肆罵馳還晉陽兆心腹
念賢領降戶家累別爲營神武僞與之善觀其佩刀因取
之以殺其從者盡散於是士衆咸悅倍願附從初魏眞君
中内學者奏言上黨有天子氣云在壺關大王山武帝於
是南巡以厭當之累石爲三封斬其北鳳皇山以毀其形
後上黨人居晉陽者號上黨坊神武寔居之及是行舍大

王山六旬而進將出滏口倍加約束纖毫之物不聽侵犯
將過麥地神武輒步牽馬遠近聞之皆稱高儀同將兵整
肅益歸心焉遂前行屯鄴北求糧於相州刺史劉誕誕不
供有軍營租米神武自取之魏普泰元年二月神武軍次
信都高乾封隆之開門以待遂據冀州是月尒朱度律廢
元曄而立節閔帝欲羈縻神武三月乃白節閔帝封神武
爲勃海王徵使入覲神武辭四月癸巳又加授東道大行
臺第一鎮人酋長龐蒼鷹自太原來奔神武以爲行臺郎
尋以爲安州刺史神武自向山東養士繕甲禁兵侵掠百
姓歸心乃詐爲書言尒朱兆將以六鎮人配契胡爲部曲

衆皆愁又爲并州符徵兵討步落稽發萬人將遣之孫騰尉景僞請留五日如此者再神武親送之郊雪涕執別人號慟哭聲動地神武乃喻之曰與尒俱失鄉客義同一家不意在上乃爾徵召直向西已當死後軍期又當死配國人又當死奈何衆曰唯有反耳神武曰反是急計須推一人爲主衆願奉神武神武曰尒鄉里難制不見葛榮乎雖百萬衆無刑法終自灰滅今以吾爲主當與前異不得欺漢兒不得犯軍令生死任吾則可不尒不能爲取笑天下衆皆頓顙死生唯命神武曰若不得已明日椎牛饗士喻以討尒朱兆之意封隆之進曰千載一時普天幸甚神武

曰討賊大順也拯時大業也吾雖不武以死繼之何敢讓焉六月庚子建義於信都尚未顯背尒朱氏及李元忠與高乾平殷州斬尒朱羽生首來謁神武撫膺曰今日反決矣乃以元忠爲殷州刺史是時兵威既振乃抗表罪狀尒朱氏世隆等祕表不通八月尒朱兆攻陷殷州李元忠來奔孫騰以爲朝廷隔絶不權立天子則衆望無所係十月壬寅奉章武王融子勃海太守朗爲皇帝年號中興是爲廢帝時度律仲遠軍次晉陽尒朱兆會之神武用竇泰策縱反間度律仲遠不戰而還神武乃敗兆於廣阿十一月攻鄴相州刺史劉誕嬰城固守神武起土山爲地道往建

大柱一時焚之城陷入地麻祥時爲湯陰令神武呼之曰麻都祥慙而逃

永熙元年正月壬午拔鄴城據之廢帝進神武大丞相柱國大將軍太師是時青州建義大都督崔靈珍大都督耿翔皆遣使歸附行汾州事劉貴弃城來降閏三月尒朱天光自長安兆自并州度律自洛陽仲遠自東郡同會鄴衆號二十萬挾洹水而軍節閔以長孫承業爲大行臺摠督焉神武令封隆之守鄴自出頓紫陌時馬不滿二千步兵不至三萬衆寡不敵乃於韓陵爲圓陣連牛驢以塞歸道於是將士皆爲死志四面赴擊之尒朱兆責神武以背己

神武曰本勠力者共輔王室今帝何在兆曰永安枉害天柱我報讎耳神武曰我昔日親聞天柱計汝在戶前立豈得言不反邪且以君殺臣何報之有今日義絶矣乃合戰大敗之尒朱兆對慕容紹宗叩心曰不用公言以此將輕走紹宗反旗鳴角收聚散卒成軍容而西上高季式以七騎追奔度野馬崗與兆遇高昂望之不見哭曰喪吾弟矣夜久季式還血滿袖斛斯椿倍道先據河橋初普泰元年十月歲星熒惑鎮星太白聚於觜參色甚明太史占云當有王者興是時神武起於信都至是而破兆等四月斛斯椿執天光度律以送洛陽長孫承業遣都督賈顯智張歡

入洛陽執世隆彥伯斬之兆奔并州仲遠奔梁州遂死焉
時山東盜既除朝廷慶悅初未戰之前月章武人張紹夜中
忽被數騎將踰城至一大將軍前勑紹爲軍導向鄴云佐
受命者除殘賊紹回視之兵不測整疾無聲將至鄴乃放
焉及戰之日尒朱氏軍人見陣外士馬四合蓋神助也既
而神武至洛陽廢節閔及中興主而立孝武孝武既即位
授神武大丞相天柱大將軍太師世襲定州刺史增封并
前十五萬戶神武辭天柱減戶五萬壬辰還鄴魏帝餞於
乾脯山執手而別七月壬寅神武帥師北伐尒朱兆封隆
之言侍中斛斯椿賀拔勝賈顯智等往事尒朱普皆反噬

今在京師寵任必構禍隙神武深以爲然乃歸天光度律
於京師斬之遂自滏口入尒朱兆大掠晉陽北保秀容并
州平神武以晉陽四塞乃建大丞相府而定居焉尒朱兆
既至秀容分兵守險出入寇抄神武揚聲討之師出止者
數四兆意怠神武揣其歲首當宴會遣竇泰以精騎馳之
一日一夜行三百里神武以大軍繼之
二年正月竇泰奄至尒朱兆庭軍人因宴休惰忽見泰軍
驚走追破之於赤洪嶺兆自縊神武親臨厚葬之慕容紹
宗以尒朱榮妻子及餘衆自保烏突城降神武以義故待
之甚厚神武之入洛也尒朱仲遠部下都督橋寧張子期

自滑臺歸命神武以其助亂且數反覆皆斬之斛斯椿由
是內不自安乃與南陽王寶炬及武衛將軍元毗魏光祿
王思政構神武於魏帝舍人元士弼又奏神武受勑大不
敬故魏帝心貳於賀拔岳初孝明之時洛下以兩拔相擊
謠言銅拔打鐵拔元家世將末好事者以二拔謂拓拔賀
拔言俱將衰敗之兆時司空高乾密啓神武言魏帝之貳
神武封呈魏帝殺之又遣東徐州刺史潘紹業密勑長樂
太守龐蒼鷹令殺其弟昂昂先聞其兄死以稍刺柱伏壯
士執紹業於路得勑書於袍領遂來奔神武抱其首哭曰
天子枉害司空遂使以白武幡勞其家屬時乾次弟慎在

光州爲政嚴猛又縱部下取納魏帝使代之慎聞難將奔
梁其屬曰公家勳重必不兄弟相及乃弊衣推鹿車歸勃
海逢使者亦來奔於是魏帝與神武隙矣阿至羅虜正光
以前常稱藩自魏朝多事皆叛神武遣使招納便附款先
是詔以寇賊平罷行臺至是以殊俗歸降復授神武大行
臺隨機處分神武賚其粟帛議者以爲徒費無益神武不
從撫慰如初其酋帥吐陳等感恩皆從指麾救曹泥取万
俟受洛干大收其用河西費也頭虜紇豆陵伊利居苦池
河恃險擁衆神武遣長史侯景屢招不從
天平元年正月壬辰神武西伐費也頭虜紇豆陵伊利於

河西滅之遷其部落於河東二月永寧寺九層浮屠災既
而人有從東萊至云及海上人咸見之於海中俄而霧起
乃滅説者以爲天意若曰永寧見災魏不寧矣飛入東海
勃海應矣魏帝既有異圖時侍中封隆之與孫騰私言隆
之喪妻魏帝欲妻以從妹騰亦未之信心害隆之泄其言
於斛斯椿椿以白魏帝又孫騰帶仗入省擅殺御史並亡
來奔稱魏帝遇舍人梁續於前光祿少卿元子幹攘臂擊
之謂騰曰語尒高王元家兒拳正如此領軍婁昭辭疾歸
晉陽魏帝於是以斛斯椿兼領軍分置督將及河南關西
諸刺史華山王鷙在徐州神武使邸珍奪其管籥建州刺

北史紀六　十一

史韓賢濟州刺史蔡儁皆神武同義魏帝忌之故省建州
以去賢使御史中尉綦儁察儁罪以開府賈顯智爲濟州
儁拒之魏帝逾怒五月下詔云將征句吳發河南諸州兵
增宿衛守河橋六月丁巳密詔神武曰宇文黑獺自平破
秦隴多求非分脫有變非常事資經略但表啓未全背戾
進討事涉怨恐遂召羣臣議其可否僉言假稱南伐内外
戒嚴一則防黑獺不虞二則可威吳楚時魏帝將伐神武
神武部署將帥慮疑故有此詔神武乃表曰荆州綰接蠻
左密邇畿服闗隴恃遠將有逆圖臣今潛勒兵馬三萬擬
從河東而渡又遣恒州刺史庫狄干瀛州刺史郭瓊汾州

刺史斛律金前武衛大將軍彭樂擬兵四萬從其來違津
渡遣領軍將軍婁昭相州刺史竇泰前瀛州刺史堯雄并
州刺史高隆之擬兵五萬以討荆州遣冀州刺史尉景前
冀州刺史高敖曹濟州刺史蔡儁前侍中封隆之擬山東
兵七萬突騎五萬以征江左皆約勒所部伏聽處分魏帝
知覺其變乃出神武表命羣官議之欲止神武諸軍神武
乃集在并僚佐令其博議還以表聞仍以信誓自明忠款
曰臣爲嬖倖所閒陛下一旦賜疑令猖狂之罪尒朱時討
臣若不盡誠竭節敢負陛下則使身受天殃子孫殄絶陛
下若垂信赤心使干戈不動佞臣一二人願斟量廢出辛

北史帝紀六　十二

未帝復錄在京文武議意以答神武使舍人溫子昇草勑
子昇逡巡未敢作帝據胡牀拔劒作色子昇乃爲勑曰前
持心血遠以示王深冀彼此共相體悉而不良之徒坐生
閒貳近孫騰倉卒向彼致使聞者疑有異謀故遣御史中
尉綦儁具申朕懷今得王啓言誓懇惻反覆思之猶所未
解以朕眇身遇王武略不勞尺刃坐爲天子所謂生我者
父母貴我者高王今若無事背王規相攻討則使身及子
孫還如王誓皇天后土實聞此言近慮宇文爲亂賀拔勝
應之故纂嚴欲與王俱爲聲援宇文今日使者相望觀其
所爲更無異迹賀拔在南開拓邊境爲國立功念無可責

君若欲分討何以爲辭東南不賓爲日已久先朝已來置之度外今天下户口減半未宜窮兵極武朕既闇昧不知佞人是誰可列其姓名令朕知也如閻庫狄干語王云本欲取懦弱者爲主無事立此長君使其不可駕御今但作十五日行自可廢之更立餘者如此議論自是王間勳人豈出佞臣之口去歲封隆之背叛今年孫騰逃走不罪不送誰不怪王騰既爲禍始曾無愧懼王若事君盡誠何不斬送二首王雖啓圖西去而四道俱進或欲南度洛陽或欲東臨江左言之者猶應自怪聞之者寧能不疑王若守誠不貳晏然居北在此雖有百萬之衆終無圖彼之心王

北史帝紀六　十三

脫信邪棄義舉旗南指縱無匹馬隻輪猶欲奮空拳而爭死朕本寡德王已立之百姓無知或謂實可若爲化所圖則彰朕之惡假令還爲王殺幽辱虀粉了無遺恨何者王既以德見推以義見舉一朝背德舍義便是過有所歸本望君臣一體若合符契不圖今日分疎到此古語云越人射我笑而道之吾兄射我泣而道之朕既覩王情如兄弟所以投筆拊膺不覺歔欷初神武自京師將北以爲洛陽久經喪亂王氣衰盡雖有山河之固土地褊狹不如鄴請遷都魏帝曰高祖定鼎河洛爲永永之基經營制度至世宗乃畢王既功在社稷宜遵太和舊事神武奉詔至是復

謀爲遣兵千騎鎭建興益河東及濟州兵於白溝虜船不聽向洛諸州和糴粟運入鄴城魏帝又勑神武曰王若厭伏人情杜絕物議唯有歸河東之兵罷建興之戍送相州之粟追濟州之軍令蔡儁受代使邸珍出徐止戈散馬各事家業脫須糧廩別遣轉輸則讒人結舌疑悔不生王高枕太原朕垂拱京洛終不舉足渡河以干戈相指王若馬首南向問鼎輕重朕雖無武欲止不能必爲社稷宗廟出萬死之策決在於王非朕能定爲山止簣相爲惜之魏帝時以任祥爲兼尚書左僕射加開府祥棄官走至河北據郡待神武魏帝乃勑文武官北來者任去留下詔罪狀神

北史帝紀六　十四

武爲北伐經營神武亦勒馬宣告曰孤遇尒朱擅權舉大義於四海奉戴主上義貫幽明橫爲斛斯椿讒構以誠節爲逆首昔趙鞅興晉陽之甲誅君側惡人今者南邁誅椿而已以高昂爲前鋒曰若用司空言豈有今日之舉司馬子如答神武曰本欲立小者正爲此耳魏帝徵兵關右召賀拔勝赴行在所遣大行臺長孫承業大都督潁川王斌之斛斯椿共鎭武牢汝陽王暹鎭石濟行臺長孫子彥帥前恒農太守元洪略鎭陝賈顯智率豫州刺史斛斯元壽伐蔡儁神武使竇泰與左箱大都督莫多婁貸文逆顯智韓賢逆暹乙素軍降泰貸文與顯智遇於長壽津顯智陰

約降引軍退軍司元玄覺之馳還請益師魏帝遣大都督侯幾紹赴之戰於滑臺東顯智以軍降紹死之七月魏帝躬率大衆屯河橋神武至河北十餘里再遣口申誠款魏帝不報神武乃引軍度河魏帝問計於羣臣或云南依賀拔勝或云西就關中或云守洛口死戰未決而元斌之與斛斯椿爭權不睦斌之棄椿徑還紿帝云神武兵至即日魏帝遜於長安己酉神武入洛停於永寧寺八月甲寅召集百官謂曰為臣奉主匡救危亂若處不諫爭出不陪隨緩則耽寵爭榮急便竄失臣節安在遂收開府儀同三司叱列延慶兼尚書左僕射辛雄兼吏部尚書崔孝芬都官尚書劉廞兼度支尚書楊機散騎常侍元士弼並殺之誅其貳也士弼籍沒家口神武以萬機不可曠廢乃與百僚議以清河王亶為大司馬居尚書下舍而承制決事焉王稱警蹕神武醜之神武尋至弘農遂西剋潼關執毛洪賓進軍長城龍門都督薛崇禮降神武退舍河東命行臺尚書長史薛瑜守潼關大都督庫狄溫守封陵於蒲津西岸築城守華州以薛紹宗為刺史高昂行豫州事神武自發晉陽至此凡四十啓魏帝皆不荅九月庚寅神武還至洛陽乃遣僧道榮奉表關中又不荅乃集百寮沙門耆老議所推立以為自孝昌衰亂國統中絕神主靡依昭穆失序

永安以孝文為伯考永熙遷孝明於夾室業喪祚短職此之由遂議立清河王世子善見議定白清河王王曰天子無父苟使兒立不惜餘生乃立之是為孝靜帝魏於是始分為二神武以孝武既西恐逼崤陝洛陽復在河外接近梁境如向晉陽形勢不能相接依議遷鄴護軍祖瑩贊焉詔下三日車駕便發戶四十萬狼狽就道神武留洛陽部分事畢還晉陽自是軍國政務皆歸相府先是童謠曰可憐青雀子飛來鄴城裏羽翮垂欲成化作鸚鵡子好事者竊言雀子謂魏帝清河王鸚鵡謂神武也初孝昌中山胡劉蠡升自稱天子年號神嘉居雲陽谷西土歲被其寇謂之胡荒

二年正月西魏渭州刺史可朱渾道元擁衆內屬神武迎納之壬戌神武襲擊劉蠡升大破之己巳魏帝褒詔以神武為相國假黃鉞劍履上殿入朝不趨神武固辭三月神武欲以女妻蠡升太子候其不設備辛酉潛師襲之其北部王斬蠡升首以送其衆復立其子南海王神武進擊之又獲南海王及其弟西海王北海王皇后公卿已下四百餘人胡魏五萬戶壬申神武朝于鄴四月神武請給遷人廩各有差九月甲寅神武以州郡縣官多乖法請出使閑人疾苦

三年正月甲子神武帥庫狄干等萬騎襲西魏夏州身不火食四日而至縛矟爲梯夜入其城禽其刺史費也頭斛拔俄彌突因而用之留都督張瓊以鎮守遷其部落五千戶以歸西魏靈州刺史曹泥與其壻涼州刺史劉豐遣使請內屬周文圍泥水灌其城不没者四尺神武命阿至羅發騎三萬徑度靈州繞出西軍後獲馬五十匹西師乃退神武率騎迎泥豐生拔其遺戶五千以歸復泥官爵魏帝詔加神武九錫固讓乃止二月神武令阿至羅逼西魏秦州刺史建忠王万俟普撥神武以衆應之六月甲午普撥與其子太宰受洛干豳州刺史叱干寶樂右衛將軍破六

韓常及督將三百餘人擁部來降八月丁亥神武請均斗尺班於天下九月辛亥汾州胡王迢觸曹貳龍聚衆反署立百官年號平都神武討平之十二月丁丑神武自晉陽西討遣兼僕射行臺汝陽王暹司徒高昂等趣上洛大都督竇泰入自潼關

四年正月癸丑竇泰軍敗自殺神武軍次蒲津以冰薄不得赴救乃班師高昂攻剋上洛二月乙酉神武以并肆汾建晉東雍南汾秦陝九州霜旱人飢流散請所在開倉振給六月壬申神武如天池獲瑞石隱起成文曰六王三川十一月壬辰神武西討自蒲津濟衆二十萬周文軍於沙苑神武以地阸少却西人鼓噪而進軍大亂棄器甲十有八萬神武跨槖駝候船以歸

元象元年三月辛酉神武固請解丞相魏帝許之四月庚寅神武朝于鄴壬辰還晉陽請開酒禁并振恤宿衞武官七月壬午行臺侯景司徒高昂圍西魏將獨孤信於金墉西魏帝及周文並來赴救大都督庫狄干帥諸將前驅神武摠衆繼進八月辛卯戰於河陰大破西魏軍俘獲數萬司徒高昂大都督李猛宗顯死之西師之敗獨孤信先入關周文留其都督長孫子彥守金墉遂燒營以遁神武遣兵追奔至崤不及而還初神武知西師來侵自晉陽率衆

馳赴至孟津未濟而軍有勝負旣而神武渡河子彥亦棄城走神武遂毀金墉而還十一月庚午神武朝於京師十二月壬辰還晉陽

興和元年七月丁丑魏帝進神武爲相國録尚書事固讓乃止十一月乙丑神武以新宮成朝於鄴魏帝與神武讌射神武降階下稱賀又辭勃海王及都督中外諸軍事詔不許十二月戊戌神武還晉陽

二年十二月阿至羅別部遣使請降神武帥衆迎之出武州塞不見大獵而還

三年五月神武巡北境使使與蠕蠕通和

四年五月辛巳神武朝于鄴請令百官每月面敷政事明揚仄陋納諫屏邪親理獄訟褒黜勤怠牧守有愆節級相坐椒掖之內進御以序後園鷹犬悉皆棄之六月甲辰神武還晉陽九月神武西征十月己亥圍西魏儀同三司王思政於玉壁城欲以致敵西師不敢出十一月癸未神武以大雪士卒多死乃班師

武定元年二月壬申北豫州刺史高慎據武牢西叛三月壬辰周文率衆援高慎圍河橋南城戊申神武大敗之於芒山禽西魏督將以下四百餘人俘斬六萬計是時軍士有盜殺驢者軍令應死神武弗殺將至并州決之明日復

戰奔西軍告神武所在西師盡銳來攻衆潰神武失馬赫連陽順下馬以授神武與蒼頭馮文洛扶上俱走從者步騎六七人追騎至親信都督尉興慶曰王去矣興慶腰邊百箭足殺百人神武勉之曰事濟以尒為懷州若死則用尒子興慶曰兒小願用兄許之興慶鬬矢盡而死西魏太師賀拔勝以十三騎逐神武河州刺史劉洪徽射中其二勝稍將中神武段孝先橫射勝馬殪遂免豫洛二州平神武使劉豐追奔拓地至恒農而還七月神武貽周文書責以殺孝武之罪八月辛未魏帝詔神武為相國錄尚書事大行臺餘如故固辭乃止是月神武命於肆州北山築城西自馬陵戍東至土隥四十日罷十二月己卯神武朝於京師庚辰還晉陽

二年三月癸巳神武巡行冀定二州因朝京師以冬春亢旱請蠲懸責賑窮乏宥死罪以下又請授老人板職各有差四月景辰神武還晉陽十一月神武討山胡破平之俘獲一萬餘户分配諸州

三年正月甲午開府儀同三司尒朱文暢開府司馬任冑都督鄭仲禮中府主簿李世林前開府參軍房子遠等謀賊神武因十五日夜打簇懷刃而入其黨薛季孝以告並伏誅丁未神武請於并州置晉陽宮以處配口三月乙未

神武朝鄴景午還晉陽十月丁卯神武上言幽安定三州北接奚蠕蠕請於險要脩立城戍以防之躬自臨履莫不嚴固乙未神武請釋芒山俘桎梏配以人間寡婦

四年八月癸巳神武將西伐自鄴會兵於晉陽殿中將軍曹魏祖曰不可今八月西方王以死氣逆生氣為客不利主人則可兵果行傷大將神武不從自東西魏構兵鄴下每先有黄黒蟻陣鬬占者以為黄者東魏戎衣色黒者西魏戎衣色人間以此候勝負是時黄蟻盡死九月神武圍玉壁以挑西師不敢應西魏晉州刺史韋孝寬守玉壁城中出鐵面神武使元盜射之每中其目用李業興孤虛術

萃其北北天險也乃起土山鑿十道又於東面鑿二十一
道以攻之城中無水汲於汾神武使移汾一夜而畢孝寬
奪據土山頓軍五旬城不拔死者七萬人聚為一冢有星
墜於神武營衆驢並鳴士皆讋懼神武有疾十一月庚子
輿疾班師庚戌遣太原公洋鎮鄴辛亥徵世子澄至晉陽
有惡鳥集於亭樹世子使斛律光射殺之己卯神武以無
功表解都督中外諸軍事魏帝優詔許焉是時西魏言神
武中弩神武聞之乃勉坐見諸貴使斛律金敕勒歌神武
自和之哀感流涕侯景素輕世子嘗謂司馬子如曰王在
吾不敢有異王無吾不能與鮮卑小兒共事子如掩其口
至是世子為神武書召景景先與神武約得書書背微點
乃來書至無點景不至又聞神武疾遂擁兵自固神武謂
世子曰我雖疾爾面更有餘憂色何也世子未對又問曰
豈非憂侯景叛邪曰然神武曰景專制河南十四年矣常
有飛揚跋扈志顧我能養豈為汝駕御也今四方未定勿
遽發哀庫狄干鮮卑老公斛律金敕勒老公並性遒直終
不負汝可朱渾道元劉豐生遠來投我必無異心賀拔焉
過兒樸實無罪過潘相樂本作道人心和厚汝兄弟當
得其力韓軌少戇宜寬借之彭相樂心腹難得宜防護之
少堪敵侯景者唯有慕容紹宗我故不貴之留以與汝宜

深加殊禮委以經略
五年正月朔日蝕神武曰日蝕其為我邪死亦何恨景午
陳啓於魏帝是日崩於晉陽時年五十二秘不發喪六月
壬午魏帝於東堂舉哀三日制緦衰詔凶禮依漢大將軍
霍光東平王蒼故事贈假黃鉞使持節相國都督中外諸
軍事齊王璽紱轀輬車黃屋左纛前後羽葆鼓吹輕車介
士兼備九錫殊禮謚獻武王八月甲申葬於鄴西北漳水
之西魏帝臨送於紫陌天保初追崇為獻武帝廟號太祖
陵曰義平天統元年改謚神武皇帝廟號高祖神武性深
密高岸終日儼然人不能測機權之際變化若神至於軍
國大略獨運懷抱文武將吏罕有預之經馭衆法令嚴
肅臨敵制勝策出無方聽斷昭察不可欺犯知人好士全
護勳舊性周給每有文教常殷勤款悉指事論心不尚綺
靡擢人授任在於得才苟其所堪乃至拔於廝養有虛聲
無實者稀見任用諸將出討奉行方略罔不克捷違失指
畫多致奔亡雅尚儉素刀劍鞍勒無金玉之飾少能劇飲
自當大任不過三爵居家如官仁恕愛士始范陽盧景裕
以明經稱魯郡韓毅以工書顯咸以謀逆見擒並蒙恩置
之第館教授諸子其文武之士盡節所事見執獲而不罪
者甚多故遐邇歸心皆思效力至南和梁國北懷蠕蠕吐

谷渾阿至羅咸所招納獲其力用規略遠矣

世宗文襄皇帝諱澄字子惠神武長子也母曰婁太后生而岐嶷神武異之魏中興元年立為勃海王世子就杜詢講學敏悟過人詢甚歎服二年加侍中開府儀同三司尚孝静帝妹馮翊長公主時年十二神情儁爽便若成人神武試問以時事得失辨析無不中理自是軍國籌策皆預之天平元年加使持節尚書令大行臺并州刺史三年入輔朝政加領軍左右京畿大都督時人雖聞器識猶以少年期之而機略嚴明事無疑滯於是朝野振肅元象元年攝吏部尚書魏自崔亮以後選人常以年勞為制文襄乃釐改前式銓擢唯在得人又沙汰尚書郎妙選人地以充之至于才名之士咸被薦擢假有未居顯位者皆致之門下以為賓客每山園游宴必見招携執射賦詩各盡其所長以為娛適興和二年加大將軍領中書監仍攝吏部尚書自正光已後天下多事在任羣官廉潔者寡文襄乃奏吏部郎崔暹為御史中尉糾劾權豪無所縱捨於是風俗更始私枉路絕乃牓於街衢具論經國政術仍開直言之路有論事上書苦言切至者皆優容之武定四年十一月神武西討不預班師文襄馳赴軍所侍衛還晉陽五年正月景午神武崩祕不發喪辛亥司徒侯景據河南反潁州

刺史司馬世雲以城應之景誘執豫州刺史高元成襄州刺史李密廣州刺史暴顯等遣司空韓軌率衆討之四月壬申文襄朝于鄴六月己巳韓軌等自潁州班師丁丑文襄還晉陽乃發喪告喻文武陳神武遺志七月戊戌魏帝詔以文襄為使持節大丞相都督中外諸軍錄尚書事大行臺勃海王文襄啓辭位願停王爵壬寅魏帝詔太原公洋攝理軍國遣中使敦喻八月戊辰文襄啓申神武遺令請減國邑分封將督各有差辛未朝于鄴固辭丞相魏帝詔曰既朝野攸憑安危所繫不得令遂本懷須有權奪可復前大將軍餘如故壬辰尚書祠部郎中元瑾梁降人荀濟長秋卿劉思逸及淮南王宣洪華山王大器濟北王徽等謀害文襄事發伏誅九月己亥文襄請舊勳灼然未蒙齒錄者悉求旌賞朝士名行有聞或以年耆疾滯告謝者准其本秩授以州郡不得莅事聽蔭子孫自天平元年以來遇事亡官者聽復本資豪貴之家不得占護山澤其第宅車服婚姻送葬奢僭無限者並令禁斷從太昌元年以來將帥有殊功異効者其子弟年十歲以上請聽依第出身其兵士從征身殞陣場者蠲其家租課若有藏器避世者以禮招致隨才擢叙罷營構之官在朝百司怠惰不勤有所曠廢者免所居官若清幹克濟皎然可知者即宜超

叙不拘常式辛丑文襄還晉陽武定六年正月己未文襄朝于鄴二月己卯梁遣使慰文襄并請通和文襄許其和而不荅書侯景之叛也南兖州刺史石長宣頗相影響諸州刺史守令佐史多被詿誤景破後悉被禽獲尚書咸處極刑文襄竝請減降於是斬長宣其餘竝從寛宥三月戊申文襄請朝臣及牧守令長各舉賢良及驍武膽略堪守邊城者務在得才不拘職素其稱事六品散官五品以上朝廷所悉不在舉限其稱事七品散官六品以下并及州郡縣雜白身不限在官解職竝任舉之隨才進擢辛亥文襄南臨黎陽濟於武牢自洛陽從太行而反晉陽於路遣書朝士以相戒厲於是朝野承風莫不震肅六月文襄巡北邊城戍振賜各有差七月乙卯文襄朝于鄴八月庚寅還晉陽使大行臺慕容紹宗與太尉高岳大都督劉豐討王思政於潁川先是文襄遣行臺尚書辛術率諸將略江淮之北至是凡所獲二十三州七年四月甲辰魏帝進文襄位相國封齊王緑綟綬贊拜不名入朝不趨劒履上殿食冀州之勃海長樂安德武邑瀛州之河間五郡邑十五萬户使持節都督中外諸軍事録尚書大行臺竝如故丁未文襄入朝固讓魏帝不許五月戊寅文襄帥師自鄴赴潁川六月景申克潁川禽西魏大將軍王思政以忠於所

事釋而待之七月文襄朝于鄴請魏帝立皇太子復辭爵位殊禮未報八月辛卯遇盜而崩初梁將蘭欽子京見虜文襄以配厨欽求贖之不許京再訴文襄使監厨蒼頭薛豐洛杖之曰更訴當殺汝京與其黨六人謀作亂時文襄將受魏禪與陳元康崔季舒屏左右謀于北城東柏堂太史啓言宰輔星甚微變不一月時京將進食文襄却之謂人曰昨夜夢此奴斫我又曰急殺却京聞之寘刀於盤下冒言進食文襄見之怒曰我未索食何遽來京揮刀曰將殺汝文襄自投傷足入牀下賊黨至去牀因見殺時年二十九祕不發喪明年正月辛酉魏帝舉哀於太極東堂詔贈物八萬段凶事依漢大將軍霍光東平王蒼故事贈假黃鉞使持節相國都督中外諸軍事齊王璽紱轀輬車黄屋左纛後部羽葆鼓吹輕車介士備九錫禮謚曰文襄王二月甲申葬於義平陵之北天保初追尊曰文襄皇帝廟號世宗陵曰峻成文襄美姿容善言笑談謔之際從容弘雅性聰警多籌策當朝作相聽斷如流愛士好賢待之以禮有神武之風焉然少壯氣猛嚴峻刑法高慎西叛侯景南叛非直本懷狼戾兼亦有懼威略情欲奢淫動乖制度嘗於宫西造宅牆院高廣聽事宏壯亞太極殿神武入朝責之乃止

論曰昔魏氏失馭中原蕩析齊神武爰從晉部大號冀方壘戰而翦凶徒一麾以清京洛尊主匡國功濟天下既而魏武帝規避權逼曆數既盡適所以速關河之分焉文襄嗣膺霸道威略昭著內除姦逆外拓淮夷擯斥貪殘存情人物而志在峻法急於御下於前王之德有所未同蓋天意人心好生惡殺雖吉凶報應未皆影響總而論之積善多慶然文襄之禍生所忽蓋有由焉

齊本紀上第六　北史六

方洽　周益　周旱　孫粹然　校正

齊本紀中第七　北史七

顯祖文宣皇帝諱洋字子進神武第二子文襄之母弟也武明太后初孕帝每夜有赤光照室太后私怪之及產命之曰侯尼于鮮卑言有相子也以生於晉陽一名晉陽樂時神武家徒壁立后與親姻相對共憂寒餒帝生始數月尚未能言欻然曰得活太后及左右大驚不敢言及長黑色大頰兊下鱗身重踝瞻視審定不好戲弄深沈有大度晉陽有沙門乍愚乍智時人不測呼為阿禿師太后見諸子焉歷問祿位至帝再三舉手指天而已口無所言見者異之神武嘗從諸子過鳳陽門有龍在上唯神武與帝見

之內雖明敏貌若不足文襄每嗤之曰此人亦得富貴相法亦何由可解神武以帝貌陋神彩不甚發揚曾問以時事帝略有所辨儻語一事必得事衷又嘗令諸子各使理亂絲帝獨抽刀斬之曰亂者須斬神武以為然又各配兵四出而使彭樂率甲騎偽攻之文襄等怖撓帝勒眾與彭樂相格樂免胄言情猶禽之以獻由是神武稱異之謂長史薛琡曰此兒意識過吾琡亦私怪之幼時師事范陽盧景裕默識過人未嘗有所自明景裕不能測也天平二年封太原郡公累遷尚書左僕射後從文襄行過遼陽山獨見天門開餘無人見者武定五年神武崩猶祕凶事眾情

疑駭帝雖内嬰巨痛外若平常人情頗安魏帝授帝尚書令中書監京畿大都督七年八月文襄遇賊帝在城東雙堂事出倉卒内外震駭帝神色不變指麾部分自臠斬羣賊而漆其首秘不發喪徐言奴反大將軍被傷無大苦也當時内外莫不驚異乃諷魏朝立皇太子因以大赦乃赴晉陽揔庶政帝内雖明察外若不了老臣宿將皆輕帝於是帝推誠接下務從寛厚事有不便者咸蠲省焉羣情始服八年正月辛酉魏帝爲文襄舉哀於東堂戊辰詔進帝位使持節丞相都督中外諸軍録尚書事大行臺齊郡王食邑一萬户三月庚申又進封齊王食冀州之勃海長樂

安德武邑瀛州之河閒五郡邑十万户帝自居晉陽寢室每夜有光如晝既爲王夢人以筆點已額旦日以語館客王曇哲曰吾其退乎曇哲拜賀曰王上加點爲主當進也五月辛亥帝如鄴光州獲九尾狐以獻甲寅魏帝遣兼太尉彭城王部司空潘相樂奉册進帝位相國揔百揆以冀州之勃海長樂安德武邑瀛州之河閒高陽章武定州之中山常山博陵十郡邑二十萬户加九錫殊禮齊王如故景辰魏帝遜位别宫又使兼太尉彭城王部兼司空敬顯儁奉册禪位致璽書於帝并奉皇帝璽綬禪代之禮一依唐虞漢魏故事帝累表固辭詔不許於是尚書令高隆之

率百僚勸進天保元年夏五月戊午皇帝即位於南郊升壇柴燎告天是日鄴下獲赤雀獻于郊所事畢還宮御太極前殿大赦改元百官進兩大階六州緣邊職人三大階自魏孝莊已後百官絶禄至是復給焉已未詔封魏帝爲中山王追尊皇祖文穆王爲文穆皇帝皇祖妣爲文穆皇后皇考獻武王爲獻武皇帝皇兄文襄王爲文襄皇帝命有司議祖宗以聞辛酉尊王太后爲皇太后乙酉降魏朝封爵各有差其信都從義及宣力霸朝者又西來人并武定六年以來南來投化者不在降限辛未遣大使於四方觀察風俗問人疾苦甲戌遷神主於太廟六月辛巳詔故

封崇聖侯孔長爲恭聖侯邑一百户以奉孔子祀并下魯郡以時修葺廟宇又詔吉凶車服制度各爲等差具立條式使儉而獲中分遣使人致祭於五岳四瀆其堯祠舜廟下及孔父老君等載於祀典者咸秩罔遺又詔冀州之勃海長樂二郡先帝始封之國義旗初起之地并州之太原青州之齊郡霸朝所在王命是基君子有作貴不忘本齊郡勃海可並復一年長樂復二年太原復三年壬午詔故太傅孫騰故太保尉景故大司馬婁昭故司徒高敖曹故尚書左僕射慕容紹宗故領軍万俟于故定州刺史段榮故御史中尉劉貴故御史中尉竇泰故殷州刺史劉豐故

濟州刺史蔡儁等竝左右先帝經贊皇基或不幸早殂或隕身王事可遣使者就墓致祭幷撫問妻子又詔封宗室太尉高岳爲清河王太保高隆之爲平原王開府儀同三司高歸彥爲平秦王徐州刺史高思宗爲上洛王營州刺史高長弼爲廣武王兼武衞將軍高普爲武興王兼武衞將軍高子瑗爲平昌王兼北中郎將高顯國爲襄樂王前太子庶子高叡爲趙郡王揚州縣開國公高孝緒爲脩城王又詔封功臣太師庫狄干爲章武王大司馬斛律金爲咸陽王幷州刺史賀拔仁爲安定王殷州刺史韓軌爲安德王瀛州刺史可朱渾道元爲扶風王司徒公彭樂爲陳留王司空公潘相樂爲河東王癸未詔封諸弟青州刺史浚爲永安王尚書左僕射淹爲平陽王定州刺史潊爲彭城王儀同三司演爲常山王冀州刺史渙爲上黨王儀同三司淯爲襄城王儀同三司湛爲長廣王湝爲任城王湜爲高陽王濟爲博陵王凝爲新平王潤爲馮翊王洽爲漢陽王丁亥詔立王子殷爲皇太子王后李氏爲皇后庚寅詔以太師庫狄干爲太宰司徒彭樂爲太尉司空潘相樂爲司徒開府儀同三司司馬子如爲司空己亥以皇太子初入東宮赦畿內及幷州死罪已下降餘州死罪已下囚秋七月辛亥尊文襄妃元氏爲文襄皇后宮曰靜德又封

文襄子孝琬爲河閒王孝瑜爲河南王乙卯以尚書令平原王封隆之爲錄尚書事尚書左僕射平陽王淹爲尚書令改御史中尉還爲中丞詔魏御府所有珍奇雜綵常所不給人者悉送內後園以供七日宴賜八月詔郡國修立黌序廣延髦俊敦述儒風其國子學生亦依舊銓補往者文襄皇帝所運蔡邕石經五十二枚移置學館依次修立又詔求直言正諫之士待以不次命牧人之官廣勸農桑庚寅詔曰朕以虛薄嗣弘王業思所以贊揚盛績播之萬古雖史官執筆有聞無墜猶恐緒言遺美時或未書在位王公文武大小降及庶人爰至僧徒或親奉音旨或承傳旁說凡可載之文籍悉條封上甲午詔曰魏世議定麟趾格遂爲通制官司施用猶未盡善羣官可更論討新令未成之間仍以舊格從事九月癸丑以領東夷校尉遼東郡開國公高麗王成爲使持節侍中驃騎大將軍領護東夷校尉王公如故丁卯詔以梁侍中使持節假黃鉞都督中外諸軍事大將軍承制邵陵王蕭綸爲梁王庚午幸晉陽是日皇太子入居涼風堂監國冬十月己卯法駕御金輅入晉陽宮朝皇太后於內殿辛巳曲赦幷州太原郡晉陽縣及相國府四獄囚乙酉以特進元紹爲尚書左僕射幷州刺史段韶爲右僕射壬辰罷相國府留騎兵外兵曹各

立一省別掌機密十一月周文帝帥師至陝城分騎北度至建州甲寅梁湘東王蕭繹遣使朝貢景寅帝親戎出次城東周文帝見軍容嚴盛歎曰高歡不死矣遂班師十二月辛丑車駕至自晉陽是歲高麗蠕蠕吐谷渾庫莫奚並遣使朝貢

二年春正月丁未梁湘東王蕭繹遣使朝貢辛亥祀圜丘以神武皇帝配癸亥親耕籍田乙丑享太廟二月壬辰太尉彭樂謀反伏誅三月景午襄城王淯薨己未詔梁承制湘東王繹爲梁使持節假黃鉞相國建梁臺揔百揆承制梁王庚申司空司馬子如坐事免是月梁交梁義新四州

刺史各以地內附西魏文帝崩夏四月壬辰梁王蕭繹遣使朝貢六月庚午以前司空司馬子如爲太尉秋七月己卯改顯陽殿還爲昭陽殿辛卯改殷州爲趙州以避太子之諱是月侯景廢梁簡文帝立蕭棟爲主九月壬申免諸伎作屯牧雜色役隸之徒爲白戶癸巳行幸趙定二州因至晉陽冬十月戊申起宣光建始嘉福仁壽諸殿庚申蕭繹遣使朝貢丁卯文襄皇帝神主入于廟十一月侯景廢梁主棟僭即僞位於建鄴自稱曰漢十二月中山王殂是歲蠕蠕室韋高麗並遣使朝貢

三年春正月景申帝親討庫莫奚於代郡大破之以其口配山東爲百姓二月蠕蠕主阿那瓌爲突厥所破瓌自殺其太子菴羅辰及瓌從弟登注俟利登注子庫提並擁衆來奔蠕蠕餘衆立注次子鐵伐爲主辛丑契丹遣使朝貢三月戊子詔清河王岳司徒潘相樂行臺辛術帥師南伐癸巳詔進梁王蕭繹爲梁主夏四月壬申東南道行臺辛術於廣陵送傳國八璽甲申以吏部尚書楊愔爲尚書右僕射六月己亥清河王岳等班師乙卯車駕幸晉陽冬十月乙未次黃櫨嶺仍起長城北至社于戍四百餘里立三十六戍十一月辛巳梁主蕭繹即位於江陵是爲元帝遣使來聘十二月壬子車駕還宮戊午幸晉陽是歲西魏廢

帝元年

四年春正月景子山胡圍離石戍帝親討之未至而逃因巡三堆戍大狩而旋戊寅庫莫奚遣使朝貢自魏末用永安錢又有數品皆輕濫己丑鑄新錢文曰常平五銖二月送蠕蠕鐵伐父登注及子庫提還北鐵伐尋爲契丹所殺國人復立登注爲主仍爲其大人阿富提等所殺國人復立庫提爲主夏四月車駕還宮戊午西南有大聲如雷五月庚午校獵於林慮山戊子還宮六月甲辰章武王庫狄干薨秋北巡冀定幽安仍北討契丹冬十月丁酉車駕至平州遂西道趣長塹甲辰帝步踰山嶺爲士卒先指麾奮

擊大破契丹是行也帝露頭袒身晝夜不息行千餘里唯食肉飲水氣色彌厲丁巳登碣石山臨滄海十一月己未帝自平州還遂如晉陽閏月壬寅梁人來聘十二月己未突厥復攻蠕蠕蠕蠕舉國來奔癸亥帝北討突厥迎納蠕蠕乃廢其主庫提立阿那瓌子菴羅辰爲主置之馬邑川追突厥於朔方突厥請降許之而還自是貢獻相繼

五年春正月癸丑帝討山胡大破之男子十二已上皆斬女子及幼弱以賞軍士遂平石樓石樓絕險自魏代所不能至於是遠近山胡莫不懾伏是役也有都督戰傷其什長路暉禮不能救帝命刳其五藏使九人分食之肉及穢惡皆盡自是始行威虐是月周文帝廢西魏帝而立齊王廓是爲恭帝三月蠕蠕菴羅辰叛帝親討大破之辰父子北遁太保賀拔仁坐違緩拔其髮免爲庶人使負炭輸晉陽宮夏四月蠕蠕寇肆州丁巳帝自晉陽討之至恒州時虜騎散走大軍已還帝帥麾下二千餘騎爲殿夜宿黃瓜堆蠕蠕別部數万騎扣鞍而進四面圍逼帝安睡平明方起神色自若指畫軍形潰圍而出虜走追擊之伏尸二十里獲菴羅辰妻子生口三万餘五月丁亥地豆干契丹並遣使朝貢丁未北討蠕蠕又大破之六月蠕蠕遠遁秋七月戊子肅愼遣使朝貢壬辰降罪人庚戌至自北伐八月

庚午以司州牧清河王岳爲太保以安德王軌爲大司馬以扶風王可朱渾道元爲大將軍以司空尉粲爲司徒以太子少師侯莫陳相爲司空以尚書令平陽王淹爲錄尚書事以常山王演爲尚書令以上黨王渙爲尚書右僕射丁丑行幸晉陽辛巳錄尚書事平原王高隆之薨封冀州刺史段韶爲平原王是月詔常山王演上黨王渙清河王岳平原王段韶率衆於洛陽西南築伐惡城新城嚴城河南城四鎮九月帝親自臨幸欲以致西師西師不出乃如晉陽冬十月西魏攻陷江陵殺梁元帝梁將王僧辯在建業推其晉安王蕭方智爲太宰都督中外諸軍事承制置百官十二月庚申車駕北巡至達速嶺親覽山川險要將起長城是歲西魏恭帝元年

六年春正月壬寅清河王岳度江克夏首梁司徒郢州刺史陸法和請降詔以梁貞陽侯蕭明爲梁主遣尚書右僕射上黨王渙送之江南二月甲子以陸法和爲使持節都督十州諸軍事太尉大都督西南道大行臺三月景戌上黨王渙剋東關斬梁將裴之横景申車駕至自晉陽封文襄二子孝珩爲廣寧王延宗爲安德王戊戌帝臨昭陽殿決獄是月發寡婦以配軍士築長城夏五月蕭明入于建業六月甲子河東王潘相樂薨壬申帝親討蠕蠕甲戌諸

軍大會祁連池乙亥出塞至庫狄谷百餘里無水泉六軍
渴之俄而大雨秋七月己卯帝頓白道留輜重親率輕騎
五千追蠕蠕壬午及之懷朔鎮帝躬犯矢石頻大破之遂
至沃野壬辰還晉陽九月己卯車駕至自晉陽冬十月梁
將陳霸先襲殺王僧辯廢蕭明復立蕭方智為主辛亥行
幸晉陽十一月梁秦州刺史徐嗣徽南豫州刺史任約等
襲據石頭城並以州內附壬辰大都督蕭軌帥衆至江遣
都督柳達摩等度江鎮石頭己亥太保清河王岳薨柳達
摩為霸先攻逼以石頭降是歲高麗庫莫奚並遣使朝貢
詔發夫一百八十万人築城自幽州北夏口西至恒州九

百餘里
七年春正月辛丑封司空侯莫陳相為白水郡王車駕至
自晉陽於鄴城西馬射大集衆庶觀之二月辛未詔常山
王演等於涼風堂讀尚書奏案論定得失帝親決之三月
丁酉大都督蕭軌等帥衆濟江夏四月乙丑儀同三司婁
叡討魯陽蠻大破之丁卯造金華殿五月漢陽王洽薨帝
以肉為斷慈遂不復食六月乙卯蕭軌等與梁師戰於鍾
山西遇霖雨失利軌及都督李希光王敬寶東方老軍司
裴英起並沒士卒還者十二三乙丑梁湘州刺史王琳獻
馴象秋七月乙亥周文帝殂是月發山東寡婦二千六百

人配軍士有夫而濫奪者十二三十一月壬子併省州三
郡一百五十三縣五百八十九鎮三戍二十六十二月庚
子魏恭帝遜位於周是歲庫莫奚契丹遣使朝貢修廣三
臺宮殿先是自西河總秦戍築長城東至海前後所築東
西凡三千餘里六十里一戍其要害置州鎮凡二十五所
八年春三月大熱人或暍死夏四月庚午詔禁取蝦蟹蜆
蛤之類唯許私家捕魚乙酉詔公私禁取鷹鷂以太師咸
陽王斛律金為右丞相以前大將軍扶風王可朱渾道元
為太傅以開府儀同三司賀拔仁為太保尚書令常山王
演為司空以錄尚書事長廣王湛為尚書令以尚書右僕

射楊愔為左僕射以并省尚書右僕射崔暹為左僕射以
上黨王渙為錄尚書事是月帝在城東馬射敕京師士女
悉赴觀不赴者罪以軍法七日乃止五月辛酉冀州人劉
向於鄴謀逆黨與皆伏誅秋八月己巳庫莫奚遣使朝貢
庚辰詔丘郊禘祫時祭皆市取少牢不得剖割有司監視
必令豐備農社先蠶酒肉而已雩禖風雨司人司祿靈星
雜祀果餅酒脯唯當務盡誠敬義同如在辛巳制權酤自
夏至九月河北六州河南十三州畿內八郡大蝗飛至鄴
蔽日聲如風雨甲辰詔今年遭蝗處免租冬十月乙亥梁
主蕭方智遜位於陳陳武帝遣使稱藩朝貢是歲周閔帝

元年周冢宰宇文護殺閔帝而立明帝又改元焉初於長
城内築重城自庫洛拔而東至於塢紇戍凡四百餘里
九年春二月丁亥降罪人己丑詔燎野限以仲冬不得他
時行火損昆蟲草木三月丁酉車駕至自晉陽夏四月辛
巳大赦是月北豫州刺史司馬消難以城叛于周大旱帝
以祈雨不降毀西門豹祠掘其冢五月辛丑以尚書令長
廣王湛為錄尚書事以驃騎大將軍平秦王歸彦為右僕
射甲辰以前左僕射楊愔為尚書令六月乙丑帝自晉陽
北巡己巳至祁連池戊寅還晉陽是夏山東大蝗差人夫
捕而坑之秋七月辛丑給畿内老人劉奴等九百四十三

人版職及杖帽各有差戊申詔趙燕瀛定南營五州及司
州廣平清河二郡去年螽澇損田兼春夏少雨苗稼薄者
免今年租稅八月乙丑車駕至自晉陽甲戌行幸晉陽先
是發丁匠三十餘万人營三臺於鄴因其舊基而高博之
大起宮室及遊豫園至是三臺成改銅爵曰金鳳金武曰
聖應冰井曰崇光冬十一月甲午車駕至自晉陽登三臺
御乾象殿朝宴羣臣以新宮成丁酉大赦内外文武官並
進一大階丁巳梁相州刺史王琳遣使請立蕭莊為梁主
仍以江州内屬令莊居之十二月癸酉詔以梁王蕭莊為
梁主進居九派戊寅以太傅可朱渾道元為太師以司徒

尉粲爲太尉以冀州刺史段韶爲司空以錄尚書事常山
王演爲大司馬以錄尚書事長廣王湛爲司徒起大莊嚴
寺是歲殺永安王浚上黨王渙
十年春正月戊戌以司空侯莫陳相爲大將軍辛丑太尉
長樂郡公尉粲肆州刺史濮陽公婁仲達並進爵爲王甲
寅行幸遼陽甘露寺二月景戌帝於甘露寺禪居深觀唯
軍國大政奏聞三月戊戌以侍中高德正爲尚書右僕射
景辰車駕至自遼陽是月梁主蕭莊至郢州遣使朝貢夏
閏四月丁酉以司州牧彭城王浟爲兼司空以侍中高陽
王湜爲尚書左僕射乙巳以兼司空彭城王浟爲兼太尉

攝司空事封皇子紹廉爲長樂王五月癸未誅始平公元
世東平公元景式等二十五家禁止特進元韶等十九家
尋並誅之男子無少長皆斬所殺三千人並投漳水六月
陳武帝殂秋八月戊戌封皇子紹義爲廣陽王以尚書右
僕射河間王孝琬爲左僕射癸卯詔諸軍人或有父祖改
姓冒入元氏或假託攜認妄稱姓元者不問世數遠近悉
聽改復本姓是月殺左僕射高德正九月己巳行幸晉陽
冬十月甲午帝暴崩於晉陽宫德陽堂時年三十一遺詔
凶事一從儉約喪月之斷限以三十六日嗣子百寮内外
遐邇奉制割情悉從公除癸卯發喪斂於宣德殿十一月

辛未梓宮還鄴十二月乙酉殯於太極前殿乾明元年二
月景申葬於武寧陵謚曰文宣帝廟號顯祖帝沈敏有遠
量外若不慧內鑒甚明文襄年長英秀神武特所愛重百
僚承風莫不震懼而帝善自晦迹言不出口恒自貶退言
咸順從故深見輕雖家人亦以為不及文襄嗣業帝以次
長見猜嫌帝后李氏色美每預宴會容貌遠過靖德皇后
文襄彌不平焉帝每為后私營服翫小佳文襄即令逼取
后恚有時未與帝笑曰此物猶應可求兄須何容恡文襄
或愧而不取便恭受亦無飾讓每退朝還第輒閉閤靜坐
雖對妻子能竟日不言或袒跣奔躍后問其故對曰為爾

漫戲此蓋習勞而不肯言也所寢至夜嘗有光巨細可察
后驚以告帝帝曰慎勿妄言自此唯與后寢侍御皆令出外
文襄崩秘不發喪其後漸露魏帝竊謂左右曰大將軍此
殂似是天意威權當歸王室矣及帝將赴晉陽親入辭謁
於昭陽殿從者千人居前持劍者十餘輩帝在殿下數十
步立而衛士升階已二百許人皆攘袂扣刃若對嚴敵帝
令主者傳奏須詣晉陽言訖再拜而出魏帝失色目送帝
曰此人似不能見容吾不知死在何日及至并州慰諭將
士措辭款實衆皆欣然曰誰謂左僕射翮不減令公令公
即指文襄也時訛言上黨出聖人帝聞之將從一郡而郡

人張思進上言殿下生於南宮坊名上黨即是上黨出聖
人帝悅而止先是童謠曰一束藁兩頭然河邊羖𦍩飛上
天藁然兩頭於文為高河邊羖𦍩為水邊羊指帝名也於
是徐之才盛陳宜受禪帝曰先父亡兄功德如此尚終北
面吾又何敢當之才曰正為不及父兄須早升九五如其
不作人將生心且讖云羊飲盟津角挂天盟津水也羊飲
水王名也角挂天大位也又陽平郡界面星驛傍有大水
土人常見羣羊數百立臥其中就視不見事與讖合願王
勿疑帝以問高德正德正又贊成之於是始決乃使李密
卜之遇大橫曰大吉漢文帝之封也帝乃鑄象以卜之一

寫而成使段韶問斛律金於肆州金來朝深言不可以鎧
曹宗景業首陳符命請殺之乃議於太后前太后謂諸貴
曰我兒懦直必自無此意直高德正樂禍教之耳帝意決
乃整兵而東使高德正之鄴諷喻公卿莫有應者司馬子
如逆帝於遼陽固言未可杜弼亦抱馬諫帝欲還尚食丞
李集曰此行事非小而言還帝偽言使向東門殺之而別
令賜絹十疋四月夜禾生於魏帝銅研旦長數寸有穗五
月帝復東赴鄴令左右曰異言者斬是月光州獻九尾狐
帝至鄴城南召入并齊校築旦高隆之進謁曰用此何為
帝作色曰我自事若欲族滅耶隆之謝而退於是乃作圓

丘備法物草禪讓事及登極之後神明轉茂外柔內剛果於斷割人莫能窺又特明吏事留心政術簡靖寬和坦於任使故楊愔等得盡於匡贊朝政粲然兼以法馭下不避權貴或有違犯不容勳戚內外莫不肅然至於軍國機策獨決懷抱規謀宏遠有人君大略又以三方鼎峙繕甲練兵左右宿衛置百保軍士每臨行陣親當矢石鋒刃交接唯恐前敵不多屢犯艱厄常致剋捷嘗追及蠕蠕令都督高阿那肱率騎數千塞其走道時虜軍猶盛五萬餘人肱以兵少請益帝更減其半騎那肱奮擊遂大破之虜主踰越巖谷僅以身免都督高元海王師羅並無武藝先稱怯

弱一旦交鋒有踰驍壯嘗於東山游宴以關隴未平投盃震怒召魏收於前立為詔書宣示遠近將事西行是歲周文帝殂西人震恐常為度隴之計既征伐四剋威振戎夏六七年後以功業自矜遂留情躭湎肆行淫暴或躬自鼓舞歌謳不息從旦通宵以夜繼晝或袒露形體塗傅粉黛散髮胡服雜衣錦綵拔刃張弓游行市肆勳戚之第朝夕臨幸時乘鹿車白象駱駝牛驢並不施鞍勒或盛暑炎赫日中暴身隆冬酷寒去衣馳走從者不堪帝居之自若街坐巷宿處處游行多使劉桃枝崔季舒負之而行或擔胡鼓而拍之親戚貴臣左右近習侍從錯雜無復差等徵集

淫嫗悉去衣裳分付從官朝夕臨視或聚棘為馬紐草為索逼遣乘騎牽引來去流血灑地以為娛樂凡諸殺害多令支解或焚之於火或投之於河沈酗既久彌以狂惑每至將醉輒拔劍挂手或張弓傅矢或執持牟槊游行市鄽問婦人曰天子何如荅曰顛顛癡癡何成天子帝乃殺之或馳騁衢路散擲錢物恣人拾取爭競諠譁方以為喜太后嘗在北宮坐一小榻帝時已醉手自舉牀后便墜落頗有傷損醒悟之後大懷慙恨遂令多聚柴火將入其中太后驚懼親自持挽又設地席令平秦王高歸彥執杖口自責數脫背就罰敕歸彥杖不出血當即斬汝太后涕泣前

自抱之帝流涕苦請不肯受於太后太后聽許方捨背杖笞腳五十莫不至到衣冠拜謝悲不自勝因此戒酒一旬還復如初自是躭湎轉劇遂幸李后家以鳴鏑射后母崔正中其頰因罵曰吾醉時尚不識太后老婢何事馬鞭亂打一百有餘三臺構木高二十七丈兩棟相距二百餘尺工匠危怯皆繫繩自防帝登脊疾走都無怖畏時復雅儛折旋中節傍人見者莫不寒心又召死囚以席為翅從臺飛下免其罪戮果敢不慮者盡皆獲全疑怯猶豫者或致損跌沈酗既久轉虧本性怒大司農穆子容使之脫衣而伏親射之不中以橛貫其下竅入腸雖以楊愔為宰輔使

進厠籌以其體肥呼為楊大肚馬鞭鞭其背流血浹袍以
刀子剺其腹崔季舒託俳言曰老小公子惡戲因掣刀子
而去之又置愔於棺中載以轜車幾下釘者數四曾至彭
城王浟宅謂其母尒朱曰憶汝辱我母壻時向何由可耐
手自刃殺又至故僕射崔暹第謂暹妻李曰頗憶暹不李
曰結髮義深實懷追憶帝曰若憶時自往看也親自斬之
棄頭牆外嘗在晉陽以矟戲刺都督尉子耀應手而死在
三臺太光殿上鋸殺都督穆嵩又幸開府暴顯家有都督
韓哲無罪忽衆中召斬之數段魏樂安王元昂后之姊壻
其妻有色帝數幸之欲納為昭儀召昂令伏以鳴鏑射一

百餘下凝血垂將一石竟至於死後帝自往弔哭於喪次
逼擁其妻仍令從官脫衣助襚兼錢綵號為信物一日所
得將踰巨万后啼不食乞讓位於姊太后又為言帝意乃
釋所幸薛嬪甚被寵愛忽意其經與高岳私通無故斬首
藏之於懷於東山宴勸酬始合忽探出頭投於柈上支解
其屍弄其髀為琵琶一座驚怖莫不喪膽帝方收取對之
流淚云佳人難再得甚可惜也載屍以出被髮步哭而隨
之至有閭巷庸猥人無識知者忽令召斬鄴下繫徒罪至
大辟簡取隨駕號為供御囚手自刃殺持以為戲凡所屠
害動多支解或投之烈火或棄之漳流兼以外築長城內

營臺殿賞費過度天下騷然內外憎憎各懷怨毒而素嚴
斷臨下加之默識強記百寮戰慄不敢為非曾有典御丞
李集面諫比帝有甚於桀紂帝令縛置流中沈沒久之後
令引出更問如此數四集對如初帝大笑曰天下有如此
癡漢方知龍逢比干非是俊物遂解放之又被引入見似
有所諫帝令將出要斬其或斬或赦莫能測焉初帝登祚
改年為天保士有深識者曰天保之字為一大人只十帝
其不過十乎又先是謠云馬子入石室三千六百日帝以
午年生故曰馬子三臺石季龍舊居故曰石室三千六百

日十年也又帝曾問太山道士曰吾得幾年為天子荅曰
得三十年道士出後帝謂李后曰十年十月十日得非三
十也吾甚畏之過此無慮人生有死何得致惜但憐正道
尚幼人將奪之耳帝及期而崩濟南竟不終位時以為知
命曾幸晉陽夜宿杜門嶺嶺有數株柏樹皆將千年枝葉
嫩茂似有神物所託時帝已被酒向嶺瞋罵射中一株未
幾立枯而死又出言屢中時人故謂之神靈雖為猖獗不
專云昏暴未年遂不能進食唯數飲酒麴糱成災因而致
斃先是霍州發楚夷王女冢尸如生焉得珠襦玉匣帝珍
之還以斂焉如祖珽以險薄多過帝數罪之每謂為老賊

及武成時琎被任遇乃說武成曰文宣甚暴何得稱文既非創業何得稱祖若宣帝為祖陛下万歲後將何以稱武成溺於琎說天統初有詔改謚景烈廟號威宗武平初趙彥深執政又奏復帝本謚廟號顯祖云廢帝殷字正道小名道人文宣帝之長子也母曰李皇后天保元年立為皇太子時年六歲性敏慧初學反語於跡字下注云自反時侍者未達其故太子曰跡字足傍亦為跡豈非自反邪嘗宴北宮獨令河間王勿入左右問其故太子曰世宗遇賊處河間王復何宜在此文宣每言太子得漢家性質不似我欲廢之立太原王初詔國子博士李寶鼎傅之寶鼎卒復詔國子博士邢峙侍講太子雖富於春秋而溫裕開朗有人君之度貫綜經業省覽時政甚有美名七年冬文宣召朝臣文學者及禮學官於宮宴會令以經義相質親自臨聽太子手筆措問在坐莫不歎美九年文宣在晉陽太子監國集諸儒講孝經令楊愔傳旨謂國子助教許散愁曰先生在世何以自資對曰散愁自少以來不登孌童之牀不入季女之室服膺簡策不知老之將至平生素懷若斯而已太子曰顏子縮屋稱貞柳下嫗而不亂未若此翁白首不娶者也乃賚絹百疋後文宣登金鳳臺召太子使手刃囚太子惻然有難色再三不斷其首文宣怒親以馬

鞭撞太子三下由是氣悸語吃精神時復昏擾十年十月文宣崩癸卯太子即帝位於晉陽宣德殿大赦內外百官普加汎級亡官失爵聽復資品庚戌尊皇太后為太皇太后皇后為皇太后詔九州軍人七十已上授以板職武官年六十已上及癃病不堪驅使者並皆放免土木營造金銅鐵諸雜作工一切停罷十一月乙卯以右丞相咸陽王斛律金為左丞相以錄尚書事常山王演為太傅以司徒長廣王湛為太尉以司空段韶為司徒以平陽王淹為司空高陽王湜為尚書左僕射河間王孝琬為司州牧侍中燕子獻為右僕射戊午分命使者巡省四方求政得失省察風俗問人疾苦十二月戊戌改封上黨王紹仁為漁陽王廣陽王紹義為范陽王長樂王紹廣為隴西王是歲周武成元年

乾明元年春正月癸丑朔改元己未詔寬徭賦癸亥高陽王湜薨是月車駕至自晉陽己亥以太傅常山王演為太師錄尚書事以太尉長廣王湛為大司馬并省錄尚書事以尚書左僕射平秦王歸彥為司空趙郡王叡為尚書左僕射詔諸元良口配沒宮內及賜人者並放免甲辰帝幸芳林園親錄囚徒死罪已下降免各有差乙巳太師常山王演矯詔誅尚書令楊愔尚書右僕射燕子獻領軍大將

軍可朱渾天和侍中宋欽道散騎常侍鄭子默戊申以常
山王演為大丞相都督中外諸軍録尚書事以大司馬長
廣王湛為太傅京畿大都督以司徒段韶為大將軍以前
司空平陽王淹為太尉以司空平秦王歸彥為司徒彭城
王浟為尚書令又以高麗王世子湯為使持節領東夷校
尉遼東郡公高麗王是月王琳為陳所敗蕭莊自拔至和
州三月甲寅詔軍國事皆申晉陽禀大丞相常山王規算
壬申封文襄第二子孝珩為廣寧王第三子長恭為蘭陵
王夏四月癸亥詔河南定冀趙瀛滄南膠光南青九州往
因螽水頗傷時稼遣使分塗贍恤是月周明帝崩五月壬

子以開府儀同三司劉洪徽為尚書右僕射秋八月壬午
太皇太后令廢帝為濟南王全食一郡以大丞相常山王
演入纂大統是日王居別宮皇建二年九月殂於晉陽時
年十七帝聰慧夙成寬厚仁智天保間雅有令名及承大
位楊愔燕子獻宋欽道等同輔以常山王地親望重內外
畏服加以文宣初崩之日太后本欲立之故愔等並懷猜
忌常山王憂悵乃白太后誅其黨時平秦王歸彥亦預謀
焉皇建二年秋天文告變歸彥慮有後害仍白孝昭以王
當咎乃遣歸彥馳驛至晉陽害之王薨後孝昭不豫見文
宣為祟孝昭深惡之歕勝術備設而無益也薨三旬而孝

昭崩大寧二年葬於武寧之西北謚閔悼王初文宣命邢
邵制帝名殷字正道從而尤之殷家弟及正字一止吾身
後兒不得也邵懼請改焉文宣不許曰天也因謂昭帝曰
奪時但奪慎勿殺也

孝昭皇帝演字延安神武皇帝第六子文宣皇帝之母弟
也幼而英峙早有大成之量武明皇太后早所愛重魏元
象元年封常山郡公及文襄執政遣中書侍郎李同軌就
霸府為諸弟師帝所覽文籍源其指歸而不好辭彩每歎
云雖盟津之師左驂震而不衂以為能遂篤志讀漢書至
李陵傳恒壯其所為焉聰敏過人所與游處一知其家諱

終身未嘗誤犯同軌病卒又命開府長流參軍刁柔代之
性嚴褊不適誘訓之宜中被遣出帝送出閤慘然斂容淚
數行下左右莫不歔欷其敬業重舊如此天保初進爵為
王五年除并省尚書令帝善斷割長思理省內畏服七年
從文宣還鄴文宣以尚書奏事多有異同令帝與朝臣先
論定得失然後敷奏帝長於政術剖斷咸盡其理文宣歎
重之八年轉司空録尚書事九年除大司馬仍録尚書事
時文宣溺於游宴帝憂憤表於神色文宣覺之謂帝曰但
令汝在我何為不縱樂帝唯啼泣拜伏竟無所言文宣亦
大悲抵盃於地曰汝似嫌我自今敢進酒者斬之因取所

御盃盡皆壞棄後盃沈湎或入諸貴戚家角力批拉不限
貴賤唯常山王至內外肅然帝又密撰事條將諫其友王
睎以爲不可帝不從因閒極言遂逢大怒順成后本魏朝
宗室文宣欲帝離之陰爲帝廣求淑媛望移其寵帝雖承
旨有納而情義彌重帝性頗嚴尚書郎中剖斷有失輒加
捶楚令史姦慝便即考竟文宣乃立帝於前以刀環擬脅
召被立罰者臨以白刃求帝之短咸無所陳方見解釋自
是不許笞箠郎中後賜帝魏時宮人醒而忘之謂帝擅取
遂令刀環亂築因此致困皇太后日夜啼泣文宣不知所
爲先是禁友王睎乃捨之令侍帝帝月餘漸瘳不敢復諫

及文宣崩帝居禁中護喪事幼主即位乃即朝班除太傅
錄尚書事朝政皆決於帝月餘乃居藩邸自是詔敕多不
關帝客或言於帝曰鷙鳥捨巢必有探卵之患今日之地
何宜屢出乾明元年從廢帝赴鄴居于領軍府時楊愔燕
子獻可朱渾天和宋欽道鄭子默等以帝威望既重內懼
權逼請以帝為太師司州牧錄尚書事長廣王湛為大司
馬錄并省尚書事解京畿大都督帝既以尊親而見猜斥
乃與長廣王期獵謀之於野三月甲戌帝初上省旦發領
軍府大風暴起壞所御車幔帝甚惡之及至省朝士咸集
坐定酒數行於坐執尚書令楊愔右僕射燕子獻領軍可

朱渾天和侍中宋欽道等於坐帝戎服與平原王段韶平
秦王高歸彥領軍劉洪徽入自雲龍門於中書省前遇散
騎常侍鄭子默又執之同斬於御府之內帝至東閤門都
督成休寧抽刃呵帝帝令高歸彥喻之休寧厲聲大呼不
從歸彥既為領軍素為兵士所服悉皆弛仗休寧方歎息
而罷帝入至昭陽殿幼主太皇太后皇太后並出臨御坐
帝奏愔等罪求伏專擅之辜時庭中及兩廊下衛士二千
餘人皆被甲待詔武衛娥永樂武力絕倫又被文宣重遇
撫刃思効廢帝吃訥兼倉卒不知所言太皇太后又為皇
太后誓言帝無異志唯云逼而已高歸彥敕勞衛士戒嚴

永樂乃內刀而泣帝乃令歸彥引侍衛之士向華林園以
京畿軍入守門閤斬娥永樂於園詔以帝為大丞相都督
中外諸軍錄尚書事相府佐史進位一等帝尋如晉陽有
詔軍國大政咸諮決焉帝既當大位知無不為擇其令典
考綜名實廢帝恭己以聽政太皇太后尋下令廢少主命
帝統大業

皇建元年八月壬午皇帝即位於晉陽宣德殿大赦改乾
明元年為皇建詔奉太皇太后還稱皇太后皇太后稱文
宣皇后宮曰昭信乙酉詔自太祖創業已來諸有佐命功
臣子孫絕滅國統不傳者有司搜訪近親以名聞當量為

主後諸郡國老人各授板職賜黃帽鳩杖又詔譽正之士竝聽進見陳事軍人戰亡死王事者以時申聞當加榮贈督將朝士名望素高位歷通顯天保以來未蒙追贈者亦皆録奏又以廷尉中丞執法所在繩違寃罪不得彈文弄法其官奴婢年六十已上免爲庶人戊子以太傅長廣王湛爲右丞相以太尉平陽王淹爲太傅以尚書令彭城王浟爲大司馬壬辰詔分遣大使巡省四方觀察風俗問人疾苦考求得失搜訪賢良甲午詔曰昔武王克殷先封往代兩漢魏晉無廢茲典及元氏統歷不率舊章朕纂承大業思弘古典但二王三恪舊說不同可議定是非列名條

奏其禮儀體式亦仰議之又詔國子寺可備立官屬依舊置生講習經典歲時考試其文襄帝所運石經宜即施列於學館外州大學亦仰典司勤加督課景申詔九州勳人有重封者聽分授子弟以廣骨肉之恩九月壬申詔議定三祖樂冬十一月辛亥立妃元氏爲皇后世子百年爲皇太子賜天下爲父後者爵一級癸丑有司奏太祖獻武皇帝廟宜奏武德之樂舞昭烈之舞太宗文襄皇帝廟宜奏文德之樂舞宣政之舞高祖文宣皇帝廟宜奏文正之樂舞光大之舞詔曰可庚申詔以故太師尉景故太師竇泰故太師太原王婁昭故太宰章武王庫狄干故太尉段榮故太師万俟普故司徒蔡儁故太師高乾故司徒莫多婁貸文故太保劉貴故太保封祖裔故廣州刺史王懷十三人配饗太祖廟庭故太師清河王岳故太宰安德王韓軌故太宰扶風王可朱渾道元故太師高昂故大司馬劉豐故太師万俟受洛干故太尉慕容紹宗十一人配饗世宗廟庭故太尉河東王潘相樂故司空薛修義故太傅破六韓常三人配饗高祖廟庭是月帝親戎北討庫莫奚出長城虜奔遁分兵致討大獲牛馬括揔入晉陽宮十二月景午車駕至晉陽

二年春正月辛亥祀圓丘壬子禘於太廟癸丑詔降罪人

各有差二月丁丑詔内外執事之官從五品已上及三府主簿録事參軍諸王文學侍御史廷尉三官尚書郎中中書舍人每二年之内各舉一人冬十月景子以尚書令彭城王浟爲太保長樂王尉粲爲太尉己酉野雉栖于前殿之庭十一月甲辰詔曰朕嬰此暴疾奄忽無逮今嗣子沖眇未閑政術社稷業重理歸上德右丞相長廣王湛研機測化體道居宗人雄之望海内瞻仰同胞共氣家國所憑可遣尚書左僕射趙郡王叡喻旨徵王統茲大寶其喪紀之禮一同漢文三十六日悉從公除山陵施用務從儉約先是帝不豫而無闕聽覽是日崩於晉陽宮時年二十七

大寧元年閏十二月癸卯梓宮還鄴上謚曰孝昭皇帝庚午葬於文靜陵帝聰敏有識度深沈能斷不可窺測身長八尺腰帶十圍儀望風表迥然獨秀自居臺省留心政術閑明簿領吏所不逮及正位宸居彌所克勵輕傜薄賦勤恤人隱內無私寵外收人物雖后父位亦特進無別日具臨朝務知人之善惡每訪問左右冀獲直言曾問舍人裴澤在外議論得失澤率尒對曰陛下聰明至公自可遠侔古昔而有識之士咸言傷細帝王之度頗為未弘帝笑曰誠如卿言朕初臨万機慮不周悉故致尒耳此事安可久行恐後又嫌踈漏澤因被寵遇且樂聞過也如此趙郡王

叡與庫狄顯安侍坐帝曰須拔我同堂弟顯安我親姑子今序家人禮除君臣之敬可言我之不逮顯安曰陛下多妄言曰若何對曰陛下昔見文宣以馬鞭撻人常以為非而今行之非妄言邪帝握其手謝之又使直言對曰陛下太細天子乃更似吏帝曰朕甚知之然無法來久將整之以至無為耳又問王晞晞荅如顯安皆從容受納性至孝太后不豫出居南宮帝行不正履容色貶悴衣不解帶殆將四旬殿去南宮五百餘步雞鳴而去辰時方還來去徒行不乘輿輦太后所苦小增便即寢伏閤外食飲藥物盡皆躬親太后甞心痛不自堪忍帝立侍帷前以爪掐手心血流出袖友愛諸弟無君臣之隔雄姿勇有謀于時國富兵強將雪神武遺恨意在頓駕平陽為進取之策遠圖不遂惜哉初帝與濟南約不相害及與駕在晉陽武成鎮鄴望氣者云鄴城有天子氣帝恐濟南復興乃密行鴆毒濟南不從乃扼而殺之後頗愧悔初苦內熱頻進湯散時有尚書令史姓趙於鄴見文宣從楊愔燕子獻等西行言相與復讎帝在晉陽宮與毛夫人亦見焉遂漸危篤備禳厭之事或煮油四灑或持炬燒逐諸厲方出殿梁山騎棟上歌呼自若了無懼容時有天狗下乃於其所講武以厭之有兔驚馬帝墜而絕肋太后視疾問濟南所在者三帝不對

太后怒曰殺去邪不用吾言死其宜矣臨終之際唯扶服牀枕叩頭求哀遣使詔追長廣王入纂大統又手書云宜將吾妻子置一好處勿學前人也

論曰神武平定四方威權在己遷鄴之後雖主祭有人號令所加政皆自出文宣因循鴻業內外叶從自朝及野群心屬望東魏之地舉國樂推曾未期月遂登宸極始則存心政事風化肅然數年之間朝野安乂其後縱酒肆欲事極猖狂昏邪殘暴近代未有饗國不永實由斯疾濟南繼業大革其弊風教粲然搢紳稱幸股肱輔弼雖懷厥誠既不能贊引道德和睦親懿又不能遠慮防身深謀衛主應

斷不斷自取其災臣既誅夷君尋廢辱皆任非其器之所致介孝昭早居臺閣故事通明人吏之間無所不委文宣崩後大革前弊及臨尊極留心更深時人服其明而譏其細也情好稽古率由禮度將封先代之後且敦學校之風徵召才賢文武畢集于時周氏朝政移於宰臣主將相猜不無危殆乃睠關右寔懷兼并之志經謀宏曠諒近代之明主而降年不永其故何哉豈幽顯之塗別有復報將齊之基宇止在於斯帝欲大之天不許也

齊本紀中第七　北史七

方洽　周益　周已千　孫粹然　校正

齊本紀下第八　北史八

世祖武成皇帝諱湛神武皇帝第九子孝昭皇帝之母弟也儀表瓌傑神武尤所鍾愛神武方招懷荒遠乃為帝娉蠕蠕太子菴羅辰女號隣和公主帝時年八歲冠服端嚴神情閑遠華戎歎異元象中封長廣郡公天保初進爵為王拜尚書令尋兼司徒遷太尉乾明初楊愔等密相疏忌以帝為大司馬領并州刺史帝既與孝昭謀誅諸執政遷太傅錄尚書事領京畿大都督皇建初進位右丞相孝昭幸晉陽帝以懿親居守鄴政事咸見委託二年孝昭崩遺詔徵帝入統大位及晉陽宮發喪於崇德殿皇太后令所司宣遺詔左丞相斛律金率百寮敦勸三奏乃許之

大寧元年冬十一月癸丑皇帝即位於南宮大赦改皇建二年為大寧乙卯以司徒平秦王歸彥為太傅以尚書右僕射趙郡王叡為尚書令以太尉尉粲為太保以尚書令段韶為大司馬以豐州刺史婁叡為司空以太傅平陽王淹為太宰以太保彭城王浟為太師錄尚書事以冀州刺史博陵王濟為太尉以中書監任城王湝為尚書左僕射以并州刺史斛律光為右僕射封孝昭皇帝太子百年為樂陵郡王庚申詔大使巡行天下求政善惡問人疾苦擢進賢良是歲周武帝保定元年

河清元年春正月乙亥車駕至自晉陽辛巳祀南郊壬午享太廟景戌立妃胡氏為皇后子緯為皇太子戊子大赦內外百官普加汎級諸為父後者賜爵一級己亥以前定州刺史馮翊王潤為尚書左僕射詔普斷屠殺以順春令二月丁未以太宰平陽王淹為青州刺史太傅領司徒以領軍大將軍宗師平秦王歸彥為太宰冀州刺史乙卯以兼尚書令任城王湝為司徒詔散騎常侍崔瞻聘于陳夏四月辛丑皇太后婁氏崩乙巳青州刺史上言今月庚寅河濟清以河濟清改大寧二年為河清降罪人各有差五月甲申祔葬武明皇后於義平陵己丑以尚書右僕射斛

律光為尚書令秋七月太宰冀州刺史平秦王歸彥據州反詔大司馬段韶司空婁叡討禽之乙未斬歸彥并其三子及黨與二十人於都市丁酉以大司馬段韶為太傅以司空婁叡為司徒以太傅平陽王淹為太宰以尚書令斛律光為司空以太子太傅趙郡王叡為尚書令中書監河間王孝琬為尚書左僕射癸亥行幸晉陽陳人來聘冬十一月丁丑詔兼散騎常侍封孝琰使於陳十二月景辰車駕至自晉陽是歲殺太原王紹德

二年春正月乙亥帝詔臨朝堂策試秀孝以太子少傅魏收為兼尚書右僕射己卯兼右僕射魏收以阿縱除名丁丑以武明皇后配祭北郊辛卯帝臨都亭錄見囚降在京罪人各有差三月己丑詔司空斛律光督五營軍士築戍於軹關壬申室韋國遣使朝貢景戌以兼尚書右僕射趙彥深為左僕射夏四月并汾晉東雍南汾五州蟲旱傷稼遣使振恤戊午陳人來聘五月壬午詔以城南雙堂之苑迴造大總持寺六月乙巳齊州上言濟河水口見八龍升天乙卯詔兼散騎常侍崔子武使于陳庚申司州牧河南王孝瑜薨秋八月辛丑詔以三臺宮為大興聖寺冬十二月癸巳陳人來聘己酉周將楊忠帥突厥阿史那木可汗等二十餘萬人自恒州分為三道殺掠吏人是時大雨雪

連月南北千餘里平地數尺霜晝下雨血於太原戊午帝至晉陽己未周軍逼并州又遣大將達奚武帥眾數萬至東雍及晉州與突厥相應是歲室韋庫莫奚靺鞨契丹並遣使朝貢

三年春正月庚申朔周軍至城下而陣戰於城西周軍及突厥大敗人畜死者相枕數百里不絕詔平原王段韶追出塞而還三月辛酉以律令班下大赦己巳盜殺太師彭城王浟庚辰以司空斛律光為司徒以侍中武興王普為尚書左僕射甲申以尚書令馮翊王潤為司空夏四月辛卯詔兼散騎常侍皇甫亮使於陳五月甲子帝至自晉陽

壬午以尚書令趙郡王叡為録尚書事以前司徒婁叡為太尉甲申以太傅段韶為太師丁亥以太尉任城王湝為大將軍壬辰行幸晉陽六月庚子大雨晝夜不息至甲辰乃止是月晉陽訛言有鬼兵百姓競擊銅鐵以捍之殺樂陵王百年歸宇文媪于周秋九月乙丑封皇子綽為南陽王儼為東平王是月歸閻媪于周陳人來聘突厥冦幽州入長城虜掠而還閏月乙未詔遣十二使巡行水潦州免其租調乙巳突厥冦幽州周軍三道並出使其將尉迥冦洛陽楊摽入軹關權景宣趣懸瓠冬十一月甲午迥等圍洛陽戊戌詔兼散騎常侍劉逖使於陳甲辰太尉婁叡大

破周軍於軹關禽楊摽十二月乙卯豫州刺史王士良以城降周將權景宣丁巳帝自晉陽南討己未太宰平陽王淹薨壬戌太師段韶大破尉迥等解洛陽圍丁卯帝至洛陽免洛州經周軍處一年租賦赦州城内死罪已下囚己巳以太師段韶為太宰以司徒斛律光為太尉并州刺史蘭陵王長恭為尚書令壬申帝至武牢經滑臺次於黎陽所經減降罪人景子車駕至自洛陽是歲高麗靺鞨新羅並遣使朝貢山東大水飢死者不可勝計詔發振給事竟不行

四年春正月癸卯以大將軍任城王湝為大司馬辛未幸晉陽二月甲寅詔以新羅國王金真興為使持節東夷校尉樂浪郡公新羅王壬申以年穀不登禁酤酒己卯詔減百官食禀各有差三月戊子詔給西兗梁滄趙州司州之東郡陽平清河武都冀州之長樂勃海遭水潦之處貧下户粟各有差家別斗升而已又多不付是月彗星見有物隕於殿廷如赤漆鼓帶小鈴殿上石自起兩兩相對又有神見於後園萬壽堂前山穴中其體壯大不辨其面兩齒絕白長出於脣帝直宿嬪御已下七百人咸見焉帝又夢之夏四月戊午大將軍東安王婁叡坐事免乙亥陳人來聘太史奏天文有變其占當有易王景子乃使太宰段韶

兼太尉持節奉皇帝璽綬傳位於皇太子大赦改元為天統元年百官進級降罪各有差又詔皇太子妃斛律氏為皇后於是羣公上尊號為太上皇帝軍國大事咸以奏聞始將傳政使内參乘子尚乘驛送詔書於鄴子尚出晉陽城見人騎隨後忽失之尚未至鄴而其言已布矣天統四年十二月辛未太上皇帝崩於鄴宮乾壽堂時年三十二謚曰武成皇帝廟號世祖五年二月甲申葬於永平陵

後主諱緯字仁綱武成皇帝之長子也母曰胡皇后夢於海上坐玉盆日入裙下遂有娠天保七年五月五日生帝於并州邸帝少美容儀武成特所愛寵拜世子及武成入

纂大業大寧二年正月景戌立為皇太子河清四年武成
禪位於帝
天統元年夏四月景子皇帝即位於晉陽宮大赦改河清
四年為天統丁丑以太保賀拔仁為太師太尉侯莫陳相
為太保司空馮翊王潤為司徒録尚書事趙郡王叡為司
空尚書左僕射河間王孝琬為尚書令戊寅以瀛州刺史
尉粲為太尉斛律光為大將軍東安王婁叡為太尉尚書
右僕射趙彥深為左僕射六月壬戌彗星出文昌東北其
大如手後稍長乃至丈餘百日乃滅己巳太上皇帝詔兼
散騎常侍王季高使於陳秋七月乙未太上皇帝詔增置

都水使者一人冬十一月癸未太上皇帝至自晉陽己丑
太上皇帝詔改太祖獻武皇帝為神武皇帝廟號高祖獻
明皇后為武明皇后其文宣謚號委有司議定十二月庚
戌太上皇帝狩於北郊壬子狩於南郊乙卯狩於西郊壬
戌太上皇帝幸晉陽丁卯帝至自晉陽庚午有司奏改高
祖文宣皇帝為威宗景烈皇帝是歲高麗契丹靺鞨並遣
使朝貢河南大疫
二年春正月辛卯祀圓丘癸巳祫祭於太廟詔降罪人各
有差景申以吏部尚書尉瑾為尚書右僕射庚子行幸晉
陽二月庚戌太上皇帝至自晉陽壬子陳人來聘三月乙

巳太上皇帝詔以三臺施興聖寺以旱故降禁囚夏四月
陳文帝殂五月乙酉以兼尚書左僕射武興王普為尚書
令己亥封太上皇帝子儼為東平王仁弘為齊安王仁固
為北平王仁英為高平王仁光為淮南王六月太上皇帝
詔兼散騎常侍韋道儒聘於陳秋八月太上皇帝幸晉陽
冬十月乙卯以太保侯莫陳相為太傅大司馬任城王湝
為太保太尉婁叡為大司馬徒馮翊王潤為太尉開府儀
同三司韓祖念為司徒十一月大雨雪盜竊太廟御服十
二月乙丑陳人來聘是歲殺河間王孝琬突厥靺鞨國並
遣使朝貢於周為天和元年

三年春正月壬辰太上皇帝至自晉陽乙未大雪平地二
尺戊戌太上皇帝詔京官執事散官三品已上舉三人五
品已上各舉二人稱事七品已上及殿中侍御史尚書都
檢校御史主書及門下録事各舉一人鄴宮九龍殿災延
燒西廊二月壬寅朔帝加元服大赦九州職人各進四級
內外百官普進二級夏四月癸丑太上皇帝詔兼散騎常
侍司馬幼之使於陳五月甲午太上皇帝詔以領軍大將
軍東平王儼為尚書令乙未大風晝晦發屋拔樹六月己
未太上皇帝詔封皇子仁機為西河王仁約為樂浪王仁
儉為潁川王仁雅為安樂王仁統為丹楊王仁謙為東海王

閏六月辛巳左丞相斛律金薨壬午太上皇帝詔尚書令東平王儼録尚書事以尚書左僕射趙彥深爲尚書令并省尚書右僕射婁定遠爲尚書左僕射中書監徐之才爲右僕射秋八月辛未太上皇帝詔以太保任城王湝爲太師太尉馮翊王潤爲大司馬太宰段韶爲左丞相太師賀拔仁爲右丞相太傅侯莫陳相爲太宰大司馬婁叡爲太傅大將軍斛律光爲太保司徒韓祖念爲大將軍司空趙郡王叡爲太尉尚書令東平王儼爲司徒九月己酉太上皇帝詔諸寺署所綰雜保戶姓高者天保之初雖有優放權假力用未免者今可悉蠲雜戶任屬郡縣一准平人丁

巳太上皇帝幸晉陽是秋山東大水人飢僵尸滿道冬十月突厥大莫婁室韋百濟靺鞨等國各遣使朝貢十一月景午以晉陽大明殿成故大赦文武百官進二級免并州居城太原一郡來年租癸未太上皇帝至自晉陽十二月己巳太上皇帝詔以故左丞相趙郡王琛配饗神武廟廷

四年春正月壬子詔以故清河王岳河東王潘相樂十人並配饗神武廟廷癸亥太上皇帝詔兼散騎常侍鄭大護使於陳三月乙巳太上皇帝詔以司徒東平王儼爲大將軍南陽王綽爲司徒開府儀同三司廣寧王孝珩爲尚書令夏四月辛未鄴宮昭陽殿災及宣光瑤華等殿辛巳太上皇帝幸晉陽五月癸卯以尚書右僕射胡長仁爲左僕射中書監和士開爲右僕射壬戌太上皇帝至自晉陽自正月不雨至於是月六月甲子朔大雨甲申大風拔木折樹是月彗星見于東井秋九月景申周人來通和太上皇帝詔侍中斛斯文略報聘于周冬十月辛巳以尚書令廣寧王孝珩爲録尚書事左僕射胡長仁爲尚書令右僕射和士開爲左僕射中書監唐邕爲右僕射十一月壬辰太上皇帝詔兼散騎常侍李翥使於陳是月陳安成王頊廢其主伯宗而自立十二月辛未太上皇帝崩景子大赦九州職人普加一級內外百官並加兩級戊寅上太上皇后

尊號爲皇太后甲申詔細作之務及所在百工悉罷之又詔掖廷晉陽中山宮人等及鄴下并州太官官口二處其年六十已上及有癃患者仰所司簡放庚寅詔天保七年已來諸家緣坐配流者所在令還是歲契丹靺鞨國並遣使朝貢

五年春正月辛亥詔以金鳳等三臺未入寺者施大興聖寺是月殺定州刺史博陵王濟二月乙丑詔應宮刑者普免刑爲官口又詔禁網捕鷹鷂及畜養籠放之物癸酉大莫婁國遣使朝貢己丑改東平王儼爲琅邪王詔侍中叱列長文使於周是月殺太尉趙郡王叡三月丁酉以司空

徐顯秀為太尉并省尚書令婁定遠為司空是月行幸晉陽夏四月甲子詔以并州尚書省為大基聖寺晉祠為大崇皇寺乙丑車駕至自晉陽秋七月己丑詔降罪人各有差戊申詔使巡省河北諸州無雨處境內偏旱者優免租調冬十月壬戌詔禁造酒十一月辛丑詔以太保斛律光為太傅大司馬馮翊王潤為太保大將軍琅邪王儼為大司馬十二月庚午以開府儀同三司蘭陵王長恭為尚書令庚辰以中書監魏收為尚書右僕射

武平元年春正月乙酉朔改元太師并州刺史東安王婁叡薨戊申詔兼散騎常侍裴獻之聘于陳二月癸亥以百濟王餘昌為使持節侍中驃騎大將軍帶方郡公王如故己巳以太傅咸陽王斛律光為右丞相并州刺史右丞相安定王賀拔仁為錄尚書事冀州刺史任城王湝為太師皇子降死罪已下囚閏月戊戌錄尚書事安定王賀拔仁薨三月辛酉以開府儀同三司徐之才為尚書左僕射夏六月乙酉以廣寧王孝珩為司空甲辰以皇子恒生故大赦內外百官普進二級九州職人普進四級己酉詔以開府儀同三司唐邕為尚書右僕射秋七月癸丑封孝昭皇帝子彥基為城陽王彥康為定陵王彥忠為梁郡王甲寅以尚書令蘭陵王長恭為錄尚書事中領軍和士開為尚

書令癸亥韎鞨遣使朝貢癸酉以華山王凝為太傅八月辛卯行幸晉陽九月乙巳立皇子恒為皇太子冬十月辛巳以司空廣寧王孝珩為司徒以上洛王思宗為司空封蕭莊為梁王戊子曲降并州死罪已下囚己丑復改威宗景烈皇帝謚號為顯祖文宣皇帝十二月丁亥車駕至自晉陽詔左丞相斛律光出晉州道修城戍

二年春正月丁巳詔兼散騎常侍劉環儁使於陳戊寅以百濟王餘昌為使持節都督東青州刺史二月壬寅以錄尚書事蘭陵王長恭為太尉并省錄尚書事趙彥深為司空尚書令和士開為錄尚書事左僕射徐之才為尚書令右僕射唐邕為左僕射吏部尚書馮子琮為右僕射夏四月壬午以大司馬琅邪王儼為太保甲午陳遣使連和謀伐周朝議弗許六月段韶攻周汾州剋之獲刺史楊敷秋七月庚午太保琅邪王儼矯詔殺錄尚書事和士開於南臺即日誅領軍大將軍庫狄伏連書侍御史王子宣等尚書右僕射馮子琮賜死殿中八月己亥行幸晉陽九月辛亥以太師任城王湝為太宰馮翊王潤為太師己未左丞相平原王段韶薨戊午曲降并州界內死罪已下各有差庚午殺太保琅邪王儼壬申陳人來聘冬十月罷京畿府入領軍府己亥車駕至自晉陽十一月庚戌詔侍中赫連

子悅使於周景寅以徐州行臺廣寧王孝珩爲録尚書事
庚午以録尚書事廣寧王孝珩爲司徒癸酉以右丞相斛
律光爲左丞相
三年春正月己巳祀南郊辛亥追贈故琅邪王儼爲楚帝
二月己卯以衛菩薩爲太尉辛巳以并省吏部尚書高元
海爲尚書右僕射庚寅以左僕射唐邕爲尚書令侍中祖
珽爲左僕射是月敕撰玄洲苑御覽後改名聖壽堂御覽
三月辛酉詔文武官五品已上各舉一人是月周誅冢宰
宇文護夏四月周人來聘秋七月戊辰誅左丞相咸陽王
斛律光及其弟幽州行臺荆山公豐樂八月庚寅廢皇后

斛律氏爲庶人以太宰任城王湝爲右丞相太師馮翊王
潤爲太尉蘭陵王長恭爲大司馬廣寧王孝珩爲大將軍
安德王延宗爲司徒使領軍封輔相聘于周戊子拜右昭
儀胡氏爲皇后己丑以司州牧北平王仁堅爲尚書令特
進許季良爲左僕射彭城王寶德爲右僕射癸巳行幸晉
陽是月聖壽堂御覽成敕付史閣後改爲修文殿御覽九
月陳人來聘冬十月降死罪已下囚甲午拜弘德夫人穆
氏爲左皇后大赦十二月辛丑廢皇后胡氏爲庶人是歲
新羅百濟勿吉突厥並遣使朝貢於周爲建德元年
四年春正月戊寅以并省尚書令高阿那肱爲録尚書事

庚辰詔兼散騎常侍崔象使於陳是月鄴都并州並有狐
媚多截人髮二月乙巳拜左皇后穆氏爲皇后景午置文
林館乙卯以尚書令北平王仁堅爲録尚書事丁巳行幸
晉陽是月周人來聘三月辛未盜入信州殺刺史和士休
南兖州刺史鮮于世榮討之庚辰車駕至晉陽夏四月戊
午以大司馬蘭陵王長恭爲太保大將軍定州刺史南陽
王綽爲大司馬太尉衛菩薩爲大將軍司徒安德
王延宗爲太尉司空武興王普爲司徒開府儀同三司宜
陽王趙彥深爲司空癸丑祈皇祠壇壝蕝之內忽有車軌
之轍案驗傍無人跡不知車所從來乙卯詔以爲大慶班

告天下己未周人來聘五月景子詔史官更撰魏書癸巳
以領軍穆提婆爲尚書左僕射以侍中中書監段孝言爲
右僕射是月開府儀同三司尉破胡長孫洪略等與陳將
吳明徹戰於呂梁南大敗破胡走以免洪略戰歿遂陷秦
涇二州明徹進陷和合二州是月殺太保蘭陵王長恭六
月明徹進軍圍壽陽壬子幸南苑從官暍死者六十人以
録尚書事高阿那肱爲司徒景辰詔開府王師羅使於周
秋九月校獵于鄴東冬十月陳將吳明徹陷壽陽辛丑殺
侍中崔季舒張彫唐散騎常侍劉逖封孝琰黃門侍郎裴
澤郭遵癸卯行幸晉陽十二月戊寅以司徒高阿那肱爲

右丞相是歲高麗靺鞨並遣使朝貢突厥使來求婚
五年春正月乙丑置左右娥英各一人二月乙未車駕至
自晉陽朔州行臺南安王思好反辛丑行幸晉陽尚書令
唐邕等大破思好投火死焚其尸幷其妻李氏丁未車駕
至自晉陽甲寅以尚書令唐邕爲錄尚書事夏五月大旱
晉陽得死魃長二尺面頂各二目帝聞之使刻木爲其形
以獻庚申大赦丁亥陳人寇淮北秋八月癸卯行幸晉陽
甲辰以高勱爲尚書右僕射是歲殺南陽王綽
六年春三月乙亥車駕至自晉陽丁丑烹妖賊鄭子饒於
都市是月周人來聘夏四月庚子以中書監陽休之爲尚

書右僕射癸卯靺鞨遣使朝貢秋七月甲戌行幸晉陽八
月丁酉冀定趙幽滄瀛六州大水是月周師入洛川屯芒
山攻逼洛城縱火船焚浮橋河橋絕閏月己丑遣右丞相
高阿那肱自晉陽禦之師次河陽周師夜遁庚辰以司空
趙彥深爲司徒斛律阿列羅爲司空辛巳以軍國資用不
足稅關市舟車山澤鹽鐵店肆輕重各有差開酒禁
七年春正月壬辰詔去秋已來水潦人飢不自立者所在
付大寺及諸富戶濟其性命甲寅大赦乙卯車駕至自晉
陽二月辛酉括雜戶女年二十已下十四已上未嫁悉集
省隱匿者家長處死刑二月景寅風從西北起發屋拔樹

五日乃止夏六月戊申朔日有蝕之庚申司徒趙彥深薨
秋七月丁丑大雨霖是月以水澇遣使巡撫流亡人戶八
月丁卯行幸晉陽雉集於御坐獲之有司不敢以聞詔營
邯鄲宮冬十月景辰帝大狩於祁連池周師攻晉州癸亥
帝還晉陽甲子出兵大集晉祠庚午帝發晉陽癸酉帝列
陣而行上雞栖原與周齊王憲相對至夜不戰周師斂陣
而退十一月周武帝退還長安留偏師守晉州高阿那肱
等圍晉州城戊寅帝至圍所十二月戊申周武帝來救晉
州庚戌戰于城南齊軍大敗帝棄軍先還癸丑入晉陽憂
懼不知所之甲寅大赦帝謂朝臣曰周師甚盛若何羣臣

咸曰天命未改一得一失自古皆然宜停百賦安朝野收
遺兵背城死戰以存社稷帝意猶豫欲向北朔州乃留安
德王延宗廣寧王孝珩等守晉陽若晉陽不守即欲奔突
厥羣臣皆曰不可帝不從其言開府儀同三司賀拔伏恩
封輔相慕容鍾葵等宿衛近臣三十餘人西奔周師乙卯
詔募兵遣安德王延宗爲左廣廣寧王孝珩爲右廣延宗
入見帝帝告欲向北朔州延宗泣諫不從帝密遣王康德
與中人齊紹等送皇太后皇太子於北朔州景辰帝幸城
南軍營勞將士其夜欲遁諸將不從丁巳大赦改武平七
年爲隆化元年其日穆提婆降周詔除安德王延宗爲相

國委之備禦延宗流涕受命帝乃夜斬五龍門而出欲走
突厥從官多散領軍梅勝郎叩馬諫乃迴之鄴時唯高阿
那肱等十餘騎廣寧王孝珩襄城王彥道續至得數十人
同行戊午延宗從衆議即皇帝位於晉陽改隆化為德昌
元年庚申帝入鄴辛酉延宗與周師戰於晉陽大敗為周
師所虜帝遣募人重加官賞雖有此言而竟不出物廣寧
王孝珩奏請出宮人及珍寶班賜將士帝不悅斛律孝卿
居中受委帶甲以處分請帝親勞為帝撰辭且曰宜慷慨
流涕感激人心帝既出臨衆將令之不復記所受言遂大
笑左右亦群咍將士莫不解體於是自大丞相已下太宰
大司馬三師大將軍三公等官並增員而授或三或四不
可勝數甲子皇太后從北道至引文武一品已上入朱華
門賜酒食及紙筆問以禦周之方略群臣各異議帝莫知
所從又引高元海宋士素盧思道李德林等欲議禪位皇
太子先是望氣者言當有革易於是依天統故事授位幼
主

幼主名恒帝之長子也母曰穆皇后武平元年六月生於
鄴其年十月立為皇太子隆化二年春正月乙亥即皇帝
位時年八歲改元為承光元年大赦尊皇太后為太皇太
后帝為太上皇帝后為太上皇后於是黃門侍郎顏之推

中書侍郎薛道衡侍中陳德信等勸太上皇帝往河外募
兵更為經略若不濟南投陳國從之丁丑太皇太后太上
皇自鄴先趣濟州周師漸逼癸未幼主又自鄴東走己丑
周師至紫陌橋癸巳燒城西門太上皇將百餘騎東走乙
亥度河入濟州其日幼主禪位於大丞相任城王湝令侍
中斛律孝卿送禪文及璽紱於瀛州孝卿乃以之歸周又
為任城王詔尊太上皇為無上皇幼主為守國天王留太
皇太后濟州遣高阿那肱留守太上皇并皇后攜幼主走
青州韓長鸞鄧顒等數十人從太上皇既至青州即為入
陳之計而高阿那肱召周軍約生致齊主而屢使人告言
賊軍在遠已令人燒斷橋路太上所以停緩周軍奄至青
州太上窘急將遜於陳置金囊於鞍後與長鸞淑妃等十
數騎至青州南鄧村為周將尉遲綱所獲送鄴周武帝與
抗賓主禮并太后幼主諸王俱送長安封帝溫國公至建
德七年誣與宜州刺史穆提婆謀反及延宗等數十人無
少長咸賜死神武子孫所存者一二而已至大象末陽休
之陳德信等啓大丞相隋公請收葬聽之葬於長安北原
洪瀆川帝幼而令善及長頗學綴文置文林館引諸文士
焉而言語澀吶無志度不喜見朝士自非寵私昵狎未嘗
交語性懦不堪人視者即有忿責其奏事者雖三公令錄

莫得仰視皆略陳大旨驚走而出每災異寇盜水旱亦不
自貶損唯諸處設齋以此爲修德雅信巫覡解禱無方初
琅耶王舉兵人告者誤云庫狄伏連反帝曰此必仁威也
又斛律光死後諸武官舉高思好堪大將軍帝曰思好喜
反皆如所言遂自以策無遺筭乃益驕縱盛爲無愁之曲
帝自彈胡琵琶而唱之侍和之者以百數人閒謂之無愁
天子嘗出見羣厲盡殺之或殺人剝面皮而視之任陸令
萱和士開高阿那肱穆提婆韓長鸞等宰制天下陳德信
鄧長顒何洪珍參預機權各引親黨超居非次官由財進
獄以賄成其所以亂政害人難以備載諸宮奴婢閹人商

人胡戶雜戶歌舞人見鬼人濫得富貴者將以万數庶姓
封王者百數不復可紀開府千餘儀同無數領軍一時三
十連判文書各作依字不具姓名莫知誰也諸貴寵祖禰
追贈官歲一進位極乃止宮掖婢皆封郡君宮女寶衣玉
食者五百餘人一裙直万疋鏡臺直千金競爲變巧朝衣
夕弊承武成之奢麗以爲帝王當然乃更增益宮苑造偃
武修文臺其嬪嬙諸院中起鏡殿寶殿瑇瑁殿丹青彫刻
妙極當時又於晉陽起十二院壯麗逾於鄴下所愛不恒
數毀而又復夜則以火照作寒則以湯爲泥百工困窮無
時休息鑿晉陽西山爲大佛像一夜燃油万盆光照宮内

又爲胡昭儀起大慈寺未成改爲穆皇后大寶林寺窮極
工巧運石填泉勞費億計人牛死者不可勝紀御馬則藉
以氈罽食物有十餘種將合牝牡則設青廬具牢饌而親
觀之狗則飼以粱肉馬及鷹犬乃有儀同郡君之號故有
赤彪儀同逍遙郡君陵霄郡君高思好書所謂駮龍逍遙
者也犬於馬上設褥以抱之鬬雞亦號開府犬馬雞鷹多
食縣幹鷹之入養者稍割犬肉以飼之至數日乃死又於
華林園立貧窮村舍帝自弊衣爲乞食兒又爲窮兒之市
躬自交易寫築西鄙諸城黑衣爲羌兵鼓譟陵之親率内
參臨拒或實彎弓射人自晉陽東巡單馬馳騖衣解髮散

而歸又好不急之務曾一夜索蝎及旦得三升特愛非時
之物取求火急皆須朝徵夕辦當勢者因之貸一而責十
焉賦斂日重徭役日煩人力既殫帑藏空竭乃賜諸佞幸
賣官或得郡兩三或得縣六七各分州郡下逮鄉官亦多
降中者故有敕用州主簿敕用郡功曹於是州縣職司多
出富商大賈競爲貪縱人不聊生爰自鄴都及諸州郡所
在徵稅百端俱起凡此諸役皆漸於武成至帝而增廣焉
然未嘗有帷薄淫穢唯此事頗優於武成云初河清末武
成夢大蝟攻破鄴城故索境内蝟膏以絕之識者以後主
名聲與蝟相協亡齊徵也又婦人皆翦剔以着假髻而危

邪之狀如飛鳥至於南面則髻心正西始自宮內為之被於四遠天意若曰元首翦落危側當走西也又為刀子者刃皆狹細名曰盡勢遊童戲者好以兩手持繩拂地而卻上跳且唱曰高末高末之言蓋高氏運祚之末也然則亂亡之數蓋有兆云

論曰武成風度高爽經筭弘長文武之官俱盡謀力有帝王之量矣但愛狎庸豎委以朝權帷薄之間淫侈過度滅亡之兆其在斯乎玄象告變傳位元子名號雖殊政猶己出迹有虛飾事非憲典聰明臨下何易可誣又河南河間樂陵等諸王或以時嫌或以猜忌皆無罪而殞非所謂知

命任天體大道之義也後主以中庸之姿懷易染之性永言先訓教匪義方始自襁褓至于傳位隔以正人閉其善道養德所履異乎春誦夏弦過庭所聞莫非不軌不物輔之以中宮妳媼屬之以麗色淫聲縱韛紲之娛恣朋淫之好語曰從惡若崩蓋言其易武平在御彌見淪胥罕接朝士不親政事一日萬機委諸凶族內侍帷幄外吐絲綸威厲風霜志迴天日虐人害物搏噬無猒賣獄鬻官溪壑難滿重以名將貽禍忠臣顯戮始見浸溺之萌俄觀土崩之勢周武因機遂混區夏悲夫蓋桀紂罪人其亡也忽焉自然之理矣

鄭文貞公魏徵愍而論之曰神武以雄傑之姿始基霸業文襄以英明之略伐叛柔遠于時喪君有君師出以律河陰之役摧宇文如反掌渦陽之戰掃侯景如拉枯故能氣懾西鄰威加南服王室是賴東夏宅心文宣因累世之資膺樂推之會地居當壁遂遷魏鼎懷譎詭非常之才運屈奇不測之智網羅俊乂明察臨下文武名臣盡其力用親戎出塞命將臨江定單于於龍城納長君於梁國外內充實疆埸無警胡騎息其南侵秦人不敢東顧既而荒淫敗德罔念作狂為善未能亡身餘殃足以傳後得以壽終幸也亂嗣不永宜哉孝昭地逼身危逆取順守外敷文教內

蘊雄圖將以牢籠區域奄有函夏享齡不永績用無成若或天假之年足使秦吳旰食武成即位雅道陵遲昭襄之風摧焉已墜暨乎後主外內崩離衆潰於平陽身禽於青土天道深遠或未易談吉凶由人抑可揚搉觀夫有齊全盛控帶遐阻西包汾晉南極江淮東盡海隅北漸沙漠六國之地我獲其五九州之境彼分其四料甲兵之衆寡校帑藏之虛實折衝千里之將帷幄六奇之士比二方之優劣無等級以寄言然其太行長城之固自若也江淮汾晉之險不移也帑藏輸稅之富未虧也士庶甲兵之衆不缺也然而前王用之而有餘後主守之而不足其故何哉前

王之御時也沐雨櫛風拯其溺而救其焚信必賞過必罰安而利之旣與共其存亡故得同其生死後主則不然以人從欲損物益已雕牆峻宇甘酒嗜音鄽肆遍於宮園禽色荒於外內俾晝作夜罔水行舟所欲必成所求必得旣不軌不物又暗於聽受忠信弗聞萋斐必入視人如草芥從惡如順流佞閹處當軸之權婢媼擅回天之力賣官鬻獄亂政淫刑刳剒被於忠良祿位加於犬馬讒邪並進法令多聞持瓢者非止百人搖樹者不唯一手於是土崩瓦解衆叛親離顧瞻周道咸有西歸之志方更盛其宮觀窮極荒淫謂黔首之可誣指白日以自保驅倒戈之旅抗前歌之師五世崇基一舉而滅豈非鐫金石者難爲功摧枯朽者易爲力歟抑又聞之皇天無親唯德是輔天時不如地利地利不如人和齊自河淸之後逮于武平之末土木之工不息嬪嬙之選無已征稅盡人力殫物產無以給其求江海不能贍其欲所謂火旣熾矣更負薪以足之數旣窮矣又爲惡以促之欲求大夏不燔延期過曆不亦難乎由此言之齊氏之敗亡蓋亦由人匪惟天道也

齊本紀下第八　北史八

周益　校正

周本紀上第九　北史九

周太祖文皇帝姓宇文氏諱泰字黑獺代郡武川人也其先出自炎帝炎帝爲黃帝所滅子孫遁居朔野其後有葛烏兔者雄武多筭略鮮卑奉以爲主遂總十二部落世爲大人及其裔孫曰普回因狩得玉璽三紐文曰皇帝璽普回以爲天授已獨異之其俗謂天子曰宇文故國號宇文并以爲氏普回子莫那自陰山南徙始居遼西是曰獻侯爲魏舅甥之國自莫那九世至侯歸豆爲慕容晃所滅其子陵仕燕拜駙馬都尉封玄菟公及慕容寶敗歸魏拜都牧主賜爵安定侯天興初魏遷豪傑於代都陵隨例徙居武川卽爲其郡縣人焉陵生系系生韜韜生皇考肱並以武略稱肱任俠有氣幹正光末沃野鎮人破六韓拔陵作亂其僞署王衞可瓌最盛肱乃糾合鄉里斬瓌其衆乃散後陷鮮于修禮爲定州軍所破戰沒於陣武成初追諡曰德皇帝帝德皇帝之少子也母曰王氏初孕五月夜夢抱子升天纔不至而止寤以告德皇帝德皇帝喜曰雖不至天貴亦極矣帝生而有黑氣如蓋下覆其身及長身長八尺方顙廣額美鬚髯髮長委地垂手過膝背有黑子宛轉若龍盤之形面色紫光人望而敬畏之少有大度不事家人生業輕財好施以交結賢士大夫爲務隨德皇帝在鮮

于修禮軍及葛榮殺修禮帝時年十八榮下任將帥察其無成謀與諸兄去之計未行會榮滅因隨尒朱榮遷晉陽榮忌帝兄弟雄傑遂託以他罪誅帝第三兄洛生帝以家寃自理辭旨慷慨榮感而免之益加敬待始以統軍從榮征討後以別將從賀拔岳討北海王顥於洛陽孝莊反正以功封寧都子後從岳入關平万俟醜奴行原州事時關隴寇亂帝撫以恩信百姓皆喜曰早遇宇文使君吾等豈從逆亂帝嘗從數騎於野忽聞簫鼓之音以問從者皆莫之聞意獨異之普泰二年尒朱天光東拒齊神武留弟顯壽鎮長安召秦州刺史侯莫陳悅東下岳知天光必敗欲

留悅共圖顯壽計無所出帝謂岳曰今天光尚近悅未必貳心若以此事告之恐其驚懼然悅雖為主將不能制物若先說其衆必人有留心進失尒朱之期退恐人情變動若乘此說悅事無不遂岳大喜即令帝入悅軍說之悅遂與岳襲長安帝輕騎為前鋒追至華陰禽顯壽及岳為關西大行臺以帝為左丞領岳府司馬事無巨細皆委決焉齊神武既除尒朱氏遂專朝政帝請往觀之至并州神武以帝非常人曰此小兒眼目異將留之帝詭陳忠款具託左右苦求復命倍道而行行一日而神武乃悔發上驛千里追帝至關不及而反帝還謂岳曰高歡豈人臣邪逆謀

未發者憚公兄弟耳侯莫陳悅本實庸材亦不為歡急但為之備圖之不難今費也頭控弦之騎不下一萬夏州刺史斛拔彌俄突勝兵三千餘人及靈州刺史曹泥並恃僻遠常懷異望河西流人紇豆陵伊利等戶口富實未奉朝風今若移軍近隴扼其要害示之以威懷之以德即可收其士馬以資吾軍西輯氐羌北撫沙塞還軍長安匡輔魏室此桓文之舉也岳大悅復遣帝詣闕請事密陳其狀魏帝納之加帝武衛將軍還令報岳岳遂引軍西次平涼岳以夏州隣接寇賊欲求良刺史以鎮之衆皆舉帝岳曰宇文左丞吾左右手何可廢也沉吟累日乃從衆議表帝為

夏州刺史帝至州伊利望風款附而曹泥猶通使於齊神武魏永熙三年正月賀拔岳欲討曹泥遣都督趙貴至夏州與帝謀帝曰曹泥孤城阻遠未足為憂侯莫陳悅貪而無信是宜先圖也岳不聽遂與悅俱討泥二月至河曲果為悅所害衆散還平涼唯大都督趙貴率部曲收岳屍還營三軍未知所屬諸將以都督寇洛年最長推摠兵事洛素無雄略威令不行乃請避位於是趙貴言於衆稱帝英姿雄略若告喪必來赴難因而奉之大事濟矣諸將皆稱善乃令赫連達馳至夏州告帝士吏咸泣請留以觀其變帝曰難得而易失者時也不俟終日者機也今不早赴將

恐衆心自離都督彌姐元進規應悅密圖帝事發斬之帝
乃率帳下輕騎馳赴平涼時齊神武遣長史侯景招引岳
衆帝至安定遇之於傳舍吐哺上馬謂曰賀拔公雖死宇
文泰尚存卿何為也景失色曰我猶箭耳隨人所射者也
景於此還帝至平涼哭岳甚慟將士悲且喜曰宇文公至
無所憂矣齊神武又使景與常侍張華原義寧太守王基
勞帝帝不受命與基有舊將留之并欲留景並不屈乃遣
之時斛斯椿在帝所曰景人傑也何故放之帝亦悔驛追
之不及基亦逃歸言帝雄傑請及其未定滅之神武曰卿
不見賀拔侯莫陳乎吾當以計拱手取之及沙苑之敗神

武乃始追悔于時魏帝將圖神武聞岳被害遣武衛將軍
元毗宣旨勞岳軍追還洛陽毗到平涼會諸將已推帝侯
莫陳悅亦被敕追還悅既附神武不肯應召帝曰悅枉害
忠良復不應詔命此國之大賊乃令諸軍戒嚴將討悅及
毗還帝表於魏帝辭以高歡至河東侯莫陳悅在永洛首
尾受敵乞少停緩帝志在討悅而未測朝旨且衆未集假
為此辭因與元毗及諸將刑牲盟誓同獎王室初賀拔岳
營河曲軍吏獨行忽見一翁謂曰賀拔雖據此衆終無所
成當有一宇文家從東北來後必大盛言訖不見至是方
驗魏帝因詔帝為大都督即統賀拔岳軍帝乃與悅書責

以殺賀拔岳罪又喻令歸朝悅乃詐為詔書與秦州刺史
万俟普撥令為己援普撥疑之封以呈帝帝表奏之魏帝
因問帝安秦隴計帝請召悅授以內官及處以瓜涼一藩
不然則終致猜虞三月帝進軍至原州衆軍悉集諭以討
悅意士卒莫不懷憤四月引兵上隴留兄子導為都督鎮
原州帝軍令嚴肅秋毫無犯百姓大悅軍出木狹關大雪
平地二尺帝知悅怯而多猜乃倍道兼行出其不意悅果
疑其左右有異志左右不自安衆遂離貳聞大軍且至退
保略陽留一万餘人據守永洛帝至圍之城降帝即輕騎
數百趣略陽以臨悅軍其部將皆勸悅退保上邽時南秦

州刺史李弼亦在悅軍閒遣使請為內應其夜悅出軍軍
自驚潰將卒或來降帝縱兵奮擊大破之悅與其子弟及
麾下數十騎遁走帝乃命原州都督導追悅至牽屯山斬
之傳首洛陽帝至上邽悅府庫財物山積皆以賞士卒毫
釐無所取左右竊以一銀甕歸帝知而罪之即剖賜將士
衆大悅齊神武聞關隴剋捷遣使於帝深相倚結帝拒而
不納封神武書以聞時神武已有異志故魏帝深杖於帝
仍令帝稍引軍而東帝乃令大都督梁禦率步騎五千將
鎮河渭合口為圖河東計魏帝進帝侍中驃騎大將軍開
府儀同三司關西大都督略陽縣公承制封拜使持節如

故時魏帝方圖齊神武又遣徵兵帝乃令前秦州刺史駱
超爲大都督率輕騎一千赴洛魏帝進授帝兼尚書左僕
射關西大行臺餘官如故帝乃傳檄方鎭曰蓋聞陰陽遞
用盛衰相襲茍當百六無聞三五皇家創歷陶鑄蒼生保
安四海仁育萬物運距孝昌屯沴屢起隴冀騷動燕河狼
顧雖靈命重啓蕩定有期而乘釁之徒因生羽賊臣高
歡器識庸下出自輿皁罕聞禮義直以一介鷹犬効力戎
行醜冒恩私遂階榮寵不能竭誠盡節專挾姦回乃勸尒
朱榮行茲篡逆及榮以專政伏誅世隆以凶黨外叛歡若
相敎勉令取京師又勸吐万兒復爲弑虐暫立建明以令

天下假推普泰欲竊威權並歸廢斥俱見酷害於是稱兵
河北假討尒朱亟通表奏云取讒賊既行廢黜遂將篡弑
以人望未改恐鼎鑊交及乃求宗室權允人心天方與魏
必將有主翊戴聖明誠非歡力而歡阻兵安忍自以爲功
廣布腹心跨州連郡端揆禁闥莫非親黨皆行貪虐竊盜
生靈而舊將名臣正人直士橫生瘡痏動挂網羅故武衛
將軍伊琳清直武毅禁旅攸屬直閤將軍鮮于康仁忠亮
驍傑爪牙斯在歡收而戮之曾無聞奏司空高乾是其黨
與每相影響謀危社稷但姦志未從恐先泄漏乃密白朝
廷使殺高乾方哭對其弟稱天子橫戮孫騰任祥歡之心

膂並使入居樞近伺國間隙知歡逆謀將發相繼歸逃歡
益加撫待亦無陳白然歡入洛之始本有姦謀令親人蔡
儁作牧河濟厚相恩贍爲東道主人故關西大都督清水
公賀拔岳勳德隆重興亡攸寄歡好亂樂禍深相忌毒乃
與侯莫陳悅陰圖陷害幕府以受律專征便即討戮歡知
逆狀已露稍懷旅拒遂遣蔡儁拒代令竇泰佐之又遣侯
景等云向白馬輔世珍等徑趣石濟高隆之及婁昭等屯
據壺關韓軌之徒擁衆蒲坂於是上書天子數論得失訾
毀乘輿威侮朝廷藉此微庸冀茲大寶溪壑可盈禍心不
測或言徑赴荆楚開疆於外或言分詣伊洛取彼讒人或

言欲來入關與幕府決戰今聖明御運天下清夷百僚師
師四隩來暨人盡忠良誰爲君側而歡威福自己生是亂
階緝構南箕指鹿爲馬包藏凶逆伺我神器是而可忍孰
不可容幕府折衝宇宙親當受脤銳師百万彀騎千羣裹
糧坐甲唯敵是俟義之所在糜軀匪恡頻有詔書班告天
下稱歡逆亂徵兵致伐今便分命將帥應機進討或趣其
要害或襲其窟穴電繞蛇擊霧合星羅而歡違負天地毒
被人鬼乘此掃蕩易同俯拾歡若度河稍逼宮廟則分命
諸將直取幷州幕府躬自東轅電赴伊洛若固其巢穴未
敢發動亦命羣帥百道俱前轘裂賊臣以謝天下其州鎭

郡縣率土黎人或州鄉冠冕或勳庸世濟並宜捨逆歸順立効軍門封賞之科已有別格凡百君子可不勉哉帝謂諸軍曰高歡雖智不足而詐有餘今聲言欲西其意在入洛吾欲令寇洛率馬步万餘自涇州東引王羆率甲士一万先據華州歡若西來王羆足得抗拒如其入洛寇洛即襲汾晉吾便速駕直赴京邑使其進有內顧之憂退有被躡之勢一舉大定此為上策衆咸稱善七月帝帥衆發自高平前軍至于弘農而齊神武稍逼京師魏帝親總六軍屯河橋令左衛元斌之領軍斛斯椿鎮武牢帝謂左右曰高歡數日行八九百里曉兵者所忌正須乘便擊之而主

上以万乘之重不能度河決戰方緣津據守且長河万里扞禦為難一處得度大事去矣即以大都督趙貴為別道行臺自蒲坂濟趣并州遣大都督李賢將精騎一千赴洛陽會斌之與斛斯椿爭權鎮防不守魏帝遂輕騎入關帝備儀衛奉迎謁見於東驛免冠流涕謝罪乃奉魏帝都長安披草萊立朝廷軍國之政咸取決於帝仍加授大將軍雍州刺史兼尚書令進封略陽郡公別置二尚書隨機處分解尚書僕射餘如故初魏帝在洛陽許以馮翊長公主配帝未及結納而魏帝西遷至是詔帝尚之拜駙馬都尉八月齊神武襲陷潼關侵華陰帝率諸軍屯霸上以待之

神武留其將薛瑾守關而退帝乃進軍斬瑾虜其卒七千還長安進位丞相十一月遣儀同李諱與李弼趙貴等討曹泥於靈州諱引河灌之明年泥降遷其豪帥于咸陽十二月魏孝武帝崩帝與羣公定冊尊立魏南陽王寶炬為嗣是為文帝

大統元年正月己酉魏帝進帝都督中外諸軍錄尚書事大行臺改封安定郡王帝固讓王及錄尚書魏帝許之乃改封安定郡公東魏將司馬子如寇潼關帝軍霸上子如乃回軍自蒲津寇華州刺史王羆擊走之三月帝命有司為二十四條新制奏行之

二年五月秦州刺史建忠王万俟普撥率所部入東魏帝輕騎追之至河北千餘里不及而還

三年正月東魏寇龍門屯軍蒲坂造三道浮橋度河又遣其將竇泰趣潼關高昂圍洛州帝出軍廣陽召諸將謂曰賊掎吾三面又造橋示欲必度是欲綴吾軍使竇泰得西入耳且歡起兵以來泰每先驅下多銳卒屢勝而驕今襲之必剋剋泰則歡不戰而走矣諸將咸曰賊在近捨而襲遠若差跌悔何及也帝曰歡前再襲潼關吾軍不過霸上今者大來謂吾但自守耳又狃於得志有輕我之心乘此擊之何往不剋賊雖造橋未能徑度比五日中吾取泰必

吳庚戌帝還長安聲言欲向隴右辛亥謁魏帝而潛軍至小關竇泰卒聞軍至陳未成帝擊之盡俘其衆斬泰傳首長安高昂聞之焚輜重而走齊神武亦撤橋而退帝乃還六月帝請罷行臺魏帝復申前命授帝錄尚書事固讓乃止八月丁丑帝率李弼獨孤信梁禦趙貴于謹若干惠怡峯劉亮王德侯莫陳崇李遠達奚武等十二將東伐至潼關帝乃誓於師曰與尒有衆奉天威誅暴亂惟尒衆士整尒甲兵戒尒戎事無貪財以輕敵無暴人以作威用命則有賞不用命則有戮尒衆士其勉之乃遣于謹先徇地至盤豆拔之獲東魏將高叔禮送于長安戊子至弘農攻之

城潰禽東魏陝州刺史李徽伯虜其戰士八千守將高干走度河命賀拔勝追禽之並送長安於是宜陽邵郡皆歸附先是河南豪傑應東魏者皆降齊神武懼率衆走蒲坂將自后土濟遣其將高昂以三萬人出河南是歲關中饑帝館穀於弘農五十餘日時軍士不滿萬人聞神武將度乃還神武遂度河逼華州刺史王羆嚴守乃涉洛軍於許原西帝至渭南徵諸州兵未會將擊之諸將以衆寡不敵請且待歡更西以觀之帝曰歡若至咸陽人情轉騷擾今及其新至可擊之即造浮橋於渭令軍士齎三日糧輕騎度渭輜重自渭南夾渭而西十月壬辰至沙苑距齊軍六

十餘里神武引軍來會癸巳候騎告齊軍至帝召諸將謀李弼曰彼衆我寡不可平地置陣此東十里有渭曲可先據以待之遂進至渭背水東西為陣李弼為右拒趙貴為左拒命將士皆偃戈於葭蘆中聞鼓聲而起日晡齊師至望見軍少競來於左軍亂不成列兵將交帝鳴鼓士皆奮起于謹等六軍與之合戰李弼等率鐵騎橫擊之絕其軍為二遂大破之斬六千餘級臨陣降者二万餘人神武夜遁追至河上復大尅前後虜其卒七万留其甲兵二万餘悉縱歸收其輜重兵甲獻俘長安李穆曰高歡膽破矣逐之可獲帝不聽乃還軍渭南時所徵諸州兵始至乃於戰

所準當時兵人種樹一株栽柳七千根以旌武功魏帝進帝柱國大將軍增邑并前五千户李弼等十二將亦進爵增邑以左僕射馮翊王元季海為行臺與開府獨孤信帥步騎二萬向洛陽賀拔勝李弼度河圍蒲坂蒲坂鎮將高子信開門納勝軍東魏將薛崇禮棄城走勝等追獲之帝進軍蒲坂略定汾絳初帝自弘農入關後東魏將高昂圍弘農聞其軍敗退守洛陽獨孤信至新安昂復走度河遂入洛陽自梁陳已西將吏降者相屬於是東魏將堯雄趙育是云寶出潁川欲復降地帝遣儀同宇文貴梁遷等逆擊大破之趙育來降東魏復遣任祥率河南兵與堯雄合

儀同怡峯與貴遷等復擊破之又遣都督韋孝寬取豫州是云寶殺其東揚州刺史那椿以州來降

四年三月帝率諸將入朝禮畢還華州七月東魏將侯景等圍獨孤信於洛陽齊神武繼之帝奉魏帝至穀城臨陣斬東魏將莫多婁貸文悉虜其衆送弘農遂進軍瀍東景等夜解圍去及旦帝率輕騎追至河上景等北據河橋南屬芒山為陣與諸軍戰帝馬中流矢驚逸軍中擾亂都督李穆下馬授帝軍復振於是大捷斬其將高昂李猛宋顯等虜其甲士一万五千人赴河死者万數是日置陣既大首尾懸遠從旦至未戰數十合氛霧四塞莫能相知獨孤

信李遠居右趙貴怡峯居左戰並不利又未知魏帝及帝所在皆棄其卒先歸開府李諱念賢等為後軍遇信等退即與俱還由是班師洛陽亦失守大軍至弘農守將皆已棄城西走所虜降卒在弘農者因相與閉門拒守進攻拔之誅其魁首數百人大軍之東伐也關中留守兵少而前後所虜東魏士卒皆散在百姓閒乃謀亂及李諱等至長安計無所出乃與太尉王明僕射周惠達輔魏太子出次渭北關中大震恐百姓相剽劫於是沙苑所俘軍人趙青雀雍州人于伏德等遂反青雀據長安子城伏德保咸陽與太守慕容思慶各收降卒以拒還師長安城人皆相率拒青雀每日接戰魏帝留止閿鄉令帝討之長安父老見帝且悲且喜曰不意今日復得見公士女咸相賀華州刺史宇文導襲咸陽斬思慶禽伏德南度渭與帝會攻破青雀太傅梁景叡先以疾留長安遂與青雀通謀至是亦伏誅關中乃定魏帝還長安帝復屯華州十二月是云寶襲洛陽東魏將王元軌棄城走都督趙剛襲廣州拔之自襄廣以西城鎮復西屬

五年冬大閱於華陰

六年春東魏將侯景出三鵶將侵荆州帝遣開府李弼獨孤信各率騎出武關景乃還夏蠕蠕度河至夏州帝召諸

軍屯沙苑以備之

七年十一月帝奏行十二條制恐百官不勉於職事又下令申明之

八年十月齊神武侵汾絳圍玉壁帝出軍蒲坂神武退度汾追之遂遁去十二月魏帝狩於華陰大饗將士帝帥諸將朝於行在所

九年二月東魏北豫州刺史高慎舉州來附帝帥師迎之三月齊神武據芒山陣不進者數日帝留輜重於瀍曲軍士銜枚夜登芒山未明擊之神武單騎為賀拔勝所逐僅免帝率右軍若干惠大破神武軍悉虜其步卒趙貴等五

將軍居右戰不利神武復合戰帝又不利夜引還入關屯渭上神武進至陜開府達奚武等禦之乃退帝以芒山諸將失律上表自貶魏帝不許於是廣募關隴豪右以增軍旅十月大閱於櫟陽還屯華州

十年五月帝朝京師七月魏帝以帝前後所上二十四條及十二條新制方為中興永式命尚書蘇綽更損益之揔為五卷班於天下於是搜簡賢才為牧守令習新制而遣焉數年間百姓便之十月大閱於白水

十一年十月大閱于白水遂西狩岐陽

十二年春涼州刺史宇文仲和據州反瓜州人張保害刺

史成慶以應之帝遣開府獨孤信討之東魏將侯景侵襄州帝遣開府若干惠禦之至穰景遁去五月獨孤信平涼州禽仲和遷其百姓六千餘家於長安瓜州都督令狐延起義誅張保瓜州平七月帝大會諸軍於咸陽

十三年正月東魏河南大行臺侯景舉河南六州來附被圍於潁川六月帝遣開府李弼援之東魏將韓軌等遁去景遂徙鎮豫州於是遣開府王思政據潁川弼引軍還七月侯景密圖附梁帝知其謀悉追還前後所配景將士景懼遂叛冬帝奉魏帝西狩咸陽

十四年春魏帝詔封帝長子覺為寧都郡公初帝以平元顯納孝莊帝功封寧都縣子至是改以為郡以封覺用彰勤王之始也五月魏帝進帝位太師帝奉魏太子巡撫西境登隴刻石紀事遂至原州歷北長城大狩東趣五原至蒲州聞魏帝不豫而還及至魏帝疾已愈乃還華州是歲東魏將高岳圍王思政於潁川

十五年春帝遣大將軍趙貴帥師援王思政高岳堰洧水以灌城潁川以北皆為陂澤救兵不得至六月潁川陷初侯景圍建鄴梁司州刺史柳仲禮赴臺城梁竟陵郡守孫暠以郡內附帝使大都督符貴鎮之及建鄴陷仲禮還司州來寇暠以郡叛帝大怒十一月遣開府楊忠攻剋隨州

進圍仲禮長史馬岫於安陸

十六年正月仲禮來援安陸楊忠逆擊於漴頭大破之禽仲禮馬岫以城降三月魏帝封帝第二子震為武邑公七月帝東伐拜章武公導為大將軍揔督留守諸軍屯涇北鎮關中九月丁巳軍出長安連雨自秋及冬諸軍馬驢多死遂於弘農北造橋濟河自蒲坂還於是河南自洛陽河北自平陽以東遂入齊

十七年三月魏文帝崩皇太子嗣位帝以冢宰揔百揆十月帝遣大將軍王雄出子午伐上津魏興大將軍達奚武出散關伐南鄭

廢帝元年春王雄平上津魏興以其地置東梁州四月達
奚武圍南鄭月餘梁州刺史宜豐侯蕭循以州降武八月
東梁州百姓圍州城帝復遣王雄討之
二年正月魏帝詔帝爲左丞相大行臺都督中外諸軍事
二月東梁州平遷其豪帥於雍州三月帝遣大將軍魏安
公尉遲迥帥師伐梁武陵王蕭紀於蜀四月帝勒鋭騎三
萬西踰隴度金城河至姑臧吐谷渾震懼遣使獻其方物
七月帝至自姑臧八月尉遲迥剋成都劒南平十一月尚
書元烈謀亂伏誅
三年正月始作九命之典以叙内外官爵以第一品爲九

命第九品爲一命改流外品爲九秩亦以九爲上又改置
州郡縣凡改州四十六置州一改郡一百六改縣三百三
十魏帝有怨言於是帝與公卿議廢帝立齊王廓是爲恭
帝
恭帝元年四月帝大饗群臣魏史柳虬執簡書告于朝曰
廢帝文皇帝之嗣子年七歲文皇帝託於安定公曰是子
也才由于公不才亦由于公公宜勉之公既受茲重寄居
元輔之任又納女爲皇后遂不能訓誨有成致令廢黜負
文皇帝付屬之意此咎非安定公而誰帝乃令太常盧辯
作誥喻公卿曰嗚呼我羣后曁衆士維文皇帝以襁褓之

嗣託於予訓之誨之庶厥有成而予罔能弗變厥心庸曁
乎廢墜我文皇帝之志嗚呼茲咎予其焉避予實知之矧
尔衆人之心哉惟予之顏豈惟今厚將恐來世以予爲口
實乙亥魏帝詔封帝子邕爲輔城公憲爲安城公七月西
狩至原州梁元帝遣使請據舊圖以定疆界又連結於齊
言辭悖慢帝曰古人有言天之所棄誰能興之其蕭繹之
謂乎十月壬戌遣柱國于謹中山公護與大將軍楊忠韋
孝寬等步騎五万討之十一月癸未師濟漢中山公護與
楊忠率鋭騎先屯其城下景申于謹至江陵列營圍守辛
亥剋其城戕梁元帝虜其百官士庶以歸没爲奴婢者十

餘萬免者二百餘家立蕭詧爲梁主居江陵爲魏附庸魏
氏之初統國三十六大姓九十九後多絶滅至是以諸將
功高者爲三十六國後次者爲九十九姓後所統軍人亦
改從其姓
二年梁廣州刺史王琳寇邊十月帝遣大將軍豆盧寧帥
師討之
三年正月丁丑初行周禮建六官魏帝進帝位太師大冢
宰帝以漢魏官繁思革前弊大統中乃令蘇綽盧辯依周
制改創其事尋亦置六卿官然爲撰次未成衆務猶歸臺
閣至是始畢乃命行之四月帝北巡七月度北河魏帝封

帝子直為秦郡公招為正平公九月帝不豫還至雲陽命
中山公護受遺輔嗣子十月乙亥帝薨于雲陽宮還長安
發喪時年五十十二月甲申葬于成陵謚文公及孝閔帝
受禪追尊為文王廟曰太祖武成元年追尊為文皇帝帝
知人善任使從諫如順流崇尚儒術明達政事恩信被物
能駕馭英豪一見之者咸思用命沙苑所獲囚俘釋而用
之及河橋之役以充戰士皆得其死力諸將出征授以方
略無不制勝性好朴素不尚虛飾恒以反風俗復古始為
心云

孝閔皇帝諱覺字陁羅尼文帝第三子也母曰元皇后大

統八年生於同州七歲封略陽郡公時善相者史元華見
帝退謂所親曰此公子有至貴相但恨不壽耳魏恭帝三
年三月命為安定公世子四月拜大將軍十月乙亥文帝
崩景子世子嗣位為太師大冢宰十二月丁亥魏帝詔以
岐陽地封帝為周公庚子詔禪位于帝曰予聞皇天之命
不于常惟歸于德故堯授舜舜授禹時宜也天厭我魏邦
垂變以告惟尔罔弗知予雖不明敢弗龔天命格有德哉
今踵唐虞舊典禪位于周庸布告尔焉使大宗伯趙貴持
節奉冊書曰咨尓周公帝王之位弗常有德者受命時乃
天道予式時庸荒求于唐虞之彝踵曰我魏德之終舊矣
我封小大罔弗知今其可允怫于天道而不歸有德歟時
用詢謀僉曰公昭考文公格勳德于天地丕濟黔黎洎公
又躬宣重光故玄象徵見于上謳訟奔走于下天之曆數
用實在焉予安敢弗若是以欽祗聖典遜位于公公其享
茲天命保有萬國可不慎歟魏帝臨朝遣戶部中大夫濟
北公元迪致皇帝璽綬帝固辭公卿百辟勸進太史陳祥
瑞乃從之是日魏帝遜位于大司馬府

元年春正月天王即位柴燎告天朝百官于路門追尊皇
考文公為文王皇妣為文后大赦封魏帝為宋公是日槐
里獻赤雀百官奏議曰帝王之興罔弗更正朔明受之於

天革人視聽也逮于尸甫稽諸陰陽云行夏之時後王所
不易今魏曆告終周室受命以木承水實當行籙正用夏
時式遵聖道惟文王誕玄氣之祥有黑水之讖服色宜尚
烏制曰可以大司徒趙郡王李弼為太師以大宗伯南陽
公趙貴為太傅大冢宰以大司馬河內公獨孤信為太保
以大宗伯中山公護為大司馬以大將軍寧都公毓高陽
公達奚武武陽公豆盧寧小司寇陽平公李遠小司馬博
陵公賀蘭祥小宗伯魏安公尉迥等並為柱國壬寅祀圓
丘詔曰予本自神農其於二丘宜作厥主始祖獻侯啓土
遼海配南北郊文考德符五運受天明命祖于明堂以配

上帝癸卯祀方丘甲辰遂祭太社初除市門稅乙巳享太
廟丁未會于乾安殿班賞各有差戊申詔有司分命使者
巡察風俗求人得失禮餘高年恤于鰥寡辛亥祀南郊壬
子立王后元氏辛酉享太廟癸亥親耕籍田二月癸酉朔
朝日于東郊戊寅祭太社丁亥柱國楚國公趙貴謀反伏
誅太保獨孤信罪免甲午以大司空梁國公侯莫陳崇為
太保大司馬晉國公護為大冢宰柱國博陵公賀蘭祥為
大司馬高陽公達奚武為大司寇大將軍化政公宇文貴
為柱國三月己酉衞國公獨孤信賜死癸亥省六府士員
三分之一夏四月壬申降死罪已下囚壬午謁成陵丁亥
享太廟五月己酉帝將觀漁於昆明池博士姜須諫乃止

秋七月壬寅帝聽訟於右寢多所哀宥辛亥享太廟八月
戊辰祭太社辛未降死罪已下囚甲午詔二十四軍舉賢
良九月庚申改太守為郡守帝性剛果忌晉公護之專司
會李植軍司馬孫恒以先朝佐命入侍左右亦疾護權重
乃與宮伯乙弗鳳賀拔提等潛請帝誅護帝許之又引宮伯
張先洛先洛以白護護乃出植為梁州刺史恒為潼州刺
史鳳等更奏帝將召羣臣入因此誅護先洛又白之時小
司馬尉綱總統宿衞兵護乃召綱入殿中詐呼鳳等論事
以次執送護第並誅之綱仍罷禁兵帝無左右獨在內殿

令宮人執兵自守護遣大司馬賀蘭祥逼帝遜位貶為略
陽公遂幽於舊邸月餘日以弒崩時年十六植恒等亦遇
害及武帝誅護後乃詔曰故略陽公至德純粹天姿秀傑
屬魏祚告終寶命將改謳歌允集曆數攸歸上協蒼靈之
慶下昭后祇之錫而禍生肘腋釁起蕭墻白武噬縢蒼鷹
集殿幽辱神器弒酷乘輿寃結生靈毒流寓縣今河海澄
清氛沴消蕩追尊之禮宜崇徽號遣太師蜀國公迥於南
郊上謚曰孝閔皇帝陵曰靜陵

世宗明皇帝諱毓小名統万突文皇帝之長子也母曰姚
夫人永熙三年文帝臨夏州生於統万城因以名焉大統

十四年封寧都郡公魏恭帝三年累遷大將軍鎮隴右孝
閔踐阼進位柱國轉岐州刺史有美政及孝閔廢晉公護
遣迎帝於岐州九月癸亥至京師止於舊邸羣臣上表勸
進備法駕奉迎帝固讓羣臣固請乃許之

元年秋九月天王即位大赦乙丑朝羣臣於延壽殿冬十
月癸酉太師趙國公李弼薨己卯以大將軍昌平公尉綱
為柱國乙酉祀圓丘景戌祀方丘甲午祭太社陽平公李
遠賜死辛未梁敬帝遜位于陳十一月庚子享太廟丁未
祀圓丘十二月庚午謁成陵庚辰以大將軍輔城公邕為
柱國戊子赦長安見囚甲午詔元氏子女自坐趙貴等事

以來所有沒入為官口者悉免之
二年春正月乙未以大冢宰晉公護為太師辛亥親耕籍田癸丑立王后獨孤氏丁巳於雍州置十二郡三月甲午北豫州刺史司馬消難舉州來附改雍州刺史為牧京兆郡守為尹庚申詔三十六國九十九姓自魏南徙皆稱河南人今周室既都關中宜改稱京兆人夏四月己巳以太師晉公護為雍州牧辛未降死罪囚一等五歲刑已下皆原之甲戌天王后獨孤氏崩甲申葬敬后五月乙未以大司空梁國公侯莫陳崇為大宗伯六月癸亥嚈噠國遣使朝貢己巳椒撥高年刺史守令恤鰥寡孤獨各有差分長

安為万年縣並居京城壬申遣使分行州郡理囚徒察風俗掩骸埋胔秋七月順陽獻三足烏八月甲子羣臣上表稱慶於是大赦文武普進級九月辛卯以大將軍楊忠王雄並為柱國甲辰封少師元羅為韓國公以紹魏後丁未行幸同州故宅賦詩冬十月辛酉突厥遣使朝貢癸亥太廟成乙亥以功臣琅邪貞獻公賀拔勝等十三人配享文帝廟庭壬午大赦

武成元年春正月己酉太師晉公護上表歸政帝始親万機軍旅猶總於護初改都督諸州軍事為總管三月癸巳陳六軍帝親擐甲冑迎太白於東方吐谷渾寇邊庚戌遣大司馬博陵公賀蘭祥率衆討之夏五月戊子詔有司造周曆己亥聽訟於正武殿辛亥以大宗伯梁國公侯莫陳崇為大司徒大司寇高陽公達奚武為大宗伯武陽公豆盧寧為大司寇柱國輔城公邕為大司空乙卯詔曰比屢有糺發官司赦前事者有司自今勿推究唯庫廄倉廩與海內所共漢帝有云朕為天下守財耳若有侵盜公家財畜錢粟者魏朝之事年月既遠一不須問自周有天下以來雖經赦宥事迹可知者有司宜即推窮得實之日免其罪徵備如法賀蘭祥攻拔洮陽洪和二城吐谷渾遁走閏月高昌遣使朝貢六月戊子大雨霖詔公卿大夫士爰及

牧守黎庶等令各上封事讜言極諫無有所諱其遭水者有司可時巡檢條列以聞庚子詔曰潁川從我是曰元勳無忘父城實起王業文考屬天地草昧造化權輿拯彼流亡匡茲頹運賴英賢盡力文武同心翼贊大功克隆帝業而被堅執銳櫛風沐雨永言疇昔良用憮然若功成名遂建國割符子唯休也其有致死王事妻子無歸者朕甚傷之凡從先王向夏州發夏州從來見在及薨亡者並量賜錢帛稱朕意焉是月陳武帝殂秋八月己亥改天王稱皇帝追尊文王為文皇帝大赦改元癸丑增御正四人位上大夫冬十月齊文宣帝殂

二年春正月癸丑朔大會羣臣于紫極殿始用百戲三月
辛酉重陽閣成會羣臣公侯列將卿大夫及突厥使於芳
林園賜錢帛各有差夏四月帝因食糖䭔遇毒庚子大漸
詔曰人生天地之間禀五常之氣天地有窮已五常有推
移人安得長在是以有生有死者物理之必然處必然之
理脩短之間何足多恨朕雖不德性好典墳披覽聖賢餘
論未甞不以此自曉今乃命也夫復何言諸公及在朝卿
大夫士軍中大小督將軍人等並立勳效積有年載輔翼
太祖成我周家令朕纘承大業處萬乘之上此上不負太
祖下不負朕躬朕得啓手啓足從先帝於地下實無恨于

心矣所可恨者朕享大位可謂四年矣不能使政化修理
黎庶豐足九州未一二方猶梗顧此恨恨目用不瞑唯冀
仁兄冢宰洎朕先正先父公卿大臣等協和為心勉力相
勸勿忘太祖遺志提挈後人朕雖沒九泉形骸不朽今大
位虛曠社稷無主朕兒幼少未堪當國魯國公邕朕之介
弟寬仁大度海內共聞能弘我周家必此子也夫人貴有
始終公等事太祖輔朕躬可謂有始矣若克念政道匡其
艱難輔邕以主天下者可謂有終矣哀死事生人臣大節
公等可思念此言令萬代稱歎朕稟生儉素非能力行菲
薄每寢大布之被服大帛之衣凡是器用皆無彫刻身終

之日豈容違棄此好喪事所須務從儉約斂以時服勿使
有金玉之飾若以禮不可闕皆令用瓦小斂訖七日哭文
武百官各權辟麻且以素服從事葬日選擇不毛之地因
勢為墳勿封勿樹且厚葬傷生聖人所誡朕既服膺聖人之
教安敢違之凡百官司勿異朕意四方州鎮使到各令三
日哭哭訖權辟凶服還以素服從事待大例除非有呼召
各按部自守不得輒奔赴闕庭禮有通塞隨時之義葬訖
內外悉除服從吉三年之內勿禁婚娶一令如平常也時
事殷猥病困心亂止能及此如事有不盡準此以類為斷
死而可忍古人有之朕今忍死盡此懷抱其詔即帝口授

也辛丑帝崩於延壽殿時年二十七謚曰明皇帝廟號世
宗五月辛未葬於昭陵帝寬明仁厚敦睦九族有君人之
量幼而好學博覽羣書善屬文詞彩溫麗及即位集公卿
已下有文學者八十餘人於麟趾殿刊校經史又捃採衆
書自羲農已來訖于魏末叙為世譜凡百卷所著文章十
卷

論曰昔者水運將終羣凶放命或權威震主或釁逆滔天
咸謂大寶可以力致神器可以求得而卒誅夷繼及亡不
旋踵是知天命有底庸可慆乎周文爰自潛躍衆無一旅
驅馳戎馬之際躡足行伍之間時屬與能運膺啓聖鳩集

義勇糺合同盟一舉而殄仇讎再駕而匡帝室於是內詢
帷幄外杖材雄推至誠以待人弘大順以訓物高氏藉甲
兵之衆恃戎馬之強屢入近畿志圖吞噬及英謀電發神
旆風馳弘農建城濮之勳沙苑有昆陽之捷取威定霸以
弱為強紹元宗之衰緒創隆周之景命南清江漢西舉巴
蜀北控沙漠東據伊瀍乃擯落魏晉憲章古昔修六官之
廢典成一代之鴻規德刑並用勳賢兼敘遠安邇悅俗阜
人和億兆之望有歸揖讓之期允集功業若此人臣以終
盛矣哉非夫雄略冠時英姿不世天與神授緯武經文者
孰能與於此乎昔漢獻蒙塵曹公成夾輔之業晉安播蕩

宋武建匡合之勳校德論功綽有餘裕至於渚宮制勝闔
城孥戮蠕蠕歸命盡種誅夷雖事出於權道而用乖於德
教斯為過矣孝閔承既安之業膺樂推之運明皇勵代邸
之尊纂大宗之緒始則權臣專命終乃政出私門俱懷芒
刺之疑用致幽弒之禍惜哉

周本紀上第九　北史九

周　巳千　孫　粹然　校正

周本紀下第十　北史十

高祖武皇帝諱邕字禰羅突文帝第四子也母曰叱奴太
后魏大統九年生於同州有神光照室帝幼而孝敬聰敏
有器質文帝異之曰成吾志者此兒也年十二封輔城郡
公孝閔帝踐阼拜大將軍出鎮同州明帝即位遷柱國授
蒲州刺史入為大司空行御正進封魯國公領宗師甚見
親愛參議朝廷大事性沉深有遠識非因問終無所言帝
每歎曰夫人不言言必有中武成二年四月帝崩遺詔傳
位於帝帝固讓百官勸進乃從之壬寅即皇帝位大赦冬
十二月改作路門是歲齊孝昭帝廢其主殷而自立

保定元年春正月戊申改元文武百官各增四級以大冢
宰晉公護為都督中外諸軍事令五府揔於天官庚戌祀
圜丘壬子祀方丘甲寅祀感帝於南郊乙卯祭太社己巳
享太廟班文帝所述六官於廟庭甲戌板授高年官各有
差乙亥親耕籍田景子大射於正武殿賜百官各有差二
月己卯遣大使巡察天下風俗甲午朝日於東郊景午省
輦輿去百戲三月景寅改八丁兵為十二丁兵率歲一月
役夏四月景子朔日有蝕之庚寅以少傅吳公尉綱為大
司空丁酉白蘭遣使獻犀甲鐵鎧五月景午封孝閔皇帝
子康為紀國公皇子贇為魯國公晉公護獲玉斗以獻六

月乙酉遣御正殺不害使於陳秋七月戊申以旱故詔所
在降死罪已下囚更鑄錢文曰布泉以一當五與五銖並
行九月甲辰南寧州使獻滇馬及蜀鎧冬十月甲戌朔日
有蝕之十一月乙巳陳人來聘丁巳狩於岐陽是月齊孝
昭帝殂十二月車駕至自岐陽是歲突厥吐谷渾高昌宕
昌龜茲等國並遣使朝貢
二年春正月壬寅初於蒲州開河渠同州開龍首渠以廣
溉灌丁未以陳主弟頊為柱國送還江南閏月己亥大司
馬涼公賀蘭祥薨二月癸丑以久不雨宥罪人京城三十
里內禁酒梁主蕭詧薨夏四月甲辰以旱故禁屠宰癸亥

詔曰諸柱國等勳德隆重宜有優崇各準別制邑戶聽寄
食他縣五月庚午以南山眾瑞並集免今年役及租賦之
半壬辰以柱國隨公楊忠為大司空六月己亥以柱國蜀
公尉遲迥為大司馬分山南荊州安州襄州江陵為四總管
秋九月戊辰朔日有蝕之陳人來聘冬十月辛亥帝御大
武殿大射戊午講武於少陵原十一月丁卯以大將軍衛
公直趙公招並為柱國
三年春正月辛未改光遷國為遷州乙酉太保梁公侯莫
陳崇賜死二月庚子初頒新律辛酉詔自今舉大事行大
政非軍機急速皆依月令以順天心三月乙丑朔日有蝕

之景子宕昌國獻生猛獸二部放之南山夏四月乙未以
柱國鄭公達奚武為太保大將軍韓果為柱國己亥帝御
正武殿錄囚徒癸卯大雩癸丑有牛足生於背戊午幸太
學以太傅燕公于謹為三老而問道焉初禁天下報讎犯
者以殺人論壬戌詔百官及庶人上封事極言得失五月
甲午朔以旱故避正寢不受朝甲戌雨秋七月戊辰行幸
原州庚午陳人來聘丁丑幸津門問百年賜以金帛又賜
高年板職各有差降死罪囚一等八月丁未改作路寢九
月甲子自原州登隴山景戌幸同州戊子詔柱國楊忠率
騎一萬與突厥伐齊己丑初令世襲州郡縣者改為五

等爵州封伯郡封子縣封男冬十月庚戌陳人來聘十二
月辛卯車駕至自同州遣太保達奚武率騎三萬出平陽
以應楊忠是月有人生子男而陰在背後如尾兩足指如
獸爪有犬生子腰以後分為二身兩尾六足
四年春正月庚申楊忠破齊長城至晉陽而還二月庚寅
朔日有蝕之三月庚辰初令百官執笏夏四月癸卯以柱
國鄧公竇熾為大宗伯五月壬戌封明帝長子賢為畢公
癸酉以大將軍安武公李穆為柱國丁亥改禮部為司宗
大司禮為禮部大司樂為樂部六月庚寅改御伯為納言
秋七月焉耆國遣使獻名馬八月丁亥朔日有蝕之詔柱

國楊忠帥師與突厥東伐至北河而還戊子以柱國齊公
憲爲雍州牧以許公宇文貴爲大司徒九月丁巳以柱國
衛公直爲大司空陳人來聘是月以皇世母閻氏自齊至
大赦閏月己亥以大將軍韋孝寬長孫儉並爲柱國冬十
月癸亥以大將軍陸通宇文盛蔡公廣並爲柱國甲子詔
大冢宰晉公護伐齊齊於太廟庭授以斧鉞於是護總大
軍出潼關大將軍權景宣帥山南諸軍出豫州少師楊摽
出軹關丁卯帝幸沙苑勞師癸酉還宮十一月甲午柱國
尉遲迥圍洛陽柱國齊公憲營芒山晉公護次陜州十二
月景辰齊豫州刺史王士良以州降壬戌齊師度河晨至
洛陽諸軍驚散尉迥帥麾下數十騎扞敵得却至夜引還

柱國王雄力戰死之遂班師楊摽於軹關戰沒權景宣亦
棄豫州而還是歲突厥粟特等國並遣使朝貢
五年春正月甲申朔以柱國王雄死王事故廢朝乙巳以
雄世子謙爲柱國二月辛丑詔陳公純等逆皇后于突厥
景寅以柱國李穆爲大司空綏德公陸通爲大司寇壬申
行幸岐州戊子柱國豆盧寧薨夏四月齊武成帝禪位於
其太子緯自稱太上皇帝五月己亥左右武伯各置中大
夫一人六月庚申彗星出三台入文昌犯上將經紫宮入
苑漸長丈餘百餘日乃滅辛未詔江陵人年六十五已上

爲官奴婢者已令放免其公私奴婢年七十以外者所在
官私宜贖爲庶人秋七月辛巳朔日有蝕之庚寅行幸秦
州降死罪已下刑辛丑遣大使巡察天下八月景子車駕
至自秦州冬十月辛亥改函谷關城爲通洛防十一月丁
未陳人來聘是歲吐谷渾遣使朝貢
天和元年春正月己卯朔日有蝕之辛巳考路寢命羣臣
賦古詩京邑耆老亦會焉頒賜各有差癸未大赦改元百
官普加四級己亥親耕籍田丁未於宕昌國置宕州遣小
載師杜杲使於陳二月戊辰詔三公已下各舉所知庚午
日鬭光遂微日中見烏三月景午祀南郊夏四月辛亥雩

是月陳文帝殂五月庚辰帝御正武殿集羣臣親講禮記
吐谷渾龍涸王莫昌率戶內附以其地爲扶州甲午詔曰
甲子乙卯禮云不樂萇弘表昆吾之稔杜蕢有揚觶之文
自世道喪亂禮儀素毀此典茫然已墜於地宜依是日有
事停樂庶知爲君之難爲臣不易貽之後昆殷鑒斯在六
月景午以大將軍辛威爲柱國秋七月戊寅築武功郿斜
谷武都留谷津坑諸城以置軍人壬午詔諸胄子入學但
東脩於師不勞釋奠釋奠者學成之祭自今即爲恒式八
月己未詔諸有三年之喪或負土成墳或寢苫骨立一志
一行可稱揚者本部官司隨事上言當加甄勉以勵薄俗

九月乙亥信州蠻反詔開府陸騰討平之冬十月甲子初造山雲儛以備六代樂十一月景戌行幸武功等城十二月庚申還宮

二年春正月癸酉朔日有蝕之己亥親耕籍田三月癸酉改武遊園爲道會苑丁亥初立郊丘壇壝制度夏四月乙巳省併東南諸州以大將軍陳公純爲柱國六月辛亥尊所生叱奴氏爲皇太后閏月庚午地震戊寅陳湘州刺史華皎帥衆來附壬辰以大將軍譙公儉爲柱國秋七月辛丑梁州上言鳳凰集楓樹羣鳥列侍以萬數甲辰立路門學置生七十二人壬子以太傅燕公于謹爲雍州牧九月

衛公直等與陳將淳于量吳明徹戰于沌口王師敗績元定以步騎數千先度遂沒江南冬十一月戊戌朔日有蝕之癸丑太保許國公宇文貴薨是歲突厥吐谷渾安息等國並遣使朝貢

三年春正月辛丑祀南郊三月癸卯皇后阿史那氏至自突厥甲辰大赦丁未大會百寮及賓客於路寢戊午太傅燕公于謹薨夏四月辛巳以太保達奚武爲太傅大司馬尉迥爲太保柱國齊公憲爲大司馬五月庚戌享太廟六月甲戌有星孛於東井秋七月壬寅柱國隋公楊忠薨八月乙丑韓公元羅薨齊人來聘請和親詔軍司馬陸逞報聘癸酉帝御大德殿集百寮及沙門道士等親講禮記冬十月癸亥享太廟丁亥上親帥六軍講武於城南京邑觀者輿馬彌漫數十里諸蕃使咸在焉十一月壬辰朔日有蝕之壬子遣開府崔彥穆使於齊甲寅陳安成王頊廢其主伯宗而自立辛未齊武成帝殂

四年春正月辛卯朔以齊武成殂故廢朝遣司會李綸等會葬於齊二月戊辰帝御大德殿集百寮道士沙門等討論釋老夏四月己巳齊人來聘五月己丑帝製象經成集百寮講說封魏廣平公子元謙爲韓國公以紹魏後丁巳柱國吳公尉綱薨六月築原州及涇州東城秋七月突厥

遣使獻馬柱國昌寧公長孫儉薨

五年春三月甲辰初令宿衛官住關外者將家累入京不樂者解宿衛夏四月甲寅以柱國宇文盛爲大宗伯省帥都督官景寅遣大使巡察天下六月景子以皇女生故降宥罪人并免逋租懸調冬十月辛巳朔日有蝕之丁酉太傅鄭公達奚武薨十一月丁卯柱國豳公廣薨十二月癸巳大將軍鄭恪帥師平越嶲置西寧州是月齊將斛律光侵邊於汾北築城自華谷至龍門

六年春正月己酉朔以路門未成故廢朝丁卯以大將軍王傑譚公會鴈門公田弘魏公李暉等並爲柱國三月己

西齊公憲自龍門度河斛律光退保華谷憲攻拔其新築五城夏四月戊寅朔日有蝕之辛卯信州蠻反遣大將軍趙闓師師討平之庚子以大將軍司馬消難侯莫陳瓊大安公閻慶神武公竇毅南陽公叱羅協平高公侯伏侯龍恩並爲柱國五月癸亥遣納言鄭詡使於陳景寅以大將軍李諱中山公訓杞公亮上庸公陸騰安義公宇文丘北平公寇紹許公宇文善犍爲公高琳鄭公達奚震隴東公楊纂常山公于翼並爲柱國六月乙未以大將軍太原公王秉爲柱國是月齊將段孝先攻陷汾州秋七月乙丑以大將軍越公盛爲柱國八月癸酉省掖庭四夷樂後宮羅

綺工五百餘人冬十月壬午冀公通薨乙未遣右武伯谷會琨使於齊壬寅上親帥六軍講武於城南十一月壬子以大將軍梁公侯莫陳芮大將軍李意並爲柱國景辰齊人來聘丁巳行幸散關十二月巳丑還宮是冬牛疫死者十六七

建德元年春正月戊午帝幸玄都觀親御法座講說公卿道俗論難事畢還宮降死罪及流罪一等其五歲刑已下並宥之二月癸酉遣大將軍昌城公深使於突厥司宗李際使於齊乙酉柱國安義公宇文丘薨三月癸卯朔日有蝕之齊人來聘景辰誅大冢宰晉公護及其子柱國譚公會莒柱國侯伏侯龍恩及其弟大將軍萬壽大將軍劉勇等大赦改元罷中外府癸亥以太傅尉迥爲太師柱國竇熾爲太傅大司空李穆爲太保齊公憲爲大冢宰衛公直爲大司徒趙公招爲大司空柱國辛威爲大司寇綏德公陸通爲大司馬詔曰人勞不止則星動於天作事不時則石言於國頃興造無度徵發不已加以頻歲師旅農畝廢業去秋災蝗年穀不登自今正調以外無妄徵發夏四月甲戌以代公達滕公逌並爲柱國己卯詔公卿已下各舉所知遣工部代公達使於齊景戌詔百官軍人上封事極言得失丁亥詔斷四方非常貢獻庚寅追尊略陽公爲孝

閔皇帝癸巳立魯公贇爲皇太子大赦百官各加封級五月壬戌以大旱集百官於庭詔之曰亢陽不雨豈朕德薄刑賞乖中歟將公卿大臣或非其人歟宜盡直言無有所隱公卿各引咎自責其夜澍雨六月庚子改置宿衞官員秋七月辛丑陳人來聘九月庚子朔日有蝕之庚申扶風掘地得玉盃以獻冬十月庚午詔江陵所獲俘虜充官口者悉免爲百姓辛未遣小匠師楊勰使於陳大司馬綏德公陸通薨十一月景午上親御六軍講武于城南庚戌行幸羌橋集京城東諸都督以上頒賜各有差乙卯還宮壬戌以大司空趙公招爲大司馬十二月壬申行幸斜谷集

京城以西諸軍都督以上頒賜有差景戌還宮己丑帝御正武殿親錄囚徒至夜而罷庚寅幸道會苑以上善殿壯麗遂焚之

二年春正月辛丑祀南郊乙巳以柱國田弘爲大司空大將軍若干鳳爲柱國庚戌復置帥都督官乙卯享太廟閏月己巳陳人來聘二月甲寅詔皇太子贇巡撫西土壬戌還司會侯莫陳凱使於齊省雍州內八部併入京兆馮翊扶風咸陽等郡三月己卯皇太子於岐州獲白鹿二以獻詔荅曰在德不在瑞癸巳省六府諸司中大夫以下官府置四司以下大夫爲官之長上士貳之夏四月己亥享太

廟景辰增改東宮官員五月丁丑以柱國侯莫陳瓊爲大宗伯滎陽公司馬消難爲大司寇上庸公陸騰爲大司空六月庚子省六府員外諸官皆爲丞壬子皇孫衍生文武官普加一級大階大選諸軍將帥景辰帝御路寢集諸軍將勗以戎事庚申詔諸軍旗旌皆畫以猛獸鷙鳥之象秋七月己巳享太廟自春末不雨至於是月壬申集百寮於大德殿帝責躬罪己問以時政得失戊子雨八月景午改三夫人爲三妃關中大蝗九月乙丑陳人來聘戊寅詔曰頃者婚嫁競爲奢靡有司宜加宣勸使遵禮制冬十月癸卯齊人來聘甲辰奏六代樂成帝御崇信殿集百官觀之

十一月辛巳帝親帥六軍講武於城東癸未集諸軍都督以上五十人於道會苑大射帝親臨射堂大備軍容十二月癸巳集羣官及沙門道士等帝升高座辨釋三教先後以儒教爲先道教次之佛教爲後以大將軍赫連達爲柱國詔軍人之間年多耆壽可頒授老職使榮沾邑里戊午聽訟於正武殿自旦及夜繼之以燭

三年春正月壬戌朝羣臣於路門冊柱國齊公憲衛公直趙公招譙公儉陳公純越公盛代公達滕公逌並進爵爲王己巳享太廟庚午突厥遣使獻馬癸酉詔自今男年十五女年十三以上爰及鰥寡所在以時嫁娶務從節儉乙

亥親耕籍田景子初服短衣享二十四軍督將以下試以軍旅之法縱酒盡歡詔以往歲年穀不登令公私道俗凡有貯積粟麥者皆準口聽留已外盡糶二月壬辰朔日有蝕之丁酉紀公康畢公賢酆公貞宋公實漢公贊秦公贄曹公允並進爵爲王景午令六府各舉賢良清正之士癸丑柱國許公宇文善有罪免景辰大赦三月癸酉皇太后叱奴氏崩帝居倚廬朝夕共一溢米羣臣表請累旬乃止詔皇太子贇撫庶政夏四月乙卯齊人來弔贈會葬丁巳有星孛於東井五月庚申葬文宣后於永固陵帝袒跣至陵所辛酉詔曰齊斬之情經籍彜訓近代沿革遂亡斯禮

伏奉遺令既葬便除攀慕几筵情實未忍三年之喪達於天子古今無易之道王者之所常行但時有未諧不得全制軍國務重庶有聽朝衰麻之節苫廬之禮率遵前典以申罔極百寮以下宜遵遺令公卿上表固請俯就權制過葬即吉帝不許引古答之羣臣乃止於是遂申三年之制五服之內亦令依禮初置太子諫議員四人文學十人皇子皇弟友員各二人學士六人戊辰詔故晉公護及諸子並追復先封改葬加謚景子初斷佛道二教經像悉毀罷沙門道士並令還俗并禁諸淫祀非祀典所載者盡除之六月丁未集諸軍將教以戰陣之法壬子更鑄五行大布錢以一當十與布泉錢並行戊午詔曰至道弘深混成無際體包空有理極幽玄但歧路既分源流逾遠淳離朴散形器斯乖遂使三墨八儒朱紫交競九流七略異說相騰道隱小成其來舊矣不有會歸爭驅靡息今可立通道觀聖哲微言先賢典訓金科玉篆祕賾玄文可以濟養黎元扶成教義者並宜弘闡一以貫之俾夫翫培塿者識嵩岱之崇崛守磧礫者悟渤澥之泓澄不亦可乎秋七月庚申行幸雲陽宮乙酉衛王直在京反欲突入肅章門司武尉遲運等拒守直敗遁走戊子車駕至自雲陽宮八月辛卯禽直於荆州免為庶人冬十月景申詔御正楊尚希使於陳庚子詔蒲州人遭飢乏絕者令向郿城以西及荆州管內就食甲寅行幸蒲州乙卯曲赦蒲州見囚大辟以下景辰行幸同州十一月戊午于闐遣使獻名馬己巳大閱於同州城東甲戌車駕至自同州十二月戊子大會衛官及軍人以上賜錢帛各有差景申改諸軍軍人並名侍官癸卯集諸軍講武於臨皐澤涼州比年地震壞城郭地裂涌泉出

四年春正月戊辰初置營軍器監壬申布寬大之詔參所躅免二月景戌朔日有蝕之辛卯改置宿衛官員己酉柱國廣德公李意有罪免三月景辰遣小司寇元衛使於齊郡縣各省主簿一人甲戌以柱國趙王招為雍州牧夏四月甲午柱國燕公于實有罪免丁酉初令上書者並為表於皇太子以下稱啓秋七月己未禁五行大布錢不得出入關布泉錢聽入而不聽出甲戌陳人來聘景子召大將軍以上於大德殿帝親諭以伐齊之旨言往以政出權宰無所措懷自親覽萬機便圖東討惡衣菲食繕甲練兵數年以來戰備稍足而偽主昏虐恣行無道伐暴除亂斯實其時羣臣咸稱善丁丑下詔暴齊氏過惡以柱國陳王純為前一軍總管滎陽公司馬消難為前二軍總管鄭公達奚震為前三軍總管越王盛為後一軍總管周昌公侯莫

陳瑱為後二軍總管趙王招為後三軍總管齊王憲帥衆
二萬趣黎陽隋公楊堅廣寧公侯莫陳迥舟師三萬自渭
入河柱國梁公侯莫陳芮帥衆一萬守太行道申國公李
穆帥衆三萬守河陽道常山公于翼帥衆二萬出陳汝壬
午上親帥六軍衆六萬直指河陰八月癸卯入齊境禁伐
樹殘苗稼犯者以軍法從事丁未上親帥諸軍攻拔河陰
大城攻子城未剋上有疾九月辛酉夜班師水軍焚舟而
退齊王憲于翼李穆等所在剋捷降拔三十餘城皆棄而
不守唯以王藥城要害令儀同三司韓正守之正尋以城
降齊戊寅至自東伐冬十月戊子初置上柱國上大將軍

官改開府儀同三司為開府儀同大將軍又置上開府上
儀同官閏月以柱國齊王憲蜀公尉遲迥為上柱國詔諸
畿郡各舉賢良十一月己亥改置司內官員十二月辛亥
朔日有蝕之景子陳人來聘是歲岐寧二州人飢開倉振
恤
五年春正月辛卯行幸河東涑川集關河東諸軍校獵甲
午還同州丁酉詔分遣大使周省四方察訟聽謠問人卹
隱廢布泉錢戊申初令鑄錢者至絞從者遠配二月辛酉
遣皇太子贇巡撫西土仍討吐谷渾三月壬寅車駕至自
同州文宣皇太后服再朞戊申祥夏六月戊申朔日有蝕

之辛亥享太廟景辰利州總管紀王康有罪賜死秋七月
乙未京師旱八月戊申皇太子入吐谷渾至伏俟城而還
乙丑陳人來聘九月丁丑大醮於正武殿以祈東伐冬十
月帝復諭羣臣伐齊以去歲屬有疹疾遂不得剋平逋寇
于時出軍河外直為撫背未扼其喉然晉州本高歡所起
統攝要重今往攻之彼必來援嚴軍以待擊之必剋然後
乘破竹之勢鼓行而東足以窮其窟穴諸將多不願行帝
曰機者事之微不可失矣沮軍事者以軍法裁之己酉帝
總戎東伐以越王盛為右一軍總管杞公亮為右二軍總
管隋公楊堅為右三軍總管譙王儉為左一軍總管大將

軍竇泰為左二軍總管廣化公丘崇為左三軍總管齊王
憲陳王純為前軍癸亥帝至晉州遣齊王憲帥精騎二萬
守雀鼠谷陳王純步騎二萬守千里徑鄭公達奚震步騎
一萬守統軍川大將軍韓明步兵五千守齊子嶺烏氏公
尹升步騎五千守鼓鍾鎮涼城公辛韶步騎五千守蒲津
關柱國趙王招步騎一萬自華谷攻汾州諸城柱國宇文
盛步兵一萬守汾水關遣內史王誼監六軍攻晉州城帝
屯於汾曲齊王憲攻洪洞永安二城並拔之是夜虹見於
晉州城上首向南尾入紫宮帝每日自汾曲赴城下親督
戰庚午齊行臺左丞侯子欽出降壬申齊晉州刺史崔嵩

夜密使送款上開府王軌應之未明登城遂克晉州甲戌
以上開府梁士彥爲晉州刺史以鎮之十一月己卯齊主
自并州帥衆來援帝以其兵新集且避之乃詔諸軍班師
齊主遂圍晉州齊王憲屯諸軍於涑水爲晉州聲援河東
地震癸巳至自東伐獻俘于太廟景申放齊諸城鎮降人
還丁酉帝發京師壬寅度河與諸軍合十二月戊申次晉
州庚戌帝帥諸軍八萬置陣東西二十餘里乘常御馬從
數人巡陣所至輒呼主帥姓名以慰勉之將士感見知之
恩各思自厲將戰有司請換馬帝曰朕獨乘良馬何所之
齊主亦於塹北列陣申後齊人塡塹南引帝大喜勒諸軍

擊之齊人便退齊主與其麾下數十騎走還并州齊衆大
潰軍資甲仗數百里間委棄山積辛亥帝幸晉州仍率諸
軍追齊主諸將固請還師帝曰縱敵患生卿等若疑朕將
獨往諸將不敢言甲寅齊主遣其丞相高阿那肱守高壁
帝麾軍直進那肱望風退散景辰師次介休齊將韓建業
舉城降以爲上柱國封郇國公丁巳大軍次并州齊主留
其從兄安德王延宗守并州自將輕騎走鄴是日詔齊王
公以下示以逆順之道於是齊將帥降者相繼戊午高延
宗僭即僞位改年曰德昌己卯軍次并州帝帥諸軍合戰
齊人退帝逐北及城東門諸軍遶城置陣至夜延宗帥其

衆排陣而前城中軍却人相蹂踐大爲延宗所敗齊人欲
閉門以閫下積尸扉不得闔帝從數騎崎嶇危險僅得出
門至明帥諸軍更戰大破之禽延宗并州平壬戌詔曰昔
天厭水運龍戰於野兩京否隔四紀于茲朕垂拱巖廊君
臨宇縣相邠人於海内混楚弓於天下一物失所有若推
溝方欲德綏未服義征不譓僞主高緯放命燕齊怠慢典
刑俶擾天紀加以背惠怒鄰弃信忘義朕應天從物伐罪
弔人一鼓而蕩平陽再舉而摧強敵僞署王公相繼道左
高緯智窮數屈逃竄草間僞安德王高延宗擾攘之閒遂
竊名號與僞齊昌王莫多婁敬顯等收合餘燼背城借一

王威既振魚潰鳥離破竹更難建瓴非易延宗衆散衿甲
軍門根本既傾枝葉自實幽青海岱折簡而來冀北河南
傳檄可定八紘共貫六合同風方當偃伯靈臺休牛桃塞
無疆之慶非獨在予漢皇約法除其苛政姬王輕典刑彼
新邦思覃惠澤被之率土新佳亦臣庶皆從蕩滌可大赦天
下高緯及王公以下若釋然歸順咸許自新諸士入僞朝
亦從寬宥官榮次序依例無失齊制僞令即宜削除鄒魯
搢紳幽并騎士一介可稱並宜銓錄景寅出齊宮中金銀
寶器珠玉麗服及宮女二千人班賜將士以柱國趙王招
陳王純越王盛杞公亮梁公侯莫陳芮庸公王謙北平公

冠紹鄭公達奚震並為上柱國封齊王憲子安城郡公質
為河間王諸有功者封授各有差癸酉帝帥六軍趣鄴
六年春正月乙亥齊主傳位於其太子恒改年曰承光自
號太上皇壬辰帝至鄴癸巳帥諸軍圍之齊人拒守諸軍
奮擊大破之遂平齊齊主先送其母及妻子於青州及城陷
帥數十騎走青州遣大將軍尉遲勤追之是戰也於陣獲其
齊昌王莫多婁敬顯帝數之曰汝有死罪三前從并州走
鄴棄母攜妻妾是不孝外為偽主勠力內實通啟於朕是
不忠送款之後猶持兩端是不信如此用懷不死何待遂
斬之是日西方有聲如雷甲子帝入鄴城詔去年大赦班

宣未及之處皆從赦例乙亥詔曰晉州大陣至鄴身殞戰
場者其子即授父本官尉勤禽齊主及其太子恒於青州
庚子詔曰偽齊之末姦佞擅權濫罰淫刑動挂羅網偽右
丞相咸陽王故斛律明月偽侍中特進開府故崔季舒等
七人或功高獲罪或直言見誅朕兵以義動翦除凶暴表
閭封墓事切下車宜追贈謚并加窆措其見在子孫各隨
蔭敘錄家口田宅沒官者並還之辛丑詔偽齊東山南園
及三臺並毀撤瓦木諸物凡入用者盡賜百姓山園之田
各還本主二月景午論定諸軍勳置酒於齊太極殿會軍
士以上班賜有差丁未齊主至帝降自阼階見以賓主禮

齊任城王湝在冀州擁兵未下遣上柱國齊王憲與柱國
隋公楊堅討平之齊范陽王高紹義叛入突厥齊諸行臺
州鎮悉降關東平合州五十五郡一百六十二縣三百八
十五戶三十萬二千五百二十八口二千萬六千八百八
十六乃於河陽及幽青南兗豫徐北朔定州置總管府相
并二總管各置宮及六府官癸丑詔自偽武平三年以來
河南諸州人偽齊破掠為奴婢者不問公私並放免之其
住在淮南者亦即聽還願住淮北者可隨便安置癃殘孤
老不能自存者所在矜恤乙卯車駕發自鄴三月壬午詔
山東諸州各舉士夏四月乙巳至自東伐列齊主於前其

王公等並從車輿旌旗及器物以次陳於其後大駕布六
軍備凱樂獻俘於太廟京邑觀者皆稱萬歲戊申封齊主
為溫國公庚戌大會羣臣及諸蕃客於路寢乙卯廢蒲陝
涇寧四州總管己巳享太廟詔分遣使人巡方撫慰觀風
省俗五月丁丑以柱國譙王儉為大冢宰庚辰以上柱國
杞公亮為大司徒鄭公達奚震為大宗伯梁公侯莫陳芮
為大司馬柱國應公獨孤永業為大司寇鄖公韋孝寬為
大司空辛巳大醮於正武殿以報功己丑祀方丘詔曰往
者冢臣專任制度有違正殿別寢事窮壯麗非直彫墻峻
宇深戒前王而締構弘敞有踰清廟不軌不物何以示後

兼東夏初平人未見德率先海內宜自朕始其路寢會義崇信含仁雲和思齊諸殿等農隙之時悉可毀撤彫斲之物並賜貧人繕造之宜務從卑朴戊戌詔曰京師宮殿已從撤毀并鄴二所華侈過度誠復作之非我豈容因而弗革諸堂殿壯麗並宜除蕩甍宇雜物分賜窮人三農之隙別漸營構止蔽風雨務在卑狹庚子陳人來聘是月青城門無故自崩六月辛亥御正武殿錄囚徒甲子東巡丁卯詔曰自今不得娶母同姓以為妻妾秋七月景戌行幸洛州己丑詔山東諸州舉有才望者赴行在所共論政事得失八月壬寅議權衡度量頒於天下其不依新式者悉追

停之詔曰以刑止刑以輕代重罪不及嗣皆有定科雜役之徒獨異常憲一從罪配百代不免罰既無窮刑何以措凡諸雜戶悉放為百姓配雜之科因之永削甲子鄭州獻九尾狐皮肉銷盡骨體猶具帝曰瑞應之來必昭有德若使五品時序四海和平家識孝慈乃能致此今無其時恐非實錄乃令焚之九月壬申以柱國鄧公竇熾申公李穆為上柱國戊寅初令庶人以上非朝祭之服唯得衣綢綿綢絲布圓綾紗絹綃葛布等九種壬辰詔東土諸州儒生明一經以上並舉送州郡以禮發遣冬十月戊申行幸鄴宮戊午改葬德皇帝於冀州帝服緦哭於太極殿百官素

服哭是月誅溫公高緯十一月壬申封皇子充為道王兗為蔡王癸酉陳將吳明徹侵呂梁徐州總管梁士彥與戰不利退守徐州遣上大將軍郯公王軌討之是月稽胡反遣齊王憲討平之詔自永熙三年七月以來十月以前東土人被鈔在化內為奴婢者及平江陵日良人沒為奴婢者並免同人伍詔曰正位於中有聖通典質文相革損益不同五帝則四星之象三王制六宮之數劉曹已降等列彌繁選擇徧於生靈命秩方於庶職椒房丹地有衆如雲本由嗜欲之情非關風化之義朕運當澆季思復古始弘贊後庭事從簡約可置妃二人世婦三人御妻三人自茲

以外宜悉減省己亥晦日有蝕之初行刑書要制持杖羣強盜一疋以上不持杖羣強盜五疋以上監臨主掌自盜二十疋以上小盜及詐請官物三十疋以上正長隱五戶及十丁以上隱地三頃以上皆至死刑書所不載者自依律科十二月北營州刺史高寶寧據州反庚申行幸并州宮移并州軍人四萬戶於關中戊辰廢并州宮及六府是歲吐谷渾百濟並遣使朝貢

宣政元年春正月癸酉吐谷渾偽趙王他婁屯來降壬午行幸鄴宮辛卯幸懷州癸巳幸洛州詔於懷州置宮二月甲辰柱國大冢宰譙王儉薨丁巳車駕至自東巡乙丑以

上柱國越王盛為大冢宰陳王純為雍州牧三月戊辰於蒲州置宮廢同州及長春二宮壬申突厥遣使朝貢甲戌初服常冠以皂紗為之加簪而不施纓導其制若今之折角巾也上大將軍王軌破陳師於呂梁禽其將吳明徹等俘斬三萬餘人丁亥詔柱國豆盧寧征江南武陵南平等郡所有士庶為人奴婢者悉依江陵放免壬辰改元夏四月壬子初令遭父母喪者聽終制庚申突厥入寇幽州五月己丑帝總戎北伐遣柱國原公姬願東平公宇文神舉等五道俱入發關中公私馬驢悉從軍癸巳帝不豫止于雲陽宮景申詔停諸軍六月丁酉帝疾甚還京其夜崩於

乘輿時年三十六遺詔曰人肖形天地稟質五常脩短之期莫非命也朕君臨宇縣十有九年未能使百姓安樂刑措不用夫旦求衣分宵忘寢昔魏室將季海內分崩太祖扶危翼傾肇開王業燕趙榛蕪久竊名號朕上述先志下順人心遂與王公將帥共平東夏雖復祅氛蕩定而人勞未康每一念如此若臨冰谷將欲包舉六合混同文軌今遘疾大漸力氣稍微有志不申以此歎息天下事重萬機不易王公以下爰及庶寮宜輔導太子副朕遺意令上不負太祖下無失為臣朕雖暝目九泉無所復恨朕平生居處每存菲薄非直以訓子孫亦乃本心所好喪事資用須

使儉而合禮墓而不墳自古通典隨吉即葬葬訖公除四方士庶各三日哭妃嬪以下無子者悉放還家謚曰武皇帝廟稱高祖己未葬於孝陵帝沉毅有智謀初以晉公護專權常自晦迹人莫測其深淺及誅護之後始親萬機克己勵精聽覽不怠用法嚴整多所罪殺號令懇惻唯屬意於政羣下畏服莫不肅然性既明察少於恩惠凡布懷立行皆欲踰越古人身衣布袍寢布被無金寶之飾諸宮殿華綺者皆撤毀之改為土階數尺不施櫨栱其彫文刻鏤錦繡纂組一皆禁斷後宮嬪御不過十餘人勞謙接下自強不息以海內未康銳情教習至於校兵閱武步行山谷

履涉勤苦皆人所不堪平齊之役見軍士有跣行者帝親脫靴以賜之每宴會將士必自執盃勸酒或手付賜物至於征伐之處躬在行陣性又果決能斷大事故能得士卒死力以弱制強破齊之後遂欲窮兵極武平突厥定江南一二年閒必使天下一統此其志也

宣皇帝諱贇字乾伯武帝長子也母曰李太后武成元年生於同州保定元年五月景午封魯國公建德元年四月癸巳武帝親告廟冠於阼階立為皇太子二年詔皇太子巡撫西土文宣后崩武帝諒闇詔太子總朝政五旬而罷武帝每巡幸四方太子常留監國五年二月又詔太子巡

西土因討吐谷渾宣政元年六月丁酉武帝崩戊戌太子即皇帝位尊皇后曰皇太后甲子誅上柱國齊王憲閏月乙亥詔山東流人新復業及突厥侵掠家口破亡不能存濟者給復一年立妃楊氏爲皇后辛巳以上柱國趙王招爲太師陳王純爲太傅柱國代王達滕王逌盧公尉遲運薛公長孫覽並爲上柱國是月幽州盧昌期據范陽反詔柱國東平公宇文神舉討平之秋七月乙巳享太廟景午祀圜丘戊申祀方澤庚戌以小宗伯岐公斛斯徵爲大宗伯壬戌以南兖州摠管隋公楊堅爲上柱國大司馬癸亥尊所生李氏爲帝太后八月景寅夕月於西郊長安萬年

二縣人居京城者給復三年壬申幸同州遣大使巡察諸州制九條宣下州郡其母族絶服外者聽婚以上柱國薛公長孫覽爲大司徒柱國楊公王誼爲大司空景戌以柱國永昌公椿爲大司寇九月丁酉以柱國宇文盛張掖公王傑枹罕公辛威鄖國公韋孝寬並爲上柱國庚戌封皇第元爲荊王詔諸應拜者皆以三拜成禮冬十月癸酉至自同州戊子百濟遣使朝貢十一月己亥講武於道會苑帝親擐甲是月突厥犯邊圍酒泉殺掠吏士十二月甲子以柱國畢王賢爲大司空己丑以上柱國河陽摠管滕王逌爲行軍元帥伐陳免京師見徒並令從軍

大象元年春正月己丑受朝於路門帝服通天冠絳紗袍羣臣皆服漢魏衣冠大赦改元爲大成初置四輔官以大冢宰越王盛爲大前疑蜀公尉遲迥爲大右弼申公李穆爲大左輔大司馬隋公楊堅爲大後丞癸卯封皇子衍爲魯王甲辰東巡景午以柱國常山公于翼爲大司徒辛亥以柱國許公宇文善爲大宗伯戊午行幸洛陽立魯王衍爲皇太子二月癸亥詔曰河洛之地舊稱朝市自魏氏失馭城闕爲墟我太祖受命酆鎬有懷光宅高祖往巡東夏布政此宮朕以眇身祗承寶運雖庶幾聿脩之志敢忘燕翼之心一昨駐蹕金墉備嘗遊覽百王制度基址尚存今

若因循爲功易立宜命邦事脩復舊都奢儉取文質之間功役依子來之義北瞻河內咫尺非遥前詔經營今宜停罷於是發山東諸州兵增一月功爲四十五日役起洛陽宮常役四萬人以迄晏駕并移相州六府於洛陽稱東京六府殺柱國徐州摠管鄖公王軌停南討諸軍以趙王招女爲千金公主嫁於突厥乙亥行幸鄴景子初令摠管刺史行兵者加持節餘悉罷之辛巳詔傳位於皇太子衍大赦改元大成爲大象帝於是自稱天元皇帝所居稱天臺冕二十有四旒車服旗鼓皆以二十四爲節內史御正皆置上大夫皇帝衍稱正陽宮置納言御正諸衛等官皆準天

臺尊皇太后為天元皇太后癸未日出將入時其中並有
烏色大如雞卵經四日乃滅戊子以大前疑越王盛為太
傅大右弼蜀公尉迥為大前疑代王達為大右弼辛卯詔
徙鄴城石經於洛陽又詔洛陽凡是元遷戶並聽還洛州
此外欲往者聽之河陽幽相豫亳青徐七總管受東京六
府處分三月庚申車駕至自東巡大陳軍伍親擐甲冑入
自青門皇帝衍備法駕從百官迎於青門外是時驟雨儀
衛失容辛酉封趙王招第二子貫為永康縣王夏四月壬
戌朔有司奏言日蝕不視事過時不蝕乃臨軒立妃朱氏
為天元帝后癸亥以柱國畢王賢為上柱國己巳享太廟

州季 北史帝紀十 二十六 刋木

壬午大醮於正武殿五月辛亥以洺州襄國郡為趙國齊
州濟南郡為陳國豐州武當安富二郡為越國潞州上黨
郡為代國荊州新野郡為滕國邑各一萬戶令趙王招陳
王純越王盛代王達滕王逌並之國是月遣使簡視京城
及諸州士庶女充選後宮突厥寇并州六月咸陽有池水
變為血徵山東諸州人修長城秋七月庚寅以大司空畢
王賢為雍州牧大後承隋公楊堅為大前疑柱國滎陽公
司馬消難為大後承景申納大後承司馬消難女為正陽
宮皇后己酉尊帝太后李氏為天皇太后壬子改天元帝
后朱氏為天皇后立妃元氏為天右皇后妃陳氏為天左

皇后八月庚申幸同州壬申還宮甲戌以天左皇后父大
將軍陳山提天右皇后父開府元晟並為上柱國初武帝
作刑書要制用法嚴重及帝即位恐物情未附除之至是
為刑經聖制其法深刻大醮於正武殿告天而行焉壬午
以上柱國雍州牧畢王賢為太師上柱國郇公韓建業為
大左輔是月所在螘羣鬬各四五尺死者十八九九月己
卯以鄖王貞為大冢宰上柱國鄖公韋孝寬為行軍元帥
率行軍總管杞公亮郕公梁士彥伐陳遣御正杜杲使於
陳冬十月壬戌幸道會苑大醮以高祖武皇帝配醮初復
佛象及天尊象帝與二象俱南坐大陳雜戲令京城士庶

信州洪季刊 北史帝紀十 二十七 山

縱觀是月相州人段德舉謀反伏誅十一月乙未夜行幸
同州壬寅還宮乙巳初鑄永通萬國錢以一當千與五行
大布並行是月韋孝寬拔壽陽杞國公亮拔黃城梁士彥
拔廣陵陳人退走於是江北盡平十二月戊午以災異屢
見帝御路寢見百官詔曰朕以寡德君臨區寓始於秋季
及此玄冬幽憂殷勤屢貽深戒至有金入南斗木犯軒轅
熒惑干房又與土合流星照夜東南而下然則南斗主於
爵祿軒轅為於後宮房曰明堂布政所也火土則憂孽之
兆流星乃兵凶之驗豈其宮人失序女謁尚行政事乖方
憂患將至何其昭著若斯之甚將避正寢齋居克念惡衣

減膳去飾徹懸披不諱之誠開直言之路欲使刑不濫及賞弗踰等選舉以才宮闈修德宜宣諸内外庶盡弼諧允叶人心用消天譴於是舍仗衞往天興宮百官上表勸復寢膳許之甲子還宮御正武殿集百官及宮人内外命婦大列妓樂又縱胡人乞寒用水澆沃以為戲樂乙丑行幸洛陽帝親御驛馬日行三百里四皇后及文武侍衞數百人並乘驛以從令四后方駕齊驅或有先後便加譴責人馬頓仆相屬於道己卯還宮

二年春正月丁亥帝受朝于道會苑癸巳享太廟乙巳造二辰晝日月象以置左右戊申雨雪雪止又雨細黃土移

時乃息乙卯詔江右諸州新附人給復二十年初稅入市者人一錢二月丁巳帝幸路門學行釋奠禮戊午突厥遣使獻方物且逆千金公主乙丑改制詔為天制敕為天敕尊天元皇太后為天元上皇太后天皇太后李氏曰天元聖皇太后癸未立天元皇后楊氏為天元大皇后天皇后朱氏為天大皇后天右皇后元氏為天右大皇后天左皇后陳氏為天左大皇后正陽宮皇后直稱皇后是月洛陽有禿鶖鳥集新太極殿前滎州有黑龍見與赤龍鬭於汴水側黑龍死三月丁亥賜百官及百姓大酺詔進封孔子為鄒國公邑數準舊并立後承襲別於京師置廟以時祭

享戊子行軍揔管杞公亮舉兵反行軍元帥韋孝寬獲而殺之辛卯行幸同州增候正前驅式道為三百六十重自應門至赤岸澤數十里間幡旗相蔽鼓樂俱作又令武賁持鈒馬上稱警蹕以至同州乙未改同州宮為天成宮庚子車駕至自同州詔天臺侍衞皆着五色及紅紫綠衣以雜色緣名曰品色衣有大事與公服間服之壬寅詔内外命婦皆執笏其拜宗廟及天臺皆俛伏甲辰初置天中大皇后立天左大皇后陳氏為天中大皇后立妃尉遲氏為天左大皇后夏四月己巳享太廟己卯以旱故降見囚死罪已下壬午幸中山祈雨至咸陽宮雨降甲申還宮令京

城士女於衢巷作音樂以迎候五月甲午帝備法駕幸天興宮乙未帝不悆還宮詔楊州揔管隋公楊堅入侍疾丁未追趙越陳代滕五王入朝己酉大漸御正下大夫劉昉與内史上大夫鄭譯矯制以隋公楊堅受遺輔政是日帝崩於天德殿時年二十二謚宣皇帝七月景申葬定陵帝之在東宮也武帝慮其不堪承嗣遇之甚嚴朝見進止與諸臣無異雖隆寒盛暑亦不得休息性嗜酒武帝遂禁醪醴不許至東宮帝每有過輒加捶扑嘗謂之曰古來太子被廢者幾人餘兒豈不堪立邪於是遣東宮官屬錄帝言語動作每月奏聞帝憚威嚴矯情脩飾以是惡不外聞嗣

位之初方逞其欲大行在殯曾無戚容即通亂先帝宮人纔踰年便恣聲樂采擇天下子女以充後宮好自矜夸飾非拒諫禪位之後彌復憍奢耽酗於後宮或旬日不出公卿近臣請事者皆附閹官奏之所居宮殿帷帳皆飾以金玉珠寶光華炫燿極麗窮奢及營洛陽宮雖未成畢其規摹壯麗踰於漢魏遠矣唯自尊崇無所顧憚國典朝儀率情變改後宮位號莫能詳録每對臣下自稱爲天以五色土塗所御天德殿各隨方色又於後宮與皇后等列坐用宗廟禮器罇彝珪瓚之屬以次食焉又令羣臣朝天臺者致齋三日清身一日車旗章服倍於前王之數既自比上帝不欲令人同己常自帶綬及冠通天冠加金附蟬顧見侍臣武弁上有金蟬及王公有綬者並令去之又不聽人有高者大者之稱諸姓高者改爲姜九族稱高祖者爲長祖曾爲次長祖官稱名位凡謂上及大者改爲長有天者亦改之又令天下車皆渾成爲輪禁天下婦人皆不得施粉黛唯宮人得乘有輻車加粉黛焉西陽公溫杞公亮之子即帝從祖兄其妻尉遲氏有容色因入朝帝遂飲以酒逼而婬之亮聞之懼謀反纔誅溫即追尉遲氏入宮初爲妃尋立爲皇后每左右侍臣論議唯欲興造革易未嘗言及政事其後遊戲無恒出入不節羽儀仗衛晨出夜還或

幸天興宮或遊道會苑陪侍之官皆不堪命散樂雜戲魚龍爛漫之伎常在目前好令京城少年爲婦人服飾入殿歌舞與後宮觀之以爲喜樂擯斥近臣多所猜忌又吝於財賂無賜與恐羣臣規諫不得行己之志常遣左右密伺察之動止所爲莫不抄録小有乖違輒加其罪自公卿以下皆被楚撻其間誅戮黜免者不可勝言每捶人皆以百二十爲度名曰天杖宮人內職亦如之后妃嬪御雖被寵嬖亦多被杖背於是內外恐懼人不自安皆求苟免莫有固志重足累息以逮於終矣

靜皇帝諱衍後改名闡宣帝之長子也母曰朱皇后建德二年六月生于東宮大象元年正月癸卯封魯王戊午立爲皇太子二月辛巳宣帝於鄴宮傳位授帝居正陽宮

三年五月乙未宣帝寢疾詔帝入宿路門學己酉宣帝崩帝入居天臺廢正陽宮大赦停洛陽宮作庚戌上天元上皇太后尊號爲太皇太后天元聖皇太后李氏爲太帝太后天元太皇后爲皇太后天太皇后朱氏爲帝太后其天中大皇后陳氏天右大皇后元氏天左大皇后尉遲氏並出俗爲尼以柱國漢王贊爲上柱國右大丞相上柱國楊州摠管隋公楊堅爲假黃鉞左大丞相柱國秦王贄爲上柱國帝居諒闇百官摠己以聽於左大丞相壬子以上柱

國鄖公韋孝寬爲相州總管罷入市稅錢六月戊午以柱
國許公宇文善神武公竇毅脩武公侯莫陳瓊大安公閻
慶並爲上柱國趙王招陳王純越王盛代王達滕王逌來
朝庚申復佛道二教辛酉以柱國杞公賛燕公于寔郜公
賀拔伏恩並爲上柱國甲子相州總管尉遲迥舉兵不受
代詔發關中兵即以韋孝寬爲行軍元帥討之柱國畢王
賢以謀執政被誅以上柱國秦王贄爲大冢宰杞公椿爲
大司徒己巳詔南定北光衡巴四州人爲宇文亮抑爲奴
婢者並免之甲戌有赤氣起西方漸東行徧天庚辰罷諸
魚池及山澤公禁者與百姓共之以柱國蔣公梁睿爲益

州總管秋七月甲申突厥送齊范陽王高紹義庚寅申州
刺史李慧起兵庚子詔趙陳越代滕五王入朝不趨劒履
上殿滎州刺史邵公宇文冑舉兵遣大將軍楊素討之青
州總管尉遲勤舉兵丁未隋公楊堅都督內外諸軍事己
酉鄖州總管司馬消難舉兵以柱國楊公王誼爲行軍元
帥討之壬子趙王招越王盛以謀執政被誅癸丑封皇弟
衍爲萊王術爲郢王是月豫州襄州總管諸蠻各帥種落
反八月庚申益州總管王謙舉兵不受代即以梁睿爲行
軍元帥討之庚午韋孝寬破尉迥於鄴迥自殺相州平移
相州於安陽其鄴城及邑毀廢之景子以漢王贊爲太師

以上柱國并州總管申公李穆爲太傅以宋王實爲大前
疑以秦王贄爲大右弼以燕公于寔爲大左輔己卯以尉
迥平大赦庚辰司馬消難擁衆以魯山甑山二鎮奔陳遣
大將軍元景山追擊之鄖州平沙州氐帥開府楊永安聚衆
反應王謙遣大將軍達奚儒討之楊素破宇文冑於滎陽
斬之以上柱國神武公竇毅爲大司馬以齊公于智爲大
司空廢相青荊金晉梁州六總管九月景戌廢河陽總管
爲鎮隷洛州以小宗伯竟陵公楊慧爲大宗伯壬辰廢皇
右司馬氏爲庶人戊戌以柱國楊公王誼爲上柱國庚戌
以柱國常山公于翼化政公宇文忻並爲上柱國壬子丞

相去左右號隋公楊堅爲大丞相冬十月甲寅日有蝕之
壬戌陳王純以怨執政被誅大丞相隋公楊堅加大冢宰
五府總於天官戊寅梁睿破王謙斬之傳首京師益州平
十一月甲辰達奚儒破楊永安沙州平丁未上柱國鄖公
韋孝寬薨十二月壬子以柱國蔣公梁睿爲上柱國丁巳
以柱國邗公楊雄普安公賀蘭謨郯公梁士彦上大將軍
新寧公叱列長文武鄉公崔弘度大將軍中山公宇文恩
濮陽公宇文述渭原公和干子任城公王景漁陽公楊鋭
上開府廣宗公李崇隴西公李詢並爲上柱國庚申以柱
國楚公豆盧勣爲上柱國癸亥詔曰太祖受命龍德猶潛

三分天下志扶魏室多所改作冀允上玄文武羣官賜姓者衆本殊國邑實乖胙土不歆非類異骨肉而共蒸嘗不愛其親嗟行路而叙昭穆且神徵革姓本爲曆數有歸天命在人推讓終而弗獲故君臨區宇累世於茲可不仍遵謙挹之旨久行權宜之制諸改姓者悉宜復舊甲子大丞相隋公楊堅進爵爲王以郡爲隋國己巳以柱國沛公鄭譯爲上柱國辛未代王達滕王逌並以謀執政被誅壬申以大將軍長寧公楊勇爲上柱國大司馬以小冢宰始平公元孝矩爲大司寇

大定元年春正月壬午改元景戌詔戎秩上開府以上職事下大夫以上外官刺史以上各舉賢良二月甲子帝遜位于隋居于別宮隋氏奉帝爲介國公邑萬戶車服禮樂一如周制上書不稱表荅表不稱詔有其文事竟不行隋開皇元年五月壬申帝崩時年九歲隋志也謚曰靜皇帝葬恭陵

論曰自東西否隔二國爭强戎馬生郊干戈日用兵連禍結力敵勢均壇場之事一彼一此武皇纉業未親萬機慮遠謀深以蒙養正及英威電發朝政惟新內難旣除外略方始乃苦心焦思克己勵精勞役爲士卒之先居處同匹夫之儉修富國之政務强兵之術乘讎人之有釁順天道而推亡數年之間大勳斯集攄祖宗之宿憤拯東夏之阽危盛矣哉有成功者也若使翌日之瘳無爽經營之志獲申黷武窮兵雖見譏於良史雄圖遠略足方駕於前王而識嗣子之非才顧宗祏之至重滯愛同於晉武則哲異於宋宣但欲威之榎楚期於懲肅義方之教豈若是乎卒使昏虐君臨姦回肆毒迹宣后之行事身歿已爲幸矣靜帝越自幼冲紹茲衰統內挾有劉之詐外藩無齊代之强隋氏因之遂遷龜鼎雖復岷峨投袂翻成凌奪之威漳滏勤王無救宗周之殞嗚呼以文皇之經啓鴻基武皇之克隆景業未踰二紀不祀忽諸斯蓋先帝之餘殃非孺子之罪

戾也

周本紀下第十　北史十

方洽周益　校正

隋本紀上第十一　　北史十一

隋高祖文皇帝姓楊氏諱堅小名那羅延本弘農華陰人漢太尉震之十四世孫也震八世孫燕北平太守鉉鉉子元壽魏初為武川鎮司馬因家于神武樹頹焉元壽生太原太守惠嘏嘏生平原太守烈烈生寧遠將軍禎禎生皇考忠初禎屬魏末喪亂避地中山結義徒以討鮮于修禮遂死之周保定中皇考著勳追贈柱國大將軍少保興城郡公皇考美鬚髯身長七尺八寸狀貌瓌偉武藝絕倫識量深重有將率之略年十八客游泰山會梁兵陷郡國沒江南及北海王元顥入洛乃與俱歸顥敗尒朱度律召為

帳下統軍後從獨孤信屢有軍功又與信從魏孝武西遷東魏荊州刺史辛纂據穰城皇考從信討之與都督康洛兒元長生乘城而入彎弓大呼斬纂以徇城中懾服居半歲以東魏之逼與信俱歸周文帝召居帳下嘗從周文狩於龍門皇考獨當一猛獸左挾其腰右拔其舌周文壯之北臺謂猛獸為揜于因以字之從禽竇泰破沙苑陣封襄武縣公河橋之役皇考與壯士五人力戰守橋敵人不敢進又與李遠破黑水稽胡并與怡峯解玉壁圍以功歷雲洛二州刺史芒山之戰先登陷陣除大都督及侯景度江梁氏喪敗周文將經略乃授皇考都督荊等十五州諸軍

事鎮穰城梁雍州刺史岳陽王蕭詧雖曰稱藩而尚懷貳心皇考自樊城觀兵漢濱易旗遞進實二千騎詧登樓望之以為三萬懼而服焉又攻梁隨郡剋之獲其守桓和所過城戍望風請服進圍安陸梁司州刺史柳仲禮恐安陸不守馳歸赴援諸將恐仲禮至則安陸難下請急攻之皇考曰仲禮已在近路吾以奇兵襲之一舉必剋則安陸不攻自拔諸城可傳檄而定於是選騎二千銜枚夜進遇仲禮於漴頭禽之悉俘其眾安陸竟陵並降梁元帝大懼送子方略為質并送載書請魏以石城為限梁以安陸為界皇考乃旋師進爵陳留郡公位大將軍十七年梁元帝遣

其兄邵陵王綸送質於齊欲來寇梁元帝密報周文遣皇考討之禽綸數其罪殺之初皇考禽柳仲禮遇之甚厚仲禮至京反譖皇考言在軍大取金寶周文以皇考功重不問然皇考悔不殺仲禮故至此殺綸皇考間歲再舉盡定漢東地甚得新附心魏恭帝賜姓普六茹氏行同州事及于謹伐江陵皇考為前軍屯江津遏其走路梁人束刃於象鼻以戰皇考射之二象反走江陵平周文立蕭詧為梁主令皇考鎮穰城周孝閔踐阼入為小宗伯及司馬消難請降皇考與柱國達奚武援之入齊境五百里前後遣三使報消難皆不反命及去北豫州三十里武疑有變欲還

皇考曰有進死無退生獨以千騎夜趣城下候門開而入
乃馳遣召武時齊鎮城伏敬遠勒甲士三千據東陴舉烽
嚴警武憚之不欲保城乃多取財寶以消難先歸皇考以
三千騎殿到洛南皆解鞍而卧齊衆來追至於洛北皇考
謂將士曰但飽食今在死地賊必不敢度水食畢齊兵陽
若度水皇考馳將擊之齊兵不敢逼遂徐引而還武歎曰
達奚武自言是天下健兒今日服矣進位柱國大將軍武
成元年進封隋國公邑万戶別食竟陵縣一千戶收其租
賦保定二年爲大司空時朝議與突厥伐齊公卿咸以齊
兵強國富斛律明月不易可當兵非十万衆不可皇考獨

曰万騎足矣明月竪子亦何能爲三年乃以皇考爲元帥
大將軍楊纂李穆王傑尒朱敞及開府元壽田弘慕容近
等皆隷焉又令達奚武帥步騎三万自南道進期會晉陽
皇考乃留敬據什賁游兵河上皇考出武川過故宅祭先
人饗將士席卷二十餘城齊人守陘嶺之隘皇考縱奇兵
大破之留楊纂屯靈丘爲後拒突厥木杅可汗控地頭可
汗步離可汗等以十万騎來會
四年正月朔攻晉陽時大雪風寒齊人乃悉其精鋭鼓譟
而出突厥引上西山不肯戰衆失色皇考乃率七百人步
戰死者十四五以武後期乃班師齊人亦不敢逼突厥乃

縱兵大掠自晉陽至平城七百餘里人畜無遺周武帝拜
皇考爲太傅晉公護以其不附己以爲涇州揔管是歲大
軍又東伐晉公護出洛陽令皇考出沃野以應接突厥時
軍糧少諸將憂之皇考曰當獲以濟事耳乃招誘稽胡首
領咸令在坐使王傑盛軍容鳴鼓而出皇考陽怪問之傑
曰大冢宰已至洛陽天子聞銀夏間胡擾動故使傑就攻
除之又令突厥使者馳告曰可汗更入并州留兵馬十万
在長城下故令問公若有稽胡不服欲來共破之坐者皆
懼皇考慰喻遣之於是歸命饋輸塡積屬晉公護先退皇
考亦罷兵而還鎮又以政績稱詔賜錢三十万布五百匹

穀二千斛以疾還京周武及晉公護屢臨視焉薨贈太保
都督同朔等十三州軍事同州刺史本官如故謚曰桓公
開皇元年追尊爲武元皇帝廟號太祖帝武元皇帝之長
子也皇妣曰呂氏以周大統七年六月癸丑夜生帝於馮
翊波若寺有紫氣充庭時有尼來自河東謂皇妣曰此兒
所從來甚異不可於俗閒處之乃將帝舍於別館躬自撫
養皇妣抱帝忽見頭上出角徧體起鱗墜帝于地尼自外
見曰已驚我兒致令晚得天下帝龍頷額上有五柱入頂
目光外射有文在手曰王字長上短下沈深嚴重初入太
學雖至親昵不敢狎也年十四京兆尹薛善辟爲功曹十

五以皇考勳授散騎常侍車騎大將軍儀同三司封成紀
縣公十六遷驃騎大將軍加開府周文帝見而歎曰此兒
風骨非世間人明帝即位授右小宗伯進封大興郡公明
帝嘗遣善相者來和視帝和詭對曰不過柱國既而私謂
帝曰公當為天下君必大誅殺而後定周武帝即位遷小
宗伯出為隨州刺史進位大將軍後徵還遇皇妣寢疾三
年晝夜不離左右以純孝稱宇文護執政尤忌帝屢將害
焉賴大將軍侯伏侯壽等救護以免後襲爵隋國公周武
既為皇太子娉帝長女為妃益加禮重齊王憲言於周武
曰普六茹堅相貌臣每見之不覺自失恐非人下請早除

之周武曰此止可為將耳內史王軌驟諫曰皇太子非社
稷主普六茹堅有反相周武不悅曰必天命將若之何帝
甚懼深自晦匿後從周武平齊進柱國又與齊王憲破齊
任城王湝於冀州除定州總管先是州城門久閉不行齊
人曰文宣時或請開之文宣不許曰當有聖人啓之及帝
至而開之莫不驚異遷亳州總管周宣帝即位以后父徵
拜上柱國大司馬大象初遷大後丞右司武俄轉大前疑
周宣每巡幸恒委以居守時周宣為刑經聖制其法深刻
帝以法令滋章非興化之道切諫不納帝位望益隆周宣
頗以為忌時周宣四幸女並為皇后爭寵相毀周宣每謂

右曰必族滅爾家因召帝命左右曰若色動即殺之帝容
色自若遂免大象二年五月以帝為揚州總管將發暴足
疾而止乙未周宣不悆時靜帝幼沖前內史上大夫鄭譯
御正大夫劉昉以帝皇后之父眾望所集遂矯詔引帝入
侍疾因受遺輔政都督內外諸軍事帝恐周武諸王在藩
生變稱趙王招將嫁女於突厥為詞以徵之己酉周宣崩
庚戌靜帝詔假黃鉞左大丞相百官總己而聽焉以正陽
宮為丞相府以鄭譯為長史劉昉為司馬具置寮佐周宣
時刑政峻酷者悉更以寬大之制天下歸心矣六月趙王
招陳王純越王達代王盛滕王逌並至長安相州總管尉

遲迥自以宿將至是不能平遂舉兵趙魏之士嚮應旬日
閒眾至十餘万宇文胄以滎州石愻以建州席毗以沛郡
毗弟叉羅以兗州皆應迥遣子質於陳以求援帝命上柱
國鄖公韋孝寬討之雍州牧畢王賢及趙陳等五王謀作
亂帝執賢斬之而掩趙王等罪因詔五王劍履上殿入朝
不趨以安之時五王陰謀滋甚帝以酒肴造趙王觀其指
趙王伏甲於臥內帝賴元胄以免於是誅趙越二王八月
庚午韋孝寬破尉遲迥斬之傳首闕下餘黨悉平初迥之
亂鄖州總管司馬消難據州應迥淮南州縣多從之襄州
總管王誼討之消難奔陳荊郢群蠻乘舋而起命亳州總

管賀若誼討平之先是上柱國王謙爲益州揔管亦擁衆巴蜀以匡復爲辭帝以東夏山南爲事未遑致討謙遂屯劒口陷始州至是乃命上柱國梁睿討平之傳首闕下隳劒閣之險以絕奸亂之萌爲九月壬子周帝進帝大丞相十月周帝詔追贈皇曾祖烈爲柱國太保都督十州諸軍事徐州刺史隋國公謚曰康皇祖禎爲柱國都督十三州諸軍事同州刺史隋國公謚曰獻皇考忠爲上柱國太師大冢宰都督十三州諸軍事雍州牧壬戌誅陳王純周帝進帝大冢宰五府揔於天官十一月辛未誅代王達滕王逌十二月甲子周帝授帝相國揔百揆去都督內外諸軍

事大冢宰之号進爵爲王以隋州之崇業鄖州之安陸城陽溫州之宜人應州之平靖上明順州之淮南士州之永川昌州之廣昌安昌申州之義陽淮安息州之新蔡建安豫州之汝南臨潁廣寧初安蔡州之蔡陽郢州之漢東二十郡爲隋國劒履上殿入朝不趨贊拜不名備九錫之禮加璽紱遠游冠相國印綠綟綬位在諸侯王上隋國置丞相以下一依舊式帝再讓乃授王爵十郡而已周帝詔進皇祖皇考爵並爲王夫人爲王妃

大定元年二月壬子下令曰以前賜姓皆復其舊甲寅帝受九錫之禮景辰周帝又詔帝冕十有二旒建天子旌旗出警入蹕乘金根車駕六馬備五時副車置旄頭雲罕樂舞八佾設鍾簴宮縣王妃爲王后世子爲太子前後三讓乃受儀而下詔依唐虞漢魏故事帝三讓不許乃遣太傅上柱國杞國公椿奉册曰咨爾相國隋王粤若上古之初爰啓清濁降符授聖爲天下君事上帝而理兆庶和百靈而利万物非以區宇之富未以宸極爲尊大庭軒轅以前驪連赫胥之日咸以無爲無欲不將不迎遐哉其詳不可聞已厥有載籍遺文可觀聖莫逾於堯美未過於舜堯得太尉已作運衡之篇舜遇司空便叙菁華之竭褰裳脫屣二宮設饗百官歸禹若帝之初斯蓋上則天時不敢不授

下祗天命不敢不受湯代於夏武革於殷干戈揖讓雖復異揆應天順人其道靡異自漢迄晉有魏至周天曆逐獄訟之歸神鼎隨謳歌之去道高者稱帝籙盡者不王與夫文祖神宗無以別也周德將盡禍難頻興宗戚姦回咸將竊發顧瞻宮闕將圖宗社藩維連率逆亂相尋搖蕩三方不合如礪蛇行鳥攫投足無所王受天明命叡德在躬救頹運之艱匡墜地之業援大川之溺救燎原之火除群凶於城社廓祓氛於遠服至德合於造化神用洽於天壤八極九野万方四裔圓首方足莫不樂推往歲長星夜掃經天晝見八風比夏后之作五緯同漢帝之聚除舊之徵昭

然在上近者赤雀降社玄龜効靈鍾石變音蛟魚出穴有
新之貺煥焉在下九區歸往百靈協贊人神屬望我不獨
知仰祇皇靈俯順人願敬以帝位禪於爾躬天祚告窮天
祿永終於戲王其允執厥和儀刑典訓升圓丘而敬蒼昊
御皇極而撫黔黎副率土之心恢無疆之祚可不盛歟遣
大宗伯大將軍金城公趙煚奉皇帝璽紱百官勸進帝乃
受焉

開皇元年春二月甲子自相府常服入宮備禮即皇帝位
於臨光殿設壇於南郊遣兼太傅上柱國鄭公竇熾柴燎
告天是日告廟大赦改元京師慶雲見改周官依漢魏之

之舊制以相國司馬高熲爲尚書左僕射兼納言相國司
録虞慶則爲內史監兼吏部尚書相國內郎李德林爲內
史令上開府韋世康爲禮部尚書上開府元暉爲都官尚
書開府戶部尚書元巖爲兵部尚書上儀同司宗長孫毗
爲工部尚書上儀同司會楊尚希爲度支尚書雍州牧楊
惠爲左衛大將軍乙丑追尊皇考爲武元皇帝廟號太祖
皇妣呂氏爲元明皇后改周氏左社右廟制爲右社左廟
遣八使巡省風俗景寅修廟社立王后獨孤氏爲皇后王
太子勇爲皇太子丁卯以大將軍趙煚爲尚書右僕射以
上開府伊婁彥恭爲右武候大將軍己巳以五千戶封周

帝介國公爲隋室賓旌旗車服禮樂一如其舊上書不爲
表荅表不稱詔周氏諸王盡降爲公辛未以皇弟同安郡
公爽爲雍州牧乙亥封皇弟邵國公慧爲滕王同安公爽
爲衛王皇子鴈門公爲晉王俊爲秦王秀爲越王諒爲漢
王并州揔管李穆爲太師上柱國竇熾爲太傅幽州揔管
于翼爲太尉觀國公田仁恭爲太子太師武德郡公柳敏
爲太子太保丁丑以晉王廣爲并州揔管封陳留郡公智
積爲蔡王興城郡公靜爲道王戊寅改東京府爲尚書省
發官牛五千頭分賜貧人三月宣仁門槐樹連理衆枝內
附壬午白狼國獻方物丁亥詔犬馬器翫口味不得獻上

戊子弛山澤禁己丑移盩厔連理樹植于宮庭戊戌以太
子少保蘇威兼納言吏部尚書庚子詔前代品爵悉依舊
定丁未梁蕭巋使其太宰蕭巖來賀夏四月辛巳大赦戊
戌太常散樂並免爲編戶禁雜樂百戲辛丑陳人來聘于
周至而上已受禪致之介國是月發稽胡修築長城二旬
而罷五月戊午封邗國公楊雄爲廣平王永康郡公楊弘
爲河間王辛未介公薨上舉哀於朝堂謚曰周靜帝六月
癸未詔以初受命赤雀降祥推五德相生爲火色其郊及
社廟依服冕之儀而朝會之服旗幟犧牲盡尚赤戎服尚黃
秋七月乙卯上始服黃百寮畢賀八月壬午廢東京官甲

午遣樂安公元諧擊吐谷渾於青海破而降之九月戊申
遣使振給戰亡者家庚午陳將周羅睺攻陷胡墅蕭摩訶
寇江北辛未以越王秀為益州摠管改封蜀王壬申以薛
公長孫覽宋安公元景山並為行軍元帥伐陳仍令尚書
左僕射高熲節度諸軍是月行五銖錢冬十月乙酉百濟
王扶餘昌遣使來賀授昌上開府儀同三司帶方郡公戊
子行新律壬辰行幸岐州十一月乙卯以永富郡公竇榮
定為右武候大將軍遣兼散騎侍郎鄭撝使於陳己巳有
流星如隆牆光照于地十二月甲申以禮部尚書韋世康
為吏部尚書庚子至自岐州壬寅高麗王高陽遣使朝貢

授陽大將軍遼東郡公太子太保柳敏卒是歲靺鞨突厥
阿波可汗沙鉢略可汗並遣使朝貢
二年春正月庚申陳宣帝殂辛酉置河北道行臺尚書省
於并州以晉王廣為尚書令置河南道行臺尚書省於洛
州以秦王俊為尚書令置西南道行臺尚書省於益州以
蜀王秀為尚書令戊辰陳人遣使請和求歸胡墅甲戌詔
舉賢良二月己丑詔以陳有喪命高熲等班師庚寅加晉
王廣左武衛大將軍秦王俊右武衛大將軍庚子京師雨
土三月初命入宮殿門通籍戊申開渠引杜陽水於三畤
原夏四月丁丑以寧州刺史竇榮定為左武候大將軍庚

寅大將軍韓僧壽破突厥於雞頭山上柱國李充破突厥
於河北山五月戊申以上開府長孫平為度支尚書己酉
以旱故上親省囚徒其日大雨己未高寶寧寇平州突厥
入長城庚申以豫州刺史皇甫績為都官尚書甲子改傳
國璽曰受命璽丁卯制人年六十以上免課六月壬午以
太府卿蘇孝慈為兵部尚書甲申使使弔於陳乙酉上柱
國李充破突厥于馬邑景申詔曰朕祗奉上玄君臨万國
屬生靈之弊處前代之宮以為作之者勞居之者逸改創
之事心未遑也而王公大臣陳謀獻策咸云羲農以降至
于姬劉有當世而屢遷無革命而不徙曹馬之後時見因

循乃末世之宴安非往聖之宏義此城從漢彫殘日久屢
為戰場舊經喪亂今之宮室近代權宜又非謀筮從龜瞻
星揆日不足建皇王之邑合大衆所聚論變通之數具幽
顯之情同心固請詞情深切然則京師百官之府四海歸
向非朕一人之所獨有苟利於物其可違乎且殷之五遷
恐人盡死是則以吉凶之土制長短之命謀新去故如農
望秋雖則劬勞其究安宅今區宇寧一陰陽順序安安以
遷勿懷胥怨龍首山川原秀麗卉物滋阜卜食相土宜建
都邑定鼎之基永固無窮之業在斯公私府宅規模遠近
營構資須隨事修葺仍詔左僕射高熲將作大匠劉龍鉅

鹿郡公賀婁子幹太府少卿高龍叉等創造新都秋七月癸巳詔新置都處墳墓令悉遷葬設祭仍給人功無主者命官為殯葬甲午行新令冬十月以撤毀故徙居東宮給內外官人祿癸酉皇太子勇屯兵咸陽以備胡虜庚寅上疾愈享百寮於觀德殿賜錢帛皆任自取盡力以出辛卯以營新都副監賀婁子幹為工部尚書十一月景午初命為方陣戰法及制軍營圖樣下諸軍府以擬征突厥十二月辛未上講武于後園甲戌上柱國竇毅卒景子名新都曰大興城乙酉遣彭城公虞慶則屯弘化以備胡突厥寇周盤行軍總管達奚長儒為虜所敗景戌賜國子生經明

信州李刊　北史本紀十一　十三　潘

者束帛丁亥親錄囚徒是歲高麗百濟並遣使朝貢

三年春正月庚子將遷新都大赦禁大刀長矟始令人以二十一成丁歲役功不過二十日不役者收庸廢遠近酒坊罷鹽井禁二月己巳朔日有蝕之癸酉陳人來聘突厥犯邊癸未以左武衛大將軍李禮成為右武衛大將軍三月丁未上柱國鮮虞縣公謝慶恩卒景辰以雨故常服入新都京師承明里醴泉出丁巳詔購遺書於天下癸亥城榆關夏四月己巳衛王爽大破突厥於白道山僔禁原陽雲內紫河等鎮而還上柱國建平郡公于義卒庚午吐谷渾寇臨洮洮州刺史皮子信死之壬申以尚書右僕射趙煚兼內史令丁丑以滕王瓚為雍州牧庚辰行軍總管陰壽大破高寶寧于黃龍甲申以旱故上親祀雨師景戌詔天下勸學行禮己丑陳郢州城主張子譏遣使請降上以和好不納辛卯遣兼散騎常侍薛舒聘於陳癸巳上親雩五月癸卯太尉任城公于翼薨行軍總管李晃破突厥於摩那渡口乙巳梁太子蕭琮來賀遷都辛酉親祀方澤壬戌行軍元帥竇榮定破突厥及吐谷渾於涼州赦黃龍死罪以下六月庚午封衛王爽子集為遂安郡王戊寅突厥遣使求和庚辰行軍總管梁遠破吐谷渾於尒汗山斬其名王秋七月壬戌詔曰往者山東河表經此妖亂孤城遠

信州李刊　北史本紀十一　十四　潘

守多不自全濟陰太守杜猷身陷賊徒命懸寇手郡省事范臺玫傾產營護免其戮辱眷言誠節實有可嘉宜超恒賞用明沮勸臺玫可大都督假湘州刺史丁卯日有蝕之八月壬午遣尚書右僕射高熲出寧州道吏部尚書虞慶則出原州道並為行軍元帥以擊胡戊子親祀太社九月壬子幸城東觀穀稼癸丑大赦冬十月甲戌廢河南道行臺省十一月發使巡省風俗庚辰陳人來聘陳主知帝皃異世人使副使袁彥圖像而去甲午罷天下諸郡十二月乙卯遣兼散騎常侍唐令則使於陳戊午以刑部尚書蘇威為戶部尚書是歲高麗突厥靺鞨並遣使朝貢

四年春正月甲子朔日有蝕之祀太廟辛未祀南郊壬申
梁主蕭巋來朝甲戌大射於北苑十日而罷壬午齊州水
辛卯渝州獲獸似麋一角同蹄壬辰班新曆二月乙巳上
餞梁主于霸上庚戌行幸隴州突厥可汗阿史那玷厥率
其屬來降夏四月己亥勅總管刺史父母及子年十五以
上不得將之官庚子以吏部尚書虞慶則爲尚書右僕射
瀛州刺史楊尚希爲兵部尚書毛州刺史劉仁恩爲刑部
尚書五月癸酉契丹主莫賀弗遣使請降拜大將軍六月
庚子降囚徒壬子開通濟渠自渭達河以通運漕甲寅制
官人非戰功不授上柱國以下戎官以雍同華岐宜五州

旱命無出今年租調戊午秦王俊來朝秋七月景寅陳人
來聘八月甲午遣十使巡省天下戊戌衛王爽來朝壬寅
上柱國太傅鄧公竇熾薨乙卯陳將夏侯苗請降上以通
和不納九月己巳上親録囚徒庚午契丹内附甲戌以關
中饑行幸洛陽冬十一月壬戌遣兼散騎常侍薛道衡使
於陳甲戌改周十二月爲臘蜡是歲靺鞨及女國並遣使
朝貢

五年春正月戊辰詔行新禮壬申詔罷江陵總管其後梁
主請依舊許之三月戊午以尚書左僕射高熲爲左領軍
大將軍以上柱國宇文忻爲右領軍大將軍夏四月甲午

契丹遣使朝貢壬寅上柱國王誼謀反誅乙卯詔徵山東
大儒馬榮伯等戊申車駕至自洛陽五月甲申初置義倉
梁主蕭巋殂遣上大將軍元契使于突厥阿波可汗秋七
月庚申陳人來聘壬午突厥沙鉢畧可汗上表稱臣八月
甲辰河南諸州水遣戶部尚書蘇威振給之戊申有流星
數百四散而下九月乙丑改鮑陂曰杜陂霸水曰滋水景
子遣兼散騎常侍李若使於陳冬十一月丁卯晉王廣來
朝十二月丁未降囚徒

六年春正月甲子党項羌内附庚子班曆於突厥壬申使
戶部尚書蘇威巡省山東二月乙酉山南荊淅七州水遣

前工部尚書長孫毗振恤之景戌制刺史上佐每歲暮更
入朝上考課丁亥發丁男十一万修築長城二旬而罷庚
子大赦三月己未洛陽男子高德上書請帝爲太上皇傳
位皇太子帝曰朕承天命撫育蒼生日旰孜孜猶恐不逮
豈學近代帝王事不師古傳位於子自求逸樂哉癸亥突
厥沙鉢略可汗遣使朝貢夏四月己亥陳人來聘秋七月
辛亥河南諸州水乙丑京師雨毛如馬尾長者二尺餘短
者有六七寸八月辛卯關内七州旱蠲其賦稅遣散騎常
侍裴世豪使于陳戊申上柱國太師申公李穆薨閏月丁
卯皇太子鎮洛陽辛未晉王廣秦王俊並來朝景子上柱

國郕公梁士彥上柱國杞公宇文忻柱國舒公劉昉謀反
伏誅上柱國許公宇文善有罪除名九月辛巳帝素服御
射殿詔百寮射梁士彥三家資物景戌上柱國宋安公元
景山卒辛丑詔振恤大象以來死事之家冬十月巳酉以
河北道行臺尚書令并州揔管晉王廣為雍州牧餘官如
故以兵部尚書楊尚希為禮部尚書癸丑置山南道行臺
尚書省於襄州以秦王俊為尚書令
七年春正月癸巳祀太廟乙未制諸州歲貢三人二月丁
巳祀朝日於東郊巳巳陳人來聘壬申幸醴泉宮是月發
丁男十万修築長城二旬而罷夏四月庚戌於楊州開山

陽瀆以通運漕突厥沙鉢畧可汗卒癸亥頒青龍符於東
方揔管刺史西方以白武南方以朱雀北方以玄武甲戌
遣兼散騎常侍楊周使于陳以戶部尚書蘇威為吏部尚
書五月乙亥朔日有蝕之巳卯隕石於武安滏陽間十餘
里秋七月巳丑衛王爽薨八月庚申梁主蕭琮來朝九月
乙酉梁安平王蕭巖掠於其國以奔陳辛卯廢梁國曲赦
江陵以梁主蕭琮為柱國封莒國公冬十月庚申行幸同
州以先帝所居故曲降囚徒癸亥幸蒲州景寅宴父老上
極歡曰此間人物衣服鮮麗容止閑雅良由仕宦之鄉陶
染成俗也十一月甲午幸馮翊祭故社父老對詔失旨上

大怒免其縣官而去戊戌車駕至自馮翊
八年春正月乙亥陳人來聘二月辛酉陳人寇硤州三月
辛未上柱國隴西公李詢卒甲戌遣兼散騎常侍程尚賢
使于陳戊寅詔大舉伐陳秋八月丁未河北諸州飢遣吏
部尚書蘇威振恤之九月癸巳嘉州言龍見冬十月巳未
置淮南行臺省於壽春以晉王廣為尚書令辛酉陳人來
聘拘留不遣甲子有星孛于牽牛享太廟授律令晉王廣
秦王俊清河公楊素並為行軍元帥以伐陳於是晉王出
六合秦王出襄陽清河公楊素出信州荊州刺史劉仁恩
出江陵宜陽公王世積出蘄春新義公韓擒出廬江襄邑

公賀若弼出吳州落叢公燕榮出東海合揔管九十兵五
十一万八千皆受晉王節度東接滄海西拒巴蜀旌旆舟
檝橫亘數千里仍曲赦陳國十一月丁卯車駕餞師詔購
陳叔寶位上柱國万戶公乙亥行幸定城陳師誓衆景子
幸河東十二月車駕至自河東
九年春正月癸酉以尚書左僕射虞慶則為右衛大將軍
景子賀若弼敗陳師於蔣山獲其將蕭摩訶韓擒進師入
建鄴獲陳主叔寶陳國平合州四十郡一百縣四百戶五
十萬口二百万癸巳遣使持節巡撫之二月乙未廢淮南
尚書省景申制五百家為鄉正一人百家為里長一人夏

四月己亥幸驪山親勞旋師乙巳三軍凱入獻俘於太廟
以晉王廣爲太尉庚戌帝御廣陽門宴將士頒賜各有差
辛亥大赦以陳都官尚書孔範散騎常侍王瑳王儀御史
中丞沈瓘等邪佞於其主以致亡滅皆投之邊裔陳人普
給復十年軍人畢世免傜役擢陳之文武擧才而用之宮
奴數千可歸者歸之其餘盡以分賜將士及王公貴臣其
資物皆於五垛賜王公以下大射毀所得秦漢三大鐘越
二大鼓又毀亡陳女樂謂公卿等曰此聲似啼朕聞之甚
不喜故與公等一聽亡國之音俱爲永鑒焉辛酉以吏部
侍郎宇文弼爲刑部尚書宗正卿楊异爲工部尚書壬戌

詔曰今率土大同含生遂性兵可立威不可不戢刑可助
化不可專行禁衞九重之餘鎭守四方之外戎旅軍器皆
宜停罷武力之子俱可學文人間甲仗悉皆除毀閏月丁
丑頒木魚符於總管刺史雌一雄三己卯以吏部尚書蘇
威爲尚書右僕射六月乙丑以荆州總管楊素爲納言丁
卯以吏部侍郎盧愷爲禮部尚書時羣臣咸請封禪詔不
許曰豈可命一將軍除一小國以薄德而封名山用虛言
而干上帝邪八月壬戌以廣平王雄爲司空冬十一月壬
辰考使定州刺史豆盧通等上表請封禪上不許庚子以
右衞大將軍虞慶則爲右武候大將軍右領軍將軍李安

爲右領軍大將軍甲寅降囚徒十二月甲子詔太常卿牛
弘通直散騎常侍許善心祕書丞姚察通直郎虞世基等
議定樂
十年春正月乙未以皇孫昭爲河南王楷爲華陽王二月
庚申行幸幷州夏五月乙未詔曰魏末喪亂寓縣瓜分役
軍歲動未遑休息兵士軍人權置坊府南征北伐居處無
定家無完堵地罕包桑恒爲流寓之人竟無鄉里之號朕
甚愍之凡是軍人可悉屬州縣墾田籍帳一同編戶軍府
統領宜依舊式罷山東河南及北方緣邊之地新置軍府
六月辛酉制人年五十免役折庸秋七月癸卯以納言楊

素爲內史令庚戌上親錄囚徒辛亥高麗遼東郡公高陽
卒八月壬申遣柱國韋洸上開府王景竝持節巡撫嶺南
百越皆服九月丁酉至自幷州冬十月甲子頒木魚符於
京官五品以上十一月辛卯幸國學頒賜各有差辛丑祀
南郊是月婺州人汪文進會稽人高智慧蘇州人沈玄懀
皆擧兵反自稱天子樂安蔡道人饒州吳世華永嘉沈孝
徹泉州王國慶餘杭楊寶英交阯李春等皆自稱大都督
詔內史令楊素討平之是歲吐谷渾契丹竝遣使朝貢
十一年春正月丁酉以平陳所得古器多爲祅變悉命毀
之景午皇太子妃元氏薨上擧哀於東宮文思殿二月戊

午以大將軍蘇孝慈爲工部尚書景子以臨潁令劉曠政
績尤異擢爲莒州刺史辛巳晦日有蝕之夏五月乙巳以
右衛將軍元旻爲左衛大將軍秋八月壬申滕王瓚薨乙
亥上柱國沛國公鄭譯卒是歲高麗靺鞨並遣使朝貢突
厥獻七寶盌
十二年春二月己巳以蜀王秀爲內史令兼右領軍大將
軍以漢王諒爲雍州牧右衛大將軍秋七月乙巳尚書右
僕射邳公蘇威禮部尚書容城侯盧愷並坐事除名壬申
晦日有蝕之八月甲戌制天下死罪諸州不得便決皆令
大理覆之癸巳制宿衛者不得輒離所守丁酉上柱國楚

信州路學刊　北史本紀十一　二十一　丈

公豆盧勣卒戊戌上親録囚徒冬十月丁丑以遂安王集
爲衛王壬午祀太廟至太祖神主前帝流涕嗚咽不自勝
十一月辛亥祀南郊己未上柱國新義公韓擒卒甲子百
寮大射於武德殿十二月乙酉以內史令楊素爲尚書右
僕射是歲突厥吐谷渾靺鞨並遣使朝貢
十三年春正月乙巳上柱國郇公韓建業卒壬子祀感帝
己未以信州總管韋世康爲吏部尚書壬戌行幸岐州二
月景子詔營仁壽宮丁亥至自岐州己卯立皇孫暕爲豫
章王戊子晉州刺史南陽郡公賈悉達隰州總管撫寧郡
公韓延等以賄伏誅己丑制坐事去官者配防一年丁酉

制私家不得隱藏緯候圖讖夏五月癸亥詔禁人間撰集
國史臧否人物秋七月戊辰晦日有蝕之九月景辰降囚
徒庚申封邵公楊綸爲滕王冬十一月乙卯上柱國華陰
公梁彥光卒是歲契丹霫室韋靺鞨並遣使朝貢
十四年夏四月乙丑詔曰比命有司揔令研究正樂雅聲
詳定已訖宜即施用見行者停人間音樂流僻日久棄其
舊體競造繁聲流宕不歸遂以成俗宜加禁約務存其本
五月辛酉京師地震關內諸州旱六月丁卯詔省府州縣
皆給廨田不得興生與人爭利秋七月乙未以邳公蘇威
爲納言八月辛未關中大旱人飢行幸洛陽幷命百姓山

信州路學刊　北史本紀十一　二十二　丈

東就食冬閏十月甲寅詔曰梁齊陳往皆創業一方綿歷
年代既宗祀廢絕祭奠無主興言矜念良以愴然莒國公
蕭琮及高仁英陳叔寶等宜令以時世修祭祀所須器物
有司給之乙卯制外官九品以上父母及子年十五不得
從之官十一月壬戌制州縣佐史三年一代不得重任癸
未有星孛于角亢十二月乙未東巡狩
十五年春正月壬戌車駕次齊州親問疾苦景寅旅王符
山庚午以歲旱祀太山以謝愆咎大赦二月景辰禁私家
畜兵器關中緣邊不在其例禁河以東無得乘馬丁巳上
柱國蔣公梁睿卒三月己未車駕至自東巡望祭五嶽海

瀆丁亥幸仁壽宮夏四月己丑朔大赦甲辰以趙州刺史
楊達爲工部尚書五月丁亥制京官五品以上佩銅魚符
六月戊子詔鑿砥柱庚寅相州刺史豆盧通貢綾文布命
焚之于朝堂辛丑詔名山未在祀典者悉命祀之秋七月
甲戌遣邳公蘇威巡省江南戊寅至自仁壽宮辛巳制九
品以上官以理去官者竝聽執笏冬十二月戊子敕盜邊
糧一升以上皆斬籍沒其家己丑詔文武官以四考更代
是歲吐谷渾林邑等國竝遣使朝貢
十六年春二月丁亥封皇孫裕爲平原王筠爲安成王嶷
爲安平王恪爲襄城王該爲高陽王韶爲建安王煚爲潁

川王夏六月甲午制工商不得進仕幷州大蝗辛丑詔九
品以上妻五品以上妾夫亡不得改嫁秋八月庚戌詔決
死罪者三奏而後行刑冬十月己丑幸長春宮十一月壬
子至自長春宮
十七年春二月癸未太平公史万歲伐西寧剋之庚寅行
幸仁壽宮庚子上柱國王世積討桂州賊李光仕平之三
月景辰詔諸司屬官有犯聽於律令外斟酌決杖辛酉上
親錄囚徒癸亥上柱國彭城公劉昶以罪伏誅庚午遣御
史柳彧皇甫誕巡省河南北夏四月戊寅頒新曆五月庚
申宴百寮於玉女泉班賜各有差己巳蜀王秀來朝閏月

己卯羣鹿入殿門馴擾侍衛之內秋七月丁丑桂州人李
世賢反遣右武候大將軍虞慶則討平之丁亥幷州揔管
秦王俊坐事免以王就第九月甲申車駕至自仁壽宮庚
寅上謂侍臣曰廟庭設樂本以迎神齋祭之日觸目多感
當此之際何可爲心在路奏樂禮爲未允公卿宜更詳之
冬十月丁未頒銅武符於驃騎車騎府戊申道王靜薨庚
午詔曰五帝異樂三王殊禮皆隨事而有損益因情而立
節文仰惟祭享宗廟瞻敬如在罔極之感情深茲日而禮
畢升路鼓吹發音還入宮門金石振響斯則哀樂同日心
事相違情所不安理實未允宜改茲往式用弘禮教自今

享廟日不須備鼓吹殿庭勿設樂縣辛未京下大索十二
月壬子上柱國右武候大將軍魯公虞慶則以罪伏誅是
歲高麗突厥竝遣使朝貢
十八年春正月辛丑詔曰吳越之人往承弊俗所在之處
私造大船因相聚結致有侵害江南諸州人間有船長三
丈以上悉括入官二月甲辰幸仁壽宮乙巳以漢王諒爲
行軍元帥水陸三十万伐高麗夏五月辛亥詔畜猫鬼蠱
毒厭魅野道之家投于四裔六月景寅詔黜高麗王高元
官爵秋八月景子詔京官五品以上揔管刺史舉志行修
謹清平幹濟之士九月己丑漢王諒師遇疾疫而旋死者

十二三庚寅勑舍客無公驗者坐及刺史縣令辛卯車駕至自仁壽宮冬十一月甲戌帝親録囚徒癸未祀南郊十二月庚子上柱國夏州揔管東萊公王景以罪伏誅是歲自京師至仁壽宮置行宮十所杞宋陳亳曹戴譙頴等州水詔並免庸調

十九年春正月癸酉大赦戊寅大射于武德殿二月己亥晉王廣來朝甲寅幸仁壽宮夏四月丁酉突厥利可汗內附達頭可汗犯塞行軍摠管史万歲擊破之六月丁酉以豫章王暕爲內史令秋八月癸卯上柱國尚書左僕射齊公高頻坐事免辛亥上柱國皖城公張威卒甲寅上柱國城陽公李徹卒九月乙丑以太常卿牛弘爲吏部尚書冬十月甲午以突厥利可汗爲啓人可汗築大利城處其部落十一月有司言元年已來日漸長十二月乙未突厥都藍可汗爲部下所殺國大亂星隕於勃海

二十年春正月辛酉朔突厥高麗契丹並遣使朝貢二月丁丑無雲而雷三月辛卯熙州人李英林反遣行軍摠管張衡討之夏四月壬戌突厥犯塞以晉王廣爲行軍元帥擊破之乙亥天有聲如寫水自南而北六月丁丑秦王俊薨秋九月丁未車駕至自仁壽宮冬十月乙丑廢皇太子勇及其諸子並爲庶人殺柱國太平公史万歲己巳殺左

衛大將軍五原公元旻十一月戊子以晉王廣爲皇太子天下地震京城大風雪十二月戊午詔東宮官屬於皇太子不得稱臣辛巳詔毀壞偷盜佛及天尊像嶽鎮海瀆神形者以不道論沙門壞佛像道士壞天尊像以惡逆論

仁壽元年春正月乙酉朔大赦改元以尚書右僕射楊素爲左僕射以納言蘇威爲右僕射丁酉徙河南王昭爲晉王突厥寇恒安遣柱國韓洪擊之敗績以晉王昭爲內史令辛丑詔曰投生殉節自古稱難殞身王事禮加二等而世俗之徒不達大義致命戎旅不入兆域興言念此每深愍歎且入廟祭祀並不廢闕何止墳塋獨在其外自今戰亡之徒宜入墓域二月乙卯朔日有蝕之夏五月己丑突厥男女九万餘口來降壬辰驟雨震雷大風拔木宜君湫水移於始平六月乙卯遣十六使巡省風俗乙丑廢太學及州縣學唯留國子一學取正三品以上子七十二人充生頒舍利於諸州秋七月戊戌改國子爲太學十一月己丑祀南郊十二月楊素擊突厥大破之

二年春三月己亥幸仁壽宮夏四月庚戌岐雍二州地震秋七月景戌詔內外官各舉所知八月己巳皇后獨孤氏崩九月景戌車駕至自仁壽宮壬辰河南北諸州大水遣工部尚書楊達振恤之乙未上柱國袁州揔管金水公周

播卒隴西地震冬十月壬子曲赦益州管內癸丑以工部尚書楊達爲納言閏月甲申詔尚書左僕射楊素與諸術者刊定陰陽舛謬己丑詔楊素右僕射蘇威吏部尚書牛弘內史侍郎薛道衡祕書丞許善心內史舍人虞世基著作郎王劭等修定五禮壬寅葬獻皇后於太陵十二月癸巳益州總管蜀王秀有罪廢爲庶人交州人李佛子舉兵反遣行軍總管劉方討平之

三年春二月戊子以大將軍蔡陽郡公姚辯爲左武候大將軍夏五月癸卯詔曰六月十三日是朕生日其日令海內爲武元皇帝元明皇后斷屠六月甲午詔曰禮云親以朞斷蓋以四時之變易万物之更始故聖人象之其有三年加隆爾也但家無二尊母爲厭降是以父在喪母還服于朞者服之正也豈容朞內而更小祥然三年之喪而有小祥者禮云朞祭禮也朞而除喪道也以是之故雖未再朞而天地一變不可不祭不可不除故有練焉以存喪祭之本然朞喪有練於理未安雖云十一月而練乃無所法象非朞非時豈可除祭而儒者徒擬三年之喪立練禫之節可謂苟存其變而失其本欲漸於奪乃薄於喪致使子則冠練去絰黃裏縓緣絰則布葛在躬麤服未改豈非絰哀尚存子情已奪親踈失倫輕重顛倒乃不順人情豈聖

人之意也故非先聖之禮廢於人邪三年之喪尚有不行之者至於祥練之節安能不墜者乎禮云父母之喪無貴賤一也而大夫士之喪父母乃貴賤異服然則禮壞樂崩由來漸矣所以晏平仲之斬麤縗其老謂之非禮滕文公之服三年其臣咸所不欲蓋由王道既衰諸侯異政將踰越於法度惡禮制之害己乃滅去篇籍自制其宜遂至骨肉之恩輕重從俗無易之道隆殺任情夫禮不從天降不從地出乃人心而已者謂情緣於恩也故恩厚者其禮隆情輕者其禮殺聖人以是稱情立文別親踈貴賤之節自臣子道消上下失序莫大之恩逐情而薄莫重之化與時而殺此乃服不稱喪容不稱服非所謂聖人緣恩表情制禮之義也然喪與其易也寧在於戚則禮之本也禮有其餘未若於哀則情之實也今十一月而練者非禮之本非情之實由是言之父在喪母不宜有練但依禮十三月而祥中月而禫庶以合聖人之意達人子之心秋七月丁卯詔州縣搜揚賢哲皆取明知古今通識安危究政教之本達禮樂之源不限多少不得不舉徵召將送必須以禮八月壬申上柱國檢校幽州總管落叢公燕榮以罪伏誅九月壬戌置常平官甲子以營州總管韋沖爲戶部尚書十二月癸酉河南諸州水遣納言楊達振恤之

四年春正月景辰大赦甲子幸仁壽宮夏四月乙卯上不
豫六月庚午大赦有星入月中數日而退長人見於鴈門
秋七月乙未日青無光八日乃復甲辰帝疾甚臥於仁壽
宮與百寮辭訣上握手歔欷丁未崩于大寶殿時年六十
四詔曰嗟乎自昔晉室播遷天下喪亂四海不一以至周
齊戰爭相尋年將三百故割疆土者非一所稱帝王者非
一人書軌不同生靈塗炭上天降監爰命于朕用登大位
豈關人力故得撥亂反正偃武修文天下大同聲教遠被
此又是天意欲寧區夏所以昧旦臨朝不敢逸豫一日万
機留心親覽晦明寒暑不憚劬勞匪曰朕躬蓋為百姓故

也王公卿士每日闕庭刺史以下歲時朝集何嘗不罄竭
心府誡敕殷勤義乃君臣情兼父子庶藉百寮之智力國
歡心欲令率土之人永得安樂不謂遘疾彌留至於大漸
此乃人生常分何足言及但四海百姓衣食不豐教化政
刑猶未盡洽興言念此唯以留恨朕今踰六十不復稱夭
但筋力精神一時勞竭如此之事本非為身止欲安養百
姓所以致此人生子孫誰不念愛既為天下事須割情勇
及秀等並懷悖惡既無臣子之心所以黜廢古人有云知
臣莫若君知子莫若父令勇秀得志共理家國亦當戮辱
遍於公卿酷毒流於人庶今惡子孫已為百姓黜屏好子

孫足堪負荷大業此雖朕家事理不容隱前對文武侍衛
具已論述皇太子廣地居上嗣仁孝著聞以其行業堪成
朕志但念內外群官同心勠力以此共安天下朕雖瞑目
何所復恨國家大事不可限以常禮既葬公除行之自昔
今宜遵用不勞改定凶禮所須纔令周事務從節儉不得
勞人諸州總管刺史以下宜率其職不須奔赴自古哲王
因人作法前帝後帝沿革隨時律令格式有不便於事者
宜依前修改務當政要嗚呼敬之哉無墜朕命乙卯發喪
河間楊柳四株無故黃落既而花葉復生八月丁卯梓宮
至自仁壽宮景子殯於大興前殿十月乙卯葬於太陵同

墳而異穴士庶赴葬者皆聽入視陵內帝性嚴重有威容
外質木而內明敏有大畧初得政之始群情不附諸子幼
弱內有六王之謀外致三方之亂握強兵居重鎮者皆周
之舊臣上推以赤心各盡其用不踰期月剋定三邊未及
十年平一四海薄賦斂輕刑罰內修制度外撫戎夷每旦
聽朝日仄忘倦居處服翫務存節儉令行禁止上下化之
開皇仁壽之間丈夫不衣綾綺而無金玉之飾常服率多
布帛裝帶不過以銅鐵骨角而已雖嗇於財至於賞賜有
功亦無所愛惜每乘輿四出路逢上表者駐馬親自臨問
或潛遣行人采聽風俗吏政得失人間疾苦無不留意嘗

遇關中飢遣左右視百姓所食有得豆屑雜糠而奏之者上流涕以示羣臣深自咎責爲之損膳而不御酒肉者殆將一期及東拜太山關中戶口就食洛陽者道路相屬帝敕斥候不得輒有驅逼男女參厠於仗衛之間遇逢扶老攜幼者輒引馬避之慰勉而去至艱嶮之處見負擔者遽令左右扶助之其有將士戰歿必加優賞仍令使者就家勞問自強不息朝夕孜孜人庶殷繁帑藏充實雖未能致臻於至道亦足稱近代之良主然雅性沈猜素無學術好爲小數言神燭聖杖堪能療病又信王劭解石文以爲己瑞焉不達大體如是故忠臣義士莫得盡心竭辭其草創

元勳及有功諸將誅夷獲罪罕有存者又不悅詩書楊素由之希旨遂奏除學校唯婦言是用廢黜諸子逮于暮年持法尤峻喜怒失常果於殺戮嘗令左右送西域朝貢使出關其人所經之處受牧宰小物饋鸚鵡麞皮馬鞭之屬聞而大怒又詣武庫見署中蕪穢不理於是執武庫令及諸受遺者出開遠門外親自臨決死者數十人又往往潛令賂遺令史府史受者必死無所寬貸議者以此少之

論曰隋文帝樹基立本積德累仁徒以外戚之尊受託孤之任與能之議未爲所許是以周室舊臣咸懷憤惋既而王謙固三蜀之阻不踰期月尉遲迥舉全齊之衆一戰而士斯乃非止人謀抑亦天之所贊乘茲機運遂遷周鼎于時蠻夷猾夏荊揚未一劬勞日仄經營四方樓船南邁則金陵失險驃騎北指則單于款塞職方所載竝入疆理禹貢所圖咸受正朔雖晉武之克平吳會漢宣之推亡固存比義論功不能尚也七德旣敷九歌已洽尉候無警遐邇肅清於是躬節儉平徭賦倉廩實法令行君子咸樂其生小人各安其業強不陵弱衆不暴寡人物殷阜朝野歡娛自開皇二十年間天下無事區宇之內晏如也考之前王足以參蹤盛烈而素無術業不能盡下無寬仁之度有刻薄之資暨乎暮年此風愈扇又雅好瑞符暗於大道建彼

維城權侔京室皆同帝制靡所適從聽姤婦之言惑邪臣之說溺寵廢嫡託付失所滅父子之道開昆弟之隙縱其尋斧翦伐本根墳土未乾子孫繼踵爲戮松檟纔列天下已非隋有惜哉迹其衰怠之源稽其亂亡之兆起自文皇成於煬帝所由來遠矣非一朝一夕其不祀忽諸未爲不幸也

隋本紀上第十一　北史十一

方洽周益校正

隋本紀下第十二　　北史十二

煬皇帝諱廣一名英小字阿摩高祖第二子也母曰文獻獨孤皇后上美姿儀少敏慧高祖及后於諸子中特所鍾愛在周以高祖勲封鴈門郡公開皇元年立爲晉王拜柱國并州摠管時年十三尋授武衛大將軍進上柱國河北道行臺尚書令大將軍如故高祖令項城公歆安道公李李徹輔導之上好學善屬文沈深嚴重朝野屬望高祖密令善相者來和徧視諸子和曰晉王眉上雙骨隆起貴不可言既而高祖幸上所居第見樂器絃多斷絶又有塵埃若不用者以爲不好聲妓之翫上尤自矯飾當時稱爲仁

孝嘗觀獵遇雨左右進油衣上曰士卒皆露濕我獨衣此乎乃令持去六年轉淮南道行臺尚書令其年徵拜雍州牧内史令八年冬大舉伐陳以上爲行軍元帥及陳平執陳湘州刺史施文慶散騎常侍沈客卿市令湯慧朗刑法監徐析尚書都令史暨慧以其邪佞有害於民斬之石闕下以謝三吴於是封府庫資財無所取天下稱賢進位太尉賜路車乘馬袞冕之服玄珪白璧各一雙復拜并州摠管俄而江南高智慧等相聚作亂徙上爲楊州摠管鎮江都每歲一朝高祖之祠太山也領武候大將軍明年歸藩後數載突厥寇邊復爲行軍元帥出靈武無虜而旋及太

子勇廢立上爲皇太子是月當受册高祖曰吾以大興公成帝業令上出舍大興其夜烈風大雪地震山崩民舍多壞壓死者百餘口仁壽初奉詔廵撫東南是後高祖每避暑仁壽宫恒令上監國四年七月高祖崩上即皇帝位於仁壽宫八月奉梓宫還京師并州摠管漢王諒舉兵反詔尚書左僕射楊素討平之九月乙巳以備身將軍崔彭爲左領軍大將軍十一月乙未幸洛陽景申發丁男十數万掘塹自龍門東接長平汲郡抵臨清關度河至浚儀襄城達于上洛以置關防癸丑詔曰乾道變化陰陽所以消息沿創不同生靈所以順序若使天意不變施化何以成四

時人事不易爲政何以利万姓易不云乎通其變使民不倦變則通通則久有德則可久有功則可大朕又聞之安安而能遷民用丕變是故姫邑兩周如武王之意殷人五徙成湯后之業若不因民順天功業見乎變愛民治國者可不謂歟然雒邑自古之都王畿之内天地之所合陰陽之所和控以三河固以四塞水陸通貢賦等故漢祖曰吾行天下多矣唯見雒陽自古皇王何甞不留意所不都者蓋有由焉或以九州未一或以困其府庫作雒之制所以未暇也我有隋之始便欲創玆懷雒日復一日越暨于今念兹在兹興言感哽朕肅膺寶曆纂臨万邦遵而不失心

奉先志今者漢王諒悖逆毒被山東遂令州縣或淪非所由關河懸遠兵不赴急加以并州移户復在河南周遷殷民意在於此況復南服遐遠東夏殷大因機順動今也其時羣司百辟僉諧厥議但成周墟塉弗堪胥宇今可於伊雒營建東京便即設官分職以為民極也夫宫室之制本以便生人上棟下宇足以避風露高臺廣厦豈曰適形故傳云儉德之恭侈惡之大宣尼有云與其不遜也寧儉豈謂瑶臺瓊室方為宫殿者乎土堦采椽而非帝王者乎是知非天下以奉一人乃一人以主天下也民惟國本本固邦寧百姓足孰與不足今所營構務從節儉無令雕牆峻

宇復起於當今欲使卑宫菲食將貽於後世有司明為條格稱朕意焉十二月乙丑以右武衛將軍來護兒為右驍衛大將軍戊辰以柱國李景為右武衛大將軍以右衛率周羅睺為右武候大將軍

大業元年春正月壬辰朔大赦改元立妃蕭氏為皇后改豫州為溱州洛州為豫州廢諸州揔管府景申立晉王昭為皇太子丁酉以上柱國宇文述為左衛大將軍上柱國郭衍為左武衛大將軍延壽公于仲文為右衛大將軍己亥以豫章王暕為豫州牧戊申發八使巡省風俗下詔曰昔者哲王之理天下也其在愛民乎既富而教家給人足故能風教淳厚遠至邇安理定功成率由斯道朕恭嗣寳位撫育黎獻夙夜戰兢若臨川谷雖則聿遵先緒弗敢失墜求言政術多有缺然況以四海之遠兆民之衆未獲親臨問其疾苦每慮幽仄莫舉寃屈不申一物失所用傷和氣万方有罪責在朕躬所以興寐增歎而夕惕載懷者也今既布政惟始宜存寛大可分遣使人巡省方俗宣揚風化薦拔淹滯申達幽枉孝悌力田給以優復鰥寡孤獨不能自存者量加振濟義夫節婦旌表門閭高年之老加其板授並依别條賜以粟帛篤疾之徒給侍丁者雖有侍養之名曾無賙贍之實明加檢校使得存養若有名行顯著

操履修絜及學業才能一藝可取咸宜訪採將身入朝所在州縣以禮發遣其蠹政害人不便於時者使還之日具録奏聞己酉以吳州揔管宇文弼為刑部尚書二月己卯以尚書左僕射楊素為尚書令三月丁未詔尚書令楊素納言楊達將作大匠宇文愷營建東京徙豫州郭下居民以實之戊申詔曰聽採輿頌謀及黎庶故能審政刑之得失是知昧旦思治欲使幽枉必達彝倫有章而牧宰任稱朝委苟為僥幸以求考課虚立殿最不存理實綱紀於是不理寃屈所以莫申關河重阻無由自達朕故建立東京躬親存問今將巡歷淮海觀省風俗眷求讜言徒繁詞翰

而鄉校之內闕尔無聞恇然夕惕用勞興寢其民下有知州縣官人政理苛刻侵害百姓背公徇私不便於民者聽詣朝堂封奏庶乎四聰以達天下無寃又於皁澗營顯仁宮採海內奇禽異獸草木之類以實園苑徙天下富商大賈數万家於東京辛亥發河南諸郡男女七百万開通濟渠自西苑引穀洛水達于河自板渚引河通于淮庚申遣黃門侍郎王弘上儀同於士澄往江南採木造龍舟鳳艒黃龍赤艦樓船等數万艘夏四月癸亥大將軍劉仲方擊林邑破之五月庚戌戶部尚書義豐侯韋沖卒甲子熒惑入太微秋七月丁酉制戰士之家給復十年景午滕王綸

衞王集竝奪爵徙邊閏七月甲子以尚書令楊素爲太子太師安德王雄爲太子太傅河間王弘爲太子太保景子詔曰君民建國教學爲先移風易俗必自茲始而言絕義乖多歷年代進德修業其道浸微漢採坑焚之餘不絕如綫晉承板蕩之運掃地將盡自時厥後軍國多虞雖復黌宇時建示同愛禮函丈或陳殆爲虛器遂使紆青拖紫非以學優制錦操刀類多牆面上陵下替綱維不立雅缺道消寔由於此朕纂承洪緒思弘大訓將欲尊師重道用闡厥繇講信脩睦敦獎名教方今區宇平壹文軌攸同十步之內必有芳草四海之中豈無孝秀諸在家及見入學者

若有篤志好古耽典悅禮學行優敏堪膺時務所在採訪具以名聞即當隨其器能擢以不次若研精經術未願進仕可依其藝業深淺門蔭高卑雖未升朝竝量準給祿庶夫恂恂誘善不日成器濟濟盈朝何遠之有其國子等學亦宜申明舊制教習生徒具爲課試之法以盡砥礪之道八月壬寅上御龍舟幸江都以左武衞大將軍郭衍爲前軍右武衞大將軍李景爲後軍文武官五品已上給樓船九品以上給黃篾舳艫相接二百餘里冬十月己丑赦江淮已南揚州給復五年舊總管內給復三年十一月己未以大將軍崔仲方爲禮部尚書

二年春正月辛酉東京成賜監督者有差以大理卿梁毗爲刑部尚書丁卯遣十使併省州縣二月景戌詔尚書令楊素吏部尚書牛弘大將軍宇文愷內史侍郎虞世基禮部侍郎許善心制定輿服始備輦輅及五時副車上常服皮弁十有二琪文官弁服珮玉五品已上給犢車通幰三公親王加油絡武官平巾幘褲褶三品已上給瓟槊下至胥吏服色各有差非庶人不得戎服戊戌置都尉官三月庚午車駕發江都先是太府少卿何稠太府丞雲定興盛修儀仗於是課州縣送羽毛百姓求捕之網羅被水陸禽獸有堪氅毦之用者殆無遺類至是而成夏四月庚戌上

自伊闕陳法駕備千乘万騎入於東京辛亥上御端門大
赦天下免今年租賦癸丑以冀州刺史楊文思爲民部尚
書五月甲寅金紫光禄大夫兵部尚書李通坐事免乙卯
詔曰旌表先哲式在饗祀所以優禮賢能顯彰遺愛朕永
鑒前脩尚想名德何嘗不興歎九原屬懷千載其自古以
來賢人君子有能樹聲立德佐世匡時博利殊功有益於
人者並宜營立祠宇以時致祭墳壟之處不得侵踐有司
量爲條式稱朕意焉六月壬子以尚書令太子太師楊素
爲司徒進封豫章王暕爲齊王秋七月癸丑以衞尉卿衞
玄爲工部尚書庚申制百官不得計考增級必有德行功

能灼然顯著者擢之壬戌擢藩邸舊臣鮮于羅等二十七
人官爵有差甲戌皇太子昭薨乙亥上柱國司徒楚國公
楊素薨八月辛卯封皇孫倓爲燕王侗爲越王侑爲代王
九月乙丑立秦王俊子浩爲秦王冬十月戊子以靈州刺
史段文振爲兵部尚書十二月庚寅詔曰前代帝王因時
創業君民建國禮尊南面而歷運推移年代永久丘壟殘
毀樵牧相趨塋兆堙蕪封樹莫辨興言淪滅有愴于懷自
古以來帝王陵墓可給隨近十戶蠲其雜役以供守視
三年春正月癸亥敕并州逆人已流配而逃亡者所獲之
處即宜斬決景子長星竟天出於東壁二旬而止是月武

陽郡上言河水清二月己丑彗星見於東井文昌歷大陵
五車北河入太微掃帝座前後百餘日而止三月辛亥車
駕還京師壬子以大將軍姚辯爲左衞將軍癸丑遣羽騎
朱寬使於流求國乙卯河間王弘薨夏四月庚辰詔曰古
者帝王觀風俗皆所以憂勤兆庶安集遐荒自蕃夷内附
未遑親撫山東經亂須加存恤今欲安輯河北巡省趙魏
所司依式甲申頒律令大赦天下關内給復三年壬辰改
州爲郡改度量權衡並依古式改上柱國以下官爲大夫甲
午詔曰天下之重非獨理所安帝王之功豈一士之畧自
古明君哲后立政經邦何嘗不選賢與能擢拔淹滯周稱

多士漢号得人尚想前風載懷欽佇朕負扆夙興冕旒待
旦引領巖谷寘以周行冀與羣才共康庶績而彙茅寂漠
投竿罕至豈美璞韜采未值良工將介石在懷確乎難拔
永鑒前哲憮然興歎凡厥在位譬諸股肱若濟巨川義同
舟檝豈得保茲寵禄晦尔所知優游卒歲甚非謂也祁大
夫之舉善良史以爲至公臧文仲之蔽賢尼父譏其竊位
求諸往古非無褒貶宜思進善用匡寡薄夫孝悌有聞人
倫之本德行敦厚立身之基或節義可稱或操履清潔所
以激貪厲俗有益風化強毅正直執憲不撓學業優敏文
才美秀並爲廊廟之用寔乃瑚璉之資才堪將略則拔之

以禦侮力有驍壯則任之以爪牙爰及一藝可取亦宜採
録若衆善畢舉與時無棄以此求理庶幾非遠文武有職
事者五品已上宜依令十科舉人有一於此不必求備朕
當待以不次隨才升用其見任九品已上官者不在舉送
之限景申車駕北巡狩丁酉以刑部尚書宇文㢸爲禮部
尚書戊戌敕百司不得踐暴禾稼其有須開爲路者有司
計地所收即以近倉酬賜務從優厚己亥至赤岸澤以太
牢祭故太師李穆五月丁巳突厥啓民可汗遣子拓特勤
來朝戊午發河北十餘郡丁男自太行山達于并州以通
馳道景寅啓民可汗遣其兄子毗黎伽特勤來朝辛酉啓

民可汗使請自入塞奉迎輿駕上不許癸酉有星孛于文
昌上將星常皆動搖六月辛巳獵於連谷丁亥詔曰聿追
孝饗德莫至焉崇建寢廟禮之大者然則質文異代損益
殊時學滅坑焚經典散逸憲章湮墜廟堂制度師說不同
所以世數多少莫能是正連室異宮亦無定准朕獲奉祖
宗欽承景業永惟嚴配思隆大典於是詢謀在位博訪儒
術咸以爲高祖文皇帝受天明命奄有區夏拯羣飛於四
海革彫弊於百王恤獄緩刑生靈皆遂其性輕徭薄賦比
屋各安其業夷夏宇宙混壹車書東漸西被無思不服南
征北怨俱荷來蘇駕毳乘風歷代所弗至辮髮左衽聲教

所罕及莫不厥角關塞頓顙闕庭譯靡絶時書無虚月韜
戈偃伯天下晏如嘉瑞休徵表裏禔福猗歟偉歟無得而
名者也朕又聞之德厚者流光理辨者禮縟是以周之文
武漢之高光其典章特立謚號斯重豈非緣情稱述即崇
顯之義乎高祖文皇帝宜別建廟宇以彰巍巍之德仍遵
月祭用表蒸蒸之懷有司以時創造務合典制又名位既
殊禮亦異等天子七廟事著前經諸侯二昭義有差降故
知以多爲貴王者之禮今可依用貽厥後昆戊子次榆林
郡丁酉啓民可汗來朝己亥吐谷渾高昌並遣使貢方物
甲辰上御北樓觀漁于河以宴百寮秋七月辛亥啓民可

汗上表請變服襲冠帶詔啓民贊拜不名在諸侯王上甲
寅上於郡城東御大帳其下備儀衛建旌旗宴啓民及其
部落三千五百人奏百戲之樂賜啓民及其部落各有差
丙子殺光祿大夫賀若弼禮部尚書宇文㢸太常卿高熲
尚書左僕射蘇威坐事免發丁男百餘万築長城西距榆
林東至紫河二旬而罷死者十五六八月壬午車駕發榆
林乙酉啓民飾廬清道以候乘輿帝幸其帳啓民奉觴上
壽宴賜極厚上謂高麗使者曰歸語介王當早來朝見不
然者吾與啓民巡彼土矣皇后亦幸義城公主帳己丑啓
民可汗歸蕃癸巳入樓煩關壬寅次太原詔營晉陽宮九

月己未次濟源幸御史大夫張衡宅宴享極歡己巳至于
東都壬申以齊王暕為河南尹開府儀同三司癸酉以戶
部尚書楊文思為納言
四年春正月乙巳詔發河北諸郡男女百餘万開永濟渠
引沁水南達于河北通涿郡庚戌百寮大射於允武殿丁
卯賜城內居民米各十石壬申以太府卿元壽為內史令
鴻臚卿楊玄感為禮部尚書癸酉以工部尚書衛玄為右
武候大將軍大理卿長孫熾為戶部尚書二月己卯遣司
朝謁者崔毅使突厥處羅致汗血馬三月辛酉以將作大
匠宇文愷為工部尚書壬戌百濟倭赤土迦羅舍國並遣

衢州李刊　北史本紀十二　十一

使貢方物乙丑車駕幸五原因出塞巡長城景寅遣屯田
上事常駿使赤土致羅剎夏四月景午以離石之汾源臨
泉鴈門之秀容為樓煩郡起汾陽宮癸丑以河內太守張
定和為左屯衛大將軍乙卯詔曰突厥意利珍豆啓民可
汗率領部落保附關塞遵奉朝禮思改戎俗頻入謁覲屢
有陳請以氈牆毳幕事窮荒陋上棟下宇願同比屋誠心
懇切朕之所重宜於万壽戍置城造屋其帷帳牀褥以上
隨事量給務從優厚稱朕意焉五月壬申蜀郡獲三足烏
張掖獲玄狐各一秋七月辛巳發丁男二十餘万築長城
自榆林谷而東乙未左翊衛大將軍宇文述破吐谷渾於

曼頭赤水八月辛酉親祠恒岳河北道郡守畢集大赦天
下車駕所經郡縣免一年租調九月辛未徵天下鷹師悉
集東京至者万餘人戊寅彗星出五車掃文昌至房而滅
辛巳詔免長城役者一年租賦冬十月景午詔曰先師尼
父聖德在躬誕發天縱之姿憲章文武之道命世膺期蘊
茲素王而頹山之歎忽踰於千祀盛德之美不在於百代
求惟懿範宜有優崇可立孔子後為紹聖侯有司求其苗
裔錄以申上辛亥詔曰昔周王下車首封唐虞之胤漢帝
承曆亦命殷周之後皆所以褒立先代憲章在昔朕嗣膺
景業傍求雅訓有一弘益欽若令典以為周兼夏殷文質

衢州路刊　北史本紀十二　十二

大備漢有天下車書混一魏晉沿襲風流未遠並宜立後
以存繼絕之義有司可求其胄緒列聞乙卯頒新式於天
下
五年春正月景子改東京為東都癸未詔天下均田戊子
上自東都還京師己丑制民間鐵叉搭鉤穳刃之類皆禁
絕之太守每歲密上屬官景迹二月戊戌次于閿鄉詔祭
古帝王陵及開皇功臣墓庚子制漢魏周官不得為蔭辛
丑赤土國遣使貢方物戊申車駕至京師景辰宴耆舊四
百人於武德殿頒賜各有差己未上御崇德殿之西院愀
然不悅顧謂左右曰此先帝所居寔用增感情所未安於

此院之西別營一殿壬戌制父母聽隨子之官三月己巳車駕西巡河右庚午有司言武功男子史永遵與從父昆弟同居上嘉之賜物一百段米二百石表其門閭乙亥幸扶風舊宅夏四月己亥大獵於隴西壬寅高麗吐谷渾伊吾並遣使來朝乙巳次狄道党項羌來貢方物癸亥出臨津關度黃河至西平陳兵講武五月乙亥上大獵於延山長圍周亘二千里庚辰入長寧谷壬午度星嶺甲申宴群臣於金山之上景戌梁浩亹御馬度而橋壞斬朝散大夫黃亘及督役者九人吐谷渾主率衆保覆袁川帝分命內史元壽南屯金山兵部尚書段文振北屯雪山太僕卿楊義臣東屯琵琶峽將軍張壽西屯泥嶺四面圍之吐谷渾主伏允以數十騎遁出遣其名王詐稱伏允保車我眞山壬辰詔右屯衛大將軍張定和往捕之定和挺身挑戰爲賊所殺亞將柳武建擊破之斬首數百級甲午其仙頭王窮蹙率男女十餘万口來降六月丁酉遣左光祿大夫梁默右翊衛將軍李瓊等追吐谷渾主皆遇賊死之癸卯經大斗拔谷山路隘險魚貫而出風霰晦暝與後宮相失士卒凍死者太半景午次張掖辛亥詔諸郡學業該通才藝優洽膂力驍壯超絕等倫在官勤奮堪理政事立性正直不避強禦四科舉人壬子高昌王麴伯雅來朝伊吾吐屯

設等獻西域數千里之地上大悅癸丑置西海河源鄯善且末等四郡景辰上御觀風行殿盛陳文物奏九部樂設魚龍曼延宴高昌王吐屯設於殿上以寵異之其蠻夷陪列者三十餘國戊午大赦天下開皇已來流配悉放還鄉晉陽逆黨不在此例隴右諸郡給復三年秋七月丁卯置馬牧於青海渚中以求龍種無效而止九月癸未車駕入長安冬十月癸亥詔曰優德尚齒載之典訓尊事乞言義彰膠序鬻熊爲師無取筋力方叔元老克壯其猷朕永言稽古用求至理是以尨眉黃髮更令收敘務簡秩優無虧藥餌庶等臥理佇其弘益今歲耆老赴集者可於近郡處置年七十已上疾患沈滯不堪居職即給賜帛送還本郡其官至七品以上者量給廩以終厥身十一月景子車駕幸東都

六年春正月癸亥朔旦有盜數十人皆素冠練衣焚香持華自稱彌勒佛入自建國門監門者皆稽首既而奪衛士仗將爲亂齊王暕遇而斬之於是都下大索與相連坐者千餘家丁丑角觝大戲於端門街天下奇伎異藝畢集終月而罷帝數微服往觀之己丑倭國遣使貢方物二月乙巳武賁郎將陳稜朝請大夫張鎮州擊流求破之獻俘万七千口頒賜百官乙卯詔曰夫帝圖草創王業艱難咸依

股肱叶同心德用能救厥顛危運克濟大艱然後疇庸茂賞
開國承家誓以山河傳之不朽近代淪喪四海未壹茅土
妄假名實相乖歷茲永久莫能懲革皇運之初百度伊始
猶循舊貫未暇改作今天下交泰文軌攸同宜率遵先典
永垂大訓自今已後唯有功勳乃得賜封仍令子孫承襲
景辰改封安德王雄爲觀王河間王子慶爲郇王庚申徵
魏齊周陳樂人悉配太常二月癸亥幸江都宮甲子以鴻
臚卿史祥爲左驍衛大將軍夏四月丁未宴江淮已南父
老頒賜各有差六月辛卯室韋赤土並遣使貢方物壬辰
鴈門賊帥尉文通聚衆三千保於莫壁谷遣鷹揚楊伯泉

擊破之甲寅制江都太守秩同京尹冬十月壬申刑部尚
書梁毗卒壬子戶部尚書銀青光祿大夫長孫熾卒十二
月己未左光祿大夫吏部尚書牛弘卒辛酉朱崖人王万
昌舉兵作亂遣隴西太守韓洪討平之
七年春正月壬寅左武衛大將軍光祿大夫眞定侯郭衍
卒二月己未上升釣臺臨楊子津大宴百寮頒賜各有差
庚申百濟遣使朝貢乙亥上自江都御龍舟入通濟渠遂
幸于涿郡壬午詔曰武有七德先之以安民政有六本興
之以教義高麗虧失藩禮將欲問罪遼左恢宣勝略雖懷
伐國仍事省方今往涿郡巡撫民俗其河北諸郡及山西

山東年九十已上版授太守八十者授縣令三月丁亥右
光祿大夫左屯衛大將軍姚辯卒夏四月庚午幸涿郡之
臨朔宮五月戊子以武威太守樊子蓋爲民部尚書秋大
水山東河南漂沒三十餘郡民相賣爲奴婢冬十月乙卯
底柱山崩偃木逆流數十里戊午以東平太守吐万緒爲
左屯衛大將軍十二月己酉突厥處羅多利可汗來朝帝
大悅接以殊禮于時遼東戰士及饋運者塡咽於道晝夜
不絕苦役者始爲羣盜甲子敕都尉鷹揚與郡縣相知追
捕隨獲斬決之
八年春正月辛巳大軍集于涿郡以兵部尚書段文振爲

左候衛大將軍壬午下詔曰天地大德降繁霜於秋令聖
哲至仁著兵甲於刑典故知造化之有肅殺義在無私帝
王之用干戈蓋非獲已版泉丹浦莫匪龔行取亂覆昏咸
由順動況乎甘野誓師夏開承大禹之業商郊問罪周發
成文王之志永監載籍屬當朕躬粵我有隋誕膺靈命兼
三才而建極一六合而爲家提封所漸細柳蟠桃之外聲
教爰暨紫舌黃枝之域遠至邇安罔弗和會功成理定於
是乎在而高麗小醜迷昏不恭崇聚勃碣之間荐食遼濊
之境雖復漢魏誅夷巢窟蹔擾亂離多阻種落還集萃川
藪於前代播寔繁以迄今眺彼華壤翦爲夷類歷年永久

惡稔既盈天道禍淫亡徵已兆亂常敗德非可勝圖掩慝
懷姦唯日不足移告之嚴未嘗面受朝覲之禮莫肯躬親
誘納亡叛不知紀極充斥邊垂亟勞烽候關柝以之不靜
三人爲之廢業在昔薄伐已漏天網既緩前禽之戮未即
後服之誅曾不懷恩翻其長惡乃兼契丹之黨虔劉海戍
習靺鞨之服侵軼遼西又青丘之表咸脩職貢碧海之濱
同稟正朔遂復寇攘琛賮遏絕往來虐及弗辜誠而遇禍
輶軒奉使爰暨海東旌節所次途經藩境而擁塞道路拒
絕王人無事君之心豈爲臣之禮此而可忍孰不可容且
法令苛酷賦斂煩重彊臣豪族咸執國均朋黨比周以之

成俗賄貨如市寃枉莫申重以仍歲災凶比屋飢饉兵戈
不息傜役無期力竭轉輸身填溝壑百姓愁苦爰誰適從
境內哀惶不勝其弊回面內向各懷性命之圖黃髮稚齒
咸興酷毒之歎省俗觀風爰屆幽朔弔人問罪無俟再駕
親總六師用申九伐拯厥阽危協從天意殄茲逋穢克嗣
先謨今宜授律啓行分麾屆路掩渤澥而雷震及夫餘以
電掃比戈按甲俟誓而後行先令五申必勝而後戰左第
一軍可鏤方道第二軍可長岑道第三軍可海冥道第四
軍可蓋馬道第五軍可建安道第六軍可南蘇道第七軍
可遼東道第八軍可玄菟道第九軍可扶餘道第十軍可

朝鮮道第十一軍可沃沮道第十二軍可樂浪道右第一
軍可黏蟬道第二軍可含資道第三軍可渾彌道第四軍
可臨屯道第五軍可候城道第六軍可提奚道第七軍可
踏頓道第八軍可肅慎道第九軍可碣石道第十軍可東
暆道第十一軍可帶方道第十二軍可襄平道凡此衆軍
先奉廟略駱驛引途總集平壤莫非如豺如貔之勇百戰
百勝之雄顧眄則山岳傾頹叱咤則風雲騰鬱腹心攸同
爪牙斯在朕躬馭元戎爲其節度涉遼而東循海之右解
倒懸於遐裔問疾苦於遺黎其外輕齎游闕隨機赴響卷
甲銜枚出其不意又滄海道軍舟艫千里高颿電逝巨艦

雲飛橫斷浿江逕造平壤島嶼之望斯絕坎井之路已窮
其餘被髮左衽之人控弦待發微盧彭濮之旅不謀同辭
杖順臨逆人百其勇以此衆戰勢等摧枯然則王者之師
義存止殺聖人之教必也勝殘天罰有罪本在元惡人之
多辟脅從罔理若高元泥首轅門自歸司寇即解縛焚櫬
弘之以恩其餘臣人願歸朝奉化咸加慰撫各安生業隨
才任用無隔夷夏營壘所次務在整肅芻蕘有禁秋毫勿
犯以布恩宥以喻禍福若其同惡相濟抗拒官軍國有常
刑俾無遺類明加曉示稱朕意焉總一百一十三萬三千
八百號二百萬其餽運者倍之癸未第一軍發終四十日

引師乃盡旌旗亘千里近古出師之盛未之有也乙未以右候衛大將軍衛玄為刑部尚書甲辰內史令元壽卒二月甲寅詔曰朕觀風燕裔問罪遼濱文武叶力爪牙思奮莫不執銳勤王捨家從役罕蓄倉廩之資兼損播殖之務朕所以夕惕愀然慮其匱乏雖復素飽之衆情在忘私悅使之徒宜從其厚諸行從一品以下佽飛募人以上家口郡縣宜數存問若有糧食乏少皆賑給之或雖有田疇貧弱不能自耕種可於多丁富室勸課相助使夫居者有斂積之豐行役無顧後之慮壬戌司空京兆尹光祿大夫觀王雄薨三月辛卯兵部尚書左候衛大將軍段文振卒癸

衛州刊　北史本紀十二　十九　黄

巳上御師甲子臨戎于遼水橋戊戌大軍為賊所拒不果濟右屯衛大將軍左光祿大夫麥鐵杖武賁郎將錢士雄孟金叉等皆死之甲午車駕度遼大戰于東岸擊賊破之進圍遼東乙未大頓見二大鳥高丈餘皜身朱足游泳自若上異之命工圖寫并立銘頌五月戊午納言楊達卒于時諸將各奉旨不敢越機既而高麗各固城守攻之不下六月己未幸遼東責怒諸將止城西數里御六合城七月壬午宇文述等敗績于薩水右屯衛將軍薛世雄死之九軍並陷師奔還亡者千餘騎癸卯班師九月庚辰上至東都己丑詔軍國異容文武殊用匡危拯難則霸德攸興化

人成俗則王道斯貴時當撥亂屠販可以登朝世屬隆平經術然後升仕豐都爰肇儒服無預於周行建武之朝功臣不參於吏職自三方未一四海交爭不遑文教唯尚武功設官分職罕以才授班朝理人乃由勳叙莫非拔足行陣出自勇夫學藝之道既所不習政事之方故亦無取是非暗於在己威福專於下吏貪冒貨賄不知紀極蠹政害民寔由於此自今已後諸授勳官者並不得回授文武職事庶遵彼更張取類於調瑟求諸名制不傷於美錦若吏部輒擬用者御史即宜糾彈冬十月戊寅工部尚書宇文愷卒十一月己卯以宗女華容公主嫁于高昌王辛巳光

信州李刊　北史本紀十二　二十　黄

祿大夫韓壽卒甲申敗將宇文述于仲文等除名為民斬尚書右丞劉士龍以謝天下是歲大旱疫人多死山東尤甚密詔江淮南諸郡閱視民間童女姿質端麗者每歲貢之

九年春正月丁丑徵天下兵募民為驍果集于涿郡壬午賊帥杜彥求王潤等陷平原郡大掠而去辛卯置折衝果毅武勇雄武等郎將官以領驍果乙未平原李德逸聚衆數万稱阿舅賊劫掠山東靈武白榆妄稱奴賊劫掠牧馬北連突厥隴右多被其患遣將軍范貴討之連年不能克戊戌大赦己亥遣代王侑刑部尚書衛玄鎮京師辛丑以

右驍衛將軍李渾爲右驍衛大將軍二月己未濟北人韓
進洛聚衆數万爲羣盜壬午復宇文述等官爵又徵兵討
高麗三月景子濟北人孟海公起兵爲盜衆至數万丁丑
發丁男十万城大興戊寅幸遼東以越王侗工部尚書樊
子蓋鎮東都庚子北海人郭方預聚徒爲賊自号盧公衆
至三万攻陷郡城大掠而去夏四月庚午車駕度遼壬申
遣宇文述楊義臣趣平壤城五月丁丑熒惑入南斗己卯
濟北人甄寶車聚衆万餘寇掠城邑六月乙巳禮部尚書
楊玄感反於黎陽丙辰玄感逼東都河南贊理裴弘策拒
之反爲賊所敗戊辰兵部侍郎斛斯政奔于高麗庚午上

班師高麗犯後軍敕右武衛大將軍李景爲後拒遣左翊
衛大將軍宇文述左候衛將軍屈突通等馳傳發兵以討
玄感秋七月己卯令所在發人城縣府驛癸未餘杭人劉
元進舉兵反衆至數万八月壬寅左翊衛大將軍宇文述
等破楊玄感於閿鄉斬之餘黨悉平癸卯吳人朱燮晉陵
人管崇擁衆十万餘自稱將軍寇江左甲辰制驍果之家
蠲免賦役丁未詔郡縣城去道過五里已上者徙就之戊
申制盜賊籍沒其家乙卯賊帥陳瑱等三万攻陷信安郡
辛酉司農卿光祿大夫葛國公趙元淑以罪伏誅九月己
卯濟陰人吳海流東海人彭孝才並舉兵爲盜衆數万庚

辰賊帥梁慧尚聚衆四万陷蒼梧郡甲午車駕次上谷以
供費不給上大怒免太守虞荷等官丁酉東陽人李三兒
向但子舉兵作亂衆至万餘閏月己巳幸博陵庚午上謂
侍臣曰朕昔從先朝周旋於此年甫八歲日月不居倏經
三紀追惟曩昔不可復希言未卒流涕嗚咽侍衛者皆泣
下沾襟冬十月丁丑賊帥呂明星率衆數千圍東郡武賁
郎將費青奴擊斬之乙酉詔曰博陵昔爲定州地居衝要
先王歷試所基王化斯遠故以道冠豳風義高姚邑朕巡
撫氓庶爰届茲邦瞻望郊壥緬懷敬止思所以宣播慶澤
覃被下人崇紀顯號式光令緒可改博陵爲高陽郡赦境

内死罪以下給復一年於是召高祖時故吏皆量才授職
壬辰以納言蘇威爲開府儀同三司朱燮管崇推劉元進
爲天子遣將軍吐万緒魚俱羅討之連年不能克齊人孟
讓王薄等衆十餘万據長白山攻剽諸郡清河賊張金稱
衆各數万勃海賊帥格謙自号燕王孫宣雅自号齊王衆
各十万山東苦之丁亥以右候衛將軍郭榮爲右候衛大
將軍十一月己酉右候衛將軍馮孝慈討張金稱於清河
反爲所敗孝慈死之十二月甲辰車裂楊玄感弟朝散大
夫積善及黨與十餘人仍焚而揚之丁亥扶風人向海明
舉兵作亂稱皇帝建元白烏遣太僕卿楊義臣擊破之

十年春正月甲寅以宗女為信義公主嫁於突厥曷娑那
可汗二月辛未詔百寮議伐高麗數日無敢言者戊子詔
曰竭力王役致身戎事咸由徇義莫匪勤誠委命草芥暴
骸原野興言念之每懷愍惻往年問罪將届遼濱廟筭勝
略具有進止而諒惽凶悶識成敗高熲愎很本無智謀臨
三軍猶兒戲視人命如草芥不遵成規坐貽撓退遂令死
士者衆不及埋藏今宜遣使人分道收葬設祭於遼西郡
立道場一所恩加泉壤庶弭窮魂之冤澤及枯骨用弘仁
者之惠辛卯詔曰黃帝五十二戰成湯二十七征方乃德
施諸侯令行天下盧芳小盜漢祖尚且親戎隗囂餘燼光

武猶自登隴豈不欲除暴止戈勞而後逸者哉朕纂承寶
業君臨天下日月所照風雨所霑孰非我臣獨隔聲教蕞
尒高麗僻居荒裔鴟張狼噬侮慢不恭抄竊我邊垂侵逼
我城鎮是以去歲出軍問罪遼碣殪長蛇於玄菟戮封豕
於襄平扶餘衆軍風馳電逝追奔逐北徑踰浿水滄海舟
檝衝賊腹心焚其城郭汙其宮室高元伏鑕泥首送款軍
門尋請入朝歸罪司寇朕以許其改過乃詔班師而長惡
靡悛宴安鴆毒此而可忍孰不可容便可分命六師百道
俱進朕當親執武節臨御諸軍秣馬丸都觀兵遼水順天
誅於海外拯窮民於倒懸征伐以正之明德以誅之止除

元惡餘無所問若有識存亡之分悟安危之機翻然北首
自求多福必其同惡相濟抗拒王師若火燎原刑茲無赦
有司便宜宣布咸使知聞丁酉扶風人唐弼舉兵反衆十
万推李弘為天子自稱唐王三月壬子行幸涿郡癸亥次
臨渝宮親御戎服禡祭黃帝斬叛軍者以釁鼓夏四月辛
未彭城賊張大虎聚衆數万保縣薄山為盜遣榆林太守
董純擊破斬之甲午車駕次北平五月庚子詔舉郡孝悌
廉潔各十人壬寅賊帥宋世謨陷琅邪庚申延安人劉迦
論舉兵反自稱皇王建元大世六月辛未賊帥鄭文雅林
寶護等衆三万陷建安郡太守楊景祥死之秋七月癸丑

車駕次懷遠鎮乙卯曹國遣使貢方物甲子高麗遣使請
降囚送斛斯政上大悅八月己巳班師右衛大將軍左光
祿大夫鄭榮卒冬十月丁卯上至東都己丑還京師十一
月景申支解斛斯政於金光門外乙巳有事於南郊己酉
賊帥司馬長安破長平郡乙卯離石胡劉苗王舉兵反自
稱天子以其第六兒為永安王衆至數万將軍潘長文討
之不能尅是月賊帥王德仁擁衆數万保林慮山為盜十
二月壬申上如東都其日大赦天下戊子入東都庚寅賊
帥孟讓衆十餘万據都梁宮遣江都丞王世充擊破之盡
虜其衆

十一年春正月甲午朔宴百寮突厥新羅靺鞨畢大辭訶咄傳越烏那曷波臘吐火羅俱慮建忽論靺鞨訶多沛汗龜茲疏勒于闐安國曹國何國穆國畢衣密失範延伽折契丹等國並遣使朝貢戊戌武賁郎將高建毗破賊帥顏宣政於齊郡虜男女數千口乙卯大會蠻夷設魚龍曼延之樂頒賜各有差二月戊辰賊帥楊仲緒率衆万餘攻北平滑公李景破斬之庚午詔曰設險守國著自前經重門禦暴事彰往策所以宅土寧邦禁邪固本而近代戰爭居人散逸田疇無伍郛郭不修遂使遊湣實繁寇攘未息今天下平一海內晏如宜令人悉城居田隨近給使強弱

相容力役兼濟穿窬無所厝其姦宄萑蒲不得聚其逋逃有司具為事條務令得所景子王須拔反自稱漫天王國號燕賊帥魏刀兒自稱歷山飛衆各十餘万北連突厥南寇趙三月丁酉殺右驍衛大將軍光祿大夫郕公李渾將作監光祿大夫李敏並族滅其家癸卯賊帥司馬長安破西河己酉幸太原避暑汾陽宮秋七月己亥淮南人張起緒舉兵為盜衆至三万辛丑光祿大夫右禦衛大將軍張壽卒八月乙卯巡北塞戊辰突厥始畢可汗率騎數十万謀襲乘輿義成公主遣使告變壬申車駕馳幸鴈門癸酉突厥圍城官軍頻戰不利上大懼欲率精騎潰圍而出民

部尚書樊子蓋固諫乃止齊王暕以後軍保于崞縣甲申詔天下諸郡募兵於是守令各來赴難九月甲辰突厥解圍而去丁未曲赦太原鴈門死罪已下冬十月壬戌上至于東都丁卯彭城人魏騏驎聚衆万餘為盜寇魯郡壬申賊帥盧明月聚衆十餘万寇陳汝間東海賊李子通擁衆度淮自號楚王建元明政寇江都十一月乙卯賊帥王須拔破高陽郡十二月戊寅有大流星如斛墜明月營破其衝車庚辰詔民部尚書樊子蓋發關中兵討絳郡賊敬盤陁柴保昌等經年不能剋譙郡人朱粲擁衆數十万寇荊襄僭稱楚帝建元昌達漢南諸郡多為所陷焉

十二年春正月甲午鴈門人翟松栢起兵於靈丘衆至數万轉攻傍縣二月己未真臘遣使貢方物甲子夜有二大鳥似鵰飛入大業殿止于御幄至明而去癸亥東海賊盧公進率衆万餘保于蒼山夏四月丁巳顯陽門災癸亥魏刀兒所部將甄翟兒號歷山飛衆十万轉寇太原將軍潘長文討之反為所敗長文死之五月景戌朔日有蝕之既癸巳大流星隕於吳郡為石壬午上於景華宮徵求螢火得數斛夜出遊山而放之光遍巖谷秋七月壬戌民部尚書光祿大夫濟北公樊子蓋卒甲子幸江都宮以越王侗光祿大夫段達太府卿元文都檢校民部尚書韋津右武

衛將軍皇甫無逸右司郎盧楚等摠留守事奉信郎崔民
象以盜賊充斥於建國門表諫不宜巡幸上大怒先解其
頤乃斬之戊辰馮翊人孫華自號摠管舉兵爲盜高涼通
守洗珤徹舉兵作亂嶺南溪洞多應之己巳熒惑守羽林
月餘乃退車駕次汜水奉信郎王愛仁以盜賊日盛諫上
請還西京上怒斬之而行八月乙巳賊帥趙万海衆數十
万自恒山寇高陽壬子有大流星如斗出王良閣道聲如
壞牆癸丑大流星如甕出羽林九月丁酉東海人杜伏威
揚州沈覓敵等作亂衆至數万右禦衛將軍陳稜擊破之
戊午有二枉矢出北斗魁委曲蛇形注於南斗壬戌安定

人荔非世雄殺臨涇令舉兵作亂自號將軍冬十月己丑
開府儀同三司左翊衛大將軍光祿大夫許公宇文述薨
十二月癸未鄱陽賊操天成舉兵反自號元興王建元始
興攻陷豫章郡乙酉以右翊衛大將軍來護兒爲開府儀同
三司行左翊衛大將軍壬辰鄱陽人林士弘自稱皇帝國
號楚建元太平攻陷九江廬陵郡唐公破甄翟兒於西河
虜男女千口

十三年春正月壬子齊郡賊杜伏威率衆度淮攻陷歷陽
郡景辰勃海賊竇建德設壇於河間之樂壽自稱長樂王
建元丁丑辛巳賊帥徐圓朗率衆數千破東平郡弘化人

到公成聚衆万餘人爲盜傍郡苦之二月壬午朔方人梁
師都殺郡丞唐世宗據郡反自稱大丞相遣銀青光祿大
夫張世隆擊之反爲所敗戊子賊率王子英破上谷郡己
丑馬邑校尉劉武周殺太守王仁恭舉兵作亂北連突厥
自稱定楊可汗庚寅賊帥李密翟讓等陷興洛倉越王侗
遣武賁郎將劉長恭光祿少卿房崱擊之反爲所敗死者
十五六庚子李密自號魏公稱元年開倉以賑羣盜衆至
數十万河南諸郡相繼皆陷焉壬寅劉武周破武賁郎將
王智辯於桑乾鎮智辯死之三月戊午廬江人張子路舉
兵反遣右禦衛將軍陳稜討平之丁丑賊帥李通德衆十

万寇廬江左屯衛將軍張鎮州擊破之夏四月癸未金城
校尉薛舉率衆反自稱西秦霸王建元秦興攻陷隴右諸
郡己丑賊帥孟讓夜入東都外郭燒豐都市而去癸巳李
密陷迴洛東倉丁酉賊帥房憲伯陷汝陰郡是月光祿大
夫武賁郎將裴仁基淮陽太守趙佗等並以衆叛歸李密
五月辛卯夜有流星如甕墜於江都甲子唐公起義師於
太原景寅突厥數千寇太原唐公擊破之秋七月壬子熒
惑守積屍景辰武威人李軌舉兵反攻陷河曲諸郡自稱
涼王建元安樂八月辛巳唐公破武牙郎將宋老生於霍
邑斬之九月己丑帝括江都人女寡婦以配從兵是月武

陽郡丞元寶藏以郡叛歸李密與賊帥李文相攻陷黎陽
倉彗星見於營室冬十月丁亥太原楊世洛聚衆万餘人
寇掠城邑景申羅令蕭銑以縣反鄱陽人董景珍以郡反
迎銑於羅縣號爲梁王攻陷傍郡戊戌武賁郎將高毗敗
濟北郡賊甄寶車於嶧山十一月景辰唐公入京師辛酉
遥尊帝爲太上皇立代王侑爲帝改元義寧上起宮丹揚
將遜于江左有烏鵲來巢幄帳驅不能止熒惑犯太微有
石自江浮入于揚子日光四散如流血上甚惡之二年三
月右屯衛將軍宇文化及武賁郎將司馬德戡元禮監門
直閤裴虔通將作少監宇文智及武勇郎將趙行樞鷹揚

郎將孟景內史舍人元敏符璽郎李覆牛方裕千牛左右
李孝本弟孝質直長許弘仁薛世良城門郎唐奉義醫正
張愷等以驍果作亂入犯宮闈上崩于溫室時年五十蕭
后令宮人撤牀簀爲棺以埋之化及發後右禦衛將軍陳
稜奉梓宮於成象殿葬吳公臺下發斂之始容貌若生衆
咸異之大唐平江南之後改葬雷塘初上自以蕃王次不
當立每矯情飾行以釣虛名陰有奪宗之計時高祖雅重
文獻皇后而性忌妾媵皇太子勇內多嬖幸以此失愛帝
後庭有子皆不育之示無私寵取媚於后大臣用事者傾
心與交中使至第無貴賤皆曲承顏色申以厚禮婢僕往

來者無不稱其仁孝又常私入宮掖密謀於文獻后楊素
等因機構扇遂成廢立自高祖大漸暨諒闇之中蒸淫無
度山陵始就即事巡游以天下承平日久士馬全盛慨然
慕秦皇漢武之事乃盛理宮室窮極侈靡召募行人分使
絕域諸蕃至者厚加禮賜有不恭命以兵擊之盛興屯田
於玉門柳城之外課天下富室分道市武馬疋直十餘万
富強坐是而凍餒者十家而九性多詭譎所幸之處不欲
人知每幸之所輒數道置頓四海珍羞殊味水陸必備焉
求市者無遠不至郡縣官人競爲獻食豐厚者進擢疏儉
者獲罪姦吏侵漁內外虛竭頭會箕斂人不聊生于時軍

國多務日不暇給帝方驕怠惡聞政事冤屈不理奏請罕
決又猜忌臣下無所專任朝臣有不合意者必構其罪而
族滅之高熲賀若弼先皇心膂參謀帷幄張衡李金才藩
邸惟舊績著經綸惑其直道忌其正議求其無形之罪加
以丹頸之戮其餘事君盡禮謇謇匪躬無辜無罪橫受夷
戮者不可勝紀政刑弛紊賄貨公行莫敢有言道路以目
六軍不息百役繁興行者不歸居者失業人饑相食邑落
爲墟上弗之恤也東西行幸靡有定居每以供費不給逆
收數年之賦所至唯與後宮流連耽湎惟日不足招迎姥
媼朝夕共肆醜言又引少年令與宮人穢亂不軌不遜以

爲娛樂區宇之內盜賊蜂起劫掠從官屠陷城邑近臣互
相掩蔽皆隱賊數不以實對或有言賊多者輒大被詰責
各求苟免上下相蒙每出師徒敗亡相繼戰士盡力不加
賞賜百姓無辜咸受屠戮黎庶積怨天下土崩至於就擒
而猶未之寤也
恭皇帝諱侑元德太子之子也母曰韋妃性聰敏有氣度
大業三年立爲陳王後數載徙爲代王及煬帝親征遼東
令於京師總留事十一年從幸晉陽拜太原太守尋鎮京
師義兵入長安尊煬帝爲太上皇奉帝纂業義寧元年十
一月壬戌上即皇帝位於大興殿詔曰王道喪亂天步不

康禍之於朕逢此百罹繈褓之歲夙遭憫凶孺子之辰太
上播越興言感動實疚于懷太尉唐公膺期作宰糾合義
兵翼戴皇室爰奉明詔弼予幼沖顧命光臨天威咫尺對
揚尊號悼心失圖一人在遠三讓不遂僶俛南面厝身無
所苟利社稷莫敢或違俯從群議奉遵聖旨可大赦天下
改大業十三年爲義寧元年十一月十六日昧爽以前大
辟罪已下皆赦除之常赦所不免者不在赦限甲子以光
祿大夫大將軍太尉唐公爲假黃鉞使持節大都督內外
諸軍事尚書令大丞相進封唐王景寅詔曰朕惟孺子未
出深宮太上遠巡追蹤穆滿時逢多難委當尊極辭不獲

免恭已臨朝若涉大川罔知所濟民之情僞曾未之聞賴
股肱勤力上宰賢良匡佐沖人輔其不逮軍國機務事無
大小文武設官位無貴賤憲章賞罰咸歸相府庶績其凝
責成斯屬己巳以唐王子隴西公建成爲唐國世子敦煌
公爲京兆尹改封秦公元吉爲齊公太原置鎮北府乙亥
張掖康老和舉兵反十二月癸未薛舉自稱天子寇扶風
秦公爲元帥擊破之丁亥桂陽人曹武徹舉兵反建元通
聖丁酉義師禽驍衛大將軍屈突通於閺鄉乙巳賊帥張
善安陷廬江郡
二年春正月丁未詔唐王劍履上殿入朝不趨贊拜不名

加前後羽葆鼓吹壬戌將軍王世充爲李密所敗河內通
守孟善誼武賁郎將王辯楊威劉長恭梁德董智通皆死
之庚戌河陽郡尉獨孤武都降於李密三月景辰右屯衛
將軍宇文化及弑太上皇於江都宮右禦衛將軍獨孤盛
死之齊王暕趙王杲燕王倓右翊衛大將軍宇文協內史
侍郎虞世基御史大夫裴蘊給事郎許善心皆遇害化及
立秦王浩爲帝自稱大丞相朝士文武皆受其官爵光祿
大夫宿公麥才折衝郎將朝請大夫沈同謀討賊夜襲化
及營反爲所害戊辰詔唐王備九錫之禮加璽紱遠游冠
綠綟綬位在諸侯王上唐國置丞相已下一依舊式五月

乙巳朔詔唐王冕十有二旒建天子旌旗出警入蹕金根車駕備五時副車置旄頭雲罕車儛八佾設鍾虡宮縣王后王子王女爵命之號一遵舊典戊午詔曰天禍隋國大行太上皇遇盜江都惘乎小子哀號永感仰惟荼毒仇復靡申相國唐王膺期命世扶危拯溺自北徂南東征西怨摠九合於一匡決百勝於千里糾率夷夏大庇氓黎保乂朕躬繄王是賴德侔造化功格蒼旻兆庶歸心曆數斯在屈爲人臣載違天命當今九服崩離三靈改卜大運去矣請避賢路私僮命駕須歸藩國予本代王及予而代天之所廢豈期如是庶憑稽古之聖以誅四凶幸值惟新之恩

預充三恪雪冤恥於皇祖守禋祀爲孝孫朝聞夕殞及泉無恨今遵故事遜於舊邸庶官羣辟改事唐朝宜依前典趨上尊號若釋重負感泰兼懷假手真人俾除醜逆仍敕有司凡有表奏皆不得以聞是日上遜位於大唐以爲酅國公武德二年夏五月崩時年十五

史臣曰煬帝爰在弱齡早有志尚南平吳會北郤匈奴昆弟之中獨著聲績於是矯情飾貌肆厥姦回故得獻后鍾心文皇革慮天方肇亂遂升儲兩踐峻極之崇基承丕顯之休命地廣三代威振八紘單于頓顙越裳重譯赤仄之泉流溢于都內紅腐之粟充積於塞下負其富強之資思逞無厭之欲狹殷周之制度尚秦漢之規摹恃才矜己傲佷明德內懷險躁外示凝簡盛冠服以塞其姦除諫官以掩其過淫荒無度法令滋彰教絕四維刑參五虐誅鋤骨肉屠剿忠良受賞者莫見其功爲戮者莫聞其罪驕怒之兵屢動土木之功不息頻出朔方三駕遼左旌旗万里徵稅百端猾吏侵漁人弗堪命乃急令暴賦以擾之嚴刑峻法以臨之甲兵威武以董之自是海內騷然無聊生矣俄而玄感肇黎陽之亂匈奴有鴈門之圍天子方棄中土遠之揚越姦宄乘釁強弱相陵關梁閉而不通皇輿往而莫返加之以師旅因之以飢饉流離道路轉死溝壑十七八

焉於是相聚萑蒲蝟毛而起大則跨州連郡稱帝稱王小則千百爲群攻城剽邑流血成川澤死人如亂麻炊者不及析骸食者不遑易子茫茫九土並爲麋鹿之場慄慄黔黎俱充蛇豕之餌四方万里簡書相續猶謂鼠竊狗盜不足爲虞上下相蒙莫肯念亂振蜉蝣之羽窮長夜之樂土崩魚爛貫盈惡稔普天之下莫匪仇讎左右之人皆爲敵國終然不悟同彼望夷遂以万乘之尊死於匹夫之手億兆靡感恩之士九牧無勤王之師子弟同就誅夷骸骨棄而莫掩社稷顛隕本枝殄絕自肇有書契以迄于茲宇宙崩離生靈塗炭喪身滅國未有若斯之甚也書曰天作孽

猶可違自作孽不可逭傳曰吉凶由人祆不妄作又曰兵猶火也不戢將自焚觀隋室之存亡斯言有徵矣恭帝年在幼沖遭家多難一人失德四海土崩羣盜蜂起豺狼塞路南巢遂往流彘不歸既鍾百六之期躬踐數終之運謳歌有屬笙鏞變響雖欲不遵堯舜之迹庸可得乎

隋本紀下第十二　北史十二

方洽周益　校正

列傳第一　北史十五

后妃上

魏神元皇后竇氏

文帝皇后封氏

桓皇后惟氏

平文皇后王氏

昭成皇后慕容氏

獻明皇后賀氏

道武皇后慕容氏

道武宣穆皇后劉氏

明元昭哀皇后姚氏

明元密皇后杜氏

太武皇后赫連氏

太武敬哀皇后賀氏

景穆恭皇后郁久閭氏

文成文明皇后馮氏

文成元皇后李氏

獻文思皇后李氏

孝文貞皇后林氏

孝文廢皇后馮氏

孝文幽皇后馮氏

孝文昭皇后高氏

宣武順皇后于氏

宣武皇后高氏

宣武靈皇后胡氏

孝明皇后胡氏

孝武皇后高氏

文帝文皇后乙弗氏

文帝悼皇后郁久閭氏

廢帝皇后宇文氏

恭帝皇后若干氏

孝靜皇后高氏

漢因秦制帝之祖母曰太皇太后母曰皇太后妃曰皇后餘則多稱夫人隨世增損非如周禮有夫人嬪婦御妻之數焉魏晉相因時有升降前史言之具矣魏氏王業之兆雖始於神元然自昭成之前未具言六宮之典而章平思昭穆惠煬烈六帝妃后無聞道武追尊祖妣皆從帝諡為皇后始立中宮餘妾或稱夫人多少無限然皆有品次太武稍增左右昭儀及貴人椒房等後庭漸已多矣又魏故事將立皇后必令手鑄金人以成者為吉不則不得立也

又太武文成保母劬勞之恩竝極尊崇之義雖事乖典禮而觀過知仁孝文改定內官左右昭儀位視大司馬三夫人視三公三嬪視三卿六嬪視六卿世婦視中大夫御女視元士後置女職以典內司視尚書令僕作司大監女侍中三官視二品監女尚書美人女史女賢人女書史書女小書女五官視三品中才人供人中使女生才人恭使宮人視四品青衣女酒女饗女食奚官女奴視五品及齊神武文襄俱未踐尊極神武嫡妻稱妃其所嬖茹茹女稱為茹茹公主文襄既尚魏朝公主故無別號兩宮自餘姬侍竝稱娘而已文宣後庭雖有夫人嬪御之稱然未具員數

孝昭內職甚少唯楊嬪才貌兼美後是貴家襄城王母桑氏有德行竝蒙恩禮其餘無聞焉河清新令內命婦依古制有三夫人九嬪二十七世婦八十一御女又準漢制置昭儀有左右二人比丞相其弘德正德崇德為三夫人比三公光猷昭訓隆徽為上嬪比三卿宣徽凝暉宣明順華凝華光訓為下嬪比六卿正華令則脩訓曜儀明淑芳華敬婉昭華光正昭寧貞範弘徽和德弘猷茂光明信靜訓曜德廣訓暉範敬訓芳猷婉華明範豔儀暉則敬信為二十七世婦比從三品穆光茂德貞懿曜光貞凝光範令儀內範穆閨婉德明婉豔婉妙範暉章敬茂靜肅　章穆華

愼儀妙儀明懿崇明麗則婉儀彭　脩閑脩靜弘愼豔光
潸容徽淑秀儀芳婉貞愼明豔　穆脩範肅容茂儀英淑
弘豔正信凝婉英範懷順脩媛良則瑤章訓成潤儀寧訓
淑懿柔則穆儀脩禮昭愼貞媛肅閨敬順柔華昭順敬寧
明訓弘儀崇敬脩敬承閑昭容麗儀閑華思柔媛光懷德
良媛淑猗茂範良信豔華徽娥肅儀妙則爲八十一御女
比正四品武成好内並具其員自外又置才人采女以爲
散號後主既立二后昭儀以下皆倍其數又置左右娥英
比左右丞相降昭儀比二大夫尋又置淑妃一人比相國
周氏率由姬制内職有序文帝創基脩袵席以儉約武皇

嗣歷節情欲於矯枉宮闈有貫魚之美戚里無私溺之尤
可謂得君人之體也宣皇外行其志内逞其欲溪壑難滿
采擇無猒恩之所加莫限厮阜榮之所及無隔險詖於是
升蘭殿以正位踐椒庭而齊體者非一人焉階房帷而拖
青紫緣恩倖而擁玉帛非一族焉雖辛癸之荒淫趙李之
傾惑曾未足比其髣髴也人猒苛政獘事實多文帝之祀
忽諸特由於此隋文思革前獘大矯其違唯皇后當室傍
無私寵婦官位號未詳備焉開皇二年著内官之式略依
周禮省減其數嬪三員掌敎四德視正三品世婦九員掌
賓客祭祀視正五品女御三十八員掌女功絲枲視正七

品又采漢晉舊儀置六尚六司六典遞相統攝以掌宮掖
之政一曰尚宮掌導引皇后及閨閤稟賜管司令三人掌
圖籍法式糺察宣奏典琮三人掌琮璽器玩二曰尚儀掌
禮儀敎學管司樂三人掌音律之事典贊三人掌導引内
外命婦朝見三曰尚服掌服章寶藏管司飾三人掌簪珥
花嚴典櫛三人掌巾櫛膏沐四曰尚食掌進饍先甞管司
醫三人掌方藥卜筮典器三人掌罇彝器皿五曰尚寢掌
帷帳牀褥管司筵三人掌鋪設灑掃典執三人掌扇傘燈
燭六曰尚工掌營造百役管司製三人掌衣服裁縫典會
三人掌財帛出入六尚各三員視從九品六司視勳品六

典視流外二品初文獻皇后功參歷試外預朝政内擅宮
闈懷嫉妬之心虛嬪妾之位不設三妃防其上逼自嬪以
下置六十員加又抑損服章降其品秩至文獻崩後始置
貴人三員增嬪至九員世婦二十七員御女八十一員貴
人等關掌宮闈之務六尚以下皆分隸焉煬帝時后妃嬪
御無釐婦職唯端容麗飾陪從宴遊而已帝又參詳典故
自製嘉名著之於令貴妃淑妃德妃是爲三夫人品正第
一順儀順容順華脩儀脩容脩華充儀充容充華是爲九
嬪品正第二婕妤一十二員品正第三美人才人一十五
員品正第四是爲世婦寶林二十員品正第五御女二十

四貟品正第六采女三十七貟品正第七是爲女御總一百二十以叙於宴寢又有承衣刀人皆趨侍左右並無貟數視六品以下時又增置女官准尚書省以六局管二十四司一曰尚宫局管司言掌宣傳奏啓司簿掌名録計度司正掌格式推罰司闈掌門閤管籥二曰尚儀局管司籍掌經史教學紙筆几案司樂掌音律司賓掌賓客司贊掌禮儀贊相導引三曰尚服局管司璽掌琮璽符節司衣掌衣服司飾掌湯沐巾櫛玩弄司仗掌仗衛戎器四曰尚食局管司膳掌膳羞司醞掌酒醴醯醢司藥掌醫巫藥劑司饎掌廪餼柴炭五曰尚寢局管司設掌牀席帷帳鋪設灑掃司輿掌輿輦傘扇執持羽儀司苑掌園籞種植蔬菜瓜果司燈掌火燭六曰尚工局管司製掌營造裁縫司寶掌金玉珠璣錢貨司綵掌繒帛司織掌織染六尚二十二司貟各二人唯司樂司膳貟各四人每司又置典及掌以貳其職六尚十人品從第五司二十八人品從第六典二十八人品從第七掌二十八人品從第九女史流外量局閑劇多者十人以下無定貟數聯事分職各有司存焉

魏神元皇后竇氏沒鹿回部大人賓之女也賓臨終誡其二子速侯回題令善事帝及賓卒速侯等欲因帝會喪爲變語泄帝聞之晨起以佩刀殺后馳使告速侯等言后暴崩速侯等來赴因執殺之

文帝皇后封氏生桓穆二帝早崩桓帝立乃葬焉文成初穿天泉池獲一石銘稱桓帝葬毋氏遠近赴會二十餘萬有司以聞命藏之太廟次妃蘭氏是生思帝

桓皇后惟氏生三子長曰普根次惠帝次煬帝平文崩后攝國事時人謂之曰女國后性猛忌平文之崩后所爲也

平文皇后王氏廣寧人也年十三因事入宫得幸於平文生昭成帝平文崩昭成在襁褓時國有內難將害帝子后匿帝於袴中呪曰若天祚未終者汝無聲遂良久不啼得免於難昭成初欲定都於㶟源川築城郭起宫室議不決后聞之曰國自上世遷徙爲業今事難之後基業未固若郭而居一旦寇來難卒遷動乃止烈帝之崩國祚殆危興復大業后之力也崩葬雲中金陵道武即位配饗太廟

昭成皇后慕容氏慕容皝之女也初帝納皝妹爲妃未幾而崩皝後請繼好遣大人長孫秩逆后皝送于境上后至有寵生獻明帝及秦明王后性聰敏多智專夕理內每事多從初昭成遣衛辰兄悉勿祈還部落也后誡之曰汝還必深防衛辰辰姦猾終當滅汝悉勿祈死其子果爲衛辰所殺卒如后言建國二十三年崩道武即位配饗太廟

獻明皇后賀氏東部大人野干女也少以容儀選入東宫

生道武苻洛之内侮也后與道武及故臣吏避難北徙俄而高車來抄掠后乘車避賊而南中路失道乃仰天曰國家胤胄豈正爾絶滅也惟神靈扶助遂馳輪正不傾行百餘里至七个山南而免難後劉顯使人將害帝帝姑爲顯弟亢埿妻知之密以告后梁眷亦來告難后乃令帝去之后夜飲顯醉向晨故驚廐中羣馬使起視馬后泣謂曰吾諸子始皆在此今盡亡失汝等誰殺之故顯使不急追道武得至賀蘭部羣情未甚歸附后從弟外朝大人悅舉部隨從供奉盡禮顯怒將害后后奔亢埿家匿神車中三日亢埿舉室請救乃得免會劉顯部亂始得亡歸後后弟染干忌道武之得人心舉兵圍逼行宫后出謂染干曰汝等今安所置我而欲殺吾子也染干慙而去後后少子秦王觚使于燕慕容垂止之后以觚不反憂念寢疾皇始元年崩祔葬于盛樂金陵後追加尊謚配饗焉

道武皇后慕容氏寶之季女也中山平入充掖庭得幸左丞相衛王儀等奏請立皇后帝從儀令后鑄金人成乃立之封后母孟爲漂陽君後崩

道武宣穆皇后劉氏劉眷女也登國初納爲夫人生華陰公主後生明元后專理内事寵待有加以鑄金人不成故不登后位魏故事後宫産子將爲儲貳其母皆賜死道武

末年后以舊法薨明元即位追尊謚位配饗太廟自此後宫人爲帝母皆正配饗焉

明元昭哀皇后姚氏姚興女西平長公主也明元以后納之後爲夫人后以鑄金人不成未升尊位然帝寵禮如后是後猶欲正位后謙不當泰常五年薨帝追恨之贈皇后璽綬而加謚焉葬雲中金陵

明元密皇后杜氏魏郡鄴人陽平王超之妹也初以良家子選入太子宫有寵生太武及明元即位拜貴嬪泰常五年薨謚曰貴嬪葬雲中金陵太武即位追尊號謚配饗太廟又立廟于鄴刺史四時薦祀以魏郡太后所生之邑復其調役後甘露降于廟庭文成時相州刺史高閭表脩后廟詔曰婦人外成理無獨祀陰必配陽以成天地未聞有莘之國立大姒之饗此乃先皇所立一時之至感非經世之遠制便可罷祀先是太武保母竇氏初以夫家坐事誅與二女俱入宫操行純備進退以禮明元命爲太武保母性仁慈帝感其恩訓奉養不異所生及即位尊爲皇太后封其弟漏頭爲遼東王太后訓釐内外甚有聲稱性恬素寡欲喜怒不形於色好揚人之善隱人之過帝征涼州蠕蠕吳提入寇太后命諸將擊走之真君元年崩詔天下大臨三日太保盧魯元監護喪事謚曰惠葬崞山從后意也

初后嘗登䃜山顧謂左右曰吾母養帝躬敬神而愛人若死而不滅必不爲賤鬼然於先朝本無位次不可違禮以從園陵此山之上可以終託故葬焉別立后寢廟於䃜山建碑頌德

太武皇后赫連氏屈丐女也太武平統万納后及二妹俱爲貴人後立爲皇后文成初崩祔葬金陵

太武敬哀皇后賀氏代人也初爲夫人生景穆神䴥元年薨追贈貴嬪葬雲中金陵後追號尊謚配饗太廟

景穆恭皇后郁久閭氏河東王毗妹也少以才選入東宮有寵生文成皇帝而薨文成即位追尊號謚葬雲中金陵

配饗太廟又文成乳母常氏本遼西人因事入宮乳帝有劬勞保護之功文成即位尊爲保太后尋尊爲皇太后告於郊廟和平元年崩詔天下大臨三日謚曰昭葬於廣寧磨笄山俗謂之鳴雞山太后遺志也依惠太后故事別立寢廟置守陵二百家樹碑頌德

文成文明皇后馮氏長樂信都人也父朗秦雍二州刺史西城郡公母樂浪王氏后生於長安有神光之異朗坐事誅后遂入宮太武左昭儀后之姑也雅有母德撫養教訓年十四文成踐極以選爲貴人後立爲皇后文成崩故事國有大喪三日後御服器物一以燒焚百官及中宮皆號泣而臨之后悲叫自投火左右救之良久乃蘇獻文即位尊爲皇太后丞相乙渾謀逆獻文年十二居于諒闇太后密定大策誅渾遂臨朝聽政及孝文生太后躬親撫養是後罷令不聽政事太后行不正內寵李弈獻文因事誅之太后不得意遂害帝承明元年尊曰太皇太后復臨朝聽政后性聰達自入宮掖粗學書計及登尊極省決萬機孝文詔罷鷹師曹以其地爲太后立報德佛寺太后與孝文遊于方山顧川阜有終焉之志因謂羣臣曰舜葬蒼梧二妃不從豈必遠祔山陵然後爲貴哉吾百歲後神其安此孝文乃詔有司營建壽陵於方山又起永固石室將終爲

清廟焉太和五年起作八年而成刊石立碑頌太后功德太后以帝富於春秋乃作勸戒歌三百餘章又作皇誥十八篇文多不載太后立文宣王廟於長安又立思燕佛圖於龍城皆刊石立碑太后又制內屬五廟之孫外戚六親緦麻皆是復除性儉素不好華飾躬御縵繒而已宰人上膳案裁徑尺羞膳滋味減於故事十分之八太后嘗以體不安服菴閭子宰人昏而進粥有蝘蜓在焉后舉匕得之帝時侍側大怒將加極罰太后笑而釋之自太后臨朝專政孝文雅性孝謹不欲參決事無巨細一禀於太后太后多智猜忍能行大事殺戮賞罰決之俄頃多有不関帝者

是以感福兼作震動內外故杞道德王遇張祐苻承祖等拔自微閹歲中而至王公王叡出入卧內數年便為宰輔賞賚千萬億計金書鐵券許以不死之詔李冲以器能受任亦由見寵幃幄密加錫賚不可勝數后性嚴明假有寵侍亦無所縱左右纖介之愆動加捶楚多至百餘少亦數十然性不宿憾尋亦待之如初或因此更加富貴是以人人懷於利欲至死而不思退太后曾與孝文幸靈泉池宴羣臣及蕃國使人諸方渠帥各令為其方舞孝文上壽太后忻然作歌帝亦和歌遂命羣臣各言其志於是和歌者九十人太后外禮人望元丕游明根等頒賜金帛輿馬每

至褒美叡等皆引丕參之以示無私又自以過失懼人議已小有疑忌便見誅戮迄后之崩孝文不知所生至如李訢李惠之徒猜嫌覆滅者十餘家死者數百人率多枉濫天下冤之十四年崩於太和殿年四十九其日有雄雉集于太華殿帝酌飲不入口五日毀慕過禮謚曰文明太皇太后葬于永固陵中而反虞於鑒玄殿詔曰尊旨從儉不申罔極之痛稱情允禮仰損儉訓之德進退思惟倍用崩感又山陵之節亦有成命內則方丈外裁奄坎脫於孝子之心有所不盡者室中可二丈墳不得過三十步今以陵萬世所仰復廣為六十步孤負遺旨益以痛絕其幽房大小棺椁質約不設明器至於素帳縵茵瓷尾之物亦皆不置此則遵先志從冊令俱奉遺事而有從有違未達者或以致怪梓宮之裹玄堂之內聖靈所長已一一奉遵仰昭儉德其餘外事有所不從以盡痛慕之情其宜示遠近著告羣司上明儉誨之美下彰違命之失及卒哭孝文服衰近臣從服三司以下外臣衰服者變服就練七品以下盡除即吉設祔祭於太和殿公卿以下始親公事帝毀瘠絕酒肉不御者三年初帝孝於太后乃於永固陵東北里餘營壽宮遂有終焉瞻望之志及遷洛陽乃自表瀍西以為山園之所而方山虛宮號曰萬年堂云

文成元皇后李氏梁國蒙縣人母頓丘王峻之妹也后之生也有異於常父方叔恒言此女當大貴及長姿質美麗太武南征永昌王仁出壽春軍至后宅因得后及仁鎮長安遇事誅后與其家人送平城宮高祖登白樓望見美之乃下臺后得幸於齋庫中遂有娠常太后後問后知之時守庫者亦私書於壁記之別加驗問皆符同及生獻文拜貴人太安二年太后令依故事令后具條記在南兄弟及引所結宗兄洪之悉以付託臨決每一稱兄弟撫胷慟泣遂薨後謚曰元皇后葬金陵配饗太廟

獻文思皇后李氏中山安喜人南郡王惠之女也姿德婉

淑年十八以選入東宮獻文即位爲夫人生孝文帝皇興
三年薨葬金陵承明元年追崇號謚配饗太廟
孝文貞皇后林氏平涼人也父勝位平涼太守叔父金閭
起自閹官獻文初爲定州刺史爲乙渾所誅及勝兄弟皆
死勝無子有二女入掖庭后容色美麗得幸於孝文生皇
子恂以恂將爲儲貳太和七年后依舊制薨帝仁恕不欲
襲前事而禀文明太后意故不果行謚曰貞皇后葬金陵
及恂以罪賜死有司奏追廢后爲庶人
孝文廢皇后馮氏太師熙之女也太和十七年孝文既終
喪太尉元丕等表以長秋未建六宮無主請正内位孝文

從之立后爲皇后恩遇甚厚孝文後重引后姊昭儀至洛
稍有寵后禮愛漸衰昭儀自以年長且前入宫掖素見待
念輕后而不率妾禮后雖性不妬忌時有愧恨之色昭儀
規爲内主譖構百端尋廢后爲庶人后貞謹有德操遂爲
練行尼後終於瑶光佛寺
孝文幽皇后亦馮熙女母曰常氏本賤微得幸於熙熙元
妃公主薨後遂主家事生后與北平公夙文明太皇太后
欲家世貴寵乃簡熙二女俱入掖庭時年十四其一早卒
后有姿媚偏見愛幸未幾疾病太后乃遣還家爲尼帝猶
留念焉歲餘而太后崩帝服終頗存訪之又聞后素疹痊

除遣閹官雙三念璽書勞問遂迎赴洛陽及至寵愛過本
初當夕宫人稀復進見拜爲左昭儀後立爲皇后帝頻歲
南征后遂與中官高菩薩私亂及帝在汝南不豫后便公
然醜恣中常侍雙蒙等爲其心腹是時彭城公主宋王劉
昶子婦也年少嫠居北平公馮夙后之同母弟也后求婚
於孝文孝文許之公主志不願后欲強之婚有日矣公主
密與侍婢及僮從十餘人乘輕車冒霖雨赴懸瓠奉謁孝
文自陳本意因言后與菩薩亂狀帝聞因駭愕未之信而
秘匿之此後后漸憂懼與母常氏求託女巫禱厭孝文疾
不起一旦得如文明太后輔少主穪命者賞報不貲又取

三牲宫中祆祠假言祈福專爲左道母常或自詣宫中或
遣侍婢與相報答帝至洛執問菩薩雙蒙等具得情狀帝
以疾卧含温室夜引后并列菩薩等於户外后臨入令搜
衣中穪有寸刃便斬后頓首泣謝乃賜坐東楹去御筵二
丈餘孝文令菩薩等陳狀又讓后曰汝有妖術可具言之
后乞屏左右有所密狀孝文敕中常侍悉出唯令長秋卿
白整在側取衛直刀拄之后猶不言孝文乃以綿堅塞整
耳自小語再三呼整無所應乃令后言事隱人莫知之高
祖乃喚彭城北海二王令入坐言昔是汝嫂今便他人但
入勿避又曰此老嫗欲白刃揷我肋上可窮問本末勿有

所難又云馮家女不能復相廢遂且使在宮中空坐有心
乃能自死汝等勿謂吾猶有情也帝素至孝猶以文明太
后故未行廢二王出乃賜后辭死訣再拜稽首涕泣及入
宮後帝命中官有問於后后罵曰我天子婦當面對豈令
汝傳也帝怒刺后母常入示與后狀常撻之百餘乃止帝
尋南伐后留京師雖以罪失寵而夫人嬪妾奉之如法唯
令世宗在東宮無朝謁之事帝疾甚謂彭城王勰曰後宮
久乖陰德自絕於天吾死後可賜自盡別宮葬以后禮庶
掩馮門之大過帝崩梓宮達魯陽乃行遺詔北海王詳奉
宣遺旨長秋卿白整等入授后藥后走呼不肯引決曰官

豈有此也是諸王輩殺我耳整等執持強之乃含椒而
盡梓宮次洛南咸陽王禧等知審死相視曰若無遺詔我
兄弟亦當作計去之豈可令失行婦人宰制天下殺我輩
也謚曰幽皇后葬長陵塋內
孝文文昭皇后高氏司徒公肇之妹也父颺母蓋氏凡四
男三女皆生於東裔孝文初乃舉室西歸近龍城鎮鎮表
后德色婉豔及至文明太后親幸北部曹見后奇之入掖
庭時年十三初后幼曾夢在堂內立而日光自窗中照之
灼灼而熱后東西避之光猶斜照不已如是數夕怪之以
白其父颺颺以問遼東人閔宗宗曰此奇徵也昔有夢月

入懷猶生天子況日照之徵此女將被帝命誕育人君之
象也後生宣武及廣平王懷樂安公主馮昭儀寵盛密有
母養帝心后自代如洛陽暴薨於汲郡之共縣或云昭儀
所賊也宣武之為皇太子三日一朝幽后后拊念慈愛有
加孝文出征宣武入朝必久留后宮親視櫛沐母道隆備
其後有司奏請加號謚曰文昭貴人孝文從之宣武踐阼
追尊配饗后先葬在長陵東南陵制卑局因就起山陵號
終寧陵置邑戶五百家明帝時更上尊號太后以同漢晉
之典正姑婦之禮廟號如舊文昭遷靈櫬於長陵兆內西
北六十步初開終寧陵數丈於梓宮上獲大蛇長丈餘黑

色頭有王字蟄而不動靈櫬既遷還置蛇舊處
宣武順皇后于氏太尉烈弟勁之女也宣武始親政事烈
時為領軍總心膂之任以嬪御未備左右諷諭稱后有容
德帝乃迎入為貴人時年十四甚見寵愛立為皇后后靜
默寬容性不妒忌生皇子三歲夭沒其後暴崩宮禁事祕
莫能知悉而世議歸咎于高夫人葬永泰陵謚曰順皇后
宣武皇后高氏文昭皇后弟偃之女也宣武納為貴嬪生
皇子早夭又生建德公主後拜為皇后甚見禮重性妒忌
宮人希得進御及明帝即位上尊號曰皇太后尋為尼居
瑤光寺非大節慶不入 宮中建德公主始五六歲靈太后

出覲母武邑君時天文有變靈太后欲以當禍是夜暴崩
天下寃之喪還瑤光佛寺殯皆以尼禮初孝文幽后之寵
也欲專其愛後宮接御多見阻遏孝文時言于近臣稱婦
人妬防雖王者亦不能免況士庶乎宣武高后悍忌嬪御
有至帝崩不蒙侍接者由是在洛二十餘年皇子全育者
唯明帝而已

宣武靈皇后胡氏安定臨涇人司徒國珍女也母皇甫氏
產后之日赤光四照京兆山北縣有趙胡者善於卜相國
珍問之胡云賢女有大貴之表方為天地母生勿過三人
知也后姑為尼頗能講宣武初入講禁中積歲諷左右后
有姿行帝聞之乃召入掖庭為充華世婦而掖庭之中以
國舊制相與祈祝皆願生諸王公主不願生太子唯后每
謂夫人等言何緣畏一身之死而令皇家不育冢嫡也明
帝在孕同列猶以故事相恐勸為諸計后固意確然幽夜
獨誓但使所懷是男次第當長子子生身死不辭既誕明
帝進為充華嬪先是宣武頻喪皇子自以年長深加慎護
為擇乳保皆取良家宜子者養於別宮皇后及充華皆莫
得而撫視焉及明帝踐阼尊后為皇太妃後尊為皇太后
臨朝聽政猶曰殿下後改令稱詔羣臣上書曰陛下自稱
曰朕太后以明帝沖幼未堪親祭欲傍周禮夫人與君交

獻之義代行祭禮官博議以為不可而太后欲以幃幔
自鄣觀三公行事重問侍中崔光光便據漢和熹鄧后薦
祭故事太后大悅遂攝行初祀太后性聰悟多才藝姑既
為尼幼相依託略得佛經大義親覽萬機手筆斷決幸西
林園法流堂命侍臣射不能者罰之又自射針孔中之大
悅賜左右布帛有差先是太后敕造申訟車時御焉出自
雲龍大司馬門從宮西北入自千秋門以納寃訟又親策
孝秀州郡計吏於朝堂太后與明帝幸華林園宴羣臣于
都亭曲水令王公以下賦七言詩太后詩曰化光造物含
氣貞明帝詩曰恭已無為賴慈英王公以下賜帛有差太
后父薨百寮表請公除太后不許尋幸永寧寺親建剎於
九級之基僧尼士女赴者數萬人及改葬文昭高后太后
不欲令明帝主事乃自為喪主出至終寧陵親奠遣事還
哭於太極殿至於訖事皆自主焉後幸嵩高山夫人九嬪
公主以下從者數百人升于頂中廢諸淫祀而胡天神不
在其例尋幸闕口溫水登雞頭山自射象牙簪一發中之
敕示文武時太后逼幸清河王懌淫亂肆情為天下所惡
領軍元乂長秋卿劉騰等奉明帝於顯陽殿幽太后於北
宮於禁中殺懌其後太后從子都統僧敬與備身左右張
車渠等數十人謀殺乂復奉太后臨朝事不克僧敬坐徙

邊車渠等死胡氏多免黜後明帝朝太后於西林園宴文武侍臣歡至日夕乂乃起至太后前自陳外云太后欲害已及騰太后答云無此語遂至于極昏太后乃起執明帝手下堂言母子不聚久今暮共一宿諸大臣送我入太后與帝向東北小閤左衛將軍奚康生謀殺乂不果自劉騰死乂又寬怠太后與明帝及高陽王雍爲計解乂領軍太后復臨朝大赦改元自是朝政踈緩威恩不立天下牧守所在貪惏鄭儼汙亂宮掖勢傾海內李神軌徐紇並見親侍一二年中位總禁要手握王爵輕重在心宣淫於朝爲四方之所穢文武解體所在亂逆土崩魚爛由於此矣僧

敬又因聚集親族遂涕泣諫曰陛下母儀海內豈宜輕脫如此大怒自是不召僧敬內爲朋黨防蔽耳目明帝所親幸者太后多以事害焉有蜜多道人能胡語帝置於左右太后慮其傳致消息三月三日於城南大巷中殺之方懸賞募賊又於禁中殺領左右鴻臚少卿谷會紹達並帝所親也母子之閒嫌隙屢起鄭儼慮禍乃與太后計因潘嬪生女妄言皇子便大赦爲武泰元年復陰行鴆毒其年二月明帝暴崩乃奉潘嬪女言太子即位經數日見人心已安始言潘嬪本實生女今宜更擇嗣君遂立臨洮王子釗爲主年始二三歲天下愕然及尒朱榮稱兵度河太后盡召明帝六宮皆令入道太后亦自落髮榮遣騎拘送太后及幼主於河陰太后對榮多所陳說榮拂衣而起太后及幼主並沈於河太后妹馮翊君收瘞於雙靈寺武帝時始葬以后禮而追加謚曰靈

孝明皇后胡氏靈太后從兄冀州刺史盛之女靈太后欲榮重門族故立爲皇后明帝頗有酒德專嬖充華潘氏后及嬪御並無過寵太后爲帝選納抑屈人流時博陵崔孝芬范陽盧道約隴西李瓚等女俱爲世婦　人訴訟咸見忿責武泰初后既入道遂居於瑤光寺

孝武皇后高氏齊神武長女也帝見立乃納爲后及帝西

幸關中降爲彭城王韶妃

文帝文皇后乙弗氏河南洛陽人也其先世爲吐谷渾渠帥居青海號青海王涼州平后之高祖莫瓌擁部落入附拜定州刺史封西平公自莫瓌後三世尚公主女乃多爲王妃甚見貴重父瑗儀同三司兗州刺史母淮陽長公主孝文之第四女也后美容儀少言笑年數歲父母異之指示諸親曰生女何妨也若此者實勝男年十六文帝納爲妃及帝即位以大統元年冊爲皇后后性好節儉蔬食故衣珠玉羅綺絕於服玩又仁恕不爲嫉妬之心帝益重之生男女十二人多早夭唯太子及武都王戊存焉時新都

關中務欲東討蠕蠕寇邊未遑北伐故帝結婚以撫之於是更納悼后命后遜居別宮出家爲尼悼后猶懷猜忌復徙后居秦州依子秦州刺史武都王帝雖限大計恩好不忘後密令養髮有追還之意然事祕禁外無知者六年春蠕蠕舉國度河前驅已過夏頗有言虜爲悼后之故興此役帝曰豈有百萬之衆爲一女子舉也雖然致此物論朕亦何顏以見將帥邪乃遣中常侍曹寵齎手敕令后自盡后奉敕揮淚謂寵曰願至尊享千萬歲天下康寧死無恨也因命武都王前與之決遺語皇太子辭皆悽愴因慟哭久之侍御咸垂涕失聲莫能仰視召僧設供令侍婢數十

人出家手爲落髮事畢乃入室引被自覆而崩年三十一鑿麥積崖爲龕而葬神柩將入有二叢雲先入龕中頃之一滅一出後號寂陵及文帝山陵畢手書云萬歲後欲令后配饗公卿乃議追謚曰文皇后祔於太廟廢帝時合葬於永陵

文帝悼皇后郁久閭氏蠕蠕主阿那瓌之長女也容貌端嚴夙有成智大統初蠕蠕屢犯北邊文帝乃與約通好結婚扶風王孚受使奉迎蠕蠕俗以東爲貴后之來營幕戶席一皆東向車七百乘馬萬疋駝千頭到黑鹽池魏朝鹵簿文物始至孚奏請正南面后曰我見魏主故蠕蠕女也魏仗向南我自東面孚無以辭四年正月至京師立爲皇后時年十四六年后懷孕將產居於瑤華殿聞上有狗吠聲心甚惡之又見婦人盛飾來至后所后謂左右此爲何人醫巫傍侍悉無見者時以爲文后之靈產訖而崩年十六葬於少陵原十七年合葬永陵當會橫橋北后梓宮先至鹿苑帝轀輬後來將就次所軌折不進

廢帝皇后宇文氏周文帝女也后初產之日有雲氣滿室芬氳久之幼有風神好陳列女圖置之左右周文曰每見此女良慰人意廢帝之爲太子納爲妃及即位立爲皇后志操明秀帝深重之專寵後宮不置嬪御帝既廢崩后亦

以忠於魏室罹禍

恭帝皇后若干氏司空長樂正公惠之女也有容色恭帝納之爲妃及即位立爲皇后後出家爲尼在佛寺薨竟無謚

孝靜皇后高氏齊神武之第二女也天平四年詔娉以爲皇后神武前後固辭帝不許興和初詔司徒孫騰司空襄城王昶等奉詔致禮以后駕迎於晉陽之丞相第五月立爲皇后大赦齊受禪降爲中山王妃後降于尚書左僕射楊遵彥

列傳第一　北史十三

方洽周益周之冕孫粹然校正

列傳第二　北史十四

后妃下

齊武明皇后婁氏

蠕蠕公主郁久閭氏

彭城太妃尒朱氏　小尒朱氏

上黨太妃韓氏

馮翊太妃鄭氏

高陽太妃游氏　馮娘　李娘

文襄敬皇后元氏　琅邪公主

文宣皇后李氏　段昭儀　王嬪　薛嬪

孝昭皇后元氏

武成皇后胡氏

弘德李夫人

後主皇后斛律氏

後主皇后胡氏

後主皇后穆氏

馮淑妃

周文皇后元氏

文宣皇后叱奴氏

孝閔皇后獨孤氏

明皇后獨孤氏

武皇后阿史那氏

宣皇后楊氏

宣皇后朱氏

宣皇后陳氏

宣皇后元氏

宣皇后尉遲氏

靜皇后司馬氏

隋文獻皇后獨孤氏

宣華夫人陳氏

容華夫人蔡氏

煬愍皇后蕭氏

齊武明皇后婁氏諱昭君贈司徒内干之女也少明悟強族多娉之並不肯行及見神武城上執役驚曰此真吾夫也乃使婢通意又數致私財使以娉己父母不得已而許焉神武既有澄清之志傾產以結英豪密謀秘策后恒參預及拜勃海王妃閫闈之事悉決焉后高明嚴斷雅遵儉約往來外舍侍從不過十人性寬厚不妬忌神武姬侍咸加恩待神武嘗將西討出師后夜孿生一男一女左右以

危急請追告神武后弗聽曰王出統大兵何得以我故輕離軍幕死生命也來復何為神武聞之嗟嘆良久沙苑敗後侯景屢言請精騎二萬必能取之神武悅以告于后后曰若如其言豈有還理得獺失景亦有何利乃止神武逼於蠕蠕欲娶其女而未決后曰國家大計願不疑也及茹茹公主至后避正室處之神武愧而拜謝焉曰彼將有覺願絕勿顧慈愛諸子不異己出躬自紡績人賜一袍一袴手縫戎服以帥左右弟昭以功名自達其餘親屬未嘗為請爵位每言有材當用義不以私亂公文襄嗣位進為太妃文宣將受魏禪后固執不許帝所以中止天保初尊為

皇太后宮曰宣訓濟南即位尊為太皇太后尚書令楊愔等受遺詔輔政疎忌諸王太皇太后密與孝昭及諸大將定策誅之下令廢立孝昭即位復為皇太后孝昭崩太后又下詔立武成帝大寧二年春太后寢疾衣忽自舉用巫媼言改姓石氏四月辛丑崩於北宮時年六十二五月甲申合葬義平陵太后凡孕六男二女皆感夢孕文襄則夢一斷龍孕文宣則夢大龍首尾屬天地張口動目勢狀驚人孕孝昭則夢蠕龍於地孕武成則夢龍浴於海孕魏二后並夢月入懷孕襄城博陵二王夢鼠入衣下后未崩有童謠曰九龍母死不作孝及后崩武成不改服緋袍如故

未幾登三臺置酒作樂宮女進白袍帝怒投諸臺下和士開請止樂帝大怒撻之帝於昆季次是九蓋其徵驗也

蠕蠕公主者蠕蠕主郁久閭阿那瓌女也蠕蠕強盛與西魏通和欲連兵東伐神武病之令杜弼使蠕蠕為世子求婚阿那瓌曰高王自娶則可神武猶豫尉景與武明皇后及文襄並勸請乃從之武定三年使慕容儼往娉之號曰蠕蠕公主八月神武迎於下館阿那瓌使其弟禿突佳來送女且報聘仍戒曰待見外孫然後返國公主性嚴毅一生不肯華言神武嘗有病不得往公主所禿突佳怨恚神武自射堂輿疾就公主其見將護如此神武崩文襄從蠕

蠕國法烝公主產一女焉

彭城太妃尒朱氏榮之女魏孝莊后也神武納為別室敬重踰於婁妃見必束帶自稱下官神武迎蠕蠕公主還尒朱氏迎於木井北與蠕蠕公主前後別行不相見公主引角弓仰射翔鴟應弦而落妃引長弓斜射飛鳥亦一發而中神武喜曰我此二婦並堪擊賊後為尼神武為起佛寺天保初為太妃及文宣狂酒將無禮於太妃太妃不從遂遇禍小尒朱者兆之女也初為建明皇后神武納之生任城王未幾與趙郡公琛私通徙於靈州後適范陽盧景璋

上黨太妃韓氏軌之妹也神武微時欲娉之軌母不許及

神武貴韓氏夫已死乃納之

馮翊太妃鄭氏名大車嚴祖妹也初爲魏廣平王妃遷鄴後神武納之寵冠後庭生馮翊王潤神武之征劉蠡升文襄蒸於大車神武還一婢告之二婢爲證神武杖文襄一百而幽之武明后亦見隔絶時彭城尒朱太妃有寵生王子浟神武將有廢立意文襄求救於司馬子如子如來朝僞爲不知者請武明后神武告其故子如曰消難亦姦子如妾如此事正可覆蓋妃是王結髮婦常以父母家財奉王王在懷朔被杖背無完皮妃晝夜供給看瘡後避葛賊同走并州貧困然馬屎自作靴恩義何可忘夫婦相宜女

配至尊男承大業又婁領軍勲何宜搖動一女子如草芥況婢言不必信神武因使子如鞫之子如見文襄尤之曰男兒何意畏威自誣因教二婢反辭脅告者自縊乃啓神武曰果虚言神武大悅召后及文襄武明后遥見神武一步一叩頭文襄且拜且進父子夫妻相泣乃如初神武乃置酒曰全我父子者司馬子如賜之黄金百三十斤文襄贈良馬五十疋

高陽太妃游氏父京之爲相州長史神武剋鄴欲納之京之不許遂牽曳取之京之尋死游氏於諸太妃中最有德訓諸王公主婚嫁常令主之馮娘者子昂妹也初爲魏任城王妃適尒朱世隆神武納之生浮陽公主李娘者延寔從妹也初爲魏城陽王妃又王娘生永安王浚穆娘生陽平王淹竝早卒不爲太妃

文襄敬皇后元氏魏孝靜帝之姊也孝武帝時封馮翊公主而歸於文襄容德兼美曲盡和敬初生河間王孝琬時文襄爲世子三日而孝靜幸世子第贈錦綵及布帛萬匹世子辭求通受諸貴禮遺於是十屋皆滿次生兩公主文宣受禪尊爲文襄皇后居靜德宫及天保六年文宣漸致昏狂乃移居於高陽之宅而取其府庫曰吾兄昔姦我婦我今須報乃淫於后其高氏女婦無親疏皆使左右亂交

之於前以葛爲絙令魏安德主騎上使人推引之又命胡人苦辱之帝又自呈露以示羣下武平中后崩祔葬義平陵琅邪公主名玉儀魏高陽王斌庶生妹也初不見齒爲孫騰妓騰又放棄文襄遇諸途悅而納之遂被殊寵奏魏帝封焉文襄謂崔季舒曰尒由來爲我求色不如我自得一絶異者崔暹必當造直諫我亦有以待之及暹諮事文襄不復假以顔色居三日暹懷刺墜之於前文襄問何用此爲暹悚然曰未得通公主文襄大悅把暹臂入見焉季舒語人曰崔暹常忿吾佞在大將軍前每言叔父合殺及其自作体佞乃体過於吾王儀同産姊靜儀先適黄門郎

崔括文襄亦幸之皆封公主括父子由是超授賞賜甚厚
焉
文宣皇后李氏諱祖娥趙郡李希宗女也容德甚美初爲
太原公夫人及帝將建中宮高隆之高德正言漢婦人不
可爲天下母宜更擇美配楊愔固請依漢魏故事不改元
妃而德正猶固請廢后而立段昭儀欲以結勳貴之援帝
竟不從而立后焉帝好捶撻嬪御乃至有殺戮者唯后獨
蒙禮敬天保十年改爲可賀敦皇后孝昭即位降居昭信
宮號昭信皇后武成踐祚逼后淫亂云若不許我當殺尔
兒后懼從之後有娠太原王紹德至閤不得見慍曰兒豈

不知耶姊姊腹大故不見兒后聞之大慚由是生女不舉
帝橫刀詬曰尔殺我女我何不殺尔兒對后前築殺紹德
后大哭帝愈怒裸后亂撾撻之號天不已盛以絹囊流血
淋漉投諸渠水良久乃蘇犢車載送妙勝尼寺后性愛佛
法因此爲尼齊亡入關隋時得還趙郡段昭儀韶妹也婚
夕韶妻元氏爲俗弄女壻法戲文宣文宣銜之後因發怒
謂韶曰我會殺尔婦元氏懼匿婁太后家終文宣世不敢
出昭儀才色兼美禮遇殆同正嫡後主時改適録尚書唐
邕王嬪者琅邪人也嬪姊先適崔脩文宣竝幸之數數降
其夫家超用脩爲尚書郎薛嬪者本倡家女也年十四五

時爲清河王岳所好其父求內宮中大被嬖寵其姊亦俱
進御文宣後知先與岳通又爲其父乞司徒公帝大怒先
鋸殺其姊薛嬪當時有娠過產亦從戮
孝昭皇后元氏開府元蠻女也初爲常山王妃天保末賜
姓步六孤孝昭即位立爲皇后帝崩從梓宮之鄴始度汾
橋武成聞后有奇藥追索之不得使閹人就車頓辱降居
順成宮武成既殺樂陵王元被隔不得與家相知宮闈
內忽有飛語帝令檢推得后父兄書信元蠻由是坐免官
后以齊亡入周氏宮中隋文帝作相放還山東
武成皇后胡氏安定胡延之女其母范陽盧道約女初懷

孕有胡僧詣門曰此宅瓠蘆中有月既而生后天保初選
爲長廣王妃產後主日有鴞鳴於產帳上武成崩尊爲皇
太后陸媼及和士開密謀殺趙郡王叡出婁定遠高文遙
爲刺史和陸諂事太后無所不至初武成時后與諸閹人
褻狎武成寵幸和士開每與后握槊因此與后奸通自武
成崩後數出詣佛寺又與沙門曇獻通布金錢於獻席下
又挂寶裝胡牀於獻屋壁武成平生之所御也乃置百僧
於內殿託以聽講日夜與曇獻寢處以獻爲昭玄統僧徒
遙指太后以弄曇獻乃至謂之爲太上者帝聞太后不謹
而未之信後朝太后見二少尼悅而召之乃男子也於是

曇獻事亦發皆伏法并殺元山王三郡君皆太后之所昵
也帝自晉陽奉太后還鄴至紫陌卒遇大風舍人魏僧
伽明風角奏言即時當有暴逆事帝詐云鄴中有急彎弓
纏弰馳入南城令鄧長顒幽太后北宮仍有敕內外諸親
一不得與太后相見久之帝迎復太后太后初聞使者至
大驚慮有不測每太后設食帝亦不敢嘗周使元偉來聘
作述行賦敘鄭莊公剋段而遷姜氏文雖不工當時深以
為愧齊亡入周恣行姦穢開皇中殂
弘德夫人李氏趙郡李叔讓女也初為魏靜帝嬪武成納
焉生南陽王仁盛為太妃姊為南安王思妃坐夫反以燒

死太妃聞之發狂而薨文宣王嬪及中人盧勤叉妹武成
並以為嬪武成崩後胡后令二嬪自殺二嬪悲哭後主為
之惻愴私遺衣物令出外避焉盧養淮南王後為太妃又
有馮嬪亦得幸為后所妬自縊死彭樂任祥並有女因坐
父兄事皆入宮為文宣所幸武成以彭為夫人養齊安王
任生丹楊王並為太妃
後主皇后斛律氏左丞相光之女也初為皇太子妃後主
受禪立為皇后武平三年正月生女帝欲悅光詐稱生男
為之大赦光誅后廢在別宮後令為尼齊滅嫁為開府元
仁妻

後主皇后胡氏隴東王長仁女也胡太后失母儀之道深
以為愧欲求悅後主故飾后於宮中令帝見之帝果悅立
為弘德夫人進左昭儀大被寵愛斛律后廢陸媪欲以穆
夫人代之太后不許祖孝徵請立胡昭儀遂登為皇后陸
媪既非勸立又意在穆夫人其後於太后前作色而言曰
何物親姪女作如此語言太后問有何言曰不可道固問
之乃曰語大家云太后行多非法不可以訓太后大怒喚
后出立剃其髮送令還家帝思之每致詩以通意後與斛
律廢后俱召入內數日而鄴不守後亦改嫁云
後主皇后穆氏名邪利本斛律后從婢也母名輕霄本穆

子倫婢也轉入侍中宋欽道家姦私而生后莫知氏族或
云后即欽道女子也小字黃花後字舍利欽道婦妬輕霄
面黥為宋字欽道伏誅黃花因此入宮有幸於後主宮內
稱為舍利大監女侍中陸大姬知其寵養以為女薦為弘
德夫人武平元年六月生皇子恒於時後主未有儲嗣陸
陰結待以監撫之任不可無主時皇后斛律氏丞相光之
女也慮其懷恨先令母養之立為皇太子陸以國姓之重
穆陸相對又奏賜姓穆氏胡庶人之廢也陸有助焉故遂
立為皇后大赦初有折衝將軍元正烈於鄴城東水中得
璽以獻文曰天皇后璽蓋石氏所作詔書頒告以為穆后

之瑞焉武成為胡后造真珠裙袴所費不可稱計被火燒
後主既立穆皇后復為營之屬周武遭太后喪詔侍中薛
孤康買等為弔使又遣商胡齎錦綵三萬疋與弔使同往
欲市真珠為皇后造七寶車周人不與交易然而竟造焉
先是童謠曰黃花勢欲落清觴滿盃酌言黃花不久也後
主自立穆后以後昏飲無度故云清觴滿杯酌陸息駱提
婆詔改姓為穆陸大姬皆以皇后故也后既以陸為母提
婆為家更不採輕霄輕霄後自療面欲求見為太姬陸媪
使禁掌之竟不得見
馮淑妃名小憐大穆后從婢也穆后愛衰以五月五日進

之號曰續命慧黠能彈琵琶工歌舞後主惑之坐則同席
出則並馬願得生死一處命淑妃處隆基堂淑妃惡曹昭
儀所常居也悉令反換其地周師之取平陽帝獵於三堆
晉州亟告急帝將還淑妃請更殺一圍帝從其言識者以
為後主名緯殺圍言非吉徵及帝至晉州城已欲没矣作
地道攻之城陷十餘步將士乘勢欲入帝敕且止召淑妃
共觀之淑妃粧點不獲時至周人以木拒塞城遂不下舊
俗相傳晉州城西石上有聖人跡淑妃欲往觀之帝恐弩
矢及橋故抽攻城木造遠橋監作舍人以不速成受罰帝
與淑妃度橋橋壞至夜乃還稱妃有功勳將立為左皇后

即令使馳取褘翟等皇后服御仍與之並騎觀戰東偏少
却淑妃怖曰軍敗矣帝遂以淑妃奔還至洪洞戍淑妃方
以粉鏡自玩後聲亂唱賊至於是復走內參自晉陽以皇
后衣至帝為按轡命淑妃著之然後去帝奔鄴太后後至
帝不出迎淑妃將至鑿城北門出十里迎之復以淑妃奔
青州後主至長安請周武帝乞淑妃帝曰朕視天下如脫
屣一老嫗豈與公惜也仍以賜之及帝遇害以淑妃賜代
王達甚嬖之淑妃彈琵琶因絃斷作詩曰雖蒙今日寵猶
憶昔時憐欲知心斷絕應看膝上弦達妃為淑妃所譖幾
致於死隋文帝將賜達妃兄李詢令著布裙配舂詢母逼

令自殺後主以李祖欽女為左昭儀進為左娥英裴氏為
右娥英娥英者兼取舜妃娥皇女英名陽休之所制樂人
曹僧奴進二女大者忤旨剝面皮少者彈琵琶為昭儀以
僧奴為日南王僧奴死後又貴其兄弟妙達等二人同日
皆為郡王為昭儀別起隆基堂極為綺麗陸媪誣以左道
遂殺之又有董昭儀毛夫人彭夫人王夫人小王夫人二
李夫人皆蒙寵之毛能彈箏本和士開薦入帝所幸彭夫
人亦音妓進死於晉陽造佛寺與摠持相埒一李是隸戶
女以五弦進一李即孝貞之女也小王生一男諸閹人在
傍皆蒙賜給毛兄思安超登武衛董氏父賢義為作軍主田

昭儀亦超登開府自餘姻屬多至大官

周文皇后元氏魏孝武之妹也初封平原公主適開府張歡歡性貪殘遇后無禮帝殺歡改封后爲馮翊公主以配周文帝生孝閔帝魏大統十七年薨恭帝三年十二月合葬成陵孝閔踐阼追尊爲王后武成初又追尊爲皇后

文宣皇后叱奴氏代人也周文帝爲丞相納爲姬生武帝天和二年六月尊爲皇太后建德三年三月崩五月葬永固陵

孝閔皇后元氏名胡摩魏文帝第五女也初封晉安公主帝之爲略陽公也尚焉及踐阼立爲王后帝被廢后出俗爲尼建德初武帝誅晉公護上帝尊號以后爲孝閔皇后居崇義宮隋革命后出居里第大業十二年殂

明敬皇后獨孤氏太保衛公信之長女也帝之在藩納爲夫人二年正月立爲王后四月崩葬昭陵武成初追崇爲皇后明帝崩與后合葬焉

武成皇后阿史那氏突厥木杆可汗俟斤之女也突厥滅蠕蠕後盡有塞表之地志陵中夏周文方與齊人爭衡結以爲援俟斤初欲以女配帝旣而悔之武帝即位前後累遣使焉保定五年二月詔陳公純許公宇文貴神武公竇毅南安公楊荐等備皇后文物及行殿幷六宮以下一百

二十人至俟斤牙所迎后俟斤又許齊婚將有異志純等累請不得反命會雷風大起飄壞其穹廬俟斤大懼以爲天譴乃禮送后純等奉之以歸天和三年三月至武帝接以親迎之禮后有姿貌善容止帝深敬禮焉宣帝即位尊后爲皇太后大象元年二月改爲天元皇太后二年二月又尊曰天元上皇太后宣帝崩靜帝尊爲太皇太后隋開皇二年殂年三十二隋文詔有司備禮祔葬后於孝陵

武皇后李氏名娥姿楚人也于謹平江陵后家被籍沒至長安周文以后賜武帝後得親幸生宣帝宣政元年七月尊爲帝太后大象元年二月改爲天元帝太后七月又尊爲天皇太后二年二月尊爲天元聖皇太后宣帝崩靜帝尊爲太帝太后隋開皇元年三月出俗爲尼改名常悲入年殂以尼禮葬于京城南

宣皇后楊氏名麗華隋文帝之長女也帝在東宮武帝爲帝納后爲皇太子妃宣政元年閏六月立爲皇后帝後自稱天元皇帝號后爲天元皇后尋又立天皇后及左右皇后與爲四皇后二年二月詔取象四星於是后及三皇后竝加大焉冊授后爲天元大皇后又立天中大皇后與后爲五皇后焉后性柔婉不妬忌四皇后及嬪御等咸愛而仰之帝後昏暴滋甚喜怒乖度嘗譴后欲加之罪后進止

詳閑辭色不撓帝大怒遂賜后死逼令自引決后母獨孤
氏聞之詣閤陳謝叩頭流血然後得免帝崩靜帝尊后為
皇太后居弘聖宮初宣帝不豫詔隋文帝入禁中侍疾及
大漸劉昉鄭譯等因矯詔以隋文帝受遺輔政后初雖不
預謀然以嗣主幼沖恐權在他族不利於已聞昉譯已行
此詔心甚悅後知隋文有異圖意頗不平及行禪代憤惋
愈甚隋文內甚愧之開皇初封后為樂平公主後又議奪
其志后誓不許乃止大業五年從煬帝幸張掖殂於河西
詔還京所司備禮祔葬后於定陵
宣帝后朱氏名滿月吳人也其家坐事没入東宮宣帝之

為太子后被選掌衣服帝召幸之遂生靜帝大象元年四
月立為天元帝后七月改為天皇后二年二月又改為天
大皇后后本非良家子又年長於帝十餘歲疏賤無寵以
靜帝故特尊崇之班亞楊皇后焉宣帝崩靜帝尊后為帝
太后隋開皇元年二月出俗為尼改名法淨六年殂以尼
禮葬于京城西
宣帝后陳氏名月儀自云潁川人大將軍山提之第八女
也大象元年六月以選入宮拜為德妃月餘日立為天左
皇后二年二月改為天左大皇后二月又詔以坤儀比德
土數惟五四大皇后外增置天中大皇后一人於是以后

為天中大皇后帝崩后出俗為尼改名華光后永徽初終
父山提本尒朱兆之隸仕齊位特進開府東兖州刺史謝
陽王武帝平齊拜大將軍封淅陽公大象元年以后父超
授上柱國進鄖國公除大宗伯
宣帝皇后元氏名樂尚河南洛陽人開府晟之第二女也
年十五被選入宮拜貴妃大象元年七月立為天右皇后
二年二月改為天右大皇后帝崩后出家為尼改名華勝
初后與陳皇后同時被選入宮俱拜為妃及升后又同日
受冊帝寵遇二后禮數均等年齒復同特相親愛及為尼
後奔朱及尉遲后並相繼殞殁而二后貞觀中尚存后父

晟少以元氏宗室拜開府大象元年七月以后父進位上
柱國封翼國公
宣帝皇后尉遲氏名熾繁蜀公迥之孫女也有美色初適
杞公亮子西陽公溫以宗婦例入朝帝逼幸之及亮謀逆
帝誅溫追后入宮拜長貴妃大象二年三月立為天右大
皇后帝崩后出俗為尼改名華道隋開皇十五年殂
靜帝司馬皇后名令姬柱國滎陽公消難之女也大象元
年二月宣帝傳位於帝七月為帝納后為皇后二年九月
隋文帝以后父奔陳廢后為庶人後嫁為隋司州刺史李
丹妻貞觀初猶存

隋文獻皇后獨孤氏諱伽羅河南洛陽人周大司馬衛公
信之女也信見文帝有奇表故以后妻焉時年十四帝與
后相得誓無異生之子后姊為周明帝后長女為周宣帝
后貴戚之盛莫與為比而后每謙卑自守及周宣帝崩隋
文居禁中揔百揆后使李圓通謂文帝曰騎獸之勢必不
得下勉之及帝受禪立為皇后突厥嘗與中國交市有明
珠一篋價直八百萬幽州揔管陰壽白后市之后曰當今
戎狄屢寇將士罷勞未若以八百萬分賞有功者百寮聞
而畢賀文帝甚寵憚之帝每臨朝后輒與上方輦而進至
閤乃止使宦官伺帝政有所失隨則匡諫多所弘益候帝

退朝而同反宴寢相顧欣然后早失二親常懷感慕見公
卿有父母者每為致禮焉有司奏曰周禮百官之妻命於
王后憲章在昔請依古制后曰以婦人與政或從此漸不
可開其源也不許后每謂諸公主曰周家公主類無婦德
失禮於舅姑離薄人骨肉此不順事尒等當誡之后姑子
都督崔長仁犯法當斬文帝以后故免之后曰國家之事
焉可顧私長仁竟坐死異母弟陁以猫鬼巫蠱呪詛於后
坐當死后三日不食為之請命曰陁若蠹政害民者不敢
言今坐為妾身請其命陁於是減死一等后雅性儉約帝
嘗合止利藥須胡粉一兩宮內不用求之竟不得又欲賜

柱國劉嵩妻織成衣領宮內亦無上以后不好華麗時齊
七寶車及鏡臺絕巧麗使毀車而以鏡臺賜后后雅好讀
書識達今古凡言事皆與上意合宮中稱為二聖嘗夢周
阿史那后言受罪辛苦求營功德明日言之上為立寺追
福焉后兄女夫死於并州后嫂以女有娠請不赴葬后曰
婦人事夫何容不往其姑在宜自詣之姑不許女遂行后
頗仁愛每聞大理決囚未嘗不流涕然性尤妬忌後宮莫
敢進御尉遲迥女孫有美色先在宮中帝於仁壽宮見而
悅之因得幸后伺帝聽朝陰殺之上大怒單騎從苑中出
不由徑路入山谷閒三十餘里高熲楊素等追及扣馬諫

帝太息曰吾貴為天子不得自由高熲曰陛下豈以一婦
人而輕天下帝意少解駐馬良久夜方還宮后候上於閤
內及帝至流涕拜謝熲素等和解之上置酒極歡后自此
意頗折初后以高熲是父之家客甚見親禮至是聞熲謂
已為一婦人因以銜恨又以熲夫人死其妾生男益不善
之漸加譖毀帝亦每事唯后言是用后見諸王及朝士有
妾孕者必勸帝斥之時皇太子多內寵妃元氏暴薨后意
太子愛妾雲氏害之由是諷帝黜高熲竟廢太子立晉王
廣皆后之謀也仁壽二年八月甲子日暈四重己巳太白
犯軒轅其夜后崩於永安宮時年五十九葬於太陵其後

宣華夫人陳氏容華夫人蔡氏俱有寵帝頗惑之由是發疾及危篤謂侍者曰使皇后在吾不及此云

宣華夫人陳氏陳宣帝女也性聰慧姿貌無雙及陳滅配掖庭後選入宮為嬪時獨孤皇后性妬後宮罕得進御唯陳氏有寵煬帝之在藩也陰有奪宗之計規為內助每致禮焉進金蛇金駝等物以取媚於陳氏皇太子廢立之際頗有力焉及文獻皇后崩進位為貴人專房擅寵主斷內事六宮莫與為比及帝大漸遺詔拜為宣華夫人初帝寢疾於仁壽宮夫人與皇太子同侍疾平旦更衣為太子所逼夫人拒之得免歸於上所上怪其神色有異問之夫人

泣以實對帝恚曰畜生何堪付大事獨孤誠誤我意謂獻皇后也因呼兵部尚書柳述黃門侍郎元巖曰呼我兒述等呼太子帝曰勇也述巖出閣為敕書訖示左僕射楊素素以白太子太子遣張衡入寢遂令夫人及後宮同侍疾者竝就別室俄聞上崩而未發喪也夫人與諸後宮相顧曰事變矣皆色動股慄晡後太子遣使者齎金合帖紙於際親署封字以賜夫人夫人見惶懼以為鴆毒不敢發使者促之乃發見合中有同心結數枚諸宮人相謂曰得免死矣陳氏恚而却坐不肯致謝諸宮人共逼之乃拜使者其夜太子烝焉煬帝即位出居仙都宮尋召入歲餘而終時年二十九帝深悼之為製神傷賦

容華夫人蔡氏丹楊人也陳滅以選入宮為世婦容儀婉嫕帝甚悅之以文獻后故希得進幸后崩後漸見寵遇拜為貴人參斷宮掖亞於陳氏帝寢疾加號容華夫人帝崩後亦為煬帝所烝

煬帝愍皇后蕭氏梁明帝巋之女也江南風俗二月生子者不舉后以二月生由是季父岌收養之未幾岌夫妻俱死轉養舅張軻家軻甚貧窶后躬親勞苦煬帝為晉王文帝為選妃於梁卜諸女皆不吉巋乃迎后於舅氏令使者占之曰吉遂冊為妃后性婉順有智識好學解屬文頗知

占候文帝大善之煬帝甚寵敬焉及帝嗣位立為皇后帝每游幸未嘗不隨從時后見帝失德心知不可不敢措言因為述志賦以自寄焉其詞曰承積善之餘慶備箕箒於皇庭恐脩名之不立將負累於先靈廼夙夜而匪懈實寅懼於玄冥雖自强而不息亮愚蒙之多滯思竭節於天衢才追心而弗逮實庸薄之多幸荷隆寵之嘉惠賴天高而地厚屬王道之升平均二儀之覆載與日月而齊明廼春生而夏長等品物而同榮願立志於恭儉私自競於誡盈孰有念於知足苟無希於濫名惟至德之弘深情弗邇於聲色感懷舊之餘恩求故劍於宸極叨不世之殊眄謬非

才而奉職何寵祿之踰分撫膺襟而未識雖沐浴於恩光
內慙惶而累息顧微躬之寡昧思令淑之良難實不遑於
啓處將有情而自安若臨深而履薄心戰慄其如寒夫居
高而必危每處滿而防溢知恣夸之非道乃攝生於沖謐
嗟寵辱之易驚尚無爲而抱一履謙光而守志且願安乎
容膝珠簾玉箔之奇金屋瑤臺之美雖時俗之崇麗蓋哲
人之所鄙愧絺綌之不工豈絲竹而喧耳知道德之可尊
明善惡之由己蕩囂煩之俗慮乃伏膺於經史綜箴誡以
訓心觀女圖而作軌遵古賢之令範冀福祿之能綏時循
躬而三省覺今是而昨非嗤黃老之損思信爲善之可歸

慕周姒之遺風美虞妃之聖則仰先哲之高才慕至人之
休德質菲薄而難蹤心恬愉而去惑乃平生之耿介寔禮
義之所遵雖生知之不敏庶積行以成仁懼達人之蓋寡
謂何求而自陳誠素志之難寫同絕筆於獲麟及帝幸江
都臣下離貳有宮人白后曰外聞人人欲反后曰任汝奏
之宮人言於帝帝大怒曰非汝宜言乃斬之後宮人復白
后曰宿衛者往往偶語謀反后曰天下事一朝至此勢去
已然無可救也何用言徒令帝憂煩耳自是無復言者及
宇文化及之亂隨軍至聊城化及敗沒於竇建德建德妻
曹氏妬悍煬帝妃嬪美人竝使出家并后置於武强縣是

時突厥處羅可汗方盛其可賀敦即隋義城公主也遣使
迎后建德不敢留遂攜其孫正道及諸女入於虜庭大唐
貞觀四年破突厥皆以禮致之歸于京師賜宅於興道里
二十一年殂詔以皇后禮於揚州合葬於煬帝陵謚曰愍
論曰男女正位人倫大綱三代已還逮於漢晉何嘗不敗
於嬌詖而興於聖淑至如后稷肇靈巨迹神元生自天女
克昌來葉異世同符魏諸后婦人之識無足論者文明邪
險幸不墜國靈后淫恣卒亡天下傾城之誡其在茲乎乙
后迫於畏逼有足傷矣昔鉤弋年少子幼漢武所以行權
魏世遂爲常制子貴而其母必死矯枉之義不亦過乎孝

文終革其失良有以也神武肇興齊業武明追蹤周亂溫
公之敗邦家馮妃比跡褒后然則汙隆之義蓋有係焉其
餘作孽爲責外平內壼鑒之近代於齊爲甚周氏興自文
皇遠乎宣帝年踰二紀世歷四君業非草昧之辰事殊權
宜之日乃棄同即異以夷亂華洎婚姻之彝序求豺狼之
外利既而報者倦矣施者無厭向之所謂和親未幾已成
讎敵奇正之道有異於斯于時武皇雖受制於人未親庶
政而謀士韞奇直臣鉗口過矣哉而歷觀前載以外戚而
居宰輔者多矣而傾漢室者王族喪周家者楊氏何滅亡
之禍若合契焉隋文取鑒於已遠大革前失故母后之家

不罹禍敗獨孤權無呂霍獲全仁壽之前蕭氏勢異梁實不傾大業之後至或不隕舊基或更隆克構豈非慶之以道其所致然乎

列傳第二　北史十四

方洽周益周之冕孫粹然校正

列傳第三　北史十五

魏諸宗室

上谷公紇羅　建德公嬰文

武陵侯因　真定侯陸　長樂王壽樂

望都公頽

曲陽侯素延　順陽公郁　宜都王目辰

六修

吉陽男比干　江夏公呂　西河公敦　高涼王孤　司徒石

武衛將軍謂　淮陵侯大頭　扶風公處眞　河間公齊　文安公泥

寔君

秦王翰

常山王遵　五世孫亨

陳留王虔　五世孫暉

毗陵王順

遼西公意烈

窟咄

上谷公紇羅神元皇帝之曾孫也初從道武皇帝自獨孤如賀蘭部與弟建勸賀蘭訥推道武為主及道武即帝位以援立功與建同日賜爵為公卒子題賜爵襄城公後進爵為王擊慕容驎於義臺中流矢薨帝以太醫令陰光為

視療不盡術伏法子悉襲爵降爵為襄陽公卒贈襄城王神
元後又有建德公嬰文真定侯陸並仕太武特獲封爵
武陵侯因長樂王壽樂並章帝之後也因從道武平中原
以功封曲逆侯太武時改爵武陵壽樂位選部尚書南安
王改封長樂王文成即位壽樂有援立功拜太宰大都督
中外諸軍錄尚書事矜功與尚書令長孫渴侯爭權並伏
法

望都公頽昭帝之後也隨道武平中原賜爵望都侯太武
以頽美儀容進止可觀使迎左昭儀於蠕蠕進爵為公卒

曲陽侯素延順陽公郁宜都王目辰並桓帝之後也素延

以小統從道武征討諸部初定并州為刺史道武之驚於
栢肆也并州守將封竇真為逆素延斬之時道武意欲撫
悅新附悔參合之誅而素延殺戮過多坐免官中山平拜
幽州刺史豪奢放逸左遷上谷太守後賜爵曲陽侯時道
武留心黃老欲以純風化俗雖乘輿服御皆去雕飾素延
奢侈過度帝深銜之積其過因徵坐賜死郁少忠正亢直
文成時位殿中尚書賜爵順陽公文成崩乙渾專權郁從
順德門入欲誅渾渾窘怖遂奉獻文臨朝後復謀殺渾為
渾所誅獻文錄郁忠正追贈順陽王諡曰簡目辰文成即
位歷侍中尚書左僕射封南平公乙渾謀亂目辰順陽公
誅殺之事發目辰逃免獻文傳位有定策勳孝文即位進
爵宜都王除雍州刺史鎮長安有罪伏法爵除

六脩穆帝長子也少兇悖穆帝五年遣六脩與輔相衛雄
范班及姬澹等救劉琨帝躬統大兵為後繼劉粲懼焚圍
而走殺傷甚衆帝因大獵壽陽山陳閱皮肉山為變赤穆
帝少子比延有寵欲以為後六脩出居新平城而黜其母
六脩有驊騮駿馬日行五百里穆帝欲取以給比延後六
脩來朝穆帝又命拜比延六脩不從穆帝乃坐比延於己
所乘步輦使人導從出遊六脩望見以為穆帝謁伏路左
及至乃是比延慙怒而去穆帝怒伐之帝軍不利六脩殺

比延帝改服微行人間有賤婦人識帝遂暴崩桓帝子普
根先守于外聞難來赴滅之

吉陽男比干江夏公呂並道武族弟也比干以司衛監討
白澗丁零有功賜爵吉陽男後為南道都將戰沒呂以軍
功封江夏公位外都大官大見尊重卒贈江夏王陪葬金
陵

高涼王孤平文皇帝之第四子也多才藝有志略烈帝之
前元年國有內難昭成如襄國後烈帝臨崩顧命迎立昭
成及崩羣臣咸以新有大故昭成來未可果宜立長君次
弟屈剛猛多變不如孤之寬和柔順於是大人梁蓋等殺

屈共推孤不肯乃自詣鄴奉迎請身留為質石季龍義而從之昭成即王位乃分國半部以與之薨子斤失職懷怒構實君為逆死於長安道武時以孤勳高追封高涼王謚曰神武斤子眞樂頻有戰功後襲祖封明元初改封平陽王薨子禮襲本爵高涼王薨謚懿王子那襲爵拜中都大官驍猛善攻戰正平初坐事伏法獻文即位追那功命子紇紹封薨子大曹性忠直孝文時諸王非道武子孫者例降爵為公以大曹先世讓國功重高祖眞樂勳著前朝改封太原郡公卒無子國除宣武又以大曹從兄子洪威紹恭謙好學為潁川太守有政績孝靜初在頴川聚衆應西

魏齊神武遣將討平之禮弟陵太武賜爵襄邑男進爵為子卒子瓌位柔玄鎮司馬瓌子鷙字孔雀孝文末以軍功賜爵晉陽男武泰元年尒朱榮至河陰殺戮朝士時鷙與榮共登高塚俯而觀之自此後與榮合永安初封華山王從帝既殺尒朱榮從子兆為亂帝欲率諸軍親討而鷙與兆陰通乃勸帝曰黃河萬仞寧可卒度帝遂自安及兆入殿鷙又約止衛兵帝見逼京邑破皆由鷙之謀孝靜初入為大司馬加侍中鷙容貌魁壯腰帶十圍有武藝木訥少言性方厚每息直省閨雖暑月不解衣冠曾於侍中高岳之席咸陽王坦恃力使酒衆皆下之坦謂鷙曰孔雀老武

官何因得王鷙答曰斬反人元愷首是以得之衆皆失色鷙怡然如故興和三年薨贈假黃鉞尚書令司徒公子大器襲爵後與元瑾謀害齊文襄見害孤孫度道武初賜爵松滋侯位比部尚書卒子乙斤襲爵襄陽侯獻文崇舊齒拜外都大官甚優重卒子平字楚國襲世爵松滋侯以軍功賜艾陵男卒子萇孝文時襲爵松滋侯例降侯賜艾陵伯萇性剛毅雖有吉慶事未嘗開口而笑孝文遷都萇以代尹留鎮除懷朔鎮都大將因別賜萇酒雖拜飲而顏色不泰帝曰聞公一生不笑今方隔山當為朕笑竟不能得帝曰五行之氣偏有所不入六合之間亦何事不有左右

見者無不把腕大笑宣武時為北中郎將帶河內太守萇以河橋船組路狹不便行旅又秋水沉漲年常破壞乃為船路遂廣空車從京出者率令輸石一雙累以為岸橋闊來往便利近橋諸郡無復勞擾公私賴之歷位度支尚書侍中雍州刺史卒謚曰成萇中年以後官位微達乃自尊倨閨門無禮昆季不穆性又貪害論者鄙之長子子華字伏榮襲爵孝莊初除齊州刺史先是州境數經反逆邢杲之亂人不自保而子華撫集豪右委之管籥衆皆感悅境內帖然而性甚褊急當其急也口不擇言手自捶擊長史鄭子湛子華親友也湛侮罵遂即去之子華雖自悔屬終

不能改在官不為矯潔之行凡有餽贈者辭多受少故人不咎其取鞫獄訊囚務加仁恕齊人樹碑頌德後除濟州刺史尒朱兆之入洛也齊州城人趙洛周逐刺史丹楊王蕭贊表濟南太守房士達攝行州事洛周子元顯先隨子華在濟州邀路改表請子華復為齊州刺史子華母房氏曾就親人飲食夜還大吐人以為中毒母甚憂懼子華遂掬吐盡噉之其母乃安尋以母憂還都孝靜初除南兖州刺史弟子思通使關西朝廷使右衛將軍郭瓊收之子思謂令僕曰速可見殺何為久執國士子華謂子思曰由汝麤疏令我如此頭叩牀涕泣不自勝子思以手捋鬚顧謂

子華曰君惡體氣尋與子思俱賜死於門下外省子思字衆念性剛暴恒以忠烈自許元天穆當朝權以親從薦為御史中尉先是兼尚書僕射元順奏以尚書百揆之本至於公事不應為送御史至子思奏曰案御史令文中尉督司百寮書侍御史糾察禁內又云中尉出行車輻前驅除道一里王公百辟避路時經四帝前後中尉二十許人奉以周旋未曾暫廢府寺臺省並從此令唯肅宗之世為臨洮舉哀故兼尚書左僕射臣順不肯與名又不送簿故中尉臣酈道元舉而奏之而順復啓云尚書百揆之本令僕納言之貴不宜下隸中尉送名御史尋亦蒙敕聽如其奏

從此迄今使無準一臣初上臺具見其事意欲申請決議但以權兼斯未宜便爾日復一日遂歷炎涼去月朔旦臺移尚書索應朝名帳而省稽留不送尋復移催并主吏忽為尚書郎中裴獻伯後注云案舊事御史中尉逢臺郎於複道中尉下車執板郎中車上舉手禮之以此而言明非敵體臣既見此深為怪愕旋省二三未解所以正謂都省別被新式改易高祖舊命即遣移問事何所依又獲尚書中郎王元旭報出蔡氏漢官似非穿鑿始知裴王亦規壞典謨兩人心欲自矯臣案漢書宣秉云詔徵秉為御史中丞與司隸校尉尚書令俱會殿廷並專席而坐京師號之為

三獨坐又尋魏書崔琰傳晉文陽傳瑕傳皆云既為中丞百寮震悚以此而言則中丞不揖省郎蓋已久矣憲臺不屬都坐亦非今日又尋職令云朝會失時即加彈糾則百官簿帳應送尚臺灼然明矣又皇太子以下違犯憲制皆得糾察則令僕朝名宜付御史又亦彰矣不付名至否藏何驗臣順專執未為平通先朝曲遂豈是正法謹案尚書郎中臣裴獻伯王元旭等望班士流早參清宦輕弄短札斐然若斯苟執異端忽焉至此此而不綱將隳朝令請以見事免獻伯等所居官付法科處尚書納言之本令僕百揆之要同彼浮虛助茲乖失宜明首從節級其罪詔曰國

異政不可據之古事付司檢高祖舊格推處得失以聞尋從子忠奏仍為元天穆所忿遂停元顥之敗封安定縣子孝靜時位侍中而死長弟珍字金省襲爵文陵男宣武時曲事高肇遂為帝寵昵彭城王勰之死珍率壯士害之後卒於尚書左僕射平弟長生位游擊將軍卒孝莊時以子天穆貴盛贈司空天穆性和厚美形貌射有能名六鎮之亂尚書令李崇廣陽王深北討天穆以太尉使勞諸軍路出秀容見尒朱榮深相結託約為兄弟未幾改授別將赴秀容為榮腹心除并州刺史及榮赴洛天穆參其始謀莊帝踐阼除太尉封上黨王徵赴京師後增封通前三萬户

尋監國史錄尚書事開府世襲并州刺史初杜洛周鮮于脩禮為寇瀛冀諸州人多避亂南向幽州前北平府主簿河間邢杲擁率部曲屯據鄭城以拒洛周葛榮垂將三載及廣陽王深等敗後杲南度居青州北海界靈太后詔流人所在皆置命屬郡縣選豪右為守令以撫鎮之時青州刺史元世儁表置新安郡以杲為太守未報會臺申休簡授郡縣以杲從子子瑶資蔭居前乃授河間太守杲深恥恨於是遂反所在流人先為土人陵忽聞杲起逆率來從之旬朔之間衆踰十萬先是河南人常笑河北人好食榆葉故齊人號之為䅗榆賊杲東掠光州盡海而還又破都督李叔仁軍詔天穆與齊神武討大破之杲乃請降傳送京師斬之時元顥乘虛陷滎陽天穆聞莊帝北巡自畢公壘北度會車駕於河內尒朱榮以天時炎熱欲還師天穆苦執不可榮乃從之莊帝還宮加太宰羽葆鼓吹增邑通前七萬户天穆以疎屬本無德望憑藉尒朱爵位隆極當時熏灼朝野王公已下每旦盈門受納財貨珍寶充積而寬柔容物不甚見忌於時莊帝以其榮黨外示優寵詔天穆乘車馬出入大司馬門天穆與榮相倚榮常以兄禮事之世隆等雖榮子姪位遇已重天穆曾言其失榮即加杖其相親任如此莊帝内畏惡之與榮同時見殺節閔初贈

丞相柱國大將軍雍州刺史假黃鉞謚曰武昭子儼襲美才貌位都官尚書及齊受禪聞敕召假病遂怖而卒

西河公敦平文帝之曾孫也道武初從征名居諸將後從征中山所向無前明元時拜中都大官太武時進爵西河公寵遇彌篤卒子撥襲

司徒石平文帝之玄孫也有膽略從太武南討至瓜步山位尚書令雍州刺史歷北部侍郎華州刺史

武衞將軍謂烈帝之第四子也寬雅有將略常從道武征討有功除武衞將軍子烏真膂力絕人隨道武征伐屢有戰功官至鉅鹿太守子興都聰敏剛毅文成時為河間太

守賜爵樂城子為政嚴猛百姓憚之獻文初以子丕貴重
進爵樂城侯謝老歸家帝益禮之賜几杖服物致膳於第
其妻婁氏為東陽王太妃卒追贈定州刺史河間公謚曰
宣子提襲父侯爵提弟丕太武時從駕臨江賜爵興平子
獻文即位累遷侍中丞相乙渾謀反丕以奏聞詔收渾誅
之遷尚書令改封東陽公孝文時封東陽王拜侍中司徒
公丕子超生車駕親幸其第以執心不二詔賜丕入八議
傳示子孫犯至百聽斬戮責數恕之放其同籍丁口雜使
役調求受復除若有姦邪人方便讒毀者即加斬戮孝遷
太尉錄尚書事時淮南王佗淮陽王尉元河東王苟頹並

以舊老見禮每有大事引入禁中乘步挽杖于朝進退相
隨丕佗元三人皆容貌壯偉腰帶十圍大耳秀眉鬚鬢斑
白百寮觀瞻莫不祗聳唯苟頹小為短劣姿望亦不逮之
孝文文明太后重年敬舊存問周渥丕聲氣高朗博記國
事饗宴之際恒居坐端必抗音大言敘列既往成敗帝后
敬納焉然諂事要人驕侮輕賤每見王叡符承祖常傾身
下之時文明太后為王叡造宅故亦為造甲第第成帝后
幸之率百官文武饗宴焉使尚書令王叡宣詔賜丕金印
一紐太后親造勸戒歌辭以賜羣官丕上疏贊謝太后令
曰臣才隣才隣才臣才君則亡逸於上臣則履冰於下若

能如此太平豈難致乎及丕妻段氏卒謚曰恭妃又特賜
丕金券後例降王爵封平陽郡公求致仕詔不許又車駕
南伐丕與廣陵王羽留守京師並加使持節詔丕羽曰留
守非賢莫可太尉年尊德重位總阿衡羽朕之懿弟溫柔
明斷故使二人留守京邑授以二節賞罰在手其祗允成
憲以稱朕心丕對曰謹以死奉詔羽對曰太尉宜專節度
臣但可副貳而已帝曰老者之智少者之決汝何得辭也
及帝還代丕請作歌詔許之歌訖帝曰公傾朕還車故親
歌述志今經構已有次第故暫還舊京願後時亦同茲適
乃詔丕等以移都之事使各陳志燕州刺史穆羆進曰今

四方未平謂可不移臣聞黃帝都涿鹿古昔聖王不必悉
居中原帝曰黃帝以天下未定故居于涿鹿既定亦遷于
河南廣陵王羽曰臣思奉神規光崇王業請決之卜筮帝
曰昔軒轅請卜兆龜焦乃問天老謂為善遂從其言終致
昌吉然則至人之量未然審於龜矣帝又詔羣臣曰昔平
文皇帝棄背昭成營居盛樂道武神武應天遷居平城朕
幸屬勝殘之運故移宅中原北人比及十年使其徐移朕
自多積倉儲不令窘乏前懷州刺史青龍前秦州刺史呂
受恩等仍守愚固帝皆撫而答之辭屈退帝又將北巡丕
遷太傅錄尚書事頻表固讓詔斷表啓就家拜授丕留守

詔在代之事一委太傅賜上所乘車馬往來府省丕雅愛
本風不達新式至於變俗遷洛改官制服禁絕舊言皆所
不願帝亦不逼之但誘示大理令其不生同異至於衣冕
已行朱服列位而丕猶常服列在坐隅晚乃稍加弁帶而
不能脩飾容儀帝以丕年衰體重亦不彊責及罷降非道
武子孫及異姓王者雖較於公爵而利享封邑亦不快帝
南征丕表乞少留思更圖後與會司徒馮誕薨詔六軍反
旆丕又以熙薨于代都表求鑾駕親臨詔曰今洛邑肇構
跂望成勞開闢暨今豈有以天子之重遠赴舅國之喪朕
縱欲為孝其如大孝何縱欲為義其如大義何天下至重

君臣道懸豈宜茍相誘引陷君不德令僕已下可付法官
貶之又詔以丕為都督領并州刺史後詔以平陽畿甸改
封新興公初李沖文德望所屬既當時貴要有材情遂與
子超娶沖兄女即伯尚妹也丕前妻子隆同産數人皆與
別居後得宮人所生同宅共産父子情因此偏丕父子大
意不樂遷洛帝之發平城太子恂留於舊京及將還洛隆
與穆泰等密謀留恂因舉兵據陘北丕時以老居并州雖
不預始計而隆超咸以告丕丕外慮不成口乃致難心頗
然之及帝幸平城推穆泰等首謀隆兄弟並是黨丕亦隨
駕至平城每於測問令丕坐觀與元業等兄弟並以謀逆

有司奏處孥戮詔以丕應連坐但以先許不死之詔躬非
染逆之身聽免死仍為太原百姓其後妻二子聽隨隆超
母弟及餘庶兄弟皆徙敦煌丕時年垂八十猶自平城力
載隨駕至洛留洛陽帝每遣左右慰勉之乃還晉陽孝文
崩丕自并來赴宣武引見之以丕舊老禮有加焉尋敕留
洛陽後宴于華林都亭特令二子扶侍坐起丕仕歷六世
垂七十年位極公輔而還為庶人然猶心戀京邑不能自
絕人事詔以丕為三老景明四年薨年八十二詔贈左光
祿大夫冀州刺史謚曰平長子隆先以反誅隆弟乙升超
亦同誅超弟儁邕並以軍功儁封新安縣男邕封涇縣男

淮陵侯大頭烈帝之曾孫也善騎射擢為内三郎文成初
封淮陵性謹密帝甚重之位寧北將軍卒贈高平公謚曰
烈
河間公齊烈帝之玄孫也少雄傑魁岸太武征赫連昌太
武馬蹶賊逼帝齊以身蔽扞決死力戰賊乃退帝得上馬
是日微齊帝幾至危殆帝以微服入其城齊固諫不許乃
與數人從帝入城内既覺諸門悉閉帝及齊等因入其宮
中得婦人裙繫之槊上帝乘而上因此得拔於齊有力焉
賜爵浮陽侯從征和龍以功拜尚書進爵為公後與新興
王俊討禿髮保周坐事免官爵宋將裴方明陷仇池太武

復援齊前將軍與建興公古弼討之遂剋仇池威振羌氐復賜爵河間公與武都王楊保宗對鎮駱谷時保宗弟文德說閉險自固有期矣秦州主簿邊因知之密告齊晨詣保宗呼曰古弼至欲宣詔保宗出齊叱左右扶保宗上馬馳驛送臺諸氐遂推文德爲主求援於宋宋遣將房亮之符昭嗟龍等率衆助文德齊擊斬殺龍禽亮之氐遂平以功拜內都大官卒謚敬王長子陵襲爵陵性抗直天安初爲乙渾所害陵弟蘭以忠謹見寵孝文初賜爵建陽子卒於武川鎮將子志字猛略少清辯彊幹歷覽書傳頗有文才爲洛陽令不避彊禦與御史中尉李彪爭路俱入見面

北史列傳三　十四　羅雄

陳得失彪言御史中尉辟承華蓋駐論道劒鼓安有洛陽令與臣抗衡志言神鄉縣主普天之下誰不編戶豈有俯同衆官趨避中尉孝文曰洛陽我之豐沛自應分路揚鑣自今以後可分路而行及出與彪折尺量道各取其半帝謂邢巒曰此兒竟可所謂王孫公子不鏤自彫巒曰露竹霜條故多勁節非鸞則鳳其在本枝也自外郎馮俊昭儀之弟恃勢恣撾所部里正志令主吏收繫處刑除官由此忤旨左遷太尉主簿俄爲從事中郎車駕南征帝微服觀戰所有箭欲犯帝志以身鄣之帝便得免矢中志目因此一目喪明以志行恒州事宣武時除荊州刺史還朝御史

中尉王顯奏志於在州日抑買良人爲婢兼乘請供朝會赦免明帝初兼廷尉卿後除楊州刺史賜爵建忠伯志在州威名雖減李崇亦爲荊楚所憚尋爲雍州刺史晚年耽好聲伎在楊州日侍側將百人器服珍麗冠於一時及在雍州逾尚華侈聚歛無極聲名遂損及莫折念生反詔志爲西征都督討之念生遣其弟天生屯龍口與志相持爲賊所乘遂棄大衆奔還岐州賊遂攻城州刺史裴芬之疑城人與賊潛通將盡出之志不聽城人果開門引賊鏁志及芬之送念生見害節閔初贈尚書僕射太保

扶風公處眞烈帝之後也少以壯烈聞位殿中尚書賜爵

北史列傳三　十五

扶風公委以大政甚見尊禮吐京胡曹僕渾等叛招引朔方胡爲援處眞與高涼王那等討滅之性貪婪在軍烈暴坐事伏法

文安公泥魏之疎族也性忠直有智畫道武寵遇之賜爵文安公拜安東將軍卒子屈襲爵明元時居門下出納詔命性明敏善奏事每合上旨賜爵元城侯加功勞將軍與南平公長孫嵩白馬侯崔宏等並決獄訟明元東巡命屈行右丞相山陽侯奚斤行左丞相命掌軍國甚有聲譽後吐京胡與離石胡出以兵等叛置立將校外引赫連屈丐屈督會稽劉絜求安侯魏勤捍之勤沒於陣絜墜馬胡執

逆屈丐唯屈衆猶存明元以屈没失二將欲斬之時幷州刺史元六頭荒淫怠事乃赦屈令攝州事屈嗜酒頗廢政事帝積其前後失檻車徵還斬於市子磨渾少為明元所知元紹之逆也明元潛隱於外磨渾與叔孫詐云明元所在紹使帳下二人隨磨渾往規為逆磨渾既得出便縛帳下詣明元斬之帝得磨渾大喜因為羽翼以勳賜爵長沙公拜尚書出為定州刺史卒

昭成皇帝九子庶長曰寔君次曰明元帝次曰秦王翰次曰閼婆次曰壽鳩次曰紇根次曰地干次曰力真次曰窟咄

寔君性愚多不仁昭成季年苻堅遣其行唐公苻洛等來寇南境昭成遣劉庫仁逆戰於石子嶺昭成時不豫不能親勒衆軍乃率諸部避難陰山度漠北高車四面寇抄復度漠南苻洛軍退乃還雲中初昭成以弟孤讓國乃以半部授孤孤子斤失職懷怨欲伺隙為亂獻明皇帝及秦明王翰皆先終道武年甫五歲慕容后子閼婆等雖長而國統未定斤因是說寔君曰帝將立慕容所生欲先殺汝是以頃來諸子戎服夜以兵仗遶廬舍伺便將發時苻洛等軍猶在君子津夜常警備諸皇子挾仗彷徨廬舍寔君以斤言為信乃盡殺諸皇子昭成亦暴崩其夜諸皇子婦及宮人奔告洛軍堅將李柔張蚝勒兵內逼部衆離散苻堅聞之召燕鳳問其故以狀對堅曰天下之惡一也乃執寔君及斤轘之長安寔君孫勿期位定州刺史賜爵林慮侯卒子六狀真定侯

秦王翰少有高氣年十五便請征伐昭成壯之使領騎二千長統兵號令嚴信多有剋捷建國十五年卒道武即位追贈秦王謚曰明子儀長七尺五寸容貌甚偉美鬚有算略少能舞劒騎射絕人道武幸賀蘭部侍從出入登國初賜爵九原公從破諸部有謀戰功及帝將圖慕容垂遣儀觀釁垂問儀道武不自來之意儀曰先人以來世據北土子孫相承不失其舊乃祖受晉正爵稱代王東與燕世為兄弟儀之奉命理謂非失垂壯其對因戲曰吾威加四海卿主不自見吾云何非失儀曰燕若不修文德欲以兵威自強此乃本朝將帥之事非儀所知也及還報曰垂死乃可圖今則未可帝作色問之儀曰垂年已暮其子寶弱而無威謀不能決慕容德自負才氣非弱主之臣釁將內起是可計之帝以為然後改封平原公道武征衛辰儀出別道獲衛辰尸傳首行宮帝大喜徙封東平公命督屯田於河北自五原至棝陽塞外分農稼大得人心慕容寶之寇五原儀躡據朔方要其還路及幷州平儀功多遷尚書令

從圍中山慕容德敗走帝以普驎妻周氏賜儀幷其僮僕
財物尋遷都督中外諸軍事左丞相進封衛王中山平復
遣儀討鄴平之道武將還代都置中山行臺詔儀守尚書
令以鎮之遠近懷附尋徵儀以丞相入輔又從征高車儀
別從西北破其別部又從討姚平有功賜以絹布綿牛馬
羊等儀膂力過人弓力將十石陳留公虔矟大稱異時人
云衛王弓桓王矟太武之初育也道武喜夜召儀入曰卿
聞夜喚乃不怪懼乎儀曰怪則有之懼實無也帝告以太
武生賜儀御馬御帶縑錦等先是上谷侯岌張衮代郡許
謙等有名于時初來入軍聞儀待士先就儀儀並禮之共

談當世之務謙等三人曰平原公有大才不世之略吾等
宜附其尾道武以儀器望待之尤重數幸其第如家人禮
儀矜功恃寵遂與宜都公穆崇伏甲謀亂崇子遂留在伏
士中道武召之將有所使遂留聞召恐發踰牆告狀帝祕
而恕之天賜六年天文多變占者云當有逆臣伏尸流血
帝惡之頗殺公卿欲以厭當天災儀內不自安單騎遁走
帝使人追執之遂賜死葬以百姓禮儀十五子纂五歲道
武命養於宮中恩與諸皇子同太武踐阼除定州刺史封
中山公進爵爲王賜步挽几以優異之纂好酒愛伎政以
賄成太武殺其親嬖人後悔過修謹拜內大將軍居官清

約簡慎吏稱廉平纂於宗屬最長宗室有事咸就諮焉薨
謚曰簡纂弟良性忠篤明元追錄儀功封南陽王以紹儀
後良弟幹善弓馬以騎從明元於白登之東北有雙鴟飛
鳴於上帝命左右射之莫能中鴟遊飛稍高幹以二箭下
雙鴟帝賜之御馬弓矢金帶一以旌其能軍中於是號幹
爲射鴟都將從太武南巡進爵新蔡公文成即位拜宰官
尚書卒謚曰昭子禎膽氣過人太武時爲司衛監從征蠕
蠕忽遇賊別部多少不敵禎乃就山解鞍放馬以示有伏
賊果疑而避之孝文初賜爵沛郡公後拜南豫州刺史大
胡山蠻時鈔掠前後守牧多羈縻而已禎乃召新蔡襄城

蠻首使之觀射先選左右能射者二十餘人禎自發數箭
皆中然後命左右以次而射先出一囚犯死罪者使參射
限命不中禎即責而斬之蠻魁等伏伎畏威相視股慄又
預敕左右取死囚十人皆著蠻衣云是鈔賊禎乃臨坐僞
舉目瞻天微有風動禎謂蠻曰風氣少暴似有鈔賊入境
不過十人當在西南五十里許即命騎追掩果縛送十人
禎告諸蠻曰爾鄉里作賊如此合死以不蠻等皆叩頭曰
合万死禎即斬之因慰喻遣還自是境無暴掠淮南人相
率投附者三千餘家置之城東汝水之側名曰歸義坊初
豫州城豪胡丘生數與外交通及禎爲刺史丘生常有背

懷恨圖爲不軌詐以婚進城人告云刺史欲遷城中大家
送之向代共謀翻城城人石道起以事密告禎速掩丘生
并諸預謀者禎曰吾不負人人何以叛但丘生誑誤若即
收掩衆必大懼吾靜以待之不久自當悔服語未訖而城
中三百人自縛詣州門陳丘生譎誑之罪而丘生單騎逃
走禎恕而不問後徵爲都牧尚書卒贈侍中儀同三司諡
簡公有八子第五子瑞初瑞母尹氏有娠致傷後晝寢夢
一老翁具衣冠告之曰吾賜汝一子汝勿憂也寤而私喜
又問筮者筮者曰大吉未幾而生瑞禎以爲協夢故名瑞
字天賜位太中大夫卒贈太常卿儀弟烈剛武有智略元

紹之逆百寮莫敢有聲唯烈行出外詐附紹募執明元紹
信之自延秋門出遂迎立明元以功進爵陰平王薨諡曰
熹王子求襲第道子位下大夫道子子洛位羽林幢將洛子
乞中散大夫乞子晏孝靜初累遷吏部尚書平心不撓時
論稱之出爲瀛州刺史在任未幾百姓欣賴將天樂之逆
見引詔錄送定州賜死晏好集圖籍家書多秘閣諸有假
借咸不逆其意亦以此見稱烈第觚勇烈有膽氣少與兄
儀從道武侍衛左右使於慕容垂垂末年政在羣下遂止
觚以求賂道武絕之觚率左右馳還爲垂子寶所執垂待
之更厚因留心學業誦讀經書數十萬言垂國人咸稱重

之道武之討中山慕容普驎遂害觚以固衆心帝聞之哀
慟及平中山發普驎塚斬其尸收議害觚者傳高霸程同
等皆夷五族以大刃剉殺之乃葬觚追諡秦愍王封子夔
爲豫章王以紹觚

常山王遵壽鳩之子也少而壯勇不拘小節道武初有佐
命勳賜爵略陽公慕容寶之敗也别率騎七百邀其歸路
由是有參合之捷及平中山拜尚書左僕射加侍中領勃
海之合口及博陵勃海羣盜起遵討平之遷州牧封常山
王遵好酒色天賜四年坐醉亂失禮於太原公主賜死葬
以百姓禮子素明元從母所生特見親寵太武初復襲爵

休屠郁原等叛素討之斬渠率徙千餘家於涿鹿之陽立
平原郡以處之及平統萬以素有威懷之略拜假節征西
大將軍以鎮之後拜內都大官文成即位務崇寬政罷諸
雜調有司奏國用不足固請復之唯素曰臣聞百姓不足
君孰與足帝善而從之素宗屬之懿又年老帝每引入訪
以政事固辭疾歸第雅性方正居官五十載終始若一時
論賢之薨諡曰康陪葬金陵配饗廟廷長子可悉陵年十
七從太武獵遇一猛獸陵遂空手搏之以獻帝曰汝才力
絕人當爲國立功立事勿如此也即拜內行阿干又從平
涼州沮渠茂虔令一驍將與陵相擊兩矟皆折陵抽箭射

之墜馬陵恐其救至未及拔劒以刀子突其頸使身首異
處帝壯之即日拜都幢將封暨陽子卒于中軍都將弟陪
斤襲爵坐事國除陪斤子昭小字阿倪尚書張彝引兼殿
中郎孝文將爲齊郡王蘭舉哀而昭乃作宮懸帝大怒詔
曰阿倪愚騃誰引爲郎於是黜彝白衣守尚書昭遂停廢
宣武時昭從弟暉親寵用事稍遷左丞宣武崩于忠執政
昭爲黃門郎又曲事之忠專權擅威枉陷忠賢多昭所指
導也靈太后臨朝爲尚書河南尹聾而佷突理務峭急所
在患之尋出爲雍州刺史在州貪虐大爲人害後入爲尚
書詔事劉騰進號征西將軍卒贈尚書左僕射納貨元义

所以贈禮優越子玄字孝道以節儉知名孝莊時爲洛陽
令及節閔即位玄上表乞葬莊帝時議善之後除尚書左
丞孝武帝即位以孫騰爲左僕射騰即齊神武心膂仗入
省玄依法舉劾當時咸爲玄懼孝武重其強正封臨淄縣
子及從入關封陳郡 王位儀同三司加開府薨謚曰平昭
弟紹字醜倫少聰慧遷尚書右丞紹斷決不避強禦宣武
詔令撿趙修獄以修佞幸因此遂加杖罰令其致死帝責
紹不重聞紹曰修姦佞甚於董賢臣若不因釁除之恐陛
下復闕哀帝之名以其言正遂不罪焉及出廣平王懷拜
紹賀曰阿翁乃皇家之正直雖朱雲汲黯何以仰過紹曰

但恨戮之稍晚以爲愧耳卒於涼州刺史陪斤弟忠字仙
德以忠謹聞孝文時累遷右僕射賜爵城陽公加侍中鎮
西將軍有翼贊之勤百寮咸敬之太和四年病篤辭退養
疾於高柳輿駕親送都門之外羣寮侍臣執別者莫不涕
泣及卒皆悼惜之謚曰宣命有司爲立碑銘子盛字始興
襲爵位謁者僕射卒子懋字伯邕襲爵降爲侯從駕入關
封北平王薨贈尚書左僕射謚曰貞慧子陟字景升開府
儀同三司弟順字敬叔從孝武入關封濮陽王位侍中及
武帝崩祕未發喪諸人多舉廣平王爲嗣順於別室垂涕
謂周文曰廣平雖親年德並茂不宜居大寶周文深然之

因宣國諱上南陽王尊號以順爲中尉行雍州事又加開
府儀同三司秦州刺史順善射初孝武在洛於華林園戲
射以銀酒卮容二升許懸於百步外命善射者十餘人共
射中者即以賜之順發矢即中帝大悅并賞金帛順仍於
箭孔處鑄一銀童足蹈金蓮手持劾炙遂勒背上序其射
工子儒字孚猷有清才大統十六年封南安郡王及尉遲
迥伐蜀以儒爲司錄書檄文言皆儒所爲六官建拜師氏
下大夫改淮南縣公周明帝初拜師氏中大夫受詔於騏
驎殿刊正經籍建德中累遷小司寇爲使主報聘於齊是
秋武帝親戎東討儒遂爲齊所留齊平儒方見釋加授上

開府後除襄州刺史位大將軍儁性溫柔好虛靜篤學愛
文初自鄴還庾信贈其詩曰梁亡垂棘反齊平寶鼎歸為
辭人所重如此後疾卒盛弟壽興少聰慧好學宣武初為
徐州刺史在官貪虐失於人心其從兄侍中暉深害其能
因譖之於帝詔尚書崔亮馳驛檢覈亮發日受暉旨遂鞭
撻三寡婦令其自誣稱壽興壓己為婢壽興終恐不免乃
令其外弟中兵參軍薛修義將車十乘運小麥經其禁之
旁壽興因踰牆出修義以大木函盛壽興其上加麥載之
而出遂至河東匿修義家逢赦乃出見帝自陳為暉所譖
帝亦更無所責初壽興為中庶子時王顯在東宮賤因公

事壽興杖之四十及顯有寵為御史中尉奏壽興在家每
有怨言誹謗朝廷因帝極飲無所覺悟遂奏其事命帝注
可直付壽興賜死帝書半不成字當時見者亦知非本心
但懼暉等威不敢申拔及行刑日顯自往看之壽興命筆
自作墓誌銘曰洛陽男子姓元名景有道無時其年不永
餘文多不載顧謂其子曰我棺中可著百張紙筆兩枚吾
欲訟顯於地下若高祖之靈有知百日內必取顯如遂無
知亦何足戀及宣武崩顯尋被殺壽興之死時論亦以為
前任中尉彈高顯讒諷所致靈太后臨朝三公郎中崔鴻
上疏理壽興詔書追雪贈豫州刺史謚曰莊子最字幹從

孝武入關封樂平王位侍中兼尚書左僕射加特進
壽興弟益生少亡子毗字休弼武帝之在藩邸少親之及
即位出必陪乘入於臥內及帝與齊神武有隙時議者各
有異同或勸天子入東或言與齊神武決戰或云奔梁唯
毗數人以關中帝王桑梓懇懃叩頭請西入策功論賞毗
與領軍斛斯椿等十三人爲首封魏郡王時王者邑止一
千戶唯毗邑一千五百齊神武宣告關東云將天子西入
事起元毗雖百赦不在原限薨謚曰景子綽忠弟德封河
間公卒於鎮南將軍贈曹州刺史德子悝潁川太守卒於
光州刺史謚曰恭子嶷字子仲孝武初授兖州刺史于時

城人王奉伯等相扇謀逆棄城出走懸門發斷嶷要而出
詔齊州刺史尉景本州刺史蔡儁各部在州士往討之嶷
返復任封濮陽縣伯孝靜時轉尚書令攝選部嶷雖居重
任隨時而已薨於瀛州刺史贈司徒公謚曰靖懿悝弟暉
字景襲少沉敏頗涉文史宣武即位為給事黃門侍郎初
孝文遷洛舊貴皆難移時欲和衆情遂許冬則居南夏便
居北宣武頗惑左右之言外人遂有還北之問至乃牓賣
田宅不安其居暉乃請間言事具奏所聞曰先皇移都以
百姓戀土故發冬夏二居之詔權寧物意耳乃是當時之
言先皇深意且比來遷人安居歲久公私計立無復還情

伏願陛下終高祖既定之業勿信邪臣不然之說帝納之再遷侍中領右衛將軍雖無補益深被親寵凡在禁中要密之事暉別奉旨藏之於櫃唯暉入乃開其餘侍中黄門莫有知者侍中盧昶亦蒙恩眄故時人號曰餓虎將軍飢鷹侍中遷吏部尚書納貨用官皆有定價大郡二千匹次郡一千匹下郡五百匹其餘官職各有差天下號曰市曹出爲冀州刺史下州之日連車載物發信都至湯陰間首尾相屬道路不斷其車少脂角即於道上所逢之牛生截取角以充其用暉檢括丁戶聽其歸首出調絹五萬匹然聚斂無極百姓患之明帝初徵拜尚書左僕射詔攝吏部

選事後詔暉與任城王澄京兆王愉東平王匡共決門下大事暉又上書論政要其一曰御史之職務使得賢必得其人不拘階秩久於其事責其成功其二曰安人寧邊觀時而動頃來邊將亡遠大之略貪萬一之功楚梁之好未閨而蠶婦之怨屢結斯乃庸人所爲銳於姦利之所致也平吳之計自有良圖不在於一城一戍也又河北數州國之基本飢荒多年戶口流散方今境上兵復徵發即如此日何易舉動愚謂數年以來唯宜靜邊以息召役安人勸農惠此中夏請嚴敕邊將自今有賊戍求內附者不聽輒遣援接皆須表聞違者雖有功請以違詔書論三曰國之

資儲唯藉河北飢饉積年戶口逃散生長姦詐因生隱藏出縮老小妄注死失收人租調割入於己人困於下官損於上自非更立權制善加檢括損耗之來方在未已請求其議明宣條格帝納之暉雅好文學招集儒士崔鴻等撰録百家要事以類相從名爲科録凡二百七十卷上起伏羲迄於晉凡十四代暉疾篤表上之卒賜東園祕器贈使持節都督中外諸軍事司空公謚曰文憲將葬給羽葆班劍鼓吹二十人羽林百二十人子弼字宗輔性和厚美容儀以莊帝舅子壻特封廣川縣子天平初累遷尚書令弼妹爲孝武所納以親情見委禮遇特隆歷中書監録尚書

事位特進宗師齊受禪除左光禄大夫天保三年卒十年諸子與諸元同誅死弼弟子士將有巧思至齊武成時位將作大匠德弟贊頗有名譽好陳軍國事宣和置司州以贊爲刺史賜爵上谷侯孝文戒贊化畿甸司宣孝道必令風教洽和文禮大備自今有不孝不悌者比其門閭以刻其柱又詔曰司州刺史官尊位重職總京畿選屬懿親以允具瞻之望但諸王年少未閑政體故以授贊庶能助暉道化令司州始立郡縣初置公卿已下皆有本屬可人率子弟用相展敬於是賜名曰贊詔贊乘步挽入殿門加太子少師遷左僕射孝文將謀遷洛諸公多異同唯贊贊

成大業帝每歲南伐執手寄以後事卒贈衛將軍僕射如
故後以留守贊輔之功進封晉陽縣伯贇弟淑字買仁彎
弓三百斤善騎射孝文時為河東太守河東俗多商賈罕
事農桑人至有年三十不識耒耜淑下車勸課躬往教示
二年間家給人足為之謠曰泰州河東杼柚代舂元公至
止田疇始理卒於平城鎮將諡曰靜有七子季海字元泉
兄弟中最有名譽位洛州刺史季海妻司空李沖之女莊
帝從母也賜爵唐郡君政在尒朱禍難方始勸季海為外
官以避纖介及孝莊之難季海果以在藩得免從孝武入
關封馮翊王位中書令雍州刺史遷司空薨諡曰穆子

亨字德良一名孝才遇周齊分隔時年數歲與母李氏在
洛陽齊神武以亨父在關中禁固之其母遂稱凍餒得就
食湯陰託大豪李長壽攜亨及孤姪數人得至長安周文
以功臣子甚禮之大統末襲爵馮翊王累遷勳州刺史改
封平涼王周受禪例降為公隋文帝受禪自洛州刺史徵
拜太常卿尋拜為衛州刺史在職八年風化大洽以老病
乞骸骨吏人詣闕上表請留上嗟歎者久之其年亨以篤
疾重請還京上令使者致醫藥問動靜相望於道卒于家
諡曰宣
陳留王虔紇根之子也登國初賜爵陳留公與衛王儀破

黜弗部從衛辰慕容寶來寇虔絕其左翼寶敗垂恚憤來
桑乾虔勇而輕敵於陳戰沒虔姿氣魁傑武力絕倫每以
矛細短大作之猶患其輕復綴鈴於刃下其弓力倍加常
人以其殊異代京武庫常存而志之虔常以矟刺人遂貫
而高舉又嘗以一手頓矟於地馳馬偽退敵人爭取引不
能出虔引弓射之一箭殺二三人拔矟之徒亡魂而散徐
乃令人取矟而去每從征討及為偏將常先登陷陣勇冠
當時敵無眾寡莫敢抗其前者及薨舉國悲歎為之流涕
道武追惜傷慟者數焉追諡陳留桓王配饗廟廷封其子
悅為朱提王悅外和內佷道武常以桓王死王事特加親

寵為左將軍襲封後為宗師悅恃寵驕矜每謂所親王洛
生之徒言曰一旦宮車晏駕吾止避衛公除此誰在吾前
衛王儀美鬚為內外所重悅故云初姚興之贖狄伯支悅
送之路由鴈門悅因背誘姦豪以取其意後遇事譴逃亡
投鴈門規收豪傑欲為不軌為土人執送帝恕而不罪明
元即位引悅入侍仍懷姦計說帝云京師雜人不可保信
宜誅其非類者又云鴈門人多詐并可誅之欲以雪其私
忿帝不從悅內自疑懼懷刃入侍謀為大逆叔孫俊疑之
竊視其懷有刃執而賜死弟崇太武詔令襲桓王爵崇性
沉厚初衛王死後道武欲敦宗親之義詔引諸王子弟入

寔常山王素等三十餘人咸謂與衛王相坐疑懼皆出逃遁將奔蠕蠕唯崇獨至道武見之甚悅厚加禮賜遂寵敬之素等於是亦安父之拜并州刺史有政績從征蠕蠕別督諸軍出大澤越涿耶山威懾漠北薨謚曰景王子建襲降爵為公位鎮北將軍懷荒鎮大將卒建子琛位恒肆二州刺史琛子翌尚書左僕射翌子暉

暉字叔平鬚眉如畫進止可觀好涉獵書記少得美名於京下周文禮之命與諸子遊處每同硯席情契甚厚再遷武伯下大夫時突厥與為寇患朝廷將結和親令暉齎錦綵十万使突厥暉說以利害可汗大悅遣其名王隨獻方

北史列傳三　卅

物俄拜儀同三司周武帝之娉突厥后令暉致禮授開府轉司憲大夫及平關東使暉安集河北封義寧子隋文帝總百揆加上開府進爵為公開皇初拜都官尚書兼領太僕奉詔決杜陽水灌三時原溉舄鹵之地數千頃人賴其利再遷兵部尚書監漕渠之役未幾坐事免頃之拜魏州刺史頗有惠政後以疾去職卒于京師帝嗟悼久之敕鴻臚監護喪事謚曰元子肅嗣位光祿少卿肅弟仁器性明敏位日南郡丞建第嫡子祚字龍壽宣武校藝每於歲暮詔令教習講武初建以子罪失爵祚欲求本封有司奏聽祚襲公其王爵不輕其求更議詔從之卒於河州刺史節

閔時贈侍中尚書僕射虔兄顗性嚴重少言道武常敬之雅有謀筭從平中山以功賜爵蒲城侯特見寵厚給鼓吹羽儀禮同岳牧莅政以威信著稱居官七年乃以元易干代顗為鄴時易干子万言得寵於道武易干恃其子輕忽於顗不告其狀輕騎卒至排顗坐牀而據其坐顗不知代己謂以罪見捕既而知之恥其侮慢謂易干曰我更滿被代常也汝無禮見辱豈可容哉遂搏而殺之以狀具聞道武壯之万言累以訴請乃詔顗輸贖顗乃自請罪道武赦之復免其贖病卒子崘太武時襲父爵以功除統万鎮將後從永昌王仁南征別出汝陰濟淮宋將劉康祖屯於尉

北史列傳三　卅一　余長壽

武亭以邀軍路師人患之崘曰今大風既勁若令推草車方軌並進乘風縱煙火以精兵自後乘之破之必矣從之斬康祖傳首行宮文成即位除秦州刺史進爵隴西公卒謚曰定公子琛襲爵

毗陵王順地干之子也性踈佷登國初賜爵南安公及道武討中山留順守京師栢肆之敗軍人有亡歸者言大軍奔散不知帝所在順聞之欲自立納莫題諫乃止時賀力眷等聚衆作亂於陰館順討之不剋乃從留官自白登南入繁畤故城阻㶟水為固以寧人心道武善之進封為王位司隸校尉道武好黃老數召諸王及朝臣親為說之在

坐莫不祗肅唯順獨坐寐不顧而唾帝怒廢之以王薨於
家
遼西公意烈力眞之子也先没於慕容垂道武征中山棄
妻子迎於井陘及平中原有戰獲勳賜爵遼西公除廣平
太守時和跋爲鄴行臺意烈性雄耿自以帝屬恥居跋下
遂陰結徒黨將襲鄴發覺賜死子拔干愽知古今父雖有
罪道武以拔干宗親委之心腹有計略屢効忠勤明元踐
阼除勃海太守吏人樂之賜爵武遂子轉平原鎮將得將
士心卒謚曰靈公子受洛襲進爵武邑公卒子叱奴武川
鎮將叱奴子洪超頗有學涉大乘賊亂之後詔洪超持節

兼黄門侍郎綏慰冀部還上言冀土寛廣界去州六七百
里負海險遠宜分置一州鎮遏海曲朝議從之後遂立滄
州卒於北軍將光禄大夫意烈弟勃善射御以勲賜爵彭
城公卒謚曰　諡　陪葬金陵長子粟襲太武時督諸軍屯
漠南蠕蠕表聞粟亮直善馭衆撫恤將士必與之同勞逸
征和龍以功進封爲王薨陪葬金陵粟弟渾少善弓馬太
武嘉之會有諸方使命渾射獸三頭發皆中時舉坐咸以
爲善及爲宰官尚書頗以驕縱爲失坐事免從長社爲人
所害子庫汗爲羽林中郎將從北巡有兎起乘輿前命庫
汗射之應弦而斃太武悦賜一金兎以旌其能文成起景

穆廟賜爵陽豐侯獻文即位復造文成廟拜殿中給事進
爵爲公庫汗明於斷決每奉使察行州鎮折獄以情所歷
皆稱之秦州父老詣闕乞庫汗爲刺史者前後千餘人朝
廷許之未及遣遇病卒子古辰襲
窟咄昭成崩後苻洛以其年長逼徙長安苻堅禮之教以
書學因亂隨慕容永東遷永以爲新興太守劉顯之敗遣
弟亢泥等迎窟咄遂逼南界於是諸部騷動道武右于桓
等謀應之同謀人單烏干以告帝帝慮駭人心沉吟未發
後三日桓以謀白其舅穆崇又告之帝乃誅桓等五人餘
莫題等七姓悉原不問帝慮内難乃北踰陰山幸賀蘭部

遣安同及長孫漫徵兵於慕容垂賀曼亡奔窟咄安同間
行遂達中山慕容垂遣子賀驎步騎六千以隨之安同與
垂使人蘭紇俱還達牛川窟咄兄子意烈捍之安同乃隱
藏於商賈囊中至暮乃入空井得免仍奔賀驎軍既不至
而稍前逼賀染干賀染干陰懷異端乃爲窟咄來侵北部
人皆驚駭莫有固志於是北部大人叔孫普洛節及諸烏
丸亡奔衛辰賀驎聞之遽遣安同朱譚等來既知賀驎軍
近衆乃少定道武自弩山幸牛川窟咄進屯高柳道武復
使安同詣賀驎因尅會期安同還帝踰參合出代北與賀
驎會於高柳窟咄窮迫望旗奔走遂爲衛辰殺之帝悉收

其衆賀驎執帝別歸中山

論曰魏氏始自幽都肇基帝業上谷公等分枝若木疏派天潢或績預經綸大開土宇或迹同凶悖自致殲夷其禍福之來唯人所召至如神武之不事黃屋高揖萬乘義感隣国祚隆帝統太伯延陵未足多也高涼讓國之胤子那猛壯之風或大位未加或功不贖罪懿德圖勞其義為闕松滋氣幹相承聲迹俱顯天穆得不以道任過其量持盈必悔殺身為幸武衛父子兼將丕略始見器重終以姦棄不足觀矣河間扶風武烈宣著宗子之可稱乎衛王英風猛槩折衝見重謀之不臧卒以自喪秦王體度恢偉陳留

膽氣絕倫亡身強寇志力不展惜哉常山勇冠戚屬與魏升降亦以優乎陰平忠烈蒲陰器宇榮寵兼萃蓋有由焉毗陵踈佷遼西猜介全身保位固亦難矣苻堅之轘寔君衛辰之誅窟咄逆子賊臣蓋亦天下之惡一焉

列傳第三　北史十五

列傳第四　北史十六

道武七王

明元六王

太武五王

道武皇帝十男宣穆劉后生明元皇帝賀夫人生清河王紹大王夫人生陽平王熙王夫人生河南王曜河間王脩長樂王處文二王母氏闕段夫人生廣平王連京兆王黎皇子渾及聰母氏並闕皆早薨無傳

清河王紹字受洛拔天興六年封性凶很險悖好劫剝行人斫射犬豕以為戲樂有孕婦紹剖觀其胎道武嘗怒之

倒懸井中垂死乃出明元常以義方責之由此不協而紹母賀夫人有譴帝將殺之會日暮未決賀氏密告急於紹紹乃與帳下及宦者數人踰宮犯禁帝驚起求弓刀不及暴崩明日宮門至日中不開紹稱詔召百寮於西宮端門前北面紹從門扇間謂曰我有父亦有兄公卿欲從誰也王公以下皆失色莫有對者良久南平公長孫嵩曰臣等不審登遐狀唯陰平公元烈哭泣而去於是朝野兇兇人懷異志肥如侯賀護舉烽於安陽城北故賀蘭部人皆往赴之其餘舊部亦率子弟招集故人往往相聚紹聞人情不安乃出布帛班賜王公以下先是明元在外聞變乃還

潛于山中使人夜告北新侯安同衆皆響應衛士執送紹於是賜紹母子死誅帳下閹官宮人爲内應者十數人其先犯乘輿者羣臣於城南都街生臠食之紹時年十六紹母即獻明皇后妹也美而豔道武如賀蘭部見而悅之告獻明后請納爲后后曰不可此過美不善且已有夫帝密令人殺其夫而納之生紹終致大逆焉

陽平王熙天興六年封聰達有雅操明元練兵於東部詔熙督十二軍校閱甚得軍儀賞賜隆厚泰常六年薨帝哀慟不已長子佗襲爵佗性忠厚武藝無過者後改封淮南王鎮武牢威名甚著孝文時位司徒賜安車几杖入朝不

趨太和十二年薨時孝文有事太廟始薦聞之廢祭輿駕親臨哀慟禮賵有加謚曰靖王世子吐万早卒子僖王顯襲祖爵薨子世遵襲孝明時爲荆州刺史在邊境前代以來互相抄掠世遵到州不聽侵擾其弟均時在荆州爲朝陽戍主有南戍主妻三月三日遊戲沔水側均輒遣部曲掠取世遵聞之責均遂移還本戍吳人感荷後頗行貨賄散費邊儲是以聲名有損薨於定州刺史謚曰康王吐万弟鍾葵早卒長子法壽累遷安州刺史法壽先令所親微服入境觀察風俗下車便大行賞罰於是境内肅然後於河陰遇害子慶智性貪鄙爲太尉主簿事無大小得物然

後判或十數錢或二十錢得便取之府中號爲十錢主簿法壽弟法僧位益州刺史殺戮自任威怒無恒王賈諸姓州内人士法僧皆召爲卒伍無所假縱於是合境皆反招引外寇後拜徐州刺史法僧本附元乂以驕恣恐禍及已將謀爲逆時領主書兼舍人張文伯奉使徐州法僧謂曰我欲與卿去危就安能從我否文伯曰安能棄孝義而從叛逆也法僧將殺之文伯罵曰僕寧死見文陵松柏不能生作背國之虜法僧殺之孝昌元年法僧殺行臺高諒反於彭城自稱尊號改元天啓大軍致討法僧奔梁其武官三千餘人戍彭城者法僧皆印額爲奴逼將南度梁武帝

授法僧司空封始安郡王尋改封宋王甚見優寵又進位太尉仍立爲魏主不行授開府儀同三司郢州刺史乃徵爲太尉卒於梁謚曰襄厲王子景仲景隆初封丹楊公位廣州刺史從徐州改封彭城王丁父憂襲封宋王又爲廣州刺史卒梁復以景仲爲廣州刺史封枝江縣公侯景作亂遣誘召之許奉爲主景仲將應之爲西江督護陳霸先所攻乃縊而死

河南王曜天興六年封五歲嘗射雀於道武前中之帝驚歎焉及長武藝絶人與陽平王熙等竝督諸軍講武衆咸服其勇薨長子提襲驍烈有父風改封潁川王迎昭儀于

寔比時年十六有夙成之量殊域敬焉後改封武昌累遷
統万鎮都大將甚見寵待薨謚曰成王長子平原襲爵忠
果有智略爲齊州刺史善於懷撫孝文時祆賊司馬小君
自稱晉後屯聚平陵年號聖君平原身自討擊禽小君送
京師斬之又有祆人劉舉自稱天子復討斬之時歲頻不
登齊人飢饉平原以私米三千餘斛爲粥以全人命北州
戍卒一千餘人還者皆給路糧百姓咸稱詠之遷征南大
將軍開府雍州刺史鎮長安薨謚曰簡王長子和字善意
襲爵初和聘乙氏公主女爲妃生子顯薄之以公主故不
得遣出因忿遂自落髮爲沙門既不幸其母乃捨顯以爵

讓其次弟鑒鑒固辭公主以其外孫不得襲爵訴於孝文
孝文詔鑒終之後令顯襲爵鑒乃受之鑒字紹達沈重少
言寬和好士爲齊州刺史時革變之始鑒上書遵孝文之
旨採齊之舊風軌制粲然皆合規矩孝文下詔褒美班之
天下一如鑒所上齊人愛詠咸曰耳目更新孝文崩後和
罷沙門歸俗棄其妻子納一寡婦曹氏爲妻曹氏年長大
和十五歲攜男女五人隨鑒至歷城干亂政事和與曹及
五子七處受納鑒皆順其意言無不從於是獄以賄成取
受狼籍齊人苦之鑒名大損轉徐州刺史屬徐兖大水人
多飢餓鑒表加賑恤人賴以濟先是京兆王愉爲徐州王

既年少長史盧陽烏寬以馭下郡縣多不奉法鑒表梁郡
太守程靈虬虐政殘人盜寇並起詔免靈虬於是徐境肅
然薨謚悼王和與鑒子伯崇競求承襲詔聽和襲位東郡
太守先是郡人孫天恩家豪富嘗與和爭地遣奴客打和
垂死至此和誣天恩與北賊來往父子兄弟一時俱戮資
財田宅皆沒於官天恩宗從欲詣闕訴冤以和元乂之親
不敢告列和語其郡人曰我覓一州亦應可得念此小人
痛入骨髓故乞此郡以報宿怨此後更不求富貴識者曰
王當沒於此矣薨贈相州刺史
河間王脩天賜四年封薨無子太武詔河南王曜子羯兒

襲改封略陽王正平初有罪賜死爵除
長樂王處文天賜四年封聰辯夙成年十四薨明元悼傷
之自小斂至葬常親臨哀慟陪葬金陵無子爵除
廣平王連天賜四年封薨無子太武以陽平王熙第二子
渾爲南平王以繼連後渾好弓馬射鳥輒歷飛而中之日
射兔得五十頭太武嘗命左右分射勝者中的籌滿詔渾
解之三發皆中帝大悅器其藝能常引侍左右累遷涼州
鎮將都督西戎諸軍事領護西域校尉恩著涼土更滿還
京父老皆涕泣追送如遠所親薨子飛龍襲後賜名霄身長
九尺腰帶十圍容皃魁偉雅有風則貞白卓然好直言正

諫朝臣懌之孝文特垂欽重除宗正卿詔曰自今奏事諸
臣相稱可云姓名唯南平王一人可直言其封還左光祿
大夫薨賜東園第一祕器孝文緦衰臨霄夜宴不舉樂謚
曰安王子纂襲
京兆王黎天賜四年封薨子吐根襲改封江陽王薨無子
獻文以南平王霄第二子繼字世仁爲後襲封江陽王宣
武時爲青州刺史爲家僮取人女爲婦妾乂以良人爲婢
爲御史所彈坐免官爵及靈太后臨朝繼子乂先納太后
妹復繼本封後徙封京兆王歷司徒加侍中繼孝文時已
歷内外顯任靈太后臨朝入居心膂歷轉台司頻表遜位

轉太保侍中如故加前後部鼓吹詔以至節禮有朝慶繼
位高年宿可依齊郡王簡故事朝訖引坐免其拜伏轉太
傅侍中如故時乂執殺生之權拜受之日送者傾朝有識
者爲之致懼乂詔令乘步挽至殿廷兩人扶侍禮與丞相
高陽王埒後除使持節侍中太師大將軍録尚書事大都
督節度西道諸軍事及出師車駕臨餞傾朝祖送尋加太
尉公及班師繼啓求還復封江陽詔從之繼晚更貪婪牧
守令長新除赴官無不受納貨賄以相託付妻子各别請
屬至乃郡縣微吏亦不獲平心選舉憑乂威勢法官不敢
糺擿天下患之乂黜繼廢於家初尒朱榮之爲直寢數以

名馬奉乂乂接以恩意榮甚德之建義初復以繼爲太師
司州牧永安二年薨贈假黄鉞都督九州諸軍録尚書事
大丞相如故謚曰武烈乂字伯儁小字夜乂靈太后臨朝
以乂妹夫除通直郎乂妻封新平君後遷馮翊君拜女侍
中乂女夫靈太后詔贈鄉主乂累加侍中領軍將軍既在
門下兼總禁兵深爲靈太后所信委太傅清河王懌以親
賢輔政每欲斥黜之乂遂令通直郎宋維告司染都尉韓
文殊欲謀逆立懌懌坐禁止後窮案無實懌雖得免猶以
兵衛守於宫西别館久之乂恐懌終爲已害乃與侍中劉
騰密謀詐取主食中黄門胡度胡定列誣懌云貨度等金

帛令以毒藥置御食中以害帝騰以具奏明帝信之乃御
顯陽殿騰閉永巷門靈太后不得出懌入遇乂於含章殿
後命宗士及直齋執懌衣袂將入含章東省騰稱詔集公
卿議以大逆論咸畏乂無敢異者唯僕射游肇執意不同
乂騰持公卿議入奏夜中殺懌於是假爲靈太后辭遜詔
乂遂與太師高陽王雍等輔政常直禁中明帝呼爲姨父
自後百寮重跡後帝徙御徽音殿乂亦入居殿右曲盡佞
媚遂出入禁中恒令勇士持刀劒以自先後乂於千秋門
外廠下施木闌檻有時出入止息其中腹心防守以備竊
發初乂之專政矯情自飾勞謙待士得志之後便自驕慢

耽酒好色與奪任情乃於禁中自作別庫掌握之寶充牣
其中叉曾臥婦人於食輿以帊覆之輿入禁內出亦如之
直衛雖知莫敢言者姑姊婦女朋婬無別政事怠惰綱紀
不舉州鎮多非其人於是天下遂亂矣叉知自不法恐被
廢黜乃陰遣弟洪業召武州人姬庫根等與之聚宴遂爲
誓盟欲令爲亂朝廷必以已爲大將軍往伐因以共爲表
裏如此可得自立根等然其言乃厚遺根等遣還州與洪
業買馬從劉騰死後防衛微緩叉頗亦自寬時宿於外每
日出遊留連他邑靈太后微察知之正光五年秋靈太后
對明帝謂羣臣求出家於嵩山閑居寺欲自下髮帝與羣

北史列傳四　八

臣大懼叩頭泣涕遂與太后密謀圖之乃對叉流涕叙太
后欲出家憂怖之心叉乃勸帝從太后意於是太后數御
顯陽二宮無復禁礙舉其親元法僧爲徐州刺史法僧據
州反叛靈太后數以爲言叉深愧悔丞相高陽王雍雖位
重於叉而甚畏憚會太后與帝遊洛水遂幸雍第定圖叉
之計後雍從帝朝太后乃進言叉父子權重太后曰然元
郎若忠於朝廷何故不去領軍以餘官輔政叉聞之甚懼
免冠求解乃以叉爲儀同三司尚書令侍中領左右叉雖
去兵權然總任內外不慮黜廢叉有閹人張景嵩劉思逸
屯弘昶伏景謀廢叉嵩以帝嬪潘外憐有幸說云元叉欲

害之嬪泣訴於帝云叉非直欲殺妾亦將害陛下帝信之
後叉出宿遂解其侍中旦欲入宮門者不納尋除名初咸
陽王禧以逆見誅其子樹梁封爲鄴王及法僧反叛後樹
遺公卿百寮書暴叉過惡言叉本名夜叉弟羅實名羅剎
夜叉羅剎此鬼食人非遇黑風事同飄墮嗚呼魏境離此
二災惡木盜泉不息不飲勝名梟稱不入不爲況昆季此
名表能噬物日露久矣始信斯言叉爲遠近所惡如此其
後靈太后顧謂侍臣曰劉騰元叉昔邀朕索鐵券望得不
死朕賴不與中書舍人韓子順對曰臣聞殺活豈計與否
陛下昔雖不與何解今日不殺靈太后憮然未幾有人告

北史列傳四　九

叉及其弟爪謀反先遣其從弟洪業率六鎮降戶反定州
叉令勾魯陽諸蠻侵擾伊闕叉兄弟爲內應起有日矣得
其手書靈太后以妹婿故未忍便決羣臣固執不已明帝
又以爲言太后乃從之於是叉及弟爪並賜死於家太后
猶以妹故復追贈尚書令冀州刺史叉子舒秘書郎叉死
後亡奔梁官至征北大將軍青冀二州刺史
子善亦名善住少隨父至江南性好學通涉五經尤明左
氏傳侯景之亂善歸周武帝甚禮之以爲太子宮尹賜爵
江陽縣公每執經以授太子隋開皇初拜內史侍郎凡有
敷奏詞氣抑揚觀者屬目陳使袁雅來聘上令善就館受

書雅出門不拜善論舊事有拜之儀雅未能對遂拜成禮而去後遷國子祭酒上嘗親臨釋奠令善講孝經於是敷陳義理兼之以諫上大悅曰聞江陽之說更起朕心賚絹一百匹衣一襲善之通悼在何妥之下然以風流醞藉俯仰可觀音韻清朗由是為後進所歸妥每懷不平心欲屈善因講春秋初發題諸儒畢集善私謂妥曰名望已定幸無相苦妥然之及就講肆妥遂引古今滯義以難善多不能對二人由是有隙善以高熲有宰相之具嘗言於上曰楊素麤疎蘇威怯懦元冑元旻正似鴨耳可以付社稷者唯獨高熲上初然之及熲得罪上以善言為熲游說深責望之善憂懼先患消渴於是病頓而卒又弟羅字仲綱雖父兄貴盛而虛己接物累遷青州刺史叉當朝專政羅望傾四海於時才名之士王元景邢子才李獎等咸為其賓客從遊青土罷州入為宗正卿叉死後羅通叉妻時人譏之或云其救命之計也孝武時位尚書令開府儀同三司梁州刺史孝靜初梁遣將圍逼羅以州降封南郡王及侯景自立以羅為開府儀同三司尚書令改封江陽王梁元帝滅景周文帝求羅遂得還除開府儀同三司侍中少師襲爵江陽王舒子善住在後從南入關羅乃以爵還善住改封羅為固道郡公羅弟爽字景哲少而機警位給事黃

門侍郎金紫光祿大夫卒謚曰懿爽弟蠻仕齊歷位兼度支尚書行潁州事坐不為繼母服為左丞所彈後除開府儀同三司齊天保十年大誅元氏昭帝元后蠻之女也為苦請自市追免之賜姓步孤氏卒贈司空蠻弟瓜字景邕位給事中與兄叉同時誅繼弟羅侯遷洛之際以墳陵在北遂家於燕州之昌平郡內豐資產唯以意得為適不入京師有賓客往來者必厚相禮遺豪據北方甚有聲稱以叉執權尤不樂入仕就拜昌平太守

明元皇帝七男杜密皇后生太武皇帝大慕容夫人生樂平戾王丕安定殤王彌闕母氏慕容夫人生樂安宣王範尹夫人生永昌莊王健建寧王崇新興王俊二王並闕母氏

樂平王丕少有才幹泰常七年封拜車騎大將軍後督河西高平諸軍討南秦王楊難當軍至略陽禁令齊肅所過無私百姓爭致牛酒難當懼還仇池而諸將議曰若不誅豪帥軍還之後必聚而為寇又以大衆遠出不有所掠則無以充軍實賞將士將從之時中書侍郎高允參丕軍事諫曰今若誅之是傷其向化之心恐大軍一還為亂必速丕以為然於是綏懷初附秋毫無犯初馮弘之奔高麗太武詔遣送之高麗不遣太武怒將討之丕上疏以為和龍

新定宜復之使廣脩農殖以饒軍實然後進圖可一舉而滅帝納之乃止後坐劉絜事以憂薨事在絜傳謚曰戾王子拔襲爵後坐事賜死國除丕之薨及日者董道秀之死也高允遂著筮論曰昔明元末起白臺其高二十餘丈樂平王嘗夢登其上四望無所見王以問日者董道秀筮之曰大吉王默而有喜色後事發王遂憂死而道秀棄市道秀若推六爻以對王曰易稱亢龍有悔窮高曰亢龍而無人不爲善也夫如是則上寧於王下保於己福祿方至豈有禍哉今舍於本而從其末咎釁之至不亦宜乎

安定王彌泰常七年封薨謚曰殤王無子國除

樂安王範泰常七年封雅性沈厚太武以長安形勝之地乃拜範爲衛大將軍開府儀同三司長安鎮都大將範謙恭惠下推心撫納百姓稱之時秦土新離寇賊流亡者相繼請崇易簡之禮帝納之於是遂寬傜與人休息後劉絜之謀範聞而不告事發因疾暴薨長子良太武未有子嘗曰兄弟之子猶子親撫養之長而壯勇多知嘗參軍國大計文成時襲王拜長安鎮都大將雍州刺史爲内都大官薨謚曰簡王

永昌王健泰常七年封健姿皃魁壯所在征戰常有大功才藝比陳留桓王而智略過之從太武破赫連昌遂西略至木根上討和龍健別攻拔建德後平叛胡白龍餘黨于西海太武襲蠕蠕越涿邪山詔健殿後矢不虛發所中皆應弦而斃威震漠北尋從平涼州健功居多又討破禿髮保周自殺傳首京師復降沮渠無疾薨謚曰莊王子仁襲仁亦驍勇有父風太武奇之後與濮陽王閭若文謀爲不軌發覺賜死國除

建寧王崇泰常七年封文成時封崇子麗濟南王後與京兆王杜元寶謀逆父子並賜死

新興王俊泰常七年封少善騎射多藝坐法削爵爲公俊好酒色多越法度又以母先遇罪死而已被貶削恒懷怨

望頗有悖心後事發賜死國除

太武皇帝十一男賀皇后生景穆帝越椒房生晉王伏羅舒椒房生東平王翰弗椒房生臨淮王譚伏椒房生廣陽王建閭右昭儀生吳王余其小兒猫兒眞虎頭龍頭並闕母氏皆早薨無傳

晉王伏羅眞君三年封加車騎大將軍後督高平涼州諸軍討吐谷渾慕利延軍至樂都謂諸將曰若從正道恐軍聲先振必當遠遁潛軍出其非意此鄧艾禽蜀之計也諸將咸難之伏羅曰夫將軍制勝万里擇利專之可也遂間道行至大母橋慕利延衆驚奔白蘭慕利延子拾寅走河

曲降其一万餘部落八年薨無子國除
東平王翰眞君三年封秦王拜侍中中軍大將軍參典都
曹事忠貞雅正百寮憚之太傅高允以翰年少作諸侯箴
以遺之翰覽之大悅後鎮枹罕羌戎敬服改封東平王太
武崩諸大臣等議欲立翰而中常侍宗愛與翰不協矯太
后令立南安王余遂殺翰子道符襲爵拜長安鎮都大將
皇興元年謀反司馬段太陽斬之傳首京師
臨淮王譚眞君三年封燕王拜侍中參都曹事後改封臨
淮王薨謚宣王子提襲爲梁州刺史以貪縱削除加罰徙
配北鎮久之提子貞外郎穎免冠請解所居官代父邊戍
孝文不許後詔提從駕南伐至洛陽參定遷都之議尋卒
以預參遷都功追封長鄉縣侯宣武時贈雍州刺史謚曰
懿提子昌字法顯好文學居父母喪哀號孺慕悲感行人
宣武時復封臨淮王未拜而薨贈齊州刺史謚曰康王追
改封濟南王子彧字文若紹封彧少有才學當時甚美侍
中崔光見而謂人曰黑頭三公當此人也少與從兄安豐
王延明中山王熙竝以宗室博古文學齊名時人莫能定
其優劣尚書郎范陽盧道將謂吏部清河崔休曰三人才
學雖竝優美然安豐少於造次中山皂白太多未若濟南
風流寬雅時人謂之語曰三王楚琳琅未若濟南備貟方

彧姿制閑裕吐發流美琅邪王誦有名人也見之未嘗不
心醉忘疲奏郊廟歌詞時稱其美除給事黃門侍郎彧本
名亮字仕明時侍中穆紹與彧同署避紹父諱啓求改名
詔曰仕明風神運吐常自以比荀文若可名彧以取定體
相倫之美彧求復本封詔許復封臨淮寄食相州魏郡又
長兼御史中尉彧以爲倫敍得之不謝領軍于忠忿言之
朝廷曰臨淮雖復風流可觀而無骨鯁之操中尉之任恐
非所堪遂去威儀單車而還朝流爲之歎息累遷侍中衞
將軍左光祿大夫兼尚書左僕射攝選後以本官爲東道
行臺會尒朱榮入洛殺害元氏彧撫膺慟哭遂奔梁梁武
遣其舍人陳建孫迎接并觀彧爲人建孫稱彧風神閑儁
梁武亦先聞名深相器待見彧於樂遊園因設宴樂彧聞
聲歔欷涕淚交下梁武爲之不樂自前後奔叛皆侯旨稱
魏爲僞唯彧表啓常云魏臨淮王梁武體彧雅性不以爲
責及知莊帝踐阼彧以母老請還辭旨懇切梁武惜其人
才又難違其意遣其僕射徐勉私勸彧留彧曰死猶願北
況於生也梁武乃以禮遣彧性至孝自經違離不進酒肉
憔悴容貌見者傷之歷位尚書令大司馬兼錄尚書莊帝
追崇武宣王爲文穆皇帝廟號肅祖母李妃爲文穆皇后
將遷神主於太廟以孝文爲伯考彧表諫以爲漢祖創業

香街有太上之廟光武中興南頓立舂陵之寢元帝之於
光武䟽爲絕服猶尚身奉子道入繼大宗高祖之於聖躬
親實猶子陛下既纂洪緒豈宜加伯考之名且漢宣之繼
孝昭斯乃上後叔祖豈忘宗承考妣蓋以大義斯奪及金
德將興宣王受寄景王意在毀冕文王心規裂冠雖祭則
魏主而權歸晉室昆之與季實傾曹氏且子元宣王冢亂
文王成其大業故晉武繼文祖武宣有伯考之稱以今類
古恐或非儔高祖德溢寰中道超無外肅祖雖勳格宇宙
猶曾奉贊稱臣穆后禀德亦元復將配享乾位此乃君臣
竝筵嫂叔同室歷觀墳籍未有其事時莊帝意銳朝臣無

敢言者唯彧與吏部尚書李神儁竝有表聞詔報曰文穆
皇帝勳格四表道邁百王是用考循舊軌恭上尊號王表
云漢太上於香街南頓於舂陵漢高不因瓜瓞之緒光武
又無世及之德皆身受符命不由父祖別廟異寢於理何
差文穆皇帝天睠人宅曆數有歸朕忝承下武遂主神器
既帝業有統漢氏非倫若以昔況今不當移寢則魏太祖
晉景帝雖王跡已顯皆以人臣而終豈得與餘帝別廟有
闕餘序漢郡國立廟者欲尊高祖之德使饗遍天下非關
太廟神主獨在外祠薦漢宣之父亦非勳德所出雖不追
尊不亦可乎伯考之名自是尊卑之稱何必準古而言非

類也復云君臣同列嫂叔共室當以文穆皇帝昔遂臣道
以此爲疑禮天子元子猶士禘祫豈不得同室乎且晉文
景共爲一代議者云世限七主無定數昭穆既同明有共
室之理禮既有祔嫂叔何嫌禮大祖禰一廟豈無婦舅共
室也若專以共室爲疑容可更議遷毀莊帝既逼諸妹之
請此詞意黃門侍郎常景中書侍郎邢子才所贊成也又
追尊兄彭城王爲孝宣帝彧又面諫曰陛下作而不法後
世何觀歷尋書籍未有其事帝不從及神主入廟復敕百
官悉陪從一依乘輿之式彧上表以爲爰自中古迄於下
葉崇尚君親襃明功懿乃自皇號終無帝名今若去帝直

留皇名求之古義少有依準又不納尒朱榮死除彧司徒
公及尒朱兆率衆奄至出東掖門爲賊所獲見兆辭色不
屈爲羣胡所毆薨孝武帝末贈大將軍太師太尉公録尚
書事謚曰文穆彧美風韻善進止衣冠之下雅有容則博
覽羣書不爲章句所制文藻雖多亡失猶有傳於世者然
居官不能清白所進舉止於親婭爲識者所譏無子弟孝
友少有時譽襲爵淮陽王累遷滄州刺史爲政溫和好行
小惠不能清白而無所侵犯百姓亦以此便之魏靜帝宴
齊文襄於華林園孝友因醉自譽又云陛下許賜臣能帝
笑曰朕恒聞王自道清文襄曰臨淮王雅旨含罪於是君

臣俱笑而不罪孝友明於政理嘗奏表曰令制百家爲黨
族二十家爲閭五家爲比隣百家之內有帥二十五徵發
皆免苦樂不均羊少狼多復有蠶食此之爲弊久矣京邑
諸坊或七八百家唯一里正二史庶事無闕而況外州乎
請依舊置三正之名不改而百家爲於四閭閭二比計族
少十二丁得十二匹貲絹略計見管之戶應二万餘族一
歲出貲絹二十四万匹十五丁出一番兵計得一万六千
兵此富國安人之道也古諸侯娶九女士有一妻二妾晉
令諸王置妾八人郡君侯妾六人官品令第一第二品有
四妾第三第四有三妾第五第六有二妾第七第八有一

妾所以隂教聿脩繼嗣有廣廣繼嗣孝也脩隂教禮也而
聖朝忽棄此數由來漸久將相多尚公主王侯娶后族故
無妾媵習以爲常婦人多幸生逢今世舉朝略是無妾天
下殆皆一妻設令人彊志廣娶則家道離索身事迍邅內
外親知共相嗤怪凡今之人通無準節父母嫁女則教之
以妒姑姊逢迎必相勸以忌持制夫爲婦德以能妒爲女
工自云受人欺畏他笑我王公猶自一心以下何敢二意
夫妒忌之心生則妻妾之禮廢妻妾之禮廢則姦淫之兆
興斯臣之所以毒恨者也請以王公第一品娶八通妻以
備九女稱事二品備七三品四品備五五品六品則一妻

二妾限以一周悉令充數若不充數及待妾非禮使妻妒
加捶撻免所居官其妻無子而不娶妾斯則自絕無以血
食祖父請科不孝之罪離遣其妻臣之赤心義唯家國欲
使吉凶無不合禮貴賤各有其宜省人帥以出兵丁立倉
儲以豐穀食設賞格以禽姦盜行典令以示朝章庶使足
食足兵人信之矣又冒申妻妾之數正欲使王侯將相功
臣子弟胄胤滿朝傳祚無窮此臣之志也詔付有司議奏
不同孝友又言今人生爲皁隸葬擬王侯存沒異途無復
節制崇壯丘隴盛飾祭儀隣里相榮稱爲至孝又夫婦之
始王化所先共食合瓢足以成禮而今之富者彌奢同牢

之設甚於祭盤束帛成山山有林木林木之上鸞鳳斯存
徒有煩勞終成委棄仰惟天意其或不然請自茲以後若
婚葬過禮者以違旨論官司不加糾劾即與同罪孝友在
尹積年以法自守甚著聲稱然性無骨鯁善事權勢爲正
直者所譏齊天保初準例降爵封臨淮縣公拜光祿大夫
二年冬被詔入晉陽宮出與元暉業同被害昌弟孚字秀
和少有令譽侍中游肇并州刺史高聰司徒崔光等見孚
咸曰此子當準的人物恨吾徒衰暮不及見耳累遷兼尚
書右丞靈太后臨朝宦者干政孚乃總括古今名妃賢后
凡爲四卷奏之遷左丞蠕蠕主阿那瓌既得反國其人大

飢相率入塞阿那瓌上表請臺振給詔孚為北道行臺詣彼振恤孚陳便宜表曰皮服之人未嘗粒食宜從俗因利拯其所無昔漢建武中單于款塞時轉河東米糒二万五千斛牛羊三万六千頭以給之斯則前代和戎撫新柔遠之長策也乞以牸牛產羊餬其口食且畜牧繁息是其所便毛血之利惠兼衣食又尚書奏云如其仍住七州隨寬置之臣謂人情戀本寧肯徙內若依臣請給振雜畜愛本重鄉必還舊土如其不然禁留益損假令逼徙事非久計何者人面獸心去留難測既易水草疴恙將多憂愁致困死亡必甚兼其餘類尚在沙磧脫出狂勃翻歸舊巢必殘

掠邑里遺毒百姓亂而方塞未若杜其未萌又貿遷起於上古交易行於中世漢與胡通亦立關市今北人阻飢命懸溝壑公給之外必求市易彼若願求宜見聽許又云營大者不計小名圖遠者弗拘近利雖戎狄衰盛歷代不同叛服之情略可論討周之北伐僅獲中規漢氏外攘裁收下策昔在代京恒為重備將帥勞止甲士疲力計前世苦之力未能致今天祚大魏亂亡在彼朝廷垂天覆之恩廓大造之德鳩其散亡禮送令反宜因此時善思遠策竊以理雖万變可以一觀來事雖懸易以往卜昔漢宣之世呼韓款塞漢遣董忠韓昌領邊郡士馬送出朔方因留衛助

又光武時亦令中郎將段郴置安集掾史隨單于所在參察動靜斯皆守吉之元龜安邊之勝策計今朝廷成功不減曩時蠕蠕國弊亦同疇日宜準昔成謀略依舊事借其所閑地聽使田牧粗置官屬示相慰撫嚴戒邊兵以見保衛馭以仁寬縻以久策使親不至矯詐疏不容叛反今北鎮諸將舊常云一人代外邏因令防察所謂天子有道守在四夷者也又云先人有奪人之心待降如受彊敵武非尋外亦以防內若從處分割配諸州鎮遼遠非轉輸可到悔叛之情變起難測又居人畜業布在原野戎夷性貪見則思盜防彼肅此少兵不堪渾流之際易相干犯驅之還

本未必樂去配州內徙復不肯從既其如此為費必大朝廷不許孚持白武幡勞阿那瓌於柔玄懷荒二鎮間阿那瓌衆號三十万陰有異意遂拘留孚載以韞車日給酪一升肉一段每集其衆坐孚東廂稱為行臺甚加禮敬阿那瓌遂南過至舊京後遣孚等還因上表謝罪有司以孚事下廷尉丞高謙之云孚辱命處孚流罪後拜冀州刺史孚勸課農桑境內稱慈父鄰州號曰神君先是州人張孟都張洪建馬潘崔獨憐張叔緒崔醜張天宜崔思哲等八人皆屯保林野不臣王命州郡號曰八王孚至皆請入城願致死效力後為葛榮所陷為榮所執兄祐為防城都督兄

子禮為録事參軍榮欲先害子禮孚請先死以贖子禮叩頭流血榮乃捨之又大集將士議其死事孚兄弟各誣已引過爭相為死又都潘紹等數百人皆叩頭就法請活使君榮曰此魏之誠臣義士也凡同禁五百人皆得免榮卒還除冀州刺史元顥入洛授孚東道行臺彭城郡王孚封顥逆書送朝廷天子嘉之顥卒封孚万年鄉男永安末樂器殘缺莊帝命孚監儀注孚上表曰昔太和中中書監高閭太樂令公孫崇脩造金石數十年間乃奏成功時大集儒生考其得失太常卿劉芳請別營造久而方就復召公卿量校合否論者沸騰莫有適從登被旨敕並見施用往

歲大軍入洛戎馬交馳所有樂器亡失垂盡臣至太樂署問太樂令張乾龜等云承前以来置宮懸四箱栒簴六架東北架編黃鍾之磬十四雖器名黃鍾而聲實夷則考之音制不甚諧韻姑洗懸於東北太蔟編於西北蕤賓列於西南並皆器象差位調律不和又有儀鍾十四簴懸架首初不叩擊今便刪廢以從正則臣今據周禮鳧氏脩廣之規磬氏倨句之法吹律求聲叩鍾求音損除繁雜討論實録依十二月為十二宮各準辰次當位懸設月聲既備隨用擊奏則會還相為宮之義又得律呂相生之體今量鍾磬之數各以十二架為定奏可于時搢紳之士咸往觀聽

靡不咨嗟歎服而反太傅録尚書長孫承業妙解聲律特復稱善復從孝武帝入關除尚書左僕射扶風郡王尋監國史歷位司空兼尚書令太保時蠕蠕主與孚相識先請見孚然後遣女於是乃使孚行蠕蠕君臣見孚莫不懼悅奉皇后來歸孚性機辯好酒貌短而秃周文帝偏所眷顧嘗於室內置酒十瓨瓨餘一斛上皆加帽欲戲孚孚適入室見即驚喜曰吾兄弟輩甚無禮何為竊入王家匡坐相對宜早還宅也因持酒歸周文撫手大笑後遇風患手足不隨口不能言乃左手畫地作字乞解所任三奏不許遷太傅薨帝親臨百官赴弔贈大司馬録尚書事謚曰文簡子端嗣位大行臺尚書華州刺史性踈佷頗以基地驕物時論鄙之

廣陽王建真君三年封楚王後改封廣陽薨謚曰簡王子石侯龍薨謚曰哀王子遺興襲薨謚曰定王無子石侯弟嘉少沈敏喜慍不形於色兼有武略孝文初拜徐州刺史甚有威惠後封廣陽王以紹建後孝文南伐詔嘉斷均口嘉違失指授令賊得免帝怒責之曰叔祖定非世孫何太不上類也及將大漸遺詔以嘉為尚書左僕射與咸陽王禧等輔政遷司州牧嘉表請於京四面築坊三百二十各周一千二百步乞發三正復丁以充茲役雖有暫勞姦盗

永止詔從之拜衛大將軍尚書令除儀同三司嘉好飲酒或沈醉在宣武前言笑自得無所顧忌帝尊年老常優容之與彭城北海高陽諸王每入宴集極懽彌夜數加賞賜帝亦時幸其第性好儀飾車服鮮華既居儀同又任端首出入容衛道路榮之後遷司空轉司徒嘉好立功名有益公私多所敷奏帝雅委付之愛敬人物後來才俊未爲時知者侍坐之次轉加談引時人以此稱之薨遺命薄葬宣武悼惜之贈侍中太保謚曰懿烈嘉後妃宜都王穆壽孫女司空從妹也聰明婦人及爲嘉妃多所匡贊光益家道子深字智遠襲爵孝明初拜肆州刺史預行恩信胡人便之劫盜止息後爲恒州刺史在州多所受納政以賄成私家有馬千匹者必取百匹以此爲恒累遷殿中尚書未拜坐淫城陽王徽妃于氏爲徽表訟詔付丞相高陽王雍等宗室議決其罪以王還第及沃野鎮人破六韓拔陵反叛臨淮王彧討之失利詔深爲北道大都督受尚書令李崇節度時東道都督崔暹敗於白道深等諸軍退還朔州深上書曰邊豎構逆以成紛梗其所由來非一朝也昔皇始以移防爲重盛簡親賢擁麾作鎮配以高門子弟以死防遏不但不廢仕宦至乃偏得復除當時人物忻慕爲之及太和在歷僕射李沖當官任事涼州土人悉免厮役豐沛

舊門仍防邊戍自非得罪當世莫肯與之爲征鎮驅使爲虞候白直一生推遷不過軍主然其往世房分留居京者得上品通官在鎮者便爲清途所隔或投彼有北以御魑魅多復逃胡鄉乃峻邊兵之格鎮人浮遊在外皆聽流兵捉之於是少年不得從師長者不得遊宦獨爲匪人言者流涕自定鼎伊洛邊任益輕唯底滯凡才出爲鎮將轉相模習專事聚斂或有諸方姦吏犯罪配邊爲之指蹤過弄官府政以賄立莫能自改咸言姦吏爲此無不切齒增怒及阿那瓌背恩縱掠竊奔命師追之十五万衆度沙漠不日而還邊人見此援師便自意輕中國尚書令臣崇時即申聞求改鎮爲州將允其願抑亦先覺朝廷未許而高闕戍主率下失和拔陵殺之爲逆命攻城掠地所見必誅王師屢北賊黨日盛此段之舉指望銷平其崔暹隻輪不反臣崇與臣逡巡復路今者相與還次雲中馬首是瞻未便西邁將士之情莫不解體今日所慮非止西北將恐諸鎮尋亦如此天下之事何易可量時不納其策東西部敕勒之叛朝議更思深言遣兼黃門侍郎酈道元爲大使欲復鎮爲州以順人望會六鎮盡叛不得施行深後上言今六鎮俱叛二部高車亦同惡黨以疲兵討之必不制敵請簡選兵或留守恒州要處更爲後圖及李崇徵還深專總戎

政援陵避蠕蠕南移度河先是别將李叔仁以拔陵來逼
請求迎援深赴之前後降附二十万人深與行臺元纂表
求恒州北别立郡縣安置降戶隨宜振賚息其亂心不從
詔遣黄門侍郎楊昱分散之於冀定瀛三州就食深謂纂
曰此輩復爲乞活矣禍亂當由此作既而鮮于脩禮叛於
定州杜洛周反於幽州其餘降戶猶在恒州遂欲推深爲
主深乃上書還京師令左衞將軍楊津代深爲都督以深
爲侍中右衞將軍定州刺史時中山太守趙叔隆别駕崔
融討賊失利臺使劉審覈未訖會賊逼中山深乃令叔隆
防境審馳驛還京云深擅相放縱城陽王徽與深有隙因

此構之乃徵深爲吏部尚書兼中領軍及深至都明帝不
欲使徽深相憾敕因宴會令相和解徽銜不已後河間王
琛等爲鮮于脩禮所敗乃除深儀同三司大都督章武王
融爲左都督裴衍爲右都督並受深節度徽因奏靈太后
構深曰廣陽以愛子握兵在外不可測也乃敕章武王等
潛相防備融遂以敕示深深懼事無大小不敢自決靈太
后聞之乃使問深意狀乃具言曰往者元叉執權移天徙
日而徽託附無翼而飛今大明反政任寄唯重以徽褊心
銜臣次骨臣以疎滯遠離京輦被其構阻無所不爲然臣
昔不在其後自此以來翻成陵谷徽遂一歲八遷位居宰

相臣乃積年淹滯有功不録自徽執政以來非但抑臣而
已北征之勳皆被擁塞將士告捷終無片賞雖爲表請多
不蒙遂前留元標據乎盛樂後被重圍析骸易子倒懸一
隅嬰城二載賊散之後依階乞官徽乃盤退不允所請而
徐州下邳戍主賈勳法僧叛後暫被圍逼固守之勳比之
未重乃得立州即授開國天下之事其流一也功同賞異
不平謂何又驃騎李崇北征之日啓募八州之人聽用關
西之格及臣在後依此科賞復言北道征者不得同於關
西定襄陵廟之至重平城守國之要鎮若計此而論功亦
何負於秦楚但以嫉臣之故便欲望風排抑然其當途以

來何直退勳而已但是隨臣征者即便爲所嫉統軍袁叔
和曾經省訴徽初言有理又聞北征隷臣爲統應時變色
復令臣兄子仲顯異端訟臣緝緝偏偏謀相誹謗言臣惡
者接以恩顔稱臣善者即被嫌責甄琛曾理臣屈乃視之
若仇讎徐紇頗言臣短即待之如親戚又驃騎長史祖瑩
昔在軍中妄增首級矯亂戎行蠹害軍府獲罪有司避命
山澤直以謗臣之故徽乃還雪其罪臣府司馬劉敬比送
降人既到定州翻然背叛賊如決河豈其能擁且以臣府
參寮不免身首異處徽既怒遷捨其元惡及胥徒從臣行
者莫不悚懼頃恒州之人乞臣爲刺史徽乃斐然言不可

測及降戶結謀臣頻表啓徽乃因執言此事及向定州遠
彼姦惡又復論臣將有異志翻覆如此欲相陷沒致令國
朝遽賜遷代賊起之由誰使然也徽既優幸任隆一世慕
勢之徒於臣何有是故餘人攝選車馬塡門及臣居邊賓
遊罕至臣近比爲慮其爲梗是以孜孜乞赴京闕屬流人
舉斧元戎垂翅復從後命自安無所僶俛先驅不敢辭事
及臣出都行塵未滅已聞在後復生異議言臣將兒自隨
證爲可疑之兆忽稱此以構亂悠悠之人復傳音響言左
軍臣融右軍臣衍皆受密敕伺察臣事徽既用心如此臣
將何以自安竊以天步未夷國難猶梗方伯之任於斯爲

急徽昔臨藩乃有人譽及居端右無聞焉爾今求出之爲
州使得申其利用徽若外從所長臣無內慮之切脫蒙公
私幸甚深以兵士頻經退散人無鬬情連營轉柵日行十
里行達交津隔水而陣賊脩禮常與葛榮謀後稍信朔州
人毛普賢榮常銜之普賢昔爲深統軍及在交津深傳
人諭之普賢乃有降意又使錄事參軍元晏說賊程殺鬼
果相猜貳葛榮遂殺普賢脩禮而自立榮以新得大衆上
下未安遂北度瀛州深便率衆北轉榮東攻章武王融戰
敗於白牛邏深遂退走趣定州聞刺史楊津疑其有異志
乃止於州南佛寺停二日夜乃召都督毛謚等六七人臂

有爲約危難之際期相拯恤謚疑深意異乃密告津云深
謀不軌津遣謚討深深走出謚叫譟追躡深與左右行至
博陵郡界逢賊遊騎仍引詣葛榮賊徒見深頗有喜者榮
新自立內惡之乃害深莊帝追復王爵贈司徒公謚曰忠
武子湛字士淵少有風尚孝莊初襲封孝靜初累遷冀州
刺史所在聚斂風政不立入爲侍中後行司州牧時齊神
武作相以湛頗有器望啓超拜太尉公薨贈假黃鉞大司
馬尚書令謚曰文獻初湛名位漸重留連聲色始以婢紫
光遺尚書郎中宋遊道後乃私耽出爲冀州竊而攜去遊
道大致紛紜乃云紫光湛父所寵湛每遺已將致公文乂

乃停息論者兩非之湛弟瑾尚書祠部郎後謀殺齊文襄
事泄合門伏法湛子法輪紫光所生也齊王矜湛覆滅乃
啓原之復其爵土

南安王余眞君三年封吳王後改封南安王太武暴崩中
常侍宗愛矯皇太后令迎立之然後發喪大赦改年爲永
平余自以非次而立厚遺羣下取悅於衆爲長夜之飲聲
樂不絕旬月之間帑藏空罄尤好弋獵出入無度邊方告
難余不恤之百姓憤惋而余晏如也宗愛權恣日甚內外
憚之余疑愛變謀奪其權愛因余祭廟夜殺余文成葬以
王禮謚曰隱

論曰梟鏡爲物天實生之觀夫元紹所懷蓋亦特鍾沴氣平陽以降竝多夭促英才武略未顯高年靖簡二王爲時稱首鑒旣有聲渾亦見器霄繼荷遇太和之日名位豈妄及哉叉階緣寵私遂亂天下殺身全祀固爲幸焉樂平樂安俱以將領自効竟以憂道而逝驗克終之爲鮮莊王才力智謀一時之傑與夫建寧新興不同日也太武之子秦晉才賢而翰之遇酷倚伏豈可量矣臨淮之後或爲盛德廣陽之世嘉實爲美深之惡於元徽所謂盜憎之義余之見殺不其晚歟

列傳第四　北史十六

方洽周益校正

列傳第五　北史十七

景穆十二王上

景穆皇帝十四男恭皇后生文成皇帝袁椒房生陽平幽王新成尉椒房生京兆康王子推濟陰王小新成陽椒房生汝陰靈王天賜樂良厲王萬壽廣平殤王洛侯母並闕孟椒房生任城康王雲劉椒房生南安惠王楨城陽康王長壽慕容椒房生章武敬王太洛尉椒房生樂陵康王胡仁孟椒房生安定靖王休趙王深早薨無傳母闕魏舊太子後庭未有位號文成即位景穆宮人有子者並號爲椒房

陽平王新成太安三年封後爲內都大官薨謚曰幽長子安壽襲爵孝文後賜名頤累遷懷朔鎮大將都督三道諸軍事北討詔徵赴京師以戰伐之事對曰當仰杖廟筭使呼韓同渭橋之禮帝歎曰壯哉王言朕所望也未發遭母憂詔遣侍臣以金革敦喻旣殯而發與陸叡集三道諸將議軍途所詣於是中道出黑山東道趣士盧河西道向侯延河軍過大磧大破蠕蠕頤入朝詔曰王之前言果不虛也後除朔州刺史及恒州刺史穆泰謀反遣使推頤爲主頤密以狀聞泰等伏誅帝甚嘉之宣武景明年薨於青州刺史謚曰莊王傳國至孫宗胤明帝時坐殺叔父賜死

爵除順弟衍字安樂賜爵廣陵侯位梁州刺史表請假王
以崇威重詔曰可謂無厭求也所請不合轉徐州刺史至州
病重帝敕徐成伯乘傳療疾差成伯還帝曰卿定名醫賚
絹三千疋成伯辭請受一千帝曰詩云人之云亡邦國殄
瘁以是而言豈惟三千疋乎其為帝所重如此後所生母
雷氏卒表請解州詔曰先君餘尊之所厭禮之明文季
末陵遲斯典或廢侯既親王之子宜從餘尊之義便可
功後卒於雍州刺史謚曰康侯衍性清慎所在廉潔又不
營產業歷牧四州皆有稱績亡日無斂尸具子暢字叔
暢從孝武帝入關拜鴻臚封博陵王大統三年東討沒於
陣子敏嗜酒多費家為之貧其壻柱國乙弗貴大將軍大
利稽祐家貲皆千萬每營給之敏隨即散盡而帝不之責
貴祐後遂絕之位儀同三司改封南武縣公暢弟融字叔
融貌甚短陋驍武過人莊帝謀殺尒朱榮以融為直閤將
軍及尒朱兆入洛融逃人間後從孝武入關封魏興王位
侍郎殿中尚書
衍弟欽字思若位中書監尚書右僕射儀同三司欽色尤
黑故時人號為黑面僕射欽淫從兄麗妻崔氏為御史中
尉封回劾奏遇赦免尋除司州牧欽少好學早有令譽
時人語曰皇宗略略壽安思若及晚年貴重不能有所匡

益論者輕之欽曾託青州人高僧壽為子求師師至未幾
逃去欽以讓僧壽僧壽性滑稽反謂欽曰凡人絕粒七日乃
死始經五朝便爾逃遁去食就信實有所闕欽乃大慙於
是待客稍厚後除司空公封鉅平縣公於河陰遇害贈假
黃鉞太師太尉公子子孝字季業早有令譽年八歲司
徒崔光見而異之曰後生領袖必此人也孝武帝入關不
及從駕後赴長安封義陽王子孝美容儀善笑謔好酒
愛士搢紳歸之賓客常滿終日無倦性又寬慈敦穆親族
乃置學館於私第集群從子弟晝夜講讀并給衣食與
諸子同後歷尚書令柱國大將軍子孝以國運漸移深自
貶晦日夜縱酒後例降為公後姓拓拔氏未幾卒子斌襲
京兆王子推太安五年封位侍中征南大將軍長安鎮大
將子推性沈雅善於綏接秦雍之人服其威惠入為中都
大官察獄有稱獻文將禪位於子推以大臣固諫乃傳孝
文孝文即位拜侍中本將軍開府儀同三司青州刺史未
至道薨子太興襲拜長安鎮大將以贓貨削除官爵後
除秘書監還復前爵改封西河轉守衛尉卿初太興遇患
請諸沙門行道所有資財一時布施乞求病愈名曰散生
齋及齋後僧皆四散有一沙門方云乞齋餘食太興戲之
曰齋食既盡唯有酒肉沙門曰亦能食之因出酒一斗羊

脚一隻食盡猶言不飽及辭出後酒肉俱在出門追之無
所見太興遂佛前乞願向者之師當非俗人若此病得差
即捨王爵入道未幾便愈遂請爲沙門表十餘上乃見許
時孝文南討在軍詔皇太子於四月八日爲之下髮施帛
二千疋既爲沙門名僧懿居嵩山太和二十二年終子昴
字伯暉襲爵昴子悰字魏慶襲爵孝靜時累遷太尉録尚
書事司州牧青州刺史薨於州贈假黄鉞太傅司徒公謚
曰文悰寛和有度量美容貌風望儼然得喪之間不見於
色性清儉不營産業身死之日家無餘財昴弟仲景性
嚴峭孝莊時兼御史中尉京師肅然每向臺恒駕赤牛

時人號赤牛中尉太昌初爲河南尹奉法無私時吏部尚
書樊子鵠部下縱橫又爲盜竊仲景密加收捕悉獲之咸
即行決於是豪貴寒心孝武帝將入關授仲景中軍大都
督留京師齊神武欲至洛陽仲景遂棄妻子追駕至長安
仍除尚書右僕射封順陽王仲景既失妻子乃娶故尒朱
天光妻也列氏本倡女有美色仲景甚重之經數年前妻
叔袁紇氏自洛陽間行至也列遂徙居異宅久之有發事
露詔仲景殺之仲景寵情愈至謬殺一婢蒙其屍而厚
葬以代焉列徙於密處人莫知其詐仲景三子濟鍾奉
叔袁紇氏生也皆以宗室早歷清官仲景以列尚在恐妻李

漏之乃誅殺袁紇紇先覺復欲陰害列列謂從奴曰若袁
紇殺我必投我厠中我告丞相冀或不死若不理首從猶
埋我好地爾爲我告之奴遂告周文帝周文依奏詔賓仲
景一百免右僕射以王歸第也列以自告而遂之仲景猶
私不已又有告者詔重笞一百付宗正官爵盡除仲景彷
通焉後周文帝以其歷任有令名且杖策追駕乃奏復官
爵也列袁紇於是同居大統五年除幽州刺史仲景多内
亂後就州賜死仲景弟退字叔照孝莊初除南兗州刺史
在州猛暴多所殺害元顥入洛退據州不屈莊帝還宮封
汝陽王累遷秦州刺史先秦州城人屢爲反覆退盡誅

之存者十一二普泰元年除涼州刺史貪暴無極欲規府
人及商胡富人財物詐一臺符誑諸豪等云欲加賞一時
屠戮所有資財生口悉没自入孝靜時位侍中録尚書事
薨贈太師録尚書子沖襲無子國絶太興弟遥字太原有
器望以左衛將軍從孝文南征賜爵饒陽男宣武初遥所
生母憂表請解任詔以餘尊所厭不許明帝初累遷左光
禄大夫仍領護軍時冀州沙門法慶既爲祆幻遂説勃海
人李歸伯歸伯合家從之招率鄉人推法慶爲主法慶以
歸伯爲十住菩薩平魔軍司定漢王自號大乘殺一人者
爲一住菩薩殺十人者爲十住菩薩又合狂藥令人服之

父子兄弟不相知識唯以殺害為事刺史蕭寶寅遣兼長
史崔伯驎討之敗於煮棗城伯驎戰沒凶衆遂盛所在屠
滅寺舍斬戮僧尼焚燒經像云新佛出世除去衆魔詔以
遙為使持節都督北征諸軍事討破之禽法慶并其妻尼
惠暉等斬法慶傳首京師戮於都市初遙大功昆弟皆是
景穆之孫至明帝而本服絶故除遙等屬籍遙表曰竊聞
聖人所以南面而聽天下其不有得變革者則親也尊也四
世而緦服窮五世而袒免六世而親屬竭矣去茲以往猶
繫之以姓而弗別綴之以食而弗殊又律云議親者非唯
當世之屬親歷謂先帝之五世謹尋斯旨將以廣帝宗

重盤石先皇所以變茲事條為此別制者太和之季方有意
於吳蜀經始之費慮深在初割減之起暫出當時也且臨
淮王提分屬籍之始高祖賜帛三千疋所以重分離樂良
王長命亦賜縑二千疋所以存慈眷此皆先朝殷勤克念
不得已而然者也古人有言百足之蟲至死不僵者以其
輔己者衆臣誠不欲妄親太階苟求潤屋但傷大宗一分
則天子屬籍不過十數人而已在漢諸王之子不限多少
皆列土而封謂之曰侯至于魏晉莫不廣胙河山稱之曰
公者蓋惡其大宗之不固骨肉之恩踈矣臣去皇上雖是
五世之遠於先帝便是天子之孫高祖所以國秩祿賦復

給衣食后族唯給其賦不與衣食者欲以別外內限異同也
今諸廟之感在心未忘行道之悲儵然已及其諸封者身
亡之日三年服終然後改奪今朝廷猶在遏密之中便議
此事實用未安詔付尚書博議以聞尚書令任城王澄尚
書左僕射元暉奏同遙表靈太后不從卒謚曰宣公遙弟
恒字景安粗涉書史恒以春秋之義為名不以山川表求
改名芝歷位太常卿中書監侍中後於河陰遇害贈太傅
司徒公謚曰宣穆公
濟陰王小新成和平二年封頗有武略庫莫奚侵擾詔新
成討之新成乃多為毒酒賊逼便棄營而去賊至競飲遂

簡輕騎縱擊俘馘甚多後位外都大官薨贈大將軍謚曰
惠公子鬱字伏生襲位開府為徐州刺史以黷貨賜死
國除長子弼字邕明剛正有文學位中散大夫以世嫡應
襲先爵為季父尚書僕射麗因于氏親寵遂奪弼王爵横
授同母兄子誕於是弼絶棄人事託疾還私第宣武徵為
侍中弼上表固讓入嵩山以穴為室布衣蔬食卒建義元
年子暉業訴復王爵永安三年追贈尚書令司徒公謚曰
文獻初弼嘗夢人謂之曰君身不得傳世封其紹先爵者君
長子紹遠也弼覺即加暉業終如其言暉業少險薄多與
寇盜交通長乃變節涉子史亦頗屬文而慷慨有志節歷

位司空太尉加特進領中書監錄尚書事齊文襄嘗問之
曰比何所披覽對曰數尋伊霍之傳不讀曹馬之書暉業以
時運漸謝不復圖全唯事飲啗一日三羊三日一犢又嘗
賦詩云昔居王道泰濟濟富群英今逢世路阻狐兔鬱縱
横齊初降封美陽縣公開府儀同三司特進暉業之在晉
陽也無所交通居常閑暇乃撰魏藩王家世號爲辨宗錄
四十卷行於世位望隆重又以性氣不倫每被猜忌天保
二年從駕至晉陽於宮門外罵元韶曰爾不及一老嫗背
負璽與人何不打碎之我出此言知即死然爾亦詎得幾
時文宣聞而殺之幷斬臨淮公孝友孝友臨刑驚惶失措

信州路學刊　北史列傳五　八　士敬

暉業神色自若仍鑿冰沈其屍暉業弟昭業頗有學尚
位諫議大夫莊帝將幸洛南昭業立於閶闔門外叩馬諫
帝避之而過後勞勉之位給事黃門侍郎衛將軍右光祿
大夫卒謚曰文侯鬱弟偃位大中大夫子誕字曇首初誕
伯父鬱以貪汙賜死爵除詔以誕偃正妃子立爲嫡孫特
聽紹封累遷齊州刺史在州貪暴大爲人患牛馬騾驢無
不逼奪家之奴隷悉迫取良人爲婦有沙門爲誕採藥還
見誕問外消息對曰唯聞王貪願王早代誕曰齊州七萬家
吾至來一家未得三十錢何得言貪後爲御史中尉元纂
所糾會赦免薨謚靜王子撫字伯懿襲莊帝初爲從兄

暉業訴奪王爵復第麗字寶掌位兼宗正卿右衛將軍
遷光祿勳宗正右衛如故時秦州屠各王法智推州主簿呂
苟兒爲主號建明元年置立百官攻逼州郡涇州人陳瞻亦
聚衆自稱王號聖明元年以麗爲使持節都督與楊椿討
之苟兒率衆十餘萬屯孤山別據諸險圍逼州城麗出
擊大破之便進軍永洛賊徒逆戰麗夜擊走之行秦州
事李韶破苟兒于孤山乘勝追掩擄其父母妻子諸城之
圍亦悉奔散苟兒率其王公三十餘人詣麗請罪麗因平
賊之勢枉掠良善七百餘人宣武嘉其功詔有司不聽追
檢拜雍州刺史爲政嚴酷吏人患之其妻崔氏誕一男麗

信州學刊　北史列傳五　九　江子

遂出州獄囚死及徒流案未申臺者一時放免遷冀州刺
史入爲尚書左僕射帝問曰聞公在州殺戮無理枉濫非
一又大殺道人對曰臣在冀州可殺道人二百許人亦復
何多帝曰一物不得其所若納諸隍況殺道人二百而言
不多麗脫冠謝賜坐卒謚曰威子顯和少有節操歷
司徒記室參軍司徒崔光每見之曰元參軍風流清秀容止
閑雅乃宰相之器除徐州安東府長史刺史元法僧叛顯和
與戰被禽執手命與連坐顯和曰顯和與阿翁同源别派
皆是盤石之宗一朝以地外叛若遇董狐能無慚德遂不
肯坐法僧猶欲慰喻顯和曰乃可死作惡鬼不能生爲叛

臣及將殺之神色自若建義初贈秦州刺史
汝陰王天賜和平三年封後爲内都大官孝文初殿中尚
書胡莫寒簡西部敕勒豪富兼丁者爲殿中武士而大納
財貨衆怒殺莫寒及高平假鎮將奚陵於是諸部敕勒悉
叛詔天賜與給事中羅雲討之前鋒敕勒詐降雲信之副
將元伏曰敕勒色動恐有變今不設備將爲所圖雲不從
敕勒襲殺雲天賜僅得自全累遷懷朔鎮大將坐貪殘恕
死削除官爵卒孝文哭於思政觀贈本爵葬從王禮謚曰
靈王子逞字萬安卒於齊州刺史謚曰威逞子慶和東豫
州刺史爲梁將所攻舉城降之梁武以爲北道總督魏王

至項城朝廷出師討之望風退走梁武責之曰言同百舌
膽若飈鼠遂徙合浦逞弟汎字普安自元士稍遷營州刺
史性貪殘人不堪命相率逐之汎走平州後除光祿大夫
宗正卿封東燕縣男於河陰遇害汎弟脩義字壽安頗有
文才自元士稍遷齊州刺史脩義以齊州頻喪刺史累表
固辭詔不許聽隨便立解宇脩義乃移東城爲政寬和遷
秦州刺史明帝初表陳庶人禧庶人愉等請宥前愆賜葬
陵域靈太后詔曰收葬之恩事由上旨潘岳何得越職干
陳在州多受納累遷吏部尚書及在銓衡唯事貨賄授官
大小皆有定價時中散大夫高居者有旨先叙上黨郡缺

居遂求之脩義私已許人抑居不與居大言不遜脩義命
左右牽曳之居對大衆呼天唱賊人問居曰白日公庭安
得有賊居指脩義曰此坐上者違天子明詔物多者得官
京師白劫此非大賊乎脩義失色居行罵而出後欲邀車
駕論脩義罪狀左僕射蕭寶夤喻之乃止二秦反假脩義
兼尚書右僕射西道行臺行秦州事爲諸軍節度脩義性
好酒每飲連日遂遇風病神明昏喪雖至長安竟無部分
之益元志敗没賊東至黑水更遣蕭寶夤討之以脩義爲
雍州刺史卒於州贈司空謚曰文子均位給事黄門侍郎
後入西魏封安昌王位開府儀同三司冀贈司空謚曰平

子則字孝規襲爵位義州刺史仕周爲小冢宰江陵總管
子文都性梗直仕周爲右侍上士隋開皇初授内史舍人
煬帝即位累遷御史大夫坐事免未幾授太府卿甚有當
時譽大業十三年帝幸江都宫詔文都與段達皇甫無逸
韋津等同爲東都留守帝崩文都與達津等共推越王侗
爲帝侗署文都爲内史令開府儀同三司光祿大夫左驍
衛大將軍攝右翊衛將軍魯國公既而宇文化及立秦王
浩爲帝擁兵至彭城所在響震文都諷侗遣使通於李密
密乃請降因授官爵禮其使甚厚王世充不悦文都知之
陰有誅世充計侗以文都領御史大夫世充固執而止盧

楚誅文都誅之文都遂懷奏入殿有人以告世充世充馳還含
嘉城至夜難作攻東太陽門而入拜於紫微觀下曰請斬
文都歸罪司寇侗見兵勢盛遣其所署將軍黃桃樹執文
都以出文都顧謂侗曰臣今朝亡陛下亦當夕及侗慟哭
遣之左右莫不憫默出至興教門世充令左右亂斬之諸
子並見害則弟矩字孝矩西魏時襲祖爵始平縣公拜南
豐州刺史時見元氏將危陰謂昆季曰宇文之心路人所
見顛而不扶焉用宗子爲兄則所遏乃止後周文爲兄子
晉公護娶其妹爲妻情好甚密及護誅坐徙蜀後拜司憲
大夫隋文帝重其門地娶其女爲房陵王妃及爲丞相拜

少冢宰位柱國賜爵洵陽郡公及房陵立爲皇太子立其
女爲皇太子妃親禮彌厚拜壽州總管時陳將任蠻奴等
屢寇江北復以孝矩領行軍總管屯兵江上後以年老上
表乞骸骨轉涇州刺史卒官謚曰簡子無竭嗣矩次弟雅
字孝方有文武幹用開皇中歷左領左右將軍集沁二州
刺史封順陽郡公雅弟褒字孝整少有成人量年十歲而
孤爲諸兄所愛養善事諸兄諸兄議欲別居褒泣諫不從
家素富多金寶褒一無所受脫身而出仕周位開府北平
縣公趙州刺史從韋孝寬平尉遲迥以功拜柱國進封河
間郡公隋開皇中拜原州總管有商人爲賊劫其人疑同

宿者而執之褒察其色寃而辭正遂捨之商人詣闕訟褒
受金縱賊隋文帝遣窮之使者簿責褒何故利金而捨盜
褒引咎無異辭使者與褒俱詣京師遂坐免官其盜尋發
他所上謂曰何至自誣褒曰臣受委一州不能息盜臣罪
一也百姓爲人所謗不付法司懸即放免臣罪二也無顧
形迹至今爲物所疑臣罪三也臣有三罪何所逃責臣又
不言受賂使者復將有所窮寃然則縲紲橫及良善重臣
之罪是以自誣上歎異之稱爲長者煬帝即位拜齊郡太
守及遼東之役郡官督事者前後相屬有西曹掾當行詐
疾褒杖之掾大言曰我將詣行在所欲有所告褒大怒因

杖百餘數日死坐免官卒于家
欒良王萬壽和平三年封拜征東大將軍鎮和龍性貪暴
徵還道憂薨謚曰厲王子康王樂平襲薨子長命襲坐殺
人賜死國除子忠明帝時復前爵位太常少卿孝武帝汎
舟天泉池命宗室諸王陪宴忠愚而無智性好衣服遂著
紅羅襦繡作領碧紬袴錦爲緣帝謂曰朝廷衣冠應有常
式何爲著百戲衣忠曰臣少來所愛情存綺羅歌衣僻服
是臣所願帝曰人之無良乃至此乎
廣平王洛侯和平二年封薨謚曰殤無子後以陽平幽王
第五子匡後之匡字建扶性耿介有氣節孝文器之謂曰

叔父必能儀形社稷匡輔朕躬今可改名爲匡以成克終之美宣武即位累遷給事黄門侍郎茹皓始有寵百僚微憚之帝曾於山陵還詔匡陪乘又命皓登車皓褰裳將上匡諫帝推之令下皓恨匡失色當時壯其忠謇宣武親政除肆州刺史匡既忤皓懼爲所害廉慎自脩甚有聲績遷恒州刺史徵爲大宗正卿河南邑中正匡奏親王及始藩二藩王妻悉有妃號而三藩以下皆謂之妻上不得同爲妃名而下不及五品以上有命婦之號竊以爲疑詔曰夫貴於朝妻榮於室婦女無定升從　其夫三藩既啓王封妃名亦宜同等妻者齊也理與已齊可從妃例自是三藩王妻名號始定後除度支尚書匡表引樂陵章武之例求紹洛侯封詔付尚書議尚書奏聽襲封以明興絶之義時宣武委政於高肇宗室傾憚唯匡與肇抗衡先自造棺置於聽事意欲輿棺詣闕論肇罪惡自殺切諫肇聞而惡之後因與太常卿劉芳議爭權量遂與肇聲色御史中尉王顯奏匡曰自金行失御群僞競興禮壞樂崩彝倫攸斁高祖孝文皇帝以睿聖統天克復舊典乃命故中書監高閭廣旌儒林推尋樂府以黍裁寸將均周漢舊章屬雲構中遷尚未云就高祖睿思玄深參考經記以一黍之大用成分體準之爲尺宣布施行暨正始中故太樂令公孫崇輒

自立意以黍十二爲寸別造尺度定律刊鍾皆向成訖表求觀試時敕太常卿臣芳以崇造既成請集朝英議其得否芳疑崇尺度與先朝不同察其作者於經史復異推造鮮據非所宜行時尚書令臣肇清河王懌等以崇造乖謬與周禮不同遂奏臣芳依周禮更造成訖量校從其善者而芳以先朝尺度事合古典乃依前詔書以黍刊寸並呈朝廷用裁金石于時議者多云芳是唯黄門侍郎臣孫惠蔚與崇扶同二途參差頗經考議而尚書令臣肇以芳造崇物故之後而惠蔚亦造一尺仍云扶以比崇尺自相乖背量省二三謂芳一尺爲得而尚書臣匡表云劉孫二尺長短相傾稽考兩律所容殊異言取中黍校彼二家云並參差抑中無所自立一途請求議判當時議者或是於匡兩途舛駁未即時定肇又云權斛斗尺班行已久今者所論豈踰先旨宜仰依先朝故尺爲定自爾以後而匡與肇厲言都坐聲色相加高下失其常倫嚾競無復彝序匡更表列據已十是云芳十非又云肇前被敕旨共芳營督規立鍾石之名希播制作之譽乃憑樞衡之尊藉舅氏之勢與奪任心臧否自己阿黨劉芳遏絶臣事望勢雷同者接以恩言依經案古者即被怒責雖未指鹿化馬移天徙日實使蘊藉之士聳氣坐端懷道之夫結舌逡巡又言芳昔

與崇競恒言自作今共臣論忽稱先朝豈不前謂可行輒
欲自取後知錯謬便推先朝殊非大臣之體深失爲下之
義復考校勢臣之前量度偏頗之手臣必刖足內朝抱璞
人外置言肆意彰於朝野然臣職當出納獻替所在斗尺
權度正是所司若己有所見能練臧否宜應首唱義端早
辨諸惑何故嘿心隨從不關一言見芳成事芳出此語計芳
才學與臣殊懸所見淺深不應相匹今乃始發恐此由心
借智於人規成虛譽況臣表云所據銅權形如古誌明是
漢作非莽別造及案權銘黃帝始祖德布於虞虞帝始祖
德布於新若莽佐漢時事寧有銘僞新之號哉又尋莽傳
云莽居攝即變漢制度考校二證非漢權明矣復云芳之
所造又短先朝之尺臣既比之權然相合更云芳尺與千
金堰不同臣復量比因見其異二三浮濫難可據準又云
共　盧端妄爲疑似託以先朝云非已製臣案此欺詐乃
在於臣不在於芳何以言之芳先被敕專造鍾律管籥優
劣是其所裁權斛尺度本非其事比前門下索芳尺度而
芳牒報云依先朝所班新尺復應下黍更不增損爲造鍾
律調正分寸而已檢臣造時在牒後一歲芳於爾日臣未
共爭已有此牒豈爲詐也計崇造寸積黍十二群情共知
而芳造寸唯止十黍亦俱見先朝詔書以黍成寸首尾歷

然寧有輒欲自取之理肇任居端右百寮是望言行動靜
必副具瞻若恃權阿黨詐託先詔將指鹿化馬徙日移天
即是魏之趙高何以宰物肇若無此臣既誣毀宰相訕謗
時政阻惑朝聽不敬至甚請以肇臣並禁尚書推窮其原
付廷尉定罪詔曰可有司奏臣誣肇處臣死刑宣武恕死
降爲光祿大夫又兼宗正卿出爲兗州刺史臣臨發帝引
見於東堂勞勉之臣猶以尺度金石之事國之大經前雖
爲南臺所彈然猶許更議若議之日願聽臣暫赴帝曰劉
芳學高一時深明典故其所據者與先朝尺乃寸過一黍
何得復云先朝之意也兗州既所執不經後議之日何待
赴都也明帝初入爲御史中尉臣嚴於彈糾始奏于忠次
彈高聰等免官靈太后並不許違其糾惡之心又慮臣辭
解欲奬安之進號安南將軍後加鎮東將軍臣屢請更權
衡不已於是詔曰謹權審度自昔令典定章革曆往代良
規臣宗室賢亮留心既久可令更集儒貴以時驗決必務
權衡得衷令寸籥不舛又詔曰故廣平殤王洛侯體自恭
宗茂年薨殞國除祀廢不祀忽諸臣親同若子私繼久歲
宜樹維城永茲盤石可特襲王爵封東平郡王臣所制尺
度訖請集朝士議定是非詔付門下尚書三府九列議定
以聞太師高陽王雍等議以爲晉中書監荀勗所造之尺

上高祖所定毫釐略同侍中崔光得古象尺于時亦準議令施用仰惟孝文皇帝德邁前王叡明下燭不刊之式事難變改臣等參論請停匡議永遵先皇之制詔從之匡每有奏請尚書令任城王澄時致執奪匡剛隘內遂不平先所造棺猶在僧寺乃復修事將與澄相攻澄頗知之後將赴省與匡逢遇騶卒相撾朝野駭愕澄因是奏匡罪狀三十餘條廷尉處以死刑詔付八議特加原宥削爵除官三公郎中辛雄奏理之後特除平州刺史徙青州刺史尋為關右都督兼尚書行臺遇疾還京孝昌初卒謚曰文貞後追復本爵改封濟南王第四子獻襲獻薨子祖育襲武定初墜馬薨子勤又襲齊受禪爵例降

列傳第五　北史十七

方洽　周益　校正

列傳第六　北史十八

景穆十二王下

任城王雲和平五年封少聰慧年五歲景穆崩號哭不絕聲太武抱之泣曰汝何知而有成人意也獻文時拜都督中外諸軍事中都大官聽訟甚收時譽及獻文欲禪位於京兆王子推王公卿士莫敢先言雲進曰父子相傳久矣皇魏未之有革太尉源賀又進以為不可願思任城之言東陽公元丕等進曰皇太子雖聖德夙彰然實沖幼陛下欲隆獨善其若宗廟何帝曰儲宮正統羣公相之有何不可於是傳位孝文後蠕蠕犯塞雲為中軍大都督從獻文

討之遇大磧雲曰夷狄之馬初不見武頭楯若令此楯在前破之必矣帝從之命敕勤首領執手勞遣之於是相率而歌方駕而前大破之獲其兇首後仇池氐反又命雲討平之除開府徐州刺史雲以太妃蓋氏薨表求解任獻文不許雲悲號動疾乃許之性善撫接深得徐方之心為百姓所追戀送遺錢貨一無所受再遷冀州刺史甚得下情於是合州請戶輸絹五尺粟五升以報雲恩孝文嘉之詔宣告天下使知勸勵遷長安鎮都大將雍州刺史雲廉謹自修留心庶獄挫抑豪強劫盜止息州人頌之者千餘人太和五年薨於州遺令薄葬勿受賻遺諸子奉遵其旨謚

曰東陪葬雲中之金陵長子澄字道鏡少好學美鬚髮善
舉止言辭清辯響若縣鐘康王薨居喪以孝聞襲封加征
北大將軍以氐羌反叛除征南大將軍梁州刺史文明太
后引見誡厲之顧謂中書令李沖曰此兒風神吐發當為
宗室領袖是行當不辱命我不妄談也澄至州誘導懷附
西南款順加侍中賜衣一襲乘黃馬一匹以旌其能轉開
府徐州刺史甚著聲績朝京師引見於皇信堂孝文詔澄
曰昔鄭子產鑄刑書而晉叔向非之此二人皆賢士得失
竟誰對曰鄭國寡弱攝於強隣人情去就非刑莫制故鑄
刑書以示威雖乖古式合今權道帝方革變深善其對笑

曰任城當欲為魏子產也朕方創改朝制當與任城共万
世之功後徵為中書令改授尚書令齊庾蓽來朝見澄音
韻遒雅風儀秀逸謂主客郎張彝曰往魏任城以武著稱
今魏任城乃以文見美也時詔延四廟之子下逮玄孫之
胄申宗宴於皇信堂不以爵秩為列悉序昭穆為次用家
人之禮帝曰行禮已畢欲令宗室各言其志可率賦詩特
命澄為七言連韻與孝文往復賭賽遂至極歡際夜乃罷
後帝外示南討意在謀遷齊於明堂左个詔太常卿王諶
親令龜卜易筮南伐之事其兆遇革澄進曰易言革者更
也將欲革君臣之命湯武得之為吉陛下帝有天下今日

卜征不得云革命未可全為吉也帝厲聲曰此象云大人
武變何言不吉也車駕還宮便召澄未及升階遙謂曰向
者之革今更欲論之明堂之忿懼衆人競言沮我大計故
厲色怖文武耳乃獨謂澄曰國家興自北土徙居平城雖
富有四海文軌未一此間用武之地非可興文崤函帝宅
河洛王里因茲大舉光宅中原任城意以為何如澄深贊
成其事帝曰任城便是我之子房加撫軍大將軍太子少
保又兼尚書左僕射及車駕幸洛陽定遷都之策詔澄馳
驲向北問彼百司論擇可否曰近論革今真所謂革也澄
既至代都衆聞遷詔莫不驚駭澄援引今古徐以曉之衆

乃開伏遂南馳還報會車駕於滑臺帝大悅曰若非任城
朕事業不得就也從幸鄴宮除吏部尚書及車駕自代北
巡留澄銓簡舊臣初魏自公侯以下動有萬數冗散無事
澄品為三等量其優劣盡其能否之用咸無怨者駕還洛
京復兼右僕射帝至北芒遂幸洪池命澄侍升龍舟帝曰
朕昨夜夢一老公拜立路左云晉侍中嵇紹故此奉迎神
爽卑懼似有求焉澄曰陛下經殷墟而弔比干至洛陽而
遺嵇紹當是希恩而感夢帝曰朕既有此夢或如任城所
言於是求其兆域遣使弔祭焉齊明帝既廢弒自立其雍
州刺史曹武請以襄陽內附車駕將自赴之引澄及咸陽

王禧彭城王勰司徒馮誕司空穆亮鎮南李沖等議之禧
等或云宜行或言宜止帝曰衆人意見不等宜有客主共
相起發任城與鎮南爲應留之議朕當爲宜行之論諸公
坐聽長者從之於是帝往復數交駕遂南征不從澄及李
沖等言後從征至縣瓠以疾篤還京車駕還洛引見王公
侍臣於清徽堂帝曰此堂成來未與王公行宴樂之禮今
與諸賢欲無高而不升無小而不入因之流化渠帝曰此
曲水者取乾道曲成萬物無滯次之洗煩池帝曰此池亦
有嘉魚澄曰所謂魚在在藻有頒其首帝曰且取王在靈
沼於牣魚躍次之觀德殿帝曰射以觀德故遂命之次之

凝閑堂帝曰此堂取夫子閑居之義不可縱奢以忘儉自
安以忘危故此堂後作茅茨堂謂李沖曰此東曰步元廡
西曰遊凱廡此坐雖無唐堯之君卿等當無愧於元凱沖
對曰臣既遭唐堯之君敢辭元凱之譽帝曰光景垂落朕
同宗有載考之義卿等將出何得默尒德音即命黃門侍
郎崔光郭祚通直郎邢巒崔休等賦詩言志燭至公卿辭
退李沖再拜上千万歲壽帝曰卿等以燭至致辭復獻於
萬壽朕報卿以南山之詩乃曰燭至辭退庶姓之禮在夜
載考宗族之義卿等且還朕與諸王宗室欲成此夜飲後
坐公事免官尋兼吏部尚書恒州刺史穆泰在州謀反授

澄節銅武竹使符御仗左右仍行恒州事行達鴈門遣書
侍御史李煥先赴至即禽泰窮其黨與罪人皆得鉅鹿公
陸叡安樂侯元隆等百餘人並獄禁具狀表聞帝覽表乃
大悅曰我任城可謂社稷臣正復皐陶斷獄豈能過之顧
咸陽王等曰汝等脫當其處不能辨此也車駕尋幸平城勞澄引
見逆徒無一人稱枉時人莫不歎之帝謂左右曰必也無
訟今日見之以澄正尚書車駕南伐留澄居守復兼右僕
射澄表請以國秩一歲租帛助供軍資詔受其半帝復幸
鄴見公卿曰朕昨入城見車上婦人冠帽而著小襦襖者
尚書何爲不察澄曰著者猶少帝曰任城欲令全著乎一

言可以喪邦其斯之謂可命史官書之又曰王者不降佐
於蒼昊拔才而用之朕失於舉人任一群婦女輩當更銓
簡耳任城在省爲舉天下綱維爲當署事而已澄曰臣實
署事而已帝曰如此便一令史足矣何待任城尋除尚書
左僕射從駕南伐孝文崩受顧命宣武初有降人嚴叔懋
告尚書令王肅遣孔思達潛通齊國爲叛逆澄信之乃表
肅將叛輒下禁止咸陽北海二王奏澄擅禁宰輔免官還
第尋除開府揚州刺史下車封孫叔敖之墓毀蔣子文之
廟上表請脩復皇宗之學開四門之教詔從之先是朝議
有南伐之計以蕭寶夤爲東揚州刺史據東城陳伯之爲

江州刺史戍陽石以澄總督二鎮授之節度澄於是遣統
軍傅豎眼王神念等進次大峴東關九山淮陵皆分部諸
將倍道據之澄總勒大衆駱驛相接所在克捷詔書褒美
旣而遇雨淮水暴長澄引歸壽春還旣狼狽失兵四千餘
人澄頻表解州帝不許有司奏奪其開府又降三階轉鎮
北大將軍定州刺史初百姓每有横調恒煩苦之前後牧
守未能蠲除澄多所省減又明黜陟賞罰之法表減公園
之地以給無業貧人布絹不任衣者禁不聽造百姓欣賴
焉母孟太妃薨居喪過毀當世稱之服闋除太子太保時
高肇當朝猜忌賢戚澄為肇間搆常恐不全乃終日昏飲

以示荒敗所作詭越時謂為狂宣武夜崩時事倉卒高肇
擁兵於外嚣帝沖幼朝野不安澄雖踈斥而朝望所屬領軍
于忠侍中崔光等奏澄為尚書令於是衆心欣服尋遷司
空加侍中俄詔領尚書令澄表上皇誥宗制并訓詁各一
卷欲太后覽之思勸誡之益又奏利國濟人所宜振舉者
十條一曰律度量衡公私不同所宜一之二曰宜興學校
以明黜陟之法三曰宜興滅繼絶各舉所知四曰五調之
外一不煩人任人之力不過三日五曰臨人之官皆須黜
陟以雜賞罰六曰逃亡代輸去來年久者若非伎作任聽
即住七曰邊兵逃走或實陷没皆須精檢三長及近親若

實隱之徵其代輸不隱勿論八曰工商世業之戶復徵租
調無以堪濟今請免之使專其業九曰三長禁姦不得隔
越相領戶不滿者隨近并合十曰羽林武賁邊方有事暫
可赴戰常戍宜遣番兵代之靈太后下其奏百寮議之事
有同否時四中郎將兵數寡弱不足以襟帶京師澄奏宜
以東中帶滎陽郡南中帶魯陽郡西中帶恒農郡北中帶
河内郡選二品三品親賢兼稱者居之省非急之作配以
強兵如此則深根固本強幹弱枝之義也靈太后將從之
後議者不同乃止尋以疾患表求解任不許澄以北邊鎮
將選舉彌輕恐賊虜闚邊山陵危迫奏求重鎮將之選修

警備之嚴詔不從後賊虜入寇至於舊都鎮將多非其人
所在叛亂犯逼山陵如澄所慮澄奏都城府寺猶未周悉
今軍旅初寧無宜發衆請取諸職人及司州郡縣犯十杖
以上百鞭以下收贖之物絹一匹輸塼二百以漸修造詔
從之太傅清河王懌表駁其事遂寢不行澄又奏司州牧
高陽王臣雍栲殺奉朝請韓元昭前門下録事姚敬賢雖
因公事理實未盡何者若昭等狀彰死罪以定應刑於都
市與衆棄之如其疑似不分情理未究不宜以三清九流
之官杖下便死輕絶人命傷理敗法往年在州於大市鞭
殺五人及檢贓狀全無寸尺今復酷害一至於此朝野云

云咸懷驚懼若生殺在下虐專於臣人君之權安所復用
請以見事付廷尉推究驗其爲劫之狀察其栲殺之理詔
從之澄當官無所回避又奏墾田授受之制八條甚有綱
貫西域嚈達波斯諸國各因公使並遺澄駿馬一匹澄請
付太僕以充國閑詔曰王廉貞之德有過楚相可敕付廐
以成君子大哉之美御史中尉東平王匡奏請取景明元
年以來內外考簿吏部除書中兵勳案幷諸殿最欲以案
校竊階盜官之人靈太后許之澄表以爲御史之體風聞
是司至於冒勳妄階皆有處別若一處有風謠即應攝其
一簿研檢虛實若差殊不同僞情自露然後繩以典刑人

誰不服豈有移一省之事窮革世之尤如此求過誰堪其
罪斯實聖朝所宜重愼也靈太后納之乃止後遷司徒公
侍中尚書令如故神龜元年詔加女侍中貂蟬同外侍中
之飾澄上表諫曰高祖世宗皆有女侍中官未見綴金蟬
於象珥極鼲貂於鬢髮江南僞晉穆何后有女尚書而加
貂璫此乃衰亂之世妖妄之服且婦人而服男子之服至
陰而陽故自穆哀以降國統二絕因是劉裕所以篡逆禮
容舉措風化之本請依常儀追還前詔帝從之時太后銳
於興繕在京師則起永寧太上公等佛寺工費不少外州
各造五級佛圖又數爲一切齋會施物動至万計百姓疲

於土木之功金銀之價爲之踊上削奪百官祿力費損庫
藏兼曲賚左右日有數千澄上表極言得失雖卒不從常
優答禮之政無大小皆引參預澄亦盡心匡輔事有不便
於人者必於諫諍殷勤不已內外咸敬憚之二年薨贈假
黃鉞使持節都督中外諸軍事太傅領太尉公加以殊禮
備九錫依晉大司馬齊王攸故事謚曰文宣王澄之葬也
凶飾甚盛靈太后親送郊外停輿悲哭哀慟左右百官會
赴千餘人莫不歔欷當時以爲哀榮之極第四子彝襲爵
字子倫繼室馮氏所生頗有父風拜通直散騎常侍及元
叉專權而彝耻於託附故不得顯職莊帝初河陰遇害贈

儀同三司青州刺史謚曰文彝庶長兄順字子和年九歲
師事樂安陳豐初書王羲之小學篇數千言晝夜誦之旬
有五日一皆通徹豐奇之白澄曰豐十五從師迄于白首
耳目所經未見此比江夏黃童不得無雙也澄笑曰藍田
生玉何容不尒十六通杜氏春秋下帷讀書篤志愛古性
謇愕淡於榮利好飲酒解鼓琴每長吟永歎吒詠虛室宣
武時上魏道頌文多不載起家爲給事中時高肇權重天
下人士望塵拜伏順曾懷刺詣肇門門者以其年少答云
在坐大有貴客不肯爲通順叱之曰任城王兒可是賤也
及見直往登牀捧手抗禮王公先達莫不怪愕而順辭吐

慠然若無所覩肇謂衆賓曰此兒豪氣尚尒況其父乎及
去肇加敬送之澄聞之大怒杖之數十後拜太常少卿以
父憂去職哭泣歐血身自負土時年二十五便有白髮免
喪抽去不復更生世人以為孝思所致尋除給事黃門侍
郎時領軍元叉威勢尤盛凡有遷授莫不造門謝謁順拜
表而已曾不詣叉叉謂順曰卿何得聊不見我順正色曰
天子富於春秋委政宗輔叔父宜以至公為心舉士報國
如何賣恩責人私謝豈所望也至於朝論得失順常鯁言
正議曾不阿旨由此見憚出除恒州刺史順謂叉曰北鎮
紛紜方為國梗請假都督為國屏扞叉心疑難不欲授以

兵官謂順曰此朝廷之事非我所裁順曰叔父既殺生由
己自言天曆應在我躬何得復有朝廷叉彌忿憚之轉齊
州刺史順自負有才不得居內每懷鬱怏形於言色遂縱
酒自娛不親政事叉解領軍徵為給事黃門侍郎親友郊
迎賀其得入順曰不患不入正恐入而復出耳俄兼殿中
尚書轉侍中初中山王熙起兵討元叉不果而誅及靈太
后反政方得改葬順侍坐西遊園因奏太后曰臣昨往看
中山家葬非唯宗親哀其寃酷行路士庶見一家十喪皆
為青䏶莫不酸泣叉妻時在太后側順指之曰陛下柰何
以一妹之故不伏元叉之罪使天下懷寃太后嘿然不語

就德興於營州及使尚書盧同往討之大敗而還屬侍中
穆紹與順侍坐因論同之罪同先有近宅借紹紹頗欲為
言順勃然曰盧同終將無罪太后曰何得如侍中之言順
曰同有好宅與要勢侍中豈慮罪也紹慙不敢復言靈太
后頗事粧飾數出遊幸順面諍之曰禮婦人喪夫自稱未
亡人首去珠珥衣不被綵陛下母臨天下年垂不惑過脩
容飾何以示後世靈太后慙而還入召順責之曰千里相
徵豈欲衆中見辱也順曰陛下盛服炫容不畏天下所笑
何恥臣之一言乎初城陽王徽慕順才名偏相賞納而廣
陽王深通徽妻于氏大為嫌隙及深自定州被徵入為吏

部尚書兼中領軍順為詔書辭頗優美徽疑順為深左右
由是與徐紇間順於靈太后出順為護軍將軍太常卿順
奉辭於西遊園徽紇侍側順指謂靈太后曰此人魏之宰
嚭魏國不滅終不死亡紇脅肩而出順因抗聲叱之曰一
介刀筆小人正堪為机案之吏寧應忝茲執戟虧我彝倫
遂振衣而起靈太后嘿而不言時追論順父顧託之功增
任城王彝邑二千戶又析彝邑五百以封順為東阿縣公
順疾徽等間之遂為蒼蠅賦屬疾在家杜絕慶弔後除吏
部尚書兼右僕射與城陽王徽同日拜職舍人鄭儼於止
車門外先謁徽後拜順順怒曰卿是佞人當拜佞王我是

直人不受曲拜儼深懷謝順曰卿是高門子弟而為北宮幸臣僕射李思沖尚與王洛誠同傳以此度之卿亦應繼其卷下見著為之震動而順安然自得及上省登階向榻見榻甚故問都令史徐仵起仵起曰此榻曾經先王坐順即哽塞涕泗交流久而不能言遂令换之時三公曹令史朱暉素事録尚書高陽王雍雍欲以為廷尉評頻煩託順順不為用雍遂下命用之順投之於地雍聞之大怒昧爽坐都聽召尚書及丞郎畢集欲待順至於衆挫之順日高方至雍攘袂撫几而言曰身天子之子天子之弟天子之叔天子之相四海之内親尊莫二元順何人以身成命投

棄於地順鬚鬢俱張仰面看屋憤氣奔涌長歔而不言久之摇一白羽扇徐而謂雍曰高祖遷宅中土創定九流官方清濁軌儀萬古而朱暉小人身為省吏何合為廷尉清官殿下既先皇同氣誠宜遵旨自有恒規而復踰之也雍曰身為丞相録尚書如何不得用一人為官順曰庖人雖不理庖尸祝不越樽俎而代之未聞有别旨令殿下參選事順又厲聲曰殿下必如是順當依事奏聞雍遂笑而言曰豈可以朱暉小人便相忿恨遂起呼順入室與之極飲順之亢毅不撓皆此類也後兼左僕射尒朱榮之奉莊帝召百官悉至河陰素聞順數諫諍惜其亮直謂朱瑞曰可

語元僕射但在省不須來順不達其旨聞害衣冠遂便出走為陵戶鮮于康奴所害家徒四壁無物斂止有書數千卷而已門下通事令史王才達裂裳覆之莊帝還宮遣黄門侍郎山偉巡喻京邑偉臨順喪悲慟無已既還莊帝怪其聲散偉以狀對莊帝敕侍中元祉曰宗室喪亡非一不可周贍元僕射清苦之節死乃益彰特贈絹百匹餘不得為例贈尚書令司徒公謚曰文烈初帝在藩順夢一段黑雲從西北直來觸東南上日月俱破復觸諸星天地盡闇俄而雲消霧散便有日出自西南隅甚明淨云長樂王日尋見莊帝從閶闔門入登太極殿唱万歲者三百官咸加

朝服謁帝唯順集書省步廊西槐樹下脫衣冠卧既寤告元暉業曰吾昨夜夢於我殊自不佳説夢因解之曰黑雲氣之惡者是北方之色終當必有北敵以亂京師害二宮殘毁百寮何者日君象也月后象也衆星百官象也以此言之京邑其當禍乎昔劉曜破晉室以為髑髏臺前途之事得無此乎雖然彭城王勰有文德於天下今夢其兒為天子積德必報此必然矣但恨其得之不久所以然者出自西南以時易年不過三載但恨我不見之何者我夢卧槐樹下槐字木傍鬼身與鬼并復解冠冕此蓋不死乎然云後乃得三公贈耳皆如其夢順撰帝録二七卷詩賦表

頌數十篇並多亡失長子朗時年十七枕戈潛伏積年乃手刃康奴以首祭順墓然後詣闕請罪朝廷嘉而不問朗位司徒屬天平中為奴所害贈尚書右僕射順弟紀字子綱隨孝武入關中位尚書左僕射華山郡王澄弟嵩字道岳孝文時位步兵校尉大司馬安定王休薨未及卒哭嵩便遊田帝聞而大怒詔曰嵩大司馬薨殂甫爾便以鷹鷂自娛有如父之痛無猶子之情捐心棄禮何其太速便可免官後兼武衛將軍孝文南伐齊將陳顯達率衆拒戰嵩身備三仗免冑直前勇冠三軍將士從之顯達奔潰帝大悅曰任城康王大有福德文武頓出其門以功賜爵高平

縣侯初孝文之發洛也馮皇后以罪幽於宮內既平顯達回次穀塘原帝疾甚將賜后死曰使人不易可得顧謂任城王澄曰任城必不負我嵩亦當不負任城可使嵩也於是引嵩入內親詔遣之宣武即位為揚州刺史威名大振後并妻穆氏為蒼頭李太伯等所害諡曰剛侯第二子世儁頗有幹用而無行業襲爵孝莊時遷吏部尚書尒朱兆寇京師詔世儁以本官為都督守河橋及兆至河世儁初無拒守意便隔岸遙拜遂將船五艘迎兆軍兆因得入京都破殘皆世儁之罪時論疾之尤為尒朱世隆所昵孝武初改封武陽縣子世儁居選曹不能厲心多所受納為中尉彈糾坐免官孝靜時位尚書令世儁輕薄好去就與和中薨贈太尉諡曰躁戾

南安王楨皇興二年封孝文時累遷長安鎮都大將雍州刺史楨性忠謹其母疾篤憂毀異常遂有白雉遊其庭前帝聞其致感賜帛千匹以褒美之徵赴講武引見於皇信堂戒之曰公孝行著於私庭令問彰於邦國既國之懿親終無貧賤之慮所宜慎者略有三事一者恃親驕矜違禮僭度二者傲慢貪奢不恤政事三者飲酒遊逸不擇交友三者不去患禍將生而楨不能遵奉後乃聚斂肆情孝文以楨孝養聞名內外特加原恕削除封爵以庶人歸第禁

錮終身以議定遷都復封南安王為鎮北大將軍相州刺史帝餞楨於華林都亭詔竝賦詩不能者竝可聽射當使武士彎弓文人下筆帝送楨下階流涕而別太和二十年五月至鄴上日暴雨大風凍死者數十人楨又以旱祈雨于羣神鄴城有石季龍廟人奉祀之楨告神像云三日不雨當加鞭罰請雨不驗遂鞭像一百是月疽發背薨諡曰惠及恒州刺史穆泰謀反楨知而不告雖薨猶追奪爵封國除子英性識聰敏善騎射解音律微曉醫術孝文時為梁州刺史帝南伐為漢中別道都將後大駕臨鍾離英以大駕親動勢傾東南漢中有可乘之會表求追討帝許之

以功遷安南大將軍賜爵廣武伯宣武即位拜吏部尚書以前後軍功進爵常山侯尋詔英率衆南討大破梁曹景宗軍梁司州刺史蔡道恭憂死三關戍棄城而走初孝文平漢陽英有戰功許復其封及爲陳顯達所敗遂寢是役也宣武大悅乃復之改封中山王既而梁入寇肥梁詔英率衆十万討之所在皆以便宜從事英表陳事機乃擊破陰陵斬梁將二十五人及虜首五千餘級又頻破梁軍於梁城斬其支將四十二人殺獲及溺死者將五万梁中軍大將軍臨川王蕭宏尚書左僕射柳惔等大將五人沿淮東走凡收米四十万石英追奔至馬頭梁馬頭戍主委城

遁走遂圍鍾離詔以師行已久命英爲振旅之意英表期至二月將末三月之初理在必剋但自此月一日已來霖雨連并可謂天違人願然王者行師舉動不易不可以少致睽淹便生異議願聞朝廷特開遠略少復賜寬假以日月無使爲山之功中途而廢及四月水盛破橋英及諸將狼狽奔退士衆没者十有五六英至揚州遣使送節及衣冠貂蟬章綬詔以付典有司奏英經算失圖案劾處死詔恕死爲百姓後京兆王愉反復英王封除使持節假征東將軍都督冀州諸軍事英未發而冀州已平時郢州中從事督榮祖潛引梁軍以義陽應之三關之戍並據城降梁

郢州刺史婁悅嬰城自守縣瓠人白早生等殺豫州刺史司馬悅據城南叛梁將齊苟兒率衆守縣瓠悅子尚華陽公主并爲所刼詔英使持節都督南征諸軍事假征南將軍出自汝南帝以邢巒頻破早生詔英南赴義陽英以衆少累表請軍帝不許而英輒與邢巒分兵共攻縣瓠剋之乃引軍而南既次義陽將取三關英策之曰三關相須如左右手若剋一關而二關不待攻而定攻難不如易東關易攻宜須先取即黄石公所謂戰如風發攻如河决也英恐其并力於東乃使長史李華率五統向西關分其兵勢身督諸軍向東關果如英策凡禽其大將六人支將二十

人卒七千米四十万石軍資稱是還朝除尚書僕射甍贈司徒公謚獻武王英子熙字真興好學俊爽有文才聲著於世然輕躁浮動英深慮非保家之主常欲廢之立第四子略略固請乃止累遷光祿勳時領軍于忠執政熙忠之壻也故歲中驟遷後授相州刺史熙以七月上其日大風寒雨凍死者二十餘人驢馬數十匹熙聞其祖父前事心惡之又有蛆生其庭初熙兄弟並爲清河王懌所昵及劉騰元乂隔絶二宮矯詔殺懌熙乃起兵討之熙起兵甫十日爲其長史柳元章別駕游荊魏郡太守李孝怡執熙置之高樓并其子弟乂遣尚書左丞盧同斬之於鄴街傳首京

師始熙妃于氏知熙必敗不從其謀自初哭泣不絕至於
熙死熙既藩王加有文學風氣甚高始鎮鄴知友才學之
士袁翻李琰之李神儁王誦兄弟裴敬憲等咸餞於河梁
賦詩告別及將死復與知故書恨志意不遂時人矜之又
熙於任城王澄薨前夢有人告之曰任城當死死後二百
日外君亦不免若其不信試看任城家熙夢中顧瞻任城
第舍四面牆崩無遺堵焉熙惡之覺而以告所親及熙之
死也果如所夢熙兄弟三人每從英征伐在軍貪暴因
迎降遂北至有斬殺無辜多增首級以為功狀叉子忠誣
郭祚裴植也忠意未決害之由熙勸獎叉遂至極法世以為
冤及熙之禍識者以為有報應焉靈太后反政贈太尉公
謚曰文莊王熙弟略字儁興位給事黃門侍郎熙敗略潛
行自託舊識河內司馬始賓始賓便為荻筏夜與略俱渡
盟津詣上黨屯留縣栗法光家法光素敦信義忻而納之
略舊識刁雙時為西河太守略復歸之停止經年雙乃令
從子昌送略潛遁江左梁武甚禮敬之封中山王宣城太
守俄而徐州刺史元法僧據城南叛梁乃以略為大都督
令詣彭城接誘初附尋徵略與法僧同還略雖在江南自
以家禍晨夜哭泣身若居喪又惡法僧為人與法僧言未
嘗一笑梁復除略衡州刺史未行會其豫章王綜以城歸

國綜長史江革司馬祖暅將士五千人悉見禽虜明帝敕
有司悉遣革等還南因以徵略梁乃備禮遣之明帝詔光
祿大夫刁雙境首勞問除略侍中義陽王還達石人驛亭
詔宗室親黨內外百官先相識者迎之近郊其司馬始賓
除給事中領直後栗法光本縣令刁昌東平太守刁雙西
兗州刺史略所經一食一宿處無不霑賞尋改封東平王
後為尚書令靈太后甚寵任之其見委信殆與元徽相埒
於時天下多事軍國万端略守常自保無他裨益唯具臣
而已尒朱榮略之姑夫略素所輕忽略又黨於鄭儼徐紇
榮兼銜之榮入洛也見害於河陰加贈太保司空公謚曰
文貞英弟怡位鄯善鎮將在鎮貪暴為有司所糾逃免卒
莊帝初以尒朱榮婦兄贈太尉扶風王子肅封魯郡王肅
弟曄字華興小字盆子性輕躁有膂力莊帝初封長廣王
尒朱榮死世隆等推曄為主年号建明尋為世隆廢節閔
立封為東海王孝武初被殺
城陽王長壽皇興二年封位沃野鎮都大將甚有威名薨
謚康王子鸞字宣明身長八尺腰帶十圍以武藝稱
頻為北都大將孝文初除使持節征南大將軍與安南將
軍盧陽烏李佐攻赭陽不剋敗退降為定襄縣王後以留
守功還復本封宣武時為定州刺史鸞愛樂佛道繕起佛

寺勸率百姓大爲土木之勞公私費擾頗爲人患宣武聞
之詔奪祿一周甍謚懷王子徽字顯順粗涉文史頗有吏
才宣武時襲封爲河内太守在郡清整有時譽明帝時爲
并州刺史先是州界夏霜妄業者少徽輒開倉振之文武
咸共諫止徽曰昔汲長孺郡守耳尚輒開倉救人災弊況
我皇家親近受委大藩豈可拘法而不救人困也先給後
奏明帝嘉之加安北將軍汾州山胡舊多劫掠自徽爲郡
羣胡自相戒勿得侵擾隣州汾肆之人多來詣徽投訴顧
得口判除秦州刺史還都吏人泣涕攀車不能自已徽車
馬羸弊皆京來舊物見者莫不歎其清儉改授度支尚書

兼吏部尚書尋爲正徽以選舉法期在得人限以停年有
乖舊體但行之日久難以頓革以德同者盡年勞等者進
德于時稱爲中平除侍中餘官如故徽表乞守一官天下
士子莫不歎息咸曰城陽離選賀者復何所希怨嗟之聲
儀然上徽還令兼吏部尚書累遷尚書令時靈太后專制
朝綱頹褫徽既居寵任無所匡弼與鄭儼之徒更相阿黨
外似柔謹内多猜忌睚眦之忿必思報復識者疾之又不
能防閑其妻于氏遂與廣陽王深姦通及深受任軍府每
有表啓論徽罪過雖涉誣毀頗亦實焉莊帝踐阼拜司州
牧尋除司徒仍領牧元顥之入洛徽從莊帝北巡及車駕

還宮以與謀之功除侍中大司馬太尉公加羽葆鼓吹增
邑通前二万户徽表辭官封前後屢上徽爲莊帝親待内
懼尒朱榮等故有此辭莊帝識其意聽其辭封不許讓官
徽後妻莊帝舅女侍中李彧帝之姊壻徽性佞媚善自取
容挾内外之意宗室親寵莫與比焉遂與彧等勸帝圖榮
莊帝亦先有意榮死世隆等屯據不解除徽太保仍大司
馬宗師錄尚書事總統内外徽本意謂榮死後枝葉散亡
及尒朱宗族聚結謀難徽筭略無出憂怖而已性多嫉妬
不欲人居其前每入參謀議獨與帝决朝臣有上軍國籌
策者竝勸帝不納乃云小賊何慮不除又惜財用於時有

所賞錫咸出薄少或多而中減與而復追莊帝雅自約狹
尤亦徽所贊成太府少卿李苗徽司徒時司馬也徽待之
頗厚苗每致忠言徽多不採納苗謂人曰城陽本自蜂目
而豺聲復將露也及尒朱兆之入禁衛奔散莊帝步出雲
龍門徽乘馬奔度帝頻呼之徽不顧而去遂走山南至故
吏寇彌宅彌外雖容納内不自安乃怖徽云官捕將至令
其避他所使人於路邀害送屍於尒朱兆孝武初贈使持
節侍中太師錄尚書事司州牧謚曰文獻子延襲爵齊受
禪例降
章武王太洛皇興二年甍追贈征北大將軍章武郡王謚

曰敬無子孝文初以南安惠王第二子彬爲後彬字豹兒勇健有將用爲夏州刺史以貪惏削封後除汾州刺史胡六百餘人保險謀反彬請兵二万帝大怒曰必須大衆者則先斬刺史然後發兵彬奉詔大懼身先將士討胡平之卒贈散騎常侍子融字永興儀貌壯麗性通率有豪氣宣武初復先爵累遷河南尹融性尤貪欲恣情聚斂爲中尉糾彈削除官爵汾夏山胡叛逆連結正平平陽詔復融前封征東將軍持節都督以討之融寡於經略爲胡所敗後賊帥鮮于脩禮寇暴瀛定二州長孫承業等討之失利除融車騎將軍爲前驅左軍都督與廣陽王深等共討脩禮師度交津葛榮殺脩禮而自立轉營至白牛邏輕騎擊融於陣見殺贈司空公尋以融死王事進贈司徒公加前後部鼓吹謚莊武子景哲襲景哲弟朗即廢帝也

樂陵王胡兒和平四年薨追封樂陵王謚曰康無子獻文詔胡兒兄汝陰王天賜之第二子永全後之襲封後改名思譽孝文時爲鎮北大將軍穆泰陰謀不軌思譽知而不告削封爲庶人太和末復王封薨謚密王子景略襲位幽州刺史薨謚惠王

安定王休皇興二年封少聰敏爲外都大官斷獄有稱車駕南伐領大司馬孝文親行諸軍遇休以三盜人徇六軍將斬之有詔赦之休執曰不斬何以息盜詔曰王者之體亦時有非常之澤雖違軍法可特原之休乃奉詔帝謂司徒馮誕曰大司馬嚴而執法諸軍不可不慎於是六軍肅然定都洛邑休從駕幸鄴命休率從駕文武迎家于平城帝親餞休於漳水之北十八年休寢疾帝幸其第流涕問疾中使醫藥相望於路及薨至殯車駕三臨帝至其門改服錫衰素弁加經皇太子百官皆從行弔禮謚曰靖王詔贈假黃鉞加羽葆鼓吹悉準三老尉元之儀帝親送出郭慟哭而返諸王恩禮莫比宣武世配饗廟庭次子燮襲拜太中大夫除華州刺史燮表曰謹惟州居李潤堡雖是少

梁舊地晉芮錫壤然胡夷內附遂爲戎落稱以馮翊古城實惟西藩奧府面華渭包原澤井淺地平樵牧饒廣採材華陰陸運七十伐木龍門順流而下陪削舊雉功省力易丁不十錢之費人無八旬之勤損輕益重乞垂昭鑒遂詔曰一勞永逸便可聽移薨於州贈朔州刺史子超字化生襲時以胡國珍封安定公改封北平王後復本封尒朱榮入洛遇難見害超弟琰字伏寶大統中封宋安王薨謚曰懿子景山

景山字寶岳少有器局幹略過人周閔帝時以軍功累遷開府儀同三司從武帝平齊以功拜大將軍平原郡公亳

州總管法令明肅賊盜屛迹部內大清徵爲候正宣帝嗣位從上柱國韋孝寬經略淮南鄖州總管宇文亮反以輕兵襲孝寬寬爲亮所薄景山擊破之以功拜亳州總管隋文帝爲丞相尉遲迥作亂滎州刺史宇文冑與迥通謀陰以書諷景山景山執使封書詣相府進位上大將軍以軍功遷安州總管進柱國隋文帝受禪拜上柱國明年大舉伐陳以景山爲行軍元帥出漢口將濟江會陳宣帝殂有詔班師景山大著威名甚爲敵人所憚後數載坐事免卒于家贈梁州總管謚曰襄子成壽嗣成壽便弓馬爲秦王庫直大業中爲西平郡通守變弟顒平清狂無行宣武初

爲給事中悖惡日甚殺人劫盜公私咸患帝以戚近不忍致之法免官禁之別館館名愁思堂冀其克念帝崩乃得出靈太后臨朝以其不悛還於別館依前禁錮久之離禁還家付宗師嚴加誨獎後拜通直散騎常侍前將軍坐倮其妻王氏於其男女前又強姦妻妹於妻母之側御史中尉侯剛案以不道處絞刑會赦免黜爲員外常侍卒

論曰平陽諸子熙乃忠壯京兆之亂悰實有聲匡之謇直有足稱矣當獻文將禪可謂國之大節康王毅然廷諍德音孔昭一言興邦斯之謂歟文宣貞固俊遠鬱爲宗傑身用累朝寧濟夷險社稷是任其梁棟之望乎順蹇諤俶儻有汲黯之風不用於時橫招非命惜矣嵩有行陣之氣雋乃裂冠之徒南安原始要終善不掩惡英將帥之用著聲於時熙略兄弟早播人譽或才疏志大或器狹任廣咸不能就其功名俱至非命惜也康王不永爲起家聲徽飾智矯情外謟內忌永安之禍誰任其責宛其死也固其宜哉章武樂陵蓋不足數靖王聽斷威重見稱於太和美矣

列傳第六　北史十八

方洽　周益　周之冕　孫粹然　校正

文成五王

獻文六王

孝文六王

文成皇帝七男孝元皇后生獻文皇帝李夫人生安樂厲王長樂曹夫人生廣川莊王略沮渠夫人生齊郡順王簡乙夫人生河間孝王若悦夫人生安豐匡王猛玄夫人生韓哀王安平早薨無傳

安樂王長樂皇興四年封建昌王後改封安樂王長樂性凝重獻文器愛之承明元年拜太尉出爲定州刺史頓辱衣冠多不奉法百姓詣闕訟之孝文罰杖三十貪暴彌甚以罪徵詣京師後謀不軌事發賜死於家葬以王禮謚曰厲子詮字搜賢襲宣武初爲涼州刺史在州貪穢政以賄成後除定州刺史及京兆王愉之反詐言國變在北州鎮咸疑朝廷有釁遣使觀詮動靜詮具以狀告州鎮帖然愉奔信都詮以李平高殖等四面攻燒愉突門而出尋除侍中兼以首告之功除尚書左僕射薨謚曰武康子鑒字長文襲後除相州刺史北討大都督討葛榮仍兼尚書左僕射北道行臺尚書令與都督裴衍共攻信都鑒既庸才見天下多事遂謀反降附葛榮都督源子邕與裴衍合圍鑒

斬首傳洛詔改姓元氏莊帝初許復本族又特復鑒王爵贈司空鑒弟斌之字子爽性險無行及與鑒反敗遂奔葛榮榮滅得還孝武帝時封潁川郡王委以腹心之任帝入關斌之奔梁大統二年還長安位尚書令薨贈太尉謚武襄

廣川王略延興二年封位中都大官性明敏鞫獄稱平太和四年薨謚曰莊子諧字仲和襲十九年薨詔曰古者大臣之喪有三臨之禮此蓋三公已上自漢已降多無此禮庶仰遵古典哀慼從情雖以尊降伏私痛寧爽欲令親王有朞親者爲之三臨大功親者爲之再臨小功緦麻爲之一臨廣川王於朕大功必欲再臨者欲於大斂日親臨盡哀成服之後緦衰而弔既殯之緦麻理在無疑大斂之臨當否如何爲須撫柩於始喪爲應盡哀於闔柩黃門侍郎崔光宋弁通直常侍劉芳典命下大夫李元凱中書侍郎高聰等議曰三臨之事乃自古禮爰及漢魏行之者稀陛下方遵前軌臣等以爲若朞親三臨大功宜再始喪之初哀之至極既以情降宜從始喪大斂之臨伏如聖旨詔曰魏晉已來親臨多闕至於戚臣必於東堂哭之頃大司馬安定王薨朕既臨之後受慰東堂今日之事應更哭不光等議曰東堂之哭蓋以不臨之故今陛下躬親撫視羣臣

從駕臣等議以爲不宜復哭詔曰若大司馬威尊位重必哭於東堂而廣川既是諸王之子又年位尚幼卿等議之朕無異焉諧將大斂帝素委親深衣哭之入室哀慟撫尸而出有司奏廣川王妃薨於代京未審以新尊從於卑舊爲宜卑舊來就新尊詔曰遷洛之人自茲厥後悉可歸骸芒嶺皆不得就塋恒代其有夫先葬北婦今喪在南婦人從夫宜還代葬若欲移父就母亦得任之其有妻墳於恒代夫死於洛不得以尊就卑欲移母就父宜亦從之若異葬亦從之若不在葬限身在代喪葬之彼此皆得任之其戶屬恒燕身官京洛去留之宜亦從所擇其屬諸州者各得任意詔贈諧武衛將軍謚曰剛及葬帝親臨送之子靈道襲卒謚悼王

齊郡王簡字叔亮太和五年封位中都大官簡母沮渠牧犍女也簡性貌特類外祖後爲內都大官孝文常與簡俱朝文明太后皇信堂簡居帝之右行家人禮遷太保孝文仁孝以諸父零落存者唯簡每見立以待之俟坐致敬問起居停簡拜伏簡性好酒不能理公私之事妻常氏燕郡公喜女也文明太后以賜簡幹綜家事頗節簡酒乃至盜竊求乞婢侍卒不能禁薨時孝文不豫詔曰叔父薨背痛慕摧絕不自勝任但虛頓牀枕未堪奉赴當乃疾發哀謚曰靈王宣武時改謚曰順子祐字伯授母常氏孝文以納不以禮不許其爲妃宣武以母從子貴詔特拜爲齊國太妃祐位涇州刺史薨謚曰敬

河間王若字叔儒未封而薨追封河間謚曰孝詔京兆康王子太安爲後太安於若爲從弟非相後之義廢之以齊郡王子琛繼琛字曇寶幼敏慧孝文愛之宣武時拜定州刺史琛妃宣武舅女高皇后妹琛憑恃內外在州貪惏及還朝靈太后詔曰琛在定州唯不將中山宮來自餘無所不致何可叙用由是廢于家琛以明帝始學獻金字孝經又無方自達乃與劉騰爲養息賂騰金寶巨万計騰爲言乃得兼都官尚書出爲秦州刺史在州聚斂百姓吁嗟東

益南秦二州氐反詔琛爲行臺仍充都督還攝州事既總軍省求慾無厭進討氐羌大被摧破內恃劉騰無所畏憚爲中尉彈糾會赦除名尋復王爵後討鮮于脩禮敗免官爵後討汾晉胡蜀卒於軍追復王爵

安豐王猛字季烈太和五年封加侍中出爲鎮都大將營州刺史猛寬仁雄毅甚有威略戎夷畏愛之薨于州贈太尉謚曰匡子延明襲宣武時授太中大夫延昌初歲大飢延明乃減家財以拯賓客數十人并贍其家至明帝初爲豫州刺史甚有政績累遷給事黃門侍郎延明既博極羣

書兼有文藻鳩集圖籍万有餘卷性清儉不營產業與中山王熙及弟臨淮王彧等並以才學令望有名於世雖風流造次不及熙彧而稽古淳篤過之遷侍中詔與侍中崔光撰定服制後兼尚書右僕射以延明博識多聞敕監金石事及元法僧反詔為東道行臺徐州大都督節度諸軍事與都督臨淮王彧尚書李憲等討法僧𥳑遣其豫章王綜鎮徐州延明先牧徐方甚得人譽招懷舊土遠近歸之綜既降延明因以軍乘之復東南之境至宿豫而還遷都督徐州刺史頻經師旅人物彫弊延明招攜新故人悉安業百姓咸附莊帝時兼大司馬元顥入洛延明受顥委寄

顥敗奔梁死於江南莊帝末喪還孝武初贈太保王如故謚曰文宣所著詩賦讚頌銘誄三百餘篇又撰五經宗略詩禮別義注帝王世紀及列仙傳又以河間人信都芳工筭圖又集器準九篇芳別為之注皆行於世矣孫長儒孝靜時襲祖爵

獻文皇帝七男思皇后生孝文皇帝封昭儀生咸陽王禧韓貴人生趙郡靈王幹高陽文穆王雍孟椒房生廣陵惠王羽潘貴人生彭城武宣王勰高椒房生北海王詳

咸陽王禧字思永太和九年封加侍中驃騎大將軍中都大官文明太后令皇子皇孫於靜所別置學選忠信博聞之士為之師傅匠以成之孝文以諸弟典三部職謂禧曰弟等皆幼年任重三部折獄特宜用心夫未能操刀而使割錦非傷錦之尤寔授刀之責文明太后亦致誡勗出為使持節開府冀州刺史孝文餞於南郊又以濟陽王鬱枉法賜死之事遣告禧因以誡之後禧朝京師詔以廷尉卿李沖為禧師時王國舍人應取八族及清脩之門禧取任城王隸戶為之深為帝責帝以諸王婚多猥濫於是為禧娉故潁川太守隴西李輔女河南王幹娉故中散代郡穆明樂女廣陵王羽娉驃騎諮議參軍滎陽鄭平城女潁川王雍娉故中書博士范陽盧神寶女始平王勰娉廷尉卿

隴西李沖女北海王詳娉吏部郎中滎陽鄭懿女有司奏冀州人蘇僧瓘等三千人稱禧清明有惠政請世胙冀州詔曰畫野由君理非下請入除司州牧詔以禧元弟之重食邑三千户自餘五王皆邑食二千孝文引見朝臣詔斷北語一從正音禧贊成其事於是詔年三十已上習性已久容或不可卒革三十已下見在朝廷之人語音不聽仍舊若有故為當降爵黜官者仍舊俗恐數世之後伊洛之下復成被髮之人朕嘗與李沖論此沖言四方之語竟知誰是帝者言之即為正矣何必改舊從新沖之此言應合死罪乃謂沖曰卿實負社稷沖免冠陳謝又責留京之官

曰昨望見婦女之服仍為夾領小袖何為而違前詔禧對曰陛下聖過堯舜光化中原舛違之罪實合處刑孝文曰若朕言非卿等當奮辭廷論如何入則順旨退有不從昔舜語禹汝無面從退有後言卿等之謂乎尋以禧長兼太尉公後帝幸禧第謂司空穆亮僕射李沖曰元弟禧戚連皇極且長兼太尉以和飪鼎朕恒恐君有空授之名臣貽彼己之刺今幸其宅徒屈二賓良以為愧帝篤於兄弟以禧次長禮遇優隆然亦知其性貪每加切誡而終不改操後加侍中正太尉及帝崩禧受遺輔政雖為宰輔之首而潛受賄賂姬妾數十意尚未已猶欲遠有簡娉以恣其情

宣武頗惡之景明二年春召禧等入光極殿詔曰諱比纏尪疾實憑諸父今便親攝百揆且還府司當別處分尋詔進位太保領太尉帝既覽政禧意不安遂與其妃兄兼給事黃門侍郎李伯尚謀反帝時幸小平禧在城西小宅初欲勒兵直入金墉衆懷沮異禧心因緩自旦達晡計不能決遂約不洩而散直寢符承祖薛魏孫與禧將害帝是日帝息於芒山止浮圖陰下少時睡臥魏孫便欲赴廷承祖私言於魏孫曰吾聞殺天子者身當癩魏孫且止帝尋覺悟儀有武興王楊集始出便馳告而禧意不疑乃與臣妾向洪池別墅遣其齋帥劉小苟奉啟云檢行田牧小苟至芒嶺已逢軍人怪小苟赤衣將欲殺害小苟言欲告反乃緩之禧是夜宿於洪池不知事露其夜將士所在追禧禧自洪池東南走左右從禧者唯兼防閤尹龍武禧憂迫謂曰試作一謎當思解之以釋毒悶龍武欻憶舊謎云眠則同眠起則同起貪如豺狼贓不入己都不有心於規刺也禧亦不以為諷已因解之曰此是眼也而龍武謂之是箸渡洛水至柏堝顧謂龍武曰汝可勉心作與太尉公同死計龍武曰若與殿下同命雖死猶生俄而禧被禽送華林都亭著千斤鎖格龍武羽林掌衛之時熱甚禧渴悶垂死敕斷水漿侍中崔光令左右送酪漿升餘禧一飲而盡初

孝文觀台宿有逆謀氣言於禧曰玄象變汝終為逆謀會無所成但受惡而已至此果如言禧臨盡畏迫喪志乃與諸妹公主等訣言及一二愛妾公主哭且罵之言坐多取此婢輩貪逐財物致今日之事何復囑問此等禧愧而無言遂賜死私第絕其諸子屬籍禧之諸女微給資產奴婢自餘家財悉以賚高肇趙脩二家其餘賜內外百官逮于流外多百匹下至十匹其積聚若此其宮人為之歌曰可憐咸陽王奈何作事誤金床玉几不能眠夜蹋霜與露洛水湛湛彌岸長行人那得度其歌遂流至江表北人之在南者雖富貴聞弦管奏之莫不灑泣禧八子長子通字曇

和竊入河內太守陸琇家初與通情既聞禧敗乃殺之通
弟翼字仲和後會赦詣闕上書求葬父不許乃與二弟昌
曄奔梁正光中詔咸陽京兆二王諸子竝聽附屬籍後復
禧王爵葬以王禮詔曄弟坦襲翼與昌申屠氏出曄李妃
所出也翼容貌魁壯風制可觀梁武甚重之封爲咸陽王
翼讓其嫡弟曄梁武不許後爲青兾二州刺史鎮郁州翼
謀舉州入國爲梁武所殺翼弟樹字秀和一家獨立美姿
貌善吐納兼有將略位宗正卿後亦奔梁梁武尤器之封
爲魏郡王後改封鄴王數爲將領窺覦邊服介朱榮之害
百官也樹時爲郢州刺史請討榮梁武資其士馬侵擾境

上孝武初御史中尉樊子鵠爲行臺率徐州刺史杜德舍
人李昭等討之樹城守不下子鵠使金紫光祿大夫張安
期說之樹請委城還南子鵠許之殺白馬爲盟樹恃誓不
爲戰備與杜德別還南德不許送洛陽置在景明寺樹年
十五奔南未及富貴每見嵩山雲向南未甞不引領歔欷
初發梁覩其愛妹玉兒以金指環與別樹常著之寄以還
梁表必還之意朝廷知之俄而賜死未幾杜德忽得狂病
云元樹打我不已至死此聲不絕舍人李昭尋奉使向秦
州至潼關驛夜夢樹云我已訴天帝待卿至隴終不相放
昭覺見惡之及至隴口爲賀拔岳所殺子鵠尋爲達野拔所

殺孝靜時其子貞自建業求隨聘使崔長謙赴鄴葬樹梁
武許之詔贈樹太師司徒尚書令貞既葬還江南位太子
舍人及侯景南奔梁武以貞爲咸陽王送景使爲魏主未
幾景反曄字世茂梁封爲桑乾王卒於南坦一名穆字延
和憿佷凶麤因飲醉之際於洛橋左右頓辱行人爲道路
所患從叔安豐王延明每切責之曰汝兇悖性與身而長
昔宋有東海王禕志性凡劣時人號曰驢王我熟觀汝所
作亦恐不免驢號當時聞者號爲驢王禧誅後坦兄翼樹
等五人相繼南奔故坦得承襲改封敷城王永安初復本
封咸陽郡王累遷侍中莊帝從容謂曰王才非荀蔡中歲

屢遷當由少長朕家故有超授初禧死後諸子貧乏坦兄
弟爲彭城王勰所收養故有此言孝武初其兄樹見禽坦
見樹既長且賢慮其代已密勸朝廷以法除之樹知之泣
謂坦曰我往因家難不能死亡寄食江湖受其爵命今者
之來非由義至求活而已豈望榮華汝何肆其猜忌忘在
原之義膂背雖偉善無可稱坦作色而去樹死竟不臨哭
後歷司徒太尉太傅加侍中太師錄尚書事宗師司州牧
雖祿厚位尊貪求滋甚賣獄鬻官不知紀極爲御史劾奏
免官以王歸第尋起爲特進出爲冀州刺史專復聚斂每
百姓納賦除常別先責絹五匹然後爲受性好畋漁無日

不出秋冬獵雉兔春夏捕魚蟹鷹犬常數百頭自言寧三日不食不能一日不獵入爲太傅齊天保初準例降爵封新豐縣公除特進開府儀同三司坐子世寶與通直散騎侍郎彭貴平因酒醉誹謗妄說圖讖有司奏當死詔竝宥之坦配北營州死配所

趙郡王幹字思直太和九年封河南王位大將軍孝文篤愛諸弟以幹摠戎別道誡之曰司空穆亮年器可師散騎常侍盧陽烏才堪詢訪汝其師之遷洛改封趙郡王除都督冀州刺史帝親餞於郊誡曰刑獄之理先哲所難然旣有邦國得不自勵也詔以李憑爲長史唐茂爲司馬盧尚

之爲諮議參軍以匡弼之而憑等諫幹殊不納州表斬盜馬人於律過重而尚書以幹初臨縱而不劾詔曰尚書曲阿朕意實傷皇度幹闇於政理律外重刑竝可推聞後轉特進司州牧車駕南討詔幹都督中外諸軍事給鼓吹一部甲士三百人出入殿門幹貪淫不遵政典御史中尉李彪將糾劾之會遇幹於尚書下舍屛左右誡之而幹悠然不以爲意彪表彈之詔幹與北海王詳俱隨太子詣行在所及至密使左右察其意色無有憂悔乃親數其過杖之一百免所居官以王還第薨謚曰靈王陪葬長陵子謚襲封幹妃穆氏表謚及謚母趙等悖禮愆常詔曰妾於女君猶婦人事姑舅妾子於君母禮加如子之恭何得黷我風猷可付宗正依禮正罪謚在母喪聽聲飲戲爲御史中尉李平所彈遇赦復封後爲岐州刺史謚性暴虐明帝初臺使元延到其州界以驛邏無兵攝帥檢察隊主高保願列言所有之兵王皆私役謚聞大怒鞭保願等五人各二百數日閒謚召近州人夫閉四門內外嚴固搜掩城人楚掠備至又無事而斬六人合城兇懼衆遂大呼屯門謚怖登樓毀梯以自固士人散走城人分守四門靈太后遣游擊將軍王靖馳馹喻之城人旣見靖至開門謝罪乃罷謚州除大司農卿遷幽州刺史謚妃胡氏靈太后從女也未發

坐歐其妃免官後除都官尚書車駕出拜圓丘謚與妃乘赤馬犯鹵簿爲御史所彈靈太后特不問薨高陽王雍幹之母弟啓論謚贈假侍中司州牧謚貞景謚兄諶字興伯性平和位都官尚書尒朱榮之入洛陽啓莊帝欲遷都晉陽帝以問諶諍之以爲不可榮怒曰何關君而固執也且河陰之役君應之諶曰天下事天下論之何以河陰之酷而恐元諶宗室戚屬位居常伯生旣無益死復何損正使今日碎首流腸亦無所懼榮大怒欲罪諶其從弟世隆固諫乃止見者莫不震悚諶顏色自若後數日帝與榮見宮闕壯麗列樹成行乃歎曰臣一昨愚志有遷京之意今見

皇居壯觀亦何用去河洛而就晉陽臣熟思元尚書言深不可奪是以遷都議因罷永安元年拜尚書左僕射封魏郡王諶本年長應襲王封爲其父靈王愛其第謐以爲世子莊帝詔復諶封趙郡王歷位司空太保太尉録尚書事孝静初拜大司馬薨謚孝懿諶無他才識歷位雖重時人忽之謐第譚頗強立少爲宗室推敬卒於秦州刺史譚弟讞貪暴無禮位太中大夫封平鄉男河陰遇害廣陵王羽字叔翻太和九年封加侍中爲外都大官羽少聰慧有斷獄之稱後罷三都以羽爲大理典決京師獄訟遷特進尚書右僕射又爲太子太保録尚書事孝文將南討遣羽持

節安撫六鎮發其突騎夷夏寧悦還領廷尉卿及車駕發羽與太尉元丕留守帝友愛諸第及將别不忍早分詔羽從至應門及令羽歸望其稱効故賜如意以表心十八年羽表辭廷尉不許羽奏外考令文每歲終州鎮列牧守績狀及至再考隨其品第以彰黜陟雖外有成令而内令未班内外考察理應同等臣輒推準外考以定京官績行詔曰論考之事理在不輕問績之方應關朕聽輒爾輕發殊爲躁也今始維夏且待至秋後孝文臨朝堂考羣臣顧謂羽曰上下二等可爲三品中等但爲一品所以然者上下是黜陟之科故旌絲髮之美中等守本事可大通帝又謂

羽曰汝功勤之績不聞於朝阿黨之音頻干朕聽今黜汝録尚書廷尉但居特進太保又謂尚書令陸叡曰叔翻在省之初甚著善稱自近以來偏頗懈怠豈不由卿等隨其邪僞之心今奪卿尚書令禄一周謂左僕射元贊曰計叔翻之黜卿應大辟但以咎歸一人不復相罪今解卿少師之任削禄一周詔吏部尚書澄曰觀叔父神志驕傲可解少保又謂長兼尚書于果曰卿不能勤謹夙夜數辭以疾今解卿長兼可光禄大夫守尚書削禄一周又謂守尚書尉羽曰卿恭懃在集書殊無憂存左史之事今降爲長兼常侍亦削禄一周又謂守尚書盧陽烏曰卿在集書雖非

高功爲一省文學之士常不以左史在意今降卿長兼王師守常侍尚書如故奪常侍禄一周謂左丞公孫良右丞乞伏義受曰卿等不能正心直言罪應大辟但以事鍾叔翻故不能別致貶二丞可以白衣守本官冠服禄恤盡皆削奪若三年有成還復本任如其無成則永歸南畝謂散騎常侍元景曰卿等自任集書合省逋情致使王言遺滯起居不脩今降爲中大夫守常侍奪禄一周又謂諫議大夫李彦卿實不稱職可去諫議退爲元士又謂中庶子游肇及中書舍人李平識學可觀可爲中第初孝文引陸叡元贊等前曰朕爲天子何假中原欲令卿等子孫博見多

知若永居恒北遇不好文士卿等子弟不免面牆也陸叡對曰實如明詔金氏若不入仕漢朝七葉知名亦不可得也帝大悅帝幸羽第與諸弟言曰朕親受人訟知廣陵之明了咸陽王禧曰臣年爲廣陵兄明爲廣陵弟帝曰我爲汝兄汝爲羽昆汝復何恨車駕南伐除開府青州刺史詔羽曰海服之寄故唯宗良唯酒唯田可不誡歟宣武即位遷司州牧及帝覽政引入內面授司徒請爲司空乃許之羽先淫員外郎馮俊興妻夜私遊爲俊興所擊積日秘匿薨於府宣武親臨哀贈司徒謚曰慧子恭襲是爲節閔帝恭兄欣字慶樂性麤獷率好鷹犬孝莊初封沛郡王後封淮

陽王孝武時加太師開府復封廣陵王太傅司州牧尋除大司馬孝武入關中欣投託人使達長安爲太傅錄尚書事欣於中興宗室禮遇最隆自廣平諸王悉居其下又爲大宗師進大冢宰中軍大都督大統中爲柱國大將軍太傅文帝謂欣曰王三爲太傅再爲太師自古人臣未聞此例欣遜謝而已後拜司徒恭帝初遷大丞相薨謚曰容欣好營產業多所樹蓺京師名果皆出其園所汲引及僚佐咸非長者爲世所鄙

高陽王雍字思穆少傲儻不恒孝文曰吾亦未能測此兒之深淺然觀其任眞率素或年器晚成太和九年封潁川王或說雍侍士以營聲譽雍曰吾天子之子位爲諸王用聲名何爲改封高陽後爲相州刺史帝誡曰爲牧之道亦易亦難其身正不令而行故便是易其身不正雖令不從故曰是難宣武初遷冀州刺史雍在二州微有聲稱入拜司州牧帝時幸雍第皆盡家人禮遷司空轉太尉加侍中尋除太保領太尉侍中如故明帝初詔雍入居太極西栢堂諮決大政給親信二十人又詔雍爲宗師進太傅侍中領太尉公別敕將作營國子學寺給雍居之領軍于忠擅權專恣僕射郭祚勸雍出之忠矯詔殺祚及尚書裴植廢雍以王歸第朝有大事使黃門就諮訪之忠尋復矯詔將

殺雍以問侍中崔光拒之乃止未幾靈太后臨朝出忠爲冀州刺史雍表暴忠罪陳已不能匡正請返私門靈太后感忠保護之勳不問其罪除雍侍中太師領司州牧雍表請王公已下賤妾悉不聽用織成錦繡金玉珠璣違者以違旨論奴婢悉不得衣綾綺纈止於縵繒而已奴則布服並不得以金銀爲釵帶犯者鞭一百太后從之而不能久也詔雍乘步挽出入掖門又以本官錄尚書事朝晡侍講明帝覽政詔雍乘車出入大司馬門進位丞相又詔依齊郡順王簡太和故事朝訖引坐特優拜伏之禮總攝內外與元叉同決庶政歲祿粟至四万石伎侍盈房榮貴之盛

昆弟莫及元妃盧氏薨後更納博陵崔顯妹欲以爲妃宣
武初以崔顯世號東崔地寒望劣難之久乃聽許延昌已
後踈棄崔氏別房幽禁僅給衣食而已未幾崔暴薨多云
雍毆殺也靈太后許賜其女伎未及送之雍遣其閹豎丁
鵝自至宮內料簡四人冒以還第太后責其專擅追停之
壽莊初於河陰遇害贈假黃鉞相國謚文穆雍識懷短淺
又無學業雖位居朝首不爲時情所推自熙平以後朝政
褫落及清河王懌之死元乂專政天下大責歸焉嫡子泰
字昌願有時譽位太常卿與雍同時遇害贈太尉公高陽
王謚曰文子斌襲斌字善集歷位侍中尚書左僕射斌美

儀貌性寬和居官重慎頗爲齊文襄愛賞齊天保初準
例降爵爲高陽縣公拜右光祿大夫二年從文宣討契丹
還至白狼河以罪賜死
彭城王勰字彥和少而岐嶷姿性不羣太和九年封始平
王加侍中勰生而母潘氏卒其年獻文崩及有所知啓求
追服文明太后不許乃毀容憔悴心喪三年不參吉慶孝
文大奇之敏而耽學雅好屬文長直禁內參決軍國大政
万機之事無不預焉及車駕南伐領宗子軍宿衛左右轉
中書令侍中如故改封彭城王帝升金墉城顧見堂後桐
竹曰鳳皇非梧桐不棲非竹實不食今梧竹並茂詎能降

鳳乎勰曰鳳皇應德而來豈桐竹能降帝笑曰朕亦未
望降之後宴侍臣於清徽堂日晏移於流化池芳林下帝
仰觀桐葉之茂曰其桐其椅其實離離愷悌君子莫不令
儀今林下諸賢足敷歌詠遂令黃門侍郎崔光讀暮春羣
臣應制詩至勰詩帝乃爲改一字曰昔祁奚舉子天下謂
之至公今見勰詩始知中令之譽非私也勰曰臣露此拙
方見聖朝之私賴蒙神筆賜刊得有令譽帝曰雖琱琢一
字猶是玉之本體勰曰詩三百一言可蔽今陛下賜刊一
字足以價等連城勰表解侍中詔曰蟬貂之美待汝而光
人乏之秋何容方退後從幸代都次于上黨之銅鞮山路

傍有大松樹十數根時帝進繖遂住而賦詩令示勰曰吾
作詩雖不七步亦不言遠汝可作之比至吾間令就也時
勰去帝十步遂且行且作未至帝所而就詩曰問松林松
林經幾冬山川何如昔風雲與古同帝大笑曰汝此亦調
責吾耳詔贈勰所生母潘氏爲彭城國太妃又除中書監
侍中如故帝南討漢陽假勰中軍大將軍加鼓吹一部勰
以寵授頻煩乃面陳曰臣聞兼親疏而兩並異同而建此
既成文於昔臣願誦之於後陳思求而不允愚臣不請而
得豈但今古云殊遇否大異帝大笑執勰手曰二曹才名
相忌吾與汝以道德相親緣此而言無慚前烈帝親講喪

服於清徽堂從容謂羣臣曰彥和季豫等年在沖蒙早登
纓紱失過庭之訓竝未習禮每欲令我一解喪服自審義
解浮疎抑而不許頃因酒醉坐脫爾言從啟屈朝彥遂親
傳說御史中尉李彪對曰自古及今未有天子講禮臣得
親承音旨千載一時從征沔北除使持節都督南征諸軍
事征中軍大將軍開府勰於是親勤大衆須臾有一大鳥
從南來一向行宮一向幕府各爲人所獲勰言於帝曰始
有一鳥望旗顛仆臣謂大吉帝戲之曰鳥之畏威豈獨中
軍之略也吾亦分其一耳此乃大善兵法咸說至明便大
破崔慧景蕭衍其夜大雨帝曰昔聞國軍獲勝每逢雲雨

今破新野南陽及摧此賊果降時潤誠哉斯言勰對曰水
德之應遠稱天心帝令勰爲露布辭曰臣聞露布者布於
四海露之耳目以臣小才豈足大用帝曰汝亦爲才達但
可爲之及就尤類帝文有人見者咸謂御筆帝曰汝所爲
者人謂吾製非兄則弟誰能辨之勰對曰子夏被嗤於先
聖臣又荷責於來今及至豫州帝爲家人書於勰曰每欲
立一宗師肅我元族汝親則宸極官乃中監風標才器實
足軌範宗制之重捨汝誰寄有不遵教典隨事以聞帝不
豫勰內侍醫藥外摠軍國之務遐邇肅然人無異議徐謇
當世上醫先是假歸洛陽及召至勰引之別所泣涕執手

祈請懇至左右見者莫不嗚咽及引入謇便欲進藥勰以
帝神力虛弱唯令以食味消息勰乃密爲壇於汝水濱依
周公故事告天地及獻文爲帝請命乞以身代帝瘳損自
懸瓠幸鄴勰常侍坐輿輦晝夜不離其側飲食必先嘗之
而後手自進御車駕還京會百寮於宣極堂行飲至策勳
之禮以勰功爲羣將之最尋以勰爲司徒太子太傅侍中
如故俄而齊將陳顯達內寇帝復親討之詔勰持節都督
中外諸軍事摠攝六師時帝不豫勰辭侍疾無暇更請一
王摠當軍要帝曰吾慮不濟安六軍保社稷者捨汝而誰
帝至馬圈疾甚謂勰曰今吾當成不濟霍子孟以異姓受

付況親賢不可不勉也勰泣曰士於布衣猶爲知己盡命
況臣託靈先皇誠應竭股肱之力但臣出入喉膂每跨時
要此乃周旦遁逃成王疑惑臣非所以辭勤請免正欲仰
成陛下日鏡之明下令愚臣獲避退之福帝久之曰吾尋
思汝言理實難奪乃手詔宣武曰汝第六父勰清規懋賞
與白雲俱潔厭榮捨紱以松竹爲心吾少與綢繆提攜道
趣每請朝纓恬眞丘壑吾以長兄之重未忍離遠何容仍
屈素業長嬰世網吾百年之後其聽勰辭蟬捨冕遂其沖
挹之性也帝崩于行宮遏祕喪事獨與右僕射任城王澄
及左右數人爲計奉遷於安車中勰等出入如平常視疾

進膳可決外奏累日達宛城乃夜進安車於郡聽事得加
歛襯還載臥輿六軍內外莫有知者遣中書舍人張儒奉
詔徵宣武會駕梓宮至魯陽乃發喪行服宣武即位勰跪
授遺敕數紙咸陽王禧疑勰爲變停於魯陽郡外久之乃
入謂勰曰汝非但辛勤亦危險至極勰恨之對曰兄識高
年長故知有夷險彥和握蛇騎武不覺艱難禧曰汝恨吾
後至耳自孝文不豫勰常居中親侍醫藥夙夜不離左右
至於衣不解帶亂首垢面帝患久多忿因之遷怒勰每被
誚詈言至厲切威責近侍動將誅斬勰承顏悉心多所匡
濟及帝昇遐齊將陳顯達奔遁始爾處凶問泄漏致有逼

迫勰內雖悲慟外示含容出入俯仰神貌無異及至魯陽
東宮官屬多疑勰有異志竊懷防懼而勰推誠盡禮卒無
纖介之過勰上謚議協時肇享曰孝五宗安之曰孝道德
博聞曰文經緯天地曰文上尊號爲孝文皇帝廟號高祖
陵曰長陵帝從之既葬帝固以勰爲宰輔勰頻口陳遺旨
請遂素懷帝對勰悲慟每不許之頻表懇切帝難違遺敕
遂其雅情猶逼以外任乃以勰爲都督定州刺史勰仍陳
讓帝不許乃述職帝與勰書極家人敬請勰入京景明初
齊豫州刺史裴叔業以壽春內屬詔勰都督南征諸軍事
與尚書令王肅迎接壽春復授司徒又詔以本官領揚州

刺史進位大司馬領司徒齊將陳伯之屯於肥口胡松又
據梁城勰部分將士頻戰破之淮南平徵勰還朝初勰之
定壽春獲齊汝陰太守王果豫州中從事庾稷等數人勰
傾衿禮之常參坐席果承間求還江外勰矜而許之果又
謝曰果等今還仰負慈澤請聽仁駕振旅反跡江外至此
乃還其爲遠人所懷如此勰至京師頻表辭大司馬領司
徒及所增邑乞還中山有詔不許乃除錄尚書侍中司徒
如故固辭不免時咸陽王禧以驕矜頗有不法北海王詳
陰言於帝又言勰大得人情不宜久在宰輔勸帝遵遺敕
禧等又出領軍于烈爲恒州烈深以爲忿烈子忠常在左

右密令忠言於帝宜早自覽政時將礿祭王公並齋於廟
東坊帝遣于烈將壯士六十人召禧勰詳等引見帝謂勰
曰頃來南北務殷不容仰遂沖操讓是何人而敢久違先
敕今遂叔父高蹈之意詔乃爲勰造宅務從簡素以遂其
心勰因是作蠅賦以喻懷又以勰爲太師勰遂固辭詔侍
中敦喻帝又爲書於勰崇家人之敬勰不得已而應命帝
前後頻幸勰第及京兆廣平王暴虐不法制宿衛隊主率
羽林武賁幽守諸王於其第勰上表切諫帝不納時議定
律令勰與高陽王雍八坐朝士有才學者五日一集參論
軌制應否之宜凡所裁決時彥歸仰又加侍中勰敦尚文

史撰自古帝王賢達至於魏世子孫族從為三十卷名曰要略性仁孝言於朝廷以其舅潘僧固為長樂太守京兆王愉構逆僧固見逼尚書令高肇性既兇愎又肇兄女入為夫人順皇后崩帝欲以為后勰固執以為不可肇於是屢譖勰因僧固之同愉逆肇誣勰與愉通南招蠻賊勰國郎中令魏偃前防閤高祖珍希肇提攜構成事肇初令侍中元暉以奏暉不從又令左衛元珍言之帝訪暉明勰無此帝更以問肇肇以魏偃祖珍為證乃信之永平元年九月召勰及高陽王雍廣陽王嘉清河王懌廣平王懷及高肇等入時勰妃方產固辭不得已意甚憂懼與妃訣而

登車入東掖門度一小橋牛傷人挽而入宴於禁中夜皆醉各就別所消息俄而元珍將武士賫毒酒至勰曰一見至尊死無恨也珍曰至尊何可復見武士以刀環築勰二下勰大言稱寃武士又以刀築勰乃飲毒酒武士就殺之向晨以褥裹屍輿從屏門出載屍歸第云因飲而薨勰妃李氏司空沖之女也號哭曰高肇枉理殺人天道有靈汝還當惡死及肇以罪見殺還於此屋論者知有報應焉帝為舉哀於東堂勰既有大功於國無罪見害行路士女皆流涕曰高肇小人枉殺如此賢王在朝貴戚莫不喪氣景明報德寺僧鳴鐘欲飯忽聞勰薨二寺一千餘人皆嗟痛

為之不食但飲水而齋追贈假黃鉞使持節都督中外諸軍事司徒公太師給鑾輅九旒武賁班劍百人前後部羽葆鼓吹轀輬車有司奏太常卿劉芳議勰謚保大定功曰武善問周達曰宣宜謚武宣王詔可及莊帝即位追號文穆皇帝妃李氏為文穆皇后遷神主於太廟稱肅祖節閔帝時去其神主嫡子劭字子訥襲封劭善武藝少有氣節明帝初梁將寇邊劭表上粟九千斛資絹六百匹國吏二百人以充軍用靈太后嘉其至意不許累遷青州刺史孝昌末靈太后失德四方紛擾劭遂有異志為安豐王延明所啓徵入為御史中尉莊帝即位尊為無上王尋遇害河

陰追謚曰孝宣皇帝妻李氏為文恭皇后子韶字世胄好學美容儀初介朱榮將入洛父劭恐以韶寄所親滎陽太守鄭仲明仲明尋為城人所殺韶因亂與乳母相失遂與仲明兄子僧副避難路中為賊逼僧副恐不免因令韶下馬僧副謂客曰窮鳥投人尚或矜愍況諸王如何棄乎僧副舉刃逼之客乃退韶逢一老母姓程哀之隱於私家居十餘日莊帝訪而獲焉襲封彭城王齊神武後以孝武帝后配之魏室奇寶多隨后入韶家有二玉鉢相盛轉而不可出馬腦榼容三升玉縫之皆稱西域鬼作也歷位太尉侍中錄尚書事司州牧特進太傅齊天保元年降爵為縣

公韶性行溫裕以高氏壻頗膺時寵能自謙退臨人有慧政好儒學禮致才彥愛林泉脩第宅華而不侈文宣常剃韶鬢鬚加以粉黛衣婦人服以自隨曰以彭城為嬪御譏元氏微弱比之婦女十年太史奏云今年當除舊布新文宣謂韶曰漢光武何故中興韶曰為誅諸劉不盡於是乃誅諸元以厭之遂以五月誅元世哲景武等二十五家餘十九家並禁止之韶幽於京畿地牢絕食啗衣袖而死及七月大誅元氏自昭成已下並無遺焉或父祖為王或身常貴顯或兄弟強壯皆斬東市其嬰兒投於空中承之以矟前後死者凡七百二十一人悉投屍漳水剖魚者多得爪

甲都下為之久不食魚世哲從弟黃頭使與諸囚自金鳳臺各乘紙鴟以飛黃頭獨能至紫陌乃墮仍付御史獄畢義雲餓殺之

北海王詳字季豫美姿容善舉止太和九年封加侍中孝文自洛北巡詳常與侍中彭城王勰並在輿輦陪侍左右至文成射銘所帝停駕詔諸弟及侍臣皆試射遠近諸人皆去一二十步唯詳箭及之帝拊掌欣笑遂詔勒銘親自為制車駕南伐詳行中領軍留守孝文臨崩顧命詳為司空輔政宣武覽政為中大將軍錄尚書事咸陽王禧之謀反詳表求解任制不許除太尉領司徒侍中錄尚書事如故詳之拜命其夜暴風震電拔其庭中桐樹大十圍倒立本處初宣武之覽政詳聞彭城王勰有震主之慮而欲奪其司徒大懼物議故為大將軍至是乃居之天威如此識者知其不終既以季父崇寵位望兼極貪冒無厭公私營販又於東掖門外規占第宅至有喪柩在室請延至葬而不見許輿櫬巷次行路哀嗟詳母高太妃頗助威虐怨響嗷然妃宋王劉昶女不見答禮寵妾范氏愛等伉儷及死葬訖猶毀隧視之又烝於安定王燮妃高氏即茹皓妻姊詳既素附於皓又緣淫好往來綢密詳雖貪侈宣武禮敬尚隆常別住華林園西隅與都亭宮館相接帝每潛幸其

所肆飲終日與高太妃相見呼為阿母伏而上酒禮若家人臨出高每拜送舉觴祝言願官家千万年壽歲一入妾母子舍也初宣武之親政詳與咸陽王禧彭城王勰並被召入共乘犢車防衛嚴固高時惶迫以為必死亦乘車傍路哭送至金墉及詳得免高云自今以後不願富貴但令母子相保共汝掃市作活也至此貴寵崇盛不復言有禍敗之理後為高肇所譖云詳與皓等謀逆時詳在南第帝召中尉崔亮入禁糾詳貪淫及茹皓劉冑常季賢陳掃靜等專恣之狀夜即收禁南臺又武賁百人圍守詳第夜中慮其驚懼奔越遣左右郭翼開金墉門馳出喻之示以中

尉彈狀詳母高見翼頓首號泣不能自勝詳言審如中尉所糾何憂也人奉我珍異貨物我實受之果爲取受吾何憂平至明皓等皆賜死引高陽王雍等五王入議詳罪單車防守還華林館母妻相與哭入所居小奴弱婢數人隨從防援甚嚴徙就太府寺免爲庶人別營坊館於洛陽縣東北隅如法禁衛限以終身名曰思善堂將徙詳居之會其家奴陰結黨輩欲劫出密抄名字潛託侍婢通於詳詳始得執省而門防主司遥見突入就詳手中覽得呈奏帝密令害之詳自至太府令其母妻還居南宅五日一來此夜母妻不來死於奴婢手中詔喪還南宅諸王皇宗悉令

奔赴賵物一依廣陵故事詳之初禁乃以淫高事告母母大怒詈之曰汝自有妻妾侍婢少盛如花何共高麗婢姦令致此罪我得高麗婢當噉其肉乃杖詳背及兩脚百餘下自行杖力疲乃使奴代高氏素嚴詳每有微罪常加責罰以絮裹杖至是去絮皆至創膿又杖其妃劉數十云新婦大家女門户匹敵何所畏而不檢校夫壻劉笑而受罰卒無所言詳貪淫之失雖聞遠近而死之日罪無定名遠近歎怪之永平元年十月詔追復王爵謚曰平王子顥襲

顥字子明少慷慨有壯氣爲徐州刺史尋爲御史彈劾除名後賊帥宿勤明達叱干騏驎等寇亂豳華等州乃復顥王爵兼左僕射西道行臺以討明達頻破賊解豳華之圍後蕭寶夤等大敗於平涼顥亦奔還京師武泰傳爲相州刺史以禦葛榮屬尒朱榮入洛推莊帝授顥太傅顥以葛榮南侵尒朱縱害遂盤桓顧望圖自安之策事不諧遂與子冠受奔梁梁武以爲魏主假之兵將令其北入求安二年四月於梁國城南登壇燔燎年號孝基元年莊帝詔濟陰王暉業於考城拒之爲顥所禽莊帝北幸顥遂入洛改稱建武元年顥以數千之衆轉戰屢尅據有都邑號令自己天下人情想望風政自謂天之所授頗懷驕怠宿昔賔客近習之徒咸見寵待干擾政事又日夜縱酒不恤軍國

所統南兵陵竊市里朝野失望時又酷儉公私不安莊帝與尒朱榮還師討顥顥自於河梁拒戰冠受戰敗被禽顥自轘轅出至臨潁爲臨潁縣卒所斬初顥入洛其日暴風欲入閶闔門馬大驚不進令人執轡乃入有恒農楊曇華告人曰顥必無成假服袞冕不過六十日又諫議大夫元昭業曰昔更始自洛陽而西初發馬驚奔觸北宮鐵柱三馬皆死而更始卒不成帝位以古譬今其兆一也至七月果敗孝武初贈太師大司馬顥弟頊莊帝初封東海王位中書監及顥入洛成敗未分便以意氣自得爲時人笑顥敗潛竄爲人執送斬於都市孝武初贈太尉

孝文七男林廢后生廢太子恂文昭皇后生宣武皇帝廣
平文穆王懷袁貴人生京兆王愉羅夫人生清河文獻王
懌汝南王悅鄭充華生皇子桃未封早夭
廢太子庶人恂字元道生而母死文明太后撫視之常置
左右年四歲太后親為立名恂字元道於是大赦太和十
七年七月癸丑立恂為皇太子及冠恂於廟孝文臨光極
東堂引恂入見誡以冠義曰字汝元道所寄不輕汝當尋
名求義以順吾旨二十年改字宣道遷洛詔恂詣代都其
進止儀體帝皆為定及恂入辭帝曰今汝不應向代但太
師薨於恒壤朕既居皇極之重不容輕赴舅氏之喪欲使

汝展哀舅氏拜汝母墓一寫為子之情山陵北海汝至彼
太師事畢後日宜一拜山陵拜訖汝族祖南安可一就問
訊在途當溫讀經籍今日親見吾也後帝每歲征幸恂常
留守主執廟祀恂不好書學體貌肥大深忌河洛暑熱意
每追樂北方中庶子高道悅數苦言致諫恂甚銜之孝文
幸崧岳恂留守金墉謀欲召牧馬輕騎奔代手刃道悅於
禁中領軍元儼勒門防遏夜得寧靜帝聞之駭惋外寢其
事仍至汴口而還引恂數罪與咸陽王禧等親杖恂又令
禧等更代百餘下扶曳出外不起者月餘拘於城西別館
引見羣臣於清徽堂議廢之司空太子太傅穆亮尚書僕

射少保李沖並免冠稽首而謝帝曰古人有言大義滅親
此小兒今日不滅乃是國家之大禍脫待我無後恐有永
嘉之亂乃廢為庶人置之河陽服食所供粗免飢寒而已
帝幸代遂如長安中尉李彪承間密表告恂復與左右謀
逆帝在長安使中書侍郎邢巒與咸陽王禧奉詔賚椒酒
詣河陽賜恂死時年十五殮以麤棺常服瘞於河陽城
二十二年冬御史臺令史龍文觀坐法當死告廷尉稱恂
前後被攝左右之日有手書自理不知狀而中尉李彪侍
御史賈尚寢不為聞賈坐繫廷尉時彪免歸帝在鄴尚書
表收彪赴洛會赦遂不窮其本末賈尚出繫累病數日死

初帝將為恂娶司徒馮誕長女以女幼待年長先為娉彭
城劉長文滎陽鄭懿女為左右孺子時恂年十三四帝嘗
謂郭祚崔光宋弁曰人生須自放不可終朝讀書我欲使
恂旦出省經傳食後還內晡時復出日夕而罷卿等以為
何如光曰孔子稱血氣未定戒之在色太子尚以幼年涉
學之日不宜於正晝之時捨書御內又非所以安柔弱之
體固永年之命帝以光言為然乃不令恂晝入內無子
京兆王愉字宣德太和二十一年封拜都督徐州刺史以
彭城王中宣府長史盧陽烏兼長史州事巨細委之陽烏
宣武初為護軍將軍帝留愛諸弟愉等常出入宮掖晨昏

寢處若家人爲遷中書監爲納順皇后妹爲妃而不見禮荅愉在徐州納妾李氏本姓楊東郡人夜聞其歌悅之遂被寵嬖罷州還京欲進貴之託右中郎將趙郡李恃顯爲之養父就之禮迎產子寶月順皇后召李入宮毀擊之強令爲尼於內以子付妃養之歲餘后父于勁以后久無所誕乃表勸廣嬪御因令后歸李於愉舊愛更甚愉好文章頗著詩賦時引才人宋世景李神儁祖瑩邢晏王遵業張始均等共申宴喜招四方儒學賓客嚴懷真等數十人館而禮之所得穀帛率多散施又崇信佛道用度常至不接與弟廣平王懷頗相夸尚競慕奢麗貪縱不法於是孝武

攝愉禁中推案杖愉五十出爲冀州刺史始愉自以職求侍要勢劣二弟潛懷愧恨頗見言色又以幸妾屢被頓辱內外離抑及在州謀逆愉遂殺長史羊靈引及司馬李遵稱得清河王密疏云高肇暮爲殺害主上遂爲壇於信都之南柴燎告天即皇帝位赦天下號建平元年立李氏爲皇后孝武詔尚書李平討愉愉出拒王師頻敗遂嬰城自守愉知事窮擕李及四子數十騎出門諸軍追之見執以送詔徵赴京師申以家人之訓愉每止宿亭傳必擕李手盡其私情雖鏁縶之中飲賞自若略無愧懼之色至野王愉語人曰雖主上慈深不忍殺我吾亦何以面見至尊於是歔欷流涕絕氣而死年二十一或云高肇令人殺之斂以小棺瘞諸子至洛皆赦之後靈太后令愉之四子皆附屬籍追封愉臨洮王寶月乃改葬父母追服三年

清河王懌字宣仁幼而敏慧美姿貌孝文愛之彭城王勰甚器異之歎曰此兒風神外偉黃中內潤若天假之年二南矣博涉經史兼綜羣言有文才善談理寬仁容裕喜怒不形於色太和　年封孝武初拜侍中轉尚書僕射懌才長從政明於斷決剖判衆務甚有聲名司空高肇以帝舅寵任既擅威權謀去良宗屢譖懌及愉等愉不勝其忿怒遂舉逆冀州因愉之逆又構殺勰懌恐不免肇又錄囚

徒以私惠懌因侍宴酒酣乃謂肇曰天子兄弟詎有幾人而炎炎不息昔王莽頭禿亦藉渭陽之資遂篡漢室今君曲形見矣恐復終成亂階又言於孝武曰臣聞唯器與名不可以假人是故季氏旅泰山宣尼以爲深譏仲叔軒懸丘明以爲至誠諒以天尊地卑君臣道別宜杜漸防萌無相僭越至於減膳錄囚人君之事今乃司徒行之詎是人臣之義且陛下修政教解獄訟則時雨可降玉燭知和何使明君失之於上姦臣竊之於下長亂之基於此在矣孝武笑而不應孝明熙平初遷太尉侍中如故懌詔裁門下之事又典經義注時有沙門惠憐者自云呪水飲人能差諸

病病人就之者日有千數靈太后詔給衣食事力重使於城西之南治療百姓病懌表諫曰臣聞律深惑衆之科禮絕救淫之禁皆所以大明居正防過姦邪昔在漢末有張角者亦以此術熒惑當時論其所行與今不異遂能詿誘生人致黃巾之禍天下塗炭數十年間角之由也昔新垣姦不登於明堂五利僥終嬰於顯戮靈太后以懌孝明懿叔德先具瞻委以朝政事擬周霍懌竭力匡輔以天下為己任領軍元叉太后之妹夫也恃寵驕盈懌裁之以法每以黜之為叉所疾叉黨人通直郎宗準麥希叉旨告懌謀反禁懌門下訊問左右及朝貴貴人分明得雪乃釋焉懌以忠

而獲謗乃鳩集昔忠烈之士為顯忠錄二十卷以見意焉正光元年七月叉與劉騰逼孝明於顯陽殿閉靈太后於後宮囚懌於門下省懌罪狀遂害之時年三十四朝野貴賤知與不知含悲喪氣驚振遠近夷人在京及歸聞懌之喪為之劈面者數百人

廣平王懷闕自有魏諸王召入華林別館禁其出入令四門博士董徵授以經傳孝武崩乃得歸

汝南王悅好讀佛經覽書史為性不倫俶儻難測悅妃閭氏即東海公之女也生一子不見禮答有崔延夏者以左道與悅遊合服仙藥松朮之屬時輕與出採之宿於城外

小人之所遂斷酒肉粟稻唯食麥飯又絕房中而更好男色輕忿妃妾至加捶撻同之婢使悅之出也妃住於別第靈太后敕檢問之引入窮悅事故妃病杖牀蓐瘡尚未愈太后因悅杖妃乃下令禁斷令諸親王及三蕃其有正妃病患百日已上皆遣奏聞若有猶行捶撻就削封位及清河王懌為元叉所害悅了無讎恨之意乃以桑落酒候伺之盡其私佞叉大喜以悅為侍中太尉臨拜日就懌子亶求懌服翫之物不時稱旨乃召亶杖之百下亶居廬未葬形氣羸弱暴加威撻殆至不濟仍呼阿兒親自循撫悅乃為大剉碓置於州門盜者便欲斬其手時人懼其無常

能行異事姦偷畏之而暫息及尒朱榮舉兵向洛悅遂奔梁梁武厚相資待莊帝崩遂立為魏主號年更興節閔初遣兵送悅置於境上以覬侵逼及齊神武既誅尒朱以悅孝文子宜承大業乃令人示意悅既至清狂如故動為罪失乃止孝武初除大司馬開府孝武以廣陵頗有德望以悅屬尊地近內懷畏忌故前後害之贈假黃鉞太師司州牧大司馬王如故謚曰文宣子頹與父俱奔梁遂卒於江左

皇子桃年七歲景明元年薨就斂於華林東閣堂葬于文昭皇后陵東後以增廣文昭后墳塋徙窆之北崗

論曰文成五王安豐特標令望延明學業該贍加以雅談之美及于永安運迹寇戎卒致奔亡亦其命也獻文諸子俱漸太和之訓而咸陽終於逆節廣陵斃於桑中人而無儀各冝遄死高陽器術缺然終荷棟幹至於撓敗實乃其闗武宣孝以爲質忠而樹行及夫在安處危之操送往事居之節周旦匪佗之旨霍光異姓之誠事實兼之竟而功高震主德隆動俗閑言一入卒不全生嗚呼周成漢昭未易遇也北海義昧鶺鴒奢淫自喪雖禍發青蠅亦行貽伊戚顥取若拾遺亡不旋踵豈守之無術其天將覆之庶人險暴之性自幼而長終以廢黜不得其終斯乃朱均之性

堯舜不能訓也京兆早有令問晚致顛覆習於所染可不慎乎清河器識才譽以懿親作輔時鐘屯詖始遘牆茨之逼運屬道消晚拒兇權之手悲哉廣平早歲驕盈汝南性致狂逸撡其終始俱不足論而悅以天人所棄卒嬰猜懼之毒蓋地逼之尤也魏自西遷之後權移周室而周文天縱寛仁性罕猜忌元氏戚屬竝見保全內外任使布於列職孝閔踐祚無替前緒明武纘業亦遵先志雖天厭魏德鼎命已遷枝葉榮茂足以愈於前代矣

列傳第七　北史十九

方洽　周益　周之冕　孫粹然　校正

列傳第八　北史二十

衛操字德元代人也少通俠有才略晉征北將軍衛瓘以操爲牙門將當魏神元時頗自結附及神元崩後與從子雄及其宗室鄉親姬澹等來歸說桓穆二帝招納晉人桓帝以爲輔相任以國事及劉石之亂桓帝匡助晉氏操稍遷至右將軍封定襄侯桓帝崩後操立碑於大邗城南以頌功德云魏軒轅之苗裔言桓穆二帝統國御衆威禁大行國無姦盜路有頌聲威武所向下無交兵招喻六狄咸來歸誠奉承晉皇扞禦邊疆王室多難天網弛綱豪心遠濟靡離其殃歲蔚翦逆命姦盜豺狼永安元年歲次甲子姦黨猶逆東西狼跱敢逼天王兵甲屢起怙衆肆暴虐用將

北史列傳八　二

士鄭洛攜隊葉親求跡乃招異類屠各匈奴羌羯千里長蛇寇塗晉道應天言展良謨使持節平北將軍并州刺史護匈奴中郎將東嬴公司馬騰才神絕世規略超遠欲求外救朝臣莫應簡賢選士命茲良使遣參軍壺倫牙門中行嘉義陽亭侯衛謨協義亭侯衛鞬等馳奉檄書至晉陽城又稱桓穆二帝心存宸極輔相二衞對揚毗翼操展文謀雄奮武烈承命會議諮論奮發翼衞內外鎮靜四方志在竭力奉戴天王忠恕用暉外勳亦攘功濟方州勳烈光延升平之日納貢充藩馮瞻鑾蓋步趾三川有德無祿大命不延年三十九以永興三年六月二十四日寢疾薨

殂背棄華殿雲中名都國失惠主哀感慟欷悲痛煩冤載呼載號遠近親軌奔赴梓廬仰訴造化痛延悲夫時晉光熙元年也皇興初雍州別駕鴈門段榮於大邗掘得此碑文雖非麗事宜載焉故略附於傳操以穆帝三年卒始操所與宗室鄉親入國者衛懃安樂亭侯衛崇衛清並都亭侯衛沈段繁並信義將軍都鄉侯王發建武將軍都亭侯范班折衝將軍廣武亭侯賈慶建武將軍上洛亭侯賈循都亭侯李壹關中侯郭乳關內侯皆爲桓帝所表授也六脩之難存者多隨劉琨任子遵南奔衛雄姬澹莫含等名皆見碑雄字世遠澹字世雅並勇健多計桓帝並以爲將常隨

北史列傳八　三

征伐雄稍遷至左將軍雲中侯澹亦以勇績著名桓帝末至信義將軍樓煩侯穆帝初並見委任衛操卒後俱爲左右輔相六脩之逆國內大亂雄澹並爲羣情所附乃與劉遵率烏丸晉人數万而叛劉琨聞之大悅如平城撫納之欲因以滅石勒後爲勒將孔長所滅

莫含鴈門繁時人也劉琨爲并州辟含從事含居近塞下常交通國中穆帝愛其才器及爲代王備置官屬求含於琨琨喻遣之乃入參國官常參軍國大謀卒於左將軍關中侯其故宅在桑乾川南世稱莫含壁舍音訛或謂之莫回城云子顯昭成世爲左常侍顯子題道武初爲大將以

功賜爵東宛侯常與李栗侍宴栗坐不敬獲罪題亦被黜為濟陽太守後道武欲廣宮室規度平城四方數十里將模鄴洛長安之制運材數百万根以題機巧徵令監之召入與論興造之制題久侍頗怠賜死題弟雲好學善射道武時常典選曹賜爵安德侯遷執金吾參軍國謀議太武克赫連昌詔雲與常山王素留鎮統萬進爵安定公雲撫慰新舊皆得其所卒諡敬公

劉庫仁字沒根獨孤部人劉武之宗也少豪俠有智略母平文皇帝之女昭成皇帝復以宗女妻之為南部大人建國三十九年昭成暴崩道武未立苻堅以庫仁為陵江將軍關內侯令與衞辰分國衆統之河西屬衞辰河東屬庫仁於是獻明皇后攜道武及衞秦二王自賀蘭部來居焉庫仁盡忠奉事不以興廢易節苻堅亂衞辰在庫仁下衞辰怒叛攻庫仁庫仁伐衞辰破之苻堅賜庫仁妻公孫氏厚其資送慕容垂圍苻丕於鄴又遣將平規攻堅幽州刺史王永于薊庫仁遣妻兄公孫希助永擊規大破之庫仁復將大舉以救丕發鴈門上谷代郡兵次於繁時先是慕容文等當徙長安遁依庫仁部常思東歸是役也文等夜率三郡人攻殺庫仁乘其駿馬奔慕容垂公孫希聞亂走丁零庫仁弟眷繼攝國事眷第三子羅辰機警有智謀謂眷曰從兄顯忍人也願早圖之眷不以為意後庫仁子顯果殺眷而代立顯既殺眷又謀逆及道武即位討顯于馬邑追至彌澤大破之後奔慕容驎驎徙之中山羅辰即宣穆皇后兄也顯既殺眷羅辰遂奔道武顯恃強每謀逆羅辰輒先聞奏拜南部大人從平中原以功賜爵永安公以軍功除征東將軍定州刺史卒諡曰敬子殊暉襲爵位并州刺史卒子求引位武衞將軍卒諡曰貞子尒頭位魏昌癭陶二縣令贈鉅鹿太守子仁之字山靜少有操尚粗涉書史歷位衞將軍西兗州刺史在州有當時之譽武定二年卒贈衞大將軍吏部尚書青州刺史諡曰敬仁之外示

長者內多矯詐其對賓客破牀弊席麤飯冷菜衣服故惡乃過逼下善候當塗能為詭激每於稠人廣衆中或撾一姦吏或縱一孤貧大言自眩淺識皆稱其美公能之譽動過其實性又酷虐在晉陽曾營城雉仁之統監作役以小稽緩遂杖前殷州刺史裴瑗并州刺史王綽齊神武大加譴責性好文字吏書失體便加鞭撻言韻微訛亦見捶楚吏人以此苦之而愛好文史敬重人流與齊帥馮元興交款元興死後積年仁之營視其家常出隆厚時人以此尚之仁之伯乞歸真君中除中散大夫性寬和與物無競未嘗言人善惡嘗遇患晝寢有奴偷竊乞歸詐睡不見亦不

泄之此奴走入蠕蠕方笑言之亦無嗔色獻文末除主客
尚書孝文初位東雍州刺史賜爵永安侯卒子嵩字阿龍
好周人之急與王仲興自平城被追赴洛家貧不能自達
嵩事事資遣宣武時仲興寵幸乃奏除給事請疏黃河以
通船漕授龍門都將歷年功不就坐流元暐僭立授大鴻
臚卿子挑湯位終奉朝請
尉古眞代人也道武之在賀蘭部賀染干遣侯引乙突等將
肆逆古眞知之密以馳告染干疑古眞泄其謀乃執拷之以
兩車軸押其頭傷其一目不服乃免之後從平中原以功
賜爵東州侯明元初爲鴻飛將軍鎭大洛卒於定州刺史

子億萬襲古眞弟諾以忠謹著稱從道武圍中山先登傷
一目道武歎曰諾兄弟竝毀目以建功効誠可嘉也賜安樂
子從平姚平還拜國部大人太武時改邑遼西公卒第八
子歡襲諾長子眷忠謹有父風明元時執事左右爲大官
令時侍臣受斤亡入蠕蠕詔眷追之遂至虜庭禽之大檀
前由是以驍烈聞太武即位命眷與散騎侍郎劉庫仁等八
人分典四部綰奏機要加陳兵將軍文成時拜侍中太尉
封漁陽王與太宰常英等録尚書事文成北巡狩以寒雪
方降議還眷曰今去都不遠而旋虜必疑我有內難方寒
雪宜更進前帝遂度漠而還帝以眷元老賜杖履上殿薨

謚曰莊子多侯襲爵多侯少有武幹獻文時假節領護羌
戎校尉敦煌鎭將至求輕騎五千西入于闐兼平諸國因
敵取資平定爲効弗許孝文初又求北取伊吾斷蠕蠕通
西域路帝善其計以東作方興難之爲妻元所害多侯弟
子慶賓善騎射有將略稍遷太中大夫明帝時朝議送蠕
蠕主阿那瓌還國慶賓上表固爭不從後蠕蠕遂執行臺
元孚慶賓後拜肆州刺史時尒朱榮兵威漸盛曾經肆州
慶賓惡之據城不納榮襲之拘還秀容呼爲假父後以憂
還都尋起爲光祿大夫督鎭汝陰還朝卒贈司空子瑾
瑾少而敏悟好學慕善以國姓門資稍遷直後司馬子如

執政瑾娶其甥皮氏爲妻由此除中書舍人後除吏部郎
中齊文襄崩文宣命瑾在鄴北宮共高德正典機密天保
中累遷七兵尚書侍郎孝昭輔政除吏部尚書武成踐祚
趙彥深本子如賓僚元文遙和士開竝帝鄉故舊共相薦
達任遇彌重又吏部銓衡所歸事多秘密由是朝之機事
頗亦預聞後爲尚書右僕射卒武成方在三臺饗宴文遙
奏聞遂命撤樂罷飲瑾外雖通顯內闕風訓閨門穢雜爲
世所鄙有女在室忽從奔誘瑾遂以適婦姪皮逸人瑾又
通寡嫂元氏瑾昏識吏部郎中頓丘李構云郎不稽古構
對令史云我實不稽古未知通嫂得作稽古不瑾聞大慙

然亦能折節下士意在引接名流但不之別也有賈彥始者儀望雖是儒生稱堪充聘陳使司徒户曹祖崇儒文辯俱不足言將爲當世莫及好學吳人搖脣振足爲人所哂見人好笑時論比之寒蟬又少威儀子德載以蒲鞭責之便自投井瑾自臨井上呼云兒出聞者皆笑及位任重便大躁急省内郎中將論事者逆即瞋罵旣居大選彌自驕很皮子賤恃其親通多所談薦大有受納瑾死後其弟靜忿而發之子賤坐決鞭二百配北營州初瑾爲聘梁使梁人陳昭善相謂瑾曰二十年後當爲宰相瑾出私謂人曰此公宰相後不過三年當死昭後爲陳使主兼散騎常侍

至齊瑾時兼右僕射鳴騶鐃吹昭復謂人曰二年當死果如言焉德載位通直散騎侍郎眷弟地干機悟有才藝馳馬立射五的時人莫能及太武時位庫部尚書加散騎常侍領侍輦郎奉上忠謹尤善嘲笑太武見其効人舉措忻悅不能自勝甚見親愛參軍國大謀時征平原試衝車以攻冢地干爲索所縋折脅而卒帝親往哭慟贈中領軍燕郡公謚曰惠子長壽位右曹殿中尚書賜爵會稽公卒於涇　州刺史古眞族玄孫聿字成興性耿介明帝時爲武衛將軍時領軍元叉執權百寮莫不加敬聿獨長揖不拜尋出爲涼州刺史涼州緋色天下之最叉送白綾二千匹令涂聿拒不受叉諷御史劾之驛徵至京覆無狀還任卒

穆崇代人也其先代効節於神元桓穆之時崇少以盜竊爲事道武之居獨孤部崇往來奉給時人無及者後劉顯之逆平文皇帝外孫梁眷知之密遣崇告道武眷謂崇曰顯若知之雖刀劍刳割勿泄也因以寵妻及所乘良馬付崇曰事覺吾當以此自明崇來告難道武馳如賀蘭部顯果疑眷泄將囚之崇乃唱言梁眷不顧恩義將顯爲逆今我掠得其妻馬足以雪忿顯聞信之窟咄之難崇外甥于桓等與崇謀執道武以應之崇夜告道武道武誅桓等北踰陰山復幸賀蘭部道武爲魏王崇從平中原位侍中豫

州刺史太尉宜都公天賜三年薨先是衛王儀謀逆崇預焉道武惜其功秘之及有司奏謚帝親覽謚法述義不克曰丁曰此當矣乃謚丁公初道武避窟咄難遣崇還察人心崇留馬與從者微服入其營會有火光爲舂妾所識賊皆驚起崇求從者不得因匿阬中徐乃竊馬奔走宿於大澤有白狼向崇號崇覺悟馳隨狼奔遂免難道武異之命崇立祀子孫世奉焉太和中追錄功臣以崇配饗崇長子遂留以功賜爵零陵侯後以罪廢子乙以功賜爵富城公卒於侍中謚曰靜子眞尚長城公主拜駙馬都尉後敕離婚納文明太后姊位南部尚書侍中卒謚曰宣孝文追思崇

勳令著作郎韓顯宗與真選定碑文建於白登山真子泰
本名石洛孝文賜名焉以功臣子孫尚章武長公主拜駙
馬都尉典羽獵四曹事後爲尚書右僕射馮翊侯出爲定
州刺史初文明后幽孝文於別室將謀黜廢泰切諫乃止
孝文德之故寵待隆至自陳久病乞爲恒州許之泰不願
遷都潛圖叛乃與定州刺史陸叡及安樂侯元隆等謀推
朔州刺史陽平王頤爲主頤密表其事帝乃遣任城王澄
發并肆兵討之澄先遣書侍御史李煥單騎入代出其不
意泰等驚駭計無所出煥曉喻逆徒示以禍福於是凶黨
離心莫爲之用泰自度必敗乃率麾下攻煥郭門不克走

北史列傳八　十

出爲人禽送孝文幸代泰等伏誅子士儒字叔賢徙涼州
後得還爲太尉參軍事子子容少好學無所不覽求天下
書逢即寫錄所得萬餘卷魏末爲兼通直散騎常侍聘梁
齊受禪卒於司農卿遂留弟觀字闥拔襲爵少以文藝
知名明元中位爲左衛將軍綰門下中書出納詔命及訪舊
事未嘗有遺漏尚宜陽公主拜駙馬都尉位太尉太武監
國觀爲右弼出則統攝朝政入則應對左右事無巨細皆
關決焉終日怡怡無愠色勞謙善誘不以富貴驕人太常
八年暴疾薨年三十五明元親臨其喪悲慟左右賜以通
身隱起金飾棺喪禮一依安城王叔孫俊故事贈宜都王

謚曰文成太武即位每與羣臣談宴未嘗不歎息殷勤以
爲自道武以來佐命勳臣文武兼濟無及之者子壽襲爵
尚樂陵公主拜駙馬都尉明敏有父風太武愛重之擢爲
下大夫敷奏機辯有聲內外遷侍中中書監領南部尚書
進爵宜都王加征東大將軍壽辭曰臣祖崇先皇之世屬
逢艱危幸天贊梁眷誠心先告故得效功前朝流福於後
昔陳平受賞歸功無知今眷元勳未錄臣獨奕世受榮豈
惟仰愧古賢抑亦有虧國典太武嘉之乃求眷孫賜爵郡
公輿駕征涼州命壽輔景穆總錄機要內外聽焉次雲中
將濟河帝別御靜室召壽及司徒崔浩尚書李順謂壽曰

北史列傳八　十一

蠕蠕吳提與牧犍連和今聞朕征涼州必來犯塞若伏兵
漠南殄之爲易牧田訖可分伏要害以待虜至引使深入
然後擊之若違朕指授爲虜侵害朕還斬卿崔浩李順爲
證非虛言也壽信卜筮言謂賊不來竟不設備吳提果至
京邑大駭壽不知所爲欲築西郭門請景穆避保南山惠
保太后不聽乃止遣司空長孫道生等擊之太武還以無
大損傷故不追咎景穆監國壽與崔浩等輔政人皆敬浩
壽獨陵之又自恃位任以人莫已及謂其子師曰但令吾兒
及我亦足勝人不須苦教之遇諸父兄弟有如僕隸夫妻
竝坐共食而令諸父餕餘爲時人鄙笑薨贈太尉謚曰文

宣子平國襲爵尚城陽長公主拜駙馬都尉侍中中書監爲太子四輔卒子伏干襲尚濟北公主拜駙馬都尉卒謚曰康無子伏干弟羆襲爵尚新平長公主拜駙馬都尉武牢鎮將頻以不法致罪孝文以其勳德之舊讓而赦之轉吐京鎮將深自克勵後改吐京鎮爲汾州仍以羆爲刺史前吐京太守劉升在郡甚有威惠限滿還都胡人八百餘人詣羆請之前定陽令吳平仁亦有恩信戶增數倍羆以吏人懷之並爲表請孝文皆從焉羆既頻薦升等所部守令咸自砥礪威化大行州人李軌郭及祖七百餘人詣闕稱羆恩德孝文以羆政和人悅增秩延限後徵爲光祿勳隨

例降王爲魏郡公累遷侍中中書監穆泰之反羆與潛通赦後事發削封爲編戶卒于家宣武時追贈鎮北將軍恒州刺史羆弟亮字幼輔早有風度獻文時起家侍御中散尚中山長公主拜駙馬都尉封趙郡王加侍中徙封長樂王孝文時除征南大將軍領護西戎校尉仇池鎮將宕昌王梁彌機死子彌博立爲吐谷渾所逼來奔仇池亮以彌博兇悖氐羌所棄彌機兄子彌承戎人歸樂表請納之孝文從焉於是擊走吐谷渾立彌承而還氐豪楊卜自延興以來從軍二十一戰前來鎮將抑而不聞亮表卜爲廣業太守豪右咸悅境內大安徵爲侍中尚書左僕射于時復

置司州孝文曰司州始立未有寮吏須立中正以定選舉然中正之任必須德望兼資世祖時崔浩爲冀州中正長孫嵩爲司州中正可謂得人公卿等宜審推舉尚書陸叡舉亮爲司州大中正後拜司空參議律令例降爵爲公時文明太后崩已過朞月孝文毀瘠猶甚亮表請上承金冊遺訓下稱億兆之心時襲輕服數御常膳脩崇郊祠垂惠咸秩詔曰苟孝悌之至無所不通今飄風亢旱時雨不降實由誠慕未濃幽顯無感也尋領太子太傅時將建太極殿帝引見羣臣於太華殿曰將營殿宇今欲徙居永樂以避甍埃土木雖復無心毀之能不悽愴今故臨對卿等

與之取別此殿乃高宗所制爰歷顯祖逮朕沖年受位於此但事來奪情將有改制仰惟疇昔唯深悲感亮稽首請稽之卜筮又以去歲役作爲功甚多太廟明堂一年便就若仍歲頻興恐人力彫弊且材幹新伐頗待餘年帝曰朕遠覽前王無不興造故有周創業經建靈臺洪漢受命未央是作草創之初猶尚若此況朕承累聖之運屬太平之基欲及此時以就大功人生定分脩短命也蓍蔡雖智其如命何當委之分豈假卜筮移御永樂宮後帝臨朝堂謂亮曰三代之禮日出視朝自漢魏以降禮儀漸殺晉令有朔望集公卿於朝堂而論政事亦無天子親臨之文今因御

等曰中之集中前卿等自論政事中後與卿等共議可否
遂命讀奏案帝親決之及遷都加武衛大將軍以本官董
攝中軍事帝南伐以亮録尚書事留鎮洛陽後帝自小平
津汎舟幸石濟亮諫曰漢帝欲乘舟渡渭廣德將以首血
汙車輪帝乃感而就橋渭之小水猶尚若斯況洪河有不測
之慮帝曰司空言是也及罷熊預穆泰反事覺亮上表自劾
帝優詔還令攝事亮固請久乃許之後徙封頓丘郡公以
紹崇爵宣武即位拜尚書令司空公薨宣武親臨小斂贈
太尉謚曰匡子紹字永業尚琅邪長公主拜駙馬都尉歷
位祕書監侍中衛將軍太常卿中書令七兵殿中二尚書

遭所生憂免居喪以孝聞又歷衛大將軍中書監侍中領
本邑中正紹無他才能而資性方重罕接賓客稀造人門
領軍元叉當權熏灼曾往紹宅紹迎送下階而已時人歎
尚之及靈太后欲黜叉猶豫未決紹讚成之以功加特進
侍中元順與紹同直常因醉入寢所紹擁被而起正色讓
順曰老身二十年侍中與卿先君亟連職事縱卿後進何宜
相排突也遂謝事還家詔喻乃起除侍中託疾未起故免
河陰之害莊帝立尒朱榮徵之紹以為必死哭辭家廟及
見榮捧手不拜榮亦矯意禮之顧謂人曰穆紹不虛你大
家兒車駕入宮尋授尚書令司空進爵為王給班劍四十

人仍加侍中時河南尹李獎往詣紹獎以紹郡人謂必致
敬紹又恃封邑是獎國王臣坐待之不為動膝獎憚其位
望致拜而還議者兩譏焉未幾降王復本爵普泰元年除
驃騎大將軍開府青州刺史加都督未行而薨贈大將軍
尚書令太保謚曰文獻子長嵩字子岳襲爵位光祿少卿卒
國弟正國尚長樂公主拜駙馬都尉正國子平城早卒孝
文時始平公主薨於宮追贈平城駙馬都尉與公主冥婚
壽弟多侯封長寧子位司衛監文成崩乙渾專權召司徒
陸麗麗時在溫湯療疾多侯謂曰渾有無君心大王衆所
望也去必危宜徐歸而圖之麗不從遂為渾害多侯亦見

殺觀弟翰平原鎮將西海王薨子龍兒龍襲爵降為公卒子
弼有風格善自位置涉獵經史與長孫承業陸希道等齊
名然而矜已陵物頗以此損焉孝文定氏族欲以弼為國子
助教弼辭以為屈帝曰朕欲敦勵冑子屈卿先之白玉投泥
豈能相汙弼曰既遇明時恥沈泥滓會司州牧咸陽王禧
入帝曰朕與卿作州督舉一主簿即命弼謁之因為帝所
知宣武初為廣平王懷國郎中令數有匡諫之益除中書
舍人卒於華州刺史謚曰懿翰弟顗有才力以侍御郎從
太武征赫連昌勇冠一時賜爵泥陽子拜司衛監從太武
田崞山有武突出顗搏而獲之帝歎曰詩云有力如武顗

乃過之後從征白龍討蠕蠕以功進爵建安公後拜殿中
尚書出鎮涼州還加散騎常侍領太倉尚書文成時爲征
西大將軍督諸軍西征吐谷渾坐擊賊不進免官爵徙邊
文成以顗著勳前朝徵爲内都大官卒贈征西大將軍建
安王謚曰康子寄生襲崇宗人醜善道武初率部歸附與
崇同心勠力捍禦左右拜天部大人居東蕃子莫提從平
中原位相州刺史假陵陽侯其子孫位亦通顯
奚斤代人也世典馬牧父箪有寵於昭成皇帝時國有良
馬曰騧驪一夜忽逸後知南部大人劉庫仁所盜養於窟
室箪 聞而馳往取馬庫仁以國甥恃寵慚而逆擊箪箪捽

其鬓落傷其一乳及苻堅使庫仁與衛辰分領國部箪懼
遂奔衛辰及道武滅衛辰箪晚乃得歸故名位後於舊臣
斤機辯有識度登國初與長孫肥等俱統禁兵後以爲侍
郎親近左右從征慕容寶於參合皇始初拜越騎校尉典
宿衛禁旅車駕還京師博陵勃海章武諸郡羣盜並起斤
與略陽公元遵等討平之從征破高車諸部又破庫狄宥
連部徙其別部諸落於塞南又進擊侯莫陳部至大峨谷
置戍而還遷都水使者出爲晉兵將軍幽州刺史賜爵山
陽侯明元即位爲鄭兵將軍詔以斤世忠孝贈其父箪長
寧子明元幸雲中斤留守京師昌黎王慕容伯兒謀反斤

召入天安殿東廡下誅之詔與南平公長孫嵩等俱坐朝
堂錄決囚徒明元大閱于東郊講武以斤行左丞相大蒐
於石會山車駕西巡詔斤先驅討越勤部於鹿那山大破之
又詔斤與長孫嵩等八人坐止車門左聽理万機拜天部
大人進爵爲公命斤出入乘軺軒備威儀導從太武之爲
皇太子臨朝聽政以斤爲左輔宋廢主義符立其國内離
阻乃遣斤收河南地假斤節都督前鋒諸軍事司空晉兵
大將軍行楊州刺史率吴兵將軍公孫表等南征用表計
攻滑臺不拔求濟師帝怒其不先略地切責之乃親南巡
次中山斤自滑臺趣洛陽長驅至武牢遂平兖豫諸郡還

圍武牢及武牢潰斤置守宰以撫之自魏初大將行兵唯
長孫嵩拒宋武斤征河南獨給漏刻及十二牙旗太武即
位進爵宜城王仍爲司空太武征赫連昌遣斤率義兵將
軍封禮等襲蒲坂斤又西據長城秦雍氐羌皆來歸附斤
與赫連定相持累戰破定定聞昌敗走上邽斤追至雍不
及而還詔斤班師斤請因其危平之乃進討安定昌退保
平涼斤屯軍安定以糧竭馬死深壘自固監軍侍御史安
頡擊昌禽之昌衆復立昌弟定爲主守平涼斤恥以元帥
而禽昌之功更不在己乃舍輜重追定於平涼定衆將出
會一小將有罪亡入賊具告其實定知斤軍無糧乏水乃

邀斤前後斤衆大潰斤及將娥清劉拔爲定所禽後太武
剋平涼斤等得歸免爲庶人使負酒食從駕還京師以
辱之尋拜安東將軍降爵爲公太延初爲衞尉改爲恒農
王後爲万騎大將軍太武議伐涼州斤等三十餘人議以
爲不可帝不從涼州平以戰功賜僮隸七十戶又以斤元
老賜安車平決獄訟諮訪朝政斤聰辯彊識善於談論遠
説先朝故事雖未皆是時有所得聽者歎美之每議大政
多見從用朝廷稱爲長君九年薨時年八十九太武親臨
哀慟謚曰昭王斤有數十婦子男二十餘人長子他觀襲
爵太武曰斤西征之敗國有常刑以其佐命先朝故復其

爵秩將收孟明之効今斤終其天年君臣之分全矣於是
降他觀爵爲公傳國至孫緒無子國除太和中孝文追録
先朝功臣以斤配饗廟庭宣武繼世以緒弟子監紹其後
叔孫建代人也父骨爲昭成母王太后所養與皇子同列
建少以智勇著稱道武之幸賀蘭部常從左右登國初爲
外朝大人與安同等十三人迭典庶事參軍國之謀隨秦
王觚使慕容垂歷六載乃還累遷中領軍賜爵安平公出
爲并州刺史後以公事免守鄴城園明元即位念前功以
爲正直將軍相州刺史又飢胡劉武等聚黨叛明元假建前
号安平公督公孫表等以討武斬首万餘級餘衆奔走投

沚水死水爲不流晉將劉裕伐姚泓令其部將王仲德爲
前鋒將逼滑臺兗州刺史尉建率所部棄城濟河仲德遂
入滑臺乃宣言曰晉本意欲以布帛七万匹假道於魏不
謂魏之守將便爾棄城明元聞之詔建度河曜威斬尉建
投其屍於河呼仲德軍人與語詰其侵境之狀尋遷廣阿
鎮將威名甚著久之除使持節都督前鋒諸軍事楚兵將
軍徐州刺史率衆自平原濟河徇下青兗諸郡遂東入青
州圍宋刺史竺夔於東陽城宋遣將檀道濟王仲德救夔
建不克而還以功賜爵壽光公與汝陰公長孫道生濟河
而南仲德等自清入濟東走青州太武以建威名南震爲

宋所憚除平原鎮大將封丹楊王加征南大將軍先是簡
幽易以南戍兵集于河上一道討洛陽一道攻滑臺宋將
檀道濟王仲德救滑臺建與汝陰公道生拒擊之建分軍
挾戰縱輕騎邀其前後焚燒穀草以絶其糧道道濟兵飢
叛者相繼由是安頡等得拔滑臺建沈敏多智東西征伐
常爲謀主容貌清整号曰嚴明又雅尚人倫禮賢愛士在
平原十餘年綏懷內外甚得邊稱魏初名將鮮有及之南
方憚其威略青兗輟不爲寇太延三年薨時年七十三謚
曰襄賜葬金陵長子俊字醜歸少聰敏年十五內侍左右
性謹密初無過行以便弓馬轉爲獵郎道武崩清河王紹

閉宮門明元在外紹拘逼儁以爲己援外雖從紹內實忠款仍與元歷磨渾等說紹歸明元時明元左右唯車路頭王洛兒等及得儁等大悅以爲爪牙及即位稍遷衞將軍賜爵安成公及朱提王悅懷刃入禁欲行大逆儁覺悅舉動有異乃於悅懷中得兩刃匕首遂執悅殺之明元以儁前後功重軍國大計一以委之羣官上事先由儁銓校然後奏聞性平正柔和未嘗有喜怒色忠篤愛厚不諂上抑下每奉詔宣外必告示殷勤是以上下嘉歎泰常元年卒時年二十八明元親臨哀慟朝野無不追惜贈司空安成王謚孝元賜温明祕器載以輼輬車衞士導從陪葬金陵

子蒲襲爵後有大功及寵幸貴臣薨賵賻送終禮皆依儁故事無得踰之者初儁卒明元命其妻桓氏曰夫生既共榮没宜同穴能殉葬者可任意桓氏乃縊遂合葬焉儁既爲安城公儁弟隣襲父爵降爲丹楊公位尚書令涼州鎮大將與鎮副將奚牧竝以貴戚子弟競貪財貨遂相糾坐誅

安同遼東胡人也其先祖曰世高漢時以安息王侍子入洛歷魏至晉避亂遼東遂家焉父屈仕慕容暐暐爲苻堅所滅屈友人公孫眷妹没入苻氏宮出賜劉庫仁爲妻庫仁貴寵之同隨眷商販見道武有濟世才遂留奉侍性端

嚴明惠好長者之言登國初道武徵兵於慕容垂同頻使稱旨爲外朝大人與和跋等出入禁中迭典庶事從征姚平於柴壁姚興悉衆救平同進計曰汾東有蒙阬東西三百餘里徑路不通姚興來必從汾西乘高臨下直至柴壁如此則寇內外勢接宜截汾爲南北浮橋乘西岸築圍西圍既固賊至無所施其智力矣從之興果視平署滅而不能救以謀功賜爵北新侯明元即位命同與南平公長孫嵩竝理人訟又詔同與肥如侯賀護持節循察并定二州及諸山居雜胡丁零宣詔撫慰問其疾苦糾舉守宰不法郡國肅然同東出井陘至鉅鹿發衆欲脩大嶺山通天門

關又築城於宋子以鎮靜郡縣護嫉同得衆心使人告同築城聚衆欲圖大事太武監國臨朝聽政以同爲左輔及即位進爵高陽公冀青二州刺史同長子屈明元時典太倉事盜官粳米數石欲以養親同大怒求戮屈自劾不能訓子帝嘉而恕之遂詔長給米同在官明察長於校閱家法脩整爲世所稱及在冀州年老頗殖財貨大興寺塔爲百姓所苦卒贈高陽王謚曰恭惠屈弟原雅性矜嚴沈勇多智略明元時爲獵郎出監雲中軍事時赫連屈丐犯河西原以數十騎擊之殺十餘人帝以原輕敵違節度加罪然知原驍勇遂任以爲將鎮雲中蠕蠕犯塞原輒破之以功

賜爵武原侯加督兵將軍太武即位拜駕部尚書車駕征
蠕蠕大檀分爲五道遷尚書左僕射進爵河間公原在朝
無所比周然恃寵驕恣多所排抑爲子求襄城公盧魯元
女魯元不許原告其罪狀事相連逮歷時不決原懼不勝
遂謀逆事泄伏誅原兄弟外節儉而內實積聚及誅後籍
其財至數万弟頡辯慧多策略最有父風明元初爲內侍
長令察舉百寮糾刺姦慝無所迴避嘗告其父陰事帝以
爲忠特親寵之宜城王奚斤自長安追赫連昌至安定頡
爲監軍侍御史斤以馬多疫死士衆乏糧乃築壘自固遣
太僕丘堆等督租於人間爲昌所敗昌遂驕矜日來侵掠

頡曰等死當戰死寧可坐受因乎斤猶以馬死爲辭頡乃
陰與尉眷等謀選騎爲昌來攻壘頡出應之昌馬蹶而墜
頡擒昌送京師賜爵西平公代堆統攝諸軍赫連定將復
入長安詔頡鎮蒲坂以拒之宋將到彥之寇河南以援定
列守南岸至於衡關太武西征定以頡爲援軍將軍督諸
軍擊彥之遂濟河攻洛陽拔之進攻武牢武牢潰又琅邪
王司馬楚之平滑臺擒宋將朱脩之李元德及東郡太守
申謨乃振旅還京師進爵爲王卒謚曰襄頡爲將善綏士
衆及卒宋士卒降者無不歎惜

庾業延代人也後賜名岳其父及兄和辰世典畜牧稍轉
中部大人昭成崩苻氏內侮事難之間收斂畜產富擬國
君劉顯謀逆道武外幸和辰奉獻明太后歸道武又得其
資用以和辰爲內侍長和辰分別公私舊畜頗不會旨道
武由是恨之岳獨恭慎脩謹善處危難之間道武嘉之與
王建等俱爲外朝大人參預軍國從平中原拜安遠將軍
官軍之警於栢肆也賀蘭部帥附力眷紇突鄰部帥匿物
尼紇奚部帥叱奴根等聞之反於陰館南安公元順討之
不尅詔岳討破離石叛胡帥呼延鐵西河叛胡帥張崇等
以功賜爵西昌公遷鄴行臺岳爲將有謀略士衆服其智
勇名冠諸將及罷鄴行臺以所統六郡置相州即拜岳爲

刺史秉法平當百姓稱之鄴舊有園池時果初熟丞吏送
之岳不受曰果未進御吾何得先食其謹如此遷司空岳
兄子路有罪諸父兄弟悉誅特赦岳父子候官告岳衣服
鮮麗行止風采擬儀人君遇道武不豫多所猜忌遂誅之
時人咸冤惜焉岳葬在代西善無界後太武征赫連氏經
其墓宅愴然改容遂下詔爲立廟令一川之人四時致祭
求其子孫任爲師者得其子陵從征有功聽襲爵

王建廣寧人也祖姑爲平文后生昭成皇帝伯祖豐以帝
舅貴重豐子支尚昭成女甚見親待建少尚公主登國初
爲外朝大人與和跋等十三人迭典庶事參與計謀道武

遣使慕容垂建辭色高亢垂壯之還爲左大夫建凡迴時爲大夫諸子多不愼法建具以狀聞迴父子伏誅其訐直如此從征伐諸國破二十餘部又從征衞辰破之爲中部大人破慕容寶於參合帝乘勝將席卷南夏於是簡擇俘衆有才能者留之其餘欲悉給衣粮遣歸令中州之人咸知恩德建以爲寶覆敗於此國內空虛獲而歸之縱敵生患不如殺之帝曰若從建言非伐罪弔人之義諸將咸以建言爲然建又固執乃阬之帝既而悔焉并州既平車駕出井陘次常山諸郡皆降唯中山鄴信都三城不下乃遣衞王儀南攻鄴建攻信都等城建等攻城六十餘日不能

剋士卒多傷帝自中山幸信都降之車駕幸鉅鹿破寶衆於栢肆塢遂圍中山寶棄城走和龍城內無主將夜入乘勝據守其門建貪而無謀意在虜獲恐士卒肆掠盜亂府庫請俟天明帝乃止是夜徒何人共立慕容普驎爲主遂閉門固守帝乃悉衆攻之使人登巢車臨城招其衆皆曰但恐如參合之衆故求全月日命耳帝聞之顧視建而唾其面中山平賜建爵濮陽公遷太僕徙眞定公加散騎常侍冀青二州刺史卒陪葬金陵

羅結代人也其先世領部落爲魏附臣劉顯之逆結從道武幸賀蘭部後賜爵屈蛇侯太武初累遷侍中外都大官摠三十六曹事年一百七歲精爽不衰太武以其忠慤甚信待之監典後宮出入卧內因除長秋卿年一百一十詔聽歸老賜大寧東川爲私第別業并爲築城即号曰羅侯城朝廷每有大事驛馬詢問焉年一百二十卒謚曰貞子斤從太武討赫連昌力戰有功歷位四部尚書從平涼州以功賜爵帶方公除長安鎮都大將會蠕蠕侵境除柔玄鎮都大將卒謚曰靜陪葬金陵子敢襲爵位庫部尚書卒子伊利襲

婁伏連代人也代爲酋帥伏連忠厚有器量年十三襲父位領部落道武初從破賀蘭部又平中山及征姚平於柴

壁以功賜爵安邑侯明元時爲晉兵將軍并州刺史太武即位封廣陵公再遷光祿勳進爵爲王後鎮統万薨謚恭王子眞襲降爵爲公眞弟大拔封鉅鹿子大拔孫寶字道成性淳朴好讀書明帝時仕至朔州刺史時邊事釁興人多流散及寶至稍安集之殘壞舊邑皆命葺構人歸繼路歲考爲天下最後隨大都督源子邕討擊葛榮王師敗績寶因於榮軍變姓名匿於戎伍以免害久之賊中有朔州人識寶者謂寶曰使君寧自苦至此遂將詣榮榮笑曰婁公吾方圖事何相見之晚因顧謂人曰此公行善天道報之得免亂兵即其驗也寶遇逃者密啓賊形勢規爲內應

天子感其壯志召寶賚第二子景賢授員外散騎常侍郎葛榮滅寶始得還永安中除假員外散騎常侍使蠕蠕先是蠕蠕稱藩上表後以中州不競書爲敵國之儀寶責之蠕蠕主大驚自知惡謝曰此作書人誤遂更稱藩奉表武帝立敕寶與行臺長孫子彥鎮恒農後從入關封賓平縣伯大統元年詔領著作郎監修國史事別封平城縣子後授國子祭酒侍中進儀同三司兼太子太傅攝東宮詹事寶爲人清簡少言頗諳舊事位歷師傅守靖謙恭以此爲人所敬後行涇州事卒於州

閭大肥蠕蠕人也道武時歸魏尚華陽公主賜爵其思子

與弟竝爲上賓入八議明元即位爲內都大官進爵爲侯宜城王奚斤之攻武牢大肥與娥清領十二軍出中道太武初復與奚斤出雲中白道討大檀破之後從討赫連昌以功授榮陽公公主薨復尚濩澤公主太武將拜大肥爲王遇疾卒

奚牧代人也重厚有智謀道武寵遇之稱曰仲兄初劉顯害帝梁眷知之潛使牧與穆崇至七介山以告帝錄先帝舊臣又以牧告顯功使數奏政事參與計謀從征慕容寶以功拜并州刺史賜爵任城公州與姚興接界興頗寇邊牧乃與興書稱頓首均禮抗之責興侵邊不直之意興以與國和通恨之有言於道武道武戮之

和跋代人也世領部落爲魏附臣至跋以才辯知名道武擢爲外朝大人參軍國大謀雅有智算賜爵日南公從平中原以功進爲尚書鎮鄴以破慕容德軍改封定陵公與常山王遵討賀蘭部別帥木易干破之出爲平原太守道武寵跋於諸將羣臣皆敬尚恭儉而跋好脩虛譽炫曜於時性尤奢淫帝戒之不革後車駕北狩豺山收跋刑之路側妻劉氏自殺以從初將刑跋道武命其諸弟毗等視訣跋謂毗曰灅北地瘠可居水南就耕良田廣爲產業各相勸勵令之背已曰汝曹何忍視吾之死毗等解其微意詐

稱使者奔長安道武誅其家後太武幸豺山校獵忽暴霧四塞怪問之羣下僉言跋世居此祠冢猶存或者能致斯變帝遣建興公古弼祭以三牲霧即除後太武蒐狩之日每先遣祭之

莫題代人也多智有才用初爲幢將領禁兵道武之征慕容寶寶夜犯營軍人驚駭遂有亡還京師者言官軍敗於栢肆京師不安南安公元順因欲攝國事題曰大事不可輕介不然禍將及矣順乃止後封高邑公窟咄寇南鄙題時貳於帝遺箭於窟咄謂之曰三歲犢豈勝重載言窟咄長而帝少也帝既銜之後有告題居處倨傲擬則人主

帝乃使人示之箭告之曰三歲犢能勝重載不願奉詔父子對泣詰朝乃刑之

賀狄干代人也家本小族世忠厚爲將以平當稱稍遷北部大人登國初與長孫嵩爲對明於聽察爲人愛敬道武遣狄干致馬千匹結婚於姚萇會萇死興立因止狄干而絕婚興弟平寇平陽道武討平之禽其將狄伯支唐小方等四十餘人後興以駿馬千匹贖伯支而遣狄干還帝許之干在長安因習讀書史通論語尚書諸經舉止風流有似儒者初帝普封功臣狄干雖爲姚興所留遥賜狄干爵襄武侯加秦兵將軍及狄干至帝見其言語衣服類中國以爲慕而習之故忿焉既而殺之

李栗鴈門人也昭成時父祖入北栗少辯捷有才能兼將略初隨道武幸賀蘭部愛其藝能時王業草創爪牙心腹多任親近唯栗一介遠寄兼非戚舊當數有戰功拜左軍將軍栗性簡慢矜寵不率禮度每在道武前舒放倨傲不自祗肅笑唾任情道武即其宿過誅之於是威嚴始厲制勤羣下盡卑謙之禮自栗始也

奚眷代人也少有將略道武世有戰功明元時爲武牢鎮將爲寇所憚太武時賜爵南陽公及征蠕蠕眷以都曹尚書督偏將出別道詔會鹿渾海眷與中山王辰等諸大將俱後期斬于都南爵除

論曰帝王之興雖則天命經綸所謀咸藉股肱元桓穆之際王迹未顯操含託身馳驟之秋自立功名之地可謂志識之士矣而劉庫仁兄弟忠以爲心盛衰不二純節所存其意蓋遠而並貽非命惜乎尉眷兄弟忠勇奮發義以忘生眷威略著時增隆家業穆崇夙奉龍顏早著誠款遂膺寵眷位極台司至乃身豫逆謀卒蒙全護從享于廟抑亦尚功世載公卿弈弈青紫盛矣奚斤世稱忠孝征伐有剋平涼之役師殲身虜雖敗衂之責已赦封尸之効靡立而恩禮隆渥沒祀廟廷叔孫建少展誠勤終著庸伐臨邊有術威震夷楚俊委節明元義彰顛沛察朱提之變有日磾之風加以柔而能正見美朝野安同異類之人智識入用任等時俊當有由哉頡禽赫連昌摧宋氏衆遂爲名將未易輕也庾業延見紀危難之中受事草創之際智勇既申功名尤舉而不免傾覆蓋亦其命王建位遇既高訐以求直參合之役不其罪歟羅結枝附葉從子孫榮祿婁伏連閭大肥並征伐著蹟策名前代奚牧和跋莫提賀狄干李栗奚眷有忠勤征伐之効不能以功名自卑俱至誅夷亦各其命也

列傳第八

北史二十

方浛 周益 校正

燕鳳　許謙　崔宏 子浩
張衮 弟恂　鄧彥海

燕鳳字子章代人也少好學博綜經史明習陰陽讖緯昭成素聞其名使以禮致之鳳不應聘及軍國代謂城人曰鳳不來者將屠之代人懼遂送鳳昭成待以賓禮後拜代王左長史參決國事又以經授獻明帝嘗使苻堅堅問鳳曰代王何如人對曰寛和仁愛經略高遠一時雄主也常有并吞天下之志堅曰卿輩北人無剛甲利兵敵弱則進敵強則退安能并兼邪鳳曰北人壯悍上馬持三仗驅馳若飛主上雄儁率服北土控弦百萬號令若一軍無輜重樵爨之苦輕行速捷因敵取資此南方所以疲弊北方所以常勝也堅曰彼國人馬多少鳳曰控弦之士數十萬馬一百萬匹堅曰卿言人衆則可說馬太多鳳曰雲中川自東山至西河二百里北山至南山百餘里每歲孟秋馬常大集略為滿川以此推之使人言猶未盡鳳還堅厚加贈遺及昭成崩道武將遷長安鳳以道武幼弱固請於苻堅曰代主初崩臣子亡叛遺孫沖幼莫相輔立其別部大人劉庫仁勇而有智鐵弗衛辰狡猾多端皆不可獨任宜分部為二令人統之兩人素有深讎其勢莫能先發此禦

邊之上策待其孫長乃存而立之是陛下大惠於亡國也堅從之鳳尋東還及道武即位歷吏部郎給事黃門侍郎行臺尚書甚見器重明元世與崔宏封懿梁越等入講經傳出議朝政太武初以舊勳賜爵平舒侯卒子才襲

許謙字元遜代人也少有文才善天文圖讖學建國時將家歸附昭成擢為代王郎中令兼掌文記與燕鳳俱授獻明帝經昭成崩後謙徙長安苻堅弟行唐公洛鎮和龍請謙之鎮未幾以繼母老辭歸登國初遂歸道武以為右司馬與張衮等參贊初基慕容寶之來寇也道武使謙告難於姚興興遣將楊佛嵩來援佛嵩稽緩道武命謙為書遺之佛嵩乃倍道兼行道武大悅賜謙爵關內侯寶敗佛嵩乃還及慕容垂死謙上書勸進幷州平以謙為陽曲護軍賜爵平舒侯卒贈幽州刺史高陽公謚曰文子洛陽襲爵明元追録謙功以洛陽為鴈門太守洛陽家田三生嘉禾皆異畝同穎太武善之進爵北地公卒謚曰恭

崔宏字玄伯清河東武城人魏司空林之六世孫也祖悅仕石季龍位司徒右長史父潛仕慕容暐為黃門侍郎並以才學稱宏少有儁才號曰冀州神童苻融之收冀州虛心禮敬拜陽平公侍郎領冀州從事出摠庶事入為賓友衆務脩理處斷無滯苻堅聞之徵為太子舍人辭以母疾

不就左遷著作佐郎太原郝軒名知人稱宏有王佐之材
近代所未有也堅亡避難齊魯間為丁零翟釗及晉叛將
張願所留郝軒歎曰斯人也遇斯時不用扶搖之勢而與
鷯雀飛沉豈不惜哉仕慕容垂為吏部郎尚書左丞高陽
內史所歷著稱立身雅正雖在兵亂猶厲志篤學不以資
産為意妻子不免飢寒道武征慕容寶次中山棄郡走海
濱帝素聞其名遣求及至以為黃門侍郎與張衮對總機
要草創制度時晉使來聘帝將報之詔有司議國號宏議
曰三皇五帝之立號也或因所生之土或以封國之名故
虞夏商周始皆諸侯及聖德既隆萬國宗戴稱號隨本不

復更立唯商人屢徙改號曰殷然猶兼行不廢始基之號
故詩云殷商之旅此其義也國家雖統北方廣漠之土逮
于陛下應運龍飛雖曰舊邦受命惟新以是登國之初改
代曰魏慕容永亦奉進魏土夫魏者大名州之上國斯乃
革命之徵驗利見之玄符也臣愚以為宜號為魏道武從
之於是稱魏及帝幸鄴歷問故事宏應對若流帝善之還
次恒嶺帝親登山頂撫慰新人適遇宏扶老母登嶺賜以
牛米因詔諸徙人不能自進者給以車牛遷吏部尚書時
命有司制官爵撰朝儀協音樂定律令申科禁宏總而裁
之以為永式及置八部大人以擬八坐宏通署三十六曹如

令僕統事深被信任勢傾朝廷約儉自居不營産業家徒
四壁出無車乘朝晡步上母年七十供養無重膳帝聞益
重之厚加饋賜時人亦或譏其過約而宏居之愈甚常引
問古今舊事王者制度宏陳古人制作之體及往代廢興
之由甚合上意未嘗謇諤忤旨亦不諂諛苟容及道武季
年大臣多犯威怒宏獨無譴者由於此也帝曾引宏講論
漢書至婁敬說漢祖欲以魯元公主妻匈奴善之嗟歎者
良久是以諸公主皆嫁于賓附之國朝臣子弟良族美彥
不得尚焉尚書職罷賜宏爵白馬侯加周兵將軍與舊功
臣庾岳奚斤等同班而信寵過之道武崩明元未即位清

河王紹因人心不安大出財帛班賜朝士宏獨不受紹財
長孫嵩以下咸愧焉詔遣使者循行郡國糾察守宰不如
法者令宏與宜都公穆觀等案之帝稱其平當又詔宏與
長孫嵩等朝堂決刑獄明元以郡國豪右大人蠹害乃優
詔徵之人多戀本而長吏逼遣之於是輕薄少年因相扇
動所在聚結西河建興盜賊並起守宰討之不能禁帝乃
引宏及北新侯安同壽光侯叔孫建武元城侯元屈等問
焉宏欲大赦以紓之屈曰不如先誅首惡赦其黨類宏曰
王者臨天下以安人為本何顧小曲直也夫赦雖非正道
而可以權行若赦而不改誅之不晚明元從之神瑞初詔

宏與南平公嵩等坐止車門右聽理機事并州胡數萬南掠河內遣將軍公孫表等討之敗績帝問計於群臣宏曰表等諸軍不爲不足但失於處分故使小盜假息耳胡衆雖多而無猛健主將所謂千奴共一膽也宜得大將素爲胡所服信者將數百騎就攝表軍以討之賊聞必望風震怖壽光侯建前在并州諸將莫及帝從之遂平胡寇壽拜天部大人進爵爲公太常三年夏宏病篤帝遣侍中穆觀就受遺言侍臣問疾一夜數返卒追贈司空謚文貞公喪禮一依安城王叔孫俊故事詔群臣及附國渠帥皆會葬自親王以外盡命拜送子浩襲太和中孝文追録先朝

功臣以宏配饗廟廷

浩字伯深少好學博覽經史玄象陰陽百家之言無不該覽研精義理時人莫及弱冠爲通直郎稍遷著作郎道武以其工書常置左右道武季年威嚴頗峻宮省左右多以微過得罪莫不逃避隱匿目下之變浩獨恭勤不怠或終日不歸帝知之輒命賜以御粥其砥直任時不爲窮通改節若此明元初拜博士祭酒賜爵武城子常授帝經書每至郊祀父子並乘軒軺時人榮之明元好陰陽術數聞浩說易及洪範五行善之因命筮吉凶參觀天文考定疑惑浩總覈天人之際舉其綱紀者數家多有應驗恒與軍國

大謀甚爲寵密時有免在後宮檢無從得入帝令浩推之浩以爲當有隣國貢嬪嬙者明年姚興果獻女神瑞二年秋穀不登太史令王亮蘇坦因華陰公主等言讖書云國家當都鄴大樂五十年勸帝遷都於鄴可救今年之飢帝以問浩浩曰非長久策也東州之人常謂國家居廣漠之地人畜無算號稱牛毛之衆今留守舊都分家南徙恐不滿諸州之地參居郡縣處榛林之下不便水土疾疫死傷情見事露則百姓意沮四方聞之有輕侮之意屈丐及蠕蠕必提挈而來雲中平城則有危殆之事阻隔恒代千里之際須欲救援赴之甚難如此則聲實俱損矣今居北方

假令山東有變輕騎南出耀威桑梓之中誰知多少百姓見之望塵振伏此是國家威制諸夏之長策也至春草生乳酪將出兼有菜菓足接來秋若得中熟事則濟矣帝深然之復使中貴人問浩曰今既無以至來秋或復不熟將如之何浩曰可簡窮下之戶諸州就穀若秋無年願更圖也但不可遷都帝於是分人詣山東三州就食出倉穀以稟之來年遂大熟賜浩妾各一人及御衣綿絹等初姚興死之前歲太史奏熒惑在匏瓜星中一夜忽然亡失不知所在或謂下入危亡之國將爲童謠妖言而後行其災禍帝乃召諸碩儒與史官求其所詣浩對曰案春秋左氏

傳說神降于莘其至之日各其物也請以日辰推之庚午之夕辛未之朝天有陰雲熒惑之亡當在此二日之內庚與午皆主於秦辛爲西夷今姚興據咸陽是熒惑入秦矣諸人皆作色曰天上失星人安能知其所詣而妄說無徵之言浩笑而不應後八十餘日熒惑果出東井留守盤旋秦中大旱赤地昆明池水竭童謠訛言國中喧擾明年姚興死二子交兵三年國滅於是諸人乃服太常元年晉將劉裕伐姚泓欲泝河西上求假道詔群臣議之外朝公卿咸曰函谷天險裕何能西入揚言伐姚意或難測宜先發軍斷河上流勿令西過內朝咸同外計帝將從之浩曰此非

上策也司馬休之徒擾其荊州劉裕切齒久矣今興死子幼乘其危亡而伐之臣觀其意必自入關勁躁之人不顧後患今若塞其西路裕必上岸北侵如此則姚無事而我受敵矣蠕蠕內寇人食又乏發軍赴南則北寇進擊若其救北則南州復危未若假之水道從裕西入然後興兵塞其東歸之路所謂卞莊刺虎兩得之勢也使裕勝也必德我假道之惠令姚氏勝也亦不失救鄰之名縱裕得關中懸遠難守彼不能守終爲我物今不勞兵馬坐觀成敗關兩虎而收長久之利上策也夫爲國之計擇利爲之豈顧婚姻酬一女子之惠也假國家棄恒山以南裕必不能發吳

越之兵爭守河北也議者猶曰裕西入函谷則進退路窮腹背受敵北上岸則姚軍必不出關助我揚聲西行意在北進其勢然也帝遂從群議遣長孫嵩拒之戰於畔城爲晉將朱超石所敗帝恨不用浩言二年齊郡太守王懿來降陳計稱劉裕在洛勸以軍絕其後路則裕軍不戰而可克書奏帝善之會浩在前進講書傳帝問浩曰裕西伐已至潼關卿觀事得濟否浩曰姚興好養虛名而無實用子泓又病衆叛親離乘其危亡兵精將勇克之必矣帝曰裕武能何如慕容垂浩曰垂承父祖之資生便尊貴同類歸之若夜蛾之赴火少加倚仗便足立功劉裕挺出寒微

不因一卒之用奮臂大呼而夷滅桓玄北禽慕容超南摧盧循裕若平姚而篡其主秦地戎夷混并裕亦不能守之秦地亦終當爲國家所有帝曰裕已入關不能進不能退我遣精騎南襲彭城壽春裕亦何能自立浩曰今西北二寇未殄陛下不可親御六師長孫嵩有經國之用無進取之能非劉裕敵也臣謂待之不晚帝笑曰卿量之已審矣浩曰臣常私論近世人物不敢不上聞若王猛之經國苻堅之管仲也慕容恪之輔少主慕容暐之霍光也劉裕之平逆亂司馬德宗之曹操也帝曰卿謂先帝如何浩曰太祖用漢北淳朴之人南入漢地變風易俗化治四海自與

羲農舜禹堯烈臣豈能仰名帝曰屈丐何如浩曰屈丐家國夷滅一身孤寄為姚氏封植不思樹黨強隣報復讎恥乃結蠕蠕背德於姚擻豎小人無大經略正可殘暴終為人殘滅耳帝大悅說至中夜賜浩縹醪酒十斛水精戎鹽一兩曰朕味卿言若此鹽酒故與卿同其味也三年彗星出天津入太微經北斗絡紫微犯天棓八十餘日至天漢而滅帝復召諸儒術士問之曰災咎將在何國朕甚畏之浩曰災異由人而起人無釁妖不自作漢書載王莽篡位之前彗星出入正與今同國家主尊臣卑人無異望是為僭晉將滅劉裕篡之之應也諸人莫能易浩言帝深然之

五年宋果代晉南鎮上宋改元赦書時帝幸東南潟滷池射鳥聞之驛馳召浩告曰往年卿言彗星之占驗矣朕今日始信天道初浩父疾篤乃翦爪截髮夜在庭中仰禱斗極為父請命求以身代叩頭流血歲餘不息家人罕有知者及父終居喪盡禮時人稱之襲爵白馬公自朝廷禮儀優文策詔軍國書記盡關於浩浩能為雅說不長屬文而留心於制度科律及經術之言作家祭法次序五宗烝嘗之禮豐儉之節義理可觀性不好莊老之書每讀不過數十行輒棄之曰此矯誣之說不近人情必非老子所作老聃習禮仲尼所師豈設敗法之言以亂先王之教袁生所

謂家人筐篋中物不可揚於王庭帝恒有微疾而災異屢見乃使中貴人密問浩曰今茲日蝕於胃昴盡光趙代之分野朕疾疹彌年恐一旦奄忽諸子並少其為我設圖後計浩曰陛下春秋富盛聖業方融德以除災幸就平愈昔宋景見災修德熒惑退舍願陛下遺諸憂虞恬神保和無以闇昧之說致損聖思必不得已請陳瞽言自聖化龍興不崇儲貳是以永興之始社稷幾危今宜早建東宮選公卿忠賢陛下素所委仗者使為師傅左右信臣簡在帝心者以充賓友入總萬機出統戎政監國撫軍六柄在手若此則陛下可以優遊無為頤神養壽此乃万代之令典塞

禍之大備也今長皇子燾年漸一紀明叡溫和衆情所繫時登儲副則天下幸甚立子以長禮之大經若須並大成人而擇倒錯天倫則生履霜堅冰之禍自古以來載籍所記興衰存亡鮮不由此帝納之於是使浩奉策告宗廟令太武為國副主居正殿臨朝司徒長孫嵩高陽公奚斤北新公安同為左輔坐東廂西面浩與太尉穆觀散騎常侍丘堆為右弼坐西廂東面百寮總己以聽焉明元居西宮時隱而窺之聽其決斷大悅謂左右侍臣曰長孫嵩宿德舊臣歷事四世功存社稷奚斤辯捷智謀名聞遐迩安同曉解俗情明於校練穆觀達政事要識吾旨趣崔浩博聞

強識精於天人之會丘堆雖無大用然在公專謹以六人輔吾子足以經國吾與汝曹遊行四境伐叛柔服可以得志於天下矣群臣時奏事所疑帝曰此非我所知當決之於汝曹國主也會聞宋武帝殂帝欲取洛陽武牢滑臺浩曰陛下不以劉裕歘起納其使貢裕亦敬事陛下不幸今死乘喪伐之雖得之不令春秋晉士丐侵齊聞齊侯卒乃還君子大其不伐喪以為恩足以感孝子義足以動諸侯今國家未能一舉而定江南宜遣人弔祭恤其凶災布義風於天下令德之事也且裕新死黨與未離不如緩之待其惡稔如其強臣爭權變難必起然後命將揚威可不勞

士卒而收淮北之地帝銳意南伐詰浩曰劉裕因姚興死而滅其國裕死我伐之何為不可浩固執曰興死二子交爭裕乃伐之帝大怒不從遂遣奚斤等南伐議於監國之前曰先攻城先略地斤請先攻城浩曰南人長於固守苻氏攻襄陽經年不拔今以大國之力攻其小城若不時剋挫損軍勢危道也不如分軍略地至淮為限列置守宰收斂租穀滑臺武牢反在軍北絕望南救必沿河東走若或不然即是囿中之物公孫表請先圍其城斤等濟河先攻滑臺經時不拔表請濟師帝怒乃親南巡拜浩為相州刺史隨軍謀主及車駕還浩從幸西河太原下臨河流傍覽

川城慨然有感遂與同寮論五等郡縣之是非考秦皇漢武之違失時伏其言天師寇謙之每與浩言聞其論古興亡之迹常自夜達旦竦意斂容深美之曰斯人言也惠皆可底行亦當今之皐陶也但人貴遠賤近不能深察之耳因謂浩曰吾當兼脩儒教輔助太平真君而學不稽古為吾撰列王者政典并論其大要浩乃著書二十餘篇上推太初下盡秦漢變弊之迹大旨先以復五等為本太武左右忌浩正直共排毀之帝雖知其能不免群議故浩以公歸第及有疑議召問焉浩纖妍白皙如美婦人性敏達長於謀計自比張良謂己稽古過之既歸第因欲脩服食養

性術而寇謙之有神中錄圖新經浩因師事之始光中進爵東郡公拜太常卿時議伐赫連昌群臣皆以為難唯浩曰往年以來熒惑再守羽林越鉤陳其占秦亡又今年五星并出東方利以西伐天應人和時會並集不可不進帝乃使奚斤等擊蒲坂而親率輕騎掠其都城大獲而還後復討昌次其城下收眾偽退昌鼓譟而前舒陣為兩翼會有風雨從東南來揚沙昏冥宦者趙倪進曰今風雨從賊後來我向彼背天不助人又將士飢渴願陛下攝騎避之更待後日浩叱之曰是何言歟千里制勝一日之中豈得變易賊前行不止後以離絕宜分軍隱山奄擊不意風道

在人豈有常也帝曰善分騎奮擊昌軍大潰神䴥二年議
擊蠕蠕朝臣內外盡不欲行保太后亦固止帝帝皆不聽
唯浩讚成之尚書令劉絜左僕射安原等乃使黃門侍郎
仇齊推赫連昌太史張深徐辯說帝曰今年己巳三陰之
歲歲星襲月太白在西方不可舉兵北伐必敗雖克不利
於上又群臣共讚深等云深少時常諫苻堅不可南征堅
不從而敗今天時人事都不和協如何舉動帝意不快乃
召浩與深等辯之浩難深曰陽者德也陰者刑也故月蝕
修刑夫王者之用刑大則陳之原野小則肆之市朝戰伐
者用刑之大者也以此言之三陰用兵蓋得其類脩刑之

義也歲星襲月年飢人流應在他國遠期十二年太白行
蒼龍宿於天文為東不妨北伐深等俗生志意淺近牽於
術數不達大體難與遠圖臣觀天文比年以來月行奄昴
至今猶然其占三年天子大破旄頭之國蠕蠕高車旄頭
之眾也夫聖明御時能行非常之事古人語曰非常之原
黎人懼焉及其成功天下晏然願陛下勿疑深等慙曰蠕
蠕荒外無用之物得其地不可耕而食得其人不可臣而
使輕疾無常難得而制有何汲汲而勞苦士馬浩曰深言
天時是其所職若論形勢非彼所知斯乃漢世舊說常談
施之於今不合事宜何以言之夫蠕蠕者舊是國家北邊

叛隸今誅其元惡收其善人令復舊位非無用也漠北高
涼不生蚊蚋水草美善夏則北遷田牧其地非不可耕而
食也蠕蠕子弟來降貴者尚公主賤者將軍大夫居列滿
朝又高車號為名騎非不可臣而畜也夫以南人追之則
患其輕疾於國兵則不然何者彼能遠走我亦能遠逐非
難制也往數入塞國人震驚今夏不乘虛掩進破滅其國
至秋復來不得安臥自太宗之世迄於今日無歲不驚豈
不汲汲乎哉世人皆謂深辯通解數術明決成敗臣請試
之問其西國未滅之前有何亡徵知而不言是其不忠若
實不知是其無術時赫連昌在坐深等自以無先言慙不

能對帝大悅謂公卿曰吾意決矣亡國之臣不可與謀信
哉而保太后猶疑之復令群臣至保太后前評議帝命浩
善曉之令寤既罷朝或有尤浩曰吳賊侵南舍之北伐師
行千里其誰不知蠕蠕遠遁前無所獲後有南侵之患此
危道也浩曰今年不摧蠕蠕則無以禦南賊自國家并西
國以來南人恐懼揚聲動眾以衛淮北彼北我南彼征我
息其勢然矣北破蠕蠕往還之間故不見其至也何以言
之劉裕得關中留其愛子精兵數萬良將勁卒猶不能固
守舉軍盡沒號哭之聲至今未已如何正當國家休明之
世士馬強盛之時而欲以駒犢齒虎口也設國家與之河

南彼必不能守之自量不能守是以必不來若或有衆備邊之軍耳夫見瓶水凍知天下之寒嘗肉一臠識鑊中之味物有其類可推而得且蠕蠕恃遠謂國家力不能至自寬來久故夏則散衆放畜秋肥乃聚背寒向溫南來寇抄今掩其不備大軍卒至必驚駭望塵奔走牡馬護牧牝馬戀駒驅馳難制不得水草未過數日朋聚而困弊可一舉而滅暫勞永逸時不可失也唯患上無此意今聖慮已決如何止之遂行天師謂浩曰是行可果乎浩曰必克但恐諸將瑣瑣前後顧慮不能乘勝深入使不全舉耳及軍到入其境蠕蠕先不設備於是分軍搜討東西五千里南北

三千里所虜及獲畜產車廬數百万高車殺蠕蠕種類歸降者三十餘万落虜遂散亂帝沿弱水西至涿邪山諸大將果慮深入有伏兵勸帝止天師以浩曩日言固勸帝窮討帝不聽後有降人言蠕蠕大檀先被疾不知所爲乃焚穹廬科車自載將百人入山南走人畜窘聚方六十里無人領統相去百八十里追軍不至乃徐西遁唯此得免聞涼州賈胡言若復前行二日則盡滅之矣帝深恨之大軍既還南軍竟不能動如浩所料浩明識天文好觀星變常置金銀銅鋌於酢器中令青夜有所見即以鋌畫紙作字以記其異太武每幸浩第多問以異事或倉卒不及束帶

奉進蔬食不暇精美帝爲舉匕箸或立嘗而還其見寵愛如此於是引浩出入卧内加侍中特進撫軍大將軍左光祿大夫以賞謀謨之功帝從容謂浩曰卿才智淵博事朕祖考忠著三世朕故延卿自近其思盡規諫勿有隱懷朕雖當時遷怒若或不用久可不深思卿言也因令歌工歷頌群臣事在長孫道生傳又召新降高車渠帥數百人賜酒食於前指浩以示之曰汝曹視此人纖疪懦弱手不能彎弓持矛其胷中所懷乃踰於兵甲朕始時雖有征討之志而慮不自決前後尅捷皆此人導吾令至此矣乃敕諸尚書曰凡軍國大計卿等所不能決皆先諮浩然後行俄

而南藩諸將表宋師欲犯河南請兵三萬先其未發逆擊之因誅河北流人在界上者絕其鄉導足以挫其銳氣使不敢深入詔公卿議之咸言宜許浩曰此不可從也往年國家大破蠕蠕馬力有餘南賊震懼常恐輕兵奄至故揚聲動衆以備不虞非敢先發又南土下濕夏月蒸暑非行師之時且彼先嚴有備必堅城固守屯軍攻之則糧食不給分兵肆討則無以應敵未見其利就使能來待其勞倦秋涼馬肥因敵取食徐往擊之萬全之計在朝群臣及西北守將從陛下征討西滅赫連北破蠕蠕多獲美女珍寶馬畜成群南鎮諸將聞而生羨亦欲南抄以取資財是以

妄張賊勢披毛求瑕冀得肆心既不獲聽故數稱賊動以恐朝廷背公存私為國生事非忠也帝從浩議南鎮諸將表賊至而自陳兵少求簡幽州以南戍兵佐守就漳水造船嚴以為備公卿議者僉然欲遣騎五千并假署司馬楚之魯軌韓延之等令誘引邊人浩曰非上策也彼聞幽州已南精兵悉發大造舟船輕騎在後欲存立司馬誅除宋族必舉國駭擾懼於滅亡當悉發精銳來備北境後審知官軍有聲無實恃其先聚必喜而前行徑來至河肆其侵暴則我守將無以禦之若彼有見機之人善設權譎乘間深入虞我國虛生變不難非制敵之良計今公卿欲以威

力攘賊乃所以招令速至也夫張虛聲而召實害此之謂矣不可不思後悔無及我使在彼期四月前還可待使至審而後發猶未晚也楚之人徒是彼所忌將奪其國彼安得端坐視之故楚之往則彼來楚之止則彼息其勢然也且楚之等瑣才能招合輕薄無賴而不能成就大功為國生事使兵連禍結必此之群矣臣嘗聞魯軌說姚興求入荊州至則散敗乃不免蠻賊掠賣為奴使禍及姚泓已然之効浩又陳天時不利於彼曰今茲害氣在楊州不宜先舉兵一也午歲自刑先發者傷二也日蝕滅光晝昏星見飛鳥墮落宿當斗牛憂在危亡三也熒惑伏匿於翼軫戒

亂及喪四也太白未出進兵者敗五也夫興國之君先脩人事次盡地利後觀天時故萬舉而萬全國安而身盛今宋新國是人事未周也災變屢見是天時不協也舟行水涸是地利不盡也三事無一成自守猶或不安何得先發而攻人哉彼必聽我虛聲而嚴我亦承彼嚴而動兩推其咎皆自以為應敵兵法當分災迎受害氣未可舉動也帝不能違衆乃從公卿議浩復固爭不從遂遣陽平王杜超鎮鄴琅邪王司馬楚之等屯潁川於是寇來遂疾到彥之自清水入河泝流西行分兵列守南岸西至潼關帝聞赫連定與宋縣分河北乃先討赫連群臣皆曰義隆軍猶在

河中舍之西行前寇未可必克而義隆乘虛則東州敗矣帝疑焉問計於浩浩曰義隆與赫連定同惡相連招結馮跋牽引蠕蠕規肆逆心虛相唱和義隆望定進定待義隆前皆莫敢先入以臣觀之有似連雞不得俱飛無能為害也臣始謂義隆軍屯住河中兩道北上東道向冀州西道衝鄴如此則陛下當自致討不得徐行今則不然東西列兵徑二千里中一處不過千形分勢弱以此觀之儜兒情見正望固河自守免死為幸無北度意也赫連定殘根易摧擬之必仆克定之後東出潼關席卷而前威震南極江淮以北無立草矣聖策獨發非愚近所及願陛下必行無疑

平涼既平其日宴會帝執浩手以示蒙遜使曰所云崔公
此是也才略之美當今無比朕行止必問成敗決焉若合
符契後冠軍安頡軍還獻南俘因說南賊之言云宋勅其
諸將若北國兵動先其未至徑前入河若其不動住彭城
勿進如浩所量帝謂公卿曰卿輩前謂我用浩計為謬驚
怖固諫常勝之家自謂踰人遠矣至於歸終乃不能及遷
浩司徒時方士初纖奏立四王以日東西南北為名欲以
致禎吉除災異詔浩與學士議之浩曰先王建國以作藩
屏不應假名其福夫日月運轉周歷四方京師所居在於
其內四王之稱實奄邦畿名之則逆不可承用先是纖奏

北史列傳九　十九　刘保

改代為萬年浩曰昔太祖道武皇帝應期受命開拓洪業
諸所制宜無不循古以始封代土後稱為魏故代魏兼用
猶彼殷商國家積德著在圖史當享萬億不待假名以為
益也纖之所聞皆非正義帝從之時河西王沮渠牧犍內
有貳意帝將討焉先問於浩浩對曰牧犍惡心已露不可
不誅官軍往年北伐雖不剋獲實無所損于時行者內外
軍馬三十萬匹計在道死傷不滿八千歲常羸死恒不減
萬乃不少於前而遠方承虛便謂大損不能復振今出其
不圖大軍卒至必驚懼騷擾不知所出擒之必矣牧犍幼
弱諸弟驕恣爭權縱橫人心離解加以比年以來天災地

變都在秦涼成滅之國也帝命公卿議之恒農王奚斤等
三十餘人皆表曰牧犍西垂下國雖心不為純臣然繼父
脩職貢朝廷接以蕃禮又王姬釐降罪未甚彰謂且羈縻
而已今士馬勞止可宜小息又其地鹵斥略無水草大軍
既到不得久停彼聞軍來必完聚城守攻則難拔野無所
掠於是尚書古弼李順之徒皆曰自溫闈河以西至於涼州
地純枯石了無水草不見流川皆言姑臧城南天梯山上
冬有積雪深一丈至春夏消液下流成川引以溉灌彼聞
軍至決此渠口水不通流則致渴乏去城百里之內赤地
無草不任久停軍馬斤等議是也帝乃命浩以其前言與

北史列傳九　二十

斤共相難抑諸人不復餘言唯曰彼無水草浩曰漢書地理
志稱涼州之畜為天下饒若無水草何以畜牧又漢人為
居終不於無水草之地築城郭立郡縣也又雪之消液裁
不斂塵何得通渠引漕溉灌數百万頃乎此言大詆誣於
人矣李順等復曰吾曹目見何可共辯浩曰汝曹受人金
錢欲為之辭謂我目不見便可欺也帝隱聽聞之乃出親
見斤等辭旨嚴厲形於神色群臣乃不敢復言於是遂討
涼州平之多饒水草如浩所言乃詔浩摠理史務務從實
録於是監秘書事以中書侍郎高允散騎侍郎張偉參著
作續成前紀至於損益褒貶折衷潤色浩所摠焉浩有鑒

識以人倫爲己任明元太武之世徵海內賢才起自仄陋及所得外國遠方名士拔而用之皆浩之由也至於禮樂憲章皆歸宗於浩及景穆始摠百揆浩復與宜都王穆壽輔政事及將討蠕蠕劉潔復致異議帝愈欲討之乃召問浩浩對曰往擊蠕蠕師不多日潔等各欲迴還後獲云軍還之時去賊三十里是潔等之計過矣夫北土多積雪至冬時常避寒南徙若因其時潛軍而出必與之遇既與之遇則可禽獲帝以爲然乃分軍四道諸將俱會鹿渾海期日有定而潔恨計不用沮誤諸將無功而還帝西巡至東雍親臨汾曲觀叛賊薛永宗壘進軍圍之永宗出兵

欲戰帝問浩曰今日可擊否浩曰永宗未知陛下自來人心安固北風迅疾宜急擊之須臾必破若待明日恐見官軍盛大必夜遁走帝從之永宗潰滅車駕濟河前驅告賊在渭北帝至洛水橋賊已夜遁詔問浩曰蓋吳在長安北九十里渭北地空穀草不備欲度渭南西行何如浩曰蓋吳營去此六十里賊魁所在擊蛇之法當先破頭頭破則尾豈能動宜乘勢先擊吳今軍往一日便到吳平之後迴向長安亦一日而至一日之乏未便損傷愚謂宜從北道若從南道則蓋吳徐入北山卒未可平帝不從乃度渭南吳聞帝至盡散入北山果如浩言軍無所剋帝悔之後以

浩輔東宮之勤賜繒絮布各千段帝蒐于河西詔浩詣行所議軍事浩表曰昔漢武患匈奴彊盛故開涼州五郡通西域勸農積穀爲滅賊之資東西迭擊故漢未疲而匈奴已弊後遂入朝昔平涼州臣愚以爲北賊未平征役不息可不徙其人案前世故事計之長者若徙其人則土地空虛雖有鎮戍適可禦邊而已至於大舉軍資必乏陛下以此事闊遠竟不施用如臣愚意猶如前議募從豪彊大家充實涼土軍舉之日東西齊勢此計之得者浩又上五寅元曆表曰太宗即位元年敕臣解急就章孝經論語詩尚書春秋禮記周易三年成訖復詔臣學天文星曆易式九

宮無不盡看三十九年晝夜無廢臣稟性弱劣力不及健婦人更無餘能是以專心思書忘寢與食至乃夢共鬼爭義遂得周公孔子之要術始知古人有虛有實妄語者多真正者少自秦始皇燒書之後經典絕滅漢高祖以來世人妄造曆術者十餘家皆不得天道之正大誤四千小誤甚多不可言盡臣愍其如此今遭陛下太平之世除僞從真宜改誤曆以從天道是以臣前奏造曆今始成訖謹以奏皇惟恩省察以臣曆術宣示中書博士然後施用非但時人天地鬼神知臣得正可以益國家萬世之名過於三皇五帝矣浩又以晉書諸家並多誤著晉後書未就傳世者

五十餘卷初道武詔秘書郎鄧彥海著國記十餘卷編年
次事體例未成逮于明元廢不著述神䴥二年詔集諸文
人撫錄國書浩及弟覽高讜鄧穎晁繼范亨黃輔等共參
著作叙成國書三十卷著作令史太原閔堪趙郡郄標素
諂事浩乃請立石銘載國書以彰直筆并勒浩所注五經
浩贊成之景穆善焉遂營於天郊東三里方百步用功三
百萬乃訖浩書國事備而不典而石銘顯在衢路北人咸
悉忿毒相與構浩於帝帝大怒使有司案浩取秘書郎及
長歷生數百人意狀浩服受賕真君十一年六月誅浩清
河崔氏無遠近及范陽盧氏太原郭氏河東柳氏皆浩之

姻親盡夷其族其秘書郎吏以下盡死浩始弱冠太原郭
逸以女妻之浩晚成不曜華采故時人未知逸妻王氏宋
鎮北將軍王仲德姊也每奇浩才能自以為得壻俄而女
亡王氏深以傷恨復欲以少女繼昏逸及親屬以為不可
王氏固執與之逸不能違遂重結好浩非毀佛法而妻郭
氏敬好釋典時時讀誦浩怒取而焚之捐灰廁中及浩幽
執被置檻內送於城南使衛士數十人溲其上呼聲嗷嗷
聞于行路自宰司之被戮辱未有如浩者世皆以為報應
之驗初浩害李順基萌已成夜夢以火爇順寢室火作而
順死浩與室家群立觀之俄而順弟息號哭而出曰此輩

吾賊也以戈擊之悉投於河悟而以告館客馮景仁曰此
真不善也夫以火爇人暴之極也且兆始惡者有終殃積
不善者無餘慶厲階成矣公其圖之浩曰吾方思之而不
能悛至是而族浩既工書人多託寫急就章從少至老初
不憚勞所書蓋以百數必稱馮代彊以示不敢犯國其謹
也如此浩書體勢及其先人而巧妙不如也世寶其迹多
裁割綴連以為摹楷浩母盧諶孫女也浩著食經序曰余
自少及長耳目聞見諸母諸姑所脩婦功無不蘊習酒食
朝夕養舅姑四時供祭祀雖有功力不任僮使常手自親
焉昔遭喪亂饑饉仍臻饘蔬餬口不能具其物用十餘年

聞不復備設先妣慮久廢忘後生無所知見而少不習書
乃占授為九篇文辭約舉婉而成章聰辯彊記皆此類也
親沒之後遇國龍興之會平暴除亂拓定四方余備位台
鉉與參大謀賞獲豐厚牛羊蓋澤貲累巨万衣則重錦
食則粱肉遠惟平生思季路負米之時不可復得故序遺
文垂示來世浩弟簡字仲亮一名覽好學少以善書知名
道武初歷中書侍郎爵五等侯參著作事卒簡弟恬字叔
玄小名白位豫州刺史爵武陽侯坐浩伏誅宏祖悅與范
陽盧諶並以博藝齊名諶法鍾繇悅法衛瓘而俱習索靖
之草皆盡其妙諶傳子偃偃傳子邈悅傳子潛潛傳子宏

世不替業故魏初重崔盧之書宏自非朝廷文誥四方書檄初不妄染故世無遺文尤善草隸爲世摹楷行押特盡精巧而不見遺迹始宏因苻氏亂欲避地江南爲張願所獲本圖不遂乃作詩以自傷而不行於時蓋懼罪也浩誅中書侍郎高允受敕收浩家書始見此詩允知其意允孫綽錄於允集初宏父潛爲兄渾等誄手筆本草延昌初著作佐郎王遵業買書於市遇得之年將二百寶其書迹深藏秘之武定中遵業子松年將以遺黃門郎崔季舒人多摹榻之左光祿大夫姚元標以工書知名於時見潛書以爲過於浩也宏弟徽字玄猷少有文才與勃海高演俱知

名歷位秘書監賜爵貝丘侯樂安王範鎮長安選舊德之士與範俱以徽爲平西將軍副將行樂安王傅進爵濟南公徽爲政務存大體不親小事性好人倫引接賓客或談及平生或講論道義誨誘後進終日不止以疾徵還京師卒謚曰元公士類無不歎惜始清河崔寬祖彤隨晉南陽王保避地隴右遂仕西涼及沮渠氏彤生剖字伯宗每慷慨有懷東土常歎曰風雨如晦雞鳴不已吾所庶幾及太武西巡剖乃總率同義使子寬送款太武嘉之拜寬歧陽令賜爵延水男遣使與寬俱西撫慰初附徵剖詣京師未至而卒文成以剖誠著先朝贈涼州刺史武陵公謚曰元

寬字景仁還京封安國子位弘農太守初寬通款見浩浩與相齒次厚存接念及浩誅以遠來疎族獨得不坐遂家于武城居司空林舊墟以一子繼浩與浩弟覽妻封氏相奉如親寬後襲爵武陵公陝城鎮將三崤地嶮人多寇劫而寬性滑稽誘接豪右宿盜魁帥與相交結傾衿待遇不逆細微莫不感其意氣時官無祿力唯取給於人寬善撫納招致禮遺大有取受而與之者無恨又怕農出漆蠟竹木之饒路與南通貿易來往家產豐富而百姓樂之諸鎮之中號曰能政及解鎮人人追戀詣闕上踈者三百餘人卒遺言薄葬斂以時服長子衡字伯玉少以孝行著稱學

崔浩書頗亦類焉天安元年擢爲內秘書中散班下詔命及御所覽書多其迹也衡舉李沖李元愷程駿等終爲名器承明元年遷內都坐令善折獄孝文嘉之太和二年襲爵武陵公衡涉獵書史頗爲文筆蠕蠕時犯塞衡上書陳備禦之方便國利人之策凡五十餘條除秦州刺史徙爵齊郡公先是河東年饑劫盜大起衡至修龔遂法勸課農桑周年間寇盜止息卒贈冀州刺史謚惠公衡五子長子敞字公世襲爵例降爲侯爲平原相敞性狷急與刺史楊春迭相表列敞坐免官宣武初爲鉅鹿太守弟朏之逆敞爲黃末軍主韓文殊所藏其家悉見籍沒唯敞妻李氏以

公主之甥自隨奴婢田宅二百餘口得免正光中普釋禁錮敞復爵郡侯卒於趙郡太守敞弟鍾字公祿奉朝請第朏之逆以出後被原歷司徒右長史金紫光祿大夫冀州大中正敞亡後鍾貪其財誣敞息子積等三人非兄胤辭訴累歲人士疾之爾朱世隆為尚書令奏除其官終身勿齒朏好學有文才為京兆王愉錄事參軍與愉同逆伏法

宏同郡董謐謐父京與同郡崔康時廣陽霍原等俱以碩學播名遼海謐好學傳父業中山平入朝拜儀曹郎撰朝覲饗宴郊廟社稷之儀

張袞字洪龍上谷沮陽人也祖翼父卓位並太守袞篤實好學有文才道武為代王選為左長史從追蠕蠕五六百里諸部帥因袞言糧盡不宜深入帝問袞殺副馬足三日食乎皆言足帝乃倍道追及於廣漠赤地南林山下大破之既而帝問袞曰卿曹外人知我前問三日糧意乎蠕蠕奔走數日畜產失飲至水必留計其道程三日足及輕騎卒至出其不意彼必驚散其勢然矣部帥聞之咸曰聖策非所及也袞常參大謀每告人曰主上天資傑邁必能囊括六合夫遭風雲之會不建騰躍之功者非人豪也遂策名委質竭誠伏事時劉顯地廣兵彊跨有朔裔會其兄弟乖離共相疑阻袞言於道武曰顯志大意高今因其內釁宜速乘之帝從之遂破走顯又從破賀納道武登勿居山遊宴從官請聚石為峯以記功德乃命袞為文慕容寶之來寇也袞言於道武曰寶乘滑臺功因長子捷傾財竭力難與爭鋒宜羸師以侈其心帝從之果破之參合遷給事黃門侍郎道武南伐次中山袞遺寶書喻以成敗寶見書大懼遂奔和龍既剋中山聽入八議拜幽州刺史賜爵臨渭侯百姓安之天興初徵還京師後與崔逞荅晉將郗恢書失旨黜為尚書令史袞遇創業之初始以才謀見任率心奉上不顧嫌疑道武曾問南州人於袞袞與盧溥州里數稱薦之又未嘗與崔逞相識聞風稱美及中山平盧

溥聚黨為逆崔逞荅書不允並乖本言故忿之袞年過七十闔門守靜手執經書刊定乖失愛好人物善誘無倦士類以此高之永興二年卒太武後追錄舊勳遣大鴻臚即墓策贈太保謚文康公子度少有學尚襲爵臨渭侯卒於中都大官度子白澤年十一遭母憂以孝聞長而博學文成初除殿中曹給事中甚見寵任白澤本字鍾葵獻文賜名白澤納其女為嬪出行雍州刺史清心少欲人吏安之獻文詔諸監臨官取所監羊一口酒一斛者罪至大辟與者以從坐論糾得尚書以下罪狀者各隨所糾官輕重而授之白澤上表以為此法若行之不已恐姦人窺望勞臣懈

節請依律令舊法獻文納之太和初懷州人伊祁苟初三十餘人謀反文明皇太后欲盡誅一城人白澤諫以為周書父子兄弟罪不相及不誣十室而況一州后從之乃止轉散騎常侍殿中尚書卒贈相州刺史廣平公謚曰簡長子倫字天念大司農少卿燕州大中正熙平中蠕蠕主醜奴遣使來朝抗敵國之禮不修臣敬朝議將依漢荅匈奴故事遣使報之倫表以為虜雖慕德亦來觀我懼之以彊儻或歸附示之以弱窺覦或起春秋所謂以我卜也高祖世宗知其若此來既莫逆去又不追必其委贄玉帛之辰屈膝藩方之禮則豐其勞賄藉以珍物至於王人遠役銜

命虜庭優以匹敵之尊加之想望之寵恐徒生虜慢無益聖朝不從孝莊初卒於大司農卿袞弟恂

恂字洪讓隨兄袞歸北參代王軍事說道武宜收中土士庶之望以建大業帝深加器異皇始初拜中書侍郎帷幄密謀頗亦參預賜爵平皐子出為廣平太守恂招集離散勸課農桑流人歸者數千戶遷常山太守恂開建學校優禮儒士吏人歌詠之時喪亂之後罕能克厲者唯恂當官清白仁恕臨下百姓親愛之政為當時第一明元即位徵拜太中大夫卒恂性清儉死日家無餘財贈并州刺史平皐侯謚曰宣子純字道尚襲爵坐事除純弟代字定燕陳留北平二郡太守卒贈營州刺史謚惠侯代所歷著稱有父遺風代子萇年為汝南太守郡人劉崇之兄弟分析家貧唯一牛爭不能決訟於郡庭萇年懐而見之謂曰汝曹當以一牛故致此競脫有二牛必不爭乃以己牛一頭賜之於是境中各相戒約咸敦敬讓卒于郡子琛字寶貴少有孝行位至太子翊軍校尉卒

鄧彥海安定人也祖羌苻堅車騎將軍父翼河間相慕容垂之圍鄴以為冀州刺史爵真定侯拒對使者曰先君忠于秦室翼豈可先叛乎忠臣不事二主未敢聞命垂遣喻之曰吾與車騎結為異姓兄弟卿亦猶吾子弟安得辭乎

翼曰冀州宜任親賢翼請佗役效命垂乃用為河間太守後卒於趙郡內史彥海性貞素言行可復博覽經書長於易筮道武定中原擢為著作郎再遷尚書吏部郎彥海明解制度多識故事與尚書崔宏參定朝儀律令音樂及軍國文記詔策多是彥海所為賜爵下博子道武詔彥海撰國記十餘卷唯次年月起居行事而已未有體例彥海謹於朝事未嘗忤旨其從父弟暉時為尚書郎兇俠好奇與定陵侯和跋厚跋有罪誅其子弟奔長安或告暉將送出之由是道武疑知情遂賜彥海死既而悔之時人咸愍惜焉子穎襲爵稍遷中書侍郎太武詔太常卿崔浩集諸文

學撰述國書頴與浩弟覽等俱參著作事太武幸漠南高車莫弗庫若干率騎數萬餘驅鹿百餘萬詔行所詔頴為文銘於漠南以記功德兼散騎常侍使宋進爵為侯卒謚曰文恭子怡襲爵位荊州刺史賜爵南陽公卒子侍孝文賜名述位齊州刺史初改置百官始重公府元佐以述為太傅元丕長史卒於司空長史謚曰貞

論曰昭成道武之時雲雷方始至於經邦緯俗文武兼資燕鳳博識多聞首膺禮命許謙才術俱美驅馳艱虞不然何以成帝業也崔宏家世儁偉仍屬權輿總機任重守正成務禮從清廟固其宜也浩才藝通博究覽天文政事籌

策時莫之二此其所以自比於子房焉屬明元為政之秋太武經營之日言聽計從寧廓區夏遇既深矣勤亦茂哉謀雖蓋世威未震主末途邂逅遂不自全豈鳥盡弓藏人惡其上將器盈必槩陰害貽禍何斯人而遭斯酷乎至若張袞才策不免其戾彥海貞白禍非其罪亦足痛云洪讓世著循吏家風良可貴矣

列傳第九　北史二十

列傳第十　北史二十二

長孫嵩 五世孫儉 儉子平

長孫道生 玄孫幼 從弟紹遠 兕 兕子熾 紹遠子覽 熾弟晟

長孫肥

長孫嵩代人也父仁昭成時為南部大人嵩寬雅有器度昭成賜名焉年十四代父統事昭成末年諸部乖亂苻堅使劉庫仁攝國事嵩與元他等率部衆歸之劉顯之謀難也嵩率舊人及庶師七百餘家叛顯走將至五原時寔君之子渥亦聚衆自立嵩欲歸之見于烏渥稱逆父之子勸嵩歸道武嵩未決烏渥迴其牛首嵩僶俛從之見道武于

二漢亭道武以為南部大人累著軍功後從征中山除冀州刺史賜爵鉅鹿公歷侍中司徒相州刺史封南平公所在著稱明元即位山陽侯奚斤北新侯安同白馬侯崔宏等八人坐止車門右聽理萬機故世號八公晉將劉裕之伐姚泓明元假嵩節督山東諸軍事傳詣平原緣河北岸列軍次於畔城軍頗失利詔假裕道裕於舟中望嵩麾蓋遺以酃酒及江南食物嵩皆送京師詔嵩厚答之又敕簡精兵為戰備若裕西過者便率精銳南出彭沛如不時過但引軍隨之彼至崤陝間必與姚泓相持一死一傷衆力疲弊比及秋月徐乃乘之則裕首可不戰而縣於是叔孫

建等尋河趣洛遂入關嵩與建等自城皐南濟晉諸屯戍
皆望塵奔潰裕剋長安嵩乃班師明元寢疾問後事於嵩
嵩曰立長則順以德則人服今長皇子賢而世嫡天所命
也請立乃定策詔太武臨朝監國嵩爲左輔太武即位進
爵北平王司州中正詔問公卿赫連蠕蠕征討何先嵩與
平陽王長孫翰司空奚斤等曰赫連土居未能爲患蠕蠕
世爲邊害宜先討大檀及則收其畜產足以富國不及則
校獵陰山多殺禽獸皮肉筋角以充軍實亦愈於破一小
國太常崔浩曰大檀遷徙鳥逝疾追則不足經久大衆則
不能及之赫連屈丐土宇不過千里其刑政殘害人神所

棄宜先討之尚書劉絜武京侯安原請先平馮跋帝默然
遂西巡狩後聞屈丐死關中大亂議欲征之嵩等曰彼若
城守以逸待勞大檀聞之乘虛而寇危道也帝乃問幽徵
於天師寇謙之勸行杜超之贊成崔浩又言西伐利嵩等
固諫不可帝大怒責嵩在官貪汚使武士頓辱尋遷太尉
久之加柱國大將軍自是軬駕征伐嵩以元老多留鎮京
師坐朝堂平斷刑獄薨年八十諡曰宣王後孝文追錄先
朝功目以嵩配饗廟庭子頹善騎射彎弓三百斤襲爵加
侍中征南大將軍有罪黜爲戍兵後復爵薨諡曰安王子
敦字孝友位北鎮都將坐贓貨降爲公孝文時自詆先世

勳重復其王爵薨諡簡王子道字念僧襲爵父之隨例降
爲公位左衛將軍卒諡慎子悅襲爵建義初復本王爵孝
降爲公位光祿少卿卒贈司空嵩五世孫儉仕周知名
儉本名慶明曾祖地汾安東將軍臨川公祖酌恒州刺史
父柀貟外散騎侍郎早卒儉方正有操行神彩嚴肅雖在
私室終日儼然性不妄交非其同志雖貴遊造門亦不與
相見太昌中邊方騷動儉初假東夏州防城大都督從尒
朱天光破宿勤明達等以功賜爵索盧侯周文臨夏州以
爲錄事參軍事深敬器之及賀拔岳被害周文赴平涼凡
有經綸謀策儉皆參預從平侯莫陳悅留儉爲秦州長史

防城大都督委以後事別封信都縣伯渭州刺史可朱渾
元奔東魏後河渭間人情離阻刺史李弼令儉權鎮渭州
儉將十餘騎冒難赴之復隨機安撫羌胡悅服轉夏州刺
史甚得人和時西夏州仍未內屬而東魏遣許和爲刺史
儉以信義招之和乃歸附即以儉爲西夏州刺史總統三
夏州諸軍事荊襄初附周文表授儉都督三荊等十二州
諸軍事荊州刺史東南道行臺僕射所部鄭縣令泉璨爲
百姓所訟推按獲實儉即大集僚屬遂於聽事前引己過
肉袒自訶捨璨不問於是屬城肅勵莫敢犯法魏文帝璽
書勞之周文又與儉書曰近聞公部內縣令有罪遂自杖

三十用肅羣下聞之嘉歎良久不可言儉清正率下兼懷仁恕有竊盜者原情得實誨而放之荆蠻舊俗少不敬長儉殷勤勸導風俗大革務廣耕桑兼習武事故邊境無虞人安其業吏人表請爲儉構清德樓樹碑刻頌朝議許之吏人又以儉秩滿恐有代至詣闕乞留儉朝廷嘉而許之在州遂歷七載徵授大行臺尚書兼相府司馬常與羣公侍坐及退周文謂左右曰此人閑雅孤每與語常肅然畏敬恐有所失他日周文謂儉曰名實須相稱尚書志安貧素可改名儉以彰雅操遷尚書左僕射加侍中後除東南道行臺僕射大都督十五州諸軍事荆州刺史時梁岳陽

王蕭詧內附初遣使入朝至荆州儉於聽事列軍儀具戎服以賓主禮見使容貌魁偉音聲如鍾大爲鮮卑語遣人傳譯以荅問客惶恐不敢仰視日晚儉乃著裙襦紗帽引客宴於別齋因叙梁國喪亂朝庭招攜之意發言可觀使人大悅出曰吾所不能測也魏廢帝二年授東南道大都督荆襄等三十三州鎮防諸軍事及梁元帝嗣位於江陵外敦隣睦內懷異計儉密啟陳攻取之謀於是徵儉入朝問以經略儉陳謀周文深然之乃命還州密爲之備尋令柱國于謹伐江陵事平以儉元謀賞奴婢三百口遂令儉鎮江陵進爵昌寧郡公後移鎮荆州授揔管荆襄等五十

二州諸軍事行荆州刺史及周閔帝初趙貴等將圖晉公護儉長子僧衍預其謀坐死護乃徵儉拜小冢宰保定四年拜柱國朝議以儉操行清白勳績隆重乃下詔襃美之兼賜以雜綵粟麥以彰其美天和初轉陝州揔管七州諸軍事陝州刺史儉嘗詣闕奏事時大雪雪中待報自旦達暮竟無惰容其謹慤若此以疾還京詔以儉舊居狹隘賜甲第一區後薨於夏州揔管臨終遺令斂以時服素車載柩不設儀仗親友贈襚一無所受諸子並奉行之又遺啟請葬周文帝陵側并以所賜宅還官詔皆從之贈本官加涼瓜等十州諸軍事涼州刺史追封鄶國公謚曰文荆州

人儀同趙超等六百九十七人詣闕請爲儉立廟樹碑詔許之建德元年詔曰故柱國鄶國公儉臨終審正美延德音以所居之宅本因上賜制度宏麗非諸子所居請以還官吏遷他所昔叔敖辭沃壤之地蕭何就窮僻之鄉以古方今無慚曩哲而有司未達大體遽以其第外給夫追善念功先王令典豈得遂其謙挹致乖獎勸令以本宅還其妻子俾清風遠播無替聿脩次子隆位司金中大夫從長潮公元定伐陳沒江南卒隆弟平最知名

平字處均美容儀有器幹頗覽書記爲周衞王侍讀時武帝逼於宇文護與衞王謀誅之王常使平通意於帝護誅

拜開府儀同三司宣帝幸東京官屬以平爲少司寇與宗伯趙芳分掌六府隋文龍潛時與平情好款洽及爲丞相恩禮彌厚時賀若弼鎮壽陽帝恐其懷貳遣平代之爲揚州摠管賜爵襄陽公弼果不從平麾壯士執弼送京師隋開皇三年徵拜度支尚書平見天下州縣多罹水旱百姓不給奏令人間每秋家出粟麥一石以下貧富爲差儲之閭里以備凶年名曰義倉帝深嘉納自是州里豐衍後轉工部尚書名曰稱職時有人告大都督邴紹非毀朝庭爲憒憒者上怒將斬之平進諫曰諺云不癡不聾不作大家翁此言雖小可以喻大邴紹之言不應聞奏陛下又復誅

之恐百代之後有虧聖德上於是赦紹因敕羣臣誹謗之罪勿復以聞後突厥達頭可汗與都藍可汗相攻各遣使請援上遣平持節宣諭令其和解平至陳利害遂各解兵可汗贈平馬二百疋還進所得馬上盡以賜之未幾遇譴以尚書檢校汴州事尋除汴州刺史後歷許貝二州俱有善政鄴都俗薄前後刺史多不稱職朝庭以平爲相州刺史甚有能名在州數年坐正月十五日百姓大戲畫衣裳鍪甲象上怒免之俄而上念平鎮淮南時事進位大將軍拜太常卿吏部尚書卒官謚曰康子師孝性輕狡好利數犯法上以其不克負荷遣使吊平以師孝爲勃海郡主簿

屬大業之季恣行貪濁一郡苦之後爲王世充所害

長孫道生嵩從子也忠厚廉謹道武愛其慎重使掌機密與賀毗等四人內侍左右出入詔命明元即位除南統將軍冀州刺史後取人美女以獻明元切責之以舊臣不加罪黜太武即位進爵汝陰公遷廷尉卿從征蠕蠕與尉眷等率衆出白黑兩漢間大捷而還太武征赫連昌道生與司徒長孫翰宗正娥清爲前驅遂平其國昌弟定走保平涼宋遣將到彥之王仲德寇河南以救定詔道生與丹揚王太之屯河上以禦之遂逐宋將檀道濟邀其前後追至歷城而還除司空加侍中進封上黨王薨年八十二贈太

尉謚曰靖道生廉約身爲三司而衣不華飾食不兼味一能皮鄣泥數十年不易時人比之晏嬰第宅卑陋出鎮後其子弟頗更脩繕起堂廡道生還歎曰昔霍去病以匈奴未滅無用家爲今強寇尚遊魂漠北吾豈可安坐華美也乃切責子弟令毀其宅太武世所在著績每建大議多合時機爲將有權略善待士衆帝命歌工歷頌羣臣曰智如崔浩廉如道生及年老頗惑其妻孟氏以此見譏與從父嵩俱爲三公當世以爲榮子抗位少卿早卒抗子觀少以壯勇知名後襲祖爵上黨王時異姓諸王襲爵多降爲公帝以其祖道生佐命先朝故特不降以征西大將軍假司

空督河西七鎮諸軍討吐谷渾部帥拾寅遁藏焚其所居城邑而還孝文初拜殿中尚書侍中吐谷渾又侵逼復假觀司空討降之後為征南大將軍薨謚曰定葬禮依其祖靖王故事陪葬雲中金陵

子異歸六歲襲爵降為公孝文以其幼承家業賜名幼字承業承業聰敏有才藝虛心愛士為前將軍從孝文南討宣武時為楊州刺史假鎮南大將軍都督淮南諸軍事梁將裴邃虞鴻襲據壽春承業諸子驍果邃頗難之號曰鐵小兒詔河間王琛總衆援之琛欲決戰承業以雨久更須持重琛弗從遂戰為賊所乘承業後殿初承業既總強兵

久不決戰議者疑有異圖朝庭重遣河間王琛及臨淮王彧尚書李憲等三都督外聲助承業內實防之會鮮于脩禮反於中山以承業為大都督北討尋以本使達鄴城詔承業解行臺罷大使遣河間王琛為大都督酈道元為行臺承業遣子子裕奉表稱與琛同在淮南俱當國難琛敗臣全遂生私隙且臨機奪帥非策所長書奏不納琛與承業前到呼沲承業未欲戰而琛不從行達五鹿為脩禮邀擊琛不赴之賊總至遂大敗承業與琛並除名尋而正平郡蜀反復假承業鎮西將軍討蜀都督頻戰有功除平東將軍復本爵後除尚書右僕射未幾雍州刺史蕭寶寅據

州反復以承業為行臺討之承業時背疽未愈靈太后勞之曰卿疹源如此朕欲相停更無可寄如何承業答曰死而有已敢不自力時子尋亦患腳痺扶杖入辭尚書僕射元順顧相謂曰吾等備為大臣各居寵位危難之日病者先行無乃不可乎莫有對者時薛鳳賢反於正平薛脩義屯聚河東分據鹽池攻圍蒲坂東西連結以應寶寅承業乃據河東時有詔廢鹽池稅承業上表曰鹽池天資賄貨密邇京畿唯須寶而護之均贍以理今四境多虞府藏罄竭然冀定二州且亡且亂常調之絹不復可收仰惟府庫有出無入必須經綸出入相補略論鹽稅一年之中準絹

而言猶不應減三十萬疋也便是移冀定二州置於畿甸今若廢之事同再失臣前仰違嚴旨而先討關賊徑解河東者非是閑長安而急蒲坂蒲坂一陷沒失鹽池三軍口命濟贍理絕天助大魏茲計不爽昔高祖昇平之年無所乏少猶創置鹽官而加典護非為物而競利恐由利而亂俗也況今王公素餐百官尸祿租徵六年之粟調折來歲之資此皆出人私財奪人膂力豈是願言事不獲已臣輒符司監將尉還率所部依常收稅更聽後敕及雍州平除雍州刺史孝莊初封上黨王尋改馮翊王後降為郡公遷司徒公加侍中兼尚書令大行臺仍鎮長安節閔立遷太

尉公録尚書事及韓陵之敗斛斯椿先據河橋謀誅尒朱使承業入洛啓節閔誅世隆兄弟之意孝武初轉太傅以定策功更封開國子承業表請迴授其姨兄廷尉卿元洪超次子惲初承業生而母亡爲洪超母所撫養是以求讓許之武帝入關承業時鎮武牢亦隨赴長安位太師録尚書事封上黨王大統元年薨贈假黃鉞大丞相都督三十州諸軍事雍州刺史謚曰文宣承業少輕俠鬬雞走馬力爭殺人因亡抵龍門將陳興德家會赦乃免因以後妻羅前夫女呂氏妻興德兄興恩以報之羅年大承業十餘歲酷妬忌承業雅相敬愛無姬妾童侍之中在承業左右嫌疑致死者乃有數四前妻張氏二子子彦子裕羅生三子

紹遠士亮季亮兄弟皆雄武子彦李名儁有膂力以果從父征討功封槐里縣子孝武帝與齊神武構隙加子彦中軍大都督行臺僕射鎮恒農以爲心膂及從帝入關封高平郡公位儀同三司以從征竇泰戰沙苑功加開府侍中及東復舊京以子彦兼尚書令行司州牧留鎮洛陽後以不利班師大統七年拜太子太傅子彦少常墜馬折臂肘上骨起寸餘乃命開肉鋸骨流血數升言戲自若時以爲踰於關羽末年右發舉體生瘡雖親戚兄弟以爲惡疾子彦曰惡疾如此難以自明世無良醫吾其死矣嘗聞惡疾蝮虵螫之不痛試爲求之當令兄弟知我乃於南山得虵以股觸之痛楚號叫俄而腫死文帝聞之慟哭曰失我良將贈雍州刺史子裕位衛尉少卿啓捨況階十七級爲子義貞求官除左將軍加通直散騎常侍又以父勳封平原縣伯

義貞弟兒字若汗性機辯強記博聞雅重賓游尤善談論從魏孝武西遷別封鄴縣侯周天和初進驃騎大將軍開府儀同三司歷熊絳二州刺史並有能名襲爵平原縣公卒子熾嗣

熾字仲光性敏慧美姿容頗涉群書兼長武藝建德初周

武帝崇尚道法求學兼經史者爲通道館學士熾應其選隋文帝作相自御正上士擢爲丞相府功曹參軍加大都督封陽平縣子遷稍伯下大夫以平王謙拜儀同三司及帝受禪熾率官屬先入清宮即授内史舍人上儀同三司攝東宮右庶子出入兩宮甚被委遇累遷太常少卿改封饒陽縣子進位開府儀同三司改授吏部侍郎大業中歷位大理卿户部尚書吐谷渾寇張掖令熾擊之追至青海以功授銀青光祿大夫六年帝幸江都宮留熾東都居守攝左候衛將軍卒官謚曰靜子安世通事謁者熾弟晟

晟字季晟性通敏略涉書記善彈工射趫捷過人年十八

仕周為司衛上士初未知名唯隋文帝一見深異焉謂曰長孫武藝逸羣又多奇略後之名將非此子邪及突厥攝圖請婚周以趙王招女妻之周與攝圖各相誇競妙選驍勇以充使者因遣晟副汝南公宇文神慶送千金公主至其牙前後使人數十輩攝圖多不禮之獨愛晟每共遊獵留之竟歲嘗有二鵰飛而爭肉因以箭兩隻與晟請射取之晟馳往遇鵰相攫遂一發雙貫焉攝圖喜命諸子弟貴人皆相親友冀暱近之以學彈射其弟處羅侯號突利設尤得衆心焉攝圖所忌密託心腹陰與晟盟晟與之遊獵因察山川形勢部衆強弱皆盡知之還拜奉車都尉開皇

元年攝圖曰我周家親也今隋公自立而不能制何面目見可賀敦因與高寶寧攻陷臨渝鎮約諸面部落謀共南侵文帝新立由是大懼脩長城發兵屯北境命陰壽鎮幽州虞慶則鎮并州屯兵為之備晟先知攝圖玷厥阿波突利等叔姪兄弟各統強兵俱號可汗分居四面內懷猜忌外示和同難以力征易可離間因上書曰臣於周末忝充外使匈奴倚伏實所具知玷厥之於攝圖兵強而位下外名相屬內隙已彰鼓動其情必將自戰又處羅侯者攝圖之弟姦多而勢弱曲取衆心國人愛之因為攝圖所忌又阿波首鼠介在其間頗畏攝圖受其牽率唯強是與未有

定心宜遠交而近攻離強而合弱通使玷厥說合阿波則攝圖迴兵自防右地又引處羅遣連奚霫則攝圖分衆還備左方首尾猜嫌腹心離阻十數年後承釁討之必可一舉而空其國上省表大悅因召與語晟口陳形勢手畫山川寫其虛實皆如指掌上深嗟異皆納用焉因遣太僕元暉出伊吾道使詣玷厥賜以狼頭纛謬為欽敬玷厥使來引居攝圖使上反間既行果相猜貳授晟車騎將軍出黃龍道齎幣賜奚霫契丹等遣為鄉導得至處羅侯所深布心腹誘令內附二年攝圖號四十萬騎自蘭州入至于周盤破達奚長儒軍更欲南入玷厥不從引兵而去時晟又

說染干詐告攝圖曰鐵勒等反欲襲其牙攝圖乃懼迴兵出塞後數年突厥大入發八道元帥出拒之阿波至涼州與竇榮定戰賊帥累北時晟為偏將使謂之曰攝圖每來戰皆大勝阿波纔入便即致敗此乃突厥之恥且攝圖之與阿波兵勢本敵今攝圖日勝為衆所崇阿波不利為國生辱攝圖必當因此以罪歸於阿波成其夙計滅北牙矣阿波使至晟又謂曰今達頭與隋連和而攝圖不能制可汗何不依附天子連結達頭相合為強此萬全之計豈若喪兵負罪歸就攝圖受其戮辱耶阿波納之因留塞上後使人隨晟入朝時攝圖與衞王軍遇戰於白道敗走至磧

聞阿波懷貳乃掩北牙盡獲其衆而殺其母阿波還無所歸西奔玷厥乞師十餘萬東擊攝圖復得故地收散卒與攝圖相攻河波頻勝其勢益強攝圖又遣使朝貢公主自請改姓乞爲帝女上許之四年遣晟副虞慶則使于攝圖賜公主姓爲楊氏改封大義公主攝圖奉詔不肯起拜晟進曰突厥與隋俱是大國天子可汗不起安敢違意但可賀敦爲帝女則可汗是大隋女壻柰何不敬婦公攝圖笑謂其達官曰須拜婦公乃拜受詔使還稱旨授儀同三司左勳衞車騎將軍七年攝圖死遣晟持節拜其弟處羅侯爲莫何可汗以其子雍閭爲葉護可汗處羅侯因晟奏曰

北史列傳十　十四

阿波爲天所滅與五六千騎在山谷閒當取之以獻時召文武議焉樂安公元諧曰請就彼梟首以懲其惡武陽公李充請生將入朝顯戮而示百姓上問晟晟曰阿波之惡非負國家因其困窮取而爲戮恐非招遠之道不如兩存之上曰善八年處羅侯死遣晟往弔仍齎陳國所獻寶器以賜雍閭十三年流人楊欽亡入突厥詐言彭城公劉昶共宇文氏女謀欲反隋遣其來密告公主雍閭信之乃不脩貢又遣晟出使微觀察焉公主見晟言辭不遜又遣所私胡人安遂迦共欽計議扇惑雍閭晟還以狀奏又遣晟往索欽雍閭欲勿與謬曰客內無此色人晟乃貨其達官知

欽所在夜掩獲之以示雍閭因發公主私事國人大恥雍閭執遂迦等並以付晟使還上大喜加授開府仍遣入蕃涖殺大義公主雍閭又表請婚僉議將許之晟奏曰臣觀雍閭反覆無信特共玷厥有隙所以依倚國家縱與爲婚終當必叛今若得尚公主承藉威靈玷厥染干必又受其徵發強而更反後恐難圖且染干者處羅侯之子素有誠款于今兩世臣前與相見亦乞通婚不如許之招令南徙兵少力弱易可撫馴使敵雍閭以爲邊捍上曰善又遣慰喻染干許尚公主十七年染干遣使隨晟來逆女以宗女封安義公主以妻之晟說染干南徙居度斤舊鎮雍閭疾

北史列傳十　十五

之亟來抄略染干伺知動靜輒遣奏聞是以賊來每先有備十九年染干因晟奏雍閭作攻具欲打大同城詔發六揔管並取漢王節度分道出塞討之雍閭懼復共達頭同盟合力掩襲染干大戰于大長城下染干敗績其兄弟子姪盡見殺而部落亡散染干與晟獨以五騎逼夜南走至旦行百餘里收得數百騎乃相與謀曰今兵敗入朝一降人耳大隋天子豈禮我乎玷厥雖來本無冤隙若往投之必相存濟晟知懷貳乃密遣使者入伏遠鎮令速舉烽染干見四烽俱發問晟城上烽然何也晟紿之曰城高地迥必遙見賊來我國家法若賊少舉二烽來多舉三烽大逼

舉四烽使見賊多而又近耳染干大懼謂其衆曰追兵已逼且可投城既入鎮晟留其達官執室以領其衆自將染干馳驛入朝帝大喜進晟左勳衛驃騎將軍持節護突厥晟遣降虜覘候雍閭知其牙內屢有災變夜見赤虹光照數百里天狗隕雨血三日流星墜其營內有聲如雷每夜自驚言隋師且至並遣奏知尋以染干為意彌豆啓人可汗賜射於武安殿選善射者十二人分為兩朋啓人曰臣由長孫大使得見天子今日賜射願入其朋許之給箭六發皆入鹿啓人之朋竟勝時有鳶羣飛上曰公善彈為我取之十發俱中並應丸而落是日百官獲賚晟獨居多尋遣領五萬人於朔州築大利城以處染干安義公主死持節送義城公主復以妻之晟又奏染干部落歸者既衆雖在長城內猶被雍閭抄略往來辛苦不得寧居請徙五原以河為固於夏勝兩州間東西至河南北四百里掘為橫塹令處其內任情放牧免於抄掠人必自安上並從之二十年都藍大亂為部下所殺晟因奏曰賊內攜離其主被殺乘此招誘必並來降請遣染干部下分頭招慰上許之果盡來附達頭恐怖又大集兵詔晟部領降人為秦州行軍總管取晉王廣節度出討達頭達頭與王相抗晟進策曰突厥飲泉易可行毒因取諸藥毒水上流達頭人畜飲

之多死大驚曰天雨惡水其亡我乎因夜遁晟追之斬首千餘級俘百餘口王大喜引晟入內同宴極歡有突厥達官來降時亦預坐說言突厥之內大畏長孫總管聞其弓聲謂為霹靂見其走馬稱為閃電王笑曰將軍震怒威行域外遂與雷霆為比一何壯哉師旋授上開府儀同三司復遣還大利城安撫新附仁壽元年晟表奏曰臣夜登城樓望見磧北有赤氣長百餘里皆如雨足下垂被地謹驗兵書此名灑血其下之國必且破亡欲滅匈奴宜在今日詔楊素為行軍元帥晟為受降使者送染干北伐二年軍次北河逢賊帥思力俟斤等領兵拒戰晟與大將軍梁默擊走之賊衆多降晟又教染干分遣使者往北方鐵勒等部招攜取之三年有鐵勒思結伏具渾斛薛阿拔僕骨等十餘部盡背達頭來降附達頭衆大潰西奔吐谷渾晟送染干安置于磧口事畢入朝遇文帝崩匿喪未發煬帝引晟於大行前委以內衙宿衛知門禁事即日拜左領軍將軍遇楊諒作逆敕以本官為相州刺史發山東兵馬與李雄等共經略之晟辭以子行布在逆地帝曰公終不以兒害義其勿辭也於是馳遣赴相州諒破追還轉武衛將軍大業三年煬帝幸榆林欲出塞外陳兵耀武經突厥中指于涿郡仍恐染干驚懼先遣晟往喻旨稱述帝意染干聽

之因召所部諸國奚霫室韋等種落數十酋長咸萃晟見
牙中草穢欲令染干親自除之示諸部落以明威重乃指
帳前草曰此根大香染干遽取嗅之曰殊不香也曰國家
法天子行幸所在諸侯並躬親洒掃耘除御路以表至敬
之心今牙中蕪穢謂是留香草耳染干乃悟曰奴罪過奴
之骨肉皆天子賜也得効筋力豈敢有辭特以邊人不知
法耳遂拔所佩刀親自芟草其貴人及諸部落爭放効之
乃發榆林北境至于其牙又東達于薊長三千里廣百餘
步舉國就役而開御道帝聞益喜焉後除淮陽太守未赴
任復為右驍衛將軍五年卒年五十八帝悼惜之後突厥

圍鴈門帝歎曰向使長孫晟在不令匈奴至此晟好奇計
務立功名性至孝居憂毀瘠為朝士所稱大唐貞觀中追
贈司空上柱國謚曰獻少子無忌嗣其長子行布亦多謀
略有父風起家漢王諒庫真後遇諒并州起逆率衆南拒
官軍留行布守城遂與豆盧毓閉門拒守諒城陷遇害次
子恒安以兄功授鷹揚郎將

紹遠字師少名仁寬容有大度雅好墳籍聰慧過人父承
業作牧壽春時紹遠年十三承業嘗託有王碩者文學士
也聞紹遠強記遂白承業求驗之承業命試之碩乃試以
禮記月令於是紹遠讀數紙纔一徧誦之若流碩歎服之

起家司徒府參軍事後以別將討平河東蜀薛封東阿縣
伯魏孝武西遷紹遠隨承業奔赴以功別封文安縣子大
統二年除太常卿遷中書令仍襲父爵後例降為公改馮
翊郡恭帝二年累遷錄尚書事周文每謂羣臣曰長孫公
任使處令人無反顧憂漢之蕭寇何足多也其容止堂堂
足為當今模楷六官建拜大司樂周閔踐祚復封上黨郡
公初紹遠為太常廣召工人創造樂器唯黃鍾不調每恒
恨之嘗經韓使君佛寺聞浮圖三層上鐸鳴其音雅合宮
調因取而配奏方始克諧乃啓明帝曰魏氏來宅秦雍雖
祖述樂章然黃鍾為君天子之正位往經創造歷稔無成

方知水行將季木運伊始天命有歸靈樂自降此蓋乾坤
祐助宗廟致感方當降物和神祚隆萬世詔曰朕以菲薄
何德可以當之此蓋天地祖宗之祐亦由公達鑒所致也
俄改授禮部中大夫時猶因魏氏舊樂未遑更造但去小
呂加大呂而已紹遠上疏陳雅樂詔並行之紹遠所奏樂
以八為數故梁黃門侍郎裴正上書以為昔者大舜欲聞
七始下洎周武爰制七音持林鍾作黃鍾以為正調之首
詔與紹遠詳議正曰天子用八非無典故縣而不擊未聞
厥理且黃鍾為天大呂為地太蔟為人今縣黃鍾而擊太
蔟便是虛天位專用人矣紹遠曰夫天不言四時行焉地

不言萬物生焉人感中和之氣居變通之道今縣黃鍾而擊太蔟是天子端拱羣司奉職從此而議何往不可正曰案呂氏春秋曰楚之衰也爲作巫音齊之衰也爲作大呂且大呂以下七鍾皆是林鍾之調何得稱爲十一月調專用六月之均便是欲迎仲冬猶行季夏以此而奏深非至理紹遠曰卿之所言似欲求勝若窮理盡性自伐更深何者案周禮祀天樂云黃鍾爲宮大呂爲角此則大呂之用宛而成章雖知引呂氏之小文不覺失周公之大禮且今縣大呂則有黃鍾林鍾二均乃備春夏則奏林鍾秋冬則奏黃鍾作黃鍾不擊大呂作林鍾不擊黃鍾此所謂左之右之君子宜之右之左之君子有之而卿不縣大呂止有黃鍾一宮便是季夏之時仍作仲冬之調以此爲至理無乃不可乎然周禮又云乃奏黃鍾歌大呂以祀天神謂五帝及日月星辰也王者各以夏之正月祀感帝於南郊又朝日以春分夕月以秋分依如正禮並用仲冬之調又曰奏大蔟歌應鍾以祭地祇謂神州及社稷以春秋二仲依如正禮唯奏孟春之宮自外四望山川先妣先祖並各周宮不依月變略舉大綱則三陽可反然則還相爲宮雖有其義引禮取證乃不月別變宮且黃鍾爲君則陽之正位若隨時變易是君無定體而卿用林鍾以爲正調便是君

臣易位陰陽相反正之名器將何取焉正曰今用林鍾爲黃鍾者實得相生之義既清且韻妙合真體然八音平濁何足可稱紹遠曰天者陽位故其音平而濁濁則君聲地者陰位故其音急而清清則臣調然急清者於體易絕平濁者在義可久可久大王者之基至於鄭衞新聲非不清韻若欲施之聖世吾所不取也於是遂定以八爲數焉尋拜京兆尹歷少保小司空出爲河州刺史河右戎落向化日近同姓婚姻因以成俗紹遠導之以禮大革弊風政存簡恕百姓悅服入爲小宗伯武帝讀史書見武王克殷而作七始又欲廢八縣七并除黃鍾之正宮用林鍾爲調首紹遠奏云天子縣八百王共軌下逮周武甫脩七始之音詳諸經義又無廢八之典且黃鍾爲君天子正位今欲廢之未見其可臣案周禮奏黃鍾歌大呂此則先聖之弘範不易之明證願勿輕變古典趣改樂章帝默然久之曰朕欲廢八縣七者所望體本求直豈苟易名當更思其義後竟行七音屬紹遠遘疾未獲面陳慮有司遽損樂器乃與樂部齊樹書曰伏聞朝廷前議而欲廢八縣七然則天子縣八有自來矣古先聖殊塗一致逮周武克殷逆取順守專用干戈事乖揖讓反求經義是用七音蓋非萬代不易之典其縣八筍簴不得毀之宜待吾疾瘳當別奏聞此

後紹遠疾篤乃命其子覽曰夫黃鍾者天子之宮呂大呂者皇后之位今廢黃鍾之位是祿去王室若用林鍾爲首是政出私門將恐八百之祚不得同姬周之永也吾既爲人臣義無寢默必輿疾固爭闕庭後疾甚乃上遺表曰謹案春秋隱公傳云天子用八周禮云天子縣二八倕氏之鍾十六母句氏之磬十六漢成帝獲古磬十六周禮圖縣十六此數事者照爛典章揚搉而言足爲龜鏡伏惟陛下受圖蒼帝接統玄精秦漢以還獨爲稱首至如周武有事干戈臣獨鄙之而況陛下以臣自揣餘息匪夕伊朝伏願珍御萬機不勞改八從七帝省表涕零重贈柱國大將軍諡

曰獻號樂祖配饗廟庭子覽嗣

覽字休因性弘雅有器度喜慍不形於色略涉書記尤曉鍾律周明帝時爲大都督明帝以覽性質淳和堪爲師表使事魯公甚見親善及魯公即位是爲武帝超拜車騎大將軍每公卿上奏必令省讀覽有口辯聲氣雄壯凡所宣傳百寮屬目帝每嘉歎之覽初名善帝謂曰朕以萬機委卿先覽遂賜名焉及誅宇文護以功進封薛國公累遷小司空從平齊進位柱國公武帝崩受遺輔政宣帝時位上柱國大司徒歷同涇二州刺史隋文帝爲丞相轉宜州刺史開皇二年將有事於江南徵爲東南道行軍元帥統八總管出壽陽水陸俱進師臨江陳人大駭會陳宣帝殂覽欲乘釁滅之監軍高熲以禮不伐喪乃還文帝命覽與安德王楊雄上柱國元諧李充左僕射高熲右衛大將軍虞慶則吳州總管賀若弼等同宴上曰朕昔在周朝備展誠節但苦被猜忌每致寒心爲臣若此竟何情賴朕與公等共享終吉罪非謀逆一無所問朕亦知公至誠侍太子宜數參見之柱臣素望實屬於公宜識朕意其恩禮如此又為蜀王秀納覽女為妃後為涇州刺史卒官子洪嗣位宋順臨三州刺史司農少卿北平太守

澄字士亮年十歲司徒李琰之見而奇之遂以女妻焉十

四從父承業征討有智謀勇冠諸將以功封西華縣侯及長容貌魁岸風儀溫雅魏大統中歷位豫渭二州刺史以軍功別封永寧縣伯尋進襲津縣侯魏文帝與周文及羣公宴從容曰孝經一卷人行之本諸君宜各引孝經之要言澄應聲曰夙夜匪懈以事一人座中有人次云臣救其惡既出西閣周文深歎澄之合機而譴其次答者周孝閔帝踐阼拜大將軍進爵義門郡公出為王壁總管頗有威信卒於鎮贈柱國諡曰簡自喪初至及葬明帝三臨之典祀中大夫宇文容諫曰君臨臣喪自有節制今乘輿多降悉乖典禮帝不從其為上所追惜如此子嶸嗣弟禮少

以父任爲散騎侍郎與襄城公盧魯元等内侍恭敏有才
志太武寵信之曰其父親近吾祖子在我左右不亦宜乎
長孫肥代人也昭成時年十三以選内侍少有雅度果毅
少言道武之在獨孤及賀蘭部常侍從禦侮左右帝深信
仗之登國初與莫題等俱爲大將屢有軍功後從平中山
以功賜爵琅邪公遷衛尉卿改爵盧鄉時中山太守仇儒
不樂内徙亡匿趙郡推趙準爲主妄造祅言云燕東傾趙
當續欲知其名淮水不足準喜而從之自號鉅鹿公儒爲
長史據關城連引丁零殺害長吏肥討破準於九門斬仇
儒禽準詔以儒肉食準傳送京師轘之於市夷其族除肥

兗州刺史姚平之寇平陽道武徵肥與毗陵王順等爲前
鋒平退保柴壁帝進攻屠之遣肥還鎮兗州撫慰河南威
信著於淮泗善策謀勇冠諸將前後征討未嘗失敗故每
有大難令肥當之南平中原西摧羌寇肥功居多賞賜千
計後降爵藍田侯卒謚曰武陪葬金陵子翰襲爵翰少有
父風道武時以善騎射爲獵郎明元之在外翰與元磨渾
等潛謀奉迎明元即位與磨渾等拾遺左右以功累遷平
南將軍率衆鎮北境威名甚著太武即位封平陽王蠕蠕
大檀之入寇雲中太武親征之遣翰與東平公娥清出長
川討大檀大檀北遁追擊克獲而還遷司徒從襲赫連昌

破之翰清正嚴明善撫將士薨太武爲之流涕親臨其喪
喪禮依安城王叔孫俊故事謚曰威陪葬金陵子成襲爵
降爲公位南部尚書卒陪葬金陵翰弟陵位駕部尚書性
寛厚好學愛士封吳郡公贈吳郡王謚恭陪葬金陵
論曰昭成之末衆叛親離長孫嵩寛厚沈毅任重王室歷
事累世遂爲元老生則宗臣歿祀清廟美矣儉器識明允
智謀通贍堂堂焉有公輔之望謇謇焉有王臣之節而觀
朝廷之日少在方岳之日多何哉平識具該通出内流譽
取諸開物成務蓋亦有隨之楨幹也道生恭慎廉約兼著
威名見知明主聲入歌奏二公並列暉炫朝野門祉世祿

榮被後昆雖漢世八王無以方其茂績張氏七葉不能譬
此重光子彥勇烈絶倫紹遠樂聲特妙熾乃早稱英俊覽
乃獨擅雄辯不然則何以並統師旅俱司禮閣鍾鼎不墜
且公且侯晟體資英武兼包奇略因機制變懷彼戎夷傾
巢盡落屈膝稽顙塞垣絶鳴鏑之旅渭橋有單于之拜惠
流邊朔功光王府保茲世祿不亦宜乎肥結髮内侍雄武
自立軍鋒所指罔不棄散關張萬人敵未足多也翰有父
風不殞先構臨喪加禮抑有由哉

列傳第十　北史二十二

周之昆　孫　粹然　校正

列傳第十一　北史二十三

于栗磾 孫勁 寔子顗 六世孫謹 仲文 謹子寔 寔弟翼

翼子璽 義子宣道 翼弟義 宣敏

于栗磾代人也少習武藝材力過人能左右馳射登國中拜冠軍將軍假新安子與寧朔將軍公孫蘭潛自太原從韓信故道開井陘關路襲慕容寶於中山道武後至見道路修理大悅即賜其名馬及趙魏平帝置酒高會謂栗磾曰卿吾之黥彭也進假新安公道武田於白登山見熊將數子顧栗磾曰能搏之乎對曰若搏之不勝豈不虛斃一壯士自可驅致御前坐而制之尋皆禽獲帝顧而謝之後

爲河內鎮將劉裕之伐姚泓栗磾慮北侵擾築壘河上裕憚之遺栗磾書假道西上題書曰黑矟公麾下栗磾以狀表聞明元因之授栗磾黑矟將軍栗磾好持黑矟裕望而異之故有其號遷豫州刺史進爵新安侯洛陽雖歷代所都實爲邊界栗磾勞來安集甚得百姓心明元南幸盟津謂栗磾曰河可橋乎栗磾曰杜預造橋遺事可想乃編大船構橋於野坂六軍既濟帝深歎美之太武之征赫連昌敕栗磾與宋兵將軍周幾襲陝城長驅至三輔進爵爲公累遷外都大官平刑折獄甚有聲稱卒贈太尉栗磾自少總戎迄於白首臨事善斷所向無前加以謙虛下士刑罰不濫太武甚悼惜之子洛拔有姿容善應對拜侍御中散太武甚加愛寵因賜名焉轉監御曹令景穆在東宮厚加禮遇洛拔恒畏避屏退不敢逆自結納頃之襲爵後爲侍中尚書令百寮憚之卒官洛拔有六子長子烈善射少言有不可犯之色少拜羽林中郎累遷侍中殿中尚書于時孝文幼冲文明太后稱制烈與元丕陸叡李冲等各賜金策許以有罪不死進爵洛陽侯轉衛尉卿及遷都洛陽人情戀本多有異議帝以問烈烈曰陛下聖略深遠非愚管所測若隱心而言樂遷之與戀舊中半耳帝曰卿不唱異同朕深感不言之益敕鎮代留臺庶政一相參委車駕幸代

執烈手曰宗廟至重翼衛不輕卿當祗奉靈駕時遷洛邑烈與高陽王雍奉神主於洛陽遷光祿卿十九年大選百僚烈子登引例求進烈表引己素無教訓請乞黜落帝曰此乃有識之言不謂烈能辦此乃引見登詔曰朕今創禮新邑明揚天下卿父乃行謙讓之表而有直士之風故進卿爲太子翊軍校尉又加烈散騎常侍封聊城縣子及穆泰陸叡謀反舊京帝幸代泰等伏法賜烈及李冲璽書述敘金策之意時代鄉舊族同惡者多唯烈一宗無所染豫帝益器重之歎曰元儼決斷威恩深自不惡然盡忠猛決不如烈也爾日烈在代都必即斬其五三元首烈之節槩

不謝金日磾詔除領軍將軍以本官從征荆沔加鼓吹一部二十三年齊將陳顯達入寇馬圈帝輿疾討之執烈手以京邑爲託帝崩於行宮彭城王勰秘諱而返稱詔召宣武會駕魯陽以烈留守之重密報凶問烈處分行留神守無變宣武即位寵任如前咸陽王禧爲宰輔權重當時曾遣家僮傳言於烈求舊羽林武賁執仗出入烈不許禧遣謂烈曰我是天子兒天子叔元輔之命與詔何異烈厲色荅曰向亦不道王非天子兒叔若是詔應遣官人所由若遣私奴索官家羽林烈頭可得羽林不可得也禧惡烈剛直出之爲恒州刺史烈不願藩授謂彭城王勰曰殿下忘

先帝南陽之詔乎而逼老夫乃至於此遂以疾辭宣武以禧等專擅潛謀廢之景明二年正月初祭三公致齋於廟帝夜召烈子忠謂曰卿父明可早入及明烈至詔曰諸父慢怠今欲使卿以兵召之卿其行乎烈曰老臣歷奉累朝頗以幹勇賜識今日之事所不敢辭乃將直閤以下六十餘人宣旨召咸陽王禧彭城王勰北海王詳衛送至帝前諸公各稽首歸政以烈爲領軍進爵爲侯自是長直禁中機密大事皆所參焉咸陽王禧之謀反宣武從禽於野左右分散倉卒之際莫知其計乃敕烈子忠馳觇虛實烈時留守已處分有備因忠奏曰臣雖朽邁心力猶可禧等猖

狂不足爲慮願緩蹕徐還以安物望帝甚以爲慰車駕還宮禧已逃詔烈追執之順后既立以世父之重彌見優禮及卒宣武舉哀於朝堂給東園第一秘器贈太尉封鉅鹿郡公子祚襲祚弟忠字思賢本字千年弱冠拜侍御中散文明太后臨朝刑政頗峻侍臣左右多以微譴得罪忠朴直少言終無過誤太和中授武騎侍郎因賜名登累遷左中郎將領直寢元禧之亂車駕在外變起倉卒忠曰臣父爲領軍計必無所慮帝遣忠馳觀之烈嚴備果如所量忠還宣武撫其背曰卿差強人意先帝賜卿名登誠爲美稱朕嘉卿忠款今改名忠既表貞固之誠亦以名實相副也

以父憂去職從爲司空長史時太傅錄尚書北海王詳親尊權重將作大匠王遇多隨詳所欲而給之忠於詳前謂遇曰殿下國之周公阿衡王室何至阿諛附勢損公惠私也遇既不寧詳亦慙謝以平元禧功封魏郡公及遷散騎常侍兼武衛將軍每以鯁氣正辭爲北海所忿面責忠曰我憂在前見爾死不憂爾見我死時也忠曰人生自有定分若應死王手避亦不免不爾王不能殺詳因忠表讓之際密勸帝以忠爲列卿於是詔停其封優進太府卿正始二年詔忠以本官使持節兼侍中爲西道大使刺史鎮將贓罪顯暴者以狀聞守令以下便行決斷與尚書李崇分

使二道忠劾并州刺史高聰贓罪二百餘條論以大辟除
華州刺史遭繼母憂不行服闋再還衞尉卿河南邑中正
忠與吏部尚書元暉度支尚書元匡河南尹元萇等推定
代方姓族高肇忌其爲人乃言於宣武稱中山要鎭作捍
須才乃出忠爲定州刺史旣而帝悔復授衞尉卿領左衞
將軍恒州大中正密遣使詔忠慰勉之延昌初除都官尚
書領左衞中正如故又加散騎常侍嘗因侍宴賜之劒杖
舉酒屬忠曰卿世執貞節故恒以禁衞相委昔以卿行忠
賜名曰忠今以卿才堪禦侮以所御劒杖相錫循名取義
意在不輕出入恒以自防也遷侍中領軍將軍忠辭無學

識宣武曰學識有文章者不少但心直不如卿欲使卿劬
勞於下我當無憂於上及帝崩夜中與侍中崔光遣右衞
將軍侯剛迎明帝於東宮而即位忠與門下議以帝沖年
未親機政太尉高陽王雍屬尊望重宜入居西栢堂省決
庶政任城王澄明德茂親可爲尚書令揔攝百揆奏中宮
請即敕授御史中尉王顯欲逞姦計與中常侍給事中孫
蓮等厲色不聽寢門下之奏孫蓮等密欲矯太后令以高
肇錄尚書事顯與高猛爲侍中忠即殿中收顯殺之忠旣
居門下又揔禁衞遂執朝政權傾一時初太和中軍國多
事孝文以用不足百官祿四分減一忠旣擅朝欲以惠澤

自固乃悉復所減之祿職人進位一級舊制百姓絹布一
匹之外各輸綿麻八兩忠悉以與之乃白高陽王雍自去
宣武本許優轉雍憚忠威權便順意加忠車騎大將軍忠
自謂新故之際有安社稷功諷百寮令加已賞太尉雍清
河王懌廣平王懷難違其意封忠常山郡公忠又難於獨
受乃諷朝廷同在門下者加封邑尚書左僕射郭祚尚書
裴植以忠權勢日盛勸雍出忠忠聞之逼有司誣奏其罪
祚有師傅舊恩植擁地入國忠並矯詔殺之朝野憤怨無
不切齒王公以下畏之累跡又欲殺高陽王雍侍中崔光
固執乃止遂免雍太尉以王還第自此詔命生殺皆出於

忠旣尊靈太后爲皇太后居崇訓宮忠爲儀同三司尚書
令崇訓衞尉侍中領軍如故靈太后臨朝解忠侍中領軍
崇訓衞尉止爲儀同尚書令侍中忠爲令旬餘靈太后引
門下侍官問忠在端右聲聽咸曰不稱厥任乃出爲冀州
刺史太傅清河王等奏忠擅殺樞納輒廢宰輔朝野駭心
遠近怪愕功過相除悉不合賞請悉追奪靈太后從之熙
平元年御史中尉元匡奏忠以鴻勳盛德受遇累朝宰國
大災專擅朝命無人臣之心裴郭受冤於旣往宰輔黜辱
於明世又自矯旨爲儀同三司尚書令領崇訓衞尉原其
此意便欲無上自劾旣事在恩後宜加顯戮請遣御史一

人令史二人就州行決靈太后令以忠事經肆眚遂不追
罪又詔以忠歷任禁要誠節皎然賜爵靈壽縣公初宣武
崩後高太后將害靈太后劉騰以告侯剛剛以告忠忠請
計於崔光光曰宜置胡嬪於別所嚴兵守衛忠從之具以
此意啓靈太后太后意乃安故太后深德騰等四人並有
寵授忠以毀之者多懼不免禍願還京欲自營救靈太后
不許二年四月除尚書右僕射加侍中將軍如故神龜元
年三月復儀同三司疾未拜見裴郭爲祟自知必死先表
養亡弟第二子司徒掾永超爲子乞以爲嫡靈太后許之
薨贈司空有司奏太常少卿元端議案謚法剛強理直曰

武怙威肆行曰醜宜謚武醜公太常卿元脩義議忠盡心
奉上翦除凶逆依謚法除偽寧真曰武夙夜恭事曰敬宜
謚武敬公二卿不同靈太后令依正卿議忠性多阻忌不
交勝己唯與直閤將軍章初瓌千牛備身楊保元爲斷金
之交李世哲求寵於忠私以金帛貨初瓌保元二人談之
遂被賞愛引爲腹心忠擅權昧進爲崇訓之由皆世哲計
也忠弟景字百年忠薨後爲武衛將軍謀廢元叉叉黜爲
懷荒鎮將及蠕蠕主阿那瓌叛鎮人請糧景不給鎮人遂
執縛景及其妻拘守別室皆去其衣服令景著皮裘妻著
故絳旗襖毀辱如此月餘乃殺之烈弟果嚴毅直亮有父

兄風歷朔華并恒四州刺史賜爵武城子果弟勁
勁字鍾葵頗有武略位沃野鎮將賜爵富昌子宣武納其
女爲后封勁太原郡公妻劉氏爲章武郡君後爲征北將
軍定州刺史卒贈司空謚曰恭莊公自栗磾至勁累世貴
盛一皇后四贈公三領軍二尚書令三開國公勁雖以后
父但以順后早崩竟不居公輔
子暉字宣明后母弟也少有氣幹襲爵位汾州刺史暉善
事人爲尒朱榮所親以女妻其子長儒歷侍中河南尹後
兼尚書僕射東南道行臺與齊神武討平羊侃於兗州元
顥入洛害之勁弟天恩位內行長遼西太守贈平東將軍

燕州刺史天恩子仁生位太中大夫仁生子安定平原郡
太守高平郡都將安定子子提隴西郡守茂平縣伯周保
定二年以子謹著勳追贈太保建平郡公
謹字思敬小名巨引沈深有識量略窺經史尤好孫子兵
書屏居未有仕進志或有勸之者謹曰州郡之職昔人所
鄙台鼎之位須待時來太宰元天穆見之歎曰王佐材也
及破六韓拔陵首亂北境引蠕蠕爲援大行臺元纂討之
夙聞謹名辟爲鎧曹參軍事從軍北伐蠕蠕逃出塞纂令
謹追之前後十七戰盡降其衆後率輕騎出塞覘賊屬鐵
勒數千騎奄至謹以衆寡不敵乃散其騎使匿叢薄間又

遣人升山指麾若分部軍衆賊望見雖疑有伏恃衆不以
爲慮乃進逼謹謹以常乘駿馬一紫一騧賊先所識乃使
二人各乘一馬突陣而出賊以爲謹爭逐之乃率餘軍擊
其追騎賊走因得入塞正光四年行臺廣陽王元深北伐
引謹爲長流參軍特相禮接使其世子佛陁拜焉遂與廣
陽破賊主斛律野穀祿等謹請馳往喻之謹兼解諸國語
乃單騎入賊示以恩信於是西部鐵勒酋長乜列河等三
萬餘戶竝款附相率南遷廣陽與謹至折郭嶺迎接之謹
曰拔陵兵衆不少聞乜列河等款附必來要擊彼若先據
險則難與爭鋒今以乜列河等餌之當競來抄掠然後設

伏而待必指掌破之廣陽然其計拔陵果來要擊破乜列
河於嶺上部衆皆沒謹伏兵發賊大敗悉破收乜列河之
衆孝昌元年又隨廣陽王征鮮于脩禮軍次白牛邏會
章武王爲脩禮所害遂停軍中山侍中元晏宣言於靈太
后曰廣陽盤桓不進坐圖非望又有于謹者智略過人爲
其謀主恐非陛下純臣靈太后詔於尚書省門外立牓募
獲謹者許以重賞謹聞之請詣闕披露腹心廣陽許之謹
遂到牓下曰吾知此人衆共詰之謹曰我卽是也有司以
聞靈后見之大怒謹備述廣陽忠款兼陳停軍之狀靈后
遂捨之後從尒朱天光與齊神武戰於韓陵山天光敗謹

遂入關周文帝臨夏州以謹爲防城大都督兼夏州長史
及賀拔岳被害周文赴平涼謹言於周文曰關中秦漢舊
都古稱天府今若據其要害招集英雄足觀時變且天子
在洛逼迫羣兇請都關右然後挾天子而令諸侯千載一
時也周文大悅會有敕追謹爲關內大都督謹因進都關
中策魏帝西遷仍從周文征潼關破回洛城授北雍州刺
史進爵藍田縣公大統三年大軍東伐爲前鋒進拔弘農
禽東魏陝州刺史李徽伯神武至沙苑謹力戰進爵常山
郡公又從戰河橋拜大丞相府長史兼大行臺尚書再遷
太子太保芒山之戰大軍不利謹率麾下僞降立於路左

神武乘勝逐北不以爲虞謹自後擊之敵人大駭獨孤信
又收兵於後奮擊神武軍亂以此大軍得全十二年拜尚
書左僕射領司農卿及侯景款附請兵爲援謹諫以爲景
情難測周文不聽尋兼大行臺尚書大丞相長史率兵鎮
潼關加授華州刺史賜秬鬯一卣珪瓚副焉俄拜司空恭
帝元年除雍州刺史初梁元帝於江陵嗣位密與齊交通
將謀侵軼其兄子岳陽王詧時爲雍州刺史以梁元帝殺
其兄譽遂結隙據襄陽來附乃命謹出討周文餞於青泥
谷長孫儉曰爲蕭繹計將如何謹曰曜兵漢沔席卷度江
直據丹陽是其上策移郭內居人退保子城以待援至是

其中策若難於移動據守羅郭是其下策儉曰裁繹出何
策謹曰必用下儉曰何也對曰蕭氏保據江南綿歷數紀
屬中原有故未遑外略又以我有齊氏之患必謂力不能
分且繹懦而無謀多疑少斷愚人難與慮始皆戀邑居既
惡遷移當保羅郭所以用下策謹令中山公護及大將軍
楊忠等先據江津斷其走路梁人竪木柵於外城廣輪六
十里尋而謹至悉衆圍之旬有六日外城遂陷梁主退保
子城翌日率其太子以下面縛出降尋殺之虜其男女十
餘万人收其府庫珍寶得宋渾天儀梁日晷銅表魏相風
烏銅蟠螭趺大玉徑四尺圍七尺及諸輿輦法物以獻軍

無私焉立蕭詧為梁主振旅而旋周文親至其第宴語極
歡賞謹奴婢一千口及梁寶物幷金石絲竹樂一部別封
新野郡公謹固辭不許又令司樂作常山公平梁歌十首
使工人歌之謹自以久當權重功名既立願保優閑乃上
先所乘駿馬及所著鎧甲等周文識其意曰今巨猾未平
公豈得便爾獨善遂不受六官建拜大司寇及周文崩孝
閔帝尚幼中山公護雖受顧命而名位素下羣公各圖執
政護深憂之密訪於謹謹曰夙蒙丞相殊眷今日必以死
爭之若對衆定策公必不得讓明日羣公會議謹曰昔帝
室傾危丞相志存匡救今上天降禍奄棄百寮嗣子雖幼

而中山公親則猶子兼受顧託軍國大事理須歸之辭色
抗厲衆皆悚動護曰此是家事護何敢有辭謹既周文等
夷護每申禮敬至是謹乃起而言曰公若統理軍國謹等
便有所依遂再拜羣公迫於謹亦拜衆議始定孝閔踐阼
進封燕國公邑万户遷太傅太宗伯與李弼侯莫陳崇等
參議朝政及賀蘭祥討吐谷渾明帝令謹遥統其軍授以
方略保定二年謹以年老乞骸骨優詔不許三年以謹為
三老固辭又不許賜延年杖武帝幸太學以食之三老入
門皇帝迎拜屏間三老荅拜有司設三老席於中楹南向
太師晉公護升階設席施几三老升席南面馮几而坐師

道自居大司寇楚國公寧升階正舄皇帝升立於斧扆之
前西面有司進饌皇帝跪設醬豆親自袒割三老食訖皇
帝又親跪授爵以酳有司撤訖皇帝北面立訪道三老乃
起立於席皇帝曰猥當天下重任自惟不才不知政術之
要公其誨之三老荅曰木從繩則正君從諫則聖自古明
王聖主皆虛心納諫以知得失天下乃安惟陛下念之又
曰為國之本在乎忠信古人去食去兵信不可失國家興
廢莫不由之願陛下守而勿失又曰為國之道必須有法
法者國之綱紀不可不正所正在於賞罰若有功必賞有
罪必罰則為善者日益為惡者日止若有功不賞有罪不

罰則天下善惡不分下人無所措其手足又曰言行者立身之基言出行隨誠願陛下慎之三老言畢皇帝再拜受之三老答拜禮成而出及晉公護東伐謹時有病護以其宿將舊臣猶請與同行詢訪戎略軍還賜鍾磬一部天和三年又賜安車一乘尋授雍州牧三年薨年七十六武帝親臨詔譙王儉監護喪事賜繒千段粟麥千斛贈本官加使持節太師雍恒等二十州諸軍事雍州刺史謚曰文及葬王公以下咸送郊外配享於文帝廟庭謹有智謀善於事上名位雖重愈存謙挹每朝參往來不過從兩三騎而已朝廷凡有軍國之務多與謹決謹亦竭其智能故功臣中特見委信始終若一人無間言每誡諸子務存靜退加以年齒遐長禮遇隆重子孫繁衍皆至顯達當時莫比子寔嗣

寔字賓實少和厚以軍功封萬年縣子大統十四年累遷尚書是歲周文帝與魏太子西巡寔時從行周文刻石隴山上錄功臣名位以次鐫勒預以寔為開府儀同三司至十五年方授之尋除渭州刺史特給鼓吹一部進爵為公魏恭帝二年羌東念姐率部落反西連吐谷渾大將軍豆盧寧討之踰時不剋又令寔往遂破之周文手書勞問賜奴婢一百口馬百匹孝閔帝踐阼授戶部中大夫進爵延

壽郡公天和二年延州蒲川賊郝三郎反攻丹州遣寔討平之仍除延州刺史五年襲燕國公進位柱國以罪免尋復本官除涼州總管大象二年加上柱國拜大左輔隋開皇元年薨贈司空謚曰安子顗

顗字元武身長八尺美鬚眉周大冢宰宇文護見而器之以女妻之以父勳賜爵新野郡公歷左右宮伯郢州刺史大象中以水軍總管從韋孝寬經略淮南尉遲迥之反時總管趙文表與顗素不協顗將圖之因臥閤內詐疾文表獨至顗殺之因言文表與迥通謀其麾下無敢動者時隋文帝以迥未平慮顗復生邊患因宥免之即拜吳州總管以頻敗陳師賜綵數百段及隋受禪文表弟詣闕稱兄無罪上令按其事太傅竇熾等議顗當死上以其門著勳績特原之聽為開府後襲爵燕國公尋拜澤州刺史免卒于家子世虔顗弟仲文

仲文字次武少聰敏髫齓就學耽習不倦父寔異之曰此兒必興吾宗九歲嘗於雲陽宮見周文帝問曰聞兒好讀書書有何事對曰資父事君忠孝而已周文甚嗟歎之後就博士李詳受周易三禮略通大義及長倜儻有大志氣調英拔起家為趙王屬安固太守有任杜兩家各失牛後得一牛兩家俱認州郡久不決益州長史韓伯儁曰于安

固少年聰察可令決之仲文曰此易解耳乃令二家各驅
牛羣至乃放所認者牛遂向任氏羣中又使人微傷其牛
任氏嗟惋杜氏自若仲文遂訶詰杜氏服罪而去始州刺
史屈突尚宇文護之黨也先坐事下獄無敢繩者仲文至
郡窮之遂竟其獄蜀中語曰明斷無雙有于公不避彊禦
有次武徽爲御正下大夫封延壽郡公以勳授儀同三司
宣帝時爲東郡太守及尉遲迥作亂使誘仲文仲文拒之
迥遣儀同宇文威攻之仲文迎擊大破威以功授開府迥
又遣其將宇文胄度石濟宇文威鄒紹自白馬二道俱進
復攻仲文郡人赫連僧伽敬子哲率衆應迥仲文自度不

能支棄妻子潰圍而遁達于京師迥屠其三子一女隋文
帝引入卧內爲之下泣賜綵五百段黃金二百兩進位大
將軍領河南道行軍揔管給鼓吹馳傳詣洛陽發兵討迥
將檀讓時韋孝寬拒迥於永橋仲文詣之有所計議揔管
宇文忻頗有自疑心因謂仲文曰尉遲迥誠不足平正恐
事寧後更有藏弓之慮仲文懼忻生變謂曰丞相寬仁大
度明識有餘仲文在京三日頻見三善非常人也忻曰三
善何如仲文曰有陳萬敵新從賊中來丞相即令其弟難
敵召募鄉曲從軍討賊此大度一也上士宋謙奉使勾檢
謙緣此別求他罪丞相責之曰入網者自可推求何須別

訪以虧大體此不求人私二也言及仲文妻子未嘗不潸
泫此有仁心三也忻自是遂安仲文軍至汴州東頗破迥
將進攻梁郡迥守將劉孝寬棄城走初仲文在蓼堤諸將
皆曰軍自遠來疲弊不可決戰仲文令趣食列陳旣而破
賊諸將問其故笑曰吾所部將士皆山東人果於速進不
宜持久乘勢擊之所以制勝諸將皆曰非所及也進擊曹
州獲迥所署刺史李仲康及上儀同房勁檀讓以餘衆屯
成武謂仲文未能卒至方椎牛饗士仲文選騎襲之遂拔
成武迥將席毗羅衆十萬屯沛縣將攻徐州其妻子在金
鄉仲文遣人詐作毗羅使謂金鄉城主徐善淨曰檀讓明

日午時到金鄉將宣蜀公令賞將士金鄉人謂爲信然皆
喜仲文簡精兵僞建迥旗幟善淨以爲檀讓至出城迎謁
仲文執之遂取金鄉諸將勸屠之仲文曰當寬其妻子其
兵可自歸如即屠之彼皆絕矣衆皆稱善於是毗羅恃衆
來薄官軍仲文背城結陣設伏兵發俱拽柴鼓譟毗羅軍
潰皆投洙水死水爲不流獲檀讓檻送京師河南悉平毗
羅匿滎陽人家執斬之傳首闕下勒石紀功樹於泗上入
朝京師文帝引入卧內宴享極歡賜雜綵千段妓女十人
拜柱國屬文帝受禪不行未幾其叔父太尉翼坐事下獄
仲文亦爲吏所簿於獄中上書曰曩者尉迥逆亂所在景

從臣任處關河地居衝要甞膽枕戈誓以必死迴時購臣
位大將軍邑萬戶臣不顧妻子不愛身命冒白刃潰重圍
三男一女相繼淪沒披露肝膽馳赴闕庭蒙陛下授臣以
高官委臣以兵革于時河南兇寇狼顧鴟張臣以羸兵八
千掃除氛祲摧劉寬於梁郡破檀讓於蓼堤平曹州復東
郡安成武定永昌解亳州圍破徐州賊席毗羅十萬之衆
一戰土崩河南蝗聚之徒應時戡定當羣兇問鼎之際生
靈乏主之辰臣第二叔翼先在幽州總馭燕趙南鄰羣寇
北捍旄頭內安外撫得免罪戾臣第五叔智建旟黑水與
王謙爲鄰式遏蠻陬鎮綏蜀道臣兄顗作牧淮南坐制勍

敵乘機勦定傳首京師王謙竊據二州叛換三蜀臣第三
叔義受脤廟庭恭行天罰自外父叔兄弟皆當文武重寄
或銜命危難或侍衞鉤陳合門誠款冥有可明伏願垂泣
辜之恩降雲雨之施則寒灰更然枯骨還肉上覽表并異
釋之明年拜行軍元帥統十二州總管以擊胡出服遠鎮
遇虜破之於是從金河出白道遣總管辛明瑾元滂賀蘭
志呂楚段諧等二萬人出盛樂道趣那頡山至護軍川北
與虜遇可汗見仲文軍容整肅不戰而退仲文踰山追之
及還上以尚書省文簿繁雜吏多姧詐令仲文勘録省中
事所發擿甚多上嘉其明斷厚加勞賞上每憂轉運不給

仲文請決渭水開漕渠上然之使仲文總其事及伐陳之
役拜行軍總管高智慧等作亂江南仲文復以行軍總管
討之時三軍之食米粟踊貴仲文私糴軍糧坐除名明年
復官爵率兵屯馬邑以備胡晉王廣以仲文有將領才每
常屬意至是奏之乃令督晉王軍府事後突厥犯塞晉王
爲元帥使仲文將前軍大破賊而還煬帝即位遷左翊衞
大將軍參掌文武選事從帝討吐谷渾進位光祿大夫甚
見親重遼東之役仲文率軍指樂浪道次烏骨城仲文簡
羸馬驢數千置於軍後既而率衆東過高麗出兵掩襲輜
重仲文回擊大破之至鴨淥水高麗將乙支文德詐降來

入其營仲文先奉密旨若遇高元及文德者必禽之至是
文德來仲文將執之時尚書右丞劉士龍爲慰撫使固止
之仲文遂捨文德尋悔遣人紿文德曰更有言議可復來
也文德不從遂濟仲文選騎度水追之每戰破賊文德遺
仲文詩曰神策究天文妙筭窮地理戰勝功既高知足願
云止仲文答書諭之文德燒柵而遁時宇文述以糧盡欲
還仲文議以精銳追文德可以有功述固止之仲文怒曰
將軍杖十万之衆不能破小賊何顏以見帝且仲文此行
也固無功矣述因厲聲曰何以知無功仲文曰昔周亞夫
之爲將也見天子軍容不變此決在一人所以功成名遂

今者人各其心何以赴敵初帝以仲文有計畫令諸軍諮稟節度故有此言由是述等不得已而從之遂行東至薩水宇文述以兵餒退歸師遂敗績帝以屬吏諸將皆委罪於仲文帝大怒釋諸將獨繫仲文仲文憂恚發病困篤方出之卒於家時年六十八撰漢書刊繁三十卷略覽三十卷有子九人欽明最知名

寔弟翼字文若美風儀有識度年十一尚文帝女平原公主拜員外散騎常侍封安平縣公大統十六年進爵郡公加大都督領文帝帳下左右禁中宿衛遷武衛將軍謹平江陵所賜得軍實分給諸子翼一無所取唯簡賞口內名

望子弟有士風者別待遇之文帝聞之賜奴婢二百口翼固辭不受尋授車騎大將軍開府儀同三司六官建除左宮伯孝閔帝踐阼出為渭州刺史翼兄寔先莅此州頗有惠政翼又推誠布信事存寬簡夷夏感悅比之大小馮君焉時吐谷渾入寇河右涼鄯河三州咸被攻圍使必告急秦州都督遣翼赴援不從寮屬咸以為言翼曰攻取之術非夷俗所長此寇之來不過鈔掠邊牧耳安能頓兵城下久事攻圍掠而無獲勢將自走勞師以往非無所及翼揣之已了幸勿復言數日問至果如翼所策賀蘭祥討吐谷渾翼率州兵先鋒深入以功增邑尋徵拜右宮伯明帝雅愛文史立麟趾學在朝有藝業者不限貴賤皆聽預焉乃至蕭撝王褒等與卑鄙之徒同為學士翼言於帝曰撝梁之宗子褒梁之公卿今與趨走同躋恐非尚賢貴爵之義帝納之詔翼定其班次於是有等差矣明帝崩翼與晉公護同受遺詔立武帝保定元年徙軍司馬三年改封常山郡公天和初遷司會中大夫三年皇后阿史那氏至自突厥武帝行親迎之禮命翼總司儀制狄人雖躑躅無節然咸憚翼之禮法莫敢違犯遭父憂去職居喪過禮為時輩所稱尋有詔起令視事武帝又以翼有人倫之鑒皇太子及諸王等相傳以下並委翼選置其所擢用皆民譽也時

論僉謂得人遷大將軍總中外宿衛兵事晉公護以帝委翼腹心內懷猜忌轉為小司徒加拜柱國雖外示崇重實疏斥之及誅護帝召翼遣往河東取護子中山公訓仍代鎮蒲州翼曰冢宰無君陵上自取誅夷元惡既除餘孽宜殄然皆陛下骨肉猶謂疏不間親陛下不使諸王而使臣異姓非直物有橫議愚臣亦所未安帝然之乃遣越王盛代翼先是與齊陳二境各修邊防雖通聘好而每歲交兵然一彼一此不能有所克獲武帝既親万機將圖東討詔邊城鎮並益儲峙加戍卒二國聞之亦增修守禦翼諫曰疆埸相侵互有勝敗徒損兵儲非策之上者不若解邊嚴

減兵防繼好息人敬待來者彼必喜於通和懈而無備然
後出其不意一舉而山東可圖帝納之建德二年出為安
州總管時大旱涢水絶流舊俗每逢亢旱禱白兆山祈雨
帝先禁羣祀山廟已除翼遣主簿祭之即日澍雨歲遂有
年百姓感之聚會歌舞頌之四年武帝將東伐朝臣未有
知者遣納言盧韞前後三乘驛詣翼問策翼贊成之及軍
出詔翼自宛葉趣襄城旬日下齊一十九城所過秋毫無
犯所部都督輒入人村即斬以徇由是百姓欣悅赴者如
歸屬帝有疾班師翼亦旋鎮轉宜陽總管以宜陽地非襟
帶請移鎮於陝詔從之仍除陝州刺史總管如舊其年大

軍復東討翼自陝入徑到洛陽齊洛州刺史獨孤永業開
門降河南九州三十鎮一時俱下襄城人庶等喜復見翼
並壺漿道左除河陽總管仍從豫州陳將魯天念久圍光
州聞翼到汝南望風退散大象初徵拜大司徒詔翼巡長
城立亭鄣西自鴈門東至碣石創新改舊咸得其要害仍
除幽州總管先是突厥屢為抄掠居人失業翼素有威武
兼明斥候自是不敢犯塞百姓安之及尉遲迥據相州舉
兵以書招翼翼執其使并書送之時隋文帝執政賜翼雜
繒一千五百段并珍寶服翫等進位上柱國封任國公增
邑通前五千戶別食任城縣一千戶收其租賦翼又遣子

讓通表勸進并請入朝許之隋開皇初翼入朝上降榻握
手極歡數日拜太尉或有告翼往在幽州欲同尉遲迥按
驗以無實見原三年薨於本位加贈六州諸軍事蒲州刺
史謚曰穆翼性恭儉與物無競常以滿盈自戒故能以功
名終子璽嗣

璽字伯符少有器幹仕周位職方中大夫封黎陽縣公宣
帝嗣位轉右勳曹中大夫尋領右忠義隋文帝受禪加上
大將軍進爵郡公歷汴邵二州刺史所歷並有恩惠後檢
校江陵總管邵州人張願等數十人詣闕上表請留璽上
嘉歎良久令還邵州父老相賀尋歷洛熊二州刺史亦粗

有惠政以疾還京師卒於家謚曰靜有子志本璽弟詮位
上儀同三司吏部下大夫常山公詮弟讓儀同三司翼弟
義

義字慈恭少矜嚴有操尚篤志好學大統末以父功賜爵
平昌縣伯後改封廣都縣公周閔帝踐阼遷安武太守專
崇教化不尚威刑有郡人張善安王叔兒爭財相訟義曰
太守德薄不勝所致於是以家財分與二人喻而遣去善
安等各懷耻愧移貫他州於是風化大洽進封建平郡公
明武世歷西兗瓜邵三州刺史數從征伐進位開府宣帝
即位政刑日亂義上疏諫帝時鄭譯劉昉以恩倖當權謂

義不利於已先惡之於帝帝覽表色動謂侍臣曰子義謗訕朝廷也御正大夫顏之儀進曰古先哲王立謗訕之木置敢諫之鼓猶懼不聞過子義之言不可罪也帝乃解及王謙搆逆隋文帝謀將於高熲熲言義可爲元帥文帝將任之劉昉曰梁睿任望素重不可居義下乃以睿爲元帥義爲行軍揔管將左軍破謙將達奚惎於開遠尋拜潼州揔管賜奴婢五百口雜綵三千段超拜上柱國歲餘以疾免歸卒於京師贈豫州刺史諡曰剛子宣道宣敏並知名宣道字元明性謹密不交非類仕周以父功賜爵城安縣男位小承御上士隋文帝爲丞相引爲外兵曹及踐阼遷

內史舍人進爵爲子父憂水漿不入口者累日歲餘起令視事免喪拜車騎將軍兼右衞長史舍人如故後遷太子左衞副率進位上儀同卒子志寧早知名出繼叔父宣敏宣敏字仲達少沈密有才思年十一詣周趙王招命之賦詩宣敏爲詩甚有幽貞之志招大奇之坐客莫不嗟賞起家右侍上士遷千牛備身隋文帝踐阼拜奉車都尉奉使撫慰巴蜀及還上疏曰臣聞開磐石之宗漢室於是惟永建維城之固周祚所以靈長昔秦皇置牧守而罷諸侯魏后暱諂邪而疎骨肉遂使宗社移於他族神器傳於異姓此事之明甚於觀火然山川設險非親勿居且蜀土沃饒

人物殷阜西通邛僰南屬荆巫周德之衰茲土遂成戎首炎政失御此地便爲禍先是以明者防於無形安者制其未亂方可慶隆萬世年逾七百伏惟陛下日角龍顏膺樂推之運參天貳地居揖讓之期億兆宅心百神受職理須樹建藩屏封植子孫繼周漢之宏圖改秦魏之覆軌抑近習之權勢崇公族之本枝但三蜀二齊古稱天險分王戚屬今正其時若使利建合宜封樹得所則巨猾息其非望姦臣杜其邪謀盛業洪基同天地之長久英聲茂實齊日月之照臨臣雖學謝多聞然情深體國輒申管見戰灼惟深帝省表嘉之謂高熲曰于氏世有人焉竟納其言遣蜀

王秀鎮於蜀宣敏常以盛滿之誡昔賢所重每懷靜退著述志賦以見志焉未幾卒官年二十九義弟禮上將軍趙州刺史安平郡公禮弟智初爲開府以受宣帝密旨告齊王憲反遂封齊國公尋拜柱國位大司空智弟紹上開府綏州刺史華陽郡公紹弟弼上儀同平恩縣公弼弟蘭上儀同襄陽縣開國公蘭弟曠上儀同贈恒州刺史

論曰魏氏平定中原之後于栗磾有武功於三世兼以虛己下物罰不濫加斯亦諸將所稀矣洛拔任參內外以功名自終烈氣槩沈遠受任艱危之際有柱石之質殆欒侮之臣乎忠以梗朴見親乘非其據遂擅威權生殺自己苟

非女主之世何以全其門族不至誅滅抑其幸也謹貞佐時之略逢興運之期爲大厦之棟梁擬巨川之舟檝卒以耆年碩德譽高望重禮備上庠功歌司樂而常以滿盈爲誡覆折是憂不有君子何以能國翼既功臣之子地則姻親荷累葉之恩兼文武之寄理同休戚與存與亡加以摠戎馬之權受扞城之託智能足以衛難勢力足以勤王曾無釋位之心但務隨時之義孔名節以高貴豈所望於斯人仲文博涉書記以英略自許尉迥之亂遂立功名自兹厥後屢當推轂遼東之役實喪師徒斯乃大樹將顛蓋非一繩之罪也義運屬時來宣其力用崇基弗墜析薪克荷盛矣

列傳第十一　北史二十三

方洽周益　周　之冕　孫　粹然　校正

列傳第十二　北史二十四

崔逞 子頤 六世孫贍 孫彧 玄孫囧 儦 休 五世孫㥄 逞兄遹

王憲 曾孫昕 晞 皓

封懿 族曾孫回 回弟肅 回子隆之 回族弟述

崔逞字叔祖清河東武城人魏中尉琰之五世孫也曾祖諒晉中書令祖遇仕石氏爲特進父瑜黄門郎逞少好學有文才仕慕容暐補著作郎撰燕記遷黄門侍郎暐滅苻堅以爲齊郡太守堅敗仕晉歷清河平原二郡太守爲翟遼所虜以爲中書令慕容垂滅翟釗以爲秘書監慕容寶東走和龍爲留臺吏部尚書及慕容驎立逞攜妻子歸魏

張衮先稱美之由是道武禮遇甚厚拜尚書錄三十六曹别給吏屬居門下省尋除御史中丞道武攻中山未剋六軍乏糧問計於逞逞曰飛鴞食葚而改音詩稱其事可取以助糧帝雖銜其侮慢然兵既須食乃聽人以葚當租逞又言可使軍人及時自取過時則落盡帝怒曰内賊未平兵人安可解甲收葚乎以中山未拔故不加罪及姚興侵晉襄陽戍將郗恢馳使乞師於常山王遵書云賢兄武步中原道武以爲悖君臣之體敕逞與張衮爲遵書答使亦貶其主號以報之逞衮爲書乃云貴主帝怒其失旨黜衮遂賜逞死後晉荆州刺史司馬休之等數十人爲桓玄所

遂皆將來奔至陳留聞逞被殺分為二輩一奔長安一奔廣固常聞深悔自是士人有過多見優容逞子穀禕嚴頤初逞之內徙終慮不免乃使其妻張氏與四子歸慕容德於廣固獨與小子頤在代京及逞死亦以此為譴

頤字太沖散騎常侍賜爵清河侯太武聞宋以其兄謨為冀州刺史乃曰義隆用其兄我豈無冀州地邪乃以頤為冀州刺史入為大鴻臚持節策拜楊難當為南秦王奉使數返光揚朝命太武善之後與方士韋文秀詣王屋山造金丹不就眞君初卒始崔浩與頤及滎陽太守模等年皆相次浩為長次模次頤三人別祖而模頤為親浩侍其家

世魏晉公卿常侮模浩不信佛道模深所歸向雖糞壤中禮拜形像浩大笑曰持此頭顱不淨處跪是胡神也模嘗謂人曰桃簡可欺我何容輕我周兒也浩小名桃簡頤小名周兒太武頗聞之故浩誅時二家獲免頤五子少子叡以交通境外伏誅自逞之死至叡之誅三世積五十餘年在北一門盡矣

彧字文若頤兄禕之孫也父勳之字寧國位大司馬外兵郎贈通直郎彧與兄相如俱自宋入魏相如以才學知名早卒彧少逢隱沙門教以素問甲乙遂善醫術中山王英子略曾病王顯等不能療彧針之抽針即愈後位冀州別駕性仁恕見疹者喜與療之廣教門生今多救療其弟子清河趙約勃海郝文法之徒咸亦有名彧子景哲豪率亦以醫術知名仕魏太中大夫司徒長史景哲子冏字法峻幼好學汎覽經傳多伎藝尤工相術仕魏為司空參軍齊天保初為尚藥典御歷高陽太守太子家令武平中為散騎常侍假儀同三司從幸晉陽嘗謂中書侍郎李德林曰比日看高相王以下文武官人相表俱盡其事口不忍言唯第一人更應富貴當在他國不在本朝吾不及見也其精如此冏性廉謹恭儉自修所得俸秩必分親故終鴻臚卿臨終誡其二子曰夫恭儉福之輿傲侈禍之機乘福輿

者浸以康休蹈禍機者忽而傾覆汝其誡歟吾沒後斂以時服祭無牢餼棺足周屍瘞不泄露而已及卒長子修遵父命景哲弟景鳳字鸞叔位尚藥典御

休字惠盛曾祖諲仕宋位青冀二州刺史祖靈和宋員外散騎侍郎父宗伯始還魏追贈清河太守休少孤貧矯然自立舉秀才入京師與宋弁邢巒雅相知友尚書王嶷欽其人望為長子娉休妹贈以財貨由是少振孝文納休妹為嬪頻遷兼給事黃門侍郎休勤學公事軍旅之隙手不釋卷禮遇亞于宋弁郭祚孝文南伐以北海王詳為尚書僕射統留臺事以休為尚書左丞詔以北海年少百揆務

殷便以委休轉長史兼給事黃門侍郎參定禮儀帝嘗閱
故府得舊冠題曰南部尚書崔暹制顧謂休曰此卿家舊
事也後從駕南行及還幸彭城汎舟泗水詔在侍筵觀者
榮之宣武初休以祖父未葬弟黃又亡固求出爲勃海太
守性嚴明雅長政體下車先戮豪猾數人姦盜莫不奔竄
清身率下部內安之時大儒張吾貴名盛山東弟子恒千
餘人所在多不見容休招延禮接使肄業而還儒者稱爲
口實入爲吏部郎中遷散騎常侍權兼選任多所拔擢廣
平王懷數引談宴以與諸王交游免官後爲司徒右長史
公平清絜甚得時譽歷幽青二州刺史皆以清白稱二州

懷其德澤入爲度支七兵殿中三尚書休久在臺閣明習
典故每朝廷疑議咸取正焉諸公咸謂崔尚書下意處不
可異也卒贈尚書右僕射謚曰文貞休少而謙退事母孝
謹及爲尚書子仲文娶丞相高陽王雍女女適領軍元乂
庶長子舒挾恃二家志氣微改陵藉同列尚書令李崇左
僕射蕭寶夤右僕射元欽皆以此憚下之始休母房氏欲
以休女妻其外孫邢氏休乃違母情以妻乂子議者非之
子㥄
㥄字長儒狀貌偉麗善於容止少知名爲魏宣武挽郎釋
褐太學博士累遷散騎侍郎坐事免歸鄉里冀部豪傑之

起爭召㥄兄弟㥄中立無所就高敖曹以三百騎劫取之
以爲師友齊神武至信都以爲開府諮議參軍歷給事黃
門侍郎衛將軍神武入洛議定廢立太僕綦儁盛言節閔
帝賢明可主社稷㥄作色而前曰若其賢明自可待我高
王既爲逆胡所立何得猶作天子若從儁言王師何名義
舉由是節閔及中興主皆廢更立平陽王是爲孝武以建
義功封武城縣公㥄恃預義旗頗自矜縱尋以貪汙爲御
史糾劾逃還鄉里時清河多盜齊文襄以石愷爲太守令
得專殺愷經㥄宅謂少年曰諸郎輩莫作賊太守打殺人
㥄顧曰何不答府君下官家作賊止捉一天子牽臂下殿

捉一天子推上殿不作偷驢摸犢賊及遇赦出復爲黃門
天平中授徐州刺史給廣宗部曲三百清河部曲千㥄性
暴慢寵妾馮氏長且姣家人號曰成母朝士邢子才等多
姦之至是假其威勢恣情取受風政不立初㥄爲常侍求
人修起居注或曰魏收可㥄曰收輕薄徒耳更引祖鴻勳
爲之又欲陷收不孝之罪乃以盧元明代收爲中書郎由
是收銜之及收聘梁過徐州㥄備刺史鹵簿迎之使人相
聞收曰勿怪儀衛多稽古力也收語褰急報曰崔徐州建
義之勳何稽古之有㥄自以門伐素高特不平此言收乘
宿憾故以此挫之罷徐州除祕書監以母憂去官服終兼

太常卿轉七兵尚書清河邑中正㥄有文學偉風貌寡言
辭端嶷如神以簡貴自處齊神武言崔㥄應作令僕恨其
精神太遒趙郡李渾將聘梁名輩畢萃詩酒正讙㥄後到
一坐無復談話鄭伯猷歎曰身長八尺面如刻畫謦欬爲
洪鍾響胷中貯千卷書使人那得不畏服㥄以籍地自矜
常與蕭祗明少遐等高宴終日獨無言少遐晚謂㥄曰驚
風飄白日忽然落西山㥄亦無言直曰尒每謂盧元明曰
天下盛門唯我與尒博崔趙李何事者哉崔暹聞而銜之
神武葬後㥄又竊言黃頷小兒堪當重任不暹外兄李慎
以告暹暹啓文襄絕㥄朝謁㥄要拜道左文襄發怒曰黃

頷兒何足拜也於是鏁㥄赴晉陽訊之不服暹引邢子才
爲證子才執無此言㥄在禁謂邢曰卿知我意屬太丘不
邢出告㥄子瞻曰尊公意正應欲結姻陳元康瞻有新生
女乃許妻元康子元康爲言於文襄曰崔㥄名望素重不
可以私語殺之文襄曰若免其性命當徙之遐裔元康曰
㥄若在邊或將外叛以英賢資寇敵非所宜也文襄曰旣
有季珪之罪還令輸作可乎元康曰元康常讀崔琰傳追
恨魏武不弘㥄若在所作而殞後世豈道公不殺也文襄
曰然則柰何元康曰㥄合死朝野皆知公誠能以寬濟猛
特輕其罰則仁德彌著天下歸心段孝先亦言㥄勳舊乃

捨之㥄進謁奉謝文襄猶怒曰我雖無堪忝當大任被卿
以爲黃頷小兒金石可銷此言難滅齊天保初除侍中監
起居以禪代之際參掌儀禮別封新豐縣男回授第九弟
子約㥄一門婚嫁皆衣冠美族吉凶儀範爲當時所稱婁
太后爲博陵王納㥄妹爲妃敕其使曰好作法用勿使崔
家笑人婚夕文宣帝舉酒祝曰新婦宜男孝順富貴㥄跪
對孝順乃自臣門富貴恩由陛下五年爲東兗州刺史復
攜馮氏之部爲馮氏厭蠱頗失精爽尋遇偏風馮氏受納
狼籍爲御史劾與㥄俱召詔付廷尉諸因多姦爲獄中致
競尋別詔斬馮氏於都市支解爲九段㥄以疾卒獄中㥄

歷覽羣書兼有辭藻自中興迄於孝武詔誥表檄多㥄所
爲然性侈耽財色於諸弟不能盡雍穆之美世論以此譏
之素與魏收不協收後專典國史㥄恐被惡言乃悅之曰
昔有班固今則魏子收縮鼻笑之憾不釋㥄子瞻
瞻字彥通潔白善容止神彩嶷然言不妄發才學風流爲
後來之秀初頴川荀濟自江南入洛瞻學於濟故得經史
有師法侍中李神儁雅有風譽晚年無子見瞻歎謂邢卲
曰昨見崔㥄兒便爲後生第一我遂無此物見此使人傷
懷年十五刺史高昂召署主簿清河公高岳辟爲開府西
閤祭酒博陵崔暹爲中尉啓除侍御史以父與暹隙俄而

去官神武召與北海王晞俱爲諸子賓友仍爲相府中兵參軍轉主簿文襄崩祕未發喪文宣命贍兼相府司馬使鄴魏孝靜帝以人日登雲龍門與其父㥄俱侍宴爲詩詔問邢卲等曰今贍此詩何如其父咸曰㥄博雅弘麗贍氣調清新竝詩人之冠宴罷咸共嗟賞之云今日之宴併爲崔贍父子楊愔欲引贍爲中書侍郎時盧思道直中書省愔問其文藻優劣思道曰崔贍文詞之美實有可稱但舉世重其風流所以才華見沒愔云此言有理其日奏用之愔又曰昔裴瓚晉世爲中書郎神情高邁每於禁門出入宿衞者皆肅然動容崔生堂堂亦當無媿裴子乎皇建

信州李刊　北史列傳十二　八　元甫

元年除給事黃門侍郎與趙郡李槩爲莫逆之友槩將東還贍遺之書曰仗氣使酒我之常弊詆訶指切在卿尤甚足下告歸吾於何聞過也贍患氣兼性遲重雖居二省竟不堪敷奏孝昭踐阼皇太子就傳受業除太子中庶子徵赴晉陽敕曰東宮弱年未陶訓義卿儀形風德人之師表故勞卿朝夕遊處開發幼蒙一物三善皆以相寄贍專在東宮調護講讀及進退禮度皆歸委焉太子納妃斛律氏敕贍與鴻臚崔劼撰定婚禮儀注主司以爲後式時詔議三恪之禮太子少傅魏收爲一議朝士莫不雷同贍別立異議收讀訖笑而不言贍正色曰聖上詔羣臣議國家大典少傅名位不輕贍議若是須賛其所長若非須詰其不允何容讀國士議文直此冷笑崔贍居聖朝顯職尚不免見猜草萊諸生欲云何自進贍容貌方嚴詞旨雄辯收慙遽竟無一言大寧元年除衞尉少卿尋兼散騎常侍聘陳使主行過彭城讀道旁碑文未畢而絕倒從者遥見以爲中惡此碑乃贍父徐州時所立故哀感焉贍經熱病面多瘢痕然雍容可觀辭韻溫雅南人大相欽服陳舍人劉師知見而心醉乃言常侍前朝通好之日何意不來今日誰相對揚者其見重如此還襲爵武城公再遷吏部郎中因患耳請急十餘日舊式百日不上解官吏部尚書尉瑾性

信州李刊　北史列傳十二　九　丁

褊急以贍舉措舒緩曹務煩劇附驛奏聞因見代遂免歸天統末加驃騎大將軍就拜銀青光祿大夫卒贈大理卿濟州刺史謚曰文贍性簡傲以才地自矜所與周旋皆一時名望在御史臺恆宅中送食備盡珍羞別室獨飡處之自若有一河東人士姓裴亦爲御史伺贍食便往造焉贍不與交言又不命匕箸裴坐觀贍食罷而退明日自攜匕箸恣情飲噉贍謂曰我初不喚君食亦不共君語遂能不拘小節昔劉毅在京口冒請鵝炙豈亦異是君定名士於是每與之同食性方重好讀書酒後清言聞者莫不傾耳自天保以後重吏事謂容止醞籍者爲潦倒而贍終不改

焉常見選曹以劉逖爲縣令謂之曰官長正應子琮輩乃
復屈名人馮子琮聞之大怒及其用事幾敗焉有集二十
卷㥄弟仲文有文學太和中爲丞相掾沙苑之敗仲文持
馬尾度河波中乍沒乍出神武望見曰崔掾也遽遣船赴
接及至謂曰卿爲君爲親不顧萬死可謂家之孝子國之
忠臣也後文襄欲使行青州聞其多醉乃止天保初㥄爲
侍中仲文爲銀青光祿大夫同日受拜時云兩鳳連飛嘗
被勑召宿醒未解文宣怒將罰之試使爲觀射詩十韻操
筆立成乃原之拜散騎常侍光祿大夫卒子偃太子洗馬
尚書郎偃弟儦

儦字岐叔少與范陽盧思道隴西李德源同志友善每以
讀書爲務負恃才地大署其戶曰不讀五千卷書者無得
入此室初舉秀才爲員外散騎侍郎遷殿中侍御史與熊
安生馬敬德等議五禮兼脩律令尋兼散騎侍郎使陳還
侍詔文林館歷尚書郎與頓丘李若俱見稱重時人語曰
京師灼灼崔儦李若若每謂其子曰盧思道崔儦杳然崖
岸吾所重也汝其師之思道與儦嘗酒後相調儦曰偃遜
無聞思道譏儦云高曾官薄齊亡歸鄉仕郡爲功曹補主
簿隋開皇四年徵授給事郎兼內史舍人後兼通直散騎
侍郎聘陳還授員外散騎侍郎以聾耳常得無事一醉輒八

日越國公楊素時方貴幸重儦門地爲子玄縱娶其女爲
妻聘禮甚厚親迎之始公卿滿坐素令騎迎之儦弊衣冠
騎驢而至素推令上坐儦禮甚倨言又不遜素忿然拂衣
而起竟罷坐後數日儦方來謝素待之如初詔授易州刺
史或言其未合乃追停儦語人曰易州刺史何必勝道義
仁壽中卒於京師子世濟仲文弟叔仁輕俠重矜期仕魏
爲潁州刺史以貪汙爲御史中丞高仲密劾賜死於宅臨
刑賦詩五絕與諸弟訣別不及其兄㥄以其不甚營救也
子彥武有識用隋開皇初位魏州刺史叔仁弟叔義魏孝
莊時爲尚書庫部郎初叔義父休爲青州刺史放盜魁令

出其黨遂以爲門客在洛陽與兄叔仁鑄錢事發合家逃
逸叔義見執時城陽王徽爲司州牧臨淮王彧以非其身
罪驟爲致言徽以求婚不得遂停赦書而殺之叔義弟子
侃以寄名從軍竊級爲中書郎爲尚書左丞和子岳彈糾
失官性兼使氣後自修改閉門讀書當時稱爲博洽後兼
通直散騎常侍使梁爲陽斐副恥居斐下自負才地呼斐
爲陽子語輒折之還卒於路子拯位太子僕武德郡守子
侃弟子植位冀州別駕走馬從禽髮挂木而死子珪子植
弟子聿位東莞太守子聿弟子約五歲喪父不肯食肉後
喪母居喪哀毀骨立人云崔九作孝風吹即倒禫月兄子

度死又百日不入房長八尺餘姿神儁異潛觀梁使劉孝
儀賓從見者駭曰武定中爲平原公開府祭酒與兄子贍
俱詣晉陽寄居佛寺贍長於子約二歲每退朝久立子約
馮几對之儀望俱華儼然相映諸沙門竊窺之以爲二天
人也乾明中爲考功郎病且卒謂贍曰自諸兄歿而門業
頹替居家大唯吾與介命之脩短曾何足悲汝能免之吾
不餒矣休弟黄字敬禮位太子舍人卒贈樂安太守妻樂
安王長女晉寧公主也貞烈有德行子愍字長謙幼聰敏
濟州刺史盧尚之欲以長女妻之休子悛爲長謙求尚之
次女曰家道多由婦人欲令姊妹爲娣姒尚之感其義於

是同日成婚休誡諸子曰汝等宜皆一體勿作同堂意若
不用吾言鬼神不享汝祭祀休亡枕中有書如平生所誡
諸子奉焉長謙與休第二子仲文同年而月長其家謂之
大二小二長謙少與太原王延業俱爲著作佐郎監典校
書後爲青州司馬賊圍城二百日長謙讀書不廢凡手抄
八千餘紙天文律曆醫方卜相風角鳥言靡不開解晚頗
以酒爲損還司徒諮議修起居注加金紫光祿大夫後兼
散騎常侍使梁將行謂人曰我危在吳國忌在酉年今恐
不免及還未入境卒年二十八贈南青州刺史暹兄遹
遹字寧祖亦有名於時爲慕容垂尚書左丞范陽昌黎二

郡太守遹曾孫延壽冀州主簿輕財好施甚收鄉曲譽延
壽子隆宗簡率友悌居喪以孝聞位蘭陵燕二郡太守仁
信待物檢慎至誠故見重於時卒贈齊州刺史謚曰孝子
敬保冀州儀同府從事中郎卒贈冀州刺史敬保子子恒
位魯郡太守早卒子恒弟子安子昇武定中連元瑾事伏
法暹宗人模字思範琰兄霸之後也父遵慕容垂少府卿
模仕宋爲滎陽太守神麚中平滑臺歸降後賜爵武城男
模長者篤厚不營榮利雖爲崔浩輕侮而不爲浩屈與崔
頤相親往來如一家始模在南妻張氏有二子仲智季柔
模至京師賜妻金氏生子幼度仲智等以父隔遠乃聚貨

規贖歸之其母張曰汝父志懷無決必不能來行人以賄
至都模果顧念幼度等指謂行人曰何忍捨此輩致爲刑
辱當爲尒取一人使名位不減我乃授以申謨宋東郡太
守也神麚中被執賜妻生子靈度申謨聞此乃棄妻子走
還江外靈度刑爲閹人初真君末模兄恊子裒利爲宋曾
郡太守以郡降賜爵臨淄子拜廣甯太守卒裒利二子懷
順次恩仍居宋青州懷順以父入魏故不仕及魏克青州
懷順迎裒利喪還青州云

王憲字顯則北海劇人也其先姓田秦始皇滅齊田氏稱
王家子孫因以爲氏仍居海岱祖猛仕苻堅位丞相父休

河東太守憲幼孤隨伯父永在鄴苻丕稱尊號復以永爲丞相永爲慕容永所殺憲匿於清河人家皇始中乃歸魏道武見之曰此王猛孫也厚禮待之以爲本州中正領選曹事兼掌門下太武即位遷廷尉卿出爲上谷太守賜爵高唐子清身率下風化大行尋拜外都大官復務中都歷任二曹斷獄稱旨進爵劇縣侯出爲并州刺史又進北海公境内清肅及還京師以憲年老特賜錦繡布帛珍羞禮膳天安初卒年八十九謚曰康子崇襲崇弟嶷字道長孝文初爲南部尚書在任十四年時南州多事訟者塡門嶷性儒緩不斷終日昏睡李訢鄧宗慶等號爲明察而二人終見誅戮餘十數人或出或免唯嶷卒得自保時人語曰實癡實昏終得保存後封華山公入爲内都大官卒子祖念襲爵祖念弟雲字羅漢頗有風尚位南兗州刺史坐受所部荆山戍主杜虔財又取官絹因染遂有割易御史糾劾會赦免卒官贈豫州刺史謚文昭長子昕

昕字元景少篤學能誦書日以中疊擧手極上爲率與太原王延業俱詣魏安豐王延明延明歎美之太尉汝南王悅辟爲騎兵參軍舊事王出則騎兵武服持刀陪從昕恥之未嘗肯依行列悅好逸遊或馳騁信宿昕輒棄還悅乃令騎兵在前手爲驅策昕捨轡高拱任馬所之左右言其

誕慢悅曰府望唯在此賢不可責也悅數散錢於地令諸佐爭拾之昕獨不拾悅又散銀錢以目昕乃取其一悅與府寮飲酒起自移牀人爭進手昕獨執板却立悅作色曰我帝孫帝子帝弟帝叔今親起輿牀卿何偃蹇對曰元景位望微劣不足使殿下式瞻儀形安敢以親王寮寀從廝養之役悅謝焉坐上皆引滿酣暢昕先起卧於閑室頻召不至悅乃自詣呼之曰懷其才而忽府主可謂仁乎昕曰商辛沈湎其亡也忽諸府主自忽徵寮佐敢任其咎悅大笑而去後除著作佐郎以兵亂漸起將避地海隅侍中李琰之黄門侍郎王遵業惜其名士不容外任奏除尚書右外兵郎中出爲光州長史故免河陰之難還東萊太守于時年凶人多相食昕勤恤人隱多所全濟昕少時與河間邢邵俱爲元羅賓友及守東萊邵擧室就之郡人以邵是邢杲從弟會兵將執之昕以身蔽伏其上呼曰欲執子才當先執我邵乃免太昌初還洛吏部尚書李神儁奏言比因多故常侍遂無員限今以王元景等爲常侍定限八員加金紫光禄大夫武帝或時袒露與近臣戲狎每見昕即正冠而斂容焉昕體素甚肥遭喪後遂終身羸瘠楊愔重其德素以爲人之師表元象元年兼散騎常侍聘梁魏收爲副並爲朝廷所重使還高隆之求貨不得諷憲臺劾昕

收在江東大將商人市易竝坐禁止齊文襄嘗救之累遷
祕書監昕雅好清言詞無淺俗在東萊時獲殺其同行侶
者詰之未服昕謂曰彼物故不歸卿無恙而反何以自明
邢卲後見文襄說此言以為笑樂昕聞之詣卲曰卿不識
造化還謂人曰子才應死我罵之極深頃之以被謗左遷
陽平太守在郡有稱績文襄謂人曰王元景殊獲我力由
吾數戲之其在吏事遂為良二千石齊文宣踐阼拜七兵
尚書以參議禮封宜君縣男嘗有鮮卑聚語崔昂戲問昕
曰頗解此不昕曰樓羅樓羅實自難解時唱染干似道我
輩文宣以昕疏誕非濟世才罵曰好門戶惡人身又有讒

之者云王元景每嗟水運不應遂絕帝愈怒乃下詔曰元
景本自庸才素無勳行早霑纓紱遂履清途發自畿邦超
居詹事俄佩龍文之劍仍啓帶礪之書語其器分何因到
此誠宜清心勵己少酬萬一尚書百揆之本庶務攸歸元
景與奪任情威福在己能使直而為枉曲反成絃害政損
公名義安在偽賞賓郎之味好詠輕薄之篇自謂模擬傖
楚曲盡風制推此為長餘何足取此而不繩後將焉肅在
身官爵宜從削奪於是徙幽州為百姓昕任運窮通不改
其操未幾徵還奉敕送蕭莊於梁為主除銀青光祿大夫
判祠部尚書帝怒臨漳令嵇曄及舍人李文師以曄賜薛

豐洛文師賜崔士順為奴鄭子默私誘昕曰自古無朝士
作奴昕曰箕子為之奴何言無也子默遂以昕言啓文宣
仍曰王元景比陛下於紂楊愔微為解之帝謂愔曰王元
景是尔博士尔語皆元景所教帝後與朝臣酣飲昕稱疾
不至帝遣騎執之見其方搖膝吟詠遂斬於御前投屍漳
水天統末追贈吏部尚書有文集二十卷子顗嗣卒於燕
郡太守昕母清河崔氏學識有風訓生九子皆風流醞籍
世號王氏九龍昕弟暉昭晞晧最知名暉字元旭少與昕
齊名兼多術藝卒於中書舍人贈兗州刺史昭字仲亮少
好儒術又頗以武藝自許性敦篤以友悌知名卒於考功

郎中
晞字叔朗小名沙彌幼而孝謹淹雅有器度好學不倦美
容儀有風則魏末隨母兄東適海隅與邢子良遊處子良
愛其清悟與其在洛兩兄書曰賢弟彌郎意識深遠曠達
不羈簡於造次言必詣理吟詠情性麗絕當時恐足下方
難為兄不暇慮其不進也魏永安初第二兄暉聘梁啓晞
釋褐除員外散騎侍郎徵署廣平王開府功曹史晞願養
母竟不受署母終後仍屬遷鄴遂遊華洛悅其山水與范
陽盧元明鉅鹿魏季景結侶同契往天陵山浩然有終焉
之志及西魏將獨孤信入洛署為開府記室晞稱先被犬

傷困篤不赴有故人疑其所傷非御書勸令赴晞復書曰昏告存念見令起疾循復眷旨似疑吾所傷未必是御吾豈願其必御但理契無疑耳就足下疑之亦有過謬足下既疑其非御亦可疑其是御其疑半矣若疑其是御而營護雖非御亦無損疑其非御而不療儻是御則難救然則過療則致萬全過不療或至於死若王晞無可惜也則不足取既取之便是可惜奈何奪其萬全任其或死且將軍威德所被飈飛霧襲方掩八紘豈在一介若必從隗始先須濟其生靈足下何不從容為將軍言也於是方得見寬俄而信返晞遂歸鄴齊神武訪朝廷子弟忠孝謹密者令

與諸子遊晞與清河崔贍頓丘李度范陽盧正通首應此選文襄時為大將軍握晞等手曰我弟並向成長志識未定近善狎惡不能不移吾弟不負義方卿祿位常亞吾弟若苟便回邪致相詿誤辠及門族非止一身晞隨神武到晉陽補中外府功曹參軍帶常山公演友齊天保初行太原郡事及文宣昏逸常山王數諫帝疑王假辭於晞欲加大辟王私謂晞曰博士明日當作一條事為欲相活亦圖自全宜深體勿怪乃於眾中杖晞二十帝尋發怒聞晞得杖以故不殺髡鞭鉗配甲坊居三年王又固諫爭大被毆撻閉口不食太后極憂之帝謂左右曰儻小兒死奈我老

母何於是每問王疾謂曰努力彊食當以王晞還汝乃釋晞令往王抱晞曰吾氣息惙然恐不復相見晞流涕曰天道神明豈令殿下遂斃此舍至尊親為人兄尊為人主安可與計殿下不食太后亦不食殿下縱不自惜不惜太后乎言未卒王彊坐而飯晞由是得免徒還為王友王復錄尚書事新除官者必詣王謝職去必辭晞言於王曰受爵天朝拜恩私第自古以為干紀朝廷文武出入辭謝宜一約絕主上顒顒賴殿下扶翼王深納焉常從容謂晞曰主上起居不恒卿耳目所具吾豈可以前逢一怒遂尒結舌卿宜為撰諫草吾當伺便極諫晞遂條十餘事以呈因切

諫王曰今朝廷乃尒欲學介子匹夫輕一朝之命狂藥令人不自覺刀箭豈復識親疏一旦禍出理外將奈殿下家業何奈皇太后何乞且將順日慎一日王歔欷不自勝曰乃至是乎明日見晞曰吾長夜九思今便息意便命火對晞焚之後王承閒苦諫遂致忤旨帝使力士反接伏白刃注頸罵曰小子何知欲以吏才非我是誰教汝王曰天下噤口除臣誰敢有言帝催遣捶楚亂杖數十會醉臥得解尒後褻黷之好遍於宗戚所往留連俾晝作夜唯常山邸多無適而去及帝崩濟南嗣立王謂晞曰一人垂拱吾曹亦保優閑因言朝廷寬仁慈恕真守文良主晞曰天保享

祚東宮委一胡人今卒覽萬機駕馭雄傑如聖德幼沖未
堪多難而使佗姓出納詔命必權有所歸殿下雖欲守藩
職其可得也假令得遂沖退自審家祚得保靈長不王默
然思念久之曰何以處我晞曰周公抱成王朝諸侯攝政
七年然後復子明辟幸有故事惟殿下慮之王曰我安敢
自擬周公晞曰殿下今日地望欲避周公得耶王不荅帝
臨發敕王從駕除晞并州長史及王至鄴誅楊燕等詔以
王爲大丞相都督中外諸軍事督攝文武還并州及至延
晞謂曰不早用卿言使羣小弄權幾至傾覆今君側雖獲
暫清終當何以處我晞曰殿下將往時地位猶可以名教
出處今日事勢遂關天時非復人理所及有頃奏趙郡王
叡爲左長史晞爲司馬每夜載入晝則不與語以晞儒緩
恐不允武將之意後進晞密室曰比王侯諸賢每見煎迫
言我違天不祥恐當或有變起吾正欲以正法繩之晞曰
朝廷比者疎遠親戚寧思骨血之重殿下倉卒所行非復
人臣之事芒刺在背交戟入頸上下相疑何由可久且天
道不恒虧盈迭至神機變化肹蠁斯集雖執謙挹粃糠神
器便是違上玄之意墜先人之基王曰卿何敢須發非所
宜言須致卿於法晞曰竊謂天時人事同無異揆是以冒
犯雷霆不憚斧鉞今日得披肝膽抑亦神明攸贊王曰拯

難匡時方俟聖哲吾何敢私議幸勿多言尋有詔以丞相
任重普進府僚一班晞以司馬領吏部郎中丞相從事中
郎陸杳將出使臨別握晞手曰相王功格區宇天下樂推
歌謠滿道物無異望杳等伏隸願披赤心而忽奉外使無
由面盡短誠寸心謹以仰白晞尋述杳言王曰若內外咸
有異望趙彥深朝夕左右何因都無所論自以卿意試密
與言之晞以事隙問彥深曰我比亦驚此音謠每欲陳聞
則口噤心戰弟既發論吾亦欲昧死一披肝膽因亦同勸
是時諸王公將相日敦請四方岳牧表陳符命乾明元年
八月昭帝踐阼九月除晞散騎常侍仍領兼吏部郎中後
因奏事罷帝從容曰比日何爲自同外客略不可見自今
假非局司但有所懷隨宜作一牒候少隙即徑進也因敕
尚書楊休之鴻臚卿崔劼等三人每日本職務罷並入東
廊共舉錄歷代廢禮墜樂職司廢置朝饗異同輿服增損
或道德高儁久在沈淪或巧言眩俗妖邪害政爰及田市
舟車徵稅通塞婚葬儀軌貴賤等衰有不便於時而古今
行用不已者或自古利用而當今毀棄者悉令詳思以漸
條奏未待頓備遇憶續聞朝晡給典御食畢景聽還時百
官請建東宮敕未許每令晞就東堂監視太子冠服導引
趨拜尋拜爲太子太傅晞以局司奉璽授皇太子太子釋

奠又兼中庶子帝謂曰今既當劇職不得尋常舒慢也帝
將北征敕問此何所聞晞曰道路傳言車駕將行帝曰庫
莫奚南侵我未經親戎因此聊欲習武晞曰鑾駕巡狩爲
復何爾若輕有征戰恐天下失望帝曰此懦夫常慮吾自
當臨時斟酌帝使齋帥裴澤主書蔡暉伺察羣下好相誣
枉朝士呼爲裴蔡時二人奏車駕北征後楊休之王晞數
與諸人遊宴不以公事在懷帝杖休之晞脛各四十帝斬
人於前問晞曰此人合死不晞曰睾實合死但恨其不得
死地臣聞刑人於市與衆棄之殿廷非殺戮之所帝改容
曰自今當爲王公改之帝欲以晞爲侍中苦辭不受或勸

信州李捌 北史列傳十二 二十二 祖參

晞勿自疎晞曰我少年以來閱要人多矣充詘少時鮮不
敗績且性實疎緩不堪時務人主恩私何由可保萬一披
猖求追無地非不愛作熱官但思之爛熟耳百官嘗賜射
晞中的當得絹爲不書箭有司不與晞陶陶然曰我今段
可謂武有餘文不足矣晞無子帝將賜之妾使小黃門就
宅宣旨皐后相聞晞妻晞令妻答妻終不言晞以手撩胷
而退帝聞之笑孝昭崩晞哀慕殆不自勝因以羸敗武成
本忿其儒緩由是彌嫌之因奏事大被訶叱而雅步晏然
歷東徐州刺史祕書監武平初遷大鴻臚加儀同三司監
修起居注待詔文林館性閑澹寡欲雖王事鞅掌而雅操

不移在并州雖戎馬塡閭未嘗以世務爲累良辰美景嘯
詠遨遊登臨山水以談讌爲事人士謂之方外司馬詣晉
祠賦詩曰日落應歸去魚鳥見留連忽有相王使召晞不
時至明日丞相西閤祭酒盧思道謂晞曰昨被召已朱顏
得無以魚鳥致怪晞緩笑曰昨晚陶然頗以酒漿被責卿
輩亦是留連之一物豈直在魚鳥而已及晉陽陷改與同
志避周兵東北走山路險迴懼有土賊而晞溫酒服膏曾
不一廢每不肯疾去行侶尤之晞曰莫尤我我行事君不
悔久作三公矣齊亡周武帝以晞爲儀同大將軍太子諫
議大夫隋開皇元年卒於洛陽年七十一贈儀同三司曹

信州路李捌 北史列傳十二 二十三 量

州刺史
晧字季高少立名行爲士友所稱遭母憂居喪有至性儒
緩亦同諸兄嘗從文宣北征乘赤馬旦蒙霜氣遂不復識
自言失馬虞候爲求覓不得須臾日出馬體霜盡繫在幕
前方云我馬尚在爲司徒掾在府聽午鼓蹀躞待去羣寮
嘲之曰王七思歸何太疾季高曰大鵬始欲舉鷰雀何啾
唧嘲者曰誰家屋當頭鋪首浪遊逸於是喧笑季高不復
得言大寧初兼散騎常侍聘陳使主天統末修國史尋除
通直散騎常侍卒贈鄆州刺史子伯奉朝請待詔文林館
晧弟曄字季炎卒於滄州司馬

封懿字處德勃海蓨人也曾祖釋晉東夷校尉父放慕容暐吏部尚書兄孚慕容超太尉懿有才器能屬文與孚雖器行有長短而名位略齊仕慕容寶位中書令戶部尚書寶敗歸魏除給事黃門侍郎都坐大官章安子道武引見問以慕容舊事懿應對疏慢廢黜還家明元初復徵拜都坐大官進爵為侯卒官懿撰燕書頗行於世子玄之坐與司馬國璠溫楷等謀亂伏誅臨刑明元謂曰終不令絕汝種也將宥汝一子玄之以弟虔之子磨奴字君明早孤乞全其命乃殺玄之四子赦磨奴刑為宦人崔浩之誅也太武謂磨奴曰汝本應全所以致刑者由浩也後為中曹監使張掖賜爵富城子卒於懷州刺史贈勃海公謚曰定以

族子叔念為後

回字叔念孝文賜名焉慕容暐太尉奕之後也父鑒初磨奴既以回為後請於獻文贈鑒寧遠將軍滄水太守回襲磨奴爵富城子宣武時累遷安州刺史山人愿朴父子賓旅同寢一室回下車勸令別處其俗遂改明帝時為瀛州刺史時大乘寇亂之後加以水潦表求振恤免其兵調州內賴之歷度支都官二尚書冀州大中正滎陽鄭雲諂事長秋卿劉騰貨紫纈四百匹得為安州刺史除書且出晚往詣回坐未定問回安州興生何事為便回曰卿荷國寵靈位至方伯雖不能拔園葵去織婦宜思方略以濟百姓如何見造問興生乎封回不為商賈何以相示雲慙失色轉七兵尚書領御史中尉劾奏尚書右僕射元欽與從兄麗妻崔氏姦通時人稱之後為殿中尚書右光祿大夫莊帝初遇害河陰贈司空公謚曰孝宣長子隆之

隆之字祖裔小名皮寬和有度量延昌中道人法慶作亂冀州自號大乘衆五萬人隆之以開府中兵參軍與大都督元遙討之獲法慶賜爵武城子累遷河內太守未到郡屬尒朱兆入洛莊帝幽崩隆之以父遇害常懷報雪因持節東歸圖為義舉遂與高乾等夜襲冀州克之乃推為刺史及齊神武自晉陽東出隆之遣子子繪隨高乾奉迎於

滏口中興初拜吏部尚書韓陵之役留隆之鎮鄴城未幾徵為侍中封安德郡公于時朝議以尒朱榮宜配食明帝廟庭隆之議曰榮為人臣親行殺逆豈有害人之母而與子對食之理以參議麟趾閣新制又贈其妻祖氏范陽郡君隆之表以先爵富城子及武城子轉授弟子孝琬等朝廷嘉而從之後為斛斯椿等所構逃歸鄉里齊神武召赴晉陽魏孝靜立除吏部尚書尋加侍中元象初除冀州刺史加開府累遷尚書右僕射及北豫州刺史高仲密將叛陰招冀州豪望為內應詔隆之馳驛慰撫遂得安靜隆之

首參神武經略奇謀皆密以啓聞手書削藁罕知於外卒於齊州刺史贈司徒神武以追榮未盡復啓贈太保謚宣懿神武後至冀州北境次交津追憶隆之顧冀州行事司馬子如言其德美爲之流涕令以太牢就祭隆之歷事五帝以謹素見知凡四爲侍中再爲吏部尚書一爲僕射四爲冀州刺史每臨冀部州中舊齒咸曰我封公復來其得物情如此子子繪嗣子繪字仲藻小名搔性和理有器局釋褐祕書郎累遷平陽太守加散騎常侍晉州北界霍山舊號千里徑者山坂高峻每大軍往來士馬勞苦子繪請於舊徑東谷別開一路神武從之仍令子繪修開旬日而就徵補大行臺吏部郎中神武崩祕未發喪文襄以子繪爲勃海太守執其手曰誠知未允勳臣官望但須鎮撫且衣錦晝遊古人所貴宜善加經略不勞習常太守向州參也仍聽收集部曲一千人大寧三年爲都官尚書高歸彥作逆命子繪參贊軍事賊平敕子繪權行州事徵拜儀同三司尚書右僕射卒謚曰簡子寶蓋襲子繪弟子繡位霍州刺史陳將吳明徹侵淮南子繡城陷送揚州齊亡後逃歸終於通州刺史子繡外貌儒雅而使氣難犯兄女壻司空婁定遠爲瀛州刺史子繡爲勃海太守定遠過之對妻及諸女讌集言戲微有褻慢子繡鳴鼓集衆將攻之定遠

免冠拜謝久之乃釋隆之弟興之字祖胄經明行修恬素清靜位瀛冀二州刺史平北府長史所歷有當官譽卒以隆之佐命功贈殿中尚書雖州刺史謚曰文子孝琬字士倩七歲而孤爲隆之鞠養慈愛甚篤隆之啓以父爵富城子授焉位東宮洗馬卒贈太府少卿孝琬性恬靜頗好文詠太子少師邢卲七兵尚書王昕並先達高才與孝琬年位懸隔晚相逢遇分好遂深孝琬靈櫬言歸二人送於郊外悲哭悽慟有感路人孝琬弟孝琰字士光少脩飭學尚有風儀位祕書丞散騎常侍聘陳使主在道遙授中書侍郎還坐受魏收囑牒其門客從行事發付南都獄決鞭二百除名後除并省吏部郎中南陽王友赴晉陽典機密和士開母喪託附者咸往奔哭鄴中富商丁鄒嚴興等並爲義孝有一士人亦在哭限孝琰入弔出謂人曰嚴興之南丁鄒之北有一朝士號叫甚哀聞者傳之士開知而大怒其後會黃門郎李瓖奏南陽王綽驕恣士開因譖之曰孝琰從綽出外乘其副馬捨離部伍別行戲語時孝琰女爲范陽王妃爲禮事因假入辭帝遂決馬鞭一百放出又遣高阿那肱重決五十幾死還鄴在集書省上下自此沈廢士開死後爲通直散騎常侍後與周和好以爲聘周使副祖珽輔政奏入文林館撰御覽孝琰文筆不高但以風流

自立善談戲威儀閑雅容止進退人皆慕之以祖珽好自
矜大伎之云是衣冠宰相異於餘人近習聞之大以爲恨
尋以本官兼尚書右丞其所彈射多承意旨時有道人曇
獻者爲皇太后所幸賞賜隆厚車服過度又乞爲沙門統
後主意不許但太后欲之遂得居任然後主常憾焉因僧
尼他事訴者辭引曇獻上令有司推劾孝琰案其受賄致
於極法其家珍異悉以沒官由是正授左丞仍奏門下事
性頗簡傲不諧時俗意遇漸高彌自矜誕舉動舒遲無所
降屈識者鄙之與崔季舒等以正諫同死子君確君靜二
人徙北邊少子君嚴君贊下蠶室南安敗君確等二人皆

坐死興之弟延之字祖業少明辯有世用封琰城子位青
州刺史多所受納後行晉州事沙苑之敗延之棄州北走
以隆之故免其死卒贈尚書左僕射司徒公謚文恭子纂
嗣鑒長子琳字彥寶位中書侍郎與侍中南平王馮誕等
議定律令有識者稱之歷位太尉長史司宗下大夫南夏
青二州刺史光祿大夫琳弟子肅
肅字元邕博涉經史太傅崔光見而賞焉位尚書左中兵
郎中性恭儉不妄交游唯與崔勵勵從兄鴻尤相親善所
制文章多亡失存者十餘卷懿從兄子愷字思悌奕之孫
也父勸慕容垂侍中太常卿愷位給事黃門侍郎散騎常

侍後入代都名出懿子玄之右俱坐司馬氏事死愷妻盧
玄女也愷子伯達棄母及妻李氏南奔河表改婚房氏獻
文末伯達子休傑內入祖母盧猶存垂百歲矣而李已死
休傑位冀州咸陽王府諮議參軍
回族叔軌字廣度好學通覽經傳與光祿大夫武邑孫惠
蔚同志友善惠蔚每推軌曰封生之於經義吾所弗如者
多矣頗自脩潔儀容甚偉或曰學士不事脩飾此賢何獨
如此軌聞笑曰君子整其衣冠尊其瞻視何必蓬頭垢面
而後爲賢言者慙退以兼員外散騎常侍銜命高麗高麗
王雲恃其偏遠稱疾不親受詔軌正色詰之喻以大義雲

乃北面受旨使還轉考功郎中除本郡中正勃海太守崔
休入爲吏部郎中以已考事干軌軌曰法者天下之事不
可以舊君故虧之也休歎其守正軌在臺中稱爲儒雅除
國子博士假通直散騎常侍慰勞汾州山胡司空清河王
懌表脩明堂辟雍詔百寮集議軌議曰周官匠人職云夏
后氏世室殷人重屋周人明堂五室九階四戶八牕鄭玄
曰或舉宗廟或舉王寢或舉明堂互文以見同制然則三
代明堂其制一也案周與夏殷損益不同至於明堂因而
弗革明五室之義得天數矣是以鄭玄又曰五室者象五
行也然則九階者法九土四戶者達四時八牕者通八風

誠不易之大範有國之恒式若其上圓下方以則天地通水環宫以節觀者茅蓋白盛爲之質飾赤綴白綴爲之户牖皆典籍所載制度之明義也秦焚滅五典并毀三代變更先聖不依舊憲故吕氏月令見九室之義大戴之禮著十二堂之文漢承秦法亦未能改東西二京俱爲九室是以黄圖白武通蔡邕應邵等咸稱九室以象九州十二堂以象十二辰夫室以祭天堂以布政依行而祭故室不過五依時布政故堂不踰四州之與辰并所可法九與十二厥用安在今聖朝欲尊道訓人備禮化物宜則五室以爲永制至如廟學之嫌臺沼之雜袁準之徒已論正矣後卒

於廷尉少卿贈濟州刺史初軌深爲鄭祚所知祚常謂子景尚曰封軌高綽二人並幹國之才必應遠至吾平生不妄進舉而每薦此二人非直爲國進賢亦爲汝等之津梁其見重如此軌既以方直自業高綽亦以風槩立名高肇拜司徒綽送迎往來軌竟不詣綽顧不見軌乃遽歸曰吾一生自謂無愆規矩今日舉措不如封生遠矣軌以務德慎言脩身之本姦回讒佞世之巨害乃爲務德慎言遠佞防姦四戒文多不載長子偉伯字君良博學有才思弱冠除太學博士每朝廷大議偉伯參焉雅爲太保崔光僕射游肇所知賞太尉清河王懌辟參軍事懌親爲孝經解詁

命偉伯爲難例九條皆發起隱漏偉伯又討論禮傳詩易疑事數十條儒者咸稱之時朝廷將經始明堂廣集儒學議其制度九五之論久而不定偉伯乃搜撿經緯上明堂圖說六卷又撰封氏本録六卷正光末尚書僕射蕭寶夤爲關西行臺引爲行臺郎及寶夤爲逆偉伯與南平王固潛結關中豪右韋子粲等謀舉義兵事發見殺永安中贈瀛州刺史聽一子出身無子轉授弟翼翼弟述

述字君義有幹用天平中爲三公郎中時增損舊事爲麟趾新格其名法科條皆述所删定齊受禪累遷大理卿清河三年敕與録尚書趙彥深僕射魏收尚書陽休之國子

祭酒馬敬德等議定律令歷位度支五兵殿中三尚書述又爲法官明解律令議斷平允深爲時人所稱而厚積財產一無分饋雖至親密友貧病困篤亦絕於拯濟朝野物論甚鄙之外貌方整而不免請謁回避進趣頗致嗤駭前妻河内司馬氏一息爲娶隴西李士元女大輸財聘及將成禮猶競懸違述忽取所供養像對士元打像爲誓士元笑曰封公何處常得應急像須誓便用一息娶范陽盧莊之女述又經府訴云送騾乃嫌脚跛評田則云鹹薄銅器又嫌古廢皆爲憹嗇所及每致紛紜子元蕎位太子舍人述弟詢字景文闕涉經史以清素自持位尚書左丞濟南

太守歷官皆有幹局才具臨郡甚著聲績隋開皇中卒

論曰崔逞文學器識當年之俊忽微慮遠俱以爲災休立身有本當官著稱長儒才望之美禍因驕物雖有周公之才猶且爲累況未足論其高下能無及乎贍詞韻溫雅風神秀發固人望也王憲名公之孫老見優異元景昆季籝道標映人倫美哉封回克光家世隆之勤勞霸業子繪寔隆堂搆可謂載德者矣君義聚斂奮悋無乃鄙哉

列傳第十二　北史二十四

列傳第十三　北史二十五

古弼
張黎
劉潔
丘堆
娥清
伊馛
乙瓌
周幾
豆代田
車伊洛
王洛兒
車路頭
盧魯元
陳建
來大干
宿石
萬安國
周觀
尉撥

陸眞

呂洛拔

薛彪子 子琡

尉元

慕容白曜

和其奴

苟頹

宇文福

古弼代人也少忠謹善騎射初爲獵郎門下奏事以敏正稱明元嘉其眞而有用賜名曰筆後改名弼言其有輔佐才也令典西部與劉絜等分綰機要敷奏百揆太武即位以功拜立節將軍賜爵靈壽侯歷位侍中吏部尚書典南部奏事後征馮弘弘將奔高麗高麗救軍至弘乃隨之令婦人被甲居中其精卒及高麗陳兵於外弼部將高苟子擊賊軍弼酒醉拔刀止之故弘得東奔太武大怒黜爲廣夏門卒尋復爲侍中與尚書李順使涼州賜爵建興公鎮長安甚有威名及議征涼州弼與順咸言涼州乏水草不宜行帝不從既剋姑臧微嫌之以其有將略弗之責宋將裴方明剋仇池立楊玄庶子保熾於是假弼節督隴右諸軍討仇池平之未幾諸氐復推楊文德爲主圍仇池弼攻

解其圍文德走漢川時東道將皮豹子聞仇池圍解議欲還軍弼使謂曰若其班師寇衆復至後舉爲難不出秋冬南寇必來以逸待勞百勝之策也豹子乃止太武聞之曰弼言長策也制有南秦弼謀多矣景穆總攝萬機徵爲東宮四輔與宜都王穆壽並參政事遷尚書令弼雖事務殷湊而讀書不輟端謹愼密口不言禁中事功名等於張黎而廉不及也上谷人上書言苑囿過度人無田業宜減太半以賜貧者弼入欲陳奏遇帝與給事中劉樹碁志不聽事弼侍坐良久不獲申聞乃起於帝前捽樹頭掣下牀以手搏其耳以拳毆其背曰朝廷不理實尒之罪帝失容放碁曰不聽奏事過在朕樹何罪置之弼具狀以聞帝奇弼公直皆可其奏以與百姓弼曰爲臣逞志於君前者非無罪也乃詣公車免冠徒跣自劾請罪帝召之謂曰卿其冠履吾聞築社之役蹇蹶而築之端冕而事之神與之福然則卿有何罪自今以後苟利社稷益國便人者雖復顚沛造次卿則爲之無所顧也太武大閱將校獵於河西弼留守詔以肥馬給騎人弼命給弱者太武大怒曰尖頭奴敢裁量朕也朕還臺先斬此奴弼頭尖帝常名之曰筆頭時人呼爲筆公屬官懼誅弼告之曰吾謂事君使田獵不過盤游其罪小也不備不虞使戎寇恣逸其罪大也今北狄孔

熾南鄙未滅狡焉之志窺伺邊境是吾憂也故選肥馬備軍實爲不虞之遠慮苟使國家有利吾寧避死乎明主可以理干此旨吾罪帝聞而歎曰有臣如此國之寶也賜衣一襲馬二疋鹿十頭後車駕田於山北獲麋鹿數千頭詔尚書發車牛五十乘運之帝尋謂從者曰筆公必不與我汝曹不如馬運之速遂還行百餘里而弼表至曰今秋穀懸黃麻菽布野猪鹿竊食鳥鴈侵費風波所耗朝夕參倍乞賜矜緩使得收載帝謂左右曰筆公果如朕卜可謂社稷之臣初楊難當之來也詔弼悉送其子弟於京師楊玄少子文德以黃金三十斤賂弼弼受金留文德而遇之無禮文德亡入宋太武以其正直有戰功弗加罪責太武崩吳王立以弼爲司徒文成即位與張黎並坐議不合旨俱免有怨謗之言其家人告巫蠱俱伏法時人冤之

信州刊　北史列傳十三　四　子

張黎鴈門平原人也善書計道武知待之明元器其忠亮賜爵廣平公管綜機要太武以其功舊任以輔弼除大司農卿軍國大議黎常與焉以征赫連定功進號征北大將軍與樂安王範濟南公崔徽鎮長安清約公平甚著聲稱代下之日家無餘財太武征涼州蠕蠕吳提乘虛入寇黎與司空長孫道生拒擊走之景穆初總百揆黎與崔浩等輔政忠於奉上非公事不言詔賜浩黎布帛各千疋以褒舊勳吳王余立以黎爲太尉後文成即位與古弼俱誅

劉潔長樂信都人也昭成時慕容氏獻女潔祖父生爲公主家臣乃隨入魏賜以妻妾生子堤位樂陵太守封信都男卒潔襲堤爵數從征討進爵會稽公後與永安侯魏勤及功勞將軍元屈等擊吐京叛胡爲其所執送赫連屈丐潔聲氣不撓呼其字而與之言神色自若屈丐壯而釋之後得還國典東部事明元寢疾太武監國潔與古弼等選侍東宮對綜機要太武即位奇其有柱石用委以大任及議軍國朝臣咸推其能遷尚書令改爲鉅鹿公車駕西伐潔爲前鋒沮渠牧犍弟董來距戰於城南潔信卜者之言

信州李刊　北史列傳十三　五　賴元甫

以日辰不協擊鼓卻陣故董來得入城太武微嫌之潔久在樞密恃寵自專帝心稍不平時議伐蠕蠕潔言不如廣農積穀以待其來羣臣皆從其議帝決行乃從崔浩議既出與諸將期會鹿渾谷而潔恨其計不用欲沮諸將乃矯詔更期諸將不至時虜衆大亂景穆欲擊之潔執不可停鹿渾谷六日諸將猶不集賊已遠遁追至石水不及而還師次漠中糧盡士卒多死潔陰使人驚軍勸帝棄軍輕還帝不從潔以軍行無功奏歸罪於崔浩帝曰諸將後期及賊不擊罪在諸將豈在於浩又潔矯事遂發輿駕至五原收潔幽之太武之征也潔私謂親人曰若軍出無功車駕

不返即吾當立樂平王潔又使右丞張嵩求圖讖問劉氏應王繼國家後我審有名姓不嵩對曰有姓而無名窮驗款引搜嵩家果得讖書潔與南康公秋隣及嵩等皆夷三族死者百餘人潔既居勢要內外憚之側目而視籍其家財產鉅萬太武追怨言則切齒

丘堆代人也美容儀初以忠謹入侍明元即位拾遺左右稍遷散騎常侍太武監國臨朝堆與太尉穆觀等爲右弼及即位賜爵臨淮公位太僕與宗正娥清略地關右而宜城王奚斤表留堆合軍與赫連昌相拒斤進擊赫連定留堆守輜重斤爲定禽堆聞而棄甲走長安帝大怒遣西平

公安頡斬堆

娥清代人也少有將略累著戰功稍遷給事黃門侍郎明元南巡幸鄴以清爲中領軍將軍與宋兵將軍周幾等度河略地至湖陸以功賜爵須昌侯與幾等遂鎮枋頭太武初乃還京師進爲東平公後從平統萬遂與奚斤討赫連昌至安定及昌弟定西走斤追之清欲尋水往斤不從遂與斤俱爲定禽剋平涼乃得還後與古弼等東討馮弘以不急戰弘奔高麗檻車徵黜爲門卒而卒於家子延賜爵南平公

伊馛代人也少勇健走及奔馬善射力曳牛却行神䴥初擢爲侍郎轉三郎賜爵汾陽子太武將討涼州議者咸以無水草諫唯司徒崔浩勸行羣臣出後馛曰涼州若無水草何得爲國宜從浩言帝善之及剋涼州大會於姑臧帝謂羣臣曰崔公智計有餘吾亦不復奇之正奇馛弓馬士所見能與崔同耳顧謂浩曰馛智力如此終至公相浩曰何必讀書然後爲學衛青霍去病亦不讀書而致公輔帝欲以馛爲尚書封郡公馛以尚書務殷公爵至重辭之中祕二省多諸文士請參其次帝賢之遂拜祕書監賜爵河南公拜司空清約自守爲政舉大綱而已不爲苛碎大安二年領太子太保三年與司徒陸麗等並平尚書事薨子

蘭襲爵位庫部尚書卒子盆生驍勇有膽氣累有戰功遂爲名將以勳賜爵平城子爲西道都督戰歿贈雍州刺史

乙瓌代人也其先世統部落太武時瓌父匹知遣瓌入貢帝留之瓌善騎射手格猛獸尚太武女上谷公主除駙馬都尉賜爵西平公從駕南征都督前鋒諸軍事勇冠三軍後進爵爲王又爲西道都將薨年二十九贈太尉公謚曰恭子乾歸襲爵乾歸有氣幹頗習書疏尤好兵法尚景穆女安樂公主除駙馬都尉侍中獻文初爲秦州刺史有惠政孝文即位爲中道都將卒謚曰康子海字懷仁位散騎侍郎卒謚曰孝海子瑗字雅珍尚孝文女淮陽公主除駙

馬都尉累遷西兗州刺史天平元年舉兵應樊子鵠戰敗
死
周幾代人也少以善射爲獵郎明元即位爲左部尚書以
軍功封交趾侯太武以幾有智勇遣鎮河南威信著于外
境幾常嫌奚斤等綏撫關中失和每至言論形于聲色斤
等憚焉進號宋兵將軍率洛州刺史于栗磾以萬人襲陝
城卒于軍軍人無不歎惜之歸葬京師謚曰桓子步襲爵
豆代田代人也明元時以善騎射爲内細射從攻武牢詔
代田登樓射賊矢不虛發以功遷内三郎從討赫連昌乘
勝追賊入其宫門門閉代田踰宫而出太武壯之拜勇武

將軍後從討平涼破赫連定得奚斤等以定妻賜之詔斤
膝行授酒於代田敕斤曰全尓身命者代田功也以從討和
龍戰功封長廣公卒於統萬鎮大將贈長廣王謚曰恭子
周求襲爵
車伊洛焉耆胡也世爲東境部落帥恒脩職貢延和中授
平西將軍封前部王伊洛規欲歸闕爲沮渠無諱斷路伊
洛連戰破之無諱卒伊洛前後遣使招喻其子乾壽等及
其戶五百餘家送之京師又率部衆二千餘人伐高昌討
破焉耆東關七城正平二年伊洛朝京師拜都官尚書將
軍王如故卒謚康王葬禮依盧魯元故事子歇襲爵

王洛兒京兆人也明元在東宮以善騎射給事帳下謹愿
未嘗有過明元嘗獵于灅南氷陷没馬洛兒投水奉帝出
殆將凍死帝解衣賜之自是恩寵日隆天賜末帝避難居
外洛兒晨夜侍衛恭勤發於至誠元紹之逆帝左右唯洛
兒與車路頭晝居山嶺夜還洛兒家洛兒隣人李道潛相
奉給晨復還山衆庶頗知喜而相告紹聞收道斬之洛兒
猶冒難往返京都通問於大臣大臣遂出奉迎百姓奔赴
明元還宫社稷獲全洛兒有功焉明元即位拜散騎常侍
賜爵新息公加直意將軍又追贈其父爲列侯賜僮隸五
十戶卒贈太尉建平王賜温明祕器載以轀輬車使殿中

衛士爲之導從親臨哀慟者四焉乃鴆其妻周氏與合葬
子長城襲爵
車路頭代人也少以忠厚選給東宫爲帳下帥天賜末明
元出於外路頭隨侍竭力及即位封宣城公忠意將軍帝
性明察羣臣多以職事遇譴至有杖罰故路頭優游不任
事性無害每評獄處理常獻寬恕之議以此見重於朝帝
亦敬納之卒明元親臨哀慟贈太保宣城王謚曰忠貞喪
禮一依安城王叔孫俊故事陪葬金陵子眷襲爵
盧魯元昌黎徒河人也曾祖副鳩仕慕容氏爲尚書令臨
澤公祖父並至大官魯元寬和有雅度明元時選爲通直

郎以忠謹給侍東宮太武親愛之即位以爲中書侍郎寵待彌渥而魯元益加謹肅帝愈親待之内外大臣莫不敬憚性多容納善與人交好掩人過揚人美由是公卿咸親附之以工書有文才累遷中書監領秘書事賜爵襄城公贈其父爲信都侯從征赫連昌太武親追擊入其城門魯元隨帝出入是日微魯元幾至危殆後遷太保録尚書事帝貴異之臨幸其第不出旬日欲其居近易往來乃賜甲第於宮門南衣食車馬皆乘輿之副眞君三年駕幸陰山魯元以疾不從侍臣問疾醫藥傳驛相屬於路及薨帝甚悼惜之還臨其喪哭之哀慟東西二宮命太官日送奠晨昏哭臨訖則備奏鍾鼓伎樂輿駕比葬三臨之喪禮依安城王叔孫俊故事而賵送有加贈襄城王謚曰孝葬於崞山爲建碑闕自魏興貴臣恩寵無與爲比子統襲爵以父任侍東宮太武以元舅陽平王杜超女南安長公主所生妻之車駕親自臨送太官設供具賞賚千計文成即位典選部主客二曹卒贈襄城王謚曰景無子弟彌娥襲卒贈襄城王謚曰恭魯元少子内給侍東宮景穆深昵之常與臥起同衣食父子有寵兩宮勢傾天下内性寛厚有父風而恭愼不及正平初宮臣伏誅太武以魯元故唯殺内而厚撫其兄弟

陳建代人也以善騎射擢爲三郎遷下大夫内行長太武討山胡白龍輕之單將騎數十每自登山白龍伏壯士出不意帝墜馬幾至不測建以身捍賊奮擊殺數人被十餘瘡帝壯之賜別戶二十文成初出爲幽州刺史假秦郡公帝以建貪暴懦弱遣使就州罰杖五十孝文初徵爲尚書右僕射加侍中進爵趙郡公建與晉陽侯元仙德長樂王穆亮平原王陸叡表啓南伐帝嘉之遷司徒進爵魏郡王帝與文明太后頻幸建第賜建妻於後庭薨子念生襲有罪爵除

來大干代人也父初眞從道武避難叱候山參翊業功官至後將軍武原侯與在八議大干驍果善騎射永興初襲爵位中散至於朝賀之日大干常著御鎧盤馬殿庭朝臣莫不嗟歎遷内三郎幢將典宿衛禁旅大干用法嚴明上下齊肅嘗從明元校獵見獸在高巖上持矟直前刺之應手而死帝嘉其勇壯太武踐阼與襄城公盧魯元等七人俱爲常侍常持仗侍衛晝夜不離左右累從征伐以戰功賜爵廬陵公鎮雲中兼統白道軍事太武以其壯勇數有戰功兼悉北境險要詔使巡撫六鎮以防寇虜經略布置甚得事宜後吐京胡反以大干爲都將討平之在吐京卒喪還停於平城南太武出游還見而問之左右以對帝悼

歎者良久詔聽其喪入殯城內贈司空諡莊公子丘頹襲
爵降爲晉興侯
宿石朔方人赫連屈丐弟文陳之曾孫也天興中文陳父
子歸魏道武嘉之以宗女妻焉拜上將軍祖若豆根明元
時賜姓宿氏襲上將軍父沓干從太武征平涼有功賜爵
漢安男後從討蠕蠕戰沒石年十三襲爵擢爲中散遷內
行令從於苑中游獵石走馬引前道峻馬倒殞絕久之乃
蘇由是御馬得制文成嘉之賜以綿帛駿馬改爵義陽子
又嘗從獵文成親欲射猛獸石叩馬諫引帝至高原上後
猛獸騰躍殺人褒美其忠許後有犯罪宥而勿坐賜駿馬

一疋尚上谷公主拜駙馬都尉位吏部尚書進爵太山公
爲北征中道都大將卒追贈太原王諡康葬禮依盧魯元
故事太和初子倪襲爵
萬安國代人也世爲酋帥父振尚高陽長公主拜駙馬都
尉位長安鎮將爵馮翊公安國少明敏以國甥復尚河南
公主拜駙馬都尉獻文特親寵之與同卧起拜大司馬大
將軍封安城王安國先與神部長奚買奴不平承明初矯
詔殺買奴於苑中孝文聞之大怒遂賜死年二十三子翼
襲王爵有拔根者世爲紇奚部帥皇始初率部歸魏尚昭
成女生子拔位尚書令拔尚華陰公主生子敬元紹之逆

也主有功超授敬大司馬封長樂王薨子護襲拜外都大
官根事迹遺落故略附云
周觀代人也驍勇有膂力太武以軍功賜爵金城公位高
平鎮將善撫士卒號有威名後拜內都大官出爲秦州刺
史撫馭失和部人薛永宗聚衆汾曲以叛觀討永宗爲流
矢所中太武幸蒲坂觀聞帝至驚怖而起瘡重遂卒帝怒
絕其爵云
尉撥代人也父那濮陽太守撥爲太學生募從兗州刺史
羅忸擊賊於陳汝有功賜爵介休男討和龍擊吐谷渾皆
有軍功進爵爲子累遷杏城鎮將大得人和文成以撥清

平有惠績賜以衣服獻文即位爲北征都將南攻懸瓠進
爵安城侯位北豫州刺史卒諡敬侯
陸真代人也父洛侯秦州刺史真少善騎射太武以真膂
力過人拜內三郎真君中從討蠕蠕以功賜爵關內侯後
攻懸瓠登樓臨射城中弦不虛發從太武至江還遷次盱台
真功居多文成即位進爵都昌侯位選部尚書後拜長安
鎮將時初置長虵鎮真率衆築城未訖而氐豪仇傉檀等
反叛真擊平之卒城長虵而還東平王道符反于長安以
真爲長安鎮將賜爵河南公長安平兵人素伏其威信及
至皆怗然安靜在鎮數年甚著威稱卒諡曰烈子延字契

胡提頗有氣幹襲爵河南公例降改封汝陽侯位懷朔鎮大將太僕卿受使綏慰秀容爲牧子所害

呂洛拔代人也曾祖渴侯昭成時率戶五千歸魏父匹知太武時爲西部長封滎陽公洛拔以壯勇知名文成末爲平原鎮都將隨尉元攻宋將張永大敗之賜爵成武侯卒長子文祖獻文以其勳臣子補龍牧曹奏事中散以牧産不滋坐徙武川鎮後文祖以舊語譯註皇誥辭義通辯爲外都曹奏事中散後坐事伏法

薛虎子代人也祖達頭自姚萇時率部落歸魏道武賜爵聊城侯待以上客禮賜妻鄭氏卒贈冀州刺史謚曰悼父

野䐗并太二州刺史封河東公有聲稱卒謚曰簡虎子姿貌壯偉明斷有父風爲內行長典奏諸曹事當官正直內外憚之及文明太后臨朝出爲枋頭鎮將素剛簡爲近臣所嫉因小過黜爲鎮門士及獻文南巡次山陽虎子拜訴於路復除枋頭鎮將累遷開府徐州刺史在州甚多惠政百姓便之沛郡太守邵安下邳太守張攀咸以贓汙虎子案之於法安等遣子弟上書誣虎子南通賊虜孝文曰此妄矣推案果虛卒謚曰文子琡

琡字曇珍形貌瓌偉少以幹用爲典客令每引見儀望甚美宣武謂曰卿風度峻整姿貌秀異後當升進何以處官琡答曰宗廟之禮不敢不敬朝廷之事不敢不忠自此之外非庸臣所及正光中行洛陽令部內肅然時以久旱京師見囚悉召集於都亭理問寃滯洛陽獄唯有三人孝明嘉之賜縑百疋琡本附元叉叉廢憂懼由是政教廢弛坐免官李神軌有寵於靈太后琡復事之累遷吏部郎中先是吏部尚書崔亮奏立停年格不簡人才專問勞舊琡乃上書曰臣聞錦縠雖輕不委之以學製瑚璉任重豈寄之以弱力若使選曹唯取年勞不簡賢否使義均行鴈次若貫魚勘簿呼名一吏足矣數人而用何謂銓衡令黎元之命繫於守長若其得人則蘇息有地任非其器爲患更深

請郡縣之職吏部先盡擇才弁學通古今曉達政職者以應其選不拘入職遠近年勳多少其積勞之中有才堪牧人者自在先用之限其餘不堪者既壯藉其力豈容老而棄之將佐丞尉去人稍遠小小當否未爲多失宜依次補敘以酬其勞書奏不報後因引見復陳之曰今四方初定務在養人臣請依漢氏更立四科令三公宰貴各薦時賢以補郡縣明立條格防其阿黨之端庶令塗炭之餘冀仰有地詔下公卿議之事亦寢元天穆討邢杲以琡爲行臺尚書軍次東郡時元顥已據鄭城邢杲又逼歷下天穆議其所先議者咸以杲盛宜先經略唯琡以杲爲聚衆無名

雖強猶賊元顥皇室昵親來稱義舉自河陰之役人情駭
怨今有際會易生感動待顥事決然後迴師天穆以羣情
所願遂先討杲杲降軍還至定陶天穆留琡行西兗州事
尋爲元顥所陷顥執琡自隨尒朱榮破顥大穆謂琡曰不
用君言乃至於此天平初拜七兵尚書齊神武引爲丞相
府長史軍國之事多所關知琡亦推誠盡節屢進忠讜神
武大舉西伐將度蒲津琡諫曰西賊連年饑饉故冒死來
入陝州但宜置兵諸道勿與野戰比及來年麥秋人應餓
死寶炬黑獺自然歸降願無渡河侯景亦曰今舉兵極大
萬不一捷卒難收斂不如分爲二軍相繼而進前軍若勝

後軍合力前軍若敗後軍承之神武皆弗納遂有沙苑之
敗後遷汜陽盧仲禮反琡與諸軍討平之轉殷州刺史爲政
嚴酷吏人苦之後歷位度支殿中二尚書天保元年卒於
兼尚書右僕射臨終敕其子斂以時服踰月便葬不聽干
求贈官自制喪車不加彫飾但用麻爲流蘇繩網絡而已
明器等物竝不令置琡久在省闥明閑簿領當官剖斷敏
速如流然天性險忌情義不篤外若方格內實浮動受納
貨賄曲理舞法深文刻薄多所傷害人士畏惡之魏東平
王元匡妾張氏淫逸放恣琡初與姦通後納以爲婦惑其
讒言遂棄前妻于氏不認其子允家人內忽競相告列深

爲世所譏鄙贈開府儀同三司尚書左僕射青州刺史諡
曰威恭子允嗣

尉元字苟仁代人也世爲豪宗父目斤勇略聞於當時位
中山太守元以善射稱爲羽林中郎以匪懈見知稍遷駕
部給事中賜爵富城男和平中遷北部尚書進爵太昌侯
天安元年薛安都以徐州內附獻文以元爲持節都督東
道諸軍事與城陽公孔伯恭赴之宋兗州刺史畢衆敬遣
東平太守章仇櫩歸款元竝納之遂長驅而進宋遣將張
永沈攸之等屯于下礚安都出城見元元依朝旨授其徐
州刺史遣中書侍郎高閭李璨等與安都俱還入城別令

孔伯恭撫安內外然後元入彭城元以永仍據險要乃命
安都與璨等同守身率精銳揚兵於外分擊呂梁絕其糧
運永遂捐城夜遁於是遣高閭與張讜對爲東徐州刺史
李璨與畢衆敬對爲東兗州刺史拜元開府都督徐州刺
史淮陽公太和初徵爲內都大官既而出爲使持節鎮西
大將軍開府統萬鎮都將甚得夷人之心三年進爵淮陽
王以舊老見禮聽乘步挽杖於朝齊高帝既立多遣間諜
扇動新人不逞之徒所在蜂起以元威名夙振使總率諸
軍以討之東南清晏遠近怗然入爲侍中都曹尚書遷尚
書令進位司徒十年例降庶姓王爵封山陽郡公其年頻

表以老乞身詔許之元詣闕謝老引見於庭命升殿勞宴
賜玄冠素服又詔曰前司徒山陽郡公尉元前大鴻臚卿
新太伯游明根並元亨利貞明允誠素位顯台宿歸老私
第可謂知始知卒希世之賢也公以八十之年宜處三老
之重卿以七十之齡可充五更之選於是養三老五更於
明堂國老庶老於階下孝文再拜三老親袒割牲執爵而
饋於五更行肅拜之禮賜國老庶老衣服有差既而元言
曰自天地分判五行施則人之所崇莫重於孝順然五孝
六順天下之所先願陛下重之以化四方臣既年衰不究
遠趣心耳所及敢不盡誠帝曰孝順之道天地之經今承

三老明言銘之于懷明根言曰夫至孝通靈至順感幽故
詩云孝悌之至通於神明光于四海如此則孝順之道無
所不格願陛下念之以濟黎庶臣年志朽弊識見昧然在
於愚慮不敢不盡帝曰五更助三老以言至範數展德音
當克己復禮以行來授禮畢乃賜步挽一乘詔曰夫尊老
尚更列聖同致欽年敬德綿哲齊軌朕雖道謝玄風識昧
斅則然仰稟先誨企遵猷旨故推老以德立更以元父焉
斯彰兄焉斯顯矣前司徒公元前鴻臚卿明根並以沖德
懸車懿量歸老故尊老以三事更以五雖老更非官耄耋
罔祿然況事既高宜加殊養三老可給上公祿五更可食

元卿俸供食之味亦同其例十七年元疾篤帝親省疾薨
諡景桓公葬以殊禮給羽葆鼓吹假黃鉞班劍四十人子
翊襲爵遷洛以山陽在畿內改為博陵郡公卒於恒州刺
史諡曰順

慕容白曜慕容晃之玄孫也父琚歷官以廉清著稱賜爵
高都侯終尚書左丞諡曰簡白曜少為中書吏以敦直給
事宮中襲爵稍遷北部尚書文成崩與乙渾共執朝政遷
尚書右僕射進爵南鄉公宋徐州刺史薛安都兗州刺史
畢衆敬並以城內附詔鎮南大將軍尉元鎮東將軍孔伯
恭赴之而宋東平太守申纂屯無鹽并州刺史房崇吉屯

升城遏絕王使皇興初加白曜使持節督諸軍事征南大
將軍進爵上黨公屯碻磝為諸軍後繼白曜攻纂於無鹽
拔其東郛纂遁遣兵追執之迴攻升城肥城戍主聞軍至
棄城遁走獲粟三十萬石又下襲破麋溝垣苗二戍得粟
十餘萬斛由是軍糧充足先是淮陽公皮豹子再征垣苗
不剋白曜一旬內頻拔四城威震齊土獻文下詔褒美之
升城不降白曜縱兵陵城殺數百人崇吉夜遁白曜撫其
人百姓懷之獲崇吉母妻待之以禮宋遣將吳喜公欲寇
彭城鎮南大將軍尉元請濟師獻文詔白曜赴之白曜到
瑕丘遇患因停會崇吉與從弟法壽盜宋盤陽城以贖母

妻白曜遣將軍長孫觀等率騎入自馬耳關赴之觀至盤陽諸縣悉降白曜自瑕丘進攻歷城二年崔道固及兗州刺史梁鄒守將劉休賓並面縛而降白曜皆釋之送道固休賓及其寮屬于京師後乃徙二城人望於下館朝廷置平齊郡懷寧歸安二縣以居之自餘悉爲奴婢分賜百官白曜雖在軍旅而接待人物寬和有禮所獲崇吉母妻申纂婦女皆別營安置不令士卒喧雜及進克東陽擒沈文秀凡獲倉粟八十五萬斛始末三年築圍攻擊雖士卒死傷無多怨叛三齊欣然安堵樂業剋城之日以沈文秀抗倨不爲之拜忿而撾撻唯以此見譏以功拜開府儀同三

司都督青州刺史進爵濟南王初乙渾專權白曜頗所挾附後緣此追以爲責四年見誅云謀反叛時論寃之白曜少子眞安年十一聞父被執將自殺家人止之曰輕重未可知眞安曰王位高功重若小罪終不至此我不忍見父之死遂自縊太和中著作佐郎成淹上表理白曜孝文覽表嘉愍之白曜弟子㪍輕薄無檢太和初以名家子擢爲中散遷宰官中散南安王楨有貪暴之響遣中散閭文祖詣長安察之文祖受楨金寶之賂爲楨隱而不言事發太后引見羣臣謂曰前論貪清皆云克脩文祖時亦在中後竟犯法以此言之人心信不可知孝文曰卿等自審不勝

貪心者聽辭位歸第契進曰小人之心無定而帝王之法有常以無恒之心奉有常之法非所克堪乞垂退免帝曰契若知心不可常即知貪之惡矣何爲求退遷宰官令賜爵定陶男後卒於都督朔州刺史謚曰克初慕容氏破後種族仍繁天賜末頗忌而誅之時有免者不敢復姓皆以輿爲氏延昌末詔復舊姓而其子女先入掖庭者猶號慕容特多於他族

和其奴代人也少有操行善射御初爲三郎文成初封平昌公累遷尚書左僕射又與河東王閭毗太宰常英等並平尚書事在官愼法不受私請遷司空加侍中文成崩乙

渾與林金閭擅殺尚書楊保年等時殿中尚書元郁率殿中宿衛士欲加兵於渾渾懼歸咎於金閭執以付郁時其奴以金閭罪惡未分出之爲定州刺史皇興元年長安鎮將東平王道符反詔其奴討之未至而道符敗軍還薨內外歎惜之贈平昌王謚曰宣子受襲爵

苟頹代人也本姓若干父洛拔內行長頹厚重寡言少嚴毅淸眞武力過人擢爲中散小心謹敬太武至江賜爵建德男累遷司衛監洛州刺史抑強扶弱山東畏威不敢爲寇太和中歷位侍中都曹尚書進爵河南公頹方正好直言雖文明太后生殺不允頹亦言至懇切李惠李訢之誅

頹並致諫遷司空進爵河東王以舊老聽乘步挽杖於朝大駕行幸三川頹留守京師沙門法秀謀反頹率禁旅收掩畢獲內外晏然薨謚僖王長子愷襲爵河東王例降爲公

宇文福其先南單于之遠屬也世爲擁部大人祖活撥仕慕容垂爲唐郡內史遼東公道武之平慕容氏活撥入魏爲第一客福少驍果有膂力太和中累遷都牧給事及遷洛敕福檢牧馬所福規石濟以西河內以東拒黃河南北千里爲牧地今之馬場是也及從代移雜畜牧於其所福善於將養並無損耗孝文嘉之尋補司衞監後以勳封襄

樂縣男歷位太僕卿都官尚書營州大中正瀛州刺史性忠清在公嚴毅以信御人甚得聲譽後除都督懷朔沃野武川三鎮諸軍事懷朔鎮將至鎮卒謚曰貞惠子延字慶壽體貌魁岸眉目踈朗位員外散騎侍郎以父老詔聽隨侍在瀛州屬大乘妖黨突入州城延率奴客逆戰身被重瘡賊縱火燒齋閤福時在內延突火入抱福出外支體灼爛鬚髮盡燋於是勒衆與賊苦戰賊乃散走以此見稱累遷直寢與万俟醜奴戰沒

論曰古弼軍謀經國有柱石之量張黎誠謹廉方以勳舊見重並纖介之間一朝隕覆宥及十世乃徒言耳劉潔咎之徒也丘堆敗以亡身娥清伊馛俱以材力見用而馛以謀猷取異其殆優乎乙瓌之驍猛周幾之智勇代田之騎射其位遇豈徒然也車伊洛宅心自遠豈常戎乎王洛兒車路頭盧魯元陳建來大千宿石或誠發于衷竭節危難或忠存衛主義足感人苟非志烈亦何能若此宜其生受恩遇歿盡哀榮至如安國以至覆亡害盈之義也周觀尉撥陸眞呂洛拔等咸以勇毅自進而觀竟致貶黜異夫數子者矣薛彪子世載強正曇珍克盛家聲美矣乎魏之諸將罕方面之績尉元以寬雅之風膺將帥之任威名遠被位極公老自致乞言之地無乃近代之一人歟白曜出專

薄伐席卷三齊考績圖勞固不細矣而功名難處追猜嬰戮宥賢議勳未聞於斯日也和其奴之貞正苟頹之剛直宇文福之氣幹咸亦有用之士乎

列傳第十三　北史二十五

列傳第十四　北史二十六

宋隱 從子愔 愔孫弁 弁孫欽道 弁族弟翻 弟子世良 世軌 翻弟世景
許彥 五世孫惇
刁雍 子遵 曾孫沖 柔
辛紹先
韋閬 孫子粲
杜銓

宋隱字處默西河介休人也曾祖奭祖活父恭世仕慕容氏位並通顯慕容儁徙鄴恭始家於廣平列人焉隱性至孝專精好學仕慕容垂位本州別駕道武平中山拜隱尚書吏部郎積遷行臺右丞領選以老病乞骸骨不許尋以母喪歸列人既葬被徵乃棄妻子匿於長樂數年而卒臨終謂其子經曰汝等苟能入順父兄出悌鄉黨仕郡幸而至功曹史以忠清奉之足矣不勞遠詣臺閣恐汝不能富貴徒延門戶累耳若忘吾言是死若父也使鬼有知吾不歸食矣隱弟宣字道茂與范陽盧玄勃海高允博陵崔建從子愔俱被徵拜中書博士後拜侍郎行司徒校尉卒謚曰簡侯宣子謨字乾仁襲爵卒於遼西太守子鸞襲爵位東莞太守鸞弟瓊字普賢以孝稱母曾病季秋月思瓜瓊夢想見之求而遂獲時人異之卒於家愔歷中書博士員

外散騎常侍使江南爵列人子卒於廣平太守長子顯襲爵顯無子養弟子弁為後

弁字義和父叔珍娶趙郡李數妹因數事而死弁至京師見尚書李沖因言論移日沖異之退曰此人一日千里王佐才也顯卒弁襲爵弁與李彪州里迭相祗好彪為祕書丞請為著作佐郎遷尚書殿中郎中孝文曾因朝會次歷訪政道弁年少官微自下而對聲姿清亮進止可觀帝稱善者久之因是大被知遇賜名為弁意取弁和獻玉楚王不知寶之也遷中書侍郎兼員外散騎常侍使齊齊司徒蕭子良祕書丞王融等皆稱美之以為志氣謇諤不遠李彪而體韻和雅舉止閑邃過之轉散騎侍郎時散騎位在中書之右孝文曾論江左事問弁在南興亡之數弁以為蕭氏父子無大功於天下既以逆取不能順守必不能貽厥孫謀保有南海若物憚其威身免為幸後車駕南征以弁為司徒司馬東道副將軍人有盜馬靽者斬而徇於是三軍震懼莫敢犯法黃門郎崔光薦弁自代帝不許亦賞光知人未幾以弁兼司徒左長史時大選內外羣官弁定四海士族弁專參銓量之任事多稱旨然好言人之陰短高門大族意所不便者弁因毀之至於舊族淪滯而人非可忌者又申達之弁又為本州大中正姓族多所降抑頗

爲時人所怨遷散騎常侍尋遷右衞將軍領黃門弁屢自陳讓帝曰吾爲相知者卿亦不可有辭豈得專守一官不助朕爲政且常侍者黃門之庶兄領軍者二衞之假攝不足空存推讓以棄大委其被知遇如此孝文北都之選李沖多所參預頗抑宋氏弁恨沖而與李彪交結雅相知重及彪之抗沖沖謂彪曰爾如狗耳爲人所嗾及沖劾彪不至大罪弁之力也彪除名弁大相嗟慨密圖申復孝文在汝南不豫大漸旬餘日不見侍臣左右唯彭城王勰等數人而已小瘳乃引見門下及宗室長幼諸人入者未能皆致悲泣惟弁與司徒司馬張海歔欷流涕由是益重之車駕征馬圈留弁以本官兼祠部尚書攝七兵事及行執其手曰國之大事在祀與戎故令卿綰攝二曹弁頓首辭謝弁劬勞王事因遇亞於李沖帝每稱弁可爲吏部尚書及崩遺詔以弁爲之與咸陽王禧等六人輔政而弁先卒年三十八贈瀛州刺史謚曰貞順弁性好矜伐自許膏腴孝文以郭祚晉魏名門從容謂弁曰卿固當推郭祚之門弁笑曰臣家未肯推祚帝曰卿自漢魏以來既無高官又無儁秀何得不推弁曰臣清素自立要爾不推侍臣出後帝謂彭城王勰曰弁人身自不惡乃復欲以門戶自矜殊爲可怪長子維字伯緒襲父爵爲給事中坐諂事高肇出爲

益州龍驤府長史辭疾不行太尉清河王懌輔政以維名臣子薦爲通直郎辟其弟紀行參軍靈太后臨政委任元叉侍寵憍盈懌每以公理裁斷叉甚忿恨思害懌遂與維作計以富貴許之維見叉寵勢日隆乃告司染都尉韓文殊父子謀逆立懌懌被錄禁中文殊父子懼而逃遁鞫無反狀以文殊亡走懸處大辟置懌於宮西別館禁兵守之維應反坐叉言於太后欲開將來告者之路乃黜爲燕州昌平郡守紀爲秦州大羌令維及紀頗涉經史而浮薄無行懌尊親懿望朝野瞻屬維受懌眷賞而無狀構間天下士人莫不怪忿而賤薄之及叉殺懌專斷朝政以維兄弟前者告懌徵維爲散騎侍郎紀爲太學博士領侍御史叉甚昵之維超遷通直常侍又除洛州刺史紀超遷尚書郎紀字仲烈初弁謂族弟世景言維疎險而紀識慧不足終必敗吾業世景以爲不爾至是果然聞者以爲知子莫若父尚書令李崇左僕射郭祚右僕射游肇每云伯緒凶疎終敗宋氏幸得殺身耳論者以爲有徵後除營州刺史靈太后反政以叉黨除名遂還鄉里尋追其前誣告清河王事於鄴賜死子春卿早亡弟紀以次子欽仁嗣欽仁武定末爲太尉祭酒紀明帝末爲北道行臺卒晉陽子欽道欽道仕齊歷位中山太守長於撫接然好察細事其州府

佐吏使人聞者先酬錢然後敢食臨位處稱為嚴整尋徵為黃門侍郎又令在東宮教太子吏事時鄭子默以文學見知亦被親寵欽道本文法吏不甚諳識古今凡有疑事必詢子默二人幸於兩宮雖諸王貴臣莫敢不敬憚欽道又遷祕書監仍帶黃門侍郎乾明初遷侍中與楊愔同誅贈吏部尚書趙州刺史弁族弟穎字文賢位魏郡太守納貸劉騰騰言之以為涼州刺史穎前妻劉氏亡後十五年穎夢見之拜曰新婦今被處分為高崇妻故來辭君泫然流涕穎旦見崇言之崇後數日而卒穎族弟鴻貴為定州北平府參軍送戍兵於荊州坐取兵絹四百匹兵欲告之

乃斬兵十人又疏凡不達見令律有梟首罪乃生斷兵手以水澆之然後斬決尋坐伏法時人哀兵之苦笑鴻貴之愚弁族弟翻

翻字飛鳥少有操行世人以剛斷許之孝莊時除司徒左長史河南尹初翻為河陰令順陽公主家奴為劫攝而不送翻將兵圍主宅執主壻馮穆步驅向縣時正炎暑立之日中流汗霑地縣舊有大枷時人號曰彌尾青及翻為縣主吏請焚之翻曰置南牆下以待豪右未幾有內監楊小駒詣縣請事辭色不遜翻命取尾青以鎖之小駒既免入訴於宣武宣武大怒敕河南尹推之翻具自陳狀詔曰卿故違朝法豈不欲作威以買名翻對曰造者非臣買名者亦宜非臣所以留者非敢施於百姓欲待凶暴之徒如駒者耳於是威振京師及為洛陽迄於河南尹畏憚權勢更相承接故當世之名大致減損卒官贈侍中衛將軍相州刺史孝武初重贈驃騎大將軍儀同三司尚書左僕射雍州刺史謚曰貞烈翻弟毓字道和敦篤有志行卒於太中大夫子世良

世良字元友年十五便有膽氣後隨伯父翻在南兖州屢有戰功行臺臨淮王彧與語奇之魏朝以尒朱榮有不臣跡帝將圖之密令彧將兵赴洛彧在梁郡稱疾假世良都

督令還南兖發兵以聽期世良請簡見兵三千騎五日必到洛陽并陳三策彧皆不能從尋為殿中侍御史詣河北括戶大獲浮惰還見汲郡城旁多骸骨移書州郡悉令收瘞其夜甘雨滂沲河內太守田怙贓貨百万世良檢按之未竟遇赦而還孝莊勞之曰知卿所括得丁倍於本帳若官人皆如此用心便是更出一天下也其後遷殿中世良奏殿中主齋會之事請改付餘曹帝曰卿意不欲親庖廚邪宜付右兵以為永式河州刺史梁景叡抱罕羌首恃遠不敬其賀正使人頻年稱疾秦州刺史侯莫陳悅受其贈遺常為送表世良並奏科其罪帝嘉之謂長孫永業曰宋

郎中實有家風甚可重也後拜清河太守世良才識閑明尤善政術在郡未幾聲問甚高陽平郡移掩劫盜三十餘人世良訊其情狀唯送十二人餘皆放之陽平太守魏明朗大怒云輒放吾賊及推問送者皆實放者皆非明朗大服郡東南有曲堤成公一姓阻而居之羣盜多萃於此人爲之語曰寧度東吳會稽不歷成公曲堤世良施八條之制盜奔他境人又謠曰曲堤雖險賊何益但有宋公自屏跡齊天保初大赦郡無一囚率羣吏拜詔而已獄內穭生桃樹蓬蒿亦滿每日牙門虛寂無復訴訟者謂之神門其冬醴泉出於界內及代至傾城祖道有老人丁金剛者泣而前謝曰老人年九十記三十五政府君非唯善政清亦徹底今失賢者人何以濟莫不攀轅涕泣後卒於東郡太守贈信州刺史世良強學好屬文撰字略五篇宋氏別録十卷子伯宗位侍御史性清退好學多所撰述至齊亡不從職遂不入仕隋大業初卒於家世良弟世軌

世軌幼自脩整好法律天保初歷三尚書三公二千石都官郎中兼并州長史執獄寬平多所全濟爲都官郎中有囚事枉將送垂致法世軌遣騎追止之切奏其狀遂免稍遷廷尉少卿洛州人聚結欲劫河橋吏捕案之連諸元徒黨千七百人崔昂爲廷尉以爲反數年不斷及世軌爲少卿判其事爲劫唯殺魁首餘從坐悉舍焉大理正蘇珍之以平幹知名寺中語曰決定嫌疑蘇珍之視表見裏宋世軌時人以爲寺中二絕南臺囚到廷尉世軌多雪之仍移攝御史將問其濫狀中尉畢義雲不送移往復不止世軌遂上書極言義雲酷擅文宣引見二人親敕世軌曰我知臺欺寺久卿能執理抗衡但守此心勿慮不富貴敕義雲曰卿比所爲誠合死以志在疾惡故且一恕仍顧謂朝臣曰此二人並我骨鯁臣也及卒廷尉御史諸繫囚皆哭曰宋廷尉死我等豈有生路贈光州刺史謚曰平無子世良以第五子朝基嗣朝弟世景

世景少自脩立事親以孝聞與弟道璵下帷讀誦博覽群言尤精經義族兄弁甚重之舉秀才上第再遷彭城王勰開府法曹行參軍勰愛其才學雅相器敬孝文甚嘉異之遷司徒法曹行參軍世景明刑理著律令裁決疑獄剖判如流轉尚書祠部郎彭城王勰每稱曰宋世景精微當書僕射才也臺中疑事右僕射游肇常以委之世景既才長從政加之夙勤不怠兼領數曹深著稱績左僕射源懷引爲行臺郎巡察州鎮十有餘所黜陟賞罰莫不咸允還七鎮別置諸戍明設亭候以備不虞懷大相委重還薦之宣武以爲不減李沖帝曰朕亦聞之後爲伏波將軍行滎陽

太守鄭氏豪橫號爲難制濟州刺史文鄭尚弟遠慶先爲苑
陵令多所受納百姓患之而世景下車召而誡之遠慶行
意自若世景繩之以法遠慶懼棄官亡走於是屬縣畏威
莫不改肅終日坐於聽事未嘗寢息人間之事巨細必知
發姦擿伏有若神明嘗有一吏休滿還郡食人鷄豚又有
一幹受人一帽又食二鷄世景叱而告之吏幹叩頭伏罪
於是上下震悚莫敢犯禁坐弟道璵事除名世景友于之
性過絕於人及道璵死哭之酸感行路歲餘毋喪遂不勝
哀而卒世景曾撰晉書竟未得就遺腹子季儒位太學博
士曾至譙宋間爲文弔嵇康甚有理致後夜寢室壞壓而

殞時人悼傷惜之道璵少而敏俊自太學博士轉京兆王
愉法曹行參軍坐愉反得罪作詩及挽歌詞寄之朋親以
見冤痛道璵又曾贈著作郎張始均詩其末章云子深懷
璧憂余有當門病道璵既不免難始均亦遇世禍時咸怪
之道璵從孫孝王學涉亦好緝綴文藻形貌短陋而好臧
否人物時論甚疾之爲北平王文學求入文林館不遂因
非毀朝士撰朝士别録二十卷會周武滅齊改爲關東風
俗傳更廣聞見勒成三十卷以上之言多妄謬篇第冗雜
無著述體周大象末預尉迥事誅死

許彥字道謨高陽新城人也祖茂仕慕容氏高陽太守彥
少孤貧好讀書從沙門法叡受易太武徵令卜筮頻驗遂
在左右參與謀議彥質厚慎密與人言不及内事帝以此
益親待之賜爵武昌公拜相州刺史在州受納多違法度
詔書切讓之然以彥腹心近臣弗之罪也卒謚宣公子熙
襲熙卒子安仁襲安仁卒子元康襲降爵爲侯熙弟宗之
歷位殿中尚書定州刺史封潁川公受敕討丁零既平宗
之因循郡縣求取不節深澤人馬超毀謗宗之宗之怒毆
殺超超家人告狀宗之上超謗訕朝政文成聞之曰此必
宗之懼罪誣超案驗果然遂斬於都市元康弟護州主簿
子恂字伯禮頗有業尚閨門雍睦三世同居吏部尚書李

神儁常稱其家風位司徒諮議參軍脩起居注拜太中大
夫卒贈吏部尚書冀州刺史恂弟惇

惇字季良清識敏速達於從政位司徒主簿以明斷見知
時人號爲入鐵主簿稍遷陽平太守時遷都於鄴陽平爲
畿郡軍國責辦賦斂無準又勳貴屬請朝夕徵求惇並御
之以道咸以無怨政爲天下第一特加賞異圖形於闕詔
頒天下歷魏尹齊梁二州刺史政並有治聲遷大司農會
王思政入據潁城王師出討惇常督軍無乏絕引洧水灌
城惇之策也遷殿中尚書惇美鬚下垂至帶省中號長鬚
公齊文宣嘗因酒酣提惇鬚稱美以刀截之唯留一握惇

懼因不復敢長人又號齊驥公歷御史中丞膠州刺史司農大理二卿再爲度支尚書太子少保少師光祿大夫開府儀同三司尚書右僕射特進賜爵万年縣子食邑下邳郡幹惇年老致仕於家三年卒惇少純直晚更浮動齊朝體式本州大中正以京官爲之乾明中邢卲爲中書監德望甚高惇與卲競中正遂憑附宋欽道出卲爲刺史朝議甚鄙薄之雖久處朝行歷官清顯與邢卲魏收陽休之崔劼徐之才比肩同列諸人或談說經史或吟詠詩賦更相嘲戲欣笑滿堂惇不好劇談又無學術或坐杜口或隱几而睡不爲勝流所重子文紀武平末度支郎中文紀弟文

經勤學方雅身無擇行口無戲言武平末殿中侍御史隋開皇初侍御史兼通直散騎常侍聘陳使副主爵侍郎卒於相州長史惇兄遜字仲讓有幹局乾明中平原太守卒贈信州刺史遜子文高司徒掾

刁雍字淑和勃海饒安人也曾祖協從晉元帝度江居京口位尚書令父暢晉右衛將軍初晉相劉裕微時負社錢二万違時不還暢兄逵執而徵焉及誅桓玄以嫌先誅刁氏雍與暢故吏遂奔姚興爲太子中庶子及姚泓滅與司馬休之等歸魏請於南境自効明元假雍建威將軍雍遂於河濟間招集流散傳檄邊境雍弟彌時亦率衆入京口

親共討裕裕頻遣兵破之明元南幸鄴雍朝於行宮明元問曰縛劉裕者於卿親踈雍曰伯父帝笑曰劉裕父子當應憚卿於是假雍鎮東將軍青州刺史東光侯使別立義軍又詔雍令隨機立効雍於是招集譙梁彭沛人五千餘家置二十七營遷鎮濟陰遷徐州刺史賜爵東安伯後除薄骨律鎮將雍以西土乏雨表求鑿渠溉公私田又奏詔以高平安定統萬及薄骨律等四鎮出車牛五千乘運屯穀五十万斛付沃野以供軍糧道多深沙車牛艱阻求於牽屯山河水之次造船水運又以所綰邊表常懼不虞造城儲穀置兵備守詔皆從之詔即名此城爲刁公城以旌

功焉皇興中雍與隴西王源賀及中書監高允等並以耆年特見優禮錫雍几杖劍履上殿月致珍羞焉雍性寬柔好尚文典手不釋書明敏多智凡所爲詩賦論頌并諸雜文百有餘篇又汎施愛士怙靜寡欲篤信佛道著教誡二十餘篇以訓子孫太和八年卒年九十五諡曰簡子遵

遵字奉國襲爵遵少不拘小節長更脩改太和中例降爲侯嘗經篤疾幾死見有神明救之言福門子當享長年後卒於洛州刺史諡曰惠侯子楷早卒楷子沖

沖字文朗十三而孤孝慕過人其祖母司空高允女聰明婦人也哀其早孤撫養尤篤沖免喪後便志學他方高氏

泣涕留之沖終不止雖家世貴達及從師於外自同諸生于時學制諸生悉日直監廚沖雖有僕隸不令代己身自炊爨每師受之際發志精專不捨晝夜殆忘寒暑學通諸經偏修鄭說陰陽圖緯筭數天文風氣之書莫不關綜當世服其精博刺史郭祚聞其盛名訪以疑義沖應機解辯無不祛其久惑後太守范陽盧尚之刺史河東裴植並徵沖為功曹主簿非所好也受署而已不關事務唯以講學為心四方學徒就其受業者歲有數百沖雖儒生而執心壯烈不畏強禦延昌中帝舅司徒高肇擅恣威權沖乃抗表極言其事辭旨懇直文義忠憤太傅清河王懌覽而歎

信州刊 北史列傳十四 十三 汶

息先是沖曾祖雕作行孝論以誡子孫稱古之葬者衣之以薪不封不樹後世聖人易之以棺槨至秦以後生則不能致養死則厚葬過度及於末世至蘧蒢裹尸倮而葬者確而為論並非折衷既知二者之失豈宜同之當令所存者棺厚不過三寸高不過三尺弗用繒綵斂以時服轜車止用白布為幔不加畫飾名為清素車又去挽歌方相并明器雜物及沖祖遵將卒敕其子孫令奉雕遺旨河南尹丞張普惠謂為太儉貽書於沖叔整令與通學議之沖乃致書國學諸儒以論其事學官竟不能答神龜末沖以嫡傳祖爵東安侯京兆王繼為司空也並以高選類辟記室

參軍明帝將親釋奠於是國子助教韓神固與諸儒詣國子祭酒崔光吏部尚書甄琛舉其才學奏而徵焉及卒國子博士高涼及范陽盧道侃盧景裕等復上狀陳沖業行議奏謚曰安憲先生祭以太牢子欽字志儒早亡楷弟整字景智少有大度頗涉書史太和十五年為奉朝請孝文都洛親自臨選除司空法曹參軍累遷黃門郎晉泰初假征東大將軍滄冀瀛三州刺史大都督尋加車騎將軍右光祿大夫遂逢本鄉賊亂奉母客於齊州既而母卒母即高允之女崔光崔亮皆經允接待是以涼煥之際光等每致拜焉天平四年卒於鄴贈司空公謚曰文獻整解音律

信州刊 北史列傳十四 十四 汶

輕財好施交結名勝聲酒自娛然貪而好色為議者所鄙

子柔

柔字子溫少好學留心儀禮性強記至於氏族內外皆所諳悉居母喪以孝聞初為魏宣武挽郎解巾司空行參軍齊天保初累遷國子博士中書令魏收撰魏史啓柔等同其事柔性專固自是所聞收常嫌憚又參議律令時議者以為五等爵邑承襲無嫡子立嫡孫無嫡孫立嫡子弟無嫡子弟立嫡孫弟柔以為無嫡孫應立嫡曾孫不應立嫡子弟議曰案禮立嫡以長故謂長子為嫡子嫡子死以嫡子之子為嫡孫死則曾玄亦然然則嫡子之名本為傳重

故喪服曰庶子不爲長子三年不繼祖與禰也禮公儀仲子之喪檀弓曰我未之前聞也仲子舍其孫而立其子何也子服伯子曰仲子亦猶行古之道也昔者文王舍伯邑考而立武王發微子舍其孫腯而立其弟衍鄭注曰仲子爲親者諱耳立子非也文王之立武王權也微子嫡子死立弟衍殷禮也子游問諸孔子孔子曰不立孫注商以嫡子死立嫡子之母弟周以嫡子死立嫡子之子爲嫡孫故春秋公羊之義嫡子有孫而死質家親親先立弟文家尊尊先立孫喪服云爲父後者爲出母無服小記云祖父卒而後爲祖母後者三年爲母無服喪者不祭故也爲祖母

三年者大宗傳重故也今議以嫡孫死而立嫡子母弟嫡子母弟者則爲父後矣嫡子母弟本非承嫡以無嫡故得爲父後則嫡孫之弟理亦應得爲父後則是父卒然後爲祖後者服斬既得爲祖服斬而不得爲傳重未之聞也若用商家親親之義本不應舍嫡子而立嫡孫若從周家尊尊之文豈宜舍其孫而立其弟或文或質愚用惑焉小記云嫡婦爲舅姑後者則舅姑爲之小功注云謂夫有廢疾他故若死無子不受重者小功庶婦之服凡父母於子舅姑於婦將不傳重於嫡及將所傳重者非嫡服之皆如衆子庶婦也言死無子者謂絶世無子非謂無嫡子如其子

爲得云無後夫雖廢疾無子婦猶以嫡爲名嫡名既在而欲廢其子者如禮何有損益革代相沿必謂宗嫡可得而變者則爲後服斬亦宜有因而改七年卒柔在史館未久勒成之際志在偏黨魏書中與其內外通親者並虛美過實爲時論所譏整弟宣字季達以功封高城縣侯歷位都官尚書衛大將軍滄州刺史卒贈太尉公謚曰武刁氏世有榮貴而門風不甚修潔爲時所鄙雍族孫雙字子山高祖藪晉齊郡太守藪因晉亂居青州之安樂至雙始歸本鄉雙少好學兼涉文史雅爲中山王英所知賞位西河太守爲政清簡吏人安悅及中山王熙起兵誅元叉事敗熙

弟略投命於雙雙藏護周年時購略甚切略懼求送出境雙曰會有一死所難遇耳今遭知己視死如歸願不以爲慮略復苦求南轉雙乃遣從子昌送達江左靈太后反政知略因雙獲濟徵拜光祿大夫時略姊饒安主刁宣妻也頻訴靈太后乞徵略還朝廷乃以徐州所獲俘江革祖暅二人易之以雙與略有舊乃令至境迎接明帝末除西兖州刺史時賊盜蜂起州人張桃弓等招聚亡命公行劫掠雙至境先遣使諭桃弓陳示禍福桃弓即隨使歸罪雙捨而不問後有盜發之處令桃弓追捕咸悉禽獲於是州境清肅孝莊初行濟州刺史以功封曲城鄉男孝武初遷驍

騎大將軍左光祿大夫興和三年卒贈車騎大將軍儀同三司齊州刺史謚曰清穆

辛紹先隴西狄道人也五世祖怡晉幽州刺史父深仕西涼爲驍騎將軍及涼後主歆與沮渠蒙遜戰於蓼泉軍敗失馬深以所乘授歆而身死於難以義烈見稱西土涼州平紹先内徙家於晉陽明敏有識量與廣平游明根范陽盧度世同郡李承與等甚相友有至性丁父憂三年口不甘味頭不櫛沐鬚遂落盡故常著垂裙皁帽自中書博士轉神部令皇興中薛安都以彭城歸魏時朝廷欲綏安初附以紹先爲下邳太守爲政不甚皦察舉其大綱而已唯

教人爲産禦賊之備及宋將陳顯達蕭道成蕭順之來寇道成謂順之曰辛紹先未易侵也宜共慎之於是不歷郡境徑屯呂梁卒於郡贈幷州刺史晉陽侯謚曰惠子鳳達耽道樂古有長者之名卒於京兆王子推國常侍鳳達子祥字萬福舉司州秀才再遷司空主簿咸陽王禧妃即祥妻之妹也及禧構逆親知多罹塵謗祥獨蕭然不預轉并州平北府司馬有白壁還兵樂道顯被誣爲賊官屬咸疑之祥曰道顯面有悲色察獄以色其此之謂乎苦執申之月餘別獲真賊後除郢州龍驤府長史帶義陽太守白早生之叛也梁遣來援因此緣淮鎭戍相繼降没唯祥堅城固守梁又遣將胡武城陶平虜於州南金山之上連營侵逼祥出其不意襲之賊大崩禽平虜斬武城以送京師州境獲全論功方有賞授而刺史婁悅恥勳出其下間之執政事竟不行胡賊劉龍駒作逆華州除祥安定王爕征虜府長史仍爲別將與討胡使薛和滅之卒贈南青州刺史

祥弟少雍字季和少聰穎有孝行尤爲祖父紹先所愛紹先性嗜羊肝常呼少雍共食及紹先卒少雍終身不食肝性仁厚有禮義門内之法爲時所重稍遷司空高陽王雍田曹參軍少雍清正不憚強禦積年久訟造次決之請託路絶時稱賢明正始中詔百官各舉所知高陽王雍及吏

部郎中李憲俱以少雍爲舉首卒於給事中少雍妻王氏有德義少雍與從弟懷仁兄弟同居懷仁等事之甚謹閨門禮讓人無閒焉士大夫以此稱美子元植武定中儀同府司馬元植弟士遜太師開府功曹參軍鳳達弟穆字叔宗舉茂才東雍州別駕初隨父在下邳與彭城陳敬文友善敬文弟敬武少爲沙門從師遠學經久不返敬文病臨卒以雜綾二十四託穆與敬武穆久不得見經二十年始於洛陽見敬武以物還之封題如故世稱廉信歷東荊州司馬轉長史帶義陽太守領戍雅有恤人之志再轉汝陽太守遇水澇人饑上表請輕租賦帝從之遂敕汝陽一郡

聽以小絹為調除平原相徵為征虜將軍太中大夫未發
卒於郡贈後將軍幽州刺史子子馥字元穎早有學行累
遷平原相父子竝為此郡吏人懷安之元顥入洛子馥不
從莊帝反政封三門縣男天平中除太尉府司馬白山連
接三齊瑕丘數州之界多有賊盜子馥受使撿覆因辯山
谷要害宜立鎮戍之所又諸州豪右在山鼓鑄姦黨多依
之又得密造兵仗上表請破罷諸冶朝廷善而從之後卒
於清河太守子馥以三傳經同說異遂總為一部傳注竝
出校比短長會亡未就
韋闐字友觀京兆杜陵人也世為三輔冠族祖楷晉長樂

清河二郡太守父逵慕容垂大長秋卿闐少有器望遇慕
容氏政亂避地薊城太武初徵拜咸陽太守轉武都太守
卒郡子範試守華山郡賜爵高平男卒範子儁字穎超早
有學少孤事祖母以孝聞性溫和廉讓為州里所稱太和
中襲爵歷位都水使者宣武崩領軍于忠矯擅威刑儁與
左僕射郭祚昏嫁故亦同時遇害臨終訴枉於尚書元欽
欽知而不敢申理儁歎曰吾一生為善未蒙善報常不為
惡今為惡終悠悠蒼天抱直無訴時人咸怨傷焉熙平元
年追贈洛州刺史謚曰貞子子粲
子粲字暉茂齊王蕭寶夤為雍州刺史引為府主簿轉錄

事參軍及寶夤反子粲與弟子奭執志不從相率逃免雍
州平賜爵長安子普泰中累遷中書侍郎孝武帝入關子
粲歷行臺左丞南汾州刺史少弟道諧為鎮城都督元象
中齊神武命將出討子粲及道諧俱被獲送於晉陽子粲
累遷南兗州刺史齊天保初封西棘縣男後卒於豫州刺
史謚曰忠子粲兄弟十三人竝有孝行居父喪毀瘠過禮
既葬廬於墓側負土成墳弟瑩亮最知名瑩亮字子昱博
學有文才德行仁孝為時所重歷諫議大夫衛大將軍卒
贈河州刺史子綱字世紀有操行才學見稱領袖本州調
為中正開皇中位趙州長史有子文宗文闕竝知名闐從

叔道福父罷為苻堅丞相王猛所器重以女妻焉仕堅為
東海太守堅滅奔江左仕宋為秦州刺史道福有志略仕
宋位盱眙南沛二郡太守領鎮北府錄事參軍與徐州刺
史薛安都謀擁州內附賜爵高密侯因家彭城卒贈兗州
刺史謚曰簡子欣宗以歸國勳別賜爵杜縣侯歷位太中
大夫行幽州事卒贈南兗州刺史謚曰簡閬從子崇字洪
基父肅字道壽隨劉義真度江位豫州刺史崇年十歲父
卒母鄭氏攜以入魏因寓居河洛少為舅兗州刺史鄭羲
所器賞位司徒從事中郎孝文納其女為充華嬪除南穎
川太守不好發擿細事恒云何用小察以傷大道吏人感

之郡中大安帝聞而嘉賞賜帛二百匹遷洛以崇爲司州中正尋除咸陽王禧開府從事中郎復爲河南邑中正崇頻居衡品以平直見稱出爲鄉郡太守吏滿應代吏人詣闕乞留復延三年後辛子馘之釋褐奉朝請轉給事中步兵校尉稍遷前後將軍太中大夫卒馘之弟休之貞和自守未嘗言行忤物歷位給事中河南邑中正安西將軍光祿大夫卒子道建道儒閤族弟珍字靈智孝文賜名焉父子尚字文叔位樂安王良安西府從事中郎卒贈雍州刺史珍少有志操歷位尚書南部郎孝文初蠻首桓誕歸款朝廷思安邊之略以誕爲東荆州刺史令珍爲使與誕招

慰蠻左珍至桐栢山窮淮源宣揚恩澤莫不懷附淮源舊有祠堂蠻俚恒用人祭之珍乃曉告曰天地明靈即人之父母豈有父母甘子肉味自今宜悉以酒脯代用羣蠻從約自此而改凡所招降七萬餘戶置郡縣而還以奉使稱旨賜爵霸城子後以軍功進爵爲侯累遷顯武將軍郢州刺史所在有聲績朝廷嘉之遷龍驤將軍賜驊騮二匹帛五十匹穀三百斛珍乃召集州內孤貧者謂曰天子謂我能撫綏御等故賜以穀帛吾何敢獨當遂以所賜悉分與之尋轉荆州刺史與尚書盧陽烏征赭陽爲齊將垣歷生蔡道恭所敗免歸鄉里臨別謂陽烏曰主上聖明志吞吳

會用兵機要在於上流若有事荆楚恐老夫復不得停耳後車駕征鄧沔復起珍爲中軍大將軍彭城王勰長史鄧沔既平試守魯陽郡孝文復南伐路經珍郡加中壘將軍正太守珍從至清水帝曰朕頃戎車再駕卿恒翼務中軍今日之舉亦欲引卿同行但三鵶嶮要非卿無以守也因敕還及孝文崩於行宮祕匿而還至珍郡始發大諱還除中散大夫尋加鎮遠將軍太尉諮議參軍卒贈本將軍青州刺史諡曰懿長子纘字遵彥年十三補中書學生聰敏明辯爲博士李彪所稱再遷侍御中散孝文每與德學沙門談論往復纘掌綴録無所遺漏頗見知賞累遷長兼尚

書左丞壽春內附尚書令王肅出鎮揚州請纘行爲州長史加平遠將軍帶梁郡太守肅薨敕纘行州事任城王澄代肅爲州復啓纘爲長史澄出征之後梁將姜慶眞乘虛攻襲遂據外郭雖尋克復纘坐免官卒纘弟彧字遵慶亦有學識解褐奉朝請稍遷平遠將軍東豫州刺史綏懷蠻左頗得其心蠻酋田益宗子魯生魯賢先叛父南入數爲寇掠自彧至州魯生等咸殘啓脩敬不復爲害彧以蠻俗不識禮儀乃立大學選諸郡生徒於州總教又於城北置崇武館以習武焉州境清肅罷還遇大將軍京兆王繼西征請爲長史尋以本官兼尚書爲豳夏行臺以功封陰盤

縣男卒贈撫軍將軍雍州刺史謚曰文子彪龍蚤孝莊末爲
藍田太守因仕關西彪弟融以軍功賜爵長安伯稍遷大
司馬開府司馬融娶司農卿趙郡李瑾女疑其妻與竟武
王景哲姦通乃刺殺之懼亦自殺弟朏字道顯少有志業
年十八辟州主簿時屬歲儉朏以家粟造粥以飼飢人所
活甚衆解褐太學博士稍遷右軍將軍爲荊郢和糴大使
南郢州刺史田夷啓稱朏父珍往任荊州恩洽夷夏乞朏
充南道別將領荊州驍勇共爲腹背詔從之未幾行南荊
州事遷東徐州刺史梁遣其郢州刺史田巖僖率衆來寇
朏於石羊岡破斬之以功封杜縣子卒於侍中雍州刺史

謚曰宣長子鴻字道衍頗有幹用累遷中書舍人天平三
年坐漏泄賜死於家
杜銓字士衡京兆人晉征南將軍預五世孫也祖胄苻堅
太尉長史父羲慕容垂祕書監仍僑居趙郡銓學涉有長
者風與盧玄高允等同被徵爲中書博士初密太后父豹
喪在濮陽太武欲令迎葬於鄴謂司徒崔浩曰天下諸杜
何處望高朕今方改葬外祖意欲取杜中長老一人以爲
宗正令營護凶事浩曰京兆爲美中書博士杜銓其家今
在趙郡是杜預後於今爲諸杜最密召見銓器貌瓌雅太
武感悅謂浩曰此眞吾所欲也以爲宗正令與杜超子道

生送豹喪柩致葬鄴南銓遂與超如親超謂銓曰既是宗
近何緣僑居趙郡乃延引同屬魏郡再遷中書侍郎賜爵
新豐侯卒贈相州刺史魏縣侯謚曰宣子振字季元舉秀
才卒於中書博士振子遇字慶期位尚書起部郎竊官材
瓦起立私宅清論鄙之卒於河東太守贈都官尚書豫州
刺史謚曰惠銓族孫景字宣明學通經史州府交辟不就
景子裕字慶延雖官非貴仕而文學相傳仕齊位止樂陵
令齊亡退居教授終于家子正玄字知禮少傳家業耽志
經史隋開皇十五年舉秀才試策高第曹司以策過左僕
射楊素怒曰周孔更生尚不得爲秀才刺史何忽妄舉此

人可附下考乃以策抵地不視時海內唯正玄一人應秀
才餘常貢者隨例銓注訖正玄獨不得進止曹司以選期
將盡重以啓素素志在試退正玄乃手題使擬司馬相如
上林賦王褒聖主得賢臣頌班固燕然山銘張載劒閣銘
白鸚鵡賦曰我不能爲君住宿可至未時令就正玄及時
並了素讀數編大驚曰誠好秀才命曹司錄奏屬吏部選
期已過注色令還期年重集素謂曹司曰秀才杜正玄至
又試官人有奇器闕並立成文不加點素大嗟之命吏部
優叙曹司以擬長寧王記室參軍時素情背曹官及見曰
小王不盡其才也晉王廣方鎮揚州妙選府寮乃以正玄

爲晉王府參軍後豫章王鎮揚州又爲豫章王記室卒正
玄弟正藏字爲善亦好學善屬文開皇十六年舉秀才時
蘇威監選試擬賈誼過秦論及尚書湯誓匠人箴連理樹
賦几賦弓銘應時竝就又無點竄時射策甲第者合奏曹
司難爲別奏抑爲乙科正藏訴屈威怒改爲景第授純州
行參軍遷梁郡下邑縣正大業中與劉炫同以學業該通
應詔被舉時正藏弟正儀貢充進士正倫爲秀才兄弟三
人同時應命當世嗟美之著作郎王劭奏追脩史司隸大
夫薛道衡奏擬從事竝以見任且放還九年從駕征遼爲
夫餘道行軍長史還至涿郡卒正藏爲文迅速有如宿構
賈令數人竝執紙筆各題一文正藏口授俱成皆有文理
爲當時所異又爲文軌二十卷論爲文體則甚有條貫後
生寶而行之多資以解褐大行於世謂之杜家新書云

論曰宋隱操行貞白遺略榮名宣愔竝保退素咸見徵辟
可謂德門者矣義和以才度見知迹參顧命拔萃出類當
有以哉無子之歎豈徒羊舌宗祀不亡蓋其幸也翻剛鯁
自立猛而斷務世良昆季雅有家風道謨卜筮取達季良
累於學淺刁廱才識恢遠著聲立事禮遇優隆世有人爵
堂構之義也辛韋不殞門風杜銓所在爲重正玄難兄難
弟信爲美哉

列傳第十四　　北史二十六

方洽　周益　周之冕　孫粹然　校正

屈遵字子度昌黎徒何人也博學多才藝慕容垂以為博

陵令道武南伐博陵太守申永南奔河外高陽太守崔宏東走海濱屬城長吏率多逃竄遵獨歸道武道武素聞其名拜中書令中原既平賜爵下蔡子卒子須襲爵除長樂太守進爵信都侯卒贈昌黎公謚曰恭須長子恒字長生沈粹有局量歷位尚書右僕射加侍中以破平涼功賜爵濟北公太武委以大政車駕出征常居中留鎮與襄城公盧魯元俱賜甲第真君四年墜馬卒時帝幸陰山景穆遣使乘傳奏狀帝甚悼惜之謂使人曰汝等殺朕良臣何用乘馬遂令步歸贈征西大將軍謚曰成公子道賜襲爵道賜善騎射機辯有辭氣太武甚器之位尚書右僕射加侍

中卒謚曰哀公子拔襲爵帝追思其父祖年十四以為南部大人時太武南伐禽守將胡盛之以付拔酒醉不覺盛之逃太武令斬之將伏鑕帝愴然曰若鬼有知長生問其子孫朕將何以應乃赦拔後獻文以其功臣子拜營州刺史

張蒲字玄則河內脩武人也本名謨父攀仕慕容垂位兵部尚書以清方稱蒲少有父風仕慕容寶為尚書左丞道武定中山寶官司敘用多降品秩帝既素聞蒲名仍拜尚書左丞明元即位為內都大官賜爵泰昌子參決庶獄私謁不行後改為壽張子太武即位以蒲清貧妻子衣食不

給乃以爲相州刺史扶弱抑彊進善黜惡風化大行卒於官吏人痛惜之蒲在謀臣之列屢出爲將朝廷論之常以爲稱首贈平東將軍廣平公謚曰文恭子昭襲以軍功進爵脩武侯位幽州刺史以善政見稱

谷渾字元沖昌黎人也父袞彎弓三百斤勇冠一時仕慕容垂位廣武將軍渾少有父風任俠好氣晚乃折節授經業被服類儒者道武時以善隸書爲內侍左右太武時累遷侍中儀曹尚書賜爵濮陽公渾正直有操行性不苟合然愛重舊故不以富貴驕人時人以此稱之在官廉直爲太武所器重以渾子孫年十五以上悉補中書學生卒謚

曰文宣子闡字崇基襲爵位外都大官卒謚曰簡公子洪字元孫位尚書賜爵滎陽公性貪奢僕妾衣服錦綺時獻文舅李峻等初至官給衣服洪輒截沒爲有司所糾并窮其前後贓罪伏法子穎位太府少卿卒贈營州刺史謚曰貞子士恢字紹達位鴻臚少卿封元城縣侯太后嬖幸鄭儼懼紹達間構於帝因言次以紹達爲州紹達眈寵不願出太后誣其罪殺之渾曾孫楷楷有幹局稍遷奉車都尉眇一目性甚嚴忍前後奉使皆以酷暴爲名時人號曰瞎武果遷城門校尉卒

公孫表字玄元燕郡廣陽人也爲慕容沖尚書郎慕容垂破長子從入中山慕容寶走乃歸爲博士初道武以慕容垂諸子分據勢要權柄推移遂至亡滅表詣闕上韓非書二十卷道武稱善明元初賜爵固安子河西飢胡劉武反於上黨詔表討之爲胡所敗帝深銜之太常七年宋武帝殂時議取河南侵地以奚斤爲都督以表爲吳兵將軍廣州刺史表既剋滑臺遂圍武牢車騎次汲郡始昌子蘇坦太史令王亮奏表置軍武牢東不得形便之地故令賊不時滅明元雅好術數又積前忿及攻武牢士卒多傷乃使人夜就帳中縊殺之以賊未退祕而不宣初表與勃海封愷友善後爲子求愷從女愷不許表甚銜之及封氏爲司

馬國璠所逮帝以舊族欲原之表證其罪乃誅封氏表外和內忌時人以此薄之表本與王亮同營署及其出也輕侮亮故及於死第二子軌字元慶明元時爲中書郎出從征討補諸軍司馬太武平赫連昌引諸將帥入其府藏各令任意取金玉諸將取之盈懷軌獨不取帝把手親探金賜之謂曰卿臨財廉朕所以增賜者欲顯廉於衆人後兼大鴻臚持節拜立氐楊玄爲南秦王及境玄不郊迎軌數玄無蕃臣禮玄懼詣郊受命使還稱旨拜尚書賜爵燕郡公出爲武牢鎮將初太武將北征發驢以運糧使軌部調雍州軌令驢主皆加絹一匹乃與受之百姓語曰驢無彊

弱輔脊自壯衆共嗤之坐徵還卒軌既死帝謂崔浩曰吾
過上黨父老皆曰公孫軌爲將受貨縱賊使至今餘姦不
除軌之罪也其初來單馬執鞭及去從車百兩載物而南
丁零渠帥乘山罵軌軌怒取罵軌者之母以矛剌其陰而
死之曰何以生此逆子從下到劈分磔四支於山樹上是
忍行不忍之事軌幸而早死至今在者吾必族誅之軌終
得娶封氏生子叡字叔文位儀曹長賜爵陽平公時獻文
於苑内立殿敕中祕羣官制名叡奏曰臣聞至尊至貴莫
崇於帝王天人挹損莫大於謙光臣愚以爲宜曰崇光奏
可卒於南部尚書謚曰宣叡妻崔浩弟女也生子良字遵

伯聰明好學爲尚書左丞爲孝文所知遇良弟衡字道津
良雅爵讓之仕至司直良以別功賜爵昌平子子崇基襲
軌弟質字元直有經義爲中書學生稍遷博士太武征涼
州留宜都王穆壽輔景穆時蠕蠕乘虛犯塞京師震恐壽
雅信任質爲謀主質性好卜筮卜筮者咸云必不來故不
設備由質幾敗國後暈進讜言超遷尚書卒贈廣陽侯謚
曰恭第二子邃字文慶位南部尚書封襄平伯出爲青州
剌史以邃在公遺迹可紀下詔褒述卒官孝文在鄴宮爲
之舉哀時百度唯新青州佐吏疑爲邃服詔曰專古也理
與今違專今也大乖曩義當斟酌兩途商量得失人吏之

情亦不可苟順也主簿云近代相承服斬過葬便可如故
自餘無服大成寥落可準諸境内之人爲齊衰三月子同
始襲爵卒於給事中邃叡爲從父兄弟叡才器小優又封
氏之男崔氏之壻遂爲鴈門李氏地望縣隔鉅鹿太守祖
季眞多識北方人物每云士大夫當須好婚親二公孫同
堂兄弟耳吉凶會集便有士庶之異

張濟字士度西河人也父千秋慕容永驍騎將軍永滅來
奔道武善之拜建節將軍賜爵成紀侯濟涉獵書傳清辯
善儀容道武愛之與公孫表等俱爲行人拜散騎侍郎襲
爵先是晉雍州剌史楊佺期乞師於常山王遵以禦姚興

帝遣濟爲遵從事即報之濟自襄陽還帝問濟江南事濟
曰司馬昌明死子德宗代立君弱臣彊全無綱紀佺期問
臣魏初伐中山幾十万衆臣答四十餘万佺期曰魏被甲
戎馬可有幾匹臣答中軍精騎十餘万外軍無數佺期曰
以此討羌豈不滅也又曰魏定中山徙幾戶於北臣答七
万餘家佺期曰都何城臣答都平城佺期曰有此大衆何
用城爲又曰魏帝欲爲久都平城將移也臣答非所知也
佺期聞朝廷不都山東貌有喜色曰洛城救援仰恃於魏
若獲保全當必厚報如爲羌所乘寧使魏取道武嘉其辭
厚賞其使許救洛陽後以累使稱旨拜勝兵將軍卒子多

羅龍發爲尉坐事除
李先字容仁中山盧奴人少好學善占相術慕容永迎爲
謀主勸永據長子城仕永位祕書監永滅徙中山皇始初
先於井陘歸道武問先曰卿何國人祖父及身悉歷何官
先曰臣本趙郡平棘人大父重晉平陽太守大將軍右司
馬父懋石季龍樂安太守左中郎將臣苻丕左主客郎慕
容永祕書監高密侯車駕還代以先爲尚書右中兵郎再
遷博士定州大中正帝問先何者最善可以益人神智先
曰唯有經書三皇五帝政化之典可以補王者神智又問
朕欲集天下書籍如何對曰主之所好集亦不難帝於是

班制天下經籍稍集太武討姚興於柴壁也問計於先對
曰兵以正合戰以奇勝聞姚興欲屯兵天渡利其糧道及
其到前遣奇兵先邀天渡柴壁左右嚴設伏兵備其表裏
興欲進不得往又乏糧夫高者爲敵所棲深者爲敵所囚
兵法所忌而興居之可不戰而取帝從其計興果敗歸明
元即位問左右舊臣中誰爲先帝所親信新息公王洛兒
曰有李先者爲先帝所知俄而召先讀韓子連珠論二十
二篇太公兵法十一事詔有司曰先所知者皆軍國大事
自今常宿於內賜先絹綵及御馬一匹拜安東將軍壽春
侯賜隸戶二十二卒於內都大官年九十五詔賜金縷命

服一襲贈定州刺史中山公謚曰文懿子國襲爵國子鳳
中書博士鳳子預字元凱太和初歷祕書令齊郡王友征
西大將軍長史帶馮翊太守府解罷郡遂居長安羨古人
飡玉法乃採訪藍田躬往攻掘得若環璧雜器形者大小
百餘頗有麤黑者亦篋盛以還至而觀之皆光潤可玩預
乃椎七十枚爲屑食之餘多惠人後預及聞者更求玉於
故處皆無所見馮翊公源懷弟得其玉琢爲器佩皆鮮明
可寶預服經年云有效驗而世事寢食皆不禁節又加好
酒損志及疾篤謂妻子曰吾酒色不絕自致於死非藥過
也然吾尸體必當有異勿速殯令後人知飡服之妙時七

月中旬長安毒熱預停屍四宿而體色不變其妻常氏以
玉珠二枚唅之口閉常謂曰君自云飡玉有神驗何不受
唅言訖齒啓納珠因嘘其口都無穢氣舉斂於棺堅直不
傾委死時有遺玉屑數升囊盛納諸棺中先少子皎天興
中密問先曰子孫永爲魏臣將復事他姓邪先曰國家政
化長遠不可紀極皎爲寇謙之弟子遂服氣絕粒數十年
隱於恒山年九十餘顏如少童一旦沐浴冠帶家人異之
俄而坐卒道士咸稱其得尸解仙道皎孫義徽太和中以
儒學博通有才華補清河王懌府記室牋書表疏文不加
點竄與贈遠當世稱之又爲懌撰輿地圖及顯忠錄性好

老莊其言嗤釋教靈太后臨朝屬有沙門惠憐以呪水飲人云能愈疾百姓奔湊日以千數義徽白懌稱其妖妄因令義徽草奏以諫太后納其言元叉惡懌徙義徽都水使者俄而懌被害因棄官隱於太行山少子蘭以純孝著聞不受辟召孝昌中旌表門閭正光中文宣王寶嗣位思義徽雅正惇篤薦其孫景儒位至奉車都尉自皇始至齊受禪百五十歲先之所言有明徵焉景儒子昭徽博涉稽古脫略不羈時人稱其爲播郎因以字行於燕趙焉善談論有宏辯屬文任氣不拘常則志好隱逸慕葛洪之爲人尋師訪道不遠千里遇高尚則傾蓋如舊見庸識雖王公蔑如初爲道士中年應詔舉爲高唐尉大業中將妻子隱於嵩山號黃冠子有文集十卷爲學者所稱

賈彝字彥倫本武威姑臧人也六世祖敷魏幽州刺史廣川都亭侯子孫因家焉父爲苻堅鉅鹿太守坐訕謗繫獄彝年十歲詣長安訟父獲申遠近歎之僉曰此子英英賈誼之後莫之與京弱冠爲慕容垂遼西王農記室參軍道武先聞其名常遣使者求彝於垂垂彌增器敬垂遣其太子寶來寇大敗於參合執彝及其從兄代郡太守潤等道武即位拜尚書左丞參預國政天賜末彝請詣溫陽療疾爲叛胡所掠送於姚興積數年遁歸又爲赫連屈丐所執

拜祕書監卒太武平赫連昌子秀迎其尸柩葬於代南秀位中庶子賜爵陽都男本州大中正獻文即位進爵陽都子時丞相乙渾妻庶姓而求公主之號屢言於秀秀默然後因公事就第見渾渾夫妻同坐厲色曰爾管攝職事無所不從我請公主不應何意秀慷慨大言對曰公主之稱王姬之號尊寵之極非庶族所宜秀寧就死於今朝不取笑於後日渾左右莫不失色爲之振懼秀神色自若渾夫妻默然含忿他日乃書太醫給事楊惠富臂作老奴官慳字令以示秀渾每欲伺隙陷之會渾伏誅遂免難時秀與中書令勃海高允俱以儒舊重於時皆選擬方岳以詢訪被留各聽長子出爲郡秀固讓不受許之自始及終歷奉五帝雖不至大官常當機要廉清儉約不營資產年七十三遇疾詔給醫藥賜几杖時朝廷舉動及大事不決每遣尚書高平公李敷就第訪決卒贈冀州刺史武邑公謚曰簡子儁字異鄰襲爵位荊州刺史依例降爵爲伯先是上洛置荊州後改爲洛州在重山人不知學儁表置學官在州五載清靖寡事爲吏人所安卒贈兗州刺史子叔休襲爵潤曾孫禎字叔願學涉經史居喪以孝聞太和中以中書博士副中書侍郎高聰使江左還以母老患輒在家定省坐免官後爲司徒諮議參軍通直散騎常侍加冠軍將

軍卒贈齊州刺史禎兄子景儁亦以學識知名爲京兆王愉府外兵參軍愉起逆於冀州將授其官不受死之贈河東太守謚曰貞景儁弟景興清峻鯁正爲州主簿遂棲遲不仕後葛榮陷冀州稱疾不拜景興每捫膝而言曰吾不負汝以不拜榮也

寶瑾字道瑜頓丘衛國人自云漢司空融之後也高祖成頓丘太守因家焉瑾少以文學知名自中書博士爲中書侍郎賜爵繁陽子參軍國謀屢有功進爵衛國侯轉四部尚書初定三秦人猶去就拜長安鎮將毗陵公在鎮八年甚著威惠徵爲殿中都官尚書太武親待之賞賜甚厚從

征蓋吳吳平留瑾鎮長安還京復爲殿中都官典左右執法太武歎曰國之良輔毗陵公之謂矣出爲冀州刺史清約沖素著稱當時還爲內都大官興光初瑾女壻鬱林公司馬彌陁以選尚臨涇公主瑾教彌陁辭託有誹謗咒詛之言與彌陁同誅唯少子遵逃匿得免遵善楷篆北京諸碑及臺殿樓觀宮門題署多遵書位濮陽太守多所受納其子僧演姦通人婦爲部人賈邈告坐免後以善書拜庫部令卒官

李訢字元盛小名真奴范陽人也曾祖產產子績二世知名於慕容氏父崇馮跋吏部尚書石城太守車駕至和龍崇率十餘郡歸降太武甚禮之呼曰李公爲北幽州刺史固安侯卒謚曰襄侯訢母賤爲諸兄所輕崇曰此子之生相者言貴吾每觀或未可知遂使入都爲中書學生太武幸中書學見而異之指謂從者曰此小兒終効用於朕之子孫因識眄之帝舅陽平王杜超有女將許貴戚帝曰李訢後必官達益人門戶可以妻之遂勸成婚南人李哲常言訢必當貴達杜超之死也帝親哭三日訢以超女壻得在喪位出入帝指謂左右曰觀此人舉動豈不異於衆也必爲朕家幹事臣訢聰敏機辯彊記明察初李靈爲文成博士詔崔浩選中書學生器業優者爲助教浩舉其弟子

箱子與盧度世李敷三人應之給事高讜子祐尚書段霸兒姪等以爲浩阿黨其親戚言於景穆以浩爲不平聞之於太武太武意在訢曰云何不取幽州刺史李崇老翁兒浩對曰前亦言訢合選但以其先行在外故不取之帝曰可待訢還箱子等罷之遂除中書助教博士入授文成經文成即位訢以舊恩親寵遷儀曹尚書領中祕書賜爵扶風公贈其母孫氏爲容城君帝顧羣臣曰朕始學之歲情未能專既纓万機温習靡暇是故儒道寔有闕焉豈惟予咎抑亦師傅之不勤所以爵賞仍隆蓋不遺舊也訢免冠拜謝出爲相州刺史爲政清簡百姓稱之訢上疏求於州

郡各立學官使士望之流衣冠之胄就而受業其經藝通明者上王府書奏獻文從之以訢政爲諸州之最加賜衣服自是遂有驕矜自得之志受納人財物商胡珍寶兵人告言尚書李敷與訢少長相好每左右之或有勸以奏聞敷不許獻文聞訢罪狀檻車徵訢拷劾抵罪敷兄弟將見蹤斥有司諷以中旨嫌敷兄弟之意令訢告列敷等隱罪可得自全訢深所不欲且弗之知也乃謂其女壻裴攸曰吾與李敷族世雖遠情如一家在事旣有此勸昨來引簪自刺以帶自絞而不能致絕且亦不知其事攸曰何爲爲他死敷兄弟事釁可知有馮闡者先爲敷殺其家切恨之

但呼闡弟問之足可知委訢從其言又趙郡范檦具列敷兄弟事狀有司以聞敷坐得罪詔列訢貪冒應死以糾李敷兄弟故免百鞭髡刑配爲厮役訢之廢也平壽侯張讜見訢與語奇之謂人曰此佳士也終不久屈未幾而復爲太倉尚書攝南部事用范檦陳策計令千里之外戶別轉運詣倉輸之使所在委滯停延歲月百姓競以貨賂各求在前於是遠近大爲困弊道路羣議曰畜聚斂之人未若盜臣訢弟左軍將軍璞謂訢曰范檦善能降人以色假人以辭未聞德義之言但有世利之說聽其言也甘察其行也賊所謂諂諛讒慝貪冒姦佞不早絕之後悔無及訢不

從彌信之腹心事皆以告檦訢旣寵於獻文參決軍國大議兼典選舉權傾內外百寮莫不曲節以事之檦以無功起家拜盧奴令獻文崩訢遷司空進爵范陽公出爲侍中鎮南大將軍開府儀同三司徐州刺史范檦知文明太后之忿訢又知內外疾之太和元年希旨告訢外叛文明太后徵訢至京師言其叛狀訢曰無之引檦證訢訢言爾妄云知我吾又何言雖然爾不顧余之厚德而忍爲此不仁甚矣檦曰公德於檦何若李敷之德於公公昔忍於敷檦今敢不忍公乎訢慨然曰吾不用璞言自貽伊戚万悔於心何嗟及矣遂見誅璞字季直性惇厚多識人物賜爵宜

陽侯太常卿

韓延之字顯宗南陽堵陽人魏司徒曁之後也仕晉位建威將軍荆州從事轉平西府録事參軍晉將劉裕伐司馬休之未至江陵密與延之書招之延之報書辭甚激厲曰劉裕足下海內之人誰不見足下此心而復欲欺誑國士其不屈如此事見南史宋本紀延之以裕父名翹字顯宗於是巳字顯宗名子爲翹蓋示不臣劉氏也後奔姚興泰常二年與司馬文思等俱入魏明元以延之爲武牢鎮將賜爵魯陽侯初延之曾來往栢谷塢省魯宗之墓有終焉之志因謂子孫云河洛三代所都朝廷必有居此者我死

不勞向北代葬也即可就此子從其言遂葬宗之墓次延
之後五十餘年而孝文徙都其孫數家即居於祖墓之北
栢谷塢

袁式字季祖陳郡陽夏人漢司徒滂之後父深晉侍中式
在南歷武陵王遵諮議參軍及劉裕執權式歸姚興及姚
泓滅歸魏為上客賜爵陽夏子與司徒崔浩一面便盡國
士之交時朝儀典章悉出於浩浩以式博於故事每所草
刱恒顧訪之性長者雖羇旅飄泊而清貧守度不失士節
時人甚敬重之皆呼曰袁諮議至延和二年衛大將軍樂
安王範為雍州刺史詔式與中書侍郎高允俱為從事中

信州路學刊 北史列傳十五 十五 山

郎辭而獲免式沈靖樂道周覽書傳至於詁訓倉雅偏所
留懷作字釋未就以太安二年卒贈豫州刺史諡肅侯子
濟襲父爵位魏郡太守政有清稱加寧遠將軍及宋王劉
昶開府召為諮議參軍

毛脩之字敬文滎陽陽武人也世仕晉劉裕之平關中留
子義真鎮長安以脩之為司馬及義真敗脩之沒統万太
武平赫連昌獲之使領吳兵以功拜吳兵將軍脩之能為
南人飲食手自煎調多所適意太武親待之累遷尚書賜
爵南郡公常在太官主進御膳從討和龍時諸軍攻城行
宮人少宋故將朱脩之為雲中將軍欲率吳兵為逆因入

和龍與浮海南歸以告脩之不聽乃止是日無脩之大變
幾作脩之遂奔馮弘脩之又以軍功遷特進撫軍大將軍
位次崔浩下浩以其中國舊門雖不博洽猶涉獵書傳與
共論說之次及陳壽三國志云有古良史風其所著述文
義典正班史以來無及壽者脩之曰昔在蜀中聞長老言
壽曾為諸葛亮門下書佐得撻百下故其論武侯云應變
非其所長浩乃與論曰承祚之評亮乃有故義過美之譽
非挾恨之言夫亮之相備英雄奮發之時君臣相得魚水
為喻而不能與曹氏爭天下委棄荊州退入巴蜀守窮崎
嶇之地僭號邊夷之間此策之下者可以趙他為偶而以

北史列傳十五 十六 山

管蕭之亞匹不亦過乎且亮既據蜀弗量勢力嚴威切法
控勒蜀人欲以邊夷之衆抗衡上國出兵隴右再攻歧山
一攻陳倉疎遲失會摧衄而反後入秦川更求野戰魏人
知其意以不戰屈之智窮勢盡發病而死由是言之豈合
古之善將見可知難乎脩之謂浩言為然後卒於外都大
官諡恭公脩之在南有四子唯子法仁入魏文成初為金
部尚書襲爵轉殿中尚書法仁言聲壯大至於軍旅田狩
唱呼處分振於山谷卒贈征東大將軍南郡王諡曰威朱
脩之者仕宋為司徒從事中郎守滑臺為安頡所禽太武
善其固守以宗室女妻之以為雲中鎮將後奔馮弘弘送

之江南頡之剋滑宋陳留太守嚴稜戍倉垣及山陽公奚斤軍至稜川稜率文武五百人詣斤降明元嘉其誠款賜爵郃陽侯假荆州刺史隨駕南討還爲上客及太武踐阼以歸化之功除中山太守有清廉稱卒於家子幼玉襲稜舊書有傳今附之云脩之在宋顯達事並具南史

唐和字幼起晉昌冥安人也父繇以涼土喪亂推涼武昭王霸于河右及涼亡和與兄契攜其甥武昭王孫寶避難伊吾招集人衆二千餘家臣於蠕蠕蠕蠕以契爲伊吾王經二十年和與契遣使降魏爲蠕蠕所逼遂擁部至高昌蠕蠕遣部帥阿若討和至白力城和先攻高昌契與阿若

戰歿和收餘衆奔前部國時沮渠安周屯橫截城和攻拔之斬安周兄子樹又剋高寧白力二城遣使表狀太武嘉之屢賜之璽書後和與前部王車伊洛破安周太武使周公万度歸討焉耆詔和與伊洛率所領赴度歸喻下柳驢以東六城因共擊波居羅城拔之後同征龜茲度歸令和鎮焉耆時柳驢戍主乙真伽將叛和徑入其城禽斬乙真伽由是西域剋平和有力焉正平元年和詣闕太武優寵之待以爲上客文成以和歸誠先朝封酒泉公太安中爲濟州刺史甚有稱績徵爲內都大官評決獄訟不加捶楚察疑獲實者甚多世以是稱之卒贈征西大將軍太常卿酒泉王諡曰宣子欽字孟真位陝州刺史降爵爲侯卒子景宣襲爵卒於東都太守契子玄達性果毅有父風與叔父和歸闕俱爲上客封晉昌公獻文時位華州刺史太和十六年降爲侯子崇字繼祖襲爵

寇讚字奉國上谷人也因難徙馮翊万年父脩之字延期苻堅東萊太守讚弟謙有道術太武敬重之故追贈脩之安西將軍秦州刺史馮翊公賜命服諡曰哀公詔秦雍二州爲立碑墓又贈脩之母爲馮翊夫人及宗從追贈太守縣令侯子男者十六人其臨職者七郡五縣讚少以清素知名身長八尺姿容嚴嶷非禮不動苻堅僕射韋華州里

高達雖年時有異恒以風味相待華爲馮翊太守召爲功曹後除襄邑令姚泓滅秦雍人千餘家推讚爲主歸魏拜河南郡太守其後秦雍人來奔河南滎陽河內者戶至万數拜讚南雍州刺史軹縣侯於洛陽立雍之郡縣以撫之由是流人襁負自遠而至參倍於前進讚爵河南公加安南將軍領南蠻校尉仍刺史分洛豫二州之僑郡以益之雖位高爵重接待不倦初讚之未貴嘗從相者唐文相文曰君額上黑子入幘位當至方伯封公及其貴也文以百姓禮拜謁曰明公憶疇昔言乎延文坐曰往時卿言杜瓊不得官長人咸謂不然及瓊爲盩厔令卿猶言相中不見

而瓊果以暴疾未拜而終昔魏舒見主人兒死自知己必至八公吾恒以卿言瓊之驗亦復不息此望也乃賜文衣服良馬讚在州十七年甚收公私之譽年老求致仕卒遺令薄葬斂以時服太武悼惜之謚曰宣穆子元寶襲爵元寶弟臻字仙勝年十二遭父憂居喪以孝稱輕財好士獻文末為中川太守時馮熙為洛州刺史政號貪虐仙勝微能附之甚得其意後為弘農太守坐受納為御史所彈遂廢卒於家子祖訓順陽太守祖訓弟祖禮兄弟並孝友敦穆白首同居父母亡雖久猶於平生所處堂宇備設幃帳几杖以時節開堂列拜垂涕陳薦若宗廟焉吉凶之事必先

啓告遠出行反亦如之祖禮宣武末為河州刺史在任數年遇郤鐵忽反又為城人詣都列其貪狀十六條會赦免久之兼廷尉卿又兼尚書長避勢家承顏候色不能有所執據後蛮反於三鵶為都督追討戰殁贈衛大將軍七兵尚書雍州刺史昌平男祖禮弟儁

儁字祖儁性寬雅幼有識量好學彊記性又廉恕不以財利為心家人曾賣物與人而利得絹一匹儁於後知之乃曰得財失行吾所不取訪主還之以選為孝文帝挽郎除奉朝請大乘賊起燕趙擾亂儁參護軍事東討以功授員外散騎侍郎累遷司空府主簿時靈太后臨朝減食禄官十分之一造永寧佛寺令儁典之資費巨万主吏不能欺隱寺成又極壯麗靈太后嘉之除左軍將軍孝昌中朝議以國用不足乃置鹽池都將秩比上郡前後居職者多有侵隱乃以儁為之仍主簿永安初華州人史底與司徒楊椿訟田長史以椿勢貴皆言椿直欲以田給椿儁曰史底窮人楊公横奪其地若欲損不足以給有餘見使雷同未敢聞命遂以地還史底孝莊帝後知之嘉儁守正不撓拜司馬其附椿者咸責焉二年出為梁州刺史人俗荒獷多為盜賊儁乃令郡縣為立庠序勸其耕桑敦以禮讓數年之中風俗頓革梁遣其將曹琰之鎮魏興繼日板築琰之

屢擾疆埸邊人患之儁遣長史杜林道攻克其城并禽琰之琰之即梁大將景宗之季弟也於是梁人懾焉屬魏室多故州又僻遠梁人知無外援遂大兵頓魏興志圖攻取儁撫厲將士人思効命梁人知其得衆心也弗之敢逼儁在州清苦不事產業其子等並徒步而還吏人送儁留連於道久之乃得出界大統三年東魏授儁洛州刺史儁因此乃謀歸闕五年將家及親屬四百口入關拜祕書監時軍國草創墳典散逸儁始選置令史抄集經籍四部羣書稍得周備加鎮東將軍封安西縣男十七年加散騎常侍遂稱篤疾不復朝覲恭帝三年賜姓若口引氏孝閔帝踐

阼進爵爲子武成元年進驃騎大將軍開府儀同三司儁
年齒雖高而志識未衰教授子孫必先典禮明帝尚儒重
德特欽賞之數加恩賜思與相見儁不得已乃入朝常與
同席而坐顧訪洛陽故事儁身長八尺鬚鬢皓然容止端
詳音韻清朗帝與之談論不覺屢爲之前膝及儁辭還帝
親執其手曰公年德俱尊朕所欽尚乞言之事所望於公
宜數相見以慰虛想以御輿令於帝前乘出顧謂左右曰
如此事唯積善者可以致之何止見重於今亦將傳之万
古時人咸以爲榮卒年八十二武帝歎惜之贈本官加冀
定瀛三州諸軍事冀州刺史謚曰元儁篤於仁義期功之

之中有孤幼者衣食豐約並與之同少爲司徒崔光所知
光命其子勵與儁結友儁每造光常清談移日小宗伯盧
辯以儁業行俱崇待以師友之禮每有閑暇輒詣儁讌語
弥日恒謂人曰不見西安君煩憂不遣其爲通人所敬重
如此子奉位至儀同大將軍順陽郡守洵州刺史昌國縣
公奉弟顒少好學最知名居喪哀毀位儀同大將軍掌朝
布憲爲典祀下大夫小納言濩澤郡公
酈範字世則范陽涿鹿人也祖紹慕容寶濮陽太守以郡
迎降道武授兗州監軍父嵩天水太守範太武時給事東
宮太武踐阼追錄先朝舊勳賜爵永寧男以奉禮郎奉遷

太武景穆神主於太廟進爵爲子爲征南大將軍慕容白
曜司馬及定三齊範多進策白曜皆用其謀遂表爲青州
刺史進爵爲侯加冠軍將軍還爲尚書右丞後除平東將
軍青州刺史假范陽公範前解州還京也夜夢陰毛拂踝
他日說之時齊人有占夢者史武進云公豪盛於齊下矣
使君臨撫東秦道光海岱必當重牧全齊再祿營丘矣範
笑答曰吾將爲卿必驗此夢果如言時鎮將元伊利表範
與外賊交通孝文詔範曰鎮將伊利表卿造船市玉與外
賊交通規陷卿罪窺覦州任有司推驗虛實自顯有罪者
今伏其辜矣卿其明爲算略勿復懷疑還朝卒京師謚曰

穆子道元
道元字善長初襲爵永寧侯例降爲伯御史中尉李彪以
道元執法清刻自太傅掾引爲書侍御史彪爲僕射李沖
所奏道元以屬官坐免景明中爲冀州鎮東府長史刺史
于勁順皇后父也西討關中亦不至州道元行事三年爲
政嚴酷吏人畏之姦盜逃于他境後試守魯陽郡道元表
立黌序崇勸學教詔曰魯陽本以蛮人不立大學今可聽
之以成良守文翁之化道元在郡山蛮伏其威名不敢爲
寇延昌中爲東荊州刺史威猛爲政如在冀州蛮人詣闕
訟其刻峻請前刺史寇祖禮及以遣戍兵七十人送道元

還京二人竝坐免官後爲河南尹明帝以沃野懷朔薄骨律武川撫冥柔玄懷荒禦夷諸鎮竝改爲州其郡縣戍名令準古城邑詔道元持節兼黃門侍郎馳驛與大都督李崇籌宜等立裁減法留會諸鎮叛不果而還孝昌初梁遣將揚州刺史元法僧又於彭城反叛詔道元持節兼侍中攝行臺尚書節度諸軍依僕射李平故事軍至渦陽敗退道元追討多有斬獲後除御史中尉道元素有嚴猛之稱權豪始頗憚之而不能有所糾正聲望更損司州牧汝南王悅嬖近左右丘念常與臥起及選州官多由於念念常匿悅第時還其家道元密訪知收念付獄悅啓靈太后請

全念身有敕赦之道元遂盡其命因以劾悅時雍州刺史蕭寶夤反狀稍露侍中城陽王徽素忌道元因諷朝廷遣爲關右大使寶夤慮道元圖己遣其行臺郎中郭子帙圍道元於陰盤驛亭亭在岡上常食岡下之井既被圍穿井十餘丈不得水水盡力屈賊遂踰墻而入道元與其弟道闕二子俱被害道元瞋目叱賊厲聲而死寶夤猶遣斂其父子殯於長安城東事平喪還贈吏部尚書冀州刺史安定縣男道元好學歷覽奇書撰注水經四十卷本志十三篇又爲七聘及諸文皆行於世然兄弟不能篤睦又多嫌忌時論薄之子孝友襲道元第四弟道慎字善季涉歷史

傳有幹局位正平太守有能名遷長樂相卒贈平州刺史道慎弟道約字善禮樸質遲鈍頗愛琴書性多造請好以榮利干謁乞丐不已多爲人所笑弄坎壈於世不免飢寒晚歷東萊魯陽二郡太守爲政清靜吏人安之範弟道峻子惲字幼和好學有文才尤長吏幹舉秀才射策高第歷位尚書外兵郎行臺長孫承業引爲行臺郎惲頗兼武用恒以功名自許每進計於承業多見納用以功賞魏昌縣子惲在軍啓求減身官爵爲父請贈詔授征虜將軍安州刺史惲後與唐州刺史崔元珍固守平陽尒朱榮稱兵赴闕惲與元珍不從爲榮行臺郎中樊子鵠陷城被害所作

文章頗行於世撰慕容氏書不成子懷則司空長流參軍

韓秀字白武昌黎人也祖宰慕容儁謁者僕射父景皇始初歸魏拜宣威將軍騎都尉秀歷位尚書郎賜爵遂昌子文成稱秀聰敏清辯才任喉舌遂命出納王言并掌機密行幸遊獵隨侍左右獻文即位轉給事中參征南慕容白曜軍事延興中尚書奏以敦煌一鎮介遠西北寇賊路衝慮或不固欲移就涼州羣臣會議僉以爲然秀獨曰此蹙國之事非關土之宜愚謂敦煌之立其來已久雖隣彊寇而兵人素習循常置戍足以自全若徙就姑臧慮人懷異意或貪留重遷情不願徙脫引寇內侵深爲國患且捨遠

就近遥防有闕一旦廢罷當至啓戎心則夷狄交構互相來
往關右荒擾烽驛不息邊役煩興艱難方甚乃從秀議後
爲平東將軍青州刺史卒子務襲爵務字道世性端謹有
吏幹爲定州平北長史頗有受納爲御史中尉李平所劾
付廷尉會赦免後除龍驤將軍郢州刺史務獻七寶牀象
牙席詔曰昔晉武帝焚雉頭裘朕常嘉之今務所獻亦此
之流也奇麗之物有乖風素可付其家人後以詐表破賊
免官久之拜太中大夫進號左將軍卒
堯暄字辟邪上黨長子人也本名鍾葵後賜名暄祖僧賴
道武平中山與趙郡呂舍首來歸國暄聰了美容貌爲千

人軍將太武以其恭謹擢爲中散後兼北部尚書于時始
立三長暄爲東道十三州使更比戶籍賜獨車一乘廐馬
四匹暄前後從征及出使檢案三十許度皆有剋己奉公
之稱賞賜衣服綵絹奴婢等物賜爵平陽伯及改置百官
授太僕卿轉大司農卒於平城孝文爲之舉哀贈相州刺
史初暄至徐州見州城樓觀嫌其華盛乃令往往毀徹由
是後更損落及孝文幸彭城聞之曰暄猶可追斬暄長子
洪襲爵洪子傑字永壽元象中開府儀同三司樂城縣公
洪弟遵位臨洮太守卒謚曰恩遵弟榮位員外散騎侍郎
子雄字休武少驍果輕財重氣位燕州刺史平城縣伯隨

尒朱兆與齊神武戰敗於廣阿率所部據定州歸神武其
從兄傑爲北滄州刺史亦遣使降神武以其兄弟俱有誠
款使傑使爲行瀛州事使雄代傑爲瀛州刺史進爵爲公
時禁網疎闊官司相與聚斂唯雄義然後取接下以恩甚
爲吏人所懷魏孝武帝入關雄爲大都督隨高昂破賀拔
勝於穰城仍除豫州刺史元洪威據潁川叛叛人趙繼宗
殺潁川太守邵招據樂口北應洪威雄討之繼宗敗走城
内因雄之出據州引西魏雄復與行臺侯景討平之梁將
李洪芝王當伯襲破平鄉城雄並禽之又破梁司州刺史
陳慶之復圍南荊州東救未至雄陷其城梁以元慶和爲

魏王侵擾南境雄大破之於南頓尋與行臺侯景破梁楚
城豫州人上書更乞雄爲刺史復行豫州事潁州長史賀
若統執刺史田迅據州降西魏詔雄與廣州刺史趙育揚
州刺史是寶隨行臺任祥攻之西魏將怡鋒敗祥等育寶
各還據城降敵雄收散卒保大梁周文帝遣其右丞韋孝
寬等攻豫州雄都督程多寶降之執刺史馮邕并雄家屬
及部下妻子數千口欲送長安至樂口雄外兵參軍王恒
伽都督赫連儁等從大梁邀之斬多寶收雄家口還大梁
雄別破樂口禽丞伯進討懸瓠復以雄行豫州事西魏以
是寶爲揚州刺史據項城義州刺史韓顯據南頓雄一日

拔其二城禽顗及長史岳寶遁走加驃騎大將軍儀同三
司仍隨侯景平魯陽復除豫州刺史雄雖武將性質寬厚
爲政舉其大綱而已在邊十年屢有功績愛人物多所施
與亦以此稱興和四年卒於鄴贈司徒謚曰武恭子師嗣
柳崇字僧生河東解人也七世祖軌晉廷尉卿崇方雅有
器量身長八尺美鬚顏明目兼有學行舉秀才射策高第解
褐太尉主簿轉尚書右外兵郎中于時河東河北二郡爭
境其間有鹽池之饒虞坂之便守宰百姓皆恐外割公私
朋競紛囂臺府孝文乃遣崇檢斷上下息訟屬荆郢新附
南寇窺擾又詔崇持節與州郡經略加慰喻還遷太子洗

馬本郡中正累遷河中大守崇初届郡郡人張明失馬疑
執十餘人崇見之不問賊事人別借以温顏更問其親老
存不農業多少而微察其辭色即獲真賊呂穆等二人餘
皆放遣郡中畏服境內怗然卒於官贈岐州刺史謚曰穆
崇所制文章寇亂遺失長子慶和性沈靜不競於時位給
事中本郡中正卒慶和弟楷字士則身長八尺善草書頗
涉文史位撫軍司馬
論曰屈遵學藝知機恒乃局量受委張蒲谷渾文武爲用
人世仍顯不亦善事公孫表初則一介見知終以輕薄致
戾軌始受探金之賞末陷財利之嫌鮮克有終固不虛也

張濟使於四方有延譽之美李先學術嘉謀蔚遇三世賈
彝早播時譽秀則不畏彊禦寶瑾李訢時日良幹瑾以片
言疑似訢以夙故猜嫌而嬰合門之戮良可悲也韓延之
忠於所事有國士之烈袁式取遇崔公以博雅而重脩之
晚著誠款唐和方里慕義寇讚誠信見嘉酈範智器而達
道元遭命有銜鬚之風韓秀議邊得馭遠之筭堯暄聰察
致位禮加存沒柳崇素業有資器行仍世盛矣乎

列傳第十五　北史二十七

方洽　周益　周之冕　孫粹然　校正

列傳第十六　北史二十八

陸俟

源賀 曾孫彪　玄孫師　師從叔雄

劉尼

薛提

陸俟代人也曾祖幹祖引世領部落父突道武初帥部人從征伐數有戰功位離石鎮將上黨太守關內侯俟少聰慧明元踐祚襲爵關內侯位給事中典選部蘭臺事當官無所撓太武征赫連昌詔俟督諸軍鎮以備蠕蠕與西平公安頡攻剋武牢賜爵建鄴公拜冀州刺史時考州郡唯

俟與河內太守丘陳為天下第一轉武牢鎮大將平涼休屠金崖羌狄子玉等叛復轉為安定鎮大將追討崖等皆獲之遷懷荒鎮大將未朞諸高車莫弗訟懼俟嚴急請前鎮將郎孤太武許之徵俟至京朝見言不過周年孤身必敗高車必叛帝疑不實切責之以公歸第明年諸莫弗果殺孤以叛帝聞之大驚召俟問其故俟曰夫高車之俗上下無禮無禮之人難為其上臣莅以威嚴節之憲網欲漸加訓導使知分限而惡直醜正寔繁有徒故訟臣無恩稱孤之美孤獲還鎮欣其名譽必加恩於百姓譏臣為失專欲以寬惠臨之仁恕待之無禮之人易生陵傲不過朞年

無復上下既無上下然後收之以威則人懷怨懟怨懟既多敗亂彰矣帝歎曰卿身乃短慮何長也即日復除散騎常侍帝征蠕蠕破涼州常隨駕別督輜重又與高涼王那復渡河南略地仍遷長安鎮大將與高涼王那擊蓋吳於杏城獲吳二叔諸將欲送京師俟獨不許曰若不斬吳恐長安之變未已一身藏竄非其親信誰能獲之若停十萬眾追一人非上策也不如私許吳叔免其妻子使自追吳諸將咸曰今獲其二叔唯吳一人何所復至俟曰諸君不見毒虵乎不斷其頭猶能為害況除腹心之疾而曰必遺其類可乎遂捨吳二叔與之期及期吳叔不至諸將皆咎

俟俟曰此未得其便耳必不背也後數日果斬吳以至皆如其言俟之明略獨決皆此類也遷內都大官安定盧水劉超等叛太武以俟威恩被關中詔以本官加都督秦雍諸軍鎮長安帝曰超等恃險不順王命朕若以重兵與卿則超等必合為一若以輕兵與卿則不制矣今使卿以方略定之於是俟單馬之鎮既至申揚威信示以成敗超猶無降意俟乃率其帳下見超超使人逆曰三百人以外當以弓馬相待三百人以內當以酒食相供乃將二百騎詣超超備甚嚴遂縱酒盡醉而還後偽獵詣超與士卒約曰今會發機當以醉為限俟乃詐醉上馬大呼斬超首士卒

應聲縱擊遂平之帝大悅徵拜外都大官文成踐祚以子
麗有定策勳進爵東平王薨年六十七謚成王有子十二
人長子馛多智有父風文成見而悅之謂朝臣曰吾常歎
其父智過其軀是復踰於父矣少為內都下大夫奉上接
下行止取與每能逆曉人意與其從事者無不愛之興安
初賜爵聊城侯出為相州刺史假長廣公為政清平抑彊
扶弱州中有德宿老名望素重者以友禮待之詢之政事
責以方略如此者十人號曰十善又簡取諸縣彊門百餘
人以為假子誘接殷勤賜以衣服令各歸家為耳目於是
發姦擿伏事無不驗百姓以為神明無敢劫盜者在州七

年家至貧約徵為散騎常侍百姓乞留馛者千餘人獻文
不許謂羣臣曰馛之善政雖古人何以加之賜絹五百匹
奴婢十口馛之代還也吏人大斂布帛以遺之馛皆不受
人亦不取於是以此物起佛寺焉因名長廣公寺後襲父
改封建安王時宋司州刺史常珍奇以懸瓠內附新人猶
懷去就馛銜旨撫慰諸有陷軍為奴婢者馛皆免之百姓
欣悅人情乃定車駕討蠕蠕詔馛為選部尚書錄留臺事
及獻文將禪位於京兆王子推任城王雲隴西王源賀竝
固諫馛抗言曰皇太子聖德承基四海瞻望不可橫議干
國之紀臣請刎頸殿庭有死無貳久之帝乃解詔曰馛直

臣也其能保吾子乎遂以馛為太保與太尉源賀持節奉
皇帝璽綬傳位于孝文延興四年薨贈以本官謚曰貞王
馛有六子琇凱知名琇字伯琳馛第五子也母赫連氏身
長七尺九寸甚有婦德馛有以爵傳琇之意琇年九歲馛
謂之曰汝祖東平王有十二子我為嫡長承襲家業今已
年老屬汝幼沖詎堪為陸氏宗首乎琇對曰苟非鬬力何
患童幼馛奇之遂立琇為世子馛薨襲爵琇沈毅少言雅
好讀書以功臣子孫為侍御長累遷祠部尚書司州大中
正會從兄叡事免官景明初試守河內郡咸陽王禧謀反
令子曇和等先據河內琇聞禧反斬曇和首時以琇不先

送曇和禧敗始斬責其通情徵詣廷尉少卿崔振窮罪狀
案琇大逆陸宗大小咸見收捕會將赦先斃於獄琇弟凱
仍上書訴冤宣武詔復琇爵子景祚襲凱字智君謹重好
學位太子庶子給事黃門侍郎凱在樞要十餘年以忠厚
見稱後遇患頻上書乞骸骨除正平太守在郡七年號為
良吏初孝文將議革變舊風大臣並有難色又每引劉芳
郭祚等常與規謀共論政事而國戚謂遂疏己怏怏有不
平之色帝乃令凱私喻之曰至尊但欲廣知前事直當問
其古式耳終無寵彼而疏國戚舊人意乃稍解及兄琇陷
罪凱亦被收遇赦乃免凱痛兄之死哭無時節目幾失明

訴冤不已至正始初宣武復琇官爵凱大喜置酒集諸親
曰吾所以數年之中抱病忍死者顧門訃耳今願已遂以
其年卒贈龍驤將軍南青州刺史謚曰惠長子暐字道暉
與弟恭之竝有時譽洛陽令賈楨見其兄弟歎曰僕以老
年更覩雙璧又嘗兄弟共候黄門郎孫惠蔚謂諸賓曰不
意二陸復在坐隅吾德謝張公無以延譽暐位尚書右户
三公郎坐事免後除伏波將軍卒贈冠軍恒州刺史暐擬
急就篇爲悟蒙章及七誘十醉章表數十篇暐與恭之晩
不和睦爲時所鄙子元規位尚書郎元規子撥陰陽律曆
多所通解位并州長流參軍恭之字季順有操尚位東荆

州刺史贈吏部尚書謚曰懿恭之所著文章詩賦凡千餘
篇子畢字仁崇篤志文學齋律序則仁崇之詞位終通直
散騎常侍弟寬字仁惠太子中舍人待詔文林館寬兄弟
竝有才品議者稱爲三武猷弟歸位東宮舍人駕部校尉
子珍夏州刺史贈太僕卿謚曰靜珍子旭性雅澹好易緯
候之學撰五星要決及兩儀真圖頗得其指要太和中徵
拜中書博士稍遷散騎常侍知天下將亂遂隱於太行山
屢徵不起卒後贈并汾恒肆四州刺史子騰
騰字顯聖少慷慨有大節從尒朱榮平葛榮以功賜爵清
河縣伯稍遷通直散騎常侍及孝武西遷時使青州遂留

鄴爲陽城郡守大統九年大軍東討陽城被執周文帝釋
而與語騰盛論東州人物又叙述時事辭理抑揚周文嘆
曰卿真不背本也即拜帳内大都督未幾除太子庶子遷
武衛將軍騰既爲周文所知思欲立功不願内職及安康
賊黄衆寶等作亂攻圍東梁州城中糧盡詔騰率軍大破
之軍還拜龍州刺史使通江由路直出南秦周文謂曰此
是卿取柱國之日即解所服金帶賜之州人李廣嗣李武
等憑據巖險歷政不能制騰密令多造飛梯夜襲破之執
廣嗣等於鼓下其黨有任公忻圍逼州城請免廣嗣及武
即散兵請罪騰謂將士曰吾不殺廣嗣等可謂隳軍實而

長寇讎即斬廣嗣及武以首示之於是出兵奮擊盡獲之
進位驃騎大將軍開府儀同三司轉江州刺史進爵上庸
縣公陵州木籠獠恃險每行抄刼詔騰討之獠因山爲城
攻之未可拔騰遂於城下多設聲樂及諸雜伎示無戰心
諸賊果棄其兵仗或攜妻子臨城觀樂騰知其無備遂縱
兵討擊盡殺破之周明帝初陵眉等八州夷夏竝反攻破
郡縣騰率兵討平之及齊公憲作鎮於蜀以騰爲隆州刺
史令憲入蜀兵馬鎮防皆委騰統攝趙公招代憲復請留
之遷隆州總管領刺史保定二年資州石槃人反殺郡守
據險自守州軍不能制騰率軍討擊盡破斬之而蠻子反

所在蠻起山路險阻難得掩襲遂量山川形勢隨便開道
蠻獠畏威承風請服所開之路多得古銘並是諸葛亮桓
溫舊道是年鐵山獠抄斷內江路使驛不通騰乃進軍討
之一日下其三城招納降附者三萬戶帝以騰母在齊未
令東討適有其親屬自齊還朝者晉公護奏令告騰云齊
已誅公母兄蓋欲發其怒也騰乃發哀泣血志在復讎四
年齊公憲與晉公護東征請騰為副趙公招時在蜀復欲
留之晉公護與招書於是令騰馳傳還朝副憲東伐天和
初信州蠻蜑據江硤反叛連結二千餘里又詔騰討之騰
泝江南而下軍至湯口分道奮擊所向摧破乃築京觀以

旌武功涪陵郡守蘭休祖又阻兵為亂方二千餘里復詔
騰討之巴蜀悉定詔令樹碑紀功績焉騰自在龍州至是
前後破平諸賊凡賞得奴婢八百口馬牛稱是四年遷江
陵總管陳遣其將章昭達圍江陵衛王直聞有陳寇遣大
將軍趙誾李遷哲等率步騎赴之並受騰節度時遷哲等
守外城陳將程文季雷道勤夜來掩襲遷哲等驚亂不能
抗禦騰夜遣開門奮擊大破之陳人奔潰道勤中流矢而
斃陳人決龍川寧朔堤引水灌江陵城騰親率將士戰於
西堤破之陳人乃遁加位柱國進爵上庸郡公建德二年
徵拜大司空尋出為涇州總管宣政元年冬薨於京師贈

太尉公謚曰定子玄嗣玄字士鑒入關時年七歲仕齊為
奉朝請成平縣令齊平武帝見玄特加勞勉即拜地官府
都上士大象末為隋文帝相府內兵參軍玄弟融字士傾
最知名少歷顯職大象末位至大將軍定陵縣公弟麗少
以忠謹入侍左右太武特親昵之舉動審慎初無愆失賜
爵章安子稍遷南部尚書太武崩南安王余立既而為常
侍宗愛等所殺百寮憂惶莫知所立麗首建大議與殿中
尚書長孫渴侯尚書源賀羽林中郎劉尼奉迎文成於苑
中而立之社稷獲安麗之謀也由是受心膂之任在朝者
無出其右興安初封平原王麗頻讓不聽乃啓以讓父文

成曰朕為天下主豈不能得二王封卿父子也以其父俟
為東平王麗尋遷侍中撫軍大將軍司徒公復其子孫賜
妻妣號麗以優寵既頻固辭不受帝益重之領太子太傅
麗好學愛士常以講習為業其年遭父憂毀瘠過禮和平
六年文成崩先是麗療疾於代郡溫泉聞凶欲赴左右止
之曰宮車晏駕王德望素重姦臣若疾人譽慮有不測之
禍麗曰安有聞君父之喪方慮禍難便馳赴初乙弗渾悖
傲每為不法麗數諍之由是見忌害之謚曰簡王陪葬金
陵壽文追錄先朝功臣以麗配饗廟廷麗二妻長曰杜氏
次張氏長子定國杜氏所生次叡張氏所出定國在襁抱

文成幸其第詔養宮內至於游止常與獻文同處年六歲
爲中庶子及獻文踐祚拜散騎常侍賜封東郡王定國以
承父爵辭不許又以父爵讓弟叡乃聽之俄遷侍中儀曹
尚書轉殿中尚書前後大駕征巡擢爲行臺錄都曹事超
遷司空定國恃恩不循法度延興五年坐事免官爵爲兵
太和初復除侍中鎮南將軍秦益二州刺史復王爵八年
薨於州贈以本官謚曰莊王
子昕之字慶始風望端雅襲爵例降爲公尚獻文女常山
公主拜駙馬都尉歷通直郎景明中以從叔琇罪免官尋
以主壻除通直散騎常侍歷兗青二州刺史並有政績轉

安北將軍相州刺史卒贈鎮東將軍冀州刺史謚曰惠初
定國娶河東柳氏生子安保後娶范陽盧度世女生昕之
二室俱爲舊族而嫡妾不分定國亡後兩子爭襲父爵僕
射李沖有寵於時與度世子伯源婚親相好沖遂左右助
之昕之由是承爵尚主職位赫弈安保沈廢貧賤不免飢
寒昕之容貌柔謹孝文以其主壻特垂昵眷宣武時年未
四十頻撫三藩當世以此榮之昕之卒後母盧悼念傷過
而亡公主奉姑有孝稱神龜初與穆氏琅邪長公主並爲
女侍中又性不妬忌以昕之無子爲納妾媵而皆育女公
主有三女無男以昕之從兄希道第四子子彰爲後子彰

字明遠本名士沈年十六出後事公主盡禮丞相高陽王
雍常言曰常山妹雖無男以子彰爲兒乃過自生矣正光
中襲爵東郡公累遷給事黃門侍郎子彰妻即咸陽王禧
女禧誅養於彭城王第莊帝親之略同諸姊建義初尒朱
榮欲循舊事庶姓封王由是封子彰濮陽郡王尋而詔罷
仍復先爵天平中拜衛將軍潁州刺史以母憂去職元象
中以本將軍除齊州刺史又加驃騎將軍行懷州事轉北
豫州刺史仍除徐州刺史將軍並如故一年歷三州當世
榮之還朝除衛大將軍右光祿大夫行瀛州事尋拜侍中
復行滄州事進號驃騎大將軍行冀州事除侍讀兼七兵

尚書行青州事子彰初爲州以聚斂爲事晚節脩改自行
青冀滄瀛甚有時譽加以虛己納物人士敬愛之除中書
監卒贈開府儀同三司謚曰文宣子彰崇好道術曾嬰重
病藥中須桑螵蛸子彰不忍害物遂不服焉其仁如此教
訓六子雅有法度子卬
卬字雲駒少機悟美風神好學不倦博覽羣書五經多通
大義善屬文甚爲河間邢邵所賞邵又與子彰交游嘗謂
子彰曰吾以卿老蚌遂出明珠意欲爲羣拜紀可乎由是
名譽日高雅爲搢紳所推許起家員外散騎侍郎歷文襄
大將軍主簿中書舍人兼中書侍郎以本職兼太子洗馬

自梁魏通和歲有交聘卬每兼官讌接在席賦詩卬必先
成雖未能盡工以敏速見美除中書侍郎修國史以父憂
去職居喪盡禮哀毀骨立詔以本官起文襄時鎮鄴嘉其
至行親詣門以慰勉之卬母魏上庸公主初封藍田高明
婦人也甚有志操卬昆季六人並主所出故邢邵常謂人
云藍田生玉固不虛矣主教訓諸子皆以義方雖創巨痛
深出於天性然動依禮度亦母氏之訓焉卬兄弟相率廬
於墓側負土成墳朝廷所嗟尚發詔褒揚改其所居里爲
孝終里服竟當襲不忍嗣侯使迄未應受齊天保初常山
王薦卬器幹文宣面授給事黃門侍郎遷吏部郎中上洛

王思宗爲清都尹辟爲邑中正食貝丘縣幹遭母喪哀慕
毀悴殆不勝喪遂至沉篤頓伏牀枕又成風疾第五弟摶
遇疾臨終謂其兄弟曰大兄尫病如此性至慈愛摶之死
日必不得使大兄知之哭泣聲必不可聞徹致有感動家
人至於祖載方始告之卬聞而悲痛一慟便絕年四十八
卬自在朝行篤慎周密不說人短不伐己長言論清遠有
人倫鑒裁朝野甚悲惜之贈衛將軍青州刺史謚曰文所
著文章十四卷行於世齊之郊廟諸歌多卬所制子乂字
旦龍襲爵始平侯又聰敏博學有文才年十九舉司州秀才
歷祕書郎南陽王文學通直散騎侍郎待詔文林館兼散

騎侍郎迎陳使還兼中書舍人加通直散騎常侍又於五
經最精熟館中謂之石經人爲之語曰五經無對有陸乂
卬第二弟騤字雲驪自中書舍人歷黃門侍郎散騎常侍
卒於東廣州刺史騤弟杳字雲邁亦歷中書舍人黃門常
侍假儀同三司秦州刺史武平中爲寇所圍經百餘日就
加開府儀同三司城中多疫癘死者過半人無異心遇疾
卒及城陷陳將吳明徹以杳有善政吏人所懷啓陳主還
其屍家累貲物無所犯贈開府儀同三司尚書僕射子玄
卿位尚書膳部郎杳弟騫字雲儀亦歷中書舍人黃門常
侍武平末吏部郎中騫弟摶字雲征好學有行檢卒於著

作佐郎摶弟彥師字雲房少以行檢稱及長好學解屬文
魏襄城王元旭引爲參軍事以父艱去職哀毀殆不勝喪
與兄卬廬於墓次鄉人重之皆就墓側存問晦朔之際車
馬不絕中書令河間邢邵表薦之未報彭城王浟爲司州
牧召補主簿後歷中外府東閤祭酒兄卬當襲父始平侯
以彥師兄弟中最幼表讓封焉彥師固辭而止世稱友悌
孝義揔萃一門爲中書舍人通直散騎侍郎每陳使至必
高選主客彥師所接對者前後六輩歷中書黃門侍郎後
以不阿宦者遇讒出爲中山太守有惠政數年徵爲吏部
郎中散騎常侍又拜銀青光祿大夫假儀同三司行鄭州

刺史尋除給事黃門侍郎武平末車駕如晉陽北平王鎮
鄴彥師留臺機密以重慎見知周武帝平齊授彥師下大
夫轉少納言賜爵臨水縣男及隋文爲丞相彥師遇疾請
假還鄴尉遲迥將爲亂彥師知之遂將妻子潛歸長安文
帝嘉之授內史下大夫拜上儀同及帝受禪拜尚書左丞
進爵爲子彥師素多病未幾以務劇病動乞解所職有詔
聽以本官就第歲餘轉吏部侍郎隋承周制官無清濁彥
師在職凡所任人頗甄別於士庶論者美之後復以病出
爲汾州刺史卒官
叡字思弼年十餘襲爵撫軍大將軍平原王沈雅好學折

節下士年未二十時人便以宰輔許之歷東徐州刺史博
陵崔鑒女時孝文尚未改北人姓鑒謂所親云平原王才
度不惡但恨其姓名殊爲重複叡婚自東徐還經鄴見李
彪甚敬悅之仍與趣京以爲館客後爲北征都督擊蠕蠕
大破之遷侍中都曹尚書時蠕蠕又犯塞詔叡討之追至
石磧禽其帥赤阿突等數百人還加散騎常侍遷尚書左
僕射領北部尚書十六年降五等之爵以麗勳著前朝封
叡鉅鹿郡公尋爲使持節鎮北大將軍尚書令衞將軍討
蠕蠕大破之而還以母憂解孝文將有南伐之事以本官
起授征南將軍叡固辭請終情禮敕有司敦喻不許復除

使持節都督恒州刺史行尚書令時車駕南征上表諫帝
不從叡又表請車駕還代親臨太師馮熙葬坐削奪都督
三州諸軍事尋進號征北大將軍以有順遷之表加邑四
百戶時穆泰爲定州刺史以疾病請恒州自効乃以叡爲
定州刺史未發遂與泰等同謀構逆賜死獄中聽免孥戮
徙其妻子於遼西叡長子希道字洪度有風貌美鬚髯歷
覽經史頗有文致初拜中散遷通直郎坐父事徙於遼西
於後得還從征自効以軍功賜爵淮陽男拜諫議大夫累
遷前將軍郢州刺史希道善於馭邊甚有威略轉平西將
軍涇州刺史卒官贈撫軍將軍定州刺史希道有六子士

懋字元偉天平中以其曾祖麗有翼戴之勳詔特復鉅鹿
郡公令士懋襲位營州刺史士懋弟士宗字仲孝尚書左
外兵郎中士宗弟士述字幼文符璽郎中建義初並於河
陰遇害士述弟士沇出繼叔昕之士沇弟士廉字季脩建
州平北府長史永安末尒朱世隆攻陷州城見害士廉弟
士佩字季偉武定中安東將軍司州從事希道弟希悅尚
書外兵郎中麗季弟騏驎侍御中散轉侍御史太和初新
平太守子高貴孝昌中兗州鎮東府法曹參軍高貴子操
字仲志高簡有風格早以學業知名雅好文操仕魏兼散
騎常侍聘梁使還爲廷尉卿齊文襄爲世子甚好色崔季

舒為掌媒焉薛氏宜書妻元氏有色迎入欲通之元氏正辭且哭世子使李舒送付廷尉罪之操曰廷尉守天子法須知罪狀世子怒召操命刀環築之更令科罪操終不撓乃口責之後從御史中丞天保中卒於殿中尚書子孔璋武平中卒於高陽太守高貴弟孟遠位奉朝請孟遠子槩之位司農卿槩之子爽字開明少聰敏年九歲就學日誦二千餘言齊尚書僕射楊遵彥見而異之曰陸氏世有人焉仕齊位中書侍郎齊滅周武帝聞其名與陽休之袁叔德等俱徵入關諸人多將輜重爽獨載數千卷書至長安授宣納上士隋文帝受禪頻遷太子洗馬與左庶子宇文

愷等撰東宮典記七十卷朝廷以其博學有口辯陳人至境常令迎勞卒官贈上儀同宣州刺史子法言敏學有家風釋褐承奉郎初爽之為洗馬常奏文帝云皇太子諸子未有嘉名請依春秋之義更立名字上從之及太子廢上追怒爽曰我孫製名寧不自解陸爽乃爾多事扇惑於勇亦由此人其身雖故子孫並宜屏黜終身不齒法言竟坐除名

源賀西平樂都人私署河西王禿髮傉檀之子也傉檀為乞伏熾盤所滅賀自樂都奔魏賀偉容貌善風儀太武素聞其名及見器其機辯賜爵西平侯謂曰卿與朕同源因事分姓今可為源氏從擊叛胡白龍又討吐京胡皆先登陷陣以功進號平西將軍太武征涼州以為鄉導問攻戰之計賀曰姑臧外有四部鮮卑各為之援然皆臣祖父舊人臣願軍前宣國威信必相率請降外援既服然後攻其孤城拔之如反掌耳帝曰善乃遣賀招慰下三万餘落及圍姑臧由是無外慮故得專力攻之涼州平以功進爵西平公又從征蠕蠕擊五城吐京胡討蓋吳諸賊皆有功拜散騎常侍從駕臨江為前鋒大將善撫士卒加有料敵制勝之謀賀為人雄果每遇強寇輒自奮擊帝深誡之賀本名破羌是役也帝謂曰人之立名宜保其實何可濫也賜

名賀焉拜殿中尚書南安王余為宗愛所殺賀部勒禁兵靜遏外內與南部尚書陸麗決議定策翼戴文成令麗與劉尼馳詣苑中奉迎賀營中為內應俄而麗抱文成單騎而至及即位賀有力焉以定策勳進爵西平王及班賜百僚敕賀任意取之辭以江南未賓漠北不款府庫不宜致匱固使取之唯取戎馬一疋時斷獄多濫賀上書曰案律謀反之家其子孫雖養他族追還就戮所以絕罪人之類彰大逆之辜其為劫賊應誅者兄弟子姪在遠道隔關津皆不坐竊惟先朝制律之意以不同謀非絕類之罪故特垂不死之詔若年十三已下家人首惡計所不及臣愚以

爲可原其命沒入官帝納之出爲冀州刺史改封隴西王既受除上書曰臣聞人之所寶莫寶於生命德之厚者莫厚於宥死然犯死之罪難以盡恕權其輕重有可矜恤今勍寇遊魂於北狡賊負險於南其在疆場猶須戍防臣愚以爲自非大逆赤手殺人之罪其坐贓及盜與過誤之愆應入死者皆可原命謫守邊境是則已斷之體更受生成之恩徭役之家漸蒙休息之惠刑措之化庶幾在茲帝嘉納之已後入死者皆恕死徙邊久之帝謂羣臣曰昔源賀勸朕宥諸死刑徙充北蕃諸戍自尒至今一歲所活殊爲不少濟命之理既多邊戍之兵有益苟人人如賀朕臨天

下復何憂哉羣臣咸曰非忠臣不能進此計非聖明不能納此言賀之臨州鞫獄以情徭役簡省清約寬裕甚得人心時武邑郡姦人石華告沙門道可與賀謀反有司以聞文成曰賀保無此乃精加訊檢華果引誣乃遣使慰勉之帝顧左右曰賀忠誠尚致誣謗其不若是者可無慎乎時考殿最賀政爲上第賜衣馬器物班宣天下後徵拜太尉蠕蠕寇邊賀從駕討破之及獻文將傳位于京兆王子推時賀都督諸軍事屯漠南乃馳傳徵賀賀至正色固執不可即詔持節奉皇帝璽綬以授孝文是歲河西叛敕遣賀討之多所降破賀依古今兵法及先儒者舊說略採至要

爲十二陳圖上之獻文覽而嘉焉又都督三道諸軍屯漠南時每歲秋冬遣軍三道並出以備北寇至春中乃班歸賀以勞役京都又非禦邊長計乃上言請募諸州鎮有武勇者三万人復其徭賦厚加振恤分爲三部二鎮之間築城城置万人給強弩十二牀武衞三百乘弩一牀給牛六頭武衞一乘給牛二頭多造馬槍及諸器械使武略大將二人以鎮撫之冬則講武春則種植並戍並耕則兵未勞而有盈蓄矣又於白道南三處立倉運近州鎮租粟以充之足食足兵以備不虞於事爲便不可歲常舉衆事寢不報上書稱病乞骸骨至于再三乃許之朝有大議皆就詢

訪又給衣藥珍羞太和元年二月療疾於溫湯孝文文明太后遣使屢問消息太醫視疾患篤還于京師乃遺令諸子曰吾頃以老患辭事不悟天慈降恩爵逮於汝汝其毋傲吝毋荒怠毋奢越毋嫉妬疑思問言思審行思恭服思度遏惡揚善親賢遠佞目觀必真耳屬必正忠勤以事君清約以臨己吾終之後所葬時服單櫝足申孝心芻靈明器一無用也三年薨贈侍中太尉隴西王印綬謚曰宣王賜轀輬車及命服溫明祕器陪葬金陵長子延性謹厚少好學位侍御中散賜爵廣武子卒贈涼州刺史廣武侯謚曰簡子鱗襲延弟恩禮後賜名懷謙恭寬雅有大度文成

末爲侍御中散父賀辭老詔受父爵後持節督諸屯於漢南蠕蠕甚憚之還除殿中尚書出爲長安鎮將雍州刺史清儉有惠政善撫恤刼盜息止復拜殿中尚書加侍中參都曹事又督諸軍征蠕蠕六道大將咸受節度遷尚書令參議律令後例降爲公除司州刺史又從駕南征加衛大將軍領中軍事以母憂去職賜帛三百匹穀一千石車駕幸代詔使者弔慰景明二年除尚書左僕射加位特進時詔以姦吏犯罪每多逃遁肆眚乃出並皆釋然自今犯罪不問輕重藏竄者悉皆遠流若永避不出兄弟代徙懷乃奏曰謹案條制逃吏不在赦限竊惟聖朝之恩事異前宥

諸流徙在路尚蒙旋返況有未發而仍遣邊戍案守宰犯罪逃走者衆祿潤既優尚有茲失及蒙恩宥卒然得還今獨苦此等恐非均一之法書奏門下以成式既班駮奏不許懷重奏曰臣以爲法貴經通政尚簡要刑憲之設所以網羅罪人苟理之所備不在繁典伏尋條例制勳品以下罪發逃亡遇恩不宥雖欲抑絶姦途匪爲通式謹按事條侵官敗法專據流外豈九品已上人皆貞白也其諸州守宰職任清流至有貪濁事發逃竄而遇恩免罪勳品已下獨求斯例如此則寬縱上流法切於下育物有差惠罰不等又謀逆滔天經恩尚免吏犯微罪獨不蒙赦使大宥之

經不通開生之路致壅進違古典退乖今律臣少踐天官老荷樞要每見訴訟出入嗟苦輒率愚見以爲宜停書奏宣武納之其年除車騎大將軍涼州大中正懷又表曰昔世祖升遐南安在位出拜東廟爲賊臣宗愛所賊時高宗避難龍潛苑中宗愛異圖神位未立先臣賀與長孫渴侯陸麗等奉迎高宗纂徽寶命麗以扶負聖躬親所見識蒙授撫軍司徒公平原王興安二年追論定策之勳進先臣爵西平王皇興季年顯祖將傳大位於京兆王先臣時都督諸將屯於武川被徵詣京特見顧問先臣固執不可顯祖久乃許之遂命先臣持節授皇帝璽綬於高祖至太和

十六年麗息叡狀秘書稱其亡父與先臣援立高宗朝廷追録封叡鉅鹿郡開國公臣時丁艱草土不容及例至二十年除臣雍州刺史臨發奉辭面奏先帝申先臣舊勳時蒙敕旨但赴所臨尋當別判至二十一年車駕幸雍臣復陳聞時蒙敕旨征還當授自宮車晏駕遂尒不申竊惟先臣遠則援立高宗寶曆不墜近則陳力顯祖神器有歸如斯之勳超世之事也麗以父功而獲山河之賞臣有家勳不霑茅土之錫得否相懸請垂裁處詔曰宿老元臣云如所訴訪之史官頗亦言此可依授北馮翊郡開國公食邑九百户又詔爲使持節加侍中行臺巡行北邊六鎮恒燕

朔三州賑給貧乏兼採風謠考論殿最事之得失先決
後聞自京師遷洛邊朔遥遠加以連年旱儉百姓困弊懷
銜命撫導存恤有方便宜運轉有無通濟時后父于勁勢
傾朝野勁兄子祚與懷宿昔通婚時為沃野鎮將頗有受
納將入鎮祚郊迎道左懷不與相聞即劾祚免官懷朔鎮
將元尼須與懷少舊亦貪穢狼籍置酒請懷曰命之長短
由卿之口豈可不相寬貸懷曰今日之集乃是源懷與故
人飲酒之坐非鞫獄之所也明日公庭始為使人檢鎮將
罪狀之處尼須揮淚而已無以對之既而懷表劾尼須其
奉公不撓皆此類也時百姓為豪強陵壓積年枉滯一朝

見申者日有百數所上事宜便於北邊者凡三十餘條皆
見嘉納正始元年九月有告蠕蠕率十二萬騎六道並進
欲直趣沃野懷朔南寇恒代詔懷以本官加使持節侍中
出據北蕃指授規略隨須徵發諸所處分皆以便宜從事
又詔懷子直寢徵隨懷北行詔賜馬一匹細鎧一具御矟
一枚懷拜受訖乃於其庭跨鞍執矟躍馬大呼顧謂賓
客曰氣力雖衰尚得如此蠕蠕雖畏壯輕老我亦未便可
欺今奉廟勝之規摠驍捍之衆足以禽其酋帥獻俘闕下
耳時年六十一懷至雲中蠕蠕亡遁旋至恒代乃案視諸
鎮左右要害之地可以築城置戍之處皆量其高下揣其

厚薄及儲糧積仗之宜犬牙相救之勢凡表五十八條宣
武並從之卒贈司徒公謚曰惠懷性寛簡不好煩碎恒語
人曰為政貴當舉綱何必須太子細也如為屋但外望高
顯楹棟平正足矣斧斤不平非屋病也性不飲酒而喜以
飲人好接賓客雅善音律雖在白首至宴居之暇常自操
絲竹子子邕字靈和少好文雅篤志於學推誠待士士多
歸之累遷夏州刺史時沃野鎮人破六韓拔陵首為反亂
統萬逆徒寇害應接子邕嬰城自守城中糧盡煮馬皮而
食之子邕善綏撫無有離貳以飢饉轉切欲自出求糧留
子延伯據守寮屬僉云未若棄城俱去更展規略子邕泣

請於衆曰吾世荷國恩此是吾死地更欲何求遂自率羸
弱向東夏運糧延伯與將士送出城哭而拜辭三軍莫不
嗚咽子邕為朔方胡帥曹阿各拔所邀力屈被執乃密遣
人齎書間行與城中云大軍在近汝其奉忠勿移其操子
邕雖被囚束雅為胡人所敬常以百姓禮事之子邕為陳
安危禍福之端勸阿各拔令降將從之未果而死拔弟桑
生代摠部衆竟隨子邕降時北海王顥為大行臺子邕具
陳諸賊可滅狀顥給子邕兵令其先出時東夏合境反叛
所在屯結子邕轉戰而前九旬之中凡數十戰乃平東夏
徵稅租粟運糧統萬於是二夏漸寧及蕭寶寅等為賊所

敗關右騷擾時子邕新平黑城遂率士馬并夏州募義人鼓行南出賊帥康維摩守鋸谷斷絕甖棠橋子邕與戰大破之禽維摩又攻破賊帥契官斤於楊氏堡出自西夏至於東夏轉戰千里至是朝廷始得委問除兼行臺尚書復破賊帥紇單步胡提於曲沃明帝璽書勞勉之子邕在白水郡破賊率宿勤明達子阿非軍多所斬獲除給事黃門侍郎封樂平縣公以葛榮久逼信都詔子邕為北討都督時相州刺史安樂王鑒據鄴反敕子邕與都督李神軌先討平之改封陽平縣公遂與裴衍發鄴討葛榮而信都城陷除子邕冀州刺史與裴衍俱進子邕戰敗而歿贈司空

謚曰莊穆子邕弟子恭字靈順聰敏好學稍遷尚書北主客郎攝南主客事時梁亡人許周自云梁給事黃門侍郎朝士咸共信待子恭奏以為眞偽難辯請下徐揚二州密訪周果以罪歸闕詐假職位如子恭所疑河州羌却鐵怱反詔子恭為行臺討之子恭示以威恩兩旬間悉降朝廷嘉之正光元年為行臺左丞巡北邊轉為起部郎中明堂辟雍並未建就子恭上書求加經綜書奏從之稍遷豫州刺史頻以軍功加鎮南將軍兼尚書行臺元顥之入洛也加子恭車騎將軍子恭不敢拒之而頻遣間使參莊帝動靜未幾顥敗車駕還洛錄前後征討功封臨潁縣侯侍中

介朱榮之死也世隆度律斷據河橋詔子恭為都督以討之尋而太府卿李苗夜燒河橋世隆退走以子恭兼尚書僕射為大行臺大都督節閔帝初以預定策勳封臨汝縣子永熙中入為吏部尚書以子恭前在豫州戰功追賞襄城縣男又論子恭餘功封新城縣子子恭尋表請轉授第五子文盛許之天平初除中書監三年拜魏尹又為齊神武王軍司卒贈司空公謚曰文獻子彪

彪字文宗學涉機警少有名譽魏永安中以功賜爵臨潁縣伯天平四年為涼州大中正及齊文襄攝選沙汰臺郎以文宗為尚書祠部郎中皇建二年累遷涇州刺史文宗

以恩信待物甚得邊境之和為隣人所欽服前政被抄掠者多被放遣累遷秦州刺史棄傳之府特給後部鼓吹時李貞聘陳陳主云齊朝還遣源涇州來在瓜步眞可謂通和矣武平三年授秘書監陳將吳明徹寇淮南歷陽瓜步相尋失守趙彥深於起居省密訪文宗討捍之計文宗曰國家待遇淮南失之同於蒿箭以為宜以淮南委之王琳琳於雲項不肯北面事之明矣彥深曰弟此良圖但以口舌爭來十日已是不見從時事如此安可盡言因相顧流涕及齊平與陽休之等十八人入京授儀同大將軍司成下大夫隋開皇中拜莒州刺史遇病去官卒文宗以貴族

子弟升朝列才識敏贍以幹局見知然好游貴要之門時論以為善附會

師字踐言少知名明辯有識悟尤以吏事自許仕齊為尚書左外兵郎中又攝祠部後屬孟夏以龍見請雩時高阿那肱為録尚書事謂為真龍出見大驚喜問龍所在云作何顏色師整容云此是龍星初見依禮當雩祭郊壇非謂真龍別有所降阿那肱忿然作色曰漢兒多事強知星宿祭事不行師出竊歎曰國家大事在祀與戎禮既廢也其能久乎齊亡無日矣尋周武帝平齊授司賦上士隋文帝受禪累遷尚書左丞以明幹著稱時蜀王秀頗違法度乃

以師為益州摠管司馬俄而秀被徵秀恐京師有變將謝病師數勸之不可違命秀乃作色曰此我家事何預卿也師垂涕苦諫秀乃從徵秀廢後州官屬多相連坐師以此獲免後加儀同三司煬帝即位拜大理少卿帝在顯仁宮敕宮外衛士不得輒離所守有一主帥私令衛士出外帝付大理師據法奏徒帝令斬之師奏曰若陛下初便殺之自可不關文墨既付有司義歸恒典脫宿衛近侍者更有此犯將何以加之帝乃止師居職強明有口辯而無廉平之稱卒於刑部侍郎子恭第篡字靈秀位太府少卿遇害河陰贈定州刺史子雄

雄字世略少寬厚美姿容初仕魏歷位秘書郎在周以伐齊功封朔方公歷冀平二州刺史檢校徐州摠管及尉遲迥作亂時雄家累在相州迥潛以書誘之雄卒不顧隋文帝遺書慰勉之迥遣其將畢義緒據蘭陵席毗陷昌慮下邑雄遣衆悉平之陳人見中原多故遣其將陳紀蕭摩訶任蠻奴周羅睺樊毅等侵江北自江陵東距壽陽人多應之攻陷城鎮雄與吴州摠管于顗等擊走之悉復故地進位上大將軍拜徐州摠管遷朔州摠管平陳之役從秦王俊出信州道陳平以功進位上柱國賜子崇爵端氏縣伯褎為安化縣伯復鎮朔方後歲上表乞骸骨徵還京師卒

於家子嵩嗣大業中為尚書虞部郎討北海賊力戰死之贈正議大夫

劉尼代人也曾祖敦有功於道武為方面大人父婁為冠軍將軍尼勇果善射太武見而善之拜羽林中郎賜爵昌國子宗愛既殺南安王余於東廟祕之唯尼知狀尼勸愛立文成愛自以負罪於景穆聞而驚曰君大癡人皇孫若立豈忘正平時事乎尼曰若爾立誰愛曰待還宮擢諸王子賢者而立之尼懼其有變密以狀告殿中尚書源賀時與尼俱典兵宿衛仍共南部尚書陸麗謀密奉皇孫於是賀與尚書長孫渴侯嚴兵守衛尼與麗迎文成於苑中麗

抱文成於馬上入於京城尼馳還東廟大呼曰宗愛殺南安王大逆不道皇孫已登大位有詔宿衛之士皆可還宮衆咸唱萬歲賀及渴侯登執宗愛賈周等勒兵而入奉文成於宮門外入登永安殿以尼爲內行長封東安公尋遷尚書右僕射爲定州刺史在州清慎然率多酒醉文成末爲司徒獻文即位以尼有大功於先朝特加尊重賜別戶四十皇興四年車駕北征帝親誓衆而尼昏醉兵陳不整帝以其功重特恕之免官而已延興四年薨子社生襲

薛提太原人皇始中補太學生拜侍御史累遷𣈆王丕衛兵將軍冀州刺史封太原公有政績徵拜侍中攝都曹事

太武崩祕不發喪尚書左僕射蘭延侍中和延等議以皇孫幼沖宜立長君徵秦王翰置之祕室提曰皇孫有世嫡之重人望所係春秋雖少令問聞於天下廢所宜立而更別求必有不可延等未決中常侍宗愛知其謀矯皇后令徵提等入殺之文成即位以提有謀立之誠詔提弟浮子襲先爵太原公有司奏降爲侯

論曰陸俟以智識見稱馛乃不替風範雅杖名節自立功名其傳芳銘典豈徒然也麗忠國奉主釁爲梁棟資忠履義赴難如歸世載克昌名不虛得叡琇以沈雅顯達何末亦拔倡子彰令終之美家聲孔振卬及彥師俱以孝爲本出處之譽並可作範人倫奕學業有聞亦人譽也源賀堂堂非徒武節觀其翼佐文成廷抑禪讓殆乎社稷之臣懷幹略兼舉出內馳譽繼迹賢孝不隋其先業子邕功立夏方身亡冀野彪著名聲朝師雄官成隋代美矣劉尼忠國豈徒驍猛之用薛提正議忠謀見害姦閹痛乎

列傳第十六　北史二十八

方洽　周益　周之冕　孫粹然　校正

列傳第十七

司馬休之字季豫河内温人晉宣帝季弟譙王進之後也晉度江之後進子孫襲封譙王至休之父恬爲鎮北將軍青兖二州刺史天興五年休之爲荆州刺史被桓玄逼逐遂奔慕容德及玄誅還建業復爲荆州刺史休之頗得江漢人心其子文思繼其兄尚之爲譙王謀圖劉裕裕執送休之令爲其所休之表廢文思并與裕書陳謝神瑞中裕收休之子文寶兄子文祖並殺之乃討休之休之與魯宗之及宗之子軌起兵討裕兵敗遂與子文思及宗之奔姚興裕滅姚泓休之與文思及晉河間王子道賜等數百人皆將妻子降長孫嵩卒贈征西大將軍右光禄大夫始平公謚曰聲文思與淮南公國璠池陽子道賜不平而僞親之國璠性躁直因醉欲外叛文思告之皆坐誅以文思爲廷尉賜爵鬱林公文思善於其職聽斷百姓不得匿其情進爵譙王位懷荒鎮將薨

司馬楚之字德秀晉宣弟太常馗之八世孫也父榮期晉益州刺史爲其參軍楊承祖所殺楚之時年十七送父喪還丹楊會劉裕誅夷司馬氏叔父宣期兄貞之並遇害楚之乃逃匿諸沙門中濟江至汝潁間楚之少有英氣能折

節待士及宋受禪規欲報復收衆據長社歸之者常萬餘人宋武深憚之遣刺客沐謙圖害楚之楚之待謙甚厚謙夜詐疾知楚之必來欲因殺之楚之聞謙病果自齎湯藥往省之謙感其意出匕首於席下以狀告遂委身以事之其推誠信物得士心皆此類也明元末山陽公奚斤略地河南楚之遣使請降授荆州刺史奚斤既平河南以楚之所率人户分置汝南汝陽南頓新蔡四郡以益豫州太武初楚之遣妻子内居於鄴尋徵入朝授安南大將軍封琅邪王以拒宋師賜前後部鼓吹破宋將到彦之别軍於長社又與冠軍安頡攻拔滑臺禽宋將朱修之李元德及東

郡太守申讃俘萬餘人上疏求更進討太武以兵久勞不
從以散騎常侍徵還宋將裴方明胡崇之寇仇池楚之與
淮南公皮豹子等督關中諸軍擊走方明禽崇之仇池平
而還車駕征蠕蠕楚之與濟陰公盧中山等督運以繼大
軍時鎮北將軍封沓亡入蠕蠕說令擊楚之以絕糧運蠕
蠕乃遣覘楚之軍截驢耳而去有告失驢耳者楚之曰必
覘賊截之爲驗耳賊將至矣乃伐柳爲城灌水令凍城立
而賊至不可攻逼乃走散太武聞而嘉之尋拜假節侍中
鎮西大將軍開府儀同三司雲中鎮大將朔州刺史在邊
二十餘年以清儉著聞及薨贈征南大將軍領護西戎校
尉揚州刺史謚貞王陪葬金陵長子寶胤與楚之同入魏
拜中書博士鴈門太守卒楚之後尚諸王女河內公主生
子金龍字榮則少有父風後襲爵拜侍中鎮西大將軍開
府雲中鎮大將朔州刺史吏部尚書薨贈司空公謚康王
金龍初納太尉隴西王源賀女生子延宗次纂次悅後娶
沮渠氏生子徽亮即河西王沮渠牧犍女太武妹武威公
主所生也有寵於文明太后故以徽亮襲例降爲公坐連
穆泰罪失爵卒悅字慶宗歷位豫州刺史時有汝南上蔡
董毛奴者齎錢五千死於道路郡縣人疑張堤爲劫又於
堤家得錢五千堤懼掠自誣言殺全州悅觀色疑其不實

引見毛奴兄靈之謂曰殺人取錢當時狼狽應有所遺得
何物靈之曰唯得一刀削悅取視之曰此非里巷所爲也
乃召州內刀匠示之有郭門前曰此刀削門手所作去歲
賣與郭人董及祖悅收及祖詰之及祖款引靈之又於及
祖身上得毛奴所衣皂襦及祖伏法悅察獄多此類也俄
與鎮南將軍元英攻克義陽詔改梁司州爲郢州以悅爲
刺史改爲豫州刺史論前勳封漁陽子永平元年城人白
早生謀爲叛遂斬悅首送梁詔楊州移購悅首贈青州刺
史謚曰莊子子朏襲朏尚宣武妹華陽公主拜駙馬都尉
貟外散騎常侍卒贈滄州刺史子鴻字慶雲性麄武襲爵
位都水使者坐通西魏賜死子孝政襲齊受禪例降朏弟
裔

裔字遵胤少孤有志操起家司徒府參軍事後爲貟外散
騎常侍大統三年大軍復弘農乃於温城送款歸西魏六
年授北徐州刺史八年入朝周文帝嘉之特蒙賞勞頃之
河內有四千餘家歸附並裔之鄉舊乃命領河內郡守令
安集流人十五年周文令山東立義諸將等能率衆入關
者並加重賞裔領戶千室先至周文欲以封裔裔辭曰立
義之士遠歸皇化者皆是其誠心內發豈裔能率之乎今
以封裔便是賣義士以求榮周文善而從之授帥都督拜

其妻元爲襄城郡公主孝周孝閔帝踐祚除巴州刺史進
使持節驃騎大將軍開府儀同三司進爵琅邪縣伯四年
爲御正中大夫進爵爲公大軍東討裔與少師楊檦守軹
關即授懷州刺史天和初隨上庸公陸騰討信州反蠻冉
令賢等裔自開州道入先遣使宣示禍福群蠻率服歷信
潼二州刺史六年徵拜大將軍除西寧州刺史未及部卒
於京師裔性清約不事生産所得俸祿並散之親戚身死
之日家無餘財宅宇卑陋喪庭無所詔爲起祠堂焉贈本
官加泗州刺史謚曰定子侃嗣侃字道遷少果勇未弱冠
便從戎旅位樂安郡守以軍功加驃騎大將軍開府儀同

三司遷兗州刺史未之部卒贈本官加豫州刺史謚曰惠
子運嗣金龍弟躍字寶龍尚趙郡公主拜駙馬都尉代兄
爲雲中鎮將拜朔州刺史假安北將軍河內公表求罷河
西苑封丐人墾殖有司執奏此苑麋鹿所聚太官取給若
丐人懽有所闕躍固請孝文從之還爲祠部尚書大鴻臚
卿潁川王師卒楚之父子相繼鎮雲中朔土服其威德司
馬氏桓玄劉裕之際歸北者又有司馬景之叔璠天助位
並崇顯
景之字洪略晉汝南王亮之後明元時歸闕賜爵蒼梧公
加征南大將軍清直有節操卒贈汝南王子師子襲爵景

之兄準字巨之以太常末歸魏封新安公除廣甯太守歿
密陵侯卒子安國襲爵
叔璠晉安平獻王孚之後父曇之晉河間王桓玄劉裕之
際叔璠與兄國璠奔慕容超後投姚泓泓滅奔屈丐統万
平兄弟俱入魏國璠賜爵淮南公叔璠賜爵丹楊侯
天助自云晉驃騎將軍元顯之子歸闕封東海公歷青兗
二州刺史
劉昶字休道宋文帝子也在宋封義陽王位徐州刺史及
廢主子業立疑昶有異志昶和平六年遂委母妻攜妾吳
氏間行降魏朝廷嘉重之尚武邑公主拜侍中征南將軍

駙馬都尉封丹楊王歲餘主薨更尚建興長公主皇興中
宋明帝使至獻文詔昶與書爲兄弟式宋明帝不荅責昶
以母爲其國妾宜如春秋荀罃對楚稱外臣之禮尋敕昶
更爲書辭曰臣若改書事爲二敬猶脩往文彼所不納請
停今荅朝廷從之拜外都坐大官公主復薨更尚平陽長
公主昶好犬馬愛武事入魏歷紀猶布衣皂冠同凶素之
服然呵罵僮僕音雜夷夏雖在公坐諸王每侮弄之或戾
手齧臂至於痛傷笑呼之聲聞于御聽孝文每優假之不
以怪聞至於陳奏本國事故語及征役則斂容涕泗悲動
左右而天性褊躁喜怒不恒每至威忿楚扑特苦引待南

士禮多不足緣此人懷畏避太和初轉內都坐大官及齊初詔勰與諸將南伐路經徐州哭拜其母舊堂哀感從者乃徧循故居處處隕涕左右亦莫不酸鼻及至軍所將臨陣四面拜諸將士自陳家國滅亡蒙朝廷慈覆辭理切至聲氣激揚涕泗橫流三軍咸爲感歎後勰恐水雨方降表請還師從之又加儀同三司領儀曹尚書於時改革朝儀詔勰與蔣少遊專主其事勰條上舊式略不遺忘孝文臨宣文堂引武興王楊集始入宴詔勰曰集始邊方之酋不足以當諸侯之禮但王者不遺小國之臣故勞公卿於此又爲中書監開建五等封勰齊郡公加宋王之號十七年

孝文臨經武殿大議南伐語及劉蕭寶夤之事勰每悲泣不已帝亦爲之流涕禮之彌崇十八年除使持節都督吳越楚彭城諸軍事大將軍開府鎮徐州勰頻表辭大將軍詔不許及發帝親餞之命百僚賦詩贈勰又以其文集一部賜勰帝因以所製文筆示之曰時契勝殘事鍾文業雖則不學欲罷不能脫思一見故以相示雖無足味聊復爲一笑耳其重勰如是自勰背彭城至是久矣昔齊宇山池竝尚存立勰更脩繕還處其中不能綏邊懷物撫接義故而閭門喧猥內外姦雜舊吏莫不慨歎預營墓於彭城西南與三公主同塋而異穴發石累之墳崩壓殺十餘人後

復移改公私費害十九年勰朝京師孝文臨光極堂大選曰國家昔在恒代隨時制宜非通世之長法或言唯能是寄不必拘門朕以爲不然何者清濁同流混齊一等君子小人名品無別此殊爲不可我今八族以上士人品第有九九品之外小人之官復有七等若苟有其人可起家爲三公正恐賢才難得不可止爲一人混我典制故令班鏡九流使千載之後我得髣像唐虞卿等依倚元凱及論大將軍帝曰劉昶即其人也後給班劍二十人薨於彭城孝文爲之舉哀給溫明祕器贈假黃鉞太傅領揚州刺史加以殊禮備九錫給前後部羽葆鼓吹依晉琅邪王伷故事

謚曰明昶嫡子承緒主所生也少而尫疾尚孝文妹彭城長公主爲駙馬都尉先昶卒承緒子暉字重昌爲世子襲封尚宣武第二姊蘭陵長公主主嚴妒暉嘗私幸主侍婢有身主笞殺之剖其孕子節解以草裝實婢腹裸以示暉暉遂忿憾疎薄公主公主姊因入聽講言其故於靈太后太后敕清河王懌窮其事懌與高陽王雍廣平王懷奏其不和狀請離婚削除封位太后從之公主在宮內周歲雍等屢請聽復舊義太后流涕送公主誡令謹敕正光初暉又私淫張陳二氏女公主更不檢忌主姑陳留公主共將扇獎與暉復致忿諍暉推主墜牀手腳毆蹈主遂傷胎暉

懼罪逃逸靈太后召清河王懌決其事二家女髡笞付宮兄弟皆坐鞭刑徙配敦煌爲兵主因傷致斃太后親臨慟哭舉哀太極東堂出葬城西太后親送數里盡哀而還後執暉於河内温縣幽于司州將加死刑會赦免後復其官爵還征虜將軍中散大夫卒家遂衰頓

蕭寶夤字智亮齊明帝第六子廢主寶卷之母弟也在齊封建安王及和帝立改封鄱陽王梁武克建業以兵守之將加害焉其家閹人顔文智與左右麻拱黄神密計穿墻夜出寶夤具小船於江岸脱本衣服着烏布襦腰繫千許錢潛赴江畔躡屩徒步脚無全皮防守者至明追之寶夤

假爲釣者隨流上下十餘里追者不疑待散乃度西岸遂委命投華文榮文榮與其從天龍惠連等三人棄家將寶夤遁匿山澗賃驢乘之晝伏宵行景明二年至壽春東城戍戍主杜元倫推檢知實蕭氏子以禮延待馳告揚州刺史任城王澄澄以車馬侍衛迎之時年十六徒步憔悴見者以爲掠賣生口也澄待以客禮乃請喪君斬衰之服澄遣人曉示情禮以喪兄之制給其齊衰寶夤從命澄率官僚赴弔寶夤居處有禮不飲酒食肉輟笑簡言一同極哀之節壽春多其故義皆受慰唁唯不見夏侯一族以其同梁故也改日造澄澄深器重之及至京師宣武禮之甚重伏訴闕下請兵南伐雖遇暴風大雨終不暫移是年梁江州刺史陳伯之與其長史褚胄等自壽春歸降請軍立効帝謂伯之所陳時不可失以寶夤懇誠除使持節都督東揚州刺史鎮東將軍丹楊郡公齊王配兵一万令據東城待秋冬大舉寶夤明當拜命其夜慟哭至晨備禮策授賜車馬什物事從豐厚猶不及劉昶之優隆也又任其募天下壯勇得數千人以文智三人等爲積弩將軍文榮等三人爲强弩將軍並爲軍主寶夤雖少羈寓而志性雅重過朞猶絶酒肉慘悴形色蔬食麤衣未嘗嬉笑及被命當南伐貴要多相憑託門庭賓客若市而書記相尋寶夤接對

報復不失其理正始元年寶夤行達汝陰東城已陷遂停壽春之栖賢寺逢梁將姜慶真内侵圍逼壽春寶夤率衆力戰破走之寶夤勇冠諸軍聞見者莫不壯之還改封梁郡公及中山王英南伐寶夤又表求征與英頻破梁軍乘勝攻鍾離淮水汎溢寶夤與英狼狽引退士卒死没者十四五有司奏處以極法詔恕死免官削爵還第尋尚南陽長公主公主有婦德寶夤盡雍和之禮雖好合而敬事不替寶夤每入室公主必立以待之相遇如賓自非太妃疾篤未曾歸休寶夤器性温順自處以禮奉敬公主内外諧穆清河王懌親而重之永平四年盧昶克梁朐山戍以瑯

邢戎主傳文驥守之梁師攻文驥祖督衆軍救之詔寳夤為使持節假安南將軍別將長驅往赴授祖節度寳夤受詔泣涕横流哽咽良久後祖軍敗唯寳夤全師而還延昌初除瀛州刺史復其齊王還冀州刺史及大乘賊起寳夤遣軍討之頻為賊破臺軍至乃滅之靈太后臨朝還京師梁將康絢於浮山堰淮以灌揚徐除寳夤使持節都督東討軍事鎮東將軍以討之復封梁郡公熙平初梁堰既成淮水將為揚徐之患寳夤乃於堰上流更鑿新渠水乃小減乃遣壯士千餘人夜度淮燒其竹木營聚破其三壘火數日不滅又分遣將破梁將垣孟孫張僧副等於淮北仍

度淮南焚梁徐州刺史張豹子等十一營及還京師為殿中尚書寳夤之在淮堰梁武寫書招誘之寳夤表送其書陳其忿毒之意志存雪復屢請居邊神龜中為都督徐州刺史車騎大將軍乃起學館於清東朔望引見土姓子弟接以恩顔與論經義勤於聽理吏人愛之正光二年徵為尚書左僕射善於吏職甚有聲名四年上表曰竊惟文武之名在人之極地德行之稱為生之最首忠貞之美立朝之譽仁義之號處身之端自非職惟九官任當四嶽揆曰爾諧讓稱俞往將何以克厭大名允兹令問自比以來官罔高卑人無貴賤皆飾辭假說用相褒舉求者不能量其

多少與者不能覈其是非遂使冠履相貿名實皆爽謂之考功事同汎陟紛紛漫漫焉可勝言又在京之官積年十考其中或所事之主遷移數四或所奉之君身亡廢絶雖當時文簿記其殿最日久月遥散落都盡累年之後方求追訪無不苟相悅附共為脣齒飾垢掩疵妄加丹素趣令得階而已無所顧惜賢達君子未免斯患中庸已降夫復何論官以求成身以請立上下相蒙莫斯為甚又勤恤人隱咸歸守令厥任非輕所責實重然及其考課悉以六載為約既而限滿代還復經六年而敘是則歲周十二始得一階於東南兩省文武閑職公府散佐無事冗官或數旬

方應一直或朔望止於暫朝及其考日更得四年為限是則一紀之中便登三級彼以實勞劇任而遷貴之路至難此以散位虛名而升陟之方甚易何内外之相懸令厚薄之若此孟子曰仁義忠信天爵也公卿大夫人爵也古之人脩其天爵而人爵從之故雖文質異時汙隆殊世莫不寳兹名器不以假人是以賞罰之科恒自持也乃至周之藹藹五叔無官漢之察察館陶徒請誠以賞罰一差則無以懲勸至公暫替則覬覦相欺故至慎至惜殷勤若此況乎親非肺腑才乖秀逸或充單介之使始無汗馬之勞或說興利之規終懸十一之潤皆虛張無功妄指贏益坐獲

數僭之官籍成通顯之貴於其巧詐萌生偽辯鋒出役萬慮以求榮開百方而逐利抑之則其流已往引之則有何紀極夫琴瑟在於必和更張求其適調去者既不可追來者猶或宜改案周官太宰之職歲終則令官府各正所司受其會計聽其事致而詔於王三歲則大計羣吏之政而誅賞之愚謂今可粗依其準見居官者每歲終本曹皆明辯在官日月具斂才行能否審其實用而注其上下游辭宕說一無取焉列上尚書覆其合否如此紕繆即正而罰之不得方復推詰委下容其進退既定其優劣善惡交分經奏之後考功曹别書於黃紙油帛一通則本曹尚書與

令僕印署留於門下一通則以侍中黃門印署掌在尚書嚴加緘密不得開視考績之日然後對共裁量其外內考格裁非庸管乞求博議以爲畫一若殊謀異策事關廢興遐迩所談物無異議者自可臨時斟酌匪拘恒例至如援流引比之訴貪榮求級之請如不限以關鍵肆其傍通則蔓草難除涓流遂積穢我彝章撓茲大典謂宜明加禁斷以全至化詔付外博議以爲永式竟無所改時梁武弟子西豐侯正德來降寶夤表曰正德既不親親安能親人脫包此凶醜寘之列位百官是象其何誅焉臣舋結禍深痛經骨髓日暮途遥報復無日豈區區於一豎哉但才雖庸

近職居獻替愚衷寸抱敢不申陳正德既至京師朝廷待之尤薄歲餘還叛初秦州城人薛伯珍劉慶杜遷等反執刺史李彥推莫折大提爲首自稱秦王大提尋死其第四子念生稱號天子年曰天建置官僚以息阿胡爲太子其兄阿倪爲西河王弟天生爲高陽王伯珍爲東郡王安保爲平陽王天生率衆出隴東遂寇雍州屯於黑水朝廷甚憂之除寶夤開府西道行臺爲大都督西征明帝幸明堂以餞之寶夤與大都督崔延伯擊天生大破之追奔至小隴進討高平賊帥万俟醜奴於安定更有負捷時有天水人呂伯度兄弟始共念生同逆後與兄衆保於顯親聚衆

討念生戰敗奔於胡琛琛以伯度爲大都督秦王資其士馬還征秦州大破念生將杜粲於城紀又破其金城王莫折普賢於永洛城遂至顯親念生率衆身自拒戰又大敗伯度乃背胡琛遣其兄子忻和率騎東引大軍念生事迫乃詐降於寶夤朝廷嘉伯度立義之功授涇州刺史平秦郡公而大都督元脩義高聿停軍隴口久不西進念生復反伯度爲醜奴所殺故賊勢更甚寶夤不能制孝昌二年除寶夤侍中驃騎大將軍儀同三司假大將軍尚書令給前後部鼓吹寶夤初自黑水終至平涼與賊相對年年攻擊賊亦憚之關中保全寶夤之力三年正月除司空公出

師既久兵將疲弊是月大敗還雍州有司處寶夤死罪詔恕為編戶四月除征西將軍雍州刺史開府西討大都督自關以西皆受節度九月念生為其常山王杜粲所殺合門皆盡粲降寶夤十月除尚書令復其舊封時山東關西寇賊充斥王師屢北人情沮喪寶夤自以出師累年糜費尤廣一旦覆敗慮見猜責內不自安朝廷頗亦疑阻及遣御史中尉酈道元為關中大使寶夤謂密欲取己將有異圖問河東柳楷楷曰大王齊明帝子天下所屬今日之舉實允人望且謠言鸞生十子九子毈一子不毈關中亂武王有亂臣十人亂者理也大王當理關中何所疑慮道元

行達陰盤驛寶夤密遣其將郭子恢等攻殺之而詐收道元尸表言白賊所害遂反僭舉大號大赦其部內稱隆緒元年立百官詔尚書僕射行臺長孫承業討之時北地毛鴻賓與其兄遐糾率鄉義將討寶夤寶夤遣其將侯終德往攻遐終德還圖寶夤軍至白門寶夤始覺與終德戰敗攜公主及其少子與部下百餘騎從後門出遂奔万俟醜奴醜奴以寶夤為太傅介朱天光遣賀拔岳等破醜奴於安定追禽醜奴及寶夤並送京師詔置閶闔門外都街中京師士女聚觀凡經三日吏部尚書李神儁黃門侍郎高道穆並與寶夤素舊二人相與左右言於莊帝云其逆迹

事在前朝冀將赦免會應詔王道習時自外至莊帝問道習在外所聞道習曰唯聞陛下欲不殺蕭寶夤人云李尚書高黃門與寶夤周款並居得言之地必能全之道習因曰若謂寶夤逆在前朝便將恕之敗在長安為醜奴太傅豈非陛下御曆之日賊臣不翦法欲安施帝然其言乃於太僕駝牛署賜死將刑神儁攜酒就之敘故舊因對之下泣寶夤夷然自持了不憂懼唯稱推天委命恨不終臣節公主攜男女就寶夤訣別慟哭極哀寶夤亦色貌不改寶夤三子皆公主所生並凡劣長子烈復尚明帝妹建德公主拜駙馬都尉坐寶夤反伏法少子權與小子凱射戲凱

矢激中之死凱妻長孫承業女也輕薄無禮公主數加罪責凱竊銜恨妻復惑說之天平中凱遣奴害公主乃轘凱於東市妻梟首家遂滅寶夤兄子贊

贊字德文本名綜初梁武滅齊齊廢主東昏侯寶卷宮人吳氏始孕匿不言及生贊梁武以為己子封豫章王及長學涉有才思其母告之以實贊晝則談謔夜則銜悲涕泣有濟陰苗文寵安定梁話贊曲加禮接割血自誓布以心腹寵話感其情義深相然諾會元法僧以彭城叛入梁梁武命贊都督江北諸軍事鎮彭城時明帝遣安豐王延明臨淮王彧討之贊與寵話夜奔延明孝昌元年秋留于洛

陽陛見後就館舉哀追服三載寶夤時在關西遣使觀察悶其形貌斂眉悲慼朝廷賞賜豐渥禮遇隆厚授司空封高平郡公丹楊王及寶夤反贊怖欲奔白鹿山至河橋爲北中所執朝議明其不相干預仍蒙慰免建義初轉司徒遷太尉尚帝姊壽陽長公主拜駙馬都尉出爲都督齊州刺史驃騎大將軍開府儀同三司寶夤見禽贊拜表請寶夤命尒朱兆入洛爲城人趙洛周所逐公主被録送京尒朱世隆欲相陵逼公主守操被害贊既棄州爲沙門潛詣長白山未幾至陽平病卒贊機辯文義頗有可觀而輕薄俶儻猶有父風普泰初迎其喪以王禮與公主合葬嵩山元象初吳人盜其喪還江東梁武猶以爲子祔葬蕭氏墓焉贊江南有子在魏無後

蕭正表字公儀梁武帝弟臨川王宏之子也在梁封山陰縣侯位北徐州刺史鎮鍾離正表長七尺九寸雖質貌豐美而性理短暗初梁武未有子以正表兄西豐侯正德爲子及自有子正德歸本私懷怨憾以正光三年背梁奔魏魏朝以其人才庸劣不禮焉尋逃歸梁梁武不之罪封爲臨賀王侯景將濟江知正德有恨密與交通許推爲主正德以船迎之景度攻揚州正表聞正德爲侯景所推盤桓不赴援景尋以正表爲南兗州刺史封南郡王正表遂於歐陽立柵斷梁援軍南兗州刺史南康王蕭會理遣兵擊破之正表走還鍾離以武定七年據州內屬封蘭陵郡王尋除侍中太子太保開府儀同三司薨贈司空公謚曰昭烈子廣壽

蕭祗字敬式梁武帝弟南平王偉之子也少聰敏美容儀在梁封定襄縣侯位東揚州刺史于時江左承平政寬人慢祗獨莅以嚴切梁武悦之遷北兗州刺史太清二年侯景圍建業祗聞臺城失守遂來奔以武定七年至鄴齊文襄令魏收邢邵與相接對歷位太子少傅領平陽王師封清河郡公齊天保初授右光祿大夫領國子祭酒時梁元

帝平侯景復與齊通好文宣欲放祗等還南俄而西魏克江陵遂留鄴卒贈中書監車騎大將軍揚州刺史子放字希逸隨祗至鄴祗卒放居喪以孝聞所居廬室前有二慈烏來集各據一樹爲巢自午以前馴庭飲啄午後更不下樹每臨時舒翅悲鳴全似哀泣家人則之未嘗有闕時以爲至孝之感服闋襲爵武平中待詔文林館放性好文詠頗善丹青因此在宮中披覽書史及近世詩賦監畫工作屏風等雜物見知遂被眷待累遷太子中庶子散騎常侍

蕭退梁武帝弟司空鄱陽王恢之子也退在梁封湘潭侯位青州刺史建業陷與從兄祗俱入東魏齊天保中位金

紫光祿大夫卒子慨深沈有體表好學善草隸書南士中
稱爲長者歷著作佐郎待詔文林館卒於司徒從事中郎
蕭泰字世怡亦恢之子也在梁封豐城侯位譙州刺史侯
景襲而陷之因被執尋逃至江陵梁元帝平侯景以泰爲
兼太常卿桂陽内史未至郡屬于謹平江陵遂隨兄脩佐
郢州及脩卒即以泰爲刺史湘州刺史王琳襲泰泰以州
輸琳時陳武帝執政徵爲侍中不就乃奔齊爲永州刺史
保定四年大將軍權景宣略地河南泰遂歸西魏以名犯
周文帝諱稱字焉拜開府儀同三司封義興郡公授蔡州
刺史政存簡惠深爲吏人所安卒官子寶嗣寶字季珍美

風儀善談笑未弱冠名重一時隋文帝輔政引爲丞相府
典籤開皇中至吏部侍郎後坐太子勇事誅時人寃之
蕭撝字智遐梁武帝第安成王秀之子也性温裕有儀表
在梁封永豐縣侯東魏遣李諧盧元明使梁梁武帝以撝
辭令可觀令兼中書侍郎受幣於賓館歷黄門侍郎累遷
東巴西梓潼二郡守及侯景作亂武陵王紀稱尊號時宗
室在蜀唯撝一人封撝秦郡王紀率衆東下以撝爲尚書
令征西大將軍都督益州刺史守成都又令梁州刺史楊
乾運守潼州周文帝知蜀兵寡弱遣大將軍尉遲迥總衆
討之迥入劒閣長驅至成都撝見兵不滿萬人而倉庫空

竭於是率文武於益州城北共迥升壇歃血立盟以城歸
魏授侍中開府儀同三司封歸善縣公周閔帝踐阼進爵
黄臺郡公武成中明帝令諸文儒於麟趾殿校定經史仍
撰世譜撝亦豫焉尋以母老兼有疾疹請在外著書詔許
之保定元年授禮部中大夫又以歸款功別賜食多陵縣
五百户收其租賦三年出爲上州刺史爲政以禮讓爲本
嘗至元日獄中因繫悉放歸家聽三日然後赴獄主者爭
之撝曰昔王長虞延見稱前史吾雖寡德竊慕行之
獲罪彌所甘心諸囚荷恩並依限而至吏人稱其惠化秩
滿向還部人李漆等三百餘人上表乞留更兩載詔雖不

許甚嘉美之及撝入朝屬置露門學武帝以撝與唐瑾元
偉王褒等四人俱爲文學博士撝以母老表請歸養私門
帝弗許尋以母憂去職歷少保少傅改封蔡陽郡公卒武
帝舉哀於正武殿贈使持節大將軍大都督少傅益州刺
史謚曰襄撝善草隸書名亞王褒筭數醫方咸亦留意所
著詩賦雜文數萬言頗行於世子濟字德成少仁厚頗好
屬文爲東中郎將從撝入朝周孝閔帝踐阼除中外府記
室後至蒲陽郡守
蕭圓肅字明恭梁武帝之孫武陵王紀之子也風度淹雅
敏而好學紀稱尊號封宜都王除侍中紀下峽令圓肅副

蕭撝守成都及尉遲迥至與撝俱降授開府儀同三司侍
中封安化縣公周明帝初進棘城郡公以歸款勳別賜食
思君縣五百戶收其租賦後拜咸陽郡守甚有政績尋改
授太子少傅作少傅箴太子見而悅之致書勞問改授豐
州刺史尋進位上開府儀同大將軍歷司宗中大夫洛州
刺史進位大將軍隋開皇初授貝州刺史以母老請歸就
養許之卒於家有文集十卷又撰時人詩筆為文海四十
卷廣堪十卷淮海亂離志四卷行於世

蕭大圜字仁顯梁簡文帝第二十子也幼而聰敏年四歲
能誦三都賦及孝經論語七歲居母喪便有成人性梁大

寶元年封樂梁郡王冊楊君屬侯景殺簡文大圜潛遁獲
免景平歸建業時喪亂之後無所依乃寓居善覺佛寺人
有以告王僧辯乃給船餼得往江陵梁元帝見之甚悅賜
以越衫胡帶改封晉熙郡王除琅邪彭城二郡太守時大
圜兄汝南王大封等猶未通謁元帝性忌刻甚恨望之乃
使大圜召之大圜即日曉諭兩兄相繼出謁元帝乃安之
大圜恐讒愬生乃屏絕人事門客左右不過三兩人不妄
遊狎兄姊閒止牋疏而已恒以讀詩禮書易為事元帝嘗
自問五經要事數十條大圜詞約指明應答無滯帝甚歎
美之因曰昔河間好學爾既有之臨淄好文爾亦兼之然

有東平為善彌高前載及于謹軍至元帝乃令大封充使
請和大圜副焉其實質也出至軍所信宿元帝降魏恭帝
二年大圜至長安周文帝以客禮待之保定二年大封為
晉陵縣公大圜始寧縣公尋加大圜車騎大將軍儀同三
司俄而開麟趾殿招集學士大圜預焉梁武帝集四十卷
簡文集九十卷各止一本江陵平後並藏祕閣大圜入麟
趾方得見之乃手寫二集一年並畢識者稱歎之大圜深
信因果心安閑放嘗云拂衣褰裳無吞舟之漏網挂冠縣
節慮我志之未從儻獲展禽之免有美慈明之進如蒙北
叟之放實勝濟南之徵其故何哉夫閭閻者有優遊之美

朝廷者有簪佩之累蓋由來久矣留侯追蹤於松子陶朱
成術於辛文良有以焉況乎智不逸群行不高物而欲辛
苦一生何其僻也豈如知足知止蕭然無累北山之北棄
絕人間南山之南超踰世網面脩原而帶流水倚郊甸而
枕平皐築蝸舍於叢林構環堵於幽薄近瞻烟霧遠睇風
雲藉纖草以蔭長松結幽蘭而援芳桂仰翔禽於百仞俯
泳鱗於千尋果園在後開窻以臨花卉蔬圃居前坐簷而
看灌畛二頃以供饘粥十畝以給絲麻侍兒五三可充紝
織家僮數四足代耕耘沽酪牧羊協潘生之志畜雞種黍
應莊叟之言穫菽尋汜氏之書露葵徵尹君之錄烹羔豚

而介春酒迎伏臘而候歲時披良書採至賾歌纂纂唱烏
烏可以娛神可以散慮有朋自遠揚榷古今田畯相過劇
談稼穡斯亦足矣樂不可支永保性命何畏憂責豈若蹙
足入絆申頸就羈遊帝王之門趨宰衡之勢不知飄塵之
少選寧覺年祀之斯須万物營營靡存其意天道昧昧安
可問哉嗟乎人生若浮朝露寧俟長繩繫景實是所願言執
燭夜遊驚其迅邁百年幾何擊踞曲奉四時如流俛眉躡
足出處無成語默奚當非直丘明所恥抑亦宣尼恥之建
德四年除滕王逌友逌嘗問大圜曰吾聞湘東王作梁史
有之乎餘傳乃可抑揚帝紀奚若隱則非實記則攘羊對

曰言之妄也如使有之亦不足怪昔漢明為世祖紀章帝
為顯宗紀殺鑒不遠足為成例且君子之過如日月之蝕
彰於四海安得而隱之蓋子為父隱直在其中諱國之惡
抑又禮也逌乃大笑後大軍拔晉州或問大圜師遂克不
對曰高歡昔以晉州肇基偽迹今本既拔矣能無亡乎所
謂君以此始必以此終居數月齊氏果滅聞者以為知言
隋開皇初拜內史侍郎卒於西河郡守撰梁舊事三十卷
寓記三卷士喪儀注五卷要決兩卷并文集二十卷大封
位開府儀同三司陳州刺史

論曰諸司馬以亂亡歸命楚之最可稱乎其餘碌碌未足
論也而以往代遺緒竝當位遇可謂幸矣劉昶猜疑懼禍
蕭夤亡破之餘竝潛骸竄影委命上國俱稱曉了盛當位
遇雖有枕戈之志終無鞭墓之成昶諸子狂疎喪其家業
寶夤背恩忘義梟鏡其心蕭贊臨邊脫身晚去雖賊寵祿
頓臻顛狽旋至信吉凶之相倚也梁氏云季子弟奔亡正
表動不由仁胡顏之甚祇退泰摛圓肅大圜等雖羈旅異
國而終享榮名非素有鑑其孰懷文抱質亦何能至於此也
方武陵擁衆東下任摛以蕭何之事君臣之道既篤家國
之情亦隆金石不足比其心河水不足明其誓及魏安之
至城下旬日而智力俱竭委金湯而不守舉庸蜀而來王

君乃見機而作誠有之矣守節沒齒則未可焉

列傳第十七　北史二十九

方洽　周益　周之冕　孫粹然　校正

盧玄字子真范陽涿人也曾祖諶晉司空劉琨從事中郎
祖偃父邈並仕慕容氏偃為營丘太守邈為范陽太守皆
以儒雅稱神䴥四年太武辟召天下儒儁以玄為首授中
書博士遷侍郎本州大中正使馮弘稱臣請附外兄司徒
崔浩每與言輒歎曰對子真使我懷古之情更深浩大欲
齊整人倫分明姓族玄曰創制立事各有其時樂為此者

詎幾人也宜三思浩當時雖無以異之竟於不納浩敗頗
亦由此後賜爵固安子散騎常侍使宋宋文帝與之言嘉
歎良久曰中郎卿曾祖也還遇疾歸鄉卒贈平東將軍幽
州刺史固安侯謚曰宣子度世字子遷幼聰達有計數為
中書學生應選東宮弱冠與從兄遐俱以學行為時流所
重遐特為崔浩所敬位至尚書光祿大夫范陽子度世後
以崔浩事棄官逃於高陽鄭羆家羆匿之使者囚羆長子
將加捶楚羆誡之曰君子殺身以成仁汝雖死勿言子奉
父命遂被拷掠乃至火爇其體因以物故卒無所言度世
後令弟娶羆妹以報其恩太武臨江宋文使其殿上將軍

黃延年至帝問曰盧度世坐與崔浩親通逃命江表應已
至彼延年對曰都下無聞當必不至帝詔東宮赦度世宗
族逃亡籍沒者度世乃出拜中書侍郎襲爵興安初兼太
常卿立保太后父遼西獻王廟進爵為侯後除散騎侍郎
使宋應對宋侍中柳元景失衷還被禁劾經年乃釋除濟
州刺史州接邊境將士數相侵掠度世乃禁勒所統還其
俘虜二境以寧後坐事免尋除青州刺史未拜卒謚曰惠
四子伯源敏昶尚之初玄有五子唯度世嫡餘皆別生崔
浩之難其庶兄弟恆欲害之度世常深忿恨及度世有子
每誡絕妾孽以防後患至伯源兄弟婢妾生子雖形貌相

類皆不舉接為識者所非伯源小名陽烏性溫雅寡欲有
祖父風敦尚學業閨門和睦襲侯爵降為伯累加秘書監
本州大中正時孝文帝將立馮后先問伯源請更簡卜帝
曰以先后之姪朕意已定伯源曰雖奉勅如此然臣心實
有未盡及朝臣集議執意如前馮誕有盛寵深以為恨伯
源不以介懷及孝文議伐齊伯源表以為萬乘親戎轉運
難繼詔雖不從而優答之尋以齊武帝殂停師時涇州羌
叛殘破城邑伯源以步騎六千號三萬徐行而進未經三
旬賊衆逃散降者數萬口唯梟首惡餘悉不問詔兼侍中
初伯源年十四嘗詣長安將還餞送者五十餘人別於渭

北有相者扶風人王達曰諸君皆不如此盧郎雖位不副
實然得聲名甚盛望踰公輔後二十餘年當制命關右願
不相忘此行也相者年過八十詣軍門請見言叙平生未
幾守儀曹尚書及齊雍州刺史曹武請降乃以伯源為使
持節安南将軍督前鋒諸軍徑赴樊鄧辭以儒生不行軍
事帝不許伯源曰臣恐曹武為周魴耳陛下宜審之武果
偽降伯源乃進攻赭陽師敗坐免官爵尋遭母憂服闋兼
太尉長史後為徐州京兆王愉兼長史愉時年少事無巨
細多決於伯源伯源以誠信御物甚得東南人和南徐州
刺史沈陵密謀叛伯源屢有表聞朝廷不納陵果逃叛陵

之餘黨伯源皆撫而赦之唯歸罪於陵由是衆心乃安景
明初卒於秘書監年四十八贈幽州刺史復本爵固安伯
謚曰懿初諶父志法鍾繇書子孫傳業累世有能名至邈
以上兼善草跡伯源習家法代京宮殿多其所題白馬公
崔宏亦善書世傳衛瓘體魏初工書者崔盧二門伯源與
李沖特相友善沖重伯源門風伯源私沖才官故結為婚
姻往來親密至於伯源荷孝文意遇頗亦由沖伯源有八
子長子道将字祖業應襲父爵而讓第八弟道舒詔不許
道将引清河王國常侍韓子熙讓弟采魚陽男之例詔乃
許之道将涉獵經史風氣謇諤頗有文才為一家後來之

冠諸父並敬憚之彭城王勰任城王澄皆虚衿相待勰為
中軍大将軍辟行參軍累遷燕郡太守道将下車表樂毅
霍原之墓為之立祠優禮儒生厲勸學業敦課農桑墾田
歲倍卒於司徒司馬贈太常卿謚曰獻所為文筆數十篇
子懷祖太學博士員外散騎侍郎卒子莊少有美名位都
水使者卒官懷祖弟懷仁字子友涉學有辭性恬靜蕭然
有閑雅致歷太尉記室弘農郡守不之任卜居陳留界所
著詩賦銘頌二萬餘言撰中表實録二十卷懷仁有行檢
善與人交與琅邪王衍隴西李壽之情好相得常語衍云
昔太丘道廣許劭知而不顧嵇生峭立鍾會遇而絶言吾

處季孟之間去其太甚衍以為然子彦卿有學尚仕隋位
御史撰後魏紀三十卷貞觀中位石門令東宮學士道将
弟道亮字仲業隱居不仕子思道
思道字子行聰爽俊辯通侻不羈年十六中山劉松為人
作碑銘以示思道思道讀之多所不解乃感激讀書師事
河間邢子才後復為文示松松不能甚解乃喟然歎曰學
之有益豈徒然哉因就魏收借異書數年間才學兼著然
不持操行好輕侮人物齊天保中魏史成思道多所非毀
由是前後再被笞辱因而落泊不調後左僕射楊遵彦薦
之於朝解褐司空行參軍長兼員外散騎侍郎直中書省

文宣帝崩當朝文士各作挽歌十首擇其善者而用之魏收陽休之祖孝徵等不過得一二首唯思道獨有八篇故時人稱為八米盧郎後漏泄省中語出為丞相西閤祭酒歷太子舍人司徒録事參軍每居官多被譴辱後以擅用庫錢免歸家嘗於薊北悵然感慨為五言詩見意世以為工後為給事黃門侍郎待詔文林館周武帝平齊授儀同三司追赴長安與同輩陽休之等數人作聽蟬鳴篇思道所為詞意清切為時人所重新野庾信徧覽諸同作者而深歎美之未幾母疾還鄉遇同郡祖英伯及從兄昌期等舉兵作亂思道預焉柱國宇文神舉討平之思道罪當斬

已在死中神舉素聞其名引出令作露布援筆立成文不加點神舉嘉而宥之後除掌教上士隋文帝為丞相遷武陽太守位下不得志為孤鴻賦以寄其情其序曰余志學之歲自鄉里遊京師便見識知音歷受群公之眷年登弱冠甫就朝列談者過誤遂竊虛名通人楊令君邢特進以下皆分庭致敬倒屣相接翦拂吹噓長其光價而才本駑拙性實疎嬾勢利貨殖淡然不營雖籠絆朝市且三十載而獨往之心未始去懷抱也攝生舛和有少氣疾分符坐嘯作守東原洪河之湄沃野彌望嚚務既屏魚鳥為鄰有離群之鴻為羅者所獲野人馴養貢之於余置諸池庭朝

夕賞翫既用銷憂兼以輕疾大易稱鴻漸於陸羽儀盛也揚子曰鴻飛冥冥騫翥高也淮南子云東歸碣石違溽暑也平子賦南翔衡陽避祁寒也若其雅步清音遠心高韻鵷鸞已降罕見其儔而鍛翮墻陰偶影獨立唼喋粃稗雞鶩為伍不亦傷乎余五十之年忽焉已至永言身事慨然多緒乃為之賦聊以自慰云開皇初以母老表請解職優詔許之思道恃才地多所陵轢由是官途淪滯既而又著勞生論指切當世歲餘奉詔郊勞陳使頃之遭母憂未幾起為散騎侍郎參內史侍郎事于時議置六卿將除大理思道上奏曰省有駕部寺留太僕省有刑部寺除大理斯

則重畜產而賤刑名誠為不可又陳殿庭非杖罰之所朝臣犯笞罪請以贖論上悉嘉納之是歲卒于京師上甚惜之遣使吊祭焉集二十卷行於世子赤松大業中位河東縣長道亮弟道裕字寧祖少以學尚知名風儀兼美尚獻文女樂浪長公主拜駙馬都尉歷位中書侍郎太子中庶子幽州大中正卒於涇州刺史謚曰文道裕弟道虔字慶祖粗閑經史兼通筭術尚孝文女濟南長公主拜駙馬都尉公主驕淫聲穢遐邇無疾暴薨時云道虔所害宣武秘其事不苦窮之後靈太后追主薨事黜道虔令終身不仕道虔外生李彧尚莊帝姊豐亭公主因相藉託永安中除

輔國將軍通直常侍以議曆勳賜爵臨淄伯天平中歷都官尚書本州大中正幽州刺史加衛大將軍卒官贈尚書右僕射司空公瀛州刺史謚曰文恭道虔好禮學難齊尚書令王儉喪服集記七十餘條爲尚書同寮於草屋下設雞黍之膳談者以爲高昧旦將上省必見其弟然後去奴在馬上彈琵琶道虔聞之杖奴一百公主二子昌寓昌仁昌寓不慧昌仁早卒道虔又娶司馬氏有子昌裕後司馬氏見出更娉元氏甚聰悟常升高座講老子道虔從弟元明隔紗帷以聽焉元氏生二子昌期昌衡昌衡最知名

昌衡字子均小字龍子沈靖有才識風神澹雅容止可法

博涉經史工草行書從弟思道小字釋奴宗中稱英妙昌衡與之俱被推重故幽州語曰盧家千里釋奴龍子仕魏兼太尉外兵參軍齊受禪歷平恩令右僕射祖孝徵薦爲尚書金部郎孝徵每曰吾用盧子均爲尚書郎自謂無愧幽明始天保中尚書王昕以雅談獲罪諸弟尚守而不墜自茲以後此道浸微昌衡與頓丘李若彭城劉珉河南陸彥師隴西辛德源王循並爲後進風流之士後兼散騎侍郎迎勞周使周武平齊授司玉中士與大宗伯斛斯徵脩禮令隋開皇初拜尚書祠部侍郎文帝嘗大集群下令自陳功人皆競進昌衡獨無所言左僕射高熲目而異之陳使賀徹周濆相繼來聘朝廷每令昌衡接對之未幾出爲徐州揔管長史甚有能名吏部尚書蘇威考之曰德爲世表行爲士則論之者以爲美談常行至浚儀所乘馬爲人牛所觸致死牛主陳謝求還價直昌衡謂曰六畜相觸自關常理此豈人情也君何謝焉拒而不受性寬厚不校皆此類也轉壽州揔管長史宇文述甚敬之委以州務歲餘遷金州刺史仁壽中奉詔持節爲河南道巡省大使及還以奉使稱旨授儀同三司賜物二百段昌衡自以年在縣車上表乞骸骨優詔不許大業初徵爲太子左庶子行詣洛陽道卒子寶素寶胤道虔弟道偘字希祖沈雅有學尚位

州主簿卒以弟道約子正達爲後道偘弟道和字叔雍兄弟之中人望最下位冀州中軍府中兵參軍卒子景猷弘農太守景猷子士彥有風槩隋開皇中爲蜀王秀屬以秀所爲不軌辭疾終於家道和弟道約字季恭位司徒屬幽州大中正興和末除衛大將軍兖州刺史在州頗得人和卒贈儀同三司幽州刺史子正通少有令譽位開府諮議卒妻謝氏與正通弟正思淫亂爲御史所劾人士疾之正思弟正山字公順早以文學見知爲符璽郎待詔文林館正思兄弟以齊太后舅氏武平中並得優贈道約弟道舒字幼安襲父爵位中書侍郎卒子熙裕襲熙裕清虛守道

有古人風爲親表所敬伯源弟敏字仲通小字洪崖少有大量孝文器之納其女爲嬪位儀曹郎早卒贈威遠將軍范陽太守謚曰靖五子長義僖字遠慶早有學尚識度沈雅年九歲喪父便有至性少爲僕射李沖所歎美起家祕書郎累遷冠軍將軍中散大夫以母憂去職幽州刺史王誦與之交款每與故舊李神儁等書曰盧冠軍在此時復惠存輒連數日得以諮詢政道其見重若此後拜征虜將軍太中大夫散秩多年澹然自得李神儁勸其干謁當塗義僖曰旣學先王之道貴行先王之志何得苟求富貴也孝昌中除散騎常侍時靈太后臨朝黃門侍郎李神軌勢

傾朝野求結婚姻義僖慮其必敗拒而不許王誦謂義僖曰昔人不以一女易五男卿易之也義僖曰所以不從正爲此耳從恐禍大而連速誦乃握義僖手曰我聞有命不敢以告人遂適他族臨婚之夕靈太后遣中常侍服景就家敕停內外惶怖義僖夷然自若普泰中除都官尚書驃騎大將軍左光祿大夫義僖寬和畏慎不妄交款性淸儉不營財利少時幽州頻遭水旱先有數万石穀貸人義僖以年穀不熟乃燔其契州閭悅其恩德雖居顯位每至困乏麥飯蔬食怡然甘之卒贈大將軍儀同三司瀛州刺史謚曰孝簡子遜之淸靖寡欲位太尉記室參軍義僖四弟並遠不逮兄也

敏弟昶字叔達小字師顏學涉經史早有時譽太和中兼員外散騎常侍使於齊孝文詔昶曰密邇江揚不早當晚會是朕物卿等欲言便言無相疑難又敕副使王淸石曰卿莫以南人語致疑盧昶若彼先有知識欲見但見須論即論昶正寬柔君子無多文才或主客命卿作詩莫以昶不作便罷也凡使人以和爲貴勿相矜奪見於色貌及至彼遇齊明立孝文南討昶兄伯源爲別道將而齊明以朝廷加兵遂酷遇之昶等本非骨鯁大怖淚汗橫流齊明以腐米臭魚莝豆供之而謁者張思寧辭氣謇諤遂以壯烈

死於館中昶還孝文責之曰銜命之禮有死無辱雖流放海隅猶宜抱節致殞卿不能長纓羈首已是可恨乃俛眉飲啄自同犬馬有生必死脩短幾何卿若殺身成名貽之竹素何如甘彼芻菽以辱君父縱不能遠慚蘇武寧不近愧思寧遂見罷黜景明初除中書侍郎遷給事黃門侍郎本州大中正散騎常侍兼尚書時洛陽縣獲白鼠昶奏以爲案瑞典外鎮刺史二千石令長不祗上命刻暴百姓怨嗟則白鼠至因陳時政多所勸誡詔書襃美其意轉侍中又兼吏部尚書尋即正仍侍中昶守職而已無所激揚與侍中元暉等更相朋附爲宣武所寵時人鄙之出爲徐州

刺史昶既儒生本少將略又羊祉子燮爲昶司馬專任戎
事掩昶耳目將士怨之朐山戍主傅文驥粮樵俱罄以城
降梁昶見城降先走退諸軍相尋奔遁遇大寒軍人凍死
及落手足者太半自魏經略江右唯中山王英敗於鍾離
昶於朐山失利最爲甚焉宣武遣黃門甄琛馳駟鎖昶窮
其敗狀詔以免官論自餘將統以下悉聽依赦復任未幾
拜太常卿仍除雍州刺史進號鎮西將軍加散騎常侍卒
官謚曰穆昶寬和矜恕善於綏懷其在徐州戍兵有疾親
自檢恤至番兵年滿不歸容充後役終昶一政然後始還
人庶稱之

子元聿字仲訓無他才能尚孝文女義陽長公主拜駙馬
都尉位太尉司馬光祿大夫卒贈中書監子士嚴儀同開
府掾元聿第五弟元明字幼章涉歷群書兼有文義風彩
閑潤進退可觀永安初長兼尚書令臨淮王彧欽愛之及
彧開府引爲兼屬仍領部曲孝武登阼以郎任行禮封城
陽縣子遷中書侍郎永熙末居洛東緱山乃作幽居賦焉
於時元明友人王由居潁川忽夢由攜酒就之言別賦詩
爲贈及明憶其詩十字云自茲一去後市朝不復遊元明
歎曰由性不狎俗旅寄人間乃有今夢詩復如此必有他
故經三日果聞由爲亂兵所害尋其亡日乃是發夢之夜

天平中兼吏部郎中副李諧使梁南人稱之還拜尚書右
丞相轉散騎常侍監起居積年在史館了不措意又兼黃
門郎本州大中正元明善自標置不妄交游飲酒賦詩遇
興忘返性好玄理作史子雜論數十篇諸文別有集錄少
時常從鄉還洛途遇相州刺史中山王熙熙博識之士見
而歎曰盧郎有如此風神唯須誦離騷飲美酒自爲佳器
遂留之數日贈帛及馬而別元明凡三娶次妻鄭氏與元
明兄子士啓淫汙元明不能離絕又好以世地自矜時論
以此貶之元明弟元緝字幼緒兇麤好酒曾於婦氏飲宴
小有不平手刃其客位輔國將軍司徒司馬贈驃騎大將

軍吏部尚書幽州刺史謚曰宣昶弟尚之字季儒小字羨
夏亦以儒素見重位司徒左長史前將軍濟州刺史光祿
大夫長子文甫字元祐涉歷文史有名譽於時位司空行
參軍文甫弟文翼字仲祐少甚輕躁晚頗改節以軍功賜
爵范陽子位太中大夫文翼弟文符字叔偉性通率位通
直散騎侍郎子潛潛容貌瓌偉善言談少有成人志尚累
遷大將軍府中兵參軍機事強濟爲文襄所知言其終可
大用王思政見獲於潁川文襄重其才識潛常從容白文
襄思政不能死節何足可重文襄謂左右曰我有盧潛便
是更得一王思政天保中除左戶郎中坐譏議魏書與王

松年李廣等俱被禁止會清河王岳救江陵特赦潛爲岳行臺郎還歷中書黄門侍郎爲奴誣告謀反文宣明之以奴付潛潛不之責黄門鄭子默奏潛從清河王岳南討岳令潛說梁將侯瑱大納瑱賂遺還不奏聞文宣杖潛一百仍截其鬚潛顔色不變歷魏尹丞司州別駕江州刺史所在有善政孝昭作相以潛爲揚州道行臺左丞先是梁將王琳擁其主蕭莊歸壽陽朝廷以琳爲揚州刺史敕潛與琳爲南討經略後除行臺尚書儀同三司王琳銳意圖南潛以爲時事未可由是與琳有隙更相表列武成追琳入鄴除潛揚州刺史領行臺尚書潛在淮南十三年大樹風

績爲陳人所憚陳主與其邊將書云盧潛猶在卿宜深備之文宣初平淮南給復十年年滿後逮天統武平中徵税頗雜又高元海執政斷漁獵人家無以自資諸商胡負官責息者官者陳德信縱其妄注淮南富家令州縣徵責又敕送突厥馬數千匹於揚州管內令土豪貴買之錢直始入便出敕括江淮間馬並送官廐由是百姓騷擾切齒嗟怨潛隨事撫慰兼行權略故得寧靖武平三年徵爲五兵尚書揚州吏人以潛斷酒肉篤信釋氏大設僧會以香花緣道流涕送之潛歎曰正恐不久復來耳至鄴未幾復爲揚州道行臺尚書四年陳將吴明徹來寇領軍封輔相赴

援陳兵及峴輔相不從潛固爭不得憂憤發病卧幕下果敗陳人遂圍壽陽壅芍陂以水灌之詔王長春爲南討都督長春軍次河南多給兵士粮使鳴角欲引而賤糴其米及頓兵更貴糴其米乃之虔景和擁衆十万於淮北不進壽陽城中青黑龍升天城尋陷潛及行臺僕射王貴顯特進巴陵王王琳扶風王可朱渾孝裕武衛將軍奚永樂儀同索景和仁州刺史酈伯偉霍州刺史封子繡泰州刺史高子植行臺左丞李騊駼等督將五十八軍士一萬皆没焉陳人殺王琳餘皆囚於東冶陳主欲知齊之虚實乃出潛曰囚本屬幽州於河北最小口有五十万落陳者唯與

酈伯偉二人耳時李騊駼將逃歸并要潛潛曰我此頭面何可誑人吾少時相者云没在吴越地死生已定弟其行也因寄書與弟士邃曰吾夢汝以某月某日得患某月某日漸損皆如其言既而歎曰壽陽陷吾以頸血濺城而死佛教不聽自殺故荏苒偷生今可死矣於是閉氣而絶其家購屍歸葬贈開府儀同三司尚書左僕射兖州刺史無子以弟士邃子元孝嗣潛雅性貞固祖珽常要潛陷仁州刺史劉逖許以高位潛曰如此事吾不爲也行臺郎慕容恃德常所推重有疾謂其子曰盧尚書教我爲人有如昆弟我死持上騂馬與之其子以他馬往恃德枢出門自停不

可動巫祝以爲恃德聲怒曰何不與盧尚書我所騎騂馬其子遂奉命柩乃行潛以馬價爲營福事其爲時重如此

士遂字子淹少爲崔昂所知昂云此昆季足爲後生之俊但恨其俱不讀書耳位尚書左右丞吏部郎中中山太守帶定州長史齊亡後卒度世之爲濟州也魏初平升城無鹽房崇吉母傅度世繼外祖母兄之子婦也兖州刺史申纂妻賈氏崇吉之姑女也皆亡破老病憔悴而度世推計中表致其供恤每覲見傅氏跪問起居隨時奉送衣被食物亦存賑賈氏供其服膳青州既陷諸崔墜落多所收贖及伯源昶等竝循父風遠親疏屬叙爲尊行長者莫不畢

拜致敬閨門之禮爲世所推謙退簡約不與世競父母亡後同居共財自祖至孫家内百口在洛時有飢年無以自贍然尊卑怡穆豐儉同之親從昆季常旦省諸父出坐別室暮乃入内朝府之外不妄交遊其相勗以禮如此又一門三主當世以爲榮伯源兄弟亡及道將卒後家風衰損子孫多有非法帷薄混穢爲時所鄙度世從祖弟神寶位中書博士孝文爲弟高陽王雍納其女爲妃初玄從祖兄溥慕容寶之末統攝鄉部屯海濱殺其鄉姻諸祖十餘人稱征北大將軍幽州刺史攻掠郡縣天興中討禽之溥玄孫洪字曾孫太和中位中書博士樂陵陽平二郡太守幽州中正洪三子長子崇少立美名有識者許之以遠大卒於驃騎府法曹參軍崇子柔

柔字子剛少孤爲叔母所養撫視甚於其子柔盡心溫凊亦同己親親族歎重之性聰敏好學未冠解屬文但口吃不能持論頗使酒誕節爲世所譏司徒臨淮王彧見而器之以女妻焉及魏孝武與齊神武有隙詔賀拔勝出牧荊州柔謂因此可著功績遂從勝之荊州以柔爲大行臺郎中掌書記軍之機務柔多預之及勝爲太保以柔爲掾孝武後召勝引兵赴洛勝以問柔柔曰高歡託晉陽之甲意實難知公宜席卷赴都與決勝負存沒以之此忠之上策

也若北阻魯陽南并舊楚東連兖豫西接關中帶甲十萬觀釁而動亦中策也舉三荊之地通款梁國可以庇身功名去矣策之下者勝輕柔年少笑而不應及孝武西遷東魏遣侯景襲穰勝敗遂南奔梁柔亦從之勝頻表梁武帝求歸關中梁武帝覽表嘉其辭彩既知柔所制表因遣舍人勞問并遺縑錦後與勝俱還行至襄陽齊神武懼勝西入遣侯景以輕騎邀之勝及柔懼乃棄船山行贏粮冒險經數百里時屬秋霖徒侶凍餒者太半至於死大統二年至長安封容城縣男周文帝引爲行臺郎中除從事中郎與郎中蘇綽掌機密時沙苑之役大軍屢捷汝潁之間多舉

義來附書翰往反日百餘牒柔隨機報荅皆合事宜進爵
爲子累遷中書侍郎兼著作撰起居注後爲黃門侍郎周
文知其貧解衣賜之後遷中書監周孝閔帝踐阼拜小內
史大夫進位開府儀同三司卒於位所作詩頌碑銘檄表
啓行於世者數十篇子愷嗣
愷字長仁性孝友神情穎悟涉獵經史有當世幹能頗解
屬文周齊王憲引爲記室從憲伐齊說齊栢社鎮下之遷
小吏部大夫時染工王神歡者以賂自進冢宰宇文護擢
爲計部下大夫愷諫曰古者登高能賦可爲大夫求賢審
官理須詳慎今神歡出自染工更無殊異徒以家富自通

遂與搢紳並列實恐鵜翼之刺聞之外境護竟寢其事轉
內史下大夫武帝在雲陽宮敕諸屯簡老牛欲以享士愷
諫曰昔田子方贖老馬君子以爲美談向奉明敕欲以老
牛享士有虧仁政帝美其言而止轉禮部大夫爲聘陳使
副先是行人多從其國禮及愷爲使一依本朝陳人莫能
屈建德四年李穆攻拔軹關栢崖二鎮命愷作露布帝讀
大悅曰盧愷文章大進荀景倩故是令君之子大象元年
拜東都吏部大夫隋開皇初加上儀同三司除尚書吏部
侍郎進爵爲侯仍攝尚書左丞每有敷奏侃然正色雖逢
喜怒不改其常加散騎常侍八年上親考百寮以愷爲上

固讓不敢受文帝曰當仁不讓何愧之有皆在朕心無勞
飾讓歲餘拜禮部尚書攝吏部尚書事會國子博士何妥
與右僕射蘇威不平奏威陰事愷坐與相連憲司奏愷曰
房恭懿者尉遲迥之黨不當仕進威愷二人曲相薦達累
轉海州刺史吏部預選者甚多愷不即授官皆注色而遣
威之從父弟徹肅二人並以鄉正徵詣吏部徹文狀後至
而先任用肅左足攣蹇才用無筭愷以威故授朝請郎愷
之朋黨事甚明白上大怒曰愷敢將天官以爲私惠愷免
冠頓首曰皇太子將以通事舍人蘇夔爲舍人夔威之子
臣以夔未當遷固啓而止臣若與威有私豈當如此上曰

威子朝廷共知卿乃固執以徼身幸至所不知便行朋附
姦臣之行也於是除名卒於家自周氏以降選無清濁及
愷攝吏部與薛道衡陸彥師等甄別士流故涉黨固之譖
遂及於此崇弟仲義字小黑知名於世位員外散騎侍郎
幽州刺史崇兄弟官雖不達婚姻常與玄家齊等洪弟光
宗位尚書郎光宗子觀
觀字伯舉少好學有儁才舉秀才射策甲科除太學博士
著作佐郎與太常少卿李神儁光祿大夫王誦等在尚書
上省撰定朝儀遷尚書儀曹郎中孝昌元年卒
觀弟仲宣小名金才學優洽乃踰於觀但文體頗細兄弟

俱以文章顯論者美之位太尉屬魏孝莊帝初遇害河陰
乃兄觀竝無子文集莫爲撰次罕有存者仲宣弟叔彪
叔彪少機悟豪率輕俠好奇策慕諸葛亮之爲人爲賀拔
勝荆州開府長史勝不用其計棄城奔梁叔彪歸本縣築
室臨陂優遊自適齊文襄降辟書辭疾不到天保初復徵
不得已布裙露車至鄴楊愔往候之以爲司徒諮議辭疾
不受孝昭即位召爲中庶子問以世事叔彪勸討關西畫
地陳兵勢請立重鎮於平陽與彼蒲州相對深溝高壘運
糧實之帝深納之又願自居平陽成此謀略帝命元文遙
與叔彪參謀撰平西策一卷未幾帝崩事寢武成即位拜

儀同三司判都官尚書出爲金州刺史還太子詹事叔彪
在鄉時有粟千石每至春夏鄉人無食者令自載取至秋
任還其價而不計歲歲常得倍餘既在朝通貴自以年老
兒子又多遂營一大屋曰歌於斯哭於斯魏收常來詣之
訪以洛京舊事不待食而起云難爲子費叔彪留之良久
食至但有粟飧葵菜木椀盛之片脯而已所將僕從亦盡
設食一與此同齊滅歸范陽遭亂城陷與族弟士遜皆以
寒餒斃周將宇文神舉以二人有名德收而葬之洪從弟
附伯附伯弟侍伯竝有學識附伯位滄州平東府長史侍
伯南岐州刺史侍伯從弟文偉

文偉字休族父敞位議郎後以文偉勲贈幽州刺史文偉
少孤有志尚頗涉經史州辟主簿年三十八始舉秀才除
本州平北府長流參軍說刺史裴儁按舊迹脩督亢陂溉
田万餘頃人賴其利儁脩立之功多以委之文偉既善於
營理兼展私力家素貧儉因此致富及北方將亂文偉積
稻穀於范陽城時經荒儉多所振贍彌爲鄉里所歸及韓
樓據薊城文偉率鄉閭守范陽樓平以功封大夏縣男除
范陽太守莊帝崩文偉與幽州刺史劉靈助同謀起義靈
助克瀛州留文偉行州事自率兵赴定州爲尒朱榮將侯
深所敗文偉走還本郡仍與高乾兄弟相影響屬神武至

信都文偉遣子懷道奉啓陳謝中興初除安州刺史不之
官尋轉幽州刺史安州刺史盧曹亦從靈助舉兵靈助敗
因據幽州降尒朱兆兆仍以爲刺史據城不下文偉不得
入後除青州刺史文偉輕財愛客善於撫接好爲小惠是
以所在頗得人情經紀生資常若不足致財積聚承候寵
要餉遺不絶卒贈司徒公尚書右僕射謚曰孝威子恭道
性溫良頗有文學位范陽郡太守有德惠先文偉卒贈吏
部尚書謚曰定子詢祖襲祖爵大夏男有術學文辭華美
爲後生之俊舉秀才至鄴趙郡李祖勳嘗宴諸文士齊文
宣使小黃門敕祖勳母曰蠕蠕既破何無賀表使者待之

諸賓皆爲表詢祖俄頃便成其詞云昔十萬橫行樊將軍請而受屈五千深入李都尉降而不歸時重其工後朝廷大遷除同日催拜詢祖立於東止車門外爲二十餘人作表文不加點辭理可觀詢祖初襲爵有宿德朝士謂曰大夏初成詢祖應聲曰且得燕雀相賀天保末爲築長城子使自負其才內懷鬱快遂毀容服如賤役者以見楊愔愔曰故舊皆有所縻唯大夏未加處分詢祖厲聲曰是誰之咎既至役所作築長城賦以寄其意其略曰板則紫柏杵則木瓜何斯材而斯用也草則離離靡靡緣崗而殖但使十步而有一芳余亦何辭間於荆棘邢邵常戲曰卿小年

才學富盛戴角者無上齒恐卿不壽對曰詢祖初聞此言實懷惕懼見丈人蒼蒼在鬢差以自安邵甚重其敏贍既有口辯好臧否人物衆共嫉之言其淫於從妹宗人思道謂曰大夏何爲招四海議詢祖曰骨肉還相殘何況執玉帛者萬國與思道俱爲北州人俊魏收揚譽思道而以詢祖爲不及詢祖謂人曰見未能高飛者借其羽毛知逸勢沖天者翦其翅翮既諸誇毀曰至素論皆薄其爲人長廣太守邢子廣曰詢祖有規檢禰衡思道無冰稜文舉後頗折節歷太子舍人司徒記室卒有文集十卷皆遺逸恭道弟懷道性輕率好酒頗有慕尚既家預義舉神武親待之

卒於烏蘇鎮城都督懷道弟宗道性麤率動作狂俠位南營州刺史嘗於晉陽置酒賓遊滿座中書舍人馬士達目其彈箜篌女妓云手甚纖素宗道即以遺之士達固辭宗道便命其家人將解其腕士達不得已而受之將赴營州於督亢城坡大集鄉人殺牛聚會有一舊門人醉言疎失宗道令沈之於水後坐酷濫除名玄族子輔字顯光本州別駕子同

同字叔倫身長八尺容貌魁偉善於處世太和中起家北海王詳國常侍熙平初累遷尚書左丞時相州刺史奚康生徵百姓歲調皆長七八十尺以邀憂公之譽部內患之

同於歲祿官給長絹同乃舉案康生度外徵調書奏詔科康生罪兼處同在公之績明帝世朝政稍稀人多竊冒軍功同閱吏部勳書因加檢覈得竊階者三百餘人乃表言竊見吏部勳簿多皆改換乃校中兵奏案並復乖舛愚謂罪雖恩免猶須刊定請遣一都令史與令僕省事各一人總集吏部中兵二局勳簿對句奏案若名級相應者即於黃素楷書大字具件階級數令本曹尚書以朱印印之明造兩通一關吏部一留兵局與奏案對掌進則防揩洗之僞退則無改易之理從前以來勳書上省唯列姓名不載本屬致令竊濫之徒輕爲苟且今請征職白身具列本州

郡縣三長之所其實官正職者亦列官名曹別録曆皆仰本軍印記其上然後印縫各上所司統將都督並皆印記然後列上行臺行臺閱太尉太尉檢練精實乃始閱刺省重究括然後奏申奏出之日黃素朱印關付吏部頃來非但偷階冒名改換勳簿而已或一階再取或易名受級凡如此者其人不少良由吏部無法防塞失方何者吏部加階之後簿不注記緣此之故易生僥倖自今敘階之後名簿具注加補日月尚書印記然後付曹郎中別作抄目還代相付此制一行差止姦罔詔從之同又奏曰臣伏思黃素勳簿政可粗止姦偽然在軍虛詐猶未可盡請自今在

軍閱簿之日行臺軍司監軍都督各明立文案處處記之斬首成一階以上即令給券其券一紙之上當中大書起行臺統軍位號勳人甲乙斬三賊及被傷成階以上亦具書於券各盡一行當行竪裂其券前後皆起年號日月破某處陣某官某勳印記為驗一支付勳人一支行臺記至京即送門下別函守録又自遷都以來戎車屢捷所以征勳轉多敘不可盡者良由歲久生姦積年長偽巧吏階緣偷增遂甚請自今為始諸有勳簿已經奏賞者即廣下遠近云某處勳判咸令知聞立格酬敘以三年為斷其職人及出身限內悉令銓除實官及外號隨才加授庶使酬勳

速申立効者勸事不經久僥倖易息或遭窮難州無中正者不在此限又勳簿之法征還之日即應申送然頃來行臺督將至京始造或一年二歲方上勳書姦偽之原實自由此於今以後軍還之日便通勳簿不聽隔月詔復依行元乂之廢靈太后也相州刺史中山王熙起兵於鄴敗之乂以同為持節兼黃門侍郎慰勞使乃就州刑熙還授正黃門同善事在位為乂所親戮熙之日深窮黨與以希乂旨論者非之同兄琇少多大言常云公侯可致至此始為鄴水使者同啓求回身二階以加琇琇遂除安州刺史論者稱之營州城人就德興謀反除同度支尚書持節使營

州慰勞聽以便宜從事同乃遣賊家口三十人并免家奴為良齎書喻之德興乃降安輯其人而還德興復反詔同為幽州刺史兼尚書行臺慰勞之同慮德興難信勒衆而往為德興所擊大敗而還靈太后反政以同乂黨除名莊帝踐祚詔復本秩除都官尚書復兼七兵以前慰勞德興功封章武縣伯正除七兵轉殿中普泰初除侍中進號驃騎將軍左光祿大夫同時久病牽強啓乞儀同初同之為黃門也與節閔帝俱在門下同異其為人素相款託帝以恩舊許之除儀同三司永熙初薨贈尚書右僕射四子長子斐嗣

斐字子章性殘忍以強斷知名齊文襄引為大將軍府刑
獄參軍謂云狂簡斐然成章非嘉名字也天保中稍遷尚
書左丞別典京畿詔獄酷濫非人情所為無問事之大小
拷掠過度於大棒車輻下死者非一或嚴冬至寒置囚於
冰雪之上或盛夏酷熱暴之日下枉陷人致死者前後百
數人伺察官人罪失動即奏聞朝士見之莫不重跡屏氣
皆目之為校事斐揚揚得志言必自矜後以謗史事與李
庶俱病鞭杖死獄中斐弟篘青州中從事同兄靜好學有
風度飲酒至數斗不亂終於太常丞大統初贈太僕卿平
州刺史靜子景裕

景裕字仲儒小字白頭少敏專經為學居拒馬河將一老
婢作食妻子不自隨從又避地大寧山不營世事居無二
業唯在注解其叔父同職居顯要而景裕止於園舍情均
郊野謙恭守道貞素自得由是世號居士節閔初除國子
博士參議正聲其見親遇待以不臣之禮永熙初以例解
天平中還鄉里與邢子才魏季景魏收邢昕等同徵赴鄴
景裕寓託僧寺講聽不已未幾歸本郡河間邢摩納與景
裕從兄仲禮據鄉作逆逼其同反以應西魏齊神武命都
督賀拔仁討平之聞景裕經明行著驛馬特徵既而舍之
使教諸子在館十日一歸家隨以鼎食景裕風儀言行雅

見嗟賞先是景裕注周易尚書孝經論語禮記老子其毛
詩春秋左氏未訖齊文襄入相於第開講招延時儁令景
裕解所注易景裕理義精微吐發閑雅時有問難或相詆
訶大聲厲色言至不遜而景裕神彩儼然風調如一從容
往復無際可尋由是士君子嗟美之初元顥入洛以為中
書郎普泰中復除國子博士進退其間未曾有得失之色
性清靜淡於榮利弊衣麤食恬然自安終日端嚴如對賓
客興和中補齊王開府屬卒於晉陽神武悼惜之景裕雖
不聚徒教授所注易大行於世又好釋氏通其大義天竺
胡沙門道悕每譯諸經論輒託景裕為之序景裕之敗也

繫晉陽獄至心誦經枷鏁自脫是時又有人負罪當死夢
沙門教講經覺時如所夢謂誦千遍臨刑刀折主者以聞
赦之此經遂行號曰高王觀世音景裕弟辯
辯字景宣少好學博通經籍正光初舉秀才為太學博士
以大戴禮未有解詁辯乃注之其兄景裕為當時碩儒謂
辯曰昔侍中注小戴今汝注大戴庶纂前脩矣節閔帝立
除中書舍人屬齊神武起兵信都既破尒朱氏遂鼓行指
洛節閔遣辯持節勞之於鄴神武令辯見其所奉中興主
辯抗節不從神武怒曰我舉大義誅群醜車駕在此誰遣
尒來辯抗言酬荅守節不撓神武異之捨而不逼孝武即

位以辯為廣平王贊師永熙二年平等浮圖成孝武會万僧於寺石佛低舉其頭終日乃止帝禮拜之辯曰石立社移自古有此陛下何怪及帝入關事起倉卒辯不及至家單馬而從或問辯曰得辭家不辯曰門外之道以義斷恩復何辭也孝武至長安封范陽縣公歷位給事黃門侍郎領著作加本州大中正周文帝以辯有儒術甚禮之朝廷大議常召顧問遷太子少保領國子祭酒趙青雀之亂魏太子出居渭北辯時隨從亦不告家人其執志敢決皆此類也尋除太常卿太子少傅轉少師魏太子及諸王等皆行束脩之禮受業於辯進爵范陽郡公自孝武西遷朝儀湮墜于時朝廷憲章秉輿法服金石律呂晷刻渾儀皆令辯因時制宜皆合軌度多依古禮性彊記默識能斷大事凡所創制處之不疑加驃騎大將軍開府儀同三司累遷尚書令及建六官為師氏中大夫明帝即位遷小宗伯進位大將軍帝嘗與諸公幸其第儒者榮之出為宜州刺史以患不之部卒謚曰獻配食文帝廟庭子慎嗣位復州刺史慎弟詮性驍捷善騎射位儀同三司隋開皇初以辯前代名德追封沈國公初周文欲行周官命蘇綽專掌其事未幾而綽卒乃令辯成之於是依周禮建六官革漢魏之法以魏恭帝三年始命行之六卿之外置太師太傅太保

各一人是曰三孤時未建東宮其太子官貟改創未畢尋又改典命為大司禮置中大夫自茲厥後世有損益武成元年增御正四人位上大夫保定四年改宗伯為納言禮部為司宗大司禮為禮部大司樂為樂部五年左右武伯各置大夫一人以建德元年改置宿衛官貟二年省六府諸司中大夫以下官府置四司以下大夫為官之長士貳之是歲又增改東宮官貟三年初置太子諫議大夫貟四人文學十人皇弟皇子友貟各二人學士六人四年又改置宿衛官貟其司武司衛之類皆後所增改太子正宮尹之屬亦後所創置而典章散滅弗可復知宣帝嗣位事不師古官貟班品隨情變革至如初置四輔官及六府諸司復置中大夫并御正內史增置上大夫等則今載於外史餘則朝出夕改莫能詳錄于時雖行周禮內外衆職又兼用秦漢等官今略舉其名號及命數附之於左其紀傳內更有餘官而於此不載者亦史之闕文也柱國大將軍建德四年增置上柱國上將軍也正九命驃騎大將軍開府儀同三司建德四年改為開府儀同大將軍仍增上開府儀同大將軍車騎大將軍儀同三司建德四年改為儀同大將軍仍增上儀同大將軍雍州牧九命驃騎大將軍右光祿大夫車騎將軍左光祿大夫户三万以上州刺史正

八命征東征南征西征北等 將軍右金紫光祿大夫中軍
鎮軍撫軍等將軍左金紫光祿大夫大都督户二萬以上
州刺史京兆尹八命平東平 西平南平北等將軍右銀青
光祿大夫前右左後等將軍左銀青光祿大夫帥都督柱
國大將軍府長史司馬司録户一万以上州刺史正七命
冠軍將軍太中 大夫輔國將軍中散大夫都督户五千 以
上州刺史户一萬五千以上郡守七命鎮遠將軍諫議大
夫建忠將軍誠議大夫别將開府長史司馬司録户不滿
五千以下州刺史户一万以上郡守正六命中堅將軍右
中郎將寧朔將軍左中郎將儀同府正八命州長史司馬

司録户五千以上郡守大呼藥六命寧遠將軍右貟外常
侍揚烈將軍左貟外常侍統軍驃騎車騎將軍府八命州
長史司馬司録柱國大將軍府中郎掾屬户一千以上郡
守長安萬年縣令正五命伏波將軍奉車都尉輕車將軍
奉騎都尉四征中鎮撫將軍府正七命州長史司馬司録
開府府中郎掾屬户不滿一千以下郡守户七千以上縣
令正八命州呼藥七命宣威將軍武賁給事明威將軍亢
從給事儀同府中郎掾屬柱國大將軍府列曹參軍四平
前右左後將軍府七命州長史司馬司録正八命州别駕
户四千以上縣令八命州呼藥正四命襄威將軍給事中

屬威將軍奉朝請軍主開府列曹參軍冠軍輔國將軍府
正六命州長史司馬司録正七命州别駕正八命州中從
事七命郡丞户二千以上縣令正七命州呼藥四命威烈
將軍右貟外侍郎討寇將軍左貟外侍郎幢主儀同府正
八命州列曹參軍柱國大將軍府參軍鎮遠建忠中堅寧
朔將軍府長史司馬正六命州别駕正七命州中從事正
六命郡丞户五百以上縣令七命州呼藥正三命蕩寇將
軍武騎常侍蕩難將軍武騎侍郎開府參軍驃騎車騎將
軍府八命州列曹參軍寧遠揚烈伏波輕車將軍府長史
正六命州中從事六命郡丞户不滿五百以下縣令戌主

正六命州呼藥三命殄寇將軍強弩司馬殄難將軍積弩
司馬四征中鎮撫將軍府正七命州列曹參軍正五命郡
丞正二命掃寇將軍武騎司馬掃難將軍武威司馬四平
前右左後將軍府七命州列曹參軍五命郡丞戌副二命
曠野將軍殿中司馬横野將軍貟外司馬冠軍輔國將軍
府正六命州列曹參軍正一命武威將軍淮海都尉武牙
將軍山林都尉鎮遠建忠中堅寧朔寧遠揚烈伏波輕車
將軍府列曹參軍一命周制封郡縣五等爵者皆加開國
授柱國大將軍開府儀同者並加使持節大都督其開府
又加驃騎大將軍侍中其儀同又加車騎大將軍散騎常

侍其授總管刺史則加使持節諸軍事以此爲常大象元年詔總管刺史及行兵者加持節餘悉罷之辯所制定之後又有改革今粗附之云辯弟光

光字景仁性溫謹博覽羣書精於三禮善陰陽解鍾律又好玄言孝昌初釋褐司空府參軍事及魏孝武西遷光於山東立義遙授晉州刺史大統六年攜家西入除丞相府記室參軍賜爵汜陽縣伯俄拜行臺郎中專掌書記改封安息縣伯歷位京兆郡守侍中開府儀同三司匠師中大夫進爵燕郡公虞州刺史行陝州總管府長史卒官周武帝少嘗受業於光故贈賻有加恒典贈少傅謚曰簡光性崇佛道至誠信敬嘗從周文狩於檀臺山時獵圍既合帝遙指山上謂羣公曰公等有所見不咸曰無所見光獨曰見一桑門帝曰是也即解圍而還令光於桑門立處造浮圖掘基一丈得瓦鉢錫杖各一帝稱歎因立寺焉及爲京兆而郡舍先是數有妖怪前後郡將無敢居者光曰吉凶由人妖不妄作遂入居之未幾光所乘馬忽升聽事登牀南首而立食器無故自破光並不以介懷其精誠守正如此注道德經章句行於世子貴

貴字子繼略涉書記頗解鍾律在周襲爵燕郡公歷位魯陽太守太子少宮尹儀同三司司武上士時隋文帝爲大司馬貴知帝非常人深自推結宣帝嗣位加開府及文帝被顧託羣情未一引貴置左右帝將之東第百官皆不知所去帝潛令貴部伍仗衛因召公卿而謂曰欲富貴者當相隨來往往偶語欲有去就貴嚴兵而至衆莫敢動出崇陽門至東宮門者拒不內貴諭之不去瞋目叱之門者遂却既而帝得入貴恒典宿衛承間進說以應天順人之事帝從之及受禪命貴清宮因典宿衛貴乃奏改周旗幟更爲嘉名其青龍騶虞朱雀玄武千秋万歲之旗皆貴所創也尋拜散騎常侍兼太子左庶子左領軍將軍及高熲蘇威共掌朝政貴甚不平時柱國劉昉被疎忌貴諷昉及上柱國元諧李詢華州刺史張賓等謀黜熲威五人相與輔政又以晉王上之愛子謀行廢立復私謂皇太子曰貴將數謁殿下恐爲上譴願察區區之心謀泄昉等委罪於賓貴公卿奏二人坐當死帝以龍潛之舊不忍加誅並除名賓未幾卒歲餘貴復爵位檢校太常卿以古樂宮縣七八損益不同歷代通儒議無定準乃上表曰殷人以上通用五音周武克殷得鶉火天駟之應其音用七漢興加應鍾故十六枚而在一簴鄭玄注周禮二八十六爲簴此則七八之義其來遠矣然世有沿革用捨不同至周武帝復改縣七以林鍾爲宮夫樂者政之本也故移風易俗莫善於

樂是以吳札觀而辯興亡然則樂也者所以動天地感鬼
神情發於聲安危斯應周武以林鍾爲宫蓋將亡之徵也
且林鍾之管即黄鍾下生之義黄鍾君也而生於臣明於
皇朝九五之應又陰者臣也而居君位更顯國家登極之
祥斯實冥數相符非關人事臣聞五帝不相沿樂三王不
相襲禮此蓋隨時改制而不失雅正者也帝竟從之改七
縣八黄鍾爲宫詔賁與儀同楊慶和刊定周齊音律未幾
歷鄴虢懷三州刺史在懷州決沁水東注名曰利人渠又
派入温縣名曰温潤渠以溉舄鹵人賴其利後爲齊州刺
史糶官米而自糴坐除名後從幸洛陽帝從容謂曰我始

爲大司馬及揔百揆頻繁左右與卿足爲恩舊卿若無過
位與高熲齊坐與凶人交構由是廢黜言念疇昔之恩復
處牧伯之位何乃不思報效以至於此吾不忍殺卿是屈
法申私耳賁俯伏陳謝詔復本官後數日對詔失旨又自
叙功績有怨言帝大怒謂羣臣曰吾將與賁一州觀此不
可復用後皇太子爲其言曰此輩並有佐命功雖性行輕
險誠不可棄帝曰我抑屈之全其命也微劉昉鄭譯及賁
柳裘皇甫績等則我不至此然此等皆反覆子也當周宣
帝時以無賴得幸及帝大漸顔之儀等請以趙王輔政此
輩行詐顧命於我我將爲政又欲亂之故昉謀大逆於前

譯爲巫蠱於後如賁之例皆不滿志任之則不遜致之則
怨自難信也非我棄之衆人見此或有竊議謂我薄於功
臣斯不然矣蘇威進曰漢光武欲全功臣皆以列侯奉朝
請至尊仁育復用此道以安之上曰然遂廢卒於家
勇字季禮景裕從弟也父壁魏下邳太守勇初與景裕俱
在學其叔同曰白頭必以文通季禮當以武達興吾門者
二子也幽州反者僕骨邪以勇爲本郡范陽王時年十八
後葛榮又以勇爲燕王齊神武起兵盧文偉召之不應尒
朱氏滅乃赴晉陽神武署丞相主簿屬山西霜儉運山東
租輸皆令實載違者罪之令勇典其事鄉郡公主虛僦千

餘車勇劾之公主訴於神武而勇守法不虧神武謂郭秀
曰盧勇懍懍有不可犯色真公人也方當委之大事豈止
納租而已後行洛州事元象初官軍圍廣州未拔行臺侯
景聞西魏救兵將至集諸將議之勇請進觀形勢於是率
百騎各攏一馬至大騩山知西魏將李景和將至勇乃多
置旛旗於樹頭分騎爲數十隊鳴角直前禽西魏儀同程
華斬儀同王征蠻而還再遷揚州刺史鎮宜陽叛人韓木
蘭陳忻等常爲邊患勇大破之啓求入朝神武賜勇書曰
吾委卿揚州安枕高卧無西南之慮矣表啓宜停當使漢
兒之中無在卿前者卒年三十二勇有馬五百匹私造甲

仕遺啓盡獻之贈司空冀州刺史謚武貞
誕本名恭祖曾祖晏博學善隸書有名於世仕慕容氏位給事黃門侍郎營丘成周二郡守祖壽太子洗馬慕容氏滅入魏爲魯郡守父叔仁年十八州辟主簿舉秀才除員外郎以親老乃辭歸就養父母既沒哀毀六年躬營墳壠遂有終焉之志景明中被徵入洛授武賁中郎將非其好也尋除鎮遠將軍通直散騎常侍竝稱疾不朝乃出爲幽州司馬又辭歸鄉里當時咸稱其高尚焉誕於度世爲族弟幼而通亮博學有詞彩郡辟功曹州舉秀才不行起家侍御史累遷輔國大將軍太中大夫幽州別駕北豫州都

督府長史時刺史高仲密以州歸西魏遣大將軍李遠率軍赴援誕與文武二千餘人奉候大軍以功授鎮東將軍金紫光祿大夫封固安縣伯尋加散騎侍郎拜給事黃門侍郎魏帝詔曰經師易求人師難得朕諸兒稍長欲令卿爲師於是親幸晉王第敕晉王以下皆拜之於帝前因賜名曰誕加征東將軍散騎常侍周文帝又以誕儒宗學府爲當世所推乃拜國子祭酒進車騎大將軍儀同三司恭帝二年除祕書監後以疾卒

論曰盧玄緒業著聞首應旌命子孫繼迹爲世盛門其文武功烈殆無足紀而見重於時聲高冠帶蓋德業儒素有過人者伯源兄弟亦有二方之風流雅道家聲諸子不逮思道一代俊偉而宦途寥落雖曰窮通抑亦不護細行之所致乎潛及昌衡雅素之紀家風克嗣堂構無虧子剛使酒誕節蓋亦明珠之纇長仁諫說可重一簣而傾惜矣伯舉仲宣文雅俱劭叔彪志尚宏遠任俠好謀文偉望重地華早有志尚間關夷險之際終遇英雄之主雖禮秩未弘亦爲佐命之一也詢祖辭情艷發早著聲名負其才地肆情矜矯位遇未聞弱年夭逝若得終介眉壽通塞未可量爲叔倫質器洪厚卷舒兼濟子章殘忍爲志谷之徒也景裕兄弟雅業可宗雖擇木異邦而立名俱劭辯損益成務

其殆優乎勇雖文武異趣各其美也賁二三其德雖取悅於報已而移之在我亦安能其罵人見遺末路尚何足怪誕不殞儒業亦足稱云

列傳第十八　北史三十

方洽周益　周之冕　孫粹然　校正

列傳第十九　北史三十一

高允（從祖弟祐　祐曾孫德正　祐從[illegible]　昂　李式）

高允字伯恭勃海蓨人漢太傅裒之後也曾祖慶慕容垂
司空祖父泰吏部尚書父韜少以英朗知名同郡封懿雅
相推敬亦仕慕容垂為太尉從事中郎道武平中山以為
丞相參軍早卒允少孤夙成有奇度清河崔宏見而異之
歎曰高子黃中內潤文明外照必為一代偉器但吾恐不
見耳年十餘歲祖父泰喪還本郡允推財與二弟而為沙
門名法淨未久而罷性好文學擔笈負書千里就業博通
經史天文術數尤好春秋公羊曾作塞上公詩有混欣戚
遺得喪之致神䴥三年太武舅陽平王杜超行征南大將
軍鎮鄴以允為從事中郎年四十餘矣超以方春而諸州
囚不決表允與中郎呂熙等分詣諸州共評獄事熙等皆
以貪穢得罪唯允以清平獲賞府解還家教授受業者千
餘人四年與盧玄等俱被徵拜中書博士遷侍郎與太原
張偉並以本官領衞大將軍樂安王範從事中郎範太武
寵弟西鎮長安允甚有匡益秦人稱之尋被徵還樂平王
丕西討上邽復以本官參丕軍事以謀平涼州之勳賜爵
汶陽子後奉詔領著作郎與司徒崔浩述成國記時浩集
諸術士考校漢元以來日月薄蝕五星行度并譏前史之

失別為魏曆以示允允曰善言遠者必先驗於近且漢元
年冬十月五星聚於東井此乃曆術之淺事今譏漢史而
不覺此謬恐後之譏今猶今之譏古浩曰所謬云何允曰
案星傳金水二星常附日而行冬十月日在尾箕昏沒
於申南而東井方出於寅北二星何因背日而行是史官
欲神其事不復推之於理浩曰欲為變者何所不可君獨
不疑三星之聚而怪二星之來允曰此不可以空言爭宜
更審之時坐者咸怪唯東宮少傅游雅曰高君長於曆當
不虛言也後歲餘浩謂允曰先所論者本不經心及更考
究果如君語以前三月聚於東井非十月也又謂雅曰高
允之術陽源之射也衆乃歎服允雖明於曆數初不推步
有所論說惟游雅數以災異問允允曰昔人有言知之甚
難既知復恐漏泄不如不知也天下妙理至多何遽問此
雅乃止尋以本官為秦王翰傅後敕以經授景穆甚見禮
待又詔允與侍郎公孫質李靈胡方回共定律令太武引
允與論刑政言甚稱旨因問允萬機何者為先時多禁封
良田又京師遊食衆允因曰臣少也賤所知唯田請言農
事古人云方一里則為田三頃七十畝方百里則田三万
七千頃若勤之則畝益三升不勤則畝損三升方百里損
益之率為粟二百二十二萬斛況以天下之廣乎若公私

有儲雖遇飢年復何憂乎帝善之遂除田禁悉以授百姓
初崔浩薦冀定相幽并五州士數十人各起家爲郡守景
穆謂浩曰先召之人亦州郡選也在職已久勤勞未答今
可先補前召外任郡縣以新召者代爲郎吏又守令宰人
宜使更事者浩固爭而遣之允聞之謂東宮博士管恬曰
崔其不免乎苟逞其非而校勝於上何以能濟遼東公翟
黑子有寵於太武奉使并州受布千疋事發黑子問允主
上問我首乎諱乎允曰公幃幄寵臣答詔宜實中書侍郎
崔鑒公孫質等咸言宜諱之黑子以鑒等爲親己怒而絕
允而不以實對然獲罪戮時著作令史閔湛郄標性巧佞

爲崔浩信待見浩所注詩書論語及易遂上疏言馬鄭王
賈不如浩之精微請收藏境內諸書班浩所注并求敕浩
注禮傳浩亦表薦湛有著述才湛等又勸浩刊所撰國史
于石以彰直筆允聞之謂著作郎宗欽曰閔湛所營分寸
之間恐爲崔門萬世之禍吾徒無類矣未幾而難作初浩
之被收允直中書省景穆使召允留宿宮內翌日命驂乘
至宮門謂曰入當見至尊吾自導卿脫至尊有問但依吾
說既入見景穆言允小心慎密且微賤制由於浩請赦之
帝召允謂曰國書皆浩作不允曰太祖記前著作郎鄧彥
海所撰先帝記及今記臣與浩同作然而臣多於浩帝大

怒曰此甚於浩安有生路景穆曰天威嚴重允迷亂失次
耳臣向問皆云浩作帝問如東宮不允曰臣罪應滅族不
敢虛妄殿下以臣侍講日久哀臣乞命耳實不問臣不敢
迷亂帝謂景穆曰直哉此亦人情所難而能臨死不移且
對君以實貞臣也寧失一有罪宜宥之允竟得免於是召
浩前使人詰惶惑不能對允事事申明皆有條理時帝怒
甚敕允爲詔自浩以下僮吏以上一百二十八人皆夷五
族允持疑不爲頻詔催切允乞更一見然後爲詔詔引前
允曰浩之所坐若更有餘釁非臣敢知直以犯觸罪不至
死帝怒命介士執允景穆拜請帝曰無此人忿朕當有數

千口死矣浩竟族滅餘皆身死宗欽臨刑歎曰高允其殆
聖乎景穆後讓允以不同己所導之言而令帝怒允曰夫
史籍帝王之實錄將來之炯誡今之所以觀往後之所以
知今是以言行舉動莫不備載故人君慎焉然浩世受殊
遇榮曜當時私欲沒其公廉愛憎蔽其直理此浩之責也
至於書朝廷起動之跡言國家得失之事此爲史之本體
未爲多違然臣與浩實同其事死生義無獨殊誠荷殿下
再造之慈違心苟免非臣之意景穆動容稱歎允後與人
言曰我不奉東宮導旨者恐負翟黑子也景穆季年頗親
近左右營立田園以收其利允諫曰殿下國之儲貳四海

屬心言行舉動萬方所則而營立私田畜養雞犬乃至販
酤市廛與人爭利議聲流布不可追掩夫天下者殿下之
天下富有四海何求而不獲何欲而弗從而與販夫販婦
競此尺寸願殿下少察過言斥出佞邪所在田園分給貧
下如此則休聲日至謗議可除景穆不納景穆之崩也允
久不進見後見升階歔欷悲不能止帝流涕命允使出左
右莫知其故相謂曰允無何悲泣令至尊哀傷何也帝聞
之召而謂曰汝不知高允悲乎崔浩誅時允亦應死東宮
苦請是以得免今無東宮允見朕悲耳先是敕允集天文
災異使事類相從約而可觀允依洪範傳天文志撮其事

府李

北史列傳十九　五

要略其文辭凡為八篇帝覽而善之曰高允之明災異亦
豈減崔浩乎及文成即位允頗有謀焉司徒陸麗等皆受
重賞允既不蒙褒異又終身不言其忠而不伐皆此類也
給事中郭善明性多機巧欲逞其能勸文成大起宮室允
諫曰臣聞太祖道武皇帝既定天下始建都邑其所營立
必因農隙今建國已久宮室已備永安前殿足以朝會萬
國西堂溫室足以安御聖躬紫樓臨望可以周視遠近若
廣修壯麗為異觀者宜漸致之不可倉卒計斫材軍士及
諸雜役須二萬丁夫充作老小供餉合四萬人半年可訖
古人有言一夫不耕或受其飢一婦不織或受其寒況數

萬之衆其所損費亦已多矣帝納之允以文成纂承平之
業而風俗仍舊婚娶喪葬不依古式乃諫曰前朝之世屢
發明詔禁諸婚娶不得作樂及葬送之日歌謠鼓舞殺牲
燒葬一切禁絕雖條旨久班而不革變將由居上者未能
悛改為下者習以成俗教化陵遲一至於此詩云尒之教
矣人胥效矣人君舉動不可不慎禮云嫁女之家三日不
息火娶妻之家三日不舉樂今諸王納室皆樂部給伎以
為嬉戲而獨禁細人不得作樂此一異也古之婚者皆採
德義之門妙簡貞閑之女先之以媒娉繼之以禮物集寮
友以重其別親御輪以崇其敬今諸王十五便賜妻別居

北史列傳十九　六

然所配者或長少差舛或罪入掖庭而以作合宗王妃嬪
藩懿失禮之甚無復此過今皇子娶妻多出宮掖令天下
小人必依禮限此二異也凡萬物之生靡不有死然葬者
藏也死者不可再見故深藏之昔堯葬穀林農不易畝舜
葬蒼梧市不改肆秦始皇作為地市下錮三泉死不旋踵
尸焚墓掘由此推之堯舜之儉始皇之奢是非可見今國
家營葬費損巨億一旦焚之以為灰燼上為之而不輟而
禁下人之必止此三異也古者祭必立尸序其昭穆使亡
者有憑致食饗之禮今葬之魂人直求貌類者事之如父
母宴好如夫妻損敗風化瀆亂情禮莫此之甚上未禁之

下不改絕此四異也夫大饗者所以定禮儀訓萬國故聖王重之至乃爵盈而不飲肴乾而不食樂非雅聲則不奏物非正色則不列今之大會内外相混酒醉喧嘵罔有儀式又俳優鄙褻汙辱視聽朝廷積習以爲美而責風俗之清純此五異也今陛下當百王之末踵晉亂之弊而不矯然釐改以厲頹俗臣恐天下蒼生永不聞見禮教矣允如此非一帝從容聽之或有觸迕帝所不忍聞者命左右扶出事有不便允輒求見帝知允意逆屏左右以待之禮敬甚重晨入暮出或積日居中朝臣莫知所論或有上事陳得失者帝省而謂群臣曰君父一也父有是非子何爲不

作書於人中諫之使人知惡而於家内隱處也豈不以父親恐惡彰於外也今國家善惡不能面陳而上表顯諫以此豈不彰君之短明己之美至如高允者眞忠臣矣朕有是非恒正言面論至朕所不忍聞者皆侃侃論說無所避就朕聞其過而天下不知其諫豈不忠乎汝等在左右不曾聞一正言但伺朕喜以求官汝等以弓刀侍朕徒立勞耳皆至公王此人執筆匡我不過著作郎汝等不亦愧乎於是拜允中書令著作如故司徒陸麗曰高允雖蒙寵待而家貧布衣妻子不立帝怒曰何不先言今見朕用之方言其貧是日幸允第唯草屋數間布被緼袍廚中鹽菜而

已帝歎息曰古人之清貧豈有此乎即賜帛五百疋粟千斛拜長子忱爲長樂太守允頻表固讓帝不許初與允同徵游雅等多至通官封侯及允部下吏百數十人亦至刺史二千石而允爲郎二十七年不徙官時百官無祿允恒使諸子樵採自給初尚書竇瑾坐事誅瑾子遵亡在山澤遵母焦没入縣官後焦以老得免瑾之親故莫有恤者允愍焦年老保護在家積六年遵始蒙赦其篤行如此轉太常卿本官如故允上代都賦因以規諷亦二京之流也時中書博士索敞與侍郎傅默梁祚論名字貴賤著議紛紜允遂著名字論以釋其惑甚有典證復以本官領祕書監

解太常卿進爵梁城侯初允與游雅及太原張偉同業相友雅嘗論允曰夫喜怒者有生所不能無也而前史載卓公寬中文饒洪量褊心者或之弗信余與高子游處四十餘年未見是非愠喜之色不亦信哉高子内文明而外柔弱其言吶吶不能出口余常呼爲文子崔公謂余云高生豐才博學一代佳士所乏者矯矯風節耳余亦然之司徒之譴起於纖微及於詔責崔公聲嘶股戰不能一言宗欽以下伏地流汗都無人色高子敷陳事理申釋是非辭義清辯音韻高亮明主爲之動容聽者無不稱善仁及僚友保茲元吉向之所謂矯矯者更在斯乎宗愛之任勢也威

振四海嘗召百司於都坐王公以下望庭畢拜高子獨升
階長揖由此觀之汲長孺可卧見衛青何抗禮之有向之
所謂風節者得不謂此乎知人故不易人亦不易知吾旣
失之於心內崔亦漏之於形外鍾期止聽於伯牙夷吾見
明於鮑叔良有以也其爲人物所推如此文成重允常不
名之恒呼爲令公令公之號播於四遠矣文成崩獻文居
諒闇乙弗渾專擅朝命謀危社稷文明太后誅之引允禁
中參決大政又詔允曰朕稽之舊典欲置學官於郡國鄉
儒宗元老宜與中祕二省參議以聞允表請制大郡立博
士二人助教四人學生一百人次郡立博士二人助教二

人學生八十人中郡立博士一人助教二人學生六十人
下郡立博士一人助教一人學生四十人其博士取博關
經典履行忠清堪爲人師者年限四十以上助教亦與博
士同年限四十以上若道業夙成才任教授不拘年齒學
生取郡中清望人行脩謹堪束脩名教者先盡高門次及
中等帝從之郡國立學自此始也後允以老疾頻上表乞
骸骨詔不許於是乃著告老詩又以昔歲同徵零落將盡
感逝懷人作徵士頌蓋止於應命其有命而不至則闕焉
其著頌者中書侍郎固安侯范陽盧玄子真郡功曹史博
陵崔綽茂祖河內太守下樂侯廣寧燕崇玄略上黨太守

高邑侯廣寧常陟公山征南大將軍從事中郎勃海高毗
子翼征南大將軍從事中郎勃海李金道賜河西太守饒
陽子博陵許堪祖根中書郎新豐侯京兆杜銓士衡征西
大將軍從事中郎京兆韋閬友規京兆太守趙郡李詵令
孫太常博士鉅鹿公趙郡李靈武符中書郎中即丘子趙
郡李遐仲熙營州刺史建安公太原張偉仲業輔國大將
軍從事中郎范陽祖邁征東大將軍從事中郎范陽祖侃
士倫東郡太守蒲陰子中山劉策濮陽太守眞定子常山
許琛行司隷校尉中都侯西河宋宣道茂中書郎燕郡劉
遐彥鑒中書郎武恒子河間邢潁宗敬滄水太守浮陽侯

勃海高濟叔仁太平太守原平子鴈門李熙士元祕書監
梁郡公廣平游雅伯度廷尉正安平子博陵崔建興祖廣
平太守列人侯西河宋愔州主簿長樂潘符郡功曹長樂
杜熙征東大將軍從事中郎中山張綱中書郎上谷張誕
叔術祕書郎鴈門王道雅祕書郎鴈門閔弼衛大將軍從
事中郎中山郎苗大司馬從事中郎上谷侯辯陳郡太守
高邑子趙郡呂季才合三十四人其詞曰紫氣干天群雄
亂夏王龔徂征戎車屢駕掃盪遊氛克揃袄霸四海從風
八埏漸化政教無外旣寧且壹偃武橐兵唯文是恤帝乃
虛求搜賢採逸巖隱投竿異人並出亹亹盧生量遠思純

鑚道據德遊藝依仁旌弓既招釋褐投巾攝齋升堂嘉謀日陳自東徂南躍馬馳輪借憑影附劉以和親茂祖榮單夙離不造克己勉躬聿隆家道敦心六經遊思文藻終辭寵命以之自保懋常篤信百行靡遺仕不苟進仕理栖遲居沖守約好讓善推思賢樂古如渴如飢子翼致遠道賜悟深相期以義和若瑟琴並參幕府俱發德音優遊卒歲聊以寄心祖根運會克光厥猷仰緣朝恩俯因德友功雖後建爵寔先受班同舊臣位並群后士衡孤立內省靡疚言不崇華交不遺舊以產則貧論道則富所謂伊人寔邦之秀卓矣友規稟茲淑量存彼大方擯此細讓神與理冥形隨流浪雖亞王佚莫廢其尚趙寔名區世多奇士山岳所鍾挺生三李矯矯清風抑抑容止初九而潛望雲而起詵尹西都靈惟作傳載訓皇宮載理雲霧雖中夭迹階郎署餘慶哥挹終亦顯著仲業深長雅性清到憲章古式綢繆典誥時逢嶮艱當一其操納衆以仁訓下以孝化洽龍川人歸其敎邁則英賢佀亦稱選聞達邦家名行素顯志在兼濟豈伊獨善繩匠弗顧功不獲展劉許履忠竭力致躬出則騁說入獻其功輶軒一舉橈燕下崇名彰魏世寔業亦隆道茂夙成弱冠播名與朋以信行物以誠怡怡昆弟穆穆家庭發響九皇翰飛紫宸頻煩省闥亦司于京

刑以之中政以之平銜輿彥鑒思參文雅率性任眞器成非假靡務于高莫恥于下乃謝朱門歸迹林野宗敬延譽號爲四儁華藻雲飛金聲夙振中遇沈痾賦詩以訊忠顯于辭理出于韻高滄朗達默識該通領新悟異發自心胷質侔和璧文照雕龍燿姿天邑衣錦舊邦士元先覺介焉不惑振袂來庭始賓王國蹈方履正好是繩墨淑人君子其儀不忒孔稱游夏漢美卿雲越哉伯度出類踰群司言秘閣作牧河汾移風易俗理亂解紛融彼滯義渙此潛文儒道以析九流以分崔宋二賢誕性英偉擢穎閭閻聞名象魏謇謇儀形邈邈風氣達而不矜素而能貴潘符樲尚杜熙好和清不潔流渾不同波絶怖龍津止分常科幽而逾顯損而逾多張綱柔謙叔術正直道雅洽聞弼爲兼識拔萃衡門俱漸鴻翼發憤忘飡豈要斗食率禮從仁周愆于式失不繫心得不形色郎茁始舉用均已試智足周身言足爲誌性協於時情敏於事與今而同與古而異物以利移人以酒昏佚生潔己唯義是敦日縱醇醪逾敬逾溫其在私室如涉公門李才之性柔而執競屆彼南秦申威致命誘之以權矯之以正帝道用光邊王內慶群賢遭世顯名有代志竭其忠才盡其槃體龍朱裳腰紐雙佩榮曜當時風高千載君臣相遇理實難階昔因朝命與之克諧

披衿散想解帶舒懷此所猶昨存亡奄乖靜言思之衷心九摧揮毫頌德潛爾增哀皇興中詔允兼太常至兗州祭孔子廟謂允曰此簡德而行勿有辭也後允從獻文北伐大捷而還至武川鎮上北伐頌帝覽而善之帝時有不豫以孝文沖幼欲立京兆王子推集諸大臣以次召問允進跪上前涕泣曰臣不敢多言以勞神聽願陛下上思宗廟託附之重追念周公抱成王之事帝於是傳位於孝文賜允帛百疋以標忠亮又遷中書監加散騎常侍雖久典史事然不能專勤屬述時與校書郎劉模有所緝綴大較依續崔浩故事準春秋之體而時有刊正自文成迄于獻文

軍國書檄多允作也末乃薦高閭以自代以定議之勳進爵咸陽公尋授懷州刺史允秋月巡境問人疾苦至邵縣見邵公廟廢毀不立乃歎曰邵公之德闕而不祀為善者何望乃表脩葺之允於時年將九十矣勸人學業風化頗行然儒者優遊不以斷決為事後正光中中書舍人河内常景追思允率郡中故老為允立祠於野王之南樹碑紀德焉太和二年又以老乞還鄉章十餘上卒不聽許遂以疾告歸其年詔以安車徵允敕州郡發遣至都復拜鎮軍大將軍領中秘書事固辭不許扶引就内改定皇誥又被敕論集往世酒之敗德以為酒訓孝文覽而悅之常置左

右詔允乘車上殿朝賀不拜明年詔允議定律令雖年漸期頤而志識無損猶心存舊職披考史書又詔曰允年涉危境而家貧養薄可令樂部絲竹十人五日一詣允以娛其志特賜允蜀牛一頭四望蜀車一乘素几杖各一蜀刀一口又賜珍味每春秋致之尋詔朝晡給御膳朔望致牛酒衣服綿絹每月送給允皆分之親故是時貴臣之門並羅列顯官而允子弟皆無官爵其廉退若此遷尚書散騎常侍時延入備几杖詢以政事十年加光祿大夫金章紫綬朝之大議皆諮訪焉其年四月有事西郊詔御馬車迎允就郊所板殿觀矚馬忽驚奔車覆傷眉三處孝文文明

太后遣醫藥護療存問相望司駕將處重坐允啓陳無恙乞免其罪先是命中黃門蘇興壽扶侍允嘗雪中遇犬驚倒扶者大懼允慰勉之不令聞徹興壽稱共允接事三年不嘗見其忿色恂恂善誘誨人不倦晝夜手常執書吟詠尋覽篤親念故虛已存納雖處貴重志同貧素性好音樂每至伶人弦歌鼓舞常擊節稱善又雅信佛道時設齋講好生惡殺魏初法嚴朝士多見杖罰允歷事五帝出入三省五十餘年初無譴咎始眞君中以獄訟留滯始令中書以經義斷諸疑事允據律評刑三十餘載内外稱平允以獄者人命所係常歎曰皐陶至德也其後英蓼先亡刘項

之際英布黥而王經世雖久猶有刑之餘釁況凡人能無咎乎性簡至不妄交遊獻文之平青齊徙其族望於代時諸士人流移遠至率皆飢寒徙人之中多允姻媾皆徒步造門允散財竭產以相贍振慰問周至無不感其仁厚又隨其才能表奏申用時議者皆以新附致異允謂取材任能無宜抑屈先是允被召在方山作頌志氣猶不多損談說舊事了無所遺十一年正月卒年九十八初允每謂人曰吾在中書時有陰德濟救人命若陽報不差吾壽應享百年矣先卒旬外微有不適猶不寢臥呼醫請藥出入行止吟咏如常孝文文明太后聞而遣醫李脩往脉視之告

以無恙脩入密陳允榮衛有異懼其不久於是遣使備賜御膳珍羞自酒米至于鹽醢百有餘品皆盡時味及牀帳衣服茵被几杖羅列於庭王官往還慰問相屬允喜形於色語人曰天恩以我篤老大有所賚得以贍客矣表謝而已不有他慮如是數日夜中卒家人莫覺詔給絹一千疋布二千疋綿五百斤錦五十疋雜綵百疋穀千斛以周喪用魏初以來存亡蒙賚者莫及朝廷榮之將葬贈侍中司空公冀州刺史將軍公如故謚曰文賜命服一襲允所製詩賦詠頌箴論表讚誄左氏釋公羊釋毛詩拾遺雜解議何鄭膏肓事凡百餘篇別有集行於世允尤明筭法為筭

術三卷子忱字士和位長安太守為政寬惠百姓安之後例降爵為侯卒子貴賓襲忱弟懷字士仁恬淡退靜位太尉東陽王丞諮議參軍子綽字僧裕少孤恭敏自立身長八尺腰帶十圍沈雅有度量博涉經史稍遷洛陽令為政強直不避豪右京邑憚之延昌初尚書右丞後為御史中尉元匡奏高聰及綽朋附高肇詔並原罪歷豫并二州刺史卒謚文簡允弟推字仲讓早有名譽太延中以前後南使不稱妙簡行人游雅薦推應選詔兼散騎常侍使宋南人稱其才辯卒於建業贈臨邑子謚曰恭推弟燮字季和亦有文才太武每詔徵辭疾不應恒笑允屈折久官棲泊

京邑常從容於家州辟主簿卒孫市賓永熙中開府從事中郎始神麚中允與從叔濟族兄毗及同郡李金俱被徵濟位滄水太守浮陽子卒贈冀州刺史謚曰宣子矯襲矯弟遵字世禮賤出其兄矯等常欺侮之及父亡不令在喪位遵遂馳赴平城歸允允為作計乃為遵父舉哀以遵為喪主京邑無不弔集朝貴咸識之徐歸奔赴免喪後為營官路遵感成益之恩事允如諸父涉歷文史頗有筆扎隨都將長廣公侯窮奇等平定三齊以功賜爵高昌男補安定王相撰太和安昌二殿畫圖後與中書令高閭增改律令進中書侍郎假中書令詣長安刊燕宣王廟碑進爵安

昌子使濟兗徐三州觀風理訟進中都令及新制衣冠孝
文恭薦宗廟遵形貌莊潔音氣雄暢常兼太祝令跪贊禮
事為俯仰之節粗合儀矩由是帝頗識待之後與游明根
高閭李沖等入議律令親對御坐時有陳奏出為齊州刺
史建節歷本州宗鄉改觀而矯等彌妬毀之遵性不廉清
在中書時每假歸山東必借備騾馬將從百餘屯逼人家
不得絲縑滿意則詬詈不去旬月之間縑布千數郡邑苦
之既莅方岳本意未弭選召僚吏多所取納又其妻明氏
家在齊州母弟舅甥共相憑屬爭取貨利嚴暴非理殺害
甚多貪酷之響帝頗聞之及車駕幸鄴遵自州來朝會有

赦有遵臨還州請辭帝於行宮引見誚讓之遵自陳無負
帝厲聲曰若無遷都赦必無高遵矣又卿非唯貪惏又虐
於刑法謂何如濟陰王猶不免於法卿何人而為此行自
今宜自謹約還州仍不悛革齊州人孟僧振至洛訟遵詔
廷尉少卿鄧述窮鞫皆如所訴先沙門道登過遵遵以道
登荷眷於孝文多奉以貨深託仗之道登屢因言次申啓
救遵帝不省納遂詔述賜遵死時遵子元榮詣洛訟冤猶
恃道登不時還赴道登知事決方乃遣之遵恨其妻不與
訣別處沐浴引椒而死元榮學尚有文才長於几案位兼
尚書右丞為西道行臺至高平鎮遇城翻被害遵弟次文

雖無位官而貲產巨萬遵每責其財又結憾於遵吉凶不
相往反時論責之毗字子翼鄉邑稱為長者位征南從事
中郎初允所引劉模者長樂信都人頗涉經籍允撰脩國
記選為校書郎與其緝著常令模帶持管籥每日同入史
閣接膝對筵屬述時事允年已九十手目稍衰多遣模執
筆而占授裁斷之如此者五六歲允所成篇卷模預有功
太和中除南潁川太守王肅之歸關路經縣瓠羇旅窮悴
時人莫識模獨經給所須事待以禮肅深感其意及肅臨
豫州模猶在郡徵報復之由是為新蔡太守在二郡積十
年寬猛相濟頗有聲稱遷陳留太守時年七十餘矣而飾

老隱年昧禁自効遂家於南潁川不復歸其舊鄉矣
祐字子集允之從祖弟也本名禧以與咸陽王同名孝文
賜名焉祖展慕容寶黃門郎道武平中山徙京師卒於三
都大官父讜從太武滅赫連昌以功賜爵南皮子與崔浩
共參著作位中書侍郎給事中冀青二州中正假散騎常
侍蓨縣侯使高麗卒贈冀州刺史假滄水公諡曰康祐兄
祚襲爵位東青州刺史祐博涉書史好文字雜說性通放
不拘小節自中書學生再遷中書侍郎賜爵建康子文成
末兗州東郡吏獲一異獸送之京師時無識者詔以問祐
祐曰此是三吳所出厥名鯪鯉餘域率無今我獲之吳楚

之地其有歸國乎又有人於靈丘得玉印一以獻詔以示
祐祐曰印上有籀書二字文曰宋壽壽者命也我獲其命
亦是歸我之徵獻文初宋義陽王昶來奔薛安都等以五
州降附時謂祐言有驗尋文初拜秘書令後與丞李彪等
奏曰尚書者記言之體春秋者録事之辭尋覽前志斯皆
司勳之實録也惟聖朝創制上古開基長發自始祖以後
至於文成其間世數久遠是以史弗能傳臣等疎漏忝當
史職披覽國記竊有志焉愚謂自王業始基庶事草創皇
始以降光宅中土宜依遷固大體令事類相從紀傳區別
表志殊貫如此脩綴事可備書著作郎已下請取有才用

信州路學刊　北史列傳十九　十九

者參造國書如得其人三年有成矣帝從之孝文嘗問祐
比水旱不調何以止災而致豐稔祐曰堯湯之運不能去
陽九之會陛下道同前聖其如小旱何但當旌賢佐政則
災消穰至矣又問止盜之方祐曰苟訓之有方寧不易息
當須宰守貞良則盜賊止矣祐又上疏云今選舉不采職
政之優劣專簡年勞之多少斯非盡才之謂宜棄彼朽勞
唯才是舉又勳舊之臣年勤可録而才非撫人者則可加
以爵賞不宜委以方任所謂王者可私人以財不私人以
官者也帝皆善之加給事中冀州大中正時李彪專統著
作祐爲令時關豫而已出爲西兗州刺史假東光侯鎮滑

臺祐以郡國雖有太學縣黨宜有黌序乃縣立講學黨立
教學村立小學又令一家之中自立一碓五家之外共造
一井以給行客不聽婦人寄舂取水又設禁賊之方令五
五相保若盜發則連其坐初似煩碎後風化大行寇盜止
息轉宋王劉昶傅以參定律令賜帛粟馬等昶以其舊嘗
年耆雅相祗重拜光禄大夫傅如故昶薨徵爲宗正卿而
祐留連彭城久不赴僕射李沖奏祐無事稽命處刑三歲
以贖論免鄉任復爲光禄卒太常謚曰煬侯詔曰不遵上
命曰靈可謚爲靈子和璧字僧壽有學尚位中書博士早
卒和弟子顥字門賢學涉有時譽襲爵建康子任輔國將

信州路學刊　北史列傳十九　二十

軍朝散大夫贈滄州刺史謚曰惠子德正襲
德正幼而敏慧有風神儀表初爲齊文宣儀同開府參軍
尋知管記事甚相親狎累遷相府掾神武委以腹心從給
事黃門侍郎方雅周慎動見稱述文襄嗣業如晉陽文宣
在鄴居守令德正參機密彌見親重文襄之崩勳將等以
纘戎事重勸文宣早赴晉陽文宣不決夜中召楊愔杜弼
崔季舒及德正等策始定以愔從令德正居守以爲相府
司馬專知門下事德正與文宣舊昵愛言無不盡散騎常
侍徐之才館客宋景業先爲天文圖讖學又陳山提家客
楊子術有所援引並因德正勸文宣行禪代事德正又固

請安置恐愔不決自請赴鄴與愔言乃定還未至而文宣
便發晉陽至平城都召諸勳將入告以禪讓事諸將莫敢
荅者時杜弼為長史密啟文宣恐關西因此自稱義兵挾
天子而東向將何以待之才云今若先受魏禪關西自應
息心縱欲屈強止當逐我稱帝弼無以荅文宣以衆意未
叶又先得太后旨云汝父如龍汝兄如猛獸皆以帝王之
重不敢妄據尚以人臣終何欲行舜禹事此正是高德正
教汝又說者以為昔周武王再駕盟津然始革命於是乃
旋晉陽自是居常不悅徐之才宋景業等每言卜筮雜占
陰陽緯候必宜以五月應天命德正亦敦勸不已仍白文

宣追魏收收至令撰禪讓詔冊九錫建臺及勸進文表至
五月初文宣發晉陽德正又錄在鄴諸事條進於文宣文
宣令陳山提馳驛齎事條并密書與楊愔山提以五月至
鄴楊愔即召太常卿邢邵七兵尚書崔㥄度支尚書陸操
太子詹事王昕給事黃門侍郎陽休之中書侍郎裴讓之
等議撰儀注六日要魏太傅咸陽王坦錄尚書事濟陰王
暉業等總集引入北宮留于東齋受禪後乃放還宅文宣
發至前亭所乘馬忽倒意甚惡之至平城都便不復肯進
德正與徐之才苦請曰山提先去恐其漏泄不果即命司
馬子如杜弼馳驛續入觀察物情七日子如等至鄴衆人

以事勢已決無敢異言九日文宣至城南頓所時既未行
詔敕諸公文書唯云奉約束德正及楊愔宣署而已受禪
日堯難宗染赤雀以獻帝尋知之亦弗責也是日即除德
正為侍中又領宗正卿尋遷吏部尚書侍中如故封藍田
縣公天保七年遷尚書右僕射兼侍中食勃海郡幹德正
與尚書令楊愔綱紀朝政多有弘益文宣末年縱酒酣醉
德正屢進忠言帝不悅又謂左右云高德正恒以精神陵
逼人德正甚憂懼乃移疾屏居佛寺兼學坐禪為退身之
計帝謂楊愔曰我大憂高德正其疾何似愔知帝內忌之
由是荅云陛下若用作冀州刺史病即自差帝從之德正

見除書而起帝大怒謂曰聞爾病我為爾計親以刀子刺
之血流霑地又使曳下斬去其趾劉桃枝捉刀不敢下帝
起臨階切責桃枝桃枝乃斬足之三指帝怒不解禁德正
於門下省其夜開城門以氈輿送還家旦日德正妻出寶
物滿四牀欲以寄人帝奄至其宅見而怒曰我府藏猶無
此物詰其所從得皆諸元賂之也遂曳出斬之妻出拜謝
又斬之并其子司徒東閤祭酒伯堅亦見害後文宣謂群
臣曰高德正常言宜用漢除鮮卑此即合死又教我誅諸
元我今殺之為諸元報讎也帝後悔贈太保冀州刺史謚
曰康嫡孫王臣襲爵藍田縣公給事中通直散騎侍郎德

正次子仲武京畿司馬平原郡守顥弟雅字興賢有風度
位定州撫軍府長史天平中追贈冀州刺史子德範早有
令問位任城太守卒雅弟諒字脩賢少好學多識強記居
喪以孝聞太和末京兆王愉開府辟召孝文妙簡僚佐諒
與隴西李仲尚趙郡李鳳起等同時應選正光中加驍騎
將軍為徐州行臺至彭城屬元法僧反逼諒同之不從見
害贈滄州刺史又詔以諒臨危受命復贈使持節平北將
軍幽州刺史優授一子出身謚曰忠侯諒造親表譜錄四
十餘卷自五世以下內外曲盡覽者服其博記祐從父弟
翼字次同豪俠有風神孝昌末葛榮作亂朝廷以翼山東

豪右即家拜勃海太守翼率合境徙居河濟間魏朝因置
東冀州以翼為刺史封樂城縣侯俄除定州刺史以贓亂
不行及尒朱兆弑莊帝翼保境自守卒中興初贈使持節
侍中太保錄尚書六州諸軍事冀州刺史謚曰文宣子乾
乾字乾邕性明悟俊偉有智略美音容進止都雅少時輕
俠長而脩改輕財重義多所交結起家拜員外散騎侍郎
稍遷員外散騎常侍魏孝莊之居藩也乾潛相託附及尒
朱榮入洛乾東奔於冀乾兄弟本有從橫志見榮殺害人
士謂天下遂亂乃率河北流人於河濟間受葛榮官爵莊
帝遣右僕射元羅巡撫三齊乾兄弟相率出降朝廷以乾

為給事黃門侍郎兼武衛將軍尒朱榮以乾前罪不應復
居近要莊帝聽乾解官歸鄉里於是招納驍勇以射獵自
娛及榮死乃馳赴洛陽莊帝見之大喜以乾兼侍中加撫
軍將軍金紫光祿大夫鎮河北又以弟昂為通直散騎常
侍平北將軍令俱歸招集鄉閭為表裏形援帝親送於河
橋上舉酒指水曰卿兄弟冀部豪傑能令士卒致死京城
儻有變可為朕河上一揚塵乾垂涕受詔昂援劍起舞誓
以死繼之及尒朱氏既弑害遣其監軍孫白雞率百餘騎
至冀州託言括馬其實欲因乾兄弟送馬收之乾既宿有
報復之心而白雞忽至知欲見圖將先發以告前河內太

守封隆之隆之父先為尒朱榮所殺聞之喜曰國恥家怨
痛入骨髓乘機而發今正其時謹聞命矣二月乾與昂潛
勒壯士夜襲州城執刺史元嶷射白雞殺之於葛榮殿為
莊帝舉哀素服乾升壇誓衆詞氣激揚涕泗交集將士莫
不感憤欲奉次同為王次同曰和鄉里我不及封皮乃推
隆之為大都督行州事隆之欲逃昂勃然作色拔刀將斫
隆之隆之懼乃受命北受幽州刺史劉靈助節度俄而靈
助被尒朱氏禽屬齊神武出山東揚聲以討乾為辭衆情
惶懼乾謂之曰高晉州雄材蓋世不居人下且尒朱弑主
肆虐正是英雄効節之時今者之來必有深計勿憂吾將

諸君見之乃間行與封隆之子子繪俱迎於滏陽因説神
武曰尒朱氏酷逆痛結人神凡厥生靈莫不思奮明公威
德素著天下傾心若兵以忠亡則强弱之徒不足爲明公
敵矣鄙州雖小户口不減十萬穀秸之税足濟軍資願公
熟詳其計神武大笑曰吾事諧矣遂與乾同帳而寢呼乾
爲叔父乾旦日受命而去時神武雖内有遠圖而外迹未
見尒朱羽生爲殷州刺史神武密遣李元忠於封龍山舉
兵逼其城令乾率衆僞往救之乾遂輕騎入見羽生僞爲
之計羽生出勞軍彭樂側從馬上禽斬之遂平殷州又共
定策推立中興主拜侍中司空公是時軍國草創乾父喪

不得終制及孝武立天下初定乾乃表請解職行三年之
禮詔聽解侍中司空如故封長樂郡公乾雖求退不謂便
見從許既去内侍朝政空闕居常怏怏孝武將貳於神武
欲乘此撫之於華林園宴罷獨留乾謂曰司空奕世忠良
今日復建殊效相與雖則君臣實義同兄弟宜共立盟約
勤逼之乾曰臣以身許國何敢有二乾雖有此對然非其
本心事出倉卒又不謂孝武便有異志遂不固辭亦不啓
神武帝以乾爲誠已時禁園養部曲稍至千人驟令元士
弼王思政詣賀拔岳計又以岳兄勝爲荆州刺史乾謂所
親曰難將作矣禍必及吾乃密以啓神武神武召乾問之

乾因勸神武受禪神武以袖掩其口曰勿復言今啓叔復
爲侍中門下之事一以仰委及頻請而帝不眷乾懼變啓
神武求爲徐州乃以乾爲開府儀同三司徐州刺史將行
帝聞其與神武言怒使謂神武曰高乾與朕私盟今復反
覆神武聞其與帝盟亦惡之乃封其前後密啓以聞帝對
神武使詰乾乾曰臣以身奉國義盡忠貞陛下既有異圖
更言臣反覆以匹夫加諸尚或難免況人主推惡何以逃
命所謂欲加之罪其無辭乎功大身危自昔然也若死而
有知差無負莊帝詔遂賜死於門下省年三十七臨死時
武衛將軍元整監刑謂曰頗有書及家人乎乾曰吾諸弟

分張各在異處今日之事想無全者兒子既小未有所識
亦恐巢傾卵破夫欲何言後神武討斛斯椿等謂高昂曰
若早用司空策豈有今日之舉天平初贈太師録尚書事
冀州刺史謚曰文昭以長子繼叔襲祖次同樂城縣侯令
第二子呂兒襲乾爵乾弟慎字仲密頗涉文史與兄弟志
尚不同偏爲父所愛歷位滄州刺史東南道行臺尚書光
州刺史加驃騎大將軍儀同三司時天下初定聽慎以本
鄉部曲數千自隨爲政嚴酷又縱左右吏人苦之乾死仲
密棄州將歸神武武帝敕青州斷其歸路慎間行至晉陽
神武以爲大行臺左丞轉尚書當官無所迴避累遷御史

中尉選用御史多其親戚鄉閭不稱朝望文襄奏令改選
焉慎前妻吏部郎中崔暹妹為慎棄暹時為文襄委任乃
為暹高嫁其妹禮夕親臨之慎後妻趙郡李徽伯女也豔
且慧兼善書記工騎乘慎之為滄州甚重沙門顯公夜常
語久不寢李氏患之構之於慎遂被拉殺文襄聞其美挑
之不從衣盡破裂李以告慎慎由是積憾且謂暹構己遂
罕所糾劾多行縱捨神武嫌責之彌不自安出為北豫州
刺史遂據武牢降西魏慎先入關周文率衆東出敗於芒
山慎妻子盡見禽神武以其家勳啓慎一房配没而已仲
密妻逆口行中文襄盛服見之乃從焉西魏以慎為侍中

司徒遷太尉慎弟昂
昂字敖曹其母張氏始生一男二歲令婢為湯將浴之婢
置而去養猿繫解以兒投鼎中爛而死張使積薪於村外
縛婢及猿焚殺之揚其灰於漳水然後哭之昂性似其母
幼時便有壯氣及長俶儻膽力過人龍犀豹頸姿體雄異
其父為求嚴師令加捶撻昂不遵師訓專事馳騁每言男
兒當橫行天下自取富貴誰能端坐讀書作老博士也其
父曰此兒不滅吾族當大吾門以其昂藏敖曹故以名字
之少與兄乾數為劫掠鄉閭畏之無敢違忤兄乾求博
陵崔聖念女為婚崔氏不許昂與兄往劫之置女村外謂

兄曰何不行禮於是野合而歸乾及昂等並劫掠父次同
常繫獄中唯遇赦乃出次同語人曰吾四子皆五眼我死
後豈有人與我一鍬土邪及次同死昂大起冢對之曰老
公子生平畏不得一鍬土今被壓竟知為人不昂以建義
初兄弟共舉兵既而奉魏莊帝旨散衆仍除通直散騎侍
郎封武城縣伯與兄乾俱為尒朱榮所黜免歸鄉里陰養
壯士又行抄掠榮聞惡之密令刺史元仲宗誘執昂送
晉陽及入洛將昂自隨禁於馳牛署既而榮死莊帝即引
見勞勉之時尒朱世隆還逼宮闕帝親臨大夏門指麾處
分昂既免縲紲被甲橫戈與其從子長命推鋒徑進所向

披靡帝及觀者莫不壯之即除直閤將軍賜帛千疋昂以
寇難尚繁乃請還本鄉招集部曲仍除通直散騎常侍加
平北將軍及聞莊帝見害京師不守遂與父兄據信都起
兵尒朱世隆從叔殷州刺史羽生率五千人掩至龍尾坂
昂將十餘騎不擐甲而馳之乾城守縋下五百人追救未
及而昂已交兵羽生敗走昂馬矟絕世左右無不一當百
時人比之項籍神武至信都開門奉迎昂時在外略地聞
之以乾為婦人遺以布裙神武使世子澄以子孫禮見之
昂乃與俱來後廢帝立除冀州刺史以終其身仍為大都
督率衆從神武破尒朱兆於廣阿又討四胡於韓陵昂自

領鄉人部曲王桃湯東方老等三千人神武將割鮮卑兵千餘人共相參合對曰敖曹所將部曲練習已久不煩更配神武從之及戰神武軍小却兆等方乘之昂與蔡儁以千騎自栗園出橫擊兆軍大敗是日微昂等神武幾殆太昌初始之冀州尋加侍中開府進爵為侯及兄乾被殺乃將十餘騎奔晉陽神武向洛陽令昂為前驅武帝入關中昂率五百騎倍道兼行至崤陝不及而還尋行豫州刺史天平初除侍中司空公昂以兄乾薨此位固辭不拜轉司徒公好著小帽世因稱司徒帽神武以昂為西南道大都督徑趣商洛昂度河祭河伯曰河伯水中之神高敖曹地

上之虎行經君所故相決醉時山道峻阻已冠守險昂轉鬪而進莫有當鋒遂克上洛獲西魏洛州刺史泉仚并將數十人欲入藍田關會竇泰失利神武召昂昂不忍棄衆力戰全軍而還時昂為流矢所中創甚顧左右曰吾死無恨恨不見季式作刺史耳神武聞之馳驛啓季式為濟州刺史昂還復為軍司大都督統七十六都督與行臺侯景練兵於武牢御史中尉劉貴時亦率衆在焉昂與北豫州刺史鄭嚴祖握槊貴召嚴祖昂不時遣枷其使使者曰枷時易脫時難昂使以刀就枷刎之曰何難之有貴不敢校明日貴與昂坐外白河役夫多溺死貴曰頭錢價漢隨之

死昂怒拔刀斫貴貴走出還營昂便鳴鼓會兵攻之侯景與冀州刺史万俟受洛解之乃止時鮮卑共輕中華朝士唯憚昂神武每申令三軍常為鮮卑言昂若在列時則為華言昂嘗詣相府欲直入門者不聽昂怒引弓射之神武知而不責性好為詩言甚陋鄙神武每容之元年進封京兆郡公與侯景等同攻獨孤信於金墉與周文帝戰敗於芒陰死之是役也昂使奴京兆候西軍京兆於傅婢強取昂佩刀以行昂執殺之京兆曰三度殺公大急何忍以小事賜殺其夜憂京兆以血塗已寤而怒使折其二脛時劉桃棒在勃海亦憂京兆言訴得理將公付賊桃棒知昂必

死遂奔焉昂心輕敵建旗蓋以陵陣西人盡銳攻之一軍皆沒昂輕騎東走河陽城太守高永洛先與昂隙閉門不受昂仰呼求繩又不得拔刀穿闔未徹而追兵至伏於橋下追者見其從奴持金帶問昂所在奴示之昂奮頭曰來與爾開國公追者斬之以去先是昂憂為此奴所殺以告盧武將殺之武諫乃止果及難時年四十八桃棒會喪於路神武聞之如喪肝膽杖永洛二百西魏賞斬昂首者布絹萬段歲歲稍與之周亡猶未充贈太師大司馬太尉公錄尚書事冀州刺史謚曰忠武西魏尋歸敖曹首猶可識先是有鸛巢於庭中地上家人怪之及其首函至置正當

巢㓮葬後其妻張氏常見敖曹夜來旦去有若生平傍人莫見唯犬隨而吠之歲餘乃絶其故吏東方老爲南兖州刺史追慕其恩爲立祠廟畫像旣成頭上圻裂改而更作裂如初見者咸稱神異子突騎嗣早卒文襄復親簡昂諸子以第三子道豁嗣皇建初追封昂永昌王以道豁襲武平末開府儀同三司入周爲儀同大將軍隋開皇中卒於黄州刺史

昂弟季式字子通亦有膽氣太昌初累遷尚食典御尋加驃騎大將軍天平中爲濟州刺史季式兄弟貴盛並有勲於時自領部曲千餘人馬八百疋衣甲器仗皆備故能追

督境內賊盜多致克捷時濮陽人杜靈椿等又陽平路叔文徒黨各爲亂季式並討平之有客嘗謂季式曰濮陽陽平乃是畿內何忽遣私軍遠戰季式曰我與國家同安危豈有見賊不討之理若以此獲罪吾亦無恨芒山之敗所親部曲請季式奔梁季式曰吾兄弟受國厚恩與高王共定天下一旦傾危而亡之不義是役也兄昂歿焉興和中行晉州事解州仍鎭永安季式兄愼以武牢叛遣信報季式季式奔告神武神武待之如初武定中除侍中尋加冀州大中正都督以前後功加儀同三司天保初封乘氏縣子尋遷太常卿仍爲都督隨司徒潘樂征江淮間爲私使樂人於邊境交易還京坐被禁止尋赦之四年夏發疽卒贈侍中開府儀同三司冀州刺史謚曰恭穆季式豪率好酒又恃舉家勲功不拘檢節與光州刺史李元忠生平遊款在濟州夜飲憶元忠開城門令左右乘驛馬持一壺酒往光州勸之朝廷知而容之兄愼叛後少時解職黄門郎司馬消難左僕射子如之子又是神武壻勢盛當時因退食暇尋季式酣歌留宿旦日重門並關消難固請去季式曰君以地勢脅我邪消難拜謝請出終不見許酒至不肯飲季式索車輪括消難頸又更索一車輪自括頸引滿相勸消難不得已咲而從之方俱脫車輪更留一宿及消難

出方具言之文襄輔政白魏帝賜消難美酒數石珍羞十轝并令朝士與季式親狎者就季式宅宴集其被優遇如此自昂起兵爲羽翼者有呼延族劉貴珍劉長秋東方老劉士榮成五彪韓願生劉桃棒隨其建義者有李希光劉叔宗劉孟和等名顯可知者列之後云東方老安德鬲人與昂爲部曲文宣受禪封陽平縣伯位南兖州刺史後與蕭軌等度江没李希光勃海蓨人初隨高乾起兵後位儀同三司揚州刺史文宣責陳武帝發蕭明命儀同蕭軌率希光東方老裴英起王敬寶步騎數萬以天保七年三月度江襲克石頭城五將名位相侔英起以侍中爲軍司蕭

軌與希光並爲都督軍中抗禮動必乖張頓軍丹楊城下遇霖雨五十餘日故致敗將卒俱死軍士得還者十二三

劉叔宗名纂樂陵平昌人歸昂位車騎將軍左光祿大夫

劉孟和名協浮陽饒安人聚衆附昂兄弟位終大丞相司馬坐事死其餘並不知所終云神武初起兵范陽盧曹亦以勇力稱爲尒朱氏守據薊神武厚禮召之以昂相擬曰宜來與從叔爲二曹曹慍田將曰舍兒比國士遂率其徒自薊入海島得長人骨以髑髏爲馬皂脛長丈六尺以爲二稍送其一於神武諸將莫能用唯彭樂強舉之未幾曹遇疾愲聲聞於外巫言海神爲祟遂卒其徒五百人皆服

斬衰葬畢潜散曹身長九尺鬚黄面甚雄臂毛逆如臈鬣力能拔樹性弘毅方重常從容雅服北州敬仰之嘗卧疾指中足以舉二人蠕蠕寇范陽曹登城射之矢出三百步投弓於外奉虜莫能彎乃去之時有沙門曇讃號爲神力唯曹與之角焉曇讃謂闘叩擊則勝

論曰高允蹈危禍之機抗雷電之氣處死夷然忘身濟難卒悟明主保己全名自非體隣知命鑒照窮達亦何能若此宜光寵四世終享百齡有魏以來斯人而已胤裕藝用有聞牽脩之義世禮貪而無道能無及乎子集學業優道知名前世儒俊之風門舊不殞德正受終之際契叶亂臣雖鍾滔虐而名亦茂矣乾邕兄弟不階尺土之資奮臂河朔自致勤王之舉神武因之以成霸業但以非潁川元從異豐沛故人腹心之寄有所未允露其啓疏假手天誅枉濫之極莫或過此昂之膽力氣冠萬夫韓陵之下風飛電擊然則齊氏元功一門而已其餘託而義唱亦足稱云

列傳第十九　北史三十一

方洽　周益　周之冕　孫犇然　校正

崔鑒 兄孫伯讓

崔辯 孫士謙 士謙子彭 士謙弟說 說子弘度

崔挺 子孝芬 孫宣猷 仲方從叔昂中 挺從子季舒 曾孫仲方 挺族孫暹

崔鑒字神具博陵安平人也六世祖贊魏尚書僕射五世祖洪晉吏部尚書曾祖懿字世茂仕燕位祕書監祖遵字景遇位鉅鹿令父綽少孤學行脩明有名於世與范陽盧玄勃海高允趙郡李靈等俱被徵尋以母老固辭後為郡功曹卒鑒頗有文學自中書博士轉侍郎賜爵桐廬縣子出為東徐州刺史鑒欲安新附人有年老者表求假以守令詔從之又於州內銅冶為農具兵人獲利卒贈青州刺史安平侯謚曰康子合字貴和少有時譽襲爵桐廬子位終常山太守合弟康少有志氣陽平王順之為定州康為衛軍府錄事帶毋極令時甄琛為長史曾因公事言競之間以拳擊琛隊主林琛以本縣長笑而不論其豪率若此彭城王勰行壽春康從行招致壯俠以為部下勰目之謂左右曰吾嘗寄膽氣於此人累遷廣平內史大納財貨為清論所鄙後為燕州刺史為杜洛周攻圍堅守歷年朝廷遣都督元譚赴救譚敗康奔定州坐免官太昌中除驃騎大將軍儀同三司頻以老病求解永熙三年去職薨贈尚書

令司徒公謚曰靖穆長子忻字伯悅有世幹以鄭儼之甥累遷兼尚書左丞莊帝初遇害河陰追贈殿中尚書冀州刺史忻弟仲哲早喪所生為祖母宋氏所養六歲宋亡啼慕不止見者悲之性恢達常以將略自許以軍功賜爵安平縣男及父康於燕被圍泣訴朝廷遂除別將與都督元譚赴援戰歿子長瑜位至開府中兵參軍長瑜子子樞學涉好文詞強辯有才幹仕齊位考功郎中參議五禮待詔文林館兼散騎常侍聘周使還除通直散騎常侍兼知度支子樞明解世務所居稱職因度支有受納風聞為御史劾遇赦免仕周位至上士預尉遲迥事被誅子樞次弟子端亦有才幹而文藝不為優歷殿中侍御史卒於通直散騎侍郎子端弟子博武平末為河陽道行臺郎隋開皇末卒於泗州刺史子博弟子發有文才武平末祕書郎脩起居注仕隋為秦王文學卒於國子博士長瑜弟叔瓚頗有學識性好直言其妻即齊昭信皇后姊也文宣擢為魏尹丞屬蝗蟲為災帝以問叔瓚對曰案漢書五行志土功不時蝗蟲作厲當今外築長城內興三臺故致此災帝大怒令左右毆之又擢其髮以溷汁沃其頭曳以出由是廢頓久之後卒於陽平太守贈本州刺史仲弟叔彥位撫軍叔彥弟季通位司農少卿季通子德立好學愛屬文預撰御覽

位濟州別駕季通弟季良風望閑雅位太學博士以征討功賜爵蒲陰縣子累遷太尉長史及康東還鄉季良亦去職歸養後位中軍將軍光祿大夫先康卒於家贈尚書右僕射謚曰簡康弟習字貴禮有世用卒於河東太守贈并州刺史鑒兄撝字洛祖行博陵太守撝子文業中書郎鉅鹿太守文業子伯謙

伯謙字士遜貧居養母齊神武召補相府兼功曹稱之曰崔伯謙清直奉公真良佐也轉七兵殿中左户三曹郎中弟仲讓爲北豫州司馬與高慎同叛坐　免官後歷瀛州別駕京畿司馬文襄將之晉陽勞之曰卿聘足瀛部已著

康歌督府務總是用相授臨別又馬上執手曰執子之手與子偕老卿宜深體此情族弟暹當時寵要伯謙與之舊寮同門非吉凶未嘗造請以雅道自居天保初除濟北太守恩信大行富者禁其奢侈貧者勸課周給縣公田多沃壤伯謙咸易之以給人又改鞭用熟皮爲之不忍見血示恥而已朝貴行過郡境問人太守政何似對曰府君恩化古者所無誦人爲歌曰崔府君能臨政退田易鞭布威德人無爭客曰既稱恩化何因復威對曰長吏憚其威嚴人庶蒙其恩惠故兼言之以相府舊寮例有加授徵赴鄴百姓號泣遮道數日不得前以弟仲讓在關中不復居內任除南鉅鹿太守下車導以禮讓豪族皆改心整肅事無巨細必自親覽在縣有貧弱未理者皆曰我自告白鬚公不慮不決在郡七年獄無停囚每有大使巡察恒處上第徵拜銀青光祿大夫伯謙少時讀經史晚年好老莊容止儼然無愠色親賓至則置酒相娛清言不及俗事士大夫以爲儀表卒贈南兗州刺史謚曰懿伯謙弟仲讓仕西魏位至鴻臚少卿

崔辯字神通鑒之從祖弟也祖琨字景龍行本郡太守父經贈兗州刺史辯學涉經史風儀整峻獻文徵拜中書博士武邑太守政事之餘專以勸學卒贈安南將軍定州刺

史謚曰恭長子景儁鯁正有高風好古博涉以經明行脩徵拜中書博士歷侍御史主文中散孝文賜名爲逸後爲員外散騎侍郎與著作郎韓興宗參定朝儀雅爲孝文所知重遷國子博士每有公事逸常被詔獨進博士特命自逸始轉通直散騎常侍廷尉少卿卒子巨倫字孝宗幼孤及長歷涉經史有文學武藝叔楷爲殷州巨倫仍爲長史北道別將在州陷賊歛恤存亡爲賊所義葛榮聞其才名欲用爲黃門郎巨倫心惡之至五月五日會集官寮令巨倫贈詩巨倫乃曰五月五日時天氣已大熱狗便呀欲死牛復喘吐舌以此自晦獲免結死士夜中南走逢賊俱恐

不濟巨倫曰寧南死一寸豈北死一尺便欺賊曰吾受敕而行賊矣久觀敕火來然巨倫手刃賊十餘人賊乃四潰得馬數匹夜陰失道唯看佛塔户而行到洛陽持節別將北討初楷喪之始巨倫收殯倉卒事不周固至是遂偷路改殯并竊家口以歸尋授國子博士莊帝即位除東濮陽太守時河北紛梗人避賊多入郡界歲儉饑乏巨倫傾資贍恤務相全濟時類高之元顥入洛據郡不從莊帝還宮封漁陽縣男後除光禄大夫卒子子武襲初巨倫有姊明慧有才行因患眇一目内外親族莫有求者其家議欲下嫁之巨倫姑趙國李叔胤之妻聞而悲感曰吾兄盛德不

幸身世豈令此女屈事卑族乃為子翼納之時人歎其義識逸第模字叔軌身長八尺圍亦如之出後其叔雅有志度蕭寶夤討關隴引為西征別將屢有戰功封槐里縣伯後行岐州事擊賊歿於陣永熙中贈驃騎大將軍儀同三司都督相州刺史模弟楷楷字季則為廣平王懷文學正始中以王國官非其人多被戮唯楷與楊昱以數諫諍獲免後為太子中舍人左中郎將以黨附高肇為中尉所劾事在高聰傳楷性嚴烈能摧挫豪強時人語曰莫䳄郁買反獬孤楷反付崔楷時冀定數州頻遭水害楷上疏導之便宜事遂施行孝昌初置殷州以楷為刺史加後將軍楷將之

州人咸勸單身述職楷曰單身赴任朝廷謂吾有進退之計將士又誰肯固志遂闔家赴州賊勢已逼或勸減小弱以避之乃遣第四女第三男夜出既而曰一朝送兒女將謂吾心不固遂命追還及賊來攻楷率力拒抗莫不爭奮咸稱崔公尚不惜百口吾等何愛一身力竭城陷楷執節不屈賊遂害之楷兄弟父子並死王事朝野傷歎焉贈侍中鎮軍將軍定州刺史永熙中又特贈驃騎大將軍儀同三司都督冀州刺史長子士元沈雅有學尚州陷戰沒贈平州刺史子育王少以器幹稱仕齊至起部郎子文豹字蔚少有文才本州大中正士元弟士謙

士謙孝昌初解褐著作佐郎後賀拔勝出鎮荆州以士謙為行臺左丞孝武西遷士謙勸勝倍道兼行謁帝關右勝不能用州人劉誕引侯景軍奄至勝與戰敗績遂奔梁士謙與俱行及至梁每乞師赴援梁武雖不為出軍而嘉勝等志節並許其還國乃令士謙先且通鄰好周文素聞其名甚禮之賜爵千乘縣男及勝至拜太師長史以功進爵為子拜尚書右丞從周文解洛陽圍經河橋戰加定州大中正瀛州刺史又破柳仲禮於隨郡討李遷哲於魏興並有功進驃騎大將軍開府儀同三司直州刺史賜姓宇文氏恭帝初轉利州刺史士謙性明悟深曉政術吏人畏而

愛之周保定二年遷總管安州刺史加大將軍進爵武康郡公天和中授江陵總管荆州刺史州旣統攝遐長俗兼夷夏又南接陳境東隣齊寇士謙外禦强敵內撫軍人風化大行號稱良牧每年考績常爲天下之最屢有詔褒美焉士謙隨賀拔勝之在荆州也雖被親遇而名位未顯及踐其位朝野以爲榮卒於州闔境痛惜之立祠堂四時祭饗子曠嗣士謙性至孝與弟說特相友愛雖復年位並高資產皆無私焉居家嚴肅曠及說子弘度並奉其遺訓云曠少温雅大業末位開府儀同三司大將軍淅州刺史曠弟彭

彭字子彭少孤事母以孝聞性剛毅有武略工騎射善周官尚書並略通大義仕周累遷門正上士隋文帝爲相周陳王純鎮齊州帝恐其爲變遣彭以兩騎徵純入朝彭未至齊州三十里因詐病止傳舍遣人召純純疑有變多將從騎至彭所彭請閒因顧騎士執而鎖之乃大言曰陳王有罪詔徵入朝左右不得輒動左右愕然而去至拜上儀同及踐阼遷監門郎將兼領右衛長史賜爵安陽縣男再遷驃騎將軍恒典宿衛性謹密在省闥二十餘年當上在仗危坐終日未嘗有怠容上每謂曰卿當上日我寢處自安又嘗曰卿弓馬固以絕人頗知學不彭曰臣少愛周禮尚書休沐之暇不敢廢也上曰試爲我言之彭因說君臣戒慎之義上稱善觀者以爲知言後加上開府遷備身將軍上嘗宴達頭可汗使者於武德殿有鴿鳴於梁上命彭射之中上大悅賜錢一萬及使者反可汗復遣使請得將軍一與相見上曰此必善射聞於虜庭遂遣之及至可汗召善射者數十人因擲肉於野以集飛鳶遣其善射者射之多不中彭連發數矢皆應弦而落突厥莫不歎服仁壽末進爵安陽縣公煬帝即位遷左領軍大將軍時漢王諒初平令彭鎮遏山東復領慈州事卒贈大將軍謚曰肅子寶德嗣士謙弟說

說本名士約少有氣槩膂力過人尤工騎射賀拔勝攻荆州以爲假節冠軍將軍防城都督又隨奔梁復自梁歸西魏授武衛將軍都督封安昌縣子從周文復弘農戰沙苑皆有功進爵爲侯除京兆郡守累遷都官尚書定州大中正改封安固縣侯賜姓宇文并賜名說焉進驃騎大將軍開府儀同三司加侍中進爵萬年縣公再遷總管涼州刺史說莅政强毅百姓畏之後除使持節能和忠三州崇德等十三防諸軍事加授大將軍改封安平縣公建德四年卒贈鄜延等五州刺史謚曰壯子弘度

弘度字摩訶衍膂力絕人儀貌魁岸鬚面甚偉性嚴酷年

十七周大冢宰宇文護引為親信累轉大都督時護子中山公訓為蒲州刺史令弘度從焉嘗與訓登樓至上層去地四五丈俯臨之訓曰可畏也弘度曰此何足畏欻擲下至地無所損訓大奇之後以戰功授儀同從平齊進上開府鄴縣公尋從汝南公宇文神舉破盧昌期於范陽鄖公韋孝寬經略淮南以前後勳進位上大將軍襲父爵安平縣公及尉遲迥反弘度以行軍總管從韋孝寬討之所當無不披靡弘度妹先適迥子為妻及破鄴城迥窘迫升樓弘度直上龍尾追之迥將射弘度弘度脫兜鍪謂曰今日各圖國事不得顧私事既如此早為身計何所待也迥擲

弓於地罵大丞相極口自殺弘度顧弟弘昇使取迥頭進位上柱國時行軍總管例封國公以弘度不時殺迥縱致惡言由是降爵一等為武鄉郡公開皇初以行軍總管拒突厥於原州還拜華州刺史納妹為秦孝王妃尋遷襄州總管弘度素貴御下嚴急所在令行禁止盜賊屏跡梁主蕭琮來朝被止以弘度為江陵總管鎮荆州陳人憚之不敢窺境以行軍總管從秦孝王平陳賜物五千段高智慧等作亂復以行軍總管隸楊素弘度與素品同而年長於素素每屈下之一旦隸素意甚不平素亦優容之及還以行軍總管檢校原州事以備胡無虞而還上甚禮之復以

其弟弘昇女為河南王妃仁壽中檢校太府卿自以一門二妃無所降下每誡其寮吏曰人當誠恕無得欺誑皆曰諾後嘗食鱉侍者八九人弘度問之曰鱉美乎人懼之皆曰美弘度大罵曰傭奴何敢誑我汝初未食鱉安知其美俱杖之八十官屬百工見之莫不汗流無敢欺隱時有屈突蓋為武候車騎亦嚴刻長安為之語曰寧飲三斗醋不見崔弘度寧茹三斗艾不逢屈突蓋然弘度居家子弟班白動行捶楚閨門整肅為當世所稱未幾秦王妃以罪誅河南王妃復被廢弘度憂恚謝病於家諸弟乃與之別居彌不得志煬帝即位河南王為太子帝將復立崔妃遣中

使就第宣旨使者詣弘昇家弘度不之知使者反帝曰弘度有何言使者曰弘度稱疾不起帝默然其事竟寢弘度憂憤未幾卒弘昇字上客在周為右侍上士從平尉遲迥以功拜上儀同尋加上開府封黃臺縣侯隋文受禪進爵為公授驃騎將軍歷慈鄭二州刺史襄州總管以戚屬故待遇隆重及河南王妃罪廢弘昇亦免官煬帝即位歷冀州刺史信都太守位金紫光祿大夫轉涿郡太守遼東之役檢校左武衛大將軍事指平壤與宇文述等同敗奔還發病卒

崔挺字雙根辯之從父弟也父鬱位濮陽太守挺幼孤居

喪盡禮少敦學五代同居後頻年饑家始分析挺與弟振
推讓田宅舊資惟守墓田而已家徒壁立兄弟怡然手不
釋卷鄉人有贈遺挺辭而後受仍亦散之舉秀才射策高
第拜中書博士轉侍郎以工書受敕於長安書文明太后
父燕宣王碑賜爵秦昌子轉登聞令遷典屬國下大夫以
參議律令賜帛穀馬牛等尚書李沖甚重之孝文以挺女
為嬪宋王劉昶南鎮彭城詔挺為長史以疾辭免乃以王
肅為長史其被遇如此後拜昭武將軍光州刺史風化大
行及車駕幸兗州召挺赴行在所問以臨邊之略因及文
章帝甚悅謂曰別卿以來條焉二載吾所綴文以成一集

今當給卿副本顧謂侍臣曰擁旄者皆如此何憂哉復還
州及散騎常侍張彝巡行風俗謂曰彝受使巡方採察謠
訟入境觀政寔愧清使之名州舊掖城西北數里有斧山
峯嶺高峻北臨滄海南望岱岳挺於頂上欲營觀宇故老
曰此嶺上秋夏之際常有暴雨相傳云是龍道恐此觀不
可久立挺曰人龍相去何遠之有虯龍倏忽豈一路乎遂
營之數年間果無風雨之異挺既代即為風雨所毀遂莫
能立眾以為善化所感時以犯罪配邊者多有逃越遂立
重制一人犯罪逋亡闔門充役挺上書以為周書父子罪
不相及以一人犯罪延及闔門豈不哀哉辭甚雅切帝納

之先是州內少鐵器用皆求之他境挺表復鐵官公私有
賴孝文將辦天下氏族仍亦訪定乃遥授挺本州大中正
掖縣有人年踰九十板輿造州自稱少曾充使林邑得一
美玉方尺四寸甚有光彩藏之海島垂六十歲忻逢明政
今願奉之挺曰吾雖德謝古人未能以玉為寶遣船隨取
光潤果然迄不肯受乃表送都景明初見代老幼泣涕追
隨縑帛送贈悉不納散騎常侍趙脩得幸宣武挺雖同州
壤未嘗詣門北海王詳為司徒錄尚書事以挺為司馬固
辭不免世人皆歎其屈而挺處之夷然詳攝選眾人競稱
考第以求遷敘挺終無言詳曰崔光州考級竝未加授宜

投一牒當為申請蘧伯玉恥獨為君子亦何故嘿然挺曰
階級是聖朝大例考課亦國之恒典至於自銜求進竊以
羞之詳大相稱歎其為司馬詳未曾呼名常稱州號以示
優禮卒贈輔國將軍幽州刺史謚曰景光州故吏聞凶問
莫不悲感共鑄八尺銅像於城東廣固寺赴八關齋追奉
冥福初崔光貧賤挺贍遺衣食常親敬焉又識邢巒宋弁
於童幼世稱其知人歷官三十餘年家資不益食不重味
室無綺羅閨門之內雍雍如也欲諸子恭敬廉讓因以孝
為字及葬親故多有贈賵諸子推挺素志一無所受有子
六人長子孝芬

孝芬字恭梓早有才識博學好文章孝文召見甚嗟賞之李彪謂挺曰比見賢子謁帝旨喻殊優今當爲絕群耳挺曰卿自欲善獎人父子之間然斯言吾不敢聞也後襲父爵累遷司空屬定州大中正長於剖判甚有能名府主任城王澄雅重之澄奏地制八條孝芬所參定也遷廷尉少卿孝昌初梁將裴邃等寇淮南詔行臺酈道元都督河間王琛討之敕孝芬持節催令赴接賊退而還遷荊州刺史兼尚書南道行臺領軍司率諸將以援神儁因代焉孝芬遂從恒農道南入敵便奔散人還安堵明帝嘉勞之後以元乂之黨與盧同李獎等並除名徵還又除孝芬爲廷尉章武王融以贓貨被劾孝芬案以重法及融爲都督北討鮮于脩禮時孝芬弟孝演率宗從在博陵爲賊攻陷遇害融密啓云孝演入賊爲逆遂見收捕全家投梁遇赦乃還後梁將成景儁逼彭城孝芬兼尚書右丞爲徐州行臺孝芬將發入辭靈太后謂曰卿女今事我兒與卿是親曾何相負而內頭元乂車內稱此嫗須了卻孝芬曰臣蒙國厚恩義無斯語假有斯語誰能得聞若有此聞即此人於元乂親密過臣遠矣乞對之足辨虛實太后乃有愧色孝芬既至景儁等力屈退走以孝芬兼尚書爲徐兗二州行臺建義初太山太守羊侃據郡反引南賊圍兗州行臺除孝

芬散騎常侍鎮東將軍金紫光祿大夫仍兼尚書東道行臺與大都督刁宣往救援與行臺于暉時相接至便圍之侃突圍奔梁永安中授西兗州刺史孝芬倦外役固辭不行仍爲太常卿太昌初兼殿中尚書後加儀同三司兼吏部尚書孝武帝入關齊神武至洛與尚書辛雄劉廞等並被誅沒其家口天平中乃免之孝芬博聞口辯善談論愛好後進終日忻然商榷古今間以嘲謔聽者忘疲文筆數十篇有子八人長子勉字宣祖頗涉史傳普泰中兼尚書右丞勉善附會世論以浮競譏之爲尚書令爾朱世隆所親待而尚書郎魏季景先爲世隆所知勉與季景內頗不睦季景於世隆求右丞奪勉所兼世隆啓用季景勉遂悵快自失太昌初除散騎常侍征東將軍金紫光祿大夫定州大中正敕左右廂出入其家被收之際逃免後見齊神武勞撫之天平初遣勉送勳貴妻子赴定州因得還屬母李氏喪亡勉哀號過性遇病卒無子弟宣度以子龍子爲後勉弟猷

猷字宣猷少好學風度閑雅性鯁正有軍國籌略普泰初累遷司徒從事中郎既遭家難遂間行入關及謁魏孝武哀動左右帝爲之改容目送曰忠孝之道萃此一門即以本官奏門下事大統初兼給事黃門郎平原縣伯二年正

黃門行軍禽竇泰復弘農破沙苑猷常以本官從軍典文翰五年除司徒左長史加驃騎將軍時太廟初成四時祭祀猶設俳優角抵之戲其郊廟祭官多有假兼猷上疏諫書奏並納焉還京兆尹時婚姻禮嫁娶會之辰多舉音樂又廛里富室衣服奢溢乃有織成文繡者猷請禁斷事並施行與盧辯等刱脩六官十二年除淅州刺史十四年侯景據河南歸款遣行臺王思政赴之周文與思政書曰崔宣猷智略明贍有應變之才若有所疑宜與量其可不思政初頓兵襄城後於穎川為行臺并致書於猷猷書曰襄城控帶京洛寔當今之要地如有動靜易相應接穎川既

隣寇境又無山川之固賊若潛來徑至城下莫若頓兵襄城為行臺所穎川置州遣郭賢守則表裏膠固人心易安縱有不虞豈能為患使人見周文具以啓聞周文令依猷策思政重啓求與朝廷立約賊若水攻乞一周為斷陸攻請三歲為期限內有事不煩赴援過此以往惟朝廷所裁乃許之及穎川沒周文深追悔焉以疾去職屬大軍東征周文賜以馬隨軍與之籌略十七年進侍中驃騎大將軍開府儀同三司本州大中正賜姓宇文氏恭帝元年周文欲開梁漢舊路乃命猷督儀同劉道通等五人開通車路鑿山堙谷五百餘里至于梁州即以猷為都督梁州刺史

及周文崩始利涉興等諸州阻兵為逆信合開楚四州亦叛唯梁州境內人無二心利州刺史崔士謙請援猷遣兵六千赴之信州糧盡猷為送米四千斛於是二鎮獲全猷第二女帝養為己女封富平公主周明帝即位徵拜御正中大夫時依周禮稱天王又不建年號猷以為世有澆淳故帝王因以沿革今天子稱王不足以威天下請遵秦漢稱皇帝建年號朝議從之除司會中大夫御正如故明帝崩遺詔立武帝晉公護謂猷曰今奉遵遺旨君以為何如對曰殷道尊尊周道親親今朝廷既遵周禮無容輒違此義雖不行時稱其守正及陳將蔡皎來附晉公護議欲南伐

公卿莫敢言猷獨進曰前歲東征死傷過半比雖加撫循而創痍未復近者長星為災乃上玄所以垂鑒誡也豈可窮兵極武而重其譴責哉議不從後水軍果敗而裨將元定等遂沒江南建德六年拜少司徒加上開府儀同大將軍隋文帝受禪以猷前代舊齒授大將軍進爵汲郡公開皇四年卒謚曰明子仲方嗣

仲方字不齊少好讀書有文武才略年十五周文帝見而異之令與諸子同就學隋文帝亦在其中由是與帝少相款密後以明經為晉公宇文護參軍轉記室遷司正大夫與斛斯徵柳敏等同脩禮律後以軍功授平東將軍銀青

光禄大夫賜爵石城縣男時武帝陰有滅齊志仲方獻二
十策帝大奇之後與少内史趙芬刪定格式尋從帝攻下
晉州又令仲方說下冀城等四城授儀同進爵范陽縣侯
後以行軍長史從鄭國公王軌禽陳將吳明徹於吕梁仲
方筞居多宣帝嗣位爲少内史會帝崩隋文帝爲丞相與
仲方相見握手極歡仲方亦歸心焉其夜上便宜十八事
帝竝嘉納之又勸帝應天受命從之及受禪上召仲方與
高熲議正朔服色事仲方曰晉爲金行後魏爲水周爲木
皇家以火承木德之統又聖躬載誕之初有赤光之瑞車
服旗牲竝宜用赤又勸上除六官依漢魏之舊竝從之進

位上開府授司農少卿進爵固安縣公令發丁三萬於朔
方靈武築長城東至黃河西拒綏州南至勃出嶺綿歷七
百里明年復令仲方發丁十萬於朔方已東緣邊險要築
數十城以遏胡寇丁父艱去職未朞起爲虢州刺史上書
論取陳之筞曰臣謹案晉太康元年歲在庚子晉武帝平
吳至今開皇六年歲次景午合三百七載春秋寶乾圖云
王者三百年一蠲法今三百之期可謂至矣陳氏草竊起
於景子至今景午又子午爲衝陰陽之忌昔史趙有言曰
陳顓頊之族爲水故歲在鶉火以滅又云周武王克商封
胡公滿於陳至魯昭九年陳災裨竈曰歲五及鶉火而後

陳亡楚克之楚祝融之後也爲火正故復滅陳陳承舜後舜
承顓頊太歲左行歲星右轉鶉火之歲陳族再亡戊午之
年嬀虞運盡語跡雖殊考事無别皇朝五運相承感火德
而國號爲隋隋與楚同分楚是火正午爲鶉火未爲鶉首
申爲實沈酉爲大梁既當周秦晉趙之分若當此分發兵
將得歲之助以今量古陳滅不疑臣謂午未申酉竝其數
極蓋聞天時不如地利地利不如人和況主聖臣良兵強
國富陳既主昬於上人讒於下險無百二之固衆非九國
之師獨此島夷而稽天討伏度朝廷自有宏謨芻蕘所見
冀申螢燭今唯須武昌以下蘄和滁方吳海等州更帖精

兵密營渡計益信襄荆基郢等州速造舟檝多張形勢爲
水戰之具蜀漢二江是其上流水路衝要必爭之所賊雖
於流頭荆門延洲公安巴陵隱磯夏口盆城置船然終聚
漢口峽口以水戰決若賊必以上流有軍令精兵赴援
者下流諸將即須擇便橫度如擁衆自衛上江水軍鼓行
以前雖恃九江五湖之險非德無以爲固徒有三吳百越
之兵無恩不能自立上覽大悅轉基州刺史徵入朝仲方
因陳經略上善之賜以御袍袴并雜綵五百段進位開
府及大舉伐陳以仲方爲行軍總管與秦王會及陳平坐
事免未幾復位後數載授會州總管時諸羌猶未賓附詔

仲方擊之與賊三十餘戰紫祖四隣望方渉題千碉小鐵圍山白男弱水等豬都諸賊悉平賜奴婢一百二十口黃金三十斤還代州總管後被徵入朝會文帝崩漢王餘黨據呂州不下煬帝遣周羅睺攻之中流矢卒及令仲方代總其衆拔之進位大將軍歷戶部禮部尚書坐事免尋爲國子祭酒轉太常卿朝廷以其衰老出拜上郡太守以母憂去職歲餘起爲信都太守後乞骸骨優詔許之卒於家子壽位定陶令宣猷弟宣度位齊王開府司馬恒農太守宣度弟宣軌頗有才學位尚書考功郎中與弟宣質宣靜宣略竝早卒孝芬弟孝偉趙郡太守郡經葛榮離亂後

人皆賣鬻男兒女夏椹大熟孝偉勸人多收之郡內乃安教其人種殖招撫遺散先恩後威一周之後流戶大至興立學校親加勸厲百姓賴之卒郡贈瀛州刺史謚曰簡朝議謂爲未申復贈安北將軍定州刺史一子昂

昂字懷遠七歲而孤事母以孝聞祖父吏部尚書孝芬嘗謂親友曰此兒終當遠至是吾家千里駒也昂性端直頗綜文詞天平二年文襄引爲記室參軍委以腹心之任及輔國政召爲開府長史并攝京畿長史事時勳將親族賓客多行不軌孫騰司馬子如之門尤劇昂受文襄密旨以法繩之未幾間內外齊肅尋遷司徒右長史時左府有陽平人吳實爲妄認繼嗣事披訴經久長史王昕郎中鄭邈掾盧斐屬王敬寶等窮其獄始末積年鞫掠不獲實司徒婁昭付昂推問即日詰根緒獲其真狀昭歎曰左府都官數人不如右府一長史昕邈甚以爲愧武定中文襄曾令內外極言得失昂上書曰屯田之設其來尚矣曹魏破蜀業以興師馬晉平吳兵因取給朝廷頃以懷洛兩邑隣接邊境薄地豐稔糧儲已贍準此而論龜鏡非遠其幽安二州控帶奚賊蠕蠕徐揚兗豫連接吳越強隣實藉轉輸之資常勞私糴之費諸道別遣使營之每考其勤惰則人加勸勵倉廩充實供軍濟國寔謂在茲其次法獄之重人命

所懸頃者官司糾察多不審練乃聞緣淺入深未有雪大爲小咸以畏避嫌疑共相殘刻至如錢絹粟麥其狀難分徑指爲贓罪從此定乞勤群司務存獲實如此則有息將來必無枉濫文襄納之後除尚書左丞其年兼度支尚書左丞之兼尚書近代未有朝野榮之度支水漕陸運昂設轉輸相入之差付給新陳之法有利於人遂爲常式右僕射崔暹奏請海沂煮鹽有利軍國文襄以問昂昂曰亦既官煮須斷人竈官力雖多不及人廣請準關市薄爲竈稅私館官給彼此有宜朝廷從之武定六年甘露降宮闕文武同賀魏帝問右僕射崔暹尚書楊愔崔㥄邢邵散騎常侍

魏收御史中丞陸操國子祭酒李渾曰可各言德績感致
所由次至昂昂曰吉凶兩門不由符瑞故桑雉之戒實啓
中興小鳥孕大未聞福感所願陛下雖休勿休允答天意
帝爲歛容後攝都官尚書上勸田事七條尋兼太府卿辭
受禪改散騎常侍兼大司農卿二寺所掌世號繁劇昂校
理有術下無姦僞又奏上橫市妄費事三十四條其年與
太子少師邢邵議定國初禮式仍封華陽縣男又詔删定
律令損益禮樂令尚書右僕射琡等四十三人在領軍府
議定帝尋幸晉陽將發敕遣相遵率不者命昂以聞昂部
分科條校正今古手所增損十有七八轉廷尉卿昂號深

文世論不以平恕相許又與尚書盧斐别典京畿詔獄竝
有殘刻之聲至於推繩大事理可明言是非不至寃酷有
濮陽子沈子遐齊侯景鐵券告徐州都督府長史畢義緒
期舉兵應景又衛尉卿杜弼門生郝子寬告弼誹謗幷與
元子雄謀逆帝盛怒付昂窮鞫昂皆執正雪免告者引妄
獲罪天保三年除度支尚書時有餔藏小吏因内臣投書
告事又别有飛書告事者竝付昂窮檢昂言笑閑咸得情
告者辭窮竝引嫌狀於是飛書遂絶轉都官尚書仍兼都
官事食濟州北郡幹又宣幸東山謂曰舊人多出爲州當
用卿爲令僕勿望刺史卿六十外當與卿本州中間州不

可得也後九卿以上陪集東宫帝指昂及尉瑾司馬子瑞
謂皇太子曰此是國家名臣汝宜記之未幾復侍宴金鳳
臺歷數諸人咸有罪負至昂曰崔昂直臣魏收才士婦兄
妹夫俱省罪過十年除兼右僕射數日即拜爲真未幾還
爲兼楊愔少時與昂不平文宣崩後遂免昂右僕射除儀
同三司光禄勳皇建元年轉太常卿河清元年兼御史中
丞太常姫故昂從甥李公統坐高歸彦事誅依律婦人年
六十以上免配宫時公統母年始五十餘而稱六十公統
舅宣寶求吏以免其姊昂弗知録尚書彭城王浟發其事
竟坐除名三年復爲五兵尚書遷祠部天統元年卒贈趙

州刺史昂有風調才識舊立堅正剛直之名然好探上情
感激時主或陳便宜蠲省或列陰私罪失深爲文宣所知
賞朝之大事多以委之情尚嚴猛每行鞭撻雖苦楚萬端
對之自若前則崔暹李舒爲之親援後乃高德正是其中
表常有俠恃意色矜高以此不爲名流歸服有五子第三
子液字君洽頗習文藻有學涉風儀器局爲時論所許以
奉朝請待詔文林館隋開皇中爲中書侍郎孝偉弟孝演
字則伯出繼伯父性通率美鬚髯姿貌魁傑少無官情沈
浮鄉里位瀛州安西府外兵參軍因罷歸及鮮于脩禮起
逆遇害無子第孝直以子士游爲後孝直字叔廣身長八

凡眉目疎朗早有志尚稍遷直閤將軍通直散騎常侍尒朱兆入洛孝直以天下未寧去職歸鄉里太昌中除衛將軍右光祿大夫辭不起卒於家誡諸子曰吾才疎効薄於國無功若朝廷復加贈謚宜循吾意不得祇受若致千求則非吾意子士順位太府卿孝直弟孝政字季讓十歲挺亡號哭不絕見者爲之悲慘志尚貞立博學經史雅好辭賦喪紀特所留情衣服制度手能執造位太尉汝南王悅行參軍孝芬兄弟孝義慈厚弟孝演孝政先亡孝芬等哭泣哀慟絕肉蔬食容貌毀瘠見者傷之孝偉等奉孝芬盡恭順之禮坐食進退孝芬不命則不敢也雞鳴而起且溫

顏色一錢尺帛不入私房吉凶有須聚對分給諸婦亦相親愛有無共之始挺兄弟同居孝芬叔振既亡後孝芬等承奉叔母李氏若事所生旦夕溫凊出入啓覲家事巨細一以諮決每兄弟出行有獲財物尺寸以上皆入李之庫四時分賚李氏自裁之如此二十餘歲撫從弟宣伯子朗如同氣焉挺弟振

振字延根少有學行居家孝爲宗族所稱爲秘書中散在內謹敕爲孝文所知孝文南討自高陽內史徵兼尚書左丞留京振既才幹被擢當世以爲榮遷太子庶子景明初除長兼廷尉少卿振有公斷以明察稱河內太守陸琇與咸陽王禧同謀爲逆禧敗事發振窮案之時琇內外親黨及當朝貴要咸爲言之振研覈切至終無縱緩遂斃之於獄其奉法如此除肆州刺史在任有政績卒於河東太守贈南兗州刺史謚曰定振歷官四十餘載考課恒爲稱職議者善之子子朗美容貌涉獵經史少溫厚有風尚位侍御史加平東將軍卒挺從父弟瑜字仲璉少孤有學業位鴻臚少卿封高邑男贈瀛州刺史子孟舒字長才襲父爵位廣平太守卒贈殷州刺史鎮東將軍謚曰康孟舒弟仲舒位鄴縣令仲舒弟季舒最知名

季舒字叔正少孤性明敏涉獵經史長於尺牘有當世才

具年十七爲州主簿爲大將軍趙郡公琛所器重言之齊神武神武親簡丞郎補季舒大行臺都官郎中文襄輔政轉大將軍中兵參軍甚見親寵以魏帝左右須置腹心擢拜中書侍郎文襄爲中書監移門下機事總歸中書又季舒善音樂故內伎亦回隸焉內伎屬中書自季舒始也文襄每進書魏帝有所諫請或文詞繁雜季舒輒脩飾通之得申勸戒而已靜帝報答霸朝恒與季舒論之云崔中書是我妳母轉給事黃門侍郎領主衣都統雖迹在魏朝而歸心霸府密謀大計皆得預聞於是賓客輻湊傾身接禮甚得名譽勢傾崔暹暹嘗於朝堂屏人拜之曰暹若得僕

射皆叔父之恩其權重如此時勳貴多不法文襄無所縱
捨外議以季舒及崔暹等所爲甚被怨嫉及文襄遇難文
宣將赴晉陽黃門郎陽休之勸季舒從曰一日不朝其間
容刀季舒性愛聲色心在閑放遂不請行欲恣其行樂司
馬子如緣宿憾及尚食典御陳山提等列其過狀由是季
舒及暹各鞭二百徙北邊天保初文宣知其無罪追爲將
作大匠再遷侍中俄兼尚書左僕射儀同三司大被恩遇
乾明初楊愔以文宣遺旨停其僕射遭母喪解任起服除
光祿勳兼中兵尚書出爲齊州刺史坐遣人度淮互市亦
有贓賄事爲御史所劾會赦不問武成居藩曾病文宣令

季舒療病備盡心力大寧初追還引入慰勉累遷度支尚
書開府儀同三司營昭陽殿敕令監造以判事式爲胡長
仁密言其短出爲西兗州刺史爲進典籤於吏部被責免
官又以詣廣寧王宅決章鞭數十及武成崩不得預於哭
泣久之除膠州刺史遷侍中開府食新安河陰二郡幹加
左光祿大夫待詔文林館監撰御覽加特進監國史季舒
素好圖籍暮年轉更精勤兼推薦人士奬勸文學議者翕
然遠近稱美祖珽受委奏季舒總監內作珽被出韓長鸞
以爲珽黨亦欲出之屬車駕將適晉陽季舒與張雕議以
爲壽春被圍大軍出拒言使往還須稟節度兼道路小人

或相驚恐云大駕向幷州畏避南寇若不啓諫必動人情
遂與從駕文官連名進諫時貴臣趙彥深唐邕段孝言等
初亦同心臨時疑貳季舒與爭未決長鸞遂奏云漢兒文
官連名總署聲云諫止向幷州其實未必不反宜加誅戮
帝即召已署表官人集含章殿以季舒張雕劉逖封孝琰
裴澤郭遵等爲首竝斬之殿庭長鸞令棄其屍於漳水自
外同署將加鞭撻趙彥深執諫獲免季舒等家屬男女徙
北邊妻女及子婦配奚官小男下蠶室沒入貲產季舒本
好醫術天保中於徙所無事更銳意研精遂爲名手多所
全濟雖位望轉高未曾懈怠縱貧賤廝養亦爲之療護無

子長君尚書右外兵郎中次鏡玄著作佐郎竝流於長城
未幾季舒等六人妻以年老放出後南安王思好反稱朝
廷罪惡以季舒等見害爲詞悉召六人兄弟子姪隨軍趣
晉陽事敗長君等竝從戮六人之妻又追入官周武帝滅
齊詔斛律光與季舒等六人同被優贈季舒贈開府儀同
大將軍定州刺史珽從祖弟敬邕性長者爲左中郎將以
軍功賜爵臨淄男位營州刺史庫莫奚國有馬數百疋因
風入境敬邕悉令送還於是夷人感附卒於太中大夫贈
濟州刺史謚曰恭敬邕從弟接字顯賓容貌魁偉放邁自
高不拘檢爲中書博士樂陵內史雅爲任城王澄所禮待

及澄爲本部樓子無人王敬王忻然容下之後爲樂陵太
守還鄉卒挺族子纂字叔則博學有文才既不爲時知乃
著無談子論爭爲廷尉正每有大獄多所據明有當官之
譽時太原王靜自廷尉監遷少卿纂恥居其下乃與靜書
辭氣抑揚無上下禮入啓求解位後爲洛陽令卒贈司徒
左長史纂從兄穆字子和雅有度量州辟主簿卒穆子暹
暹字季倫少爲書生避地勃海依高乾以妹妻其弟慎慎
後臨滄光二州啓暹爲長史委以職事趙郡公琛鎭定州
辟爲開府諮議隨琛往晉陽神武與語悅之以兼丞相長
史神武舉兵將入洛留暹佐琛凡百後事一以屬暹握手

殷勤至于三四琛後以罪被責暹亦黜免尉景爲并州起
暹爲別駕文襄代景轉暹爲開府諮議仍行別駕事從文
襄鎭撫鄴都加散騎常侍遷左丞吏部郎領定州大中正
主議麟趾格暹親遇日隆好薦人士言邢邵宜親重言論
之際邵遂毀暹文襄不悅謂暹曰卿說子才長子才專言
卿短此癡人也暹曰子才言暹短暹說子才長皆是實事
不爲癡也高慎之叛偽與暹隙神武後知之欲發其事而
殺暹文襄苦救得止遷御史中尉選畢義雲盧潛宋欽道
李愔崔瞻杜蕤嵇　酈伯偉崔子武李廣皆爲御史世稱
其知人文襄欲假暹威勢諸公在坐朝令暹後通名因待

以殊禮暹乃高視徐步兩人擎裾而入文襄分庭對揖暹
不讓席而坐觴再行便辭退文襄曰下官薄有蔬食公少
留暹曰適受敕在臺檢校遂不待食而去文襄降送之旬
日後文襄與諸公出之東山遇暹在道前驅爲赤棒所擊
文襄回馬避之暹前後表彈尚書令司馬子如及尚書元
羨殷州刺史慕容獻又彈太師司州牧咸陽王坦并州刺
史可朱渾道元冀州刺史韓軌罪與鄴下諸貴極言褒美
且誡屬之先是僧尼猥濫暹奏設科條篇沙門法上爲昭
玄都以檢約之神武如鄴群官迎於紫陌神武握暹手勞
之曰小兒任重才輕非中尉何有今日榮華富貴直是中

尉自取高歡父子無以相報賜暹馬使騎之以從且行且
語暹下拜馬驚走神武親爲擁之而受轡魏帝宴華林園
謂神武曰自頃所在百司多有貪暴朝廷中有用心公平
直言彈劾不避親戚者王可勸酒神武降階跪言唯御史
中尉崔暹一人謹奉明旨敢以酒勸并臣所射賜物千段
乞以回賜帝又褒美之於是文襄亦催暹酒神武親爲之
拚文襄退謂暹曰我尚畏羨何況餘人神武將還晉陽又
以所乘馬加綵物賜暹由是威名日盛內外莫不畏服神
武崩未發喪文襄以暹爲度支尚書監國史兼右僕射委
以心腹之寄仍爲魏帝侍讀暹憂國如家以天下爲己任

文襄盛寵王昭儀欲立爲正室暹諫曰天命未改魏室尚存公主無罪不容棄辱文襄意不悅苦請乃從之文襄車服過度誅戮變常言談進止或有虧失暹每厲色極言文襄亦爲之止臨淮王孝友被文襄狎愛數歌舞戲謔於前顧見暹輒斂容而止有獄囚數百文襄盡欲誅之每催文帳暹故緩之不以時進文襄意釋竟免司州別駕司馬仲粲中從事陸士佩並被文襄毆擊付獄將餓殺暹送食藥爲致言而釋之自出身從官常日晏乃歸侵曉則與兄弟跪問母之起居暮則嘗食視寢然後至外齋對親賓論事或與沙門辯玄理夜久乃還寢一生不問家產魏梁通和

要貴皆遣人隨聘使交易暹唯寄求佛經梁武帝聞之繕寫以幡花寶蓋贊唄送至館焉然好大言調戲無節密令沙門明藏著佛論而署已名傳諸江表子達拏年十三令儒者權會教其解周易兩字乃集朝貴名流令達拏高坐開講同郡眭仲讓陽屈服之暹用仲讓爲司徒中郎鄴下爲之語曰講義兩行得中郎仲讓官至右丞此皆暹之短也文宣初嗣霸業司馬子如韓軌等挾舊怨言暹罪重高隆之亦言宜寬政網去糾察法官黜崔暹則得遠近人意文宣從之及踐祚譖毀者猶不息帝令都督陳山提舍人獨孤永業搜暹家甚貧匱得神武文襄與暹書千餘紙

多論軍國大事帝嗟賞之仍不免衆口流暹於馬城晝則負土供役夜則置諸地牢歲餘奴告暹謀反鏁赴晉陽窮驗無實先是文襄疑文宣俳愚慮其有後變將陰圖之以問暹暹曰嘗與二郎俱在行位試以手板拍其背而不瞋乃將舉手板換暹竹者自揩拭而顧視之以是知其實癡不足慮也帝既鏁暹責其往昔打背暹自陳所對文襄之言明已功以贖死帝悟曰我免禍乃暹之力釋而勞之使行太原郡事還太常卿謂群臣曰崔暹清正天下無雙卿等不及也初文襄欲以最小妹嫁與暹子達拏會崩遂寢至是讌於宣光殿群臣多在焉文宣謂暹曰賢子達拏甚

有才學亡兄長女樂安公主魏帝外甥勝朕諸妹思成大兄宿志故欲作婚姻乃以主降達拏暹尋遷中書監兼并省右僕射是時法網已嚴官司難於剖決繫獄者千餘人暹初上省便大錄囚旬月間斷雪略盡文襄時欲封暹神武亦欲封之暹並固辭文宣數出游多至暹宅以暹女爲皇太子妃李后不可乃止天保八年遷尚書右僕射儀同三司時調絹以七丈爲匹暹言之乃依舊焉帝謂左右曰崔暹諫我飲酒過多然我飲酒何所廢常山王叔謂暹曰至尊或嚴多醉太后尚不能致言吾兄弟杜口僕射獨犯顏內外深相感愧十年卒帝撫靈哭之贈開府儀同三司

尚書左僕射定州刺史謚曰貞節達肇温良廉謹有識學位儀同三司司農卿周御府大夫大象中使鄴屬尉遲迥起兵以爲總管司馬迥平伏誅初文宣嘗問樂安公主達肇於汝何似荅云甚相敬唯阿家憎兒文宣令宫人召達肇母入而殺之投漳水齊滅達肇殺主以復讎暹兄謨開

從祖弟游字延叔少有風槩爲東郡太守郡有鹽戶常供州郡爲兵子孫見丁從役於其勞苦乃爲表聞請聽更代郡內感之大學舊在城內游移置城南閑敞處親自說經當時學者莫不勸勉號爲良守正光中除南秦州刺史先是州人楊松栢洛德兄弟數爲反叛游深加招慰兄弟俱至松栢既郡之豪帥感恩奔喻郡賊咸來歸款且以過在前政不復自疑游乃因宴會一時俱斬於是外人以其不信合境皆反正光五年秦州城人殺刺史李彥爲逆數日後游知必不安謀欲出外尋爲城人韓祖香等所攻游事窘登樓慷慨悲歎乃推下小女而殺之義不爲群小所辱爲祖香等害永安中贈散騎常侍鎮北將軍定州刺史子伏護

論曰崔鑒以文業應利用之秋世家有業餘慶不已人位繼軌亦爲盛哉辯器業著聞位不遠到逸德優官薄仍世恨之模雄壯之烈楷忠貞之操殺身成義臨難如歸非大丈夫亦何能若此矣士謙昆弟非唯武毅見重忠公之稱亦足嘉云挺兄弟風操高亮懷文抱質歷事著聞見重朝野繼世承家門族並著市朝可謂人焉不絕至若宣猷之立入朝賛務則嘉謀屢陳出撫宣條則威恩具舉仲方之兼資文武雅長謀筭伐陳之策信爲深遠弈世載德夫豈徒然昂智足立功能足幹事爾朝委遇良有以焉而謂彼仁心安茲苛政晚途遭蹼理其宜也季舒蹈龍逢之節季倫受分庭之遇雖遭逢異日得喪不同考其遺迹而榮名一也蓋所謂彼有人焉

列傳第二十　北史三十二

列傳第二十一　北史三十三

李靈 曾孫元忠 渾 族曾孫德饒 弟子璨 公緒

李順 玄孫元操

李孝伯 兄孫謐 謐弟子士謙

李裒 子子雄

李義深 弟幼廉

李靈字武符趙郡平棘人也父勰字小同恬靜好學有聲趙魏間道武平中原聞其已亡哀惜之贈宣威將軍蘭陵太守神䴥中太武徵天下才儁靈至拜中書博士再遷淮陽太守以學優選授文成皇帝經加中散内博士賜爵高邑子文成踐阼卒於洛州刺史贈定州刺史鉅鹿公謚曰簡子恢襲以師傅子拜長安鎮副將進爵為侯假鉅鹿公後東平王道符謀反遇害贈定州刺史鉅鹿公謚曰貞恢弟綜事見於後長子悅祖襲爵高邑侯例降為伯卒悅祖子瑾字伯瓊襲位大司農卿瑾淳謹好學老而不倦卒贈司空悅祖弟顯甫豪俠知名集諸李數千家於殷州西山開李魚川方五六十里居之顯甫為其宗主以軍功賜爵平棘子位河南太守贈安州刺史謚曰安

子元忠少厲志操粗覽書史及陰陽術數有巧思居喪以孝聞襲爵平棘子魏清河王懌為營明堂大都督引為主

簿遭母憂去任歸李魚川嘗亡二馬既獲盜即以與之在母喪哭泣哀動傍人而飲酒騎射不廢曰禮豈為我初元忠以母多患專心醫藥遂善方技性仁恕無貴賤皆為救療家素富在鄉多有出貸求利元忠焚契免責鄉人甚敬之孝莊時盜賊蠭起清河有五百人西戍還經南趙郡以路梗共投元忠奉絹千餘匹元忠唯受一匹殺五牛以食之遣奴為導曰若逢賊但道李元忠遣如言賊皆舍避及葛榮起元忠率宗黨作壘以自保坐於大槲樹下前後斬違命者凡三百人賊至元忠輒却之葛榮曰我自中山至此連為趙李所破則何以能成大事乃悉衆攻圍執元忠以隨軍賊平就拜南趙郡太守好酒無政績及莊帝幽崩元忠棄官潛圖義舉會齊神武東出元忠便乘露車載素箏濁酒以奉迎神武聞其酒客未即見之元忠下車獨坐酌酒擘脯食之謂門者曰本言公招延儁傑今聞國士到門不能吐哺輟洗其人可知還吾刺勿復通也門者以告神武遽見之引入觴再行元忠車上取箏鼓之長歌慷慨歌闋謂神武曰天下形勢可見明公猶欲事尒朱乎神武曰富貴皆由他安敢不盡節元忠曰非英雄也高乾邕兄弟曾來未是時高乾邕已見神武因紿曰從叔輩麤何肯來元忠曰雖麤並解事神武曰趙郡醉使人扶出元忠不

肯起孫騰進曰此君天遣來不可違也神武乃復留與言元忠慷慨流涕神武亦悲不自勝元忠進從橫之策深見嘉納又謂神武曰殷州小無糧仗不足以濟大事冀州大藩君向冀州高乾邕兄弟必為明公主人殷州便以賜委冀殷合滄瀛幽定自然弭從唯劉誕黠胡或當乖拒然非明公之敵神武急握元忠手而謝焉時殷州刺史尒朱羽生阻兵據州元忠聚衆與大軍禽斬之神武即令行殷州事累遷太常卿殷州大中正後以從兄瑾年長以中正讓之魏孝武帝納神武女為后詔元忠致娉於晉陽每宴席論舊事元忠曰昔日建義轟轟大樂比來寂寥無人問更

欲更覓建義處神武撫掌笑曰此人逼我起兵賜白馬一匹元忠戲曰若不與侍中當更覓建義處神武曰建義不慮無止畏如此老翁不可遇耳元忠曰止為此翁難遇所以不去因捋神武鬚大笑神武悉其雅意深重之後神武奉送皇后仍田於晉澤元忠馬倒良久乃蘇神武親自撫視封晉陽縣伯後為光州刺史時州境災儉人皆菜色元忠表求賑貸被報聽用万石元忠以為少遂出十五万石賑之事訖表陳朝廷嘉而不責徵拜侍中元忠雖處要任初不以物務干懷唯以聲酒自娛大率常醉家事大小了不關心園庭羅種果藥親朋尋詣必留連宴賞每挾彈攜壺

遊遨里閈每言寧無食不可使我無酒阮步兵吾師也孔少府豈欺我哉後自中書令復求為太常卿以其有音樂而多美酒故神武欲用為僕射文襄言其放達常醉不可委以臺閣其子搔聞之請節酒元忠曰我言作僕射不勝飲酒樂爾愛僕射時宜勿飲酒每言於執事云年漸遲暮乞在閑冗以養餘年乃除驃騎大將軍儀同三司曾貢文襄王蒲桃一盤文襄報以百縑其見賞重如此孫騰司馬子如嘗詣元忠逢其方坐樹下葛巾擁被對壺獨酌庭室蕪曠使婢卷兩褥以質酒肉呼妻出衣不曳地二公相視歎息而去大餉米絹受而散之俄復以本官領衛尉卿卒

有米三石酒數斛書籍藥物充滿篋架未及時至金蟬貨絹乃得斂焉贈司徒謚曰敬惠初元忠將仕夢手執炬入其父墓中夜驚起甚惡之旦告其受業師占云大吉可謂光照先人也竟如其占性甚工彈彈桐葉常出一孔擲棗栗而彈之十中七八嘗從文襄入謁魏帝有梟鳴殿上文襄命元忠彈之問得幾丸而落對曰一丸奉至尊威靈一丸承大將軍意氣兩丸足矣如其言而落之子搔嗣搔字德沈少聰敏有才藝嘗采諸聲別造一器號曰八絃時人稱有思理武定末自丞相記室除河內太守居數載流人盡復代至將還都父老號泣追送二百餘里生為立碑終

於儀曹郎摻妹曰法行幼好道截指自誓不嫁遂為尼所
居去鄴三百里往來恒步在路或不得食飲水而已逢屠
牽牛脫衣求贖泣而隨之雉兔馴狎入其山居房室齊亡
後遭時大儉施糜粥於路異母弟宗侃與族人孝衡爭地
相毀昼曰我有地二家欲得者任來取之何為輕致忿訟
宗侃等慙遂讓為閑田
渾字季初靈之曾孫也祖綜行河間郡早卒父遵字良軌
有業尚為魏冀州征東府司馬京兆王愉冀州起逆遇害
贈幽州刺史謚曰簡渾以父死王事除給事中後以四方
多難求為青州征東司馬與河間邢邵北海王昕俱奉老

毌攜妻子同赴青齊未幾而尒朱榮入洛衣冠殲盡物論
以為知幾時河北流移人聚青土衆踰二十万共劫河間
邢杲為主起自北海襲東陽青州刺史元世儁欲謀誅之
府人遂猜貳渾乃與長史崔光韶具陳禍福由是唾血而
盟上下還睦普泰中崔社客反於海岱攻圍青州詔渾為
都官尚書東北道行臺赴援社客諸城各自固保渾以社
客賊之根本烏合易離若銜枚夜襲便可禽殄如社客就
禽諸近可傳檄而定諸將尚遲疑渾乃決行果禽社客斬
首送洛陽海隅清定天平初丁母憂行喪冢側殆將滅性
武定初兼散騎常侍聘梁使主梁武謂曰伯陽之後久而

彌盛趙李人物今實居多使還爲東郡太守以贓賄徵還
齊文襄王使武士提以入置諸庭渾抗言曰將軍今日猶
自禮賢邪文襄笑而舍之齊天保初除太子少保時太常
邢邵爲少師吏部尚書楊愔爲少傅論者榮之以參禪代
儀注賜爵涇陽縣男文宣以魏麟趾格未精詔渾與邢邵
崔㥄魏收王昕李伯倫等修撰嘗謂魏收曰彫蟲小技我
不如卿國典朝章卿不如我尋除海州刺史後土人共圍
州城城中多石無井常食海水賊絕其路城内先有一池
夏旱涸竭渾齋戒朝服而祈焉一朝天雨泉流涌溢賊以
爲神應時駭散渾捕斬渠帥傳首鄴都渾妾郭在州干政

納貨坐免卒于鄴子湛字處元涉獵文史有家風兼通直
散騎常侍聘陳使副襲爵涇陽男渾與弟繪緯俱爲聘使
主湛又爲使副是以趙郡人士目爲四使繪字敬文六歲
便求入學家人以偶年俗忌不許遂竊其姊筆牘用之未
踰晦朔遂通急就章内外以爲非常兒及長儀貌端偉神
情朗儁第五舅河間邢晏每與言歎其高遠曰若披煙霧
如對珠玉宅相之奇良在此甥後敕撰五禮繪與太原王
乂同掌軍禮魏靜帝於顯陽殿講孝經禮記繪與從弟騫
裴伯茂魏收盧元明等俱爲錄議簡舉可觀歷中書侍郎
丞相司馬每霸朝文武揔集對揚王庭常令繪先發言端

爲群僚之首音詞辯正風儀都雅聽者悚然文襄益加敬異又掌儀注武定初兼散騎常侍爲聘梁使主梁武問高相今在何處黑獺若爲形容高相作何經略繪敷對明辯梁武稱佳與梁人汎言氏族袁狎曰未若我本出自黃帝姓在十四之限繪曰兄所出雖遠當共車千秋分一字耳一坐皆笑前後行人皆通啓求市繪獨守清尚梁人重其廉潔使還拜高陽內史郡境舊有三猛獸人常患之繪欲修檻遂因鬬俱死於郡西咸以爲化感所致皆勸申上繪曰猛獸因鬬而斃自是偶然貪此爲功人將窺我竟不聽高陽舊多陂淀繪至後淀水皆涸乃置農正專主勸課墾田倍增家給人足瀛州三郡人俱詣州請爲繪立碑乎郡衢神武東巡郡國在瀛州城西駐馬久立使郎中陳元康喻慰之河間太守崔諶恃其弟暹勢從繪乞麋角鴿羽繪答書曰鴿有六翮飛則沖天麋有四足走便入海下官膚體疏嬾手足遲鈍不能近追飛走遠事佞人時文襄使暹選司徒左長史暹薦繪既而不果咸謂由此書及文襄嗣業普代山東諸郡其特降書徵者唯繪與清河太守辛術二人而已至補大將軍從事中郎遷司馬文襄以前司徒侯景進賢冠賜繪曰卿但直心事孤當用卿爲三公莫學侯景叛也及文宣嗣事仍爲丞相司馬天保初除司徒右長史

繪質性方重未嘗趣事權門以此久而沈屈卒贈南青州刺史謚曰景子君道有父風繪弟繡字乾經少聰慧有才學與舅子河間邢昕少相倫輩晚不逮之位中散大夫梁使主侍中李神儁舉繡尚書南主客郎繡前後接對凡十八人頗爲稱職鄰下爲之語曰學則渾繪繡口則繪繡渾齊文襄攝選以繡爲司徒諮議參軍謂曰自郎署至此所謂不次以卿人才故有此舉耳梁謝藺來聘勞之藺安平諸崔繡曰子玉以還彫龍絕矣崔暹聞之怒繡詣門謝之暹上馬不顧繡語人曰雖失要人意聘梁使不得捨我武定五年兼散騎常侍使梁繡常逸遊放達自號隱君蕭然有絕塵之意使還除太子家令　卒齊初贈北徐州刺史謚曰文

璨字世顯靈弟趙郡太守均之子也身長八尺五寸容貌魁偉受學於梁祚位中書郎雅爲高允所知初宋徐二州刺史薛安都舉彭城降詔鎮南大將軍博陵公尉元鎮東將軍城陽公孔伯恭等迎之獻文復以璨參二府軍事安都率文武出迎元不加禮接安都還城遂不降宋將張永沈攸之等先屯下礚元令璨與中書郎高閭入彭城說安都即與俱載赴軍元等入城收管籥其夜永攻南門不剋退還璨勸元乘永永失據攻永米船大破之於是遂定淮

北加寧朔將軍與張讜對為兖州刺史安帖初附以參定徐州功賜爵始豐侯卒謚曰懿子元茂襲爵元茂以寬雅著稱位司徒司馬彭城鎮副將人吏安之卒贈顯武將軍徐州刺史謚曰順子秀之字鳳起襲爵位尚書都官郎秀之弟子雲字鳳昇子雲弟　子羽字鳳降子羽弟子岳字鳳跱秀之等並早孤事母孝謹兄弟容貌並魁偉風度審正而皆早卒鳳昇子道宗位直閤將軍道宗弟德林司徒中兵參軍元茂弟宣茂太和初拜中書博士後兼定州大中正受鄉人財貨為御史所劾除名正始初除大中大夫遷光祿勳與游肇往復肇善之卒於幽州刺史遺令薄葬贈齊州刺史謚曰惠子籍之字脩遠性謹正雅涉書史位司徒諮議參軍大中大夫著忠誥一篇文多不載卒贈定州刺史子徹仕齊位尚書左丞徹子純隋開皇中為介州長史

純子德饒字世文少聦敏好學有至性弱冠仕隋為校書郎仍直内史省參掌文翰轉監察御史糾正不避權貴大業三年遷司隸從事每巡四方理寃枉襃孝悌雖位秩未通德行為當時所重凡與交結皆海内髦彥性至孝父母寢疾輒終日不食十旬不解衣及丁憂水漿不入口五日哀慟歐血數升及送葬會仲冬積雪行四十餘里單縗徒跣號踊幾絶會葬者千餘人莫不為之流涕後甘露降於庭樹有鳩巢其廬納言楊達巡省河北詣廬弔慰之因改所居村名為孝敬村里為和順里後為金河縣長未之官屬羣盜蠭起賊帥格謙孫宣雅等十餘頭聚衆於勃海有敕許其歸首謙等懼不敢降以德饒信行有聞遣奏曰若德饒來者即相率歸首帝遣德饒往勃海慰諸賊至冠氏會他賊攻陷縣城見害其弟德佋性重然諾大業末為離石郡司法書佐太守楊子崇特禮之及義兵起子崇遇害棄尸城下德佋赴哭盡哀收瘞之至介休詣義師請葬子崇見許因贈子崇官令德佋為使者往離石禮葬子崇徹

弟公緒

公緒字穆叔性聦敏博通經傳魏末為冀州司馬屬疾去官絶迹贊皇山齊天保初以侍御史徵不就公緒沈冥樂道又不閑時務故誓心不仕尤明天文善圖緯之學嘗謂子弟曰吾觀齊之分野福德不多國家祚終四七及齊亡歲距天保之元二十八年矣公緒雅好著書撰典言十卷禮質疑五卷喪服章句一卷古今略記二十卷玄子五卷趙記八卷趙語十二卷並行於世公緒既善陰陽之術有祕記傳之子孫而不好焉臨終取以投火子少通有學行公緒弟槩字季節少好學然性倨傲每對諸兄弟露髻披

服略無少長之禮爲齊文襄大將軍府行參軍進側集題云冨春公主撰閑緩不任事每被譏訶除殿中侍御史修國史後爲太子舍人爲副使聘于江南江南多以僧寺停客出入常袒露還坐事解後卒於并州功曹參軍撰戰國春秋及音譜並行於世又自簡詩賦二十四首謂之達生丈人集其序曰達生丈人者生於戰國之世爵里姓名無聞焉尒時人撥其行已彊爲之號頗好屬文成輒棄藁常持論文云古人有言性情生於慾又曰人之性靜慾實汨之然則性也者所受於天神識是也故爲形骸之主情也者所受於性嗜慾是也故爲形骸之役由此言之情性之辯

斷焉殊異故其身泰則均齊死生塵垢名利縱酒恣色所以養情否則屏除愛著擯落枝體收視反聽所以養識是以遇榮樂而無染遭厄窮而不悶或出人間或栖物表逍遥寄託莫知所終

李順字德正鉅鹿公靈之從父弟也父系慕容垂散騎侍郎東武城令道武定中原以爲平棘令卒贈趙郡太守平棘男順博涉經史有計策神瑞中拜中書博士轉中書侍郎從征蠕蠕以籌略賜爵平棘子太武將討赫連昌謂崔浩曰朕前北征李順獻策數事實合經略大謀今欲使揔前驅之事何如浩曰順智足周務實如聖旨但臣與之昏姻深知其行然性果於去就不可專委帝乃止初浩弟娶順女又以弟子娶順女雖昏媾而浩頗輕順順又不伏由是潛相猜忌故浩毀之至統万大破昌軍順謀功居多後征統万昌出逆戰順破其左軍及剋統万帝賜諸將珍寶雜物順固辭唯取書數千卷帝善之遷給事黄門侍郎又從擊赫連定於平涼三秦平進爵爲侯遷四部尚書甚見寵待沮渠蒙遜以河西内附帝欲簡行人崔浩曰宜令清德重臣奉詔褒慰尚書順即其人也帝曰順納言大臣不宜方爲此使若蒙遜身執玉帛而朝於朕復何以加之浩曰邢貞使吴亦魏之太常苟事是宜無嫌於重帝從之以順爲太

常策拜蒙遜爲太傅涼王使還拜使持節都督四州諸軍事長安鎮都大將寧西將軍開府進爵高平公未幾徵爲四部尚書加散騎常侍延和初使涼蒙遜辭疾箕坐隱几無起動狀順正色大言曰不謂此叟無禮乃至於是握節而出蒙遜使中兵校郎楊定歸追順曰太常云朝廷賜不拜之詔是以敢自安耳若曰爾拜爾跽而不承命乃小臣之罪矣順曰齊桓公九合諸侯一匡天下周公賜胙命曰伯舅無拜而桓公降而拜受今朝廷未有不拜之詔而便偃蹇自取此乃速禍之道蒙遜拜伏盡禮順還帝問與蒙遜往復辭及其政教得失順曰蒙遜專威河右三十許年經

涉艱難粗識機變雖不能貽厥孫謀猶足以終其一世但
前歲表許十月送曇無讖及臣往迎便乖本意不臣不信
於是而甚以臣觀之不復周矣帝曰若如卿言則效在無遠
襲世之後早晚當滅對曰臣略見其子竝非才俊如聞燉
煌太守牧犍器性粗立若繼蒙遜必此人也然比之於父
僉云不逮殆天所用資聖明也帝曰朕方事于東未暇營
西如卿所言三五年間不足為晚及蒙遜死問至太武謂
順曰卿言蒙遜死驗矣又言牧犍立何其妙哉朕剋涼州
亦當不遠於是賜絹千匹廄馬一乘寵待彌厚政無巨細
無所不參崔浩惡之順凡使涼州十二回太武稱其能而

蒙遜數與順游宴頗有悖言恐順泄之以金寶納順懷中
故蒙遜罪釁得不聞又西域沙門曇無讖有方術在涼州
詔追之順受蒙遜金聽殺之浩竝知之密言於帝帝未之
信太延三年順復使涼州及還帝問以將平河右計順以
人勞既久不可頻動帝從之五年議征涼州順以涼州乏
水草不宜遠征崔浩固以為宜征帝從浩議及至姑臧甚
豐水草帝與景穆書頗嫌順後謂浩曰卿昔所言今果驗
矣克涼州後聞受蒙遜金而聽其殺曇無讖益嫌之猶以
寵舊未加其罪尚詔順差次群臣賜以爵位順頗受納品
第不平涼州人徐䅲發其事浩又毀之帝大怒刑順於城

西順死後數年其從父弟孝伯為太武知重居中用事及
浩誅帝怒甚謂孝伯曰卿從兄往雖誤国朕意亦未至此
由浩遂殺卿從兄皇興初順子敷等貴寵獻文追贈順侍
中鎮西大將軍太尉公高平王謚曰宣王妻邢氏曰孝妃
順四子長子敷字景文貞君二年選入中書教學以忠謹
給侍東宮又為中散與李訢盧遐度世等竝以聰敏內參
機密敷性謙恭加有文學文成寵遇之遷秘書下大夫賜
爵平棘子後兼録南部遷散騎常侍南部尚書中書監領
內外秘書襲爵高平公朝政大議事無不關及宋徐州刺
史薛安都司州刺史常珍奇等以彭城懸瓠降于時朝議

謂未必可信敷乃固執必然乃遣師接援淮海寧輯敷既
見待二世兄弟親戚在朝者十餘人弟弈又有寵於文明
太后李訢列其隱罪二十餘條獻文大怒皇興四年誅敷
兄弟削順位號為庶人敷從弟顯德妹夫廣平宋叔珍等
皆坐關亂公私同時伏法敷兄弟敦崇孝義家門有禮至
於居喪法度吉凶書記皆合典則為北州所稱美既致斯
禍時人歎惜之敷弟式字景則學業知名位西兗州刺史
濮陽侯式自以家擅權要心慮危禍常敕津吏有使者
必先啓然後度之既而使人卒至始云南過既濟突入執
式赴都與兄俱死子憲字仲軌清粹善風儀好學有器

度太和初襲爵又降爲伯拜秘書中散雅爲孝文知賞後拜趙郡太守趙脩與其州里脩歸葬父母也牧守以下畏之累跡憲不爲屈時人高之後以黨附高肇爲御史所劾正光五年行雍州刺史尋除七兵尚書孝昌中除征東將軍揚州刺史淮南大都督及梁平北大將軍元樹等來寇憲力屈而降因求還國既至敕付廷尉憲女壻安樂王監據相州反靈太后謂監心懷劫脅遂詔賜憲死永熙中贈儀同三司尚書令定州刺史謚曰文靖子希遠字景冲早卒希遠子祖㥯襲祖爵希遠弟希宗字景玄性寬和儀貌雅麗有才學位金紫光祿大夫齊神武擢爲中外府長史文宣帝納其第二女爲 皇后位上黨太守卒贈司空公殷州刺史謚曰文簡希宗長子祖昇儀容瓌麗垂手過膝文學足以自通位齊州刺史溼於從兵妻見殺祖昇弟祖勳位給事黃門侍郎齊文宣以其女爲濟南王妃除侍中封丹楊郡王尋改封公濟南即位除趙州刺史濟南廢還除金紫光祿大夫太寧中昭信后有寵於武成除齊州刺史贓賄狼籍坐免官復起爲光州刺史祖勳性貪慢兼其妻崔氏驕豪干政時論鄙之女侍中陸嫗母元氏即祖勳妻姨爲此附會又除西兗州刺史殿中尚書祖勳無才幹自少及長居官無可稱述卒贈尚書右僕射武平中將封

后兄君璧等爲王還復祖勳王爵其弟祖欽封竟陵王位光祿卿祖勳第三弟祖納兄弟中最有識尚以經史被知卒於散騎常侍希宗弟希仁字景山有學識卒於侍中太子詹事子公統仕齊位員外郎高歸彥之反公統爲之謀主歸彥敗伏法其母崔氏當沒官其弟宣寶行賕改籍注老事發武成帝棓殺之肝腦塗地希仁弟騫字希義博涉經史文藻富贍位散騎常侍殷州大中正尚書左丞以本官兼散騎常侍使梁後坐事免論者以爲非罪騫嘗贈親友盧元明魏收詩云監河愛升水鱗子惜餘明益州達友趣廷尉辯交情蓋失職之志云後除給事黃門侍郎卒其文筆別有集録齊受禪贈儀同三司謚曰文惠騫弟希禮字景節性敦厚容止樞機動遵禮度起家著作佐郎脩起居注歷位太常少卿兼廷尉少卿行魏尹事豫州刺史仍爲議曹與邢邵等議定禮律卒於信州刺史

子孝貞字元操好學善屬文仕齊釋褐司徒府參軍事與弟孝基同見吏部郎中陸卬卬戲之曰弟名孝基兄其替矣孝貞對曰禮雖不肖請附子臧卬握手曰士固不妄有名吾賢從當遠至簡靜不妄通接賓客射策甲科拜給事中稍遷兼通直散騎常侍副李翥使陳孝貞從姊則昭信
皇后從兄祖勳女爲廢帝濟南王妃祖欽女一爲後主娥

英一爲琅邪王儼妃祖勳叔騫女爲安德王延宗妃諸房子女多有才貌又因昭信后所以與帝室姻媾重疊兄弟並以文學自達恥爲外戚家于時黃門侍郎高乾和親要用事求婚於孝貞孝貞拒之由是有隙陰譖之出爲太尉府外兵參軍後歷中書舍人武平中出爲博陵太守不得志尋爲司州別駕後復兼散騎常侍聘周使副還除給事黃門侍郎待詔文林館假儀同三司以美於詞令敕與中書侍郎李若李德林別掌宣傳詔敕周武帝平齊授儀同三司小典祀下大夫宣帝即位轉吏部下大夫隋文帝爲丞相孝貞從韋孝寬討尉遲迥以功授上儀同三司開皇

初拜馮翊太守爲犯廟諱於是稱字元操後數歲還家州刺史吏人安之自此不復留意文筆人問其故慨然嘆曰五十之年倏焉已過鬢垂素髮筋力已衰宦意文情一時盡矣悲夫然每暇日輒引賓客絃歌對酒終日爲歡後徵拜內史侍郎與內史令李德林參典文翰元操無幹劇之用頗稱不理上譴怒之敕御史劾其事由是出爲金州刺史卒官所著文集三十卷行於世子元玉元操弟孝基亦有才學風詞甚美以衛尉丞待詔文林館位儀曹郎中孝基弟孝俊太子洗馬孝俊弟孝威字季重涉學有器幹兄弟之中最爲敦篤位太尉外兵參軍修起居注仕隋禮部

侍郎大理少卿式弟奕字景世美容貌有才藝位都官尚書安平侯與兄數同死太和初文明太后追念奕兄弟及誅李訢存問憲等一二家歲時賜以布帛奕弟冏字道度少爲中散逃避得免後歷位度支尚書太和二十一年孝文幸長安冏以咸陽山河險固秦漢舊都勸帝去洛陽都之後孝文引見冏笑謂曰昔婁敬一說漢祖即日西駕尚書今以西京說朕使朕不廢東轅當是獻可理殊所以今古相反耳冏曰昔漢祖起於布衣欲藉險以自固婁敬之言符於本旨今陛下德洽四海事同隆周是以愚臣獻說不能上動帝大悅冏性鯁烈敢直言常面折孝文彈駮公

卿無所迴避百寮皆憚之孝文常加優禮每車駕巡幸恒兼尚書右僕射雖才學不及諸兄然公彊當世堪濟過之卒子祐字長禧篤穆友于見稱於世歷位給事中累遷博陵太守所在亦以清幹著順弟脩基陳留太守卒子探幽高平太守探幽兄子洪纂河間太守

李孝伯高平公順從父弟也父曾少以鄭氏禮左氏春秋教授爲業郡三辟功曹並不就曰功曹之職雖曰鄉選高第猶是郡吏耳北面事人亦何容易州辟主薄到官月餘乃歎曰梁敬叔云州郡之職徒勞人耳道之不行身之憂也遂還家講授道武時爲趙郡太守令行禁止并州丁零

数爲山東害知曾能得百姓死力憚不入境賊於常山界
得一死鹿賊長謂趙郡地也責之還令送鹿故𠁅郡謡曰
詐作趙郡鹿猶勝常山粟其見憚如此卒贈荆州刺史栢
仁子謚曰懿孝伯小傳父業博綜羣言美風儀動有法度
從兄順言之太武徵爲中散謂曰真卿家千里駒也遷祕
書奏事中散轉散騎侍郎光禄大夫賜爵魏昌子以軍國
機密甚見親寵謀謨切秘時人莫能知遷北部尚書以頻
從征伐規略之功進爵壽光侯真君末宋文帝聞車駕南
伐遣其弟太尉江夏王義恭率衆赴彭城太武至彭城登
亞父冢以望城内遣送其俘蒯應至小市門宣詔勞問義

恭等問應士馬数曰將軍四十餘万宋徐州刺史武陵王
駿遣人獻酒二器甘蔗百挺并請駱駝帝明旦復登亞父
冢遣孝伯至小市門駿亦使其長史張暢對孝伯曰主上
有詔詔太尉安北可暫出門欲與相見今遣賜駱駝及貂
裘雜物暢曰有詔之言何得稱之於此孝伯曰卿家太尉
安北是人臣不縱爲隣國之君何爲不稱詔於隣國之臣
又何至杜門絶橋暢曰二王以魏帝營壘未立此精甲十
万恐輕相陵踐故且閉城待彼休息兵士然後共修戰場
尅日交戲孝伯曰令行禁止主將常事何用廢橋杜門復
何以十萬誇大我亦有良馬百萬復可以此相矜既開門

暢屏人却仗出受賜物孝伯曰詔以貂裘賜太尉駱駝騾
馬賜安北義恭獻皮袴褶一具駿奉酒二器甘蔗百挺帝
又遣賜義恭駿等氈各一領鹽各九種并胡豉孝伯曰有
後詔凡此諸鹽各有所宜白鹽食鹽主上自所食黒鹽療
腹脹氣滿末之六銖以酒而服胡鹽療目痛戎鹽療諸瘡
赤鹽駮鹽臭鹽馬齒鹽四種並非食鹽太尉安北何不遣
人來至朕間見朕小大知朕老少觀朕爲人暢曰魏帝爲
人久爲往來所具故不復遣信義恭獻蠟燭十挺駿獻錦
一匹孝伯風容閑雅應荅如流暢及左右甚相嗟歎帝大
喜進爵宣城公爲使持節散騎常侍秦州刺史卒贈征南

大將軍定州刺史謚曰文昭公孝伯體度恢雅明達政事
朝野貴賤咸推重之景穆曾啓太武廣徵俊秀帝曰朕有
一孝伯足理天下何用多爲假復求訪此人輩亦何可得
其見貴如此性方慎忠厚每朝廷事有所不足必手自書
表切言陳諫或不從者至於再三削滅藁草家人不見公
廷論議常引綱紀或有言事者孝伯恣其所陳假有是非
終不抑折及見帝言其所長初不隱人姓名以爲已善故
衣冠之士服其雅正自崔浩誅後軍國謀謨咸出孝伯太
武寵眷有亞於浩亦以宰輔遇之獻替補闕其迹不見時
人莫得而知卒之日遠近哀傷焉孝伯美名聞於遐邇李

彪使江南齊武帝謂曰北有李孝伯於卿遠近其為遠人所知若此其妻崔賾女高明婦人生一子元顯崔氏卒後納翟氏不以為妻憎忌元顯後遇劫元顯見害世云翟氏所為也元顯志氣甚高為時人所傷惜翟氏二子安人安上並有風度安人襲爵壽光侯司徒司馬無子爵除安上鉅鹿太守亦早卒安人弟豹子後追理先封卒不得襲孝伯兄祥字元善學傳家業鄉黨宗之位中書博士時尚書韓元興率衆出青州以祥為軍司略地至陳汝淮北之人詣軍降者七千餘户遷之兗豫之南置淮陽郡以撫之拜祥太守流人歸者万餘家百姓安業遷河間太守有威恩之稱徵拜中書侍郎人有千餘上書乞留數年朝廷不許卒官追贈定州刺史平棘子諡曰憲子安世幼聰悟興安二年文成帝引見侍郎博士子簡其秀儁欲以為中書學生安世年十一帝見其尚小引問之安世陳說父祖甚有次第即以為生帝每幸國學恒獨被引問詔曰汝但守此至大不慮不富貴天安初拜中散以謹慎帝親愛之累遷主客令齊使劉纘朝貢安世奉詔勞之安世美容貌善舉止纘等自相謂曰不有君子其能國乎纘等呼安世為典客安世曰何以亡秦之官稱於上國纘曰世異之號凡有幾也安世曰周謂掌客秦改典客漢名鴻臚今曰主客君

等不欲影響文武而殷勤亡秦纘又指方山曰此山去燕然遠近安世曰亦石頭之與番禺耳時每有江南使至多出藏內珍物令都下富室好容服者貸之令使任情交易使至金玉肆問價纘曰北方金玉大賤當是山川所出安世曰聖朝不貴金玉所以同於瓦礫又皇上德通神明山不愛寶故川無金山無玉纘初將大市得安世言慙而罷遷主客給事中時人困飢流散豪右多有占奪安世乃上疏陳均量之制孝文深納之後均田之制起於此矣出為相州刺史假趙郡公敦農桑斷淫祀西門豹史起有功於人者為之脩飾廟堂表薦廣平宋翻陽平路恃慶皆為朝廷善士初廣平人李波宗族強盛殘掠不已前刺史薛道𢷏親往討之大為波敗遂為逋逃之藪公私成患百姓語曰李波小妹字雍容褰裙逐馬如卷蓬左射右射必疊雙婦女尚如此男子那可逢安世設方略誘波及諸子姪三十餘人斬于鄴市州內肅然病卒于家安世妻博陵崔氏生一子瑒崔氏以妬悍見出又尚滄水公主生二子謚郁瑒字琚羅涉歷史傳頗有文才氣尚豪爽公強當世太師高陽王雍表薦瑒為友時人多絕戶為沙門瑒上言三千之罪莫大於不孝不孝之大無過於絕祀安得輕縱背禮之情而肆其向法之意缺當世之禮而求將來之益棄堂

堂之政而從鬼教乎沙門都統僧暹等忿瑒鬼教之言以瑒為謗毁佛法泣訴靈太后責之瑒自理曰鬼神之名皆是通靈達稱佛非天非地本出於人名之為鬼愚謂非謗靈太后雖以瑒言為允然不免暹等意猶罰瑒金一兩轉尚書郎隨蕭寶夤西征以瑒為統軍瑒德洽鄉閭招募雄勇其樂從者數百騎瑒傾家賑恤率之西討寶夤見瑒至拊其肩曰子遠來吾事辦矣故其下每有戰功軍中號曰李公騎寶夤啓瑒為左丞仍為别將軍機戎政皆與參決寶夤又啓為中書侍郎還朝除岐州刺史坐辭不赴任免官建義初河陰遇害初贈尚書右僕射殷州刺史後又贈

散騎常侍驃騎大將軍儀同三司冀州刺史瑒俶儻有大志好飲酒篤於親知每謂弟郁曰士大夫學問稽博古今而罷何用專經為老博士也與弟謐特相友愛謐在鄉物故瑒慟哭絶氣久而方蘇不食數日朞年形骸毁悴人倫哀歎之

謐字永和少好學周覽百氏初師事小學博士孔璠數年後璠還就謐請業同門生為之語曰青成藍藍謝青師何常在明經謐以公子徵拜著作佐郎辭以授弟郁詔許之州再舉秀才公府二辟竝不就唯以琴書為業有絶世之心覽考工記大戴禮盛德篇以明堂之制不同遂著明堂制度論曰余謂論事辯物當取正於經典之真文援證定疑必有驗於周孔之遺訓然後可以稱準的矣今禮文殘缺聖言靡存明堂之制誰使正之是以後人紛糾競興異論五九之說各信其習是非無準得失相半故歷代紛紜靡所取正乃使裴頠云今羣儒紛糾互相掎摭就令其象可得而圖其所以居用之禮莫能通也為設虛器耳況漢氏所作四維之个復不能令各處其辰愚以為尊祖配天其義明著廟宇之制理據未分直可為殿屋以崇嚴父之祀其餘雜碎一皆除之斯豈不以羣儒舛互並乖其實據義求衷莫適可從哉但恨典文殘滅求之靡據而已矣乃

復遂去室牖諸制施之於教未知其所隆政求之於情未可喻其所以必須惜哉言乎仲尼有言曰賜也爾愛其羊我愛其禮余以為隆政必須其禮豈彼一羊哉推此而論則聖人之於禮殷勤而重之裴頠之於禮任意而忽之是則頠賢於仲尼矣以斯觀之裴氏子以不達失禮之旨也余竊不自量頗有鄙意據理尋義以求其真貫合雅衷不苟偏信乃藉之以禮傳考之以訓注博採先賢之言廣搜通儒之說量其當否參其同異棄其所短收其所長推義察圖以折厥衷豈敢必善聊亦合其言志矣凡論明堂之制者雖衆然校其大略則二途而已言五室者則據周禮

考工之記以爲本是康成之徒所執言九室者則案大戴盛德之篇以爲源是伯喈之倫所持此二書雖非聖言然是先賢之中博見洽通者也但各記所聞未能全正可謂既盡美矣未盡善也而先儒不能考其當否便各是所習卒相非毀豈達士之確論哉小戴氏傳禮事四十九篇號曰禮記雖未能全當然多得其衷方之前賢亦無愧矣而月令玉藻明堂三篇頗有明堂之義余故採掇二家參之月令以爲明堂五室古今通則其室居中者謂之太太室之東者謂之青陽當太室之南者謂之明堂太室之西者謂之總章當太室之北者謂之玄堂四面之室各有夾房謂之左右个三十六戶七十二牖矣室个之形今之殿前是其遺像耳个者即寢之房也但明堂與寢施用既殊故房个之名亦隨事而遷耳今粗書其像以見鄙意案圖察義略可驗矣故撿之五室則義明於考工校之戶牖則數協於盛德考之施用則事著於月令求之閏也合周禮與玉藻既同夏殷又符周秦雖乖衆儒儻或在斯矣考工記曰周人明堂度以九尺之筵東西九筵南北七筵堂崇一筵五室凡室二筵室中度以几堂上度以筵余謂記得之於五室而謬於堂之脩廣何者當以理推之令愜古今之情也夫明堂者蓋所以告月朔布時令宗文王祀五帝者

也然營構之範自當因宜邦制耳故五室者合於五帝各居一室之義且四時之祀皆據其方之正又聽朔布令咸得其月之辰可謂施政及俱二三但允求之古義竊爲當矣鄭康成漢末之通儒後學所取正釋五室之位謂土居中木火金水各居四維然四維之室既乖其正施令聽朔各失厥衷左右之个棄而不顧乃反文之以美說飾之以巧辭言水木用事交於東北木火用事交於東南火土用事交於西南金水用事交於西北既依五行當從其用事之交出何經典可謂工於異端言非而博疑誤後學非所望於先儒也禮記玉藻曰天子聽朔於南門之外閏月則闔門左扉立於其中鄭玄注曰天子之廟及路寢皆如明堂制明堂在國之陽每月就其時之堂而聽朔焉卒事反宿路寢亦如之閏月非常月聽其朔於明堂門下還處路寢門終月也而考工記周人明堂玄注曰或舉王寢或舉明堂互言之以明其制同也其同制之言皆出鄭注然則明堂與寢不得異矣而尚書顧命篇曰迎子釗南門之外延入翼室此之翼室即路寢矣其下曰大貝賁鼓在西房垂之竹矢在東房此則路寢有左右房見於經史者也禮記喪服大記曰君夫人卒於路寢小斂婦人髽帶麻於房中鄭玄注曰此蓋諸侯禮帶麻於房中則西南天子諸侯

左右房見於注者也論路寢則明其左右言明堂則闕其左右个同制之説還相矛楯通儒之注何其能乎使九室之徒奮筆而爭鋒者豈不由處室之不當哉記云東西九筵南北七筵五室凡室二筵置五室於斯堂雖使班倕構思王爾營度則不能令三室不居其南北也然則三室之間便居六筵之地而室壁之外裁有四尺五寸之堂焉豈有天子布政施令之所宗祀文王以配上帝之堂周公負扆以朝諸侯之處而室戶之外僅餘四尺而已哉假在儉約爲陋過矣論其堂宇則偏而非制求之道理則未愜人情其不然也余恐爲鄭學者苟求必勝競生異端以相訾

抑云二筵者乃室之東西耳南北則狹焉余故備論之曰若東西二筵則室戶之外爲丈三尺五寸矣南北戶外復如此則三室之中南北裁各丈二耳記云四旁兩夾窻若爲三尺之戶二尺之窻窻戶之間裁盈一尺繩樞甕牖之室篳門圭窬之堂尚不然矣假令復欲小廣之則四面之外闊狹不齊東西既深南北更淺屋宇之制不爲通矣驗之衆塗略無筭焉且凡室二筵丈八地耳然則戶牖之間不踰二尺也禮記明堂天子負斧扆南向而立鄭玄注曰設斧於戶牖之間而鄭氏禮圖説扆制曰從廣八尺畫斧文於其上今之屛風也以八尺扆置二尺之間此之叵通不

待智者較然可見矣且若二筵之室爲四尺之戶則戶之兩頰裁各七尺耳全以置之猶自不容矧復戶牖之間哉其不然二也又復以世代驗之即虞夏尚朴殷周稍文制造之差每加崇飾而夏后世室堂脩二七周人之制反更促狹豈是夏禹卑宮之意周監郁郁之美哉以斯察之其不然三也又云堂崇一筵便基高九尺而壁戶之外裁四尺五寸於營制之法自不相稱其不然四也又云室中度以几堂上度以筵而復云凡室二筵而不以几還自相違其不然五也以此驗之記者之謬抑可見矣盛德篇云明堂凡九室三十六戶七十二牖上員下方東西九仞南北

七筵堂高三尺也余謂盛德篇得之於戶牖失之於九室何者五室之制傍有夾房面各有戶戶有兩牖此乃因事立則非拘異術戶牖之數固自然矣九室者論之五帝事既不合施之時令又失其辰左右之个重置一隅兩辰同處參差出入斯乃義無所據未足稱也且又堂之脩廣裁六十三尺耳假使四尺五寸爲外之基其中五十四尺便是五室之地計其一室之中僅可一丈置其戶牖則於何容之哉若必小而爲之以容其數則令帝王側身出入斯爲怪矣此匪直不合典制抑亦可哂之甚也余謂其九室之言誠亦有由然竊以爲戴氏聞三十六戶七十二牖弗

見其制䕶知所置便謂一室有四戶之窻計其戶牖之數即以為九室耳或未之思也蔡伯喈漢末之時學士而見重於當時即識其脩廣之不當而必未思其九室之為謬更脩而廣之假其法象可謂因偽飾辭順非而澤諒可歎矣余今省彼衆家委心從善庶探其衷不為苟異但是古非今俗間之常情愛遠惡近世中之恒事而千載之下獨論古制驚俗之談固延多誚脫有深賞君子者覽而揣之儻或存焉謐不飲酒好音律愛樂山水高尚之情長而彌固一遇其賞悠爾忘歸乃作神士賦延昌四年卒年三十二遐迩悼惜之其年四門小學博士孔璠等學官四十五

人上書曰竊見故處士趙郡李謐十歳喪父哀號罷鄰人之相幼事兄瑒恭順盡友于之誠十三通孝經論語毛詩尚書歷數之術尤盡其長州閭鄉黨有神童之號年十八詣學受業時博士即孔璠也覽始要終論端究緒授者無不欣其言矣於是鳩集諸經廣校同異比三傳事例名春秋叢林十有二卷為璠等判析隱伏垂盈百條滯無常滯纖豪必舉通不長通有枉斯屈不苟言以違經弗飾辭而背理辭氣磊落觀者忘疲每曰丈夫擁書萬卷何假南面百城遂絕跡下帷杜門却埽棄産營書手自刪削卷無重複者四千有餘矣猶括次專家搜比黨議隆冬達曙盛暑

通宵雖仲舒不闚園君伯之閉戶高氏之遺漂張生之忘食方之斯人未足為喻謐嘗詣故太常卿劉芳推問音義語及中代興廢之由芳乃歎曰君若遇高祖侍中太常非僕有也前河南尹黃門侍郎甄琛內贊近機朝野傾目于時親識有求官者荅云趙郡李謐耽學守道不悶于時常欲致言但未有次耳諸君何為輕自媒衒謂其子曰昔鄭玄盧植不遠數千里詣扶風馬融今汝明師甚邇何不就業也又謂朝士曰甄琛行不愧時但未薦李謐以此負朝廷耳又結宇依巖憑崖鑿室方欲訓彼青衿宣揚墳典冀西河之教重興北海之風不墜而祐善空聞暴疾而卒邦

国銜殄悴之哀儒生結摧梁之慕況璠等或服議下風或親承音旨師儒之義其可默乎事奏詔曰謐屢辭徵辟志守沖素儒隱之操深可嘉美可遠傍惠康近準玄晏謚曰貞靜處士并表其門閭以旌高節於是表其門曰文德里曰孝義云

郁字永穆好學沈靖博通經史為廣平王懷友深見禮遇時學士徐遵明教授山東生徒甚盛懷徵遵明在館令郁問其五經義例十餘條遵明所荅數條而已稍遷国子博士自国學之建諸博士率不講說其朝夕教授唯郁而已謙虛寬雅甚有儒者之風再遷通直散騎常侍建義中以

兄瑒卒遂撫育孤姪歸於鄉里永熙初除散騎常侍衛大將軍左光祿大夫兼都官尚書尋領給事黃門侍郎三年於顯陽殿講禮記詔郁執經郁解說不窮羣難鋒起無廢談笑孝武及諸王凡預聽者莫不嗟善尋病卒贈散騎常侍驃騎大將軍尚書左僕射儀同三司都督定州刺史謚子士謙字子約一名容郎髫齔喪父事母以孝聞母曾嘔吐疑中毒因跪嘗之伯父瑒深所嗟尚每稱此兒吾家顏子也年十二魏廣平王贊辟開府參軍事後丁母憂居喪骨立有姊適宋氏不勝哀而死士謙服闋捨宅為伽藍脫身而出詣學請業研精不倦遂博覽羣籍善天文術數

齊吏部尚書辛術召署員外郎趙郡王叡舉德行皆稱疾不就和士開亦重其名將諷朝廷擢為國子祭酒固辭得免刺史高元海以禮再致之稱為菩薩隋有天下畢志不仕自以少孤未嘗飲酒食肉口無殺害之言親賓至輒陳罇俎對之危坐終日不倦李氏宗黨豪盛每春秋二社必高會極宴無不沈醉諠亂嘗集士謙所盛饌盈前而先為設黍謂羣從曰孔子稱黍為五穀之長荀卿亦云食先黍稷古人所尚寧可違乎少長肅然無敢弛惰退而相謂曰既見君子方覺吾徒之不德也士謙聞而自責曰何乃為人疏頹至於此家富於財躬處節儉每以振施為務州里

有喪事不均至相鬩訟士謙聞而出財補其少者令與多者相埒兄弟媿懼更相推讓卒為善士有牛犯其田者士謙牽置涼處飼之過於本主望見盜刈禾黍者默而避之其家僮嘗執盜粟者士謙慰喻之曰窮困所致義無相責遽令放之其奴嘗與鄉人董震因醉角力震扼其喉斃於手下震懼請罪士謙謂曰卿本無殺心何為相謝然可遠去無為吏拘性寬厚皆此類也後出粟萬石以貸鄉人屬年穀不登責家無以償皆來致謝士謙曰吾家餘粟本圖賑贍豈求利哉於是悉召責家為設酒食對之燔契曰責了矣幸勿為念也各令罷去明年大熟責家爭來償士謙

拒之一無所受他年饑多有死者士謙罄家資為之糜粥賴以全活者萬計收埋骸骨所見無遺至春又出田糧種子分給貧乏趙郡農人德之撫其子孫曰此李參軍遺惠也仁心感物羣犬生子交共相乳凶年散穀至万餘石合諸藥以救疾癘如此積三十年或謂士謙子多陰德士謙曰夫言陰德其猶耳鳴已獨知之人無知者今吾所作吾子皆知何陰德之有士謙善談玄理嘗有客坐不信佛家應報義士謙喻之曰積善餘慶積惡餘殃豈非休咎邪佛經云轉輪五道無復窮已此則賈誼所言千變萬化未始有極忽然為人之謂也佛道未來而賢者已知其然矣至

若䶂為黃熊杜宇為鶗鴂褒君為龍牛哀為猛獸君子為鵠小人為猨彭生為豕如意為犬黃母為黿宣武為鼈鄧艾為牛徐伯為魚鈴下為烏書生為蛇羊祜前身李氏之子此非佛家變受異形之謂邪客曰邢子才云豈有松柏後身化為樗櫟僕以為然士謙曰此不類之談也變化皆由心作木豈有心乎客又問三教優劣士謙曰佛日也道月也儒五星也客亦不能難而止士謙平生時時為詠懷詩輒毀其本不示人又嘗論刑罰遺文不具其略曰帝王制法沿革不同自可損益無為頓改今之贓重者死是酷而不懲也語曰人不畏死不可以死恐之愚謂此罪宜從肉刑刖其一趾再犯者斷其左腕流刑刖去右手三指又犯者下其腕小盜宜黥又犯則落其所用三指又不悛則下其腕無不止也無賴之人竄之邊裔職為亂階適所以召戎矣非求安之道也博弈淫遊盜之萌也禁而不止黥之則可有識者頗以為得政體隋開皇八年終於家趙州士女聞之莫不流涕曰我曹不死而令李參軍死乎會葬者萬餘人李景伯等以士謙道著丘園條其行狀詣尚書省請先生之謚事寢不行遂相與樹碑於墓其妻范陽盧氏亦有婦德及夫終所有賻贈一無所受謂州里父老曰參軍平生好施今雖殞歿安可奪其志哉乃散粟五百石

以賑窮乏免奴婢六十人案趙郡李氏出自趙將武安君牧當楚漢之際廣武君左車則其先也左車十四世孫恢字仲興漢桓靈間高尚不仕號有道大夫恢生定字文義仕魏位漁陽太守有子四人並仕晉平字伯括為樂平太守機字仲括位國子博士隱字叔括保字季括位並尚書郎兄弟皆以儒素著名時謂之四括機子楷字雄方位書侍御史家于平棘南有男子五人輯晃茱勁叡輯字護宗晃字仲黃茱字季黃勁字少黃叡字幼黃並以友悌著美為當世所宗時所謂四黃者也輯位高密郡守二子慎敦晃位鎮南府長史一子義勁位書侍御史四子盛敏隆喜叡位高平太守二子勗充其後慎敦居栢仁子孫甚微義南徙故壘世謂之南祖勗兄弟居巷東盛兄弟居巷西世人指其所居因以為目蓋自此也義字敬仲位司空長史生東宮舍人吉字彥同吉生尚書郎聰字小時聰生眞字義深事列于後勗字景賢位頓丘太守勗生趙郡太守順字彥祖順生勰系曾各有令子事並列于前盛位中書郎三子續襲閔續字續業位太尉祭酒生四子誕休重苞誕字紹元假趙郡太守生四子建追礎龜龜字神龜位州主簿生二子鳳林秀林

李裔字伯徽伯父秀林小名櫨性溫直太和中中書博士為

頓丘相豪右畏之景明初試守博陵郡抑彊扶弱政以嚴
威爲名以母憂去職後爲司徒司馬定州大中正大中大
夫卒贈齊州刺史裔出後伯父鳳林孝昌中爲定州鎮軍
長史帶博陵太守于時逆賊杜洛周侵亂州界裔潛引洛
周州遂陷没洛周特無綱紀至于市令驛帥咸以爲王呼
曰市王驛王乃封裔定州王洛周尋爲葛榮所滅裔仍事
榮尒朱榮禽葛榮遂縶裔及高昂薛脩義李無爲等於晉
陽從榮至洛榮死乃免天平初以齊神武大丞相諮議參
軍參定策功封固安縣伯爲候衛大將軍陜州刺史及周
文帝攻尅州城見害東魏贈尚書令司徒定州刺史子子

旦襲子旦弟子雄
子雄少慷慨有大志陜州破因隨周軍入長安家世並以
學業自通子雄獨習騎射其兄子旦讓之曰棄文尚武非
士大夫素業子雄曰自古誠臣貴在文武不備而能濟功
業者鮮矣既文且武兄何病焉子旦無以應仕周累遷小
賓部後從達奚武與齊人戰於芒山諸軍大破子雄所領
獨全累遷涼州總管長史從滕王逌破吐谷渾於青海以
功加上儀同宣帝即位行軍總管韋孝寬略定淮南拜亳
州刺史隋文帝總百揆徵爲司會中大夫以淮南功加位
上開府及受禪拜鴻臚卿進爵高都郡公及晉王廣出鎮

并州以子雄爲河北行臺兵部尚書上謂曰吾兒既少卿
兼文武之才今者推誠相委吾無北顧憂矣子雄頓首流
涕誓以效命子雄當官正直侃然有不可犯色王甚敬憚
吏人稱焉歲餘卒官子公挺嗣裔從祖詵字令世誕弟休
之子也休字紹則散騎常侍詵與族兄靈族弟熙等俱被
徵事在高允徵士頌詵位中書侍郎京兆太守詵從祖弟
善見位趙郡太守善見子顯進位州主簿濮陽太守顯進
子暎字暉道位相州中從事步兵校尉贈殷州刺史暎子
普濟學涉有名性和韻位濟北太守時人語曰入麤入細
李普濟武定中位北海太守暎弟育字仲遠位相州防城

別將以拒葛榮之勳賜爵趙郡公後除金紫光祿大夫卒
贈都官尚書謚曰貞子愔襲與從父兄普濟並應秀才舉
時人謂其所居爲秀才村愔位太子舍人愔族叔肅字彥
邕位員外常侍初諂附侍中元暉後以左道事侍中穆紹
常裸身被髮畫腹銜刀於隱屏處爲紹求福故紹愛之薦
爲黃門郎性酒狂從靈太后幸江陽王繼第侍飲頗醉言
辭不遜抗辱太傅清河王懌爲有司彈劾太后恕之卒於
夏州刺史肅從弟皦字景林有學識位廷尉少卿贈齊州
刺史謚曰宣子慎武定中位東平太守皦從弟仲旋司徒
左長史恒農太守先是宮牛二姓阻險爲害仲旋示以威

惠即位歸伏累遷左光祿大夫天平初遷都於鄴以仲旋
爲營構將進號衞大將軍出爲兗州刺史還除將作大匠
所歷並著聲績卒贈驃騎大將軍儀同三司青州刺史子
希良侍御史煥字仲文小字醜環中書侍郎盛弟隆之後
也隆字太彝位阜城令隆生慕縣令謀謀生始平太守景
名犯太祖元皇帝諱景生東郡太守伯膺伯膺生煥煥有
幹用與酈道元俱爲李彪所知恒州刺史穆泰據代都謀
反煥以書侍御史與任城王澄推究之煥先驅至州宣旨
曉喻乃執泰等景明初齊豫州刺史裴叔業以壽春歸附
煥以司空從事中郎爲軍司馬與楊大眼奚康生等迎接

仍行揚州事賜爵容城伯及荆蠻擾動敕煥兼通直散騎
常侍慰勞之降者萬餘家除梁州刺史時武興氐楊集起
舉兵作逆敕假煥平西將軍督別將大破集起軍又破秦
州賊呂苟兒及斬氐王楊定還朝遇患卒贈幽州刺史謚
曰昭子密字希邕少有節操母患積年名醫療之不愈乃
精習經方洞閑針藥母疾得除由是以醫術知名屬尒朱
兆弒逆與勃海高昂爲報復計後從神武封容城縣侯位
襄州刺史

李義深趙郡高邑人也祖眞字令才位中書侍郎父紹字
嗣宗殷州別駕義深有當世才用而心胸險峭時人語曰

劒戟森森李義深初以殷州別駕歸齊神武再遷鴻臚少
卿見尒朱兆兵盛叛歸之兆平神武恕其罪還齊州刺史
好利多所受納轉行梁州刺史爲陽夏太守段業告其在
州聚斂被禁止卒於禁所子騊駼有才辯位兼通直散騎
常侍聘陳陳人稱之後爲壽陽道行臺左丞與王琳同陷
陳周末逃歸隋開皇中爲永安郡太守絳州長史卒子政
藻明敏有才幹騊駼沒陳政藻時爲開府行參軍判集書
省事便謝病解職居處若在喪禮人士稱之開皇中歷尚
書工部員外郎卒於宜州長史騊駼弟文師歷中書舍人
齊郡太守義深弟同軌體貌魁岸腰帶十圍學綜諸經兼

該釋氏又好醫術年二十舉秀才再遷著作郎典儀注脩
國子博士興和中兼通直散騎常侍使梁梁武深耽釋學
遂集名僧於其愛敬同泰二寺講涅槃大品經引同軌豫
席兼遣其朝士義共觀聽同軌論難久之道俗咸以爲善
盧景裕卒齊神武引同軌在館教諸公子甚嘉禮之每旦
入授日暮始歸緇素請業者同軌夜爲解說四時恒爾不
以爲倦卒時人傷惜之神武亦嗟悼之贈瀛州刺史謚曰
康同軌弟幼舉安德太守以貪汙棄市幼舉弟之良有幹
用位金部郎中

之良弟幼廉少寡欲爲兒童時初不從人家有所求請嘗

故以金寶授之終不取彊付輙擲之地州牧以其蒙幼而
廉故以名焉性聰敏累遷齊文襄驃騎府長史文襄薦爲
濟州儀同府長史又遷瀛州長史齊神武行經冀部總合
河北六州文籍商榷戶口增損親自部分多在馬上徵責
文簿指影取備事非一緒幼廉應機立成恒先期會爲諸
州準的神武深加慰勉仍責諸人曰碎卿等諸人作得李
長史一脚指不是時諸人並謝罪幼廉獨前拜恩觀者咸
歎羡之神武還并州以告文襄文襄喜謂人曰吾是知人
矣文襄嗣事除霸州掾時以并州王政所基求好長史舉
者多不見納後因大集謂陳元康曰我教你好長史處李

幼廉即其人也遂命爲并州長史常在文襄第內與隴西
辛術等六人號爲館客天保初除太原郡太守文宣嘗與
語及楊愔誤稱爲楊公以應對失宜除濟陰郡守累遷太
僕大司農二卿趙州大中正大理卿所在稱職後主時和
士開權重百寮盡傾幼廉高揖而已由是出爲南青州刺
史主簿徐乾富而暴橫歷政不能禁幼廉初至因其有犯
收繫之乾密通疏奉黃金百錠妓婢二十人幼廉不受遂
殺之罷還鄴祖孝徵執政求紫石英於幼廉以其南青州
所出幼廉辭無好者固請乃與二兩孝徵有不平之言或
以告幼廉幼廉抗聲曰李幼廉結髮從宦誓不曲意求人

天生德于予孝徵其如予何假欲挫頓不過遣向并州耳
時已授并省都官尚書辭而未報遂發敕遣之齊宋官至
三品已上悉加儀同獨不霑此例語人曰我不作儀同吏
覺爲榮卒贈吏部尚書義深族弟神威幼有風裁家業禮
學又善音樂撰集樂書近百卷卒於尚書左丞又有李翥
字彥鴻世居柏仁弱冠以文章知仕齊位東平太守後待
詔文林館除通直散騎常侍聘于梁晚節頗以貪酒爲累
貧無居宅寄止佛寺中嘗著巾帔終日對酒招致賓客風
調詳雅翥從兄子朗才辭翥之亞兼有吏能位中書舍人
論曰古人云燕趙多奇士觀夫李靈兄弟並有焉靈則首

應弓旌道光師傅順則器標棟幹一時推重孝伯風範鑒
略蓋亦過人各能克廣門業道風不殞餘慶之美豈非此
之謂乎至如元忠之倜儻從橫功名自卒季初之家風素
業昆季兼舉有齊之日雅道方振憲之子弟特盛衣纓豈
唯戚里是憑固亦文雅所得安世識具通雅時幹之良瑒
以豪俊達郁則儒博顯謚之高逸固可謂世有人焉義深
弟兄人位兼美子雄才官不替門緒茂矣

北史列傳二十一　　北史三十三

列傳第二十二　　北史三十四

游雅 從祖弟明根

高閭

趙逸 兄子琰

胡叟

胡方回

張湛

段承根 宗胡

闞駰

劉延明

趙柔

索敞

宋繇 曾孫游道

江式

游雅字伯度小名黃頭廣平任人也太武時與勃海高允等俱知名徵拜中書博士後使宋授散騎侍郎賜爵廣平子稍遷太子少傅領禁兵進爵為侯受詔與中書侍郎胡方回等改定律制出為東雍州刺史假梁郡公在任廉白甚有惠政徵為祕書監委以國史之任竟無所成雅性剛戇好自矜誕凌獵人物高允重雅文學而雅輕允才允性柔寬不以為恨允將婚于邢氏雅勸允娶其族允不從雅曰人貴河間邢不勝廣平游人自棄伯度我自敬黃頭其貴已賤人皆此類也允著徵士頌殊重雅雅因議論長短忿儒者陳奇遂陷奇至族議者深責之卒贈相州刺史謚曰宣侯

明根字志遠雅從祖弟也祖鱓慕容熙樂浪太守父幼馮跋假廣平太守明根幼年遭亂為樂陽王氏奴主使牧羊明根以將水壺倩人書字路邊書地學之長安鎮將竇瑾見之呼問知其姓名乃告游雅雅使人贖之教書年十六辭雅歸鄉里於白渠坎為窟讀書積歲雅稱薦之太武擢為

中書學生性寡欲綜習經史文成踐阼為都曹主書帝以其敬慎每嗟美之假員外散騎常侍安樂侯使宋宋孝武稱其長者迎送禮加常使獻文時累遷東兖州刺史封新泰侯為政清平孝文時為儀曹長清約恭謹號為稱職歷儀曹尚書加散騎常侍遷大鴻臚卿河南王幹師尚書如故隨例降侯為伯又參定律令屢進讜言明根以年踰七十表求致仕優詔許之引入陳謝悲不自勝帝言別殷勤仍為流涕賜青紗單衣委貌冠被褥錦袍等物其年以司徒尉元為三老明根為五更行禮辟雍賜步挽一乘給上卿祿供食之味太官就第月送以定律令賜布帛等歸本

郡又賜安車兩馬幄帳被褥車駕幸鄴明根朝于行宮優詔賜以穀帛敕太官備送珍羞為造甲第國有大事恒璽書訪之舊疾發動手詔問疾太醫送藥卒於家宣武弔祭贈賵甚厚贈光祿大夫金章紫綬謚靖侯明根歷官內外五十餘年處身以仁和接物以禮讓時論貴之孝文初明根與高閭以儒老學業特被禮遇公私出入每相追隨而閭以才筆時侮明根世號高游焉子肇襲字伯始孝文賜名焉博綜經史孝文初為內祕書侍御中散稍遷典命中大夫車駕南伐肇表諫不納尋遷太子中庶子肇謙素敦重文雅見任以父老求解官扶侍孝文欲令祿養出為本

州南安王禎鎮北府長史帶魏郡太守王薨復為高陽王雍鎮北府長史太守如故為政清簡加以匡贊歷佐二王甚有聲績以父憂解任後授黃門侍郎兼侍中為畿內大使黜陟善惡賞罰分明歷太府廷尉卿兼御史中尉黃門如故肇儒者動存名教直繩所舉莫非傷風敗俗持法仁平斷獄務於矜恕尚書令高肇宣武之舅百寮慴憚以肇名與己同欲令改易肇以孝文所賜執志不許高肇甚銜之宣武嘉其剛梗盧昶之在朐山也肇諫曰朐山蕞爾僻在海濱於我非急於賊為利如聞賊將變以宿豫求易朐山持此無用之地復彼舊有之疆兵役時解其利為大帝

將從之尋而昶敗遷侍中梁軍主徐玄明斬其青冀二州刺史張稷首以郁州內附朝議遣兵赴援肇表以為不宜勞師爭海島之地帝不納及大將軍高肇伐蜀肇又陳頻侯後圖又不納明帝即位遷中書令相州刺史有惠政再遷尚書右僕射肇於吏事斷決不速主者諮呈及覆至於再三必窮其理然後下筆雖寵勢干請終無迴撓方正之操時人服之及元乂廢靈太后將害太傅清河王懌乃集公卿會議其事於時群官莫不失色順旨肇獨抗言以為不可終不下署卒謚文貞公肇外寬柔內剛直耽好經傳手不釋書善周易毛詩尤精三禮為易集解撰冠婚儀白

珪論詩賦表啓凡七十五篇謙廉不競曾撰儒碁以表其志清貧寡欲資仰俸祿而已為廷尉時宣武嘗敕肇有所降恕執而不從曰陛下自能恕之豈可令臣曲筆也其執意如此及明帝初近侍群官預在奉迎者自侍中崔光以下並加封封肇文安縣侯肇獨曰子襲父位今古之常因此獲封何以自處固辭不應論者高之子祥字宗良頗有才學襲爵新泰伯位國子博士領尚書郎中明帝以肇昔辭文安之封復欲封祥祥守其父志卒不受又追論肇前議清河守正不屈乃封祥高邑縣侯卒贈給事黃門侍郎幽州刺史謚曰文

高閭字閭士漁陽雍奴人也五世祖原晉安北將軍上谷
太守關中侯有碑在薊中祖雅少有令名位州別駕父洪
字季願位陳留王從事中郎閭貴乃贈幽州刺史固安貞
子閭早孤少好文博綜經史下筆成章少為車子送租至
平城脩刺詣崔浩浩與語奇之使為謝中書監表明日浩
歷租車過駐馬呼閭諸車子皆驚閭本名驢浩乃改為閭
而字焉由是知名和平末為中書侍郎文成崩乙渾擅權
內外危懼文明太后臨朝誅渾引閭與中書令高允入禁
中參決大政賜爵安樂子與鎮南大將軍尉元南赴徐州
以功進爵為侯獻文即位拱崇光宮閭表上至德頌高允

以閭文章富逸舉以自代遂為獻文所知參論政事永明
初為中書令給事中委以機密文明太后甚重閭詔令書
檄碑銘贊頌皆其文也太和三年出師討淮北閭表諫陳
四疑請時速返旆文明太后曰六軍電發有若摧朽何慮
四難也遷尚書中書監淮南王他奏求依舊斷祿閭表以
為若不班祿則貪者肆其姦情清者不能自保詔從閭議
孝文又引見王公以下於皇信堂令辯忠佞閭曰佞者飾
知以行事忠者發心以附道譬如玉石皦然可知帝曰玉
石同體而異名忠佞異名而同理求之於同則得其所以
異尋之於異則失其所以同出處同異之間交換忠佞之

境豈是皦然易明哉或有託佞以成忠或有假忠以飾佞
如楚之子綦後事雖忠初非佞也閭曰子綦諫楚初雖隨
述終致忠言此適欲幾諫非為佞也子綦若不設初權後
忠無由得顯帝善閭對後上表曰臣聞為國之道其要有
五一曰文德二曰武功三曰法度四曰防固五曰刑賞故
遠人不服則脩文德以來之荒狡放命則播武功以威之
人未知戰則制法度以齊之暴敵輕侵則設防固以禦之
臨事制勝則明賞罰以勸之用能闢國寧方征伐四剋北
狄悍愚同於禽獸所長者野戰所短者攻城若以狄之所
短奪其所長則雖眾不能成患雖來不能內逼又狄散居

野澤隨逐水草戰則與室家並至奔則與畜牧俱逃是以
古人伐北方攘其侵掠而已歷代為邊患者良以儵忽無
常故也六鎮勢分倍眾不鬬互相圍逼難以制之昔周命
南仲城彼朔方趙靈秦始長城是築漢之孝武踵其前事
此四代之君皆帝王之雄傑所以同此役者非智術之不
長兵眾之不足乃防狄之要事理宜然也今故宜於六鎮
之北築長城以禦北虜雖有暫勞之勤乃有永逸之益即
於要害往往開門造小城於其側因施却敵多置弓弩狄
來有城可守有兵可捍既不攻城野掠無獲草盡則走終
始必懲又宜發近州武勇四萬人及京師二萬人合六萬

人爲武士於苑内立征北大將軍府選忠勇有志幹者以充其選下置官屬分爲三軍二萬人專習弓射二萬人專習刀楯二萬人專習騎矟修立戰場十日一習採諸葛亮八陣之法爲平地禦敵之方使其解兵革之宜識旌旗之節兵器精堅必堪禦寇使將有定兵兵有常主上下相信晝夜如一七月發六郡兵萬人各備戎作之具敕臺北諸屯倉庫隨近往來俱送北鎮至八月征北部率所鎮與六鎮之兵直至磧南揚威漠北狄若來拒與決戰若其不來然後散分其地以築長城計六鎮東西不過千里若一夫一月之功當二步之地三百人三里三千人三十里三萬

人三百里則千里之地強弱相兼計十萬人一月必就軍糧一月不足爲多人懷永逸勞而無怨計築長城其利有五罷遊防之苦其利一也北部放牧無抄掠之患其利二也登城觀敵以逸待勞其利三也省境防之虞息無時之備其利四也歲常遊運永得不匱其利五也孝文詔曰比當與卿面論又詔閭爲書問蠕蠕時蠕蠕國有喪而書不叙凶事帝曰卿職典文辭不論彼之凶事若知而不作罪在灼然若情思不至應謝所任對曰昔蠕蠕主敦崇和親其子婁犯邊境如臣愚見謂不宜弔帝曰敬其父則子悅敬其君則臣悅卿云不合弔慰是何言歟閭遂免冠謝罪帝

曰蠕蠕使牟提小心恭慎同行疾其敦厚恐其還北必被謗誣昔劉準使殷靈誕每禁下人不爲非禮事及還果被譖愬以致極刑今書可明牟提忠於其國使蠕蠕主知之是年冬至大饗群官孝文親舞於太后前群臣皆舞帝乃長歌仍率群臣再拜上壽閭進曰臣聞大夫行孝行合一家諸侯行孝聲著一國天子行孝德被四海今陛下敦行孝道臣等不勝慶踊謹上千萬歲壽帝大悅又議政於皇信堂閭曰伏思太皇太后十八條之令及仰尋聖朝所行事周於百揆願終成其事帝曰刑法者王道所用何者爲法何者爲刑施行之日何先何後對曰刑制之會軌物齊

衆謂之法犯違制約致之於憲謂之刑然則法必先施刑必後著帝曰論語稱冉子退朝孔子曰何晏也曰有政子曰其事也如其有政雖不吾以吾其與聞之何者爲政何者爲事對曰政者上之所行事者下之所綜後詔閭與太常採雅樂以營金石又領廣陵王師出除鎮南將軍相州刺史以參定律令之勤賜布帛粟牛馬等遷都洛陽閭表諫言遷有十損必不獲已請遷於鄴帝頗嫌之雍州刺史曹武據襄陽請降車駕親幸懸瓠閭表諫洛陽草創武既不遣質任必非誠心帝不納武果虛詐諸將皆無功而還車駕還幸石濟閭朝於行宮帝謂曰朕往年之意不欲決

征但兵士已集恐爲幽王之失不容中止遂至淮南而被
諸將竝列州鎮至無所獲實由晚一月日故耳閭曰古攻戰
法倍則攻之十則圍之聖駕親征誠應大捷所以無獲良
由兵少故也今京邑甫爾庶事造創願陛下當從容伊瀍
使德被四海帝曰願從容伊瀍實亦不少但未獲耳閭曰
司馬相如臨終恨不封禪今雖江介不賓然中州地略以
盡平豈可聖明之辰而闕盛禮帝曰荆揚未一豈得如卿
言也閭以江南非中國且三代之境亦不能遠帝曰淮海惟
揚州荆及衡陽惟荆州此非近中國乎及車駕至鄴孝文
頻幸其州館下詔褒揚之閭每請本州以自效詔曰閭以

懸車之年方求衣錦知進忘退有塵謙德可降號平北將
軍朝之老成宜遂情願徙授幽州刺史令存勸兼行恩法
竝舉閭以諸州罷從事依府置參軍於政體不便表宜復
舊帝不悅歲餘表求致仕優答不許徵爲太常卿頻表陳
遜不聽又車駕南討漢陽閭上表諫求迴師帝不納漢陽
平賜閭璽書閭上表陳謝宣武踐阼閭累表遜位優詔授
光祿大夫金章紫綬使吏部尚書邢巒就家拜授及辭引
見東堂賜以肴羞訪之大政以其先朝儒舊告老求歸帝爲
之流涕優詔賜安車几杖輿馬繒綵衣服布帛事從豐厚
百僚餞之猶羣公之祖二疏也閭進陟北芒上望闕表以

示戀慕之誠卒于家謚文貞閭好爲文章集四十卷其文
亦高允之流後稱二高爲當時所服閭強果敢直諫其在
私室言裁聞耳及於朝廷廣衆之中則談論鋒起人莫能
敵孝文以其文雅之美每優禮之然貪褊矜慢初在中書
好詈辱諸博士學生百餘人有所干求者無不受其財及
老爲二州乃更廉儉自謹有良牧之譽子元昌襲爵位遼
西博陵二郡太守閭弟悅篤志好學有美於閭早卒

趙逸字思群天水人也父昌石勒黄門郎逸好學夙成仕
姚興歷中書侍郎後爲赫連屈丐所虜拜著作郎太武平
統萬見逸所著曰此豎無道安得爲此言乎作者誰也速

推之司徒崔浩進曰彼之謬述亦子雲美新固宜容之帝
乃止歷中書侍郎赤城鎮將頻表乞免久乃見許性好墳
典白首彌勤年踰七十手不釋卷凡所著述詩賦銘頌五
十餘篇逸兄温字思恭博學有高名爲姚泓天水太守劉
裕滅泓遂沒於氐氐王楊難當稱藩太武以温爲難當府
司馬卒于仇池令温子琰字叔起初苻氏亂琰爲乳母攜
奔壽春年十四乃歸孝心色養飪熟之節必親調之皇興
中京師儉婢簡粟糶之琰遇見切責敕留輕粃常送子樵
冀州娉室從者於路遇得一羊行三十里而琰知之令送
於本處又過路傍主人設羊羹琰訪知盜殺卒辭不食遣

人買邾刃得剩六邾即命送還刃主刃主高之義而不受琰命委之而去初為兗州司馬轉團城鎮副將還京為淮南王他府長史時禁制甚嚴不聽越關葬於舊兆琰積四十餘年不得葬二親及蒸嘗拜獻未曽不嬰慕卒事每於時節不受子孫慶賀年餘耳順而孝思彌篤慨歳月推移遷窆無冀乃絶鹽粟斷諸餚味食麥而已年八十卒遷都洛陽子應等乃還鄉葬焉應弟聦字賓育好音律以善歌聞於世位秦州刺史

胡叟字倫許安定臨涇人也世為西夏著姓叟少聰慧年十三辯疑釋理鮮有屈焉學不師受披讀群籍再閲於目

皆誦焉好屬文既善典雅之詞又工鄙俗之句以姚氏將衰遂入長安觀風化隱匿名行懼人見知時京兆韋祖思少閲典墳多蔑時彦待叟不足叟拂衣而出祖思固留之曰當與君論天人之際何遽返乎叟曰論天人者其亡久矣與君相知何夸言若是遂歸主人賦韋杜二族一宿而成時年十八矣其述前載無違舊美叙中世有協時事而末及鄙黷人皆奇其才畏其筆叟孤飄坎壈未有仕路遂入漢中宋梁秦二州刺史馮翊吉翰頗相禮接授叟末佐不稱其懷未幾翰遷益州叟隨入蜀時蜀沙門法成率僧數千人鑄丈六金像宋文帝惡其聚衆將加大辟叟聞之

即赴冊楊啓申其美遂免復還蜀法成遺其珍物價直千餘匹叟一無所受後入沮渠牧犍牧犍遇之不重叟乃為詩示所知廣平程伯達其略曰群犬吠新客佞暗排疏賓直途既已塞曲路非所遵望衛惋祝鮀眄楚悼靈均何用宣憂懷託翰寄輔仁伯達見詩謂曰涼州雖地居戎域然自張氏以來號有華風今則憲章無虧何祝鮀之有叟曰貴主奉正朔而弗淳慕仁義而未允吾之擇木夙在大魏與子暫違非久闊也歳餘牧犍破降叟既先歸魏朝廷以其識機賜爵始復男家於密雲蓬室草筵唯以酒自適謂友人金城宗舒曰我此生活以勝焦先志意所栖謝其高

矣文成時召叟及舒並使作檄檄宋蠕蠕舒文劣於叟尋歸家不事產業常苦飢貧然不以為恥養子字螟蛉以自給養每至貴勝門恒乘一牸牛弊韋袴褶而已作布囊容三四斛飲噉醉飽盛餘肉餅以付螟蛉見車馬榮華者視之蔑如也尚書李敷嘗遺以財都無所取初叟一見高允曰吳鄭之交以紵縞為美談吾之於子以弦韋為幽贄以此言之彼可無愧也於允館見中書侍郎趙郡李璨被服華靡叟貧老衣褐璨頗忽之叟謂曰李子今若相脫體上袴褶衣帽君欲作何許也譏其惟假盛服璨惕然失色叟少孤每言及父母則淚下若孺子號春秋當祭之前則先

求旨酒美膳將其所知廣甯常順陽馮翊田文宗上谷侯法儁提壺執俎至郭外空靜處設坐奠拜盡孝思之敬時敦煌氾潛家善釀酒每節送一壺與叟著作佐郎傅陵許赤武河東裴定宗等謂潛曰再三之惠以為過厚子惠於叟何其恒也潛曰我恒給祭者以其恒於孝思也論者以潛為君子矣順陽等數子禀叟獎示頗涉文流高閭曾造其家遇叟短褐曳柴從田歸舍為閭設濁酒蔬食皆手自辦然案其館宇卑陋園疇褊局而飯菜精潔醯醬調美見其二妾並年衰跛眇衣布穿弊閭見其貧以衣物直十餘匹贈之亦無辭兊閭作宣命賦叟為之序密雲左右皆祗

仰其德歲時奉以布麻穀麥叟隨分散之家無餘財卒無子無家人營主凶事胡始昌迎殯之于家葬於墓次即令弟繼之襲其爵復始男武威將軍叟與始昌雖宗室性氣殊詭不相附其存往來乃簡及亡而收恤至厚議者以為非必敦哀疎宗或緣求利品秩也

胡方回安定臨涇人也父義周姚泓黃門侍郎方回仕赫連屈丐為中書侍郎涉獵史籍辭彩可觀為屈丐統萬城銘蛇祠碑諸文頗行於世太武破赫連昌方回入魏未為時知後為北鎮司馬為鎮脩表有所稱薦帝覽之嗟美問知方回召為中書博士賜爵臨涇子遷侍郎與太子少傅

游雅等改定律制司徒崔浩及當時朝賢並愛重之清貧守道以壽終

張湛字子然一字仲玄敦煌深泉人也魏執金吾恭九葉孫為河西著姓祖質仕涼位金城太守父顯有遠量武昭王據有西夏引為功曹甚器異之嘗稱曰吾之臧子原也位酒泉太守湛弱冠知名涼土好學能屬文沖素有大志仕沮渠蒙遜位兵部尚書涼州平拜寧遠將軍賜爵南浦男司徒崔浩識而禮之浩注易敘曰敦煌張湛金城宗欽武威段承根三人皆儒者並有儁才見稱西州每與余論易余以左氏傳卦解之遂相勸為解注故為之解其見稱

如此湛至京師家貧不立操尚無虧浩常給其衣食薦為中書侍郎湛知浩必敗固辭每贈浩詩頌多箴規之言浩亦欽敬其志每常報荅極推崇之美浩誅湛懼悉燒之閉門却掃慶弔皆絕以壽終兄銑字懷義閑粹有才幹仕沮渠蒙遜位建昌令性至孝母憂哀毀過人服制雖除而蔬糲弗改崔浩禮之與湛等卒於征西參軍懷義孫通字彥綽博通經史沉冥不預時事頓丘李彪欽其學行與之遊款及彪用事言於中書令李沖沖召見甚器重之太和中徵中書博士中書侍郎永平中又徵汾州刺史皆不赴終於家通四子徹麟儉鳳皆傳家業知名於世徹字方明位

侍中衛尉卿封西平縣公子敢之襲位太中大夫樂陵郡守麟字嘉應位廣平太守儉字元愼位涼州刺史鳳字孔鸞位國子博士散騎常侍著五經異同評十卷爲儒者所稱

段承根武威姑臧人自云漢太尉頴九世孫也父暉字長祚身八尺餘師事歐陽湯湯甚器愛之有一童子與暉同志後二年童子辭歸從暉請馬暉戲作木馬與童子甚悅謝暉曰吾太山府君子奉敕遊學今將歸損子厚贈無以報德子後至常伯封侯非報也且以爲好言終乘馬騰虛而去暉乃自知必將貴仕乞伏熾盤爲輔國大將軍涼州刺史御史大夫西海侯熾盤子慕末襲位政亂暉父子奔

吐谷渾慕容璝內附暉與承根歸魏太武至長安人告暉欲南奔云置金於馬韉中帝密遣視之果如告者言斬之於市暴尸數日時有儒生京兆林白奴欽暉德音夜竊其尸置之枯井女爲燉煌張氏婦聞之乃向長安收葬承根好學機辯有文思而性行疎薄有始無終司徒崔浩見而奇之與同郡陰仲達俱被浩引以爲俱涼土文華才堪注述言之太武並請爲著作郎引與同事世咸重承根文而薄其行甚爲燉煌公李寶所敬待浩誅承根與宗欽等俱死

宗欽字景若金城人少好學有儒者風仕沮渠蒙遜爲中書郎世子洗馬上東宮侍臣箴太武平涼州入魏賜爵臥樹男拜著作郎與高允書贈詩允荅書并詩甚相襃美在河西撰蒙遜記十卷無足可稱

闞駰字玄陰燉煌人也祖倞父玖並有名於西土玖位會稽令駰博通經傳聰敏過人三史群言經目則誦時人謂之宿讀注王朗易傳撰十三州志沮渠蒙遜甚重之常侍左右訪以政事損益拜祕書考課郎中給文吏三十人典校經籍刋定諸子三千餘卷牧犍待之彌重拜大行臺還尚書及姑臧平樂安王丕鎮涼州引爲從事中郎王薨還京師家甚貧不免飢寒性能多食一飯至三升乃飽卒無

後

劉延明燉煌人也父寶字子玉以儒學稱延明年十四就博士郭瑀瑀弟子五百餘人通經業者八十餘人瑀有女始笄妙選良偶有心於延明遂別設一席謂弟子曰吾有一女欲覓一快女婿誰坐此席者吾當婚焉延明遂奮衣坐神志湛然曰延明其人也瑀遂以女妻之延明後隱居酒泉不應州郡命弟子受業者五百餘人涼武昭王徵爲儒林祭酒從事中郎昭王好尚文典書史穿落者親自補葺延明時侍側請代其事王曰躬自執者欲人重此典籍吾與卿相遇何異孔明之會玄德遷撫夷護軍雖有政務

手不釋卷昭王曰卿注記篇籍以燭繼晝白日且然夜可休息延明曰朝聞道夕死可矣不知老之將至孔聖稱焉延明何人斯敢不如此延明以三史文繁著略記百三十篇八十四卷燉煌實錄二十卷方言三卷靖恭堂銘一卷注周易韓子人物志黃石公三略行於世蒙遜平酒泉拜秘書郎專管注記築陸沉觀於西苑躬往禮焉號玄處先生學徒數百月致羊酒牧犍尊為國師親自致拜命官屬以下皆北面受業時同郡索敞陰興為助教並以文學見稱每巾衣而入太武平涼州士庶東遷夙聞其名拜樂平王從事中郎太武詔諸年七十已上聽留本鄉一子扶養延明時老矣在姑臧歲餘思鄉而返至涼州西四百里韮谷窟疾卒太和十四年尚書李沖奏延明河右碩儒今子孫沉屈未有祿潤賢者子孫宜蒙顯異於是除其一子為郢州雲陽令正光三年太保崔光奏曰故樂平王從事中郎燉煌劉延明著業涼城遺文在茲如或矜遇當蒙數世之宥況乃維祖逮孫相去未遠而令久淪皁隸不獲收異儒學之士所為竊歎乞敕尚書推檢所屬甄免碎役敦化厲俗於是乎在詔曰太保啓陳深合勸善其孫等三家特可聽免河西人以為榮

趙柔字元順金城人也少以德行才學知名河右沮渠牧

犍時為金部郎太武平涼州內徙京師歷著作郎河內太守甚著信惠柔嘗在路得人所遺金珠一貫價直數百縑柔呼主還之後有人遺柔鏵數百枚者柔與子善明鬻之市有人從柔買柔索絹二十疋有商人知其賤與柔三十疋善明欲取之柔曰與人交易一言便定豈可以利動心遂與之搢紳之流聞而敬服隴西王源賀采佛經幽旨作祗洹精舍圖偈六卷柔為之注解為當時俊僧所欽味又憑立銘讚頗行於世子默字沖明武威太守

索敞字巨振燉煌人也為劉延明助教專心經籍盡能傳延明業涼州平入魏以儒學為中書博士京師貴遊之子皆敬憚威嚴多所成益前後顯達位至尚書牧守者數十人皆受業於敞敞以喪服散在衆篇遂撰比為喪服要記出補扶風太守在位清貧卒官時舊同學生等為請諡詔贈涼州刺史諡曰獻初敞之在涼州與鄉人陰世隆文才相友世隆至京師被罪徙和龍屆上谷困不前達士人徐能抑掠為奴敞因行至上谷遇見世隆對泣而別敞為訴理得免世隆子孟貴性至孝每向田芸耨旱朝拜父來亦如之鄉人欽焉

宋繇字體業燉煌人也世仕張氏父僚張玄靚武興太守繇生而僚為張邕所誅五歲喪母事伯母張氏以孝聞八

歲而張氏卒居喪過禮喟然謂妹夫張彥曰門戶傾覆負
荷在繇不銜膽自厲何以繼承先業遂隨彥至酒泉追師就
學閉室讀書晝夜不倦博通經史呂光時舉秀才除郎中
後奔段業為中散騎常侍以業無遠略西奔涼武昭王歷
位通顯家無餘財雖兵革間講誦不廢每聞儒士在門常
倒屣出迎引談經籍尤明斷決時事亦無滯也沮渠蒙遜
平酒泉於繇室得書數千卷鹽米數十斛而已蒙遜歎曰
孤不喜克李氏欣得宋繇耳拜尚書吏部郎中委以銓衡
蒙遜將死以子牧犍託之牧犍以為左丞送其妹興平公
主於京師太武拜繇河西王右丞相賜爵清水公及平涼

州從牧犍至京師卒謚恭公長子巖襲爵改為西平侯巖
子愔中書議郎樂安王範從事中郎卒贈咸陽太守愔子
季預性清儉居家如官位勃海太守子游道游道弱冠隨
父在郡父亡吏人贈遺無所受事母以孝聞與叔父別
居叔父為奴誣以構逆游道誘令返雪而殺之魏廣陽王
深北伐請為鎧曹及為定州刺史又以為府佐廣陽為葛
榮所殺元徽誣其降賊收錄妻子游道為訴得釋與廣陽
子迎喪返葬中尉酈善長嘉其氣節引為殿中侍御史臺
中語曰見惡能討宋游道孝莊即位除左兵中軍為尚書
令臨淮王彧譴責游道乃執版長揖曰下官謝王瞋不謝

王理即日詣闕上書曰徐州刺史元孚頻有表云偽梁廣
發士卒圖彭城乞增羽林二千以孚宗室重臣告請應實
所以量奏給武官千人孚今代下以路阻自防遂納在防
羽林八百人辭云疆境無事乞將還家臣忝局司深知不
可尚書令臨淮王彧即孚之兄子遣省事謝遠三日之中
八度逼迫云宜依判許臣不敢附下罔上孤負聖明但孚
身在任乞師相繼及其代下便請放還進退為身無憂國
之意所請不合其罪下科彧乃召臣於尚書都堂云卿一
小郎憂國之心豈厚於我醜罵溢口不顧朝章右僕射臣
世隆吏部郎中臣薛琡巳下百餘人並皆聞見臣實獻豈

言云忠臣奉國事在其心亦復何簡貴賤比自北海入洛
王不能致身死難方清宮以迎篡賊鄭先護立義廣州王
復建旗往討趣惡如流伐善何速今得冠冕百寮乃欲為
私害政為臣此言或賜怒更甚臣既不佞干犯貴臣乞解
郎中帝召見游道嘉勞之彧亦奏言臣忝冠百寮遂使一
郎攘袂高聲肆言頓挫乞解尚書令帝乃下敕聽解臺郎
後除司州中從事時將還鄴會霖雨行旅擁於河橋游道
於幕下朝夕宴歌行者曰何時節作此聲也固大癡游道
應曰何時節而不作此聲也亦大癡後齊神武自太原來
朝見之曰此人是游道邪常聞其名今日始識其面遷游

道別駕後日神武之司州饗朝士舉觴屬遊道曰飲高歡手中酒者大丈夫卿之爲人合飲此酒及還晉陽百官辭於紫陌神武執遊道手曰甚知朝貴中有憎忌卿者但用心莫懷畏慮當使卿位與之相似於是啓以遊道爲中尉文襄執請乃以吏部郎中崔暹爲御史中尉以遊道爲尚書左丞文襄謂暹遊道曰卿一人處南臺一人處北省當使天下肅然遊道入省劾太師咸陽王坦太保孫騰司徒高隆之司空侯景錄尚書元弼尚書令司馬子如官貸金銀催徵酬價雖非指事贓賄終是不避權豪又奏駁尚書違失數百條省中豪吏王儒之徒並鞭斥之始依故事於

尚書省立門名以記出入早晚令僕已下皆側目魏安平王坐事亡章武二王及諸王妃太妃是其近親者皆被徵責都官郎中畢義雲主其事有奏而禁有不奏輒禁者遊道判下廷尉科罪高隆之不同於是反誣遊道厲色挫辱已遂枉搒羣令史證成之與左僕射襄城王旭尚書鄭述祖等上言曰飾僞亂真國法所必去附下罔上王政所不容謹案尚書左丞宋遊道名望本闕功績何紀屬永安之始朝士亡散之人之際叨竊臺郎躁行諂言肆其姦詐空識名義不顧典文人鄙其心衆畏其口出州入省歷忝清資而長惡不悛曾無忌諱毀譽由己憎惡任情比因安平王事遂肆其褊心因公報隙與郎中畢義雲遞相糾舉又左外兵郎中魏叔道牒云局內降人左澤等爲京畿送省令取保放出大將軍在省日判聽遊道發怒曰往日官府成何物官府將此爲例又云乘前旨格成何物旨格依事請問遊道並皆承引案律對捍詔使無人臣之禮大不敬者死對捍使者尚得死坐況遊道吐不臣之言犯慢上之罪口稱夷齊心懷盜跖欺公賣法受納苞苴產隨官厚財與位積雖贓汙未露而姦詐如是舉此一隅餘詐可驗今依禮據律處遊道死罪是時朝士皆忿爲遊道不濟而文襄聞其與隆之相抗之言謂楊遵彥曰此真是鯁直大剛惡

人遵彥曰譬之畜狗本取其吠今以數吠殺之恐將來無復吠狗詔付廷尉遊道坐除名文襄使元景康謂曰卿早逐我向并州他經略不忍殺卿遊道從至晉陽以爲大行臺吏部又以爲太原公開府諮議及平陽公爲中尉遊道以諮議領書侍御史尋以本官兼司徒左長史及文襄疑黃門郎溫子昇知元瑾之謀繫諸獄而餓之食弊襦而死棄屍路隅遊道收而葬之文襄謂曰吾近書與京師諸貴論及朝士云卿僻於朋黨將爲一病今卿真是重舊節義人此情不可奪子昇吾本不殺之卿葬之何所憚天下人代卿怖者是不知吾心也尋除御史中尉東萊王道習參御史

選限外投狀道智與游道有舊使令史受之文襄怒收游
道辯而判之曰游道稟性獷悍是非肆已吹毛洗垢創疵
人物枉與郎中蘭景雲忿競列事十條及加推窮便是虛
妄方共道智陵侮朝典法官而犯特是難原宜付省科游
道被禁獄吏欲為脫枷游道不肯曰此令公命所著不可
輒脫文襄聞而免之游道抗志不改天保元年以游道兼
太府卿乃於少府覆檢主司盜截得鉅萬計姦吏反誣奏
之下獄尋得出不歸家徑之府理事卒遺令薄葬不立碑
表不求贈謚贈瓜州刺史武平中以子士素久典機密重
贈儀同三司謚曰貞惠游道剛直疾惡如讎見人犯罪皆

欲致之極法彈糾見事又好察陰私問獄察情捶撻嚴酷
兗州刺史李子貞在州貪暴游道案之文襄以子貞預建
義勳意將含忍游道疑陳元康為其內助密啓云子貞元
康交游恐其別有請屬文襄怒於尚書都堂集百寮撲殺
子貞又兗州人為游道生立祠堂像題曰忠清君游道別
劾吉寧等五人同死有欣悅色朝士甚鄙之然重交游存
然諾之分歷官嚴整而時大納賄分及親故之艱匱者其
男女孤弱為嫁娶之臨喪必哀躬親營視為司州綱紀與
牧樂昌西河二王乖忤及二王薨每事經恤之與頓丘李
獎一面便定死交獎曰我年位已高會用弟為佐史令弟

北面於我足矣游道曰不能既而獎為河南尹辟游道為
中正使者相屬以衣帢待之握手歡謔元顥入洛獎受其
命出使徐州都督元孚與城人趙紹兵殺之游道為獎訟
冤得雪又表為請贈回己考一泛階以益之又與劉廞結
交託廞弟粹於徐州殺趙紹後劉廞伏法於洛陽粹以徐
州叛官軍討平之梟粹首於鄴市孫騰使客告市司得五
百匹後聽收游道時為司州中從事令家人作劉粹所親
於州陳訴依律判許而奏之敕至市司猶不許游道杖市司
勒使速付騰聞大怒游道立理以抗之既收粹尸厚加贈
遺李獎二子構訓居貧游道後令其求三富人死事判免

之凡得錢百五十萬盡以入構訓其使氣黨俠如此時人
語曰游道獼猴面陸操科斗形意識不關見何謂醜者必
無情構嘗因游道會客因戲之曰賢從在門外大好人宜
自迎接為通名稱族弟游山游道出見之乃獼猴而衣帽
也將與構絕構謝之豁然如舊游道死後構為定州長史
游道第三子士遜為墨曹博陵王管記與典籤共誣奏構
構於禁所祭游道而訴焉士遜晝卧如夢者見游道怒已
曰我與構恩義汝豈不知何共小人謀陷清直之士士遜
驚跪曰不敢不敢旬日而卒游道每戒其子士素士約士
慎等曰吾執法大剛數遭屯蹇性自如此子孫不足以師之

諸子奉父言柔和謙遜士素沉密少言有才識稍遷中書舍人趙彥深引入內省參典機密歷中書黃門侍郎遷儀同三司散騎常侍恒領黃門侍郎自處機要近二十年周慎溫恭甚爲彥深所重初祖珽知朝政出彥深爲刺史珽奏以士素爲東郡守中書侍郎李德林白珽留之由是還除黃門侍郎共典機密士約亦重善士官尚書左丞

江式字法安陳留濟陽人也六世祖瓊字孟琚晉馮翊太守善蟲篆詁訓永嘉大亂瓊棄官投張軌子孫因居涼土世傳家業祖強字文威涼州平內徙代京上書三十餘法各有體例又獻經史諸子千餘卷由是拜中書博士卒贈

敦煌太守父紹興高允奏爲祕書郎掌國史二十餘年以謹厚稱卒於趙郡太守式少專家學數年中常夢兩人時相教授及寤每有記識初拜司徒長史兼行參軍檢校御史尋除符節令以書文昭太后尊號謚冊除奉朝請仍符節令篆體尤工洛京宮殿諸門板題皆式書也延昌三年三月式表曰臣聞伏羲氏作而八卦形其畫軒轅氏興而靈龜彰其彩古史倉頡覽二象之爻觀鳥獸之迹別創文字以代結繩用書契以維事宣之王庭則百工以叙載之方冊則萬品以明迄於三代厥體頗異雖依類取制未能殊蒼氏矣故周禮八歲入小學保氏教國子以六書一曰指事二曰象形三曰形聲四曰會意五曰轉注六曰假借蓋是史頡之遺法及宣王太史史籀著大篆十五篇與古文或同或異時人即謂之籀書孔子修六經左丘明述春秋皆以古文厥意可得而言其後七國殊軌文字乖別暨秦兼天下丞相李斯乃奏蠲罷不合秦文者斯作倉頡篇車府令趙高作爰歷篇太史令胡毋敬作博學篇皆取史籀式頗有省改所謂小篆者也於是秦燒經書滌除舊典官獄繁多以趣約易始用隸書古文由此息矣隸書者始皇使下杜人程邈附於小篆所作也世人以邈徒隸即謂之隸書故秦有八體一曰大篆二曰小篆三曰符書四曰蟲書

五曰摹印六曰署書七曰殳書八曰隸書漢興有尉律學復教以籀書又習八體試之課最以爲尚書史書省字不正輒舉劾焉又有草書莫知誰始其形書雖無厥誼亦是一時之變通也孝宣時召通蒼頡讀者獨張敞從受之涼州刺史杜業沛人爰禮講學大夫秦近亦能言之孝平時徵禮等百餘人說文字於未央宮中以禮爲小學元士黃門侍郎揚雄採以作訓纂篇及亡新居攝自以運應制作大司馬甄豐校文字之部頗改定古文時有六書一曰古文孔子壁中書也二曰奇字即古文而異者三曰篆書云小篆也四曰佐書秦隸書也五曰繆篆所以摹印也六曰

鳥蟲所以幡信也壁中書者魯恭王壞孔子宅而得尚書
春秋論語孝經也又北平侯張蒼獻春秋左氏傳書體與
孔氏相類即前代之古文矣後漢郎中扶風曹喜號曰工
篆小異斯法而甚精巧自是後學皆其法也又詔侍中賈
逵脩理舊文殊藝異術王教一端苟有可以加於國者靡
不悉集逵即汝南許慎古學之師也後慎嗟時人之好奇
歎俗儒之穿鑿故撰說文解字十五篇首一終亥各有
部屬可謂類聚羣分雜而不越文質彬彬最可得而論也
左中郎將陳留蔡邕採李斯曹喜之法為古今雜形詔於
太學立石碑刊載五經題書楷法多是邕書也後開鴻都

北史列傳二十二　二十七

書畫奇能莫不雲集時諸方獻篆無出邕者魏初博士清
河張揖著埤倉廣雅古今字詁究諸埤廣綴拾遺漏增長
事類抑亦於文為益者然其字詁方之許篇古今體用或
得或失陳留邯鄲淳亦與揖同博開古藝特善倉雅許氏
字指八體六書精究閑理有名於揖以書教諸皇子又建
三字石經於漢碑西其文蔚煥三體復宣校之說文篆隸
大同而古字少異又有京兆韋誕河東衛覬二家並號能
篆當時臺觀牓題寶器之銘悉是誕書咸傳之子孫世稱
其妙晉世義陽王典祠令任城呂忱表上字林六卷尋其
況趣附託許慎說文而按偶章句隱別古籀奇惑之字文

得正隸不差篆意也忱弟靜別放故左校令李登聲類之
法作韻集五卷使宮商龣徵羽各為一篇而文字與兄便
是魯衛音讀楚夏時有不同皇魏承百王之季紹五運之
緒世易風移文字改變篆形謬錯隸體失真俗學鄙習復
加虛造巧談辯士以意為疑炫惑於時難以釐改乃曰追
來為歸巧言為辯小兔為䨲神虫為蠶如斯甚眾皆不合
孔氏古書史籀大篆許氏說文石經三字也凡所關古莫
不惆悵焉嗟夫文字者六籍之宗王教之始前人所以垂
今今人所以識古臣六世祖瓊家世陳留往晉之初與從
父兄俱受學於衛覬古篆之法倉雅方言說文之誼當時

北史列傳二十二　二十八

並收善譽而祖遇洛陽之亂避地河西數世傳習斯業所
以不墜也世祖太延中牧犍內附臣亡祖文威杖策歸國
奉獻五世傳掌之書古篆八體之法時蒙褒錄叙列於儒
林官班文省家號世業暨臣闇短識學庸薄漸漬家風有忝
無顯是籍六世之資奉遵祖考之訓竊慕古人之軌企踐
儒門之轍求撰集古來文字以許慎說文為主及孔氏尚
書五經音注籀篇爾雅三倉凡將方言通俗文祖文宗埤
倉廣雅古今字詁三字石經字林韻集諸賦文字有六書
之誼者以類編聯文無復重統為一部其古籀奇惑俗隸
諸體咸使班於篆下各有區別詁訓假借之誼僉隨文而

解音讀楚夏之聲竝逐字而注其所不知者則闕如也脫
蒙遂許其省百氏之觀而同文字之域典書祕書所須之
書乞垂敕給并學士五人嘗習文字者助臣披覽書生各
五人專令抄寫侍中黃門國子祭酒一月一監評議疑隱
庶無紕繆所撰名曰伏聽明旨詔曰可如所請并就太常
兾兼教八書史也其有所須依請給之名曰侍書成重聞
式於是撰集字書號曰古今文字凡四十卷大體依許氏
說文爲本上篆下隸正光中兼著作郎卒官贈巴州刺史
其書竟未能成式兄子征虜將軍順和亦工篆書先是太
和中兗州人沈法會能隸書宣武之在東宮敕法會侍書

後以隸迹見知於閭里者甚衆宋有如崔浩之妙
論曰游雅才業亦高允之亞至於陷族陳奇斯所以絕世
而莫祀明根雅道儒風終受非常之遇以太和之盛有乞
言之重抑乃曠世一時肇既聿脩克隆堂構止清梗槩顚
沛不渝辭爵主幼之年抗節臣權之日顧視羣公其風固
已遠矣高閭發言有章句下筆富文詞故能受遇累朝見
重明主挂冠謝事禮備懸輿美矣趙逸文雅自業琰加之
孝義可謂世有人焉胡叟顯晦之間優遊無悶亦一代之
異人歟胡方回張湛段承根闞駰劉延明趙柔索敞皆通
涉經史才志不羣價重西州有聞東國故流播之中自拔

泥滓人之不可以無能信也宋繇㒓屈能申終致顯達遊
道剛直自立任使爲累江式能世其業亦足稱云

列傳第二十二

北史三十四

列傳第二十三　　北史三十五

王慧龍 玄孫松年　五世孫劭

鄭義 孫述祖　從曾孫道邕　道邕子譯　譯叔孫儼　儼族孫偉

王慧龍太原晉陽人晉尚書僕射愉之孫散騎常侍郎緝
之子也幼聰慧愉以為諸孫之龍故名焉初宋武微時愉
不為之禮及得志愉合家見誅慧龍年十四為沙門僧彬
所匿因將過江津人見其行意怱怱疑為王氏子孫彬稱
為受業者乃免既濟遂西上江陵依叔祖忱故吏荊州前
中從事習辟強時刺史魏詠之卒辟強與江陵令羅脩前
別駕劉期公土人王騰等謀舉兵推慧龍為盟主剋日襲

州城而宋武聞詠之卒亦懼江陵有變遣其弟道規為荊
州衆遂不果羅脩等將慧龍又與僧彬北詣襄陽晉雍州
刺史魯宗之資給慧龍送度江遂奔姚興自言也如此姚
泓滅慧龍歸魏明元引見與言慧龍請效力南討言終俯
而流涕天子為之動容謂曰朕方混一車書席卷吳會卿
情計如此豈不能相資以衆乎然亦未之用後拜洛城鎮
將鎮金墉會明元崩太武初即位咸謂南人不宜委以師
旅之任遂停前授初崔浩弟恬聞慧龍王氏子以女妻之
浩既昏姻及見慧龍曰信王家兒也王氏世齇鼻江東謂
之齇王慧龍鼻漸大浩曰眞貴種矣數向諸公稱其美司

徒長孫嵩聞之不悅言於太武以其嗟服南人則有訕鄙
國化之意太武怒召浩責之浩免冠陳謝得釋慧龍由是
不調久之除樂安王範傅領并荊揚三州大中正慧龍抗
表願得南垂自效崔浩固言之乃授南蠻校尉安南大將
軍左長史及宋荊州刺史謝晦起兵江陵引慧龍為援慧
龍督司馬靈壽等一万人拔其思陵戍進圍項城晦敗乃
班師後宋將王玄謨寇滑臺詔假慧龍楚兵將軍與安頡
等同討之相持五十餘日諸將以賊盛莫敢先慧龍設奇
兵大破之太武賜以劒馬錢帛授龍驤將軍賜爵長社侯
拜榮陽太守仍領長史在任十年農戰並脩大著聲績招

攜邊遠歸附者万餘家號為善政其後宋將到彥之檀道
濟頻頓淮穎大相侵掠慧龍力戰屢摧其鋒彥之與友人
蕭斌書曰魯軌頑鈍馬楚麤狂亡人之中唯王慧龍及韓
延之可為深憚不意儒生懦夫乃令老子訝之宋文縱反
閒云慧龍自以功高而位不至欲引寇入邊因執安南大
將軍司馬楚之以叛太武聞曰此必不然是齊人忌樂毅
耳乃賜慧龍璽書曰義隆畏將軍如虎欲相中害朕自知
之風塵之言想不足介意也宋文計既不行復遣刺客呂
玄伯購慧龍首二百戶男絹一千匹玄伯為反閒來屛人
有所論慧龍疑之使人探其懷有尺刀玄伯叩頭請死慧

龍曰各爲其主也吾不忍害此人左右皆言義隆賊心未
已不殺玄伯無以制將來慧龍曰死生有命彼亦安能害
我且吾方以仁義爲干國又何憂乎刺客遂捨之時人服
其寬恕慧龍自以遭難流離常懷憂悴乃作祭伍子胥文
以寄意焉生一男一女遂絕房室布衣蔬食不參吉事舉
動必以禮太子少傅游雅言於朝曰慧龍古之遺孝也撰
帝王制度十八篇號曰國典眞君元年拜使持節寧南將
軍武牢鎮都副將未至鎮而卒臨沒謂功曹鄭曄曰吾羇
旅南人恩非舊結蒙聖朝殊特之慈得在疆埸效命誓願
鞭屍吳市戮墳江陰不謂嬰此重疾有心莫遂非唯仰愧
國靈實亦俯慙后土脩短命也夫復何言身沒後乞葬河
内州縣之東鄉依古墓而不墳足藏髮齒而已庶其魂而
有知猶希結草之報時制南人入國者皆葬桑乾曄等申
遺意詔許之贈安南將軍荆州刺史謚穆侯吏人及將士
共於墓所起佛寺圖慧龍及僧彬像而讚之呂玄伯感全
宥之恩留守墓側終身不去子寶興襲爵寶興少孤事母
至孝尚書盧遐妻崔浩女也初寶興母及遐妻俱孕浩謂
曰汝等將來所生皆我之自出可指腹爲親及昏浩爲撰
儀躬自監視謂諸客曰此家禮事宜盡其美及浩被誅盧
遐後妻寶興從母也緣坐沒官寶興亦逃避未幾得出盧

遐妻時官賜度斤鎮高車滑骨寶興盡賣貨產自出塞贖
之以歸州辟中從事别駕舉秀才皆不就閉門不交人事
襲爵封長社侯龍驤將軍卒子瓊襲爵瓊字世珍孝文賜
名焉太和九年爲典寺令十六年降侯爲伯帝納其長女
爲嬪拜前將軍并州大中正正始中爲光州刺史有受納
響晉爲中尉王顯所劾終得雪免神龜中除左將軍兗州刺
史去州歸京多年沈滯所居在司空劉騰宅西騰雖勢傾
朝野初不候之騰既權重吞并鄰宅增廣舊居唯瓊終不
肯與以此久見屈抑瓊女適范陽盧道亮不聽歸其夫家
女卒哀慟無已瓊仍葬之别所冢不即塞常於壙内哭泣
久之乃掩當時深怪之加以聾疾每見道俗乞丐無已造
次見之令人笑愕道逢太保廣平王懷據鞍抗禮自言馬
瘦懷即以誕馬并乘具與之嘗詣尚書令李崇騎馬至其
黄閤見崇子世哲直問繼伯在否崇趨出瓊乃下崇儉而
好以紙帖衣領瓊哂而掣去之崇小子青肫嘗盛服寵勢
亦不足恨領軍元义使奴遺瓊馬瓊并留奴王誦聞之笑
曰東海之風於茲墜矣孝昌三年除鎮東將軍金紫光祿
大夫中書令時瓊子遵業爲黄門郎故有此授卒贈征北
將軍中書監并州刺史自慧龍入國三世一身至瓊始有
四子長子遵業風儀清秀涉歷經史位著作佐郎與司徒

左長史崔鴻同撰起居注遷右軍將軍兼散騎常侍慰勞蠕蠕乃詣代京采拾遺文以補起居所闕與崔光安豐王延明等參定服章及光爲孝明講孝經遵業預講延業錄義並應詔作釋奠侍宴詩時人語曰英英濟濟王家兄弟轉司徒左長史黃門郎監典儀注遵業有譽當時與中書令陳郡袁翻尚書琅邪王誦並領黃門郎號曰三哲時政歸門下世謂侍中黃門爲小宰相而遵業從容恬素若處丘園嘗著穿角履好事者多毀新履以學之以胡太后臨朝天下方亂謀避地自求徐州太后曰王誦罷幽州始作黃門卿何乃欲徐州也更待一二年當有好處分遵業兄

弟並交游時俊乃爲當時所美及尒朱榮入洛兄弟在父喪中以於莊帝有從姨兄弟之親相率奉迎俱見害河陰議者惜其人才而譏其躁競贈并州刺史著三晉記十卷子松年少知名齊文襄臨并州辟爲主簿累遷通直散騎常侍副李緯使梁使還歷位尚書郎中魏收撰魏書成松年有謗言文宣怒禁止之仍加杖罰歲餘得免除臨漳令遷司馬別駕本州大中正孝昭擢拜給事黃門侍郎帝每賜坐與論政事甚善之孝昭崩松年馳驛至鄴都宣遺詔發言涕泗迄於宣罷容色無改辭吐諧韻宣訖號慟自絕於地百官莫不感慟還晉陽兼侍中護梓宮還鄴諸舊臣

避形迹無敢盡哀唯松年哭必流涕朝士咸恐武成雖忿松年戀舊情切亦雅重之以本官加散騎常侍食高邑縣幹參定律令前後大獄多委焉兼御史中丞發晉陽之鄴在道遇疾卒贈吏部尚書并州刺史謚曰平第二子劭最知名

劭字君懋少沈默好讀書仕齊累遷太子舍人待詔文林館時祖孝徵魏收陽休之等嘗論古事有所遺忘討閱不能得問劭劭具論所出取書驗之一無舛誤自是大爲時人所許稱其博物後遷中書舍人齊滅入周不得調隋文帝受禪授著作佐郎以母憂去職在家著齊書時制禁私

撰史爲內史侍郎李元操所奏上怒遣收其書覽而悅之於是起爲員外散騎侍郎修起居注劭以上古有鑽燧改火之義近代廢絕於是上表請變火曰臣謹案周官四時變火以救時疾明火不數變時疾必興聖人作法豈徒然也在晉時有人以洛陽火度江者世世事之相續不滅火色變青昔師曠食飯云是勞薪所爨晉平公使視之果然車輞今溫酒及炙肉用石炭木炭火竹火草火麻荄火氣味各不同以此推之新火舊火理應有異伏願遠遵先聖於五時取五木以變火用功甚少救益方大縱使百姓習久未能頓同尚食內廚及東宮諸王食廚不可不依古法

上從之劭又言上有龍顏戴干之表指示羣臣上大悅賜
物數百段拜著作郎上表言符命曰昔周保定二年歲在
壬午五月五日青州黃河變清十里鏡澈齊氏以爲已瑞
改元年曰河清是月至尊以大興公始作隨州刺史歷年
二十隋果大興臣謹案易坤靈圖曰聖人受命瑞必先見
於河河者取濁未能清也竊以靈貺休祥理無虛發河清
啓聖實屬大隋午爲鶉火以明火德仲夏火王亦明火德
月五日五合天地數既得受命之辰允當先見之兆開皇
初邵州人楊令悊近河得青石圖一紫石圖一皆隱起成
文有至尊名下云八方天心永州又得石圖剖爲兩段有

楊樹之形黃根青葉汶水得神龜腹下有文曰天卜楊與
安邑掘地得古鐵板文曰皇始天年賫楊鐵券王興同州
得石龜文曰天子延千年大吉臣以前之三石不異龍圖
何以用石石體久固義與上名符合龜腹七字何以著龜
龜亦久固兼是神靈之物孔子歎河不出圖洛不出書今
於大隋聖世圖書屢出建德六年亳州大周村有龍鬬白
者勝黑者死大象元年夏滎陽汴水北有龍鬬初見白氣
屬天自東方歷陽武而來及至白龍也長十許丈有黑龍
乘雲而至雲雨相薄乍合乍離自午至申白龍昇天黑龍
墜地謹案龍君象也前鬬於亳州周村者蓋象至尊以龍

鬬之歲爲亳州摠管遂代周有天下後鬬於滎陽者滎字
三火明火德之之盛也白龍從東方來歷陽武者蓋象至
尊將登帝位從東第入自崇陽門也西北昇天者當乾位
天門坤靈圖曰聖人殺龍龍不可得而殺皆感氣也又曰
泰姓商名宮黃色長八尺六十世河龍以正月辰見白龍
與五黑龍鬬白龍陵故泰人有命謹案此言皆爲大隋而
發也聖人殺龍者前後龍死是也姓商者皇家於五姓爲
商也名宮者武元皇帝諱於五聲爲宮黃色者隋色尚黃
長八尺者武元皇帝身長八尺河龍以正月辰見者泰正
月卦龍見之所於京師爲辰地白龍與黑龍鬬者亳州滎

陽龍鬬是也勝龍所以白者楊姓納音爲商至尊又辛酉
歲生位皆在西方西方白色也死龍所以黑者周色黑所
以稱五者周閔明武宣靖凡五帝趙陳代越滕五王一時
伏法亦當五數白龍陵者陵猶勝也鄭玄說陵當爲除凡
鬬能去敵曰除臣以泰人有命者泰之爲言通也大也明
其人道通德大有天命也乾鑿度曰泰表戴干鄭玄注云
表者人形體之彰識也干盾也泰人之表戴干臣伏見至
尊有戴干之表益知泰人之表不爽亳州坤靈圖所云字
字皆驗緯書又稱漢四百年終如其言則知六十世亦必
然矣昔宗周卜世三十今則倍之稽覽圖曰太平時陰陽

知合風雨會同海內不偏地有阻險故風有遲疾雖太平之政猶有不能均惟平均乃不鳴條故欲風於亳亳者陳留也謹案此言蓋明至尊昔爲陳留公世子亳州摠管遂受天命海內均同不偏不黨以成太平之風化也在大統十六年武元皇帝改封陳留公是時齊國有秘記云天王陳留入并州齊主高洋爲是誅陳留王彭樂其後武元皇帝果將兵入并州周武帝時望氣者云亳州有天子氣於是殺亳州刺史紇豆陵恭至尊代爲之又陳留老子祠有枯栢世傳云老子將度世云待枯栢生東南枝迴指當有聖人出吾道復行至齊枯栢從下生枝東南上指夜有三童子相與歌曰老子廟前古枯樹東南枝如繖聖主從此去及至尊牧亳州親至祠樹之下自是栢枝回抱其枯枝漸指西北道教果行考校衆事太平主出於亳州陳留之地皆如所言稽覽圖又云政道得則陰物變爲陽物鄭玄注云葱變爲韭亦是謹案自六年以來遠近山石多變爲玉石爲陰玉爲陽又左衞園中葱皆變爲韭上覽之大悅賜物五百段未幾劭復上書曰易乾鑿度曰隨上六拘係之乃從維之王用亨于西山隨者二月卦陽德施行藩決難解萬物隨陽而出故上六欲九五拘係之維持之明被陽化而欲陰隨從之也易稽覽圖坤六月有子女任政一

年傳爲復五月貧之從東北來立大起土邑西北地動星墜陽衞屯十一月神人從中山出趙地動北方三十日千里馬數至謹案凡此易緯所言皆是大隋符命隨者二月之卦明大隋以二月卽皇帝位也陽德施行者明楊氏之德教施行於天下也藩決難解者明當時藩彰皆通決險難皆解散也萬物隨陽而出者明天地閉萬物盡隨楊氏而出見也上六欲九五拘係之者五爲王六爲宗廟明宗廟神靈欲命登九五之位帝王拘人以禮係人以義也拘人以禮係人以義此二句亦是乾鑿度之言維持之者明能以綱維持正天下也被陽化而欲陰隨從之者明諸陰類被服楊氏之風化莫不隨從陰謂臣下也王用亨于西山者蓋明至尊常以歲二月幸西山仁壽宮也凡四稱隨三稱陽欲美隨楊丁寧之至也坤六月者坤位在未六月建未言至尊以六月生也有子女任政者言樂平公主是皇帝子女而爲周后任理內政也一年傳爲復者復是坤之一世卦陽氣初起言周宣帝崩後一年傳位與楊氏也五月貧之從東北來立貧之當爲真人字之誤也言周宣帝以五月崩真人革命當在此時至尊謙讓而逆天意故踰年乃立昔爲定州摠管在京師東北本而言之故曰真人從東北來立大起土邑者大起卽大興城邑也西北地

動星墜者蓋天意去周授隋故變動也陽衛者言楊氏得
天衛助也乇十一月神人從中山出者此卦動而大亨作
故至尊以十一月被授亳州摠管將從中山而出也趙地
動者中山爲趙地以神人將去故變動也北方三十日者
蓋至尊從北方將往亳州之時停留三十日也千里馬者
蓋至尊舊所乘騧騮馬也乇卦震下坎上震於馬爲作足
坎於馬爲美脊是故騧馬脊有肉鞍行則先作弄四足也
數至者言歷數至也河圖帝通紀曰形瑞出變矩衛赤應
隨叶靈皇河圖皇參持曰皇辟出承元訖道無爲安率被
遂矩戲作術開皇色握神日投輔提象不絕立皇後翼不

格道終始德優劣帝任政河典出叶輔嬉爛可述謹案凡
此河圖所言亦是大隋符命形瑞出變矩衛者矩法也衛
北斗星名所謂璿璣玉衡者也大隋受命形兆之瑞始出
天象則爲之變動北斗主天之法度故曰矩衛易緯伏戲
矩衛神鄭玄注以爲法玉衡之神與此河圖矩衛義同赤
應隨者言赤帝降精感應而生隋也故隋以火德爲赤帝
天子叶靈皇者叶合也言大隋德合上靈天皇大帝也又
年號開皇與靈寶經之開皇年相合故曰叶靈皇皇辟出
者皇大也辟君也大君出蓋謂至尊受命出爲天子也承
元訖者言承周天元終訖之運也道無爲安率者安下脫

一字言大道無爲安定天下率從被遂矩戲作術者矩法
也昔遂皇握機矩伏戲作八卦之術言大隋被服彼二皇
之法術也遂皇機矩語見易緯開皇色者言開皇年易服
色也握神日者言握持羣神明照如日也又開皇以來日
漸長亦其義也投輔提者言投授政事於輔佐使之提挈
也象不絕者法象不廢絕也立皇後翼不格者格至也言
本立太子以爲皇家後嗣而其輔翼之人不能至於善也
道終始德優劣者言前東宮道終而德劣今皇太子道始
而德優也帝任政河典出者言皇帝親任政事而邵州河
濵得石圖也叶輔嬉爛可述者叶合也嬉興也言羣臣合

心輔佐以興政教爛然可紀述也所以於皇參持帝通紀
二篇大陳符命者明皇道帝德盡在於隋也上大悅以劭
至誠寵錫日隆時有人於黃鳳泉浴得二白石頗有文理
遂附其文以爲字復言有諸物象而上奏曰其大玉有日
月星辰八卦五岳及二麟雙鳳青龍朱雀騶虞玄武各當
其方位又有五行十日十二辰之名凡二十七字又有天
門地戶人門鬼門閉九字又有却非及二鳥其鳥皆人面
則抱朴子所謂千秋萬歲者也其小玉亦有五岳却非虬
犀之象二玉俱有仙人玉女乘雲控鶴之象別有異狀諸
神不可盡識蓋是風伯雨師山精海若之類又有天皇大

帝皇帝及四帝坐鈎陳北斗三公天將軍土司空老人天
倉南河北河五星二十八宿凡四十五官諸字本無行伍
皆往往偶對於大王則有皇帝日名並臨南面與日字正
鼎足復有老人星蓋明南面象月而長壽也皇后二字在
西上有月形蓋明象月也於次玉則皇帝名與九千字次
比兩楊字與萬年字次比隋與吉字正並蓋明長久吉慶
也劭復廻互其字作詩二百八十篇奏之上以爲誠賜帛
千匹劭於是採人閒歌謠引圖書讖緯依約符命捃摭佛
經撰爲皇隋靈感誌合三十卷奏之上令宣示天下劭集
諸州朝集使洗手焚香閉目讀之曲折其聲有如歌詠經

涉旬朔徧而後罷上益喜賞賜優洽及文獻皇后崩劭復
上言佛經說人應生天上及上品上生無量壽國之時天
佛放大光明以香花妓樂來迎之如來以明星出時入涅
盤伏惟大行皇后聖德仁慈福善禎符備諸祕記皆云是
妙善菩薩臣謹案八月二十二日仁壽宮內再雨金銀之
花二十三日大寶殿後夜有神光二十四日卯時永安宮
北有自然種種音樂震滿虛空至五更中奄然如寐便即
升遐與經文所說事皆符驗臣又以愚意思之皇后遷化
不在仁壽大興宮者蓋避至尊常居正處也在永安宮者
象京師永安門平生所出入也后升遐後二日苑內夜有

鐘聲三百餘處此則生天之應顯然也上覽之且悲且喜
時蜀王秀以罪廢上謂劭曰嗟乎吾有五子三子不才劭
進曰自古聖帝明王皆不能移不肖之子黃帝二十五子
同姓者二餘各異德堯十子舜九子皆不肖夏有五觀周
有三監上然其言後上夢欲上高山而不能得崔彭捧腳
李盛扶肘乃得上因謂彭曰死生當與爾俱劭曰此夢大
吉上高山者明高崇大安永如山也彭猶彭祖李猶李老
二人扶侍實爲長壽之徵上聞之喜見容色其年上崩未
幾崔彭亦卒煬帝嗣位漢王諒作亂帝不忍誅劭上書曰
臣聞黃帝滅炎蓋云母弟周公誅管信亦天倫叔向戮叔

魚仲尼謂之遺直石碏殺石厚丘明以爲大義此皆經籍
明文帝王常法今陛下寘此逆賊度越前聖謹案賊諒毒
被生靈者也古者同德則同姓德不同則異姓故黃帝有
二十五子其得姓者十有四人唯青陽夷鼓與黃帝同爲
姬姓諒既自絕請改其氏劭以此求媚帝依違不從後遷
祕書少監卒於官劭在著作將二十年專典國史撰隋書
八十卷多錄口敕又採迂怪不經之語及委巷之言以類
相從爲其題目詞義繁雜無足稱者遂使隋代文武名臣
善惡之迹堙滅無聞初撰齊志爲編年體二十卷復爲齊
書紀傳一百卷及平賊記三卷或文詞鄙野或不軌不物

騃人視聽大為有識嗤鄙然其指摘經史謬誤為讀書記
三十卷時人服其精博爰自志學暨于暮齒篤好經史遺
略世事用思既專性頗恍惚每至對食閉目凝思盤中之
肉輒為僕從所噉劭弗之覺唯責肉少數罰廚人廚人以
情白劭劭依前閉目伺而獲之廚人方免笞辱其專固如
此遵業第廣業性沈雅涉歷書傳位太尉祭酒遷屬卒於
鉅鹿太守廣業第延業博學多聞頗有才藻位中書郎河
陰之役遂亡骸骨又無子贈齊州刺史延業第季和位書
侍御史并州大中正贈華州刺史

鄭羲字幼驎滎陽開封人魏將作大匠渾之八世孫也曾
祖豁慕容垂太常卿父曄不仕娶長樂潘氏生六子粗有
志氣而羲第六文學為優弱冠舉秀才尚書李孝伯以女
妻之文成末拜中書博士天安初宋司州刺史常珍奇據
汝南來降獻文詔殿中尚書元石為都將赴之遣羲參石
軍事到上蔡珍奇率文武三百人來迎既相見議欲頓軍
汝北未即入城羲謂石曰機事尚速今珍奇雖來意未可
量不如直入其城奪其管籥據有府庫雖出珍奇非意要
以全制為勝石從羲言遂策馬徑入其城城中尚有珍奇
親兵數百人在珍奇宅內石既克城意益憍怠置酒嬉戲

無警防之虞羲勸嚴兵設備以待非常其夜珍奇果使人
燒府欲因救火作難以石有備乃止明旦羲齎白武幡安
慰郭邑衆心乃定明年又引軍東討汝陰宋汝陰太守張
超城守不下石攻之不克議欲還軍長社待秋擊之羲曰
今超驅市人命不延月宜安心守之超食已盡不降當走
而欲棄還長社超必脩城深壍多積薪穀將來恐難圖矣
石不納遂旋師長社至冬復往攻超超果設備無功而還
歷年超死楊文長代戍食盡城潰乃克之竟如羲策淮北
平遷中書侍郎延興初陽武人田智度年十五妖惑動衆
擾亂京索以羲河南人望為州郡所信遣乘傳慰喻羲到

宣示禍福衆皆散智度奔見禽斬以功賜爵泰昌男孝文
初兼員外散騎常侍寧朔將軍陽武子使於宋中山王叡
寵幸當世並置王官羲為其傅是後歷年不轉資產亦乏
因請假歸遂盤桓不返及李沖貴寵與羲婚姻乃就家徵
為中書令文明太后為父燕宣王立廟於長安初成以羲
兼太常卿假滎陽侯具官屬詣長安拜廟建碑於廟門還
以使功仍賜侯爵出為西兗州刺史假南陽公羲多所受
納政以賄成性又嗇吝人有禮餉者不與杯酒臠肉而西
門受羊酒東門沽賣之以李沖之親法官不之糾也酸棗
令鄭伯孫鄄城令董騰別駕賈儴德中從事申靈度並在

任廉貞勤恤百姓義欵皆申表稱薦時論多之文明太后為
孝文納其女為嬪徵為祕書監太和十六年卒尚書奏謚
曰宣詔曰蓋棺定謚先典成式激揚清濁政道明勸義雖
宿有文業而政闕廉清尚書何乃情遺至公愆違明典依
謚法博聞多見曰文不勤成名曰靈可贈以本官加謚文
靈長子懿字景伯涉歷經史位太子中庶子襲爵滎陽伯
懿閑雅有政事才為孝文所器遇拜長兼給事黃門侍郎
司徒左長史宣武初以從弟思和同咸陽王禧逆與弟通
直常侍道昭俱坐緦親出禁拜太常少卿出為齊州刺史
懿好勸課善斷決雖不清潔義然後取百姓猶思之卒贈

鄭州路學刊　北史列傳二十三　十七　占

兗州刺史謚曰穆子恭業襲爵武定三年坐與房子遠謀
害齊神武伏誅懿弟道昭字僖伯少好學綜覽群言兼中
書侍郎從征沔北孝文饗侍臣於縣瓠方丈竹堂道昭與
兄懿俱侍坐樂作酒酣孝文歌曰白日光天兮無不曜江
左一隅獨未照彭城王勰續曰願從聖明兮登衡會萬國
馳誠混日外鄭懿歌曰雲雷大振兮天門闢率土來賓一
正歷邢巒歌曰舜舞干戚兮天下歸文德遠被莫不思道
昭歌曰皇風一鼓兮九地匝戴日依天清六合孝文又歌
曰遵彼汝墳兮昔化貞未若今日道風明宋弁歌曰文王
政教兮暉江沼寧如大化光四表孝文謂道昭曰自比遷

豫雖猥與諸才儁不廢詠綴未若今日遂命邢巒總集叙
記當爾之年卿頻丁艱私每眷文席常用慨然尋正除中
書郎累遷國子祭酒廣平王懷為司州牧以道昭與宗正
卿元匡為州都督道昭上表曰臣聞唐虞啟運以文德為
本殷周創業以道藝為先然則禮樂者為國之基不可斯
須廢也伏惟大魏定鼎伊瀍惟新寶歷九服咸至德之和
四垠懷擊壤之慶而蠢爾閩吳阻化江湫先帝爰震武怒
戎車不息而停鑾駐蹕留心典墳命故御史中尉臣李彪
與吏部尚書任城王臣澄等妙選英儒以崇學斆澄等依
旨置四門博士四十人其國子博士太學博士及國子助

北史列傳二十三　十八　蔣佛

教宿已簡置伏尋先旨意在速就但軍國多事未遑營立
自爾迄今垂將一紀學官彫落四術寢廢遂使碩儒耆德
卷經而不談俗學後生遺本而逐末進競之風寔由於此
矣伏惟陛下欽明文思玄鑒洞遠垂心經素優柔墳籍
發中旨敦營學館房宇既脩生徒未立臣往年刪定律令
謬預議筵謹依準前脩尋訪舊事參定學令事訖封呈請
早敕施行使選授有依生徒可準詔褒美之而尚未允遂
道昭又表曰臣自往年以來頻請學令並置生員前後累
上未蒙一報當以臣識淺濫官無能有所感悟者也館宇
既脩生房粗構博士見員足可講習雖新令未班請依舊

權置國子學生漸開訓業使播教有章儒風不墜至若孔廟既成釋奠告始揖讓之容請俟令出不報遷祕書監滎陽邑中正出歷光青二州刺史復入為祕書監卒謚曰文恭道昭好為詩賦凡數十篇其在二州政務寬厚不任威刑為吏人所愛子嚴祖頗有風儀粗觀文史輕躁薄行不脩士業孝武時御史中尉綦儁劾嚴祖與宗氏從姊姦通人士咸恥言之而嚴祖聊無愧色孝靜初除驃騎將軍左光祿大夫鴻臚卿出為北豫州刺史還除鴻臚卿卒贈司空公庶子仲禮少輕險有膂力齊神武嬖寵其姊火車以親戚被昵擢為帳內都督掌神武弓矢出入隨從與任冑俱好酒不憂公事神武責之冑懼潛通西魏為人糾告懼遂謀逆事發火車欲乞哀神武避不見賴武明皇后及文襄爭為言故仲禮死而不及其家嚴祖更無子弟敬祖以子紹元嗣紹元小字安都位太尉諮議趙郡太守卒子子飜字靈雀少有器識學涉好文章齊武平末位司徒記室參軍尋遇齊亡歷周隋遂不仕隱居滎陽三窟山慠誕不自羈束或有所之造乘驢衣韝破弊而往遠近欽其高名皆謂有異狀觀者如堵及見形乃短陋不副所聞然風神俊發無貴賤並敬服之納言楊素聞其名因使過滎陽邀與相見言談彌日深加禮重及歸言之朝廷累徵不至終於家子飜二弟子騰天壽俱仕隋子騰位蔣州司馬天壽開府參軍並以雅素稱嚴祖弟敬祖起家著作郎鄭儼之敗也為鄉人所害子元禮字文規少好學愛文藻有名望齊文襄引為館客歷兼中書舍人南主客郎中太尉諮議參軍長廣樂陵二郡守待詔文林館太子中舍人崔昂後妻元禮姊也魏收又昂之妹夫昂嘗持元禮數篇詩示盧思道乃曰看元禮比來詩詠亦曾不減魏收思道荅云未覺元禮賢於魏收且知妹夫疎於婦弟元禮大象中卒於始州別駕

敬祖弟述祖字恭文少聰敏好屬文有風檢為先達所稱

譽歷位司徒左長史尚書侍中太常卿丞相右長史齊天保中歷太子少保左光祿大夫儀同三司兗州刺史時穆子容為巡省使歎曰古人有言聞伯夷之風貪夫廉懦夫有立志今於鄭兗州見之矣遷光州刺史初述祖父為兗州於鄭城南小山起齋亭刻石為記述祖時年九歲及為刺史往尋舊迹得一破石有銘云中岳先生鄭道昭之白雲堂述祖對之嗚咽悲動羣寮有人入市盜布其父怒曰何忍吾君執之以歸首述祖特原之自是境內無盜百姓歌曰大鄭公小鄭公相去五十載風教猶尚同述祖能鼓琴自造龍吟十弄云嘗夢人彈琴寤而寫得當時以為絕

妙所在好為山池松竹交植盛饋饌以待賓客將迎不倦少時在鄉單馬出行忽有騎者數百見述祖皆下馬曰公在此行列而拜述祖顧問從人皆不見心甚異之未幾被徵終歷顯位及病篤乃自言之且曰吾老矣一生富貴足矣以清白之名遺子孫死無所恨前後行瀛殷冀滄趙定六州事正除懷兗光三州刺史又重行殷懷趙三州刺史所在皆有惠政天統元年卒年八十一贈開府中書監北豫州刺史謚曰平簡公述祖女為趙郡王叡妃述祖常坐受王拜命坐王乃坐妃薨後王更娶鄭道蔭女王坐受道蔭拜王命坐乃敢坐王謂道蔭曰鄭尚書風德如此又貴

重宿舊君不得並之述祖子元德多藝術官琅邪太守述祖弟遵祖祕書郎贈光州刺史遵祖弟順祖卒於太常丞自靈太后豫政淫風稍行及元叉擅權公為姦穢自此素族名家遂多亂雜法官不加糾正昏宦無貶於時有識咸以歎息矣義長兄白驎次小白次洞林次叔夜次連山並恃豪門多行無禮鄉黨之內疾之若讎小白位中書博士子侃伯有當世器幹孝文納其女為嬪位東徐州刺史卒於鴻臚少卿謚曰簡子希儁未官而卒子道育武定中開封太守希儁弟幼儒好學脩謹丞相高陽王雍以女妻之位司州別駕有當官稱卒贈散騎常侍兗州刺史謚曰肅

幼儒亡後妻淫蕩兇悖肆行無禮幼儒時望甚優其從兄伯猷每謂所親曰從弟人才足為令德不幸得如此婦今死復重死可為悲歎幼儒子敬道敬德俱仕西魏敬道位巴開新三州刺史敬道子正則仕周復州刺史侃伯弟平城廣陵王羽納其女為妃位東平原太守性猜狂使酒為政貪殘卒贈南青州刺史長子伯猷博學有文才早知名舉司州秀才歷太學博士領殿中御史與當時名勝咸申遊款明帝釋奠詔伯猷錄義後為尚書外兵郎中典起居注以軍功賜爵陽武子節閔帝初以舅氏超授征東將軍金紫光祿大夫領國子祭酒轉護軍將軍賜爵武城子元

象初以本官兼散騎常侍使梁前後使人梁武令其侯王於馬射之日宴對申禮伯猷之行梁武令其領軍將軍臧盾與之接議者以此貶之使還除南青州刺史在官貪婪妻安豐王元延明女專為聚斂貨賄公行潤及親戚戶口逃散邑落空虛乃誣陷良善云欲反叛籍其資財盡以入己誅其丈夫婦女配沒百姓冤苦聲聞四方為御史糾劾死罪數十條遇赦免因以頓廢齊文襄作相每誡厲朝士常以伯猷及崔叔仁為喻武定七年除太常卿卒贈驃騎大將軍中書監兗州刺史子蘊太子舍人陽夏太守伯猷弟仲衡武定中儀同開府中郎仲衡弟輯之司徒諮議參

大寧中以軍功賜爵成皐男位金紫光祿大夫東濟北太守肥城戍主卒贈度支尚書北豫州刺史轄之弟懷孝司徒諮議齊大寧中仁州刺史洞林子敬叔滎陽邑中正濮陽太守坐貪穢除名子籍字承宗徐州平東府長史籍弟瓊字祖珍有強幹稱位范陽太守頗有聲卒孝昌中弟儼寵要重贈青州刺史瓊兄弟雍睦其諸娣姒亦咸相親愛閨門之内有無相通為時人所稱美子道邕

道邕字孝穆幼謹厚以清約自居年未弱冠涉歷經史父叔四人並早歿昆季之中道邕居長撫訓諸弟有如同生閨庭之中怡怡如也魏孝昌初解褐太尉行參軍累以戰功進至左光祿大夫太師咸陽王長史及孝武西遷從入關除司徒左長史領臨洮王友賜爵永寧縣侯大統中行岐州刺史在任未幾有能名王羆時為雍州刺史欽其善政貽書盛相稱述先是所部百姓久遭離亂逃散殆盡道邕下車之日户止三千留情綏撫遠近咸至數年之内有四萬家歲考績為天下最周文帝賜書歎美之徵拜京兆尹及梁岳陽王蕭詧稱藩乃假道邕散騎常侍持節拜詧為梁王使還稱旨進儀同三司加散騎常侍時周文東討除大丞相府右長史封金鄉縣男軍次潼關命道邕與左長史孫儉司馬楊寬尚書蘇亮諮議劉孟良等分掌衆務

仍令道邕引接關東歸附人士并品藻才行而任用之撫納銓叙咸得其宜後拜中書令賜姓宇文氏尋以疾免周孝閔帝踐阼加驃騎大將軍開府儀同三司進爵為子歷御伯中大夫御正宜華虞陝四州刺史頻歷數州皆有政績入為少司空卒贈本官加鄭梁北豫三州刺史謚曰貞子詡嗣歷位納言為聘陳使後至開府儀同大將軍邵州刺史詡弟譯於隋文帝有翊贊功開皇初又追贈道邕大將軍徐兖等六州刺史改謚曰文

譯字正義幼聰敏涉獵羣書工騎射尤善音樂有名於世譯從祖文寬尚周文帝元后妹魏平陽公主無子周文命

譯後之由是譯少為周文所親恒令與諸子遊集年十餘歲嘗詣府司録李長宗長宗於衆中戲之譯斂容謂曰明公位望不輕瞻仰斯屬輒相翫狎無乃喪德也長宗甚異之文寬後誕二子譯復歸本生周明帝時詔令事輔城公是為武帝及帝即位為左侍上士與儀同劉昉恒侍帝側譯時喪妻帝令譯尚梁安固公主及帝親揔萬機以為御正下大夫頗被顧遇東宫建轉太子宫尹下大夫特被太子親待時太子多失德内史中大夫烏丸軌每勸帝廢太子立秦王由是太子恒不自安建德二年為聘齊使副後詔太子西征吐谷渾太子陰謂譯曰秦王上愛子也烏丸

軌上信臣也今吾此行得無扶蘇之事乎譯曰願殿下勉著仁孝無失子道而已太子然之既破賊譯以功最賜爵開國子後坐褻狎皇太子烏丸軌宇文孝伯等以聞帝大怒除譯名宮臣親幸者咸被譴太子復召譯戲狎如初因曰殿下何時可得據天下太子悅而益昵之俄復官仍拜吏部下大夫及武帝崩宣帝嗣位超拜開府儀同大將軍內史中大夫封歸昌縣公既以恩舊任遇甚重委以朝政遷內史上大夫進封沛國公上大夫之官自譯始也以其子善願爲歸昌公元琮爲永安縣男又監國史譯頗專權時帝幸東京譯擅取官材自營私第坐除名劉昉數言於

帝帝復召之顧待如初詔領內史事初隋文帝與譯有同學之舊譯又素知隋文相表有奇傾心相結至是隋文爲宣帝所忌情不自安嘗在永巷私於譯曰久願出藩公所悉也敢布心腹少留意焉譯曰以公德望天下歸心欲求多福豈敢忘也謹即言之時將遣譯南征譯曰若定江東自非懿戚重臣無以鎮撫可令隋公行且爲壽陽揔管以督軍事帝從之乃下詔以隋文爲揚州揔管譯發兵俱會壽陽以伐陳行有日矣帝不悆譯遂與御正下大夫劉昉謀引隋文入受顧託既而譯宣詔文武百官皆受隋文節度時御正中大夫顏之儀與宦者謀引大將軍宇文仲輔

政仲已至御坐譯知之遽率開府楊惠及劉昉皇甫績柳裘俱入仲與之儀見譯等愕然逡巡欲出隋文因執之於是矯詔復以譯爲內史上大夫明日隋文爲丞相拜譯柱國府長史行內史上大夫事及隋文爲大冢宰揔百揆以譯兼領天官都府司會揔六府事出入卧內言無不從賞賜玉帛不可勝計每出入以甲士從拜其子元璹爲儀同時尉遲迥王謙司馬消難等作亂隋文逾加親禮進上柱國恕以十死譯性輕險不親職務而贓貨狼籍隋文陰疏之然以其有定冊功不忍廢放陰敕官屬不得白事於譯譯猶坐聽事無所關預懼頓首求解職隋文寬喻之接以

恩禮及帝受禪譯以上柱國歸第賞賜豐厚進子元璹成臯郡公元珣永安男追贈其父及亡兄二人並爲刺史譯自以被疏陰呼道士章醮以祈福助其婢奏譯猒蠱左道帝謂譯曰我不負公此何意也譯無以對譯又與母別居爲憲司所劾由是除名下詔云譯喜謀良策寂爾無聞鬻獄賣官沸騰盈耳若留之於世在人爲不道之臣戮之於朝入地爲不孝之鬼有累幽顯無以置之宜賜以孝經令其熟讀仍遣與母共居未幾詔譯參撰律令復授開府隆州刺史請還療疾有詔徵之見於醴泉宮賜宴甚歡因謂譯曰貶退已久情相矜愍於是顧謂侍臣曰鄭譯與朕同

生共死間關危難興言念此何日忘之譯因奉觴上壽帝令內史李德林立作詔書復爵沛國公位上柱國高熲戲謂譯曰筆乾荅曰出爲方岳杖策言歸不得一錢何以潤筆上大笑未幾詔譯參議樂事譯以周代七聲廢缺自大隋受命禮樂宜新更脩七始之義名曰樂府聲調凡八篇奏之帝嘉美焉俄拜岐州刺史歲餘復奉詔定樂於太常帝勞譯曰律令則公定之音樂則公正之禮樂律令公居其三良足美也尋還岐州開皇十一年卒年五十二謚曰達子元璹嗣煬帝初立五等悉除以譯佐命元功詔追改封譯莘公以元璹襲元璹歷位右光祿大夫右衛將軍大業末爲文城太守以城歸國瓊叉弟儼儼字季然容貌壯麗初爲司徒胡國珍行參軍因爲靈太后所幸時人未知之後太后廢蕭寶夤西征以儼爲友及太后反政儼請使還朝復見寵待拜諫議大夫中書舍人領尚食典御晝夜禁中寵愛尤甚儼每休沐太后常遣閹童隨侍儼見其妻唯得言家事而已與徐紇俱爲舍人儼以紇有智數仗爲謀主紇以儼寵幸既盛傾身承接共相表裏勢傾內外城陽王徽亦與之合當時政令歸於儼等遷散騎常侍車騎將軍舍人常侍如故明帝崩事出倉卒天下咸言儼計尒朱榮舉兵向洛陽以儼紇爲辭榮逼京師儼走歸鄉里儼從

兄仲明欲據郡起衆尋爲其部下所殺與仲明俱傳首洛陽子文寬從武帝入關西敬叔弟子恭燕郡太守孝昌中因儼勢除衛尉少卿遷衛將軍左光祿大夫卒後贈尚書右僕射謚曰貞叔夜子伯夏位東萊太守卒贈青州刺史伯夏弟謹字仲恭琅邪太守連山性嚴暴撾撻僮僕酷過人理父子一時爲奴所害斷首投馬槽下乘馬北逃其第二子思明驍勇善騎射被髮率村義馳追之及河奴乘馬投水思明上將從自射之一發而中落馬墮流禽至家臠殺之思明弟思和並以武力自效思明位直閤將軍坐弟思和同元禧逆從邊會赦免卒後贈濟州刺史子先護少有武幹莊帝居藩也先護得自結託及尒朱榮稱兵向洛靈太后令先護與鄭季明等守河梁先護聞莊帝即位於河北遂開門納榮以功封平昌縣侯廣州刺史元顥入洛莊帝北巡先護據州起義兵不受命莊帝還京進爵郡公歷東雍豫二州刺史兼尚書右僕射及尒朱榮死徐州刺史尒朱仲遠擁兵向洛詔先護與都督賀拔勝行臺楊昱同討之聞京師不守先護部衆逃散因奔梁尋歸爲仲遠所害孝武初贈使持節都督四州刺史子偉偉字子直少倜儻有大志每以功名自許善騎射膽力過人尒朱氏滅後自梁歸魏及武帝西遷偉亦歸鄉里不求仕進大統三

年河內公獨孤信既復洛陽偉乃與宗人榮業糾合州里舉兵於陳留信宿閒衆有萬人遂拔梁州禽東魏刺史鹿永及鎮城守將令狐德并獲陳留郡守趙季和乃率衆西附因是梁陳閒相次降款偉馳入關西周文帝與語歎美之拜北徐州刺史封武陽縣伯從戰河橋及解玉壁圍偉常先鋒陷陣侯景歸款周文命偉率所部應接及景叛偉亦全軍而還除滎陽郡守進爵襄城郡公侍中驃騎大將軍開府儀同三司魏恭帝二年進位大將軍江陵防主都督十五州諸軍事偉性麤獷不遵法度睚眦之閒便行殺戮朝廷以其有立義之效每優容之及在江陵乃專戮副防主杞賓王坐除名保定元年詔復官爵天和六年爲華州刺史偉前後莅職皆以威猛爲政吏人莫敢犯禁盜賊亦爲之休止雖非仁政然頗以此見稱卒於州贈本官加少傅都督司州刺史謚曰肅偉性吃少時嘗逐鹿於野失之遇牧豎問焉牧豎答之其言亦吃偉怒謂其效已遂射殺之其忍暴如此子大士嗣述祖族子雛有識尚操行清整仕至滕州刺史初齊文宣爲皇太子納其女爲良娣雛時爲尚書郎趙郡李祖昇兄弟微相敬憚楊愔奏授雛趙郡太守祖昇兄弟具服至雛門投刺拜謁文宣聞之喜笑曰足得殺李家兒矣

論曰王慧龍拔難自歸聞闢夷嶮撫人督衆見憚嚴敵世珍寔有令子克播家聲松年之送終戀舊有古人風矣劭爰自幼童訖于白首好學不倦究極羣書搢紳洽聞之士無不推其博物雅好著述久在史官既撰齊書兼脩隋典好詭怪之說尚委曲之談文詞鄙穢體統煩雜直愧南董才無遷固徒煩翰墨不足觀采經營符瑞雜以妖訛爲河朔清流而乾沒榮利得不以道而頹其家聲惜矣鄭義機識明悟爲時所許懿兄弟風尚俱有可觀故能並當榮遇共濟其美述祖德業足嗣家聲嚴祖仲禮夫虧門素幼儒令聞促年伯猷以賄敗德道邕撫寧離散仁惠克舉譯實受顧託適足爲敗及帝還明德義非簡在疇昔攜之寄固有攸歸言追昔款內懷觖望恥居吳秋之末羞與絳灌爲伍事君盡禮既闕於夙心不愛其親遂彰於物議格之名教君子所深尤也儼名編恩倖取辱前載偉麤然豹變蓋知機之士乎

列傳第二十三　北史三十五

方洽 周益 周之冕 孫粹然 校正

薛辯 五世孫端　端從祖弟湖　端子胄　湖子聰　聰弟子善　端從子濬　聰子孝通　通子道衡　善弟慎

薛寘

薛憕

薛辯字允白，河東汾陰人也。曾祖興，晉尚書右僕射、冀州刺史、安邑公，謚曰莊。祖濤，襲爵位，梁州刺史，謚曰忠惠。京都傾覆，皆以義烈著聞。父強，字威明，幼有大志，懷軍國籌略。與北海王猛同志友善。及桓溫入關中，猛以布褐謁之。溫曰：江東無卿比也。秦國定多奇士如生輩，尚有幾人？吾

欲與之俱南。猛曰：公求可與撥亂濟時者，友人薛威明其人也。溫曰：聞之久矣。方致朝命，強聞之，自商山來謁，與猛皆署軍謀祭酒。強察溫有大志而無成功，乃勸猛止。俄而溫敗。及苻堅立，猛見委任，其平陽公融為書將以車馬聘強，猛以為不可屈，乃止。及堅如河東伐張平，自與數百騎馳至強壘下，求與相見。強使主簿責之，因慷慨宣言曰：此城終無生降之臣，但有死節之將耳。堅諸將請攻之，堅曰：須吾平晉，自當面縛捨之，以勸事君者。後堅伐晉軍敗，強遂總宗室強兵，威振河輔，破慕容永於陳川。姚興聞而憚之，遣使重加禮命，徵拜右光祿大夫、七兵尚書，封馮翊郡

公，轉左戶尚書。年九十八卒，贈輔國大將軍、司徒公，謚曰宣。辯幼而儁爽，倜儻多大略，由是豪傑多歸慕之。強卒，復襲統其營，仕姚興，歷太子中庶子、河北太守。辯知姚氏運衰，遂棄歸家，保鄉邑。及晉將劉裕平姚泓，即署相國掾，尋除平陽太守，委以北道鎮捍。及長安失守，辯遂歸魏，仍立功於河際，位平西將軍、東雍州刺史，賜爵汾陰侯。其年詣闕，明元深加器重。明年方得旋鎮，帝謂之曰：朕委卿西蕃，志在關右，卿宜克終良算，與朕為長安主人。辯既還，任務農教戰，栢以數千之衆，摧抗赫連氏，帝甚褒獎之。又除幷州刺史，徵授大羽真、太常。七年，卒於官。帝以所圖未遂，深

悼惜之，贈幷雍二州刺史。子謹，字法順，容貌魁偉，高才博學。隨劉裕度江，位府記室參軍。辯將歸魏，密報謹，謹遂亦來奔，授河東太守。後襲爵汾陰侯。始光三年，與宜都王奚斤共討赫連昌，禽其東平公乙斗，剋蒲坂。遂以新舊百姓幷為一郡，除平西將軍，復為太守。神䴥三年，除使持節、秦州刺史。山胡白龍憑險作逆，太武詔南陽公奚眷與謹討之。為都將討平之，封涪陵郡公。太延初，征吐沒骨平之。謹自郡遷州，威恩兼被，風化大行。時兵荒之後，儒雅道息，謹命立庠序，教以詩書，三農之暇，悉令受業，躬巡邑里，親加考試。河汾之地，儒道更興。真君元年，徵授內都坐大官，輔政

深見賞重每訪以政道車駕臨幸者前後數四後從駕北討與中山王辰等後期見殺尋贈鎮西將軍秦雍二州刺史謚曰元公長子初古拔一曰車轂拔本名洪祚太武賜名焉沈毅有器識弱冠司徒崔浩見而奇之眞君中蓋吳擾動關右薛永宗屯據河側太武親討之詔拔糾合宗鄉壁於河際斷二寇往來之路事平除中散賜爵永康侯太武南討以拔爲都將從駕臨江而還又共陸眞討反氐仇傉檀強免生平之皇興三年除散騎常侍尚文成女西河長公主拜駙馬都尉其年拔族叔徐州刺史安都據城歸順敕拔詣彭城勞迎除南豫州刺史延興二年除鎮西大

將軍開府儀同進爵平陽公三年拔與南兗州刺史游明根南平太守許含等以善政徵詣京師獻文親自勞勉復令還州太和六年改爵河東公卒贈左光祿大夫謚曰康長子脩字寧宗少有父風弱冠拜中散襲爵鎮西大將軍河東公除懸瓠鎮將尋授持節義陽道都將後除立忠將軍河北太守郡帶山河俗多盜賊有韓馬兩姓各二千餘家恃強憑險最爲狡害劫掠道路侵暴鄉閭脩至郡即收其姦魁二十餘人一時戮之於是羣盜懾氣郡中清肅卒於郡謚曰敬子裔字豫孫襲爵性豪爽盛營園宅賓客聲伎以恣嬉游卒於洛州刺史子孝紳襲爵位太中大夫孝

紳立行險薄坐事爲河南尹元世儁所劾死後贈華州刺史拔弟洪隆字善提位河東太守長子驎駒好讀書舉秀才除中書博士齊使至詔驎駒兼主客郎以接之卒贈河東太守謚曰宣始拔尚西河主有賜田在馮翊驎駒從居之遂家於馮翊之夏陽長子慶之字慶集頗有學業閑解几案位廷尉丞廷尉寺鄰北城曾夏日寺傍得一狐慶之與廷尉正博陵崔纂或以城狐狡害宜速殺之或以長育之月宜待秋分二卿裴延儁袁翻互有同異雖曰戲謔詞義可觀事傳於世後兼左丞爲并肆行臺賜爵龍丘子行滄州刺史爲葛榮攻圍城陷尋患卒贈華州刺史慶之弟

英集性通率隨舅李崇在揚州以軍功累至書侍御史通直散騎常侍卒英集子端

端字仁直本名沙陁有志操遭父憂居喪合禮與弟裕勵精篤學不交人事年十七司空高乾邕辟爲參軍賜爵平陰男端以天下擾亂遂棄官歸鄉里魏孝武西遷周文令大都督薛崇禮據龍門引端同行崇禮尋失守降東魏東魏遣行臺薛脩義督乙千貴西度據楊氏壁與宗親及家僮等先在壁中脩義乃令其兵逼端等東度方欲濟河會日暮端密與宗室及家僮等叛之脩義亦遣騎追端且戰且馳遂入石城柵得免柵中先有百家端與并力固守貴

等數來慰喻知端無降意遂拔還河東東魏又遣其將賀蘭懿南汾州刺史薛琰達守楊氏壁端率其屬并招喻村人多設奇兵以臨之懿等疑有大軍便東遁赴船溺死者數千人端收其器械復還楊氏壁周文遣南汾州刺史蘇景恕鎮之降書勞問徵端赴闕以爲大丞相府户曹參軍從禽竇泰復弘農戰沙苑並有功進爵爲伯後改封文城縣伯累遷吏部郎中端性强直每有奏請不避權貴周文嘉之故賜名端欲令名質相副自居選曹先盡賢能雖貴游子弟才劣行薄者未嘗升擢之每啓周文云設官分職本康時務苟非其人不如曠職周文深然之大統十六年

軍東討柱國李弼爲別道元帥妙簡英寮數日不定周文謂弼曰爲公思得一長史無過薛端弼對曰真才也乃遣之轉尚書右丞仍掌選事梁主蕭詧曾獻馬瑙鍾周文帝執之顧丞郎曰能擲樗蒱頭得盧者便與鍾已經數人不得頃至端乃執樗蒱頭而言曰非爲此鍾可貴但思露其誠耳便擲之五子皆黑文帝大悦即以賜之魏帝廢近臣有勸文帝踐極文帝召端告之端以爲三方未一遽正名號示天下以不廣請待龕翦僭僞然後俯順樂推文帝撫端背曰成我者卿也卿心既與我同身豈與我異遂脫所著冠帶袍袴並以賜之進授吏部尚書賜姓宇文氏端久

處選曹雅有人倫之鑒其所擢用咸得其才六官建拜軍司馬加侍中驃騎大將軍開府儀同三司進爵爲侯周孝閔帝踐阼再遷户部中大夫進爵爲公晉公護將廢帝召羣臣議之端頗具同異護不悦出爲蔡州刺史爲政寬惠人吏愛之轉基州刺史基州地接梁陳事藉鎮撫總管史寧遣司馬梁榮催令赴任蔡州父老詣榮請留端者千餘人至基州未幾卒遺誡薄葬府州贈遺勿有所受贈本官加大將軍進封文城郡公謚曰質子胄嗣

胄字紹玄少聰明每覽異書便曉其義常歎訓注者不會聖人深旨輒以意辯之諸儒莫不稱善性慷慨志立功名

周明帝時襲爵文城郡公累遷上儀同尋拜司金大夫後加開府隋文帝受禪三遷爲兖州刺史到官繫囚數百胄剖斷旬日便了囹圄空虛有陳州人向道力僞作高平郡守將之官胄遇諸塗察其有異將留詰之司馬王君馥固諫乃聽詣郡既而悔之即遣主簿追道力有部人徐俱羅嘗任海陵郡守先是已爲道力僞代之比至秩滿公私不悟俱羅遂語君馥曰向道力經賜代爲郡使君豈容疑之君馥以俱羅所陳又固請胄胄呵君馥乃止遂收之道力懼而引僞其發姦擿伏皆此類也時人謂爲神明先是兖州城東沂泗二水合而南流泛濫大澤中胄遂積石堰之

決令西注陂澤盡爲良田又通轉運利盡淮海百姓賴之號爲薛公豐兗渠胄以天下太平遂遣博士登太山觀古迹撰封禪圖及儀上之帝謙讓不許轉郢州刺史有惠政徵拜衞尉卿轉大理卿持法寬平名爲稱職遷刑部尚書時左僕射高熲稍被疎忌及王世積誅熲事與相連上因此欲成熲罪胄明雪之正議其獄由是忤旨械繫之久而得免檢校相州事甚有能名漢王諒作亂并州遣其將綦良東略地攻逼慈州刺史上官政請援於胄胄畏諒兵鋒不敢拒良又引兵攻胄胄欲以計却之遣親人魯世範說良曰天下事未可知胄爲人臣去就須得其所何遽相攻

也良乃釋去進圍黎陽及良爲史祥所攻棄軍歸胄朝廷以胄懷貳心鎖詣大理相州吏人素懷其恩詣闕理胄者百餘人胄竟坐除名配防嶺南道卒子筠獻知名端弟裕字仁友少以孝悌聞於州里弱冠丞相參軍事時京兆韋敻志安放逸不干世務裕慕其恬靜數載酒肴候之談宴終日敻遂以從孫女妻之裕嘗謂親友曰大丈夫當聖明之運而無灼然文武之用爲世所知雖復棲遑徒爲勞苦耳至如韋居士退不丘壑進不市朝怡然守道榮辱弗及何其樂也裕嘗宿宴于敻之廬後庭有井裕夜出戶若有人欲牽其手裕便却行遂落井同坐共出之因勸裕酒曰向慮卿不測憂幸得無他宜盡此爵裕曰墜井蓋小小耳方當逾於此也人問其故裕曰近夢恐有兩楹之憂尋卒文章之士誄之者數人周文傷惜之追贈洛州刺史

胄從祖弟濬字道賾父琰周渭南太守濬少孤養母以孝聞幼好學有志行周天和中襲爵虞城侯位新豐令隋開皇中歷尚書虞部考功侍郎帝聞濬事母孝以其母老賜輿服几杖四時珍味當世榮之後其母疾病濬貌甚憂瘁親故弗之識暨丁母艱詔鴻臚監護喪事歸葬夏陽時隆冬極寒濬衰絰徒跣冒犯霜雪自京及鄉五百餘里足凍墮指創血流離朝野爲之傷痛州里賵助一無所受尋起

令視事上見其毀瘠過甚爲之改容顧羣臣曰吾見薛濬哀毀不覺悲感傷懷嗟異久之濬竟不勝喪病且卒其弟謨時爲晉王府兵曹參軍事在揚州濬遺書於謨曰吾以不造幼丁艱酷窮游約處屢絕簞瓢晚生早孤不聞詩禮賴奉先人貽厥之訓獲稟母氏聖善之規負笈裹糧不憚艱遠從師就業欲罷不能砥行礪心困而彌篤服膺教義爰至長成自釋耒登朝于茲二十三年矣雖官非聞達而祿喜逮親庶保期頤得終色養何圖精誠無感禍酷荐臻兄弟俱被奪情苫廬靡申哀訴是用叩心泣血貫氣摧魂者也既而創鉅釁深不勝荼毒啓手啓足幸及全歸使夫

死而有知得從先人於地下矣豈非至願哉但念爾伶俜
孤宦遠在邊服顧此悢悢如何可言適已有書冀得與汝
面訣忍死待汝已歷一旬汝旣未來便成今古緬然永別
爲恨何言勉之哉勉之哉書成而絕有司以聞文帝爲之
屑涕降使齎冊書弔祭濬性淸儉死日家無遺財濬初爲
兒時與宗中兒戲澗濱見一黃虵有角及足召羣童共視
了無見者以爲不祥歸大憂悴母問之以實對時有胡僧
詣宅乞食母以告之僧曰此兒之吉應且此兒早有名位
然壽不過六七耳言終而出忽然不見後終於四十二六
七之言驗矣子乾福武安郡司倉書佐

信州路儒學刊　北史列傳二十四　九

洪隆弟湖字破胡少有節操篤志於學專精講習不干時
務與物無競好以德義服人或有兄弟忿鬩隣里爭訟者
恐湖聞之皆内自改悔鄉閭化其風教咸以敬讓爲先三
召州都再辟主簿州將傾心致禮並不獲已而應之爲本
州中從事別駕除河東太守兄弟並爲本郡當世榮之後
受詔爲仇池都將後罷郡終於家有八子長子聰知名
聰字延智方正有理識善自標致不妄游處雖在闇室終
日矜莊見者莫不懍然加敬博覽墳籍精力過人至於前
言往行多所究悉詞辯占對尤是所長遭父憂廬於墓側
哭泣之聲酸感行路友于篤睦而家教甚嚴諸弟雖昏宦

恒不免杖罰對之肅如也未弱冠州辟主簿太和十五年
釋褐著作佐郎于時孝文留心氏族正定官品士大夫解
巾優者不過奉朝請聰起家便佐著作時論美之後遷書
侍御史凡所彈劾不避強禦孝文或欲寬貸者聰輒爭之
帝每云朕見薛聰不能不憚何況諸人也自是貴戚斂手
累遷直閤將軍兼給事黃門侍郎散騎常侍直閤如故聰
深爲孝文所知外以德器遇之内以心膂爲寄親衛禁兵
委總管領故終太和之世恒帶直閤將軍羣臣罷朝之後
聰恒陪侍帷幄言兼晝夜時政得失預以謀謨動輒匡諫
事多聽允而重厚沈密外莫窺其際帝欲進以名位輒苦

信州路儒學刊　北史列傳二十四　十

讓不受帝亦雅相體悉謂之曰卿天爵自高固非人爵之
所榮也又除羽林監帝曾與朝臣論海内姓地人物戲謂
聰曰世人謂卿諸薛是蜀人定是蜀人不聰對曰臣遠祖
廣德世仕漢朝時人呼爲漢臣九世祖永隨劉備入蜀時
人呼爲蜀臣今事陛下是虜非蜀也帝撫掌笑曰卿幸可
自明非蜀何乃遂復苦朕聰因投戟而出帝曰薛監醉耳
其見知如此二十三年從駕南征兼御史中尉及宣武即
位除都督齊州刺史政存簡靜卒於州吏人追思留其所
坐榻以存遺愛贈征虜將軍華州刺史謚曰簡懿侯魏前
二年重贈車騎大將軍儀同三司延州刺史子孝通最知

名
孝通字士達博學有儁才蕭寶夤征關中引參驃騎大將軍府事禮遇甚隆及寶夤將有異志孝通悟其萌託以拜埽求歸乃見許同寮咸怪止之但笑而不荅遂還鄉里寶夤後果逆命北海王元顥入洛宗人薛求宗脩義等欲聚徒作亂欲以應之孝通與所親計曰北海乘虛遠入吴兵不能久住事必無成今若與永宗等同舉滅族道也乃率其近親與河東太守元襲嬰城固守及寶夤平定元顥退走預其事者咸罹禍唯同孝通者皆免事寧入洛除貞外散騎侍郎尒朱天光鎮關右奏爲關西大行臺郎中深見任遇關中平定預有其力以功賜爵汾陰侯莊帝既幽崩元曄地又疎遠更議主社稷孝通以廣陵王恭高祖猶子又在茂親夙有令望不言多載理必陽瘖奉以爲主天人允叶世隆等並以爲疑孝通密贊天光察之廣陵王曰天何言哉於是定冊即節閔帝也以首創大議拜銀青光祿大夫散騎常侍兼中書舍人封藍田縣子孝通求以官贈亡兄景懋又言已有侯爵請轉授兄息子舒節閔覽啓傷感以侯爵既重不容轉授乃下詔褒美特贈景懋撫軍北雍州刺史孝通尋遷中書郎深爲節閔所知重普泰二年正月乙酉中書舍人元翻獻酒肴帝因與元翌及孝通等

宴集奏絃管命翻吹笛帝亦親以和之因使元翌等嘲以酒爲韻孝通曰既逢堯舜君願上萬年壽帝曰平生好玄默勲爲萬國首帝曰卿所謂壽豈容徒然便命酌酒賜孝通仍命更嘲不得中絶孝通即竪忠爲韻帝曰卿不忘忠臣之心翻曰聖主臨萬機享世永無窮孝通曰豈唯被草木方亦及昆蟲翌曰朝賢既濟濟野苗又芃芃帝曰君臣體魚水書軌一華戎孝通曰微臣信慶渥何以荅華嵩于時孝通內典機密外參朝政軍國動靜預以謀謨加以汲引人物知名之士多見推薦外兄裴伯茂性傲多所輕忽唯欽賞孝通每有著述共參同異孝通以裴宏放過甚每謂之曰兄以阮籍嵇康何如管仲樂毅蓋自許經綸抑裴傲也裴笑而不荅宏放自若屬齊神武起兵河朔攻陷相州刺史劉誕尒朱天光自關中討之孝通以關中險固秦漢舊都須預謀鎮遏以爲後計縱河北失利猶足據之節閔深以爲然問誰可任者孝通與賀拔岳同事天光又與周文帝有舊二人並先在關右因並推薦之乃超授岳岐華秦雍諸軍事關西大行臺雍州牧周文帝爲左丞孝通爲右丞齎詔書馳驛入關授岳等同鎮長安岳深相器重待以師友之禮與周文帝結爲兄弟情寄特隆後天光敗於韓陵節閔遂不得入關爲齊神武幽廢孝武帝即位後

神武方得志徵賀拔岳爲冀州刺史岳懼欲單馬入朝孝通乃謂岳曰高王以數千鮮卑破尒朱百萬之衆其鋒誠亦難敵然公兩兄太師領軍宿在其上侯深樊子鵠賈知斛斯椿大野胡也杖叱吕延慶之徒於尒朱之世皆其吏等韓陵之役此輩前後降附皆由事勢危逼非其本心在於高王曹操之孔融馬懿之葛誕今或在京師或據州鎮除之又失人望留之腹心之疾雖令孫騰在閣下婁昭典鈎陳必不能如建安之時明矣以今觀之隙難未已吐萬仁雖復退逸猶在并州高王之計先須平殄今方綏撫羣雄安置内外何能去其巢穴與公事關中地也且六郡良

家之子三輔禮義之人踰幽并之驍騎勝汝潁之奇士皆係仰於公效其智力據華山以爲城雉因黄河而爲池壍退守不失封疆進兵同於建水乃欲束手受制於人不亦鄙乎言未卒岳執孝通手曰君言是也乃遜辭爲啓而不就徵太昌元年孝通因使入朝仍被留京師重除中書侍郎永熙三年三月出爲常山太守仍以經節閔任遇故也及孝武西遷或稱孝通與周文交密及樹置賀拔岳鎮關中之計遂見拘執將赴晉陽及引見咸爲之憂孝通神氣從容辭理切正齊神武更相欽歎即日原免然猶致疑忌不加位秩但引爲坐客時訪文典大事而已齊神武讓朔

復上殿表猶使爲文曾與諸人同詣晉祠皆屈膝盡禮孝通獨捧手不拜顧而言曰此乃諸侯之國去吾何遠恭而非禮將爲神笑拜者慙焉興和二年卒於鄴魏前二年周文帝追軫舊好奏贈車騎將軍儀同三司青州刺史齊神武武平初又贈鄭州刺史文集八十卷行於時

子道衡字玄卿六歲而孤專精好學年十歲講左傳見子産相鄭之功作國僑贊頗有詞致見者奇之其後才名益著齊司州牧彭城王浟引爲兵曹從事尚書左僕射楊愔見而嗟賞授奉朝請吏部尚書隴西辛術與語歎曰鄭公業不亡矣河東裴讞目之曰鼎遷河朔吾謂關西孔子罕

遇其人今復遇薛君矣武成即位兼散騎常侍接對周陳二使武平初詔與諸儒脩定五禮除尚書左外兵郎陳使傅縡聘齊以道衡兼主客郎接對之縡贈詩五十韻道衡和之南北稱美魏收曰傅縡所謂以蚓投魚耳待詔文林館與范陽盧思道安平李德林齊名友善復以本官直中書省尋拜中書侍郎仍參太子侍讀齊後主之世漸見親用與侍中斛律孝卿參預政事道衡具陳備周之策孝卿不能用及齊亡周武帝引爲御史二命士後歸鄉里自州主簿入爲司禄上士隋文作相從元帥梁睿擊王謙攝陵州刺史大定中授儀同守邛州刺史文帝受禪坐事除名

河間王弘北征突厥召典軍書還除內史舍人其年兼散
騎常侍聘陳使主道衡因奏曰陛下比隆三代平一九州
豈容區區之陳久在天網之外臣今奉使請責以稱藩帝
曰朕且含養致之度外勿以言辭相折江東雅好篇什陳
主尤愛彫蟲道衡每有所作南人無不吟誦焉及八年伐
陳拜淮南道行臺尚書吏部郎兼掌文翰王師臨江高熲
夜坐幕中謂曰今段定克江東以不君試言之道衡荅曰
凡論大事成敗先須以至理斷之禹貢所載九州本是王
者封域郭璞有云江東偏王三百年還與中國合今數將
滿矣以運數而言其必剋一也有德者昌無德者亡自古

興滅皆由此道主上躬履恭儉憂勞庶政叔寶峻宇彫牆
酣酒荒色其必剋二也爲國之體在於任寄彼之公卿備
員而已拔小人施文慶委以政事尚書令江總唯事詩酒
本非經略之才蕭摩訶任蠻奴是其大將一夫之用耳其
必剋三也我有道而大彼無德而小量其甲士不過十萬
西自巫峽東極滄海分之則勢懸而力弱聚之則守此而
失彼其必剋四也席卷之勢其在不疑熲忻然曰君言成
敗理甚分明本以才學相期不意籌略乃耳還除吏部侍
郎後坐抽擢人物有言其黨蘇威任人有意故除名配防
嶺表晉王廣時在揚州陰令人諷道衡遣從揚州路將奏

留之道衡不樂王府用漢王諒之計遂出江陵道而去尋
詔徵還直內史省晉王由是銜之然愛其才猶頗見禮後
數歲授內史侍郎加上儀同三司道衡每搆文必隱坐空
齋蹋壁而臥聞戶外有人便怒其沈思如此帝每曰道衡
作文書稱我意然誡之以迂誕後帝謂楊素牛弘曰道衡
老矣驅使勤勞宜使朱門陳戟於是進上開府賜物百段
道衡辭以無功帝曰尒久勞階陛國家大事皆尒宣行豈
非尒功也道衡久當樞要才名益顯太子諸王爭與交好
高熲楊素雅相推重聲名籍甚無競一時仁壽中楊素專
掌朝政道衡既與素善上不欲道衡久知機密因出檢校

襄州總管道衡一旦見出不勝悲戀言之哽咽帝愴然改
容曰尒光陰晚暮侍奉誠勞朕欲令尒將攝今尒之去朕
如斷一臂於是賚物三百段九環金帶并時服一襲馬十
匹慰勉遣之在任清簡吏人懷其惠煬帝嗣位轉潘州刺
史歲餘上表求致仕帝謂內史侍郎虞世基曰道衡將至
當以秘書監待之道衡既至上高祖文皇帝頌帝覽之不
悅顧謂蘇威曰道衡致美先朝此魚藻之義也於是拜司
隸大夫將置之罪道衡不悟司隸刺史房彥謙素與相善
知必及禍勸之杜絕賓客卑辭下氣而道衡不能用會議
新令久不能決道衡謂朝士曰向使高熲不死令當久行

有人奏之帝怒曰汝憶頻乎付執法者推之道衡自以非大過促憲司早斷奏冀帝赦之敕家人具饌以備客來候者及奏帝令自盡道衡殊不意未能引訣憲司重奏縊而殺之妻子徙且末時年七十天下冤之有集七十卷行於世有子五人收最知名出後族父孺孺清貞孤介不交流俗涉歷經史有才思雖不爲大文所有詩詠大致清遠開皇中爲侍御史揚州總管司功參軍每以方直自處府寮多不便之卒於襄城郡掾所涖官皆有能名道衡偏相友愛收初生即與孺爲後養於孺宅至於成長殆不識本生太常丞胡仲操曾在朝堂就孺借刀子割爪甲孺以仲操非雅士竟不與之其不肯妄交清介獨行皆此類也道衡兄溫字尼卿沈敏有器局博覽墳典尤善隸書仕周爲上黃郡守周平齊徙燕郡太守以簡惠稱開皇元年賜爵齊安縣子卒於郡子邁嗣邁字弘仁性寡言長於詞辯開皇初襲爵齊安子改封鐘山歷位太子舍人大業中爲刑部選部二侍郎道衡從父弟道實位禮部侍郎離石郡太守知名於世從子德音有儁才起家游騎尉佐魏澹修魏史史成遷著作佐郎及越王侗稱制東都王世充之僭號軍書羽檄皆出其手世充平以罪誅其文筆多行於世聰弟和南青州刺史和子善

善字仲良少爲司空府參軍再遷監池郡將孝武西遷魏改河東爲秦州以善爲別駕善家素富僮僕數百人兄元信仗氣豪侈每食方丈坐客恒滿絃歌不絕而善獨恭己率素愛樂閑靜大統三年齊神武敗於沙苑留善族兄崇禮守河東周文帝遣李弼圍之崇禮固守不下善密說崇禮猶持疑不決會善從弟馥妹夫高子信爲防城都督守城南面遣馥來詣善云意欲應接西軍但恐力所不制善即令弟濟將門生數十人與信馥等斬關引弼軍入時預謀者並賞五等爵善以背逆歸順臣子常情豈容闔門大小俱叨封邑遂與弟慎並固辭不受周文嘉之以善爲汾陰令善幹用強明一郡稱最太守王羆美之令善兼督六縣事尋爲行臺郎中時欲廣置屯田以供軍費乃除司農少卿領同州夏陽縣二十屯監又於夏陽諸山置鐵冶復令善爲監每月役八千人營造軍器善自督課兼加慰撫甲兵精利而皆忘其苦焉遷大丞相府從事中郎追論屯田功賜爵龍門縣子遷黃門侍郎除河東郡守進驃騎大將軍開府儀同三司賜姓宇文氏六官建拜工部中大夫進爵博平縣公再遷戶部中大夫時晉公護執政儀同齊軌語善云兵馬萬機須歸天子何因猶在權門善白之護乃殺軌以善忠於己引爲中外府司馬遷司會中大夫副

總六府事加授京兆尹仍行司會出為隆州刺史兼益州總管府長史徵拜武威少府卒贈三州刺史帝以善告齊軌事謚曰繆公子褒嗣官至高陽郡守

善弟慎字伯護好學能屬文善草書與同郡裴叔逸裴諏之柳虯范陽盧柔隴西李璨竝友善起家丞相府墨曹參軍周文於行臺省置學取丞郎及府佐德行明敏者充生悉令旦理公務晚就講習先六經後子史又於諸生中簡德行淳懿者侍讀書慎與李璨及隴西李伯良辛韶武功蘇衡譙郡夏侯裕安定梁曠梁禮河南長孫璋河東裴舉薛同滎陽鄭朝等十二人竝應其選又以慎為學師以知

諸生課業周文雅好談論并簡名僧深識玄宗者一百人於第內講說又命慎等十二人兼學佛義使內外俱通由是四方競為大乘學在學數年復以慎為宜都公侍讀累遷禮部郎中六官建拜膳部下大夫慎兄善又任工部竝居清顯時人榮之周孝閔帝踐阼除御正下大夫封淮南縣子歷師氏御伯中大夫保定初出為湖州刺史界既雜蠻夷恒以劫掠為務慎乃集諸豪帥具宣朝旨仍令首領每月一參或須言事者不限時節慎每見必殷勤勸誡及賜酒食一年之間翕然從化諸蠻乃相謂曰今日始知刺史真人父母也莫不欣悅自是襁負而至者千餘戶蠻俗婚娶之後父母雖在即與別居慎謂守令曰牧守令長是化人者也豈有其子娶妻便與父母離析非唯蠻俗之失亦是牧守之罪慎乃親自誘導示以孝慈并遣守令各喻所部有數戶蠻別居數年遂還侍養及行得果膳歸奉父母慎以其從善之速具以狀聞有詔蠲其賦役於是風化大行有同華俗尋為蕃部中大夫以疾去職卒於家有文集頗為世所傳

薛寘河東汾陰人也祖遵顏魏河東郡守安邑侯父乂清河廣平二郡守寘幼覽篇籍好屬文起家奉朝請從魏孝武西遷封郃陽縣子廢帝元年領著作佐郎修國史尋拜

中書侍郎脩起居注遷中書令燕公于謹征江陵以寘為司錄軍中謀略寘竝參之江陵平進爵為伯朝廷方改物創制欲行周禮乃令寘與小宗伯盧辯斟酌古今共詳定之六官建授內史下大夫周孝閔帝踐阼進爵為侯轉御正中大夫時前中書監盧柔學業優深文藻華贍而寘與之方駕故世號曰盧薛焉久之進位驃騎大將軍開府儀同三司出為淅州刺史卒於位吏人哀惜之贈虞州刺史謚曰理所著文筆二十餘卷行於世又撰西京記三卷引據該洽世稱其博聞焉寘性至孝雖年齒已衰職務繁廣至於溫清之禮朝夕無違當時以此稱之子明嗣大象末

儀同大將軍清水郡守

薛憕字景猷河東汾陰人也曾祖弘敞遭赫連之亂率宗人避地襄陽憕早喪父家貧躬耕以養祖母有暇則覽文籍詼宕不拘時人未之奇也江表取人多以世族憕世無貴仕解褐不過侍郎既羈旅不被擢用常歎曰豈能五十年戴幘死一校尉低頭傾首俛仰而向人也常鬱鬱不得志每在人間輒陵架勝達負才使氣未嘗趨世祿之門左中郎將京兆韋潛度謂曰君門地非下身材不劣何不繫裾數參吏部憕曰世胄躡高位英俊沈下寮古人以為歎息竊所未能也潛度告人曰此年少實慷慨但不遭時耳

孝昌中杖策還洛陽先是憕從祖真度與族祖安都擁徐兖歸魏其子懷儁見憕甚相親善屬尒朱榮廢立憕遂還河東止懷儁家不交人物終日讀書手自抄略將二百卷唯郡守元襲時相要屈與之抗禮懷儁每謂曰汝還鄉里不營產業不肯取妻豈復欲南乎憕亦不介意普泰中拜給事中加伏波將軍及齊神武起兵憕乃東游陳梁閒謂族人孝通曰高歡阻兵陵上喪亂方始關中形勝之地必有霸王據之乃與孝通俱游長安侯莫陳悅聞之召為行臺郎除鎮遠將軍步兵校尉及悅害賀拔岳軍人咸相慶慰憕獨謂所親曰悅才略本寡輒害良將敗亡之事其則不遠吾屬今即為人所虜何慶之有乎長高以憕言為然並有憂色尋而周文平悅引憕為記室參軍武帝西遷授征虜將軍中散大夫封夏陽縣男文帝即位拜中書侍郎加安東將軍進爵為子大統四年宣光清徽殿初成憕為之頌文帝又造二欹器一為二仙人共持一鉢同處一盤鉢蓋有山山有香氣一仙人又持金缾以臨器上傾水灌山而注乎器煙氣通發山中謂之仙人欹器一為二荷同處一盤相去盈尺中有蓮下垂器上以水注荷則出於蓮而盈乎器為鳧鴈蟾蜍以飾之謂之水芝欹器二盤各處一牀鉢圓而牀方中有人三才之象也皆置清徽殿前形似

觥而方滿而平溢則傾憕各為頌大統初儀制多闕周文令憕與盧辯檀翥等參定之以流離世故不聽音樂雖幽室獨處常有戚容後坐事死子舒嗣官至禮部下大夫儀同大將軍聘陳使副

論曰薛辯有魏之初功業早樹門膺人爵無替榮名端以謙直見知胄以公平自命濬之孝悌素緒之所得也道衡雅道弈葉世擅文宗令望攸歸豈徒然矣而運逢季叔蹈誅戮痛乎仲良任惟繁劇孔益流譽而陷齊詔護以要權寵易名為繆斯豈虛哉寘憕並學稱該博文擅彫龍或揮翰鳳池或著書麟閣咸居祿位各逞琳琅擬彼徐陳勲

後生之可畏論其任遇實當時之良選也

列傳第二十四　北史三十六

周之冕　孫粹然　校正

列傳第二十五　北史三十七

韓茂
皮豹子
封敕文
呂羅漢
孔伯恭
田益宗
孟表
奚康生
楊大眼

崔延伯
李叔仁

韓茂字元興安定安武人也父耆字黃耆永興中自赫連屈丐來降位常山太守假安武侯仍居常山之九門卒贈涇州刺史謚曰成茂年十七膂力過人尤善騎射明元曾親征丁零翟猛茂爲中軍執幢時大風諸軍旌旗皆偃仆茂於馬上持幢初不傾倒帝異而問之謂左右曰記之尋徵詣行在所以爲武賁郎將後從太武討赫連昌大破之以功賜爵蒲陰子遷侍輦郎又從破統万平平涼當茂所衝莫不應弦而殪拜内侍長進爵九門侯後從征蠕蠕頻

戰大捷與樂平王丕等伐和龍茂爲前鋒都將戰功居多遷司衛監錄前後功拜散騎常侍殿中尚書進爵安定公從破薛永宗蓋吳轉都官尚書從車駕南征拜徐州刺史還拜侍中尚書左僕射文成踐阼拜尚書令加侍中征南大將軍茂沈毅篤實雖無文學每議論合理爲將善於撫衆勇冠當世爲朝廷所稱太安二年領太子少師卒贈涇州刺史安定王謚曰桓長子備字延德賜爵行唐侯歷太子庶子寧西將軍典遊獵曹加散騎常侍襲爵安定公征南大將軍卒贈雍州刺史謚曰簡備弟均字天德少善射有將略初爲中散賜爵范陽子遷金部尚書加散騎常侍

兄備卒無子均襲爵安定公征南大將軍歷定青冀三州刺史甚有譽廣阿澤在定冀相三州界土曠人稀多有寇盜乃置鎮以靜之以均在冀州劫盜止息除大將軍廣阿鎮大將加都督三州諸軍事均清身率下禁斷姦邪於是趙郡屠各西山丁零聚黨山澤以劫害爲業者均皆誘慰追捕遠近震跼先是河外未賓人多去就故權立東青州爲招懷之本新附人咸受優復然舊人奸逃者多往投焉均表陳非便朝議罷之後均所統劫盜頗起獻文詔書讓之又以五州人户殷多編籍不實詔均檢括出十餘万户復授定州刺史百姓安之卒謚康公

皮豹子漁陽人也少有武略太常中爲中散太武時爲散騎常侍賜爵新安侯又拜選部尚書後除開府儀同三司進爵淮陽公鎮長安坐盜官財徙於統万真君三年宋將裴方明等侵南秦王楊難當遂陷仇池太武徵豹子復其爵位尋拜使持節仇池鎮將督關中諸軍與建興公古弼等分命諸將十道並進四年正月豹子進擊樂鄉大破之宋使其秦州刺史胡崇之鎮仇池至漢中聞官軍已西懼不敢進豹子與司馬楚之至濁水擊禽崇之盡虜其衆仇池平未幾諸氐復推楊文德爲主以圍仇池古弼討平之時豹子次下辯聞圍解欲還弼使謂豹子曰賊恥其負敗

必求報復不如陳兵以待之豹子以爲然尋除都督秦雍荊梁益五州諸軍事進號征西大將軍開府仇池鎮將持節公如故宋復遣楊文德姜道盛寇濁水別遣將青陽顯伯守斧山以拒豹子濁水城兵射殺道盛豹子至斧山斬顯伯悉俘其衆初南秦王楊難當歸命詔送楊氏子弟詣京師文德以行賂得留出奔漢中宋以文德爲武都王守葭蘆城招誘氐羌於是武都陰平五部氐人叛應文德詔豹子討之文德阻兵固險以拒豹子文德將楊高來降文德棄城南走收其妻子寮屬及故武都王保宗妻公主送京師宋白水太守郭啓玄率衆救文德豹子大破之啓玄

文德走還漢中興安二年宋遣蕭道成等入漢中別令楊文德楊頭等率氐羌圍武都豹子分兵將救之聞宋人增兵益將表狀求助詔高平鎮將苟莫于率突騎二千以赴之道成等乃退徵豹子爲尚書出爲內都大官宋遣其將殷孝祖脩兩當城於清東以逼南境天水公封敕文擊之不剋詔豹子與給事中周丘等助擊之宋瑕丘鎮遣步卒五千助戍兩當豹子大破之追至城下其免者千餘人而已既而班師先是河西諸胡亡匿避命豹子討之不捷而還又坐免官尋以前後戰功復擢爲內都大官卒文成追惜之贈淮陽王謚曰襄子道明襲道明第八弟懷喜文成

以其名臣子擢爲侍御中散遷侍御長孝文初吐谷渾拾寅部落飢窘侵掠澆河詔假平西將軍廣川公與上黨王長孫觀討拾寅又以其父豹子昔鎮仇池有威信拜使持節侍中都督秦雍荊梁益五州諸軍事本將軍開府仇池鎮將假公如故懷喜至申布恩惠夷人大悅酋帥率戶歸附置廣業固道二郡以居之徵爲南部尚書賜爵南康侯大和元年宋葭蘆戍生楊文度遣弟鼠據仇池詔懷喜討鼠鼠棄城南走進次濁水遂軍於覆津文度將強大黑固守津道懷喜部分將士擊大黑走之追奔攻拔葭蘆城斬文度傳首京師詔慰勉之又詔於駱谷築城懷喜表求待來年築城詔責之曰若不時築築而不成成而不固以軍法繩之南天水人柳旃據嶮不順懷喜討滅之後爲豫州刺史詔讓其在州寬怠以飲酒廢事威不禁下遣使就州決以杖罰卒謚曰恭公子秉宗襲

封敕文代人也本姓是賁祖豆位開府冀青二州刺史關內侯父涅侍御長贈定州刺史章武侯謚曰隱敕文始光初爲中散稍遷西部尚書出爲使持節開府領護西夷校尉秦益二州刺史賜爵天水公鎮上邽詔敕文征吐谷渾慕利延兄子拾歸於枹罕衆少不制詔廣川公乙烏頭等二軍與敕文會隴右軍次武始拾歸夜遁敕文引軍入枹

罕虜拾歸妻子及其人戶分徙千家於上邽留烏頭守枹罕金城邊冏天水梁會謀反據上邽東城攻逼西城敕文先已設備賊乃退冏會復攻城氐羌一万屯南嶺休官屠各及雜戶二万餘人屯北嶺爲冏等形援敕文設奇兵大破之斬冏衆復推梁會爲主安豐公閭根率軍助敕文敕文又表求助未及報梁會欲謀逃遁先是敕文掘重塹於東城之外斷賊走路夜半會乃飛梯騰塹而走敕文先嚴兵於塹外拒鬬從夜至旦敕文謀於衆曰困獸猶鬬而況於人乃以白武幡宣告賊衆若能歸降原其生命應時降者六百餘人會知人心沮壞於是分遣敕文縱騎

騰躡死者太半略陽王元達因梁會之亂聚黨攻城招引休官屠各之衆推天水休官王官興為秦地王敕文與臨淮公莫真討破之天安元年卒長子萬護讓爵於弟翰于時議者唯萬護及元氏侯趙辟惡子元伯讓其弟次興朝廷義而許之

呂羅漢本東平壽張人也其先石勒時徙居幽州祖顯字子明少好學性廉直鄉人有忿爭者皆就質焉慕容垂以為河間太守皇始初以郡降道武賜爵魏昌男拜鉅鹿太守清身奉公妻子不免飢寒百姓頌之曰時惟府君克清克明緝我荒土人胥樂生願壽無疆以享長齡卒官父溫

字晞陽善書好施有文武才略位上黨太守有能名卒贈豫州刺史野王侯謚曰敬羅漢仁厚篤慎弱冠以武幹知名父溫之為秦州司馬羅漢隨侍隴右氐楊難當寇上邽鎮將元意頭知羅漢善射共登西城樓令射難當隊將及兵二十三人應弦而殪賊衆轉盛羅漢曰今不出戰示敵以弱意頭善之即簡千餘人令羅漢出戰衆皆披靡難當大驚會太武賜難當璽書責其跋扈難當還仇池意頭具以狀聞徵為羽林郎上邽休官呂豐屠各王飛鹿等據嶮為逆詔羅漢討禽之後從征縣瓠以功遷羽林中郎幢將賜爵烏程子及南安王余立羅漢猶典宿衛文成之立羅漢有力焉加龍驤將軍仍幢將進爵野王侯拜司衛監遷散騎常侍殿中尚書進爵山陽公後為鎮西將軍秦益二州刺史時仇池氐羌反遏駱谷鎮將吳保元走登百頃請援於羅漢羅漢帥步騎隨長孫觀掩擊氐羌大破之賊衆退散詔書慰勉之涇州人張羌郎聚衆千人州軍討之不能制羅漢擊禽之仇池氐羌叛逆其賊帥蛩廉苻忻等皆受宋官爵鐵券略陽公伏阿奴為都將與羅漢赴討所在破之禽廉忻等秦益阻遠南連仇池西接赤水諸羌恃險數為叛逆自羅漢莅州撫以威恵西戎懷德土境怡然孝文下詔褒美之徵拜内都大官聽察多得其情卒官謚莊

公長子興祖襲爵山陽公後例降為侯

孔伯恭魏郡鄴人也父昭位侍中幽州刺史魯郡公卒謚曰康伯恭以父任拜給事中後賜爵濟陽男進彭城公獻文初宋徐州刺史薛安都以彭城内附宋遣將張永沈攸之等擊安都安都請援獻文進伯恭號鎮東將軍副尚書尉元救之永與攸之棄船而走伯恭以書喻下邳宿豫城内時攸之吳喜公等率衆來援下邳屯軍焦墟曲去下邳五十餘里伯恭密造火車攻其營水陸俱進攸之等既聞將戰引軍退保樊階城宋寧朔將軍陳顯達領衆溯清而上以迎攸之屯于睢清合口伯恭率衆度水大破顯達攸

之閒顯達軍敗順流退下伯恭從清西與攸之合戰大破
之吴喜公輕騎遁走乘勝追奔八十餘里軍資器械虜獲
万計進攻宿豫宋戍將魯僧遵棄城夜遁又遣將孔大恒
等南討淮陽宋太守崔武仲焚城南走遂據淮陽皇興二
年以伯恭爲散騎常侍彭城鎮將都督徐南北兖州諸軍
事假東海公卒贈鎮東大將軍東海王謚曰桓伯恭弟伯
邊襲父爵魯郡公位東萊鎮將東徐州刺史坐事免官卒
于家

田益宗光城蠻也身長八尺雄果有將略貌狀舉止有異
常蠻世爲四山蠻帥受制於齊太和十七年遣使張超奉

表歸魏十九年拜員外散騎常侍都督南司州刺史光城
縣伯食蠻邑一千戶所統守宰任其銓置後以益宗既度
淮北不可仍爲司州乃於新蔡立東豫州以益宗爲刺史
尋改封安昌縣伯景明初梁師寇三關益宗遣光城太守
楊興之進至陰山關南據長風城逆擊大破之二十二年
梁建寧太守黃天賜築城赤亭復遣其將黃公賞屯於漴
城與長風相持益宗命安蠻太守梅景秀與興之掎角擊
討破之獲其二城上表陳攻取之術宣武納之遣鎮南將
軍元英攻義陽益宗遣其息魯生斷梁人糧運破梁戍主
趙文興倉米運舟焚燒蕩盡時樂口已南郢豫二州諸縣

皆没於梁唯有義陽而已梁招益宗以車騎大將軍開府
儀同三司五千戶郡公當時安危在益宗去就而益宗守
節不移郢豫克平益宗力也益宗年稍衰老聚斂無厭兵
人患其侵擾諸子及孫競規賄貨部内苦之咸言欲叛宣
武深亦慮焉乃遣中書舍人劉桃符宣旨慰喻庶以安之
桃符還啓益宗侵掠之狀詔之曰聞卿息魯生在淮南貪
暴橫殺梅伏生爲爾不已損卿誠效可令魯生與使赴闕
當加任使魯生久未至延昌中詔以益宗爲使持節鎮東
將軍濟州刺史常侍如故帝慮其不受代遣後將軍李世
哲與桃符率衆襲之奄入廣陵益宗子魯生魯賢等奔於

關南招引梁兵光城已南皆爲梁所保世哲擊破之復置
郡戍以益宗還授征南將軍金紫光祿大夫加散騎常侍
改封曲陽縣伯益宗生長邊地不願内榮雖位秩崇重猶
以爲恨表陳桃符讒毁之狀詔曰既經大宥不容方更爲
獄熙平初益宗又表乞東豫以招二子靈太后令答不許
卒贈征東大將軍郢州刺史謚曰莊少子纂襲位中散大
夫卒贈東豫州刺史益宗長子隨兴位弋陽東汝南二郡
太守益宗兄興祖位江州刺史

孟表字武達濟北蛇丘人也自云本屬北地號索里諸孟
青徐内屬後表因事南度仕齊爲馬頭太守太和十八年

表據郡歸魏除南兗州刺史領馬頭太守賜爵譙縣侯鎮
渦陽後齊遣其豫州刺史裴叔業攻圍六十餘日城中食
盡唯以朽革及草木皮葉爲糧表撫循將士戮力固守會
鎮南將軍王肅救之叔業乃退初有一南人自云姓邊字
叔珍攜妻息從壽春投表未及送闕會叔業圍城表後察
叔珍言色頗有異即推覈乃是叔業姑兒規爲内應所攜
妻子並亦假妄於北門外斬之人情乃安孝文嘉其誠封
汝陽縣伯歷濟州刺史散騎常侍光祿大夫齊州刺史卒
贈兗州刺史謚曰恭
奚康生河南陽翟人也本姓達奚其先居代世爲部落大

人祖眞柔玄鎮將内外三都大官賜爵長進侯卒贈幽州
刺史謚曰簡康生少驍武彎弓十石矢異常箭爲當時所
服太和初蠕蠕頻寇康生爲前驅軍主壯氣有聞由是爲
宗子隊主從駕征鍾離駕旋濟淮五將未度齊將據渚斷
津路孝文募破中渚賊者以爲直閤將軍康生應募縛筏
積柴因風放火燒其船艦依煙直過飛刀亂斫投河溺死
者甚衆乃假康生直閤將軍後以勳除太子三校西臺直
後吐京胡反自號辛支王康生爲軍主從章武王彬討之
分爲五軍四軍俱敗康生軍獨全率精騎一千追胡至車
突谷詐爲墜馬胡皆謂死爭欲取之康生騰騎奮矛殺傷

數十人射殺辛支齊置義陽招誘邊人康生復爲統軍從
王肅討之齊將張伏護自昇城樓言辭不遜肅令康生射
之望樓射窻扉開即入應箭而斃彼人見箭皆以爲狂弩
齊將裴叔業率衆圍渦陽欲解義陽之急詔遣高聰元衍
等援之並敗退帝乃遣康生馳往一戰大破之及壽春來
降遣康生領羽林千人給龍廐馬兩匹馳赴之破走其將
桓和陳伯之以功除征虜將軍封安武縣男出爲南青州
刺史後梁鄀州遣軍主徐濟寇邊康生破禽之時梁聞康
生能引強弓故特作大弓兩張長八尺把中圍尺有二寸
箭麄殆如今之長笛送與康生康生便集文武用之平射

猶有餘力觀者以爲絶倫弓即表送置之武庫後梁遣都
督臨川王蕭宏勒甲十万規寇徐州詔授康生武衛將軍
一戰敗之還京召見宴會賞帛千匹賜驊騮御胡馬一匹
出爲華州刺史頗有聲績轉涇州刺史以輒用官炭免爲
御史所劾削除官爵尋復之梁直閤將軍徐玄明戍鄀州
殺其刺史張稷以城内附詔康生迎接賜細御銀纏槊一
張并棗柰果面敕曰果者果如朕心棗者早遂朕意未發
閒鄀州刺史復叛及大舉征蜀假康生安西將軍邪趣綿
竹至隴右宣武崩班師後除相州刺史在州以天旱令人
鞭石季龍畫像復就西門豹祠祈雨不獲令吏取豹舌未

幾二兒暴喪身亦遇疾巫以爲季龍豹之祟徵拜光祿勳領右衛將軍與元乂同謀廢靈太后遷河南尹仍右衛領左右與子難娶左衛將軍侯剛女即元叉妹夫也叉以其通姻深相委託三人多宿禁內或迭出入乂以康生子難爲千牛備身康生性麤武言氣高下乂稍憚之見于顏色康生亦微懼不安正光二年二月明帝朝靈太后于西林園文武侍坐酒酣迭儛次至康生乃爲力士儛及於折旋每顧視太后舉手蹈足瞋目頷首爲殺縛之勢太后解其意而不敢言日暮太后欲攜帝宿宣光殿侯剛曰至尊已朝訖嬪御在南何勞留宿康生曰至尊陛下兒隨陛下將

東西更復訪問誰羣臣莫敢應靈太后自起援帝臂下堂而去康生大呼唱万歲於後近侍皆唱万歲明帝引前入閤左右競相排閤不得閉康生奪其子難千牛刀斫直後元思輔乃得定明帝既上殿康生時有酒勢將出處分遂爲乂所執鏁於門下至曉乂不出令侍中黃門僕射尚書等十餘人就康生所訊其事處康生斬刑難處絞刑乂與剛竝在內矯詔決之康生如奏難恕死從流難哭拜辭乂康生忻子免死慷慨了不悲泣語其子云我不反死汝何爲哭也有司驅逼奔走赴市時已昬闇行刑人注刀數下不死於地刻截咸言稟乂意旨過至苦痛嘗食典御奚混

與康生同執刀入內亦就市絞刑康生久爲將及臨州多所殺戮而乃信向佛道每捨居宅立寺塔凡歷四州皆有建置死時年五十四子難年十八以侯剛壻得停百日竟徙安州後尚書盧同爲行臺乂令殺之康生於南山立佛圖三層先死忽夢崩壞沙門有爲解云檀越當不吉利無人供養佛圖故崩耳康生稱然竟及於禍靈太后反政贈都督冀瀛滄三州諸軍事驃騎大將軍司空冀州刺史謚曰武貞又追封壽張縣侯子剛襲

楊大眼武都氐難當之孫也少驍捷跳走如飛然庶孽不爲宗親顧待不免飢寒太和中起家奉朝請時將南伐尚

書李沖典選征官大眼往求焉沖弗許大眼曰尚書不見知聽下官出一技便出長繩三丈許繫髻而走繩直如矢馬馳不及見者無不驚歎沖因曰千載以來未有逸材若此者也遂用爲軍主大眼顧謂同寮曰吾之今日所謂蛟龍得水之秋自此一舉不復與諸君齊列矣未幾遷統軍從車駕征宛葉穰鄧九江鍾離之間所經戰陣莫不勇冠六軍宣武初裴叔業以壽春內附大眼與奚康生等率衆先入以功封安成縣子除直閤將軍出爲東荊州刺史時蠻酋樊秀安等反詔大眼爲別將隷都督李崇討平之大眼功尤多妻潘氏善騎射自詣軍省大眼至攻戰遊獵之

際潘亦戎裝齊鑣竝驅及至還營同坐幕下對諸賓佐言
笑自得大眼時指謂諸人曰此潘將軍也梁武遣其將張
惠紹總率衆軍竊據宿豫又假大眼平東將軍為別將與
都督邢巒討破之遂與中山王英同圍鍾離大眼軍城東
守淮橋東西道屬水汎長大眼所綰統軍劉神符公孫祉
兩軍夜中爭橋奔退大眼不能禁相尋而走坐從營州為
兵永平中追其前勳起為試守中山內史時高肇征蜀宣
武慮梁人侵軼乃徵大眼為太尉長史持節假平南將軍
東征別將隸都督元遙遏禦淮肥大眼至京師時人思其
雄勇喜於更用臺省門巷觀者如市後梁將康絢於浮山

遏淮規浸壽春明帝加大眼光祿大夫率諸軍鎮荊山復
其封邑後與蕭寶夤俱征淮堰不能克遂於堰上流鑿渠
決水而還加平東將軍大眼撫循士卒呼為兒子及見傷
痍為之流泣自為將帥恒身先兵士當其鋒者莫不摧拉
南賊所遣督將皆懷畏懼時傳言淮泗荊沔之間童兒啼
者恐之云楊大眼至無不即止王肅弟康之初歸國也謂
大眼曰在南聞君之名以為眼如車輪及見乃不異於人
大眼曰旗鼓相望瞋眸奮發足使君目不能視何必大如
車輪當世推其驍果以為關張弗之過也然征淮堰之役
喜怒無常捶撻過度軍士頗憾焉識者以為性移所致又

為荊州刺史常縛蒿為人衣以青布而射之召諸蠻渠指
示之曰卿等若作賊吾政如此相殺也又北淯郡嘗有武
害大眼搏而獲之斬其頭縣於穰市自是荊蠻相謂曰楊
公惡人常作我蠻形以射之又深山之武尚所不免遂不
敢復為寇盜在州二年卒大眼雖不學恒遣人讀書而坐
聽之悉皆記識令作露布皆口授之而竟不多識字也有
三子長甑生次領軍次征南皆潘氏所生咸有父風初大
眼從營州潘在洛陽頗有失行及為中山大眼側生女夫
趙延寶言之於大眼大眼怒幽潘而殺之後娶繼室元氏
大眼之死也甑生等問印綬所在時元始懷孕自指其腹

謂甑生等曰開國當我兒襲之汝等婢子勿有所望甑生
等深以為恨及大眼喪將還京出於城東七里營車而宿
夜二更甑生等開大眼棺延寶怪而問焉征南射殺之元
怖走入水征南又彎弓將射之甑生曰天下豈有害母之
人乃止遂取大眼屍令人馬上抱之左右扶挾以叛荊人
畏甑生等驍武不敢苦追遂奔梁

崔延伯博陵人也祖壽於彭城陷入江南延伯少以武壯
聞仕齊為緣淮遊軍帶濠口戍主太和中入魏常為統帥
膽氣絕人兼有謀略積勞稍進除征虜將軍荊州刺史賜
爵定陵男荊州土險蠻左為寇每有聚結延伯輒自討之

莫不摧殄由是穰土怗然無敢為患永平中轉幽州刺史梁遣左游擊將軍趙祖悅率衆偷據硤石詔延伯為別將與都督崔亮討之亮令延伯守下蔡延伯與別將伊瓮生挾淮為營延伯遂取車輪去輞削銳其輻兩兩接對揉竹為絙貫連相屬竝十餘道橫水為橋兩頭施大鹿盧出沒任情不可燒斫既斷祖悅走路又令舟舸不通由是梁軍不能赴救祖悅合軍咸見俘虜於軍拜征南將軍光祿大夫延伯與楊大眼等至自淮陽靈太后幸西林園引見謂曰卿等志尚雄猛皆國之名將比平硤石公私慶快此乃卿等之功也但淮堰仍在宜須預謀故引卿等親共量算各出一圖以為後計大眼對曰臣輒謂水陸二道一時俱下往無不剋延伯曰既對聖顏答旨宜實水南水北各有滿瀆陸地之計如何可前愚臣短見願聖心思水兵之勤若給復一年專習水戰脫有不虞召便可用靈太后曰卿之所言深是宜要當敕如請二年除并州刺史在州貪汙聞於遠近還為金紫光祿大夫出為鎮南將軍行岐州刺史假征西將軍賜驊騮馬一匹正光五年秋以往在揚州建淮橋之勳封當利縣男改封新豐子時莫折念生兄天生下隴東寇征西將軍元志為天生所禽賊衆甚盛進屯黑水詔延伯為使持節征西將軍西道都督行臺蕭寶夤

與延伯結壘馬嵬南北相去百餘步延伯曰今當仰為明公參賊勇怯延伯選精兵數千下度黑水列陣而進以向賊營寶夤率騎於水東尋原西北以示後繼於時賊衆大盛水西一里營營連接延伯徑至賊壘揚威脅之徐而還退賊以延伯衆少開營競追衆過十倍臨水逼蹙寶夤親觀之懼有虧損延伯不與其戰身自殿後抽衆東度轉運如神須臾濟盡徐乃自度賊徒奪氣相率還營寶夤大悅謂官屬曰崔公古之關張也今年何患不制賊延伯馳見寶夤曰此賊非老奴敵公但坐看後日延伯勒衆而出寶夤為後拒天生悉衆來戰延伯身先士卒陷其前鋒於是驍銳競進大破之俘斬十餘万追奔及於小隴秦賊勁強諸將所憚初議遣將咸云非延伯無以定之果能克敵詔授左衛將軍餘如故於時万俟醜奴宿勤明達等寇掠涇州先是盧祖遷伊瓮生數將皆以元志前行之始同時發雍從六陌道將取高平志敗仍停涇部延伯既破秦賊乃與寶夤率衆會於安定甲卒十二万鐵馬八千匹軍威甚盛時醜奴置營涇州西北七十里當原城時或輕騎暫來挑戰大兵未交便示奔北延伯矜功負勝遂唱議先驅伐木別造大排內為鏁柱教習強兵負而趨走號為排城戰士在外輜重居中自涇州緣原北上衆軍將出討賊未戰

之間有賊數百騎詐持文書云是降簿乞緩師寶夤延伯謂其事實逡巡未閱俄而宿勤明達率衆自東北而至乞降之賊從西競下諸軍前後受敵延伯上馬突陣賊勢摧挫便爾逐北徑造其營賊本輕騎延伯軍兼步卒兵力疲怠賊乃乘間得入排城延伯軍大敗死傷者將有二万寶夤斂軍退保涇州延伯脩繕器械購募驍勇復從涇州西進去賊彭阬谷柵七里結營延伯恥前挫辱不報寶夤獨出襲賊大破之俄頃間平其數柵賊皆逃迸見兵人采掠散亂不整還來衝突遂大奔敗延伯中流矢爲賊所害士卒死者万餘人延伯善將撫能得衆心與康生大眼爲諸

將之冠延伯末路功名尤重時大寇未平而延伯死朝野歎懼焉贈使持節車騎大將軍儀同三司定州刺史謚曰武烈

李叔仁隴西人也驍健有武力前後數從征討以功賜爵獲城鄉男梁豫州刺史王超宗內侵叔仁時爲兼統軍隸楊州刺史薛眞度眞度遣叔仁討超宗大破之以功累遷洛州刺史假撫軍將軍後以軍功封陳郡公又除光祿大夫朔州刺史齊州廣川人劉執清河太守邵懷聚衆反自署大行臺詔叔仁爲都督討平之除鎮西將軍金紫光祿大夫轉車騎大將軍儀同三司邢杲反於青州叔仁爲大都督出討於淮失利而還永安三年坐事除名尋復官爵節閔帝初加散騎常侍開府後除涼州刺史遣使密通款於東魏事覺見殺叔仁所用之槊長大異於常槊時人壯之

論曰韓茂皮豹子封敕文呂羅漢孔伯恭之爲將也皆以沈勇篤實仁厚撫衆功成事立不徒然矣與夫苟要一戰之利僥倖暫勝之名豈同年而語也田益宗蠻夷荒帥翻然效款終於懷金曳紫不其美歟孟表之致名位不徒然也夫人主聞鞞鼓之響則思將帥之臣何則夷難平暴折衝禦侮爲國之所繫也奚康生等俱以能武之姿奮征伐

之氣亦一時之驍猛壯士之功名乎

列傳第二十五　北史三十七

方洽　周益　周之冕　孫粹然　校正

裴駿字神駒小名皮河東聞喜人也父雙碩位恒農太守

安邑子贈東雍州刺史聞喜侯駿幼而聰慧親表稱為神
駒因以為字弱冠通涉經史方檢有禮度鄉里宗敬焉蓋
吳作亂於關中汾陰人薛永宗聚眾應之來襲聞喜縣令
憂惶計無所出駿在家聞之便率厲鄉豪奔赴之賊退刺
史以狀聞會太武親討蓋吳引見駿駿陳敘事宜帝大悅
謂崔浩曰裴駿有當世才且忠義可嘉補中書博士浩亦
深器駿目為三河領袖轉中書侍郎宋使明僧暠來聘以
駿有才學假給事中散騎常侍於境上勞接卒贈秦州刺
史聞喜侯謚曰康子脩字元寄清辯好學歷位祕書中散
主客令累遷中大夫兼祠部曹事職主禮樂每有疑議脩
斟酌故實咸有條貫卒謚曰恭伯宣武時追贈東秦州刺
史脩早孤居喪以孝聞二弟三妹並在幼弱撫養訓誨甚
有義方次弟務早喪脩哀傷之感於行路愛育孤姪同於
己子及將異居奴婢田宅悉推與之時人以此稱焉子詢
字敬叔美儀貌多藝能音律博弈咸所關解位平昌太守
時太原長公主寡居與詢私姦明帝仍詔詢尚焉尋以主
壻特除散騎常侍時本邑中正闕司徒召詢為之詢族叔
景自陳情願此官詢遂讓焉時論善之尋監起居事遷祕
書監出為郢州刺史詢以凡司戍主鸞酉田朴特地居要
嶮眾踰數萬足為邊捍遂表朴特為西郢州刺史朝議許

之梁將李國興寇邊朴特與部曲為表裏聲援郢州獲全
朴特頗有力焉徵為七兵尚書武泰中以本官兼侍中為
關中大使未及發於河陰遇害贈司空公謚曰貞烈無子
脩弟宣字叔令通辯博物早有聲譽少孤事母兄以孝友
稱司空李沖有人倫鑒見而重之孝文初徵為尚書主客
郎累遷太尉長史宣上言自遷都以來凡戰陣之處及軍
罷兵還之道所有骸骼無人覆藏者請悉令州郡戍邏檢
行埋掩并符出兵之鄉其家有死於戎役者皆使招魂復
魄祔祭先靈復其年租調身被傷痍者免其兵役朝廷從
之出為益州刺史宣至州綏撫甚得戎羌之心後晉壽吏

置益州改宣所從為南秦州宣家世以儒學為業常慕廉
退每歎曰以賈誼之才漢文之世而不歷公卿將非運也
乃謂親賓曰吾本無當世之志直隨牒至此祿厚養親効
不光國可以言歸矣因奉表求解宣武不許乃作懷田賦
以敘心焉宣素明陰陽之書自始患便剋亡日果如其言
贈豫州刺史謚曰定尋改為穆子敬憲嗣

敬憲字孝虞少有志行學博才清撫訓諸弟專以讀誦為
業澹於榮利風氣俊遠郡徵功曹不就諸府辟命先進其
弟世人歎美之司州牧高陽王雍舉秀才射策高第除大
學博士性和雅未嘗失色於人工隸草解音律五言之作

獨擅於時名聲甚重後進咸共宗慕之中山將之部朝賢
送於河梁賦詩言別皆以敬憲為最其文不能贍逸而有
清麗之美少有氣病年三十三卒人物甚悼之敬憲世有
仁義於鄉里孝昌中蜀賊陳雙熾所過殘暴至敬憲宅輒
相約束不得焚燒為物所伏如此永興三年贈中書侍郎
謚曰文

敬憲弟莊伯字孝夏亦有文才器度閑雅喜慍不形於色
博識多聞善以約言辯物司空任城王澄辟為行參軍甚
加知賞年二十一上神龜頌時人異之文筆與敬憲相亞
臨淮王彧北討引為記室參軍委以章奏之事及聞敬憲
寢疾求假不許遂徑自還亦矜而不問扶侍兄病晝夜不
離於側形容憔悴因葬敬憲於鄉遇病卒年二十八兄弟
才學知名同年俱喪世共嗟惜之永安三年贈通直散騎
侍郎謚曰獻兄弟並無子所著詞藻莫為集錄莊伯弟獻
伯廷尉卿濟州刺史少以學尚風流有名京洛為政嚴酷
不得吏人之和但以清白流譽卒於殿中尚書

駿從弟安祖少聰慧年八九歲就師講詩至鹿鳴篇語諸
兄云鹿得食相呼而況人乎自此未曾獨食弱冠州辟主
簿人有兄弟爭財詣州相訟安祖召其兄弟以禮義責讓
之此人兄弟明日相率謝罪州內欽服之後有人勸其仕

進安祖曰高尚之事非敢庶幾但京師遼遠實憚於棲屑
耳於是閑居養志不出城邑曾天熱舍於樹下有鷙鳥逐
雉雉急投之遂觸樹而死安祖愍之乃取置陰地徐徐護
視良久得蘇喜而放之後夜忽夢一丈夫衣冠甚偉著繡
衣曲領向安祖再拜安祖怪問之此人云感君前日見放
故來謝德聞者異焉後孝文幸長安至河東存訪故老安
祖朝於蒲坂帝與語甚悅仍拜安邑令以老病固辭詔給
一時俸以供湯藥焉年八十三卒於家

裴延儁字平子河東聞喜人也魏冀州刺史徽之八世孫
也曾祖奣諮議參軍并州別駕祖雙虎河東太守贈雍州

刺史謚曰順父山松州主簿行平陽郡事以平蜀賊丁虫
功贈東雍州刺史延儁少孤事後母以孝聞涉獵墳史頗
有才筆舉秀才射策高第除著作佐郎累遷太子洗馬又
領本邑中正及太子恂廢以宮官例免宣武即位爲中書
侍郎時帝專心釋典不事墳籍延儁上疏致諫後除司州
別駕及詔立明堂羣官博議延儁獨著一堂之論太傅清
河王懌時典衆議讀而笑曰子故欲遠符僕射也明帝時
累遷幽州刺史范陽郡有舊督亢渠徑五十里漁陽燕郡
有故戾陵諸堨廣袤三十里皆廢毀多時莫能脩復時水
旱不調延儁乃表求營造遂躬自履行相度形勢隨力分

督未幾而就溉田百萬餘畝爲利十倍百姓賴之又命主
簿酈惲脩起學校禮教大行人歌謠之在州五年考績爲
天下最拜太常卿歷七兵殿中二尚書散騎常侍中書令
御史中尉又以本官兼侍中吏部尚書延儁在臺閣守職
而已不能有所裁斷直繩也莊帝初於河陰遇害贈儀同
三司都督雍州刺史子元直敬猷竝有學尚與父同時遇
害元直贈光州刺史敬猷妻丞相高陽王雍外孫超贈尚
書僕射延儁從叔愛醜桃弓竝見稱於鄉里子夙字實輿
沈雅有器識儀望甚偉孝文見而異之吏部尚書任城王
澄有知人鑒每歎美夙以遠大許之位河北太守以忠恕

接下百姓感而懷之卒於郡三子範昇之暕鑒字道徽性
強正有學涉卒於廷尉卿鑒居官清苦時論稱之贈東雍
州刺史子澤頗有文學齊孝昭初爲齋帥奏舍人孝昭崩
魏收議爲恭烈皇帝澤正色抗論曰魏收死後亦不肯爲
恭烈之謚何容以擬大行且比皇太后不豫先帝飧寢失
常聖躬虧損今者易名必須加孝遂改爲孝昭因此忤旨
出爲廣州司馬尋歷位中書侍郎兼給事黃門侍郎以漏
泄免後爲散騎侍郎尋爲誹毀大臣趙彦深等兼詠石榴
詩徵以託意有人以奏武成武成決杖六十髡頭除名後
主即位爲清河郡守與祖珽有舊珽奏除尚書左丞又引

爲兼黃門執政疾其祖珽之黨與崔季舒等同見誅澤本
勁直無所囬避及被出追還折節和光然好戲笑無規檢
故頻取妻鉅鹿魏氏恩好甚隆不能暫相離澤每從駕其
妻不宿亦至性強立時人以爲健婦夫半延儁從祖弟良
字元賓稍遷尚書考功郎中時汾州吐京胡薛羽等作逆
以良兼尚書左丞爲西北道行臺時有五城郡山胡馮宜
都賀悅回成等以妖妄惑衆假稱帝號服素衣持白傘白
幡率諸逆衆於雲臺郊抗王師良大破之又山胡劉蠡升
自云聖術胡人信之咸相影附旬日之閒逆徒還振以良
爲汾州刺史加輔國將軍行臺如故良以城人飢窘夜率

衆奔西河汾州之居西河自良始也孝静初爲衛大將軍大府卿卒於官贈吏部尚書謚曰貞又重贈侍中尚書僕射子叔祉粗涉文學居官甚著聲績位終司空右長史良從父兄子慶孫字紹遠少孤性倜儻重然諾正光末汾州吐京群胡薛悉公馬牒騰並自立爲王衆至數萬詔慶孫爲募人别將招率鄉豪以討之慶孫每摧其鋒進軍深入至雲臺郊大戰郊西賊衆大潰徵赴都除直後於是賊復鳩集北連蠡升南通絳蜀兇徒轉盛以慶孫爲别將從軹關入討深入二百餘里至陽胡城朝廷以此地被山帶河衿要之所明帝末遂立邵郡因以慶孫爲太守慶孫務安

緝之咸來歸業介朱榮之死也世隆擁衆北度詔慶孫爲大都督與行臺源子恭率衆追擊慶孫與世隆密通事洩追還河内斬之慶孫任俠有氣鄉曲壯士及好事者多相依附撫養咸有恩紀在郡日逢歲飢凶四方遊客恒有百餘慶孫自以家粮贍之性雖麄武愛好文流與諸才學之士咸相交結輕財重義坐客恒滿是以爲時所稱延儁從祖弟仲規少好經史頗有志節咸陽王禧爲司州牧辟爲主簿仍表行建興郡事車駕自代還洛次於郡境仲規備供帳朝於路側詔仲規曰職郡望重卿何能自致此也仲規曰陛下棄彼玄壤來宅紫縣臣方躍馬吴會巢功銘帝

籍豈一郡而已孝文笑曰異卿必副此言駕還見咸陽王曰昨得汝主簿爲南道主人六軍豐贍元弟之寄殊副所望除司徒主簿仲規父在鄉疾病棄官奔赴以違制免父之中山王英征義陽引爲統軍奏復本資於陣戰沒贈河東太守謚曰貞無子弟叔義以第二子伯茂後之伯茂少有風望學涉羣書文藻富贍釋褐奉朝請大將京兆王繼西討引爲鎧曹參軍南征絳蜀陳雙熾爲行臺長孫承業行臺郎中承業還京師留伯茂仍知行臺事以平薛鳳賢等賞平陽伯再遷散騎常侍典起居注太昌初爲中書侍郎永熙中孝武帝兄子廣平王贊盛選賓寮以伯茂爲文

學後加中軍大將軍伯茂好飲酒頗涉疎傲久不徙官曾爲豁情賦天平初遷鄴又爲遷都賦二年因内宴伯茂侮慢殿中尚書章武王景哲景哲遂申啓稱伯茂棄其本列與監同行以梨擊案傍汙冠服禁庭之内令人挈衣詔付所司後竟無坐伯茂既出後其伯伯茂與兄景融别居景融貧窘伯茂了無賑恤殆同行路世以此貶薄之卒年三十九知舊歎惜焉伯茂末年劇飲不已乃至傷性多有愆失未亡前數日忽云吾得密信將被收掩乃與婦乘車西逃避後因顧指壁中言有官人追逐其妻方知其病卒後殯於家園友人常景李渾王元景盧元明魏季景李騫等

十許人於墓傍置酒設祭哀哭涕泣一飲一酹曰裴中書魂而有靈知吾曹也乃各賦詩一篇李騫以魏收亦與之友寄以示收收時在晉陽乃同其作論叙伯茂其十字云臨風想玄度對酒思公榮時人以伯茂性侮傲謂收詩頗得事實贈散騎常侍衛將軍度支尚書雍州刺史重贈吏部尚書謚曰文伯茂曾撰晉書竟未能成無子兄景融以第二子孝才繼齊武平末位中書舍人叔義亦有學行累遷太山太守為政清靜吏人安之遷司徒從事中郎卒贈東秦州刺史謚曰宣子景融字孔明篤學好屬文舉秀才射策高第除太學博士稍遷諫議大夫領著作元象中儀

同高岳以為録事參軍弟景顔被劾廷尉獄景融入選吏部擬郡為御史中尉崔暹所彈云其貪榮昧進遂坐免官病卒景融卑退廉謹無競於時雖才不稱學而緝綴無倦文詞汎濫理會處寡所作文章別有集録景顔頗有學尚孝靜初為司空長史在官貪穢為中尉崔暹所劾遇病死獄中延儁族兄聿字外興以操尚貞立被孝文所知為北中府長史時帝以聿與中書侍郎崔亮清貧欲以幹禄優之乃以亮帶野王縣事聿帶温縣時人榮之卒於平秦郡太守贈洛州刺史子子袖入關西延儁族人瑗字珍寶太和中析屬河北郡少孤貧清苦自立為汝南王悅郎

中令孝靜初卒於雍州刺史延儁從父兄宣明位華州刺史有惠政謚曰簡二子景鸞景鴻並有逸才河東呼景鸞為驥子景鴻為龍文景鸞位華州刺史子文端齊行臺郎四子願安志弘振景鴻齊和夷郡守子叔卿博涉有孝行時人號曰裴曽子隋貝丘令子神舉神符而神舉最知名

裴佗字元化河東聞喜人也六世祖詵仕晉位太常卿因晉亂避地涼州苻堅平河西東歸因居解縣世以文學顯五舉秀才再舉孝廉時人美之父景惠州別駕佗容貌魁偉隤然有器望舉秀才以高第除中書博士累遷趙郡太守為政有方威惠甚著狡吏姦人莫不改貫所得俸禄分

恤貧窮轉前將軍荆州刺史郡人戀仰傾境餞送蠻酋田盤石田敬宗等部落萬餘家恃衆阻險不賓王命前後牧守未能降款佗至州單使宣慰示以禍福敬宗聞風歸附於是合境清晏繈負至者千餘家後加中軍將軍以老乞還卒遺令不聽請贈不受賵襚諸子皆遵行之佗性剛直不好與俗人交游其投分者必當時名勝清白任真不事家產宅不過三十步又無田園暑不張蓋寒不衣裘其貞儉若此子讓之

讓之字士禮年十六喪父殆不勝哀其母辛氏泣撫之曰棄我滅性得為孝子乎由是自勉辛氏高明婦人又閑禮

度夫喪諸子多幼弱廣延師友或親自教授內外親屬有
吉凶禮制多取則焉讓之少好學有文情清明俊辯早得
聲譽魏天平中舉秀才對策高第累遷屯田主客郎中省
中語曰能賦詩裴讓之爲太原公開府記室與楊愔友善
相遇則清談竟日愔每云此人風流警拔裴文季爲不亡
矣梁使至常令讓之攝主客郎第二弟諏之奔關右兄弟
五人皆拘繫齊神武問云諏之何在荅曰昔吳蜀二國諸
葛兄弟各得盡心況讓之老母在此君臣分定失忠與孝
愚夫不爲伏願明公以誠信待物若以不信處物物亦安
能自信以此定霸猶却行而求道耳神武善其言兄弟俱

釋褐文襄大將軍主簿兼中書舍人後兼散騎常侍聘梁
文襄嘗入朝讓之導引容儀醞籍文襄目之曰士禮佳舍
人也遷長兼中書侍郎領舍人齊受禪靜帝遜居別宮與
諸臣別讓之流涕歔欷以參掌儀注封寧都縣男帝欲以
爲黃門侍郎或言其體重不堪趨侍乃除清河太守至郡
未幾楊愔謂讓之諸弟曰我與賢兄交款企聞善政適有
人從清河來云姦吏斂迹盜賊清靖朞月之期翻更非速
清河有二豪吏田轉貴孫舍興久吏姦猾多有侵削因事
遂脅人取財計贓依律不至死讓之以其亂法殺之時清
河王岳爲司州牧遣部從事案之侍中高德政舊與讓之

不協密奏言當陛下受禪之時讓之眷戀魏朝嗚咽流涕
比爲內官情非所願既而楊愔請救之云罪不合死文宣
大怒謂愔曰欲得與裴讓之同冢耶於是無敢言者事奏
竟賜死於家讓之次弟諏之字士正少好儒學釋褐太學
博士嘗從常景借書百卷十許日便返景疑其不能讀每
卷策問應荅無遺景歎曰應奉五行俱下禰衡一覽便記
今復見之於裴生矣楊愔闔門改葬託諏之頓作十餘墓
誌文皆可觀讓之諏之及皇甫和和弟亮並知名於洛下
時人語曰諏勝於讓和不如亮司空高乾致書曰相屈爲
戶曹參軍諏之復書不受署沛王開大司馬府辟爲記室

遷鄴後諏之留在河南西魏領軍獨孤信入據金墉以諏
之爲開府屬號曰洛陽遺彥信敗諏之居南山洛州刺史
王元軌召爲中從事西師忽至尋退遂隨西師入關周文
帝以爲大行臺倉曹郎中卒贈徐州刺史次讞之字士平
七歲便勤學早知名累遷司徒主簿楊愔每稱歎曰河東
士族京官不少唯此家兄弟全無鄉音讞之雖年少不妄
交游唯與隴西辛術趙郡李繪頓丘李構清河崔贍爲忘
年友昭帝梓宮將還鄴轉儀曹郎尤悉歷代故事儀注喪
禮皆能裁正爲許昌太守客旅過郡皆出私財供給人間
無所預代下日爲吏人所懷仕周卒伊川太守次謁之字

士令少有風格邢邵亦云我裴四武成爲開府辟爲參軍
掌書記次訥之字士言純謹有局量弱冠爲平原公開府
墨曹掌書記從至幷州其母在鄴忽得心痛訥之是日不
勝思慕心亦驚痛乃請急而還當時以爲孝感文宣踐阼
幸晉陽皇太子監國留訥之與杜臺卿並爲齊師領東宮
管記轉太子舍人奏中書舍人事衞尉杜弼被其家客誣
云有惡言誹訕時政幷稱訥之與弼交好亦知之坐免官
卒天統中追贈平州刺史長子曰樊出後讓之次子矩最
知名
矩字弘大繈褓而孤及長好學頗愛文藻有智數世父讓

之謂曰觀汝神識足成才士欲求宦達當資幹世之務矩
由是始留情世事仕齊爲高平王文學齊亡不得調隋文
帝爲定州總管補記室甚親敬之以母憂去職及帝作相
遣使馳召之參相府記室事受禪遷給事郎奏舍人事伐
陳之役領元帥記室既破丹陽晉王廣令矩與高熲收陳
圖籍明年奉詔巡撫嶺南未行而高智慧汪文進等作亂
吳越道閉上難遣矩行矩請速進上許之行至南康得兵
數千人時俚帥王仲宣逼廣州遣其部將周師舉圍東衡
州矩與大將軍鹿愿赴之賊立九柵屯大庾嶺共爲聲援
矩進擊破之賊懼釋東衡州據原長嶺又擊破之遂斬師

舉進軍自南海援廣州仲宣懼而潰散矩所綏集者二十
餘州又承制署渠帥爲刺史縣令及還上大悅命升殿勞
苦之謂高熲楊素曰韋洸將二萬兵不能早度嶺每患其
兵少裴矩以三千敝卒徑至南海有臣若此朕亦何憂以
功拜開府賜爵聞喜縣公賚物二千段除戶部侍郎遷內
史侍郎時突厥強盛都藍可汗妻大義公主即宇文氏女
由是數爲邊患後因公主與從胡私通長孫晟先發其事
矩請出使說都藍顯戮宇文上從之竟如其言公主見殺
後都藍與突利可汗構難屢犯亭鄣詔太平公史萬歲爲
行軍總管出定襄道以矩爲行軍長史破達頭可汗於塞

外萬歲被誅功竟不録上以啟人可汗初附令矩撫慰之
還爲尚書左丞其年文獻皇后崩太常舊無儀注矩與牛
弘李百藥等據齊禮參定轉吏部侍郎名爲稱職煬帝即
位營建東都矩職脩府省九旬功就時西域諸蕃多至張
掖與中國交市帝令矩掌其事矩知帝方勤遠略諸胡至
者矩誘令言其國俗山川險易撰西域圖記三卷入朝奏
之其序曰臣聞禹定九州導河不踰積石秦兼六國設防
止於臨洮故知西胡雜種僻居遐裔禮教之所不及書典
之所罕傳自漢氏興基開拓河右始稱名號者有四十六
國其後分立乃五十五王仍置校尉都護以存招撫然叛

服不恒厥經征戰後漢之世頻廢此官雖大宛以來略知戶數而諸國山川未有名目至如姓氏風土服章物產全無纂錄世所弗聞復以春秋遞謝年代久遠兼并誅討互有興亡或地是故邦改從今號或人非舊類同襲昔名兼復部人交錯封疆移改戎狄音殊事難窮驗于闐之北葱嶺以東考于前史三十餘國其後更相屠滅僅有十存自餘淪沒埽地俱盡空有丘墟不可記識皇上應天育物無隔華夷率土黔黎莫不慕化風行所及日入以來職貢皆通無遠不至臣既因撫納監知關市尋討書籍訪采胡人或有所疑即詳衆口依其本國服飾儀形王及庶人各顯

容止即丹青摸寫為西域圖記共成三卷合四十五國仍別造地圖窮其要害從西頃以去北海之南縱橫所亘將二萬里諒由富商大賈周游經涉故諸國之事罔不徧知復有幽荒遠地卒訪難曉不可憑虛是以致闕而二漢相踵西域為傳戶人數十即稱國王徒有名號乃乖其實今者所編皆餘千戶利盡西海多產珍異其山居之屬非有國名及部落小者多亦不載發自敦煌至于西海凡為三道各有襟帶北道從伊吾經蒲類海鐵勒部突厥可汗庭度北流河水至拂菻國達于西海其中道從高昌焉耆龜茲疏勒度葱嶺又經鏺汗蘇勒沙那國康國曹國何國大

小安國穆國至波斯達于西海其南道從鄯善于闐朱俱波喝盤陁度葱嶺又經護密吐火羅挹怛忛延漕國至北婆羅門達于西海其三道諸國亦各自有路南北交通其東女國南婆羅門國等並隨其所往諸處得達故知伊吾高昌鄯善並西域之門戶也總湊敦煌是其咽喉之地以國家威德將士驍雄汎濛汜而揚旌越崑崙而躍馬易如反掌何往不至但突厥吐谷渾分領羌胡之國為其擁遏故朝貢不通今並因商人密送誠款引領翹首願為臣妾聖情含養澤及普天服而撫之務在安輯故皇華遣使弗動兵車諸蕃既從突厥可滅混一戎夏其在茲乎不有所記無以表威化之遠也帝大悅賜物五百段每日引矩至

御坐親問西方之事矩盛言胡中多諸寶物吐谷渾易可并吞帝由是甘心將通西域西夷經略咸以委之後遷黃門侍郎復令往張掖引致西蕃至者十餘國大業三年帝有事於恒嶽咸來助祭帝將巡河右復令矩往敦煌矩遣使說高昌王麴伯雅及伊吾吐屯設等啗以厚利導之使入朝及帝西巡次燕支山高昌王伊吾設等及西蕃胡二十七國謁於道左皆令佩金玉被錦罽焚香奏樂歌儛喧噪復令張掖武威士女盛飾縱觀填咽周亘數十里以示中國之盛帝見而大悅竟破吐谷渾拓地數千里並遣兵

戊之每歲委輸巨億萬計諸蕃懾懼朝貢相續帝謂矩有綏懷略進位銀青光祿大夫其年冬帝至東都矩以蠻夷朝貢者多諷帝令都下大戲徵四方奇伎異藝陳於端門街衣錦綺珥金翠者以十萬數又勒百官及百姓士女列坐棚閣而縱觀焉皆被服鮮麗終月而罷又令交市店肆皆設帷帳盛酒食遣掌蕃率蠻夷與人貿易所至處悉令邀延就坐醉飽而散蠻夷嗟歎謂中國為神仙帝稱矩至誠謂宇文述牛弘曰裴矩凡所陳奏皆朕之成筭朕未發矩輒以聞自非奉國孰能若是帝遣將軍薛世雄城伊吾令矩共往經略矩諷諭西域諸國曰天子為蕃人交易縣遠所以城耳咸以為然不復來競及還賜錢四十萬矩又白狀令反間射匱潛攻處羅後處羅為射匱所迫竟隨使者入朝帝大悅賜矩貂裘及西域珍器從帝巡塞北幸啓人帳時高麗遣使先通于突厥啓人不敢隱引之見帝矩因奏曰高麗地本孤竹國周代以之封箕子漢世分為三郡晉氏亦統遼東今乃不臣列為外域故先帝欲征之久矣但以楊諒不肖師出無功當陛下時安得不事使此冠帶之境仍為蠻貊之鄉乎今其使朝於突厥親見啓人合國從化必懼皇靈之遠暢慮後服之先亡脅令入朝當可致也帝曰如何矩曰請面詔其使放還本國遣語其王令

速朝覲不然者當率突厥即日誅之帝納焉高元不用命始建征遼之策王師臨遼以本官領武賁郎將明年復從至遼東兵部侍郎斛斯政亡入高麗帝令矩兼掌兵事以前後度遼功進位右光祿大夫時皇綱不振人皆變節左翊衛大將軍宇文述內史侍郎虞世基等用事文武多以賄聞唯矩守常無贓穢之響以是為世所稱後以楊玄感初平帝令矩安集隴右因之會寧存問曷薩那部落遣闕達度設寇吐谷渾頻有虜獲部落致富還而奏狀帝大賞之後從至懷遠鎮詔護北蕃軍事矩以始畢可汗部衆漸盛獻策分其勢將以宗女嫁其弟叱吉設拜為南面可汗叱吉不敢受始畢聞而漸怨矩又曰突厥本淳易可離間由其內多有羣胡盡皆桀黠教導之耳臣聞史蜀胡悉尤多姦計幸於始畢請誘殺之帝曰善矩因遣人告胡悉曰天子大出珍物今在馬邑欲共蕃內多作交關若前來者即得好物胡悉信之不告始畢率其部落盡驅六畜爭進冀先互市矩伏兵馬邑誘而斬之詔報始畢曰史蜀胡悉忽領部落走來至此云背可汗請我容納今已斬之故令往報始畢亦知其狀由是不朝十一年帝北巡狩始畢率騎數十萬圍帝於鴈門詔矩與虞世基宿朝堂以待顧問及圍解從至東都屬射匱可汗遣其猶子率西蕃諸胡朝

貢詔矩宴接之尋從幸江都宮時四方盜賊蜂起郡縣上
奏者不可勝計矩言之帝怒遣矩詣京師接蕃客以疾不
行及義兵入關帝遣虞世基就宅問矩方略矩曰太原有
變京畿不靜遙爲處分恐失事機唯願鑾輿早還俄而驍
衛大將軍屈突通敗問至矩以聞帝失色矩素勤謹未甞
忤物又見天下方亂恐爲身禍其待遇人多過其所望故
雖廝役皆得其歡心時從駕驍果數有逃散帝憂之以問
矩矩曰今車駕留此已經二年驍果之徒盡無家口人無
匹合則不能久安臣請聽兵士於此納室帝大喜曰公定
多智此奇計也因令矩檢校爲將士等娶妻矩召江都境

內寡婦及未嫁女皆集宮監又召諸將帥及兵等恣其所
取因聽自首先有姧通婦女及尼女官等並即配之由是
驍果等悅咸相謂曰裴公之惠也宇文化及反矩晨起將
朝至坊門遇逆黨數人控矩馬詣孟景所賊皆曰不關裴
黃門旣而化及從百餘騎至矩迎拜化及慰諭之令矩參
定儀注推秦王子浩爲帝以矩爲侍內隨化及至河北化
及僭帝號以矩爲尚書右僕射加光祿大夫封蔡國公爲
河北道宣撫大使及宇文氏敗爲竇建德所獲以矩隨代
舊臣遇之甚厚復以爲吏部尚書轉尚書右僕射建德起
自羣盜未有節文矩爲之制定朝儀旬月之間憲章頗擬

於王者建德大悅及建德敗時矩與其將曹旦等於洺州
留守旦長史李公淹及大唐使人魏徵等說旦及齊善行
令矩歸順旦等從之乃令矩與徵公淹領旦及八璽舉山
東之地歸降授左庶子轉詹事戶部尚書卒讓之第六弟
謁之字士敬少有志節好直言文宣末年昏縱朝臣罕有
言者謁之上書正諫言甚切直文宣將殺之白刃臨頸謁
之辭色不變帝曰癡漢何敢如此楊愔曰望陛下放以取
後世名帝投刃歎曰小子望我殺爾以取後世名我終不
成爾名遣人送出齊亡卒於壺關令

皇甫和者字長諧安定朝那人其先因官寓居漢中祖澄

南齊秦梁二州刺史父徽字子玄梁安定略陽二郡守魏
正始二年隨其妻父夏侯道遷入魏道遷別上勳書欲以
徽爲元謀徽曰創謀之始本不關預雖貪榮賞內媿於心
遂拒而不許梁州刺史羊靈祐重其敦實表爲征虜府司
馬卒和十一而孤母夏侯氏才明有禮則親授以經書及
長深沈有雅量尤明禮儀宗親吉凶多相諮訪卒於濟陰
太守子聿道以幹局知名位廣平令隋大業初比部郎和
弟亮字君翼九歲喪父哀毀有若成人齊神武起義爲大
行臺郎中亮率性任眞不樂劇職除司徒東閤祭酒思還
鄉里啓乞梁州褒中郎本郡也後降梁以母兄在北求還

梁武不奪也至鄴無復宦情遂入白鹿山恣泉石之賞縱
酒賦詩超然自樂復爲尚書殿中郎攝儀曹事以參撰禮
代儀注封榆中男亮踈慢自任無幹務才每有禮儀大事
常令餘司攝焉性質朴純厚終無片言矯飾屬有敕下司
各列勤惰亮三日不上省文宣親詰其故亮曰一日雨一
日醉一日病酒文宣以其亮實優容之杖脛三十而已所
居宅洿下標牓賣之將買者或問其故亮每答云爲宅中
水淹不洩雨即流入牀下由此宅終不售其淳實如此以
兼散騎常侍聘陳使主以不稱免官後除任城太守病不
之官卒於鄴贈驃騎大將軍安州刺史

裴果字戎昭河東聞喜人也祖思賢魏青州刺史父遵齊
州刺史果少慷慨有志略魏太昌中爲陽平郡丞周文帝
曾使并州與果遇果知非常人密託附焉永安末盜賊蜂
起果從軍征討乘黃驄馬衣青袍每先登陷陣時人號爲
黃驄年少永熙中授河北郡守及齊神武敗於沙苑果乃
率其宗黨歸闕周文嘉之賜田宅奴婢牛馬什物等從戰
河橋解玉壁圍摧鋒奮擊所向披靡大統九年又從戰芒
山於周文前挺身陷陣禽東魏都督賀婁烏蘭勇冠當
時衆人莫不歎服以此周文愈親待之補帳內都督遷帥
都督平東將軍後從開府楊忠平隨安陸以功加大都督

除正平郡守正平果本郡也以威猛爲政百姓畏之盜賊
亦爲之屛息遷司農卿又從大將軍尉遲迥伐蜀果率所
部爲前軍開劒閣破李慶堡降楊乾運皆有功廢帝三年
授龍州刺史封冠軍縣侯俄而州人張道李拓驅率百姓
圍逼州城時糧仗皆闕兵士又寡果設方略以拒之賊便
退走於是出兵追擊累戰破之旬日之閒州境清晏轉陵
州刺史周孝閔帝踐阼除隆州刺史加持節驃騎大將軍
開府儀同三司進爵爲公歷眉復二州刺史果性嚴猛能
斷決抑挫豪右申理屈滯歷牧數州號爲稱職卒於位贈
本官加絳晉建州刺史謚曰質子孝仁嗣孝仁幼聰敏涉

獵經史有譽於時起家舍人上士累遷長寧鎮將扞禦齊
人甚有威邊之略歷建譙亳三州刺史

裴寬字長寬河東聞喜人也祖德歡魏中書侍郎河內郡
守父靜慮銀青光祿大夫贈汾州刺史寬儀貌環偉博涉
羣書弱冠爲州里所稱親歿撫諸弟以篤友聞滎陽鄭孝
穆嘗謂其從弟文直曰裴長寬兄弟天倫篤睦人之師表
吾愛之重之汝可與之游處年十三以選爲魏孝明帝挽
郎釋褐員外散騎侍郎及孝武西遷寬謂其諸弟曰君臣
逆順大義昭然今天子西幸理無東面以虧臣節乃將家
屬避難於大石嶺獨孤信鎮洛陽始出見焉時汾州刺史

韋子粲降於東魏子粲兄弟在關中者咸已從坐其季弟子爽先在洛窘急乃投寬寬開懷納之遇有大赦或傳子爽合免因爾遂出子爽卒以伏法獨孤信知而責之寬曰窮來見歸義無執送今日獲罪是所甘心以經赦宥遂得不坐大統五年授都督同軌防長史加征虜將軍十三年從防主韋法保向潁川解侯景圍景密謀南叛偽親狎於法保寬謂法保曰侯景狡猾必不肯入關雖託款於公恐未可信若伏兵以斬之亦一時之功也如曰不然便須深加嚴警不得信其誑誘自貽後悔法保納之然不能圖景但自固而已十四年與東魏將彭樂樂恂戰於新城因傷

被擒至河陰見齊文襄寬舉止詳雅善於占對文襄甚賞異之解鏁付館厚加禮遇寬乃裁所臥氈夜縋而出因得遁還見於周文帝帝顧謂諸公曰被堅執銳或有其人疾風勁草歲寒方驗裴長寬為高澄如此厚遇乃能冒死歸我雖古之竹帛所載何以加之乃手書署寬名下授持節帥都督封夏陽縣男即除孔城城主十六年遷河南郡守仍鎮孔城廢帝元年進使持節車騎大將軍儀同三司散騎常侍周孝閔帝踐阼進爵為子寬凡在孔城十三年與齊洛州刺史獨孤永業相對永業有計謀多譎詐或聲言春發秋乃出兵或掩蔽消息倏忽而至寬每揣知其情出兵

邀擊無不剋之天和三年除溫州刺史初陳氏與周通和每修聘好自華皎附後乃圖寇掠沔州既接敵境於是以寬為沔州刺史陳將程靈洗攻之力屈城陷陳人乃執寬至楊州尋被送嶺外經數載復還建鄴遂卒於江左子義宣後從御正杜果使於陳始得將寬柩還隋開皇元年文帝詔贈襄郢二州刺史義宣位司金二命士合江令寬弟漢字仲霄操尚弘雅聰敏好學嘗見人作百字詩一覽便誦魏孝武初解褐員外散騎侍郎大統五年除大丞相府士曹行參軍轉墨曹漢善尺牘尤便簿領理識明贍斷割如流相府為之語曰日下粲爛有裴漢武成中為司車路

下大夫與工部郭彥大府高賓等參議格令每較量時事必有條理天和五年加車騎大將軍儀同三司漢少有宿疾恒帶虛羸劇職煩官非其好也時晉公護擅權搢紳等多諂附之以圖仕進漢直道自守故八年不徙職性不飲酒而雅好賓游每良辰美景必招引時彥宴賞留連間以篇什當時人物以此重之自寬沒後遂斷絕游從不聽琴歌歲時伏臘哀慟而已撫養兄弟子情甚篤至借人異書必躬自錄本至于疾疢彌年亦未嘗釋卷卒贈晉州刺史子鏡人少聰敏涉獵經史為大將軍譚公會記室參軍累遷春官府都上士仕隋位兵曹郎漢弟尼字景尼性弘雅

有器局位御正下大夫卒贈隨州刺史子之隱趙王招府
記室參軍之隱弟師人好學有識度見稱於時起家秦王
贊府記室參軍仍兼侍讀寬族弟鴻少恭謹有幹略歷官
內外周天和初拜郢州刺史轉襄州總管府長史賜爵高
邑縣侯從衛公直南征軍敗遂没尋卒於陳朝廷哀之贈
豐資遂三州刺史
裴俠字嵩和河東解人也祖思齊舉秀才拜議郎父欣西
河郡守贈晉州刺史俠年七歲猶不能言後於洛城見羣
烏蔽天從西來舉手指之而言遂志識聰慧有異常童年
十三遭父憂哀毀有若成人將擇葬地而行空中有人曰

童子何悲葬於桑東封公侯俠懼以告其母母曰神也吾
聞鬼神福善爾家未嘗有惡當以吉祥告汝耳時俠宅側
有大桑林因葬焉州辟主簿舉秀才魏正光中解巾奉朝
請稍遷義陽郡守元顥入洛使執其使人焚其赦書孝莊
嘉之授東郡太守帶防城別將及孝武與齊神武有隙徵
兵俠率所部赴洛陽武衛將軍王思政謂曰當今權臣擅
命王室日卑若何俠曰宇文泰爲三軍所推居百二之地
所謂己操戈矛寧肯授人以柄雖欲撫之恐是據於蒺棃
也思政曰奈何俠曰圖歡有立至之憂西巡有將來之慮
且至關右日愼一日徐思其宜耳思政然之乃進俠於帝

授左中郎將及帝西遷俠將行而妻子猶在東郡滎陽鄭
偉謂俠曰天下方亂未知烏之所集何如東就妻子徐擇
木焉俠曰既食人祿寧以妻子易圖也遂從入關賜爵清
河縣伯除丞相府士曹參軍大統三年領鄉兵從戰沙苑
先鋒陷陣俠本名協至是周文帝嘉其勇決乃曰仁者必
勇因命名俠焉以功進爵爲侯王思政鎮玉壁以俠爲長
史齊神武以書招思政思政令俠草報書甚壯烈周文善
之曰雖魯仲連無以加也除河北郡守俠躬履儉素愛人
如子所食唯菽麥鹽菜而已吏人莫不懷之此郡舊制有
漁獵夫三十人以供郡守俠曰以口腹役人吾所不爲也

乃悉罷之又有丁三十人供郡守役俠亦不以入私並收
庸爲市官馬歲時既積馬遂成羣去職之日一無所取人
歌曰肥鮮不食丁庸不取裴公貞惠爲世規矩俠嘗與諸
牧守俱謁周文周文命俠別立謂諸牧守曰裴俠清愼奉
公爲天下之最今衆中有如俠者可與之俱立衆皆默然
無敢應者周文乃厚賜俠朝野服焉號爲獨立使君又撰
九世伯祖貞侯潛傳述裴氏清公欲使後生奉而行之宗
室中知名者咸付一通從弟伯鳳世彥時並爲丞相府佐
笑曰人生仕進須身名並裕清苦若此竟欲何爲俠曰夫
清者莅職之本儉者持身之基況我大宗世濟其美故能

存見稱於朝廷沒流芳於典策今吾幸以凡庸濫蒙殊遇固其窮困非慕名也志在自脩懼辱先也翻被嗤笑知復何言伯鳳等慙而退再遷鄀州刺史加儀同三司梁竟陵守孫暠鄖城守張建竝以郡來附俠見之密謂人曰暠目動言肆輕於去就者也建神情審定當無異心乃馳啓其狀周文曰裴俠有鑒深得之矣遣大都督苻貴鎮竟陵而鄖城竟不遣監統及柳仲禮軍至暠還以郢叛卒如俠言尋轉大將軍拓州刺史徵拜雍州別駕周孝閔帝踐阼除司邑下大夫加驃騎大將軍開府儀同三司進爵為公遷户部中大夫時有姦吏主守倉儲積年隱沒至千萬者及

俠在官勵精發擿數旬之內姦盜略盡轉工部中大夫有大司空掌錢物典李貴乃於府中悲泣或問其故對曰所掌官物多有費用裴公清嚴有名懼遭罪責所以泣耳俠聞之許其自首貴自言隱費錢五百萬俠嘗遇疾沈頓士友憂之忽聞五鼓便即驚起顧左右曰可向府耶所苦因此而瘳晉公護聞之曰裴俠危篤若此而不廢憂公因聞鼓聲疾病遂愈此豈非天祐其勤恪也又司空許國公宇文貴小司空北海公申徽竝來候俠疾所居第屋不免霜露貴等還言之於帝帝矜其貧苦乃為起宅并賜良田十頃奴隸耕耒糧粟莫不備足搢紳咸以為榮卒於位贈太子少師蒲州刺史謚曰貞河北郡前功曹張回及吏人等感俠遺愛乃作頌紀其清德焉子祥性忠謹有理劇才少為城都令清不及俠斷決過之後除長安令為權貴所憚遷司倉下大夫俠之終也以毀卒祥弟肅

肅字神封貞亮有才藝少與安定梁毗同志友善天和中舉秀才累遷御正下大夫以行軍長史從韋孝寬征淮南屬隋文帝為丞相肅聞而歎曰武帝以雄才定六合墳土未乾而一朝遷革豈天道歟文帝聞之甚不悅由是廢于家開皇五年授膳部侍郎歷朔州揔管長史貝州長史俱有能名仁壽中肅見皇太子勇蜀王秀左僕射高熲俱廢

黜遣使上書言高熲天挺良才元勳佐命願錄其大功忘其小過二庶人得罪已久寧無革心願各封小國觀其所為若得遷善漸更增益如或不悛貶削非晚書奏上謂楊素曰肅憂我家事如此亦至誠也於是徵肅入朝皇太子聞之謂左庶子張衡曰使勇自新欲何為也衡曰觀肅意欲令如吳太伯漢東海王耳太子甚不悅肅至京見上於含章殿上謂曰貴為天子富有四海後宮寵幸不過數人自勇以下竝皆同母非為愛憎輕事廢立因言勇不可復收之意既已罷遣之未幾上崩煬帝嗣位不得調者久之肅亦杜門不出後執政者以嶺表遐遠希旨授肅永平郡

丞甚得夷人心歲餘卒夷獠思之爲立廟於鄣江之浦有
子尚賢
裴文舉字道裕河東聞喜人也祖秀業魏天水郡守贈平
州刺史父邃性方嚴爲州里所推挹大統三年東魏來寇
邃乃糺合鄉人分據險要以自固及李弼略地東境邃爲
之鄉導多所降下周文帝嘉之特賞衣物封澄城縣子卒
於正平郡守贈儀同三司定州刺史文舉少忠謹涉獵經
史大統十年起家奉朝請時周文帝諸子年幼盛簡賓友
文舉以選與諸公子游雅相欽敬未嘗戲狎遷著作郎中
外府參軍恭帝二年賜姓賀蘭氏周孝閔帝踐阼襲爵澄

城縣子齊公憲初開幕府以文舉爲司錄及憲出鎮劒南
復以文舉爲總管府中郎武成二年就加使持節車騎大
將軍儀同三司蜀土沃饒商販百倍或有勸文舉以利者
文舉荅之曰利之爲貴莫若安身身安則道隆非貨之謂
是以不爲非惡財也憲矜其貧窶每欲資給之文舉恒自
謙遜辭多受少保定三年遷絳州刺史邃之任正平也以
廉約自守每行春省俗單車而已及文舉臨州一遵其法
百姓美而化之總管韋孝寬特相欽重每與談論不覺膝
前於席天和初進驃騎大將軍開府儀同三司尋爲孝寬
柱國府司馬六年入爲司憲中大夫進爵爲伯轉軍司馬

文舉少喪父其兄又在山東唯與弟璣幼相訓養友愛甚
篤璣又早亡文舉撫視遺孤逾於己子時人以此稱之初
文舉叔父季和爲曲沃令終於聞喜川而叔母韋氏卒於
正平縣屬東西分隔韋氏墳隴遂在齊境及文舉在本州
每加賞募齊人感其孝義潛相要結以韋柩西歸竟得合
葬六年除南青州刺史宣政元年卒於位子胄嗣位至大
都督子神安邑通守有子知禮
裴仁基字德本河東人也祖伯鳳周汾州刺史父定上儀
同仁基少驍武便弓馬平陳之役以親衛從征先登陷陣
拜儀同賜物千段以本官領漢王諒府親信諒反仁基苦

諫見囚諒敗超拜護軍後改授武賁郎將從將軍李景討
叛蠻向思多於黔安以功進銀青光祿大夫擊破吐谷渾
加授金紫光祿大夫斬獲寇掠靺鞨拜左光祿大夫從征
高麗進位光祿大夫李密據洛口帝令仁基爲河南道討
捕大使據武牢拒密仁基見強寇在前士卒勞弊所得軍
資即用分賞監軍御史蕭懷靜止之衆咸怨懷靜懷靜又
陰持仁基長短欲有奏劾仁基懼殺懷靜以其衆歸密密
以爲河東郡公其子行儼驍勇善戰密復以爲絳郡公甚
相委昵王世充以東都食盡悉衆詣偃師求決戰密與諸
將計仁基曰世充盡鋭而至洛下必虛可分兵守其要路

令不得東簡精兵三萬傍河西出以逼東都世充卻還我且按甲世充重出我又遏之如此則我有餘力彼勞奔命兵法所謂彼出我歸彼歸我出數戰以疲之多方以誤之者也密曰公知其一不知其二東都兵馬有三不可當器械精一也決計而來二也食盡求鬬三也我按兵蓄力以觀其弊彼求鬬不得欲走無路不過十日世充之首可懸於麾下單雄信等諸將輕世充皆請戰仁基苦爭不得密難違諸將言戰遂大敗仁基爲世充所虜世充以仁基父子並驍勇深禮之以兒女妻行儼及僭尊號署仁基爲禮部尚書行儼爲左輔大將軍行儼每戰所當皆披靡號萬

人敵世充憚其威名頗加猜防仁基知之甚不自安遂與世充所署尚書左丞宇文儒童尚食直長陳謙秘書丞崔德本等謀令陳謙於上食之際持匕首刼世充行儼以兵應之事定然後輔越王侗事臨發將軍張童兒告之俱爲世充所殺

論曰裴駿雅業有資器行仍世所以布於列位不替其美延儁器能位望有可稱乎伯茂才名亦時之良也元化以文學傳業而又脩史著美讓之弟兄脩身厲行觀夫出處之跡良足稱乎矩學涉經史頗有幹局至於恪勤匪懈夙夜在公求之古人殆未之有與聞政事多歷歲年雖處危亂之中未虧廉謹之節然與時消息承望風旨使高昌入朝伊吾獻地聚糧且末師出玉門關右騷然頗亦矩之由矣果及長寬早知去就而寬淪迹異域蓋乃命乎藹和廉約居身忠勤奉上人懷其惠吏畏其威雖古之良吏何以加此肅歷官周隋志存鯁正竟而忠誠慷慨犯忤龍鱗固知婁婦憂宗周之亡處女悲太子之少非徒語也文舉之在絳州世載清德辭多受少有廉讓之風焉仁基以武略見知自升顯級竟而蹈履非所身名隳壞時也

列傳第二十六　　北史三十八

方洽周益　周之冕　陳華　校

列傳第二十七　　北史三十九

薛安都
劉休賓
房法壽 曾孫豹 玄孫彥謙 族子景伯
畢衆敬 曾孫義雲
羊祉 子深 孫肅 弟子敦 烈

薛安都字休達河東汾陰人也父廣晉上黨太守安都少驍勇善騎射頗結輕俠諸兄患之安都乃求以一身分出不取片資兄許之居於別廄遠近交遊者爭有送遺馬牛衣服什物充滿其庭眞君五年與東雍州刺史沮渠康謀逆事發奔宋在南以武功見叙遇宋孝武起江州遂以爲將和平六年宋湘東王殺其主子業而自立是爲明帝羣情不協共立子業弟晉安王子勛安都與沈文秀崔道固常珍奇等舉兵應之宋明帝遣將張永討安都安都遣使降魏請兵救援遣第四子道次爲質獻文乃遣鎭東大將軍尉元等赴之拜安都鎭南大將軍徐州刺史賜爵河東公元等既入彭城安都中悔謀圖元等元知之遂不果發安都因重貨元等委罪於女壻裴祖隆元乃殺祖隆而隱安都謀皇興二年與畢衆敬朝于京師甚見禮重子姪羣從竝處上客皆封侯至於門生無不收叙又爲起第宅館宇崇

麗資給甚厚卒贈假黃鉞秦州刺史河東王謚曰康子道摽襲爵位平州刺史政有聲稱歷相秦二州刺史卒道摽弟道異亦以勳爲第一客早卒贈秦州刺史安邑侯道異弟道次既質京師賜爵安邑侯位秦州刺史進河南公安都從祖弟眞度初亦與安都南奔及從安都來降爲上客太和初賜爵河北侯出爲平州刺史假陽平公後降爲伯歷荆州東荆州刺史初遷洛後眞度每獻計勸先取樊鄧後攻南陽故大爲帝所賞改封臨晉縣伯轉豫州刺史景明初豫州大饑眞度表輒日別出倉米五十斛爲粥救其甚者詔曰眞度所表甚有憂濟百姓之意宜在拯卹歷華荆二州刺史入爲大司農卿正始初除揚州刺史還朝除金紫光祿大夫加散騎常侍改封敷西卒贈左光祿大夫謚曰莊有子十二人嫡子懷徹襲封初眞度有女妓數十人每集賓客輒命之絲竹歌舞不輟於前盡聲色之適庶長子懷吉居喪過周以父妓十餘人并樂器獻之宣武納焉懷吉好勇有膂力雖不善書學亦解達時事卒於汾州刺史懷吉本不厲清節及爲汾州偏有聚納之響自以支庶餌誘勝己共爲婚姻多攜親戚悉令同行兼爲之彌縫恣其取受而將勞賓客曲盡物情送去迎來不避寒熱性少言每有接對但嘿然而返既指授先期明人馬之數左

右密已記錄儀而酒饌相尋留粟繼至遠于將別贈以錢縑下及厮備咸過本望貞度諸子既多其母非一同產相朋因有憎愛興和中遂致訴列云以毒藥相害顯在公府發揚穢醜時人恥焉

劉休賓字處幹本平原人也祖昶從慕容南度河家于北海都昌縣父奉伯宋北海太守休賓少好學有文才仕宋爲兖州刺史娶崔邪利女生子文曄崔氏先歸寧在魯郡邪利之降文曄母子與俱入魏及慕容白曜軍至休賓不降白曜請崔氏與文曄至以報休賓又執休賓兄延和妻子巡視城下休賓答白曜許待歷城降當即歸順密遣主

簿尹文達向歷城觀魏軍形勢文達詣白曜詐祗候白曜令文達往升城見其妻子文曄哭泣以爪髮爲信文達回復經白曜誓約而還見休賓休賓撫爪髮泣復遣文達與白曜期白曜喜以酒灌地啓告山河誓不負休賓文達還謂休賓可早決計休賓於是告兄子聞慰聞慰固執不可遂差本契白曜尋遣著作佐郎許赤彪夜至梁鄒南門告城上人曰休賓遣文達頻造僕射許降何得無信於是城内遂相維持欲降不得歷城降休賓乃出請命乃立平齊郡乃以梁鄒人爲懷寧縣以休賓爲令延興二年卒文曄有志尚綜覽羣書輕財重義太和中坐從兄聞慰南叛被徙北邊孝文特聽還代帝曾幸方山文曄大言求見申父功厚賞虧於是賜爵都昌子深見待遇拜協律中郎卒於高陽太守贈兖州刺史謚曰貞休賓叔父旋之其妻許氏生二子法鳳法武而旋之早卒東陽平許氏攜二子入魏孤貧不自立母子並出家爲尼僧既而反俗俱奔江南法武後改名峻字孝標南史有傳

房法壽小名烏頭清河東武城人也曾祖諶仕燕位太尉掾隨慕容氏遷于齊子孫因家之遂爲東清河繹幕人焉法壽幼孤少好射獵輕率勇果結諸羣小爲劫盜宗族患之弱冠州迎主簿後以母老不復應州郡命常盜殺豬牛以

供母招集壯士恒有數百仕宋爲魏郡太守法壽從祖弟崇吉母妻爲慕容白曜所獲託法壽爲計法壽與崇吉歸款於白曜詔以法壽爲平遠將軍與韓騏驎對爲冀州刺史及歷城梁鄒降法壽崇吉等與崔道固劉休賓俱至京師以法壽爲上客崇吉爲次客崔劉爲下客法壽供給亞於薛安都等以功賜爵壯武侯給以田宅奴婢性愛酒好施親舊賓客率同飢飽坎壈常不豐足畢衆敬等皆尚其通愛卒贈青州刺史謚敬侯子伯祖襲爵例降爲伯歷齊郡内史伯祖闇弱委事於功曹張僧皓大有受納伯祖衣食不充後卒於幽州輔國府長史[illegible]官卒子翼大城戍主帶宗

安太守襲爵壯武侯
翼子豹字仲幹體貌魁岸美音儀年十七州辟主簿王思
政入據潁川慕容紹宗出討豹為紹宗開府主簿兼行臺
郎中紹宗自云有水厄遂於戰艦中浴并自投於水冀以
厭當之豹白紹宗曰夫命也在天豈人理所能延促公若
實有水厄非禳辟所能卻若其實無何禳之有今三軍之
事在於明公唯應達命任理以保元吉方乃乘船入水云
以防災豈如岸上指麾以保万全也紹宗笑曰不能免俗
為復爾耳未幾而紹宗遇溺時論以為知微清河中除謁
者僕射拜西河太守地接周境俗雜稽胡豹政貴清靜甚

著聲績遷博陵太守亦有能名又遷樂陵太守風教脩理
稱為美政郡瀕海水味多鹹苦豹命鑿一井遂得甘泉遐
邇以為政化所致豹罷歸後井味復鹹齊滅遂還本鄉立
園自養頻被徵命固辭以疾每牧守初臨必遣致禮官佐
邑宰皆投刺申敬終於家無子以兄熊子彥詡嗣彥詡明
辯有學識位殿中侍御史千乘益都二縣令有惠政熊字
子威性至孝聰朗有節槩州辟主簿行清河廣川二郡事
七子長子彥詢最知名以魏勳門嫡孫賜爵永始縣子特
為叔豹所愛重病卒豹取急親送柩還鄉悲慟傷惜以為
喪當家之寶初彥詢少時為監館嘗接陳使江總及陳滅

總入關見彥詢弟彥謙曰公是監館弟那因慘然曰昔因
將命得申言款彥詢所贈總詩今見載總集彥謙早孤不
識父為母兄鞠養長兄彥詢雅有清鑒以彥謙天性穎悟
每奇之親教讀書年七歲誦數萬言為宗黨所異十五出
後叔父子貞事所繼有踰本生子貞哀之撫養甚厚後丁
繼母憂勺飲不入口者五日事伯父豹竭盡心力每四時
珍果弗敢先嘗遇期功之戚必蔬食終禮宗從取則焉其
後受學于博士尹琳手不釋卷遂通涉五經解屬文雅有
詞辯風槩高人年十八屬齊廣寧王孝珩為齊州刺史辟
為主簿時禁網疎闊州郡之職尤多縱弛及彥謙在職清

簡守法州境肅然莫不敬憚及周師入鄴齊主東奔以彥
謙為齊州中從事彥謙痛本朝傾覆將糾率忠義潛謀匡
輔事不果而止齊亡歸于家周武帝遣柱國辛遵為齊州
刺史為賊帥輔帶劍所執彥謙以書諭之帶劍慙懼送遵
還州諸賊並各歸首及隋文受禪之後遂優遊鄉曲誓無
仕心開皇七年刺史韋藝固薦之不得已而應命吏部尚
書盧愷一見重之擢授承奉郎俄遷監察御史後屬陳平
奉詔安撫泉括等十州以銜命稱旨賜物百段米百石衣
一襲奴婢七口遷秦州總管錄事參軍因朝集時左僕射
高熲定考課彥謙謂熲曰書稱三載考績黜陟幽明唐虞

以降代有其法黜陟合理褒貶無虧便是進必得賢退皆不肖如或舛謬法乃虛設比見諸州考校執見不同進退多少參差不類況復愛憎肆意致乖平坦清介孤直未必高第卑諂巧宦翻居上等真偽混淆是非瞀亂宰貴既不精練斟酌取捨曾經驅使者多以蒙識獲成未歷臺省者皆為不知被退又四方懸遠難可詳悉唯準量人數半破半成徒計官員之少多莫顧善惡之眾寡欲求允當其道無由明公鑒達幽微平心遇物今所考校必無阿枉脫有前件數事未審何以裁之唯願遠布耳目精加采訪褒秋毫之善貶纖介之惡非直有光至道亦足標獎賢能詞氣

侃然觀者屬目頴為之動容深見嗟賞因歷問河西隴右官人景行彥謙對之如響頴謂諸州總管刺史曰與公言不如獨共秦州考使語後數日頴言於帝帝弗能用以秩滿遷長葛縣令甚有惠化百姓號為慈父仁壽中帝令持節使者巡行州縣察長吏能不以彥謙為天下第一超授鄀州司馬吏人號哭相謂曰房明府今去吾屬何用生為其後百姓思之立碑頌德鄀州久無刺史州務皆歸彥謙名有異政內史侍郎薛道衡一代文宗位望清顯所與交結皆海內名賢重彥謙為人深加友敬及兼襄州總管辭翰往來交錯道路煬帝嗣位道衡轉牧番州路經彥謙所

留連數日屑涕而別黃門侍郎張衡亦與彥謙相善于時帝營東都窮極侈麗天下失望又漢王構逆罹罪者多彥謙見衡當塗而不能匡救書諭之曰竊聞賞者所以勸善刑者所以懲惡故疏賤之人有善必賞尊貴之戚犯惡必刑未有罰則避親賞則遺賤者也今國家祗承靈命作人父母刑賞曲直升聞於天夤畏照臨亦宜謹肅故文王云我其夙夜畏天之威以此而論雖州國有殊高下懸邈憂人慎法其理一也至如并州釁逆須有甄明若楊諒實以詔命不通慮宗社危逼徵兵聚眾非為干紀則當原其本情議其刑罰上副聖主友于之意下曉愚人疑惑之心若

審知外內無虞嗣后纂統而好亂樂禍妄有覬覦則管蔡之誅當在於諒同惡相濟無所逃罪梟縣孥戮國有常刑遂使籍沒流移恐為冤濫恢恢天網豈其然乎罪疑從輕斯義安在昔叔向置鬻獄之死晉國所嘉釋之斷犯蹕之刑漢文稱善羊舌寧不愛弟廷尉非苟違君俱以執法無私不容輕重且聖人大寶是曰神器苟非天命不可妄得故蚩尤項籍之驍勇伊尹霍光之權勢李老孔丘之才智呂望孫武之兵術吳楚連盤石之據產祿承母弟之基不應歷運之兆終無帝主之位況乎蕞尒一隅蜂扇蟻聚楊諒之愚鄙羣小之凶慝而欲憑陵畿甸覬幸非望者哉開

闕以降書契云及帝皇之跡可得而詳自非積德累仁豐
功厚利孰能道洽幽顯義感靈祇是以古之哲王昧旦丕
顯履冰在念御朽兢懷逮叔世驕荒曾無戒懼肆於人上
騁嗜奔欲不可具載請略陳之曩者齊陳二國並居大位
自謂與天地合德日月齊明罔念憂虞不恤刑政近臣懷
寵稱善而隱惡史官曲筆掩瑕而錄美是以人庶呼嗟終
閉塞於視聽公卿虛譽日敷陳於左右法網嚴密刑辟日
多賦役煩興老幼疲苦昔鄭有子產齊有晏嬰楚有叔敖
晉有士會凡此小國尚足名臣齊陳之強豈無良佐但以
執政壅蔽懷私殉軀忘國憂家外同內忌設有正直之士

才堪幹時於己非宜即加擯棄儻遇諂佞之輩行多穢慝
於我有益遂蒙薦舉以此求賢何從而至夫賢材者非尚膂
力豈繫文華唯須正身負戴確乎不動譬棟之處屋如骨
之在身所謂棟梁骨鯁之材也齊陳不任骨鯁信近讒諛
天高聽卑監其淫僻故總收神器歸我大隋向使二國祗
敬上玄惠恤鰥寡委任方直斥遠浮華卑菲爲心惻隱是
務河朔強富江湖險隔各保其業人不思亂泰山之固弗
可動也然而寢臥積薪宴安鴆毒遂使禾黍生廟霧露沾
衣弔影撫心何嗟及矣故詩云殷之未喪師克配上帝宜鑒
于殷駿命不易万機之事何者不須熟慮哉伏惟皇帝望

雲就日仁孝夙彰錫社分珪大成規矩及總統淮海盛德
日新當璧之符遐邇僉屬纘曆甫爾寬仁已布率土蒼生
翹足而喜并州之亂變起倉卒職由楊諒詭惑詿誤吏人
非有構怨本朝棄德從賊者也而有司將帥稱其願反非
止誣陷良善亦恐大點皇猷足下宿當重寄早預心膂
自藩邸柱石見知方當書名竹帛傳芳万古稷契伊呂彼
獨何人既屬明時須存謇諤立當世之大誠作將來之憲
範豈容曲順人主以愛虧刑又使脅從之徒橫貽罪譴忝
蒙眷遇輒寫微誠野人愚贛不知忌諱衡得書歎息而不
敢奏聞彥謙知王綱不振遂去官隱居不仕將結構蒙山

之下以求其志會置司隸官盛選天下知名之士朝廷以
彥謙公方宿著時望所歸徵授司隸刺史彥謙亦慨然有
澄清天下之志凡所薦舉皆人倫表式其有彈射當之者
曾無怨言司隸別駕劉炫陵上侮下訐以爲直刺史憚之
皆爲之拜唯彥謙執志不撓抗禮長揖有識嘉之炫亦不
恨大業九年從駕度遼監扶餘道軍事其後隋政漸亂莫
不變節彥謙直道守常頗爲執政者所嫉出爲涇陽令終
於官彥謙居家每子姪定省常爲講說督勉之亹亹不倦
家有舊業資產素殷又前後居官所得俸祿皆以周恤親
友家無餘財車服器用務存素儉自少及長一言一行未

嘗涉私雖致屢空怡然自得嘗從容獨笑顧謂其子玄齡
曰人皆因祿富我獨以官貧所遺子孫在於清白耳所有
文筆恢廓閑雅有古人之深致又善草隸人有得其尺牘
者皆寶翫之太原王劭北海高構蓨縣李綱中山郎茂郎
潁河東柳彧薛孺皆一時知名雅澹之士彥謙並與爲友
雖冠蓋成列而門無雜賓體資文雅深達政務有識者咸
以遠大許之初開皇中平陳之後天下一統論者咸云將
致太平彥謙私謂所親趙郡李少通曰主上性多忌剋不
納諫諍太子卑弱諸王擅威在朝惟行苛酷之政未弘遠
大之體天下雖安方憂危亂少通初謂不然及仁壽大業

之際其言皆驗貞觀初以子玄齡著勳庸贈徐州都督臨
淄縣公謚曰定伯祖弟幼懸安豐新蔡二郡太守坐事奪
官居家忽聞門有客聲出無所見還至庭中爲家羣犬所
噬卒
景伯字良暉法壽族子也祖元慶仕宋歷七郡太守後爲
沈文秀青州建威府司馬宋明帝之殺廢帝子業子業弟
子勛起兵文秀後歸子勛元慶不同爲文秀所害父愛親
獻文時三齊平隨例內徙爲平齊人以父非命疏服終身
景伯生於桑乾少喪父以孝聞家貧傭書自給養母甚謹
尚書盧陽烏稱之於李沖沖時典選拔爲奉朝請累遷齊

州輔國長史會刺史亡敕行州事政存寬簡百姓安之後
除清河太守郡人劉簡武曾失禮於景伯聞其臨郡闔家
逃亡景伯督切屬縣追捕禽之即署其子爲西曹掾令喻
山賊賊以景伯不念舊惡一時俱下論者稱之舊制守令
六年爲限限滿將代郡人韓靈和等三百餘人表訴乞留
復加二載後爲司空長史以母疾去官景伯性復淳和涉
獵經史諸弟宗之如事嚴親及弟亡蔬食終喪朞不內御
憂毀之容有如居重其次弟景先亡其幼弟景遠朞年哭
臨亦不內寢鄉里爲之語曰有義有禮房家兄弟廷尉卿
崔光韶好標牓人物無所推尚每云景伯有士大夫之行

業及母亡景伯居喪不食鹽菜因此遂爲水病積年不愈
卒於家贈左將軍齊州刺史景伯子文烈位司徒左長史
與從父弟逸祐並有名文烈性溫柔未嘗嗔怒爲吏部郎
時經霖雨絕糧遣婢糴米因尒逃竄三四日方還文烈徐
謂曰舉家無食汝何處來竟無捶撻子山基仕隋歷戶部
考功侍郎並著能名見稱於時景先字光胄幼孤貧無資
從師其母自授毛詩曲禮年十二請其母曰豈可使兄傭
賃以供景先也請自求衣然後就學母哀其小不許苦請乃
從之遂得一羊裘忻然自足晝則樵蘇夜誦經史遂大通贍
太和中例得還鄉解褐太學博士時太常劉芳侍中崔光

當世儒宗歎其精博奏兼著作佐郎修國史侍中穆紹又
啓景先撰宣武起居注累遷步兵校尉領尚書郎齊州中
正所歷皆有當官稱景先沈敏方正事兄恭謹出告反面
晨昏參省側立移時兄亦危坐相敬如賓兄曾寢疾景先
侍湯藥衣冠不解形容毀瘁親友見者莫不哀之卒特贈
洛州刺史謚曰文景先作五經疑問百餘篇其語興詣符
璽郎王神貴荅之名爲辯疑合成十卷亦有可觀節閔帝
時奏上之帝親自執卷與神貴往復嘉其用心子延祐武
定末太子家令後隸魏收脩史景遠字叔遐重然諾好施
與頻歲凶儉分贍宗親又於通衢以飼餓者存濟甚衆平

原劉郁行經齊兖之境忽遇劫賊已殺十餘人次至郁呼
曰與君鄉近何忍見殺賊曰若言鄉里親親是誰郁曰齊
州主簿房陽是我姨兄陽是景遠小字賊曰我食其粥得
活何得殺其親遂還衣物蒙活者二十餘人景遠好史傳
不爲章句天性小急不類家風然事二兄至謹撫養兄孤
恩訓甚篤益州刺史傅豎眼慕其名義啓爲昭武府功曹
參軍以母老不應豎眼頗恨之卒于家子敬道求熙中開
府參軍

畢衆敬小名奈東平須昌人也少好弓馬射獵交結輕果
常於疆境盜掠爲業仕宋位太山太守湘東王彧殺其主
子業而自立是爲明帝遣衆敬詣兖州募人到彭城刺史
薛安都召與密謀云晉安有上流之名且孝武第三子當
共鄉西從晉安衆敬從之東平太守申纂據無鹽城不與
之同及宋明平子勛授纂兖州刺史會有人發衆敬父墓
令其母骸首散落衆敬發喪行服疑纂所爲第衆愛爲薛
安都長史亦遣人密至濟陰掘纂父墓以相報荅及安都
以城入魏衆敬不同其謀子元賓以母并百口悉在彭城
恐交致禍日夜啼泣遣請衆敬衆敬猶未從之衆敬先已
遣表謝宋宋明授衆敬兖州刺史而以元賓有佗罪獨不
捨之衆敬拔刀破柱曰皓首之年唯有此子今不原貸何

用獨全及尉元至乃以城降元遣將入城事定衆敬悔恚
數日不食皇興初就拜散騎常侍兖州刺史賜爵東平公
與中書侍郎李璨對爲刺史慕容白曜攻剋無鹽獲申纂
無殺纂意而城中火起纂爲所燒死衆敬聞剋無鹽懼不殺
纂乃與白曜書并表朝廷云家酷由纂聞纂死乃悅二年
與薛安都朝京師賜甲第一區後復爲兖州刺史徵還京
師衆敬善自奉養食膳豐華必致佗方遠味年已七十鬢
鬚皓白而氣力未衰跨鞍馳騁有若少壯篤於姻類深有
國士之風張讜之亡躬往營視有若至親太和中孝文賓
禮舊老衆敬與高允引至方山雖文武奢儉好尚不同然

亦與允甚相愛敬接膝談款有若平生後以篤老乞還桑
梓朝廷許之衆敬臨還獻眞珠璫四具銀裝劍一口刺彪
矛一枚仙人文綾一百疋文明太后與帝引見於皇信堂
賜以酒饌車馬絹等勞遣之卒於兗州子元賓少豪俠有
武幹涉獵書史與父同建勳誠至京師俱爲上賓賜爵須
昌侯後拜兗州刺史假彭城公父子相代爲本州當世榮
之時衆敬以老還鄉常呼元賓爲使君每元賓聽政時乘
板輿出至元賓所先遣左右敕不聽起觀其斷決忻忻然
喜見顏色衆敬善持家業猶能督課田產大致儲積元賓
爲政清平善撫人物百姓愛樂之以父憂解任喪中遥授

長兼殿中尚書卒贈衞尉卿諡曰平元賓入魏初娶東平
劉氏有四子祖朽祖髦祖歸祖旋賜妻元氏生二子祖榮
祖暉祖朽最長祖暉次祖髦故事前妻雖先有子後賜之
妻子皆承嫡所以劉氏先亡祖暉不服重元氏後卒祖朽
等三年終禮祖榮早卒子義允襲祖爵東平公例降爲侯
卒子僧安襲祖朽身長八尺腰帶十圍涉獵經史好爲文
詠善與人交襲父爵須昌侯例降爲伯以本州中正爲統
軍隸邢巒討梁師以功封南城縣男歷散騎侍郎中書侍
郎神龜末除東豫州刺史祖朽善撫邊清平有信百姓稱
之後爲瀛州刺史卒贈吏部尚書兗州刺史無子以弟祖

歸子義暢爲後襲爵義暢傾巧無士業善通時要位中書
侍郎兗州大中正後除散騎常侍坐事伏法祖髦以兄祖
朽別封南城以須昌伯回授之位東平太守卒於本州別
駕祖暉早有事幹爲幽州刺史以全守勳封新昌縣子逢
蕭寶夤退敗祖暉拔城東趣華陰坐免官爵尋行豳州事
建義中詔復州爵後爲賊宿勤明達所攻沒長子義顯襲
爵齊受禪例降義顯弟義雲
義雲小字陁兒少麤俠家在兗州北境常劫掠行旅州里
患之晚方折節從官累遷尚書都官郎中性嚴酷事多幹
了齊文襄作相以爲稱職令普勾僞官專以車輻考掠所

獲甚多然大起怨謗曾爲司州吏所訟云其有所減截并
改換文書文襄以其推僞衆人怨望並無所問乃拘吏數
而斷之因此銳情訐鞫威名日盛文宣受禪除書侍御史
彈射不避勳親累遷御史中丞繩劾更切然豪橫不平頻
被怨訟前爲汲郡太守翟嵩啓列義雲從父兄僧明負官
債先任京畿長史不受其屬立限切徵由此挾嫌數遣御
史過郡訪察欲相推繩又坐私藏工匠家有十餘機織錦
并造金銀器物乃被禁止尋見釋以爲司徒左長史尚書
左丞司馬子瑞奏彈義雲稱天保元年四月竇氏皇姨祖
載日內外百官赴弔省義雲唯遣御史投名身遂不赴

又義雲啓云喪婦孤貧後娶李世安女為妻世安身雖父
服未終其女為祖已就平吉特乞閤迎不敢備禮及義雲
成昏之夕衆禮備設剋日拜閤鳴騶清路盛列羽儀兼差
臺吏二十人責其鮮服侍從車後直是苟求成昏誣罔干上
義雲資産宅宇足稱豪室忽通孤貧亦為矯詐又駕幸晉
陽都坐判拜起居表四品以下五品以上令預前一日赴
南都署表三品以上臨日署訖義雲乃乖例署表之日索
表就家先署臨日遂稱私忌不來於是詔付廷尉科罪尋
敕免推子瑞又奏彈義雲事十餘條多煩碎罪止罰金不
至除免子瑞從兄消難為北豫州刺史義雲遣御史張子

階詣州采風聞先禁其典籤家客等消難危懼遂叛入周
時論歸罪義雲云其規報子瑞事亦上聞爾前譏賞義雲
常預從此後集見稍疎聲望大損乾明初子瑞遷御史中
丞鄭子默正被任用義雲之姑即子默祖母遂除度支尚
書攝左丞子默誅後左丞便解孝昭赴晉陽高元海留鄴
義雲深相依附知其信向釋氏常隨之聽講為此款密無
所不至及孝昭大漸顧命武成高歸彥至都武成猶致疑
惑元海遣犢車迎義雲入北宮參審遂與元海等勸進仍
從幸晉陽參預時政尋除兗州刺史給後部鼓吹即本州
也軒昂自得意望銓衡之舉見諸人自陳逆許引接又言

離別暫時非久在州先有鐃吹至於案部行游兩部並用
猶作書與元海論叙時事元海入內不覺遺落給事中李
孝貞得而奏之為此元海漸疎孝貞因是兼中書舍人又高
歸彥起逆義雲在州私集人馬并聚甲仗將以自防實無
佗意為人密啓及歸彥被擒又列其朋黨專擅為此追還
武成猶録其往誠竟不加罪除兼七兵尚書義性豪縱頗
以施惠為心累世本州刺史家富於財士之匱乏者多有
拯濟及貴恣情驕侈營造第宅宏壯未幾而成閨門穢雜
聲徧朝野為郎時與左丞宋游道因公事忿競游道廷辱
之云雄狐之詩千載為汝義雲一無所荅然酷暴殘忍非

人理所及為家尤甚子姪僕隷恒瘡痍徧體有孽子善昭
性至凶頑與義雲侍婢姦通搒掠無數為其著籠頭繫之
庭樹食以芻秣十餘日乃釋之夜中義雲被賊害即善昭
所佩刀也遺之於善昭庭中善昭聞難奔哭家人得佩刀
善昭怖便走出投平恩墅舍旦日武成令舍人是蘭子暢
就宅推之尒前義雲新納少室范陽盧氏有色貌子暢疑
盧姦人所為將加拷掠盧具列善昭云尒乃收捕繫臨漳
獄將斬之邢邵上言此乃大逆義雲又是朝貴不可發乃
斬之於獄棄尸漳水祖歸位建寧太守子義遠位平原太
守義遠弟義顯義攜性並豪率天平以後梁使人還往經

歷兗城前後州將以義攜兄弟善營鮭膳器物鮮華常兼長史接宴賓客祖旋太尉行參軍卒贈都官尚書齊兗二州刺史衆敬弟衆愛隨兄歸魏以勳爲第一客賜爵鉅平侯卒贈徐州刺史謚曰康子聞慰字子安有器幹襲爵例降爲伯延昌初累遷清河内史固以疾辭後試守廣平内史正光初相州刺史中山王熙起兵謀誅元叉聞慰斬其使發兵拒之叉以爲忠於已遷滄州刺史甚有政績後除散騎常侍東道行臺尋爲都督安樂王鑒軍司馬攻元法僧敗奔還京師被劾遇赦免卒贈散騎常侍兗州刺史伯如故謚曰恭子祖彥字脩賢涉獵書傳風度閑雅爲時所

知以侍御史爲元法僧監軍法僧反被逼南入後還歷中書侍郎襲爵鉅平伯卒贈尚書右僕射兗州刺史祖彥弟祖哲祕書郎諸畢當朝不之榮貴但幃薄不脩爲時所鄙

申纂者本魏郡人申鍾曾孫也皇始初道武平中山纂舉室南奔家于濟陰及在無鹽仕宋爲兗州刺史既敗子景義入魏

羊祉字靈祐太山鉅平人晉太僕卿琇之六世孫也父規之宋任城令太武南討至鄒山規之與魯郡太守崔邪利及其屬縣徐遜愛猛之等俱降賜爵鉅平子拜鴈門太守祉性剛愎好刑名爲司空令輔國長史襲爵鉅平子侵盜

公資私營居宅有司按之抵死孝文特恕遠徙後還景明初爲將作都將加左軍將軍四年持節爲梁州軍司討叛氐正始二年王師伐蜀以祉假節龍驤將軍益州刺史出劒閣而還又以本將軍爲秦梁二州刺史加征虜將軍天性酷忍又不清潔坐掠人爲奴婢爲御史中尉王顯所彈免高肇執政祉復被起爲光祿大夫假平南將軍持節領步騎三万先驅趣涪未至宣武崩班師夜中引軍山有二徑軍人迷而失路祉便斬隊副楊明達梟首路側爲中尉元昭所劾會赦免後加平北將軍未拜而卒贈安東將軍兗州刺史太常少卿元端博士劉臺龍議謚曰祉志存埋輪

不避強禦及贊戎律熊武斯裁仗節撫藩邊夷識德化沾殊類綏寬懷仁謹依謚法布德行剛曰景宜謚爲景侍中侯剛給事黃門侍郎元纂等駮曰臣聞唯名與器弗可妄假定謚準行必當其迹按祉志性急酷所在過威布德罕聞暴聲屢發而禮官虛述謚之爲景非直失於一人實毀朝則請還付外準行更量虛實靈太后令曰依駮更議元端臺龍上言竊惟謚者行之迹狀者迹之稱然尚書銓衡是司釐品庶物若狀與迹乖應抑而不受錄其實狀然後下寺依謚法準狀科上豈有捨其行迹外有所求去狀去稱將何所準檢祉以母老辭藩乃降手詔云卿綏撫有年聲

賁兼著安邊寧境實稱朝望及其沒也又加顯贈言祉誠著累朝劾彰出內作牧岷區宇萌之績驟聞詔冊褒美無替倫望然君子使人器之義無求備德有數德優劣不同剛而能剋亦爲德焉謹依謚法布德行剛曰景謂前議爲允司徒右長史張烈主簿李瑒刺稱按祉歷官累朝當官允稱委捍西南邊嵎靖邊準行易名獎誠攸在竊謂無虧體例尚書李韶又述奏以府寺爲允靈太后可其奏祉自當官不憚彊禦朝廷以爲剛斷時有檢覆每令出使然好慕刑名頗爲深文所經之處人號天狗下及出將臨州竝無恩潤兵人患其嚴虐子深

深字文泉早有風尚學涉經史兼長几案少與隴西李神儁同志相友自司空記室參軍再遷尚書駕部郎中于時沙汰郎官務精才實深以才堪見留在公明斷尚書僕射崔亮吏部尚書甄琛咸敬重之明帝行釋奠之禮講孝經深儕輩中獨蒙引聽時論美之正光末北地人車金雀等率羌胡反叛高平賊宿勤明達寇豳夏諸州北海王顥爲都督行臺討之以深爲行臺右丞軍司仍領郎中顥敗還京頃之遷尚書左丞蕭寶夤反攻圍華州王平薛鳳賢等作逆敕深兼給事黃門侍郎與大行臺僕射長孫承業共會潼關規模進止事平以功賜爵新泰男靈太后曾幸芒

山集僧尼齋會公卿盡在坐太后引見深欣然勞問之顧謂左右曰羊深眞忠臣也舉坐傾心莊帝踐阼除太府卿又爲二兗行臺深處分軍國損益隨機亦有時譽初尒朱榮殺害朝士深第七弟侃爲太山太守性麤武遂率鄉人外招梁寇深在彭城忽得侃書招深同逆深慨然流涕斬使人并書表聞莊帝乃下詔褒其忠烈令還朝受敕乃歸京師除名久之除金紫光祿大夫元顥入洛以深兼黃門侍郎顥平免官普泰初爲散騎常侍衞將軍右光祿大夫監起居注自天下多事東西二省官員委積節閔帝敕深與常侍盧道虔元晏元法壽選人補定自奉朝請以上各

有沙汰壽兼侍中節閔帝甚親待之時膠序廢替名敎陵遲深乃上疏請脩立國學廣延胄子帝善之孝武初除中書令永熙三年以深兼御史中尉東道軍司及帝入關深與樊子鵠不從齊神武起兵於兗州子鵠署深爲齊州刺史天平二年正月東魏軍討破之斬於陣深子肅武定末儀同開府東閣祭酒以學尚知名乾明初爲冀州中從事趙郡王叡爲巡省大使肅以遲緩不任職解朝議以肅無罪尋復之武平中入文林館撰書尋爲武德郡守祉弟靈引好法律李彪爲中丞以爲書侍御史固辭彪頗銜之及爲三公郎坐兄祉事知而不糾彪劾奏免官

甚爲尚書令高肇所昵京兆王愉與肇深相嫌忌及愉出鎮冀州肇與靈引爲愉長史以相閒伺靈引私恃肇勢每折於愉及愉作逆先斬靈引於門時論云非直愉自不臣抑亦由肇及靈引所致事平贈平東將軍兖州刺史謚曰威

子敦字元禮性尚閑素學涉書史以父死王事除給事中出爲本州別駕公平正直見非法終不判署後爲衛將軍廣平太守甚有能名姦吏跼蹐秋毫無犯雅性清儉屬歲饑家餽未至使人外尋陂澤採藕根食之遇有疾苦家人解衣質米以供之然政尚威嚴朝廷以其清白賜穀一千

斛絹一百匹卒官吏人奔哭莫不悲慟贈衛大將軍吏部尚書兖州刺史謚曰貞武定初齊神武以敦及中山太守蘇淑在官奉法清約自居宜見追襃乃上言請加旌録詔各賞帛一百匹粟五百斛下郡國咸使聞知靈引弟瑩字靈珍兖州別駕從事子烈

烈字信卿少通敏頗自脩立有成人風好讀書能言名理以玄學知名魏孝昌末烈從兄侶爲太山太守據郡起兵外叛烈潛知其謀深懼家禍與從兄廣平太守敦馳赴洛陽告難朝廷將加厚賞烈告人云譬如斬手全軀所存者大故尒豈有幸從兄之敗以爲已利乎卒無所受天保中累遷尚書祠部左右戶郎中在官咸爲稱職除陽平太守有能名時頻有災蝗犬牙不入陽平境敕書襃美焉遷光禄少卿兖州大中正天平初除義州刺史以老還鄉卒于家烈家傳素業閨門脩飭爲世所稱一門女不再醮魏太和中於兖州造一尼寺女寡居無子者並出家爲尼咸存戒行烈天統中與尚書畢義雲爭兖州大中正義雲盛稱門閥累世本州刺史卿世爲我家故吏烈云自畢軌被誅以還寂無人物近日刺史皆疆埸之上彼此而得何足爲言豈若我之漢河南尹晉朝太傅名德學行百世傳美且男清女貞足以相冠自外多可稱也蓋譏義雲之帷薄焉

烈弟脩有才幹卒於尚書左丞子玄正武平末將作丞隋開皇中戶部侍郎卒於隴西郡贊務

論曰薛安都一武夫耳雖輕於去就實啓東南事窘圖變而竟保寵禄優矣休賓窮而委質孝摽名重東南法壽拓落不羈克昌厥後景伯兄弟儒素良可稱乎衆敬舉地納誠榮曜朝國人位並列無乏於時羊祉剛酷之風得死爲幸深以才幹從事聲迹可稱敦烈持已所遵殆時彥也

列傳第二十七　北史三十九

方洽　周益　周之冕　陳莘　校正

列傳第二十八　　北史四十

韓麒麟

程駿

李彪 孫昶

高道悅

甄琛

高聰

韓麒麟昌黎棘城人自云漢大司馬增之後也父瑚秀容平原二郡太守麒麟幼而好學美姿容善騎射慕容監國為東曹主書文成即位賜爵漁陽男父亡在喪有禮後參

征南慕容白曜軍事進攻升城師人多傷及城潰白曜將坑之麒麟諫曰今方圖進趣宜示寬厚勍敵在前而便坑其衆恐三齊未易圖也白曜從之皆令復業齊人大悅後白曜表麒麟與房法壽對為冀州刺史白曜攻東陽麒麟上義租六十万斛并攻戰器械於是軍須無乏及白曜被誅麒麟停滯多年孝文時拜齊州刺史假魏昌侯在官寡於刑罰從事劉普慶說麒麟曰明公杖節方夏無所斬戮何以示威麒麟曰人不犯法何所戮乎若必須斬斷以立威名當以卿應之普慶慙懼而退麒麟以新附之人未階臺官士人沈抑乃表請守宰有闕宜推用豪望增置吏員廣延賢哲則華族蒙榮良才獲敘懷德安土庶或在茲朝議從之太和十一年京都大饑麒麟表陳時務曰古先哲王經國立政積儲九稔謂之太平故躬藉千畝以率百姓用能衣食滋茂禮教興行逮於中代亦崇斯業入粟者與斬敵同爵力田者與孝悌均賞寔百王之常軌為政之所先今京師人庶不田者多游食之口三分居二蓋一夫不耕或受其饑況於今者動以万計故頃年山東遭水而人有餧終今秋京都遇旱穀價踊貴寔由農人不勸素無儲積故也伏惟陛下天縱欽明道高三五上垂覆載之澤下有凍餒之人皆由有司不為其制長吏不恤其本自承平

日久豐穰積年競相矜夸遂成侈俗故令耕者日少田者日荒穀帛罄於府庫寶貨盈於市里衣食匱於室麗服溢於路饑寒之本寔在於斯愚謂凡珍玩之物皆宜禁斷吉凶之禮備為格式令貴賤有別人歸朴素制天下男女計口受田宰司四時巡行臺使歲一案檢勤相勸課嚴加賞罰數年之中必有盈贍雖遇凶災免於流亡矣往年校比戶貫租賦輕少臣所統齊州租粟纔可給俸略無入倉雖於人為利而不可長久脫有戎役或遭天災恐供給之方無所取濟請減絹布增益穀租年豐多積歲儉出振所謂私人之穀寄積於官官有宿積則人無荒年矣卒官遺敕

其子殯以素棺事從儉約麒麟立性恭慎恒置律令於坐
傍臨終之日唯有俸絹數十疋其清貧如此贈散騎常侍
燕郡公謚曰康長子興宗字茂先好學有文才位秘書中
散卒贈漁陽太守子子熙字元雍少自脩整頗有學識爲
清河王懌郎中令初子熙父以爵讓弟顯宗不受子熙成
父素懷卒亦不襲及顯宗卒子熙別蒙賜爵乃以先爵讓
弟仲穆兄弟友愛如此母亡居喪有禮子熙爲懌所眷遇
遂闕位待其畢喪後復引用及元乂害懌乂不得葬子熙
爲之憂悴屛居田野每言王若不得復封以禮遷葬誓以
終身不仕後靈太后反政以乂爲尚書令解其領軍子熙

與懌中大夫劉定興學官令傅靈檦賓客張子慎伏闕上
書理懌之冤極言元乂劉騰誣誷書奏靈太后義之乃引
子熙爲中書舍人後遂剖騰棺賜乂死尋脩國史建義初
兼黄門尋爲正子熙清白自守不交人事又少孤爲叔顯
宗所撫養及顯宗卒顯宗子伯華又幼子熙愛友等於同
生長猶共居車馬資財隨其費用未嘗見於言色又上書
求析階與伯華於是除伯華東太原太守及伯華在郡爲
刺史元弼所辱子熙乃泣訴朝廷明帝詔遣案檢弼遂大
見詰讓介朱榮之禽葛榮送至京師莊帝欲面數之子熙
以爲榮既元兇自知必死恐或不遜無宜見之介朱榮聞

而大怒請罪子熙莊帝怒而不責及邢杲起逆詔子熙慰
勞杲詐降子熙信之還至樂陵杲復反子熙還坐付廷尉
論以大辟恕死免官孝武初領著作以奉册勳封歷城縣
子天平初爲侍讀除國子祭酒子熙儉素安貧常好退靜
遷鄴之始百司並給兵刀時以祭酒閑務止給二人或有
令其陳請者子熙曰朝廷自不與祭酒兵何關韓子熙事
論者高之元象中加衞大將軍先是子熙與弟娉王氏爲
妻姑之女也生二子子熙尚未婚後遂與寡嫗李氏姦合
而生三子王李不穆迭相告言子熙因此慙恨遂以發疾卒
遺戒不求贈謚其子不能遵奉遂至干謁武定初贈驃騎

大將軍儀同三司幽州刺史興宗弟顯宗字茂親剛直能
面折廷諍亦有才學沙門法撫三齊稱其聰悟甞與顯宗
校試抄百餘人名各讀一徧隨即覆呼法撫猶有一二舛
謬顯宗了無誤錯法撫歎曰貧道生平以來唯服郎耳太
和初舉秀才對策甲科除著作佐郎後兼中書侍郎既定
遷都顯宗上書一曰竊聞輿駕今夏若不巡三齊當幸中
山竊以爲非計也何者當今徭役宜早息洛京宜速成省
費則徭役可簡并功則洛京易就願早還北京以省諸州
供帳之費則南州免雜徭之煩北都息分析之歎洛京可
以時就遷者僉介如歸二曰自古聖帝必以儉約爲美亂

主必以奢侈貽患仰惟先朝皆卑宮室而致力於經略故
能基宇開廣業祚隆泰今洛陽基趾魏明所營取譏前代
伏惟陛下損之又損之頃來北都富室競以第宅相尚今
因遷徙宜申禁約令貴賤有檢無得踰制端廣衢路通利
溝洫使寺署有別士庶異居永垂百世不刊之範三曰竊
聞輿駕還洛陽輕將數千騎臣甚爲陛下不取也夫千金
之子猶坐不垂堂況万乘之尊富有四海乎清道而行尚
恐銜橛之失況履涉山河而不加三思哉四曰竊惟陛下
耳聽法音目翫墳典口對百辟心慮萬機晷昃而食夜分
而寑加以孝思之至與時而深文章之業日成篇卷雖叡

北史列傳二十八　五

明所用未足爲煩然非所以嗇神養性熙無疆之祚莊周
有言形有待而智無崖以有待之形役無崖之智殆矣此
愚臣所不安也孝文頗納之顯宗又上言前代取士必先
正名故有賢良方正之稱今州郡貢察徒有秀孝之名而
無秀孝之實而朝廷但檢其門望不復彈坐如此則可令
別貢門望以敘士人何假冒秀孝之名也夫門望者是其
父祖之遺烈亦何益於皇家益於時者賢才而已苟有其
才雖屠釣奴虜之賤聖皇不恥以爲臣苟非其才雖三后
之胤自墜於皁隸矣議者或云今世等無奇才不若取士
於門此亦失矣豈可以世無周邵便廢宰相而不置哉但

當校其有寸長銖重者即先敘之則賢才無遺矣又曰夫
帝皇所以居尊以御下者威也兆庶所以從惡以從善者
法也是以有國有家必以刑法爲政生人之命於是而在
有罪必罰罰必當辜則雖捶撻薄刑而人莫敢犯有制
不行人得僥倖則雖參夷之誅不足以肅自太和以來未
多坐盜棄市而遠近肅清由此言之止姦在於防檢不在
嚴刑今州郡牧守邀當時之名行一切之法臺閣百官亦
咸以深酷爲無私以仁恕爲容盜迭相敦厲遂成風俗陛
下居九重之內視人如赤子百司分万務之要遇下如仇
讎是則堯舜止一人而桀紂以千百和氣不至蓋由於此

北史列傳二十八　六　虞真

宜敕示百官以惠元元之命又曰昔周王爲犬戎所逐東
遷河洛鎬京猶稱宗周以存本也光武雖曰中興寔自草
創西京尚置京尹亦不廢舊今陛下光隆先業遷宅中土
稽古復禮於斯爲盛按春秋之義有宗廟謂之都無謂之
邑此不刊之典也況北代宗廟在焉山陵託焉王業所基聖躬所
載其爲神鄉福地寔亦遠矣今便同之郡國臣竊不安愚謂代
京宜建畿置尹一如故事崇本重舊以光万葉又曰伏見洛京
之制居人以官位相從不依族類然官位非常有朝榮而
夕悴則衣冠淪於廝豎之邑臧獲顯於膏腴之里物之顛
倒或至於斯古之聖王必令四人異居者欲其業定而志

專業定則不僞志專則不淫故耳目所習不督而就父兄
之教不肅而成仰惟太祖道武皇帝創基撥亂日不暇給
然猶分別士庶不令雜居伎作屠沽各有攸處但不設科
禁賣買任情販貴易賤錯居渾雜假令一處彈箏吹笛緩
舞長歌一處嚴師苦訓誦詩講禮宣令童齔任意所從其
走赴舞堂者万數往就學館者無一此則伎作不可雜居
士人不宜異處之明驗也故孔父云里仁之美孟母弘三
徙之訓賢聖明誨若此之重今令伎作之家習士人風禮
則百年難成令士人兒童效伎作容態則一朝可得以士
人同處則禮教易興伎作雜居則風俗難改朝廷每選舉
人士則校其一婚一宦以爲升降何其密也至於伎作宦
塗得與膏粱華望接閈連甍何其略也今稽古建極光宅中
區凡所徙居皆是公地分別伎作在於一言有何爲疑而
闕盛美又曰自南僞相承竊有淮北欲擅中華之稱且以
招誘邊人故僑置中州郡縣自皇風南被仍而不改凡有
重名其數甚衆非所以疆域物土必也正名之謂也愚以
爲可依地理舊名一皆釐革小者并合大者分置及中州
郡縣昔以戶少并省今人口既多亦可復舊君人者以天
下爲家不得有所私也故倉庫儲貯以俟水旱之災供軍
國之用至於有功德者然後加賜爰及末代乃寵之所隆

賜賚無限自比以來亦爲太過在朝諸貴受祿不輕土木
被綺羅僕妾厭粱肉而復厚賚屢加動以千計若分賜鰥
寡贍濟實多如不悛革豈周急不繼富之謂也又曰諸宿
衛內直者宜令武官習弓矢文官諷書傳無令繕其蒲博
之具以成褻狎之容徒損朝儀無益事實如此之類一宜
禁止帝善之孝文曾謂顯宗及程靈虯曰著作之任國書
是司卿等之文朕自委悉中省之品卿等所聞若欲取況
古人班馬之徒固自遼闊若求之當世文學之能卿等應
推崔孝伯又謂顯宗曰校卿才能可居中第謂程靈虯曰
卿與顯宗復有差降可居下上顯宗曰臣才第短淺比於
崔光實爲隆渥然臣竊謂陛下貴古而賤今昔揚雄著太
玄經當時不免覆醬之譚二百年外則越諸子今臣所撰
雖未足光述帝載然萬祀之後仰觀祖宗巍巍之功上覩
陛下明明之德亦何謝欽明於唐典慎徽於虞書帝曰假
使朕無愧於虞舜卿復何如堯臣顯宗曰陛下齊蹤堯舜
公卿寧非二八之儔帝曰卿爲著作僅名奉職未是良史
也顯宗曰臣仰遭明時直筆無懼又不受金安眠美食此
優於遷固也帝哂之後與員外郎崔逸等參定朝儀帝曾
詔諸官曰近代已來高卑出身恒有常分朕意所爲可復
以爲不可宜校量之李沖曰未審上古已來置官列位爲

欲爲膏粱兒第爲欲益政贊時帝曰俱然爲人沖曰若欲爲人陛下今日何爲專崇門品不有拔才之詔帝曰苟有殊人之技不患不知然君子之門假使無當世之用者要自德行純篤朕是以用之沖曰傳巖呂望豈可以門見舉帝曰如此濟世者希曠代有一兩耳沖謂諸卿士曰適欲請救諸賢秘書令李彪曰師旅寡少未足爲援意有所懷敢不盡言於聖日陛下若專以地望不審魯之三卿孰若四科帝曰猶如向解顯宗進曰陛下光宅洛邑百禮惟新國之興否指此一選且以國事論之不審中秘監令之子必爲秘書郎頃來爲監令者子皆可爲不帝曰卿何不論

當世膏腴爲監令者顯宗曰陛下以物不可類不應以貴承貴以賤襲賤帝曰若有高明卓爾才具雋出者朕亦不拘此例後爲本州中正二十一年車駕南征以顯宗爲右軍府長史統軍次赭陽齊戍主成公期遣其軍主胡松高法援等并引蠻賊來擊軍營顯宗拒戰斬法援首顯宗至新野帝曰何不作露布也顯宗曰臣頃見鎮南將軍王肅獲賊二三驢馬數匹皆爲露布臣在東觀私每哂之近雖仰憑威靈得摧醜虜兵寡力弱禽斬不多脫復高曳長縑虛張功捷尤而効之其罪彌甚所以斂毫卷帛解上而已帝笑曰如此勳誠合茅社須赭陽平定檢審相酬新野

平以顯宗爲鎮南廣陽王嘉諮議參軍顯宗上表頗自矜伐訴前征勳詔曰顯宗進退無檢虧我清風付尚書推列以聞兼尚書張彝奏免顯宗官詔以白衣守諮議展其後効顯宗既失意遇信向洛乃爲五言詩贈御史中尉李彪以申憤結二十三年卒顯宗撰馮氏燕志孝友傳各十卷景明初追赭陽勳賜爵章武男子伯華襲

程駿字驎駒本廣平曲安人也六世祖良晉都水使者坐事流涼州祖父肇呂光人部尚書駿少孤貧居喪以孝稱師事劉延明性機敏好學晝夜無倦延明謂門人曰舉一隅而以三隅反者此子亞之也駿白延明曰今名教之儒

咸謂老莊其言虛誕不切實要不可以經世駿爲不然夫老子著抱一之言莊生申性本之旨若斯者可謂至順矣人若乖一則煩僞生爽性則沖眞喪延明曰卿年尚幼言若老成美哉由是聲譽益播沮渠牧犍擢爲東宮侍講太延五年涼州平遷于京師爲司徒崔浩所知文成踐阼爲著作郎皇興中除高密太守尚書李敷奏駿實史才方申直筆請留之書奏從之獻文屢引駿與論易老義顧謂羣臣曰朕與此人言意甚開暢問駿年對曰六十一帝曰昔太公老而遭文王卿今遇朕豈非早也駿曰臣雖才謝呂望陛下尊過西伯覬天假餘年竭六韜之効延興末高麗

王璉求納女於掖庭假駿散騎常侍賜爵安豐男持節如
高麗迎女駿至平壤城或勸璉曰魏昔與燕婚旣而伐之
由行人具其夷嶮故也今若送女恐不異於馮氏璉遂謬
言女喪駿與璉往復經年責璉以義方璉不勝其忿遂斷
駿從者酒食欲逼辱之憚而不敢害會獻文崩乃還拜祕
書令初遷神主于太廟有司奏舊事廟中執事官例皆賜
爵今宜依舊詔百寮評議羣臣咸以爲宜依舊事駿獨以
爲不可表曰臣聞名器爲帝王所貴山河爲區夏之重是
以漢祖有約非功不侯未見預事於宗廟而獲賞於疆土
雖復帝王制作弗相沿襲然一時恩澤豈足爲長世之軌

乎書奏從之文明太后謂羣臣曰言事固當正直而準古
典安可依附暫時舊事乎賜駿衣一襲帛二百匹又詔曰
駿歷官清愼言事每愜門無挾貨之賓室有懷道之士可
賜帛六百匹旌其儉德駿悉散之親舊性介直不競時榮
太和九年正月病篤遺命曰吾存尚儉薄豈可沒爲奢厚
哉昔王孫裸葬有感而然士安籧篨頗亦矯厲可斂以時
服明器從古初駿病甚孝文文明太后遣使者更問其疾
敕侍御師徐謇診視賜以湯藥臨終詔以小子公稱爲中
散從子靈虯爲著作佐郎及卒孝文文明太后傷惜之賜
東園祕器朝服一稱帛三百匹贈兗州刺史曲安侯謚曰

憲所作文章自有集錄
李彪字道固頓丘衛國人也孝文賜名焉家寒微少孤貧
有大志好學不倦初受業於長樂監伯陽伯陽稱美之晚
與漁陽高悅北平陽尼等將隱名山不果而罷悅兄閭博
學高才家富典籍彪遂於悅家手抄口誦不暇寢食旣而
還鄉里平原王陸叡年將弱冠雅有志業娶東徐州刺史
博陵崔鑒女路由冀相聞彪名而詣之脩師友之禮稱之
州郡遂舉孝廉至京師館而受業焉高閭稱之朝貴李沖
禮之甚厚彪深宗附之孝文初爲中書敎學博士後假散
騎常侍衛國子使於齊遷祕書丞參著作事自成帝已來

至於太和崔浩高允著述國書編年序錄爲春秋體遺落
時事彪與祕書令高祐始奏從遷固體創爲記傳表志之
目焉彪又表上封事七條曰古先哲王之爲制也自天子
以至公卿下及抱關擊柝其宮室車服各有差品小不得
僭大賤不得踰貴夫然故上下序而人志定今時浮華相
競情無常守大爲消功之物巨制費力之事豈不謬哉夫
消功者錦繡彫文是也費力者廣宅高宇壯制麗飾是也
其妨男業害女工者可勝言哉漢文時賈誼上疏云今之
王政可爲長太息者六此卽是其一也夫上之所好下必
從之故越王好勇而士多輕死楚王好瘠而國有飢人今

二聖躬行儉素詔令殷勤而百姓之奢猶未革者豈楚越
之人易變如彼大魏之士難化如此此蓋朝制不宣人未
見德使之然耳臣愚以爲第宅車服自百官以下至於庶
人宜爲其等制使貴不逼賤卑不僭高不可以稱其侈意
用違經典其二曰易稱主器者莫若長子傳曰太子奉冢
嫡之粢盛然則祭無主則宗廟無所饗冢嫡廢則神器無
所傳聖賢知其如此故垂誥以爲長世之法昔姬王得斯
道也故恢崇儒術以訓世嫡世嫡於是乎習成懿德用大
協於黎蒸是以世統黎元載祀八百逮嬴氏之君於秦也
弗以義方教厥冢子冢子於是習成凶德肆虐以臨黔首

是以饗年不永二世而亡亡之與興道在於師傅故禮云
冢子生因舉以禮使士負之有司齊肅端冕見于南郊明
冢嫡之重見乎天也過闕則下過廟則趨明孝敬之道也
然古之太子自爲赤子而教固以行矣此則遠世之鏡也
高宗文成皇帝慨少時師不勤教嘗謂羣臣曰朕始學之
日年尚幼沖情未能專既臨萬機不遑溫習今而思之豈
非唯予之咎抑亦師傅之不勤尚書李訢免冠而謝此則
近日之可鑒也伏惟太皇太后翼贊高宗訓成顯祖使巍
巍之功邈乎前王陛下幼蒙鞠誨聖敬日躋及儲宮誕育
復親撫誥日省月課實勞神慮今誠宜準古立師傅以詔

導太子詔導正則太子正太子正則皇家慶皇家慶則人
事幸甚矣其三曰記云國無三年之儲謂國非其國光武
以一畝不實罪及牧守聖人之憂世重穀殷勤如彼明君
之恤人勸農相切若此頃年山東饑去歲京師儉內外人
庶出入就豐既廢營產疲困乃加又於國體實有虛損若
先多積穀安而給之豈有驅督老弱餬口千里之外以今
況古誠可懼也臣以爲宜析州郡常調九分之二京都度
支歲用之餘各立官司年豐糴積於倉時儉則加私之二
糶之於人如此人必事田以買官絹又務貯財以取官粟
年登則常積歲凶則直給又別立農官取州郡戶十分之

一以爲屯人相水陸之宜料頃畝之數以贓贖雜物餘財
市牛科給令其肆力一夫之田歲責六十斛甄其正課并
征戍雜役行此二事數年之中則穀積而人足雖災不害
臣又聞前代明王皆務懷遠人禮賢引滯故漢高過趙求
樂毅之胄晉武廓定旌吳蜀之彥臣謂宜於河表七州人
中擢其門才引令赴闕依中州官比隨能序之一可以廣
聖朝均新舊之義二可以懷江漢歸有道之情其四曰漢
制舊斷獄報重盡季冬至孝章時改盡十月以育三微後
歲旱論者以不十月斷獄陰氣微陽氣泄以故致旱事下公
卿尚書陳寵曰冬至陽氣始萌故十一月有射干芸荔之

應周以為春十二月陽氣上通雉雊雞乳殷以為春十三
月陽氣已至蟄蟲皆震夏以為春三微成著以通三統三
統之月斷獄流血是不稽天意也章帝善其言卒以十月
斷今京都及四方斷獄報重常竟季冬不推三正以育三
微寬宥之情每過於昔遵之典憲猶或闕然今宜所謂助
陽發生垂奉微之仁也誠宜遠稽周典近採漢制天下斷
獄起自初秋盡於孟冬不於三統之春行斬絞之刑如此
則道協幽顯仁垂後昆矣其五曰古者大臣有坐不廉而
廢者不謂之不廉乃曰簠簋不飾此君之所以禮貴臣不
明言其過也臣有大譴則白冠氂纓盤水加劍造室而請

死此臣之所以知罪而不敢逃刑也聖朝賓遇大臣禮崇
古典自太和降有負罪當陷大辟者多得歸第自盡遣之
日深垂隱愍言發悽淚百官莫不見四海莫不聞誠足以
感將死之心慰戚屬之情然恩發於衷未著永制此愚臣
所以敢陳末見昔漢文時人有告丞相勃謀反者逮繫長
安獄頓辱之與皁隸同賈誼乃上書極陳君臣之義不宜
如是夫貴臣者天子為其改容而體貌之吏人為其俯伏
而敬貴之其有罪過廢之可也賜之死可也若束縛之輸
之司寇榜笞之小吏詈罵之殆非所以令眾庶見也及將
刑也臣則北面再拜跪而自裁天子曰子大夫自有過耳

吾遇子有禮矣上不使人抑而刑之也孝文深納其言是
後大臣有罪皆自殺不受刑至孝武時稍復下獄良由孝
文行之當時不為永制故耳今天下有道庶人不議之時
安可陳瞽言於朝且恐万世之後繼體之主有若漢武之
事焉得行恩當時不著長世之制乎其六曰孝經稱父子
之道天性蓋明一體而同氣可共而不可離者也及其有
罪不相及者乃君上之厚恩也而無情之人父兄繫獄子
弟無慘惕之容子弟即刑父兄無愧恧之色宴安榮位游
從自若車馬仍華衣冠猶飾寧是同體共氣分憂均戚之
理也臣愚以為父兄有犯宜令子弟素服肉袒詣闕請罪

子弟有坐宜令父兄露板引咎乞解所司若職任必要不
宜許者慰勉留之如此足以敦厲凡薄使人知有所恥矣
其七曰禮云臣有大喪君三年不呼其門此聖人緣情制
禮以終孝子之情也周季陵夷喪禮稍亡是以要絰即戎
素冠作刺逮乎虐秦殆皆泯矣漢初軍旅屢興未能遵古
至宣帝時人當從軍屯者遭大父母父母死未滿三月皆
弗傜役其朝臣喪制未有定聞至後漢元初中大臣有重
憂始得去官終服暨魏武孫劉之世日尋干戈前世禮制
復廢不行晉時鴻臚鄭默喪親固請終服武帝感其孝誠
遂著令以為常聖魏之初撥亂反正未遑建終喪之制今

四方無虞百姓安逸誠是孝慈道洽禮教興行之日也然愚臣所懷竊有未盡伏見朝臣丁大憂者假滿赴職衣錦乘軒從郊廟之祀鳴玉垂緌同節慶之醼傷人子之道虧天地之經愚謂如有遭父母喪者皆得終服若無其人有曠官者則優旨慰喻起令視事但綜理所司出納敷奏而已國之吉慶一令無預其軍戎之警墨縗從役雖愆於禮事所宜行也帝覽而善之尋皆施行彪稍見禮遇詔曰彪雖宿非清第代闕華資然識性嚴聰學博墳籍剛辯之才頗堪時用兼優吏職載宣朝美若不賞庸敘績將何以勸獎勤能特遷祕書令以參議律令之勤賜帛五百匹馬一

匹牛二頭其年加員外散騎常侍使於齊齊遣其主客郎劉繪接對并設讌樂彪辭樂及坐彪曰向辭樂者卿或未相體我皇孝性自天追慕罔極故有今者喪除之議去三月晦朝臣始除縗裳猶以素服從事裴謝在此固應具此今辭樂想卿無怪繪荅言請問魏朝喪禮竟何所依彪曰高宗三年孝文踰月今聖上追鞠育之深恩感慈訓之厚德報於殷漢之間可謂得禮之變繪復問若欲遵古何不終三年彪曰万機不可久曠故割至慕俯從羣議服變不異三年而限同一朞可謂失禮繪言汰哉叔氏專以禮許人彪曰聖朝自爲曠代之制何關許人繪言百官總已聽

於冢宰万機何慮於曠彪曰五帝之臣臣不若君故君親攬其事三王君臣智等故共理機務主上親攬蓋遠軌軒唐彪將還齊主親謂彪曰卿前使還日賦阮詩云但願長閑暇後歲復來游果如今日卿此還也復有來理否彪荅請重賦阮詩曰宴衍清都中一去永矣哉齊主惘然曰清都可介一去何事觀卿此言似成長闊朕當以殊禮相送遂親至琅邪城登山臨水命羣臣賦詩以送別其見重如此彪前後六度銜命南人奇其謇諤後爲御史中尉領著作郎彪既爲孝文所寵性又剛直遂多劾糾遠近畏之豪右屏氣帝常呼爲李生從容謂羣臣曰吾之有李生猶漢

之有汲黯後除散騎常侍領御史中尉解著作事帝宴羣臣於流化池謂僕射李沖曰崔光之博李彪之直是我國得賢之基車駕南伐彪兼度支尚書與僕射李沖任城王澄等參理留臺事彪素性剛豪與沖等意議乖異遂形於聲色殊無降下之心沖積其前後罪過乃於尚書省禁止彪上表曰案臣彪昔於凡品特以才拔等望清華司文東觀綢繆恩眷繩直憲臺加金璫右珥蟬冕東省宜感恩厲節忠以報德而竊名忝職身爲違傲矜勢高亢公行僭逸坐輿禁省冒取官材輒駕乘黃無所憚懼肆志傲然愚聾視聽此而可忍誰不可懷臣今請以見事免彪所居職付

廷尉獄沖又表曰臣與彪相識以來垂三十載彪始南使之時見其色厲辭辯臣之愚識謂是拔萃之一人及彪官位升達參與言宴聞彪平章古今商略人物興言於侍筵之次啓論於衆英之中賞忠識正發言懇惻惟直是語辭無隱避臣雖下愚輒亦欽其正直及其始居司直執志徑行其所彈劾應弦而倒赫赫之威振於下國肅肅之稱著自京師天下改目貪暴斂手然時有私於臣云其威暴者臣以直繩之官人所忌疾風謗之際易生音謠心不承信往年以河陽事曾與彪在領軍府共太尉司空及領軍諸卿等集閱廷尉所閲囚徒時有人訴枉者二公及臣少欲聽採諸理未盡彪便振怒東坐攘袂揮赫口稱賊奴叱吒左右高聲大呼曰南臺中取我木手去搭奴肋折雖有此言終竟不取即言南臺所問唯恐枉活終無枉死時諸人以所枉至重有首實者多又心難彪遂各嘿爾因緣此事臣遂心疑有濫知其威虐猶謂益多損少故不以申徹實失爲臣知無不聞之義及去年大駕南行以來彪兼尚書日夕共事始乃知其言與行舛是己非人專恣無忌尊身忽物臣與任城卑躬曲己其所欲者無不屈從依事求實悉有成驗如臣列得實宜殛投彪於有北以除姦矯之亂政如臣列無證宜放臣於四裔以息青蠅之白黑帝在懸瓠覽

表歎愕曰何意留京如此也有司處彪大辟帝恕之除名而已彪尋歸本鄉帝北幸鄴彪野服稱草茅臣拜迎鄴南帝曰朕以卿爲已死彪對曰子在回何敢死帝悅因謂曰朕期卿每以貞松爲志歲寒爲心卿應報國盡心爲用近見彈文殊乖所以卿罹此譴爲朕與卿爲宰事爲卿自取彪曰臣愆由己至罪自身招實非陛下橫與臣罪又非宰事無辜濫臣臣罪既如此宜伏東皐之下不應遠黜屬車之清塵但伏承聖躬不豫臣肝膽塗地是以敢至非謝罪而來帝曰朕欲用卿憶李僕射不得帝辭納宋弁之言將復採用會留臺表至言彪與御史賈尚往窮庶人恂事理有誣抑奏請收彪彪自言事枉帝明彪無此遣左右慰勉之聽以牛車散載送之洛陽會赦得免宣武踐阼彪自託於王肅又與郭祚崔光劉芳甄琛邢巒等詩書往來迭相稱重因論求復舊職脩史官之事肅等許爲左右彪乃表曰惟我皇魏之奄有中華也歲越百齡年幾十紀史官敘錄未充其盛加以東觀中圮冊勳有闕美隨日落善因月稀故諺曰一日不書百事荒蕪至于太和之十一年先帝先后召名儒博達之士以充麟閣之選于時忘臣衆短采臣片志令臣出納授臣丞職猥屬斯事無所與讓高祖時詔臣曰平尒雅志正尒筆端書而不法後世何觀臣奉以

周旋不敢失隊伏惟孝文皇帝承天地之寶崇祖宗之業景功未就奄焉崩殂凡百黎萌若無天地賴遇陛下體明叡之真應保合之量恢大明以燭物履靜恭以和邦天清其氣地樂其靜可謂重明疊聖元首康哉記曰善迹者欲人繼其行善歌者欲人繼其聲故傳曰文王基之周公成之然先皇之茂勳聖達今王之懿美洞鑒準之前代其德靡悔也時哉時哉可不光昭哉合德二儀者先皇之陶鈞也齊明日月者先皇之洞照也慮周四時者先皇之茂功也合契鬼神者先皇之玄燭也遷都改邑者先皇之達也變是協和者先皇之鑒也思同書軌者先皇之遠也守在四

夷者先皇之略也海外有截者先皇之威也禮由岐陽者先皇之義也張樂岱郊者先皇之仁也鑾幸幽漠者先皇之智也變伐南荊者先皇之禮也升中告成者先皇之肅也親虔宗社者先皇之敬也裒實無闕者先皇之德也開物成務者先皇之貞也觀乎人文者先皇之蘊也革弊創新者先皇之志也孝慈道洽者先皇之衷也先皇有大功二十加以謙尊而光為而弗有者可謂四三皇而六五帝矣誠宜功書於竹素聲播於金石臣竊謂史官之達者大則與日月齊其明小則與四時並其茂故能聲流無窮義昭來裔是以金石可滅而風流不泯者其唯載籍乎諺曰

相門有相將門有將斯不唯其性蓋言習之所得也竊謂天文之官太史之職如有其人宜其世矣是以談遷世事而功立彪固世事而名成此乃前鑒之軌轍後鏡之著龜也然前代史官之不終業者皆陵遲之世不能容善是以平子去史而成賦伯喈違閣而就志近僭晉之世有佐郎王隱為著作虞預所毀亡官在家晝則樵薪供爨夜則觀文屬綴集成晉書存一代之事司馬紹敕尚書唯給筆札而已國之大籍成於私家末世之弊乃至如此此史官之不遇時也今大魏之史職則身貴祿則親榮優哉游哉式穀令尔休矣而典謨弗恢者其有以也而故著作漁陽傅

毗北平陽尼河間邢產廣平宋弁昌黎韓顯宗並以文才見舉注述是同並登年不永弗終茂績前著作程靈虯同時應舉共掌此務今從他職官非所司唯著作崔光一人雖不移任然侍官兩兼故載述致闕臣聞載籍之興由於大業雅頌垂薦起於德美昔史談誡其子遷曰當世有美而不書汝之罪也是以久而見美孔明在蜀不以史官留意是以久而受譏書稱無曠庶官詩有職思其憂臣雖今非所司然昔忝斯任故不以草茅自疏敢言及於此語曰患為之者不必知知之者不得為臣誠不知強欲為知耳竊尋先朝賜臣名彪者遠則擬漢史之叔皮近則準晉史

之紹統推名求義欲罷不能今求都下乞一静處綜理國
籍以終前志官給事力以充所須雖不能光啓大録庶不
為飽食終日耳近則朞月可就遠則三年有成正本藴之
麟閣副貳藏之名山時司空北海王詳尚書令王肅許之
肅以其無禄頻相賑餉遂在祕書省同王隱故事白衣脩
史宣武親政崔光表曰臣昔為彪所致與之同業積年其
志力貞強考述無倦頃來契闊多所廢離近蒙收起還綜
厥事老而彌厲史才日新若克復舊職專功不殆必能昭
明春秋闡成皇籍既先帝厚委宿歷高班纖負微愆應從
滌洗愚謂宜申以常伯正綰著作宣武不許詔彪兼通直

散騎常侍行汾州事非彪好也固請不行卒於洛陽始彪
為中尉號為嚴酷以姦款難得乃為木手擊其脅腋氣絶
而復屬者時有焉又尉喻汾州叛胡得其兇渠皆鞭面殺
之及彪病體上往往創潰痛毒備極贈汾州刺史謚曰剛
憲彪在祕書歲餘史業竟未及就然區分書體皆彪之功
述春秋三傳合成十卷其餘著詩頌賦誄章表別有集彪
雖與宋弁結管鮑交弁為大中正與孝文私議猶以寒地
處之殊不欲微相優假彪亦知之不以為恨弁卒彪痛之
無已為之哀誄備盡辛酸郭祚為吏部彪為子志求官祚仍
以舊第處之彪以位經常伯又兼尚書謂祚應以貴游拔

之深用忿怨形於言色時論以此非祚祚每曰爾與義和
至友豈能饒爾而怨我乎任城王澄與彪先亦不穆及為
雍州彪詣澄爲志求其府寮澄釋然爲啓得爲列曹行參
軍時稱澄之美志字鴻道博學有才幹年十餘便能屬文
彪奇之謂崔鴻曰子宜與鴻道爲二鴻於洛陽鴻遂與交
款往來彪有女幼而聰令彪每奇之教之書學讀誦經傳
嘗竊謂所親曰此當興我家卿曹容得其力彪亡後宣武
聞其名召爲婕妤在宮常教帝妹書誦授經史始彪奇志
及婕妤特加器愛公私坐集必自稱詠由是孝文所貴及
彪亡後婕妤果入掖廷後宮咸師宗之宣武崩後爲比丘

尼通習經義法講說諸僧歎重之志歷官所在著績桓叔
興外叛南荊荒毀領軍元叉舉其才任撫導擢爲南荊州
刺史建義初叛入梁志弟游有才行隨兄志在南荊州屬
介朱之亂與志俱奔江左子昶
昶小名那性峻急不雜交游幼年已解屬文有聲洛下時
洛陽初置明堂昶年十數歲爲明堂賦雖優洽未足才制
可觀見者咸曰有家風也初謁周文周文深奇之厚加資
給令入太學周文每見學生必問才行於昶昶神情清悟
應對明辯周文每稱歎之綏德公陸通盛選僚寀請以昶
爲司馬周文許之昶雖年少通特加接待公私之事咸取

決爲又兼二千石郎中典儀注累遷都官郎中相州大中
正昶雖處郎官周文帖欲以書記委之於是以爲丞相府
記室參軍著作郎修國史轉大行臺郎中中書侍郎又轉
黃門侍郎封臨黃縣伯嘗謂曰卿祖昔在中朝爲御史中
尉卿操尚貞固理應不墜家風但孤以中尉彈劾之官愛
憎所在故未即授卿耳然此職久曠無以易卿乃奏昶爲
御史中尉賜姓宇文氏六官建拜內史下大夫進爵爲侯
明帝初行御伯中大夫武成元年除中外府司錄保定初
進驃騎大將軍開府儀同三司轉御正中大夫時以近侍
清要盛選國華乃以昶及安昌公元則中都公陸逞臨淄

公唐瑾等竝爲納言尋進爵爲公五年出爲昌州刺史在
州遇疾求入朝詔許之未至京卒贈相瀛二州刺史昶周
文世已當樞要兵馬處分事以委之詔冊文筆皆昶所作
也及晉公護執政委任如舊昶常曰文章之事不足流於
後世經邦致化庶及古人故所作文筆了無稾草唯留心
政事而已又以父在江南身寓關右自少及終不飲酒聽
樂時論以此稱焉子丹嗣

高道悅字文欣遼東新昌人也曾祖策馮跋散騎常侍新
昌侯祖育馮弘建德令太武東討率部歸命授建忠將軍
齊郡建德二郡太守賜爵肥如子父玄起武邑太守遂居
勃海蓨縣道悅少爲中書學生侍御主文中散後爲諫議
大夫正色當官不憚強禦車駕南征徵兵秦雍大期秋季
閱集洛陽道悅以使者書侍御史薛聰侍御史主文中散
元志等稽違期會奏舉其罪又奏兼左僕射吏部尚書任
城王澄位總朝右任屬戎機兵使會否曾不檢奏尚書左
丞公孫良職緫樞轄蒙冒莫舉請以見事免澄良等所居
官時道悅兄觀爲外兵郎中澄奏道悅有黨兄之負孝文
詔責然以事經恩宥遂寢而不論詔曰道悅資性忠篤稟
操貞亮居法樹平肅之規處諫著必犯之節王公憚其風
鯁朕寔嘉其一至謇諤之誠何愧黯鮑也其以爲主爵下

大夫諫議如故車駕幸鄴又兼御史中尉留守洛京時宮
闕初基廟庫未構車駕將水路幸鄴已詔都水回營構之
材以造舟檝道悅表諫以爲闕居宇之功作游嬉之用損
耗殊倍又深薄之危古今共慎於是帝遂從陸路轉道悅
太子中庶子正色立朝儼然難犯宮官上下咸畏憚之太
和二十年秋車駕幸中岳詔太子恂入居金墉而恂潛謀
還代忿道悅前後規諫遂於禁中殺之帝甚加悲惜贈散
騎常侍營州刺史并遣王人慰其妻子又詔使者監護喪
事葬于舊塋謚曰貞侯宣武又追錄忠槩拜長子顯族給
事中顯族亦以忠厚見稱卒於右軍將軍顯族弟敬猷有

風度蕭寶夤西征引為驃騎司馬及寶夤謀逆敬猷與行臺郎中封偉伯等潛圖義舉謀洩見殺贈滄州刺史聽一子出身道悅長兄嵩字崐崘魏郡太守嵩弟雙清河太守坐贓貨將刑於市遇赦免時北海王詳為錄尚書事雙多納金寶除司空長史後為涼州刺史專肆貪暴以罪免後貨高肇復起為幽州刺史以貪穢被劾罪未判遇赦復任未幾而卒雙弟觀尚書左外兵郎中城陽王鸞為司馬南征赭陽先驅而歿謚曰閔

甄琛字思伯中山毋極人漢太保邯之後也父凝州主簿琛少敏悟閨門之内兄弟戲狎不以禮法自居學覽經史

稱有刀筆而形貌短陋鮮風儀舉秀才入都積歲頗以奕棊棄日至乃通夜不止手下蒼頭常令執燭或時睡頓大加其杖如此非一奴後不勝楚痛乃曰郎君辭父母仕宦若為讀書執燭不敢辭罪乃以圍棊日夜不息豈是向京之意而賜加杖罰不亦非理琛悵然慚感遂從許赤彪假書研習聞見日優太和初拜中書博士遷諫議大夫時有所陳亦為孝文知賞宣武踐阼以琛為中散大夫兼御史中尉琛表曰月令稱山林藪澤有能取蔬食禽獸者皆野虞教導之其迭相侵奪者罪之無赦此明導人而弗禁通有無以相濟也周禮雖有川澤之禁正所以防其殘盡必令取之有時斯所謂鄣護在公更所以為人守之耳今者天為黔首生鹽國為黔首鄣護假獲其利猶是富專口斷不及四體也且天下夫婦歲貢粟帛四海之有備奉一人軍國之資取給百姓天子亦何患乎貧而苟禁一池臣每觀上古愛人之迹時讀中葉驟稅之書未嘗不歎彼遠大惜此近狹今偽弊相承仍崇關廛之稅大魏宏博唯受穀帛之輸是使遠方聞者莫不歌德謡稱出内之吝有司之福施惠之難人君之禍夫以府藏之物猶以不施而為災況府外之利而可吝之於黔首願弛鹽禁使沛然遠及依周禮置川衡之法使之監導而已詔付八坐議可否以聞彭

城王勰兼尚書邢巒等奏琛之所列但恐坐談則理高行之則事闕是用遲回未謂為可竊惟大道既往恩惠生焉下奉上施卑高理睦恒恐財不賙國澤不孚人故多方以達其情立法以行其志至乃取貨山澤輕在人之貢立稅關市裨十一之儲收此與彼非利已也回彼就此非為身也所集天地之產惠天地之人藉造物之富賑造物之貧禁此鹽池不專大官之御斂此匹帛豈為後宮之資既潤不在己彼我理一積而散之將為所吝然自行以來典司多怠出入之間事不如法此乃用之者無方非興之者有謬至使朝廷識者聽營其間今而罷之懼失前旨宜依前式

詔曰司鹽之稅乃自古通典然興制利人亦世或不同甄琛之表寔所謂助政毗俗者也可從其前計尚書嚴爲禁豪強之制也詔琛參八坐議事尋正中尉遷侍中領中尉琛俛眉畏避不能繩糾貴游凡所劾者率多下吏於時趙脩寵貴琛傾身事之琛父凝爲中散大夫弟僧林爲本州別駕皆託脩申達至脩姦詐事露明當收考今日乃舉其罪及監決脩鞭猶相隱惻然告人曰趙脩小人背如土牛殊耐鞭杖有識以此非之脩死之明日琛與黃門郎李憑以朋黨被召詣尚書兼尚書元英邢巒窮其阿附之狀琛冒拜官諸賓悉集巒乃晚至琛謂巒何處放蛆來今晚始顧

雖以言戲巒變色銜忿及此大相推窮司徒錄尚書事北海王詳等奏曰謹案侍中領御史中尉甄琛身居直法糾擿是司風邪響黷猶宜劾糾況趙脩倖公害私朝野切齒而琛嘗不陳奏方更往來中外影響致其談譽令布衣之父超登正四之官七品之弟越陟三階之祿虧先皇之選典塵聖明之官人又與黃門郎李憑相爲表裏憑兄叨封知而不言及脩釁彰方加彈奏生則附其形勢死則就地排之竊天之功以爲己力仰欺朝廷俯罔百司其爲鄙詐於茲甚矣謹依律科從請以職除其父中散寔爲叨越雖皇族帝孫未有此例既得不以倫請下收奪李憑朋附趙

脩是親是仗緇點皇風塵鄙正化此而不糾將何以肅整阿諛獎厲忠槩請免所居官以肅風軌奏可琛遂免歸本郡左右相連死黜者二十餘人始以父母老常求解官扶侍故孝文授以本州長史及貴達不復請歸至是乃還供養數年遭母憂母鉅鹿曹氏有孝性夫氏去家路踰百里每得魚肉菜果珍美口實者必令僮僕走奉其母乃後食焉琛母服未闋復喪父琛於塋兆內手種松柏隆冬負擔水土鄉老哀之咸助加力十餘年中墳成木茂與弟僧林誓以同居沒齒專事產業躬親農圃時以鷹犬馳逐自娛朝廷有大事猶上表陳情久之復除散騎常侍領給事黃

門侍郎定州大中正大見親寵委以門下庶事出參尚書入廁帷幄孝文時琛兼主客郎迎送齊使彭城劉纘琛欽其器貌常歎詠之纘子昕爲朐山戍主昕死家屬入洛有女年未二十琛乃納昕女爲妻婚日詔給廚費琛所好悅宣武時調戲之遷河南尹黃門中正如故琛表曰國家居代患多盜竊世祖太武皇帝親自發憤廣置主司里宰皆以下代令長及五等散男有經略者乃得爲之又多置吏士爲其羽翼崇而重之始得禁止今遷都已來天下轉廣四遠赴會事過代都寇盜公行劫害不絕此由諸坊混雜釐比不精主司闇弱不堪檢察故也今擇尹既非南金里尉

鉛刀而割欲望清肅都邑不可得也里正乃流外四品職
輕任碎多是下才人懷苟且不能督察故使盜得容姦百
賦失理邊外小縣所領不過百戶而令長皆以將軍居之
京邑諸坊大者或千戶五百戶其中皆王公卿尹貴勢姻
戚豪猾僕隷蔭養姦徒高門邃宇不可干問比之邊縣難
易不同今難彼易此寔爲未愜王者立法隨時從宜先朝
立品不必即定施而觀之不便則改今閑官靜任猶聽長
兼況煩劇要務不得簡能下領請取武官中八品將軍以
下幹用貞濟者以本官俸恤領里尉之任各食其祿高者
領六部尉中者領經途尉下者領里正不亦請少高里尉
之品選下品中應遷者進而爲之則督責有所輦轂可清
詔曰里正可進至勳品經途從九品六部尉正九品諸職
中簡取何必須武人也琛又奏以羽林爲游軍於諸坊巷
司察盜賊於是京邑清靜後皆踵爲轉太子少保黃門如
故及高肇死琛以黨不宜復參朝政出爲營州刺史還涼
州刺史猶以高氏之昵不欲處之於内久之爲吏部尚書
未幾除定州刺史固辭曰陛下在東宮崔光爲少傅臣爲
少保今光爲車騎大將軍儀同三司開國公故僕射游肇
時爲侍中與臣官階相似肇在省爲僕射死贈車騎將軍
儀同三司冀州刺史臣今適爲征北將軍定州刺史生師

保不如死游肇詔書慰遣之琛既至鄉衣錦晝游大爲稱
滿政體嚴細甚無聲譽崔光辭司徒之授也琛與光書外相
抑揚内實附會光亦揣其意復書以悅之徵爲車騎將軍
特進又拜侍中以其衰老詔賜御府杖朝直杖以出入卒
詔給東園祕器贈司徒公尚書左僕射加後部鼓吹太常
議謚文穆吏部郎袁翻奏曰案禮謚者行之迹也号者功
之表也車服者位之章也是以大行受大名細行受細名
行生於己名生於人故闔棺然後定謚皆累其生時美惡
所以爲將來勸戒身雖死使名常存也凡薨亡者屬所即
言大鴻臚移本郡大中正條其行迹功過承中正移言公
府下太常部博士評議爲謚列上謚不應法者博士坐如
選舉不以實論若行狀失實中正坐如博士自古帝王莫
不殷勤重慎以爲褒貶之實也今之行狀皆出自其家任
其臣子自言君父之行無復是非之事臣子之欲光揚君
父但苦迹之不高行之不美是以極辭肆意無復限量觀
其狀也則周孔聯鑣伊顏接衽論其謚也雖窮文盡武無
或加焉然今之博士與古不同唯知依其行狀又先問其
家人之意臣子所求便爲議上都不復斟酌與奪商量是
非致号謚之加與汎階莫異專以極美爲稱無復貶降之
名禮官之失一至於此案甄司徒行狀至德與聖人齊蹤

鴻名共大賢比跡文穆之謚何足加焉但比來贈謚於例
普重如甄之流無不復謚謂宜依謚法慈惠愛人曰孝宜
謚曰孝穆公自今以後明勒太常司徒有行狀如此言辭
流宕無復節限者悉請裁量不聽爲受仍踵前來之失者
皆付法司科罪詔從之琛祖載明帝親送降車就轝弔服哭
之遣舍人慰其諸子琛性輕簡好嘲謔故少風望然明解
有幹具在官清白自孝文宣武咸相知待明帝以師傅之
義而加禮焉所著文章鄙碎無大體時有理詣𥓰四聲姓
族廢興會通緇素三論及家誨二十篇篤學文一卷頗行
於世琛長子偘字道正位祕書郎性嶮薄多與盜劫交通

隨琛在京以酒色夜宿洛水亭舍毆擊主人爲司州所劾
淹在州獄琛大以慙慨廣平王懷爲牧與琛先不協欲具
案窮推琛託左右以聞宣武敕懷寬放懷固執之久乃特
旨出偘自此沈廢卒家偘弟楷字德方粗有文學頗更吏
事琛啓除祕書郎宣武崩未葬楷與河南尹丞張普惠等
飲戲免官後稍遷尚書儀曹郎有當官之稱明帝末丁憂
在鄉定州刺史廣陽王深召楷兼長史委以州任尋屬鮮
于脩禮毛普賢等率北鎮流人反於州西北之左人城屠
村掠野引向州城州城内先有燕恒雲三州避難户脩禮
等聲云欲將此輩共爲舉動楷見人情不安慮有變起乃

悉收三州人中粗暴者殺之以威外賊賊及刺史元固大
都督楊津等至楷乃還家後脩禮等忿楷屠害北人遂掘
其父墓載棺巡城示相報復孝莊時徵爲中書侍郎後齊
文襄取爲儀同府諮議參軍卒贈驃騎將軍祕書監滄州
刺史琛從父弟密字叔雍清謹少嗜慾頗涉書史疾世俗
貪競乾沒榮寵曾爲風賦以見意後參中山王英軍事英
鍾離敗退鄉人蘇良没於賊中密盡私財以贖之良歸傾
資報密密一皆不受曰濟君之日本不求貨豈相贖之意
及葛榮侵擾河北詔密爲相州行臺援守鄴城莊帝以密
全鄴勲賞安市縣子孝靜初爲衛尉卿在官有平直之譽

出爲北徐州刺史卒官贈驃騎將軍儀同三司瀛州刺史
謚曰靖琛同郡張纂字伯業祖珍字文表慕容寶度支尚
書道武平中山入魏卒於涼州刺史謚曰穆纂頗涉經史
雅有氣尚交結勝流爲樂陵太守在郡多所受納聞御史
至棄郡逃走於是除名乃卒天平初贈定州刺史纂叔感
字崇仁有器業不應州郡之命子宣軌少孤事母以孝聞
累遷相州撫軍府司馬宣軌性通率輕財好施屬葛榮圍
城與刺史李神有固守効以功賜爵中山公後坐事死鄴
纂從弟元賓位奉朝請及外生高昂貴達啓贈瀛州刺史
高聰字僧智本勃海人也曾祖軌隨慕容德徙青州因居

北海之劇縣父法昴少隨其舅宋車騎將軍王玄謨征伐以功至員外郎早卒聰生而喪母祖母王撫育之大軍攻克東陽聰徙平城與蔣少游為雲中兵户窘困無所不為族祖允視之若孫大加賙給聰涉獵經史頗有文才允嘉之數稱其美言之朝廷由是與少游同拜中書博士轉侍郎為高陽王雍傅稍為孝文知賞太和十七年兼員外散騎常侍使於齊後兼太子左率聰微習弓馬乃以將略自許孝文銳意南討專訪王肅以軍事聰託肅願以偏裨自効肅言之於帝故假聰輔國將軍受肅節度同援渦陽聰躁怯少威重及與賊交望風退敗孝文恕死徙平州行至

北史列傳二十八　三十五　中

瀛州刺史王質獲白兔將獻託聰為表帝見表顧王肅曰在下那得有此才令朕不知肅曰比高聰北徙或其所製帝悟曰必應然也宣武初聰復竊還京師說高肇廢六輔宣武親政除給事黃門侍郎後加散騎常侍及幸鄴還於河內懷界帝射矢一里五十餘步侍中高顯等奏盛事奇迹必宜表述請勒銘射宮永彰聖藝遂刋銘射所聰為之詞趙脩嬖幸聰深朋附及詔追贈脩父聰為碑文出入同載觀視碑石聰每見脩迎送盡禮聰又為脩作表陳當時便宜敎其自安之術由是迭相親狎脩死甄琛李憑皆被黜落聰深用危懼而先以疎宗之情曲事高肇竟獲自免

肇之力也脩之任勢聰傾身事之及死言必毀惡茹皓之寵聰又媚附每相招命稱皓才識非脩之儔乃因皓啓請田宅皆被遂許及皓見罪戮聰以為死之晚也其薄於情義皆如此侍中高顯為護軍聰代兼其任顯與兄肇疑聰閒構而求之聰居兼十餘旬出入機要言即真無遠慮藉貴因權耽於聲色賄納之音聞於遐邇中尉崔亮知肇微恨遂面陳聰罪出為并州刺史聰善於去就知肇嫌之側身承奉肇遂待之如舊聰在并州數歲多不率法又與太原太守王椿有隙再為大使御史舉奏肇每以宗私相援事得寢緩宣武末拜散騎常侍平北將軍明帝踐祚以其素

北史列傳二十八　三十六

附高肇出為幽州刺史尋以高肇之黨與王世義高綽李憲崔楷蘭氣之為中尉元匡所彈靈太后並特原之聰遂廢于家斷絕人事唯脩營園果世稱高聰梨以為珍異又唯以聲色自娛後拜光祿大夫卒靈太后聞其亡嗟慨良久贈青州刺史謚曰獻聰有妓十餘人有子無子皆注籍為妾以悅其情及病欲不適他人並令燒指吞炭出家為尼聰所作文筆二十卷長子雲字彥鴻位輔國將軍中散大夫河陰遇害贈兗州刺史

論曰韓麒麟由才器識用遂見紀於齊士顯宗以文學自立而時務屢陳至於實錄之功未之聞也子熙清尚自守

萊適其器程駿才業見知並當時之良筴李彪生自微族見擢明世輶軒驟指聲駭江南執筆立言遂爲良史逮於直繩在手厲氣明目持堅無術末路蹉跎行百里者半於九十彪之謂也高道悅謇直之風見憚於世醜正貽禍有可悲乎甄琛以學尚刀筆早樹聲名受遇三朝終至崇重高聰才尚見知名位顯著而異軌同奔咸經於危覆之轍惜乎

列傳第二十八　北史四十

列傳第二十九　北史四十一

楊播 子侃　播弟椿　椿子昱　椿弟津　津子遁　逸　謐　謐弟愔　燕子獻　鄭顧

楊敷 子素　孫玄感　素弟約　約從叔异　敷叔父寬　寬子文思　紀

楊播字延慶弘農華陰人也高祖結仕慕容氏位中山相曾祖珍道武時歸國位上谷太守祖眞河內清河二郡太守父懿延興末爲廣平太守有稱績孝文南巡吏人頌之徵爲選部給事中有公平譽除安南將軍洛州刺史未之任卒贈本官加弘農公謚曰簡播本字元休孝文賜改焉母王氏文明太后之外姑播少脩飭奉養盡禮擢爲中散累遷衞尉少卿與陽平王頤等出漠北擊蠕蠕大致克獲

遷武衞將軍復征蠕蠕至居然山而還及車駕南討假前將軍從至鍾離師迴詔播爲圍陣禦之相拒再宿軍人食盡賊圍更急播乃領精騎三百歷其船大呼曰我今欲度能戰者出遂擁而濟賊莫敢動賜爵華陰子後從駕討破崔慧景蕭衍於鄧城進號平東將軍時車駕耀威沔水上巳設宴帝與中軍彭城王勰賭射左衞元遥在勰朋內而播居帝曹遂射侯正中籌限已滿帝曰左衞籌足右衞不得不解對曰仰恃聖恩庶幾心爭於是箭中正帝笑曰雖養由之妙何復過是遂舉卮以賜播曰古人酒以養病朕今賞卿之能可謂古今殊也除太府卿進爵爲伯後爲

華州刺史至州借人田為御史王基所劾除官爵卒子家
子俶等停柩不葬披訴積年至熙平中乃贈鎮西將軍雍
州刺史并復其爵謚曰壯
侃字士業頗愛琴書尤好計畫時播一門貴滿朝廷子姪
早通而侃獨不交遊公卿罕有識者親朋勸其出仕侃曰
苟有良田何憂晚歲但恨無才具耳年三十一襲爵華陰
伯揚州刺史長孫承業請為録事參軍梁豫州刺史裴邃
規相掩襲密購壽春人李瓜花袁建等令為內應邃已纂
勒兵士慮壽春疑覺遂謬移云魏始於馬頭置戍如聞復
欲脩白捺舊城若耳便稍相侵逼此亦須營歐陽設交境

之備今板卒已集唯聽信還佐寮咸欲以實荅之云無脩
白捺意而侃曰白捺小城本非形勝邃集兵遣移虛構是
言得無有別圖也承業乃云録事可造移報移曰彼之纂
兵想別有意何為妄構白捺他人有心予忖度之勿謂秦
無人也邃得移謂已覺便散兵瓜花等以期契不會便相
告發伏辜者十數家邃後竟襲壽春入羅城而退遂列營
於黎漿梁城日夕鈔掠承業乃奏侃為統軍後雍州刺史
蕭寶夤據州反承業討之除侃為承業行臺左丞軍次恒
農侃白承業曰今賊守潼關全據形勝須北取蒲坂飛棹
西岸置兵死地人有鬭心華州之圍可不戰而解潼關之

賊必望風潰散諸處既平長安自克愚計可録請為明公
前驅承業從之令其子子產等領騎與侃於恒農北度便
據石錐壁乃班告曰今且停軍於此以待步卒兼觀人情
向背若送降名者各自還村候臺軍舉三烽火各亦應之
以明降款其無應烽即是不降之村理須殄戮人遂傳相
告報實未降者亦詐舉烽一宿之間火光遍數百里內圍
城之寇不測所以各自散歸長安平侃頗有力焉建義初
除岐州刺史屬元顥內逼詔行北中郎將孝莊徙河北執
侃手曰朕停卿蕃寄移任此者正為今日但卿尊卑百口
若隨朕行所累處大卿可還洛寄之後圖侃曰寧可以臣

微族頓廢君臣之義固求陪從除度支尚書兼給事黃門
侍郎敷西縣公及車駕南還顥令梁將陳慶之守北中城
自據南岸有夏州義士為顥守河中渚乃密信通款求破
橋立效尒朱榮赴之及橋破應接不果皆為顥屠榮將為
還計欲更圖後舉侃曰若今即還人情失望未若召發人
材唯多縛筏閒以舟楫沿河廣布令數百里中皆為度勢
顥知防何處一旦得度必立大功榮大笑從之於是尒朱
兆等於馬渚諸楊南度顥便南走車駕入都侃解尚書正
黃門以濟河功進爵濟北郡公復除其長子師仲為秘書
郎時所用錢人多私鑄稍就薄小乃至風飄水浮米斗幾

直一千佋奏聽人與官竝鑄五銖使人樂爲而俗弊得改莊帝從之後除侍中加衞將軍右光禄大夫莊帝將圖尒朱榮佋與内弟李晞城陽王徽侍中李彧等咸預其謀尒朱兆入洛佋時休沐遂竄歸華陰普泰初天光在關西遣佋子婦父韋義遠招慰之立盟許恕其罪佋從兄昱恐爲家禍令佋出應假其食言不過一人身没冀全百口佋赴之爲天光所害太昌初贈車騎將軍儀同三司幽州刺史子純陁襲播弟椿

椿字延壽本字仲考孝文賜改焉性寛謹爲内給事與兄播竝侍禁闈後爲中部法曹折訟公正孝文嘉之及文明太后崩孝文五日不食椿諫曰聖人之禮毀不滅性縱陛下欲自賢於萬代其若宗廟何帝感其言乃一進粥轉授宫輿曹少卿加給事中出爲豫州刺史再遷梁州刺史初武興王楊集始降於齊自漢中而北規復舊土椿貽書集始開以利害集始執書對使者曰楊使君此書除我心腹疾遂來降尋以母老解還後兼太僕卿秦州羌呂苟兒涇州屠各陳瞻等反詔椿爲别將隸安西將軍元麗討之賊守峽自固或謀伏兵斷其出入待糧盡攻之或云斬山木縱火焚之椿曰竝非計也賊深竄正避死耳今宜勒三軍勿更侵掠賊必謂見險不前心輕我軍然後掩其不備可

一舉而平乃緩師賊果出掠仍以軍中驢馬餌之銜枚夜襲斬瞻傳首入正太僕卿初獻文世有蠕蠕萬餘户降附居於高平薄骨律二鎮太和末叛走唯有一千餘家太中大夫王通高平鎮將郎育等求徙置淮北防其後叛詔椿徙焉椿上書以爲裔不謀夏夷不亂華是以先朝居之荒服之間正欲悅近來遠今新附者衆若舊者見徙新者必不安愚謂不可時八坐不從遂於濟州緣河居之及冀州元愉之難果悉浮河赴賊所在鈔掠如椿所策後除朔州刺史在州爲廷尉奏椿前爲太僕卿招引百姓盜種牧田三百四十頃依律處刑五歲尚書邢巒據正始别格奏罪應除名注籍盜門同籍合門不仕宣武以新律既班不宜雜用舊制詔依斷以贖論後除定州刺史自道武平中山多置軍府以相威攝凡有八軍軍各配兵五千食禄主帥軍各四十六人自中原稍定八軍之兵漸割南戍一軍兵纔千餘然主帥如故費禄不少椿表罷四軍減其主帥百八十四人椿在州因脩黑山道餘功伐木私造佛寺役兵爲御史所劾除名後累遷爲雍州刺史進號車騎大將軍儀同三司尋以本官加侍中兼尚書右僕射爲行臺節度關西諸將遇暴疾頻啓乞解詔許之以蕭寶夤代爲刺史行臺椿還鄉里遇子昱將還京師使陳寶夤賞罰云爲不

依常憲恐有異心昱還面啓明帝及靈太后並不納及寶
夤遇害御史中尉酈道元猶上表自理稱爲椿父子所謗
建義元年爲司徒永安初進位太保加侍中給後部鼓吹
元顥入洛椿子昱爲顥禽又椿弟順順子仲宣兄子侃弟
子遹並從駕河內爲顥嫌疑以椿家世顯重恐失人望未
及加罪時人助其憂或勸椿攜家避禍椿曰吾內外百口
何處逃竄正當坐任運耳莊帝還宮椿上書頻請歸老詔
聽服侍中服賜朝服一襲八尺牀帳几杖不朝乘安車駕
駟馬給扶傳詔二人仰所在郡縣四時以禮存問安否椿
奉辭於華林園帝下御座執手流淚曰公先帝舊臣實爲

元老但高尚其志決意不留既難相違深用悽切椿亦歔
欷欲拜帝親執不聽賜以絹布給羽林衛送羣公百寮餞
於城西張方橋行路觀者莫不稱歎椿臨行誡子孫曰我
家入魏之始即爲上客自爾至今二千石方伯不絕祿卹
甚多於親姻知故吉凶之際必厚加贈襚來往賓寮必以
酒肉飲食故六姻朋友無憾焉國家初丈夫好服綵色吾
雖不記上谷翁時事然記清河翁時服飾恒見翁著布衣
韋帶常自約敕諸父曰汝等後世若富貴於今日者慎勿
積金一斤綵帛百匹已上用爲富也不聽與生求利又不
聽與勢家作昏姻至吾兄弟不能遵奉今汝等服乘漸華

好吾是以知恭儉之德漸不如上也又吾兄弟若在家必
同盤而食若有近行不至必待其還亦有過中不食忍飢
相待吾兄弟八人今存者有三是故不忍別食也又願畢
吾兄弟不異居異財汝等眼見非爲虛假如聞汝等兄弟
時有別齋獨食者此又不如吾等一世也吾今日不爲貧
賤然居住舍宅不作壯麗華飾者正慮汝等後世不賢不
能保守之將爲勢家所奪北都時朝法嚴急太和初吾兄
弟三人並居內職兄在高祖左右吾與津在文明太后左
右于時口敕責諸內官十日仰密得一事不列便大嗔嫌
諸人多有依敕密列者亦有太后高祖中間傳言構鬬者

吾兄弟自相誡曰今忝二聖近臣居母子間難宜深慎之
又列人事亦何容易縱被嗔責勿輕言十餘年中不嘗言
一人罪過時大被嫌責答曰臣等非不聞人語正恐不審
仰誤聖聽以是不敢言於後終以不言蒙貴及二聖間言
語終不敢輒尒傳通太和二十一年吾從濟州來朝在清
徽堂豫宴高祖謂諸貴曰北京之日太后嚴明吾每得杖
左右因此有是非言和朕母子者唯楊播兄弟遂舉爵賜
兄及我酒汝等脫若萬一蒙明主知遇宜深慎言語不可
輕論人惡也吾自惟文武才藝門望姻援不勝他人一旦
位登侍中尚書四歷九卿十爲刺史光祿大夫儀同開府

司徒太保津今復為司空者正由忠謹慎口不嘗論人之過無貴無賤待之以禮以是故至此耳聞汝等學時俗人乃有坐待客者有驅馳勢門者有輕論人惡者及見貴勝則敬重之見貧賤則慢易之此人行之大失立身之大病也汝家仕皇魏以來高祖以下乃有七郡太守三十二州刺史內外顯職時流少比汝等若能存禮節不為奢淫憍慢假不勝人足免尤誚足成名家吾今年始七十五自惟氣力尚堪朝覲天子所以孜孜求退者正欲使汝等知天下滿足之義為一門法耳非是苟求千載之名汝等能記吾言吾百年後終無恨矣椿還華陰踰年為尒朱天光所

害時人莫不怨痛之太昌初贈太師丞相都督冀州刺史

子昱

昱字元略起家廣平王懷左常侍懷好武事數遊獵昱每規諫正始中以京兆廣平二王國臣多縱恣詔御史中尉崔亮窮案之伏法都市者三十餘人不死者悉除名唯昱與博陵崔楷以忠諫免後除太學博士員外散騎侍郎初尚書令王肅除揚州刺史出頓洛陽東亭酣後廣陽王嘉北海王詳等與播論議競理播不為屈北海王顧昱曰尊伯性剛不伏理大不如尊使君也昱對曰昱父道隆則從其隆道洿則從其洿伯父剛則不吐柔亦不茹一坐歎其能言肅曰非此郎何得申二父之美延昌三年以本官帶詹事丞時明帝在懷抱中至於出入左右乳母而已不令宮寮聞知昱諫曰陛下不以臣等凡淺備位宮臣太子動止宜令翼從自比以來輕尒出入進無二傅導引之美退闕羣寮陪侍之式非所謂示人軌儀著君臣之義陛下若召太子必降手敕令臣下咸知為後世法於是詔自今若非手敕勿令兒輒出宮臣在直者從至萬歲門轉太尉掾兼中書舍人靈太后嘗謂昱曰親姻在外不稱人心卿有所聞慎勿諱隱昱奏揚州刺史李崇五車載貨恒州刺史楊鈞造銀食器十具並餉領軍元叉靈太后令召叉夫妻

泣而責之叉深恨昱昱第六叔舒妻武昌王和之妹和即叉之從祖父舒早喪有一男六女及終喪元氏請別居昱父椿集親姻泣謂曰我弟不幸早終今男未婚女未嫁何便求別居不聽遂懷憾神龜二年瀛州人劉宣明謀反事覺逃竄叉使和及元氏誣告昱藏宣明云昱父椿叔津並送甲仗三百具謀圖不逞叉又構成其事乃遣夜圍昱宅收之並無所獲太后問狀昱具對元氏構釁之端言至哀切太后乃解昱縛和及元氏並處死刑而叉相左右和直免官元氏卒亦不坐及叉之廢太后也乃出昱為濟陰內史中山王熙起兵於鄴叉遣黃門盧同詣鄴刑熙并窮黨

與同希乂旨枉郡鎮昱赴鄴囚訊百日乃還任孝昌初除
中書侍郎遷給事黃門侍郎後賊圍豳州詔昱兼侍中持
節催西北道大都督北海王顥仍隨軍監察豳州圍解雍
州蜀賊張映龍姜神達知州内虚謀欲攻掩刺史元脩義
懼而請援一日一夜書移九通都督李叔仁遲疑不赴昱
曰若長安不守大軍自然瓦散此軍雖往有何益也遂與
叔仁等俱進於陣斬神達諸賊逃散詔以昱受旨催督而
顥軍稽緩遂免昱官尋除涇州刺史未幾昱父椿爲雍州
徵昱除吏部郎中及蕭寶夤等敗於關中以昱兼七兵尚
書持節假撫軍都督防守雍州昱遇賊失利而返後除鎮

東將軍假車騎將軍東南道都督又加散騎常侍於後太
山守羊侃據郡南叛侃兄深時爲徐州行臺府州咸欲禁
深昱曰昔叔向不以鮒也見廢奈何以侃罪深宜聽朝旨
不許群議還朝未幾元顥侵逼大梁除昱南道大都督鎮
滎陽顥會濟陰王暉業乘虛徑進城陷昱與弟息五人在
門樓上顥至執昱下責曰卿今死甘心不答曰分不望生
向所以不下樓正慮亂兵耳但恨八十老父無人供養乞
小弟一命便是死不朽也顥將陳慶之胡光等伏顥帳前
曰陛下度江三千里無遺鏃費昨日殺傷五百餘人求乞
楊昱以快意顥曰我在江東聞梁主言初下都袁昂爲吳

郡不降稱其忠節奈何殺昱於是斬昱下統帥三十七人
皆令蜀兵刳腹取心食之孝莊還復前官尒朱榮之死昱
爲東道行臺拒尒朱仲遠會尒朱兆入洛昱還京師後歸
鄉里亦爲天光所害太昌初贈司空公定州刺史子孝邕
員外郎奔免匿蠻中潛結渠率謀報尒朱氏微服入洛爲
尒朱世隆所殺椿弟穎字惠哲本州別駕穎弟順字延和
寬裕謹厚豫立莊帝功封三門縣伯位冀州刺史罷州還
遇害太昌初贈太尉公錄尚書事相州刺史子辯字僧達
位東雍州刺史辯弟仲宣有風度才學位正平太守爵恒
農伯在郡有能名還京兄弟與父同遇害太昌初辯贈儀

同三司恒州刺史仲宣贈尚書右僕射青州刺史仲宣子
玄就幼而儁拔收捕時年九歲牽挽兵人曰欲害諸尊乞
先就死兵以刀斫斷其臂猶請死不止遂先殺之永熙初
贈汝陰太守順弟津

津字羅漢本字延祚孝文賜改焉少端謹以器度見稱年
十一除侍御中散時孝文幼沖文明太后臨朝津曾入侍
左右忽欬逆失聲遂吐血數升藏之衣袖太后聞聲閣而
不見問其故具以實言遂以敬慎見知賜縑百匹遷符璽
郎中津以身在禁密不外交遊至宗族姻表罕相參候司
徒馮誕與津少結交友而津見其貴寵每恒退避及相招

命多辭疾不往誕以為恨而津逾遠焉人或謂之曰司徒
君之少舊何自外也津曰為勢家所厚復何容易但全吾
今日亦足矣轉振威將軍領監曹奏事令孝文南征以津
為都督征南府長史後遷長水校尉仍直閤景明中宣武
遊於北芒津時陪從太尉咸陽王禧謀反帝馳入華林時
直閤中有同禧謀皆在從限及禧平帝顧謂朝臣曰直閤
半為逆黨非至忠者安能不豫此謀因拜津左右中郎將
遷驍騎將軍仍直閤出除岐州刺史津巨細躬親孜孜不
倦有武功人齎絹三匹去城十里為賊所劫時有使者馳
騁而至被劫人因以告之使者到州以狀白津津乃下教

云有人著某色衣乘某色馬在城東十里被殺不知姓名
若有家人可速收視有一老母行哭而出云是己子於是
遣騎追收并絹俱獲自是闔境畏服至於守令寮佐有濁
貨者未曾公言其罪常以私書切責之於是官屬感厲莫
有犯法者以母憂去職延昌末起為華州刺史與兄播前
後牧本州當世榮之先是受調絹度尺特長在事因緣共
相進退百姓苦之津乃令依公尺度其輸物尤好者賜以
杯酒而出其所輸少劣者為受之但無酒以示其恥於是
競相勸厲官調更勝孝昌中北鎮擾亂侵逼舊京乃加津
安北將軍北道大都督尋轉左衛加撫軍將軍津始受命

出據靈丘而賊帥鮮于脩禮起於博陵定州危急遂回師
南赴始至城下營壘未立而州軍新敗津以賊既乘勝士
衆勞疲柵壘未安不可擬敵欲移軍入城更圖後舉刺史
元固稱賊既逼城不可示弱乃閉門不內津揮刃欲斬門
者軍乃得入賊果夜至見柵空而去其後賊攻州城東面
已入羅城刺史閉小城東門城中騷擾津開門出戰賊退
人心少安尋除定州刺史又兼吏部尚書北道行臺初津
兄椿得罪此州由鉅鹿人趙略投書所致及津至略舉家
逃走津乃下教慰喻令其還業於是闔州愧服遠近稱之
時賊帥鮮于脩禮杜洛周殘掠州境孤城獨立在兩寇之

間津脩理戰具更營雉堞又於城中去城十步掘地至泉
廣作地道潛兵涌出置爐鑄鐵持以灌賊賊遂相告曰不
畏利槊堅城唯畏楊公鐵星津與賊帥元洪業等書喻之
并授鐵券許之爵位令圖賊帥毛普賢洪業等感寤復書
云欲殺普賢又云賊欲圍城正為取北人城中所有北人
必須盡殺津以城內北人雖是惡黨然掌握中物未忍便
殺但收內子城防禁而已將吏無不感其仁恕朝廷初送
鐵券二十枚委津分給津隨賊中首領間行送之脩禮普
賢頗亦由此而死既而杜洛周圍州城津盡力捍守詔加
衛將軍將士有功者任津科賞兵人給復八年葛榮以司

徒說津津大怒斬其使以絕之自受攻圍經歷三稔朝廷不能拯赴乃遣長子遁突圍出詣蠕蠕主阿那瓌令其討賊遁日夜泣訴阿那瓌遣其從祖吐豆發率精騎南出前鋒已達廣昌賊防塞隘口蠕蠕遂還津長史李裔引賊入津苦戰不敵遂見拘執洛周脫津衣服置地牢下數日將烹之諸賊還相諫止遂得免害津曾與裔相見對諸賊帥以大義責之辭淚俱發裔大慚典守者以告洛周弗之責及葛榮併洛周復為榮所拘榮破始得還洛永安二年兼吏部尚書元顥內逼莊帝將親出討以津為中軍大都督兼領軍將軍未行顥入及顥敗津乃入宿殿中埽灑宮掖

遣第二子逸封閉府庫各令防守及帝入也津迎於北芒流涕謝罪帝深嘉慰之尋以津為司空加侍中尒朱榮死使津以本官為兼尚書令北道大行臺都督并州刺史委以討胡經略津馳至鄴將從滏口而入遇尒朱兆等已克洛相州刺史李神等議欲與津舉城通款津不從以子逸既為光州刺史兄子昱時為東道行臺鳩率部曲在於梁沛津規欲東轉更為方略乃率輕騎望於濟州度河而尒朱仲遠已陷東郡所圖不果遂還京師普泰元年亦遇害於洛太昌初贈大將軍太傅都督雍州刺史謚曰孝穆將葬本鄉詔大鴻臚持節監護喪事長子遁

遁字山才其家貴顯諸子弱冠咸縻王爵而遁性靜退年近三十方為鎮西府主簿累遷尚書左丞金紫光祿大夫亦被害於洛太昌初贈車騎大將軍儀同三司幽州刺史謚曰恭定遁弟逸字遵道有當世才起家員外散騎侍郎以功賜爵華陰男建義初莊帝猶在河陽逸獨往謁帝特除給事黃門侍郎領中書舍人及朝士濫禍帝益憂怖詔逸晝夜陪侍常寢御牀前帝曾夜中謂逸曰昨來舉目唯見異人賴卿差以自慰尋遷南秦州刺史加散騎常侍時年二十九時方伯之少未有先之者仍以路阻不行改光州刺史時災儉連歲逸欲以倉粟振給而所司懼罪不敢

逸曰國以人為本人以食為命假令以此獲戾吾所甘心遂出粟然後申表右僕射元羅以下謂公儲難闕並執不許尚書令臨淮王彧以為宜貸二万詔聽貸五万逸既出粟之後其老小殘疾不能自存活者又於州門造粥飼之將死而得濟者以万數帝聞而善之逸為政愛人尤憎豪猾廣設耳目善惡畢聞其兵出使下邑皆自持糧人或為設食者雖在闇室終不敢進咸言楊使君有千里眼那可欺之在州政績尤美及其家禍尒朱仲遠遣使於州害之吏人如喪親戚城邑村落營齋供一月之中所在不絕太昌初贈都督豫郢二州刺史謚曰貞逸弟謐字遵和歷員

外散騎常侍以功賜爵恒農伯鎮軍將軍金紫光祿大夫衛將軍在晉陽為尒朱兆所害太昌初贈驃騎將軍兖州刺史謚第愔事列于後津弟暐字延季弘厚頗有文學位武衛將軍加散騎常侍安南將軍莊帝初遇害河陰贈儀同三司雍州刺史播家世純厚並敦義讓昆季相事有如父子播性剛毅椿津恭謙兄弟旦則聚於廳堂終日相對未曾入内有一美味不集不食廳堂間往往幃幔隔障為寢息之所時就休偃還共談笑椿年老曾他處醉歸津扶侍還室仍假寢閤前承候安否椿津年過六十並登台鼎而津常旦暮參問子姪羅列階下椿不命坐津不敢坐椿

每近出或日斜不至津不先飯椿還然後共食食則津親授匙箸味皆先嘗椿命食然後食津為司空於時府主皆自引寮佐人有就津求官者津曰此事須家兄裁之何為見問初津為肆州椿在京宅每有四時嘉味輒因使次附之若或未寄不先入口椿每得所寄輒對之下泣兄弟並皆有孫唯椿有曾孫年十五六矣椿常欲為之早娶望見玄孫自昱已下率多學尚時人莫不欽焉一家之内男女百口緦服同爨庭無間言魏世以來唯有盧陽烏兄弟及播昆季當世莫逮焉尒朱世隆等將害椿家誣其為逆奏請收之節閔不許世隆復苦執不得已乃下詔世隆遂遣

步騎夜圍其宅天光亦同日收椿於華陰東西兩處無少長皆遇禍籍沒其家節閔惋悵久之

愔字遵彥小名秦王兒童時口若不能言而風度深敏出入門閭未嘗戲弄六歲學史書十一受詩易好左氏春秋幼喪母曾詣舅源子恭子恭與之飲問讀何書曰誦詩子恭曰誦至渭陽未邪愔便號泣感噎子恭亦對之歔欷遂為之罷酒子恭後謂津曰常謂秦王不甚察慧從今已後更欲刮目視之愔一門四世同居家甚隆盛昆季就學者三十餘人學庭前有柰樹實落地羣兒咸爭之愔頹然獨坐其季父暐適入學館見之大用嗟異顧謂賓客曰此兒

恬裕有我家風宅内有茂竹遂為愔於林邊別葺一室命獨處其中常銅盤具盛饌以飯之因以督厲諸子曰汝輩但如遵彥謹慎自得竹林別室銅盤重肉之食愔從父兄黄門侍郎昱特相器重曾謂人曰此兒駒齒未落已是我家龍文更十歲後當求之千里外昱嘗與十餘人賦詩愔一覽便誦無所遺失及長能清言美音制風神俊悟容止可觀人士見之莫不敬異有識者多以遠大許之正光中隨父之并州性既恬默又好山水遂入晉陽西縣甕山讀書孝昌初津為定州刺史愔亦隨父之職以軍功除羽林監賜爵魏昌男不拜及中山為杜洛周陷全家被囚縶未

幾洛周滅又沒葛榮榮欲以女妻之又逼以偽職愔乃詐疾密含牛血數合於衆中吐之仍陽喑不語榮以為信然乃止永安初還洛拜通直散騎侍郎年十八元顥入洛時愔從父兄侃為北中郎將鎮河梁愔適至侃處便屬乘輿失守夜至河侃雖奉迎車駕北度而潛南奔愔固諫止之遂相與扈從達建州除通直散騎常侍愔以世故未夷志在潛退乃謝病與友人中直侍郎河間邢卲隱於嵩山及莊帝誅尒朱榮其從兄侃參讚帷幄朝廷以其父津為并州刺史北道大行臺愔隨之任有邯鄲人楊寬者求義從出藩愔請津納之俄而孝莊幽崩愔時適欲還都行達邯

鄲過楊寬家為寬所執至相州見刺史劉誕以愔名家盛德甚相哀念付長史慕容白澤禁止焉遣隊主鞏榮貴防禁送都至安陽亭愔謂榮貴曰僕百世忠臣輸誠魏室家亡國破一至於此雖曰囚虜復何面目見君父之讎得自縊於一繩傳首而去君之惠也榮貴深相矜感遂與俱逃愔乃投高昂兄弟既潛竄累載屬齊神武至信都遂投刺轅門便蒙引見贊揚興運陳訴家禍言辭哀壯涕泗橫集神武為之改容即署行臺郎中南攻鄴歷楊寬村寬於馬前叩頭請罪愔謂曰人不識恩義蓋亦常理我不恨卿無假驚怖時鄴未下神武命愔作祭天文燎畢而城陷由是

轉大行臺右丞于時霸圖草創軍國務廣文檄教令皆自愔及崔㥄出遭離家難常以喪禮自居所食唯鹽米而已哀毀骨立神武愍之常相開慰及韓陵之戰愔每陣先登朋僚咸共怪歎曰楊氏儒生今遂為武士仁者必勇定非虛論頃之表請解職還葬一門之內贈太師太傅丞相大將軍者二人太尉錄尚書及尚書令者三人僕射尚書者五人刺史太守者二十餘人追榮之盛古今未之有也及喪柩進發吉凶儀衛亘二十餘里會葬者將万人是日隆冬盛寒風雪嚴厚愔跣步號哭見者無不哀之尋徵赴晉陽仍居本職愔從兄幼卿為岐州刺史以直言忤旨見誅

愔聞之悲懼因哀感發疾後取急就鴈門溫湯療疾郭秀素害其能因致書恐之曰高王欲送卿於帝所仍勸其逃亡愔遂棄衣冠於水濱若見沈者變易名姓自稱劉士安入嵩山與沙門曇謨徵等屏居削跡又潛之光州因東入田橫島以講誦為業海隅之士謂之劉先生太守王元景陰佑之神武知愔存遣愔從兄寶猗齎書慰喻仍遣光州刺史奚思業令搜訪以禮發遣神武見之悅除太原公開府司馬轉長史復授大行臺右丞封華陰縣侯遷給事黃門侍郎妻以庶女又兼散騎常侍為聘梁使主至碻磝州內有愔家舊佛寺精廬禮拜見太傅容像悲感慟哭歐血

數并遂發病不成行與疾還鄴久之以本官兼尚書吏部
郎中武定末以望實之美超拜吏部尚書加侍中衛將軍
侍學典選如故天保初以本官領太子少傅別封陽夏縣
男又詔監太史遷尚書右僕射尚太原長公主即魏孝靜
后也會有雉集其舍又拜開府儀同三司尚書右僕射改
封華山郡公九年徙尚書令又拜特進驃騎大將軍十年
封開封王文宣之崩百寮莫有下淚愔悲不自勝濟南嗣
業任遇益隆朝章國命一人而已推誠體道時無異議乾
明元年二月爲孝昭帝所誅時年五十天統末追贈司空
公愔貴公子早著聲譽風表鑒裁爲朝野所稱家門遇禍

唯有二弟一妹及兄孫女數人撫養孤幼慈旨温顔咸出
仁厚重分義輕貨財前後賜與多散之親族羣從弟姪十
數人並待而舉火頻遭迍厄冒履艱危一飡之惠酬荅必
重性命之讎捨而不問典選二十餘年奬擢人倫以爲己
任然取士多以言貌時致謗言以爲愔之用人似貧士市
瓜取其大者愔聞不以爲意其聰記彊識半面不忘每有
所召或單稱姓或單稱名無有誤者後有選人魯漫漢自
言猥賤獨不見識愔曰卿前在元子思坊騎禿尾草驢經
見我不下以方麴鄣面我何不識卿漫漢驚服又調之曰
名以定體漫漢果自不虛又令吏唱人名誤以盧士琛爲

士深士琛自言愔曰盧郎潤朗所以比玉自尚公主後衣
紫羅袍金鏤大帶遇李庶頗以爲恥謂曰我此衣服都是
內裁既見子將不能無愧及居端揆經綜機衡千端萬緒
神無滯用自天保五年已後一人喪德維持匡救實有賴
焉每天子臨軒公卿拜授施號發令宣揚詔冊愔辭氣溫
辯神儀秀發百寮觀聽莫不悚動自居大位門絕私交輕
貨財重仁義前後賞賜積累巨萬散之九族架篋之中唯
有書數千卷太保平原王隆之與愔隣宅嘗見其門外有
富胡數人謂左右曰我門前幸無此物性周密畏慎恒若
不足每聞後命愀然變色文宣大漸以常山長廣二王位

地親逼深以後事爲念愔與尚書左僕射平秦王歸彥侍
中燕子獻黃門侍郎鄭子默受遺詔輔政並以二王威望
先重咸有猜忌之心初在晉陽以大行在殯天子諒闇議
令常山王在東館欲奏之事皆先諮決二旬而止仍欲以
常山王隨梓宮之鄴留長廣鎮晉陽執政復生疑貳兩王
又俱從至于鄴子獻立計欲處太皇太后於北宮政歸皇
太后又自天保八年已來爵賞多濫至是愔先自表解其
開封王諸叨竊榮恩者皆從黜免由是嬖寵失職之徒盡
歸心二叔高歸彥初雖同德後尋反動以疎忌之跡盡告
兩王可朱渾天和又每云若不誅二王少主無自安之理

宋欽道面奏帝稱二叔威權既重宜速去之帝不許曰可與令公共詳其事愔等議出二王為刺史以帝仁慈恐不可所奏乃通啓皇太后具述安危有宮人李昌儀者北豫州刺史高仲密之妻坐仲密事入宮太后與昌儀宗情甚相昵愛太后以啓示之昌儀密白太皇太后愔等又議不可令二王俱出乃奏以長廣王為大司馬并州刺史常山王為太師錄尚書事及二王拜職於尚書省大會百寮愔等並將同赴子默止之云事不可量不可輕脫愔云吾等至誠體國豈有常山拜職有不赴之理何為忽有此慮長廣旦伏家僮數十人於錄尚書後室仍與席上勳貴數人相知并與諸勳胄約行酒至愔等我各勸雙盃彼必致辭我一曰捉酒二曰捉酒三曰何不捉爾輩即捉及宴如之愔大言曰諸王反逆欲殺忠良邪尊天子削諸侯赤心奉國未應及此常山王欲緩之長廣王曰不可於是愔及天和欽道皆被拳杖亂毆擊頭面血流各十人持之使薛孤延康賈執子默於尚藥局子默曰不用智者言以至於此豈非命也二叔率高歸彥賀拔仁斛律金擁愔等唐突入雲龍門見都督叱利騷招之不進使騎殺之開府成休寧拒門歸彥喻之乃得入送愔等於御前長廣王及歸彥在朱華門外太皇太后臨昭陽殿太后及帝側立常山王以

塼叩頭進而言曰臣與陛下骨肉相連楊遵彥等欲擅朝權威福自己自王公以還皆重足屏氣共相脣齒以成亂階若不早圖必為宗社之害臣與湛等為國事重賀拔仁斛律金等惜獻皇帝業共執遵彥等領入宮未敢刑戮專輒之失罪合萬死帝時嘿然領軍劉桃枝之徒陛衛叩刀仰視帝不睨之太皇太后令却仗不肯又厲聲曰奴輩即今頭落乃却因問楊郎何在賀拔仁曰一目已出太皇太后愴然曰楊郎何所能留使不好邪乃讓帝曰此等懷逆欲殺我二兒次及我耳何縱之帝猶不能言太皇太后怒且悲王公皆泣太皇太后曰豈可使我母子受漢老嫗斟酌太后拜謝常山王叩頭不止太皇太后謂帝何不安慰爾叔帝乃曰天子亦不敢與叔惜豈敢惜此漢輩但願乞兒性命兒自下殿去此等任叔父處分遂皆斬之長廣王以子默昔讒己作詔書故先拔其舌截其手太皇太后臨愔喪哭曰楊郎忠而獲罪以御金為之一眼親內之曰以表我意常山王亦悔殺之先是童謠曰白羊頭尾禿羧攊頭生角又曰羊羊喫野草不喫野草遠我道不遠打尔腦又曰阿麼姑禍也道人姑夫死也羊為愔也角文為用刀道人謂廢帝小名太原公主嘗作尼故曰阿麼姑愔子獻天和皆尚帝姑故曰道人姑夫云於是乃以天子之命下

詔罪之罪止一身家口不問尋復簿録五家王晞固諫乃各沒一房孩幼盡死兄弟皆除名遵彥死仍以中書令趙彥深代總機務鴻臚少卿陽休之私謂人曰將涉千里殺騏驎而策蹇驢可悲之甚愔所著詩賦表奏書論甚多誅後散失門生鳩集所得者万餘言

燕子獻字季則廣漢下洛人少時相者謂曰使役在朝大富貴在齊趙後遇周文於關中創業用爲典籤銜命使於蠕蠕子獻欲驗相者之言來歸神武見之大悅神武舊養韓長鸞姑爲女是爲陽翟公主遂以嫁之甚被待遇文宣時官至侍中濟南即位委任彌重除尚書右僕射子獻素

多力頭少髮當狼狽之際排衆走出省門斛律光逐而禽之子獻嘆曰丈夫爲計遲遂至此天統五年追贈司空天和事見兄元傳

鄭頤字子默彭城人高祖據魏彭城太守自滎陽徙焉頤聰敏頗涉文義而邪險不良初爲太原公東閣祭酒天保世稍遷中書侍郎與宋欽道特相友愛欽道每師事之楊愔始輕宋鄭不爲之禮俄而自結人主稍不可制欽道舊與濟南款狎共相引致無所不言乾明初拜散騎常侍兼中書侍郎二人權將楊愔相埒愔見害之時邢子才流涕曰楊令君雖其人死日恨不得一佳伴頤後與愔同詔追贈殿中尚書廣州刺史頤弟抗字子信頗有文學武平末兼左右郎中待詔文林館

楊敷字文衍播族孫也高祖暉洛州刺史贈恒農公諡曰簡曾祖恩河閒太守祖鈞博學彊識頗有幹用位七兵尚書北道行臺恒州刺史懷朔鎮將贈侍中司空公進封臨貞縣伯諡曰恭父暄字宣和性通朗彊識有學位諫議大夫以別將從廣陽王深征葛榮遇害贈殿中尚書華州刺史敷少有志操重然諾人景慕之魏建義初襲祖鈞爵臨貞縣伯稍遷廷尉少卿斷獄以平允稱周孝閔踐阼進爵爲侯天和中爲汾州刺史進爵爲公齊將段孝先率衆來

寇城陷見禽齊人方任用之敷不爲屈遂以憂憤卒於鄴子素

素字處道少落拓有大志不拘小節世人多未之知唯從祖寬深異之每謂子孫曰處道逸羣絶倫非常之器非汝曹所逮後與安定牛弘同志好學研精不倦多所通涉善屬文工草隸書頗留意風角美鬚髯有英傑之表周大冢宰宇文護引爲中外記室轉禮曹加大都督周武帝親總萬機素以其父守節陷齊未蒙朝命上表申理至於再三帝大怒命左右斬之素又言曰臣事無道天子死其分也帝晤其言贈敷使持節大將軍譙廣復三州刺史諡曰忠

壯拜素車騎大將軍儀同三司漸見禮遇常令為詔下筆
立成詞義兼美帝嘉之謂曰善相自勉勿憂不富貴素應
聲曰臣但恐富貴來逼臣臣無心圖富貴及平齊之役素
請率麾下先驅帝從之賜以竹策曰朕方欲大相驅策故
用此物賜卿從齊王憲與齊人戰於河陰以功封清河縣
子授司城大夫復從憲拔晉州屯兵雞棲原齊主以大軍
至憲懼宵遁為齊兵躡衆多敗散素與驍將十餘人盡力
苦戰憲僅而獲免齊平加上開府改封成安縣公尋從王
軌破陳將吳明徹於呂梁行東楚州事封弟慎為義安侯
陳將樊毅築城泗口素擊走之夷毅所築城宣帝即位襲

父爵臨貞縣公以弟約為安成公尋從韋孝寬徇譙南及
隋文帝為丞相素深自結納帝甚器之以為汴州刺史至
洛陽會尉遲迥作亂滎州刺史宇文冑據武牢應迥素不
得進帝拜素大將軍擊冑破之遷徐州總管位柱國封清
河郡公以弟岳為臨貞公及隋受禪加上柱國拜御史大
夫其妻鄭氏性妬悍素忿之曰我若作天子卿定不堪為
皇后鄭氏奏之由是坐免上方圖江表先是素數進取陳
計未幾拜信州總管賜錢百万錦千段馬二百匹遣之素
居永安造大艦名曰五牙上起樓五層高百餘尺左右前
後置六檣竿竝高百五十尺容戰士八百人旗幟加於上

次曰黃龍置兵百餘人自餘平乘舴艋等各有差及大舉
伐陳以素為行軍元帥引舟師趣三硤至流頭灘陳將戚
欣以青龍百餘艘屯兵守狼尾灘以遏軍路其地險峭諸
將患之素曰負勝在此一舉若晝日下船彼則見我灘流
迅激制不由人則吾失其便乃夜掩之素親率黃龍十艘
銜枚而下遣開府王長襲從南岸擊欣別柵令大將軍劉
仁恩趣白沙北岸比明而至擊之欣敗虜其衆勞而遣之
秋豪不犯陳人大悅素率水軍東下舟艫被江旌甲曜日
素坐平乘大船容貌雄偉陳人望之懼曰清河公即江神
也陳南康內史呂仲肅屯岐亭正據江峽於北岸鑿巖綴

鐵鎖三條橫截上流以遏戰船素與仁恩登陸俱發先攻
其柵仲肅軍夜潰素徐去其鎖仲肅復據荊州之延洲素
遣巴蛇卒數千乘五牙四艘以檣竿碎賊十餘艦遂大破
之仲肅僅以身免陳主遣其信州刺史顧覺鎮安蜀城荊
州刺史陳紀鎮公安皆懼而走巴陵以東無敢守者湘州
刺史岳陽王陳叔慎請降素下至漢口與秦孝王會乃還
拜荊州總管進爵郢國公真食長壽縣千户以其子玄感
為儀同三司玄獎為清河郡公賜物万段粟万石加之金
寶又賜陳主妹女妓十四人素言於上曰里名勝母曾子
不入逆人王誼前封郢臣不願與同於是改封越國公尋

拜納言轉內史令俄而江南人李稜等為亂以素為行軍
摠管討之帝命平定日男子悉斬女婦賞征人在陣免者
從賊賊朱莫問自稱南徐州刺史以盛兵據京口素舟師
入自楊子津進擊破之晉陵顧世興自稱太守與其都督
鮑遷等復來拒戰素逆擊破之執遷虜三千餘人進擊無
錫賊帥葉皓又平之吳郡沈玄懀沈傑等以兵圍蘇州刺
史皇甫續頻戰不利素率衆援之玄懀勢迫走投南沙賊
帥陸孟孫素擊孟孫於松江大破之禽孟孫玄懀黜歙賊
帥沈雪沈能據柵自固又攻拔之江浙賊高智慧自號東
揚州刺史吳州摠管五原公元契鎮會稽以其兵盛而降

之智慧盡虜其衆契自殺智慧有船艦千餘艘屯據要害
兵甚勁素擊之自旦至申苦戰破之智慧逃入海躡之從
餘姚汎海趣永嘉智慧來拒戰素擊走賊帥汪文進自稱
天子據東陽署其徒蔡道人為司空守樂安素進討悉平
之又破永嘉賊帥沈孝徹於是步道向天台指臨海郡逐
捕遺逸前後百餘戰智慧遁守閩越上以素久勞於外詔
令馳傳入朝加子玄感上開府賜綵八千段素以餘寇未
殄恐為後患又自請行詔以素為元帥復乘傳至會稽先
是泉州人王國慶南安豪族也殺刺史劉弘據州為亂自
以海路艱阻非北人所習不設備伍素汎海奄至國慶遑

遽棄州走素分遣諸將水陸追捕時南海先有五六百家
居水為亡命號曰遊艇子智慧國慶欲往依之素乃密令
人說國慶令斬智慧以自效國慶乃斬智慧於泉州自餘
支黨悉降江南大定上遣左領軍將軍獨孤陀至浚儀迎
勞比到京師問者日至拜素子玄獎儀同賜黃金四十斤
加銀缾實以金錢縑三千段馬二百匹羊三千口田百頃
宅一區代蘇威為尚書右僕射與高熲專掌朝政素性疏
而辯高下在心朝貴之內頗推高熲敬牛弘厚接薛道衡
視蘇威蔑如也自餘朝臣多被陵轢其才藝風調優於高
熲至於推誠體國處物平當有宰相識度不如熲遠尋

令素監營仁壽宮素遂夷山堙谷督役嚴急作者多死宮
側時聞鬼哭及宮成上令高熲前視奏稱頗傷綺麗大損
人丁帝不悅素懼即於北門啓獨孤皇后曰帝王法有離
宮別館今天下太平造一宮何足損費后以此理諭上上
乃解於是賜錢百万緜絹三千段開皇十八年突厥達頭
可汗犯塞以素為靈州道行軍摠管出塞討之賜物二千
段黃金百斤先是諸將與虜戰每慮胡騎奔突皆戎車步
騎相參輿鹿角為方陣騎在內素曰此乃自固之道於是
悉除舊法令諸軍為騎陣達頭聞之大喜以為天賜下馬
仰天而拜率精騎十餘万至素奮擊大破達頭被重創而

通衆號哭而去優詔賜縑二万匹及萬釘寶帶加子玄感
位大將軍玄獎玄縱積善並上儀同素多權略乘機赴敵
應變無方然大抵馭戎嚴整有犯令者立斬無所寬貸每
將臨寇輒求人過失而斬之多者百餘人少不下數十流
血盈前言笑自若及對陣先令一二百人赴敵陷陣則已
如不能陷而還無問多少悉斬之又令二百人復進還如
向法將士股慄有必死心由是戰無不勝稱為名將素時
貴倖言無不從其從素征伐者微功必錄至於他將雖大
功多為文吏所譴却故素雖嚴忍士亦以此願從二十年
晉王廣為靈朔道行軍元帥素為長史王卑躬交素及為

太子素之謀也仁壽初代高熲為尚書左僕射賜良馬十
匹牝馬二百匹奴婢百口其年以素為行軍元帥出雲中
擊突厥連破之突厥走追至夜及之將復戰恐賊越逸令
其騎稍後於是親將兩騎并降突厥二人與虜並行不之
覺也候其頓舍未定趣後騎掩擊大破之自是突厥遠遁
磧南無復虜庭以功進子玄感位柱國玄縱為淮南郡公
賞物二万段及獻皇后崩山陵制度多出於素上善之下
詔曰君為元首臣則股肱共理百姓義同一體上柱國尚
書左僕射仁壽宮大監越國公素志度恢弘機鑒明遠懷
佐時之略包經國之才王業初基霸圖肇建宗名委質受

脤出師禽翦凶魁克平毚鄭頻承廟筭楊旍江表每稟戎
律長驅塞垣南指而吳越肅清北臨而獯獫摧服自居端
揆參贊機衡當朝正色直言無隱論文則詞藻縱橫語武
則權奇間出既文且武唯朕所命任使之處夙夜無怠獻
皇后奄離六宮遠日云及塋兆安厝委素經紀然葬事依
禮唯卜泉石至如吉凶不由於素義存奉上情深體國欲
使幽明俱泰永保無窮以為陰陽之書聖人所作禍福之
理特須審慎乃遍歷川原親自占擇志圖元吉孜孜不已
遂得神皐福壤營建山陵論素此心事極誠孝豈與平戎
定寇比其功業若不加褒賞何以申茲勸勵可別封一子

義康郡公邑万户子子孫孫承襲不絕餘如故并賜田三
十頃絹万匹米万石金鉢一實以金銀鉢一實以珠并綾
錦五百段時素貴寵日隆其弟約從父文思弟紀及族父
异並尚書列卿諸子無汗馬勞位柱國刺史家僮數千後
庭妓妾曳綺羅者以千數第宅華侈制擬宮禁有鮑亨者
善屬文殷胄者工草隸並江南士人因高智慧沒為奴親
戚故吏布列清顯其盛近古未聞煬帝初為太子忌蜀王
秀與素謀之構成其罪後竟廢黜朝臣有違忤者雖至誠
體國如賀若弼史万歲李綱柳彧等素皆陰中之若有附
會及親戚雖無才用必加進擢朝廷靡然莫不畏附唯兵

部尚書柳述以帝壻之重數於上前面折素大理卿梁毗抗表言素作威作福上漸踈忌之後因出敕曰僕射國之宰輔不可躬親細務但三五日一度向省評論大事外示優崇實奪之權終仁壽之末不復通判省事上賜王公已下射素箭爲第一上手以外國所獻金精盤價直巨万以賜之四年從幸仁壽宮宴賜重疊及上不豫素與兵部尚書柳述黃門侍郎元巖等入侍疾時皇太子入居大寶殿慮上有不諱須豫防擬乃手自爲書封出問素素條錄事狀以報太子宮人誤送於上上覽而大恚所寵陳貴人又言太子無禮上遂發怒欲召庶人勇太子謀之素素矯詔

追東宮兵士帖上臺宿衛門禁出入並取宇文述郭衍節度又令張衡侍疾上以此日崩由是頗有異論會漢王諒反遣茹茹天保往東蒲州燒斷河橋又遣王聃子并力拒守素將輕騎五千襲之潛於渭口宵濟比明擊之天保敗聃子懼以城降有詔徵還初素將行計日破賊皆如所量帝於是以素爲并州道行軍揔管河北道安撫大使討諒時晉絳呂三州並爲諒城守素各以二千人縻之而去諒遣趙子開擁衆十餘万柵絶徑路屯據高壁布陣五十里素令諸將以兵臨之自以奇兵深入霍山緣崖谷而進直指其營一戰破之諒所署介州刺史梁脩羅屯介休聞素至懼棄城而走進至清源去并州三十里諒率其將王世宗趙子開蕭摩訶等來拒戰又擊破之禽蕭摩訶退保并州素進兵圍之諒窮而降餘黨悉平帝遣素弟脩武公約賫手詔勞素素上表陳謝其月還京師從駕幸洛陽以素領營東京大監以平諒功拜其子萬石仁行姪玄挺皆儀同三司賚物五万段羅綺千匹諒之妓妾二十人大業元年遷尚書令賜東京甲第一區物二千段尋拜太師餘官如故前後賞錫不可勝計明年拜司徒改封楚公眞食二千五百戶其年病薨謚曰景武贈光祿大夫太尉公弘農河東絳郡臨汾文城河內汲郡長平上黨西河十郡太守

給轀輬車班劒三十人前後部羽葆鼓吹粟麥五千石物五千段鴻臚監護喪事帝又下詔立碑以彰盛美素嘗以五言詩七百字贈番州刺史薛道衡詞氣穎拔風韻秀上爲一時盛作未幾而卒道衡歎曰人之將死其言也善若是乎集十卷素雖有建立策及平楊諒功然特爲帝猜忌外示殊禮內情甚薄太史言楚分野有大喪因改封素於楚寢疾之日帝每令名醫診候賜以上藥然密問醫人恒恐不死素亦自知名位已極不肯服藥亦不將慎每語弟約曰我豈須更活耶素貪財貨營求產業東西京居宅侈麗朝毀夕復營繕無已爰及諸方都會之處邸店水磑田

宅以千百數時議以此鄙之子玄感
玄感少時晚成人多謂之癡唯素每謂所親曰此兒不癡
也及長美鬚髯儀貌雄俊好讀書便騎射弱冠以父軍功
位柱國與其父俱為第二品朝會則齊列後文帝命玄感
降一等玄感拜謝曰不意陛下寵臣之甚許以公庭獲展
私敬初拜郢州刺史到官潛布耳目察長吏能不纖介必
知吏人敬服皆稱其能後轉宋州刺史父憂去職歲餘拜
鴻臚卿襲爵楚公遷禮部尚書性雖驕倨而愛重文學四
海知名之士多趨其門後見朝綱漸紊帝又猜忌日甚內
不自安遂與諸弟潛謀廢帝立秦王浩及從征吐谷渾還

至達升拔谷時從官狼狽玄感欲襲擊行宮其叔慎曰士
心尚一國未有釁不可圖也玄感乃止時帝好征伐玄感
欲立威名陰求將領以告兵部尚書段文振振以白帝帝
嘉之謂羣臣曰將門有將故不虛也於是賚物千段禮遇
益隆頗預朝政帝征遼東令玄感於黎陽督運遂與武賁
郎將王仲伯汲郡贊治趙懷義等謀不時進發帝遣使者
逼促玄感揚言曰水路多盜不可前後而發其弟武賁郎
將玄縱鷹揚郎將萬石並從幸遼東玄感潛遣人召之時
來護兒以舟師自東萊將入海趣平壤城軍未發玄感無
以動眾乃遣家奴偽為使從東方來謬稱護兒失軍期而反

玄感遂入黎陽縣閉城大募男夫於是取帆布為牟甲署
置官屬皆準開皇之舊移書傍郡以討護兒為名令發兵會
於倉所以東光縣尉元務本為黎州刺史趙懷義為衛州
刺史河內郡主簿唐禕為懷州刺史有眾且一萬將襲洛
陽唐禕至河內馳往東都告之越王侗戶部尚書樊子蓋
等勒兵備禦脩武縣人相率守臨清關玄感不得濟遂於
汲郡南度河從亂如市數日屯兵上春門眾至十餘万子
蓋令河南贊務裴弘策拒之弘策戰敗父老競致牛酒玄
感屯兵尚書省每有誓眾曰我身為上柱國家累巨万金
至富貴無所求也今者不顧破家滅族者為天下解倒懸

之急救黎元之命耳眾皆悅詣轅門請自效者日數千及
與樊子蓋書曰夫建忠立義事有多途見機而作蓋非一
揆昔伊尹放太甲於桐宮霍光廢劉賀於昌邑此並公度
內不能一二披陳高祖文皇帝誕膺天命造茲區宇在琁
璣以齊七政握金鏡以馭六龍無為而至化流垂拱而天
下乂今上纂承寶曆宜固洪基乃自絕于天殄人敗德頻
年肆眚盜賊於是滋多所在脩營人力為之凋盡荒淫酒
色子女必被其侵躭玩鷹犬禽獸皆離其毒朋黨相扇貨
賄公行納邪佞之言杜正直之口加以轉輸不息徭役無
期士卒填溝壑骸骨蔽原野黃河之北則千里無烟淮江

之閒則鞠爲茂草玄感世荷國恩位居上將先公奉遺詔曰好子孫爲我輔弼之惡子孫爲我屏黜之所以上禀先旨下順人心廢此淫昏更立明哲今四海同心九有咸應士卒用命如赴私讎人庶相趨義形公道天意人事較然可知公獨守孤城勢何支久願以黔黎在念社稷爲心勿拘小禮自貽伊戚誰謂國家一旦至此執筆潸然言無所具遂進逼東都城刑部尚書衛玄率衆自關中來援東都以步騎二万度瀍澗挑戰玄感僞北玄逐之伏兵發前軍盡沒後數日玄復與玄感戰兵始合玄感詐令人大呼曰官軍已得玄感矣玄軍稍怠玄感與數千騎乘之大潰擁

八千人而去玄感驍勇多力每戰親運長矛身先士卒喑嗚叱咤所當莫不震懾論者方之項羽又善撫馭士樂致死由是戰無不捷玄軍日蹙糧又盡乃悉衆決戰陣於北邙一日閒戰十餘合玄感弟玄挺中流矢而斃玄感稍却樊子蓋復遣兵攻尚書省又殺數百人帝遣武賁郎將陳稜攻元務本於黎陽武衛將軍屈突通屯河陽左翊衛大將軍宇文述發兵繼進右驍衛大將軍來護兒復來赴援玄感與前戶部尚書李子雄計曰屈突通曉兵事若度河則勝負難決不如分兵拒之不能濟則樊衛失援玄感然之將拒通子蓋知其謀數擊其營玄感不果進通遂濟河

軍於破陵玄感爲兩軍西拒衛玄東拒屈突通子蓋復出兵大戰玄感軍頻北復與子雄計子雄勸之直入關中開永豐倉振貧乏三輔可指麾而定據有府庫東面而爭天下此亦霸王之業會華陰諸楊請爲鄉導玄感遂釋洛陽西圖關中宣言已破東都取關西宇文述等諸軍躡之至弘農宮父老遮說玄感曰宮城空虛又多積粟攻之易下進可絕敵人之食退可割宜陽之地玄感以爲然留攻三日城不下追兵遂至玄感西至閿鄉上盤豆布陣亘五十里與官軍且戰且行一日三敗復陣於董杜原諸軍大敗之玄感獨與十餘騎竄林木閒將奔上洛追騎至玄感叱

之皆懼而返走至葭蘆戍窘迫獨與弟積善步行謂積善曰事敗矣我不能受人戮辱汝可殺我積善殺之因自刺不死爲追兵所執與玄感首俱送行在所磔其屍於東都市三日復臠而焚之餘黨悉平其弟玄獎爲義陽太守將歸玄感爲郡丞周旋玉所殺玄縱弟万石自帝所逃歸至高陽止傳舍監事許華與郡兵執之斬於涿郡万石弟仁行官至朝議大夫斬於長安並具梟磔公卿請改玄感姓爲梟氏詔可之玄感之亂有趙元淑者預謀誅又有劉元進亦舉兵應之元淑博陵人父世模初從高寶寧後以衆歸周授上開府寓居京兆之雲陽隋文帝踐阼恒典宿衛後

從晉王伐陳力戰而死朝廷以其身死王事以元淑襲父本官賜物三千段元淑性踈誕不事産業家徒壁立後授驃騎將軍將之官無以自給時長安富人宗連家累千金仕周為三原令有季女慧而有色連每求賢夫聞元淑請與相見連有風儀美談笑元淑亦慕之及至其家服玩居處擬於將相酒酣奏女樂元淑所未見也及出連又致殷勤元淑再三來宴樂更後於前因問所須盡買與之元淑致謝連復拜求以女妻之元淑感而納焉遂為富人從楊素平楊諒以功進位柱國歷德州刺史潁川太守並有威惠入為司農卿玄感有異志遂與結交遼東之役領將軍典宿衛加光祿大夫封葛國公明年帝復征高麗以元淑鎮臨渝及玄感作亂其弟玄縱自駕所逃歸路經臨渝元淑出其小妻魏氏見玄縱對宴極歡因與通謀并受玄縱賂遺及玄感敗人有告其事者帝以屬吏元淑及魏氏俱斬於涿郡籍沒其家元進餘杭人少好任俠為州里所宗兩手各長尺餘臂垂過膝屬遼東之役百姓騷動元進自以相表非常遂聚亡命會玄感起於黎陽元進應之旬月衆至數万將度江而玄感敗吳郡朱爕晉陵管崇亦舉兵有衆七万共迎元進奉以為主據吳郡稱為天子以爕崇俱為僕射署百官帝令將軍吐万緒光祿大夫魚俱羅

討焉為緒所敗朱爕戰死俄而緒俱羅並得罪江都郡丞王世充發兵擊之有大流星墜於江都未及地而南逝磨拂竹木皆有聲至吳郡而落于地元進惡之令掘地入二丈得一石徑丈餘數日失石所在世充度江元進遣兵人各持茅因風縱火世充大懼將棄營遇反風火轉元進衆懼燒而退世充大破之元進及崇俱為世充所殺世充坑其衆於黃亭澗死者三万人其後董道沖沈法興李子通等並乘此而起素母弟約

約字惠伯童兒時嘗登樹墜地為查傷由是竟為宦者性如沈靜內多譎詐好學彊記素友愛之凡有所為先籌於約而行在周末以素軍功賜爵安成縣公拜上儀同三司文帝受禪歷位長秋卿鄜州刺史宗正大理二少卿時皇太子無寵晉王廣規奪宗以素幸於上而雅信約乃用張衡計遣宇文述大以金寶賂約因通王意說之曰夫守正履道固人臣之常致反經合義亦達者之令圖自古賢人君子莫不與時消息以避禍患公兄弟功名蓋世用事有年朝臣為足下家所屈辱者可勝數哉又儲宮以所欲不行每切齒於執政公雖自結於人主而欲危公者亦多矣主上一旦棄羣臣公亦何以取庇今皇太子失愛於皇后主上素有廢黜之心此公所知也今若請立晉王在賢兄

之口耳誠能因此時建大功王必鎮銘於骨髓斯則去累卵之危成太山之安也約然之以白素素本凶險聞之大喜乃撫掌曰吾智慧殊不及此賴汝起余約知其計行復謂素曰今皇后之言上無不用宜因機會早自結託則匪惟長保榮祿傳祚子孫又晉王傾身禮士聲名日盛躬履節儉有主上之風以約料之必能安天下兄若遲疑一旦有變令太子用事恐禍至無日素遂行其策太子果廢及晉王入東宮引約為左庶子封脩武公進位大將軍及帝崩遣約入京易留守者縊殺庶人勇然後陳兵發喪煬帝聞之曰令兄之弟果堪大任即位數日拜內史令約有

學術兼達時務帝甚任之後加右光祿大夫及帝在東都令約詣京師享廟行至華陰見其兄墓遂枉道拜哭為憲司所劾坐免官尋拜淅陽太守其兄子玄感時為禮部尚書與約恩義甚篤既愴分離形於顏色帝謂曰公比憂瘁得非為叔也玄感再拜流涕曰誠如聖旨帝亦思約廢立功由是徵入朝未幾卒以素子玄挺後之

穆字紹叔暄弟也仕魏華州別駕孝武末弟寬請以澄城縣伯讓穆詔許之終于并州刺史贈開府儀同三司華州刺史穆弟儉字景則偉容儀有才行位北雍州刺史政尚寬惠夷夏安之後從破齊神武於沙苑封夏陽縣侯位開府儀同三司華州刺史卒諡靜

子昇字文殊美風儀有器局髫齔就學日誦千言見者奇之九歲丁父憂哀毀過禮殆將滅性及免喪之後絕慶弔閉戶讀書數年之間博涉書記周閔帝時為安都郡太守甚有能名賜爵樂昌縣子後數以軍功進爵為侯隋文帝作相行濟州事及踐阼拜宗正少卿加上開府蜀王秀之鎮益州也朝廷盛選綱紀以昇方直拜益州總管長史尋遷西南道行臺兵部尚書後歷宗正卿刑部尚書出為吳州總管甚有能名時晉王廣鎮揚州詔令昇每歲一與王相見評論得失規諫疑闕卒於官子虔遜

寬字蒙仁儉弟也少有大志每與諸兒童遊處必擇高大之物坐之見者咸異焉及長頗解屬文尤尚武藝弱冠除奉朝請父鈞出鎮恒州請隨從展効乃授高闕戍主既而蠕蠕亂其主阿那瓌奔魏魏帝詔鈞衞送寬亦從行時北邊賊起攻圍鎮城鈞卒城人等推寬守禦尋而城陷寬乃北走蠕蠕後討六鎮賊破寬始得還朝廣陽王深與寬素相昵深犯法得罪寬被逮捕孝莊時為侍中與寬有舊藏之於宅遇赦得免除宗正丞北海王顥少相器重時為大行臺北征葛榮欲啓寬為左丞寬辭以孝莊厚恩未報義不見利而動顥未之許顥妹壻李神軌謂顥曰匹夫猶不

可奪志況義士乎乃止孝莊踐阼累遷洛陽令以都督從
太宰上黨王元天穆討平邢杲師未還屬元顥入洛莊帝
出居河內天穆懼集諸將謀之寬勸天穆徑取成皐會兵
伊洛天穆然之乃趣成皐令寬與尒朱兆爲後拒尋以衆
議不同乃回赴石濟寬夜行失道遂後期諸將咸言寬少
與北海周旋今不來矣天穆荅曰楊寬非輕去就者也吾
當爲諸君明之言訖候騎白寬至天穆撫髀而笑曰吾固
知其必來遽出帳迎握其手曰是所望也與天穆俱謁孝
莊於大行仍爲都督從平河內進圍北中時梁陳慶之爲
顥勒兵守北門天穆駐馬圍外遣寬至城下說慶之不荅

父之乃曰賢兄撫軍在頗欲相見不寬荅僕兄既力屈凶
威迹淪逆黨人臣之理何煩相見天穆聞之自此彌敬孝
莊反正除太府卿華州大中正封澄城縣伯尒朱榮被誅
其從弟世隆等出據河橋還逼京師進寬使持節大都督
隨機捍禦世隆謂寬曰豈忘太宰相知之深也寬荅曰太
宰見愛以禮人臣之交耳今日之事事君之節及尒朱兆
陷洛陽因執孝莊帝寬還洛不可遂自成皐奔梁至建鄴
聞莊帝弑崩寬發喪盡禮梁武義之尋而禮送還孝武初
除給事黃門侍郎孝武與齊神武有隙遂召募驍勇廣增
宿衞以寬爲閤內大都督專總禁旅從孝武入關兼吏部

尚書錄從駕勳進爵華山郡公大統初遷太子太傅五年
除驃騎大將軍開府儀同三司都督東雍州刺史即本州
也廢帝初爲尚書左僕射將作大監坐事免周明帝初拜
大將軍從賀蘭祥討吐谷渾破之別封宜陽縣公除小冢
宰轉御正中大夫武成二年詔寬與麟趾殿學士參定經
籍寬性通敏有器幹頻牧數州號稱清簡歷居臺閣有當
官之譽然與柳慶不協案成其罪時論頗以此譏之保定
元年除總管梁興等十九州諸軍事梁州刺史薨於州贈
華陜虞上潞五州刺史謚曰元子文恩
文恩字溫仁在周年十一拜車騎大將軍儀同三司散騎

常侍尋以父功封新豐縣子天和初行武都太守十姓獠
反文恩討平之復行翼州事党項羌叛文恩又討平之進
擊資中武康隆山等生獠及東山獠並破之從陳王攻齊
河陰城又從武帝攻拔晉州授上儀同三司改封承寧縣
公壽陽劉叔仁作亂從清河公宇文神舉討之戰於塼井
在陣禽叔仁又別從王誼破賊於鯉魚柵後累以軍功遷
果毅左旅下大夫隋文帝爲丞相從韋孝寬拒尉遲迥於
武陟與行軍總管宇文述擊走其將李儁遂解懷州圍破
尉遲惇平鄴城皆有功進授上大將軍改封洛川縣公尋
拜隆州刺史開皇元年進爵正平郡公後爲魏州刺史甚

有惠政及去職吏人思之爲立碑頌德轉冀州刺史煬帝
嗣位徵爲户部尚書轉納言改授右光祿大夫從幸江都
宫以足疾不堪趨奏復授户部尚書位右光祿大夫卒官
謚曰定初文恩當襲父爵自以非嫡遂讓弟紀當世多之
紀字温範少剛正有器局在周襲爵華山郡公累遷安州
總管長史將兵迎陳降將王瑗於齊安與陳將周法尚遇
擊走之以功進開府入爲虞部下大夫文帝爲丞相改封
汾陰縣公從梁睿討王謙以功進授上大將軍歷資州刺
史宗正少卿坐事除名後尋復其爵位拜熊州刺史改封
上明郡公除宗正卿兼給事黄門侍郎判禮部尚書事遷

荆州總管卒謚曰恭

論曰楊播兄弟俱以忠毅謙謹荷内外之任公卿牧守榮
赫累朝所謂門生故吏遍於天下而言色恂恂出於誠至
恭德慎行爲世師範漢之陳紀門法所不過焉後魏以來
一門而已諸子秀立青紫盈庭積善之慶蓋有遇也及逆
胡擅朝淫刑肆毒以斯族而遇斯禍何報施之反哉惜雅
道風流早同摽致公望人物所推夫處亂虐之世當機衡
之重朝有善政是也及寄天下之命託六尺之孤旬朔未
幾身亡君辱進不能送往事居觀幾衞主退不能保身全
名辭寵招福朝廷之釁既已仗義斷恩猜忌之塗無容推
心受亂是知變通之術非所長也處道少而輕俠倜儻不
羈兼文武之資包英奇之略志懷遠大以功名自許屬隋
文帝將清六合委以腹心之寄掃祅氛於牛斗江海恬波
摧驍猛於龍庭匈奴遠遁若其夷凶靜亂功臣莫居其右
覽其奇策高文足爲一時之傑然以智詐自立不由仁義
之道阿諛時主高下其心營構離宫陷君於奢侈謀廢冢
嫡致國於傾危終使宗廟丘墟市朝霜露究其禍敗之源
寔乃素之由也玄感宰相之子荷恩二世君之失德當竭
腹心未議致身先圖問鼎非假稱伊霍之事將肆莽卓之心
人神同疾敗不旋踵昆弟就葅醢之誅先人受焚如之酷

不亦甚乎約外示温柔内懷狡筭爲蛇畫足終傾國本俾
無遺育不亦宜哉寬閑闌夷嶮竟以功名自卒文恩能以
爵讓其殆仁乎

列傳第二十九　北史四十一

方洽周益　周之冕　孫粹然　校正

列傳第三十　　北史四十二

王肅

劉芳 孫逖 芳從子懋

常爽 孫景

王肅字恭懿琅邪臨沂人也父奐齊雍州刺史南史有傳
肅少聰辯涉獵經史頗有大志仕齊位秘書丞父奐及兄
弟並為齊武帝所殺太和十七年肅自建鄴來奔孝文時
幸鄴聞其至虛衿待之引見問故肅辭義敏切辯而有禮
帝甚哀惻之遂語及為國之道肅所陳說深會旨帝促席
移景不覺坐之疲也肅因言蕭氏危亡之兆可以乘機帝

於是圖南之規轉銳器重禮遇日有加焉親貴舊臣莫之
閒也或屏左右談說至夜分不罷肅亦盡忠輸誠無所隱
避自謂君臣之際猶孔明之遇玄德也尋除輔國大將軍
長史賜爵開陽伯肅固辭伯爵許之詔肅討齊義陽聽招
募壯勇以為爪牙其募士有功賞加等其從肅行者六品
已下聽先擬用以後聞若投化人聽五品已下先即優授
肅至義陽頻破賊軍除持節都督豫州刺史揚州大中正
肅善撫接甚有聲稱尋徵入朝帝手詔曰不見君子中心
如醉一日三歲我勞如何飾館華林拂席相待卿欲以何
日發汝墳也又詔曰肅丁荼越世志等伍胥窮踰再朞蔬

縕不改有司依禮喻之又為縞裁練禫之制二十年七月帝以
久旱不雨輟膳百寮詣闕帝在崇虛樓遣舍人問肅對曰
伏承陛下輟膳已經三旦群臣不敢自寧臣聞堯水湯旱
自然之數須聖人以濟世不由聖以致災是以國儲九年
以禦九年之變昨四郊之外已蒙滂澍唯京城之內微為
少澤蒸庶未闕一飧陛下輟膳三日臣庶惶惶無復情地
帝遣答曰雖不食數朝猶自無感朕誠心未至之所致也
朕志確然死而後已是夜澍雨大降以破齊將裴叔業功
進號鎮南將軍加都督四州諸軍事封汝陽縣子肅頻表
固讓不許詔加鼓吹一部初齊之收肅父奐也奐司馬黃

瑤起攻奐殺之二十二年平漢陽瑤起為輔國將軍特詔
以付肅使紓泄哀情孝文崩遺詔以肅為尚書令與咸陽
王禧等同為宰輔徵會駕魯陽肅至遂與禧參同謀謨自
魯陽至京洛行途喪紀委肅參量憂勤經綜有過舊戚禧
兄弟並敬昵之上下稱為和輯唯任城王澄以其起自羇
遠一旦在己之上每謂人曰朝廷以王肅加我上尚可從
叔廣陵宗室尊宿歷任內外云何一朝令肅居其右也肅
聞恒降避之尋為澄所奏劾稱肅謀叛事尋申釋詔肅尚
陳留長公主本劉昶子婦彭城公主也賜錢二十万帛三
千疋肅奏考以顯能陟由績著升明退闇於是乎在自百

寮曠察西総于茲請依舊例考檢能否從之裴叔業以壽
春內附拜肅使持節都督江西諸軍事與彭城王勰率步
騎十万以赴之齊豫州刺史蕭懿屯小峴交州刺史李叔
獻屯合肥將圖壽春肅進師討擊大破之禽叔獻袁蕭懿
還京師宣武臨東堂引見勞之進位開府儀同三司封昌
國縣侯尋爲散騎常侍都督淮南諸軍事揚州刺史肅頻
在邊悉心撫接遠近歸懷附者若市咸得其心清身好施
簡絕聲色終始廉約家無餘財然性微輕佻頗以功名自
許護疵稱伐少所推下孝文每以此爲言景明二年薨於
壽春年三十八宣武爲舉哀給東園秘器朝服一襲錢三

十萬帛一千疋布五百疋蠟三百斤并問其卜還遠近專
遣侍御史十人監護喪事又詔曰杜預之殁窆於首陽司
空李沖覆舟是託顧瞻斯所亦二代之九原也故揚州刺
史肅忠義結於二世英惠符於李杜平生本意願終京陵
旣有宿心宜遂先志其令葬於沖預兩墳之閒使之神游
相得也贈侍中司空公有司奏以肅貞心大度宜謚匡公
詔謚宣簡明帝初詔爲肅建碑銘自晉氏喪亂禮樂崩亡
孝文雖釐革制度變更風俗其閒朴略未能淳也肅明練
舊事虛心受委朝儀國典咸自肅出子紹襲紹字三歸位
中書侍郎卒贈徐州刺史子還襲齊受禪爵隨例降紹弟

理孝靜初得還朝位著作佐郎紹肅前妻謝生也肅臨薨
謝始攜女及紹至壽春宣武納其女爲夫人明帝又納紹
女爲嬪肅弟康字文政涉獵書史微有兄風宣武初攜兄
子誦翊衍等入魏拜中書侍郎卒幽州刺史贈征虜將軍
徐州刺史誦字國章肅長兄融之子學涉有文才神氣清
儁風流甚美歷位散騎常侍光祿大夫右將軍幽州刺史
長兼秘書監給事黃門侍郎明帝崩靈太后之立幼主也
於時大赦誦宣讀詔書言制抑揚風神竦秀百寮傾屬莫
不歎美孝莊初於河陰遇害贈尚書左僕射司空公謚曰
文宣子孝康尚書郎中孝康弟雋　性清雅頗有文才齊

文襄王中外府祭酒誦弟衍字文舒名行器藝亞於誦位
光祿大夫廷尉卿揚州刺史大中正度支七兵二尚書太
常卿出爲散騎常侍西兗州刺史爲介朱仲遠所禽以其
名望不害令騎牛從軍久乃見釋還洛孝靜初位侍中卒
敕給東園秘器贈尚書令司徒公謚曰文獻衍篤於交舊
有故人笁穎於西兗州爲仲遠所害其妻子飢寒衍置於
家累年贍恤世人稱其敦厚翊字士游肅次兄琛子也風
神秀立好學有文才位中書侍郎頗銳於榮利結婚於元
又爲濟州刺史清靜有政績入爲散騎常侍金紫光祿大
夫領國子祭酒卒贈司空公徐州刺史子深武定中儀同

開府記室參軍

劉芳字伯文彭城叢亭里人漢楚元王交之後也六世祖訥晉司隸校尉祖該宋青徐二州刺史父邕宋兖州長史芳出後宋東平太守遜之邕同劉義宣之事身死彭城芳隨伯母房逃竄青州會赦免舅元慶為宋青州刺史沈文秀建威府司馬為文秀所殺芳母子入梁鄒城慕容白曜南討青齊梁鄒降芳北徙為平齊人時年十六南部尚書李敷妻司徒崔浩之弟女芳祖母浩之姑也芳至京師詣敷門崔恥芳流播拒不見之芳雖處窮窘之中而業尚貞固聰敏過人篤志墳典晝則傭書以自資給夜則誦經不

寢至有易衣併日之弊而澹然自守不急急於榮利不戚戚於貧賤乃著窮通論以自慰常為諸僧傭寫經論筆迹稱善卷直一縑歲中能入百餘疋如此數年賴以頗振由是與德學大僧多有還往時有南方沙門惠度以事被責未幾暴亡芳因緣聞知文明太后召入禁中鞭之一百時中官李豐主其始末知芳篤學有志行言之於太后微愧於心會齊使劉纘至芳之始族兄也擢芳兼主客郎與纘相接拜中書博士後與崔光宋弁邢產等俱為中書侍郎俄而詔芳與產入授皇太子經遷太子庶子兼員外散騎常侍從駕洛陽自在路及旋京師恒侍坐講讀芳才思深

敏特精經義博聞強記兼覽蒼雅尤長音訓辯析無疑於是禮遇日隆賞賚豐渥俄兼通直常侍從駕南巡撰述行事尋而除正王肅之來奔也孝文雅相器重朝野屬目芳未及相見嘗宴羣臣於華林肅語次云古者唯婦人有笄男子則無笄芳曰推經禮正文古者男子婦人俱有笄肅曰喪服稱男子免而婦人髽男子冠而婦人笄如此則男子不應有笄芳曰此專謂凶事也禮初遭喪男子免時則婦人髽男子冠時則婦人笄言俱時變男子婦人免髽冠笄之不同也又冠尊故奪其笄且互言也非謂男子無笄又禮內則稱子事父母雞初鳴櫛縰笄總以茲而言男子

有笄明矣高祖稱善者久之肅亦以芳言為然曰此非劉石經也昔漢世造三字石經於太學學者文字不正多往質焉芳音義明辯疑者皆往詢訪故時人號為劉石經酒闌芳與肅俱出肅執芳手曰吾少來留意三禮在南諸儒亟共討論皆謂此義如吾向言今聞往釋頓祛平生之惑芳理義精贍類皆如是孝文遷洛路由朝歌見殷比干墓愴然悼懷為文以弔之芳為注解表上之詔曰覽卿注殊為富博但文非屈宋理慙張賈既有雅致便可付之集書詔以芳經學精洽超遷國子祭酒以母憂去官帝征宛鄧起為輔國將軍太尉長史從太尉咸陽王禧攻南陽齊將

裴叔業入寇徐州疆場之人頗懷去就帝憂之以芳為散騎常侍國子祭酒徐州大中正行徐州事後兼侍中從征馬圈孝文崩於行宮及宣武即位芳手加衮冕孝文龔斂暨卒啓祖山陵練祭始末喪事皆芳撰定咸陽王禧等奉申遺旨令芳入授宣武經及南徐州刺史沈陵外叛徐州大水遣芳撫慰振恤之尋正侍中祭酒中正並如故芳表曰夫為國家者罔不崇儒尊道學數為先唐虞以往典籍無據隆周以降任居武門蔡氏勸學篇云周之師氏居武門左今之祭酒則周師氏洛陽記國子學官與天子宮對太學在開陽門外案學記云古之王者建國親人教學為

先鄭氏注內則設師保以教使國子學焉外則有太學庠序之官由斯而言國學在內太學在外明矣臣謂今既從縣瀍瀍皇居伊洛宮闕府寺僉復故趾至於國學豈宜舛錯校量舊事應在宮門之左至如太學基所見存仍舊營構又云太初太和二十年發敕立四門博士於四門置學臣案自周已上學唯以二或尚東或尚西或貴在國或貴在郊爰暨周室學蓋有六師氏居內太學在國四小在郊禮記云周人養庶老於虞庠虞庠在國之四郊禮又云天子設四學當入學而太子齒注云四學周四郊之虞庠也大戴保傅篇云帝入東學尚親而貴仁帝入南學尚齒而

貴信帝入西學尚賢而貴德帝入北學尚貴而尊爵帝入太學承師而問道周之五學於此彌彰案鄭注學記周則六學所以然者注云內則設師保以教使國子學焉外則有太學庠序之官此其證也漢魏已降無復四郊謹尋先旨宜在四門案王肅注云天子四郊有學去都五十里考之鄭氏不云遠近今太學故坊基趾寬曠四郊別置相去遼闊檢督難周計太學坊并作四門猶為太曠以臣愚量同處無嫌且今時制置多循中代未審四學應從古不求集儒禮官議其定所從之遷中書令祭酒如故出除青州刺史為政儒緩不能禁止姦盜然廉清寡欲無撓公私還

朝議定律令芳斟酌古今為大議之主其中損益多芳意也宣武以朝儀多闕其一切諸議悉委芳脩正於是朝廷吉凶大事皆就諮訪焉轉太常卿芳以所置五郊及日月之位去城里數於禮有違又靈星周公之祀不應隸太常乃上疏曰臣聞國之大事莫先郊祀郊祀之本實在審位臣學謝全經業乖通古豈可輕薦瞽言妄陳管說竊見所置壇祠遠近之宜考之典制或未允衷既曰職司請陳膚淺孟春令云其數八又云迎春於東郊盧植云東郊八里郊也賈逵云東郊木帝太昊八里許慎云東郊八里郊也鄭玄孟春令注云王居明堂禮曰王出十五里迎歲盖殺

禮也周禮近郊五十里鄭玄別注云東郊去都城八里高
誘云迎春氣於東方八里郊也王肅云東郊八里因木數
也此皆同謂春郊八里之明據也孟夏令云其數七又云
迎夏於南郊盧植云南郊七里郊賈逵云南郊火帝七里
許慎云南郊七里郊也鄭玄云南郊去都城七里高誘云
南郊七里之郊也王肅云南郊七里因火數也此又南郊
七里之審據也中央令云其數五盧植云中郊五里之郊
也賈逵云中兆黃帝之位并南郊之季故云兆五帝於四
郊也鄭玄云中郊西南未地去都城五里此又中郊五里
之審據也孟秋令云其數九又云以迎秋於西郊盧植云

西郊九里郊賈逵云西郊金帝少昊九里許慎云西郊九
里郊也鄭玄云西郊去都城九里高誘云西郊九里之郊
也王肅云西郊九里因金數也此又西郊九里之審據也
孟冬令云其數六又云迎冬於北郊盧植云北郊六里郊
也賈逵云北郊水帝顓頊六里許慎云北郊六里郊也鄭
玄云北郊去都城六里高誘云北郊六里之郊也王肅云
北郊六里因水數也此又北郊六里之審據也宋氏含文
嘉注云周禮王畿內千里二十分其一以為近郊近郊五
十里倍之為遠郊迎王氣蓋於近郊漢不設王畿則以其
方數為郊處故東郊八里南郊七里西郊九里北郊六里

中郊在西南未地五里祭祀志云建武二年正月初制郊
兆於雒陽城南七里依採元始中故事北郊在雒陽城北
四里此又漢世南北郊之明據也今地祇準此至如三十
里郊進乖鄭玄所引殷周二代之據退違漢魏所行故事
凡邑外曰郊今計四郊各以郭門為限里數依上禮朝拜
日月皆於東西門外今日月之位去城東西路各三十竊
又未審禮又云祭日於壇祭月於坎今計造如上禮儀志
云立高禖祠于城南不云里數故今仍舊靈星本非禮事
兆自漢初專為祈田恒隸郡縣郊祀志云高祖五年制詔
御史其令天下立靈星祠牲用大牢縣邑令長侍祠晉祠

令云郡縣國祠社稷先農縣又祠靈星此靈星在天下諸
縣之明據也周公廟所以別在洛陽者蓋緣姬旦創成洛
邑故傳世洛陽崇祠不絕以彰厥庸夷齊廟者亦世為洛
陽界內神祠今並移太常恐乖其本天下此類甚眾皆當
部郡縣脩理公私施之禱請竊惟太常所司郊廟神祇自
有常限無宜臨時斟酌以意若遂不妄營則不免淫祀二
祠在太常在洛陽於國一也然貴在審本臣以庸蔽謬忝
今職考括墳籍博采羣議既無異端謂粗可依據今玄冬
務隙野罄人閑遷易郊壇二三為便詔曰所上乃有明據
但先朝置立已久且可從舊先是孝文於代都詔中書監

高閭太常少卿陸琇并公孫崇等十餘人脩理金石及八
音之器後崇爲太樂令乃上請尚書僕射高肇更共營理
宣武詔芳共主之芳表以禮樂事大不容輒決自非博延
公卿廣集儒彥討論得失研窮是非無以垂之萬葉爲不
朽之式被報聽許數旬之間頻煩三議于時朝士頗以崇
專綜既久不應乖謬各嘿然無發論者芳乃探引經誥搜
括舊文共相難質皆有明據以爲盈縮有差不合典式崇
雖示相酬荅而不會問意卒無以自通尚書依事述奏仍
詔委芳別更考制於是學者彌歸宗焉芳以社稷無樹又
上疏曰依合朔儀注日有變以朱絲爲繩以繞係社樹三

匝而今無樹又周禮大司徒職云設其社稷之壝而樹之
田主各以其社之所宜木鄭玄注云所宜木謂若松柏栗
也此其一證也又小司徒封人職云掌設王之社壝爲畿
封而樹之鄭玄注云不言稷者王主於社稷社之細也此
其二證也又論語曰哀公問社於宰我宰我對曰夏后氏
以松殷人以柏周人以栗是乃土地之所宜也此其三證
也又白武通社稷所以有樹何也尊而識之也使人望見
即敬之又所以表功也案此正解所以有樹之義了不論
有之與無也此其四證也此云社稷所以有樹何然則稷
亦有樹明矣又五經通義云天子太社王社諸侯國社侯

社制度奈何曰社皆有垣無屋樹其中以木有木者土主
生萬物萬物莫善於木故樹木也此其五證也此最其丁
寧備解有樹之意也又五經要義云社必樹之以木周禮
司徒職曰班社而樹之各以土地所生尚書逸篇曰太社
惟松東社惟柏南社惟梓西社惟栗北社惟槐此其六證
也此又太社及四方皆有樹別之明據也又見諸家禮圖
社稷圖皆畫爲樹唯誡社誡稷無樹此其七證也雖辯有
樹之據猶未正所殖之木案論語稱夏后氏以松殷人以
柏周人以栗便是世代不同而尚書逸篇則云太社惟松
如此便以一代之中而立社各異也愚以爲宜殖以松何

以言之逸書云太社惟松今者殖松不慮失禮惟稷無成
證稷乃社之細蓋亦不離松也宣武從之芳沈雅方正槩
尚甚高經傳多通孝文尤器敬之動相顧訪太子恂之在
東宮孝文欲爲納芳女芳辭以年貌非宜帝歎其謙慎
更敕芳舉其宗女芳乃稱其族子長文之女孝文乃爲恂
娉之與鄭懿女對爲左右孺子焉崔光於芳有中表之敬
每事詢仰芳撰鄭玄所注周官儀禮音干寶所注周官音
王肅所注尚書音何休所注公羊音范甯所注穀梁音韋
昭所注國語音范曄後漢書音各一卷辯類三卷徐州人
地録二十卷急就篇續注音義證三卷毛詩箋音義證十

卷禮記義證十卷周官儀禮義證各五卷崔光表求以中
書監讓芳宣武不許卒贈鎮東將軍徐州刺史謚文貞侯
長子懌字祖欣雅有父風頗好文翰歷徐州別駕兖州左
軍府長史司空諮議參軍屢爲行臺出使所歷皆有當官
之稱轉通直散騎常侍徐州大中正行郢州事尋遷安南
將軍大司農卿卒贈徐州刺史謚曰簡無子弟歆以第三
子玹爲後歆字景與好學強立善事當世高肇之盛及清
河王懌爲宰輔歆皆與其子姪交游靈太后臨朝又與太
后兄子徙還相好太后令歆以詩賦授弟元吉稍遷光祿

大夫孝武帝初除散騎常侍遷驃騎大將軍國子祭酒孝
武於顯陽殿講孝經歆爲執經雖詶荅論難未能精盡而
風采音制足有可觀尋兼都官尚書又兼殿中尚書及孝
武入關齊神武至洛責歆誅之子騭字子昇少有風氣頗
涉文史位徐州開府從事中郎父歆之死騭率勤鄉部赴
兖州與刺史樊子鵠抗禦王師每戰流涕突陣城陷禽送
晉陽齊神武矜而赦之文襄爲儀同開府以騭爲屬本州
大中正轉中書舍人時與梁和通騭前後受敕對其使一
十六人爲司徒左長史卒贈南青州刺史歆弟緎位金紫
光祿大夫緎子逖
逖字子長少聰敏好弋獵騎射以行樂爲事愛交游善戲

謔齊文襄以爲永安公浚開府行參軍逖遠離家鄉倦於
羈旅發憤自勵專精讀書晉陽都會之所霸朝人士攸集
咸務於宴集逖在游宴之中卷不離手遇有文籍所未見
者則終日諷誦或通夜不歸其好學如此亦留心文藻頗
工詩詠齊天保初行定陶縣令坐事免十餘年不得調
其姊爲任氏婦沒入宮敕以賜魏收收所提攜後爲開府
參軍及文宣崩文士竝作挽歌楊遵彥擇之員外郎盧思
道用八首逖用二首餘人多者不過三四中書郎李愔戲
逖曰盧八問訊劉二逖銜之乾明元年兼員外散騎常侍
使送梁主蕭莊還兼三公郎中武成時和士開寵要逖附

之正授中書侍郎入典機密時李愔獻賦言天保中被讒
逖摘其文奏曰誹謗先朝大不敬武成怒大加鞭朴逖喜
復前憾曰高搥兩下執鞭一百何如呼劉二時尋兼散騎
常侍聘陳使主逖欲獨擅文藻不願與文士同行時黃門
侍郎王松年妹夫盧士游性沈密逖求以爲副又逖姊魏
家者收時已放出逖因次欲嫁之士游不許逖恐事露亦
不遇焉遷給事黃門侍郎脩國史加散騎常侍除假儀同
三司聘周使副二國始通禮儀未定逖與周朝議論往復
斟酌古今事多合禮兼文辭可觀甚得名譽使還拜儀同
三司及武成崩和士開欲改元議者各異逖請爲武平私

謂士開曰武平反爲明輔逖作此以爲公士開悅而從之時士開爲衆口所排畏定遠同輔政逖遂回附之使得西貸悉以餉定遠定遠外任逖不自安又陰結斛律明月胡長仁以自固士開知之未甚信忽於明月門巷逢之彌以爲實初逖名官未達時欲事祖珽珽未原謂人曰我言彭城楚子應有氣俠唯將崔季舒詩示人殊乖氣望逖乃爲弟娶珽女遂成密好珽之將詐趙彥深和士開也先與逖謀逖乃告二人故二人得爲之計珽被黜令弟出其妻及是逖解士開所嫌尋出爲仁州刺史珽乃要行臺尚書盧潛陷逖許潛重遷潛曰如此事吾不爲也更戒逖而護之後被徵還待詔文林館重除散騎常侍奏門下事未幾與崔季舒等同戮時年四十九所制文筆三十卷子逸人開府行參軍仕隋終於洛陽令芳從子懋

懋字仲華祖泰之父承伯仕宋並有名位懋聰敏好學博綜經史善草隸書識奇字宣武初入朝位尚書外兵郎中芳甚重之凡所撰朝廷軌儀皆與參量尚書博議懋與殿中郎袁翻常爲議主達於從政臺中疑事咸所訪決尚書李平與結莫逆交遷步兵校尉領郎中兼東宮中舍人轉員外常侍鎮遠將軍領考功郎中立考課之科明黜陟之法甚有條貫孝昭初大軍攻硤石懋爲李平行臺郎中城

拔懋頗有功太傅清河王懌愛其風雅常目而送之曰劉生堂堂搢紳領袖若天假之年必爲魏朝宰輔詔懋與諸才學之士撰成儀令懌爲宰相積年禮懋尤重令諸子師之遷太尉司馬熙平二年冬暴病卒家甚清貧亡之日徒四壁而已太傅懌及當時才儁莫不痛惜之贈持節前將軍南秦州刺史謚曰宣簡懋詩誄賦頌及文筆見稱於時又撰諸器物造作之始十五卷名曰物祖

常爽字仕明河內溫人魏太常卿林六世孫也祖珍苻堅南安太守因世亂遂居涼州父坦乞伏世鎮遠將軍大夏鎮將顯美侯爽少而聰敏嚴正有志槩雖家人僮隸未嘗見其寬誕之容篤志好學博聞强識明習緯候五經百家多所研綜州郡禮命皆不就武成西征涼土爽與兄士國歸款軍門武成嘉之賜士國爵五品顯美男爽爲六品拜宣威將軍是時戎車屢駕征伐爲事貴游子弟未遑學術爽置館溫水之右教授門徒七百餘人京師學業翕然復興爽立訓甚有勸罰之科弟子之事若嚴君焉尚書左僕射元贊平原太守司馬真安著作郎程靈虬皆是爽教所就崔浩高允並稱爽之嚴教獎勵有方允曰文翁柔勝先生剛克立教雖殊成人一也其爲通識歎服如此因教授之暇述六經略注以廣制作甚有條貫其序曰傳稱立天

之道曰陰與陽立地之道曰柔與剛立人之道曰仁與義然則仁義者人之性也經典者身之文也皆以陶鑄神情啓悟耳目未有不由學而能成其器不由習而能利其業是故季路勇士也服道以成忠烈之槩甯越庸夫也講藝以全高尚之節蓋所由者習也所因者本也本立而道生身文而德備焉昔者先王之訓天下也莫不導以詩書教以禮樂移其風俗和其人民故恭儉莊敬而不煩者教深於禮也廣博易良而不奢者教深於樂也溫柔敦厚而不愚者教深於詩也疏通知遠而不誣者教深於書也潔靜精微而不賊者教深於易也屬辭比事而不亂者教深於

春秋也夫樂以和神詩以正言禮以明體書以廣聽春秋以斷事五者蓋五常之道相須而備易為之源故曰易不可見則乾坤其幾乎息矣由是言之六經者先王之遺烈聖人之盛事也安可不游心寓目習性文身哉頃因暇日屬意藝林略撰所聞討論其本名曰六經略注以訓門徒焉其略注行於世奕不事王侯獨守閑靜講肄經典二十餘年時號為儒林先生年六十三卒於家子文通歷官至鎮西司馬南天水太守西翼校尉文通子景

景字永昌少聰敏初讀論語毛詩一受便覽及長有才思雅好文章廷尉公孫良舉為協律博士孝文親得其名既而用之為門下録事正始初招尚書門下於金墉中書外省考論律令敕景參議宣武季舅護軍將軍高顯卒其兄右僕射肇託景及尚書邢巒并州刺史高聰通直郎徐紇各作碑銘並以呈御帝悉付侍中崔光簡之光奏景名位乃處諸人之下文出諸人之上遂以景文刊石肇尚平陽公主未幾主薨肇欲使公主家令居廬制服已付學官議正施行尚書又以訪景景以婦人無專國之理家令不得有純臣之義乃執議曰喪紀之本宜稱物以立情輕重所因亦緣情以制禮雖理關盛衰事經今古而制作之本降殺之宜其實一焉是故臣之為君所以資敬而崇重為君

母妻所以從服而制義然而諸侯大夫之為君者謂其有地土有吏屬無服文者言其非世爵也今王姬降適雖加爵命事非君邑理異列土何者諸王開國備立臣吏生有趨奉之勤死盡致喪之禮而公主家令唯有一人其丞已下命之屬官既無接事之儀實闕為臣之體原夫公主之貴所以立家令者蓋以主之內事脫須關外理無自達必也因人然則家令唯通內外之職及典主家之事耳無關君臣之理名義之分也由是推之家令不得為純臣公主不可為正君明矣且女人之為君男子之為臣古禮所不載先朝所未議而四門博士裴道廣孫榮乂等以公主為

之君以家令爲之臣制服以斬乖繆彌甚又張虚景善難
羈等不推君臣之分不尋致服之情猶同其議準母制齊
求之名實理未爲允竊謂公主之爵既非食菜之君家令
之官又無純臣之式若附如母則情義罔施若準小君則
從服無據案如經禮事無成文即之愚見謂不應服朝廷
從之景淹滯門下積歲不至顯官以蜀司馬相如王褒嚴
君平揚子雲等四賢皆有高才而無重位乃託意以讚之
景在樞密十有餘年爲侍中崔光盧昶游肇元暉尤所知
賞累遷積射將軍給事中延昌初東宮建兼太子屯騎校
尉録事皆如故受敕撰門下詔書凡四十卷尚書元萇出

信州刊 北史列傳三十 十九 真

爲安西將軍雍州刺史請景爲司馬以景階次不及除録
事參軍襄威將軍帶長安令甚有惠政人吏稱之先是太
常劉芳與景等撰朝令未及班行別典儀注多所草創未
成芳卒景纂成其事及宣武崩召景赴京還修儀注拜謁
者僕射加寧遠將軍又以本官兼中書舍人後授步兵校
尉仍舍人又敕撰太和之後朝儀已施行者凡五十餘卷
時靈太后詔依漢世陰鄧二后故事親奉廟祀與帝交獻
景乃據正以定儀注朝廷是之正光初除龍驤將軍中散
大夫舍人如故時明帝行講學之禮於國子寺司徒崔光
執經敕景與董紹張徹馮元興王延業鄭伯猷等俱爲録

義事畢又行釋奠之禮並詔百官作釋奠詩以景作爲美
是年九月蠕蠕主阿那瓌歸闕朝廷疑其位次高陽王雍
訪景曰昔咸寧中南單于來朝晉世處之王公特進之下
今日爲班宜在蕃王儀同三司之間雍從之朝廷典章而
不決則時訪景而行初平齊之後光禄大夫高聰徙於北
京中書監高允爲之聘妻給其資宅聰後爲允立碑每云
吾以此文報德足矣豫州刺史常綽以未盡其美景尚允
才器先爲遺德頌司徒崔光聞而觀之尋味良久乃云高
光禄平日每矜其文自許報允之德今見常生此頌高氏
不得獨擅其美也侍中崔光安豐王延明受詔議定服章

信州路學州 北史列傳三十 二十

敕景參修其事尋進號冠軍將軍阿那瓌之還國也境上
遷延仍陳窘乏遣尚書左丞元孚奉詔振恤阿那瓌執孚
過柔玄奔于漠北遣尚書令李崇御史中尉兼右僕射元
纂追討不及乃令景出塞經瓮山臨瀚海宣敕勸衆而返
景經涉山水悵然懷古乃擬劉琨扶風歌十二首進號征
虜將軍孝昌初給事黄門侍郎尋除左將軍太府少卿仍
舍人固辭少卿不拜改授散騎常侍將軍如故徐州刺史
元法僧叛入梁梁武遣其豫章王綜入據彭城時安豐
王延明爲大都督大行臺率臨淮王彧等衆軍討之既而
蕭綜降附徐州清復遣景兼尚書持節馳與行臺都督觀

機部分景經洛汭乃作銘焉是時尚書令蕭寶夤都督崔延伯都督北海王顥都督車騎將軍元恒芝等並各出討詔景詣軍宣旨勞問還以本將軍徐州刺史杜洛周反於燕州仍以景兼尚書爲行臺與幽州都督平北將軍元譚以禦之景表求勒幽州諸縣悉入古城山路有通賊之處權發兵夫隨宜置戍以爲防遏又以頃來差兵不盡强壯今之三長皆是豪門多丁爲之今求權發爲兵明帝皆從之進號平北將軍別敕譚西至軍都關北從盧龍塞據此二嶮以杜賊出入之路又詔景山中嶮路之處悉令捍塞景遣府録事參軍裴智成發范陽三長之兵以守白𡼖都

信州路李州　北史列傳三十　二十一

督元譚據居庸下口俄而安州石離冗城斛鹽三戍兵反結洛周有衆二万餘落自松岍赴賊譚勒別將崔仲哲等截軍都關以待之仲哲戰没洛周又自外應之腹背受敵譚遂大敗諸軍夜散詔以景所部別將李琚爲都督代譚征下口降景爲後將軍解州任仍詔景爲幽安玄四州行臺賊既南出鈔略薊城景命統軍梁仲禮率兵士邀擊破之獲賊將禦夷鎮軍主孫念恒都督李琚爲賊所攻薊城之北軍敗而死率屬城人禦之賊不敢逼洛周還據上谷授景平北將軍光禄大夫行臺如故洛周遣其都督王曹紇眞馬叱斤等率衆薊南以掠人穀乃遇連雨賊衆疲勞

景與都督于榮刺史王延年置兵粟國邀其走路大敗之斬曹紇眞洛周率衆南趨范陽景與延年及榮破之又遣別將重破之於州西虎眼泉擒斬之及溺死者甚衆後洛周南圍范陽城人翻降執刺史延年及景送於洛周尋爲葛榮所吞景又入榮榮破景得還朝永安初詔復本官兼黃門侍郎又攝著作固辭不就二年除中軍將軍黃門先是參議正光壬子曆至是賜爵高陽子元顥内逼莊帝北巡景與侍中大司馬安豐王延明在禁中召諸親賓乃安慰京師顥入洛景乃居本位莊帝還宮解黃門普泰初除車騎將軍右光禄大夫祕書監以預詔命之勤封濮陽縣

信州刊　北史列傳三十　二十二　文山

子後以例追永熙二年監議事景自少及老恒居事任清儉自守不營産業至於衣食取濟而已耽好經史愛翫文詞若遇新異之書殷勤求訪或復質買不問價之貴賤必以得爲期友人刀整每謂曰卿清德自居不事家業雖儉約可尚將何以自濟也吾恐摯太常方餧於柏谷耳遂與衛將軍羊深矜其所乏乃率刀雙司馬彦邕李諧畢祖彦畢義顯等各出錢千文而爲買馬焉天平初遷鄴是時詔下三日戶四十万狼狽就道收百官馬尚書丞郎已下非陪從者盡乘驢齊神武以景清貧特給車牛四乘妻孥方得達鄴後除儀同三司仍本將軍武定六年以老疾去官

詔特給右光祿事力終其身八年薨景善與人交終始若一其游處者皆服其深遠之度未曾見其矜吝之心好飲酒瀆於榮利自得懷抱不事權門性和厚恭慎每讀書見韋弦之事深薄之危乃圖古昔可以鑒戒指事爲象讚而述之曰周雅云謂天蓋高不敢不跼謂地蓋厚不敢不蹐有朝隱大夫鑒戒斯文乃惕焉而懼曰夫道喪則世傾利重則身輕是故秉和體遜式銘方冊防微慎獨載象丹青信哉辭人之賦文晦而理明仰瞻高天聽卑視諦俯測厚地岳峻川渟誰其戴之不私不畏誰其踐之不陷不墜故善惡具徵物固同異論充匪乂人咸敬忌嗟乎唯地厚矣

尚亦兢兢浩浩名位孰識其親搏之弗得聆之無聞故有戒於顯而悉乎微好爵是冒聲奢是甚身陷於祿利言溺於是非或永欲而未厭或知足而不辭是故位高而勢逾迫正立而邪逾欺安有位極而危不卒邪榮而正不彫故悔多於地厚禍甚於天高夫悔未結誰肯曲躬夫禍未加誰肯累足固機發而後思圖車覆而後改躅　之無及故狡兔失穴思之在後故逆鱗易觸君子則不然體舒則懷卷視溺則思濟原夫人閑之度邈於無階之天勢位之危深於不測之地餌厚而躬不競爵降而心不係守善於已成懼愆於未敗雖盈而戒沖通而慮滯以知命爲遐齡以

樂天爲大惠以戢智而從時以懷愚而游世曲躬焉累足焉苟行之晝已決矣猶夜則思其計誦之口亦明矣故心必賞其契故能不同不誘而弭謗於群小無毀無譽而貽信於上帝託身與金石俱固立名與天壤相弊貴競無侵優游獨逝夫如是綺閣金門可安其宅錦衣玉食可顧其形柳下三黜不愠其色子文三陟不憘其情而感者見居高可以持勢欲秉高以據榮見直道可以脩己欲專道以邀聲夫去聲然後聲可立豈榮道之所宜慮危然後安可固豈假道之所全是以君子鑒恃道不可以流聲故去聲而懷道鑒專道不可以守勢故去勢以崇道何者履道雖

高不得無亢求聲雖道不得無悔然則聲奢繁則寘儉彫功業進則身迹退如此則精靈遂越惰後自親情與道絕事與勢隣方欲役思以持勢乘勢以求津故利慾誘其性禍難嬰其身利欲交則幽顯以之變禍難構則智術無所陳若然者雖縻爵帝扃焉得而寧之雖結珮皇庭焉得而榮之故身道未究而崇邪之徑已形成功未立而脩正之術已生福祿交塞於人事屯難頓萃於時情忠介剖心於白日耿節沉骨於幽靈因斯愚智之所機倚伏之所係全亡之所依其在遜順而已哉嗚呼鑒之嗚呼鑒之景所著述數百篇見行於世刪正晉司空張華博物志及撰儒林

列女傳各數十篇云長子昶少學識有文才早卒昶弟虔之永安中司空行參軍

論曰古人云才未半古功已過之王肅流寓之士見知一面榮任赫然寄同舊列雖器業自致抑亦逢時之所致焉劉芳矯然特立沈深好古博通洽識為世儒宗懋才流識學見重於世不虛然也常爽以儒素著稱景以文義見宗美乎

列傳第三十　北史四十二

儒學刊　北史列傳三十　二十五　元甫

方洽　周益　周之冕　孫粹然　校正

列傳第三十一　北史四十三

郭祚

張彝 孫晏之 曾孫乾威

邢巒 弟子昕 邵 族孫臧

李崇 從弟平 平子獎 諧

郭祚字季祐太原晉陽人魏車騎將軍淮弟亮之後也祖逸本州別駕前後以二女妻司徒崔浩一女妻浩弟上黨太守恬太武時浩親寵用事拜逸徐州刺史假榆次侯贈光祿大夫父洪之坐浩事誅祚亡竄得免少孤貧姿貌不偉鄉人莫之識有女巫相祚後當富貴祚涉歷經史習崔浩之書尺牘文章見稱於世弱冠為州主簿刺史孫小委之書記又太原太守王希彥逸妻之姪也共相賙恤乃振孝文初舉秀才對策上第拜中書博士轉中書侍郎遷尚書左丞長兼給事黃門侍郎祚清勤在公夙夜匪懈帝甚賞之從南征及還正黃門車駕幸長安行經渭橋過郭淮廟問祚曰是卿祖宗所承邪祚曰是臣七世伯祖帝曰先賢後哲頓在一門祚對曰昔臣先人以通儒英博唯事魏文微臣虛薄遭奉聖明自惟幸甚因敕以太牢祭淮廟令祚自撰祭文以贊遷洛之規賜爵東光子孝文曾幸華林園因觀故景陽山祚曰山以仁靜水以智流願陛下脩之

信州路學刊　北史列傳三十一　一　南

帝曰魏明以奢失於前朕何爲襲之於後祚曰高山仰止帝曰得非景行之謂遷散騎常侍仍領黃門是時孝文銳意典禮兼銓鏡九流又遷都草創征討不息內外規略號爲多事祚與黃門宋弁參謀帷幄隨其才用各有委寄祚承稟注疏特成勤劇嘗以立馮昭儀百官夕飲清徽後園孝文舉觴賜祚及崔光曰郭祚憂勤庶事獨不欺我崔光溫良博物朝之儒秀不勸此兩人當勸誰也其見知若此初孝文以李彪爲散騎常侍祚因入見帝謂祚曰朕昨誤授一人官祚對曰豈容聖詔一行而有差異帝沈吟曰此自應有讓因讓朕欲別授一官須臾彪有啓云伯石辭卿

子產所惡臣欲之已久不敢辭讓帝歎謂祚曰卿之忠諫李彪正辭使朕遲回不能復決遂不換李彪官也乘輿南討祚以兼侍中從拜尚書進爵爲伯孝文崩咸陽王禧等奏祚兼吏部尚書尋除長兼吏部尚書并州大中正宣武詔以姦吏逃刑縣配遠戍若永避不出兄弟代之祚奏曰若以姦吏逃竄徙其兄弟罪人妻子復應從之此則一人之罪禍傾二室愚謂罪人既逃止徙妻子走者之身縣名永配於貫不免姦途自塞詔從之尋正吏部祚持身潔清重惜官位至於銓授假令得人必徘徊久之然後下筆下筆即云此人便以貴矣由是事頗稽滯當時每招怨讟然

所拔用者皆量才稱職時又以此歸之出爲使持節鎮北將軍瀛州刺史及太極殿成祚朝於京師轉鎮東將軍青州刺史祚逢歲不稔闔境饑敝矜傷愛下多所振恤雖斷決淹留號爲煩緩然士女懷其德澤入爲侍中金紫光祿大夫并州大中正遷尚書右僕射時議定新令詔祚與侍中黃門參議刊正故事令僕中丞騶唱而入宮門至於馬道及祚爲僕射以爲非盡敬之宜言於帝納之下詔御在太極騶唱至止車門御在朝堂至司馬門騶唱不入宮自此始也詔祚本官領太子少師祚曾從幸東宮明帝幼弱祚持一黃瓠出奉之時應詔左右趙桃弓與御史中尉王

顯迭相脣齒深爲帝所信祚私事之時人謗祚者號爲桃弓僕射黃瓠少師祚奏曰謹案前後考格雖班天下如臣愚短猶有未悟今須定職人遷轉由狀超越階級者即須量折景明初考格五年者得一階半正始中故尚書中山王英奏考格被旨但可正滿三周爲限不得計殘年之勤又去年中以前二制不同奏請裁決旨云黜陟之體自依舊來恒斷今未審舊來之旨爲從景明之斷爲從正始爲限景明考法東西省文武閑官悉爲三等考同任事而前尚書盧昶奏上等之人三年轉半階今之考格復分爲九等前後不同參差無準詔曰考在上中者得汎以前有六

年以上遷一階三年以上遷半階殘年悉除考在上下者得汎以前六年以上遷半階不滿者除其得汎以後考在上下者三年遷一階散官從盧昶所奏祚又奏言考察令公清獨著德績超倫而無負殿者爲上上一殿爲上中二殿爲上下累計八殿品降至九未審今諸曹府寺凡考在事公清然才非獨著績行稱務而德非超倫幹能粗可而守平堪任或人用小劣劬官濟事并全無負殿之徒爲依何第景明三年以來至今十有一載準限而判三應升退今既通考未審爲十年之中通其殿最積以爲第隨前後年斷各自餘其善惡而爲升降且負注之章數成殿爲差此條以寡愆爲最多愆爲殿未審取何行是寡愆何坐爲多愆結累品次復有幾等諸文案失衷應杖十者爲一負罪依律次過隨負記十年之中三經肆眚赦前之罪不問輕重皆蒙有免或爲御史所彈案驗未周遇赦復任者未審記殿得除以不詔曰獨著超倫及才備寡咎皆謂文武兼上上之極言耳自此以降猶有八等隨才爲次令文已具其積負累殿及守平得濟皆含在其中何容別疑也所云通考者據總多年之言至於黜陟之體自依舊來年斷何足復請其罰贖已記之殿固非免限遇赦免罪準其殿者除之壽加散騎常侍時詔營明堂國學祚奏曰今雲羅

西舉開納岷蜀戎旗東指鎮靖淮荆漢沔之間復須防捍徵兵發衆所在殷廣邊郊多壘烽驛未息不可於師旅之際興板築之功且獻歲云暨東作將始臣愚量謂宜待豐靖之年因子來之力可不時而就從之宣武末年每引祚入東宮密受賞賚多至百餘萬雜以錦繡又特賜以劍杖恩寵甚深遷左僕射先是梁將康絢遏淮將灌揚徐祚表曰蕭衍狂狡擅斷川瀆役苦人勞危亡已兆宜敕揚州選一猛將遣當州之兵令赴浮山表裏夾攻朝議從之除使持節散騎常侍都督雍州刺史征西將軍太和以前朝法尤峻貴臣蹉跌便致誅夷李沖之用事也欽祚識幹薦爲左丞又兼黃門意便滿足每以孤門往經崔氏之禍常慮危亡苦自陳挹辭色懇然發於誠至沖謂之曰人生有運非可避也但當明白當官何所顧畏自是積十數年位秩隆重而進趣之心更復不息又以東宮師傅之資列辭尚書志在封侯之賞儀同之位尚書令任城王澄爲之奏聞及爲征西雍州雖喜外撫尚以府號不優心望加大執政者頗怪之於時領軍于忠恃寵驕恣崔光之徒曲躬承接祚心惡之乃遣子太尉從事中郎景尚說高陽王雍令出忠爲州忠聞而大怒矯詔殺祚祚達於政事凡所經履咸爲稱職每有斷決多爲故事名器既重時望亦深一朝非

罪見害遠近莫不惋惜靈太后臨朝遣使弔慰追復伯爵正光中贈使持節車騎將軍儀同三司雍州刺史謚文貞公初孝文之置中正從容謂祚曰并州中正卿家故應推王瓊也祚退謂寮友曰瓊真僞今自未辯我家何爲減之然主上直信李沖吹噓之說耳祚死後三歲而于忠死見祚爲祟祚子景尚字思和涉歷書傳曉星歷占候言事頗驗初爲彭城王中軍府參軍遷員外郎司徒主簿太尉從事中郎公強當世善事權寵世號曰鄭尖位中書侍郎未拜而卒景尚弟慶禮位通直郎慶禮子元貞武定末定州驃騎府長史

張彝字慶賓清河東武城人也曾祖幸慕容超東牟太守歸魏賜爵平陸侯位青州刺史祖準之襲又爲東青州刺史父靈真早卒彝性公強有風氣歷覽經史襲祖侯爵與盧陽烏李安人等結爲親友往來朝會常相追隨陽烏爲主客令安人與彝並散令彝少而豪放出入殿庭步眄高上無所顧忌文明太后雅尚恭謹因會次見其如此遂召集百寮督責之令其修悔而猶無悛改善於督察每有所延檢彝常充其選清慎嚴猛所至人皆畏伏儔類亦以此高之遷主客令例降侯爲伯轉太中大夫仍行主客曹事尋爲黃門後從駕南征母憂解任彝居喪過禮送葬自平城達家千里步從不乘車馬顔貌瘦瘠當世稱之孝文幸冀州遣使弔慰詔以驍騎將軍起之還復本位以參定遷都之勳進爵爲侯轉太常少卿遷散騎常侍兼侍中持節巡察陜東河南十二州甚有聲稱使還以從征之勤遷尚書坐舉元昭爲兼郎中黜爲守尚書宣武初除正尚書兼侍中尋正侍中宣武親政罷六輔彝與兼尚書邢巒聞處分非常懼出京奔走爲御史中尉甄琛所彈云非武非兕率彼曠野詔書切責之尋除安西將軍秦州刺史彝務尚典式考訪故事及臨隴右彌加制置於是出入直衛方伯羽儀赫然可觀羌夏畏伏憚其威整一方肅靜號爲良牧

其年冬太極初就彝與郭祚等俱以勤舊被徵及還州進號撫軍將軍彝表解州任詔不許彝敷政隴右多所制立宣布新風革其舊俗人庶愛仰之爲國造佛寺名曰興皇諸有罪咎者隨其輕重謫爲土木之功無復鞭杖之罰時陳留公主寡居彝意願尚主主亦許之僕射高肇亦望尚主主意不可肇怒譖彝擅立刑法勞役百姓詔遣直後萬貳興馳驛檢察貳興肇所親愛必欲致彝深罪彝清身奉法求其愆過遂無所得見代還洛猶停廢數年因得偏風手腳不便然志性不移善自將攝稍能朝拜久之除光祿大夫加金章紫綬彝愛好知己輕忽下流非其意者視之

蔑爾雖疹疾家庭而志氣彌高上歷帝圖五卷起元庖犧
終於晉末凡十六代一百二十八帝歷三千二百七十年
雜事五百八十九宣武善之明帝初侍中崔光表彝及李
韶朝列之中唯此二人出身官次本在臣右器能幹世又
並爲多而近來參差便成替後計其階途雖應遷陟然恐
班秩猶未賜等昔衞之公叔引下同舉晉之士丐推長伯
游古人所高當時見許敢緣斯義乞降臣位一階授彼汎
級詔加征西將軍冀州大中正雖年向六十加之風疹而
自強人事孜孜無怠公私法集衣冠從事延請道俗修營
齋講好善欽賢愛獎人物南北新舊莫不多之大起第宅

微號華侈頗侮其疎宗舊戚不甚存紀時有怨憾焉榮宦
之間未能止足屢表在秦州豫有開援漢中之勳希加賞
報積年不已朝廷患之第二子仲瑀上封事求銓削選格
排抑武人不使預在清品由是衆口喧喧謗讟盈路立榜
大巷克期會集屠害其家彝殊無畏避之意父子安然神
龜二年二月羽林武賁將幾千人相率至尚書省詬罵求
其長子尚書郎始均不獲以瓦石擊打公門上下懾懼莫
敢討抑遂持火虜掠道中薪蒿以杖石爲兵器直造其第
曳彝堂下捶辱極意唱呼焚其屋宇始均仲瑀當時踰北
垣而走始均回救其父拜伏羣小以請父命羽林等就加

毆擊生投之於烟火中及得尸骸不復可識唯以髻中小
釵爲驗仲瑀走免彝僅有餘命沙門寺與其比隣輿致於
寺遠近聞見莫不惋駭乃卒官爲收掩羽林凶強者八人
斬之不能窮誅羣豎即爲大赦以安衆心有識者知國紀
之將墜矣喪還所焚宅與始均東西分斂於小屋仲瑀遂
以創重避居滎陽至五月得漸瘳始奔父喪詔賜以布帛
靈太后以其累朝大臣特垂矜惻數月猶追言泣下謂諸
侍臣曰吾爲張彝飲食不御乃至首髮微有虧落悲痛之
若此初彝曾祖幸所招引河東人爲州裁千餘家後相依
合旋罷入冀州積三十年析別有數萬戶故孝文比校天

下人戶最爲大州彝爲黃門每侍坐以爲言孝文謂之曰
終當以卿爲刺史酬先世誠效彝追孝文往旨累乞本州
朝議未許彝亡後靈太后云彝屢乞冀州吾欲用之有人
違我此意若從其請或不至是悔之無及乃贈使持節衞
將軍冀州刺史謚文侯始均字子衡端潔好學才幹有美
於父改陳壽魏書爲編年之體廣益異聞爲三十卷又著
冠帶錄及諸詩賦數十篇並亡失初大乘賊起於冀瀛之
間遣都督元遙討平之多所殺戮積尸數萬始均以郎中
爲行臺忿軍士以首級爲功令檢集人首數千一時焚爇
至於灰燼用息僥倖見者莫不傷心及始均之死也始末

在煙炭之間有焦爛之痛論者或亦推咎焉贈樂陵太守
謚曰孝子爲之襲祖爵武定中開府主簿齊受禪爵例降
爲之弟晏之

晏之字熈德幼孤有至性爲母鄭氏教誨動依禮典從尒
朱榮平元顥賜爵武城子累遷尚書二千石郎中高岳征
潁川復以爲都督中兵參軍兼記室晏之文士兼有武幹
每與岳帷帳之謀又嘗以短兵接刃親獲首級深爲岳所
嗟賞齊天保初文宣爲高陽王納晏之女爲妃令赴晉陽
成禮晏之後園陪讌坐客皆賦詩晏之詩云天下有道主
明臣直雖休勿休承貽世則文宣咲曰得卿箴諷深以慰

懷後行北徐州事尋即真爲吏人所愛御史崔子武督察
州郡至北徐無所案劾唯得百姓所制清德頌數篇乃歎
曰本求罪狀遂聞頌聲遷兖州刺史未拜卒贈齊州刺史
太常卿子乾威

乾威字元敬性聰敏涉獵羣書其世父爲之謂人曰吾家
千里駒也仕齊位太常丞仕周爲宣納中士隋開皇中累
遷晉王屬王甚美其才與河内張衡俱見禮重晉邸稱爲
二張焉及王爲太子遷員外散騎侍郎太子内舍人煬帝
即位授内史舍人儀同三司又以藩邸之舊加開府尋拜
謁者大夫從幸江都以本官攝江都贊務稱爲幹理乾威
嘗在塗見一遺囊恐其主求失因令左右負之而行後數
日物主來認悉以付之淮南太守楊綝嘗與十餘人同來
謁見帝問乾威曰其首立者爲誰乾威下殿就視而荅曰
淮南太守楊綝帝謂乾威曰卿爲謁者大夫而乃不識參
見人何也乾威對曰臣非不識楊綝但慮不審所以不敢
輕對石建數馬足蓋慎之至其廉慎皆此類也帝甚嘉之
于時帝數巡幸百姓疲弊乾威因上封事以諫帝不悅自
此見疎未幾卒官有子爽仕至蘭陵令乾威弟乾雄亦有
才器秦孝王俊爲秦州揔管選爲法曹參軍王嘗親案囚
徒乾雄誤不持狀口對百餘人皆盡事情同輩莫不歎服

後歷壽春陽城二縣令俱有政績

邢巒字洪賓河間鄚人魏太常貞之後也族五世祖嘏石
勒頻徵不至嘏無子巒高祖蓋自旁宗入後蓋孫穎字宗
敬以才學知名太武時與范陽盧玄等同徵後拜中書侍
郎改通直常侍平城子使宋還以病歸鄉乆之帝曰往憶
邢穎長者有學義宜侍講東宫今安在司徒崔浩曰穎臥
病在家帝遣太醫馳驛就療卒贈定州刺史謚曰康子脩
年即巒父也位州主簿巒少好學負帙尋師守貧厲節遂
博覽書傳有文才幹略美鬚髯姿貌甚偉累遷兼員外散
騎常侍使齊還再遷中書侍郎甚見顧遇嘗參坐席孝文

因行藥至司空府南見巒宅謂巒曰朝行藥至此見卿宅乃住東望德館情有依然巒對曰陛下移構中京方建無窮之業臣意在與魏升降寧容不務永年之宅帝謂司空穆亮僕射李沖曰巒之此言其意不小有司奏策秀孝詔曰秀孝殊問經權異策邢巒才清可令策秀後兼黃門郎從征漢北巒在新野後至帝曰伯玉天迷其心鬼惑其慮守危邦固逆主至此以來雖未禽滅城隍已崩想在不遠所以緩攻者正待中書為露布耳尋除正黃門兼御史中尉瀛州大中正遷散騎常侍兼尚書宣武時巒奏曰先皇深觀古今去諸奢侈服御尚質不貴彫鏤所珍在素不務

奇綵至乃以紙絹為帳扆銅鐵為轡勒訓朝廷以節儉示百姓以憂矜逺旻明之初承升平之業四疆清晏逺近來同於是蕃貢繼路商估交入諸所獻貿倍多於常雖加以節約猶歲損萬計珍貨常有餘國用恒不足若不裁其分限便恐無以支歲自今非為要須者請皆不受帝從之尋正尚書梁秦二州行事夏侯道遷以漢中內附詔加巒使持節都督征梁漢諸軍事進退徵攝得以便宜從事巒至漢中遣兵討之賊皆款附乘勝追奔至關城之下詔拜巒使持節梁秦二州刺史於是開地定境東西七百南北千里獲郡十四二部護軍及諸縣戍遂逼涪城巒表曰揚州

成都相去萬里陸途既絕唯資水路水軍西上非周年不達外無軍援一可圖也益州頃經劉季連反叛鄧元起攻圍倉庫空竭無復固守之意二可圖也蕭深藻是帬屐少年未洽政務今之所任並非宿將重名皆是左右少年而已三可圖也蜀之所恃唯阻劍閣今既克南安已奪其險據彼界內三分已一從南安向涪方軌任意前軍累破後衆喪魂四可圖也深藻是蕭衍兄子骨肉至親若其逃亡當無死理脫軍走涪城深藻何肯城中坐而受困五可圖也臣聞乘機而動武之善經未有捨干戚而康時不征伐而統一臣以不才屬當戎寄上憑國威頻有薄捷瞻望涪

益旦夕可屠正以兵少糧匱未宜前出今若不取後圖便難輒率愚管必將殄克如其無功分受憲坐若朝廷未欲經略臣便為無事乞歸侍養微展烏鳥巒又表曰昔鄧艾鍾會率十八萬衆傾中國資給裁得平蜀所以然者鬬實力也況臣才絕古人何宜請二萬之衆而希平蜀所以敢者正以據得要險士庶慕義此往則易彼來則難任力而行理有可克今王足前進已逼涪城脫得涪城則益州便是成禽之物臣誠知征戎危事未易可為自軍度劍閣以來鬢髮中白所以勉強者既到此地而自退不守恐孤先皇之恩遇負陛下之爵祿是以孜孜頻有陳請宣武不從

又王足於涪城輒還遂不定蜀巒既克巴西遣軍主李仲遷守之仲遷得梁將張法養女有美色甚惑之散費兵儲專心酒色公事諮承無能見者巒忿之切齒仲遷懼謀叛城人斬其首以降梁將譙希遠巴西遂沒武興氐楊集起等反巒遣統軍傅竪眼討平之巒之初至漢中從容風雅接豪右以禮撫衆庶以恩歲餘之後頗因其去就誅滅百姓藉為奴婢者二百餘口兼商販聚斂清論鄙之徵授度支尚書時梁人侵軼徐兖朝廷乃以巒為使持節都督東討諸軍事安東將軍尚書如故宣武勞遣巒於東堂曰知將軍旋京未久膝下難違然東南之寄非將軍莫可自古

忠臣亦非無孝也巒曰願陛下勿以東南為慮帝曰漢祖有云金吾擊郾吾無憂矣今將軍董戎朕何慮哉巒至乃分遣將帥致討兖州悉平進圍宿豫平之帝賜巒璽書慰勉之及梁城賊走中山王英乘勝攻鍾離又詔巒率衆會巒以為鍾離天嶮朝貴所具若有內應則所不知如其無也必無克狀且俗語云耕則問田奴絹則問織婢臣既謂難何容強遣巒既累表求還帝許之英果敗退時人伏其識略初侍中盧昶與巒不平昶與元暉俱為宣武所寵御史中尉崔亮昶之黨也昶暉令亮糾巒事成許言於宣武以亮為侍中亮奏巒在漢中掠良人為婢巒懼乃以漢中

所得巴西太守龐景仁女化生等二十餘口與暉化生等數人奇色也暉大悅乃背昶為巒言云巒新有大功已經赦宥不宜方為此獄帝納之高肇以巒有克敵効而為昶等所排助巒申釋故得不坐豫州城人白早生殺刺史司馬悅以城南入梁遣其將齊苟仁率衆入據縣瓠詔巒持節率羽林精騎討之封平舒縣伯賞宿豫之功也宣武臨東堂勞遣巒曰早生走也守也何時平巒曰今王師若臨士人必翻然歸順圍之窮城奔走路絕不度此年必傳首京師願陛下不足為慮帝笑曰卿言何其壯哉知卿親老頻勞於外然忠孝不俱不得辭也於是巒率騎八百倍道

兼行五日次於鮑口擊賊大將胡孝智乘勝至縣瓠因即度汝既而大兵繼至遂長圍圍之詔巒使持節假鎮南將軍都督南討諸軍事中山王英南討三關亦次縣瓠以後軍未至前寇稍多憚不敢進乃與巒分兵將掎角攻之梁將齊苟仁等二十一人開門出降即斬早生等同惡數十人豫州平巒振旅還京師宣武臨東堂勞之巒曰此陛下聖略威靈英等將士之力臣何功之有帝笑曰卿匪直一月三捷所足稱奇乃存士伯讓功而弗處巒自宿豫大捷及平縣瓠志行脩正不復以財賄為懷戎資軍實絲毫無犯還殿中尚書加撫軍將軍卒於官巒才兼文武朝野瞻

望上下悼惜之贈車騎大將軍瀛州刺史初帝欲贈冀州
黃門甄琛以巒前曾劾己乃云瀛州巒之本郡人情所欲
乃從之及琛為詔乃云優贈車騎將軍瀛州刺史議者笑
琛淺薄謚曰文定子遜
遜字子言貌雖陋短頗有風氣襲爵後遷國子博士本州
中正因謁靈太后自陳功名之子久抱沈屈臣父屢為大
將而臣身無軍功階級臣父唯為忠臣不為慈父靈太后
慨然以遜為長兼吏部郎中後位大司農卿與少卿元慶
哲至相糺訟遜銳於財利議者鄙之卒贈光祿勳幽州刺
史子祖徵開府祭酒父喪未終謀反伏法祖徵弟祖劝貌

寢有風尚仕齊卒於尚書郎祖劝弟祖俊開府行參軍閑
晏中位尚書都官郎中巒弟偉尚書郎中偉子昕
昕字子明幼孤見愛於祖母李氏好學早有才情解褐濫
寇將軍累遷太尉記室參軍吏部尚書李神儁奏昕脩起
居注太昌初除中書侍郎加平東將軍光祿大夫時言冒
竊官級為中尉所劾免官乃為述躬賦未幾受詔與祕書
監常景典儀注事武帝行釋奠禮昕與校書郎裴伯茂等
俱為錄義永熙末昕入為侍讀與溫子昇魏收參掌文詔
遷鄴乃歸河間天平初與侍中從叔子才魏季景魏收同
徵赴都尋還鄉里既而復徵時梁使兼散騎常侍劉孝儀

等來聘詔昕兼正員郎迎於境上司徒孫騰引為中郎尋
除通直常侍加中軍將軍既有才藻兼長几案自孝昌之
後天下多務世人競以吏工取達文學大衰司州中從事
宋游道以公斷見知時與昕嘲謔昕謂之曰世事同知文
學外游道有慙色興和中以本官副李象使於梁昕好忤
物人謂之牛是行也談者謂之牛象鬬於江南齊文襄王
攝選擬昕為司徒右長史未奏遇疾卒士友悲之贈車騎
將軍都官尚書冀州刺史謚曰文所著文章自有集錄偉
弟晏字幼平美風儀博涉經史善談釋老雅好文詠位滄
州刺史為政清靜吏人安之卒贈尚書左僕射瀛州刺史

謚曰文貞晏篤於義讓初為南兗州例得一子解褐乃啓
其孤弟子子慎為朝請子慎年甫十二而其子已弱冠矣
後為滄州復啓孤兄子昕為府主簿而其子竝未從官世
人以此多之子亢字子高頗有文學位兼通直散騎常侍
使於梁時年二十八後為中外府屬坐事死於晉陽巒叔
祖祐字宗祐少有學尚知名於時假員外散騎常侍使於
宋以將命之勤除建威將軍平原太守賜爵城平男政清
刑簡百姓安之卒于官子産字神寶好學善屬文少時作
孤蓬賦為時所稱舉秀才除著作佐郎假常侍鄭縣子使
於齊産仍世將命時人美之歷中書侍郎太子中庶子卒

朝廷嗟惜焉贈平州刺史樂城子謚曰定祐從子虯字神彪著作郎敏之子也少爲三禮鄭氏學明經有文思舉秀才上第爲中書議郎尚書殿中郎孝文因公事與語問朝覲宴饗禮虯以經對大合上旨帝崩尚書令王肅多用新儀虯往往折以五經正禮爲尚書左丞多所糾正臺閣肅然時鴈門人有害母者八坐奏轘之而瀦其室宥其二子虯駁奏云君親無將將而必誅謀逆者戮及者親害親者令不及子既逆甚梟鏡禽獸之不若而使禋祀不絕遺育承傳非所以勸忠孝之道存三綱之義若聖教含容不加孥戮使父子罪不相及惡止於其身者則宜投之四裔敕

所在不聽配匹盤庚言無令易種新邑漢法五月食梟羹皆欲絕其類也奏入宣武從之後爲光祿少卿母在鄉遇患請假歸遇秋水暴長河梁破絕虯得一小船而度船漏滿不沒時人異之母喪哀毀過禮爲時所稱卒贈幽州刺史謚曰威虯善與人交清河崔亮頓丘李平竝與親善所作碑頌雜筆三十餘篇長子臧

臧字子良幼孤早立操尚博學有藻思年二十一神龜中舉秀才考上第爲太學博士正光中議立明堂臧爲裴頠一室之議事雖不行當時稱其理博出爲本州中從事雅爲鄉情所附永安初徵爲金部郎中以疾不赴轉除東牟太守時天下多事在職少能廉白臧獨清慎奉法吏人愛之隴西李延寔莊帝之舅以太傅出除青州啓臧爲屬領樂安內史有惠政後除濮陽太守尋加安東將軍臧和雅信厚有長者之風爲時人所愛敬爲特進甄琛行狀世稱其工與裴敬憲盧觀兄弟竝結友曾共讀回文集臧獨先通之撰古來文章并叙作者氏族號曰文譜未就病卒時賢悼惜之其文筆凡百餘篇贈鎮北將軍定州刺史謚曰文子恕涉學有識悟齊武平末尚書屯田郎隋開皇中尚書侍郎卒於沂州長史

臧弟邵字子才小字吉少時有避遂不行名年五歲魏吏

部郎清河崔亮見而奇之曰此子後當大成位望通顯十歲便能屬文雅有才思聰明強記日誦萬餘言族兄巒有人倫鑒謂子弟曰宗室中有此兒非常人也少在洛陽會天下無事與時名勝專以山水游宴爲娛不暇勤業嘗霖雨乃讀漢書五日略能徧之後因飲謔倦方廣尋經史五行俱下一覽便無所遺文章典麗既贍且速年未二十名動衣冠嘗與右北平陽固河東裴伯茂從兄罘河南陸道暉等至北海王昕舍宿飲相與賦詩凡數十首皆在主人奴處旦日奴行諸人求詩不得邵皆爲誦之諸人有不認詩者奴還得本不誤一字諸人方之王粲吏部尚書隴西

李神儁大相欽重引爲忘年之交釋巾爲魏宣武挽郎除
奉朝請遷著作佐郎深爲領軍元乂所禮乂新除尚書
令神儁與陳郡袁翻在席乂令邵作謝表須史便就以示
諸賓神儁曰邢邵此表足使袁公變色孝昌初與黃門侍
郎李琰之對典朝儀自孝明之後文雅大盛邵彫蟲之美
獨步當時每一文初出京師爲之紙貴讀誦俄徧遠近于
時袁翻與范陽祖瑩位望通顯文筆之美見稱先達以邵
藻思華贍深共嫉之每洛中貴人拜職多憑邵爲謝章表
嘗有一貴勝初授官大事賓食翻與邵俱在坐翻意主人
託其爲讓表遂命邵作之翻甚不悅每告人云邢家小兒

常客作章表自買黃紙寫而送之邵恐爲翻所害乃辭以
疾屬尚書令元羅出鎮青州啓爲府司馬遂在青土終日
酣賞盡山泉之致永安初累遷中書侍郎所作詔文體宏
麗及尒朱兆入洛京師擾亂邵與弘農楊愔避地嵩高山
普泰中兼給事黃門侍郎尋爲散騎常侍太昌初敕令恒
直內省給御史令覆案尚書門下事凡除大官先問其可
不然後施行除衞將軍國子祭酒以親老還鄉詔所在特
給兵力五人并令歲一入朝以備顧問丁母憂哀毀過禮
後楊愔與魏元乂及邵請置學奏曰三黌兩學盛自虞殷
所以宗配上帝以著莫大之嚴宣布十二以彰則天之軌

養黃髮以詢哲言育青衿而敷典教用能享國長久風徽
萬祀者也爰暨亡秦改革其道阬儒滅學以蔽黔黎故九
服分崩祚終二代炎漢勃興更脩儒術故西京有六學之
義東都有三本之盛逮自魏晉撥亂相因兵革之中學校
不絕仰惟高祖孝文皇帝稟聖自天道鏡今古列教序於
鄉黨敦詩書於郡國但經始事殷戎軒屢駕未遑多就弓
劒弗追世宗統曆聿遵先緒永平之中大興板築續以水
旱戎馬生郊雖逮爲山還停一簣而明堂禮樂之本乃鬱
荊棘之林膠序德義之基空盈牧豎之跡城隍嚴固之重
闕甎石之工墉構顯望之要少樓榭之飾加以風雨稍侵

漸致虧墜非所謂追隆堂構儀刑萬國者也伏聞朝議以
高祖大造區夏道侔姬文擬祀明堂式配上帝今若基宇
不脩仍同丘畎即使高皇神享闕於國陽宗事之典有聲
無實此臣子所以匪寧億兆所以佇望也臣又聞官方授
能所以任事既任事矣酬之以祿如此則上無曠官之譏
下絕尸素之謗今國子雖有學官之名而無教授之實何
異兔絲燕麥南箕北斗哉昔劉向有言王者宜興辟雍陳
禮樂以風天下夫禮樂所以養人刑法所以殺人而有司
勤勤請定刑法至於禮樂則曰未敢是敢於殺人不敢於
養人也臣以爲當今四海清平九服寧晏經國要重理應

先營脁復稽延則劉向之言徵矣但事不兩興須有進退以臣愚量宜罷尚方彫靡之作頗省永寧土木之功并減瑤光材瓦之力兼分石窟鐫琢之勞及諸事役非世急者三時農隙脩此數條使辟雍之禮蔚爾而復興諷誦之音煥然而更作美榭高墉嚴壯於外槐宮棘寺顯麗於中更明古今重遵鄉飲敦進郡學精課經業如此則元凱可得之於上序游夏可致之於下 國豈不休歟靈太后令曰配饗大禮爲國之本比以戎馬在郊未遑脩繕今四表晏寧當敕有司別議經始累遷尚書令加侍中于時與梁和妙簡聘使邵與魏收及從子子明被徵入朝當時文人皆邵之下但以不持威儀名高難副朝廷不令出境南人曾問賓司邢子才故應是北間第一才士何爲不作聘使荅云子才文辭實無所愧但官位已高恐非復行限南人曰鄭伯猷護軍猶得將命國子祭酒何爲不可邵既不行復請還故郡武帝在京輔政徵之在第爲賓客除給事黃門侍郎與溫子昇對爲侍讀宣武冨於春秋初揔朝政崔暹每勸禮接名賢詢訪得失以邵宿有名望故請徵焉宣武甚親重之多別引見邵舊鄙崔暹無學術言論之際遂云暹無所知解宣武還以邵言告暹并道此漢不可親近暹頗銜之邵奏魏帝發敕用妻兄李伯倫爲司徒祭酒詔書已

出暹即啓宣武執其專擅伯倫官事便寢邵由是被疎其後除驃騎西兖州刺史在州有善政桴鼓不鳴吏人姦伏守令長短無不知之定陶縣去州五十里縣令妻日暮取人斗酒束脯邵逼夜攝令未明而去責其取受舉州不識其所以在任都不營生產唯南兖糴粟就濟陽食之邵繕脩觀宇頗爲壯麗皆爲之名題有清風觀明月樓而不擾公私唯使兵力吏民爲立生祠幷勒碑頌德及代吏人父老及媼嫗皆遠相攀追號泣不絕至都除中書令舊格制生兩男者賞羊五口不然則絹十匹僕射崔暹奏絕之邵云此格不宜輒斷句踐以區區之越賞法生三男者給乳母況以天下之大而絕此條舜藏金於山不以爲乏今藏之於民復何所損又準舊皆訊因取占然後送付廷尉邵以爲不可乃立議曰設官分職各有司存丞相不問鬬人虞官弓招不進豈使尸祝兼刀匕之役家長侵雞犬之功詔竝從之自除太常卿兼中書監攝國子祭酒是時朝臣多守一職帶領二官甚少邵頻居三職竝是文學之首當世榮之幸晉陽路中頻有甘露之瑞朝臣皆作甘露頌尚書符令邵爲之序及文宣崩凶禮多見訊訪敕撰哀策後授特進卒邵率情簡素內行脩謹兄弟親姻之間稱爲雍睦博覽墳籍無不通曉晚年尤以五經章句爲意窮其指

要吉凶禮儀公私諮稟質疑去惑爲世指南每公卿會議
事關典故邵援筆立成證引該洽帝命朝章取定俄頃詞
致宏遠獨步當時與濟陰溫子昇爲文士之冠世論謂之
溫邢鉅鹿魏收雖天才艷發而年事在二人之後故子昇
死後方稱邢魏焉雖望實兼重不以才位傲物脫略簡易
不脩威儀車服器用充事而已有齋不居坐臥恒在一小
屋果餌之屬或置之梁上賓至下而共噉天姿質素特安
異同士無賢愚皆能傾接對客或解衣覓虱且與劇談有
書甚多而不甚讎校見人校書笑曰何愚之甚天下書至
死讀不可徧焉能始復校此日思誤書更是一適妻弟李

季節才學之士謂子才曰世間人多不聰明思誤書何由
能得子才曰若思不能得便不勞讀書與婦甚疎未嘗內
宿自云嘗晝入內閤爲狗所吠言畢便撫掌大笑性好談
賞又不能閑獨公事歸休恒須賓客自伴事寡嫂甚謹養
孤子恕慈愛特深在兗州有都信云恕疾便憂之廢寢食
顏色貶損及卒人士爲之傷心痛悼雖甚竟不再哭賓客
弔慰抆淚而已其高情達識開遣滯累東門吳以還所未
有也有集三十卷見行於世邵世息大寶有文情孽子大
德大道略不識字焉

李崇字繼長小名繼伯頓丘人也文成元皇后第二兄誕
之子年十四召拜主文中散襲爵陳留公鎮西大將軍孝
文初爲荊州刺史鎮上洛敕發秦陝二州兵送崇至理崇
辭曰邊人失和本怨刺史奉詔代之但須一宣詔旨而已
不勞發兵自防使人懷懼孝文從之乃輕將數十騎馳到
上洛宣詔綏慰人即帖然邊戍掠得齊人者悉令還之南
人感德仍送荊州口二百許人兩境交和無復烽燧之警
在州四年甚有稱績召還京師賞賜隆厚除兗州刺史兗
土舊多劫盜崇乃村置一樓樓懸一鼓盜發之處雙槌亂
擊四面諸村聞鼓皆守要路俄頃之間聲布百里其中險
要悉有伏人盜竊始發便尒禽送諸州置樓懸鼓自崇始

也後例降爲侯改授安東將軍車駕南征詔崇副驃騎大
將軍咸陽王禧都督左翼諸軍事徐州降人郭陸聚黨作
逆人多應之崇遣高平卜冀州詐稱犯罪逃亡歸陸陸納
之以爲謀主數月冀州斬陸送之賊徒潰散入爲河南尹
後車駕南討漢陽崇行梁州刺史氐楊靈珍遣弟婆羅與
子雙領步騎萬餘襲破武興與齊相結詔崇爲使持節都
督隴右諸軍事率衆討之崇槎山分進出其不意表裏以
襲羣氐皆棄靈珍散歸靈珍衆減太半崇進據赤土靈珍
又遣從弟建率五千人屯龍門躬率精勇一萬據鷲硤龍
門之北數十里中伐樹塞路鷲硤之口積大木聚礌石臨

崖下之以拒官軍崇乃命統軍慕容拒率衆五千從他路夜襲龍門破之崇自攻靈珍靈珍連戰敗走俘其妻子崇多設疑兵襲克武興蕭衍梁州刺史陰廣宗遣參軍鄭猷王思考率衆援靈珍崇大破之并斬婆羅首殺千餘人俘獲猷等靈珍走奔漢中孝文在南陽覽表大悅曰使朕無西顧之憂者李崇功也拜梁州刺史手詔曰便可善思經畧去其可除安其可育公私所患悉令芟夷及靈珍偷據白水崇擊破之靈珍遠遁宣武初徵為右衛將軍兼七兵尚書轉左衛將軍相州大中正魯陽蠻柳北喜魯北燕等聚衆反叛諸蠻悉應之圍逼湖陽游擊將軍李暉先鎮北城

盡力捍禦賊勢甚盛詔以崇為使持節都督征蠻諸軍事以討之蠻衆數万屯據形要以拒官軍崇累戰破之斬北燕等徙万餘戶於幽并諸州宣武追賞平氐之功封魏昌縣伯東荆州蠻樊安聚衆於龍山僭稱大号梁武遣兵應之諸將擊不利乃以崇為鎮南將軍都督征蠻諸軍事率步騎討之崇分遣諸將攻擊賊壘連戰克捷生禽樊安進討西荆諸蠻悉降尋兼侍中東道大使黜陟能否著賞罰之稱出除散騎常侍征南將軍揚州刺史詔曰應敵制變算非一途救左擊右疾雷均勢今朐山蟻寇久結未殄賊衍狡詐或生詭劫宜遣銳兵備其不意崇可都督淮南諸

軍事坐敦威重遙運聲算延昌初加侍中車騎將軍都督江西諸軍事先是壽春縣人苟泰有子三歲遇賊亡失數年不知所在後見在同縣趙奉伯家泰以狀告各言己子並有鄰證郡縣不能斷崇令二父與兒各在別處禁經數旬然後告之曰君兒遇患向已暴死可出奔哀也苟泰聞即號咷悲不自勝奉伯咨嗟而已殊無痛意崇察知之乃以兒還泰詰奉伯詐狀奉伯款引云先亡一子故妄認之又定州流人解慶賓兄弟坐事俱徙揚州弟思安背役亡歸慶賓懼後役追責規絕名貫乃認城外死尸詐稱其弟為人所殺迎歸殯葬頗類思安見者莫辨又有女巫陽氏

自云見鬼說思安被害之苦飢渴之意慶賓又誣疑同軍兵蘇顯甫李蓋等所殺經州訟之二人不勝楚毒各自款引獄將決竟崇疑而停之密遣二人非州內所識者偽從外來詣慶賓告曰僕住在北州比有一人見過寄宿夜中共語疑其有異便即詰問乃云是流兵背役姓解字思安時欲送官苦見求及稱有兄慶賓今住揚州相國城內嫂姓徐君脫矜愍為往告報見申委曲家兄聞此必重相報今但見質若往不獲送官何晚是故相造指申此意君欲見雇幾何當放賢弟若其不信可見隨看之慶賓悵然失色求其少停此人具以報崇攝慶賓問之伏引更問蓋等

乃云自誣數日之間思安亦爲人縛送崇召女巫視之鞭笞一百崇斷獄精審皆此類也時有泉水湧於八公山頂壽春城中有魚數從地湧出野鴨群飛入城與鵲爭巢五月大霖雨十有三日大水入城屋宇皆沒崇與兵泊於城上水增未已乘船附於女墻城不沒者二版而已州府勸崇棄州保北山崇曰吾受國重恩忝守藩岳淮南萬里繫于吾身一旦動腳百姓瓦解揚州之地恐非國物昔王尊慷慨義感黃河吾豈愛一軀取愧千載但憐茲士庶無辜同死可桴筏隨高人規自脫吾必守死此城時州人裴絢等受梁假豫州刺史因乘大水謀欲爲亂崇皆擊滅之又

信李州 北史列傳三十一 二十八 丁

以洪水爲災請罪解任詔曰夏雨汎濫斯非人力何得以此辭解今水涸路通公私復業便可繕甲積糧脩復城雉勞恤士庶務盡綏懷之略也崇又表解州不聽是時非崇則淮南不守矣崇沈深有將略寬厚善御衆在州凡十年常養壯士數千人寇賊侵邊所向摧破號曰臥虎賊甚憚之梁武惡其久在淮南屢設反間無所不至宣武雅相委重梁無以措謀乃授崇車騎大將軍開府儀同三司萬戶郡公諸子皆爲縣侯欲以構崇崇表言其狀宣武屢賜璽書慰勉之賞賜珍異歲至五三親待無與爲比梁武每歎息服宣武之能任崇也孝明踐阼褒賜衣馬及梁遣其遊

擊將軍趙祖悅襲據西硤石更築外城逼徙緣淮之人於城內又遣二將昌義之王神念率水軍泝淮而上規取壽春田道龍寇邊城路長平寇五門胡興茂寇開霍揚州諸戍皆被寇逼崇分遣諸將與之相持密裝船艦二百餘艘教之水戰以待臺軍梁霍州司馬田休等寇建安崇遣統軍李神擊走之又命邊城戍主邵申賢要其走路破之於濡水俘斬三千餘人靈太后璽書勞勉許昌縣令兼紵麻戍主陳平玉南引梁軍以戍歸之崇自秋請援表至十餘詔遣鎮南將軍崔亮救硤石鎮東將軍蕭寶夤於梁堰上流決淮東注朝廷以諸將不相赴乃以尚書李平兼右僕

北史列傳三十一 二十九 支山

射持節節度之崇遣李神乘鬬艦百餘艘沿淮與李平崔亮合攻硤石李神水軍剋其東北外城祖悅力屈乃降朝廷嘉之進號驃騎將軍儀同三司刺史都督如故梁淮堰未破水勢日增崇乃於硤石戍間編舟爲橋北更立船樓十各高三丈十步置一籬至兩岸蕃版裝它四箱解合賊至舉用不戰解下又於樓船之北連覆大船東西竟水防賊火栰又於八公山之東南更起一城以備大水州人號曰魏昌城崇累表解州前後十餘上孝明乃以元志代之尋除中書監驃騎大將軍儀同如故出爲使持節侍中都督四州諸軍事定州刺史徵拜尚書左僕射遷尚書令加

侍中崇在官和厚明於決斷然性好財賄販肆聚斂孝明
靈太后嘗幸左藏王公嬪主從者百餘人皆令任力負布
絹即以賜之多者過二百匹少者百餘唯長樂公兩手持
絹二十匹而出示不異衆而已世稱其廉儉崇與章武王
融以所負多顛仆於地崇乃傷腰融至損脚時人爲之語
曰陳留章武傷腰折股貪人敗類穢我明主蠕蠕主阿那
瓌犯塞詔崇以本官都督北討諸軍事以討之崇辭於顯
陽殿戎服武飾志氣奮揚時年六十九幹力如少孝明目
而壯之朝臣莫不稱善遂出塞三千餘里不及賊而還崇
請改六鎮爲州兵編戶太后不許後北鎮人破落汗拔陵

反所在響應征北將軍臨淮王彧大敗於五原安北將軍
李叔仁尋敗於白道賊衆日甚詔引丞相令僕尚書侍中
黃門於顯陽殿曰賊勢侵淫寇連恒朔金陵在彼夙夜憂
惶諸人宜陳良策吏部尚書元脩義以爲須得重貴鎮壓
恒朔揔彼師旅備衛金湯詔曰去歲阿那瓌叛逆遣李崇
北征崇遂長驅塞北返旆榆關此一時之盛朕以李崇國
戚望重器識英斷意欲還遣崇行揔督三軍揚旌恒朔諸
人謂可尒不僕射蕭寶夤等曰陛下此遣實合羣望於是
詔崇以本官加使持節開府北討大都督撫軍將軍崔暹
鎮軍將軍廣陽王深皆受崇節度又詔崇子光禄大夫神

軌假平北將軍隨崇北討崇至五原崔暹大敗于白道之
北賊遂并力攻崇崇與廣陽王深力戰累破賊衆相持至
冬乃引還平城深表崇長史祖瑩詐增功級盜沒軍資崇
坐免官爵徵還以後事付深後徐州刺史元法僧以彭城
南叛時除安樂王鑒爲徐州刺史以討之爲法僧所敗單
馬奔歸乃詔復崇官爵爲徐州大都督節度諸軍事會崇
疾篤乃以衛將軍安豐王延明代之改除開府相州刺史
侍中將軍儀同並如故孝昌元年薨於位贈侍中驃騎大
將軍司徒公雍州刺史謚曰武康後重贈太尉公餘如故
長子世哲性輕率供奉豪侈少經征伐頗有將用爲三關

別將討群蠻大破之還拜鴻臚少卿性傾巧善事人亦以
貨賂自達高肇劉騰之處勢也皆與親善故世號爲李錐
爲相州刺史斥逐百姓遷徙佛寺逼買其地部内患之崇
北征之後徵兼太常卿御史高道穆毀發其宅表其罪過
後除涇州刺史賜爵衛國子卒贈吏部尚書冀州刺史世
哲弟神軌小名青肫受父爵陳留侯累出征伐頗有將領
之氣孝昌中靈太后淫縱分遣腹心媼姬出外陰求悅人
神軌爲使者所薦寵遇勢傾朝野時云見幸帷幄與鄭儼
爲雙頻遷征東將軍武衛將軍給事黃門侍郎常領中書
舍人時相州刺史安樂王鑒據州反詔神軌與都督源子

邕等討平之後於河陰遇害建義初贈侍中司空公相州
刺史謚曰烈崇從弟平
平字雲定少有大度及長涉獵羣書好禮易頗有文才太
和初拜通直散騎侍郎孝文禮之甚重頻經大憂居喪以
孝稱後以例降襲爵彭城公累遷太子庶子平請自効一
郡帝曰卿復欲以吏事自試也拜長樂太守政務清靜吏
人懷之徵行河南尹豪右權戚憚之宣武即位除黃門郎
遷司徒左長史行尹如故尋正尹長史如故車騎將幸鄴
平上表諫以為嵩都創構洛邑俶營雖年踰十稔根基未
就代人至洛始欲向盡資產罄於遷移牛畜斃於輦運陵

太行之險越長津之難辛勤備經劣達京闕富者猶損太
半貧者可以意知兼歷歲從戎不遑啓處自景明以來差
得休息事農者未積一年之儲築室者裁有數間之屋莫
不肆力伊瀍人急其務實宜安靜新人勸其稼穡令國有
九載之糧家有水旱之備若乘之以羈紲則所廢多矣不
從詔以本官行相州事帝至鄴親幸平第見其諸子尋正
刺史平勸課農桑脩飾太學簡試通儒以充博士選五郡
聰敏者以教之圖孔子及七十二弟子於講堂親為立贊
前來臺使頗好侵漁平乃畫履虎尾踐薄冰於客館注頌
其下以示誡焉徵拜度支尚書領御史中尉冀州刺史京

兆王愉反於信都以平為持節都督北討諸軍事行冀州
以討之宣武臨式乾殿勞遣平因曰何圖今日言及斯事
歔欷流涕平對曰愉天迷其心構此梟勃陛下不以臣不
武委以摠督之任如其稽顙軍門則送之大理若不悛待
戮則鳴鼓釁鉦非陛下之事平進次經縣諸軍大集夜有
蠻兵數千斫平前壘矢及平帳平堅臥不動俄而乃定遂
至冀州城南十六里大破逆衆遂北至城門遂圍城愉與
百餘騎突門走平遣統軍叔孫頭追之去信都八十里禽
愉冀州平以本官領相州大中正平先為尚書令高肇侍
御史王顯所恨後顯代平為中尉平加散騎常侍顯劾平

在冀州隱截官口肇又扶成其狀奏除平名延昌初詔復
官爵除定冀二州刺史前來良賤之訟多有積年不決平
奏不問眞偽一以景明年前為限於是諍訟止息武川鎮
人飢鎮將任款請貸未許擅開倉振恤有司繩以費散之
條免其官爵平奏款意在濟人心無不善帝原之還中書
令尚書如故孝明初轉吏部尚書平高明強濟所在有聲
但以性急為累尚書令任城王澄奏理平定冀之勳靈太
后乃封武邑郡公賜縑二千五百匹先是梁遣其將趙祖
悅逼壽春鎮南崔亮攻之未剋又與李崇乖貳詔平以本
官使持節鎮軍大將軍兼尚書右僕射為行臺節度諸軍

東西州將一以稟之如有乖異以軍法從事詔平長子獎以通直郎從於是率步騎二千赴壽春嚴勒崇亮令水陸兼備剋期齊舉崇亮憚之無敢乖互頻日交戰破賊軍安南將軍崔延伯立橋於下蔡以拒賊之援賊將王神念昌義之等不得進救祖悅守死窮城平乃部分攻之斬祖悅送首於洛以功遷尚書右僕射加散騎常侍平還京師靈太后見於宣光殿賜以金裝刀仗一口時南徐州表云梁堰淮水日爲患詔公卿議之平以爲不假兵力終自毀壞及淮堰破太后大悅引羣臣入宴敕平前孝明手賜縑布百段平遺令薄葬詔給東園祕器朝服一具衣一襲帛七

百匹靈太后爲舉哀於東堂贈侍中驃騎大將軍儀同三司冀州刺史謚文烈公平自在度支至於端副夙夜在公孜孜匪懈凡處機密十有餘年有獻替之稱所制文筆別有集錄長子獎襲

獎字遵穆容貌魁偉有當世才度位中書侍郎吏部郎中以本官兼尚書出爲相州刺史初元叉擅朝獎爲其親待頻居顯職靈太后反政削除官爵孝莊初爲散騎常侍河南尹獎前後所歷皆以明濟著稱元顥入洛顥以獎兼尚書右僕射慰勞徐州羽林及城人不承顥旨害獎傳首洛陽孝武帝初以獎故吏宋游道上書理獎詔贈冀州刺史子搆襲

搆字祖基少以方正見稱襲爵武邑郡公齊天保初降爵爲縣侯位終太府卿贈吏部尚書搆早有名譽歷官清顯常以雅道自居甚爲名流所重子丕有父風位尚書祠部郎中丕弟克通直散騎常侍獎弟諧

諧字虔和幼有風采趙郡李撫嘗過元乂門下見之歸謂其父元忠曰領軍門下見一神人元忠曰必李諧也問之果然襲父爵彭城侯文辯爲時所稱歷位中書侍郎天平末魏欲與梁和好朝議將以崔㥄爲使主㥄曰文采與識㥄不推李諧口頰翩翩諧乃大勝於是以諧兼常侍盧元明兼吏部郎李業興兼通直常侍聘焉梁武使朱异覘

客异言諧元明之美諧等見及出梁武目送之謂左右曰朕今日遇勍敵卿輩常言北間都無人物此等何處來謂异曰過卿所談是時鄴下言風流者以諧及隴西李神儁范陽盧元明北海王元景弘農楊遵彥清河崔贍爲首初通梁國妙簡行人神儁位已高故諧等五人繼踵而遵彥遇疾道還竟不行既南北通好務以俊乂相矜銜命接客必盡一時之選無才地者不得與焉梁使每入鄴下爲之傾動貴勝子弟盛飾聚觀禮贈優渥館門成市宴日齊文襄使左右覘之賓司一言制勝文襄爲之拊掌魏使至梁亦如梁使至魏梁武親與談說甚相愛重諧使還後還祕

書監卒於大司農諧爲人短小六指因瘿而舉頤因跛而
緩步因謇而徐言人言李諧善用三短文集十餘卷諧長
子岳字祖仁官中散大夫性純至居朞慘未嘗聽婢過前
追思二親言則流涕岳弟庶方雅好學甚有家風歷位尚
書郎司徒掾以清辯知名常攝賓司接對梁客梁客徐陵
深歎美焉庶生而天閹崔諶調之曰教弟種鬚以錐徧刺
作孔插以馬尾庶曰先以此方回施貴族藝眉有効然後
樹鬚世傳諶門有惡疾以呼沲爲墓田故庶言及之邢子
才在傍大笑除臨漳令魏書之出庶與盧斐王松年等訟
其不平魏收書王慧龍自云太原人又書王瓊不善事以

盧同附盧玄傳李平爲陳留人云其家貧賤故斐等讙訟
語楊愔云魏收合誅愔黨助魏故遂白齊文宣庶等並髡
頭鞭杖二百庶死於臨漳獄中庶兄岳痛之終身不歷臨
漳縣門庶妻元羅女也庶亡後岳使妻伴之寢宿積五年
元氏更適趙起嘗夢庶謂己曰我薄福託劉氏爲女明旦
當出彼家甚貧恐不能見養夫妻舊恩故來相見告君宜
乞取我劉家在七帝坊十字街南東入窮巷是也元氏不
應庶曰君似懼趙公意我自說之於是起亦夢焉起寤問
妻言之符合遂持錢帛躬往求劉氏如所夢得之養女長
而嫁焉庶弟蔚少清秀有襟期倫理涉觀史傳兼屬文詞

晁李並尚風流長裾廣袖從容甚美然頗涉疎放唯蔚能
自持公幹理甚有時譽坐兄庶事徙平州後還位尚書左
中兵郎中仍聘陳使副江南以其父曾經將命甚重焉還
坐將人度江私市除名後卒於祕書丞士友悼惜之蔚弟
若聰敏頗傳家業風采詞令有聲鄴下坐兄庶事徙臨海
乾明初追還後兼散騎常侍大被親狎加儀同三司若性
滑稽善諷誦數奉旨詠詩并使說外閒世事可笑樂者凡
所話談每多會旨嘗在省中趨而前却對答學奏事之象
和士開聞而奏之帝每狎弄之武成以斛律金耆老每朝
賜羊車上殿金曾使人奉啓若爲舍人誤奏云在闕下詔

命出羊車若重恩知金不至稱言羊車鹿車何所迎帝聞
亦笑而不責又帝於後園講武令若爲吳將皇后皆出引
若當前觀其進止俯仰事罷遣使謝之厚加賞賜轉長兼
等忌惡之密構其短坐免官未幾詔復本官隋開皇中卒
於秦王府諮議諧弟邕字脩穆幼而儁爽有逸才位高陽
王雍友凡所交游皆倍年儁秀卒贈洛州刺史謚曰文
論曰鄭祚才幹敏實有世務之長孝文經綸之始獨在勤
勞之地居官任事可稱述焉張彝風力謇謇有王臣之氣
銜命擁旄風聲克舉俱魏氏異能之臣乎遭隨有命二子
俱逢世亂悲哉晏之乾威可謂亡焉不絕邢巒以文武才

業當軍國之任內參機揆外寄折衝其緯世之器歟子才少有盛名甑動京洛文宗學府獨秀當年舉必任眞情無飾智蹤通簡易罕見其人足爲一代之模楷也及明崔㥄之誘言執侯景之姦使昔人稱孟軻爲勇於文簡公見之唯嘗短崔暹頗爲累德阮籍未嘗品藻人物斯亦良有以焉季崇風貿英重毅然秀立任當將相望高朝野平以高明幹略効智於時出入當官功名克著贊務之材也諧風流文辯蓋亦人望乎

列傳第三十一　　北史四十三

方洽周益　周之冕　孫粹然　校正

列傳第三十二　　北史四十四

崔光子勸　弟子鴻

崔亮從弟光韶　叔祖道固

崔光清河人本名孝伯字長仁孝文賜名焉祖曠從慕容德南度河居青州之時水慕容氏滅仕宋爲樂陵太守於河南立冀州置郡縣即爲東清河鄃人縣分易更爲南平原貝丘人也父靈延宋長廣太守與宋冀州刺史崔道固共拒魏軍慕容白曜之平三齊光年十七隨父從代家貧好學晝耕夜誦傭書以養父母太和六年拜中書博士著作郎與祕書丞李彪參撰國書再遷給事黃門侍郎甚爲孝文所知待常曰孝伯才浩浩如黃河東注固今日之文宗也以參贊遷都謀賜爵朝陽子拜散騎常侍著作如故兼太子少傅又以本官兼侍中使持節爲陝西大使巡方省察所經述敘古事因賦詩三十八篇還仍兼侍中以謀謨之功進爵爲伯光少有大度喜怒不見於色有毀惡之者必善言以報雖見誣謗終不自申曲直皇興初有同郡二人竝被掠爲奴婢後詣光求哀光乃以二口贖免孝文聞而嘉之雖處機近未曾留心文案唯從容論議參贊大政而已孝文每對羣臣曰以崔光之高才大量若無意外咎譴二十年後當作司空其見重如是宣武即位正除侍

中初光與李彪共撰國書太和之末彪解著作專以史事
任光彪尋以罪廢宣武居諒闇彪上表求成魏書詔許之
彪遂以白衣於秘書省著述光雖領史官以彪意在專功
表解侍中著作以讓彪宣武不許遷太常卿領齊州大中
正正始元年夏有典事史元顯獻四足四翼雞詔散騎侍
郎趙邕以問光光表曰臣謹案漢書五行志宣帝黃龍元
年未央殿路軨中雌雞化爲雄毛變而不鳴不將無距元
帝初元中丞相府史家雌雞伏子漸化爲雄冠距鳴將永
光中有獻雄雞生角劉向以爲雞者小畜主司時起居小
臣執事爲政之象也言小臣將乘君之威以害政事猶石

顯也竟寧元年石顯伏辜此其效也靈帝光和元年南宮
寺雌雞欲化爲雄一身皆似雄但頭冠上未變詔以問議
郎蔡邕邕對曰貌之不恭則有雞禍臣竊推之頭爲元首
人君之象也今雞一身已變未至於頭而上知之是將有
其事而不遂成之象也若政無所改頭冠或成爲患滋大
是後張角作亂稱黃巾賊遂破壞四方疲於賦役人多叛
者上不改政遂至天下大亂今之雞狀不同其應頗相類
矣向邕並博達之士考物驗事信而有證誠可畏也臣以
邕言推之翅足衆多亦羣下相扇助之象雛而未大脚羽
差小亦其勢尚微易制御也臣聞災異之見皆所以示吉

凶明君覩之而懼乃能招福闇主視之彌慢所用致禍詩
書春秋秦漢之事多矣此皆陛下所觀者今或有自賤而
貴關預政事殆亦前代君房之匹比者南境死亡千計白
骨橫野存有酷恨之痛殁爲怨傷之魂義陽屯師盛夏未
反荊蠻狡猾征人淹次東州轉輸多往無還百姓困窮絞
縊以殞北方霜降蠶婦輟事羣生惟悴莫甚於今此亦賈
誼哭歎谷永切諫之時司寇行戮君爲之不舉陛下爲人
父母所宜矜恤國重戎戰用兵猶火內外怨弊易以亂離
陛下縱欲忽天下豈不仰念太祖取之艱難先帝經營劬
勞也誠願陛下留聰明之鑒警天地之意禮處左右節其

貴越往者鄧通董賢之盛愛之正所以害之又躬饗如罕
寡示或闕時應親享郊廟延敬諸父檢訪四方務加休息
爰發慈旨撫振貧獲簡費山池減撤聲飲晝存政道夜以
安身博采芻蕘進賢黜佞則兆庶幸甚妖弭慶進禎祥集
矣帝覽之大悅後數日而茹晧等並以罪失伏法於是禮
光逾重二年八月光表曰去二十八日有物出于太極之
西序敕以示臣臣案其形即莊子所謂蒸成菌者也又云
朝菌不終晦朔雍門周所稱磨蕭斧而伐朝菌指言蒸氣
鬱長非有根種柔脆之質殞速易不延旬月無擬蕭斧
又多生墟落穢濕之地罕起殿堂高華之所今極宇崇麗

壇棄工窯糞朽弗加沾濡不及而茲菌歘構厥狀扶疏誠足異也夫野木生朝野鳥入廟古人以為敗亡之象然懼災脩德感致休慶所謂家利而怪先國興而妖豫是故桑穀拱庭太戊以昌雊雉集鼎武丁用熙自比鵶鵲巢于廟殿梟鵬鳴於宮寢菌生賓階軒坐之正準諸往記信可為誡且東南未靜兵革不息郊甸之內大旱跨時人勞物悴莫此之甚承天子育者所宜矜恤伏願陛下追殷二宗感變之意側躬聳誠惟新聖道節夜飲之忻強朝御之膳養方富之年保金玉之性則魏祚可以永隆皇壽等於山岳

四年除中書舍人永平元年秋將誅元愉妾李氏群官無敢言者敕光為詔光逡巡不作奏曰伏聞當刑元愉妾李加之屠割妖惑扇亂誠合此罪但外人竊云李今懷姙例待分產且臣尋諸舊典兼推近事戮至刳胎謂之虐刑桀紂之主乃行斯事君舉必書義無隱諱酷而乖法何以示後陛下春秋已長未有儲體皇子襁褓至有夭失臣之愚識知無不言乞停李獄以俟育孕帝納之延昌元年遷中書監侍中如故二年宣武幸東宮召光與黃門甄琛廣陽王深等並賜坐詔光曰卿是朕西臺大臣當今為太子師傅光起拜固辭詔不許即令明帝出焉從者十餘人敕以光為傅之意令明帝拜光光又拜辭不當受太子拜復不

蒙許明帝遂南面再拜詹事王顯啟請從太子拜於是宮臣畢拜光北面立不敢答拜唯西面拜謝而出於是賜光繡采一百匹琛深各有差尋授太子少傅遷右光祿大夫侍中監如故四年正月宣武夜崩光與侍中領軍將軍于忠迎明帝於東宮安撫內外光有力焉帝崩後二日廣平王懷扶疾入臨以母弟之親徑至太極西廡哀慟禁內呼侍中黃門領軍二衛云身欲上殿哭大行又須入見主上諸人皆愕然相視無敢抗對者光獨攘衰振杖引漢光武初崩太尉趙熹橫劍當階推下親王故事辭色甚厲聞者莫不稱善壯光理義有據懷聲淚俱止云侍中以古事裁我我不敢不服於是遂還頻遣左右致謝初永平四年以黃門郎孫惠蔚代光領著作惠蔚首尾五歲無所厝懷至是尚書令任城王澄表光宜還史任於是詔光還領著作遷特進以奉迎明帝功封博平縣公領國子祭酒詔乘步挽於雲龍門出入尋遷車騎大將軍儀同三司靈太后臨朝後光累表遜位于忠擅權光依附之及忠稍被疏黜光并送章綬冠服茅土表至十餘上靈太后優答不許有司奏追于忠及光封邑熙平元年二月太師高陽王雍等奏舉光授明帝經初光有德於靈太后四月更封光平恩縣侯以朝陽伯轉授第二子勗其月敕賜羊車一乘時靈太

后臨朝每於後園親執弓矢光乃表上中古婦人文章因以致諫是秋靈太后頻幸王公第宅光表諫曰禮記云諸侯非問疾弔喪入諸臣之家謂之君臣爲謔不言王后夫人明無適臣家之義夫人父母在有時歸寧親沒使卿大夫聘春秋紀陳宋齊之女並爲周王后無適本國之事是制深於士大夫許嫁唁兄又義不得濟女思歸以禮自抑載馳竹竿所爲作也漢上官皇后將廢昌邑霍光外祖也親爲宰輔后猶御武帷以接羣臣示男女之別國之大節伯姬待姆安就炎燎樊姜俟命忍赴洪流傳皆綴集以垂來訓昨軒駕頻出幸馮翊君任城王第雖漸中秋餘熱尚

蒸衡蓋往還聖躬煩倦左右僕侍衆過千百扶衞跋涉袍鉀在身昔人稱陛下甚樂臣等至苦或其事也但帝族方衍勲貴增遷祗請遂多將成彝式陛下遵酌前王貽厥後矩天下爲公億兆己任專薦郊廟止決大政輔神養和簡息游幸則率土屬賴含生仰悅矣神龜元年光表曰尋石經之作起自炎劉昔來雖屢經戎亂猶未大崩侵如聞往者刺史臨州多構圖寺官私顯隱漸加剝撤由是經石彌減文字增缺今求遣國子博士一人堪任幹事者專主周視驅禁田牧制其踐穢料閲碑牒所失次第量厥補綴詔曰此乃學者之根原不朽之永格便可一依公表光乃令

國子博士李郁與助教韓神固劉燮等勘校石經其殘缺計料石功并字多少欲補脩之後靈太后廢遂寢二年八月靈太后幸永寧寺躬登九層佛圖光表諫曰伏見親昇上級佇蹕表剎之下祗心圖構誠爲福善聖躬玉趾非所踐陟臣庶惟惶竊謂未可九月靈太后幸嵩山佛寺光上表諫不從正光元年冬賜光几杖衣服二年春明帝親釋奠國學光執經南面百寮陪列司徒京兆王繼頻上表以位讓光四月以光爲司徒侍中國子祭酒領著作如故光表固辭歷年終不肯受八月獲禿鶖鳥於宮內詔以示光光表曰此即詩所謂有鶖在梁解云禿鶖也貪惡之鳥野

澤所育不應入於殿廷昔魏氏黃初中有鵜鶘集于靈芝池文帝下詔以曹恭公遠君子近小人博求賢俊太尉華歆由此遜位而讓管寧者也臣聞野物入舍古人以爲不善是以張臶惡鵩賈誼忌服鵜鶘暫集而去前王猶爲至誡況今親入宮禁爲人所獲方被畜養晏然不以爲懼準諸往義信有殊矣號饕餮之禽必資魚肉菽麥稻粱時或飡啄一食之費容過斤溢今春夏陽旱穀糴稍貴窮窘之家時有菜色陛下爲人父母撫之如傷豈可棄人養鳥留意於醜形惡聲哉衞侯好鶴曹伯愛鴈身死國滅可爲寒心願遠師殷宗近法魏祖脩德進賢消災集慶放無用之物

委之川澤取樂琴書頤養神性明帝覽表大悅即棄之池
澤冬詔光與安豐王延明議定服章三年六月詔光乘步
挽至東西上閤九月進位太保光又固辭光年耆多務病
疾稍增而自強不已常在著作疾篤不歸四年十月帝親
臨光疾詔斷賓客中使相望為止聲樂罷諸游眺拜長子
勱為齊州刺史十一月疾甚敕子姪等曰吾荷先帝厚恩
位至於此史功不成殁有遺恨汝等速可送我還宅氣力
雖微神明不亂至第而薨年七十三明帝聞而悲泣中使
相尋詔給東園溫明祕器朝服一具衣一襲錢六十萬布
一千匹蠟四百斤大鴻臚監護喪事車駕親臨撫屍慟哭

御輦還宮流涕於路為減常膳言則追傷每至光坐講讀
之處未曾不改容悽悼贈太傅領尚書令驃騎大將軍開
府冀州刺史侍中如故又敕加後部鼓吹班劍依太保廣
陽王故事謚文宣明帝祖喪建春門外望轜哀感儒者榮
之初光太和中依宮商角徵羽本音而為五韻詩以贈李
彪彪為十二次詩以報光光又為百三郡國詩以荅之國
別為卷為百三卷焉光寬和慈善不忤於物進退沉浮自
得而已常慕胡廣黃瓊為人故為氣槩者所不重始領軍
于忠以光舊德事之元乂於光亦深宗敬及郭祚裴植見
殺清河王懌遇禍光隨時俛仰竟不匡救於是天下譏之

自從貴達罕所申薦曾啓其女壻彭城劉敬徽云敬徽為
荊州五隴戍主女隨夫行常慮寇抄南北分張乞為徐州
長兼別駕暫集京師明帝許之時人比之張禹光初為黃
門則讓宋弁為中書監讓汝南王悅為太常讓劉芳為少
傅讓元暉穆紹甄琛為國子祭酒讓清河王懌任城王澄
為車騎儀同讓江陽王繼又讓靈太后父胡國珍皆顧望
時情議者以為矯飾崇信佛法禮拜讀誦老而逾甚終日
怡怡未曾恚忿曾於門下省晝坐讀經有鴿飛集膝前遂
入於懷緣臂上肩久之乃去道俗讚詠詩頌者數十人每
為沙門朝貴請講維摩十地經聽者常數百人即為二經

義疏三十餘卷識者知其疏略凡所為詩賦銘贊誄頌表
啓數百篇五十餘卷別有集光子勱字彥德器學才德最
有父風舉秀才中軍彭城王參軍祕書郎中以父光為著
作固辭不拜後除中書侍郎領軍將軍元乂為明堂大將
以勱為長史與從兄鴻俱有名於世父光疾甚拜征虜將
軍齊州刺史侍父疾衣不解帶及薨孝明每加存慰光葬
本鄉詔遣主書張文伯宣弔孝昌元年除太尉長史襲父
爵建義初遇害河陰贈侍中衞將軍青州刺史勱弟勖
勖字彥玄少清虛寡欲好學有家風魏末累遷中書侍郎
興和三年兼通直散騎常侍使于梁天保初以議禪代除

給事黄門侍郎加國子祭酒直内省典機密清儉勤慎甚
爲齊文宣所知拜南青州刺史有政績入爲祕書監齊州
大中正遷并省度支尚書俄授京省尋轉五兵尚書監國
史臺閣之中見稱簡正武成之將禪後主先以問劭劭諫
以爲不可由是忤意出爲南兖州刺史代還重爲度支尚
書儀同三司食文登縣幹尋除中書令加開府待詔文林
館監脩撰新書卒贈齊州刺史尚書左僕射謚文貞初和
士開擅朝曲求物譽諸公因此頗爲子弟干禄世門之胄
多處京官而劭二子拱撝並爲外任弟廓之從容謂劭曰
拱幸得不凡何不在省府中清華之所而並出外藩劭曰

立身來恥以言自達今若進兒與身何異卒無所求聞者
莫不歎服劭常恨魏收書欲更作編年紀而才思竟不能
就光弟敬友本州從事頗有受納御史案之乃與守者俱
逃後除梁郡太守會遭所生憂不拜敬友精心佛道晝夜
誦經免喪之後遂菜食終身恭寬接下脩身厲節自景明
已降頻歲不登飢寒請丐者皆取足而去又置逆旅於蕭
然山南大路之北設食以供行者卒千家弟子鴻
鴻字彦鸞少好讀書博綜經史稍遷尚書都兵郎中詔太
師彭城王勰以下公卿朝士儒學才明者三十人議定律
令於尚書上省鴻與光俱在其中時論榮之後爲三公郎

中加員外散騎常侍延昌二年將大考百寮鴻以考令於
體例不通乃建議曰竊惟昔者爲官求才使人以器黜陟
幽明揚清激濁故績效能官才必稱位者朝昇夕進豈拘
一階半級者哉二漢以降太和以前苟必官須此人人稱
此職或超騰昇陟數歲而至公卿或長兼試守稱允當遷
進者披卷則人人而是舉目則朝貴皆然故能時收多士
之譽國號豐賢之美竊見景明以來考格三年成一考一
考轉一階貴賤内外萬有餘人自非犯罪不問賢愚莫不
上中才與不肖比肩同轉雖有善政如黄龔儒學如王鄭
才史如班馬文章如張蔡得一分一寸必爲常流所攀逮

曹亦抑爲一槩不曾甄別琴瑟不調改而更張雖明旨已
行猶宜消息武帝不從三年鴻以父憂解任甘露降其廬
前樹十一月宣武以本官徵鴻四年復有甘露降其京兆
宅之庭樹後遷中散大夫高陽王友仍領郎中正光元年
加前將軍脩孝文宣武起居注光撰魏史徒有卷目初未
考正闕略尤多每云此史會非我世所成但須記録時事
以待後人臨薨言鴻於孝明五年詔鴻以本官脩緝國史
孝昌初拜給事黄門侍郎尋加散騎常侍齊州大中正鴻
在史甫尒未有所就尋卒贈鎮東將軍度支尚書青州刺
史鴻弱冠便有著述志見晉魏前史皆成一家無所措意

以劉元海石勒慕容儁苻健慕容垂姚萇慕容德赫連屈
孑張軌李雄呂光乞伏國仁禿髮烏孤李暠沮渠蒙遜馮
跋等並因世故跨僭一方各有國書未有統一鴻乃撰爲
十六國春秋勒成百卷因其舊記時有增損褒貶焉鴻二
世仕江左故不録僭晉劉蕭之書又恐識者責之未敢出
行於外宣武聞其撰録遣散騎常侍趙邕詔鴻曰聞卿撰
定諸史甚有條貫便可隨成者送至朕當於機事之暇覽
之鴻以其書有與國初相涉言多失體且既訖不奏聞鴻
後典起居乃忘載其表曰臣聞帝王之興也雖誕應圖籙
然必有驅除蓋所以翦彼厭政成此樂推故戰國紛紜年

過十紀而漢祖夷殄群豪開四百之業歷文景之懷柔蠻
夏世宗之奮揚威武始得涼朔同文牂越一軌於是談遷
感漢德之盛痛諸史放絶乃鈐括舊書著成太史所謂緝
茲人事光彼天時之義也昔晉惠不競華戎亂起三帝受
制於姦臣二皇晏駕於非所五都蕭條鞠爲煨燼趙燕既
爲長蛇遼海緬成殊域中原無主八十餘年遺晉僻遠勢
略孤微人殘兵革靡所歸控皇魏龍潛幽代內脩德政外
抗諸偽并異之人懷寶之士繈負而至者日月相尋太祖
道武皇帝以神武之姿接金行之運應天順人龍飛受命
太宗必世重光業隆玄默世祖雄才叡略闡曜威靈農戰

兼脩埽清氛穢歲垂四紀而寰宇一同百姓始得陶然蘇
息欣於堯舜之代自晉永寧以後雖所在稱兵競自尊樹
而能建邦命氏成爲戰國者十有六家善惡興滅之形用
兵乖會之道亦足以垂之將來昭明勸戒但諸史殘缺體
例全虧編録紛謬繁略失所宜審正同異定爲一書誠知
敏謝允南才非承祚然國志史考之美竊亦輒所庶幾始
自景明之初搜集諸國舊史屬遷京甫爾率多分散求諸
公私驅馳數歲又臣家貧祿微唯任孤力至於書寫所資
每不周接暨正始元年寫乃向備謹於吏案之暇草構此
書區分時事各繫本録稽以長歷考諸舊志刪正差謬定

爲實録商較大略著春秋百篇至三年之末草成九十五
卷唯常璩所撰李雄父子據蜀時書尋訪不獲所以未及
繕成輟筆私求七載于今此書本江南撰録恐中國所無
非臣私力所能終得其起兵僭號事之始末乃亦頗有但
不得此書懼簡略不成久思陳奏乞敕緣邊求採但愚賤
無因不敢輕輒散騎常侍太常少卿荊州大中正趙邕忽
宣明旨敕臣送呈不悟九皐微志乃得上聞奉敕欣惶慶
懼兼至今謹以所訖者附臣邕呈奏臣又別作序例一卷
年志一卷仰表皇朝統括大義俯明愚臣著録微體徒竊
慕古人立言美意文致疏鄙無一可觀簡御之日伏深慚

悖鴻意如此自正光以前不敢顯行其書自後以其伯光貴重當朝知時人未能發明其事乃頗傳讀然鴻經綜既廣多有違謬至道武天興二年姚興改號鴻始而鴻以為改在元年明元永興二年慕容超禽於廣固鴻又以為在元年太常二年姚泓敗於長安而鴻亦以為滅在元年如此之失多不考正子子元秘書郎後永安中乃奏其父書稱臣亡考散騎常侍黃門侍郎前將軍鄉州大中正鴻正始之末任屬記言撰緝餘暇迺刊著趙燕秦夏西涼乞伏西蜀等遺載為之贊序褒貶評論先朝之日草構悉了唯有李雄蜀書搜索未獲闕茲一國遲留未成去正光三年

購訪始得討論適訖而先臣棄世凡十六國名為春秋一百二卷近代之事最為備悉未曾奏上弗敢宣流今繕寫一本敢以仰呈乞藏秘閣以廣異家子元後謀反事發逃竄會赦兄弟為其叔鶡所殺光從祖弟長文字景翰少亦從於代都聰敏有學識永安中累遷平州刺史以老還家專讀佛經不關世事卒贈齊州刺史謚曰貞子懋字德林徐州征東府長史長文從弟庠字文序有幹用為東郡太守元顥寇逼郡界庠拒不從命棄郡走還鄉里孝莊還宮賜爵平原伯拜潁川太守頗有政績永熙初除東徐州刺史二年為城人王早蘭寶等所害後贈驃騎將軍吏部尚書齊州刺史子罕龍襲爵齊受禪例降光族弟榮先字隆祖涉歷經史州辟主簿子鐸有文才位中散大夫鐸弟覲羽林監

崔亮字敬儒清河東武城人魏中尉琰之後也高祖瓌為慕容垂車騎屬曾祖輯南徙青州因仕宋為太山太守祖脩之清河太守父元孫尚書郎青州刺史沈文秀之叛宋明帝使元孫討之為文秀所害亮母房攜亮依其叔祖冀州刺史道固於歷城及慕容白曜平三齊內徙桑乾為平齊人時年十歲常依季父幼孫居貧傭書自業時隴西李沖當朝任事亮族兄光往依之謂亮曰安能久事筆硯而

不往託李氏也彼家饒書因可得學亮曰弟妹飢寒豈容獨飽自可觀書於市安能看人眉睫乎光言之於沖沖召亮與語因謂曰比見卿先人相命論使人胷中無復怵迫之念今遂亡本卿能記之不亮即為誦之涕淚交零聲韻不異沖甚奇之迎為館客沖謂其兄子彥曰大崔生寬和篤雅汝宜友之小崔生峭整清徹汝宜敬之二人終將大至沖薦之為中書博士轉議郎尋遷尚書二千石孝文在洛欲創革舊制選置百官謂羣臣曰與朕舉一吏部郎必使才望兼允者給卿三日假又一日孝文曰朕已得之不煩卿輩也驛徵亮兼吏部郎俄為太子中舍人遷中書侍

郎兼尚書左丞亮雖歷顯任其妻不免親事舂簸孝文聞
之嘉其清貧詔帶野王令孝明親政遷給事黃門侍郎仍
兼吏部郎領青州大中正亮自參選事垂將十年廉慎明
決為尚書郭祚所委每云非崔郎中選事不辦尋除散騎
常侍仍為黃門遷度支尚書領御史中尉自遷都之後經
略四方又營洛邑費用甚廣亮在度支別立條格歲省億
計又議脩汴蔡二渠以通邊運公私賴焉侍中廣平王懷
以母弟之親左右不遵憲法敕亮推究孝明禁懷不通賓
客者久之後因宴集懷恃親使忿欲陵突亮亮乃正色責
之即起於孝明前脫冠請罪遂拜辭欲出孝明曰廣平麤

疎向來文醉卿之所悉何乃如此也遂詔亮復坐令懷謝
焉亮外雖方正內亦承候時情宣傳左右郭神安頗被孝
明識遇以弟託亮亮引為御史及神安敗後因集禁中孝
明令兼侍中盧昶宣旨責亮曰在法官何故受左右囑請
亮拜謝而已無以上對轉都官尚書又轉七兵領廷尉卿
加散騎常侍徐州刺史元昞撫御失和詔亮馳驛安撫亮
至劾昞處以大辟勞賚綏慰百姓怗然除安西將軍雍州
刺史城北渭水淺不通船行人艱阻亮謂寮佐曰昔杜預
乃造河梁況此有異長河且魏晉之日亦自有橋吾今決
欲營之咸曰水淺不可為浮橋汎長無恒又不可施柱恐

難成立亮曰昔秦居咸陽橫橋度渭以像閣道此即以柱
為橋今唯慮長柱不可得耳會天大雨山水暴至浮出長
木數百根籍此為用橋遂成立百姓利之至今猶名崔公
橋亮性公清敏于斷決所在並號稱職三輔服其德政孝
明嘉之詔賜衣馬被褥後納其女為九嬪徵為太常卿攝
吏部事孝明初出為定州刺史梁左游擊將軍趙祖悅率
衆據硤石詔亮假鎮南將軍齊王蕭寶寅鎮東將軍章武
王融安南將軍並使持節督諸軍以討之靈太后勞遣亮
等賜戎服雜物亮至硤石祖悅出城逆戰大破之祖悅復
於城外置二柵欲拒軍亮焚擊破之亮與李崇為水陸之

期日日進攻而崇不至及李平至崇乃進軍共平硤石靈
太后賜亮璽書曰硤石既平大勢全舉淮堰孤危自將奔
遁若仍敢游魂此當易以立計禽翦蟻徒應在旦夕將軍
推轂所憑親對其事處分經略宜共協齊必令得掃蕩之
理盡彼遺燼也隨便守禦及分度掠截扼其咽喉防塞走
路期之全獲無令漏逸若畏威降首者自加蠲宥以仁為
本任之雅算以功進號鎮北將軍李平部分諸軍將水陸
兼進以討堰賊亮違平節度以疾請還隨表而發平表亮
輒還京失乘勝之機闕水陸之會今處亮死上議靈太后
令曰亮去留自擅違我經略雖有小捷豈免大咎但吾攝

御萬機庶茲惡殺可特聽以功補過及平至亮與爭功於
禁中形於聲色尋除殿中尚書遷吏部尚書時羽林新害
張彝之後靈太后令武官得依資入選官員既少應選者
多前尚書李韶循常擢人百姓大為怨亮乃奏為格制不
問士之賢愚專以停解日月為斷雖復官須此人停日後
者終於不得庸才下品年月久者灼然先用沈滯者皆稱
其能亮外甥司空諮議劉景安書規亮曰殷周以鄉塾貢
士兩漢由州郡薦才魏晉因循又置中正諦觀在昔莫不
審舉雖未盡美足應十收六七而朝廷貢才止求其文不
取其理察孝廉唯論章句不及治道立中正不考人才行

業空辨氏姓高下至於取士之途不溥沙汰之理未精而
舅屬當銓衡宜須改張易調如何反為停年格以限之天
下士子誰復脩厲名行哉亮答書曰汝所言乃有深致吾
乘時徼幸得為吏部尚書當其壯也尚不如人況今朽老
而居帝難之任常思同升舉直以報明主之恩盡忠竭力
不為貽厥之累昨為此格有由而然今已為汝所怪千載
之後誰知我哉可靜念吾言當為汝論之吾兼正六為吏
部郎三為尚書銓衡所宜頗知之矣但古今不同時宜須
異何者昔有中正品其才第上之尚書尚書據狀量人授
職此乃與天下羣賢共爵人也吾謂當爾之時無遺才無

濫舉矣而汝猶云十收六七況今日之選專歸尚書以一
人之鑒照察天下劉毅所云一吏部兩郎中而欲究鏡人
物何異以管窺天而求其博哉今勳人甚多又羽林入選
武夫崛起不解書計唯可彍弩前驅指蹤捕噬而已忽令
垂組乘軒求其烹鮮之效未曾操刀而使專割又武人至
多官員至少不可周溥設令十人共一官猶無官可授況
一人望一官何由可不怨哉吾近面執不宜使武人入選
請賜其爵厚其祿既不見從是以權立此格限以停年耳
昔子產鑄刑書以救敝叔向譏之以正法何異汝以古禮
難權宜哉仲尼云德我者春秋罪我者亦春秋吾之此指

其由是也但令當來君子知吾意焉後甄琛元脩義城陽
王徽相繼為吏部尚書利其便己踵而行之自是賢愚同
貫涇渭無別魏之失才從亮始也歷侍中太常卿左光祿
大夫尚書右僕射時劉騰擅權亮託妻劉氏傾身事之故
頻年之中名位隆赫有識者譏之轉尚書僕射加散騎常
侍疽發於背明帝遣舍人問疾亮上表乞解僕射詔不許
尋卒詔給東園秘器贈車騎大將軍儀同三司謚曰貞烈
亮在雍州讀杜預傳見其為八磨嘉其有濟時用遂教人
為碾及為僕射奏於張方橋東堰穀水造碾磨數十區其
利十倍國用便之亮有三子士安士和士泰並強幹善於

當世士安歷尚書比部郎卒於諫議大夫贈左將軍光州
刺史無子弟士和以子乾亨繼乾亨武定中尚書都兵郎
中士和初爲司空主簿蕭寶夤之在關中高選僚佐以爲
都督府長史時莫折念生遣使詐降寶夤表士和兼度支
尚書爲隴右行臺令入秦撫慰爲念生所害士泰歷給事
中司空從事中郎諫議大夫司空司馬明帝末荆蠻侵斥
以士泰爲龍驤將軍征蠻別將軍平以功賜爵五等男建
義初遇害於河陰贈都督青州刺史謚曰文肅子肇師襲
爵肇師少時疎放長遂變節更成謹厚涉獵經史頗有文
思天平初以通直散騎侍郎爲慰勞青州使至齊州界爲

土賊崔迦葉等拘欲逼與同事肇師執志不動喻以禍福
賊遂捨之仍巡慰青部而還肇師以從弟乾亨同居事伯
母甚謹齊文襄嘗言肇師合誅左右問其故曰崔鴻十六
國春秋述諸僭僞而不及江東左右曰肇師與鴻別族乃
止天保初以參定渾代禮儀封襄城縣男仍兼中書侍郎
卒始鄴下有薛生者能相人言趙彥琛當大貴肇師因問
己荅曰公門望雖高爵位不及趙終如其言亮弟敬默奉
朝請卒於征虜長史贈南陽太守子思韶從亮征硤石以
軍功賜爵武城子爲冀州別駕敬默弟敬遠以其賊並殊
不經紀論者譏焉

光韶亮從父弟也父幼孫太原太守光韶事親以孝悌初
除奉朝請光韶與弟光伯雙生操業相侔特相友愛遂經
吏部尚書李沖讓官於光伯辭色懇至沖爲奏聞孝文嘉
而許之太和二十年以光韶爲司空行參軍復請讓從叔
和曰臣誠微賤未登讓品屬逢皇朝聰無讓德和亦謙退
辭而不當孝文善之遂以和爲廣陵王國常侍尋敕光韶
祕書郎掌校華林御書累遷青州中從事後爲司空騎兵
參軍又兼司徒戶曹出爲濟州輔國府司馬刺史高植甚
知之政事多委訪焉遷青州平東府長史府解敕知州事
光韶清直明斷吏人畏愛之入爲司空從事中郎以母老

解官歸養賦詩展意朝士屬和者數十人久之徵爲司徒
諮議固辭不拜光韶性嚴聲韻抗烈與人平談常若震厲
至於兄弟議論外聞謂爲忿怒然孔懷雍睦人少逮之孝
莊初河間邢杲率河北流人十餘萬衆攻逼州郡刺史元
雋憂不自安州人乞光韶爲長史以鎮之時陽平路回寓
居齊土與杲潛相影響引賊入郭光韶臨機處分在難確
然賊退之後刺史表光韶忠毅朝廷嘉之發使慰勞尋爲
東道軍司及元顥入洛自河以南莫不風靡刺史廣陵王
欣集文武以議所從在坐之人莫不失色光韶獨抗言曰
元顥受制梁國稱兵本朝亂臣賊子曠代少儔何但大王

家事所宜切齒等荷朝眷未敢仰從長史崔景茂前瀛州
刺史張烈前郢州刺史房叔祖徵士張僧晧咸云軍司議
是欣乃斬顯使尋徵輔國將軍再遷廷尉卿秘書監祖瑩
以贓罪被劾光韶必欲致之重法太尉城陽王徽尚書令
臨淮王彧吏部尚書李神儁侍中李彧並勢望當時皆為
瑩求寬光韶正色曰朝賢執事於舜之功未聞其一如何
反為罪人言乎其執意不回如此永安擾亂遂還鄉里光
韶博學強辯尤好理論至於人倫名教得失之間榷而論
之不以一毫假物家足於財而性儉吝衣馬敝瘦食味麤
薄始光韶在都同里人王蔓於夜遇盜害其二子孝莊詔

黃門高道穆令加檢捕一坊之內家別搜索至光韶宅綾
絹錢布匱篋充積議者譏其矯索其家資產皆光伯所營
光伯亡悉焚其契河間邢子才曾貸錢數萬後送還之光
韶曰此亡弟相貸僕不知也竟不納刺史元弼前妻是光
韶之繼室兄女弼貪惏不法光韶以親情亟相非責弼銜
之時耿翔反於州界弼誣光韶子通與賊連結囚其合家
考掠非理而光韶與之辯爭詞色不屈會樊子鵠為東道
大使知其見枉理出之時人勸令詣樊陳謝光韶曰羊吉
大夫已有成事何勞往也子鵠亦歎尚之後刺史侯深代
下疑懼謀為不軌夜劫光韶以兵脅之責以謀略光韶曰

凡起兵須有名義使君今日舉動直是作賊耳知復何計
深雖恨之敬而不敢害尋除征東將軍金紫光祿大夫不
起光韶以世道屯邅朝廷屢變閉門却埽吉凶斷絕誡子
孫曰吾自謂立身無慚古烈但以祿命有限無容希世取
進在官以來不冒一級官雖不達經為九卿且吾平生素
業足以遺汝官閥亦何足言也吾既運薄便經三娶而汝
之兄弟各不同生合葬非古吾百年之後不須合也然贈
謚之及出自君恩豈容子孫自求之也勿須求贈若違吾
志如有神靈不享汝祀吾兄弟自幼及老衣服飲食未嘗
一片不同至於兒女官婚榮利之事未嘗不先以推弟弟

頊橫禍權作松櫬亦可為吾作松棺使吾見之卒年七十
一孝靜初侍中賈思同申啓稱述光韶詔贈散騎常侍驃
騎將軍青州刺史光韶弟光伯為青州別駕後以族弟休
臨州申牒求解尚書奏案禮始封之君不臣諸父昆弟封
君之子臣昆弟不臣諸父封君之孫得盡臣計始封之君
即是世繼之祖尚不得臣況今刺史既非世繼而得行臣
吏之節執笏稱名者乎檢光伯請解率禮不愆謂宜許遂
靈太后令從之尋除北海太守有司以其更滿依例奏代
明帝詔曰光伯自蒞海沂清風遠著兼其兄光韶復能辭
榮侍養兄弟忠孝宜有甄錄可更申三年以廣風化後歷

太傅諮議參軍節閔帝時崔祖螭張僧晧起逆攻東陽旬日間衆十餘萬刺史東萊王貴平欲令光伯出城慰勞兄光韶爭之曰以下官觀之非可慰喻止也貴平逼之不得已光伯遂出城未及曉喻爲飛矢所中卒贈青州刺史子滔武定末穀州別駕偹之弟道固

道固字季堅其母卑賤嫡母兄攸之目連等輕侮之父輯謂攸之曰此兒姿識或能興人門户汝等何以輕之攸之等遇之彌薄輯乃資給道固令其南仕時宋孝武爲徐兖二州刺史以道固爲從事道固美形貌善舉止習武事孝武嘉之會青州刺史新除過彭城孝武謂曰崔道固人身

如此豈可爲寒士而世人以其偏庶侮之可爲歎息刺史至州辟爲主簿後爲宋諸王參軍被遣青州募人長史以下並詣道固道固諸兄等逼其所生自致酒炙於客前道固驚起接取謂客曰家無人力老親自執劬勞諸客皆知其兄所作咸拜其母母謂道固曰我賤不足以報貴賓汝宜答拜諸客皆歎美道固母子賤其諸兄後爲冀州刺史鎮歷城宋明帝立徐州刺史薛安都與道固等立廢帝子業弟子勛敗乃歸魏獻文帝以爲南冀州刺史清河公宋明帝遣說道固以爲徐州刺史復歸宋皇興初獻文詔征南大將軍慕容白曜討道固道固面縛請罪白曜送赴都

詔恕其死乃徙齊土望共道固守城者數百家於桑乾立平齊郡於平城西北北新城以道固爲太守賜爵臨淄子尋徙居京城西南二百餘里舊除館之西延興中卒子景徽襲爵初道固之在客邸與薛安都畢衆敬鄰館時以公集相見本既同由武達頗結寮舊時安都志已衰朽於道固踈略而衆敬每盡殷勤道固謂劉休賓房法壽曰古人云非我族類其心必異安都視人殊自蕭索畢固依依也

景徽字文叡卒於平州刺史謚曰定子休纂襲爵道固兄目連子僧祐僧深坐兄僧祐與沙門法秀謀反徙薄骨律鎮後位南青州刺史元妻房氏生子伯驎伯驥後薄房氏

納平原杜氏與俱徙生四子伯鳳祖龍祖螭祖虬僧深得還之後絕房氏遂與杜氏及四子寓青州伯驎伯驥與母房居冀州雖往來父間而心存母氏孝慈之道頗阻一門僧深卒伯驎奔赴不敢入家寄哭寺門祖龍剛躁與兄伯驎訟嫡庶並以刀劍自衞若怨讎焉祖螭小字社客普泰初反介朱仲遠討斬之祖虬少好學不馳競僧深從弟和位平昌太守家巨富而性吝埋錢數百斛其母李春思堇惜錢不買子軌字啓則盜錢百萬背和亡走後至儀同開府鎧曹參軍坐貪偽賜死晉陽

論曰崔光風素虛遠學業深長孝文歸其才博許其大至

明主固知臣也歷事二朝師訓少主不出宮省坐致台傅斯亦近世之所希有但顧懷大雅託迹中庸其於容身之識斯乃胡廣所不免也鴻博綜古今立言爲事亦才志之士乎崔亮既明達從事動有名迹於斷年之選失之逾遠救弊未聞終爲國蠹無苟而已其若是乎光韶居雅仗正有國士之風矣

列傳第三十二　北史四十四

北史列傳三十二　二十六

方洽周益周之冕孫粹然校正

列傳卷第三十三　北史四十五

裴叔業

夏侯道遷

李元護

席法友

王世弼

江悅之

淳于誕

沈文秀

張讜

李苗

劉藻

傅永

傅豎眼

張烈

李叔彪

路恃慶

房亮

曹世表

潘永基

北史列傳三十三　一

朱元旭

裴叔業河東聞喜人魏冀州刺史徽之後也五世祖苞晉秦州刺史祖邕自河東居于襄陽父順宗兄叔寶仕宋齊並有名位叔業少有氣幹頗以將略自許宋元徽末歷官為羽林監齊高帝驃騎行參軍齊受命累遷為寧蠻長史廣平太守叔業早與齊明帝共事明帝輔政以為心腹使領軍奄襲諸蕃鎮盡心用命及即位以為給事黃門侍郎封武昌縣伯孝文南次鍾離拜叔業為徐州刺史以水軍入淮帝令郎中裴聿往與之語叔業盛飾左右服翫以誇之聿曰伯父儀服誠為美麗但恨不晝游耳齊帝崩廢帝即位誅大臣都下屢有變發叔業登壽春城北望肥水謂部下曰卿等欲富貴乎我言富貴亦可辦耳未幾見徙南兗州刺史會陳顯達圍建鄴叔業遣司馬李元護應之及顯達敗而還叔業慮內難未已不願為南兗州齊廢主嬖臣茹法珍王咺之等疑其有異去來者並云叔業北入叔業兄子植颺瑜粲等棄母奔壽陽法珍等以其既在疆埸且欲羈縻之白齊主遣中書舍人裴穆慰誘之許不須回換叔業雖得停而憂懼不已時梁武帝為雍州刺史叔業遣親人馬文範以自安之計訪之梁武帝曰雍州若能堅據襄陽輒當勠力自保若不爾回面向北不失河南公梁

武報曰唯應送家還都以安慰之自然無患若意外相逼當勒馬二百直出橫江以斷其後則天下事一舉可定若欲北向彼必遣人相代以河北一地相處河南公寧復可得如此則南歸望絕矣叔業沉疑未決遣信詣豫州刺史薛真度訪入北之宜真度答書盛陳朝廷風化叔業乃遣子芬之及兄女夫韋伯昕奉表內附景明元年正月宣武詔授叔業使持節散騎常侍都督豫州刺史征南將軍封蘭陵郡公又賜叔業璽書遣彭城王勰尚書令王肅赴接軍未度淮叔業病卒李元護席法友等推叔業兄子植監州事詔贈叔業驃騎大將軍開府儀同三司諡忠武公給東園溫明祕器子蒨之字文德仕齊隨郡王左常侍先卒子譚紹封譚麤險好殺所乘牛馬為小驚逸手自殺之然孝事諸叔盡於子道國祿歲入每以分贍世以此稱之位輔國將軍中散大夫卒贈南豫州刺史諡曰敬子測字伯源襲歷通直散騎侍郎天平中走於關中蒨之弟芬之字文馥長者好施篤愛諸弟仕齊位羽林監入魏以父勳封上蔡伯為東秦州刺史在州有清靜稱後徙封山茌縣遷岐州刺史為隴賊所圍城陷賊以送上邽為莫折念生所害贈青州刺史芬之弟藹之字幼重性輕率好琴書其內弟柳諧善鼓琴藹之師而微不及也位汝陽太守叔業長

兄子彥先少有志尚叔業以壽春入魏彥先封雍丘縣子
位勃海相卒謚曰惠恭彥先子約字元儉性頗剛鯁後襲
爵冀州大乘賊起敕為別將行勃海郡事城陷見害長子
英起武定末洛州刺史英起弟慶起卒於齊王府中兵參
軍贈鴻臚少卿彥先弟絢揚州中從事時揚州霖雨水入
城刺史李崇居城上繫船憑焉絢率城南人數千家泛舟
南走高原謂崇還北遂與別駕鄭祖起等送子十四人於
梁崇勒水軍討之眾潰見獲投水而死植字文遠叔業兄
叔寶子也少而好學覽綜經史尤長釋典善談理義隨叔
業在壽春叔業卒席法友柳玄達等共舉植監州祕叔業

喪問教命處分皆出於植於是開門納魏軍詔以植為兗
州刺史崇義縣侯入為大鴻臚卿後以長子昕南叛有司
處之大辟詔特恕其罪以表勳誠尋除揚州大中正出
為瀛州刺史再遷度支尚書加金紫光祿大夫植性非柱
石所為無恒兗州之還也表請解官隱於嵩山宣武不許
深以為怪然公私集論自言人門不後王肅怪朝廷處之
不高及為尚書志意頗滿欲以政事為己任謂人曰非我
須尚書尚書亦須我辭氣激揚見於言色及入參議論時
對眾官面有譏毀又表毀征南將軍田益宗言華夷異類
不應在百世衣冠之上率多侵侮皆此類也侍中于忠黃

門元昭覽之切齒寢而不奏韋伯昕告植欲謀廢黜尚書
又奏羊祉告植姑子皇甫仲達云受植旨遂詐稱被詔
率合部曲欲圖領軍于忠時忠專權既構成其禍又矯詔
殺之朝野稱冤臨終神志自若遺令子弟命盡之後翦落
鬚髮被以法服以沙門禮葬于嵩高之陰初植與僕射郭
祚都水使者韋儁等同時見害後祚儁事雪加贈而植追
復封爵而已植故吏勃海刁沖上疏訟之於是贈尚書僕
射揚州刺史乃改葬植母夏侯道遷姊也性甚剛峻於
諸子皆如嚴君長成後非衣帢不見小有罪過必束帶伏
門經五三日乃引見之督以嚴訓唯少子衍得以常服見

之旦夕溫凊植在瀛州也其母年踰七十以身為婢自施
三寶布衣麻菲手執箕帚於沙門寺掃洒植弟瑜粲衍並
亦奴僕之服泣涕而從有感道俗諸子各以布帛數百贖
免其母於是出家為比丘入嵩高積歲乃還家植既長嫡
母又年老其在州數歲以妻子自隨雖自州送祿奉母及
贈諸弟而各別資財同居異爨一門數竈蓋亦染江南之
俗也論者譏焉植弟颺壯果有謀略在齊以軍功位驍騎
將軍入魏為南司州刺史封義陽縣伯詔命未至為賊所
殺進爵為侯宣武以颺勳效未立而卒其子烱不得襲封
明帝初烱行貨於執事乃封城平縣伯烱字休光小字黃

頭頗有文學善事權門領軍元义納其金帛除鎮遠將軍
散騎常侍揚州大中正進爵爲侯改封高城尋兼尚書右
丞出爲東郡太守爲賊人所害贈散騎常侍青州刺史謚
曰簡颺弟瑜字文琬封下密縣子試守滎陽郡坐虐暴殺
人免官後徙封灌津子卒於勃海太守贈豫州刺史謚曰
定瑜弟粲字文亮封舒縣子沉重善風儀頗以驕豪爲失
歷正平恒農二郡太守高陽王雍曾以事屬粲粲不從雍
甚爲恨後因九日馬射敕畿内太守皆赴京師雍時爲州
牧粲脩謁雍含怒待之粲神情閑邁舉止抑揚雍目而不
覺解及坐定謂粲曰可更爲一行粲便下席爲行從容而

出坐事免後宣武聞粲善自標置欲觀其風度令傳詔就
家急召之須臾間使者相屬合家恇懼不測所以粲更恬
然神色不變帝歎異之時僕射高肇以外戚之貴勢傾一
時朝士見者咸望塵拜謁粲候肇唯長揖而已及還家人
尤責之粲曰何可自同凡俗也又曾詣清河王懌下車始
進便屬暴雨粲容步舒雅不以霑濡改節懌乃令人持蓋
覆之歎謂左右曰何代無奇人性好釋學親昇講座雖
持義未精而風韻可重但不涉經史終爲知音所輕後爲
揚州大中正中書令明帝釋奠以爲侍講轉金紫光祿大
夫元顥入洛以粲爲西兗州刺史尋爲濮陽太守崔巨倫

所逐棄州入嵩高山節閔帝初徵爲中書令後正月晦帝
出臨洛濱粲起御前再拜上壽酒帝曰昔北海入朝暫藉
神器爾日卿戒之以酒今欲我飲何異於往情粲曰北海
志在沈湎故諫其所失陛下齊聖溫克臣敢獻微誠帝曰
甚愧來譽仍爲命酌孝武初出爲驃騎大將軍膠州刺史
屬時亢旱士人勸令禱於海神粲憚違衆人乃爲祈請直
據胡床舉盃曰僕白君左右云前後例皆拜謁粲曰五岳
視三公四瀆視諸侯安有方伯致禮海神卒不肯拜時青
州叛賊耿翔寇亂三齊粲唯高譚虛論不事防禦之術翔
乘其無備掩襲州城左右白言賊至粲云豈有此理左右

又言已入州門粲乃徐云耿王可引上聽事自餘部衆且
付城人不達時變如此尋爲翔害送首於梁子含字文君
貞外散騎侍郎粲弟衍字文舒學識優於諸兄才亦過之
事親以孝聞兼有將略仕齊位陰平太守歸魏授通直郎
衍堅辭朝命上表請隱嵩高詔從之宣武末稍以出山干
禄執事後歷建興河内二郡太守歷二郡廉貞寡欲善撫
百姓人吏追思之孝昌初梁將曹敬宗寇荊州詔衍爲別
將與恒農太守王羆救荊州衍大破之荊州圍解除北道
都督鎮鄴西之武城封安陽縣子時相州刺史安樂王鑒
潛圖叛逆衍覺其有異密表陳之尋而鑒所部別將嵇宗

馳驛告變乃詔衍與都督源子邕李神軌等討鑒平之除相州刺史北道大都督進封臨汝縣公詔衍與子邕北討葛榮軍敗見害贈車騎大將軍司空相州刺史子嵩襲叔業之歸魏又有尹挺柳玄達韋伯昕皇甫光梁祐崔高容閻慶胤柳僧習並預其功尹挺天水冀人仕齊位陳郡太守與叔業參謀歸誠歷南司州刺史柳玄達河東解人頗涉經史仕齊諸王參軍與叔業姻婭周旋叔業獻款玄達贊成其計入魏除司徒諮議參軍封南頓縣子卒改封夏陽縣子絳襲絳弟遠字季雲性麤放無拘檢時人或謂之柳𩓐好彈琴耽酒時有文詠孝武初除儀同開府參軍事放情琴酒之間每出行返家人或問消息答云無所聞縱聞亦不解後客游卒玄達弟玄瑜位陰平太守卒子諧頗有文學善鼓琴以新聲手勢京師士子翕然從學除著作佐郎於河陰遇害韋伯昕京兆杜陵人學尚有壯氣自以才智優於裴植常輕之植嫉之如讎即彥先之妹夫也叔業以其有大志故遣子芬之爲質入魏封零陵縣男歷南陽太守坐事免後拜員外散騎常侍加中壘將軍告裴植謀爲廢黜植坐死後百餘日伯昕亦病卒臨亡見植爲祟曰云裴尚書死不獨見由何以見怒皇甫光安定人美鬚髯善言咲入魏卒於勃海太守兄椿齡薛安都於彭城內附除岐州刺史椿齡子璋鄉郡相璋弟瑒位吏部郎性貪婪多所受納鬻賣吏官皆有定價後以丞相高陽王雍之婚爲豫州刺史爲政殘暴百姓患之卒於安南將軍光祿大夫贈尚書左僕射子長卿太尉司馬梁祐北地人叔業從姑子也好學便弓馬隨叔業征伐身被五十餘創景明初賜爵山桑子出爲北地太守清身率下甚有聲稱歷太中大夫從容風雅好爲談詠常與朝廷名賢泛舟洛水以詩酒自娛遷光祿大夫端然養志不歷權門卒於京兆內史崔高容清河人博學善文辭美風彩景明初位散騎侍郎出爲揚州開府掾帶陳留太守卒官閻慶胤天水人博識洽聞善於談論聽其言說不覺忘疲卒於鄴城太守柳僧習見其子虯傳

夏侯道遷譙國人也少有志操年十七父母爲結婚韋氏道遷云欲懷四方之志不願取婦家人咸謂戲言及婚求覓不知所在訪問乃云逃入益州後隨裴叔業於壽春爲南譙太守二家雖爲姻好親情不協遂單騎歸魏拜驍騎將軍隨王肅至壽春肅薨道遷棄戍南叛會梁以莊丘黑爲征虜將軍梁秦二州刺史鎮南鄭黑請道遷爲長史帶漢中郡會黑死而道遷陰圖歸順先是仇池鎮將楊靈珍反叛南奔梁以靈珍爲征虜將軍假武都王助戍漢中道

遷乃擊靈珍斬其父子送首於京師江悅之等推道遷為梁秦二州刺史道遷遣表歸闕詔重書慰勉授持節散騎常侍平南將軍豫州刺史封豐縣侯遣尚書邢巒指授節度道遷表受平南常侍而辭豫州豐縣侯引裴叔業公爵為例宣武不許道遷自南鄭來朝京師引見於太極東堂免冠徒跣謝曰比在壽春遭韋纘之酷申控無所致此猖狂是改之來希酬昔遇宣武曰卿建為山之功一簣之玷何足謝也道遷以賞報為微逡巡不拜尋改封濮陽縣侯歲餘頻表解州宣武許之除南兖州大中正不拜道遷雖學不深洽而歷覽書史閑習尺牘好言宴務口實京師珍羞罔不畢有於京城西水次市地大起園池殖列蔬果延致秀彥時往遊適妓妾十餘常自娛樂國秩歲入三千餘匹專供酒饌不營家產每誦孔融語曰坐上客恒滿罇中酒不空餘非吾事也識者多之歷華瀛二州刺史為政清嚴善禁盜賊卒贈雍州刺史謚明侯初道遷以拔漢中歸誠本由王頍興之計求分邑戶五百封之宣武不許靈太后臨朝道遷重求分封太后大奇之議欲更以三百戶封頍興會卒遂寢道遷不聘正室唯有子數人長子史字元廷歷鎮遠將軍南兖州大中正史性好酒居喪不戚醇醪肥鮮不離於口沽買飲噉多所費用父時田園貨賣略盡

人間債猶數千餘匹穀食至常不足弟妹不免飢寒初道遷知史好酒不欲傳授國封史未亡前忽夢見征虜將軍房世寶至其家聽事與其父坐屏人密言史心驚懼謂人曰世寶為官少聞必擊我也尋有人至云官呼郎隨召即去遣左右杖之二百不勝楚痛大叫良久乃悟流汗徹於寢具至明前京城太守趙卓詣之見其衣濕謂史曰卿昨夜當大飲溺衣如此史乃具陳所夢先是旬餘秘書監鄭道昭暴病卒史聞謂卓曰人生何常唯當縱飲於是昏酣遂甚夢後二日不能言針之乃得語而猶虛劣俄而心悶而死洗浴者視其尸體大有杖處青赤隱起二百下許贈鉅鹿太守 初史與南人辛諶庾遵江文遙等終日遊聚酣飲之際恒相謂曰人生局促何殊朝露坐上相看先後間耳脫有先亡者於良辰美景靈前飲宴儻或有知庶共歆饗及史亡後三月上巳諸人相率至史靈前仍共酌飲時日晚天陰室中微闇咸見史在坐衣服形容不異平昔時執盃酒似若獻酬但無語耳史家客雍僧明心有畏恐披簾欲出便即僵仆狀若被毆史從兄欣宗云今是節日諸人憶弟疇昔之言故來共飲僧明何罪而被嗔責僧明便悟而欣宗鬼語如史平生并怒家人皆得其罪又發陰私竊盜咸有次緒史妻裴植之女也與道遷諸妾不睦訟鬩

微于公庭子籍年十餘歲襲祖封已數年而史弟晉等言其眇目癇疾不任承繼自以與史同廡已應紹襲尚書奏籍承封道遷兄子抱史位咸陽太守道遷之謀又襄陽羅道珍北海王安世頴川辛諶漢中姜永等皆參其勳末道珍爲齊州東平原相有能名安世苻堅丞相王猛玄孫也歷涉書傳位北華州刺史諶魏衞尉辛毗後也有文學位濮陽上黨二郡太守永善彈琴有文學位漢中太守永弟漾亦善士性至孝時頴川庾道者亦與道遷俱入國雖不參勳謀亦爲奇士歷覽史傳善草隸書輕財重義仕梁右中郎將及至洛陽環堵弊廬多與雋秀交舊積二十餘歲

殊無宦情後爲饒安縣令罷卒

李元護遼東襄平人晉司徒胤之八世孫也胤子順璠及孫沉志皆有名宦沉孫根仕慕容寶爲中書監根子後智等隨慕容德南渡河居青州數世無名三齊豪門多輕之元護以魏平齊後隨父懷慶南奔身長八尺美鬚髯少有武力仕齊位馬頭太守雖以將用自達然亦頗覽文史習於簡牘後爲裴叔業司馬帶汝陰太守叔業歸順元護贊同其謀叔業疾病元護督率上下以俟援軍壽春尅定元護頗有力焉景明初以元護爲齊州刺史廣饒縣伯尋以州人聊世明圖爲不軌元護誅戮所加微爲濫酷州內飢儉表請振貸蠲其賦役但多有部曲時爲侵擾城邑苦之故不得爲良刺史也三年卒病前月餘京師無故傳其凶問又城外送客亭柱有人書曰李齊州死綱佐餞別者見而拭之後復如此元護妾伎十餘聲色自縱情慾既甚支骨稍消鬚長二尺一時落盡贈青州刺史元護爲齊州經拜舊墓巡省故宅饗賜村老莫不欣暢及將亡謂左右曰吾嘗以方伯簿伍至青州士女屬目若喪過東陽不可不好設儀衞哭泣盡哀令觀者改容也家人遵其誡子會襲正始中降爵爲子會頑騃好酒其妻南陽太守清河房伯玉女也甚有姿色會不荅之房乃通其弟機因會醉殺之

子景宣襲機與房遂如夫婦積十餘年房氏色衰乃更婚娶元護弟靜性貪忍兄亡未斂便剥妓服玩及餘物歷齊郡內史

席法友安定人也祖父南奔法友仕齊以膂力自効任安豐新蔡二郡太守建安戍主後與裴叔業同謀歸魏拜豫州刺史苞信縣伯叔業卒後法友與裴植追成業志淮南尅定法友有力焉歷華并二州刺史後爲別將出淮南欲解朐山之圍法友始渡淮而朐山敗沒遂停十年恬靜自安不競世利宣武末除濟州刺史廉和著稱又從封秉氏後卒於光祿大夫贈秦州刺史謚襄侯子景通襲叅善書亮

又兼賂叉父繼爲司空引景通爲掾卒贈衛尉少卿子鄖
襲走關西
王世弼京兆霸城人也姚泓之滅其祖父奔南遷世弼身長
七尺八寸魁岸有壯氣善草隸書好愛墳典仕齊爲軍主
助戍壽春遂與裴叔業同謀歸誠除南徐州刺史封愼縣
伯後除東秦州刺史政任於刑爲人所怨有受納之響爲
御史中尉李平所彈會赦免後爲河北太守有清稱再遷
中山內史加平北將軍直閤元羅領軍元叉弟也曾過中
山謂曰二州刺史繼復爲郡當恨恨耳世弼曰儀同之號
起自鄧騭平北爲郡始在下官卒贈豫州刺史謚曰康長

子會汝陽太守次子由字茂道好學有文才尤善草隸書
性方厚有名士風又工摹書爲時人所服位東萊太守罷
郡寓居潁川天平初元洪威構逆大軍攻討爲亂兵所害
名流悼惜之
江悅之字彥和濟陽考城人也七世祖統晉散騎常侍避
劉石之亂南渡祖興之父範之並爲宋武所誅悅之少孤
仕宋歷諸王參軍好兵書有將略善待士有部曲數百人
仕齊爲後軍將軍部曲稱衆千有餘人梁初以討滅劉季
連功進號冠軍將軍武興氐攻破白馬進圍南鄭悅之大
破氐衆還復白馬梁秦二州刺史莊丘黑死夏侯道遷與

悅之及龐樹軍主李忻榮張元亮士孫天與等謀以梁州
內附梁華陽太守尹天寶率衆向州城遂圍南鄭悅之晝
夜督戰會武興軍至天寶敗道遷克全勳款悅之天寶有
力焉與道遷俱至洛陽尋卒贈梁州刺史追封安平縣子
謚曰莊悅之二子文遙文遠文遙少有大度輕財好士士
多歸之道遷之圖楊靈珍文遙奮劍請行遂手斬靈珍襲
父封拜咸陽太守勤於禮接終日坐聽事至者見之假以
恩顏屛人密問於是人所疾苦大盜姓名姦猾吏長無不
知悉郡中震肅姦劫息止政爲雍州諸郡之最後爲安州
刺史善於綏納甚得物情時杜洛周葛榮等相繼叛逆幽

燕已南悉沒唯文遙介在群賊之外孤城獨守鳩集荒餘
且耕且戰百姓皆樂爲用卒官長史許思祖等以文遙有
遺愛復推其子果行州事旣攝州事乃遣使奉表莊帝嘉
之除果通直散騎侍郎行安州事旣而賊勢轉盛救援不
接果乃攜諸弟并率城人東奔高麗天平中詔高麗送果
等元象中乃得還朝文遠善騎射勇於攻戰以軍功位中
散大夫龍驤將軍
淳于誕字靈遠其先太山博人也後世居蜀漢或家安國
之桓陵縣父興宗齊南安太守誕年十二隨父向楊州父
於路爲羣盜所害誕雖幼而哀感奮發傾資結客旬朔之

內遂得復鏁州里之閒無不稱嘆景明中白漢歸魏陳伐
蜀計宣武嘉納之延昌末王旅大舉除驃騎將軍都督別
部司馬領鄉導統軍誕不顧先受榮爵乃固讓實官止參
戎號及奉辭之日詔若剋成都即以益州許之師次晉壽
蜀人大震屬宣武晏駕不果而還後以客例起家羽林監
正光中秦隴反叛詔誕為西南道軍司馬與行臺魏子建
共參經略時梁益州刺史蕭深獻遣將樊文熾蕭世澄等
率衆數萬圍小劍戍子建遣誕勒兵馳赴大敗之禽世澄
等十一人文熾先走獲免孝昌初于運以誕行華陽郡帶
白馬戍後卒於東梁州刺史贈益州刺史謚曰莊

沈文秀字仲遠吳興武康人也父慶之南史有傳文秀仕
宋位青州刺史和平六年宋明帝殺其主子業文秀與諸
州推立子業弟子勛子勛敗皇興初文秀與崔道固俱以
州降魏宋遣其弟文景來諭之文秀復歸宋為刺史如故
後慕容白曜長驅至東陽文秀始欲降以軍人虜掠遂有
悔心乃嬰城固守白曜既下歷城乃并力攻討自夏至春
始剋文秀取所持節衣冠儼然坐於齋內亂兵入曰文秀
何在文秀厲聲曰身是執而裸送于白曜左右令拜文秀
曰各二國大臣無相拜禮白曜忿之因至撾撻後還其衣
為之設饌與長史房天樂司馬沈嵩等鎖送京師面縛數

罪宥死待為下客給以麤衣蔬食獻文重其節義稍亦嘉
禮之拜外都下大夫太和三年遷外都大官孝文嘉其忠
於其國賜絹綵二百匹後為南征都將臨發賜以戎服除
懷州刺史假吳郡公守清貧而政寬不能禁止盜賊大興
水田於公私頗有利益卒官子保沖後為徐州冠軍長史
坐據連口退敗有司處之死刑孝文詔保沖文秀之子可
特原命配洛陽作部終身宣武時卒於下邳太守房天樂
者清河人滑稽多智文秀板為長史督齊郡州府事一以
委之卒于京師弟子嘉慶漁陽太守

張讜字處言清河東武城人也六世祖弘晉長秋卿父華
慕容超左僕射讜仕宋位東徐州刺史及平徐兗讜乃歸
順於尉元亦表授東徐州刺史遣中書侍郎高閭與讜對
為刺史後至京師禮遇亞於薛畢賜爵平陸侯讜性開通
篤於接恤青齊之士雖疎族末姻咸相敬視李敷李訢等
寵要勢家亦推懷陳款無所顧避畢衆敬等皆敬重之高
允之徒亦相器待卒贈青州刺史謚康侯子敬伯求致父
喪出葬冀州清河舊墓久不被許停柩在家積五六年第
四子敬叔先在徐州初聞父喪不欲奔赴而規南叛為徐
州所勤送至乃自理後得襲父爵敬伯自以隨父歸國功
賜爵昌安侯出為樂陵太守敬叔武邑太守父喪得葬舊

墓還屬清河初讜兄弟十人兄忠字處順在南爲合鄉令歸降賜爵新昌侯卒於新興太守贈冀州刺史讜妻皇甫氏被掠賜中官爲婢皇甫遂詐癡不能疏沐後讜爲宋冀州長史因貨千餘匹購求皇甫文成怪其納財之多引見之時皇甫年垂六十矣文成曰南人奇好能重室家之義此老母復何所任乃能如此致費也皇甫氏歸讜令諸妾境上奉迎數年卒後十年而讜入魏讜兄子安世正始中自梁漢同夏侯道遷歸款爲客積年出爲東河間太守卒

李苗字子宣梓潼涪人也父膺梁太僕卿苗出後叔父畎

畎爲梁州刺史大著威名王足之伐蜀梁武命畎拒足於涪許其益州及足退梁武遂改授畎畎怒將有異圖事發被害苗年十五有報雪志延昌中歸魏仍陳圖蜀計將軍高肇西伐詔假苗龍驤將軍鄉導次晉壽宣武晏駕班師後以客例除負外散騎侍郎苗有文武才幹以大功不就家耻未雪常懷慷慨乃上書陳平定江南之計其文理甚切於時明帝幼沖無遠略之意竟不能納正光末三秦反叛侵及三輔時承平既久人不習戰苗以隴兵強悍且群聚無資乃上書以爲食少兵精利於速戰粮多卒衆事宜持久今隴賊猖狂非有素蓄雖據兩城本無德義其勢在於疾攻日有降納遲則人情離阻坐受崩潰夫飆至風起逆者求萬一之功高壁深壘王師有全制之策今且宜勒大將深溝高壘堅守勿戰別命偏師精卒數千出麥積崖以襲其後則汧岐之下羣妖自散於是詔苗爲統軍與別將淳于誕出梁益隷行臺魏子建子建以苗爲郎中仍領統軍深見知待孝昌中兼尚書左丞爲西北道行臺與大都督宗正珍孫討汾絳蜀賊平之及殺介朱榮從弟世隆擁部曲還逼都邑孝莊幸大夏門集羣臣博議百寮計無所出苗獨奮衣起曰今朝廷有不測之危正是忠臣烈士效節之時請以一旅之衆爲陛下徑斷河梁孝莊壯而許

焉苗乃募人於馬渚上流以師夜下去橋數里放火燒舡俄然橋絶賊没水死者甚衆官軍不至賊乃涉水與苗死鬬衆寡不敵苗浮河而没帝聞哀傷之贈都督梁州刺史車騎大將軍儀同三司河陽縣侯謚忠烈苗少有節操志尚功名每讀蜀書見魏延請出長安諸葛不許歎息謂亮無奇計及覽周瑜傳未曾不咨嗟絶倒太保城陽王徽司徒臨淮王彧並重之二王頗或不穆苗每諫責徽寵勢隆極猜忌彌甚苗謂人曰城陽蜂目豺聲今轉彰矣解鼓琴善屬文詠工尺牘之敏當世罕及死之日朝野悲壯之及帝幽崩世隆入洛主者追苗贈封以白世隆世隆曰吾

爾時羣議更一二日便欲大縱兵士燒燔都邑任其採掠
賴苗京師獲全天下之善一也不宜追之子皇雲襲爵
劉藻字彥先廣平易陽人也六世祖遐從晉元帝南渡父
宗之宋廬江太守藻涉獵羣籍美談笑善與人交飲酒至
一石不亂太安中與姊夫李嶷俱來歸魏賜爵易陽子擢
拜南部主書號為稱職時北地諸羌恃險作亂前後守宰
不能制朝廷患之以藻為北地太守藻推誠布信諸羌咸
來歸款朝廷嘉之雍州人王叔保等三百人表乞藻為騃
奴戍主詔曰選曹已用人藻有惠政自宜他敘在任八年
遷離城鎮將太和中改鎮為岐州以藻為岐州刺史轉秦

州刺史秦人恃險率多麤暴或拒課輸或害吏長自前守
宰皆遙領不入郡縣藻開示恩信誅戮豪橫羌氐憚之守
宰於是始得居其舊所遇車駕南伐以藻為東道都督秦
人紛擾詔藻還州人情乃定仍與安南元英征漢中破賊
軍長驅至南鄭垂平梁州奉詔還軍乃不克果後車駕南
伐以藻為征虜將軍督統軍高聰等四軍為東道別將辭
於洛水之南孝文曰與卿石頭相見藻對曰臣雖才非古
人庶亦不留賊虜而陛下輒當釃曲阿之酒以待百官帝
大笑曰今未至曲阿且以河東數石賜卿後與高聰等戰
敗俱徙平州景明初宣武追錄舊功拜藻為太尉司馬卒

子紹珍無他才用善附會好飲酒結託劉騰啓為其國郎
中令襲子爵永安中歷河北黎陽二郡太守所在無政績
天平中坐子洪業入於關中率衆侵擾伏法
傅永字脩期清河人也幼隨叔父洪仲與張幸自青州入
魏尋復南奔有氣幹拳勇過人能手執鞍橋倒立馳騁年
二十餘有友人與之書而不能答請洪仲洪仲深讓之而
不為報永乃發憤讀書涉獵經史兼有才幹為崔道固城
局參軍與道固俱降入為平齊百姓父母並老飢寒十數
年賴其強於人事戮力傭丐得以存立晚為奉禮郎詣長
安拜文明太后父燕宣王廟賜爵貝丘男除中書博士王

肅之為豫州又以永為王肅平南長史咸陽王禧慮肅難
信言於孝文曰已選傅脩期為其長史雖威儀不足而文
武有餘矣肅以永宿士禮之甚厚永亦以肅為帝眷遇盡
心事之情義至穆齊將魯康祖趙公政侵豫州之太倉口
肅令永擊之永量吳楚兵好以斫營為事又賊若夜來必
於渡淮之所以火記其淺處永既設伏乃密令人以瓠盛
火渡南岸當深處置之教云若有火起即亦然之其夜康
祖公政等果親率領來斫營東西二伏夾擊之康祖等奔
趣淮水火既競起不能記其本濟遂望永所置火爭渡水
深溺死斬首者數千級生擒公政康祖人馬墜淮曉而獲

其戶斬首并公畋送京師時裴叔業率王茂先李定等東
侵楚王戍肅復令永將伏兵擊其後軍破之獲叔業傘扇
鼓幕甲仗萬餘兩月之中遂獻再捷帝嘉之遣謁者就豫
州策拜永安遠將軍鎮南府長史汝南太守貝丘縣男帝
每歎曰上馬能擊賊下馬作露布唯傅脩期耳裴叔業又
圍渦陽時帝在豫州遣永為統軍與高聰劉藻成道益任
莫問等救之永曰深溝固壘然後圖之聰等不從一戰而
敗聰等棄甲奔懸瓠永獨收散卒徐還賊追至又設伏擊
之挫其銳藻等還永免官爵而已不經旬詔永為汝陰鎮
將帶汝陰太守景明初裴叔業將以壽春歸魏密通於永

及將迎納詔永為統軍與楊大眼奚康生等諸軍俱入壽
春同日而永在後故康生大眼二人並賞列土永唯清河
男齊將陳伯之逼壽春沿淮為寇時司徒彭城王勰廣陵
侯元衍同鎮壽春以九江初附人情未洽兼臺援不至深
以為憂詔遣永為統軍領汝陰三千人先援之永至勰令
永引軍入城永曰若如教旨便共殿下同被圍守豈是救
援之意遂孤軍城外與勰并勢以擊伯之頻有剋捷中山
王英之征義陽永為寧朔將軍統軍當長圍遏其南門齊
將馬仙琕連營稍進規解城圍永乃分兵付長史賈思祖
令守營壘自將馬步千人南逆仙琕賊俯射永洞其左股

永出箭復入遂大破之仙琕燒營卷甲而遁英曰公傷矣
且還營永曰昔漢祖捫足不欲人知下官雖國家一帥奈
何使虜有傷將之名遂與諸軍追之極夜而返時年七十
餘矣三軍莫不壯之義陽既平英使司馬陸希道為露布
意謂不可令永改之永亦不增文采直與之改陳列軍儀
勢置形要而英深賞之還京除太中大夫後除恒農太守
非心所樂時英東征鍾離表請永求以為將朝廷不聽永
每言曰馬援充國竟何人哉吾獨白首見拘此郡然於御
人非其所長故在任無多聲稱後為南兗州刺史年踰八
十猶能馳射盤馬奮矟常諱言老每自稱六十九還京拜

光祿大夫卒贈齊州刺史永嘗登北芒於平坦處奮矟躍
馬盤旋瞻望有終焉之志遂慕杜預近好李沖王肅欲葬
附墓遂買左右地數頃遺勅子叔偉此吾之永宅也永妻
賈氏留本鄉永至代都娶妾馮氏生叔偉及數女賈後歸
平城無男唯一女馮恃子事賈無禮叔偉亦奉賈不順賈
不忿之馮先永卒叔偉稱父命欲葬北芒賈疑叔偉將以
馮合葬遂求歸葬永於所封貝丘縣事經司徒司徒胡國
珍感其所慕許叔偉葬焉賈乃邀訴靈太后太后從賈意
乃葬於東清河又永昔營宅兆葬父母於舊鄉賈於此強
徙之與永同處永宗親不能抑葬已數十年矣棺為桑棗

根所遶東去地尺餘甚爲周固以斧斫出之於坎時人咸恠叔偉膂力過人彎弓三百斤左右馳射能立馬上與人角騁見者以爲得永武而不得永文

傳暨眼本清河人也七世祖伷伷子遵石季龍太常祖父融南徙度河家于磐陽爲鄉閭所重性豪俠有三子靈慶靈根靈越並有才力融以自負謂足爲一時之雄嘗謂人曰吾昨夜夢有一駿馬無堪乘者人曰何由得人乘有一人曰唯傳靈慶堪乘此馬又有弓一張亦無人堪引人曰唯有傳靈根可彎此弓又有數紙文書人皆讀不能解人曰唯有傳靈越能解此文融謂其三子文武才幹以駕馭

當世常從容謂鄉人曰汝聞之不鬲虫之子有三靈此圖讖文也好事者然之故豪勇士多相歸附宋將蕭斌王玄謨寇碻磝時融始死玄謨強引靈慶爲軍主將攻城攻車爲城內所燒靈慶懼軍法詐云傷重令左右輿還營遂與壯士數十騎遁還斌玄謨命追之左右諫曰靈慶兄弟並有雄才兼其部曲多是壯勇如彭超尸生之徒皆一當數十人援不虛發不可逼也玄謨乃止靈慶至家遂與二弟匿山澤閒時靈慶從叔乾愛爲斌法曹參軍斌遣乾愛誘呼之以腰刀爲信密令壯健者隨之而乾愛不知斌之欲圖靈慶既至斌所遣壯士執靈慶殺之靈慶將死與母崔氏訣言法曹殺人不可忘也靈根靈越奔河北靈越至京師因說齊人慕化青州可平文成大悅拜靈越青州刺史貝丘子鎮羊蘭城靈根爲臨齊副將鎮明潛壘靈越北入之後母崔氏遇赦免宋恐靈越在邊擾三齊乃以靈越叔父琰爲冀州中從事乾愛爲樂陵太守樂陵與羊蘭隔河相對命琰遣其門生與靈越婢詐爲夫婦投化以招之靈越與母分離思積遂與靈根南走靈越與羊蘭奮兵相擊乾愛出遣舡迎之得免靈根差期不得俱渡臨齊人知對斬殺之乾愛出郡迎靈越問靈根違期狀靈越殊不應答乾愛不以爲惡勅左右出匣中烏皮袴褶令靈越代所常

服靈越言不須乾愛云汝可著體上衣服見垣公也時垣護之爲刺史靈越奮聲言垣公垣公着此當見南方國主豈垣公也竟不肯着及至丹楊宋孝武見而禮之拜兗州司馬而乾愛亦遷青冀司馬帶魏郡後二人俱還建鄴靈越意恒欲爲兄復讎而乾愛初不疑防知乾愛嗜雞肉羮菜食乃爲作之下以毒藥乾愛飯還而卒後數年靈越爲太原太守升城後舉兵同孝武子子勛子勛以靈越爲前軍將軍子勛敗靈越軍衆散亡爲明帝將王廣之軍人所擒厲聲曰我傳靈越也汝得賊何不即殺廣之生送詣宋輔國司馬劉勔勔躬自慰勞靈越曰人生歸於死實無面

求活勔壯其意送詣建康宋明帝欲加原宥靈越辭對如一乃殺之豎眼即靈越子也沉毅壯烈少有父風入魏鎮南王肅見而異之且奇其父節傾身禮敬表爲參軍以軍功累遷益州刺史高肇伐蜀假豎眼征虜將軍持節領步兵三萬先討巴北所至剋捷豎眼性既清素不營産業衣食之外俸祿粟帛皆以饗賜夷首振恤士卒撫蜀人以恩信爲本保境安人不以小利侵竊有掠蜀人入境者皆移送還本檢勒部下守宰肅然遠近雜夷相率款謁仰其德化思爲魏人矣宣武甚嘉之明帝初屢請解州乃以元法僧代之益州人追隨戀泣者數百里梁將趙祖悅逼壽春

鎮南將軍崔亮討之以豎眼爲持節鎮南軍司法僧既至大失人和梁遣其衡州刺史張齊因人心怨入寇進圍州城朝廷以西南爲憂乃驛徵豎眼於淮南以爲益州刺史尋加散騎常侍西征都督率步騎三千以討齊給銅印千餘須有假職者聽六品已下板之豎眼既出梁州梁軍所在拒塞豎眼三日中轉戰二百餘里甲不出身頻致九捷蜀人聞豎眼復爲刺史人人喜悅迎於路者日有百數豎眼至州白水已東人皆寧業張齊仍阻白水屯寇葭萌豎眼分遣諸將水陸討之大破其軍齊被重創奔而退小劍大劍賊亦捐城西走益州平靈太后璽書慰勞賜驊騮馬一匹寶劒一口後轉岐州刺史仍轉梁州刺史梁州人既得豎眼爲牧人咸自賀而豎眼至州遇患不堪綜理其子敬紹險暴不仁聚貨耽色甚爲人害遠近怨望尋假鎮南將軍都督梁西益巴三州諸軍事梁遣其北梁州長史錫休儒等十軍率衆三萬人寇直城豎眼遣敬紹總衆赴擊大破之敬紹頗覽書傳微有膽力而奢淫倜儻輕爲殘害又見天下多事陰懷異圖欲杜絕四方擅據南鄭令其妻兄唐崐崘扇擾於外聚衆圍城敬紹謀爲內應賊圍既合事泄在城兵執敬紹白豎眼而殺之豎眼恚發疾卒永安中贈吏部尚書左齊州刺史孝武帝初贈司空公相州刺

史長子敬和次敬仲並好酒薄行傾側勢家敬和孝莊時以其父有遺惠於益州復爲益州刺史至州聚斂無已好酒嗜色遠近失望仍爲梁將樊文熾攻圍城降送於江南後以齊神武威德日廣令敬和還北以申和通之意除北徐州刺史復以耽酒爲土賊掩襲棄城走遂廢棄卒於家

張烈字徽之清河東武城人也孝文帝賜名曰烈仍以本名爲字焉高祖悕爲慕容儁尚書右僕射曾祖恂散騎常侍隨慕容德南度因居齊郡之臨淄縣烈少孤貧涉獵經史有氣槩時青州有崔徽伯房徽叔與烈並有令譽時人

號三徵孝文時入官代都歷侍御主文中散遷洛為太子
步兵校尉齊將陳顯達謀將入寇時順陽太守王清石世
官江南荊州刺史廣陽王嘉慮其有異表請代之詔侍臣
各舉所知互有申薦者帝曰太子步兵張烈每論軍國事
時有會人意處朕欲用之如何彭城王勰稱讚之遂除順
陽太守烈到郡二日便為齊將崔慧景攻圍之七十餘日
烈撫厲將士甚得軍人之和會車駕南討慧景遁走帝親
勞之曰卿果能不負所寄烈謝曰不遇鑾輿親駕臣不免
困於犬羊自是陛下不負臣非臣能不負陛下帝善其對
宣武即位追錄先勳封清河縣子尋以母老歸養積十餘

年頻遇凶儉烈為粥以食飢人蒙濟者甚眾鄉黨以此稱
之明帝即位為司空長史先是元乂父江陽王繼曾為青
州刺史及乂當權烈託故義之懷遂相諂附歷給事黃門
侍郎光祿大夫靈太后反政以乂黨出為青州刺史時議
者以烈家產畜殖家僮甚多慮其有異恐不宜出為本州
改瀛州刺史為政清靜吏人安之後因辭老還鄉兄弟同
居怡然為親類所慕卒於家烈先為家誡千餘言并自敘
志行及所歷之官臨終敕子姪不聽求贈但勤家誡立碣
而已其子質奉行焉質博學有才藝位諫議大夫烈弟僧
皓字山容歷涉羣書工於談說有名於當世以諫議大夫

國子博士散騎侍郎徵並不起世號徵君焉好營產業孜
孜不已藏鏹巨萬他資稱是兄弟自供儉約車馬瘦弊身
服布裳而婢妾紈綺僧皓尤好蒲弈戲不擇人是以獲譏
於世節閔帝時崔祖螭舉兵攻東陽城僧皓與同事事敗
死於獄中

李叔彪勃海蓚人也從祖金神麛中與高允俱徵位征南
從事中郎叔彪好學博聞有識度為鄉閭所稱太和中拜
中書博士與清河崔亮河閒邢巒並相親友三遷國子博
士本國中正攝樂陵中正性清直甚有公平之稱歷中書
侍郎太尉高陽王雍以其器操重之尋除假節行華州事

為吏人所稱卒贈南青州刺史謚曰穆叔彪子述字道興
有學識州舉秀才拜太常博士使詣長安冊祭燕宣王廟
還除儀曹郎賜爵蓚縣男稍遷興平太守卒子象字孟則
清簡有風槩博涉羣書初襲爵稍遷中書侍郎光祿大夫
兼散騎常侍使梁卒贈驃騎大將軍儀同三司冀州刺史
象從容風素有名於時喪妻無子終竟不娶論者非之

路恃慶字伯瑞陽平清泉人也祖綽陽平太守恃慶有幹
用與廣平宋翻俱知名為鄉閭所稱太和中除奉朝請恃
慶以從兄文舉有才望同推讓之尋文遂並拜焉累遷定
州河閒王琛長史琛貪暴肆意恃慶每進苦言卒贈左將

軍安州刺史謚曰襄子祖瓊給事中侍慶弟仲信思令並有令名官位

房亮字景高清河人也父法延譙郡太守亮好學有節操大和中舉秀才爲奉朝請後兼員外常侍使高麗高麗王託疾不拜以亮辱命坐白衣守郎中歷齊北平原二郡太守以清嚴稱後爲東荊州刺史亮留心撫納夷夏安之時邊州刺史例得一子出身亮不言其子而啓弟子起爲奉朝請議者稱之卒於光祿大夫贈撫軍將軍齊州刺史弟詮悅等並歷位清顯

曹世表字景昇魏大司馬休九世孫也祖謨父慶並有學間世表性雅正工尺牘涉獵群書爲司徒記室與武威賈思伯范陽盧同隴西辛雄並相友善侍中崔光鄉里貴達每稱美之延昌中除清河太守臨官省約百姓安之孝昌中爲尚書左丞出行東豫州刺史遷東南道行臺卒贈齊州刺史

潘永基字紹業長樂廣宗人也父靈乾中書侍郎永基性通率輕財好施爲長樂太守時葛榮攻信都永基與刺史元孚同心防捍力窮城陷榮欲害孚永基請以身代孚死永安二年除潁川太守遷東徐州刺史永熙中爲車騎將軍左光祿大夫尋加衛大將軍復除東徐州刺史前後在州爲吏人所愛卒贈尚書右僕射司徒公冀州刺史子子義子智子義學涉有父風仕隋至尚書右丞

朱元旭字君昇本樂陵人也頗涉子史開解几案稍遷尚書度支郎中神龜末以郎選不精大加沙汰元旭與隴西辛雄范陽祖瑩太山羊深西平淳于恭並以才用見留尋兼尚書右丞仍郎中本州中正時關西都督蕭寶夤啓云所統十萬食唯一月明帝大怒詔問所由錄令已下皆推罪元旭入見御坐前屈指校計寶夤兵糧乃踰一年事乃得釋後遷衛將軍左光祿大夫天平中復拜尚書左丞既無風操俛仰隨俗性多機數自容而已於時朝廷分汲郡河内二界扶風之地立義州置關西歸款户除元旭義州刺史卒官

論曰壽春形勝南鄭要險乃建鄴之肩髀成都之喉嗌裴叔業夏侯道遷體運知機翻然鵲起舉地而來功誠兩茂其以大啓茅賦兼列旌旗固其宜矣植不恒其德器小志大斯所以顛覆也衍才行將略不遂其終惜哉李龕王江雖復因人成事亦爲果決之士淳于誕好立功名有志竟不遂也文秀不回有死節之氣非直身蒙嘉禮遂乃子免刑戮在我欲其罵人忠義可不勉也張讜觀機委質爲盛流離亦仁智矣李苗以文武幹局沉毅過人臨難慨然奮

斯大節蹈忠履義沒而後已仁必有勇其斯人之謂乎劉藻傅永豎眼文武器幹知名於時豎眼加以撫邊導俗風化尤美方之二子固已優乎抑又魏世良牧張烈亦有氣尚名輩見知趣捨沉浮俱至顯達雅道正路其殆病諸李路器尚所及俱可觀者象風彩詞涉亦當年之俊乂房亮曹世表潘永基朱元旭援華從官咸享名器各有由也

列傳卷第三十三　北史四十五

方洽　周益　周之冕　孫粹然　校正

列傳第三十四　北史四十六

孫紹　張普惠
成淹　范紹
劉桃符　鹿悆
張燿　劉道斌
董紹　馮元興

孫紹字世慶昌黎人也少好學通涉經史初為校書郎稍遷給事中後為門下錄事好言得失與常景共脩律令延昌中紹表曰臣聞建國有計雖危必安施化能和雖寡必盛政乖人理雖合必離作用失機雖成必敗此乃古今同然百王之定法也今二號京門了無嚴防南北二中復闕固守長安鄴城股肱之寄穰城上黨腹背所憑四軍五校之軌領護分事之式徵兵儲粟之要舟車水陸之資山河要害之權緩急去來之用持平赴救之方節用應時之法特宜脩置以固堂堂之基持盈之體何得而忽且法開清

濁而清濁不平申滯理望而畢實亦免士庶同悲兵徒懷
怨中正賣望於下里主案舞筆於上臺眞僞混淆知而不
糾得者不欣失者倍怨使門齊身等而涇渭奄殊類應同
役而苦樂縣異士人居職不以爲榮兵士役苦心不忘亂
故有競棄本生飄藏他土或詭名詐養散没人間或亡命
山藪漁獵爲命或投杖强豪寄命衣食又應遷之戶逐樂
諸州應留之徒避寒歸暖職人子弟隨染浮游南北東西
卜居莫定關禁不脩任意取適如此之徒不可勝數爪牙
不復爲用百工爭棄其業混一之計事實闕如考課之方
責辦無日流浪之徒決須精校今强敵窺時邊黎伺隙內

人不平久戍懷怨戰國之勢竊謂危矣必造禍源者北邊
鎮戍之人也若夫一統之年持平用之者大道之計也亂
離之期縱橫作之者行權之勢也故道不可久須文質以
換情權不可恒隨汙隆以牧物文質應世道形自安汙隆
獲衷權勢亦濟然則王者計法之趣化物之規圓方務得
其境人物不失其地又先帝時律令竝議律尋施行令獨
不出十餘年矣臣以令之爲體即帝王之身分處百揆之
儀安置九服之節乃是有爲之樞機世法之大本也然脩
令之人亦皆博古依古撰置大體可觀比之前令精麤有
在但主議之家大用古制若今依古高祖之法復須升降

誰敢措意有是非哉以是爭故久廢不理然律令相須不
可偏用今律班令止於事甚滯若令不班是無典法臣下
執事何依而行臣等脩律非無勤止署下之日臣乃無名
是謂農夫盡力他食其秋功名之所實懷於悒正光初兼
中書侍郎紹性抗直每上封事常至懇切不憚犯忤但天
性踈脫言乍高下時人輕之不見採覽紹兄世元善彈箏
早卒紹後聞箏聲便涕泗嗚咽捨之而去後爲太府少卿
曾因朝見靈太后謂曰卿年稍老矣紹曰臣年雖老臣卿
乃少太后笑之遷右將軍太中大夫紹曾與百寮赴朝東
掖未開守門候旦紹於衆中引吏部郎中辛雄於衆外竊

謂曰此中諸人尋當死盡唯吾與卿猶享富貴未幾有河
陰之難紹善推祿命事驗甚多知者異之永安中拜太府
卿以前參議正光壬子曆賜爵新昌子後卒於右光祿大
夫贈尚書左僕射謚曰宣子伯元襲爵

張普惠字洪賑常山九門人也身長八尺容皃魁偉精於
三禮兼善春秋百家之說太和十九年爲主書帶制局監
頗爲孝文所知轉尚書都令史任城王澄重其學業爲其
聲價澄爲雍州刺史啓普惠爲府錄事參軍尋行馮翊郡
事澄功衰在身欲七月七日集文武北園馬射普惠奏記
於澄曰竊聞三殺九親別踈昵之叙五服六術等衰麻之

心皆因事飾情不易之道者也然則莫大之痛深於終身之外晝殘之哀除於喪紀之內外者不可無節故斷之以三年內者不可遂除故敦之以日月況禮大練之曰鼓素琴蓋推以即吉也小功以上非虞祔練除不沐浴此拘之以制也曾子問曰相識有喪服可以與於祭乎孔子曰緦不祭又何助於人祭既不與疑無宴食之道又曰廢喪服可以與於饋奠之事乎子曰脫衰與奠非禮也注云謂其志哀疾患謂除喪之始不與饋奠小功之內其可觀射乎雜記云大功以下既葬適人人食之其黨也食之非其黨不食食猶擇人於馬射為或非宜伏見明敕立射會之限

將以三七令辰集城中文武肄武藝於北園行揖讓於中否時非大閱之秋景涉妨農之節國家縞禪甫除殿下功衰仍襲釋而為樂以訓百姓便是易先王之典教忘哀戚之情恐非所以昭令德視子孫者也案射儀射者以禮樂為本忘而從事不可謂禮鐘鼓弗設不可謂樂捨此二事何用射為又七日之戲令制無之班勞所施慮違事體府庫空虛宜待新調乞至九月備飾盡行然後奏貍首之章宣矍相之命聲軒縣建雲鉦神人忻暢於斯時也澄意納其言託辭自罷乃荅曰今雖非公制而此州承前已有斯式且纂文習武人之常藝豈可於常藝之間要須令制乎禮兄弟內除明哀已殺小功客至主不絕樂聽樂則可觀武豈傷直自事緣須罷先以令停方獲此請深具來意澄轉揚州啓普惠以羽林監領鎮南大將軍開府主簿普惠既為澄知歷佐二藩甚有聲譽還朝仍羽林監澄遭太妃憂臣寮為立碑頌題碑欲云康王元妃之碑澄訪於普惠普惠荅曰謹尋朝典但有王妃而無元字魯夫人孟子稱元妃者欲下與繼室聲子相對今烈懿太妃作配先王更無聲子仲子之嫌竊謂不假元字以別名位且以氏配姓愚以為在生之稱故春秋夫人姜氏至自齊既葬以謚配姓故經書葬我小君文姜又曰來歸夫人成風之襚皆以

謚配姓古者婦人從夫謚今烈懿太妃德冠一世故特蒙褒錫乃萬代之高事豈容於定名之重而不稱烈懿乎澄從之後為步兵校尉以本官領河南尹丞宣武崩坐與甄楷等飲酒游從免官故事免官者三載之後降一階而敘若才優擢授不拘此限熙平中吏部尚書李韶奏普惠有文學依才優之例敕除寧遠將軍司空倉曹參軍朝議以不降階為榮時任城王澄為司空表議書記多出普惠廣陵王恭北海王顥疑為所生祖母服朞與三年詔羣寮會議普惠議曰謹案二王祖母皆受命先朝為二國太妃可謂受命於天子為始封之母矣喪服慈母如母在三年章

傳曰貴父命也鄭注云大夫之妾子父在爲母大功則士之妾子爲母朞父卒則皆得伸此大夫命其妾子以爲母所慈猶曰貴父命爲之三年況天子命其子爲列國王命其所生母爲國太妃反自同公子爲母練冠之與大功乎傳曰始封之君不臣諸父昆第則當服其親服若魯衛列國相爲服朞判無疑矣何以明之喪服君爲姑姊妹女子子嫁於國君者傳曰何以大功尊同也尊同則得服其親服諸侯之子稱公子公子不得禰先君然則兄第一體位列諸侯自以尊同得相爲服不可還準公子遠厭天王故降有四品君大夫以尊降公子大夫之子以厭降名例不

同何可亂也禮大夫之妾子以父命慈己申其三年太妃既受命先帝光昭一國二王胙土茅社顯錫大邦舍尊同之高據附不禰之公子雖許蔡失位亦不是過服問曰有從輕而重公子之妻爲其皇姑公子雖厭妻尚獲申況廣陵北海論封君則封君之子語妃則命妃之孫承妃纂重遠別先皇更以先后之正統厭其所生之祖嫡方之皇姑不以遠乎今既許其申服而復限之以朞比之慈母不亦爽歟經曰爲君之祖父母父母妻長子傳曰何以朞父母長子君服斬妻則小君父卒然後爲祖後者服斬今祖乃獻文皇帝諸侯不得祖之母爲太妃蓋二王三年之證議

者近背正經以附非類差之毫毛所失或遠且天子尊則配天莫非臣妾何爲命之爲國母而不聽子服其親乎記曰從服者所從亡則已又曰不爲君母之黨服則爲其母之黨服今所從既亡不以親服服其所生則屬從之服於何所施若以諸王入爲公卿便同大夫者則當今之議皆不須以國爲言也今之諸王自同列國雖不之國別置臣寮王食一方得不以諸侯言之敢據周禮輒同三年當時議者亦有同異國子博士李郁於議罷之後書難普惠普惠據禮還答鄭重三反郁議遂屈轉諫議大夫澄謂普惠曰不喜君得諫議唯喜諫議得君時靈太后父司徒胡國

珍薨贈相國太上秦公普惠以前世后父無太上之號詣闕上疏陳其不可左右畏懼莫敢爲通會聞胡家穿壙下墳有盤石乃密表曰竊見故侍中司徒胡公懷道含靈贊誕聖后近樞剋惟允之寄居槐體論道之明故以功餘九錫褒假鑾轡斯蓋聖上之加隆極慈后之至愛憲章天下不亦可乎而太上之號竊謂未衷何者禮記曰天無二日土無二王嘗禘郊社尊無二上竊謂高祖受禪於獻文皇帝故仰尊爲太上皇此因上上而生名也皇太后稱令以繫敕下蓋取三從之道遠同文母列於十亂則司徒爲太上恐乖繫敕之意易曰困於上者必反於下比剋吉定兆而

以淺改卜羣心悲惋亦或天地神靈所以垂至戒啓聖情
伏願停司徒逼同之號從卑下不踰之稱則天下幸甚太
后覽表親至國珍宅召集五品已上博議其事任城王澄
太傅清河王懌侍中崔光御史中尉元匡尚書崔亮並同
有難普惠並以理正之無所屈廷尉少卿袁翻曰周官上
公九命上大夫四命命數雖殊同名為上何必上者皆是
極尊普惠厲聲呵翻曰禮有下卿上士何止大夫與公但
今所行以太加上二名雙舉不得非極雕虫小藝微或相
許至於此處豈卿所及翻甚有慚色默不復言議者咸以
太后當朝志相黨順遂奏曰張普惠辭雖不屈然非臣等

所同渙汗已流請依前詔太后復遣元叉賈璨宣令謂普
惠曰朕之所行孝子之志卿之所陳忠臣之道羣公已有
成議卿不得苦奪朕懷後有所見勿得難言初普惠被召
傳詔馳驛驪馬來甚迅速佇立催去普惠諸子憂怖涕泗
普惠謂曰我當休明之朝掌諫議之任若不言所難言諫
所難諫便是唯唯曠官尸祿人生有死死得其所夫復何
恨然朝廷有道汝輩勿憂及議罷旨勞還宅親故賀其幸
甚時中山杜弼遺書普惠曰明侯淵儒碩學身負大才秉
此公方來居諫職謇謇如也諤諤如也一昨承在胡司徒
第當廷面評雖問難鋒至而應對響出求城之帶始縈

魯門之柝裁警終使羣后逡巡庶寮拱嘿雖不見用於一
時固已傳美於百代聞風快然敬裁此白普惠美其此書
每為口實普惠以天下人調幅度長廣尚書計奏復徵綿
麻恐人不堪命上疏曰伏聞尚書奏復綿麻之調遵先皇
之軌夙宵惟度欣戰交集仰惟高祖廢大斗去長尺改重
秤所以愛萬姓從薄賦知軍國須綿麻之用故云幅度之
闊億兆應有綿麻之利故絹上稅綿八兩布上稅麻十五
斤萬姓得廢大斗去長尺改重秤荷輕賦之饒不適於綿
麻而已故歌舞以供其賦奔走以役其勤夫信行於上則
億兆樂輸於下自茲已降漸長闊百姓嗟怨聞於朝野伏

惟皇太后未臨朝之前陛下居諒闇之日宰輔不尋其本
知天下之怨綿麻不察其幅廣度長稱重斗大革其所弊
存其可存而特放綿麻之調以悅天下之心此謂悅之不
以道愚臣所以未悅者也普惠又表乞朝直之日時聽奉
見自此之後月一陛見又以孝明不親視朝過崇佛法郊
廟之事多委有司上疏曰伏惟陛下重暉纂統欽明文思
天地屬心百神佇望伏願躬致郊廟之虔親紆朔望之澤
釋奠成均竭心千畝明發不寐潔誠禋裸孝弟可以通神
明德教可以光四海然後精進三寶信心如來道由化深
故諸漏可盡法隨禮積故彼岸可登量撤僧寺不急之

華還復百官久折之秩已興之構務從簡成將來之造權
令停息但仍舊貫亦何必改作庶節用愛人法俗俱賴尋
別敕付外議釋奠之禮時史官克日蝕豫敕罷朝普惠以
逆廢非禮上疏陳之又表論時政得失一曰審法度平斗
尺租調務輕賦役務省二曰聽輿言察怨訟先皇舊事有
不便於政者請悉追改三曰進忠謇退不肖任賢勿貳去
邪勿疑四曰興滅國繼絕世動親之胤所宜收敘書奏孝
明靈太后引普惠於宣光殿隨事難詰廷對移時太后曰
小小細務一一翻動更成煩擾普惠曰聖上之養庶物若
慈母之養赤子今赤子幾臨危壑將赴水火以煩勞而

不救豈赤子所望於慈母太后曰天下蒼生寧有如此苦
事普惠曰天下之親懿莫重於太師彭城王然遂不免枉
死微細之苦何可得無太后曰彭城之苦吾已封其三子
何足復言普惠曰聖后封彭城之三子天下莫不忻至德
知慈母之在上臣所以重陳者凡如此枉乞垂聖察太后
曰卿云興滅繼絕意復誰是普惠曰昔淮南逆終漢文封
其四子蓋骨肉之不可棄親親故也竊見咸陽京兆乃皇
子皇孫一德之虧自貽悔咎況淪幽壤緬焉弗收豈不是
興滅繼絕之意太后曰卿言有理當命公卿博議及任城
王澄薨普惠荷其恩待朔望奔赴至於禫除雖寒暑風雨

無不必至初澄嘉賞普惠臨薨啟為尚書右丞靈太后既
深悼澄覽啟從之詔行之後尚書諸郎以普惠地寒不應
便居管轄相與為約並欲不放上省紛紜多日乃息正光
二年詔遣楊鈞送蠕蠕主阿那瓌還國普惠謂遣之將貽
後患上疏極言其不可表奏不從魏子建為益州刺史有
贓罪普惠被使驗之事遂得釋故子建父子甚德之時梁
西豐侯正德詐稱降款朝廷頗事當迎普惠請付揚州移
還蕭氏不從俄而正德果逃還後除光祿大夫右丞如故
先是仇池武興郡氐數反西垂郡戍租運久絕詔普惠以
本官為持節西道行臺給秦岐涇華雍豳東秦七州兵武

三萬人任其召發送南秦東益二州兵租分付諸戍其所
部將統聽於關西牧守之中隨機召遣軍資板印之屬悉
以自隨事訖還朝賜絹布一百段時詔訪冤屈普惠上疏
多所陳論出除東豫州刺史淮南九戍十三郡猶因梁前
弊別郡異縣之人錯雜居止普惠乃依次括比省減郡縣
上表陳狀詔許之宰守因此綰攝有方姦盜不起人以為
便普惠不營財業好有進舉敦於故舊冀州人侯堅固
少時與其遊學早終其子長瑜普惠每於四時請祿無
減贍給其衣食及為豫州啟長瑜解褐攜同其合門拯給
之在州卒謚曰宣恭

成淹字季文上谷居庸人也好文學有氣尚仕宋為員外
郎領軍主援東陽歷城皇興中降慕容白曜赴闕授兼著
作佐郎時獻文於仲冬月欲巡漠北朝臣以寒甚固諫並
不納淹上接輿釋遊論帝覽之詔尚書李訢曰卿諸人不
如成淹論通釋人意乃敕停行太和中文明太后崩齊遣
其散騎常侍裴昭明散騎侍郎謝竣等來弔欲以朝服行
事主客不許昭明等執志不移孝文敕尚書李沖選一學
識者更與論執沖奏遣淹昭明言不聽朝服行禮義出何
典淹言玄冠不弔童孺共聞昔季孫將行請遭喪之禮千
載之下猶共稱之卿方謂義出何典何其異哉昭明言齊

高帝崩魏遣李彪通弔初不素服齊朝亦不為疑淹言
彪通弔之日朝命以弔服自隨彼不遵高宗追遠之慕乃
踰月即吉齊之君臣皆已鳴玉盈庭彪行人何容獨以衰
服間衣冠之中我皇孝慈諒闇以來百官聽於冢宰卿豈得
以此方彼也昭明乃搖膝而言曰三皇不同禮亦安知得
失所歸淹言若如來談卿以虞舜高宗為非也昭明相顧
咲曰非孝者宣尼有成責行人亦弗敢言使人唯齎袴褶
不可以弔幸借衣幍以申國命今為魏朝所逼還南日必
得罪本朝淹言彼有君子也卿將折中還南日應有高賞
若無君子也但令有光國之譽雖非理得罪亦復何嫌南

史董狐自當直筆既而敕送衣幍給昭明等明旦引入皆
令文武盡哀後正佐郎其後齊遣其散騎常侍庾蓽散騎
侍郎何憲主書邢宗慶等來聘孝文敕淹接於外館宗慶
語淹言南北連和既久而比棄信絕好為利而動豈是大
國善隣之義淹言夫為王者不拘小節豈得眷眷守尾生
之信且齊先主歷事宋朝當應便爾欺奪宗慶及蓽及從
者皆相顧失色何憲知淹昔從南入以手掩目曰卿何不
作于禁而作王肅淹言我捨逆効順欲追蹤陳韓何于禁
之有憲亦不對王肅之至鑾輿行幸肅多扈從敕淹將引
若有古跡皆使知之行到朝歌肅問此是何城淹言紂都

朝歌城肅言故應有殷之頑人淹言昔武王滅紂悉居河
洛中因劉石亂華仍隨司馬東度肅知淹寓青州乃咲謂
曰青州何必無其餘種淹以肅本隸徐州言青州本非
其地徐州間今日重來非所知也肅遂伏馬上掩口咲顧
謂侍御史張思寧曰向聊因戲言遂致辭溺思寧馳馬以
聞孝文大悅謂彭城王勰曰淹此段足為制勝輿駕至洛
肅因侍宴帝戲肅曰近者行次朝歌聞成淹共卿殊有往
復卿試重敘之肅言臣於朝歌失言一之已甚豈宜再說
遂大笑肅又言淹才詞宜應敘進帝言若因此進淹恐辱
卿轉甚肅言臣屈己達人正可顯臣之美帝曰卿為人所

屈欲求屈巳之名後於卿大優肅言淹既蒙進臣得屈巳申人此所謂陛下惠而不費遂酣笑而止賜淹龍廐上馬一疋并鞍勒宛具朝服一襲轉謁者僕射時遷都帝以淹家貧敕給事力送至洛陽使與家累相隨及車駕濟淮敕徵淹淹於路左請見曰敵不可小願聖明保萬全之策伏聞發洛已來諸有諫者解官奪職恐非聖明納下之義帝優而容之帝幸徐州敕淹與閭龍駒專主舟楫將泝泗入河泝流還洛軍次碻磝淹以黃河浚急慮有傾危乃上疏陳諫帝敕淹曰朕以恒代無運漕之路故京邑人貧今移都伊洛欲通運四方黃河急浚人皆難涉我因此行乘流所

以開百姓之心知卿誠至而不得相納賜驊騮馬一疋衣冠一襲除羽林監主客令于時宮極初構運材日有萬計伊洛流澌苦於厲涉淹遂啓求敕都水造浮航帝賞納之意欲榮淹於衆朔旦受朝百官在位乃賜帛百疋知左右二都水事景明三年出除平陽太守還朝病卒贈光州刺史謚曰定子霄字景鸞好爲文詠坦率多鄙俗與河東姜質等朋游相好詩賦閒起知音之士所共嗤笑卒於書侍御史

范紹字始孫燉煌龍勒人也少聰敏年十二父命就學師事崔光以父憂廢業母又誡之曰汝父卒日令汝遠就崔生希有成立今已過朞宜遵成命紹還赴學太和初充太學生轉筭生頗涉經史孝文選爲門下通事令史遷録事掌奏文案帝善之爲侍中李沖黃門崔光所知帝曾謂近臣曰崔光從容范紹之力後朝廷有南討計發河北數州田兵通緣淮戍兵合五萬餘人廣開屯田八座奏紹爲西道六州營田大使加步兵校尉紹勤於勸課頻歲大穫又詔與都督中山王英論攻鍾離紹觀其城隍恐不可陷勸令班師英不從紹還具以狀奏聞俄而英敗後歷位并州刺史太常卿莊帝初遇害河陰

劉桃符中山盧奴人也生不識父九歲喪母性恭謹好學

舉孝廉射策甲科歷碎職累遷中書舍人以勤明見知久不遷職宣武謂曰揚子雲爲黃門頻歷三世卿居此任始十年不足辭也東豫州刺史田益宗居邊貪穢宣武頻詔桃符慰喻之桃符還具稱益宗老耄而諸子非理處物宣武後欲代之恐其背叛拜桃符東豫州刺史與後將軍李世哲領衆襲益宗語在益宗傳桃符善恤蠻左爲人吏所懷久之徵還病卒贈洛州刺史

鹿悆字永吉濟陰乘氏人也祖壽興沮渠氏庫部郎父生再爲濟南太守有政績獻文嘉其能特徵赴季秋馬射賜以驄馬加以青服彰其廉絜時三齊始附人懷苟且蒲博

終朝頗廢農業生立制斷之聞者嗟善後卒於淮陽太守
追贈兗州刺史悆好兵書陰陽釋氏之學彭城王勰召為
館客嘗詣徐州馬疲附船而至大梁夜睡從者上岸竊禾
四束飼馬船行數里悆覺即停船至取禾處以縑三丈置
禾束下而反初為真定公元子直國中尉恒勸以忠廉之
節嘗賦五言詩曰嶧山萬丈樹雕鏤作琵琶由此材高遠
絃響藹中華又曰援琴起何調幽蘭與白雪絲管韻未成
莫使絃響絕子直少有令問悆欲其善終故以諷焉後隨
子直鎮梁州州有兵糧和糴和糴者靡不潤屋悆獨不取
子直強之終不從孝莊為御史中尉悆兼殿中侍御史監

臨淮王彧軍時梁遣其豫章王綜據徐州綜密信通彧云
欲歸款衆議謂不然悆遂請行曰綜若誠心與之盟約如
其詐也豈惜一人命乎時徐州始陷邊方騷擾綜部將成
景儁胡龍牙並擁強兵內外嚴固悆遂單馬間出徑趣彭
城未至之間為綜軍主程兵潤所止問其來狀悆曰我為
臨淮王所使兵潤遣人白龍牙等綜既有誠心聞悆被執
語景儁等曰我每疑元略規欲叛城將驗虛實且遣左右
為元略使入魏軍中喚彼一人其使果至可令人詐作略
身在一深室託為患狀呼使戶外令人傳語時略始被梁
武追還綜又遣腹心人梁話迎悆密語意狀令善酬答引

悆詣龍牙所龍牙語悆曰元中山甚欲相見故令喚卿又
曰安豐臨淮將少弱卒規復此城容可得乎悆曰彭城魏
之東鄙勢在必爭可否在天非人所測龍牙曰當如卿言
復詣景儁住所停悆外門久而未入時夜已久有綜軍主
姜桃來與悆言謂曰元法僧魏之微子拔城歸梁梁主待
物有道乃上指曰今歲星在斗吳之分野君何不歸梁國
悆答曰法僧莒僕之流而梁納之無乃有愧於季孫也今
月建鶉首斗牛受破歲星未也逆而迎之吳國敗喪不久
且衣錦夜遊有識不許言未盡乃引入見景儁景儁良久
謂曰卿不為刺客也答曰今者為使欲反命本朝相刺之

事更卜後圖為設食悆強飲多食向敵數人微自夸矜諸
人相謂曰壯哉乃引向元略所一人引入戶指牀令坐一
人別在室中出謂悆曰中山王有敕我昔有以向南且遣
相喚欲問卿事晚來患動不獲相見悆遂辭而退須臾天
曉綜軍主范喦景儁司馬楊瞟等競問北朝士馬多少悆
陳士馬之盛尋而與梁話盟契訖未旬綜降詔封悆定陶
縣子除員外散騎常侍永安中為右將軍給事黃門侍郎
進爵為侯雖任居通顯志在謙退迎送親賓加於疇昔而
自無屋宅常假賃居止布衣糲食寒暑不變孝莊嘉其清
潔時復賜以錢帛及東徐城人呂文欣殺刺史元大賓南

引梁人詔悆以使持節散騎常侍安東將軍爲六州大使與行臺樊子鵠討破之悆又購斬文欣還拜金紫光祿大夫兼尚書右僕射東南道三徐行臺與都督賀拔勝等拒尒朱仲遠軍敗還京天平中除梁州刺史時滎陽人鄭滎業反圍州城城降滎業送悆於關西

張燿字景世自云南陽西鄂人也仕魏累遷步兵校尉永寧寺塔大興經營務廣靈太后曾幸作所凡有顧問燿敷陳指畫無所遺闕太后善之後爲別將以軍功封長平男歷岐東荊州刺史天平初遷鄴草創右僕射高隆之吏部尚書元世儁奏曰南京宮殿毀撤送都連筏竟河首尾大

府學

北史列傳三十四　十八

至自非賢明一人專委受納則恐材木耗損有關經構燿清直素著有稱一時臣等輒舉爲大將詔從之燿勤於其事彖轉營構左都將興和初加衞大將軍宮殿成除東徐州刺史卒於州贈司空公謚曰懿

劉道斌武邑灌津人也有器幹腰帶十圍鬚鬢甚美初拜校書郎轉主書頗爲孝文所知從征南陽還加積射將軍給事中帝謂黃門郎邢巒曰道斌是行便異儕流矣宣武即位遷謁者僕射後歷恒農太守岐州刺史所在有清貞稱卒於州謚曰康道斌在恒農脩立學館建孔子廟堂圖畫形像去郡後故吏追思之復立道斌形於孔像之西而拜謁焉

董紹字興遠新蔡鮦陽人也少好學頗有文義起家四門博士累遷兼中書舍人爲宣武所賞豫州城人白早生以城南叛詔紹慰勞爲賊鏁禁送江東梁領軍呂僧珍與與紹言便相器重梁武聞之使勞紹云忠臣孝子不可無之今當聽卿還國紹曰老母在洛無復方寸既奉恩貸實若更生乃引見之謂曰戰爭多年人物塗炭是以不恥先言欲與魏朝通好卿宜備申此意若欲通好今以宿豫還彼彼當以漢中見歸及紹還雖陳說和計朝廷不許後除洛州刺史紹好行小惠頗得人情蕭寶夤反於長安紹上

信州路學刊

北史列傳三十四　十九

書求擊之云臣當出瞎巴三千生噉蜀子孝明謂黃門徐紇曰此巴真瞎也紇荅此紹之壯辭云巴人勁勇見敵無所畏非實瞎也帝大笑敕紹速行以拒寶夤功賞新蔡縣男尒朱天光爲關右大行臺啓爲大行臺從事兼吏部尚書天光敗賀拔岳復請紹爲其開府諮議參軍岳後攜紹於高平牧馬紹悲而賦詩曰走馬山之阿馬渴飲黃河寧謂胡關下復聞楚客歌岳死周文帝亦重之及孝武西遷除御史中丞非其好也欝欝不得志或行戲街衢或與少年游聚不自拘持頗類失性孝武崩周文與百官推奉文帝上表勸進令呂思禮薛憕作表前後冊奏常尚

執謙沖不許周文曰爲文能動至尊唯董公耳乃命紹爲
第三表操筆便成表奏周文曰開進人意不當如此也及
登阼方任用之而紹議論朝廷賜死孫嗣

馮元興字子盛東魏郡肥鄉人也少有操尚舉秀才中尉
王顯召爲檢校御史遷殿中御史司徒江陽王繼召爲記
室參軍遂爲元叉所知叉執朝政引爲尚書殿中郎領中
書舍人仍御史預聞時事卑身克己人無恨焉家素貧約
食客恒數十人同其飢飽時人歎尚之太保崔光臨薨薦
元興爲侍讀尚書賈思伯爲侍講授孝明杜氏春秋元興
常爲擿句儒者榮之叉既賜死元興亦被廢乃爲浮萍詩

以自喻曰有草生碧池無根水上蕩脃弱惡風波危微苦
驚浪普泰初爲光祿大夫領中書舍人太昌初卒於家贈
齊州刺史元興世寒因元叉之勢託其交道相用爲州主
簿論者以爲非倫時有濟郡曹昂有學識舉秀才永安
中除太學博士兼尚書郎常徒步上省以示清貧忽遇盜
大失綾縑時人鄙其矯詐

論曰孫紹蘭左之士又能指論時務張普惠明達典故強
直從官偘然不撓其有王臣之風矣成淹范紹劉桃符鹿
悆張燿劉道斌董紹馮元興等身遭際會俱得効其所
能苟曰非才亦何能致於此也

列傳第三十四　北史四十六

方洽　周益　周之冕　孫𢯱然　校正

列傳第三十五　北史四十七

袁翻 弟躍 躍子聿脩

陽尼 從孫固 固子休之 固從兄藻 藻子斐 固從兄元景

賈思伯

祖瑩 子珽

袁翻字景翔陳郡項人也父宣爲宋青州刺史沈文秀府主簿隨文秀入魏而大將軍劉昶言是其外祖淑近親令與其府諮議參軍袁濟爲宗宣時孤寒甚相依附及翻兄弟官顯與濟子洸演遂各陵競洸等乃經公府以相排斥翻少入東觀爲徐紇所薦李彪引兼著作佐郎參史事後拜尚書殿中郎正始初詔尚書門下於金墉中書外省考論律令翻與門下錄事常景孫紹廷尉監張彪律博士侯堅固書侍御史高綽前將軍邢苗奉車都尉程靈虬羽林監王元龜尚書郎祖瑩宋世景員外郎李琰之太樂令公孫崇等並在議限又詔太師彭城王勰司州牧高陽王雍中書監京兆王愉青州刺史劉芳左衞將軍元麗兼將作大匠李韶國子祭酒鄭道昭廷尉少卿王顯等入豫其事後除豫州中正是時修明堂辟雍翻議曰謹按明堂之義今古諸儒論之備矣蓋唐虞以上事難該悉夏殷以降校可知之按周官考工所記皆記其時事具論夏殷名制豈

其紕繆是知明堂五室三代同焉配帝像行義則明矣及淮南呂氏與月令同文雖布政班時有堂个之別然推其體則無九室之證既而正義殘隱妄說斐然明堂九室著自戴禮探緒求源罔知所出而漢氏因之自欲爲一代之法故鄭玄云周人明堂五室是帝一室也合於五行之數周禮依數以爲之室本制著存是周五室也於今不同是漢異周也漢爲九室略可知矣但就其此制猶有懵焉何者張衡東京賦云乃營三宮布教班常複廟重屋八達九房此乃明堂之文也而薛綜注云房室也謂堂後有九室堂後有九室之制非巨異乎裴頠又云漢氏作四維之个不能令各據其辰就使其像可圖莫能通其居用之禮此爲設虛器也甚知漢世徒欲削滅周典捐棄舊章改物創制故不復拘於載籍且鄭玄之詁訓三禮及釋五經異義並盡思窮神不墜周公之舊法也伯喈損益漢制章句繁雜既違古背新又不能易玄之妙矣魏晉書紀亦有明堂祀五帝之文而不記其經始之制又無坦然可準觀夫今之基趾猶或髣髴高卑廣狹頗與戴禮不同何得以意抑心便謂九室可明且三雍異所復乖盧蔡之義進退無據何用經通晉朝亦以穳鑿難明故有一屋之論並非經典正義皆以意妄作茲爲不典學家常談不足以範時軌世

皇代既乘乾統曆得一御宸自宜稽古則天憲章文武追
蹤周孔述而不作豈容虛追子氏放篇之浮說徒損經紀
雅誥之遺訓而欲以支離橫義指畫妄圖儀刑宇宙而貽
來葉者也又北京制置求皆允怙繕脩草創以意良多事
移化變存者無幾理苟宜革何必仍舊且遷都之始日不
遑給先朝規度每事循古是以數年之中悛換非一良以
永法為難數改為易何為宮室府庫多因故迹而明堂辟
雍獨遵此制建立之辰復未可知矣既猥班訪逮輒輕率
瞽言明堂五室請同周制郊建三雍求依故所庶有會經
誥無失典刑後議選邊戍事翻議曰臣聞兩漢警於西北

魏晉備在東南是以鎮邊守塞必寄威重伐叛柔服寔賴
溫良故田叔魏尚聲高於沙漠當陽鉅平績流於江漢紀
籍用為美談今古以為盛德自皇上以叡明纂御風清化
遠威厲秋霜惠霑春露故能使淮海輸誠華陽即序連城
革面比屋歸仁懸車劍閣豈伊曩載鼓譟金陵復在茲日
然荊揚之牧宜盡一時才望梁郢之君尤須當今秀異自
比緣邊州郡官至便登疆場統戍階當即用或逢穢德凡
人或遇貪家惡子不識字人溫卹之方唯知重役殘忍之
法廣開戍邏多置帥領或用其左右姻親或受人貨財請
屬皆無防寇禦賊之心唯有通商聚斂之意其勇力之兵

驅令抄掠若遇強敵即為奴虜如有執獲奪為己富其羸
弱老小之輩微解金鐵之工少閑草木之作無不搜營窮
壘苦役百端自餘或伐木深山或芸草平陸販貿往還相
望道路此等祿既不多資亦有限皆收其實絹給其虛粟
窮其力薄其衣用其工節其食綿冬歷夏加之疾苦死於
溝瀆者常十七八焉是以吳楚間伺審此虛實皆云糧匱
兵疲易可乘擾故驅率犬羊屢犯疆場頻年已來甲冑生
蟣十万在郊千金日費為弊之深一至於此皆由邊任不
得其人故延若斯之患賈生所以痛哭良有以也夫潔其
流者清其源理其末者正其本既失之在始庸可止乎愚

謂自今已後荊揚徐豫梁益諸蕃及所統郡縣府佐統軍
至于戍主皆令朝臣王公已下各舉所知必選其才不拘
階級若能鎮御有方清高獨著威足臨戎信能懷遠撫循
將士得其忻心不營私潤專脩公利者則就加爵賞使久
於其任以時褒賚厲其忠款所舉之人亦垂優異獎其得
士嘉其誠節若不能一心奉公才非捍禦貪惏日富經略
無聞人不見德兵厭其勞者即加顯戮用章其罪所舉
之人隨事免降責其謬薦罰其偽薄如此則舉人不得挾
其私受任不得孤其舉善惡既審沮勸亦明庶邊患永消
譏議攸息矣遭母憂去職熙平初除廷尉少卿頗有不平

之謚爲靈太后所責出爲陽平太守甚不自得遂作思歸賦神龜末遷涼州刺史時蠕蠕主阿那瓌後主婆羅門竝以國亂來降朝廷問安置之計翻表曰今蠕蠕内爲高車所討滅外憑大國之威靈兩主投身一期而至百姓歸誠萬里相屬然夷不亂華前鑒無遠覆車在於劉石毀轍固不可尋今蠕蠕雖主奔於上人散於下而餘黨實繁部落猶衆高車亦未能一時幷兼盡令率附又高車士馬雖衆主甚愚弱上不制下下不奉上唯以掠盜爲資陵奪爲業而河西捍禦彊敵唯涼州敦煌而已涼州土廣人稀糧仗素闕敦煌酒泉空虚尤甚若蠕蠕無復豎立令高車獨擅

北垂則西顧之憂匪旦伊夕愚謂蠕蠕二主竝宜存之居阿那瓌於東偏處婆羅門於西裔分其降人各有攸屬那瓌住所非所經見其中事勢不可輒陳婆羅門請脩西海故城以安處之西海郡本屬涼州今在酒泉直抵張掖西北千二百里去高車所住金山一千餘里正是北虜往來之衝要漢家行軍之舊道土地沃衍大宜耕殖非但今處婆羅門於事爲便即可永爲重戍鎭防西北雖外爲署蠕蠕之聲内實防高車之策一二年後足食足兵斯固安邊保塞之長計也若婆羅門能自克厲使餘燼歸心收離聚散復興其國者乃漸令北轉徙度流沙即是我之外蕃高車之勍敵西北之虞可無過慮如其姧回返覆孤恩背德者此不過爲逋逃之寇於我何損今不早圖戎心一啓脫先據西河奪我險要則酒泉張掖自然孤危長河已西終非國有不圖厥始而求憂其終噬臍之恨悔將何及愚見如允乞遣大使往涼州敦煌及於西海躬行山谷要害之所親閲亭障遠近之宜商量士馬校練糧仗部分見定處置得所入春西海之間即令播種至秋收一年之食使不復勞轉輸之功也且西徼北垂即是大磧野獸所聚千百爲羣正是蠕蠕射獵之處殖田以自供籍獸以自給彼此相資足以自固今之豫度似如小損歲終大計其利實多

高車犲狼之心何可專信假令稱臣致款正可外加優納而復内備彌深所謂先人有奪人之心者也時朝議是之還拜吏部郎中遷齊州刺史無多政績孝昌中除安南將軍中書令領給事黄門侍郎與徐紇俱在門下竝掌文翰翻既才學名重又善附會亦爲靈太后所信待是時蠻賊充斥六軍將親討之翻乃上表諫止後蕭寶夤大敗於關西翻上表請爲西軍死亡將士舉哀存而還者并加賑賚後拜度支尚書尋轉都官翻上表願以安南尚書換一金紫時天下多事翻雖外請閑秩而内有求進之心識者怪之於是加撫軍將軍明帝靈太后曾燕華林園舉觴謂

羣臣曰袁尚書朕之杜預欲以此杯敬屬元凱今為盡之侍坐者莫不羨仰翻名位俱重當時賢達咸推與之然獨善其身無所獎拔排抑後進論者鄙之建義初遇害河陰所著文筆百餘篇行於世贈使持節侍中車騎將軍儀同三司青州刺史嫡子寶首武定中司徒記室參軍事翻弟躍

躍字景騰博學儁才性不矯俗篤於交友翻每謂人曰躍可謂我家千里駒也歷位尚書都兵郎中加員外散騎常侍將立明堂躍乃上議當時稱其博洽蠕蠕主阿那瓌亡破來奔朝廷矜之送復其國既而每使朝貢辭旨頗不盡禮

躍為朝臣書與瓌陳以禍福言辭甚美後遷車騎將軍太傅清河王懌文學雅為懌所愛賞懌之文表多出於躍卒贈冠軍將軍吏部郎中所制文集行於世無子兄翻以子聿脩繼

聿脩字叔德七歲遭喪居處禮若成人九歲州辟主簿性深沈有鑒識清靖寡欲與物無競姨丈人尚書崔休深所知賞年十八領本州中正兼尚書度支郎中齊天保初除太子庶子以本官行博陵太守大有聲績遠近稱之累遷司徒左長史領兼御史中丞司徒錄事參軍盧思道私貸庫錢三十万娉太原王乂女為妻而王氏已先納陸孔文禮娉為定聿脩為首寮又國之司憲知而不劾免中丞尋遷祕書監天統中詔與趙郡王叡等議定三禮出為信州刺史即其本鄉也時人無倒莫不榮之為政清靖不言而化自長史以下爰逮鰥寡孤幼皆得其歡心武平初御史普出過諸州悉有舉劾唯不到信州及還都人庶道俗追別滿道或將酒脯涕泣留連競欲遠送時既盛暑恐其勞敝往往為之駐馬隨舉一酌示領其意辭謝令去還後州人鄭播宗等七百餘人請為立碑斂縑布數百匹託中書侍郎李德林為文以記功德敕許之尋除都官尚書聿脩少年平和溫潤素流之中最為規檢以名家子歷任清華

時望多相器待許其風鑒在郎署之日時趙彥深為水部郎中同在一院因成交友彥深後重被沙汰停私門生藜藿聿脩猶以故情音問來往彥深任用銘戢甚深雖人才無愧蓋亦由彥深接引為吏部尚書以後自以物望得之初馮子琮以僕射攝選婚姻相尋聿脩常非笑之語人云馮公營婚日不暇給及自居選曹亦不能免時論以為地勢然也素品孤官頗有怨讟然在官廉謹當時少匹魏齊世臺郎多不免交通餉饋初聿脩為尚書郎十年未曾受升酒之遺尚書邢卲與聿脩舊款每於省中語戲常呼聿脩為清郎大寧初聿脩以太常少卿出使巡省仍令考

校官人得失經兖州時邢邵爲刺史別後送白紬爲信書
脩不受與邢邵書云今日傾過有異常行瓜田李下古人
所慎願得此心不貽厚責邵亦欣然領解報書云老夫忽
忽意不及此敬承來旨吾無間然弟昔爲清郎今日復作
清卿矣及在吏部屬政衰道喪若違忤要勢禍不旋踵雖
以清白自守猶不免請謁之累入周位儀同大將軍吏部
下大夫東京司宗中大夫隋開皇初加上儀同遷東京都
官尚書東京廢入朝除都官尚書二年出爲熊州刺史卒
子知禮大業初卒於太子內舍人躍弟颺卒於豫州冠軍
府司馬颺弟昇位正員郎颺死後昇通其妻翻恚爲之發

病昇終不止時人鄙穢之亦於河陰見害贈左將軍齊州
刺史

陽尼字景文北平無終人也累世仕於慕容氏尼少好學
博通羣籍與上谷侯天護頓丘李彪同志齊名幽州刺史
胡泥表薦之徵拜秘書著作郎及改中書學爲國子時中
書監高閭侍中李沖等以尼碩學舉爲國子祭酒後兼幽
州中正孝文臨軒令諸州中正各舉所知尼與齊州大中
正房千秋各舉其子帝曰昔有一祁名垂往史今有二奚當
閑來牒出爲幽州平北府長史帶漁陽太守未拜坐爲中
正時受鄉人貨免官每自傷曰吾昔未仕不曾羨人今日

失官與本何異然非吾宿志命也如何既而還家有書數
千卷所造字釋數十篇未就而卒其從孫太學博士承慶
撰爲字統二十卷行於世承慶從弟固
固字敬安性倜儻不拘小節少任俠好劒客弗事生產年
二十六始折節好學博覽篇籍有文才太和中從大將
軍宋王劉昶征義陽板府法曹行參軍昶性嚴暴三軍戰
慄無敢言者固啓諫并面陳事宜昶大怒欲斬之使監當
攻道固在軍勇決意志閑雅了無懼色昶甚奇之軍還言
之孝文年三十餘始辟大將軍府參軍事累遷書侍御
史多所劾奏宣武廣訪得失固上讜言表曰當今之務宜

早立東儲立師傅以保護立官司以防衛以係蒼生之心
攬權衡親宗室強幹弱枝以立萬世之計舉賢良黜不肖
使野無遺才朝無素飡孜孜萬機躬勤庶政使人無謗讟
之嚮省徭役薄賦斂脩學官遵舊章貴農桑賤工賈絕
談虛窮微之論簡桑門無用之費以救飢寒之苦然後備
器械脩甲兵習水戰滅吳會撰封禪之禮襲軒唐之軌豈
不茂哉初帝委任羣下不甚親覽好桑門之法尚書令高
肇以外戚權寵專決朝事又咸陽王禧等並有釁故宗室
大臣相見疎薄而王畿人庶勞弊益甚固乃作南北二都
賦稱恒代田漁聲樂侈靡之事節以中京禮儀之式因以

諷諫宣武末中尉王顯起宅既成集寮屬饗宴酒酣問
固曰此宅何如固曰晏嬰湫隘流稱于今豐屋生災著於
周易此蓋同傅舍耳唯有德能卒願公勉之顯嘿然他日
又謂固曰吾作太府卿府庫充實卿以為何如固對曰公
收百官之祿四分之一州郡贓贖悉入京藏以此充府未
足為多且有聚斂之臣寧有盜臣豈不戒歟顯大不悅以
此銜固又有人間固於顯因奏固剩請米麥免固官遂闔
門自守著演賾賦以明幽微通塞之事又作刺讒疾嬖幸
詩二首曰巧佞巧佞讒言興兮營營習習似青蠅兮以白
為黑在汝口兮汝非蝮蠆毒何厚兮巧巧佞佞一何工矣

司閒司忿言必從矣朋黨噂㗊自相同矣浸潤之譖傾人
墉矣成人之美君子貴焉攻人之惡君子恥焉汝何人斯
譖毀日繁子實無罪何騁汝言番番緝緝讒言側入君
子好讒如或弗及天疾讒說汝其至矣無妄之禍行將
及矣泛泛遊鳧弗制弗拘行藏之徒或智或愚維余小子
未明茲理毀與行俱言與釁起我其懲矣我其悔矣豈求
人兮忠恕在己彼諂諛兮人之蠹兮刺促昔粟罔顧恥辱
以求媚兮邪干側入如恐弗及以自容兮志行褊小好習
不道朝挾其車夕承其輿或騎或徒載奔載趨或言或咲
曲事親要正路不由邪徑是蹈不識大猷不知話言其朋

其黨其徒寔繁有詭其行有佞其音憑險施邪媚是欽
既讒且妬以逞其心是信是任敗其以多不始不慎末如
之何習習宰嚭營營無極梁丘寡智王鮒淺識伊戾息夫
異世同力江充趙高甘言似直豎刁上官擅生羽翼乃如
之人僭爽其德豈徒喪邦又亦覆國嗟尓中下其親其昵
不謂其非不覺其失好之有年寵之有日我思古人心焉
苦疾凡百君子宜其慎矣覆車其鑒近可信矣言既備矣
事既至矣反是不思維塵及矣明帝即位除尚書考功郎
中奏諸秀孝中第者聽敘自固始大軍征硤石數為僕
射李平行臺七兵郎平奇固勇敢軍中大事悉與謀之又

命固節度水軍固設奇計先期乘賊獲其外城後太傅清
河王懌舉固除步兵校尉領汝南王悅郎中令時悅年少
行多不法固上疏諫悅悅甚敬憚之懌大悅以為舉得其
人除洛陽令在縣甚有威風丁母憂號慕毀疾杖而能起
練禫之後酒肉不進時固年踰五十而喪過於哀鄉黨親
族咸歎服焉清河王懌領太尉辟固從事中郎屬懌被害
不奏懌之遇害元叉執政朝野震悚懌諸子及門生寮吏
莫不慮禍隱避不出固以嘗被辟命遂獨詣喪所盡哀慟
哭良久乃還僕射游肇聞而歎曰雖欒布王脩何以尚也
君子哉若人及汝南王悅為太尉選舉多非其人又輕肆

擿撻固以前爲元卿雖離國猶上疏切諫事在悅傳後悅辟固爲從事中郎不就京兆王繼爲司徒高選官寮辟固從事中郎府解除前軍將軍又典科揚州勳賞初硤石之役固有先登之功而朝賞未及至是與尚書令李崇訟勳更相表崇雖貴盛固據理不撓談者稱焉卒贈輔國將軍太常少卿謚曰文固剛直雅正不畏強禦居官清潔家無餘財終没之日室徒四壁無以供喪親故爲其棺斂初固著終制一篇務從儉約臨終又敕諸子一遵先制五子長子休之

休之字子烈儁爽有風槩好學愛文藻時人爲之語曰能

賦能詩陽休之初爲州主簿孝昌中杜洛周陷薊城休之與宗室南奔章武轉至青州葛榮寇亂河北流人多湊青州休之知將有變請其族叔伯彥等潛歸京師避之多不能從休之垂涕別去俄而葛榮邢杲作亂伯彥等咸爲土人所殺諸陽死者數十人唯休之兄弟免莊帝立累遷太尉記室參軍李神儁監起居注啓休之與河東裴伯茂范陽盧元伯河間邢子才俱入撰次普泰中爲太保長孫承業府屬尋敕與魏收李同軌等修國史後行臺賀拔勝經略樊沔請爲南道軍司俄而魏武帝入關勝令休之奉表詣長安參謁時齊神武亦啓除休之太常少卿尋屬勝南奔仍隨勝至江南休之聞神武推奉靜帝乃白勝啓梁武求還文襄以爲大行臺郎中神武幸汾陽之天池池邊得一石上有隱起字文曰六王三川問休之曰此文字何義對曰六者大王字河洛伊爲三川大王若受天命終應統有關右神武曰世人常道我欲反今若聞此更致紛紜愼莫妄言也元象初錄荊州軍功封新泰縣伯武定二年除中書侍郎先是中書專主綸言魏宣武已來事移門下至是發詔依舊任遇甚顯時魏收爲散騎常侍領兼侍郎與休之參掌詔命世論以爲中興有人士戲嘲休之云有觸藩之羝羊乘連錢之驄馬從晉陽而向鄴懷屬書而

盈把左丞盧斐以其文書請謁啓神武禁止會赦不問歷尚食典御太子中庶子給事黃門侍郎中軍將軍幽州大中正兼侍中持節奉璽書詣并州敦喻文宣爲相國齊王時將受魏禪發晉陽至平陽郡爲人心未一且還并州恐漏泄仍斷行人休之性踈放使還遂說其事鄴中悉知後高德正以聞文宣忿之而未發齊受禪除散騎常侍監修起居注頃之坐詔書脫誤左遷驍騎將軍積其前事也文宣郊天百僚咸從休之衣兩襠甲手持白棓時魏收爲中書令嘲之曰義眞服未休之曰我昔爲常伯首戴蟬冕今處驍游身被衫甲允文允武何必減卿談笑晏然議者服其

夷曠以禪讓之際參定禮儀別封始平縣男後除中山太守先是韋道建宋欽道代爲定州長史帶中山太守竝立制監臨之官出行不得過百姓飲食有者即數錢酬之休之常以爲非及至郡復相因循或問其故休之曰吾昔非之者爲其失仁義今日行之者自欲避嫌疑豈是夙心直是處世難耳在郡三年再致甘露之瑞文宣崩徵休之至晉陽經紀喪禮與魏收俱至尚書令楊遵彥與休之等款狎相遇中書省言及喪事收掩淚失聲休之嚬眉而已他日遵彥謂曰昨聞諱魏少傅悲不自勝卿何容都不流涕休之曰天保之世魏侯時遇甚深鄙夫以衆人見待佞哀

詐泣實非本懷皇建初兼度支尚書詔帝留心政道訪以政術休之荅以明賞罰愼官方禁淫侈恤人患爲政敎之先帝深納之大寧中歷都官七兵祠部三尚書河清三年出爲西兗州刺史天統初徵爲光祿卿監國史尋除吏部尚書休之多識故事諳悉氏族凡所選用莫不才地俱允前國子助敎熊安生當時碩儒因喪解職久而不見調休之引爲國子博士儒者以此歸之簡率不樂煩職典選稍久非其所好每謂人曰此官實自清華但煩劇妨吾賞適眞是樊籠矣武成崩後頻乞就閑武平初除中書監尚書右僕射三年加位特進與朝士撰聖壽堂御覽六年正除

尚書左僕射領中書監休之早得才名爲人物所傾服外如疎放內實謹厚少年頗以峻急爲累晚節以通美見稱重衿期好游賞太常卿盧元明人地華重平所交接非一時名士不得與之游休之始爲行臺郎便坦然投分文酒會同相得甚款鄉曲人士莫不企羨焉太子中庶子平原明少遐風流名士也梁主弃鄴昔因通聘與休之同游及少遐卒其妻窮敝休之經紀振恤恩分甚厚尚書僕射崔暹爲文襄所親任勢傾朝列休之未嘗請謁暹子達拏幼而聰敏年十餘已作五言詩時梁國通和聘使在館暹持達拏數首詩示諸朝士有才學者又欲示梁客餘人畏暹皆

隨宜應對休之獨正言郎子聰明方成偉器但小兒文藻恐未可以示遠人其方直如此元景每云當今直諫陽子烈其有焉晚節說祖珽撰御覽書成加特進令其子辟強預脩御覽書及珽黜便布言於朝廷云先有隙及鄧長顒顏之推奏立文林館之推本意不欲令耆舊貴人居之便相附會與少年朝請參軍之徒同入待詔時論貶焉魏收監史之日立神武本紀取平四胡之歲爲齊元收在齊州恐史官改奪其志上表論之及收還朝敕集朝賢議其事休之立議從天保爲限斷魏收存日猶兩議未決收死便諷動內外發詔從其議後領中書監謂人云我已三爲中

書監用此何爲隆化還鄴舉朝多有遷授封休之燕郡王
乃謂所親曰我非奴何忽此授凡此諸事爲識者所譏好
學不倦博綜經史文章雖不華靡亦爲典正魏收在日深
爲收所輕魏殂後以先達見推位望雖高虛懷接物爲搢
紳所愛重周武帝平齊與吏部尚書袁聿脩衛尉卿李祖
欽度支尚書元脩伯大理卿司馬幼之司農卿崔達拏祕
書監源文宗散騎常侍兼中書侍郎李若散騎常侍兼給事
黃門侍郎李孝貞給事黃門侍郎盧思道給事黃門侍郎
顏之推通直散騎常侍兼中書侍郎李德林通直散騎常
侍兼中書舍人陸乂中書侍郎薛道衡中書舍人元行恭

辛德源王邵陸開明十八人同徵令隨駕後赴長安壽除
開府儀同依例封臨澤縣男歷納言中大夫太子少保進
位上開府除和州刺史隋開皇二年罷任終於洛陽所著
文集四十卷又撰幽州人物志並行於世初休之在洛將
仕夜夢見黃河北驛道上行從東向西道南有一家極高
大休之步登冢頭見一銅柱趺爲蓮花形休之從西北登
一柱礎上以手挺一柱柱遂右轉休之呪曰柱轉三匝吾
至三公柱遂三匝而止休之尋寤意如在鄴城東南耆其
夢竟驗云子辟彊字君大性疎脫又無藝休之亦引入文
林館爲時人所嗤鄙武平末爲尚書水部郎中休之弟綝

之天平中入關次俊之位兼通直常侍聘陳副尚書郎當
文襄時多作六言歌辭淫蕩而拙世俗流傳名爲陽五伴
侶寫而賣之在市不絕俊之嘗過市取而改之言其字誤
賣書者曰陽五古之賢人作此伴侶君何所知輕敢議論
俊之大喜後待詔文林館自言有文集十卷家兄亦不知
吾是才士也固從兄藻

藻字景德少孤有雅志涉獵經史位中書博士詔兼禮官
拜燕宣王廟於長安還賜爵魏昌男累遷瀛州安東府長
史以年老歸家爲賊杜洛周所因發病卒永熙中贈幽州
刺史子斐

斐字叔鸞魏壽莊時於西兗州督護流人有功賜爵方城
伯歷廣平王開府中郎修起居注除起部郎中兼通直散
騎常侍聘梁梁尚書羊侃魏之叛人也與斐舊故欲召斐
至宅三致書斐不荅梁人曰羊來已久經貴朝遷革李盧
亦詣宅相見卿何致難斐曰柳下惠則可吾不可梁武帝
又親謂斐曰侃極願相見今二國和好安得復論彼此斐
終辭焉還除廷尉少卿石濟河溢橋壞斐移津於白馬中
河起石潬兩岸造關城累年乃就東郡太守陸士佩以黎
陽關河形勝欲因山鑿以爲公家苑囿斐書荅以國步始
康人勞未息誠宜輕傜薄賦勤恤人隱不從天保中除都

水使者詔裴監嫁長城累遷殿中尚書以本官監瀛州事拜儀同三司卒贈中書監北豫州刺史謚曰簡子師孝中書舍人固從弟昭

昭字元景學涉史傳尤閑案牘爲齊文襄府墨曹參軍甚見親委與陳元康崔暹等參謀機密及崔㥄爲崔暹所告元景劾成其獄賴邢子才證白以免時以元景爲苦而順旨初文襄擇日將受魏禪令元景等定儀注草詔冊并授官未畢而文襄殂罷府天保初除給事黃門侍郎後以風氣彌留不堪近侍出除青州高陽内史卒於郡文集十卷子静立性淳孝操履清方美詞令善尺牘仕齊位三公郎中隋開皇初州主簿

賈思伯字仕休齊郡益都人也其先自武威徙焉世父元壽中書侍郎有學行見稱於時思伯自奉朝請累遷中書侍郎頗爲孝文所知任城王澄之圍鍾離也以思伯持節爲其軍司及澄失利思伯爲後殿澄以其儒者謂之必死及至大喜曰仁者必有勇常謂虚談今於軍司見之矣思伯託以失道不伐其功時論稱其長者累遷南青州刺史初思伯與弟思同師事北海陰鳳業竟無資酬之鳳遂質其衣物時人爲之語曰陰生讀書不免癡不識雙鳳脫人衣及思伯之部送縑百匹遺鳳因具車馬迎之鳳慙不往時人稱歎焉昭帝時拜涼州刺史思伯以邊遠不願辭以男女未婚靈太后不許因舍人徐紇言乞得停後除廷尉卿自以儒素爲業不好法律希言事俄轉衛尉卿時議建明堂多有同異思伯上議曰案周禮夏后氏世室殷重屋周明堂皆五室鄭注云此三者或舉宗廟或舉王寢或舉明堂互言之以明其制同也若然則夏殷之世已有明堂矣唐虞以前其事未聞戴德禮記云明堂凡九室十二堂蔡邕云明堂者天子太廟饗功養老學教選士皆於其中九室十二堂案戴德撰記世所不行且九室十二堂其於規制恐難得厥衷周禮營國左祖右社明堂在國之陽則

非天子太廟明矣然則禮記月令四堂及太室皆謂之廟者當以天子暫配享五帝故耳又王制云周人養國老於東膠鄭注云東膠即辟雍在王宫之東又詩大雅云邕邕在宫肅肅在廟鄭注云宫謂辟雍宫也所以助王養老則尚和助祭則尚敬又不在明堂之驗矣案孟子云齊宣王謂孟子曰吾欲毀明堂若明堂是廟則不應有毀之問且蔡邕論明堂之制云堂方百四十尺象坤之策屋圓徑二百一十六尺象乾之策方六丈徑九丈象陰陽九六之數九室以象九州屋高八十一尺象黃鍾九九之數二十八柱以象宿外廣二十四丈以象氣案此皆以天地陰陽氣數

為法而室獨象九州何也若立五室以象五行豈不快也
如此蔡邕之論非為通典九室之言或未可從竊尋考工
記雖是補闕之書相承已久諸儒注述無言非者方之後
作不亦優乎其孝經援神契五經要義舊禮圖皆作五室
及徐劉之論謂同考工者多矣朝廷若獨絕今古自為一
代制作者則所願也若猶祖述舊章規摹前事不應捨殷
周成法襲近代妄作且損益之極極於三王後來疑議難
可準信鄭玄云周人明堂五室是帝各有一室也合於五
行之數周禮依數以為之室施行于今雖有不同時說然
矣尋鄭此論非為無當案月令亦無九室之文原其制置

不乖五室其青陽右个即明堂左个明堂右个即揔章左
个揔章右个即玄堂左个玄堂右个即青陽左个如此則
室猶是五而布政十二五室之理謂為可按其方圓高廣
自依時量戴氏九室之言蔡子廟學之議子幹靈臺之說
裴逸一屋之論及諸家紛紜並無取焉學者善其議後為
都官尚書時崔光疾甚表薦思伯侍講中書舍人馮元興
為侍讀思伯遂入授明帝杜氏春秋思伯少雖明經從官
廢業至是更延儒生夜講晝授性謙和傾身禮士雖在街
途停車下馬接誘恂恂曾無倦色客有謂曰公今貴重寵
能不憍思伯曰衰至便憍何常之有當世以為雅言思伯

與元興同事大相友昵元興時為元乂所寵論者譏其趣
勢云卒贈青州刺史又贈尚書左僕射謚曰文貞子彥始
武定中淮陽太守思伯弟思同字士明少勵志行雅好經
史與兄思伯年少時俱為鄉里所重累遷襄州刺史雖無
明察之譽百姓安之元顥之亂思同與廣州刺史鄭先護
並不降莊帝還宮封營陵縣男後與國子祭酒韓子熙並
為侍講授靜帝杜氏春秋加散騎常侍兼七兵尚書尋拜
侍中卒贈尚書右僕射司徒公謚曰文獻初思同之為青州
別駕清河崔光韶先為中從事自恃資地恥居其下聞思
同還鄉遂便去職州里人物為思同恨之及光韶之亡遺誡

子姪不聽求贈思同遂表訟光韶操業特蒙贈謚論者歎
尚為思同之侍講也國子博士遼西衛冀隆精服氏學上
書難杜氏春秋六十三事思同復駮冀隆乖錯者一十餘
條互相是非積成十卷詔下國學集諸儒考之事未竟而
思同卒後魏郡姚文安樂陵秦道靜復述思同意冀隆亦
尋物故浮陽劉休和又持冀隆說竟未能裁正
祖瑩字元珍范陽遒人也曾祖敏仕慕容垂為平原太守
道武定中山賜爵安固子拜尚書左丞卒贈并州刺史祖
嶷字元達以從征平原功進爵為侯位馮翊太守贈幽州
刺史父季真多識前言往行位中書侍郎鉅鹿太守瑩

年八歲能誦詩書十二為中書學生耽書父母恐其成疾禁之不能止常密於灰中藏火驅逐僮僕父母寢睡之後燃火讀書以衣被蔽塞窗戶恐漏光明為家人所覺由是聲譽甚盛內外親屬呼為聖小兒尤好屬文中書監高允每歎曰此子才器非諸生所及終當遠至時中書博士張天龍講尚書選為都講生徒悉集瑩夜讀勞倦不覺天曉催講既切遂誤持同房生趙郡李孝怡曲禮卷上座博士嚴毅不敢復還乃置禮於前誦尚書三篇不遺一字孝文聞之召入令誦五經章句并陳大義帝戲盧昶曰昔流共工於幽州北裔之地那得忽有此子昶對曰當是才為世

生以才名拜太學博士徵署司徒彭城王勰法曹行參軍帝顧謂勰曰蕭賾以王元長為子良法曹今為汝用祖瑩豈非倫匹也敕令掌勰書記瑩與陳郡袁翻齊名秀出時人為之語曰京師楚楚袁與祖洛中翩翩祖與袁再遷尚書三公郎中尚書令王肅曾於省中詠悲平城詩云悲平城驅馬入雲中陰山常晦雪荒松無罷風彭城王勰甚嗟其美欲使肅更詠乃失語云公可更為誦悲彭城詩肅因戲勰云何意呼悲平城為悲彭城也勰有慚色瑩在座即云悲彭城王公自未見肅云可為誦之瑩應聲云悲彭城楚歌四面起屍積石梁亭血流睢水裏肅甚嗟賞之勰

亦大悅退謂瑩曰卿定是神口今日若不得卿幾為吳子所屈為冀州鎮東府長史以貨賄事發除名後侍中崔光舉為國子博士仍領尚書左戶郎李崇為都督北討引瑩為長史坐截沒軍資除名未幾為散騎侍郎孝昌中於廣平王第掘得古玉印敕召瑩與黃門侍郎李琰之辨之瑩云此是于闐國王晉太康中所獻乃以墨塗字觀之果如瑩言時人稱為博物累遷國子祭酒領給事黃門侍郎幽州大中正監起居事又監議事元顥入洛以瑩為殿中尚書莊帝還宮坐為顥作詔罪狀尒朱榮免官後除秘書監中正如故以參議律歷賜爵容城縣子坐事繫於廷尉會

尒朱兆入焚燒樂署鍾石管弦略無存者敕瑩與錄尚書事長孫承業侍中元孚典造金石雅樂三載乃就遷車騎大將軍及孝武登阼瑩以太常行禮封文安縣子天平初將遷鄴齊神武因召瑩議之以功進爵為伯卒贈尚書左僕射司徒公瑩以文學見重常語人云文章須自出機杼成一家風骨何能共人同生活也蓋譏世人好竊他文以為已用而瑩之筆札亦無乏天才但不能均調玉石兼有其製裁之體減於袁常焉性爽俠有節氣士有窮厄以命歸之必見存拯時亦以此多之其文集行於世子珽襲珽字孝徵神情機警詞藻遒逸少馳令譽為當世所推起

家秘書郎對策高第為尚書儀曹郎中典儀注嘗為冀州刺史万俟受洛製清德頌其文典麗由是齊神武聞之時文宣為并州刺史署珽開府倉曹參軍神武口授珽三十六事出而疏之一無遺失大為僚類所賞時神武送魏蘭陵公主出塞嫁蠕蠕魏收賦出塞及公主遠嫁詩二首珽皆和之大為時人傳詠珽性疏率不能廉慎守道倉曹雖云州局及受山東課輸由此大有受納豐於財產又自解彈琵琶能為新曲招城市年少歌儛為娛遊集諸倡家與陳元康穆子容任胄元士亮等為聲色之遊諸人嘗就珽宿出山東大文綾并連珠孔雀羅等百餘匹令諸嫗

北史列傳三十五　廿五

擲樗蒱賭之以為戲樂參軍元景獻故尚書令元世儁子也其妻司馬慶雲女是魏孝靜帝姑博陵長公主所生珽忽迎景獻妻赴席與諸人遞寢亦以貨物所致其豪縱淫逸如此常云丈夫一生不負身已文宣罷州珽例應隨府規為倉局之間致請於陳元康元康為白由是還任倉曹珽又委體附參軍事攝典籤陸子先為畫計請糧之際令子先宣教出倉粟十車為寮官捉送神武親問之珽自言不署歸罪子先神武信而釋之珽出而言曰此丞相天緣明鑒然實孝徵所為性不羈放縱曾至膠州刺史司馬世雲家飲酒遂藏銅疊二面廚人請搜諸客果於珽懷中

得之見者以為深恥所乘老馬常稱騮駒又與寡婦王氏姦通每人前相聞往復裴讓之與珽早狎於眾中嘲珽曰卿那得如此詭異老馬年十歲猶號騮駒妻耳順尚稱娘子于時誼然傳之後為神武中外府功曹神武宴寮屬於坐失金叵羅竇泰令飲酒者皆脫帽於珽髻上得之神武不能罪也後為秘書丞領舍人事文襄州客至請賣華林遍略文襄多集書人一日一夜寫畢退其本曰不須也珽以遍略數帙質錢樗蒱文襄杖之四十又與令史李雙倉督成祖等作晉州啟請粟三千石代功曹參軍趙彥深宣神武教給城局參軍事過典籤高景略景略疑其不實密

北史列傳三十五　廿六　庸

以問彥深彥深荅都無此事遂被推檢珽即引伏神武大怒決鞭二百配甲坊加鉗剋其穀倍徵未及科會并州定國寺成神武謂陳元康溫子昇曰昔作芒山寺碑文時稱妙絕今定國寺碑當使誰作詞也元康因薦珽才學并解鮮卑語乃給筆札就禁所具草二日內成其文甚麗神武以其工而且速特恕不問然猶免官散參相府文襄嗣事以為功曹參軍及文襄遇害元康被傷創重倩珽作書屬家累事并云祖喜私有少許物宜早索取珽乃不通此書喚祖喜私問得金二十五鋌唯與祖喜二鋌餘盡自入又盜元康家書數千卷祖喜懷恨遂告元康二弟叔諶季璩

等叔諶以語楊愔愔嚬眉答曰恐不益亡者因此得停文
宣作相珽擬補令史十餘人皆有受納而諮取教判并盜
官遍略一部時又除珽秘書丞兼中書舍人還鄴後其事
皆發文宣付從事中郎王士闞推檢并書與平陽公淹令
錄珽付禁勿令越逸淹遣田曹參軍孫子寬往喚珽受命
便尒私逃黃門郎高德正副留臺事謀云珽自知有犯驚
竄是常但宣一命向祕書稱奉并州約束須五經三部仰
丞親檢校催遣如此則珽意安夜當還宅然後掩取珽果
如德正圖遂還宅薄晚就家掩之縛珽送廷尉據犯枉
法處絞刑文宣以珽伏事先世諷所司命特寬其罰遂奏

免死除名天保元年復被召從駕依除免例參於晉陽珽
天性聰明事無難學凡諸伎藝莫不措懷文章之外又
善音律解四夷語及陰陽占候醫藥之術尤是所長帝
雖嫌其數犯刑憲而愛其才伎令直中書省掌詔誥珽通
密狀列中書侍郎陸元規敕令裴英推問元規以應對忤
旨被配甲坊除珽尚藥丞尋遷典御又奏造胡桃油復爲
割藏免官文宣每見之常呼爲賊文宣崩普選勞舊除爲
章武太守會楊愔等誅不之官授著作郎數上密啓爲孝
昭所忿敕中書門下三省斷珽奏事珽善爲胡桃油以
塗畫爲進之長廣王因言殿下有非常骨法孝徵夢殿

下乘龍上天王謂曰若然當使兄大富貴及即位是爲武
成皇帝擢拜中書侍郎帝於後園使珽彈琵琶和士開胡
舞各賞物百段士開忌之出爲安德太守轉齊郡太守以
母老乞還侍養詔許之會南使入聘爲申勞使尋爲太
常少卿散騎常侍假儀同三司掌詔誥初珽於乾明皇
建之時知武成陰有大志遂深自結納曲相祗奉武成於
天保頻被責心常銜之珽至是希旨上書請追尊太祖獻
武皇帝爲神武高祖文宣皇帝改爲威宗景烈皇帝以
悅武成從之時皇后愛少子東平王儼願以爲嗣武
成以後主體正居長難於移易珽私於士開曰君之寵幸

振古無二宮車一日晚駕欲何以克終士開因求策焉珽
曰宜說主上云襄宣昭帝子俱不得立今宜命皇太子早
踐大位以定君臣若事成中宮少主皆德君此万全計也
君且微說令主上粗解珽當自外表論之士開許諾因有
慧星出太史奏云除舊布新之徵珽於是上書言陛下雖
爲天子未是極貴案春秋元命苞云乙酉之歲除舊革政
今年太歲乙酉宜傳位東宮令君臣之分早定且以上應
天道并上魏獻文禪子故事帝從之由是拜秘書監加儀
同三司大被親寵既見重二宮遂志於宰相先與黃門侍
郎劉逖友善乃疏侍中尚書令趙彥深侍中左僕射元文

遥侍中和士開罪狀令逖奏之逖懼不敢通其事頗泄彥
深等先詣帝自陳帝大怒執珽詰曰何故毀我士開珽因
厲聲曰臣由士開得進本無心毀之陛下今既問臣臣不
敢不以實對士開文遥彥深等專弄威權控制朝廷與吏
部尚書尉瑾內外交通共爲表裏賣官鬻獄政以賄成天
下歌謠若爲有識所知安可聞於四裔陛下不以爲意臣
恐大齊之業隳矣帝曰尒乃誹謗我珽曰不敢誹謗陛下
取人女帝曰我以其儉餓故收養之珽曰何不開倉振給
乃買取將入後宮乎帝益怒以刀鐶築口鞭杖亂下將撲
殺之大呼曰不殺臣陛下得名殺臣臣得名若欲得名莫

殺臣爲陛下合金丹遂少獲寬放珽又曰陛下有一范曽
不能用知如何帝又怒曰尒自作范曽以我爲項羽邪珽
曰項羽人身亦何由可及但天命不至耳項羽布衣率烏
合衆五年而成霸王業陛下藉父兄資財得至此臣以謂
項羽未易可輕臣何止方於范曽縱擬張良亦不能及張
良身傅太子猶因四皓方定漢嗣臣位非輔弼疏外之人
竭力盡忠勸陛下禪位使陛下尊爲太上子居宸扆於已
及子俱保休祚蕞尒張良何足可數帝愈怒令以土塞其
口珽且吐且言無所屈撓乃鞭二百配甲坊尋徙於光州
刺史李祖勳遇之甚厚別駕張奉禮希大臣意上言珽雖

爲流囚常與刺史對坐敕報曰牢掌奉禮曰牢者地牢也
乃爲深坑置諸內苦加防禁桎梏不離其身家人親戚不
得臨視夜中以蕪菁子燭熏眼因此失明武成崩後主憶
之就除海州刺史是時陸令萱外干朝政其子穆提婆愛
幸珽乃遺陸媼弟悉達書曰趙彥深心腹陰沈欲行伊霍
事儀同姊弟豈得平安何不早用智士邪和士開亦以珽
能決大事欲以爲謀主故棄除舊怨虛心待之與陸媼言
於帝曰襄宣昭三帝其子皆不得立令至尊獨在帝位者
實由祖孝徵又有大功宜重報之孝徵心行雖薄奇略出
人緩急真可馮仗且其雙盲必無反意請喚取問其謀計

帝從之入爲銀青光祿大夫祕書監加開府儀同三司和
士開死後仍說陸媼出彥深以珽爲侍中在晉陽通密啓
請誅琅邪王其計既行漸被任遇又奏太后之被幽也珽
欲以陸媼爲太后撰魏帝皇太后故事爲太姬言之謂人
曰太姬雖云婦人實是雄傑女媧已來無有也太姬亦稱
珽爲國師國寶由是拜尚書左僕射監國史加特進入文
林館摠監撰書封燕郡公食太原郡幹給兵七十人所住
宅在義井坊旁拓隣居大事修築陸媼自往案行勢傾朝
野斛律光甚惡之遥見竊罵云多事乞索小人欲作何計
數嘗謂諸將云邊境消息處分兵馬趙令恒與吾等參論

之盲人掌機密來全不共我輩語止恐誤他國家事又珽
頗聞其言因其女皇后無寵以謠言聞上曰百升飛上天
明月照長安令其妻兄鄭道蓋奏之帝問珽珽證實又說
謠云高山崩槲樹舉盲老公背上下大斧多事老母不得
語珽并云盲老公是臣自云與國同憂戚勸上行語其多
事老母似道女侍中陸氏帝以問韓長鸞穆提婆并令高
元海段士良密議之衆人未從因光府參軍封士讓啓告
光反遂滅其族珽又附陸媼求為領軍後主許之詔須覆
述取侍中斛律孝卿署名孝卿密告高元海元海語侯呂
芬穆提婆云孝徵漢兒兩眼又不見物豈合作領軍也明

旦面奏具陳珽不合之狀并書珽與廣寧王孝珩交結無
大臣體珽亦求面見帝令引入珽自分疏并云與元海素
嫌必是元海譖臣帝弱顔不能諱曰然珽列元海共司農
卿尹子華太府少卿李叔元平準令張叔略等結朋樹黨
遂除子華仁州刺史叔元襄城郡守叔略南營州録事參
軍陸媼又唱和之復除元海鄭州刺史珽自是專主機衡
摠知騎兵外兵事内外親戚皆得顯位後主亦令中要數
人扶侍出入著紗帽直至永巷出万春門向聖壽堂每同
御榻論決政事委任之重羣臣莫比自和士開執事以來
政體隳壞珽推崇高望官人稱職内外稱美復欲增損政

務沙汰人物始奏罷京畿府併於領軍事連百姓皆歸郡
縣宿衛都督等號位從舊官名文武服章並依故事又欲
黜諸閹豎及羣小輩推誠延士為致安之方陸媼穆提婆
議頗同異珽乃諷御史中丞麗伯律令劾主書王子沖納
賂知其事連提婆欲使贓罪相及望因此坐并及陸媼猶
恐後主溺於近習欲因后黨為援請以皇后兄胡君瑜為
侍中中領軍又徵君瑜兄梁州刺史君璧欲以為御史中
丞陸媼聞而懷怒百方排毀即出君瑜為金紫光禄大夫
解中領軍君璧還鎮梁州皇后之廢頗亦由此王子沖釋
而不問珽日以益疏又諸宦者更共譖毁之無所不至後

主問諸太姬憫嘿不對三問乃下牀拜曰老婢合死本見
和士開道孝徵多才博學言為善人故舉之此來看之極
是罪過人實難容老婢合死後主令韓鳳檢案得其詐出
敕受賜十餘事以前與其重誓不殺遂解珽侍中僕射出
為北徐州刺史珽求見分疏韓長鸞積嫌於珽遣人推出
栢閤珽固求面見坐不肯行長鸞乃令軍士牽曳而出立
珽於朝堂大加誚責上道後後令追還解其開府儀同郡
公直為刺史至州會有陳寇百姓多反珽不閉城門守陴
者皆令下城靖坐街巷禁斷人行雞犬不聽鳴吠賊無所
聞見莫測所以或疑人走城空不設警備至夜珽忽令大

叫鼓譟聒天賊衆大驚馬逸時走散後復結陣向城璞棄馬
自出令録事參軍王君植率兵馬仍親臨戰賊先聞其盲
謂爲不能拒抗忽見親在戎行彎弧縱鏑相與驚怪畏之
而罷時提婆憾之不已欲令城陷没賊雖知危急不遣救
援璞且守且戰十餘日賊竟奔走城卒保全玆州子君信
涉獵書史多諳雜藝位兼通直散騎常侍聘陳使副中書
郎璞出亦見廢免君信弟君彦容貌短小言辭澀訥少有
才學隋大業中位至東平郡書佐郡陷翟讓因爲李密所
得密甚禮之署爲記室軍書羽檄皆成其手及密敗爲王
世充所殺璞弟孝隱亦有文學早知名詞章雖不逮兄機

警有口辯兼解音律魏末爲兼散騎常侍迎梁使時徐君
房庾信來聘名譽甚高魏朝聞而重之接對者多取一時
之秀盧元景之徒並降階攝職更遞司賓孝隱少處其中
物議稱美孝隱從父弟茂頗有辭情然好酒性率不爲時
所重大寧中以經學爲本鄉所薦除給事以疾辭仍不復
仕璞受任寄故令呼茂茂不獲已暫來就之璞欲爲奏官
茂乃逃去璞族弟崇儒涉學有辭少以幹局知名武平末
位司州別駕通直常侍入周爲容昌郡太守隋開皇初終
宕州長史

論曰袁翻弟兄可爲一時才秀聿脩行業亦乃不殞家風
景文學義見稱敬安正情自立休之加以藻思可謂載德者
焉思伯經明行修乃惟門素祖瑩幹能藝用實曰時良孝
徵儁才雖多適足敗國叔纖器懷清峻元景才幹知名並
匡佐齊初一時推重美矣哉

列傳第三十五　北史四十七

方洽　周益　周之冕　孫粹然　校正

百衲本

北史

2

唐·李延壽撰

國家圖書館出版社

列傳第三十六　北史四十八

尒朱榮 子文暢 彦伯子敞 世承 榮從祖兄子天光 從子兆 彦伯弟仲遠 榮從父弟度律 從弟彦伯 世隆

尒朱榮字天寶北秀容人也世爲部落酋帥其先居尒朱川因爲氏焉高祖羽健魏登國初爲領人酋長率契胡武士從平晉陽定中山拜散騎常侍以居秀容川詔割方三百里封之長爲世業道武初以南秀容川原沃衍欲令居之羽健曰家世奉國給侍左右北秀容既在剗内差近京師豈以沃堉更遷遠地帝許之所居處曾有狗舐地因而穿之得甘泉因名狗舐泉曾祖鬱德祖代勤繼爲酋長代勤太武敬哀皇后舅也既以外親兼數征伐有功給復百年除立義將軍曾圍山而獵部人射虎誤中其髀代勤仍令拔箭竟不推問曰此既過誤何忍加罪部内咸感其意位肆州刺史封梁郡公以老致仕歲賜帛百疋以爲常卒謚曰莊孝莊初追贈太師司徒公録尚書事父新興太和中繼爲酋長曾行馬羣見一白蛇頭有兩角呪之求畜牧蕃息自是牛羊駞馬日覺滋盛色别爲羣谷量之朝廷每有征討輒獻私馬兼備資粮助裨軍用孝文嘉之及遷洛特聽冬朝京師夏歸部落每入朝諸公王朝貴競以珍翫遺之新興亦報以名馬位散騎常侍平北將軍秀容第一

領人酋長新興每春秋二時恒與妻子閲畜牧於川澤射獵自娛明帝時以年老啓求傳爵於榮卒謚曰簡孝莊初贈太師相國西河郡王榮潔白美容貌幼而神機明決及長好射獵每設圍誓衆便爲軍陣之法號令嚴肅衆莫敢犯秀容界有池三所在高山上清深不測相傳曰祁連池魏言天池也父新興曾與榮游池上忽聞簫鼓音謂榮曰古老相傳聞此聲皆至公輔吾年老暮當爲汝耳榮襲爵後除直寢游擊將軍正光中四方兵起遂散畜牧招合義勇以討賊功進封博陵郡公其梁郡前爵聽賜第二子時榮率衆至肆州刺史尉慶賓閉城不納榮怒攻拔之乃署其從叔羽生爲刺史執慶賓還秀容自是兵威漸盛朝廷亦不能罪責及葛榮吞杜洛周榮恐其南逼鄴城表求東援相州帝不許榮以山東賊盛慮其西逸乃遣兵固守滏口以防之於是北捍馬邑東塞井陘尋屬明帝崩事出倉卒榮乃與元天穆等密議入匡朝廷抗表云今海内草草異口一言皆云大行皇帝鴆毒致禍舉潘嬪之女以誑百姓奉未言之兒而臨四海求以徐紇鄭儼之徒付之司敗更召宗親推其明德於是將赴京師靈太后甚懼詔以李神軌爲大都督將於太行杜防榮抗表之始遣從子天光親信奚毅及倉頭王相入洛與從弟世隆密議廢立天光

乃見莊帝具論榮心帝許之天光等還北榮發晉陽猶疑
所立乃以銅鑄孝文及咸陽王禧等五王子孫像成者當
奉為主唯莊帝獨就師次河内重遣王相密迎莊帝與帝
兄彭城王邵弟始平王子正武泰元年四月莊帝自高渚
度至榮軍將士咸稱萬歲及莊帝即位詔以榮為使持節
都督中外諸軍事大將軍開府尚書令領軍將軍領左右
太原王及度河太后乃下髮入道内外百官皆向河橋迎
駕榮惑武衛將軍費穆之言謂天下乘機可取乃譎朝士
共為盟誓將向河陰西北三里至南北長堤悉命下馬西
度即遣胡騎四面圍之妄言丞相高陽王欲反殺百官王

公卿士二千餘人皆斂手就戮又命二三十人拔刀走行
宮莊帝及彭城王霸城王俱出帳榮先遣并州人郭羅察
共西部高車叱列殺鬼在帝左右相與為應及見事起假
言防衛抱帝入帳餘人即害彭城霸城二王乃令四五十
人遷帝於河橋沈靈太后及少主於河時又有朝士百餘
人後至仍於堤東被圍遂臨以白刃唱云能為禪文者出
當原其命時有隴西李神儁頓丘李諧太原溫子昇並當
世辭人皆在圍中恥是從命俯伏不應有御史趙元則者
恐不免死出作禪文榮令人誡軍士言元氏既滅尒朱氏
興其衆咸稱萬歲榮遂鑄金為己像數四不成時榮所信

幽州人劉靈助善卜占言今時人事未可榮乃曰若我作
不吉當迎天穆立之靈助曰天穆亦不吉唯長樂王有王
兆耳榮亦精神恍惚不自支持遂便愧悔至四更中乃迎
莊帝望馬首叩頭請死其士馬三千餘騎既濫殺朝士乃
不敢入京即欲向北為移都之計持疑經日始奉駕向洛
陽宮及上北芒視城闕復懷畏懼不肯更前武衛將軍汎
禮苦執不聽復前入城不朝戍北來之人皆乘馬入殿諸
貴死散無復次序莊帝左右唯有故舊數人榮猶執移都
之議上亦無以拒焉又在明光殿重謝河橋之事誓言無
復二心莊帝自起止之因復為榮誓言無疑心榮喜因求

酒一遍及醉熟帝欲誅之左右苦諫乃止即以牀轝向中
常侍省榮夜半方寤遂達旦不眠自此不復禁中宿矣榮
女先為明帝嬪欲上立為后帝疑未決給事黃門侍郎祖
瑩曰昔文公在秦懷嬴入侍事有反經合義陛下獨何疑
焉上遂從之榮意甚悅于時人間猶或云榮欲遷都晉陽
或云欲肆兵大掠迭相驚恐人情駭震京邑士子十不一
存率皆逃竄無敢出者直衛空虛官守廢曠榮聞之上書
謝愆無上王請追尊帝号諸王刺史乞贈三司其位班三
品請贈令僕五品之官各贈方伯六品已下及白身贈以
鎮郡諸死者無後聽繼即授封爵均其高下節級別科使

恩洽存亡有慰生死詔如所表又啓帝遣使巡城勞問於是人情遂安朝士逃亡者亦稍來歸闕榮又奏請番直朔望之日引見三公令僕尚書九卿及司州牧河南尹洛陽河陰執事之官參論國政以爲常式五月榮還晉陽乃令元天穆向京爲侍中太尉公録尚書事京畿大都督兼領軍將軍封上黨王樹置腹心在列職舉止所爲皆由其意七月詔加榮柱國大將軍時葛榮向京師衆號百萬相州刺史李神儁閉門自守榮率精騎七千馬皆有副倍道兼行東出滏口而與葛榮衆寡非敵葛榮聞之喜見於色乃令其衆辦長繩至便縛取自鄴以北列陣數十里箕張而進榮潛軍山谷爲奇兵分督將已上三人爲一處處有數百騎令所在揚塵鼓譟使賊不測多少又以人馬逼戰刀不如棒密勒軍士馬上各齎袖棒一枚至戰時慮廢騰逐不聽斬級使以棒棒之而已乃分命壯勇所當衝突號令嚴明將士同奮榮身自陷陣出於賊後表裏合擊大破之於陣禽葛榮餘衆悉降榮以其疑懼乃普令各從所樂親屬相隨任所居止於是羣情喜悅登即四散數十萬衆一朝散盡待出百里之外乃始分道押領隨便安置咸得其宜擢其渠帥量才授用新附者咸安時人服其處分機速乃檻車送葛榮赴闕詔加榮大丞相都督河北畿外諸軍

事初榮將討葛榮軍次襄垣遂大獵有雙兔起於馬前榮彎弓誓之曰中則禽葛榮不中則否既而並應弦而殪三軍咸悅及後命立碑於其所號雙兔碑又將戰夜夢一人從葛榮索千牛刀葛榮初不肯與此人自稱己是道武皇帝葛榮乃奉刀此人手持授榮寤而喜自知必勝又詔以冀州之長樂相州之南趙定州之博陵滄州之浮陽平州之遼西燕州之上谷幽州之漁陽七郡各萬户通前滿十万爲太原國邑又加位太師建義初北海王元顥南奔梁梁立爲魏主資以兵將時邢杲以三齊應顥朝廷以顥孤弱永安二年春詔元天穆先平齊地然後征顥顥乘虛徑進榮陽武牢並不守車駕出居河北榮聞之馳傳朝行宮於上黨之長子輿駕於是南趣榮爲前驅旬日之間兵馬大集天穆克平邢杲亦度河以會車駕幸河內榮與顥相持於河上無船不得即度議欲還北更圖後舉黄門郎楊侃高道穆等並固執以爲不可屬馬渚諸楊云有小船數艘求爲鄉導榮乃令都督尒朱兆等率精騎夜濟顥奔車駕度河入居華林園詔加榮天柱大將軍增封通前二十萬户加前後部羽葆鼓吹榮尋還晉陽遥制朝廷親戚腹心皆補要職百寮朝廷動靜莫不以申至於除授皆須榮許然後得用莊帝雖受制權臣而勤政事朝夕省納孜孜

不已數自理冤獄親覽辭訟又選司多濫與吏部尚書李神儁議正綱紀而榮乃大相嫌責曾關補定州曲陽縣令神儁以階縣不奏別更擬人榮大怒即遣其所補者往奪其任榮使入京雖復微蔑朝貴見之莫不傾靡及至闕下未得通奏恃榮威勢至乃忿怒神儁遂上表遜位榮欲用世隆攝選上亦不違榮曾啓北人為河內諸州欲為犄角勢上不即從天穆入見論事上猶未許天穆曰天柱既有大功為國宰相若請普代天下官屬恐陛下亦不得違如何啓數人為州便停不用帝正色曰天柱若不為人臣朕亦須代如其猶存臣節無代天下百官理榮聞大怒曰天

子由誰得立今乃不用我語皇后復嫌內妃嬪甚有妬恨之事帝遣世隆語以大理后曰天子由我家置立今便如此我父本日即自作今亦復決世隆曰兄止自不為若本自作臣今亦得封王帝既外迫強臣內逼皇后恒怏怏不以万乘為貴先是葛榮枝黨韓婁仍據幽平二州榮遣都督侯深討斬之時万俟醜奴蕭寶夤擁眾豳涇榮遣其從子天光為雍州刺史令率都督賀拔岳侯莫陳悅等入關討之天光至雍州以眾少未進榮大怒遣其騎兵參軍劉貴馳驛詣軍加天光杖罰天光等大懼乃進討連破之禽醜奴寶夤並檻車送闕天光又禽王慶雲万俟道樂關中

悉平於是天下大難便盡莊帝恒不慮外寇唯恐榮為逆常時諸方未定欲使與之相持及告捷之日乃不甚喜謂尚書令臨淮王彧曰即今天下便是無賊臨淮見帝色不悅曰臣恐賊平以後方勞聖慮帝畏餘人怪還以他語解之曰其實撫寧荒餘彌成不易榮好射獵不捨寒暑法禁嚴重若一鹿出乃有數人殞命曾有一人見猛獸便走謂曰欲求活耶遂即斬之自此獵如登戰場曾見一猛獸在窮谷中乃令餘人重衣空手搏之不令復損於是數人被殺遂禽得之持此為樂焉列圍而進雖阻險不得迴避其下甚苦之太宰元天穆從容言榮勳業宜調政養人榮便

攘肘謂天穆曰太后女主不能自正推奉天子者此是人臣常節葛榮之徒本是奴才乘時作亂譬如奴走禽獲便休頃來受國大寵未能混一海內何宜今日便言勳也如聞朝士猶自寬縱今秋欲共兄戒勒士馬校獵嵩原令貪汙朝貴入圍搏虎仍出魯陽歷三荊悉擁生蠻北填六鎮迴軍之際因平汾胡明年簡練精騎分出江淮蕭衍若降乞萬戶侯如其不降徑度數千騎便往縛取待六合寧一八表無塵然後共兄奉天子巡四方觀風俗布政教如此乃可稱勳耳今若止獵兵士懈怠安可復用也及見四方無事乃遣人奏曰參軍許周勸臣取九錫臣惡其此言已

發遣令去榮時望得殊禮故以意諷朝廷帝實不欲與之
因稱其忠榮見帝年長明晤爲衆所歸欲移自近皆使由
已每因醉云入將天子拜謁金陵後還復恒朔而侍中朱
元龍輒從尚書索太和中遷京故事於是復有移都消息
榮乃暫來向京言看皇后娩難帝懲河陰之事終恐難保
乃與城陽王徽侍中楊侃李彧尚書右僕射元羅謀皆勸
帝剌殺之唯膠東侯李侃晞濟陰王暉業言榮若來必有
備恐不可圖又欲殺其黨與發兵拒之帝疑未定而京師
人懷憂懼中書侍郎邢子才之徒已避之東出榮乃遍與
朝士書相任留中書舍人溫子昇以書呈帝帝恒望其不
來及見書以榮必來色甚不悅武衛將軍奚毅建義初往
來通命帝每期之甚重然以爲榮通親不敢與之言情毅
曰若必有變臣寧死陛下難不能事契胡帝曰朕保天柱
無異心亦不忘卿忠款三年八月榮將四五千騎發并州
向京時人皆言其反復道天子必應圖之九月初榮至京
有人告云帝欲圖之榮即具奏帝曰外人亦言王欲害我
豈可信之於是榮不自疑每入謁帝從人不過數十皆不
持兵仗帝欲止城陽王曰縱不反亦何可耐況何可保耶
又北人語訛語尒朱爲人主上又聞其在北言我姓人主
先是長星出中台埽大角恒州人高榮祖頗明天文榮問

之曰是何祥也荅曰除舊布新象也昔長星埽大角秦以
之亡榮聞之悅又榮下行臺郎中李顯和曾曰天柱至那
無九錫安須王自索也亦是天子不見機都督郭羅察曰
今年真可作禪文何但九錫參軍褚光曰人言并州城上
有紫氣何慮天柱不應榮下人皆陵侮帝左右無所忌憚
其事皆上聞奚毅又見求聞帝即下明光殿與語帝又疑
其爲榮不告以情及知毅赤誠乃召城陽王徽及楊侃李
彧告以毅語榮小女嫁與帝兄子陳留王小字伽邪榮嘗
指之曰我終當得此女婿力徽又云榮慮陛下終爲此患
脫有東宮必貪立孩幼若皇后不生太子則立陳留以安
天下并言榮指陳留語狀帝既有圖榮意夜夢手持一刀
自害落十指節都不覺痛惡之以告城陽王徽及楊侃徽
解夢曰蝮蛇螫手壯士解腕割指節與解腕何異去患乃
是吉祥聞者皆言善九月十五日天穆到京駕迎之榮與
天穆並從入西林園讌射榮乃奏曰近來侍官皆不習武
陛下宜將五百騎出獵因省辭訟先是奚毅言榮因獵挾
天子移都至是其言相符至十八日召中書舍人溫子昇
告以殺榮狀并問以殺董卓事子昇具通本上曰王允若
即赦涼州人必不應至此良久語子昇曰朕之情理卿所
具知死猶須爲況必不死寧與高貴鄉公同日死不與常

道鄉公同日生上謂殺榮天穆即赦其黨便應不動應詔
王道習曰尒朱世隆司馬子如朱元龍比來偏被委付具
知天下虛實謂不宜留城陽王及楊侃曰若世隆不全仲
遠天光豈有來理帝亦謂然無復殺意城陽曰榮數征伐
腰閒有刀或能很戾傷人臨事願陛下出乃伏侃等十餘
人於明光殿東其日榮與天穆並入坐食未訖起出侃等
從東階上殿見榮天穆出至中庭事不果十九日是帝忌
日二十日榮忌日二十一日暫入即向陳留王家飲酒極
醉遂言病動頻日不入上謀頗泄世隆等以告榮榮輕帝
不謂能反預帝謀者皆懼二十五日旦榮天穆同入其日

大欲革易上在明光殿東序中西面坐榮與天穆並御牀
西北小牀上南坐城陽入始一拜榮見光祿卿魯安等持
刀從東户入即馳向御坐帝拔千牛刀手斬之時年三十
八得其手板上有數牒啓皆左右去留人名非其腹心悉
在出限帝曰豎子若過今日便不可制時又天穆與榮子
菩提亦就戮於是內外喜叫聲滿京城既而大赦榮雖威
名大振而舉止輕脫正以馳射為伎藝每入朝見更無所
為唯戲上下馬於西林園宴射恒請皇后出觀并召王公
妃主共在一堂每見天子射中輒自起舞叫將相卿士悉
皆盤旋乃至妃主婦人亦不免隨之舉袂及酒酣耳熱必

自匡坐唱虜歌為樹梨普梨之曲見臨淮王彧從容閑雅
愛尚風素固令為敕勤儛日暮罷歸便與左右連手踏地
唱迴波樂而出性甚嚴暴慍喜無恒弓箭刀槊不離於手
每有瞋嫌即行忍害左右恒有死憂嘗欲出獵有人訴之
披陳不已發怒即射殺之嘗見沙彌重騎一馬榮即令相
觸力窮不復能動遂使傍人以頭相擊死而後已節閔帝
初世隆等得志乃詔贈假黃鉞相國錄尚書都督中外諸
軍事晉王加九錫給九旒鑾輅武賁班劍三百人轀輬車
準晉太宰安平獻王故事謚曰武又詔百官議榮配饗司
直劉季明曰晉王若配永安則不能終臣節以此論之無

所配世隆作色曰卿合配季明曰下官預在議限據理而
言不合上心誅翦唯命衆為之危季明自若世隆意不已
乃配享孝文廟庭菩提位太常卿開府儀同三司侍中特
進死時年十四節閔帝初加贈司徒謚曰惠菩提弟叉羅
武衞將軍梁郡王尋卒贈司空公叉羅弟文殊封平昌郡
王孝靜初轉襲榮爵太原王薨於晉陽時年九歲文殊弟
文暢初封昌樂郡公以榮破葛賊之勳進爵為王其姊魏
孝莊皇后及韓陵之敗齊神武納之待其家甚厚文暢由
是拜開府儀同三司肆州刺史家富於財招致賓客窮極
豪侈與丞相司馬任胄主簿李世林都督鄭仲禮房子遠

等相狎外示盃酒交而潛謀害齊神武自魏氏舊俗以正
月十五日夜為打簇戲能中者即時賞帛胄令仲禮藏刀
於袴中因神武臨觀謀竊發事捷共奉文暢為任氏家客
薛季孝所告以姊寵止坐文暢一房文暢死時年十八弟
文略以兄义羅卒無後襲义羅爵梁郡王文暢事當從坐
靜帝使人往晉陽欲拉殺之神武特加寬貸奏免之文略
聰明儁爽多所通習齊文襄嘗令章永興馬上彈琵琶奏
十餘曲試使文略寫之遂得八文襄戲之曰聰明人多不
老壽梁郡其慎之文略對曰命之脩短皆在明公文襄愴
然曰此不足慮初神武遺令恕文略十死恃此益横多所

陵忽齊天保末嘗邀平秦武興汝南諸王至宅供設奢麗
各有贈賄諸王共假聚寶物以要之文略弊衣而往從奴
五十人皆駿馬侯服其豪縱不遜如此平秦王有七百里
馬文略敵以好婢賭取之明日平秦王使人致請文略殺
馬及婢以二銀器盛婢頭馬肉而遺之平秦王訴之於文
宣繫於京畿獄文略彈琵琶吹横笛謡詠倦極便卧唱挽
歌居數月奪防者弓矢以射人曰不然天子不憶我有司
奏遂伏法文略嘗大遺魏收金請為父作佳傳收論榮比
韋彭伊霍蓋由是也
兆字萬仁榮從子也少善騎射趫捷過人數從榮游獵至

窮巖絶澗人所不能升降者兆必先之手格猛獸無所疑
避榮以此特加賞愛任為爪牙榮嘗送臺使見二鹿授兆
二箭令取供今食遂構火以待之俄而兆獲其一榮欲誇
使人責兆不盡取杖之五十榮之入洛兆兼前鋒都督孝
莊即位封潁川郡公後從上黨王天穆平邢杲又與賀拔
勝擊斬元顥子冠受禽之進破安豐王延明顥乃退走莊
帝還宮論功除車騎大將軍儀同三司汾州刺史尒朱榮
死兆自汾州據晉陽元曄立授兆大將軍進爵為王兆與
世隆等定謀攻洛兆遂輕兵倍道掩襲京邑先是河邊人
夢神謂已曰尒朱家欲度河用尒作灅波津令為之縮水

脉月餘夢者死及兆至有行人自言知水淺處以草往往
表插而導焉忽失其所在兆遂策馬涉度是日暴風彭怒
黄塵漲天騎叩宮門宿衛乃覺彎弓欲射袍撥弦矢不得
發一時散走莊帝步出雲龍門外為兆騎所縶幽於永寧
佛寺兆撲殺皇子汙辱妃嬪縱兵虜掠停洛旬餘先令衛
送莊帝於晉陽兆後於河梁監閱財貨初兆將入洛遣使
招齊神武欲與同舉神武時為晉州刺史謂長史孫騰曰
臣而伐君其逆已甚我今不往恐彼致恨卿可往申吾意
但云山蜀未平不可委去騰乃詣兆具申意兆不悦曰還
白高兄弟有吉夢今行必克吾比夢吾亡父登一高堆堆

傍地悉耕熟唯有馬蘭草株往往猶在吾父顧我令下拔
之吾手所至無不盡出以此而言往必有利騰還具報之
神武曰兆等猖狂舉兵犯順吾勢不可反事尒朱也今天
子列兵河上兆進不能度必退還吾乘山東下出其不意
此徒可一舉而禽俄而兆克京師孝莊幽縶都督尉景從
兆南行以書報神武神武大驚召騰令馳詣兆示以謁
賀密觀天子所在當於路邀迎唱大義於天下騰遇帝於
中路神武時率騎東轉聞帝已度於是西還仍與兆書具
陳禍福不宜害天子受惡名於海內兆怒不納而帝遂遇
弑初榮既死莊帝詔河西人紇豆陵步蕃等令襲秀容兆

入洛後步蕃兵勢甚盛南逼晉陽兆所以不暇留洛迴師
禦之頻為步蕃所敗於是部勒士馬謀出山東令人頻徵
神武神武晉州寮屬並勸不行神武揣其勢迫必無他慮
決策赴之兆乃分三州六鎮之人令神武統領神武既分
兵別營乃引兵南出避步蕃之鋭步蕃至樂平郡神武與
兆還討破斬之及節閔帝立授兆使持節侍中都督中外
諸軍事柱國大將軍兼錄尚書事大行臺又以兆為天柱
大將軍兆以是榮所終之官固辭不拜尋加都督十州諸
軍事世襲并州刺史神武之克殷州也兆與仲遠度律約
拒之仲遠度律次陽平兆屯廣阿衆號十萬神武廣縱反

間於是兩不相信各致猜疑仲遠等頻使斛斯椿賀拔勝
往喻之兆輕騎三百來就仲遠同坐幕下兆性麤獷意色
不平手舞馬鞭長嘯凝望深疑仲遠等有變遂趨出馳還
仲遠遣椿勝等追而曉譬兆遂拘縛將還經日放遣仲遠
等於是奔退神武乃進擊兆軍大敗兆與仲遠度律遂相
疑阻久而不和世隆請節閔納兆女為皇后兆乃大喜世
隆謀抗神武闕乃降辭厚禮喻兆赴洛兆與天光度律更
自信約然後大會韓陵山戰敗復奔晉陽其年秋神武自
鄴進討之兆遂大掠并州走於秀容神武又追擊度赤洪
嶺破之兆竄於窮山殺所乘馬自縊於樹神武收葬之兆

勇於戰鬬而無將領之能榮雖奇其膽決然每云兆不過
將三千騎多則亂矣兆弟智彪節閔帝封為安定王與兆
俱走神武禽之後死於晉陽

彥伯榮從弟也祖侯眞文成時并安二州刺史始昌侯父
買珍宣武時武衛將軍華州刺史彥伯性和厚永安中為
榮府長史節閔帝潛嘿於龍花佛寺彥伯敦喻往來尤有
勤款帝既立尒朱兆以已不豫謀大為忿恚將攻世隆詔
令華山王鷙慰兆兆猶不釋世隆復令彥伯自往喻之兆
乃止及還帝讌彥伯於顯陽殿時侍中源子恭黃門郎竇
瑗並侍坐彥伯曰源侍中比為都督與臣相持於河內當

尒之時旗鼓相望眇如天隔寧期同事陛下爲今日之忻也子恭曰蒯通有言犬吠非其主他日之事永安猶今日之事陛下耳帝曰源侍中可謂有射鈎之心也遂令二人極醉而罷後封博陵郡王位司徒公于時炎旱有勸彦伯解司徒者乃上表遜位詔許之俄除儀同三司侍中餘如故彦伯於兄弟之中差無過惡天光等敗於韓陵彦伯欲領兵屯河橋世隆不從及張勸等掩襲世隆彦伯時在禁直長孫承業等啓陳神武義功既振將除尒朱節閔令舍人郭崇報彦伯知彦伯狼狽出走爲人所執尋與世隆同斬於閶闔門外縣首於斛斯椿門樹傳於神武先是洛中

謡曰三月末四月初楊灰簸土覓真珠又曰頭去項脚根齊驅上樹不須梯至是並驗子敞

敞字乾羅彦伯之誅敞小隨母養於宮中年十二敞自竇走至大街見童兒羣戲敞解所著綺羅金翠服易衣而遁追騎至不識敞便執綺衣兒比究問知非會日已暮由是免遂入一村見長孫氏媪踞胡牀坐敞再拜求哀長孫氏愍之藏於複壁之中購之愈急追且至長孫氏資而遣之遂詐爲道士變姓名隱嵩高山略涉經史數年間人頗異之嘗獨坐巖石下泫然歎曰吾豈終此乎伍子胥獨何人也乃奔長安周文帝見而禮之拜行臺郎中靈壽縣伯保

定中遷開府儀同三司進爵爲公後爲滕州刺史迎長孫氏至其第置于家厚資給之隋文帝受禪改封邊城郡公黔安蠻叛命敞討平之師旋拜金州總管政號嚴明吏人懼之後以年老乞骸骨賜二馬輅車歸河内卒于家子最嗣

仲遠彦伯弟也明帝末年尒朱榮兵威稍盛諸有啓謁率多見從而仲遠摹寫榮書又刻榮印與尚書令史通爲姧詐造榮啓表請人爲官大得財貨以資酒色落魄無行業及孝莊即位封清河公徐州刺史兼尚書左僕射三徐大行臺尋進督三徐諸軍事仲遠上言竊見比來行臺采募

者皆得權立中正在軍定第斟酌授官今求兼置權濟軍要若立第亦爽闕京之日任有司裁奪詔從之於是隨情補授肆意聚斂尒朱榮死仲遠勒其部衆來向京師節閔立進爵彭城王加大將軍又兼尚書令鎮大梁仲遠遣使請準朝式在軍鳴騶節閔帝覽啓笑而許之其肆情如此復進督東道諸軍事本將軍兗州刺史餘如故仲遠天性貪暴心如峻壑大宗富族誣之以反没其家口簿籍財物皆以入已丈夫死者投之河流如此者不可勝數諸將婦有美色者莫不被其淫亂自榮陽以東輸稅悉入其軍不送京師時天光控關右仲遠在大梁兆據并州世隆居京

邑各自尊恣權強莫比所在並以貪虐爲事於是四方解
體又加太宰解大行臺仲遠尊恣尤劇方之彥伯世隆最
爲無禮東南牧守下至人俗比之豺狼特爲患苦後移屯
東郡率衆與度律等拒齊神武尒朱兆領騎數千自晉陽
來會軍次陽平神武縱以間說仲遠等迭相猜貳狼狽遁
走中興二年復與天光等於韓陵戰敗南走尋乃奔梁死
於江南

世隆字榮宗仲遠弟也明帝末兼直閤加前將軍尒朱榮
表請入朝靈太后惡之令世隆詣晉陽慰喻榮榮因欲留
之世隆曰朝廷疑兄故令世隆來今遂住便有內備非計

之善榮乃遣入榮舉兵南出世隆遂走會榮於上黨建義
初除給事黃門侍郎莊帝之立世隆預其謀封樂平郡公
元顥逼大梁詔爲前將軍都督鎮武牢顥既克滎陽世隆
懼而遁還莊帝倉卒北巡及車駕還宮除尚書左僕射攝
選莊帝之將圖尒朱榮每屏人言世隆懼變乃爲匿名書
自牓其門曰天子與侍中楊侃黃門高道穆等爲計欲殺
天柱還復自以此書與榮妻北鄉郡公主并以呈榮勸其
不入榮毀書唾地曰世隆無膽誰敢生心世隆又勸其速
發榮曰何怱怱皆不見從榮死世隆奉榮妻燒西陽門夜
走北次河橋殺武衞將軍奚毅率衆還戰大夏門外及李

苗燒絕河梁世隆乃北遁攻建州克之盡殺人以肆其忿
至長子與度律等共推長廣王曄爲主曄小名盆子聞者
皆以爲事類赤眉曄以世隆爲尚書令封樂平郡王加太
傅行司州牧會兆於河陽兆既平京邑讓世隆曰叔父在
朝多時耳目應廣如何令天柱受禍案劍嗔目詞色甚厲
世隆遜辭拜謝然後得已而深恨之時仲遠亦自滑臺入
京世隆與兄弟密謀慮元曄母干豫朝政伺其母衞氏出
行遣數十騎如劫賊於京巷殺之公私驚愕莫識所由尋
縣牓以千萬錢募賊百姓知之莫不喪氣尋又以曄疎遠
欲推立節閔帝而度律意在南陽王乃曰廣陵不言何以

主天下後知能語遂行廢立初世隆之爲僕射尚書文簿
在家省閱性聰解又畏榮深自克勉留心几案傍接賓客
遂有解了之名榮死之後無所顧憚及爲令常使尚書郎
宋游道邢昕在其宅聽事東西別座受納訴訟稱命施行
既總朝政生殺自由公行淫泆信任羣小隨情與奪又兄
弟羣從各擁強兵割剝四海極其貪虐姦諂蛆酷多見信
用溫良名士罕豫腹心於是天下之人莫不厭毒世隆尋
讓太傅節閔特置儀同三師之官位次上公之下以世隆
爲之贈其父買珍相國錄尚書事大司馬及齊神武起義
兵仲遠度律等愚戇恃強不以爲慮而世隆獨深憂恐及

天光等敗於韓陵世隆請赦天下節閔不許斛斯椿既據河橋盡殺世隆黨附令行臺長孫承業詣闕奏狀擒執世隆及兄彥伯俱斬之初世隆曾與吏部尚書元世儁握槊忽聞局上詨然有聲一局子盡倒立世隆甚惡之又曾晝寢其妻奚氏忽見一人持世隆首去奚氏驚就視而世隆寢如故既覺謂妻曰向夢人斷我頭持去意殊不適又此年正月晦日令僕並不上省西門不開忽有河內太守田怙家奴告省門亭長云今旦為令王借車牛一乘終日於洛濱游觀至晚王還省將車出東掖門始覺車上無褥請為記識亭長以令僕不上西門不開無跡入者此奴固陳

不已公文列訴尚書都令史謝遠疑謂妄有假借白世隆付曹推驗時都官郎中穆子容究之奴言初來時至司空府西欲向省令王嫌遲遣催車車入到省西門王嫌牛小繫於闕下槐樹更將一青牛駕車令王著白紗高頂帽短小黑色儻從皆裙襦袴褶握板不似常時服章遂遣一吏將奴送入省中聽事東閣內東廂第一屋中其屋先常閉奴云入此屋中有板牀牀上無席大有塵土兼有甕米奴拂牀坐兼畫地戲甕中米亦握看之子容與謝遠看之閉極久全無開跡及入牀皆符同具以此對世隆世隆悵然意以為惡未幾見誅

世隆弟世承莊帝時位侍中領御史中尉人才猥劣備員而已及元顥內逼世承守轘轅為顥所禽顥讓而臠之莊帝還宮贈司徒世承弟弼字輔伯節閔帝時封河間郡公尋為青州刺史韓陵之敗欲奔梁數日與左右割臂為約弼帳下都督馮紹隆為弼信待乃說弼曰今方同契闊宜當心瀝血示衆以信弼從之大集部下弼乃踞胡床令紹隆持刀披心紹隆因推刃殺之傳首京師

度律榮從父弟也鄙朴少言莊帝初封樂鄉縣伯榮死與世隆赴晉陽元曄之立以度律為太尉公四面大都督封常山王與尒朱兆入洛兆還晉陽留度律鎮京師節閔帝

時為使持節侍中大將軍太尉公兼尚書令東北道行臺與仲遠出拒義旗齊神武間之與尒朱兆遂相疑貳自敗而還度律雖在軍戎聚斂無厭所經為百姓患毒其母山氏聞度律敗遂恚憤發病及至母責之曰汝荷國恩無狀而反我何忍見他屠戮汝也言終而卒時人怪異之後韓陵之敗斛斯椿先據河橋遂西走灅波津為人執送椿囚之送齊神武斬之都市

天光榮從祖兄子也少勇決榮特親愛之常預軍戎謀孝昌末榮據并肆仍以天光為都將揔統肆州兵馬明帝崩榮向京師委以後事建義初為肆州刺史封長安縣公榮

將討葛榮留天光在州鎮其根本謂曰我身不得至處非
汝無以稱我心永安中與元天穆東破邢杲元顥入洛天
光與天穆會榮於河內榮發後并肆不安詔天光兼尚書
僕射為并肆等九州行臺仍行并州事天光至并州部分
約勒所在寧輯顯破還京師改封廣宗郡公初高平鎮城
人赫連恩等為逆共推敕勤酋長胡琛為主號高平王
遣臣沃野鎮賊帥破六韓拔陵琛入據高平城遣其大將
万俟醜奴來寇涇州琛後與莫折念生交通侮慢拔陵遣
使人費律如至高平誘斬琛為醜奴所并與蕭寶夤相拒
於安定寶夤敗還建義元年夏醜奴擊寶夤於靈州禽之

遂僭大號時獲西北貢師子因稱神獸元年置百官朝廷
憂之乃除天光使持節都督雍州刺史率大都督武衛將
軍賀拔岳大都督侯莫陳悅等討醜奴天光初行唯有軍
士千人時東雍赤水蜀賊斷路天光入關擊破之簡取壯
健至雍又稅人馬合得萬疋以軍人寡少停留未進榮遣
責之杖天光百下榮復遣軍士二千人赴天光天光令賀
拔岳率千騎先驅至岐州禽其行臺尉遲菩薩醜奴棄岐
州走還安定天光發雍至岐與岳合勢破醜奴獲蕭寶夤
於是涇豳二夏北至靈州及賊黨結聚之類並降唯賊行
臺万俟道洛不下率衆西依牽屯山據嶮自守榮責天光

不獲道洛復追使杖之百詔削爵為侯天光與岳悅等復
向牽屯討之道洛戰敗投略陽賊帥王慶雲慶雲以道洛
驍果絕倫得之甚喜便謂大事可圖乃自稱皇帝以道洛
為大將軍天光乃入隴至慶雲所居永洛城破其東城賊
遂併趣西城城中無水衆聚熱渴有人走降言慶雲道洛
欲突出天光恐失賊帥乃遣謂慶雲可以早降若未決當
聽諸人今夜共議又謂曰相知須水今為小退賊衆安悅
無復走心天光密使軍人多作木槍各長七尺至昏布立
人馬為防衛之勢又伏人槍中其夜慶雲道洛果突出至
槍馬各傷倒伏兵便起同時禽獲賊窮乞降而已天光岳

悅等議悉阬之死者萬七千人分其家口於是三秦河渭
瓜涼鄯善咸來款順詔復天光前官爵岳出關榮死還涇州
以待天光亦下隴與岳圖入洛之策既而莊帝進天光爵
為廣宗王元曄又以為隴西王及聞介朱兆已入京天光
乃輕騎向都見世隆等尋便還雍世隆等議廢元曄更舉
親賢遣告天光天光與定策立節閔帝又加開府儀同三
司尚書令關西大行臺天光北出夏州遣將討宿勤明達
禽之送洛時費也頭帥紇豆陵伊利万俟受洛干等據有
河西未有所附天光以齊神武起兵信都內懷憂恐不暇
他事伊利等但微遣備之而已又除大司馬時神武軍既

振尒朱兆仲遠等並經敗退世隆累使徵天光天光不從後令斛斯椿苦要天光云非王無以能定豈可坐看宗家之滅天光不得已東下與仲遠等敗於韓陵斛斯椿等先還於河橋拒之天光不得度西北走被執與度律並還於神武神武送於洛斬於都市尒朱專恣分裂天下各據一方賞罰自出而天光有定關西之功差不酷暴比之兆與仲遠為不同矣

論曰魏自宣武之後政道頗虧及明皇幼沖女主南面始則于忠專恣繼以元乂權重居官者肆其聚斂乘勢者極其陵暴於是四海囂然已有羣飛之漸逮於靈后反政宣

淫於朝傾覆之徵於此至矣尒朱榮緣將帥之列藉部衆之威屬天下暴虐人神怨憤遂有匡頹拯墜之志援主逐惡之功及夫禽葛榮誅元顥戮邢杲擒韓婁醜奴寶夤咸梟馬市然則榮之功烈亦已茂矣而始則希覬非望睥睨宸極終乃靈后少帝沈流不反河陰之下衣冠塗地其所以得罪人神者焉至於末跡凶忍地逼亦已除矣而朝無謀難之臣國乏折衝之將遂使餘孽相糾還成嚴敵隆實指蹤光為戎首山河失險莊帝幽崩宗屬分方作威跋扈廢帝立主迴天倒日揃剝蒸獻割裂神州刑賞任心征伐自己天下之命縣於數胡喪亂孔多遂至於此豈非天將去之始以其定終於惡稔以至殄滅抑亦魏紓其難齊以驅除矣

列傳第三十六　北史四十八

方洽周益　周　之冕　孫　粹然校正

列傳第三十七　　北史四十九

朱瑞
叱列延慶
斛斯椿 子徵 孫政
賈顯度 弟智
樊子鵠
侯深
賀拔允 弟勝 勝弟岳
侯莫陳悅
念賢
梁覽
雷紹
毛遐 弟鴻賓
乙弗朗

朱瑞字元龍代郡桑乾人也祖就沛縣令父惠行太原太守瑞貴達並贈刺史瑞長厚質直敬愛人士尒朱榮引爲大行臺郎中甚見親任以爲黄門侍郎仍中書舍人榮恐朝廷事意有所不知故居之門下爲腹心之寄封陽邑縣公及元顥内逼從車駕於河陽除侍中兼吏部尚書改封北海郡公莊帝還洛改封樂陵郡公仍侍中瑞雖爲尒朱榮所委而善處朝廷間帝亦賞遇之嘗謂侍臣曰爲人臣當須忠實至如朱元龍者朕待之亦不異餘人瑞以青州樂陵有朱氏意欲歸之故求爲青州中正又以滄州樂陵亦有朱氏而心好河北遂乞三從内並屬滄州樂陵郡詔許之仍轉滄州大中正尒朱榮死瑞與世隆俱北走以莊帝待之素厚且見世隆等並無雄才終當敗喪於路乃還帝大悅時尒朱天光擁衆關右帝招納之乃以瑞兼尚書左僕射爲西道大行臺以慰勞焉既達長安會尒朱兆入洛復還京師都督斛斯椿先與瑞有隙數譖之於世隆世隆遂誅之太昌初贈開府儀同三司青州刺史謚曰恭穆

叱列延慶代西部人也世爲酋帥延慶娶尒朱世隆姊故被尒朱榮親遇普泰初世隆得志特見委重兼尚書左僕射山東行臺北海郡公時幽州刺史劉靈助以莊帝幽崩遂舉兵唱義世隆白節閔帝以延慶與大都督侯深於定州討之深以靈助善占百姓信惑未易可圖欲還師入據關拒嶮以待其變延慶以靈助庸人彼此恃其妖術坐看符猒寧肯勠力致死宜詭言西歸可襲而禽深從之乃出頓城西聲云將還詰朝造靈助壘遂破禽之及韓陵戰敗延慶與尒朱仲遠走度石濟仲遠南竄延慶北降齊神武仍從并州後赴洛孝武帝以爲中軍大都督孝武之西齊

神武誅之
斛斯椿字法壽廣牧富昌人也其先世爲莫弗大人父足一名敦明帝時爲左牧令時河西賊起牧人不安椿乃將家投尒朱榮征伐有功稍遷中散大夫署外兵事椿性佞巧甚得榮心軍之密謀頗亦關預莊帝初改封陽曲縣公除榮大將軍府司馬後爲東徐州刺史及榮死椿甚憂懼時梁以汝南王悅爲魏主資其士馬次於境上椿遂棄州歸悅悅授尚書左僕射司空公封靈丘郡公又爲大行臺前驅都督會尒朱兆入洛悅知不逮南旋椿復背悅歸兆以參立節閔謀拜侍中驃騎大將軍儀同三司封城陽郡

公尋加開府時椿父足先在秀容忽有傳其死問椿請滅己階以贈之尋知其父猶存詔復官仍除其父爲車騎將軍揚州刺史椿以尒朱兆擅權懼禍乃與賀拔勝俱說世隆以正道世隆不悅欲害椿賴尒朱天光救得免及世隆度律與兆自相疑椿與賀拔勝和之兆執椿勝還營椿又陳以正理兆謝而遣之椿謂勝曰天下皆怨毒尒朱吾等附之亡無日矣不如圖之勝曰天光與兆各據一方今俱禽爲難椿曰易致耳乃說世隆追天光等赴洛討齊神武及韓陵之敗椿謂都督賈顯智等曰若不先執尒朱我等死無類矣遂與顯智等夜於桑下盟約倍道兼行椿入北

中城收尒朱部曲盡殺之令弟元壽與張歡長孫承業顯智等襲世隆彥伯兄弟並斬於閶闔門外椿入洛縣世隆兄弟首於其門樹椿父出見謂曰汝與尒朱約爲兄弟今何忍縣其頭於家門寧不愧負天地椿乃傳世隆等首幷囚度律天光送於齊神武及神武入洛椿謂賀拔勝曰今天下事在吾與君若不先制人將爲人所制高歡初至圖之不難勝曰彼有心於人害之不祥比數夜與歡同宿具序往昔之懷兼荷兄恩意甚多何苦憚之椿乃止孝武帝立拜椿侍中儀同開府城陽郡公父足亦加開府子悅太中大夫同日受拜當時榮之椿自以數反覆意常不安遂密

勸孝武帝置閤內都督部曲又增武直人數百直閤已下員別數百皆選天下輕剽以充之又說帝數出游幸號令部曲別爲行陣椿自約勒指麾其間從此以後軍謀朝政一決於椿又勸帝徵兵詭稱南討將以伐齊神武帝從之以椿爲前驅大都督椿因奏請率精騎二千夜度河掩其勞弊帝始然之黃門侍郎楊寬說帝曰高歡以臣伐君何所不至今假兵於人恐生他變今度河万一有功是滅一高歡復生一高歡矣帝遂敕椿停行椿歎曰頃熒惑入南斗今上信左右間搆不用吾計豈天道乎帝勤兵河橋命椿自洛而東至武牢帝以賈顯智背叛東師失律將幸關

中乃遣使命椿因從入關拜尚書令侍中如故封常山郡公歷位司徒太保仍尚書令時寇難未息內外戒嚴唯椿得列威儀鳴騶清路遷太傅薨年四十三帝親臨弔百寮赴哭詔賜東園秘器遣尚書梁郡王景略監護喪事贈大將軍錄尚書三十州諸軍事侍中恒州刺史常山郡王謚曰文宣祭以大牢又詔改大將軍贈大司馬給輼輬車及葬車駕臨於渭陽止紼慟哭帝嘗給椿店數區耕牛三十頭椿以國難未平不可與百姓爭利辭店受牛日烹一頭以饗軍士及死家無餘資有四子悅恢徵演演爲齊神武所殺三子入關

徵字士亮博涉羣書尤精三禮兼解音律有至性居父喪朝夕共一溢米少以父勳賜爵城陽郡公大統末起家通直散騎常侍稍遷兼太常少卿自魏孝武遷西雅樂廢缺徵博采遺逸稽諸典故創新改舊方始備焉又樂有錞于者近代絕此器或有自蜀得之皆莫之識徵見之曰此錞于也衆弗信之徵遂依干寶周禮注以芒筒捋之其聲極清衆乃歎服徵仍取以合樂焉六官建拜司樂下大夫遷司樂中大夫進位驃騎大將軍開府儀同三司轉內史下大夫天和三年周武帝以徵經有師法詔令授皇諸子宣帝時爲魯公與諸皇子等咸服青衿行束脩之禮受業於徵仍竝呼徵爲夫子儒者榮之六年除司宗中大夫行內史仍攝樂部進封歧國公再轉小宗伯除太子太傅仍小宗伯宣帝嗣位遷上大將軍大宗伯時武帝初崩梓宮在殯帝意欲速葬令朝臣議之徵與內史宇文孝伯等固請依禮七月帝竟不許帝之爲太子也宮尹鄭譯坐不能以正道調護被譴除名而帝雅親愛譯至是拜譯內史中大夫甚委任之譯乃獻新樂十二月各一笙每笙用十六管帝令與徵議之徵駁而奏之曰禮云十二律轉相生聲五奠在十六爲六律十二管還相爲宮然詳一笙十六管摠一百九十二管既無相生之理又無還宮之義臣恐鄭聲

亂樂未合於古夫音樂之起本於人心天之應人有如影響爲善者天報之以福爲惡者天譴之以殃故舜彈五絃之琴歌南風之詩而天下化紂爲朝歌北里之音而社稷滅是知樂也者和情性移風俗動天地感鬼神禍福所基盛衰攸繫安可不慎哉案譯之所爲不師古始若以月奏一笙則鍾鼓諸色各須一十有二雅樂之備已充廟廷今若益之於何陳列方須更闢增墀增脩廊宇非急之務空可勞人如謂笙管之外不須加造則樂之損益豈繫於笙進退無據竊謂不可帝頗納之且令停譯所獻及武帝山陵回帝欲作樂復令議其可不徵曰孝經云聞樂不樂聞

尚不樂其況作乎鄭譯曰既云聞樂明即非無止可不樂
何容不奏帝遂依譯議譯因此銜之帝後肆行非度昏虐
曰甚徵以荷武帝重恩嘗備位師傅乃上疏極諫指陳帝
失不納譯因譖之遂下徵於獄徵懼不免獄卒張元平哀
之乃以佩刀穿墻送之出元平被捶拷百數而無所言徵
既出匿於人家後遇赦得免然猶坐除名隋文帝踐極例
復官爵除太子太傅仍詔徵脩撰樂書開皇四年薨年五
十六初隋文帝為大司馬有外姻喪徵就第弔之久而不
出徵怒遂弗之待比出候徵已去矣隋文帝以此常恨之
至是詔所司謚之曰閭子該嗣徵所撰樂典十卷兄懺散

騎常侍新蔡郡公子政嗣
政明悟有器幹隋開皇中以軍功授儀同甚為楊素所禮
大業中位尚書兵曹郎漸見委遇玄感兄弟俱與之交遊
東之役兵部尚書段文振卒侍郎明雅復以罪廢帝彌屬
意於政尋遷兵部侍郎稱為幹理玄感之反政與通謀及
玄縱等亡歸亦政之計及帝窮玄縱黨與政亡奔高麗明
年帝復東征高麗請和遂送政鏁至京師以告廟左翊衛
大將軍宇文述請變常法行刑帝許之以出金光門縛之
於柱公卿百寮並親擊射臠其肉多有噉者然後烹焚揚
其骨灰椿弟元壽性剛毅諒直武力過人彎弓兩石左右

馳射歷位吏部尚書封桑乾縣伯孝武踐阼進爵為公除
豫州刺史及車駕西巡為部下所殺贈司空公謚曰景莊
賈顯度中山無極人也父道監沃野鎮長史顯度形貌偉
壯有志氣初為別將防守薄骨律鎮正光末北鎮擾亂顯
度乃率鎮人浮河而下達秀容為尒朱榮所留隨榮破葛
榮封石艾縣公累遷南兗州刺史尒朱榮之死顯度奔梁
普泰初還朝後隨尒朱度律等敗於韓陵與斛斯椿及弟
智等先據河橋誅尒朱氏孝武帝初除尚書左僕射尋加
驃騎大將軍開府儀同三司定州大中正永熙三年為雍
州刺史西道大行臺親故祖餞於張方橋顯度執酒曰顯

智性輕躁好去就覆敗吾家其此人也武帝入關後顯智
果同於齊神武孝武帝怒乃賜顯度死
智字顯智少有膽決以軍功累遷金紫光祿大夫封義陽
縣伯及尒朱仲遠為徐州刺史智隷仲遠赴彭城尒朱榮
死仲遠舉兵向洛智不從之莊帝聞而善之普泰初還洛
仲遠怨其乖背議欲殺之智兄顯度先為世隆所厚世隆
為解喻得全後進爵為公隨度律等敗於韓陵智與顯度
斛斯椿謀誅尒朱氏顯度據守北中城令智等入京禽世
隆兄弟孝武帝初除開府儀同三司滄州刺史在州貪縱
甚為人害孝武徵還京師加侍中除濟州刺史率衆達東

郡仍停不進於長壽津爲相州刺史竇泰所破天平初赴晉陽智去就多端後坐事死

樊子鵠代郡平城人也其先荆州蠻酋徙代父興平城鎮長史歸義侯魯泰中子鵠貴乃贈荆州刺史子鵠逢北鎮擾亂南至幷州尒朱榮引爲都督府倉曹參軍使詣京師靈太后問榮兵勢子鵠應對稱旨太后嘉之除直齋封南和縣子令還赴榮建義初拜晉州刺史封永安縣伯永安二年以招納叛蜀進封中都縣公又兼尚書行臺政有威信尋徵授都官尚書西荆州大中正後兼右僕射爲行臺進封西陽郡公尚書如故假驃騎將軍率所部爲都督時

尒朱榮在晉陽京師之事子鵠頗預委寄故在臺閣征官不解後出爲殷州刺史屬歲旱儉子鵠恐人流亡乃勸有粟家分濟貧者幷遣人牛易力多種二麥州內以此獲安尒朱榮死世隆等遣書招子鵠子鵠不從以母在晉陽啓求移鎭河南莊帝嘉之除都督豫州刺史行達汲郡聞尒朱兆入洛乃度河見仲遠仲遠遣鎭汲郡兆徵子鵠赴洛旣見責以乖異之意奪其部衆將還晉陽元曄以爲侍中御史中尉中軍大都督太昌初兼尚書左僕射東南道大行臺與大都督杜德等追討尒朱仲遠仲遠奔梁收其兵馬時梁遣元樹入寇陷據譙城詔子鵠與德討之樹大敗奔入城門遂圍之樹請歸南以地還魏許之及樹衆半出子鵠擊破之禽樹及梁譙州刺史朱文開班師遷吏部尚書轉尚書右僕射尋加驃騎大將軍開府典選後除兗州刺史子鵠先遣腹心緣歷人間採察得失及至境太山太守彭穆參侯失儀子鵠責讓穆幷數其罪狀穆皆引伏於是州內震悚及孝武帝入關子鵠據城爲應南青州刺史大野拔率衆就子鵠天平初齊神武遣儀同三司婁昭等討之城久不拔昭以水灌城而大野拔因與相見令左右斬子鵠以降

侯深神武尖山人也機警有膽略孝明末年六鎭飢亂深

隨杜洛周南寇後與妻兄念賢背洛周歸尒朱榮路中遇寇身被五槍榮賜其衣帽厚待之以爲中軍副都督莊帝即位封厭次縣子從榮討葛榮於滏口戰功尤多除燕州刺史時葛榮別帥韓樓郝長等屯據薊城榮令深討樓配衆甚少或以爲言榮曰深臨機設變是其所長若總大衆未必能用止給騎七百深遂廣張軍聲率數百騎深入樓境去薊百餘里遇賊帥陳周馬步万餘大破之虜其卒五千餘人尋還其馬仗縱令入城左右諫深曰我兵少不可力戰事須爲計以離隙之深度其已至遂率騎夜進昧旦叩其城門韓樓果疑降卒爲內應遂遁走追禽之以功賜

爵爲侯尋爲平州刺史仍鎭范陽及尒朱榮死太守盧文偉誘深出獵閉門拒之深率部曲屯於郡南爲榮舉哀勒兵南向莊帝使東萊王貴平爲大使慰勞燕薊乃詐降貴平信之遂執貴平自隨進至中山行臺僕射魏蘭根邀擊之爲深所敗元曄立授深儀同三司定州刺史左軍大都督漁陽郡公節閔帝立仍加開府後隨尒朱兆拒齊神武於廣阿兆敗走深後從神武破尒朱氏於韓陵永熙初除齊州刺史孝武帝末深與兖州刺史樊子鵠青州刺史東萊王貴平使信往來以相連結又遣使通誠於神武及孝武入關復懷顧望汝陽王暹既除齊州刺史深不時迎納

城人劉桃符等潛引暹入據西城深爭門不克率騎出奔妻兒部曲爲暹所虜行達廣里會承制以深行青州事齊神武又遺深書曰卿勿以部曲輕少難於東邁齊人澆薄齊州人尚能迎汝陽王青州人豈不能開門待卿也深乃復還暹始歸其部曲而貴平自以斛斯椿黨亦不受代深襲高陽郡克之置部曲家累於城中親率輕騎夜趣青州城人執貴平出降深自惟反覆慮不獲安遂斬貴平傳首于鄴明不同於斛斯椿及子鵠平詔以封延之爲青州刺史深既不獲州任情又恐懼行達廣州遂劫光州庫軍反遣騎詣平原執前膠州刺史賈璐夜襲青州南郭劫前廷

尉卿崔光韶以惑人情攻掠郡縣其部下督帥叛拒之遂奔梁達南青州境爲賣漿者斬之傳首于鄴家口配沒

賀拔允字可泥神武尖山人也其先與魏氏同出陰山有如回者魏初爲大莫弗祖尒頭驍勇絕倫以良家鎭武川因家焉獻文時以功賜爵龍城縣男爲本鎭軍主父度拔性果毅襲爵亦爲本鎭軍主正光末沃野人破六韓拔陵反懷朔鎭將楊鈞聞度拔名召補統軍配以一旅其賊僞署王衞可瓌徒黨尤盛既攻沒武川又陷懷朔度拔父子並爲賊所虜度拔乃與周德皇帝合謀率州里豪傑珍念賢乙弗庫根尉遲檀等招義勇襲殺可瓌朝廷嘉之未及

封賞度拔與鐵勒戰沒孝昌中追贈度拔肆州刺史允便弓馬頗有膽略初度拔之死允兄弟俱奔恒州刺史廣陽王深深敗歸尒朱榮允父子兄弟並以武藝稱榮素聞其名待之甚厚建義初封壽陽縣侯永安中進爵爲公魏長廣王立除開府儀同三司封燕郡王兼侍中使蠕蠕還至晉陽屬齊神武將出山東允素知神武非常人早自結託神武以其北土之望尤親禮之遂與允出信都參定大策中興初轉司徒領尚書令神武入洛進爵爲王轉太尉加侍中魏孝武既忌神武以允弟岳擁關中有重兵深相委託潛使來往當時咸慮允爲變及岳死孝武又委岳兄勝

心腹之寄神武重舊允全護之天平元年因與神武獵或
告允引弓擬神武乃置於樓上餓殺之年四十八神武親
臨哭之贈太保允三子世文世樂難陀興和末齊神武竝
召與諸子同學武定中敕居定州賜田宅允弟勝
勝字破胡少有志操善左右馳射北邊莫不推其膽略衛
可瓌之圍懷朔勝時亦為軍主從父度拔鎮守既被圍經
年而外援不至勝乃慷慨白鎮將楊鈞請告急於大軍鈞
許之乃募勇敢少年得十餘騎夜潰圍出賊追及之勝曰
我賀拔破胡也賊不敢逼至朔州白臨淮王彧以懷朔被
圍之急彧以勝辭義懇至許以出師還令報命乃復攻圍

而入賊追之射殺數人至城下大呼曰賀拔破胡與官軍
至矣城中納之鈞復遣勝出覘武川武川已陷勝乃馳還
報懷朔懷朔亦潰勝父子遂為賊所虜尋而襲殺可瓌衆
令勝馳告朔州未及而度拔已卒刺史費穆奇勝才略厚
禮留之委以兵事時廣陽王深在五原為破六韓賊所圍
召勝為軍主以功拜統軍又隸僕射元纂鎮恒州時有鮮
于河胡擁朔州流人南下為寇恒州城人應之勝與兄允
弟岳相失勝南投肆州允岳投尒朱榮榮與肆州刺史尉
慶賓搆隙引岳攻肆州陷榮得勝大悅曰吾得卿兄弟天
下不足定勝兄弟三人遂委質事榮時杜洛周據幽定葛

榮據冀瀛榮謂勝曰井陘險要我之東門欲屈君鎮之如
何勝曰是所願也榮乃表勝鎮井陘以所乘大馬并銀鞍
遺之及榮入洛以預定策立孝莊帝功封易陽縣伯後元
天穆北征葛榮大破之時杜洛周餘燼韓樓在薊城結聚
以勝為大都督鎮中山樓畏勝威名竟不敢南寇元顥入
洛陽榮徵勝使與尒朱兆自硤石度大破顥軍禽其子冠
受遂前驅入洛進爵真定縣公及榮死勝與田怡等奔赴
榮第時宮殿之門未加嚴防怡等議即攻門勝止之曰天
子既行大事必當更有奇謀吾衆旅不多何輕尒怡乃止
及世隆夜走勝隨至河橋勝以為臣無讎君之義遂勒所

部還都莊帝大悅仲遠逼東郡詔以本官假驃騎大將軍
東征都督率騎一千會鄭先護討之為先護所疑置之營
外人馬未得休息俄而仲遠兵至與戰不利降之復與尒
朱氏同謀立節閔帝以功拜右衛將軍及尒朱氏將討齊
神武勝時從尒朱度律度律與兆不平勝以臨敵搆隙取
敗之道乃與斛斯椿詣兆營和之反為兆所執度律大懼
引軍還兆將斬勝數之曰尒殺可瓌罪一也天柱薨後不
與世隆等俱來而東征仲遠罪二也我欲殺尒久矣勝曰
可瓌作逆勝父子誅之其功不小反以為罪天柱被戮以
君誅臣勝寧負王不負朝廷今日之事生死在王但去賊

密通内搆嫌隙自古迄今未有不破亡者勝不憚死恐王失策兆乃捨之勝既免行百餘里方追及度律齊神武既克相州兵威漸盛於是兆及天光仲遠度律等衆十餘万陣於韓陵兆率鐵騎陷陣出齊神武後將乗其背而擊之度律惡兆之驍悍懼其陵已勒兵不進勝以其攜貳遂以麾下降齊神武度律軍以此免退遂大敗太昌初以勝為領軍將軍尋除侍中孝武帝將圖齊神武以勝弟岳擁衆關西欲廣其勢援乃拜都督荊州刺史驃騎大將軍開府儀同三司南道大行臺尚書左僕射勝多所克捷沔北盪為丘墟梁武帝敕其子雍州刺史續曰賀拔勝北間驍將

尔宜慎之勿與爭鋒續遂城守不敢出尋進位尚書令進爵琅邪郡公及齊神武與孝武帝有隙詔勝引兵赴洛至廣州猶豫未進而帝已入關勝還軍南陽遣右丞楊休之奉表入關又令府長史元穎行州事勝自率所部將西赴關中進至淅陽詔授勝太保録尚書事聞齊神武已平潼關禽毛鴻賓勝乃還荊州州人鄧誕執元穎引齊師時齊神武已遣行臺侯景大都督高敖曹赴之勝敗中流矢奔梁在南三年梁武帝遇之甚厚勝乞師北討齊神武既不果乃求還梁武帝許之親餞於南苑勝自是之後每執弓矢見鳥獸南向者皆不射之以申懷德之意既至長安詣

闕謝罪魏帝握勝手歔欷久之曰初平西徙永嘉南度漢晉皆然事乃關天非公之咎也乃授太師從周文帝禽竇泰於小關攻弘農下河北禽郡守孫晏摧破東魏軍於沙苑追奔至河上仍與李弼別攻河東略定汾絳河橋之役勝大破東魏軍周文令勝收其降卒而還及齊神武率衆攻玉壁勝以前軍大都督從周文見齊武旗鼓識之乃募敢勇三千人配勝以犯其軍勝適與神武遇連叱而字之曰賀六渾賀拔破胡必殺汝也時勝持矟追神武數里刃垂及之神武汗流氣殆盡會勝馬為流矢所中死比副騎至神武已逸去勝歎曰今日之事吾不執弓矢者天也是

歲勝諸子在東者皆為神武所害勝憤恨因動氣疾大統十年薨于位臨終手書與周文曰勝万里杖策歸身闕庭冀望與公埽除逋寇不幸殞斃微志不申若死而有知猶望魂飛賊庭以報恩遇耳周文覽書流涕久之勝長於喪亂之中尤工武藝走馬射飛鳥十中其五六周文每云諸將對敵神色皆動唯賀拔公臨陣如平常真大勇也自居重任始愛墳籍乃招引文儒討論義理性又通率重義輕財身死之日唯有隨身兵仗及書千卷而已初勝至關中自以年位素重見周文不拜尋而自悔周文亦有望焉後從宴昆明池時有雙鳧游池上周文授弓矢於勝曰不見

公射父矣請以為歡勝射之一發俱中因拜曰使勝得奉
神武以討不庭皆如此也周文悅因是恩禮日重勝亦盡
誠推奉焉贈大宰録尚書事謚曰貞獻明帝二年以勝配
饗文帝廟庭無子以弟岳子仲華嗣位開府儀同三司襲
爵琅邪公大象末位江陵摠管勝弟岳
岳字阿斗泥少有大志愛施好士初為大學生及長能左
右馳射驍果絶人不讀兵書而暗與之合識者咸異之與
父兄赴援懷朔賊王衛可瓌在城西三百餘步岳乘城射
之箭中瓌臂賊大駭後廣陽王深以為帳内軍主與兄勝
俱鎮恒州州陷投尒朱榮榮以為都督每帳下與計事多

與榮意合榮與元天穆謀入匡朝廷問計於岳岳曰夫非
常之事必俟非常之人將軍士馬精強位望隆重若首舉
義旗伐叛匡救何往不克何向不摧古人云朝謀不及夕
言發不俟駕此之謂矣榮與天穆相顧良久曰卿此言眞
丈夫之論也未幾孝明帝暴崩榮疑有故乃舉兵赴洛配
岳甲卒二千為先驅至河陰榮既殺朝士因欲稱帝疑未
能決岳乃從容致諫榮尋亦自悟乃尊立孝莊以定策功
賜爵樊城鄉男從榮破葛榮平元顥累遷左光禄大夫武
衛將軍時万俟醜奴僭稱大號關中騷動榮將遣岳討之
私謂其兄勝曰醜奴足為勍敵若岳往無功罪責立至假

令克定恐讒愬生焉乃請尒朱氏一人為元帥岳副貳之
榮大悅乃以天光為使持節大都督雍州刺史以岳為左
廂大都督又以征西將軍侯莫陳悅為右廂大都督並為
天光之副以討之時赤水蜀賊兵斷路天光衆不滿二千
及軍次潼關天光有難色岳乃進破之於渭北軍容大振
時醜奴自圍岐州遣其大行臺尉遲菩薩僕射万俟行醜
同向武功南度渭水攻圍趨栅天光遣岳率千騎赴援菩
薩攻栅已克率步騎二万至渭北岳以輕騎數十與菩薩
隔水交言岳稱揚國威菩薩乃自驕令省事傳語省事恃
水應答不遜岳怒舉弓射之應弦而倒時已逼暮於是各

還岳於渭南傍水分精兵數十為一處隨地形勢置之明
日將百餘騎隔水與賊相見且並東行岳漸前進先所置
騎隨岳而集騎既漸增賊不復測其多少行二十許里至
水淺可濟處岳便馳馬東出似欲奔遁賊謂岳走乃棄步
兵南度渭水輕騎追岳岳東行十餘里依橫岡設伏兵以
待之身先士卒急擊之賊便退走岳號令所部賊下馬者
皆不聽殺賊顧見之便悉投馬俄虜三千人馬亦無遺遂
禽菩薩仍度渭北降步卒万餘醜奴尋棄岐州北走安定
天光方自雍至與岳合勢宣言今氣候已熱非征討之時
待至秋涼更圖進取醜奴聞之遂以為實分遣諸軍散營

農於岐州北百里細川使大尉侯伏侯元進據險立栅岳知其勢分密與天光嚴備昧旦攻圍元進栅拔之即擒元進自餘諸栅悉降又輕騎追醜奴及之於平涼之長阬一戰擒之高平城中又執蕭寶夤以歸賊行臺万俟道洛退保牽屯岳攻之道洛敗入隴投略陽賊帥王慶雲以道洛驍果絕倫得之甚喜以爲將天光又與岳度隴至慶雲所居永洛城慶雲道洛頻出城拒戰竝擒之餘衆皆悉阬之三秦河渭瓜涼鄯州咸來歸款賊帥夏州人宿勤明達降復叛岳又討擒之天光雖爲元帥而岳功效居多進封樊城縣伯尋詔岳都督涇州刺史進爵爲公天光入洛使岳

行雍州事晉泰初除都督岐州刺史進清水郡公尋加侍中給後部鼓吹進位開府儀同三司兼尚書左僕射隴右行臺仍停高平後以隴中猶有土人不順岳助侯莫陳悅所在討平之二年加都督雍州刺史天光將拒齊神武遣問計於岳岳曰莫若且鎮關中以固根本天光不從後果敗岳率軍下隴赴雍擒天光弟顯壽以應齊神武及孝武即位加關中大行臺永熙二年孝武密令岳圖齊神武遂刺心血持以寄岳岳懼乃自詣北境安置邊防率衆趣平涼西界布營數十里託以牧馬於原州爲自安之計先是費也頭万俟受洛干鐵勒斛律沙門解拔彌俄突紇豆陵

伊利等擁衆自守至是皆款附秦南秦河渭四州刺史又會平涼受岳節度唯靈州刺史曹泥不應召通使於齊神武神武乃遣左丞翟嵩使至關中閒岳及侯莫陳悅三年岳召悅會於高平將討曹泥令悅前驅而悅受神武指密圖岳岳弗之知而先又輕悅悅乃誘岳入營共論兵事悅詐云腹痛起而徐行令其壻元洪景斬岳於幕中朝野莫不痛惜之贈侍中太傅錄尚書事都督關中二十州諸軍事大將軍雍州刺史謚曰武壯翟嵩復命于神武神武下牀嗚其頰曰除吾病者卿也何日忘之後岳部下收岳尸葬於雍州北石安原葬以王禮子緯嗣拜開府儀同三司

周保定中錄岳舊德進爵霍國公尚周文帝女

侯莫陳悅代人也父婆羅門爲駝牛都尉故悅長於河西好田獵便騎射會牧子作亂遂歸尒朱榮榮引爲府長流參軍莊帝初除金紫光祿大夫封柏人縣侯尒朱天光之討關西榮以悅爲天光右廂大都督西伐克獲皆與天光賀拔岳略同除鄯州刺史尒朱榮死後亦隨天光下隴元曄立進爵爲公改封白水郡公普泰中除秦州刺史天光之東出將抗齊神武悅與岳下隴以應神武至雍州會尒朱覆敗永熙初加開府儀同三司都督隴右諸軍事仍兼秦州刺史三年岳召悅共討曹泥悅誘岳斬之岳左右奔

散悅遣人安慰衆皆畏服悅心猶豫不即撫納乃還入隴止永洛城岳所部聚於平涼規還圖悅周文帝時爲夏州刺史衆遣奉迎周文至遂摠岳部衆幷家口入高平城以自安固乃勸衆入隴征悅悅聞之棄城南據山水之險悅先召南秦州刺史李景和其夜景和遣人詣周文密許翻降至暮景和乃勸其所部使上驢駞云儀同有教欲還秦州守以拒賊復給帳下云儀同欲還秦州汝等何不裝辦衆謂言實以次相驚皆散趣秦州景和先馳至城據門以慰輯之悅部衆離散猜畏傍人不聽左右近已與其二弟幷兒及謀殺岳者八九人棄軍逆走數日之中盤回往來

不知所趣左右勸向靈州而悅不決言下隴後恐爲人見乃放馬山中令從者悉步自乘一騾欲往靈州中路追騎將及縊死野中弟息部下悉見禽殺唯先謀殺岳者悅中兵參軍豆盧光走至靈州後奔晉陽悅自殺岳後精神恍惚不復如常恒言我睡即夢岳語我兄欲何處去隨逐我不相置因此彌不自安而致敗滅

念賢字蓋盧金城枹罕人也父求就以大家子戍武川鎮仍家焉賢美容質頗涉經史爲兒童時在學中讀書有善相者過學諸生競詣之賢獨不往笑謂諸生曰男兒死生富貴皆在天也何遽相乎少遭父憂居喪有孝稱後以破衛可瓌功除別將又以軍功封屯留縣伯從尒朱榮入洛兼尚書右僕射東道行臺進爵平恩縣公永熙中孝武以賢爲中軍北向大都督進爵安定郡公加侍中開府儀同三司大統初拜太尉爲秦州刺史加太傅給後部鼓吹三年轉太師都督河州刺史大將軍久之還朝兼錄尚書事後與廣陵王欣扶風王孚等同爲正直侍中時行殿初成未有題目帝詔近侍各名之對者非一莫允帝心賢乃爲圜極帝笑曰正與朕意同即名之河橋之役賢不力戰乃先還自是名頗減五年除都督秦州刺史薨於州謚曰昭定賢於諸公皆爲父黨自周文以下咸拜敬之子華性和

厚有長者風官至開府儀同三司合州刺史

梁覽字景叡金城人也其先出自安定避難走西羌世爲部落酋帥曾祖穆以枹罕城歸吐谷渾後又歸魏封臨洮公祖顯爲尚書封南安公父劍河華二州刺史封新陽縣伯覽家世豪富貲累千金孝昌初秦州莫折念生胡琛等反散財招募有三千人鎮河州從大軍平賊歷涼河二州刺史封安德縣侯覽既爲本州刺史威脩甲仗人馬精銳吐谷渾憚不敢出皆曰梁公在未可行也永安中詔大鴻臚琅邪王皓就策授世爲河州刺史永熙中改封郡公大統二年加太尉其年覽從弟仙定反欲圖覽覽與戰未

能平王師至始破之四年還大傅及河橋之役王師敗時病留長安趙青雀反北城覽爲之謀主事平乃見殺子鸛雀位儀同三司大都督後坐事免死

雷紹字道宗武川鎮人也九歲而孤有膂力善騎射年十八給事鎮府嘗使洛陽見京都禮義之美還謂同僚曰徒知邊備尚武以圖富貴不謂文學身之寶也生世不學其猶穴覷何所見焉遂逃歸辭母求師經年通孝經論語嘗讀書至人行莫大於孝乃投卷嘆曰吾離違侍養非人子之道即還鄉里躬耕奉養遭母憂毀骨立由是知名鎮將召補鎮佐後隨賀拔岳征討爲岳長史岳有大事常訪

而後行及齊神武起兵岳恥居其下紹乃勸岳迎孝武西都長安以順討逆岳曰吾本意也後岳信諸將言欲保關中坐觀成敗紹知計不用請爲邊州建功効岳曰君有毗佐之力當捴大州遂以紹爲京兆太守清平理物甚得人和在郡踰年岳被害初紹見岳數與侯莫陳悦宴語嘗謂岳曰公其慎之岳不從果及於難紹乃棄郡馳赴岳軍與寇洛等迎周文帝悦平以功授大都督涼州刺史紹請留所領兵以助東討請單騎赴州刺史李叔仁據州逆命紹遂歸永熙三年以紹爲渭州刺史進爵昌國伯初紹爲岳長史周文爲岳左丞及居相常以恩舊接之卒於州紹性好施祿賜皆分贍親故及死日無以送終兼敬信佛道遺敕其子曰吾本鄉葬法必殺犬馬於亡者無益汝宜斷之斂以時服事從約儉還葬長安天子素服臨弔贈大尉賜東園祕器子渙

毛遐字鴻遠北地三原人也世爲酋帥曾祖天愛太武時至定州刺史始昌子傳至遐四世不絶正光中蕭寶夤爲大都督討關中諸賊咸陽太守韋邃時爲都督以遐爲都督府長史寶夤敗還長安三輔騷擾遐因辭邃還北地與弟鴻賓聚鄉曲豪傑遂東西略地氐羌多赴之共推鴻賓爲盟主既而賊帥宿勤買奴自號京兆王於北地遐詐

降之而與鴻賓攻其壁賊自相斫射縱兵追擊七柵皆平後寶夤構逆謀遐知之乃寄書與鴻賓索馬迎接復於馬祇柵建旗鼓以拒寶夤攻其將盧祖遷斬之寶夤以是日拜南郊稱號禮未畢而告敗寶夤懼口乾色變不追部伍人皆亂還詔授遐南幽州刺史進爵爲伯遐又攻破其將侯終德寶夤知內外勢異輕將十數騎走巴中冬万俟醜奴陷秦州詔以遐兼尚書二州行臺孝武帝入關敕周文帝置二尚書分掌機事遐與周惠達始爲之稍遷驃騎大將軍儀同三司卒遐少任俠有智謀世爲豪右貲產巨億士流貧之者多被賑贍故中書郎檀翥尚書郎公孫範

等常依託之至於自供衣食麤弊而已死之日鄉黨赴葬咸共痛惜

鴻賓大鼻眼多鬚顋黑而且肥狀貌頗異氏羌見者皆畏之加膽略騎射倜儻不拘小節昆季之中尤輕財好施遐雖云早立而名出其下及賊起鄉里推為盟主常與遐一守一戰後拜岐州刺史散騎常侍開國縣侯遐嘆謂鴻賓曰擊賊之功吾不居汝後至於受賞汝在吾前當以德濟物不及汝故明帝以鴻賓兄弟所定處多乃改北地郡為北雍州鴻賓為刺史詔曰此以晝錦榮鄉也改三原縣為建中郡以旌其兄弟後尒朱天光自關中還洛東夏心所

忌者皆將自隨鴻賓亦領鄉中壯武二千人以從洛中素聞其名衣冠貧冗者競與之交尋拜西兗州刺史爵寓倦游之輩四座常滿鴻賓資給衣食與己悉同私物不足頗有公費轉南青州刺史未幾徵還為有司所糾鴻賓遂逃匿人間月餘特詔原之及孝武帝與齊神武有隙令鴻賓鎮潼關為西道之寄車駕西幸糇糧之絕侍官三二日間唯飲澗水鴻賓奉獻酒食迎於稠桑文武從者始解飢渴武帝把其手曰寒松勁草所望於卿也事平之日寧忘主人仍留守潼關後神武來寇見禽至并州憂恚卒鴻賓弟鴻顯位散騎常侍封縣侯遐乳母所產也一字七寶遐養之為弟因姓毛氏勁悍多力後隨諸兄戰鬭多先鋒陷陣大統四年為廣州刺史與駱超鎮東陽陷東魏卒子野乂

乙弗朗字通照其先東部人也世為部落大人與魏徙代後因家上樂焉朗少有俠氣在鄉里以善騎射稱孝莊末北邊擾亂避地居并肆間尒朱榮見而重之甚相接待以功封蓮勺子後隸賀拔岳從尒朱天光西討為岳左廂都督孝武帝之纂齊神武授朗閤內大都督及帝西入詔朗為軍司先驅靖路至長安封長安縣公卒於岐州刺史初朗患積冷周文賜三石東生散令朗法服之使人問

疾朝夕相繼見重如此臨終惟云恨不見河洛清平重反京縣以此為恨三舉手搥牀而便氣盡贈太尉子鳳位宮伯開府儀同三司與周閔帝謀宇文護見殺

論曰朱瑞以向義受戮延慶以違順遇禍各其命焉斛斯椿屢踐危機終獲貞吉豈人謀之所致也徵合聞強記以蘷襄任已終使咸英不墜韶濩惟新加以盡心所事無忘直道抗辭正色顛沛不渝蓋有周之忠烈乎賈顯智樊子鵠侯深等並驅馳風塵之際但自陷夷戮觀其遺跡雖獲罪於霸政求之有魏得失未可知也賀拔允昆季以勇略之資當馳競之日並邀時投隙展効立功始則委質尒朱

中乃結款高氏大啓之後即帝圖高察其所由固非守節之士及勝垂翅江左憂魏室之危亡奮臂關西感梁朝之顧遇有長者之風矣終能保榮持寵良有以焉岳以二千羸兵抗三秦勍敵奮其智勇克翦凶渠雜種畏威遐方慕義斯亦一時之盛矣平以勲高速禍無備嬰戮惜哉昔陳涉首事不終有漢因而創業賀拔功成夙殞周文藉以開基不有所廢君何以興信乎其然矣侯莫陳悅肆行殘賊死不旋踵覿其亡滅蓋自取之念賢有始有卒取敬羣公梁覽終以取禍鮮克之義雷紹馳騖雲雷之秋毛遐兄弟致力經綸之日乙弗朗展轉擾攘之中卒獲歸順美矣

列傳第三十七　北史四十九

方洽　周益　周之冕　孫粹然　校正

列傳第三十八　北史五十

辛雄 族祖琛 琛子術 術族子儁源

楊機

高道穆 兄謙之

綦儁

山偉

宇文忠之

費穆

孟威

辛雄字世賓隴西狄道人也父暢汝南鄉郡二郡太守雄有孝性居父憂殆不可識清河王懌為司空辟為左曹懌遷司徒仍授左曹雄用心平直加以閑明政事經其斷割莫不悅服懌每謂人曰必也無訟辛雄有焉歷尚書駕部三公郎會沙汰郎官唯雄與羊深等八人見留餘悉罷遣先是御史中丞東平王匡復欲輿棺諫諍尚書令任城王澄劾匡大不敬詔恕死雄奏理匡曰竊惟白衣元匡歷奉三朝每蒙寵遇謇諤之性簡自帝心故高祖錫之以匡名陛下任之以彈糾當高肇之時匡造棺致諫主聖臣直卒以無咎假欲重造先帝已容之於前陛下亦宜寬之於後未幾臣除平州刺史右僕射元欽稱雄之美左僕射蕭寶

養曰吾聞游僕射云得如雄者四五人共省事足矣今日之賞何其晚哉初廷尉少卿袁翻以犯罪之人經恩競訴枉直難明遂奏曾染風聞者不問曲直推爲獄成悉不斷理詔門下尚書廷尉議之雄議曰春秋之義不幸而失寧僭不濫僭則失罪人濫乃害善人今議者不忍罪姦吏使出入縱情令君子小人薰蕕不別豈所謂賞善罰惡懋勸懲恤者也古人唯患察獄之不精未聞知冤而不理詔從雄議自後每有疑議雄與公卿駁難事多見從於是公能之名甚盛又爲祿養論稱仲尼陳五孝自天子至於庶人無致仕之文禮記八十一子不從政九十家不從政鄭玄

注云復除之然則止復庶人非公卿士大夫之謂以爲宜聽祿養不約其年書奏孝明納之後除司空長史時諸公皆慕其名欲屈爲佐莫能得也時諸方賊盛而南寇侵境山蠻作逆孝明欲親討以荊州爲先詔雄爲行臺左丞與臨淮王彧東趣葉城別將裴衍西通鴉路衍稽留未進彧師已次汝濱逢北溝求救彧以處分道別不欲應之雄曰王執麾閫外唯利是從見可而進何必守道或恐後有得失之責要雄符下雄以軍駕將親伐蠻夷必懷震動乘彼離心無往不破遂符彧軍令速赴擊賊聞果自走散在軍上疏曰凡人所以臨堅陳而忘身觸白刃而不憚者一則

求榮名二則貪重賞三則畏刑罰四則避禍難非此數事雖聖王不能勸其臣慈父不能厲其子明主深知其情故賞必行罰必信使親疎貴賤勇怯賢愚聞鍾鼓之聲見旍旗之列莫不奮激競赴敵場豈厭久生而樂早死也利害縣於前欲罷不能耳自秦隴逆節將歷數年蠻左亂常稍已多載凡在戎役數十万人三方之師敗多勝少跡其所由不明賞罰故也陛下欲天下之早平愍征夫之勤悴乃降明詔賞不移時然兵將之勳歷稔不決亡軍之卒晏然在家致令節士無所勸慕庸人無所畏懾進而擊賊死交而賞賒退而逃散身全而無罪此其所以望敵奔沮不肯

進力者矣若重發明詔更量賞罰則軍威必張賊難可弭臣聞必不得已去食就信以此推之信不可斯須廢也賞罰陛下之所易尚不能全而行之攻敵士之所難欲其必死寧可得也後爲吏部郎中及尒朱榮入洛河陰之難人情未安雄潛竄不出孝莊欲以雄爲尚書門下奏曰辛雄不出存亡未知孝莊曰寧失亡而用之可失存而不用也遂除度支尚書後以本官兼侍中關西慰勞大使將發請事五條一言逋懸租調宜悉不徵二言簡罷非時徭役以紓人命三言課調之際使豐儉有殊令州郡量檢不得均一四言兵起歷年死亡者衆或父或子辛酸未歇見存耆

老請假板職悅生者之意慰死者之魂五言喪亂既久禮
儀罕習如有閨門和穆孝悌卓然者宜旌其門閭莊帝從
之因詔人年七十者授縣八十授郡九十加四品將軍百
歲從三品將軍永熙二年兼吏部尚書時近習專恣雄懼
其譏麑不能守正論者頗譏之孝武南狩雄兼左僕射留
守京師永熙末兼侍中帝入關右齊神武至洛於永寧寺
大集朝士責雄及尚書崔孝芬劉廞楊機等曰爲臣奉主
匡危救亂若處不諫諍出不陪隨緩則躭寵急便竄避臣
節安在乃誅之二子士璨士貞逃入關中雄從父兄纂字
伯將學涉文史溫良雅正初爲兗州安東府主簿與裕書

北史列傳三十八　四

丞同郡李伯尚有舊伯尚與咸陽王禧同逆逃竄投纂事
覺坐免官後爲太尉騎兵參軍每爲府主清河王懌所賞
至定考懌曰辛騎兵有學有才宜爲上第及梁將曹義宗
攻新野詔纂爲荊州軍司纂善撫將士人多用命賊甚憚
之會孝明崩諱至咸以對敵欲秘凶問纂曰安危在人豈
關是也遂發喪號哭三軍縞素還入州城申以盟約尋爲
義宗所圍相率固守孝莊即位除兼尚書仍行臺後大都
督費穆擊義宗擒之入城因舉酒屬纂曰微辛行臺之在
斯吾亦無由建此功也永安二年元顥乘勝至城下爲顥
擒及孝莊還宮纂謝不守之罪帝曰於時朕亦北巡東軍

不守豈卿之過轉滎陽太守百姓姜洛生康乞得者舊是
前太守鄭仲明左右豪猾偷竊境內患之纂伺捕擒獲梟
於郡市百姓欣然纂僑屬洛陽太昌中乃爲河南邑中正
永熙三年除河內太守齊神武赴洛兵集城下纂出城謁
神武慰勉之因命前侍中司馬子如曰吾行途疲弊宜代
吾執河內手也尋爲兼尚書南道行臺西荊州刺史時蠻
酋樊大能應西魏纂攻之不剋而敗爲西魏將獨孤信所
害贈司徒公雄族祖琛
琛字僧貴祖敬宗父樹寶並代郡太守琛少孤曾過友人
見其父母無恙垂涕久之釋褐奉朝請滎陽郡丞太守元

北史列傳三十八　五

麗性頗使酒琛每諫之麗後醉輒令閉閤曰勿使丞入也
孝文南征麗從輿駕詔琛曰委卿郡事如太守也景明中
爲揚州征南府長史刺史李崇多事產業琛每諫折崇不
從遂相糾舉詔並不問後加龍驤將軍南梁太守崇因置
酒謂琛曰長史後必爲刺史但不知得上佐何如人耳琛
對曰若万一叨忝得一方正長史朝夕聞過是所願也崇
有慚色卒於官琛寬雅有度量涉獵經史喜慍不形於色
當官奉法所在有稱長子悠字元壽早有器業爲侍御史
監揚州軍賊平錄勳書時李崇猶爲刺史欲寄人名悠不
許崇曰我昔逢其父今復逢其子早卒悠弟後字叔義有

文才魏子建爲山南行臺以爲郎中有軍國機斷還京於
滎陽爲人所劫害贈東秦州刺史後弟術
術字懷哲少明敏有識度解褐司空胄曹參軍與僕射高
隆之共典營構鄴都宮室術有思理百工剋濟再遷尚書
右丞出爲清河太守政有能名追授并州長史遭父憂去
職清河父老數百人詣闕上書請立碑頌德齊文襄嗣事
與尚書左丞宋游道中書侍郎李繪等並追詣晉陽俱爲
上客累遷散騎常侍武定六年侯景叛除東南道行臺尚
書封江夏縣男與高岳等破侯景禽蕭明還東徐州刺史
爲淮南經略使齊天保元年侯景徵江西租稅術率諸軍

度淮斷之燒其稻數百萬石還鎮下邳人隨術北度淮者
三千餘家東徐州刺史郭志殺郡守文宣聞之敕術自今
所統十餘州地諸有犯法者刺史先啓聽報以下先斷後
表聞齊代行臺兼摠人事自術始也安州刺史臨清太守
盱台鎮城二鎮將犯法術皆案奏殺之睢州刺史及所部
郡守俱犯大辟朝廷以其奴婢百口及貲財盡賜術三辭
不見許術乃送詣所司不復以聞邢邵聞之遺術書曰昔
鍾離意云孔子忍渴於盜泉便以珠璣委地足下今能如
此可謂異代一時及王僧辯破侯景術招攜安撫城鎮相
繼款附前後二十餘州於是移鎮廣陵獲傳國璽送鄴文

宣以璽告於太廟此璽即秦所制方四寸上紐交盤龍其
文曰受命于天既壽永昌二漢相傳又歷魏晉晉懷帝敗
沒於劉聰聰敗沒於石氏石氏敗晉穆帝永和中濮陽太
守戴僧施得之遣督護何融送于建業歷宋齊梁梁敗侯
景得之景敗侍中趙思賢以璽投景南兗州刺史郭元建
送于術故術以進焉尋徵爲殿中尚書領太常卿仍與朝
賢議定律令遷吏部尚書食南兗州梁郡幹遷鄴以後大
選之職知名者數四互有得失未能盡美文襄少年高朗
所弊也疎袁叔德沈密謹厚所傷者細楊愔風流辯給取
士失於浮華唯術性尚貞明取士以才以器循名責實新

舊參舉管庫必擢門閥不遺考之前後銓衡在術最爲折
衷甚爲當時所稱舉天保末文宣嘗令術選百員官參選
者二三千人術題目士子人無謗讟其所旌擢後亦皆致
通顯術清儉寡嗜欲勤於所職未嘗暫懈臨軍以威嚴牧
人有惠政少愛文史晚更勤學雖在戎旅手不釋卷及定
淮南凡諸貲物一毫無犯唯大收典籍多是宋齊梁時佳
本鳩集万餘卷并顧陸之徒名畫二王已下法書數亦不
少俱不上王府唯入私門及還朝頗以饟遺貴要物議以
此少之十年卒年六十皇建二年贈開府儀同三司中書
監青州刺史子闍卿尚書郎闍卿弟衡卿有識學開府參

軍事隋大業初卒於太常丞術族子德源

德源字孝基祖穆魏平原太守父子顗尚書左丞德源沈靜好學十四解屬文及長博覽書記美儀容中書侍郎裴讓之特相愛好兼有龍陽之重齊尚書僕射楊遵彥殿中尚書辛術皆一時名士並虛襟禮敬同舉薦之後爲兼員外散騎侍郎聘梁使副德源本貧素因使薄有資裝遂餉執事爲父求贈時論鄙之中書侍郎劉逖上表薦德源弱齡好古晚節逾厲枕藉六經漁獵百氏文章綺豔體調清華恭慎表於閨門謙撝著於朋執實後進之辭人當今之雅器由是除員外散騎侍郎後兼通直散騎常侍聘陳及

還待詔文林館位中書舍人齊滅仕周爲宣納上士因取急詣相州會尉遲迥起逆以爲中郎德源辭不獲免遂亡去隋受禪不得調者久之隱林慮山鬱鬱不得志著幽居賦以自寄素與武陽太守盧思道友善時相往來魏州刺史崔彥武奏德源潛爲交結恐有姦計由是謫令從軍討南寧及還祕書監牛弘以德源才學顯著奏與著作郎王劭同修國史德源每於務隙撰集注春秋三傳三十卷注揚子法言二十三卷蜀王秀奏以爲掾轉諮議參軍卒官有集二十卷又撰政訓內訓各二十卷有子素目德源從祖兄元植齊天保中司空司馬學涉有名聞於世德源族

叔珍之少有氣俠歷位北海太守後行平州事卒於州贈驃騎大將軍洛州刺史謚曰恭子懿武定末開府鎧曹參軍

楊機字顯略天水冀人也祖伏恩徙居洛陽因家焉機少有志節爲士流所稱河南尹李平元暉並召署功曹暉尤委以郡事或謂暉曰弗躬弗親庶人弗信何得委事於機高臥而已暉曰吾聞君子勞於求士逸於任賢吾既委得其才何爲不可由是聲名更著時皇子國官多非其人詔選清直之士機見舉爲京兆王愉國中尉愉甚敬憚之後爲洛陽令京輦伏其威風訴訟者一經其前後皆識其名

姓并記其事理歷司州別駕清河內史河北太守並有能名永熙中除度支尚書機方直之心久而彌厲奉公正己爲時所稱家貧無馬多乘小犢車時論許其清白與辛雄等並爲齊神武所誅

高恭之字道穆自云遼東人也祖潛獻文初賜爵陽關男詔以沮渠牧犍女賜潛爲妻封武威公主拜駙馬都尉父崇字積善少聰敏以端謹稱家資富厚而崇志尚儉素初崇舅氏坐事誅公主痛本生絕胤遂以崇繼牧犍後改姓沮渠景明中啟復本姓襲爵除洛陽令爲政清斷吏人畏其威風發擿不避強禦縣內肅然卒贈滄州刺史謚曰成

道穆以字行於世學涉經史所交皆名流俊士幼孤事兄如父每謂人曰人生厲心立行貴於見知當使夕脫羊裘朝佩珠玉若時不我知便須退迹江海自求其志御史中尉元匡高選御史道穆奏記求用於匡匡遂引為御史其所糾擿不避權豪正光中出使相州前刺史李世哲即尚書令崇之子多有非法逼買人宅廣興屋宇皆置鴟尾又於馬埒堠上為木人執節道穆繩糾悉毀去之并表發其贓貨尒朱榮討蠕蠕道穆監其軍事榮甚憚之蕭寶夤西征以為行臺郎中委以軍機之事後屬兄謙之被害情不自安遂託身於孝莊孝莊時為侍中深相保護及即位賜

爵龍城侯除太尉長史領中書舍人及元顥逼武牢或勸帝赴關西者帝以問道穆道穆言關中殘荒請車駕北度循河東下帝然之其夜到河內郡北帝命道穆燭下作詔書布告遠近於是四方知乘輿所在尋除給事黃門侍郎安喜縣公於時尒朱榮欲迴師待秋道穆謂榮曰大王擁百萬之衆輔天子而令諸侯此桓文之舉也今若還師令顥重完守具可謂養虺成蛇悔無及矣榮深然之及孝莊反政因宴次謂尒朱榮曰前若不用高黃門計社稷不安可為朕勸其酒令醉因榮陳其作監軍時臨事能決實奇任用尋除御史中尉仍兼黃門道穆外執直繩內參機密

凡是益國利人之事必以奏聞諫爭盡言無所顧憚選用御史皆當世名輩李希宗李繪陽休之陽斐封君義邢子明蘇淑宋世良等三十人於時用錢稍薄道穆表曰百姓之業錢貨為本救弊改鑄王政所先自頃以來私鑄薄濫官司糾繩挂網非一在市銅價八十一文得銅一斤私鑄薄錢斤餘二百既示之以深利又隨之以重刑得罪者雖多姦鑄者彌衆今錢徒有五銖之文而無二銖之實薄甚榆莢上貫便破置之水上殆欲不沈因循有漸科防不切朝廷失之彼復何罪昔漢文帝以五分錢小改鑄四銖至武帝復改三銖為半兩此皆以大易小以重代輕也論今據

古宜改鑄大錢文載年号以記其始則一斤所成止七十六文銅價至賤五十有餘其中人功食料錫炭鈆砂縱復私營不能自潤直置無利自應息心況復嚴刑廣設也以臣測之必當錢貨永通公私獲允後遂用楊侃計鑄永安五銖錢僕射尒朱世隆當朝權盛因內見衣冠失儀道穆便即彈糾帝姊壽陽公主行犯清路執赤棒卒呵之不止道穆令卒棒破其車公主深恨泣以訴帝帝曰高中尉清直人彼所行者公事豈可私恨責之也道穆後見帝帝曰一日家姊行路相犯深以為愧道穆免冠謝帝曰朕以愧卿卿反謝朕尋敕監儀注又詔秘書圖籍及典書緗素多

致零落可令道穆總集帳目并牒儒學之士編比次第道
穆又上疏曰高祖太和之初置廷尉司直論刑辟是非雖
事非古始交濟時要竊見御史出使悉受風聞雖時獲罪
人亦不無枉濫何者得堯之罰不能不怨守令爲政容有
愛憎姦猾之徒恒思報惡多有妄造無名共相誣謗御史
一經檢究恥於不成杖木之下以虛爲實無罪不能自雪
者豈可勝道哉臣雖愚短守不假器繡衣所指冀以清肅
若仍更踵前失或傷善人則尸祿之責無所逃罪如臣鄙
見請依太和故事還置司直十人名隷廷尉以五品選歷
官有稱心平性正者爲之御史若出糾劾即移廷尉令知

人數廷尉遣司直與御史俱發所到州郡分居別館御史
檢了移付司直司直覆問事訖與御史俱還中尉彈聞廷
尉科案一如舊式庶使獄成罪定無復稽寬爲惡取敢不
得稱枉若御史司直糾劾失實悉依所斷獄罪之聽以所
檢送相糾發如二使阿曲有不盡理聽罪家詣門下通訴
別加案檢如此則肺石之傍怨訟可息叢棘之下受罪吞
聲者矣詔從之復置司直及尒朱榮死帝召道穆付赦書
令宣於外謂曰今當得精選御史矣先是榮等常欲以其
親黨爲御史故有此詔及尒朱世隆等戰於大夏門北道
穆受詔督戰又贊成太府卿李苗斷橋之計世隆等於是

北遁加衛將軍大都督兼尚書右僕射南道大行臺時雖
外託征蠻而帝恐北軍不利欲爲南巡之計未發會尒朱
兆入洛道穆慮禍託病去官世隆以其忠於前朝遂害之
太昌中贈車騎大將軍儀同三司雍州刺史子士鏡襲爵
爲北豫州刺史道穆兄謙之
謙之字道讓少事後母以孝聞專意經史天文筭歷圖緯
之書多所該涉好文章留心老易襲父爵孝昌中行河陰
令先是有人囊盛瓦礫指作錢物詐市人馬因而逃去詔
令追捕必得以聞謙之乃僞枷一囚立於馬市宣言是前
詐市馬賊今欲刑之密遣腹心察市中私議者有二人相

見忻然曰無復憂矣執送案問悉獲其黨并出前後盜処
失物之家各得其本物具以狀告尋正河陰令在縣二年
損益政體多爲故事時道穆爲御史亦有能名世美其父
子兄弟並著當官之稱舊制二縣令得面陳得失時佞幸
之輩惡其有所發聞遂共奏罷謙之乃上疏曰臣以無庸
謬宰神邑實思奉法不撓稱是官方酬朝廷無貲之恩盡
人臣守器之節但豪家支屬戚里親媾縲紲所及舉目多
是皆有盜憎之色咸起惡上之心縣令輕弱何能克濟先
帝昔發明詔得使面陳所懷臣亡父先臣崇之爲洛陽令
常得入奏是非所以朝貴斂手無敢干政近年已來此制

遂寢致使神宰威輕下情不達今二聖遠遵堯舜憲章高
祖愚臣亦望策其駑蹇少立功名乞行新典更明往制庶
姦豪知禁頗自屏心詔付外量聞謙之又上疏以爲自正
光以來邊城屢擾命將出師相繼於路但諸將帥或非其
才多遣親者妄稱入募唯遣奴客充數而已對寇臨敵略
不彎弓則是王爵虛加征夫多闕賊虜何可殄除忠貞何
以勸誡也且近習侍臣戚屬朝士請託官曹擅作威福如
有清貞奉法不爲回者咸共譖毀橫受罪罰在朝顧望肯
肯申聞蔽上擁下虧風損政使讒諂甘心忠讜息義且頻
年以來多有徵發人不堪命動致流離苟保妻子競逃王

役不復顧其桑井憚此刑書正由還有必困之理歸無自
安之路若聽歸其本業徭役微甄則還者必衆墾田增闢
數年之後大獲課入今不務以理還之但欲嚴符切勒恐
數年之後走者更多故有國有家者不患人不我歸唯患
政之不立不恃敵不我攻唯恃吾不可侮此乃千載共遵
百王一致伏願少垂覽察靈太后得其疏以責左右近侍
諸寵要者由是疾之乃啓太后云謙之有學藝除爲國子
博士謙之與袁翻常景酈道元溫子昇之徒咸申款舊好
施贍恤言諾無虧居家僮隸對其兒不撻其父母生三子
便免其一世無髡黥奴婢常稱俱稟人體如何殘害謙之

以父舅氏沮渠蒙遜曾據涼土國書漏闕乃修涼書十卷
行於世涼國盛事佛道爲論貶之稱佛是九流之一家當
世名流競以佛理來難謙之還以佛義對之竟不能屈以
時所行曆多未盡善乃更改元脩者撰爲一家之法雖未
行於世識者歎其多能時朝議鑄錢以謙之爲鑄錢都將
長史乃上表求鑄三銖錢曰蓋錢貨之立本以通有無便
交易故錢之輕重世代不同太公爲周置九府圜法至景
王時更鑄大錢秦兼海內錢重半兩漢興以秦錢重改鑄
榆莢錢至文帝五年復爲四銖孝武時悉復銷壞更鑄三
銖至元狩中變爲五銖又造赤仄之錢以一當五王莽攝

政錢有六等大錢重十二銖次九銖次七銖次五銖次三
銖次一銖魏文帝罷五銖錢至明帝復立孫權江左鑄大
錢一當五百權赤烏年復鑄大錢一當千輕重大小莫不
隨時而變竊以食貨之要八政爲首聚財之貴詁訓典文
是以昔之帝王乘天地之饒御海內之富莫不腐紅粟於
太倉藏朽貫於泉府儲畜既盈人無困弊可以寧謐四海
如身使臂者矣昔漢之孝武地廣財饒外事四戎遂虛國
用於是草茅之臣出財助國興利之計納稅廟堂市列權
酒之官邑有告緡之令鹽鐵既興錢幣屢改少府遂豐上
林饒積外闢百蠻內不增賦者皆計利之由也今羣妖未

息四郊多壘徵稅既煩千金日費倉儲漸耗財用將竭誠
楊氏獻稅之秋桑兒言利之日夫以西京之盛錢猶屢改
並行大小子母相權況今寇難未除州郡淪敗人物彫零軍
國用少別鑄小錢可以富益何損於政何妨於人也且政
興不以錢大政衰不以錢小唯貴公私得所政化無虧既
行之於古亦宜效之於今矣昔禹遭大水以歷山之金鑄
錢救人之困湯遭大旱以莊山之金鑄錢贖人之賣子者
今百姓窮悴甚於曩日欽明之主豈得垂拱而觀之哉臣
今此鑄以濟交之五銖之錢任使並用行之無損國得其
益詔將從之事未就會卒初謙之弟道穆正光中為御史

糺相州刺史李世哲事大相挫辱其家恒以為憾至是世
哲弟神軌為靈太后深所寵任會謙之家僮訴良神軌
左右之入諷尚書判禁謙之於廷尉時將赦神軌乃啓靈
太后發詔於獄賜死朝士莫不哀之所著文章百餘篇別
有集錄永安中贈營州刺史謚曰康又除一子出身以明
寬屈謙之弟謹之字道脩父崇既還本姓以謹之繼沮渠
氏
綦儁字摽顯河南洛陽人也其先居代儁孝莊時仕累遷
為滄州刺史甚為吏人畏悅尋除太僕卿及尒朱世隆等
誅齊神武召文武百司下及士庶議所立莫有應者儁避

席曰廣陵王雖為尒朱扶戴當今之聖主也神武將從之
時黃門崔㥄議不同高乾魏蘭根等固執㥄言遂立孝武
帝及帝入關神武深思儁言常以為恨尋除御史中尉於
路與僕射賈顯度相逢顯度恃勳貴排儁騶列倒儁怒見
於色自入奏之尋加散騎常侍驃騎大將軍左光祿大夫
儀同三司儁佞巧能候當塗斛斯椿賀拔勝皆與友善性
多詐賀拔勝出鎮荊州過儁別因辭儁母儁故見敗甑醉
被勝更遺之錢物後兼吏部尚書復為滄州刺史徵還兼
中尉章武縣伯尋除殷州刺史薨於州贈司空公謚曰文
貞子洪寔字巨正位尚書左右郎魏郡邑中正嗜酒好色

無行檢卒官
山偉字仲才河南洛陽人也其先居代祖強美容貌身長
八尺五寸工騎射彎弓五石為奏事中散從獻文獵方山
有兩狐起於御前詔強射之百步內二狐俱獲位內行長
父幼之位金明太守偉涉獵文史孝明初元匡為御史中
尉以偉兼侍御史入臺五日便遇正會偉司神武門其妻
從叔為羽林隊主擿直長於殿門偉即劾奏匡善之俄然
奏正帖國子助教遷員外郎廷尉評時天下無事進仕路
難代遷之人多不霑預及六鎮隴西二方起逆領軍元乂
欲用代來寒人為傳詔以慰悅之而牧守子孫投狀求者

百餘人又因奏立勳附隊令各依資出身自是北人悉被
收敘偉遂奏記贊又德美又素不識偉訪侍中安豐王延
明黃門郎元順順等因是稱薦之又令僕射元欽引偉兼
尚書二千石郎後正名士郎脩起居注僕射元順領選表
薦為諫議大夫尒朱榮之害朝士偉時守直故免禍及孝
莊入宮仍除偉給事黃門侍郎先是偉與儀曹郎袁昇屯
田郎李延孝外兵郎李奐三公郎王延業方駕而行偉少
居後路逢一尼望之歎曰此輩緣業同日而死謂偉曰君
方近天子當作好官而昇等四人皆於河陰遇害果如其
言俄領著作郎節閔帝立除祕書監仍著作初尒朱兆入

洛官守奔散國史典書高法顯密埋史書故不遺落偉自
以為功訴求爵賞偉挾附世隆遂封東阿縣伯而法顯止
獲男爵偉尋進侍中孝靜初除衛大將軍中書令監起居
後以本官復領著作卒官贈驃騎大將軍開府儀同三司
都督幽州刺史謚曰文貞公國史自鄧彥海崔深崔浩高
允李彪崔光以還諸人相繼撰錄綦儁及偉等諂說上黨
王天穆及尒朱世隆以為國書正應代人脩緝不宜委之
餘人是以綦偉等更主大籍守舊而已初無述著故自崔
鴻死後迄終偉身二十許載時事蕩然万不記一後人執
筆無所憑據史之遺闕偉之由也外示沈厚內實矯競與

綦儁亦其相得晚以名位之間遂若水火與宇文忠之徒
代人為黨時賢畏惡之而愛尚文史老而彌篤偉弟少亡
偉撫寡訓孤同居二十餘載恩義甚篤焉不營產業身亡
之後賣宅營葬妻子不免飄泊士友歎愍之長子昂襲
爵
宇文忠之河南洛陽人也其先南單于之遠屬世據東部
後居代都父侃卒於書侍御史忠之涉獵文史頗有筆札
釋褐太學博士天平初除中書侍郎裴伯茂與之同省常
侮忽之以忠之色黑呼為黑宇後敕修國史元象初兼通
直散騎常侍副鄭伯猷使梁武定初為尚書右丞仍脩史

未幾以事除名忠之好榮利自為中書郎六七年矣遇尚
書省選右丞預選者皆射策忠之試焉既獲丞職大為忻
滿志氣囂然有驕物之色識者笑之既失官爵怏怏發疾
卒子君山
費穆字朗興代人也祖于位商賈二曹令懷州刺史賜爵
松陽男父万襲爵位梁州鎮將贈冀州刺史穆性剛烈有
壯氣頗涉文史好尚功名宣武初襲爵稍遷涇州平西府
長史時刺史皇甫集靈太后之元舅恃外戚之親多為非
法穆正色匡諫集亦憚之後蠕蠕主婆羅門自涼州歸降
其部眾因飢侵掠邊邑詔穆銜旨宣慰莫不款附明年後

叛入寇涼州除穆兼尚書右丞西北道行臺仍爲别將往討之穆至涼州蠕蠕遁走穆謂其所部曰戎狄獸心見敵便走若不令其破膽終恐疲於奔命乃簡練精騎伏於山谷使羸步之衆爲外營以誘之賊騎覘見俄而競至伏兵奔擊大破之及六鎮反叛穆爲别將隸都督李崇北伐都督崔暹失利崇將議班師以朔州是白道之衝賊之咽喉若不全則并肆危迫將鎮捍僉議舉穆崇乃請穆爲朔州刺史尋改雲州刺史穆招離聚散頗得人心北境州鎮皆没唯穆獨存久之援軍不至穆乃棄城南走投尒朱榮於秀容既而詣闕請罪詔原之孝昌中以都督討平二絳反

蜀拜散騎常侍後妖賊李洪於陽城起逆連結蠻左詔穆兼武衛將軍擊破之及尒朱榮向洛靈太后徵穆令屯小平榮推奉孝莊穆遂先降榮素知穆見之甚悦穆潛說榮曰公士馬不出万人長驅向洛前無横陳者政以推奉主上順人心故今以京師之衆百官之盛一知公之虚實必有輕侮之心若不大行討罰更樹親黨公還北之日恐不得度太行而內難行矣榮心然之於是有河陰之事天下聞之莫不切齒榮入洛穆爲吏部尚書魯縣侯進封趙平郡公爲侍中前鋒大都督與大將軍元天穆討平邢杲時元顥入京師穆與天穆既平齊地將擊顥穆圍武牢將拔

屬天穆北度既無後繼穆遂降顥顥以河陰酷濫事起於穆引入詰讓殺之孝莊還宮贈侍中司徒公謚曰武宣

孟威字能重河南洛陽人也頗有氣尚尤知北土風俗歷東宮齋帥羽林監後以明解北人語敕在著作以備推訪累遷沃野鎮將前後頻使遠蕃粗能稱旨普泰中除大鴻臚卿卒贈司空公子恂嗣

論曰辛雄吏能歷職琛以公方行已藴哲體有清監德源雅業無虧竝素門之所得也楊機清斷在公道穆兄弟有政事之用綦儁遭逢受職山偉位行頗爽忠之雖文史足用而雅道義闕費穆出身効力功名著矣末路一言禍延

簪帶其死也宜哉孟威以方言陳力其勤亦可稱矣

列傳第三十八　北史五十

列傳第三十九　　北史五十一

齊宗室諸王上

趙郡王琛 子叡

清河王岳 子勱

廣平公盛

陽州公永樂

襄樂王顯國

上洛王思宗 子元海 弟思好

平秦王歸彥 兄子武興王普

長樂王靈山

神武諸子

趙郡王琛字元寶齊神武皇帝之弟也少便弓馬有志氣封南趙郡公累遷定州刺史六州大都督甚有聲譽及斛斯椿等釁結神武帥師入洛陽以晉陽根本召琛留總相府政事天平中除御史中尉正色糾彈無所回避遠近肅然尋亂神武後廷因杖而斃時年二十三贈太尉尚書令謚曰貞天平三年又贈假黃鉞左丞相太師錄尚書事進爵爲王配享神武廟廷子叡嗣

叡小名須拔幼孤聰慧夙成特爲神武所愛養於宮中令游娘母之恩異諸子魏興和中襲爵南趙郡公年至四歲未嘗識母其母魏華山公主也其從母姊鄭氏戲謂曰汝是我姨兒何倒親游氏叡因訪問遂失精神神武疑其感疾叡曰兒無患苦但聞有所生欲得暫見神武驚命元夫人至就宮見之叡前跪拜因抱頸大哭神武甚悲傷謂平秦王曰此兒至孝吾子無及者遂爲休務一日叡讀孝經至資於事父輒流涕歔欷十歲喪母神武親送至領軍府爲發哀舉聲殞絕三日水漿不入口神武與武明太后殷勤敦譬方漸順旨居喪長齋骨立杖而後起神武令常山王與同卧起日夜喻之并敕左右不許進水雖絕清漱午輒不肯食由是神武食必呼與同案神武崩哭泣歐血及

壯將婚貌有戚容文襄謂曰我爲爾娶鄭述祖女何嫌而不樂對曰自痛孤遺方從婚冠彌用感切言未卒鳴咽不自勝文襄爲之憫然勵之勤學常夜久方罷文宣受禪進爵爲王叡身長七尺容儀甚偉閑習吏事有知人之鑒天保二年出爲定州刺史六州大都督時年十七稱爲良牧六年詔叡領兵監築長城于時六月叡途中屏蓋扇親與軍人同勞苦定州先常藏氷長史宋欽道以叡冒熱遣倍道送氷正遇炎盛咸謂一時之要叡對之歎曰三軍皆飲溫水吾何義獨進寒氷遂至銷液竟不一嘗兵人感悅先是役罷任其自歸丁壯先返羸弱多致僵殞叡於是親帥

營伍強弱相持賴全者十三四焉八年除都督北朔州刺史叡撫慰新遷量置烽戍備有條法大爲兵人所安無水處禱而掘井泉源湧出至今號曰趙郡王泉九年濟南以太子監國因立大都督府與尚書省分理衆事仍開府置佐史文宣特崇其選除叡侍中攝大都督府長史叡後因侍宴帝從容謂常山王演等曰由來亦有如此長史不皇建初兼并州事孝昭帝臨崩預受顧託奉迎武成於鄴拜尚書令天統中追贈父琛假黃鉞母元氏贈趙郡王妃謚曰貞昭華陽長公主如故有司備禮儀就墓拜受時隆冬盛寒叡跣步號哭面皆破裂歐血數升及還不堪參謝帝親就第看問拜司空攝錄尚書事河清三年周師及突厥至并州武成戎服將以宮人避之叡叩馬諫乃止帝親御戎六軍進止竝令取叡節度而使段孝先總焉帝與宮人被緋甲登故北城以望軍營甚整突厥咎周人曰爾言齊亂故來伐之今齊人眼中亦有鐵何可當邪乃還至陘嶺凍滑乃鋪氈以度胡馬寒瘦膝已下皆無毛比至長城死且盡乃截矟杖之以歸是役也段孝先持重不與賊戰自晉陽失道爲虜所屠無遺類焉斛律光自三堆還帝以遭大寇抱其頭哭任城王湝進曰何至此乃止光面折孝先於帝前曰段婆善爲送女客於是以叡爲能加尚書令封宣城郡公拜太尉監五禮晚節頗以酒色爲和士開所構叡父典朝政譽望日隆漸被疎忌乃撰古忠臣義士號曰要言以致其意武成崩葬後數日叡與馮翊王潤安德王延宗及元文遙奏後主云和士開不宜仍居內幷入奏太后因出士開爲兗州刺史太后欲留過百日叡正色不許太后令酌酒賜叡叡正色曰今論國家大事非爲卮酒言訖便出其夜叡方寢見一人長可丈五尺臂丈餘當門向牀以臂壓叡良久遂失甚惡之起坐歎曰大丈夫運命一朝至此旦欲入朝妻子咸諫止之叡曰社稷事重吾當以死効之吾寧死事先皇不忍見朝廷顛沛至殿門又有人

曰願勿入叡曰吾上不負天死亦無恨入見太后太后復以爲言叡執之彌固出至永巷被送華林園於雀離佛院令劉桃枝拉殺之時年三十六大霧三日朝野冤惜之其年詔聽以王禮葬竟無贈謚子整信嗣好學有行檢位儀同三司後終於長安

清河王岳字洪略神武從父弟也父翻字飛雀以器度知名卒於侍御中散元象中贈假黃鉞大將軍太傅太尉錄尚書事謚孝宣公岳幼孤貧人未之知長而敦直姿貌嶷然深沉有器量初居洛邑神武每使入洛必止岳舍岳母山氏嘗夜起見神武室中無火而有光移於別室如前所

見怪之詣卜者筮遇乾之大有占者曰吉易稱飛龍在天大人造也貴不可言山氏歸報神武神武後起岳於信都山氏謂岳曰赤光之瑞今當驗矣汝可從之岳遂往信都神武見之大悅及戰於韓陵神武將中軍高昂將左軍岳將右軍中軍敗岳舉麾大呼橫衝賊陣神武因大破賊以功除衛將軍左光祿大夫封清河郡公母山氏封郡君授女侍中入侍皇后天平二年除侍中六州軍事都督尋加開府岳辟引時賢以為僚屬論者美之尋授使持節六州大都督冀州大中正俄拜京畿大都督其六州事悉隸京畿時神武統務晉陽岳與侍中孫騰等京師輔政岳性至孝母疾衣不解帶及遭喪去職哀毀骨立神武憂之每日遣人勞勉尋起復本位歷冀晉二州刺史西南道大都督有綏邊之稱及神武崩侯景叛梁武乘間遣其貞陽侯明於寒山擁泗水灌彭城與景為犄角聲援岳摠諸軍南討與行臺慕容紹宗擊破明禽之景仍於渦陽與左衛將軍劉豐等相持岳又破之以功除太尉又統慕容紹宗劉豐等攻王思政於長社岳引洧水灌城紹宗劉豐為思政所獲西魏出兵援思政岳內外防禦城不沒者三板會文襄親臨數日尅城獲思政等以功別封真定縣男文襄以為己功故賞典不弘文襄崩文宣出撫晉陽令岳以本官兼

尚書左僕射留鎮鄴天保初進封清河郡王五年加太保尋為西南道大行臺統司徒潘相樂等救江陵師次義陽西魏克荊州因略地克郢州獲梁郢州刺史陸法和送鄴詔岳旋師岳自討寒山長社及出隨陸並有功威名彌重性華侈尤悅酒色歌姬舞女陳鼎擊鍾諸王皆莫及初高歸彥少孤神武令岳撫養輕其年幼情禮甚薄歸彥內銜之及歸彥為領軍岳謂其德己更倚仗之歸彥密構其短奏岳造城南大宅僭擬為永巷但無闕耳帝後夜行見壯麗意不平仍屬帝召鄴下婦人薛氏入宮而岳先嘗迎之至宅由其姊也帝縣薛氏姊而鋸殺之讓岳以為姦人女岳曰臣本欲取之嫌其輕薄非姦也帝益怒使高歸彥就宅賜以鴆岳曰臣無罪彥曰飲之飲而薨朝野惜之時年三十四詔大鴻臚護喪事贈太宰太傅假黃鉞給轀輬車謚曰昭武敕以城南宅為莊嚴寺初岳與神武經綸天下家有私兵戎器儲甲千餘領文襄末岳表求納之文襄推心相任不許文宣時亦頻請納又不許將薨遺表謝恩并請上甲弊畢方許納焉皇建中配享文襄廟庭後歸彥反武成知其前譖以歸彥良賤百口贈岳家贈岳太師太保餘如故子勱

勱字敬德幼聰敏美風儀以仁孝聞七歲襲爵清河王十

四為青州刺史歷祠部尚書開府儀同三司改封安樂侯性剛直有才幹斛律光雅敬之每征伐則引為副遷侍中尚書右僕射及後主為周師所敗勱奉太后歸鄴時宦官放縱儀同苟子溢尤幸勱將斬以徇太后救之乃得釋劉文殊竊謂勱曰子溢之徒言成禍福何得如此勱攘袂曰今西軍日侵朝貴多叛正由此輩弄權若今日殺之明日就誅無恨文殊甚愧之勱勸後主五品已下家累悉置三臺上脅之曰若戰不捷則燒之此輩必死戰乃可捷也後主不從遂棄鄴東遷勱恒後殿為周軍所得武帝與語大悅因問齊亡所由勱發言流涕悲不自勝帝為改容授開

府儀同三司隋文帝為丞相謂曰齊亡由任邪佞公父子忠良聞於隣境宜善自愛勱拜謝曰勱亡齊末屬不能扶危定傾既蒙獲宥已多優幸況濫叨名級致速官謗帝甚器之再遷楚州刺史城北有伍子胥廟其俗敬鬼祈者必以牛酒至破產業勱歎曰子胥賢者豈宜損百姓乎告諭所部自是遂止百姓賴之開皇七年轉光州刺史上表曰陳氏數年已來荒悖滋甚天厭亂德祆寔人興或空裏時有大聲或行路共傳鬼怪或刳人肝以祠天狗或自捨身以厭祆訛人神怨憤怪異薦發臣以庸才猥蒙朝寄頻歷藩守與其隣接密邇仇讎知其動靜天討有罪此即其時若戎車雷動戈船電邁臣雖駑怯請効鷹犬并上平陳五策帝嘉之答以優詔及大舉伐陳以勱為行軍總管從宜陽公王世積下陳江州以功拜上開府賜物三千段時隴右諸羌數為寇亂朝廷以勱有威名拜洮州刺史下車大崇威惠人夷悅附豪猾屏迹路不拾遺以善政稱後吐谷渾來寇勱時遇疾不能拒戰賊遂大掠而去憲司奏勱亡戶口坐免卒于家大唐襃顯前代名臣追贈都督四州諸軍事定州刺史子士廉最知名

廣平公盛神武從叔祖也寬厚有長者風神武起兵於信都盛來赴以為中軍大都督封廣平郡公歷位司徒太尉

天平三年薨於位贈假黃鉞太尉太師錄尚書事無子以兄子子瑗嗣天保初改封平昌王卒於魏尹

陽州公永樂神武從祖兄子也太昌初封陽州縣伯進爵為公累遷北豫州刺史河橋之戰司徒高昂失利奔退永樂守洛陽南城昂走趣城南西軍追者將至永樂不開門昂遂為西軍所禽神武大怒杖之二百後罷豫州家產不立神武問其故對曰裴監為長史辛公正為別駕受王委寄斗酒隻雞不敢入神武乃以永樂為濟州仍以監公正為長史別駕謂永樂曰爾勿大貪小小義取莫復畏永樂至州監公正諫不見聽以狀啓神武神武封啓以示永樂

然後知二人清直竝擢用之永樂卒於州贈太師太尉錄尚書事謚曰武昭無子從兄思宗以第二子孝緒為後襲爵天保初改封脩城郡王永樂弟長弼小名阿伽性麤武出入城市好毆擊行路時人皆呼為阿伽郎君以宗室封廣武王時有天恩道人至凶暴橫行閭肆後入長弼黨專以鬬為事文宣竝收掩付獄天恩等十餘人皆棄市長弼鞭一百尋為南營州刺史在州無故自驚走叛亡入突厥竟不知死所

襄樂王顯國神武從祖弟也無才伎直以宗室謹厚天保元年封襄樂郡王位右衞將軍卒

上洛王思宗神武從子也性寬和頗有武幹天保初封上洛郡王歷位司空太傅薨於官

子元海累遷散騎常侍願處山林修行釋典文宣許之乃入林慮山經二年絕棄人事志不能固自啓求歸徵復本任便縱酒肆情廣納姬侍又除領軍將軍器小志大頗以智謀自許皇建末孝昭幸晉陽武成居守元海以散騎常侍留典機密初孝昭之誅楊愔等謂武成云事成以汝為皇太弟及踐位乃使武成在鄴主兵立子百年為皇太子武成甚不平先是恒留濟南於鄴除領軍庫狄伏連為幽州刺史以斛律豐樂為領軍以分武成之權武成留伏連而不聽豐樂視事乃與河陽王孝瑜偽獵謀於野暗乃歸先是童謠云中興寺内白鳧翁四方側聽聲雍雍道人聞之夜打鍾時丞相府在北城中即舊中興寺也鳧翁謂雄鷄蓋謂武成小字步落稽也道人濟南王小名也打鍾言將被擊也既而太史奏言北城有天子氣昭帝以為濟南應之乃使平秦王歸彥之鄴迎濟南赴并州武成先告元海并問自安之計元海曰皇太后萬福至尊孝性非常殿下不須別慮武成曰此豈我推誠之意邪元海乞還省一夜思之武成即留元海後堂元海達旦不眠唯遶床徐步夜漏未盡武成遽出曰神算如何答云夜中得三策恐不

堪用耳因説梁孝王懼誅入關事請乘數騎入晉陽先見太后求哀後見主上請去兵權以死為限求不干朝政必保太山之安此上策也若不然當具表云威權大盛恐取謗衆口請青齊二州刺史沉靖自居必不招物議此中策也更問下策曰發言即恐族誅因逼之答曰濟南世嫡主上假太后令而奪之今集文武示以此敕執豐樂斬歸彥尊濟南號令天下以順討逆此萬世一時也武成大悅狐疑竟未能用乃使鄭道謙卜之皆曰不利舉事靜則吉又召曹魏祖問之國事對曰當有大凶又時有林慮令在潘知占候密謂武成曰宮車當晏駕殿下為天下主武成拘

之於內以候之又令巫覡卜之多云不須舉兵自有大慶武成乃奉詔令數百騎送濟南於晉陽及孝昭崩武成即位除元海侍中開府儀同三司太子詹事河清二年元海爲和士開譖被馬鞭六十責云爾在鄴城說我以弟反兄幾許不義以鄴城兵馬抗并州幾許無智不義無智若爲可使出爲兗州刺史元海後妻陸太姬甥也故尋被追任使武平中與祖珽共執朝政元海多以太姬密語告珽珽求領軍元海不可珽乃以其所告報太姬姬怒出元海爲鄭州刺史鄴城將敗徵爲尚書令周建德七年於鄴城謀逆伏誅元海好亂樂禍然詐仁慈不飲酒噉肉文宣天保

末年敬信內法乃至宗廟不血食皆元海所爲及爲右僕射又說後主禁屠宰斷酤酒然本心非靖故終致覆敗

思宗弟思好本浩氏子也思宗養以爲弟遇之甚薄少以騎射事文襄及文宣受命爲左衞大將軍本名思孝天保五年討蠕蠕文宣悅其驍勇謂曰爾擊賊如鶻入鴉群宜思好事故改名焉累遷尚書令朔州道行臺朔州刺史開府南安王甚得邊朔人心後主時斫骨光弁奉使至州思好迎之甚謹光弁倨傲思好因心銜恨武平五年遂舉兵反與并州諸貴書曰主上少長深宮未辨人之情僞昵近凶狡疏遠忠良遂使刀鋸刑餘貴溢軒階商胡醜類擅權帷幄剝削生靈劫掠朝市闇於聽受專行忍害幽母深宮無復人子之禮二弟殘戮頻絕孔懷之義仍縱子立奪馬於東門光弁擎鷹於西市駿龍得儀同之號逍遙受郡君之名犬馬班位榮冠軒冕人不堪役思長亂階趙郡王叡寔曰宗英社稷惟寄左丞相斛律明月世爲元輔威著鄰國並非有辜奄見誅殄孤既忝預皇枝實蒙殊獎今便擁率義兵指除君側之害幸悉此懷無致疑惑行臺郎王行思之辭也思好至陽曲自號大丞相置百官以行臺左丞王尚之爲長史武衞趙海在晉陽掌兵時倉卒不暇奏矯詔發兵拒之軍士皆曰南安王來我輩唯須唱萬歲奉迎

耳帝聞變使唐邕莫多婁敬顯劉桃枝中領軍庫狄士文馳之晉陽帝勒兵續進思好軍敗與行思投水而死其麾下二千人桃枝圍之且殺且招終不降以至於盡時帝在道叱奴世安自晉陽送露布於城平都遇斛斯孝卿孝卿誘使食因馳詣行宮叫已了帝大懽左右呼萬歲良久世安乃以狀自陳帝曰告爾何物事乃得坐食於是賞孝卿而免世安罪暴思好屍七日然後屠剝焚之烹尚之於鄴市令內參謝其妃於宮內仍火焚殺之思好反前五旬有人告其謀反韓長鸞女適思好子故奏言有人誣告諸貴事相擾動不殺無以息後乃斬之思好既誅死者弟伏闕

下詐求贈兄長鸞不為通也
平秦王歸彥字仁英神武族弟也父徽魏末坐事當徙涼
州行至河渭間遇賊以軍功得免流因於河州積年以解
胡言為西域大使得胡師子以功行河東事遂死焉徽於
神武舊恩甚篤及神武平京洛迎徽喪與穆同營葬贈司
徒謚曰文宣初徽嘗過長安市與婦人王氏私通而生歸
彥至是年已九歲神武追見之撫對悲喜稍遷徐州刺史
歸彥少質朴後更改節放縱好聲色朝夕酣歌妻魏上黨
王元天穆女也貌不美而甚嬌妬數忿爭密啓文宣求離
事寢不報天保元年封平秦王嫡妃康及所生母王氏竝

為太妃善事二母以孝聞徵為兼侍郎稍被親寵以討侯
景功別封長樂郡公除領軍大將軍領軍加大自歸彥始
也文宣誅高德正金寶財貨悉以賜之乾明初拜司徒仍
摠知禁衛濟南自晉陽之鄴楊愔宣敕留從駕兵五千於
西中陰備非常至鄴數日歸彥乃知之由是陰怨楊燕等
楊燕等欲去二王問計於歸彥歸彥詐喜請共元海量之
元海亦口許心違馳告長廣長廣於是誅楊燕等孝昭將
入雲龍門都督成休寧列仗拒而不內歸彥諭之然後得
入進向栢閣永巷亦如之孝昭踐阼以此彌見優重每入
常在平原王段韶上以為司空兼尚書令齊制宮內唯天

子紗帽臣下皆戎帽特賜歸彥紗帽以寵之孝昭崩歸彥
從晉陽迎武成於鄴及武成即位進位太傅領司徒常聽
將私部曲三人帶刀入仗從武成還都諸貴戚等競要之
其所往處一坐盡傾歸彥既地居將相志氣盈滿發言陵
侮傍若無人議者以威權震主必為禍亂上亦尋其前翻
覆之迹漸忌之高元海畢義雲高乾和等咸數言其短上
幸歸彥家召魏收對御作詔草欲加右丞相收曰至尊以
右丞相登帝位今為歸彥威名太盛故出之豈可復加此
號乃拜太宰冀州刺史即乾和繕寫晝日仍敕門司不聽
輒內時歸彥在家縱酒經宿不知至明欲參至門知之大

驚而退及通名謝敕令早發別賜錢帛鼓吹醫藥事事周
備又敕武職督將悉送至清陽宮拜而退莫敢共語唯與
趙郡王叡久語時無聞者至州不自安謀逆欲待受調訖
班賜軍士望車駕如晉陽乘虛入鄴為其郎中令呂思禮
所告詔平原王段韶襲之歸彥舊於南境置私驛聞軍將
逼報之便嬰城拒守先是冀州長史宇文仲鸞司馬李祖
挹別駕陳季璩中從事房子弼長樂郡守尉普興等疑歸
彥有異使連名密啓歸彥追而獲之遂收禁仲鸞等五人
仍竝不從皆殺之軍已逼城歸彥登城大叫云孝昭皇帝
初崩六軍百萬衆悉由臣手投身向鄴迎陛下當時不反

今日豈有異心正恨高元海畢義雲高乾和誑惑聖上疾忌忠良但爲殺此三人即臨城自刎其後城破單騎北走至交津見獲鎖送鄴帝令趙郡王叡私問其故歸彥曰使黃頷少兒牽挽我何可不反曰誰邪歸彥曰元海乾和豈是朝廷老宿如趙家老公時又詎懷怨於是帝又使讓焉對曰高元海受畢義雲宅用作本州刺史給後部鼓吹臣爲藩王太宰仍不得鼓吹正殺元海義雲而已上令都督劉桃枝牽入歸彥猶作前語望活帝命議其罪皆云不可赦乃載以露車銜枚面縛劉桃枝臨之以刃擊鼓隨之并子孫十五人皆棄市贈仁州刺史魏時山崩得石角二藏

在武庫文宣入庫賜從臣兵器特以二石角與歸彥謂曰爾事常山不得反事長廣得反反時將此角嚇漢歸彥額骨三道着幘不安文宣見之怒使以馬鞭擊其額血被面曰爾反時當以此骨嚇漢其言反竟驗云

武興王普字德廣歸彥兄歸義之子也性寬和有度量九歲歸彥自河州俱入洛神武使與諸子同游處天保初封武興郡王武平二年累遷司空六年爲豫州道行臺尚書令後主奔鄴就加太宰周師逼乃降卒於長安贈上開府豫州刺史長樂太守靈山字景嵩神武族弟也從神武起兵信都終長樂太守贈大將軍司空謚曰文宣子懿卒於武平鎮將無子文宣以靈山從父兄齊州刺史建國子伏護爲靈山後伏護字臣援粗有刀筆天統初累遷黃門侍郎伏護歷事數朝恒參機要而性嗜酒每多醉失末路逾劇乃至連日不食專事酣酒神識恍惚遂以卒贈兗州刺史建國族孫乂襲乂少謹武平末給事黃門侍郎隋開皇中爲太府少卿坐　事死

神武皇帝十五男武明婁皇后生文襄皇帝文宣皇帝孝昭皇帝襄城景王清武成皇帝愽陵文簡王濟王氏生永安簡平王浚穆氏生平陽靖翼王淹大爾朱氏生彭城景思王浟華山王凝韓氏生上黨剛肅王渙小尒朱氏生任

城王湝游氏生高陽康穆王湜鄭氏生馮翊王潤馬氏生漢陽敬懷王洽永安簡平王浚字定樂神武第三子也初神武納浚母當月而有孕及產浚疑非已類不甚愛之而浚早慧後更被寵年八歲謂博士盧裕曰祭神如神在爲有神邪無神邪對曰有浚曰有神當云祭神神在何煩如字景裕不能答及長嬉戲不節曾以屬請受納大見杖罰拘禁府獄既而見原後稍折節頗以讀書爲務元象中封永安郡公豪爽有氣力善騎射爲文襄所愛文宣性雌懦每參文襄有時涕出浚恒責帝左右何因不爲二兄拭鼻由是見銜累遷中書監兼侍中出爲青州刺史雖頗好畋

獄聰明矜恕上下畏悅之保定初進爵為王文宣末年多
酒浚謂親近曰二兄舊來不甚了了自登阼已後識解頓
進今因酒敗德朝臣無敢諫者大敵未滅吾甚以為憂欲
乘驛至鄴面諫不知用吾不人有知密以白帝又見銜八
年來朝從幸東山帝裸裎為樂雜以婦女又作狐掉尾戲
浚進言此非人主所宜帝甚不悅浚又於屏處召楊遵彥
譏其不諫帝時不欲大臣與諸王交通遵彥懼以奏帝大
怒曰小人由來難忍遂罷酒還宮浚尋還州又上書切諫
詔令徵浚浚懼禍謝疾不朝上怒馳驛收浚老幼泣送者
數千人至盛以鐵籠與上黨王渙俱寘北城地牢下飲食

溲穢共在一所明年帝親將左右臨穴歌謳令浚等和之
浚等惶怖且悲不覺聲戰帝為愴然因泣將赦之長廣王
湛先與浚不睦進曰猛獸安可出穴帝嘿然浚等聞之呼
長廣王小字曰步落稽皇天見汝左右聞者莫不悲傷浚
與渙皆有雄略為諸王所傾服帝恐為害乃自刺渙又使
壯士劉桃枝就籠亂刺槊每下浚渙輒以手拉折之號哭
呼天於是薪火亂投籠燒殺之填以石土後出皮髮皆盡
屍色如炭天下為之痛心後帝以其妃陸氏配儀同劉郁
捷舊帝蒼頭也以軍功見寵時令郁捷害浚故以配焉後
數日帝以陸氏先無寵於浚敕與離絕乾明元年贈太尉

無子詔以彭城王浟第二子準字茂則嗣
平陽靖翼王淹字子邃神武第四子也元象中封平陽郡
公累遷尚書左僕射天保初進爵為王歷位尚書開府儀
同三司司空太尉皇建初為太傅與彭城河間王並給仗
身羽林百人太寧元年遷太宰性沉謹以寬厚稱河清三
年薨於晉陽或云以酖終還葬鄴贈假黃鉞太宰錄尚書
事子德素嗣
彭城景思王浟字子深神武第五子也元象二年拜通直
散騎常侍封長樂郡公博士韓毅教浟書見浟筆迹未工
戲浟曰五郎書畫如此忽為常侍開國今日後宜更用心

浟正色答曰昔甘羅為秦相未聞能書凡人唯論才具何
如豈必勤勤筆迹博士當今能者何為不作三公時年蓋
八歲矣毅甚慙武定六年出為滄州刺史為政嚴察部內
肅然守令參佐下及胥吏行游往來皆自齎糧食浟纖介
知人間事有隰沃縣主簿張達嘗詣州夜投人舍食雞羹
浟察知之守令畢集浟對衆曰食雞羹何不還他價直也
達即伏罪合境號為神明又有一人從幽州來驢馱鹿脯
至滄州界脚痛行遲偶會一人為伴遂盜驢及脯去明旦
告州浟乃令左右及府僚吏分市鹿脯不限其價其主見
脯識之推獲盜者轉都督定州刺史時有人被盜黑牛背

上有白毛長史韋道建謂中從事魏道勝曰史君在滄州日禽姦如神若捉得此賊定神矣浟乃詐為上符市牛皮倍酬價直使牛主認之因獲其盜建等歎服又有老母姓王孤獨種菜三畝數被偷浟乃令人密往書菜葉為字明日市中看菜葉有字獲賊爾後境內無盜政化為當時第一天保初封彭城王四年徵為侍中人吏送別悲號有老公數百人相率具饌白浟曰自殿下至來五載人不識吏吏不欺人百姓有識已來始逢今化殿下唯飲此鄉水未食百姓食聊獻疏薄浟重其意為食一口七年轉司州牧選從事皆取文才士明剖斷者當時稱為美選州舊案五

百餘浟未暮悉斷盡別駕羊脩等恐犯權戚乃詣閤諮陳浟使告曰吾直道而行何憚權戚卿等當成人之美反以權戚為言脩等慚悚而退後加特進兼司空太尉州牧如故太妃薨解任尋詔復本官俄拜司空兼尚書令濟南嗣位除開府儀同三司尚書令領大宗正卿皇建初拜大司馬兼尚書令轉太保武成入承大業遷太師錄尚書浟明練世務果於斷決事無大小咸悉以情趙郡李公統預高歸彥之逆其母崔氏即御史中丞崔昂從父姊兼右僕射魏收之內妹也依令年出六十例免入官崔增年陳訴所司以昂收故崔遂獲免浟擿發其事昂等以罪除名自後

車駕巡幸浟常留鄴河清三年三月群盜白子禮等數十人謀劫浟為主詐稱使者徑向浟第至內室稱敕呼浟牽上馬臨以白刃欲引向南殿浟大呼不從遂遇害時年三十二朝野痛惜焉初浟未被劫前其妃鄭氏夢人斬浟頭持去惡之數日而浟見殺贈假黃鉞太師太尉錄尚書事給轀輬車子寶德嗣位開府兼尚書左僕射

上黨剛肅王渙字敬壽神武第七子也天姿雄傑俶儻不群雖在童幼恒以將略自許神武壯而愛之曰此兒似我及長力能扛鼎材武絕倫每謂左右曰人不可無學但要不為博士耳故讀書頗知梗概而不甚耽習元象中封平

原郡公文襄之遇賊渙年尚幼在西學聞宮中讙驚曰大兄必遭難矣彎弓而出武定末除冀州刺史在州有美政天保初封上黨王歷中書令尚書左僕射與常山王演等築伐惡諸城遂聚鄴下輕薄陵犯郡縣為法司所糺文宣戮其左右數人渙亦被譴六年率衆送梁王蕭明還江南仍破東關斬梁特進裴之橫等威名甚盛八年錄尚書事初術士言亡高者黑衣由是自神武後每出行不欲見桑門為黑衣故也是時文宣幸晉陽以所忌問左右曰何物最黑對曰莫過漆帝以渙第七為當之乃使庫真都督破六韓伯昇之鄴徵渙渙至紫陌橋殺伯昇以逃憑河而度

土人執以送帝鐵籠盛之與永安王浚同置地牢下歲餘與浚同見殺時年二十六以其妃李氏配馮文洛是帝家舊奴積勞位至刺史帝令文洛等殺浚故以其妻妻焉至乾明元年收二王餘骨葬之贈司空謚曰剛肅有勑李氏還第而文洛尚以故意脩飾詣李李盛列左右引文洛立於階下數之曰遭難流離以至大辱志操寡薄不能自盡幸蒙恩詔得反藩闈汝是誰家執奴猶欲見侮於是杖之一百流血灑地渙無嫡子庶長子寶嚴以河清二年襲爵位終金紫光祿大夫開府儀同三司

襄城景王清神武第八子也容貌甚美弱年有器望元象中封章武郡公天保初封襄城郡王二年春薨齊氏諸王選國臣府佐多取富商群小鷹犬少年唯襄城廣寧蘭陵王等頗引文藝清識之士當時以此稱之乾明元年二月贈假黃鉞太師太尉録尚書事無子詔以常山王演第二子亮嗣

亮字彥道性恭孝美風儀好文學爲徐州刺史坐奪商人財物免官後主敗奔鄴亮從焉遷兼太尉太傅周師入鄴亮於啓夏門拒守諸軍皆不戰而敗周軍於諸城門皆入亮軍方退走亮入太廟行馬內慟哭拜辭然後爲周軍所執入關依例授儀同分配遠邊卒於龍州

任城王湝神武第十子也少明慧天保初封任城王武成時車駕還鄴常令湝鎮晉陽摠并省事歷司徒太尉并省録尚書天統三年拜太保并州刺史別封正平郡公時有婦人臨汾水浣衣有乘馬人換其新靴馳而去者婦人持故靴詣州言之湝召居城諸嫗以靴示之紿曰有乘馬人於路被賊劫害遺此靴焉得無親屬乎一嫗撫膺哭曰兒昨著此靴向妻家如其語捕獲之時稱明察武平初遷太師司州牧出爲冀州刺史加太宰遷右丞相都督青州刺史湝頻牧大藩雖不潔已然寬恕爲吏人所懷五年青州人崔蔚波等夜襲州城湝部分倉卒之際咸得齊整擊賊

大破之拜左丞相轉瀛州刺史及後主奔鄴加湝大丞相及安德王稱尊號於晉陽使劉子昂脩啓於湝至尊出奔宗廟既重群公勸迫權主號令事寧終歸叔父湝曰我人臣何容受此啓執子昂送鄴帝至濟州禪位於湝竟不達湝與廣寧王孝珩於冀州召募得四萬餘人拒周軍周齊王憲來伐先遣送書并赦詔湝並沉諸井戰敗湝孝珩俱被禽憲曰任城王何苦至此湝曰下官神武帝子兄弟十五人幸而獨存逢宗社顛覆今日得死無愧墳陵憲壯之歸其妻子將至鄴城湝馬上大哭自投于地流血滿面至長安尋與後主同死妃盧氏賜斛斯徵盧蓬首垢面長齋

不言笑徵放之乃爲尼隋開皇三年表請文帝葬涾及五
子於長安北原

高陽康穆王湜神武第十一子也天保元年封十年稍遷尚書令以滑稽便辟有寵於文宣在左右行杖以撻諸王太后深銜之其妃父護軍長史張晏之嘗要道拜湜湜不禮焉帝問其故對曰無官職漢何須禮帝於是擢拜晏之爲徐州刺史文宣崩湜兼司徒導引梓宮吹笛云至尊頗知臣不又擊胡鼓爲樂太后杖湜百餘未幾薨太后哭之哀曰我恐其不成就與杖何期帶創死也乾明初贈假黃鉞太師司徒録尚書事子士義襲爵

博陵文簡王濟神武第十二子也天保元年封濟嘗從文宣巡幸在路忽憶太后遂逃歸帝怒臨以白刃因此驚悦歴位太尉河清初出爲定州刺史天統五年在州語人云計次第亦應到我後主聞之陰使人殺之贈假黃鉞太尉録尚書事子智襲爵

華山王凝神武第十三子也天保元年封新平郡王九年改封安定十五年封華山歴位中書令齊州刺史就加太傅薨於州贈左丞相太師録尚書凝諸王中最爲孱弱妃王氏太子洗馬王洽女也與蒼頭姦凝知而不能限禁後事發王氏賜死詔杖凝一百其愚如此

馮翊王潤字子澤神武第十四子也幼時神武稱曰此吾家千里駒也天保初封歴位東北道行臺右僕射都督定州刺史潤美姿儀年十四五母鄭妃與之同寢有穢雜之聲及長廉慎方雅習於吏職至於摘發隱僞姦吏無所匿其情開府王回洛與六州大都督獨孤枝侵竊官田受納賄賂潤按舉其事二人表言王出送臺使登魏孝文舊壇南望歎息不測其意武成使元文遥就州宣敕曰馮翊王少小謹慎在州不爲非法朕信之熟矣登高遠望人之常情鼠輩欲輕相間構曲生眉目於是回洛決鞭二百獨孤枝決杖一百尋爲尚書令領太子少師歴司徒太尉大司

馬司州牧太保河南道行臺録尚書別封文成郡公太師太宰復爲定州刺史薨贈假黃鉞左丞相子茂德嗣

漢陽敬懷王洽字敬延神武第十五子也天保元年封五年薨年十三乾明元年贈太保司空無子以任城王第二子建德爲後

論曰趙郡王以跗萼之親當顧命之重安夫一德固此貞心踐畏途而不疑履危機而莫懼以斯忠義取斃凶慝豈道光四海不遇周成之明將朝去三仁終見殷墟之禍不然則邦國殄瘁何若斯之速歟清河屬經綸之期青雲自致出將入相翊成鴻業雖漢朝劉賈魏室曹洪俱未足論

其風烈適足以彰文宣之失德焉思好屬昏亂之機歸彥因猜嫌之釁怨尺鄴都以速其禍智小謀大理則宜然神武諸王多有聲譽未安以諫爭遇禍固齊室之比干彭城涖人布政乃與循良比迹求之近古未為易遇上黨申威淮海受辱牢穽以英俠之氣迫悲歌之思欲食藜藿之羹處茅茨之下其可得乎馮翊廉慎開明安被讒慝以武成陰忌之朝而見免夫角弓之刺已為幸矣

列傳第三十九　北史五十一

列傳第四十　北史五十二

齊宗室諸王下

文襄諸子

文宣諸子

孝昭諸子

武成諸子

後主諸子

文襄六男文敬元皇后生河間王孝琬宋氏生河南王孝瑜王氏生廣寧王孝珩蘭陵王長恭不得母氏姓陳氏生安德王延宗燕氏生漁陽王紹信

河南康獻王孝瑜字正德文襄長子也初封河南郡公齊受禪進爵為王歷位中書令司州牧初孝瑜養於神武宮中與武成同年相愛將誅楊愔等孝瑜預其謀及武成即位禮遇特隆帝在晉陽手敕之曰吾飲汾清二盃勸汝於鄴酌兩盃其親愛如此孝瑜容貌魁偉精彩雄毅謙慎寬厚兼愛文學讀書敏速十行俱下覆棊不失一道初文襄於鄴東起山池游觀時俗眩之孝瑜遂於第作水堂龍舟植幡矟於舟上數集諸弟宴射為樂武成幸其第見而悅之故盛興後園之翫於是貴賤慕斆處處營造武成嘗使和士開與胡后對坐握槊孝瑜諫曰皇后天下之母不可

與臣下接手帝深納之後又言趙郡王父死非命不可而親由是斂及士開皆側目士開密告其奢僭斂又言山東唯聞河南王不聞有陛下帝由是忌之尒朱御女名摩女本事太后孝瑜先與之通後因太子婚夜孝瑜竊與之言武成大怒頓飲其酒三十七盃體至肥大腰帶十圍使婁子彥載以出酖之於車至西華門煩熱躁悶投水而絕贈太尉錄尚書事子弘節嗣孝瑜母魏吏部尚書宋弁孫也本魏潁川王斌之妃為文襄所納生孝瑜孝瑜還第為太妃孝瑜妃盧正山女武成胡后之內姊也孝瑜薨後宋太妃為盧妃所譖訴武成殺之

廣寧王孝珩文襄第二子也歷位司州牧尚書令司空司徒錄尚書大將軍大司馬孝珩愛賞人物學涉經史好綴文有技藝嘗於聽事壁自畫一蒼鷹見者皆以為真又作朝士圖亦當時之妙絕後主自晉州敗奔鄴詔王公議於含光殿孝珩以大敵既深事藉機變宜使任城王領幽州道兵入土門揚聲趣并州獨孤永業領洛州道兵趣潼關揚聲取長安臣請領京畿兵出滏口鼓行逆戰敵聞南北有兵自然潰散又請出宮人寶物賞將士帝不能用承光即位以孝珩為太宰與呼延族莫多婁敬顯尉相願同謀期二月五日孝珩於千秋門斬高阿那肱相願在內以禁兵應之族與敬顯自游豫園勒兵出既而阿那肱從別宅取便路入宮事不果乃求出拒西軍謂阿那肱韓長鸞陳德信等云朝廷不賜遣擊賊豈不畏孝珩反邪破宇文邕遂至長安反時何與國家事以今日之急猶作如此猜高韓恐其變出孝珩為滄州刺史至州以五千人會任城王於信都共為匡復計周齊王憲來伐兵弱不能敵怒曰由高阿那肱小人吾道窮矣齊叛臣乞扶令和以矟刺孝珩墜馬奴白澤以身扞之孝珩猶傷數處遂見虜齊王憲問孝珩齊亡所由孝珩自陳國難辭淚俱下俯仰有節憲為之改容親為洗瘡傅藥禮遇甚厚孝珩獨歎曰李穆叔

言齊氏二十八年今果然矣自神武皇帝以外吾諸父兄弟無一人得至四十者命也嗣君無獨見之明宰相非柱石之寄恨不得握兵符受廟筭展我心力耳至長安依例受開府縣侯後周武帝在雲陽宴齊君臣自彈胡琵琶命孝珩吹笛辭曰亡國之音不足聽也固命之舉笛裁至口淚下嗚咽武帝乃止其年十月疾甚啟歸葬山東從之尋卒還葬鄴

河間王孝琬文襄第三子也天保元年封天統中累遷尚書令初突厥與周師入太原武成將避之而東孝琬叩馬諫請委趙郡王部分之必整齊帝從其言孝琬免胄將出

帝使追還之周軍退拜并州刺史孝琬以文襄世嫡驕矜自負河南王之死諸王在宮内莫敢舉聲唯孝琬大哭而出又怨執政爲草人而射之和士開與祖珽譖之云草人擬聖躬也又前突厥至州孝琬脫兜鍪抵地云豈是老嫗須着此此言屬大家也初魏世謠言河南種穀河北生白楊樹頭金雞鳴珽以説曰河南河北河間也金雞鳴孝琬將建金雞而大赦帝頗惑之時孝琬得佛牙置於第内夜有神光照玄都法順請以奏不從帝聞使搜之得填庫矟幡數百帝聞以爲反狀訊其諸姬有陳氏者無寵誣對曰孝琬畫作陛下形哭之然實是文襄像孝琬時時對之泣

帝怒使武衛赫連輔玄倒鞭撾之孝琬呼阿叔帝怒曰誰是爾叔敢喚我作叔孝琬曰神武皇帝嫡孫文襄皇帝嫡子魏孝靜皇帝外甥何爲不得喚作叔也帝愈怒折其兩脛而死瘞諸西山帝崩後乃改葬子正禮嗣幼聰穎能誦左氏春秋齊亡遷綿州卒

蘭陵武王長恭一名孝瓘文襄第四子也累遷并州刺史突厥入晉陽長恭盡力擊之芒山之敗長恭爲中軍率五百騎再入周軍遂至金墉之下被圍甚急城上人弗識長恭免胄示之面乃下弩手救之於是大捷武士共歌謠之爲蘭陵王入陣曲是也歷司州牧青瀛二州頗受財貨後爲太尉與段韶討柏谷又攻定陽韶病長恭總其衆前後以戰功別封鉅鹿長樂樂平高陽等郡公芒山之捷後主謂長恭曰入陣太深失利悔無所及對曰家事親切不覺遂然帝嫌其稱家事遂忌之及在定陽其屬尉相願謂曰王既受朝寄何得如此貪殘長恭未答相願曰豈不由芒山大捷恐以威武見忌欲自穢乎長恭曰然相願曰朝廷若忌王於此犯便當行罰求福反以速禍長恭泣下前膝請以安身之術相願曰王前既有勳今復告捷威聲大重宜屬疾在家勿預時事長恭然其言未能退及江淮寇擾恐復爲將歎曰我去年面腫今何不發自是有疾不療武

平四年五月帝使徐之範飲以毒藥長恭謂妃鄭氏曰我忠以事上何辜於天而遭鴆也妃曰何不求見天顏長恭曰天顏何由可見遂飲藥而薨贈太尉長恭貌柔心壯音容兼美爲將躬勤細事每得甘美雖一瓜數果必與將士共之初在瀛州行參軍陽士深表列其贓免官及討定陽士深在軍恐禍及長恭聞之曰吾本無此意乃求小失杖深二十以安之嘗入朝而出僕從盡散唯有一人長恭獨還無所譴罰武成賞其功命賈護爲買妾二十人唯受其一有千金責券臨死悉燔之

安德王延宗文襄第五子也母陳氏廣陽王妓也延宗幼

為文宣所養年十二猶騎置腹上令溺己臍中抱之曰可憐止有此一箇問欲作何王對曰欲作衝天王文宣問楊愔愔曰天下無此郡名願使安於德於是封安德焉為定州刺史於樓上大便使人在下張口承之以豕腊糝和人糞以飼左右有難色者鞭之孝昭帝聞之使趙道德就州杖之一百道德以延宗受杖不謹又加三十又以囚試刀驗其利鈍驕縱多不法武成使撻之殺其昵近九人從是深自改悔蘭陵王芒山凱捷自陳兵勢諸兄弟咸壯之延宗獨曰四兄非大丈夫何不乘勝徑入使延宗當此勢關西豈得復存及蘭陵死妃鄭氏以頸珠施佛廣寧王使贖

之延宗手書以諫而淚滿紙河間死延宗哭之淚赤又為草人以像武成鞭而訊之曰何故殺我兄奴告之武成覆卧延宗於地馬鞭撾之二百幾死後歷司徒太尉及平陽之役後主自禦之命延宗率右軍先戰城下禽周開府宗挺及大戰延宗以麾下再入周軍莫不披靡諸軍敗延宗獨全軍後主將奔晉陽延宗言大家但在營莫動以兵馬付臣臣能破之帝不納及至并州又聞周軍已入鼠雀谷乃以延宗為相国并州刺史總山西兵事謂曰并州阿兄取兒今去也延宗曰陛下為社稷莫動臣為陛下出死力戰駱提婆曰至尊計已成王不得輒沮后主竟奔鄴在并

將卒咸請曰王若不作天子諸人實不能與王出死力延宗不得已即皇帝位下詔曰武平孱弱政由宦豎釁結蕭墻盜起疆埸斬關夜遁莫知所之則我高祖之業將墜於地王公卿士猥見推逼今便祗承寶位可大赦天下改武平七年為德昌元年以晉昌王唐邕為宰輔齊昌王莫多婁敬顯沭陽王和阿于子右衛大將軍段暢武衛將軍相里僧伽開府韓骨胡侯莫陳洛州為爪牙衆聞之不召而至者前後相屬延宗容貌充壯坐則仰偃則伏人皆笑之及是赫然奮發氣力絕異馳騁行陣勁捷若飛傾府藏及後宮美女以賜將士籍沒內參千餘家後主謂近臣曰我

寧使周得并州不欲安德得之左右曰理然延宗見士卒皆親執手陳辭自稱名流涕嗚噎衆皆爭為死童兒女子亦乘屋攘袂投甎石以禦周軍特進開府那盧安生守太谷以萬兵叛周軍圍晉陽望之如黑雲四合延宗命莫多婁敬顯韓骨胡拒城南和阿于子段暢拒城東延宗親當周齊王於城北奮大矟往來督戰所向無前尚書令史沮山亦肥大多力捉長刀步從殺傷甚多武衛蘭芙蓉綦連延長皆死於陣和阿于子段暢以千騎投周軍周軍攻東門際昏遂入進兵焚佛寺門屋飛焰照天地延宗與敬顯自門入夾擊之周軍大亂爭門相填齊人後斫刺死者二

千餘人周武帝左右略盡自拔無路承御上士張壽輙牽馬頭賀拔佛恩以鞭拂其後以崎嶇僅得出齊人奮擊幾中焉城東阸曲佛恩及降者皮子信爲之導僅免時四更也延宗謂周武帝崩於亂兵使於積屍中求長鬣者不得時齊人旣勝入坊飲酒盡醉卧延宗不復能整周武帝出城飢甚欲爲遁逸計齊王憲及柱國王誼諫以爲去必不免延宗叛將段暢亦盛言城內空虛周武帝乃駐馬鳴角收兵俄傾復振詰旦還攻東門克之又入南門延宗戰力屈走至城北於人家見禽周武帝自投下馬執其手延宗辭曰死人手何敢迫至尊帝曰兩國天子有何怨惡直爲

百姓來耳勿怖終不相害使復衣帽禮之先是高都郡有山焉絕壁臨水忽有墨書云齊亡延宗洗視逾明帝使人就寫使者改亡爲上至是應焉延宗敗前在鄴聽事以十二月十三日晡時受敕守幷州明日建尊號不間日而被圍經宿至食時而敗年號德昌好事者言其得二日云旣而周武帝問取鄴計辭曰亡國大夫不可以圖存此非臣所及強問之乃曰若任城王援鄴臣不能知若今主自守陛下兵不血刃及至長安周武與齊君臣飲酒令後主起舞延宗悲不自持屢欲仰藥自裁傅婢苦執諫而止未幾周武誣後主及延宗等云遙應穆提婆反使並賜死皆自陳無之延宗攘袂泣而不言以椒塞口而死明年李妃收殯之後主之傳位於太子也孫正言竊謂人曰我昔武定中爲廣州士曹聞襄城人曹普演有言高王諸兒阿保當爲天子至高德之承之當滅阿保謂天保德之謂德昌也承之謂後主年號承光其言竟信云

漁陽王紹信文襄第六子也歷位特進開府中領軍護軍青州刺史行過漁陽與大富人鍾長命同牀坐太守鄭道蓋來謁長命欲起紹信不聽曰此何物小人主人公爲起乃與長命結爲義兄弟妃與長命妻爲姊妹責其閤家長幼皆有贈賄鍾氏因此遂貧齊滅死於長安

文宣五男李后生廢帝及太原王紹德馮世婦生范陽王紹義裴嬪生西河王紹仁顏嬪生隴西王紹廉

太原王紹德文宣第二子也天保末爲開府儀同三司武成因怒李后罵紹德曰尒父打我時竟不來救以刀環築殺之親以土埋之游豫園武平元年詔以范陽王子辯才爲後襲太原王

范陽王紹義文宣第三子也初封廣陽徙封范陽歷位侍中清都尹好與群小同飲擅致內參打殺博士任方榮武成嘗杖之二百送付昭信后后又杖一百及後主奔鄴以紹義爲尚書令定州刺史周武帝克幷州以封輔相爲北

朔州總管此地齊之重鎮諸勇士多聚焉前長史趙穆司馬王當崗等謀執輔相迎任城王於瀛州事不果迎紹義紹義至馬邑輔相及其屬韓阿各奴等十人皆齊叛臣自肆州以北城戍二百八十餘盡從輔相及紹義至皆反焉紹義與靈州刺史袁洪猛引兵南出欲取并州至新興而肆州已爲周守前隊二儀同以所部降周周兵擊顯州執刺史陸瓊又攻陷諸城紹義還保北朔周將宇文神舉軍逼馬邑紹義遣杜明達拒之兵大敗紹義曰有死而已不能降人遂奔突厥衆三千家令之曰欲還者任意於是哭拜別者太半突厥他鉢可汗謂文宣爲英雄天子以紹

義重踝似之甚見愛重凡齊人在北者悉隸紹義高寶寧在營州表上尊號紹義遂即皇帝位稱武平元年以趙穆爲天水王他鉢聞寶寧得平州亦招諸部各舉兵南向云共立范陽王作齊帝爲其報讎周武帝大集兵於雲陽將親北伐遇疾暴崩紹義聞之以爲天贊已盧昌期據范陽亦表迎紹義俄而周將宇文神舉攻滅昌期其日紹義適至幽州聞周總管出兵于外欲乘虛取薊城列天子旌旗登燕昭王冢乘高望遂部分兵衆神舉遣大將軍宇文恩將四千人馳救幽州半爲齊軍所殺紹義聞范陽城陷素服舉哀回軍入突厥周人購之於他鉢又使賀若誼往說之他鉢猶不忍遂僞與紹義獵於南境使誼執之流于蜀紹義妃勃海封孝琰女自突厥逃歸紹義在蜀遺妃書云夷狄無信送吾於此竟死蜀中

西河王紹仁文宣第四子也天保末爲開府儀同三司尋薨

隴西王紹廉文宣第五子也初封長樂後改焉性麤暴嘗拔刀逐紹義紹義走入廄閉門拒之紹義初爲清都尹未及理事紹廉先往喚囚悉出率意決遣之能飲酒一舉數升終以此薨

孝昭七男元皇后生樂陵王百年桑氏生襄城王亮出後襄城景王諸姬生汝南王彥理始平王彥德城陽王彥基定陽王彥康汝陽王彥忠

樂陵王百年孝昭第二子也孝昭初即位在晉陽群臣請建中宮及太子帝謙未許都下百寮又請乃稱太后令立爲皇太子帝臨崩遺詔傳位於武成幷有手書其末曰百年無罪汝可以樂處置之勿學前人太寧中封樂陵王河清三年五月白虹圍日再重又橫貫而不達赤星見帝以盆水承星影而蓋之一夜盆自破欲以百年厭之會博陵人賈德胄教百年書百年嘗作數敕字德胄封以奏帝又發怒使召百年百年被召自知不免割帶玦留與妃斛律氏見帝於玄都苑涼風堂使百年書敕字驗與德胄所奏

相似遺左右亂捶擊之又令人曳百年遶堂且走且打所過處血皆徧地氣息將盡曰乞命願與阿叔作奴遂斬之棄諸池池水盡赤於後園親看埋之妃把玦哀號不肯食月餘亦死玦猶在手拳不可開時年十四其父光自擘之乃開後主時改九院為二十七院掘得小屍緋袍金帶一髻一解一足有靴諸內參竊言百年太子也或以為太原王紹德詔以襄城王子白澤襲爵樂陵王齊亡入關徙蜀死

汝南王彥理武平初封王位開府清都尹齊亡入關隨例授儀同大将軍封縣子女入太子宮故得不死隋開皇初

卒於并州刺史

始平王彥德城陽王彥基定陽王彥康汝南王彥忠與汝南王同受封並加儀同三司後事闕

武成十三男胡皇后生後主及琅邪王儼李夫人生南陽王綽後宮生齊安王廓北平王貞高平王仁英淮南王仁光西河王仁機樂平王仁邕潁川王仁儉安樂王仁雅丹楊王仁直東海王仁謙

南陽王綽字仁通武成長子也以五月五日景時生至午時後主乃生武成以綽母李夫人非正嫡故貶為第二初名融字君明出後漢陽王河清三年改封南陽別為漢陽置後綽始十餘歲留守晉陽愛波斯狗尉破胡諫之欻然斫殺數狗狼藉在地破胡驚走不敢復言後為司徒冀州刺史好裸人畫為獸狀縱犬噬而食之左轉定州汲井水為後池在樓上彈人好微行游獵無度恣情強暴云學文宣伯為人有婦人抱兒在路走避入草綽奪其兒飼波斯狗婦人號哭綽怒又縱狗使食狗不食塗以兒血乃食焉後主聞之詔鎖綽赴行在所至而宥之問在州何者最樂對曰多取蠍将蛆混看極樂後主即夜索蠍一斗比曉得二三升置諸浴斛使人裸卧浴斛中號叫宛轉帝與綽臨觀喜噱不已謂綽曰如此樂事何不早馳驛奏聞綽由是

大為後主寵拜大将軍朝夕同戲韓長鸞聞之除齊州刺史将發長鸞令綽親信誣告其反奏云此犯國法不可赦後主不忍顯戮使寵胡何猥薩後園與綽相撲搤殺之瘞於興聖佛寺經四百餘日乃大斂顏色毛髮皆如生俗云五月五日生者腦不壞綽兄弟皆呼父為兄兄嫡母為家家乳母為姊姊婦為妹妹齊亡妃鄭氏為周武帝所幸請葬綽敕所司葬於永平陵北

琅邪王儼字仁威武成第三子也初封東平王拜開府侍中中書監京畿大都督領軍大将軍領御史中丞遷大司徒尚書令大将軍錄尚書事大司馬魏氏舊制中丞出千

步清道與皇太子分路行王公皆遥住車去牛頓軛於地以待中丞過其或遲違則赤棒棒之自都鄴後此儀浸絶武成欲雄寵儼乃使一依舊制儼初從北宮出將上中丞凡京畿步騎領軍之官屬中丞之威儀司徒之鹵簿莫不畢備帝與胡后在華林園東門外張幕隔青紗步障觀之遣中貴驟馬趣仗不得入自言奉敕赤棒應聲碎其鞍馬驚人墜帝大笑以為善更敕令駐車傳語良久觀者傾京邑儼恒在宮中坐含章殿以視事諸父皆拜焉帝幸并州儼恒居守每送駕或半路或至晉陽乃還王師羅嘗從駕後至武成欲罪之辭曰臣與第三子別留連不覺晚武成

憶儼為之下泣舍師羅不問儼器服翫飾皆與後主同所須悉官給於南宮嘗見新氷緑李還怒曰尊兄已有我何意無從是後後主先得新奇屬官及工匠必獲罪太上胡后猶以為不足儼嘗患喉使醫下針張目不瞬又言於帝曰阿兄懦何能率左右帝每稱曰此黠兒也當有所成以後主為劣有廢立之意武成崩改封琅邪儼以和士開駱提婆等奢恣盛脩第宅意甚不平嘗謂曰君等所營宅早晚當就何太遲也二人相謂曰琅邪王眼光奕奕數步射人向者暫對不覺汗出天子門奏事尚不然由是忌之武平二年出儼居北宮五日一朝不復得無時見太后四月詔

除太保餘官悉解猶帶中丞及京畿以北城有武庫欲移儼於外然後奪其兵權書侍御史王子宜與儼左右開府高舍洛中常侍劉辟強說儼曰殿下被疏正由士開間構何可出北宮入百姓叢中也儼謂侍中馮子琮曰士開罪重兒欲殺之子琮心欲廢帝而立儼因贊成其事儼乃令子宜表彈士開罪請付禁推子琮雜以他文書奏之後主不審省而可之儼誑領軍庫狄伏連曰奉敕令領軍收士開伏連以諮子琮且請覆奏子琮曰琅邪王受敕何須重奏伏連信之伏五十人於神獸門外詰旦執士開送御史儼使馮永洛就臺斬之儼徒本意唯殺士開及是因逼儼

曰事既然不可中止儼遂率京畿軍士三千餘人屯千秋門外帝使劉桃枝將禁兵八十人召儼桃枝遥拜儼命反縛將斬之禁兵散走帝又使馮子琮召儼儼辭曰士開昔來實合萬死謀廢至尊剃家家頭使作阿尼故擁兵馬欲坐着孫鳳珎宅上臣為是矯詔誅之尊兄若欲殺臣不敢逃罪若放臣願遣姊姊來迎臣臣即入見姊姊即陸令萱也儼欲誘出殺之令萱執刀帝後聞之戰慄又使韓長鸞召儼儼將入劉辟強牽衣諫曰若不斬提婆母子殿下無由得入廣寧安德二王適從西來欲助成其事曰何不入辟強曰人少安德王顧衆而言曰孝昭殺楊遵彥止八十

人今乃數千何言人少後主泣啓太后曰有緣更見家家無緣永別乃急召斛律光儼亦召之光聞殺士開撫掌大笑曰龍子作事固自不似凡人入見後主於永巷帝率宿衛者步騎四百授甲將出光曰小兒輩弄兵與交手即亂鄙諺云奴見大家心死至尊宜自至千秋門琅邪必不敢動皮景和亦以為然後主從之光步道使人走出曰大家來儼徒駭散帝駐馬橋上遙呼之儼猶立不進光就謂曰天子弟殺一漢何苦執其手強引以前請帝曰琅邪王年少腸肥腦滿輕為舉措長大自不復然願寬其罪帝拔儼帶刀環亂築辮頭良久乃釋之收伏連及高舍洛王子宜劉辟強都督翟顯貴於後園帝親射之而後斬皆支解暴之都街下文武職吏盡欲殺之光以皆勳貴子弟恐人心不安趙彥深亦云春秋責帥於是罪之各有差儼之未獲罪也鄴北城有白馬佛塔是石季龍為澄公所作儼將修之巫曰若動此浮圖北城失主不從破至第二級得白蛇長數丈回旋失之數旬而敗自是太后處儼於宮內食必自嘗之陸令萱說帝曰人稱琅邪王聰明雄勇當今無敵觀其根表殆非人臣自專殺以來常懷恐懼宜早為計何洪珍與和士開素善亦請殺之未決以食舉密迎祖珽問之珽稱周公殺管叔季友酖慶父帝納其言以儼之晉陽

使右衛大將軍趙元侃誘執儼元侃曰臣昔事先帝日見先帝愛王今寧就死不能行帝出元侃為豫州刺史九月下旬帝啓太后曰明旦欲與仁威出獵須早還是夜四更帝召儼儼疑之陸令萱曰兄兄喚兒何不去儼出至永巷劉桃枝反接其手儼呼曰乞見家家尊兄桃枝以袖塞其口反袍蒙頭負出至大明宮鼻血滿面立殺之時年十四不脫靴裹以席埋於室內帝使啓太后臨哭十餘聲便擁入殿明年三月葬於鄴西贈謚曰楚恭哀帝以慰太后有遺腹四男生數月皆幽死以平陽王淹孫世俊嗣儼妃李祖欽女也進為楚帝后居宣則宮齊亡乃嫁焉

齊安王廓字仁弘武成第四子也性長者無過行位特進開府儀同三司定州刺史

北平王貞字仁堅武成第五子也沈審寬恕帝常曰此兒得我鳳毛位司州牧京畿大都督兼尚書令錄尚書事帝行幸總留臺事積年後主以貞長大漸忌之阿那肱承旨令馮士幹劾繫貞於獄奪其留後權

高平王仁英武成第六子也舉止軒昂精神無檢格位定州刺史

淮南王仁光武成第七子也性躁又暴位清都尹次西河王仁幾生而無骨不自支持次樂平王仁邕次潁川王仁

儉次安樂王仁雅從小有瘖疾次丹楊王仁直次東海王仁謙皆養於北宮琅邪王死後諸王守禁彌切武平末年仁邕已下始得出外供給儉薄取充而已尋後主窮蹙以廓為光州貞為青州仁英為冀州仁儉為膠州仁直為濟州刺史自廓已下多與後主死於長安仁英以清狂仁雅以瘖疾獲免俱徙蜀隋開皇中追仁英詔與蕭琮陳叔寶脩其本宗祭祀未幾而卒

後主五男穆皇后生幼主諸姬生東平王恪次善德次買德次質錢胡太后以恪嗣琅邪王尋夭折齊滅周武帝以任城已下大小三十王歸長安皆有封爵其後不從戮者

散配西土皆死邊

論曰文襄諸子咸有風骨雖文雅之道有謝間平然武藝英姿多堪禦侮縱咸陽賜劒殲覆有徵若使蘭陵獲全未可量也而終見誅翦以至土崩可為太息者矣安德以時艱主暗晦迹韜光及平陽之陣奮其忠勇蓋以臨難見危義深家國德昌大舉事迫群情理至淪亡無所歸命廣寧請出後宮竟不獲遂非孝珩辭致有謝李同自是後主心識去平原已遠存亡事異安可同年而說武成殘忍姦穢事極人倫太原跡異猜嫌情非釁逆禍起昭信遂及淫刑嗟乎欲求長世未之有也以孝昭德音庶可慶流後嗣百年之酷蓋濟南之濫觴其云莫效前人之言可為傷歎各愛其子豈其然乎琅邪雖無師傅之資而早聞氣尚士開淫亂多歷歲年一朝剿絕慶集朝野以之受斃深可痛焉然尊戮之釁未之或免贈帝謚恭矯枉過直觀過知仁不亦異於是乎

列傳第四十　北史五十二

列傳第四十一　北史五十三

万俟普 子洛

可朱渾元

劉豐

破六韓常

金祚

劉貴

蔡儁

韓賢

尉長命

王懷

任祥 子胄

莫多婁貸文 子敬顯

庫狄廻洛

庫狄盛

張保洛 賀拔仁 趙珍 段琛 尉標 子相貴 康德 韓建業 封輔相 范舍樂 牒舍樂

侯莫陳相

薛孤延

斛律羌舉 子孝卿

張瓊

宋顯

王則

慕容紹宗

叱列平

步大汗薩

薛脩義

慕容儼 庫狄伏連

潘樂

彭樂

暴顯

皮景和

綦連猛

元景安

獨孤永業

鮮于世榮

傅伏

万俟普字普撥太平人其先匈奴之别也少雄果有武力正光中破六韓拔陵構逆逼授太尉後歸魏累遷第二鎮人酋長孝武帝初封清水郡公隨入關拜司空神武平夏

州曾自覆斛城率部歸款神武神武躬自迎接封河西郡公位太尉薨贈太師大司馬錄尚書事子洛洛字受洛干隨孝武入關除尚書左僕射天平中隨父東歸封建昌郡公再遷領軍將軍初神武以其父普尊老特崇禮之嘗親扶上馬洛免冠稽首願出萬死力以報深恩及河陰之戰諸軍北度橋洛以一軍不動謂西人曰万俟受洛干在此能來可來也西人畏而去之神武名其所營地爲迴洛洛慷慨有氣節勇銳冠世卒贈太師大司馬太尉錄尚書謚曰武

可朱渾元字道元自云遼東人也曾祖護野肱爲懷朔鎮

將遂家焉元寬仁有武略少與神武相知尒朱榮以爲別將隸尒朱天光平万俟醜奴等以功封東縣伯孝武帝立累遷渭州刺史元既早爲神武知遇兼其母兄在東恒表疏與神武往來周文帝有疑心元乃率所部三千户發渭州西北度烏蘭津歷河源二州境乃得東出靈州刺史曹泥待元甚厚泥女婿劉豐生與元深相結遂資遣元元從靈州東北入雲州界周文每遣兵邀元元戰必摧之神武聞其來遣平陽太守高崇持金環一枚賜元幷運資糧候接元至引見執手後拜幷州刺史以貪汚劾特見原累以軍功拜司空天保初封扶風郡王位太傅太師薨贈假黃鉞太宰太師錄尚書元用兵務持重未嘗敗皇建初配享文襄廟庭子長舉襲道元弟天元亦有將畧便弓馬封昌陽縣伯天保初位殿中七兵二尚書卒贈都督滄州刺史謚曰恭武天元弟天和以道元勳重尚東平長公主賜爵宜安鄉男文宣受禪加駙馬都尉位開府儀同三司封成皋郡公濟南即位加特進改封博陵郡公與楊愔同被殺追贈司空

劉豐字豐生普樂人也有雄姿壯氣果毅絕人破六韓拔陵之亂以守城功除普樂太守山鹿縣公靈州鎮城大都督賀拔岳與靈州刺史曹泥不睦豐助泥守岳將自討泥

爲侯莫陳悅所殺周文帝遣行臺趙善大都督万俟受洛干復來攻圍引河灌之泥與豐堅守不下豐乃東奔神武神武以豐爲南汾州刺史河陰之役豐功居先神武執其手嗟賞之及王思政據長社豐與高岳等攻之先是訛言大魚道上行百姓苦之豐建水攻築遏洧水灌城水長魚鱉皆游焉城將陷豐與行臺慕容紹宗見忽有暴風從東北來正晝昏暗飛沙走礫船纜忽絕漂至城下豐拘浮向土山爲浪激不時至西人鉤之並爲敵所害豐壯勇善戰死日朝野駭惋贈大司馬司徒公尚書令謚武忠子曅嗣第三子龍有巧思位亦通顯隋開皇中歷將作大匠卒於

領軍大將軍八子俱非嫡妻所生每一子所生喪諸子皆爲制服三年武平中疇所生喪諸弟並請解官朝廷義而不許

破六韓常單于之裔也初呼廚貌入朝漢爲魏武所留遣其叔父右賢王去卑監本國戶魏氏方興率部南轉去卑遣弟右谷蠡王潘六奚率軍北禦軍敗奚及五子俱沒于魏其子孫遂以潘六奚爲氏後人訛誤以爲破六韓世領部落父孔雀少驍勇胥其宗人拔陵率部降尒朱榮詔封永安縣侯第第一領人酋長常孔雀少子沈敏有膽略善騎射尒朱榮死常歸河西天平中與冀州刺史万俟受洛干等東歸神武上爲武衛將軍齊受禪封廣川縣公拜太子太保卒於滄州刺史贈尚書令司徒公太傅第一領人酋長假王謚曰忠武

金祚字神敬安定人也性驍雄尚氣俠魏末以軍功至太中大夫隨元天穆討平邢杲歷涇岐二州刺史後大行臺賀拔岳表授東雍州刺史令討仇池氐楊紹先於百頃未還岳爲侯莫陳悅所殺祚克仇池還莫知所歸俄而神武遣行臺侯景慰諭祚遂解甲而還封安定縣公後隨魏孝武西入周文帝以祚爲兗州刺史歷太僕衛尉二卿尋除東北道大都督晉州刺史入據東雍州神武遣尉景攻降之芒山之戰以大都督從破西軍除華州刺史文宣受禪加開府儀同三司別封臨濟縣子卒贈司空公

劉貴秀容陽曲人也剛格有氣斷歷尒朱榮府騎兵參軍榮性猛急貴尤嚴峻任使多愜榮心普泰初行汾州事兼戍歸齊神武累遷御史中尉肆州大中正加開府西道行臺僕射貴所歷莫不肆其威酷非理殺害視下如草芥性峭直攻訐無所回避雖非佐命元功然與神武布衣舊特見親重卒贈太保太尉公錄尚書事謚忠武齊受禪詔祭告其墓皇建中配享神武廟廷次子洪徽嗣樂縣男卒贈都督燕州刺史

蔡儁廣寧石門人也父普北方擾亂走奔五原守戰有功拜寧朔將軍卒贈燕州刺史儁豪爽有膽略齊神武微時深相親附儁初爲杜洛周所虜時神武亦在洛周軍中神武謀誅洛周儁預其計事泄奔葛榮仍背榮歸尒朱榮從入洛及從破葛榮平元顥封烏洛縣男隨神武舉義及平鄴破韓陵並有戰功進爵爲侯出爲齊州刺史爲政嚴暴又多受納然亦明解有部分吏人畏服之性好賓客頗稱施惠天平中卒於揚州刺史贈尚書令司空公謚曰威武齊受禪詔祭告其墓皇建初配享神武廟廷

韓賢字普賢廣寧石門人也壯健有武用初隨葛榮作逆

榮破後尒朱榮擢充左右榮死尒朱度律以賢爲帳内都督封汾陽縣伯後爲廣州刺史及齊神武起義度律以賢素爲神武所知恐有變遣使徵之不願去乃竊遣群蠻多舉烽若有寇至使者遂爲啓得停賢仍潛使人通誠於神武後拜建州刺史天平初爲洛州刺史州人韓木蘭等起兵賢破之親自案檢收甲仗有一賊窘迫藏屍間見將至忽起斫賢斷其脛而卒始漢明帝時西域以白馬負佛經送洛因立白馬寺其經函傳於此寺形制淳朴世以古物歷代寶之賢知故斫破之未幾而死論者謂因此致禍贈尚書令司空公子裔嗣

尉長命太安狄那人也父顯魏代郡太守長命性和厚有器識參預齊神武起兵破尒朱氏於韓陵拜安南將軍樊子鵠據兖州又除東南道大都督與諸軍討平之徙幽州刺史督安平二州雖多聚斂然以恩撫人少得安集卒贈司空謚曰武壯子興字敬興便弓馬有武藝位冠軍將軍

王懷字懷周不知何許人也少好弓馬頗有氣尚隨齊神武於冀州起兵討破尒朱兆於廣阿又從破四胡於韓陵以功封盧鄉縣侯天平中爲都督廣州刺史後從神武襲尅西夏州還爲大都督鎮下館除車騎大將軍儀同三司卒贈司徒公尚書僕射懷以武藝勳誠爲神武所知志力未申論者惜其不遂皇建初配饗神武廟庭

任祥字延敬廣寧人也少和厚有器度初從葛榮榮署爲王榮敗擁所部先降拜廣寧太守賜爵西河縣公隨神武起兵封魏郡公後兼尚書左僕射進位開府儀同三司祥位望既重能以寬和接物人士稱之及斛斯椿釁發祥棄官北走歸神武天平初拜侍中遷徐州刺史在州大有受納然政不殘不爲人所疾若潁川長史賀若徽執刺史田迅據城降西魏祥戰失利還北與行臺侯景司徒高昂共攻拔潁川元象元年卒於鄴贈太尉公録尚書事子胄性輕俠頗敏慧少在神武左右天平中擢爲東郡太守家本

豐財又多聚斂動極豪華賓客往來將迎至厚興和末神武攻玉壁還留清河公岳爲行臺鎮守晋州以胄隸之胄飲酒游縱不勤防守神武責之懼遂潛遣使送款於周爲人所糾推勘未得實神武特免之胄内不自安乃與儀同尒朱文暢參軍房子遠鄭仲禮等陰圖弑逆伏誅

莫多婁貸文太安狄那人也驍果有膽氣從神武起兵破尒朱兆於廣阿封石城縣子從破四胡於韓陵進爵爲侯從平尒朱兆於赤谼嶺兆自縊貸文獲其屍天平中進爵爲公晋州刺史元象初除車騎大將軍儀同三司南道大都督與行臺侯景攻獨孤信於金墉城周文帝出函谷景

與高昂議待其至貸文請率所部擊其前鋒景等固不許貸文性勇而專不受命以輕騎一千軍前斥堠死於周軍贈尚書左僕射司徒公子敬顯嗣彊直勤幹少以武力見知恒從斛律光征討數有戰功光每令敬顯前驅置營中夜巡察或達旦不眠臨敵置陣亦命部分將士深見重位至開府儀同三司武平七年從後主平陽敗歸在幷州與唐邕等推奉安德王稱尊號安德敗武將皆投周軍唯敬顯走還鄴授司徒周武帝平鄴執之斬於閶闔門外責其不留晉陽也

庫狄迴洛代人也少有武力儀貌魁偉初事尒朱榮榮死

隸尒朱兆神武舉兵於信都迴洛擁衆來歸從破四胡於韓陵以軍功封順陽縣子累遷夏州刺史昭帝即位封順陽郡王大寧初爲朔州刺史轉太子太師卒贈太尉定州刺史

庫狄盛字安盛懷朔人也性和柔少有武用初爲神武親信都督從征伐累遷幽州刺史封長廣縣公齊受禪改封華陽縣公後拜特進卒贈太尉公

張保洛自云本出南陽西鄂家世好賓客尚氣俠頗爲北土所知保洛少便弓馬初從葛榮榮敗仍爲尒朱榮統軍後隸齊神武神武起兵保洛爲帳內從破尒朱兆於廣阿及韓陵戰元象初爲西夏州刺史以前後功封安武縣伯又從戰芒山進爵爲侯文襄嗣事歷梁州刺史進爵爲公齊受禪加開府仍爲刺史聚斂爲百姓所患濟南初兼侍中尋出爲滄州刺史封敷城郡王以聚斂免官奪王爵卒贈前官追復本封從神武出山東又有賀拔仁麴珍段琛尉摽子相貴康德韓建業封輔相范舍樂牒舍樂竝以軍功至大官史失其事仁字天惠無善人以帳內都督從神武破尒朱氏於韓陵力戰有功天保初封安定郡王歷數州刺史太保太師右丞相錄尚書事武平元年薨贈假黃鉞相國太尉錄尚書十二州諸軍事朔州刺史謚曰武珍

字舍洛西平酒泉人壯勇騎射以帳內從神武天統中封安康郡王武平初爲豫州道行臺尚書令豫州刺史卒贈太尉琛字懷寶代人少有武用從起兵天保中開府儀同三司兗州刺史摽代人太寧初位司徒封海昌王卒子相貴嗣相貴武平末開府儀同三司晉州道行臺尚書僕射晉州刺史及行臺左丞侯子欽等密啓周武帝請師求爲內應周武自率衆至城下子欽等夜開城門引軍入鎖相貴送長安卒弟相願彊幹有膽略武平末開府儀同三司領軍大將軍自平陽至幷州及到鄴每立計將殺高阿那肱廢後主立廣寧王事竟不果及廣寧被出相願拔佩刀

斫柱而歎曰大事去矣知復何言德代人歷數州刺史并
省尚書左僕射開府儀同三司封新蔡王建業輔相俱不
知所從來建業位領軍大將軍并州刺史以輔相爲朔州
總管范舍樂代人有武藝筋力絶人位東雍州刺史開府
儀同三司封平舒侯牒舍樂武威人開府儀同三司管州
刺史封漢中郡公戰歿關中
侯莫陳相代人也祖社伏頹魏第一領人酋長父斛古提
朔州刺史白水公相七歲喪父號慕過人及長性雄傑後
從神武起兵破四胡於韓陵力戰有功封陽平縣伯後改
封白水郡公天保初累遷司空公進爵白水王又遷大將

軍拜太尉公兼瀛州刺史歷太保朔州刺史又授太傅別
封義寧郡公薨於州贈假黃鉞右丞相太宰太尉都督朔
州刺史次子晉貴嚴重有文武幹略襲爵白水王武衛將
軍開府儀同三司梁州刺史歸周授上大將軍封信安縣
公子仲宣太常丞子弘穎弘信雍州司士參軍子行方行
儉行恭
薛孤延代人也少驍果從神武起兵以功累加儀同三司
從西征至蒲津及竇泰失利神武班師延後殿且戰且行
一日斫折十五刀神武嘗閲馬於北牧道逢暴雨大雷震
地火燒浮圖神武令延視之延案矟直前大呼繞浮圖走

火遂滅延還鬚及馬鬣尾皆焦神武歎其勇決曰延乃能
與霹靂鬬後封平秦公與諸將討潁川延專監造土山以
酒醉爲敵所襲據潁川平諸將還京師讌華林園文襄啓
魏帝坐延階下以辱之齊受禪別賜爵都昌縣公延性好酒
率多昏醉以善戰每大軍征討常爲前鋒位太子太保太
傅
斛律羌舉太安人也世爲部落酋長羌舉少驍果從尒朱
兆兆破乃歸誠神武神武以其忠於所事亦加嗟賞天平
中除大都督後從神武戰於沙苑時議進趣計羌舉曰黑
獺若欲固守無糧援可恃今揣其情欲一死決有同猘犬

或能噬人且渭曲土濘無所用力若不與戰徑趣咸陽咸
陽空虛可不戰而尅拔其根本則黑獺之首可懸軍門神
武欲縱火焚之侯景曰當禽以示百姓燒殺誰復信之諸
將議既有異同遂戰於渭曲大軍敗績後封密縣侯爲東
夏州刺史有疫疾刺匈竹箭吮之垂愈因怒劃裂而卒贈
儀同三司子孝卿嗣孝卿少聰敏機悟有風檢武平末位
侍中開府儀同三司封義寧王知內省事典外兵騎兵機
密時政由羣豎自趙彥深死後朝貴典機密者唯孝卿一
人差居雅道不至貪穢後主至齊州以孝卿爲尚書令又
以中書侍郎薛道衡爲侍中封北海王二人勸後主作承

光詔禪位任城王令孝卿齎詔策及傳國璽往瀛州孝卿
便詣鄴仍從周武帝入關授儀同大將軍宣納上士隋開
皇中位太府卿戶部尚書

張瓊字連德代人也少壯健有武用初隨葛榮爲亂榮敗
尒朱榮以爲都督後歷位濟州刺史及尒朱氏敗歸神武
拜滄州刺史加驃騎大將軍開府儀同三司天平中神武
襲尅夏州以瓊爲慰勞大使留鎮之尋爲周文帝所陷卒
贈司徒都督恒州刺史瓊子欣尚魏平陽公主除駙馬都
尉驃騎大將軍開府儀同三司建州刺史南鄭伯瓊嘗憂
其太盛每謂親識曰凡人官爵莫若處中欣位秩太高深

爲憂慮而欣豪險遂與公主情好不篤尋爲孝武所害時
人稱瓊先見

宋顯字仲華敦煌效穀人也性果毅有幹用初事尒朱榮
稍遷爲記室參軍榮死世隆等以爲晉州刺史後歸神武
爲行臺左丞拜西兗州刺史在州多所受納然勇決有氣
幹檢御左右咸得其心力及河陰之戰深入沒于行陣贈
司徒公

王則字元軌自云太原人也少驍果有武藝初隨叔父魏
廣平內史老生征討每有戰功老生爲朝廷所知則頗有
力初以軍功賜白水子元顥入洛則與老生俱降顥顥疑

老生遂殺之則奔廣州刺史鄭先護與同拒顥顥敗爲東
徐州防城都督尒朱榮之死也東徐州刺史斛斯椿是其
枝黨內懷憂懼時梁立魏汝南王悅爲魏主資其士馬送
之境上椿遂降悅則與蘭陵太守李義擊其偏師破之魏
因以則行北徐州事隸尒朱仲遠仲遠敗乃歸神武天平
初頻以軍功都督荊州刺史則有威武邊人畏伏之渭曲
之役則爲西師圍逼棄城奔梁梁尋放還神武恕而不責
元象初洛州刺史以前後勳封太原縣伯則性貪在州不
法舊京諸像毀以鑄錢于時號河陽錢皆出其家以武用
除徐州刺史取受狼籍令送晉陽文襄恕其罪卒贈司空

謚烈懿則弟敬寶位東廣州刺史與蕭軌攻建業不剋死
焉

慕容紹宗字紹宗晃第四子太原王恪之後也曾祖騰歸
魏遂居代祖郁岐州刺史父遠恒州刺史紹宗容貌恢毅
少言深沉有膽略尒朱榮即其從舅子也榮入洛私告曰
洛中人士繁盛驕侈成俗不除翦恐難制吾欲因百官出
迎悉誅之若何對曰太后淫虐天下共棄公既執忠義忽
欲殲夷多士實謂非策不從後以軍功封索盧侯遷尒朱
兆長史及兆敗紹宗於烏突城見神武遂攜尒朱榮妻子
并兆餘衆自歸神武神武仍加恩禮所有官爵並如故軍

謀兵略時參預焉及遷鄴令紹宗與高隆之共知府庫圖籍諸事累遷青州刺史時丞相記室孫搴屬紹宗以其兄為州主簿紹宗不用搴譖之神武曰紹宗嘗登廣固城長歎謂所親云大丈夫有復先業理不由是徵還元象初以軍功進爵為公累遷御史中尉屬梁人劉烏黑入寇徐方授徐州刺史執烏黑殺之還除尚書左僕射侯景反命紹宗為東南道行臺加開府改封燕郡公又與大都督高岳禽梁貞陽侯蕭明於寒山廻軍討侯景於渦陽時景軍甚盛初聞韓軌往討之曰噉猪腸小兒聞高岳往曰此兵精人凡爾諸將被輕及聞紹宗至扣鞍曰誰教鮮卑小兒解

遣紹宗來若然高王未死邪及與景戰諸將頻敗無肯先者紹宗麾兵徑進諸將從之因大捷西魏遣王思政據潁川又以紹宗為南道行臺與太尉高岳儀同劉豐圍擊之堰洧水灌城時紹宗數有凶夢每惡之私謂左右曰吾自數年已還恒有蓊髮昨來忽盡蓊者笄也其笄盡乎未幾與劉豐臨堰見北有塵氣乃入艦同坐暴風從東北來纜斷飄艦徑向敵城紹宗自度不免遂投水卒三軍將士莫不悲惋朝廷嗟傷焉贈太尉謚曰景惠長子士肅以謀反伏法朝廷以紹宗功罪止士肅身皇建初配享文襄廟庭士肅弟三藏三藏幼聰敏多武略頗有父風武平初襲爵燕郡公以軍功歷位武衛大將軍周師入鄴齊後主東遁委三藏留守鄴宮齊王公已下皆降三藏猶拒戰及齊平武帝引見恩禮甚厚授儀同大將軍隋開皇元年授吳州刺史九年副襄陽公韋洸討平嶺南至廣州洸中流矢卒詔三藏檢校廣州道行軍事以功授大將軍後遷廓州刺史人歌頌之文帝數有勞問又畜產繁滋獲醍醐奉獻賚物百段十三年州界連雲山響稱萬歲者三詔頒郡國仍遣使醮山所其日景雲浮於上雉兔馴壇側使還以聞上大悅改封河內縣男歷疊州總管和州刺史淮南郡太守所在有惠政改授金紫光祿大夫大業七年卒

叱列平字殺鬼代郡西部人世為酋帥平有容貌美鬚髯善射駁襲第一領人酋長臨江伯魏末以軍功至武衛將軍隨尒朱榮破葛榮平元顥封饗陶縣伯榮死尒朱氏陵僭平懼禍後歸神武從破四胡於韓陵以軍功天保初累遷兗州刺史開府儀同三司卒贈都督瀛州刺史謚曰莊惠子孝冲嗣孝冲弟長乂武平末侍中開府儀同三司封新樂王隋開皇中位上柱國卒於涇州刺史長乂無他才技在官以清幹稱

步大汗薩代郡西部人祖榮代郡太守父居龍驤將軍領人別將薩初從尒朱榮入洛及平葛榮累功為都督榮死

又從兆入洛及韓陵之敗以所部降神武稍遷車騎大將
軍封行唐縣公晉州刺史齊受禪改封義陽郡公
薛脩義字公讓河東汾陰人也曾祖紹魏七兵尚書祖壽
仁秦州刺史汾陰公父寶集定陽太守脩義少而姦俠輕
財重氣魏正光末天下兵起特詔募能得三千人者用爲
別將脩義得七千餘人假安北將軍西道別將以軍功拜
龍門鎮將後宗人鳳賢等作亂圍鎮城脩義以天下紛擾
遂爲逆自號黃鉞大將軍詔都督宗正珍孫討之軍未至
脩義魋悔遣表乞一大將招慰乃降鳳賢等猶據嶮不降
脩義與書降之乃授鳳賢龍驤將軍陽夏子改封汾陰縣

侯尒朱榮以脩義反覆錄送晉陽與高昂等竝見拘防榮
赴洛竝以自隨置於駞牛署榮死魏孝莊以脩義爲弘農
河北河東正平四郡大都督時神武爲晉州刺史見之相
待甚厚及韓陵之捷以脩義行幷州事孝武帝入關神武
以脩義爲關右行臺自龍門濟河招下西魏北華州刺史
薛崇禮初神武欲大城晉中外府司馬房毓曰若使賊到
此處雖城何益乃止及沙苑之敗徙秦南汾東雍三州人
於幷州又欲棄晉以遣家屬向英雄城脩義諫曰若晉州
敗定州亦不可保神武怒曰爾輩皆負我前不聽我城幷
州城使我無所趣脩義曰若失守則請誅斛律金曰還仰

漢小兒守收家口爲質勿與兵馬神武從之以脩義行晉
州事及西魏儀同長孫子彥圍逼城下脩義開門伏甲待
之子彥不測虛實於是遁去神武嘉之就拜晉州刺史後
除齊州刺史以黷貨除名追其守晉州功復其官爵俄以
軍功進正平郡公加開府天保中卒於太子太保贈司空
子文殊嗣脩義從弟嘉族性亦豪爽從神武平四胡於韓
陵歷華陽二州刺史卒官子震字文雄位廉州刺史亦著
軍功又歷南汾譙二州刺史

慕容儼字恃德清都人廆之後也容貌出群衣冠甚偉不
好讀書頗學兵法尒朱氏敗歸神武以勳累遷五城太守

見東雍州刺史潘相樂長揖而已丞尉已下數羅其罪乃
謂儼曰府君少爲群下屈節儼攘袂曰吾狀貌如此行望
人拜豈可拜人神武聞三人在邊不和徵相樂還朝以儼
代爲刺史遷東荊州刺史行次長社忽爲其部下人所執
將投山賊張儉爲守人王崇祖私救獲免神武仍授以軍
司共擊平儉始得達州沙苑之敗時諸州多翻陷唯儼獲
全天保初以軍功除開府儀同三司六年梁司徒陸法和
儀同宋茝等以郢州城內附時清河王岳帥師江上議以
城在江外求忠勇過人者守之衆推儼遂遣鎮郢城始入
而梁大都督侯瑱任約率水陸軍奄至城下於上流鸚鵡

洲造荻洪竟數里以塞船路衆懼儼悅以安之城中先有神祠一所俗號城隍神儼於是順士卒心祈請須臾衝風驚波漂斷荻洪約復以鐵鏁連緝防禦彌切儼還共祈請風浪夜驚蕩洪復斷絕如此再三城人大喜以爲神助儼出城奮擊大破之填約又并力圍城唯煮槐楮葉并紵根水萍葛艾等及靴皮帶筋角等食之人死卽以別分食唯留骸骨儼猶信賞必罰分甘同苦自正月至六月人無異志後蕭方智立請和文宣以城在江表有詔還之及至望帝悲不自勝帝親執其手捋儼鬚髯脫帽看髮歎息久之曰自古忠烈豈過此也除趙州刺史天統四年別封寄氏縣公并賜金銀酒鍾各一枚胡馬一疋五年進爵爲義安王武平元年爲光州刺史儼少從征討經略雖非所長而有將帥之節所歷諸州雖不能清白守道亦不貪殘害物卒贈司徒子子會位鄆州刺史周武帝平鄴使其子送敕喻之子會枷其子付獄尋赦書至云行臺武王已降子會乃與寮屬北面慟哭然後奉命尒朱氏將帥歸神武者又有代人厙狄伏連字仲山本名伏憐語音連事尒朱榮至直閤將軍後從神武賜爵蛇丘男天保初儀同三司尋加開府性質朴勤公事直衞宮闕曉夕不離帝所頗以此見知然鄙悋愚狠爲鄭州刺史好聚斂又嚴酷居室患蠅杖門者

曰何故聽入其妻病以百錢買藥每自恨之不識士流開府參軍多是衣冠士族皆加捶撻逼遣築墻武平中封宜都郡王除領軍大將軍尋與琅邪王儼殺和士開伏誅被支解伏連家口百餘盛夏人料倉米二升不給鹽菜常有饑色冬至日親表稱賀其妻爲設豆餅問豆餅得處云於馬豆中分減伏連大怒與馬掌食人並加杖罰積年賜物藏在別庫遣一婢專掌管籥每入庫檢閱必語妻子此官物不得輒用至死時唯着敝褌而積絹至二萬疋簿錄並歸天府

潘樂字相貴廣寧石門人也本廣宗大族魏世分鎮北邊因家焉父永有技藝襲爵廣宗男樂初生有一雀止其母左肩占者咸言富貴之徵因名相貴後始爲字及長寬厚有膽略初歸葛榮榮授京兆王時年十九榮敗隨尒朱榮爲別將討元顥以功封敷城縣男齊神武出牧晉州引樂爲鎮城都將後從破尒朱兆於廣阿進爵廣宗縣伯累以軍功拜東雍州刺史神武嘗議欲廢州樂以東雍地帶山河境連胡蜀形勝之會不可棄也遂如故後從破周師於河陰議欲追之令追者在西不願者東唯樂與劉豐居西神武善之以衆之不同而止改封金門郡公文宣嗣事鎮河陽破西將楊標等時帝以懷州刺史平鑒等所築城深

入敵境欲棄之樂以軹關要害必須防固乃更脩理增置兵將而還還鎮河陽拜司空齊受禪樂進璽綬進封河東郡王遷司徒周文東至崤陜遣其行臺侯莫陳崇齊子嶺趣軹關儀同楊摽從鼓鍾道出建州陷孤公戍詔樂揔大衆禦之樂晝夜兼行至長子遣儀同韓永興從建州西趣崇崇遂遁又爲南道大都督討侯景樂發石鼈南度百餘里至梁涇州涇州舊在石梁侯景改爲淮州樂獲其地仍立涇州又克安州之地除瀛州刺史仍略淮漢天保六年薨於懸瓠贈假黃鉞太師大司馬尚書令子子晃嗣諸將子弟率多驕縱子晃沈密謹慤以清靖自居尚公主拜駙

馬都尉武平末爲幽州道行臺右僕射幽州刺史周師將入鄴子晃率突騎數萬赴援至博陵知鄴城不守詣冀州降周齊王軍授上開府隋大業初卒

彭樂字興安安定人也驍勇善騎射初隨杜洛周賊知其不立降尒朱榮從破葛榮於滏口又爲都督從神武與行臺僕射于暉討破羊侃于瑕丘後叛投逆賊韓樓封北平王及尒朱榮遣大都督侯深擊樓樂又叛樓降深神武出山東樂又隨從韓陵之役樂先登陷陣賊衆大崩封樂城縣公後以軍功進爵汨陽郡公除肆州刺史天平四年從神武西討與周文相拒神武欲緩持之樂氣奮請決戰曰我衆賊少百人取一差不可失也神武從之樂因醉入深被刺腸出内之不盡截去復戰身被數創軍勢遂挫不利而還神武每追諭以戒之高仲密之叛也周文援之神武迎擊於芒山候騎言賊去洛州四十里蓐食乾飲神武曰自應渴死何待我殺乃勒陣以待之西軍至皆喉燥樂以數千精騎爲右甄衝西軍北垂所向奔退遂馳入周文營人告樂叛神武曰樂棄韓樓事尒朱榮背尒朱歸我又叛入西事成敗豈在一樂但念小人反覆爾俄而西北塵起樂使告捷虜西魏臨洮王東蜀郡王榮宗江夏王昇鉅鹿王闡譙郡王亮詹事趙善督將寮佐四十八人皆係頸反接

手臨以刃歷兩陣而唱名焉諸將乘勝斬首三萬餘西軍退神武使樂追之周文大窘而走曰癡男子今日無我明日豈有汝邪何不急還前營收金寶樂從其言獲周文金帶一束以歸言周文漏刃破膽矣神武詰之樂以周文言對且曰不爲此語放之神武雖喜其勝且怒令伏諸地親犛其頭連頓之并數沙苑之失舉刃將下者三噤齘良久乃止更請五千騎取周文神武曰爾何故而復言捉邪取絹三千疋壓樂因賜之累遷司徒天保初封陳留王遷太尉二年謀反爲前行襄州事劉章等告伏誅

暴顯字思祖魏郡斥丘人也祖喟仕魏爲朔州刺史因家

焉父誕恒州刺史樂安公顯幼時見一沙門指之曰此郎子好相表大必爲良將貴極人臣語終失之顯善騎射曾從魏孝莊獵一日中手獲禽獸七十三後從齊神武起義信都累遷北徐州刺史封屯留公天保中以贓貨解州大理禁止劇判未訖爲合肥被圍遣顯與步大汗薩等攻梁北徐州禽其刺史王彊天統中累遷位特進封定陽王卒

皮景和琅邪下邳人也父慶賓魏淮南王開府中兵參軍正光中因使遇亂遂家廣寧之石門縣景和少通敏善騎射初以親信事神武後征步落稽疑賊有伏令景和將五六騎深入一谷遇賊百餘人便戰景和射數十人莫不應

弦而倒神武嘗令景和射一野豕一箭獲之深見賞異除庫直正都督天保初授通州刺史封永寧縣子景和趫捷有武用從襲庫莫奚度黃龍征契丹定稽胡討蠕蠕每有戰功累遷殿中尚書侍中景和於武職中兼長吏事又性識平均故頻有美授周通好後冠蓋往來常令景和對接每與同射百發百中甚見推重武平中詔獄多令中黃門等監之恒令景和案覆據理執正由是過無枉濫後除特進封廣漢郡公遷領軍將軍琅邪王之殺和士開兵指西閤內外莫知所爲景和請後主出千秋門自覽令軍卒除尚書右僕射陳將吳明徹寇淮南令景和拒之除領軍大將軍封文城郡王又有平陽人鄭子饒詐依佛道設齋會用米麪不多供贍甚廣密從地藏漸出餅飯愚人以爲神力見信於魏衛之間將爲逆亂謀泄乃潛度河聚衆自號長樂王已破乘氏縣景和遣騎擊破之禽子饒送鄴烹之及吳明徹圍壽陽敕景和與賀拔伏恩救之是時拒明徹者多傾覆唯景和全軍而還除尚書令武平六年卒贈太尉錄尚書長子信機悟有風神位開府儀同三司武衛將軍於勳貴子弟中稱其識鑒降周重授上開府軍正中大夫隋開皇中卒於洮州刺史少子宿達開皇中通事舍人母憂起復將赴京辭靈慟哭而絕久而獲蘇不能下食三

日而死

綦連猛字武兒代人也其先姬姓六國末避亂出塞保祈連山因以山爲姓北人語訛故曰綦連父元成燕郡太守猛少有志氣便弓馬初爲尒朱榮親信榮被害從尒朱兆入洛猛父母兄弟皆在山東尒朱京纏欲投神武召之與俱舉稍謂曰不從我者死乃從之去城五十餘里猛以素蒙兆恩即背京纏復歸兆兆敗猛與斛律羌舉乞伏貴和逃亡及見獲各杖一百以猛配尉景貴和配婁昭羌舉以故酉長子故無所配既而三人並爲神武親信後都督尒朱文暢將爲逆猛曰昔事其父兄寧今日受死不忍告而

殺之神武聞之曰事人當如此舍其罪而益親之以軍功封廣興縣侯梁使來聘云求角武藝文襄遣猛就館接之雙帶兩鞬左右馳射校挽彊弓梁人引弓兩張皆三石猛遂併取四張疊挽之過度梁人嗟服天保初除東秦州刺史河清三年加開府突厥侵逼晉陽敕猛覘賊中一騎將超出來鬭猛即斬之天統五年除并省尚書令領軍大將軍封山陽王猛自和士開死後漸預朝政疑議與奪咸亦咨稟趙彥深以猛武將之中頗疾姦佞言議時有可采故引知機事祖珽奏言猛與彥深前推琅邪王事有意故於是出猛爲定州刺史彥深爲西兗州刺史即日首途先是

謠曰七月刈禾太早九月噉餻未好本欲尋山射虎激箭旁中趙老至是其言乃驗猛行至牛蘭有人告和士開被害時猛亦知情遂被追還削王爵以開府赴州在任寬惠清慎吏人稱之淮陰王阿那肱與猛有舊每欲攜引之韓長鸞等沮難復授膠州刺史後除大將軍齊亡入周卒初猛與尉興慶謝猥餕竝善射小心給事神武左右神武使相者視之曰猛大貴尉謝無官及芒山之役興慶救神武之署爲軍所殺神武嘆曰富貴定在天也猛竟如相者言卒以榮寵自畢興慶事見齊本紀興慶每入陣常自署名於背神武使求其尸祭之於死處立浮圖世謂高王浮圖云於是超贈儀同涇州刺史謚曰閔壯

元景安河南洛陽人魏昭成皇帝之五世孫也高祖虔陳留王景安沈敏有幹局少工騎射善於事人父永啓迴代郡公授之隨魏孝武帝西入關天平末周齊交戰景安臨陣東歸芒山之戰以功賜爵西華縣男代郡公如故景安妙閑馳騁有容則每梁使至恒與斛律光皮景和等對客騎射見者稱善天保初別封興勢伯帶定襄縣令賜姓高氏累遷兼七兵尚書時初築長城鎮戍未立詔景安與諸將緣塞以備守督領既多且所部軍人富於財物遂賄貨公行文宣聞之遣使推檢唯景安纖毫無犯帝深嘉歎乃

以所斂贓絹五百匹賜以彰清節孝昭嘗與功臣西園宴射侯去堂一百三十步中的者賜以良馬及金玉錦綵有一人射中獸頭去鼻寸餘唯景安最後有矢未發帝令景安解之景安引滿正中獸鼻帝嗟異稱善特賞馬二匹玉帛雜物又加常等天統四年除豫州刺史加開府儀同三司武平三年授行臺尚書令刺史如故封歷陽郡王景安久在邊州人物安之又管內蠻多華少景安被以恩威咸得寧輯武平末徵拜領軍大將軍齊亡入周以大將軍義寧郡公討稽胡戰沒初永兄祚襲爵陳留王祚卒子景皓嗣天保時誅諸元親近者如景安之徒疏宗議請姓高氏景皓

云豈得棄本宗逐他姓大丈夫寧可玉碎不能瓦全景安以白文宣乃收景皓誅之家屬徙彭城由是景安獨賜姓高氏自外聽從本姓求第种子璨字景璨美容儀有器幹景安告景皓慢言引璨云相應和璨占云爾時以衣袖掩景皓口云莫妄言問景皓與璨同獲免卒於東徐州刺史

獨孤求業字世基本姓劉中山人也母改適獨孤氏求業幼隨母爲獨孤家養遂從其姓天保初除中書舍人求業解書計善歌舞甚爲文宣所知後爲洛州刺史河陽行臺左丞甚有威信遷行臺尚書求業久在河陽善於招撫周人憚之性鯁直不交權勢斛律光求二婢弗得毀之於朝

廷河清末徵爲太僕卿以乞伏貴和代之於是西境蹙弱河洛人情騷動武平三年遣求業取斛律豐洛因以爲北道行臺僕射幽州刺史河洛人庶多思求業又除河陽道行臺洛州刺史周武帝親攻金墉求業出兵禦之問是何達官作何行動周人曰至尊自來主人何不出看客求業曰客行忩忩故不出看乃通夜辦馬槽二千周人聞之以爲大軍至乃去進位開府臨川王有甲士三萬聞晉州敗請出兵北討奏寢不報求業慨憤又聞幷州亦陷乃遣子須達告降於周授上柱國應公宣政末爲冀州揔管大象二年爲行軍總管崔彥睦所殺

鮮于世榮漁陽人也父寶業懷朔鎮將武平初贈儀同三司祠部尚書世榮少沈敏有器幹興和二年爲神武親信都督稍遷平西將軍賜爵石門縣子天統二年累加開府儀同三司除鄭州刺史武平中以領軍從平高思好封義陽郡王領軍大將軍太子太傅及周武帝入代送馬腦酒鍾與之得便撞破周兵入鄴諸將皆降世榮在三臺之前獨鳴鼓不輟及被執不屈乃見殺世榮雖武人無文藝以朝危政亂每常竊歎見徵稅無厭賞賜過度發言歎息焉

手貞武平末假儀同三司

傅伏太安人也少從戎以戰功稍至開府永橋領人大都

督周武帝前攻河陰伏自永橋夜入中潬城南城陷被圍二旬不下救兵至周師還後除東雍州刺史周剋晉州執行臺尉相貴招伏伏不從周剋幷州遣韋孝寬以伏子世寬來招伏授上大將軍武鄉郡公即給告身以金馬腦二酒鍾爲信伏不受曰事君有死無二此兒爲臣不能竭忠爲子不能盡孝人所讎疾願即斬之以號令天下周武自鄴還至晉州遣高阿那肱等臨汾召伏伏聞後主已被獲仰天大哭率衆入城於聽事前北面哭良久然後降周武見曰何不早降伏流涕曰臣三世衣食齊家被任如此葷命不能自死羞見天地周武親執手曰爲臣當若此朕平

齊唯見公一人乃自食一羊肋以骨賜伏曰骨親肉踈所
以相付遂引與同食令於侍伯色宿衛授上儀同敕之曰
若即與公高官恐歸投者心動勿慮不富貴又問前救河
陰得何官曰蒙一轉授特進永昌郡公周武謂後主曰朕
前三年決意取河陰正為傅伏不可動公當時賞授何其
薄也賜伏金酒卮後以為岷州刺史尋卒齊軍晉州敗後
兵將罕有全節有其殺身成仁者有儀同叱于苟生鎮南
兗州周武破鄴敕書至苟生自縊死又有開府中侍中宦
者田敬宣本字鵬蠻人也年十四五便好讀書既為閹寺
伺隙便周章詢請每至文林館氣喘汗流問書之外不暇

他語及視古人節義事未嘗不感激沈吟顏之推重其勤
學甚加開奬後遂通顯後主之奔青州遣其西出參伺動
靜為周軍所獲問齊主何在紿云已去歐捶服之每折一
支辭色愈厲竟斷四體而卒又有雷顯和晉州敗後為建
州道行臺左僕射周武帝使其子招焉顯和禁其子而不
受聞鄴城敗乃降後主失并州使開府紇奚永安告急於
突厥他鉢略可汗及聞齊滅他鉢處永安於吐谷渾使下
永安抗言曰本國既敗永安豈惜賤命欲閉氣自絕恐天
下不知大齊有死節臣唯乞一刀以顯示遠近他鉢嘉之
贈馬七十疋歸之又有代人高寶寧武平末為營州刺史

鎮黃龍夷夏重其威信周武帝平齊遣信招慰不受敕書
范陽王紹義在突厥中寶寧上表勸進范陽王署寶寧為
丞相及盧昌期據范陽起兵寶寧引紹義集夷夏兵數萬
救之至潞河知周將宇文神舉署范陽還據黃龍
論曰尒朱殘逆遠効誠欵知神武陵逼隨帝西遷去就之
途未為失節道元感母兄之戀荷知遇之恩思親懷舊固
其宜矣生不屈西朝歸誠河朔保年之於開義異榮名並
乘幾獨運異夫盜竊邑者也神武招携理殊納叛諸將
擇木情非背恩故能各立功名終極榮寵神敬力屈東維
未虧臣節其被恩化蓋亦明主之仁焉劉貴蔡儁有先見

之明臣贊霸業配饗清廟豈徒然也韓賢尉長命王懷任
祥莫多婁貸文庫狄迴洛庫狄盛張保洛侯莫陳相薛孤
延斛律羌舉張瓊宋顯王則等並運屬時來或因羇旅馮
附末光申其志力化為王侯固為宜矣堯鄉功臣之胤自
致公卿立履之地亦足稱也慕容紹宗兵機武略在世見
重昔事尒朱固執忠義不用范曾之言終見烏江之禍侯
景狼戾固非後主之臣神武遺言實表知人之鑒寒山過
水往若摧枯筭盡數奇逢斯禍酷悲夫三藏連蜀危亡貞
槩自處可謂不隕門節矣叱列平步大汗薩薛脩義慕容
儼潘樂彭樂暴顯皮景和綦連猛元景安等榮名戎幕備

開東險位高任重咸遂本誠永業世榮之徒國危方見忠
節不然則丹青簡冊安所貴乎

列傳第四十一　北史五十二

列傳第四十二　北史五十四

孫騰字龍雀咸陽石安人也祖通仕沮渠氏爲中書舍人沮渠氏滅因徙居北邊及騰貴魏朝贈司徒父機贈太尉騰少質直明解吏事魏正光中北方擾亂奔尒朱榮尋爲齊神武都督長史神武爲晉州又引爲長史封石安縣伯及起兵於信都常以誠款預謀策累遷郡公入爲侍中尋兼尚書左僕射時魏京兆王愉女平原公主寡騰願尚之而公主欲侍中封隆之騰妬隆之遂相間構神武啓免騰官俄而復之與斛斯椿同掌機密見忌慮禍奔晉陽神武入討椿留騰行并州事入爲尚書左僕射內外之事騰咸知

之兼司空除侍中兼尚書令時西魏攻南兗州詔騰率諸將討之騰性怯無威略失利而還又除司徒餘官如故初北境亂騰亡一女及貴推訪不得疑其爲人婢及爲司徒奴婢訴良者皆免之願免千人冀得其女神武知之大怒解司徒尋爲尚書左僕射太保仍侍中遷太傅初博陵崔孝芬取貧家子賈氏爲養女孝芬死其妻元更適鄭伯猷攜賈於鄭氏賈有色騰納之爲妾其妻袁死騰以賈有子正以爲妻詔封丹楊郡君復請以袁氏爵回授其女其違禮肆情多此類也騰早依神武神武深信待之置於魏朝寄以心腹遂志氣驕盈與奪自已納賄不知紀極官贈非

財不行餚藏銀器盜爲家物親狎小人專爲聚斂與高岳高隆之司馬子如號四貴非法專恣騰爲甚焉神武文襄屢加請讓終不悛改朝野深非笑之武定六年薨贈太師開府録尚書事謚曰文天保初以騰佐命詔祭告其墓皇建中配饗神武廟庭子鳳珎嗣性庸暗卒於儀同三司

高隆之字延興洛陽人也爲閹人徐成養子少時以賃升爲事或曰父幹爲姑壻高氏所養因從其姓隆之後有參定功神武命爲弟仍云勃海蓨人幹贈司徒公隆之身長八尺美鬚髯深沉有志氣初行臺于暉引爲郎中與神武深相結託後從起兵於山東累遷并州刺史入爲尚書右

僕射時初給人田權貴皆占良美貧弱咸受墝薄隆之啓神武更均平之又領營構大將以十萬夫徹洛陽宮殿運於鄴構營之制皆委隆之增築南城周二十五里以漳水近帝城起長堤以防汎溢又鑿渠引漳水周流城郭造水碾磑並有利於時魏自孝昌之後天下多難刺史太守皆爲當部都督雖無兵事皆立佐僚所在頗爲煩擾隆之請非實邊要見兵馬者悉斷之又朝貴多假常侍以取貂蟬之飾隆之自表解侍中并陳諸假侍中服者請亦罷之詔皆如表自軍國多事冒名竊官者不可勝數隆之奏請檢括旬日獲五萬餘人而群小讙譟隆之懼而止詔監起居

事進位司徒武定中除尚書令遷太保文襄作宰風俗肅清隆之時有受納文襄於尚書省大加責讓齊受禪進爵爲王尋以本官録尚書事領大宗正卿監國史隆之性好小巧至於公家羽儀百戲服制時有改易不循典故時論非之於射堋土上立三人像爲壯勇之勢文宣曾至東山因射謂隆之曰堋上可作猛獸以存古義何爲終日射人隆之無以對先是文襄委任崔暹崔季舒等及文襄崩隆之啓文宣並欲害之不見許文宣以隆之舊齒委以政事隆之子娃於楊遵彥前妻帝妹也故遵彥譏毀曰至崔季舒等仍以前隙譖云隆之每見訴訟者輒加哀矜之意以

示非已能裁文宣以其受任既久知有冤狀便宜申滌何
過要名非大臣義天保五年禁止尚書省隆之曾與元昶
宴語昶曰與王交遊當死生不相背人有密言之者又帝
未登庸日隆之意常侮帝帝將受禪大臣咸言未可隆之
又在其中帝深銜之因此大怒罵曰徐家老公令壯士築
百餘拳放出渴將飲水人止之隆之曰今日何在遂飲之
因從駕死於路中贈太尉太保陽夏王竟不得謚隆之雖
不學涉而欽尚文雅搢紳名流必存禮接寡姊為尼事之
如母訓督諸子必先文義世以此稱之文宣末年多猜害
追忿隆之執其子司徒中兵慧登等二十人於前慧登言

乞命帝曰不得已以鞭扣鞍一時頭絕並投之漳水發隆
之冢出屍其貌不敗斬骸骨焚之棄於漳流天下寃之隆
之嗣遂絕乾明中詔其兄子子遠為隆之後襲爵陽夏王
還其財產隆之見信神武性陰毒儀同三司崔孝芬以結
婚姻不果太僕卿任集同加營構頗相乖異瀛州刺史元
晏請託不遂並構成其罪誅害之終至家門殄滅論者謂
有報應焉

司馬子如字遵業自云河內溫人也徙居雲中因家焉子
如初為懷朔鎮省事與齊神武相結託分義甚深孝昌中
北州淪陷子如南奔肆州為尒朱榮所禮封平遙子稍遷
大行臺郎榮死隨榮妻子與尒朱世隆等走出京城節閔
帝立以前後功進爵陽平郡公神武入洛以為大行臺尚
書朝夕左右參知軍國天平初除尚書左僕射開府與高
岳孫騰高隆之等共知朝政甚見信重神武鎮晉陽子如
時往謁見及還神武武明后俱有賚遺率以為常子如性
既豪爽兼恃恩舊簿領之務與奪任情公然受納興和中
以北道行臺巡檢諸州守令已下至定州斬深澤令至冀
州斬東光令皆稽留時刻致之極刑進退少不合旨者便
令武士頓曳白刃臨頸士庶惶懼不知所為轉尚書令及
文襄輔政以賄為御史中尉崔暹劾在獄一宿而鬢皆白

辭曰司馬子如本從夏州策一杖投相王王給露車一乘
觠牸牛犢犢在道死唯觠角存此外皆人上取得神武書
敕文襄曰馬令是吾故舊汝宜寬之文襄駐馬行街以出
子如脫其鎖子如懼曰非作事邪於是除削官爵神武後
見之哀其顦悴以膝承其首親為擇蝨賜酒百瓶羊五百
口粳米五百石子如曰無事尚被囚繫死若受此豈有生
路邪未幾起行冀州事能自改厲甚有聲譽詔復官爵別
封野王縣男齊受禪以翼贊功別封須昌縣公尋除司空
子如性滑稽不事檢裁言戲穢褻識者非之而事姊有禮
撫諸兄子慈篤當時名士並加欽愛復以此稱之然素無

鯁正不能以平道處物文襄時中尉崔暹黄門郎崔季舒倶被任用文襄崩暹等赴晉陽子如以糺劾之失乃啓文宣言其罪勸帝誅之後子如以馬度關爲有司所奏文宣讓之曰崔暹季舒事朕先世有何大罪卿令我殺之因此免官久之猶以先帝之舊拜太尉尋以疾薨贈太師太尉謚曰文明長子消難嗣

消難字道融幼聰慧微涉經史有風神好自矯飾以求名譽子如既當朝貴盛消難亦愛賓客邢子才王元景魏收陸卬崔瞻等皆遊其門稍遷光祿卿出爲北豫州刺史文宣末年昏虐滋甚消難常有自全之謀曲意撫納頗爲百

姓所附不能廉潔爲御史所劾又尚公主而情好不睦公主愬之屬文宣在并州驛召上黨王渙渙懼害斬使者東奔鄴中大擾後竟獲於濟州渙之初走朝士疑赴成皋云若與司馬北豫連謀必爲國患此言達於文宣頗見疑消難懼密令所親人河東裴藻間行入關請降入周封滎陽郡公累遷大司寇從武帝東伐還除梁州總管大象初遷大後丞女爲靜帝后尋出爲郧州總管及隋文帝輔政消難乃與蜀公尉遲迥合勢舉兵使其子永質於陳以求援隋文帝命襄州總管王誼討之消難奔陳位司空隨郡公初隋武元帝之迎消難結爲兄弟情好甚篤隋文每以叔

禮事之及平陳消難至特免死配爲樂戶二旬而免猶以舊恩特被引見尋卒於家消難性貪淫輕於去就故世言反覆者皆以方之其妻高齊神武女也在鄴極加禮敬入關便相棄薄及赴郧州留妻及三子在京妻言於文帝曰滎陽公攜寵自隨必不顧妻子願防慮之及消難入陳高母子因此獲免子譚即高氏所生以消難勳拜儀同大將軍坐消難除名

裴藻字文芳少機辯有不羈之志爲子如大傅主簿消難鎮北豫又以爲中兵參軍入周封聞喜縣男除晉州刺史

子如兄纂纂長子世雲輕險無行累遷潁州刺史肆行姦

穢將見推懼遂從侯景文襄猶以子如恩舊免其諸弟死罪徙北邊世雲以侯景敗於渦陽復有異志爲景所殺世雲弟膺之膺之字仲慶美鬚髯有風貌好學有自封植神氣甚高歷中書黄門侍郎天平中叔父子如執鈞當軸膺之既宰相猶子兼自有名望所與遊集盡一時名流與邢子才王昕等竝爲莫逆之交及兄世雲陷於逆亂其親皆應誅膺之及諸弟竝有人才爲朝廷所惜文襄特減死從近鎮文宣嗣業得還齊受禪子如別封須昌縣公廻授膺之子如撫愛甚慈膺之昆季事之如父性方直不會俗情與楊愔同爲黄門郎至愔爲尚書令抗禮如初愔嘗有拙

姊修尚書卿尹皆跪弟膺之執手而出曾路逢愔威儀道
引乃於樹下側避之愔於車望見令呼謂曰兄何意避弟
膺之曰我自避赤棒不避卿愔甚重之然以其疎簡傲
物竟天保間淪滯不齒乾明中除衛尉少卿遷國子祭酒
河清末拜金紫光祿大夫患泄痢積年不起武平中就家
拜儀同三司班台之貴近世專以賞勳勤膺之雖為猥雜
名器猶重初司徒趙彥深起自孤微為子如管記膺之甚
相忽略不為之禮及彥深為宰相朝士輻湊膺之自念故
被延請求不至門每與相見捧袂而已太常卿段孝言左
丞相孝先之弟也位望甚隆嘗詣其弟幼之舉座傾敬膺

之時牽疾在外齋憑几而坐不為動容直言我患痢久太
常不得致怪黃門郎陸杳貴遊後進膺之嘗與棊杳忽後
至寒溫而已棊遂斂局毛閉素門無雜客性不飲酒而不
愛重賓遊病久不復堪讀書或以奕棊永日名士有素懷
者時相尋候無雜言唯論經史好讀太玄經又注揚雄蜀
都賦每云我欲與揚子雲周旋患痢十七年竟不愈亡歲
以痢疾終膺之弟子瑞為御史中丞正色舉察為朝廷所
許以疾去職就拜祠部尚書卒贈儀同三司瀛州刺史諡
曰文節子瑞妻陸令萱妹及令萱得寵於後主重贈子瑞
開府儀同三司中書監濕縣伯諸子亦並居顯職同遊給

事黃門侍郎同回太常少卿同憲通直常侍同遊終為佳
吏隋開皇中為尚書戶部侍郎卒於遂州刺史子瑞弟幼
之清貞有行武平末為大理卿開皇中卒於眉州刺史
竇泰字世寧太安捍殊人也本出清河觀津冑祖羅魏統
萬鎮將因居北邊父樂魏末破六韓拔陵為亂與鎮將楊
鈞固守遇害泰貴追贈司徒初泰母夢風雷暴起若有雨
狀出庭觀之見電光奪目駛雨霑灑寤而驚汗遂有娠朞
而不産大懼有巫曰度河湔裙産子必易便向水所忽見
一人曰當生貴子可徙而南泰母從之俄而生泰及長善
騎射有勇略泰父兄戰歿於鎮泰身負骸骨歸尒朱榮以

從討邢杲功賜爵廣阿子神武之為晉州請泰為鎮城都
督參謀軍事累遷侍中京畿大都督尋領御史中尉泰以
勳戚居臺雖無多糾舉而百寮畏懼天平三年神武西討
令泰自潼關入四年泰至小關為周文帝所襲眾盡沒泰
自殺初泰將發鄴鄴有惠化尼謠云竇行臺去不迴未行
之前夜三更忽有朱衣冠幘數千人入臺云收竇中尉宿
直兵吏皆驚其人入數屋俄頃而去旦視關鍵不異方知
非人皆知其必敗贈大司馬太尉錄尚書事諡曰武貞泰
妻武明婁后妹也泰雖以親見待而功名自建齊受禪祭
告其墓皇建初配享神武廟庭子孝敬嗣位儀同三司

尉景字士真善無人也秦漢置尉候官其先有居此職者因以氏焉景性温厚頗有俠氣魏孝昌中北鎮反景與神武入杜洛周中仍共歸尒朱榮以軍功封博野縣伯後從神武起兵信都韓陵之戰唯景所統失利神武入洛留景鎮鄴尋進封為公景妻常山君神武之姊也以勳戚每有軍事與庫狄干常被委重而不能忘懷財利神武每嫌責之轉冀州刺史又大納賄發夫獵死者三百人庫狄干與景在神武坐請作御史中尉神武曰何意下求卑官干曰欲捉尉景神武大笑令優者石董桶戲之董桶剥景衣曰公剥百姓董桶何為不剥公神武誡景曰可以無貪也景

曰與爾計生活孰多我止人上取爾割天子調神武笑不答改封長樂郡公歷位太保太傅坐匿亡人見禁止使崔暹謂文襄曰語阿惠兒富貴欲殺我耶神武聞之泣詣闕曰臣非尉景無以至今日三請帝乃許之於是黜為驃騎大將軍開府儀同三司神武造景景恚卧不動叫曰殺我時趣耶常山君謂神武曰老人去死近何忍煎迫至此又曰我為爾汲水胝生因出其掌神武撫景為之屈膝先是景有果下馬文襄求之景不與曰土相扶為牆人相扶為王一馬亦不得畜而索也神武對景及常山君責文襄而杖之常山君泣救之景曰小兒慣去放使作心腹何須乾

啼濕哭不聽打邪尋授青州刺史操行頗改百姓安之徵授大司馬遇疾薨於州贈太師尚書令齊受禪以景元勳詔祭告其墓皇建初配享神武廟庭追封長樂王子粲少歷顯職性麤武天保初封庫狄干等為王粲以父不預王爵大恚恨十餘日閉門不朝帝怪遣使就宅問之隔門謂使人曰天子不封粲父作王粲不如死使云須開門受勅粲遂彎弓隔門射使者以狀聞之文宣使段韶諭旨粲見韶唯撫膺大哭不答一言文宣親詣其宅慰之方復朝請尋追封景長樂王粲襲爵位司徒太傅薨子世辯嗣周師將入鄴令世辯率千餘騎覘候出滏口登高阜西望遥見

群鳥飛起謂是西軍旗幟即馳還比至紫陌橋不敢顧隋開皇中卒於浙州刺史

婁昭字菩薩代郡平城人也武明皇后之母弟也祖父提雄傑有識度家僮千數牛馬以谷量性好周給士多歸附之魏太武時以功封真定侯父内干有武力未仕而卒昭貴魏朝贈司徒齊受禪追封太原王昭方雅正直有大度深謀腰帶八尺弓馬冠時神武少親重之昭亦早識人雄曲盡禮敬數隨神武獵每致請不宜乘危歷險神武將出信都昭贊成大策即以為中軍大都督從破尒朱兆於廣阿封安喜縣伯改濟北公又徙濮陽郡公授領軍將軍魏

孝武將貳於神武昭以疾辭還晉陽後從神武入洛兗州刺史樊子鵠反以昭為東道大都督討之子鵠既死諸將勸昭盡捕誅其黨昭曰此州無狀橫被殘賊其賊是怨其人何罪遂皆捨焉後轉大司馬仍領軍遷司徒出為定州刺史昭好酒晚得偏風雖愈猶不能處劇務在州事委寮屬昭舉其大綱而已薨於州贈假黃鉞太師太尉諡曰武齊受禪詔祭告其墓封太原王皇建初配享神武廟庭長子仲達嗣改封濮陽王次子定遠少歷顯職外戚中偏為武成愛狎別封臨淮郡王武成大漸與趙郡王等同受顧命位司空趙郡王之奏黜和士開定遠與其謀遂納士開賄賂成趙郡之禍其貪鄙如此尋除瀛州刺史初定遠弟季略穆提婆求其伎妾定遠不許因高思好作亂提婆令臨淮國郎中金造遠陰與思好通後主令開府段暢率三千騎掩之令侍御史趙秀通至州以贓貨事劾定遠定遠疑有變遂縊而死昭兄子叡

叡字佛仁父拔魏南部尚書叡幼孤被叔父昭所養為神武帳內都督封掖縣子累遷光州刺史在任貪縱深為文襄所責後改封九門縣公齊受禪除領軍將軍別封安定侯叡無他器幹以外戚貴幸縱情財色為瀛州刺史聚斂無厭皇建初封東安王大寧元年進位司空平高歸彥於冀州還拜司徒河清三年濫殺人為尚書左丞宋仲羨彈奏經赦乃免尋為太尉以軍功進大司馬武成至河陽仍遣總偏師赴縣瓠叡在豫境留停百餘日專行非法詔免官以王還第尋除太尉薨贈大司馬子子產嗣位開府儀同三司

庫狄干善無人也曾祖越豆眷魏道武時以功割善無之西臘汗山地方百里以處之後率部落北遷因家朔方干鯁直少言有武藝魏正光初除掃逆黨授將軍宿衛於內以家在寒鄉不宜毒暑冬得入京師夏歸鄉里孝昌元年北邊擾亂奔雲中為刺史費穆送于尒朱榮以軍主隨榮入洛後從神武起兵破四胡於韓陵封廣平縣公尋進郡公河陰之役諸將大捷唯干兵退神武以其舊功竟不責黜尋轉太保太傅及高仲密以武牢叛神武討之以干為大都督前驅干上道不過家見侯景不遑食景使騎追饋之時周文自將兵至洛陽軍容甚盛諸將未欲南度干決計濟河神武大兵繼至遂大破之還為定州刺史不閑吏事事多煩擾然清約自居不為吏人所患遷太師天平初以干元勳佐命封章武郡王轉太宰干尚神武妹樂陵長公主以親地見待自預勳王常總大眾威望之重為諸將所伏而最為嚴猛曾詣京師魏譙王元孝友於公門言戲

過常無能面折者干正色責之孝友大慙時人稱善薨贈
假黃鉞太宰給轀輬車謚曰景烈干不知書署名爲干字
逆上畫之時人謂之穿錐又有武將王周者署名先爲吉
而後成其外二人至孫始並知書子皇建初配享神武廟
庭子伏敬位儀同三司卒子士文嗣士文性孤直雖鄰里
至親莫與通狎在齊襲封章武郡王位領軍將軍周武帝
平齊山東衣冠多來迎唯士文閉門自守帝奇之授開府
儀同三司隨州刺史隋文受禪加上開府封湖陂縣子尋
拜貝州刺史性清苦不受公料家無餘財其子嘗噉官厨
餅士文枷之於獄累日杖之二百步送還京僮隷無敢出

門所買鹽菜必於外境凡有出入皆封署其門親故絕迹
慶弔不通法令嚴肅吏人股戰道不拾遺有細過必深文
陷害之入朝遇上賜公卿入左藏任取多少人皆極重士
文獨口銜絹一匹兩手各持一匹上問其故士文曰臣口
手俱足餘無所須上異之別賞遺之士文至州發摘姦諂
長吏尺布斗粟之贓無所寬貸得千人奏之悉配防嶺南
親戚相送哭聲遍於州境至嶺南遇瘴癘死者十八九於
是父母妻子唯哭士文士文聞之令人捕搦捶楚盈前而
哭者彌甚司馬京兆韋焜清河令河東趙達二人並苛刻
唯長史有惠政時人語曰刺史羅殺政司馬蝮蛇瞋長史

含笑判清河生喫人上聞歎曰士文暴過猛獸竟坐免未
幾爲雍州長史謂人曰我向法深不能窺候貴要無乃必
死此官及下車執法嚴正不避貴戚賓客莫敢至門人多
怨望士文從妹爲齊氏嬪有色齊滅後賜薛公長孫覽覽
妻鄭氏妬譖之文獻后令覽離絕士文恥之不與相見後
應州刺史唐君明居母憂娉以爲妻由是君明士文並爲
御史劾士文性剛在獄數日憤恚而死家無餘財有三子
朝夕不繼親賓無贍之者

韓軌字伯年太安狄那人也少有志操深沈喜怒不形於
色神武鎮晉州引爲鎮城都督及起兵於信都軌贊成大

策從破尒朱兆於廣阿又從韓陵陣封平昌縣侯仍督中
軍從破尒朱兆於赤𢀶嶺再遷秦州刺史甚得邊和神武
巡秦州欲以軌還仍賜城人戶別絹布兩疋州人田昭等
七千戶皆辭不受唯乞留軌神武嘉歎乃留焉頻以軍功
進封安德郡公遷瀛州刺史在州聚斂爲御史糾劾削除
官爵未幾復其安德郡公歷位中書令司徒齊受禪封安
德郡王軌妹爲神武所納生上黨王渙復以勳庸歷登台
鉉常以謙恭自處不以富貴驕人後拜大司馬從文宣征
蠕蠕在軍暴疾薨贈假黃鉞太宰太師謚曰肅武皇建初
配享文襄廟庭子晉明嗣天統中改封東萊王晉明有俠

氣諸勳貴子孫中最留心學問好酒誕縱招引賓客一席
之費動至萬錢猶恨儉率朝廷欲處之貴要地必以疾辭
告人云廢人飲美酒對名勝安能作刀筆吏披反故紙乎
武平末除尚書左僕射百餘日便謝病解官
叚榮字子茂姑臧武威人也祖信仕沮渠氏後入魏以豪
族徙北邊仍家於五原郡父連安北府司馬榮少好歷術
專意星象正光中謂人曰吾今觀玄象察人事不及十年
當有亂矣亂起此地天下因此橫流無可避也未幾如言
榮初之杜洛周因奔尒朱榮及神武起兵榮贊成之神武
南討鄴留榮鎮信都仍授定州刺史時攻鄴未克榮轉輸

無闕神武入洛論功封姑臧縣侯轉授瀛州刺史榮妻武
明皇后長姊也榮恐神武招私親之議固推諸將竟不之
州尋歷相濟秦三州所在百姓愛之神武將圖關右榮辭
未可及渭曲敗神武曰不用叚榮言以至於此尋除山東
大行臺領本州流人大都督甚得物情卒贈太尉謚曰昭
景皇建初配享神武廟庭二年重贈大司馬尚書令武威
王長子韶嗣
韶字孝先少工騎射有將領才略以武明皇后甥神武益
器愛之常置左右以為心腹領親信都督神武拒尒朱兆
於廣阿憚兆兵衆韶曰所謂衆者得衆人之死所謂彊者

得天下之心尒朱裂冠毀冕拔本塞原芒山之會搢紳何
罪殺主立君不脫旬朔天下從亂十室而九王躬昭德義
誅君側之惡何往而不克哉神武曰吾雖以順討逆恐無
天命韶曰聞小能敵大小道大淫皇天無親唯德是輔今
尒朱外賊天下內失善人智者不為謀勇者不為鬭不肖
失職賢者取之復何疑也遂與挑戰敗之頻以軍功封下
洛縣男後廻賜父爵姑臧縣侯芒山之役為賀拔勝所窘
韶從傍馳馬反射斃其馬追騎不敢進遂免賜鞍下馬并
金進爵為公及征玉壁攻城未下神武不豫謂大司馬斛
律金司徒韓軌左衞將軍劉豐等曰吾每謂孝先論兵殊

有英略若比來用其謀可無今日之勞矣吾患危篤欲委
孝先以鄴下事若何金等咸曰知臣莫若君實無出孝先
者仍令韶從文宣鎮鄴召文襄赴軍顧命文襄以孝先為
託令軍旅大事並與籌之及神武崩侯景反文襄還鄴留
韶守晉陽委以軍事加驃騎大將軍開府儀同三司文宣
受禪除尚書右僕射遷冀州刺史天保四年梁將東方白
額潛至宿豫詔韶討之既至會梁將嚴超達等軍逼涇州
陳霸先將攻廣陵尹令思謀襲盱眙三軍咸懼韶謂諸將
曰自梁氏喪亂國無定主人懷去就霸先外託同德內有
離心吾揣之熟矣乃留儀同三司敬顯儁等圍宿豫自倍

道赴涇州塗出盱眙令悲不虞大軍卒至望旗而奔進破
趙達軍迴赴廣陵霸先遁走旋師宿豫遣辯士喻白額白
額開門請盟盟訖度白額終不爲用斬之并其諸弟竝傳
首京師封平原郡王歷司空司徒大將軍尚書令太子太
師以繼母憂去職尋起爲大司馬仍爲尚書令遷錄尚書
事并州刺史後與東安王婁叡平高歸彥遷太傅仍治并
州爲政不存小察甚得人和周文遣將率羌夷與突厥合
衆逼晉陽武成自鄴倍道赴之時大雪諸將或欲逆之韶
曰不如陣以待之彼勞我逸破之必矣遂大破之進位太
師周冢宰宇文護母閻氏先配中山宮護聞尚存乃因邊

境移書請還其母并通鄰好韶以爲護外託爲相其實王
也爲母請和不通一介之使據移送書恐示以弱且外許
之待通和往復放之未晚不聽遂遣使以禮將送護得母
仍遣將尉遲迥等襲洛陽詔蘭陵王長恭大將軍斛律光
擊之軍次芒山下逗留未進武成召韶欲赴洛陽圍但以
突厥爲慮韶曰北虜侵邊事等疥癬西羌闚逼是膏肓之
病帝仍令韶督精騎一千發晉陽五日便濟河遇周軍於
大和谷與諸將陣以待之韶爲左軍蘭陵王爲中軍斛律
光爲右軍上山逆戰韶且却引待其力斃下馬擊之周人
大潰洛城圍亦即奔遁除太宰封靈武縣公天統三年除

左丞相四年別封永昌郡公食滄州幹武平二年出晉州
道到定隴築威敵平寇二城而還二月周師來寇遣韶與
右丞相斛律光太尉蘭陵王長恭往行達西境有栢谷城
者敵之絕險諸將莫肯攻圍韶曰汾北河東勢爲國家之
有若不去栢谷事同痼疾計彼會兵在南道今斷其要路
救不能來城勢雖高其中甚狹火弩射之一旦可盡遂攻
之城潰仍城華谷置戍而還封廣平郡公是月周又遣將
攻邊斛律光先率軍禦之韶亦請行五月到服秦城西人
於姚襄城南更起城鎮韶抽壯士從北襲之使人潛度河
告姚襄城中內外相應進戰大破之諸將咸欲攻其新城

韶曰此城一面阻河三面地險不可攻不如更作一城壅
其要道破服秦併力圖之從之六月徙圍定陽七月屠其
外城時韶病在軍中謂蘭陵王曰此城三面重澗竝無走
路唯慮東面一處耳賊若突圍必從此出長恭乃設伏其
夜果如策伏兵擊之大潰韶竟以病薨賜溫明秘器轀輬
車軍校之士陣送至平恩墓所發卒起冢贈假黃鉞相國
太尉錄尚書事謚忠武韶出總軍旅入參帷幄功既居高
重以婚媾之故望傾朝野而長於計略善於御衆得將士
之心又雅性溫慎有宰相之風教訓子弟閨門雍肅事後
母以孝聞齊代勳貴家罕有及者然僻於好色雖居要重

微服間行魏黃門郎元瑀妻皇甫氏緣瑀謀逆沒官韶美
之上啓固請文襄賜之別宅處之禮同正嫡尤嗇於財親
戚故舊略無施與其子深尚公主并省丞郎在家佐事十
餘日車駕辭還人唯賜一盃酒元妃所生三子懿深亮皆
官達懿字德猷尚潁川長公主拜駙馬都尉襲封平原王
位行臺右僕射兼殿中尚書卒子寶鼎尚中山長公主隋
開皇中開府儀同三司大業初卒於饒州刺史深字德深
美容貌寬謹有父風天保中受父封姑臧縣公尚東安公
主位侍中韶病篤詔封深濟北王以慰其意入周拜大將
軍郡公坐事死亮字德堪隋大業初位汴州刺史卒於汝

南郡守

韶弟孝言少警發有風儀齊受禪其兄韶以別封霸城縣
侯授之歷中書黃門侍郎典機密又歷秘書監度支尚書
清都尹孝言本以勳戚致位通顯驕奢無憚曾夜過其賓
宋孝王家呼坊人防援不時赴遂搒殺之又與諸淫婦密
遊其夫覺又搒掠而殞時苑內須果木課人間及僧寺備
輸孝言悉分向其私宅種植又殿內及園中須石差車從
漳河運載復分車迴取事發出為海州刺史累遷吏部尚
書祖珽執政將廢趙彥深引孝言為助加侍中孝言待物
不平抽擢非賄則舊有將作丞崔成於衆中抗言尚書天
下尚書豈獨段家尚書也孝言無辭以對唯厲色遣下尋
除中書監加特進又託韓長鸞共構祖珽之短及珽出後
孝言除尚書右僕射仍掌選恣情用捨請謁大行敕浚京
城北隍孝言監作儀同三司崔士順將作大匠元士將太
府少卿酈孝裕尚書左戶郎中薛叔昭司州中從事崔龍
子清都尹丞李道隆鄴縣令尉長卿臨漳令崔象成安令
高子徹等並在孝言部下典作日別置酒高會諸人膝行
跪伏稱觴上壽或自陳屈滯更請轉官孝言意色揚揚以
為己任皆隨事報答許有加授富商大賈多被銓擢所進
用人士咸是險縱之流尋遷左僕射特進侍中如故孝言

富貴豪侈尤好女色後取婁定遠妾董氏大被愛之為此
內外不和更相糾列又於晉陽監作坐事除名徙光州隆
化主敗後有敕追還孝言雖黷貨無厭恣情酒色然舉止
風流招致名士美景良辰未嘗虛棄賦詩奏伎以盡歡洽
雖草萊之士粗閑文藝多引入賓館與同興賞其貧踐者
亦時乞遺時論復以此多之齊亡入周位上開府

斛律金字阿六敦朔州敕勒部人也高祖倍侯利魏道武
時內附位大羽真賜爵孟都公祖幡地斤殿中尚書父那
瓌光祿大夫贈司空金性敦直善騎射行兵用匈奴法望
塵知馬步多少嗅地知軍度遠近初為軍主與懷朔鎮將

楊鈞送蠕蠕主阿那瓌瓌見金獵射歎其工及破六韓拔
陵攜逆金擁衆屬焉署金爲王金度陵終敗乃統所部叛
陵詣雲州魏除爲第二領人酋長秋朝京師春還部落號
曰鴈臣仍稍引南出黃瓜堆爲杜洛周所破與兄平二人
脫身歸尒朱榮爲別將孝莊立賜爵阜城男位金紫光祿
大夫神武密懷匡復金贊成大謀太昌初爲汾州刺史進
爵爲侯從神武破紇豆陵於河西沙苑之役神武以地阨
少卻軍爲西師所乘遂亂張華原以簿帳歷營點兵莫有
應者神武將集兵便戰金曰衆散將離其勢不可復用宜
急向河東神武據鞍未動金以鞭拂馬神武乃還於是大

崩喪甲士八萬侯景歛西魏力人持大棒守河橋衣甲厚
射之不入賀拔仁候其轉面射一發斃之是役也無金先
請還幾至危矣及高仲密西叛周文攻洛陽從神武破之
還除大司馬改封石城郡公金性質直不識文字本名敦
苦其難署改名爲金從其便易猶以爲難司馬子如教爲
金字作屋況之其字乃就神武重其古質每誡文襄曰爾
所使多漢有讒此人者勿信之及文襄嗣事爲肆州刺史
文宣受禪封咸陽郡王天保三年就除太師四年解州以
太師還晉陽車駕幸其第六宮及諸王盡從置酒極夜方
罷帝欣甚詔金第二子豐樂爲武衛大將軍賜帛五千匹

謂曰公元勳佐命父子忠誠朕當結以婚姻永爲藩衛仍
詔金孫武都尚義寧公主成禮之日帝從皇太后幸金宅
皇后太子諸王皆從其見待如此後蠕蠕爲突厥破散慮
其犯塞詔金屯兵白道以備之多所俘獲奔表陳虜奇取
狀文宣乃與金共討之進位右丞相食齊州幹遷左丞相
帝晚年敗德嘗持矟走馬以擬金胸者三金立不動於是
賜物千段孝昭踐阼納其孫女爲皇太子妃詔金朝見聽
乘步挽車至階武成即位禮遇彌重又納其孫女爲太子
妃金曾遣人獻食中書舍人李若誤奏云金自來武成出
昭陽殿敕侍中高文遙將羊車引之若知事誤更不敢出

映廊下文遙還覆奏帝罵若云空頭漢合殺亦不加罪金
長子光大將軍次子羨及孫武都竝開府儀同三司出鎮
方岳其餘子孫皆封侯貴達一門一皇后二太子妃三公
主尊寵當時莫比金嘗謂光曰我雖不讀書聞古來外戚
梁冀等無不傾滅女若有寵諸貴人妬女若無寵天子嫌
之我家直以立勳抱忠致富貴豈藉女也辭不獲免常以
爲憂天統三年薨年八十贈假黃鉞相國太尉公贈錢一百
萬諡曰武子光嗣
光字明月馬面彪身神爽雄傑少言笑工騎射初爲侯景
部下彭樂謂高敖曹曰斛律家小兒不可三度將行後奪

人名以庫直事文襄從出野見鴈雙飛來文襄使光馳射之以二矢俱落焉後從金西征周文帝長史莫孝暉在行間光年十七馳馬射中之因禽於陣神武即擢授都督封永樂子又嘗從文襄於洹橋校獵雲表見一大鳥射之正中其頸形如車輪旋轉而下乃鵰也丞相屬邢子高歎曰此射鵰手也當時號落鵰都督齊受禪別封西安縣子皇建元年進爵鉅鹿郡公時樂陵王百年為皇太子求妃孝昭以光世載醇謹納其長女為太子妃歷位太子太保尚書令司空司徒河清三年周大司馬尉遲迥齊公憲庸公王雄等衆十萬攻洛陽光率騎五萬馳往戰於芒山迥等大敗光親射雄殺之迥憲僅而獲免仍築京觀武成幸洛陽策勳遷太尉初文宣時周人常懼齊兵之西度恒以冬月守河椎氷及帝即位朝政漸紊齊人椎氷懼周兵之逼光憂曰國家常有吞關隴之志今日至此而唯翫聲色先是武成納光第二女為太子妃天統元年拜皇后光轉大將軍三年六月父喪去官其月詔起光及弟羨並復位秋除太保襲爵咸陽王遷太傅十二月周軍圍洛陽壅絕糧道武平元年正月詔光率步騎三萬禦之鋒刃纔交周將宇文桀衆大潰直到宜陽軍還擊周齊王憲等衆大潰詔加右丞相并州刺史其年冬光又率步騎五萬於玉壁築

華谷龍門二城與憲相持憲不敢動二年率衆築平隴等鎮戍十三所周柱國枹罕公普屯威柱國韋孝寬等來逼平隴光與戰於汾水大破之周遣其柱國紇干廣略圍宜陽光率步騎五萬赴之戰於城下取周建安等四戍捕千餘人而還軍未至鄴敕令便放兵散光以功勳者未得慰勞若散恩澤不施乃密表請使宣旨軍仍且進朝廷發使遲留軍還將至紫陌光駐營待使帝聞光軍營已逼心甚惡之急令舍人追光入見然後宣勞散兵拜左丞相別封清河郡公光嘗在朝堂垂簾而坐祖珽不知乘馬過其前光怒謂人曰此人乃敢尔後珽在內省言聲高慢光過聞之又怒珽知光忿賂其從奴瞌頭曰自公用事相王每夜抱膝歎曰盲人用權國必破矣珽省事褚士達夢人倚戶授其詩曰九升八合粟角斗定非真堰却津中水將留何處人以告珽珽占之曰角斗斛字津却水何留人合成律字非真者斛斛律於我不實士達又言所夢狀乃其父形也珽由是懼又穆提婆求娶光庶女不許帝賜提婆晉陽之田光言於朝曰此田神武以來常種禾飼馬以擬寇難令賜無乃闕軍務也帝又以鄴清風園賜提婆租賃之於是官無菜賒買於人負錢三百萬其人訴焉光曰此菜園賜提婆是一家足若不賜提婆便百官足由是祖穆積怨

周將韋孝寬懼光乃作謠言令間諜漏之於鄴曰百斗飛上天明月照長安又曰高山不推自崩槲樹不扶自竪珽讀之曰盲老公背上下大斧饒舌老母不得語令小兒歌之於路提婆聞以告其母令萱以饒舌爲斥己盲老公謂祖珽也遂協謀以謠言啓帝曰斛律累世大將明月聲震關西豐樂威行突厥女爲皇后男尚公主謠言可畏帝以問韓長鸞鸞以爲不可事寢光又嘗謂人曰今軍人皆無褌袴後宮内參一賜數萬匹府藏稍空此是何理受賜者聞之皆曰天子自賜我關相王何事珽又通啓求見帝使以庫車載入珽因請問唯何洪珍在側帝曰前得公啓即欲施行長鸞以爲無此理未可珽未對洪珍進曰若本無意則可既有此意不決行萬一事泄如何帝然洪珍言而猶預未決珽令武都妾兄顔玄告光謀爲不軌又令曹魏祖奏言上將星盛不誅恐有災禍先是天狗西流占曰秦地案秦即咸陽也自太廟及光宅並見血先是三日鼠常晝見光寢室常投食與之一朝三鼠俱死又牀下有二物如黑豬從地出走其穴膩滑大蛇屢見屋脊有聲如彈丸落又大門横木自焚擣衣石自移既而丞相府佐封士讓密啓云光前西討還敕令便放兵散光令軍逼帝京將爲不軌不果而止家藏弩甲奴僮千數每使豐樂武都處陰

謀往來君不早圖恐事不可測帝謂何洪珍曰人心亦大聖我前疑其欲反果然帝性怯恐即有變令洪珍馳召祖珽告之又恐追光不從命珽因請賜其一駿馬令明日乘至東山遊觀須其來謝因執之帝如其言光將上馬頭眩及至引入涼風堂劉桃枝自後撲之不倒光曰桃枝常作如此事我不負國家桃枝與力士三人以弓弦罥其頸遂拉殺之年五十八血流於地剗之迹終不滅於是下詔稱其反族滅之使二千石郎邢祖信簿籍其家珽於都省問所得物祖信曰得弓十五張宴射箭一百具刀七口賜矟二張珽又厲聲曰更得何物曰得棗子杖二十束擬奴僕與人鬭者不問曲直即以杖之一百具大驚乃下聲曰朝廷已加重刑郎中何可分雪及出人尤其抗直祖信慨然曰好宰相尚死我何惜餘生祖信少年時父遜爲李庶所卿因詣庶謂庶曰暫來見卿還辭卿去庶父諧杖庶而謝焉光居家嚴肅見子弟若君臣雖極貴盛性節儉簡聲色不營財利杜絶饋餉門無賓客罕與朝士交言不肯預政事每會議常獨後言言輒合理將有表疏令人執筆口占之務從省實行兵用匈奴卜法吉凶無不中軍營未定終不入幕或竟日不坐身不脫介胄常爲士卒先有罪者唯大杖撾背未嘗妄殺衆皆爭爲之死宜陽之役謂周人

曰歸我七年人不然取爾十倍周人即歸之在西境築定誘諸城馬上以鞭指畫所取地皆如其言拓地五百里而未嘗伐功板築之役鞭撻人士頗稱其嚴自結髮從戎未嘗失律深為隣敵懾憚罪既不彰一旦屠滅朝野惜之周武帝聞光死赦其境內後入鄴追贈上柱國崇國公指詔書曰此人若在朕豈得至鄴長子武都位特進開府儀同三司梁兗二州刺史所在唯事聚斂光死遣使於州斬之小子鍾年甫數歲獲免周朝襲封崇國公隋開皇中卒於車騎將軍

羨字豐樂少機警善騎射河清三年為都督幽州刺史其年突厥十餘萬寇州境羨總諸將禦之突厥望見軍容齊整遂不敢戰遣使求款附天統元年五月突厥可汗遣使請朝貢自是歲時不絕羨有力焉詔加行臺僕射羨以虜屢犯邊塞自庫推戍東距於海二千餘里其間凡有險要或斬山築城斷谷起障并置立戍邏五十餘所又導高梁水北合易京東會於潞因以灌田公私獲利在州養馬二千匹部曲三千以備邊突厥謂之南面可汗四年遣行臺尚書令別封高城縣侯羨歷事數帝以謹直稱雖極榮寵不自矜尚以合門貴盛深以為憂武平元年乃上書推讓乞解所職詔不許其年秋進爵荊山郡王羨慮禍使人騎快騾迎至鄴無日不得音問後二日鄴使不至家人乞養憂之又夢著枷鎖勸豐樂速奔突厥羨不從占其夢曰枷者加官鎖者鎖鎖吉利及光誅勅中領軍賀拔伏恩等十餘人馳驛捕之遣領軍大將軍鮮于桃枝洛州行臺僕射獨孤永業便發定州騎卒續進伏恩等既至門者白羨曰使人衷甲馬汗宜閉城門羨曰敕使豈可疑拒出迎之遂見執死於長史聽事謂其妻曰啓太后臣兄弟死自當知臨刑歎曰富貴如此女為皇后公主滿家常使三百兵何得不敗并害五子年十五已下者宥之羨未誅前忽令其在州諸子五六人鎖頸乘驢出城合家泣送之至閤日晚

而歸吏人莫不驚異行燕郡守馬嗣明道術之士也為羨所欽竊問之答云須有攘厭數日而有此變羨及光並工騎射少時獵父金命子孫會射而觀之泣曰明月豐樂用弓不及我諸孫又不及明月豐樂世衰矣每日令出田還即効所獲光獲少必麗龜達腋羨獲雖多非要害之所光恒家賞羨或被捶人問其故云明月必背上著箭豐樂隨處即下手數雖多去兄遠矣聞者服其言金兄平少便弓馬神武起以都督從皇建初封定陽郡公後為青州刺史卒贈太尉

論曰齊神武以晉陽戎馬之地霸圖攸屬練兵訓旅遙制

朝權鄴都機務情寄深遠孫騰高隆之司馬子如等俱不能清貞守道以康亂為懷而後斂貨財填彼溪壑昔蕭何之鎮關中荀彧之居許下不亦異於是乎頼文襄入輔責以驕縱厚遇崔暹奮其霜簡不然則君子屬厭豈易間焉子如徒以少相親重情深昵狎義非草昧恩結寵私勲德莫聞坐致台輔消難去齊歸周義非殉國向背不已晚又奔陳一之謂甚胡可而再儕之風素可重劲之清簡自立有足稱者竇泰尉景婁昭厙狄干韓軌等並以外戚近親屬雲雷之舉位非寵進功藉勢成附翼攀鱗鬱為佐命之首定遠以常人之才而因趙郡忠正將以志除朝蠹謀遂

佞臣而信納姦凶反受其亂遂使庸豎肆毒賢戚見誅敗政害時莫大於此鄙語曰利以昏智況定遠非智者乎段榮以姻戚之重遇時來之會功伐之地亦足稱焉韶光輔七君克隆門業每出當閫外或任處留臺以猜忌之朝終其眉壽屬亭候多警為有齊上將豈其然乎當以志謝矜功名不逾實不以威權御物不以智數要時欲求覆餗其可得也禮云率性之謂道此其効歟斛律金以神武撥亂之始翼成王業忠款之至成此大功故能終享遐年位高百辟視其盈滿之戒動之微也纔及後嗣遂至誅夷既處威權之重蓋符道家所忌光以上將之子有沈毅姿戰將兵權暗同韜略臨敵制勝變化無方自關河分隔年將四紀以高氏霸王之期屬宇文草創之日出軍薄伐屢挫兵威而大寧已還東鄰浸弱關西前收巴蜀又殄江陵叶建瓴而用武成并吞之壯志光每臨戎誓衆式遏邊鄙戰則前無完陣攻則罕有全城齊氏必致拘原之師秦人無復啓關之策而世亂讒勝詐以震主之威主暗時艱自毀藩籬之固昔李牧之為趙將也北翦胡寇西却秦軍郭開譖之牧死趙滅其議誅光者豈秦之反間歟何同術而同亡也內令諸將解體外為強鄰滅讎嗚呼後之君子可為深戒者歟

列傳第四十二　　北史五十四

列傳四十三　　北史五十五

孫搴
陳元康
杜弼 子臺卿
房謨 子恭懿
張纂
張亮 趙起 徐遠
張曜
王峻
王紘

敬顯儁
平鑒
唐邕
白建
元文遙
趙彥深
赫連子悅
馮子琮 子慈明
郎基 子茂

孫搴字彥舉樂安人也世寒賤少勵志勤學自檢校御史再遷國子助教太保崔光引修國史歷行臺郎後預崔祖螭反逃於王元景家遇赦乃出孫騰以宗情薦之齊神武未被知也會神武西征登鳳陵命中外府司馬李義深相府城局李士略共作檄文皆辭請以搴代神武乃引搴入帳自爲吹火催促之搴神色安然援筆立就其文甚美神武大悅即署相府主簿專典文筆又能通鮮卑語兼宣傳號令當煩劇之任大見賞重賜妻韋氏既士人子女又兼色貌時人榮之文襄初欲之鄴揔知朝政神武以其年少未許搴爲致言乃果行恃此自乞特進文襄但加散騎常侍時大括人爲軍士逃隱者身及主人三長守令罪以大辟

沒其家於是所獲甚衆搴之計也搴學淺行薄邢邵嘗謂曰須更讀書搴曰我精騎三千足敵君羸卒數萬搴少時與溫子昇齊名嘗謂子昇卿文何如我子昇謙曰不如卿搴要其爲誓子昇笑曰但知劣於卿便是何勞旦旦搴悵然曰卿不爲誓事可知矣搴常服棘刺丸李諧調之曰卿應自足何假外求坐者皆笑司馬子如與高季式召搴飲酒醉甚而卒神武親臨之曰折我右臂贈吏部尚書青州刺史

陳元康字長猷廣宗人也父終德魏濟陰內史元康貴贈度支尚書謚曰貞元康頗涉文史機敏有幹用魏正光中

從李崇北伐以軍功賜爵臨清男普泰中除主書累遷司
徒高昂記室初司馬子如高季式與孫搴劇飲搴醉死神
武命求好替子如舉魏收他日神武謂季式曰卿飲殺我
孫主簿魏收作文書都不稱我意司徒嘗道一人謹密是
誰季式以元康對曰是能夜　書快吏也召之一見便授
大丞相功曹內掌機密善陳事意不為華藻遷大行臺都
官郎封安平子軍國多務元康問無不知神武臨行留元
康在後馬上有所號令九十餘條元康屈指數之盡能記
憶神武甚親之曰如此人世間希有我今得之乃上天降
佐也時趙彥深亦知機密人謂之陳趙而元康勢居趙前
性又柔謹神武之伐劉蠡升天寒雪深使人舉氈元康於
氈下作軍書颯颯運筆筆不及凍俄頃數紙及出神武目
之曰此何如孔子邪神武嘗怒文襄親加歐蹋極口肆罵以
告元康元康俯伏泣下霑地曰王教世子過矣神武曰我
性急瞋阿惠常如此元康大啼曰一麼為甚況常然邪神
武自是為之懲忿時或恚撻輒曰勿使元康知文謂左右曰
元康用心誠實必與我兒相抱死高仲密之叛神武知其
由崔暹將殺之文襄匿暹為之請神武曰我為尒不殺然
須與苦手文襄乃出暹而謂元康曰暹若得杖不須見我
及暹見神武將解衣受罰元康趨入止伍伯因歷階升曰

王方以天下付世子世子有一崔暹不能免其杖父子尚
爾況世間人邪神武意解曰不由元康崔暹得一百乃捨
之文襄入輔居鄴下崔暹崔季舒崔昂等並被任用張亮
張徽纂並為神武待遇然皆出元康下神武每與元康父
語文襄門外待接之時人語曰三崔二張不如一康左衛
將軍郭瓊以罪死子婦范陽盧道虞女也沒官神武啓以
賜元康為妻元康地寒時以為殊賞元康遂棄故妻李氏
識者非之元康便辟善事人而不能平心處物溺於財利
受納金帛不可勝紀責負交易遍於州郡為清論所譏從
神武於芒山將戰遺失陣圖元康冒險求得之西師既敗
神武會諸將議進取策或以為人馬疲瘦不可遠追元康
曰兩雄交爭歲月已久今得大捷便是天授時不可失必
須乘勝追之神武曰若遇伏兵孤何以濟元康曰前沙苑
還軍彼尚無伏今者奔敗何能遠謀捨之必成後患神武
不從累遷大行臺左丞及神武疾篤謂文襄曰芒山之戰
不用元康言方貽汝患以此為恨死不瞑目事皆當與元
康定也神武崩祕不發喪唯元康知之文襄嗣事自晉陽
將之鄴令元康預作神武條教數十紙留付段孝先趙彥
深在後以次行之別封昌國縣公以從嘉名侯景反文襄
逼於諸將欲殺崔暹以謝之元康諫曰今枉殺無辜虧發

刑典豈直上負天神何以下安黎庶朝錯前事頗公慎之
文襄乃止高岳討侯景未克文襄欲遣潘相樂副之元康
曰相樂緩於機變不如慕容紹宗且先王有命稱堪敵景
時紹宗在遠文襄欲召見之恐其驚叛元康曰紹宗知元
康特蒙顧待新使人來餉金以致誠款元康欲安其意故
受之而厚荅其書保無異也乃任紹宗遂破景賞元康金
五十斤王思政入潁城諸將攻之不能拔元康進曰公自
匡朝政未有殊功雖敗侯景本非外賊今潁城將陷願公
因而乘之足以取威定業文襄令元康馳驛觀之復命曰
必可拔文襄乃親征潁川益發衆軍決既至而克之賞元

康金百鋌初魏朝授文襄相國齊王諸將皆勸恭膺朝命
元康以爲未可崔暹因間之薦陸元規爲大行臺郎欲分
元康權元康既貪貨賄文襄內漸嫌之又欲用爲中書令
以閑地處之事未施行屬將受魏禪元康與楊愔崔季舒
並在坐將大遷除朝士共品藻之文襄家蒼頭蘭固成掌
廚與其弟阿改謀害文襄阿改時事文宣常執刀從期聞
東齋叫即加刃於文宣時文宣別有所之未還而難作固
成因進食置刀盤下而殺文襄元康抱文襄文襄曰可惜
可惜與賊爭力髻解被刺傷重腸出猶手書辭母口占祖
孝徵陳權宜至夜而終時年四十三時楊愔狼狽走出遺

一靴崔季舒逃匿于廁庫直紇奚舍樂捍賊死散都督王
師羅戰傷監廚倉頭薛豐洛率宰人持薪以赴難乃禽盜
固成一名京事見齊本紀文襄凶問故殯元康於宮中
託以出使南境虛除中書令明年乃贈司空謚曰文穆元
康卒後母李氏哀感發病而終贈廣宗郡君謚曰貞昭元
康子善藏嗣善藏溫雅有鑒裁位給事黃門侍郎隋開皇
中尚書郎大業初卒於彭城郡贊務

杜弼字輔玄中山曲陽人也祖彥衡淮南太守父慈度繁
時令弼幼聰敏家貧無書年十三寄郡學受業同郡甄琛
爲定州刺史簡試諸生見而策問應荅如響大歎異之命

其二子楷寬與交州牧任城王澄聞而召問深相嗟賞許
以王佐之才澄琛還洛稱之丞相高陽王等多相招命但
父祖官薄不獲優敘以軍功起家征虜府墨曹參軍典管
記弼長於筆札每爲時輩所推孝昌初除太學博士遷光
州曲城令爲政清靜遠近稱之弼父在鄉爲賊所害弼居
喪六年以常調除侍御史臺中彈奏皆見信任儀同竇泰
西伐詔弼監軍及泰失利自殺弼與其徒六人走还陝州
刺史劉貴鏁送晉陽神武責以不諫爭賴房謨諫以免累
遷大行臺郎中又引典掌機密甚見信待或有造次不及
書教直付空紙即令宣讀承間密勸受禪神武舉杖擊走

之相府法曹辛子炎諮事云取署子炎讀署爲樹神武怒其犯諱杖之於前弼進曰孔子言徵不言在子炎可恕神武罵曰眼看人瞋乃復牽經引禮叱令出去弼行十許步呼還子炎亦蒙宥文襄在鄴聞之謂楊愔曰王左右賴此人天下蒙利豈獨吾家也初神武自晉陽東出改尒朱氏貪政使人入村不敢飲社酒及平京洛貨賄漸行弼以文武在位罕有廉潔言之神武神武曰弼來我語爾天下濁亂習俗已久今督將家屬多在關西黑獺常相招誘人情去留未定江東復有一吳老翁蕭衍專事衣冠禮樂中原士大夫望之以爲正朔所在我若急作法網恐督將盡投

黑獺士子悉奔蕭衍則何以爲國爾宜少待吾不忘之及將有沙苑之役弼又請先除內賊却討外寇指諸勳貴掠奪百姓神武不答因令軍人皆張弓挾矢舉刀按矟以夾道使弼冒出其間曰必無傷也弼戰慄流汗神武然後喻之曰箭雖注不射刀雖舉不擊矟雖按不刺爾猶頓喪魂膽諸勳人觸鋒刃百死一生縱其貪鄙所取處大弼頓顙謝曰愚人不識至理後破芒山軍命爲露布弼即書絹曾不起草以功賜爵定陽縣男奉使詣闕魏帝見之九龍殿曰聞卿精學聊有所問經中佛性法性爲異弼曰正是一理又問曰說者妄皆言法性寬佛性愜如何弼曰在寬成

寬在愜成愜若論性體非愜非寬詔曰既言成寬成愜何得非愜非寬弼曰若定是寬則不能爲愜若定是愜亦不能爲寬以非寬非愜所成雖異能成恒一上稱善引入經庫賜地持經一部帛百疋弼性好名理探味玄宗在軍恒帶經行注老子道德經二卷表上之遷廷尉卿會梁貞陽侯蕭明等入寇彭城大都督高岳行臺慕容紹宗討之詔弼爲軍司攝行臺左丞臨發文襄賜胡馬一疋曰此廄中第二馬孤恒自乘聊以爲贈又令陳政要可爲鑒誡者弼曰天下大務莫過刑賞二端賞一人使天下之人喜罰一人使天下之人服二事得衷自然盡美文襄大悅曰言雖

不多於理甚要握手而別破蕭明廻破侯景於渦陽後魏帝集名僧於顯陽殿講說佛理敕弼升師子座莫有能屈帝歎曰此賢若生孔門則何如也關中遣王思政據潁州朝廷以弼行潁州攝行臺左丞及潁州平文襄曰卿試論思政所以禽弼曰思政不察逆順之理不識大小之形不度強弱之勢有此三蔽宜其俘獲文襄曰古有逆取順守大吳困於小越弱燕能破強齊卿之三義何以自立弼曰王者順而不大大而不強強而不順於義或偏得如聖旨今既兼備鄙言可以還立文宣作相位中書令仍長史進爵爲侯弼志在匡贊知無不爲及受命以預定策功遷衛

尉鄉別封長安縣伯常與邢卲扈從東山共論名理邢以
爲人死還生恐是爲蛇畫足弼曰物之未生本亦無也無
而能有不以爲疑因前生後何獨致怪邢云聖人設教本
由勸奬故懼以有來望各遂其性弼曰聖人合德天地齊
信四時言則爲經行則爲法而云以虛示物以詭勸人安
得使北辰降光龍宮韞櫝既如所論福果可以鎔鑄性靈
弘奬風教爲益之大莫極於斯此即真教何謂非實邢云
季札言無不之亦言散盡若復聚而爲物不得言無不之
也弼曰骨肉下歸於土魂氣則無不之此乃形墜魂游往
而非盡由其尚有故云無所不之若也全無之將焉適邢

北史傳四十三　九

云神之在人猶光之在燭燭盡則光窮人死則神滅弼曰
燭則因質生光質大光亦大人則神不係形形小神不小
故仲尼之智必不短於長狄孟德之雄乃遠奇於崔琰其
後別與邢書前後往復再三邢理屈而止文多不載又以
本官行鄭州事未發爲家客告弼謀反案無實又乃見
原因此絕朝見復坐第二子廷尉監臺卿斷獄稽違與寺
官俱爲郎中封靜哲所訟徙臨海鎮時楚州人東方白額
謀反鎮爲賊帥張綽潘天合等所攻弼率厲城人終得全
固文宣嘉之敕行海州事後除膠州刺史弼所在清靜廉
潔爲吏人懷之就好玄理注莊子惠施篇并易上下繫名

曰新注義苑並行於世性質直在霸朝多所匡正及文宣
作相致位寮首初聞揖讓之議猶有諫言帝又嘗問弼治
國當用何人對曰鮮卑車馬客會須用中國人帝以爲譏
已高德正居要不能下之乃至於衆前面折德正德正深
以爲恨數言其短又令主書杜永珍密啓弼在長史日受
人屬大營婚嫁帝內銜之弼恃舊仍有公事陳請十年夏
上因飲酒積其愆失遣使就州斬之尋悔驛追不及子蕤
及遠徙臨海鎮次子臺卿先從東豫州乾明初並得還鄴
天統五年追贈弼開府儀同三司尚書右僕射武平元年
又贈驃騎大將軍謚曰文肅蕤字子美學業不如弟臺卿

北史列傳四十三　十

而幹局過之武平中位大理少卿兼散騎常侍聘陳使主
吏部郎中隋開皇中終於開州刺史子公贍仕隋位安陽
令公贍子之松大業中起居舍人
臺卿字少山好學博覽解屬文仕齊位中書黃門侍郎修
國史既居清顯忌害人物趙彥深和士開高阿那肱等親
信之後兼尚書左丞省中以其耳聾多戲弄之不辭不得
理者乃至大罵臺卿見其口動謂爲自陳令史又故不曉
喻訓對往往乖越聽者以爲嗤笑及周武平齊歸鄉里以
禮記春秋講授子弟隋開皇初被徵入朝臺卿採月令觸
類廣之爲書名玉燭寶典十二卷至是奏之賜帛二百疋

恵耳不堪吏職請脩國史拜著作郎後致仕終於家有集十五卷撰齊記二十卷竝行於世無子

房謨字敬放河南洛陽人也其先代人本姓屋引氏少淳厚雖無造次能而沉深内敏正光末歷位昌平代郡太守所在著稱恵及六鎮亂謨率郡人入九崢山結壘拒守時外無救援乃率所部奔中山遇鮮于脩禮之亂朝廷以謨得北邊人情以爲假燕州事北轉至幽州南爲脩禮所執仍陷葛榮榮敗尒朱榮啓授行冀州事尋除太寧太守榮死其黨徵兵謨不應前後斬其三使遣弟毓詣闕孝莊以毓爲都督毓弟歆爲行臺竝持節詣謨同爲經略及京都

淪覆復爲賊黨建州刺史是蘭安定執繫州獄蜀人聞謨被囚竝叛安定於是給謨弱馬令軍前慰勞諸賊見謨莫不遥拜謨先所乘馬安定别給將士戰敗蜀人得之謂謨遇害莫不悲泣善養其馬不聽乘騎兒童婦女競投草粟皆言此房公馬也其結愛人心如此尒朱世隆聞而嘉之捨其罪以爲東北道行臺及尒朱氏敗濟州刺史侯景以謨先款附推謨降首謨以受眷尒朱不宜先爲反覆不從其計神武入洛再遷潁川太守魏孝武帝入關神武以謨忠貞遣其弟毓爲大使持節勞問時軍國未寧徵發煩速至有數使同徵一物公私勞擾謨請事遣一使下自催勸朝廷從之徵爲丞相右長史以清直甚被賞遇謨悉心盡力知無不爲前後賜其奴婢率多兇放神武後賜其生口多黥面爲房字而付之神武討關右以謨兼大行臺左丞長史知故捴知府省務天平三年行定州事請在左右拾遺補闕固不肯行神武責而罷之未幾出爲兗州刺史謨選用廉清廣布恩信寮屬守令有犯必知雖貌細密百姓安之轉徐州刺史始謨在兗州彭城慕其政化及爲刺史合境欣悦謨爲政如在瑕丘先是當州兵皆寮佐驅使飢寒死病動至千數謨至皆加檢勒不令煩擾以休假番代洗沐督察主司親自撿視又使傭賃令作衣服終歲還家無

不温飽全濟甚多時梁魏和好使人入其界者咸稱歎之神武與諸州刺史書敘謨及廣平太守羊敦廣宗太守竇瑗平原太守許季良等清能以爲勸勵謨嘗啓神武以天下未寧宜降婚勳將收將士心深見納魏朝以河南數州鄉俗絹濫退絹一疋徵錢三百人庶苦之謨乃表請錢絹兩受任人所樂朝廷從之徵拜侍中監國史謨無他材學每求退身不許尋兼吏部尚書加衞大將軍以子子遠罪解官久之詔復本將軍起爲大丞相左長史後除晉州刺史加驃騎大將軍又攝南汾州事先時境接西魏士人多受其官爲之防守至是酋長鎮將及都督守令前後降附

者三百餘人謨撫接殷勤人樂為用爰及深險胡夷咸來歸服謨常以己祿物充其饗賚文襄嘉之聽用公物西魏懼乃增置城戍慕義者自相糾合擊破之自是龍門已北西魏戍皆平文襄特賜粟千石絹二百疋班示天下卒於州州府相帥贈物及車牛妻子遵其遺志拒而不納謨爰嗜慾貞白自守然內營家產足為富贍不假官俸是以世稱清白贈司空謚曰文惠謨與子結婚盧氏謨卒後盧氏將改適他姓有平陽廉景孫者少厲志節以明經舉郡孝廉為謨所重至是訟之臺府不為理乃持繩詣神廟前北面大呼曰房謨清吏忠事高祖及其死也妻子見陵神而

有知當助申之今引決訴於地下便以繩自經於樹衛士見之救解送所司朝廷哀其至誠命女歸房族謨前妻子子遠險薄謨甚嫌之不以為子倒將以謨為後妻盧氏所譖神武亦以責謨謨陳其惡神武弗信自收恤之令與諸子同學及乃令還後與任胄等謀殺神武事發神武歎曰知子莫若父信哉因上言房謨鄭述祖李道璠三家理宜從法竊以謨立身清白獲行忠謹鄭仲禮嚴祖庶兒晚始收拾李世林生自外養爲絕本宗三人特乞罪止一房魏帝許焉及謨卒子廣嗣廣弟恭懿恭懿字慎言沈深有局量達於從政仕齊平恩令濟陰太守並有能名齊亡不得

調後預尉遲迥亂廢于家隋開皇初吏部尚書蘇威舉為新豐令政為三輔最上聞而嘉之賜物四百段以所得賜分給窮乏未幾復賜米三百石又振貧人上聞止之時雍州諸縣令每朔朝謁上必呼恭懿至榻前訪以化下之術威又薦之歷澤德二州司馬盧愷復奏其政美上甚異之復賜以帛諸州朝集稱為勸勵之首以為上天宗廟之所祐助豈朕寡薄能致朕即拜為刺史卿等宜師之乃下詔褒美因授海州刺史未幾國子博士何妥奏恭懿尉遲迥之黨威愷曲相舉薦上大怒恭懿竟放嶺南未幾徵還至洪州卒論者冤之

張纂字徽纂代郡平城人也初事尒朱榮又為尒朱兆長史使於神武遂被顧識及相州城拔參丞相軍事封武安縣伯累遷神武行臺右丞從征玉壁大軍將還山東至晉州忽遇寒雨士卒饑凍有死者州以邊禁不聽入城時纂為別使遇見輒令開門內之分寄人家給其火食多所全濟神武聞而善之纂性便僻事神武二十餘歲通傳教令甚見親賞文宣時卒於護軍將軍

張亮字伯德西河隰城人也初事尒朱兆兆奔秀容左右皆密通誠款唯亮獨無啓蹤及兆敗竄於窮山令亮及倉頭陳山提斬己首以降皆不忍兆乃自縊於樹亮因伏屍

哭神武嘉歎之授丞相府參軍漸見親待委以書記之任天平中爲文襄行臺郎中典七兵事雖爲臺郎常在神武左右遷右丞高仲密之叛與大司馬斛律金守河陽周文帝於上流放火船欲燒河橋亮乃備小艇百餘皆載長鎖鏁頭施釘火船將至即馳小船以釘釘之引鏁向岸火船不得及橋橋全亮之計也後自太中大夫拜幽州刺史薛琡嘗夢亮於山上挂絲以告亮且占之曰山上絲幽字也君其爲幽州乎數月而驗累遷尚書右僕射西南道行臺亮性質直勤力強濟深爲神武文襄信委然少風格好財利久在左右不能廉潔及歷數州咸有贓貨之議天保初

別封安定縣男位中領軍卒贈司空時霸府又有趙起徐遠者並見任委起廣平人性沈謹神武頗以爲相府騎兵二局典兵馬十餘載至文宣即位累遷大鴻臚卿雖歷九卿侍中常以本官監兵馬出內居腹心寄與二張相亞武平中卒於師贈都督滄州刺史遠廣寧人爲丞相騎兵參軍事深爲神武所知累遷東楚州刺史政有恩惠郭邑大火城人亡產業遠躬自赴救對之流涕仍爲經營皆得安立卒於衛尉卿起遠前書並有傳更無異迹今附此云

張曜字靈光上谷昌平人也少貞謹尊軌爲御史劾州府僚佐及軌左右以贓挂網者百餘人唯曜以清白免天保初賜爵都卿男累遷尚書右丞文宣曾近出令曜居守帝夜還曜不時開門勒兵嚴備帝駐驛門外久之催迫甚急曜以夜深須火至面識門乃可開於是獨出見帝帝笑曰卿欲效郅君章也乃使曜前開門然後入嗟賞之賜以錦綵大寧初遷秘書監曜歷事累世奉職恪勤咸見親待未嘗有過每得祿賜輒散之宗族性節儉率素車服飲食取給而已好讀春秋月一遍時人比之賈梁道趙彥深嘗謂之曰君研尋左氏豈求杜服纍邪曜曰何爲其然乎左氏之書備敘言事惡者可以自戒善者可以庶幾故勵己溫尋非欲詆訶古人得失也天統元年奏事暴疾仆於御前武成下坐臨視呼不應帝泣曰失我良臣也旬日卒贈尚

書右僕射謚曰貞簡

王峻字巒嵩靈丘人也明悟有幹略歷事神武文襄爲相府佐賜爵北平男除營州刺史營州地接邊賊數爲人患峻至州遠設斥候廣置疑兵賊不敢發合境獲安先是刺史陸士茂詐殺室韋八百餘人因此朝貢遂絕至是峻要其行路大破之虜其酋帥厚加恩禮放遣之室韋遂獻誠款朝貢不絕峻有力焉蠕蠕主菴羅辰東徙峻設伏大破之於此遁走歷位尚書河清中位南道行臺坐違格私度禁物幷盜截軍糧有司定勳斬刑家口配沒詔決鞭一百

除名配甲坊鑄其家口武平初卒於侍中贈司空

王紘字師羅太安狄那人也父基頗讀書有智略初從葛榮與周文帝相知及周文據關中神武遣基與長史侯景同往焉周文留基不遣後乃逃歸除南益北豫二州刺史所歷皆好聚斂然性和直吏人不甚怨苦後為奴所害贈吏部尚書紘善騎射愛文學性敏捷年十三見揚州刺史太原郭元貞撫其背曰讀何書曰誦孝經曰孝經云何曰在上不驕為下不亂元貞曰吾豈驕乎紘曰君子防未萌亦願留意元貞稱善十五隨父在北豫州行臺侯景與人論掩衣法為當左右尚書敬顯儁曰孔子云微管仲吾其被髮左衽以此言之右衽為是紘進曰國家龍飛朔野雄步中原五帝異儀三王殊制掩衣左右何足是非景奇其早慧賜以名馬興和中文襄召為庫直奉朝請文襄遇禍紘冒刃捍禦以忠節進爵平春縣男頗為文宣所知為領左右都督嘗與左右飲酒曰快哉大樂紘曰亦有大苦帝曰何苦紘曰長夜荒飲不悟國破是謂大苦帝默然後責紘曰爾與紇奚舍樂同事我兄舍樂死爾何不死紘曰君亡臣死自是常節但賊堅力薄故臣不死帝使燕子獻反縛之長廣王捉頭帝手刃將下紘呼曰楊遵彥崔季舒逃難位至僕射尚書冒危效命之士翻見屠戮曠古未有此

事帝投刃於地曰王師羅不得殺遂舍之後拜驃騎大將軍武平初加開府儀同三司上言突厥與周男女來往必相影響南北寇邊宜為之備五年陳人寇淮南封輔相議討之紘曰若復出頓江淮恐北狄西寇乘弊而來莫若薄賦省徭息人養士使朝廷協睦遐邇歸心征之以仁義鼓之以道德天下皆當肅清豈直江南偽陳而已高阿那肱謂衆曰從王武衛者南席衆皆同焉尋兼侍中聘周使還即正未幾卒紘好著述作鑒誡二十四篇

敬顯儁字孝英陽平太平人也少英俠從神武信都義舉歷位度支尚書神武攻鄴顯儁督造土山以功封永安縣侯出內多歷顯官所在著名河清中卒於兗州刺史子長瑜武成時為廣陵太守多所受納刺史陸駿將表劾之以貨事和士開以書屏風詐為長瑜獻武成大悅駿表尋至遂不問焉遷合州刺史陷於陳卒子德亮齊亡後負氣歸德亮隋開皇中卒於尚書郎

平鑒字明達燕郡薊人也祖延魏安平太守父勝安州刺史鑒少聰敏受學於徐遵明受詩禮於弘農楊文懿通大義不為章句雖有豪俠氣孝昌末見天下將亂乃之洛陽與慕容儼以客騎馬為業兼習弓矢鑒性巧夜則胡畫以供衣食俄奔尒朱榮榮大奇之以軍功累遷襄州刺史神

武起兵信都鑒棄州自歸即授本官文襄輔政封西平縣伯遷懷州刺史鑒奏請於州西故軹關道築城以防西軍從之尋而魏將楊摽來攻時新築之城糧仗未集素乏水南門內有大井隨汲即竭鑒具衣冠俯井而祝至旦而井泉湧溢有異於常合城取足揚示敵人將士既覩非常勇氣自立楊摽敗以功進開府儀同三司累遷揚州刺史其妻生男鑒因喜酣醉擅免境內囚誤免關中細作二人醒而知之上表自劾文宣特原其罪賜犢百頭羊二百口酒百石令作樂河清二年重拜懷州刺史時和士開使求鑒愛妾阿劉即送之仍謂人曰老公失阿劉與死何異要自

爲身計不得不然後卒於都官尚書贈司空謚曰文子子敬嗣輕險無賴姦穢所至禽獸不若隋開皇中爲晉州行參軍爲幷州揔管秦王所殺

唐邕字道和太原晉陽人也其先自晉昌徙焉父靈芝魏壽陽令邕貴贈司空公邕少明敏有材幹初直神武外兵曹以幹濟見知擢爲文襄大將軍督護文襄崩事出倉卒文宣部分將校鎮壓四方夜中召邕支配造次便了帝甚重之天保初稍遷給事中兼中書舍人封廣漢鄉男及從征奚虜黃門侍郎袁猛猜典騎兵事至是爲割配遲留鞭杖一百仍令邕監騎兵事以猛賜邕文宣頻年出塞邕必

陪從專掌兵機承受敏速自軍吏已上勞效由緒無不諳練占對如響或御前簡閱邕多不執文簿唱官名未嘗謬誤七年於羊汾堤講武令邕揔爲諸軍節度事畢仍監宴射之禮親執其手引至太后前坐於丞相斛律金上啓太后云邕一人當千仍別賜錢綵邕非唯強濟明辯亦善揣上意是以委任彌重帝嘗白太后云邕手作文書口且處分耳又聽受實是異人一日中六度賜物又嘗解所服青鼠皮裘賜邕云朕意在與卿共弊除兼給事黃門中書舍人文宣嘗登幷州童子佛寺望幷州城曰此何等城或曰金城湯池天府之國帝云我謂唐邕是金城此非也後謂

邕云高德正妄說卿短而薦主書郭敬朕已殺之卿勿勞既久欲除卿作州頻敕楊遵彥求堪代卿者如卿實不可得所以遂停文宣或切責侍臣云觀卿等不中與唐邕作奴其愛遇如此孝昭作相署相府司馬皇建元年除給事黃門侍郎大寧元年除大司農卿河清元年突厥入寇遣邕驛赴晉陽纂集兵馬在路聞虜將逼邕斟酌事宜改敕更促期會由此兵士限前畢集後拜侍中幷州大中正護軍將軍從武成幸晉陽帝至武軍驛因醉責虞候都督范洪將殺之邕諫以爲若非酒行戮族誅人無所怨假實有大罪因酒殺人恐招擿議洪因得免死邕又以軍人教習

田獵依令十一月月別三圍以為疲弊請每月兩圍又奏
河陽晉州與周連境請於河陽懷州永橋義寧烏籍各徙
六州軍人并家立軍府安置以備機急之用帝並從之未
幾出為趙州刺史侍中護軍大中正悉如故謂曰朝臣未
有帶侍中護軍中正臨州者以鄉舊勳故有此舉放鄉百
餘日休息至秋間當即召邕政頗嚴酷然抑挫豪強公事
甚理尋除中書監仍侍中遷尚書右僕射武平初坐斷事
阿曲為御史所劾除名久之以舊恩復除將軍開府累遷
尚書令封晉昌王高思好構逆令邕赴晉陽監勒諸軍事
平録尚書事屬周師攻洛陽右丞相高阿那肱赴援邕配

割不甚從允那肱譖之由是被疎七年車駕將幸晉陽敕
斛律孝卿揔騎兵事多自決邕恃舊一日為孝卿所輕鬱
怏形於辭色帝從平陽敗後狼狽歸鄴邕懼那肱譖愬恨
孝卿輕己遂留晉陽與莫多婁敬顯等樹安德王為帝尋
降周邕依例授上開府儀同大將軍再遷戶部轉少司馬
封安福郡公遷鳳州刺史隋開皇初卒邕性識明敏在齊
一代典執兵機是以九州軍士四方勇募強弱多少番代
往還器械精麤糧儲虛實精心勤事莫不諳知自大寧以
來奢侈糜費比及武平之末府藏漸虛邕支度取捨大有
裨益然既被任遇意氣漸高其未經府寺陳訴起覽辭牒

條數甚多俱為憲臺及左丞彈劾並御注放免司空從事
中郎封長業太尉記室參軍平濤並為徵官錢違限邕各
杖背三十齊時宰相未有撾撻朝士至是大駭物望三子
長子君明開府儀同三司開皇初卒於應州刺史次子君
徹中書舍人隋戎順二州刺史大業中卒於武賁郎將少
子君德以邕降周伏法齊朝因神武作相丞相府外兵騎
兵曹分掌兵馬及受禪諸司咸歸尚書唯此二曹不廢令
唐邕白建主之謂之外兵省騎兵省後邕建位望轉隆各
置省主令中書舍人分判二省事故世稱唐白云
白建字彥舉太原陽邑人初入大丞相府任騎兵曹典文

帳明解書計為同局所推天保末兼中書舍人孝昭輔政
除大丞相騎兵參軍河清二年除員外散騎常侍仍舍人
三年突厥入境代忻二牧悉是細馬合數萬疋在五臺山
北栢谷中避賊賊退敕建送馬定州付人養飼建以馬瘦
違敕以便宜從事戎馬無損建有力焉武平末歷位尚書
特進侍中中書令封高昌郡公父長命贈開府儀同三司
都官尚書建雖無他才伎勤於在公以温柔自勵與唐邕
俱以典執兵馬致位卿相諸子幼弱俱為州郡主簿男女
婚嫁皆得勝流卒贈司空
元文遙字德遠河南洛陽人也魏昭成皇帝六世孫也五

世祖常山王遵父晞有孝行父卒廬於墓側而終文遥貴
贈特進開府儀同三司中書監謚曰孝文遥敏慧夙成濟
陰王暉業每云此子王佐才也暉業常大會賓客時有人
將何遜集初入洛諸賢皆贊賞之召河間邢邵試命文遥
誦之幾遍可得文遥一覽便誦時年始十餘歲濟陰王曰
我家千里駒今定如何邢云此殆古來未有起家員外散
騎侍郎遭父喪服闋除太尉東閤祭酒以天下方亂遂解
官侍養隱於林慮山武定中文襄徵為大將軍府功曹齊
受禪於登壇所授中書舍人宣傳文武號令楊遵彥每云
堪解穰侯印者必在斯人後忽中旨幽執竟不知所由如

北史列傳四十三　廿三

此積年文宣後自幸禁獄執手愧謝親解所著金帶及御
服賜之即日起為尚書祠部郎中孝昭攝政大丞相府功
曹參典機密及踐祚除中書侍郎封永樂縣伯參軍國大
事及帝大漸與平秦王歸彥趙郡王叡等同受顧託迎立
武成武成即位任遇轉隆歷給事黃門侍郎散騎常侍侍
中中書監天統二年詔特賜姓高氏籍屬宗正子弟依例
歲時入朝朝祀再遷尚書左僕射進封寧都郡公仍侍中
文遥歷事三王明達世務每臨軒大集多令宣敕號令文
武聲韻高朗發吐無滯然探測上旨時有委巷之言故不
為知音所重齊因魏宰縣多用廝濫至於士流恥居百里

文遥以縣令為字人之切遂請革選於是密令搜揚貴遊
子弟發敕用之猶恐其披訴總召集神武門令趙郡王叡
宣旨唱名厚加慰喻士人為縣自此始也既與趙彥深和
士開同被任遇雖不如彥深清貞守道又不為士開貪淫
亂政於季孟之間然性和厚與物無競故時論不在彥深
之下初文遥自洛遷鄴唯有地十餘頃家貧所資衣食魏
之將季宗姓被侮有人冒相侵奪文遥即以與之及貴此
人尚在乃將家逃竄文遥大驚追加慰撫還以與之彼人
愧而不受彼此俱讓遂為閑田至後主嗣位趙郡王叡婁
定遠等謀出和士開文遥亦參其議叡見殺文遥由是出

北史列傳四十三　廿四

為西兗州刺史詣士開別士開曰處得言地使元家兒作
令僕深負朝廷既言而悔仍執手慰勉之猶慮文遥自疑
用其子行恭為尚書郎以慰其心士開死自東徐州刺史
徵入朝竟不用卒行恭美姿貌有父風兼俊才位中書舍
人待詔文林館齊亡陽休之等十八人同入關稍遷司勳
下大夫隋開皇中位尚書郎坐事徙瓜州而卒行恭少頗
驕恣文遥令與范陽盧思道交游文遥嘗謂思道云小兒
比日微有所知是大弟之力然白擲劇飲甚得師風思道
荅云六郎辭情俊邁自是克荷堂構而白擲劇飲亦天性
所得行恭弟行如亦聰慧早成武平末著作佐郎

趙隱字彥深自云南陽宛人漢太傅喜之後高祖父難為齊州清河太守有惠政遂家焉清河後改為平原故為平原人也隱避齊廟諱改以字行父奉伯仕魏位中書舍人行洛陽縣令彥深貴贈司空彥深幼孤貧事母甚孝年十歲曾候司徒崔光光謂賓客曰古人觀眸子以知人此人當必遠至性聰敏善書計安閑樂道不雜交游為雅論所歸服昧爽輒自埽門外不使人見率以為常初為尚書令司馬子如賤客供寫書子如善其無誤欲將入觀省舍隱靴無氈衣帽穿弊子如給之用為書令史月餘補正令史神武在晉陽索二史子如舉彥深後拜子如開府參軍超

拜水部郎及文襄為尚書令攝令選沙汰諸曹郎隱以地寒被出為滄州別駕辭不行子如言於神武徵補大丞相功曹參軍專掌機密文翰多出其手稱為敏給神武曾與對坐遣造軍令以手捫其額曰若天假卿年必大有所至每謂司徒孫騰曰彥深小心恭慎曠古絕倫及神武崩秘喪事文襄慮河南有變仍自巡撫乃委彥深後事轉大行臺都官郎中臨發握手泣曰以母弟相託幸得此心既而內外寧靜彥深之力及還發喪深加褒美乃披郡縣簿為選封安國縣伯從征潁川時引水灌城城雉將沒西魏將王思政猶欲死戰文襄令彥深單身入城告喻即日降之

便手牽思政出城文襄大悅先是文襄謂彥深曰吾昨夜夢獵遇一群豕吾射盡獲之獨一大豕不可得卿言當為吾取須臾獲豕而進至是文襄笑曰夢驗矣即解思政佩刀與彥深曰使卿常獲此利文宣嗣位仍典機密進爵為侯天保初累遷秘書監以為忠謹每郊廟必令兼太僕執御陪乘轉大司農帝或巡幸即輔贊太子知後事為東南道行臺尚書徐州刺史為政尚恩信為吏人所懷多所降下所營軍勳士庶追思號趙行臺頓文宣璽書勞勉徵為侍中仍掌機密河清元年進爵安樂公累遷尚書左僕射齊州大中正監國史遷尚書令位特進封宜陽王武平二

年拜司空尋為祖珽所間出為西兗州刺史四年徵為司空轉司徒丁母憂尋起為本官七年六月暴疾薨時年七十彥深歷事累朝常參機近溫柔謹慎喜怒不形於色自皇建以還禮遇稍重每有引見或升御榻常呼官號而不名也凡諸選舉先令銓定提獎人物皆行業為先輕薄之徒弗之齒也孝昭既執朝權群臣密多勸進彥深獨不致言孝昭嘗謂王晞云若言衆心皆謂天下有歸何不見彥深有語晞以告彥深不獲已陳諫其為時重如此常遜言恭已未嘗以驕矜待物所以或出或處去而復還母傅氏雅有操識彥深三歲傅便孀居家人欲以改適自誓以死彥

深五歲傅謂之曰家貧兒小何以能濟彥深泣而言曰若天哀矜兒大當仰報傅感其意對之流涕及彥深釋太常卿還不脫朝服先入見母跪陳幼小孤露蒙訓得至於此母子相泣久之然後改服後爲宜陽國太妃彥深有七子仲將知名沈敏有父風溫良恭儉雖妻子亦未嘗怠慢終日儼然學涉群書善草隸雖與弟書書字楷正云草不可不解若施之於人即似相輕易若當家卑幼又恐其疑所在宜爾是以必須録筆彥深乞轉萬年縣子授之位給事黃門侍郎散騎常侍隋開皇中位吏部郎終於安州刺史齊朝宰相善始令終唯彥深一人然諷朝廷以子叔堅爲

中書侍郎頗招物議時馮子琮子慈明祖珽子君信並相繼居中書故時語云馮祖及趙職我鳳池然叔堅身才最劣

赫連子悅字士欣僭夏赫連勃勃之後也神武起兵時爲濟州別駕勸刺史侯景赴神武後除林慮太守文襄往晉陽由郡境問所不便悅云臨水武安去郡遙遠山嶺重疊若東屬魏郡則地平路近文襄笑曰卿徒知便人不覺損幹悅答曰所言者人所疾苦不敢以私潤負公心文襄善之乃敕依事施行自是人屬近便行路稱之天保中爲楊州刺史先是城門早閉晚開廢於農作子悅到乃命以時開閉人吏便之累遷鄭州刺史政爲天下之最入爲都官尚書鄭州人馬子韶崔孝政等八百餘人請立碑頌德有詔許焉加位開府歷行北豫州事兼吏部尚書子悅在官唯以清勤自守既無學術又闕風儀人倫清鑒去之彌遠一旦居銓衡之首大招物議由是除太常卿兼侍中聘周使主卒子仲章中書舍人

馮子琮字子琮長樂信都人北燕主馮弘之後也祖嗣興相州刺史父靈紹尚書郎太中大夫子琮貴贈開府儀同三司子琮性識聰敏爲外祖滎陽鄭伯猷所異初襲爵滎陽縣子齊天保初改爲長安縣男皇建初爲尚書駕部郎中攝庫部孝昭曾閱簿領試令口陳子琮闇對無有遺失

時梁丞相王琳歸國孝昭詔子琮觀其形勢琳即與赴鄴甚見嘉賞子琮妻胡皇后姊也故詔與胡長粲輔導太子後轉太子中庶子天統元年武成禪位後主謂子琮曰少君左右宜得正人以卿心存正直今以後事相委再遷散騎常侍奏門下事尋兼幷省祠部尚書後與胡長粲有隙武成深誡之曰脣亡齒寒勿復如此武成在晉陽既居舊殿少帝未有別所詔子琮監造大明宮成帝怪其不宏麗子琮曰至尊幼承大業欲令敦儉以示萬邦兼此北連天闕不宜崇峻帝稱善又詔子琮監議五禮與趙郡王叡分

爭輿同略無降下大為識者所鄙及武成崩和士開秘喪三日子琮問其故士開引神武文襄初崩並秘不舉喪至尊年少恐王公貳欲追集然後與詳議時趙郡王叡先預帷幄之謀子琮素知士開忌叡及領軍婁定遠恐其矯遺詔出叡外任奪定遠禁衛權因荅云大行神武之子今上又是先皇傳位羣臣富貴皆至尊父子之恩但令一無改易必無異望世異事殊不得與霸朝相比且公不出宮門已經數日升遐之事行路皆傳久而不舉恐有他變及發喪元文遙以子琮太后妹夫恐其奬成太后干政說趙王叡及和士開出之拜鄭州刺史既非後主本意賞賜甚厚

仍轉滄州別駕封寧都縣伯太后為齊安王納子琮長女為妃子琮因請假赴鄴遂授侍中轉吏部尚書其妻放縱請謁公行賄貨填積守宰除授先定錢帛然後奏聞其所通致事無不允子琮亦不禁制又廣拓傍隣增修宅宇以夜繼晝未曾休息斛律光將兵度玉壁至龍門周有移書別須籌議詔子琮傳乘赴軍與周將韋孝寬面相要結龍門等五城因此內附後主以為子琮之功封昌黎郡公遷尚書右僕射仍攝選侍中如故和士開居要日久子琮舊所附託中雖阻異其後還相彌縫士開弟士休與盧氏成婚子琮檢校趨走與士開府寮不異時內外除授多由士

開奏擬子琮既恃內戚兼帶選曹自擅權寵頗生間隙時陸媼勢震天下太后與之結為姊妹而和士開於太后有醜聲子琮欲陰殺陸媼及士開因廢帝而立琅邪王儼以謀告儼儼許之乃矯詔殺士開及儼見執言子琮教已太后怒又使執子琮遣右衛大將軍侯呂芬就內省以弓弦絞殺之使內參以庫車載尸歸其家諸子方握槊聞庫車來以為賜物大喜開視乃哭子琮微有識鑒頗慕存公及位望轉隆宿心頗改擢引非類公為深交縱其子弟不依倫次又專營婚媾歷選上門例以官爵許之旬月便驗頻丘李克范陽盧思道隴西李胤伯李子希滎陽鄭庭堅並

其女婿皆至超遷其矯縱如此祖珽先與子琮有隙於後具奏此事諸子並坐此除名太后以為言又被擢用子琮有五子慈明最知名

慈明字無佚在齊為中書舍人隋開皇中兼內史舍人大業中位尚書兵部郎加朝請大夫十三年攝江都郡丞事李密之逼東都詔慈明追兵擊密為密黨崔樞所執密延與坐論以舉兵之意慈明曰慈明直道事人有死而已不義之言非所敢對密厚禮之冀其從已慈明潛使奉表江都及致書東都留守論賊形勢密知又義而釋之出至營門為賊帥翟讓所瞋責慈明勃然曰天子使我來正欲除

爾輩不圖爲賊黨所獲我豈從汝求活耶須殺但殺何須
罵詈護益怒亂刀斬之梁郡通守楊汪上狀煬帝歎惜之
贈銀青光祿大夫拜其二子怦悰俱爲尚書承務郎王世
充推越王侗爲主重贈柱國戶部尚書黎郡公謚曰壯武
長子怦先在東都王世充破李密怦亦在軍中遂遣奴負
父屍柩詣東都身不自送未幾又盜華燭納室時論醜之
郎基字世業中山新市人也祖智魏魯郡太守贈兗州刺
史父道恩開府陽平郡守基身長八尺美鬚髯汎涉墳籍
尤長吏事齊天保四年除海西鎮將遇東方白額稱亂淮
南州郡皆從逆梁將吳明徹攻圍海西基固守乃至削木
爲箭剪紙爲羽圍解還朝僕射楊愔迎勞之曰卿本文吏
遂有武略削木翦紙皆無故事班墨之思何以相過御史
中丞畢義雲引爲侍御史趙州刺史尉粲文宣外弟揚州
刺史郭元貞楊愔妹夫基不憚權威並劾其贓罪皇建初
除鄭州長史帶潁川郡守西界與周接境因侯景背叛其
東西分隔士人仍緣姻舊私相貿易而禁格嚴重犯者非
一基初莅職披檢格條多是權時不爲久長州郡因循失
於請讞致密網久施得罪者衆遂條件申臺省仍以情量
事科處自非極刑一皆決放積年留滯案牀膠加數日之
中剖判咸盡尋而臺省報下並允基所陳條綱既疏獄訟

清靜基性清慎無所營求嘗語人云任官之所木枕亦不
須作況重於此乎唯頗令人寫書潘子義曾遺之書云在
官寫書亦是風流罪過基答云觀過知仁斯亦可矣卒於
官贈驃騎大將軍和州刺史謚曰惠柩將還遠近赴送莫
不攀轅悲哭哀不自勝初基任瀛州騎兵時陳元康爲司
馬畢義雲爲屬與基並有聲譽爲刺史元嶷所目三賢俱
有當世才後來皆常遠至唯郎騎兵任眞過甚恐不足自
達陳畢後並貴顯而基位止郡守子茂
茂字慰之少敏慧七歲誦騷雅日千餘言十五師事國子
博士河間權會受詩易三禮及玄象刑名之學又就國子
助教長樂張奉禮受三傳群言至忘寢食家人恐成病常
節其燭及長以博學稱暨位保城令有能名周平齊上柱
國王誼薦之授陳州戶曹屬隋文帝爲亳州摠管命掌書
記周武帝爲象經隋文從容謂茂曰人主之所爲也感天
地動鬼神而象經多亂法何以致人茂竊歎曰此言豈常
人所及陰自結納隋文亦親禮之後還家爲州主簿及隋
文爲丞相以書召之言及疇昔甚歡授衛州司錄有能名
尋除衛國令時有繫囚二百茂親自究審數日釋免者百
餘人歷年辭訟不詣州省魏州刺史元暉謂曰長史言衛
國人不敢申訴者畏明府耳茂曰人猶水也法令爲隄防

隄防不固必致奔突苟無決溢使君何患哉睡無以應有部人張元預與從父弟思蘭不睦丞尉請加嚴法茂曰元預兄弟本相憎嫉又坐得罪彌益其忿非化人之意也乃遣縣中耆舊更往敦諭道路不絶元預等各生感悔詣縣頓首請罪茂曉之以義遂相親睦稱為友悌開皇中累遷戸部侍郎時尚書右僕射蘇威立條章每歲責人間五品不遜或答者乃云管内無五品家不相應領類多如此又為餘糧簿擬有無相贍茂以為繁紆不急皆奏罷之又奏身死王事者子不退田品官左遷不減地皆發於茂茂性明敏剖决無滯當時以吏幹見稱煬帝即位為尚書左丞

參掌選事茂尤工政理為世所稱時工部尚書宇文愷右翊衛大將軍于仲文競河東銀窟茂奏劾愷位望已隆祿賜優厚拔葵去織寂爾無聞求利下交曾無愧色仲文大將宿衛近臣趨侍階庭朝夕聞道虞芮之風抑而不慕分銖之利知而必爭何以貽範庶寮示人軌物愷與仲文竟坐得罪茂與崔祖濬撰州郡圖經一百卷奏之賜帛百段時帝每巡幸王綱已紊茂既先朝舊臣明習世事然無謇諤之節見帝忌刻不敢措言唯竊歎而已以年老乞骸骨不許會帝征遼以茂為晉陽宮留守其常山贊務王文同與茂有隙奏茂附下罔上詔納言蘇威御史大夫裴蘊雜推之茂素與二人不平因深文其罪及弟司隸別駕楚之皆除名徙且末郡茂怡然任命不以為憂在途作登隴賦以自慰後附表自陳帝頗悟十年追還京兆歲餘卒子知年

論曰孫騫入幕末以倉卒致斃神武以情寄之重義切折肱若不愛惜才子何以成夫王業元康以知能才幹委質霸朝綢繆帷幄任寄為重及難無苟免忘生殉義可謂得其地焉杜弼識學甄明發言讜正禪代之際先起異圖王怒未終卒蒙顯戮直言多矣能無及於此乎房謨忠勤之操始終若一恭懿循良之風可謂世有人矣張纂張亮張

曜王峻王紘等並事霸朝申其力用皆有齊之良臣也伯德之慟哭伏屍靈光之拒關駐驆有古人之風焉顯儁明達文武驅馳盡其知力不遑寧處可謂德以稱位能以稱官道和爰從霸府以終末路四十餘載典綜兵機識用閑明甚為朝臣所服及于後主奔遁莫知所之首贊延宗以從權變既而晉陽傾覆運極途窮還鄴則義陽德昌死事則情乖舊主雖復全生揆節豈比背叛之流歟夫縣宰之寄綿歷古今親人任功莫尚於此漢氏官人尚書郎出宰百里晉朝設法不宰縣不得為郎皆所以貴方城之職重臨人之要後魏令長名選舊令史為之故搢紳之流恥居

其位爰逮有齊此途未改寧都公華斯流獎弘之在人固爲美矣司徒器度沈遠有宰臣之量始從文吏終致台輔出內有常夷險若一而世人諭之胡廣譏其不能廷爭然古稱見幾而作又曰相時而動若時有關悟或可希舜一功而終遇姦回便恐毋擊俱運斯蓋趙公之志也子悅牧宰流譽子琮簿領見知及居藻鏡俱稱尸祿馮溺於賄貨於斯爲甚慈明赴蹈之義蓋有銜鬚之節郎基政績有聞蔚之克荷堂構美矣乎

列傳第四十三　北史五十五

列傳第四十四　北史五十六

魏收

魏長賢

魏季景　子澹

魏蘭根　族子愷

魏收字伯起小字佛助鉅鹿下曲陽人也自序漢初魏無知封高良侯子均均子恢恢子彥彥子歆字子胡幼孤有志操博洽經史位終本郡太守子悅字處德性沉厚有度量宣城公趙國李孝伯見而重之以女妻焉位濟陰太守以善政稱悅子子建字敬忠釋褐奉朝請累遷太尉從事中郎初宣武時平氐遂於武興立鎮尋改爲東益州其後鎮將刺史乖失人和羣氐作梗遂爲邊患乃除子建東益州刺史子建布以恩信遠近清靜正光五年南北二秦城人莫折念生韓祖香張長命相繼構逆僉以州城之人莫不勁勇同類悉反宜先收其器械子建以爲城人數當行陣盡皆驍果安之足以爲用急之腹背爲憂乃悉召居城老壯曉示之并上言諸城人本非罪坐而來者悉求聽免明帝優詔從之子建漸分其父兄子弟外居郡戍內外相顧終獲保全及秦賊乘勝屯營黑水子建乃潛使掩襲前後斬獲甚衆威名赫然先反者及此悉降乃間使上聞帝

其嘉之詔子建兼尚書爲行臺刺史如故於是威振蜀土其梁巴二益兩秦之事皆所節度梁州刺史傅豎眼子故中心以爲愧在洛大行貨賄以圖行臺先是子建亦屢求歸京師至此乃遣刺史唐永代焉豎眼因爲行臺子建將還群氐慕戀相率斷道主簿楊僧覆先行曉喻諸氐忿曰我留刺史爾送出也斫之數創幾死子建徐加慰譬旬月方得前行吏人贈遺一無所受而東益氏蜀尋反攻逼唐永永棄城而走乃喪一藩矣初永之走子建客有沙門曇璨及鉅鹿人耿顯皆没落氐手及知子建之客垂泣追衣物還之送出白馬遺愛所被如此初子建爲前軍將軍十

年不徙在洛閑暇與吏部尚書李韶韶從弟延寔頗爲弈棊時人謂爲耽好子建每曰棊於廉勇之際得之深矣且吾未爲時用博弈可也及一臨邊事凡經五年未曾對局還洛後累遷衛尉卿初元顥内逼莊帝北幸子建謂所親盧義僖曰北海自絶社稷稱藩蕭衍吾老矣豈能爲陪臣遂携家口居洛南顥平乃歸先苦風痺及此遂甚以鄉任有務屢上書乞身特除右光禄大夫邢杲之平太傅李延寔子侍中彧爲大使撫慰東土時外戚貴盛送客填門子建亦往候別延寔曰小兒今行何以相助子建曰益以盈滿爲誡延寔悵然久之及莊帝殺尒朱榮遇禍於河陰者

其家率相弔賀太尉李虔第二子仁曜子建之女壻往亦見害子建謂姨弟盧道虔曰朝廷誅翦權強凶徒尚梗未聞有奇謀異略恐不可濟此乃李門禍始弔賀無乃忽忽及永安之後李氏宗族流離或遇誅夷如其所慮後歷左光禄大夫加散騎常侍驃騎大將軍子建自出爲藩牧董司山南居脂膏之中遇天下多事正身潔己不以財利經懷及歸京師家人衣食常不周贍清素之迹著於終始性存重慎不雜交游唯與尚書盧義僖姨弟涇州刺史盧道裕雅相親昵及疾篤顧敕二子曰死生大分含氣所同世有厚葬吾平生不取遽篨裸身又非吾意氣絶之後斂以

時服吾平生契闊前後三娶合葬之事抑又非古且汝二母先在舊塋墳地久固已有定別唯汝次母墓在外耳可遷入兆域依班而定行於吾墓之後如此足矣不須祔合當順吾心勿令吾有遺恨永熙二年春卒于洛陽孝義里舍時年六十又贈儀同三司定州刺史謚曰文靜二子收祚收少機警不持細行年十五頗已屬文及隨父赴邊好習騎射欲以武藝自達滎陽鄭伯調之曰魏郎弄戟多少收慙遂折節讀書夏月坐板牀隨樹陰諷誦積年牀板爲之鋭減而精力不輟以文華顯初除太學博士及尒朱榮於河陰濫害朝士收亦在圖中以日晏獲免吏部尚書李

神儁重收才學奏授司徒記室參軍永安三年除北主客郎中節閔帝立妙簡近侍詔試收為封禪書收下筆便就不立藁草文將千言所改無幾時黃門郎賈思同侍立深奇之白帝曰雖七步之才無以過此遷散騎侍郎尋敕典起居注幷修國史俄兼中書侍郎時年二十六孝武初又詔收攝本職文誥塡積事咸稱旨黃門郎崔㥄從齊神武入朝熏灼於世收初不詣門㥄為帝登阼赦云朕託體孝文收嗤其率直正員郎李愼以告之㥄深忿忌時節閔帝殂令收為詔㥄乃宣言收普泰世出入幃幄一日造詔優為詞旨然則義旗之士盡為逆人又收父老合解官歸侍

南臺將加彈劾賴尚書辛雄為言於中尉綦儁乃解收有賤生弟仲同先未齒錄因此怖懼上籍遣還鄉扶侍孝武嘗大發士卒狩於嵩少之南旬有六日時寒朝野嗟怨帝與從官及諸妃王奇伎異飾多非禮度收欲言則懼欲默不能已乃上南狩賦以諷焉年二十七雖富言淫麗而終歸雅正帝手詔報焉甚見褒美鄭伯謂曰卿不遇老夫猶應逐兔神武固讓天柱大將軍魏帝敕收為詔令遂所請欲加相國問收相國品秩收以實對帝遂止收既未測主相之意以前事不安求解詔許焉久之除帝兄子廣平王贊開府從事中郎收不敢辭乃為庭竹賦以致己意尋兼

中書舍人與濟陰溫子昇河間邢子才齊譽世號三才時孝武內有間隙收遂以疾固辭而免舅崔孝芬怪而問之收曰懼有晉陽之甲尋而神武南上帝西入關收兼通直散騎常侍副王昕聘梁昕風流文辯收辭藻富逸梁主及其群臣咸加敬異先是南北初和李諧盧元明首通使命二人才器並為鄰國所重至此梁主稱曰盧李命世王魏中興未知後來復何如耳收在館遂買吳婢入館其部下有買婢者收亦喚取遍行姦穢梁朝館司皆為之獲罪人稱其才而鄙其行在途作聘遊賦辭甚美盛使還尚書右僕射高隆之求南貨於昕收不能如志遂諷御史中尉高

仲密禁止昕收於其臺久之得釋及孫搴死司馬子如薦收召赴晉陽以為中外府主簿以受旨乖忤頻被嫌責加以箠楚久不得志會司馬子如奉使霸朝收假其光子如因宴戲言於神武曰魏收天子中書郎一國大才願大王借與顏色由此轉府屬然未甚優禮收叔季景有文學歷官著名並在收前然收常所欺忽季景收初赴幷頻丘李庶者故大司農諧之子也以華辯見稱曾謂收曰霸朝便有二魏收率爾曰以從叔見比便是耶輸之比卿耶輸者故尚書令陳留公繼伯之子愚癡有名好自入市肆高價買物商賈共所嗤誚收忽以季景方之不遜例多如此收

本以文才必望穎脫見知位既不遂求脩國史崔暹爲言於文襄曰國史事重公家父子霸王功業皆須具載非收不可文襄乃啓收兼散騎常侍脩國史武定二年除正常侍領兼中書侍郎仍脩國史魏帝宴百寮問何故名人日皆莫能知收對曰晉議郎董勛荅問禮俗云正月一日爲鷄二日爲狗三日爲猪四日爲羊五日爲牛六日爲馬七日爲人時邢卲亦在側甚恧焉自魏梁和好書下紙每云想彼境内寧靜此率土安和梁後使其書乃去彼字自稱猶著此欲示無外之意收定報書云想境内清晏今萬國安和梁人復書依以爲體後神武入朝靜帝授相國固讓

令收爲啓啓成呈上文襄時侍側神武指收曰此人當復爲崔光四年神武於西門豹祠宴集謂司馬子如曰魏收爲史官書吾善惡聞北伐時諸貴常餉史官飲食司馬僕射頗曾餉不因共大笑仍謂收曰卿勿見元康等在吾目下趨走謂吾以爲勤勞我後世身名在卿手勿謂我不知尋加兼著作郎收昔在京洛輕薄尤甚人號云魏收驚蛺蝶文襄曾游東山令給事黃門侍郎顥等宴文襄曰魏收恃才無宜適須出其短往復數番收忽大唱曰楊遵彥理屈已倒愔從容曰我綽有餘暇山立不動若遇當塗恐翮翮遂逝當塗者魏翮翮者蝶也文襄先知之大笑稱善文

襄又曰向語猶微宜更指斥愔應聲曰魏收在并作一篇詩對衆讀訖云打從叔季景出六百斗番亦不辨此遠近所知非敢妄說文襄喜曰我亦先聞衆人皆笑收雖自申雪不復抗拒終身病之侯景叛入梁寇南境文襄時在晉陽令收爲檄五十餘紙不日而就又檄梁朝令送侯景初夜執筆三更便了文過七紙文襄善之魏帝曾季秋大射普令賦詩收詩末云尺書徵建鄴折簡召長安文襄壯之顧謂人曰在朝今有魏收便是國之光采雅俗文墨通達縱横我亦使子才子昇時有所作至於詞氣並不及之吾或意有所懷忘而不語語而不盡意有未及收呈草皆以

周悉此亦難有又敕兼主客郎接梁使謝珽徐陵侯景既陷梁梁鄱陽王範時爲合州刺史文襄敕收以書喻之範得書仍率部伍西上州刺史崔聖念入據其城文襄謂收曰今定一州卿有其力猶恨尺書徵建鄴未效耳文襄崩文宣如晉陽令與黃門郎崔季舒高德正吏部郎中尉瑾於北第參掌機密轉祕書監兼著作郎又除定州大中正時齊將受禪楊愔奏收置之別館令撰禪代詔册諸文遣徐之才守門不聽出天保元年除中書令仍兼著作郎富平縣子二年詔撰魏史四年除魏尹故優以祿力專在史閣不知郡事初帝令群臣各言志收曰臣願得直筆東觀

早出魏書故帝使收專其任又詔平原王高隆之總監之
署名而已帝敕收曰好直筆我終不作魏太武誅史官始
魏初鄧彥海撰代記十餘卷其後崔浩典史游允程駿李
彪崔光李琰之郎知世修其業浩爲編年體彪始分作紀
表志傳書猶未出宣武時命邢巒追撰孝文起居注書至
太和十四年又命崔鴻王遵業補續焉下訖孝明事甚委
悉濟陰王暉業撰辯宗室録三十卷收於是與通直常侍
房延祐司空司馬辛元植國子博士刁柔裴昂之尚書郎
高孝幹博總斟酌以成魏書辯定名稱隨條甄舉又搜採
亡遺綴續後事備一代史籍表而上聞之勑成一代大典

凡十一紀九十二列傳合一百一十卷五年三月奏上之
秋除梁州刺史收以志未成奏請終業許之十一月復奏
十志天象四卷地形三卷律曆二卷禮樂四卷食貨一卷
刑罰一卷靈徵二卷官氏二卷釋老一卷凡二十卷續於
紀傳合一百三十卷分爲十二袠其史三十五例二十五
序九十四論前後二表一啓皆獨出於收收所引史官恐
其陵逼唯取學流先相依附者其房延祐辛元植眭仲讓
雖夙涉朝位並非史才刁柔裴昂之以儒業見知全不堪
編緝高孝幹以左道求進修史諸人宗祖姻戚多被書録
飾以美言收頗急不甚能平夙有怨者多沒其善每言何

物小子敢共魏收作色舉之則使上天按之當使入地初
收在神武時爲太常少卿脩國史得陽休之助因謝休之
曰無以謝德當爲卿作佳傳休之父固魏世爲北平太守
以貪虐爲中尉李平所彈獲罪載在魏起居注收書云固
爲北平甚有惠政坐公事免官又云李平深相敬重尒朱
榮於魏爲賊收以高氏出自尒朱且納榮子金故減其惡
而增其善論云若脩德義之風則韓彭伊霍夫何足數時
論既言收著史不平文宣詔收於尚書省與諸家子孫共
加論討前後投訴百有餘人云遺其家世職位或云其家
不見記録或云妄有非毀收皆隨狀荅之范陽盧斐父同

附出族祖玄傳下頓丘李庶家傳稱其本是梁國蒙人斐
庶譏議云史書不直收性急不勝其憤啓誣其欲加屠害
帝大怒親自詰責斐曰臣父仕魏位至儀同功業顯著名
聞天下與收無親遂不立傳博陵崔綽位至本郡功曹更
無事迹是收外親乃爲傳首收曰綽雖無位道義可嘉所
以合傳帝曰卿何由知其好人收曰高允曾爲綽讚稱有
道德帝曰司空才士爲人作讚正應稱揚亦如卿爲人作
文章道其好者豈能皆實收無以對戰慄而已但帝先重
收才不欲加罪時太原王松年亦謗史及斐庶並獲罪各
被鞭配甲坊或因以致死盧思道亦抵罪然猶以羣口沸

騰敕魏史且勿施行令羣官博議聽有家事者入署不實
者陳牒於是衆口諠然號爲穢史投牒者相次收無以抗
之時左僕射楊愔右僕射高德正二人勢傾朝野與收皆
親收遂爲其家並作傳二人不欲言史不實抑塞訴辭終
文宣世更不重論又尚書陸操嘗謂愔曰魏收魏書可謂
博物宏才有大功於魏室愔嘗謂收曰此謂不刊之書傳
之萬古但恨論及諸家枝葉親姻過爲繁碎與舊史體例
不同耳收曰往因中原喪亂人士譜牒遺逸略盡是以具
書其枝派望公觀過知仁以免尤責八年夏除太子少傅
監國史復參脩律令三臺成文宣曰臺成須有賦愔先以

告收收上皇居新殿臺賦其文甚壯麗時所作者自邢邵
已下咸不逮焉收上賦前數日乃告邢邵邵後告人曰收
甚惡人不早言之帝曾游東山敕收作詔宣揚威德譬喻
關西俄頃而訖辭理宏壯帝對百僚大嗟賞之仍兼太子
詹事收娶其舅女崔之妹產一女無子魏太常劉芳孫女
中書郎崔肇師女夫家坐事帝並賜收爲妻時人比之賈
充置左右夫人然無子後病甚恐身後嫡媵不平乃放二
姬及疾瘳追憶作懷離賦以申意文宣每以酣宴之次云
太子性懦宗社事重終當傳位常山收謂楊愔曰古人云
太子國之根本不可動搖至尊三爵後每言傳位常山令

臣下疑貳疑貳若實便須決行若戲此言魏收既忝師傅
正當守之以死但恐國家不安愔以收言奏帝自此便止
帝數宴喜收每預侍從皇太子之納鄭良娣也有司備設
牢饌帝既酣飲起而自毀覆之仍詔收曰知我意不收曰
臣愚謂良娣既東宮之妾理不須牢仰惟聖懷緣此毀去
帝大笑握收手曰卿知我意安德王延宗納趙郡李祖收
女爲妃後帝幸李宅宴而妃母宋氏薦二石榴於帝前問
諸人莫知其意帝投之收曰石榴房中多子王新婚妃母
欲子孫衆多帝大喜詔收卿還將來仍賜收美錦二疋十
年除儀同三司帝在宴席口敕以爲中書監命中書郎李

愔於樹下造詔愔以收一代盛才難於率爾久而未訖比
成帝已醉醒遂不重言愔仍不奏事竟寢及帝崩於晉陽
驛召收及中山太守陽休之參議吉凶之禮并掌詔誥仍
除侍中遷太常卿文宣謚及廟號陵名皆收議也及孝昭
居中宰事命收禁中爲諸詔文積日不出轉中書監皇建
元年除兼侍中右光祿大夫仍儀同監史收先副王昕使
梁不相協睦時昕弟晞親密而孝昭別令休之兼中書在
晉陽典詔誥收留在鄴盖晞所爲收大不平謂太子舍人
盧詢祖曰若使卿作文誥我亦不言又除祖珽爲著作郎
欲以代收司空主簿李翥文詞士也聞而告人曰詔誥悉

歸陽子烈著作復遺祖孝徵文史頗失恐魏公發背於時
詔議二王三恪收執王肅杜預義以元司馬氏為二王通
曹備三恪詔諸禮學之官皆執鄭玄五代之議孝昭后姓
元議恪不欲廣及故議從收又除兼太子少傅解侍中帝
以魏史未行詔收更加研審收奉詔頗有改正及詔行魏
史收以為直置秘閣外人無由得見於是命送一本付并
省一本付鄴下任人寫之太寧元年加開府河清二年兼
右僕射時武成酣飲終日朝事專委侍中高元海凡庸不
堪大任以收才名振俗都官尚書畢義雲長於斷割乃虛
心倚仗收畏避不能匡救為議者所譏帝於華林別起玄

洲苑備山水臺觀之麗詔於閣上畫收其見重如此始收
比溫子昇邢邵稍為後進邵既被疎出子昇以罪死收遂
大被任用獨步一時議論更相訾毀各有朋黨收每議陋
邢文邵又云江南任昉文體本疎魏收非直模擬亦大偷
竊收聞乃曰伊常於沈約集中作賊何意道我偷任任沈
俱有重名邢魏各有所好武平中黃門郎顏之推以二公
意問僕射祖珽珽荅曰見邢魏之臧否即是任沈之優劣
收以溫子昇全不作賦邢雖有一兩首又非所長常云會
須能作賦始成大才士唯以章表碑志自許此外更同兒
戲自武定二年以後國家大事詔命軍國文詞皆收所作每

有警急受詔立成或時中使催促收筆下有同宿構敏速
之工邢溫所不逮也其參議典禮與邢相埒既而趙郡公
增年獲免收知而過之事發除名其年又以託附陳使封
孝琰牒令其門客與行遇崑崙船至得奇貨果然褥表美
玉盈尺等數十件罪當流以贖論三年起除清郡尹尋遣
黃門郎元文遙敕收曰卿舊人事我家最久前者之罪情
在可恕比令卿為尹非謂美授但初起卿斟酌如此朕豈
可用卿之才而忘卿身待至十月當還卿開府天統元年
除左光祿大夫二年行齊州刺史尋為真收以子姪年少
申以戒厲著枕中篇其詞曰吾曾覽管子之書其言曰任

之重者莫如身途之畏者莫如口期之遠者莫如年以重
任行畏途至遠期惟君子為能及矣追而味之喟然長息
若夫岳立而重有潛戴而不傾山藏稱固亦趨負而不停
呂梁獨浚能行歌而匪惕焦原作險或削踵而不驚九陔
方集故眇然而迅舉五紀當定想窅乎而上征苟任重也
有度則任之而愈固乘危也有術蓋乘之而靡恤彼期遠
而能通果應之而可必豈神理之獨爾亦人事其如一嗚
呼處天壤之間勞死生之地攻之以嗜欲牽之以名利粱
肉不期而共臻珠玉無足而俱致於是乎驕奢仍作危亡
旋至然則上智大賢惟幾惟哲或出或處不常其時其舒

也齊世成務其卷也聲銷迹滅玉帛子女撫蘭律呂諂諛無所先稱內度胷膂挑舌怨惡莫不勲名共山河同久志業與金石比堅斯蓋厚棟不橈游刃砉然逮於歌德不常喪其金璞馳騖人世鼓動流俗挾湯日而謂寒包溪壑而未足源不清而流濁表不端而影曲嗟乎膠漆詎堅寒暑甚促反利而成害化榮而就辱欣戚更來得喪仍續至有身禦魑魅魂沉狴獄詎非足力不強迷在當局孰可謂車戒前傾人師先覺聞諸君子雅道之士游遨經術厭飫文史筆有奇鋒談有勝理孝悌之至神明通矣審蹈而行量路而止自我及物先人後己情無繫於榮悴心靡滯於慍

信州象山刊　北史列傳四十四　十四　王宋壽

喜不養望於丘壑不待價於城市言行相顧慎終猶始有一於斯鬱爲羽儀恪居展事知無不爲或左或右則髦士攸宜無悔無吝故高而不危異乎勇進忘退苟得患失射千金之產邀萬鍾之秩投烈風之門趣炎火之室載蹶而墜其貽宴或蹲乃喪其貞吉可不畏歟可不戒歟門有倚禍事不可不密牆有伏寇言不可而失宜諦其言宜端其行言之不善行之不正鬼執強梁人囚徑挺幽奪其魄明夭其命不服非法不行非道公鼎爲己信私玉非身寶過涅爲紺踰藍作青持繩視直置水觀平時然後取未若無欲知止知足庶免於辱是以爲必察其幾舉必慎於微知

幾慮微斯云則稀既察且慎福祿攸歸昔蘧瑗識四十九非顏子隣幾三月不違跬步無已至於千里覆簣而進及於萬仞故云行遠自卑可大可久與世推移月滿如規從夜則虧槿榮于枝望暮而萎夫奚益而不損孰有損而不害益不欲多利不欲大唯居德者畏其甚體真者懼其大道尊則羣謗集任重而衆怨會其達也則尼父栖遑其忠也而周公狼狽無曰人之我狹在我不可而覆無曰人之我厚在我不可而咎如山之大無不有也如谷之虛無不受也能剛能柔重可負也能信能順險可走也能智能愚期可久也周廟之人三緘其口漏巵在前欹器留後俾諸

信州路象山書院刊　北史列傳四十四　十五　可光

來裔傳之坐右其後羣臣多言魏史不實武成復敕更審收又迴換遂爲盧同立傳崔綽反更附出楊愔家傳本云有魏以來一門而已至是加此八字又先云弘農華陰人乃改自云弘農以配王慧龍自云太原人此其失也尋除開府中書監武成崩未發喪在內諸公以後主即位有年疑於赦令諸公引收訪焉收固執宜有恩澤乃從之掌詔誥除尚書右僕射總議監五禮事位特進收奏請趙彥深和士開徐之才共監先以告士開士開驚辭以不學收曰天下事皆由五禮非王不決士開謝而許之多引文士令執筆儒者馬敬德熊安生權會實主之武平三年薨贈司

空尚書左僕射謚文貞有集七十卷收碩學大才然性褊
不能達命體道見當塗貴游每以言色相悅然提獎後輩
以名行爲先浮華輕險之徒雖有才能弗重也初河間邢
子才子明及季景與收並以文章顯世稱大邢小魏言尤
俊也收少子才十歲子才每曰佛助寮人之偉後收稍與
子才爭名文宣貶子才曰爾才不及魏收收益得志自序
云先稱溫邢後曰邢魏然收內陋邢心不許也收旣輕疾
好聲樂善胡舞文宣末數於東山與諸優爲獼猴與狗鬬
帝寵狎之收外兄博陵崔巖嘗以雙聲嘲收曰遇魏收衰
曰愚魏魏荅曰顔巖腥瘦是誰所生羊頤狗頰頭團鼻平

飯房荅籠著孔嘲玎其辯捷不拘若是旣緣史筆多憾於
人齊亡之歲收冢被發棄其骨于外先養弟子仁表爲嗣
位至尚書膳部郎中隋開皇中卒於溫縣令子建族子惇
字仲讓容貌魁偉性通率永安末除安東將軍光祿大夫
尒朱仲遠鎭東郡以事捕惇遇出外執惇兄子儼而去惇
聞哭曰若害儼寧無吾也乃見仲遠叩頭曰家事在惇儼
何知也乞以身罪仲遠義而捨之天平中拜衛將軍右光
祿大夫卒惇叔偃字盤蚪有當世幹用位驍騎將軍性浮
動晚乃曲附高肇彭城王勰之死也偃構成其事爲時所
惡子貿字懷素幼有立志年十四啓母求就徐遵明受業

母以其年幼不許貿遂密將一奴遠赴徐學留書一紙置
所臥牀內外見之相視悲歎五六年中便通諸經大義自
學言歸生徒輻湊皆同衣食情若兄弟後避葛榮難客居
趙國飛龍山爲亂賊所害士友傷惜之興和二年侍中李
傳秘書監常景等三十二人申辭於尚書爲請贈謚事下
太常博士考行謚曰貞烈先生

魏長賢收之族叔也祖釗本名顯義字弘理魏世祖賜名
仍命以顯義爲字雅性俊辯博涉群書有當世才兼資文
武知名梁楚淮泗之閒世祖南伐聞而召之旣至與語大
悅謂釗曰今我此行是卿建功之日勉之勿憂不富貴也

授內都直侍左右師次淮南諸城未有下者釗乃進曰陛
下百萬之軍風行電掃攻城略地所向無前雖有智者莫
能爲計然而師次淮南已經累日義陽諸城猶敢拒守此
非不懼亡滅自謂必可保全也但陛下卒徒果銳殺掠尚
多人皆畏威未甚懷惠恐一旦降下妻子不全所以遲疑
未肯先發臣請間入城內見其豪右宣達聖心示以誠信
必當大小相率面縛請罪陛下拔其英楚因而任之此外
諸城可不勞兵而自定世祖大喜曰所以召卿本爲是耳
卿今所言副吾所望釗遂夜入城中示以危亡之期開以
生全之路城中大小欣悅明旦開門出降自此而南望塵

款附世祖謂釗曰卿之一言踰於十萬之師揚我信義播于四表寔卿一人之力即授義陽太守陵江將軍又令釗與諸將統兵討襲所嘗無不摧破軍中服其勇敢世祖益喜謂羣臣曰中國士人吾接擢咸盡文武膽略未有若釗儔加授建忠將軍追贈其父奐順州刺史時經略江左方大用之遇風疾發動頻降醫藥竟不痊復卒時年六十四父孝字惠卿博學善屬文趙郡王幹辟開府參軍廣陵王羽辟記室並不行陳留公李崇甚重之引為鎮西參軍事崇討叛氐楊靈珍叛蠻魯北鷰又請為記室參軍中山王英討淮南又請為記室參軍軍還求為著作郎思樹不朽

之業以晉書作者多家體制繁雜欲正其紕繆刪其遊辭勒成一家之典俄而彭城王聞李崇稱之復請為掾兼知主客郎中書遂不成王遇害退歸田里清河王復引為諮議王勢高名重深為權倖所疾恐罹其禍固辭以疾肅宗初拜驃騎長史尋轉光州刺史年六十八卒兄伯儁之歸也留長賢與弟德振使宦學於洛中孝靜北遷亦徙居鄴傳涉經史詞藻清華舉秀才除汝南王悅參軍事入齊平陽王淹辟為法曹參軍轉著作佐郎更撰晉書欲還成先志河清中上書譏刺時政大忤權幸為上黨屯留令親故以長賢不相時而動或為書以相規責長賢復書曰日者

惠書義高旨遠誨僕以自求諸己思不出位國之大事君與執政所圖又謂僕祿不足以代耕位不登於執戟干非其議自貽悔吝勤勤懇懇誠見故人之心靜言再思無忘寤寐僕雖固陋亦嘗奉教於君子矣以為士之立身其路不一故有負鼎俎以趨世隱漁釣以待時操築傳巖之下取履圯橋之上者矣或有釋債軍以臣霸業委挽輅以定王基由斬袪以見禮因射鉤而受相者矣或有三黜不移屈身以直道九死不悔甘心於苦節者矣皆奮於泥滓自致青雲雖事有萬殊而理終一致推其大要歸乎忠孝而已矣夫孝則竭力所生忠則致身所事未有孝而遺其親忠

而後其君者也僕自射策金馬記言麟閣寒暑迭運五稔于茲不能歎成一家潤色鴻業善述人事功既闕如顯親揚名邈焉無異每一念之曷云其已自頃王室板蕩彝倫攸斁大臣持祿而莫諫小臣畏罪而不言虛痛朝危空哀主辱匪躬之故徒聞其語有犯無隱未見其人此梅福所以獻書朱雲所以請劒者也抑又聞之嫠不恤緯而憂宗周之亡女不懷歸而悲太子之少況僕之先人世傳儒業訓僕以為子之道厲僕以事君之節今僕之委質有年世矣安可自同於匹庶取笑於兒女子哉是以賜一夕而九回心終朝而百慮懼當年之不立恥沒世而無聞慷慨懷

古自強不息庶幾伯夷之風以立懦夫之志吾子又謂僕千進務入不畏友朋居下訕上欲益反損僕誠不敏以貽吾子之羞默默苟容又非平生之意故頗得鋤彼草茅逐兹鳥雀去一惡樹一善不違先旨以没九泉求仁得仁其誰敢怨但言與不言在我用與不用在時若國道方屯時不我與以忠獲罪以信見疑貝錦成章青蠅變色良田敗於邪徑黄金鑠於衆口窮達運也其如命何吾子忠告之言敢不敬承嘉惠然則僕之所懷未可一二爲俗人道也投筆而已夫復何言是出也人皆爲之快快而長賢勲之怡然不屑懷抱識者以此多焉武平中辭疾去職終於齊

代不復出仕周武平齊搜揚才俊辟書屢降固以疾辭卒年七十四貞觀中贈定州刺史子徵

魏季景收族叔也父鸞字雙和爲魏文賜名有器幹體貌魁偉以有容儀爲奉車都尉曾升輅車觸毀金翼欲容請罪帝笑曰卿體貌過人素不便習何足懼也車駕南征漢陽除鸞統軍帝歷幸其營嘆賞之及在馬圈不豫敕兼武衛將軍領宿衛左右景明中六輔之廢鸞頗預其事後除光州刺史更滿還朝卒謚曰夷子季景少孤清苦自立博學有文才弱冠有名京師時邢子明稱有才學殆與子才相侔季景與收相亞洛中號兩邢二魏莊帝時爲中書侍郎普泰中爲尚書右丞季景善附會寧要當朝必先事其左右尒朱世隆特賞愛之於時才名甚盛頗過其實太昌中位給事黄門侍郎甚見信侍除定州大中正孝武帝釋奠季景與温子昇李業興竇瑗等俱爲摘句天平初因遷都遂居栢人西山内懷憂悔乃爲擇居賦元象初兼給事黄門侍郎後兼散騎常侍使梁還歷大司農卿魏郡尹卒家無餘財遺命薄葬贈散騎常侍衛尉卿所著文筆二百餘篇子澹知名

澹字彦深年十五而孤專精好學高才善屬文仕齊殿中侍御史預修五禮及撰御覽除殿中郎中書舍人與李德

林脩國史入周爲納言中士隋初爲行臺禮部侍郎尋爲聘陳使主還除太子舍人廢太子勇深禮之令注庾信集撰笑苑世稱博物遷著作郎仍爲太子學士帝以魏收所撰後魏書褒貶失實平繪爲中興書事不倫序詔澹别成魏史澹自道武下及恭帝爲十二紀七十八列傳别爲史論及例各一卷合九十二卷義例與魏收多所不同其一曰臣聞天子者繼天立稱終始絶名故穀梁傳太上不名曲禮天子不言出諸侯不生名諸侯尚不生名况天子乎若爲太子必須書名良由子者對父生稱父前子名禮之意也至如馬遷周之太子並皆言名漢之儲兩俱没其諱

以尊漢卑周臣子之意也竊謂雖立此理恐非其義何者
春秋禮記太子必書名天王不言出此仲尼之襃貶皇王
之稱謂非當時與異代遂為優劣也班固范曄陳壽王隱
沈約參差不同尊卑失序至於魏收諱儲君之名書天子
之字過又甚焉今所撰諱皇帝名書太子字欲尊君卑臣
依春秋之義二曰魏氏平文以前部落之君長耳太祖遠
追二十八帝並極崇高違堯舜憲章越周公典禮但道武
出自結繩未師典誥當須南董直筆裁而正之反更飾非
豈是觀過但力微天女所誕靈異絕世尊為始祖得禮之
宜平文昭成雄據塞表英風漸盛圖南之業基自此始長

孫斤之亂也兵交御坐太子授命昭成獲免道武此時后
緡方娠宗廟復存社稷有主大功大孝實在獻明此之三
世稱謚可也自茲以外未之敢聞其三曰幽王死於驪山
厲王出奔於彘未嘗隱諱直筆書之欲以勸善懲惡詒誡
將來而太武獻文並遭非命前史立紀不異天年言論之
間頗露首尾殺主害君莫知姓名逆臣賊子何所懼哉今
分明直書不敢回避四曰自晉德不競宇宙分崩或帝或
王各自署置其生略如敵國書死便同庶人凡處華夏之
地者皆書曰卒同之吳楚僭又以為司馬遷創立紀傳已
來述者非一人無善惡皆為立論計在身行迹具在正書

事既無奇不足懲勸再述乍同銘頌重敘唯覺繁文案丘
明亞聖之才發揚聖旨言君子曰者無非甚泰其間尋常
直言而已今所撰史竊有慕焉可為勸戒者論其得失其
無益者所不論也上覽而善之未幾而卒有集三十卷子
罕言濬弟孝玄位滄州司馬子蕭行
魏蘭根字蘭根收族叔也父伯成中山太守蘭根身長八
尺儀貌奇偉博學高才機警有識悟起家北海王國侍郎
母憂居喪有孝稱將葬常山郡境先有董卓祠祠有栢樹
蘭根以卓凶逆不應遺祠至今乃啓刺史請伐為椁左右
人言有靈蘭根了無疑懼父喪廬於墓側負土成墳憂毀

殆於滅性正光末尚書令李崇為大都督討蠕蠕以蘭根
為長史因說崇曰緣邊諸鎮控攝長遠昔時初置地廣人
稀或徵發中原強宗子弟或國之肺腑寄以爪牙中年以
來有司乖實號曰府戶役同廝養官婚班齒致失清流而
本宗舊類各各榮顯顧瞻彼此理當憤怨宜改鎮立州分
置郡縣凡是府戶悉免為平人入仕次第一準其舊此計
若行國家庶無北顧之慮崇以奏聞事寢不報孝昌初為
岐州刺史從行臺蕭寶夤討破宛川俘其人為奴婢以美
女十人賞蘭根蘭根辭曰此縣介於強虜故成背叛今當
恤其飢寒奈何並充僕隷於是盡以歸其父兄部內麥多

五穗隣州田鼠爲災犬牙不入岐境及蕭寳夤敗於涇州岐州人囚蘭根降賊寳夤兵威復振城人復斬賊刺史侯莫陳仲和推蘭根復任朝廷以蘭根得西土人心加都督涇岐東秦南岐四州諸軍事兼四州行臺尚書孝昌末河北流人南度以蘭根兼尚書使齊濟二兖四州安撫并置郡縣蘭根甥邢杲反於青光間復詔蘭根慰勞杲不下仍隨元天穆討之還拜中書令莊帝之將誅尒朱榮蘭根泄之於兄子周達周達告尒朱世隆及榮死蘭根憂不知所出時應詔王道習見信於莊帝蘭根乃託附之求出立功乃兼尚書右僕射河北行臺定州率募鄉曲欲防井陘爲

北史列傳四十四　二十四

榮將侯深所敗走依勃海高乾屬乾兄弟義舉固在其中神武以宿望深禮之中興初爲尚書右僕射神武將入洛陽時廢立未決令蘭根察節閔帝帝神采高明蘭根恐於後難測遂與高乾兄弟及黄門侍郎崔㥄同請神武不得已遂立武帝大昌初加侍中開府儀同三司鉅鹿縣侯啓授兄子周達蘭根既預勳業位居端副始叙復岐州勳封求與侯高乾之死蘭根懼以病免天平初言病篤以開府儀同歸本鄉門施行馬武定三年薨贈司徒公謚曰文宣長子相如襲爵相如性亢直有文藻與族兄愷齊名雅爲當時所貴早卒孝昭時佐命功臣配饗不及蘭根次子敬

仲表訴竟不允敬仲以才器稱卒於章武太守子餉字孝衡幼孤學涉有時譽居喪以孝聞隋饒州司倉參軍事子景義景禮並有才行鄉人呼爲雙鳳早卒敬仲第少政位至洛州刺史子孝該孝幾愷自散騎常侍遷青州長史固辭文宣大怒曰何物漢子與官不就時帝已失德朝廷爲之懼愷容色坦然帝曰死與長史任卿所擇荅曰能殺臣者陛下不受長史者愚臣帝謂楊愔曰何慮無人苦用此漢放還永不須收由是積年沈廢後遇愔於路微自陳愔云咸由中旨愷應聲曰雖復零雨自天終待雲興四岳公豈得言不知楊愔欣然曰此言極爲簡要數日除霍州刺史在職有政理後卒於膠州刺史

北史列傳四十四　廿五

論曰伯起少頗踈放不拘行檢及折節讀書鬱爲達學傳今古才極從横體物之旨尤爲富贍足以入相如之室游尼父之門勒成魏籍追蹤班馬婉而有則繁而不蕪持論存言鈞深致遠但意存實錄好抵陰私至於親故之家一無所說不平之議見於斯矣王松年李庶等並論正家門未爲謗議遂憑附時宰鼓動淫刑庶因鞭撻而終此公之失德長賢思樹風聲抗言昏俗有朱子游之風季景父子雅業相傳抑乃冶之義蘭根道冠時英功參霸業亦一代之偉人也

列傳第四十四

列傳第四十五　北史五十七

周宗室

邵惠公顥　子什肥　導　護　叱羅協　馮遷

杞簡公連

莒莊公洛生

虞國公仲

廣川公測　弟深　深子孝伯

東平公神舉　弟慶

邵惠公顥周文帝之長兄也德皇帝娶樂浪王氏是爲德皇后生顥性至孝居德皇后喪哀毀過禮德皇帝與衛可

瓌戰隆馬顥與數騎奔救乃免顥遂戰歿保定初追贈大冢宰封邵國公謚曰惠三子什肥導護

什肥事母以孝聞文帝入關不能離母遂留晉陽文帝定秦隴什肥爲齊神武所害保定初追贈大將軍小冢宰襲爵邵國公謚曰景子冑嗣冑少孤頗有幹略景公之見害以年幼下蠶室保定初詔以晉公護子會紹景公封天和中與齊通好冑歸襲爵邵國公及隋文帝輔政冑爲滎州刺史舉兵應尉遲迥爲清河公楊素所殺國除會字乾仁冑至自齊改封譚國公後與護同誅建德三年追復封爵常武公

導字菩薩少雄豪初與諸父在葛榮中榮敗遷晉陽與文帝隨賀拔岳入關常從征伐文帝討侯莫陳悅導追斬之牽屯山以功封饒陽縣伯及魏文帝東征留導爲華州刺史既而趙青雀于伏德慕容思慶等作亂導禽伏德斬思慶屯渭橋會文帝軍及事平進爵章武郡公加侍中及高仲密以北豫州降文帝東征復以導爲大都督行華州刺史甚得守扞之方及大軍不利東魏追至稠桑知關中有備乃退侯景來附詔徵隴右大都督獨孤信東下令導代信爲秦州刺史大都督十五州諸軍事及齊氏稱帝文帝討之魏文帝遣齊王廓鎮隴右徵導拜大將軍大都督二十三州諸軍事屯咸陽大軍還乃旋舊鎮導性寛明善撫

御文帝每出征導恒居守深爲吏人所附朝廷重之薨於上邽魏帝遣侍中漁陽王綱監護喪事贈尚書令謚曰孝朝議以導撫和西戎威恩顯著欲令世鎮隴右以彰厥德乃葬上邽城西無疆原華戎會葬者萬餘人奠祭於路悲號振野皆曰我君捨我乎大小相與負土成墳高五十餘尺周回八十餘步爲官司所止然後泣辭而去天和五年重贈太師柱國公導五子廣亮翼椿衆亮椿出後於杞

廣字乾歸少方嚴好文學武成初位大將軍梁州摠管進封蔡國公累遷秦州刺史摠管十三州諸軍事性明察善

撫綏人庶長悅之時晉公護諸子及廣弟杞公亮等皆侈靡
踰制廣獨率禮又折節待士朝野稱焉曾侍於武帝所食
瓜美持以奉進帝悅之廣以晉公護擅權勸令挹損護不
能納後除陝州總管以病免及孝公追封蔡國公詔廣襲
爵初廣母李氏以患憂而成疾遂殁廣居喪加篤乃以毀
薨世稱母爲廣病廣爲母死慈孝之道極於一門武帝素
服親臨其故吏儀同李充信等上表褒述申其宿志庶存
儉約詔曰昔河間才藻追叙於中尉東海謙約見稱於身
後可斟酌前典率由舊章使易簣之言得申遺志黜殯之
請無虧令終於是贈本官加太保隴右十四州諸軍事秦

州刺史謚曰文葬於隴右所司一遵儉約之典子洽嗣隋
文輔政被害國除翼字乾宜封西陽郡公早薨謚曰昭無
子以杞公亮子温嗣後坐亮反誅國除衆字乾道少不慧
封天水郡公爲隋文所誅

護字薩保幼方正有志度特爲德皇帝所愛文帝之入關
以年小不從普泰初始自晉陽至平涼時年十七文帝諸
子竝幼遂委以家務內外無不嚴肅文帝歎之以爲類己
及臨夏州留護事賀拔岳岳被害文帝至平涼以護爲都
督從破侯莫陳悅後以迎魏帝功封水池縣伯從文帝擒
竇泰復弘農破沙苑戰河橋竝有功芒山之役爲敵人所

圍賴都督侯伏龍恩救乃免坐免官尋復本位大統十三
年進封中山公十五年遷大將軍與于謹征江陵進兵徑
至江陵城下以待大軍至圍而尅之師還護又討平襄陽
蠻帥向天保等萬餘落初行六官拜司空文帝西巡至牽
屯山遇疾召護至涇州見文帝帝曰吾形容若此必不濟
諸子幼天下事以屬汝護涕泣奉命行至雲陽文帝崩護
祕之至長安乃發喪時嗣子冲幼彊冠在近人情不安護
綱紀內外撫循文武衆心乃定先是文帝常云我得胡力
當時莫曉其指時人以護字當之尋拜柱國文帝山陵畢
護以天命有歸遣諷魏帝以禪代事孝閔踐阼拜大司馬

封晉國公邑萬戶趙貴獨孤信等將謀襲護護因貴入朝
執之黨與皆伏誅拜大冢宰時司會李植軍司馬孫恒等
密要宫伯乙弗鳳張光洛賀拔提元進等爲腹心說帝言
護不守臣節宜圖之帝然之數將武士於後園爲執縛勢
護微知之出植爲梁州恒爲同州欲遏其謀後帝思植等
每欲召之護諫曰天下至親不過兄弟若兄弟自構嫌隙
他人何易可親但恐除臣後姦回得逞其欲非唯不利陛
下亦危社稷因泣涕久之乃止帝猶猜鳳等益懼密謀滋
甚遂克日將誅護光洛告護護乃召柱國賀蘭祥小司馬
尉遲綱等以鳳謀告之祥竝勸廢帝時綱總領禁兵護乃

遣綱入宮召鳳等議事以次執送護第因罷散宿衛兵遣
梓逼帝幽於舊邸於是召公卿畢集護第護曰先王勤勞
王業三十餘年寇賊未平奄棄萬國寡人地則猶子親受
顧命以略陽公既居正嫡與公等立而奉之革魏興周爲
四海主自即位已來荒淫無度昵近群小疏忌骨肉大臣
重將咸欲誅夷若此謀遂行社稷必致傾覆寡人若死將
何面目以見先王今日寧負略陽公豈可負社稷寧都公
年德兼茂仁孝聖慈今欲廢昏立明公等以爲何如群公
咸曰此公之家事敢不唯命是聽於是斬鳳等於門外并
誅植恒尋弑帝迎明帝於岐州而立之二年拜太師賜路

車冕服封子至爲崇業郡公初改雍州刺史爲牧以護爲
之并賜金石之樂武成元年護上表歸政帝許之軍國大
事尚委於護帝性聰睿有識量護深憚之有李安者本以
鼎俎得寵於護擢爲膳部下大夫至是護令安自因進食
加毒帝遂崩護立武帝百官總已以聽護自文帝爲丞相
立左右十二軍總屬相府文帝崩後皆受護處分凡所徵
發非護書不行護第屯兵禁衛盛於宮闕事無巨細皆先
斷後聞保定元年以護爲都督中外諸軍事令五府總於
天官或有希護旨者云周公德重魯立文王之廟以護功
比周公宜用此禮於是詔於同州晉國第立德皇帝別廟

使護祭焉三年詔自今詔誥及百司文書並不得稱公名
以彰殊禮護抗表固讓初文帝創業即與突厥和親謀爲
掎角共圖高氏是年乃遣柱國楊忠與突厥東伐破齊長
城至并州而還期後年更舉南北相應齊主大懼先是護
母閻與皇第四姑及諸戚屬並沒齊皆被幽縶護居宰相
後每遣間使尋求莫知音息至是並許還朝且請和好四
年皇姑先至齊主以護權重乃留其母以爲後圖仍令人
爲閻作書與護曰吾自念十九入汝家今以八十矣凡生汝
輩三男二女今日目下不覩一人興言及此悲纏肌骨賴
皇齊恩卹差安衰暮又得與汝楊氏姑及汝叔母紇干汝

嫂劉及汝新婦等同居頗以自適但爲微有耳疾大語方
聞行動飲食率無多損汝與吾別之時年尚幼小以前家
事或不委曲昔在武川鎮生汝兄弟大者屬鼠第二屬兔
汝身屬蛇鮮于脩禮起日吾合家大小先在博陵郡住相
將欲向左人城至唐河北被定州官軍打敗汝祖及第二
叔時俱戰亡叔母賀拔及兒元寶汝叔母紇干及兒菩提
并吾與汝六人同被擒捉入定城未幾間將吾及汝送與
元寶掌賀拔紇干各別分散寶掌軍營在唐城內經停三
日寶掌所掠得男夫女婦可六七千人悉送向京吾時與
汝同被送限至定州城南夜宿同鄉人姬庫根家蠕蠕奴

望見鮮于脩禮營火語吾云我今走向本軍既至營遂告吾輩在此明旦日出汝叔將兵邀截吾及汝等還得向營汝時年十二共吾並乘馬隨軍可不記此事由緣也後吾共汝在壽陽住時元寶菩提及汝姑兒賀蘭盛洛并汝身四人同學博士姓成爲人嚴惡汝等四人謀欲加害吾共汝叔母聞知各捉其兒打之唯盛洛無母獨不被打後尒朱天柱亡歲賀拔阿斗泥在關西遣人迎家累汝叔亦遣奴來富迎汝及盛洛等汝時着緋綾袍銀裝帶盛洛着紫織成纈通身黄綾裏並乘騾同去盛洛小於汝三人並喚吾作阿摩敦如此之事當分明記之今又寄汝小時所着

錦袍表一領至宜檢看知吾含悲抱戚多歷年祀禽獸草木母子相依吾有何罪與汝分隔今復何福還望見汝世間所有求皆可得母子異國何處可求假汝貴極公王富過山海有一老母八十之年飄然千里死亡旦夕不得一朝暫見不得一日同處寒不得汝衣饑不得汝食汝雖窮榮極盛光耀世間汝何用爲於吾何益吾今日之前汝既不得申其供養事往何論今日以後吾之殘命唯繫於汝戴天履地中有鬼神勿云冥昧而可欺負楊氏姑今雖炎暑猶能先發關河阻遠隔絶多年書依常體慮汝致惑是以每存款質兼亦載吾姓名當識此理勿以爲怪護性至

孝得書悲不自勝左右莫能仰視報書云區宇分崩遭遇災禍違離膝下三十五年受形稟氣皆知母子誰知薩保如此不孝宿殃積戾唯應賜鍾豈悟網羅上嬰慈母但立身立行不負一物明神有識宜先哀憐而子爲公侯母爲俘隸熱不見母熱寒不見母寒衣不知有無食不知饑飽泯如天地之外無由暫聞晝夜悲號繼之以血分懷寃酷終此一生死若有知冀奉見於泉下耳不謂齊朝解綱惠以德音摩敦四姑並許矜放初聞此旨魂爽飛越號天叩地不能自勝四姑即蒙禮送平安入境以今月十八日於河東拜見遥奉顔色崩慟肝腸但離絶多年存亡阻隔相

見之始口未忍言唯叙齊朝寛弘每存大德云與摩敦雖處宮禁常蒙優禮今者來鄴恩遇彌隆重降矜哀聽許摩敦垂敕曲盡悲酷備述家事伏讀未周五情屠割書中所道無一事敢忘摩敦年尊又加憂苦常謂寢食貶損或多遺漏伏奉論述次第分明一則以悲一則以喜當鄉里被敗之日薩保年以十歲鄰曲舊事猶自記憶況家門禍難親戚流離奉辭時節先後慈訓刻肌刻骨常纏心府天長喪亂四海横流太祖乘時齊朝撫運兩河三輔各遇神機源其事迹非相負背太祖升遐未定薩保屬當猶子之長親受顧命雖身居重任職當憂責至於歲時稱慶子孫在

庭顧視悲摧心情斷絕胡顏履戴負媿神明齊朝霈然之
恩既已霑洽愛敬之至施及傍人草木有心禽魚感澤況
在人倫而不銘戴有國有家信義爲本伏度來期已應有
日一得奉見慈顏永畢生願生死肉骨豈過今恩負山戴
岳未足勝荷二國分隔理無書信主上以彼朝不絕母子
之恩亦賜許奉荅不期今日得通家問伏紙嗚咽言不宣
心蒙寄薩保別時所留錦袍表年歲雖久宛然猶識抱此
悲泣至于拜見事歸忍死知復何心齊朝不即發遣更令
重與護書要護重報護復書往返至於再三而母竟不至
朝議以其失信令有司移齊移未送而母至舉朝慶悅大

赦天下護與母睽隔多年一朝聚集凡所資奉窮極華盛
每四時伏臘武帝率諸親戚行家人禮稱觴上壽榮貴之
極振古未聞是年突厥復率衆赴朝護以齊氏初送國親
未欲即行復慮失信蕃夷不得已遂請東征九月詔徵二
十四軍及左右廂散隷秦隴巴蜀兵諸蕃國衆二十萬人
十月帝於廟庭授護斧鉞出軍至潼關乃遣柱國尉遲迥
爲前鋒大將軍權景宣率山南兵出豫州少師楊摽出軹
關護連營漸進屯軍弘農迥圍洛陽柱國齊王憲鄭公達
奚武等營于邙山護性無戎略此行又非本心故師出雖久
無所克獲以無功與諸將稽首請罪帝弗之責天和二年

護母薨尋詔起令視事五年詔賜護軒懸之樂六佾之舞
護性甚寬和然暗於大體自恃建立功久當權軸所任皆
非其人兼諸子貪殘僚屬縱溢莫不蠹政害人帝以其暴
慢密與衛王直圖之七年三月十八日護自同州還帝御
文安殿見護訖引入含仁殿朝皇太后先是帝於禁中見
護常行家人禮護謁太后太后必賜之坐帝每立侍至是
護將入帝謂曰太后春秋既尊頗好酒諸親朝謁或廢引
進喜怒有時乖爽比諫未蒙垂納兄今願更啓請因出懷
中酒誥授護曰以此諫太后護入如帝所誡讀示太后未
訖帝以玉珽自後擊之踣地又令宦者何泉以御刀斫之

泉懼斫不能傷時衛王直先匿於戶內乃出斬之初帝欲
圖護王軌宇文神舉宇文孝伯頗預其謀是日軌等並在
外更無知者殺護訖乃召宮伯長孫覽等即令收護子柱
國譚國公會大將軍莒國公至崇業公静正平公乾嘉及
乾基乾光乾蔚乾祖乾威等幷柱國侯伏侯龍恩龍恩弟
大將軍萬壽大將軍劉勇中外府司錄尹公正袁傑膳部
下大夫李安等於殿中殺之齊王憲曰安出自皁隷所典
庖廚而已未足加戮帝曰汝不知耳世宗之崩安所爲也
十九日乃詔暴護等罪大赦改天和七年爲建德元年護
世子訓爲蒲州刺史其夜遣柱國越公盛乘傳鎮蒲州徵

訓赴京師至同州賜死護長史叱羅協司録馮遷及所親任者皆除名護子昌城公深使突厥遣開府宇文德齎璽書就殺之三年詔復護及諸子先封謚護曰蕩並改葬之

叱羅協代郡人本名與武帝諱同後改焉少寒微嘗爲州小吏以恭謹見知竇泰爲御史中尉以協爲書侍御史泰向潼關協爲監軍泰死協見獲文帝授大丞相東閤祭酒累遷相府屬從事中郎協歷事二京詳練故事又深自尅勵文帝頗委任之然猶以家屬在東疑其戀本及河橋戰敗協隨軍還文帝知協不貳封冠軍縣男進爵爲侯後爲大將軍尉遲迥長史率兵伐蜀行潼州事魏恭帝三年文

帝徵協入朝論蜀中事乃賜姓宇文氏晉公護既殺孫恒李植等欲委腹心於司會柳慶司憲令狐整等二人並辭俱薦協護遂徵協入朝引與同宿深寄託之協誓以軀命自效護大悅以爲得協之晚稍遷護府長史進爵爲公常在護側明帝知其材識庸淺每按抑之數謂曰汝何知也猶以護所親任每含容之及明帝崩便授協司會中大夫中外府長史協形貌瘦小舉措褊急既以得志每自矜高及其所言多乖事衷當時莫不笑之護以其忠己每提獎之協既受護重委冀得婚連帝室乃求復舊姓叱羅氏許之又進位柱國護以協年老許其致仕而協貪榮未肯告退及護誅除名建德三年以協宿齒授儀同三司賜爵南陽郡公卒子金剛嗣

馮遷字羽伐弘農人少脩謹有幹能爲護府司録性質直小心畏慎兼明練時事善於斷决每校閲文簿孜孜不倦以此甚爲護委任後授陜州刺史遷本寒微不爲時輩所重一旦刺舉本州唯以謙恭接待鄉邑人無慭者復入爲司録累遷小司空自天和後以年老委任稍衰及護誅猶除名卒於家子恕位儀同三司

杞簡公連幼而謹厚臨敵果毅隨德皇帝遇定州軍於唐河俱戰殁保定初追贈太傅柱國大將軍大司徒封杞國公謚曰簡子元寶爲齊神武所害保定初追贈大將軍小

司徒襲封杞國公謚曰烈以章武公導子亮嗣亮字乾德位梁州總管及豳國公廣薨以亮爲秦州總管廣所部悉以配焉在州甚無政績尋進柱國從東伐進上柱國仍從平鄴遷大司徒大象初以行軍總管與元帥鄖國公韋孝寬等伐陳　至豫州密謀襲孝寬營將友謙孝寬追斬之賸明坐亮誅詔以亮弟椿爲烈公後椿字乾壽位上柱國大司徒大定中爲隋文帝所害并其五子

莒莊公洛生少任俠好施愛士北州賢俊皆與之游而才能多出其下及葛榮破鮮于脩禮以洛生爲漁陽王仍領德皇帝餘衆時人皆呼爲洛生王洛生善撫將士是以克

獲常冠諸軍令朱榮定山東時洛生在壽中榮雅聞其名
心憚焉尋爲榮所害保定初追贈大將軍封莒國公謚曰
莊子善薩爲齊神武所害保定初追贈大將軍小宗伯襲
爵謚曰穆以晉公護子至嗣至字乾附後坐父護誅詔以
衛王直子賓爲穆公後賓字乾瑞尋坐直誅而齊王憲子
廣都郡公貢襲貢字乾貞宣帝初被誅國除
虞國公仲德皇帝從父兄也卒于代保定初追贈太傅柱
國大將軍大司徒封虞國公子興嗣興生屬兵亂與仲相
失年幼莫知其戚屬遠近與文帝兄弟初不相識沙苑之
敗預在行間被虜隨例散配諸軍興性弘厚有志度雖流

離世故而風範可觀保定二年詔訪仲子孫興始附屬籍
武帝以興帝戚近屬尊禮之甚厚位開府儀同三司宗師
襲爵虞國公薨武帝親臨慟焉詔大司空申國公李穆監
護喪事贈柱國大將軍謚曰靖子洛嗣位儀同三司隋初
爲介國公爲隋室賓云
廣川公測字澄鏡文帝之族子也高祖中山曾祖豆頹祖
騏驎父永仕魏位並顯達測性沈密少篤學仕魏位司徒
右長史尚宣武女陽平公主拜駙馬都尉及孝武疑齊神
武詔測諳文帝密爲之備還封廣川縣伯尋從孝武西遷
進爵爲公文帝爲丞相以測爲右長史委以軍國又令測

詳定宗室昭穆遠近附於屬籍歷位侍中開府儀同三司
行汾州事政在簡惠頗得人和地接東魏數相抄竊或有
獲其爲寇者多縛送之測皆命解縛置之賓館然後引與
相見如客禮焉仍宴設放還其國衛送出境自是東魏人
大慙乃不爲寇兩界遂通慶弔時論方之羊叔子或有告
測懷貳文帝怒曰測爲我安邊何爲間骨肉乃命斬之仍
許測便宜從事轉行綏州事每歲河冰合後突厥即來寇
掠先是常預遣居人入城堡以避之測至皆令安堵乃於
要路數百處並多積柴仍遠斥候知其動靜是年十二月
突厥從連谷入寇去界數十里測命積柴處一時縱火突

厥謂大軍至懼而遁走委棄雜畜輜重不可勝數自是不
敢復至測因請置戍兵以備之後卒於太子少保文帝親
臨慟焉仍令水池公監護喪事謚曰靖測性仁恕好施與
在洛陽之日曾被竊盜所失物即其妻陽平公主之衣服
也州縣禽盜并物俱獲測恐此盜坐之以死不認焉遂遇
赦免盜既感恩請爲測左右及測從孝武西遷事極狼狽
盜人亦從測入關並無異志子該嗣位除州刺史測弟深
深字奴干性鯁正有器局年數歲便累石爲營折草作旌
旗布置行伍皆有軍陣之勢父永遇見之喜曰汝自然知
此後必爲名將孝武西遷事起倉卒人多逃散深時爲子

都督領宿衛兵撫循所部並得入關以功賜爵長樂縣伯大統中累轉尚書直事郎中及齊神武屯蒲坂分遣其將竇泰趣潼關高敖曹圍洛州周文帝將襲泰諸將咸難之帝隱其事陽若未有謀獨問策於深深曰竇氏高歡驍將歡每仗之桀侮今大軍就蒲坂則歡拒守竇必援之內外受敵取敗道也不如選輕銳潛出小關竇性躁急必來決戰高歡持重未即救之則竇可禽也虜竇歡勢自沮迴師禦之可以制勝文帝喜曰是吾心也軍遂行果獲泰齊神武亦退深又說文帝進取弘農復尅之文帝大悅謂深曰君即吾家陳平也是冬齊神武又率大衆至沙苑諸將皆

懼惟深獨賀文帝問其故對曰歡撫河北甚得衆心雖乏智謀人皆用命以此自守未易可圖今懸師度河非衆所欲唯歡恥失竇氏愎諫而來所謂忿兵一戰可禽也不賀何為文帝然之尋大破齊軍果如所策儀進爵為侯六官建拜小吏部下大夫遷中大夫武成元年遷幽州刺史改封安化縣公保定初除京兆尹入為司會中大夫深少喪父事兄甚謹性多奇譎好讀兵書既居近侍每進籌策及在選曹頗有時譽性仁愛從弟神舉神慶幼孤深撫訓之義均同氣世亦以此稱焉卒於位謚曰成康子孝伯

孝伯字胡王其生與武帝同日文帝甚愛之養於第內及長又與武帝同學武成元年拜宗師上士時年十六性沈正謇諤好直言武帝即位欲引置左右時政在家臣不得專制乃託言少與同業受經思相啓發由是護弗之猜得入為右侍上士恒侍讀及遭父憂詔令服中襲爵武帝嘗謂曰公於我猶漢高與盧綰也賜以十三環金帶自是恒侍左右出入臥內朝務皆得預焉孝伯亦竭心盡力無所回避至於時政得失外間細事皆以奏聞帝信委之當時莫比及將誅晉公護密與衛王直圖之惟孝伯及王軌宇文神舉等頗得參預護誅授開府儀同三司歷司會中大夫左宮正皇太子既無令德孝伯言於帝曰皇太子德聲

未聞請妙選正人為其師友調護聖質不然悔無所及帝斂容曰卿世載鯁正竭誠所事觀卿此言有家風矣孝伯拜謝曰非言之難受之難也深願陛下思之帝曰正人豈復過君於是以尉遲運為右宮正孝伯仍為左宮正宗師中大夫累遷右宮伯嘗因侍坐帝問我兒比進不答曰皇太子比懼天威更無罪失及王軌因內宴捋帝鬚言太子之不善帝罷酒責孝伯曰公常謂我云太子無過今軌有此言公為誑矣孝伯拜曰臣聞父子之際人所難言臣知陛下不能割情忍愛遂爾結舌帝知其意默然久之乃曰朕已委公公其勉之及大軍東討拜內史下大夫令掌

留臺軍事軍還帝曰居守之重無忝戰功於是加授大將軍進爵廣陵郡公并賜金帛女妓等復爲宗師每車駕巡幸常執其手令居守後帝北討至雲陽宫寢疾驛召孝伯赴行所執其手曰吾自量必無濟理以後事付君是夜授司衛上大夫總宿衛兵馬令馳驛入京鎮守宣帝即位授小冢宰帝忌齊王憲意欲除之謂孝伯曰公能圖之當以其官位相授孝伯叩頭曰齊王戚近功高棟梁所寄臣若順旨則臣爲不忠陛下不孝之子也帝因踈之乃與于智鄭譯等圖其事令智告憲謀逆遣孝伯召入誅之帝之西征也在軍有過行鄭譯時亦預焉軍還孝伯及王軌盡以白

武帝武帝怒撻帝數十乃除譯名至是帝追憾被杖乃問譯我脚上杖痕誰所爲也譯曰事由宇文孝伯及王軌譯又說軌捋帝鬚事帝乃誅軌尉遲運懼私謂孝伯曰吾徒必不免禍奈何孝伯曰今堂上有老母地下有武帝爲臣爲子知欲何之且委質事人本徇名義諫而不入將焉逃死足下若爲身計宜且遠之於是各行其志運尋出爲秦州總管帝荒謡日甚誅戮無度孝伯頻諫不從由是益踈後稽胡反令孝伯爲行軍總管從越王盛討平之及軍還帝將殺之乃託以齊王事誚之曰公知齊王謀反何以不言對曰臣知齊王忠於社稷爲群小媒孽加之以

罪臣以言必不用所以不言且先帝屬微臣輔陛下今諫而不從實負顧託以此爲罪是所甘心帝慙俛首不語令賜死于家時年三十六及隋文帝踐極以孝伯王軌忠而獲罪竝令收葬復其官爵嘗謂高熲曰宇文孝伯實有周良臣若此人在朝我輩無措手處子歆嗣

東平公神舉文帝之族子也高祖晉陵曾祖求男仕魏位竝顯達祖金殿魏兖州刺史安喜縣侯父顯和少而襲爵性矜嚴頗涉經史膂力絶人彎弓數百斤能左右馳射孝武之在藩顯和早蒙眷遇時屬多難嘗問計於顯和顯和具陳宜杜門晦迹相時而動帝深納焉及即位拜閤內都

督封城陽縣公以恩舊遇之甚厚顯和所居隘陋乃撤殿省賜爲寢室其見重如此及齊神武專政帝每不自安問顯和曰天下洶洶將如之何對曰莫若擇善而從因誦詩云彼美人兮西方之人兮帝曰是吾心也遂定入關策以其母老令預爲計對曰今之事忠孝不竝然臣不密則失身安敢預爲私計帝愴然改容曰卿我之王陵也遷朱衣直閤閤內大都督改封長廣縣公從孝武入關至溱水周文帝素聞其善射而未之見俄而水傍有一小鳥顯和射中之文帝笑曰我知卿工矣進位車騎大將軍儀同三司散騎常侍卒建德三年追贈驃騎大將軍開府儀同三司

神舉早孤有夙成之量及長神情倜儻志略英贍眉目疎
朗儀貌魁梧明帝初起家中侍上士帝留意翰林而神舉
雅好篇什每游幸神舉恒從襲爵長廣縣公天和元年累
遷右宮伯中大夫進爵清河郡公建德三年自京兆尹出
為熊州刺史齊人憚其威名及帝東伐從平并州即授刺
史州既齊氏別都多有姦猾神舉示以威恩遠近悅服改
封武德郡公進柱國大將軍又改封東平郡公宣政元年
轉司武上大夫及幽州人盧昌期等據范陽反詔神舉討
禽之時齊黃門侍郎盧思道亦在反中賊平將解衣伏法
神舉乃釋而禮之即令草露布屬稽胡反寇西河神舉與
越王盛討之時突厥赴救神舉以奇兵擊之突厥敗走稽
胡款服即授并州揔管神舉見待於武帝亟心腹之任王
軌宇文孝伯等屢言皇太子之短神舉亦頗預焉及宣帝
即位荒淫無度神舉懼及禍懷不自安初定范陽之後威
聲甚振帝亦忌其名望兼以宿憾遂使人賫酖酒賜之薨
於馬邑時年四十八神舉美風儀善辭令博涉經史性愛
篇章尤工騎射臨戎對寇勇而有謀蒞職當官每著聲績
兼好施愛士以雄豪自居故得任兼文武聲彰外內百寮
無不仰其風則先輩舊齒至于今稱之子同嗣位至儀同
大將軍神舉弟慶

慶字神慶沈深有器局少以聰敏見知初受業東觀頗涉
經史既而謂人曰書足記姓名而已安能久事筆硯為腐
儒業乎時文州賊亂慶應募從征以功授都督衛王直鎮
山南引為左右慶善射有膽氣好格猛獸直甚壯之稍遷
車騎大將軍儀同三司及誅宇文護慶有謀焉進授驃騎
大將軍加開府從武帝攻河陰先登攀堞與賊短兵接中
石乃墜絕而後蘇帝勞之曰卿勇可以賈人也復從武帝
拔晉州齊兵大至慶與齊王憲輕騎覘卒與賊窘憲挺身
而遁慶退據汾橋衆賊爭進慶射之所中人馬必倒賊乃
稍却及拔高壁尅并州下信都禽高湝功竝居最進位大
將軍封汝南郡公尋以行軍揔管擊延安反胡平之歷延
寧二州揔管隋文帝為丞相以行軍揔管征江表次白帝
以勞進上大將軍帝與慶有舊甚見親待令督丞相軍事
委以心腹尋加柱國開皇初拜左武衛將軍進上柱國數
年除涼州揔管歲餘徵還不任以職初文帝龍潛時嘗與
慶言謂曰天元實無積德其相貌壽亦不長加以法令繁
苛躭恣聲色以吾觀之殆將不久又諸侯微弱各令就國
曾無深根固本之計羽翮既翦何能及遠尉遲迥貴戚早
著聲望國家有釁必為亂階然智量庸淺子弟輕佻貪而
少惠終致亡滅司馬消難反覆之虜亦非池內之物變在

儀頃但輕薄無謀未能爲害不過自寡江南耳庸蜀險隘易生艱阻王誅愚意素無籌略但恐爲人所誤不足爲虞未幾上言皆驗及此慶恐上遺忘不復收用欲見舊蒙恩顧具録前言爲表奏之上省表大悦下詔曰朕言之驗自是偶然公乃不忘彌表誠節深感至意嘉尚無已自是上每加優禮卒於家子靜亂尚隋文女廣平公主位儀同安德縣公熊州刺史先慶卒靜亂子協位右翊衛將軍宇文化及之亂遇害協第晶字婆羅門大業中養于宮内後爲千牛左右煬帝甚親昵之每有游宴必侍從至於出入卧内伺察六宫往來不限門禁時人号爲宇文三郎與宮人

淫亂至於妃嬪公主亦有醜聲蕭后言於帝晶聞懼不敢見協因奏晶壯不可久在宮掖帝不之罪召入侍之如初化及殺逆晶爲亂兵所害

論曰自古受命之君及守文之主非獨異姓之輔亦有骨肉之助焉其茂親則有魯衛梁楚其疏屬則有凡蔣荆燕咸能飛聲騰實不滅於百代之後至若幽孝公之勳烈加之以善政蔡文公之純孝飾之以儉約美哉焉足以輔於前載矣有周受命之始宇文護實預艱難及文后崩祖諸子冲幼群公懷等夷之士天下有去就之心卒能變魏爲周捍危獲乂者護之力也向使加之以禮讓經之以忠貞桐宮有悔過之期未央終天年之數則前史所載焉足道哉然護寡於學術昵近群小威福在已征伐自出有人臣無君之心爲人主不堪之事終於妻子爲戮身首横分蓋其宜也當隋氏之起假天威而服海内胄以葭莩之親據一州而叶義舉可謂忠而能勇功業不遂悲夫亮實庸才圖非常於巨逆古人稱不度德不量力者其斯之謂歟宇文測兄弟驅馳於經綸之日孝伯神舉盡言於父子之間覩其智勇忠槩並可追蹤於古人矣

列傳第四十五　北史五十七

周室諸王

文帝十三王

孝閔帝一王

明帝三王

武帝六王

宣帝二王

周文帝十三子姚夫人生明帝後宮生宋獻公震文元皇后生孝閔皇帝文宣叱奴皇后生武帝衛剌王直達步妃生齊煬王憲王姬生趙僭王招後宮生譙孝王儉陳惑王純越野王盛代㚖王達冀康公通滕聞王逌

宋獻公震字彌俄突幼而敏達大統十六年封武邑公尚魏文帝女其年薨保定元年追贈大司馬封宋國公無子以明帝第三子實嗣建德三年進爵為王大象中為大前疑尋為隋文帝害國除

衛剌王直字豆羅突魏恭帝三年封秦郡公武成初進封衛國公歷雍州牧大司空襄州總管直武帝母弟也性浮詭以晉公護執政遂貳於帝而昵護及南討軍敗慍於免黜又請帝除護帝宿有誅護意遂與直謀之及護誅帝以齊王憲為大冢宰直既乖本望又請為大司馬欲擅威權帝知其意謂曰汝兄弟長幼有序何反居下列也以為大司徒建德三年進爵為王初帝以直第為東宮更使直自擇所居直歷觀府署無稱意者至廢陟屺佛寺遂欲居之齊王憲謂曰弟兒女成長此寺褊小詎是所宜直曰一身尚不自容何論兒女憲怪而疑之直嘗從帝校獵而亂行帝怒對衆撻之自是憤怨滋甚及帝幸雲陽宮直在京師反攻肅章門司武尉遲運閉門不得入退走追至荊州獲之免為庶人囚諸宮中尋有異志及其子十人並誅之國除

齊煬王憲字毗賀突性通敏有度量初封涪城縣公少與

武帝俱受詩傳咸綜機要得其指歸文帝嘗賜諸子良馬唯其所擇憲獨取駮者帝問之對曰此馬色類既殊或多駿逸若從軍征伐牧圉易分帝喜曰此兒智識不凡當成重器後從上隴經官馬牧文帝每見駮馬輒曰此我兒馬也命取以賜之魏恭帝元年進封安城郡公明帝即位授大將軍武成初除益州總管進封齊國公初平蜀之後文帝以其形勝之地不欲使宿將居之諸子中欲有推擇徧問武帝以下誰欲此行並未及對而憲先請文帝曰剌史當撫衆臨人非爾所及以年授者當歸爾兄憲曰才用殊不關大小試而無效甘受面欺文帝以憲年尚幼未之遣

明帝追遵先旨故有此授憲時年十六善於撫綏留心政術辭訟輻湊聽受不疲蜀人怳之共立碑頌德保定中徵拜雍州牧及晉公護東伐以尉遲迥爲前鋒圍洛陽齊兵數萬奄出軍後諸軍恇駭並各退散唯憲與王雄達奚武拒之而雄爲齊人所敗三軍震懼憲親自督勵衆心乃安時晉公護執政雅相親委賞罰之際皆得預焉天和三年以憲爲大司馬行小冢宰雍州牧如故四年齊將獨孤求業來寇詔憲與柱國李穆出宜陽築崇德等五城絶其糧道齊將斛律明月築壘洛南五年憲涉洛邀之明月遁走是歲明月又於汾北築城西至龍門晉公護問計於憲憲

曰兄宜暫出同州爲威容憲請以精兵居前隨機攻取六年憲率衆出自龍門齊將新蔡王康德潛軍宵遁憲乃度河攻其伏龍等四城二日盡拔又攻張壁克之斛律明月時在華谷弗能救乃北攻姚襄城陷之汾州又見圍日久憲追柱國宇文盛運粟饋之憲自入兩乳谷襲克齊伯杜城使柱國譚公會築石殿城以爲汾州之援齊平原王段孝先蘭陵王高長恭引兵大至大將軍韓歡爲齊人所乘遂退憲身自督戰齊衆稍却會日暮乃各收軍及晉公護誅武帝召憲入免冠拜謝帝謂曰汝親則同氣休戚共之事不相涉何煩致謝乃詔憲往護第收兵符及諸簿籍等

尋以憲爲大冢宰時帝既誅宰臣親覽朝政方欲齊之以刑爰及親親亦爲刻薄憲既爲護所任自天和後威勢漸隆護欲有所陳多令憲奏其閒或有可不憲慮主相嫌隙每曲而暢之帝亦悉其此心故得無患然猶以威名過重終不能平雖遷授冢宰實奪其權也開府裴文舉憲之侍讀帝嘗御內殿引見謂曰昔魏末不綱太祖匡輔元氏有周受命晉公復執威權積習生常便謂法應須爾豈有三十歲天子可爲人所制乎且近代以來又有一弊暫經隸屬便即禮若君臣此乃亂時權宜非經國之術爾雖陪侍齊公不得即同臣主且太祖十兒寧可悉爲天子卿宜規

以正道無令兄弟自致嫌疑文舉再拜而出歸以白憲憲指心撫几曰吾心公寧不悉但當盡忠竭節耳知復何言建德三年進爵爲王憲友劉休徵獻王箴一首憲美之休徵後又以箴上之帝方翦削諸弟甚悅其文憲嘗以兵書繁廣自刊爲要略五篇至是表陳之帝覽而稱善其秋帝於雲陽寢疾衛王直於京師舉兵帝召憲謂曰汝爲前軍吾亦續發直尋敗走帝至京師憲與趙王招俱入拜謝帝曰管蔡爲戮周公作輔人心不同有如其面但愧兄弟親尋干戈於我爲不能耳初直內忌憲憲隱而容之且以帝母弟每加友敬晉公護之誅也直固請及憲帝曰齊公心

迹吾自悉之不得更有所疑及文宣皇后崩直又密啓憲飲酒食肉與平昔不異帝曰吾與齊王異生俱非正嫡特爲吾意今袒括是同汝當媿之何論得失汝親太后之子但須自勗直乃止四年帝將東討獨與内史王誼謀之餘人莫知後以諸弟才略無出憲右遂告之憲卽贊成其事及大軍將出憲表上金寶等一十六件以助軍資詔不納以憲表示公卿曰人臣當如此朕貴其心耳寧資此物乃詔憲爲前軍趣黎陽帝親圍河陰未尅憲攻拔武濟進圍洛口拔其東西二城以帝疾班師是歲初置上柱國官以憲爲之五年大舉東討憲復爲前鋒守雀鼠谷帝親圍晉

州憲進克洪洞永安二城更圖進取齊主聞晉州見圍自來援之時陳王純頓千里徑大將軍永昌公椿屯雞棲原大將軍宇文盛守汾水關竝受憲節度憲密謂椿曰兵者詭道汝今爲營不須張幕可伐栢爲菴示有處所令兵去之後賊猶致疑時齊主分軍萬人向千里徑又令其衆出汾水關自率大兵與椿對宇文盛馳告急憲自救之齊人遽退盛與柱國侯莫陳芮逐之多有斬獲俄而椿告齊衆稍逼憲又救之會被敕追還率兵夜反齊人果謂栢菴爲帳幕不疑軍退翌日始悟時帝已去晉州留憲後拒憲阻水爲陣齊領軍段暢至橋憲隔水問暢姓名暢曰領軍段

暢也公復爲誰憲曰我虞候大都督耳暢曰觀公言語不是凡人何用隱名位憲乃曰我齊王也徧指陳王純已下竝以告之暢鞭馬去憲卽命旋軍齊人遽追之戈甲甚銳憲與開府宇文忻爲殿拒之斬其驍將賀蘭豹子山褥瓌等齊衆乃退帝又命憲援晉州齊主攻圍晉州帝次于高顯憲率所部先向晉州明日諸軍摠集稍逼城下齊人大陣於營南帝召憲馳往觀之憲反命曰請破之而後食帝悅旣而諸軍俱進應時大潰齊主遁走齊人復據高壁及洛女帝命憲攻洛女破之齊主已走鄴留其安德王延宗據并州帝進圍其城憲攻其西面尅之延宗遁走追而獲

之以功進封第二子安成公質爲河間王拜第三子賓爲大將軍仍詔憲趣鄴進尅鄴城憲善兵謀長於撫御摧鋒陷陣爲士卒先齊人聞風憚其勇略齊任城王湝廣寧王孝珩等守信都復詔憲討之仍令齊主手書招湝湝不納憲軍過趙州湝令間諜二人覘候騎執以白憲憲乃集齊舊將徧示之曰吾所爭者大不在汝等卽放還令充使乃與湝書憲至信都湝陳於城南登張耳冢望之俄而湝所署領軍尉相願僞出略陣遂降湝殺其妻子明日擒湝及孝珩等先是稽胡劉沒鐸自稱皇帝又詔憲督趙王招等平之憲自以威名日重潛思屛退及帝欲親征北蕃乃

辭以疾尋而帝崩宣帝嗣位以憲屬尊望重深忌之時尚
未葬諸王在內居服司衛長孫覽揔兵輔政恐諸王有異
志奏令開府于智察其動靜及山陵還帝又命智就宅候
憲因是告憲有謀帝遣小冢宰宇文孝伯謂憲曰今欲以
叔為太師九叔為太傅十一叔為太保何如憲辭以才輕
孝伯返命復來曰詔王晚共諸王俱入既至殿門憲獨被
引進帝先伏壯士於別室至即執之憲辭色不撓固自陳
說帝使于智對憲憲目光如炬與智相質或曰以王今日
事勢何用多言憲曰我位重屬尊一旦至此死生有命寧
復圖存但老母在堂恐留慈恨耳因擲笏於地乃縊之時

年四十帝以于智為柱國封齊國公又殺上大將軍安邑
公王興上開府獨孤熊開府豆盧紹等皆以昵於憲也帝
既誅憲無以為辭故託興等與憲結謀遂加戮焉時人知
其寃酷咸云伴憲死也憲所生達步干氏蠕蠕人也建德
三年上冊為齊國太妃憲有至性事母以孝聞太妃舊患
嬰經發動憲衣不解帶扶持左右憲或東西從役每心驚
母必有疾乃馳使參問果如所慮六子貴質賨貢乾禧乾洽
貴字乾福少聰敏尤便騎射始讀孝經便謂人曰讀此一
經足為立身之本十歲封安定郡公文帝始封此郡未嘗
假人至是封焉年十一從憲獵於鹽州一圍中手射野馬

及鹿一十有五建德二年拜齊國世子後出為豳州刺史
貴雖出自深宮而留心庶政性聰敏過目輒記嘗道逢二
人謂其左右曰此人是縣黨何因輒行左右不識貴便說
其姓名莫不嗟伏白獸烽經為商人所燒烽帥受貨不言
其罪他日此帥隨例來參貴乃問云商人燒烽何因私放
烽帥愕然遂即首伏其明察如此卒時年十七武帝甚痛
惜之質字乾祐以憲勳封河間郡王賨字乾禮中垻公貢
出後莒莊公乾禧安成公乾洽龍涸公並與憲俱被誅
趙僭王招字豆盧突幼聰穎博涉群書好屬文學庾信體
詞多輕艷魏恭帝三年封正平郡公武成初進封趙國公

歷益州揔管大司空大司馬進爵為王除雍州牧建德五
年從東伐以功進位上柱國又與齊王憲討平稽胡斬賊
帥劉沒鐸宣政中拜太師大象元年詔以洛州襄國郡邑
萬户為趙王國招出就國二年宣帝不豫徵招及陳越代
滕五王赴闕比招等至而帝已崩隋文帝輔政加招等殊
禮入朝不趨劒履上殿隋文帝將遷周鼎招密欲圖之以
臣社稷乃要隋文帝至第飲於寢室招子貟貫及妃弟魯
封所親人史冑皆先在左右佩刀而立又藏兵刃於帷席
間後院亦伏壯士隋文帝從者多在閤外惟楊弘元冑冑
弟威及陶徹坐户側招屢以佩刀割瓜啖隋文隋文未之

疑元胄覺變扣刀而入乃以大觴親飲胄酒又命胄向厨
取漿胄不爲之動滕王逌後至隋文降階迎胄因得耳語
曰公宜速出隋文共逌等就坐須臾辭出後事覺陷以謀
反其年伏誅招及其子德廣公貟永康王貫越公乾銑弟
乾鏗等國除招所著文集十卷
譙孝王儉字侯幼突武成初封譙國公建德三年進爲王
從平鄴拜大冢宰薨子乾惲嗣爲隋文帝所害國除
陳惑王純字堙智突武成初封陳國公保定中使突厥迎
皇后歷秦陝二州摠管建德三年進爵爲王從平齊進位
上柱國歷并州摠管雍州牧太傅大象元年詔以濟南郡

邑万户爲陳國純出就國二年朝京師并其子爲隋文帝
所害國除
越野王盛字立久突武成初封越國公建德三年進爵爲
王從平齊進位上柱國歷相州摠管大冢宰大象元年遷
大前疑太保其年詔以豐州武當安昌二郡邑萬户爲越
國盛出就國二年朝京師并其子爲隋文帝所害國除
代奰王達字度斤突性果決善騎射武成初封代國公建
德初進位柱國出爲荆州刺史有政績武帝手敕襃美之
所管禮州刺史蔡澤黷貨被訟達以其勳庸不可加戮若
曲法貸之又非奉上之體乃令所司精加案劾密表奏之

事竟得釋終亦不言其處事周慎如此雅好節儉食無兼
膳侍姬不過數四皆衣綈衣又未嘗營産國無儲積左右
嘗以爲言達曰君子憂道不憂貧何煩於此三年進爲王
從平齊齊淑妃馮氏尤爲齊後主所幸見獲帝以達不邇
聲色特以馮氏賜之宣帝即位進上柱國大象元年拜大
右弼其年詔以潞州上黨郡邑萬户爲代國達出就國二
年朝京師及其子爲隋文帝所害國除
冀康公通字屈率突武成初封冀國公薨子絢嗣建德三
年進爲王大定中亦爲隋文帝所害國除
滕聞王逌字爾固突少好經史解屬文武成初封滕國公

建德三年進爵爲王宣政元年進位上柱國大象元年詔
以荆州新野郡邑萬户爲滕國逌出就國二年朝京師爲
隋文帝所害并其子國除逌所著文章頗行於世
孝閔帝一男陸夫人生紀厲王康字乾安保定初封紀國
公建德三年進爵爲王出爲利州摠管康驕侈無度遂有
異謀司録裴融諫康殺之五年詔賜康死子湜嗣大定中
爲隋文帝所害國除
明帝三男徐妃生畢剌王賢後宮生酆王貞宋王實實出
後宋獻公震
畢剌王賢字乾陽保定四年封畢公建德三年進爵爲王

歷荆州摠管大司空大象初進上柱國雍州牧太師明年宣帝崩賢性強濟有威略慮隋文帝傾覆宗祏言泄幷其子被害國除

酆王貞字乾雅初封酆國公建德三年進爵爲王大象初爲大冢宰大定中幷其子爲隋文帝所害國除

武帝七男李皇后生宣帝漢王贊庫汗姬生秦王贄曹王允馮姬生道王充薛世婦生蔡王兊鄭姬生荆王元

漢王贊字乾依初封漢國公建德三年進爵爲王大象末隋文帝輔政欲順物情乃進贊位上柱國拜右大丞相外示尊崇實無所綜理轉太師尋及秦王贄曹王允道王充

蔡王兊荆王元竝爲隋文帝所害國除

宣帝三子朱皇后生靜皇帝王姬生萊王衎皇甫姬生郢王術衎及術竝大象二年封竝爲隋文帝所害國除

論曰昔賢之議者咸以周建五等歷載八百秦立郡縣二世而亡雖得失之迹可尋是非之理互起而因循莫變復古未聞良由著論者溺於貴遠司契者難於易業詳求適變之道竝未窮於至當也嘗試論之夫皇王迭興爲國之道匪一聖賢閒出立德之指殊塗斯豈故爲相反哉亦云爲政而已矣何則五等之制行於商周之前郡縣之設始於秦漢之後論時則澆淳理隔易地則用捨或殊譬猶干戚日用難以成垓下之業稷嗣所述不可施成周之朝是知因時制宜者爲政之上務也觀人立教者經國之長策也且夫裂封疆建侯伯擇賢能署牧守循名雖曰異軫責實抑亦同歸盛則與之共安衰則與之共患共安繫乎善惡非禮義無以敦風共患寄以存亡非甲兵不能靖亂是以齊晉帥禮鼎業傾而復振溫陶釋位王綱弛而更張然則周之列國非一姓也晉之群臣非一族也豈齊晉忠於列國溫陶賢於群臣哉蓋位重者易以立功權輕者難以盡節故也由斯言之建侯置守乃古今之異術兵權爵位蓋安危之所階乎周文之初定關右日不暇給旣以人臣

禮終未遑藩屏之事晉蕩輔政爰樹其黨宗室長幼竝據兵權雖海內謝隆平之風而國家有盤石之固矣武皇克翦芒刺思弘政術懲專朝之爲患忘維城之遠圖外崇寵任內結猜阻自是配天之基潛有朽壤之墟矣宣皇嗣位凶暴是崇芟刈先其本枝削黜徧於公族以齊王之奇姿傑出足可牢籠於前載慝周公之地居上將之重智勇冠俗攻戰如神敵國繫以存亡鼎命由其輕重屬道消之日挾震主之威斯人而嬰斯戮君子是以知國祚之不永也其餘雖地惟叔父親則同生文能輔主武能威敵莫不謝卿士於當年從侯服於下國號爲千乘位侔疋夫是以

權臣秉其機謀士因其隙遷龜鼎速於俯拾殲王侯烈於燎原悠悠遂古未聞玆酷豈非摧枯振朽易爲力乎向使宣皇擇姬劉之制覽聖哲之術分命賢戚布於內外料其輕重間以親踈首尾相持遠近爲用使其位足以扶危其權不能爲亂事業既定僥倖自息雖使卧赤子朝委裘社稷固以乂安億兆可以無患矣何后族之地而能窺其神器哉昔張耳陳餘賓客厮役所居皆取卿相而齊王之文武寮吏其後亦多台牧異代相符可謂賢矣哉

列傳第四十六　　北史五十八

列傳第四十七　　北史五十九

寇洛
趙貴 從祖兄善
李賢 子詢 崇 孫敏 弟遠 穆 穆子渾
梁禦 子睿

寇洛上谷昌平人也累世爲將吏父延壽魏和平中以良家子鎭武川因家焉洛性明辯不拘小節賀拔岳西征洛與岳鄉里乃募從入關以功封安鄉縣子及岳爲大行臺以洛爲右都督侯莫陳悅既害岳欲并其衆時初喪元帥洛於諸將中最爲舊齒素爲衆信乃收集將士志在復讎

既至原州衆推洛爲盟主統岳之衆至平涼周文帝至以洛爲右都督從討侯莫陳悅平之拜涇州刺史大統初詔加開府進爵京兆郡公封洛母宋爲襄城郡君四年鎭東雍州五年卒於鎭贈太尉尚書令謚曰武子和嗣明帝二年録舊勳以洛配享文帝廟庭賜和姓若引氏改封松陽郡公

趙貴字元寶天水南安人也祖仁以良家子鎭武川因家焉貴少有節槩尒朱榮以爲別將從討元顥有功賜爵燕樂縣子從賀拔岳平關中累遷大都督岳爲侯莫陳悅所害將吏奔敗莫有守者貴謂其黨曰吾聞仁義豈有常哉

行之則爲君子違之則爲小人朱伯厚王脩感意氣微恩尚能蹈履名節况吾等荷賀拔公國士之遇寧可自同衆人乎因涕泣歔欷從之者五十人乃詐悅詐降悅信之因請收葬岳言辭慷慨悅壯而許之貴乃收岳屍還營與冦洛等奔平涼共圖拒悅貴乃首議迎周文帝周文至以貴爲大都督領府司馬悅平行秦州事後以預立魏文帝勲進爵爲公梁企定𤰈亂河右以貴爲隴西行臺討破之從復弘農沙苑進爵中山郡公河橋之戰貴與怡峯爲左軍戰不利先還及高仲密以北豫州降周文迎之與東魏人戰於芒山貴爲左軍失律坐免官尋復官爵後拜柱國大

將軍賜姓乙弗氏六官建爲太保大宗伯改封南陽郡公周孝閔帝踐阼遷大冢宰進封楚國公邑萬户初貴與獨孤信等皆與文帝等夷及晉公護攝政貴自以元勲每懷怏怏與信謀殺護爲開府宇文盛告被誅

善字僧慶貴之從祖兄也少好學美容儀沉毅有遠量尒朱天光討邢杲万俟醜奴以爲長史普泰初爲大行臺尚書封山北縣伯天光拒齊神武於韓陵敗見殺善請收葬其屍齊神武義而許之賀拔岳捴關中迎善復以爲長史岳爲侯莫陳悅所殺善共諸將翊戴周文帝魏孝武西遷改封襄城縣伯歷位尚書左右僕射進爵爲公善性温恭有器局雖位居端右而愈自謙退其職務克舉則曰某官之力有罪責則曰善之咎也時人稱其有公輔量大統九年從戰芒山屬大軍不利善爲敵所獲卒於東魏建德初周齊通好齊人乃歸其柩其子詢表請贈謚詔贈大將軍大都督四州諸軍事岐州刺史謚曰敬

李賢字賢和自云隴西成紀人漢騎都尉陵之後也陵没匈奴子孫因居北狄後隨魏南遷復歸汧隴曾祖富魏太武時以子都督討兩山屠各殁於陣贈寧西將軍隴西郡守大統末以賢兄弟著勲追贈司空公賢幼有志節不妄舉動嘗出遊逢一老人鬢眉皓白謂曰我年八十觀士多

矣未有如卿卿必爲台牧努力勉之九歲從師受業略觀大指而已或譏其不精荅曰賢豈能領徒授業至如忠孝之道實銘於心問者慙服十四遭父憂撫訓諸弟友愛甚篤魏永安中万俟醜奴據岐涇等州反孝莊遣尒朱光擊破之光令都督長孫邪利行原州事以賢爲主簿累遷高平令賀拔岳爲侯莫陳悅所害周文帝西征賢與其弟遠穆等密應侯莫陳崇以功授都督仍守原州及大軍至秦州悅棄城走周文命兄子導追之以賢爲先鋒至牽屯山及之以功授假節撫軍將軍大都督魏孝武西遷周文令賢率騎迎衛封上邽縣公俄授左大都督還鎮原州大統

二年州人豆盧狼害都督大野樹兒等據州城反賢率敢死士一戰敗之狼斬關遁走賢追斬之八年授原州刺史周文之奉魏太子西廵至原州遂幸賢第讓齒而坐行鄉飲酒禮後帝復至原州令賢乘路車備儀服以諸侯會遇禮相見然後幸賢第歡宴終日凡是親族頒賜有差恭帝元年進爵西河郡公後以弟子植被誅賢坐除名保定二年詔復賢官爵仍授瓜州刺史武帝及齊王憲之在襁褓不利居宫中周文令於賢家處之六載乃還宫因賜賢妻吴姓宇文氏養為姪女賜與甚厚及武帝西廵原州幸賢第詔曰朕昔沖幼爰寓此州使持節驃騎大將軍開府儀

同三司大都督瓜州諸軍事瓜州刺史賢斯土良家勳德兼著受委居朕輔導積年念其規弼功勞甚茂今廵撫居此不殊代邑舉目依然益增舊想賢雖無屬籍朕處之若親凡厥昆季乃至子姪等可並預宴賜於是令中侍上士尉遲愷往瓜州降璽書勞賢賜衣一襲及被褥并御所服十三環金帶一要中廄馬一疋金裝鞍勒雜綵五百段銀錢一萬賜賢弟申國公穆亦如之子姪男女中外諸孫三十四人各賜衣一襲拜賢甥厙狄樂為儀同賢門生昔經侍奉者二人授大都督四人授帥都督六人別將奴已免賤者五人授軍主未免賤者十二人酬替放之四年王師東討西道空虛虜羌渾侵擾乃授賢河州總管河州舊非總管至是創置賢乃大營屯田以省運漕多設斥候以備寇戎於是羌渾歛迹五年宕昌寇邊乃於洮州置總管府以鎮遏之遂廢河州總管改授賢洮州總管屬羌寇侵擾賢頻破之虜遂震懾不敢犯塞俄廢洮州總管還於河州置總管府復以賢為之武帝思賢舊恩徵拜大將軍於京師薨帝親臨哀動左右贈使持節柱國大將軍大都督十州諸軍事原州刺史謚曰桓子端嗣端位開府儀同三司從平齊戰沒贈上大將軍追封襄陽公謚曰果端弟吉儀同三司吉弟孝軌開府儀同大將軍升遷縣伯後封奇

章公孝軌弟詢

詢字孝詢深沉有大略頗涉書記仕周累遷司衛上士武帝幸雲陽宫委以留府事衛王直作亂焚肅章門詢於内益火故賊不得入武帝善之累遷英果中大夫畫以軍功加位大將軍賜爵平高郡公隋文帝為丞相尉遲迥作亂遣韋孝寬擊之以詢為元帥長史委以心膂軍至永橋諸將不一詢密啓請重臣監護文帝令高熲監軍與熲同心唯詢而已及迥平進位上柱國改封隴西郡公開皇初歷位隰州總管以疾徵還京師卒帝悼惜者久之謚曰襄子元方嗣

詢弟崇字永隆英果有籌筭膽力過人周元年以父賢勳封迴樂縣侯時年尚小拜爵日親族相賀崇獨泣下賢問之對曰無勳於國幼少封侯當報主恩不得終於孝養是以悲耳賢由此大奇之起家州主簿非其好也辭不就職求爲將兵都督隨宇文護伐齊以功最授儀同三司歷位少侍伯大夫少承御大夫攝太子宮正周武平齊引參謀議以勳加授開府封襄陽縣公尋改封廣宗縣公隋文帝爲丞相加授上開府儀同大將軍懷州刺史進爵郡公尉遲迥反遣使招之崇初欲相應後知叔父穆以并州附文帝慨然太息曰合家富貴數十人遇國有難竟不能扶傾

繼絶何面目處天地間乎韋孝寬亦疑之與俱臥起其兄詢時爲元帥長史每諷諭之崇由是亦歸心焉及迥平授徐州總管進位上柱國開皇三年除幽州總管突厥犯塞崇輙破之奚霫契丹等懾其威略爭來內附後突厥大爲侵掠崇率步騎三千拒之轉戰十餘日師人多死遂保于沙城突厥圍之死亡略盡突厥降之謂曰降者封爲特勤崇知不免令其士卒曰吾喪師徒罪當萬死今効命以謝國家看吾死且可降賊方便散走還見至尊道此意也乃挺刃突賊復殺二人沒於陣贈六州諸軍事豫州刺史謚曰壯子敏嗣

敏字樹生文帝以其父死王事養於宮中及長襲爵廣宗公起家左千牛美姿容善騎射工歌儛弦管開皇初周宣帝后樂平公主有女娥英妙擇婚對敕貴公子弟集弘聖宮者日以百數公主選取敏禮儀如尚帝女後將侍宴公主謂敏曰我以天下與至尊唯一女夫當爲汝求柱國若授餘官慎無謝及進見上上親御琵琶遣敏歌舞大悅謂公主曰敏何官對曰一白丁耳謂敏曰今授儀同敏不荅上曰不滿爾意耶今授開府又不謝上曰公主有大功於我我何得向其女壻惜官今授柱國敏廼拜而蹈舞遂於坐發詔授柱國以本官宿衛後避煬帝諱改封經城縣

公歷豳金華岐數州刺史多不莅職常留京師往來宮內侍從遊宴賞賜超於功臣大業初轉衛尉卿樂平公主將薨遺言於煬帝曰妾唯一女不自憂死深憐之湯沐乞迴與敏帝從之竟食五千戶攝屯衛將軍楊玄感反後城關大興敏之策也轉將作監從征高麗領新城道軍加光祿大夫十年帝復征遼東遣敏黎陽督運時或言敏一名洪兒帝疑洪字當讖嘗面告之冀其引決敏由是大懼數與金才善衡等屏人私語宇文述知而奏之竟與渾同誅其妻宇文氏尋亦賜鴆而終賢弟遠

遠字萬歲幼有器局嘗與群兒爲戰鬬戲指麾便有軍陣

之法郡守見而異之召使更戲群兒散走遠持杖叱之復爲向陣意氣雄壯殆甚於前郡守曰此小兒必爲將帥非常人也及長涉獵書傳魏正光末天下鼎沸敕勒賊胡琛侵逼原州遠昆季率勵鄉人欲圖拒守而衆情頗有異同遠乃按劒喻以節義因曰有異同遠議者請斬之衆懼乃聽命相與盟歃深壁自守無援城陷其徒多被害唯遠兄弟並爲人所匿得免遠乃使賢晦迹和光潛身間行入朝求援魏朝嘉之授武騎常侍俄轉別將及尒朱天光西伐配遠精兵爲鄉導天光欽遠才望除爲長城郡守後以應侯莫陳崇功遷高平郡守周文見而悅之令居麾下及魏

孝武西遷封安定縣伯魏文帝嗣位之始思享遐年以遠字可嘉令扶帝升殿進爵爲公仍領左右從征竇泰復弘農並有殊勳授都督原州刺史周文謂遠曰孤有卿若身之有臂本州之榮乃私事尒遂令遠兄賢代行州事沙苑之役遠功居最進爵陽平郡公尋除大丞相府司馬參軍國機務時河東初復人情未安周文以河東爲國之要乃領授河東郡守遠敦獎風俗勸課農桑肅遏姦非兼脩守禦之備曾未期月百姓懷之周文降書勞問徵爲侍中遷太子少師東魏北豫州刺史高仲密請舉州來附周文以仲密所據遼遠難爲應接諸將皆憚此行遠曰北豫遠在

賊境高歡又屯兵河陽常理而論寔難救援但不入獸穴不得獸子若以奇兵出其不意事或可濟脫有利鈍故是兵家之常如其顧望不行便無克定之日周文喜曰李萬歲所言差強人意乃授行臺尚書前驅東出周文率大軍繼進遠乃潛師而往拔仲密以歸仍從周文戰於芒山時大軍不利遠獨整所部爲殿尋授都督義州弘農等二十一郡諸軍事遠善撫馭有幹略戰守之備無不精銳每厚撫境外之人使爲間諜敵中動靜必先知之至有事泄被誅亦不以爲悔嘗獵於莎柵見石於叢薄中以爲伏兔射之鏃入寸餘視之乃石周文聞而異之賜書曰昔李將軍

親有此事公今復爾可謂世載其德矣東魏將段孝先趣宜陽以送糧爲名實有窺窬之意遠密知其計遣兵襲破之孝先遁走周文賜所乘馬及金帶牀帳衣被等并綵二千匹拜大將軍頃之除尚書左僕射固辭周文不許遠不得已方拜職周文又以第十一子代王達令遠子之其見親待如此時周文嫡嗣未建明帝居長已有成德孝閔處嫡年尚幼冲乃謂群公曰孤欲立子以嫡恐大司馬有疑大司馬即獨孤信明帝敬后父也衆未有答遠曰立子以嫡不以長略陽公爲嗣公何疑焉若以信爲嫌請即斬信便起拔劒周文亦起曰何事至此信又自陳說遠乃止於

是群公並從遠議遠出外拜謝信曰臨大事不得不爾信亦謝遠曰今日賴公決此大議六官建授小司寇周孝閔帝踐祚進位柱國大將軍復鎮弘農遠子植文帝時已爲相府司錄參掌朝政及晉公護執權密欲誅護頗泄護乃出植爲梁州刺史尋而廢帝召遠及植還朝遠恐有變沉吟良久乃曰大丈夫寧爲忠鬼安能作叛臣乎遂就徵至京師護以遠功名素重猶欲全宥之謂曰公兒遂有異謀可早爲之所乃以植付遠遠素愛植植又有口辯云初無此謀遠信之詰朝將植謁護護謂植已死乃曰陽平公何意自來左右云植亦在門外護大怒曰陽平公不信我矣

召入命遠同坐令帝與植相質於遠前植辭窮謂帝曰本爲此謀欲安社稷利至尊耳今日至此何事云云遠聞之自投於牀曰若爾誠合萬死於是護乃害植并逼遠自殺建德元年晉公護誅贈本官加太保謚曰忠隋開皇初追贈上柱國改謚曰懷植及諸弟並加贈謚植弟基字仲和幼有聲譽美容儀善談論涉獵群書尤工騎射周文令尚義歸公主以父勳封建安縣公累遷大都督進爵清河郡公及魏廢帝即位之後猜隙彌深時周文諸子年皆幼冲章武公導中山公護復東西作鎮唯託意諸壻以爲心膂基與義城公李暉常山公于翼等俱爲武衛將軍分掌禁

旅魏帝深憚之故密謀遂泄魏恭帝即位進爵敦煌郡公尋進位驃騎大將軍開府儀同三司拜陽平國世子六官建授御正中大夫周孝閔帝踐祚出爲淅州刺史尋爲兄植合坐死以王壻又爲季父穆所請得免武成二年除江州刺史既被譴謫常憂憤不得志保定元年卒於位穆尤所鍾愛每哭輒悲慟謂所親曰好兒捨我去門戶豈是欲興宣政元年追贈使持節上開府儀同大將軍曹徐譙三州刺史敦煌郡公謚曰孝子威嗣威字安人又改襲遠爵陽平郡公加上開府大象末進至柱國封公賢弟穆

穆字顯慶少明敏有度量文帝入關便給事左右深被親

遇穆亦小心謹肅未嘗懈怠及侯莫陳悅害賀拔岳周文自夏州赴難而悅黨史歸據原州猶爲悅守周文令侯莫陳崇襲之穆時先在城中與兄賢遠應崇遂禽歸以功授都督從迎魏孝武封永平縣子又領鄉兵禽竇泰復弘農並有戰功沙苑之捷穆言歡今日已喪膽矣請速逐之則歡可禽也周文不聽論前後功進爵爲公芒山之戰周文馬中流矢驚逸墜地敵人追及左右皆散穆下馬以策擊周文背因大罵曰籠東軍士爾曹主何在爾獨住此敵人見其輕侮不疑是貴人遂捨而過穆以馬授周文遂俱逸是日微穆周文已不濟矣既而與穆相對而泣自是恩眄

更隆顧左右曰成我事者其此人乎擢授武衛將軍儀同
三司進封安武郡公前後賞賜不可勝計周文歎其忠節
曰人所貴唯命穆遂輕命濟孤爵位玉帛未足爲報乃特
賜鐵券恕以十死進驃騎大將軍開府儀同三司侍中初
芒山之敗穆授周文驄馬後中廐有此色者悉以賜之又
賜穆嗣子惇安樂郡公姊一人爲郡君自餘姊妹並爲縣
君兄弟子姪及緦麻已上親幷舅氏皆霑厚賜其褒崇如
此從解玉壁圍拜安定國中尉歷同州刺史太僕卿從于
謹平江陵以功別封一子長城縣侯尋進位大將軍賜姓
拓拔氏又擊曲沔蠻破之俄除原州刺史拜世子惇爲儀

北史列傳四十七　十二

同三司以賢子爲平高郡守遠子爲平高縣令並加鼓吹
穆自以叔姪一家三人皆牧宰鄉里恩遇過隆固辭不拜
周文不許後入爲雍州刺史兼小冢宰周孝閔帝踐祚又
封一子爲升遷縣伯穆請迴授賢子孝軌許之及兄子植
謀害宇文護被誅穆亦坐除名先是穆知植非保家主每
勸遠除之遠不能用及遠臨刑泣謂穆曰顯慶吾不用汝
言以至此將柰何穆以此獲免及其子弟亦免官時植弟
基當從坐戮穆求以子惇怡等代死辭理酸切聞者莫不
動容護矜之遂特免基死明帝即位拜驃騎大將軍開府
儀同三司大都督復爵安武郡公拜直州刺史武成中子

弟免官爵者悉復之累遷大司空天和二年進封申國公
舊爵迴授一子建德元年遷太保尋出爲原州總管四年
武帝東征令穆別攻軹關及河北諸縣並破之後以帝疾
班師棄而不守六年進位上柱國除并州總管時東夏初
平人情尚擾穆靖以鎮守百姓懷之大象元年加邑至九
千戶遷大左輔總管如舊二年詔加太傅仍總管及隋文
作相尉遲迥舉兵遣使招穆穆鎖其使上其書穆子士榮
以穆所居天下精兵處陰勸穆應之穆弗聽曰周德既衰
愚智共悉天時若此豈能違天乃遣使謁隋文帝幷上十
三環金帶蓋天子服也以微申其意時迥子誼爲朔州刺

北史列傳四十七　十三

史亦執送京師迥令其署行臺韓長業攻陷潞州執刺史
趙威署城人郭子勝爲刺史穆遣兵討獲子勝文帝嘉之
以穆勞同破鄴城第一勳加三轉聽分授其二子榮才及
賢子孝軌榮及才並儀同大將軍孝軌進開府儀同大將
軍又別封子雄爲容國公穆又密表勸進文帝既受禪詔
曰公既舊德且又父黨敬惠來旨便以今月十三日恭膺
天命俄而穆來朝文帝降座禮之拜太師贊拜不名眞食
成安縣三千戶穆子孫雖在襁褓悉拜儀同其一門執象
笏者百餘人貴盛當時無比穆上表乞骸骨詔曰公年既
耆舊筋力難煩今勒所司敬蠲朝集如有大事須共謀謨

別遣侍臣就第詢訪時太史奏當有移都事帝以初受命
甚難之穆乃上表極言宜移都之便帝素嫌臺城制度迮
小又宮內多鬼袄蘇威嘗勸遷上不納遇太史奏狀意乃
惑之至是省穆表帝曰天道聰明已有徵應太師人望復
抗此請則可矣遂從之歲餘下詔穆自今已後雖有愆罪
但非謀逆縱有百死終不推問開皇六年薨時年七十七
遺令以不得陪駕岱宗爲恨詔遣黃門侍郎監護喪事贈
十州諸軍事冀州刺史諡曰明賜以石槨前後部羽葆鼓
吹轀輬車百寮送之郭外詔太常卿牛弘齎哀冊文祭以
太牢長子惇字士獻周文帝令功臣長子並與略陽遊處
惇於輦流中特被引接每有遐方服翫珍奇無不班賜封
安樂郡公位驃騎大將軍開府儀同三司鳳州刺史先穆
卒子筠襲祖爵惇弟怡位儀同三司贈渭州刺史怡弟雅
少有識量仕周以軍功封西安縣男位荊州總管開皇初
進爵爲公雅弟恒位鹽州刺史封曲陽侯恒弟榮位合州
刺史長城縣公榮弟直位車騎將軍歸政縣侯直弟雄位
柱國驃騎將軍密國公雄弟渾仁壽初筠忽憢嗇遣兄子
善衡賊之求盜不得文帝大怒盡追其親族初筠與從父
弟瞿曇有隙渾遂證瞿曇殺之而善衡獲免筠死帝議立
嗣郕公蘇威奏筠不軌請絕其封帝不許乃以渾嗣

渾字金才姿貌瓌偉美鬚髯起家左侍上士尉遲迥反於
鄴時穆在幷州隋文帝甚慮迥遣渾乘驛詣穆穆遽令渾
入京奉熨斗曰願執柄以慰天下也文帝大悅又遣渾詣
韋孝寬所而述穆意會鄴平以功授上儀同三司封武安
郡公開皇中晉王廣出藩渾以驃騎將軍領親信從往揚
州及筠死渾規欲紹之謂妻兄太子左衛率宇文述曰若
得襲封當以國賦之半每歲相奉述因入白皇太子奏文
帝竟詔渾襲申公以奉穆嗣大業六年追改穆封爲郕公
渾仍襲焉累加光祿大夫遷右驍騎衛大將軍渾既紹父
業日增豪侈二歲後不以奉物分述述大恚因醉謂其友
人于象賢曰我竟爲金才所賣死且不忘渾聞之由是結
隙及帝討遼東有方士安伽陁謂帝曰李氏應爲天子宜
盡誅天下李姓述知之因搆渾於帝曰臣與金才夙親聞
其數與李敏善衡等日夜屏語或終夕不寢渾大臣也家
世隆盛身捉禁兵不宜然帝曰卿可覓其事述乃遣武賁
郎將裴仁基表告渾反即日遣述掩其家遣左丞元文都
御史大夫裴蘊雜推之數日不得反狀帝更遣述推述入
獄中召出敏妻宇文氏謂曰夫人帝甥也何患無賢夫李
敏金才名當袄讖夫人當自求全因教言金才嘗告敏云
汝應圖籙當爲天子今主上好兵勞擾百姓此亦天亡隋

時也若復度遼吾與汝必爲大將軍每軍二萬餘兵固以五萬人矣又發諸旁子姪內外親姻竝募從征吾家子弟決爲主帥分領兵馬散在諸軍吾與汝前發襲取御營子弟嚮赴一日之間天下定矣述口自傳授令敏妻寫表封云上密述持入奏云已得金才反狀并有敏妻密表帝覽之泣曰吾宗社幾傾賴親家公而獲全耳於是誅渾敏等自餘無少長皆徙嶺表

梁御字善通其先安定人也後因官北邊遂家於武川改姓紇豆陵氏高祖俟力提從魏太武征討位揚武將軍定陽侯御少好學進趣詳雅及長更好弓馬尒朱天光西討

知御有志略引爲左右共平關隴除益州刺史第一領人酋長封白水縣侯從賀拔岳鎮長安及岳被害御與諸將同謀翊戴周文帝周文既平秦隴欲引兵東下雍州刺史賈顯持兩端通使於齊神武周文知其意以御爲大都督雍州刺史領前軍先行及與顯相見因說顯顯郎出迎周文御遂入鎮雍州大統元年進爵信都縣公授尚書右僕射從周文復弘農破沙苑加侍中開府儀同三司進爵廣平郡公出爲東雍州刺史爲政舉大綱而已人庶稱之薨於州臨終唯以國步未康爲恨言不及家贈太尉尚書令雍州刺史諡曰武昭子睿

睿字恃德少沉敏有行檢周文帝時以功臣子養宮中後命與諸子遊處七歲襲爵廣平郡公累加儀同三司本州大中正開府改封五龍郡公渭州刺史周閔帝受禪徵爲御伯出爲中州刺史鎮新安以備齊齊人來寇睿輒挫之帝甚嘉歎拜大將軍以御佐命功進爵蔣國公入爲司會後從齊王憲拒齊將斛律明月於洛陽每戰有功遷小冢宰歷敷州刺史涼安二州總管俱有惠政進位柱國隋文帝總百揆代王謙爲益州總管行至漢川西謙反攻始州睿不得進文帝命睿爲行軍元帥率軍總管于義張威達奚長儒梁昇石孝義步騎二十萬討之謙遣開府李三王

守通谷睿使張威擊破之進至龍門謙將趙儼秦會擁衆十萬據嶮爲營周亘三十里睿令將士銜枚出自閒道四面奮擊力戰破之遂鼓行而進謙將敬豪守劒閣梁巖拒平林竝懼而來降謙又命高阿那瓌達奚惎等以盛兵攻利州聞睿將至惎分兵據開遠睿遣上開府託拔宗趣劒閣大將軍宇文曼指巴西大將軍趙達水軍入嘉陵遣張威王倫賀若震于義韓相貴阿那惠等分道攻惎自午及申破之惎奔歸于謙睿逼成都謙令達奚惎乙弗虔守城親帥精兵五万背城結陳睿擊敗之謙將入城惎虔以城降謙將麾下三十騎遁走新都令王寶執之睿斬謙于市

劒南悉平進位上柱國摠管如故賜物五千段奴婢一千口金二千兩銀三千兩邑千戶睿時威振西州夷獠歸附唯南寧首帥爨震恃遠不賓睿上疏曰南寧州漢牂柯之地近代已來分置興古雲南建寧朱提四郡戶口殷衆金寶富饒二河有駿馬明珠益寧出鹽井犀角晉太始七年以益州曠遠分置寧州至僞梁南寧州刺史徐文盛被湘東徵赴荆州屬東夏尚阻未遑遠略土人爨瓚遂竊據一方國家遥授刺史其子震相承至今而震臣禮多虧貢賦不入如聞彼人苦其苛政思被皇風幸因平蜀士衆不煩重興師狎獠既紈郎請略定南寧文帝深納之然以天下

初定恐人心不安故未之許後竟遣史萬歲討平之竝因睿之策也睿威惠兼著人夷悅服聲望逾重文帝陰憚之薛道衡從軍在蜀說睿勸進文帝大悅及受禪顧待彌隆睿後上平陳策帝善之下詔曰昔公孫隗囂漢之賊也光武與其通和稱爲皇帝尉他之於高祖初猶不臣孫皓之答晉文書尚云白或尋款服或即滅亡王者體大義存遵養雖陳國來朝未盡藩節如公大略誠須責罪尚欲且緩其誅宜如此意淮海未滅必興師旅若命水襲終當相屈以身許國無足致辭也睿乃止睿時見突厥方強恐爲邊患復陳鎮守之策十餘事帝嘉歎久之答以厚意睿時自

以周代舊臣久居重鎮內不自安屢請入朝於是徵還京師及引見上爲之興命睿升殿握手極歡睿退謂所親曰功遂身退今其時也遂謝病闔門自守不交當時帝賜以板輿每有朝覲必令三衛輿上殿睿初平王謙之始自以威名太盛恐爲時所忌遂大受金賄以自穢由是勳簿多不以實詣朝堂稱屈者前後百數人上令有司案驗其事主者多獲罪睿懼上表陳謝請歸大理上慰喻遣之十五年從至洛陽而卒謚曰襄子洋嗣歷位嵩徐二州刺史武賁郎將大業六年詔追改睿封爲戴公命以洋襲焉

論曰賀拔岳變起倉卒侯莫陳悅意在兼并于時人有離

心士無固志寇洛撫循散亂抗禦仇讎全師而還敵人絕覬覦之望度德而歸霸王建臣合之謀趙貴居二關之險周室定二分之功彼此一時其功固不細也李賢和兄弟屬亂離之際居戎馬之間志略從橫忠勇奮發頻摧勍敵屢涉艱危及逢時遇主策名委質荷生成之恩蒙國士之遇俱縻好爵各著勳庸遂得任兼文武聲彰出內位高望重光國榮家跗蕚連暉聯椒繁衍冠冕之盛當時莫與比焉自周迄隋鬱爲西京盛族雖金張在漢不之尚也然而周文始崩嗣君沖幼內則功臣放命外則強寇臨邊晉公以猶子之親膺負圖之託遂能撫寧家國開翦異端革魏

興周遠安邇悅功勤已著過惡未彰李植受遇先朝宿參機務慮威權之去己懼將來之不容生此厲階成茲貝錦乃以小謀大由疏間親主無昭帝之明臣有上官之訴嫌隙既兆釁故因之啓冢宰無君之心成閔帝廢弑之禍植之由也李遠闕義方之訓又無先見之明以至誅夷非爲不幸梁禦豫奉興王參謀締構驅馳畢力夷險備嘗雖遠志未申亦云遇其時矣穆及梁睿皆周室功臣晴文王業初基俱受腹心之寄故穆首登師傅睿終膺殊寵觀其見機而動抑亦人之先覺然方魏朝之貞烈有愧王淩比晉室之忠臣終慙徐廣穆之子孫特爲隆盛朱輪華轂凡數十人見忌當時禍難遄及得之非道可不戒歟

列傳第四十七　北史五十九

列傳第四十八　北史六十

李弼　曾孫密

宇文貴　子忻　愷

侯莫陳崇　子穎　崇兄順

王雄　子謙

李弼字景和隴西成紀人六世祖振慕容垂黃門郎父永魏太中大夫贈涼州刺史弼少有大志膂力過人屬魏亂謂所親曰大丈夫生世會須履鋒刃平寇難以取功名安能碌碌依階以求仕初爲別將從尒朱天光西討破赤水蜀以功封石門縣伯又與賀拔岳討万俟醜奴万俟道洛王慶雲皆破之賊咸畏之曰莫當李將軍前也及天光赴洛弼隸侯莫陳悅征討屢有尅捷及悅害賀拔岳周文帝自平涼討悅弼陳悅令解兵謝之悅惶惑計無所出弼知悅必敗周文帝至悅乃棄秦州南出據險以自固是日弼密通於周文許背悅至夜弼乃勒所部云悅欲向秦州命皆裝束弼妻悅之姨也時爲悅所親委衆咸信之人皆散走弼慰輯之遂擁以歸周文悅由此敗周文謂曰公與吾同心天下不足平也大統初進位驃騎大將軍開府儀同三司從平竇泰斬獲居多周文以所乘騅馬及泰所著牟甲賜弼又從平弘農與齊神武戰於沙苑弼軍爲敵所乘

弼將其麾下九十騎横截之賊分爲二因大破之以功進
爵趙郡公四年從周文東討洛陽弼爲前驅東魏將莫多
婁貸文率衆至穀城弼倍道而前進軍士鼓譟曳柴揚塵
貸文以爲大軍至遂走弼追斬貸文傳首大軍翌日又從
周文與齊神武戰河橋身被七創遂爲所獲陽隕絕於地
睨其傍有馬因躍上得免歷位司空太保柱國大將軍廢
帝元年賜姓徒何氏六官建拜太傅大司徒及晉公護執
政朝之大事皆與于謹及弼等參議周孝閔帝踐阼除太
師進封趙國公邑萬户前後賞賜鉅萬弼每征討朝受命
夕便引路略不問私事亦未嘗宿於家兼性沈雅有深識

故能以功名終薨於位明帝即舉哀比葬三臨其喪發卒
穿冢給大路龍旂陳軍至墓謚曰武尋追封魏國公配食
文帝廟庭子曜居長以次子暉尚文帝女義安長公主故
遂以爲嗣暉初賜爵義城郡公嘗卧疾朞年文帝憂之賜
錢一千萬供其藥石之費魏恭帝二年加驃騎大將軍開
府儀同三司出爲岐州刺史從文帝西巡率公卿子弟别
爲一軍後襲趙國公改襲魏國公天和六年進位柱國建
德元年出爲梁州總管時犾蓬二州生獠積年侵暴至州
綏撫並來歸附璽書勞之暉弟衍字拔豆少專武藝慨慷
有志略仕周爲義州刺史封真鄉公王謙作亂以行軍總

管從梁睿擊平之進上大將軍隋開皇元年以行軍總管
討平叛蠻進位柱國後拜安州總管以疾還京卒子仲威
嗣衍弟綸最知名有文武才用以功臣子少居顯職位至
司會中大夫開府儀同三司封河陽郡公爲聘齊使主卒
子長雅嗣尚隋文帝女襄國公主位内史侍郎河州刺史
檢校秦州總管綸弟晏開府儀同三司趙郡公從平齊殁
并州子憬以晏死王事即襲其官爵曜既不得嗣朝廷以
弼功重封曜邢國公位開府子寬幹略過人自周及隋數
經將領位柱國蒲山郡公號爲名將弼弟檦字靈傑長不
盈五尺性果決有膽氣魏永安元年以兼别將從尒朱榮

破元顥榮誅隨尒朱兆入洛及魏孝武西遷檦從都督元
斌之與齊神武戰敗遂與斌之奔梁後得逃歸進封晉陽
縣子尋爲周文帝帳内都督從復弘農破沙苑檦時跨馬
運矛衝堅陷陣隱身鞍甲之中敵人見之皆避此小兒不
知檦之形貌正自如此周文初亦聞檦驍悍未見其能至
是方嗟歎之謂曰但問膽決如何何必要須八尺之軀也
以功進爵爲公武成初從豆盧寧征稽胡進爵汝南郡公
出爲總管延綏丹三州諸軍事延州刺史卒官無子以弼
子椿嗣位開府儀同大將軍右宫伯改封河東郡公
密字法主蒲山公寬之子也才兼文武志氣雄遠少襲爵

蒲山公養客禮賢無所愛吝與楊玄感爲刎頸交後更折
節耽學尤好兵書誦皆在口師事國子助教包愷受史記
漢書愷門徒皆出其下大業初授親衛大都督以疾歸及
玄感有逆謀召密令與弟玄挺赴黎陽以爲謀主密進三
計曰今天子遠在遼外公長驅入薊直扼其喉前有高麗
退無歸路不戰而禽此計上也又關中四塞衛文昇不足
爲意今率衆務早入西萬全之勢此計中也若隨近先向
東都以引歲月此計之下也玄感曰公下計乃上策矣今
百官家口並在東都若不取之安能動物且經城不拔何
以示威密計不行玄感既至東都自謂功在朝夕及獲韋

福嗣既非同謀設籌皆持兩端玄感後使作檄文固辭不
肯密揣知其情請斬之玄感不從密退謂所親曰楚公好
反而不欲勝吾屬今爲虜矣後玄感將西入福嗣竟亡歸
東都時李雄勸玄感速稱尊號玄感以問密密以爲不可
玄感笑而止及宇文述來護等軍且至玄感謂密計將安
出密曰元弘嗣統強兵於隴右今可揚言其反遣使迎公
因此入關可得紿衆玄感遂用密謀號令西至陝縣圍弘
農不拔西至閿鄉追兵至玄感敗密間行入關與玄感從
叔詢相隨匿馮翊詢妻家爲鄰人告被捕與其黨俱送
帝所在途與其衆謀逃其徒多金密令出示使者曰吾等

死日此金留付公幸用相瘞其餘即皆報德使者利金遂
相許及出關密每夜宴飲行次邯鄲夜宿村中密等七人
皆穿墻而遁與王仲伯亡抵平原賊帥郝孝德孝德不甚
禮之備遭饑饉削樹皮而食之仲伯潛歸天水密詣淮陽
舍於村中變姓名稱劉智遠聚徒教授經數月鬱鬱不得
志爲五言詩詩成泣下數行時人有怪之以告太守趙他
下縣捕之密亡抵其妹夫雍丘令丘君明君明從子懷義
後告之密得遁去君明竟坐死密投東郡賊帥翟讓乃因
王伯當以策干讓遣說諸小賊所至輒降讓始敬焉召與
計事密以兵衆無糧勸讓直趣滎陽休兵館穀然後爭利

讓從之乃掠下滎陽太守郇王慶及通守張須陁以兵討
讓讓數爲須陁敗將遠避之密勸讓列陣以待密以奇兵
掩擊大破之斬須陁於陣讓於是令密建牙別統所部復
說讓以鄭清天下爲事令掩據興洛倉發粟以振窮乏於
是與讓以義寧元年春出陽城北踰方山自羅口襲興洛
倉破之開倉振百姓越王侗遣武賁郎將劉長恭討密密
城洛口周回四十里以居之讓上密號爲魏公設壇場即
位稱元年以房彥藻爲左長史邴元眞爲右長史楊德方
爲左司馬鄭德韜爲右司馬拜讓爲司徒封東郡公長白
山賊孟讓掠東郡燒豐都市而歸密攻下鞏縣獲縣長柴

孝和拜爲護軍武賁郎將裴仁基以武牢歸密密因遣仁基與孟讓襲破回洛倉據之俄而德韜德方俱死復以鄭頲爲左司馬鄭虔象爲右司馬柴孝和說密令裴仁基守回洛翟讓據洛口身率精銳西襲長安不然他人我先密曰此誠上策然我之所部並山東人既見未下洛陽恐不肯西入孝和請行間觀隙乃與數十騎至陝縣賊歸之者萬餘人密時兵鋒甚銳每入苑與官軍連戰會密爲流矢所中卧於營內東都出兵擊之密衆大潰棄回洛倉歸洛口孝和之衆聞密敗各分散而去孝和輕騎歸密煬帝遣王世充率江淮勁卒五萬討密敗之孝和溺洛水死密甚

傷之世充營於洛西與密相拒百餘日武陽郡丞元寶藏黎陽賊帥李文相洹水賊帥張昇清河賊帥趙君德平原賊帥郝孝德並歸密共襲破黎陽倉據之周法明舉江黃之地以附密齊郡賊帥徐圓朗任城大俠徐師仁淮陽太守趙佗等前後款附以千百數翟讓所部王儒信勸讓爲太宰總衆務以奪密權兄寬復謂讓曰天子止可自作安得與人汝若不作我當爲之密聞惡之會讓拒世充軍退數百步密與單雄信等赴之世充敗走讓欲乘勝破其營會日暮固止之明日讓與數百人至密所欲爲宴樂其所將左右各就食諸門並設備讓不覺密引讓入坐令讓射

引滿將發密遣壯士蔡建自後斬之遂殺其兄寬及儒信等從者亦有死焉讓部將徐世勣爲亂兵所斫中重創密止之僅得免雄信等皆叩頭求哀密並釋而慰之於是詣讓營遣王伯當邴元真單雄信等告以殺讓意令世勣雄信伯當分統其衆世充夜襲倉城密拒破之斬武賁郎將費青奴世充復營洛北於洛水構浮橋悉衆擊密密拒之不利而退世充因薄其城下密擊之大潰爭橋橋陷溺水者數萬人武賁郎將楊威王辯霍世舉劉長恭梁德重董智通等皆沒于陣世充僅而獲免不敢還東都遂走河陽其夜大雪餘衆死亡殆盡密乃修金墉故城居之衆三十

餘萬攻上春門留守韋津出戰被執其黨勸密即尊號密不許及義士圍東都密出軍爭之交綏而退俄而宇文化及弒逆自江都北指黎陽密拒之會越王侗稱尊號遣使授密太尉尚書令東南道大行臺行軍元帥魏國公令先平化及然後入朝輔政化及至黎陽徐世勣守倉城不下密共化及隔水語密數之曰卿本匈奴皁隸破野頭耳父兄弟皆受隋恩豈容躬行殺虐今若速來歸義尚可全後嗣化及默然俯仰良久乃瞋目大言曰共你論相殺事何須作書傳雅語密謂從者曰化及庸懦如此忽欲圖帝王吾當折杖驅之知其糧且盡因僞與之和化及大喜恣

其兵食冀密饋之會密下有人獲罪亡投之具言密情化及大怒又食盡廼與密戰于童山下自辰達酉密中流矢頓於汲縣化及掠汲郡北趣魏縣以輜重留於東郡遣其刑部尚書王軌守之軌以郡降密以軌為滑州總管密引兵而西遣記室參軍李儉朝于東都執弒帝人于弘達以獻越王侗侗以儉為司農少卿使召密入朝密至溫縣聞世充已殺元文都盧楚等乃歸金墉城世充既擅權乃厚賜將士時密兵少衣世充乏食乃請交易邴元真等各求私利遽勸密密許焉初東都絕糧人歸密者日有數百至此得食降人益少密悔而止密雖據倉無府庫兵數戰不賞又厚撫初附兵於是衆心漸怨時邴元真守洛口倉性貪鄙宇文溫每謂密曰不殺元真公難未已密不答而元真知之謀叛楊慶聞而告密密因疑焉會世充悉衆來戰密留王伯當守金墉自就偃師北阻芒山以待之世充令數百騎度御河密遣裴行儼等逆之會日暮行儼孫長樂程齩金等驍將十數人皆重創密甚惡之世充夜潛濟詰朝而陣密方覺之狼狽出戰敗績馳向洛口世充夜圍偃師守將鄭頲為其部下翻城而降世充密將入洛口倉城元真已遣人引世充密陰知之不發其事欲待世充兵半度洛水然後擊之密候騎不時覺比將出戰世充軍悉已濟密引騎而遁元真以城降世充密衆漸離將如黎陽人或曰殺翟讓之際徐世勣幾死其心安可保密乃止時王伯當棄金墉城保河陽密自武牢濟歸之謂曰久苦諸君我今自刎以謝衆衆皆泣莫能仰視密復曰諸君幸不相棄當共歸關中密身雖愧無功諸君必保富貴其府掾柳燮曰明公與長安宗族有疇昔之遇雖不陪起義然阻東都斷隋歸路使唐國不戰而得京師此公之功也衆咸曰然密遂歸朝封邢國公拜光祿卿尋奉使出關安撫至熊州而逃叛見殺

宇文貴字永貴其先昌黎大棘人也徙居夏州父莫豆干保定中以貴勳追贈柱國大將軍少傅夏州刺史安平郡公貴母初孕貴夢老人抱一子授之曰賜爾是子俾壽且貴及生形類所夢故以永貴字之貴少從師受學嘗輟書歎曰男兒當提劒汗馬以取公侯何能為博士也魏正光末破六韓拔陵圍夏州刺史源子雍嬰城固守以貴為統軍後從尒朱榮禽葛榮於滏口加別將又從元天穆平邢杲轉都督元顥入洛貴率鄉兵從尒朱榮有功封革融縣侯除郢州刺史入為武衛將軍關內大都督從魏孝武西遷進爵化政郡公貴善騎射有將帥才周文帝又以宗室甚親委之大統初與獨孤信入洛陽東魏潁州長史賀若

統據潁川來降東魏遣將堯雄趙育是云寶率衆二萬攻潁川貴自洛陽率步騎二千救之軍次陽翟雄等去潁川四十里東魏行臺任祥又率衆四萬將與雄合諸將咸以彼衆我寡不可爭鋒貴曰若賀若一陷吾輩坐此何爲遂入潁川雄等稍進貴率千人背城爲陣與雄合戰貴馬中流矢乃短兵步鬪雄大敗輕走趙育於是降任祥聞雄敗遂不敢進貴乘勝逼祥敗之是云寶亦降師還魏文帝在天游園以金巵置侯上令公卿射中者即賜之貴一發而中帝笑曰由基之妙正當爾耳進侍中驃騎大將軍開府儀同三司十六年遷中外府左長史進位大將軍宕昌王

梁彌定爲宗人獠甘所逐來奔又有羌酋傍乞鐵怱因梁企定反後據有渠株川擁隸數千家與渭州人鄭五醜同反周文令貴與豆盧寧討之貴等禽斬鐵怱及五醜寧文別擊獠甘破之乃納彌定并於渠株川置岷州朝廷重功遂於栗坂立碑以紀其績廢帝三年詔貴代尉遲迥鎮蜀時隆州人開府李光易反於鹽亭攻圍隆州而隆州人李拓亦聚衆反開府張道應之貴乃命開府叱奴興牧隆州又令開府成亞擊拓及道降之並送京師除益州刺史未就拜小司徒先是蜀人多劫盜貴乃召任俠傑健者署爲游軍二十四部令其督捕由是頗息周孝閔帝踐阼進位柱國拜御正中大夫武成初與賀蘭祥討吐谷渾軍還進封許國公邑萬戶舊爵回封一子遷大司空行小冢宰歷大司徒遷太保貴好音樂耽弈棊留連不倦然好施愛士時人頗以此稱之保定末使突厥迎皇后天和二年還至張掖薨贈太傅謚曰穆子善嗣善弘厚有武藝大象末位上柱國封許國公隋文帝受禪遇之甚厚拜其子顗上儀同及善弟愷誅並廢于家善未幾卒顗大業中位司農少卿後沒李密善弟忻

忻字仲樂幼而敏慧爲童兒時與群輩戲輒爲部伍進止行列無不用命者年十二能左右馳射驍捷若飛恒謂所

親曰自古名將唯以韓白衛霍爲美談吾察其行事未足多尚使與僕並時不令豎子獨擅高名年十八從周齊王憲討突厥以功拜儀同三司賜爵興固縣公韋孝寬以忻驍勇請與鎮玉壁以戰功加開府進爵化政郡公從武帝攻拔晉州齊後主親總兵六軍憚之欲旋忻諫曰以陛下之聖武乘敵人之荒縱何往而不尅若齊人更得令主君臣協力未易平也帝從之乃戰遂大尅及帝攻陷并州先勝後敗帝爲賊所窘挺身而遁諸將多勸帝還忻勃然曰破城士卒輕敵微有不利何足爲懷今破竹形已成奈何棄之而去帝納其言明日復戰拔晉陽齊平進位大將軍

桑與烏丸執破陳將吳明徹於呂梁進位柱國除豫州摠管隋文帝龍潛時與忻情好甚協及為丞相恩顧彌隆尉遲迥作亂以忻為行軍摠管隋韋孝寬擊之時兵屯河陽帝令高熲馳驛監軍與熲密謀進取者唯忻而已迥遣子惇盛兵武陟忻擊走之進臨相州迥遣精甲三千伏野馬岡忻以五百騎襲之斬獲略盡進至草橋迥又拒守忻以奇兵破之直趣鄴下迥背城結陣大戰官軍不利時鄴城士庶觀戰者數萬人忻謂左右曰事急矣吾當以權道破之於是射觀者走之轉相騰藉聲如雷霆忻乃傳呼曰賊敗矣衆復振齊力急擊之迥軍大敗及平鄴以功遷上柱

國文帝謂曰尉遲迥傾山東之衆連百萬之師公舉無遺算策無全陣誠天下英傑也進封英國公自是每參帷幄出入卧内禪代之際忻有力焉後拜左領軍大將軍寵顧彌重忻解兵法馭戎齊整當時六軍有一善事雖非忻建在下輒相謂曰此必英公法也其見推服如此後改封杞國公上嘗欲令忻擊突厥高熲曰忻有異志不可委以大兵乃止忻既佐命功臣頻經將領甚有威名上由是微忌之以譴去官與梁士彥昵狎數相往來士彥時亦怨望陰圖不軌忻謂士彥曰帝王豈有常乎相扶即是公於蒲州起事我必從征兩陣相當然後連結天下可圖也謀泄伏

誅家口籍沒忻弟愷愷字安樂在周以功臣子年三歲賜爵雙泉伯七歲進封安平公愷多有器局諸兄並以弓馬自達愷獨好學博覽書記解文多伎藝爲名公子累遷御正中大夫儀同三司隋文帝爲丞相加上開府匠師中大夫及踐阼誅宇文氏愷亦將見殺以與周本別又兄忻有功故見赦後拜營宗廟副監太子左庶子廟成別封甑山縣公及遷都上以愷有巧思詔領營新都副監高熲雖摠大綱凡所規畫皆出於愷及決渭水達河以通運漕詔愷摠督其事後拜萊州刺史甚有能名坐兄忻誅除名於家久不得調會朝廷以魯班故道久絕不行令愷脩之既而

上建仁壽宮右僕射楊素言愷有巧思於是檢校將作大匠歲餘拜仁壽宮監授儀同三司尋爲將作少監文獻皇后崩愷與楊素營山陵上善之復爵安平郡公煬帝即位遷都洛陽以愷爲營東都副監尋遷將作大匠愷揣帝心在宏侈於是東都制度窮極壯麗帝大悅進位開府拜工部尚書及長城之役詔愷規度之時帝北巡欲誇戎狄令愷爲大帳其下坐數千人帝大悅賜物千段又造觀風行殿上容衛者數百人離合爲之下施輪軸推移倏忽有若神功戎狄見之莫不驚駭帝彌悅前後賞賜不可勝紀是時將復古制明堂議者皆不能決愷博考群籍爲明堂圖

樣奏之又以張衡渾象用三分爲一度裴秀輿地以一寸爲千里臣之此圖以一分爲一尺推而演之又引于時議者或以綺井爲重屋或以圓楣爲隆棟將爲臆說事不經見今録其疑難爲之通釋皆出證據以相發明爲議曰臣愷謹按淮南子曰昔者神農之御天下也甘雨以時五穀蕃植春生夏長秋收冬藏月省時考終歲獻貢以時嘗穀祀于明堂明堂之制有蓋而無四方風雨不能襲燥濕不能傷遷延而入之臣愷以爲上古朴略剏立典刑尚書帝命驗曰帝者承天立五府以尊天重象赤曰文祖黄曰神斗白曰顯紀黑曰玄矩蒼曰靈府注云唐虞之天府夏之

世室殷之重屋周之明堂皆同矣尸子曰有虞氏曰總章周官考工記曰夏后氏世室堂脩二七博四脩一注云脩南北之深也夏度以步今堂脩十四步其博益以四分脩之一則堂博十七步半也臣愷案三王之世夏最爲古從質尚文理應漸就寬大何因夏室乃大殷堂相形爲論理恐不爾記云堂脩二七博四脩一若夏度以步則應脩七步注云今堂脩十四步乃是增益記文殷周二堂獨無加字便是義類例不同山東禮本輒加二七之字何得殷無加尋之文周闕增筵之義研窮其趣或是不然讎校古書竝無二字此乃桑間俗儒信情加減黄圖議云夏后氏益

其堂之大百四十四尺周人明堂以爲兩杼間馬宮之言止論堂之一面據此爲準則三代堂基竝方得爲上圓之制諸書所說竝爲下方鄭注周官獨爲此義非直與古違異亦乃乖背禮文尋文求理深恐未愜尸子曰殷人陽館考工記曰殷人重屋堂脩七尋堂崇三尺四阿重屋注云其脩七尋五丈六尺放周夏則其博九尋七丈二尺又曰周人明堂度九尺之筵東西九筵南北七筵堂崇一筵五室凡室二筵禮記明堂位曰天子之廟複廟重檐鄭注云複廟重屋也注王藻云天子廟及路寢皆如明堂制禮圖云於内室之上起通天之觀觀八十一尺得宮之數其聲

濁君之象也大戴禮曰明堂者古有之凡九室室有四户八牖以茅蓋上圓下方外水曰璧雍赤綴户白綴牖堂高三尺東西九仞南北七筵其宮方三百步凡人疾六畜疫五穀災生於天道不順天道不順生於明堂不飾故有天災則飾明堂周書曰明堂方百一十二尺高四尺階博六尺三寸室居内方百尺室内方六十尺高八尺博四尺作洛曰明堂太廟路寢咸有四阿重亢重廊孔氏注云重亢累棟重廊累屋禮圖曰秦明堂九室十二階各有所居呂氏春秋曰有十二堂與月令同竝不論尺丈臣愷案十二階雖不與禮合一月一階非無理思黄圖曰堂方百四十

四尺坤之策也方象地屋圓楣徑二百一十六尺乾之策也圓象天室九宮法九州太室方六丈法陰之變數十二堂法十二月三十六户法極陰之變數七十二牖法五行所得日數八達象八風法八卦通天臺徑九尺法乾以九覆六高八十一尺法黃鍾九九之數二十八柱象二十八宿堂高三尺土階三等法三統堂四向五色法四時五行殿門去殿七十二步法五行所行門堂長四丈取太室三之二垣高無蔽目之照牖六尺其外倍之殿垣方在水內法地陰也水四周於外象四海圓法陽也水闊二十四丈應二十四氣水內徑三丈應觀禮經武帝元封二年立明

堂汶上無室其外略依此制泰山通義今亡不可得而辨也元始四年八月起明堂辟雍長安城南門制度如儀一殿垣四面門八觀水外周堤壤高四方和會築作三旬五年正月六日辛未始郊太祖高皇帝以配天二十二日丁亥宗祀孝文皇帝於明堂以配上帝及先賢百辟卿士有益者於是秩而祭之親扶三老五更袒而割牲跪而進之因班時令宣恩澤諸侯宗室四夷君長匈奴西國侍子悉奉貢助祭禮圖曰建武三十年作明堂堂上圓下方圓法天方法地十二堂法日辰九室法九州八窗象八風八九七十二法一時之王室有二户二九十八户法土王十八

日內堂正壇高三尺土階三等胡伯始注漢官云古清廟蓋以茅今蓋以瓦瓦下藉茅以存古制東京賦曰乃營三宮布政頒常複廟重屋八達九房造舟清池惟水泱泱薛綜注云複重廟覆謂屋平覆重棟也續漢書祭祀志曰明帝永平二年祀五帝於明堂五帝坐各處其方黃帝在未皆如南郊之位光武位在青帝之南少退西南各一犢奏樂如南郊臣愷案詩云我將祀文王於明堂也我將我享維羊維牛據此則備大牢之祭今云一犢恐與古殊自晉以前未有鴟尾其門墻壁水一依本圖晉起居注裴頠議曰尊祖配天其義明著廟宇之制理據未分直可爲一殿

以崇嚴祀其餘雜碎一皆除之臣愷案天垂象聖人則之辟雍之星既有圖狀晉堂方構不合天文既闕重樓又無璧水空堂乖五室之義直殿違九階之文非古欺天一何過甚後魏於北臺城南造圓墻在璧水外門在水內迥立不與墻相連其堂上九室三三相重不依古制室間通巷違舛處多其室皆用墼累極成褊陋後魏樂志曰孝昌二年立明堂議者或言九室或言五室詔斷從五室後元乂執政復改爲九室遭亂不成宋起居注曰孝武大明五年立明堂其墻宇規範擬則太廟唯十二間以應朞數依漢汶上圖儀設五帝位太祖文皇帝對饗鼎俎簠簋一依廟

禮梁武即位之後移宋時太極殿以爲明堂無室十二間禮疑議云祭用純漆俎瓦樽文於郊質於廟止一獻用清酒平陳之後臣得目觀遂量步數記其尺丈猶見焚燒殘柱毀破之餘入地一丈儼然如舊柱下以樟木爲跗長丈餘闊四尺許兩兩相並凡安數重宮城處所乃在郭內雖湫隘卑陋未合規摹但祖宗之靈得崇嚴祀周齊二代闕而不修大饗之典於焉靡託自古明堂圖唯有二本一是宗周劉熙阮諶劉昌宗等作三圖略同一是後漢建武三十年作禮圖有本不詳撰人臣遠尋經傳傍求子史研究衆說總撰今圖其樣以木爲之下爲方堂堂有五室上爲

圓觀觀有四門帝可其奏會遼東之役事不果行以度遼之功進位金紫光祿大夫其年卒官帝甚惜之謚曰康撰東都圖記二十卷明堂圖議二卷釋疑一卷見行於世長子儒童游騎尉少子溫起部承務郎

侯莫陳崇字尚樂代武川人也其先魏之別部居庫斛眞水祖元以良家子鎮武川代因家焉父興殿中將軍羽林監後以崇著勳追贈柱國太保清河郡公崇少驍勇善馳射謹慤少言年十五隨賀拔岳與尒朱榮征葛榮後從岳入關破赤水蜀又從岳力戰破万俟醜奴崇與輕騎逐北至涇州長坑及之賊未成列崇單騎入賊中於馬上生禽醜奴遂大破之封臨涇縣侯及岳爲侯莫陳悅所害崇與諸將同謀迎周文帝文帝至軍原州刺史史歸猶爲悅守周文遣崇襲歸直到城下即據城門時李遠兄弟在城內先知崇來中外鼓譟伏兵悉起遂禽歸斬之以崇行原州事仍從平悅別封廣武縣伯累遷儀同三司改封彭城郡公從禽竇泰復弘農破沙苑戰河橋又別討平稽胡累戰皆有功進位柱國大將軍六官建拜大司空周孝閔踐阼進封梁國公加太保歷大宗伯大司徒保定三年從武帝幸原州時帝夜還京師竊怪其故崇謂所親人常昇曰吾比日聞卜筮者晉公今年不利車駕今忽夜還不過是晉

公死耳於是皆傳之或有發其事者帝集諸公卿於大德殿責崇崇惶懼謝罪其夜護遣使將兵就崇宅逼令自殺葬禮如常儀謚曰躁護誅改謚曰莊閔子芮嗣位柱國從武帝東伐率衆守太行道并州平授上柱國仍從平鄴拜大司馬隋文大業初以譴詔流配嶺南芮弟穎

穎字遵道少有器量風神警發爲時輩所推魏大統末以父軍功賜爵廣平侯累遷開府儀同三司周武帝時從滕王逌擊龍泉文城叛胡穎與柱國豆盧勣分路而進穎懸軍五百餘里破其三柵先是稽胡叛亂輒略邊人爲奴婢至是詔胡有厭匿良人者誅籍沒其妻子有人言爲胡村

所隱匿者勳將誅之頵曰將在外君命有所不行諸胡固非悉反但相迫脅爲亂今慰撫自可不戰而定如即誅之轉相驚恐爲難不細未若召其渠帥以隱匿者付之令自歸首則群胡可安勳從之諸胡爭降附北土以安還司武加振威中大夫隋文帝受禪加上開府進爵昇平郡公平陳之役以行軍總管從秦王俊出魯山道與行軍總管段文振度江安集歸附再遷瀛州刺史甚有惠政後坐與秦王俊交通免官百姓送者莫不流涕因相與立碑頌頵清德後拜邢州刺史仁壽中吏部尚書牛弘持節巡撫山東以頵爲第一上優詔褒揚時朝廷以嶺南刺史縣令多貪

鄙蠻夷怨叛妙簡清吏於是徵頵入朝上與言及平生以爲歡笑即日進位大將軍拜桂州總管十七州諸軍事及至官大崇恩信人夷悅服煬帝即位頵兄梁國公芮坐事徙邊朝廷恐頵不自安徵還京師後拜恒山太守其年嶺南閩越多不附帝以頵前在桂州有惠政爲南方所信伏拜南海太守卒官謚曰定子處會最知名

崇兄順少豪俠有志度初事尒朱榮爲統軍普泰元年封木縣子後從魏孝武入關順與周文帝同里閈素相友善且崇先在關中周文見之甚歡進爵彭城郡公及梁企定圍逼河州以順爲大都督與趙貴討破之即行河州事大統四年魏文帝東討順與太尉王盟僕射周惠達等留鎮長安時趙青雀反盟及惠達奉魏太子出次渭北順於渭橋與賊戰頻破之魏文帝還執順手曰渭橋之戰卿有殊力便解所服金鏤玉梁帶賜之南岐州氐羌符安壽率部落一千家款附時順弟崇又封彭城郡公遂改封順河間郡公六年加驃騎大將軍開府儀同三司行西夏州事改封平原郡公周孝閔帝踐阼拜少師進位柱國其年薨崇弟瓊歷位荊州總管上柱國封脩武郡公瓊弟凱以軍功賜爵下蔡縣男崇以平原原州功賜爵靈武縣侯詔聽轉授凱孝閔踐阼進位開府儀同三司進爵爲公天和中

爲司會中大夫建德二年爲聘齊使主

王雄字雄胡布頭太原人也父崘以雄著勳追贈柱國大將軍少傅安康郡公雄儀貌魁梧少有謀略魏末從賀拔岳入關除金紫光祿大夫孝武西遷封臨貞縣伯大統中進爵武威郡公累遷大將軍行同州事恭帝元年賜姓可頻氏周孝閔帝踐阼授少傅進位柱國大將軍武成初進封庸國公邑萬户出爲涇州總管保定四年從晉公護東征至芒山與齊將斛律明月戰退走左右皆散矢又盡唯餘一奴一矢在焉雄案䂍不及明月者丈餘曰惜爾不得殺但生將爾見天子明月反射雄中額抱馬走至營薨贈

使持節太保同華等二十州諸軍事同州刺史謚曰忠子
謙
謙字敕萬性恭謹無他才能以父功封安樂縣伯保定二
年父雄封庸國公以武威郡公回封謙安樂伯回封第三
第震雄死朝議以謙父殞行陣特加殊寵授柱國大將軍
襲爵庸國公建德五年武帝東征謙力戰進位上柱國六
年授益州總管十八州諸軍事及宣帝崩隋文帝輔政以
梁睿爲益州總管時謙使司録賀若昂奉表詣闕昂還具
陳京師事謙以父子受國恩將圖匡復遂舉兵署置官司
總管長史乙弗虔益州刺史達奚惎勸謙馮險觀變隆州
刺史高阿那肱爲謙畫三策曰公親率精鋭直指散關蜀
人知公有勤王之節必當各思效命此上策也出兵梁漢
以顧望天下此中策也坐守劍南發兵自衞此下策也謙
參用其中下之策梁睿未至大劍謙先遣兵鎭始州隋文
帝即以睿爲行軍元帥便發利鳳文秦成諸州兵討之謙
所署柱國達奚惎高阿那肱大將軍乙弗虔楊安任峻侯
俞景爲等衆號十萬盡鋭攻利州總管楚國公豆盧勣拒
戰將四旬惎等諸軍聞睿將至衆遂潰謙所署大將軍符
子英攻巴州又爲刺史呂珍所破睿乘其敝縱兵深入惎
虔密遣使詣睿請爲內應以贖罪謙不知其虔之反己也

並令守成都謙先無籌略且所任用多非其才及聞睿兵
奄至惶懼計無所出乃自率衆逆戰又以惎虔之子爲左
右軍行數十里左右軍皆叛謙奔新都縣令王寶執而斬
之傳首京師惎虔以成都降隋文帝以惎虔首謀令殺之
於蜀市餘衆並散阿那肱尋亦被誅

論曰李弼懷佐時之略逢興運之期締構艱難綢繆顧遇
方面宣其庸績帷幄盡其謀猷非唯攀附成名抑亦材謀
自取屬遭風雲之會奮其鱗翼思封函谷將割鴻溝朞月
之間衆數十萬威行萬里聲動四方雖事屈興王運乖天
眷而雄名克振何其壯歟然志性輕狡終致傾覆固其宜
也宇文貴負將帥之材蘊剛鋭之氣遭逢喪亂險阻備嘗
自致高位亦云美矣忻武藝之風名高一代及晚節遇禍
雖鳥盡弓藏然亦器盈斯斃矣戮非爲不幸愷學藝兼該
思理通贍規矩之妙參蹤班爾當時制度咸取則焉其起
仁壽宮營建洛邑要求時幸窮侈極麗使文皇失德煬帝
亡身危亂之源抑亦由此至於考覽書傳定明堂圖雖意
過其通有足觀者侯莫陳崇以勇悍之氣逢戰爭之秋輕
騎啓高平之扉近馬得長坑之俊以宏材遠略附鳳攀龍
茂績元勳位居上衮而識慙明哲遂以凶終惜哉王雄身
參佐命謙寵列山河及投袂勤王志匡社稷雖忠君之効

朱宣與夫懷祿圖存者異也初魏孝莊帝以尒朱榮有翊戴之功拜榮柱國大將軍位在丞相上榮敗後此官遂廢大統三年魏文帝復以周文帝建中興之業始命爲之其後功參佐命望實俱重者亦居此職自大統十六年已前任者凡有八人周帝位摠百揆都督中外軍事魏廣陵王欣元氏懿戚從容禁闥而已此外六人各督二大將軍分掌禁旅當爪牙禦侮之寄當時榮盛莫與爲比故今之稱門閥者咸推八柱國家今并十二大將軍録之於左使持節太尉柱國大將軍大都督尚書左僕射隴右行臺少師隴西郡開國公李諱使持節太傅柱國大將軍大宗師大

司徒廣陵王元欣使持節柱國大將軍大都督大宗伯趙郡開國公李弼使持節柱國大將軍大都督大司馬河內郡開國公獨孤信使持節柱國大將軍大都督大司寇南陽郡開國公趙貴使持節柱國大將軍大都督大司空常山郡開國公于謹使持節柱國大將軍大都督少傅彭城郡開國公侯莫陳崇與周文帝爲八柱國使持節大將軍大都督少保廣平王元贊使持節大將軍大都督淮安王元育使持節大將軍大都督齊王元廓使持節大將軍大都督平原郡開國公侯莫陳順使持節大將軍大都督七州諸軍事秦州刺史章武郡開國公宇文導使持節大將軍大都督雍州諸軍事雍州刺史高陽郡開國公達奚武使持節大將軍大都督陽平郡開國公李遠使持節大將軍大都督范陽郡開國公豆盧寧使持節大將軍大都督化政郡開國公宇文貴使持節大將軍大都督荆州諸軍事荆州刺史博陵郡開國公賀蘭祥使持節大將軍大都督陳留郡開國公楊忠使持節大將軍大都督岐州諸軍事岐州刺史武威郡開國公王雄是爲十二大將軍每大將軍督二開府凡爲二十四員分團統領是二十四軍每一團儀同二人自相督率不編戶貫都十二大將軍十五日上則門欄陛戟警晝巡夜十五日下則教旗習戰無他

賦役每兵唯辦弓刀一具月簡閱之甲槊戈弩並資官給自大統十六年以前十二大將軍外念賢及王思政亦拜大將軍然賢作牧隴右思政出鎮河南並不在領兵之限此後功臣位至柱國及大將軍者衆矣不限此秩無所統御六柱國十二大將軍之後有以位次嗣掌其事者而德望素在諸公之下並不得預於此例

列傳第四十八　北史六十

王盟 子勱 孫誼

獨孤信 子羅

竇熾 子恭定 兄子毅

賀蘭祥

叱列伏龜

閻慶 子毗

史寧 子雄 祥

權景宣

王盟字仵明德皇后之兄也其先樂浪人六世祖波前燕

太宰祖珍魏黄門侍郎贈并州刺史樂浪公父罷伏波將軍以良家子鎮武川因家焉魏正光中破六韓拔陵攻陷諸鎮盟亦爲其所擁拔陵平後流寓中山復以積射將軍從蕭寶寅西征寶寅僭逆盟遂逃匿人間及爾朱天光入關盟從之隨賀拔岳禽万俟醜奴平秦隴常先登力戰及周文帝平侯莫陳悅除盟原州刺史孝武至長安封魏昌縣公大統三年徵拜司空轉司徒迎文帝悼后於蠕蠕加侍中遷太尉魏文帝東征以留後大都督行雍州事節度關中諸軍趙青雀之亂盟與開府李諱輔太子出頓渭北事平進長樂郡公賜姓拓跋氏遷太保九年進位太傅加開府儀同三司盟姿度弘雅仁而汎愛雖居師傅禮冠群后而謙恭自處未嘗以勢位驕人魏文帝甚尊重之及疾數幸其第親問所欲十一年薨贈本官謚曰孝定

子勱字醜興性忠果有材幹年十七從周文帝入關及平秦隴定關中周文常謂曰爲將坐見成敗者上也被堅執銳者次也勱曰意欲兼被之周文大笑尋拜散騎常侍賜爵梁南縣公大統初爲千牛備身直長領左右出入卧内小心謹厚魏文帝常曰王勱可謂不二心臣也沙苑之役勱以都督領禁兵居左翼當其前者死傷甚衆勱亦被傷重遂卒於行間周文深悼焉贈使持節太尉

尚書令十州諸軍事雍州刺史追封咸陽郡公謚曰忠武子弼襲爵尚魏安樂公主位大都督通直散騎常侍勱弟懋字小興盟之西征也以懋尚幼留在山東永安中始入關與盟相見遂從征伐大統初賜爵安平縣子後進爵爲公累遷右衛將軍于時疆埸交兵未申喪紀服齊斬者並墨縗從事及盟薨懋上表辭位乞終喪制魏文帝不許累遷開府儀同三司侍中左衛將軍領軍將軍懋溫和小心敬慎宿衛宮禁十有餘年勤恪當官未嘗有過廢帝二年除南岐州刺史賜爵安寧郡公後拜小司寇卒於官子悅嗣位大將軍同州刺史改封濟南郡公盟兄子顯幼而

敏悟沉靜少言初爲周文帳內都督累遷驃騎大將軍開府儀同三司光祿卿鳳州刺史賜爵洛邑縣公進位大將軍卒子誼

誼字宜君少有大志便弓馬博覽群言周閔帝時爲左中侍上士時大冢宰宇文護執政帝拱默無所關預有朝士於帝側微不恭誼勃然而進將擊之其人惶懼請罪乃止自是朝臣無敢不肅遷御正大夫父艱毀瘠過禮廬於墓側負土成墳武帝即位累遷內史大夫封楊國公從帝伐齊至并州帝既入城反爲齊人所敗左右多死誼率麾下驍雄赴之齊平自相州刺史徵爲大內史汾州稽胡亂誼擊

之帝弟越王盛譙王儉雖爲總管並受誼節度賊平封一子開國公帝臨崩謂皇太子曰王誼社稷臣宜處以機密不須遠任皇太子即位是爲宣帝憚誼剛正出爲襄州總管及隋文帝爲丞相鄖州總管司馬消難舉兵反帝以誼爲行軍元帥討之未至而消難奔陳于時北至商洛南拒江淮東西二千餘里巴蠻多叛共推渠帥蘭洛州爲主洛州自號河南王以附消難北連尉遲迥誼分兵討之旬月皆平帝遣使勞問冠蓋不絕以第五女妻其子奉孝尋拜大司徒誼自以與帝有舊亦歸心焉及隋受禪顧遇彌厚帝親幸其第與之極歡太常卿蘇威議以爲戶口滋多人田不贍欲減功臣之地以給人誼奏曰百官者歷世勳賢方蒙爵土一旦削之未見其可帝以爲然竟寢威議帝將幸岐州誼諫曰陛下初臨萬國人情未洽何用此行上戲之曰吾昔與公位望齊等一朝屈節爲臣或當恥愧是行也振揚威武欲以服公心耳誼笑而退尋奉使突厥帝嘉其稱旨進郢國公未幾其子奉孝卒踰年誼上表言公主少請除服御史大夫楊素劾誼曰臣聞喪服有五親踈異節喪制有四降殺殊文王者之所常行故曰不易之道也而儀同王奉孝既尚蘭陵公主以去年五月身喪始經一周而誼便請除釋竊以雖曰王姬終成下嫁之禮

公則主之猶在移天之義況復三年之喪自上達下及朞釋服在禮未詳然夫婦之則人倫攸始喪紀之制人道至大苟不重之取笑君子故鑽燧改火責以居喪之速朝祥暮歌譏以忘哀之早然誼雖不自彊爵位已重欲爲無禮其可得乎乃薄俗傷教爲父則不慈輕禮易喪致婦於無義若縱而不正恐傷風俗有詔不問然恩禮稍薄誼頗怨望或告誼謀反帝令案其事主者奏誼有不遜之言實無反狀帝賜酒而釋之時上柱國元諧亦頗失意誼數與往來言論醜惡胡僧告之公卿奏誼大逆不道罪當死帝見誼愴然曰朕與公舊同學甚相憐愍將奈國法何於是

詔曰誼有周之世早預人倫朕共遊庠序遂相親好然性懷儉薄巫覡盈門鬼言怪語稱神道聖朕受命之初深存戒約口云改悔心實不悛乃說四天王神道誼應受命書有誼讖天有誼星桃鹿二川岐州之下歲在辰巳興帝王之業審令卜問伺殿省之災又說其身是明王聖主信用左道所在詿誤自言相表當王不疑此而赦之將或爲亂禁暴除惡宜伏國刑帝復令大理正趙綽謂誼曰時命如此將若之何乃賜死於家時年四十六

獨孤信雲中人也本名如願魏初有四十六部其先伏留屯者爲部落大人與魏俱起祖俟尼和平中以良家子自雲中鎭武川因家焉父庫者爲領人酋長少雄豪有節義北州咸敬服之信美容儀善騎射正光末與賀拔度等同斬衛可瓌由是知名後爲葛榮所獲信既少年自脩飾服章軍中號爲獨孤郎及爾朱氏破葛榮以信爲別將從征韓婁信匹馬挑戰禽賊漁陽王表賜周後以破元顥黨賜爵受德縣侯遷武衛將軍賀拔勝出鎭荆州乃表信爲大都督及勝弟岳爲侯莫陳悅所害勝乃令信入關撫岳餘衆屬周文帝已統岳兵與信鄉里少相友善相見甚歡因令信入洛請事至雍州大使元毗又遣信還荆州尋徵入朝魏孝武雅相委任及孝武西遷事起倉卒信單騎及之於瀍澗孝武嘆曰武衛遂能辭父母捐妻子從我世亂識忠良豈虛言哉進爵浮陽郡公時荆州雖陷東魏人心猶戀本朝乃以信爲衛大將軍都督三荆州諸軍事兼尚書右僕射東南道行臺大都督荆州刺史以招懷之既至東魏刺史辛纂出戰信縱兵擊纂大敗之都督楊忠等前驅斬纂於是三荆遂定東魏又遣其將高敖曹侯景等奄至信以衆寡不敵遂率麾下奔梁居三載梁武帝方許信還北信父母既在山東梁武帝問信所往荅以事君無二梁武義之禮送甚厚大統三年至長安以虧損國威上書謝罪魏文帝付尚書議之七兵尚書陳郡王玄等議以爲既

經恩降請赦罪復職詔轉驃騎大將軍加侍中開府尋拜領軍將軍仍從復弘農破沙苑改封河內郡公俘虜中有信親屬始得父凶問乃發喪行服尋起爲大都督與馮翊王元季海入洛陽潁豫襄廣陳留之地竝款附四年東魏將侯景等圍洛陽信據金墉城隨方拒守旬有餘日及周文帝至瀍東景等退走信與李遠爲右軍戰不利東魏遂有洛陽六年侯景寇荆州周文令信與李弼出武關景退即以信爲大使慰撫三荆尋除隴右十一州大都督秦州刺史先是守宰闇弱政令乖方人有冤訟歷年不能斷決及信在州事無擁滞示以禮教勸以耕桑數年之中公私

富實流人願附者數萬家周文以其信著遐邇故賜名爲信七年岷州刺史赤水蕃王梁仚定舉兵反詔信討之仚定尋爲其部下所殺而仚定子弟仍收其餘衆信乃勒兵向萬年頓三交谷口賊併力拒守信因詭道趣稠松嶺賊不虞信兵之至望風奔潰乘勝逐北徑至城下賊竝出降加授太子太保芒山之戰大軍不利信與于謹帥散卒自後擊之齊神武追騎驚擾諸軍因此得全及涼州刺史宇文仲和據州不受代周文令信率開府怡峯討之仲和嬰城固守信夜令諸將以衝梯攻其東北信親率壯士襲其西南遲明克之禽仲和虜其六千戶送于長安拜大司馬

十三年大軍南討時以蠕蠕爲寇令信移鎭河陽十四年進位柱國大將軍錄前後功贈封聽回授諸子於是第二子善封魏寧縣公第三子穆必要縣侯第四子藏義寧縣侯邑各一千戶第五子順武成縣侯第六子陁建忠縣伯邑各五百戶信在隴右歲久啓求還朝周文不許或有自東魏來者又告其母凶問信發喪行服信陳哀苦請終禮制又不許於是追贈信父庫者司空公追封信母費連氏常山郡君十六年遷尚書令六官建拜大司馬周孝閔帝踐阼遷大宗伯進封衞國公邑萬戶趙貴誅後信以同謀坐免居無幾晉公護又欲殺之以其名望素重不欲顯其

罪逼令自盡於家時年五十五信美風度雅有奇謀大略周文初啓霸業唯有關中之地以隴右形勝故委信鎭之旣爲百姓所懷聲震鄰國東魏將侯景之南奔梁也魏收爲檄梁文矯稱信據隴右不從宇文氏乃云無關西之憂欲以委梁人也又信在秦州嘗因獵日暮馳馬入城其帽微側詰旦而吏人有戴帽者咸慕信而側帽焉其爲鄰境及士庶所重如此子羅先在東魏乃以次子善爲嗣及齊平羅至而善卒又以羅主嗣信長女周明敬后第四女元貞后第七女隋文獻后周隋及皇家三代皆爲外戚自古以來未之有也隋文帝踐極乃下詔褒贈信太師上柱

國十州諸軍事冀州刺史封趙國公邑一萬戶謚曰景追贈信父庫者使持節太尉上柱國六州諸軍事定州刺史封趙國公邑一萬戶謚曰恭信母費連氏贈太尉趙恭公夫人

羅字羅仁父信隨魏孝武入關中羅遂爲高氏所囚及信爲宇文護誅羅始見釋寓居中山孤貧無以自給齊將獨孤永業以宗族故哀之爲買田宅遺以資畜初信入關後復娶二妻郭氏生子六人善穆藏順陁整崔氏生隋獻皇后及齊亡隋文帝爲定州摠管獻皇后遣人求羅得之相見悲不自勝侍御者皆泣於是後遺車馬財物未幾周武

帝以羅功臣子久淪異域徵拜楚安郡太守以疾去官歸
京師諸弟見羅少長貧賤每輕侮不以兄禮事之然性長
者亦不與諸弟校競長短后由是重之文帝爲丞相拜羅
儀同常置左右旣受禪詔追贈羅父其諸弟以羅母沒齊
先無夫人號不當承襲上以問后后曰羅誠嫡長不可誣
也於是襲爵趙國公以其弟善爲河內郡公穆爲金泉縣
公藏爲武平縣公陁爲武喜縣公整爲千牛備身擢拜羅
爲左領將軍遷左衛將軍前後賞賜不可勝計出爲涼州
摠管進位上柱國徵拜左武衛大將軍煬帝嗣位改封蜀
國公未幾卒官謚曰恭子纂嗣位河陽都尉纂弟武都大

業末亦爲河陽都尉纂長子開遠字文化及之弒逆也裴
虔通率賊入城象殿宿衛兵士皆從逆開遠時爲千牛與
獨孤盛力戰閤下爲賊所執賊義而捨之
善字伏陁幼聰慧善騎射以父封勳封魏寧縣公魏廢帝
元年又以父勳授驃騎大將軍開府儀同三司加侍中進
爵長城郡公周孝閔帝踐阼除河州刺史以父負釁久廢
於家保定三年乃授龍州刺史天和六年襲爵河內郡公
從帝東討以功授上開府尋除兗州刺史政在簡惠百姓
安之卒於州贈使持節柱國五州諸軍事定州刺史子覽
嗣位右候衛大將軍大業末卒

陁字黎邪仕周胥附上士坐父徙蜀十餘年宇文護誅始
歸長安隋文帝受禪拜上開府領左右將軍累轉延州刺
史陁性好左道其外祖母高氏先事猫鬼已殺其舅郭沙
羅因轉入其家上微聞而不信會獻皇后及楊素妻鄭氏
俱有疾召醫視之皆曰此猫鬼疾上以陁后之異母弟陁
妻楊素之異母妹由是意陁所爲陰令其兄左監門郎將
穆以情喻之上又避左右諷陁陁言無有上不說左轉遷
州刺史出怨言上令左僕射高熲納言蘇威大理正皇甫
孝緒大理丞楊遠等雜案之陁婢徐阿尼言本從陁母家
來常事猫鬼每以子日夜祀之言子者鼠也其猫鬼每殺

人者所死家財物潛移於畜猫鬼家陁嘗從家中索酒其
妻曰無錢可酤陁因謂阿尼曰可令猫鬼向越公家使我
足錢阿尼便呪之居數日猫鬼向素家後上初從并州還
陁於園中謂阿尼曰可令猫鬼向皇后所使多賜吾物阿
尼復呪之遂入宮中楊遠乃於門下外省遣阿尼呼猫鬼
阿尼於是夜中置香粥一盆以匙扣而呼曰猫女可來無
住宮中久之阿尼色正青若被牽拽者云猫鬼已至上以其
事下公卿奇章公牛弘曰袄由人興殺其人可以絕矣上
令犢車載陁夫妻將賜死於其家陁弟司勳侍中整詣闕
求哀於是免陁死除名以其妻楊氏爲尼先是有人訟其

母為人猫鬼所殺者上以為祅妄怒而遣之及此詔誅被訟行猫鬼家陁未幾而卒煬帝即位追念舅氏聽以禮葬乃下詔贈正議大夫帝意猶不已復贈銀青光禄大夫二子延福延壽陁弟整位幽州刺史大業初贈金紫光禄大夫平鄉侯

竇熾字光成扶風平陵人後漢大鴻臚章之後也章子統靈帝時為鴈門太守避竇武之難亡奔匈奴遂為部落大人後魏南徙子孫因家代賜姓紇豆陵氏累世仕魏皆至大官父略平遠將軍以熾著勳贈少保柱國大將軍建昌公熾性嚴明有謀略美鬚髯身長八尺二寸少從范陽祈

忻受毛詩左氏春秋略通大義善騎射膂力過人魏正光末北鎮擾亂乃隨略避地定州投葛榮榮欲官略略不受榮疑其有異志遂留略於冀州將熾及熾兄善隨軍及尒朱榮破葛榮熾乃將家隨榮於并州時葛榮别帥韓婁等擁薊城不下以熾為都督從驃騎將軍侯深討之熾手斬婁以功拜揚烈將軍魏孝武即位蠕蠕等諸蕃並遣使朝貢帝臨軒宴之有鵄飛鳴於殿前帝素知熾善射因欲矜示遠人乃給熾御箭兩隻命射之鵄乃應弦而落諸蕃人咸歎異焉帝大悅尋隨東南道行臺樊子鵠追尒朱仲遠奔梁時梁主又遣元樹入寇據譙城子鵠令熾擊破之封

行唐縣子尋進爵上洛縣伯時帝與齊神武構隙以熾有威重堪處爪牙任拜閤內大都督遷朱衣直閤遂從帝西遷仍與其兄善至城下與武衞將軍高金龍戰於千秋門敗之因入宮城取御馬四十匹并鞍勒進之行所帝大悅賜熾及善駿馬各二匹駑馬十匹大統元年别封真定縣公從周文帝禽竇泰復弘農破沙苑皆有功河橋之戰諸將退走熾時獨從兩騎為敵人追至邙山熾乃下馬背山抗之俄而敵衆漸多矢下如雨熾騎士所執弓並為敵人所射破熾乃總收其箭以射之所中人馬應弦而倒敵乃相謂曰得此三人未足為功乃稍引退熾因其怠遂突圍

得出又從太保李弼討白額稽胡破之高仲密以北豫州來赴熾從周文援之至洛陽會東魏人據芒山為陣周文命留輜重於瀍曲率輕騎奮擊中軍與右軍大破之悉虜其步卒熾獨追至石濟而還大統十三年進使持節驃騎大將軍開府儀同三司加侍中出為涇州刺史莅職數年政號清靜改封安武縣公魏廢帝元年除原州刺史熾抑挫豪右申理幽滯在州十載甚有政績州城北有泉水熾屢經游踐嘗與僚吏宴於泉側因酌水自飲曰吾在此州唯當飲水而已及去職後人吏感其遺惠每至此泉者莫不懷之恭帝元年進爵廣武郡公屬蠕蠕寇廣武熾與柱

國趙貴分路討之蠕蠕引退熾度河至麹伏川追及大破之武成二年拜柱國大將軍周明帝以熾前朝舊臣勳望兼重欲獨爲造第熾辭以天下未平干戈未偃不宜輒發徒役周明不許尋而帝崩事方得寢保定元年進封鄧國公邑一萬户別食資陽縣一千户收其租賦天和五年自大宗伯爲宜州刺史先是周文田於渭北令熾與晉公護分射走兎熾一日獲十七頭護十一頭護恥不及因以爲嫌至是熾又以周武年長有勸護歸政之議護惡之故左遷焉及護誅徵拜太傅熾既朝之元老名望素隆至於軍國大謀常與參議嘗有疾周武帝幸其第問之因賜金石

之樂其見禮如此帝於大德殿將謀伐齊熾年已衰老乃扼腕曰臣雖朽邁請執干櫓首啓戎行得一覩誅翦鯨鯢廓清寰宇省方觀俗登岳告成然後歸魂泉壤無復餘恨帝壯其志節遂以熾第二子武當公恭爲左二軍總管齊平之後帝乃召熾歷觀相州宮殿熾拜賀曰陛下眞不負先帝矣帝大悅進位上柱國宣政元年兼雍州牧及周宣營建東京以熾爲京洛營作大監宮苑制度皆取決焉大象初改食樂陵縣邑户如舊隋文帝入輔政停洛陽宮作熾請入朝屬尉遲迥舉兵熾乃移入金墉與洛州刺史平涼公元亨同心固守仍權行洛陽鎮事相州平熾方入朝

屬文帝初爲相國百寮皆勸進自以累世受恩遂不肯署牋時人皆高其節及帝踐極拜太傅加殊禮贊拜不名開皇四年八月薨時年七十八贈八州諸軍事冀州刺史謚曰恭熾事親孝奉諸兄以悌順聞及其望位隆重而子孫皆處列位遂爲當時盛族子茂嗣茂有弟十三人恭威最知名恭位至大將軍從周武平齊封贊國公除西兖州總管以罪賜死熾兄善以中軍大都督南城公從魏孝武西遷仕至太僕衛尉卿汾北華瀛三州刺史驃騎大將軍開府儀同三司永富縣公謚曰忠子榮定嗣

榮定沉深有器局容貌魁偉美鬚髯便弓馬初爲魏文帝

千牛備身周文帝見而奇之授平東將軍賜爵宜君縣子後從周文與齊人戰於北芒周師不利榮定與汝南公宇文神慶帥精騎擊却齊師以功拜上儀同尋復以軍功進位開府襲爵永富縣公除忠州刺史從平齊加上開府拜前將軍佽飛中大夫其妻 隋文帝長姊安成長公主也文帝少與之情契甚厚榮定亦知帝有人君之表尤相推結及帝作相領左右宮伯使鎮守天臺總統露門內兩廂仗衛常宿禁中遇尉遲迥初平朝廷頗以山東爲意拜榮定爲洛州總管以鎮之前後賜縑四千匹西涼女樂一部及受禪來朝賜馬三百匹部曲八十户進之坐事除名公

主曰天子姊乃作田舍兒妻上不得已曩拜右武候大將軍上數幸其第恩錫甚厚每令尚食局日供羊一口珍味稱是以佐命功拜上柱國歷位寧州刺史右武候大將軍秦州總管賜吴樂一部突厥沙鉢略寇邊爲行軍元帥率總管出涼州與虜戰於高越原兩軍相持地無水士卒渴甚至刺馬血而飲死者十二三榮定仰天太息俄而澍雨軍復振於是進擊數挫其鋒突厥憚之請盟而去賜縑萬匹進爵安豐郡公復封子憲爲安康郡公賜縑五千匹歲餘拜右武衛大將軍帝欲以爲三公榮定上書固辭陳畏懼之道帝乃止前後賞賜不可勝計及卒帝爲之廢朝令

左衛大將軍元旻監護喪事賻絹三千匹上謂侍臣曰吾每欲致榮定於三事其人固讓不可今欲賜之重違其志於是贈冀州刺史陳國公謚曰懿子抗嗣抗美容儀性通率長於巧思父卒後恩遇彌厚所賜錢帛金寶亦以鉅萬位定州刺史檢校幽州總管煬帝即位漢王諒反以爲抗與通謀由是除名以其弟慶襲封陳公慶亦有姿容性和厚頗工草隸初封永富郡公位河東太守衛尉卿大業末爲南郡太守爲盜賊所害慶弟璡亦工草隸頗解鍾律歷位潁川南郡扶風太守熾兄子毅

毅字天武父岳早卒及毅著勲追贈大將軍冀州刺史毅深沉有器度事親以孝聞魏孝武初起家員外散騎侍郎時齊神武擅朝毅慨然有徇主之志從孝武西遷封奉高縣子從禽竇泰復弘農戰沙苑皆有功進爵安武縣公恭帝元年進授驃騎大將軍開府儀同三司大都督改封永安縣公出爲幽州刺史周孝閔帝踐阼進爵神武郡公保定三年拜大將軍時與齊人爭衡戎車歲動並交結突厥以爲外援突厥已許納女於周齊人亦甘言重幣遣使求婚狄人便欲有悔朝廷乃令楊荐等累使結之往返十餘方復前好至是雖期往逆猶懼改圖以毅地兼勳戚素以威重乃令爲使及毅至齊使亦在焉突厥君臣猶有貳志

毅抗言正色以大義責之累旬乃定卒以皇后歸朝議嘉之别封成都縣公進位柱國歷同州刺史蒲金二州總管加上柱國入爲大司馬隋開皇初拜定州總管累居藩鎮咸得人和二年薨於州贈襄郢等六州刺史謚曰肅毅性溫和每以謹慎自守文尚周文帝第五女襄陽公主特爲朝廷所委信雖任兼出内未嘗有矜惰之容時人以此稱焉子賢嗣

賢字託賢志業通敏少知名宣政元年授使持節儀同大將軍開皇中襲爵神武公除遷州刺史毅第二女即大唐太穆皇后武德元年詔贈毅司空使持節總管荆郢等十

州諸軍事荊州刺史杞國公又追贈賢子紹宣秦州刺史并襲賢爵紹宣無子仍以紹宣兄子德藏嗣

賀蘭祥字盛樂其先與魏俱起有乞伏者爲賀蘭莫何弗因以爲氏後有以良家子鎮武川者遂家焉父初眞少知名爲鄉閭所重尚文帝姊建安長公主保定二年追贈太傅柱國常山郡公祥年十一而孤居喪合禮長於舅氏特爲周文帝所愛雖在戎旅常博延儒生教以書傳周文初入關祥與晉公護俱在晉陽後乃遣使迎致之解褐奉朝請少有膽氣志在立功尋擢補都督恒居帳下從平侯莫陳悅又迎魏孝武以前後功封撫夷縣伯仍從擊潼關獲

東魏將薛長儒又攻回洛拔之還拜左右直長進爵爲公大統九年從周文與東魏戰於芒山進位驃騎大將軍開府儀同三司加侍中十四年除都督荊州刺史進爵博陵郡公先是祥嘗行荊州事雖未朞月頗有惠政至是重往百姓安之由是漢南流人襁負至者日有千數遠近蠻夷莫不款附祥隨機撫納咸得其懽心時盛夏亢陽祥親巡境內觀政得失見有發掘古冢暴露骸骨乃謂守令曰此豈仁者爲政耶命所在收葬之即日澍雨是歲大有年境內多古墓其俗好行發掘至是遂息祥雖周文密親性甚清素州境南接襄陽西通岷蜀物產所出多諸珍異既與

梁通好行李往來公私贈遺一無所受梁雍州刺史岳陽王蕭詧欽其風素乃以竹屏風絺綌之屬及經史贈之祥難違其意取而付諸所司周文後聞之並以賜祥十六年拜大將軍周文以涇渭溉灌之處渠堰廢毀乃令祥修造富平堰開渠引水東注於洛功用既畢人獲其利魏廢帝二年行華州事後改華州爲同州仍以祥爲刺史尋拜尚書左僕射六官建授小司馬周孝閔帝踐阼進位柱國大司馬時晉公護執政祥與護中表少相親愛軍國之事護皆與祥參謀及誅趙貴廢閔帝祥有力焉武成初吐谷渾侵掠州郡詔祥與宇文貴揔兵討之祥乃遣其軍司檄吐

谷渾與渾廣定王鍾留王等戰破之因拔其洮陽洪和二城以其地爲洮州撫安西土振旅而還進封涼國公薨贈太師同岐等十三州諸軍事同州刺史謚曰景有七子敬讓璨師寬知名敬少歷顯職封化隆縣侯後襲爵涼國公位柱國華州刺史讓大將軍鄭州刺史河東郡公璨開府儀同三司宣陽郡公建德五年從於并州戰歿贈上儀同大將軍追封清都公師尚明帝女位上儀同大將軍幽州刺史博陵郡公寬開府儀同大將軍武始公入隋歷汴鄭二州刺史並著政績祥弟隆大將軍襄樂縣公隋文帝與祥有舊開皇初追贈上柱國

吐列伏龜字摩頭陁代郡西部人也其先爲部落大人魏初入附遂世爲第一領人酋長至龜五世龜容貌環偉膂帶十圍進止詳雅兼有武藝嗣父業復爲領人酋長魏孝昌三年以別將從長孫承業西征累遷金紫光祿大夫從還洛授都督遂爲齊神武所寵任加授大都督沙苑之敗隨例來降周文帝以其豪門解縛禮之仍以邵惠公女妻之大統四年封長樂縣公自此常從征討亟有戰功歷侍中驃騎大將軍開府儀同三司恒州刺史卒子椿嗣椿字千年明帝時位驃騎大將軍開府儀同三司改封永世縣公天和初除左宮伯進位大將軍

閻慶字仁度河陰人也曾祖善仕魏歷龍驤將軍雲州鎮將因家雲州之盛樂郡祖提持節車騎大將軍敦煌鎮都大將父進有謀略勇冠當時正光中拜龍驤將軍屬衛可瓌作亂攻圍盛樂進率衆拒守以功拜盛樂郡守慶幼聰敏重然諾風儀端肅望之儼然隨父固守盛樂頗有力焉拜別將後以軍功拜步兵校尉中堅將軍既而齊神武舉兵入洛魏孝武西遷慶謂所親曰高歡將有篡逆之謀豈可苟安目前受其控制也遂以大統三年自宜陽歸闕稍遷後將軍封安次縣子以功進爵爲伯慶善於綏撫士卒未休未嘗先舍故能盡其死力屢獲勳勞累遷散騎常侍驃騎大將軍開府儀同三司雲州大中正加侍中賜姓大野氏周孝閔帝踐阼出爲河州刺史進爵石保縣公州居河外地接戎夷慶留心撫納頗稱簡惠就拜大將軍進爵太安郡公入爲小司空歷雲寧二州刺史慶性寬和不苛察百姓悅之天和五年進位柱國晉公護母慶之姑也護雖擅朝而慶未嘗阿附及護誅武帝以此重之詔慶第十二子毗尚帝女清都公主慶雖位望隆重婚連帝室常以謙慎自守時以此稱之建德二年抗表致事優詔許焉慶既衰老恒嬰沉痼宣帝以其先朝耆舊特異恒倫乃詔靜帝至第問疾賜布千段醫藥所須令有司供給大象二年

拜上柱國隋文帝踐極又令皇太子就第問疾仍供醫藥之費開皇二年薨年七十七贈司空七州諸軍事荊州刺史諡曰成長子常先慶卒次子毗嗣

毗七歲襲爵石保縣公及長儀貌矜嚴頗好經史受漢書於蕭該略通大旨能篆書草隸尤善爲當時之妙周武帝見而悅之命尚清都公主宣帝即位拜儀同三司隋文帝受禪以技藝侍東宮數以雕麗之物取悅於皇太子由是甚見親待每稱之於上尋拜車騎宿衛東宮上嘗遣高熲大閱於龍臺澤諸軍部伍多不齊整唯毗一軍法制肅然熲言之於上特蒙賜帛俄兼太子宗衞率長史尋加尚儀

同太子服翫之物多毗所爲及太子廢毗坐杖一百與妻子俱配爲官奴婢二歲放免煬帝嗣位盛修軍器以毗性巧練習舊事詔典其職尋授朝請郎毗立議輦輅車輿多所增損擢拜起部郎帝嘗大備法駕嫌屬車太多顧謂毗曰開皇之日屬車十二乘於事亦得今八十一乘以牛駕車不足以益文物朕欲減之從何爲可毗曰臣初定數共宇文愷參詳故實據漢胡伯始蔡邕等議屬車八十一乘此起於秦遂爲後式故張衡賦云屬車九九是也次及法駕三分減一爲三十六乘此漢制也又據宋孝建時有司奏議晉遷江左唯設五乘尚書建平王宏曰八十一乘義

兼六國三十六乘無所準憑江左五乘儉不中禮但帝王文物旂旒之數爰及冕玉皆用十二今宜準此設十二乘開皇平陳因以爲法今憲章往古大駕依秦法駕依漢小駕依宋以爲差等帝曰何用秦法大駕宜三十六法駕宜十二小駕除之毗研精故事皆此類也長城之役毗揔其事及帝有事恒岳詔毗營立壇場尋轉殿內丞從幸張掖郡高昌王朝于行所詔毗持節迎勞遂將護入東都尋以母憂去職未朞起令視事將興遼東之役自洛口開渠達涿郡以通漕毗督其役明年兼領右翊衛長史營建臨朔宮及征遼東以本官領武賁郎將典宿衛時軍圍遼東城

帝令毗詣城下宣諭賊弓弩亂發流矢中所乘馬毗顔色不變辭氣抑揚卒事而去遷殿內少監又領將作少監後復從帝征遼東會楊玄感作逆帝班師從至高陽郡卒帝甚悼惜之贈殿內監史寧字永和建康表氏人也曾祖豫仕沮渠氏爲臨松令魏平涼州祖灌隨例遷於撫寧鎮因家焉父遵初爲征虜府鎧曹參軍杜洛周構逆六鎮自相屠陷遵遂率鄉里奔恒州其後恒州爲賊所敗遵後歸洛陽拜樓煩郡守及寧著勳贈散騎常侍征西大將軍涼州刺史謚曰貞寧少以軍功累加持節征東將軍金紫光祿大夫賀拔勝爲荊州刺史寧以本官爲勝軍司隨勝部會

荊蠻騷動三鵶路絶寧先驅平之因撫慰蠻左翕然降附尋除南郢州刺史又勝爲大行臺表寧爲大都督攻梁下溠戍破之封武平縣伯又攻拔梁齊興鎮等九城未及論功屬孝武西遷東魏遣侯景寇荊州寧隨勝奔梁梁武帝引寧至香蹬前謂之曰觀卿風表終是富貴我當使卿衣錦還鄉寧答曰臣世荷魏恩位爲列將天長喪亂本朝傾覆不能北面事逆賊幸得息肩有道儻如明詔欣幸實多因涕泣橫流梁武爲之動容在梁二年勝乃與寧密圖歸計寧曰朱异既爲梁主所信任請往見之勝然其言寧乃見异申以投分之言微託思歸之意辭氣雅至异亦嗟挹

爲秦梁王果許勝等歸大統二年自梁歸進爵爲侯久之遷車騎將軍行涇州事時賊帥莫折後熾寇掠居人寧率州兵與行原州事李賢討破之轉東義州刺史東魏亦以胡梨苟爲東義州刺史寧僅得入州梨苟亦至寧遂擊破之斬其洛安郡守馮善道州既隣接疆埸百姓流移寧留心撫慰咸來復業轉涼州刺史寧未至而前刺史宇文仲和據州作亂詔獨孤信與寧討之寧先至涼州爲陳禍福城中吏人皆相率降附仲和仍據城不下尋亦尅之後遷驃騎大將軍開府儀同三司加侍中進爵爲公十六年宕昌叛羌獠甘作亂逐其王彌定而自立并連結傍乞鐵忽

及鄭五醜等詔寧率軍與宇文貴豆盧寧等討之寧別擊獠甘而山路險阻纔通單騎獠甘已分其黨立柵守險寧進兵攻之遂破其柵獠甘將百騎走投生羌鞏廉玉彌定遂得復位寧以未獲獠甘遂進軍大破之生獲獠甘徇而斬之并執鞏廉玉送闕所得軍實悉分賞將士寧無私焉師還召寧率所部鎮河陽寧先在涼州戎夷服其威惠遷鎮之後邊人並思慕之魏廢帝元年復除涼甘瓜三州諸軍事涼州刺史初蠕蠕與魏和親後更離叛尋爲突厥所破殺其主阿那瓌部落逃逸者仍奉瓌之子孫抄掠河右寧率兵邀擊獲瓌子孫二人并其種落酋長自是每戰破

之前後數萬人進爵安政郡公二年吐谷渾通使於齊寧擊獲之就拜大將軍寧後遣使詣周文帝請事周文即以所服冠履衣被及弓箭甲等賜寧謂其使人曰爲我謝涼州孤解衣以衣公推心以委公善始令終無損功名也時突厥木汗可汗假道涼州將襲吐谷渾周文令寧率騎隨之軍至番禾吐谷渾已覺奔於南山木汗將分兵追之令俱會於青海寧謂木汗曰樹敦賀眞二城是吐谷渾巢穴今若拔其本根餘種自然離散此上策也木汗從之即分爲兩軍木汗從北道向賀眞寧趣樹敦渾娑周王率衆逆戰寧擊斬之踰山履險遂至樹敦樹敦是渾之舊都多諸

珍藏而渾主先已奔賀眞留其征南王及數千人固守寧進兵攻之僞退渾人果開門逐之因回兵奮擊門未及闔寧兵遂得入生獲其征南王俘虜男女財寶盡歸諸突厥渾賀羅拔王依險爲柵欲塞寧路寧攻破之木汗亦破賀眞虜渾主妻子大獲珍物寧還軍於青海與木汗會木汗握寧手歎其勇決并遺所乘良馬令寧於帳前乘之木汗親自步送突厥以寧所圖必破皆畏憚之咸曰此中國神智人也及將班師木汗又遺寧奴婢一百口馬五百匹羊一萬口寧及還州尋被徵入朝屬周文帝崩寧悲慟不已乃請赴陵所盡哀并告行師尅捷周孝閔帝踐阼拜小司

徒出爲荊州刺史荊襄淅郢等五十二州及江陵鎮防諸
軍事寬有謀畫識兵權臨敵指撝皆如其策甚得當時之
譽及在荊州頗自奢縱貪濁不脩法度嘗出有人訴州佐
畱法寬還付被訟者治之自是有事者不敢復言聲名大
損於西州保定三年卒於州謚曰烈子雄嗣

雄字世武少勇敢旅力過人便弓馬有筭略年十四從寬
於牽屯山奉迎周文帝仍從校獵弓無虛發周文歎異之
尋尚周文女永富公主除使持節驃騎大將軍開府儀同
三司累遷駕部中大夫司馭中大夫從柱國枹罕公辛威
鎮金城遂卒於軍時年二十四雄弟祥

祥字世休少有文武才幹仕周太子車右中士襲爵武遂
縣公隋文帝踐阼拜儀同領交州事進爵陽城郡公在州
頗有惠政轉驃騎將軍伐陳之役從宜陽公王世積出九
江道破陳師進拔江州文帝大悅下詔慰勉之進位上開
府尋拜蘄州刺史遷蘄州總管徵拜左領軍將軍復以行
軍總管從晉王廣破突厥於靈武遷右衛將軍仁壽中率
兵屯弘化以備胡煬帝時在東宮遺祥書論舊行兵時事
申以恩旨祥爲書陳謝太子甚親遇之及即帝位漢王諒
作亂遣其將綦良自滏口徇黎陽塞白馬津余公理自
太行下河內帝以祥爲行軍總管軍於河陰久不得濟祥
謂軍吏曰余公理輕而無謀又新得志謂其衆可恃恃衆
必驕且河北人先不習兵所謂擁市人而戰不足圖也乃
令軍中修攻具公理使諜知之果屯兵於河陽內城以備
祥於是艤船南岸公理聚甲當之祥乃簡精銳於下流潛
度公理拒之未成列祥縱擊大破之東趣黎陽討綦良綦
良棄軍走其衆大潰進位上大將軍賜縑綵七千段女妓
十人良馬二十疋轉太僕卿帝嘗賜祥詩曰伯禹朝寄重
夏侯親遇深貴耳唯聞古賤目詎知今早摽勁草質久有
背淮心掃逆黎山外振旅河之陰功已書王府留情太僕
箴祥上表辭謝帝手詔曰昔歲勞公問罪河朔賊爾日塞

兩關之路擁倉阻河公竭誠奮勇一舉而克故聊示所懷
亦何謝也尋遷鴻臚卿從征吐谷渾祥出玉門道擊虜破
之進位右光祿大夫拜右驍衛大將軍及征遼東出蹋頓
道不利由是除名俄拜燕郡太守被賊高開道所圍城陷
開道甚禮之會開道與羅藝通和送祥於涿郡卒於塗子
義隆永年令祥弟雲字世高亦以父勳賜爵武平縣公歷
位司職下大夫儀同大將軍萊州刺史雲弟威字世儀亦
以父勳賜爵武當縣公

權景宣字暉遠天水顯親人也父曇騰魏隴西郡守贈秦
州刺史景宣少聰悟有氣俠宗黨皆歎異之年十七魏行

臺蕭寶夤見而奇之表爲輕車將軍及寶夤敗景宣歸鄉里周文帝平隴右擢爲行臺郎中孝武西遷授鎮遠將軍步兵校尉加平西將軍秦州大中正大統初轉祠部郎中景宣曉兵權有智略從周文拔弘農破沙苑皆先登陷陣轉外兵郎中從開府于謹援洛陽景宣督課糧儲軍以周濟時初復洛陽將修繕宫室景宣率徒三千先出採運會東魏兵至司州牧元季海等以衆少拔還屬城悉叛道路擁塞景宣將二十騎且戰且走從騎略盡景宣輕馬突圍手斬數級馳而獲免因投人家自匿景宣以父藏非計乃僞作周文書招募得五百餘人保據宜陽聲言大軍續至

東魏將段琛等率衆至九曲憚景宣不敢進景宣恐琛審其虛實乃將腹心自隨詐云迎軍因得西道與儀同李延孫相會攻拔孔城洛陽以南尋亦來附周文即留景宣守張白塢節度東南義軍東魏將王元軌入洛景宣與延孫等擊走之以功授大行臺左丞進屯宜陽攻襄城拔之獲郡守王洪顯周文嘉之徵入朝錄前後功封顯親縣男除南陽郡守郡鄰敵境舊制發人守防三十五處多廢農桑而姦宄猶作景宣至並除之唯修起城樓多備器械寇盜斂迹人得肄業焉百姓稱之立碑頌德周文特賞粟帛以旌其能遷廣州刺史侯景舉河南來附景宣從僕射王思

政經略應援既而侯景南叛恐東魏復有其地以景宣爲大都督豫州刺史鎮樂口東魏亦遣張伯德爲刺史伯德令其將劉貴平率其戍卒及山蠻屢來攻逼景宣兵不滿千人隨機奮擊貴平乃退走進授使持節車騎大將軍儀同三司潁川陷後周文以樂口等諸城道路阻絕悉令拔還襄州刺史杞秀以狼狽獲罪景宣號令嚴明戎旅整肅所部全濟獨被優賞仍留鎮荊州委以鴉南之事初梁岳陽王蕭詧將以襄陽歸朝仍勒兵攻梁元帝於江陵詧叛將杜岸乘虛襲之景宣乃率騎三千助詧因是乃送其妻王氏及子寮入質景宣又與開府楊忠取梁將柳仲禮拔

安陸隨郡久之隨州城人吳士英殺刺史黄道王因聚爲寇景宣以英小賊可以計取之若聲其罪恐同惡者衆廼與英書僞稱道王凶暴歸功英等英等果信之遂相率而至景宣執而戮之獲其黨與進攻應城拔之獲夏侯珍洽於是應禮安隨並平朝議以景宣威行南服廼授并安肄郢新應六州諸軍事并州刺史尋進驃騎大將軍開府儀同三司加侍中兼督江北司二州諸軍事進爵爲伯唐州蠻田魯嘉自號豫州伯引至齊兵大爲人害景宣又破之獲魯嘉以其地爲郡轉安州刺史梁定州刺史李洪遠初款後叛景宣懸其懷貳密襲破之虜其家口及部衆洪遠

脫身走免自是酋帥懾服無敢叛者燕公于謹征江陵景宣別破梁司空陸法和司馬羊亮於湞水又遣別帥攻拔魯山多造舟艦益張旗幟臨江欲度以懼梁人梁將王琳在湘州景宣遺書喻以禍福琳遂遣長史席豁因景宣請舉州款附周孝閔帝踐阼徵爲司憲中大夫尋除基鄀硤平四州五防諸軍事江陵防主加大將軍保定四年晉公護東討景宣別略河南齊豫州刺史王士良永州刺史蕭世怡並以城降景宣以開府謝徹守永州開府郭彥守豫州以士良世怡及降卒一千人歸諸京師尋而洛陽不守乃棄二州拔其將士而還至昌州而羅陽蠻反景宣回軍

破之還次霸上晉公護親迎勞之天和初授荊州刺史總管十七州諸軍事進爵千金郡公陳湘州刺史華皎舉州款附表請援兵敕景宣統水軍與皎俱下景宣到夏口陳人已至而景宣以任遇隆重遂驕傲縱恣多自矜伐兼納賄貨指麾節度朝出夕改將士憤怒莫肯用命及水軍始交一時奔北戰艦器仗略無孑遺時衞公直總督諸軍以景宣負敗欲繩以軍法朝廷不忍加罪遣使就軍赦之尋遇疾卒贈河渭鄀三州刺史謚曰恭子如璋嗣位至開府膠州刺史如璋弟仕珍儀同大將軍廣川縣侯

論曰王盟始以親黨升朝終而才能進達勤宣運始位列周行實參迹於功臣蓋弗由於恩澤詛文武奇才以剛正見忌有隋受命變爲名臣末路披猖信有終之克鮮獨孤信威申南服化洽西州信著遐方光照隣國雖不免其身慶延于後三代外戚何其盛歟竇熾儀表魁梧器識雄遠入參朝政則嘉謀屢陳出總藩條則惠政斯洽毅忠肅奉上温恭接下茂實彰於本朝義聲播於殊俗並以國華人望論道當官榮映一時慶流來葉及熾遲疑勸進有送故之心雖王公恨恨何以加此榮定以功懋賞以勞定國保其禄位貽厥子孫盛矣賀蘭祥叱列伏龜閻慶等雖階緣戚屬各以功名自終而昳制造之功亦足傳於後葉史寧

權景宣並以將帥之才受内外之寵總戎薄伐著剋敵之功布政莅人垂稱職之譽若此者豈非有國之良翰歟然而史在末年貨財虧其雅志權亦晚節矜驕喪其威聲惜矣楊諒干紀祥獨剋之効亦足稱云爾

列傳第四十九　北史六十一

列傳第五十　　北史六十二

王羆 孫長述

王思政

尉遲迥 弟綱 綱子運

王軌 樂運

王羆字熊羆京兆霸城人漢河南尹遵之後世為州郡著姓羆質直木彊處物平當州閭敬憚之魏太和中除殿中將軍稍遷雍州別駕清廉疾惡勵精公事刺史崔亮有知人之鑒見羆雅相敬挹亮後轉定州啓羆為長史執政者恐羆不稱不許及梁人寇硤石亮為都督南討復啓羆為

長史帶統軍朝廷以亮頻舉羆故當可用及剋硤石羆功居多先是南岐東益氐羌反叛乃拜羆冠軍將軍鎮梁州討平諸賊還授西河內史辭不拜時人謂曰西河大郡奉祿優厚何為致辭羆曰京洛材木盡出西河朝貴營第宅者皆有求假如其私辦則力所不堪若科發人間又違犯憲法以此致辭耳後以軍功封定陽子除荊州刺史梁復遣曹義宗圍荊州堰水灌城不沒者數版時既內外多虞未遑救援乃遺羆鐵券云城全當授本州刺史城中糧盡羆乃煮粥與將士均分食之每出戰常不擐甲冑大呼告天曰荊州城孝文皇帝所置天若不祐國家使箭中王羆

額不爾王羆須破賊屢經戰陣亦不被傷彌歷三年義宗方退進封霸城縣公元顥入洛以羆為左軍大都督顥敗莊帝以羆受顥官故不得本州更除岐州刺史時南秦數叛以羆行南秦州事羆至州召其魁帥為腹心擊捕反者略盡乃謂魁帥等曰汝黨皆死盡何用活為乃以次斬之自是南秦無復反者又詔羆行秦州事尋遷涇州刺史未及之部屬周文帝徵兵為勤王之舉羆請前驅効命遂為大都督鎮華州孝武西遷進車騎大將軍儀同三司別封萬年縣伯乃除華州刺史齊神武率軍潼關人懷危懼羆勸勵將士衆心乃安神武退拜驃騎大將軍加侍中開府

嘗修州城未畢梯在城外神武遣韓軌司馬子如從河東宵濟襲羆羆不覺比曉軌衆已乘梯入城羆尚臥未起聞閤外洶洶有聲便袒身露髻徒跣持一白棒大呼而出謂曰老羆當道臥貉子那得過敵見驚退逐至東門左右稍集合戰破之軌遂投城遁走文帝聞而壯之時關中大饑徵稅人間穀食以供軍費或隱匿者令遞相告多被勞捶以是人有逃散唯羆信著於人莫有隱者得粟不少諸州而無怨讟沙苑之役神武士馬甚盛文帝以華州衝要遣使勞羆令加守備及神武至城下謂羆曰何不早降羆乃大呼曰此城是王羆家死生在此欲死者來神武不敢攻

後移鎮河東以前後功進爵扶風郡公河橋之戰王師不利趙青雀據長安城所在莫有固志羆乃大開州門召城中戰士謂曰如聞天子敗績不知吉凶諸人相驚咸有異望王羆受委於此以死報恩諸人若有異圖可來見殺必恐城陷没者亦任出城如有忠誠能與王羆同心可共固守軍人見其誠信皆無異心及軍還徵拜雍州刺史時蠕蠕度河南寇候騎已至豳州朝廷慮其深入乃徵發士馬死守京城塹諸街巷以備侵軼右僕射周惠達召羆議之羆不應命卧而不起謂其使曰若蠕蠕至渭北者王羆率鄉里自破之不煩國家兵何為天子城中遂作如此驚動

由周家小兒恇怯致此羆輕侮權貴守正不回皆此類也未幾還鎮河東羆性儉率不事邊幅嘗有臺使至羆為設食使乃裂去薄餅緣羆曰耕種收穫其功已深舂爨造成用力不少尒之選擇當是未饑命左右撤去之使者愕然大慙又客與羆食瓜客削瓜皮侵肉稍厚羆意嫌之及瓜皮落地乃引手就地取而食之客甚愧色性又嚴急嘗有吏挾私陳事者羆不暇命捶扑乃手自取鞾履持以擊之每至享會自秤量酒肉分給將士時人尚其均平嗤其鄙碎羆舉動率情不為巧詐凡所經處雖無當時功迹咸去乃見思卒于官贈太尉都督相冀等十州刺史謚曰忠羆

安於貧素不營生業後雖貴顯鄉里舊宅不改衡門身死之日家甚貧罄當時伏其清潔子慶遠弱冠以功臣子拜直閤將軍先羆卒孫述

述字長述少孤為祖羆所養聰敏有識度年八歲周文帝見而奇之曰王公有此孫足為不朽解褐員外散騎侍郎封長安縣伯羆薨居喪過禮有詔褒之免喪襲封扶風郡公除中書舍人修起居注改封龍門郡公周受禪拜賓部下大夫累遷廣州刺史甚有威惠朝議嘉之就拜大將軍後歷襄仁二州總管並有能名隋文帝為丞相授信州總管位上將軍王謙作亂遣使致書於長述因執其使上書

又陳取謙策上大悅前後賜金五百兩授行軍總管討謙以功進位柱國開皇初獻平陳計脩營戰艦為上流之師上善其能頻加賞勞後數歲以行軍總管擊南寧未至而卒上甚傷惜之贈上柱國冀州刺史謚曰莊子謨嗣謨弟軌大業末郡守少子文楷起部郎

王思政太原祁人漢司徒允之後也自魏太尉凌誅後冠冕遂絶父祐州主簿思政容貌魁梧有籌策解褐員外散騎侍郎屬万俟醜奴宿勤明達等擾亂關右北海王顥討之聞思政壯健啓與隨軍所有謀議並與參詳時孝武在藩素聞其名乃引為賓客遇之甚厚及登大位委以心膂

預定策功封祁縣侯為武衛將軍俄而齊神武潛有異圖
帝以思政可任大事拜使持節中軍大將軍大都督總宿
衛兵思政乃言於帝曰洛陽四面受敵非用武之地關中
有崤函之固且士馬精彊宇文夏州糾合同盟願立功效
若聞車駕西幸必當奔走奉迎藉天府之資因已成之業
二年脩復舊京何慮不克帝深然之及神武兵至河北帝
乃西遷進爵太原郡公拜光祿卿并州刺史加散騎常侍
大都督大統之後思政雖被任委自以非相府之舊每不
自安周文帝曾在同州與群公宴集出錦罽及雜綾絹數
千段令諸將摴蒱取之物盡周文又解所服金帶令諸人

遍擲曰先得盧者即與之群公擲將遍莫有得者次至思
政乃斂容跪而誓曰王思政羇旅歸朝蒙宰相國士之遇
方願盡心效命上報知己若此誠有實令宰相賜知者願
擲即為盧若內懷不盡神靈亦當明之使不作也便當殺
身以謝所奉辭氣慷慨一座盡驚即拔所佩刀橫於膝上
攬摴蒱拊髀擲之比周文止之已擲為盧矣徐乃拜而受
帶自此朝寄更深及河橋之戰思政下馬用長矟左右橫
擊一擊踣數人時陷陣既深從者死盡思政被重創悶絕
會日暮敵亦收軍思政久經軍旅每戰唯著破衣弊甲敵
人疑非將帥故得免有帳下督雷五安於戰處哭求思政

會已蘇遂相得乃割衣裹創扶思政上馬夜久方得還軍
仍鎮弘農除侍中東道行臺思政以玉壁地險要請築城
即自營度移鎮之遷汾晉并三州諸軍事并州刺史行臺
如故仍鎮玉壁八年東魏復來寇卒不能克以全城功授
驃騎大將軍開府儀同三司高仲密以北豫州來附周文
親接援之乃驛召思政將鎮成皋未至而班師復命思政
鎮弘農思政入弘農令開城門解衣而臥慰勉將士示不
足畏數日後東魏將劉豐生率數千騎至城下憚之不敢
進乃引軍還於是脩城郭起樓櫓營田農積芻秣凡可以
守禦者皆具焉弘農之有備自思政始也十二年加特進

兼尚書左僕射行臺都督荊州刺史境內卑濕城塹多壞
思政乃命都督藺小歡督工匠繕脩之掘得黃金三十斤
夜中密送至旦思政召佐史以金示之曰人臣不宜有私
悉封金送上周文嘉之賜錢二十萬思政之去玉壁也周
文命舉代人思政乃進所部都督韋孝寬其後東魏來寇
孝寬卒能全城時論稱其知人十三年侯景叛東魏請援
乞師當時未即應接思政以為若不因機進取後悔無及
即率荊州步騎萬餘從魯關向陽翟周文聞思政已發乃
遣太尉李弼赴潁川東魏將高岳等聞大兵至收軍而遁
思政入守潁川景引兵向豫州外稱略地乃密遣送款於

梁先是周文遣帥都督賀蘭願德助景扞禦景既有異圖因厚撫願德等冀為己用思政知景詭詐乃密追願德思政分布諸軍據景七州十二鎮周文乃以所授景使持節太傅大將軍兼尚書令河南大行臺河南諸軍事回授思政思政並讓不授頻使敦喻唯受河南諸軍事十四年拜大將軍九月東魏太尉高岳行臺慕容紹宗儀同劉豐生等率步騎十萬來攻潁川殺傷甚衆岳又築土山以臨城城中飛梯火車盡攻擊之法思政亦作火䂎因迅風便投之土山又射以火箭燒其攻具仍募勇士縋而出戰據其兩土山置樓堞以助防守齊文襄更益兵堰洧水以灌城

時雖有怪獸每衝壞其堰然城被灌已久多亦崩頹岳悉衆苦攻思政身當矢石與士卒同勞苦岳乃更脩堰作鐵龍雜獸用厭水神堰成水大至城中泉涌溢懸釜而炊糧力俱竭慕容紹宗劉豐生及其將慕容永珍意以為關共乘樓船以望城內令善射人俯射城中俄而大風暴起船乃飄至城下城上人以長鈎牽船弓弩亂發紹宗窮急透水而死豐生浮向土山復中矢而斃禽永珍并獲船中器械思政謂永珍曰僕之破亡在於晷漏誠知殺卿無益然人臣之節守之以死乃流涕斬之并收紹宗等尸以禮埋瘞岳既失紹宗等志氣沮喪不敢逼城齊文襄聞之乃率

步騎十萬來攻思政知不濟率左右據土山因仰天大哭左右皆號慟思政西向再拜便欲自刎先是文襄告城中人曰有能生致王大將軍者封侯重賞若大將軍身有損傷親近左右皆從大戮都督駱訓固止之不得引決齊文襄遣其通直散騎常侍趙彥深就土山遺以白羽扇而說之牽手以下引見文襄辭氣慷慨涕淚交流無撓屈之容文襄以其忠於所事起而禮之接遇甚厚其督將分禁諸州地牢數年盡死思政初入潁川士卒八千人被圍既久城中無鹽腫死者十六七及城陷之日存者纔三千人雖外無救援遂無叛者思政常以勤王為務不營貲產嘗被

賜園地思政出征後家人種桑果雜樹及還見而怒曰匈奴未滅去病辭家況大賊未平欲事產業豈所謂憂公忘私邪命左右拔而棄之故身陷之後家無蓄積及齊文宣受東魏禪以思政為都官尚書儀同三司卒贈以本官加兗州刺史初思政在荊州自武關以南延袤一千五百里置三十餘城並當衝要之地凡所舉薦咸得其才子康沈毅有度量後為周文親信思政陷後詔以因水城陷非戰之罪增邑三千五百戶以康襲爵太原公除驃騎大將軍侍中開府儀同三司康弟揆先封中都縣侯增邑通前一千五百戶進爵為公揆弟邦封西安縣侯邦弟恭忠誠縣

伯恭弟幼顯親縣伯康姊封齊郡君康兄元遜亦陷於穎
川封其子景晉陽縣侯康抗表固讓不許十六年王師東
討加康使持節大都督以恩政所部兵皆配之魏廢帝二
年隨尉遲迥征蜀鎮天水郡尋賜姓拓王氏為鄜州刺史
武成末除匠師中大夫轉載師保定二年歷安襄二州總
管位柱國入隋終於汴州刺史

尉遲迥字薄居羅代人也其先魏之别號尉遲部因而氏
焉父俟兜性弘裕有鑒識尚周文帝姊昌樂大長公主生
迥及綱迥年七歲綱年六歲俟兜病且卒呼二子撫其首
曰汝等並有貴相但恨吾不見耳各勉之武成初追贈柱

國大將軍太傅長樂郡公謚曰定迥少聰敏美容儀及長
有大志好施愛士尚魏文帝女金明公主拜駙馬都尉封
西都侯大統十一年拜侍中驃騎大將軍開府儀同三司
進爵魏安郡公十五年遷尚書左僕射兼領軍將軍迥通
敏有幹能雖任兼文武頗允時望周文以此深委仗焉十
六年拜大將軍侯景之渡江也梁元帝時鎮江陵請脩隣
好其弟武陵王紀在蜀稱帝率衆東下將攻之梁元帝大
懼移書請救周文曰蜀可圖矣取蜀制梁在茲一舉乃與
群公會議諸將多有異同唯迥以為紀既盡銳東下蜀必
空虛王師臨之必有征無戰周文以為然謂曰伐蜀之事

一以委汝於是令迥督開府元珍乙弗亞侯呂陵始叱奴
興綦連雄宇文昇等六軍甲士取晉壽開平林舊道迥前
軍臨劍閣紀安州刺史樂廣以州先降紀梁州刺史楊乾
運時鎮潼水先已遣使詣闕密送誠款然恐其下不從猶
據潼水别營拒守迥遣元珍侯呂陵始等襲之乾運還保
潼川珍等遂圍之乾運降迥至潼川大饗將士度涪江至
青溪登南原勒兵講武脩繕約束閱器械自開府以下賞
金帛各有差時夏中連雨山路嶮峻將士疲病者十二三
迥親自勞問加以湯藥引之而西紀益州刺史蕭撝嬰城
自守進軍圍之初紀至巴郡遣前南梁州刺史史欣景幽

州刺史趙拔扈等為撝外援迥分遣元珍乙弗亞等擊破
之拔扈等遁走欣景遂降撝被圍五旬頻戰為迥所破遣
使乞降許之撝乃與紀子宜都王圓肅率其文武詣軍門
請見迥以禮接之其吏人等各令復業唯收僮隷及儲積
以賞將士號令嚴肅軍無私焉詔以迥為大都督益潼等
十二州諸軍事益州刺史三年加督六州通前十八州諸
軍事以平蜀功封一子安固郡公自劍閣以南得承制封
拜及黜陟迥乃明賞罰布恩威綏輯新邦經略未附人夷
懷而歸之性至孝色養不怠身雖在外所得四時甘脆必
先薦奉然後敢嘗大長公主年高多病迥往在京師每退

朝參候起居憂悴形於容色大長公主每爲之和顔進食以寧迴心周文知其至性徵迴入朝以慰其母意遣大鴻臚郊勞仍賜迴衮冕之服蜀人思之爲立碑頌德六官初建拜小宗伯周孝閔帝踐阼進位柱國大將軍以迴有平蜀功同霍去病冠軍之義改封寧蜀公遷大司馬尋以本官鎮隴右武成元年進封蜀國公邑萬戶除秦州總管秦渭等十四州諸軍事隴右大都督保定二年拜大司馬及晉公護東伐迴帥師攻洛陽齊王憲等軍於芒山齊衆度河諸軍驚散迴率麾下反行却敵於是諸將遂得全師而還遷太保太傅建德初拜太師尋加上柱國宣帝即位以迴爲大右軍轉大前疑出爲相州總管宣帝崩隋文帝輔政以迴位望宿重懼爲異圖乃令迴子魏安郡公惇齎詔書以會葬徵迴尋以鄖國公韋孝寬代迴爲總管迴以隋文帝當權將圖篡奪遂謀舉兵留惇而不受代隋文帝又令候正破六韓裒詣迴喻旨密與總管府長史晉昶等書令爲之備迴聞之殺昶集文武士庶等登城北樓而令之於是衆咸從命莫不感激乃自稱大總管承制署官司于時趙王招已入朝留少子在國迴又奉以號令迴弟子大將軍成平郡公勤時爲青州總管初得迴書表送之尋亦從迴迴所管相衛黎毛洺貝趙冀瀛滄勤所統青齊膠光

莒諸州皆從之衆數十萬滎州刺史邵國公宇文冑申州刺史李惠東楚州刺史費也利進國東潼州刺史曹孝達各據州以應迴徐州總管司錄席毗與前東平郡守畢義緒據兗州及徐州之蘭陵郡亦以應迴永橋鎮將紇豆陵惠以城降迴迴又北結高寶寧以通突厥南連陳人許割江淮之地隋文帝於是徵兵討迴即以韋孝寬爲元帥陰壽監諸軍郕國公梁士彥樂安公元諧化政公宇文忻濮陽公宇文述武鄉公崔弘度清河公楊素隴西公李詢延壽公于仲文等皆爲行軍總管迴遣所署大將軍石愻攻建州刺史宇文弁以州降愻迴又遣西道行臺韓長業攻陷潞州執刺史趙威署城人郭子勝爲刺史上儀同赫連士猷攻晉州即據小鄉城紇豆陵惠襲陷定州之鉅鹿郡遂圍恒州上大將軍宇文威攻汴州上開府莒州刺史烏丸尼開府尉遲儁率膠光青齊莒兗之衆圍沂州大將軍檀讓攻陷曹亳二州屯兵梁郡大將軍東南道行臺席毗衆號八萬軍於藩城攻陷昌慮下邑豐縣李惠自申州攻永州焚之而還宇文冑軍於洛口開府梁子康攻懷州魏安公惇率衆十萬人入武德軍於沁東孝寬等諸軍隔水相持不進隋文帝又遣高熲馳驛督戰惇布兵二十餘里麾軍小郤欲待孝寬軍半度而擊之孝寬因其郤乃鳴

鼓齊進惇遂大敗孝寬乘勝進至鄴迥與其子惇祐等又悉其卒十三萬陣於城南迥別統萬人皆綠巾錦襖號曰黃龍兵勤率衆五萬自青州赴迥以三千騎先到迥舊習軍旅雖老猶被甲臨陣其麾下兵皆關中人爲之力戰孝寬等軍失利而却鄴中士女觀者如堵高熲與李詢乃整陣先犯觀者因其擾而乘之迥衆大敗遂入鄴城迥走保北城孝寬縱兵圍之李詢賀婁子幹以其屬先登迥上樓射殺數人乃自殺勤惇祐等東走青州未至開府郭衍追及之並爲衍所獲隋文帝以勤初有誠款特釋之李惠先是自縛歸罪隋文帝復其官爵迥末年衰老惑於後妻王

氏而諸子多不睦及起兵以開府小御正崔達拏爲長史自餘委任亦多用齊人達拏文士無籌略舉措多失綱紀不能匡救迥自起兵至于敗凡經六十八日焉子寬大將軍長樂郡公先迥卒寬兄誼開府資中郡公寬弟順以迥平蜀功授開府安固郡公後以女爲宣帝皇后拜上柱國封胙國公順弟惇軍正下大夫魏安郡公惇弟祐西都郡公皆被誅而誼等諸子以年幼並獲全武德中迥從孫庫部員外郎耆福上表請改葬朝議以迥忠於周室有詔許焉仍贈絹百匹迥弟綱

綱字婆羅少孤與兄迥依託舅氏周文帝西討關隴迥綱與母昌樂大長公主留于晉陽後方入關從周文征伐常陪侍帷幄出入卧內以軍功封廣宗縣伯綱驍果有膂力善騎射周文甚寵之委以心膂河橋之戰周文馬中流矢因而驚奔綱與李穆等左右力戰衆皆披靡文帝方得乘馬大統十四年進爵平昌郡公廢帝二年拜大將軍兼領軍及魏帝有異謀言頗漏泄周文以綱職典禁旅使密爲之備俄而廢帝立齊王仍以綱爲中領軍總宿衛事綱兄迥伐蜀從周文送之於城西見一走兔周文命綱射之誓曰若獲此兔必當破蜀俄而綱獲兔而返周文喜曰事平當賞汝佳口及克蜀賜綱侍婢二人又嘗從周文北狩雲

陽見五鹿俱走綱獲其三每從遊宴周文以珍異之物令諸功臣射而取之綱所獲輒多周孝閔帝踐阼綱以親戚掌禁兵除小司馬又與晉公護廢帝明帝即位進位柱國大將軍武成元年進封吳國公邑萬戶除涇州總管歷位少傅大司空陝州總管晉公護東討乃配綱甲士留鎮京師大軍還綱復歸天和二年以綱政績可紀賜帛及錢穀等增邑以褒賞之陳公純等以皇后阿史那氏自突厥將入塞詔徵綱與大將軍王傑率衆迎衛於境首三年追論河橋功封一子縣公四年薨于京師贈太保謚曰武第二子安以嫡嗣大象末位柱國入隋歷鴻臚卿左衛大將軍

安兄運

運少彊濟志在立功魏大統十六年以父勳封安喜縣侯周明帝立以預定策勳進爵周城縣公歷位隴州刺史再遷左武伯中大夫尋加軍司馬運既職兼文武甚見委任進爵廣業郡公轉右司衛時宣帝在東宮親狎諂佞數有罪失武帝於朝臣內選忠諒鯁正者以匡弼之於是以運爲右宮正建德三年帝幸雲陽宮又令運以本官兼司武與長孫覽輔皇太子居守俄而衛剌王直作亂率其黨襲肅章門覽懼走行在所運時偶在門中直兵奄至不暇命左右乃手自闔門直黨與運爭門斫傷運指僅而得閉直

既不得入乃縱火運恐火盡直黨得進乃取宮中材木及牀等以益火更以膏油灌之火轉熾久之直不得進乃退運率留守兵因其退以擊之直大敗而走是夜微運宮中已不守矣武帝嘉之授大將軍賜以直田宅妓樂金帛車馬什物等不可勝數四年出爲同州刺史同州蒲津潼關等六防諸軍事帝將伐齊召運參議東夏底定頗有力焉五年拜柱國進爵盧國公轉司武上大夫總宿衛軍事帝崩於雲陽宮祕未發喪運總侍衛兵還京師宣帝即位授上柱國運之爲宮正也數進諫於帝帝不納反疎忌之時運又與王軌宇文孝伯等皆爲武帝親待軌屢言帝失於武帝帝謂預其事愈更銜之及軌被誅運懼及於禍尋而得出爲秦州總管至州猶懼不免遂以憂薨於州贈大後丞七州諸軍事秦州刺史謚曰忠子靖嗣運弟勤大象末青州總管起兵應伯迥勤弟敬尚明帝女河南公主位儀同三司

王軌太原祁人也小名沙門漢司徒允之後世爲州郡冠族累葉仕魏賜姓烏丸氏父光少雄武有將帥才略頻有戰功周文帝遇之甚厚位至驃騎大將軍開府儀同三司平原縣公軌性質直起家事輔城公及武帝即位累遷內史下大夫遂處腹心之任帝將誅晉公護軌贊成其謀建

德初轉內史大夫加授開府儀同三司又拜上開府儀同大將軍封上黃縣公軍國之政皆參預焉從平并鄴以功進位上大將軍進爵郯國公及陳將吳明徹入寇呂梁徐州總管梁士彥頻與戰不利乃退保州城明徹遂堰清水以灌之列船艦於城下以圖攻取詔以軌爲行軍總管率諸軍赴救軌潛於清水入淮口多豎大木以鐵鎖貫車輪橫截水流以斷其船路方欲密決其堰以斃之明徹知之乃破堰遽退冀乘決水以得入淮比至清口川流已闊水勢亦衰船並礙於車輪不復得過軌因率兵圍而蹙之唯有騎將蕭摩訶以二十騎先走得免明徹及將士三萬餘

人并器械輜重並就俘獲陳之銳卒於是殲焉進位柱國仍拜徐州總管軌性嚴重善謀略兼有呂梁之捷威振敵境陳人甚憚之宣帝之征吐谷渾也武帝令軌與宇文孝伯並從軍中進趣皆委軌等宣帝仰成而已時宮尹鄭譯王端並得幸於宣帝宣帝軍中頗有失德譯等皆預焉軍還軌等言之於武帝武帝大怒乃撻宣帝除譯等名仍加捶楚宣帝因此大銜之軌又嘗與小內史賀若弼言及此事且言皇太子必不克負荷弼深以為然勸軌陳之軌後因侍坐乃白武帝言皇太子多涼德恐不了陛下家事愚臣暗短不足以論是非陛下恒以賀若弼有文武奇才識

度宏遠而弼比再對臣深以此事為慮武帝召弼問之弼曰皇太子養德春宮未聞有過未審陛下何從得聞此言既退軌誚弼曰平生言論無所不道今者乃爾翻覆弼曰此公之過也皇太子國之儲副豈易為言事有差跌便至滅門之禍本謂公密陳臧否何得遂至昌言軌默然久之乃曰吾專心國家遂不存私計向者對眾良實非宜其後軌因內宴上壽又捋武帝鬚曰可愛好老公但恨後嗣弱耳武帝深以為然但漢王次長又不才此外諸子並幼故不能用其說及宣帝即位追鄭譯等復為近侍軌自知必及於禍謂所親曰吾昔在先朝實申社稷至計今日之事斷可知矣此州控帶淮南鄰接彊寇欲為身計易同反掌但忠義之節不可虧違況荷先帝厚恩每思以死自效豈以獲罪於嗣主便欲背德於先帝止可於此待死義不為他計冀千載之後知吾此心大象元年帝使內史杜虔信就徐州殺軌御正中大夫顏之儀切諫帝不納遂誅之軌立朝忠恕兼有大功忽以無罪被戮天下知與不知皆傷惜時京兆郡丞樂運亦以直言數諫於帝

樂運字承業南陽清陽人晉尚書令廣之八世孫祖文素齊南郡守父均梁義陽郡守運少好學涉獵經史年十五而江陵滅隨例遷長安其親屬等多被籍沒運積年為人

傭保皆贖免之事母及寡嫂甚謹由是以孝聞梁故都官郎琅邪王澄美之次其行事為孝義傳性方直未嘗求媚於人臨淄公唐瑾薦之自柱國府記室為露門學士前後犯顏屢諫武帝多被納用建德二年除萬年縣丞抑挫豪右號稱強直武帝嘉之特許通籍事有不便於時者令巨細奏聞武帝嘗幸同州召運赴行在所既至謂曰卿言太子如何人運曰中人也時齊王憲以下並在帝側帝顧謂憲等曰百官佞我皆云太子聰明睿智唯運云中人方驗運之忠直耳於是因問運中人之狀運對曰班固以齊桓公為中人管仲相之則霸豎貂輔之則亂可與為善亦可

與爲惡也帝曰我知之矣遂妙選宮官以匡弼之乃超拜運京兆郡丞太子聞之意甚不悅及武帝崩宣帝嗣位葬訖詔天下公除帝及六宮便議即吉運上疏曰三年之喪自天子達於庶人先王制禮安可誣之禮天子七月而葬以候天下畢至今葬期既促事訖便除文軌之內奔赴未盡鄰境遠聞使猶未至若以喪服受弔不可既吉更凶如以玄冠對使未知此出何禮進退無據愚臣竊所未安書奏帝不納自是德政不修數行赦宥運又上疏曰臣謹按周官曰國君之過市刑人赦此謂市者交利之所君子無故不遊觀焉則施惠以悅之也尚書曰眚災肆赦此爲過

誤爲害罪雖大當緩赦之謹尋經典未有罪無輕重溥天大赦之文故管仲曰有赦者奔馬之委轡不赦者痤疽之礪石又曰惠者人之仇讎法者人之父母吳漢遺言猶云唯願無赦王符著論亦云赦者非明世之所宜有大尊豈可數施非常之惠以肆姦宄之惡乎帝亦不納而昏暴滋甚運乃輿櫬詣朝堂陳帝八失一曰內史御正職在弼諧皆須參議共理天下大尊比來小大之事多獨斷之堯舜至聖尚資輔弼況大尊未爲聖主而可專恣己心凡諸刑罰爵賞爰及軍國大事請參諸宰輔與衆共之二曰內作色荒古人重誡大尊初臨四海德惠未洽先搜天下美女

用實後宮又詔儀同以上女不許輒嫁貴賤同怨聲溢朝野請姬媵非幸御者放還本族欲嫁之女勿更禁之三曰天子未明求衣日旰忘食猶恐萬機不理天下擁滯大尊比來一入後宮數日不出所須聞奏多附內豎傳言失實是非可懼事由宦者亡國之徵請準高祖居外聽政四曰變故易常乃爲政之大忌淫刑酷罰非致安之弘規若罰無定刑則天下皆懼政無常法則人無適從豈有削嚴刑之詔未及半祀便即遣改更嚴前制政令不定乃至於此今宿衛之官有一夜不直者罪至削除因而逃亡者遂便籍沒此則大逆之罪與杖十同科雖爲法愈嚴恐人情愈

散一人心散尚或不可止若天下皆散將如之何請遵輕典並依大律則億兆之人手足有所措矣五曰高祖斲雕爲朴本欲傳之萬世大尊朝夕趨庭親承聖旨豈有崩未踰年而遽窮奢麗成父之志義豈然乎請興造之制務從卑儉雕文刻鏤一切勿營六曰都下之人徭賦稍重必是軍國之要不敢憚勞豈容朝夕徵求唯供魚龍爛漫士庶從役祇爲俳優角抵紛紛不已財力俱竭業業相顧無復聊生凡無益之事請並停罷七曰近見有詔上書字誤者即科其罪假有忠讜之人欲陳時事尺有所短文字非工不容失身義無假手脫有舛謬便迫嚴科嬰徑尺之鱗其

事非易下不諱之詔猶懼未來更加刑戮能無鉗口大尊縱不能採誹謗之言無宜杜獻替之路請傳此詔則天下幸甚八曰昔桑穀生朝殷王因之獲福今玄象垂戒此亦興周之祥大尊雖減膳撤懸未盡銷譴之理誠願諮諏善道脩布德政解兆庶之慍引萬方之罪則天變可除鼎業方固大尊若不革茲八事臣見周廟不血食矣帝大怒將戮之內史元巖諫因而獲免翌日帝頗感悟召運謂之曰朕昨夜思卿所奏實是忠臣先皇聖明卿數有規諫朕既昏暗卿復能如此乃賜御食以賞之朝之公卿初見帝甚怒莫不爲運寒心後見獲賞又皆相賀以爲幸免獸口內

史鄭譯常以私事請託運不知許因此銜之及隋文帝爲丞相譯爲長史遂左遷運爲廣州滍陽令開皇五年轉毛州高唐令頻歷三縣並有聲績運常願處一諫官從容諷議而性訐直爲人所排抵遂不被任用乃發憤錄夏殷以來諫爭事集而部之凡六百三十九條合四十一卷名曰諫苑奏上之隋文帝覽而嘉焉

論曰王羆剛峭有餘弘雅未之聞也情安儉率志在公平旣而奮禦危城抗辭勍敵梁人爲之退舍高氏不敢加兵以此見稱信非虛矣至述不隕門風亦足稱也王思政驅馳有事之秋慷慨功名之際及乎策名霸府作鎮潁川設縈帶之險脩守禦之術以一城之衆抗傾國之師率疲駘之兵當勁勇之卒猶能亟摧大敵屢建奇功忠節冠於本朝義聲動於隣聽運窮事蹙城陷身囚壯志高風亦足奮於百世矣尉遲迥地則舅甥職惟台衮沐恩累葉荷睠一時居形勝之地受藩維之託顚而不扶憂責斯在及主威云謝鼎業將遷九服移心三靈改卜遂能志存赴蹈投袂稱兵忠君之勤未宣違天之禍便及校其心翟義葛誕之儔歟綱運積宣王室勤勞出內觀其自致榮寵豈唯恩澤而已乎夫士之成名其途不一蓋有不待爵祿而貴不因學藝而重者何亦云忠孝而已若乃竭力以奉其親者人

子之行也致身以事其君者人臣之節也斯固彌綸三極囊括百代當宣帝之在東朝凶德方兆王軌志惟無諱極議於骨肉之閒竟遇淫刑以至夷滅若斯人者或以爲其不忠則天下莫之信也觀樂運之所以行己之節其有古之遺直之風乎

列傳第五十　　北史六十二

列傳第五十一　北史六十三

周惠達
馮景
蘇綽 子威 從兄亮

周惠達字懷文章武文安人也父信歷樂鄉平舒成平三縣令皆以廉能稱惠達幼有節操好讀書美容貌魏齊王蕭寶夤為瀛州刺史召惠達及河間馮景同在閤下甚禮之及寶夤還朝惠達隨入洛陽寶夤西征惠達復隨入關寶夤除雍州刺史令惠達使洛陽未還而寶夤謀反聞於京師有司以惠達是其行人將執之惠達乃私馳還至潼關遇大使楊侃侃謂曰何為故入獸口惠達曰蕭王必為左右所誤今往庶其改圖及至寶夤反形已露不可彌縫遂用惠達為光祿勳中書舍人寶夤既敗唯惠達等數人從之寶夤語惠達曰人生富貴左右咸言盡節及遭厄難乃知歲寒也賀拔岳為關中大行臺惠達為岳府屬岳為侯莫陳悅所害惠達遁入漢陽之麥積崖悅平歸於周文帝文帝復以為府司馬便委任焉周文帝為大將軍大行臺以惠達為行臺尚書大將軍府司馬封文安縣子周文出鎮華州留惠達知後事時既承喪亂庶事多闕惠達營造戎仗儲積倉粮簡閱士馬以濟軍國之務甚為朝廷所

稱後拜中書令進爵為公大統四年兼尚書右僕射其年周文與魏文帝東討令惠達輔魏太子居守總留臺事及芒山失律人情駭動趙青雀據長安子城反惠達奉太子出渭橋北以禦之軍還青雀等誅拜吏部尚書久之復為右僕射自關右草創禮樂缺然惠達與禮官損益舊章是以儀軌稍備魏文帝因朝奏樂顧謂惠達曰此卿功也惠達雖居顯職性謙退善下人盡心勤公愛拔良士以此皆敬而附之薨子題嗣隋開皇初以惠達著績前代追封蕭國公

馮景字長明河間武垣人也父儁為伏與令景少與周惠達友俱以客從蕭寶夤寶夤後為尚書右僕射引景領尚書都令史正光中寶夤為關西大行臺景又為行臺都令史及寶夤敗還長安或議歸罪闕下或言留州立功景曰擁兵不還此罪將大寶夤不從遂反及寶夤平景方得還洛朝廷聞景有諫言故不罪之後事賀拔岳為行臺郎岳使景詣齊神武察其行事神武聞岳使至甚有喜色問曰賀拔公詎憶吾邪即與景歃血託岳為兄弟景還以狀報岳岳曰此姦有餘而實不足自古王臣無私盟者也吾料之熟矣岳北合費也頭東引紇豆陵伊利西掫侯莫陳悅河州刺史梁景叡及酉渠為盟誓共會平涼移軍東下懼

有專任之嫌使景啓孝武帝帝甚悦又爲岳大都督府從事中郎後侯莫陳悦平周文使景於京師告捷帝有西遷意因問關中事勢景勸帝西遷後以迎孝武功封高陽縣伯除散騎常侍行臺尚書大統初詔行涇州事卒於官

蘇綽字令綽武功人魏侍中則之九世孫也累世二千石父協武功郡守綽少好學博覽群書尤善筭術從兄讓爲汾州刺史周帝餞于都門外臨別謂曰卿家子弟之中誰可任用者讓因薦綽周文乃召爲行臺郎中在官歲餘未見知然諸曹疑事皆詢於綽而後定所行公文綽又爲之條式臺中咸稱其能周文與僕射周惠達論事惠達不能

對請出外議之乃召綽告以其事綽即爲量定惠達入呈周文稱善謂曰誰與卿爲此議者惠達以綽對因稱其有王佐才周文曰吾亦聞之久矣尋除著作佐郎屬周文與公卿往昆明池觀漁行至城西漢故倉地顧問左右莫有知者或曰蘇綽博物多通請問之周文乃召綽問具以狀對周文大悦因問天地造化之始歷代興亡之迹綽既有口辯應對如流周文益嘉之乃與綽並馬徐行至池竟不設網罟而還遂留綽至夜問以政道卧而聽之綽於是指陳帝王之道兼述申韓之要周文乃起整衣危坐不覺膝之前席語遂達曙不猒詰朝謂周惠達曰蘇綽眞奇士吾

方任之以政郎拜大行臺左丞參典機密自是寵遇日隆綽始制文案程式朱出墨入及計帳戶籍之法大統三年齊神武三道入寇諸將咸欲分兵禦之獨綽意與周文同遂併力拒竇泰擒之於潼關封美陽縣伯十一年授大行臺度支尚書領著作兼司農卿周文方欲革易時政務弘強國富人之道故綽得盡其智能贊成其事減官員置二長并置屯田以資軍國又爲六條詔書奏施行之其一先脩心曰凡今之方伯守令皆受命天朝出臨下國論其尊貴並古之諸侯也是以前代帝王每稱共理天下者唯良宰守耳明知百僚卿尹雖各有所司然其理人之本莫若

守宰之量重也凡理人之體當先理己心心者一身之主百行之本心不清靜則思慮妄生思慮妄生則見理不明見理不明則是非謬亂是非既亂則一身不能自理安能理人也是以理人之要在於清心而已夫所謂清心者非不貪貨財之謂乃欲使心氣清和志意端靜心和志靜則邪僻之慮無因而作邪僻不作則凡所思念無不皆得至公之理率至公之理以臨其人則彼下人孰不從化是以稱理人之本先在理心其次又在理身凡人君之身者乃百姓之表一國之的也表不正不可求直影的不明不可責射中今君身不能自理而望理百姓是猶曲表而求直

影也君行不能自脩而欲百姓脩行者是猶無的而責射中也故爲人君者必心如清水形如白玉躬行仁義躬行孝悌躬行忠信躬行禮讓躬行廉平躬行儉約然後繼之以無倦加之以明察行此八者以訓其人是以其人畏而愛之則而象之不待家教日見而自興行矣其二敦教化曰天地之性唯人爲貴明其有中和之心仁恕之行異於木石不同禽獸故貴之耳然性無常守隨化而遷化於敦朴者則質直化於澆僞者則浮薄浮薄者則衰弊之風質直者則敦和之俗衰弊則禍亂交興淳和則天下自治自古安危興亡無不皆由所化也然世道彫喪已數百年大

亂滋甚且二十載人不見德唯兵革是聞上無教化唯刑罰是用而中興始爾大難未弭加之以師旅因之以饑饉凡百草創率多權宜致使禮讓弗興風俗未反比年稍登稔徭賦差輕衣食不切則教化可脩矣凡諸牧守令長各宜洗心革意上承朝旨下宣教化者貴能窮之以淳風浸之以太和被之以道德示之以朴素使百姓亹亹日遷於善邪僞之心嗜慾之性潛以消化而不知其所以然此之謂化也然後教之以孝悌使人慈愛教之以仁順使人和睦教之以禮義使人敬讓慈愛則不遺其親和睦則無怨於人敬讓則不競於物三者既備則王道成矣此之謂教

也先王之所以移風易俗還淳反素垂拱而臨天下以至於太平者莫不由此此之謂要道也其三盡地利曰人生天地之間衣食爲命食不足則飢衣不足則寒飢寒切體而欲使人興行禮讓者此猶逆坂走丸勢不可得也是以古之聖王知其若此先足其衣食然後教化隨之夫衣食所以足者由於地利盡地利所以盡者由於勸課有方主此教者在乎牧守令長而已人者冥也智不自周必待勸教然後得盡其力諸州郡縣每至歲首必戒敕部人無問少長但能操持農器者皆令就田墾發以時勿失其所及布種既訖嘉苗須理麥秋在野蠶停於室若此之時皆宜

少長悉力男女併功若揚湯救火寇盜之將至然後可使農夫不失其業蠶婦得就其功若游手怠惰早歸晚出好逸惡勞不勤事業者則正長牒名郡縣守令隨事加罰罪一勸百此則明宰之教也夫百畝之田必春耕之夏種之秋收之然後冬食之此三時者農之要月也若失其一時則穀不可得而食故先王之戒曰一夫不耕天下必有受其飢者一婦不織天下必有受其寒者若此三時不務省事而令人廢農者是則絶人之命驅以就死然單劣之户及無牛之家勸令有無相通使得兼濟三農之隙及陰雨之暇又當教人種桑植果藝其蔬菜脩其園圃畜育雞豚

以備生生之資以供養老之具夫爲政不欲過碎碎則人煩勸課亦不容太簡簡則人怠善爲政者必消息時宜而適煩簡之中故詩曰不剛不柔布政優優百祿是求如不能爾則必陷於刑辟矣其四擢賢良曰天生蒸黎不能自化故必立君以理之人君不能獨理故必置臣以佐之上自帝王下及列國置臣得賢則安失賢則亂此乃自然之理百王不能易也今刺史縣令悉有僚吏皆佐助之人也刺史府官則命於天朝其州吏以下並牧守自置自昔以來州郡大夫但取門資多不擇賢良末曹小吏唯試刀筆並不問志行夫門資者乃先世之爵祿無妨子孫之愚瞽

刀筆者乃身外之末材不廢性行之澆僞若門資之中而得賢良是則策騏驥而取千里也若門資之中而得愚瞽是則土牛木馬形似而用非不可以涉道也若刀筆之中而得志行是則金相玉質內外俱美實爲人寶也若刀筆之中而得澆僞是則飾畫朽木悅目一時不可以充榱椽之用也今之選舉者當不限資蔭唯在得人苟得其人自可起厮養而爲卿相則伊尹傅說是也而況州郡之職乎苟非其人則丹朱商均雖帝王之胤不能守百里之封而況於公卿之胄乎由此而言官人之道可見矣凡所求材藝者爲其可以理人若有材藝而以正直爲本者必以材而爲理也若有材藝而以姦僞爲本者將因其官而亂也何致化之可得乎是故將求材藝必先擇志行善者則舉之其志行不善則去之而今擇人者多云邦國無賢莫知所舉此乃未之思也非適理之論所以然者古人有言明主聿興不降佐於昊天大人基命不擢才於后土常引一世之人理一世之務故殷周不待稷契之臣魏晉無假蕭曹之佐仲尼曰十室之邑必有忠信如丘者焉豈有萬家之都而云無士但求之不勤擇之不審或授之不得其所任之不盡其材故云無耳古人云千人之秀曰英萬人之英曰儁今之智効一官行聞一邦者豈非近英儁之士也

但能勤而審之去虛取實各得州郡之最而用之則人無多少皆足化矣孰云無賢夫良玉未剖與瓦石相類名驥未馳與駑馬相雜及其剖而瑩之馳而試之玉石駑驥然後始分彼賢士之未用也混於凡品竟何以異要任之以事業責之以成務方與彼庸流較然不同昔呂望之屠釣百里奚之飯牛甯生之扣角管夷吾之三敗當此之時悠悠之徒豈謂其賢及升王朝登霸國積數十年功成事立始識其奇士也於是後世稱之不容於口彼瓌瑋之材不世之傑尚不能以未遇之時自異於凡品況降此者哉若必待太公而後用是千載無太公必待夷吾而後任是百

世無棄吾所以然者士必從微而至著功必積小以至大豈有未任而已成不用而先達也若識此理則賢可求士可擇得賢而任之得士而使之則天下之理何向而不可成也然善官人者必先省其官省則善人易充善人易充則事無不理官煩則必雜不善之人雜不善之人則政必有得失故語曰官省則事省事省則人清官煩則事煩事煩則人濁清濁之由在於官之煩省案今吏員其數不少昔人數事廣尚能克濟況今戶口減耗依員而置猶以爲少如聞在下州郡尚有兼假擾亂細人甚爲無理諸如此輩悉宜罷黜無得習常非直州郡之官宜須善人爰至

黨族閭里正長之職皆當審擇各得一鄉之選以相監統夫正長者理人之基基不傾者上必安凡求賢之路自非一途然所以得之審者必由任而試之考而察之起於居家至於鄉黨訪其所以觀其所由則人道明矣賢與不肖別矣率此以求則庶無愆悔矣其五恤獄訟曰人受陰陽之氣以生有情有性性則爲善情則爲惡善惡既分賞罰隨焉賞罰得中則惡止而善勸賞罰不中則人無所措手足則怨叛之心生是以先王重之特加戒慎者欲使察獄之官精心悉意推究根源先之以五聽參之以證驗妙覩情狀窮鑿隱伏使姦無所容罪人必得然後隨事加刑輕

重皆當含過矜愚得情勿喜又能消息情理斟酌禮律無不曲盡人心而遠明大教使獲罪者如歸此則善之上者也然宰守非一不可人人皆有通識推理求情時或難盡唯當率至公之心去阿枉之志務求曲直念盡平當聽察之理必窮所見然後考訊以法不苛不暴有疑則從輕未審不妄罰隨事斷理獄無停滯此亦其次若乃不仁恕而肆其殘暴同人木石專用捶楚巧詐者雖事彰而獲免辭弱者乃無罪而被罰有如此者斯則下矣非共理所寄今之宰守當勤於中科而慕其上善如在下條則刑所不赦又當深思遠大念存德教先王之制曰與殺無辜寧赦有

罪與其害善寧其利淫明必不得中寧濫捨有罪不謬害善人也今之從政者則不然深文巧劾寧致善人於法不免有罪於刑所以然者非皆好殺人也但云爲吏寧酷可免後患此則情存自便不念至公奉法如此皆姦人也夫人者天地之貴物一死不可復生然楚毒之下以痛自誣不被申理遂陷刑戮者將恐往往而有是以自古已來設五聽三宥之法著明慎庶獄之典此皆愛人甚也凡伐木殺草田獵不順尚違時令而虧帝道況刑罰不中濫害善人寧不傷天心犯和氣和氣損而欲陰陽調適四時順序萬物阜安蒼生悅樂者不可得也故語曰一夫吁嗟王道

為之傾覆正謂此也凡百宰守可無慎乎若深姦巨猾傷
化敗俗悖亂人倫不忠不孝故為背道殺一利百以清王
化重刑可也識此二途則刑政盡矣其六均賦役曰聖人
之大寶曰位何以守位曰仁何以聚人曰財明先王必以
財聚人以仁守位國而無財位不可守是故三五以來皆
有征稅之法雖輕重不同而濟用一也今寇逆未平軍國
費廣雖未遑減省以卹人瘼然宜令平均使下無怨平均
者不舍豪強而徵貧弱不縱姦巧而困愚拙此之謂均也
故聖人曰蓋均無貧然財貨之生其均不易紡紝織績起
於有漸非旬日之間所可造次必須勸課使預營理絹鄉

先事織紝麻土早脩紡績先時而備至時而輸故王賦獲
供下人無困如其不預勸戒臨時迫切復恐稽緩以為已
過棰扑交至取辦目前富商大賈緣茲射利有者從之貴
買無者與之舉息輸稅之人於是弊矣租稅之時雖有大
式至於斟酌貧富差次先後皆事起於正長而繫之於守
令若斟酌得所則政和而人悅若檢理無方則吏姦而人
怨又差發徭役多不存意致令貧弱者或重徭而遠戍富
強者或輕使而近防守令用懷如此不存卹人之心皆王
政之罪人也周文甚重之常置諸坐右又令百司習誦之
其牧守令長非通六條及計帳者不得居官自有晉之季

文章競為浮華遂以成俗周文欲革其弊因魏帝祭廟群
臣畢至乃命綽為大誥奏行之其詞曰惟中興十有一年
仲夏庶邦百辟咸會於王庭柱國泰洎群公列將罔不來
朝時迺大稽百憲敷于庶邦用綏我王度皇帝若曰昔堯
命羲和允釐百工舜命九官庶績咸熙武丁命說克號高
宗時休哉朕其欽若格爾有位胥暨我太祖之庭朕將丕
命女以厥官六月丁巳皇帝朝格於太廟凡厥具僚罔不
在位皇帝若曰咨我元輔群公列將百辟卿士庶尹御事
朕惟寡敷祖宗之靈命稽于先王之典訓以大誥于爾在
位昔我太祖神皇肇膺明命以創我皇基烈祖景宗廓開

四表底定武功暨乎文祖誕敷文德龔惟孝武不實其舊
自時厥後陵夷之弊用興大難于彼東土則我黎庶咸墜
塗炭惟台一人纘戎下武夙夜祗畏若涉大川罔識攸濟
是用稽於帝典揆於王度拯我人瘼惟彼哲王示我通訓
曰天生蒸黎罔克自乂上帝降鑒叡聖植元后以乂之時
惟元后弗克獨乂博求明德命百辟群吏以佐之肆天之
命辟辟之命官惟以卹人弗惟逸豫辟惟元首庶黎惟趾
股肱惟弼上下一體各勤攸司茲用克臻於皇極故皇其
彝訓曰后克艱厥后臣克艱厥臣政乃乂今台一人膺天
之嘏既陟元后股肱百辟又服我國家之命罔不咸守厥

職嗟后弗艱厥后臣弗艱厥臣政於何弗釋嗚呼艱哉凡爾在位其敬聽命皇帝若曰柱國惟四海之不造載縣二紀我太祖烈祖之命用錫我以元輔國家將墜公惟棟梁皇之弗極公惟作相百揆僉度公惟大錄公其允文允武克明克乂迪七德敷九功龕暴除亂下綏我蒼生傍施於九正若伊之在商周之有呂說之相丁用保我無疆之祚皇帝若曰群公太宰太尉司徒司空惟公作朕鼎足以弼乎朕躬宰惟天官克諧六職尉惟司武武在止戈徒惟司衆敬敷五教空惟司土利用厚生惟時三事若三階之在天惟茲四輔若四時之成歲天工人其代諸皇帝若曰列

將汝惟鷹揚作朕爪牙寇賊姦宄蠻夷猾夏汝徂征綏之以惠董之以威刑期無刑萬邦咸寧俾八表之內莫違朕命時汝功皇帝若曰庶邦列辟汝惟守土作人父母人惟不勝其飢故先王重農不勝其寒故先王貴女工人之不率於孝慈則骨肉之恩薄弗惇於禮讓則爭奪之萌生惟茲六物寔爲教本嗚呼爲上在寬寬則人怠齊之以禮不剛不柔稽極於道皇帝若曰卿士庶尹凡百御事王省惟歲卿士惟月庶尹惟日御事惟時歲月日時罔易其度百憲咸貞庶績其凝嗚呼惟若王官陶均萬國若天之有斗斟元氣酌陰陽弗失其和蒼生永賴悖其序萬物以傷時

惟艱哉皇帝若曰惟天地之道一陰一陽禮俗之變一文一質爰自三五以迄于茲匪惟相革惟其救弊匪惟相襲惟其可久惟我有魏承乎周之末流接秦漢遺弊襲魏晉之華誕五代澆風因而未革將以穆俗興化庶可暨乎嗟我公輔庶僚列辟朕惟否德其一朕心力祗慎厥艱克遵前王之丕顯休烈弗敢怠荒咨爾在位亦叶于朕心惇德允元惟厥艱是務克捐厥華即厥實背厥僞崇厥誠勿愆勿忘一乎三代之彝典歸於道德仁義用保我祖宗之丕命荷天之休克綏我萬方永康我黎庶戒之哉朕言不再柱國泰洎庶僚百辟拜手稽首曰亶聰明作元后元后作

人父母惟三五之王率繇此道用臻於刑措自時厥後歷千載未聞惟帝念功將反叔世逖致於雍熙庸錫降不命于我群臣博哉王言非言之難行之實難臣聞靡不有初鮮克有終商書曰終始惟一德延日新惟帝敬厥始慎厥終以躋日新之德則我群臣敢不夙夜對揚休哉惟茲大誼未光於四表以邁種德俾九域幽遐咸昭奉元后之明訓率遷於道永膺無疆之休帝曰欽哉自是之後文筆皆依此體綽性儉素不事產業家無餘財以海內未平常以天下爲己任博求賢俊共弘政道凡所薦達皆至大官周文亦推心委任而無間言焉或出游常預署空紙以授綽

若須有勲分則隨事施行及還啓知而已綽常謂爲國之
道當愛人如慈父訓人如嚴師每與公卿議論自晝達夜
事無巨細皆指諸掌積思勞倦遂成氣疾十二年卒于位
時年四十九周文痛惜之哀動左右及將葬乃謂公卿等
曰蘇尚書平生謙退敦尚儉約吾欲全其素志便恐悠悠
之徒有所未達如其厚加贈謚又乖宿昔相知之道進退
惟谷孤有疑焉尚書令史麻瑶越次而進曰昔晏子齊之
賢大夫一狐裘三十年及其死也遣車一乘齊侯不奪其
志綽既操履清白謙挹自居愚謂宜從儉約以彰其美周
文稱善因薦瑶於朝廷及綽歸葬武功唯載以布車一乘

周文與群公皆步送出同州郭外周文親於車後酹酒而
言曰尚書平生爲事妻子兄弟不知者吾皆知之惟爾知
吾心吾知爾意方欲共定天下不幸遂捨吾去奈何因舉
聲慟哭不覺巵墜於手至葬日又遣使祭以太牢周文自
爲其文綽又著佛性論七經論並行於世周明帝二年以
綽配享文帝廟廷子威嗣
威字無畏少有至性五歲喪父哀毀有若成人周文帝時
襲爵美陽縣公仕郡功曹大冢宰宇文護見而禮之以其
女新興公主妻焉威見護專權恐禍及己逃入山爲叔父
所逼卒不獲免然每居山寺以諷讀爲娱未幾授持節車

騎大將軍儀同三司改封懷道縣公武帝親總萬機拜稍
伯下大夫前後所授並辭疾不拜有從父妹適河南元世
雄世雄先與突厥有隙突厥入朝請世雄及其妻子將甘
心焉周遂遣之威以夷人昧利遂標賣田宅罄資產贖世
雄論者義之宣帝嗣位就拜開府隋文帝爲丞相高熲屢
言其賢亦素重其名召入卧内與語大悅居月餘威聞禪
代之議遁歸田里高熲請追之帝曰此不欲預吾事且置
之及受禪徵拜太子少保追贈其父邳國公以威襲焉俄
兼納言威上表陳讓優詔不許帝嘗與文獻皇后對觴召
威及高熲楊素廣平王雄四人謂曰太史言朕祚運盡於

三年朕憂之故舉此酒耳今欲營南山嶮阨與公等固之
以觀時變將如何威進曰周文脩德旋地動之災宋景一
言退法星三舍願陛下恢崇德度享天之休若棄德恃險
同舟之人誰非敵國縱南山之岨安足固哉帝善其言屬
之以酒初威父綽在魏以國用不足爲征稅法頗稱爲重
既而嘆曰所爲者正如張弓非平世法也後之君子誰能
弛乎威聞其言每以爲已任至是奏減賦役務從輕典帝
悉從之漸見親重與高熲參掌朝政威見宮中以銀爲幔
鈎因盛陳節儉之美諭帝帝爲改容雕飾舊物悉命除毀
帝嘗怒一人將殺之威入閤進諫不納帝怒甚將自出斬

之威當前不去帝避之而出威又遮止帝帝拂衣入良久
乃召威謝曰公能若是吾無憂矣於是賜馬二匹錢十餘
萬歲餘尋復兼大理卿京兆尹御史大夫本官悉如故持
書侍御史梁毗劾威兼領五職安繁戀劇無舉賢自代心
帝曰蘇威朝夕孜孜志存遠大舉賢有闕何遽迫之顧謂
威曰用之則行捨之則藏唯我與爾有是夫因謂朝臣曰
蘇威不遇我無以措其言我不得蘇威何以行其道楊素
才辯無雙至若斟酌古今助我宣化非威匹也蘇威若逢
亂世商山四皓豈易屈哉其見重如此未幾拜刑部尚書
解少保御史大夫官後京兆尹廢檢校雍州別駕時高熲

與威同心協贊政刑大小無不籌之故革運數年天下稱
平俄轉戶部尚書納言如故屬山東諸州人饑帝令威振
恤之遷吏部尚書兼領國子祭酒隋承戰爭之後憲章踳
駁帝令朝臣釐改舊法為一代通典律令格式多威所定
世以為能九年拜尚書右僕射其年以母憂去職柴毀骨
立敕勉諭殷勤未幾起令視事固辭優詔不許明年帝幸
并州命與高熲同總留事俄追詣行在所使決人訟尋令
持節巡撫江南得以便宜從事過會稽踰五嶺而還江表
自晉已來刑法蹠緩代族貴賤不相陵越平陳之後牧人
者盡改變之無長幼悉使誦五教威加以煩鄙之辭百姓

嗟怨使還奏言江表依內州責戶籍上以江表初平召戶
部尚書張嬰責以政急時江南州縣又訛言欲徙之入關
遠近驚駭饒州吳世華起兵為亂生臠縣令啗其肉於是
舊陳率土皆反執長吏抽其腸而殺之曰更使儂誦五教
邪尋詔內史令楊素討平之時突厥都藍可汗屢為患復
令威至可汗所威子夔以公子盛名引致賓客四海士大
夫多歸之時議樂夔與國子博士何妥各有所持於是夔
妥各為一議使百寮署其所同朝廷多附威同夔者十八
九妥恚曰吾席間函丈四十餘年反為昵暮兒之所屈也
遂奏威與禮部尚書盧愷吏部侍郎薛道衡尚書右丞王

弘考功侍郎李同和等為朋黨省中呼王弘為世子李同
和為叔言二人如威子弟復言威以曲道任其從父弟徹
肅等罔冒為官又國子學請黎陽人王孝逸為書學博士
威屬盧愷以為其府參軍上令蜀王秀上柱國虞慶則等
雜按之事皆驗帝以宋書謝晦傳中朋黨事令威讀之威
懼免冠頓首帝曰謝已晚矣於是免威官爵以開府就第
知名之士坐威得罪者百餘人未幾帝曰蘇威德行者但
為人誤耳命之通籍歲餘復爵邳公拜納言從祠太山坐
不敬免俄而復位帝謂群臣曰世人言蘇威詐清家累金
玉此妄言也然其性狠戾不切世要求名太甚從己則悅

違之必怒此其大病耳仁壽初復拜尚書右僕射帝幸仁
壽宮以威總留事及帝還御史奏威職事多不理帝怒詰
責威威謝帝亦止煬帝嗣位上將大起長城之役威諫止
之高熲賀若弼之誅也威坐相連免官歲餘拜魯郡太守
修習儀召拜太常卿從征吐谷渾進拜右光祿大夫歲餘
復爲納言與左翊衛大將軍宇文述黃門侍郎裴矩御史
大夫裴蘊内史侍郎虞世基參掌朝政時人稱爲五貴及
征遼東以本官領右武衛大將軍進位光祿大夫賜爵房
陵侯尋進封房公以年老乞骸骨不許復以本官參掌選
事明年從征遼東領右禦衛大將軍楊玄感之反帝引威

於帳中懼見於色謂曰此小兒聰明得不爲患耶威曰麤
踈非聰明者必無慮但恐浸成亂階耳威見勞役不已百
姓思亂以此微欲諷帝帝竟不悟從還至涿郡詔威安撫
關中以其孫尚輦直長儇副威子鴻臚少卿夔先爲關中
簡黜大使一家三人俱使關右三輔榮之歲餘帝手詔曰
玉以絜潤丹紫莫能渝其質松表歲寒霜雪莫能凋其采
可謂温仁勁直性之然乎房公威先后舊臣朝之宿齒棟
梁社稷弼諧朕躬守文奉法卑身率禮昔漢之三傑輔惠
帝者蕭何周之十亂佐成王者邵奭國之寶器其在得賢
參燮台階具瞻斯允雖車轄論道終期獻替銓衡時務朝

寄爲重可開府儀同三司餘並如故威當時尊重朝臣莫
與爲比後從幸鴈門帝爲突厥所圍朝廷危懼帝欲輕騎
潰圍而出威諫曰城守則我有餘力輕騎則彼之所長陛
下萬乘主何宜輕脱帝乃止突厥俄亦解圍去車駕次太
原威以盜賊不止勸帝還京師深根固本爲社稷計帝初
從之竟用宇文述等議遂往東都天下大亂威知帝不可
匡正甚患之屬帝問盜賊事宇文述曰盜賊信少不足爲
虞威不能詭對以身隱殿柱帝呼問之威曰臣非職司不
知多少但患其漸近帝曰何謂也威曰他日賊據長白山
今者近在滎陽汜水帝不悦而罷屬五月五日百寮上饋

多以珍玩威獻尚書一部微以諷帝帝彌不平後復問伐
遼東事威對願赦群盜遣討高麗帝益怒御史大夫裴蘊
希旨令御史張行本奏威昔在高陽典選濫授人官怯畏
突厥請還京師帝令案其事乃下詔曰威立性朋黨好異
端懷挾詭道徼幸名利詆訶律令謗訕臺省昔歲薄伐奉
述先志凡預切問各盡胷臆而威不以開懷遂無對命啓
沃之道其若是乎於是除名後月餘人有奏威與突厥陰
圖不軌大理簿責威威自陳精誠不能上感璽釁屢彰罪
當萬死帝憫而釋之其年從幸江都宫帝將復用威裴蘊
虞世基奏言昏老羸疾帝乃止宇文化及弒逆以威爲光

祿大夫開府儀同三司化及敗歸於李密密敗歸東都越王侗以為上柱國邳公王世充僭署太師威自以隋室舊臣遭逢喪亂所經之處皆與時消息以求容免及太宗平世充坐於東都閶闔門内威請謁見稱老病不能拜起上遣人數之曰公隋朝宰輔政亂不能匡救遂令品物塗炭君弒國亡見李密世充皆拜伏舞蹈今既老病無勞相見尋入長安至朝堂請見高祖又不許終於家時年八十二威行已清儉以廉慎見稱然每至公議惡人異已雖或小事必固爭之時人以為無大臣之體所修格令章程並行於當世頗傷煩碎論者以為非簡久之法及大業末年尤

多征役至於論功行賞威每承望風旨輙寢其事時群盜蜂起郡縣有奏聞者又訶詰使人令減賊數故出師攻討多不剋捷由是遂致敗亂為物議所譏子夔

夔字伯尼聰敏有口辯然性輕險無行八歲誦詩兼解騎射年十三從父至尚書省與安德王雄射賭得駿馬而歸十四詣學與諸儒議論詞致可觀見者皆稱善及長博覽群言尤以鍾律自命初名哲字知人父威由是改之頗為有識所哂起家太子通事舍人楊素見而奇之每戲威曰楊素無兒蘇夔無父後與鄭譯何妥議樂得罪議寢不行著樂志十五篇以見其志數載遷太子舍人以罪免居數年仁壽三年詔天下舉達禮樂源者晉王昭時為雍州牧舉夔與諸州所舉五十餘人謁見帝望夔謂侍臣曰唯此一人稱吾所舉於是拜晉王友煬帝嗣位遷太子洗馬司朝謁者以父免職夔亦去官後歷尚書職方郎燕王司馬遼東之役以功拜朝散大夫時帝方勤遠略蠻夷來朝帝謂宇文述虞世基曰四夷率服觀禮華夏鴻臚之職須歸令望寧有多才藝美容儀可接賓客者為之乎咸以夔對即日拜鴻臚少卿其年高昌王麴伯雅來朝朝廷妻以公主夔有雅望令主婚其後延和弘化等數郡盜賊屯結詔夔巡關中及突厥圍鴈門夔於鎮城東南為弩樓車箱獸

圈一夕而就帝見善之以功進位通議大夫坐父事除名後會丁母憂不勝哀卒時年四十九

綽弟椿字令欽性廉慎沉勇有決斷魏正光中關右賊亂椿應募討之受盪寇將軍以功累遷中散大夫賜爵美陽子大統初拜鎮東將軍金紫光祿大夫賜姓賀蘭氏後除帥都督行弘農郡事椿當官強濟特為周文帝所知十四年置當州鄉師自非鄉望允當衆心者不得預焉乃令驛追椿領鄉兵其年破槃頭氐有功除散騎常侍加大都督十六年征隨郡軍還除武功郡守既為本邑以清儉自居小大之政必盡忠恕進爵為侯位驃騎大將軍開府儀同

三司大都督卒子植嗣

亮字景順緯從兄也祖稚字天祐位中書侍郎王門郡守父祐泰山郡守亮少通敏博學好屬文善章奏與弟湛等皆著名西土一家舉二秀才亮初舉秀才至洛陽過河內常景景深器之而謂人曰秦中才學可以抗山東將此人乎魏齊王蕭寶夤引爲參軍寶夤遷大將軍仍爲之掾寶夤雅相知重凡有文檄謀議皆以委之尋行武功郡事甚著聲績寶夤作亂以亮爲黃門侍郎亮善處人間與物無忤及寶夤敗從之者多遇禍唯亮獲全及長孫承業尒朱天光等西討並以亮爲郎中專與文翰賀拔岳爲關西行

臺引亮爲左丞典機密魏孝武西遷遷吏部郎中大統二年拜給事黃門侍郎領中書舍人魏文帝子宜都王式爲秦州刺史以亮爲司馬帝謂亮曰黃門侍郎豈可爲秦州司馬直以朕愛子出藩故以心腹相委勿以爲恨臨辭賜以御馬八年封臨涇縣子除中書監領著作修國史亮有機辯善談笑周文帝甚重之有所籌議率多會旨記人之善忘人之過薦達後進常如弗及故當世敬慕歷秘書監大行臺尚書出爲岐州刺史朝廷以其作牧本州特給路車鼓吹先還其宅并給騎士三千列羽儀游鄉黨經過故人歡飲旬日然後入州世以爲榮十年徵拜侍中卒於位贈本官亮少與從弟緯俱知名然緯稍不逮亮至於經畫進趣亮又減之故世稱二蘇焉亮自大統以來無歲不轉官一年或至三遷僉曰才至不怪其速也所著文筆數十篇頗行於世子師嗣以亮名重於時起家黃門侍郎

亮弟湛字景儁少有志行與亮俱著名西土年二十餘舉秀才除奉朝請領侍御史加員外散騎侍郎蕭寶夤西討以湛爲行臺郎中深見委任及寶夤將謀叛逆湛時臥疾於家寶夤乃令湛從母弟天水姜儉謂湛曰吾不能坐受死亡今便爲身計不復作魏臣也與卿死生榮辱方當共之故以相報湛聞之舉聲大哭儉遽止之曰何得便爾湛

曰闔門百口即時屠滅云何不哭哭數十聲徐謂儉曰爲我白齊王王本以窮而歸人賴朝廷假王羽翼遂得榮寵至此旣屬國步多虞不能竭誠報德豈可乘人間隙便有問鼎之心乎今魏德雖衰天命未改王之恩義未洽於人破亡之期必不旋踵蘇湛終不能以積世忠貞之基一旦爲王族滅也寶夤復令儉謂湛曰此是救命之計不得不爾湛復曰凡舉大事當得天下奇士今但共長安博徒小兒輩爲此計豈有辦哉湛不忍見荆棘生王戶庭也願賜骸骨還舊里庶歸全地下無愧先人寶夤素重之知必不爲己用遂聽還武功寶夤後果敗孝莊帝即位徵拜尚書

郎帝嘗謂之曰聞卿答蕭寶夤甚有美辭可爲我說之湛頓首謝曰臣自惟言辭不如伍被遠矣然始終不易竊謂過之但臣與寶夤周旋契闊言得盡心而不能令其守節此臣之罪也孝莊大悅加散騎侍郎尋遷中書孝武初以疾還鄉里終於家贈散騎常侍鎮西將軍雍州刺史

湛弟讓字景恕幼聰敏好學頗有人倫鑒初爲本州主簿稍遷別駕武都郡守鎮遠將軍金紫光祿大夫及周文帝爲丞相引爲府屬甚見親待出爲衛將軍南汾州刺史有善政尋卒官贈車騎大將軍儀同三司涇州刺史

論曰周惠達見禮寶夤遂契闊於戎寇不以夷險易志斯

固篤終之士也周文提劍而起百度草創施約法之制於競逐之辰脩太平之禮於鼎峙之日終能斲雕爲朴變奢從儉風化既被而下肅上尊疆場屢動而內安外附斯蓋蘇綽之力也邳公周道云季方事幽貞隋室龍興首膺推命綢繆任遇窮極寵榮久處機衡多所損益罄竭心力知無不爲然志尚清儉體非弘廣好同惡異有乖直道不存易簡未爲通德歷事二帝三十餘年雖釁黷當時終稱遺老君邪而不能正言國亡而情均衆庶子違汝弼徙聞其語疾風勁草未見其人禮命闕於興王抑亦此之由也夔志識沈敏方雅可稱若天假之年足以不虧堂構矣

卷終

列傳第五十二　北史六十四

韋孝寬 兄敻 敻子世康

韋瑱 子師

柳虯 弟檜 慶 慶子機 機子述 機弟弘 旦 肅 從子謇之

韋叔裕字孝寬京兆杜陵人也少以字行世爲三輔著姓祖直善魏馮翊扶風二郡守父旭武威郡守建義初爲大行臺右丞加輔國將軍雍州大中正永安二年拜右將軍南幽州刺史時氐賊數爲抄竊旭隨機招撫並即歸附尋卒官贈司空冀州刺史謚曰文惠孝寬沈敏和正涉獵經史弱冠屬蕭寶夤作亂關右乃詣闕請爲軍前驅朝廷嘉

之即拜統軍隨馮翊公長孫承業西征每戰有功拜國子博士行華山郡事屬侍中楊侃爲大都督出鎮潼關引孝寬爲司馬侃奇其才以女妻之永安中授宣威將軍給事中尋賜爵山北縣男普泰中以都督從荆州刺史源子恭鎮穰城以功除淅陽郡守時獨孤信爲新野郡守同隷荆州與孝寬情好款密政術俱美荆部吏人號爲連璧孝武初以都督鎮城周文帝自原州赴雍州命孝寬隨軍及剋潼關即授弘農郡守從擒竇泰兼左丞節度宜陽兵馬事仍與獨孤信入洛陽城郡守復與宇文貴怡峯應接潁川義徒破東魏將任祥堯雄於潁川孝寬又進平樂口下豫

州獲刺史焉邕又從戰於河橋時大軍不利邊境騷然乃
令孝寬以本將軍行宜陽郡事尋遷南兗州刺史是歲東
魏將段琛堯傑復據宜陽遣其揚州刺史牛道恒扇誘邊
人孝寬深患之乃遣諜人訪獲道恒手迹令善學書者僞
作道恒與孝寬書論歸款意又爲落燼燒迹若火下書者
還令諜人送於琛營琛得書果疑道恒其所欲經略皆不
見用孝寬知其離阻因出奇兵掩襲禽道恒及琛等崤澠
遂清大統五年進爵爲侯八年轉晉州刺史尋移鎮玉壁
兼攝南汾州事先是山胡負險屢爲刼盜孝寬示以威信
州境肅然進授大都督十二年齊神武傾山東之衆志圖

西入以玉壁衝要先命攻之連營數十里至於城下乃於
城南起土山欲乘之以入當其山處城上先有兩高樓孝
寬更縛木接之令極高峻多積戰具以禦之齊神武使謂
城中曰縱爾縛樓至天我會穿城取爾遂於城南鑿地道
又於城北起土山攻具晝夜不息孝寬復掘長塹要其地
道仍簡戰士屯塹城外每穿至塹戰士即擒殺之又於塹
外積柴貯火敵人有在地道內者便下柴火以皮排吹之
火氣一衝咸即灼爛城外又造攻車車之所及莫不摧毀
雖有排楯莫之能抗孝寬乃縫布爲縵隨其所向則張設
之布懸於空中其車竟不能壞城外又縛松於竿灌油加

火規以燒布并欲焚樓孝寬復長作鐵鉤利其鋒刃火竿
亦來以鉤遥割之松麻俱落外又於城四面穿地作二十
一道分爲四路於其中各施梁柱作訖以油灌柱放火燒
之柱折城並崩壞孝寬又隨崩處豎木柵以扞之敵不得
入城外盡其攻擊之術孝寬咸拒破之神武無如之何乃
遣倉曹參軍祖孝徵謂曰未聞救兵何不降也孝寬報云
我城池嚴固兵食有餘攻者自勞守者常逸豈有旬朔之
間已須救援適憂爾衆有不反之危孝寬關西男子必不
爲降將軍也俄而孝徵復謂城中人曰韋城主受彼榮祿
或復可爾自外軍士何事相隨入湯火中邪乃射募格於

城中云能斬城主降者拜太尉封開國郡公邑萬戶賞帛
萬匹孝寬手題書背反射城外云若有斬高歡者一依此
賞孝寬弟子遷先在山東又鎖至城下臨以白刃若有不
早降便行大戮孝寬慷慨激揚略無顧意士卒莫不感勵
人有死難之心神武苦戰六旬傷及病死者十四五智力
俱困因而發疾其夜遁去後因此忿恚遂殂魏文帝嘉孝
寬功令殿中尚書長孫紹遠左丞王悅至玉壁勞問授驃
騎大將軍開府儀同三司進爵建忠郡公廢帝二年爲雍
州刺史先是路側一里置一土堠經雨頹毀每須修之自
孝寬臨州仍勒部內當堠處植槐樹代之既免修復行旅

又得庇蔭周文後見怪問知之曰豈得一州獨爾當令天下同之於是令諸州夾道一里種一樹十里種三樹百里種五樹焉恭帝元年以大將軍與燕公于謹伐江陵平之以功封穰縣公還拜尚書右僕射賜姓宇文氏三年周文北巡命孝寬還鎮玉壁周孝閔帝踐祚拜小司徒明帝初參麟趾殿學士考校圖籍保定初以孝寬立勳玉壁置勳州仍授勳州刺史齊人遣使至玉壁求通互市晉公護以其相持日久絕無使命一日忽來求交易疑別有故又以皇姑皇世母先沒在彼因其請和之際或可致之遂令司門下大夫尹公正至玉壁共孝寬詳議孝寬乃於郊盛設供帳令公正接對使人兼論皇家親屬在東之意使者辭色甚悅時又有汾州胡抄得關東人孝寬復放東還並致書一牘具陳朝廷欲敦隣好遂以禮送皇姑及護母等孝寬善於撫御能得人心所遣間諜入齊者皆爲盡力亦有齊人得孝寬金貨遥通書疏故齊動靜朝廷皆先知時有主帥許盆孝寬度以心膂令守一城盆乃以城東入孝寬怒遣諜取之俄而斬首而還其能致物情如此汾州之北離石以南悉是生胡抄掠居人阻斷河路孝寬深患之而地入於齊無方誅剪欲當其要處置一大城乃於河西徵役徒十萬甲士百人遣開府姚岳監築之岳色懼以兵少

爲難孝寬曰計成此城十日即畢既去晉州四百餘里一日創手二日僞境始知設令晉州徵兵二日方集謀議之間自稽三日計其軍行二日不到我之城隍足得辦矣乃令築之齊人果至南首疑有大軍乃停留不進其夜又令汾水以南傍介山稷山諸村所在縱火齊人謂是軍營遂收兵自固版築克就卒如其言四年進位柱國時晉公護將東討孝寬遣長史辛道憲啓陳不可護不納既而大軍果不利後孔城遂陷宜陽被圍孝寬乃謂其將帥曰宜陽一城之地未能損益然兩國爭之勞師數載彼多君子寧乏謀猷若棄崤東來圖汾北我之疆界必見侵擾今宜於華谷及長秋速築城以杜賊志脫其先我圖之實難於是畫地形具陳其狀晉公護令長史叱羅協謂使人曰韋公子孫雖多數不滿百汾北築城遣誰固守事遂不行天和五年進爵鄖國公增邑通前一萬戶是歲齊人果解宜陽之圍經略汾北遂築城守之其丞相斛律明月至汾東請與孝寬相見明月云宜陽小城久勞戰爭今既入彼欲於汾北取償幸勿怪也孝寬荅曰宜陽彼之要衝汾北我之所棄我棄彼圖取償安在且君輔翼幼主位重望隆理宜調陰陽撫百姓焉用極武窮兵構怨連禍且滄瀛大水千里無煙復欲使汾晉之間橫尸暴骨苟貪尋常之地塗炭

疲獘之人竊爲君不取孝寬參軍曲嚴頗知卜筮謂孝寬曰來年東朝必大相殺戮孝寬因令嚴作謠歌曰百升飛上天明月照長安百升斛也又言高山不摧自崩槲樹不扶自竪令諜人多齎此文遺之於鄴祖孝徵既聞更潤色之明月竟以此誅建德之後武帝志在平齊孝寬乃上疏陳三策其第一策曰臣在邊積年頗見間隙不因際會難以成功是以往歲出車彼有勞費功績不立由失機會何者長淮之南舊爲沃土陳氏以破亡餘燼猶能一舉平之齊人歷年赴救喪敗而反內離外叛計盡力窮傳不云乎讎有釁焉不可失也今大軍若出軹關方軌而進兼與陳

氏共爲掎角并令廣州義旅出自三鵶又募山南驍銳沿河而下復遣北山稽胡絶其并晉之路凡此諸軍仍令各募關河之外勁勇之士厚其爵賞使爲前驅岳動川移雷駭電激百道俱進並趨虜庭必當望旗奔潰所向摧殄一戎大定實在此機其第二策曰若國家更爲後圖未即大舉宜與陳人分其兵勢三鵶以北萬春以南廣事屯田預爲貯積募其驍悍立爲部伍彼既東南有敵戎馬相持我出奇兵破其疆埸彼若興師赴援我則堅壁清野待其去遠還復出師常以邊外之軍引其腹心之衆我無宿舂之費彼有奔命之勞一二年中必自離叛且齊氏昏暴政出

多門鬻獄賣官唯利是視荒淫酒色忌害忠良闔境嗷然不勝其獘以此而觀覆亡可待然後乘間電掃事等摧枯其第三策曰竊以大周土宇跨據關河蓄席卷之威持建瓴之勢太祖受天明命與物更新是以二紀之中大功克舉南清江漢西龕巴蜀塞表無虞河右底定唯彼趙魏獨爲榛梗者正以有事三方未遑東略遂使漳滏游䰟更存餘晷昔勾踐亡吳尚期十載武王取亂猶煩再舉今若更存遵養且復相時臣謂宜還崇鄰好申其盟約安人和衆通商惠工蓄銳養威觀釁而動斯則長策遠馭坐自兼并也書奏武帝遣小司寇淮南公元衛開府伊婁謙等重幣

聘齊爾後遂大舉再駕而定山東卒如孝寬之策孝寬每以年迫懸車屢請致仕帝以海內未平優詔弗許至是復稱疾乞骸骨帝曰往以面申本懷何煩重請也五年帝東伐過幸玉壁觀禦敵之所深歎羨之移時乃去孝寬自以習練齊人虛實請爲先驅帝以玉壁要衝非孝寬無以鎮之乃不許及趙王招率兵出稽胡與大軍掎角乃敕孝寬爲行軍總管圍守華谷以應接之孝寬尅其四城武帝平晉州復令孝寬還舊鎮及帝凱旋復幸玉壁從容謂孝寬曰世稱老人多智善爲軍謀然朕唯共少年一舉平賊公以爲如何孝寬對曰臣今衰耄爲有誠心而已然昔在少

壯亦曾輸力先朝以定關右帝大笑曰實如公言乃詔孝寬隨駕還京拜大司空出爲延州總管進位上柱國大象元年除徐兗等十一州十五鎮諸軍事徐州總管又爲行軍元帥徇地淮南乃分遣杞公宇文亮攻黄城郕公梁士彥攻廣陵孝寬率衆攻壽陽竝拔之初孝寬到淮南所在皆密送誠款然彼五門尤爲險要陳人若開塘放水即津濟路絶孝寬遽令分兵據守之陳刺史吳文立果遣決堰已無及於是陳人退走江北悉平軍還至豫州宇文亮舉兵文立以數百騎襲孝寬營時亮國官茹寬密白其狀孝寬有備亮不得入遁走孝寬追獲之詔以平淮南之功別

封一子滑國公及宣帝崩隋文帝輔政時尉遲迥先爲相州總管詔孝寬代之又以小司徒叱列長文爲相州刺史先令赴鄴孝寬續進至朝歌迥遣其大都督賀蘭貴齎書候孝寬孝寬留貴與語以察之疑其有變遂稱疾徐行又使人至相州求醫藥密以伺之既到湯陰逢長文奔還孝寬兄子魏郡守藝又棄郡南走孝寬審知其狀乃馳還所經橋道皆令毀撤驛馬悉擁以自隨又勒驛將曰蜀公將至可多備餚酒及芻粟以待之迥果遣儀同梁子康將數百騎追孝寬驛司供設豐厚所經之處皆輒停留由是不及時或勸孝寬以爲洛京虛弱素無守備河陽鎮防悉是

關東鮮卑迥若先往據之則爲禍不小乃入保河陽河陽城內舊有鮮卑八百人家竝在鄴見孝寬輕來謀欲應迥孝寬知之遂密造東京官司詐稱遣行分人詣洛受賜既至洛陽竝留不遣因此離解其謀不成六月詔發關中兵以孝寬爲元帥東伐七月軍次河陽迥所署儀同薛公禮等圍逼懷州孝寬遣兵擊破之進次懷縣永橋城之東南其城既在要衝雉堞牢固迥已遣兵據之諸將士以此城當路請先攻取孝寬曰城小而固若攻而不拔損我兵威今破其大軍此亦何能爲也於是引軍次于武陟大破迥子惇惇輕騎奔鄴軍次於鄴西門豹祠之南迥自出戰又

破之迥窮迫自殺兵士在小城中者盡坑之於游豫園諸有未服皆隨機討之關東悉平十月凱還京師十一月薨時年七十二贈太傅十二州諸軍事雍州牧謚曰襄孝寬在邊多載屢抗強敵所有經略布置之初人莫之解見其成事方乃驚服雖在軍中篤意文史政事之餘每自披閱末年患眼猶令學士讀而聽之又早喪父母事兄嫂甚謹所得俸祿不入私房親族有孤遺者必加振贍朝野以此稱焉長子諶年十歲魏文帝欲以女妻之寬辭以兄子世康年長帝嘉之遂以妻世康孝寬有六子總壽霽津知名總字善會聰敏好學位驃騎大將軍開府儀同三司納言

京兆尹帝嘗戲緫曰卿師尹帝鄉故當不以富貴威福鄉
里邪緫乃正色對曰陛下擢臣非分竊謂已鑒愚誠今奉
嚴旨便似未照丹赤豈可久忝此職用疑聖慮請解印綬
以避賢能帝大笑曰前言戲之耳五年從武帝東征緫每
率麾下先驅陷敵遂於并州戰歿時年二十九贈上大將
軍追封河南郡公謚曰貞六年重贈柱國五州刺史子國
成嗣後襲孝寬爵鄖國公隋文帝追録孝寬舊勳開皇初
詔國成食封三千户收其租賦
壽字世齡以貴公子早有令譽位京兆尹武帝親征齊委
以後事以父軍功賜爵永安縣侯隋文帝爲丞相以其父

平尉遲迥拜壽儀同三司進封滑國公文帝受禪歷位恒
尾二州刺史頗有能名以疾徵還卒于家謚曰定仁壽中
文帝爲晉王廣納其女爲妃其子保巒嗣壽弟霽位太常
少卿安邑縣伯霽弟津位内史侍郎户部侍郎判尚書事
孝寬兄夐
夐字敬遠志尚夷簡澹於榮利弱冠被召拜雍州中從事
非其好也遂謝疾去前後十見徵辟皆不應命屬周文帝
經綸王業側席求賢聞夐養高不仕虚心敬悦遣使辟之
備加禮命雖情諭甚至而竟不能屈彌以重之亦弗之奪
也所居之宅枕帶林泉夐對翫琴書蕭然自逸時人號爲

居士焉至有慕其閑素者或載酒從之夐亦爲之盡歡接
對忘倦明帝即位禮敬愈厚乃爲詩以貽之曰六爻貞遯
世三辰光少微潁陽讓逾遠滄洲去不歸香動秋蘭佩風
飄蓮葉衣坐石窺仙洞乘槎下釣磯嶺松千仞直巖泉百
丈飛聊登平樂觀遥望首陽薇詎能同四隱來參余萬機
夐答帝詩願時朝謁帝大悦敕有司日給河東酒一升號
之曰逍遥公時晉公護執政廣營第宅嘗召夐至宅訪以
政事夐仰視其堂徐而嘆曰酣酒嗜音峻宇雕墻有一於
此未或弗亡護不悦有識者以爲知言陳遣其尚書周弘
正來聘素聞夐名請與相見朝廷許之弘正乃造夐談讌

盡日恨相遇之晚後請夐至賓館夐不時赴弘正乃贈詩
曰德星猶未動真車詎肯來其爲當時所欽挹如此武帝
嘗與夐夜宴大賜之縑帛令侍臣數人負以送出夐唯取
一匹示承恩旨而已帝以此益重之孝寬爲延州總管夐
至州與孝寬相見將還孝寬以所乘馬及轡勒與夐夐以
其華飾心弗欲之笑謂孝寬曰昔人不棄遺簪墜屨者惡
與之同出不與同歸吾之操行雖不逮前烈然捨舊録新
亦非吾志也於是乃乘舊馬以歸武帝又以佛道儒三教
不同詔夐辨其優劣夐以三教雖殊同歸於善其迹似有
深淺其致理如無等級乃著三教序奏之帝覽而稱善時

宣帝在東宮亦遺曼書并令以帝所乘馬迎之問以立身之道曼對曰傳不云乎儉爲德之恭侈爲惡之大欲不可縱志不可滿竝聖人之訓也願殿下察之曼子璀行隨州刺史因疾物故孝寬子總復於并州戰殁一日之中凶問俱至家人相對悲慟而曼神色自若謂之曰死生命也去來常事亦何足悲援琴撫之如舊曼又雅好名義虛襟善誘雖耕夫牧豎有一介可稱者皆接引之特與族人勵玄及安定梁曠爲放逸之交少愛文史留情著述手自抄録數十萬言晚年虛靜唯以體道會眞爲務舊所制述咸削其藁故文筆多竝不存建德中曼以年老預戒其子等曰

昔士安以籧篨束體王孫以布囊繞尸二賢高達非庸才能繼吾死之日可斂舊衣勿更新造使棺足周尸牛車載柩墳高四尺壙深一丈其餘煩雜悉無用也朝晡奠食於事彌煩吾不能頓絕汝輩之情可朔望一奠而已仍薦蔬素勿設牲牢親友欲以物弔祭者竝不得爲受吾常恐臨終恍惚故以此言預戒汝輩瞑目之日勿違吾志也宣政元年二月卒於家時年七十七武帝遣使弔祭賻賵有加其葬制葬禮諸子等竝遵其遺戒子世康

世康幼而沈敏有器度年十歲州辟主簿在魏弱冠爲直寢封漢安縣公尚周文帝女襄樂公主授儀同三司仕周歷位典祠下大夫沔硤二州刺史從武帝平齊授司州總管長史時東夏初定百姓未安世康綏撫之士庶胥悅入爲户部中大夫進位上開府轉司會中大夫尉遲迥之亂隋文帝謂世康曰汾絳舊是周齊分界因此亂階恐生搖動今以委公因授絳州刺史以雅望鎮之闔境清肅世康性恬素好古不以得喪干懷在州有止足之志與子弟書曰吾生因緒餘夙沾纓弁驅馳不已四紀於兹亟登袞命頻莅方岳志除三惑心慎四知以不貪而爲寶勵脂膏而莫潤如斯之事頗爲時悉今耄雖未及壯年已謝霜早梧楸風先蒲柳眼闇更劇不見細書足疾彌增非可趨走祿

豈須多防滿則退年不待暮有疾便辭况孃春秋已高溫凊宜奉晨昏有闕罪在我躬今世穆世文竝從武役吾與世沖復嬰遠任陟岵瞻望此情彌切桓山之悲倍深常戀意欲上聞乞遵禮教未訪汝等故遣此及與言遠慕感咽難勝諸弟報以事恐難遂乃止在任有惠政奏課連最擢爲禮部尚書世康寡嗜慾不慕勢貴未嘗以位望矜物聞人之善若己有之亦不顯人過咎以求名譽進爵上庸郡公轉吏部尚書選用平允請託不行以母憂去職固辭乞終私制上不許開皇七年將事江南議重方鎮拜襄州刺史坐事免未幾授安州總管遷信州總管十三年復拜吏

部尚書前後十餘年間多所進拔朝廷稱為廉平嘗因休暇謂子弟曰吾聞功遂身退古人常道今年將耳順志在懸車汝輩以為云何子福嗣答曰大人澡身浴德名立官成盈滿之戒先哲所重欲追蹤二疏伏奉尊命後因侍宴世康再拜陳讓願乞骸骨上曰異與公共理天下今之所請深乖本望縱筋力衰謝猶屈公卧臨一隅於是出拜荆州總管時天下唯置荆并揚益四大總管并揚益三州並親王臨統唯荆州委於世康時論以此為美世康為政簡靜百姓愛悅卒於州聞而痛惜贈大將軍謚曰文世康性孝友初以諸弟位並隆貴獨季弟世約宦途不達共推父

時田宅盡以與之世多其義長子福子位司隸別駕次子福嗣位內史舍人後以罪黜楊玄感之亂從衛玄戰敗於城北為玄感所獲令為文檄詞甚不遜尋背玄感還東都帝銜之車裂於高陽少子福獎通事舍人在東都與玄感戰沒

世康兄洸字世穆性剛毅有器幹少便弓馬仕周釋褐直寢上士數從征伐累遷開府賜爵衛國縣公隋文帝為丞相從季父孝寬擊尉遲迥於相州以功拜柱國進襄陽郡公時突厥寇邊皇太子屯咸陽令洸統兵出原州道與虜相遇擊破之拜江陵總管俄拜安州總管伐陳之役為行軍總管及陳平拜江州總管略定九江遂進圖嶺南上與書慰勉之洸至廣州嶺表皆降之上聞而大悅許以便宜從事洸所綏集二十四州拜廣州總管歲餘番禺夷王仲宣反以兵圍洸洸拒之中流矢卒贈上柱國賜綿絹萬段謚曰敬子協字欽仁好學有雅量位秘書郎其父在廣州有功上命協齎詔書勞問未至而父卒上以其父死王事拜協柱國歷定息秦三州刺史有能名卒官洸弟瓘字世恭御正下大夫儀同三司行隨州刺史

瓘弟藝字世文周武帝時以軍功位上儀同賜爵脩武縣侯授左旅下大夫出為魏郡太守及隋文帝為丞相尉遲

迥陰圖不軌朝廷遣藝叔父孝寬馳往代迥孝寬將至鄴詐病止傳舍從迥求藥以察觀變藝因投孝寬即從孝寬擊迥以功進位上大將軍改封武威縣公以脩武縣侯別封一子文帝受禪進封魏興郡公拜齊州刺史為政通簡士庶懷惠遷營州總管藝容貌瓌偉每夷狄參謁必整儀衛盛服以見之獨坐滿一榻番人畏懼莫敢仰視而大修產業與北夷貿易家資鉅萬頗為清論所譏卒官謚曰懷藝弟沖字世沖以名家子在周釋褐衛公府禮曹參軍從大將軍元定度江伐陳為陳人所虜周武帝以幣贖還之帝復令沖以馬千匹使陳贖開府賀拔華等五十人及元

定之樞而還沖有辭辯奉使稱旨累遷小御伯下大夫加上儀同拜汾州刺史隋文帝踐阼徵兼散騎常侍進位開府賜爵安固縣侯歲餘發南汾州胡千餘人北築長城在塗皆亡上呼沖問計沖曰皆由牧宰不稱所致請以理綏靜可不勞兵而定上因命沖綏懷叛者月餘並赴長城上降書勞勉之尋拜石州刺史甚得諸胡歡心以母憂去職俄起爲南寧州總管持節撫慰復遣柱國王長述以兵繼進沖既至南寧渠帥首領皆詣府參謁上大悅下詔褒揚之其兄子伯仁隨沖在府掠人之妻士卒縱暴邊人失望上聞之大怒令蜀王秀按其事益州長史元巖性方正按

沖無所寬貸竟坐免官其弟太子洗馬世約譖巖於皇太子上謂太子曰古人云酤酒酸而不售者爲噬犬耳今何用世約乎世約遂除名後令沖檢校括州事時東陽賊帥陶子定吳州賊帥羅慧方並聚衆爲亂沖率兵破之改封義豐縣侯檢校泉州事遷營州總管沖容貌都雅寬厚得衆心撫靺鞨契丹皆能致其死力奚霫畏懼朝貢相續高麗嘗入寇沖擊走之及文帝爲豫章王暕納沖女爲妃徵拜戶部尚書卒官少子挺知名

韋瑱字世珍京兆杜陵人也世爲三輔著姓曾祖惠度姚泓尚書郎隨劉義眞過江仕宋爲順陽太守行南雍州事後於襄陽歸魏拜中書侍郎贈洛州刺史祖千雄略陽郡守父英代郡守贈兗州刺史瑱幼聰敏有夙成之量起家太尉府法曹參軍累遷諫議大夫周文帝爲丞相封長安縣男轉行臺左丞遷南郢州刺史復令爲行臺左丞瑱明察有幹局再居左轄時論榮之從擒弘農戰沙苑加衞大將軍左光祿大夫從戰河橋進爵爲子大統八年齊神武侵汾絳瑱從周文禦之軍還以本官鎭蒲津關帶中潬城主歷鴻臚卿以望族兼領鄉兵加帥都督進散騎常侍魏恭帝三年賜姓宇文氏三年除瓜州刺史州通西域蕃夷往來前後刺史多受賂遺胡寇犯邊又莫能禦瑱雅性清

儉兼有武略蕃夷贈遺一無所受胡人畏威不敢爲寇公私安靜夷夏懷之周孝閔帝踐祚進爵平齊縣伯秩滿還京吏人戀慕老幼追送留連十數日方得出境明帝嘉之授侍中驃騎大將軍開府儀同三司卒贈岐宜二州刺史謚曰惠又追封爲公詔其子峻襲峻位至車騎大將軍儀同三司峻子德政隋大業中給事郎峻弟師

師字公穎少沈謹有至性初就學始讀孝經捨書而歎曰名教之極其在茲乎少丁父母憂居喪盡禮州里稱其有孝行及長略涉經史尤工騎射周大冢宰宇文護引爲中外府記室轉賓曹參軍師雅知諸蕃風俗及山川險易其

有夷狄朝貢師必接對論其國俗如視諸掌夷人驚服無敢隱情齊王憲爲雍州牧引爲主簿本官如故及武帝親總萬機轉少府大夫及齊平詔師安撫山東徙爲宮部大夫隋文帝受禪拜吏部侍郎賜爵井陘侯遷河北道行臺兵部尚書奉詔爲山東河南十八州安撫大使奏事稱旨兼領晉王廣司馬其族人世康爲吏部尚書與師素懷勝負于時廣爲雍州牧盛存望第以司空楊雄尚書左僕射高熲並爲州都督引師爲主簿而世康弟世約爲法曹從事世康恚恨不能食又耻世約在師之下召世約數之曰汝何故爲從事遂杖之後從上幸醴泉宮上召師與左僕

射高熲上柱國韓擒等於卧内賜宴令各敘舊事以爲笑樂平陳之役以本官領元帥掾陳國府藏悉委於師秋毫無犯稱爲清白後上爲長寧王儼納其女爲妃除汴州刺史甚有政名卒官謚曰定師宗人蓍仕周位内史大夫隋文帝初以定策功累遷上柱國封普安郡公開皇初卒於蒲州刺史

柳蚪字仲盤河東解人也五世祖恭仕後趙爲河東郡守後以秦趙喪亂率人南徙居汝潁間遂仕江表祖緝宋州別駕宋安郡守父僧習善隸書敏於當世與豫州刺史裴叔業據州歸魏歷北地潁川二郡守揚州大中正蚪年十三便專精好學時貴游子弟就學者並車服華盛唯蚪不事容飾徧受五經略通大義兼涉子史雅好屬文孝昌中揚州刺史李憲舉蚪秀才兗州刺史馮雋引蚪爲府主簿既而樊子鵠爲吏部尚書其兄義爲揚州刺史乃以蚪爲揚州中從事加鎮遠將軍非其好也並棄官還洛陽屬天下喪亂乃退耕於陽城有終焉之志大統三年馮翊王元季海領軍獨孤信鎮洛陽于時舊京荒廢人物罕存唯有蚪在陽城裴諏在潁川信等乃俱徵之以蚪爲行臺郎中諏爲北府屬並掌文翰時人爲之語曰北府裴諏南府柳蚪時軍旅務殷蚪勵精從事或通夜不寢季海常云柳郎

中判事我不復重看四年入朝周文帝欲官之蚪辭母老乞侍醫藥周文許焉又爲獨孤信開府從事中郎信出鎮隴右因爲秦州刺史以蚪爲二府司馬雖處元僚不綜府事唯在信左右談論而已因使見周文被留爲丞相府記室追論歸朝功封美陽縣男蚪以史官密書善惡未足懲勸乃上疏曰古者人君立史官非但記事而已蓋所爲監誡也動則左史書之言則右史書之彰善癉惡以樹風聲故南史抗節表崔杼之罪董狐書法明趙盾之愆是知執筆於朝其來久矣而漢魏已還密爲記注徒聞後世無益當時所謂將順其美匡救其惡者且著述之人密書縱能

直筆人莫知之何止物生横議亦自異端互起故班固致受金之名陳壽有求米之論著漢魏者非一氏造晋史者至數家後代紛紜莫知準的伏惟陛下則天稽古勞心庶政開誹謗之路納忠讜之言諸史官記事者請皆當朝顯言其狀然後付之史閣庶令是非明著得失無隱使聞善者日修有過者知懼事遂施行十四年除秘書丞領著作舊丞不參史事自虬為丞始令監掌焉遷中書侍郎修起居注仍領丞事時人論文體者有今古之異虬又以為時有古今非文有古今乃為文質論文多不載廢帝初遷秘書監加車騎大將軍儀同三司虬脱略人間不事小節弊

衣蔬食未嘗改操人或譏之虬曰衣不過適體食不過充飢孜孜營求徒勞思慮耳恭帝元年冬卒時年五十四贈兗州刺史謚曰孝有文章數十篇行於世子鴻漸嗣虬弟

檜

檜字季華性剛簡任氣少文善騎射果於斷決年十八起家奉朝請居父喪毁瘠骨立服闋除陽城郡丞防城都督大統四年從周文戰於河橋先登有功授都督鎮鄯州八年拜湟河郡守仍典軍事尋加平東將軍太中大夫吐谷渾入寇郡境時檜兵少人懷憂懼檜撫而勉之衆心乃安因率數十人先擊之渾人潰亂餘衆乘之遂大敗而走以

功封萬年縣子時吐谷渾強盛數侵疆埸自檜鎮鄯州屢戰必破之數年之後不敢為寇十四年遷河州别駕轉帥都督俄拜使持節撫軍將軍大都督居三載徵還京師時檜兄虬為秘書丞弟慶為尚書左丞檜嘗謂兄弟曰兄則職典簡牘裒貶人倫弟則管轄群司股肱朝廷可謂榮寵矣然而四方未静車書不一檜唯當蒙矢石履危難以報國恩耳頃之周文謂檜曰卿昔在鄯州忠勇顯著今西境肅清無勞經略九曲國之東鄙當勞君守之遂令檜鎮九曲尋從大將軍王雄討上津魏興平之即除魏興華陽二郡安康人黄衆寶謀反連結黨與將圍州城乃相謂曰常

聞柳府君勇悍有餘不可當今既在外方為吾徒腹心之疾也不如先擊之遂圍檜郡郡城卑下士衆寡弱又無守禦之備連戰積十餘日士卒僅有存者於是力屈城陷身被十餘創遂為賊所獲既而衆寶等進圍東梁州乃縛檜置城下欲令誘城中檜乃大呼曰群賊烏合糧食已罄行即退散各宜勉之衆寶大怒乃臨檜以兵曰速更汝辭不爾便就戮矣檜守節不變遂害之棄屍水中城中人皆為之流涕衆寶解圍之後檜兄子止戈方收檜屍還長安贈東梁州刺史子斌嗣

斌字伯達年十七齊公憲召為記室草卒斌弟雄亮字信

誠父檜在華陽見害雄亮時年十四哀毀過禮陰有復讎之志武帝時衆寶率其部歸長安帝待之甚厚雄亮手斬衆寶於城中請罪闕下帝特原之後累遷內史中大夫賜爵汝陽縣子隋文帝受禪拜尚書考功侍郎遷給事黃門侍郎尚書省凡所奏事多所駁正深爲公卿所憚俄以本官檢校太子左庶子進爵爲伯秦王俊鎮隴右出爲秦州總管府司馬領山南道行臺左丞卒子贇嗣檜弟鷟好學善屬文卒於魏臨淮王記室參軍事子帶韋字孝孫深沈有度量少好學身長八尺三寸美風儀善占對周文辟爲參軍事侯景作亂江南周文令帶韋使江郢二州與梁邵

陵南平二王通好行至安州遇段寶等反帶韋乃矯爲周文書以安之並即降附及見邵陵具申周文意邵陵遣使隨帶韋報命以奉使稱旨授輔國將軍中散大夫後達奚武經略漢川以帶韋爲行臺左丞從軍南討時梁宜豐侯蕭脩守南鄭武攻之未拔乃令帶韋入城說脩降之廢帝元年出爲解縣令加授驃騎將軍左光祿大夫轉汾陰令發擿姦伏百姓畏而懷之周武成元年授武藏下大夫天和二年封康城縣男累遷兵部中大夫雖頻改職仍領武藏五年轉武藏中大夫俄遷驃騎大將軍開府儀同三司凡居劇職十有餘年處斷無滯官曹清肅時譙王儉爲益

州總管漢王贊爲益州刺史武帝以帶韋爲益州總管府長史領益州別駕輔弼二王總知軍事及大軍東討徵爲前軍總管齊王憲府長史齊平以功授上開府儀同大將軍進爵爲公陳王純鎮并州以帶韋爲并州司會并州總管府長史卒官謚曰愷子祚嗣少有名譽位宣納上士入隋位司勳侍郎鷟弟慶

慶字更興幼聰敏有器量博涉群書不爲章句好飲酒閑於占對年十三因暴書父僧習試令慶於雜賦集中取賦一篇千餘言誦之慶立讀三徧便誦之無所漏時僧習爲潁川郡守地接都畿人多豪右將選鄉官皆依貴勢競來

請託選用既定僧習謂諸子曰權貴請託吾並不用其使欲還皆須有荅汝等各以意爲吾作書慶乃具書草僧習讀歎曰此兒有意氣丈夫理當如是即依慶所草以報起家奉朝請慶出後第四叔及遭父憂議者不許爲服重慶泣曰禮緣人情若於出後之家更有苴斬之服可奪以此從彼今四叔薨背已久情事不追豈容奪禮乖違天性時論不能抑遂以苫凷終喪既葬乃與諸兄負土成墳孝武將西遷慶以散騎侍郎馳傳入關慶至高平見周文共論時事周文即請奉迎輿駕仍令慶先還復命時賀拔勝在荊州帝屛左右謂慶曰朕欲往荊州何如慶曰關中金城

千里天下之彊國也荊州地無要害寧足以固鴻基帝納之及帝西遷慶以母老不從獨孤信之鎮洛陽乃得入關除相府東閣祭酒大統十年除尚書都兵郎中幷領記室時北雍州獻白鹿群臣欲賀尚書蘇綽謂慶曰近代已來文章華靡逮于江左彌復輕薄洛陽後進祖述未已相公柄人軌物君職典文房宜製此表以革前弊慶操筆立成辭兼文質綽讀而笑曰枳橘猶自可移況才子也尋以本官領雍州別駕廣陵王欣魏之懿親其甥孟氏屢爲兇橫或有告其盜牛慶捕得實趣令就禁孟氏殊無懼容乃謂慶曰若加以桎梏後獨何以脫之欣亦遣使辨其無罪孟氏由此益驕慶乃大集僚吏盛言孟氏倚權侵虐之狀言畢令笞殺之此後貴戚斂手有賈人持金二十斤詣京師寄人居止每欲出行常自執管鑰無何緘閉不異而並失之謂主人所竊郡縣訊問主人自誣服慶疑之乃召問賈人曰卿鑰恒置何處對曰恒自帶之慶曰頗與人同宿乎曰無與同飲乎曰日者曾與一沙門再度酣宴醉而晝寢慶曰沙門乃眞盜耳卽遣捕沙門乃懷金逃匿後捕得盡獲所失金十二年改三十六曹爲十二部以慶爲計部郎中別駕如故又有胡家被劫郡縣按察莫知賊所鄰近被囚者甚多慶以賊是烏合可以詐求之乃作匿名書多牓

官門曰我等共劫胡家徒侶混雜終恐泄露今欲首伏懼不免誅若聽先首免罪便欲來告慶乃復施免罪之牓居二日廣陵王欣家奴面縛自告牓下因此盡獲黨與慶之守正明察皆此類也每歎曰昔于公斷獄無私闔高門以待封儻斯言有驗吾其庶幾乎封清河縣男除尚書左丞攝計部周文嘗怒安定國臣王茂將殺之而非其罪朝臣咸知而莫敢諫慶乃進爭之周文逾怒曰卿若明其無罪亦須坐之乃執慶于前慶辭氣不撓抗聲曰竊聞君有不達者爲不明臣有不爭者爲不忠慶謹竭愚誠實不敢愛死但懼公爲不明之君耳周文乃悟而赦茂已不及矣周文默然明日謂慶曰吾不用卿言遂令王茂冤死可賜茂家錢帛以旌吾過尋進爵爲子慶威儀端肅樞機明辯周文每發號令常使慶宣之天性抗直無所回避周文亦以此深委仗焉恭帝初進位驃騎大將軍開府儀同三司尚書右僕射轉左僕射領著作六官建拜司會中大夫周孝閔帝踐祚賜姓宇文氏進爵平齊縣公晉公護初執政欲引爲腹心慶辭之頗忤旨又與楊寬有隙及寬參知政事慶遂見疎忌出爲萬州刺史明帝尋悟留爲雍州別駕領京兆尹武成二年除宜州刺史慶自爲郎迄爲司會府庫倉儲並其職也及在宜州寬爲小冢宰乃囚慶故吏求其

罪失寔驗積六十餘日吏或有死於獄者終無所言唯得秉錦數匹時人服其廉慎又入爲司會先是慶兄檜爲魏興郡守爲賊黃衆寶所害檜子三人皆幼弱慶撫養甚篤後衆寶歸朝朝廷待以優禮居數年檜次子雄亮白日手刃衆寶於長安城中晉公護聞而大怒執慶諸子姪皆囚之讓慶擅殺人對曰慶聞父母之讎不同天昆弟之讎不同國明公以孝臨天下何乃責於此乎護愈怒慶辭色無屈竟以俱免卒贈鄜綏丹三州刺史諡曰景子機嗣

機字匡時偉容儀有器局頗涉經史年十九周武帝時爲魯公引爲記室及帝嗣位累遷太子宮尹封平齊縣公宣帝時爲御正上大夫機見帝失德屢諫不聽恐禍及己託於鄭譯求出拜華州刺史及隋文帝作相徵還京師時周代舊臣皆勸禪讓機獨義形於色無所陳請俄拜衛州刺史及踐祚進爵建安郡公徵爲納言機性寬簡有雅望當近侍無所損益又好飲酒不親細務數年出爲華州刺史奉詔每月朝見尋轉冀州刺史後徵入朝以其子述尚蘭陵公主禮遇益隆初機在周與族人文城公昂俱歷顯要及此昂機並爲外職楊素時爲納言方用事因上賜宴素戲曰二柳俱摧孤楊獨聳坐者歡笑機竟無言未幾還州前後作守俱稱寬惠後以徵還卒于家贈大將軍青州刺史諡曰簡子述嗣

述字業隆性明敏有幹略頗涉文藝以父蔭爲太子親衛後以尚主故拜開府儀同三司內史侍郎上於諸壻中特見寵遇歲餘判兵部尚書事父艱去職未幾起攝給事黃門侍郎襲爵建安郡公仁壽中判吏部尚書事述雖職務修理爲當時所稱然不達大體暴於馭下又怙寵驕豪無所降屈楊素時方貴重朝臣莫不讋憚述每陵侮之數於上前面折素短判事有不合素意或令述改輒謂將命者曰語僕射道尚書不肯素由是銜之俄而楊素被疏忌不知省事述任寄逾重拜兵部尚書參掌機密述自以無功可紀過叨匪服抗表陳讓上許之命攝兵部尚書上於仁壽宮寢疾述與楊素黃門侍郎元巖等侍疾宮中時皇太子無禮於陳貴人上知之大怒令述召房陵王述與元巖出外作敕書楊素見之與皇太子謀矯詔執述巖屬吏及煬帝嗣位述坐除名公主請與同徙帝不聽述在龍州數年復徙寧越遇瘴癘死

機弟弘字匡道少聰穎工草隸博涉群書辭采雅贍與弘農楊素爲莫逆交解巾中外府記室建德初除內史上士歷小宮尹御正上士陳遣王偃人來聘武帝令弘勞之偃人謂弘曰來日至藍田正逢滋水暴長所齎國信溺而從

流今所進假之從吏請勤下流人見爲尋此物弘曰昔淳
于之獻空鵠前史稱以爲美足下假物而進詎是陳君命
乎優人慚不能對武帝聞而嘉之盡以優人所進物賜弘
仍令報聘占對敏捷見稱於時後卒於御正下大夫贈晉
州刺史楊素誄之曰山陽王弼風流長逝潁川荀粲零落
無時脩竹夾池永絶梁園之賦長楊映沼無復洛川之文
其爲士友所痛惜如此有文集行於世
弘弟旦字匡德工騎射頗涉書籍仕周位兵部下大夫以
行軍長史從梁睿討王謙以功授儀同三司開皇元年加
開府封新城縣男授掌設驃騎歷羅渐魯三州刺史並有

能名大業初拜龍川太守郡人居山洞好相攻擊旦爲開
設學校大變其風帝聞下詔褒美之徵爲太常少卿攝判
黄門侍郎事卒子爕官至河内郡掾
旦弟肅字匡仁少聰敏閑於占對仕周位宣納上士隋文
帝作相引爲賓曹參軍開皇初授太子洗馬陳使謝泉來
聘以才學見稱詔肅宴接時論稱其華辯歷太子内舍人
遷太子僕太子廢坐除名大業中帝與段達語及庶人罪
惡達云柳肅在宫大見疎斥帝問其故荅曰學士劉臻嘗
進章仇太翼宫中爲巫蠱事肅知而諫曰殿下位當儲貳
戒在不孝無患見疑劉臻書生鼓摇脣舌適足以相詿誤

願勿納之庶人不懌他日謂臻曰汝何漏泄使柳肅知之
令面折我自是後言皆不用帝曰肅橫除名乃召守禮部
侍郎坐事免後守工部侍郎大見親任每幸遼東嘗委於
涿郡留守卒官
機從子謇之字公正父蔡年周順州刺史謇之身長七尺
五寸儀容甚偉風神爽亮進止可觀爲童兒時周齊王憲
遇之於塗異而與語大奇之因奏爲國子生以明經擢第
拜宫師中士轉守廟下士武帝有事太廟謇之讀祝文音
韻清雅觀者屬目帝善之擢爲宣納上士開皇初拜通事
舍人尋遷内史舍人歷兵部司勳二曹侍郎朝廷以謇之

雅望善談謔又飲酒至一石不亂由是每陳使至輒令接
對遷光禄少卿出入十餘年每參掌敷奏會吐谷渾來降
朝廷以宗女光化公主妻之以謇之兼散騎常侍送公主
於西域及突厥啓人可汗求和親復令謇之送義成公主
於突厥前後使二國得贈馬二千餘匹雜物稱是皆散之
宗族家無餘財出爲肅息二州刺史俱有惠政煬帝踐祚
復拜光禄大業初啓人可汗自以内附遂畜牧於定襄馬
邑閒帝使謇之諭令出塞還拜黄門侍郎時元德太子初
薨朝野注望以齊王當立帝方重王府之選拜爲齊王長
史帝法服臨軒命齊王立於西朝堂遣吏部尚書牛弘内

史令楊約左衛大將軍宇文述等從殿廷引謇之詣齊王所西面立弘宣勑謂齊王曰我出藩之初時年十二先帝立我於西朝堂乃令高熲虞慶則元旻等從内送王子相於我誡我曰以汝未更世事令子相作輔於汝事無大小皆可委之無得昵近小人疏遠子相若從我言者有益於社稷成立汝名行如不用此言唯國及身敗無日矣吾受勑奉以周旋不敢失墜微子相之力吾幾無今日矣若與謇之從事一如子相也又勑謇之曰今以卿作輔於齊副朕所望若齊王德業脩備富貴自當鍾卿一門若有不善罪亦相及時齊王擅寵驕今則之徒深見昵狎謇之知其非不能匡正及王得罪謇之竟坐除名及帝幸遼東召檢校燕郡事帝班師至燕郡坐供頓不給配戍嶺南卒於洭口子威明

論曰高氏籍四胡之勢跨有山東周文承二將之餘創基關右似商周之不敵若漢楚之爭雄又連官渡之兵未定鴻溝之約雖弘農沙苑齊卒先奔而河橋北芒周師橈敗於是競圖進取各務兵戈齊謂兼幷有餘周則自守不足韋孝寬奇材異度緯武經文居要害之地受干城之託東人恃其衆悉力來攻將欲釃酒未央飲馬清渭孝寬禦憑茲雉堞抗彼仇讎事甚析骸勢危負户終能奮其智勇應變無方城守六旬竟摧大敵齊人既焚營宵遁高氏遂憤恚而殂雖即墨破燕晉陽存趙何以能尚若使平陽不守鄴城無衆人之師王壁啓關函谷失封泥之固斯豈一城之得喪寔亦二國之興亡者歟韋夐隱不負人貞不絶俗怡神墳籍養素丘園哀樂無以動其心名利不足干其慮確乎不拔實近代之高人也明帝比諸園綺豈徒然哉世康風神雅量一代稱偉總緣人物見重京華頊素望高風亦云美矣柳蚪兄弟雅道是基茲能譽重搢紳豈虛至也慶東帶立朝匪躬是蹈莅官從政清白著美至於畏避權寵違忤宰臣雖取詘於一時實獲申於千載矣機立身

行已本以寬雅流譽至於登朝正色可謂不違直道雖陵谷遷貿終以雅正自居古所謂以道事人斯之謂矣雖幹略見稱終乃敗於驕寵惜矣

列傳第五十二　　北史六十二

列傳第五十三　北史六十五

達奚武字成興代人也祖眷父長並爲鎮將武少倜儻好馳射賀拔岳征關右引爲別將及岳爲侯莫陳悅所害武與趙貴收屍歸平涼同翊戴周文帝從平悅封須昌縣伯大統初自大丞相府中兵參軍出爲東秦州刺史齊神武與竇泰高敖曹三道來侵周文欲并兵擊泰諸將多異議唯武及蘇綽與周文意同遂禽之周文進圖弘農遣武從兩騎覘候武與其候騎遇即交戰斬六級獲三人而反齊神武趣沙苑周文復遣武覘之武從三騎皆衣敵人衣至暮下馬潛聽其軍號歷營若警夜者有不如法者往往撻之具知敵情以告周文遂從破之進爵高陽郡公四年周文援洛陽武爲前鋒與李弼破莫多婁貸文又進至河橋力戰斬其司徒高敖曹再遷雍州刺史復從戰芒山時大軍不利齊神武乘勝進軍至陝武禦之乃退七年詔武經略漢川梁梁州刺史宜豐侯蕭循固守南鄭武圍之循請服會梁武陵王遣其將楊乾運等救循循更不下武擊走

乾運循乃降自劍門以北悉平明年振旅還京師朝議欲以武爲柱國武曰我作柱國不應在元子孝前固辭以大將軍出鎮玉壁周孝閔帝踐祚授柱國大司寇齊豫州刺史司馬消難舉州來附詔武與楊忠迎消難以歸武成初轉大宗伯進封鄭國公齊將斛律敦侵汾絳武禦之敦退武築栢壁城留開府權嚴薛羽生守之保定三年遷太保其年大軍東伐隨公楊忠引突厥自北道武以三萬騎自東期會晉陽武至平陽後期不進而忠已還武尚未知齊將斛律明月遺武書曰鴻鶴已翔於寥廓羅者猶視於沮澤也武覽書乃班師出爲同州刺史明年從晉公護東伐

時尉遲迥圍洛陽為敵所敗武與齊王憲於芒山禦之至
夜收軍憲欲待明更戰武曰洛陽軍散人情駭動不因夜
速還明日欲歸不得憲從之遂全軍而返天和三年轉太
傅武微時奢侈好華飾及居重位不持威儀行常單馬左
右從一兩人而已門外不施戟恒晝掩一扉或謂曰公位
冠群后何輕率若是武曰吾昔在布衣豈望富貴今日富
貴不可頓忘疇昔且天下未平國恩未報安可過事威容
乎言者慙而退武之在同州時旱武帝敕武祀華岳岳廟
舊在山下常所祈禱武謂僚屬曰吾備位三公不能燮理
陰陽不可同於衆人在常祀所必須登峯展誠尋其聖奧

岳既高峻人迹罕通武年逾六十唯將數人攀藤而上於
是稽首祈請晚不得還即於岳上藉草而宿夢一白衣來
執武手曰快辛苦甚相嘉尚武遂驚覺益用祗肅至旦雲
霧四起俄而澍雨遠近霑洽武帝聞之璽書勞武賜綵百
匹武性貪吝其為大司寇也在庫有萬釘金帶當時寶之
武因入庫乃取以歸主者白晉公護護以武勳重不彰其
過因而賜之時論深鄙焉薨贈太傅十五州諸軍事同州
刺史謚曰桓子震嗣震字猛略少驍勇走及奔馬周文嘗
於渭北校獵時有兔過周文前震與諸將競射之馬倒而
墜震足不傾躓因步走射之一發中兔顧馬纔起遂回身

騰上周文喜曰非此父不生此子乃賜震雜綵一百段後
封魏昌縣公明帝初拜司右中大夫加驃騎大將軍開府
儀同三司武成初進爵廣平郡公除華州刺史震雖出自
膏腴少習武藝然頗有政術天和三年拜柱國建德初襲
爵鄭國公從平鄴賜妾二人女樂一部拜大宗伯震父嘗
為此職時論榮之宣政中出為原州總管隋開皇初薨於
家震弟甚大象末為益州刺史與王謙據蜀起兵被誅
若干惠字惠保代武川人也其先與魏俱起以國為姓父
樹利周從魏廣陽王深征葛榮戰沒贈冀州刺史惠以別
將從賀拔岳以功封北平縣男及岳為侯莫陳悅所害惠

與寇洛趙貴等同謀翊戴周文仍從平悅拜直閤將軍從
禽竇泰復弘農破沙苑惠每先登陷陣加侍中開府儀同
三司封長樂郡公大統四年從魏文帝東巡洛陽與齊神
武戰於河橋力戰破之七年遷領軍及高仲密舉北豫州
來附周文迎之軍至洛陽齊神武屯於芒山惠為右軍與
中軍大破之齊神武兵乃萃左軍軍將趙貴等戰不利會
日暮齊神武進兵攻惠惠擊皆披靡至夜中神武騎復來
追惠惠徐下馬顧命廚人營食食訖謂左右曰長安死此
中死異乎乃建旗鳴角收軍而還神武追騎憚惠疑有伏
兵不敢逼至弘農見周文陳賊形勢恨其垂成之功虧於

一簣獻欵不自勝周文壯之遷司空惠性剛質有勇力容貌魁岸善於撫御將士莫不懷恩及侯景內附朝議欲收輯河南令惠以本官鎮魯陽遇病薨於軍惠於諸將年最少早喪父事母以孝聞周文嘗造射堂新成與諸將宴射惠竊歎曰親老矣何時辦此周文聞之即日徙堂於惠宅其見重如此及薨為流涕久之惠喪至又臨撫焉加贈秦州刺史謚曰武烈子鳳嗣鳳字達摩有識度襲父爵長樂郡公尚周文女位開府儀同三司大馭中大夫後錄惠佐命功封鳳徐國公拜柱國

怡峯字景阜遼西人也本姓默台因避難改焉高祖寬燕遼西郡守魏道武時歸朝拜羽真賜爵長蛇公曾祖文興州刺史峯少以驍勇聞從賀拔岳討万俟醜奴賜爵蒲陰縣男岳被害峯與趙貴等同謀翊戴周文進爵為伯及齊神武與孝武帝構隙文帝令峯與都督趙貴赴洛陽至潼關屬孝武西遷峯即從周文帝拔迴洛復潼關後以討曹泥功進爵華陽縣公又從破竇泰於小關復弘農破沙苑進爵樂陵郡公仍與元季海獨孤信復洛陽東魏行臺任祥率步騎萬餘攻頴川峯復以輕騎五百邀擊大破之自是威名轉盛加授開府儀同三司及周文與東魏戰河橋時峯為右軍不利與李遠先還周文遂班師詔原其罪拜夏州刺史大統十五年東魏圍頴川峯與趙貴赴援至南陽病卒峯沈毅有膽略得士卒心當時號驍將周文嗟悼者久之贈華州刺史謚曰襄威子昂嗣位開府儀同三司朝廷追錄峯功封昂闞郡公昂弟光少以峯勳賜爵安平縣侯加開府儀同三司光弟春少知名位吏部下大夫儀同三司

劉亮中山人也本名道德父特真位領人酋長魏大統中以亮著勳追贈恒州刺史亮少倜儻有從横計略姿貌魁傑見者憚之以都督從賀拔岳西征以功封廣興縣子侯莫陳悅害岳亮與諸將謀迎周文及平悅後悅黨豳州刺

史孫定兒仍據州不下衆至數萬周文令亮襲之定兒以義兵猶遠未為之備亮乃輕將二十騎先竪一纛於近城高嶺即馳入城中定兒方置酒高會卒見亮至衆皆駭愕亮乃麾兵斬定兒懸首州門號令賊黨仍遙指城外纛命二騎曰出追大軍賊黨兇懼一時降服及周文置十二軍簡諸將領之亮領一軍每征討常與怡峯俱為騎將以復潼關功封饒陽縣伯尋加侍中從禽竇泰復弘農戰沙苑並力戰有功遷開府儀同三司大都督進爵長廣公以母憂去職居喪毀瘠周文嗟其至性每憂惜之起復本官亮以勇敢見知為當時名將兼屢陳謀策多合機宜周文謂

曰鄉文武兼資即孤之孔明也乃賜名亮并賜姓侯莫陳氏出為東雍州刺史為政清靜百姓安之卒於州喪還京周文親臨之泣而謂人曰股肱喪矣腹心何寄令鴻臚卿監護喪事追贈太尉謚曰襄後配饗周文廟廷子昶嗣昶尚周文女西河長公主大象中位柱國秦靈二州總管以亮功封彭國公隋開皇中坐事死昶弟靜天水郡守靜弟恭開府儀同三司饒陽縣伯恭弟幹上儀同三司褒中侯

王德字天恩代武川人也少善騎射雖不經師訓以孝悌稱初從尒朱榮討元顥賜爵同官縣子文從賀拔岳討平万俟醜奴別封深澤縣男及侯莫陳悅害岳德與寇洛等議翊戴周文於是除平涼郡守德雖不知書至於斷決處分良無以過涇州所部五郡德常為最及孝武西遷進封下博縣伯行東雍州事在州未幾百姓懷之賜姓烏丸氏大統元年進爵為公加車騎大將軍遷儀同三司北雍州刺史後常從周文征伐累有戰功開府侍中進爵河間郡公先是河渭間種羌屢叛以德有威名拜河州刺史群羌率服後卒於涇州刺史謚曰獻德性厚重廉慎言行無擇母幾年百歲後德終子慶嗣小名公奴性謹厚位開府儀同三司初德喪父貧無以葬乃賣公奴并一女以營葬事因遭兵亂不復相知及德在平涼始得之遂名曰慶

赫連達字朔周盛樂人勃勃之後也曾祖庫多汗因避難改姓杜氏達性剛鯁有膽力少從賀拔岳征討有功賜爵長廣鄉男及岳為侯莫陳悅所害趙貴建議迎周文達贊成其議請輕騎告周文仍迎之諸將或欲南追賀拔勝或云東告朝廷達又曰此皆遠水不救近火何足道哉謀遂定令達馳往周文見達慟哭遂以數百騎南赴平涼令達率騎據彈箏峽時百姓惶懼奔散者軍爭欲掠之達止之乃撫以恩信人皆悅附周文聞而嘉之加平東將軍周文謂諸將曰當清水公遇禍之日君等性命懸於賊手杜朔周冒萬死之難遠來見及遂得同雪讎恥勞而不酬何以勸善乃賜馬二百疋孝武入關褒叙勳義以達首迎元帥匡復秦隴進爵魏昌縣伯從儀同李偉破曹泥後復弘農戰沙苑皆有功詔復姓赫連以達勳望兼隆乃除雲州刺史進爵為公從大將軍達奚武攻漢中梁宜豐侯蕭脩拒守積時後乃送款開府賀蘭願德等以其食盡欲急攻取之達曰不戰而獲城策之上也無容利其子女貪其財帛仁者不為如其困獸猶鬬則成敗未可知武遂受脩降師還遷驃騎大將軍開府儀同三司加侍中進爵藍田縣公保定初為大將軍夏州總管達雖非文吏然性質直遵奉法度輕於鞭撻而重慎死罪性又廉儉邊境胡人或饋達

羊達欲招異類報以繒帛主司請用官物達曰羊入我厨物出官庫是欺上也命取私帛與之識者嘉其仁恕尋進爵樂川郡公位柱國薨子遷嗣位大將軍蒲州刺史

韓果字阿六拔代武川人也少驍雄善騎射賀拔岳西征引為帳內擊万俟醜奴後從周文討平侯莫陳悅大統初累進爵為石城公果性強記兼有權略善伺敵虛實揣知情狀有潛匿溪谷欲為間偵者果登高望之所疑處往必有獲周文由是以果為虞候都督每從征行常領候騎晝夜巡察略不眠寢從平竇泰於潼關周文因其規畫軍以勝返賞真珠金帶一條又從復弘農破沙苑戰河橋並有

功歷朔安二州刺史從戰芒山軍還除河東郡守又從大將軍破稽胡於北山胡地險阻人迹罕至果進兵窮討散其種落稽胡憚果勁勇騎捷號為著翅人周文聞之笑曰著翅之名寧減飛將累遷開府儀同三司進爵褒中郡公保定三年拜少師進位柱國天和初授華州刺史為政寬簡吏人稱之薨子明嗣為黎州刺史與尉遲迥同謀反被誅

蔡祐字承先其先陳留圉人也曾祖紹為夏州鎮將徙居高平因家焉父襲名著西州魏正光中万俟醜奴亂關中襲乃背賊歸洛陽拜齊安郡守及孝武西遷始拔難西歸賜爵平舒縣伯除岐雍二州刺史祐性聰敏有行檢襲之背賊東歸祐年十四事母以孝聞及長有膂力周文在原州召為帳下親信及遷夏州以祐為都督侯莫陳悅害賀拔岳諸將迎周文周文將赴之夏州首望彌姐元進等陰有異計周文微知之召元進等入計事既而目祐祐即出外衣甲持刀直入叱元進而斬之并其黨伏誅一坐皆戰慄於是與諸將盟同心誅悅周文以此重之謂祐曰吾今以爾為子爾其以父事我後迎孝武於潼關以前後功封萇鄉縣伯後從禽竇泰復弘農戰沙苑皆有功授平東將軍太中大夫又從戰河橋祐下馬步鬬左右勸乘馬以備急

卒祐怒之曰丞相養我如子今日豈以性命為念遂率左右十餘人齊聲大呼殺傷甚多敵以其無繼圍之十餘重祐乃彎弓持滿四面拒之東魏人乃募厚甲長刀者直進取祐去祐可三十步左右勸射之祐曰吾曹性命在此一矢耳豈虛發哉敵人可十步祐乃射之中其面應弦而倒便以矟刺殺之敵乃稍卻祐乃徐引退是戰也西軍不利周文已還祐至弘農夜與周文會周文字之曰承先爾來吾無憂矣周文驚不得寢枕祐股上乃安以功進爵為公授京兆郡守高仲密舉北豫來附周文率軍援之與齊神武遇於芒山祐時著明光鐵鎧所向無敵齊人咸曰此是

鐵猛獸也皆避之歷青原二州刺史尋除大都督遭父憂請終喪紀弗許累遷開府儀同三司加侍中賜姓大利稽氏進爵懷寧郡公六官建授兵部中大夫周文不豫祐與晉公護賀蘭祥等侍疾及周文崩祐悲慕不已遂得氣疾周孝閔帝踐祚拜少保祐與尉遲綱俱掌禁兵時帝信任司會李植等謀害晉公護祐每泣諫帝不聽尋而帝廢明帝之爲公子也與祐特相友昵及即位禮遇彌隆加拜司馬御膳每有異味輒以賜祐群臣朝宴每被別留或至昏夜列炬鳴笳送祐還宅祐以過蒙殊遇常辭疾避之至於婚姻尤不願結於權要尋以本官權鎮原州頃之授宜州

刺史未之部卒於原州祐少與鄉人李穆布衣齊名常相謂曰大丈夫當建立功名以取富貴安能久處貧賤言訖各大哭後皆如言及從征伐爲士卒先軍還諸將爭功祐終無所競周文每歎之曰承先口不言勳孤當代其論叙性節儉所得祿秩皆散宗族身死之日家無餘財贈柱國大將軍原州都督謚曰莊子正嗣祐弟澤頗好學有幹能後爲邛州刺史以不從司馬消難被害

常善高陽人也家本豪族魏孝昌中從尒朱榮入洛封房城縣男後從周文平侯莫陳悅除天水郡守累遷驃騎大將軍開府儀同三司西安州刺史轉蔚州刺史頻涖二藩有政績進爵永陽郡公周孝閔帝踐祚拜大將軍寧州總管保定二年入爲小司徒卒贈柱國大將軍都督延州刺史子昂和嗣

辛威隴西人也少慷慨有志略初從賀拔岳征伐有功假輔國將軍都督及周文統岳衆見威奇之引爲帳內封白土縣伯後進爵爲公累遷開府儀同三司賜姓普屯氏出爲鄜州刺史威時望既重朝廷以桑梓榮之遷河州刺史本州大中正頻領二鎮頗得人和周孝閔帝踐祚拜大將軍進爵枹罕郡公宣政元年進位上柱國大象二年進封宿國公復爲少傅襃威性持重有威嚴歷官數十年未嘗

有過故得以身名終兼其家有義五世同居時以此稱之子永達嗣位儀同大將軍

厙狄昌字恃德神武人也少便弓馬有膂力及長進止閑雅膽氣壯烈每以將帥自許從尒朱天光定關中天光敗又從賀拔岳征討及岳被害昌與諸將議翊戴周文從平侯莫陳悅賜爵陰盤縣子後從迎孝武復潼關改封長子縣子大統初累遷開府儀同三司進爵方城郡公六官建授稍伯中大夫周孝閔帝踐祚拜大將軍卒

梁椿字千年代人也初從尒朱榮入洛又從賀拔岳討平万俟醜奴仍從周文平侯莫陳悅大統中累以戰功封東

平郡公位開府儀同三司周孝閔帝踐祚除華州刺史改
封清陵郡公保定元年拜大將軍卒於位贈都督恒州刺
史謚曰烈椿性果毅善於撫納所獲賞物分賜麾下故每
踐敵場咸得其死力雅好儉素不營貲產時論以此稱焉
子明以椿功賜爵豐陽縣公後襲椿爵舊封回授弟朗
梁臺字洛都長池人也少果敢有志操從尒朱天光平關
隴賜爵隴城鄉男及天光敗於韓陵賀拔岳又引爲心膂
岳爲侯莫陳悅所害臺與諸將翊戴周文從平悅累功授
潁州刺史賜姓賀蘭氏累遷驃騎大將軍開府儀同侍中
周孝閔帝踐祚進爵中部縣公保定四年拜大將軍時大

軍圍洛陽久不拔齊騎奄至齊公憲禦之有數人爲敵所
執已去臺單馬突入射殺兩人敵皆披靡被執者遂還齊
公憲每歎曰梁臺果毅膽決不可及也五年拜鄜州刺史
臺性疎通恕以待物至於莅人尤以惠愛爲心不過識千
餘字口占書啓詞意可觀年過六十猶能被甲跨馬足不
躡鐙馳射弋獵矢不虛發後以疾卒
田弘字廣略高平人也少慷慨有謀略初陷万俟醜奴尒
朱天光入關弘自原州歸順及周文統衆弘求謁見乃論
時事即處以爪牙之任又以迎孝武功封鶉陰縣子周文
嘗以所著鐵甲賜弘云天下若定還將此甲示孤也累功

賜姓紇干氏授原州刺史以弘勳望兼至故以衣錦榮之
周文在同州文武並集乃謂之曰人人如弘盡心天下豈
不早定即授車騎大將軍儀同三司魏廢帝元年加驃騎
大將軍開府儀同三司平蜀後梁信州刺史蕭韶等未從
朝化詔弘討平之又討西平反羌及鳳州叛氐等並破之
每臨陣推鋒直前身被一百餘箭破骨者九馬被十矟朝
廷壯之周孝閔踐阼進爵鴈門郡公保定元年出爲岷州
刺史弘雖武將而動遵法式百姓賴安之三年從隨公楊
忠伐齊拜大將軍後進柱國大將軍歷位大司空少保襄
州總管薨于州子仁恭嗣

仁恭字長貴性寬仁有局度歷位幽州總管隋文帝受禪
進上柱國拜太子太師甚見親重嘗幸其第宴飲極歡禮
賜甚厚尋奉詔營太廟進爵觀國公拜武衛大將軍轉左
武衛大將軍卒官贈司空謚曰敬子世師嗣
次子德懋少以孝友知名開皇初以父軍功賜爵平原郡
公授太子千牛備身丁父艱哀毀骨立廬於墓側負土成
墳帝聞而嘉之遣員外散騎侍郎元志就弔焉復降璽書
存問賜帛及米下詔表其閭大業中位尚書駕部郎卒官
時有王城郡公王景鮮虞縣公謝慶恩並位上柱國大義
公辛遵及其弟韶並位柱國隋文帝以其俱佐命功臣特

加崇貴親禮與仁恭等事皆亡失云

論曰周文接喪亂之際乘戰爭之餘發跡平涼撫征關右于時外虞孔熾內難方殷羽檄交馳戎軒屢駕終能蕩清逋孽克固鴻基雖稟算於廟堂實責成於將帥達奚武若干惠怡峯劉亮王德赫連達韓果蔡祐常善辛威庫狄昌梁椿梁臺田弘等並兼資勇略咸會風雲或効績中權或立功方面均分休戚同濟艱危可謂國之爪牙朝之禦侮者也而武叶規文后得儁小関周瑜赤壁之謀賈詡烏巢之策何以能尚一言興邦斯之謂矣惠德本以果毅知名而能率由孝道雖圖史所歎何以加焉勇者不必有仁斯

不然矣以赫連達之先識而加之以仁恕蔡祐之敢勇而終之以不伐斯豈企及之所致乎抑亦天性而已仁恭出內榮顯豈徒然哉德懋道協天經亦足嘉矣

列傳第五十三　北史六十五

列傳第五十四　北史六十六

王傑
王勇
宇文虯
耿豪
高琳
李和子徹
伊婁穆
達奚寔
劉雄

侯植
李延孫
韋祐
陳欣
魏玄
泉企
李遷哲
楊乾運
扶猛
陽雄

席固

任果

王傑金城直城人也本名文達父巢魏榆中鎮將傑少有壯志每以功名自許從孝武西遷賜爵都昌縣子周文奇其才嘗謂諸將曰王文達萬人敵也但恐勇決太過耳從復潼關破沙苑爭河橋戰芒山皆以勇敢聞親待日隆於是賜姓宇文氏進爵為公累遷侍中驃騎大將軍開府儀同三司恭帝元年從于謹圍江陵時柵內有人善用長矟將士登者多為所斃謹令傑射之應弦而倒登者乃得入遂拔之謹曰濟我大事者在公此箭也周孝閔帝踐祚進

爵張掖郡公為河州刺史朝廷以傑勳望俱重故授以本州後與隨公楊忠自漢北伐齊又從齊公憲東禦齊將斛律明月進位柱國建德初除涇州總管頗為百姓所慕宣帝即位拜上柱國薨贈七州諸軍事河州刺史追封鄂國公謚曰威子孝遷位開府儀同大將軍

王勇代武川人也本名胡仁少雄健有膽決數從侯莫陳悅賀拔岳征討功居多拜別將周文為丞相封包信縣子從禽竇泰復弘農戰沙苑氣蓋衆軍所當必破周文歎其勇敢賞賜特隆進爵為公大軍不利唯胡仁及王文達耿令貴三人力戰皆有殊功軍還拜上州刺史以雍州岐州北雍州擬授胡仁等然州頗有優劣文令探籌取之胡仁遂得雍州文達得岐州令貴得北雍州仍賜胡仁名勇令貴名豪文達名傑以彰其功進侍中驃騎大將軍開府儀同三司恭帝元年從柱國趙貴征蠕蠕破之進爵新陽郡公賜姓庫汗氏又論討蠕蠕功別封永固縣伯時有別封者例聽迴授次子勇獨請封兄子與時人義之尋進位大將軍勇性雄猛為當時驍將矜功伐善好論人之惡時論亦以此鄙之柱國侯莫陳崇勳高望重與諸將同謁晉公護閱勇數論人短乃於衆中折辱之勇慙恚因疽發背卒子昌嗣官至大將軍

宇文虬字樂仁代武川人也驍悍有膽略少從征討累有戰功封南安侯孝武西遷以獨孤信為行臺信引虬為帳內都督隨信奔梁大統三年歸闕進爵為公禽竇泰復弘農及沙苑河橋之戰皆有功又從獨孤信討梁企定破之累遷南秦州刺史驃騎大將軍開府儀同三司虬每經行陣必身先士卒故上下同心戰無不尅後除金州刺史大將軍卒

耿豪鉅鹿人也本名令貴其先家於武川豪少麤獷有武藝好以氣陵人賀拔岳西征引為帳內岳被害歸周文以武勇見知豪亦自謂所事得主從討侯莫陳悅及迎孝武

録前後功封平原子沙苑之戰豪殺傷甚多血染甲裳盡赤周文歎曰令貴武猛所向無前觀其甲裳足以為驗不須更論級數也進爵為公從周文戰芒山豪謂所部曰大丈夫除賊須右手拔刀左手把矟直斫直刺慎莫畏死遂大呼獨入敵人鋒刃亂下當時咸謂豪殁俄然奮刃而還戰數合當豪前者死傷相繼又謂左右曰吾豈樂殺人但壯士除賊不得不爾若不能殺賊又不為人所傷何異逐坐人也周文嘉之拜北雍州刺史賜姓和稽氏進位侍中驃騎大将軍開府儀同三司豪性凶悍言多不遜周文惜其驍勇每優容之豪亦自謂意氣冠群終無所屈李穆蔡

北史列傳五十四　四

祐初與豪同時開府後並居豪之右豪不能平謂周文曰人間物議謂豪勝李穆蔡祐周文曰何以言之豪曰人言李穆蔡祐是丞相髆髀耿豪王勇丞相咽項以在上故為勝也豪之麁猛皆此類卒周文痛惜之子雄嗣位至大将軍

高琳字季珉其先高麗人也仕於燕又歸魏賜姓羽真氏琳母嘗祓禊泗濵遇見一石光彩朗潤遂持以歸是夜夢人衣冠有若仙者謂曰夫人向所将来石是浮磬之精若能寳持必生令子母驚寤舉身流汗俄而有娠及生因名琳字季珉從孝武西遷封鉅野縣子河橋之役琳勇冠諸軍周文謂曰公即我之韓白也復從戰芒山除正平郡守齊将東方老来寇琳擊之老中数創乃退謂其左右曰吾經陣多矣未見如此健兒後除鄜州刺史加驃騎大将軍開府儀同三司侍中周孝閔帝践祚進爵犍為郡公武成二年討平文州氐師還帝宴群公卿士仍賦詩言志琳詩末章云寄言寳車騎為謝霍将軍何以報天子沙漠静妖氛帝大悦曰獯獫陸梁未時欵塞卿言有驗國之福也天和三年為江陵副總管時陳将吳明徹来寇總管田弘與梁主蕭巋出保紀南城唯琳與梁僕射王操固守江陵三城以抗之晝夜拒戰凡經十旬明徹退走歸表言其狀帝

北史列傳五十四　五

乃優詔追琳入朝親加勞問六年進位柱國薨贈本官加五州諸軍事冀州刺史謚曰襄子儒襲爵位儀同大将軍

李和本名慶和朔方巖緑人也父僧養以累世雄豪為夏州酋和少敢勇有識度狀貌魁偉為州里所推賀拔岳作鎮関中引為帳内都督後從周文累遷侍中驃騎大将軍開府儀同三司夏州刺史賜姓宇文氏周文嘗謂諸将曰宇文慶和累經任委每稱吾意又賜名意焉改封永豐縣公保定二年除司憲中大夫尋改封德廣郡公出為洛州刺史和前在夏州頗留遺惠及有此授商洛父老莫不想望德音和至州以仁恕訓物獄訟為之簡静進柱國大将

軍隋開皇元年遷上柱國和立身剛簡老而逾勵諸子趨事若奉嚴君以意是周文帝賜名帝朝已革慶和則父之所命義不可違至是遂以和爲名二年薨贈本官加司徒公謚曰肅子徹嗣

徹字廣達性剛毅有器幹周武帝時從皇太子西征吐谷渾以功賜爵周昌縣男從武帝平齊録前後功再進爵遷左武衛將軍及隋晉王廣鎮并州妙選府官詔徹摠晉王府軍事進爵齊安郡公時蜀王秀亦鎮益州上謂侍臣曰安得文同王子相武如李廣達者乎其見重如此明年突厥沙鉢略可汗犯塞上令衛王爽爲元帥擊之以徹爲長

史遇虜於白道行軍摠管李充請襲之諸將多以爲疑唯徹獎成其事請同行遂掩擊大破之沙鉢略棄所服金甲而遁以功加上大將軍沙鉢略因此稱藩改封安道郡公開皇十年進位柱國及晉王爲楊州摠管以徹爲司馬改封德廣郡公尋徙封城陽郡公其後突厥犯塞徹復領行軍摠管破之及左僕射高熲得罪以徹素與熲善被疎忌後出怨言上聞召入卧内賜宴言及平生因遇鴆卒大業中其妻元氏爲孽子安遠誣以呪詛伏誅

伊婁穆字奴干代人也父靈善騎射爲周文所知甞謂之曰若伊尹阿衡於殷致主堯舜卿旣姓伊庶卿不替前緒於是賜名尹焉歷衛將軍隆州刺史盧奴縣公穆弱冠爲周文帳内親信以機辯見知歷中書舍人通直散騎常侍甞入白事周文望見悅之字之曰奴干作儀同面見我矣於是拜儀同三司賜封安陽縣伯周孝閔帝踐阼進位驃騎大將軍建德中卒

達奚寔字什伏代河南洛陽人也父顯相武衛將軍寔少倜立有幹局從魏孝武西遷封臨汾縣伯從周文禽竇泰復弘農破沙苑皆力戰有功累遷相府從事中郎寔性嚴重深見器遇六官建行蕃部中大夫加驃騎大將軍開府儀同三司進爵平陽縣公周保定初卒於刺史謚曰恭子豐嗣

劉雄字猛雀臨洮子城人也少機辯慷慨有大志初爲周文親信後拜中大夫兼中書舍人賜姓宇文氏周孝閔帝踐阼加大都督天和中累遷驃騎大將軍開府儀同三司封周昌侯歷位納言内史中大夫候正武帝甞從容謂曰古人云富貴不歸故鄉猶衣錦夜遊乃以雄爲河州刺史雄先已爲本縣令復有此授鄉里榮之及皇太子西征吐谷渾雄自涼州從滕王逌先入功居多加上開府儀同三司從平并州拜上大將軍進爵趙郡公平鄴城進柱國宣政元年突厥寇幽州雄戰歿贈亳州摠管子昇嗣以雄死

王皐授儀同大將軍
侯植字仁幹其先上谷人也高祖恕爲北地太守子孫因家于北地之三水植少倜儻有大節容貌奇偉武藝絕倫仕魏爲義州刺史甚有政績後從孝武西遷賜姓侯伏氏從周文破沙苑戰河橋進大都督涼州刺史文仲和據州作逆植從開府獨孤信討禽之封肥城縣公賜姓賀屯氏後從于謹平江陵進驃騎大將軍開府儀同三司別封一子汧源縣伯周孝閔帝踐阼進爵郡公時帝幼沖晉公護執政植從兄龍恩爲護所親及護誅趙貴諸宿將等多不自安植謂從兄龍恩曰主上春秋既富安危繫於數公若

多誅戮自立威權何止社稷有累卵之危恐吾宗亦緣此敗兄安得知而不言龍恩竟不能用植又承間言於護曰公以骨肉之親當社稷之寄願推誠王室擬迹伊周則率土幸甚護曰我誓以身報國卿豈謂吾有他志邪又聞其先與龍恩言乃陰忌之植懼不免禍遂以憂卒贈大將軍平州刺史謚曰節子定嗣及護伏誅龍恩及其弟萬壽並預其禍武帝以植忠於朝廷特免其子孫

李延孫伊川人也父長壽性雄豪少與蠻酋結託侵掠關南魏孝昌中朝議恐其爲亂乃以長壽爲防蠻都督給其鼓節長壽盡其智力防遏群蠻伊川左右寇盜爲之稍息永安之後長壽徒侶日盛魏帝藉其力用因而撫之累遷北華州刺史賜爵清河郡公及孝武西遷長壽率勵義士拒東魏後爲黃州刺史東魏遣行臺侯景攻之城陷遇害追贈太尉延孫亦雄武有將率才略少從長壽征討以勇敢聞賀拔勝爲荊州刺史表延孫爲都督肅清鵶路頗有力焉及長壽被害延孫乃還收集其父之衆自孝武西遷後朝士流亡廣陵王欣錄尚書長孫承業潁川王斌之安昌王子均及建寧江夏隴東諸王并百官等攜持妻子來投延孫者郎率衆衛送并贈以珍玩咸達關中齊神武深患之遣行臺慕容紹宗等數道攻擊延孫大破之乃授延

孫京南行臺節度河南諸軍事廣州刺史尋進車騎大將軍儀同三司大都督賜爵華山郡公延孫既蒙重委每以克清伊洛爲己任頻以寡擊衆威振敵境大統四年爲其長史楊伯蘭所害贈司空子人傑有祖父風官至開府儀同三司改封潁川郡公

韋祐字法保京兆山北人也以字行爲州郡著姓父義上洛郡守魏大統中以法保著勳追贈秦州刺史法保少好遊俠而質直少言所與交遊皆輕猾亡命父沒事母以孝聞慕李長壽之爲人遂娶其女因寓居關南正光末王公避難者或依之多得全濟以此爲貴遊所德及孝武西遷

法保赴行在所封固安縣男及長壽被害其子延孫收長壽餘衆守禦東境朝廷恐延孫兵少乃除法保東洛州刺史配兵數百以授延孫法保至潼關弘農郡守韋孝寬謂曰恐子此役難以吉還法保曰古人稱不入獸穴不得獸子安危之事未可預量遂倍道兼行與延孫兵接乃并勢置柵於伏流未幾周文追法保與延孫還朝賞勞甚厚除河南尹及延孫被害法保乃率所部據延孫舊柵嘗與東魏戰流矢中頸從口中出久之乃蘇大統九年鎮九曲城及侯景以豫州附法保率兵赴景欲留之法保疑其貳乃固辭還所鎮十五年加驃騎大將軍開府儀同三司尋進

爵為公會東魏遣軍送糧饋宜陽法保潛邀之中流矢卒於陣謚曰莊子初嗣位開府儀同大將軍閻韓防主

陳欣字永怡宜陽人也少驍勇有氣俠姿貌魁岸同類咸敬憚之孝武西遷後欣乃於辟惡山招集勇敢少年寇掠東魏仍密遣使歸附授立義大都督賜爵霸城縣男累遷宜陽郡守恭帝二年進位驃騎大將軍開府儀同三司加侍中宜陽邑大中正賜姓尉遲氏周文以欣著績累載贈其祖昆及父與孫俱為儀同三司位刺史東魏洛州刺史獨孤永業號有智謀往來境上欣與韓雄等恒令間諜覘其動靜發兵每至輒破之故永業深憚欣等不敢為寇周孝閔帝踐阼進爵許昌縣公後除熊州刺史卒於州欣與韓雄里閈姻婭少相親昵俱擁兵境上三十餘載每禦扞二人相赴常若影響故數對勍敵而常保功名雖並有武力至於挽彊射中欣不如雄散財施惠得士衆心則雄不如欣身死之日將吏荷其恩德莫不感慟子萬敵嗣朝廷以欣雅得士心還令萬敵領其部曲

魏玄字僧智其先任城人也後徙於新安玄少慷慨有膽略孝武西遷東魏北徙人情各懷去就玄每率鄉兵抗拒東魏芒山之役大軍不利宜陽洛州皆為東魏守而玄母及弟並在宜陽玄以為忠孝不兩立乃率義徒還闕南鎮

撫周文手書勞之除洛陽令封廣宗縣子周保定元年累遷驃騎大將軍開府儀同三司鎮閻韓遷熊州刺史政存簡惠百姓悅之轉和州刺史伏流防主進爵為公及齊將斛律明月率衆向宜陽兵威甚盛玄率衆禦之每戰輒克後以疾卒於位

泉企字思道上洛豐陽人也世雄商洛自晉東度常貴魯江東曾祖景言魏太延五年率鄉里歸化仍引王師平商洛拜建節將軍假宜陽郡守世襲本縣令封丹水侯父安志復為建節將軍宜陽郡守領本縣令降爵為伯企九歲喪父哀毀類於成人服闋襲爵年十二鄉人皇平陳合等

三百餘人詣州請企為縣令州為申上時吏部尚書郭祚
以企年少請別選遣終此一限令企代之宣武詔依皇平
等所請巴俗事道尤重老子之術企雖童幼而好學恬靜
百姓安之尋以母憂去職縣中父老復表請起復本任後
除上洛郡守及蕭寶夤反遣兵趣青泥圖取上洛豪族泉
杜二姓密應之企與刺史董紹掩襲二姓散走寶夤亦退
遷浙州刺史別封涇陽縣伯永安中大破梁將王玄真於
順陽除東雍州刺史進爵為侯部人楊羊皮太保椿之從
弟恃椿侵擾百姓守宰多被其陵侮皆畏而不敢言企收
之將加極法楊氏慚懼闔宗請恩自此豪右無敢犯者性

又清約纖毫不擾於人在州五年每於鄉里運米自給梁
魏興郡與洛州接壤表請內屬詔企為行臺尚書以撫納
之大行臺賀拔岳以企昔莅東雍為吏人所懷乃表企復
為刺史詔許之蜀人張國儁聚黨剽劫州郡不能制企收
戮之闔境清肅及齊神武專政孝武有西顧之心欲委企
以山南之事乃除洛州刺史未幾帝西遷齊神武率衆至
潼關企遣其子元禮禦之神武不敢進上洛人都督泉岳
其弟猛略與順陽人杜窋等謀翻洛州以應東魏企知之
殺岳及猛略傳首詣闕大統元年加開府儀同三司兼尚
書右僕射進爵上洛郡公企志尚廉慎每除一官憂見顏

色寢食輒減至是頻讓魏帝手詔不許三年高敖曹圍逼
州城杜窋為其鄉導企拒守旬餘矢盡援絕城乃陷焉謂
敖曹曰泉企力屈志不服也及竇泰被禽敖曹退走遂執
企而東以窋為刺史企臨發密戒二子元禮仲遵曰吾生
平志願不過令長幸逢聖會位亞台司今爵祿既隆年齒
又暮前途夷儉抑亦可知汝等堪立功効不得以我在東
遂虧臣節也乃揮涕而訣聞者莫不憤歎尋卒於鄴元禮
少有志氣好弓馬頗閑章隸有士君子之風賜爵臨洮縣
伯散騎常侍及洛州陷與企俱被執而東元禮於路逃歸
時杜窋雖為刺史然巴人素輕杜而重泉及元禮至與仲

遵相見感父臨別之言潛與豪右結託遂率鄉人襲州城
斬窋傳首長安朝廷嘉之代襲洛州刺史從周文戰於沙
苑中流矢卒子貞嗣仲遵一名恭少謹實涉獵經史年十
三為郡主簿十四為縣令及長有武藝高敖曹攻洛州與
企力戰拒守矢盡以棒杖扞之為流矢中目不堪復戰及
城陷士卒歎曰若二郎不傷豈至於此企之東也仲遵以
被傷不行後與元禮斬窋以功封豐陽縣伯東豫州刺史
及元禮戰沒復以仲遵為洛州刺史頻得譽大統十三年
行荆州刺史事梁司州刺史柳仲禮每為邊寇周文令仲
遵率鄉兵從開府楊忠討之梁隨郡守桓和拒守不降忠

謂諸將曰先取仲禮則桓和不攻而自服也仲遵對曰若秉和深入仲禮未即就禽則首尾受敵此危道也忠從之仲遵以計由己出乃先登城遂禽和從擊仲禮又獲之進驃騎大將軍開府儀同三司本州大中正復行荆州刺史十三州諸軍事尋遭母憂請終喪制不許大將軍王雄南征上津魏興仲遵從雄討平之遂於上津置南洛州以仲遵爲刺史仲遵留情撫接百姓安之初蠻帥杜青和自稱巴州刺史以州入附朝廷因其所據而授之仍隸東梁州都督青和以仲遵善於撫御請隸仲遵朝議以山川非便弗之許也青和遂結安康酋帥黄衆寶等舉兵共圍東梁

州復遣王雄討平之改巴州爲洵州隸於仲遵先是東梁州刺史劉孟良在職貪婪人多背叛仲遵以廉簡處之群蠻帥服仲遵雖出自巴夷而有方雅之操歷官之處皆以清白見稱朝廷又以其父臨危抗節乃令襲爵上洛郡公舊封聽廻授一子尋出爲都督金州刺史卒官贈大將軍三州刺史謚曰莊子昶嗣位至開府儀同大將軍

李遷哲字孝彦安康人也世爲山南豪族仕於江左父元直仕梁歷東梁衡二州刺史散騎常侍沌陽侯遷哲少脩立有識度慷慨善謀畫起家文德主帥其父爲衡州留遷哲本鄉監統部曲事時年二十撫馭群下甚得其情後襲

爵沌陽侯位都督東梁州刺史侯景篡逆遷哲外禦邊寇自守而已大統十七年周文遣達奚武王雄等略地山南遷哲軍敗遂降於武然猶意氣自若武乃執送京師周文責以不早歸國答曰不能死節實以此愧耳周文深嘉之封沌陽縣伯恭帝初直州人樂熾洋州人黄國等連結爲亂周文以遷哲信著山南乃令與開府賀若敦同經略熾等尋並平蕩仍與敦南出徇地遷哲先至巴州入其封郭梁巴州刺史牟安人開門請降安人子宗徹等猶據巴城不下遷哲攻尅之軍次鹿城城主遣使請降遷哲謂其衆曰納降如受敵吾觀其使瞻視猶高得無詐也遂不許之

梁人果於道左設伏以邀遷哲遷哲進擊破之遂屠其城自此巴濮之人降隸相繼軍還周文賜以所服紫袍玉帶及所乘馬加授侍中驃騎大將軍開府儀同三司除直州刺史即本州也仍給軍儀鼓節令與田弘同討信州時信州爲蠻酋向五子王等所圍弘遣遷哲赴援比至信州已陷五子王等聞遷哲至狼狽遁走遷哲入據白帝賀若敦等復至遂共追五子王等破之及田弘旋軍周文令遷哲留鎮白帝信州先無倉儲軍糧匱乏遷哲乃收葛根造粉兼米以給之遷哲亦自取供食時有異膳即分賜兵士有疾患者又親加醫藥以此軍中感之人思効命黔陽蠻田

烏度田烏唐等每抄掠江中爲百姓患遷哲隨機出討殺獲甚多由是諸蠻畏威各送糧餼又遣子弟入質者千有餘家遷哲乃於白帝城外築城以處之并置四鎮以靜峽路自此寇抄頗息軍糧贍給焉周明帝初授都督信州刺史二年進爵西城縣公武成元年朝于京師明帝甚禮之賜甲第及莊田等天和三年進位大將軍詔遷哲率金上等諸州兵鎮襄陽五年陳將章昭達攻逼江陵梁明帝告急於襄州衛公直令遷哲往救焉遷哲率其所部守江陵外城自率騎出南門又令步兵自北門出兩軍首尾邀之陳人多投水死是夜陳人又竊於城西堞以梯登城登者

巳百數人遷哲又率驍勇扞之陳人復潰俄而大風暴起遷哲乘闇出兵擊其營陳人大亂殺傷甚衆江陵摠管陸騰復破之於西隄陳人乃遁建德二年進爵安康郡公三年卒於襄州贈金州摠管謚曰壯武遷哲累葉雄豪爲鄉里所服性復華侈能厚自奉養妾媵至有百數男女六十九人緣漢千餘里閒第宅相次姬媵之有子者分處其中各有僮僕侍婢閽人守護遷哲每鳴笳導從往來其閒縱酒歡醼盡生平之樂子孫參見或忘其年名者披簿以審之長子敬仁先遷哲卒第六子敬猷嗣還統父兵位儀同大將軍遷哲弟顯位上儀同大將軍

楊乾運字玄邈儻城興勢人也少雄武爲鄉閭信服爲安康郡守陷梁仕歷潼南梁二州刺史及武陵王蕭紀稱尊號以乾運威服巴渝乃拜梁州刺史鎮潼州封萬春縣公時紀與其兄湘東王繹爭帝乾運兄子略勸乾運歸附乾運然之會周文令乾運孫法洛至略押夜送之乾運送款周文密賜乾運鐵券授開府儀同三司侍中梁州刺史安康郡公及尉遲迥征蜀遂降迥迥因此進軍成都數旬尅之及至京師禮遇隆渥尋卒於長安贈尚書右僕射子端嗣略亦以歸附功位至開府儀同三司大將軍封上庸縣伯乾運女壻樂廣安州刺史封安康縣公

扶猛字宗略上甲黃土人也其種落號白獸蠻猛仕梁位南洛北司二州刺史封宕渠縣男魏廢帝元年以衆降周文厚加撫納復爵宕渠縣男割二郡爲羅州以猛爲刺史令從開府賀若敦南討信州敦令猛直道白帝所由之路人迹不通猛乃梯山捫葛備歷艱阻遂入白帝城撫慰人夷莫不悅附以功進開府儀同三司俄而信州蠻反猛復從賀若敦平之進爵臨江縣公後從田弘破漢南諸蠻進位大將軍卒

陽雄字元略上洛邑陽人也累葉豪族父猛從孝武西遷以功封郃陽伯位征東將軍楊州刺史雄起家奉朝請以

軍功封安平縣侯傳子孫相襲拜邑陽郡守累遷平州刺史進爵王城縣公加開府儀同三司驃騎大將軍歷京兆戶部中大夫進位大將軍轉中外府長史遷江陵捴管改封魯陽縣公卒於鎮追封郡公謚曰懷雄善附會能自謀身故任兼出內保全爵祿子長寬嗣

席固字子堅其先安定人也高祖衡因姚氏之亂寓居襄陽仕晉為建威將軍遂為襄陽著姓固少有遠志梁大同中為齊興郡守乂居郡職士多附之遂有親兵千餘人梁元帝時遷興州刺史軍人募從者至五千餘人固欲自據一州以觀時變大統中以地歸魏時周文方南取江陵西

定蜀漢聞固至甚禮遇之就拜使持節驃騎大將軍開府儀同三司大都督侍中豐州刺史封新豐縣公後轉湖州刺史啓求入覲及至進爵靜安郡公尋拜昌歸憲三州諸軍事昌州刺史固居家孝友莅官頗有聲績卒於州贈大將軍五州刺史謚曰肅敦襄州賜其墓田子雅嗣雅字彥文性方正少以孝聞位大將軍雅弟英上開府儀同大將軍

任果字靜鸞南安人也本方隅豪族父褒仕梁為沙州刺史新巴縣公果性勇決志在立功魏廢帝元年率所部來附周文嘉其遠至待以優禮果因面陳取蜀策深被納之乃授沙州刺史南安縣公從尉遲迥伐蜀尋進授驃騎大將軍開府儀同三司及成都平除始州刺史周文以其方隅首領早立忠節進爵樂安郡公賜以鐵券聽相傳襲并賜路車駟馬及儀衛等以光寵之尋為刺客所害

論曰王傑王勇宇文虯耿豪高琳李和伊婁穆侯植等咸以果毅之姿効節擾攘之際各能摧堅覆鋭自致其功高爵厚位固其宜也仲尼稱無求備於一人信矣夫文士懷溫恭之操其弊也懦弱武夫稟剛烈之資其弊也敢悍故有使酒不遜之禍校劒爭功之尤大則莫全其生小則僅而獲免耿豪王勇不其然乎李延孫韋祐陳欣魏玄等以

勇略之姿受扞城之委灌瓜贈藥雖有愧於昔賢禦侮折衝足方駕於前烈用能觀兵伊洛保據崤函齊人阻西路之謀周朝緩東顧之慮皆其力也泉企長自山谷素無月旦之譽而臨難慷慨無失人臣之節豈非蹈仁義之徒歟元禮仲遵聿遵其志卒成功業庶乎克負荷矣李遷哲楊乾運席固之徒屬方隅擾攘咸知委質遂享爵位以保終始觀遷哲之對周文有尚義之氣乾運受任武陵垂事人之道若乃校其優劣固不可同年而語陽雄任果文武聲著土內抑亦志能之士也舊史有代人宇文盛字保興以武毅顯盛弟丘字胡奴盛子述位柱國並有傳然事無足

可紀盛見子述傳晉丘略之云

列傳第五十四　北史六十六

列傳第五十五　北史六十七

崔彥穆

楊纂

段永

令狐整 子熙

唐永 子瑾

柳敏 子昂

王士良

崔彥穆字彥穆清河東武城人魏司空安陽侯林之九世孫也曾祖顗後魏平東府諮議參軍祖蔚遭從兄司徒浩之難南奔江左仕宋為給事黃門侍郎汝南義陽二郡守

延興初復歸於魏拜潁川郡守因家焉後終於郢州刺史父幼位終永昌郡守隋開皇初以獻皇后外曾祖追贈上開府儀同三司新州刺史彥穆幼明悟神彩卓然魏吏部尚書隴西李神儁有知人之鑒見而歎曰王佐才也永安末除司徒府參軍事再遷大司馬從事中郎孝武西遷彥穆時不得從大統三年乃與兄彥珍於成皋舉義因攻拔滎陽禽東魏郡守蘇淑仍與鄉郡王元法威攻潁川斬其刺史李景道即拜滎陽郡守尋賜爵千乘縣侯十四年授散騎常侍司農卿時軍國草創衆務殷繁周文乃引彥穆

入幕府兼掌文翰及于謹伐江陵彥穆以本官從平之周明帝初進驃騎大將軍開府儀同三司俄拜安州刺史摠管十二州諸軍事入爲御正大夫陳氏請敦隣好詔彥穆使焉彥穆風韻閑曠器度方雅善玄言解談謔甚爲江表所稱轉戶部中大夫進爵爲公天和三年聘齊還除金州刺史摠管七州諸軍事進位大將軍尋徵拜小司徒及宣帝崩隋文帝輔政三方起兵以彥穆爲行軍摠管與襄州摠管王誼討司馬消難軍次荆州摠管獨孤永業有異志遂收而戮之及事平隋文帝徵王誼入朝郎以彥穆爲襄州刺史摠管六州諸軍事加授上大將軍進爵東郡公須

之永業家自理得雪彥穆坐除名尋復官爵開皇元年卒子君綽嗣君綽性夷簡博覽經史有父風大象末丞相府賓曹參軍君綽弟君肅解巾道王侍讀大象末潁川郡守

楊纂廣寧人也父安仁魏朔州鎮將纂少慷慨有志略勇力兼人年二十從齊神武起兵於信都軍功稍遷武州刺史自以賞薄志懷怨憤每歎曰大丈夫富貴何必故鄉若以妻子經懷豈不沮人雄志大統初乃間行入關周文執纂手曰人所貴者忠義也所懼者危亡也其能不憚危亡蹈茲忠義者今方見之於鄉耳即授征南將軍大都督封永興縣侯從周文解洛陽圍經河橋芒山之戰纂每先登軍中咸推其敢勇累遷驃騎大將軍開府儀同三司加侍中進爵爲公賜姓莫胡盧氏俄授岐州刺史周孝閔帝踐阼進爵宋熙郡公保定元年位大將軍改封隴東郡公除隴州刺史從隋公楊忠東伐至并州而還天和六年進授柱國大將軍轉華州刺史纂性質樸文不識文字前後莅職但推誠信而已吏人以其忠恕頗亦懷之尋卒於州子睿位至上柱國漁陽郡公

段永字永賓其先遼西石城人晉幽州刺史疋磾之後也曾祖愢仕魏黃龍鎮將因從高陸之河陽焉永幼有志操閭里稱之魏正光末北鎮擾亂遂攜老幼避地中山後赴

洛陽拜平東將軍封沃陽縣伯青州人崔社客舉兵反永討平之進爵爲侯除左光祿大夫時有賊魁元伯生西自崤潼東至鞏洛屠陷城壁所在爲患孝武遣京畿大都督疋婁昭討之昭請以五千人行永進曰此賊既無城柵唯以寇抄爲資取之在速不在衆也若星馳電發出其不虞精騎五百足矣帝然其計於是命永代昭以五百騎倍道兼進遂破平之及帝西遷永時不及從大統初乃結宗人潛謀歸款密與都督趙業等襲斬西中郎將慕容顯和傳首京師以功別封昌平縣子徐州刺史從禽竇泰復弘農破沙苑並有戰功進爵爲公河橋之役永力戰先登授南

汾州刺史累遷驃騎大將軍開府儀同三司賜姓尒綿氏
廢帝元年授恒州刺史于時朝貴多其部人謁求之曰冠
蓋盈路當時榮之周孝閔帝踐阼進爵廣城郡公歷文瓜
二州刺史戶部中大夫保定四年拜大將軍汞歷任內外
所在頗有聲稱輕財好士朝野以此重焉天和四年授小
司寇尋爲右二軍摠管率兵北道講武遇疾卒於賀葛城
喪還武帝親臨贈使持節柱國大將軍同華等五州刺史
謚曰基子岌嗣位至儀同三司兵部下大夫
令狐整字延保敦煌人也本名延世爲西土冠冕曾祖嗣
祖紹安官至郡守咸爲良二千石父蚪早以名德著聞仕

歷瓜州司馬敦煌郡守郢州刺史封長城縣子魏大統末
卒於家周文帝傷悼之遣使者監護喪事又敕鄉人爲營
墳壟贈龍驤將軍瓜州刺史整幼聰敏沈深有識量學藝
騎射並爲河右所推刺史魏東陽王元榮辟整爲主簿加
盪寇將軍整進趣詳雅對揚辯暢謁見之際州府傾目榮
器整德望嘗謂僚屬曰令狐延保西州令望方成重器豈
州郡之職所可縶維但一日千里必基武步寡人當委以
庶務畫諾而已頃之孝武西遷河右擾亂榮杖整防扞州
境獲寧及鄧彥竊據瓜州拒不受代整與開府張穆等密
應使者申徽執彥送京師周文嘉其忠節表爲都督尋而

城人張保又殺刺史成慶與涼州刺史宇文仲和構逆規
據河西晉昌人呂興等復害郡守郭肆以郡應保初保等
將圖爲亂慮整守義不從既殺成慶因欲及整然人之望
復恐其下叛之遂不敢害雖外加禮敬內甚忌整整亦僞
若親附而密欲圖之陰令所親說保曰君與仲和結爲脣
齒今東軍漸逼涼州彼勢孤危恐不能敵若或摧衄則禍
及此土宜分遣銳師星言救援二州合勢則東軍可圖然
後保境息人計之上者保然之而未知所任整又令說保
曰歷觀成敗在於任使所擇不善旋致傾危令狐延保兼
資文武才堪統御若使爲將蔑不濟矣保納其計且以整

父兄等並在城中弗之疑也遂令整至玉門郡召集豪傑
說保罪逆馳還襲之先定晉昌斬呂興進軍擊保州人素
服整威名並棄保來附保遂奔吐谷渾衆議推整爲刺史
整曰本以張保肆逆殺害無辜闔州之人俱陷不義今者
同心務在除凶若其相推薦復恐效尤致禍於是乃推波
斯使主張道義行州事具以狀聞詔以申徽爲刺史徵整
赴闕授壽昌郡守封襄武縣男周文謂整曰卿早建殊勳
今官位未足酬賞方當與卿共平天下同取富貴遂立爲
瓜州義首整以國難未寧常願舉宗効力遂率鄉親二千
餘人入朝隨軍征討整善於撫馭躬同豐約是以士衆並

忘羈旅盡其力用周文嘗從容謂整曰卿遠祖立忠而來可謂積善餘慶世濟其美者也整遠祖漢建威將軍邁不爲王莽屈其子稱避地河右故周文稱之云累遷驃騎大將軍開府儀同三司加侍中周文又謂整曰卿勳同婁項義等骨肉立身敦雅可以範人遂賜姓宇文氏并賜名整焉宗人二百餘户並列屬籍周孝閔帝踐阼拜司憲中大夫處法平允爲當時所稱進爵彭城縣公初梁興州刺史席固以州來附周文以固爲豐州刺史固莅職既久猶習梁法凡所施爲多虧政典朝議密欲代之而難其選令整權鎮豐州委以代固之略整廣布威恩傾身撫接數月之

間化洽州府於是除整豐州刺史以固爲湖州豐州舊不居民中賦役參集勞逸不均整請移居武當詔可其奏獎勵撫導遷者如歸旬月之間城府周備固之遷也其部曲多願留爲整左右整諭以朝制弗之許焉莫不流涕而去及整秩滿代至人吏戀之老幼送整遠近畢集數日停留方得出界其得人心如此拜御正中大夫出爲中華郡守轉同州司會遷始州刺史整雅識情僞尤明政術恭謹廉愼常懼盈滿故歷居內外所在見稱進位大將軍晉公護之初執政也欲委整以腹心整辭不敢當頗忤其意護以此疎之及護誅附會者咸伏法而整獨保全時人稱其先

覺卒贈本官加四州諸軍事鄜州刺史謚曰襄子熙嗣

熙字長熙性嚴重有雅量雖在私室終日儼然不妄通賓客凡所交結必一時名士博覽群書尤明三禮善騎射頗知音律起家以通經爲吏部上士轉夏官府都上士俱有能名以母憂去職殆不勝喪其父戒之曰大孝在於安親義不絶嗣吾今見存汝又隻立何得過尒毀頓貽吾憂也熙自是稍加饘粥服闋除少駕部復丁父憂非杖不起人有聞其哭聲莫不爲之下泣河陰之役詔令墨衰從事授職方下大夫襲彭城縣公及武帝平齊以留守功進位儀同歷司勳吏部二曹中大夫甚有當時譽隋文帝受禪之

際熙以本官行納言事尋除司徒左長史加上儀同進爵河南郡公時吐谷渾寇邊以行軍長史從元帥元諧討之以功進上開府後拜滄州刺史在職數年風教大洽稱爲良二千石開皇四年上幸洛陽熙來朝吏人恐其遷悲泣於道及還百姓出境迎謁歡叫盈路在州獲白烏白麞嘉麥甘露降於庭前柳樹八年徙爲河北道行臺度支尚書吏人追思相與立碑頌德及行臺廢累遷鴻臚卿後以本官兼吏部尚書往判五曹尚書事號爲明幹上甚任之及上祠太山還次汴州惡其殷盛多有姦俠以熙爲汴州刺史下車禁游食抑工商人有向衢開門者杜之船客停於

郭外星居者勸爲聚落僑人逐令歸本其有滯獄竝決遣
之令行禁止上聞而嘉之顧侍臣曰鄭都天下難臨處敕
相州刺史豆盧通令習熙法其年來朝考績爲天下之最
賜帛三百疋頒告天下以嶺南夷數起亂徵拜桂州揔管
十七州諸軍事許以便宜從事刺史已下官得承制補授
給帳內五百人帛五百疋發傳送其家累改封武康郡公
熙至部大弘恩信其溪洞渠帥更相謂曰前揔管皆以兵
威相脅今者乃以手教相諭我輩其可違乎於是相率歸
附先是州縣生梗長吏多不得之官寄政於揔管府熙悉
遣之爲建城邑開設學校人夷感化焉時有寗猛力者與

陳後主同日生自言貌有貴相在陳世已據南海平陳後
文帝因而撫之即拜安州刺史然驕倨恃險未常參謁熙
手書諭之申以交友之分其母有疾熙復遺以藥猛力感
之詣府請謁不敢爲非熙以州縣多有同名於是奏改安
州爲欽州黃州爲峯州利州爲智州德州爲驩州東寧州
爲融州上皆從之在職數年上表以年老疾患請解所任
優詔不許賜以醫藥熙奉詔令交州渠帥李佛子入朝佛
子欲爲亂請至仲冬上道熙意在羈縻遂從之有人詣闕
訟熙受佛子賂而捨之上聞佛子反問至上大怒以爲信
然遣使鎖熙詣闕熙性素剛鬱鬱不得志行至永州憂憤

病卒上怒不解沒其家財及行軍揔管劉方禽佛子送京
師言熙實無贓上悟乃召其四子聽仕少子德棻最知名
整弟休幼聰敏有文武材用與整同起兵逐張保授帥都
督後爲中外府樂曹參軍時諸功臣多爲本州刺史晉公
護謂整曰以公勳望應得本州但朝廷藉公委任無容遠
出然公一門之內須有衣錦之榮乃以休爲敦煌郡守在
郡十餘年甚有政績卒於合州刺史
唐永北海平壽人也本居晉昌之愼安縣晉亂徙於冊楊
祖揣始還魏官至北海太守因家焉父倫青州刺史永身
長八尺少耿介有將帥才讀班超傳慨然有萬里之志正

光中爲北地太守當郡別將俄而賊將宿勤明達車金雀
等寇郡境永擊破之境內稍安永善馭下士人競爲之用
臨陣常著帛裘襦把角如意以指麾處分辭色自若在北
地四年與賊數十戰未嘗敗北時人語曰莫陸梁恐尔逢
唐將永所營處至今猶稱唐公壘也行臺蕭寶寅表永爲
南幽州刺史夷人送故者莫不垂涙當路遮留數日始
得出境大統元年拜東雍州刺史尋加衛將軍封平壽伯
卒贈司空公永性清廉家無蓄積妻子不免飢寒世以此
稱之子陵少習武藝頗閑吏職位大都督應州刺史車騎
大將軍儀同三司陵子悟美風儀博涉經史文詠可觀周

大象中頗被宣帝任遇位至內史下大夫漢陽公隋文帝得政廢於家而卒陵弟瑾

瑾字附璘性温恭有器量博涉經史雅好屬文身長八尺二寸容貌甚偉年十七周文聞其名乃貽永書曰聞公有二子曰陵曰瑾陵從橫多武略瑾雍容富文雅可並遣入朝孤欲委以文武之任因召拜尚書員外郎相府記室參軍事軍書羽檄瑾多掌之從破沙苑戰河橋並有功封姑臧縣子累遷尚書右丞吏部郎中于時魏室播遷庶務草剏朝章國典瑾並參之遷戶部尚書進位驃騎大將軍開府儀同三司賜姓宇文氏時燕公于謹勳高望重朝野所

屬白周文言瑾學行兼脩願與之同姓結為兄弟庶子孫承其餘論有益義方周文歎異者久之更賜瑾姓万紐于氏謹乃深相結納敦長幼之序瑾亦廷羅子孫行弟姪之敬其為朝望所宗如此進爵臨淄縣伯轉吏部尚書銓綜衡流雅有人倫之鑒以父憂去職尋起令視事時六尚書皆一時之秀周文自謂得人號為六俊然瑾尤見器重于謹南伐江陵以瑾為元帥府長史軍中謀略多出瑾焉江陵既平衣冠仕伍並沒為僕隸瑾察其才行有片善者輒議免之賴瑾獲濟者甚衆時論多焉及軍還諸將多因虜掠大獲財物瑾一無所取唯得書兩車載之以歸或白周文曰唐瑾大有輜重悉是梁朝珍玩周文初不信之然欲明其虛實密遣使撿閱之唯見墳籍而已乃歎曰孤知此人來二十許年明其不以利干義向若不令撿視恐常人有投杼之疑孤所以益明之耳凡受人委任當如此也論平江陵功進爵為公六官建授禮部中大夫出為蔡州刺史歷拓州硤州所在皆有德化人吏稱之轉荊州總管府長史入為吏部中大夫歷御正納言內史中大夫曾未十旬遂遷四職搢紳咸以為榮久之除司宗中大夫兼內史尋卒于位贈小宗伯謚曰方瑾性方重有風格退朝休假恒著衣冠以對妻子遇迅雷風烈雖閑夜晏寢必起冠帶

端笏危坐又好施與家無餘財所得祿賜常散之宗族其尤貧乏者又割膏腴田宅以振之所留遺子孫者並墝埆之地朝野以此稱之撰新儀十篇所著賦頌碑誄二十餘萬言孫大智嗣瑾次子令則性好篇章兼解音律文多輕豔為時人所傳天和初以齊馭下大夫使於陳大象中官至樂部下大夫仕隋位太子左庶子皇太子勇廢被誅

柳敏字白澤河東解縣人晉太常純之七世孫也父懿魏車騎大將軍儀同三司汾州刺史敏九歲而孤事母以孝聞性好學涉獵經史陰陽卜筮之術靡不習焉年未弱冠起家員外散騎侍郎累遷河東郡丞朝議以敏之本邑故

有此授敏雖統御鄉里而處物平允甚得時譽及周文剋
復河東見而器異之乃謂之曰今日不喜得河東喜得卿
也即拜丞相府參軍事俄轉户曹參軍兼記室每有四方
賓客恒令接之爰及吉凶禮儀亦令監綜又與蘇綽等脩
撰新制為朝廷政典遷禮部郎中封武城縣子加帥都督
領本鄉兵俄進大都督遭母憂居喪旬日之間鬢髮半白
尋起為吏部郎中毀瘠過禮杖而後起周文見而歎異之
特加廪賜及尉遲迥伐蜀以敏為行軍司馬軍中籌略竝
以委之益州平進驃騎大將軍開府儀同三司加侍中遷
尚書賜姓宇文氏六官建拜礼部中大夫周孝閔帝踐阼

北史列傳五十五　十二

進爵為公又除河東郡守尋復徵拜禮部出為郢州刺史
甚得物情及將還朝夷夏士人感其惠政竝齎酒餚及物
產候之於路敏乃從他道而還復拜禮部後改禮部為司
宗仍以敏為之敏操履方正性又恭勤每日將朝必夙興
待旦又久處臺閣明練故事近儀或乖先典者皆案據舊
章刊正取中遷小宗伯監修國史轉小司馬又監修律令
進位大將軍出為鄜州刺史以疾不之部武帝平齊進爵
武德郡公敏自建德以後寢疾積年武帝及宣帝竝親幸
其第問疾焉開皇元年進位上大將軍太子太保其年卒
贈五州諸軍事晉州刺史臨終戒其子等喪事所須務從

簡約其子等竝涕泣奉行少子昂
昂字千里幼聰頴有器識幹局過人周武帝時為內史中
大夫開府儀同三司賜爵文城郡公當途用事百寮皆出
其下昂竭誠獻替知無不為謙虛自處未嘗驕物時論以
此重之武帝崩受遺輔政稍被宣帝疎然不離本職隋文
帝為丞相深自結納文帝以為大宗伯拜日遂得偏風不
能視事文帝受禪疾愈加上開府拜潞州刺史昂見天下
無事上表請勸學行禮上覽而善之優詔荅昂自是天下
州縣皆置博士習禮焉昂在州甚有惠政卒官子調歷祕
書郎侍御史左僕射楊素嘗於朝堂見調因獨言曰柳條

北史列傳五十五　十三

通體弱獨搖不須風調斂版正色曰調信無取公不當以
為侍御信有可取不應發此言公當具瞻之地樞機何可
輕發素甚奇之煬帝嗣位累遷尚書左司郎中時王綱不
振朝士多贓貨唯調清素守常為時所美然幹用非其所
長

王士良字君明其先太原晉陽人也後因晉亂避地涼州
魏太武平沮渠氏曾祖景仁歸魏為敦煌鎮將祖公禮平
城鎮司馬因家於代父延蘭陵郡守士良少脩謹不妄交
游孝莊末尒朱仲遠啓為府參軍事歷大行臺郎中諫議
大夫封石門縣男後與紇豆陵步藩交戰軍敗為藩所禽

遂居河右僞行臺紇豆陵伊利欽其才擢授右丞妻以孫女士良既爲姻好便得盡言遂曉以禍福伊利等歸附朝廷嘉之太昌初進爵晉陽縣子尋進爵琅邪縣侯授太中大夫右將軍出爲殷州車騎府司馬東魏徙鄴之後置京畿府專典兵馬時齊文襄爲大都督以士良爲司馬領外兵參軍尋遷長史加安西將軍徙封符壘縣侯武定初除行臺右中兵郎中又轉大將軍府屬從事中郎仍攝外兵事王思政鎮潁川齊文襄率衆攻之授士良大行臺左丞加鎮西將軍進爵爲公令輔其弟演於并州居守齊文宣卽位入爲給事黃門侍郎領中書舍人仍摠知并州兵

馬事加征西將軍別封新豐縣子俄除驃騎將軍尚書吏部郎中文宣自晉陽赴鄴宮復以士良爲尚書左丞統留後事仍遷御史中丞轉七兵尚書未幾入爲侍中轉殿中尚書頃之復爲侍中吏部尚書士良少孤事繼母梁氏以孝聞及卒居喪合禮文宣尋起令視事士良屢表陳誠再三不許方應命文宣見其毀瘠乃許之因此臥疾歷年文宣每自臨視疾愈除滄州刺史乾明初徵還鄴授儀同三司孝昭卽位遣三道使搜揚人物士良與尚書令趙郡王高叡太常卿崔昂分行郡國但有一介之善者無不以聞齊武成初除太子少傅少師復除侍中轉太常卿尋加開府儀同三司出爲豫州道行臺豫州刺史保定四年晉公護東伐權景宣以山南兵圍豫州士良舉子降授大將軍小司徒賜爵廣昌郡公尋除荊州總管行荊州刺史復入爲小司徒俄除鄜州刺史轉荊州刺史士良去鄉既久忽臨本州耆老故人猶有存者遠近咸以爲榮加授上大將軍以老病乞骸骨優詔許之開皇元年卒時年八十二子德衡大象末儀同大將軍

論曰昔陽貨夠叛焉其竊邑而春秋譏之韓信背項陳平歸漢而史遷美之蓋以運屬既安君道已著則徇利忘德者罪也時逢擾攘臣禮未備則轉禍爲福者可也崔彥穆

楊纂段永等昔在山東沈淪下倍竝以羈旅之士遭回於燕雀之伍終佩龜組可謂見機者乎令狐整幹用確然雅望重於河右處州里則勳著方隅升朝廷則績宣出內而畏避權寵克保終吉不然何以自致顯名而取高位也熙歷職流譽風政克舉雖古之循吏亦何以加茲而竟爲爽丘山成過唯命也夫唐永良能之名所在著美清白之譽顯於累職所謂幹能之士也瑾敏竝挺杞梓之林蘊湖璉之器傳觀載籍多識前章固乃國之名臣時之領袖周無君子斯焉取斯王士良之仕于齊職居卿牧而失忠與義勝難苟免其背叛之徒歟　列傳第五十五　北史六十七

豆盧寧 子勣 孫毓

楊紹 子雄

王雅 子世積

韓雄 子禽

賀若敦 子弼 弟誼

豆盧寧字永安昌黎徒何人其先本姓慕容氏燕北地王精之後也高祖勝以燕皇始初歸魏授長樂郡守賜姓豆盧氏或云北人謂歸義爲豆盧因氏焉又云避難改焉未詳孰是父萇魏柔玄鎮將有威重見稱於時武成中以寧勳追贈柱國大將軍少保涪郡公寧少驍果有志氣身長八尺美姿容善騎射魏永安中以別將隨介朱天光入關以破万俟醜奴功賜爵靈壽縣男嘗與梁仚定遇於平涼川相與肆射乃相去百步縣莎草以射之七發五中仚定服其能贈遺甚厚天光敗從侯莫陳悅及周文討悅寧與李弼來歸孝武西遷以奉迎勳封河陽縣伯後進爵爲公從禽竇泰復弘農破沙苑除衛大將軍兼大都督大統七年從于謹破稽胡帥劉平伏於上郡及梁仚定反以寧爲軍司監隴右諸軍事賊平進位侍中使持節驃騎大將軍開府儀同三司九年從周文迎高仲密與東魏戰於芒

山還左衛將軍進爵范陽郡公十六年拜大將軍羌帥傍乞鐵公及鄭五醜等反叛寧討平之恭帝二年改封武陽郡公遷尚書右僕射周孝閔帝踐祚授柱國大將軍武成初出爲同州刺史遷大司寇進封楚國公邑萬戶別食鹽亭縣一千戶收其租賦保定四年授岐州刺史屬大兵東討寧輿疾從軍薨於同州贈太保十州諸軍事同州刺史謚曰昭初寧未有子養弟永恩子勣及生子讚親屬皆請讚爲嗣寧曰兄弟之子猶子也吾何擇焉遂以勣嗣時以此多之及寧薨勣襲爵

勣字定東生時周文親幸寧家稱慶時遇新破齊軍周文因字曰定東勣聰悟有器局初以勳臣子封義安縣侯周閔帝受禪授稍伯下大夫開府儀同三司改封丹陽郡公明帝時爲左武伯中大夫勣自以經業未通請解職遊露門學帝嘉之敕以本官就學齊王憲納勣妹爲妃恩禮愈厚武帝嗣位渭源燒當羌因飢作亂以勣有才略拜渭州刺史甚有惠政華夷悅服大致祥瑞鳥鼠山俗呼爲高武隴其下渭水所出其山絕壁千尋由來乏水諸羌苦之勣馬足所踐忽飛泉涌出有白烏翔止聽前乳子而後去有白狼見於襄武人爲之謠曰我有丹陽山出玉漿濟我人夷神烏來翔百姓因號其泉曰玉漿泉後丁父艱毀瘁過

禮龍襲爵楚國公大象二年累遷利州總管尋拜柱國隋文
帝為丞相益州總管王謙作亂勳嬰城固守謙將達奚惎
等攻之起土山鑿城為七十餘穴堰江以灌之勳時戰士
不過二千晝夜相拒經四旬梁睿軍且至賊解去授上柱
國賜一子爵中山縣公開皇中為夏州總管帝以其家貴
盛勳效克彰後為漢王諒納其女為妃恩遇彌厚七年追
守利州功詔食始州臨津縣邑千戶十年以疾徵還京師
詔諸王並至勳第中使顧問道路不絕卒謚曰襄子賢嗣
位顯州刺史大理少卿武賁郎將次子毓
毓字道生少英果有氣節漢王諒出鎮并州毓以妃兄為

王府主簿以征突厥功授儀同三司及煬帝即位諒納諮
議王頍謀作亂毓苦諫不從因謂其弟懿曰吾匹馬歸朝
自得免禍此乃身計非為國也今且偽從以思後計毓兄
顯州刺史賢言於帝曰臣弟毓素懷志節必不從亂但逼
兇威不能克遂臣請從軍與毓為表裏諒不足圖也帝許
之賢密遣家人齎敕書至毓所與之計諒將往介州令毓
與總管屬朱濤留守毓與濤議拒之濤拂衣不從毓追斬
之時諒司馬皇甫誕以諫被囚毓出之與協計及開府盤
石侯宿勤武等閉城拒諒部分未定有人告諒諒攻之城
陷見害時年二十八諒平贈大將軍封正義縣公謚曰愍

子願師嗣拜儀同三司大業初行新令五等並除未幾帝
復下詔改封雍丘侯復以願師襲
讚以寧勳建德初賜爵華陰縣侯累遷開府儀同大將軍
進爵武陽郡公永恩少有識度與寧俱歸周文以迎孝武
功封新興伯屢從征討皆有功進位驃騎大將軍開府儀
同三司周孝閔帝踐祚授鄀州刺史改封沃野縣公保定
元年入為司會中大夫寧封楚國公請以先封武陽郡三
千戶益沃野之封詔許焉卒于官贈少保謚曰敬子通嗣
通字辛東一名會弘厚有器局在周以父功賜爵臨貞縣
侯改封沃野縣公位開府北徐州刺史開皇初進爵南陳

郡公尚隋文帝妹昌樂縣長公主歷定相二州刺史夏洪
二州總管並以寬惠稱卒官謚曰安子寬嗣
楊紹字子安弘農華陰人也祖興魏新平郡守父國中散
大夫紹少慷慨有志略屢從征伐力戰有功普泰初封平
鄉縣男大統元年進爵冠軍縣公四年為鄜城郡守紹性
恕直兼有威惠百姓安之累遷驃騎大將軍開府儀同三
司鄜州刺史賜姓叱呂引氏周孝閔帝踐祚進爵儻城郡
公位大將軍卒贈成文等八州刺史謚曰信子雄嗣
雄初名惠美姿容有器度雍容閑雅進止可觀周武帝時
為太子司旅下大夫帝幸雲陽宮衛王直作亂襲肅章門

雄逆拒破之封武陽郡公遷右衛上大夫大象中進爵邗國公隋文帝為丞相雍州牧畢王賢構作難雄時為別駕知其謀以告文帝賢伏誅以功授柱國雍州牧仍領相府虞候周宣帝葬備諸王有變令雄率六千騎送至陵所進位上柱國文帝受禪除左衛將軍兼宗正卿遷右衛大將軍參預朝政封廣平王以邗公別封一子雄請封弟士貴朝廷許之或奏高熲朋黨者帝言之於朝雄深明其虛帝亦以為然雄時貴寵冠絕一時與高熲虞慶則蘇威稱為四貴雄寬容下士朝野顧屬帝陰忌之不欲其典兵馬乃改授司空外示優崇而內實奪其權也雄乃閉門不通賓

客尋改封清漳王仁壽初帝以清漳不允聲望命職方進地圖指安德郡示羣臣曰此號足為名德相稱乃改封安德王大業初授太子太傅元德太子薨檢校鄭州刺史遷懷州刺史京兆尹帝親征吐谷渾詔雄總管澆河道諸軍及還改封觀王遼東之役檢校左翊衛大將軍出遼東道次瀘河鎮遘疾薨帝為之廢朝詔鴻臚監護喪事有司請謚曰懿帝曰王道高雅俗德冠生靈乃謚曰德贈司徒襄國等十郡太守子恭仁位吏部侍郎恭仁弟綝性和厚頗有文學歷義州刺史淮南郡太守及父薨起為司隸校尉遼東之役楊玄感反其弟玄縱自帝所逃赴其兄路逢綝

綝避人偶語久之司隸刺史劉休文奏之時恭仁將兵於外帝寢其事綝憂發病而卒

雄弟達字士達有學行仕周位儀同內史下大夫封遂寧縣男文帝受禪拜給事黃門侍郎進爵為子遷兼吏部侍郎加開府轉內史侍郎鄯鄭趙三州刺史俱有能名平陳後帝差品天下牧宰達為第一擢拜工部尚書加上開府達為人弘厚有局度楊素每曰有君子貌兼君子心者唯楊達耳獻皇后及文帝山陵制度達並參預焉煬帝嗣位轉納言領營東都副監遼東之役領右武衛將軍進位左光祿大夫卒於師贈吏部尚書始安侯謚曰恭

王雅字度容闡熙新國人也少沈毅木訥寡言有膽勇善騎射周文聞其名召入軍以功賜爵居庸縣子從禽竇泰於潼關沙苑之戰雅謂所部曰彼軍殆有百萬今我不滿萬人常理論之實難與敵但相公神武以順討逆豈計衆寡大丈夫不以此時破賊何用生為乃擐甲出戰所向披靡周文壯之又從戰芒山時大軍失利諸將皆退雅獨拒之敵人見其無繼步騎競進雅左右奮擊斬九級敵衆稍退雅乃還周文歎曰王雅舉身悉是膽也進爵為伯累遷驃騎大將軍開府儀同三司明帝初除汾州刺史勵精為政人庶悅附自遠至者七百餘家卒於夏州刺史子世積

嗣
世積容貌魁岸腰帶十圍風神爽拔有人傑之表在周以
功拜上儀同封長子縣公隋文帝受禪進封宜陽郡公高
熲美其才能甚善之嘗謂熲曰吾輩俱周臣子社稷淪沒
若何熲深拒之未幾授蘄州總管平陳之役以舟師自蘄
水趣九江以功進位柱國荆州總管後桂州人李光仕作
亂世積以行軍總管討平之進位上柱國甚見隆重世積
見帝性忌刻功臣多獲罪由是縱酒不與執政言及時事
上以為有酒疾舍之宮內令醫者療之世積詭稱疾愈始
得就第及征遼東世積與漢王並為行軍元帥至柳城遇

疾而還拜涼州總管令騎士七百人送之官未幾其親信
安定皇甫孝諧有罪吏捕之亡抵世積不納由是有憾孝
諧竟配防桂州事總管令狐熙熙又不禮焉甚困窮因
徼幸上變稱世積嘗令道人相其貴不道人云當為國主
謂其妻曰夫人當為皇后又將之涼州其所親謂世積曰
河西天下精兵處可圖大事世積曰涼州土曠人稀非用
武國由是被徵案其事有司奏左衛大將軍元旻右衛大
將軍元冑左僕射高熲並與世積交通受其名馬之贈世
積竟坐誅旻冑等免官拜孝諧為上大將軍
韓雄字木蘭河南東垣人也祖景孝文時為赭陽郡守雄
少敢勇膂力絕人工騎射有將率材略及孝武西遷雄便
慷慨有立功之志大統初遂與其屬六十餘人於洛西舉
兵數日間眾至千人與河南行臺楊琚共為掎角每抄掠
東魏所向剋獲東魏洛州刺史韓賢以狀聞鄴乃遣其軍
司慕容紹宗與賢合勢討雄戰數十合雄眾略盡兄及妻
子皆為賢所獲將以為戮乃遣人告雄皆免之雄乃詣賢
軍即隨賢還洛潛引賢黨謀欲襲之事洩遁免謁周文於
弘農封武陽縣侯遣還鄉里更圖進取雄乃招集義眾從
獨孤信入洛陽芒山之役周文命雄邀齊神武於隘道神
武怒命三軍并力取雄雄突圍得免除東徐州刺史東魏

雍州刺史郭叔略接境頗為邊患雄密圖之輕將十騎夜
入其境伏於道側遣都督韓任於略城服東魏人衣服詐
若自河陽叛投關西者略出馳之雄自後射之再發咸中
遂斬略首除河南尹進爵為公尋進驃騎大將軍開府儀
同三司侍中河南邑中正周孝閔帝踐祚進爵新義郡公
賜姓宇文氏明帝二年除都督中州刺史雄久在邊具知
敵人虛實每率眾深入不避艱難前後經四十五戰雖時
有勝負而雄志氣益壯東魏深憚之卒于鎮贈大將軍五
州諸軍事謚曰威子禽嗣
禽字子通少慷慨以膽略稱容貌魁岸有雄傑之表性又

好書經史百家皆略知大旨周文見而異之令與諸子游集以軍功稍遷儀同三司襲爵新義郡公武帝伐齊禽說下獨孤永業於金墉城及平范陽加上儀同永州刺史隋文帝作相遷和州刺史陳將甄慶任蠻奴蕭摩訶等共為聲援頻寇江北前後入界禽屢挫其鋒陳人奪氣開皇初文帝潛有吞江南之志拜禽廬州總管委以平陳之任甚為敵人所憚及大舉伐陳以禽為先鋒禽領五百人宵濟襲採石守者皆醉遂取之進攻姑熟半日而拔次於新林江南父老素聞其威信來謁軍門晝夜不絕其將樊巡魯世真田瑞等相繼降晉王遣行軍總管杜彥與禽合軍陳叔寶

遣領軍蔡徵守朱雀航聞禽將至衆懼而潰任蠻奴為賀若弼所敗棄軍降禽禽以精騎直入朱雀門陳人欲戰蠻奴撝之曰老夫尚降諸君何事衆皆散走遂平金陵執陳主叔寶時賀若弼亦有功乃下詔晉王曰此二公者朕本委之悉如朕意以名臣之功成太平之業天下盛事何用過此又下優詔於禽弼曰申國威於萬里宣朝化於一隅使東南之人俱出湯火數百年賊旬日廓清專是公之功也高名塞於宇宙盛業光於天壤逖聽前古罕聞其匹班師凱入誠知非遠相思之甚寸陰若歲及至京弼與禽爭功於上前弼曰臣在蔣山死戰破其銳卒禽其驍將震揚威

武遂平陳國禽略不交陣豈臣之比禽曰本奉明旨令臣與弼同取僞都弼乃敢先期逢賊遂戰致將士傷死甚多臣以輕騎五百兵不血刃直取金陵降任蠻奴執陳叔寶據其府庫傾其巢穴弼至夕方扣北掖門臣啓關而納之斯乃救罪不暇安得與臣為比上曰二將俱合上勳於是進位上柱國賜物八千段有司劾禽縱士卒淫汙陳宮坐此不得國公及真食邑大軍之始出也上敕有司曰亡國物我一不以入府可於苑內築五埰當悉賜文武百官大射以取之及是上御玄堂大陳陳之奴婢貨賄會王公文武官七品已上武職領兵都督已上及諸考使以射之先

是江東謠曰黃斑青驄馬發自壽陽涘來時冬氣末去日春風始皆不知所謂禽本名禽武平陳之際又乘青驄馬往返時節與歌相應至是方悟後突厥來朝上謂曰汝聞江南有陳國天子乎對曰聞之上命左右引突厥詣禽前曰此是執得陳國天子者禽厲然顧之突厥惶恐不敢仰視其威容如此別封壽光縣公真食千户以行軍總管屯金城禦備胡寇即拜涼州總管俄徵還京恩禮殊厚無何其隣母見禽門下儀衛甚盛有同王者母異而問之其中人曰我來迎王忽不見又有人疾篤忽驚走至禽家曰我欲謁王左右問何王曰閻羅王禽子弟欲撻之禽止之曰

生爲上柱國死作閻羅王亦足矣因寢疾卒子世諤嗣世諤倜儻驍捷有父風楊玄感亂引爲將每戰先登玄感敗爲吏所拘時帝在高陽送詣行在所世諤日令守者市酒肴以酣暢揚言曰吾死在朝夕不醉何爲漸以酒進守者守者狎之遂飲令醉因得逃奔山賊不知所終禽母弟僧壽字玄慶亦以勇烈知名周武帝時爲侍伯中旅下大夫隋文帝得政從韋孝寬平尉遲迥以功授大將軍封昌樂縣公開皇初拜安州刺史時禽爲廬州總管朝廷不欲其兄弟同在淮南轉熊蔚二州刺史進爵廣陵郡公尋以行軍總管擊破突厥於雞頭山後坐事免數歲復拜蔚州

刺史突厥甚憚之後檢校靈州總管事從楊素破突厥進位上柱國改封江都郡公煬帝即位封新蔡郡公自是不復任用大業五年從幸太原時有京兆人達奚通妾王氏能清歌朝臣多相命觀之僧壽亦預焉坐除名尋命復位卒於京師子孝基

僧壽弟洪字叔明少驍勇善騎射旅力過人仕周以軍功拜大都督隋文帝爲丞相從韋孝寬破尉遲迥加上開府封甘棠縣侯及帝受禪進爵爲公開皇九年平陳之役授行軍總管及陳平晉王廣大獵於蔣山有猛獸在圍中衆皆懼洪馳馬射之應弦而倒陳氏諸將列觀皆歎伏焉王大喜賜縑百匹尋以功加柱國拜蔣州刺史轉廉州時突厥屢爲邊患朝廷以洪驍勇令檢校朔州總管事尋拜代州總管仁壽元年突厥達頭可汗犯塞洪率蔚州刺史劉隆大將軍李藥王拒之遇虜於恒安衆寡不敵洪四面搏戰身被重創將士沮氣虜悉衆圍之矢下如雨洪僞與虜和圍少懈洪率所領潰圍而出死者太半殺虜亦倍洪及藥王除名隆竟坐死煬帝北巡至恒安見白骨被野以問侍臣曰往者韓洪與虜戰處也帝憫然傷之改葬骸骨命五郡沙門爲設齋供拜洪隴西太守未幾朱崖人王萬昌作亂詔洪平之以功加金紫光祿大夫領郡如故俄而萬

昌弟仲通復叛又詔洪平之還師未幾旋遇疾卒

賀若敦河南洛陽人也其先居漠北世爲部落大人曾祖貸魏獻文時入國爲都官尚書封安富縣公祖伏連仕魏位雲州刺史父統勇健不好文學以祖蔭爲祕書郎永安初從太宰元天穆討邢杲以功封當亭子齊神武初起以統爲潁川長史執刺史田迅以州降拜兗州刺史賜爵當亭縣公歷位北雍恒二州刺史卒贈司空公謚曰哀敦少有氣幹統之將執田迅也慮事不果又以累弱既多難以自拔流吟者久之敦年十七進策贊成其謀統流涕從之遂定謀歸西時羣盜蜂起大龜山賊張世顯潛來襲統敦

挺身赴戰手斬七八人賊乃走統大悅謂左右僚屬曰我少從軍旅戰陣非一如此兒年時膽略未見其人非唯成我門戶亦當爲國名將明年從河內公獨孤信於洛陽被圍敦彎三石弓箭不虛發信乃言於周文引至麾下授都督封安陵縣伯嘗從校獵甘泉宮時圍人不齊獸多越逸周文大怒人皆股戰圍內唯有一鹿俄亦突圍而走敦躍馬馳之鹿上東山敦棄馬步逐至山半便乃掣之而下周文大悅諸將因得免責累遷太子庶子廢帝二年拜右衛將軍俄加驃騎大將軍開府儀同三司進爵廣鄉縣公時岷蜀初開人情尚梗巴西人譙淹據南梁州與梁西江州

刺史王開業共爲表裏扇動羣蠻周文令敦討平之進爵武都郡公拜典祀中大夫尋爲金州都督蠻帥向白彪向五子王等聚衆爲寇圍逼信州詔敦與開府田弘赴救未至而城已陷乃進軍追討遂平信州是歲荆州蠻帥文子榮自號仁州刺史復令敦與開府段韶討禽子榮并虜其衆武成元年入爲軍司馬陳將侯瑱侯安都等圍逼湘州遏絕糧援乃令敦度江赴救敦連戰破瑱乘勝遂次湘州俄而秋水汎溢江路遂斷糧援既絕恐瑱等知其糧少乃於營內多爲聚土覆之以米召側近村人陽有所訪問隨即遣之瑱等聞之良以爲實敦又增修營壘造廬舍亦以

持久湘羅之間遂廢農業瑱等無如之何初土人亟乘輕船載米粟及籠雞鴨以餉瑱軍敦患之乃僞爲土人裝船伏甲士於中瑱軍人望見謂餉船之至逆來爭取敦甲士遂禽之又敦軍數有叛人乘馬投瑱瑱輒納之敦又別取一馬牽以趣船令船中逆以鞭鞭之如是者再三馬便畏船不上後伏兵於江岸使人乘畏船馬以招瑱軍詐云投附瑱便遣兵迎接競來牽馬馬既畏船不上伏兵發盡殺之此後實有饋餉及亡奔瑱者猶謂敦之詐並不敢受相持歲餘瑱等不能制求借船送敦度江敦慮其詐或謂曰舍我百里當爲汝去瑱等遂留船於是將兵去津路百里

敦覘之非詐勒衆而還在軍病死者十五六晉公護以敦失地無功除其名保定五年累遷中州刺史鎮函谷敦恃功負氣顧其流輩皆爲大將軍敦獨未得兼以湘州之役全軍而反翻被除名每出怨言晉公護怒徵還逼令自殺臨刑呼子弼謂曰吾必欲平江南然心不果汝當成吾志吾以舌死汝不可不思因引錐刺弼舌出血誡以慎口建德初追贈大將軍謚曰烈

弼字輔伯少有大志驍勇便弓馬解屬文博涉書記有重名周齊王憲聞而敬之引爲記室封當亭縣公遷小內史與韋孝寬伐陳攻拔數十城弼計居多拜壽州刺史改封

襄邑縣公隋文帝爲丞相尉遲迥作亂帝恐弼爲變遣長
孫平馳驛代之及帝受禪陰有平江南志訪可任者高熲
薦弼有文武才幹於是拜吳州總管委以平陳事弼忻然
以爲己任與壽州總管源雄並爲重鎮弼遺雄詩曰交河
驃騎幕合浦伏波營勿使騏驎上無我二人名獻取陳十
策上稱善賜以寶刀開皇九年大舉伐陳以弼爲行軍總
管將度江酹酒呪曰弼親承廟略遠振國威若使福善禍
淫大軍利涉如事有乖違得葬江魚腹中死且不恨先是
弼請緣江防人每交代際必集歷陽於是大列旗幟營幕
被野陳人以爲大兵至悉發國中士馬既知防人交代其

衆復散後以爲常不復設備及此弼以大軍濟江陳人弗
覺襲陳南徐州拔之執其刺史黄恪軍令嚴肅秋毫不犯
有軍士於人間酤酒者弼立斬之進屯蔣山之白土岡陳
將魯廣達周智安任蠻奴田瑞孔範蕭摩訶等以勁兵拒
戰田瑞先犯擊走之魯廣達等相繼遞進弼軍屢卻弼揣
知其驕士卒且惰於是督厲將士殊死戰遂大破之麾下
士開府員明禽摩訶至弼命左右牽斬之摩訶顔色自若
弼釋而禮之從北掖門入時韓禽已執陳叔寶弼至呼叔
寶視之叔寶惶懼流汗股慄再拜弼謂曰小國之君當大
國卿拜禮也入朝不失作歸命侯無勞恐懼既而弼恚恨

不獲叔寶於是與禽相詢挺刃而出令蔡徵爲叔寶作降
牋命乘騾車歸己事不果上聞弼有功大悅下詔褒揚之
晉王以弼先期決戰違軍命於是以弼屬吏上驛召之及
見迎勞曰克定三吳公之功也命登御坐賜物八千段加
位上柱國進爵宋國公眞食襄邑三千戶加寶劒寶帶金
甕金盤各一并雉尾扇曲蓋雜綵二千段女樂二部又賜
陳叔寶妹爲妾拜右領軍大將軍平陳後六年弼撰其畫
策上之謂爲御授平陳七策上弗省曰公欲發揚我名我
不求名公宜自載家傳七策其一請廣陵頓兵一萬番代
往來陳人初見設備後以爲常及大兵南伐不復疑也其

二使兵緣江時獵人馬喧噪及兵臨江陳人以爲獵也其
三以老馬多買陳船而匿之買弊船五六十艘於瀆內陳
人覘以爲內國無船其四積葦荻於揚子津其高蔽艦及
大兵將度乃卒通瀆於江其五塗戰船以黄與枯荻同色
故陳人不預覺之其六先取京口倉儲速據白土岡置兵
死地故一戰而克其七臣奉敕兵以義舉及平京口俘五
千餘人便悉給糧勞遣付其敕書命別道宣喻是以大兵
度江莫不草偃十七日之間南至林邑東至滄海西至象
林皆悉平定轉右武候大將軍弼時貴盛位望隆重其兄
隆爲武都郡公弟東萬榮郡公並刺史列將弼家珍翫不

可勝計婢妾曳綺羅者數百時人榮之弼自謂功名出朝
臣之右每以宰相自許既而楊素爲右僕射弼仍爲將軍
甚不平形於言色由是免官弼怨望愈甚後數載下弼獄
上謂曰我以高熲楊素爲宰相汝每昌言此二人唯堪噉
飯耳是何意也弼曰熲臣之故人素臣之舅子臣竝知其
爲人誠有此語公卿奏弼怨望罪當死上曰臣下守法不
移公可自求活理弼曰臣恃至尊威靈將八千兵度江即
禽陳叔寶竊以此望活上曰此已格外酬賞何用追論弼
曰平陳之日諸公議不許臣行推心爲國已蒙格外重賞
今還格外望活既而上低徊者數日惜其功特令除名歲

餘復其爵位上亦忌之不復任使然每宴賜遇之甚厚十
九年上幸仁壽宮讌王公詔弼爲五言詩詞意憤怨帝覽
而容之明年春弼又有罪在禁所詠詩自若上數之曰人
有性善行惡者公之爲惡乃與行俱有三太猛嫉妬心太
猛自是非人心太猛無上心太猛昔在周朝已教他兒子
反此心終不能改邪他日上謂侍臣曰初欲平陳時弼謂
高熲曰陳叔寶可平不作高鳥盡良弓藏邪熲云必不然
平陳後便索內史又索僕射我語熲曰功臣正宜授勳官
不可豫朝政弼後語熲皇太子於己出口入耳無所不盡
公終久何必不得弼力何脉脉邪意圖鎮廣陵又求荆州

總管竝是作亂處意終不改也後突厥入朝上賜之射突
厥一發中的上曰非弼無能當此乃命弼弼再拜祝曰臣
若赤誠奉國當一發破的如不然發不中也弼射一發而
中上大悅顧謂突厥曰此人天賜我也煬帝之在東宮嘗
謂曰楊素韓禽史萬歲三人俱良將也優劣如何弼曰楊
素是猛將非謀將韓禽是鬬將非領將史萬歲是騎將非
大將太子曰然則大將誰也弼拜曰唯殿下所擇弼意自
許爲大將及煬帝嗣位尤被疎忌大業三年從駕北巡至
榆林時爲大帳下可坐數千人召突厥啓人可汗饗之弼
以爲大侈與高熲宇文㢸等私議得失爲人所告竟坐誅

時年六十四妻子爲官奴婢羣從徙邊子懷亮慷慨有父
風以柱國世子拜儀同三司坐弼爲奴俄亦誅死敦弟諠
諠性剛果有幹略周文據關中引之左右累遷儀同三司
略陽公府長史周閔帝受禪封霸城縣子加開府歷原信
二州總管及兄敦以讒毀伏誅坐免官從武帝平齊拜洛
州刺史進封建威縣侯開皇中位左武候將軍海陵郡公
後以突厥爲邊患諠素有威名拜靈州刺史進位柱國諠
時年老猶能重鎧上馬甚爲北夷所憚數載上表乞骸骨
卒於家子舉襲爵
論曰周文帝屬禍亂之辰以征伐而定海內大則連兵百

萬繫之以存亡小則轉戰邊亭不關於旬月是以兵無少長士無賢愚莫不投筆要功橫戈請奮豆盧寧楊紹王雅韓雄等或攀翼雲漢底績屯夷雖運移年代而名成終始美矣哉豆盧勣譽宣分竹毓節見臨危可謂載德象賢也觀德王位登台衮慶流後嗣保玆寵祿寔仁厚之所致乎王世積儁才雖多適足爲害者矣賀若敦志略慷慨深入敵境勍寇絶其糧道江淮阻其歸塗臨危而策出無方事迫而雄心彌厲故能利涉死地全師以反而茂勳莫紀嚴刑已及天下是以知宇文護之不能終其位也自南北分隔將三百年隋文爰應千齡將一函夏賀若弼慷慨申必取之長策韓擒奮發賈餘勇以爭先隋氏自此一戎威加四海稽諸天道或時有廢興考之人謀實二臣之力其俶儻英略賀弼居多武毅威雄韓擒稱重方於晉之王杜勳庸綽有餘地然賀弼功成名立矜伐不已竟顛殞於非命亦不密以失身若念父臨終之言必不及於斯禍韓擒累葉將家威聲動俗敵國既破名遂身全幸也廣陵甘棠咸有武藝驍雄膽略並爲當時所推赳赳干城難兄難弟矣

列傳第五十六　北史六十八

列傳第五十七　北史六十九

申徽字世儀魏郡人也六世祖鍾爲後趙司徒冉閔末中原喪亂鍾子邃避地江左曾祖爽仕宋位雍州刺史祖隆道宋北兗州刺史父明仁郡功曹早卒徽少與母居盡力孝養及長好經史性審慎不妄交游遭母憂喪畢乃歸於魏元顥入洛以元邃爲東徐州刺史邃引徽爲主簿顥敗邃被檻車送洛陽故吏賓客並委去唯徽送之及邃得逸乃廣集賓友歎徽有古人風尋除太尉府行參軍孝武初徽以洛陽兵難未已遂間行入關見周文周文與語奇之薦

之於賀拔岳岳亦雅相敬待引為賓客周文臨夏州以徽為記室參軍兼府主簿周文察徽沉密有度量每事信委之乃為大行臺郎中時軍國草創幕府務殷四方書檄皆徽之辭也以迎孝武功封博平縣子本州大中正大統初進爵為侯四年拜中書舍人脩起居注河橋之役大軍不利近侍之官分散者衆徽獨不離左右魏帝稱歎之十年遷給事黃門侍郎先是東陽王元榮為瓜州刺史其女壻劉彥隨焉及榮死瓜州首望表榮子康為刺史彥遂殺康而取其位屬四方多難朝廷不遑問罪因授彥刺史頻徵不奉詔又南通吐谷渾將圖叛逆周文難於動衆欲以權

略致之乃以徽為河西大使密令圖彥徽輕以五十騎行既至止於賓館彥見徽單使不以為疑徽乃遣一人微勸彥歸朝以揣其意彥不從徽又使贊成其住計彥便從之遂來至館徽先與瓜州豪右密謀執彥遂叱而縛之彥辭無罪徽數之曰君無尺寸之功濫居方岳之重恃遠背誕不恭貢職戮辱使人輕忽詔命計君之咎實不容誅但受詔之日本令相送歸闕所恨不得即申明罰以謝邊遠耳於是宣詔慰勞吏人及彥所部復云大軍續至城內無敢動者使還遷都官尚書十二年瓜州刺史成慶為城人張保所殺都督令狐延等起義逐保啓請刺史以徽信洽西

土拜假節瓜州刺史徽在州五稔儉約率下邊人樂而安之十六年徽兼尚書右僕射加侍中驃騎大將軍開府儀同三司廢帝二年進爵為公正右僕射賜姓宇文氏徽性勤至凡所居官案牘無大小皆親自省覽以是事無稽滯吏不得為姦後雖歷公卿此志不懈出為襄州刺史時南方初附舊俗官人皆通餉遺徽性廉慎乃畫楊震像於寢室以自戒及代還人吏送者數十里不絶徽自以無德於人慨然懷愧因賦詩題於清水亭長幼聞之皆競來就讀遞相謂曰此是申使君手迹並寫誦之明帝以御正任總絲綸更崇其秩為上大夫員四人號大御正又以徽為之

歷小司空少保出為荊州刺史入為小司徒小宗伯天和六年上疏乞骸骨詔許之薨贈泗州刺史謚曰章子康嗣位瀘州刺史司織下大夫上開府康弟敦汝南郡守敦弟靜齊郡守靜弟處上開府同昌縣侯卒

陸通字仲明吳郡人也曾祖載從宋武帝平關中軍還留載隨其子義真鎮長安遂沒赫連氏魏太武平赫連氏載仕魏位中山郡守父政性至孝其母吳人好食魚北土魚少政求之常苦難後宅側忽有泉出而有魚遂得以供膳時人以為孝感所致因謂其泉為孝魚泉從尒朱天光討伐及天光敗歸周文周文為行臺以政為行臺左丞原州

長史賜爵中都縣伯大統中卒通少敦敏好學有志節幼從政在河西遂逢寇難與政相失通乃自拔東歸從尒朱榮榮死又從尒朱兆及尒朱氏滅乃入關周文時在夏州引爲帳内督須之賀拔岳爲侯莫陳悅所害時有傳岳軍府已亡散者周文憂之通以爲不然居數日聞至果如所筞自是愈見親禮遂晝夜陪侍家人罕見其面通雖處機密愈自恭謹周文以此重之後以迎孝武功封都昌縣伯大統元年進爵爲侯從禽竇泰復弘農沙苑之役力戰有功又從解洛陽圍軍還屬趙青雀反於長安周文將討之以人馬疲弊不可速行又謂青雀等一時陸梁不足爲慮

乃云我到長安但輕騎臨之必當面縛通進曰青雀等既以大軍不利謂朝廷傾危同惡相求遂成反亂然其逆謀乆定必無遷善之心且其詐言大軍敗績東寇將至若以輕騎往百姓謂爲信然更沮兆庶之望大兵雖疲弊精鋭猶多以明公之威率思歸之衆以順討逆何慮不平周文深納之因從平青雀録前後功進爵爲公徐州刺史以寇難未平留不之部與于謹討劉平伏加大都督從周文援玉壁進儀同三司九年高仲密以地來附通從若干惠戰於芒山衆軍皆退唯惠與通率所部力戰至夜中乃陰引還敵亦不敢逼進授驃騎大將軍開府儀同三司太僕卿

賜姓部六孤氏進爵綏德郡公周孝閔踐祚拜小司空保定五年累遷大司寇通性柔謹雖久處列位常清慎自守所得禄賜盡與親故共之家無餘財常曰凡人患貧而不貴不患貴而不貧也建德元年轉大司馬其年薨通弟遅遅字季明初名彥字世雄魏文帝常從容謂之曰爾既温裕何因乃字世雄且爲世之雄非所宜也於爾兄弟又復不類遂改焉遅少謹密早有名譽兄通先以軍功別受茅土乃讓父爵中都縣伯令遅襲之起家羽林監周文内親信時輩皆以驍勇自達唯遅獨兼文雅周文由此加禮遇焉大統十四年參大丞相府軍事尋兼記室保定初累遷

吏部中大夫歷蕃部御伯中大夫進驃騎大將軍開府儀同三司徙授司宗中大夫轉軍司馬遅幹識詳明歷任三府所在著績朝廷嘉之進爵爲公天和三年齊遣侍中斛斯文略中書侍郎劉逖來聘初脩隣好盛選行人詔遅爲使主尹公正爲副以報之遅美容止善辭令敏而有禮齊人稱焉還届近畿詔令路車儀服郊迎而入時人榮之四年除京兆尹郡界有豕生數子經旬而死其家又有豶遂乳養之諸豚賴之以活時論以遅仁政所致俄遷司會中大夫出爲河州刺史晉公護雅重其才表爲中外府司馬頻委任之尋復爲司會兼納言遷小司馬及護誅坐免官

頌之起爲納言又以疾不堪劇任及除宜州刺史故事刺史奉辭例備鹵簿逞以時屬農要奏請停之武帝深嘉焉詔遂其所請以彰雅操逞在州有惠政吏人稱之東宮初建授太子太保卒贈大將軍子擧嗣

庫狄峙其先遼東人本姓段匹磾之後也因避難改焉後徙居代世爲豪右祖凌武威郡守父貞上洛郡守峙少以弘厚知名善騎射有謀略仕魏位高陽郡守政存仁恕百姓頗悅之孝武西遷峙乃棄官從入關大統元年拜中書舍人參掌機密以恭謹見稱遷黃門侍郎時與東魏爭衡蠕蠕乘虛屢爲邊患朝議欲結和親乃使峙往峙狀貌魁梧善於辭令蠕蠕主雅信重之自是不復爲寇周文謂峙曰昔魏絳和戎見稱前史以君方之彼有愧色封高邑縣公累遷驃騎將軍開府儀同三司拜侍中蠕蠕滅後突厥強盛雖與周通好而外連齊氏周文又令峙銜命喻之突厥感悟即執齊使歸諸京師進爵安豐郡公歷小司空小司寇明帝初爲益州刺史都督三十一州諸軍事峙性寬和尚清靖爲夷獠所安後爲宜州刺史入爲少師以年老乞骸骨詔許之卒謚曰定子嶷嗣少知名位開府儀同三司職方中大夫蔡州刺史卒官嶷弟徵從平齊以功拜儀同大將軍賜爵樂陵縣公徵弟徽亦以軍功至儀同大將軍保城縣男徽弟嶔性弘厚有局度以齊右下大夫從武帝東伐入并州軍敗侍臣殲焉及帝之出唯嶔侍從以功授上儀同大將軍遷開府歷右宮伯賜爵樂城縣侯仕隋位至戶部尚書

楊荐字承略秦郡寧夷人也父寶昌平郡守荐幼孤早有名譽性廉謹喜怒不形於色魏永安中隨尒朱天光入關討羣賊封高邑縣男周文臨夏州補帳內都督及平侯莫陳悅使荐入洛請事孝武授周文關西大行臺仍除荐直閤將軍時馮翊長公主嫠居孝武意欲歸諸周文乃令武衛元毗喻旨荐歸白周文又遣荐入洛陽請之孝武即許焉孝武欲向關中荐贊成其計孝武曰卿歸語行臺迎我周文又遣荐與長史宇文測出關候接孝武至長安進爵清水縣子大統元年蠕蠕請和親周文遣荐與楊寬使并結婚而還進爵爲侯又使荐納幣於蠕蠕魏文帝郁久閭后崩周文遣僕射趙善使蠕蠕更請婚善至夏州聞蠕蠕貳於東魏欲執使者善懼乃還周文乃使荐往賜黃金十斤雜綵三百匹荐至蠕蠕責其背惠食言并論結婚之意蠕蠕感悟乃遣使隨荐報命焉及侯景來附周文令荐助鎮過荐知景翻覆遂求還具陳事實周文乃遣使密追助景之兵尋而景叛十六年大軍東討周文恐蠕蠕乘虛寇

掠乃遣蒋往更論和好以安慰之進使持節驃騎大將軍開府儀同三司加侍中周孝閔帝踐阼除御伯大夫進爵姚谷縣公仍使突厥結婚突厥可汗弟地頭可汗阿史那庫頭居東面與齊通和說其兄欲背先約計謀已定將以蒋等送齊蒋知其意乃正色責之辭氣慷慨涕泗橫流可汗惨然良久曰幸無所疑當共平東賊然後發遣我女乃令蒋先報命仍請東討以奉使稱旨遷大將軍保定四年又納幣於突厥還行小司馬又行大司徒從陳公純等逆女於突厥進爵南安郡公天和三年遷總管梁州刺史後以疾卒

王慶字興慶太原祁人也父因魏靈州刺史懷德縣公慶少開悟有才略初從周文征伐獲弘農破沙苑並有戰功每獲殊賞大統十年授殿中將軍周孝閔帝踐阼晉公護引為典籤慶樞機明辯漸見親待授大都督武成元年以前後功賜爵始安縣男二年行小賓部保定三年使吐谷渾與其分疆仍論和好之事渾主悅服遣所親隨慶貢獻初突厥與周和親許納女為后而齊人知之懼成合從之勢亦遣使求婚財饋甚厚突厥貪其重賂便許之朝議以魏氏昔與蠕蠕結婚遂為齊人離貳今者復恐改變欲遣使結之遂授慶左武伯副楊蒋為使是歲遂與入并之役慶乃引突厥騎與隋公楊忠至太原而還及齊人許送皇姑及世母朝廷遂與通和突厥聞之復致疑阻於是又遣慶往諭之可汗感悅結好如初五年復與宇文貴使突厥逆女自此以慶信著北蕃頻歲出使後更至突厥屬其可汗暴殂突厥謂慶曰前後使來逢我國喪者皆剺面表哀況今二國和親豈得不行此事慶抗辭不從突厥見其守正卒不敢逼武帝聞而嘉之録慶前後使功遷開府儀同三司兵部中大夫進爵為公歷冊中二州刺史為政嚴肅吏不敢犯大象元年授小司徒加上大將軍總管汾石二州五鎮諸軍事汾州刺史又除延州總管進位柱國開皇元年進爵平昌郡公卒于鎮贈上柱國謚曰莊子淹嗣

趙剛字僧慶河南洛陽人也祖寧魏高平太守父和太平中陵江將軍南討度淮聞父喪輒還所司將致之於法和曰罔極之恩終天莫報若許安厝禮畢而即罪戮死且無恨言訖號慟悲感傍人主司以聞遂宥之喪畢除寧遠將軍大統初追贈豫州刺史剛少機辯有幹能起家奉朝請累遷金紫光祿大夫領司徒府從事中郎加閤內都督及孝武與齊神武構隙剛密奉旨召東荊州刺史馮景昭未及發而神武已逼洛陽孝武西遷景昭集府僚文武議其去就司馬馮道和請據州待北方處分剛抽刀投地曰公

若爲忠臣可斬道和如欲從賊可見殺景昭感悟遂率衆赴關右屬侯景逼穰城東荊州人楊歡等起兵應景以其衆邀景昭於路景昭戰敗剛遂沒於蠻後自贖免乃見東魏東荊州刺史李魔憐勸令歸關西魔憐納之使剛至并州密觀事勢神武引剛內宴因令剛賫書申勑荊州剛還報魔憐仍說魔憐斬楊歡等以州歸西魔憐乃使剛入朝大統初剛於灞上見周文具陳關東情實周文嘉之封陽邑縣子論復東荊州功進爵臨汝縣伯初賀拔勝獨孤信以孝武西遷之後竝流寓江左至是剛言於魏文帝請追而復之乃以剛爲兼給事黃門侍郎使梁魏興賫移書與

其梁州刺史杜懷瑤等即與剛盟歃受移送建康仍遣人隨剛報命是年又詔剛使三荊聽在所便宜從事使還稱旨進爵武成縣侯除大丞相府帳內都督復使魏興重申前命尋而梁人禮送賀拔勝獨孤信等頃之御史中尉董紹進策請圖梁漢以紹爲行臺梁州刺史剛以爲不可而朝議已決遂出軍紹竟無功還免爲庶人除剛潁州郡守高仲密以北豫州來附兼大行臺左丞持節赴潁川節度義軍師還剛別破侯景前驅於南陸復獲其郡守二人時有流言傳剛東叛神武因設反間聲遣迎接剛乃率騎襲其丁鴆拔之周文知剛無貳乃加賚焉除營州刺史進爵

爲公渭州人鄭五醜搆逆與叛羌傍乞鐵忽相應令剛往鎭之將發魏文帝引見內寢舉觴屬剛曰昔侯景在東爲卿所困黠羌小醜豈足勞卿謀慮也時五醜已剋定夷鎭所在立柵剛至竝攻破之散其黨與五醜於是西奔鐵忽剛又進破鐵忽僞廣寧郡屬宇文貴等西討詔以剛行渭州事資給糧餼加驃騎大將軍開府儀同三司入爲光祿卿六官建拜膳部中大夫周孝閔帝踐祚進爵浮陽郡公出爲利州總管沙州氐恃險逆命剛再討復之方州生獠自此始從賦役剛以信州濱江負阻乃表請討之詔剛率利沙等十四州兵往經略焉仍加授渠州刺史剛初至渠

帥憚其軍威相次降款剛師出踰年士卒疲弊尋復亡叛後遂以無功而還又與所部儀同尹才失和被徵赴闕遇疾卒於路贈中浙涿三州刺史謚曰成子元卿弟仲卿仲卿性麤暴有旅力周齊王憲甚禮之以軍功位上儀同爲畿伯中大夫後以平王謙功進位大將軍封長垣縣公隋文帝受禪進河北郡公尋拜石州刺史法令嚴猛纖介之失無所寬捨鞭笞輒至二百吏人戰慄無敢違犯盜賊屏息皆稱其能遷朔州總管時塞北盛興屯田仲卿總統之微有不理者仲卿輒召主掌撻其胷背或解衣倒曳於荊棘中時人謂之於菟事多克濟由是收穫歲廣邊戍無

餽運之憂會突厥啓人可汗求婚上許之仲卿因是間其骨肉遂相攻擊十七年啓人窘迫與隋使長孫晟投通漢鎮仲卿率騎千餘援之達頭不敢逼潛遣人誘致啓人所部至者二萬餘家其年從高熲指白道以擊達頭仲卿為前鋒至族蠡山與虜遇交戰七日大破之追奔至乞伏泊復啓人突厥悉衆而至仲卿為方陣四面拒戰經五日會高熲大兵至合擊之虜乃敗走追度白道踰秦山七百餘里時突厥降者萬餘家上令仲卿處之恒安以功進上柱國朝廷慮達頭掩襲啓人令仲卿屯兵二萬以備之代州總管韓洪永康公李藥王蔚州刺史劉隆等將步騎一萬

鎮恒安達頭來寇韓洪軍大敗仲卿自樂寧鎮邀擊斬千餘級明年督役築金河定襄二城以居啓人時有上表言仲卿酷暴上命御史王偉按之並實惜其功不罪因勞之曰知公清正為下所惡賜物五百段仲卿益恣由是免官仁壽初檢校司農卿蜀王秀之得罪奉詔往益州按之秀賓客經過處仲卿必深文致法州縣長吏坐者太半上以為能賞奴婢五十口黃金二百兩米粟五千石奇珍雜物稱是煬帝嗣位判兵部工部二尚書事卒官謚曰肅子世弘嗣

趙昶字長舒天水南安人也曾祖襄仕魏至中山郡守因家於代焉昶少聰敏有志節弱冠以材力聞魏北中郎將高千鎮陝以昶為長史中軍都督周文平弘農擢為相府典籤大統九年大軍失律於芒山清水氐酋李鼠仁自軍逃還憑險作亂周文將討之先求可使者遂令昶使焉見鼠仁喻以禍福羣凶或從或不從其命者復將加刃於昶而昶神色自若志氣彌厲鼠仁感悟遂相率降氐梁道顯叛攻南由周文復遣昶慰喻之道顯等皆即款附東秦州刺史魏光因徙其豪帥三十餘人并部落於華州周文即以昶為都督領之先是汾州胡叛再遣昶慰勞之皆知其虛實及大軍往討昶為先驅遂破之以功封章武縣伯十

五年拜安夷郡守帶長蛇鎮將氐俗荒獷昶威懷以禮莫不悅服朞歲之後樂從軍者千餘人加授帥都督時屬軍機科發切急氐情難之復相率謀叛昶又潛遣誘說離間其情因其攜貳遂輕往臨之羣氐不知所為咸來見昶乃收其首逆者二十餘人斬之餘衆遂定朝廷嘉之除大都督行南秦州事時氐帥蓋鬧等反昶復討禽之又與史寧破宕昌羌獠二十餘萬拜武州刺史恭帝初加驃騎大將軍開府儀同三司潭水羌叛殺武陵潭水二郡守昶率儀同騎天人等討平之周明帝初鳳州人仇周貢魏興等反自號周公破廣化郡攻沒諸縣分兵西入圍廣業脩城二

郡廣業郡守薛爽脩城郡守杜果等請昶爲援遣使報果爲周貢黨樊伏興等所獲興等知昶將至解脩城圍據泥功領設六伏以待昶昶至遂遇其伏合戰破之廣業之圍亦解昶追之至泥陽川而還興州人段吒及氐酋羌多復反攻沒郡縣昶討斬之昶自以被拔擢居將帥之任傾心下士虜獲氐羌撫而使之皆爲昶盡力周文常曰不煩國家士馬而能威服氐羌者趙昶有之矣至是明帝録前後功進爵長道郡公賜姓宇文氏賞勞甚厚二年徵拜賓部中大夫行吏部尋以疾卒

王悦字衆喜京兆藍田人也少有氣幹爲州里所稱周文

初定關隴悦率募鄉里從軍屢有戰功大統元年除相府刑獄參軍封藍田縣伯四年東魏將侯景攻圍洛陽周文赴援悦又率鄉里千餘人從軍至洛陽將戰之夕悦罄其行資市牛饗戰士悦所部盡力斬獲居多遷大行臺右丞轉左丞久居管轄頗獲時譽三年侯景據河南來附仍請兵爲援周文先遣韋法保賀蘭願德等帥衆助之悦言於周文曰侯景之於高歡始則篤鄉黨之情末乃定君臣之契位居上將職重台司論其分義有同魚水今歡始死景便離貳豈不知君臣之道有違忠義之禮不足蓋其圖既大不卹小嫌然尚能背德於高氏豈肯盡節於朝廷今若益之以勢援之以兵非唯侯景不爲池中之物亦恐朝廷貽笑將來也周文納之乃遣追法保等而景尋叛後拜京兆郡守散騎常侍遷大行臺尚書從達奚武征梁漢軍出武令悦說其城主楊賢悦乃貽之書賢於是遂降悦又白武云白馬衝要是必爭之地今城守寡弱易可圖也若蜀兵更至攻之實難武然之即令悦率輕騎徑趣白馬悦示其禍福梁將深悟遂以城降時梁武陵王蕭紀果遣其將任珍奇欲先據白馬行次關城聞其已降乃還及梁州平周文即以悦行刺史事招攜初附人吏安之廢帝二年徵

還本任屬改行臺爲中外府尚書員廢悦以儀同領兵還鄉里悦既久居顯職及此之還私懷怏怏猶陵駕鄉里失於宗黨之情其長子康恃悦舊望遂自驕縱所部軍人將有婚禮康乃非理陵辱軍人訴之悦及康並坐除名仍配遠防及于謹伐江陵令悦從軍展効江陵平因留鎮之周孝閔帝踐祚依例復官授郢州刺史尋拜使持節驃騎大將軍開府儀同三司大都督司水中大夫進爵藍田縣侯俄遷司憲中大夫賜姓宇文氏又進爵河北縣公性儉約不營生業雖出內榮顯家徒四壁而已明帝手敕勞勉之保定元年卒於位子康嗣官至司邑下大夫

趙文表其先天水西人也後徙居南鄭累世爲二千石父

珽性方嚴有度量位御伯中大夫封昌國縣伯贈虞絳二
州刺史謚曰貞文表少而脩謹志存忠節起家為周文親
信累遷左金紫光祿大夫保定五年授畿伯下大夫遷許
國公宇文貴府長史尋拜車騎大將軍儀同三司仍從貴
使突厥迎皇后進止儀注皆令文表典之文表斟酌而行
皆合禮度及皇后將入境突厥託以馬瘦徐行文表慮其
為變遂說突厥使羅莫緣曰后自發彼蕃已淹時序途經
沙漠人馬疲勞且東寇每伺間隙吐谷渾亦能為變今君
以可汗愛女結姻上國曾無防慮豈人臣之體乎莫緣然
之遂倍道兼行數日至甘州以迎后功別封伯陽縣伯天

和三年除梁州總管府長史所管地名恒稜者方數百里
並夷獠所居恃其險固常懷不軌文表率衆討平之遷蓬
州刺史政尚仁恕夷獠懷之加驃騎大將軍開府儀同三
司又加大將軍進爵為公大象中拜吳州總管時開府毛
顯為吳州刺史及隋文帝執政尉遲迥等舉兵遠近騷然
人懷異望顯自以秩大且為國家肺腑懼文表員己謀欲
先之乃稱疾不出文表往問之顯遂手刃文表因令其吏
人告云文表謀反仍馳啟其狀帝以諸方未定恐顯為變
遂授顯吳州總管以安之後知文表無異志雖不罪顯而
聽其子仁海襲爵

元定字願安河南洛陽人也祖比魏婺州刺史父道龍鉅
鹿郡守定惇厚少言內沈審而外剛毅從周文討侯莫陳
悅以功拜步兵校尉孝武西遷封高邑縣男定有勇略累
從征伐每戰必陷陣然未嘗自言其功周文深重之諸將
亦稱其長者累加驃騎大將軍開府儀同三司進爵為公
廢帝二年以宗室進封建城郡王三年行周禮爵隨例降
改封長湖郡公周明帝初拜岷州刺史威恩兼濟甚得羌
豪之情先時生羌據險不賓者至並出山谷從征賦馬及
定代還羌豪等咸戀慕之保定中授左宮伯中大夫又之
轉左武伯中大夫進位大將軍天和二年陳湘州刺史華

皎舉州歸梁梁主欲因其隙更圖攻取乃遣使請兵詔定
從衛公直率衆赴之梁人與華皎皆為水軍定為陸軍直
總督之俱至夏口而陳郢州堅守不下直令定圍之陳遣
其將淳于量徐度吳明徹等水陸來拒皎為陳人所敗直
得脫身歸梁定既孤軍縣隔進退無路陳人乘勝水陸逼
之定乃率所部斫竹開路且戰欲趣湘州而湘州已陷徐
度等知定窮迫遣使偽與定通和重為盟誓許放還國定
疑其詭詐欲力戰死之而定長史長孫隆及諸將等多勸
定和定乃許之於是與度等刑牲歃血解仗就船為度所執
所部衆軍亦被囚虜送詣丹陽居數月憂憤發病卒子樂嗣

楊㯹字顯進正平高凉人也祖貴父猛竝爲縣令㯹少豪俠有志氣魏孝昌中尒朱榮殺害朝士大司馬城陽王元徽逃難投㯹㯹藏而免之孝莊帝立徽乃出復爲司馬由是㯹以義烈聞擢拜伏波將軍給事中元顥入洛孝莊北度太行及尒朱榮奉帝南討至馬渚㯹乃具船以濟王師顥平封肥如縣伯加鎮遠將軍步兵校尉行濟北郡事進都督平東將軍太中大夫從孝武入關進爵爲侯加撫軍將軍銀青光禄大夫時東魏遷鄴周文欲知其所爲乃遣㯹間行詣鄴以觀察之使還稱旨授通直散騎常侍車騎將軍稽胡恃險不賓屢行鈔竊以㯹兼黄門侍郎往慰撫之㯹頗有權略能得邊情誘化酋渠多來款附乃有随㯹入朝者時弘農爲東魏守㯹從周文攻拔之然自河以北猶附東魏㯹父猛先爲邵郡白水令㯹與其豪右相知請微行詣邵郡舉兵以應朝廷周文許之㯹遂行與土豪王覆憐等陰謀舉事密相應會内外俱發遂拔郡禽守程保及縣令四人竝斬之衆議推㯹行郡事㯹以因覆憐成事遂表覆憐爲邵郡守以功授大行臺左丞仍率義徒更爲經略於是遣諜人誘説東魏城堡旬月之間正平河北南汾二絳建州大甯等諸城竝有請爲内應者大軍因攻而拔之以㯹行正平郡事左丞如故齊神武敗於沙苑其將

韓軌潘樂可朱渾元等爲殿㯹分兵要截殺傷甚衆東雍州刺史司馬恭懼㯹威聲棄城遁走㯹遂移據東雍州周文以㯹有謀略堪委邊任乃表行建州事時建州遠在敵境然㯹威恩夙著所經之處多贏糧附之比至建州衆已一萬東魏州刺史車折于洛出兵逆戰㯹擊敗之又破其行臺斛律俱於州西大獲甲仗及軍資以給義士由是威名大振東魏遣太保尉景攻陷正平復遣行臺薛脩義與斛律俱相會於是敵衆漸盛㯹以孤軍無援且腹背受敵謀欲拔還復恐義徒背叛遂僞爲周文書遣人若從外送來者云已遣軍四道赴援因令人漏泄使所在知之又分土人義酋令各領所部四出鈔掠擬供軍費㯹分遣訖遂於夜中拔還邵郡朝廷嘉其權以全軍即授建州刺史時東魏以正平爲東雍州遣薛榮祖鎮之乃先遣奇兵急攻汾橋榮祖果盡出城中戰士於汾橋拒守其夜㯹從他道濟遂襲剋之進驃騎將軍邵郡人以郡東叛郡守郭武安脫身走免㯹又率兵攻而復之轉正平郡守又擊破東魏南絳郡虜其郡守屈僧珍録前後功封邵陽縣伯芒山之戰㯹攻拔栢谷塢因即鎮之及大軍不利㯹亦拔還而東魏將侯景率騎追㯹㯹與儀同韋法保同心抗禦且戰且前景乃引退周文嘉之復授建州刺史鎮車箱㯹久從軍

役未及葬父至是表請遷葬詔贈其父車騎大將軍儀同
三司晉州刺史贈其母夏陽縣君竝給儀衛州里榮之及
齊神武圍玉壁別令侯景趣齊子嶺檦恐入寇邵郡率騎
禦之景遠聞檦至斫木斷路者六十餘里猶驚而不安遂
退還河陽其見憚如此十二年進授大都督加晉建二州
諸軍事又攻破蓼塢獲東魏將李顯進儀同三司尋加開
府復鎮邵郡十六年大軍東討授大行臺尚書率義衆先
驅敵境攻其四戍拔之時以齊軍不出乃追檦還改封華
陽縣侯又於邵郡置邵州以檦為刺史率所部兵鎮之保
定四年遷少師其年大軍圍洛陽詔檦出軹關然檦自鎮

東境二十餘年數與齊人戰每常克獲以此遂有輕敵之
心時洛陽未下而檦深入敵境又不設備齊人奄至大破
檦軍檦以衆敗遂降於齊檦之立勳也有慷慨壯烈之志
及軍敗遂就虜以求苟免時論以此鄙之朝廷猶錄其功
不以為罪令其子襲爵

論曰申徽局量深沉文之以經史陸通鑒悟明敏飾之以
溫恭竝夙奉龍顏早蒙任遇効宣戎軄功預披荊義結周
旋恩生契闊遂得入居端揆出撫列藩雖以識用成名抑
亦情兼帷舊陸逞於戎旅之際以文雅見知出境播延譽
之能莅官著從政之美歷居顯要豈徒然哉厙狄峙建和
戎之功楊荐成入關之策趙剛之克翦凶狡趙昶之懷服
氐羌王悅之料侯景文表之譎突厥或明稱先覺或識表
見機觀其立功立事皆一時志力之士也元定敗亡同黃
權之無路楊檦攻勝亦兵破而身囚功名寡落良可嗟矣
易曰師出以律否臧凶傳曰不備不虞不可以師其檦之
謂也

列傳第五十七

北史六十九

列傳第五十八　北史七十

韓褒字弘業潁川潁陽人也祖瓌魏平涼郡守安定郡公父演恒州刺史褒少有志尚好學而不守章句其師怪問之對曰文字之間常奉訓誘至於商較異同請從所好師因此奇之及長涉獵經史深沈有遠略屬魏室喪亂避地夏州時周文帝為刺史素聞其名待以客禮及賀拔岳為侯莫陳悅所害諸將遣使迎周文周文問以去留之計褒曰此天授也何可疑乎周文納焉及為丞相引為錄事參軍賜姓侯呂陵氏大統初遷行臺左丞賜爵三水縣伯丞相府從事中郎出鎮淅酈居二年徵拜丞相府司馬進爵為侯出為北雍州刺史州帶北山多有盜賊褒密訪之並豪右所為也而陽不之知厚加禮遇謂曰刺史起自書生安知督盜所賴卿等共分其憂耳乃悉召桀黠少年素為

鄉里患者置為主帥分其地界有盜發而不獲者以故縱論於是諸被署者莫不惶懼皆首伏曰前盜發者並某等為之所有徒侶皆列其姓名或亡命隱匿者亦悉言其所在褒乃取盜名簿藏之因大牓州門曰自知行盜者可急來首即除其罪盡今月不首者顯戮其身籍沒妻子以賞前首者旬日之間諸盜咸悉首盡褒取名簿勘之一無差異並原其罪許以自新由是羣盜屏息入為給事黃門侍郎遷侍中除都督西涼州刺史羌胡之俗輕貧弱尚豪富豪富之家侵漁百姓同於僕隸故貧者日削豪者益富褒乃悉募貧人以充兵士優復其家蠲免徭賦又調富人財

物以振給之每西域商貨至又先盡貧者市之於是貧富
漸均戶口殷實廢帝元年爲會州刺史後以驃騎大將軍
開府儀同三司進爵爲公累遷汾州刺史先是齊寇數入
人廢耕桑前後刺史莫能防扞褒至適會寇來乃不下屬
縣人既不備以故多被抄掠齊人喜於不覺以爲州先未
集兵令還必不能追躡由是益懈不爲營壘褒已先勒精
銳伏北山中分據險阻邀其歸路乘其衆怠縱伏擊之盡
獲其衆故事獲生口者竝送京師褒因是奏曰所獲賊衆
不足爲多俘而辱之但益其忿耳請一切放還以德報怨
有詔許焉自此抄兵頗息遷河州總管仍轉鳳州刺史尋

北史列傳五十八 二

以年老請致事詔許之天和五年拜少保褒歷事三帝以
忠厚見知武帝深相敬重常以師道處之每入朝見必有
詔令坐然始論政事卒贈涇岐燕三州刺史謚曰貞子繼
伯嗣仕隋位終衞尉少卿
趙肅字慶雍河南洛陽人也世仕河西及沮渠氏滅曾祖
武始歸於魏賜爵金城侯祖興中書博士父申侯舉秀才
爲後軍府主簿肅早有操行知名於時孝昌中起家殿中
侍御史累遷左將軍太中大夫東魏天平初除新安郡守
秩滿還洛陽大統三年獨孤信東討肅率宗人爲鄉導授
司州別駕監督糧儲軍用不匱周文帝聞之謂人曰趙肅

可謂洛陽主人也九年行華山郡事十三年除廷尉卿明
年元日當行朝禮非有封爵者不得預焉肅時未有茅土
左僕射長孫儉啓周文請之周文乃召肅謂曰歲初行禮
豈得使卿不預然何爲不早言也於是令肅自選封名肅
曰河清乃太平之應竊所願也於是封清河縣子十六年
除廷尉卿加征東將軍肅久在理官執心平允凡所處斷
咸得其情廉慎自居不營產業時人以此稱之十七年進
位車騎大將軍儀同三司散騎常侍賜姓乙弗氏先是周
文命肅撰法律肅積思累年遂感心疾去職卒於家子軌
軌少好學有行檢周蔡王引爲記室以清苦聞隋文帝受

北史列傳五十八 四

禪爲齊州別駕有能名其東鄰有桑葚落其家軌遣人悉
拾還其主戒其諸子曰吾非以此求名意者非機杼物不
願侵人汝等宜以爲戒在州考績連最持節使者郃陽公
梁子恭上狀文帝賜以米帛甚優令入朝父老將送者各
揮涕曰別駕在官水火不與百姓交是以不敢以盃酒相
送公清如水請酌一盃水奉餞軌受飲之至京詔與牛弘
撰定律令格式時衞王爽爲原州總管召爲司馬在道夜
行其左右馬逸入田中暴人禾軌駐馬待明訪知禾主酬
直而去原州人吏聞之莫不改操後檢校硤州刺史甚有
恩惠轉壽州總管長史芍陂舊有五門堰蕪穢不通軌勸

課吏人更開三十六門灌田五千餘頃人賴其利秩滿歸
卒于家子弘安弘智並知名

張軌字元軌濟北臨邑人也父崇高平令軌少好學志識
開朗初在洛陽家貧與樂安孫樹仁爲莫逆之交每易衣
而出以此見稱軌常謂所親曰秦雍之間必有王者尒朱
氏敗後遂杖策入關賀拔岳以軌爲記室參軍典機密尋
轉倉曹時穀糴踊貴或有請貸官倉者軌曰以私害公非
吾宿志濟人之難詎得相違乃賣所服衣物糴粟以振其
乏及岳被害周文帝以軌爲都督從征侯莫陳悅悅平使
於洛陽見領軍斛斯椿椿曰高歡逆謀已傳行路人情西
望以日爲年未知宇文何如賀拔也軌曰宇文公文足經
國武足定亂至於高識遠度非愚管所測椿曰誠如卿言
眞可恃也周文爲行臺授軌郎中孝武西遷除中書舍人
封壽張縣子兼著作佐郎脩起居注遷給事黃門侍郎兼
吏部郎中出爲河北郡守在郡三年聲績甚著臨人政術
有循吏之美大統間言宰人者多推尚之入爲丞相府從
事中郎行武功郡事章武公導出鎮秦州以軌爲長史廢
帝元年進車騎大將軍儀同三司散騎常侍二年賜姓宇
文氏行南秦州事恭帝二年徵拜度支尚書復除隴右府
長史卒於位謚曰質軌性清素臨終之日家無餘財唯有

書數百卷子肅周明帝初爲宣納上士轉中外府記室參
軍中山公訓侍讀早有才名性頗輕猾時人比之魏諷卒
以罪考竟終

李彥字彥士梁郡下邑人也祖光之魏淮南郡守父靜南
青州刺史彥少有節操好學慕古孝昌中解褐奉朝請孝
武入關兼著作佐郎脩起居注大統初除通直散騎侍郎
累遷左戶郎中十二年省三十六曹爲十二部改授戶部
郎中封平陽縣子廢帝初拜尚書右丞轉左丞彥在尚書
十有五載屬軍國草創庶務殷繁留心省閣未嘗懈怠斷
決如流略無疑滯臺閣莫不歎其公勤服其明察遷給事
黃門侍郎仍左丞賜姓宇文氏出爲鄜州刺史彥以東夏
未平固辭州任詔許之拜兵部尚書加驃騎大將軍開府
儀同三司仍兼著作六官建改授軍司馬進爵爲伯彥性
謙恭有禮節雖居顯要於親黨之間恂恂如也輕財重義
好施愛士時論以此稱之然素多疾而勤於莅職雖沈頓
枕席猶理務不輟遂至於卒謚曰敬彥臨終遺誡其子等
曰昔人以窾木爲櫝葛虆爲緘下不亂泉上不泄臭實吾
平生之志也但事既矯枉恐爲世士所譏今可斂以時服
葬於磽确之地勿用明器芻塗及儀衛等爾其念哉朝廷
嘉焉不奪其志子昇明嗣少歷顯職大象末太府中大夫

儀同大將軍仕隋終於齊州刺史子仁政長安縣長義軍至以罪誅

郭彥太原陽曲人也其先從宦關右遂居馮翊父徵靈武令彥少知名周文帝臨雍州辟爲西曹書佐累遷虞部郎中大統十二年初選當州首望統領鄉兵除帥都督以居郎官著稱封龍門縣子進大都督恭帝元年除兵部尚書仍以本兵從柱國于謹南伐江陵進驃騎大將軍開府儀同三司進爵爲伯六官建拜戶部中大夫周孝閔帝踐祚出爲澧州刺史蠻左生梗不營農業彥勸以耕稼人皆務本亡命之徒咸從賦役先是以澧州糧儲之少每令荊州遞送自彥莅職倉庾充實無復轉輸之勞齊南安城主馮顯密遣使歸降其衆未之知也柱國宇文貴令彥率兵應接時齊人先令顯率所部送糧南下彥懼其衆不從命乃於路邀之顯因得自拔其衆果拒戰彥縱兵奮擊並虜獲之以南安無備即引軍掩襲遂有其城晉公護嘉之進爵懷德縣公入爲工部中大夫保定四年晉公護東討彥從尉遲迥攻洛陽迥復令彥與權景宣出汝南及軍次豫州使彥鎮之天和中爲隴右府總管府長史卒於官贈小司空宜鄜丹三州刺史

梁昕字元明安定烏氏人也世爲關中著姓其先因官從居京兆之盩厔祖重耳漳縣令父勸儒中散大夫贈涇州刺史昕少溫恭見稱州里從尒朱天光征討拜右將軍太中大夫周文帝迎魏孝武軍次雍州昕以三輔望族上謁周文見昕容貌瓌偉深賞異之即授右府長流參軍累遷丞相府主簿大統十二年除河南郡守遷東荊州刺史昕撫以仁惠蠻夷悅之封安定縣子周孝閔帝踐祚進位驃騎大將軍開府儀同三司明帝初進爵胡城縣伯天和初拜工部中大夫出爲陝州總管府長史昕性溫裕有幹能歷官內外咸著聲稱尋卒官贈大將軍謚曰貞昕弟榮位計部下大夫開府儀同三司朝那縣伯贈涇寧豳三州刺

史謚曰靜子讞仕隋爲給事郎貞觀中終於鄭州刺史

皇甫璠字景瑜安定三水人也世爲西州著姓後徙居京兆父和本州中從事大統末追贈散騎常侍儀同三司涇州刺史璠少忠謹有幹略永安中辟州都督周文帝爲牧補主簿以勤事被知大統四年引爲丞相府行參軍周孝閔帝踐祚爲守廟下大夫長樂縣子保定中爲鴻州刺史入爲小納言累遷蕃部中大夫進驃騎大將軍開府儀同三司璠性平和小心奉法安貞守志恒以清白自處當時稱爲善人建德三年爲隨州刺史政存簡惠百姓安之卒官贈交渭二州刺史謚曰恭子諒少知名大象中位吏部

下大夫諒弟誕
誕字玄慮少剛毅有器局開皇中累遷治書侍御史朝臣
無不肅憚焉後爲尚書左丞時漢王諒爲并州總管朝廷
盛選寮佐拜誕并州總管司馬總府政事一以諮之諒甚
敬焉及煬帝即位諒用諮議王頍謀發兵作亂誕數諫止諒
不納誕因流涕以死固請諒怒囚之及楊素將至諒屯清
源以拒之諒主簿豆盧毓出誕於獄協謀閉城拒諒襲擊
破之竝抗節遇害帝以誕亡身殉國嘉悼者久之詔贈柱
國封弘義公謚曰明子無逸嗣尋爲淯陽太守甚有聲稱
大業初令行舊爵例除以無逸誠義之後賜爵平輿侯入

爲刑部侍郎守右武衛將軍初漢王諒之反州縣莫不響
應有嵐州司馬陶世模繁時令敬釗竝抗節不從世模京
兆人性明敏有器幹仁壽初爲嵐州司馬諒反刺史喬鍾
葵將赴之世模以義拒之臨之以兵辭氣不撓鍾葵義而
釋之軍吏請斬之於是被囚及諒平拜開府授大興令從
衛玄擊楊玄感以功進位銀青光祿大夫釗字積善河東
蒲坂人父元約周布憲中大夫釗仁壽中爲繁時令甚有
能名漢王諒反師陷其城賊帥墨弼執送僞將喬鍾葵署
爲代州總管司馬釗正色拒之誓之以死會鍾葵敗釗遂
免卒於朝邑令

辛慶之字餘慶隴西狄道人也世爲隴右著姓父顯宗馮
翊郡守贈雍州刺史慶之少以文學徵詣洛陽對策第一
除祕書郎屬尒朱氏作亂魏孝莊帝令司空楊津爲北道
行臺節度山東諸軍以討之津啓慶之爲行臺左丞與參
謀議至鄴聞孝莊帝崩遂出兖冀間謀結義徒以赴國難
尋而節閔帝立乃還洛陽及賀拔岳爲行臺復啓慶之爲
行臺吏部郎大統初從周文帝東討爲行臺左丞六年行
河東郡事九年入爲丞相府右長史兼給事黃門侍郎除
度支尚書復行河東郡事遷南荆州刺史加儀同三司慶
之位遇雖隆而率性儉素車馬衣服亦不尚華侈志量淹

和有儒者風度特爲當時所重又以其經明行脩令與盧
誕等教授諸王廢帝二年拜祕書監卒官子加陵主寢上
士慶之族子昂
昂字進君數歲便有成人志行有善相人者謂其父仲略
曰公家雖世載冠冕然名德富貴莫有及此兒者仲略亦
重昂志氣深以爲然年十八侯景辟爲行臺郎中景後來
附昂遂入朝除丞相府行參軍後追論歸朝勳封襄城縣
男及尉遲迥伐蜀昂占募從軍蜀平迥表昂爲龍州長史
領龍安郡事州帶山谷舊俗生梗昂威惠治著吏人畏而
愛之成都一方之會風俗舛雜迥以昂達於從政復表昂

行成都令昂到縣便與諸生祭文翁學堂因共歡宴謂諸生曰子孝臣忠師嚴友信立身之要如斯而已若不事斯語何以成名各宜自勉克成令譽昂言切理至諸生等並深感悟歸而告其父老曰辛君教誡如此不可違之於是井邑肅然咸從其化遷梓潼郡守六官建入爲司隸上士襲爵繁昌縣公保定二年爲小吏部時益州殷阜軍國所資經塗艱險每苦刼盜詔昂使於益梁軍人之務皆委決焉昂撫導荒梗頗得寧靜天和初陸騰討信州蠻詔昂便於通渠等州運糧饋之時臨信楚合等諸州人庶多從逆昂諭以禍福赴者如歸乃令老弱負糧壯夫拒戰莫有怨者使還屬巴州萬榮郡人反叛圍郡城昂於是遂募通開二州得三千人倍道兼行出其不意又令其衆皆作中國歌直趣賊壘謂有大軍赴救望風瓦解朝廷嘉其權以濟事詔梁州總管杞國公亮即於軍中賞昂奴婢二十口繒綵四百疋又以昂威信布於宕渠遂表爲渠州刺史轉通州推誠布信甚得夷獠歡心秩滿還京首領皆隨昂詣闕朝覲以昂化洽夷落進位驃騎大將軍開府儀同三司時晉公護執政昂稍被護親待武帝頗銜之及誅護加之捶楚因此遂卒昂族人仲景好學有雅量其高祖欽後趙吏部尚書雍州刺史子孫因家焉父歡魏隴州刺史朱陽公

仲景年十八舉文學對策高第拜司空府主簿建德中位內史下大夫開府儀同三司卒于家子衡

王子直字孝正京兆杜陵人也世爲郡右族父琳州主簿東雍州長史子直性節儉有幹能魏正光中州辟主簿起家奉朝請永安初拜鴻臚少卿孝武西遷封山北縣男大統初漢熾屠各阻兵於南山與隴東屠各共爲脣齒周文帝令子直率涇州步騎五千討破之賜書勞問除尚書左外兵郎中兼中書舍人從解洛陽圍經河橋戰兼尚書左丞出爲秦州總管府司馬時涼州刺史宇文仲和據州逆命子直從隴右大都督獨孤信討平之復入爲大行臺郎中兼丞相府記室除太子中庶子領齊王友尋行馮翊郡事廢帝元年拜使持節大都督行瓜州事務以德政化人西土悅附恭帝初徵拜黃門侍郎卒官子宣禮柱國府參軍

杜杲字子暉京兆杜陵人也祖建魏輔國將軍贈豫州刺史父皎儀同三司武都郡守杲學涉經史有當世幹略其族父攢清貞有識鑒深器重之常曰吾家千里駒也攢時仕魏爲黃門侍郎兼度支尚書衞大將軍西道大行臺尚書孝武妹新豐公主因薦之朝廷永熙三年起家奉朝請周明帝初爲脩城郡守屬鳳州人仇周貢等構亂攻逼脩城

杲信洽於人部內遂無叛者尋率郡兵與開府趙昶合勢並破平之入爲司會上士初陳文帝弟安成王頊爲質於梁及江陵平頊隨例遷長安陳人請之周文帝許而未遣至是帝欲歸之命杲使焉陳文帝大悅即遣使報聘并賂黔中數州地仍請畫野分疆永敦鄰好以杲奉使稱旨進授都督行小御伯更往分界陳於是歸魯山郡帝乃拜頊柱國大將軍詔杲送之還國陳文帝謂杲曰家弟今蒙禮遣實是周朝之惠然不還魯山亦恐未能及此杲答曰安成之在關中乃咸陽一布衣耳然是陳之介弟其價豈止一城本朝親睦九族恕己及物上遵太祖遺旨下思繼好之義所以發德音者蓋爲此也若知止侔魯山固當不貪一鎮況魯山梁之舊地梁即本朝藩臣若以始末言之魯山自合歸國云以尋常之土易己骨肉之親使臣猶謂不可何以聞諸朝廷陳文帝慙恧久之乃曰前言戲之耳自是接遇有加常禮及還引升殿親降御座執手以別朝廷嘉之授大都督小載師下大夫行小納言後聘於陳及華皎來附詔令衛公直都督元定等援之定等並沒自是連兵不息東南擾動武帝授杲御正中大夫使陳論保境息人之意陳宣帝遣其黃門侍郎徐陵謂杲曰兩國通好彼朝受我叛人何也杲曰陳主昔在本朝非慕義而至主上

授以柱國位極人臣子女玉帛備禮將送令主社稷孰謂非恩郝烈之徒邊人狂狡曾未報德而先納之今受華氏正是相報過自彼始豈在本朝陵曰彼納華皎志圖吞噬此受郝烈容之而已且華皎方州列將竊邑叛亡郝烈一百許戶脫身逃竄大小有異豈得同年而語乎杲曰大小雖殊受降一也若論先後本朝無失陵曰周朝送主上還國既以爲恩衛公共元定度江孰云非怨計恩與怨亦足相埒杲曰元定等軍敗身囚其怨已滅陳主負扆馮玉其恩猶在且怨由彼國恩起本朝以怨酬恩未之聞也陵咲而不答杲因陳和通之便陵具以聞陳宣許之遂遣使來聘建德初授司城中大夫仍使於陳宣帝謂杲曰長湖公軍人等雖築館處之然恐不能無北風之戀王褒庾信之徒既羈旅關中亦當有南枝之思耳杲揣陳宣意欲以元定軍將士易王褒等乃答之曰長湖總戎失律臨難苟免既不死節安用此爲且猶牛之一毛何能損益本朝之議初未及此陳宣帝乃止及杲還至石頭又遣謂之曰若欲合從共圖齊氏能以樊鄧見與方可表信杲答曰合從圖齊豈唯弊邑之利必須城鎮宜待得之於齊先索漢南使臣不敢聞命還除司倉中大夫又使於陳杲有辭辯閑於占對前後將命陳人不能屈陳宣帝甚敬異之時元定已

卒乃禮送開府賀拔華及定棺柩杲受之以歸除河東郡守遷溫州刺史賜爵義興縣伯大象元年徵拜御正中大夫復使陳二年除申州刺史加開府儀同大將軍進爵爲侯除同州刺史隋開皇元年以杲爲同州總管進爵爲公俄遷工部尚書二年除西南道行臺兵部尚書尋以疾卒子運大象末宣納上士杲兄長暉位儀同三司

呂思禮東平壽張人也性溫潤不雜交遊年十四受學於徐遵明長於論難諸生爲之語曰講書論易鋒難敵十九舉秀才對策高第除相州功曹參軍葛榮圍鄴思禮有守禦勳賜爵平陸縣伯除欒城令普泰中僕射司馬子如薦

爲尚書二千石郎中尋以地寒被出兼國子博士乃求爲關西大行臺郎中與姚幼瑜茹文就俱入關爲行臺賀拔岳所重專掌機密甚得時譽岳爲侯莫陳悅所害趙貴等議遣赫連達迎周文帝思禮預其謀及周文爲關西大都督以思禮爲府長史尋除行臺右丞以迎魏孝武功封汶陽縣子加冠軍將軍拜黃門侍郎文帝即位領著作郎除安東將軍都官尚書兼七兵殿中二曹事從禽竇泰進爵爲侯大統四年以謗訕朝政賜死思禮好學有才雖務兼軍國而手不釋卷晝理政事夜即讀書令蒼頭執燭燭燼夜有數升沙苑之捷命爲露布食頃便成周文歎其工而

且速所爲碑誄表頌竝傳於世七年追贈車騎將軍定州刺史子亶嗣大象中位至駕部下大夫時有博陵崔騰早有名譽歷職清顯爲丞相府長史亦以投書謗議賜死

徐招字思賢高平鄉人也世爲著姓招少好法律及朝廷舊事發言措筆常欲辯析秋毫初入洛陽雖未登仕已爲時知朝廷疑事多預議焉延昌中從征浮山堰有功賜爵高廣男及廣陽王深北討鮮于脩禮啓爲員外散騎侍郎深府長流參軍招陳策請離間之葛榮竟殺脩理自爲魁帥以功進爵爲侯永安初射策甲科除員外散騎常侍領尚書儀曹郎中招少習吏事未能精究朝儀常恨才達恐

名迹不立乂之方轉二千石郎中尒朱榮死尒朱世隆屯兵河橋莊帝以招爲行臺左丞自武牢北度引馬場河內之衆以抗世隆後尒朱兆得招鎖送洛陽仲遠數招罪將斬之招曰不虧君命得死爲幸仲遠重之曰凡人受命理各爲主今若爲戮何以勸人臣乃釋之用爲行臺右丞及仲遠南奔招獨還洛永熙末從孝武入關中拜給事黃門侍郎兼尚書右丞時朝廷播遷典章遺闕至於臺省法式皆招所記論者多焉大統三年拜驃騎將軍侍中時文帝舅子王起化犯罪死有詔追贈招執奏正之後卒於度支尚書子山雲嗣

檀翥字鳳翔高平金鄉人也六世祖毓晉步兵校尉父江
始還北仕至太常少卿贈兗州刺史翥十歲喪父還京師
宅與瞽人雜居雖幼孤寒不與隣人來往好讀書解屬文
能鼓琴早爲琅邪王誦所知年十九以名家子爲魏明帝
挽郎後客遊三輔時毛遐爲行臺鎭北維表翥爲行臺郎
中莊帝既誅尒朱榮遐使翥詣京師因除著作佐郎郎中
如故後孝武帝西幸除兼中書舍人脩國史大統初又兼著
作佐郎以守關迎駕勲封高堂子後坐談論輕躁爲黃門
侍郎徐招所糺死於廷尉獄

孟信字脩仁廣川索盧人也家世貧寒頗傳學業信常曰

窮則變變則通吾家世傳儒學而未有通官當由儒非世
務也遂感激弃書從軍永業末除奉朝請從孝武帝入關
封東州子趙平太守政尚寬和權豪無犯山中老人曾以
㹠酒饋之信和顏接引慇懃勞問乃自出酒以鐵鐺溫之
素木盤盛蕪菁葅唯此而已又以一鐺借老人但執一盃
各自斟酌申酬酢之意謂老人曰吾至郡來無人以一物
見遺今卿獨有此餉且食菜已久欲爲卿受一㹠髆耳酒
既自有不能相費老人大悅再拜擘㹠進之酒盡方別及
去官居貧無食唯有一老牛其兄子賣之擬供薪米券契
已訖市法應知牛主住在所信適從外來見買牛人方知
其賣也因告之曰此牛先來有病小用便發君不須也杖
其兄子二十買牛人嗟異良久呼信曰孟公但見與牛未
必須其力也苦請不得乃罷買牛者周文帝帳下人周文
深歎異焉未幾舉爲太子少師後遷太子太傅儒者榮之
特加車騎大將軍儀同三司散騎常侍辭老請退周文不
奪其志賜車馬几杖衣服牀帳卒於家贈冀州刺史謚曰
戴子儒

宗懍字元懍南陽涅陽人也八世祖承永嘉亂討陳敏有
功封柴桑縣侯除宜都郡守卒官子孫因居江陵父高之
梁山陰令懍少聰敏好讀書晝夜不倦語輙引古事鄉里

呼爲小兒學士梁大同六年舉秀才以不及二宮元會例
不對策及梁元帝鎭荆州謂長史劉之遴曰貴鄉多士爲
舉一有意少年之遴以懍應命即日引見令兼記室嘗夕
被召宿省使製龍川廟碑一夜便就詰朝呈上梁元帝歎
美之後歷臨汝建城廣晉三縣令遭母憂去職哭輙歐血
兩旬之內絶而復蘇者三每旦有羣烏數千集于廬舍候
哭而來哭止而去時論以爲孝感所致梁元帝即位擢爲
尚書侍郎封信安縣侯累遷吏部尚書懍父高之先爲南
臺書侍御史犯憲懍顧父釋罪當終身菜食高之理雪故
懍菜食鄉里稱之在元帝府府中多言其矯至是大進魚

內國子祭酒沛國劉㲄讓之曰本知卿不忠猶謂卿孝今日便是忠孝並無懍不能對懍博學有才藻口未嘗譽人朋友以此少之初侯景平後梁元帝議還建鄴唯懍勸都渚宮以鄉在荆州故也及江陵平與王褒等入關周文帝以懍名重南土甚禮之周孝閔帝踐祚拜車騎大將軍儀同三司明帝即位又與王褒等在麟趾刋定群書數蒙宴賜保定中卒有集二十卷行於世

劉璠字寶義沛人也六世祖敞以永嘉亂徙居廣陵父臧性方正篤志好學居家以孝聞仕梁爲著作郎璠九歲而孤居喪合禮少好讀書兼善文筆十七爲上黃侯蕭曄所器重范陽張綰梁之外戚才高口辯見推於世以曄懿貴亦假借之璠年少未仕而負才使氣不爲之屈綰嘗於新渝侯宅因酒後詬京兆杜杲曰寒士不遜璠厲色曰此坐誰非寒士璠本意在綰而曄以爲屬己辭色不平璠曰何王之門不可曳長裾也遂拂衣而去曄謝之乃止後隨曄在淮南璠母在建康遘疾璠弗之知嘗忽一日舉身楚痛尋而家信至云其母病璠即號泣戒道絕而又蘇當身痛之辰即母死之日居喪毀瘠遂感風氣服闋後一年猶杖而後起及曄終於毗陵故吏多分散璠獨奉曄喪還都墳成乃退梁簡文時東宮遇曄素重諸不送者多被劾責唯

璠獨被優賞解褐王國常侍非好也璠少慷慨好功名志欲立事邊城不樂隨牒平進會宜豐侯蕭循出爲北徐州刺史即請爲其輕車府主簿兼記室參軍循爲梁州又板爲中記室補華陽太守屬侯景度江梁室大亂循以璠有才略甚親委之時寇難繁興未有所定璠乃喟然賦詩以見志其末章曰隨會平王室夷吾匡霸功虛薄無時用徒然慕昔風循開府置佐史以璠爲諮議參軍仍領記室梁元帝承制授樹功將軍鎮西府諮議參軍賜書曰鄧禹文學尚或執戈葛洪書生且云破賊前修無遠屬望良深元帝尋以循紹鄱陽之封且爲雍州刺史復以璠爲循平北府司馬及武陵王紀稱制於蜀以璠爲中書侍郎遣召璠使者八反乃至蜀又以爲黃門侍郎令長史劉孝勝深布心腹使工畫陳平度河歸漢圖以遺之璠苦求還中記室韋登私曰殿下忍而蓄憾足下不留將致大禍脫使盜遮於葭萌則卿殆矣孰若共構大廈使身名俱美哉璠正色曰卿欲緩頰於我邪我與府侯分義已定豈以寵辱夷險易其心乎丈夫立志當死生以之耳殿下方布大義於天下終不逞志於一人紀知不爲已用乃厚贈而遣之臨別紀又解其佩刀贈璠曰想見物思人璠曰敢不奉揚威靈剋翦姦宄紀於是遣使拜循爲益州刺史封隨郡王以璠爲

府長史加蜀郡太守還至白馬西屬達奚武軍已至南鄭璠不得入城遂降武周文帝素聞其名先戒武曰勿使劉璠死故武先令璠赴闕周文見之如舊謂僕射申徽曰劉璠佳士古人何以過之徽曰昔人滅吳利在二陸明公今平梁漢得劉璠也時南鄭尚拒守達奚武請屠之周文將許焉唯令全脩一家而已璠乃請之於朝周文怒而不許也璠泣而固請移時不退柳仲禮侍側曰此烈士也周文旣納蕭脩降又許其反國脩至長安累月未之遣也璠因侍宴周文曰我於古誰比曰常以公命世英主湯武莫逮今日所見曾是齊桓晉文之不若周文曰我不得比湯武

望與伊周爲匹何桓文之不若乎對曰齊桓存三亡國晉文不失信於伐原語未終周文撫掌曰我解爾意欲激我耳即命遣脩脩請與璠俱還周文不許以璠爲中外府記室遷黃門侍郞儀同三司嘗卧疾居家對雪興感乃作雪賦以遂志焉初蕭脩在漢中與蕭紀牋及答西魏書移襄陽文皆璠辭也周明帝初授內史中大夫掌綸誥尋封平陽縣子在職清白簡亮不合於時左遷同和郡守璠善於撫御莅職未朞生羌降附者五百餘家前後郡守多經營以致貲產唯璠秋毫無所取妻子竝隨羌俗食麥衣皮始終不改洮陽洪和二郡羌常越境詣璠訟理蔡公廣時鎭隴右嘉其善政及遷鎭陝州欲啓璠自隨羌人樂從者七百人聞者莫不歎異陳公純作鎭隴右引爲總管府司錄甚禮敬之卒於官著梁典三十卷有集二十卷行於世子祥

祥字休徵幼聰慧賓客見者皆號神童事嫡母以至孝聞其伯父黃門郞瑗有名江左在嶺南聞而奇之乃令名祥字休徵後以字行於世十歲能屬文十二通五經仕梁爲宜豐侯記室參軍江陵平隨例入關中齊公憲召爲記室府中書記皆令掌之封漢安縣子憲進爵爲王以休徵爲王友俄除內史上士武帝東征休徵陪侍帷幄平齊露布即休徵文也累遷車騎大將軍儀同大將軍歷正長安萬年

二縣令頗獲時譽卒於官初璠所撰梁典始就未及刊定而卒臨終謂休徵曰能成我志其在此書乎休徵脩定繕寫勤成一家行於世

行本璠兄子也父環仕梁歷職清顯行本起家梁武陵王國常侍遇蕭脩以梁州北附遂與叔父璠歸周寓居新豐每以諷讀爲事精力忘疲雖衣食乏絶晏如也性剛烈有不可奪之志周大冢宰宇文護引爲中外府記室武帝親總萬機轉御正中士兼領起居注累遷掌朝下大夫周代故事天子臨軒掌朝典筆硯持至御坐則承御大夫取進之及行本爲掌朝將進筆於帝承御復欲取之行本抗聲

曰筆不可得帝驚視問之行本曰臣聞設官分職各有司存臣既不得佩承御刀承御亦焉得取臣筆帝曰然因令二司各行所職及宣帝嗣位多失德行本切諫忤旨出爲河內太守及尉遲迥作亂攻懷州行本率吏人拒之拜儀同賜爵文安縣子隋文帝踐祚拜諫議大夫檢校中書侍郎上嘗怒一郎於殿前笞之行本進曰此人素清其過又小上不顧行本正當上前曰陛下不以臣不肖令臣在左右臣言若是陛下安得不聽臣言若非當致之於理安得輕臣而不顧臣所言非私因置笏於地而退上斂容謝之遂原所笞者時天下大同四夷內附行本以党項羌密邇封域最爲後服上表劾其使者曰臣聞南蠻遵校尉之統西域仰都護之威比見西羌鼠竊狗盜不父不子無君無臣異類殊方於斯爲下不悟羈縻之惠詎知含養之恩狼戾爲心獨乖正朔使人近至請付推科上奇其志雍州別駕元肇言於上曰有一州吏受人餽錢二百文律令杖一百然臣下車之始與其爲約此吏故違請加徒一年行本駮之曰律令之行蓋發明詔今肇乃敢重其教命輕忽憲章虧法取威非人臣之禮上嘉之賜絹百匹拜太子左庶子領書侍御史如故皇太子虛襟敬憚時唐令則爲左庶子太子昵狎之每令以弦歌教內人行本責之曰庶子當匡

太子以正道何嬖昵房帷之間哉令則甚慙而不能改時沛國劉臻平原明克讓河南陸爽等竝以文學爲太子所親行本怒其不能調護每謂三人曰卿等正解讀書耳時左衛率長史夏侯福爲太子所昵嘗於閤內與太子戲福大笑聲聞於外行本時在閤下聞之待其出數之曰汝何小人敢爲褻慢因付執法者推之太子爲請乃釋之太子嘗得良馬令福乘而觀之太子甚悅因欲令行本復乘行本正色曰至尊置臣於庶子位欲輔導殿下以正道非爲殿下作弄臣太子慙而止復以本官領大興令權貴憚其方正無敢至其門者由是請託路絕吏人懷之未幾卒于官上甚傷惜之及太子廢上曰嗟乎若使劉行本在勇當不及此乎行本無子

柳遐字子昇河東解人宋太尉元景從孫也祖叔珍義陽內史事見南史父季遠梁宜都太守遐幼而爽邁神彩嶷然髫歲便有成人之量篤好文學動合規矩其世父慶遠特器異之謂曰吾昔逮事伯父太尉公嘗謂吾云我昨夢汝登一樓甚峻麗吾以坐席與汝汝後名宦必達恨吾不及見耳吾向聊復晝寢又夢將昔時坐席還以賜汝汝之官位當復及吾特宜勉勵以應嘉祥也梁西昌侯藻鎮雍州遐時年十二以百姓禮脩謁風儀端肅進止詳雅藻美

之試遣左右踐遐衣裾欲觀其舉措遐徐步稍前曾不顧
眄仕梁稍遷尚書功論郎陳郡謝舉時爲僕射引遐與語
甚嘉之顧謂人曰江漢英靈見於此矣岳陽王蕭詧於襄
陽承制授遐吏部郎賜爵聞喜公尋進位持節侍中驃騎
大將軍開府儀同三司及詧踐帝位於江陵以襄陽來歸
辭詧曰陛下中興鼎業龍飛舊楚臣昔因幸會早奉名節
理當以身許國期之始終自晉氏南遷臣宗族蓋寡從祖
太尉世父儀同從父司空竝以位望隆重遂家于金陵唯
留先臣獨守墳栢嘗誡臣等使不違此志今襄陽既入北
朝臣若陪隨鑾蹕進則無益塵露退則有虧先旨詧重違

其志遂許之因留鄉里以經籍自娛周文帝明帝頻徵固
辭以疾及詧殂遐舉哀行舊臣之服保定中又徵之遐始
入朝授驃騎大將軍開府儀同三司霍州刺史遐導人務
先以德再三不用命者乃微加貶異示恥而已其下感而
化之不復爲過咸曰我君仁惠如此其可欺乎卒贈金安
二州刺史遐有至行初爲州主簿其父卒於揚州遐自襄
陽奔赴六日而至哀感行路毀悴不可識後奉喪西歸中
流風起舟中人相顧失色遐抱棺號慟愬天求哀俄須風止
浪息其母嘗乳間發疽醫云此疾無可救理唯得人吮膿
或望微止其痛遐應聲即吮旬日遂瘳咸以爲孝感所致

性又溫裕略無喜慍之容弘獎名教未嘗論人之短尤尚
施與家無餘財臨終遺誡薄葬其子等竝奉行之有十子
靖莊最知名

靖字思休少方雅博覽墳籍仕梁正員郎隨遐入周授大都督
歷河南德廣二郡守所居皆有政術吏人畏而愛之然性愛
閑素其於名利澹如也及秩滿還鄉便有終焉之志隋文
帝踐極特詔徵之以疾固辭優游不仕閉門自守所對唯琴
書而已足不歷園庭殆將十載子弟奉之若嚴君焉其有
過者靖必下帷自責於是長幼相率拜謝於庭靖然後見
之勗以禮法鄉里亦慕而化之或有不善者皆曰唯恐柳

德廣知也時論方之王烈前後總管到官皆親至靖家問
疾遂以爲故事秦王俊臨州賚以几杖并致衣物靖唯受
几杖餘竝固辭其爲當時所重如此開皇中壽終

莊字思敬少有器量博覽墳籍兼善辭令濟陽蔡大寶有
重名於江左時爲岳陽王蕭詧諮議見莊歎曰襄陽水鏡
復在於茲大寶遂以其女妻之俄而詧辟爲參軍及詧稱
帝累遷鴻臚卿及隋文帝輔政蕭歸令莊奉書入關時三方
構難文帝懼歸有異志及莊還謂曰孤昔以開府從役江
陵深蒙梁王殊眷今主幼時艱猥蒙顧託梁主弈業重光
委誠朝廷而今已後方見松筠之節君還申孤此意於梁

主也遂執莊手而別時梁之將帥咸請與尉遲迥連衡進可盡節於周氏退可席卷山南唯巋疑不可會莊至自長安申文帝結託之意遂言於巋曰今尉遲迥雖曰舊將昏耄已甚消難王謙常人之下者非有匡合之才況山東庸蜀從化日近周室之恩未洽於朝廷臣料之迥等終當覆滅隋公以私周國未若保境息人以觀其變巋深以爲然未幾消難奔陳迥及謙相次就戮巋謂莊曰近若從衆言社稷已不守矣文帝踐祚莊又入朝帝深慰勉之及爲晉王廣納妃于梁莊因是往來四五反前後賜物數千段梁國廢授開府儀同三司除給事黃門侍郎莊明習舊章雅

達政事凡所駁正帝莫不稱善蘇威爲納言重莊器識常奏帝云江南人有學業者多不習世務習世務者又無學業能兼之者不過柳莊高熲亦與莊甚厚莊與陳茂同官不能降意茂見上及朝臣多屬意於莊心每不平帝與茂有舊譖愬頗行尚書省嘗奏犯罪人依法合流而上處以大辟莊據法執之帝不從由是忤旨俄屬尚藥進丸藥不稱旨茂因奏莊不親監帝怒十一年徐璒等反於江南詔莊以行軍總管長史隨軍討之璒平即授饒州刺史甚有能名卒於官

論曰韓褒奉事三帝以忠厚知名趙肅平允當官張軌備良播美李彥譽流省闥郭彥信著蠻貊歷官出納並當時之選也梁昕皇甫璠辛慶之王子直杜杲之徒並關右之舊族或紆組登朝獲當官之譽或張旝出境有專對之才旣茂國猷克隆家業美矣魏文帝云文人不護細行其呂思禮之謂乎徐招檀翥孟信各以才學自業又加之以清介並志能之士也宗懍才辭幹局見重梁元逮乎播越秦中不預政事豈亡國俘虜不與圖存者乎梁氏據有江東五十餘載挾筴紀事蓋亦多人劉璠學思通博有著述之譽雖傳疑傳信頗有詳略而屬辭比事爲一家之言行本正色抗言具存乎骨鯁柳遐立身之道進退有節觀其眷

戀墳隴其孝可移於朝廷盡禮舊主其忠可事於新君夫能推此類以求賢則知人幾於易矣莊亮直之風不殞門表忠而獲謗蓋亦自古有之

列傳第五十八　　北史七十

列傳第五十九　　北史七十一

隋宗室諸王

蔡景王整

滕穆王瓚

道宣王嵩

衛昭王爽

河間王弘

義城公處綱

離石太守子崇

文帝四王

煬帝三子

蔡景王整隋文帝之次弟也文帝四弟唯整及滕穆王瓚與帝同生次道宣王嵩次衛昭王爽並異母整周明帝時以武元軍功賜爵陳留郡公位開府車騎大將軍從武帝平齊力戰而死文帝初居武元之憂率諸弟負土爲墳人植一栢四根鬱茂西北一根整栽者獨黃後因大風雨并根失之果終不吉文帝作相贈柱國大司徒八州刺史及受禪追封謚焉子智積襲又封其弟智明爲高陽郡公智才開封縣公尋拜智積開府儀同三司授同州刺史儀衛資送甚盛整娶同郡尉遲綱女生智積開皇中有司奏智積將葬尉太妃帝曰昔幾殺我我有同生二弟並倚婦家勢常憎疾我我向之笑云爾旣嗔我不可與爾角嗔並云阿兄止倚頭額時有醫師邊隱逐勢言我後百日當病癩二弟私喜以告父母父母泣謂我曰爾二弟大劇不能愛兄我因言一日有天下當改其姓夫不愛其親而愛他人者謂之悖德當改之爲悖父母許我此言父母亡後二弟及婦又讒我言於晉公于時每還欲入門常不喜如見獄門託以患氣常鎖閤靜坐唯食至時暫開閤每飛言入耳竊云復未邪當時實不可耐羨人無兄弟世間貧家兄弟多相愛由相假藉達官兄弟多相憎爭名利故也智積在同州

未嘗嬉戲游獵聽政之暇端坐讀書門無私謁有侍讀公孫尚義山東儒士府佐楊君英蕭德言並有文學時延於坐所設唯餅果酒纔三酌家有女妓唯年節嘉慶奏於太妃前始文帝龍潛時與景王不睦太妃尉氏又與獨孤皇后不相諧以是智積常懷危懼每自貶損帝亦以是哀憐之人或勸智積爲産業智積曰昔平原露朽財帛苦其多也吾幸無可露何更營乎有五男止教讀論語孝經而已亦不令交通賓客或問其故智積曰恐兒子有才能以致禍也開皇二十年徵還京無他職任闔門自守非朝覲不出煬帝即位滕王綸衛王集並以讒構得罪高陽公智明

亦以交通奪爵智積愈懼大業三年授弘農太守委政僚
佐清靜自居及楊玄感作逆自東都引軍而西智積謂官
屬曰玄感欲西圖關中若成其計則根本固矣當以計縻
之使不得進不出一旬自可禽耳及玄感軍至城下智積
登陴詈辱之玄感怒甚留攻之城門爲賊所燒智積乃更
益火賊不得入數日宇文述等軍至合擊破之尋拜宗正
卿十二年從駕江都寢疾帝時疎薄骨肉智積每不自安
及遇患不呼醫臨終謂所親曰吾今日始知得保首領沒
於地矣時人哀之有子道玄
滕穆王瓚字恒生一名慧仕周以武元軍功封竟陵郡公

尚周武帝妹順陽公主保定四年累遷納言瓚貴公子又
尚公主美姿容好書愛士甚有當時譽時人號曰楊三郎
武帝甚親愛之平齊之役諸王咸從留瓚居守謂曰六府
事殷一以相付朕無西顧之憂矣宣帝即位遷吏部中大
夫加上儀同宣帝崩文帝入禁中將總朝政令廢太子勇
召之瓚素與帝不協不從曰作隋國公恐不能保何乃更
爲族滅事邪文帝作相拜大宗伯典脩禮律進位上柱國
邵國公瓚見帝執政恐爲家禍陰有圖帝計帝每優容之
及受禪立爲滕王拜雍州牧帝數與同坐呼爲阿三後坐
事去牧以王就第瓚妃宇文氏素與獨孤皇后不平至是

鬱鬱不得志陰有呪詛帝命瓚出之瓚不忍離絕固請帝
不得已從之宇文氏竟除屬籍由是恩禮更薄開皇十一
年從幸栗園坐樹下方飲酒鼻忽流血暴薨時年四十四
人皆以爲遇鴆子綸嗣
綸字斌籍性弘厚美姿容頗知鍾律文帝受禪封邵國公
明年拜邵州刺史晉王廣納妃於梁詔綸致禮甚爲梁人
所敬綸以穆王故當文帝世每不自安煬帝即位尤被猜
忌綸憂懼呼術者王琛問之琛答曰王相祿不凡滕即騰
也此字足爲善應有沙門惠恩崛多等頗解占候綸每與
交通嘗令此三人爲厭勝法有人告綸怨望呪詛帝令黃

門侍郎王弘窮驗之弘希旨奏綸厭蠱惡逆坐當死帝令
公卿議之司徒楊素等曰綸懷惡之由積自家世惟皇運
之始四海同心在於孔懷彌須叶力其先乃離阻大謀棄
同即異父悖於前子逆於後爲惡有將其罪莫大請依前
科帝以皇族不忍除名徙邊郡大業七年帝征遼東綸欲
上表請從軍自効爲郡司所遏未幾從珠崖及天下大亂
爲賊林仕弘逼携妻子竄儋耳後歸國封懷化縣公尋病
卒綸弟坦字文籀初封竟陵郡公坐綸徙長沙坦弟猛字
武籀徙衡山猛弟溫字明籀初從零陵溫好學解屬文既
而作零陵賦以自寄其詞哀思帝見而怒之轉徙南海溫

弟詵字弘穉前亦從零陵帝以其脩謹襲封滕王以奉穆王嗣大業末於江都爲宇文化及所害

道宣王嵩在周以武元軍功賜爵興城公早卒文帝受禪追封謚焉以滕穆王瓚子靜襲卒謚曰悼無子以蔡王智積子世澄襲

衛昭王爽字師仁小字明達在周以武元軍功於襁褓中封同安郡公六歲而武元崩爲獻皇后所養由是寵愛特異諸弟年十七爲內史上大夫文帝執政授蒲州刺史柱國及受禪立爲衛王所生李氏爲太妃爽位雍州牧右領軍大將軍權領并州總管上柱國涼州總管爽美風儀有

器局政甚有聲大軍北伐河間王弘豆盧勣竇榮定高熲虞慶則等分道而進以爽爲元帥俱受爽節度親率李充等四將出朔州遇沙鉢略可汗於白道接戰大破之沙鉢略中重瘡而遁帝大悅賜爽眞食梁安縣千戶六年復爲元帥步騎十五萬出合川突厥遁逃徵爲納言帝甚重之未幾爽疾帝使薛榮宗視之云衆鬼爲厲爽令左右驅逐之居數日有鬼物來擊榮宗走下階而斃其夜爽薨年二十五贈太尉冀州刺史子集嗣集字文會初封遂安王尋襲封衛王煬帝時諸侯王恩禮漸薄猜防日甚集憂懼乃呼術者俞普明章醮以祈福助有人告集呪詛憲司希旨鍛成其獄奏集惡逆坐當死詔下其議楊素等曰集密懷左道厭蠱君親是君父之罪人非臣子之所赦請論如律時滕王綸坐與相連帝不忍加誅除名遠徙邊郡天下亂不知所終

河間王弘字辟惡文帝從祖弟也祖愛敬早卒父元孫少孤隨母郭氏養於舅族及武元帝與周文建義關中元孫時在鄴懼爲齊人所誅因假外家姓爲郭氏元孫死齊爲周滅弘始入關與文帝相得帝哀之爲買田宅弘性明悟有文武幹略數從征伐累遷開府儀同三司文帝爲丞相常置左右委以心腹帝詣周趙王宅將及於難弘時立於

戶外以衛文帝尋加上開府賜爵永康縣公及受禪拜大將軍進爵郡公尋贈其父柱國尚書令河間郡公其年立弘爲河間王拜右衛大將軍尋進柱國以行軍元帥出靈州道征突厥大破之拜寧州總管進上柱國政尚清靜甚有恩惠遷蒲州刺史得以便宜從事時河東多盜賊弘奏爲盜者百餘人投之邊裔州境恬然號爲良吏每晉王廣入朝弘輒領揚州總管及王歸藩弘復還蒲州在州十餘年風敎大洽煬帝嗣位拜太子太保歲餘薨大業六年追封郇王子慶嗣慶傾曲善候時變帝猜忌骨肉滕王綸等皆被廢放唯慶獲全累遷滎陽太守頗有政績及李密據

洛口倉滎陽諸縣多應密慶勒兵拒守歲餘城中糧盡兵勢日蹙密遺慶書曰王之先世家住山東本姓郭氏乃非楊族婁敬之於漢高殊非血胤呂布之於董卓良異天親芝焚蕙歎事不同此江都荒湎流宕忘歸骨肉崩離人神怨憤舉烽火於驪山諸侯莫至浮膠船於漢水還日未期王獨守孤城援絕千里糧糇支計僅有月餘弊卒之多纔盈數百有何恃賴欲相抗拒求枯魚於市肆即事非虛因歸鴈以運糧竟知何日止恐禍生匕首釁發蕭牆空以七尺之軀懸賞千金之購可為酸鼻者也幸能三思自求多福于時江都敗問亦至慶得書遂降于密改姓為郭氏密

破歸東都又為楊氏越王侗不之責也及侗稱制拜宗正卿世充既僭偽號降爵為鄖國公後為郭氏世充以兄女妻之署滎州刺史及世充將敗慶欲將妻同歸長安其妻曰國家以妾奉箕帚於公者欲以申厚意結公心耳今父叔窮迫家國阽危而不顧婚姻孤負付屬為全身之計非妾所能責公也妾若至長安公家一婢耳何用妾為願送還東都君之惠也慶不許其妻遂沐浴靚莊仰藥而死慶遂歸國為宜州刺史郇國公復姓楊氏其嫡母元太妃年老兩目喪明世充斬之

義城公處綱文帝族父也生長北邊少習騎射在周以軍功拜上儀同文帝受禪贈其父鍾葵柱國尚書令義城縣公以處綱襲焉累遷右領軍將軍綱雖無才藝而性質直在官強濟亦為當時所稱拜蒲州刺史吏人悅之卒於秦州總管謚曰恭弟處樂官至洛州刺史漢王諒反朝廷以為二心廢錮不齒

離石太守子崇武元帝族弟也父盆生贈荊州刺史子崇少好學涉獵書記有風儀愛賢好士開皇初拜儀同以車騎將軍恒典宿衛後為司門侍郎煬帝嗣位累遷候衛將軍坐事免未幾復檢校將軍事從帝幸汾陽宮子崇知突厥必為寇屢請早還京師不納尋有鴈門之圍及賊退帝

怒之曰子崇怯懦妄有陳請驚動我衆心不可居爪牙寄出為離石郡太守有能名自是突厥屢寇邊塞胡賊劉六兒復擁衆劫掠郡境子崇表請兵鎮遏帝復大怒令子崇行長城子崇行百餘里四面路絕不得進而歸歲餘朔方梁師都馬邑劉武周等各作亂郡中諸胡復叛子崇患之言欲朝集遂與心腹數百人自孟門關將還京師遇道路隔絕退歸離石左右聞太原兵起不復入城各叛去子崇悉收叛者父兄斬之後數日義兵至城中應之城陷為讎家所殺

文帝五男皆文獻皇后所生長曰房陵王勇次煬帝次秦

孝王後次庶人秀次庶人諒
房陵王勇小名睍地伐周世以武元軍功封博平縣侯及
文帝輔政立為世子拜大將軍左司衛封長寧郡公出為
洛州總管東京少冢宰總統舊齊之地後徵還京師進上
柱國大司馬領內史御正諸禁衛皆屬焉文帝受禪立為
皇太子軍國政事及尚書死罪已下皆令勇參決帝以山
東人多流冗遣使案檢又欲徙人北實邊塞勇上書諫以
為戀土懷舊人之本情波迸流離蓋不獲已有齊之末主
闇時昏周平東夏繼以威虐人不堪命致有逃亡非厭家
鄉願為羈旅若假以數歲沐浴皇風逃竄之徒自然歸本

雖北夷犯邊令所在嚴固何待遷配以致勞擾上覽而嘉
之時晉王廣亦表言不可帝遂止是後時政不便多所損
益帝每納之帝常從容謂羣臣曰前世皇王溺於嬖幸廢
立之所由生朕傍無姬侍五子同母可謂真兄弟也豈若
前代多諸內寵孽子忿爭為亡國之道邪勇頗好學解屬
詞賦性寬仁和厚率意任情無矯飾之行引明克讓姚察
陸開明等為之賓友勇嘗文飾蜀鎧帝見而不悅恐致奢
侈之漸因誡之曰我歷觀前代帝王未有奢華而能長久
者汝當儲后若不上稱帝心下合人意何以承宗廟之重
居兆人之上吾昔衣服各留一物時復看以自警戒又擬

分賜汝兄弟恐汝以今日皇太子之心忘昔時之事故令
高熲賜汝我舊所帶刀子一枚并葅醬一合汝昔作上士
時所常食如此若存憶前事應知我心後經冬至百官朝
勇勇張樂受賀帝知之問朝臣近聞至節內外百官相率
朝東宮是何禮也太常少卿辛亶對曰於東宮是賀不得
言朝帝曰改節稱賀正可三數十人逐情各去何因有司
徵召一朝普集太子法服設樂以待之東宮如此殊乖禮
制乃下詔曰皇太子雖居上嗣義兼臣子而諸方岳牧正
冬朝賀任土作貢別上東宮事非典則宜悉停斷自此恩
寵始衰漸生疑阻時帝令選強宗入上臺宿衛高熲奏若

盡取強者恐東宮宿衛太劣帝作色曰我有時行動宿衛
須得雄毅太子毓德東宮左右何須強武始我商量恒於
交番之日分向東宮上下團伍不別豈非好事邪我熟見
前代公不須仍踵舊風蓋疑熲男尚勇女形於此言以防
之勇多內寵昭訓雲氏嬖幸禮匹於嫡而妃元氏無寵嘗
遇心疾二日而薨獻皇后意有他故甚責望勇又自妃薨
雲昭訓專擅內政后彌不平頗求勇罪過晉王廣知之彌
自矯飾姬妾但備員數唯與蕭妃居處皇后由是薄勇愈
稱晉王德行後晉王來朝車馬侍從皆為儉素接朝臣禮
極卑屈聲名籍甚冠於諸王臨還揚州入內辭皇后因哽

咽流涕伏不能興皇后泫然泣下相對歔欷王曰臣性識愚下常守平生昆弟之意不知何罪失愛東宮恒蓄盛怒欲加屠陷每恐讒譖出於杼軸鴆毒遇於盃杓皇后忿然曰睍地伐漸不可耐　我為伊索得元家女望隆基業竟不聞作夫妻專寵阿雲有如許豚犬前新婦本無病痛忽爾暴亡遣人投藥致此夭逝事已如此我亦不窮何因復於汝處發如此意我在尚爾我死後當魚肉汝乎每思東宮竟無正嫡至尊千秋萬歲後遣汝等兄弟向阿雲兒前再拜問訊此是幾許大苦痛邪晉王又拜嗚咽不能止皇后亦悲不自勝此別之後知皇后意移始構奪宗之計因

引張衡定策遣褒公宇文述深交楊約令喻旨於越公素具言皇后此語素瞿然曰但不知皇后如何但如所言吾又何為者後數日素入侍宴微稱晉王孝悌恭儉有禮用此揣皇后意后泣曰公言是也我兒大孝順每聞至尊及我遣內使到必迎於境首又其新婦亦大可憐我使婢去常與同寢共食豈如睍地伐共阿雲相對而坐終日酣宴昵近小人疑阻骨肉我所以益憐阿㦖者常恐暗地殺之素既知意盛言太子不才皇后遂遺素金始有廢立之意勇頗知其謀憂懼計無所出聞新豐人王輔賢能占候召而問之輔賢曰白虹貫東宮門太白襲月皇太子廢退象

也以銅鐵五兵造諸厭勝又於後園內作庶人村屋宇卑陋太子時於中寢息布衣草褥冀以當之帝知其不安在仁壽宮使楊素觀勇素至東宮偃息未入勇束帶待之故亦不進以怒勇勇銜之形於言色素還言勇怨望恐有他變帝甚疑之皇后又遣人伺覘東宮纖介事皆聞奏因加媒蘖構成其罪帝惑之遂疏忌勇廼於玄武門達至德門量置人候以伺動靜皆隨事奏聞又東宮宿衛人侍官已上名籍悉令屬諸衛府有健兒者咸屏去之晉王又令段達私貨東宮幸臣姬威令取太子消息密告楊素於是內外諠謗過失日聞段達脅姬威曰東宮罪過主上皆已知之已

奉密詔定當廢立君能告之則大富貴威遂許諾開皇二十年車駕至自仁壽宮御大興殿謂侍臣曰我新還京師應開懷歡樂不知何意翻悒然愁苦吏部尚書牛弘對曰由臣等不稱職故至尊憂勞帝既數聞讒譖疑朝臣具委故有斯問冀聞太子之愆弘既此對大乖本指帝因作色謂東宮官屬曰仁壽宮去此不遠令我每還京師嚴備如入敵國我為患利不脫衣臥夜欲得近廁故在後房恐有驚急還就前殿豈非爾輩欲壞我家國邪乃執唐令則等數人付所司訊鞫令楊素陳東宮事狀以告近臣素顯言之曰奉敕向京令皇太子檢校劉居士餘黨太子忿然作色

內戰淚下云居士黨已盡遣我何處窮討爾作右僕射受委自求何關我事又云昔大事不遂我先被誅今作天子竟乃令我不如第一事已上不得自由因長歎回視云我大覺身妨又云諸王皆得奴獨不與我乃向西北奮頭喃喃細語帝曰此兒不堪承嗣久矣皇后恒勸我廢我以布素時生復長子望其漸改隱忍至今勇昔從南兗州來語衛王曰阿孃不與我一好婦女亦是可恨因指皇后侍兒曰皆我物此言幾許異事其婦初亡即以斗帳安餘老嫗新婦初亡我深疑使馬嗣明藥殺我曾責之便懟曰會當殺元孝矩此欲害我而遷怒耳初長寧誕育朕與皇后共

抱養之自懷彼此連遣來索且雲定興女在外私合而生想此由來何必是其體胤昔晉太子取屠家女其兒即好屠割今儻非類便亂宗祏又劉金驎佞人也呼定興作家翁定興愚人受其此語我前解金驎者為其此事勇昔在宮引曹妙達共定興女同宴妙達在外云我今得勸妃酒直以其諸子偏庶畏人不服故逆縱之欲收天下望耳我雖德慙堯舜終不以萬姓付不肖子我恒畏其加害如防大敵今欲廢之以安天下左衛大將軍元旻諫曰廢立大事天子無貳言詔旨若行後悔無及讒言罔極惟陛下察之旻辭直事強聲色俱厲帝不答時姬威又表告太子非

法帝使威盡言威對曰皇太子由來共臣語唯意在驕奢欲得樊川以至散關總規為苑兼云昔漢武將起上林苑東方朔諫賜朔黃金百斤幾許可笑我實無金輒賜此等若有諫者正當斬之不過殺百許人自然永息前蘇孝慈解左衛率皇太子奮髯揚肘曰大丈夫當有一日終不忘之決當快意又宮內所須尚書多執法不與便怒曰僕射已下五人會展三人脚使知慢我之禍又於苑內築一小城春夏秋冬作役不輟營起亭殿朝造夕改每云至尊嗔我多側庶高緯陳叔寶豈是孽子乎嘗令師姥卜吉凶語臣曰至尊忌在十八年此期促矣帝泫然曰誰非父母

生乃至於此我有舊使婦女令看東宮奏云勿令廣平王至皇太子處東宮憎婦亦廣平王教之元贊亦知其陰惡勸我於左藏東加置兩隊初平陳後宮人好者悉配春坊如聞不知猒足於外更有求訪朕近覽齊書見高歡縱其兒子不勝忿憤安可効尤於是勇及諸子皆被禁錮部分收其黨與楊素舞文鍛鍊以成其獄勇由是遂敗居數日有司承素意奏元旻身備宿衛常曲事於勇情有附託在仁壽宮裴弘將勇書於朝堂與旻題封云勿令人見帝曰朕在仁壽宮有纖小事東宮必知疾於驛馬怪之甚久豈非此徒邪遣武士執旻及弘付法先是勇嘗於仁壽宮參起

居還塗中見一枯槐樹根幹蟠錯大且五六圍顧左右曰
此堪作何器用或對曰古槐尤堪取火于時衛士皆佩火
燧勇因令匠者造數千枚欲以分賜左右至是獲於庫又
藥藏局貯艾數斛亦搜得之大將爲怪以問姬威威曰太
子此意別有所在比令長寧王已下詣仁壽宮還每常急
行一宿便至恒飼馬千匹云徑往捉城門自然餓死素以
威言詰勇勇不服曰竊聞公家馬數萬匹勇忝備位太子
有馬千匹乃是反乎素又發泄東宮服玩似加琱飾者悉
陳於庭以示文帝羣官爲太子罪帝曰前簿王世積得婦
女領巾狀似稍幡當時徧示百官欲以爲戒今我兒乃自

爲之領巾爲稍幡此是服祅使將諸物示勇以詰之皇后
又責之罪帝使使問勇勇不服太史令袁充進曰臣觀天
文皇太子當廢上曰玄象久見矣羣臣無敢言者於是使
人召勇勇見使者驚曰得無殺我邪帝戎服陳兵御武德
殿集百官立於東面諸親立於西面引勇及諸子列於殿
庭命薛道衡宣詔廢勇及其男女爲王公主者竝爲庶人
命道衡謂勇曰爾之罪惡人神所棄欲求不廢其可得邪
勇再拜曰臣合尸之都市爲將來鑒誡幸蒙哀憐得全性
命言畢泣下流襟既而舞蹈而去左右莫不憫嘿又下詔
左衛大將軍元旻任掌禁兵委以心膂乃包藏姦伏離間

君親崇長厲階最爲魁首太子左庶子唐令則策名儲貳
位長宮寮諂曲取容音技自進躬執樂器親教內人贊成
驕侈導引非法太子家令鄒文騰專行左道偏被親昵占
問國家希覬災禍左衛率司馬夏侯福內事諂諛外作威
勢陵侮上下褻濁宮闈典膳監元淹謬陳愛憎開示怨隙
進引袄巫營事厭禱前吏部侍郎蕭子寶往居省閣舊非
宮臣進畫姦謀要射榮利前主璽下士何竦假託玄象妄
說袄怪志圖禍亂心在速發兼諸奇服皆竦規模增長驕
奢糜費百姓此之七人爲害斯甚竝處斬刑妻妾子孫皆
沒官車騎將軍閻毗東郡公崔君綽游騎尉沈福寶瀛州

人章仇太翼等四人所爲之事竝是悖逆論其狀迹罪合
極刑但未能盡戮竝特免死各決杖一百身及妻子資財
田宅悉沒官副將作大匠高龍叉預追番丁輒配東宮使
役營造亭舍進入春坊率更令晉文建通直散騎侍郎判
司農少卿事元衡料度之外私自出給虛破丁功擅割園
地竝處自盡於是集羣官于廣陽門外宣詔以戮之乃移
勇於內史省給五品料食立晉王廣爲皇太子仍以勇付
之復囚於東宮賜楊素物三千段元冑楊約竝千段楊難
敵五百段皆鞫勇之功賞也時文林郎楊孝政上書諫言
皇太子爲小人所誤不宜廢黜帝怒撻其胷尋而貝州長

史裴肅表稱庶人罪黜已久當克己自新請封一小國帝知勇黜不允天下情乃徵肅入朝具陳廢立意時勇自以廢非其罪頻請見上面申冤屈皇太子遏不得聞勇於是升樹叫聞於帝冀得引見楊素因奏言勇情志昏亂又癲鬼所著不可復收帝以爲然卒不得見帝遇疾於仁壽宮皇太子入侍醫姦亂事聞於帝帝抵牀曰枉廢我兒遣追勇未及發使而崩秘不發喪遽收柳述元巖繫大理獄僞敕賜庶人死追封房陵王不爲立嗣勇有十男雲昭訓生長寧王儼平原王裕安城王筠高良娣生安平王嶷襄城王恪王良媛生高陽王該建安王韶成姬生潁川王煚後

宮生孝實孝範初儼誕帝聞之曰此乃皇太孫何乃生不得地雲定興奏曰天生龍種所以因雲而出時人以爲敏對六歲封長寧郡王勇敗亦坐廢上表求宿衛辭情哀切帝覽之惻然楊素進曰伏願聖心同於螫手不宜留意煬帝踐祚儼常從行遇鴆卒諸弟分徙嶺外皆敕殺之

秦王俊字阿祇開皇元年立爲秦王二年拜上柱國河南道行臺尚書令洛州刺史時年十二加右衛大將軍領關東兵三年遷秦州總管隴右諸州盡隸焉俊仁恕慈愛崇敬佛道請爲沙門不許六年遷山南道行臺尚書令伐陳之役爲山南道行軍元帥督三十總管水陸十餘萬屯漢口爲上流節度尋授楊州總管四十四州諸軍事鎮廣陵轉并州總管二十四州諸軍事初頗有令問文帝聞而大悅後漸奢侈違犯制度出錢求息帝遣按其事與相連坐者百餘人於是盛修宮室窮極侈麗俊有巧思每親運斤斧工巧之器飾以珠玉爲妃作七寶冪籬重不可戴以馬負之而行徵役無已置渾天儀測景表又爲水殿香塗粉壁玉砌金堦梁柱楣棟之間周以明鏡間以寶珠極瑩飾之美每與賓客伎女絃歌於上俊頗好內妃崔氏性妬甚不平之遂於瓜中進毒俊由是遇疾徵還京師以俊奢縱免官以王就第左武衛將軍劉昇諫曰秦王非有他過但

費官物營解舍而已臣謂可容帝曰法不可違昇固諫帝忿然作色昇乃止楊素復進諫以秦王過不應至此帝曰我是五兒之父非兆人之父若如公意何不別制天子兒律以周公爲人尚誅管蔡我誠不及周公遠矣安能虧法乎卒不許俊疾篤含銀銀色變以爲遇蠱未能起遣使奉表陳謝帝責以失德大都督皇甫統上表請復王官不許歲餘以疾篤復拜上柱國二十年六月薨於秦邸帝哭之數聲而已曰晉王前送一鹿我令作脯擬賜秦王今亡可置靈坐之前心已許之不可虧信帝及后往視見大蜘蛛大蛷螋從枕頭出求之不見窮之知妃所爲也俊所爲侈

麗物悉命焚之斂送終之具務從儉約以爲後世法王府
僚佐請立碑帝曰欲求名一卷史書足矣何用碑爲若子
孫不能保家徒與人作鎮石耳妃崔氏以毒王故下詔廢
絕賜死於其家子浩崔氏所生也以其母譴死遂不得立
於是以秦國官爲喪主俊長女永豐公主年十三遭父憂
哀慕盡禮免喪遂絕酒肉每忌日輒流涕不食有開府王
延者性忠厚領俊親信兵十餘年俊甚禮之及俊疾延恒
在閤下衣不解帶俊薨勺飲不入口者數日羸頓骨立帝
聞憫之賜以御藥授驃騎將軍典宿衛俊葬日延號慟而
絕帝嗟異之令通事舍人弔祭詔葬延於俊墓側煬帝即

位立浩爲秦王以奉孝王嗣封浩弟湛濟北侯後以浩爲
河陽都尉楊玄感作逆之際左翊衛大將軍宇文述勒兵
討之至河陽修啓於浩浩詣述營共相往復有司劾浩以
諸侯交通內臣竟坐廢免宇文化及弑逆立浩爲帝化及
敗於黎陽北走魏縣自僭爲帝因而害之湛驍果有膽烈
大業初爲滎陽太守坐浩免亦爲化及所害
庶人秀開皇元年立爲越王未幾徙封於蜀拜柱國益州
總管二十四州諸軍事二年進上柱國西南道行臺尚書
令本官如故歲餘而罷十二年入爲內史令右領軍大將
軍尋出鎮於蜀秀有膽氣容貌瓌偉美鬚髯多武藝甚爲

朝臣所憚帝每謂文獻皇后曰秀必以惡終我在當無慮
至兄弟必反兵部侍郎元衡使於蜀秀深結於衡以左右
爲請衡既還京師請益左右帝不許大將軍劉噲之討西
爨帝令上開府楊武通將兵繼進秀使嬖人萬知先爲武
通行軍司馬帝以秀任非其人譴責之因謂羣臣曰壞我
法者必在子孫譬如猛獸物不能害反爲毛間蟲所損食
耳於是遂分秀所統秀漸奢侈違犯制度車馬被服擬於天
子及太子勇廢秀甚不平皇太子恐秀終爲後變陰令楊
素求其罪狀而譖之仁壽二年徵還京師見不與語明日
使使切讓之皇太子及諸王流涕庭謝帝曰頃者俊糜費

財物我以父道訓之今秀蠹害生靈當以君道繩之乃下
以法開府慶整諫曰庶人勇既廢秦王已薨陛下兒子無
多何至如是蜀王性甚耿介今被責恐不自全帝大怒欲
斷其舌因謂羣臣曰當斬秀於市以謝百姓乃令楊素蘇
威牛弘柳述趙綽推之太子陰作偶人書帝及漢王姓字
縛手釘心令人埋之華山下令楊素發之又作檄文曰逆
臣賊子專弄威柄陛下唯守虛器一無所知陳甲兵之盛
云指期問罪置秀集中因以聞奏帝曰天下寧有是邪乃
廢爲庶人幽之內侍省不得與妻子相見令給獠婢二人
驅使之與連坐百餘人秀既幽逼憤懣不知所爲乃上表

陳己怨請與其愛子爪子相見并請賜一穴令骸骨有所
帝乃下詔數其罪曰汝地居臣子情兼家國庸蜀險要委
以鎮之汝乃干紀亂常懷惡樂禍辟睨二宮佇望災釁容
納不逞結構異端我有不和汝便覘候望我不起便有異
心皇太子汝兄也次當建立汝假託妖言乃云不終其位
妄稱鬼怪又道不得入宮自言骨相非人臣德業堪承重
器妄道清城出聖欲己當之詐稱益州龍見託言吉兆重
述木易之姓更修成都之宮妄説禾乃之名以當八千之
運橫生京師袄異以證父兄之災妄造蜀地徵祥以符己
身之籙汝豈不欲得國家惡也天下亂也輒造白玉之珽

又爲白羽之箭文物服飾豈似有君鳩集左道符書厭鎮
漢王於汝親則弟也乃畫其形像題其姓名縛手釘心枷
鎖杻械仍云請西岳華山慈父聖母神兵九億萬騎收楊
諒魂神閉在華山下勿令散蕩我之於汝親則父也復云
請西岳華山慈父聖母賜爲開化楊堅夫妻回心歡喜又
畫我形像縛手撮頭仍云請西岳神兵收楊堅魂神如此
形狀我今不知楊諒楊堅是汝何親也包藏凶慝圖謀不
軌逆臣之迹也希父之災以爲身幸賊子之心也懷非分
之望肆毒心於兄悖惡之行也嫉妒於弟無惡不爲無孔
懷之情也違犯制度壞亂之極也多殺不辜豺狼之暴也

剝削人庶酷虐之甚也唯求財貨市井之業也專事袄邪
頑嚚之性也弗克負荷不材之器也凡此十者滅天理逆
人倫汝皆爲之不祥之甚也欲免患禍長守富貴其可得
乎後聽與其子同處煬帝即位禁錮如初宇文化及之弑
逆也欲立秀爲帝羣議不許於是害之并其諸子
庶人諒字德章一名傑小字益錢開皇元年立爲漢王十
二年爲雍州牧加上柱國右衞大將軍轉左衞大將軍十
七年出爲并州總管帝幸溫湯而送之自山以東至于滄
海南拒黄河五十二州盡隸焉特許以便宜不拘律令十
八年起遼東之役以諒爲行軍元帥至遼水師遇疾疫不

利而還十九年突厥犯塞以諒爲行軍元帥竟不臨戎文
帝甚寵愛之諒自以居天下精兵處以太子讒廢居常怏
怏陰有異圖遂諷帝云突厥方強太原即爲重鎮宜脩武
備帝從之於是大發工役繕修器械貯納於并州招集亡
命左右私人殆將數萬王頍者梁將王僧辯之子少倜儻
有奇略爲諒諮議參軍蕭摩訶者陳氏舊將二人俱不得
志每鬱鬱思亂並爲諒親善及蜀王以罪廢諒愈不自安
會文帝崩使車騎屈突通徵之不赴遂發兵反總管司馬
皇甫誕諫諒怒收繫之王頍說諒曰王所部將吏家屬盡
在關西若用此等即宜長驅深入直據京都所謂疾雷不

及掩耳若但欲割據舊齊之地宜任東人諒不能專之乃
兼用二策唱言楊素反將誅之總管府兵曹河東裴文安
說諒曰井陘以西是王掌握内山東士馬亦爲我有宜悉
發之分遣羸兵屯守要路仍令隨方略地率其精銳直入
蒲津文安請爲前鋒王以大軍繼後風行電擊頓於霸上
咸陽以東可指麾而定京師震擾兵不暇集上下相疑羣
情離駭我即陳兵號令誰敢不從旬日之間事可定矣諒
大悅於是遣所署大將軍余公理將兵出太谷以趣河陽
大將軍綦良出滏口以趣黎陽大將軍劉建出井陘以略
燕趙柱國喬鍾馗出鴈門署文安爲柱國紇單貴王聃大

大將軍茹茹天保侯莫陳惠直指京師未至蒲津百餘里
諒忽改圖令紇單貴斷河橋守蒲州而召文安文安至曰
兵機詭速本欲出其不意王既不行文安又返使彼計成
大事去矣諒不對於是從亂者十九州乃以王聃爲蒲州
刺史裴文安爲晉州薛粹爲絳州梁菩薩爲潞州韋道正
爲韓州張伯英爲澤州遣偽署大將軍常倫進兵絳州遇
晉州司法仲孝俊之子謂曰吾曉天文遁甲今年起兵得
晉地者王孝俊聞之曰皇太子當爲晉王故曰晉地非謂
反徒也時潞州有官羊生羔二首相背以爲諒之咎徵煬
帝遣楊素率騎五千襲王聃紇單貴於蒲州破之於是率

步騎四萬趣太原諒使趙子開守高壁楊素擊走之諒大
懼拒素於蒿澤屬天大雨諒欲旋師王頍諫曰楊素懸軍
士馬疲獘王以銳卒親戎擊之其勢必舉今見敵而還示
人以怯阻戰士之心益西軍之氣願必勿還諒不從退守
清原素進擊之諒與官兵大戰死者萬八千人諒退保并
州楊素進擊之諒乃降百寮奏諒罪當死帝曰朕終鮮兄
弟情不忍言欲屈法恕諒一死於是除名絕其屬籍竟以
幽死先是并州謠言一張紙兩張紙客量小兒作天子時
偽署官告身皆一紙別授則二紙諒聞謠喜曰我幼字阿
客量與諒同音吾於皇家最小以爲應之子顥因而禁錮

宇文化及弒逆之際遇害

煬帝三男蕭皇后生元德太子昭齊王暕蕭嬪生趙王杲
元德太子昭煬帝長子也初文帝以開皇三年四月庚午
夢神自天而降云是天神將生降寤召納言蘇威以告之
及聞蕭妃在并州有娠迎置大興宮之客省明年正月戊
辰而生昭養於宮中號大曹主三歲時於玄武門弄石師
子文帝與文獻皇后至其所文帝適患腰痛舉手憑后昭
因避去如此者再三文帝歎曰天生長者誰復教乎由是
大奇之文帝嘗謂曰當爲爾娶婦應聲而泣文帝問其故
對曰漢王未昏時恒在至尊所一朝娶婦便則出外懼將

違離是以帝耳上嘆其有至性特鍾愛焉年十二立爲河
南王仁壽初徙爲晉王拜内史令兼左衛大將軍轉雍州
牧煬帝即位便幸洛陽宮昭留守京師及大業元年帝遣
使者立爲皇太子昭有武力能引強性謙沖言色恂恂未
嘗忿怒其有深可嫌責者但云大不是所膳不許多品帷
席極於儉素臣吏有老父母必親問其安否歲時皆有惠
賜其仁愛如此明年朝於洛陽後數月將還京師願得少
留帝不許拜請無數體素肥因致勞疾帝令巫者視之云
房陵王爲祟未幾而薨時年二十三先是太史奏言楚分
有喪於是改封越公楊素於楚及昭薨日而素亦薨蓋隋
楚同分也詔内史侍郎虞世基爲哀冊文帝深追悼之昭
妃慈州刺史博陵崔弘昇女後秦王妃以蠱毒獲譴昭奏
曰惡逆者乃新婦之姑請離之乃娶滑國公京兆韋壽女
爲妃昭有子三人韋妃生恭皇帝大劉良娣生燕王倓小
劉良娣生越王侗倓字仁安敏慧美姿容煬帝於諸孫中
特所鍾愛常置左右性好讀書尤重儒素造次所及有若
成人良娣早終每忌日未嘗不流涕嗚咽帝由是益奇之
宇文化及弑逆之際倓覺變欲入奏恐露其事因與梁公
蕭鉅千牛宇文皛等穿芳林門側水竇入至玄武門詭奏
曰臣卒中惡命懸俄頃請得面辭死所無恨冀見帝爲司

宮者所遏竟不得聞俄而難作遇害時年十六
越王侗字仁謹美姿容性寬厚大業三年立爲越王帝每
巡幸侗常留守東都楊玄感反與戶部尚書樊子蓋拒之
事平朝於高陽拜高陽太守俄以本官留守東都十三年
帝幸江都復令侗與金紫光祿大夫段達太府卿元文都
攝戶部尚書韋津右武衛將軍皇甫無逸等總留臺事宇
文化及之弑逆文都等議尊立侗大赦改元曰皇泰謚帝
曰明廟號世祖追尊元德太子爲孝成皇帝廟號世宗尊
其母劉良娣爲皇太后以段達爲納言右翊衛大將軍攝
禮部尚書王世充爲納言左翊衛大將軍攝吏部尚書元
文都爲内史令左驍衛大將軍盧楚亦内史令皇甫無逸
爲兵部尚書右武衛大將軍郭文懿爲内史侍郎趙長文
爲黃門侍郎委以機務爲金書鐵券藏之宮掖于時洛陽
稱段達等爲七貴未幾宇文化及以秦王浩爲天子來次
彭城所經城邑多從逆黨侗懼遣使者蓋琮馬公政招懷
李密密遂請降侗大忻悅禮其使甚厚即拜密爲太尉尚
書令魏國公令拒化及仍下書曰我大隋之有天下於茲
三十八載高祖文皇帝聖略神功載造區夏世祖明皇帝
則天法地混一華戎東暨蟠木西通細柳前踰丹徼後越
幽都日月之所臨風雨之所至圓首方足稟氣食毛莫不

盡入提封皆爲臣妾加以寶貺畢集靈瑞咸臻作樂制禮
移風易俗智周寰海萬物咸受其賜道濟天下百姓用而
不知世祖往因歷試統臨南服自居皇極順茲望幸所以
往歲省方展禮肆覲停鑾駐蹕按駕清道八屯如昔七萃
不移豈意釁起非常逮於軒陛災生不意延及冕旒奉諱
之日五情崩殞攀號荼毒不能自勝且聞之自古代有屯
剝賊臣逆子何世無之至如宇文化及世傳庸品其父述往
屬時來早沾厚遇賜以昏媾置之公輔位尊九命祿重萬
鍾禮極人臣榮冠世表徒承海岳之恩未有涓塵之答化
及以此下材夙蒙顧眄出入外内奉望階墀昔陪藩國統

領衛兵及從升皇祚陪列九卿但本性兇狠恣其貪穢或
交結惡黨或侵掠商貨事重刑籤狀盈獄簡在上不遺簪履
恩加草芥應至死辜每蒙恕免三經除解尋復本職再徙
邊裔仍即追還生成之恩昊天罔極奬擢之義人事罕聞
化及梟鏡爲心禽獸不若縱毒興禍傾覆行宮諸王兄弟
一時殘酷痛暴行路世不忍言有窮之在夏時犬戎之
於周世釁辱之極亦未是過朕所以刻骨崩心飲膽嘗血
瞻天視地無處自容今王公卿士庶尹百辟咸以大寶鴻
名不可顛墜元兇巨猾須早夷殄翼戴朕躬嗣守寶位顧
惟寡薄志不逮此今者出黼扆而杖旄鉞釋衰麻而擐甲

胄銜冤誓衆忍淚臨兵指日遄征以平大盜且化及僞立
秦王之子幽遏比於拘囚其身自稱霸相專擅擬於九五
履踐禁御據有宮闈昂首揚眉初無慙色衣冠朝望外懼
兇威志士誠臣内懷憤怨以我義師順彼天道梟夷醜族
匪夕伊朝太尉尚書令魏公丹誠内發宏略外舉率勤王之
師討違天之逆果毅爭先熊羆競進金鼓振讋若火燎毛
鋒刃從橫如湯沃雪魏公志存匡濟投袂前驅朕親御六
軍星言繼軌以此衆戰以斯順舉擘山可以動射石可以
入況賊擁此人徒皆有離德京都侍衛西憶鄉家江左淳
人南思邦邑比來表書駱驛人信相尋若王師一臨舊章

斯覩自應解甲倒戈冰銷葉散且聞化及自恣天奪其心
殺戮不辜挫辱人士莫不道路以目號天蹐地朕今復讎
雪恥梟轘者一人拯溺救焚所哀者士庶唯望天鑒孔殷
祐我宗社億兆感義俱會朕心梟戮元兇策勳飲至四海
交泰稱朕意焉兵術軍機並受魏公節度密見使者大悅
北面拜伏臣禮甚恭遂東拒化及七貴頗不協未幾元文
都盧楚郭文懿趙長文等爲世充所殺皇甫無逸遁歸京
師世充詣侗所陳謝辭情哀苦侗以爲至誠命之上殿被
髮爲盟誓無貳志自是侗無所關預及世充破李密衆望
益歸之遂自爲鄭王總百揆加九錫備法物侗不能禁段

達雲定興等十人入見侗曰天命不常鄭王功德甚盛願陛下遵唐虞之迹侗怒曰天下者高祖之天下東都者世祖之東都若隋德未衰此言不可而發必天命有改亦何論於禪讓公等或先朝舊臣或勤王立節忽有斯言朕亦何望神色凛然侍衛者莫不流汗既而退朝對良娣而泣世充更使謂曰今海內未定須得長君待四方乂安復子明辟必若前盟義不違負侗不得已遜位於世充遂被幽於含涼殿世充僭偽號封潞國公有宇文儒童裴仁基等謀誅世充復尊立侗事泄並見害世充兄世惲因勸世充害侗世充遣其姪行本賫鴆詣侗曰願皇帝飲此酒侗知

不免請與母相見不許遂布席焚香禮佛呪曰從今以去願不生帝王尊貴家及仰藥不能時絕更以帛縊之世充偽謚曰恭皇帝

齊王暕字世朏小字阿孩美容儀疎眉目少為文帝所愛開皇中立為豫章王及長頗涉經史尤工騎射初為內史令仁壽中拜揚州總管江淮以南諸軍事煬帝即位進封齊王大業二年帝初入東都盛陳鹵簿暕為軍導轉豫州牧而元德太子薨朝野注望咸以暕當嗣帝又敕吏部尚書牛弘妙選官屬公卿由是多進子弟明年轉雍州牧尋徙河南尹開府儀同三司元德太子左右二萬餘人悉隸於暕寵遇益隆自樂平公主及諸戚屬競來致禮百官稱謁填咽道路暕頗驕恣昵近小人所行多不法遣喬令則劉虔安裴該皇甫諶庫狄仲錡陳智偉等求聲色狗馬令則等因此放縱訪人家有女者輒矯暕命呼之載入暕宅因緣藏匿恣行淫穢而後遣之仲錡智偉二人詣隴西撾炙諸胡責其名馬得數匹以進於暕暕令還主仲錡等詐言王賜將歸家暕不之知也又樂平公主嘗奏帝云柳氏女美者帝未有所答久之主復以柳氏進暕暕納之後帝問主柳氏女所在主曰在齊王所帝不悅暕於東都營第大門無故崩聽事栿中折識者以為不祥後從帝幸榆

林暕督後軍步騎五萬恒與帝相去數十里而舍會帝於汾陽宮大獵詔暕以千騎入圍暕大獲麋鹿以獻而帝未有得也怒從官皆言為暕左右所遏獸不得前帝於是怒求暕罪失時制縣令無故不得出境有伊闕令皇甫詡幸於暕違禁將之汾陽宮又京兆人達奚通有妾王氏善歌貴游宴聚多或要致於是展轉亦入王家御史韋德裕希旨劾暕帝令甲士千餘大索暕第因窮其事暕妃韋氏户部尚書沖之女也早卒暕遂與妃姊元氏婦通生一女外人皆不得知陰引喬令則於第內酣宴令則稱慶脫暕帽以為歡召相工徧視後庭相工指妃姊曰此產子者當為皇

后貴不可言時國無儲副暕自謂次當得立又以元德太子有三子內常不安陰挾左道爲猒勝事至是皆發帝大怒斬令則等數人妃姊賜死暕府寮皆斥之邊遠時趙王杲猶在孩孺帝謂侍臣曰朕唯有暕一子不然者當肆諸市朝以明國憲也暕自是恩寵日衰雖爲京尹不復關預時政帝恒令武賁郎將一人監其府事暕有微失輒奏之帝亦慮暕生變所給左右皆以老弱備員而已暕每懷危懼心不自安又帝在江都宮元會暕具法服將朝無故有血從裳中而下又坐齋中見群鼠數十至前而死視皆無頭暕甚惡之俄而化及作亂兵將犯蹕帝聞之顧蕭后曰

得非阿孩也其見疎忌如此化及復令人捕暕時尚卧未起賊進暕驚曰是何人莫有報者暕猶謂帝令捕之曰詔使且緩兒不負國家賊曳至街斬之及其二子亦遇害暕竟不知殺者爲誰時年三十四有遺腹子愍與蕭后同入突厥處羅可汗號爲隋王中國人沒入北蕃者悉配之以爲部落以定襄城處之及突厥滅乃獲之貞觀中位至尚衣奉御永徽初卒

趙王杲小字季子年七歲以大業九年封趙王尋授光祿大夫歷河南尹行江都太守杲聰令美容儀帝有所製詞賦杲多能誦之性至孝嘗見帝風動不進膳杲亦終日不食又蕭后嘗灸杲先請試炷后不許之杲泣請曰后所服藥皆蒙嘗之今灸願聽嘗炷悲咽不已后爲停灸由是尤鍾愛後遇化及反杲在帝側號慟不已裴虔通使斬之帝前血湔御服時年十二

論曰周建懿親漢開盤石內以敦睦九族外以輯寧億兆深根固本崇獎王室安則有以同其樂衰則有以恤其危所由來久矣自魏晉已下多失厥中不遵王度各徇所私抑之則勢齊於匹夫抗之則權侔於萬乘矯枉過正非一時也得失詳於前史不復究而論焉隋文昆弟之恩素非篤睦閨房之隙又不相容至於二世承基茲弊愈甚是以

滕穆暴薨人皆竊議蔡王將沒自以爲幸唯衛王養於獻后故任遇特隆而諸子遷流莫知死所悲夫其錫以茅土稱爲盤石行無甲兵之衛居與皁吏爲伍外內無虞顛危不暇時逢多難將何望哉河間屬乃葭莩地非寵逼故高位厚秩與時終始楊慶二三其德志在苟生變本宗如反掌棄慈母若遺迹及身而絕固宜然矣文帝五子莫有終其天年房陵資於骨肉之親篤於君臣之義經綸締構契闊夷險撫軍監國凡二十年雖三善未稱而視膳無闕恩寵既變讒言間之顧復之慈頓隔於人理父子之道遂滅於天性隋室將亡之効衆庶皆知之矣慎子曰一兔走街百

人逐之積兔於市過者不顧豈其無欲哉分定故也房陵
分定久矣而帝一朝易之開逆亂之源長覬覦之望又維
城肇建崇其威重恃寵而驕厚自封植進之既踰制退之
不以道俊以憂卒寔此之由俄屬天步方艱讒人已勝尺
布斗粟莫肯相容秀窺岷蜀之阻諒起晉陽之甲成茲亂
常之釁蓋亦有以動之也棠棣之詩徒賦有鼻之封無期
或幽囚於囹圄或顛殞於鴆毒本根既絕枝葉畢翦十有
餘年宗社淪陷自古廢嫡立庶覆族傾宗者多矣考其亂
亡之禍未若有隋之酷詩云殷鑒不遠在夏后之世後之
有國有家者可不深戒哉元德謹重有君人之量降年不

永哀哉齊王敏慧可稱志不及遠頗懷驕僭故帝疎而忌
之內無父子之親貌展君臣之敬身非積善國有餘殃至
令趙及燕越皆不得死悲夫

列傳第五十九　北史七十一

列傳第六十　北史七十二

高熲

牛弘

李德林

高熲字昭玄一名敏自言勃海蓨人也其先因官北邊沒
於遼左曾祖暠以大和中自遼東歸魏官至衛尉卿祖孝
安位兖州刺史父賓仕東魏位諫議大夫大統六年避讒
棄官奔西魏獨孤信引賓爲僚佐賜姓獨孤氏及信誅妻
子徙蜀隋文獻皇后以賓父之故吏每往來其家賓敏於
從政果敢斷決賜爵陽武縣伯歷位齊公憲府長史驃騎

大將軍開府儀同三司襄州總管府司錄卒於州及熲貴
開皇中贈禮部尚書武陽公謚曰簡熲少明敏有器局略
涉文史尤善詞令初孩孺時家有柳樹高百許尺亭亭如
蓋里中父老曰此家當出貴人年十七周齊王憲引爲記
室襲爵武陽縣伯再遷內史下大夫以平齊功拜開府隋
文帝得政素知熲強明又習兵事多計略意欲引之入府
遣邗公楊惠諭意熲承旨忻然曰願受驅馳縱公事不成
亦不辭滅族於是爲府司錄時長史鄭譯司馬劉昉並以
奢縱被疎帝彌屬意於熲委以心膂尉遲迥起兵也帝令
韋孝寬伐之軍至河陽莫敢先進帝以諸將不一令崔仲

方監之仲方辭以父在山東時熲見劉昉鄭譯等竝無去意遂自請行深合上旨受命便發遣人辭母云忠孝不可兩兼歔欷就路至軍爲橋於沁水賊於上流縱火栰熲預爲土狗以禦之旣度焚橋而戰大破之軍還侍宴於卧内帝撤御帷以賜之進位柱國改封義寧縣公遷丞相府司馬任寄益隆及帝受禪拜尚書左僕射納言進封勃海郡公朝臣莫與爲比帝每呼爲獨孤而不名也熲佯避權勢上表遜位讓於蘇威帝欲成其美聽解僕射數日帝曰蘇威高蹈前朝熲能舉善吾聞進賢受上賞寧可令去官於是令熲復位俄拜左衞大將軍本官如故突厥屢爲邊患

詔熲鎮遏緣邊及還賜馬百疋牛馬千計領新都大監制度多出於熲熲每坐朝堂北槐樹下以聽事其樹不依行列有司將伐之帝特命勿去以示後人其見重如此又拜左領軍大將軍餘官如故母憂去職二旬起令視事熲流涕辭讓不許開皇二年長孫覽元景山等伐陳令熲節度諸軍會陳宣帝殂熲以禮不伐喪奏請班師蕭巖之叛詔熲綏集江漢甚得人和帝嘗問熲以取陳之策熲曰江北地寒田收差晚江南土熱水田早熟量彼收穫之際微徵士馬聲言掩襲賊必屯兵禦守足得廢其農時彼旣聚兵我更解甲再三若此賊以爲常後更集兵彼必不信猶豫

之須我乃濟師登陸而戰兵氣益倍又江南土薄舍多竹茅所有儲積皆非地窖密遣行人因風縱火待彼脩立而更燒之不出數年自可財力俱盡帝用其策由是陳人益弊九年晉王廣大舉伐陳以熲爲元帥長史三軍皆取斷於熲及陳平晉王欲納陳主寵姬張麗華熲曰武王滅殷戮妲己今平陳國不宜取麗華乃命斬之王甚不悅及軍還以功加上柱國進爵齊國公賜物九千段定食千乘縣千五百户帝勞之曰公伐陳後人云公反朕已斬之君臣道合非青蠅所間也熲又遜位優詔不許是後右衞將軍龐晃及將軍盧賁等前後短熲於帝帝怒皆被疎黜因謂

熲曰獨孤公猶鏡也每被磨瑩皎然益明未幾尚書都事姜曄楚州行參軍李君才竝奏稱水旱不調罪由高熲請廢黜之二人俱得罪而去親禮逾密帝幸并州留熲居守及還賜縑五千疋行宮一所爲莊舍其夫人賀拔氏寢疾中使顧問不絕帝親幸其第賜錢百萬絹萬疋復賜以千里馬嘗從容命熲與賀若弼言及平陳事熲曰賀若弼先獻十策後於蔣山苦戰破賊臣文吏耳焉敢與猛將論功帝大笑時論嘉其有讓尋以其子表仁尚太子勇女前後賞賜不可勝計時熒惑入太微犯左執法術者劉暉私於熲曰天文不利宰相可脩德以禳之熲不自安以暉言奏之

上厚加賞慰突厥犯塞以熲爲元帥擊破之又出白道進
圖入磧遣使請兵近臣言熲欲反帝未有所答熲亦破賊
而還時太子勇失愛帝潛有廢立志謂熲曰晉王妃有神
告之言王必有天下熲跪曰長幼有序不可廢遂止獨孤
皇后知熲不可奪陰欲去之初熲夫人卒后言於帝曰高
僕射老矣而喪夫人陛下何以不爲之娶帝以后言告熲
熲流涕謝曰臣今已老退朝唯齋居讀佛經而已雖陛下
垂哀之深至於納室非臣所願帝乃止至是熲愛妾產男
帝聞極歡后甚不悅曰陛下當復信熲邪始陛下欲爲熲
娶熲心存愛妾面欺陛下今其詐已見帝由是疏熲會議

伐遼東熲固諫不可帝不從以熲爲元帥長史從漢王征
遼東遇霖潦疾疫不利而還后言於帝曰熲初不欲行陛
下強之妾固知其無功矣又帝以漢王年少專委軍於熲
熲以任寄隆重每懷至公無自疑意諒所言多不用因甚
銜之及還諒泣言於后曰兒熲殺幸矣帝聞彌不平俄而
上柱國王積以罪誅當推覈之際乃有禁中事云於熲處
得之帝欲成熲罪聞此大驚時上柱國賀若弼吳州總管
宇文㢸刑部尚書薛冑戶部尚書斛律孝卿兵部尚書柳
述等明熲無罪帝愈怒皆以之屬吏自是朝臣莫敢言熲
竟坐免以公就第未幾帝幸秦王俊第召熲侍宴熲歔欷

悲不自勝獨孤皇后亦對之泣左右皆流涕帝謂曰朕不
負公公自負朕也因謂侍臣曰我於高熲勝兒子雖或不
見常似目前自其解落瞑然忘之如本無高熲不可以身
要君自云第一也頃之熲國令上熲陰事稱其子表仁謂
熲曰昔司馬仲達初託疾不朝遂有天下公今遇此安知
非福於是帝大怒囚熲於內史省而鞫之憲司復奏熲他
事云沙門真覺嘗謂熲曰明年國有大喪尼令暉復云十
七八年皇帝有大厄十九年不可過帝聞益怒顧謂羣臣
曰帝王豈可力求孔丘以大聖之才作法垂於後代寧不
欲大位邪天命不可耳熲與子言自比晉帝此何心乎有

司請斬之帝曰去年殺虞慶則今茲斬王積如更誅熲天
下謂我何於是除熲名初熲爲僕射其母誡之曰汝富貴
已極但有斫頭耳爾其慎之熲由是常恐禍變及此熲歡
然無恨色以爲得免禍煬帝即位拜太常卿時有詔收周
齊故樂人及天下散樂熲奏此樂久廢今若徵之恐無識
之徒棄本逐末遞相教習帝不悅帝時侈靡聲色滋甚又
起長城之役熲甚病之謂太常丞李懿曰周天元以好樂
而亡殷監不遠安可復尒時帝遇啓人可汗恩禮過厚熲
謂太府卿何稠曰此虜頗知中國虛實山川險易恐爲後
患復謂觀王雄曰近來朝廷殊無綱紀有人奏之帝以爲

訕謗朝政誅之諸子徙邊熲有文武大略明達政務及掌任寄之後竭誠盡節進引貞良以天下爲己任蘇威楊素賀若弼韓擒等皆熲所薦各盡其用爲一代名臣自餘立功立事者不可勝數當朝執政將二十年朝野推服物無異議時致昇平熲之力也論者以爲真宰相及誅天下無不傷惜至今稱冤不已所有奇策良謀及損益時政頗皆削稾代無知者子盛道位莒州刺史從柳城卒道弟弘德封應國公晉王記室次弟表仁勃海郡公徙蜀郡

牛弘字里仁安定鶉觚人也其先嘗避難改姓遼氏祖熾本郡中正父元魏侍中工部尚書臨涇公復姓牛氏弘在

襁褓有相者見之謂其父曰此兒當貴善愛養之及長鬚貌甚偉性寬裕好學博聞仕周歷位中外府記室內史上士納言上士專掌文翰修起居注後襲封臨涇公轉內史下大夫儀同三司開皇初授散騎常侍祕書監弘以典籍遺逸上表請開獻書之路曰昔周德既衰舊經紊棄孔子以大聖之才開素王之業憲章祖述制禮刊詩正五始而脩春秋闡十翼而弘易道及秦皇馭宇吞滅諸侯先王墳籍掃地皆盡此則書之一厄也漢興建藏書之策置校書之官至孝成之代遣謁者陳農求遺書於天下詔劉向父子讎校篇籍漢之典文於斯爲盛及王莽之末並從焚燼此則書之二厄也光武嗣興尤重經誥未及下車先求文雅至肅宗親臨講肄和帝數幸書林其蘭臺石室鴻都東觀祕牒填委更倍於前及孝獻移都吏人擾亂圖書縑帛皆取爲帷囊所收而西裁七十餘乘屬西京大亂一時燔蕩此則書之三厄也魏文代漢更集經典皆藏在祕書內外三閣遣祕書郎鄭默刪定舊文論者美其朱紫有別晉氏承之文籍尤廣晉祕書監荀勗定魏內經更著新簿屬劉石馮陵從而失墜此則書之四厄也永嘉之後寇竊競興其建國立家雖傳名號憲章禮樂寂滅無聞劉裕平姚收其圖籍五經子史纔四千卷皆赤軸青紙文字古拙並歸

江左宋祕書丞王儉依劉氏七略撰爲七志梁人阮孝緒亦爲七錄總其書數三萬餘卷及侯景度江破滅梁室祕省經籍雖從兵火其文德殿內書史宛然猶存蕭繹據有江陵遣將破平侯景收文德之書及公私典籍重本七萬餘卷悉送荊州及周師入郢繹悉焚之於外城所收十纔一二此則書之五厄也後魏爰自幽方遷宅伊洛日不暇給經籍闕如周氏創基關右戎車未息保定之始書止八千後加收集方盈萬卷高氏據有山東初亦採訪驗其本目殘闕猶多及東夏初平獲其經史四部重雜三萬餘卷所益舊書五千而已今御出單本合一萬五千餘卷部帙

之間仍有殘缺比梁之舊目上有其半至於陰陽河洛之篇醫方圖譜之說彌復為少臣以經書自仲尼迄今數遭五厄興集之期屬膺聖代今祕藏見書亦足披覽但一時載籍須令大備不可王府所無私家乃有若猥發明詔兼開購賞則異典必致觀閣斯積上納之於是下詔獻書一卷賚縑一疋一二年間篇籍稍備進爵奇章公三年拜禮部尚書奉敕脩撰五禮勒成百卷行於當代弘請依古制脩立明堂上議曰竊謂明堂者所以通神靈感天地出教化崇有德黃帝曰合宮堯曰五府舜曰總章布政興教由來尚矣周官考工記曰夏后氏代室堂脩七尋廣四脩一

鄭玄注云脩十四步其廣益以四分脩之一則廣十七步半也殷人重屋堂脩七尋四阿重屋鄭云其脩七尋廣九尋也周人明堂廣九尺之筵南北七筵五室凡室二筵鄭玄云此三者或舉宗廟或舉王寢或舉明堂互之明其制同也馬融王肅干寶所注與鄭亦異今不具出漢司徒馬宮議云夏后氏代室室顯於堂故命以室殷人重屋屋顯於堂故命以屋周人明堂堂大於夏室故命以堂夏后氏益其堂之廣百四十四尺周人明堂以為兩序間大夏后氏七十二尺若據鄭玄之說則夏室大於周堂如依馬宮之言則周堂大於夏室後王轉文周大為是但宮之所言

未詳其義此皆去聖久遠禮文殘缺先儒解說家異人殊鄭注玉藻亦云宗廟路寢與明堂同制王制曰寢不踰廟明大小是同今依鄭注每室及堂止有一丈八尺四壁之外四尺有餘若以宗廟論之祫享之日周人旅酬六尸并后稷為七先公昭穆二尸先王昭穆二尸合十一尸三十六主及君北面行事於二丈之堂愚不及此若以正寢論之便須朝宴據燕禮諸侯宴則賓及卿大夫脫屨升坐是知天子宴則三公九卿並升堂燕義又云席小卿次上卿言皆侍席止於二筵之間豈得行禮若以明堂論之總享之時五帝各於其室設青帝之位須於室內少北西面太

昊從食坐於其西近南北面祖宗配享者又於青帝南稍退西面丈八之室神位有三加以簠簋豆籩牛羊之俎四海九州美物咸設復須席上升歌出樽反坫揖讓升降亦以隘矣據茲而說近是不然案劉向別錄及馬宮蔡邕等所見當時有古文明堂禮王居明堂禮明堂圖明堂大圖明堂陰陽太山通義魏文侯孝經傳等並說古明堂事其書皆亡莫得而正今明堂月令者鄭玄云是呂不韋著春秋十二紀之首章禮家鈔合為記蔡邕王肅云周公作周書有月令第五十三即此也各有證明文多不載束晳以為夏時書劉瓛云不韋鳩集儒者尋于聖王月令之事而

記之不韋安能獨爲此記今案不得全稱周書亦不可即
爲秦典其內雜有虞夏殷之法皆聖王仁恕之政也蔡邕
具爲章句又論之曰明堂所以宗祀其以配上帝也夏后
氏曰代室殷人曰重屋周人曰明堂東曰青陽南曰明堂
西曰總章北曰玄堂內曰太室聖人南面而聽嚮明而治
人君之位莫不正焉故雖有五名而主以明堂也制度之
數各有所依方一百四十四尺巛之策也屋圓楣徑二百
一十六尺乾之策也太廟明堂方六丈通天屋徑九丈陰
陽九六之變且圓蓋方覆九六之道也八闥以象卦九室
以象州十二宮應日辰三十六戶七十二牖以四戶八牖

乘九宮之數也戶皆外設而不閉示天下以不藏也通天
屋高八十一尺黃鐘九九之實也二十八柱布四方四方
七宿之象也堂高三尺以應三統四向五色各象其行水
闊二十四丈象二十四氣於外以象四海王者之大禮也觀
其模範天地則象陰陽必據古文義不虛出今若直取考
工不參月令青陽總章之號不得而稱九月享帝之禮不
得而用漢代二京所建與此說悉同建安之後海內大亂
魏氏三方未平無聞興造晉則侍中裴頠議直爲一殿以
崇嚴父之祀其餘雜碎一皆除之宋齊已還咸率茲禮前
王盛事於是不行後魏代都所造出自李沖三三相重合

爲九屋簷不覆基房間通街穿鑿處多迄無可取及遷洛
陽更加營構五九紛競遂至不成宗祀之事於焉靡託今
皇猷遐闡化覃海外方建大禮垂之無窮弘等不以庸虛
謬當議限今檢明堂必須五室者何尚書帝命驗曰帝者
承天立五府赤曰文祖黃曰神斗白曰顯紀黑曰玄矩蒼
曰靈府鄭玄注曰五府與周明堂同矣且三代相沿多有
損益至於五室確然不變夫室以祭天天實有五若立九
室四無所用布政視朔自依其辰鄭司農云十二月分在
青陽等左右之位不云居室鄭玄亦云每月於其時之堂
而聽政焉禮圖畫个皆在堂偏是以須爲五室明堂必須

上圓下方者何孝經援神契曰明堂者上圓下方八窗四
達布政之宮禮記盛德篇曰明堂四戶八牖上圓下方是
以須爲圓方明堂必須重屋者何案考工記夏言九階四
旁兩夾窗門堂三之二室三之一殷周不言者明一同夏
制殷言四阿重屋周承其後不言屋制亦盡同可知也其
殷人重屋之下本無五室之文鄭注云五室者亦據夏以知
之明周不云重屋因殷則有灼然可見禮記明堂位曰太
廟天子明堂言魯爲周公之故得用天子禮樂魯之太廟
與周之明堂同又曰複廟重簷刮楹達嚮天子之廟飾鄭
注複廟重屋也據廟既重屋明堂亦不疑矣春秋文公十

三年太室屋壞五行志曰前堂曰太廟中央曰太室屋其上重者也服虔亦云太室太廟之上屋也周書作洛篇曰乃立太廟宗宮路寢明堂咸有四阿反坫重亢重郎孔晁注云重亢累棟重郎累屋也依黄圖所載漢之宗廟皆爲重屋此去古猶近遺法尚存是以須爲重屋明堂必須爲辟雍者何禮記盛德篇云明堂者明諸侯尊卑也外水曰辟雍明堂陰陽録曰明堂之制周圜行水左旋以象天内有太室以象紫宮此則明堂有水之明文也然馬宮王肅以爲明堂辟雍太學同處蔡邕盧植亦爲明堂靈臺辟雍太學同實異名邕云明堂者取其宗祀之清貌則謂之清廟取其正室則曰太室取其堂則曰明堂取其四門之學則曰太學取其周水圜如璧則曰辟雍其實一也其言别者五經通義曰靈臺以望氣明堂以布政辟雍以養老教學三者不同袁準鄭玄亦以爲别歷代所疑豈能輙定今據郊祀志云欲爲明堂未曉其制濟南人公玉帶上黄帝時明堂圖一殿無壁蓋之以茅水圜宮垣天子從之以此而言其來則久漢中元二年起明堂辟雍靈臺於洛陽並别處然明堂亦有辟水李尤明堂銘曰流水洋洋是也以此須有辟雍今造明堂須以禮經爲本形制依於周法度數取於月令遺闕之處參以餘書庶使該詳沿革之理其五室九階上

圓下方四阿重屋四旁兩門依考工記孝經説堂方一百四十四尺屋圓楣徑二百一十六尺太室方六丈通天屋徑九丈八牖二十八柱堂高三尺四向五色依周書月令論殿垣方在内水周如外水内徑三百步依太山盛德記觀禮經仰觀俯察皆有則象足以盡誠上帝祗配祖宗弘風布教作範於後矣上以時事草創未遑制作竟寢不行六年除太常卿九年詔定雅樂又作樂府歌詞撰定圓丘五帝凱樂并議樂事弘上議云謹案禮五聲六律十二管還相爲宮周禮奏黄鍾歌大吕奏太蔟歌應鍾皆旋相爲宮之義蔡邕明堂月令章句曰孟春月則太蔟爲宮姑洗爲商蕤賓爲角南吕爲徵應鍾爲羽大吕爲變宮夷則爲變徵他月放此故先王之作律吕也所以辨天地四方陰陽之聲揚子雲曰聲生於律律生於辰故律吕配五行通八風歷十二辰行十二月循環轉運義無停止譬如立春木王火相立夏火王土相季夏餘分土王金相立秋金王水相立冬冬水王木相還相爲宮者謂當其王月名之爲宮今若十一月不以黄鍾爲宮十三月不以太蔟爲宮便是春木不王夏土不相豈不陰陽失度天地不通哉劉歆鍾律書云春宮秋律百卉必彫秋宮春律萬物必榮夏宮冬律雨雹必降冬宮夏律雷必發聲以斯而論誠爲不易且律

十二今直爲黃鍾一均唯用七律以外五律竟復何施恐失聖人制作本意故須依禮作還相爲宮之法上曰不須作旋相爲宮且作黃鍾一均也弘又論六十律不可行謹案續漢書律曆志元帝遣韋玄成問京房於樂府房對受學故小黃令焦延壽六十律相生之法以上生下皆三生二以下生上皆三生四陽下生陰陰上生陽終於中呂十二律畢矣中呂上生執始執始下生去滅上下相生終於南事六十律畢矣十二律之變至於六十猶八卦之變至於六十四也冬至之聲以黃鍾爲宮太蔟爲商姑洗爲角林鍾爲徵南呂爲羽應鍾爲變宮蕤賓爲變徵此聲氣之元

五音之正也故各統一日其餘以次運行宮日者各自爲宮而商徵以類從焉房又曰竹聲不可以度調故作準以定數準之狀如瑟長一丈而十三弦隱間九尺以應黃鍾之律九寸中央一絃下畫分寸以爲六十律清濁之節執始之類皆房自造房云受法於焦延壽未知延壽所承也至元和年待詔候鍾殷彤上言官無曉六十律以太準調音者故待詔嚴嵩具以準法教其子宣願召宣補學官主調樂器太史丞弘試宣十二律其二中其四不中其六不知何律宣遂罷自此律家莫能爲準施絃熹平年東觀召典律者太子舍人張光問準意光等不知歸閱舊藏乃得其

器形制如房書猶不能定其絃緩急故史官能辯清濁者遂絕其可以相傳者唯大權常數及候氣而已據此而論房法漢世已不能行沈約宋志曰詳案古典及今音家六十律無施於樂禮云十二管還相爲宮不言六十封禪書云大帝使素女鼓五十絃瑟而悲破爲二十五絃假令六十律爲樂得成亦所不用取大樂必易大禮必簡之意也又議曰案周官云大司樂掌成均之法鄭衆注云均調也樂師主調其音三禮義宗稱周官奏黃鍾者用黃鍾爲調歌大呂者用大呂爲調奏者謂堂下四縣歌者謂堂上所歌但以一祭之間皆用二調是知據宮稱調其義一也明

六律六呂迭相爲宮各自爲調今見行之樂用黃鍾之宮乃以林鍾爲調與古典有違案晉內書監荀勗依典記以五聲十二律還相爲宮之法制十二笛黃鍾之笛正聲應黃鍾下徵應林鍾以姑洗爲清角大呂之笛正聲應大呂下徵應夷則以外諸均例皆如是然今所用林鍾是勗下徵之調不取其正先用其下於理未通故須改之上甚善其議詔弘與姚察許善心何妥虞世基等正定新樂是後議置明堂詔弘條上故事議其得失上甚敬重之時楊素恃才矜貴輕侮朝臣唯見弘未嘗不改容自肅素將擊突厥詣太常與弘言別弘送素至中門而止素謂曰大將出

征故來叙別何相送之近也弘遂揖而退素咲曰奇章公可謂其智可及其愚不可及也亦不以屑懷尋授大將軍拜吏部尚書時帝又令弘與楊素蘇威薛道衡許善心虞世基崔子發等并召諸儒論新禮降殺輕重弘所立議衆咸推服之及獻皇后崩王公已下不能定其儀注楊素謂弘曰公舊學時賢所仰今日之事決在於公弘了不辭讓斯須之間儀注悉備皆有故實素歎曰衣冠禮樂盡在此矣非吾所及也弘以三年之喪祥禫具有降殺朞服十一月而練者無所象法以聞於帝帝下詔除朞練之禮自弘始也弘在吏部先德行後文才務在審慎雖致緩滯所有

進用並多稱職吏部侍郎高孝基鑒賞機晤清慎絕倫然爽俊有餘迹似輕薄時宰多以此疑之唯弘深識其真推心任委隋之選舉於斯為最時論服弘識度之遠煬帝之在東宮數有詩書遺弘弘亦有答及嗣位嘗賜弘詩曰晉家山吏部魏代盧尚書莫言先哲異奇才並佐余學行敦時俗道素乃沖虛納言雲閣上禮儀皇運初彝倫欣有叙垂拱事端居其同被賜詩者至於文詞讃揚無如弘美大業三年進位上大將軍三年改右光祿大夫從拜恒岳壇墠珪幣牲牢並弘所定還下太行山煬帝嘗召弘入內帳對皇后賜以同席飲食其親重如此弘謂其子曰吾受非常之遇荷恩深重汝等子孫宜以誠敬自立以答恩遇之隆六年從幸江都卒帝傷惜之賵贈甚厚歸葬安定贈開府儀同三司光祿大夫文安侯謚曰憲弘榮寵當世而車服卑儉事上盡禮待下以仁訥於言而敏於行上嘗令宣勑弘至階下不能言退還拜謝云並忘之上曰傳語小辯故非宰臣任也愈稱其質直大業之代委遇彌隆性寬厚篤志於學雖職務繁雜書不釋手隋室舊臣始終信任悔吝不及唯弘一人而已弟弼好酒而酗常醉射殺弘駕車牛弘還宅其妻迎謂曰叔射殺牛弘聞無所恠問直荅曰作脯坐定其妻又曰叔忽射殺牛大是異事弘曰已知顏

色自若讀書不輟其寬和如此有文集十二卷行於世長子方大亦有學業位內史舍人次子方裕凶險無仁心在江都與裴虔通等謀殺逆事見司馬德戡傳

李德林字公輔博陵安平人祖壽魏湖州戶曹從事父敬族歷太學博士鎮遠將軍魏靜帝時命當世通人正定文籍以為內校書別在直閤省德林幼聰敏年數歲誦左思蜀都賦十餘日便度高隆之見而歎異之徧告朝士云若假其年必為天下偉器鄴京人士多就宅觀之月餘車馬不絕年十五誦五經及古今文集日數千言俄而該博墳典陰陽緯候無不通涉善屬文詞覈而理暢魏收嘗對高

隆之謂其父曰賢子文筆終當繼温子昇隆之大咲曰魏
常侍殊已嫉賢何不近比老彭乃遠求温子年十六遭父
艱自駕靈輿反葬故里時嚴寒單縗跣足州里人物由是
敬慕之居貧轗軻母氏多疾方留心典籍無復宦情其後
母病稍愈逼令仕進齊任城王湝為定州刺史重其才召
入州館朝夕同游殆均師友後舉秀才尚書令楊遵彥考
為上第授殿中將軍及長廣王作相引為丞相府行參軍
未幾王即帝位累遷中書舍人加通直散騎侍郎別典機
密尋丁母艱以至孝聞朝廷嘉之裁百日奪情起復固辭
不起魏收與陽休之論齊書起元事百司會議收與德林

致書往復詞多不載後除中書侍郎仍詔脩國史時齊帝
留情文雅召入文林館與黃門侍郎顏之推同判文林館
事累遷儀同三司周武帝平齊遣使就宅宣旨云平齊之
利唯在於尔宜入相見仍令從駕至長安授内史上士詔
誥格式及用山東人物一以委之周武謂羣臣曰我常日
唯聞李德林與齊朝作書檄我正謂其是天上人豈言今
日得其驅使復為我作文書極為大異神武公紇豆陵毅
答曰臣聞明主聖王得騏驎鳳皇為瑞是聖德所感非力
能致之瑞物雖來不堪使用如李德林來受驅策亦是陛
下聖德感致有大才用勝於騏驎鳳皇遠矣帝大咲曰誠

如公言宣政末授御正下大夫後賜爵成安縣男宣帝大
漸隋文帝初受顧命令邪國公楊惠謂德林曰朝廷賜令
總文武事今欲與公共成必不得辭德林答曰願以死奉
公隋文大悅即召與語劉昉鄭譯初矯詔召隋文受命輔
少主總知内外兵馬事譯欲授隋文冢宰譯自攝大司馬
昉為小冢宰德林私啓宜作大丞相假黃鉞都督内外諸
軍事遂以譯為相府長史昉為相府司馬二人由是不平
以德林為相府屬加儀同大將軍未幾而三方構亂指授
兵略皆與之參詳軍書羽檄朝夕頓至一日之中動逾百
數或機速競發口受數人文意百端不加治點鄭公韋孝

寬為東道元帥師次永橋沁水長孝寬師未得度長史李
詢密啓諸大將受尉遲迥饟金隋文得啓以為憂議欲代
之德林曰臨敵代將自古所難樂毅所以辭燕馬服以之
敗趙也公但以一腹心明於智略素為諸將所信伏者速至
軍所觀其情偽縱有異意必不敢動隋文曰公不發此言
幾敗大事即令高熲馳驛往軍所為諸將節度竟成大功
凡厥謀謨皆此類也進授丞相府從事内郎禪代之際其
相國總百揆九錫殊禮詔策牋表璽書皆德林之辭也隋
文登祚之日授内史令初將受禪虞慶則等勸隋文盡滅
宇文氏德林固爭以為不可隋文怒由是品位不加唯依

班例授上儀同進爵爲子開皇元年勑令與太尉于翼高熲等同脩律令訖奏聞別賜駿馬及九環金帶五年勑令撰録作相時文翰勒成五卷謂之霸朝雜集隋文省讀訖明旦謂德林曰自古帝王之興必有異人輔佐我昨讀霸朝集方知感應之理昨宵恨夜長不得早見公面於是追贈其父定州刺史安平縣公謚曰孝隋文後幸鄴德林以疾不從敕書追之後御筆注云伐陳事意宜自隨也時高熲入京上語熲曰德林若患未堪行宜自至宅取其方略帝以之付晉王諱大象末文帝以逆人王謙宅賜之尋又改賜崔謙帝令德林自選一好宅并莊店作替德林乃奏取

逆人高阿那肱衛國縣市店八十區爲替九年車駕幸晉陽店人表訴稱地是平人物高氏強奪於內造舍上責德林請勘逆人文簿及本換宅之意上不聽悉追店給所住者由是嫌之初德林稱其父爲太尉諮議以取贈官李元操等陰奏之曰德林父終於校書妄稱諮議上甚銜之至是復庭議忤意因數之曰公爲內史典朕機密比不預計議者以公不弘耳朕方以孝理天下故立五教以弘之公言孝由天性何須設教然則孔子不當說孝經也又罔冒取店妄加父官朕實忿之而未能發今當以一州相遣耳因出爲湖州刺史在州逢旱課人掘井溉田爲考司所貶歲餘卒官時年六十一贈大將軍廉州刺史謚曰文將葬敕令羽林百人并鼓吹一部以給喪事祭以太牢德林美容儀善談吐器量沈深時人未能測齊任城王湝趙彥深魏收陸卬大相欽重德林少孤未有字魏收謂之曰識度天才必至公輔吾輒以此字卿從官已後即典機密性慎密嘗言古人不言溫樹何足稱也少以才學見知及位望稍高頗傷自任爭競之徒更相譖毀以運屬興王功參佐命十餘年間竟不徙級所撰文集勒成八十卷遭亂亡失見五十卷行於代子伯藥博涉多才詞藻清贍大業末位建安郡丞

列傳第六十　　北史七十二

梁士彥字相如安定烏氏人也少任俠好讀兵書頗涉經
史周武帝將平東夏聞其勇決自扶風郡守除為九曲鎮
將進位上開府封建威縣公齊人甚憚之後以熊州刺史

從武帝拔晉州進位大將軍除晉州刺史及帝還後齊後
主親攻圍之樓堞皆盡短兵相接士彥慷慨自若謂將士
曰死在今日吾為爾先於是勇烈齊奮呼聲動地無不一
當百齊師少却乃令妻妾及軍人子女晝夜脩城三日而
就武帝六軍亦至齊師圍解士彥見帝持帝鬚泣帝亦為
之流涕時帝欲班師士彥叩馬諫帝從之執其手曰朕有
晉州為平齊之基宜善守之及齊平封郕國公位上柱國
雍州主簿宣帝即位除徐州總管與烏丸軌禽陳將吳明
徹裴忌於呂梁略定淮南地隋文帝作相轉亳州總管尉
遲迥反為行軍總管及韋孝寬擊之令家僮梁默等為前
鋒士彥繼之所當皆破及迥平除相州刺史深見忌徵還
京師閑居無事恃功懷怨與宇文忻劉昉等謀反將率僮
僕候上享廟之際以發機復欲於蒲州起事略取河北捉
黎陽關塞河陽路劫調布為牟甲募盜賊為戰士其甥裴
通知而奏之帝未發其事授晉州刺史欲觀其志士彥欣
然謂昉等曰天也又請儀同薛摩兒為長史帝從之後與
公卿朝謁帝令執士彥忻昉等於行間詰之狀猶不伏捕
薛摩兒至對之摩兒具論始末云第二子剛垂泣苦諫第
三子叔諧曰作猛獸須成班士彥失色顧曰汝殺我於是
伏誅時年七十二有子五人操字孟德位上開府義鄉縣

公早卒剛字永固位大將軍通政縣公涇州刺史以諫父獲免徙瓜州叔諧坐士彥誅梁默者士彥之蒼頭也驍武絕人士彥每從征伐常與默陷陣仕周位開府開皇末以行軍揔管從楊素征突厥進位大將軍又從平楊諒授柱國大業五年從煬帝征吐谷渾力戰死之贈光祿大夫

元諧河南洛陽人也家世貴盛諧性豪俠有氣調少與隋文帝同受業於國子甚相友愛後以軍功累遷大將軍及帝為相引致左右諧謂帝曰公無黨譬如水間一堵牆大危矣公其勉之及帝受禪顧諧笑曰水間牆竟何如也進位上大將軍封樂安郡公奉詔參修律令時吐谷渾將定

城王鍾利房率騎度河連結党項率兵出鄯州趣青海邀其歸路相遇於豐利山諧擊走之又破其太子可博汗其名王十七人公侯十三人各率其所部來降詔授上柱國別封一子縣公諧拜寧州刺史頗有威惠然性剛愎好排詆不能取媚於左右嘗言於上曰臣一心事主不曲取人意上曰宜終此言後以公事免時上柱國王誼有功於國與諧俱無位任每相往來胡僧告諧誼謀反帝按其事無狀慰諭釋之未幾誼誅諧漸被疏忌然以龍潛之舊每預朝請恩禮無虧及平陳百寮大宴諧進曰陛下威德遠被臣前請突厥可汗為候正陳叔寶為令史今可用臣言帝曰朕平陳國本以除逆非欲誇誕公之所奏殊非朕心突厥不知山川何能警候叔寶昏醉寧堪驅使諧嘿然而退後數歲有人告諧與從父弟上開府滂臨澤侯田鸞上儀同祁緒等謀反帝令按其事有司奏諧謀令祁緒勒党項兵即斷巴蜀時廣平王雄左僕射高熲二人用事諧欲譖去之云左執法星動已四年矣狀一奏高熲必死又言太白犯月光芒相照主殺大臣雄必當之諧與滂嘗同謁帝私謂滂曰我是主人殿上者賊也因令滂望氣滂曰彼雲似蹲狗走鹿不怒我輩有福德雲帝大怒諧滂鸞緒並伏誅籍沒其家

虞慶則京兆櫟陽人也本姓魚其先仕赫連氏遂家靈武世為北邊豪傑父祥周靈武太守慶則幼雄毅性倜儻身長八尺有膽智善鮮卑語身被重鎧帶兩鞬左右馳射本州豪俠皆敬憚之初以射獵為事中更折節讀書常慕傅介子班仲升之為人仕周為中外府外兵參軍事襲爵沁源縣公越王盛討平稽胡將班師內史下大夫高熲與盛謀須文武幹略者鎮遏之表請慶則於是拜石州揔管甚有威惠稽胡慕義歸者八千餘戶開皇元年歷位內史監吏部尚書京兆尹封彭城郡公營新都揔監二年突厥入寇慶則為元帥討之部分失所士卒多寒凍墮指者千餘

人偏將達奚長儒率騎兵二千人別道邀賊爲虜所圍慶則按營不救由是長儒孤軍獨戰死者十八九上弗之責也尋遷尚書右僕射後突厥主攝圖將內附請一重臣充使詔慶則往攝圖恃強慶則責以往事攝圖不服其介長孫晟又說諭之攝圖及弟葉護皆拜受詔因稱臣朝貢請永爲藩附初慶則出使帝敕曰我欲存立突厥彼送公馬但取五三疋攝圖見慶則贈馬千疋又以女妻之帝以慶則功高皆無所問授上柱國封魯國公食任城縣千戶以彭城公迴授第二子義平陳後帝幸晉王第置酒會群臣高熲等奉觴上壽帝曰高熲平江南虞慶則平突厥可謂

茂功矣楊素曰皆由至尊威德所被慶則曰楊素前出兵武牢硤石若非至尊威德亦無克理遂互相長短御史欲彈之帝曰今日計功爲樂並不須劾帝觀群臣宴射慶則進曰臣蒙賚酒令盡樂御史在側恐醉被彈帝賜御史酒遣之出慶則奉觴上壽極歡帝謂諸公曰飲此酒願我與公等子孫常如今日世守富貴九年轉爲右衛大將軍尋改爲右武候大將軍十七年嶺南人李世賢據州反議欲討之諸將二三請行皆不許帝顧謂慶則曰位居宰相爵爲上公國家有賊遂無行意何也慶則拜謝恐懼帝乃遣焉爲桂州道行軍總管以婦弟趙什柱爲隨府長史什柱

與慶則愛妾通恐事彰乃宣言慶則不欲此行帝聞之先是朝臣出征帝皆宴別禮賜遣之慶則南討辭帝帝色不悅慶則由是怏怏不得志既平世賢還歸桂鎮觀眺山川形勢曰此誠險固加以足糧若守得其人攻不可拔遂使什柱馳詣京奏事觀帝顏色什柱至京因告慶則謀反帝按驗之於是伏誅拜什柱爲大將軍慶則子孝仁幼豪俠任氣拜儀同領晉王親信坐父事除名煬帝嗣位以藩邸之舊授候衛長史兼領金谷監監禁苑有巧思頗稱旨大業九年伐遼遷都水丞充使監運頗有功然性奢華以駱駝負函盛水養魚而自給後或告其爲不軌遂見誅

元胄河南洛陽人魏昭成帝之六代孫也祖順魏濮陽王父雄武陵王胄少英果多武藝美鬚眉有不可犯之色周齊王憲見而壯之引致左右數從征伐官至大將軍隋文帝初被召入將受顧託先呼胄次命陶澄並委以腹心恆宿臥內及爲丞相每典軍在禁中又引弟威俱入侍衛周趙王招謀害帝帝不之知乃將酒肴詣其宅趙王引帝入寢室左右不得從唯楊弘與胄兄弟坐於戶側趙王令其二子進瓜因將刺帝及酒酣趙王欲生變以佩刀子刺瓜連啗帝將爲不利胄進曰相府有事不可久留趙王呵之曰我與丞相言汝何爲者叱之使卻胄瞋目憤氣扣刀入

衛趙王問其姓名冑以實對趙王曰汝非昔事齊王者乎
誠壯士也因賜之酒曰吾豈有不善之意邪卿何猜警如
是趙王僞吐將入後閤冑恐其爲變扶令上座如此者再
三趙王稱喉乾命冑就廚取飲冑不動會滕王逌後至帝
降階迎之冑耳語勸帝速去帝猶不悟曰彼無兵馬復何
能爲冑曰兵馬悉他家物一先下手大事便去冑不辭死
死何益邪復入坐冑聞屋後有被甲聲遽請曰相府事殷
公何得如此因扶帝下牀趣而去趙王將追帝冑以身蔽
戶王不得出帝及門冑自後而至趙王恨不時發彈指出
血及誅趙王賞賜不可勝計帝受禪封武陵郡公拜左衛

將軍尋遷右衛大將軍帝從容曰保護朕躬成此基業元
冑功也歷豫亳淅三州刺史時突厥屢爲邊患朝廷以冑
素有威名拜靈州揔管北夷甚憚焉徵爲右衛大將軍親
顧益隆嘗正月十五日帝與近臣登高時冑下直馳詔召
之及見謂曰公與外人登高未若就朕也賜宴極歡晉王
廣每致禮焉房陵王之廢也冑預其謀帝正窮東宮事左
衛大將軍元旻苦諫楊素乃譖之帝大怒執旻於仗冑時
當下直不去因奏曰臣向不下直者爲防元旻耳復以此
言激怒帝帝遂誅旻蜀王秀之得罪冑坐與交通除名煬
帝即位不得調時慈州刺史上官政坐事徙嶺南將軍丘

和亦以罪廢冑與和有舊因數從之游酒酣謂和曰上官
政誠壯士也今徙嶺表得無大事乎因自拊腹曰若是公
者不徒然矣和明日奏之冑竟坐死於是徵政爲驍騎將
軍拜和代州刺史

達奚長儒字富仁代人也祖俟魏定州刺史父慶驃騎大
將軍儀同三司長儒少懷節操膽烈過人十五龔爵樂安
公爲周文帝引爲親信以質直恭朴授子都督數有戰功
天和中除渭南郡守位驃騎大將軍開府儀同三司從武
帝平齊遷上開府進爵成安郡公別封一子縣公宣政元
年除左將軍勇猛中大夫後與烏丸軌圍陳將吳明徹於

呂梁陳援軍至軌令長儒拒之長儒取車輪數百繫以大
石沈之清水連轂相次以待之船艦礙輪不得進長儒縱
奇兵大破之獲吳明徹以功進位大將軍尋授行軍總管
北巡沙塞卒與虜遇大破之文帝作相王謙舉兵於蜀沙
氏楊永安扇動利興武文沙龍等六州以應謙詔長儒擊
破之謙二子自京師逃歸其父長儒並捕斬之文帝受禪
進位上大將軍封蘄郡公開皇二年突厥沙鉢略可汗并
弟葉護及潘那可汗寇掠西南詔以長儒爲行軍總管擊
之遇於周槃衆寡不敵軍中大懼長儒慷慨神色愈烈爲
虜所衝突散而復聚且戰且行轉鬭三日五兵咸盡士卒

以拳毆之手皆骨見殺傷萬計虜氣稍奪於是解去長儒身被五瘡通中者二其戰士死者十八九突厥本欲大掠秦隴既逢長儒兵皆力戰虜意大沮明日於戰處焚尸慟哭而去文帝下詔褒美授上柱國餘勳迴授一子其戰亡將士皆贈官三轉子孫襲之歷寧鄜二州刺史母憂去職長儒性至孝水漿不入口五日毀悴過禮殆將滅性天子嘉歎起為夏州總管匈奴憚之不敢窺塞以病免又除襄州總管轉蘭州文帝遣涼州總管獨孤羅原州總管元褒靈州總管賀若誼等發卒備胡皆受長儒節度長儒率衆出祁連山北西至蒲類海無虜而還轉荊州總管帝謂曰

江陵國之南門今以委卿朕無慮也卒官謚曰威子暠大業中位太僕少卿

賀婁子幹字萬壽本代人也隨魏氏南遷世居關右祖道成魏侍中太子太傅父景賢右衛大將軍子幹少以驍武知名仕周累遷少司水以勤勞封思安縣子大象中除秦州刺史進爵為伯及尉遲迥為亂子幹從韋孝寬討之遇賊圍懷州子幹與宇文述等擊破之文帝大悅手書慰勉其後每戰先登及破鄴城與崔弘度逐迥至樓上進位上開府封武川縣公以忠安縣伯別封子皎開皇元年進爵鉅鹿郡公其年吐谷渾寇涼州子幹以行軍總管從上柱國元諧擊之功最優詔褒美即令子幹鎮涼州其年突厥寇蘭州子幹拒之至可洛峐山與賊相遇賊衆甚盛子幹阻川為營賊軍不得水數日人馬甚弊縱擊大破之於是冊授上大將軍徵授營新都副監尋拜工部尚書其年突厥復犯塞以行軍總管從竇榮定擊之子幹別路破賊文帝嘉之遣優詔勞勉之子幹請入朝詔令馳驛奉見吐谷渾復寇邊命子幹討之入掠其國二旬而還文帝以隴西頻被寇掠甚患之又彼俗不設村塢敕子幹勒人為堡營田積穀以備不虞子幹上書曰比見屯田之所獲少費多但隴右之人以畜牧為事若更屯聚彌不獲安但使鎮戍

連接烽候相望人雖散居必無所慮帝從之帝以子幹習邊事授榆關總管遷雲州刺史甚為虜所憚後數年突厥雍虞閭遣使請降幷獻羊馬詔以子幹為行軍總管出西北道應接之還拜雲州總管以突厥所獻馬百疋羊千口以賜之乃下書曰自公守北門風塵不警突厥所獻還以賜公母憂去職朝廷以榆關重鎮尋起視事卒官文帝傷惜久之贈懷魏等四州刺史謚曰懷子善柱嗣

子幹兄詮亦有才器位銀青光祿大夫鄭純深等三州刺史北地太守東安郡公

史萬歲京兆杜陵人也父靜周滄州刺史萬歲少英武善

騎射驍健若飛好讀兵書兼精占候年十五逢周齊戰於
芒山萬歲從父在軍旗鼓正相望萬歲令左右趣裝急去
俄而周兵大敗其父由是奇之及平齊之役其父戰沒萬
歲以忠臣子拜開府儀同三司襲爵太平縣公尉遲迥之
亂萬歲從梁士彥擊之軍次馮翊見羣鴈飛來萬歲謂士
彥請射行中第三者射之應弦而落三軍莫不悅服及與
迥軍遇每戰先登鄴城之陣官軍稍却萬歲乃馳馬奮擊
殺數十人衆亦齊力官軍復振迥平以功拜上大將軍開
皇初大將軍尒朱勣以謀反伏誅萬歲頗關涉坐除名配
敦煌爲戍卒其戍主甚驍武每單騎深入突厥中輒大剋

獲突厥莫敢當其人深自矜負數罵辱萬歲萬歲患之自
言亦有武用戍主試令騎射笑曰小人定可萬歲因請弓
馬復掠突厥中大得六畜而歸戍主始善之每與同行輒
入突厥數百里名讋北夷竇榮定之擊突厥萬歲詣轅門
請自効榮定素聞其名見而大悅因遣人謂突厥當各遣
一壯士決勝負突厥許諾因遣一騎挑戰榮定遣萬歲出
應之萬歲馳斬其首而還突厥大驚遂引軍去由是拜上
儀同領車騎將軍平陳之役以功加上開府及高智慧等
作亂江南以行軍總管從楊素擊之萬歲自東陽別道而
進踰嶺越海攻陷溪洞不可勝數前後七百餘戰轉鬬千

里寂無聲問者十旬遠近皆以萬歲爲沒萬歲乃置書竹
筒中浮之水汲者得之以言於素大悅上其事文帝歎嗟
還拜左領軍將軍先是南寧夷爨翫降拜昆州刺史既而
復叛遂以萬歲爲行軍總管擊之入蜻蛉川經弄凍次小
勃弄大勃弄至于南中賊前後屯據要害萬歲皆擊破之
行數百里見諸葛亮紀功碑銘其背曰萬歲之後勝我者過
此萬歲令左右倒其碑而進度西二河入渠濫川行千餘
里破其三十餘部諸夷大懼遣使請降獻明珠徑寸於是
勒石頌美隋德萬歲請將爨翫入朝詔許之爨翫陰有二
心不欲詣闕因賂萬歲金寶萬歲乃捨翫而還蜀王在益

州知其受賂遣使將索之萬歲聞而悉以所得金寶沈之
於江索無所獲以功進柱國晉王廣甚欽敬之待以交友
之禮上知爲晉王所善令萬歲督晉王府軍事明年爨翫
復反蜀王秀奏萬歲受賂縱賊致生邊患上令窮之事皆
驗罪當死上數之萬歲曰臣留翫者恐其州有變留以鎮
撫臣還至瀘水詔書方到由是不將入朝實不受賂上以
萬歲心有欺隱大怒顧有司曰將斬之萬歲懼而服罪頓
首請命左僕射高熲左衛大將軍元旻等進曰史萬歲雄
略過人每行兵用師之處未嘗不身先士卒雖古名將未
能過也上意稍解於是除名歲餘復官爵尋拜河州刺史

復領行軍揔管以備胡開皇末突厥達頭可汗犯塞上令晉王及楊素出靈武道漢王諒與萬歲出馬邑道萬歲率柱國張定和大將軍李藥王楊義臣等出塞至大斤山遇虜達頭遣使問曰隋將爲誰候騎曰史萬歲也突厥復曰得非敦煌戍卒乎候騎曰是也達頭聞而引去萬歲馳追百餘里乃及擊大破之逐北入磧數百里虜遁逃而還楊素害其功譖萬歲云突厥本降初不爲寇遂寢其功萬歲數抗表陳狀上未之悟會上從仁壽宮初還京師廢皇太子窮東宮黨與上問萬歲所在萬歲實在朝堂楊素見上方怒因曰萬歲謁東宮矣以激怒上上謂信然令召萬歲

時所將士卒在朝堂稱寃者數百人萬歲謂曰吾今日爲汝極言於上及見上言將士有功爲朝廷所抑詞氣憤厲忤上上大怒命左右㩧殺之既而追悔不及因下詔罪狀之萬歲死之日天下士庶聞者識與不識無不寃惜萬歲爲將不脩營伍令士卒各隨所安無警夜之備虜亦不敢犯臨陣對敵應變無方號爲良將子懷義嗣

劉方京兆長安人也性剛決有膽氣仕周承御上士以戰功拜上儀同隋文帝爲丞相方從韋孝寬破尉遲迥於相州以功加開府賜爵河陰縣侯文帝受禪進爵爲公開皇三年從衛王爽破突厥於白道進位大將軍後歷甘瓜二州刺史仁壽中交州俚人李佛子作亂據越王故城左僕射楊素言方有將帥略於是詔方爲交州道行軍揔管統二十七營而進法令嚴肅然仁而愛士長史度支侍郎敬德亮從軍至尹州疾甚不能進留之州館分別之際方哀其危篤流涕嗚咽感動行路論者多之稱爲良將至都隆嶺遇賊方遣營主宋纂何貴嚴願等破之進兵臨佛子先令人諭以禍福佛子乃降送於京師其有桀黠恐爲亂者皆斬之尋授驩州道行軍揔管以尚書右丞李綱爲司馬經略林邑方遣欽州刺史甯長真驩州刺史李暈上開府秦雄以步騎出越常方親率大將軍張愻司馬李綱舟師趣

比境大業元年正月軍至海口林邑王梵志遣兵守險方擊走之師次闍黎江賊據南岸立柵方盛陳旗幟擊金鼓賊懼而潰既度江行三十里賊乘巨象四面而至方以弩射象象中瘡却蹂其陣賊奔柵因攻破之於是濟區粟進至大緣江所擊皆破經馬援銅柱南行八日至其國都林邑王梵志棄城奔海獲其廟主金人汙其宮室刻石紀功而還士卒脚腫死者十四五方在道遇患卒帝甚傷惜之下詔褒美贈上柱國盧國公子通仁嗣開皇中有馮昱王㩳楊武通陳永貴房兆俱爲邊將名顯當時昱㩳並不知何許人昱多權略有武藝文帝初爲丞相以行軍揔管與

王誼李威等討平叛蠻拜柱國開皇初又以行軍揔管屯乙弗泊備胡每戰常大尅捷驍勇善射每以行軍揔管屯兵江北以禦陳爲陳人所憚伐陳之役及高智慧反攻討皆有殊績位柱國白水郡公武通弘農華陰人性果烈善馳射數以行軍揔管討西南夷以功封白水郡公拜左武衛將軍時党項羌屢爲邊患朝廷以其有威名使鎭邊歷岷蘭二州揔管復與周法尚討嘉州叛獠法尚軍初不利武通爲賊斷歸路於是東馬懸車出賊不意頻戰破之賊知其孤軍無援傾部落而至武通轉鬬數百里爲賊所拒四面路絶武通輕騎挑戰墜馬爲賊所執殺而噉之求

貴隴右胡人本姓白以勇烈爲文帝所親愛數以行軍揔管領邊每戰必單騎陷陣位柱國蘭利二州揔管封北陳郡公兆代人本姓屋引氏剛毅有武略頻爲行軍揔管攻胡以功位至柱國徐州揔管並史失其事

杜彥雲中人也父遷葛榮之亂徙家于豳彥性勇決善騎射仕周以軍功累遷隴州刺史賜爵永安縣伯隋文帝爲丞相從韋孝寬擊尉遲迥以功進位上開府改封襄武縣侯拜魏郡太守開皇初授丹州刺史進爵爲公徵爲左武衛將軍平陳之役以行軍揔管與韓擒相繼而進及陳平賜物五千段粟六千石進位柱國賜子寶安爵昌陽縣公

高智慧等之作亂復以行軍揔管從楊素討平之斬其渠帥賊李陁擁衆據彭山彥襲擊破之斬陁傳其首又擊徐州宜封二洞悉平賜奴婢百餘口拜洪州揔管有能名及雲州揔管賀婁子幹卒上悼惜者久之因謂侍臣曰榆林國之重鎭安得子幹之輩乎後數日上曰莫過杜彥於是徵拜雲州揔管北夷畏憚胡馬不敢至塞後朝廷追錄前功賜子寶虔爵承縣公十八年遼東之役以行軍揔管從漢王至營州上以彥曉習軍旅令揔統五十營事及還拜朔州揔管突厥寇雲州上令楊素擊走之猶恐爲邊患復拜彥雲州揔管以疾徵還卒子寶虔大業末至文城郡丞

周搖字世安河南洛陽人也其先與魏同源初姓普乃及居洛陽改爲周氏曾祖拔拔祖右六肱俱爲北平王父恕延歷行臺僕射南荊州揔管搖少剛毅有武藝性謹厚動遵法度仕魏位開府儀同三司周閔帝受禪賜姓車非氏封金水郡公歷鳳楚二州刺史吏人安之從平齊以戰功超授柱國進封夔國公未幾拜晉州揔管時隋文帝爲定州揔管文獻皇后自京師赴州路經搖所主禮甚薄既而白后曰公廨甚富於財限法不敢輒費又王臣無得効私其質直如此帝以其奉法每嘉之及爲丞相徙封濟北郡公拜豫州揔管帝受禪復姓周氏開皇初突厥寇邊燕薊

多被其患前摠管李崇爲虜所殺上思所以鎮之曰無以加周摇拜爲幽州摠管六州五十鎮諸軍事摇脩障塞謹斥候邊人安之從壽襄二州摠管俱有能名進上柱國以老乞骸骨上勞之曰公歷任三代保茲遐壽良足善也賜坐褥歸第終於家謚曰恭

獨孤楷字脩則不知何許人也本姓李氏父屯從齊神武帝與周師戰于沙苑齊師敗績因爲柱國獨孤信所禽配爲士伍給使信家漸得親近因賜姓獨孤氏楷以謹厚便弄馬槊爲宇文護執刀數從征伐賜爵廣阿縣公拜右侍下大夫從韋孝寬平淮南以功賜子景雲爵西河縣公隋文

帝爲丞相進開府領親信兵及受禪拜右監門將軍進封汝陽郡公仁壽初出爲原州摠管時蜀王秀鎮益州上徵之猶豫未發朝廷恐秀生變拜楷益州摠管馳傳代之秀果有異志楷諷諭久之乃就路楷察秀有悔色因勒兵爲備秀至興樂去益州四十餘里將反襲楷密使覘之知不可犯而止楷在益州甚有惠政蜀中父老于今稱之煬帝即位轉并州摠管遇疾喪明上表乞骸骨帝曰公先朝舊臣卧以鎮之無勞躬親簿領也以其長子凌雲監省郡事其見重如此轉長平太守卒謚曰恭子凌雲平雲彥雲皆知名楷弟盛性剛烈有膽略以藩邸之舊累遷右屯衛將軍宇文化及之亂裴虔通引兵至成象殿宿衛者皆釋仗走盛謂虔通曰何物兵形勢太異虔通曰事已然不預將軍事盛罵曰老賊何物語不及被甲與左右十餘人逆拒之爲亂兵所殺越王侗稱制贈光禄大夫紀國公謚曰武節

乞伏慧字令和馬邑鮮卑人也祖周魏銀青光禄大夫父纂金紫光禄大夫並爲第一領人酋長慧少慷慨有大節便弓馬好鷹犬齊文襄時爲行臺左丞累遷太僕卿自求寧縣公封宜人郡王其兄貴和又以軍功爲王一門二王稱爲貴顯周武平齊授使持節開府儀同大將軍拜佽飛

右旅下大夫轉熊渠中大夫從韋孝寬擊尉遲惇於武陟以功授大將軍及破尉遲迥進位柱國賜爵西河郡公請以官爵讓兄朝廷不許論者義之隋文帝受禪拜曹州刺史曹土舊俗人多姦隱戶口簿帳恒不以實慧下車按察得戶數萬遷涼州摠管先是突厥屢爲寇抄慧嚴警烽燧遠爲斥候虜竟不入境後爲荊州摠管又領潭桂二州摠管三十一州諸軍事其俗輕剽慧躬行朴素以矯之風化大洽曾見人以簺捕魚者出絹買而放之其仁心如此百姓美之號其處曰西河公簺煬帝即位爲天水太守大業五年征吐谷渾郡濱西境人苦勞役又遇帝巡坐御道不

整猷食踈薄帝大怒命左右斬之見其無髮乃釋之除名卒于家

張威不知何許人也父琛魏弘農太守威少倜儻有大志善騎射膂力過人仕周以軍功位柱国京兆尹封長壽縣公王謙作亂隋文帝以威為行軍揔管從梁睿擊之軍次通谷謙守將李三王拒守睿以為先鋒三王閉壘不戰威令人激怒之三王果出陣威令壯士奮擊三王軍潰大兵繼進至開遠謙將趙儼衆十萬連營三十里威鑿山通道攻其背儼敗走追至成都及謙平進位上柱国盧州揔管隋文帝受禪拜幽洛二州揔管改封晉熙郡公尋拜河北

道行臺僕射後督晉王軍府事遷青州揔管在青州頗事產業遣家奴於人間鬻蘆菔根其奴緣此侵擾百姓上深加譴責坐廢於家後從上祠太山至洛陽上責讓之因問威所執笏安在威頓首曰臣負罪無顏復執謹藏於家上曰可持來威明日奉笏以見上曰公雖不遵法度功効實多今還公笏於是復拜洛州刺史後改封皖城郡公轉相州刺史卒子植大業中位至武賁郎將

和洪汝南人也勇烈過人仕周以軍功位車騎大將軍儀同三司時龍州蠻任公忻李國立等聚衆為亂刺史獨孤善不能禦朝議以洪有武略代善為刺史月餘斬公忻國立等皆平之後從武帝平齊位上儀同賜爵北平侯拜左勳曹下大夫柱國王軌之禽吳明徹也洪有功焉加位開府遷折衝中大夫尉遲迥作亂洪以行軍揔管從韋孝寬擊之以功封廣武郡公時東夏初平物情尚梗隋文帝以洪有威名令領冀州事甚得人和後拜泗州刺史屬突厥寇邊詔洪為北道行軍揔管擊走之追虜至磧而還後遷徐州揔管卒

陰壽字羅雲武威人也父嵩周夏州刺史壽少果烈有武幹性謹厚從周武帝平齊位開府隋文帝為丞相引為掾尉遲迥亂文帝以韋孝寬為元帥擊之命壽監軍時孝寬

有疾不能親揔戎事每臥帳中遣婦人傳教命三軍綱紀皆取決於壽以功進位上柱國尋拜幽州揔管封趙郡公先是齊之踈屬高寶寧周武帝拜為營州刺史性桀黠得華夷心及文帝為丞相遂連契丹靺鞨舉兵反帝以中原多故未遑進討諭之不下開皇初又引突厥攻圍北平至是令壽討之寶寧弃城奔于磧北黃龍諸縣悉平壽班師留開府成道昂鎮之壽患寶寧攻道昂乃重購獲之北邊遂安卒官贈司空

子世師少有節槩性忠厚多武藝以功臣子拜儀同煬帝嗣位拜張掖太守深為戎狄所憚後拜樓煩太守遷左翊

衛將軍與代王留守京師及義軍至世師自以世荷隋恩遂拒守不下及城平與京兆郡丞骨儀等見誅骨儀天竺胡人性剛鯁有不可奪之志開皇初爲御史處法平當不爲勢利所迴煬帝嗣位遷尚書左司郎于時朝政漸亂貨賄公行凡當樞要之職無問貴賤竝家累金寶天下士大夫莫不變節而儀勵志守常介然獨立帝嘉其清苦拜京兆郡丞公方彌著時刑部尚書衛玄兼領京兆拜內史頗行詭道輒爲儀所執正玄雖不便之不能傷及義兵至玄恐禍及辭老病儀與世師同心協契父子竝誅其後絶世師有子弘智等各以年幼獲全

楊義臣代人也本姓尉遲氏父崇仕周爲儀同大將軍以兵鎮恒山時隋文帝爲定州摠管崇知帝相貌非常每自結納帝甚親待之及爲丞相尉遲迥亂崇以宗族故自囚遣使請罪帝下書慰諭之即令馳驛入朝恒置左右開皇初封秦興公歲餘從行軍摠管達奚長儒擊突厥於周槃力戰而死贈大將軍豫州刺史以義臣襲崇官爵時義臣尚幼養於宮中未弱冠奉詔宿衛如千牛者數年賞賜甚厚上嘗言及崇舊顧義臣嗟嘆久之因下詔賜義臣姓楊氏編之屬籍爲皇從孫未幾拜陝州刺史義臣性謹厚能騎射有將領才後突厥達頭可汗犯塞以行軍摠管出白道大破之明年突厥又寇邊義臣擊之追至大斤山與虜遇時太平公史萬歲亦至與義臣合擊大破之萬歲爲楊素所陷義臣功竟不録煬帝嗣位漢王諒反時代州摠管李景被諒將喬鍾葵所圍義臣時爲朔州摠管奉詔救之鍾葵見義臣兵少悉衆拒之時鍾葵亞將王拔驍勇善用矟射者不能中每以數騎陷陣義臣患之募能當拔者有車騎將軍楊思恩請當之義臣見思恩氣貌雄勇顧之曰壯士也賜以巵酒思恩望見拔立於陣後投觴於地策馬赴之再往不尅所從騎士退思恩爲拔所殺拔遂乘之義臣軍北者十餘里於是購得思恩屍義臣哭之甚慟三軍

莫不下泣所從騎士皆腰斬義臣自以兵少悉取軍中牛驢得數千頭復令數百人人持一鼓潛驅之磵谷間出其不意義臣晡後復與鍾葵戰兵初合命驅牛驢者疾進一時鳴鼓埃塵張天鍾葵軍不知所以以爲伏兵發因大潰縱擊破之以功進位上大將軍累遷太僕卿從征吐谷渾令義臣屯琵琶峽連營八十里南接元壽北連段文振合圍吐谷渾主於覆袁川復從征遼東以軍將指肅慎道至鴨渌水與乙支文德戰每爲先鋒一日七捷後與諸軍俱敗竟坐免俄而復位明年以爲軍副與大將軍宇文述趣平壤至鴨渌水會楊玄感作亂班師檢校趙郡太守袄賊

向海公作亂寇扶風安定閒義臣奉詔擊平之尋從帝復征遼東進位左光祿大夫時勃海高士達清河張金稱並相聚爲盜攻陷郡縣帝遣將軍段達討之不能尅詔義臣率遼東還兵擊大破士達斬金稱又收降賊入豆子䴚討賊格謙禽之以狀聞奏帝惡其威名遽追入朝賊由是復盛義臣以功進位光祿大夫尋拜禮部尚書卒于官

論曰昔韓信𣀣垓下之期則項王不滅英布無淮南之舉則漢道未隆以二子之勳屬咸憤怨而葅戮況乃無古人之殊績而懷悖逆之心者乎梁士彥遭雲雷之會以勇略成名遂貪天之功以爲己力報者倦矣施者未厭將生厲

階求逞其欲及茲顛墜自取之也元諧虞慶則元冑或契闊艱危或綢繆恩舊將安將樂漸見遺忘內懷怏怏矜伐不已雖時主之刻薄亦言語以速禍乎然隋文佐命元功鮮有終其天命配享清廟寂爾無聞斯蓋草創帝圖事出權道本異同心故久而愈薄其牽牛蹊田雖則有罪奪之非道能無怨乎皆深文巧詆致之刑辟帝沈猜之心固已甚矣求其餘慶不亦難哉長儒以步卒二千抗十萬之衆師殲矢盡勇氣彌厲壯矣哉子幹西涉青海北臨玄塞胡夷慑憚亦有可稱萬歲寬懷智勇善撫士卒人皆樂死師不疲勞北卻匈奴南平夷獠兵鋒所指威讋絕域論功杖氣犯忤貴臣偏聽生姦死非其罪人皆痛惜有李廣之風焉劉方號令無私臨軍嚴肅克翦林邑遂清南海徼外百蠻無思不服杜彥東夏南服屢有戰功作鎮朔垂胡塵不起周搖以質直見知獨孤楷以恤人流譽威蹈履之地可以追蹤古人乞伏慧能以國讓亦云美矣而慧以供帳不厚至於放黜君方逞欲罰亦深哉陰壽遭天所廢舍命無改雖異先覺頗同後凋義臣時屬擾攘功成三捷而以功見忌得沒亦爲幸也

列傳第六十一

劉昉
柳裘
皇甫績
郭衍
張衡
楊汪
裴藴
袁充
李雄

劉昉博陵望都人也父孟良仕魏位大司農卿從武帝入關爲梁州刺史昉輕狡有姦數周武帝時以功臣子入侍皇太子及宣帝嗣位以技佞見狎出入宮掖寵冠一時位小御正與御正中大夫顏之儀竝見親信及帝不悆召昉及之儀俱入卧內屬以後事帝失瘖不復能言昉見靜帝幼沖又素奇隋文帝時文帝以后父故有重名於天下昉遂與鄭譯謀引帝輔政帝固讓不敢當昉曰公若爲當速爲之如不爲昉自爲也帝乃從之及帝爲丞相以昉爲司馬時宣帝弟漢王贊居禁中每與帝同帳而坐昉飾美妓進贊贊甚悅之昉因說贊曰大王先帝之弟時望所歸孺子幼沖豈堪大事令先帝初崩羣情尚擾王且歸第待事寧後入爲天子此萬全計也贊時年未弱冠性識庸下以爲信然遂從之文帝以昉有定策功拜上大將軍封黃國公與沛國公鄭譯皆爲心膂前後賞賜鉅萬出入以甲士自衞朝野傾矚稱爲黃沛時人語曰劉昉牽前鄭譯推後昉自恃功有驕色然性麤疎溺於財利富商大賈朝夕盈門于時尉遲迥起兵帝令韋孝寬討之至武陟諸將不一帝欲遣昉譯一人往監軍因謂之曰須得心膂以統大軍公兩人誰行昉辭未嘗爲將譯以母老爲請帝不懌而高熲請行遂遣之由是恩禮漸薄又王謙司馬消難相繼反

文帝憂之忘寢與食昉逸遊縱酒不以職司爲意相府事多所遺落帝深銜之以高熲代爲司馬是後益見疎忌及受禪進柱國改封舒國公閑居無事不復任使昉自以佐命元功中被疎遠甚不自安後遇京師飢上命禁酒昉使妾賃屋當壚酤酒治書侍御史梁毗劾奏之有詔不問昉鬱鬱不得志時上柱國梁士彥宇文忻俱失職怨望時昉竝與之交數相往來士彥妻有美色昉與私通士彥不之知也情好彌協遂相與謀反許推士彥爲帝後事泄帝窮問之昉自知不免默無所對詔誅之曰上柱國郕國公梁士彥杞國公宇文忻柱國舒國公劉昉等朕受命之初竝

長勤力酬勳報効榮高禄重朝夕宴言備知朕意但心如溪壑志等豺狼不荷朝恩忽謀逆亂士彦稱有相者云其應籙年過六十必據九五初平尉遲迥暫臨相州已有反心彰於道路朕即遣人代之不聲其罪入京之後逆意轉深忻昉之徒言相扶助士彦許率僮僕剋期不遠欲於蒲州起事即斷河橋捉黎陽之關塞河陽之路自謂一朝奮發無人當者其第二子剛每常苦諫第三子叔諧固深勸奬朕既聞知猶恐枉濫及授晉部之任欲驗蒲州之情士彦得以欣然云是天贊忻往定鄴城自矜不已位極人臣猶恨賞薄朕深念其功不計無禮任以武候授以領軍寄

之爪牙委之心腹忻密爲異計樹黨宮闈多奏交友入參宿衛朕推心待物言必依許爲而弗止心跡漸彰仍解禁兵令其改悔而志規不逞愈結於懷乃與士彦情意偏厚俱營賊逆逢則交謀委士彦河東自詐關右蒲津事建即望從征討兩軍結東西之旅一舉合連横之勢然後北破晉陽還圖宗社昉入佐相府便爲非法三度事發二度其婦自論常云姓是卯金刀名是一万日劉氏應王爲萬日天子朕訓之導之望其修改口請自新志存如舊亦與士彦情好深重逆節姦心盡探肝膈嘗共士彦論太白所犯問東井之間思秦地之亂訪軒轅之裏願宮掖之災唯待蒲坂事興欲在關内應接殘賊之策千端萬緒惟忻及昉名位並高寧肯北面曲躬臣於士彦乃是各懷不遜圖成亂階一得擾攘之基方逞吞幷之事士彦忻昉身爲謀首叔諧贊成父意義實難容並已處盡士彦忻昉兄弟叔姪特恕其命臨刑至朝堂宇文忻見高熲向之叩頭求哀昉勃然謂忻曰事形如此何叩頭之有於是伏誅籍沒其家後數日帝素服臨射殿盡取三家資物置於前命百寮射取之以爲鑒戒云

柳裘字茂和河東解人南齊司空世隆之曾孫也祖惔梁尚書左僕射父明太子舍人義興太守裘少聰慧弱冠有

令名在梁歷位尚書郎駙馬都尉梁元帝爲魏軍所逼遣裘請和於魏俄而江陵平遂入關中周明武間自麟趾學士累遷太子侍讀封昌樂縣侯宣帝即位進爵爲公轉御飾大夫及帝不悆留侍禁中與劉昉韋謩皇甫績同謀引隋文帝曰時不可失今事已然宜早定大計天與不取反受其殃帝從之進上開府内史大夫委以機密及尉遲迥作亂天下騷動幷州總管李穆頗懷猶豫帝令裘往喻之裘見穆盛陳利害穆遂歸心以奉使功賜綵三百匹金九環帶一署時司馬消難奔陳帝即令裘隨便安集淮南賜馬及雜物開皇元年進位大將軍拜許州刺史在官清簡

懷之轉曹州刺史後帝思褒定策功欲加榮秩將徵之顧
朝臣曰曹州刺史何當入朝或曰即今冬也乃止褒尋卒
帝傷惜者久之謚曰安子惠童嗣
皇甫績字功明安定朝那人也祖穆魏隴東太守父道周
湖州刺史雍州都督績三歲而孤爲外祖韋孝寬所鞠養
孝寬以諸子墮業督以嚴訓愍績孤幼特捨之績歎曰我
無庭訓養於外氏不能尅躬勵己何以成立深自感激命
左右自杖三十孝寬聞而對之流涕於是專精好學略涉
經史周武帝爲魯公時引爲侍讀建德初轉宮尹中士武
帝嘗避暑雲陽宮時宣帝爲太子監國衛刺王作亂城門

已閉百寮多有遁者績聞難赴之於玄武門遇皇太子下樓
執績手悲喜交集帝聞而善之遷小宮尹宣政初録前後
功封義陽縣男累轉御正下士宣帝崩隋文帝揔己績有力
焉加上開府轉內史中大夫進封郡公拜大將軍開皇元
年出爲豫州刺史尋拜都官尚書轉晉州刺史將之官稽
首言陳有三可滅帝問其狀績曰大吞小一也以有道伐
無道二也納叛臣蕭巖於我有詞三也陛下若命鷹揚之
將臣請預戎行上嘉勞而遣之陳平拜蘇州刺史高智慧
作亂江南州人顧子元等發兵應之因以攻績相持八旬
子元素感績恩於冬至日遣使奉牛酒績遺之書子元得

書於城下頓首陳謝楊素援兵至合擊破之拜信州揔管
俄以病乞骸骨詔徵還京師賜以御藥中使相望顧問不
絕卒於家謚曰安子偲嗣大業中位尚書主爵郎
郭衍字彥文自云太原介休人也父崇以舍人從魏孝武
帝入關位侍中衍少驍武善騎射建德中以軍功累遷儀
同大將軍又從周武帝平幷州以功加開府封武強縣公
賜姓叱羅氏宣政元年爲右中軍熊渠中大夫尉遲迥之亂
從韋孝寬討之以功授上柱國封武山郡公密勸隋文帝
殺周室諸王早行禪代由是大被親昵開皇元年衍復舊
姓爲郭氏突厥犯塞以衍爲行軍揔管領兵屯平涼數歲

虜不入境徵爲開漕渠大監部率水工鑿渠引渭水經大
興城北東至潼關漕運四百餘里關中賴之名曰富人渠
五年授瀛州刺史遇秋霖大水其屬縣多致漂沒人皆上
高樹依大冢衍親備船栰并齎糧食拯救之民多獲濟衍
先開倉賑恤後始聞奏上大善之遷授朔州揔管所部有
恒安鎮北接蕃境常勞轉運衍乃選沃饒地置屯田歲剩粟
萬餘石人免轉輸之勞又築桑乾鎮皆稱旨十年從晉王
廣出鎮揚州遇江表構逆命衍爲揔管先屯京口於貴洲
南與賊戰敗之仍討東陽永嘉宣城黟歙諸洞盡平之授
蔣州刺史衍臨下甚倨事上甚卑晉王愛昵之宴賜隆厚

遷洪州摠管王有奪宗之謀託衎心腹遣宇文述以情告
之衎大喜曰若所謀事果自可爲皇太子如其不諧亦須
據淮海復梁陳之舊副君酒客其如我何王因召衎陰共計
議又恐人疑無故來往託以妻患癭王妃蕭氏有術能療
之以狀奏帝聽共妻向江都往來無度衎又詐稱廣州俚
反王乃奏衎行兵討之由是大修甲仗陰養士卒及王入
爲太子徵授左監門率轉左宗衞率文帝於仁壽宮將大
漸太子與楊素矯詔令衎宇文述領東宮兵帖上臺宿衞
門禁並由之及上崩漢王起逆而京師空虛使衎馳還摠
兵居守大業元年拜左武衞大將軍帝幸江都令統左軍

改授光禄大夫又從征吐谷渾出金山道納降二萬餘戶
衎能揣上意阿諛順旨帝每謂人曰唯郭衎心與朕同又
嘗勸帝取樂五日一視事無得効高祖空自劬勞帝從之
益稱其孝順初新令行衎封爵從例除六年以恩舊封眞
定侯從往江都卒贈左衞大將軍謚曰襄長子臻武牙郎
將次子嗣本孝昌令

張衡字建平河內人也祖嶷魏河陽太守父允周萬州刺
史衡幼懷志尚有骨梗風十五詣太學受業研精覃思爲
同輩所推周武帝居太后憂與左右出獵衡露髮輿櫬扣
馬切諫帝嘉焉賜衣一襲馬一匹擢拜漢王侍讀衡又就
沈重受三禮略究大旨累遷掌朝大夫隋文帝受禪拜司
門侍郎及晉王廣爲河北行臺衡歷刑部度支二曹郎行
臺廢拜幷州摠管掾王轉牧揚州衡復爲掾王甚親任之
衡亦竭慮盡誠奪宗之計多衡所建遷揚州摠管司馬煕
州李英林反署置百官以衡爲行軍摠管討平之拜開府
及王爲皇太子拜衡右庶子煬帝嗣位除給事黃門侍郎
銀青光禄大夫遷御史大夫甚見親重大業三年帝幸榆
林郡還至太原謂衡曰朕欲過公宅可爲朕作主人也衡
馳至河內與宗族具牛酒帝上太行開直道九十里以抵
其宅帝悅其山泉留宴三日因謂衡曰往從先皇拜太山

之始塗經洛陽瞻望於此深恨不得相過不謂今日得諧
宿願衡俯伏辭謝奉觴上壽帝益歡賜其宅傍田三十頃
良馬一匹金帶縑綵六百段衣一襲御食器一具衡固讓
帝曰天子所至稱幸者蓋爲此也不足爲辭衡復獻食於
帝帝令頒賜公卿下至衞士無不霑給衡以藩邸之舊恩
寵莫與爲比頗自驕貴明年帝幸汾陽宮時帝欲大汾陽
宮令衡與紀弘整具圖奏之衡承間進諫以比年勞役百
姓疲敝爲請帝意甚不平後嘗目衡謂侍臣曰張衡自謂
由其計畫令我有天下時齊王暕失愛於上帝密令人求
其罪有人譖暕違制將伊闕令皇甫詡從之汾陽宮又録

前幸涿郡及祠恒岳時父老謁見者衣冠不整帝譴衡以憲司皆不能舉正出爲榆林太守明年帝復幸汾陽宮衡督役築樓煩城因而謁帝帝惡衡不損瘦以爲不念咎因謂曰公甚肥澤宜且還郡衡復之榆林俄而敕衡督役江都宮有人詣衡訟宮監者衡不爲理還以訟書付監其人大爲監所困禮部尚書楊玄感使至江都其人詣玄感稱寃玄感固以衡爲不可及與相見未有所言又先謂玄感曰薛道衡眞爲枉死玄感具上其事江都郡丞王世充又奏衡頻減頓具帝怒鎖衡詣江都市將斬之既而除名放還田里帝每令親人覘衡所爲八年帝自遼東還都妄言

衡怨望謗訕朝政帝賜死于家臨死大言曰我爲人作何物事而望久活監刑者塞耳促令殺之武德初以爲死非其罪贈大將軍南陽郡公謚曰忠子希玄

楊汪字元度本弘農華陰人也曾祖順居河東父琛儀同三司及汪貴追贈平鄉縣公汪少凶疎與人羣鬭拳所毆擊無不顛踣長更折節勤學專精左氏傳通三禮解褐周冀王侍讀王甚重之每曰楊侍讀德業優深孤之穆生也後問禮於沈重受漢書於劉臻二人曰吾弗如也由是知名累遷夏官府都上士隋文帝居相引知兵事遷掌朝下大夫及受禪賜爵平鄉縣伯歷秦州總管府長史每聽政暇必延生徒講授時人稱之入爲尚書兵部侍郎數年帝謂諫議大夫王達曰卿爲我覓一好左丞達遂私於汪曰我當薦君爲左丞若事果當以良田相報也汪以達言奏之達竟獲罪卒拜汪尚書左丞汪明習法令果於剖斷當時號爲稱職未幾坐事免後拜洛州長史轉荊州長史煬帝即位追爲尚書左丞尋守大理卿視事二日帝將親省囚徒時繫囚二百餘人汪通宵究審詰朝而奏曲盡事情一無遺誤帝甚嘉之歲餘拜國子祭酒帝令百寮就學與汪講論天下通儒碩學多萃焉論難鋒起皆不能屈帝令御史書其問答奏之省而大悅賜良馬一匹後加銀青

光祿大夫及楊玄感反河南贊務裴弘策出師禦之戰不利奔還遇汪而屏人交語既而留守樊子蓋斬弘策以狀奏汪帝疑之出爲梁郡通守後煬帝崩王世充推越王侗爲主徵拜吏部尚書頗見親委及世充僭號汪復用事世充平遂以凶黨伏誅

裴蘊河東聞喜人也祖之平父忌並南史有傳忌在陳與吳明徹同見俘于周周賜爵江夏公在隋十餘年而卒蘊明辯有吏幹仕陳歷直閤將軍興寧令以父在北陰奉表於隋文帝請爲內應及陳平上悉閱江南衣冠之士次至蘊以夙有向化心超授儀同僕射高熲不悟上旨諫曰蘊

無功於國寵踰倫輩臣未見其可又加上儀同頻復諫上
曰可加開府頻乃不敢復言即日拜開府儀同三司禮賜優
洽歷洋直棣三州刺史俱有能名大業初考績連最煬帝
聞其善政徵為太常少卿初文帝不好聲技遣牛弘定樂
非正聲清商及九部四儛之色皆罷遣從百姓至是蘊揣
知帝意奏括天下周齊梁陳樂家子弟皆為樂户其六品
已下至于凡庶有善音樂及倡優百戲者皆直太常是後
異技淫聲咸萃樂府皆置博士遞相教傳增益樂人至三
萬餘帝大悅遷户部侍郎時猶承文帝和平後禁網疎闊
户口多漏或年及成丁猶詐為小未至於老已免租賦蘊

歷為刺史素知其情因是條奏皆令貌閱若一人不實則
官司解職鄉正里長皆遠流配又許民相告若糾得一丁
者令被糾之家代輸賦役是歲大業五年也諸郡計帳進
丁二十四万三千新附口六十四万一千五百帝臨朝覽
狀謂百官曰前代無好人致此罔冒今進民口皆從實者
全由裴蘊一人用心古語云得賢而理驗之信矣由是漸
見親委拜京兆贊務發擿纖毫吏民慴憚未幾擢授御史
大夫與裴矩虞世基參掌機密蘊善候伺人主微意若欲
罪者則曲法順情鍛成其罪所欲宥者則附從輕典因而
釋之是後大小之獄皆以付蘊憲部大理莫敢與奪必稟

承進止然後決斷蘊亦機辯所論法理言若懸河或重或
輕皆由其口剖析明敏時人不能致詰楊玄感之反也帝
遣蘊推其黨與謂蘊曰玄感一呼從者十万益知天下人
不欲多多即相聚為盜耳不盡加誅則後無以勸蘊由是
乃峻法理之所戮者數萬人皆籍没其家帝大稱善賜奴
婢十五口司隸大夫薛道衡以忤意獲譴蘊知帝惡之乃
奏曰道衡負才恃舊有無君之心見詔書每下便腹非私議
推惡於國妄造禍端論其罪名似如隱昧源其情意深為
勃逆帝曰然我少時與此人相隨行役輕我童稚共高熲
賀若弼等外擅威權自知罪當誣罔及我即位懷不自安

賴天下無事未得反耳公論其逆妙體本心於是誅道衡
又帝問蘇威以討遼之策威不願帝復行且欲令帝知天
下多賊乃詭答今者之役不願發兵但詔赦羣盜自可得
數十万遣關内奴賊及山東歷山飛張金稱等頭别為一
軍出遼西道諸河南賊王薄孟讓等十餘頭並給舟檝浮
滄海道必喜於免罪競務立功一歲之間可滅高麗矣帝
不懌曰我去尚猶未克鼠竊安能濟乎威出後蘊奏曰此
大不遜天下何處有許多賊帝悟曰老革多姦將賊脅我
欲搭其口但隱忍之誠極難耐蘊知上意遣張行本奏威
罪惡帝付蘊推鞫之乃處其死帝曰未忍便殺遂父子及

孫三世並除名蘊又欲重己權勢令虞世基奏罷司隸刺史以下官屬增置御史百餘人於是引致奸黠共爲朋黨郡縣有不附者陰中之于時軍國多務凡是興師動衆京都留守及與諸蕃互市皆令御史監之賓客附隸遍於郡國侵擾百姓帝弗之知也以度遼之役進位銀青光祿大夫及司馬德戡將爲亂也江陽長張惠紹夜馳告之蘊共惠紹謀欲矯詔發郭下兵民盡取榮公護兒節度收在外逆黨宇文化及等仍發羽林殿腳遣范富婁等入自西苑取梁公蕭鉅及燕王處分扣門援帝謀議已定遣報虞世基世基疑反者不實抑其計須臾難作蘊歎曰謀及播郎

竟誤人事遂見害子愔爲尚輦直長亦同日死

袁充字德符本陳郡陽夏人也其後寓居丹陽祖昂父君正俱爲梁侍中充少警悟年十餘歲其父黨至門時冬初充尚衣葛衫客戲充曰袁郎子絺兮綌兮淒其以風充應聲荅曰唯絺與綌服之無斁以是大見嗟賞仕陳年十七爲秘書郎歷太子舍人晉安王文學吏部侍郎散騎常侍及陳滅歸國歷蒙鄜二州司馬充性好道術頗解占候由是領太史令時上將廢皇太子正窮東宮官屬充見上雅信符應因希旨進曰比觀玄象皇太子當廢上然之充復表奏隋興以後日景漸長曰開皇元年冬至日影一丈二

尺七寸二分自爾漸短至十七年冬至影一丈二尺六寸三分四年冬至在洛陽測影一丈二尺八寸八分二年夏至影一尺四寸八分自爾漸短至十六年夏至影一尺四寸五分周官以土圭之法正日影日至之影尺有五寸鄭玄云冬至之影一丈三尺今十六年夏至之影短於舊影五分十七年冬至之影短於三寸七分日去極近則影短而日長去極遠則影長而日短行內道則去極近外道則去極遠堯典曰日短星昴以正仲冬據昴星昏中則知堯時仲冬日在須女十度以曆數推之開皇已來冬至日在斗十一度與唐堯之代去極並近謹案春秋元命包云日月

出內道璇璣得常天帝崇靈聖主相功京房別對曰太平日行上道升平行次道霸世行下道伏惟大隋啟運上感乾元影短日長振古未之有也上大悅告天下將作役功因加程課丁匠苦之仁壽初充言上本命與陰陽律呂合者六十餘條而奏之因上表曰皇帝載誕之初非止神光瑞氣嘉祥應感至於本命行年生月生日並與天地日月陰陽律呂運轉相符表裏合會此誕聖之異寶曆之元今與物更新改年仁壽歲月日子還共誕聖之時並同明合天地之心得仁壽之理故知洪基長祚永永無窮上大悅賞賜優崇儕輩莫之比仁壽四年甲子歲煬帝初即位充

及太史丞高智寶奏言去歲冬至日景逾長今歲皇帝即位與堯受命年合昔唐堯受命四十九年到上元第一紀甲子天正十一月庚戌冬至陛下即位其年即當上元第一紀甲子天正十一月庚戌冬至正與唐堯同自放勳以來凡經八上元其間緜代未有仁壽甲子之合謹案第一紀甲子太一在一宮天目居武德陰陽厯數並得符同唐堯唐堯景辰生景子年受命止合三五未若己丑甲子支干並當六合允一元三統之期合五紀九章之會共帝堯同其數與皇唐比其蹤信所謂皇哉唐哉唐哉皇哉者矣仍諷齊王暕率百官拜表奉賀後熒惑守太微者數旬時

北史列傳六十二　十五

繕修宮室征役繁重充乃上表稱陛下修德熒惑退舍百寮畢賀帝大喜前後賞賜將萬計時軍國多務充候帝意欲有所為便奏稱天文見象須有改作以是取媚於上大業六年遷內史舍人從征遼東拜朝請大夫秘書少監後天下大亂帝初罹鴈門之厄又盜賊益起心不自安充復託天文上表陳嘉瑞以媚上曰伏惟陛下握錄圖而馭黔首提萬善而化八紘以百姓為心匪　一人受慶先天罔違所欲後天必奉其時是以初膺寶曆正當上元之紀乾之初九又與本命符會斯則聖人冥契故能動合天經謹案去年已來玄象星瑞毫釐無爽謹錄尤異上天降祥破突

厥等狀七事其一去八月二十八日夜大流星如斗出王良北正落突厥營聲如崩牆其二八月二十九日夜復有大流星如斗出羽林向北流正當北方依占頻二夜流星墜賊所賊必敗散其三九月四日夜頻有兩星大如斗出北斗魁向東北流依占北斗主殺伐賊必破敗其四歲星主福德頻行京都二處分野依占國家之福其五去七月內熒惑守羽林九月七日已退舍依占不出三日賊必敗散其六去年十一月二十日夜有流星赤如火從東北向西南落賊帥盧明月營破其檑車其七十二月十五日夜通漢鎮北有赤氣亘北方突厥將亡之應也依勘城錄河

北史列傳六十二　十六

南洛陽並當甲子與乾元初九爻及上元甲子符合此是福地永無所慮旋觀往政側聞前古彼則異時間出今則一朝總萃豈非天贊有道助殲兇醜方清九夷於東穢沈五狄於北溟告成岱岳無為汾水書奏帝大悅超拜秘書令親待逾昵每欲征討充皆預知之乃假託星象獎成帝意在位者皆切患之宇文化及弒逆之際并誅充

李雄勃海蓨人也父棠名列誠義傳雄少慷慨有壯志弱冠從周武帝平齊以功授帥都督隋文帝作相從韋孝寬破尉遲迥拜上開府賜爵建昌縣公伐陳之役以功進位大將軍歷柳江二州刺史並有能名後坐事免漢王諒之反煬帝

將發幽州兵討之時竇抗為幽州總管帝恐其貳問可任者於楊素素遂進雄授上大將軍拜廉州刺史馳至幽州止傳舍召募得千餘人抗恃素貴不時相見雄遣人諭之後二日抗從鐵騎二千來詣雄所雄伏甲禽抗悉發幽州兵步騎三萬自井陘討諒還幽州總管尋徵拜戶部尚書雄明辯有器幹帝甚任之新羅嘗遣使朝貢雄至朝堂與語因問其冠制所由其使者曰古弁遺象安有大國君子不識雄因曰中國無禮求諸四夷使者曰自至已來此言外未見無禮憲司以雄失辭奏劾其事竟坐免俄而復職從幸江都帝以仗衛不整顧雄部伍之雄立指麾六軍肅

然帝大悅曰公真武侯才也尋轉右候衛大將軍復坐事除名遼東之役帝令從軍自効因從來護兒自東萊將指滄海會楊玄感反於黎陽帝疑之詔鎖雄送行在所雄殺使亡歸玄感玄感每與討焉及玄感敗伏誅籍沒其家

論曰隋文肇基王業劉昉實啓其謀于時當軸執鈞物無異論不能忘身急病以義斷恩方乃慮難求全偷安懷祿其在周也靡忠貞之節其奉隋也愧竭命之誠非義掩其前功蓄怨興其後釁而望不陷刑辟保貴全生難矣柳裘皇甫績因人成事好亂樂禍大運光啓并參樞要斯固在人欲其悅己在我欲其罵人理自然也晏嬰有言曰一心可以事百君百心不可以事一君於昉等見之矣鄭譯文皇締構之始當爪牙之寄煬帝經綸之際參心膂之謀而如脂如韋以水濟水君所謂可亦曰可焉君所謂不亦曰不焉功雖居多名不見重然則立身行道可不慎歟語曰無為權首將受其咎又曰無始禍無兆亂夫忠為令德施非其人尚或不可況託足邪徑又不得其人者歟張衡奪宗之計實兆其謀夫動不以順能無及於此也楊汪以學業自許其終不令惜乎裴蘊素懷姦險巧於附會作威作福唯利是視滅亡之禍其可免乎袁充少在江東初以警悟見許委質隋氏更以玄象自矜要求時幸干進附入變

動星占謬增晷景厚誣天道亂常侮衆刑茲勿捨其在斯乎李雄斯言為玷取譏夷翟以亂從亂何救誅夷

列傳第六十二　北史七十四

趙煚

趙芬

王韶

元巖

宇文弼

伊婁謙

李圓通　陳茂

郭榮

龐晃

李安

楊尚希

張煚

蘇孝慈

元壽

趙煚字通賢天水西人也祖超宗魏河東太守父仲懿尚書左丞煚少孤養母至孝年十四有人盜伐其父墓中樹者煚對之號慟因執送官見魏右僕射周惠達長揖不拜自述孤苦涕淚交集惠達為之隕涕歎息者久之及長沈深有器局略涉書記周文帝引為相府參軍事從破洛陽及班師煚請留撫納亡叛從之煚於是帥所領與齊人前後五戰斬獲甚衆以功封平定縣男累轉中書侍郎周閔帝受禪遷陝州刺史蠻酋向天王以兵攻信陵秭歸煚襲擊破之二郡獲全時周人於江南岸置安蜀城以禦陳屬霖雨數旬城頹者百餘步蠻酋鄭南鄉叛引陳將吳明徹欲掩安蜀議者皆勸煚益脩守禦煚不從乃遣使說誘江外生蠻向武陽令乘虛掩襲南鄉所居獲其父母妻子南鄉聞之其黨各散陳兵亦遁明年吳明徹屢為寇患煚與前後十六戰每挫其鋒以功授開府儀同三司再遷戶部中大夫周武帝欲收齊河南地煚諫曰河南洛陽四面受

敵縱得不可以守請從河北直指太原傾其巢穴可一舉以定帝不納師竟無功尋從上柱國于翼自三鵶道伐陳剋十九城而還以讒毀功不見録累遷御正上大夫煚與宗伯斛斯徵素不協徵後出為齊州刺史坐事下獄自知罪重遂踰獄走帝大怒購之甚急煚密奏曰徵自以罪重懼死遁逃若不北走匈奴則南奔吳越徵雖愚陋久歷清顯奔彼敵國無益聖朝今炎旱為災可因茲大赦帝從之徵賴而免煚卒不言隋文帝為丞相加上開府再遷大宗伯及踐阼煚授璽紱進位大將軍賜爵金城郡公拜相州刺史朝廷以煚習故事徵拜尚書右僕射未幾以忤旨出

爲陝州刺史轉冀州刺史甚有威惠异嘗有疾百姓奔馳
爭爲祈禱其得人情如此冀州市多姦詐异爲銅斗鐵尺
置於肆百姓便之帝聞而嘉焉頒之天下以爲常法嘗有
人盜异田中蒿爲吏所執异曰此乃刺史不能宣風化彼
何罪也慰諭遣之令人載蒿一車賜盜者盜愧過於重刑
帝幸洛陽异來朝帝勞之卒于官子義臣嗣位至太子洗
馬後同楊諒反誅
趙芬字士茂天水西人也父諒周秦州刺史芬少有辯智
頗涉經史周文引爲相府鎧曹參軍歷記室累遷開府儀
同三司性彊濟所居之職皆有聲績周武帝親摠萬機拜

內史下大夫轉小御正明習故事每朝廷有所疑議衆不
能決者芬輒爲評斷莫不稱善後爲司會及申國公李穆
討齊引爲行軍長史封淮安縣男再遷東京小宗伯鎮洛
陽隋文帝爲丞相尉遲迥與司馬消難陰謀往來芬察知
之密白帝由是深見親委遷東京左僕射進爵郡公開皇
初罷東京官拜尚書右僕射與郢公王誼脩律令俄兼內
史令甚見信任未幾以老病出爲蒲州刺史加金紫光祿
大夫仍領關東運漕賜錢百萬粟五千石而遣之後數年
上表乞骸骨徵還京師賜以三驃軺車几杖被褥歸于家
皇太子又致巾帔後數年卒帝遣使致祭鴻臚監護喪事

子元恪嗣位揚州摠管司馬左遷候衞長史少子元楷與
元恪皆明幹世事元楷大業中爲歷陽郡丞與廬江郡丞
徐仲宗俱竭百姓之產以貢於帝仲宗遷南郡丞元楷超
拜江都丞兼領江都宮監
王韶字子相自云太原晉陽人也世居京兆祖諧原州刺
史父諒早卒韶幼而方雅頗好奇節有識者異之在周累
以軍功官至車騎大將軍儀同三司復轉軍正周武帝既
拔晉州意欲旋師韶諫曰取亂侮亡正在今日方欲釋之
而去臣愚深所未解帝大悅及齊平進位開府封晉陽縣
公賜口馬雜畜萬計遷內史中大夫宣帝即位拜豐州刺

史改封昌樂縣公隋文帝受禪進爵項城郡公轉靈州刺
史加位大將軍晉王廣之鎮并州除行臺右僕射賜綵五
百匹韶性剛直王甚憚之每事諮詢不敢違法度韶嘗奉
使檢行長城後王穿池起三山韶既還自鎖而諫王謝而
罷之帝聞而嘉嘆賜金百兩并後宮四人平陳之役以本
官爲元帥府司馬及剋金陵韶即鎮焉晉王廣班師留韶
於石頭防遏委以後事歲餘徵還帝謂公卿曰晉王以幼
出藩遂能剋平吳越王子相之力也於是進位柱國賜奴
婢三百口錦綃五千段及上幸并州以其稱職特加勞勉
後上謂曰自朕至此公鬚鬢漸白無乃憂勞所致柱石之

望唯在於公努力勉之詔辭謝上勞而遣之秦王俊爲并州揔管仍爲長史歲餘馳驛入京勞弊而卒帝甚傷惜之謂秦王使者曰語爾王我前令子相緩來如何乃遣馳驛殺我子相豈不由汝言甚悽愴使有司爲立宅曰往者何用宅爲但以表我深心耳又曰子相受我委寄十有餘年終始不易寵章未極舍我而死乎發言流涕因命取子相封事數十紙傳示群臣曰其直言匡正裨益甚多吾每披尋未嘗釋手煬帝即位追贈司徒尚書令靈豳等十州刺史魏公子士隆嗣士隆略知書計尤便弓馬慷慨有父風大業世頗見親重位備身將軍改封耿國公越王侗稱帝

士隆率數千兵自江淮而至會王世充僭號甚禮重之署尚書右僕射憂憤疽發背卒

元巖字君山河南洛陽人也父禎魏敷州刺史巖好讀書不守章句剛鯁有器局以名節自許少與勃海高熲太原王韶同志友善仕周爲武賁給事大冢宰宇文護見而器之以爲中外記室累遷內史中大夫封昌國縣伯周宣帝嗣位爲政昏暴京兆郡丞樂運輿櫬詣朝堂陳帝八失言甚切至帝大怒將戮之朝臣莫有救者巖謂人曰臧洪同日尚可俱死其況比干乎若樂運不免吾將與之俱斃詣閤請見言於帝曰樂運知書奏必死所以不顧身命者欲取後世名陛下若殺之乃成其名落其術內不如勞而遣之以廣聖度運因獲免後帝將誅烏丸軌巖不肯署詔御正顏之儀切諫不入巖進繼之脫巾頓顙三拜三進帝曰汝欲黨烏丸軌耶巖曰臣非黨軌正恐濫誅失天下望帝怒使閹豎搏其面遂廢于家隋文帝爲丞相加開府戶部中大夫及受禪拜兵部尚書進爵平昌郡公巖性嚴重明達世務每有奏議侃然正色廷爭面折無所迴避上及公卿皆敬憚之時帝懲周代諸侯微弱以致滅亡由是分王諸子權侔王室以爲盤石之固遣晉王廣鎮并州蜀王秀鎮益州二王年並幼選貞良有重望爲之寮佐時巖與王

韶爲河北道行臺僕射帝謂曰公宰相大器今屈輔我兒亦如曹參相齊之意及巖到官法令明肅吏人稱焉蜀王好奢嘗欲取獠口爲閹人又欲生剖死囚取膽爲藥巖皆不奉教排閤切諫王輒謝而止憚巖爲人每循法度蜀中獄訟巖所裁斷莫不悅服有得罪者謂曰平昌公與罪吾何怨焉上甚嘉之賞賜優洽卒于官上悼惜久之益州父老莫不隕涕于今思之巖卒後蜀王爲非法造渾天儀又共妃出獵以彈彈人多捕山獠充宦者寮佐無能諫止及秀得罪上曰元巖若在吾兒豈有是乎子弘嗣歷給事郎司朝謁者北平通守

宇文㢸字公輔河南洛陽人也其先與周同出祖直力勤魏鉅鹿太守父珍周宕州刺史㢸慷慨有大節博學多通仕周嘗奉使鄧至國及黑水龍涸諸羌前後降附三十餘部及還奉詔脩定五禮書成奏之賜田二頃粟百石累遷小吏部擢八人為縣令皆有異績世以為知人轉內史都上士武帝將謀出兵河陽以伐齊㢸進策曰齊氏建國于今累世雖曰無道尚有其人今若用兵須擇其地河陽要衝精兵所聚盡力攻圍恐難得志彼汾之曲戍小山平攻之易拔用武之地也帝不納師竟無功建德五年大舉伐齊卒用㢸策於是募三輔豪俠少年數百人為別隊從帝攻拔晉州身被三瘡苦戰不息帝奇而壯之因從平齊以功拜上儀同封武威縣公宣帝嗣位為守廟大夫時突厥寇甘州帝令侯莫陳昶擊之㢸謂監軍曰宜選精騎直趣祁連之西賊若收軍必自蓼泉之北此地險隘兼下濕度其人馬三日方度彼勞我逸破之必矣若邀此路真上策也昶不能用西取合黎大軍行遲虜已出塞其年㢸又從梁士彥攻拔壽陽改封安樂縣公除澮州刺史轉南司州刺史司馬消難之奔陳㢸追之不及遇陳將樊毅戰於漳口自旦及午三戰三捷除黃州刺史轉南定州刺史開皇初以前功封平昌縣公入為尚書右丞時西羌內附詔㢸

持節安集置鹽澤蒲昌二郡而還遷左丞當官正色為百寮所憚三年突厥寇甘州以行軍司馬從元帥竇榮定擊破之還除太僕少卿轉吏部侍郎平陳之役楊素出信州道令㢸持節為諸軍節度仍領行軍總管劉仁恩之破陳將呂仲肅也㢸有謀焉加開府擢拜刑部尚書領太子虞候率上嘗親臨釋奠㢸與博士論議詞致清遠上大悅謂羣臣曰朕今覩周公之制禮見宣尼之論孝實慰朕心時朝廷以晉陽為重鎮并州總管必屬親王其長史司馬亦一時高選前長史王韶卒以㢸有文武幹用出為并州長史十八年遼東之役授元帥漢王府司馬仍領行軍總管軍還歷朔代吳三州總管皆有能名煬帝即位拜刑部尚書仍持節巡省河北還除泉州刺史復徵拜刑部尚書轉禮部尚書㢸既以才能著稱歷職顯要聲望甚重物議多見推許帝頗忌之時帝漸好聲色尤勤遠略㢸謂高熲曰昔周天元好聲色亡國以今方之不亦甚乎又言長城之役幸非急務有人奏之坐誅天下冤之所著辭賦二十餘萬言為尚書孝經注行於世有子儉瑗

伊婁謙字彥恭本鮮卑人也其先世為酋長隨魏南遷祖信中部太守父靈相隆二州刺史謙性忠直善辭令仕周累遷宣納上士使持節驃騎大將軍武帝將伐齊召入內

殿問以兵事對曰僞齊僭擅拔扈不恭沉溺倡優耽昏麴
蘖其折衝之將斛律明月已斃讒人之口上下離心若命
六師齊進臣之願也帝大笑因使謙與小司寇拓跋偉聘
齊觀釁帝尋發兵齊主知之令其僕射陽休之責謙曰貴
朝盛夏徵兵馬首何向荅曰僕拭玉之始未聞興師設復
西增白帝之城東益巴丘之戍豈足怪哉謙參軍高遵以
情輸齊遂留謙不遣帝既克并州召謙勞之乃執遵付謙
任令報復謙頓首請赦之帝曰卿可聚衆唾面令知愧也
謙跪曰遵罪又非唾面之責帝善其言而止謙竟待遵如
初尋賜爵濟陽縣伯累遷前驅中大夫象中進爵爲侯位

開府隋文帝作相授亳州揔管俄徵還京師與逆人王謙
同名因爾稱字文帝受禪以彥恭爲左武候將軍俄拜大
將軍進爵爲公後出爲澤州刺史清約自處甚得人和以
疾去職吏人攀戀行數百里不絕卒于家子傑嗣
李圓通京兆涇陽人也少孤賤給使隋文帝家及帝爲隋
公擢授參軍事初帝少時每宴客恒令圓通監廚圓通性
嚴整左右婢僕咸所敬憚唯世子乳母恃寵輕之賓客未
供每有干請圓通不許或輒持去圓通大怒叱廚人撾之
數十叫聲徹於閤內僚吏左右代其失色賓去後帝知之
召圓通命坐賜食從此獨善之以爲堪當大任帝作相賜

爵懷昌男授帥都督進爵新安子委以心膂圓通多力勁捷
長於武用周氏諸王素憚帝伺便圖爲不利賴圓通保護
獲免者數矣帝深感之由是參預政事授相國外兵曹仍
領左親信尋授上儀同帝受禪拜內史侍郎領左衛長史
進爵爲伯歷左右庶子給事黃門侍郎尚書左丞攝刑部
尚書深被任信伐陳之役以行軍揔管從楊素出信州道
以功進位大將軍改封萬安縣公揚州揔管長史秦孝王
仁柔自喜少斷決府中事多決於圓通入爲司農卿遷刑
部尚書俊復爲并州長史孝王以奢得罪圓通亦坐免尋
檢校刑部尚書事仁壽中以勳舊進爵郡公煬帝嗣位拜

兵部尚書帝幸揚州以圓通留守京師判宇文述田還百
姓述訴其受賂帝怒坐是免官圓通憂懼發病卒贈柱國
封爵悉如故子孝常大業末爲華陰令武德初以應義旗
功封義安王又有陳茂者河東猗氏人家世寒微質直恭
謹爲州里所稱文帝爲隋國公引爲寮佐待遇與圓通等
每令典家事常稱旨後從帝與齊師戰於晉州賊甚盛帝
將挑戰茂固止不得因捉馬鞚帝怒拔刀斫其額流血被
面詞氣不撓帝感而謝之厚加禮敬帝爲丞相委以心膂
及受禪拜給事黃門侍郎封魏城縣男每典機密轉益州揔
管司馬遷太府卿進爵爲伯卒官子政嗣政字弘道倜儻

有文武大略善鍾律便弓馬少養宮中年十七爲太子千牛備身京都大俠劉居士重政才氣數從之遊圓通子孝常與政相善並與居士交結及居士伏誅政及孝常從坐上以功臣子捷之二百而赦之由是不得調煬帝時歷位協律郎通事謁者兵曹承務郎帝以其才甚重之宇文化及之亂以爲太常卿後歸大唐爲梁州摠管遇賊見殺

郭榮字長榮自云太原人也父徽仕魏爲同州司馬時武元皇帝爲刺史由是與隋文帝有舊徽後位洵州刺史安城縣公及帝受禪拜太僕卿卒官榮容貌魁岸外疎內密與交者多愛之周大冢宰宇文護引爲親信護察榮謹愿擢

爲中外府水曹參軍齊寇屢侵護令榮於汾州觀城勢時汾州與姚襄鎮相去懸遠榮以二城孤迥勢不相救請於州鎮間更築城以相控攝護從之俄而齊將段孝先攻陷姚襄汾州二城唯榮所立者獨能自守護作浮橋出兵孝先於上流縱大筏擊浮橋護令榮督便水者引取其筏以功授大都督護又以稽胡數爲寇亂使綏集之榮於上郡延安築周昌弘信廣安招遠咸寧等五城以遏其要路稽胡由是不能爲寇周武親揔萬機拜宣納中士後從平齊以功封平陽縣男遷司水大夫榮少與隋文帝親狎帝嘗與夜坐月下謂榮曰吾仰觀玄象俯察人事周歷已盡我其代之榮深自結納未幾周宣崩文帝揔百揆召榮撫其背笑曰吾言驗未即拜相府樂曹參軍俄以本官領藩部大夫文帝受禪引爲內史舍人以龍潛之舊進爵蒲城郡公位上儀同累遷通州刺史仁壽初西南夷獠多叛詔榮領八州諸軍事行軍揔管討平之煬帝即位入爲武候驃騎大將軍以嚴正聞後黔安首領田羅駒阻清江作亂夷陵諸郡人夷多應者詔榮擊平之遷左候衛將軍從帝西征吐谷渾拜銀青光祿大夫遼東之役以功進左光祿大夫明年帝復事遼東榮以爲中國疲弊萬乘不宜屢動乃言於帝請止行帝不納復從軍攻遼東城榮親冒矢石晝夜不

釋甲冑帝知之大悅每勞勉之帝後以榮年老欲出爲郡榮陳請不願哀之拜右候衛大將軍後數日帝謂百寮曰誠心純至如郭榮者固無比矣楊玄感之亂帝令馳守太原明年從帝至柳城卒於懷遠鎮帝爲廢朝贈兵部尚書謚曰恭子福善

龐晃字元顯榆林人也父虬周驃騎大將軍晃少以良家子召補州都督周文帝署大都督領親信兵常置左右晃因從居關中後遷驃騎將軍襲爵比陽侯衛王直出鎮襄州晃以本官從尋與長湖公元定擊江南孤軍深入沒於陳數年衛王直遣晃弟車騎將軍元儁賫絹八百匹贖焉

乃得歸拜上儀同領事衛王時隋文帝出爲隨州刺史路經襄陽衛王令晃詣文帝晃知帝非常人深自結納及帝去官歸京師晃迎見於襄邑帝甚歡與晃同飯晃因曰公相貌非常名在圖籙九五之日幸願不忘帝笑曰何妄言也頃之有一雄雉鳴於庭帝令晃射之曰中則有賞然富貴之日持以爲驗文帝受禪與晃言及之晃再拜曰陛下君臨寓內猶憶曩時之言上笑曰公此言何得忘也尋加上開府拜右衛將軍進爵爲公河間王弘之擊突厥晃性剛悍時廣平王雄當途用事勢傾朝廷晃每陵侮之嘗於軍中卧見雄不起雄甚銜之復與高熲有隙二人屢譖晃

由是宿衛十餘年官不得進出爲懷州刺史遷原州總管卒於官帝爲廢朝謚曰敬子長壽頗知名位驃騎將軍

李安字玄德隴西狄道人也父蔚仕周爲相燕恒三州刺史襄武縣公安美姿容善騎射天和中襲爵襄武公授儀同小司右上士隋文帝作相引之左右遷職方中大夫復拜安弟哲爲儀同安叔父梁州刺史璋時在京師與周趙王謀害帝誘哲爲內應哲謂安曰寢之則不忠言之則不義失忠與義何以立身安曰丞相父也其可背乎遂陰白之及趙王等伏誅將加官賞安頓首曰豈可將叔父之命以求官賞於是俯伏流涕悲不自勝帝爲之改容曰我爲

汝特存璋子乃命有司罪止璋身帝亦爲安隱其事而不言尋授安開府進封趙郡公哲上儀同黃臺縣男文帝即位歷內史侍郎尚書左丞黃門侍郎平陳之役爲楊素司馬仍領行軍總管率蜀兵順流東下時陳人屯白沙安謂諸將曰水戰非北人所長今陳人依險泊船必輕我無備夜襲之賊可破也安率衆先鋒大破陳師詔書勞勉進位上大將軍郢州刺史轉鄧州刺史求爲內職帝重違其意除領左右將軍遷右領軍大將軍拜哲開府儀同三司備身將軍兄弟俱典禁衛恩信甚重八年突厥犯塞以安爲行軍總管從楊素擊之安別出長川會虜渡河與戰破之

仁壽元年出安爲寧州刺史哲爲衛州刺史安子瓌哲子瑋始自繈褓乳養宮中至是年八九歲始命歸家其親顧如是帝嘗言及作相時事因愍安兄弟滅親奉國乃下詔曰先王立教以義斷恩割親愛之情盡事君之道用能弘獎大節體此至公往者朕登庸惟始王業初基寧州刺史趙郡公李安其叔璋潛結藩枝包藏不逞安與弟哲深知逆順披露丹心凶謀既彰罪人斯得朕每念誠節嘉之無已但以事涉其親猶有疑惑欲使安等名教之方自處有地朕常爲思審遂致淹年今更詳案聖典求諸往事父子天性忠孝猶不並立況復叔姪恩輕情禮本有差降忘私

奉國深正得理宜錄舊勳重弘賞命於是拜安哲俱爲柱國賜縑各五千匹馬百匹羊千口以哲爲備身將軍進封順陽郡公安謂親族曰雖家獲全而叔父遭禍今奉此詔悲愧交懷因歔欷悲感不能自勝先患水病於是疾甚而卒謚曰懷子瓊嗣少子孝恭最知名哲煬帝時工部尚書後坐事除名配防嶺南道卒

楊尚希弘農人也祖眞魏天水太守父承賓商直淅三州刺史尚希齠齓而孤年十一辭母請受業長安范陽盧辯見而異之令入太學專精不倦同輩皆共推服周文帝嘗親臨釋奠尚希時年十八令講孝經詞旨可觀文帝奇之

賜姓普六茹氏擢爲國子博士累轉舍人上士明武世歷太學博士太子宮尹計部中大夫賜爵高都侯東京司憲中大夫撫慰山東河北至相州而宣帝崩與相州揔管尉遲迥發喪於館尚希出謂左右曰蜀公哭不哀而視不安將有他計吾不去將及於難遂夜遁及明迥方覺令數十騎追不及遂歸京師隋文帝以尚希宗室之望又背迥而至待之甚厚及迥屯兵武陟遣尚希領宗室兵三千人鎭潼關尋授司會中大夫文帝受禪拜度支尚書進爵爲公歲餘出爲河南道行臺兵部尚書加銀青光祿大夫尚希時見天下州郡過多上表以爲今郡縣倍多於古或地無百里數縣並置或戶不滿千二郡分領具寮以衆資費日多吏卒又倍租調歲減清幹良材百分無一動須數萬如何可充所謂人少官多十羊九牧今存要去閑併小爲大國家則不虧粟帛選俟則易得賢才帝覽而嘉之遂罷天下諸郡後歷位瀛州刺史兵部禮部二尚書授上儀同尚希性惇厚兼以學業自通甚有雅望爲朝廷所重上時每旦臨朝日側不倦尚希諫以爲陛下宜舉大綱責成宰輔繁碎之務非人主所宜親上歡然曰公愛我者尚希有足疾謂曰蒲州出美酒足堪養病屈公臥臨之於是拜蒲州刺史仍領本州宗團驃騎尚希在州甚有惠政復引瀵水立

隄防開稻田數千頃人賴其利卒官謚曰平子旻嗣後封丹水縣公位安定郡丞

張煚字士鴻河間鄚人也父羨少好學多所通涉仕魏爲蕩難將軍從武帝入關累遷銀青光祿大夫周文引爲從事中郎賜姓叱羅氏歷司織大夫雍州中從事應州刺史儀同三司賜爵虞鄉縣公復入爲司成中大夫典國史周代公卿類多武將唯羨以素業自通甚爲當時所重後以年老致仕隋文帝受禪欽其德望以書徵之及謁見敕令勿拜扶杖升殿上降榻執手與之同坐宴語久之賜以几杖會遷都龍首羨上表勸以儉約上優詔答之卒贈滄州

刺史謚曰定所撰老子莊子義名道言五十二篇旲好學有父風仕魏位員外侍郎周文引爲外兵曹明武世位冢宰司録賜爵北平縣子宣帝時加儀同進爵爲伯隋文帝爲丞相旲深自推結帝以其有幹用甚親遇之及受禪拜爲尚書右丞進爵爲侯遷太府少卿領營新都監丞丁父憂去職柴毁骨立未朞授儀同三司襲爵虞鄉縣公歷太府卿戶部尚書晉王廣爲揚州摠管授旲司馬加銀青光禄大夫旲性和厚有識度甚有當時譽後拜冀州刺史晉王廣頻表請之復爲晉王長史檢校蔣州事及晉王爲皇太子復爲冀州刺史位上開府吏人悅服稱爲良二千石

卒官子慧寶官至絳郡丞開皇中有劉仁恩者政績爲天下第一擢拜刑部尚書以行軍摠管從楊素伐陳與素破陳將呂仲肅於荆門仁恩計功居多授上大將軍甚有當時譽馮翊郭均上黨馮世朞竝明悟有幹略相繼爲兵部尚書此三人俱顯名於世然事行闕落史莫能知

蘇孝慈扶風人也父武周兖州刺史孝慈少沉謹有器幹美容儀仕周位至工部中大夫封臨水縣公隋文帝受禪進爵安平郡公拜太府卿于時王業初基徵天下匠纖微之巧無不畢集孝慈摠其事世以爲能歷位兵部尚書待遇愈密時皇太子勇頗知時政上欲重宮官之望多令大臣領其職拜孝慈太子右衛率尚書如故及於陝州置常平倉轉輸京下以渭水多沙乍深乍淺乃決渭水爲渠以屬河令孝慈督其役渠成上善之又領太子左衛率仍判工部戶部二尚書稱爲幹理進位大將軍轉工部尚書率如故先是以百寮供費不足臺省府寺咸置廨錢收息取給孝慈以爲官與百姓爭利非興化之道表請公卿已下給職田各有差上並納焉及將廢太子憚其在東宮出爲淅州刺史太子以孝慈去形於言色遷洪州摠管俱有惠政後桂林山越相聚爲亂詔孝慈爲行軍摠管擊平之卒官子會昌孝慈兄順周眉州刺史子沙羅字子粹仕周以

破尉遲迥功授開府儀同三司封通泰縣公開皇中歷位資邛二州刺史檢校利州摠管從史萬歲擊西爨進位大將軍尋檢校益州摠管長史及蜀王秀廢沙羅坐除名卒于家子康嗣

元壽字長壽河南洛陽人也祖敦魏侍中邵陵王父寶周涼州刺史壽少孤性仁孝九歲喪父哀毁骨立宗族鄉黨咸異之事母以孝聞及長方直頗涉文史周武成初封隆城縣侯保定四年封儀隴縣侯授儀同三司隋開皇初議伐陳以壽有思理使於淮浦監脩船艦以强濟見稱累遷尚書左丞文帝嘗出苑觀射文武竝從開府蕭摩訶妻患

且死奏請遣子向江南收其家產御史見而不言壽奏劾之曰御史之官義存糾察直繩莫舉憲典誰寄今月五日鑾輿從蹕親臨射苑開府儀同三司蕭摩訶幸廁朝行預觀盛禮奏稱請遣子世略暫往江南重收家產妻安遇患彌留有日安若長逝世略不合此行竊以人倫之義伉儷爲重資愛之道烏鳥弗虧摩訶遠念資財近忘匹好一言纔發名教頓盡而兼殿內侍御史臣韓徵之等親所聞見竟不彈糾若知非不舉情涉阿縱知不以爲非豈關理識儀同三司太子左庶子撿校書侍御史臣劉行本虧失憲體何所逃愆臣謬齊朝寄忝居左轄無容寢嘿謹以狀聞

上嘉納之後授太常少卿出爲基州刺史有公廉稱入爲太府少卿進位開府煬帝嗣位漢王諒反左僕射楊素爲行軍元帥壽爲長史事平以功授大將軍遷太府卿大業四年拜內史令從帝西討吐谷渾壽率衆屯金山東西連營三百餘里以圍渾主還拜右光祿大夫七年兼左翊衛將軍從征遼東在道卒帝哭之甚慟贈尚書右僕射光祿大夫謚曰景子敏頗有才辯而輕險多詐壽卒帝追思之擢敏守內史舍人交通博徒數泄省中語化及之反敏創其謀僞授內史侍郎爲沈光所殺

論曰二趙明習故事當世咸推及居端右無聞殊績故知人之才分器各有量限大小云異不可相踰晉蜀二王帝之愛子擅以權寵莫拘憲法王韶元巖任當彼相並見嚴憚莫敢爲非蹇諤之風有足稱矣宇文弼器量宏遠聲望攸歸斯言不密以致傾殞惜矣伊婁謙志識弘深不念舊惡請赦高遵之罪有君子風焉李圓通郭榮龐晃等或陳力經綸之際或自結龍潛之始其所以高位厚秩隆恩殊寵豈徒然哉李安雖則滅親而於義亦已疎矣楊尚希譽望隆重張煚蘇孝慈咸稱貞幹並擢自開皇之初蓋當時之選也元壽之彈行本有意存夫名教然其計功稱伐蓋不足云端揆之贈則爲優矣

列傳第六十三　　北史七十五

列傳第六十四　北史七十六

段文振

來護兒

樊子蓋

周羅睺

周法尚

劉權

衛玄

李景

薛世雄

段文振北海期原人也祖壽魏滄州刺史父威周洮河甘渭四州刺史文振少有膂力膽智過人明達世務初爲周冢宰宇文護親信護知其有器局幹用擢授中外府兵曹後從周武帝攻齊海昌王尉相貴於晉州其亞將侯子欽崔景嵩爲内應文振杖槊與崔仲方等數十人先登城文振隨景嵩至相貴所拔佩刀劫之相貴不敢動城遂下及攻幷州陷東門而入齊安德王延宗懼而出降録前後勲將拜柱國以譏毁獲譴因授上儀同賜爵襄國縣公進平鄴都又賜綺羅二千段後從滕王逌擊稽胡破之又以天官都上士從韋孝寬經略淮南俄而尉遲迥作亂時文振老母妻子俱在鄴城迥遣人誘之文振不顧隋文帝引爲丞相掾司馬消難之奔陳文帝令文振安集淮南還除衛尉少卿兼内史侍郎尋以行軍長史從達奚震討平叛蠻加上開府還鴻臚卿衛王爽北征突厥以文振爲長史坐勲簿不實免官後爲石河二州刺史甚有威惠遷蘭州揔管改封龍崗縣公突厥犯塞以行軍揔管擊破之遂北至居延塞開皇九年大舉伐陳爲元帥秦王司馬别領行軍揔管及平江南授揚州揔管司馬轉幷州揔管司馬以母憂去職後拜雲州揔管遷太僕卿十九年突厥犯塞以行軍揔管破達頭可汗於沃野文振先與王世積有舊初文

振北征世積遺以駝馬比還世積以罪誅文振坐與交關功遂不録後平越嶲叛蠻賜奴婢二百口仁壽初嘉州獠反文振以行軍揔管討之引軍山谷間爲賊所襲遂大敗文振復收散兵竟破之文振性素剛直無所降下初軍次益州謁蜀王秀貌頗不恭秀甚銜之及此奏文振師徒喪亂右僕射蘇威與文振有隙因譖之坐是除名及秀廢黜文振上表自申帝慰諭之授大將軍拜靈州揔管煬帝即位徵爲兵部尚書待遇甚重從征吐谷渾文振督兵屯雪山連營三百餘里東接楊義臣西連元壽合圍渾主於覆袁川以功進位右光禄大夫帝幸江都以文振行江都郡

事文振見文帝時容納突厥啓人居于塞内妻以公主賞賜重疊及大業初恩澤彌厚恐爲國患乃上表請以時喻遣令出塞外然後明設烽候緣邊鎮防務令嚴重此乃萬世之長策時兵部侍郎斛斯政專掌兵事文振知政險薄不可委以機要屢言於帝帝竝弗納及遼東之役授左候衞大將軍出南蘇道在軍疾篤上表以爲遼小醜未服嚴刑但夷狄多詐深須防擬口陳降款心懷背叛詭伏多端勿得便受水潦方降不可淹遲唯願嚴勒諸軍星馳速發則平壤孤城勢可拔也若傾其本根餘城自尅如不時定脫遇秋霖深爲艱礙兵糧又竭強敵在前靺鞨出後遲疑

不決非上策也卒於師帝省表悲歎久之贈光祿大夫尚書右僕射北平公謚曰襄長子詮位武牙郎將次子綸少以俠氣聞文振弟文操大業中爲武賁郎將性甚剛嚴帝令督秘書省學士時學士頗存儒雅文操輒鞭撻之前後或至千數時議者鄙之

來護兒字崇善本南陽新野人漢中郎將歙十八世孫也曾祖成魏新野縣侯後歸梁徙居廣陵因家焉位終六合令祖嶷步兵校尉秦郡太守長寧縣侯父法敏仕陳終於海陵令護兒未識而孤養於世母吳氏吳氏提攜鞠養甚有慈訓幼而卓犖初讀詩至擊鼓其鏜踊躍用兵羔裘豹飾孔武有力因捨書歎曰大丈夫在世當如是會爲國滅賊以取功名安能區區專事筆硯也羣輩驚其言而壯其志及長雄略秀出志氣英遠涉獵書史不爲章句學始侯景之亂護兒世父爲鄉人陶武子所害吳氏每流涕爲護兒言之武子宗黨數百家厚自封植護兒每思復怨因其有婚禮乃結客數人直入其家引武子斬之賓客皆慴不敢動乃以其頭祭伯父墓因潛伏歲餘會周師定淮南乃歸鄉里所住白土村地居疆埸數見軍旅護兒常慨然有立功名之志及開皇初宇文忻賀若弼等鎮廣陵竝深相禮重除大都督領本鄉兵破陳將曾永以功授儀同三司平陳

之役護兒有功焉進位上開府賞物一千段十一年高智慧據江南反以子總管統兵隨楊素討之賊據浙江岸爲營周亘百餘里船艦被江鼓譟而進護兒言於素曰吳人輕銳利在舟檝必死之賊難與爭鋒公且嚴陣以待之勿與接刃請假奇兵數千潛度江掩破其壁使退無所歸進不得戰此韓信破趙之策也素以爲然護兒乃以輕舸數百直登江岸襲破其營因縱火煙焰張天賊顧火而懼素因是動一鼓破之智慧將逃於海護兒追至閩中餘黨皆平進位大將軍除泉州刺史封襄陽縣公食邑一千戶賜物二千段奴婢百人護兒招懷初附威惠兼舉璽書勞問

前後相屬時智慧餘黨盛道延阻兵爲亂護兒又討平之遷建州總管又與浦山公李寛討平黟歙逆黨汪文進進位柱國封永寧郡公文帝嘉其功使畫工圖其像以進十八年詔追入朝賜以宮女寶刀駿馬錦綵等物仍留長子楷爲千牛備身使護兒還職仁壽初遷瀛州刺史以善政聞頻見勞勉煬帝嗣位被追入朝百姓攀戀累日不能出境詣闕上書致請者前後數百人帝謂曰昔國步未康卿爲名將今天下無事又爲良二千石可謂兼美矣仍除右驍衛大將軍尋遷左又改上柱國爲光祿大夫從右翊衛大將軍進封榮國公恩禮隆密朝臣無比大業六年車駕幸

江都謂護兒曰衣錦晝遊古人所重卿今是也乃賜物二千段并牛酒令謁先人墓宴鄉里父老仍令三品已上並集其宅酣飲盡日朝野榮之遼東之役以護兒爲平壤道行軍總管兼檢校東萊郡太守率樓船指滄海入自浿水去平壤六十里高麗主高元掃境內兵以拒之列陣數十里諸將咸懼護兒笑謂副將周法尚及軍吏曰吾本謂其堅城清野以待王師今來送死當殄之而朝食高元弟建驍勇絕倫率敢死數百人來致師護兒命武賁郎將費青奴及第六子左千牛整馳斬其首乃縱兵追奔直至城下俘斬不可勝計因破其郛營於城外以待諸軍高麗晝閉城門不敢出會宇文述等衆軍皆敗乃旋軍以功賜物五千段以第五子弘爲杜城府鷹揚郎將以先封襄陽公賜其子整明年又出滄海道師次東萊會楊玄感反進攻洛陽護兒聞之召裨將周法尚等議旋軍討逆法尚等咸以無敕不宜擅還再三固執不從護兒厲聲曰洛陽被圍心腹之疾高麗逆命猶疥癬耳公家之事知無不爲專擅在吾當不關諸人也有沮議者軍法從事即日迴軍令子弘及整馳驛奏聞帝見弘等甚悅曰汝父擅赴國難乃誠臣也授弘通議大夫整公路府鷹揚郎將乃降璽書於護兒曰公旋師之時是朕敕公之日君臣意合遠同符契梟此元惡

期在不遙勒名太常非公而誰也於是護兒與宇文述破玄感於閿鄉斬平之還加開府儀同三司賜物五千段黃金千兩奴婢百人贈父法敏東陽郡太守永寧縣公十一年又率師渡海破高麗奢卑等二城高麗舉國來戰護兒大破之將趣平壤高元震懼使執叛臣斛斯政詣遼東城下請降帝許之詔護兒旋軍護兒集衆軍謂曰三度出兵未能平賊此還也不可重來今高麗困弊野無青草以我衆戰不日剋之吾欲進兵逕圍平壤取其僞主獻捷而歸也於是拜表請行不肯奉詔長史崔君肅固爭之以爲不可護兒曰賊勢破矣吾在閫外事合專決寧征得高元還

而獲譴捨此成功所不能矣君肅告衆曰若從元帥違拒詔書必當奏聞諸將懼乃同勸還師方始奉詔及帝於鴈門爲突厥所圍將選精騎潰圍而出護兒及樊子蓋並固諫乃止十二年駕幸江都護兒諫曰自皇家受命將四十年薄賦輕傜戶口滋殖陛下以高麗逆命稍興軍旅百姓無知易爲咨怨在外羣盜往往聚結車駕遊幸深恐非宜伏願駐駕洛陽與時休息出師命將掃清羣醜上稟聖算指日剋除陛下今幸江都是臣衣錦之地臣荷恩深重不敢專爲身謀帝聞之厲色而起數日不得見後怒解方被引入謂曰公意乃爾朕復何望護兒因不敢言尋代宇文

述爲左翊衛大將軍及宇文化及構逆深忌之是日旦將朝見執護兒曰陛下今何在左右曰今被執矣護兒嘆曰吾備位大臣荷國重任不能肅清凶逆遂令王室至此抱恨泉壤知復何言乃遇害護兒重然諾敦交契廉於財利不事產業至於行軍用兵特多謀算每覽兵法曰此亦豈異人意也善撫士卒部分嚴明故咸得其死力子十二人楷通議大夫弘金紫光祿大夫整左光祿大夫整尤驍勇善撫御討擊羣盜所向皆捷諸賊歌曰長白山頭百戰場十十五五把長鎗不畏官軍千萬衆只怕榮公第六郎至是並遇禍子姪死者十人唯少子恒濟二人免

樊子蓋字華宗廬江人也祖道則梁越州刺史父儒侯景之亂奔齊位仁州刺史子蓋仕齊位東海北陳二郡太守員外散騎常侍封富陽侯周武帝平齊授儀同三司郢州刺史隋文帝受禪以儀同領鄉兵後除樅陽太守平陳之役以功加上開府改封上蔡縣伯歷辰嵩齊三州刺史轉循州總管許以便宜從事十八年入朝奏嶺南地圖賜以良馬雜物加統四州令還任所遣光祿少卿柳謇之餞於灞上煬帝即位轉涼州刺史改授銀青光祿大夫武威太守以善政聞大業三年入朝加金紫光祿大夫五年車駕西巡將入吐谷渾子蓋以彼多瘴氣獻青木香以禦霧露及

帝還謂曰人道公清定如此不子蓋謝曰臣安敢清止是小心不敢納賄耳於是賜之口味百餘斛加右光祿大夫子蓋曰願奉丹陛帝曰公侍朕則一人而已委以西方則萬人之敵宜識此心六年帝避暑隴川宮又云欲幸河西子蓋傾望鑾輿願巡郡境帝知之下詔慰勉之是歲朝於江都宮帝謂曰富貴不還故鄉眞衣繡夜行耳因敕廬江郡設三千人會賜米麥六千石使謁墳墓宴故老當時榮之還除戶部尚書時處羅可汗及高昌王款塞復以子蓋檢校武威太守應接二蕃遼東之役攝左武衛將軍出長岑道後以宿衛不行加左光祿大夫其年帝還東都使子

蓋涿郡留守九年駕復幸遼東命子蓋東都留守屬楊玄感作逆逼城子蓋遣河南贊務裴弘策逆擊之反爲所敗遂斬弘策以徇國子祭酒楊汪小不恭子蓋又將斬之汪拜謝頓首流血乆乃釋免於是三軍莫不戰慄將吏無敢仰視玄感每盡銳攻城子蓋徐設備禦至輒摧破會來護等救至玄感乃解去子蓋凡所誅殺萬人又檢校河南内史車駕至高陽追詣行在所帝勞之以比蕭何寇恂加光祿大夫封建安侯賜女樂五十人謂曰朕遣越王留守東都示以皇枝盤石社稷大事終以委公特宜持重戈甲五百人而後出此勇夫重閑之義無賴不軌者便誅鉏之凡

可施行無勞形迹今爲公别造玉麟符以代銅獸又指越代二王曰今以二孫委公與衞文昇耳宜選貞良宿德有方幅者教習之於是賜以良田甲第十年駕還東都帝謂子蓋曰玄感之反神明故以彰公赤心耳析珪進爵宜有令謨是日進爵爲濟公言其功濟天下特爲立名無此郡國也後與蘇威宇文述陪宴積翠池帝親以金盃屬子蓋酒曰良算嘉謀俟公後動即以此盃賜公用爲永年之瑞十一年從駕至鴈門爲突厥所圍帝欲選精騎潰圍出子蓋及來護諫因垂泣願暫停遼東之役以慰衆望聖躬親出慰撫厚爲勳格人心自奮不足爲憂帝從之後援兵至

虜乃去納言蘇威追論勳格太重宜在斟酌子蓋執奏不宜失信帝曰公欲收物情邪子蓋默然不敢對從駕還東都時絳郡賊敬槃陀柴保昌等阻兵數萬汾晉苦之詔子蓋進討時人物殺阜子蓋善惡無所分别汾水北村塢盡焚之百姓大駭相率爲盜其歸首者無少長悉坑之擁數萬衆經年不能破賊詔徵還又將兵擊宜陽賊以疾停卒于東京上悲傷者乆之顧黄門侍郎裴矩曰子蓋臨終何語矩曰子蓋病篤深恨鴈門之恥帝聞之歎息令百官就弔贈開府儀同三司謚曰景會葬萬餘人武威人吏聞其死莫不嗟痛立碑頌德子蓋無他權略在軍持重未嘗負敗

莅官明察下莫敢欺嚴酷少恩果於殺戮臨終之日見斷頭鬼前後重沓爲之厲云

周羅睺字公布九江尋陽人也父法暠仕梁至南康内史臨蒸縣侯羅睺年十五善騎射好鷹狗任俠放蕩收聚亡命陰習兵書從祖景彥誡之曰吾世恭謹汝獨放縱若不喪身必將滅吾族羅睺終不改仕陳爲句容令後從大都督吳明徹與齊師戰於江陽爲流矢中左目齊師之圍明徹於宿預也諸軍相顧莫有鬬心羅睺躍馬突進莫不披靡太僕卿蕭摩訶副之斬首不可勝計進師徐州與周將梁士彥戰於彭城摩訶臨陣墮馬羅睺進救之於重圍之

內勇冠三軍明徹之敗羅睺全衆而歸後以軍功除右軍將軍封始安縣伯總檢校揚州中外諸軍事賜金銀三千兩盡散之將士分賞驍雄陳宣帝深歎美之出為晉陵太守進爵為侯後除使持節都督豫章十郡諸軍事豫章內史獄訟庭決不關吏手人懷其惠立碑頌德至德中除持節都督南川諸軍事江州司馬吳世興密奏羅睺甚得人心擁衆嶺表意在難測陳主惑焉蕭摩訶魯廣達等保明之外有知者或勸其反羅睺拒絕之還除太子左衛率信任愈重時參宴帝陳主曰周左率武將詩每前成文士何為後也都官尚書孔範曰周羅睺執筆製詩還如上馬入

陣不在人後自是益見親禮及隋伐陳羅睺都督巴峽緣江諸軍事以拒秦王俊及陳主被擒上江猶不下晉王廣遣陳主手書命之羅睺與諸將大臨三日放兵士散然後乃降文帝慰喻之許以富貴羅睺垂泣對曰本朝淪亡臣無節可紀陛下所賜獲全為幸富貴榮祿非臣所望帝甚器之賀若弼謂曰聞公郢漢捉兵即知揚州可得王師利涉果如所量羅睺答曰若得與公周旋勝負未可知也其年秋拜上儀同三司鼓吹送之丁宅先是陳裨將羊翔歸降使為鄉導位至開府班在羅睺上韓擒於朝堂戲之曰不知機變位在羊翔下羅睺答曰昔在江南久承令問謂

公天下節士今日所言殊匪人臣之論擒有媿色歷豳涇二州刺史並有能名開皇十八年征遼東徵為水軍總管自東萊汎海趣平壤城遭風船多漂沒無功而旋十九年突厥達頭可汗犯塞從楊素致討羅睺先登大破之進大將軍仁壽元年入為東宮右虞候率賜爵義寧郡公轉右衛率煬帝即位授右武候大將軍副楊素討平漢王諒進授上大將軍及陳主卒羅睺請一臨哭帝許之衰絰送至墓葬還釋服而後入朝帝甚嘉尚之世論稱其有禮時諒餘黨據絳晉等三州未下詔羅睺行晉絳呂三州諸軍事進兵圍之中流矢卒送柩還京行數里無故輿馬自止策之不動

有飄風旋遶焉絳州長史郭雅稽首祝曰公恨小寇未平邪尋即除殄無為戀恨是時風靜馬行見者莫不悲歎其年七月子仲隱夢羅睺曰我明日當戰其靈坐所有弓箭刀劍無故自動若人帶持之狀絳州城陷是其日也贈柱國右翊衛大將軍謚曰壯子仲安位上開府

周法尚字德邁汝南安成人也祖靈起梁廬桂二州刺史父炅定州刺史平北將軍法尚少果勁有風槩好讀兵書其父卒後監定州事督父本兵數有戰功為散騎常侍領齊昌郡事封山陰縣侯既而其兄武昌縣公法僧代為定州刺史法尚與長沙王叔堅不相能叔堅言其將反陳宣

帝執禁法僧發兵欲取法尚其下將吏皆勸之歸北法尚未決長史殷文則曰樂毅所以辭燕良不獲已也法尚遂歸周拜開府順州刺史封歸義縣公賜良馬五匹女妓六人綵物五百段加以金帶陳將樊猛濟江討之法尚遣部曲督韓朗詐爲背己奔陳僞告猛曰法尚部兵不願降北若得軍來必無鬬者猛引師急進法尚設奇兵大敗之猛僅以身免隋文帝爲丞相司馬消難作亂陰遣上開府段珣攻圍之外無救援法尚棄城走消難虜其母弟及家累三百人歸陳及文帝受禪拜巴州刺史破三鵶叛蠻後從柱國王誼擊走陳冦還衡州揔管改封譙郡公後上幸洛陽

召之賜金鈿酒鍾一雙綵五百段良馬十五匹奴婢三百口給鼓吹一部法尚固辭上曰公有大功於國特給鼓吹者欲公鄉知朕之寵公也轉黃州揔管使經略江南及伐陳之役以行軍揔管隷秦孝王轉鄂州刺史遷永州揔管安集嶺南仍給黃州兵三千五百人爲帳內前後賞賜甚厚轉桂州揔管仍嶺南道安撫大使後數年入朝以本官宿衛未幾桂州人李光仕反令法尚與上柱國王世積討之法尚發嶺南兵世積徵嶺北軍俱會尹州世積所部多遇瘴不能進頓于衡州法尚獨討之捕得其弟光略光度追斬光仕平之仁壽中遂州獠叛復以行軍揔管討平之

嶲州烏蠻反詔法尚便道討擊破之軍還檢校潞州事煬帝嗣位轉雲州刺史遷定襄太守進金紫光祿大夫時帝幸楡林法尚朝于行宮內史令元壽言於帝曰漢武出塞旌旗千里今御營外請分爲二十四軍日別遣一軍發相去三十里旗幟相望鉦鼓相聞首尾連注千里不絕法尚曰兵亘千里動間山谷卒有不虞四分五裂腹心有事首尾未知雖有故事此取敗道也帝不懌曰卿以爲如何法尚曰請爲方陣四面外拒六宮及百官家口並住其間若有變當頭分抗車爲壁壘重設鉤陳此與據城何異臣謂牢固萬全策也帝曰善因拜左武衞將軍明年黔安夷向

思多反殺將軍鹿愿圍太守蕭造法尚與將軍李景分路討之法尚破思多于清江及還從討吐谷渾別出松州道逐捕亡散至于青海出爲燉煌太守還會寧太守遼東之役以舟師指朝鮮道會楊玄感反與宇文述來護等破之以功進授右光祿大夫時齊郡人王薄孟讓等爲盜保長白山法尚頻擊破之明年復臨滄海在軍遇疾卒贈武衞大將軍謚曰僖有子六人紹範最知名

衞玄字文昇河南洛陽人也祖悅魏司農卿父檦侍中左武衞大將軍玄少有器識周武帝在藩引爲記室遷給事上士襲爵興勢公武帝親揔萬機拜益州揔管長史賜以

萬釘寶帶稍遷開府儀同三司太府中大夫攝內史事仍領京兆尹稱爲強濟隋文帝作相檢校熊州事及受禪遷淮州總管進封同軌郡公坐事免未幾拜嵐州刺史會起長城之役詔玄監督之後爲衛尉少卿仁壽初山獠作逆以玄爲資州刺史以鎮撫之玄既到官時獠攻圍太牢鎮玄單騎造其營謂群獠曰我是刺史銜天子詔安養汝等汝等勿驚諸賊莫敢動於是說以利害渠帥感悅解兵歸附者十餘萬口文帝大悅賜縑二千匹除遂州總管仍令劒南安撫煬帝即位復徵爲衛尉卿夷獠攀戀數百里不絕及與之決並揮涕而去遷工部尚書後拜魏郡太守尚

書如故未幾拜右候衛大將軍檢校左候衛事轉刑部尚書遼東之役檢校右禦衛大將軍帥師出增地道時諸軍多不利玄獨全衆而還拜金紫光祿大夫九年駕幸遼東使玄與代王侑留守京師拜爲京兆內史尚書如故許以便宜從事數代王待以師傅禮會楊玄感圍東都玄率步騎七萬援之至華陰掘楊素冢焚其骸骨夷其塋域示士卒以必死既出潼關議者恐崤函有伏兵請於陝縣沿流東下直趨河陽以攻其背玄曰此計非豎子所及也乃鼓行而進既度函谷卒如所量乃遣武賁郎將張峻爲疑軍於南道玄以大兵直趨城北玄感逆拒之且戰且行屯軍金谷於軍中掃地而祭文帝曰若社稷靈長宜令醜徒冰碎如或大運去矣幸使老臣先死詞氣激揚三軍莫不涕咽時衆寡不敵與賊頻戰不利死傷太半玄苦戰賊稍却進屯北芒會宇文述來護等援兵至玄感西遁玄遣通議大夫斛斯萬善監門直閤龐玉前鋒追之及于閿鄉與宇文述等合擊破之車駕至高陽徵詣行在所帝勞之曰社稷臣也使朕得無西顧之憂進右光祿大夫賜以良田甲第資物鉅萬還鎮京師帝謂曰關右之任一委於公公安社稷乃安公危社稷亦危出入須有兵衛坐卧恒宜自牢也今特給千兵以充侍從與樊子蓋俱賜以玉麟符以代銅

獸十一年詔玄撫關中時盜賊蜂起百姓飢饉玄竟不能救恤而官方壞亂貨賄公行自以年老上表乞骸骨帝遣內史舍人封德彝馳喻之曰京師國本宗廟園陵所在藉公臥以鎮之玄乃止義師入關自知不能守憂懼稱疾不知政事城陷歸于家義寧中卒子孝則位通事舍人兵部承務郎卒

劉權字世略彭城豐人也祖軌齊羅州刺史權少有俠氣重然諾藏亡匿死吏不敢過門後更折節好學動循法度仕齊位行臺郎中齊亡周武帝以爲假淮州刺史開皇中以車騎將軍領鄉典後從晉王廣平陳進授開府儀同三

司宋國公賀若弼甚禮之十二年拜蘇州刺史賜爵宋城縣公時江南初平權撫以恩信甚得人和煬帝嗣位拜衛尉卿進位銀青光祿大夫大業五年從征吐谷渾權出伊吾道逐賊至青海乘勝至伏俟城帝復令權過曼頭赤水置河源郡積石鎮大開屯田留鎮西境在邊五年諸羌懷附貢賦歲入吐谷渾餘燼遠遁道路無壅徵拜司農卿加金紫光祿大夫尋爲南海太守行至鄱陽會羣盜起不得進詔權召募討之權率兵遇賊不戰先乘單舸詣賊營說以利害羣賊感悅一時降附帝聞而嘉之及至南海甚有異政數歲遇盜賊羣起豪傑多願推權爲首權竟固守以拒之子世徹又密遣人齎書諭權稱四方擾亂諷令舉兵權召集佐寮對斬其使竟無異圖守之以死卒官世徹倜儻不羈頗爲時人所許大業末羣雄並起世徹所至輒見忌多拘禁之後竟爲兗州賊帥徐圓朗所殺權從叔烈字子將美容儀有器局位鷹揚郎將有子德威知名於世

李景字道興天水休官人也父超周應戎二州刺史景容貌奇偉膂力過人美鬚髯驍勇善射平齊之役頗有功授儀同三司後以平尉遲迥進位開府賜爵平寇縣公隋開皇九年以行軍總管從王世積伐陳以功進上開府及高智慧等反復以行軍總管從楊素擊之還授鄭州刺史十七

年遼東之役爲馬軍總管及還配事漢王文帝奇其壯武使袒而觀之曰卿相表當位極人臣尋從史萬歲擊突厥於太斤山別路邀賊大破之後與上明公楊紀送義城公主於突厥至恒安遇突厥來寇時代州總管韓洪爲虜所敗景率所領數百人力戰三日殺虜甚衆改授韓州刺史以事王故不之官仁壽中檢校代州總管漢王諒作亂景發兵拒之諒頻遣劉嵩喬鍾葵等攻之景率士卒殊死戰屢挫賊鋒司馬馮孝慈司法參軍呂玉並驍勇善戰儀同三司侯莫陳乂多謀畫工拒守之術景推誠此三人無所關預唯在閤持重時出撫循而已及朔州總管楊義臣援兵至合擊大破之先是府內井中甃上生花如蓮并有龍見時變爲鐵馬甲士又有神人長數丈見城下跡長四尺五寸景問巫者巫者曰此不祥之物來食血耳景大怒推出之旬日而兵至死者數萬景尋被徵進柱國拜右武衛大將軍賜女樂一部加以珍物景智略非所長而忠直爲時所許帝甚信之又擊破叛蠻向思多明年擊吐谷渾於青海破之進位光祿大夫五年車駕西巡至天水景獻食於帝帝曰公主人也賜坐齊王暕上至隴川宮帝將大獵景與左武衛大將軍郭衍俱有難色爲人奏帝大怒令摽之竟以坐免歲餘復位與宇文述等參掌選舉明年攻高

麗武列城破之賜爵郯丘侯八年出渾彌道九年復出遼東及旋使景殿高麗追兵大至景擊走之進爵滑國公楊玄感之反朝臣子弟多預焉景獨無關涉帝曰公誠直天然我梁棟也賜以美女帝每呼李大將軍而不名見重如此十二年帝令景營遼東戰具於北平賜御馬一匹名師子騘于時盜賊蜂起景遂召募以備不虞武賁郎將羅藝與景有隙誣景將反帝遣其子慰諭曰縱人言公闚天闕據京都吾無疑也後為高開道所圍獨守孤城士卒患脚腫死者十六七景撫循之一無離叛遼東軍資多在其所粟帛山積景無所私焉及帝崩於江都遼西太守鄧暠救

之遂歸柳城將還幽州遇賊見害契丹靺鞨素感其恩聞之莫不流涕幽燕人士于今傷惜之子世謨

薛世雄字世英本河東汾陰人也其先寓居敦煌父回字道弘仕周位涇州刺史開皇初封舞陰郡公領澧渠監世雄兒童時與羣輩戲輒畫地為城郭令諸兒為攻守勢不從令者輒撻之諸兒畏憚莫不齊整其父見而奇之謂人曰此兒當興吾家年十七從周武帝平齊以功拜帥都督隋開皇中累遷右親衛車騎將軍煬帝嗣位為右監門郎將從征吐谷渾進位通議大夫世雄性廉慎行軍破敵之處秋毫無犯帝由是嘉之帝嘗謂羣臣曰欲舉好人諸君識否咸曰不測聖心帝曰我欲舉薛世雄羣臣皆稱善於是超拜右翊衛將軍歲餘為玉門道行軍大將軍與突厥啓人可汗連兵擊伊吾師次玉門啓人背約兵不至世雄孤軍度磧伊吾懼請降世雄遂於漢舊伊吾城東築城號新伊吾留銀青光祿大夫王威鎮之而還進位正議大夫遼東之役為沃沮道軍將與宇文述同敗績於平壤還次白石山為賊所圍百餘重四面矢下如雨世雄以羸師為方陣選勁騎二百縱擊破之而還所亡失多竟坐免明年帝復征遼東拜右候衛將軍兵指蹋頓道軍至烏骨城會楊玄感反班師帝至柳城以世雄為東北道大使行燕郡太

守鎮懷遠十年復從帝至遼東遷左禦衛大將軍仍領涿郡留守未幾李密逼東都詔世雄率幽薊精兵將擊之次河間營於城南竇建德率精銳數百夜來襲之大敗世雄與左右數十騎遁入河間城慙恚發病歸涿郡卒子萬述萬淑萬鈞萬徹萬備並以驍武知名

論曰段文振有周之日早以武毅見知隋氏之初又以幹力受委任兼文武稱為諒直其高位厚秩非虛致也來護兒懷倜儻猛槩抑揚晚致勤王驅馳畢力樓船制勝掃勍敵如拾遺閭鄉討亂翦兇魁如摧朽位班上將顯居大國道消遘難忠至不渝惜矣子蓋雅有幹局質性方嚴見義

而勇臨機能斷保全邦邑勤亦懋哉羅睺忠亮之性所在稱重送往之節義感人臣死而有知乃結草之義法尚征伐四夷亦足嘉焉文昇東都解圍頗亦宣力西京居守政以賄成鄙哉鄙哉夫何足數劉權淮楚舊族雄名早著時逢擾攘任等尉他遂能拒子邪言足驗誠臣之節李薛竝以驍武之用當于有事之秋致茲富貴可謂自取時逃遭躓良有命乎

列傳第六十四　北史七十六

列傳第六十五　北史七十七

裴政
李諤
鮑宏
高構
榮毗
陸知命
梁毗
柳彧
趙綽
杜整

裴政字德表河東聞喜人也祖邃父之禮竝南史有傳政幼聰明博聞強記達於從政爲當世所稱仕梁以軍功封爲夷陵侯給事黃門侍郎及魏軍圍荊州政在外見獲蕭詧謂政曰我武皇帝之孫不可爲爾君乎爾何煩殉身於七父若從我計則貴及子孫不然分腰領矣鎖之送至城下使謂元帝曰王僧辯聞臺城破已自爲帝王琳孤弱不能復來政許之既而告城中曰援兵大至吾以間使被禽當以碎身報國監者擊其口終不易辭詧怒命趣行戮蔡大業諫曰此人之望也殺之則荊州不可下因得釋會江

陵平與城中朝士俱送京師周文聞其忠授員外散騎侍
郎引入相府命與盧辯依周禮建六官并撰次朝儀車服
器用多遵古禮革漢魏之法事並施行尋授刑部下大夫
轉少司憲政明習故事又參定周律能飲酒至數斗不亂
簿案盈几剖決如流用法寬平無有冤濫囚徒犯極刑者
乃許其妻子入獄就之至冬將行決皆曰裴大夫致我於
死死無所恨又善鍾律嘗與長孫紹遠論樂事在紹遠傳
隋開皇元年爲率更令加上儀同三司詔與蘇威等脩定
律令採魏晉刑典下至齊梁沿革輕重取其折衷同撰著
者十餘人凡疑滯不通皆取決於政進位散騎常侍轉左

庶子多所匡正見稱純慤東宮凡有大事皆以委之右庶
子劉榮性甚專固時武職交番通事舍人趙元愷作辭見
帳未及成太子再三催促榮令元愷口奏不須造帳及奏
太子問名帳安在元愷云禀承劉榮不聽造帳太子即以
詰榮榮便拒諱太子付政推問未及奏狀阿附榮者先言
於太子曰政欲陷榮推事不實太子召責之政曰凡推事
有兩一察情一據證審其曲直以定是非臣察榮位高任
重縱實語元愷蓋是纖介之愆計不須諱又察元愷受制
於榮豈敢以無端之言妄相點累二人之情理正相似元
愷引左衞率崔蒨等證蒨款狀悉與元愷符同察情既敵

須以證定臣謂榮語元愷非虛太子亦不罪榮而稱政平
直政好面折人短而退無後言時雲定興數入侍太子爲
奇服異器進奉後宮又緣女寵來往無節政數切諫太子
不納政謂定興曰公所爲不合禮度又元妃暴薨道路籍
籍此於太子非令名也願公自引退不然將及禍定興怒
以告太子太子益踈政由是出爲襄州摠管妻子不之官
所受秩奉散給僚吏人犯罪者陰悉知之或竟歲不發至
再三犯乃因都會時於衆中召出親案其罪五人處死流
徒者甚衆合境惶慴令行禁止稱爲神明爾後不脩囹圄
殆無諍訟卒於官著承聖實錄十卷及太子廢文帝追憶

之曰向遣裴政劉行本在共匡弼之猶應不令至此子南
金位膳部郎學涉有文藻以輕財貴義稱
李諤字士恢趙郡人也博學解屬文仕齊爲中書舍人有
口辯每接對陳使周平齊拜天官都上士諤見隋文帝有
帝王志操深自結納及帝爲丞相甚見親待訪以得失時兵
革屢動國用虛耗諤上重穀論以諷焉帝納之及受禪歷
比部考功二曹侍郎賜爵南和伯諤性公方明時務遷書
侍御史上謂羣臣曰朕昔爲大司馬每求外職李諤陳十
二策苦勸不許朕遂決意在內今此事業諤之力也賜物
三千段諤見禮教彫弊公卿薨亡其愛妾侍婢子孫輒嫁

賁之遂成風俗乃上書曰臣聞追遠慎終人德歸厚三年
無改方稱爲孝如聞大臣之內有父祖亡沒日月未久子
孫無賴引其妓妾嫁賣取財有一於此實損風化妾雖微
賤親承衣履服斬三年古今通式豈容遽褫衰絰強傅鉛
華泣辭靈几之前送付他人之室凡在見者猶致傷心況
乎人子能堪斯忍復有朝廷重臣位望通貴平生交舊情
若弟兄及其亡沒杳同行路朝聞其死夕規其妾方便求
娉以得爲限無廉恥之心棄友朋之義且居家理務可移
於官既不正私何能贊務上覽而嘉之五品已上妻妾不
得改醮始於此也諤又以時文體尚輕薄流宕忘反上書

曰臣聞古先哲王之化人也必變其視聽防其嗜欲塞其
邪放之心示以淳和之路五教六行爲訓人之本詩書禮
易爲道義之門故能家復孝慈人知禮讓正俗調風莫大
於此其有上書獻賦制誄鐫銘皆以褒德序賢明勳證理
苟非懲勸義不徒然降及後代風教漸落魏之三祖更尚
文詞忽君人之大道好彫蟲之小藝下之從上有同影響
競騁文華遂成風俗江左齊梁其弊彌甚貴賤賢愚唯務
吟詠遂復遺理存異尋虛逐微競一韻之奇爭一字之巧
連篇累牘不出月露之形積案盈箱唯是風雲之狀世俗
以此相高朝廷據茲擢士祿利之路既開愛尚之情愈篤

於是閭里童昏貴游總丱未窺六甲先製五言至如羲皇
舜禹之典伊傅周孔之說不復關心何嘗入耳以傲誕爲
清虛以緣情爲勳績指儒素爲古拙用詞賦爲君子故文
筆日繁其政日亂良由棄大聖之軌模構無用以爲用也
損本逐末流徧華壤遞相師祖久而愈扇及大隋受命聖
道聿興屏黜浮詞遏止華僞自非懷經抱質志道依仁不
得引預搢紳參廁纓冕開皇四年普詔天下公私文翰並
宜實錄其年九月泗州刺史司馬幼之文表華豔付所司
推罪自是公卿大臣咸知正道莫不鑽仰墳素棄絕華綺
擇先王之令典行大道於茲世如聞外州遠縣仍踵弊風

選吏舉人未遵典則宗黨稱孝鄉曲歸仁學必典謨交不
苟合則擯落私門不加收齒其學不稽古逐俗隨時作輕
薄之篇章結朋黨而求譽則選充吏職舉送天朝蓋由縣
令刺史未行風教猶挾私情不存公道臣既忝憲司職當
糾察若聞風即劾恐挂網者多請勒有司普加搜訪有如
此者具狀送臺諤又以當官者好自矜伐復上奏具陳其
弊請加罪黜以懲風軌上以諤前後所奏頒示天下四海
靡然向風深革其弊諤在職數年務存大體不尚嚴猛由
是無剛謇之譽而潛有匡正之志邳公蘇威以臨道店舍
乃求利之徒事業汙雜非敦本之義遂奏約遣歸農有

類依舊者在所州縣録附市籍仍撤毀舊店並令遠道限以時日時逢冬寒莫敢陳訴謌因別使見其如此以農工有業各附所安逆旅之與旗亭自古非同一槩即附市籍於理不可且行旅之所依託豈容一朝而廢徒爲勞擾於事非宜遂專決之並令依舊使還詣闕然後奏聞文帝善之曰體國之臣當如此矣以年老出拜通州刺史甚有惠政人吏悦服卒官四子世子大方襲爵最有才器大業初判內史舍人次大體大鈞並位尚書郎

鮑宏字潤身東海郯人也父機以才學知名仕梁位書侍御史宏七歲而孤爲兄泉之所愛育年十二能屬文嘗和湘東王繹詩繹嗟賞不已引爲中記室累遷通直散騎侍郎江陵平歸于周明帝甚禮之引爲麟趾殿學士累遷遂伯下大夫與杜子暉聘陳謀伐齊遂出兵度江以侵齊帝嘗問宏取齊策宏以爲先皇往日出師洛陽彼有其備每不克捷如臣計者進兵汾潞直掩晉陽出其不虞以爲上策帝從之及定山東除小御正賜爵平遥縣伯加儀同隋文帝作相奉使山南會王謙舉兵於蜀路次潼州爲謙將達奚惎所執逼送成都竟不屈節謙敗馳傳入京文帝嘉之賜以金帶及受禪加開府進爵爲公歷利邛二州刺史秩滿還京時有尉義臣者其父崇不從尉遲迥後復與突

厥戰死上嘉之將賜姓金氏訪及羣下宏曰昔項伯不同項羽漢高賜其姓劉氏秦真父能死難魏武賜姓曹氏請賜以皇族帝曰善因賜義臣姓楊後授均州刺史以目疾免卒于家初周武帝敕宏修皇室譜一部分爲帝緒疏屬賜姓三篇有集十卷行於世

高構字孝基北海人也性滑稽多智辯給過人好讀書工吏事仕齊歷蘭陵平原二郡太守齊滅周武帝以爲許州司馬隋文帝受禪累遷戶部侍郎時內史侍郎晉平東與兄子長茂爭嫡尚書省不能斷朝臣三議不決構斷而合理上以爲能召入內殿勞之曰我聞尚書郎上應列宿觀卿才識方知古人之言信矣嫡庶者禮教之所重我讀卿判數徧詞理愜當意所不能及也賜米百石由是知名馮翊武鄉女子焦氏既瘂又聾嫁之不售嘗樵采於野爲人所犯而有孕遂生一男年六歲莫知其姓於是申省構判曰母不能言窮究理絶案風俗通姓有九種或氏於爵或氏所居此兒生在武鄉可以武爲姓尋遷雍州司馬以明斷見稱歲餘轉吏部侍郎號爲稱職復徙雍州司馬坐事左轉盩厔令甚有能名上善之復拜雍州司馬仁壽初又爲吏部侍郎以公事免煬帝立召令復位時爲吏部者多以不稱去職唯構最有能名前後典選之官皆出其下時

人以構好劇談頗謂輕薄然其內懷方雅特爲吏部尚書牛弘所重後以老病解職弘時典選凡將有所擢用輒遣人就第問其可不河東薛道衡才高當世每稱構有清鑒所爲文筆必先以草呈構而後出之構有所詆訶道衡未嘗不嗟伏大業七年終于家所舉薦杜如晦房玄齡等後皆自致公輔論者稱構有知人之鑒開皇中昌黎豆盧實爲黃門侍郎稱爲慎密河東裴術爲右丞多所糾正河內士燮平原東方舉安定皇甫聿道俱爲刑部並執法平允京兆韋焜爲戶部郎屢進讜言南陽韓則爲延州甚有惠政等事行遺闕皆有吏幹爲當時所稱

榮毗字子諶北平無終人也父權魏兵部尚書毗少剛鯁有局量涉獵群言仕周位內史下士隋開皇中累遷殿內局監時以華陰多盜賊妙選長史楊素薦毗爲華州長史世號爲能素之田宅多在華陰左右放縱毗以法繩之無所寬貸毗因朝集素謂之曰素之舉卿適以自罰也毗答曰奉法一心者但恐累公所舉素笑曰前言戲耳卿之奉法素之望也時晉王在揚州每令人密覘京師消息遣張衡於路次往往置馬坊以畜牧爲辭實給私人也州縣莫敢違毗獨遏絕其事上聞而嘉之賚絹百匹轉蒲州司馬漢王諒之反也河東豪傑以城應諒刺史丘和覺變遁歸關中長史渤海高義明謂毗曰河東國之東門若失之則爲難不細城中雖復恟恟非悉反也但收桀黠者十餘人斬之自當定耳毗然之義明馳馬追和將與協計至城西門爲渤海所殺毗亦被執及諒平拜書侍御史帝謂曰今日之舉馬坊之事也無改汝心帝亦敬之毗在朝侃然正色爲百寮所憚後以母憂去職歲餘起令視事尋卒官贈鴻臚少卿毗兄建緒性甚亮直兼有學業仕周爲載師下大夫儀同三司及平齊之始留鎮鄴城因著齊紀三十卷建緒與文帝有舊及爲丞相加位開府拜息州刺史將之官時帝陰有禪代之計因謂建緒曰且躊躇當共取富貴耳建緒自以周之大夫因義形於色曰明公此旨非僕所聞帝不悅建緒遂行開皇初來朝上謂之曰卿亦悔不建緒稽首曰臣位非徐廣情類楊彪上笑曰朕雖不解書語亦知卿此言不遜也歷始洪二州刺史俱有能名

陸知命字仲通吳郡富春人也父敖陳散騎常侍知命性好學通識大體以貞介自持仕陳爲太學博士南獄正及陳滅歸於家會高智慧等作亂于江左晉王廣鎮江都以其三吳之望召令諷諭反者以功拜儀同三司賜以田宅復用其弟恪爲汧陽令知命以恪非百里才上表陳讓朝廷許之時見天下一統知命詣朝堂上表請使高麗以宣

宗皇風使彼君臣面縛闕下書奏天子異之歲餘授普寧
鎮將人或言其正直者由是待詔於御史臺煬帝嗣位拜
書侍御史侃然正色爲百寮所憚帝甚敬之後坐事免歲
餘復職時齊王暕頗驕縱昵近小人知命奏劾之暕竟得
罪百寮震慄遼東之役爲東暆道受降使者卒於師贈御
史大夫
梁毗字景和安定烏氏人也祖越魏涇豫洛三州刺史郃
陽縣公父茂周滄兖二州刺史毗性剛謇頗有學涉仕周
累遷布憲下大夫宣政中封易陽縣子遷武藏大夫隋文
帝受禪進爵爲侯開皇初以鯁正拜書侍御史名爲稱職

轉大興令遷雍州贊務毗既出憲司復典京邑直道而行
無所回避頗失權貴心由是出爲西寧州刺史改封邯鄲
縣侯在州十一年先是蠻夷酋長皆服金冠以金多者爲
豪儁由是遞相陵辱每尋干戈邊境略無寧歲毗患之後
因諸酋長相率以金遺之於是置金座側對之慟哭謂曰
此饑不可食寒不可衣汝等以此相滅今將此來欲殺我
邪一無所納悉以還之於是蠻夷感悟遂不相攻文帝聞
而善之徵爲散騎常侍大理卿處法平允時人稱之歲餘
進位上開府毗見左僕射楊素貴重擅權百寮震懾恐爲
國患因上封事曰竊見左僕射越國公素幸遇愈重權勢

日隆所私皆非忠讜所進咸是親戚子弟布列兼州連縣
天下無事容息姦圖四海稍虞必爲禍始夫姦臣擅命有
漸而來王莽資之於積年桓玄基之於易世而卒殄漢祀
終傾晉祚陛下若以素爲阿衡臣恐其心未必伊尹也帝
大怒命有司禁止親自詰之極言曰素既擅權寵作威作
福將領之處殺戮無道又太子蜀王罪廢之日百寮無不
震悚唯素揚眉奮肘喜見容色利國家有事以爲身幸毗
發言謇謇有誠亮之節帝無以屈也乃釋之素自此恩寵
漸衰但素任寄隆重多所折挫當時朝士無不慴伏有敢
與相是非辭氣不撓者獨毗與柳彧及尚書左丞李綱而

已後上不復專委於素蓋由察毗之言煬帝即位遷刑部
尚書并攝御史大夫事奏劾宇文述私役部兵帝議免述罪
毗固爭因忤旨遂令張衡代爲大夫毗憂憤卒帝令吏部
尚書牛弘弔之子敬眞位大理司直時煬帝欲成光祿大
夫魚俱羅罪令敬眞案其獄遂希旨陷之極刑未幾敬眞
有疾見俱羅爲祟而死
柳彧字幼文河東解人也世居襄陽父仲禮南史有傳仲
禮梁敗見囚于周復家河東彧少好學頗涉經史周大冢
宰宇文護引爲中外府記室久而出爲寧州揔管掾武帝
親揔萬機彧詣闕求試帝異之以爲司武中士轉鄭令平

齊之後帝賞從官留京者不預彧上表曰今太平告始信賞宜明酬勳報勞務先有本屠城破邑出自聖規斬將搴旗必由神略若負戈擐甲征扞劬勞至於鎮撫國家宿衛爲重頃稟成筭非專己能留從事同功勞須等於是留守竝加品級隋文帝受禪歷尚書虞部屯田二侍郎時制三品已上門皆列戟左僕射高熲子弘德封應國公申牒請戟或判曰僕射之子更不異居父之戟槊已列門外尊有厭卑之義子有避父之禮豈容外門既設內閤又施事竟不行熲聞而歎伏後遷書侍御史當朝正色甚爲百寮敬憚上嘉其婞直謂曰大丈夫當立名於世無容容而已賜

錢十萬米百石時刺史多任武將類不稱職彧上表曰伏見詔書以上柱國和干子爲杞州刺史其人年垂八十鍾鳴漏盡前在趙州闇於職務政由羣小賄賂公行百姓吁嗟歌謠滿道乃云老禾不早殺餘種穢良田古人云耕當問奴織當問婢此言各有所能也干子弓馬武用是其所長臨人莅職非其所解如謂優老尚年自可厚賜金帛若令刺舉所損殊大臣死而後已敢不竭誠上善之干子竟免有應州刺史唐君明居母喪娶雍州長史庫狄士文之從父妹彧劾之曰君明忽劬勞之痛忘嬿爾之親冒此苴衰命彼褕翟不義不昵春秋載其將亡無禮無儀詩人欲

其遄死士文贊務神州名位通顯棄二姓之重匹違六禮之軌儀請禁錮終身以懲風俗二家竟坐得罪隋承喪亂之後風俗頹壞彧多所矯正上甚嘉之又見上勤於聽受百寮奏請多有煩碎因上疏諫曰人君出令誡在煩數是以舜任五臣堯咨四岳設官分職各有司存垂拱無爲天下以乂所謂勞於求賢逸於任使此見事無大小咸關聖聽陛下留心政道無憚疲勞至乃營造細小之事出給輕微之物一日之內酬荅百司至乃日旰忘食分夜未寢動以文簿憂勞聖躬伏願思臣至言少減煩務上覽而嘉之以其家貧敕有司與之築宅因曰柳彧正直之士國之龜

寶也其見重如此右僕射楊素當塗顯貴百寮慴憚無敢忤者嘗以少譴敕送南臺素恃貴坐彧牀彧從外來見素如此於階下端笏整容曰奉敕推公罪素遽下彧據案坐立素於庭前辯詰事狀素由是銜之彧時方爲上所信任故素未有以中之彧見近代以來都邑百姓每至正月十五日作角抵戲遞相誇競至於糜費財力上奏請禁絕之曰竊見京邑爰及外州每以正月望夜充街塞陌鳴鼓聒天燎炬照地人戴獸面男爲女服倡優雜伎詭狀異形外內共觀曾不相避竭貲破產競此一時盡室并孥無問貴賤男女混雜緇素不分穢行因而生盜賊由斯而起非

益於化實損於人請頒天下並即禁斷詔可其奏是歲持節巡河北五十二州奏免長吏贓汙不稱職者二百餘人州縣肅然莫不震懼上嘉之賜絹布二百匹氈三十領拜儀同三司歲餘加員外散騎常侍仁壽初持節巡省太原道十九州及還賜絹百五十匹或嘗得博陵李文博所撰政道集十卷蜀王秀遣人求之或送之於秀秀復賜或奴婢十口及秀得罪楊素奏或以内臣交通諸侯除名配戍懷遠鎮行達高陽有詔徵還至晉陽遇漢王諒作亂遣使馳召或入城而諒反形已露或入城度不得免遂詐中惡不食自稱危篤諒怒囚之及諒敗楊素奏或心懷兩端以

候事變迹雖不反心實同逆坐徙敦煌素卒乃自申理有詔徵還卒於道有子紹爲介休令

趙綽字士倬河東人也性質直剛毅周初爲天官府史以恭謹恪勤擢授夏官府下士稍以明幹見知爲内史中士父艱去職哀毀骨立世稱其孝隋文帝爲丞相知其清正引爲録事參軍尋遷掌朝大夫從行軍摠管是云暉擊叛蠻以功拜儀同文帝受禪授大理丞處法平允考績連最歷大理正尚書都官侍郎每有奏讞正色侃然漸見禮重上以盜賊不禁將重其法綽進諫曰律者天下之大信其可失乎上忻然納之因謂曰若更有聞見宜數言之遷大理少卿故陳將蕭摩訶其子世略在江南作亂摩訶當從坐上曰世略年未二十亦何能爲以其名將之子爲人逼耳因赦摩訶綽固諫不可上不能奪欲待綽去而赦之因命綽退食綽曰臣奏獄未決不敢退朝上曰大理其爲朕特放摩訶也因命左右釋之刑部侍郎辛亶嘗衣緋褌俗云利官上以爲厭蠱將斬之綽曰據法不當死臣不敢奉詔上怒甚謂曰卿惜辛亶而不自惜也命左僕射高熲將綽斬之綽曰陛下寧可殺臣不可殺辛亶至朝堂解衣當斬上使人謂綽曰竟如何對曰執法一心不敢惜死上拂衣入良久乃釋之明日謝綽勞勉之賜物三百段時上禁行

惡錢有二人在市以惡錢易好者武候執以聞上悉令斬之綽諫曰此人坐當杖殺之非法上曰不關卿事綽曰陛下不以臣愚暗置在法司欲妄殺人豈得不關臣事上曰撼大木不動者當退對曰臣望感天心何論動木上復曰啜羹者其則置之天子之威欲相挫邪綽拜而益前訶之不肯退上遂入書侍御史柳彧復上奏切諫上乃止上以綽有誠直之心每引入閤中或遇上與皇后同榻即呼綽坐評論得失前後賞賜以萬計後進開府贈其父爲蔡州刺史時河東薛冑爲大理卿俱名平恕然冑斷獄以情而綽守法俱爲稱職上每謂綽曰朕於卿無所愛惜但卿骨相

不當貰耳仁壽中卒官上爲之流涕中使弔祭鴻臚監護喪事二子方元龔

杜整字皇育京兆杜陵人也祖盛魏潁川太守父𨰧滑州刺史整少有風槩九歲丁父憂哀毀骨立事母以孝聞及長驍勇有膂力好讀孫吳兵法魏大統末襲爵武鄉侯周文引爲親信累遷儀同三司武州刺史從武帝平齊加上儀同進爵平原縣公入爲勳曹中大夫隋文帝爲丞相進位開府及帝受禪加上開府進封長廣郡公拜左武衛將軍開皇六年突厥犯塞詔衛王爽北伐以整爲行軍揔管兼元帥長史至合川無虜而還突進取陳策上善之以爲行軍揔管鎮襄陽卒上傷之謚曰襄子楷嗣位開府整弟肅亦有志行位北地太守

論曰大厦之構非一木之枝帝王之功非一士之略長短殊用大小異宜楷梲棟梁莫可棄也裴政李諤鮑宏高構榮毗陸知命等或文能道義或才足幹時識用顯於當年故事留於臺閣參之有隋多士取其開物成務皆廊廟之榱桷亦北辰之衆星也趙綽居大理囹圄無寃柳彧之處憲臺姦邪自肅然不畏强禦梁毗得之矣邦之司直柳彧近之矣杜整以聲績著美其有以取之乎

列傳第六十五　北史七十七

列傳第六十六　北史七十八

張定和　張奫　麥鐵杖 沈光　權武　王仁恭　吐萬緒　董純　魚俱羅　王辯　陳稜　趙才

張定和字處謐京兆萬年人也家少貧賤有志節初爲侍官隋開皇九年平陳定和當從征無以自給其妻有嫁時衣服定和求鬻之妻不與定和遂行以功拜儀同賜帛千匹遂棄其妻後數以軍功加上開府驃騎將軍從上柱國李充征突厥先登陷陣虜刺之中頸定和以草塞創而戰神氣自若虜遂敗走上聞而壯之遣使賚藥馳詣定和所勞問之進位柱國封武安縣侯賞物二千段良馬二匹金百兩煬帝嗣位歷宜州刺史河内太守頗有惠政遷左屯

衛大將軍從帝征吐谷渾至覆袁川時吐谷渾主與數騎遁其名王詐爲渾主保車我眞山帝命定和擊之旣與賊遇輕其衆少呼之令降賊不肯下定和不被甲挺身登山中流矢而斃其亞將柳武建擊賊悉斬之帝爲之流涕贈光禄大夫時舊爵例除於是復封武安侯謚曰壯武子世立嗣尋拜光禄大夫

張奫字文懿清河東武城人也本名犯廟諱七代祖沈石季龍末自廣陵六合度江家焉仕至桂陽太守孫酣晉佐著作郎坐外祖楊佺期除名徙于南譙因寓居之奫好讀兵書長於騎射尤便刀楯父雙自清河太守免歸周時鄉

人郭子冀密引陳寇雙欲率子弟擊之猶豫未決奫贊成其謀竟破賊由是以勇決知名起家州主簿及隋文帝作相授丞相府大都督領鄉兵賀若弼之鎭江都也特敕奫從因爲間諜平陳之役頗有力焉進位開府儀同三司封文安縣子歲餘奫率水軍破逆賊笮子游於京口薛子建於和州徵入拜大將軍文帝命升御坐宴之謂曰卿可爲朕兒朕爲卿父今日聚集示無外也後賜綠沉甲獸文具裝綺羅千匹尋從楊素征江表別破高智慧於會稽吳世華於臨海進位上大將軍歷撫濟二州刺史俱有能名開皇十八年爲行軍總管從漢王諒征遼東諒軍多物故奫殷獨全帝善之仁壽中卒於潭州總管謚曰莊子孝康

麥鐵杖始興人也貧賤少驍勇有膂力日行五百里走及奔馬性疎誕使酒好交遊重信義每以漁獵爲事不治生業陳大建中結聚爲羣盜廣州刺史歐陽頠俘之以獻沒爲官戶配執御繖每罷朝後行百餘里夜至南徐州踰城而入行光火劫盜旦還及牙時仍又執繖如此者十餘度物主識之州以狀奏朝士見鐵杖每旦恒在弗之信後南徐州數告變尚書蔡徵曰此可驗矣於仗下時購以百金求人送詔書與南徐州刺史鐵杖出應募齎敕而往明旦反奏事帝曰信然爲盜明矣惜其勇捷誡而釋之

陳亡後從居清流縣遇江東反楊素遣鐵杖頭戴草束夜浮度江覘賊中消息具知還報後復更往爲賊所禽逆帥李稜縛送高智慧行至庱亭衞者憩食哀其餒解手以給其食鐵杖取賊刀亂斬衞者殺之皆盡悉割其鼻懷之以歸素大奇之後敍戰勳不及鐵杖遇素馳驛歸于京師鐵杖步追之每夜則同宿素見而悟特奏授儀同三司以不識書放還鄉里成陽公李徹稱其驍武開皇十六年徵至京師除車騎將軍仍從楊素北征突厥加上開府煬帝即位漢王諒反從楊素擊之每戰先登進位柱國除萊州刺史無蒞政名轉汝南太守稍習法令羣盜屛迹後因朝集

考功郎竇威嘲之曰麥是何姓鐵杖應聲曰麥豆不殊何
怱相怪威赧然無以應時人以為敏捷尋除左屯衞大將
軍帝待之愈密鐵杖自以荷恩深重每懷竭命之志及
遼東之役請為前鋒顧謂醫者吳景賢曰大丈夫性命自
有所在豈能艾炷灸 瓜蒂歕鼻療黄不差而卧死兒女
手中乎將度遼呼其三子曰阿奴當備淺色黃衫吾荷國
恩今是死日我得被殺爾當富貴唯誠與孝爾其勉之及
濟橋未成去東岸尚數丈賊大至鐵杖跳上岸與賊戰死
武賁郎將錢士雄孟金叉亦死之左右更無及者帝為之
流涕購得其屍贈光祿大夫宿國公謚曰武烈子孟才嗣

授光祿大夫孟才二弟仲才季才俱拜正議大夫賜贈鉅
萬賜轀輬車給前後部羽葆鼓吹命平壤道敗將宇文述
等百餘人皆為執紼王公以下送至郊外士雄贈左光祿
大夫右屯衞將軍武強侯謚曰剛子傑嗣金叉贈右光祿
大夫子善誼襲官孟才字智稜果烈有父風帝以其死節
將子恩錫殊厚拜武賁郎及江都之難慨然有復讎志與
武牙郎將錢傑素交友二人相謂曰吾等世荷國恩門著
誠節今賊臣弒逆社稷淪亡無節可紀何面目視息世間
哉乃流涕扼腕相與謀於顯福宮邀擊宇文化及事臨發
陳藩之子謙知而告之與其黨沈光俱為化及所害忠義

之士哀焉光字總持吳興人也父君道仕陳為吏部侍郎
陳滅徙家長安皇太子勇引署學士後為漢王諒府掾諒
敗除名光少驍捷善戲馬為天下之最略綜書記微有詞
藻常慕立功名不拘小節家貧父兄竝以傭書為事光獨
跅弛交通輕俠為京師惡少年所附人多贈遺得以養親
每致甘食美服未嘗困匱初建禪定寺其中幡竿高十餘
丈適值繩絕非人力所及光謂僧曰當相為上繩諸僧驚
喜光因取索口銜拍竿而上直至龍頭繫繩畢手足皆放
透空而下以掌拓地倒行十餘步觀者駭悅莫不嗟異時
人號為肉飛仙大業中煬帝徵天下驍果之士伐遼東光預

焉同類數萬人皆出其下光將詣行在所賓客送至灞上
百餘騎光酹酒誓曰是行若不建功立名當死於高麗不
復與諸君相見及從帝攻遼東以衝梯擊城竿長十五丈
光升其端臨城與賊戰短兵接敵殺傷十數人賊競擊而
墜未及地適遇竿有垂絙光接而復上帝望見壯而異之
馳召與語大悅即日拜朝散大夫賜寶刀良馬恒置左右
親顧漸密未幾以為折衝郎將賞遇優重帝每推食解衣
賜之同輩莫比光自以荷恩深重思懷竭節及江都之難
潛構義勇將為帝復讎先是帝寵昵官奴名為給使宇文
化及以光驍勇方任之使總統營於禁內時麥孟才錢傑

等陰圖化及因謂光曰我等荷國厚恩不能死難又俛首事讎受其驅率何用生爲吾必欲殺之死無所恨公義士也肯從我乎光泣下霑衿曰是所望於將軍也僕領給使數百人並荷先帝恩今在化及內營以此復讎如鷹鸇之逐鳥雀孟才爲將軍領江淮衆數千人期以營將發時晨起襲化及光語泄陳謙告其事化及大懼曰此麥鐵杖子也及沈光者並勇決不可當須避其鋒是夜即與腹心走出營外留人告司馬德戡等遣領兵馬逮捕孟才光聞營內諠譁知事發不及被甲即襲化及營空無所獲逢舍人元敏數而斬之德戡兵至四面圍合光大呼潰圍給使齊奮

斬首數十級賊皆披靡德戡輒復遣騎翼而射之光身無介冑遂害之時年二十八麾下百人皆鬬死一無降者壯士聞之莫不爲之隕涕

權武字武弈天水人也祖超魏秦州刺史父襲慶仕周爲開府時武元皇帝之爲周將也與齊師戰於并州襲慶時從被圍百餘重力戰矢盡短兵接戰殺傷甚衆刀矟皆折脫冑擲地向賊大罵曰何不來斫頭賊遂殺之武以忠臣子起家拜開府襲爵齊郡公武少果勁勇力絕人能重甲上馬嘗倒投於井未及泉復躍而出其拳捷如此頻以軍功增邑周宣帝時拜勁捷左旅上大夫進位上開府隋文帝爲丞相引置左右平陳之役以行軍總管從晉王出六合還拜豫州刺史以創業之舊進位大將軍檢校潭州總管其年桂州人李世賢作亂武以行軍總管與武候大將軍虞慶則擊平之慶則以罪誅功竟不錄復還于州多造金帶遺嶺南酋領其人復答以寶物武皆納之由是致富後武晚生一子與親客宴集酒酣遂擅赦所部獄囚武常以南越邊遠政從其俗務適便宜不依律令而每言當今法急官不可爲上令有司案之皆驗令斬之武於獄中上書言父爲武元皇帝戰死於馬前以求哀由是除名仁壽中復拜大將軍封邑如舊未幾授太子右衛率煬帝即位

拜右武衛將軍坐事免後爲右屯衛大將軍坐事除名卒于家子弘

王仁恭字元實天水上邽人也祖建周鳳州刺史父猛鄯州刺史仁恭少剛毅脩謹工騎射秦孝王引爲記室後爲車騎將軍從楊素擊突厥於靈武以功拜上開府以驃騎將軍典蜀王軍事蜀王以罪廢官屬多罹其患上以仁恭素質直置而不問後從楊素討平漢王諒以功進位大將軍歷呂衛二州刺史尋改爲汲郡太守有能名上徵入朝慰勉之褒賜甚厚遷信都太守汲郡吏民扣馬號哭於道數日不得出境遼東之役以仁恭爲將軍及班師仁恭爲

殿遇賊敗之進左光祿大夫明年復以軍將指扶餘道帝
謂曰往者諸軍多不利公獨以一軍破賊古人云敗軍之
將不可以言勇諸將其可任乎今委公爲前軍前後賞賚
甚重仁恭遂進軍至新城破其軍因圍之帝聞之大悅遣
賜以珍物進光祿大夫會楊玄感反其兄子武賁郎將仲
伯預焉由是坐免壽而突厥爲寇詔仁恭以本官領馬邑
太守其年始畢可汗來寇馬邑復令二將勒兵南過時郡
兵不滿三千仁恭簡精鋭逆擊破之并斬二將後突厥復
入定襄仁恭復大破之時天下大亂道路隔絶仁恭頗改
舊節受納貨賄又不敢輒開倉賑恤百姓其麾下校尉劉

武周與仁恭侍婢姦通恐其事泄遂害之武周於是開倉
賑給郡内皆從之自稱天子置百官轉攻傍郡
吐萬緒字長緒代郡鮮卑人也父通周郢州刺史緒少有
武略在周襲爵元壽縣公累遷大將軍小司武隋文帝受
禪拜襄州總管封穀城郡公轉青州總管頗有政名從朔
州總管甚爲北狄所憚後帝有吞陳志轉爲徐州總管令
脩戰具及大舉濟江緒以行軍總管與西河紇豆陵洪景
屯兵江北及陳平拜夏州總管晉王廣爲太子引爲右虞
候率及帝即位漢王諒爲變拜緒晉絳二州刺史未出
關諒已舉兵詔緒從楊素擊破之拜左武候將軍大業初
轉光祿卿賀若弼遇讒引緒爲證緒明其無罪由是免官
後守東平太守帝幸江都路經其境迎謁道傍帝命升龍
舟緒因頓首謝往事帝大悅拜金紫光祿大夫太守如故
及遼東之役請爲先鋒拜左屯衛大將軍指蓋馬道及還
留鎮懷遠進位左光祿大夫時劉元進作亂攻潤州帝徵
緒討之緒擊破元進解潤州圍賊窮蹙請降元進及其僞
僕射朱爕僅以身免於陣斬其僞僕射管崇及其將軍陸
顗等五千餘人進解會稽圍元進復據建安帝令進討之
緒以士卒疲弊請息甲待來春帝不悅密求緒罪有司奏
緒怯懦違詔除名配防建安尋徵詣行在所緒鬱鬱不得志

還至永嘉發疾而卒
董純字德厚隴西成紀人祖和魏太子左衛率父昇周柱
國純少有膂力便弓馬仕周位司御上士典馭下大夫從
武帝平齊拜儀同進爵大興縣侯隋文帝受禪進爵漢曲
縣公後以軍功進位上開府開皇末以勞舊拜左衛將軍
改封順政縣公後從楊素平漢王諒以功拜柱國進爵郡
公再遷左驍衛將軍齊王暕之得罪純坐與交通帝譴之
純曰比數詣齊王者以先帝先后往在仁壽宮置元德太
子及齊王於膝上謂臣曰汝好看此二兒勿忘吾言臣誠
不敢忘先帝言時陛下亦侍先帝側帝改容曰誠有斯言

於是捨之數日出為汶山太守歲餘突厥寇邊轉榆林太守會彭城賊帥張大虎宗世模等保懸薄山帝令純討破之斬萬餘級築為京觀又破賊魏騏驎於單父及帝重征遼東復以純為彭城留守東海賊彭孝才轉入沂水保伍不及山純擊之禽孝才於陣車裂之時盜賊日益純雖剋捷而所在蜂起有譖純怯懦不能平賊帝遣鎖詣東都有司見帝怒甚希旨致純死罪竟誅

魚俱羅馮翊下邽人身長八尺膂力絕人聲氣雄壯言聞數百步為大都督從晉王廣平陳以功拜開府及沈玄懀高智慧等作亂江南楊素以俱羅壯勇請與同行有功加

開府封高唐縣公拜疊州總管以母憂去職還至扶風會楊素將出靈州道擊突厥逢之遂與俱行及遇賊俱羅與數騎奔擊瞋目大呼所當皆披靡以功進位柱國拜豐州總管突厥入境輒禽斬之自是屏跡不敢畜牧於塞下初煬帝在藩俱羅弟贇以左右從累遷大都督及帝嗣位拜車騎將軍贇凶暴令左右炙肉遇不中意以籤刺瞎其眼溫酒不適口者立斷其舌帝以藩邸之舊不忍加誅謂近臣曰弟既如此兄亦可知因召俱羅責之出贇於獄令自為計贇至家飲藥而死帝恐俱羅不安慮生邊患轉安州刺史遷趙郡太守後因朝集至東都與將軍梁伯隱有舊

數相往來又從郡多將雜物以貢獻帝不受因遺權貴御史劾俱羅以郡將交通內臣帝大怒與伯隱俱坐除名未幾越巂飛山蠻反詔俱羅白衣領將并率蜀郡都尉段鍾葵討平之大業九年重征高麗以俱羅為碣石道軍將及還江南劉元進作亂詔俱羅將兵向會稽諸郡逐捕之時百姓思亂從盜如市俱羅擊賊帥朱燮管崇等戰無不捷然賊勢浸盛敗而復聚俱羅度賊非歲月可平諸子並在京洛又見天下漸亂終恐道路隔絕于時東都饑饉穀食踊貴俱羅遣家僮將船米至東都糶之益市財貨潛迎諸子朝廷微知之恐有異志案驗不得其罪帝復令大理司

直梁敬真就鎖將詣東都俱羅相表異人目有重瞳陰為帝之所忌敬真希旨奏俱羅師徒敗衄斬東都市家口籍沒

王辯字警略馮翊蒲城人也祖訓以行商致富魏世出粟助給軍糧為假清河太守辯少習兵書尤善騎射慷慨有大志在周以軍功授帥都督仁壽中累遷車騎將軍後從楊素討平漢王諒賜爵武寧縣男累以軍功加至通議大夫尋遷武賁郎將及山東盜賊起帝引辯升御榻問以方略辯論取賊勢帝稱善曰誠如此賊不足憂於是發從行步騎三千擊敗之賜黃金二百兩勅海賊帥高士達自號東海公眾以萬數令辯擊之屢挫其鋭帝在江都宮聞而

召之及見禮賜甚厚復令往信都經略士達復戰破之優
詔襃顯時賊帥郝孝德孫宣雅時季康竇建德魏刀兒等
往往屯聚大者十數萬小者數千寇掠河北辯擊之所向
皆捷及翟讓寇徐豫辯頻擊走之讓尋與李密屯據洛口
倉辯與王世充討密阻洛水相持經年辯攻敗密乘勝將
入城世充不知恐將士勞倦鳴角收兵翻爲密徒所乘官
軍大潰不可救止辯至洛水橋已壞遂涉水至中流爲溺
人所引墜馬竟溺死三軍莫不痛惜之時有河南斛斯萬
善驍勇果毅與辯齊名從衛玄討楊玄感萬善與數騎追
及之玄感窘迫自殺由是知名拜武賁郎將突厥始畢之

圍鴈門萬善奮擊之所向皆破由是突厥莫敢逼城十許
日竟退萬善力也後頻討羣盜累功至將軍又有將軍鹿
愿范貴馮孝慈俱爲將帥數從征伐竝有名於世事皆亡
失故史官闕云

陳稜字長威廬江襄安人也祖碩以漁釣自給父峴少驍
勇事章大寶爲帳内部曲告大寶反授譙州刺史陳滅廢
于家高智慧汪文進反廬江豪傑亦舉兵相應以峴舊將
共推爲主峴欲拒之稜謂峴曰衆亂既作拒之禍且及己
不如僞從別爲後計峴然之後潛使稜至柱國李徹所請
爲内應徹上其事拜上大將軍宣州刺史封譙郡公詔徹

應接之徹軍未至謀泄爲其黨所殺稜僅以獲免上以其
父之故拜開府尋領鄉兵大業三年拜武賁郎將後與朝
請大夫張鎮周自義安汎海擊流求國月餘而至流求人
初見船艦以爲商旅往往詣軍貿易稜率衆登岸遣鎮周
爲先鋒其主歡斯渴剌兜遣兵拒戰鎮周頻破之稜進至
低沒檀洞其小王歡斯老模拒戰稜敗之斬老模其日霧
雨晦冥將士皆懼稜刑白馬以祭海神既而開霽分爲五
軍趣其都邑乘勝逐北至其柵破之斬渴剌兜獲其子島
槌虜男女數千而歸帝大悅加稜右光祿大夫鎮周金紫
光祿大夫遼東之役以宿衛遷左光祿大夫明年帝復征

遼東稜爲東萊留守楊玄感反稜擊平黎陽斬玄感所署
刺史元務本尋奉詔於江南營戰艦至彭城賊帥孟讓據
梁都宮阻淮爲固稜潛於下流而濟至江都襲破讓以功
進位光祿大夫賜爵信安侯後帝幸江都宮俄而李子通
據海陵左才相掠淮北杜伏威屯六合帝遣稜擊之往見
剋捷超拜右禦衛將軍復度清江擊宣城賊俄而帝以弒
崩宇文化及引軍北上召稜守江都稜集衆縞素爲煬帝
發喪備儀衛改葬於吳公臺下衰杖送喪慟感行路論者
深義之稜後爲李子通所陷奔杜伏威伏威忌而害之

趙才字孝才張掖酒泉人也祖隗魏銀青光祿大夫樂浪

太守父壽周順政太守才少驍武便弓馬性麤悍無威儀仕周
爲輿正上士隋文帝受禪以軍功至上儀同後配事晉王
爲右虞候率煬帝即位轉左備身驃騎右驍衛將軍帝以
才藩邸舊臣漸見親待才亦恪勤匪懈所在有聲轉右候
衛將軍從征吐谷渾以爲行軍總管率衛尉卿劉權兵部
侍郎明雅等出合河道破賊以功進金紫光祿大夫及遼
東之役再出碣石道再遷右候衛大將軍時帝每事巡幸
才恒爲斥候肅遏姦非無所迴避在塗遇公卿妻子有違
禁者才輒醜言大罵多所援及時人雖患其不遜然才守正
無如之何十一年帝將幸江都才見四海土崩諫請還京

師安兆庶帝大怒以才屬吏旬日乃出之遂幸江都待遇
逾昵時江都糧盡內史侍郎虞世基祕書監袁充等多勸
帝幸丹楊才極陳入京策世基極言度江便帝無言才與
世基相忿而出宇文化及殺逆之際才時在苑北化及遣
驍果席德方執之謂曰今日之事祇得如此才默然不對
化及忿才無言將殺之三日乃釋以本官從事鬱鬱不
得志才嘗對化及宴請勸其同謀逆者十八人楊士覽等
酒化及許之才執盃曰十八人止可一度作勿復餘處更
爲諸人默然不對行止聊城遇疾俄而化及爲竇建德所
破才復見虜心彌不平數日而卒仁壽大業間有蘭興洛

賀蘭蕃俱爲武候將軍剛嚴正直不避強禦咸以稱職知名

論曰虎嘯風生龍騰雲起英賢奮發亦各因時張定和張
奫麥鐵杖皆一時壯士而困於貧賤當其鬱抑未遇亦安
知有鴻鵠志哉終能振拔汙泥申其力用符馬革之願快
生平之心得丈夫之節矣孟才錢傑沈光等感懷恩舊臨
難亡身雖功無所成其志有可稱矣權武素無行檢不拘
刑憲終取黜辱寧不亦宜哉仁恭武毅見知文以取達初在
汲郡清能可紀後居馬邑貪惏而亡鮮克有終斯言乃驗
吐萬緒董純以萑蒲不翦遂嬰罪戮大業之季盜可盡乎
俱羅欲加之罪非其咎釁王辯殞身勍敵志在勤王陳稜

縞素發喪哀感行路義之所動固已深乎趙才雖人而無
儀志在強直拒世基之諂可謂不苟同矣

列傳第六十六　　北史七十八

列傳第六十七　北史七十九

宇文述 子化及　雲定興　司馬德戡　趙行樞　裴虔通

王世充

段達

宇文述字伯通代郡武川人也高祖倶頡曾祖長壽祖孤仕魏並爲沃野鎮軍主父盛仕周位上柱國大宗伯述少驍銳便弓馬年十一時有相者謂曰公子善自愛後當位極人臣周武帝時以父軍功起家拜開府述性謹密周大冢宰宇文護甚愛之以本官領護親信及武帝親總萬機召爲左宮伯累遷英果中大夫賜爵博陵郡公改封濮

藍山刊　北史列傳六十七　一　希

陽郡公尉遲迥作亂述以行軍總管從韋孝寬擊之破迥將李雋軍於懷州又與諸將破尉惇於永平橋以功超拜上柱國進爵褒國公開皇初拜右衛大將軍平陳之役以行軍總管自六合而濟時韓擒賀若弼兩軍趣丹陽述據石頭以爲聲援陳主既禽而蕭瓛蕭巖據東吳地述領行軍總管元契張默言等討之落叢公燕榮以舟師自東海至亦受述節度於是吳會悉平以功授子化及爲開府徙拜安州總管時晉王廣鎮揚州甚善於述奏爲壽州總管王時陰有奪宗之志請計於述述曰皇太子失愛已久大王才能蓋世數經將領主上之與內宮咸所鍾愛四海之望實歸大王然廢立國家大事能移主上者唯楊素耳素所謀者唯其弟約述雅知約請朝京師與約共圖廢立晉王大悅多齎金寶資述入關述數請約盛陳器玩與之酣暢因共博戲每陽不勝輸所將金寶約所得既多稍以謝述述因曰此晉王賜述令與公爲歡約大驚曰何爲者述因爲王申意約然其說退言於素亦從之於是晉王與述情好益密命述子士及尚南陽公主前後賞賜不可勝計及晉王爲皇太子以述爲左衛率舊令率官第四品以述素貴遂進率品第三其見重如此煬帝嗣位拜左衛大將軍參掌武官選事後改封許國公尋加開府儀同三司

藍山刊　北史列傳六十七　二　希

每冬正朝會輒給鼓吹一部從幸榆林時鐵勒契弊歌稜攻敗吐谷渾其部攜散遂遣使請降求救帝令述以兵撫納降附吐谷渾見述擁強兵懼不敢降遂西遁述追至曼頭城攻拔之乘勝至赤水城復拔之其餘黨走屯丘尼川進擊大破之獲其王公尚書將軍二百人渾主南走雪山其故地皆空帝大悅明年從帝西巡至金山登燕支述每爲斥候時渾賊復寇張掖述進擊走之還至江都宮敕述與蘇威常典選舉參預朝政述時貴重委任與威等其親愛則過之帝所得遠方貢獻及四時口味輒見班賜中使相望於道述善於供奉俯仰折旋容止便辟宿衛咸取則

焉又有巧思凡所裝飾皆出人意表數以奇服異物進宮
掖由是帝彌悅焉言無不從勢傾朝廷左衛將軍張瑾與
述連官嘗有評議偶不中意述張目瞋之瑾惶懼而走文
武百寮莫敢違忤性貪鄙知人有珍異物必求取富商大
賈及隴右諸胡子弟皆接以恩意呼之爲兒由是競加餽
遺金寶累積後庭曳羅綺者甚衆家僮千餘人皆控良馬
被服金玉及征高麗述爲扶餘道軍將臨發帝謂曰禮七
十者行役以婦人從公宜以家累自隨古稱婦人不入軍
謂臨戰時耳至軍壘間無所傷也項籍虞兮即其故事述
與九軍至鴨淥水糧盡議欲班師諸將多異同述又不測

帝意會乙支文德來詣其營述先與于仲文俱奉密旨令
誘執文德既而緩縱文德逃歸述內不自安遂與諸將度
水追之時文德見述軍中多饑色欲疲述衆每鬬便北述
一日中七戰皆捷既恃驟勝又內逼羣議遂進東濟薩水
去平壤城三十里因山爲營文德復遣使偽降請述曰若
旋師者當奉高元朝行在所述見士卒疲獘不可復戰又
平壤險固卒難致力遂因其詐而還衆半濟賊擊後軍於
是大潰不可禁止九軍敗績一日一夜還至鴨淥水行四
百五十里初度遼九軍三十萬五千人及還至遼東城唯
二千七百人帝怒除其名明年帝又事遼東復述官爵待

之如初從至遼東與將軍楊義臣率兵復臨鴨淥水會楊
玄感作亂帝召述馳驛討玄感時玄感逼東都聞述軍至
西遁將圖關中述與刑部尚書衛玄右驍衛大將軍來護
兒武衛將軍屈突通等躡之至閿鄉皇天原與玄感相及
斬其首傳行在所復從東征至懷遠而還突厥之圍鴈門
也帝大懼述請潰圍而出來護兒及樊子蓋並固諫帝乃
止及圍解次太原議者多勸帝還京師帝有難色述奏曰
從官妻子多在東都請便道向洛陽自潼關入帝從之尋
至東都又觀望帝意勸幸江都宮述於江都遇疾及疾篤
帝令中使相望于第謂述有何言述曰願陛下一能降臨

帝遣司宮魏氏謂曰公危篤朕憚相煩動必有言可陳也
述流涕曰臣子化及早預藩邸願陛下哀憐之士及夙蒙
天恩亦堪驅策臣死後智及不可久留願早除之望不破
門戶魏氏返命隱其言因詭對曰述唯憶陛下耳帝泫然
曰述憶我耶將親臨之宮人百寮諫乃止及薨帝爲廢朝
贈司徒尚書令十郡太守班劍四十人轀輬車前後部鼓
吹謚曰恭詔黃門侍郎裴矩祭以太牢鴻臚監護喪事雲
定興者附會於述初定興女爲皇太子勇昭訓及勇廢除
名配少府定興先得昭訓明珠絡帷私賂於述自是數共
交游定興每時節必有賂遺并以音樂干述述素好著奇服

炫燿時人定興為製馬韉於後角上缺方三寸以露白色
世輕薄者爭倣學之謂為許公缺勢又遇天寒定興曰入
內宿衛必當耳冷述曰然乃製袂頭巾令深裙耳人又學
之名為許公裙勢述大悅曰雲兄所作必能變俗我聞作
事可法故不虛也後帝將事四夷大造兵器述薦之因敕
少府工匠並取其節度述欲為之求官謂之曰兄所製器
仗並合上心而不得官者為長寧兄弟猶未死耳定興曰
此無用物何不勸上殺之述因奏曰房陵諸子年並成立
今欲動兵征討若將從駕則守掌為難若留一處又恐不
可進退無用請早處分因鴆殺長寧又遣以下七弟分配

嶺表於路盡殺之其年大閱帝稱甲仗為佳述奏並雲定
興之功也擢授少府丞十一年累遷屯衛大將軍又有趙
行樞者本太常樂戶家財億計述謂為兒受其賂遺稱為
驍勇起家為折衝郎將化及述長子也性兇險不循法度
好乘肥挾彈馳鶩道中由是長安謂之輕薄公子煬帝為
太子時常領千牛出入臥內累遷至太子僕以受納貨賄
再三免官太子嬖昵之俄而復職又以其弟士及尚南陽
公主由此益驕處公卿間言辭不遜多所凌轢見人子女
狗馬珍翫必請託求之常與屠販者游以規其利煬帝即
位拜太僕少卿益恃舊恩貪冒尤甚煬帝幸榆林化及與

弟智及違禁與突厥交市帝大怒囚之數月還京師欲斬
之而後入城解衣辮髮訖以主救之乃釋并智及並賜述
為奴述薨後煬帝追憶之起化及為右屯衛將軍將作少
監時李密據洛口煬帝懼留淮左不敢還都從駕驍果多
關中人久客羈旅見帝無西還意謀欲叛歸時武賁郎將
司馬德戡摠領驍果屯於東城風聞兵士欲叛未審遣校
尉元武達陰問知情因謀構逆共所善武賁郎將元禮直
閤裴虔通互相扇惑曰聞陛下欲築宮丹楊人人並謀逃
去我欲言之恐先事見誅今知而不言後事發當族將如
之何虔通曰主上實爾德戡又謂兩人曰我聞關中陷沒

李孝常以華陰叛陛下囚其二弟將盡殺之吾輩家屬在
西安得無此慮虔通等曰正恐旦暮及誅計無所出德戡
曰驍果若走可與俱去虔通等曰誠如公言因遞相招誘
又轉告內史舍人元敏鷹揚郎將孟景符璽郎牛方裕
直長許弘仁薛世良城門郎唐奉義醫正張愷等日夜聚
博約為刎頸交言無迴避於坐中輒論叛計並相然許時
李質在禁令驍果守之中外交通所謀益急又趙行樞先
交智及勳侍楊士覽者宇文氏之甥二人同以告智及智
及素狂勃聞之喜即共見德戡期以三月十五日舉兵同
叛劫十二衛武馬虜掠居人財物西歸智及曰不然今天

實喪隋英雄並起因行大事此帝王業也德戡然之行樞
世良請以化及爲主約定方告化及化及性駑怯初聞之
大懼色動流汗久之乃定義寧二年三月一日德戡欲告
衆人恐心未一更譎詐以脅驍果謂許弘仁張愷曰君是
良醫國家所使出言惑衆衆必信君可入備身府徧告所
識者言陛下聞驍果欲叛多醞毒酒因享會盡鴆殺之獨
與南人留此羣情必駭因而舉事無不諧矣其月五日弘
仁等宣布此言驍果遞相告謀反逾急德戡等知計行遂
以十日摠召故人諭以所爲衆皆伏曰唯將軍命其夜奉
義主閉城門門皆不下鑰至夜三更德戡於東城內集兵

得數萬人舉火與城外相應帝聞有聲問是何事虔通僞
曰草坊被燒外人救火故喧囂耳中外隔絕帝以爲然孟
景智及於城外得千餘人刼候衞武賁馮普樂共布兵捉
郭下街巷至五更德戡授虔通兵以換諸門衞士虔通因
自開門領數百騎至成象殿殺將軍獨孤盛武賁郎將元
禮遂引兵進宿衞者皆走虔通進兵排左閤馳入永巷問
陛下安在有美人出房指云在西閣從往執帝帝謂虔通
曰卿非我故人乎何恨而反虔通曰臣不敢反但將士思
歸奉陛下還京師耳帝曰即爲汝歸虔通自勒兵守之至
旦孟景以甲騎迎化及化及未知事果戰慄不能言人有

謁之但低頭據案荅曰罪過時士及在公主第弗之知也智
及遣家僮莊桃樹就第殺之桃樹不忍執詣智及久之乃
見釋化及至城門德戡迎謁引入朝堂號爲丞相令將帝
出江都門以示羣賊因復將入遣令狐行達弑帝於宮中
又執朝臣不同己者數十人及諸王外戚無少長皆害之
唯留秦孝王子浩立以爲帝十餘日奪江都人舟檝從水
路西歸至顯福宮宿公麥孟才折衝郎將沈光等謀擊化
及反爲所害化及於是入據六宮其自奉一如煬帝故事
每帳中南面端坐人有白事者默然不對下牙時方收取
啓狀共奉義方裕世良愷等參決之行至徐州水路不通

復奪人車牛得二千兩並載宮人珍寶其戈甲戎器悉令
軍士負之道遠疲極三軍始怨德戡失望竊謂行樞曰君
大誤我當今撥亂必藉英賢化及庸暗羣小在側事將必敗若何行
樞曰廢之何難因共李孝本宇文導師尹正卿等謀以後
軍萬餘兵襲殺化及立德戡爲王弘仁知之密告化及盡
收德戡及支黨殺之引兵向東郡通守王軌以城降之元
文都推越王侗爲主拜李密爲太尉令擊化及密壁清淇
與徐世勣以烽火相應化及數戰不利其將軍于弘達爲
密所禽送於侗所鑊烹之化及糧盡度永濟渠與密決戰
於童山遂入汲郡求軍糧又遣使拷掠東郡人吏責米粟

王軌怨之以城歸李密化及大懼自汲郡將圖以北諸州
其將陳智略率嶺南驍果萬餘人張童兒率江東驍果數
千人皆叛歸李密化及尚有衆二萬北走魏縣張愷與其
將陳伯謀去之事覺爲化及所殺腹心稍盡兵勢日蹙兄
弟更無他計但相聚酣宴奏女樂醉後尤智及曰我初不
知由汝爲計彊來立我今所向無成負弒主之名天下所
不納滅族豈非由汝乎抱其兩子而泣智及怒曰事捷之
日都不賜尤及其將敗乃欲歸罪何不殺我以降建德兄
弟數相鬬鬩言無長幼醒而復飲以此爲恒自知必敗乃
歎曰人生故當死豈不一日爲帝乎於是鴆殺浩僭皇帝

位於魏縣國號許建元爲天壽置百官攻元寶藏於魏州
反爲所敗乃東北趣聊城將招攜海內諸賊遣士及徇濟
北徵求餉餽大唐遣淮安王神通安撫山東神通圍之十餘
日不尅而退竇建德悉衆攻之先是齊州賊帥王薄聞其
多寶物詐來投附化及信之與共居守至是薄引建德入
城禽化及悉虜其衆先執智及元武達孟景楊士覽許弘
仁等皆斬之乃以檻車載化及至大陸縣城下數其弒逆
并二子承基承趾皆斬之傳首於突厥義城公主梟之虜
庭士及自濟北西歸長安智及幼頑凶好與人羣聚鬬雞
習放鷹狗初以父功賜爵濮陽郡公蒸淫醜穢無所不爲

其妻長孫氏妬而告述述雖爲隱而大忿之纖介之愆必
加鞭箠弟士及恃尚主又輕忽之唯化及事事營護父再
三欲殺輒救免之由是頗相親昵遂勸化及遣人入蕃私爲
交易事發當誅述獨證智及罪惡而爲化及請命帝因兩
釋之述將死抗表言其凶勃必且破家帝後思述拜智及
將作少監其江都弒逆事皆智及之謀也化及爲丞相以
爲右僕射領十二衛大將軍及僭號封齊王竇建德獲而
斬之并其黨十餘人皆暴屍梟首
司馬德戡扶風雍人父元謙仕周爲都督德戡幼孤以屠
豕自給有桑門釋粲通德戡母娥氏遂撫教之因解書計

開皇中爲侍官漸遷至大都督從楊素出討漢王諒充內
營左右進止便僻俊辯多奸計素大善之以勳授儀同三
司大業三年爲鷹揚郎將從討遼左進位正議大夫遷武
賁郎將煬帝甚暱之從至江都領左右備身驍果萬人營
於城內因隋末大亂乃率驍果反語在化及事中既獲煬
帝與黨孟景等推化及爲丞相化及首封德戡爲溫國公
加光祿大夫仍統本兵化及意甚忌之後數日化及署諸
將分配士卒乃以德戡爲禮部尚書外示美遷實奪其兵
也由是懷怨所獲賞物皆賂於智及智及爲之言行至徐
州捨舟登陸令德戡將後軍乃與趙行樞李孝本尹正卿

宇文導師等謀襲化及遣人使于孟海公結爲外助遷延未發以待使報許弘仁張愷知之以告化及因遣其弟士及陽爲游獵至于後軍德戡不知事露出營參謁因命執之并其黨與化及責之曰與公戮力共定海內出於萬死今始事成願得同守富貴公又何爲反也德戡曰本殺昏主苦其毒害立足下而又甚之逼於物情不獲已也化及不對命送至幕下縊而殺之

裴虔通河東人初煬帝爲晉王以親信從稍遷至監門校尉帝即位擢舊左右授宣惠尉累從征役至通議大夫與司馬德戡同謀作亂先開宫門騎至成象殿殺將軍獨孤盛執帝于西閣化及以虔通爲光祿大夫莒國公化及引兵之北也令鎮徐州化及敗後歸於大唐即授徐州總管轉辰州刺史封長蛇男尋以隋朝弒逆之罪除名徙於嶺表而死

王世充字行滿本西域胡人也祖支頹褥徙居新豐頹褥死其妻少寡與儀同王粲野合生子曰瓊粲遂納之以爲小妻其父收幼孤隨母嫁粲粲愛而養焉因姓王氏官至懷汴二州長史世充捲髮豺聲沈猜多詭詐頗窺書傳尤好兵法曉龜策推步盈虛然未嘗爲人言也開皇中爲左翊衞後以軍功拜儀同授兵部員外郎善敷奏明習法律而舞弄文墨高下在心或有駮難之者世充利口飾非辭義鋒起衆雖知其不可而莫能屈稱爲明辯煬帝世累遷至江都郡丞時帝數幸江都世充善候人主顏色阿諛順旨每入言事帝善之又以郡丞領江都宫監乃彫飾池臺陰奏遠方珍物以媚於帝由是益昵之大業八年隋始亂世充內懷徼倖卑身禮士陰結豪俊多收衆心江淮間人素輕薄又屬盜賊羣起人多犯法有繫獄抵罪者世充枉法出之以樹私恩及楊玄感反吳人朱燮晉陵人管崇起兵江南以應之自稱將軍擁衆十餘萬帝遣將軍吐萬緒魚俱羅討之不能剋世充募江都萬餘人擊頻破之每有

剋捷必歸功於下所獲軍實皆推與士卒身無所取由此人爭爲用功最居多十年齊郡賊帥孟讓自長白山寇掠諸郡至盱眙有衆十餘萬世充以兵拒之而羸師示弱保都梁山爲五柵相持不戰後因其懈弛出兵奮擊大破之乘勝盡滅諸賊讓以數十騎遁去斬首萬人六畜軍資莫不盡獲帝以世充有將帥才略始遣領兵討諸小盜所向破之然性多矯偽詐爲善能自勤苦以求聲譽十一年突厥圍帝於鴈門世充盡發江都人往赴難在軍中垢面悲泣曉夜不解甲藉草而坐帝聞之以爲愛己益信任之十二年遷爲江都通守時厭次人格謙爲盜數年兵十餘萬

在豆子䴚中世充破斬之威振羣賊又擊盧明月破之於南陽後還江都帝大悅自執杯酒以賜之時世充又知帝好內乃言江淮良家多有美女願備後庭無由自進帝愈喜因密令世充閱觀諸女資質端麗合法相者取正庫及應入京物以聘納之所用不可勝計帳上所司云敕別用不顯其實有合意者則厚賞世充或不中者又以賚之後令以船送東京而道路賊起使者苦役於淮泗中沈船溺殺之者前後十數或有發露世充爲秘之又遽簡閱以供進是後益見親昵遇李密攻陷興洛倉進逼東都官軍數敗光祿大夫裴仁基以武牢降于密帝惡之大發兵將討焉

特發中詔遣世充爲將軍於洛口以拒密前後百餘戰互有勝負世充乃引軍度洛水逼倉城李密與戰世充敗績赴水溺死者萬餘人時天寒大雨雪兵既度水衣皆霑濕在道凍死者又數萬人比至河陽纔以千數世充自繫獄請罪越王侗遣使赦之召令還都收合亡散屯於含嘉城中不敢復出宇文化及殺帝於江都世充與太府卿元文都將軍皇甫無逸右司郎盧楚奉侗爲主侗以世充爲吏部尚書封鄭國公及侗用元文都盧楚之謀拜李密爲太尉尚書令密遂稱臣復以兵拒化及於黎陽遣使獻捷衆皆悅世充獨謂其麾下諸將曰文都之輩刀筆吏耳吾觀其勢必爲李密所禽且吾軍人每與密戰殺其父兄子弟前後已多一旦爲之下吾屬無類矣出此言以激怒其衆文都知而大懼與楚等謀將因世充入內伏甲而殺之期有日矣將軍段達遣女壻張志以楚等謀告之世充夜勒兵圍宮城將軍費曜田世闍等與戰於東太陽門外曜軍敗世充遂攻門而入無逸以單騎遁走獲楚殺之時宮門尚閉世充遣人扣門言於侗曰元文都等欲執皇帝降于李密段達知而以告臣臣非敢反誅反者耳文都聞變入奉侗於乾陽殿陳兵衞之令將帥乘城以拒難兵敗侗命開門以納世充世充悉遣人代宿衞者明日入謁頓首

流涕而言曰文都等無狀謀相屠害事急爲此不敢背國侗與之盟世充尋遣韋節等諷侗命拜爲尚書左僕射總督內外諸軍事又授其兄惲爲內史令入居禁中未幾李密破化及還其勁兵良馬多戰死士卒皆勌世充欲乘其弊而擊之恐人心不一乃假託鬼神言夢見周公乃立祠於洛水之上遣巫宣言周公欲令僕射急討李密當有大功不則兵皆疫死世充兵多楚人俗信妖妄故出此言以惑之衆皆請戰世充簡練精勇得二萬餘人馬千餘匹營洛水南密軍偃師北山上時密新得志於化及有輕世充之心不設壁壘世充遣二百餘騎潛入北山伏溪谷中令

軍秣馬蓐食既而宵濟人馬奔馳比明而薄密密出兵應之陣未成列而兩軍合戰其伏兵蔽山而上潛登北原乘高而下馳壓密營營中亂無能拒者即入縱火密軍大驚而潰降其將張童兒陳智略進下偃師初世充兄偉及子玄應隨化及至東郡密得而囚之於城中至是盡獲之又執密長史邴元眞妻子司馬鄭虔象之母及諸將子弟皆撫慰之各令潛呼其父兄兵次洛口元眞鄭虔象等舉倉城以應之密以數十騎遁逸世充收其衆而還東盡于海南至于江悉來歸附世充又令韋節諷侗拜己爲太尉置署官屬以尚書省爲其府尋自稱鄭王遣其將高略帥

師攻壽安不利而旋又帥師攻圍穀州三日而退明年自稱相國受九錫備法物是後不朝侗矣有道士桓法嗣者自言解圖讖世充昵之法嗣乃上孔子閉房記畫作大夫持一干以驅羊法嗣云楊隋姓也干一者王字也王居楊後明相國代隋爲帝也又取莊子人閒世德充符二篇上之法嗣釋曰上篇言世下篇言充此則相國名矣當德被人閒而應符命爲天子也世充大悅曰此天命也再拜受之即以法嗣爲諫議大夫世充又羅取雜鳥書帛係其頸自言符命而散之於空或有彈射得鳥而來獻者亦拜官爵既而廢侗陰殺之僭即皇帝位建元曰開明國號鄭大

唐太宗帥師圍之世充頻出兵戰輒不利諸城相繼降款世充窘迫遣使請救於竇建德建德率兵援之至武牢太宗破之禽建德以詣城下世充將潰圍而出諸將莫有應之者於是出降至長安爲讎家所殺

段達武威姑臧人父嚴周朔州刺史達在周年始三歲襲爵襄垣縣公及長身長八尺美鬚髯便弓馬隋文帝爲丞相以爲大都督領親信兵常置左右及踐祚爲左直齋遷車騎將軍督晉王府軍事以擊高智慧功授上儀同又破汪文進等加開府仁壽初爲太子左衛副率大業初以藩邸之舊拜左翊衛將軍從征吐谷渾進位金紫光祿大夫

帝征遼東平原郝孝德清河張金稱等並起爲盜帝令達擊之數爲金稱等所挫諸賊輕之號爲段姥後用鄃令楊善會謀更與賊戰方致尅捷還京師以公事坐免明年帝征遼東使達留守涿郡俄復拜左翊衛將軍高陽魏刀兒聚衆自號歷山飛寇掠燕趙達率涿郡通守郭絢擊敗之時盜賊既多達不能因機決勝唯持重自守時人皆謂之爲怯懦十二年帝幸江都宮詔達與太府卿元文都等留守東都李密縱兵侵掠城下達與監門郎將龐玉武牙郎將霍世舉禦之以功遷左驍衛大將軍王世充之敗也密進據北芒來薄上春門達與判戶部尚書韋津拒之達見

賊不陣而走軍大潰津没于密及帝崩于江都達與文都
等推越王侗爲主署開府儀同三司兼納言陳國公元文
都等之誅誅王世充達預焉既而陰告世充達爲之内應
及事發迫越王送文都於世充世充甚德於達既破李密
諷越王禪讓世充僭號以達爲司徒及東都平坐斬妻子
籍没

論曰宇文述便辟足恭柔顔取悦君所謂可亦曰可焉君所謂不亦曰不焉無所是非不能輕重默默苟容偷安高位甘素餐之責受彼已之譏此固君子所不爲亦丘明之深恥化及以此下才負恩累葉時逢崩拆不能竭命乃因利乘便先圖干紀率羣不逞職爲亂階拔本塞源裂冠毁冕釁深指鹿事切食蹯天地所不容人神所同憤矣世充斗筲小器遭逢時幸與蒙將權禮越舊臣而躬爲戎首親行鴆毒竟而蛇豕醜類繼踵誅夷梟鏡兇魁相尋菹戮垂炯戒於來葉快忠義於當年爲人臣者可無殷鑒哉

列傳第六十七　　北史七十九

列傳第六十八 外戚　　北史八十

賀訥
姚黄眉
杜超
賀迷
閭毗
馮熙
李惠
高肇
胡國珍 從曾孫長粲
楊騰
乙弗繪
趙猛
胡長仁
隋文帝外家吕氏

夫左賢右戚尚德尊功有國者所以御天下也殷肇王基不藉莘氏爲佐周成王業未聞姒姓爲輔然歷觀累代外戚之家乘母后之權以取高位厚秩者多矣而鮮能有克終之美必罹顛覆之患何哉皆由乎居上不以至公任物在下徒用私寵要榮藉積引大車升質任厚棟無德而尊

不知紀極忽於滿盈之戒罔念高危之咎故鬼瞰其室憂
必及之所以殺身傾族相繼於西京也夫誠著艱難功宣
社稷不以謙冲自牧未免顛蹶之禍而況道不足以濟時
仁不足以利物自矜於己以富貴驕人者乎魏道武初賀
訥有部衆之業翼成皇祚其餘或以勞勤或緣恩澤爰及
后妃之族多自保全胡長仁以譖訴貽禍斛律光以地勢
被戮俱非女謁盛衰之所致也婁昭自以佐命之功崇其
名器且霸業權輿時方向德陵暴之釁因茲而起其請德
昭訓二門並良家遺孽守死無暇固不足涉言又子非繼
世權難妄假昭信非惟素門履道記構廢辱威望之地自

致無由有周御歷后門初無與政既而末跡窺權貴移鼎
畺斯乃西漢覆車之轍魏文所以深誡隋文潛躍之初獻
后便相推轂煬帝大横方兆蕭妃密勿經綸是以恩禮綢
繆始終不易然外內親戚莫預朝權昆弟在位亦無殊寵
至於居擅玉堂家稱金穴暉光戚里重灼四方將三司以
比儀命五侯而同拜者終始一代寂無聞焉考之前王可
謂矯其弊矣故雖時經擾攘無有陷於不義市朝遷貿而
皆得以保全比夫憑藉寵私階緣恩澤乘其非據旋就顛
隕者豈可同日而言哉此所謂愛之以禮者也案外戚魏
書有賀訥劉羅辰姚黃眉杜超賀迷閭毗馮熙李峻李惠
高肇于勁胡國珍李延實齊書有趙猛婁叡尒朱文暢鄭
仲禮李祖昇元蠻胡長仁周書不立此篇隋書有獨孤羅
蕭巋今以劉羅辰李峻于勁李延實婁叡尒朱文暢鄭仲
禮李祖昇元蠻獨孤羅蕭巋命附其家傳其餘並入此篇
又檢楊騰乙弗繪附之魏末以備外戚傳云

賀訥傳

賀訥代人魏道武皇帝之舅獻明后之兄也其先世爲君
長祖紇尚平文女父野干尚昭成女遼西公主昭成崩諸
部乖亂獻明后與道武及衛秦二王依訥會苻堅使劉庫
仁分攝國事道武還居獨孤訥揔攝東部爲大人遷居大

寧行其恩信衆多歸之侔於庫仁苻堅假訥鷹揚將軍後
劉顯謀逆道武輕騎歸訥訥驚拜曰官家復國當念老臣
帝笑荅曰誠如舅言要不亡也訥中弟染干忿暴忌帝常
圖爲逆每爲皇姑遼西公主擁護故染干不得肆其禍心
諸部大人請訥兄弟求舉道武爲主染干不從遂與諸大
人勸進道武登代王位于牛川及帝討吐突隣部訥兄弟
遂懷異圖率諸部救之帝擊之大潰訥西遁衞辰遣子直
力鞮征訥告急請降道武簡精騎二十萬救之遂徙訥部
落及諸弟處之東界訥又通於慕容垂垂以訥爲歸善王
染干謀殺訥而代立訥遂與染干相攻垂遣子麟討之敗

染干於牛都破訥於赤城道武遣師救訥麟乃引退訥從道武平中原拜安遠將軍其後離散諸部分土定居不聽遷徙其君長大人皆同編戶訥以元舅甚見尊重然無統領以壽終於家訥弟盧亦從平中原以功賜爵遼西公帝遣盧會衞王儀伐鄴而盧自以帝之季舅不肯受儀節度帝遣使切責之盧遂忿恨與儀司馬丁建構成其嫌彌加猜忌會道武敕儀去鄴盧亦引歸道武以盧爲廣川太守盧性雄豪恥居冀州刺史王輔下襲殺輔奔慕容德德以爲并州刺史廣甯王廣固敗盧亦没訥從父弟悅初道武居賀蘭部下人情未甚附唯悅舉部隨從又密爲帝祈禱

天神請成大業出於誠至帝嘉之甚見寵待後平中原以功賜爵鉅鹿侯進爵北新卒子泥襲爵後降爲肥如侯道武崩京師草草泥出舉烽於安陽城北賀蘭部人皆往赴之明元即位乃罷詔泥與元渾等八人拾遺左右與北新侯安同持節行并定二州劾奏并州刺史元六頭等皆伏罪州郡肅然後從太武征赫連昌以功進爵爲琅邪公軍國大議每參豫焉又征蠕蠕爲別道將坐逐賊不進詐增虜當斬贖爲庶人久之拜光祿勳爲外都大官復本爵卒官子醜建襲

姚黃眉傳

姚黃眉姚興之子明元昭哀皇后之弟也姚泓滅黃眉間來歸魏明元厚禮待之賜爵隴西公尚陽翟公主拜駙馬都尉隸戶二百太武即位遷內都大官後拜太常卿卒贈雍州刺史隴西王謚曰獻陪葬金陵黃眉寬和溫厚希言得失太武悼惜之故贈禮有加

杜超傳

杜超字祖仁魏郡鄴人密皇后之兄也少有節操太常中爲相州別駕始光中太武思念舅氏以超爲陽平公尚南安長公主拜駙馬都尉位大鴻臚卿車駕幸其第賞賜巨萬神䴥三年以超行征南大將軍太宰進爵爲王鎮鄴追

加超父豹鎮東大將軍陽平景王母曰鉅鹿惠君真君五年超爲帳下所害太武臨其喪哀慟者久之謚曰威王長子道生賜爵城陽侯後爲秦州刺史進爵河東公道生弟鳳凰襲爵加侍中特進太武追思超不已欲以鳳凰爲定州刺史鳳凰不願違離闕庭乃止鳳凰弟道儁賜爵發干侯鎮枋頭除兖州刺史超既薨復授超從弟遺侍中安南將軍開府相州刺史入爲內都大官進爵廣平王遺性忠厚頻歷州郡所在著稱薨贈太傅謚曰宣王長子元寶位司空元寶弟亂寶司隷校尉元寶又進爵京兆王及歸而父遺喪明當入謝元寶欲以表聞文成未知遺薨怪其遲

召之元寶將入時人止之曰宜以家憂自辭元寶欲見其寵不從遂冒哀而入未幾以謀反伏誅親從皆斬唯元寶子世衡逃免時朝議欲追削超爵位中書令高允上表理之後兖州故吏汲宗等以道儁遺惠在人前從坐爵受誅委骸土壤求得收葬書奏詔義而聽之贈散騎常侍安南將軍南康公謚曰昭世衡襲遺公爵

賀迷傳

賀迷代人太武敬哀皇后之從父也皇后生景穆初后少孤父兄近親唯迷故蒙賜爵長鄉子卒贈光祿大夫五原公

閭毗傳

閭毗代人蠕蠕主大檀之親屬太武時自其國來降毗即恭皇后之兄也后生文成文成太安二年以毗爲平北將軍賜爵河東公弟紇爲寧北將軍賜爵零陵公其年並加侍中進爵爲王毗征東將軍評尚書事紇征西將軍中都大官自餘子弟賜爵爲王者二人公五人侯六人子三人同時受拜所以隆崇舅氏和平二年追謚后祖父延爲襄康公辰定襄懿王毗薨贈太尉追贈毗妻河東王妃子惠襲紇薨贈司空子豆後賜名莊太和中初立三長以莊爲定戶籍大使甚有時譽十六年例降爵後爲七兵尚書卒紇弟染位外都大官冀州刺史江夏公卒先是文成以乳母常氏有保護功既即位尊爲保太后後尊爲皇太后興安二年太后前兄英字世華自肥如令超爲散騎常侍鎮軍大將軍賜爵遼西公弟喜鎮軍大將軍祠曹尚書帶方公三妹皆封縣君妹夫王睹爲平州刺史遼東公追贈英祖父符堅扶風太守亥爲鎮西將軍遼西簡公勃海太守澄爲侍中征東大將軍太宰遼西獻王英母許氏博陵郡君遺兼太常盧度世持節改葬獻王於遼西樹碑立廟置守冢百家太安初英爲侍中征東大將軍太宰進爵爲王喜左光祿大夫改封燕郡從兄泰爲安東將軍朝鮮侯詔子

伯夫散騎常侍選部尚書次子員金部尚書喜子振太子庶子三年英領太師評尚書事內都大官伏寶泰等州刺史五年詔以太后母宋氏爲遼西王太妃和平元年喜爲洛州刺史初英事宋不能謹而睹奉宋甚至就食於和龍無車牛宋疲不進睹負宋於笈至是宋於英等薄不如睹之篤謂太后曰何不王睹而黜英太后曰英爲長兄門戶主也家內小小不順何足追計睹雖盡力故是他姓奈何在英上本州郡公亦足報耳天安中英爲平州刺史詔爲幽州刺史伯夫進爵范陽公英濁貨徙敦煌諸常自興公及至是皆以親疏受爵賜田宅時爲隆盛後伯夫爲洛州

刺史以贓汙欺妄徵斬於京師承明元年徵英復官薨謚
遼西平王始英之徵也夢日墜其所居黃山下水中村人
以車牛挽致不能出英獨抱載而歸聞者異之後頁與伯
夫子翕可共爲飛書誣謗朝政事發有司執憲刑及五族
孝文以明太后故罪止一門許年老赦免歸家恕其孫一
人扶養之給奴婢田宅其家僮入者百人金錦布帛數萬
計賜尚書已下宿衛已上其女壻及親從在朝皆免官歸
本鄉十一年孝文文明太后以文昭太后故悉出其家前
後没入婦女以喜子振試守正平郡卒

馮熙傳

馮熙字晉國長樂信都人文明太后之兄也祖弘北燕王
太武平遼海熙父朗内徙官至秦雍二州刺史遼西郡公
坐事誅文明太后臨朝追贈假黃鉞太宰燕宣王立廟長
安熙生於長安爲姚氏魏母所養以叔父樂陵公邈因戰
入蠕蠕魏母攜熙逃避至氐羌中撫育年十二好弓馬有
勇幹氐羌皆歸附之魏母惡其如此將還長安始就博士
學問從師受孝經論語好陰陽兵法事及長游華陰河東
二郡間性泛愛不拘小節人無士庶來則納之熙姑先入
掖庭爲太武左昭儀妹爲文成帝后即文明太后也使人
外訪知熙所在徵赴京師拜冠軍將軍賜爵肥如侯尚景

穆女博陵長公主拜駙馬都尉出爲定州刺史進爵昌黎
王獻文即位爲太傅累拜内都大官孝文即位文明太后
臨朝帝乃承旨以熙爲侍中太師中書監領祕書事熙以
頻履師傅又中宮之寵爲羣情所駭心不自安乞轉外任
文明太后亦以爲然除都督洛州刺史侍中太師如故洛
陽雖經破亂而舊三字石經宛然猶在至熙與常伯夫相
繼爲州廢毁分用大至頹落熙爲政不能仁厚而信佛法
自出家財在諸州鎮建佛圖精舍合七十二處寫十六部
一切經延致名德沙門日與講論精勤不倦所費亦不貲
而營塔寺多在高山秀阜傷殺人牛有沙門勸止之熙曰

成就後人唯見佛圖焉知殺人牛也其北芒寺碑文中書
侍郎賈元壽詞孝文頻登北芒寺親讀碑文稱爲佳作熙
爲州因取人子女爲奴婢有容色者幸之爲妾有子女數
十人號爲貪縱後授内都大官太師如故熙事魏母孝謹
如事所生魏母卒乃散髮徒跣水漿不入口三日詔不聽
服熙表求依趙氏之孤帝以熙情難奪聽服齊衰期後以
例降改封京兆郡公帝納其女爲后曰白武通云王所不
臣數有三焉妻之父母抑言其一此所謂供承宗廟不欲
奪私心然吾季著於春秋無臣證於往牒既許通體之一
用開至尊之敬比長秋配極陰政既敷未聞有司陳奏斯

式可詔太師輟臣從禮又勒集書造儀付外孝文前後納
熙三女二為后一為左昭儀由是馮氏寵貴益隆賞賜累
巨萬帝每詔熙上書不臣入朝不拜熙上書如舊熙於後
遇疾綿寢四載詔遣監閹道路相望車駕亦數幸焉將遷
洛帝親與熙別見其困篤歔欷流涕密敕宕昌公主遇曰
太師萬一即可監護喪事十九年薨於代車駕在淮南留
臺表聞還至徐州乃舉哀為制緦服詔有司預辦凶儀并
開魏京之墓令公主之柩俱向伊洛凡所營送皆公家為
備又敕代給綵帛前後六千匹以供凶用皇后詣代都赴
哭太子恂亦赴代哭弔將葬贈假黃鉞侍中都督十州諸

軍事大司馬太尉冀州刺史加黃屋左纛備九錫前後部
羽葆鼓吹皆依晉太宰安平獻王故事有司奏諡詔曰可
以威彊恢遠曰武奉諡於公柩至七里澗帝服縗往迎叩
靈悲慟而拜焉葬日送臨墓所親作誌銘主生二子誕脩
誕字思正脩字寶業皆姿質妍麗年纔十餘文明太后俱
引入禁中申以教誡然不能習讀經史兄弟並無學術徒
整飾容儀寬雅恭謹而已誕與孝文同歲幼侍書學仍蒙
親待尚帝妹樂安長公主拜駙馬都尉侍中征西大將軍
南平王脩侍中鎮北大將軍尚書東平公又除誕儀曹尚
書知殿中事及罷庶姓王誕為侍中都督中外諸軍事中

軍將軍特進改封長樂郡公誕拜官孝文立於庭遙受其
拜既訖還室脩降為侯誕脩雖並長宮禁而性趣殊別誕
性淳篤脩乃浮競誕亦未能誨督其過然時言於太后孝
文嚴責之至於楚捶由是陰懷毒恨遂結左右有憾於誕
者求藥欲因食害誕事覺帝自詰之具得情狀誕引過謝
乞全脩命帝以誕父老又重其意不致於法撻之百餘黜
為平城百姓脩妻司空穆亮女也求離婚請免官帝引嘗
蔡事皆不許帝寵誕仍作同輿而載同案而食同席坐臥
彭城王勰北海王詳雖直禁中然親近不及十六年以誕
為司徒帝既愛誕除官日親為制三讓表并啓將拜又為

其章謝尋加車騎大將軍太子太師十八年帝謂其無師
傅獎導風誕深自誨責從駕南伐十九年至鍾離誕遇疾
不能侍從帝日省問醫藥備加帝鋭意臨江乃命六軍發
鍾離南轅與誕泣訣左右皆入無不掩涕時誕已惙然彊
坐視帝悲而淚不能下言夢太后來呼臣帝嗚咽執手而
出遂行是日去鍾離五十里許昏時告誕薨問帝哀不自
勝時崔慧景裴叔業軍在中淮去所次不過百里帝乃輕
駕西還從者數千人夜至誕薨所撫屍哀慟若喪至戚達
旦聲淚不絕從者亦迭舉音帝以所服衣幍充襚親自臨
視徹樂去膳宣敕六軍止臨江之駕帝親北度慟哭極哀

喪至洛陽車駕猶在鍾離詔留守賜賻物布帛五千匹穀五千斛以供葬事贈假黃鉞使持節大司馬領司徒侍中都督太師駙馬公如故加以殊禮備錫九命依晉大司馬齊王攸故事有司奏謚詔曰案謚法主善行德曰元柔克有光曰懿昔貞惠兼美受三謚之榮忠武雙徽錫兩號之茂式準前訓宜契具瞻既自少綢繆知之惟朕案行定名謚曰元懿帝又親為作碑文及挽歌詞皆窮美盡哀事過其厚車駕還京遂親至謚墓傳車而哭使彭城王勰詔羣官脫朱衣服單衣介幘而哭司徒貴者示以朋友微者示如寮佐公主貞厚有禮度產二男長子穆字孝和襲爵

避皇子愉封改封扶風郡公尚孝文女順陽長公主拜駙馬都尉歷員外通直散騎常侍穆與叔輔興不和輔興亡贈相州刺史祖載在庭而穆方高車良馬恭受職命言宴滿堂忻笑自若為御史中尉東平王匡所劾後位金紫光祿大夫遇害河陰贈司空雍州刺史子冏字景昭襲爵昌黎王尋以庶姓罷王仍襲扶風郡公子峭字子漢齊受禪例降穆弟顥襲父誕長樂郡公脩弟聿字寶興廢后同產兄也位黃門郎信都伯後坐妹廢免為長樂百姓宣武時卒於河南尹聿同產弟風幼養於宮文明太后特加愛念數歲賜爵至北平王拜太子中庶子出入禁闥寵侔二兄孝文親政後因寵稍衰降爵為侯幽后立乃復叙用后死亦冗散卒贈青州刺史崔光之兼黃門也與聿俱直光每謂之曰君家富貴太盛終必衰敗聿云我家何負四海乃呪我也光云以古推之不可不慎時熙為太保誕司徒太子太傅脩侍中尚書聿黃門廢后在位禮愛未弛是後歲餘脩以罪棄熙誕喪亡后廢聿退時人以為盛必衰也

李惠傳

李惠中山人思皇后之父也父蓋少知名歷位殿中都官二尚書左將軍南郡公初太武妹武威長公主故涼王沮渠牧犍之妻太武平涼州頗以公主通密計之助故寵遇

差隆詔蓋尚焉蓋妻與氏以是出後蓋加侍中駙馬都尉殿中都官尚書右僕射卒官贈征南大將軍定州刺史中山王謚曰莊惠弱冠襲父爵妻襄城王韓頹女生二女長即后也惠歷位散騎常侍侍中征西大將軍秦益二州刺史進爵為王轉雍州刺史征南大將軍加長安鎮大將惠長於思察雍州聽事有鷰爭巢鬭已累日惠令人掩獲試命綱紀斷之並辭惠乃使卒以弱竹彈兩鷰既而一去一留惠笑謂吏屬曰此留者自計為巢功重彼去者既經楚痛理無固心羣下伏其深察人有負鹽負薪者同釋重擔息樹陰二人將行爭一羊皮各言藉背之物惠遣爭者出顧

州綱紀曰此羊皮可拷知主乎君羣下咸無答者惠令人置
羊皮席上以杖擊之見少鹽屑曰得其實矣使爭者視之
負薪者乃伏而就罪凡所察究多如此類由是吏人莫敢
欺犯後爲開府儀同三司青州刺史王如故歷政有美績
惠素爲文明太后所忌誣惠將南叛誅之惠二弟初樂與
惠諸子同戮後妻梁氏亦死青州盡沒其家財惠本無釁
故天下冤惜焉惠從弟鳳爲定州刺史安縣王長樂主簿
後長樂以罪賜死時卜筮者河間邢瓚辭引鳳云長樂不
軌鳳爲謀主伏誅唯鳳弟道念與鳳子及兄弟之子皆逃
免後遇赦乃出太和十二年孝文將爵舅氏詔訪存者而

惠諸從以再離孥戮難於應命唯道念敢先詣闕乃申后
妹及鳳兄弟子女之存者於是賜鳳子毛爵柏人侯安祖
浮陽侯興祖安喜侯道念貞定侯從弟寄生高邑子皆加
將軍十五年安祖昆弟四人以外戚蒙見詔謂曰卿之先
世內外有犯得罪於時然官必用才以親非興邦之選外
氏之寵超於末葉從今已後自非奇才不得復外戚謬班
抽舉既無殊能今且可還後例降爵安祖等改侯爲伯並
去軍號帝奉馮氏過厚於李氏過薄舅家了無叙用朝野
人士所以竊議太常高閭顯言于禁中及宣武寵隆外家
並居顯位乃惟孝文舅氏存已不霑恩澤景明末特詔興

祖爲中山太守正始初詔追崇惠爲使持節驃騎將軍開
府儀同三司定州刺史中山公太常考行上言案謚法武
而不遂曰壯謚曰壯公興祖自中山遷燕州刺史卒以兄
安祖子侃晞爲後襲先封南郡王後以庶姓罷王改爲博
陵郡公晞侃爲莊帝所親幸拜散騎常侍嘗食典御帝之
圖介朱榮侃晞與魯安等持刃於禁內殺榮及莊帝蒙塵
侃晞奔梁

高肇傳

高肇字首文文昭皇太后之兄也自云本勃海蓨人五世
祖顧晉永嘉中避亂入高麗父颺字法脩孝文初與弟乘

信及其鄉人韓內冀富等入魏拜厲威將軍河閒子乘信
明威將軍俱待以客禮遂納颺女是爲文昭皇后生宣武
颺卒景明初宣武追思舅氏徵肇兄弟等錄尚書事北海
王詳等奏颺宜贈左光祿大夫賜爵勃海公謚曰敬其妻
蓋氏宜追封清河郡君詔可又詔颺嫡孫猛襲勃海公爵
封肇平原郡公肇弟顯澄城郡公三人同日受封始宣武
未與舅氏相接將拜爵乃賜衣幘引見肇顯于華林都亭
皆甚惶懼舉動失儀數日之閒富貴赫奕是年咸陽王禧
誅財物珍寶奴婢田宅多入高氏未幾肇爲尚書右僕射
冀州大中正尚宣武姑高平公主遷尚書令肇出自夷土

時望輕之及在位居要留心百揆孜孜無倦世咸謂之為
能宣武初六輔專政後以咸陽王禧無事構逆由是委肇
肇既無親族頗結朋黨附之者旬月超昇背之者陷以大
罪以北海王詳位居其上構殺之又說宣武防衛諸王殆
同囚禁時順皇后暴崩世議言肇為之皇子昌薨僉謂王
顯失於醫療承肇意旨及京兆王愉出為冀州刺史畏肇
恣擅遂至不軌肇又譖殺彭城王勰由是朝野側目咸畏
惡之因此專權與奪任己又嘗與清河王懌於雲門外廡
下忽忿諍大至紛紜太尉高陽王雍和止之高后既立逾
見寵信肇既當衡軸每事任己本無學識動違禮度好改

先朝舊制減削封秩抑黜勳人由是怨聲盈路矣延昌初
遷司徒雖貴登台鼎猶以去要快快眾咸嗤笑之父兄封
贈雖久竟不改瘞三年乃詔令還葬肇不自臨赴唯遣其
兄子猛改服詣代遷葬於鄉時人以肇無識哂而不責也
及大舉征蜀以肇為大將軍都督諸軍為之節度與都督
甄琛等二十餘人俱面辭宣武於東堂親奉規略是日肇
所乘駿馬停於神獸門外無故驚倒轉臥渠中鞍具瓦解
眾咸怪異肇出惡焉四年宣武崩赦罷征軍明帝與肇及
征南將軍元遙等書稱諱言以告凶問肇承變非唯仰慕
亦憂身禍朝夕悲泣至于羸悴將至宿瀍澗驛亭家人夜

迎省之皆不相視直至闕下縗服號哭昇太極殿盡哀太
尉高陽王先居西柏堂專決庶事與領軍于忠密欲除之
潛備壯士直寢邢豹伊盆生等十餘人於舍人省下肇哭
梓宮訖於百官前引入西廊清河王懌任城王澄及諸王
等皆竊言目之肇入省壯士搤而拉殺之下詔暴其罪惡
稱為自盡自餘親黨悉無追問削除職爵葬以士禮逮昏
乃於廁門出其尸歸家初肇西征行至函谷車軸中折從
者皆以為不獲吉還也靈太后臨朝令特贈營州刺史永
熙二年孝武帝贈使持節侍中中外諸軍事太師大丞相
太尉公錄尚書事冀州刺史肇子植自中書侍郎為濟州

刺史率州軍討破元愉別將有功當蒙封賞不受云家荷
重恩為國致効是其常節何足以膺進陟之報懇惻發於
至誠歷青相朔恒四州刺史卒植頻莅五州皆清能著稱
當時號為良刺史贈安北將軍冀州刺史肇長兄琨早卒
襲爵封勃海郡公贈都督五州諸軍事鎮東大將軍冀州
刺史詔其子猛嗣猛字豹兒尚長樂公主即宣武同母妹
也拜駙馬都尉歷位中書令出為雍州刺史有能名入為
殿中尚書卒贈司空冀州刺史孝武帝時復贈太師大丞
相錄尚書事公主無子猛先在外有男不敢令主知臨終
方言之年幾三十矣乃召為喪主尋卒無後琨弟偃字仲

游太和十年卒正始中贈安東將軍都督青州刺史謚曰莊侯景明四年宣武納其女為貴嬪及于順皇后崩永平元年立為皇后二年八坐奏封后母王氏為武邑郡君偃弟壽早卒壽弟即肇也肇弟顯侍中高麗國大中正早卒

胡國珍傳

胡國珍字世玉安定臨涇人也祖略姚興勃海公姚逵平北府諮議參軍父深赫連屈丐給事黃門侍郎太武尅統萬深以降款之功賜爵武始侯後拜河州刺史國珍少好學雅尚清儉太和十五年襲爵例降為伯女以選入掖庭生明帝即靈太后也孝明帝踐祚以國珍為光祿大夫靈

太后臨朝加侍中封安定郡公追崇國珍妻皇甫氏為京兆郡君置守冢十戶尚書令任城王澄奏安定公宜出入禁中參諮大務詔屈公入決萬機尋進位中書監儀同三司侍中如故賜絹歲八百疋妻梁四百疋男女姊妹各有差國珍與太師高陽王雍太傅清河王懌太保廣平王懷入居門下同釐庶政詔依漢車千秋晉安平王故事給步挽一乘自掖門至于宣光殿得以出入并備几杖後與侍中崔光俱授帝經侍直禁中國珍上表陳刑政之宜詔皆施行延和初加國珍使持節都督雍州刺史驃騎大將軍開府靈太后以國珍年老不欲令其在外且欲示以方面之榮竟不行遷司徒公侍中如故就宅拜之靈太后明帝率百寮幸其第宴會極歡又追京兆郡君為秦太上君太上君景明三年薨於洛陽於此十六年矣太后以太上君墳瘞卑局更增廣為起塋域門闕碑表侍中崔光等奏按漢高祖母始謚曰昭靈夫人後為昭靈后薄太后母曰靈文夫人皆置園邑三百家長丞奉守今秦太上君未有尊謚陵寢孤立即秦君名宜上終稱兼設掃衛以慰情典請上尊謚曰孝穆權置園邑三十戶立長丞奉守太后從之封國珍繼室梁氏為趙平郡君元乂妻拜為女侍中封新平郡君又徙封馮翊君國珍子祥妻長安縣公主即清河

王懌女也國珍年雖篤老而雅敬佛法時事潔齋自禮拜至於出入侍從猶能跨馬據鞍神龜元年四月七日步從所建佛像發第至閶闔門四五里八日又立觀像晚乃肯坐勞熱增甚因遂寢疾靈太后親侍藥膳十二日薨年八十給東園溫明秘器五時朝服各一具衣一襲贈布五千匹錢一百萬蠟千斤大鴻臚持節監護喪事太后還宮成服於九龍殿遂居九龍寢室明帝服小功服舉哀於太極東堂又詔自始薨至七七皆為設千僧齋齋令七人出家百日設萬人齋二七人出家先是巫覡言將有凶勸令為厭勝法國珍拒而不從云吉凶有定分唯脩德以禳之臨

死與太后訣云母子善臨天下殷勤至於再三又及其子祥云我唯有一子死後勿如比來威抑之靈太后以其好戲時加威訓國珍故以爲言始國珍欲就祖父西葬舊鄉後緣前世諸胡多在洛葬有終洛之心崔光嘗對太后前問國珍國公萬年後爲在此安厝爲歸長安國珍言當陪葬天子山陵及病危太后請以後事竟言還安定語遂惛忽太后問清河王懌與崔光等議去留懌等皆以病亂請從先言太后猶記崔光昔與國珍言遂營墓於洛陽太后雖外從衆議而深追臨終之語云我公之遠慕二親亦吾之思父母也追崇假黃鉞使持節侍中相國都督中外諸

軍事太師領太尉公司州牧號太上秦公加九錫葬以殊禮給九旒鑾輅武賁班劍百人前後部羽葆鼓吹轀輬車謚曰文宣公賜物三千段粟一千五百石又詔贈國珍祖父父兄下逮從子皆有封職持節就安定監護喪事靈太后迎太上君神柩還第與國珍俱葬贈襚一與國珍同及國珍神主入廟詔太常權給以軒縣之樂六佾之舞初國珍無男養兄眞子僧洗爲後後納趙平君生子祥字元吉襲封故事世襲例皆減邑唯祥獨得全封趙平君薨給東園秘器明帝服小功服舉哀于東堂靈太后服齊衰朞葬於太上君墓左不得祔合祥歷位殿中尚書中書監侍中

改封平涼郡公薨贈開府儀同三司雍州刺史謚曰孝景僧洗字湛輝封爰德縣公位中書監侍中改封濮陽郡公僧洗自永安後廢棄不預朝政天平四年薨詔給東園秘器贈太師太尉公錄尚書事雍州刺史謚曰孝貞長子寧字惠歸襲國珍先爵改爲臨涇伯後進爲公歷岐涇二州刺史卒謚曰孝穆女爲清河王亶妃生孝靜皇帝武定初贈太師太尉公錄尚書事謚曰孝昭子虔字僧敬元乂之廢靈太后虔時爲千牛備身與備身張車渠等謀乂事發乂殺車渠等虔坐遠徙靈太后反政徵爲吏部郎中太后好以家人禮與親族宴戲虔常致諫由是後宴讌多不預

焉出爲涇州刺史封安陽縣侯興和三年以帝元舅超遷司空公薨贈太傅太尉公尚書僕射徐州刺史謚曰宣葬日百官會葬秉輿送於郭外子長粲長粲仕齊累遷章武太守爲政清靜頗得人和除兼并省尚書左丞當官正色無所回避尚書左僕射趙彥深密勿樞要中書舍人裴澤便蕃左右以殿門受拜皆彈糾之彥深等頗有恨言長粲不以介意後主踐祚長粲被敕與黃門馮子琮出入禁中專典敷奏武成還鄴後主在晉陽長粲仍受委留後後主從武成還鄴仍敕在京省判度支尚書監議五禮武成崩與領軍婁定遠錄尚書趙彥深左僕射和士開高文遙領

軍綦連猛高阿那肱右僕射唐邕同知朝政時人號爲八
貴於後定遠文遥竝出唐邕專典外兵綦連猛高阿那肱
別掌武任長粲常在左右兼宣詔令從幸晉陽後主既富
於春秋庶事皆相歸委長粲盡心毗奉甚得名譽又正爲
侍中丁母憂給假馳驛奔喪尋有詔起復前任隴東王長
仁心欲入處機要之地爲執政不許長仁疑長粲通謀大
以爲恨言於太后發其陰私請出爲州太后爲言於後主
不獲已從焉除趙州刺史及辭眷戀流涕後主亦憫然慰
勉之至州存心政事爲人吏所懷因沐髮手不得舉失瘖
卒於州後主聞而傷悼在朝文武嗟嘆咸惜之贈司空公

尚書左僕射瀛州刺史謚文貞公長粲性溫雅在官清潔
但始居要密便爲子叔泉取清河王崔德儉女爲妻在晉
陽處分用妻弟王遜與德儉對爲司徒主簿時論以此譏
之又性好內有一侍婢其妻王驕妬手刺殺之爲此忿恨
數年不相見親表爲之語曰自我不見于今三年後納妾
李氏仍與王氏別宅亦無朝拜之禮鸞婦公孫氏也已殺
三夫長粲不信彊取之令與李氏同住未朞而亡子仲操
位陳留太守次叔泉之迥直散騎侍郎先是望氣者上言太
白食昴法當大赦和士開奏聞詔降罪人以應之尚書左
僕射徐之才譜練往事語士開曰天垂象見吉凶有成災

者有不成災者案昴趙分或云趙地有災舌者王侯各在
封邑故分野有災當其君長今吾等虛名竟不之國刺史
專令一境善惡所歸比來多以刺史爲驗未幾而長粲死
焉寧第盛字歸興位左衛將軍賜爵江陽男歷幽瀛二州
刺史爲政清靜人吏愛之轉冀州刺史卒贈司徒公録尚
書事定州刺史追封陽平郡公謚曰懿穆明帝後納其女
爲皇太后舅皇甫集妻字元會一字文都安定朝那人封
涇陽縣公位儀同三司雍州刺史右衛大將軍贈侍中司
空公謚曰靜集弟度字文亮封安縣公累遷尚書左僕射
領左衛將軍度頑蔽每與人言自稱僕射時人方之毛嘉

正光初元乂出之爲都督瀛州刺史度不願出頻表固辭
乃除右光祿大夫孝昌元年爲司空領軍將軍加侍中元
乂之見出也恐朝夕誅滅度與妻陳氏多納其貨爲之左
右度無子養兄集子子熙爲子子熙嫂趙郡太守裴他女
他還京師度問他外何消息他曰行路所聞唯道明公多
取元乂金帛遠近無不慨歎公宜戮此罪人以謝天下陳
氏聞而惡之又攝吏部事遷司徒兼尚書令不拜尋轉太
尉孜孜營利老而彌甚遷授之際皆自請乞靈太后知其
無用以舅氏難違之然所歷官最爲貪蠹尒朱榮入洛西
奔兄子華州刺史邕尋與邕爲人所殺

楊騰傳

楊騰弘農人文帝之舅也父貴琅邪郡守封華陰男騰妹為京兆王愉妃故騰得處貴游景明初襲爵後為襄城太守甚有聲稱文帝即位位開府儀同三司出鎮河東薨贈司空雍州刺史謚曰貞襄子盛

乙弗繪傳

乙弗繪河南洛陽人文帝皇后之兄也文帝即位位開府儀同三司侍中中書監魏昌縣公又為吏部尚書

趙猛傳

趙猛太安狄那人也姊為齊文穆皇后繼室生趙郡公琛

猛性方直頗有器幹齊神武舉義以預義勳封信都縣伯累遷南營州刺史卒贈司空公

胡長仁傳

胡長仁字孝隆安定臨涇人齊武成皇后長兄也父延之魏中書令兗州刺史大寧中贈司空公長仁以內戚歷位尚書左僕射尚書令及武成崩預參朝政封隴東郡王左丞鄘孝裕郎中陸仁惠盧元亮厚相結託長仁每上省孝裕必方駕而來省務既繁簿案堆積令史欲諮都坐者日有百數孝裕屏人私話朝退亦相隨仁惠元亮又伺閑而往停斷公事人號為三佞長仁私遊及密處處追尋孝裕勸其求進和士開深疾之於是奏除孝裕為章武郡守元亮為淮南郡守仁惠為幽州長史孝裕又說長仁曰王陽臥疾和士開必來因而殺之入見太后不過百日失官便代其處士開知其謀更徙孝裕為北營州建德郡守長仁每干執事求為領軍將相文武以主上富於春秋母后家不可專政故抑而不許以本官攝選長仁性好威福意猶未盡先是尚書胡長粲奏事內省長仁疑粲間己苦請太后出之天統五年從駕自幷還鄴夜發滏口帝以夜漏尚早停於路傍長仁後來謂是從行諸貴遂遣門客程牙馳騎呼閤帝遣中尚食陳德信問是何人牙不荅而走帝命

左右追射之既而捉獲因令壯士撲之決馬鞭二百牙一宿便死士開因此遂令德信列長仁倚親驕豪無畏憚由是除齊州刺史及辭於昭陽列仗引見長仁不敢發語唯泣涕橫流到任啓求暫歸所司不為奏怨憤謀令冀州人李揩墻刺和士開其弟長咸告之士開密與祖孝徵議之孝徵引漢文帝殺薄昭為故事於是敕遣張固劉桃枝馳驛詣齊州責長仁謀害宰輔遂賜死先是太白食昴占者曰昴為趙分不利胡王長仁未幾死長仁性好歌舞飲酒至數斗不亂自至齊州每進酒後必長歎歔欷流涕不自勝左右莫不怪之尋而後主納長仁女為后重加贈長仁

子君璧襲爵隴東王君璧弟君璋及長仁弟長雍等前後七人竝賜爵合門貴盛后廢後稍稍黜退焉

隋文帝外家呂氏傳

隋文帝外家呂氏其族蓋微平齊後求訪不知所在開皇初濟南郡上言有男子呂永吉自稱有姑字苦桃嫁爲楊諱妻勘驗知是舅子始追贈外祖雙周爲上柱國太尉八州諸軍事青州刺史封齊郡公謚曰敬外祖母姚氏爲齊敬公夫人詔竝改葬於齊州立廟置守冢十家以永吉襲爵留在京師及大業中授上黨郡太守性識庸劣職務不理後去官不知所終從父道貴性尤頑騃言詞鄙陋初自鄉里徵入長安上見之悲泣道貴略無慼容但連呼帝名云種末定不可偷大似苦桃姊後數犯忌諱動致違忤上甚恥之乃命高熲厚加供給不許接對朝士拜上儀同三司出爲濟南太守令即之任斷其入朝道貴還至本郡高自崇重每與人言自稱皇舅數將儀衛出入閭里從故人游宴庶僚咸苦之後郡廢終於家子孫無聞焉

論曰三五哲王防深慮遠舅甥之國罕執鈞衡母后之家無聞傾敗爰及漢晉頗乖後繼軌皆由乎進不以禮故其斃亦速自魏至隋時移四代得失之迹斯文可睹苟不傾宗終致亡國周隋之際可爲鑒焉若使開皇創業不取懲於巳任獨孤權侔呂霍必敗於仁壽之前蕭氏勢均梁竇豈全於大業之後今或不隕舊基或更隆先構豈非處之以道遠權之所致乎

列傳六十八　　北史八十

梁越
盧醜
張偉
梁祚
平恒
陳奇
劉獻之
張吾貴
劉蘭
孫惠蔚 族曾孫靈暉　馬子結　石曜　靈暉子萬壽

徐遵明
董徵
李業興 子崇祖
李鉉
馮偉
張買奴
劉軌思
鮑季詳
邢峙
劉晝
馬敬德 子元熙
張景仁
權會
張思伯
張彫武
郭遵

儒者其爲教也大矣其利物也博矣以篤父子以正君臣開政化之本原鑿生靈之耳目百王損益一以貫之雖世或汙隆而斯文不墜自永嘉之後宇內分崩禮樂文章掃地將盡魏道武初定中原雖日不暇給始建都邑便以經術爲先立太學置五經博士生員千有餘人天興二年春增國子太學生員至三千人豈不以天下可馬上取之不可以馬上臨之聖達經猷蓋爲遠矣四年春命樂師入學習舞釋菜于先師明元時改國子爲中書學立教授博士太武始光三年春起太學於城東後徵盧玄高允等而令州郡各舉才學於是人多砥尚儒術轉興獻文天安初詔立鄉學郡置博士二人助教二人學生六十人後詔大郡立博士二人助教四人學生一百人次郡立博士二人助教二人學生八十人中郡立博士一人助教二人學生六

十人下郡立博士一人助教一人學生四十人太和中改中書學爲國子學建明堂辟雍尊三老五更又開皇子之學及遷都洛邑詔立國子太學四門小學孝文欽明稽古篤好墳籍坐輿據鞍不忘講道劉芳李彪諸人以經書進崔光邢巒之徒以文史達其餘涉獵典章閑集詞翰莫不糜以好爵動貽賞眷於是斯文鬱然比隆周漢宣武時復詔營國學樹小學於四門大選儒生以爲小學博士員四十人雖黌宇未立而經術彌顯時天下承平學業大盛故燕齊趙魏之間橫經著錄不可勝數大者千餘人小者猶數百州舉茂異郡貢孝廉對揚王庭每年逾衆神龜中將

立國學詔以三品以上及五品清官之子以充生選未及簡置仍復停寢正光三年乃釋奠於國學命祭酒崔光講孝經始置國子生三十六人暨孝昌之後海內淆亂四方校學所在無幾齊神武生於邊朔長於戎馬杖義建旗掃清區縣因魏氏喪亂屬尒朱殘酷文章咸盪禮樂同奔弦歌之音且絕俎豆之容將盡永熙中孝武復釋奠於國學又於顯陽殿詔祭酒劉廞講孝經黃門李郁說禮記中書舍人盧景宣講大戴禮夏小正篇復置生七十二人及永熙西遷天平北徙雖庠序之制有所未遑而儒雅之道遽形心慮時初遷都於鄴國子置生三十六人至興和武定

之間儒業復盛矣始天平中范陽盧景裕同從兄仲禮於本郡起逆齊神武免其罪置之賓館以經教授太原公以下及景裕卒又以趙郡李同軌繼之二賢並大蒙恩遇待以殊禮同軌云亡復徵中山張彫武勃海李鉉刁柔中山石曜等遞爲諸子師友及天保大寧武平之朝亦引進名儒授皇太子諸王經術然爰自始基暨於季世唯濟南之在儲宮性識聰敏頗自砥礪以成其美自餘多驕恣傲狠動違禮度日就月將無聞焉爾鏤冰彫朽迄用無成蓋有由焉夫帝王子孫習性驕逸況義方之情不篤邪僻之路競開自非得自生知體包上智而內縱聲色之娛外多犬

馬之好安能入則篤行出則友賢者也徒有師傅之資終無琢磨之實貴游之輩飾以明經可謂稽山竹箭加之括羽俯拾青紫斷可知焉而齊氏司存或失其守師保疑丞皆賞勳舊國學博士徒有虛名唯國子一學生徒數十人耳胄子以通經進仕者唯博陵崔子發廣平宋游卿而已自外莫見其人幸朝章寬簡政網疏闊游手浮惰十室而九故橫經受業之侶徧於鄉邑負笈從宦之徒不遠千里入閭里之內乞食爲資憩桑梓之陰動逾十數燕趙之俗此衆尤甚焉齊制諸郡並立學置博士助教授經學生俱差逼充員士流及豪富之家皆不從調備員既非所好墳

籍固不關懷又多被州郡官人驅使縱有游惰亦不檢察
皆由上非所好之所致也諸郡俱得察孝廉其博士助教
及游學之徒通經者推擇充舉射策十條通八以上聽九
品出身其尤異者亦蒙抽擢周文受命雅重經典于時西
都板蕩戎馬生郊先王之舊章往聖之遺訓掃地盡矣於
是求闕文於三古得至理於千載黜魏晉之制度復姬旦
之茂典盧景宣學通羣藝脩五禮之缺長孫紹遠才稱洽
聞正六樂之壞由是朝章漸備學者嚮風明皇纂歷敦尚
學藝內有崇文之觀外重成均之職握素懷鉛重席解頤
之士間出於朝廷員冠方領執經負笈之生著錄於京邑

濟濟焉足以踰於向時矣洎保定三年帝乃下詔尊太保
燕公爲三老帝於是服袞冕乘碧輅陳文物備禮容清蹕
而臨太學袒割以食之奉觴以酳之斯固一世之盛事也
其後命輶軒而致玉帛徵沈重於南荆及定山東降至尊
而勞萬乘待熊安生以殊禮是以天下慕嚮文教遠覃衣
儒者之服挾先王之道開黌舍延學徒者比肩勵從師之
志守專門之業辭親戚甘勤苦者成市雖通儒盛業不逮
魏晉之臣而風移俗變抑亦近代之美也自正朔不一將
三百年師訓紛綸無所取正隋文膺期纂曆平一寰宇頓
天網以掩之賁旌帛以禮之設好爵以縻之於是四海九

州強學待問之士靡不畢集焉天子乃整萬乘率百僚遵
問道之儀觀釋奠之禮博士罄縣河之辯侍中竭重席之
奧考正亡逸研覈異同積滯羣疑渙然冰釋於是超擢奇
雋厚賞諸儒京邑達乎四方皆啓黌校齊魯趙魏學者尤
多負笈追師不遠千里講誦之聲道路不絕中州之盛自
漢魏以來一時而已及帝暮年精華稍竭不悅儒術專尚
刑名執政之徒咸非篤好暨仁壽間遂廢天下之學唯存
國子一所弟子七十二人煬帝即位復開庠序國子郡縣
之學盛於開皇之初徵辟儒生遠近畢至使相與講論得
失於東都之下納言定其差次一以聞奏焉于時舊儒多

已凋亡惟信都劉士元河間劉光伯拔萃出類學通南北
博極今古後生鑽仰所製諸經義疏搢紳咸師宗之既而
外事四夷戎馬不息師徒怠散盜賊羣起禮義不足以防
君子刑罰不足以威小人空有建學之名而無弘道之實
其風漸墜以至滅亡方領矩步之徒亦轉死溝壑凡有經
籍因此湮沒於煨燼矣遂使後進之士不復聞詩書之言
皆懷攘竊之心相與陷於不義傳曰學者將殖不學者將
落然則盛衰是繫興亡攸在有國有家者可不慎歟漢世
鄭玄並爲衆經注解服虔何休各有所說玄易詩書禮論
語孝經虔左氏春秋休公羊傳大行於河北王肅易亦間

行焉晉世杜預注左氏預玄孫坦坦弟驥於宋朝並爲青州刺史傳其家業故齊地多習之自魏末大儒徐遵明門下講鄭玄所注周易遵明以傳盧景裕及清河崔瑾景裕傳權會郭茂權會早入鄴都郭茂恒在門下教授其後能言易者多出郭茂之門河南及青齊之閒儒生多講王輔嗣所注師訓蓋寡齊時儒士罕傳尚書之業徐遵明兼通之遵明受業於屯留王聰傳授浮陽李周仁及勃海張文敬李鉉河間權會並鄭康成所注非古文也下里諸生畧不見孔氏注解武平末劉光伯劉士元始得費甝義疏乃留意焉其詩禮春秋尤爲當時所尚諸生多兼通之三禮

並出遵明之門徐傳業於李鉉祖儁田元鳳馮偉紀顯敬呂黃龍夏懷敬李鉉又傳授刁柔張買奴鮑季詳邢峙劉晝熊安生安生又傳孫靈暉郭仲堅丁恃德其後生能通禮經者多是安生門人諸生盡通小戴禮於周儀禮兼通者十二三焉通毛詩者多出於魏朝劉獻之獻之傳李周仁周仁傳董令度程歸則歸則傳劉敬和張思伯劉軌思其後能言詩者多出二劉之門河北諸儒能通春秋者並服子慎所注亦出徐生之門張買奴馬敬德邢峙張思伯張奉禮張彫劉晝鮑長宣王元則並得服氏之精微又有衛覬陳達潘叔虔雖不傳徐氏之門亦爲通解又有姚文安秦道靜初亦學服氏後兼更講杜元凱所注其河外儒生俱伏膺杜氏其公羊穀梁二傳儒者多不厝懷論語孝經諸學徒莫不通講諸儒如權會李鉉刁柔熊安生劉軌思馬敬德之徒多自出義疏雖曰專門亦皆相祖習也大抵南北所爲章句好尚互有不同江左周易則王輔嗣尚書則孔安國左傳則杜元凱河洛左傳則服子慎尚書周易則鄭康成詩則並主於毛公禮則同遵於鄭氏南人約簡得其英華北學深蕪窮其枝葉考其終始要其會歸其立身成名殊方同致矣自魏梁越已下傳授講議者甚衆今各依時代而次以備儒林云爾

梁越傳

梁越字玄覽新興人也博通經傳性純和魏初爲禮經博士道武以其謹厚遷上大夫令授諸皇子經書明元初以師傳恩賜爵祝阿侯出爲鴈門太守獲白雀以獻拜光祿大夫卒

盧醜傳

盧醜昌黎徒何人也襄城王魯元之族也太武監國醜以博學入授經後以師傳舊恩賜爵濟陰公位尚書加散騎常侍卒於河內太守

張偉傳

張偉字仲業太原中都人也學通諸經鄉里受業者常數百人儒謹汎納雖有頑固問至數十偉告喻殷勤曾無慍色常依附經典教以孝悌門人感其仁化事之如父性清雅非法不言太武時與高允等俱被辟命授中書博士累遷爲中書侍郎本國大中正使酒泉慰勞沮渠無諱又使宋賜爵成皐子出爲營州刺史進爵建安公卒贈并州刺史謚曰康

梁祚傳

梁祚北地泥陽人也父郎皇始二年歸魏位濟陽太守至祚居趙郡祚篤志好學歷習經典尤善公羊春秋鄭氏易常以教授有儒者風而無當世之才與幽州別駕平恒有舊恒時請與論

經史辟秘書中散稍遷秘書令爲李訢所排擯退爲中書博士後出爲統萬鎮司馬徵爲散令撰并陳壽三國志名曰國統又作代都賦頗行於世清貧守素不交勢貴卒子元吉有父風

平恒傳

平恒字繼叔燕郡薊人也祖視父儒並仕慕容爲通官恒耽勤讀誦多通博聞自周以降暨於魏世帝王傳代之由貴臣升降之緒皆撰品第商略是非號曰略注合百餘篇安貧樂道不以屢空改操徵爲中書博士久之出爲幽州別駕廉貞寡欲不營資産衣食至常不足妻子不免飢寒後遷秘書丞時高允爲監河間邢祐北平陽嘏河東裴宗廣平程駿金城趙元順等爲著作郎允每稱博通經籍無過恒也恒三子並不率父業好酒自棄恒常忿其世衰植杖巡舍側崗而哭不爲營事婚宦任意官娶曰此輩會是衰頓何煩勞我故仕娉濁碎不得及其門流別構精廬并置經籍於中一奴自給妻子莫得而往酒食亦不與同時有珍美呼時老東安公刁雍等共飲噉之家人無得嘗焉太和十年以恒爲秘書令而固請爲郡未受而卒贈幽州刺史都昌侯謚曰康

陳奇傳

陳奇字脩奇河北人也少孤貧而奉母至孝齠齔聰識有風成之美愛翫經典常非馬融鄭玄解經失旨志在著述五經始注

孝經論語頗傳於世爲搢紳所稱與河間邢祐同召赴京時秘書省游雅素聞其名始頗好之引入秘省欲授以史職後與奇論典誥至易訟卦天與水違行雅曰自葱嶺以西水皆西流推此而言自葱嶺西豈東向望天哉雅性護短因以爲嫌嘗衆辱奇或爾汝之或指爲小人奇曰公身爲君子奇身且小人雅曰君言身且小人君祖父是何人也奇曰祖燕東部侯釐雅質奇曰侯釐何官也奇曰昔有雲師火正鳥師之名以斯而言世革則官異時易則禮變公爲皇魏東宮內侍長竟何職也先是敕以奇付雅令銓補秘書雅既惡之遂不復叙用焉奇冗散數年高允每嘉其遠致稱奇通識非凡學所及允微勸雅曰君朝望具

瞻何爲與野儒辨簡牘章句雅謂允有私於奇曰君寧黨小人
也乃取奇注論語孝經燒於庭內奇曰公貴人不乏樵薪何乃
然奇論語雅愈怒因告京師後生不聽傳授而奇無降志亦評
雅之失雅制昭皇太后碑文論后名字之美比諭前魏之甄后
奇刺發其非遂聞於上詔下司徒撿對雅有屈焉有人爲謗書
多怨時之言頗稱奇不得志雅乃諷在事云此書言奇不遂當
是奇假人爲之如依律文造謗書者皆及孥戮遂抵奇罪時司
徒平原王陸麗知奇見枉惜其才學故得遷延經年冀得寬宥獄
成竟致大戮遂及其家奇於易尤長在獄嘗自筮卦未及成乃擊
破而歎曰吾不度來年冬季及奇受害如其所占奇初被召夜夢

星墜壓腳明而告人曰星則好風星則好雨夢星壓腳必無善徵
但時命峻切不敢不赴耳奇外生常矯之仕歷郡守奇所注論語
矯之傳掌未能行於世其義多異鄭玄往往與司徒崔浩同

劉獻之傳

劉獻之博陵饒陽人也少而孤貧雅好詩傳曾受業於勃海程玄
後遂博觀眾籍見名法之言掩卷而笑曰若使楊墨之流不爲此
書千載誰知其小也曾謂其所親曰觀屈原離騷之作自是狂人
死其宜矣孔子曰無可無不可實獲我心時人有從獻之學者獻
之輒謂之曰人之立身雖百行殊塗準之四科要以德行爲首子
若能入孝出悌忠信仁讓不待出戶天下自知儻不能然雖復下
帷針股躡屩從師正可博聞多識不過爲土龍乞雨眩惑將來
其於立身之道有何益乎孔門之徒初亦未悟見旱魚之歎方
乃歸而養親嗟乎先達何自覺之晚也由是四方學者莫不高
其行義希造其門獻之善春秋毛詩每講左氏盡隱公八年便
止云義例已了不復須解由是弟子不能究竟其說後本郡
逼舉孝廉至京稱病而還孝文幸中山詔徵典內校書獻之
喟然歎曰吾不如莊周散木遠矣一之謂甚其可再乎固以
疾辭時中山張吾貴與獻之齊名四海皆稱儒宗吾貴每一
講唱門徒千數其行業可稱者寡獻之著錄數百而已皆
通經之士於是有識者辯其優劣魏承喪亂之後五經大義

雖有師說而海內諸生多有疑滯咸決於獻之六藝之文雖
不悉注所標宗旨頗異舊義撰三禮大義四卷三傳略例三
卷注毛詩序義一卷行於世并立章句疏二卷注涅槃經未
就而卒四子放古爰古參古脩古

張吾貴傳

張吾貴字吳子中山人也少聰慧口辯身長八尺容貌奇
偉年十八本郡舉爲太學博士吾貴先未多學乃從酈詮
受禮牛天祐受易詮祐粗爲開發而已吾貴覽讀一遍便
即別構戶牖世人競歸之曾在夏學聚徒千數而不講傳
生徒竊云張生之於左氏似不能說吾貴聞之謂曰我今

夏講暫罷後當說傳君等來日皆當持本生徒怪之而已
吾貴謂劉蘭蘭遂爲講傳三旬之中吾貴兼讀杜服隱括
兩家異同悉舉諸生後集便爲講之義例無窮皆多新異
蘭仍伏聽學者以此益奇之而辯能飾非好爲詭說由是
業不久傳而氣陵牧守不屈王侯竟不仕而終

劉蘭傳

劉蘭武邑人也年三十餘始入小學書急就篇家人覺其
聰敏遂令從師受春秋詩禮於中山王保安家貧無以自
資且耕且學三年之後便白其兄求講說其兄笑而聽之
爲立黌舍聚徒二百蘭讀左氏五日一遍兼通五經先是

張吾貴以聰辯過人其所解說不本先儒之旨唯蘭推經
傳之由本注者之意參以緯候及先儒舊事甚爲精悉自
後經義審博皆由於蘭蘭又明陰陽博物多識故爲儒者
所宗瀛州刺史裴植徵蘭講書於州南館植爲學主故生
徒甚盛海內稱焉又特爲中山王英所重英引在館令授
其子熙誘略等蘭學徒前後數千成業者衆而排毀公羊
又非董仲舒由是見譏於世爲國子助教靜坐讀書有人
叩門蘭命引入葛巾單衣入與蘭坐謂曰君自是學士何
爲每見毀辱理義長短竟在誰而過無禮見陵也今欲相
召當與君正之言終而出蘭少時患死

孫惠蔚傳

孫惠蔚武邑武遂人也年十五粗通詩書及孝經論語十
八師董道季講易十九師程玄讀禮經及春秋三傳周流
儒肆有名於冀方太和初郡舉孝廉對策於中書省時中
書監高閭因相談薦俄爲中書博士轉皇宗博士閭被敕
理定雅樂惠蔚參其事及樂成閭上疏請集朝士於太樂
共研是非祕書令李彪自以才辯立難於其前閭命惠蔚
與彪抗論彪不能屈黃門侍郎張彝常與游處每表疏論
事多參訪焉十七年孝文南征上議告類之禮及太師馮
熙薨惠蔚監其喪禮上書令熙未冠之子皆服成人服惠

蔚與李彪以儒學相知及彪位至尚書惠蔚仍太廟令孝
文曾從容言曰道固既登龍門而孫蔚猶沈涓澮朕常以
爲負矣雖久滯小官深體通塞無孜孜之望儒者以是尚
焉二十二年侍讀東宮先是七廟以平文爲太祖孝文議
定祖宗以道武爲太祖祖宗雖定然昭穆未改及孝文崩
將祔神主於廟侍中崔光兼太常卿以太祖既改昭穆以
次而易兼御史中尉黃門侍郎邢巒以爲太祖雖改昭穆
仍不應易乃立彈草欲按奏光光謂惠蔚曰此乃禮也而
執法欲見彈劾思獲助於碩學惠蔚曰此深得禮變尋爲
書以與光讚明其事光以惠蔚書呈宰輔乃召惠蔚與巒

庭議得失尚書令王肅又助巒而巒理終屈彈事遂寢宣武即位之後仍在左右敷訓經典自冗從僕射遷祕書丞武邑郡中正惠蔚既入東觀見典籍未周及閱舊典先無定目新故雜糅首尾不全有者累袠數十無者曠年不寫或篇第褫落始末淪殘或文壞字誤謬爛相屬卷目雖多全定者少請依前丞盧昶所撰甲乙新錄欲裨殘補闕損併有無校練句讀以為定本次第均寫永為常式其省先無本者廣加推尋搜求令足然經記浩博諸子紛綸部帙既多章第紕繆當非一二校書歲月可了求令四門博士及在京儒生四十人在祕書省專精校考參定字義詔許

之後為黃門侍郎代崔光為著作郎才非文史無所撰著遷國子祭酒祕書監仍知史事延昌三年追賞講定之勞封棗強縣男明帝初出為濟州刺史還京除光祿大夫魏初已來儒生寒宦惠蔚最為顯達先單名蔚正始中侍講禁內夜論佛經有愜帝旨詔使加惠號惠蔚法師焉卒于官贈瀛州刺史謚曰戴子伯禮襲封伯禮善隸書位國子博士惠蔚族曾孫靈暉

靈暉傳

靈暉少明敏有器度得惠蔚手錄章疏研精尋問更求師友三禮三傳皆通宗旨然始就鮑季詳熊安生質問疑滯其所發明熊鮑無以異也舉冀州秀才射策高第仕齊累至國子博士授南陽王綽府諮議參軍綽除定州刺史仍隨綽之鎮所為猖蹶靈暉唯默默憂顇不能諫止綽表請靈暉為王師以管記馬子結為諮議朝廷以王師三品奏啟不合後主於啟下手詔云但用之儒者甚以為榮綽除大將軍靈暉以王師領大將軍司馬綽誅停廢從綽死後每至七日至百日靈暉恒為綽請僧設齋行道齊亡卒馬子結者其先扶風人世仕涼土魏太和中入洛父祖俱清官子結及兄子廉子尚三人皆涉文學陽休之牧西兗子廉子尚子結與諸朝士各有贈詩陽揔為一篇酬荅詩云三

馬皆白眉者也子結為南陽王綽管記隨綽定州綽每出遊獵必令子結走馬從禽子結既儒緩衣垂帽落或叫或啼令騎驅之非墜馬不止綽以為笑由是漸見親狎啟為諮議焉石曜字白曜中山安善人亦以儒學進居官清儉武平中為黎陽郡守時丞相咸陽王世子斛律武都出為兗州刺史性貪暴先過衛縣令丞以下斂絹數千疋遺之至黎陽令左右諷動曜及縣官曜手持一縑謂武都曰此是老石機杼聊以奉贈自此以外並須出於吏人吏人之物一毫不敢輒犯武都亦知曜清素純儒笑而不責曜著石子十卷言甚淺俗位終譙州刺史靈暉子萬壽字仙期

一字遐年聰識機警博涉經史善屬文美譚笑在齊仕爲陽休之開府行參軍及隋文帝受禪滕穆王引爲文學坐衣冠不整配防江南行軍摠管宇文述召典軍書萬壽本自書生從容文雅一旦從軍鬱鬱不得志爲五言詩贈京邑知友詩至京盛爲當時吟誦天下好事者多書壁上而翫之後歸鄉里十餘年不得調仁壽初拜 豫章王長史非其好也王轉封于齊即爲齊王文學當時諸王官屬多被夷滅由是彌不自安因謝病免久之授大理司直卒於官有集十卷行於世

徐遵明傳

徐遵明字子判華陰人也幼孤好學年十七隨鄉人毛靈和等詣山東求學至上黨乃師屯留王聰受毛詩尚書禮記一年便辭聰游燕趙師事張吾貴吾貴門徒甚盛遵明伏膺數月乃私謂友人曰張生名高而義無檢格凡所講說不愜吾心請更從師遂與平原田猛略就范陽孫買德受業一年復欲去之猛略謂遵明曰君年少從師每不終業如此用意終恐無成遵明乃指其心曰吾今知真師所在矣正在於此乃詣平原唐遷居於蠶舍讀孝經論語毛詩尚書三禮不出門院凡經六年時彈箏吹笛以自娛慰又知陽平館陶趙世業家有服氏春秋是晉世永嘉舊寫

遵明乃往讀之復經數載因手撰春秋義章爲三十卷是後教授門徒每臨講坐先持執疏然後敷講學徒至今浸以成俗遵明講學於外二十餘年海內莫不宗仰頗好聚歛與劉獻之張吾貴皆河北聚徒教授懸納絲粟留衣物以待之名曰影質有損儒者之風遵明見鄭玄論語序云書以八寸策誤作八十宗因曲爲之說其僻也皆如此獻之吾貴又甚焉遵明不好京輦以兗州有舊因徙屬焉元顥入洛任城太守李湛將舉義兵遵明同其事夜至人間爲亂兵所害永熙二年遵明弟子通直散騎侍郎李業興表求加策命卒無贈謚

董徵傳

董徵字文發頓丘衛國人也身長七尺二寸好古學尚雅素年十七師清河監伯陽受論語毛詩春秋周易河內高望崇受周官後於博陵劉獻之徧受諸經數年之中大義精練講授生徒太和末爲四門小學博士後宣武詔徵入琁華宮令孫惠蔚問以六經仍詔徵教授京兆清河廣平汝南四王後累遷安州刺史徵因述職路次過家置酒高會大享邑老乃言曰晝錦返國昔人稱榮仗節還家云胡不樂因誡二三子弟曰此之富貴匪自天降乃勤學所致耳時人榮之入爲司農少卿光祿大夫後以老解職永熙

二年卒孝武帝以徵昔授學業故優贈儀同三司尚書左僕射相州刺史謚曰文烈子仲曜

李業興傳

李業興上黨長子人也祖虬父玄紀並以儒學舉孝廉玄紀卒於金鄉令業興少耿介志學晚乃師事徐遵明於趙魏之間時有漁陽鮮于靈馥亦聚徒教授而遵明聲譽未高著錄尚寡業興乃詣靈馥黌舍類受業者靈馥乃謂曰李生久逐羌博士何所得也業興默爾不言及靈馥說左傳業興問其大義數條靈馥不能對於是振衣而起曰羌弟子正如此耳遂便徑還自此靈馥生徒傾學而就遵明

學徒大盛業興之爲也後乃博涉百家圖緯風角天文占候無不討練尤長筭歷雖在貧賤常自矜負若禮待不足縱於權貴不爲之屈後爲王遵業門客舉孝廉爲校書郎以世行趙匪曆節氣後辰下筭延昌中業興乃爲戊子元曆上之于時屯騎校尉張洪盪寇將軍張龍祥等九家各獻新曆宣武詔令共爲一曆洪等後遂共推業興爲主成戊子曆正光三年奏行之業興以殷曆甲寅黃帝辛卯徒有積元術數亡缺又修之各爲一卷傳於世建義初敕典儀注未幾除著作郎永安三年以前造曆之勳賜爵長子伯後以孝武帝登極之初豫行禮事封屯留縣子除通直散騎常侍永熙三年二月孝武帝釋奠業興與魏季景溫子昇竇瑗爲摘句後入爲侍讀遷鄴之始起部郎中辛術奏今皇居徙御百度刱始營構一興必宜中制李業興碩學通儒博聞多識萬門千戶所宜詢訪今求就之披圖案記考定是非參古雜今折中爲制詔從之於時尚書右僕射營構大匠高隆之被詔繕修三署樂器衣服及百戲之屬乃奏請業興共事天平四年與兼散騎常侍李諧兼吏部郎盧元明使梁梁散騎常侍朱异問業興曰魏洛中委粟山是南郊邪圓丘邪業興曰委粟是圓丘非南郊异曰比聞郊丘異所是用鄭義我此中用王義業興曰然洛京郊

丘之處用鄭解异曰若然女子逆降傍親亦從鄭以不業興曰此之一事亦不專從若卿此間用王義除禫應用二十五月何以王儉喪禮禫用二十七月也异遂不答業興曰我昨見明堂四柱方屋都無五九之室當是裴頠所制明堂上圓下方裴唯除室耳今此上不圓何也异曰圓方俗說經典無文何怪於方業興曰圓方之言出處甚明卿自不見見卿錄梁主孝經義亦云上圓下方卿言豈非自相矛楯异曰若然圓方竟出何經業興曰出孝經援神契异曰緯候之書何可信也業興曰卿若不信靈威仰叶光紀之類經典亦無出者卿復信不异不答梁武問業興詩

周南王者之風繫之周公邵南仁賢之風繫之邵公何名爲繫業興對曰鄭注儀禮云昔太王王季居于岐陽躬行邵南之教以興王業及文王行今周南之教以受命作邑於酆文王爲諸侯之地所化之國今既登九五之尊不可復守諸侯之地故分封二公名爲繫梁武又問尚書正月上日受終文祖此時何正業興對曰此夏正月梁武言何以得知業興曰案尚書中候運衡篇云日月營始故知夏正又問堯時以前何月爲正業興對曰自堯以上書典不載實所不知梁武又云寅賓出日是正月日中星鳥以殷仲春即是二月此出堯典何得云堯時不知用何正業興對

曰雖三正不同言時節者皆據夏時正月周禮仲春二月會男女之無夫家者雖自周書月亦夏時堯之日月亦當如此但所見不深無以辯析明問梁武又曰禮原壤母死叩木而歌孔子聖人而與壤爲友業興對曰孔即自解言親者不失其親故者不失其故又問壤何處人對曰注云原壤孔子幼之舊故是魯人又問原壤不孝有逆人倫何以存故舊之小節廢不孝之大罪對曰原壤所行事自彰著幼少之交非是今始既無大故何容棄之又問孔子聖人何以書原壤之事垂法萬代業興對曰此是後人所録非孔子自制猶合葬於防如此之比禮記之中動有百數

又問易有太極極是有無業興對曰所傳太極是有還兼散騎常侍加中軍大將軍業興家世農夫雖學殖而舊音不改梁武問其宗門多少答曰薩四十家使還孫騰謂曰何意爲吴兒所笑對曰業興猶被笑試遣公去當着被罵邢子才云爾婦疾顧或問實耶業興曰爾大癡但道此人疑者半信者半誰檢看武定元年除國子祭酒仍侍讀神武以業興明術數軍行常問焉業興曰某日某處勝謂所親曰彼若告勝自然賞吾彼若凶敗安能罪吾芒山之役有風從西來入營業興曰小人風來當大勝神武曰若勝以爾爲本州刺史既而以爲太原太守五年齊文襄引爲

中外府諮議參軍後坐事禁止業興乃造九宮行碁曆以五百爲章四千四十爲蔀九百八十七爲升分還以己未爲元始終相維不復移轉與今曆法術不同至於氣序交分景度盈縮不異也文襄之征潁川業興曰往必克克後凶文襄既克欲以業興當凶而殺之業興愛好墳籍鳩集不已手自補修躬加題帖其家所有垂將萬卷覽讀不息多有異聞諸儒服其深博性豪俠重意氣人有急難委命歸之便能容匿與其好合傾身無悋有乖忤便即疵毀乃至聲色加以謗罵性又躁隘至於論難之際無儒者之風每語人云但道我好雖知妄言故勝道惡務進忌前不顧

後患時人以此惡之至於學術精微當時莫及業與二子

崇祖傳父業

崇祖字子述文襄集朝士命盧景裕講易崇祖時年十一論難往復景裕憚之業興助成其子至於忿鬩文襄色甚不平姚文安難服虔左傳解七十七條名曰駁妄崇祖申明服氏名曰釋謬齊文宣營構三臺材瓦工程皆崇祖所筭也封屯留縣侯遵祖齊天保初難宗景曆甚精崇祖爲元子武卜葬地醉而告之曰改葬後當不異孝文武成或告之兄弟伏法

李鉉傳

李鉉字寶鼎勃海南皮人也九歲入學書急就篇月餘便通家素貧常春夏務農冬乃入學年十六從浮陽李周仁受毛詩尚書章武劉子猛受禮記常山房虬受周官儀禮漁陽鮮于靈馥受左氏春秋鉉以鄉里無可師者遂與州里楊元懿河間宗惠振等結友詣大儒徐遵明受業居徐門下五年常稱高第年二十三便自潛居討論是非撰定孝經論語毛詩三禮義疏及三傳異同周易義例合三十餘卷用心精苦曾三秋冬不畜枕每睡假寐而已年二十七歸養二親因教授鄉里生徒恒數百人燕趙間能言經者多出其門以鄉里寡文籍來游京師讀所未見書舉秀才除太學博士及李同軌卒齊神武令文襄在京妙簡碩學以教諸子文襄以鉉應旨徵詣晉陽時中山石曜北平陽絢北海王晞清河崔贍廣平宋欽道及工書人韓毅同在東館師友諸王鉉以去聖久遠文字多有乖謬於講授之暇遂覽說文爰蒼雅刪正六藝經注中謬字名曰字辯天保初詔鉉與殿中尚書邢邵中書令魏收等參議禮律仍兼國子博士時詔北平太守宋景業西河太守綦母懷文等草定新曆錄尚書平原王高隆之令鉉與通直常侍房延祐國子博士刁柔參考得失尋正國子博士廢帝之在東宮文宣詔鉉以經入授甚見優禮卒特贈廷尉少卿及

遂葬王人將送儒者榮之楊元懿宗惠振官俱至國子博士

馮偉傳

馮偉字偉節中山安喜人也身長八尺衣冠甚偉見者肅然少從李寶鼎學李重其聰敏恒別意試問之多所通解尤明禮傳後還鄉里閉門不出將三十年不問生產不交賓客專精覃思無所不通齊趙郡王出鎮定州以禮迎接命書三至縣令親至其門猶辭疾不起王將命駕致請佐吏前後星馳報之縣令又自爲其整冠履不得已而出王下廳事迎之止其拜伏分階而上留之賓館甚見禮重王將

舉充秀才固辭不就歲餘請還王知其不願拘束以禮發遣贈遺甚厚一無所納唯受時服而已及還不交人事郡守縣令每親至歲時或置羊酒亦辭不納門徒束脩一毫不受蠶而衣耕而飯簞食瓢飲不改其樂以壽終

張買奴傳

張買奴平原人也經義該博門徒千餘人諸儒咸推重之仕齊歷太學博士國子助教卒

劉軌思傳

劉軌思勃海人也說詩甚精少事同郡劉敬和敬和事同郡程師則故其鄉曲多為詩者軌思仕齊位國子博士

鮑季詳傳

鮑季詳勃海人也甚明禮兼通左氏春秋少時恒為李寶鼎都講後亦自有徒衆諸儒稱之仕齊卒於太學博士從弟長暄兼通禮傳為任城王湝丞相掾恒在都教授貴游子弟齊亡卒於家

邢峙傳

邢峙字士峻河間鄚人也少學通三禮左氏春秋仕齊初為四門博士遷國子助教以經入授皇太子峙方正純厚有儒者風廚宰進太子食菜有邪蒿峙令去之曰此菜有不正之名非殿下宜食文宣聞而嘉之賜以被褥縑纊拜

國子博士皇建初除清河太守有惠政年老歸卒于家

劉晝傳

劉晝字孔昭勃海阜城人也少孤貧愛學伏膺無倦常閉戶讀書暑月唯着犢鼻褌與儒者李寶鼎同鄉甚相親愛寶鼎授其三禮又就馬敬德習服氏春秋俱通大義恨下里少墳籍便杖策入都知鄴令宋世良家有書五千卷乃求為其子博士恣意披覽晝夜不息還舉秀才策不第乃恨不學屬文方復緝綴辭藻言甚古拙制一首賦以六合為名自謂絕倫乃歎儒者勞而寡功曾以賦呈魏收而不拜收忿之謂曰賦名六合已是太愚文又愚於六合君四體又甘於文晝不忿又以示邢子才子才曰君此賦正似疥駱駝伏而無嫵媚晝求秀才十年不得發憤撰高才不遇傳冀州刺史酈伯偉見之始舉晝時年四十八刺史隴西李璵亦嘗以晝應詔先告之晝曰公自為國舉才何勞語晝齊河南王孝瑜聞晝名每召見輒與促席對飲後遇有密親使且在齋坐晝須臾徑去追謝要之終不復屈孝昭即位好受直言晝聞之喜曰董仲舒公孫弘可以出矣乃步詣晉陽上書言亦切直而多非世要終不見收采編録所上之書為帝道河清中又著金箱璧言蓋以指機政之不良晝夜常夢貴人若吏部尚書者補交州興俊令寤而密

書記之卒後旬餘其家幼女鬼語聲似書云我被用爲興俊縣令得假暫來辭別云書常自謂博物奇才言好矜大每言使我數十卷書行於後世不易齊景之千駟也容止舒緩舉動不倫由是竟無仕卒於家

馬敬德傳

馬敬德河間人也少好儒術負笈隨徐遵明學詩禮略通大義而不能精遂留意於春秋左氏沈思研求晝夜不倦教授於燕趙間生徒隨之者甚衆乃詣州求將秀才將以其純儒無意推薦敬德請試方略五條皆有文理乃欣然舉送至都唯得中第請試經業問十條並通擢授國子助教

再遷國子博士齊武成爲後主擇師傅趙彥深進之入爲侍講其妻夜夢猛獸將來向之敬德走超蕃棘妻伏地不敢動敬德占曰吾當爲大官超棘過九卿也爾伏地夫人也後主既不好學敬德侍講甚疏時時以春秋入授猶以師傅恩拜國子祭酒儀同三司金紫光祿大夫瀛州大中正卒其徒曰馬生勝孔子孔子不得儀同孕贈開府瀛州刺史其後侍書張景仁封王趙彥深云何容侍書封王侍講翻無封爵亦追封敬德廣漢郡王令子元熙襲

元熙傳

元熙字長明少傳父業兼長文藻以通直郎詔文林館武平中皇太子將講孝經有司請擇師帝曰馬元熙朕師之子文學不惡於是以孝經入授皇太子儒者榮其世載性和厚在內甚得名譽隋開皇中卒於秦王文學

張景仁傳

張景仁濟北人幼孤家貧以學書爲業遂工草隸選補內書生與魏郡姚元標潁川韓毅同郡袁買奴滎陽李超等齊名文襄並引爲賓客天保八年敕教太原王紹德書後主在東宮武成令侍書遂被引擢小心恭謹後主愛之呼爲博士歷祚累遷通直散騎常侍在左右與語猶稱博士胡人何洪珍有寵於後主欲得通婚朝士以景仁在內官

位稍高遂爲其兄子取景仁第二息瑜之女因以表裏相援恩遇日隆景仁多疾帝每遣徐之範等療之給藥物珍羞中使問疾相望於道是後敕有司恒就宅送御食車駕或有行幸在道宿處每送步障爲遮風寒進位儀同三司加開府侍書如故每旦須參即在東宮停止及立文林館中人鄧長顒希旨奏令總判館事除侍中封建安王洪珍死後長顒猶存舊款更相彌縫得無墜退遂除中書監卒贈侍中五州刺史司空公景仁爲兒童時在洛京曾詣國學摹石經許子華遇之學中執景仁手曰張郎風骨必當通貴非但官爵遷達乃與天子同筆硯傳衣履子華卒二

十餘年景仁位開府數賜衣冠筆硯如子華所言出自寒
微本無識見一旦開府侍中封王其婦姓奇莫知氏族所
出容制音辭事事庸俚既除王妃與諸公主郡君同在朝
謁之列見者為其慙悚景仁性本卑謙及用胡人巷伯之
勢坐致通顯志操頗改漸成驕傲良馬輕裘徒從擁冗髙
門廣宇當衢向術諸子不思其本自許貴游自倉頡以來
八體取進一人而已

權會傳

權會字正理河閒鄭人也志尚沈雅動遵禮則少受鄭易
妙盡幽微詩書三禮文義該洽兼明風角妙識玄象仕齊

初四門博士僕射崔暹引為館客甚敬重焉命世子達拏
蓋師傳之禮暹欲薦會與馬敬德等為諸王師會性恬靜
不慕榮勢恥於左官固辭暹識其意遂罷薦舉尋追脩國
史監知太史局事後遷國子博士會參掌雖繁教授不闕
性甚儒愞似不能言及臨機答難酬報如響由是為諸儒
所推而貴游子弟慕其德義者或就其宅或寄宿鄰家晝
夜承閒受其學業會欣然演說未嘗懈怠雖明風角玄象
至於私室都不及言學徒有請問者終無所說每云此學
可知不可言諸君並貴游子弟不由此進何煩問也唯有
一子亦不授此術會曽遣家人遠行乆而不反其行還將

至乃逢寒雪寄息他舍會方處學堂講說忽有旋風吹雪
入户會笑曰行人至何意中停遂使追尋果如其語會每
占筮大小必中但用爻辭彖象以辯吉凶易占之屬都不
經口會本貧生無僮僕初任助教日恒乘驢其職事處多
非晚不歸曽夜出城東門會獨乘一驢忽有二人一人牽
頭一人隨後有似相助其廻動輕漂有異生人漸失路不
由本道心甚怪之遂誦易經上篇第一卷不盡前後二人
忽然離散會亦不覺墮驢迷悶至明始覺方知墮處乃是
郭外纔去家數里有一子字子襲聰敏精勤幼有成人之
量先亡臨送者為其傷慟會唯一哭而罷時人尚其達命

武平末自府還第在路無故馬倒遂不得語因暴亡注易
一部行於世會生平畏馬位望既至不得不乘果以此終

張思伯傳

張思伯河閒樂城人也善說左氏傳為馬敬德之次撰刋
例十卷行於時亦為毛詩章句以二經教授齊安王廓位
國子博士又有長樂張奉禮善三傳與思伯齊名位國子
助教

張彫武傳

張彫武中山北平人也家世寒微其兄蘭武仕尚書令史
微有資產故護軍長史王元則時為書生停其宅彫武少

美皃爲元則所愛悅故偏被敎因好學精力絶人負卷從師不遠千里遍通五經尤明三傳弟子遠方就業者以百數諸儒服其强辯齊神武召入霸府令與諸子講說乾明初累遷平原太守坐贓賄失官武成即位以舊恩除通直散騎常侍琅邪王儼求博士有司以彫武應選時號得人歷涇州刺史散騎常侍及帝侍講馬敬德卒乃入授經書帝甚重之以爲侍講與侍書張景仁竝被尊禮同入華元殿共讀春秋加國子祭酒假儀同三司待詔文林館以景仁宗室自託於其親何洪珍公私之事彫武常爲其指南與張景仁號二張博士時穆提婆韓長鸞與洪珍同侍帷

幄知彫武爲洪珍謀主忌惡之洪珍又奏彫武監國史尋除侍中加開府奏度支事大被委任言多見從特敕奏事不趨呼爲博士彫武自以出於微賤致位大臣勵精在公有匪躬之節議論無所廻避左右縱恣之徒必加禁約數譏切寵要獻替帷扆帝亦深倚仗之方委以朝政彫武便以澂清爲己任意氣甚高嘗於朝堂謂鄭子信曰向入省中見賢家唐令處分極無所以若作數行兵帳彫武不如邕若致主堯舜身居稷契則邕不如我長鸞等陰圖之及與侍中崔季舒黃門侍郎郭遵諫幸晉陽爲長鸞所譖誅臨刑帝使段孝言詰之彫武曰臣起自諸生光寵隆洽今者之諫臣實首謀意善功惡無所逃死願陛下珍愛金玉開發神明數引賈誼之倫語其政道令聽覽之間無所擁蔽則臣雖死猶生之年因歔欷流涕俯而就戮左右莫不怜而壯之子德沖等徙北邊南安王思好之反德沖及弟德揭俱免德沖聰敏好學以帝師之子早見旌擢位中書舍人其父之戮德沖竝在殿廷就執目見冤酷號哭殞絶於地久之乃蘇

郭遵傳

郭遵者鉅鹿人也齊文宣爲太原公時爲國常侍常家人有蓋豐洛者典知家務號曰蓋將遵因其處分曾抗拒爲

高德正所貴及受禪由是擢爲主書專令訪察中書舍人朱謂爲鉅鹿太守遵爲弟子求官謂啓文宣鞭之二百付京畿久之除并省尚書都令史建州別駕會韓長鸞父永興爲刺史因此遂相參附後擢爲黃門侍郎被誅遵出自賤微易爲盈滿宮門逢諸貴輒呼姓字語言布置極爲輕率嘗於宮門牽韓長鸞辭曰王在得言主上縱放如此曾不規諫何名大臣長鸞嫌其率爾便掣手而去由是不加援故及於禍

楊 燧 校正

列傳第六十九 北史八十一

列傳第七十　　北史八十二

儒林下

沈重　樊深　熊安生　樂遜　黎景熙　冀儁　趙文深　辛彥之　何妥　蕭該　包愷　房暉遠　馬光　劉焯　劉炫　褚輝　顧彪　魯世達

張沖　王孝籍

列傳

沈重傳

沈重字子厚吳興武康人也性聰悟弱歲而孤居喪合禮及長專心儒學從師不遠千里遂博覽羣書尤明詩及左氏春秋梁武帝欲高置學官以崇儒教中大通四年乃革選以重補國子助教後除五經博士梁元帝之在藩也甚歎異之及即位乃遣主書何武迎重西上魏平江陵重乃留事梁主蕭詧累遷都官尚書領羽林監詧又令重於合歡殿講周禮武帝以重經明行修乃遣宣納上士柳裘致書禮聘又敕襄州揔管衛公直敦喻遣之在途供給務從優厚保定末至于京師詔令討論五經并校定鍾律天和中復於紫極殿講三教義朝士儒生桑門道士至者二千餘人重辭義優洽樞機明辯凡所解釋咸為諸儒所推六年授驃騎大將軍開府儀同三司露門博士仍於露門館

爲皇太子講論語建德末表請還梁武帝優詔不許重固請乃許爲遣小司門上士楊汪送之梁主蕭巋拜重散騎常侍太常卿大象二年來朝京師開皇三年卒年八十四隋文帝遣舍人蕭子寶祭以少牢贈使持節上開府儀同三司許州刺史重學業該博爲當世儒宗至於陰陽圖緯道經釋典無不通涉著周禮義三十一卷儀禮義三十五卷禮記義三十卷毛詩義二十八卷喪服經義五卷周禮音一卷儀禮音一卷禮記音二卷毛詩音二卷

樊深傳

樊深字文深河東猗氏人也事繼母甚謹弱冠好學負書

從師於河西講習五經晝夜不倦魏永安中隨軍征討以功累遷中散大夫嘗讀書見吾丘子遂歸侍養孝武西遷樊王二姓舉義爲魏所誅深父保周叔父歡周竝被害深因避難墜崖傷足絕食再宿於後遇得一簞餅欲食之然念繼母老痺或免虜掠乃弗食夜中匍匐尋覓母得見因以饋母還復遁去改易姓名遊學於汾晉間習天文及算曆之術後爲人所告囚送河東屬東魏將韓軌長史張曜重其儒學延深至家因是便得逃隱周文平河東贈保周南鄆州刺史歡周儀同三司深歸葬其父負土成墳尋而于謹引爲府參軍事令在館教授子孫周文置學東館教諸將子弟以深爲博士深經學通贍每解書多引漢魏以來諸家義而說之故後生聽其言者不能曉悟背而譏之曰樊生講書多門戶不可解然儒者推其博物性好學老而不怠朝暮還往常據鞍讀書至馬驚墮地損折支體終亦不改後除國子博士賜姓萬紐于氏天平二年遷縣伯中大夫加開府儀同三司建德元年表乞骸骨詔許之朝廷有疑議常召問焉後以疾卒深既專經又讀諸史及蒼雅篆籀陰陽卜筮之書學雖博贍訥於辭辯故不爲當時所稱撰孝經喪服問疑各一卷又撰七經異同三卷子義綱

熊安生傳

熊安生字植之長樂阜城人也少好學勵精不倦從陳達受三傳從房虬受周禮事徐遵明服膺歷年後受禮於李寶鼎遂博通五經然專以三禮教授弟子自遠方至者千餘人乃討論圖緯捃摭異聞先儒所未悟者皆發明之齊河清中陽休之特奏爲國子博士時西朝既行周禮公卿以下多習其業有宿疑碩滯者數十條皆莫能詳辯天和三年周齊通好兵部尹公正使焉與齊人語及周禮齊人不能對乃令安生至賓館與公正言公正有口辯安生語所未至者便撮機要而驟問之安生曰禮義弘深自有條貫必欲升堂覩奧寧可汨其先後但能留意當爲次第陳

之公正於是問所疑安生皆爲一一演說咸究其根本公
正嗟服還具言之於武帝帝大欽重之及入鄴安生遽令
掃門家人恠而問之安生曰周帝重道尊儒必將見我矣
俄而帝幸其第詔不聽拜親執其手引與同坐謂曰朕未
能去兵以此爲愧安生曰黃帝尚有阪泉之戰況陛下龔
行天罰乎帝又曰齊氏賦役繁興竭人財力朕救焚拯溺
思革其弊欲以府庫及三臺雜物散之百姓公以爲何如
安生曰昔武王克商散鹿臺之財發巨橋之粟陛下此詔
異代同美帝又曰朕何如武王安生曰武王伐紂懸首白
旗陛下平齊兵不血刃愚謂聖略爲優帝大悅賜帛三百

匹米三百石宅一區并賜象笏及九鐶金帶自餘什物稱
是又詔所司給安車駟馬令隨駕入朝并敕所在供給至
京敕令於大乘佛寺參議五禮宣政元年拜露門博士下
大夫時年八十餘尋致仕卒於家安生既學爲儒宗常受
其業擅名於後者有馬榮伯張黑奴竇士榮孔籠劉焯劉
炫等皆其門人焉所撰周禮義疏二十卷禮記義疏三十
卷孝經義一卷並行於世安生與同郡宗道暉張暉紀顯
敬徐遵明等爲祖師道暉好著高翅帽大屐州將初臨輒
服以謁見仰頭舉肘拜於屐上自言學士比三公後齊任
城王湝鞭之道暉徐呼安偉安偉出謂人曰我受鞭不漢

體後躡屐而去冀州人之語曰顯公鍾宋公鼓宗道暉屐李
洛姬肚謂之四大顯公沙門也宋公安德太守也洛姬婦
人也安生在山東時歲歲遊講從之者傾郡縣或誑之曰
某村古塚是晉河南將軍熊光去七十二世舊有碑爲村
人埋匿安生掘地求之不得連年訟焉冀州長史鄭大讙
判之曰七十二世乃是羲皇上人河南將軍晉無此號訴
非理記安生率其族向冢而號將通名見徐之才和士開
二人相對以徐之才諱雄和士開諱安乃稱觸觸生羣公
哂之

樂遜傳

樂遜字遵賢河東猗氏人也幼有成人之操從徐遵明於
趙魏間受孝經喪服論語詩書禮易左氏春秋大義尋而
山東寇亂學者散逸遜於擾攘之中猶志道不倦大統七年除子都督九
年太尉李弼請遜教授諸子既而周文盛選賢良授以守
令相府戶曹柳敏行臺郎中盧光河東郡丞辛粲相繼舉
遜稱有牧人之才弼請留不遣魏廢帝二年周文召遜教
授諸子在館六年與諸儒分授經業講孝經論語毛詩及
服虔所注春秋左氏傳周閔帝踐阼以遜有理務材除秋
官府上士轉小師氏下大夫自譙王儉以下並東脩行弟
子之禮遜以經術教授甚有訓導之方及衛公直鎮蒲州

遜爲直主簿武成元年六月以霖雨經時詔百官上封事遜陳時宜十四條其五條切於政要其一崇教方其二省造作其三明選舉其四重戰伐其五禁奢侈保定二年以訓導有方頻加賞賜遷遂伯中大夫五年詔魯公斌畢公賢等俱以束脩之禮同受業焉天和元年歧州刺史陳公純舉遜以賢良五年遜以年在懸車上表致仕優詔不許於是賜以粟帛及錢等授湖州刺史封安邑縣子人多蠻左未習儒風遜勸勵生徒加以課試數年之間化洽州境蠻俗生子長大多與父母異居遜每加勸導多革前弊在任數載頻被褒錫秩滿還朝拜皇太子諫議復在露門教

授皇子大象初進爵崇業郡公又爲露門博士二年進位開府儀同大將軍出爲汾陰郡守遜以老病固辭詔許之乃改授東揚州刺史仍賜安車衣服及奴婢等又於本郡賜田十頃儒者以爲榮隋開皇元年卒於家年八十二贈本官加蒲陝二州刺史遜性柔謹寡交遊立身以忠信爲本不自矜尚每在衆音論未甞爲人之先學者以此稱之所著孝經論語毛詩左氏春秋序論十餘篇又著春秋序義通賈服說發杜氏違辭理並可觀初周又有黎景熙以古學顯

黎景熙傳

黎景熙字季明河間鄚人少以孝行聞於世曾祖嶷魏太武時以軍功賜爵容城縣男後爲燕郡守祖鎮父瓊並襲爵季明少好讀書性強記默識而無應對之能其從祖廣太武時尚書郎善古學常從吏部尚書清河崔宏受字義又從司徒崔浩學楷篆自是家傳其法季明亦傳習之頗與許氏有異又好玄象頗知術數而落魄不事生業有書千餘卷雖窮居獨處不以飢寒易操與范陽盧道源爲莫逆交永安中道源勸令入仕始爲威烈將軍孝武西遷季明乃寓居伊洛侯景徇地河外召季明從軍稍遷黎陽郡守季明從至懸瓠察景終不足恃遂去之客於潁川時王

思政鎮潁川累使召季明留於內館月餘周文又徵之遂入關乃令季明正定古今文字於東閣大統末拜著作佐郎於時倫輩皆位兼常伯車服華盛唯季明獨以貧素居之而無愧色又勤於所職著述不怠然性尤專固不合於時是以一爲史官遂十年不調武成末遷外史下大夫保定三年盛營宮室春夏大旱詔公卿百寮極言得失季明上封事曰臣聞成湯遭旱以六事自陳宣王太甚而珪璧斯竭豈非遠慮元元俯哀黎庶今農要之月時雨猶愆率土之心有懷渴仰陛下垂情萬類子愛羣生覲禮百神猶未豐洽豈或作事不節有違時令舉措失中當邀斯旱春

秋君舉必書動為典禮水旱陰陽莫不應行而至孔子曰
書行君子之所以動天地可不慎乎春秋莊公三十一年
冬不雨五行傳以為是歲一年而三築臺奢侈不恤人也
傳公二十一年夏大旱五行傳以為時作南門勞人興役
漢惠帝二年夏大旱五年夏大旱江河水少谿澗水絶五
行傳以為先是發十四萬六千人城長安漢武帝元狩三
年夏大旱五行傳以為是歲發天下故吏穿昆明池然則
土木之功動人興役天輒應之以異典籍作誡儻或可思
上天譴告改之則善今若息人省役以答天譴庶靈澤時
降嘉穀有時則年登可覬子來非晚詩云人亦勞止迄可

小康惠此中國以綏四方或恐極陽生陰秋多雨水年復
不登人將無覬如又薦飢為慮更甚時豪富之家競為奢
麗季明又上書曰臣聞寬大所以兼覆慈愛所以懷衆故
天地稱其高厚者萬物得其容養焉四時著其寒暑者庶
類資其忠信焉是以帝王者寬大象天地忠信則四時招
搖東指天下識其春人君布德率土懷其惠伏惟陛下資
乾御㝢品物咸亨時乘六龍自強不息好問受規天下幸
甚自古至道之君亦皆廣延博訪詢採芻蕘置鼓樹木以
求其過頃者亢旱踰時人懷望歲陛下爰發明詔廣求六
瘼同禹湯之罪己高宋景之守正澍雨應時年穀斯稔剋

己節用纂質去華此則尚矣然而朱紫仍耀於衢路綺縠
猶侈於豪富短褐未充於細人糟糠未厭於編戶此則勸
導之理有所未周故也今雖導之以禮齊之以刑風俗固
難以一矣昔漢文帝集上書之囊以作帷帳惜十家之產
不造露臺後宮所幸衣不曳地方之今日富室之飾曾不
如婢隸之服然而以身率下國富刑清廟稱太宗良有以
也臣聞聖人久於其道而天下化成今承魏氏衰亂之後
貞信未興宜先尊五美屏四惡革浮華之俗抑流競之風
察鴻都之小藝焚雉頭之異服無益之貨勿重於時虧德
之器勿陳於側則人知德矣臣又聞之為政之要在於選

舉若差之毫釐則有千里之失後來居上則致積薪之譏
是以古之善為政者貫魚以次任必以能爵人於朝不以
私愛簡才以授其官量能以任其用官得其才任當其用
六轡既調坐致千里虞舜選衆不仁者遠則庶事康哉人
知其化矣帝覽而嘉之時外史廨宇屢移未有定所季明
又上言曰外史之職漢之東觀帝王所寶此焉攸在自魏
及周公館不立臣雖愚瞽猶知其非是以去年十一月中
敢冒奏陳特降中旨即遣脩營荏苒一周未知功力臣職
思其憂敢不重請帝納焉於是廨宇方立天和二年進車
騎大將軍儀同三司後以疾卒文周文初屬天下分崩時

學術之士蓋寡故曲學末伎咸見引納至若冀儁趙文深之徒雖才愧昔人而名著於世竝見收用

冀儁傳

冀儁字僧儁太原陽邑人也性沈謹善隸書特工模寫初爲賀拔岳墨曹參軍岳被害周文引爲記室時周文志平侯莫陳悅乃令儁僞爲魏帝敕書與費也頭令將兵助周文討悅儁尋舊敕模寫及代舍人主書等署與眞無異周文大悅費也頭見敕不以爲疑遂遣兵受周文節度大統初封長安縣男從征弘農戰於沙苑進爵爲子累遷襄樂郡守尋徵還教明帝及宋獻公等隸書時俗入書學者亦

行束脩之禮謂之謝章儁以書字所興起自蒼頡若同常俗未爲合禮遂啓周文釋奠蒼頡及先聖先師除黄門侍郎本州大中正累遷湖州刺史靜退每以清約自處前後所歷頗有聲稱尋加驃騎大將軍開府儀同三司後進爵爲昌樂侯卒

趙文深傳

趙文深字德本南陽宛人也父遐以醫術仕魏爲尚藥典御文深少學楷隸年十一獻書於魏帝後立義歸朝除大丞相府法曹參軍雅有鍾王之則筆勢可觀當時碑牓唯文深冀儁而已大統十二年追論立義功封白石縣男文帝以隸書紕繆命文深與黎季明沈遐等依說文及字林刊定六體成一萬餘言行於世及平江陵之後王褒入關貴遊等翕然竝學褒書文深之書遂被遐棄文深慙恨形於言色後知好尚難反亦攺習褒書然竟無所成轉被譏議謂之學步邯鄲焉至於碑牓餘人猶莫之逮王褒亦每推先之宮殿樓閣皆其迹也遷縣伯下大夫明帝令至江陵書影覆寺碑漢南人士亦以爲工梁王蕭詧觀而美之賞遺甚厚天和元年露寢等初成文深以題牓之功除趙興郡守文深雖居外任每須題牓輒復追之後以疾卒

辛彥之傳

辛彥之隴西狄道人也祖世叙魏涼州刺史父靈輔周渭州刺史彥之九歲而孤不交非類博涉經史與天水牛弘同志好學後入關遂家京兆周文見而器之引爲中外府禮曹賜以衣馬珠玉時國家草創朝貴多出武人脩定儀注唯彥之而已尋拜中書侍郎及周閔帝受禪彥之與小宗伯盧辯專掌儀制歷典祀太祝樂部御正四曹大夫開府儀同三司封五原郡公宣帝即位拜小宗伯時帝立五皇后彥之 切諫由是忤旨免官隋文帝受禪除太常少卿攺封任城郡公進位開府歷國子祭酒禮部尚書與祕書監牛弘撰新禮帝嘗令彥之與沈重論議重不能抗避席

而謝曰辛君所謂金城湯池無可攻之勢帝大悅後除隋州刺史時州牧多貢珍玩惟彥之所貢並供祭之類上謂朝臣曰人安得無學彥之所貢稽古之力也遷潞州刺史前後俱有惠政彥之又崇信佛道於城内立浮圖二所並十五層開皇十一年州人張元暴死數日乃蘇云遊天上見新構一堂制極崇麗元問其故云潞州刺史辛彥之有功德造此堂以待之彥之聞而不悅其年卒謚曰宣彥之撰墳典一部六官一部祝文一部禮要一部新禮一部五經異義一部並行於世子孝舒仲龕並早有令譽

何妥傳

何妥字栖鳳西城人也父細脚胡通商入蜀遂家郫縣事梁武陵王紀主知金帛因致巨富號爲西州大賈妥少機警八歲遊國子學助教顧良戲之曰汝姓何是荷葉之荷爲河水之河妥應聲答曰先生姓顧是眷顧之顧爲新故之故衆咸異之十七以伎巧事湘東王後知其聰明召爲誦書左右時蘭陵蕭眘亦有儁才住青楊巷妥住白楊頭時人爲之語曰世有兩儁白楊何妥青楊蕭眘其見美如此江陵平入周仕爲太學博士宣帝初立五后問儒者辛彥之對曰后與天子匹體齊尊不宜有五妥駮曰帝嚳四妃舜又二妃亦何常數由是封襄城縣男文帝受禪除國子博士加通直散騎常侍進爵爲公妥性勁急有口才好是非人物納言蘇威嘗言於上曰臣先人每誡臣云唯讀孝經一卷足可立身經國何用多爲上亦然之妥進曰蘇威所學非止孝經厥父若信有此言威不從訓是其不孝若無此言面欺陛下是其不誠不誠不孝何以事君且夫子又云不讀詩無以言不讀禮無以立豈容蘇綽教子獨反聖人之訓乎威時兼領五職上甚親重之妥因奏威不可信任又以掌天文律度皆不稱職妥上八事以諫其一事曰臣聞知人則哲惟帝難之孔子曰舉直錯枉則人服舉枉錯直則人不服由此言之政之安危必慎所舉故進賢受上賞蔽賢蒙顯戮察今之舉人良異于此無論諂直

莫擇賢愚心欲崇高則起家喉舌之任意須抑屈必白首郎署之官人不之服實由於此臣聞爵人於朝與士共之刑人於市與衆棄之伏見留心獄訟愛人如子每應決獄無不詢訪羣公刑之不濫君之明也刑既如此爵亦宜然若有懋功簡在帝心者便可擢用自斯以降若選重官必參以衆議勿信一人之舉則上不偏私下無怨望其二事曰孔子云是察阿黨則罪無掩蔽又曰君子周而不比小人比而不周所謂比者即阿黨也謂心之所愛既已光華榮顯猶如提挈心之所惡既已沈滯屈辱薄言必怒提挈

既成必相掩蔽則欺上之心生矣屈辱既加則有怨恨謗讟之言出矣伏願廣加訪察勿使朋黨路開威恩自任有國之患莫大於此其三事曰臣聞舜舉十六族所謂八元八凱也計其賢明理優今日猶復擇才授任不相侵濫故得四門雍穆庶績咸熙今官員極多用人甚少一人身上乃兼數職爲是國無人也爲是人不善也今萬乘大國髦彥不少縱有明哲無由自達東方朔言曰尊之則爲將卑之則爲虜斯言信矣今當官之人不度德量力既無呂望傅說之能自負傅巖渭水之氣不慮憂深責重唯畏總領不多安斯寵任輕彼權軸頗沛致覆實此之由易曰鼎折

足覆公餗其形渥凶言不勝其任也臣聞窮力舉重不能爲用伏願更任賢良分才參掌使各行其力則庶事康哉其四事曰臣聞禮云析言破律亂名改作執左道以亂政者殺孔子曰仍舊貫何必改作伏見比年以來改作者多矣如范威刻漏十載不成趙翊尺秤七年方決公孫濟迂誕醫方費逾巨萬徐道慶迴互子午糜耗飲食常明破律多歷歲時王渥亂名曾無紀極張山居未知星位前已蹂藉太常曹魏祖不識北辰今復轥轢太史莫不用其短見便自夸毗邀射名譽厚相誣罔請今日已後有如此者若其言不驗必加重罰庶令有所思忌不敢輕奏狂簡其餘

文多不載時蘇威權兼數職先嘗隱武功故妥言自負傅巖渭水之氣以此激上書奏威大銜之二年威定考文學妥更相詬詆威勃然曰無何妥不慮無博士妥應聲曰無蘇威亦何憂無執事於是與威有隙其後上令妥考定鍾律妥又上表曰臣聞明則有禮樂幽則有鬼神然則動天地感鬼神莫近於禮樂又云樂至則無怨禮至則不爭揖讓而臨天下者禮樂之謂也臣聞樂有二一曰姦聲二曰正聲夫姦聲感人而逆氣應之正聲感人而順氣應之順氣成象故樂行而倫清耳目聰明血氣和平移風易俗天下皆寧孔子曰放鄭聲遠佞人故鄭衛宋趙之聲出內則

發疾外則傷人是以宮亂則荒其君驕商亂則破其官壞角亂則憂其人怨徵亂則哀其事勤羽亂則危其財匱五者皆亂則國亡無日矣魏文侯問子夏曰吾端冕而聽古樂則欲寐聽鄭衛之音而不倦何也子夏對曰夫古樂者始奏以文復亂以武脩身及家平均天下鄭衛之音者姦聲以亂溺而不止優雜子女不知父子今君所問者樂也所愛者音也夫樂之與音相近而不同爲人君者謹審其好惡案聖人之作樂也非止苟悅耳目而已矣欲使在宗廟之內君臣同聽之則莫不和敬在鄉里之內長幼同聽之則莫不和順在閨門之內父子同聽之則莫不和親此

先王立樂之方也故知聲而不知音者禽獸是也知音而不知樂者衆庶是也故黃鍾大吕弦歌干戚童子皆能舞之能知樂者其惟君子不知聲者不可與言音不知音者不可與言樂知樂則幾於道矣紂爲無道太師抱樂器以奔周晉君德薄師曠固惜清徵上古之時未有音樂鼓腹擊壤樂在其間易曰先王作樂崇德殷薦之上帝以配祖考至于黃帝作咸池顓頊作六莖帝嚳作五英堯作大章舜作大韶禹作大夏湯作大護武王作大武從夏以來年代久遠唯有名字其聲不可得聞自殷至周備于詩頌故自聖賢已下多習樂者至如伏羲減瑟文王足琴仲尼擊

磬子路鼓瑟漢高擊筑元帝吹簫漢祖之初叔孫通因秦樂人制宗廟之樂迎神于廟門奏嘉至之樂猶古降神之樂也皇帝入廟門奏永至之樂以爲行步之節猶古采薺肆夏也乾豆上薦奏登歌之樂猶古清廟之歌也登歌再終奏休成之樂美神饗也皇帝就東廂坐定奏永安之樂美禮成也其休成永至二曲叔孫通所制也漢高祖廟奏武德文始五行之舞當春秋時陳公子完奔齊陳是舜後故齊有韶樂孔子在齊聞韶三月不知肉味是也秦始皇滅齊韶樂傳於秦漢高祖滅秦韶樂傳於漢漢高祖改名文始以示不相襲也五行舞者本周大武樂也始皇改曰

五行及于孝文復作四時之舞以示天下安和四時順也孝景采武德舞以爲昭德孝宣又采昭德以爲盛德雖變其名大抵皆因秦舊事至於晉魏皆用古樂魏之三祖竝制樂辭自永嘉播越五都傾蕩樂聲南度以是大備江東宋齊已來至于梁代所行樂事猶皆傳古三雍四始實稱大盛及侯景篡逆樂師分散其四舞三調悉度僞齊齊氏雖知傳受得曲而不用之於宗廟朝廷也臣少好音律留意管絃年雖耄頗皆記憶及東土克定樂人悉反問其逗留果云是梁人所教今三調四舞竝皆有手雖不能精熟亦頗具雅聲若令教習傳授庶得流傳古樂然後取其會

歸撮其指要因循損益更制嘉名歌盛德於當今傳雅正於來葉豈不美歟謹具録三調四舞曲名又製歌辭如別其有聲曲流宕不可以陳於殿庭者亦悉附之於後書奏別敕太常取妥節度於是作清平瑟三調聲又作八佾鞞鐸巾拂四舞先是太常所傳宗廟雅樂歷數十年唯作大吕廢黃鍾妥又以深乖古意乃奏請用黃鍾詔下公卿議從之俄而子蔚爲祕書郎有罪當刑上哀之減死論是後恩禮漸薄六年出爲龍州刺史時有負笈遊學者妥皆爲講說教授之又爲刺史歲勸于州門外在職三年以疾請還詔許之復知學事時上方使蘇夔在太常參議鍾律夔

有所建議朝士多從之妥獨不同每言變之短帝下其議羣臣多排妥妥復上封事指陳得失大抵論時政損益幷指斥當世朋黨於是蘇威及吏部尚書盧愷侍郎薛道衡等皆坐得罪除伊州刺史不行尋爲國子祭酒卒官謚曰肅撰周易講疏三卷孝經義疏二卷莊子義疏四卷與沈重等撰三十六科鬼神感應等大義九卷封禪書一卷樂要一卷文集十卷並行於世于時學士之自江南來者蕭該包愷並知名

蕭該傳

蕭該蘭陵人梁鄱陽王恢之孫少封攸侯荊州平與何妥同至長安性篤學詩書春秋禮記並通大義尤精漢書甚爲貴遊所禮開皇初賜爵山陰縣公拜國子博士奉詔與妥正定經史然各執所見遞相是非久而不能就上譴而罷之該後撰漢書及文選音義咸爲當時所貴

包愷傳

包愷字和樂東海人其兄愉明五經愷悉傳其業又從王仲通受史記漢書尤稱精究大業中爲國子助教于時漢書學者以蕭包二人爲宗遠近聚徒教授者數千人卒門人起墳立碣焉

房暉遠傳

房暉遠字崇儒恒山真定人也世傳儒學暉遠幼有志行明三禮春秋三傳詩書周易兼善圖緯恒以教授爲務遠方負笈而從者動以千計齊南陽王綽爲定州刺史聞其名召爲博士周武帝平齊搜訪儒俊暉遠首應辟命授小學下士隋文帝受禪遷太常博士太常卿牛弘每稱爲五經庫吏部尚書韋世康薦之遷太學博士尋與沛公鄭譯脩正樂章後復爲太常博士未幾擢爲國子博士會上令國子生通一經者並悉薦舉將擢用之既策問訖博士不能時定臧否祭酒元善怪問之暉遠曰江南河北義例不同博士不能遍涉學生皆持其所短稱己所長博士各各

自疑所以久而不決也祭酒因令暉遠考定之暉遠覽筆便下初無疑滯或有不服者暉遠問其所傳義疏輒爲始末誦之然後出其所短自是無敢飾非者所試四五百人數日便決諸儒莫不推其通博皆自以爲不能測也尋奉詔預脩令式文帝嘗謂羣臣曰自古天子有女樂乎楊素以下莫知所出遂言無女樂暉遠曰臣聞窈窕淑女鍾鼓樂之此即王者房中之樂著於雅頌不得言無帝大悅仁壽中卒官朝廷嗟惜焉賵賻甚厚贈員外散騎常侍

馬光傳

馬光字榮伯武安人也少好學從師數十年晝夜不息圖

書讖緯莫不畢覽尤明三禮爲儒者所宗隋開皇初徵山東義學之士光與張仲讓孔籠竇仕榮張買奴劉祖仁等倶至竝授太學博士時人號爲六儒然皆鄙野無儀範朝廷不之貴也仕榮尋病死仲讓未幾告歸鄉里著書十卷自云此書若奏必爲宰相又數言玄象事州縣列上竟坐誅孔籠張買奴劉祖仁未幾亦被譴亡唯光獨存嘗因釋奠帝親幸國子學王公已下畢集光升坐講禮啓發章門已而諸儒生以次論難者十餘皆當時碩學光剖析疑滯雖辭非俊辯而禮義弘贍論者莫測其淺深咸共推服上嘉而勞焉山東三禮學者自熊安生後唯宗光一人初教授瀛博間門徒千數至是多負笈從入長安後數年丁母憂歸鄉里以疾卒于家

劉焯傳

劉焯字士元信都昌亭人也犀額龜背望高視遠聰敏沉深弱不好弄少與河間劉炫結盟爲友同受詩於同郡劉軌思受左傳於廣平郭懋嘗問禮於阜城熊安生皆不卒業而去武強交津橋劉智海家素多墳籍焯就之讀書向經十載雖衣食不繼晏如也遂以儒學知名爲州博士隋開皇中刺史趙煚引爲從事舉秀才射策甲科與著作郎王劭同脩國史兼參議律曆仍直門下省以待顧問俄除員外將軍後與諸儒於秘書省考定羣言因假還鄉里縣令韋之業引爲功曹尋復入京與左僕射楊素吏部尚書牛弘國子祭酒蘇威元善博士蕭該何妥太學博士房暉遠崔崇德晉王文學崔賾等於國子共論古今滯義前賢所不通者每升坐論難鋒起皆不能屈楊素等莫不服其精博六年運洛陽石經至京師文字磨滅莫能知者奉敕與劉炫二人論義深挫諸儒咸懷妬恨遂爲飛章所謗除名於是優游鄉里專以教授著述爲務孜孜不倦賈馬王鄭所傳章句多所是非九章筭術周髀七曜曆書十餘部推步日月之經量度山海之術莫不覈其根本窮其秘奧著稽極十卷曆書十卷五經述議竝行於世劉炫聰明博學名亞於焯故時人稱二劉焉天下名儒後進質疑受業不遠千里而至者不可勝數論者以爲數百年已來博學通儒無能出其右者然懷抱不曠又嗇於財不行束脩者未嘗有所教誨時人以此少之廢太子勇聞而召之未及進謁詔令事蜀王非其好也久之不至王聞而大怒遣人枷送於蜀配之軍防其後典校書籍王以罪廢焯又與諸儒脩定禮律除雲騎尉煬帝即位遷太學博士俄以品卑去職數年復被徵以待顧問因上所著曆書與太史令張冑玄多不同被駮不用卒劉炫爲之請謚朝廷不許

劉炫傳

劉炫字光伯河間景城人也少以聰敏見稱與信都劉焯
閉戶讀書十年不出炫眸子精明視日不眩強記默識莫
與爲儔左畫圓右畫方口誦目數耳聽五事同舉無所遺
失周武帝平齊瀛州刺史宇文亢召爲戶曹從事後刺史
李繪署禮曹從事以吏幹知名隋開皇中奉敕與著作郎
王劭同脩國史俄直門下省以待顧問又詔諸術者脩天
文律曆兼於內史省考定羣言內史令博陵李德林甚禮
之炫雖遍直三省竟不得官爲縣司責其賦役炫自陳於
內史內史送詣吏部尚書韋世康問其所能炫自爲狀曰

周禮禮記毛詩尚書公羊左傳孝經論語孔鄭王何服杜
等注凡十三家雖義有精粗並堪講授周易儀禮穀梁用
功差少史子文集嘉言故事咸誦於心天文律曆窮覈微
妙至於公私文翰未嘗假手吏部竟不詳試然在朝知名
之士十餘人保明炫所陳不謬於是除殿內將軍時牛弘
奏購求天下遺逸之書炫遂僞造書百餘卷題爲連山易
魯史記等錄上送官取賞而去後人有訟之經赦免死坐
除名歸于家以教授爲務廢太子勇聞而召之既至京師
敕令事蜀王秀遷延不往秀大怒枷送益州既而配爲帳
內每使執仗爲門衛俄而釋之典校書史炫因擬屈原卜

居爲筮塗以自寄及秀廢與諸儒脩定五禮授旅騎尉吏
部尚書牛弘建議以爲禮諸侯絶傍朞大夫降一等今之
上柱國雖不同古諸侯比大夫可也官在第二品宜降傍
親一等議者多以爲然炫駮之曰古之仕者宗一人而已
庶子不得進由是先王重嫡其宗子有分祿之義族人與
宗子雖疎遠猶服衰三月良由受其恩也今之仕者位以
才升不限嫡庶與古既異何降之有今之貴者多忽近親
若或降之人道之疎自此始矣遂寢其事開皇二十年廢
國子四門及州縣學唯置太學博士二人學生七十二人
炫上表言學校不宜廢情理甚切帝不納時國家殷盛皆

以遼東爲意炫以爲遼東不可伐作撫夷論以諷焉當時
莫有悟者及大業之季三征不尅炫言方驗煬帝即位牛
弘引炫脩律令始文帝時以刀筆吏類多小人年久長姦
勢使然也又以風俗陵遲婦人無節於是立格州縣佐吏
三年而代之九品妻無得再醮炫著論以爲不可弘竟從
之諸郡置學官及流外給稟皆發於炫弘嘗問炫案周禮
士多而府史少今令史百陪於前判官減則不濟其故何
也炫曰古人委任責成歲終考其殿最案不重校文不繁
悉府史之任掌要目而已今之文簿恒慮勘覆鍛鍊若其
不密萬里追證百年舊案故諺云老吏抱案死今古不同

若此之相懸也事煩政弊職此之由弘又問魏齊之時令
史從容而已今則不遑寧舍其事何由炫曰齊氏立州不
過數十三府行臺遞相統領文書行下不過十條今州三
百其繁一也往者州唯置綱紀郡置守丞縣唯令而已其
所具僚則長官自辟受詔赴任每州不過數十今則不然
大小之官悉由吏部纖介之迹皆屬考功其繁二也省官
不如省事省事不如清心官事不省而望從容其可得乎
弘甚善其言而不能用納言楊達舉炫博學有文章射策
高第除太學博士歲餘以品卑去任還至長平奉敕追詣
行在所或言其無行帝遂罷之歸于河間時盜賊蜂起穀

食踊貴經籍道息教授不行炫與妻子相去百里聲聞斷
絕鬱鬱不得志乃自為贊曰通人司馬相如揚子雲馬季
長鄭康成等皆自敘徽美傳芳來葉余豈敢仰均先進貽
笑後昆徒以日迫桑榆大命將近故友飄零門徒雨散溘
死朝露魂埋朔野親故莫照其心後人不見其迹殆及餘
喘薄言胸臆貽及行邁傳之州里使夫將來俊哲知余鄙
志耳余從綰髮以來迄於白首嬰孩為慈親所恕棰撻未
嘗加從學為明師所矜榎楚弗之及暨乎敦敘邦族交結
等夷重物輕身先人後己昔在幼弱樂參長者爰及耆艾
數接後生學則服而不厭誨則勞而不倦幽情寡適心事

多違內省生平顧循終始其大幸有四深恨有一性本愚
蔽家業貧窶為父兄所饒廁縉紳之末遂得博覽典誥窺
涉今古小善著於丘園虛名聞於邦國其幸一也隱顯人
間沈浮世俗數忝徒勞之職久執城旦之書名不挂於白
簡事不染於丹筆立身立行慚恧實多啟手啟足庶幾可
免其幸二也以此庸虛屢動宸眷以此卑賤每升天府齊
鑣驥騄比翼鵷鴻整緗素於鳳池記言動於麟閣參謁宰
輔造請羣公厚禮殊恩增榮改價其幸三也晝漏方盡大
耊已嗟退反初服歸骸故里翫文史以怡神閱魚鳥以散
慮觀省野物登臨園沼緩步代車無事為貴其幸四也仰

休明之盛世慨道教之陵遲蹈先儒之逸軌傷羣言之蕪
穢馳騁墳典釐改僻謬脩撰始畢事業適成天違人願途
不我與世路未夷學校盡廢道不備於當時業不傳於身
後銜恨泉壤實在茲乎其深恨一也時在郡城糧餉斷絕
其門人多隨賊盜哀炫窮乏詣城下索炫郡官乃出炫與
之炫為賊所將過下城堡未幾賊為官軍所破炫饑餓無
所依復投縣官意炫與賊相知恐為後變遂閉門不
納時夜冰寒因此凍餒而死其後門人謚曰宣德先生炫
性躁競頗好俳諧多自矜伐好輕侮當世為執政所醜由
是宦途不遂著論語述議十卷春秋攻昧十卷五經正名

十二卷孝經述議五卷春秋述議四十卷尚書述議二十卷毛詩述議四十卷注詩序一卷筭術一卷并所著文集並行於世時儒學之士又有褚暉顧彪魯世達張沖王孝籍並知名

褚暉傳

褚暉字高明吳郡人以三禮學稱於江南煬帝時徵天下儒術之士悉集內史省相次講論暉辯博無能屈者由是擢為太學博士撰疏一百卷

顧彪傳

顧彪字仲文餘杭人明尚書春秋煬帝時為祕書學士撰

古文尚書義疏二十卷行於世

魯世達傳

魯世達餘杭人煬帝時為國子助教撰毛詩章句義疏四十二卷行於世

張沖傳

張沖字叔玄吳郡人仕陳為左中郎將非其好也乃覃思經典撰春秋義略異於杜氏七十餘事喪服義三卷孝經義三卷論語義十卷前漢音義十二卷官至漢王侍讀

王孝籍傳

王孝籍平原人少好學博覽羣言遍習五經頗有文翰與河間劉炫同志友善開皇中召入祕書助王劭脩國史劭不之禮在省多年不免輸稅鬱鬱不得志奏記於吏部尚書牛弘曰竊以毒螫㾾膚則申旦不寐饑寒切體亦卒歲無聊何則痛苦難以安貧窮易為戚況懷抱之內冰火鑠脂膏腠理之間風霜侵骨髓安可齰舌緘脣吞聲飲氣惡呻吟之響忍酸辛之酷哉伏惟明尚書公動哀矜之色開寬裕之懷咳唾足以活涸鱗吹噓可用飛窮羽芬椒蘭之氣暖布帛之詞許小人之請聞大君之聽雖復山川綿遠鬼神在茲信而有徵言無不履猶恐拯溺遲於援手救跌緩於扶足待越人之舟檝求魯匠之雲梯則必懸於喬樹之

枝沒於深泉之底夫以一介貧人七年直省課役不免慶賞不霑責貢禹之田供釋之費有弱子之累乏強兄之產加以慈母在堂光陰遲暮寒暑違闕關山超遠齧臂為期前途逾邈倚閭之望朝夕傾對謝相如之病無官可以免發梅福之狂非仙所能避愁疾甚乎厲鬼人生異夫金石營魂且散恐筌乎無徵齎恨入冥則虛緣恩顧此乃王稽所以致言應侯為之不樂也潛鬢髮之內居眉睫之間子野未曾聞離朱所未見久淪東觀留滯南史終無薦引永同埋殯三世不移雖由寂寞十年不調實乏知己夫不世出者聖明之君也不萬一者誠賢之臣也以夫不世出

而逢不萬一小人所以爲明尚書幸也坐人物之源運銓衡之柄反被狐白不好緇衣此小人爲明尚書不取也昔荆玉未剖刖卞和之足百里未用碎禽息之首居得言之地有能用之資懵耳目之明無首足之慼憚而不爲孰知其解夫官或不稱其能士或未申其屈一夫竊議語流天下勞不見圖安能無望儻病未及死狂還克念汗窮愁之簡屬離憂之詞託志於前脩通心於來哲使千載之下哀其不遇追咎執事有玷清塵則不肖之軀死生爲累小人之罪方且未刑願少加怜愍留心無忽弘亦知其學業而竟不得調後歸鄉里以教授爲業終于家注尚書及詩遭亂零落

論曰古語云容體不足觀勇力不足恃族姓不足道先祖不足稱然而顯聞四方流聲後胤者其惟學乎信哉斯言也梁越之徒篤志不倦自求諸己遂能聞道下風稱珍席上或聚徒千百或服冕乘軒咸稽古之力也然遠惟漢魏碩學多清通逮乎近古巨儒多鄙俗文武不墜弘之在人豈獨愚蔽於當今而皆明哲於往昔在乎用與不用知與不知耳然曩之弼諧庶績必舉德於鴻儒近代左右邦家咸取士於刀筆縱有學優入室勤逾刺股名高海內擢第甲科若命偶時來未有望於青紫或數將運舛必見棄於草澤然則古之學者祿在其中今之學者困於貧賤明達之人志識之士安肯滯於所習以求貧賤者哉此所以儒罕通人學多鄙俗者也至若劉焯德冠搢紳數窮天象既精且博洞究幽微鉤深致遠源流不測數百年來斯一人而已劉炫學實通儒才堪成務九流七略無不該覽雖探賾索隱不逮於焯裁成義說文雅過之並時不我與餧棄溝壑斯乃子夏所謂死生有命富貴在天之所與者聰明所不與者貴仕上聖且猶不免焯炫其如命何孝籍徒離騷其文尚何救也

列傳第七十　北史八十二

聶　則遷　校正

列傳第七十一　文苑　　北史八十三

文苑序

易曰觀乎天文以察時變觀乎人文以化成天下然則文之爲用其大矣哉逖聽三古彌綸百代若乃墳素所紀靡得而云典謨已降遺風可述至於制禮作樂騰實飛聲若乎言之不文行之豈能遠也是以曲阜之多才多藝監二代以正其源闕里之性與天道修六經以維其末用能窮神知化稱首於千古經邦緯俗藏用於百代至哉斯固聖人之述作也逮乎兩周道喪七十義乖淹中稷下八儒三墨

之異漆園黍谷名法兵農之別雖雅誥奧義或未盡善考其遺跡亦賢達之流乎其離讒放逐之臣塗窮後門之士道轗軻而未遇志鬱抑而不申憤激委約之中飛文魏闕之下奮迅泥滓自致青雲振沈溺於一朝流風聲於千載者往往而有矣漢自孝武之後雅尚斯文揚葩振藻者如林而二馬王楊爲之傑東京之朝茲道逾扇咀徵含商者成市而班傅張蔡爲之雄當塗受命尤好蟲篆金行勃興無替前烈曹王陳阮負宏衍之思挺棟幹於鄧林潘陸張左擅俊麗之才飾羽儀於鳳穴斯並高視當世連衡孔門雖時運推移質文屢變譬猶六代並奏易俗之用無爽九

源競逐一致之理同歸歷選前英於斯為盛既而中州板
蕩戎狄交侵僭偽相屬生靈塗炭故文章黜焉其能潛思
於戰爭之間揮翰於鋒鏑之下亦有時而間出矣若乃魯
徽杜廣徐光尹弼之儔知名於二趙宋諺封弈朱彤梁讜
之屬見重於燕秦然皆迫於倉卒牽於戰陣章奏符檄則
粲然可觀體物緣情則寂寥於世非其才有優劣時運然
也至於朔方之地蕞爾夷俗胡義周之頌國都足稱宏麗
區區河右而學者埒於中原劉延明之銘酒泉可謂清典
子曰十室之邑必有忠信豈徒言哉洎乎有魏定鼎沙朔
南包河淮西吞關隴當時之士有許謙崔宏宏子浩高允

高閭游雅等先後之間聲實俱茂詞義典正有永嘉之遺
烈焉及太和在運銳情文學固以頡頏漢徹跨躡曹丕氣
韻高遠豔藻獨構衣冠仰止咸慕新風律調頗殊曲度遂
改辭罕泉源言多胸臆潤古彫今有所未遇是故雅言麗
則之奇綺合繡聯之美眇歷歲年未聞獨得既而陳郡袁
翻河內常景晚拔疇類稍革其風及明皇御曆文雅大盛
學者如牛毛成者如麟角孔子曰才難不其然也于時陳
郡袁翻翻弟躍河東裴敬憲弟莊伯莊伯族弟伯茂范陽
盧觀弟仲宣頓丘李諧勃海高肅河間邢臧趙國李騫彫
琢瓊瑤刻削杞梓並為龍光俱稱鴻翼樂安孫彥舉濟陰

溫子昇並自孤寒鬱然特起咸能綜採繁縟興屬清華比
於建安之徐陳應劉元元之潘張左東各一時也有齊自
霸業云啓廣延髦俊開四門以賓之頓八紘以掩之鄴都
之下煙霏霧集河間邢子才鉅鹿魏伯起范陽盧元明鉅
鹿魏季景清河崔長儒河間邢子明范陽祖孝徵中山杜
輔玄北平陽子烈並其流也復有范陽祖鴻勳亦參文士
之列及天保中李愔陸卬崔瞻陸元規並在中書參掌綸
誥其李廣樊遜李德林盧詢祖盧思道始以文章著名皇
建之朝常侍王晞獨擅其美河清天統之辰杜臺卿劉逖
魏騫亦參詔勅自李愔已下在省唯撰述除官詔旨其關

涉軍國文翰多是魏收作之及在武平李若荀士遜李德
林薛道衡並為中書侍郎典司綸綍後主雖溺於群小然
頗好詠詩幼時嘗讀詩賦語人云終有解作此理不初因
畫屏風勅通直郎蕭放及晉陵王孝式錄古賢烈士及近
代輕豔諸詩以充圖畫帝彌重之後復追齊州錄事參軍
蕭愨趙州功曹參軍顏之推同入撰錄猶依霸朝謂之館
客放及之推意欲更廣其事又因祖珽輔政愛重之推又
託鄧長顒漸說後主屬意斯文三年祖珽奏立文林館於
是更召引文學士謂之待詔文林館焉珽又奏撰御覽詔
珽及特進魏收太子太師徐之才中書令崔劼散騎常侍

張彫中書監陽休之監撰璞等奏追通直散騎侍郎韋道遜陸乂太子舍人王劭衛尉丞李孝基殿中侍御史魏澹中散大夫劉仲威袁奭國子博士朱才奉車都尉眭道閑考功郎中崔子樞左外兵郎薛道衡并省主客郎中盧思道司空東閣祭酒崔德立太傅行參軍崔儦太學博士諸葛漢奉朝請鄭公超殿中侍御史鄭子信等入館撰書并勑放愍之推等同入撰例復命散騎常侍封孝琰前樂陵太守鄭元禮衛尉少卿杜臺卿通直散騎常侍楊訓前南兗州長史羊肅通直散騎侍郎馬元熙并省三公郎中劉珉開府行參軍李師上溫君悠入館亦令撰書後復命特進

崔季舒前仁州刺史劉逖散騎常侍李孝貞中書侍郎李德林續入待詔尋又詔諸人各舉所知又有前濟州長史李翥前廣武太守魏騫前西兗州司馬蕭溉前幽州長史陸仁惠鄭州司馬江旰前通直散騎侍郎辛德源陸開明通直郎封孝騫太尉掾張德沖并省右戶郎元行恭司徒戶曹參軍古道子前司空功曹參軍劉顗獲嘉令崔德儒給事中李元楷晉州中從事陽師孝太尉中兵參軍劉儒行司空祭酒陽辟強司空士曹參軍盧公順司空中兵參軍周子深開府行參軍王友伯崔君洽魏師謇並入館待詔又勑僕射段孝言亦入焉御覽成後所撰錄人亦有不

得待詔付所司處分者凡此諸人亦有文學膚淺附會親識妄相推薦者十三四焉雖然當時操筆之徒搜求略盡其外如廣平宋孝王信都劉善經輩三數人論其才性入館諸賢亦十三四不逮之周氏創業運屬陵夷纂遺文於既喪聘奇士如弗及是以蘇亮蘇綽盧柔唐瑾元偉李昶之徒咸奮鱗翼自致青紫然綽建言務存質朴遂糠粃魏晉憲章虞夏雖屬辭有師古之美矯枉非適時之用故莫能常行焉既而革車電邁渚宮雲撤梁荊之風扇於關右狂簡之徒斐然成俗流宕忘反無所取裁夫人有六情稟五常之秀情感六氣順四時之序蓋文之所起情發

於中而自漢魏以來迄乎晉宋其體屢變前哲論之詳矣暨永明天監之際太和天保之間洛陽江左文雅尤盛彼此好尚互有異同江左宮商發越貴於清綺河朔詞義貞剛重乎氣質氣質則理勝其詞清綺則文過其意理深者便於時用文華者宜於詠歌此其南北詞人得失之大較也若能掇彼清音簡茲累句各去所短合其兩長則文質彬彬盡美盡善矣梁自大同之後雅道淪缺漸乖典則爭馳新巧簡文湘東啓其淫放徐陵庾信分路揚鑣其意淺而繁其文匿而彩詞尚輕險情多哀思格以延陵之聽蓋亦亡國之音也隋文初統萬機每念斲彫為樸發號施令

咸去浮華然時俗詞藻猶多淫麗故憲臺執法屢飛霜簡煬帝初習藝文有非輕側之論暨乎即位一變其體與越公書建東都詔冬至受朝詩及擬飲馬長城窟並存雅體歸於典制雖意在驕淫而詞無浮蕩故當時綴文之士遂得依而取正焉所謂能言者未必能行蓋亦君子不以人廢言也爰自東帝歸秦逮乎青蓋入洛四隩咸暨九州攸同江漢英靈燕趙奇俊並該天網之中俱爲大國之寶言刈其楚片善無遺潤水圓流不能十數才之難也不其然乎時之文人見稱當世者則范陽盧思道安平李德林河東薛道衡趙郡李元操鉅鹿魏澹陳人會稽虞世基河東

柳䛒高陽許善心等或鷹揚河朔或獨步漢南俱騁龍光並驅雲路矣魏書序袁躍裴敬憲盧觀封肅邢臧裴伯茂邢昕溫子昇爲文苑傳今唯取子昇其餘並各附其家傳齊書敘祖鴻勳李廣樊遜劉逖荀士遜顏之推爲文苑傳今唯取祖李樊荀其餘亦各附其家傳周書不立此傳今取王褒庾信列於此篇顏之推竟從齊入周故列在王庾之下顏之儀既之推之弟故列在之推之末隋書序劉臻崔儦王頍諸葛潁王貞孫萬壽虞綽王胄庾自直潘徽爲文學傳今檢崔儦王頍孫萬壽各從其家傳其餘編之此篇并取虞世基許善心柳䛒明克讓冠之於此以備文苑傳云

溫子昇傳

溫子昇字鵬舉自云太原人晉大將軍嶠之後也世居江左祖恭之宋彭城王義康戶曹避難歸魏家于濟陰寃句因爲其郡縣人焉父暉兗州左將軍長史行濟陰郡事子昇初受學於崔靈恩劉蘭精勤以夜繼晝晝夜不倦長乃博覽百家文章清婉爲廣陽王深賤客在馬坊教諸奴子書作侯山祠堂碑文常景見而善之故詣深謝之景曰頃見溫生深恠問之景曰溫生是大才士深由是稍知之熙平初中尉東平王匡博召辭人以充御史同時射策者八

百餘人子昇與盧仲宣孫搴等二十四人爲高第於是預選者爭相引決匡使子昇當之皆受屈而去搴謂人曰朝來靡旗亂轍者皆子昇逐北遂補御史時年二十二臺中彈文皆委焉以憂去任服闋還爲朝請後李神儁行荊州事引兼録事參軍被徵赴省神儁表留不遣吏部郎中李奬退表不許曰昔伯瑜之不應留王朗所以發歎宜速遣赴無踵彥雲前失於是還員及廣陽王深以東北道行臺召爲郎中黃門郎徐紇受四方表啓答之敏速於深獨沈思曰彼有溫郎中才藻可畏高車破走珍寶盈蒲子昇取絹四十疋深軍敗子昇爲葛榮所得榮下都督和洛興與

子昇舊識以數十騎潛送子昇得達冀州還京李楷執其手曰卿今得免足使夷甫慚德自是無復宦情閉門讀書厲精不已及孝莊即位以子昇為南主客郎中修起居注曾一日不直上黨王天穆時錄尚書事將加捶撻子昇遂逃遁天穆甚怒奏人代之莊帝曰當世才子不過數人豈容為此便相放黜乃寢其奏及天穆將討邢杲召子昇同行子昇未敢應天穆為人曰吾欲收其才用豈懷前忿也今復不來便須南走越北走胡耳子昇不得已而見之加伏波將軍為行臺郎中天穆深知賞之元顥入洛天穆召子昇問曰即欲向京師為隨我北度對曰主上以武牢失守致此狼狽元顥新入人情未安今往討之必有征無戰王若剋復京師奉迎大駕桓文之舉也捨此北度竊為大王惜之天穆善之而不能用遣子昇還洛顥以為中書舍人莊帝還宮為顥任使者多被廢黜而子昇復為舍人天穆每謂子昇曰恨不用卿前計除正員郎仍舍人及帝殺尒朱榮也子昇預謀當時赦詔子昇詞也榮入內遇子昇把詔書問是何文字子昇顏色不變曰勑榮不視之尒朱兆入洛子昇懼禍逃匿永熙中為侍讀兼舍人鎮南將軍金紫光祿大夫遷散騎常侍中軍大將軍後領本州大中正梁使張皐寫子昇文筆傳於江外梁武稱之曰曹植陸機復生於北土恨我辭人數窮百六陽夏守傅摽使吐谷渾見其國主牀頭有書數卷乃是子昇文也濟陰王暉業嘗云江左文人宋有顏延之謝靈運梁有沈約任昉我子昇足以陵顏轢謝含任吐沈楊遵彥作文德論以為古今辭人皆負才遺行澆薄險忌唯邢子才王元景温子昇彬彬有德素齊文襄引子昇為大將軍諮議子昇前為中書郎嘗詣梁客館受國書自以不修容止謂人曰詩章易作逋峭難為文襄館客元僅曰諸人當賀推子昇合陳辭子昇久忸怩乃推陸操焉及元僅劉思逸荀濟等作亂文襄疑子昇知其謀方使之作神武碑文既成乃餓諸晉陽獄

食弊襦而死棄屍路隅沒其家口太尉長史宋游道收葬之又為集其文筆為三十五卷子昇外恬靜與物無競言有準的不妄毀譽而內深險事故之際好豫其間所以終致禍敗又撰永安記三卷無子弟子盛州主簿有文才年二十餘卒

荀濟傳

荀濟字子通其先潁川人世居江左濟初與梁武帝布衣交知梁武當王然負氣不服謂人曰會楯上磨墨作檄文或稱其才於梁武梁武曰此人好亂者也濟又上書譏佛法言營費太甚梁武將誅之遂奔魏館于崔㥄家及是見

執楊愔謂曰遲暮何爲然濟曰叱叱氣耳何關遲暮乃下辯曰自傷年幾摧頹恐功名不立舍兒女之情起風雲之事故挾天子誅權臣齊文襄惜其才將不殺親謂曰荀公何意反濟曰奉詔誅將軍高澄何爲反於是燔殺之鄴下士大夫多傳濟音韻

祖鴻勳傳

祖鴻勳涿郡范陽人也父慎仕魏歷並鴈門咸陽二郡太守政有能名卒於金紫光祿大夫贈中書監幽州刺史謚惠侯鴻勳弱冠與同郡盧文符並爲州主簿僕射臨淮王彧表薦其文學除奉朝請人曰臨淮舉卿竟不相謝不非其宜鴻勳曰爲國舉才臨淮之務祖鴻勳何事從而識之或聞而喜曰吾得其人矣後咸陽王徽奏鴻勳爲司徒法曹參軍事及赴洛徽謂曰臨淮相舉竟不到門今來何也鴻勳曰今來赴職非爲謝恩轉廷尉正去官歸鄉里齊神武嘗徵至并州作晉祠記好事者翫其文位至高陽太守在官清素妻子不免寒餒時議高之齊天保初卒官

李廣傳

李廣字弘基范陽人也其先自遼東徙焉廣博涉群書有才思少與趙郡李騫齊名爲邢魏之亞而訥於言敏於行中尉崔暹精選御史皆是世胄廣獨以才學兼侍御史修

國史南臺文奏多其辭也齊文宣初嗣霸業命掌書記天保初欲以爲中書郎遇其病篤而止廣嘗欲早朝假寐忽驚覺謂其妻曰吾向似睡非睡忽見一人出吾身中語云君用心過苦非精神所堪今辭君去因而恍忽不樂數日便遇疾積年不起廣雅有鑒識度量弘遠坦率無私爲士流所愛時共贍遺之賴以自給竟以疾終廣薦畢義雲於崔暹廣卒後義雲集其文筆七卷託魏收爲之序

樊遜傳

樊遜字孝謙河東北猗氏人也祖琰父衡並無官宦而衡性至孝喪父負土成墳植柏方數十畝朝夕號慕遜少好學其兄仲以造氈爲業亦常優饒之遜自責曰爲人弟獨愛安逸可不愧於心乎欲同勤事業母馮氏謂曰汝欲謹小行耶遜感母言遂專心典籍恒書壁作見賢思齊四字以自勸遜貌醜陋有才氣屬本州淪陷寓居鄴中爲臨漳小吏縣令裴鑒莅官清苦致白雀等瑞遜上清德頌十首鑒大加賞重擢爲主簿仍薦之於右僕射崔暹與遼東李廣勃海封孝琰等爲暹賓客人有譏其靜默不能趣時者遜常服東方朔之言陸沈世俗避世金馬遂借陸沈公子爲主人擬客難制客誨以自廣後崔暹大會賓客大司馬襄成王旭時亦在坐欲命府僚暹指遜曰此人學富才高兼之

佳行可爲王參軍也旭目之曰豈能就耶遜曰家無廕第
不敢當此武定七年齊文襄崩遷爲文宣從於邊賓客咸
散遜遂從居陳留梁州刺史劉殺鬼以遜兼録事參軍事
遜仍舉秀才尚書案舊令下州三載一舉秀才爲三年已
貢開封人鄭祖獻計至此年未合兼別駕王聰抗辭爭議
右丞陽斐不能却尚書令高隆之曰雖遜才學優異待明
年非遠遜竟還本州天保元年本州復召舉秀才三年春
會朝堂對策策罷中書郎張子融奏入至四年五月遜與
定州秀才李子宣等以對策三年不調被付外上書請從
罷詔不報梁州重舉遜爲秀才五年正月制詔問焉尚書

擢第以遜爲當時第一十二月清河王岳爲大行臺率衆
南討以遜從軍明年文宣納梁貞陽侯蕭明爲梁主岳假
遜大行臺郎中使于江南與蕭脩侯瑱和解遜往還五日
得脩等報書岳因與脩盟於江上大軍還鄴遜仍被都官
尚書崔昂舉薦詔付尚書考爲清平勤幹送吏部七年詔
令校定群書供皇太子遜與冀州秀才高乾和瀛州秀才
馬敬德許散愁韓同寶洛州秀才傅懷德懷州秀才古道
子廣平郡孝廉李漢子勃海郡孝廉鮑長暄陽平郡孝廉
景孫前梁州府主簿王九元前開府水曹參軍周子深等
十一人同被尚書召共刊定時秘府書籍紕繆者多遜乃

議曰案漢中壘校尉劉向受詔校書每一書竟表上輒言
臣向書長水校尉臣參書太常博士書中外書合若干本
以相比校然後殺青今所讎校供擬極重出自蘭臺御諸
甲館向之故事見存府閣即欲刊定必藉衆本太常卿邢
子才太子少傅魏收吏部尚書辛術司農少卿穆子容前
黄門郎司馬子瑞故國子祭酒李業興並是多書之家請
牒借本參校秘書監尉瑾移尚書都坐凡所得別本三千
餘卷五經諸史殆無遺闕于時魏收作庫狄干碑序令孝
謙爲之銘陸卬不知以爲收合作也陸操伏渾卒楊愔使
孝謙代已作書以告晉陽朝士令魏潤色之收不能改一

字八年滅東西二省官更定選員不過三百參者二三千
人楊愔言於衆曰後生清俊莫過盧思道文章成就莫過
樊孝謙几案斷割莫過崔成之遂以思道長兼員外郎三
人並員外將軍孝謙辭曰門族寒陋訪第必不成乞補員
外司馬督愔曰才高不依常例特奏用之清河初爲主書
參典詔策天統元年加員外郎居七八日行遇轜車嚬眉
下淚指方相曰何日更相煩君一到數日而卒雍方相送
葬仍前所逢者孝謙死後定州秀才荀士遜繼爲主書才
名相亞茹瞻字孝博東安人南州舉秀才清朗剛直楊愔
將用之曰今日之選不可無茹生卒於侍御史

荀士遜傳

荀士遜廣平人也好學有思理爲文清典見賞知音武定末舉司州秀才迄齊天保十年不調皇建中馬敬德薦爲主書轉中書舍人狀貌甚醜以文辭見重嘗有事須奏遇武成在後庭因左右傳通傳通者不得士遜姓名乃云醜舍人帝曰必士遜也看封題果是內人莫不歡笑累遷中書侍郎號爲稱職與李若等撰典言行於世齊亡年卒

王褒傳

王褒字子深琅邪臨沂人也曾祖儉祖騫父規並南史有傳褒識量淹通志懷沈靜美威儀善談笑博覽史傳七歲能

屬文外祖梁司空袁昂愛之謂賓客曰此兒當成吾宅相弱冠舉秀才除祕書郎太子舍人梁國子祭酒蕭子雲褒之姑夫也特善草隸褒少以姻戚去來其家遂相模範而名亞子雲並見重於時武帝嘉其才藝遂以弟鄱陽王恢女妻之襲爵南昌縣侯歷位祕書丞宣城王文學安城內史及侯景陷建鄴褒輯寧所部見稱於時轉南平內史梁元帝嗣位褒有舊召拜吏部尚書右僕射仍遷左丞兼參掌褒既名家文學優贍當時咸共推挹故位望隆重寵遇日甚而愈自謙損不以位地矜物時論稱之初元帝平侯景及禽武陵王紀後以建鄴凋殘時江陵殷盛便欲安之又其政府臣僚皆楚人也並願即都鄢郢嘗召群臣議之鎮軍將軍胡僧祐吏部尚書宗懍太府卿黃羅漢御史中丞劉瑴等曰建鄴王氣已盡又荊南地又有天子氣遷徙非宜元帝深以爲然褒性謹慎知元帝多猜忌弗敢公言其非後因清閑密諫言辭甚切元帝意好荊楚已從僧祐等策竟不用及魏征江陵元帝授褒都督城西諸軍事柵破從元帝入金城俄而元帝出降褒遂與衆俱出見柱國于謹甚禮之褒曾作燕歌妙盡塞北寒苦之言元帝及諸文士並和之而競爲悽切之辭至此方驗焉褒與王克劉瑴宗懍殷不害等數十人俱至長安周文喜曰昔平吳之

利二陸而已今定楚之功群賢畢至可謂過之矣又謂褒及王克曰吾即王氏甥也卿等並吾之舅氏當以親戚爲情勿以去鄉介意於是授褒及殷不害等車騎大將軍儀同三司常從容上席資餼甚厚褒等亦並荷恩眄忘羈旅焉周孝閔帝踐阼封石泉縣子明帝即位篤好文學時褒與庾信才名最高特加親待帝每遊宴命褒賦詩談論恒在左右尋加開府儀同三司保定中除內史中大夫武帝作象經令褒注之引據該洽甚見稱賞褒有器局雅識政體既累世在江東爲宰輔帝亦以此重之建德以後頗參朝議凡大詔冊皆令褒具草東宮既建授太子少保遷少司

空仍掌綸誥乘輿行幸褒常侍從初褒與梁處士汝南周弘讓相善及讓兄弘正自陳來聘帝許褒等通親知音問褒贈弘讓詩并書焉尋出爲宜州刺史卒於位子鼒

庾信傳

庾信字子山南陽新野人祖易父肩吾並南史有傳信幼而俊邁聰敏絕倫博覽群書尤善春秋左氏傳身長八尺腰帶十圍容止頹然有過人者父肩吾爲梁太子中庶子掌管記東海徐摛爲右衛率摛子陵及信並爲抄撰學士父子東宮出入禁闥恩禮莫與比隆既文並綺豔故世號爲徐庾體焉當時後進競相模範每有一文都下莫不傳誦

累遷通直散騎常侍聘于東魏文章辭令盛爲鄴下所稱還爲東宮學士領建康令侯景作亂梁簡文帝命信率宮中文武千餘人營於朱雀航及景至信以眾先退臺城陷後信奔於江陵梁元帝承制除御史中丞及即位轉右衛將軍封武康縣侯加散騎侍郎聘于西魏屬大軍南討遂留長安江陵平累遷儀同三司周孝閔帝踐阼封臨清縣子除司水下大夫出爲弘農郡守遷驃騎大將軍開府儀同三司憲中大夫進爵義城縣侯俄拜洛州刺史信爲政簡靜吏人安之時陳氏與周通好南北流寓之士各許還其舊國陳氏乃請王褒及信等十數人武帝唯放王克殷不害等信及褒並留而不遣尋徵爲司宗中大夫明帝武帝並雅好文學信特蒙恩禮至於趙滕諸王周旋款至有若布衣之交群公碑誌多相託焉唯王褒頗與信埒自餘文人莫有逮者信雖位望通顯常作鄉關之思乃作哀江南賦以致其意大象初以疾去職隋開皇元年卒有文集二十卷文帝悼之贈本官加荊雍二州刺史子立嗣

顏之推傳 弟之儀傳附

顏之推字介琅邪臨沂人也祖見遠父協並以義烈稱世善周官左氏學俱南史有傳之推年十二遇梁湘東王自講莊老之推便預門徒虛談非其所好還習禮傳博覽書

史無不該洽辭情典麗甚爲西府所稱湘東王以爲其國右常侍加鎮西墨曹參軍好飲酒多任縱不修邊幅時論以此少之湘東遣世子方諸鎮郢州以之推爲中撫軍府外兵參軍掌管記遇侯景陷郢州頻欲殺之賴其行臺郎中王則以免景平還江陵時湘東即位以之推爲散騎侍郎奏舍人事後爲周軍所破大將軍李穆重之送往弘農令掌其兄陽平公遠書翰遇河水暴長具船將妻子奔齊經砥柱之險時人稱其勇決文宣見悅之即除奉朝請引於內館中侍從左右頗被顧眄後從至天泉池以爲中書舍人令中書郎段孝信將勑示之推之推營外飲酒孝信

還以狀言文宣乃曰且停由是遂寢後待詔文林館除司徒錄事參軍之推聰穎機悟博識有才辯工尺牘應對閑明大為祖珽所重令掌知館事判署文書遷通直散騎常侍俄領中書舍人帝時有取索恒令中使傳旨之推稟承宣告館中皆受進旨所進文書皆是其封署於進賢門奏之待報方出兼善於文字監校繕寫處事勤敏號為稱職帝甚加恩接為勳要者所嫉常欲害之崔季舒等將諫也之推取急還宅故不連署及召集諫人之推亦被喚入勘無名得免尋除黃門侍郎及周兵陷晉陽帝輕騎還鄴窘急計無所從之推因宦者侍中鄧長顒進奔陳策仍勸募

吳士千餘人以為左右取青徐路共投陳國帝納之以告丞相高阿那肱等阿那肱不願入陳乃云吳士難信勸帝送珍寶累重向青州且守三齊地若不可保徐浮海南度雖不從之推然猶以為平原太守令守河津齊亡入周大象末為御史上士隋開皇中太子召為文學深見禮重尋以疾終有文集三十卷撰家訓二十篇並行於世之推在齊有二子長曰思魯次曰敏楚蓋不忘本也之推集思魯自為序

弟之儀字升幼穎悟三歲能讀孝經及長博涉群書好為詞賦嘗獻梁元帝荊州頌辭致雅贍帝手勑曰枚乘二葉俱得游梁應貞兩世並稱文學我求才子鯁慰良深江陵平之儀隨例遷長安周明帝以為麟趾學士稍遷司書上士武帝初建東宮盛選師傅以之儀為侍讀太子後征吐谷渾在軍有過行鄭譯等並以不能匡弼坐譴唯之儀以累諫獲賞即拜小宮尹封平陽縣男宣帝即位遷上儀同大將軍御正中大夫進爵為公帝後刑政乖僻昏縱日甚之儀犯顏驟諫雖不見納終亦不止深為帝所忌然以恩舊每優容之及帝殺王軌之儀固諫帝怒欲并致之於法後以其諒直無私乃舍之宣帝崩劉昉鄭譯等矯遺詔以隋文帝為丞相輔少主之儀知非帝旨拒而弗從昉等草

詔署訖逼之儀署之儀厲聲謂昉等曰主上升遐嗣子幼沖阿衡之任宜在宗英方今賢戚之內趙王最長以親以德合膺重寄公等備受朝恩當盡忠報國柰何一旦欲以神器假人之儀有死而已不能誣罔先帝於是昉等知不可屈乃代之儀署而行之隋文帝後索符璽之儀又正色曰此天子之物自有主者宰相何故索之於是文帝大怒命引出將戮之然以其人望乃止出為西疆郡守及踐極詔徵還京師進爵新野郡公開皇五年拜集州刺史在州清靜夷夏悅之明年代還遂優游不仕十年正月之儀例入朝文帝望而識之命引至御坐謂之曰見危受命臨大

御而不可奪古人所難何以加卿乃賜錢十萬米一百石十一年卒有文集十卷行於世

虞世基傳

虞世基字懋世會稽餘姚人也父荔南史有傳世基幼恬靜喜慍不形於色博學有高才兼善草隸陳中書令孔奐見而歎曰南金之貴屬在斯人少傳徐陵聞其名召之世基不往後因公會陵一見而奇之顧朝士曰當今潘陸也因以弟女妻焉仕陳累遷尚書左丞陳主嘗於莫府山校獵令世基爲講武賦於坐奏之陳主嘉之賜馬一匹及陳滅入隋爲通直郎直內史省貧無產業每傭書養親怏怏不

平嘗爲五言詩以見情文理悽切世以爲工作者無不吟詠未幾拜內史舍人煬帝即位顧遇彌隆祕書監河東柳顧言博學有才罕所推謝至是與世基相見歎曰海內當共推此一人非吾儕所及也俄遷內史侍郎以母憂去職哀毀骨立有詔起令視事拜見之日殆不能起令左右扶之哀其羸瘠詔令進肉世基食輒悲哽不能下筯帝使謂曰方相委任宜爲國惜身前後敦勸者數矣帝重其才親禮逾厚專典機密與納言蘇威左翊衛大將軍宇文述黃門侍郎裴矩御史大夫裴蘊等參掌朝政時天下多事四方表奏日有百數帝方凝重事不廷決入閤之後始召世

基口授節度世基至省方爲敕書日且百紙無所遺謬遼東之役進位金紫光祿大夫後從幸鴈門爲突厥所圍戰士多敗世基勸帝爲賞格親自撫循乃下詔停遼東事帝從之師乃復振及圍解勳格不行又下伐遼之詔由是言其詐衆朝野離心帝幸江都次鞏縣世基以盜賊日盛請發兵屯洛口倉以備不虞帝不從但答云卿是書生定猶恇怯于時天下大亂世基知帝不可諫正又以高熲張衡等相繼誅戮懼禍及己雖居近侍唯諂取容不敢忤意盜賊日甚郡縣多沒世基知帝惡數聞之後有告敗者乃抑損表狀不以實聞是後外間有變帝弗之知也嘗遣太僕

卿楊義臣捕盜河北降賊數十萬列狀上聞帝歎曰我初不聞賊頓如此義臣列降賊何多也世基曰鼠竊雖多未足爲慮義臣尅之擁兵不少久在閫外此最非宜帝曰卿言是也遽追義臣放其兵散又越王侗遣太常丞元善達間行賊中詣江都奏事稱李密有衆數萬圍逼京都賊據洛口倉城內無食若陛下速還烏合必散不然者東都決沒因歔欷嗚咽帝爲改容世基見帝色變進曰越王年小此輩誑之若如所言善達何緣得至帝勃然怒曰善達小人敢廷辱我因使經賊中向東陽催運善達遂爲群盜所殺此後外人杜口莫敢以賊聞奏世基氣貌沉審言多合

意是以特見親愛朝臣無與為比其繼室孫氏性驕淫世基惑之恣意奢靡彫飾器服無復素士之風孫復攜前夫子夏侯儼入世基舍而頑鄙無賴為其聚斂鬻官賣獄賄賂公行其門如市金寶盈積其弟世南素國士而清貧不立未曾有所贍由是為論者所譏朝野咸共疾怨宇文化及之弒逆也世基乃見害長子肅好學才藝時人稱有家風弱冠早沒肅弟熙大業末為符璽郎次子柔晦並宣義郎化及將亂之夕宗人虞伋知而告熙曰事勢已然吾將濟卿南度且得免禍同死何益熙曰棄父背君求生何地感尊之懷自此訣矣及難作兄弟競請先死行刑人先世基殺之

柳䛒傳

柳䛒字顧言河東人也世仕江南居襄陽祖惔南史有傳䛒少聰敏解屬文好讀書所覽將萬卷仕梁為著作佐郎後蕭詧據荆州以為侍中領國子祭酒吏部尚書及梁國廢拜開府為內史侍郎以無吏幹轉晉王諮議參軍王好文雅招引才學之士諸葛穎虞世南王胄朱瑒等百餘人以充學士而䛒為之冠王以師友處之每有文什必令其潤色然後示人嘗朝京還作歸藩賦命䛒為序詞甚典麗初王屬文斅庾信體及見䛒後文體遂變仁壽初引為東

宮學士加通直散騎常侍檢校洗馬甚見親重每召入卧內與之宴謔䛒尤俊辯多在侍從有所顧問應答如響性嗜酒言雜誹諧由是彌為太子所親狎以其好內典令撰法華玄宗為二十卷上之太子大悅賞賜優洽儕輩莫比煬帝嗣位拜秘書監封漢南縣公帝退朝後便命入閤言宴諷讀終日而罷帝每與嬪后對酒時逢興會輒遣命之至與同榻共席恩比友朋帝猶恨不能夜召乃命匠刻木為偶人施機關能坐起拜伏以像䛒帝每月下對飲酒輒令宮人置於坐與相酬酢而為歡笑從幸揚州卒帝傷惜者久之贈大將軍謚曰康䛒撰晉王北伐記十五卷有集十卷行於世

許善心傳

許善心字務本高陽北新城人也祖茂父亨並南史有傳善心九歲而孤為母范氏所鞠養幼聰明有思理所聞輒能記多聞默識為當世所稱家有舊書萬餘卷皆徧通涉十五解屬文箋上父友徐陵陵大奇之謂人曰此神童也太子詹事江總舉秀才對策高第授度支郎中補撰史學士禎明二年加通直散騎常侍聘隋遇文帝伐陳禮成而不獲反命累表請辭上不許留縶賓館及陳亡上遣使告之善心素服號哭於西階下藉草東向經三日敕書唁

焉明日有詔就館拜通直散騎常侍賜衣一襲善心哭盡哀入房改服復出北面立垂涕再拜受詔明日乃朝服泣於殿下悲不能興上顧左右曰我平陳國唯獲此人既能懷其舊君即我誠臣也敕以本官直門下省賜物千段草馬二十匹從幸太山還授虞部侍郎十六年有神雀降於含章闥上召百官賜宴告以此瑞善心於坐請紙筆製神雀頌奏之上甚悅曰我見神雀共皇后觀之今且召公等入適述此事善心於坐始知即能成頌文不加點筆不停毫常聞此言今見其事因賜物二百段十七年除秘書丞時秘藏圖籍尚多淆亂善心放阮孝緒七録更制七林各總叙冠於篇首又於部録之下明作者之意區分類例焉又奏追李文博陸從典等學者十許人正定經史錯謬仁壽元年攝黃門侍郎二年加攝太常少卿與牛弘等議定禮樂秘書丞黃門並如故四年留守京師帝崩于仁壽宮煬帝秘不發喪先易留宮人出除嚴州刺史逢漢王諒反不之任大業元年轉禮部侍郎奏薦儒者徐文遠爲國子博士包愷陸德明褚徽魯世達之輩並加品秩授爲學官其年副納言楊達爲冀州道大使以稱旨賜物五百段左衛大將軍宇文述每日借本部兵數十人以供私役常半日而罷御史大夫梁毗奏劾之上方以腹心委述初付法

官推千餘人皆稱被役經二十餘日法官候伺上旨乃言役不滿日其數雖多不合通計縱令有實亦無罪諸兵士聞之更云初不被役上欲釋之付議虛實百寮咸議爲虛善心以爲述於仗衛之所抽兵私役雖不滿日闕於宿衛與常役所部情狀乃殊又兵多下番散還本府分道追至不謀同辭今殆一月方始翻覆姦狀分明此何可捨蘇威楊汪等二十餘人同善心議其餘皆議免罪煬帝可免者之奏後數月述譖善心曰陳叔寶卒善心共周羅睺虞世基袁充蔡徵等同往送葬善心爲祭文謂爲陛下敢於今日加叔寶尊號召問有實自援古例事得釋而甚惡之又太史奏帝即位年與堯時符合善心議以國哀甫爾不宜稱賀述諷御史劾之左遷給事郎降品二等四年撰方物志奏之七年從至涿郡帝方自御戎以東討善心上封事忤旨免官其年復徵守給事郎帝嘗言及文帝受命之符因問鬼神之事敕善心與崔祖濬撰靈異記十卷初善心父撰著梁史未就而歿善心述成父志修續家書其序傳末述制作之意曰謹按太素將萌洪荒初判乾儀資始辰象所以王時坤載厚生品物於焉播氣參三才而育德肖二統而降靈有黎人焉爲之君長有貴賤矣爲其宗極保上天之睠命膺下土之樂推莫不執大方振長策感召風

雲驅馳英俊干戈揖讓取之也殊功鼎王龜符成之也一致華命刱制竹素之道稍彰紀事記言筆墨之官漸著炎農以往存其名而漏其迹黃軒以來晦其文而顯其質登丘納麓具訓誥及典謨貫昴入房傳夏正與殷祀洎辨方正位論時計功南北左右兼四名之別檮杌乘車擅一家之稱國惡雖諱君舉必書故賊子亂臣天下大懼元龜明鏡昭然可察及三郊遞襲五勝相沿俱稱百谷之王並以四海自任重光累德何世無哉逮有梁之興君臨天下江左建國莫斯爲盛受命在於一君繼統傳乎四主克昌四十八載餘祚五十六年武皇帝出自諸生發升寶歷拯百

王之弊救萬姓之危反澆季之末流登上皇之獨道朝多君子野無遺賢禮樂必備憲章咸舉弘深慈於不殺濟大忍於無刑蕩蕩巍巍可爲稱首屬陰戎入穎羯胡侵洛沸騰墋黷三季之所未聞掃地滔天一元之所巨厄廟有序蘋成孤兔之場珪帛有儀碎夫犬羊之手福善積而身禍仁義存而國亡豈天道歟豈人事歟嘗別論之在於序論之卷先君昔在前代早懷述作凡撰齊書爲五十卷梁書記傳隨事勒成及闕而未就者目錄注爲一百八卷梁室交喪墳籍銷盡冢壁皆殘不準無所盜帷囊同毁陳農何以求秦儒既坑先王之道將隊漢臣徒請口授之文亦

絶所撰之書一時亡散有陳初建詔爲史官補闕拾遺忘識口誦依舊目錄更加修撰且成百卷已有六帙五十八卷上祕閣記善心早嬰荼蓼弗克荷薪太建之末頻抗表聞至德之初蒙授史任方頹緗素採訪門庭記錄俯勵弱才仰成先志而畢宗少強近虛室類原顏退屛無所交游栖遲不求進益假班嗣之書徒聞其語給王隱之筆未見其人加以庸瑣涼能孤陋末學發職郎署兼撰陳史致此書延時未即成續禎明二年以臺郎入聘屬本邑淪覆佗鄉播遷行人失時將命不復望都亭而長慟遷別館而懸壺家史舊書在後蕩盡今止有六卷獲存文並缺落失次

自入京邑以求隨見補葺略成七十卷四帝紀八卷后妃一卷三太子錄一卷爲一帙十卷宗室王侯列傳一帙十卷具臣列傳二帙二十卷外戚傳一卷孝德傳一卷誠臣傳一卷文苑傳二卷儒林傳二卷逸人傳一卷數術傳一卷藩臣傳一卷合一帙十卷止足傳一卷列女傳一卷權幸傳一卷羯賊傳二卷逆臣傳二卷叛臣傳二卷敘傳論述一卷合一帙十卷凡稱史臣者皆先君所言下稱名案者皆善心補闕別爲敘論一篇託于敘傳之末十年又從至懷遠鎭加授朝散大夫突厥圍鴈門攝左親侍武賁郎將領江南兵宿衛殿省駕幸江都追敘前勳授通議大夫

詔還本品行給事郎十四年化及弑逆之日隋官盡詣朝堂謁賀善心獨不至許弘仁馳告曰天子已崩宇文將軍攝政合朝文武莫不咸集天道人事自有代終何預叔而低佪若此善心怒之不肯隨去弘仁返走上馬泣而言曰將軍於叔全無惡意忽自求死豈不痛哉還告唐奉義以狀白化及遣人就宅執至朝堂化及令釋之善心不舞蹈而出化及目送之曰此大負氣命捉來罵云我好欲放你敢如此不遜其黨輒牽曳遂害之及越王稱制贈左光祿大夫封高陽縣公謚曰文節善心母范氏梁太子中舍人孝才之女也少寡養孤博學有高節隋文帝知之敕尚食

每獻時新常遣分賜嘗詔范入內侍皇后講讀封永樂郡君及善心遇禍范氏九十有二臨喪不哭撫柩曰能死國難我有兒矣因臥不食後十餘日亦終

李文博傳

李文博博陵人性貞介鯁直好學不倦至於教義名理特所留心每讀書至安危得失忠臣烈士未嘗不反覆吟翫開皇中爲羽騎尉特爲吏部侍郎薛道衡所知恒令在聽事帷中披檢書史并察已行事若遇政教善事即抄撰記錄如選用踈謬即委之臧不道衡每得其語莫不忻然從之後直祕書內省典校群籍守道居貧晏如也雖衣食乏絕而清操愈厲不妄通賓客恒以禮法自處儕輩莫不敬焉道衡知其貧每延于家給以資費文博商略古今政教得失如指諸掌然無吏幹稍遷校書郎出爲縣丞遂得下考數歲不調道衡爲司隸大夫遇之東都尚書省甚嗟愍之奏爲從事因謂齊王司馬李綱曰今日遂遇文博得奏用之以爲歡笑其見賞知音如此在洛下曾詣房玄齡相送出衢路玄齡謂曰公生平志尚唯在正直今既得爲從事故應有會素心比來激濁揚清所爲多少文博遂奮臂厲聲曰夫清其流者必潔其源正其末者須端其本今政源混亂雖日免十貪郡守亦何所益其率直疾惡不知忌

諱皆如此類時朝政浸壞人多贓賄唯文博不改其操論者以此貴之遭亂播遷不知所終初文博在內省校書虞世基子亦在其內盛飾容服而未有所知文博因從容問之年紀荅云十八文博乃謂曰昔賈誼當此之年議論何事君今徒事儀容欲何爲者又秦孝王妃生男文帝大嘉頒賜群官各有差文博家道屢空人謂其悅賞乃云賞罰之設功過所歸今王妃生男於群官何事乃妄受賞也其循名責實録過計功必使賞罰不濫功過無隱皆爾文博本爲經學後讀史書於諸子及論尤所該洽性長議論亦善屬文著政道集十卷大行於世開皇中又有魏郡侯白

字君素好學有捷才性滑稽尤辯俊舉秀才爲儒林郎通侻不持威儀好爲俳諧雜說人多愛狎之所在處觀者如市楊素甚狎之素嘗與牛弘退朝白謂素曰日之夕矣素大笑曰以我爲牛羊下來邪文帝聞其名召與語悅之令於祕書修國史每將擢用輒曰白不勝官而止後給五品食月餘而死時人傷其薄命著旌異記十五卷行於世

明克讓傳

明克讓字弘道平原鬲人也世仕江左祖僧紹父山賓並南史有傳克讓少儒雅善談論傳涉書史所覽將萬卷三禮論語尤所研精龜策曆象咸得其要年十四釋褐湘東

王法曹參軍時舍人朱异在儀賢堂講老子克讓預焉堂邊有脩竹异令克讓詠之克讓覽筆輒成卒章曰非君多愛賞誰貴此貞心异甚奇之仕梁位中書侍郎梁滅歸長安引爲麟趾殿學士周武帝即位爲露門學士令與太史官屬正定新曆累遷司調大夫賜爵歷城縣伯隋文帝受禪位率更令進爵爲侯太子以師道處之恩禮甚厚每有四方珍味輒以賜之時東宮盛徵天下才學士至於博物洽聞皆出其下詔與太常牛弘等脩禮議樂當朝典故多所裁正以疾去官加通直散騎常侍卒上甚惜之二宮贈賻甚厚所著孝經義疏一部古今帝代記一卷文類四卷續名僧記一卷集二十卷子餘慶位司門郎越王侗稱制爲國子祭酒克讓叔少遐傳涉群書有詞藻仕梁位都官尚書入齊甚爲名流王元景陽休之等所禮皇建中拜中庶子卒贈中書令楊州司馬

劉臻傳

劉臻字宣摯沛國相人也父顯南史有傳臻年十八舉秀才爲邵陵王東閤祭酒元帝時遷中書舍人江陵平歸魏爲中書侍郎周冢宰宇文護辟爲中外府記室軍書羽檄多成其手後爲露門學士授大都督封饒陽縣子歷藍田令畿伯下大夫隋文帝受禪進位儀同三司左僕射高熲

之伐陳也以臻隨軍主文翰進爵爲伯皇太子勇引爲學士甚親狎之臻無吏幹又性惚悅躭經覃思至於世事多所遺忘有劉訥者亦任儀同俱爲太子學士情好甚密臻住城南訥住城東臻嘗欲尋訥謂從者曰汝知劉儀同家乎從者不知尋訥謂臻還家因荅曰知於是引之而去旣扣門臻尚未悟謂至訥家乃據鞍大呼曰劉儀同可出矣其子迎門臻驚曰汝亦來邪其子荅曰此是大人家於是顧眄久之乃悟叱從者汝大無意吾欲造劉訥耳性好啗蜆以音同父諱呼爲扁螺其疎放多此類也精於兩漢書時人稱爲漢聖開皇十八年卒有集十卷行於世

諸葛穎傳

諸葛穎字漢丹楊建康人也祖銓梁零陵太守父規義陽太守穎年十八能屬文起家邵陵王參軍事轉記室侯景之亂奔齊歷學士太子舍人周氏平齊不得調杜門不出者十餘年習易圖緯蒼雅莊老頗得其要清辯有俊才晉王廣素聞其名引為參軍事轉記室及王為太子除藥藏郎煬帝即位遷著作郎甚見親倖出入卧内帝每賜之曲宴輒與皇后嬪御連席共榻穎因間隙多所譖毀是以時人謂之冶葛後録恩舊授朝散大夫帝嘗賜穎詩其卒章曰參翰長洲苑侍講肅成門名理窮研覈英華恣討論實録

資平允傳芳導後昆其待遇如此從征吐谷渾加正議大夫從駕北巡卒於道穎性褊急與柳𧦬每相忿鬩帝屢責怒之而猶不止於後帝亦薄之有集二十卷撰鑾駕北巡記三卷幸江都道里記一卷洛陽古今記一卷馬名録二卷並行於世有子嘉會

王貞傳

王貞字孝逸梁郡陳留人也少聰敏七歲好學善毛詩禮記左氏傳周易諸史百家無不畢覽善屬文不事產業每以諷讀為娛開皇初汴州刺史樊叔略引為主簿後舉秀才授縣尉非其好也謝病于家煬帝即位齊王暕鎮江都聞其名以書召之及至以客禮待之索其文集貞上三十三卷為啓陳謝齊王覽集甚善之賜良馬四匹貞復上江都賦王賜錢十萬貫良馬二匹未幾以疾甚還鄉終於家

虞綽傳

虞綽字士裕會稽餘姚人也父孝曾陳始興王諮議綽身長八尺姿儀甚偉博學有俊才尤工草隸陳左衛將軍傅縡有盛名於世見綽詞賦歎美之仕陳為太學博士遷永陽王記室及陳亡晉王廣引為學士大業初轉為祕書學士奉詔與祕書郎虞世南著作佐郎庾自直等撰長洲玉鏡等書十餘部綽所筆削帝未嘗不稱善而官竟不遷初

為校書郎以藩邸左右授宣惠尉遷著作佐郎與虞世南庾自直蔡允恭等四人常直禁中以文翰待詔恩盼隆洽從征遼東帝舍臨海頓見大鳥異之詔綽為銘帝覽而善之命有司勒於海上以度遼功授建節尉綽恃才任氣無所降下著作郎諸葛穎以學業倖於帝綽每輕侮之由是有隙帝嘗問綽於穎穎曰虞綽麤踈人也帝頷之時禮部尚書楊玄感稱其貴踞虛已禮之與結布衣之友綽數從之遊其族人虞世南誡之曰上性猜忌而君過厚玄感若與絕交者帝知君改悔可以無咎不然終當見禍綽不從尋有告綽以禁內兵書借玄感帝甚銜之及玄感敗其妓

妾竝入宮帝因問之曰玄感平常時與何人交往其妾以虞綽對帝令大理卿鄭善果窮理其事綽曰羈旅薄游與玄感文酒談款實無他謀帝怒不解徙綽于邊綽至長安而亡吏逮之急於是潛度江變姓名自稱吳卓游東陽抵信安令天水辛大德舍藏餘綽與人爭田相訟因有識綽者而告之竟爲吏所執坐斬江都所有詞賦竝行於世大德爲令誅翦羣盜甚得人和與綽俱爲使者所執其妻泣曰每諫君無匿學士今日之事豈不哀哉大德笑曰我本圖脫長者乃爲人告之吾罪也當死以謝綽會有詔死罪得以擊賊自効信安吏人詣使者叩頭曰辛君人命所懸

不然亦無信安矣使者留之以討賊帝怒斬使者大德獲全

王胄傳 兄眘傳附

王胄字承基琅邪臨沂人也祖筠父祥竝南史有傳胄少有逸才仕陳歷太子舍人東陽王文學及陳滅晉王廣引爲博士仁壽末從劉方擊林邑以功授帥都督大業初爲著作佐郎以文詞爲煬帝所重帝嘗自東都還京師賜天下大酺四日爲五言詩詔羣官詩成者奏之帝覽胄詩而善之因謂侍臣曰氣高致遠歸之於胄詞清體潤其在世基意密理新惟庾自直過此者未可以言詩也帝所有篇什多令繼和與虞綽齊名同志友善于時後進之士咸以二人爲準的從征遼東進授朝散大夫胄性疎率不倫自恃才伐鬱鬱於官每負氣陵傲忽略時人爲諸葛頴所嫉屢譖之於帝帝愛其才而不罪禮部尚書楊玄感虛襟與交數游其第及玄感敗與虞綽徙邊胄遂亡匿潛還江左爲吏所捕坐誅所著詞賦多行於世

兄眘字元恭博學多通少有盛名於江左仕陳歷太子洗馬中舍人陳亡與胄俱爲學士煬帝即位授秘書郎卒於官

庾自直

庾自直頴川人父持南史有傳少好學沈靜寡欲仕陳歷豫章王府外兵參軍記室陳亡入關不得調晉王廣聞之引爲學士大業初授著作佐郎自直解屬文於五言詩尤善性恭慎不妄交游特爲帝所愛有篇章必先示自直令其詆訶自直所難帝輒改之或至於再三俟其稱善然後方出其見親禮如此後以本官知起居舍人事化及作逆與之北上自載露車中感激發病卒有文集十卷行於世

潘徽傳 常得志 尹式 劉善經 祖君彥 孔德紹 劉斌

潘徽字伯彥吳郡人也性聰敏少受禮於鄭灼受毛詩於施公受書於張沖講莊老於張譏竝通大義尤精三史善

屬文能持論中書令江揔引致文儒之士徵一詣揔甚敬之釋褐新蔡王國侍郎選爲客館令隋遣魏澹聘于陳陳人使徵接對之澹將反命爲啓於陳主曰敬奉弘慈曲垂餞送徵以餞送爲重敬奉爲輕却其啓而不奏澹曰曲禮云主敬客詩曰維桑與梓必恭敬止孝經宗廟致敬又云不敬其親謂之悖禮孔子敬天之怒成湯聖敬日躋宗廟極重上天極高父極尊君極貴四者咸同一敬五經未有異文不知以敬爲輕竟何所據徵難之曰向所論敬字本不全以爲輕但施用處殊義成通別禮主於敬此是通言猶如男子冠而字之注云成人敬其名也春秋有冀缺夫妻亦云相敬於子則有敬名之義在夫亦有敬妻之說此可復並謂極高極尊乎至若敬謝諸公固非尊地公子敬愛止施賓友敬問敬報彌見雷同敬聽敬酬何關貴隔當知敬之爲義雖是不輕但敬之於語則有時混漫今云敬奉所以成疑聊舉一隅未爲深據澹不能對遂從而改焉及陳滅爲州博士秦王俊聞其名召爲學士嘗從俊朝京師在塗令徵於馬上爲賦行一驛而成其名曰述征賦俊覽而善之復令爲萬字文又遣撰集字書名爲韻纂徵爲之序俊薨晉王廣復引爲揚州博士令與諸儒撰江都集禮一部復令徵爲序煬帝嗣位徵與著作郎陸從典太常博士

褚亮歐陽詢等助越公楊素撰魏書會素薨而止授京兆郡博士楊玄感兄弟重之數相往來及玄感敗凡所交關多罹其患徵以玄感故人爲帝所不悅有司希旨出徵爲西海郡威定縣主簿意甚不平行至隴頭發病而卒隋時有常得志尹式劉善經祖君彥孔德紹劉斌並有才名事多遺逸

常得志京兆人隋秦王記室及王薨過故第爲五言詩辭理悲壯甚爲時人所重復爲兄弟論義理可稱

尹式河間人仁壽中官至漢王記室漢王阻兵式自殺其族人正卿彥卿亦俱有儁才名顯於世

劉善經河間人歷著作佐郎太子舍人著酬德傳三十卷諸劉譜三十卷四聲指歸一卷行於世

祖君彥見其父珽傳

孔德紹會稽人有清才官至京城縣丞竇建德署爲中書令專典書檄及建德敗伏誅

劉斌南陽人祖之遴南史有傳斌頗有詞藻官至信都司功書佐竇建德署爲中書舍人建德敗復爲劉黑闥中書侍郎與黑闥亡歸突厥不知所終

論曰古人之所貴名不朽者蓋重言之尚存王褒庾信頗之推虞世基柳䛒許善心明克讓劉臻王貞虞綽王胄等

並極南土譽望又加之以才名其爲貴顯固其宜也自餘
或位下人微居常亦何能自達及其靈虵可握天網俱頓
並編緗素咸貫辭林雖其位可下其身可殺千載之外貴
賤一焉非此道也孰云能致九百士子可不務乎

列傳第七十一　北史八十三

陳　志仁　校正

列傳第七十二　孝行　北史八十四

田翼
紐因
劉仕儁
翟普林
華秋
徐孝肅

孝經云夫孝天之經也地之義也人之行也論語云君子務本本立而道生孝悌也者其爲仁之本歟吕覽云夫孝三皇五帝之本務萬事之綱紀也執一術而百善至百邪去天下順者其唯孝乎然則孝之爲德至矣其爲道遠矣

其化人深矣故聖帝明王行之於四海則與天地合其德與日月齊其明諸侯卿大夫行之於國家則永保其宗社長守其祿位匹夫匹婦行之於閭閻則播徽烈於當年揚休名於千載是以堯舜湯武居帝王之位垂至德以敦其風孔墨荀孟稟聖賢之資弘正道以勵其俗觀其所由在此而已矣然而淳源既往澆風愈扇禮義不樹廉讓莫修若乃綰銀黃列鐘鼎立於朝廷之間非一族也積龜貝實倉廩居於閭巷之內非一家也其於愛敬之道則有未能備焉哀思之節罕有得其中焉斯乃詩人所以思素冠孔門有以責衣錦也且生盡色養之方終極哀思之地厥迹多緒其心一焉若乃誠達泉魚感通鳥獸事匪常倫斯蓋希矣至如溫牀扇席灌樹負土苟或加人咸爲疾俗斯固仁人君子所以興歎哲后賢宰所宜屬心如令明教化以救其弊優爵賞以勸其心存懇誠以誘其進積歲月以求其終則今之所謂少者可以爲多矣古之所謂難者可以爲易矣長孫慮等闕稽古之學無俊偉之才或任其自然情無矯飾或篤於天性勤其四體竝竭股肱之力咸盡愛敬之心自足膝下之歡忘懷軒冕之貴不言而化人神通感雖或位登台輔爵列王侯祿積萬鍾馬跡千駟死之日曾不得與斯人之徒隸齒孝之大也不其然乎案魏書列

趙琰長孫慮乞伏保孫益德董洛生楊引閻元明吳悉達王續生李顯達倉跋張昇王崇郭文恭爲孝感傳周書列李棠柳檜杜叔毗荊可秦族皇甫遐張元爲孝義傳隋書列陸彥師田德懋薛濬王頒田翼楊慶郭世儁紐因劉仕儁郎方貴翟普林李德饒華秋徐孝肅爲孝義傳今趙琰李棠柳檜杜叔毗陸彥師李德饒入別傳及其家傳其餘竝從此編緝以備孝行傳云

長孫慮代人也母因飲酒其父眞呵叱之誤以杖擊便即致死眞爲縣囚執慮以重坐慮列辭尚書云父母忿爭本無餘惡直以謬誤一朝橫禍今母喪未殯父命旦夕慮兄

第五人並沖幼慮身居長今年十五有一女弟向始四歲
更相鞠養不能保全父若就刑交墜溝壑乞以身代老父
命使嬰弱衆孤得蒙存立尚書奏云慮於父爲孝子於弟
爲仁兄尋情究狀特可矜感孝文帝詔特恕其父死罪以
從遠流

乞伏保高車部人也父居獻文時爲散騎常侍領牧曹尚
書賜爵寧國侯以忠謹慎密常在左右出內詔命賜宮人
河南宗氏云後賜以宮人申氏宋太子左率申坦兄女也
歲餘居卒申撫養伏保性嚴肅撻罵切至而伏保奉事孝
謹初無恨色襲父侯爵例降爲伯稍遷左中郎將每請祿

賜在外公私尺丈所用無不白知出爲無善鎮將申年踰
八十伏保手製馬轝親自扶接申欣然隨之申亡伏保解
官奉喪還洛復爲長兼南中郎將卒

孫益德樂安人也其母爲人所害益德童幼爲母復仇還
家哭於殯以待縣官孝文文明太后以其幼而孝決又不
逃罪特免之

董洛生代人也居父喪過禮詔遣秘書中散温紹伯奉璽
書慰之令自抑割以全孝道又詔其宗親使相喻獎勿令
有滅性之譏

楊引鄉郡襄垣人也三歲喪父爲叔所養母年九十二終
引年七十五哀毀過禮三年服畢恨不識父追服斬衰食
粥麤服誓終身命經十三年哀慕不改爲郡縣鄉閭三百
餘人上狀稱美有司奏宜旌賞復其一門樹其綽孝詔別
敕集書標揚引至行又可假以散員之名

閻元明河東安邑人也少而至孝行著鄉閭太和五年除
北隨郡太守元明以違離親養興言悲慕母亦慈念泣淚
喪明悲號上訴許歸奉養一見其母母目便開刺史呂壽
恩列狀上聞詔下州郡表爲孝門復其租調兵役令終母
年母亡服終心喪積載每忌日悲動傍鄰昆弟雍和尊卑
諧穆安貧樂道白首同歸又猗氏縣人令狐仕兄弟四人

早喪父泣慕十載奉養其母孝著鄉邑而力田積粟博施
不已又河東郡人楊風等七百五十人列稱樂戶皇甫奴
兄弟雖沉屈兵伍而操尚彌高奉養繼親甚著恭孝之稱
又東郡小黃縣人董吐渾兄養事親至孝三世同居閨門
有禮景明初畿內大使王凝奏請標異詔從之

吳悉達河東聞喜人也兄弟三人年並幼小父母爲人所
殺四時號慕悲感鄉鄰及長報仇避地求安昆弟同居四
十餘載閨門和睦讓逸競勞雖於儉年糊饘不繼賓客經
過必傾所有每守宰殯喪私辦車牛送終葬所鄰人孤貧
窘困者莫不解衣輟糧以相賑恤鄉閭五百餘人詣州稱

頌焉刺史以悉達兄弟行著鄉里板贈悉達父勃海太守悉達後欲改葬亡失墳墓推尋弗獲號哭之聲晝夜不止叫訴神祇忽於悉達足下地陷得父銘記因遷葬曾祖已下三世九喪傾盡資業不假於人哀感毀悴有過初喪有司奏聞標閭復役以彰孝義時有齊州人崔承宗其父於宋世仕漢中母喪因殯彼後青徐歸魏遂為隔絕承宗性至孝萬里投險偷路負喪還京師黃門侍郎孫惠蔚聞之曰吾於斯人見廉范之情矣於是弔贈盡禮如舊相識

王續生榮陽京縣人也遭繼母憂居喪杖而後起及終禮制鬚髮盡落有司奏聞宣武詔標旌門閭甄其傜役

李顯達穎川陽翟人也父喪水漿不入口七日鬢髮墮落形體枯悴六年廬於墓側哭不絕聲殆於滅性州牧高陽王雍以狀奏靈太后詔表其門閭

倉跋榮陽京縣人也喪母水漿不入口五日吐血數升居憂毀瘠見稱州里有司奏聞孝武帝詔標門閭

張昇榮陽京縣人也喪父飲水絕鹽哀毀過度形骸枯悴骨立而已鬚髮殆盡聲聞鄉里盜賊不侵其閭州表以聞標其門閭

王崇字乾邕陽夏雍丘人也兄弟並以孝稱身勤稼穡以養二親仕梁州鎮南府主簿母亡杖而後起鬢髮墮落未及葬權殯宅西崇廬於殯所晝夜哭泣鳩鴿群至有一小鳥素質黑眸形大於雀栖於崇廬朝夕不去母喪闋復丁父憂哀毀過禮是年夏風雹所經處禽獸暴死草木摧折至崇田畔風雹便止禾麥十頃竟無損落及過崇地風雹如初咸稱至行所感崇雖除服仍居墓側於其室前生草一根莖葉甚茂人莫能識至冬中復有鳥巢崇屋乳養三子毛羽成長馴而不驚守令聞之親自臨視州以聞奏標其門閭

郭文恭太原平遙人也仕為太平縣令年踰七十父母喪亡文恭孝慕罔極乃居祖父墓次晨夕拜跪跣足負土培祖父二墓寒暑竭力積年不已見者莫不哀歎尚書聞奏標其門閭

荊可河東猗氏人也性質朴容止有異於人能苦身勤力供養其母隨時甘旨終無匱乏母喪水漿不入口三日悲號擗踊絕而後蘇者數四葬母之後遂廬於墓側晝夜悲哭負土成墳蓬髮不櫛菜食飲水而已然可家舊墓塋域極大榛蕪至深去家十餘里而可獨宿其中與禽獸雜處哀感遠近邑里稱之大統中可鄉人以可孝行足以勸勵風俗乃上言焉周文令州縣表異之及服終之後猶若居喪大冢宰晉公護聞可孝行特引見焉與可言論時有會

於護意而護亦至孝其母閻氏没於敵境不測存亡每見
可自傷父乖膝下而重可至性可卒後護猶思其純孝收
可妻子於京城恒給其衣食
秦族上郡洛川人也祖白父雚並有至性聞於閭里魏太
和中板白頼州刺史大統中板雚鄜城郡守族性至孝事
親竭力及父喪哀毀過禮每一慟哭酸感行路既以母在
恒抑割哀情以慰其母意四時珍羞未嘗匱乏與弟榮先
復相友愛閨門之中怡怡如也尋而其母又没哭泣無時
唯飲水食菜而已終喪之後猶蔬食不入房室二十許年
鄉里咸歎異之其邑人王元達等七十餘人上其狀有詔

表其門閭榮先亦至孝遭父喪哀慕不已遂以毁卒邑里
化其孝行周文嘉之乃下詔襃美其行贈滄州刺史以旌
厥異
皇甫遐字永賢河東汾陰人也累世寒微而鄉里稱其和
睦遐性純至少喪父事母以孝聞後遭母喪乃廬於墓側
負土爲墳復於墓南作一禪窟陰雨則穿窟晴霽則營墓
曉夕勤力未嘗暫停積以歲年墳高數丈周廻五十餘步
禪窟重臺兩帀總成十有二室中間行道可容百人遐食
粥枕甴櫛風沐雨形容枯悴家人不識當其營墓之初乃
有鵄烏各一徘徊悲鳴不離墓側若助遐者經月餘日乃

去遠近聞其至孝競以米麪遺之遐皆受而不食悉以營
佛齋焉郡縣表上其狀有詔旌異之
張元字孝始河北芮城人也祖成假平陽郡守父延儁仕
州郡累爲功曹主簿並以純至爲鄉里所推元性謙謹有
孝行微涉經史然精釋典年六歲其祖以其夏中熱欲將
元就井浴元固不肯從謂其貪戲乃以杖擊其頭曰汝何
爲不肯浴元對曰衣以蓋形爲覆其褻元不能褻露其體
於白日之下祖異而捨之南隣有二杏樹杏熟多落元園
中諸小兒競取而食之元所得者送還其主村陌有狗子
爲人所棄者元即收而養之其叔父怒曰何用此爲將欲

更棄之元對曰有生之類莫不重其性命若天生天殺自
然之理今爲人所棄而死非其道也若見而不收養無仁
心也是以收而養之叔父感其言遂許焉未幾乃有狗母
銜一死兔置元前而去及元年十六其祖喪明三年元恒
憂泣晝夜讀佛經禮拜以祈福祐後讀藥師經見盲者得
視之言遂請七僧然七燈七日七夜轉藥師經行道每言
天人師乎元爲孫不孝使祖喪明今以燈光普施法界願
祖目見明元求代闇如此經七日其夜夢見一老翁以金
鎞療其祖目於夢中喜躍遂即驚覺乃徧告家人三日祖
目果明其後祖卧疾再周元恒隨祖所食多少衣冠不解

旦夕扶侍及祖没號踴絶而後蘇隨其父水漿不入口三日鄉里咸歎異之縣博士楊軌等二百餘人上其狀有詔表其門閭

王頒字景彦太原祁人也父僧辯南史有傳頒少俶儻有文武幹局僧辯平侯景留頒荆州遇梁元帝爲周師所陷頒因入關聞其父爲陳武帝所殺號慟而絶食頃乃蘇哭不絶聲毁瘠骨立至服闋常布衣蔬食藉藁而卧周明帝嘉之召授左侍上士累遷漢中太守尋拜儀同三司隋開皇初以平蠻功加開府封蛇丘縣公獻取陳之策上覽而異之召見言畢歔欷上爲之改容及大舉伐陳頒自請行

率兵數百人從韓擒虎先鋒夜濟力戰被傷恐不堪復鬬悲感嗚咽夜中睡夢有人授藥比寤而瘡不痛時人以爲孝感及陳滅頒密召父在時士卒得千餘人對之涕泣其間壯士或問曰郎君讎恥已雪而悲哀不止者將不爲霸先早死不得手刃之邪請發其丘隴斲櫬焚骨亦可申孝心矣頒頓顙陳謝額盡流血答曰其爲墳塋甚大恐一宵發掘不及其屍更至明朝事乃彰露諸人請具鍬鍤於是夜發其陵剖棺見陳武帝鬚皆不落其本皆出自骨中頒遂焚骨取灰投水飲之既而自縛歸罪晉王表其狀文帝曰朕以義平陳王頒所爲亦孝義之道何忍罪之舍而不問有司録其戰功將加柱國賜物五千段頒固辭曰臣緣國威靈得雪怨恥本心徇私非是爲國所加官賞終不敢當帝從之拜代州刺史甚有惠政卒於齊州刺史

弟頍字景文年數歲而江陵亡同諸兄入關少好游俠年二十尚不知書爲其兄顒所責怒於是感激始讀孝經論語晝夜不倦遂讀左傳禮易詩書乃歎曰書無不可讀者勤學累載遂徧通五經究其旨趣大爲儒者所稱解綴文善談話年三十周武帝引爲露門學士每有議決多頍所爲性識甄明精力不倦好讀諸子徧記異書以博物稱又曉兵法益有從横之志每歎不逢時常以將相自許開皇

五年授著作佐郎尋令於國子講授會帝親臨釋奠國子祭酒元善講孝經頍與相論難詞義鋒起善往往見屈帝大奇之超授國子博士後坐事解職配防嶺南數載授漢王諒府諮議參軍王甚禮之時諒見房陵及秦蜀二王相次廢黜潛有異志頍陰勸諒繕甲兵及文帝崩諒遂舉兵反多頍之計也頍後數進奇策諒不能用楊素至蒿澤將戰頍謂其子曰氣候殊不佳兵必敗汝可隨從我既而兵敗頍將歸突厥至山中徑路斷絶知必不免謂其子曰吾之計謀不減楊素但爲言不見從遂至於此不能坐受禽執以成豎子之名也吾死後汝慎勿過親故於是自殺瘞

之石窟中其子數日不得食遂過其故人竟為所禽楊素求頬屍得之斬首梟於太原所撰五經大義三十卷有集二十卷竝因兵亂無復存焉

楊慶字伯悦河間人也祖玄父剛竝以至孝知名慶美容止性辯慧年十六齊國子博士徐遵明見而異之及長頗涉書記年二十五郡察孝廉以侍養不赴母有疾不解襟帶者七旬及居母憂哀毀骨立負土成墳齊文宣表其門閭賜帛及綿粟各有差隋文帝受禪屢加褒賞擢授儀同三司板平陽太守卒於家

田翼不知何許人也養母以孝聞其後母臥疾歲餘翼親易燥濕母食則食母不食則不食隋開皇中母患暴痢翼謂中毒藥遂親嘗穢惡母終翼一慟而絕妻亦不勝哀而死鄉人厚共葬之

紐因字孝政河東安邑人也性至孝周武成中父母喪廬於墓側負土成墳廬前生麻一株高丈許圍之合拱枝葉鬱茂冬夏恒青有鳥棲上因舉聲哭鳥即悲鳴時人異之周武帝表其閭擢授甘棠令隋開皇初卒子士雄少質直孝友喪父復廬於墓側負土成墳其庭前有一槐樹先甚鬱茂及士雄居喪樹遂枯死服闋還宅死槐復榮隋文帝聞之歎其父子至孝下詔褒揚號其居為累德里

劉仕儁彭城人也性至孝丁母喪絕而復蘇者數矣勺飲不入口者七日廬於墓側負土成墳列植松柏虎狼馴擾為之取食隋文帝受禪表其門閭

翟普林楚丘人也事親以孝聞州郡辟皆不就躬耕色養鄉閭謂為楚丘先生後父母疾親易燥濕不解衣者七旬大業初父母俱終哀毀殆將滅性廬於墓側負土成墳盛冬不衣繒絮唯著單縗而已家有烏犬隨其在墓若普林哀臨犬亦悲號見者嗟異有二鵲巢其廬前柏樹入廬馴狎無所驚懼司隸巡察奏其孝感擢授孝陽令

華秋汲郡臨河人也幼喪父事母以孝聞家貧傭賃為養其母患秋容貌毀悴鬢鬚盡改母終遂絕櫛沐髮盡秃落廬於墓側負土成墳有人欲助之者秋輒拜而止之隋大業初調狐皮郡縣大獵有一兎逐之奔入秋廬中匿秋膝下獵人至廬所異而免之自爾此兎常宿廬中馴其左右郡縣嘉其孝感具以狀聞降使勞問而表其門閭後羣盜起常往來廬之左右咸相誡曰勿犯孝子鄉賴秋全者甚衆

徐孝肅汲郡人也宗族數十家多以豪侈相尚唯孝肅儉約事親以孝聞雖在幼小宗黨間每有爭訟皆至孝肅所平論短者無不引咎而退孝肅早孤不識父及長問其母

父狀因畫工圖其形構廟置之而定省焉州望玄孫養母至孝數十年家人未見其忿恚色母老疾孝肅親易燥濕憂悴數年見者莫不悲悼母終孝肅茹蔬飲水盛冬單縗毁瘠骨立祖父母父母墓皆負土成墳廬于墓所四十餘載被髮徒跣遂以終身其弟德備終于處默又廬於墓側卒世稱孝焉

論曰塞天地而横四海者唯孝而已矣然則孝始愛敬之方終極哀思之道厥亦多緒其心一焉若上智禀自然之質中庸有企及之義及其成名其美一也長孫慮等或出公卿之緒藉禮教之資或出茆簷之下非獎勸所得並因

心乘理不踰禮教感通所致貫之神明乃有負土成墳致毁滅性雖乖先王之典制亦觀過而知仁矣

列傳第七十二　北史八十四

鄭道寧　王烈　校正

列傳第七十三　節義　北史八十五

王閭
郭琰
沓龍超
乙速孤佛保
李棠
杜叔毗
劉弘
游元
張須陁
楊善會

盧楚
劉子翊
堯君素
陳孝意
張季珣
杜松贇
郭世儁
郎方貴

易稱立人之道曰仁與義蓋士之成名在斯二者故古人以天下爲大方身則輕生爲畱奚比義則輕然則死有重於太山貴其理全也生有輕於鴻毛重其義全也故生無再得死不可追而仁道不遠則殺身以徇義重於生則捐軀而踐龍逄殞命於夏癸比干竭節於商辛申蒯斷臂於齊莊弘演納肝於衛懿漢之紀信欒布晉之向雄嵇紹並不憚於危亡以蹈忠貞之節雖功未存於社稷力無救於顛隊然視彼苟免之徒貫三光而洞九泉矣凡在立名之士莫不庶幾焉然至臨難忘身見危授命雖斯文不墜而行之蓋寡固知士之所重信在茲乎非夫內懷鐵石之心外負陵霜之節孰能行之若命赴蹈如歸者乎自魏訖隋年餘二百若廼歲寒見松柏疾風知勁草千載之後懍懍

猶生豈獨闇彼伯夷懦夫立志亦冀將來君子有所庶幾魏書序于什門段進石文德汲固王玄威婁提劉渴侯朱長生馬八龍文門愛晁清劉侯仁石祖興邵洪哲王榮世胡小彪孫道登李几張安祖王閭以爲節義傳今又檢得郭琰沓龍超乙速孤佛保及周書孝節傳李棠杜叔毗附之又案齊書不立此篇而隋書序劉弘皇誕游元馮慈明張須陁楊善會獨孤盛元文都盧楚劉子翊堯君素爲誠節傳今馮慈明獨孤盛元文都各附其家傳其餘並附此篇又檢取隋書孝義傳郎方貴郭世儁亦附之以備節義傳云

于什門代人也魏明元時爲謁者使喻馮跋及至和龍住外不入使謂跋曰大魏皇帝有詔須馮主出受然後敢入跋使人牽逼令入見跋不拜跋令人案其項什門曰馮王拜受詔吾自以賓主致敬何須苦見逼也與跋往復聲氣厲然初不撓屈既而跋止什門什門於羣衆中回身背跋披袴後襠以辱之既而拘留隨身衣裳敗壞略盡蟣虱被體跋遺以衣服拒而不受歷二十四年後馮弘上表稱臣乃送什門歸拜書侍御史太武下詔褒美比之蘇武賜羊千口帛千四進爲上大夫策告宗廟班示天下

段進不知何許人也太武初爲白道守將蠕蠕大檀入塞圍之力屈被執進抗聲大罵遂爲賊殺帝愍之追贈安北將軍賜爵顯美侯謚曰莊

石文德中山蒲陰人也有行義眞君初縣令黃宣在任喪亡宣單貧無朞親文德祖父苗以家財殯葬持服三年奉養宣妻二十餘載及亡又衰絰斂祔率禮無闕自苗逮文德刺史守令卒官者制服送之五世同居閨門雍睦又梁州上言天水白石縣人趙令安孟蘭強等四世同居行著州里詔竝標牓門閭

汲固東郡梁城人也爲兗州從事刺史李式坐事被收吏人皆送至河上時式子憲生始滿月式大言於衆曰程嬰杵臼何如人也固曰今古豈殊遂便潛還不顧徑來入城於式婦閨抱憲歸藏及捕者收憲屬有一婢產男母以婢兒授之事尋泄固乃攜憲逃遁遇赦始歸憲即爲固長育至十餘歲恒呼固夫婦爲郎婆後高祐爲兗州刺史嘉固節義以爲主簿

王玄威恒農北陜人也獻文崩玄威立草廬於州城門外衰裳蔬粥哭踊無時刺史苟頹以事表聞詔令問狀云先帝澤被蒼生玄威不勝悲慕戀心如此不知禮式詔問玄威欲有所訴聽爲表列玄威云聞諱悲號竊謂臣子同例無所求謁及至百日乃自竭家財設四百人齋會忌日又設百僧供至大除日詔送白紬袴褶一具與玄威釋服下州令表異焉

婁提代人也獻文時爲內三郎獻文暴崩提謂人曰聖主昇遐安用活爲遂引佩刀自刺幾死文明太后詔賜帛二百匹時有敕勤部人蛭拔寅兄地于坐盜食官馬依制命死拔寅自誣已殺兄又云實非弟殺兄弟爭死辭不能定孝文詔原之

劉渴侯不知何許人也禀性剛烈大和中爲徐州後軍以力死戰衆寡不敵遂禽瞋目大罵終不降屈爲賊所殺孝文贈立忠將軍平州刺史上庸侯賜絹千匹穀千斛有嚴

季者亦爲軍校尉與渴侯同殿勢窮被執終不降屈後得逃還除立節將軍賜爵五等男

朱長生于提者竝代人也孝文時長生爲員外散騎常侍與提俱使高車既至高車王阿伏至羅責長生等拜長生拒之阿伏至羅乃不以禮待長生以金銀寶器奉之至羅既受獻長生曰爲臣内附宜盡臣禮何得口云再拜而實不拜呼出帳命衆中拜阿伏至羅慙其臣下大怒曰帳中何不教我拜而辱我於大衆奪長生等獻物内之叢石兵脅之曰爲我臣則活不降則殺汝長生與于提瞋目厲聲責之曰我爲鬼不爲汝臣阿伏至羅大怒絶其飲食從者

三十人皆求阿伏至羅乃給以肉酪長生與提又不從乃各分徙之三歲乃放還孝文以長生等守節遠同蘇武拜長生河内太守提隴西太守竝賜爵五等男從者皆爲令長

馬八龍武邑武強人也輕財重義友人武遂縣尹靈哲在軍喪亡八龍聞即奔赴負屍而歸以家財殯葬爲制緦麻撫其孤遺恩如所生州郡表列詔表門閭

文門愛汲郡山陽人也早孤供養伯父母以孝謹聞伯父亡服未終伯母又亡文愛居喪持服六年哀毁骨立鄉人魏仲賢等相與標其孝義

晁清遼東人也祖暉濟州刺史潁川公清襲祖爵例降爲伯爲梁城戍將梁師攻圍糧盡城陷清抗節不屈爲賊所殺宣武襃美贈樂陵太守謚曰忠子榮賔襲

劉侯仁豫州人也城人白早生殺刺史司馬悦據城南叛悦息朏走投侯仁賊雖重加購募又嚴其捶撻侯仁終無漏泄朏遂免禍事寧有司奏其操行請免府籍敘一小縣詔可

石祖興常山九門人也太守田文彪縣令和真等喪亡祖興自出家絹二百餘匹營護喪事州郡表列孝文嘉之賜爵二級爲上造後拜寧陵令卒吏部尚書李韶奏其節義請加贈謚以獎來者靈太后令如所奏有司謚曰恭

邵洪哲上谷沮陽人也縣令范道榮先自眴城歸款以除縣令道榮鄉人徐孔明妄經公府訟道榮非勳道榮坐除名羇旅孤貧不能自理洪哲不勝義憤遂代道榮詣京師明申曲直經歷寒暑不憚劬勞道榮卒得復雪又北鎮反亂道榮孤單無所歸附洪哲兄伯川復率鄉人來相迎接送達幽州道榮感其誠節訴省申聞詔下州郡標其里閭

王榮世陽平館陶人也爲三城戍主方城縣子梁師攻圍力窮知不可全乃先焚府庫後殺妻妾及賊陷城與戍副鄧元興等俱以不屈被害明帝下詔襃美忠節進榮世爵爲伯贈齊州刺史元興開國子贈洛州刺史

胡小彪河南河陰人也少有武氣正光末爲統軍於晉壽
孝昌中梁將樊文熾等寇邊益州刺史邴虬遣長史和安
固守小劍文熾圍之虬命小彪與統軍崔珍寶同往防拒
文熾掩襲小彪珍寶並禽之文熾攻小劍未陷乃將珍寶
至城下使謂和安曰南軍強盛北救不來豈若歸款取其
富貴和安命射之乃退復逼小彪與和安交言小彪乃慷
慨謂安曰我柵不防爲賊所虜觀其兵士勢不足言努力
堅守魏行臺傅梁州遣將已至賊以刀毆擊言不得終遂
害之三軍無不歎其壯節哀其死亡賊尋奔敗禽其次將
蕭世澄陳文緒等一十一人行臺魏子建壯其氣槩啓以

世澄贖其屍柩乃獲骸骨歸葬之
孫道登彭城呂縣人也永安初爲梁將韋休等所虜面縛
臨刃巡遠村塢令其招降鄉曲道登厲聲唱呼但當努力
賊無所能賊遂屠戮之又荊州被圍行臺宗靈恩遣使宗
女等四人入城曉喻爲賊將所獲執女等巡城令其改辭
女等大言天軍垂至堅守莫降賊忿各刳其腹然後斬首
二州表其節義道登等並賜五品郡五等子爵聽子弟承
襲遣使誥所在弔祭
李几博陵安平人也七世共居同財家有二十二房一百
九十八口長幼濟濟風禮著聞至於作役卑幼競集鄉里

嗟美標其門閭
張安祖河陽人也襲世爵山北侯時有元承貴曾爲河陽
令家貧且赴尚書求選逢天寒甚遂凍死路側一子年幼
停屍門巷棺殮無託安祖悲哭盡禮買木爲棺手自營作
殮殯周給朝野嘉歎尚書聞奏標其門閭
王閭北海密人也數世同居有百口又太山劉業興四世
同居魯郡蓋儁六世同居並共財產家門雍睦鄉里敬異
有司申奏皆標門閭
郭琰字神寶京兆人也少喪父事母以孝聞孝武帝之居
藩邸琰以通俠被知及即位封新豐縣公除洛州刺史孝

武西入改封馮翊郡公授行臺尚書潼關大都督大統中
齊神武遣大都督竇泰襲恒農時琰爲行臺衆少戰敗乃
奔洛州至刺史泉企城守力窮城將陷乃仰天哭曰天乎
天乎何由縱此長蛇而不助順也言發涕流不能自止兵
士見之咸自厲憤竟爲東魏將高敖曹所禽復謂敖曹曰
天子之臣乃爲賊所執敖曹素聞其名義不殺之送於并
州見齊神武言色不屈見害
杳龍超晉壽人也性尚義俠少爲鄉里所重永熙中梁將
樊文熾來寇益州刺史傅和孤城固守龍超每出戰輒破
之時攻圍既久糧矢方盡刺史遣龍超夜出請援於漢中

遂爲文熾所得許以封爵使告城中曰外無援軍宜早降
乃置龍超於攻樓上龍超乃告刺史曰援軍數萬近在大
寒文熾大怒炙殺之至死辭氣不撓大統二年詔贈龍
驤將軍巴州刺史

乙速孤佛保北秀容胡酋也少驍武善射孝武帝時爲直
閤將軍從入關封蒲子縣公并賜弓矢大統初梁將蘭欽
來寇遂陷漢中佛保時爲都督統兵力戰知將敗乃先城
未陷仰天大哭曰此馬吾常所乘此弓矢天恩賜我豈可
令賊得吾弓馬乎遂斬馬及弓自刎而死三軍莫不壯之
黃門郎趙僧慶時使漢中聞乃收運其屍致長安天子歎
感詔著作錄之

李棠字長卿勃海蓨人也祖伯貴魏宣武時官至魯郡守
有孝行居父喪哀感過禮遂以毀卒宣武嘉之贈勃海相
父元胄員外散騎侍郎棠幼孤好學有志操高仲密爲北
豫州刺史請棠爲掾仲密將圖西附時東魏又遣鎮城奚
壽興典兵事仲密遂與棠謀殺壽興率其衆據城遣棠詣
關中歸款周文嘉之封廣宗縣公位給事黃門侍郎加車
騎大將軍儀同三司散騎常侍從魏安公尉遲迥伐蜀棠
乃應募喻之旣入成都蕭撝問迥軍中委曲棠不對撝乃
苦辱之棠曰我王者忠臣有死而已義不爲爾移志也遂
害之子敞嗣

杜叔毗字子弼其先京兆杜陵人也徙居襄陽父漸梁邊
城太守叔毗早歲而孤事母以孝聞仕梁爲宜豐侯蕭循
府中直兵參軍周文令大將軍達奚武圍循於南鄭循令
叔毗詣闕請和周文見而禮之使未及還而循中直兵曹
策參軍劉曉謀以城降武時叔毗兄君錫爲循中記室參
軍從子映錄事參軍映弟晰中直兵參軍各領部曲策等
忌之懼不同己遂誣以謀叛擅加害焉尋討策等禽之城
降策至長安叔毗朝夕號泣具申冤狀朝議以事在歸附
之前不可追罪叔毗志在復讎然恐坐及其母母曰汝兄
橫罹禍酷痛切骨髓若曹策朝死吾以夕歿亦所甘心汝

何疑焉叔毗拜受母言後遂白日手刃策於京城斷首刳
腹解其支體然後面縛請就戮焉周文嘉其志氣特命舍
之遭母憂哀毀骨立殆不勝喪服闋晉公護辟爲中外府
樂曹參軍累遷陝州刺史後從衞國公直南討軍敗爲陳
人所禽陳人將降之叔毗辭色不撓遂被害子廉卿

劉弘字仲遠彭城叢亭里人也少好學有羈撿重鄉縣仕
齊位西楚州刺史齊亡周武帝以爲本郡太守及隋文帝
平陳以行軍長史從總管吐萬緒度江加上儀同封濩澤
縣公拜泉州刺史會高智慧亂以兵攻州弘城守糧盡煑

擐甲腰帶及剝樹皮食之一無離叛賊欲降之弘抗節彌
厲城陷爲賊所害文帝聞而嘉歎者久之賜物二千段子
長信襲其官爵
游元字楚客廣平任城人也父寶藏位至郡守元少聰敏
仕周歷壽春令譙州司馬俱有能名開皇中爲殿內侍御
史煬帝嗣位遷　度支郎遼東之役領左驍衛長史爲
蓋牟道監軍拜朝請大夫兼書侍御史宇文述等九軍敗
績帝令元主其獄述時貴倖勢傾朝廷遣家僮造元有所
請屬元不之見他日案述愈急仍以屬請狀劾之帝嘉其
公正賜朝服一襲後奉使黎陽督運楊玄感作逆告以情

元引正義責之遂見囚竟不屈節見害帝甚嘉之贈銀青
光祿大夫拜其子仁宗爲正議大夫弋陽郡通守
張須陁弘農閿鄉人也性剛烈有勇略弱冠從史萬歲討
西爨以功授儀同後從楊素擊平漢王諒加開府大業中
爲齊郡贊務會興遼東之役歲饑須陁將開倉賑給官屬
咸曰須待詔敕須陁曰如待報至當委溝壑吾若以此獲
罪死無所恨先開倉而後狀帝嘉而不責天下既承平日
久多不習兵須陁獨勇決善戰又長撫馭得士卒心號爲
名將時賊帥王薄北連豆子䴚賊孫宣雅石祇闍郝孝德
等衆十餘萬攻章丘須陁大破之露布以聞帝大悅優詔

褒揚令使者圖畫其形容奏之其年賊裴長才石子河等
奄至城下須陁與戰長才敗走後數旬賊帥秦君弘郭方
預等圍北海須陁倍道而進大敗之司隸刺史裴操之上
狀帝遣使勞問之十年賊左孝友屯蹲狗山須陁列八營
以逼之孝友窘迫面縛來降其黨解象王良鄭大彪李晼
等衆各萬計須陁悉平之威振東夏以功遷齊郡通守領
河南道十二郡黜陟討捕大使俄而賊盧明月衆十餘萬
將寇河北次祝阿須陁邀擊殺數千人賊呂明星帥仁泰
霍小漢等衆各萬餘擾濟北須陁擊走之尋將兵拒東郡
賊翟讓前後三十餘戰每破走之轉滎陽通守時李密說

讓取洛口倉遂逼滎陽須陁拒之讓懼而退須陁乘之密
先伏數千人邀擊之須陁敗被圍潰輒出左右不能盡出
復入救之往來數四衆皆敗乃仰天曰兵敗如此何面見
天子乎乃下馬戰死其所部兵晝夜號哭數日不止帝令
其子元備總父兵元備時在齊郡遇賊竟不果行
楊善會字敬仁弘農華陰人也父初位毗陵太守善會大
業中爲鄃令以清正聞俄而百姓聚起爲盜善會討之往
皆剋捷後賊帥張金稱屯于縣界善會每挫其鋒煬帝遣
將軍段達討金稱善會進計於達達不能用軍竟敗後進
止一以謀之乃大剋金稱復引勃海賊孫宣雅高士雅等

破黎陽而還善會邀破之擢拜朝請大夫清河郡丞于時
山東郡縣陷没相繼能抗賊者唯善會而已前後七百餘
陣未嘗負敗會太僕楊義臣討金稱見敗取善會定策與
金稱戰賊乃退走善會捕斬之傳首行在所帝賜以尚方
甲矟弓劒進拜清河通守復從楊義臣斬漳南賊帥高士
達傳首江都宮帝下詔褒揚之後爲竇建德所陷建德釋
而禮之用爲貝州刺史善會肆罵臨之以兵辭氣不撓乃
害之清河士庶莫不傷痛
盧楚涿郡范陽人也祖景祚魏司空掾楚少有才學性鯁
急口吃言語澁難大業中爲尚書左司郎當朝正色甚爲

公卿所憚及帝幸江都東都官寮多不奉法楚每存糾舉
無所回避越王侗稱尊號以楚爲內史令左備身將軍尚
書左丞右光祿大夫封涿郡公與元文都等同心戮力以
輔侗及王世充作亂兵犯太陽門武衛將軍皇甫無逸斬
關逃難呼楚同去楚曰僕與元公有約若社稷有難誓以
俱死今捨去不義及世充入楚匿太官署執之世充奮袂
令斬於是鋒刃交下支體糜碎
劉子翊彭城叢亭里人也父徧齊徐州司馬子翊少好學
頗解屬文性剛謇有吏幹開皇中爲秦州司法參軍因入
考楊素奏爲侍御史時永寧縣令李公孝四歲喪母九歲

外繼其後父更別娶後妻至是而亡河間劉炫以爲無撫
育之恩議不解任子翊駁之曰傳云繼母同母也當以配
父之尊居母之位齊杖之制皆如親母又爲人後者爲其
父母朞服者自以本生非殊親之與繼也父雖自處傍尊
之地於子之情猶須隆其本重是以令云爲人後者其父
母並解官申其心喪父卒母嫁爲父後者雖不服亦申心
喪其繼母嫁不解官此專據嫁者生文耳將知繼母在父
之室則制同親母若謂非有撫育之恩同之行路何服之
有乎服既有之心喪焉可獨異三省令旨其義甚明今言
令許不解何其甚謬且後人者爲其父母朞未有變隔以

親繼親既等故心喪不得有殊服問云母出則爲繼母之
黨服豈不以出母族絶推而遠之繼母配父引而親之乎
子思曰爲伋也妻是爲白也母不爲伋也妻是不爲白也
母定知服以名重情以父親所以聖人敦之以孝慈弘之
以名義是使子以名服同之親母繼母以義報等之己生
如謂繼母之來在子出之後制有淺深者考之經傳未見
其文譬出後之人所後者初亡後之者至此後可以無撫
育之恩而不服重乎昔長沙人王毖漢末爲上計詣京師
既而吳魏隔絶毖在內國更娶生子昌毖死後爲東平相
始知吳之母亡便情繫居重不攝職事于時議者不以爲

非然則繼之與前於情無別若要以撫育始生服制王昌
復何足云乎又晉鎮南將軍羊祜無子取弟子伊爲子祜
薨伊不服重祜妻表聞伊辭曰伯生存養已伊不敢違然
無父命故還本生尚書彭權議子之出養必由父命無命
而出是爲叛子於是下詔從之然則心服之制不得緣恩
而生也論云禮者稱情而立文杖義而設教還以此義論
彼之情稱情者如母之情杖義者爲子之義分定然後能
尊父順名崇禮篤敬苟以姆養之恩始成母子則恩由彼
至服自己來則慈母如母何待父令又云繼母慈母本實
路人臨己養己同之骨血若如斯言子不由父縱有恩育

得如母乎其慈繼雖在三年之下而居齊朞之上禮有倫
例服以稱情繼母本以名服豈藉恩之厚薄也至於兄弟
之子猶子也私昵之心實殊禮服之制無二彼言以輕如
重因以不同此謂如重之辭即同重法若使輕重不等何
得爲如律云准枉法者但准其罪以枉法論者即同眞法
律以弊刑禮以設教准者准擬之名以者即眞之稱如以
三字義用不殊禮律兩文所防是一將此明彼足見其義
取譬伐柯何遠之有論云取子爲後者將以供承祧廟奉
養己身不得使宗子歸其故宅以子道事本父之後妻也
然本父後妻因父而得母稱若如來旨本父亦可無心喪

乎何直父之後妻也論又云禮言舊君其尊豈後君乎已
去其位非復純臣須言舊以殊之別有所重非復純孝故
言其已見之目以其父之文是名異也此又非通論何以
言之其舊訓殊所用亦別舊者易新之稱其者因彼之辭
安得以相類哉至如禮云其父析薪其子不克負荷傳云
衞雖小其君在焉若其父而有異其君復有異乎斯不然
矣今炫敢違禮乖令侮聖干法使出後之子無情於本生
名義之分有虧於風俗徇飾非於明世強媒蘖於禮經雖
欲揚己露才不覺言之傷理事奏竟從子翊之議歷新豐
令大理正竝有能名擢授書侍御史每朝廷疑議子翊爲

之辯析多出衆人意表從幸江東屬天下大亂帝猶不悟
子翊因侍切諫由是忤旨令子翊爲丹楊留守尋遣於上
江督運爲賊吳棊子所虜子翊說之因以衆降復遣首領
賊渡江遇煬帝被殺知而告之子翊弗信斬所言者賊又
請以爲主不從因執至臨川城下使告城中云帝崩子翊
乃易其言於是見害

堯君素魏郡湯陰人也煬帝爲晉王時君素爲左右帝嗣
位累遷鷹揚郎將大業末從驍衞大將軍屈突通拒義師
於河東俄而通引兵南遁署君素領河東通守義師遣將
呂紹宗韋義節等攻之不及通軍敗至城下呼之君素見

通歔欷流涕悲不自勝左右皆哽咽通亦泣下霑襟因說君素早降以取富貴君素以名義責之曰公縱不能遠慙主上公所乘馬即代王所賜也公何面目乘之哉通曰吁君素我力屈而來君素曰方今力猶未屈何用多言通慙而退時圍甚急行李斷絕君素乃為木鵝置表於頸具論事勢浮之黃河沿流而下河陽守者得之達于東都越王侗見而歎息乃承制拜君素為金紫光祿大夫密遣行人勞之監門直閤龐玉武衛將軍皇甫無逸前後自東都歸義俱造城下為陳利害朝廷又賜金券待以不死君素卒無降心其妻又至城下謂曰隋室已亡何苦取禍君素曰

天下事非婦人所知引弓射之應弦而倒君素亦知事必不濟每言及隋國未嘗不歔欷常謂將士曰吾是藩邸舊臣至於大義不得不死今穀支數年食盡足知天下之事必隋室傾敗天命有歸吾當斷頭以付諸君後頗得江都傾覆消息又糧盡男女相食衆心離駭白虹降於府門兵器之端夜皆光見月餘君素為左右所害

陳孝意張季珣杜松贇並以誠節顯孝意河東人大業初為魯郡司法書佐郡內號為廉平太守蘇威嘗欲殺一囚孝意固諫不許孝意因解衣請先受死良久威意乃解謝而遣之漸加禮敬及威為納言奏孝意為侍御史後以父憂去職居喪過禮有白鹿馴擾其廬時人以為孝感尋起授鴈門郡丞在郡菜食齋居朝夕哀臨每一發聲未嘗不絕倒柴毀骨立見者哀之時長吏多贓汚孝意清節彌厲發姦擿伏動若有神吏人稱之煬帝幸江都馬邑劉武周殺太守王仁恭作亂前郡丞楊長仁鴈門令王確等謀應賊孝意知之族滅其家郡中戰慄俄而武周來攻孝意拒之每致剋捷但孤城無援而孝意誓以必死亦知帝必不反每旦夕向詔敕庫俯伏涕流悲動左右糧盡為校尉張世倫所殺以歸武周

張季珣京兆人父祥少為隋文帝所知引為丞相參軍累

遷并州司馬及漢王諒反遣其將劉建攻之縱火燒其郭下祥見百姓驚駭其城西有王母廟登城望之再拜號泣曰百姓何罪致此焚燒神其有靈可降雨相救言訖廟上雲起雨降而火遂滅士卒感其至誠莫不用命援軍至賊退以功授開府後卒於都水監季珣少慷慨有志節大業末為鷹揚郎將所居據箕山為固與洛口接及李密陷倉城遣兵呼之季珣大罵密怒攻之連年不能剋經三年資用盡無薪徹屋而爨人皆穴處季珣撫之一無離叛後士卒飢羸為密所陷季珣坐聽事顏色自若密遣兵禽送之羣賊曳令拜密季珣曰吾雖敗軍將猶是天子爪牙臣何

容拜賊密壯而釋之翟讓從求金不得殺之其弟仲琰爲上洛令及義兵起城守部下殺之以歸義仲琰弟幼琮爲千牛左右宇文化及亂遇害季珣世忠烈兄弟俱死國難論者賢之

杜松贇北海人也性剛烈重名義爲石門府隊正大業末楊厚來攻北海縣松贇覘賊被執使謂城中云郡兵已破宜早歸降松贇僞許之既至城下大呼曰我邂逅被執非力屈也官軍大來賊旦暮禽翦賊以刃築其口引之去松贇罵厚曰老賊何敢辱賢良言未卒賊斷其要城中望之莫不流涕扼腕銳氣益倍北海卒完優贈朝請大夫本郡通守

郭世儁字弘乂太原文水人也家門雍睦七世同居犬豕同乳烏鵲同巢時人以爲義感之應州縣上其事隋文帝遣平昌公宇文弼詣其家勞問尚書侍御史柳彧巡省河北表其門閭漢王諒爲并州總管聞而嘉歎賜其兄弟二十餘人衣各一襲

郎方貴淮南人也少有志尚與從父弟雙貴同居隋開皇中方貴常於淮水津所寄渡舟人怒之撾方貴臂折至家雙貴問知之恚恨遂向津歐殺船人津者執送之縣以方貴爲首當死雙貴從坐當流兄弟爭爲首坐縣司不能斷送詣州兄弟各引死州不能定二人爭欲赴水死州以狀聞上聞異之特原其罪表其門閭賜物百段後爲州主簿

論曰于什門等或臨危不撓視死如歸或赴險如夷唯義有所在其大則光國隆家其小則損己利物故其盛烈所著與河海而爭流峻節所標共竹柏而俱茂並蹈履之所致身没名立豈徒然也

列傳第七十三　北史八十五

鄭道寧　王烈　校正

列傳第七十四　循吏　北史八十六

張膺

路邕

閻慶胤

明亮

杜纂

竇瑗

蘇淑

張華原

孟業

蘇瓊

路去病

梁彥光

樊叔略

公孫景茂

辛公義

柳儉 郭絢 敬肅

劉曠

王伽

魏德深

先王疆理天下司牧黎元刑法以禁其姦禮教以防其欲雖爲政以德理寔殊塗百慮一致在斯而已書云知人則哲又云無曠庶官言非其人爲空官也故哲之后必致清明之臣昏亂之朝多有貪殘之吏嗜欲所召影響從之故五帝三王不易人而化皆在所由化之而已蓋有無能之吏無不可御之人焉自罷侯置守歷年永久統以方牧仍世相循所以寬猛爲用庇人調俗但廉平常迹聲有難高適時應務招響必速是故搏擊爲侯起不旋踵懦弱貽咎録用無時此則已然於前世矣後之爲吏與世沈浮淑季澆漓姦巧多緒居官莅職道各不同故往籍述其賢能以

彰懲勸之道案魏立良吏傳有張恂鹿生張膺宋世景路邕閻慶胤明亮杜纂裴佗竇瑗羊敦蘇淑齊立循吏傳有張華原宋世良郎基孟業崔伯謙蘇瓊房豹路去病周書不立此篇隋循吏傳有梁彥光樊叔略趙軌房恭懿公孫景茂辛公義柳儉劉曠王伽魏德深其張恂鹿生宋世景裴佗羊敦宋世良郎基崔伯謙房豹趙軌房恭懿各附其家傳其餘皆依時代編緝以備循吏篇云

張膺不知何許人也延興中爲魯郡太守履行貞素妻女樵採以自供孝文深嘉之遷京兆太守清白著稱得吏人之忻心焉

路邑陽平人也宣武時除東魏郡太守莅政清勤經年儉
日出家粟賑賜貧窘靈太后下詔褒美賜龍廄馬一匹衣
一襲被褥一具稍遷南青州刺史卒

閻慶胤不知何許人也爲東秦州敷城太守頻年飢儉慶
胤歲常以家粟千石賑恤貧窮人賴以濟部人陽寶龍一
千餘人申頌美政有司以聞靈太后卒無襃賞

明亮字文德平原高昌人也有識幹歷員外常侍延昌中
宣武臨朝堂親自黜陟授亮勇武將軍亮進曰臣本官常
侍是第三清今授臣勇武其號至濁且文武又殊請更改
授帝曰九流之內人咸君子卿獨欲乖衆妄相清濁所請

未可亮曰今江左未賓書軌宜一方爲陛下投命前驅拓
定吳會官爵陛下之所輕賤命微臣之所重陛下方收所
重何惜所輕因請改授平遠將軍帝曰運籌用武然後遠
人始平卿但用武平之何患不得平遠乎亮乃陳謝而退
除陽平太守清白愛人甚有惠政轉汲郡太守爲政如前
舉宣遠近卒二郡人吏迄今追思之

杜纂字榮孫常山九門人也少以清苦自立時縣令齊羅
喪亡無親屬收殯纂以私財殯葬由是郡縣標其門閭後
居父喪盡禮郡舉孝廉稍除積弩將軍從征新野及南陽
平以功賜爵井陘男賞帛五百匹數日之中散之知友時
人稱之歷正武都漢陽二郡太守並以清白爲名明帝初拜
清河內史性儉約尤愛貧老問人疾苦至有對之泣涕勸
督農桑親自檢視勤者賞以物帛惰者加以罪譴弔死問
生甚有恩紀除東益州刺史無御邊威略羣氏反叛以失
人和徵還遷太中大夫正光末清河人房通等三百人頌
纂德政乞重臨郡詔許之孝昌中爲葛榮圍逼以郡降榮
以爲常山太守榮滅卒於家纂所歷任好行小惠蔬食弊
衣多涉誣矯而輕財絜已終無受納爲百姓所思號爲良
守天平中贈定州刺史

竇瑗字世珍遼西陽洛人也自言本出扶風平陵漢大將

軍武曾孫崇爲遼西太守遂家焉曾祖堪慕容氏漁陽太
守祖表馮弘城周太守入魏父冏舉秀才早卒普泰初瑗
啓以身階級爲父請贈詔贈平州刺史瑗年十七便荷帙
從師遊學十載始爲御史後兼太常博士拜太原王尒朱
榮官榮留爲北道大行臺左丞以拜榮官賞新昌男從榮
東平葛榮封容城縣伯瑗乞以容城伯讓兄叔珍詔聽以
新昌男轉授之叔珍由是位至太山太守尒朱世隆等立
長廣王曄爲主南赴洛陽至東郭外世隆等遣瑗奏廢之
瑗執鞭獨入禁內奏願行堯舜事曄遂禪廣陵由是除給
事黃門侍郎孝武帝時爲廷尉卿及釋奠開講瑗與溫子

昇魏季景李業興並爲擿句天平中除廣宗太守政有清
白之稱廣宗人情凶戾累政咸見告訟唯瑗一人終始全
潔轉中山太守聲譽甚美爲吏人所懷及齊神武班書州
郡稱瑗政績以爲勸勵後授平州刺史在州政如臨郡又
爲神武丞相府右長史瑗無軍府斷割才不甚稱職又行
晉州事及還鄴上表曰臣伏讀麟趾新制至三公曹第六
十六條母殺其父子不得告告者死三返覆之未得其門
何者案律子孫告父母祖父母者死又漢宣云子匿父
母皆勿論蓋謂父母祖父母小者攘羊甚者殺害之類恩
須相隱律抑不言法理如是足見其直未必指母殺父止

王山儒李刑 四百四十字　北史列傳七十四　五

子不言也今母殺父而子不告便是知母而不知父識比
野人義近禽獸且母之於父作合移天既殺己之天復殺
子之天二天頓毀豈容頓默此母之罪義在不赦下手之
日母恩即離仍以母道不告鄙臣所以致惑如或有之可
臨時議罪何用豫制斯條用爲訓誡恐千載之下談者誼
譁以明明大朝有尊母卑父之論以臣管見實所不取詔
付尚書三公郎封君義立判云母殺其父子復告母母由
告死便是子殺天下未有無母之國不知此子將欲何之
既於法無違於事非害宣布有司謂不宜改瑗復難云局
判云母由告死便是子殺天下未有無母之國不知此子

將欲何之瑗案典律未聞母殺其父而子有隱母之義既
不告母便是與殺父同天下可有無父之國此子獨得有
所之乎事雖停寢除大宗正卿宗室以其寒士相與輕之
瑗案法推正甚見讎疾官雖通顯貧窘如初清尚之操爲
時所重領本州大中正兼廷尉卿卒官贈太僕卿濟州刺
史謚曰明

蘇淑字仲和武邑人也兄壽興坐事爲閹官後拜河間太
守賜爵晉陽男及壽興將卒遂冒養淑爲子淑熙平中襲
其爵後除樂陵內史在郡綏撫甚有人譽後謝病乞解有
詔聽之人吏老幼詐乞淑者甚衆後歷滎陽中山二郡太

王山儒李刑 四百十四字　北史列傳七十四　六

守卒淑清心愛下所歷三郡皆爲吏人所思當時稱爲良
二千石武定初贈衛大將軍都官尚書瀛州刺史謚曰懿
齊神武追美清操與羊敦同見優賞

張華原字國滿代郡人也少明敏有器度初爲齊神武驃
騎府法曹參軍賜爵新城伯累遷大丞相府屬深被親待
每號令三軍恒令宣諭意旨尋除散騎常侍周文始據雍
州神武使華原入關說焉周文謂曰若能屈驥足於此當
共享富貴不爾命懸今日華原曰殞首而已不敢聞命周
文嘉其亮正乃使東還尋悔遣追不及神武以華原久而
不返每歎惜之及聞其來喜見於色後除相府右長史遷

驃騎大將軍特進進爵爲公仍徙封新安後爲兗州刺史華原有幹略達政體至州乃廣布耳目以威禁境內大賊及隣州亡命三百餘人皆詣華原歸款咸撫以因信放歸田里於是人懷感附寇盜寢息州獄先有繫囚千餘人華原科簡輕重隨事決遣至年暮唯有重罪者數十人華原各給假五日曰期盡速還也囚等曰有君如是何忍背之依期畢至先是州境數有猛獸爲暴自華原臨政州東北七十里甑山中忽有六駮食猛獸咸以爲化感所致卒官州人大小莫不號慕爲樹碑立祠四時祭焉贈司空公尚書左僕射子宰均嗣

孟業字敬業鉅鹿安國人也家本寒微少爲州吏性廉謹同僚諸人侵盜官絹分三十四匹與業拒而不受行臺郎中郭秀相禮接方欲薦之會秀卒魏彭城王韶齊神武之壻也拜定州刺史除業爲典籤長史劉仁之謂業曰我處其外君居其內同心勠力庶有濟乎未幾仁之入爲中書令臨路啓韶云殿下左右可信任者唯有孟業願專任之餘人不可信也又與業別執手曰令我出都君便失援恐君在後不自保全唯正與直願君自勉業唯有一馬瘦死韶以業貧令州府官人同食馬肉欲令厚相酬償業固辭不敢韶乃戲業曰卿邀名人也對曰業爲典籤州中要職諸

人欲相賄贍止患無方便耳令喚食肉恐致聚斂有損聲名所以仰違明教後未旬日韶左右王四德董惟金並以馬死託肉爲長史裴英密啓神武有書與韶大致誚讓業尋被譖出外行縣事後神武書責韶云典籤姓孟者極能用心何乃令出外也及韶代下業亦隨還贈送一無所受仁之後爲西兗州臨別謂吏部郎中崔暹曰貴州人士唯有孟業銓舉之次不可忘也暹問業曰君往在定州有何政使劉西兗如此欽歎業答曰唯知自修也韶爲并州刺史業復爲典籤仍兼長史齊天保初清河王岳拜司州牧召爲法曹業形貌短小及謁見岳心鄙其眇小笑而不言後尋業斷決處謂曰卿斷決之明可謂有過軀貌之用補河間王國郎中令清貧自守未曾有失文宣謂侍中裴英起曰卿識河間王郎中孟業不一昨見其國司文案似是好人對曰昔與臣同事魏彭城王元韶其人清忠正直世所希有帝曰如公言者比來便是大屈除中書舍人文宣初唯得姓名及因奏事見其羸老又質性敦朴無升降之容加之平緩寡於方便有一道士由吾道榮以術藝被迎將入內業爲通名忽於衆中抗聲奏云由吾道士不食五穀帝命推而下之又令點檢百官數奏失所帝遣人以馬鞭擊業頭至于流血然亦體其衰老非力所堪皇建二年

累遷東郡太守以寬惠著名其年夏五官張凝因出使得
麥一莖五穗其餘或三穗四穗共一莖者合郡咸以政化
所感因即申上至秋復有東燕縣人班映祖送嘉禾一莖
九穗河清三年敕人間養驢催買甚切業曰吾既爲人父
毋豈可坐看此急令宜權出庫錢貸人取辦後日有罪吾
自當之後爲憲司所劾被攝之日郡人皆泣而隨之迭相
弔慰送業度關者有數百人至黎陽郡西方得辭決攀援
號哭悲動行路詣闕訴寃者非一人敕乃放還郡中父老
扣河迎接武成親戎自洛還鄴道由東郡業具牛酒率人
吏拜謁路旁自稱糞土臣孟業伏惟聖駕親行有征無戰

玉山縣學刊 四百二十八字

北史列傳七十四　九

謹上微禮便與人吏俱唱萬歲導引前入帝大嘉之後除
廣平太守年既老理政不如在東郡時武平九年爲太中
大夫加衞將軍尋卒業志守質素不尚浮華爲子結婚爲
朝肺腑吒羅氏其子以蔭得爲平原王段孝先相府行參
軍乃令作今世服飾綺襦紈袴吒羅家又恃姻婭炫曜矜
誇業知而不禁素望頗貶

蘇瓊字珍之長樂武強人也父備仕魏至衞尉少卿瓊幼
時隨父在邊嘗謁東荆州刺史曹芝芝戲問曰卿欲官不
對曰設官求人非人求官芝異其對署爲府長流參軍文
襄以儀同開府引爲刑獄參軍每加勉勞并州嘗有強
盜長流參軍張龍推其事所疑賊徒並已拷伏失物家並
識認唯不獲盜贓文襄付瓊更令窮審乃別推得元景融
等十餘人并獲贓驗文襄大笑語前妄引賊者曰爾輩若
不遇我好參軍幾致枉死除南清河太守郡多盜賊及瓊
至姧盜止息或外境姧非輒從界中行過者無不捉送零
陵縣人魏雙成住處與畿內武城交錯失牛疑其村人魏
子賓列送至郡一經窮問知賓非盜而便放之雙成云府
君放賊去百姓牛何處可得瓊不理其語密遣訪獲盜者
從此畜牧不收云但存府君其隣郡富家將財物寄置界
內以避盜冀州繹幕縣人成氏大富爲賊攻急告曰我物

玉山縣學刊 四百四十字

北史列傳七十四　十

已寄蘇公矣賊遂去平原郡有祆賊劉黑苟構結徒侶通
於滄海瓊所部人連接村居無相染累隣邑於此伏其德
績郡中舊賊一百餘人悉充左右人閒善惡及長吏飲人
一盃酒無不即知瓊性清慎不發私書道人道研爲濟州
沙門統資產巨富在郡多出息常得郡縣爲徵及欲求謁
度知其意每見則談問玄理研雖爲債數來無由啓口其
弟子問其故研曰每見府君徑將我入青雲閒何由得論
地上事師徒還歸遂焚責券郡人趙穎官至樂陵太守年
餘八十致事歸五月中得新瓜一雙自來奉穎恃年老苦
請遂便爲留乃致於聽事梁上竟不割人聞受趙穎餉瓜

欲貢新果至門問知顙瓜猶在相顧而去有百姓乙普明
兄弟爭田積年不斷各相援據乃至百人瓊召普明兄弟
對衆人諭之曰天下難得者兄弟易求者田地假令得地
失兄弟心如何因而下淚諸證人莫不灑泣普明兄弟叩
頭乞外更思分異十年遂還同住每年春總集大儒衛覬
隆田元鳳等講於郡學朝吏文案之暇悉令受書時人指
吏曹爲學生屋禁斷淫祠婚姻喪葬皆教令儉而衷禮又
蠶月預下綿絹度樣於部内其兵賦次第並立明式至於
調役事必先辦郡縣吏長恒無十杖稽失當時州郡無不
遣人至境訪其政術天保中郡界大水人災絶食者千餘

家瓊普集郡中有粟家自從貸粟悉以給付飢者州計戶
徵租復欲推其貸粟綱紀謂瓊曰雖矜飢餒恐罪累府君
瓊曰一身獲罪且活千室何所怨乎遂上表陳狀使檢皆
免人戶保安此等相撫兒子咸言府君生汝在郡六年人
庶懷之遂無一人經州前後四表列爲尤最遭憂解職故
人贈遺一無所受尋起爲司直廷尉正朝士嗟其屈尚書
辛術曰既直且正名以定體不慮不申初瓊任清河太守
裴獻伯爲濟州刺史獻伯酷於用法瓊恩於養人房延祐
爲樂陵郡過濟州裴問其外聲延祐云唯聞太守善刺史
惡裴云得人譽者非至公荅云若爾黃霸龔遂君之罪人

也後有敕州各舉清能裴以前言恐爲瓊陷瓊申其枉滯
議者尚其公平畢義雲爲御史中丞以猛暴任職理官忌
憚莫敢有違瓊推察務在得情雪者甚衆寺署臺案皆
於瓊遷三公郎中趙州及清河南中有人頻告謀反前後
皆付瓊推檢事多申雪尚書崔昂謂瓊曰若欲立功名當
更思餘理仍數雪反逆身命何輕瓊正色曰所雪者寃枉
不放反逆昂大慙京師爲之語曰斷決無疑蘇珍之皇建
中賜爵安定縣男徐州行臺左丞行徐州事徐州城中五
級寺忽被盜銅像一百軀有司徵檢四隣防宿及蹤跡所
疑逮繫數十人瓊一時放遣寺僧怨訴不爲推賊瓊遣僧

謝曰但且還寺得像自送爾後十日抄賊姓名及贓處所
徑收掩悉獲實驗賊徒款引道俗歎伏舊制以淮禁不聽
商販輒度淮南歲儉啓聽淮北取糴後淮北人飢復請通
糴淮南遂得商估往還彼此兼濟水陸之利通於河北後
爲大理卿而齊亡仕周爲博陵太守隋開皇初卒

路去病陽平人也風神疎朗儀表瓌異齊河清初爲殿中
侍御史彈劾不避貴戚以正直知名敕用士人爲縣宰以
去病爲定州饒陽縣令去病明閑時務性頗嚴毅人不敢
欺然至廉平爲吏人歎伏武平四年爲成安縣令都下有
鄴臨漳成安三縣輦轂之下舊號難爲重以政亂時艱綱

紀不立近臣內戚請屬百端去病消息事宜以理抗答勢要之徒雖廝養小人莫不憚其風格亦不至嫌恨自遷鄴以還三縣令政術去病獨爲稱首周武平齊重其能官與濟陰郡守公孫景茂二人不被替代發詔褒揚去病後以尉遲迥事隋大業初卒於冀氏縣令

梁彥光字脩芝安定烏氏人也祖茂魏秦華二州刺史父顯周荊州刺史彥光少岐嶷有至性其父每謂所親曰此兒有風骨當興吾宗七歲時父遇篤疾醫云餌五石可愈時求紫石英不得彥光憂瘁不知所爲忽於園中見一物彥光所不識怪而持歸即紫石英也親屬咸異之以爲至孝所感魏大統末入學略涉經史有規檢造次必以禮解褐秘書郎周受禪遷舍人上士武帝時累遷小馭下大夫母憂去職毀瘠過禮未幾起令視事帝見其毀甚嗟歎久之後爲御正下大夫從帝平齊以功授開府陽城縣公宣帝即位拜華州刺史進封華陽郡公以陽城公轉封一子後拜柱國青州刺史屬帝崩不之官隋文帝受禪以爲岐州刺史兼領宮監甚有惠政嘉禾連理出於州境上嘉其能下詔褒美賜粟五百斛物三百段御傘一枚以厲清正後轉相州刺史彥光前在岐州其俗頗質以靜鎮之合境大安奏課連最爲天下第一及居相部如岐州法鄴都雜

俗人多變詐爲之作歌稱其不能理政上聞而譴之竟坐免歲餘拜趙州刺史彥光曰臣前待罪相州百姓呼爲戴帽餳臣自分廢黜無復衣冠之望不謂天恩復垂收採請復爲相州改絃易調庶有以變其風俗上從之復爲相州刺史豪猾者聞彥光自請來莫不嗤笑彥光下車發擿姦隱有若神明狡猾莫不潛竄合境大駭初齊亡後衣冠士人多遷關內唯技巧商販及樂戶之家移實州郭由是人情險詖妄起風謠訴訟官人萬端千變彥光欲革其弊乃用秩俸之物招致山東大儒每鄉立學非聖哲之書不得教授常以季月召集之親臨策試有勤學異等聰令有聞者升堂設饌其餘並坐廊下有好諍訟惰業無成者坐之庭中設以草具及大成當舉行賓貢之禮又於郊外祖道并以財物資之於是人皆克勵風俗大改有滏陽人焦通性酗酒事親禮闕爲從弟所訟彥光弗之罪將至州學令觀孔子廟中韓伯瑜母杖不痛哀母力衰對母悲泣之像通遂感悟悲愧若無容者彥光訓喻而遣之後改過勵行卒爲善士吏人感悅略無諍訟卒官贈冀定瀛青四州刺史諡曰襄子文謙嗣弘雅有父風以上柱國世子例授儀同歷上饒二州刺史遷鄱陽太守稱爲天下之最徵拜戶部侍郎遼東之役領武賁郎將爲盧龍道軍副會楊玄感

作亂其弟武賁郎將玄縱先隸文讓玄感反聞未至而玄縱逃走文讓不之覺坐是配防桂林而卒少子文讓初封陽城縣公後爲鷹揚郎將從衛玄擊楊玄感於東都力戰而死贈通議大夫

樊叔略陳留人也父歡仕魏爲南兗州刺史河陽侯爲高氏所誅叔略被腐刑給使殿省身長九尺有志氣頗見忌內不自安遂奔關西周文器之引置左右授都督襲爵爲侯大冢宰宇文護執政引爲中尉漸被委信兼督內外位開府儀同三司護誅齊王憲引爲園苑監數進兵謀憲甚奇之從武帝平齊以功加上開府封清鄉縣公拜汴州刺

史號爲明決宣帝營建東都以叔略有巧思拜營構監宮室制度皆叔略所定尉遲迥之亂鎮大梁以軍功拜大將軍復爲汴州刺史隋文帝受禪加位上大將軍進爵安定郡公在州數年甚有聲稱遷相州刺史政爲當時第一上降璽書褒美之賜以粟帛班示天下百姓爲之語曰智無窮清鄉公上下正樊安定徵拜司農卿吏人莫不流涕相與立碑頌德自爲司農凡所種植叔略別有條制皆出人意表朝廷有疑滯公卿所未能決叔略輒爲評理雖無學術有所依據然師心獨見闇與理合甚爲上所親委高熲楊素禮遇之叔略雖爲司農往往參督九卿事性頗豪侈每食方丈備水陸十四年從祠太山至洛陽上令錄囚徒將奏晨至獄門於馬上暴卒上嗟悼久之贈亳州刺史諡曰襄

公孫景茂字元蔚河間阜城人也容貌魁梧少好學博涉經史在魏察孝廉射策甲科稍遷太常博士多所損益時人稱爲書庫歷高唐令大理正俱有能名齊滅周武帝聞而召見與語器之授濟北太守以母憂去職開皇初召拜汝南太守郡廢爲曹州司馬遷息州刺史法令清靜德化大行屬平陳之役征人在路病者景茂減俸祿爲饘粥湯藥多方振濟之賴全活者千數上聞嘉之詔宣示天下十

五年上幸洛陽景茂謁見時七十七上命升殿坐問其年哀其老嗟歎久之景茂再拜曰呂望八十而遇文王臣踰七十而逢陛下上甚悅下詔褒美之加上儀同三司伊州刺史明年以疾徵吏人號泣於道及疾愈復乞骸骨又不許轉道州刺史悉以秩俸買牛犢雞猪散惠孤弱不自存者好單騎巡人家至戶入閱視百姓產業有脩理者於都會時乃褒揚稱述如有過惡隨即訓導而不彰也由是人行義讓有無均通男子相助耕耘婦女相從紡績大村或數百戶皆如一家之務其後請致仕上優詔聽之仁壽中上明公楊紀出使河北見景茂神力不衰還以狀奏於是

就拜淄州刺史賜以馬轝便道之官前後歷職皆有德政論者稱爲良牧大業初卒官年八十七謚曰康身死之日諸州人吏赴喪者數千人或不及葬皆望墳慟哭野祭而去

辛公義隴西狄道人也祖徽魏徐州刺史父季慶青州刺史公義早孤爲母氏所養親授書傳周天和中選良家子任太學生武帝時召入露門學令受道義每月集御前令與大儒講論上數嗟異時輩慕之建德初授宣納中士從平齊累遷掌治上士掃寇將軍隋文帝作相授内史上士参掌機要開皇元年除主客侍郎攝内史舍人賜爵安陽

縣男轉駕部侍郎使勾檢諸馬牧所獲十餘萬匹上喜曰唯我公義奉國罄心從軍平陳以功除岷州刺史土俗畏病若一人有疾即合家避之父子夫妻不相看養孝義道絕由是病者多死公義患之欲變其俗因分遣官人巡檢部内凡有疾病皆以牀轝來安置聽事暑月疫時病人或至數百聽廊悉滿公義親設一榻獨坐其間終日連夕對之理事所得秩俸盡用市藥迎醫療之躬勸其飲食於是悉差方召其親戚而喻之曰死生由命不關相著前汝棄之所以死耳今我聚病者坐卧其間若言相染那得不死病兒復差汝等勿復信之諸病家子孫慙謝而去後人有遇疾者爭就使君其家親屬固留養之始相慈愛此風遂革合境之内呼爲慈母後遷幷州刺史下車先至獄中因露坐牢側親自驗問十餘日間決斷咸盡方還大聽受領新訟皆不立文案遣當直佐寮一人側坐訊問事若不盡應須禁者公義即宿聽事終不還閤人或諫之曰此事有程使君何自苦也答曰刺史無德可以導人尚令百姓係於囹圄豈有禁人在獄而心自安乎罪人聞之咸自款服後有欲諍訟者鄉閭父老遽相曉曰此蓋小事何忍勤勞使君訟者多兩讓而止時山東霖雨自陳汝至于滄海皆苦水災境内犬牙獨無所損山出黃銀獲之以獻詔水部

郎婁崱就公義禱焉乃聞空中有金石絲竹之響仁壽元年追充揚州道黜陟大使豫章王暕恐其部内官寮犯法未入州境豫令使屬之公義答曰不敢有私及至揚州皆無所縱捨暕銜之及煬帝即位揚州長史王弘入爲黃門郎因言公義之短竟去官吏人守闕訴寃相繼不絕後數歲帝悟除内史侍郎丁母憂未幾起爲司隸大夫檢校右禦衛武賁郎將從征至柳城郡卒子融

柳儉字道約河東解人也祖元璋魏司州大中正相華二州刺史父裕周聞喜令儉有局量立行清苦爲州里所敬雖至親昵無敢狎侮仕周歷宣納上士畿伯大夫及隋文

帝受禪擢拜水部侍郎封率道縣伯未幾出為廣漢太守甚有能名俄而郡廢時帝勵精思政妙簡良能出為牧宰儉以仁明著稱擢拜蓬州刺史獄訟者庭決遣之佐吏從容而已獄無繫囚蜀王秀時鎮益州列上其事遷卭州刺史在職十餘年人夷悅服蜀王秀之得罪也儉坐與交通免職及還鄉妻子衣食不贍見者咸嘆伏焉煬帝嗣位徵之于時多以功臣任職牧州領郡者並帶戎資唯儉起自良吏帝嘉其績特授朝散大夫拜弘化太守儉清節愈勵大業五年入朝郡國畢集帝謂納言蘇威吏部尚書牛弘曰其中清名天下第一者為誰威等以儉對帝又問其次

威以涿郡贊務郭絢潁川贊務敬肅等二人對帝賜儉帛二百匹絢肅各一百匹令天下朝集使送至郡邸以旌異焉論者美之及大業末盜賊蜂起數被攻逼儉撫結人夷卒無離叛竟以保全及義兵至長安尊立恭帝儉與留守李粲縞素於州南向慟哭既而歸京師相國賜儉物三百段就拜上大將軍歲餘卒於家時年八十九郭絢河東安邑人家世寒微初為尚書令史後以軍功拜儀同歷數州司馬長史皆有能名大業初刑部尚書宇文弼巡省河北引絢為副煬帝將有事遼東以涿郡為衝要訪可任者聞絢有幹局拜涿郡贊務吏人悅服數載遷為通守兼領留

守及山東盜起絢逐捕之多所剋獲時諸郡無復完者唯涿郡獨全後將兵擊竇建德於河間戰死人吏哭之數月不息敬肅字敬儉河東蒲坂人少以貞介知名釋褐州主簿開皇初為安陵令有能名擢拜秦州司馬轉幽州長史仁壽中為衛州司馬俱有異績煬帝嗣位遷潁川郡贊務大業五年朝東都帝令司隸大夫薛道衡為天下郡官之狀稱肅曰心如鐵石老而彌篤時左翊衛大將軍宇文述當塗用事其邑在潁州每有書屬肅肅未嘗開封輒令使者持去述賓客有放縱者以法繩之無所寬貸由是述銜之八年朝於涿郡帝以其年老有能名將擢為太守者數

矣輒為述所毀不行大業末乞骸骨優詔許之去官之日家無餘財歲餘終于家

劉曠不知何許人也性謹厚每以誠恕應物開皇初為平鄉令單騎之官人有諍訟者輒丁寧曉以義理不加繩劾各自引咎而去所得俸祿賑施窮乏百姓感其德化更相篤勵曰有君如此何得為非在職七年風教大洽獄中無繫囚諍訟絕息囹圄皆生草庭可張羅及去官吏人無少長號泣沿路將送數百里不絕遷為臨潁令清名善政為天下第一尚書左僕射高熲言狀上召之及引見勞之曰天下縣令固多矣卿能獨異於衆良足美也顧謂侍臣曰

若不殊奬何以勸人於是下優詔擢拜莒州刺史

王伽河間章武人也開皇末爲齊州參軍初無足稱後被州使送流囚李參等七十餘人詣京師時制流人竝枷鎖傳送次滎陽憫其辛苦悉呼而謂之曰卿輩既犯國刑虧損名教身嬰縲紲此其職也今復重勞援卒豈獨不媿於心哉參等辭謝伽曰汝等雖犯憲法枷鎖亦大苦辛吾欲與汝等脫去行至京師揔集能不違期不皆拜謝曰必不敢違伽於是悉脫枷停援卒與期曰某日當至京師如致前却吾當爲汝受死舍之而去流人感悅依期而至一無離叛上聞而驚異召見與語稱善久之於是悉召流人并

令携負妻子俱入賜宴於殿庭而赦之乃下詔曰凡在有生含靈稟性咸知好惡竝識是非若臨以至誠明加勸導則俗必從化人皆遷善往以海内亂離德教廢絶官人無慈愛之心兆庶懷奸詐之意所以獄訟不息澆薄難理朕受命上天安養萬姓思遵聖法以德化人朝夕孜孜意本如此而伽深識朕意誠心宣導參等感悟自赴憲司明率土之人非爲難教良是官人不加示曉致令陷罪無由自新若使官盡王伽之儔人皆李參之輩刑措不用其何遠哉於是擢伽爲雍令政有能名

魏德深本鉅鹿人也祖沖仕周爲刑部大夫建州刺史因家弘農父毗鬱林令德深初爲隋文帝挽郎後歷馮翊郡書佐武陽郡司戶書佐以能遷貴鄉長爲政清靜不嚴而肅會興遼東之役徵稅百端使人往來責成郡縣于時王綱弛紊吏多贓賄所在徵斂人不堪命唯德深一縣有無相通不竭其力所求皆給而百姓不擾于時盜賊羣起武陽諸城多被淪陷唯貴鄉獨全郡丞元寶藏受詔逐捕盜賊每戰不利則器械必盡輒徵發於人動以軍法從事如此者數矣其隣城營造皆聚於聽事吏人遞相督責晝夜喧囂猶不能濟德深各問其所欲任隨便修營官府寂然恒若無事唯約束長吏所修不須過勝餘縣使百姓勞苦

然在下各自竭心常爲諸縣之最尋轉館陶長貴鄉吏人聞之相與言及其事皆歔欷流涕語不成聲及將赴任傾城送之號泣之聲道路不絶既至館陶闔境老幼皆如見其父母有猾人員外郎趙君實與郡丞元寶藏深相交結前後令長未有不受其指麾者自德深至縣君實屛處於室未嘗輒敢出門逃竄之徒歸來如市貴鄉父老冒涉艱險詣闕請留德深有詔許之館陶父老復詣郡相訟以貴鄉文書爲詐郡不能決會持節使者韋霽杜整等至兩縣詣使訟之乃斷從貴鄉貴鄉吏人歌呼滿道互相稱慶館陶衆庶合境悲泣因從而居住者數百家寶藏深害其能

會越王侗徵兵於郡寶藏遂令德深率兵千人赴東都俄而寶藏以武陽歸李密德深所領皆武陽人也以本土從賊念其親戚輒出都門東向慟哭而反人或謂之曰李密兵馬近在金墉去此二十餘里汝必欲歸誰能相禁何爲自苦如此其人皆垂泣曰我與魏明府同來不忍棄去豈以道路艱難乎其得人心如此後與賊戰没於陣貴鄉館陶人庶至今懷之

論曰爲政之道寬猛相濟猶寒暑迭代俱成歲功者也然存夫簡久必藉寬平大則致鼓腹之歡小則有息肩之惠故詩曰雖無德與汝式歌且舞張譓等皆有寬仁之心至誠待物化行所屬愛結人心故得所去見思所居而化詩所謂愷悌君子人之父母豈徒然哉

列傳第七十四　北史八十六

鄭道寧　王烈　校正

列傳第七十五 酷吏　北史八十七

于洛侯
胡泥
李洪之 子神
張赦提 趙霸
崔暹
酈珍
田式
燕榮
元弘嗣
王文同

夫爲國之體有四焉一曰仁義二曰禮制三曰法令四曰刑罰仁義禮制教之本也法令刑罰教之末也無本不立無末不成然教化遠而刑罰近可以助化而不可以專行可以立威而不可以繁用老子曰其政察察其人缺缺又曰法令滋章盜賊多有然則令之煩苛吏之嚴酷不可致化百世可知考覽前載有時而用之矣昔秦任獄吏赭衣滿道漢革其風矯枉過正禁網疏闊遂漏吞舟故大姦巨猾犯義悖禮郅都寗成之倫猛氣奮發摧拉凶邪一切以救時弊雖乖敎義或有所取焉于洛侯之徒前書編之酷

吏或因餘緒或以微功遭遇時來忝竊高位肆其褊性多行無禮君子小人咸罹其毒凡所莅職莫不懍然居其下者視之如蛇虺過其境者逃之如寇讎與人之恩心非好善加人之罪事非疾惡其所笞辱多在無辜察其所為豺狼之不若也其禁姦除猾殆與郅甯之倫異乎君子賤之故編於酷吏魏有于洛侯胡泥李洪之高遵張赦提羊祉崔暹酈道元谷楷齊有邸珍宋游道盧斐畢義雲周書不立此篇隋書有庫狄士文田式燕榮趙仲卿崔弘度元弘嗣王文同今檢高遵羊祉酈道元谷楷宋游道盧斐畢義雲庫狄士文趙仲卿崔弘度各從其家傳其餘並列於此云

于洛侯代人也為秦州刺史貪酷安忍部人富熾奪人呂勝脛纏一具洛侯輒鞭富熾一百截其右腕百姓王隴客刺殺人王羌奴王愈二人依律罪死而洛侯生拔隴客舌刺其本并刺胸腹二十餘瘡隴客不堪苦痛隨刀戰動乃立四柱磔其手足命將絕始斬其首支解四體分懸道路見者無不傷楚歎愕百姓王元壽等一時反叛有司糾劾孝文詔使者於州常刑人處宣告兵人然後斬洛侯以謝百姓

胡泥代人也歷官至司衛監賜爵永成侯泥率勒禁中不憚豪貴殿中尚書叔孫侯頭應內直而闕於一時泥以法繩之侯頭恃寵遂與口諍孝文聞而嘉焉賜泥衣服一襲出為幽州刺史假范陽以北平陽尼碩學遂表薦之轉為定州刺史以暴虐刑罰酷濫受納貨賄徵還戮之將就法孝文臨太華殿引見遣侍臣宣詔責之遂就家賜盡

李洪之本名文通恒農人也少為沙門晚乃還俗真君中為狄道護軍賜爵安陽男會永昌王仁隨太武南征得元后姊妹二人洪之潛相餉遺結為兄弟遂便如親頗得元后在南兄弟名字乃改名洪之及仁坐事誅元后入宮得幸於文成生獻文元后臨崩太后問其親因言洪之為兄

與相訣經日具條列南方諸兄珍之等手以付洪之遂號為獻文親舅太安中珍之等兄弟至都與洪之相見敘元后平生故事計長幼為昆季以外戚為河內太守進爵任城侯威儀一同刺史河內北連上黨南接武牢地險人悍數為劫害長吏不能禁洪之至郡嚴設科防募斬賊者便加重賞勸務本盜賊止息誅鋤姦黨過為酷虐後為懷州刺史封汲郡公徵拜內都大官河西羌胡領部落反叛獻文親征命洪之與侍中東郡王陸定總統諸軍輿駕至并州詔洪之為河西都將討山胡皆保險距戰洪之築壘於石樓南白雞原以對之時諸將悉欲進攻洪之乃開以

大信聽其復業胡人遂降獻文嘉之遷拜尚書外都大官
後爲使持節安南將軍秦益二州刺史至任設禁姦之制
有帶刃行者罪與刼同輕重品格各有條章於是大饗州
中豪傑長老示之法制乃夜密遣騎分部覆諸要路有犯
禁者輒捉送州宣告斬決其中枉見殺害者至有百數赤
葩渴郎羌深居山谷雖相羈縻王人罕到洪之芟山爲道
廣十餘步示以軍行之勢乃興軍臨其境山人驚駭洪之
將數十騎至其里閭撫其妻子問所疾苦因資遣之衆羌
喜悅求編課調所入十倍於常洪之善御戎夷頗有威惠
而刻害之聲聞於朝野初洪之微時妻張氏亦聰強婦人

自貧賤至富貴多所補益有男女幾十人洪之後得劉芳
從姊重之疎張氏亦多所產育爲兩宅别居偏厚劉室由
是二妻妒競兩宅母子往來如讎及莅西州以劉自隨洪
之素非廉清每有受納時孝文始建禄制法禁嚴峻遂鎖
洪之赴京親臨太華庭集羣臣數之以其大臣聽在家自
裁洪之志性慷慨多所堪忍疢病灸療艾炷圍將二寸首
足十餘處一時俱下言笑自若接賓不輟及臨盡沐浴衣
幍防卒扶持出入遍辭家庭如是再三泣歎良久乃臥而
引藥始洪之託爲元后兄公私自同外戚至此罪後孝文
乃稍對百官辨其誣假而諸李猶善相視恩紀如親洪之

始見元后計年爲兄及珍之等至洪之以元后傔定長幼
其呼拜坐皆如家人暮年數延携之宴飲醉酣之後時或
言及本末洪之則起而加敬笑語自若富貴赫奕舅戚之
家遂棄宗專附珍之等後頗存擬本屬而猶不顯然劉氏
四子長子神少有膽略以氣尚爲名以軍功封長樂縣男
累遷平東將軍太中大夫孝昌中行相州事尋正加撫軍
葛榮盡銳攻之久不能剋會葛榮見禽以功進爵爲公元
顥入洛莊帝北巡以神爲侍中又除殿中尚書仍行相州
事車駕還宮改封安康郡公普泰元年進驃騎大將軍儀
同三司相州大中正薨贈司徒公冀州刺史子士約齊受
禪例降

張赦提中山安喜人也性雄武有規畫初爲武賁中郎時
京畿盜魁首稱豹子彪子並善弓馬於靈丘應門間聚爲
劫害至乃斬人首射其口刺人脅引腸遶樹而共射之以
爲戲笑其暴酷如此軍騎掩捕久弗能獲行者患焉赦提
爲逐賊軍將未幾而獲彪子豹子及其黨與盡送京師斬
於闕下自是清靜其靈丘羅思祖宗門豪溢家處隘險多
止亡命與之爲劫獻文怒之孥戮其家而思祖家黨相率
寇盜赦提募求捕逐以赦提爲遊徼軍將前後擒獲殺之
略盡因此濫有屠害尤爲忍酷既資前稱又藉此功除幽

州刺史假安喜侯赦提克己厲約遂有清稱後頗縱妻段
氏多有受納命僧尼因事通請貪虐流聞中散李真香出
使幽州採訪牧守政績真香驗案其罪赦提懼死欲逃其
妻姑為太尉東陽王丕妻恃丕親貴自許詣丕申訴求助
謂赦提曰當為訴理幸得申雪願寬憂不為異計赦提以
此差自解慰段乃陳列真香昔當因假而過幽州知赦提
有好牛從索不果今臺使止挾前事故威逼部下栲楚過
極橫以無辜證成誣罪執事恐有不盡使駕部令趙秦州
重往究訊事狀如前處赦提大辟孝文詔賜死於第將就
盡命妻而責之曰貪濁穢吾者卿也又安吾而不得免禍

九泉之下當為仇讎矣又有華山太守趙霸酷暴非理大
使崔光奏霸云不遵憲度威虐任情至乃手擊吏人寮屬
奔走不可以君人字下納之軌物輒禁止在州詔免所居
官

崔暹字元欽本云清河東武城人也世家于滎陽潁川之
間性猛酷少仁恕姦猾好利能事勢家初以秀才累遷南
兖州刺史盜用官瓦贓汙狼籍為御史中尉李平所糾免
官後行豫州事尋即真遣子析戶分隸三縣廣占田宅藏
匿官奴障悋陂葦侵盜公私為御史中尉王顯所彈免官
後累遷瀛州刺史貪暴安忍人庶患之嘗出獵州北單騎

至人村有汲水婦人暹令飲馬因問曰崔瀛州何如婦人
不知是暹荅曰百姓何罪得如此癩兒刺史暹默然而去
以不稱職被解還京武川鎮反詔暹為都督李崇討之違
崇節度為賊所敗單騎潛還禁於廷尉以女妓園田貨元
乂獲免建義初遇害於河陰贈司徒公冀州刺史追封武
津縣公子瓚字結珍位兼尚書左丞卒瓚妻莊帝姊也後
封襄城長公主故特贈瓚冀州刺史子茂字祖昂襲祖爵

邸珍字安寶本中山上曲陽人也魏太和中徙居武州鎮
孝昌中六鎮兵起珍遂從杜洛周賊洛周為葛榮所吞珍
入榮軍榮為尒朱榮所破珍與其餘黨俱徙并州從齊神

武出山東神武起義信都拜珍長史封上曲縣侯除殷州
刺史珍求取無猒大為州人所疾苦後兼尚書右僕射大
行臺節度諸軍事擊梁州將成景攜等解東行圍回軍彭
城珍御下殘酷士衆離心至於土人豪族遇之無禮遂為
州人所害後贈定州刺史司空公

田式字顯標馮翊下邽人也祖安興父長樂仕魏俱為本
郡太守式性剛果多武藝拳勇絕人仕周位渭南太守政
尚嚴猛吏人重足而立無敢違法遷本郡太守親故屏跡
請託不行周武帝聞而善之進位儀同三司賜爵信都縣
公擢拜延州刺史從平齊以功授上開府徙為建州刺史

改封梁泉縣公後從韋孝寬討尉遲迥以功拜大將軍進
爵武山郡公及隋文帝受禪拜襄州揔管專以立威爲務
每視事于外必盛氣以待之其下官屬股慄無敢仰視有
犯禁者雖至親昵無所容貸其女壻京兆杜寧自長安省
之式誡寧無出外寧久之不得還竊上北樓以暢覊思式
知之杖寧五十其所愛奴嘗詣式白事有蟲上其衣衿揮
袖拂去之式以爲慢己立捧殺之或寮吏姦贓部内劫盜
者無問輕重悉禁地牢中寢處糞穢令受苦毒自非身死
終不得出每赦書到州式未暇省讀先召獄卒殺重囚然
後宣示百姓其刻暴如此由是爲上所譴除名式慙恚不

食妻子至其所輒怒唯侍僮二人給使左右從家中索椒
欲自殺家人不與陰遣侍僮詣市買毒藥妻子又奪棄之
式恚卧其子信時爲儀同至式前流涕曰大人既是朝廷
重臣又無大過比見公卿放辱者多矣旋復升用大人何
能久乎乃至於此式欻起抽刀斫信信避之刃中於門上
知之以式爲罪已之深復其官爵尋拜廣州揔管卒官
燕榮字貴公華陰弘農人也父偘周大將軍榮性剛嚴有
武藝仕周爲内侍上士從武帝伐齊以功授開府儀同三
司封高邑縣公隋文帝受禪進位大將軍進封落叢郡公
拜晉州刺史尋從河間王弘擊突厥以功拜上柱國遷青

州揔管在州選絶有力者爲伍伯吏人過之者必加詰問
輒楚撻之創多見骨姦盜屛跡境内肅然他州縣人經其
界者畏若寇讎不敢休息後因入朝覲特加恩遇榮以毋
老請每歲入朝上許之伐陳之役以爲行軍揔管率水軍
自東萊傍海入太湖取吳郡既破丹陽吳人共立蕭瓛爲
宇文述所敗退保包山榮率精甲躡之瓛敗走爲榮所執
事平檢校揚州揔管尋徵爲武候將軍後除幽州揔管榮
性嚴酷有威容長吏見者莫不惶懼自失范陽盧氏世爲
著姓榮皆署爲吏卒以屈辱之鞭笞左右動至千數流血
盈前飲噉自若嘗按部道次見叢荊堪爲笞箠命取之輒

以試人人或自陳無咎榮曰後有罪當免及後犯細過將
撾之人曰前日被杖許有罪宥之榮曰無過尚尒況有過
邪榜捶如舊榮每巡省管内聞人吏妻有美色輒舍其室
而淫之貪暴放縱日甚時元弘嗣除幽州長史懼辱固辭
上知之勑榮曰弘嗣杖十已上罪皆奏聞榮忿曰豎子何
敢弄我及遣弘嗣監納倉粟颺得一糠一粃罰之每笞不
滿十然一日中或至三數如是歷年怨隙日構榮遂收付
獄禁絶其糧弘嗣飢抽衣絮雜水咽之其妻詣闕稱寃上
遣考功侍郎劉士龍馳驛鞫問奏榮毒虐又贓穢狼籍遂
徵還京賜死先是榮家寢室無故有蛆數斛從地墳出未

幾榮死於蛆出之處有子詷
元弘嗣河南洛陽人也祖剛魏漁陽王父經周漁陽郡公
弘嗣少襲爵十八爲左親衛開皇元年從晉王平陳以功
授上儀同後除觀州長史以嚴峻任事州人多怨之轉幽
州時總管燕榮肆虐於弘嗣每笞辱弘嗣心不伏遂被禁
及榮誅弘嗣爲政酷又甚之每鞫囚多以酢灌鼻或椓弋
其下竅無敢隱情姦偽屏息仁壽末授木工監修營東都
大業初煬帝潛有遼東意遣弘嗣於東萊海口監造船諸
州役丁苦其捶楚官人當作晝夜立水中略不敢息自腰
已下無不蛆生死者十三四尋遷黄門侍郎轉殿中少監

遼東之役進位金紫光祿大夫後奴賊寇隴西詔弘嗣擊
之及玄感反弘嗣屯兵安定或告之謀應玄感代王侑遣
執送行在所以無反釋帝疑之除名徙日南道死有子仁
觀

王文同京兆頻陽人也性明辯有幹用開皇中以軍功拜
儀同授桂州司馬煬帝嗣位爲光祿少卿以忤旨出爲恒
山郡贊務有一人豪猾每持長吏長短前後守令咸憚之
文同下車聞其名而數之因令㓹木爲大橛埋之於庭出
尺餘四面各埋小橛令其人踣心於木橛上縛四支於小
橛以棒打其背應時潰爛郡中大駭吏人懾氣及帝征遼
東令文同巡察河北諸郡文同見沙門齋戒菜食者以爲
祅妄皆收繫之比至河間召郡官人小有遲違者輒覆面
於地而捶殺之求沙門相聚講論及長老共爲佛會者數
百人文同以爲聚結惑衆盡斬之又悉裸僧尼驗有淫狀
非童男女者數千人復將殺之郡中士女號哭於路諸郡
驚駭各奏其事帝聞大怒遣使者達奚善意馳鎖之斬於
河間以謝百姓讎人剖其棺臠其肉噉之斯須咸盡

論曰士之立名其途不一或以循良進或以嚴酷顯故寬
猛相資德刑互設然不嚴而化君子所先于洛侯等爲惡
不同同歸於酷肆其毒螫多行殘忍賤人肌膚同諸木石

輕人性命甚於芻狗長惡不悛鮮有不及故或身嬰罪戮
或憂恚俱殞異術皆斃各其宜焉凡百君子以爲有天道
矣

列傳第七十五　北史八十七

鄭道寧　王烈　校正

列傳第七十六 隱逸　　北史八十八

眭夸

馮亮

鄭脩

崔廓 子賾

徐則

張文詡

蓋兼濟獨善顯晦之殊其事不同由來久矣昔夷齊獲全於周武華矞不容於太公何哉求其心者許以激貪之用督其迹者矯以教義之風而肥遯不歸代有其人矣故易稱遯世無悶不事王侯詩云皎皎白駒在彼空谷禮云儒有上不臣天子下不事諸侯語曰舉逸民天下之人歸心焉雖出處殊途語默異用各言其志皆君子之道也洪崖兆其始箕山扇其風七人作乎周年四皓光乎漢日魏晉以降其流逾廣其大者則輕天下細萬物其小者則安苦節甘賤貧或與世同塵隨波瀾以俱逝或違時矯俗望江湖而獨往狎玩魚鳥左右琴書拾遺粒而織落毛飲石泉而庇松柏放情宇宙之外自足懷抱之中然皆欣欣於獨善鮮汲汲於兼濟夷情得喪忘懷累有比夫邁德弘道匡俗庇人可得而小不可得而忽也而受命哲王守文令主莫不東帛交馳蒲輪結轍奔走巖谷唯恐不逮者何哉以其道雖未弘志不可奪縱無舟檝之功終有堅貞之操足以立懦夫之志息貪競之風與苟得之徒不可同年共日所謂無用以爲用無爲而無不爲也自叔世澆浮淳風殆盡錐刀之末競入成羣而能冥心物表介然離俗望古獨適求友千齡亦異人矣何必御霞乘雲而追日月窮極天地始爲超遠哉案魏書列眭夸馮亮李謐鄭脩爲逸士傳隋書列李士謙崔廓廓子賾徐則張文詡爲隱逸傳今以李謐士謙附其家傳其餘並編附篇以備逸傳云

眭夸一名旭趙郡高邑人也祖邁晉東海王越軍謀掾後没石勒爲徐州刺史父邃字懷道慕容寶中書令夸少有大度不拘小節耽好書傳未曾以世務經心好飲酒浩然物表年三十遭父喪鬚鬢致白每一悲哭聞者爲之流涕高尚不仕寄情丘壑同郡李順願與之交夸拒而不許邦國少長莫不憚之少與崔浩爲莫逆之交浩爲司徒奏徵爲中郎辭疾不赴州郡逼遣不得已入京都與浩相見經留數日唯飲酒談敘平生不及世利浩每欲論屈之竟不能發言其見敬憚如此浩後遂投詔書於夸懷亦不開口夸曰桃簡卿已爲司徒何足以此勞國士也吾便將別桃簡浩小名浩慮夸即還時乘一騾更無兼騎乃以夸騾內

之廐中冀相維縶夸遂託鄉人輸租者謬爲御車乃得出關浩知而歎曰睦夸獨行士本不應以小職辱之又使其人杖策復路吾當何辭以謝也時朝法甚峻夸既私還將有私歸之咎浩仍相左右始得無坐經年送夸本縣兼遺以所乘馬爲書謝之夸更不受其騾馬亦不復書及浩沒爲之素服受鄉人弔唁經一時乃止歎曰崔公既死誰能更容睦夸婦父鉅鹿魏攀當時名達之士未嘗備婿之禮情同朋好或人謂夸曰吾聞有大才者必居貴仕子何獨在桑榆乎遂著知命論以釋之及卒葬日赴會者如市無子

馮亮字靈通南陽人梁平北將軍蔡道恭之甥也少博覽諸書又篤好佛理隨道恭至義陽會中山王英平義陽獲焉英素聞其名以禮待接亮性清靜後隱居嵩山感英之德以時展覲英亡亮奔赴盡其哀慟宣武嘗召以爲羽林監領中書舍人將令侍講十地諸經固辭不許又欲使衣幘入見苦求以幅巾就朝遂不強逼還山數年與僧禮誦爲業蔬食飲水有終焉之志會逆人王敞事發連山中沙門法而亮被執赴尚書省十餘日詔特免雪亮不敢還山遂寓居景明寺敕給衣食及其從者數人後思其舊居復還山室亮既雅愛山水又兼工思結架巖林甚得棲遊之適頗以此聞宣武給其工力令與沙門統僧暹河南尹甄深等同視嵩山形勝之處遂造閑居佛寺林泉既奇營製又美曲盡山居之妙亮時出京師延昌二年冬因遇篤疾宣武敕以馬輿送令還山居嵩高道場寺數日卒詔贈帛二百匹以供凶事遺誡兄子綜殮以衣幍左手持板右手執孝經一卷置尸盤石上去人數里外積十餘日乃焚於山灰燼處起佛塔經藏初亮以盛冬喪連日驟雪窮山荒澗鳥獸飢窘僵尸山野無所防護時有壽春道人惠需每旦往看其屍拂去塵霰禽蟲之迹交橫左右而初無侵毀衣服如本唯風幍巾又以亮識舊南方法師信大栗十枚言

期之將來十地果報開亮手以置把中經宿乃爲蟲鳥盜食皮殼在地而亦不傷肌體焚燎之日有素霧蓊鬱回繞其傍自地屬天彌朝不絕山中道俗營助者百餘人莫不異焉

鄭脩北海人也少隱於岐南凡谷中依巖結宇不交世俗雅好經史專意玄門前後州將每徵不至岐州刺史魏蘭根頻遣致命脩不得已暫出見蘭根尋還山舍蘭根申表薦脩明帝詔付雍州刺史蕭寶夤訪實以聞會寶夤作逆事不行

崔廓字士玄博陵安平人也父子元齊燕州司馬廓少孤

貧毋賤由是不爲邦族所齒初爲里佐屢逢屈辱於是感
激逃入山中遂博覽書籍多所通涉山東學者皆宗之旣
還鄉不應辟命與趙郡李士謙爲忘言友時稱崔李士謙
死廓哭之慟爲之作傳輸之秘府士謙妻盧氏寡居每家
事輒令人諮廓取定廓嘗著論言刑名之理其義甚精文
多不載隋大業中終于家子賾字祖濬七歲能屬文容貌
短小有口辯開皇初秦孝王薦之射策高第詔與諸儒定
樂授校書郎轉協律郎太常卿蘇威雅重之毋憂去職性
至孝水漿不入口者五日後徵爲河南豫章二王侍讀每
更日來往二王之第及河南爲晉王轉記室參軍自此去

玉山縣李洌 四百四十字　北史列傳七十六　五　王

豫章王王重之不已遺賾書曰昔漢氏西京梁王建國平臺
東苑慕義如林馬卿辭武騎之官枚乘罷弘農之守每覽
史傳嘗竊怪之何乃脫略官榮栖遲藩邸以今望古方知
雅志彼二子者豈徒然哉足下博聞強記鉤深致遠視漢
臣之三篋似涉蒙山對梁相之五車若呑雲夢吾兄欽賢
重士敬愛忘疲先築郭隗之宮常置穆生之醴今者重開
土宇更誓山河地方七百牢籠曲阜城兼七十包舉臨淄
大啓南陽方開東閤想得奉飛蓋曳長裾藉玳筵躡珠履
歌山桂之偃蹇賦池竹之檀欒其崇貴也如彼其風流也
如此幸甚幸甚何樂如之高視上京有懷德祖才謝天人

多慚子建書不盡意寧俟繁辭賾答曰一昨伏奉教書榮
貺非恒心靈自失若乃理高象繫管輅思而不解事富山
海郭璞注而未詳至於五色相宣八音繁會鳳鳴不足喻
龍章莫之比吳札之論周頌詎盡揄揚郢客之奏陽春誰
能赴節伏惟令王殿下稟潤天潢承輝日觀雅道邁於東
平文藝高於北海漢則馬遷蕭望曾則裴楷張華雞樹騰
聲鵷池播美望我清塵悠然路絕祖濬燕南贅客河朔惰
游本無意於希顏豈有心於慕藺未嘗聚螢映雪懸頭刺
股讀論唯取一篇披莊不過盈尺況復桑榆漸暮藜藿屢
空舉燭無成穿楊盡棄但以燕求馬首薛養雞鳴謬齒鴻

玉山縣李洌 四百四十字　北史列傳七十六　六　王

儀虛班驥阜挾太山而超海比報德而非難堙昆侖以爲
池匹酬恩而反易忽屬周桐錫瑞唐水承家門有將相樹
宣桃李眞龍將下誰好有名濫吹先逃何須別聽但慈旨
抑揚損上益下江海所以稱王丘陵爲之不逮曹植儻豫
聞高論則不殞令名楊脩若竊在下風亦詎虧淳德無任
荷戴之至謹奉啓以聞豫章得書賚米五十石幷衣服錢
帛時晉邸文翰多成其手王入東宮除太子齋帥俄兼舍
人及元德太子薨以疾歸于家後徵起居舍人大業四年
從駕汾陽宮次河陽鎮藍田令王㬀於藍田山得一玉人
長三四寸著大領衣冠幘奏之詔問群臣莫有識者賾答

曰謹案漢文帝已前未有冠幘即是文帝以來所製也臣
見魏大司農盧元明撰嵩高山廟記云有神人以玉爲形
像長數寸或出或隱出則令世延長伏惟陛下應天順人
定鼎嵩雒岳神自見臣敢稱慶因再拜百官畢賀天子大
悅賜縑二百匹從駕往太山詔問賾曰何處有羊腸坂賾
答曰臣案漢書地理志上黨壺關縣有羊腸坂帝曰不是
又答曰臣案皇甫士安撰地書云太原北九十里有羊腸
坂帝曰是也因謂牛弘曰崔祖濬所謂問一知二五年受
詔與諸儒撰區宇圖志二百五十卷奏之帝不善之更令
虞世基許善心演爲六百卷以父憂去職尋起令視事遼

東之役授鷹揚長史置遼東郡縣名皆賾之議也奉詔作
東征記九年除越王長史于時山東盜賊蜂起帝令撫慰
高陽襄國歸首者八百餘人十二年從駕江都宇文化及
之弑帝也引爲著作郎稱疾不起在路發疾卒於彭城年
六十九賾與河南元善河東柳䛒太原王邵吳興姚察琅
琊諸葛潁信都劉焯河間劉炫相善每因休假清談竟日
所著詞賦碑誌十餘萬言撰洽聞志七卷八代四科志三
十卷未及施行江都傾覆咸爲煨燼

徐則東海郯人也幼沈靜寡嗜欲受業於周弘正善三玄
精於論議聲擅都邑則歎曰名者實之賓吾其爲實乎遂

懷栖隱之操杖策入縉雲山後學者數百人苦請教授則
謝而遣之不娶妻常服巾褐陳太建中應召來憩於至真
觀朞月又辭入天台山因絕粒養性所資唯松水而已雖
隆冬沍寒不服綿絮太傅徐陵爲之刊山立頌初在縉雲
山太極真人徐君降之曰汝年出八十當爲王者師然後
得道也晉王廣鎮揚州聞其名手書召之曰夫道得衆妙
法體自然包涵二儀混成萬物人能弘道道不虛行先生
履德養空宗玄齊物深曉義理頗味法門悅性沖玄恬神
虛白飡松餌朮栖息烟霞望赤城而待風雲游玉堂而駕
龍鳳雖復藏名台嶽猶且騰實江淮藉甚嘉猷有勞寤寐

欽承素道久積虛襟側席幽人夢想巖穴霜風已冷海氣
將寒偃息茂林道體休悆昔商山四皓輕舉漢庭淮南八
公來儀藩邸古今雖異山谷不殊市朝之隱前賢已說導
凡述聖非先生而誰故遣使人往彼延請想無勞束帛賁
然來思不待蒲輪去彼空谷希能屈己佇望披雲則謂門
人曰吾今年八十一王來召我徐君之旨信而有徵於是
遂詣揚州晉王將請受道法則辭以時日不便其後夕中
命侍者取香火如平常朝禮之儀至于五更而死支體柔
弱如生停留數旬顏色不變晉王下書曰天台真隱東海
徐先生虛確居宗沖玄成德齊物處外檢行安身草褐蒲

衣食松餌木栖隱靈岳五十餘年卓矣仙才飄然騰氣千尋萬頃莫測其涯寡人欽承道風久餐德素頻遣使乎遠此延屈冀得虔受上法式建良緣至止甫爾未淹旬日厭塵羽化反眞靈府身體柔軟顏色不變經方所謂尸解地仙者哉誠復師禮未申而心許有在雖忘怛化猶愴于懷喪事所資隨須供給霓裳羽蓋既且騰雲空槨餘衣詎藉墳壟但杖舄在爾可同俗法宜遣使人送還天台定葬是時自江都至天台在道多見則徒步云得放還至其舊居取經書道法分遣弟子仍令淨掃一房曰若有客至宜延之於此然後跨石梁而去不知所之須臾尸柩至知其靈

化時年八十二晉王聞而益異之賵物千段遣畫工圖其狀令柳䛒爲之讚時有建安宋玉泉會稽孔道茂丹陽王遠知等亦行辟穀道以松水自給皆爲煬帝所重

張文詡河東人也父琚開皇中爲洹水令以清正聞文詡博覽群書特精三禮隋文帝方引天下名儒碩學之士文詡時游太學博士房暉遠等莫不推伏之書侍御史皇甫誕一時朝彥恒執弟子之禮以所乘馬就學邀屈文詡遂每牽馬步進意在不因人自致也右僕射蘇威聞而召之與語大悅勸令從官文詡固辭仁壽末學廢文詡策杖而歸灌園爲業州郡頻舉皆不應命事母以孝聞每以德化人鄉黨頗移風俗嘗有人夜中竊刈其麥者見而避之盜因感悟棄麥而謝文詡慰諭之自誓不言固令持去經數年盜者向鄉人說之始爲遠近所悉鄰家築牆心有不直文詡因毀舊堵以應之文詡常有腰疾會醫者自言善禁文詡令禁之遂爲刃所傷至於頓伏牀枕醫者叩頭請罪文詡遽遣之因爲隱謂妻子曰吾昨風眩落坑所致其掩人短皆此類也州縣以其貧素將加振恤輒辭不受嘗閑居無事從容歎曰老冉冉而將至恐脩名之不立以如意擊几自樂皆有處所時人方之閔子騫原憲焉終於家鄉人爲立碑頌號曰張先生

論曰古之所謂隱逸者非伏其身而不見也非閉其言而不出也非藏其智而不發也蓋以恬淡爲心不皦不昧安時處順與物無私者也眭夸忘懷纓冕畢志丘園或隱不違親貞不絕俗或不教而勸虛往實歸非有自然純德其孰能至此然文詡見傷無慍徐則志在沈冥不可親疏莫能貴賤皆可謂抱樸之士矣崔廓感於屈辱遂以肥遁見稱祖濬文籍之美足以克隆堂構父子雖動靜殊方其於成名一也美哉

列傳第七十六　北史八十八

鄭　道寧　王　烈　校正

晁崇
張深
殷紹
王早
耿玄
劉靈助　沙門靈遠
李順興　檀特師
由吾道榮
顏惡頭
王春
信都芳
宋景業
許遵　麴紹
吳遵世
趙輔和
皇甫玉
解法選
魏寧
綦母懷文

張子信
陸法和
蔣昇
強練
庾季才　子質
盧太翼
耿詢
來和
蕭吉
楊伯醜
臨孝恭
劉祐
張冑玄

夫陰陽所以正時日順氣序者也卜筮所以決嫌疑定猶豫者也醫巫所以禦袄邪養性命者也音律所以和人神節哀樂者也相術所以辯貴賤明分理者也技巧所以利器用濟艱難者也此皆聖人無心因人設教救恤災患禁止淫邪自三五哲王其所由來久矣昔之言陰陽者則有箕子裨竈梓慎子韋曉音律者則師曠師摯伯牙杜夔叙卜筮則史扁史蘇嚴君平司馬季主論相術則內史叔服

姑布子卿唐舉許負語醫巫則文摯扁鵲季咸華他其巧
思則奚仲墨翟張平子馬德衡凡此諸君莫不探靈入妙
理洞精微或弘道以濟時或隱身以利物深不可測固無
得而稱矣近古涉乎斯術者鮮有存夫貞一多肆其淫僻
厚誣天道或變亂陰陽曲成君欲或假託神怪熒惑人心
遂令時俗妖訛不獲返其眞性身罹災毒莫得壽終而死
藝成而下意在茲乎歷觀經史百家之言無不存夫藝術
或敘其玄妙或記其迂誕非徒用廣異聞將以明乎勸戒
是以後來作者咸相祖述自魏至隋年移四代至於遊心
藝術亦爲多矣在魏則敘晁崇張深殷紹王早耿玄劉靈

助江式周澹李脩徐謇王顯崔彧蔣少遊以爲術藝傳在
齊則有由吾道榮王春信都芳宋景業許遵吳遵世趙輔
和皇甫玉解法選魏寧綦母懷文張子信馬嗣明爲方伎
傳在周則有冀儁蔣昇姚僧垣黎景熙趙文深褚該強練
以爲藝術傳在隋則有庾季才盧太翼耿詢韋鼎來和蕭
吉張胄玄許智藏萬寶常爲藝術傳今檢江式崔彧冀儁
黎景熙趙文深各編別傳又檢得沙門靈遠李順興檀特
師顏惡頭并以陸法和徐之才何稠附此篇以備術藝傳
前代著述皆混而書之但道苟不同則其流異今各因其
事以類區分先載天文數術次載醫方伎巧云

晁崇字子業遼東襄平人也善天文術數爲慕容垂太史
郎從慕容寶敗於參合爲道武所獲從平中原拜太史令
詔崇造渾儀遷中書侍郎令如故天興五年月暈左角崇
奏占爲角蟲將死帝既剋姚平於柴壁以崇言之徵遂命
諸軍焚車而反牛果大疫輿駕所乘巨犗數百頭亦同日
斃於路側自餘首尾相繼是歲天下牛死者十七八麋鹿
亦多死崇弟懿明辯而才不及崇以善北人語爲黃門侍
郎懿好矜容儀被服僭度言音類帝左右每聞其聲莫不
驚悚帝知而惡之後其家奴告崇懿叛招引姚興及興寇
平陽帝以奴言爲實執崇兄弟並賜死

張深不知何許人也明占候自云嘗事苻堅堅欲征晉深
勸不行堅不從果敗又仕姚興爲靈臺令姚泓滅入赫連
昌昌獲以深及徐辯對爲太史令統万平深辯俱見獲以
深爲太史令神䴥二年將討蠕蠕深辯皆謂不宜行與崔
浩爭於太武前深專守常占而不能鉤深賾遠故不及浩
後爲驃騎軍謀祭酒著觀象賦其言星文甚備文多不載
又明元時有容城令徐路善占候坐繫冀州獄別駕崔隆
宗就禁慰問之路曰昨夜驛馬星流計赦須史應至隆宗
先信之遂遣人出城候焉俄而赦至又道武明元時太史
令王亮蘇垣太武時破和龍得馮弘太史令閔盛孝文時

太史趙㷄生竝知天文後太史令趙勝趙翼趙洪慶胡世
榮胡法通等二族世業天文又永安中詔以恒州人高崇
祖善天文每占吉凶有驗特除中散大夫永熙中詔通直
散騎常侍孫僧化與太史胡世榮太史令張寵趙洪慶及
中書舍人孫子良等在門下外省校比天文書集甘石二
家星經及漢魏以來二十三家經占集五十五卷後集諸
家撮要前後所上雜占以類相從日月五星二十八宿中
外官及圖合爲七十五卷僧化東莞人也識星分案文占
以言災異時有所中普泰中尒朱兆惡其多言遂繫於廷
尉免官永熙中孝武帝召僧化與中散大夫孫安都共撰
兵法未就而帝入關遂罷元象中死於晉陽

殷紹長樂人也達九章七曜太武時爲筭生博士給事東
宮西曹太安四年上四序堪輿表言以姚氏之時行學伊
川遇遊遁大儒成公興從求九章要術興字廣明自云膠
東人也山居隱跡希在人間興將臣到陽翟九崖巖沙門
釋曇影閒興即北還臣獨留住依止影所求請九章影復
將臣向長廣東山就道人法穆法穆時共影爲臣開述九
章數家雜要復以先師和公所注黃帝四序經文三十六
卷合有三百二十四章專說天地陰陽之本其第一孟序
九卷八十一章說陰陽配合之原第二仲序九卷八十一

章解四時氣王休殺吉凶第三叔序九卷八十一章明日
月辰宿交會相生爲表裏第四季序九卷八十一章具釋
六甲刑禍福德以此經文傳授於臣山神禁嚴不得賫出
尋究經年粗舉綱要山居險難無以自供不堪窘迫心生
懈怠以甲寅之年日維鶉火感物懷歸自爾至今二十五
載臣前在東宮以狀奏聞奉被景穆皇帝聖詔敕臣撰錄
集其要最仰奉明旨謹審先所見四序經文抄撮要略當
世所須吉凶舉動集成一卷上至天子下及庶人貴賤等
級尊卑差別吉凶所用罔不畢備未及內呈先帝晏駕遂
先撰錄謹以上聞其四序堪輿遂大行於世其從子玖亦
以學術著名

王早勃海南皮人也明陰陽九宮及兵法善風角明元時
喪亂之後有人詣早求問勝術早爲設法令各無咎由是
州里稱之時有東莞鄭氏執得讎人趙氏剋明晨會宗族
當就墓所刑之趙氏求救於早早爲占候并授以一符曰
君今且還選取七人令一人爲行主者佩此符於雞鳴時
伏在仇家宅東南二里平旦當有十人相隨向西北行中
有二人乘黑牛一黑牛最在前一黑牛應第七但捉取第
七者將還事必無他趙氏從之果如其言乃是鄭氏男五
父也諸子竝爲其族所宗敬故和解二家趙氏竟免後早

與客清晨立於門內遇有卒風振樹旱語客曰依法當有千里外急使日中時有兩匹馬一白一赤從西南來至即取我逼我不聽與妻子別語訖便入召家人隣里辭別仍沐浴帶書囊日中出門候使如期果有馬一白一赤從州而至即促旱上馬遂詣行宮時太武圍涼州未拔故許彥薦之旱彥師也及至詔問何時當剋此城旱對曰陛下但移據西北角三日內必剋帝從之如期而剋與駕還都久不雨帝問旱旱曰今日申時必大雨比至未猶無片雲帝召旱詰之旱曰願更少時至申時雲四合遂大雨滂沲旱苦以疾辭乞歸鄉里詔許之遂終於家或言許彥以其術勝恐終妨己譎令歸之耳

耿玄鉅鹿宋子人也善卜占有客叩門玄在室已知其姓字幷所賫持及來問之意其所卜筮十中八九別有林占時或傳之而性不和俗時有王公欲求其筮者玄則拒而不許每云今既貴矣何所求而復卜也欲望意外乎代京法禁嚴切王公聞之莫不驚悚而退故玄多見憎忿不爲貴勝所親官止鉅鹿太守

劉靈助燕郡人也師事范陽劉弁而麤疎無賴或時負販或復劫盜賣術於市後事尒朱榮榮信卜筮靈助所占屢中遂被親待爲榮府功曹參軍建義初榮於河陰害王公卿士時奉車都尉盧道虔兄弟亦相率朝行宮靈助以其州里衞護之由是朝士與諸盧相隨免害者數十人榮入京師超拜光祿大夫封長子縣公從上黨王元天穆討邢杲元顥入洛天穆度河會尒朱榮於太行及將攻河內令靈助筮之靈助曰未時必剋時已向中士衆疲怠靈助曰時將至矣榮鼓之即便剋陷及至北中榮攻城不獲以時盛暑議欲且還以待秋涼莊帝詔靈助筮之靈助曰必破十八九間果如言車駕還宮進爵燕郡公贈其父僧安爲幽州刺史尋兼尚書左僕射慰勞幽州流人北還與都督侯深等討葛榮餘黨韓婁滅之於薊仍釐州務又爲幽并營安四州行臺及尒朱榮死莊帝幽崩靈助本寒微一朝

至此自謂方術堪能動衆又以尒朱有誅滅之兆遂自號燕王大行臺爲莊帝舉義兵馴養大鳥稱爲己瑞妄說圖讖言劉氏當王又云欲知避世入鳥村遂刻氈爲人象書桃木爲符書作詭道厭祝法人多信之時西河人紇豆陵步藩舉兵逼晉陽尒朱兆頻戰不利故靈助唱言尒朱自然當滅不須我兵由是幽瀛滄冀人悉從之從之者夜舉火爲號不舉火者諸村共屠之普泰元年率衆至博陵之安國城與叱列延慶侯深尒朱羽生等戰戰敗被禽斬於定州傳首洛陽支分其體初靈助每云三月末我必入定

州尒朱亦必滅及將戰靈助自筮卦不吉以手折蓍棄之
地云此何知尋見禽果以三月入定州而齊神武以明年
閏三月滅兆等於韓陵山永熈二年贈尚書左僕射開府
儀同三司幽州刺史謚曰恭時又有沙門靈遠者不知何
許人有道術嘗言尒朱榮成敗預知其時又言代魏者齊
葛榮聞之故自號齊及齊神武至信都靈遠與勃海李嵩
來謁神武待靈遠以殊禮問其天文人事對曰齊當興東
海出天子今王據勃海是齊地又太白與月竝宜速用兵
遲則不吉靈遠後罷道姓荆字次德求之不知所在
李順興京兆杜陵人也年十餘乍愚乍智時莫識之其言

未來事時有中者盛冬單布衣跣行冰上及入洗浴略不
患寒家嘗為齋方食器用不周順興言昆明池中有大荷
葉可取盛餅食其所居去池十數里日不移影順興負荷
葉而歸脚猶泥舉坐驚異後稍出城市常冠道士冠人有
憶者不過數日輒至其家號為李練好飲酒但不至醉貴
賤竝敬之得人所施輒散乞貧人蕭寶夤反召順興問曰
朕王可幾年對曰為天子自有百年者十年者一年者百
日者事由可知及寶夤敗裁百日也有侯終德者寶夤之
黨寶夤敗後收集亡者順興稱其必敗德乃捧殺順興置
城隍中頃之起活如初後賀拔岳北征順興與魏收書上

為毛鴻賓等九人姓名者悉放貴還順興從後提一河東
酒瓨以繩繫之於城巷牽行俄而蒲坂降又無何至太傅
梁覽家庭中臥以布衫到覆身上後覽於趙崔反通使東
魏事泄被誅覽以衣到覆果如順興之形周文嘗至溫泉
順興求乞溫泉東閭驪山下二畝地周文曰李練用此何
為對曰有用未幾至溫湯遇患卒於其地初大統十三年
順興謂周文曰可於沙苑北作一老君象面向北作笑狀
周文曰何為答曰令笑破蠕蠕時甚惑未解其意及蠕蠕
國滅周文憶語遂作順興象於老君側
檀特師者名惠豐身為比丘不知何處人飲酒噉肉語嘿

無常逆論來事後皆如言居於涼州宇文仲和為刺史請
之至州內歷觀廐庫乃云何意畜他官馬官物仲和怒不
聽任涼州未幾仲和拒不受代朝廷令獨孤信禽之仲和
身死資財沒官周文遣書召之檀特發至岐州會齊神武
來寇玉壁檀特曰狗豈能至龍門也神武果不至龍門而
還侯景未叛東魏之前忽捉一杖杖頭刻為獼猴令其面
常向西日夜弄之又索一角弓牽挽之俄而景啓降尋復
背叛人皆以為驗至大統十七年春初忽著一布帽周文
左右驚問之檀特曰汝亦著王亦著也至三月而魏文帝
崩復取一白綃帽著之左右復問之檀特云汝亦著王亦

著也未幾丞相夫人薨後又著白絹帽左右復問之云汝不著王亦著也尋而丞相第二兒武邑公薨其事驗多如此也俄而疾死

由吾道榮琅邪沭陽人也少爲道士入長白山太山又遊燕趙間聞晉陽有人大明法術乃尋之是人爲人家傭力無名者久求訪始得其人道家符水禁呪陰陽曆數天文藥性無不通解以道榮好尚乃悉授之歲餘是人謂榮云我本恒岳仙人有少罪過爲天官所謫今限滿將歸卿宜送吾至汾水及至汾河遇水暴長橋壞船渡艱難是人乃臨水禹步以一符投水中流便絕俄頃水積將至天是人徐自沙石上渡唯道榮見其如是傍人咸云水如此長此

人遂能浮過共驚異之如此法道榮所不得也道榮仍歸本郡隱於琅邪山中辟穀餌松朮茯苓求長生之秘又善洞視蕭軌等之敗於江南其日道榮言之如目見其後鄉人從役得歸者勘問敗時形勢與道榮所說符同尋爲文宣追往晉陽道榮恒野宿不入逆旅至遼陽山中夜初馬驚有猛獸去馬止十餘步所追人及防援者並驚怖將走道榮徐以杖畫地成火坑猛獸遽走道榮至晉陽文宣見之甚悅後歸鄉里隋開皇初備禮徵辟授上儀同三司諫議大夫沭陽縣公從晉王平陳還苦辭歸至鄉卒年八十

五又有張遠遊者文宣時令與諸術士合九轉金丹及成帝置之玉匣云我貪人間作樂不能飛上天待臨死時取服

顏惡頭章武郡人也妙於易筮遊州市觀卜有婦人負囊粟來卜歷七人皆不中而強索其粟惡頭尤之卜者曰君若能中何不爲卜惡頭因筮之曰登高臨下水洞洞唯聞人聲不見形婦人曰妊身已七月矣向井上汲水忽聞胎聲故卜惡頭曰吉十月三十日有一男子詣卜者乃驚服曰是顏生邪相與具羊酒謝焉有人以三月十三日詣惡頭求卜遇兌之履惡頭占曰君卜父父已亡當上天聞哭

聲忽復蘇而有言其人曰父卧疾三年矣昨日雞鳴時氣盡舉家大哭父忽驚寤云我死有三天人來迎欲升天聞哭聲遂墮地惡頭曰更三日當永去果如言人問其故惡頭曰兌上天下土是今日庚辛本宮火故知卜父今三月土入墓又見宗廟爻發故知死變見生氣故知蘇兌爲口主音聲故知哭兌變爲乾乾天也故升天兌爲言故父言故知有言未化入戌爲土三月土墓戌又是本宮鬼墓未後三日至戌故知三日復死惡頭又語人曰長樂王某年某月某日當爲天子有人姓張聞其言數以寶物獻之豫乞東益州刺史及期果爲天子擢張用之惡頭自言厄在

彭城後遊東都逢彭城王尒朱仲遠將伐齊神武於鄴召
惡頭令筮惡頭野生不知避忌高聲言大惡仲遠怒其沮
衆斬之
王春河東安邑人也少精易占明陰陽風角齊神武引為
館客韓陵之戰四面受敵從寅至午三合三離將士皆懼
神武將退軍春叩馬諫曰比至未時必當大捷遂縛其子
詣軍門爲質若不勝請斬之賊果大敗後從征討恒令占
卜其言多中位東徐州刺史賜爵安夷縣公卒贈秦州刺
史
信都芳字玉琳河間人也少明算術兼有巧思每精心研

究或墜坑坎常語人云算歷玄妙機巧精微我每一沈思
不聞雷霆之聲也其用心如此後爲安豐王延明召入賓
館有江南人祖暅者先於邊境被獲在延明家舊明算歷
而不爲王所待芳諫王禮遇之暅後還留諸法授芳由是
彌復精密延明家有羣書欲抄集五經算事爲五經宗及
古今樂事爲樂書又聚渾天欹器地動銅烏漏刻候風諸
巧事并圖畫爲器準並令芳算之會延明南奔芳乃自撰
注後隱於并州樂平之東山太守慕容保樂聞而召之芳
不得已而見焉於是保樂弟紹宗薦之於齊神武爲館客
授中外府田曹參軍芳性清儉質樸不與物和紹宗給其

羸馬不肯乘騎夜遣婢侍以試之芳忿呼毆擊不聽近已
狷介自守無求於物後亦注重差勾股復撰史宗芳精專
不已又多所闚涉丞相倉曹祖珽謂芳曰律管吹灰術甚
微妙絶來既久吾思所不至卿試思之芳留意十數日便
報珽云吾得之矣然終須河内葭莩灰祖對試之無驗後
得河内灰用術應節便飛餘灰即不動也爲時所重竟不
行用故此法遂絶又著樂書遁甲經四術周髀宗其序曰
漢成帝時學者問蓋天揚雄曰蓋哉未幾也問渾天曰落下
閎爲之鮮于妄人度之耿中丞象之幾乎莫之息矣此言
蓋差而渾密也蓋器測影而造用之日久不同於祖故云

未幾也渾器量天而作乾坤大象隱見難變故云幾乎是
時太史令尹咸窮研蓋易古周法雄乃見之以爲難也
自昔周公定影王城至漢朝蓋器一改焉渾天覆觀以靈
憲爲文蓋天仰觀以周髀爲法覆仰雖殊大歸是一古之
人制者所表天效玄象芳以渾算精微術機萬首故約本
爲之省要凡述二篇合六法名四術周髀宗又上黨李業
興撰新曆自以爲長於趙䢵何承天祖沖之三家芳難業
興五 闕 又私撰曆書名曰靈憲曆算月頻大頻小食必
以朔證據甚甄明每云何承天亦爲此法而不能精靈憲
若成 必當百代無異議者書未成而卒

宋景業廣宗人也明周易爲陰陽緯候之學兼明歷數魏
武定初任北平太守齊文宣作相在晉陽景業因高德政
上言易稽覽圖曰鼎五月聖人君天與延年齒東北水中
庶人王高得之謹案東北水謂勃海也高得之明高氏得
天下也時魏武定八年三月也高德政徐之才竝勸文宣
應天受禪乃之鄴至平城都諸大臣沮計將還賀拔仁等又
云宋景業誤王宜斬之以謝天下帝曰宋景業當爲帝王
師何可殺也還至并州文宣令景業筮遇乾之鼎景業曰
乾君也天也易曰時乘六龍以御天鼎五月卦也宜以仲
夏吉辰順天受禪或曰陰陽書五月不可入官犯之卒於

玉山縣李洲 四百二十字　北史列傳七十七　十五　弓

其位景業曰此乃大吉王爲天子無復下期豈得不終於
其位帝大悦天保初封長城縣子受詔撰天保歷李廣爲
之序

許遵高陽新城人也明易善筮兼曉天文風角占相逆刺
其驗若神齊神武引爲館客自言祿命不富貴不橫死是
以任性疎誕多所犯忤神武常容借之芒陰之役遵謂李
業興曰賊爲水陳我爲火陳水勝火我必敗果如其言清
河王岳以遵爲開府記室岳後將救江陵遵曰此行必致
後凶宜辭疾勿去岳曰勢不免去正當與君同行遵曰遵
好與生人相隨不欲與死人同路岳彊給其馬以行至都
尋喪三臺初成文宣宴會尚書以上三日不出許遵妻李
氏憂之以問遵遵曰明日當得三百匹絹李氏曰若然當
奉三束遵曰不滿十匹既而皆如言文宣無道日甚遵語
人曰多折筭來吾筮此狂夫何時得死於是布筭滿床大
言曰不出冬初我乃不見文宣以十月崩遵果以九月死
子暉亦學術數遵謂曰汝聰明不及我不勞多學唯授以
婦人產法豫言男女及產日無不中武成時以此數獲賞
焉又有滎陽魏紹者亦善占候景欲試之使與郭生俱卜
二伏牛何者先起卜得火兆郭生曰赤牛先起紹曰青牛
先起景問其故郭生曰火色赤故知赤牛先起紹曰火將

玉山縣李洲 四百三十六字　北史列傳七十七　十六　弓

然煙先起煙上色青故知青牛起既而如紹言

吳遵世字季緒勃海人也少學易入恒山忽見一老翁授
之開心符遵世跪水吞之遂明占卜後出遊京洛以卜筮
知名魏孝武帝之將即位使之筮遇否之萃曰先否後喜
帝曰喜在何時遵世曰剛決柔則春末夏初也又筮遇明
夷之賁曰初登于天後入于地若能敬始慎終不失法度
無憂入地矣終如其言後齊文襄引爲大將軍府墨曹參
軍從遊東山有雲起恐雨廢射戲使筮遇剝李業興云坤
上艮下剝艮爲山山出雲故知有雨遵世云坤爲地土制
水故知無雨文襄使崔暹書之云遵世若著賞絹十匹不

著罰杖十業興若著無賞不著罰杖十業興曰同是著何獨無賞文襄曰遵世著會我意故賞也須臾雲散二人各受賞罰皇建中武成以丞相在鄴下居守自致猜疑甚懷憂懼謀起兵每宿輒令遵世筮遵世云自有大慶由是不決俄而趙郡王等奉太后令以遺詔追武成更令筮之遵世云比已作十餘卦其占自然有天下之徵及即位除中書舍人固辭老疾授中散大夫和士開封王妻元氏無子以側室長孫為妃令遵世筮遵世云此卦偶與占同乃出其占書云元氏無子長孫為妃士開喜於妙中於是起叫而舞遵世著易林雜占百餘卷後預尉遲迥亂死焉

趙輔和清都臨漳人也少以明易善筮為齊神武館客神武崩於晉陽葬有日矣文襄令文宣與吳遵世等擇地頻卜不吉又至一所筮遇革咸云凶輔和少年最在衆人後進云革卦於天下人皆凶唯王家用之大吉革彖辭云湯武革命應天順人文宣遽登車顧云以此地為定即義平陵也有人父為刺史得書云疾是人詣館別託相知者筮遇泰筮者云此卦甚吉是人出後輔和謂筮者云泰乾下坤上則父入土矣豈得言吉果凶問至有人父疾託輔和筮遇乾之晉慰諭令去後告人云乾之遊魂乾為天為父父變為魂而升於天能無死乎亦如其言大寧武平中筮後宮誕男女及時日多中遂至通直常侍入周亦為儀同隋開皇中卒

皇甫玉不知何許人也善相人齊文襄之自穎川歸文宣從後玉於傍縱觀謂人曰大將軍不作物指文宣曰會道北垂鼻渙者及文宣即位試玉相術故以帛巾袜其眼使歷摸諸人至文宣曰此最大達官於任城王曰當至丞相於常山長廣二王並曰亦貴至石動桶曰此弄癡人至二供膳曰正得好飲食而已玉嘗為高歸彥相曰位極人臣但莫反歸彥曰我何為反玉曰公有反骨孝昭賜趙郡王十死不問王喜曰皇甫玉相臣云當惡死今復何慮帝以

玉輒為諸王相心不平之玉謂其妻曰殿上者不過二年妻以告舍人斛斯洪慶妻洪慶以啓帝怒曰向婦女小兒評論萬乘主敕召玉玉每照鏡自言兵死及被召謂妻曰我今去不迴若過日午時當得活既至正中遂斬之文襄時有吳士雙盲妙於聲文襄歷試之聞劉桃枝聲曰有所繫屬然當大富貴王侯將相多死其手譬如鷹犬為人所使聞趙道德聲曰亦繫屬人富貴翕赫不及前人聞侯呂芬聲與道德相似聞太原公聲曰當為人主聞文襄聲不動崔暹私掐之乃謬言亦國主也文襄以為我家羣奴猶極貴況吾身也又時有御史賈子儒亦能相人崔暹嘗將子

儒私視文襄子儒曰人有七尺之形不如一尺之面一尺
之面不如一寸之眼大將軍臉薄眄速非帝王相也竟如
言齊代善相者有館客趙瓊其婦叔寄弓弓已轉在人處
盡知之時人疑其別有假託不然則姑布子卿不如也初
魏正始前有沙門學相遊懷朔舉目見人皆有富貴之表
以爲必無此理燔其書而後皆如言乃知相法不虛也
解法選河內人也少明相術又受易於權會並亦頗工陳
郡袁叔德以太子　闕　行博陵太守不願之官以親老
言於執政楊愔愔語云既非正除尋當遣代叔德意欲留
尊累在京令法選占云不踰三年得代終不還也勸其盡

家而行又爲叔德相云公邑邑終爲吏部尚書鑒照人物
後皆如言又頻爲和士開相中士開牒爲開府行參軍
魏寧鉅鹿人也以善推祿命徵爲館客武成以己生年月
託爲異人問之寧曰極富貴今年入墓武成驚曰是我寧
變辭曰若帝王自有法又有陽子術語人曰謠言盧十六
雉十四犍子拍頭三十二且四八天之大數太上之祚恐
不過此既而武成崩年三十二
綦母懷文不知何許人也以道術事齊神武武定初齊軍
戰芒山時齊軍旗幟盡赤西軍盡黑懷文曰赤火色黑水
色水能滅火不宜以赤對黑土勝水宜改爲黃神武遂改

爲赭黃所謂河陽幡者也懷文造宿鐵刀其法燒生鐵精
以重柔鋌數宿則成剛以柔鐵爲刀脊浴以五牲之溺淬
以五牲之脂斬甲過三十札今襄國冶家所鑄宿柔鋌是
其遺法作刀猶甚快利但不能頓截三十札也懷文又云
廣平郡南幹子城是干將鑄劍處其土可瑩刀每云昔在
晉陽爲監館館中有一蠕蠕客同館胡沙門指語懷文云
此人別有異算術仍指庭中一棗樹云令其布算子即知
其實數乃試之并辯若干純赤若干赤白相半於是剝數
之唯少一子算者曰必不少但更撼之果落一實懷文位
信州刺史又有孫正言謂人曰我昔聞曹普演有言高王

諸兒阿保當爲天子至高德之承之當滅阿保謂天保也
德之謂德昌也滅年號承光即承之矣
張子信河內人也頗涉文學少以醫術知名恒隱白鹿山
時出遊京邑甚爲魏收崔季舒所重大寧中徵爲尚藥典
御武平初又以太中大夫徵之聽其所志還山又善易筮
及風角之術武衛奚永洛與子信對坐有鵲鳴庭樹鬬而
墮焉子信曰不善向夕當有風從西南來歷此樹拂堂角
則有口舌事今夜有人喚必不可往雖敕亦以病辭子信
去後果有風如其言是夜琅邪王五使切召永洛且云敕
喚永洛欲起其妻苦留之稱墜馬腰折不堪動詰朝而難

作子信齊云卒

陸法和不知何許人也隱於江陵百里洲衣食居處一與戒行沙門同耆老自幼見之容色常定人莫能測也或謂出自嵩高遍遊遐邇既入荆州汶陽郡高要縣之紫石山無故捨所居山俄有蠻賊文道期之亂時人以為預見萌兆及侯景始告降於梁法和謂南郡朱元英曰貧道共檀越擊侯景去元英曰侯景為國立効師云擊之何也法和曰正自如此及景度江法和時在青谿山元英往問曰景今圍城其事云何法和曰凡人取果宜待熟時固問之曰亦剋亦不剋景遣將任約擊梁湘東王於江陵法和乃詣

湘東乞征約召諸蠻弟子八百人在江津二日便發湘東遣胡僧祐領千餘人與同行法和登艦大笑曰無量兵馬江陵多神祠人俗恒所祈禱自法和軍出無復一驗人以為神皆從行故也至赤沙湖與約相對法和乘輕船不介冑沿流而下去約軍一里乃還謂將士曰聊觀彼龍睡不動吾軍之龍甚自踊躍即攻之若得彼明日當不損客主一人而破賊然有惡處遂縱火船而逆風不便法和執白羽扇麾風風即返約衆皆見梁兵步於水上於是大潰皆投水約逃竄不知所之法和曰明日午時當得及期而未得人問之法和曰吾前於此洲水乾時建一剎語檀越等

此雖為剎實是賊標今何不向標下求賊也如其言果於水中見約抱剎仰頭裁出鼻遂禽之約言求就師目前死法和曰檀越有相必不兵死且於王有緣決無他慮王於後當得檀越力耳湘東果釋用為郡守及魏圍江陵約以兵赴救力戰焉法和既平約往進見王僧辯於巴陵謂曰貧道已却侯景一臂其更何能為檀越宜即逐取乃請還湘東王曰侯景自然平矣無足可慮蜀賊將至法和請守巫峽待之乃總諸軍而往親運石以填江三日水遂不流橫之以鐵鎖武陵王紀果遣蜀兵來度峽口勢蹙進退不可王琳與法和經略一戰而殄之軍次白帝謂人曰諸葛

孔明可謂為名將吾自見之此城旁有其埋弩箭鏃一斛許因插表令掘之如其言又嘗至襄陽城北大樹下畫地方二尺令弟子掘之得一龜長尺半以杖叩之曰汝欲出不能得已數百歲不逢我者豈見天日乎為授三歸龜乃入草初八疊山多惡疾人法和為采藥療之不過三服皆差即求為弟子山中多毒虫猛獸法和授其禁戒不復噬螫所泊江湖必於峯側結表云此處放生漁者皆無所得才或少獲輒有大風雷船人懼而放之風雨乃定晚雖將兵猶禁諸軍漁捕有竊違者中夜猛獸必來欲噬之或亡其船纜有小弟子戲截蛇頭來詣法和法和曰汝何意殺

因指以示之弟子乃見蛇頭齚袴襠而不落法和使懺悔爲蛇作功德又有人以牛試刀一下而頭斷來詣法和法和曰有一斷頭牛就卿徵命殊急若不爲作功德一月內報至其人弗信少日果死法和又爲人置宅圖墓以避禍求福嘗謂人曰勿繫馬於碓其人行過鄉曲門側有碓因繫馬於其柱入門中憶法和戒走出將解之馬已斃矣梁元帝以法和爲都督郢州刺史封江乘縣公法和不稱臣其啓文朱印名上自稱居士後稱司徒梁元帝謂其僕射王襃曰我未嘗有意用陸爲三公而自稱何也襃曰彼既以道術自命容是先知梁元帝以法和功業稍重遂就加

司徒都督刺史如故部曲數千人通呼爲弟子唯以道術爲化不以法獄加人又列肆之所不立市丞牧佐之法無人領受但以空檻籥在道間上開一孔以受錢賈客店人隨貨多少計其估限自委檻中所掌之司夕方開取條其孔目輸之於庫文法和平常言若不出口時有所論則雄辯無敵然猶帶蠻音善爲攻戰具在江夏大聚兵艦欲襲襄陽而入武關梁元帝使止之法和曰法和是求佛之人尚不希釋梵天王坐處豈規王位但於空王佛所與主上有香火因緣見主上應有報至故救援耳今既被疑是業定不可改也於是設供食具大餽薄餅及魏舉兵法和自

郢入漢口將赴江陵梁元帝使人逆之曰此自能破賊師但鎮郢州不須動也法和乃還州堊其城門著麤白布衫袴布邪巾大繩束腰坐葦席終日乃脫之及聞梁元敗滅復取前凶服著之哭泣受弔梁人入魏果見餽餅焉法和始於百里洲造壽王寺既架佛殿更截梁柱曰後四十許年佛法當遭雷電此寺幽僻可以免難及魏平荊州宮室焚燼總管欲發取壽王佛殿嫌其材短乃停後周氏滅佛法此寺隔在陳境故不及難天保六年春清河王岳進軍臨江法和舉州入齊文宣以法和爲大都督十州諸軍事太尉公西南大都督五州諸軍事荊州刺史安湘郡公宋

莅爲郢州刺史官爵如故莅弟簉爲散騎常侍儀同三司湘州刺史義興縣公梁將侯瑱來逼江夏齊軍棄城而退法和與宋莅兄弟入朝文宣聞其有奇術虛心想見之備三公鹵簿於城南十二里供帳以待之法和遥見鄴城下馬禹步辛術謂曰公既萬里歸誠主上虛心相待何作此術法和手持香鑪步從路車至於館明日引見給通幰油絡網車仗身百人詣闕通名不稱官爵不稱臣但云荊山居士文宣宴法和及其徒屬於昭陽殿賜法和錢百萬物萬段甲第一區田一百頃奴婢二百人生資什物稱是宋莅千段其餘儀同刺史以下各有差法和所得奴婢盡免

之曰各隨緣去錢帛散施一日便盡以官所賜宅營佛寺自居一房與凡人無異三年間再爲太尉世猶謂之居士無疾而告弟子死期至時燒香禮佛坐繩牀而終浴訖將殮屍小縮止三尺許文宣令開棺而視之空棺而已法和書其所居屋壁而塗之及剥落有文曰十年天子爲尚可百日天子急如火周年天子遞代坐又曰一母生三天兩天共五年說者以爲婁太后生三天子自孝昭即位至武成傳位後主共五年焉法和在荆郢有少姬年可二十餘自稱越姥身披法服不肯嫁娶恒隨法和東西或與其私通十有餘年今者賜棄別更他淫有司考驗竝實越姥因爾改適生子數人

蔣昇字鳳起楚國平河人也少好天文玄象之學周文雅信待之大統三年東魏竇泰頓軍潼關周文出師馬牧澤時西南有黃紫氣抱日從未至酉周文謂昇曰此何祥也昇曰西南未地主土土王四季秦分今大軍既出喜氣下臨必有大慶於是與泰戰禽之自後遂降河東剋弘農破沙苑由此愈被親禮九年高仲密以北豫州來附周文欲遣兵援之昇曰春王在東熒惑又在井鬼分行軍非便周文不從軍至芒山不利而還太師賀拔勝怒曰蔣昇罪合萬死周文曰蔣昇固諫曰師出不利此敗也孤自取之恭帝元年以前後功授車騎大將軍儀同三司封高城縣子後除太中大夫以年老請致事詔許之加定州刺史卒於家

強練不知何許人也亦不知其名字先是李順興語默不恒好言未然之事當時號爲李練世人以強類之故亦呼爲練焉容貌長壯有異於人神情敞悅莫之能測意欲有所說逢人輒言若値其不欲言縱苦加祈請不相酬答初聞其言略不可解事過後往往有驗恒寄住諸佛寺好行人家兼歷造王公邸第所至人皆敬信之晉公護未誅前練曾手持一瓠到護第門外抵破曰瓠破子苦時柱國平

高公侯伏龍恩深被任委強練至龍恩宅呼其妻元氏及其妾媵并婢僕等竝令連席而坐諸人以逼夫人苦辭不肯強練曰汝等一例人耳何有貴賤遂逼就坐未幾而護誅諸子竝死龍恩亦伏法仍籍没其家建德中每夜上街衢邊樹大哭釋迦牟尼佛或至申旦如此者累月聲甚哀苦俄而廢佛道二教大象末又以一無底囊歷長安市肆告乞市人爭以米麥遺之強練張囊受之隨即漏之於地人或問之強練曰但欲使諸人見盛空耳至隋開皇初果移都於龍首山城遂空廢後莫知其所終又有蜀郡衞元嵩者亦好言將來事蓋江左寶誌之流天和中遂著詩預

論周隋廢興及皇家受命並有徵驗尤不信釋教嘗上䟽極論之

庾季才字叔弈新野人也八世祖滔隨晉元帝過江官至散騎常侍封遂昌侯因家于南郡江陵縣祖詵南史有傳父曼倩光祿卿季才幼穎悟八歲誦尚書十二通易好占玄象居喪以孝聞梁湘東王繹引授外兵參軍西臺建累遷中書郎領太史封宜昌縣伯季才固辭太史梁元帝曰漢司馬遷歷世居掌魏高堂隆猶領此職卿何憚焉帝亦頗明星歷謂曰朕猶慮禍起蕭墻季才曰秦將入郢陛下宜留重臣作鎮荆陝還都以避其患帝初然之後與吏部

尚書宗懍等議乃止俄而江陵覆滅周文帝一見深加優禮令參掌太史曰卿宜盡誠事孤當以富貴相答初荆覆亡衣冠士人多沒爲賤季才散所賜物購求親故周文問何能若此季才曰郢都覆敗君信有罪搢紳何咎皆爲賤隷誠竊哀之故贖購耳周文乃悟曰微君遂失天下之望因出令免梁俘爲奴婢者數千口武定二年與王褒庾信同補麟趾學士累遷稍伯大夫後宇文護執政問以天道徵祥對曰頃上台有變不利宰輔公宜歸政天子請老私門護沈吟久之曰吾本意如此但辭未獲免自是漸踈及護夷滅閱其書記有假託符命妄造異端者皆誅唯得季

才兩紙盛言緯候宜免政歸權帝謂少宗伯斛斯徵曰季才甚得人臣之禮因賜粟帛遷太史中大夫詔撰靈臺祕苑封臨穎縣伯宣帝嗣位加驃騎大將軍開府儀同三司及隋文帝爲丞相嘗夜召問天時人事季才曰天道精微難可悉察竊以人事卜之符兆已定季才縱言不可公得爲箕潁事乎帝默然久之曰吾今譬騎武誠不得下矣因賜以綵帛曰愧公此意大定元年正月季才上言今月戊戌平旦青氣如樓闕見國城上俄而變紫逆風西行氣經云天不能無雲而雨皇王不能無氣而立今王氣已見須即應之二月日出卯入酉居天之正位謂之二八之門日

者人君之象人君正位宜用二月其月十三日甲子甲爲六甲之始子爲十二辰之初甲數九子數又九九爲天數其日即是驚蟄陽氣壯發之時昔周武王以二月甲子定天下享年八百漢高帝以二月甲午即帝位享年四百故知甲子甲午爲得天數今月甲子宜應天受命上從之開皇元年授通直散騎常侍帝將遷都夜與高熲蘇威二人定議季才旦奏臣仰觀玄象俯察圖記龜兆允襲必有遷都且漢營此城經今將八百歲水皆鹹鹵不甚宜人願爲遷徙計帝愕然謂熲等曰是何神也遂發詔施行賜季才絹布及進爵爲公謂曰朕自今已後信有天道於是令季

才與其子質撰垂象地形等志謂曰天道秘奧推測多途執見不同不欲令外人干預此事故令公父子共爲之及書成奏之賜米帛甚優九年出爲均州刺史時議以季才術藝精通有詔還委舊任以年老頻求去職優旨每不許會張胄玄曆行及袁充言日景長上以問季才因言充謬上大怒由是免職給半祿歸第所有祥異常令人就家訪焉仁壽三年卒季才局量寬弘術業優博篤於信義志好賓遊常吉日良辰與琅邪王褒彭城劉瑴河東裴政及宗人言等爲文酒之會次有劉臻明克讓柳䛒之徒雖後進亦申遊款撰靈臺秘苑一百二十卷垂象志一百四十二

卷地形志八十七卷並行於世

子質字行脩早有志尚八歲誦梁元帝玄覽言志等十賦拜童子郎仕隋累遷隴州司馬大業初授太史令操履貞懿立言忠鯁每有灾異必指事面陳煬帝多忌刻齊王暕亦被猜嫌質子儉時爲齊王屬帝謂質曰汝不能一心事我乃使兒事齊王由是出爲合水令八年帝親伐遼東徵至臨渝問東伐剋不對曰伐之可剋不願陛下親行帝作色曰朕今總兵至此豈可未見賊而自退質曰願安駕住此命將授規事宜在速緩必無功帝不悅曰汝旣難行可住此也及師還授太史令九年復征高麗又問今段何如對猶執前見帝怒曰我自行尚不能剋遣人豈有成功帝遂行旣而楊玄感反斛斯政奔高麗帝大懼遽歸謂質曰卿前不許我行當爲此耳今玄感成乎質曰今天下一家未易可動帝曰熒惑入斗如何對曰斗楚之分玄感之封今火色衰謝終必無成十年帝自西京將往東都質諫宜鎮撫關內使百姓歸農三五年令四海少豐然後巡省帝不悅質辭疾不從帝聞之怒遣馳傳鎖質詣行在所至東都下獄竟死獄中子儉亦傳父業兼有學識仕歷襄武令元德太子學士齊王屬義寧初爲太史令

盧太翼字協昭河間人也本姓章仇氏七歲詣學日誦數

千言州里號曰神童及長博綜羣書尤善占候筭曆之術隱於白鹿山徙居林慮山茱萸澗受業者自遠而至初無所拒後憚其煩逃於五臺山地多藥物與弟子數人廬於巖下以爲神仙可致隋太子勇聞而召之太翼知太子必不爲嗣謂所親曰吾拘逼而來不知所稅駕也及太子廢坐法當死文帝惜其才配爲官奴久乃釋其後目盲以手摸書而知其字仁壽末帝將避暑仁壽宮太翼固諫曰恐是行鑾輿不反帝大怒繫之長安獄期還斬之帝至宮寢疾臨崩命皇太子釋之及煬帝即位漢王諒反帝問之答曰何所能爲未幾諒果敗帝從容言天下氏族謂太翼曰御

姓章仇四岳之胄與盧同源於是賜姓盧氏大業九年從駕至遼東太翼言黎陽有兵氣後數日而楊玄感反書聞帝甚異之數加賞賜太翼所言天文之事不可稱數關諸秘密時莫能聞後數歲卒於雒陽

耿詢字敦信丹楊人也滑稽辯給伎巧絕人陳後主時以客從東衡州刺史王勇於嶺南勇卒詢不歸會群俚反叛推詢為主柱國王世積討禽之罪當誅自言有巧思世積釋之以為家奴久之見其故人高智寶以玄象直太史詢從之受天文算術詢創意造渾天儀不假人力以水轉之施於閣室中使智寶外候天時動合符契世積知而奏之

文帝配詢為官奴給太史局後賜蜀王秀從往益州秀甚信之及秀廢復當誅何稠言耿詢之巧思若有神上於是特原其罪詢作馬上刻漏世稱其妙煬帝即位進欹器帝善之免其奴放除授右尚方署監事七年車駕東征詢上言曰遼東不可討師必無功帝大怒命左右斬之何稠苦諫得免及平壤之敗帝以詢言為中以詢守太史丞宇文化及弑逆之後從至黎陽謂其妻曰近觀人事遠察天文宇文必敗李氏當王吾知所歸矣謀欲去之為化及所殺著鳥情占一卷行於世

來和字弘順京兆長安人也少好相術所言多驗周大冢宰宇文護引之左右累遷畿伯下大夫封洹水縣男隋文帝微時詣和曰公當王有四海及為丞相拜儀同既受禪進爵為子開皇末和上表自陳龍潛所言曰昔陛下在周與永富公竇榮定語臣曰我聞有行聲即識其人臣當時即言公眼如曙星無所不照當王有天下願忍誅殺建德四年五月周武帝在雲陽宮謂臣曰諸公皆汝所識隋公相祿何如臣報武帝曰隋公止是守節人可鎮一方若為將領陣無不破臣即於宮東南奏聞陛下謂臣此語不忘明年烏丸軌言於武帝曰隋公非人臣帝尋以問臣臣知帝有疑臣詭報曰是節臣更無異相于時王誼梁彥光等

知臣此語大象二年五月至尊從永巷東門入臣在永巷門東北面立陛下問臣曰我得無災鄣不臣奏陛下曰公骨法氣色相應天命已有付屬未幾遂總百揆上覽之大悅進位開府和同郡韓則嘗詣和相和謂之後四五當得大官人初不知所謂則至開皇十五年五月終人問其故和曰十五年為三五加以五月為四五大官椁也和言多此類著相經三十卷道士張賓焦子順鴈門人董子華等此三人當文帝龍潛時並私謂帝曰公當為天子善自愛及踐位以賓為華州刺史子順為開府子華為上儀同

蕭吉字文休梁武帝兄長沙宣武王懿之孫也博學多通

尤精陰陽筭術江陵覆亡歸于魏為儀同周宣帝時吉以朝政日亂上書切諫帝不納及隋受禪進上儀同以本官太常考定古今陰陽書吉性孤峭不與公卿相浮沉又與楊素不協由是擯落鬱鬱不得志見上好徵祥之說欲乾没自進遂矯其迹為悅媚焉開皇十四年上書曰今年歲在甲寅十一月朔旦以辛酉為冬至來年乙卯正月朔旦以庚申為元日冬至之日即在朔旦樂汁圖徵云天元十二月朔旦冬至聖王受享祚今聖主在位居天元之首而朔旦冬至此慶一也辛酉之日即至尊本命辛德在景此十一月建景子酉德在寅正月建寅為本命與月合德而

居元朔之首此慶二也庚申之日即是行年乙德在庚卯德在申來年乙卯是行年與歲合德而在元旦之朝此慶三也陰陽書云年命與歲月合德者必有福慶洪範傳云歲之朝月之朝日之朝主王者經書並謂三長應之者延年福吉況乃甲寅蔀首十一月陽之始朔旦冬至是聖王上元正月是正陽之月歲之首月之先朔旦是歲之元月之朝日之先嘉辰之會而本命為九元之先行年為三長之首並與歲月合德所以靈寶經云角音龍精其祚曰強來歲年命納音俱角歷之與經如合符契又甲寅乙卯天地合也甲寅之年以辛酉冬至來年乙卯以甲子夏至冬

至陽始郊天之日即是至尊本命此慶四也夏至陰始祀地之辰即是皇后本命此慶五也至尊德並乾之覆育皇后仁同地之載養所以二儀元氣並會本辰上覽之悅賜物五百段房陵王時為太子言東宮多鬼魅鼠妖數見上令吉詣東宮禳邪氣於宣慈殿設神坐有回風從艮地鬼門來掃太子坐吉以桃湯葦火驅逐之風出宮門而止謝土於未地設壇為四門置五帝坐于時寒有蝦蟆從西南來入人門升赤帝坐還從人門而出行數步忽然不見上大異之賞賜優洽又上言太子當不安位時上陰欲廢立得其言是之由此每被顧問及獻皇后崩上令吉卜擇葬

所吉歷筮山原至一處云卜年二千卜世二百具圖而奏之上曰吉凶由人不在於地高緯父葬豈不卜乎國尋滅亡正如我家墓田若云不吉朕不當為天子若云不凶我弟不當戰没然竟從吉言表曰去月十六日皇后山陵西北雞未鳴前有黑雲方圓五六百步從地屬天東南又有旌旗車馬帳幕布滿七八里并有人往來檢校部伍甚整日出乃滅同見者十餘人謹案葬書云氣王與姓相生大吉今黑氣當冬王與姓相生是大吉利子孫無疆之候也上大悅其後上將親臨發殯吉復奏曰至尊本命辛酉今歲斗魁及天罡臨卯酉謹案陰陽書不得臨喪上不納退

而告族人蕭平仲曰皇太子遣宇文左率深謝余云公前稱我當爲太子竟有驗終不忘也今卜山陵務令我早立我立之後當以富貴相報吾記之曰後四載太子御天下今山陵氣應上又臨興兆益見矣且太子得政隋其亡乎當有真人出矣吾前紿云卜年二千者是三十字也卜世二百者取世二運也吾言信矣汝其誌之及煬帝嗣位拜太府少卿加位開府嘗行經華陰見楊素冢上有白氣屬天密言於帝帝問其故吉曰其候素家當有兵禍滅門之象改葬者庶可免乎帝後從容謂楊玄感曰公宜早改葬玄感亦微知其故以爲吉祥託以遼東未滅不遑私門之

事未幾而玄感以反族滅帝彌信之後歲餘卒官著金海三十卷相經要錄一卷宅經八卷葬經六卷樂譜二十卷及帝王養生方二卷相手版要決一卷太一立成一卷並行於時

楊伯醜馮翊武鄉人也好讀易隱於華山隋開皇初徵入朝見公卿不爲禮無貴賤皆汝之人不能測也文帝召與語竟無所答賜衣服至朝堂捨之而去於是被髮陽狂遊行市里形體垢穢未嘗櫛沐時有張永樂者賣卜京師伯醜每從之遊永樂爲卦有不能決者伯醜輒爲分析爻象尋幽入微永樂嗟服自以爲非所及也伯醜亦開肆賣卜有人嘗失子就伯醜筮者卦成伯醜曰汝子在懷遠坊南門東道北壁上有青裙女子抱之可往取也如言果得或有金數兩夫妻共藏之於後失金其夫意妻有異志將逐之其妻稱寃以詣伯醜伯醜爲之筮曰金在矣悉呼其家人指一人曰可就取果得之又將軍許知常問吉凶伯醜曰汝勿東北行必不得已當速還不然者楊素斬汝頭未幾上令知常事漢王諒俄而上崩諒舉兵反知常逃歸京師知常先與楊素有隙及素平并州先訪知常將斬之賴此獲免又有人失馬來詣伯醜卜者時伯醜爲皇太子所召在途遇之立爲作卦卦成曰我不遑爲卿說且向西市

東壁門南第三店爲我買魚作鱠當得馬矣其人如教須臾有一人牽所失馬而至遂擒之崖州嘗獻徑寸珠其使者陰易之上心疑焉召伯醜令筮伯醜曰有物出自水中質圓而色光是大珠也今爲人所隱具言隱者姓名容狀上如言簿責之果得本珠上奇之賜帛二十匹國子祭酒何妥嘗詣之論易聞妥之言悠尔而笑曰何用鄭玄王弼之言乎久之微有辯答所說辭義皆異先儒之旨而思理玄妙故論者以爲天然獨得非常人所及也竟以壽終

臨孝蔡京兆人也明天文筭術隋文帝甚親遇之每言灾祥之事未嘗不中上因令考定陰陽書官至上儀同著歆

器圖三卷地動銅儀經一卷九宮五墓一卷遁甲錄十卷元辰經十卷元辰厄百九卷百怪書十八卷祿命書二十卷九宮龜經一百一十卷太一式經三十卷孔子馬頭易卜書一卷並行於世

劉祐滎陽人也隋開皇初爲大都督封索盧縣公其所占候合如符契文帝甚親之初與張賓劉暉馬顯定曆後奉詔撰兵書十卷名曰金韜上善之復著陰策二十卷觀臺飛候六卷玄象要記五卷律曆術文一卷婚姻志三卷產乳志二卷式經四卷四時立成法一卷安曆志十二卷歸正易十卷並行於世

張胄玄勃海蓨人也博學多通尤精術數冀州刺史趙煚薦之隋文帝徵授雲騎尉直太史參議律曆事時輩多出其下由是太史令劉暉等甚忌之然暉言多不中胄玄所推步甚精密上異之令楊素與術士數人立議六十一事皆舊法久難通者令暉與胄玄等辯析之暉杜口一無所答胄玄通者五十四焉由是擢拜員外散騎侍郎兼太史令賜物千段暉及黨與八人皆斥逐之改定新曆言前曆差一日內史通事顏慜楚上言曰漢時落下閎改顓頊曆作太初曆云後當差一日八百年當有聖者定之計今相去七百一十年術者舉其成數聖者之謂其在今乎上大悅漸見親用胄玄所謂曆法與古不同者三事其一宋祖沖之於歲周之末創設差分冬至漸移不循舊軌每四十六年卻差一度至梁虞劌曆法嫌沖之所差太多因以一百八十六年冬至移一度胄玄以此二術年限縣隔追檢古注所失極多遂折中兩家以爲度法冬至所宿歲別漸移八十三年卻行一度則上合堯時日永星火次符漢曆宿起牛初明其前後並皆密當其二周馬顯造景寅元曆有陰陽轉法加減章分進退蝕餘乃推定日創開此數當時術者多不能曉張賓因而用之莫能考正胄玄以爲加時先後逐氣參差就月爲斷於理未可乃因二十四氣列

其盈縮所出實由日行遲則月逐日易及令合朔加時早日行速則月逐日少遲令合朔加時晚檢前代加時早晚以爲損益之率日行自秋分已後至春分其勢速計一百八十二日而行一百八十度自春分已後至秋分日行遲計二百八十二日而行一百七十六度每氣之下即其率也其三自古諸曆朔望逢交不問內外入限便蝕張賓立法創有外限應蝕不蝕猶未能明胄玄以日行黃道歲一周天月行月道二十七日有餘一周天月道交絡黃道每行黃道內十三日有奇而出又行道外十三日有奇而入終而復始月經黃道謂之交朔望去交前後各五度以下

即爲當蝕若月行內道則在黃道之北蝕多有驗月行外
道在黃道之南也雖遇正人無由掩映蝕多不驗遂因前
法別立定限隨交遠近逐氣求差損益蝕分事皆明著其
超古獨異者有七事其一古歷五星行度皆守恒率見伏
盈縮悉無格準胄玄候之各得真率合見之數與古不同
其差多者至加減三十許日即如熒惑平見在雨水氣即
均加二十九日見在小雪氣則均減二十五日加減平見
以爲定見諸星各有盈縮之數皆如此例但差數不同特
其積候所知時人不能原其旨其二辰星舊率一終再見
凡諸古歷皆以爲然應見不見人未能測胄玄積候知辰

星一終之中有時一見及同類感召相隨而出即如辰星
平晨見在雨水者應見即不見若平晨見在啓蟄者去日
十八度外三十六度內晨有木火土金一星者亦相隨見
其三古歷步術行有定限自見已後依率而推進退之期
莫知多少胄玄積候知五星遲速留退真數皆與古法不
同多者差八十餘日留回所在亦差八十餘度即如熒惑
前疾初見在立冬初則二百五十日行一百七十七度定
見夏至初則一百七十日行九十二度追步天驗今古皆
密其四古歷食分依平即用推驗多少實數罕符胄玄積
候知月從木火土金四星行有向背月向四星即速背之

則遲皆十五度外及循本率遂於交分限其多少其五古
歷加時朔望同術胄玄積候知日蝕所在隨方改變傍正
高下每處不同交有淺深遲速亦異約時立差皆會天象
其六古歷交分即爲蝕數去交十四度者食一分去交十
三度食二分去交十度食三分每近一度食益一分當交
即蝕既其應多少自古諸歷未悉其原胄玄積候知當交
之中月掩日不能畢盡故其蝕反少去交五六時月在日
內掩日便盡故其蝕乃既自此以後更遠者其蝕又少交
之前後在冬至皆爾若近夏至其率又差胄玄所立蝕分
最爲詳密其七古歷二分晝夜皆等胄玄積候知其有差

春秋二分晝多夜漏半刻皆由日行遲疾盈縮使其然也
凡此胄玄獨得於心論者服其精密大業中卒于官

列傳第七十七　　北史八十九

鄭道寧　王烈　校正

列傳第七十八　藝術下　北史九十

周澹

李脩

徐謇 從孫之才

王顯

馬嗣明

姚僧垣

褚該

許智藏

萬寶常

蔣少游

何稠

周澹京兆鄠人也多方術尤善醫藥遂為太醫令明元嘗苦風頭眩澹療得愈由此位特進賜爵成德侯神瑞二年京師飢朝議遷都於鄴澹與博士祭酒崔浩進計言不可明元曰唯此二人與朕意同詔賜澹浩妾各一人卒謚曰恭

李脩字思祖本陽平館陶人也父亮少學醫術未能精究太武時奔宋又就沙門僧坦略盡其術針灸授藥罔不有効徐兖間多所救恤亮大為聽事以舍病人死者則就而棺殯親往弔視其仁厚若此累遷府參軍督護本郡士門宿官咸相交昵車馬金帛酬賚無貲脩兄元孫隨畢衆敬赴平陽亦遵父業而不及以功拜奉朝請脩略與兄同晚入代京歷位中散令以功賜爵下蔡子遷給事中太和中常在禁內文明太后時有不豫脩侍針藥多効賞賜累加車服第宅號為鮮麗集諸學士及工書者百餘人在東宮撰諸藥方百卷皆行於世先是咸陽公高允雖年且百歲而氣力尚康孝文文明太后時令脩診視之一旦奏言允脉竭氣微大命無遠未幾果亡後卒於太醫令贈青州刺史

徐謇字成伯丹楊人也家本東莞與兄文伯等皆善醫藥

謇因至青州慕容白曜平東陽獲之送京師獻文欲驗其能置病人於幕中使謇隔而脉之深得病形兼知色候遂被寵遇為中散稍遷內行長文明太后時問經方而不及李脩之見任用謇合和藥劑攻療之驗精妙於脩而性秘忌承奉不得其意雖貴為王公不為措療也孝文遷洛稍加眷待體小不平及所寵馮昭儀有病皆令處療文除中散大夫轉侍御師謇欲為孝文合金丹致延年法乃入居嵩高採營其物歷歲無所成遂罷二年上幸縣瓠有疾大漸乃馳驛召謇令水路赴行所一日一夜行數百里至診省有大驗九月車駕次于汝濱乃大為謇設太官珍膳因

集百官特坐謇于上席遍陳餚觴于前命左右宣謇救攝
危篤振濟之功宜加酬賚乃下詔褒美以謇爲大鴻臚卿
金鄉縣伯又賜錢絹雜物奴婢牛馬事出豐厚皆經內呈
諸親王咸陽王禧等各有別賚竝至千匹從行至鄴上猶
自發動謇日夕左右明年從詣馬圈上疾勢遂甚慼慼不
怡每加切誚又欲加之鞭捶幸而獲免帝崩後謇隨梓宮
還洛謇常有將餌及吞服道年垂八十而鬢髮不白力未
多衰正始元年以老爲光祿大夫卒贈安東將軍齊州刺
史謚曰請子踐字景昇襲爵位建興太守文伯仕南齊位
東莞太山蘭陵三郡太守子雄員外散騎侍郎醫術爲江

左所稱事竝見南史雄子之才幼而儁發五歲誦孝經八
歲略通義旨曾與從兄康造梁太子詹事汝南周捨宅聽
老子捨爲設食乃戲之曰徐郎不用心思義而但事食乎
之才答曰蓋聞聖人虛其心而實其腹捨嗟賞之年十三
召爲太學生粗通禮易彭城劉孝綽河東裴子野吳郡張
嵊等每共論周易及喪服儀酬應如響咸共歎曰此神童
也孝綽又云徐郎鸞領有班定遠之相陳郡袁昂領丹楊
尹辟爲主簿人務事宜皆被顧訪郡廨遭火之才起望夜
中不著衣披紅服帕出房映光爲昂所見功曹白請免職
昂重其才術仍特原之豫章王綜出鎮江都復除豫章王

國左常侍又轉綜鎮北主簿及綜入魏三軍散走之才退
至呂梁橋斷路絕遂爲魏統軍石茂孫所止綜入魏旬月
位至司空魏聽綜收斂僚屬乃訪知之才在彭泗啓魏帝
云之才大善醫術兼有機辯詔徵之孝昌二年至洛敕
居南館禮遇甚優謇子踐啓求之才還宅之才藥石多效
又閱涉經史發言辯捷朝賢競相要引爲之延譽武帝時
封昌安縣侯天平中齊神武徵赴晉陽常在內館禮遇稍
厚武定四年自散騎常侍轉秘書監文宣作相普加黜陟
楊愔以其南士不堪典掌功程且多陪從全廢曹務轉授
金紫光祿大夫以魏收代之才甚怏怏不平之才少解天

文兼圖讖之學共館客宋景業參校吉凶知午年必有革
易因高德正啓之文宣聞而大悅時自婁太后及勳貴臣
咸云關西既是勍敵恐其有挾天子令諸侯之辭不可先
行禪代事之才獨云千人逐兎一人得之諸人咸息須定
大業何容翻欲學人又援引證據備有條目帝從之登阼
後彌見親密之才非惟醫術自進亦爲首唱禪代又戲謔
滑稽言無不至於是大被狎昵尋除侍中封池陽縣伯見
文宣政令轉嚴求出除趙州刺史竟不獲述職猶爲弄臣
皇建二年除西兗州刺史未之官武明皇太后不豫之才
療之應手便愈孝昭賜綵帛千段錦四百匹之才既善醫

術雖有外授頃即徵還旣博識多聞由是於方術尤妙大寧二年春武明太后又病之才弟之範爲尚藥典御敕令診候內史皆令呼太后爲石婆蓋有俗忌故改名以厭制之之範出告之才曰童謠云周里跂求伽豹祠嫁石婆斬冢作媒人唯得一量紫綖靴今太后忽改名私所致怪之才曰跂求伽胡言去已豹祠嫁石婆豈有好事斬冢作媒人但令合葬自斬冢唯得紫綖靴者得至四月何者紫之爲字此下系綖者熟當在四月之中之範問靴是何義之才曰靴者革旁化寧是久物至四月一日后果崩有人患脚跟腫痛諸醫莫能識之才曰蛤精疾也由乘船入海垂

脚水中疾者曰實曾如此之才爲剖得蛤子二大如榆莢又有以骨爲刀子把者五色斑斕之才曰此人瘤也問得處云於古冢見髑髏額骨長數寸試削視有文理故用之其明悟多通如此天統四年累遷尚書左僕射俄除兗州刺史特給鐃吹一部之才醫術最高偏被命召武成酒色過度恍惚不恒曾病發自云初見空中有五色物稍近變成一美婦人去地數丈亭亭而立食頃變爲觀世音之才云此色欲多大虛所致即處湯方服一劑便覺稍遠又服還變成五色物數劑湯疾竟愈帝每發動暫遣騎追之針藥所加應時必效故頻有端執之舉入秋武成小定更不

發動和士開欲依次轉進以之才附籍兗州即是本屬遂奏附除刺史以胡長仁爲左僕射士開爲右僕射及十月帝又病動語士開云浪用之才外任使我辛苦其月八日敕驛追之才帝以十日崩之才十一日方到旣無所及復還赴州在職無所侵暴但不甚閑法理頗亦疎慢用捨自由五年冬後主徵之才尋左僕射闕之才曰自可復禹之續武平元年重除尚書左僕射之才於和士開陸令萱母子曲盡卑狎二家若疾救護百端由是遷尚書令封西陽郡王祖珽執政除之才侍中太子太師之才恨曰子野沙汰我珽目疾故以師曠比之之才聰辯強識有兼人之敏

尤好劇談體語公私言聚多相嘲戲鄭道育常戲之才爲師公之才曰旣爲汝師又爲汝公在三之義頓居其兩又嘲王昕姓云有言則誑近犬便狂加頸足而爲馬施角尾而成羊盧元明因戲之才云卿姓是未入人名是子之誤之當爲乏也即答云卿姓在上爲虐在丘爲虛生男則爲虜配馬則爲驢又常與朝士出游遙望羣犬競走諸人試令目之之才即應聲云爲是宋鵲爲是韓盧爲逐李斯東走爲負帝女南徂李諧於廣坐因稱其父名曰卿者熊白生不之才曰平平耳又曰卿此言於理平不諧遽出避之道逢其甥高德正德正曰舅顏色何不悅諧告之故德正

徑造坐席連索熊白之才謂坐者曰箇人諱底衆莫之應之才曰生不爲人所知死不爲人所諱此何足問唐邕白建方貴時人言云并州赫赫唐與白之才戲之元日對邕爲諸令史祝曰卿等位當作唐白又以小史好嚼筆故常執管就元文遙口曰借君齒其不遜如此歷事諸帝以戲押得寵武成生齼牙問諸醫尚藥典御鄧宣文以實對武成怒而撻之後以問之才拜賀曰此是智牙生智牙者聰明長壽武成悅而賞之爲僕射時語人曰我在江東見徐勉作僕射朝士莫不佞之今我亦是徐僕射無一人佞我何由可活之才妻魏廣陽王妹之才從文襄求得爲妻和

士開知之乃淫其妻之才遇見而避之退曰妨少年戲笑其縱之如此年八十卒贈司徒公録尚書事謚曰文明長子林字少卿太尉司馬次子同卿太子庶子之才以其無學術每歎曰終恐同廣陵散矣弟之範亦醫術見知位太常卿特聽襲之才爵西陽王入周授儀同大將軍開皇中卒

王顯字世榮陽平樂平人也自言本東海郯人王朗之後也父安上少與李亮同師俱受醫藥而不及亮顯少歷本州從事雖以醫術自通而明敏有決斷才用初文昭太后之懷宣武夢爲日所逐化而爲龍而繞后后寤而驚悸遂成心疾文明太后敕徐謇及顯等爲后診脉謇云是微風入藏宜進湯加針顯言案三部脉非有心疾將是懷孕生男之象果如顯言久之補侍御師宣武自幼有微疾顯攝療有效因稍蒙眄識又罷六輔之初顯爲領軍于烈間通規策頗有密功累遷廷尉卿仍在侍御營進御藥出入禁內累遷御史中尉顯前後居職所在著稱糺折庶獄究其姧回出內惜慎憂國如家及領憲臺多所彈劾百寮肅然又以中尉屬官不悉稱職諷求改革詔委改選務盡才能而顯所舉或有請屬未皆得人於是衆議喧譁聲望致損後宣武詔顯撰藥方三十五卷班布天下以療諸疾東宮

建以爲太子詹事委任甚厚上每幸東宮顯常近侍出入禁中仍奉醫藥賞賜累加爲立館宇寵振當時以營療功封衛國縣伯及宣武崩明帝踐阼顯參奉璽策隨從臨哭微爲憂懼顯既蒙任遇兼爲法官恃勢使威爲時所疾朝宰託以侍療無效執之禁中詔削爵位徙朔州臨執呼寃直閤伊盆生以刀鐶撞其腋下傷中吐血至右衛府一宿死子瞱尚書儀曹郎中懼走後被獲栲掠百餘宅沒於官初顯攝會元景就刑南臺及顯之死在右衛府唯隔一巷相去數十步世以爲有報應之驗始顯布衣爲諸生有沙門相顯後當富貴誡其勿爲吏爲吏必敗由是宣武時或

欲令其兼攝吏部每殺勳辭避及宣武崩帝夜即位受璽策於儀須兼太尉及吏部倉卒百官不具以顯兼吏部行事文顯未敗之前有嫗卜相於市者言人吉凶頗驗時子暐已為郎聞之微服就嫗問已終至何官嫗言君今既有位矣不復更進當受父寵並如其語

馬嗣明河內野王人也少博綜經方為人診脉一年前知其生死邢邵唯一子大寶甚聰慧年十七八患傷寒嗣明為其診脉退告楊愔云邢公子傷寒不療自差然脉候不出一年便死覺之少晚不可復療數日後楊邢並侍宴內殿文宣云邢子才兒大不惡我欲乞其隨近一郡楊以年少未合剖符宴罷奏云馬嗣明稱大寶脉惡一年內恐死若其出郡醫藥難求遂寢大寶未期而卒楊愔患背腫嗣明以練石塗之便差因此大為楊愔所重作練石法以麤黃色石如鵝鴨卵大猛火燒令赤內淳醋中自有石屑落醋裏頻燒至石盡取石屑曝乾擣下簁和醋以塗腫上無不愈武平中為通直散騎常侍針灸孔穴往往與明堂不同嘗有一家二奴俱患身體遍青漸虛羸不能食訪諸醫無識者嗣明為灸兩足趺上各三七壯便愈武平末從駕往晉陽至遼陽山中數處見牓云有人家女病若能差之者購錢十萬又諸名醫多尋牓至是人家問疾狀俱不下

手唯嗣明為之療問其病由云曾以手持一麥穗即見一赤物長二尺許似蛇入其手指中因驚倒地即覺手臂疼腫月餘日漸及半身肢節俱腫痛不可忍呻吟晝夜不絕嗣明即為處方令馳馬往都市藥示其節度前後服十劑湯一劑散比嗣明明年從駕還此女平復如故嗣明藝術精妙多如是隋開皇中卒於太子藥藏監然性自矜大輕諸醫人自徐之才崔叔鸞以還俱為其所輕

姚僧垣字法衛吳興武康人吳太常信之八世孫也父菩提梁高平令嘗嬰疾疢歷年乃留心醫藥梁武帝召與討論方術言多會意由是頗禮之僧垣幼通洽居喪盡禮年二十四即傳家業仕梁為太醫正加文德主帥梁武帝嘗因發熱服大黃僧垣曰大黃快藥至尊年高不宜輕用帝弗從遂至危篤太清元年轉鎮西湘東王府中記室參軍僧垣少好文史為學者所稱及梁簡文嗣位僧垣兼中書舍人梁元帝平侯景召僧垣赴荊州改授晉安王府諮議梁元帝嘗有心腹病諸醫皆請用平藥僧垣曰脉洪實宜用大黃元帝從之進湯訖果下宿食因而疾愈時初鑄錢一當十乃賜十萬貫實百萬也及魏軍剋荊州僧垣猶侍梁元不離左右為軍人所止方泣涕而去尋而周文遣使馳驛徵僧垣燕公于謹固留不遣謂使人曰吾年衰暮疾

病嬰沉今得此人望與之偕老周文以謹勳德隆重乃止明年隨謹至長安武成元年授小畿伯下大夫金州刺史伊婁穆以疾還京請僧垣省疾乃云自胷至臍似有三縳兩脚緩縱不復自持僧垣即爲處湯三劑穆初服一劑上縳即解次服一劑中縳復解又服一劑三縳悉除而兩脚疼痺猶自攣弱更爲合散一劑稍得屈申僧垣曰終待霜降此患當愈及至九月遂能起行大將軍襄樂公賀蘭隆先有氣疾加以水腫喘息奔急坐卧不安或有勸其服決命大散者其家疑未能決乃問僧垣僧垣曰意謂此患不與大散相當即爲處方勸急使服便即氣通更服一劑諸患悉愈大將軍樂平公竇集暴感風疾精神瞀亂無所覺知醫先視者皆云已不可救僧垣後至曰困矣終當不死爲合湯散所患即瘳大將軍永世公叱伏列椿苦痢積時而不損廢朝謁燕公謹嘗問僧垣曰樂平永世俱有痼疾意永世差輕對曰夫患有深淺時有危殺樂平雖困終當保全永世雖輕必不免死謹曰當在何時對曰不出四月果如其言謹歎異之天和六年遷遂伯中大夫建德三年文宣太后寢疾醫巫雜說各有同異武帝引僧垣坐問之對曰臣準之常人竊以憂懼帝泣曰公既決之矣知復何言尋而太后崩其後復因召見乃授驃騎大將軍開府儀

同三司敕停朝謁若非別敕不勞入見四年帝親戎東討至河陰遇疾口不能言瞼垂覆目不得視一足短縮又不得行僧垣以爲諸藏俱病不可並療軍中之要莫過於語乃處方進藥帝遂得言次又療目目疾便愈末及足足疾亦瘳比至華州帝已痊復即除華州刺史仍詔隨駕入京不令在鎮宣政元年表請致仕優詔許之是歲帝幸雲陽遂寢疾乃召僧垣赴行在所内史柳昻私問曰至尊脉候何如對曰天子上應天心或當非愚所及若凡庶如此萬無一全尋而帝崩宣帝初在東宫常苦心痛乃令僧垣療之其疾即愈及即位恩禮彌隆謂曰嘗聞先帝呼公爲姚公有之對曰臣曲荷殊私實如聖旨帝曰此是尚齒之辭非爲貴爵之號朕當爲公建國開家爲子孫永業乃封長壽縣公冊命之日又賜以金帶及衣服等大象二年除太醫下大夫帝尋有疾至于大漸僧垣宿直侍疾帝謂隋公曰今日性命唯委此人僧垣知帝必不全濟乃對曰臣但恐庸短不逮敢不盡心帝頷之及靜帝嗣位遷上開府儀同大將軍隋開皇初進爵北絳郡公三年卒年八十五遺誡衣帢入棺朝服勿斂靈上唯置香奩每日設清水而已贈本官加荊湖二州刺史僧垣醫術高妙爲當時所推前後効驗不可勝紀聲譽既盛遠聞邊服至於諸蕃外域咸

請託之僧垣乃參校徵効者爲集驗方十二卷又撰行記三卷行於世長子察南史有傳次子最字士會博通經史尤好著述年十九隨僧垣入關明帝盛聚學徒校書於麟趾殿最亦預爲學士俄授齊王憲府水曹參軍掌記室事特爲憲所禮接最幼在江左迄于入關未習醫術天和中齊王憲奏遣最習之憲又謂最曰博學高才何如王褒庾信王庾名重兩國吾視之蔑如接待資給非尔家比也勿不存心且天子有敕彌須勉勵最於是始受家業十許年中略盡其妙每有人告請効驗甚多隋文帝踐極除太子門大夫以父憂去官哀毀骨立既免喪襲爵北絳郡公復

爲太子門大夫俄轉蜀王秀友秀鎮益州遷秀府司馬及平陳察至最自以非嫡讓封於察隋文帝許之秀後陰有異謀隋文帝令公卿窮其事開府慶整郝瑋等並推過於秀最獨曰凡有不法皆最所爲王實不知也榜訊數百卒無異辭竟坐誅論者義之撰梁後略十卷行於世

褚該字孝通河南陽翟人也父義昌梁鄱陽王中記室該幼而謹厚尤善醫術仕梁歷武陵王府參軍隨府西上後與蕭撝同歸周自許奭死後該稍爲時人所重賓客迎候亞於姚僧垣天和初位縣伯下大夫進授車騎大將軍儀同三司該性淹和不自矜尚但有請之者皆爲盡其藝術時論稱其長者後以疾卒子則亦傳其家業

許智藏高陽人也祖道幼常以母疾遂覽醫方因而究極時號名醫誡諸子曰爲人子者嘗膳視藥不知方術豈謂孝乎由是遂世相傳授仕梁位員外散騎侍郎父景武陵王諮議參軍智藏少以醫術自達仕陳爲散騎常侍陳滅隋文帝以爲員外散騎侍郎使詣揚州會秦王俊有疾上馳召之俊夜夢其亡妃崔氏泣曰本來相迎如聞許智藏將至其人若到當必相苦爲之奈何明夜俊又夢崔氏曰妾得計矣當入靈府中以避之及智藏至爲俊診脉曰疾已入心即當發癇不可救也果如言俊數日而薨上奇其

妙賚物百段煬帝即位智藏時致仕帝每有苦輒令中使就宅諮訪或以轝迎入殿扶登御牀智藏爲方奏之用無不效卒於家年八十宗人許澄亦以醫術顯澄父奭仕梁爲中軍長史隨柳仲禮入長安與姚僧垣齊名拜上儀同三司澄有學識傳父業尤盡其妙歷位尚藥典御諫議大夫封賀川縣伯父子俱以藝術名重於周隋二代史失其事故附云

萬寶常不知何許人也父大通從梁將王琳歸齊後謀還江南事泄伏誅由是寶常被配爲樂戶因妙達鐘律遍工八音與人方食論及聲調時無樂器寶常因取前食器及

雜物以箸扣之品其高下宮商畢備諧於絲竹大爲時人所賞然歷周隋俱不得調開皇初沛國公鄭譯等定樂初爲黃鍾調寶常雖爲伶人譯等每召與議然言多不用後譯樂成奏之上召寶常問其可不寶常曰此亡國之音豈陛下所宜聞上不悅寶常因極言樂聲哀怨淫放非雅正之音請以水尺爲律以調樂器其聲率下鄭譯調二律幷撰樂譜六十四卷且論八音旋相爲宮法改絃移柱之變爲八十四調一百四十律變化終於一千八百聲時以周禮有旋宮之義自漢已來知音不能通見寶常特創其事皆哂之至是試令爲之應手成曲無所疑滯見者莫不嗟

異於是損益樂器不可勝紀其聲雅淡不爲時人所好太常善聲者多排毀之又太子洗馬蘇夔以鍾律自命尤忌寶常夔父威方用事凡言樂者附之而短寶常數詣公卿怨望蘇威因詰寶常所爲何所傳受有一沙門謂寶常曰上雅好符瑞有言徵祥者上皆悅之先生當言從胡僧受學云是佛家菩薩所傳音律則上必悅先生當言所爲可以行矣寶常遂如其言以答威威怒曰胡僧所傳乃四夷之樂非中國宜行其事竟寢寶常聽太常所奏樂泫然泣曰樂聲淫厲而哀天下不久將盡時四海全盛聞言者皆謂不然大業之末其言卒驗寶常貧而無子其妻因其臥

疾遂竊其資物而逃寶常竟餓死將死取其所著書焚之曰何用此爲見者於火中探得數卷見行於世開皇中鄭譯何妥盧賁蘇夔蕭吉並討論墳籍撰著樂書皆爲當時所用至於天然識樂不及寶常遠矣安馬駒曹妙達王長通郭令樂等能造曲爲一時之妙又習鄭聲而寶常所爲皆歸於雅此輩雖公議不附寶常然皆心服謂以爲神時樂人王令言亦妙達音律大業末煬帝將幸江都令言之子甞於戶外彈胡琵琶作翻調安公子曲令言時臥室中聞之驚起曰變變急呼其子曰此曲興自早晚其子曰頃來有之令言遂歔欷流涕謂其子曰汝慎無從行帝必不

反子問其故令言曰此曲宮聲往而不反宮君也吾所以知之帝竟被殺於江都

蔣少游樂安博昌人也魏慕容白曜之平東陽見俘入於平城充平齊戶後配雲中爲兵性機巧頗能畫刻有文思吟咏之際時有短篇遂留寄平城以傭寫書爲業而名猶在鎮後被召爲中書寫書生與高聰俱依高允允並薦之與聰俱補中書博士自在中書恒庇於李沖兄弟子姪之門始北方不悉青州蔣族或謂少游本非人士又少游微因工藝自達是以公私人望不至相重唯高允李沖曲爲體練孝文文明太后嘗因密宴謂百官曰本謂少游作師